Tab

	一	丫
	111	121

	彡	丷	八	火	人	𠆢	ナ?	大	乂	丈
	211	221	222	231	232	233	241	242	243	244

	卜	𠂉	瓜	㇗	儿	尢	亅	亍	刂
	311	312	313	321	322	323	331	332	333

	丨	卜	十	丰	〢	川	川	不	木	丄	土	圭	止	业	廿
	411	412	413	414	415	416	417	421	422	431	432	433	434	435	436

	弋	戈	戋	犭	豖
	511	512	513	521	522

	𡿨	厶	幺	亥	互	フ	マ	又	了
	611	612	613	614	621	631	632	633	634

	匕?	廾	厂	𠂆	𠄎	刀	乜	卫
	711	712	721	722	731	732	733	734

	匚	[illegible]	コ	五	𠂎	ヨ	彐	尹	臼	凵	屮	冖	勹	万	贝	门	冂	冋	巿	内
	811	812	821	822	831	831	832	833	834	841	842	851	852	853	854	855	856	857	858	859

	口	且	皿	臾	凸	尸	巳	巳	尸	巨	歹
	911	921	922	923	924	931	932	933	934	935	941

	口	曰	白	日	冒	目	中	史	罒	田	由	电	罒	曲	図	四	面	囗?
	011	012	013	021	022	023	031	032	033	041	042	043	051	052	061	062	063	071

	丩	爿	与	马	⺄	九	儿	己	弓	凹	母	○
	Z11	Z12	Z21	Z22	Z31	Z32	Z33	Z41	Z42	Z51	Z61	Z71

快速檢字法

kuaisu jian zi fa

漢英法字典

附字源注釋

Chinese - English - French Kuaisu Dictionary

Including Etymology of Characters

Dictionnaire kuaisu chinois - anglais - français

Avec l'étymologie des caractères

Roland Sanfaçon
with the collaboration of / avec la collaboration de
合作者
Chau Nguyen, Xie Xiaomian 解小棉, Zhao Ying 赵莹

Les Presses de l'Université Laval
Sainte-Foy, 1997

The author, Roland Sanfaçon, is professor of Art History at Laval University in Québec City. He is also the author of *L'architecture flamboyante en France* (1971) (Flamboyant Architecture of France), a work that became a classic on the great variety of monuments created over a period of two centuries. The author is honorary member of the Comité international d'histoire de l'art (CIHA) and vice-president of the International Committee of Corpus vitrearum. His passion is to bring out the hidden meaning of complex forms through comparison and contextualization. The same elements of analysis used in previous work and forming the basis of his conclusions are shared here with users of the Kuaisu dictionary.

L'auteur, Roland Sanfaçon, est professeur d'histoire de l'art à l'Université Laval de Québec. Il a écrit notamment *L'architecture flamboyante en France* (1971), un livre qui est devenu un classique pour des monuments très variés qui couvrent deux siècles de création. L'auteur est membre honoraire du Comité international d'histoire de l'art (C.I.H.A.) et vice-président du Comité international du Corpus vitrearum. Il a toujours aimé dégager le sens caché des formes complexes par la comparaison et la mise en contexte. Il donne aux utilisateurs, comme c'est le cas dans ce dictionnaire, tous les éléments de l'analyse qui fondent ses conclusions.

本字典作者，Roland Sanfaçon, 是魁北克拉瓦尔大学艺术史教授。他的名著《法国火焰哥特式建筑》(1971年出版)纵论两个世纪各种不同风格的建筑艺术，是一部经典学术著作。作者是艺术史国际委员会的名誉会员，《玻璃绘画艺术大全》国际委员会副主席。他一向擅长根据具体环境对事物进行比较，透过复杂的表面形式，发现事物的底蕴，并将自己的研究思路公诸于众，与同行进行交流。这一风范在本字典中再次得以体现。

Les Presses de l'Université Laval reçoivent chaque année de la Société de développement des entreprises culturelles du Québec une aide financière pour l'ensemble de leur programme de publications.
Nous remercions le Conseil des Arts du Canada de l'aide accordée à notre programme de publication.

Dépôt légal 2e trimestre 1997
ISBN 2-7637-7396-6

Distribution de livres Univers
845, rue Marie-Victorin
Saint-Nicolas (Québec)
Canada G7A 3S8
Tél. (418) 831-7474 ou 1 800 859-7474
Téléc. (418) 831-4021

TABLE OF CONTENTS

Foreword 1

Introduction 4

Explanatory Notes 28

Kuaisu Dictionary (Body) 33

Writing (Stroke by Stroke) 758

Graphic Elements. Stroke Count Index 776

Graph in Etym 778
(Graphic Elements in Etymological Components)

Hanzi Radical Index 798

Kangxi Dictionary Radical Table 798
Stroke Count Radical Table 799
Kuaisu Radical Table 800

Difficult Characters Stroke Count Index 833

Hanzi Pinyin Index 838

Exercises 870

Tables of the 11 Classes of Graphic Elements 882

Table of the Series of Graphic Elements 906
(Serving as Guide to the Marginal Hatchings in the Dictionary)

TABLE DES MATIÈRES

Avant-propos 2

Introduction 12

Notes explicatives 28

Dictionnaire Kuaisu (Corps) 33

Écriture (trait par trait) 758

Éléments graphiques. Index par nombre de traits 776

Graph dans Etym 778

Index radicaux Hanzi 798
(index des caractères chinois classés par radicaux)

- Tableau des radicaux selon la numérotation de Kangxi 798
- Tableau des radicaux par nombre de traits 799
- Tableau des radicaux dans le classement Kuaisu 800

Index des caractères difficiles par nombre de traits 833

Index des caractères selon la prononciation (pinyin) 838

Exercices 870

Tableaux des 11 classes d'éléments graphiques 882

Tableau des séries d'éléments graphiques 906
(Guide pour les lisérés des classes en marge externe)

目录

前言 3

引言 20

体例说明 28

快速字典（正文） 33

笔顺 758

笔型·笔画数目表 776

笔型与字源部件 778

部首索引 798

- 康熙字典部首表 798
- 部首笔画表 799
- 部首快速表 800

难检字索引 833

拼音索引 838

练习 870

十一类笔型分类表 882

笔型系列表 906

Foreword

The dictionary features 11311 characters, both classical and simplified, 8278 of the most common compound characters, 2574 etymological components (radicals and phonetic parts of characters) and 772 graphic elements. The dictionary provides all the information that you could possibly wish on Chinese characters.

I would like to thank the following people for their invaluable contribution to the realization of this project.

Chau Nguyen (Québec City), Xie Xiaomian (Beijing, Québec City) and Zhao Ying (Shanghai) for their coninued collaboration, at all stages and in every respect, in compiling and correcting the dictionary.

Quan Chunji (Jilin Province), Li Dan, Wang Yucheng (Beijing) as well as **Carlos Manzi and Suzanne Lemay (Québec City)** for taking part in numerous discussions and for their precious advice which resulted in great improvements to the dictionary, among other things, with regard to the classification of graphic elements.

Pang Aiju, Zhang Fang, Ding Xueying, Zhang Zhengzhong, Guo Qiang, Shen Dali, Wu Ning, Ma Hongzhi (Beijing), Guy Gagnon (Paris), Jan W. Walls (Vancouver), Lorne Laforge, Grant McConnell (Québec City) and many other linguists in Beijing for their encouragement and enthusiasm for the project.

My son **Jean-Yves Sanfaçon** for providing invaluable computer support, in particular for creating Pivert, a software package for viewing and printing Chinese characters.

On the publishing front, **Denis Vaugeaois**, Director of les Presses de l'Université Laval, spent a great deal of time and energy to improve the dictionary and to broaden the group of people first involved in the project. **François Demay** of Larousse Publishers in Paris sent numerous pages of friednly comments and precious advice. **Kim Hun** of You Feng publishing house in Paris was one of the first persons to get involved in the project to publish this work.

My wife, **Colette Pérol**, has also given me unfailing support throughout this project, which has necessitated a great deal of time and resources.

Roland Sanfaçon
Québec, May 1997

Avant-propos

Ce dictionnaire comporte 11311 caractères, classiques ou simplifiés, 8278 mots composés parmi les plus fréquents, 2574 composantes étymologiques (radicaux et parties phonétiques des caractères), 772 éléments graphiques. Il offre toute l'information qu'on peut souhaiter sur les caractères.

Dans cette réalisation, je dois de grands remerciements à beaucoup de personnes.

- pour leur participation à la rédaction et à la correction du dictionnaire, à toutes ses étapes et dans tous ses aspects. **Chau Nguyen (Québec), Xie Xiaomian (Pékin Québec), Zhao Ying (Shanghai).**

- pour leurs participations à de nombreuses rencontres de discussion et pour leurs conseils qui ont apporté des améliorations importantes au dictionnaire (classement des éléments graphiques, etc.). **Quan Chunji (province de Jilin); Li Dan, Wang Yucheng (Pékin); Carlos Manzi, Suzanne Lemay (Québec).**

- pour leur encouragement et leur enthousiame pour le projet. **Pang Aiju, Zhang Fang, Ding Xueying, Zhang Zhengzhong, Guo Qiang, Shen Dali, Wu Ning, Ma Hongzhi (Pékin); Guy Gagnon (Paris); Jan W. Walls (Vancouver); Lorne Laforge, Grant McConnell (Québec); plusieurs autres linguistes de Pékin.**

- pour un soutien informatique inestimable (notamment la création de Pivert, un logiciel qui a longtemps permis d'afficher et d'imprimer les caractères chinois). Mon fils **Jean-Yves Sanfaçon.**

Dans le monde même de l'édition, **Denis Vaugeois**, directeur des Presses de l'Université Laval, a consacré beaucoup de temps et d'énergie au perfectionnement du dictionnaire et à l'élargissement du cercle des premières personnes impliquées. **François Demay** des éditions Larousse à Paris a envoyé de très nombreuses pages de remarques et de conseils aussi précieux qu'amicaux. **Julien Naud** a parcouru le monde par internet ou en personne pour faire connaître le projet. À Paris, **Kim Hun** des éditions You-feng a été un des premiers à s'impliquer dans le projet d'une publication.

Ma femme, **Colette Pérol**, m'a aussi bien appuyé dans ce travail qui a demandé beaucoup de temps et aussi de l'argent.

Roland Sanfaçon
Québec, mai 1997

前言

本字典包括11311个简繁体汉字，8278个常用词组，2574个字源部件（指汉字的部首和语音部分）及772个基本笔型。

出版之际，我谨向以下各位致以深深的谢意：

-Chau Nguen女士（魁北克），解小棉女士（北京,魁北克）和赵盈女士（上海）参加了本字典的编纂，校对等全部工作。

-全春吉先生（吉林省），李旦先生，王毓澄先生（北京）Carlos Manzi先生及Suzanne Lemay女士（魁北克）曾多次参与有关座谈，对本字典提出各种修改意见。

-在本字典的编纂过程中，得到了庞爱菊女士，张放先生，丁雪英女士，张正中先生，郭强女士，沈大力先生，邬宁先生，马红志先生（北京），Guy Gagnon先生(巴黎），Jan W.Walls先生(温哥华），Lorne Laforge先生，Grant McConnell先生（魁北克）及北京的一些语言学家热情鼓励和支持。

-我的儿子Jean-Yves Sanfaçon对于电脑编程提供了极为宝贵的帮助，制作了Pivert软件，解决了汉字显示，打印等诸多问题。

拉瓦尔大学出版社社长Denis Vaugeois先生投入了许多时间和精力，对本字典的完善发挥了重要作用。巴黎Larousse出版社的Francois Demay先生也热情地为本字典提出了许多宝贵意见和建议。Julien Naud先生为本字典四处奔走并通过国际信息高速公路为此进行各种联络。巴黎友豐书社的Kim Hun先生率先参与了本字典的出版工作。

在这项旷日持久，耗资颇巨的工作当中，我的妻子Colette Perol始终给予我极大的支持和帮助。

Roland Sanfaçon
魁北克，一九九七年五月

Introduction

The approach used in this dictionary provides a great understanding of Chinese writing and also offers the pleasure of navigating through this sea of highly aesthetic writing with an ease and a speed that have long been considered impossible. Chinese linguists from Beijing spontaneously called this classification system the *kuaisu*, the *quick* one, a name that has been retained here.

This approach is also modern and accurate. Each character has only one possible position: a character is found where it should be without having to search through long lists. The way to write a character, its radical and its etymology are readily accessible. Furthermore, the system lends itself to the creation of a very efficient character-input software.

The introduction includes two parts. Part I is an introduction to Chinese characters and the different Chinese dictionaries available. Part II presents the *kuaisu* (quick) classification system specific to this dictionary.

PART I
CHINESE CHARACTERS : BASIC NOTIONS

The Five Types of Chinese Characters

1. Pictograms are concrete representations of the thing that they mean. For example, Fig. 1.1 is an open mouth which has been straightened out into a square; Fig. 1.2 is a man leaning forward or walking.

Fig.1	口	人	一	二
	1	2	3	4

2. Symbols are concrete representations of abstract notions. Figures 1.3 and 1.4 are symbols of the numbers one and two.

3. Ideograms are generally combinations of pictograms or symbols to suggest other concepts or feelings. Thus, the idea of 'good' (Fig. 2.1) is conveyed by joining a woman (Fig. 2.2) with a child (Fig. 2.3), and the notion of 'spring time' (Fig. 2.4) is given by joining exuberant plants (Fig. 2.5) with the sun (Fig. 2.6).

Fig. 2	好	女	子	春	𡗗	日
	1	2	3	4	5	6

4. Phonograms are borrowings from one character to another that has the same pronunciation. Thus, to write the number 'ten thousand,' the pictogram of a scorpion (Fig. 3.1), which must have had the same pronunciation at the time, was borrowed.

Fig. 3	萬	方	鈁	仿	芳	枋	坊	妨	房	昉	魴
	1	2	3	4	5	6	7	8	9	10	11

5.Ideo-phonograms include, in addition to the phonetic borrowings in phonograms, another element, called the radical or key, which clarifies the meaning. Thus, Fig. 3.2 is the primitive character 'fang' meaning 'square' ; however, the following characters in which the primitive character 'fang' also appears have other meanings. For example, Fig. 3.3 is 'francium' a chemical element with the metal radical, Fig.3.4 is 'to imitate' with the man radical, Fig.3.5 is 'perfume, glory' with the plant radical, Fig. 3.6 is 'board' with the wood radical, Fig. 3.7 is 'place' with the earth radical, Fig. 3.8 is 'harm' with the woman radical, Fig. 3.9 is 'house' with the door radical, Fig. 3.10 is 'daybreak' with the sun radical, and Fig. 3.11 is 'bream' with the fish radical.

This last solution was so practical that nowadays, more than 90% of Chinese characters are ideo-phonograms. However, it should not be concluded that Chinese writing is fundamentally phonetic. In fact, the phonetic part gives a fairly good idea of the pronunciation in only 40% of ideo-phonograms. To create a new character, Chinese scholars used to choose from the already-existing written forms with the same pronunciation, the one whose meaning was closer to the new idea to be written down.

Introduction

The Three Components of Chinese Characters

While Chinese writing is quite complex, it is simpler than it appears. Characters are all made up of a limited number of components which are constantly re-used in multiple combinations.

1. Strokes. A stroke is drawn in a single move of the brush or pen. Each character is made up of a precise number of strokes that must be written according to a set order. Although the principles of distinguishing the different types of strokes and counting them have existed in China since time immemorial, there is still no standardized codification system. In spite of striking similarities, the ways of classifying and distinguishing the writing strokes not only vary considerably from one country to another, but also from one book to another within the same country. Fig. 4 shows the main strokes in Chinese writing in the classification that is the basis of the *kuaisu* system.

Fig. 4		verticals	丨 12
dots	㇀ 丶 1 2	curves	㇃ ㇁ 13 14
horizontals	一 ㇀ 3 4	points	㇛ ㇜ ㇇ 15 16 17
obliques	㇒ ㇓ ㇏ 5 6 7	angles	㇄ ㇕ ㇆ 18 19 20
hooks	㇙ ㇊ ㇟ ㇚ 8 9 10 11	multiple angles	㇉ ㇈ 21 22

Notes to Fig.4. Instead of calling Figs. 4.3 and 4.4 horizontals, it would be more accurate to talk about left to right strokes such as the rising stroke in Fig. 4.4. Oblique strokes are all drawn from top to bottom, descending to the left as in Figs. 4.5 and 4.6 or to the right as in Fig. 4.7. The second hook (Fig. 4.9) could have been integrated with multiple-angle strokes as in Fig. 4.22, however, as the angles are rather short and the lower hook is similar to that of Fig. 4.8, it was decided to keep it there, close to other similar strokes mostly used in simplified radicals.

2. Graphic Elements [Graphs]. The basic figures in Chinese writing are graphic units, drawn with one or more strokes. Graphic units either are separated from each other by small distances or they do not overlap. They may be called graphic elements, graphemes or graphs, because in the kuaisu system they are the equivalents of letters in the Roman alphabet.

Thus, the pictogram of the bear (Fig. 5.1) is made up of four independent graphic elements, each of which may have other meanings in other contexts. The same is true for the *fu* component (Fig. 5.2), which was originally a wine jar but is now drawn with two graphic elements. Several drawings which were originally complex have thus been broken down into numerous simple graphic elements. Until recently, the same method was used in the People's Republic of China to simplify the classical written form of the turtle (Fig. 5.3 to 5.4).

Fig. 5	能 1	厶 月 匕 匕	畐 2	𠮛 田	龜 3	亀 4	口 电

Furthermore, several written forms that were different originally, were subsequently reduced to simpler forms which are identical today. Thus, in Fig. 6.1, the square with two crossing lines at the centre represents a field; however, in Fig.6.2 it represents a head and a human brain. In Fig. 6.3, it becomes a pile of objects. Fig. 6.4 represents the moon, whereas the same graphic element is the flesh or meat radical in Fig. 6.5, a well in Fig. 6.6, and initially it was probably a boat in Fig. 6.7.

Fig. 6	田 思 壘 1 2 3	月 股 青 滕 4 5 6 7

Introduction

3. Etymological components (radical and phonetic part) [Etym]. Unless they are characters, graphic elements do not mean anything by themselves. The meaning that can be given to them is derived from a greater component, that of a whole character or most often that of the radical or phonetic part of the character. These components, which are sometimes called *usual groups,* are called *etymological components* here. These components do in fact have a meaning, a pronunciation and their graphic origins or etymology can be traced back with a fair degree of accuracy. All Chinese characters are made up of etymological components. Knowledge of the pronunciation, etymology and writing of these etymological components provides very effective access to the entire corpus of Chinese writing. This dictionary includes 2574 etymological components presented in boxes in the text of the dictionary. They contain useful information including etymologies and the resulting list of characters.

Fig. 7		strokes	graphic elements	etymological components
gū	估 1	ノ 亻 一 十 十 古 古	亻 古 2 3	亻 古 4 5
huá	滑 6	丶 丶 氵 丨 冂 冂 冎 冎 丿 冂 月 月	氵 冎 月 7 8 9	氵 骨 10 11
gǔ	臌 12	丿 冂 月 月 一 十 士 丨 口 吉 口 口 豆 一 十 支 支	月 士 豆 支 13 14 15 16	月 鼓 17 18

Fig. 7 shows three characters made up of etymological components, a radical (7.4 man; 7.10 water; 7.17 flesh) and a phonetic part which is pronounced 'gu' everywhere (7.5 old; 7.11 bone; 7.18 drum). Character 7.6 is pronounced 'hua', a sound similar to that of 'gu'. The phonetic part and sometimes the radical can be subdivided into a number of graphic elements, whose meaning are derived from their combinations in these etymological components, as seen in Fig. 6 above.

Phonetic Transcriptions of Characters

As Chinese characters give the meaning rather than the pronunciation, it was necessary to add a phonetic transcription for each of them, and sometimes different transcriptions, depending on regional usages in dictionaries and indexes.

1. Roman transcription system (Pinyin). Westerners spontaneously used the Roman alphabet to transcribe the pronunciation of Chinese characters. However, each country followed the conventions of its own language. In France, the Ecole française d'Extrëme-Orient (E.F.E.O) established its own transcription system. Different systems were available in Anglo-Saxon countries, the Wade and Yale systems being the most widely used.

In 1958, the People's Republic of China made public the *Pinyin system*, a phonetic transcription system based on the Roman alphabet. It is compulsory learning in all primary schools in China and, in international usage, it is replacing all the previous systems developed by Westerners.

2. The Bopomofo. The Chinese developed the bopomofo, an original graphic system for transcribing the sounds of the Chinese language. This system is still widely used in Taiwan and elsewhere.

Introduction

The Different Methods of Classifying Characters in Dictionaries

1. Classification according to the Pinyin system of romanization. Characters in most modern Chinese dictionaries are classified according to a phonetic transcription that uses the Roman alphabet, sometimes the Wade system, more often the Pinyin. Despite the undeniable advantages of classifying according to the Roman alphabet, these systems still have drawbacks. First, the user must already know the character and its pronunciation in order to be able to find it. Moreover, many characters have the same pronunciation and the user has to search through long lists. The adoption of the Pinyin system on a large scale confirms the problems inherent in the previous systems based on Chinese writing itself.

2. Classification by radicals. In 1716, Emperor Kangxi published a dictionary containing approximately 47 000 characters classified under 214 *keys* or *radicals*. In 'ideo-phonogram' characters, the radical is the part that gives the meaning and is added to a phonetic borrowing. The dictionaries give a chart of these radicals arranged according to the number of strokes used in writing them, and many radicals have the same number of strokes. Each radical is given a number and is listed again in the order of these numbers, this time with the list of characters sharing the same radical. As these lists can be quite long, they are subdivided according to the number of strokes added to the radical to form the full character. The Kangxi lists of radicals have been changed, notably in 1956, with the reform of the writing system in China. However, apart from few differences, the system of classification by radicals remains the same in all Chinese dictionaries. Indeed, this system offers a way to find a character whose pronunciation is not known.

However, this system has numerous shortcomings. The radical may be at the beginning, in the middle or at the end of a character and errors are frequent. Because it is necessary to count the number of strokes and scan several lists of characters, which can be tedious, mistakes are easily made. In addition, although almost 10% of Chinese characters are not ideo-phonograms and do not have proper radicals, they have been thrown in together with the list of the official 214 radicals, which does not include some important but rarely used written forms, as jing 京 (in Beijing) classified under radical 008a 亠. It is generally felt that a list of characters whose radicals are obscure should be added to these dictionaries.

3. Classification by stroke count. In some dictionaries, characters are classified according to their *total number of strokes*. As lists can therefore be quite long, they are further divided according to the first stroke of a character. The user will find, for example, the list of characters with nine strokes, whose first stroke is a horizontal, then the list of nine-stroke characters, whose first stroke is a vertical, etc.

4. Classification according to the four-corner method. The *four-corner method* is another widely used method, especially in Taiwan and Japan. According to this method, a number ranging from 0 to 9 is given to each of the four corners of a character, taking into account the types of strokes in each corner, and a fifth number is given for other features of the character. This method is fairly efficient. Although many characters have the same codes, the lists of characters to be searched through are much shorter than those in the system of radicals. However, this method also has its disadvantages: it does not take into account the structure of the character and very different characters are placed on the same lists.

PART II
HOW TO USE THE KUAISU (QUICK) CLASSIFICATION OF CHINESE CHARACTERS

Whereas the classification systems listed above have major drawbacks, the *kuaisu* system offers many advantages. It is based entirely on Chinese writing, the only thing available at the beginning. It takes into account the graphic structure of characters and allows for only one possible position for each character. It provides instant access, without any codes, to each character, regardless of the number of characters to be located. This is not done by magic. All it takes is a good understanding of Chinese writing.

There are two steps in this process:

1) The character is first broken down into its graphic elements, following the writing order.

2) The graphic elements are then classified according to their structuring form.

Each of these steps is examined below.

<u>Step one</u>. The character is broken down into its graphic elements, element by element, following the writing order (Figs. 8.1 and 8.2)

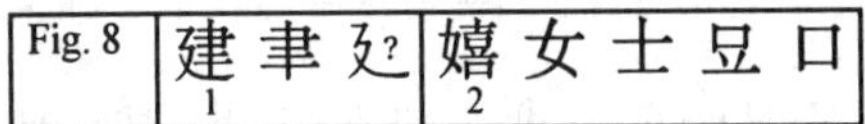

The identification of graphic elements in a character does not pose any problem in the majority of cases. This identification is usually done in most Chinese language text for beginners.

However, textbooks do not present this analysis in a systematic way and there are still no official rules on how to proceed. The rules adopted in this dictionary are given here. They are rules that respect traditional usages as much as possible and that have been recognized as well- founded by leading authorities on Chinese writing. The etymological components (radical, phonetic part, etc.) of each character are identified, then broken down into an identical sequence of graphic elements. Thus, the following rules have been applied uniformly.

The first rule, as is shown in Fig. 10, deals with the small strokes that are more or less detached from the central structure (basic core) of graphic elements in several characters.

<u>Rule 1a</u>. *The small strokes in Fig. 9 are never considered as graphic elements by themselves. They are almost always part of a larger graphic element (Figs. 10 and 11); and only a few strokes (Fig. 12), which are used in rare cases to link up elements (Figs. 13, 14 and 15), are treated as accents on the first graphic element under them.*

Fig. 9	一	二	亖	亠	䒑	𠂉	㇖	㇀	八		
	1	2	3	4	5	6	7	8	9		
	丶	㇀	丆	丷	䒑	㣺	⺊	⺌	十	亚	𠂊
	1	2	3	4	5	6	7	8	9	10	11

Fig. 10	彳 卉 家 云 公 缶 [illegible] [illegible] 言 [illegible] 自 亩 [illegible]	乡 穴

Fig. 11	欠 𠂉 尔 产 刍 争 色 ⺈ 负 角 奂 色 ⺈ 負 免 兔 象 鱼 魚 龟 龜

Accents

Fig. 12	一	二	亠	䒑	亠	𠂉	㇖	八	一
	a	b	c	d	e	f	g	h	z

Fig. 13	夜	亻 c 夂
	壽	士 工 g 口 寸

Fig. 14	彳?攵	徽	彳	山	糸	a	攵
	方?	旂	方	斤	f		

Graphic elements marked with an accent follow those without accents.

Fig. 15	伐	便	夜	豚	肥	前
	1	2	3	4	5	6

Rule 1b. *Since one stroke cannot be divided into two strokes (Fig. 16.1a-b, 16.2a-b,16.3a-b), everything that has at least one stroke in common is kept together in the same graphic element (Fig. 16.1, 16.2, 16.3).*

Fig. 16	禾?戈	禾	戈	疌	肀	龰	果	田	木
	1	a	b	2	a	b	3	a	b

Rule 1c. *Even though some graphic forms are joined side by side (Fig 17), they may still be treated as independent graphic elements (Fig. 17.1, 17.6) – always complying as much as possible with tradition – if this does not involve breaking a stroke or doubling it. The treatment can then be applied to all identical graphic elements.*

Fig. 17	マ	予	矛	甬	函	廿	燕	革	莫
	1	2	3	4	5	6	7	8	9

Fig. 17 shows that elements 17.1 and 17.6 are always separated from the forms under them and constitute as many independent graphic elements.

Rule 1d. *An element (Fig. 18.2,18.5,18.8) whose first stroke was drawn before the first stroke of another element (Fig. 18.3, 18.6, 18.9) appears first in the classification of the elements of a character, even if the other element ends before the first one (Fig. 18).*

Fig. 18	回	囗?	口	袁	𧘇	臼	栽	𢦏?	木
	1	2	3	4	5	6	7	8	9

This rule facilitates the treatment of frequent cases of nesting elements. We begin the first element, then go on to the second element and finish it before finishing the first element. In our lists of graphic elements, an element that has another one inside it, will have a question mark '?' where the nested element should be placed. In the 'Writing-Ecriture' pages of this dictionary, the question mark tells you when the nested element must be written in full.

Step Two. The graphic elements are classified according to their structuring form.

This dictionary includes 772 graphic elements. Despite their number, it is easy to memorize the classification with the help of their structuring form.

The structuring form of a graphic element. The structuring form of a graphic element is made up of one stroke or a series of strokes (two or three) that is visually most striking in this element and is generally found in its centre (core element).

Fig. 19	木	丨	氺	亅	雨	冂	重	田
	1	2	3	4	5	6	7	8

Thus, in the pictogram of a tree (Fig. 19.1), the central vertical line (Fig. 19.2) provides a core to this entire graphic element. In the graphic element of water (Fig. 19.3), the hook to the left (Fig. 19.4) plays the same role; in the rain element (Fig. 19.5), it is the box (Fig. 19.6); and in the last element presented here (Fig. 19.7), it is the square crossed by two perpendicular lines (Fig. 19.8).

The 11 classes of graphic elements. Many graphic elements in Chinese writing are similar and, apart from some distinctive strokes, many of them share the same central structuring form (Fig. 20).

Fig. 20	大	天	矢	夭	头	买	犬	太	夫	失	夹
	1	2	3	4	5	6	7	8	9	10	11

In fact, almost all graphic elements in Chinese writing can be linked to ten basic structuring forms which constitute as many classes of graphic elements. The few remaining elements are assembled in a last class. Thus, there are 11 classes of graphic elements whose variants yield 43 subclasses (Fig.21) and 118 series (Fig. 22 and *Tables of the 11 classes of graphic elements* at end of dictionary).

Fig. 21 classes	subclasses						
一 1	一 11	冫 12					
丿 2	彡 21	八 22	人 23	乂 24			
乚 3	𠄌 31	乚 32	亅 33				
丨 4	丨 41	木 42	丄 43				
㇏ 5	㇏ 51	㇁ 52					
㇜ 6	㇜ 61	丩 62	フ 63				
𠃊 7	𠃊 71	厂 72	𠃌 73				
匚 8	匚 81	コ 82	⺕ 83	凵 84	冂 85		
工 9	口 91	工 92	尸 93	丂 94			
口 0	口 01	日 02	中 03	田 04	罒 05	⊠ 06	[?] 07
弓 Z	ㄐ Z1	ㄣ Z2	⺄ Z3	己 Z4	凹 Z5	母 Z6	○ Z7

Fig. 22 | the 118 series

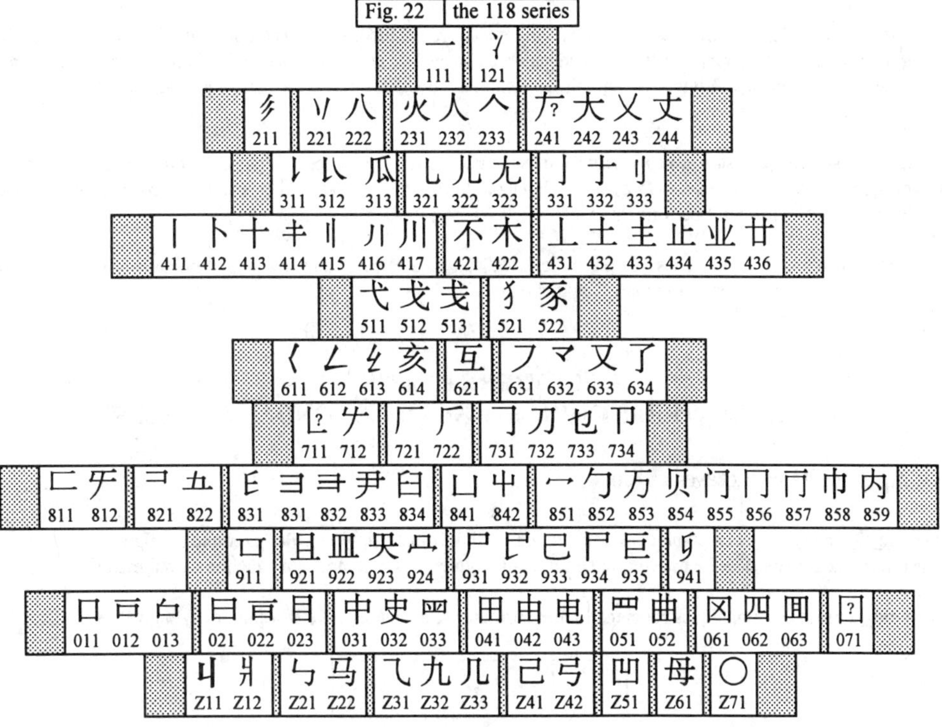

<u>Rule 2a</u>. *Graphic elements are classified according to their most complex structuring form (their most visually striking form).*

Figures 21 and 22 show that the most simple structuring forms are at the beginning and on top, whereas the most complex forms are at the end and at the bottom. A graphic element often contains many of the forms given as structuring forms in these figures; however, the form that will be considered to be structuring in an element and fundamental in its classification, will always be the visually most striking form, consequently, the most complex and the lowest in the system (Figs. 21 and 22).

Fig. 23	车	一	ㄥ	一	丨
	1	2	3	4	5

Thus, the pictogram of a car in its simplified form (Fig. 23.1) which is made up of the following strokes (Figs. 23.2 to 23.5) is found in class 6 because of its second stroke (Fig. 23.3). The other strokes, two horizontals (Figs. 23.2 and 23.4) and one vertical (Fig. 23.5) are linked with classes 1 and 4 respectively, both of which are considered less complex in the system. Thus, this element is classified by the form that is most striking visually. It is found in series 614 with other elements, all quite complex and sharing the same structuring form.

In practice, it would be much quicker to remember which class each graphic element is linked with, by referring to the *Tables of the 11 classes of elements* at the end of the dictionary and thoroughly examining the common aspects of the elements found in the tables. *Exercises* and other *subclassification principles* appear just before the *Tables of the 11 classes of elements* at the end of the dictionary.

Introduction

L'approche proposée dans ce dictionnaire permet une grande compréhension de l'écriture chinoise ainsi que le plaisir de naviguer dans cette mer de graphismes très esthétiques avec une aisance et une instantanéité qui ont pendant si longtemps paru impensables. Spontanément, des linguistes chinois de Pékin ont appelé le système de classement de ce dictionnaire le *rapide*, le *kuaisu*, nom qui a été retenu.

Cette méthode est d'une précision toute moderne. Chaque caractère n'a qu'une position possible: on le trouve là où il doit être, sans avoir à scruter de longues listes. On a accès à la façon de l'écrire, à son radical et à son étymologie. Le *kuaisu* se prête aussi à un traitement de texte très performant.

L'introduction comprend deux parties. La première initie aux caractères et aux divers dictionnaires chinois. La seconde présente le classement *kuaisu* (rapide) propre à ce dictionnaire.

PREMIERE PARTIE
LES CARACTERES CHINOIS : NOTIONS FONDAMENTALES

Les cinq types de caractères chinois

1. Les pictogrammes sont des graphiques concrets de la chose qu'ils signifent. Par exemple, la figure 1.1 représente une bouche ouverte dont le cercle a été transformé en carré et la figure 1.2, un homme qui s'incline ou qui marche.

2. Les symboles sont des graphiques concrets d'idées abstraites. Les figures 1.3 et 1.4 sont les symboles des chiffres 1 et 2.

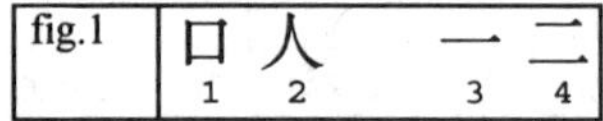

3. Les idéogrammes combinent généralement des pictogrammes ou des symboles, notamment pour représenter des concepts ou des sentiments. Ainsi l'idée de « bon » (fig. 2.1) est suggérée par la jonction d'une femme (2.2) et d'un enfant (2.3), la notion de « printemps » (fig. 2.4) l'est par la réunion de branches exubérantes (2.5) et du soleil (2.6).

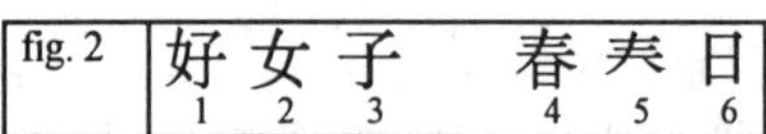

4. Les phonogrammes sont des emprunts faits d'un caractère à un autre qui ont la même prononciation. Ainsi, pour écrire le chiffre 10 000, on a emprunté le pictogramme du scorpion (fig. 3.1), lequel devait sans doute se prononcer de la même manière.

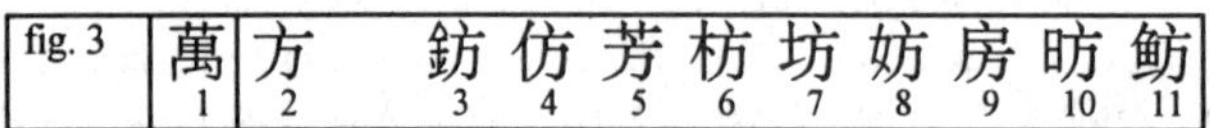

5. Les idéo-phonogrammes comprennent en plus de l'emprunt phonétique, comme dans les phonogrammes ci-dessus, une autre partie, soit le radical ou la clé, qui en précise le sens. Dans la figure 3.2, on trouve le caractère primitif « fang » qui veut dire « carré », tandis que les caractères suivants, qui ont aussi le même « fang », ont d'autres sens: le 3.3 est le « francium » un élément chimique avec le radical du métal; le 3.4, « imiter » avec le radical de l'homme; le 3.5, « parfum, gloire » avec le radical des plantes; le 3.6, « planche » avec le radical du bois; le 3.7, « place » avec le radical de la terre; le 3.8, « tort, dommage » avec le radical de la femme; le 3.9, « maison » avec le radical de la porte; le 3.10, « levée du jour » avec le radical du soleil; le 3.11, « brême » avec le radical du poisson.

Cette dernière solution s'est avérée fort pratique et actuellement, plus de 90 % des caractères chinois sont des idéo-phonogrammes. Il ne faudrait toutefois pas conclure que l'écriture chinoise est fondamentalement phonétique. En effet, ce n'est que dans 40 % des cas environ que la partie phonétique peut donner une indication relativement précise de la prononciation des sons. Et pour inventer un nouveau caractère, les Chinois choisissaient souvent, parmi les graphies déjà disponibles de même prononciation, celle dont le sens se rapprochait de la nouvelle idée à écrire.

Introduction

Les trois composantes des caractères

L'écriture chinoise est relativement complexe, mais elle est plus simple qu'elle n'y paraît. Une analyse précise permet de constater que tous les caractères sont formés de composantes sans cesse réutilisées dans des combinaisons variées.

1. Les <u>traits</u>. Les traits de l'écriture chinoise sont ce qui est tracé d'un seul coup de pinceau ou de stylo. Chaque caractère comprend un nombre réglementaire de traits qui doivent être écrits dans un ordre précis. Même si le principe de différencier les types de traits et de les compter est très ancien en Chine, une codification normalisée n'existe toujours pas. D'un pays à l'autre et d'un livre à l'autre dans un même pays, les façons de classer et de distinguer les traits de l'écriture diffèrent passablement, et cela, en dépit de ressemblances manifestes. La figure 4 montrent les principaux traits de l'écriture chinoise dans un classement qui est à la base du système *kuaisu* (rapide).

fig. 4		verticaux	丨 12
points	㇒ 丶 1 2	courbes	㇂ ㇁ 13 14
horizontaux	一 ㇀ 3 4	pointes	㇛ ㇜ ㇇ 15 16 17
obliques	㇒ 丿 ㇏ 5 6 7	angles	㇄ ㇕ ㇆ 18 19 20
crochets	㇙ ㇞ ㇟ 亅 8 9 10 11	multiples angles	㇉ ㇈ 21 22

<u>Remarques sur la fig. 4</u>. Plutôt que de traits horizontaux (4.3 et 4.4), il serait plus juste de parler de traits qui vont de gauche à droite, comme 4.4 qui est montant, tandis que les traits obliques sont tous faits de haut en bas et descendent vers la gauche (4.5 et 4.6) ou vers la droite (4.7). Le second crochet (4. 9) aurait pu être placé avec les traits à angles multiples comme 4.22. Cependant, les angles y sont courts et le crochet inférieur est semblable au 4.8. Dans notre système, il a été conservé là, près de plusieurs autres traits analogues utilisés dans les radicaux simplifiés.

2. Les <u>éléments graphiques</u> [Graph]. Les figures de base de l'écriture chinoise sont des unités graphiques faites d'un seul ou de plusieurs traits, séparables des unités graphiques voisines grâce à une distance ou à une absence de chevauchement physique. On peut les appeler éléments graphiques ou, encore, graphèmes ou graphes, car ils sont dans le système *kuaisu* l'équivalent des lettres de l'alphabet latin.

Par exemple, le pictogramme de l'ours (fig. 5.1) comprend quatre éléments graphiques indépendants dont chacun peut avoir d'autres sens dans d'autres contextes, tout comme la composante *fu* (fig. 5.2) , une jarre à vin à l'origine, et ses deux éléments graphiques. Plusieurs dessins complexes à l'origine ont donc été décomposés en multiples éléments graphiques simples. Encore récemment, en Chine populaire, on a procédé de la sorte pour réduire la complexité du graphisme classique de la tortue (de 5.3 à 5.4).

fig. 5	能 1	厶 月 匕 匕	畐 2	𠮛 田	黽 3	黾 4	口 电

Par ailleurs, plusieurs graphismes, différents à l'origine, ont été réduits à des formes plus simples, aujourd'hui identiques. Ainsi, dans la figure 6.1, le carré avec deux lignes croisées au centre représente un champ; dans la figure 6.2, c'est une tête et un cerveau humain; dans la figure 6.3, il devient un empilement d'objets. Dans la figure 6.4, on a la lune, tandis que dans la figure 6.5, le même élément graphique est le radical de la chair ou de la viande; dans la figure 6.6, il est un puits, alors qu'au départ dans la fig. 6.7 il était probablement un bateau.

fig. 6	田 思 壘 1 2 3	月 股 青 滕 4 5 6 7

3. Les composantes étymologiques (radical et partie phonétique) [Etym]. En effet, sauf s'ils constituent en eux-mêmes un caractère, les éléments graphiques n'ont pas de sens. Celui qu'on peut leur donner doit tenir compte d'une composante plus large, celle d'un caractère entier, plus souvent celle du radical ou de la partie phonétique d'un caractère. Ces composantes, qu'on appelle parfois *groupes usuels*, seront ici désignées sous le nom de *composantes étymologiques*. Elles possèdent, en effet, un sens et une prononciation et on peut en retracer, avec plus ou moins de certitude il est vrai, l'évolution graphique ou l'étymologie. Tous les caractères chinois sont formés de ces composantes étymologiques. En connaître la prononciation, l'étymologie et l'écriture constitue un accès privilégié et fort efficace à l'ensemble de l'écriture chinoise. On a rassemblé 2574 composantes étymologiques. Elles sont présentées dans des encadrés dans le corps de ce dictionnaire. Elles sont accompagnées d'une large information, dont leur étymologie et une liste des caractères qui en découlent.

fig. 7		traits	éléments graphiques	composantes étymologiques
gū	估 1	丿 亻 一 十 十 古 古	亻 古 2 3	亻 古 4 5
huá	滑 6	丶 冫 氵 丨 冂 冎 冎 冎 丿 冂 月 月	氵 冎 月 7 8 9	氵 骨 10 11
gǔ	臌 12	丿 冂 月 月 一 十 士 丨 冂 口 口 口 豆 一 十 支 支	月 士 豆 支 13 14 15 16	月 鼓 17 18

On voit dans la figure 7 trois caractères formés de composantes étymologiques, soit un radical (7.4, l'homme; 7.10, l'eau; 7.17, la chair) et une partie phonétique qui se prononce partout 'gu' (7.5, 'vieux'; 7.11, 'os'; 7.18, 'tambour'). Le caractère 7.6 se prononce 'hua', un son qui a certaines affinités avec 'gu'. La partie phonétique et parfois le radical peuvent se subdiviser en un nombre plus ou moins importants d'éléments graphiques qui acquièrent leur sens dans leur combinaison dans les composantes étymologiques, comme on l'a vu à la figure 6.

Les transcriptions phonétiques des caractères

Comme les caractères chinois donnent le sens plutôt que la prononciation, il a fallu dans les dictionnaires et les répertoires donner une transcription phonétique de chacun d'eux et, parfois, diverses transcriptions selon les usages de la langue.

1. Les transcriptions latines (pinyin). Pour la transcription de la prononciation des caractères chinois, les Occidentaux ont spontanément utilisé l'alphabet latin. Mais chaque pays a suivi les conventions de sa propre langue. Pour la France, l'École française d'Extrême-Orient (E.F.E.O.) a établi un standard de transcription. Pour les pays anglo-saxons, il y a eu divers systèmes, dont le Wade et le Yale, qui ont été parmi les plus répandus.

La Chine populaire, en 1958, a rendu officiel le *pinyin*, un système de transcription phonétique qui utilise l'alphabet latin. Son apprentissage est obligatoire dans toutes les écoles primaires et il remplace de plus en plus, à l'échelle internationale, les divers systèmes mis au point auparavant par les Occidentaux.

2. Le bopomofo. Les Chinois ont inventé le bopomofo, un système graphique original de transcription des sons du chinois, qui est encore largement utilisé à Taïwan et ailleurs.

Introduction

Les divers classements des caractères dans les dictionnaires

1. Classement d'après l'alphabet latin (pinyin). Dans la plupart des dictionnaires chinois modernes, les caractères sont classés selon une transcription phonétique qui utilise l'alphabet latin, parfois le Wade, mais la plupart du temps le *pinyin*. Cela présente des avantages indéniables, puiqu'on profite des commodités du classement de l'alphabet latin. Mais les inconvénients restent nombreux. D'abord, il faut connaître le caractère et sa prononciation pour le trouver. Il y a aussi le fait que plusieurs caractères ont la même prononciation et qu'on doit parcourir quelques listes de caractères. Et surtout, l'adoption à peu près généralisée du *pinyin* confirme la difficulté des méthodes antérieures basées sur l'écriture chinoise elle-même.

2. Classement selon le radical. En 1716, on publiait en Chine à la demande de l'empereur Kangxi un dictionnaire d'environ 47 000 caractères classés sous 214 *clés ou radicaux*. Ces radicaux sont dans les caractères de type « idéo-phonogramme », la partie qui donne le sens et qui s'ajoute à l'emprunt phonétique. Les dictionnaires présentent une table de ces radicaux, classés par nombre de traits nécessaires pour les écrire, plusieurs radicaux ayant le même nombre de traits. Chaque radical reçoit un numéro et il est repris dans l'ordre de ces numéros, cette fois avec la liste des caractères qui utilisent ce radical. Comme ces listes peuvent être très longues, elles sont subdivisées selon le nombre de traits qui s'ajoutent au radical dans le caractère complet. Les listes de radicaux de Kangxi ont été modifiées, notamment en 1956, avec la simplification de l'écriture en Chine populaire. Mais à ces quelques différences près, le système de classement par radical reste le même dans tous les dictionnaires chinois. Il permet, en effet, de trouver un caractère dont on ne connaît pas la prononciation.

Les inconvénients du système sont pourtant nombreux. Le radical peut se trouver au début, au milieu ou à la fin du caractère et on s'y trompe souvent. Le compte des traits et le parcours de plusieurs listes constituent des démarches fastidieuses et aussi sujettes à l'erreur. Surtout, près de 10 % des caractères, ceux qui ne sont pas des idéo-phonogrammes, n'ont pas à proprement parler de radical et on les a raccordés tant bien que mal à la liste des 214 radicaux officiels. Cette liste n'inclut pas certains graphismes particuliers importants, mais peu utilisés, comme jing 京 (dans Beijing) qui est classé au radical 008a 亠. Dans ces dictionnaires, on sent généralement le besoin d'ajouter une liste des caractères dont le radical n'est pas évident.

3. Classement selon le nombre total de traits du caractère. Certains dictionnaires classent les caractères selon leur *nombre total de traits*. Comme les listes sont alors longues, on les sectionne en tenant compte du premier trait tracé dans le caractère. Par exemple, on aura la liste des caractères à 9 traits dont le premier est un trait horizontal, la liste des caractères à 9 traits dont le premier est un trait vertical, etc.

4. Classement selon la méthodes des quatre coins. Un autre système assez largement répandu, surtout à Taïwan et au Japon, est la méthode dite *des quatre coins*. Dans ce système, on attribue un chiffre à chacun des coins du caractère en tenant compte des types de traits qui s'y trouvent et, souvent, un cinquième chiffre pour d'autres dictinctions. Cette méthode est assez efficace. Bien que plusicurs caractères aient les mêmes codes, les listes de caractères à parcourir sont plus brèves que dans le classement selon le radical. La méthode des quatre coins a cependant l'inconvénient de ne pas tenir compte de la structure du caractère et les listes mettent ensemble des caractères fort différents.

DEUXIEME PARTIE
LE CLASSEMENT RAPIDE (KUAISU) DES CARACTERES CHINOIS: MODE D'EMPLOI

Tous les systèmes de classement énumérés ci-dessus présentent des inconvénients majeurs. Le classement kuaisu de ce dictionnaire a plusieurs avantages. Il est entièrement basé sur l'écriture. Il tient compte de la structure graphique des caractères. Il n'autorise qu'un emplacement possible pour chaque caractère. Sans aucun code, il donne un accès immédiat à chacun d'eux, quel que soit le nombre considéré. La démarche n'a rien de magique. Elle suppose une bonne compréhension de l'écriture chinoise.

Elle se fait en deux étapes:

1) Séparer le caractère en éléments graphiques, en suivant l'ordre de leur écriture.

2) Classer les éléments graphiques selon leur forme structurante.

Nous reprenons chacun de ces deux points.

Première étape. Séparer le caractère en éléments graphiques en suivant l'ordre de leur écriture (fig. 8.1 et 8.2)

fig. 8	建 聿 廴?	嬉 女 士 豆 口
	1	2

Dans la plupart des cas, la séparation d'un caractère en éléments graphiques ne pose aucun problème. Elle est généralement faite dans les manuels d'apprentissage du chinois.

Cependant, les manuels ne font pas cette séparation analytique systématiquement et il n'existe pas encore de règles officielles sur la façon de procéder. Nous donnons ici les règles adoptées dans le *kuaisu*, lesquelles respectent le mieux possible les usages traditionnels et ont été reconnues comme valables par de grandes autorités de l'écriture chinoise. Dans chaque caractère, les composantes étymologiques (radical, partie phonétique, etc.) ont été identifiées puis toujours décomposées dans une même suite d'éléments graphiques. Ainsi avons-nous appliqué avec une parfaite homogénéité les règles suivantes.

La première règle concerne les petits traits plus ou moins détachés de la structure centrale des éléments graphiques dans plusieurs caractères, comme il appert dans la figure 10.

Règle 1a. *Les petits traits de la fig. 9 ne sont jamais considérés comme des éléments graphiques en soi. Ils sont presque toujours partie intégrante des éléments graphiques (fig.10 et 11) et seuls certains traits (fig. 12), dans des cas assez rares de liaisons entre éléments (fig. 13, 14 et 15), sont traités comme des accents du premier élément graphique qu'ils surmontent.*

fig. 9	一	二	三	亠	䒑	𠂉	乛	㇀	八		
	1	2	3	4	5	6	7	8	9		
	丶	㇀	亍	丷	䒑	⺍	⺊	⺌	十	亚	⺈
	1	2	3	4	5	6	7	8	9	10	11

fig. 10	彳 卉 豙 云 公 缶 𠮛 古 言 白 自 亩 亩	纟 穴

fig. 11	欠 饣 尔 产 刍 争 舀 ⺈ 负 角 奂 色 ⺈ 負 免 兔 象 鱼 魚 龟 龜

Les accents

fig. 12	一	二	亠	䒑	三	𠂉	乛	八	一
	a	b	c	d	e	f	g	h	z

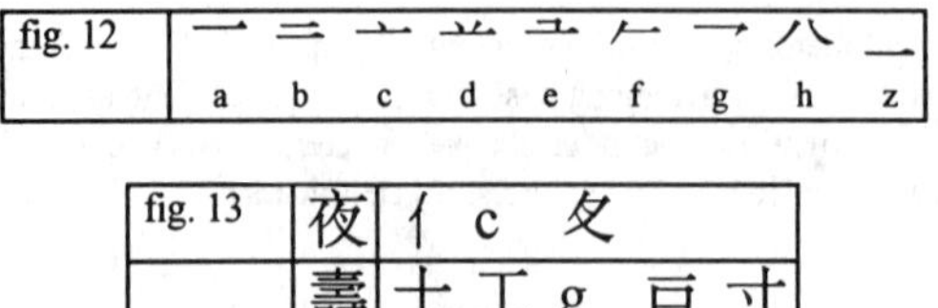

fig. 13	夜	亻 c 夂
	壽	士 工 g 𠮛 寸

fig. 14	彳?攵	徽	彳	山	糸	a	攵
	方?	旂	方	斤	f		

L'élément graphique accentué suit ceux qui ne le sont pas

fig. 15	伐	便	夜	⁻b	肥	前
	1	2	3	4	5	6

Règle 1b. *Comme on ne saurait partager un trait en deux (fig. 16.1a-b, 16.2a-b,16.3a-b), on garde toujours dans le même élément graphique tout ce qui est relié par au moins un trait (fig. 16.1,16.2, 16.3).*

fig. 16	?戈	禾	戈	疌	𠦝	龰	果	田	木
	1	a	b	2	a	b	3	a	b

Règle 1c. *Même si des formes graphiques sont accolées (fig. 17), on peut, en se conformant le plus possible à la tradition, les séparer en éléments graphiques autonomes (17.1 et 17.6) si cela n'entraîne aucun bris ou aucun dédoublement des traits. Le traitement est alors généralisé à l'ensemble des éléments graphiques identiques.*

fig. 17	マ	予	矛	甬	函	廿	⿻廿北	革	莫
	1	2	3	4	5	6	7	8	9

Dans la figure 17, les éléments graphiques 17.1 et 17.6 sont toujours séparés des formes qu'ils surmontent et qui constituent d'autres éléments graphiques indépendants.

Règle 1d. *Un élément graphique (fig. 18.2, 18.5, 18.8) dont le premier trait a été tracé avant le premier trait d'un autre élément (18.3, 18.6, 18.9) vient avant dans le classement des éléments d'un caractère même si l'autre élément est terminé avant le premier (fig. 18).*

fig. 18	回	冂?	口	裒	衣?	臼	栽	?戈	木
	1	2	3	4	5	6	7	8	9

Cette règle permet de bien traiter les cas assez fréquents d'emboîtement des éléments. On en commence un premier, on entreprend et termine le second puis on termine le premier. Graphiquement, dans nos listes, l'élément qui peut en englober un autre aura à l'intérieur un point d'interrogation '?' à l'endroit où l'élément englobé doit être placé. Dans les pages « Writing-Écriture » de ce dictionnaire, le point d'interrogation indique quand l'élément inclus doit être écrit au complet.

Deuxième étape. Classer les éléments graphiques selon leur forme structurante.

772 éléments graphiques sont rassemblés dans ce dictionnaire. Malgré leur nombre, il est facile d'en mémoriser le classement par le recours à leur forme structurante.

Introduction

La forme structurante d'un élément graphique. La forme structurante d'un élément graphique est constituée par un trait ou par un ensemble de traits (deux ou trois) qui frappe le plus le regard dans cet élément et qu'on trouve généralement en son centre.

fig. 19	木	丨	氺	亅	雨	冂	重	田
	1	2	3	4	5	6	7	8

Ainsi, dans le pictogramme de l'arbre (fig. 19.1), la ligne verticale centrale (fig. 21.2) est celle qui donne corps à l'ensemble de cet élément graphique. Dans l'élément graphique de l'eau (fig. 19.3), c'est le crochet à gauche (fig. 19.4) qui joue le même rôle; dans l'élément de la pluie (fig. 19.3), c'est la boîte (fig. 19.6); dans le dernier élément ici présenté (fig. 19.7), c'est le carré croisé par deux lignes perpendiculaires (fig. 19.8).

Les 11 classes d'éléments graphiques. Beaucoup d'éléments graphiques de l'écriture chinoise sont semblables et, à l'exception de quelques traits distinctifs, plusieurs d'entre eux partagent la même forme structurante (fig. 20).

fig. 20	大	天	矢	夭	头	买	犬	太	夫	失	夹
	1	2	3	4	5	6	7	8	9	10	11

En fait, presque tous les éléments graphiques de l'écriture chinoise peuvent se rattacher à 10 formes structurantes fondamentales, qui constituent autant de classes d'éléments graphiques. Les quelques éléments restants sont regroupés dans une dernière classe. On obtient ainsi 11 classes d'éléments graphiques, dont les variantes donnent 43 sous-classes (fig. 21) et 118 séries (fig. 22 et *tableaux des 11 classes d'éléments graphiques* à la fin du dictionnaire).

fig. 21 classes	sous-classes						
一 1	一 11	丫 12					
丿 2	彡 21	八 22	人 23	乂 24			
乚 3	𠄌 31	乚 32	亅 33				
丨 4	丨 41	木 42	丄 43				
乀 5	乀 51	㇁ 52					
𠃋 6	𠃋 61	ㄐ 62	㇇ 63				
𠃊 7	𠃊 71	厂 72	㇆ 73				
匚 8	匚 81	コ 82	彐 83	凵 84	冂 85		
丘 9	口 91	丘 92	尸 93	丂 94			
口 0	口 01	日 02	中 03	田 04	罒 05	区 06	? 07
弓 Z	丩 Z1	ㄣ Z2	乁 Z3	己 Z4	凹 Z5	毋 Z6	〇 Z7

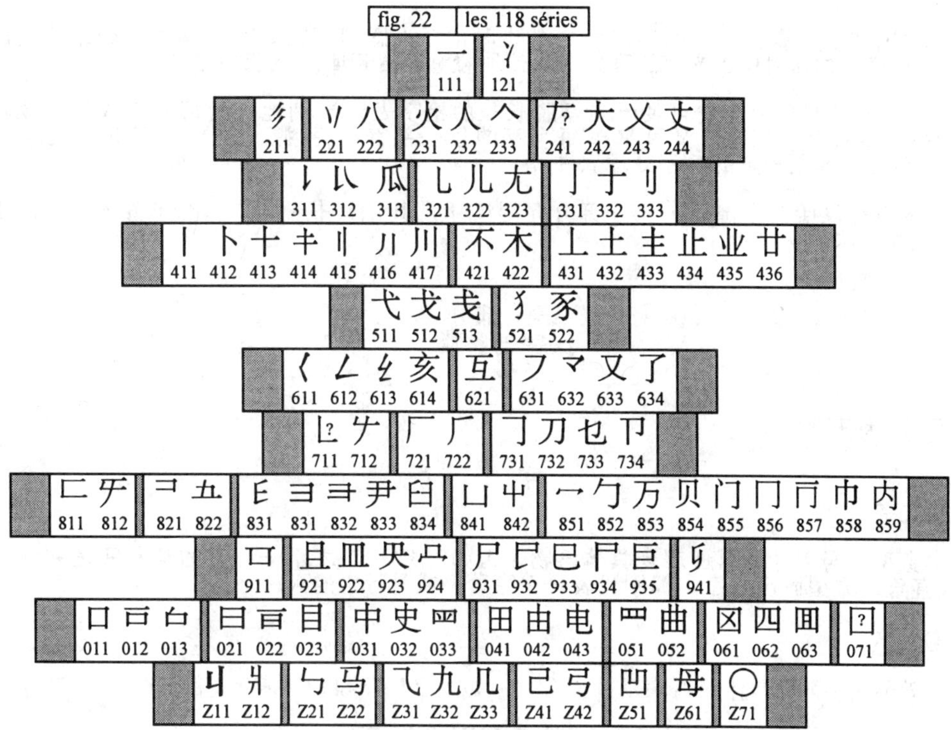

<u>Règle 2a</u>. *Le classement des éléments graphiques se fait par la forme structurante la plus complexe (la plus forte visuellement).*

Dans les figures 21 et 22, les formes structurantes les plus simples sont au début et en haut, les plus complexes à la fin et en bas. Un élément graphique comprend souvent plusieurs des formes données comme formes structurantes dans ces figures, mais celle qui sera considérée comme structurante d'un élément et comme base de son classement, sera toujours la forme la plus forte visuellement, par conséquent la plus complexe et la plus basse dans les tableaux des sous-classes ou des séries du classement *kuaisu*.

fig. 23	车	一	ㄥ	一	丨
	1	2	3	4	5

Ainsi, le pictogramme de la voiture dans sa forme simplifiée (fig. 23.1), qui comprend les traits suivants (fig. 23.2 à 23.5), doit se trouver dans la classe 6 à cause de son deuxième trait (fig. 23.3). Les autres traits, deux traits horizontaux (fig. 23.2 et 23.4), un trait vertical (fig. 23.5) se rattachent respectivement aux classes 1 et 4 toutes deux considérées comme antérieures et plus simples dans le classement *kuaisu*. On le trouve dans la série 614, avec d'autres éléments assez complexes qui partagent la même forme structurante.

En pratique, on aura vite retenu à quelle classe rattacher chaque élément graphique en consultant les *tableaux des 11 classes d'éléments grsphiques* à la fin du dictionnaire et en visualisant bien ce qui est commun aux éléments qui ont été regroupés. Des *exercices* et d'autres *principes de sous-classement* apparaissent juste avant les *tableaux des 11 classes d'éléments graphiques* à la fin du dictionnaire.

引言

中国文字千姿百态，瑰美绚丽，却也时常令人感到难以掌握。本字典介绍的快速检字法可令读者加深对中国文字的理解，快捷地漫游于浩若烟海的汉字之中。

本字典极具新意，它可使一者摆脱长长的检字表，准确地查到每一个汉字。读者既可从中了解汉字的写法，又可掌握每个字的偏旁部首及字源。同时，使用快速检字法还可以建立一套很先进的汉字处理软件。

本引言包括两个部分。第一部分介绍汉字及其工具书。第二部分介绍本字典的正文：快速检字法。

第一部分
汉字的种类

汉字可分为五种类型：

1。象型文字

象型符号以具体图画表现具体事物。比如，字1。1表示一张开的嘴，只是将笔画演变成直角四方型而已。字1。2则代表一个弯著腰或是行走的人。

2。符号文字

符号文字则以具体图画表现抽象含义。如：字1。3和1。4表示1和2。

图1	口	人	一	二
	1	2	3	4

3。表意文字

表意文字通常为几个（一个以上)图型或符号综合而成，往往表示一些概念和感情。《好》(字2。1）由女人（2。2）和孩子（2。3）合成，《春》（字2。4）字由茂盛的树枝（2。5）和太阳（2。6）组成。

图2	好	女	子	春	𡗗	日
	1	2	3	4	5	6

4。标音文字

标音文字是指借用另一个具有相同发音的字而形成的文字。如为了表示10，000这个概念，就借用了表示蝎的《萬》字。当时，萬 这个字的发音与10，000的发音相同。

图3	萬	方	鈁	仿	芳	枋	坊	妨	房	昉	魴
	1	2	3	4	5	6	7	8	9	10	11

5。表意-标音文字

表意-标音文字除借用发音外，还包括偏旁或部首以表示该字的具体含义。字3。2表示“方型“，而後面的字则具有其他含意：字3。3加上一个《金》字旁表示一种化学元素，字3。4加《人》字表示摹仿，字3。5加《草字头》表示《香味，美名》，字3。6加《木》字表示木头，3。7加《土》表示《地方》，3。8加上《女》字表示《错，误》，字3。9加上《户》字表示房屋，3。10加上《日》字表示日出，字3。11加上《鱼》字表示一种鱼。

引言

表意-标音文字方便实用，现在90%以上的汉字由表意-标音文字组成。但不能据此认为中国文字是一种标音文字。实际上，如果以语音部分判断汉字发音，准确率只有40%。在创造文字过程中，人们往往不仅考虑同音，而且考虑含意是否相近。

汉字的三个构成要素

汉字的构成虽然相对复杂，但亦有章法可循。如果仔细比较一下，就可发现，一些基本笔型，经过不同组合，构成了千变万化的汉字。所有汉字均由一些重复性很强的笔型组成，只是组合方式不同而已。

1。笔画

汉字中以一笔写完的笔画为一画，每个字都包括几个笔画，书写顺序非常严谨。在中国，长期以来，就开始区分，计数各种笔画，但一直未有统一的方法。各种著作既有许多相同之处，又有诸多不同的划分，归类方法，因人因地而有所不同。

表4是《快速检字法》对汉字的主要笔画所进行的分类

图4		竖	丨 12
点	ノ 丶 1 2	弯	㇏ ㇁ 13 14
横	一 ㇀ 3 4	折	㇛ ㇜ ㇇ 15 16 17
撇	㇒ 丿 ㇏ 5 6 7	直角折	㇗ ㇕ ㇆ 18 19 20
钩	㇙ ㇊ ㇄ 亅 8 9 10 11	多角折	㇉ ㇈ 21 22

在表4中：4。3和4。4是从左向右的笔画，而撇捺类则是自上而下，向左右倾斜（4。5，4。6和4。7）。竖钩类中的4。9由于折钩很短，下面的钩与4。8相同，故而排在竖勾类而未与4。22一起划入多角折类。

2。笔型

汉字由一些基本笔型组成，各个笔型笔画数目不一，在形体上相对独立。在《快速检字法》中，这些笔型即如西文中的拉丁字母一样。例如：象型字《熊》（5。1）即包括四个基本笔型。《鼻》字（5。2）则包括三个笔型。每个基本笔型在不同的组合中可能有不同的含义。许多原本复杂的象型文字，被拆解成简单笔型。在中国大陆，《黽》字的简化即是一例。

图5	能 1	厶 月 匕 匕	畐 2	戸 田	黽 3	黾 4	口 电

此外，一些原本不同的笔型经过简化之後演变成了相同的笔型。在字6。1中《田》表示田野，在字6。2中，相同笔型则表示人的头和大脑，而在6。3中则表示物质的堆积。字6。4 表示《月亮》，字6。5中《月》这个笔型则表示《肉》。在字6。6中，《月》表示一口井，而在字6。7中则表示一条船。

图6	田 思 壘 1 2 3	月 股 青 滕 4 5 6 7

3。字源部件（偏旁和语音部分）

其实，汉字笔型本身并无一成不变的含义。不能只从笔型理解汉字的含义，而应考虑整个字，考虑字的偏旁和标音部分。偏旁和标音部分时常被称为《 常用笔型》，在快速检字法中，称之为《 字源元素 》。它们本身具有一定含义，有固定的发音，我们可以追溯其笔型和含意的演变过成。所有汉字均包括《 字源元素 》。了解这些字源元素的发音，含义和写法对于了解汉字极为有利。我们一共找出2574个《 字源元素 》，归于本字典中，并详加注解，使读者了解它们的含义以及由此派生的汉字。

图7		笔画	笔型	字源部件
gū	估 1	丿 亻 一 十 ⺊ 古 古	亻 古 2 3	亻 古 4 5
huá	滑 6	丶 冫 氵 丨 冂 冎 冎 冎 丿 刀 月 月	氵 冎 月 7 8 9	氵 骨 10 11
gǔ	臌 12	丿 刀 月 月 一 十 士 丨 口 口 口 口 豆 一 十 支 支	月 士 豆 支 13 14 15 16	月 鼓 17 18

表7中的三个字均由一些字源元素组成，一个是偏旁（7。4中的《 》，7。10中的《 》，7。17中的《 月 》），另一个是语音部分，念做“ GU"（7。5意为“ 老"，7。11为《 骨头 》，7。18为《 鼓 》）。字7。6读做“ HUA"，与“ GU“ 发音有些相近。语音部分和偏旁部分可再分解为一些基本笔型，这些笔型经与字源重新组合表示不同的意思。（见表6）

汉字注音

由于汉字以表意为主，标音为次，在字典中往往需要为每个字注音，何况，汉字有不少多音字。

1。汉语拼音。

西方人通常使用拉丁字母为汉字注音。但各国方法不一。在法国，由法国远东法语学校制定注音标准。在盎格鲁-萨克森国家，则有诸多不同的方法，其中Wade和Yale的方法较为流行。

1958年，中国正式颁布了汉语拼音方案，使用拉丁字母为汉字注音。在中华人民共和国，小学生都必须学习汉语拼音。目前，汉语拼音越来越广泛地应用于国际交往当中，正逐步取代西方人所使用的各种办法。

2。旧汉语拼音

此前，中国已有一套用汉字笔画 为汉字注音的办法。目前，台湾等地还广泛使用这一办法。

引言

字典的汉字分类

1。汉语拼音分类法

现代汉语字典多使用汉语拼音注音，并据此将汉字归类。在少数情况下，也有人使用Wade的注音方法。汉语拼音分类法当然很有益处，因为它吸取了拉丁字母的排列，使用起来比较方便。同时，也有一些不便之处。首先，只有认识汉字，知道汉字如何发音才能找到汉字。另外，由于许多汉字发音相同，往往需要求助于检字表。而最重要的一点缺陷，就是由于广泛使用西文排列，令人感到似乎以汉字为基础的排列方法不宜使用。

2。偏旁分类法

1716年康熙年间，编纂了一部字典，收入了47，000汉字，将之分别归入214个偏旁或部首。这些偏旁属于表意-标音文字中的表意部分，与标音部分一起构成汉字。康熙字典根据汉字笔画数目将偏旁部分顺序排列，同一笔画数目栏下有诸多偏旁部首。每个偏旁注有编号，查找时，将具有同一偏旁的字列在一起，在检字表中寻找同样的编号。由于检字表有时很长，又将偏旁以外的笔型根据笔画数目列成一表。康熙字典的偏旁部首检字表已几经变迁，到1956年中华人民共和颁布汉字简化方案後更是有了很大变化。但在汉字字典中，康熙字典的分类法基本上保持下来。这种方法的好处是让人在不知道发音时亦可查找汉字。

康熙字典的分类方法亦有一些不便之处。由于汉字偏旁有时先写，有时後写，识别起来容易出错。计数笔画的步骤比较繁琐，也容易让人出错。此外，有近10%的汉字，不是表意-标音文字，使用康熙字典的分类方法时有牵强。一些不大常用但却很重要的笔画也并未包括在这些字典中。为查找偏旁不明显的字，一般都要单独列出难检字表。

3。笔画数目分类法

有些字典根据汉字笔画数目将汉字进行排列。由于检字表很长，往往需要根据字的第一画划分细类，比如：将共有九画的字再分成以“横“开始的九画字和以“竖“开始的九画字等。

4。四角号码法

四角号码法为另一比较普及的方法，在台湾，日本尤为通用。在这种方法中，根据每个字四个角的不同笔画，在字的四角标出不同的数字（0-9），并时常辅以第五个数字标明字的其他属性。这种方法相当有效。尽管有时会出现重码，但其检字表比较简洁。不过，这种方法并不考虑每个字的结构特点，往往把一些极不相同的字划在一起。

第二部分
快速检字法

现存各种方法都有一些明显缺陷。相比之下，快速查字法有不少优点。这种方法以书写为基础，既便于熟悉汉字的人使用，又便于初学汉字的人使用。这种方法考虑字的笔型结构，将每个汉字确定一个固定的位置。使人不需任何编码，不管笔画多少，都可直接找到汉字。具体步骤如下：

1）。根据书写顺序，分辨汉字的笔型。
2）。根据笔型的基本结构将汉字划分归类。

现在，我们逐条进行解释。

1） 第一阶段：根据书写顺序将汉字分解成一个个基本笔型（表8。1和8。2）

图8	建 聿 廴? (1)	嬉 女 士 豆 口 (2)

将汉字分解成笔画似无人异议，多数汉语课本均将汉字分解成笔画。但分解方法并不系统，至今尚无正式规定。快速检字法尽量尊重传统上普遍认同的方法。每个字中，将字源元素（偏旁，标音部分等）加以识别并将之分解成基本笔型。以下是分解笔型的基本规则。

第一，小笔画规则。（见表10）

小笔画指与核心笔型相分离的附属笔画

规则1a：表9中的小笔画不单独构成基本笔型。

除表10。11和表12中所示情况外，表8中的小笔画均作为其所附属笔型的一部分。图9中的一些基本笔画中就包括一些小笔画。

图10中的许多基本笔型包含表8。11中的小笔画。

在一些汉字中，表8的小笔画起到联系笔型的作用。有时，表11中的小笔画并不与其凌杂的笔型相连，只是基本笔型的附属。

图9	一 1	二 2	亖 3	亠 4	䒑 5	𠂉 6	冖 7	乛 8	八 9		
	丶 1	乛 2	亠 3	丷 4	立 5	龷 6	卜 7	业 8	十 9	亚 10	𠂊 11

图10	彳 卉 豖 云 公 龟 曰 立 言 白 自 亩 声	纟 穴

图11	欠 饣 尔 产 刍 争 臽 肏 负 角 奂
	色 白 負 免 兔 象 鱼 魚 龟 龜

在表12和13中，我们将汉字分解成基本笔型，小笔画只做基本笔型的附属。

图12	一 a	二 b	亠 c	䒑 d	亠 e	𠂉 f	冖 g	八 h	一 z

图13	夜	亻 c 夂
	壽	士 工 g 曰 寸

图 14	微	黴	彳	山	系	a	攵
	於	旂	方	斤	f		

在汉字电脑文字处理系统中，需要遵守各个笔型的编码（见字典最後的图表）。因此，图15中，15。3排在15。1和15。2後面。15。6排在15。4和15。5後面。由于有小笔画，《夜》字排在《伐》和《便》字之後。

图 15	伐	便	夜	豚	肥	前
	1	2	3	4	5	6

规则1b：只需有一画相连就应将有关部分视为一个整体。作为同一个笔型，而不能将笔画从中间分开。（表16）

图 16	我	禾	戈	逮	聿	⻌	果	田	木
	1	a	b	2	a	b	3	a	b

规则1c：尽管各个笔型相互交错，（如表17），我们仍尽量遵循习惯用法区分各个相对独立的笔画，而不中断或重叠各个笔画。相同笔型均以同样方法处理。

图 17	マ	予	矛	甬	函	廿	燕	革	莫
	1	2	3	4	5	6	7	8	9

表17中的17。1和17。6两个笔型始终与其相邻的笔型相分离，构成独立的笔型。

规则1d：先书写的笔型排在後开始书写的笔型前面，即使後开始书写的笔型先写完也不改变排列顺序（图18）。

图 18	回	口?	口	衰	衣	臼	栽	𢦏	木
	1	2	3	4	5	6	7	8	9

这条规则便于处理相互交错的笔型。汉字在书写过程中，有时会先写一笔第一个笔型，然後开始写第二个笔型，甚至写完第二个笔型之後才继续写第一个笔型。

在字型上，我们在可以包容其它笔型的笔型内标出“？“号，指出被包容笔型的位置。在本字典中的“书写“部分，当需要全部写出被包含的笔型时，也标出“？“号。

2）。根据核心结构划分归纳各基本笔型

本字典中列出了772个基本笔型。其数目虽然不少，但只要掌握核心结构的规律就十分容易记忆。

核心结构

基本笔型的核心结构由该笔型中最具视觉效果的一个或一组笔画构成，它一般位于该笔型的中心部分。

图19	木 1	丨 2	氺 3	亅 4	雨 5	冂 6	重 7	田 8

比如，《 木》 字（ 19。1）中间的竖（ 19。2）即是整个《 木 》 字的核心；《 水 》 字（ 19。3）中的竖钩（ 19。4），《 雨 》字中《 盒子 》（ 19。6） ，以及《 重 》中的《田 》（ 19。8）均为其所在笔型的核心结构。

十一类基本笔型

如表20所示，汉字中，许多笔型形状相近，并具有相同的核心笔型，只有少数例外。

图20	大 1	天 2	矢 3	夭 4	头 5	买 6	犬 7	太 8	夫 9	失 10	夹 11

快速检字法将绝大多数汉字笔型归纳为十类，将其余少数笔型列为第十一类。这十一类再分为43个细类（图21）117个系列（见表22及字典最後部分的图表）。

图21 classes	细类						
一 1	一 11	㇀ 12					
丿 2	彡 21	八 22	人 23	乂 24			
乚 3	㇀ 31	乚 32	亅 33				
丨 4	丨 41	木 42	丄 43				
㇏ 5	㇏ 51	㇁ 52					
𠃋 6	𠃋 61	ㄣ 62	㇇ 63				
乚 7	乚 71	厂 72	丁 73				
匚 8	匚 81	コ 82	ヨ 83	凵 84	冂 85		
㠪 9	冖 91	㠪 92	尸 93	弓 94			
口 0	口 01	日 02	中 03	田 04	罒 05	囟 06	? 07
弓 Z	丩 Z1	ㄣ Z2	㇈ Z3	己 Z4	凹 Z5	母 Z6	○ Z7

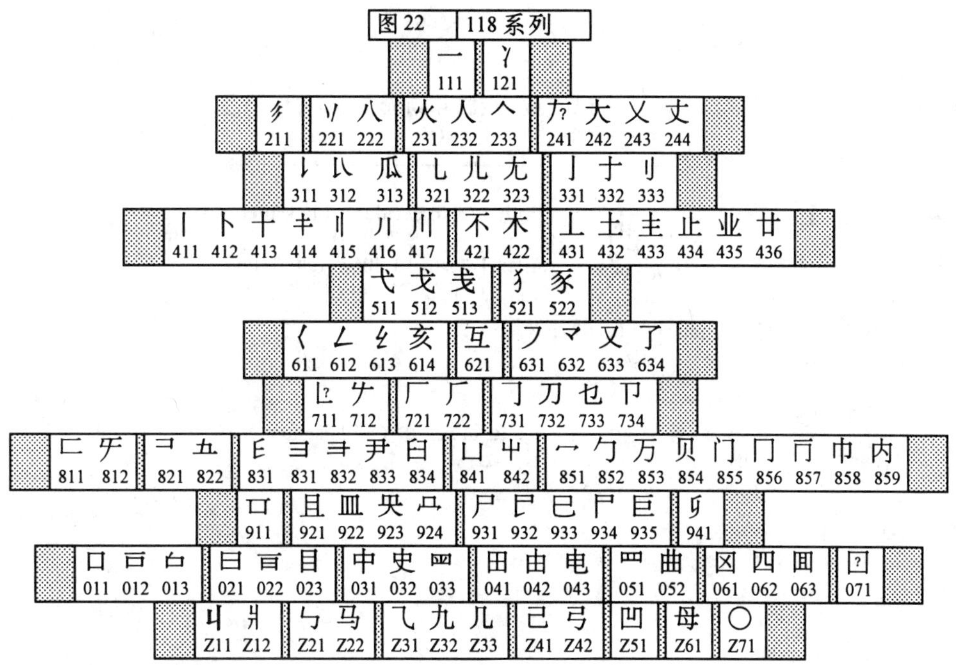

规则2a：根据最复杂的核心结构对笔型进行归类和分组。

在表21和22中，简单的笔画排在前面，复杂笔画排在後面。每个基本笔型中可能同时包括数个笔画，但其核心笔型只能是最复杂，视觉效果最强，在分类表中相对靠後的笔画。

图23	车	一	∠	一	丨
	1	2	3	4	5

例如，简体字《车》（23。1）包含23。2至23。5画，该字第二画（图23。3）应归入第六类。其余笔画，两横（23。2和23。4）一竖（23。5）均属于相对简单的1和4组。根据规则，该字列入第六类614系列。

使用快速检字法，只需检阅字典後面所附的笔型表就可迅速得知每个笔型应归入那一类，并可与同类的笔型进行比较。本字典最後有一些分类练习和其它一些再分类规则。

口 真 月 011a 022i 856e Etym: 2104-2106 Hanzi: 9214-9230
(1) (2) (3) (4)

嘲 c h á o +9214 謿 to ridicule, to deride ◇ plaisanter,
(6) (7) (10) (11)
口 真 月 *9627 railler [Etym] 口 2063 (rad: 030a
(8) (9) (12) (13) (14)
(5)
3-12), 朝 2237 [Graph] 011a 022i 856e.
(15) (16) (17) (18)

嘲笑 c h á o x i à o . to laugh at ◇ plaisanter * 749
(19) (20) (21) (22)

(1) (2) The three first graphic elements of the first character or etymological component on the page and their codes (2)
(3) Numbers of etymological components explained on the page
(4) Numbers of Chinese characters (Hanzi) on the page
(5) Chinese character.
(6) Pinyin transcription of pronunciation
(7) Character number. The meaning of the preceding sign is: - simplified, + simplified or classical, * classical.
(8) List of graphic elements in the character, order of writing. Accents appear with wavy underlining.
(9) Other equivalent character(s). Number(s) 1° ... that may follow a character means that this character is only used for meanings following these numbers in the translation (10).
(10) Beginning of English translation
(11) Beginning of French translation
(12) Beginning of references to etymological components (boxes in the text) with their numbers
(13) (16) Etymological component. Written form and number.
(14) Etymological component that is here the radical of the character. Number according to the Kangxi dictionary.
(15) Stroke count for the radical and for the rest of the character
(16) See (13).
(17) (18) Beginning of codes of the graphic elements appearing in (8). Possibility to consult section *Writing-Écriture* or the *of the 11 classes of graphic elements* at the end of the dictionary.
(19) Compound word.
(20) Pinyin transcription of pronunciation for the compound word.
(21) Translation into English then into French
(22) Number for characters added to the first character in the compound word.

Explanotory Notes / Notes explicatives / 体例说明

(1) (2) Les trois premiers éléments graphiques du premier caractère ou de la première composante étymologique de la page et leurs codes (2).
(3) Indique par leurs numéros les composantes étymologiques expliquées dans cette page.
(4) Indique par leurs numéros les caractères chinois (Hanzi) présents dans cette page.
(5) Caractère chinois ici présenté.
(6) Prononciation en pinyin du caractère.
(7) Numéro du caractère. Le signe qui le précède indique le type de caractère: - simplifié, + simplifié ou classique, * classique.
(8) Liste des éléments graphiques du caractère dans l'ordre de l'écriture. Les accents sont soulignés d'une ligne ondulée.
(9) Autre(s) caractère(s) équivalent(s). Le(s) numéro(s) 1°... qui l' (les) accompagne(nt) parfois indique(nt) que ces caractères ne s'emploient que dans les sens qui suivent ce(s) numéro(s) dans les traductions (10) et (11).
(10) Début de la traduction anglaise.
(11) Début de la traduction française.
(12) Début des renvois aux composantes étymologiques (encadrés dans le texte) avec leurs numéros.
(13) et (16) Composantes étymologiques, graphie chinoise et numéro, de ce caractère.
(14) Composante étymologique qui est ici le radical. Numéro selon le dictionnaire de Kangxi.
(15) Nombre de traits du radical et nombre de traits du reste du caractère.
(16) Voir (13).
(17) (18) Début des codes des éléments graphiques qui apparaissent en (8). Possibilité de consulter *Writing-Écriture* ou les *Tableaux des 11 classes d'éléments graphiques* à la fin du dictionnaire.
(19) Mot composé.
(20) Prononciation en pinyin du mot composé.
(21) Traduction en anglais puis en français.
(22) Numéros des caractères (Hanzi) qui s'ajoutent au premier caractère dans le mot composé.

（1）和（2）本页第一个字或第一个字源部件的前三个基本笔型及其编码。
（3）本页出现的字源部件的编码。
（4）本页出现的汉字的编码。
（5）汉字。
（6）汉语拼音。
（7）汉字编码。每个汉字前均有符号表示该字为何种字体，-表示简体字，+表示简体或繁体字，*表示繁体字。
（8）基本笔型顺序表。小笔画以曲线标出。
（9）异体字。
（10)英文译文。
（11）法文译文。
（12）字源部件表开端。
（13）和（16）为字源部件及其号码。
（14）为与部首一致的字源部件及康熙字典中该部首的号码。
（15）部首笔画数目及该字其余笔画的数目。
（16）见（13）。
（17）指（8）中出现的基本笔型。基本笔型编码开始。
（18）基本笔型编码。可查阅字典《笔顺》部分或《十一类基本笔型分类表》。
（19）词组。
（20）词组的汉语拼音注音。
（21）词组的英文及法文译文。
（22）词组中第二个字的编码。

Explanatory Notes / Notes explicatives / 体例说明

音 y ī n (91) [Tra] Sound, music ◇ son musique
(2) (3) (5)
立 日 [Etym] sounds (1= prim, < 言 2139)
(1) (4) (6) (7) (8) (9) (8) (10)
of words (2= 日 2168) ◇ les sons (1 = prim, < 言 2139) des
(7) (7)(8) (9) (8) (10)
paroles (2= 日 2168) [Graph] 221a 021a [Ref] h6, k277,
(11) (12)
ph 498, r 224, w73e, wa14 [Hanzi] 歆 + 666 [Rad] 180a
(13) (14)

(1) Etymological component [Etym] (radical or phonetic part) often used to form Chinese characters
(2) Pinyin transcription of pronunciation
(3) Reference number of etymological component
(4) List of graphic elements of etymological component. Accents appear with wavy underlining. The codes of elements are found further on [Graph] (12)
(5) [Tra] Translation into English then into French
(6) [Etym] Etymological explanation of component. {1} traditional {2} modern archeological explanations.
(7) First to last numerical reference to the graphic elements appearing in (4)(12)
(8) These signs make the link between the elements and other etymological components shown in (10). The meaning varies:
= is the exact equivalent of
< comes from, is similar to
> can be compared with
should not be confused with
(9) Simple abbreviations are used:
prim: an primitive pictogram or element. It is impossible to trace back further.
(10) Etymological component and its code that can be used to refer to other explanations.
(11) Codes of graphic elements [Graph]. Refer also to the section *Writing-Écriture* to see how to write it.
(12) [Ref] References to works on etymology. See below.
(13) [Hanzi] Chinese characters. List of characters that have this component as phonetic part. See also (14).
(14) [Rad] The radical and its code, if the etymological component is a radical. See the section *Hanzi Radical Index* for the list of characters that have this radical. See also (13).

[Ref]

h: Henshall Kenneth G. *A Guide to Remembering Japanese Characters*. Rutland, Vt, Tuttle, 1988. Number of etymological component // numéro de la composante étymologique.

i: Ryjic Kyril. *L'idiot chinois: initiation à la lecture des caractères chinois*. Paris, Payot, 1980. *L'idiot chinois. 2. La promotion de Yu le Grand.* Paris, Payot, 1984. Number of etymological component, references including a letter indicate vol. 2. // Numéro de la composante étymologique, les références comprenant des lettres se trouvent dans le vol. 2.

k: Karlgren Bernhard. *Analitic Dictionary of Chinses and Sino-Japanese.* New York, Dover, 1974 (1923). Number of etymological component // Numéro de la composante étymologique.

ph: Phonetics // phonétiques. Number given by Wieger to phonetic components and reproduced in the Ricci dictionary. Numéros des composantes étymologiques utilisées comme parties phonétiques dans les caractères dans l'ouvrage de Wieger ci-dessous et repris dans le dictionnaire Ricci.

w: Wieger L. *Chinese Characters: their Origin, Etymology, History, Classification and Signification.* New York, Dover, 1965 (1915). Number of the lesson and its section // Numéro de leçon et section de la leçon.

wa: Wang Hongyuan. *The Origins of Chinese Characters*. Beijing, Sinolingua, 1993. *Aux sources de l'écriture chinoise*. 1994. Page.

wi: Wilder G.D. & Ingram J.H. *Analysis of Chinese Characters*. New York, Dover, 1974 (1922). Number of etymological component // Numéro de la composante étymologique.

(1) Composante étymologique [Etym] (radical ou partie phonétique) souvent utilisée pour former des caractères chinois.
(2) Transcription pinyin de la prononciation
(3) Numéro de référence de la composante étymologique.
(4) Liste des éléments graphiques de la composante étymologique. Les accents apparaissent avec un soulignement ondulé. Les numéros des éléments se trouvent plus loin après [Graph] (11).
(5) [Tra] Traduction en anglais, puis en français.
(6) [Etym] Etymologie en anglais, puis en français. Explication {1} traditionelle , {2} archéologique moderne.
(7) Référence numérique, du premier au dernier, aux éléments graphiques apparaissant en **(4) (11)**.
(8) Ces signes établissent les rapports entre les éléments et d'autres composantes étymologiques indiquées en **(10)**. Le sens varie:

= est l'exact équivalent de
< provient de, a des analogies avec
: peut être comparé à
à ne pas confondre avec

(9) Des abréviations simples sont employées:

prim = un élément ou pictogramme primitif. Il est impossible de remonter plus loin.

(10) Composante étymologique et son numéro où on peut se reporter pour trouver d'autres explications.
(11) Numéros des éléments graphiques [Graph]. On peut voir comment l'écrire à la section **Writing-Ecriture**.
(12) [Ref] Références à des ouvrages sur l'étymologie. Voir page 30.

(13) [Hanzi] Caractères chinois. Liste des caractères qui ont cette composante comme partie phonétique. Voir aussi **(14)**.
(14) [Rad] Radical et son numéro, si la composante étymologique est un radical. Voir section **Index Radicaux** pour la liste des caractères qui possèdent ce radical. Voir aussi **(13)**.

（1）汉字常用字源部件（部首或语音部分）。
（2）汉语拼音。
（3）字源部件号码。
（4）基本笔型顺序表。小笔画以曲线标出。笔型编码见（11）。
（5）英文译文与法文译文。
（6）字源部件注解。
（7）标出（4）和（11）中各基本笔型的号码。
（8）中各符号表示基本笔型与其它字源部件（如（10）所示）之间的关系。

=表示完全相同。
<表示源自或近似。
：表示可与。。。相比。
#表示不可与。。。混淆。

（9）缩略语

始=初始的笔画或象型文字。

（10）供参考用的字源部件及其号码。
（11）基本笔型编码。其写法见《笔顺》部分。
（12）汉字字源著作书目。
（13）以此笔型为其语音部分的汉字。
（14）部首及其号码。只有该字源部件亦为部首时方可适用此条。请参见部首索引查阅其它具有相同部首的汉字。

Other publications / autres publications / 书目

Bellasen Joël. *Méthode d'initiation à la langue et à l'écriture chinoises*. Paris, 1989.

Habein Yaeko S. & Mathias Gerald B. *The Complete Guide to Everyday Kanji*. Tokyo, Kodansha, 1991. With very useful subdivisions in types of usual groups. Avec subdivisions fort utiles des types de groupes usuels.

Xu Shen. *Shuo wen jie zi*. Fundamental Chinese work on the subject, published in 121 A.D. and reedited since then. Ouvrage fondamental publié en 121 après J.-C., sans arrêt réédité depuis.

丶 zhu (1) [Tra] dot, sign of punctuation ◇ point, ponctuation [Etym] a dot (prim). radical 003a ◇ un point (prim). radical 003a [Graph] acc:1 [Ref] w4a [Hanzi] ju3 举 684, yi4 义 1687, zhu3 主 5212, pang1 乒 7214, wei2 wei4 为 7272, dan1 丹 8055, wan2 丸 11206 [Rad] 003a.

亠 rù (2) [Tra] to enter ◇ entrer [Etym] different writing for (入 179); radical 008a ◇ autre graphie pour (入 179); radical 008a [Graph] acc:c [Ref] w4d [Hanzi] jiao1 交 1681, yi4 亦 2753, bian4 变 2762, hai4 亥 6319, chan3 产 6991, men2 亹 7467, jing1 京 9436, heng1 亨 9443, xiang3 享 9445, duo3 亸 9451, bo2 亳 9457, ting2 亭 9459, liang4 亮 9462, mu3 亩 10454, dan3 亶 10977, kang4 亢 11236 [Rad] 008a.

— 111

一 yī (3) [Tra] one, unity ◇ un, unité [Etym] one stroke (prim) ◇ un trait (prim) [Graph] 111a [Ref] k175, r45, w1a, wa192 [Hanzi] yi1 一 1, zhang4 丈 1689, qi1 七 2181, ding1 zheng1 丁 2232, bu4 不 4066, pi1 丕 4067, diu1 丢 5228, bing4 並 5346, yi1 弌 5503, si1 丝 6002, cheng2 丞 6543, shi4 世 6808, yan2 严 6997, qiu1 丘 7210, ping1 乒 7213, chou3 丑 7392, mo4 wan4 万 7923, shuan1 闩 7997, li2 li4 丽 8285, bing3 丙 8502, liang3 两 8504, ju1 qie3 且 8541, yu2 yu3 yu4 与 11020, mian3 丏 11023 [Rad] 001a.

一 yī +1 1° one 2° single, only one 3° same 4° whole, throughout 5° each 6° otherwise 7° wholehearted 8° as soon as 9° musical note 10° surname ◇ 1° un 2° unique, un seul 3° même, identique 4° tout entier 5° chaque, chacun 6° autrement 7° impliqué à fond 8° dès que, à peine 9° note de musique 10° nom de famille [Etym] 一 3 (rad: 001a 1-00), [Graph] 111a.

一一 yī yī ∘ one by one ◇ un à un (litt.) ✱ 1.

一个 yī gè ∘ one ◇ un ✱ 1092.

一会 yī huì ∘ in a moment; later ◇ dans un instant; tout à l'heure ✱ 1382.

一会儿 yī huì ér ∘ a little while; in a moment, soon ◇ peu de temps; tantôt... tantôt ✱ 1382 2194.

一天 yī tiān ∘ a day; once upon a time ◇ jour, journée; il était une fois ✱ 1573.

一齐 yī qí ∘ wholly, together, all present ◇ ensemble, tout entier, entièrement ✱ 1661.

一切 yī qiè ∘ all, every ◇ tout, tous ✱ 1894.

一心 yī xīn ∘ wholeheartedly; of one mind ◇ de tout coeur, coeurs unis ✱ 2177.

一排排 yī pái pái ∘ many rows ◇ des rangées ✱ 2423 2423.

一份 yī fèn ∘ one copy ◇ un exemplaire ✱ 2952.

一行 yī xíng ∘ group traveling together, party ◇ groupe, suite ✱ 3128.

一律 yī lǜ ∘ same; without exception ◇ égal; sans exception ✱ 3157.

一下 yī xià ∘ all of a sudden; one time, once ◇ tout à coup, soudainement; un moment, un instant ✱ 3204.

一半 yī bàn ∘ half ◇ moitié ✱ 3477.

一辈子 yī bèi zǐ ∘ all one's life, lifetime ◇ toute la vie ✱ 3511 6546.

一带 yī dài ∘ zone, region ◇ zone, région ✱ 4039.

一样 yī yàng ∘ identical, similar ◇ identique, similaire, semblable, même, pareil ✱ 4163.

一概 yī gài ∘ entirely, without exception ◇ le tout, sans exception ✱ 4397.

一种 yī zhǒng ∘ a kind of ◇ une sorte de ✱ 4580.

一起 yī qǐ ∘ together; at the same time ◇ ensemble; en même temps ✱ 4858.

一块儿 yī kuài ér ∘ together ◇ ensemble ✱ 4905 2194.

一生 yī shēng ∘ throughout one's life ◇ toute la vie, une vie ✱ 5286.

一些 yī xiē ∘ a little, a few; these ◇ un peu de, quelques; des; quelque peu ✱ 5295.

一共 yī gòng ∘ on the whole, totally ◇ tout ensemble, en somme, au total ✱ 5418.

一致 yī zhì ∘ unanimously ◇ à l'unanimité ✱ 5913.

一经 yī jīng ∘ as soon as; once ◇ dès que, une fois que, aussitôt que ✱ 6007.

一系列 yī xì liè ∘ a series of ◇ une série de ✱ 6318 6419.

一连串 yī lián chuàn ∘ a series of ◇ une série de ✱ 6356 10388.

一边 yī biān ∘ one side ◇ côté, bout, face, parti, côté; à part ✱ 7260.

一定 yī dìng ∘ surely, certainly ◇ certainement ✱ 7734.

一则 yī zé ∘ on the one hand ◇ d'un côté ✱ 7962.

一月 yī yuè ∘ January ◇ janvier ✱ 8057.

一同 yī tóng ∘ together, with ◇ ensemble, avec ✱ 8279.

一般 yī bān ∘ general ◇ général; même, égal; ordinaire, banal ✱ 8329.

一向 yī xiàng ∘ all along; earlier on ◇ toujours, depuis longtemps ✱ 8341.

一再 yī zài ∘ again and again, repeatedly ◇ à plusieurs reprises, à maintes reprises, souvent ✱ 8469.

一直 yī zhí ∘ directly, straight; continuously, throughout ◇ directement, tout droit; sans cesse, toujours ✱ 8548.

一口 yī kǒu ∘ one mouthful ◇ une bouchée ✱ 8842.

一路 yī lù ∘ all the way; of the same kind ◇ le long du chemin; du même acabit;

ensemble ✱ 9353.

一路平安 yī lù píng ān。Bon voyage! have a good trip! ◇ bon voyage! ✱ 9353 3426 7748.

一路顺风 yī lù shùn fēng。Have a pleasant journey! Bon voyage! ◇ bon voyage! ✱ 9353 4058 11212.

一点 yī diǎn。a little ◇ un peu de ✱ 9799.

一点儿 yī diǎn ér。a little, a bit ◇ un peu, à peine ✱ 9799 2194.

一旦 yī dàn。in case, once; in a single day ◇ si jamais; soudainement, tout à coup ✱ 9840.

一时 yī shí。on the spot, for a moment ◇ sur le moment, provisoirement ✱ 9861.

一道 yī dào。together, alongside ◇ ensemble, avec, en compagnie de ✱ 10176.

一片 yī piàn。one sheet, leaf; one bit, one slice ◇ une feuille, un morceau, une tranche ✱ 11006.

一贯 yī guàn。all along; consistent ◇ depuis toujours ✱ 11306.

二 èr (4) 二	[Tra] two ◇ deux [Etym] two strokes (prim) ◇ deux traits (prim) [Graph] 111b [Ref] k8, r46, w2a, wa192, wi20 [Hanzi] er4 二 2, kuang4 况 38, zhu2 竺 727, chu4 亍 2238, yu2 于 2306, ren2 仁 2771, qi2 亓 4040, jing3 井 4055, ya4 亚 5341, er4 弍 5504, yun2 云 5917, ai4 叆 5918, dai4 叇 5921, hu4 互 6392, wu3 五 7371, gen4 亘 9971, ji2 qi4 亟 11017, kui1 亏 11018, ya4 亞 11288 [Rad] 007a.

二 èr +2 二 1° two, second, twice 2° different ◇ 1° deux, deuxième, second, double 2° changeant [Etym] 二 4 (rad: 007a 2-00), [Graph] 111b.

二月 èr yuè。February ◇ février ✱ 8057.

二胡 èr hú。two-stringed bowed instrument ◇ violon chinois (à deux cordes) ✱ 9810.

三 sān (5) 三	[Tra] three ◇ trois [Etym] three strokes (prim) ◇ trois traits (prim) [Graph] 111c [Ref] k766, r47, w3a, wa192 [Hanzi] san1 三 3, sa1 仨 2773, san1 弎 5507, yan2 闫 8740.

三 sān +3 三 1° three 2° several ◇ 1° trois 2° plusieurs [Etym] 一 3 (rad: 001a 1-02), 三 5 [Graph] 111c.

三三两两 sān sān liǎng liǎng。

三天两头 sān tiān liǎng tóu。

三心二意 sān xīn èr yì。to be of two minds, to hesitate; half-hearted ◇ avec velléité, avec hésitation ✱ 2177 2 667.

三番五次 sān fān wǔ cì。again and again ◇ à maintes reprises ✱ 4657 7371 6.

三月 sān yuè。March ◇ mars ✱ 8057.

三脚架 sān jiǎo jià。tripod ◇ trépied ✱ 8131 7265.

三角 sān jiǎo。triangle, trigonometry ◇ trigonométrie, triangle ✱ 8359.

三角形 sān jiǎo xíng。triangle ◇ triangle ✱ 8359 4046.

三言两语 sān yán liǎng yǔ。in a few words ◇ en peu de mots, brièvement ✱ 9469 8504 1784.

兰 lán (6) 兰	[Tra] orchid ◇ orchidée [Etym] modern simplified form for (艹 612, 蘭 2042) ◇ forme simplifiée moderne de (艹 612, 蘭 2042) [Graph] 111d [Hanzi] lan2 兰 4, lan4 烂 925, lan2 拦 2318, lan2 栏 4079.

兰 lán -4 兰 | 蘭 *3920 | orchid ◇ orchidée [Etym] 八 127 (rad: 012a 2-03), 兰 6 [Graph] 111d.

冫 121

冫 bīng (7) 冫	[Tra] ice ◇ glace [Etym] {1} crystalisation of water (prim) (< 氵 18); {2} two bronze ingots (prim) ◇ {1} crystallisation de l'eau (prim) (< 氵 18); {2} deux lingots de bronze (prim) [Graph] 121a [Ref] k739, r39a, w17a, wa105, wi138 [Hanzi] ci4 次 6, kuang4 况 38, feng2 馮 44, feng2 冯 47 [Rad] 015a.

凈 jìng *5 冫爫爭 | 净 +36 、淨 *61 | 1° clean, spotless, pure, to wash 2° completely 3° only, nothing but 4° net (income) 5° painted face (Beijing opera) ◇ 1° propre, pur, nettoyer 2° entièrement 3° rien que, seulement 4° net (revenu) 5° visage peint (opéra de Pékin) [Etym] 冫 7 (rad: 015a 2-08), 爭 117 [Graph] 121a 221d 834c.

次 cì (8) 冫欠	[Tra] time ◇ fois [Etym] two (1< 二 4) breathes (2= 欠 178), in and out ◇ deux (1< 二 4) souffles (2= 欠 178), inspiration et expiration [Graph] 121a 232b [Ref] k1095, ph244, r39a, r40e, w99b, wa14 [Hanzi] ci4 次 6, ci2 瓷 7, zi4 恣 8, zi1 粢 9, zi1 姿 10, zi1 资 11, dao4 盗 12, zi1 咨 13, zi1 資 14, ci2 瓷 15, ci4 佽 2774, ci2 茨 3515, zi1 趑 4837, xian4 羡 5213.

次 cì +6 冫欠 1° order, series, time 2° second, inferior ◇ 1° ordre, série, fois 2° suivant, second [Etym] 欠 178 (rad: 076a 4-02), 冫 7 [Graph] 121a 232b.

次货 cì huò。street hawker; inferior goods ◇ camelote, marchandise de mauvaise qualité ✱ 2836.

次数 cì shù。number of times, frequency ◇ nombre de fois, fréquence ✱ 4614.

次序 cì xù。order, sequence ◇ ordre, succession ✱ 6932.

次品 cì pǐn。substandard product ◇ produit de médiocre qualité ✱ 9179.

次要 cì yào。secondary, minor, less important ◇ secondaire, moins important ✱ 10824.

餈 cí +7 冫欠人良 | sweet rice cake ◇ gâteau fait de riz glutineux [Etym] 食 221 (rad: 184a 9-06), 次 8 [Graph] 121a 232b 233a 932e.

恣 zì (9) 冫欠心 | [Tra] licenciousness ◇ libertinage [Etym] heart, passions (3= 心 397); phon (1,2= 次 8) ◇ coeur, passions (3= 心 397); phon (1,2= 次 8) [Graph] 121a 232b 321c [Hanzi] zi4 恣 8, yi4 懿 5006.

恣 zì +8 冫欠心 | 1° to do as one pleases 2° licentiousness ◇ 1° suivre ses caprices, se donner toute liberté 2° passions, licence [Etym] 心 397 (rad: 061a 4-06), 次 8 [Graph] 121a 232b 321c.

粢 zī +9 冫欠米 | 1° rice to be offered as sacrifice 2° the grains, common millet ◇ 1° grain pour offrande 2° millet commun [Etym] 米 782 (rad: 119a 6-06), 次 8 [Graph] 121a 232b 422f.

姿 zī +10 冫欠女 | 1° looks, appearance 2° posture, gesture ◇ 1° allure, apparence, air 2° tenue, tournure, manières [Etym] 女 1122 (rad: 038a 3-06), 次 8 [Graph] 121a 232b 611e.

姿态 zī tài ∘ posture; attitude ◇ allure, position, geste; attitude, maintien * 1605.

资 zī -11 冫欠贝 | 資 •14 | 1° money, expenses 2° to subsidize 3° to provide 4° aptitude 5° qualifications 6° property, capital, means of living ◇ 1° argent, dépenses 2° subventionner 3° fournir, donner 4° dons naturels, talent 5° qualifications 6° biens, ressources, richesses [Etym] 贝 1796 (rad: 154s 4-06), 次 8 [Graph] 121a 232b 854b.

资源 zī yuán ∘ natural resources ◇ ressources * 336.

资金 zī jīn ∘ fund, funds; capital ◇ capitaux, fonds * 1106.

资格 zī gé ∘ qualifications; seniority ◇ qualité, qualification, compétence * 4282.

资料 zī liào ∘ means, material; data ◇ matériel, moyen; documents, données * 4607.

资本 zī běn ∘ capital ◇ capital * 4662.

资本主义 zī běn zhǔ yì ∘ capitalism ◇ capitalisme * 4662 5212 1687.

资本家 zī běn jiā ∘ capitalist ◇ capitaliste * 4662 7747.

资历 zī lì ∘ qualifications and experience ◇ compétence et expérience * 6847.

资产 zī chǎn ∘ property; capital fund, assets ◇ biens, propriétés, richesses, fortune; capitaux * 6991.

资产阶级 zī chǎn jiē jí ∘ the capitalist class ◇ bourgeoisie * 6991 6714 6015.

盗 dào (10) 冫欠皿 | [Tra] robber ◇ voleur [Etym] orig. to desire (1,2> 次 21) goods (3= 皿 1939) ◇ orig. convoiter (1,2> 次 21) des biens (3= 皿 1939) [Graph] 121a 232b 922a [Ref] r40f, w99c [Hanzi] dao4 盗 12.

盗 dào -12 冫欠皿 | 盜 •72 | to rob, robber, to steal ◇ brigand, piller, pillage, voleur [Etym] 皿 1939 (rad: 108a 5-06), 次 8 [Graph] 121a 232b 922a.

盗窃 dào qiè ∘ to steal; thief ◇ voler, cambrioler * 7803.

咨 cī (11) 冫欠口 | [Tra] to inform ◇ aviser [Etym] mouth (3= 口 2063); phon (1,2= 次 8) ◇ bouche (3= 口 2063); phon (1,2= 次 8) [Graph] 121a 232b 011a [Ref] k1093 [Hanzi] zi1 諮 9470.

咨 zī +13 冫欠口 | 諮 2° •9470 | 1° to consult 2° to discuss, to plan 3° to propose ◇ 1° consulter 2° délibérer, planifier 3° proposer [Etym] 口 2063 (rad: 030a 3-06), 次 8 [Graph] 121a 232b 011a.

咨询 zī xún ∘ to consult ◇ consulter * 1800.

資 zī •14 冫欠貝 | 资 -11 | 1° money, expenses 2° to subsidize 3° to provide 4° aptitude 5° qualifications 6° property, capital, means of living ◇ 1° argent, dépenses 2° subventionner 3° fournir, donner 4° dons naturels, talent 5° qualifications 6° biens, ressources, richesses [Etym] 貝 2246 (rad: 154a 7-06), 次 8 [Graph] 121a 232b 023b.

瓷 cí +15 冫欠瓦 | 1° crockery 2° porcelain ◇ 1° poterie 2° porcelaine [Etym] 瓦 2531 (rad: 098a 4-06), 次 8 [Graph] 121a 232b Z33f.

瓷器 cí qì ∘ china, chinaware ◇ porcelaine; objet de porcelaine * 9172.

冷 lěng -16 冫人令 | 泠 •17 | 1° cold, chilly, cool 2° frosty (in manner) 3° deserted, strange 4° surname ◇ 1° froid, se refroidir 2° indifférent 3° étrange, peu familier 4° nom propre [Etym] 冫 7 (rad: 015a 2-05), 令 208 [Graph] 121a 233a 632b.

冷 lěng •17 冫人一卩 | 冷 -16 | 1° cold, chilly, cool 2° frosty (in manner) 3° deserted, strange 4° surname ◇ 1° froid, se refroidir 2° indifférent 3° étrange, peu familier 4° nom propre [Etym] 冫 7 (rad: 015a 2-05), 令 211 [Graph] 121a 233a ac:a 734a.

飡 cān •18 冫人良 | 餐 +6450 、 湌 •87 | 1° to eat 2° meal ◇ 1° manger 2° repas [Etym] 冫 7 (rad: 015a 2-09), 食 221 [Graph] 121a 233a 932e.

凑 còu +19 冫奏天 | 湊 •110 | to gather together ◇ se rassembler [Etym] 冫 7 (rad: 015a 2-09), 奏 315 [Graph] 121a 242r 242b.

凑巧 còu qiǎo ∘ to the point, opportunity ◇ opportun, à propos; par hasard, fortuitement * 4712.

凝 níng +20 冫匕矢マ疋 | 1° to congeal, to coagulate 2° to freeze 3° with fixed attention ◇ 1° se coaguler, se solidifier, se condenser 2° congelé 3° concentrer son attention [Etym] 冫 7 (rad: 015a 2-14), 疑 390 [Graph] 121a 321b 242d 632a 434g.

冰 bīng (12) 冫水 | [Tra] ice ◇ glace [Etym] crystalized (1= 冫 7) water (2=

水435) ◇ de l'eau (2= 水 435) crystalisée (1= 冫 7) [Graph] 121a 331p [Ref] w17b [Hanzi] bing1 冰 21.

冰 bīng +21 冫水 | 氷 *2303 | ice, to ice ◇ 1° glace 2° congeler, geler [Etym] 冫 7 (rad: 015a 2-04), 水 435 [Graph] 121a 331p.

冰冷 bīng lěng。ice-cold; icy ◇ froid intense; glacial ✱ 17.

冰凌 bīng líng。ice ◇ glace ✱ 24.

冰凉 bīng liáng。icy ◇ glacial ✱ 39.

冰淇淋 bīng qí lín。ice cream ◇ crème glacée ✱ 255 191.

冰箱 bīng xiāng。refrigerator, icebox ◇ réfrigérateur, glacière ✱ 782.

冰镇 bīng zhèn。iced; (milk)shake ◇ glacé; frappé (boisson) ✱ 2076.

冰棍儿 bīng gùn ér。popsicle ◇ sucette glacée ✱ 4430 2194.

冰雪 bīng xuě。ice and snow ◇ glace et neige ✱ 8446.

冰雹 bīng báo。hail ◇ grêle, grêlon ✱ 8448.

凇 sōng +22 冫木公 | icicles ◇ glaçon, gelée [Etym] 冫 7 (rad: 015a 2-08), 松 744 [Graph] 121a 422a 612h.

瀆 dú *23 冫士罒貝 | See ◇ Voir 讀 9528 [Etym] 冫 7 (rad: 015a 2-15), 賣 886 [Graph] 121a 432b 051a 023b.

凌 líng +24 冫夫夂 | 玲 *5077 | 1° to insult 2° to rise high, haughty 3° ice 4° pure 5° proper noun ◇ 1° insulter 2° s'élever à, orgueilleux, outrager 3° glace 4° pur 5° nom propre [Etym] 冫 7 (rad: 015a 2-08), 夌 901 [Graph] 121a 432d 633e.

冼 xiǎn +25 冫先 | surname ◇ nom de famille [Etym] 冫 7 (rad: 015a 2-06), 先 935 [Graph] 121a 432m.

澌 sī +26 冫其斤 | 1° ice floating on a river during the spring thaw 2° to thaw, to melt ◇ 1° glaces flottantes, débâcle 2° fondre [Etym] 冫 7 (rad: 015a 2-12), 斯 1014 [Graph] 121a 436i 722c.

淮 huái (13) 冫隹 | [Tra] river name ◇ nom de rivière [Etym] river where to see ice (1= 冫 7), birds (2= 隹 1030) ◇ rivière où on voit de la glace (1= 冫 7), des oiseaux (2= 隹 1030) [Graph] 121a 436m [Ref] r3e, w168c [Hanzi] zhun3 准 27, shuang1 雙28.

准 zhǔn +27 冫隹 | 準3°4°5°6° *263 | 1° to allow, to grant 2° in accordance with, to follow 3° norm, standard 4° to equalize, to level, just 5° exactly, accurate 6° certain, definitely 7° quasi- ◇ 1° permettre, accorder 2° analogue à, suivre, selon 3° norme, standard 4° égaler, équivaloir, juste, niveau 5° exactement 6° certain [Etym] 冫 7 (rad: 015a 2-08), 隹1030 [Graph] 121a 436m.

准许 zhǔn xǔ。to allow, to permit ◇ permettre, donner l'autorisation ✱ 1721.

准备 zhǔn bèi。to prepare ◇ préparer; compter, penser, planifier ✱ 6537.

准确 zhǔn què。exact, accurate, precise ◇ exact, précis, juste ✱ 9759.

准时 zhǔn shí。on time, punctual ◇ ponctuel, à l'heure dite ✱ 9861.

雙 shuāng *28 冫隹又 | 双 +6507 、雙 *5493 | 1° two, twin, both, dual 2° measure word (double, pair, mate) 3° even (numbers) 4° equal ◇ 1° deux 2° spécificatif (double, couple, paire) 3° pair (nombre) 4° égal [Etym] 又 1271 (rad: 029a 2-10), 准 13 [Graph] 121a 436m 633a.

減 jiǎn +29 冫咸 | 減 *269 | 1° to subtract 2° to decrease, to lessen, to diminish ◇ 1° soustraire 2° diminuer, rogner, retrancher, abréger [Etym] 冫 7 (rad: 015a 2-09), 咸 1078 [Graph] 121a 512m 012a.

减法 jiǎn fǎ。subtraction ◇ soustraction (math.) ✱ 217.

减少 jiǎn shǎo。to diminish, to decrease ◇ réduire, diminuer, amoindrir ✱ 2243.

减低 jiǎn dī。to reduce; to lower ◇ baisser, abaisser ✱ 2918.

减慢 jiǎn màn。to slow down ◇ ralentir ✱ 3360.

减轻 jiǎn qīng。to lighten; to ease ◇ alléger, atténuer, diminuer ✱ 6352.

减肥 jiǎn féi。to grow thin , to lose weight ◇ maigrir, s'amaigrir ✱ 8218.

减免 jiǎn miǎn。to spare; to exempt; to reduce ◇ atténuer, dispenser, alléger, exempter ✱ 10370.

冶 yě (14) 冫厶口 | [Tra] fuse metals ◇ alliage [Etym] crystalisation (1= 冫 7); phon (2,3= 台1143) ◇ solidification (1= 冫 7); phon (2,3= 台 1143) [Graph] 121a 612a 011a [Ref] w17c, wa107, wi450 [Hanzi] ye3 冶 30.

冶 yě +30 冫厶口 | 1° to smelt, to fuse 2° to make up (seduction) ◇ 1° fondre ou couler un métal 2° farder [Etym] 冫 7 (rad: 015a 2-05), 台 1143 [Graph] 121a 612a 011a.

冻 dòng -31 冫东 | 凍 *41 | 1° to freeze 2° to feel very cold ◇ 1° gelée, geler 2° avoir très froid [Etym] 冫 7 (rad: 015a 2-05), 东 1211 [Graph] 121a 614b.

冻僵 dòng jiāng。cold numbed ◇ engourdi de froid ✱ 3069.

冻结 dòng jié。to freeze ◇ geler; bloquer ✱ 5977.

冻疮 dòng chuāng。chilblain ◇ engelure ✱ 7017.

冱 hù +32 冫互 | 沍 *302 | ◇ [Etym] 冫 7 (rad: 015a 2-04), 互1224 [Graph] 121a 621b.

冽 liè +33 冫歹刂 | cold ◇ froid, gel [Etym] 冫 7 (rad: 015a 2-06), 列 1236 [Graph] 121a 631c 333b.

决 jué +34 冫夬 | 決 *380 | 1° to decide, to settle 2° definitely, absolutely 3° to execute a person 4° burst (dike) ◇ 1° décider, statuer 2° absolument, certainement 3° condamner à mort 4° brèche (dans une digue) [Etym] 冫 7 (rad: 015a 2-04), 夬 1550 [Graph] 121a 822c.

决议 jué yì 。to decide, to adopt ◇ adopter, décider; résolution ✱ 1709.

决议案 jué yì àn 。draft resolution ◇ projet de résolution ✱ 1709 7749.

决心 jué xīn 。resolution ◇ résolution, détermination ✱ 2177.

决定 jué dìng 。to settle, to decide, to fix ◇ déterminer, décider, fixer; résolution ✱ 7734.

决赛 jué sài 。finals (sport) ◇ disputer la finale (sport); match final ✱ 7740.

凄 qī +35 冫聿女 | 淒1° •387 悽3° 丶•3304 | 1° cold, freezing 2° bleak 3° sad, miserable ◇ 1° froid, glacial 2° désert et désolé 3° malheureux, misère [Etym] 冫 7 (rad: 015a 2-08), 妻 1574 [Graph] 121a 833f 611e.

凄凉 qī liàng 。wretched, miserable ◇ misérable, pitoyable ✱ 39.

凄惨 qī cǎn 。miserable, wretched ◇ lamentable, triste, lugubre ✱ 3273.

净 jìng +36 冫争 | 凈 •5 淨 丶•61 | 1° clean, spotless, pure, to wash 2° completely 3° only, nothing but 4° net (income) 5° painted face (Beijing opera) ◇ 1° propre, pur, nettoyer 2° entièrement 3° rien que, seulement 4° net (revenu) 5° visage peint (opéra de Pékin) [Etym] 冫 7 (rad: 015a 2-06), 争 1577 [Graph] 121a 834d.

凋 diāo (15) 冫冂土口 | [Tra] exhausted ◇ épuisé [Etym] frozen (1= 冫 7) abilities (2,3,4= 周 1851) ◇ des capacités (2,3,4= 周 1851) figées (1= 冫 7) [Graph] 121a 856k 432a 011a [Ref] w17d [Hanzi] diao1 凋 37.

凋 diāo +37 冫冂土口 | to wither, to fade ◇ se flétrir [Etym] 冫 7 (rad: 015a 2-08), 周 1851 [Graph] 121a 856k 432a 011a.

况 kuàng +38 冫兄 | 況 •510 | 1° condition, situation, circumstances 2° to compare 3° moreover, a fortiori 4° surname ◇ 1° circonstances, situation 2° comparer 3° davantage, plus, a fortiori 4° nom propre [Etym] 二 4 (rad: 007a 2-05), 冫 7 兄 2114 [Graph] 121a 011d.

况且 kuàng qiě 。in addition, furthermore, moreover ◇ de plus, en outre, à plus forte raison ✱ 8541.

凉 liáng +39 冫亠口小 | 涼 •514 | 1° cool, cold 2° disappointed ◇ 1° fraîcheur, frais 2° déçu [Etym] 冫 7 (rad: 015a 2-08), 京 2122 [Graph] 121a 012c 331j.

凉水 liáng shuǐ 。cold water ◇ eau froide ✱ 2299.

凉快 liáng kuài 。fresh, cool ◇ frais, rafraîchissant ✱ 3301.

凉鞋 liáng xié 。sandals ◇ sandale ✱ 5371.

凉台 liáng tái 。balcony ◇ balcon ✱ 5901.

凉席 liáng xí 。mat ◇ natte ✱ 6921.

△ liàng | 涼 •514 | to make or to become cool ◇ exposer à l'air, rafraîchir, refroidir.

冲 chōng +40 冫中 | 沖1°3° •560 衝2° 丶•3179 | 1° to dash against 2° to rush at 3° to pour boiling water on ◇ 1° heurter, choc de l'eau 2° se précipiter sur, emporter 3° infuser [Etym] 冫 7 (rad: 015a 2-04), 中 2276 [Graph] 121a 031b.

冲锋 chōng fēng 。to assault ◇ se lancer à l'assaut ✱ 2011.

冲动 chōng dòng 。impulse; to be impetuous ◇ excité, énervé; ému; impulsion ✱ 5920.

冲突 chōng tū 。to dash against ◇ heurter, trouver une opposition ✱ 7801.

△ chòng | 衝 •3179 | 1° vigorously 2° towards ◇ 1° avec vigueur 2° vers.

凍 dòng •41 冫東 | 冻 -31 | 1° to freeze 2° to feel very cold ◇ 1° gelée, geler 2° avoir très froid [Etym] 冫 7 (rad: 015a 2-08), 東 2365 [Graph] 121a 043g.

凛 lǐn +42 冫亠口示 | 凜 •43 | 1° cold 2° to shiver with cold or fear 3° stern, desolate (site) 4° afraid ◇ 1° froid 2° trembler 3° désolé (site) 4° crainte, appréhension [Etym] 冫 7 (rad: 015a 2-13), 禀 2458 [Graph] 121a 071b 011a 331l.

凜 lǐn •43 冫亠口禾 | 凛 +42 | 1° cold 2° to shiver with cold or fear 3° stern, desolate (site) 4° afraid ◇ 1° froid 2° trembler 3° désolé (site) 4° crainte, appréhension [Etym] 冫 7 (rad: 015a 2-13), 稟 2459 [Graph] 121a 071b 011a 422d.

馮 féng (16) 冫馬 | [Tra] nervous ◇ nervosité [Etym] horse (2= 馬 2486) slipping on ice (1= 冫 7) ◇ un cheval (2= 馬 2486) glissant sur la glace (1= 冫 7) [Graph] 121a Z22a [Ref] k746, w17e [Hanzi] feng2 馮 44, ping2 憑 45, ping2 凴 46.

馮 féng •44 冫馬 | 冯 -47 | proper name ◇ nom propre [Etym] 馬 2486 (rad: 187a 10-02), 冫 7 [Graph] 121a Z22a.

憑 píng (17) 冫馬心 | [Tra] anxiety ◇ anxiété [Etym] nervous (1,2= 馮 16) in the heart (3= 心 397) ◇ nervosité (1,2= 馮 16) du coeur (3= 心 397) [Graph] 121a Z22a 321c [Ref] w17e [Hanzi] ping2 憑 45.

憑 píng •45 冫馬心 | 凭 +2894 凴 丶•46 | 1° to lean on 2° to trust to, to depend on 3° to base on, according to 4° evidence, proof 5° no matter (what, how) ◇ 1° s'appuyer sur 2° se fier à 3° fondement, selon 4° preuve, témoignage 5° peu importe [Etym] 心 397 (rad: 061a 4-12), 憑 17 [Graph] 121a Z22a 321c.

凴 píng •46 冫馬几 | 凭 +2894 憑 丶•45 | 1° to lean on 2° to trust to, to depend on 3° to base on, according to 4° evidence, proof 5° no matter (what, how) ◇ 1° s'appuyer sur 2° se fier à 3° fondement, selon 4° preuve, témoignage 5° peu importe [Etym] 几 2516 (rad: 016a 2-12), 馮 16 [Graph] 121a Z22a Z33a.

冯 féng -47 冫马 | 馮 •44 | proper name ◇ nom propre [Etym] 马 2489 (rad: 187s 3-02), 冫 7 [Graph] 121a Z22b.

氵 shuǐ (18) 氵 [Tra] water ◇ eau [Etym] contracted form of (水 435) ◇ forme contractée de (水 435) [Graph] 121b [Ref] r15, w125a, wi79 [Hanzi] shao4 潲 200, kuo4 濶 494, qu2 渠 497, sui1 濉 553, jiu3 酒 595, yan3 衍 3115 [Rad] 085b.

泣 qì +48 氵立 1° to weep 2° tears ◇ 1° pleurer 2° larmes [Etym] 氵 18 (rad: 085b 3-05), 立 80 [Graph] 121b 221a.

瀧 lóng *49 氵立月巳 泷 -134 1° rapid current 2° place in Zhejiang ◇ 1° courant d'eau rapide 2° lieu du Zhejiang [Etym] 氵 18 (rad: 085b 3-17), 龍 86 [Graph] 121b 221a 856e Z41b.

△ shuāng 泷 -134 place in Guangdong ◇ lieu du Guangdong.

涪 fú +50 氵立口 river in Sichuan ◇ fleuve du Sichuan [Etym] 氵 18 (rad: 085b 3-08), 音 87 [Graph] 121b 221a 011a.

漳 zhāng +51 氵立早 river originating in Shanxi and flowing through Hebei ◇ rivière qui traverse le Shanxi et le Hebei [Etym] 氵 18 (rad: 085b 3-11), 章 95 [Graph] 121b 221a 021d.

灨 gàn *52 氵立早夂工貝 赣、贑 +676、*675 another name for Jiangxi Province ◇ nom de la province du Jiangxi [Etym] 氵 18 (rad: 085b 3-24), 贛 97 [Graph] 121b 221a 021d 633e 431a 023b.

潼 tóng +53 氵立里 county in Shaanxi ◇ chef-lieu du Shaanxi [Etym] 氵 18 (rad: 085b 3-12), 童 99 [Graph] 121b 221a 043j.

湲 yuán +54 氵爫二方又 current (water) ◇ courant (eau) [Etym] 氵 18 (rad: 085b 3-09), 爰 104 [Graph] 121b 221d ac:a 241a 633a.

淫 yín (19) 氵爫壬 [Tra] excessive; loose; lewd ◇ déborder; lascif [Etym] water (1= 氵 18); phon, violence (2,3= 㸒 109) ◇ eau (1= 氵 18); phon, excès (2,3= 㸒 109) [Graph] 121b 221d 432k [Hanzi] yin2 淫 55, yin2 霪 8416.

淫 yín +55 氵爫壬 婬 3° *5729 1° excessive 2° loose 3° lewd, obscene ◇ 1° excessif, déborder 2° relâché 3° lascif, rapports sexuels illicites [Etym] 氵 18 (rad: 085b 3-08), 㸒 109 [Graph] 121b 221d 432k.

溪 xī (20) 氵爫幺大 [Tra] gorge; to disagree ◇ détroit; discorde [Etym] water (1= 氵 18); phon, restraint (2,3,4= 奚 111) ◇ eau (1= 氵 18); phon, contrainte (2,3,4= 奚 111) [Graph] 121b 221d 613c 242a [Hanzi] qi1 xi1 溪 56, xi1 鸂 57, xi1 鸂 58.

溪 qī +56 氵爫幺大 mountain gorge, creeks in mountain ◇ ravin, torrent, passe étroite [Etym] 氵 18 (rad: 085b 3-10), 奚 111 [Graph] 121b 221d 613c 242a.

△ xī 谿 +694 1° brook 2° mountain gorge 3° to disagree, discord ◇ 1° ruisseau, torrent 2° ravin, passe étroite 3° désaccord, discorde.

鸂 xī -57 氵爫幺大鸟 鸂 *58 gallinaceous birds, cock, hen ◇ gallinacés, coq, poule [Etym] 鸟 2494 (rad: 196s 5-13), 溪 20 [Graph] 121b 221d 613c 242a Z22e.

鸂 xī *58 氵爫幺大鳥 鸂 -57 gallinaceous birds, cock, hen ◇ gallinacés, coq, poule [Etym] 鳥 2500 (rad: 196a 11-13), 溪 20 [Graph] 121b 221d 613c 242a Z22h.

浮 fú +59 氵爫子 1° to float, to drift 2° to swim 3° on the surface, volatile, temporary, silly 4° surplus, to exceed ◇ 1° flotter 2° nager 3° superficiel, frivole, libertinage 4° excéder, surplus [Etym] 氵 18 (rad: 085b 3-07), 孚 114 [Graph] 121b 221d 634d.

潙 wéi *60 氵爫爲 沩 -365、溈 *366 river in Hunan ◇ rivière du Hunan [Etym] 氵 18 (rad: 085b 3-12), 爲 116 [Graph] 121b 221d 732i.

淨 jìng *61 氵爫争 净 +36、凈 *5 1° clean, spotless, pure, to wash 2° completely 3° only, nothing but 4° net (income) 5° painted face (Beijing opera) ◇ 1° propre, pur, nettoyer 2° entièrement 3° rien que, seulement 4° net (revenu) 5° visage peint (opéra de Pékin) [Etym] 氵 18 (rad: 085b 3-08), 争 117 [Graph] 121b 221d 834c.

滔 tāo +62 氵爫臼 1° to inundate, to flood, rushing water, to overflow 2° arrogant ◇ 1° inondation, grande crue des eaux 2° arrogant [Etym] 氵 18 (rad: 085b 3-10), 舀 118 [Graph] 121b 221d 835b.

溢 yì +63 氵兴皿 1° to overflow 2° excessive 3° vessel full to the brim ◇ 1° déborder 2° excessif 3° vase plein [Etym] 氵 18 (rad: 085b 3-10), 益 129 [Graph] 121b 222c 922a.

溢流坝 yì liú bà。overfill dam, spillway dam ◇ barrage débordé * 285 4918.

滗 bì -64 氵⺮⺮毛 潷 *65 to drain, to filter ◇ filtre, filtrer [Etym] 氵 18 (rad: 085b 3-10), 笔 135 [Graph] 121b 231a 231a 321g.

潷 bì *65 氵⺮⺮聿 滗 -64 to drain, to filter ◇ filtre, filtrer [Etym] 氵 18 (rad: 085b 3-12), 筆 147 [Graph] 121b 231a 231a 833e.

淡 dàn +66 氵火火 insipid, tasteless, colorless ◇ sans goût ni couleur, fade, insipide [Etym] 氵 18 (rad: 085b 3-08), 炎 157 [Graph] 121b 231b 231b.

淡水 dàn shuǐ。fresh water ◇ eau douce * 2299.

濚 yíng *67 氵火火冖木 滢 -171 place in Hunan ◇ lieu du Hunan [Etym] 氵 18 (rad: 085b 3-14), 榮 161 [Graph] 121b 231b 231b 851a 422a.

瀅 yíng *68 氵火火冖玉 滢 -172 1° crystal clear 2° stream ◇ 1° clair, cristallin 2° ruisseau [Etym] 氵 18 (rad: 085b 3-15), 瑩 162 [Graph] 121b 231b 231b 851a 432o.

瀠 yíng *69 氵火火冖糸 潆 -174 to swirl ◇ eau qui tournoie [Etym] 氵 18 (rad: 085b 3-13), 縈 163 [Graph] 121b 231b 231b 851a 613d.

澇 lào *70 氵火火冖力 涝 -175 flood, water logging ◇ hautes eaux, pluie excessive, inondé [Etym] 氵 18 (rad: 085b 3-12), 勞 164 [Graph] 121b 231b 231b 851a 732f.

淬 cuì +71 氵亠人人十 焠 *950 1° to dye 2° to quench ◇ 1° teindre 2° tremper [Etym] 氵 18 (rad: 085b 3-08), 卒 176 [Graph] 121b ac:c 232a 232a 413a.

㳄 **xiàn** (21) 氵欠 | [Tra] to covet ◇ désirer [Etym] saliva (1= 氵 18) while smelling (2= 欠 178) good food ◇ saliver (1= 氵 18) à l'odeur (2= 欠 178) de la nourriture [Graph] 121b 232b [Ref] w99c [Hanzi] dao4 盗 72, xian4 羡 5214.

盗 **dào** *72 氵欠皿 | 盜 -12 | to rob, robber, to steal ◇ brigand, piller, pillage, voleur [Etym] 皿 1939 (rad: 108a 5-07), 㳄 21 [Graph] 121b 232b 922a.

潋 **liàn** -73 氵亽亠业攵 | 瀲 *89 | [Etym] 氵 18 (rad: 085b 3-11), 敛 184 [Graph] 121b 233a ac:a 221b 243c.

潋滟 liàn yàn ∘ water overflowing, continuing, joining of water waves ◇ débordement, déferlement * 165.

沦 **lún** -74 氵亽匕 | 淪 *85 | 1° to sink, engulfed 2° to fall 3° lost 4° eddying water ◇ 1° sombrer, noyé 2° tomber 3° perdu, ruine 4° tourbillon [Etym] 氵 18 (rad: 085b 3-04), 仑 186 [Graph] 121b 233a 321b.

涂 **tú** (22) 氵亽禾 | [Tra] name of rivers ◇ nom de rivières [Etym] eau (1= 氵 18); phon. (2,3= 余 192) ◇ eau (1= 氵 18); phon. (2,3= 余 192) [Graph] 121b 233a 422c [Ref] k1133 [Hanzi] tu2 涂 75, tu2 塗 76.

涂 **tú** -75 氵亽禾 | 塗 *76 | 1° to smear, to apply 2° to scrawl 3° to cross out 4° stupid 5° mud 6° surname ◇ 1° enduire 2° barbouiller 3° raturer 4° sot 5° boue 6° nom de famille [Etym] 氵 18 (rad: 085b 3-07), 余 192 [Graph] 121b 233a 422c.

涂改 tú gǎi ∘ to alter ◇ corriger et biffer, raturer, retoucher * 11244.

塗 **tú** *76 氵亽禾土 | 涂 -75 | 1° to smear, to apply 2° to scrawl 3° to cross out 4° stupid 5° mud 6° surname ◇ 1° enduire 2° barbouiller 3° raturer 4° sot 5° boue 6° nom de famille [Etym] 土 826 (rad: 032a 3-10), 涂 22 [Graph] 121b 233a 422c 432a.

溆 **xù** +77 氵亽禾又 | place in Hunan ◇ lieu du Hunan [Etym] 氵 18 (rad: 085b 3-09), 余 192 [Graph] 121b 233a 422c 633a.

淦 **gàn** +78 氵亽亚 | 1° water leaking into a boat, to sink 2° river in Jiangxi ◇ 1° faire eau, couler à fond 2° rivière du Jiangxi [Etym] 氵 18 (rad: 085b 3-08), 金 196 [Graph] 121b 233a 432q.

浍 **kuài** -79 氵亽云 | 澮 *93 | drain, water tank, irrigation channels ◇ canaux d'irrigation, rigoles [Etym] 氵 18 (rad: 085b 3-06), 会 201 [Graph] 121b 233a 612d.

浛 **hán** +80 氵亽乛口 | 1° soaked ground 2° place in Guangdong ◇ 1° terre détrempée 2° lieu du Guangdong [Etym] 氵 18 (rad: 085b 3-07), 含 205 [Graph] 121b 233a 631a 011a.

泠 **líng** -81 氵亽マ | 泠 *83 | 1° name of different rivers 2° cool, cool breeze ◇ 1° nom de rivières 2° frais [Etym] 氵 18 (rad: 085b 3-05), 令 208 [Graph] 121b 233a 632b.

沧 **cāng** -82 氵亽㔾 | 滄 *86 | 1° vast 2° cold 3° dark blue (of the sea) ◇ 1° vaste 2° froid 3° (mer) glauque [Etym] 氵 18 (rad: 085b 3-04), 仓210 [Graph] 121b 233a 733a.

泠 **líng** *83 氵亽一卩 | 泠 -81 | 1° name of different rivers 2° cool, cool breeze ◇ 1° nom de rivières 2° frais [Etym] 氵 18 (rad: 085b 3-05), 令 211 [Graph] 121b 233a ac:a 734a.

渝 **yú** +84 氵亽一月刂 | 1° change (attitude) 2° name of a river 3° another name for Chongqing ◇ 1° changer (attitude) 2° nom de rivière 3° autre nom de Chongqing [Etym] 氵 18 (rad: 085b 3-09), 俞 213 [Graph] 121b 233a ac:a 856e 333b.

淪 **lún** *85 氵亽一冊 | 沦 -74 | 1° to sink, engulfed 2° to fall 3° lost 4° eddying water ◇ 1° sombrer, noyé 2° tomber 3° perdu, ruine 4° tourbillon [Etym] 氵 18 (rad: 085b 3-08), 侖 215 [Graph] 121b 233a ac:a 856j.

滄 **cāng** *86 氵亽户口 | 沧 -82 | 1° vast 2° cold 3° dark blue (of the sea) ◇ 1° vaste 2° froid 3° (mer) glauque [Etym] 氵 18 (rad: 085b 3-10), 倉217 [Graph] 121b 233a 931h 011a.

湌 **cān** *87 氵亽良 | 餐 +6450 、 飡 *18 | 1° to eat 2° meal ◇ 1° manger 2° repas [Etym] 氵 18 (rad: 085b 3-09), 食 221 [Graph] 121b 233a 932e.

洽 **qià** +88 氵亽日 | 1° to agree, to harmonize with 2° to arrange with 3° in good order ◇ 1° s'accorder, harmonie 2° arranger 3° en ordre, comme il faut [Etym] 氵 18 (rad: 085b 3-06), 合 222 [Graph] 121b 233a 012a.

洽谈 qià tán ∘ to hold talks ◇ discuter, s'entretenir * 1696.

洽商 qià shāng ∘ to consult, to discuss ◇ délibérer, se consulter * 8350.

瀲 **liàn** *89 氵亽日人口人攵 | 潋 -73 | See ◇ Voir 潋滟 lian4-yan4 73-165 [Etym] 氵 18 (rad: 085b 3-17), 斂 224 [Graph] 121b 233a 012a 232a 011a 232a 243c.

渰 **yān** +90 氵亽日廾 | See ◇ Voir 胭 8247 [Etym] 氵 18 (rad: 085b 3-09), 弇 226 [Graph] 121b 233a 012a 416e.

△ **yǎn** | cloudy ◇ nuageux.

潝 **xì** +91 氵亽日习习 | noise of flowing water ◇ bruit d'eau courante [Etym] 氵 18 (rad: 085b 3-12), 翕 227 [Graph] 121b 233a 012a 731c 731c.

瀹 **yuè** +92 氵亽日口口冊 | to boil, to cook with water ◇ cuire, bouillir [Etym] 氵 18 (rad: 085b 3-17), 龠 229 [Graph] 121b 233a 012a 011a 011a 856j.

澮 **kuài** *93 氵亽㓁日 | 浍 -79 | drain, water tank, irrigation channels ◇ canaux d'irrigation, rigoles [Etym] 氵 18 (rad: 085b 3-13), 會233 [Graph] 121b 233a 033b 021a.

浴 **yù** +94 氵仌口 | 1° to bathe, bath 2° to wash, to clean ◇ 1° bain 2° laver, nettoyer [Etym] 氵 18 (rad: 085b 3-07), 谷 234 [Graph] 121b 233b 011a.

浴室 yù shì ∘ public baths ◇ établissement de bains * 7754.

浴巾 yù jīn ∘ bath towel ◇ serviette de bain * 8377.

洧 **wěi** +95 氵𠂇月 | place in Henan ◇ lieu du Henan [Etym] 氵 18 (rad: 085b 3-06), 有 247 [Graph] 121b 241a 856e.

溠 **zhà** +96 氵𦍌工 | river in Hubei ◇ rivière du Hubei [Etym] 氵 18 (rad: 085b 3-09), 差 253

[Graph] 121b 241c 431a.

涛 tāo -97 氵寿寸 | 濤 •219 | 1° great waves 2° billows ◇ 1° flots 2° grandes vagues [Etym] 氵 18 (rad: 085b 3-07), 寿 256 [Graph] 121b 241e 332b.

浃 jiā •98 氵大人人 | 浹 -109 | 1° moist, soaked 2° circuit, period 3° everywhere ◇ 1° humide, mouiller, imbiber 2° tour, période 3° partout [Etym] 氵 18 (rad: 085b 3-07), 夾 259 [Graph] 121b 242a 232a 232a.

汰 tà -99 氵大辶 | 澾 •214 | to slip, slippery ◇ glisser, glissant [Etym] 氵 18 (rad: 085b 3-06), 达 273 [Graph] 121b 242a 634o.

淹 yān +100 氵大电 | 淊 1° •389 、渰 1° +90 | 1° to flood 2° to soak (sweat), to steep 3° wide ◇ 1° inonder 2° être trempé (sueur) 3° étendu, vaste [Etym] 氵 18 (rad: 085b 3-08), 奄 276 [Graph] 121b 242a 043c.

添 tiān +101 氵天小 | 1° to add to, to increase 2° to have a baby ◇ 1° ajouter, augmenter 2° mettre au monde (un enfant) [Etym] 氵 18 (rad: 085b 3-08), 忝 279 [Graph] 121b 242b 331n.

沃 wò (23) 氵夭 [Tra] dew; to irrigate; rich ◇ rosée; irriguée; riche [Etym] water (1= 氵 18); phon (2= 夭 289) ◇ eau (1= 氵 18); phon (2= 夭 289) [Graph] 121b 242e [Hanzi] wo4 沃 102, wu4 鋈 103.

沃 wò +102 氵夭 | 1° fertile, rich 2° to irrigate, to moisten 3° dew ◇ 1° fertile, riche 2° irriguer, arroser 3° rosée [Etym] 氵 18 (rad: 085b 3-04), 夭 289 [Graph] 121b 242e.

鋈 wù +103 氵夭亼亚 | 1° to plate 2° platinum ◇ 1° plaqué 2° platine [Etym] 金 196 (rad: 167a 8-07), 沃23 [Graph] 121b 242e 233a 432q.

渎 dú -104 氵卖 | 瀆 •224 、 瀆 1° •23 | 1° to show contempt, to annoy 2° ditch, outlet 3° foul, muddy ◇ 1° importuner, ennuyer, molester 2° rigole 3° désordre, licence, familiarité [Etym] 氵 18 (rad: 085b 3-08), 卖 294 [Graph] 121b 242h.

汰 tài +105 氵太 | 1° to discard, to eliminate 2° to correct 3° to clean 4° slippery 5° excessive ◇ 1° éliminer par lavage, trier 2° corriger 3° nettoyer 4° glissant 5° excessif [Etym] 氵 18 (rad: 085b 3-04), 太 299 [Graph] 121b 242k.

潦 lǎo +106 氵大日小 | giant downpour ◇ pluie torrentielle [Etym] 氵 18 (rad: 085b 3-12), 尞 300 [Graph] 121b 242l 021a 331j.

△ liǎo |

潦草 liǎo cǎo。careless, sloppy ◇ négligé, sans soin * 3967.

潜 qián +107 氵夫夫日 | 潛 •377 | 1° latent 2° secretly, to abscond 3° to plunge 4° potential ◇ 1° latent 2° se cacher, secret 3° plonger 4° potentiel [Etym] 氵 18 (rad: 085b 3-12), 朁304 [Graph] 121b 242m 242m 021a.

泆 yì +108 氵失 | 1° to overflow 2° licentious ◇ 1° déborder, débordement 2° libertinage [Etym] 氵 18 (rad: 085b 3-05), 失 310 [Graph] 121b 242o.

浹 jiā -109 氵夹 | 浃 •98 | 1° moist, soaked 2° circuit, period 3° everywhere ◇ 1° humide, mouiller, imbiber 2° tour, période 3° partout [Etym] 氵 18 (rad: 085b 3-06), 夹 313 [Graph] 121b 242q.

凑 còu •110 氵夫天 | 湊 +19 | to gather together ◇ se rassembler [Etym] 氵 18 (rad: 085b 3-09), 奏 315 [Graph] 121b 242r 242b.

溱 qín +111 氵夫禾 | place in Jiangsu ◇ lieu du Jiangsu [Etym] 氵 18 (rad: 085b 3-10), 秦 318 [Graph] 121b 242r 422d.

△ zhēn | river in Henan ◇ rivière du Henan.

淆 xiáo -112 氵乂𠂇月 | 殽 •1646 | mixed, confused ◇ eau trouble, trouble, confusion [Etym] 氵 18 (rad: 085b 3-08), 肴 323 [Graph] 121b 243a 241a 856e.

浠 xī +113 氵乂𠂇巾 | river in Hubei ◇ rivière du Hubei [Etym] 氵 18 (rad: 085b 3-07), 希 324 [Graph] 121b 243a 241a 858a.

汹 xiōng +114 氵乂凵 | 洶 •431 | 1° sound of waves 2° agitated, violent ◇ 1° fracas des vagues 2° cris, tumultes [Etym] 氵 18 (rad: 085b 3-04), 凶 329 [Graph] 121b 243a 841e.

汶 wèn +115 氵文 | short for Wenshui River in Shandong ◇ abréviation du nom de la rivière Wenshui au Shandong [Etym] 氵 18 (rad: 085b 3-04), 文 332 [Graph] 121b 243b.

浏 liú -116 氵文刂 | 瀏 •500 | 1° (of water) clear, limpid 2° (of wind) swift 3° to sneak off 4° to browse ◇ 1° clair, transparent (eau) 2° vent frais 3° s'esquiver 4° lire en diagonale [Etym] 氵 18 (rad: 085b 3-06), 刘 333 [Graph] 121b 243b 333b.

济 jǐ -117 氵文川 | 濟 •155 | 1° numerous, (of people) many 2° tributary of the Yellow River ◇ 1° nombreux, en foule 2° nom d'un affluent du Fleuve Jaune [Etym] 氵 18 (rad: 085b 3-06), 齐 334 [Graph] 121b 243b 416a.

△ jì | 濟 •155 | 1° to cross a river 2° to aid, to relieve 3° to benefit ◇ 1° traverser, passer une rivière 2° secourir, être utile à 3° mener à bonne fin.

涤 dí -118 氵攵木 | 滌 •153 | 1° to wash 2° to cleanse 3° to sweep ◇ 1° laver 2° nettoyer 3° balayer [Etym] 氵 18 (rad: 085b 3-08), 条 1292 [Graph] 121b 243c 422a.

滏 fǔ +119 氵父亚 | river in Hebei ◇ rivière du Hebei [Etym] 氵 18 (rad: 085b 3-14), 釜 342 [Graph] 121b 243d 432q.

洨 xiáo +120 氵交 | river in Hebei ◇ rivière du Hebei [Etym] 氵 18 (rad: 085b 3-06), 交 344 [Graph] 121b 243e.

浒 hǔ -121 氵讠午 | 滸 •520 | bank, shore, water side ◇ rive, berge [Etym] 氵 18 (rad: 085b 3-06), 许 357 [Graph] 121b 311b 413e.

△ xǔ | 滸 •520 | 1° bank, shore 2° place in Jiangsu ◇ 1° rive, berge 2° lieu du Jiangsu.

沘 bǐ +122 氵匕匕 | place in Henan ◇ lieu du Henan [Etym] 氵 18 (rad: 085b 3-04), 比 362 [Graph] 121b 311d 321b.

沏 qī +123 氵七刀 | to infuse (tea) ◇ infuser (du thé) [Etym] 氵 18 (rad: 085b 3-04), 切 366 [Graph] 121b 311e 732a.

沏茶 qī chá。to infuse tea ◇ infuser du thé * 3556.

滚 gǔn -124 氵衮公 | 滾 *125 | 1° to roll, to trundle 2° to get away 3° to boil 4° to bind ◇ 1° rouler, faire rouler 2° allez-vous-en 3° bouillir 4° border, relier [Etym] 氵 18 (rad: 085b 3-10), 衮 373 [Graph] 121b 312j 612h.

滚水坝 gǔn shuǐ bà ∘ overflow dam ◇ barrage inondé ✱ 2299 4918.

滚蛋 gǔn dàn ∘ to scram ◇ décamper, ficher le camp ✱ 5326.

滚动 gǔn dòng ∘ to roll ◇ rouler ✱ 5920.

滚子 gǔn zǐ ∘ wheat roller ◇ rouleau à décortiquer le grain ✱ 6546.

滾 gǔn *125 氵衮 | 滚 -124 | 1° to roll, to trundle 2° to get away 3° to boil 4° to bind ◇ 1° rouler, faire rouler 2° allez-vous-en 3° bouillir 4° border, relier [Etym] 氵 18 (rad: 085b 3-11), 袞 377 [Graph] 121b 312j 013c.

滇 diān *126 氵匕目八 | 滇 +467 | 1° lake south of Yunnan 2° another name for Yunnan province ◇ 1° nom d'un lac au Yunnan 2° autre nom du Yunnan [Etym] 氵 18 (rad: 085b 3-10), 眞 394 [Graph] 121b 321b 023a 711b.

沁 qìn +127 氵心 | 1° to ooze, to exude 2° to soak, to impregnate 3° to sound, to fathom 4° name of river ◇ 1° suinter 2° imbiber, s'infiltrer dans 3° sonder la profondeur de l'eau 4° nom d'un fleuve [Etym] 氵 18 (rad: 085b 3-04), 心 397 [Graph] 121b 321c.

泌 bì +128 氵必 | 1° torrent 2° place in Henan ◇ 1° torrent 2° lieu du Henan [Etym] 氵 18 (rad: 085b 3-05), 必 399 [Graph] 121b 321d.

△ mì | 1° torrent 2° to secrete ◇ 1° torrent 2° sécréter (un liquide).

柒 qī +129 氵七木 | number seven (used for the numeral on cheque) ◇ nombre sept (en grande écriture) [Etym] 木 723 (rad: 075a 4-05), 七 401 [Graph] 121b 321e 422a.

沅 yuán +130 氵元 | river flowing from Guizhou to Hunan ◇ rivière qui traverse le Guizhou et le Hunan [Etym] 氵 18 (rad: 085b 3-04), 元 408 [Graph] 121b 322d.

洸 guāng +131 氵光 | 1° water glistening and sparkling in the sun 2° place in Guangdong ◇ 1° eau jaillissante, bouillonner 2° lieu du Guangdong [Etym] 氵 18 (rad: 085b 3-06), 光 409 [Graph] 121b 322e.

洮 táo +132 氵兆 | 1° to wash 2° to dissolve 3° river in Gansu ◇ 1° laver 2° dissoudre 3° rivière du Gansu [Etym] 氵 18 (rad: 085b 3-06), 兆 411 [Graph] 121b 322g.

沅 wǔ -133 氵无 | 潕 *264 、潕 *265 | 1° to filter 2° river in Hunan ◇ 1° filtrer 2° rivière du Hunan [Etym] 氵 18 (rad: 085b 3-04), 无 414 [Graph] 121b 323b.

泷 lóng -134 氵龙 | 瀧 *49 | 1° rapid current 2° place in Zhejiang ◇ 1° courant d'eau rapide 2° lieu du Zhejiang [Etym] 氵 18 (rad: 085b 3-05), 龙 417 [Graph] 121b 323d.

△ shuāng | 瀧 *49 | place in Guangdong ◇ lieu du Guangdong.

汀 tīng +135 氵丁 | low level beach, spit of land ◇ rive basse, plage, banc de sable [Etym] 氵 18 (rad: 085b 3-02), 丁 420 [Graph] 121b 331b.

河 hé (24) 氵可口 | [Tra] river ◇ fleuve [Etym] water (1= 氵 18); phon (2,3= 可 421) ◇ eau (1= 氵 18); phon (2,3= 可 421) [Graph] 121b 331c 011a [Hanzi] he2 河 136, he2 菏 3516.

河 hé +136 氵可口 | 1° river 2° the Yellow River ◇ 1° fleuve 2° le fleuve jaune [Etym] 氵 18 (rad: 085b 3-05), 可 421 [Graph] 121b 331c 011a.

河流 hé liú ∘ river ◇ rivière, fleuve, cours d'eau ✱ 285.

河水 hé shuǐ ∘ river water ◇ eau de rivière ✱ 2299.

河堤 hé dī ∘ dam ◇ digue, barrage ✱ 4958.

河山 hé shān ∘ rivers and mountains; land, territory ◇ fleuves et montagnes, territoire, pays ✱ 7475.

河岸 hé àn ∘ river bank ◇ bord de la rivière, rive ✱ 7557.

沙 shā (25) 氵少 | [Tra] sand ◇ sable [Etym] deposit with low (2= 少 427) level water (1= 氵 18) ◇ ce qui est déposé aux faibles (2= 少 427) eaux (1= 氵 18) [Graph] 121b 331k [Ref] k846, ph302, r38i, w18m [Hanzi] sha1 sha4 沙 137, sha1 裟 138, sa1 sa5 sha5 suo1 挲 139, suo1 娑 140, sha1 鲨 141, sha1 鯊 142, sa1 sa5 sha5 suo1 抄 2319, sha1 suo1 莎 3517, suo1 桫 4080, sha1 痧 7003.

沙 shā +137 氵少 | 1° sand, gravel, pebbles 2° granulated, powdered 3° hoarse (voice) 4° surname ◇ 1° sable, gravier, grenaille 2° granuleux 3° rauque (voix) 4° nom de famille [Etym] 氵 18 (rad: 085b 3-04), 沙 25 [Graph] 121b 331k.

沙漠 shā mò ∘ desert ◇ désert ✱ 179.

沙滩 shā tān ∘ sandy beach ◇ grève, plage ✱ 319.

沙锅 shā guō ∘ casserole, earthenware pot ◇ marmite de terre cuite, pot de cuisine ✱ 2092.

沙土 shā tǔ ∘ sandy soil ◇ terre sablonneuse ✱ 4758.

沙子 shā zǐ ∘ sand ◇ sable ✱ 6546.

沙发 shā fā ∘ sofa ◇ sofa ✱ 6813.

△ shà | 1° to separate sand from grain by shaking and sifting 2° sand, gravel, pebble ◇ 1° tamiser, vanner le blé 2° sable, gravier, caillou, galet.

裟 shā +138 氵少衣 | See ◇ Voir 袈裟 jia1-sha1 7264-138 [Etym] 衣 371 (rad: 145a 6-07), 沙 25 [Graph] 121b 331k 312i.

挲 sā +139 氵少手 | 抄 *2319 | See ◇ Voir 摩挲 ma1-sa1 6899-139 [Etym] 手 465 (rad: 064a 4-07), 沙 25 [Graph] 121b 331k 332g.

△ sa | 抄 *2319 | in mo1 - : to caress, to touch gently ◇ dans mo1 - : caresser, attoucher.

△ sha |挱 *2319| See ◇ Voir 挓挲 zha1-sha5 2596-139.

△ suō |挱 *2319| See ◇ Voir 摩挲 mo2-suo1 6899-139.

娑 suō +140 氵少女 |1° to saunter 2° to meditate ◇ 1° danser 2° méditer [Etym] 女 1122 (rad: 038a 3-07), 沙 25 [Graph] 121b 331k 611e.

鲨 shā -141 氵少鱼 |鯊 *142| shark ◇ requin, squale [Etym] 鱼 2335 (rad: 195s 8-07), 沙 25 [Graph] 121b 331k 041i.

鯊 shā *142 氵少魚 |鲨 -141| shark ◇ requin, squale [Etym] 魚 2339 (rad: 195a 11-07), 沙 25 [Graph] 121b 331k 041j.

泳 yǒng +143 氵永 |to swim ◇ nager [Etym] 氵 18 (rad: 085b 3-05), 永 439 [Graph] 121b 331r.

汙 wū *144 氵于 |污 -608、汚 *609| 1° dirt, filth, foul, mud, to defile 2° corrupt, perverse, obscene ◇ 1° sale, ordure, boue, souiller 2° corrompu, pervers [Etym] 氵 18 (rad: 085b 3-03), 于 440 [Graph] 121b 332a.

浙 zhè -145 氵扌斤 |淛 *462| 1° river in Zhejiang 2° short for Zhejiang Province ◇ 1° rivière 2° nom de la province de Zhejiang [Etym] 氵 18 (rad: 085b 3-07), 折 457 [Graph] 121b 332f 722c.

浉 shī -146 氵刂币 |溮 *492| river in Henan, affluent of the Huai ◇ rivière du Henan, affluent du fleuve Huai [Etym] 氵 18 (rad: 085b 3-06), 师 469 [Graph] 121b 333a 858d.

滦 luán -147 氵亦木 |灤 *293| river in Hebei ◇ rivière du Hebei [Etym] 氵 18 (rad: 085b 3-10), 栾 473 [Graph] 121b 333e 422a.

湾 wān -148 氵亦弓 |灣 *294| 1° bend (stream), winding bank 2° cove, bay, gulf 3° to moor ◇ 1° courbe (rivière) 2° baie, anse 3° ancrer, mouiller [Etym] 氵 18 (rad: 085b 3-09), 弯 475 [Graph] 121b 333e Z42a.

涖 lì (26) 氵亻立 |[Tra] to arrive; present ◇ arriver; présence [Etym] water, continuity (1= 氵 18); social rank (2,3= 位 480) ◇ eau, constance (1= 氵 18); rang social (2,3= 位 480) [Graph] 121b 411e 221a [Hanzi] li4 涖 149, li4 蒞 3518.

涖 lì *149 氵亻立 |莅 -3618、蒞 *3518| 1° to arrive 2° to be present ◇ 1° arriver pour entrer en charge 2° présent [Etym] 氵 18 (rad: 085b 3-07), 位 480 [Graph] 121b 411e 221a.

洑 fú +150 氵亻犬 |whirlpool, undercurrent ◇ tourbillon, tourbillonner [Etym] 氵 18 (rad: 085b 3-06), 伏 483 [Graph] 121b 411e 242i.

△ fù |to swim ◇ nager.

濮 pú +151 氵亻业美 |place in Henan ◇ lieu du Henan [Etym] 氵 18 (rad: 085b 3-14), 僕 497 [Graph] 121b 411e 435a 242n.

液 yè +152 氵亠亻夂 |1° liquid 2° juice 3° secretion (sweat, spittle) ◇ 1° liquide 2° jus 3° sécrétion (sueur, salive) [Etym] 氵 18 (rad: 085b 3-08), 夜 511 [Graph] 121b ac:c 411e 633f.

液体 yè tǐ 。 liquid ◇ liquide, solution (chimie) * 2872.

滌 dí *153 氵亻攵木 |涤 -118| 1° to wash 2° to cleanse 3° to sweep ◇ 1° laver 2° nettoyer 3° balayer [Etym] 氵 18 (rad: 085b 3-11), 條 515 [Graph] 121b 411f 243c 422a.

滫 xiǔ +154 氵亻攵月 |hogswash, slops, swill ◇ eaux grasses, eaux sales [Etym] 氵 18 (rad: 085b 3-11), 脩 516 [Graph] 121b 411f 243c 856e.

濟 jǐ *155 氵亠刀氏冂二 |济 -117| 1° numerous, (of people) many 2° tributary of the Yellow River ◇ 1° nombreux, en foule 2° nom d'un affluent du Fleuve Jaune [Etym] 氵 18 (rad: 085b 3-14), 齊 539 [Graph] 121b 411i 732a 312b 416b 111b.

△ jì |济 -117| 1° to cross a river 2° to aid, to relieve 3° to benefit ◇ 1° traverser, passer une rivière 2° secourir, être utile à 3° mener à bonne fin.

汴 biàn +156 氵卞 |1° river in Hebei 2° another name for Kaifeng ◇ 1° rivière du Hebei 2° autre nom de Kaifeng [Etym] 氵 18 (rad: 085b 3-04), 卞 550 [Graph] 121b 412e.

湉 tián +157 氵忄舌 |[Etym] 氵 18 (rad: 085b 3-09), 恬 558 [Graph] 121b 412g 013h.

湉湉 tián tián 。 1° calm (sea); 2° quiet, tranquil ◇ 1° calme (mer); 2° tranquille * 157.

汁 zhī +158 氵十 |juice, liquor ◇ jus, suc [Etym] 氵 18 (rad: 085b 3-02), 十 560 [Graph] 121b 413a.

汗 hán +159 氵干 |See ◇ Voir 可汗 ke4-han2 2235-159 [Etym] 氵 18 (rad: 085b 3-03), 干 564 [Graph] 121b 413b.

△ hàn |perspiration, sweat ◇ sueur, suer.

汗水 hàn shuǐ 。 sweat, perspiration ◇ sueur * 2299.

汗衫 hàn shān 。 underpants, waistcoat ◇ gilet de corps * 6608.

泙 pīng (27) 氵平 |[Tra] valley ◇ vallée [Etym] water (1= 氵 18), phon. (2= 平 577) ◇ eau (1= 氵 18), phon. (2= 平 577) [Graph] 121b 413j [Ref] k744 [Hanzi] ping2 萍 3519.

洋 yáng +160 氵羊 |1° vast 2° multitudinous 3° ocean 4° foreign 5° modern 6° silver coin ◇ 1° immense 2° multitude 3° océan 4° d'outre-mer, étranger 5° monnaie d'argent, piastre d'argent [Etym] 氵 18 (rad: 085b 3-06), 羊 579 [Graph] 121b 414b.

洋灰 yáng huī 。 cement, concrete ◇ ciment * 1519.

洋葱 yáng cōng 。 onion ◇ oignon * 3863.

洋白菜 yáng bái cài 。 cabbage ◇ chou * 9973 3543.

湃 pài +161 氵手丰 |See ◇ Voir 澎湃 peng1-pai4 222-161 [Etym] 氵 18 (rad: 085b 3-09), 拜 582 [Graph] 121b 414c 414h.

泮 pàn +162 氵半 |1° semicircular pool in front of college 2° to melt, to dissolve ◇ 1° bassin en demi-lune devant les écoles 2° dissoudre [Etym] 氵 18 (rad: 085b 3-05), 半 591 [Graph] 121b 414f.

沣 fēng -163 氵丰 | 灃 *396 | river in Shanxi ◇ rivière du Shanxi [Etym] 氵 18 (rad: 085b 3-04), 丰 592 [Graph] 121b 414g.

潔 jié *164 氵丰刀糸 | 洁 -221 | 1° clean, to purify 2° chastity ◇ 1° propre, purifier 2° chasteté [Etym] 氵 18 (rad: 085b 3-12), 絜 599 [Graph] 121b 414g 732a 613d.

滟 yàn -165 氵丰色 | 灩 *590 丶 *397 | [Etym] 氵 18 (rad: 085b 3-10), 艳 601 [Graph] 121b 414g 933d.

滟滪堆 yàn yù duī ∘ huge rocks in Qutang Gorges in Sichuan ◇ rochers énormes dans les Gorges de Qutang du Sichuan ✱ 311 4865.

滥 làn -166 氵刂𠂉皿 | 濫 *498 | 1° to overflow 2° excessive 3° to abuse ◇ 1° déborder, inonder, flottant 2° excéder, excessif 3° abuser, se tromper [Etym] 氵 18 (rad: 085b 3-10), 监 607 [Graph] 121b 415a 231a 922a.

溚 tǎ +167 氵艹人曰 | tar ◇ goudron [Etym] 氵 18 (rad: 085b 3-09), 荅 620 [Graph] 121b 415c 233a 012a.

漭 mǎng +168 氵艹犬廾 | vast, boundless ◇ vaste, sans bornes [Etym] 氵 18 (rad: 085b 3-10), 莽 622 [Graph] 121b 415c 242i 416e.

潇 xiāo -169 氵艹肃 | 瀟 *170 | 1° deep and clear (water), big rain 2° river in Yunnan ◇ 1° profond et clair (eau), grande pluie 2° rivière au Yunnan [Etym] 氵 18 (rad: 085b 3-11), 萧 654 [Graph] 121b 415c 834g.

瀟 xiāo *170 氵艹肅 | 潇 -169 | 1° deep and clear (water), big rain 2° river in Yunnan ◇ 1° profond et clair (eau), grande pluie 2° rivière au Yunnan [Etym] 氵 18 (rad: 085b 3-16), 蕭 655 [Graph] 121b 415c 834k.

滢 yíng -171 氵艹冖木 | 濚 *67 | place in Hunan ◇ lieu du Hunan [Etym] 氵 18 (rad: 085b 3-09), 荣 658 [Graph] 121b 415c 851a 422a.

滢 yíng -172 氵艹冖玉 | 瀅 *68 | 1° crystal clear 2° stream ◇ 1° clair, cristallin 2° ruisseau [Etym] 氵 18 (rad: 085b 3-10), 莹 659 [Graph] 121b 415c 851a 432o.

濛 méng +173 氵艹冖豕 | See ◇ Voir 蒙 3964 [Etym] 氵 18 (rad: 085b 3-13), 蒙 660 [Graph] 121b 415c 851a 522c.

△ méng | See ◇ Voir 濛濛 meng2-meng2 173-173.

濛濛 méng méng ∘ 1° small, drizzling rain; 2° misty ◇ 1° bruine, pluie fine; 2° brumeux ✱ 173.

潆 yíng -174 氵艹冖糸 | 瀠 *69 | to swirl ◇ eau qui tournoie [Etym] 氵 18 (rad: 085b 3-11), 萦 661 [Graph] 121b 415c 851a 613d.

涝 lào -175 氵艹冖力 | 澇 *70 | flood, water logging ◇ hautes eaux, pluie excessive, inondé [Etym] 氵 18 (rad: 085b 3-07), 劳 662 [Graph] 121b 415c 851a 732f.

满 mǎn (28) 氵艹两	[Tra] full ◇ complet [Etym] modern simplified form of (滿 37) ◇ forme simplifiée moderne de (滿 37) [Graph] 121b 415c 859d [Hanzi] man3 满 176, men4 懑 177.

满 mǎn -176 氵艹两 | 滿 *245 | 1° full, filled, to fill 2° to expire 3° completely 4° satisfied 5° conceited 6° the Man nationality 7° surname ◇ 1° plein, remplir 2° arriver à terme 3° entièrement 4° satisfait, fier 6° complaisant, la Mandchourie 7° nom propre [Etym] 氵 18 (rad: 085b 3-10), 㒼 672 [Graph] 121b 415c 859d.

满意 mǎn yì ∘ satisfied, pleased ◇ satisfait, content ✱ 667.

满载 mǎn zài ∘ fully loaded ◇ être chargé au maximum ✱ 5539.

满座 mǎn zuò ∘ full house ◇ pleine, complète (salle) ✱ 6879.

满足 mǎn zú ∘ ample, full, satisfied ◇ suffisant, satisfaisant, complet; se contenter de ✱ 9419.

懑 mèn -177 氵艹两心 | 懣 *246 | melancholy, depressed, discontented, resentful ◇ ennui, tristesse, déprimé, mélancolique, morose [Etym] 心 397 (rad: 061a 4-13), 满 28 [Graph] 121b 415c 859d 321c.

灌 guàn +178 氵艹口口隹 | 1° to irrigate, to water 2° to pour 3° to fill 4° to force one to drink ◇ 1° irriguer, arroser 2° verser 3° remplir 4° forcer à avaler [Etym] 氵 18 (rad: 085b 3-17), 雚 676 [Graph] 121b 415c 011a 011a 436m.

灌溉 guàn gài ∘ to water, to irrigate ◇ arroser, irriguer ✱ 489.

漠 mò +179 氵艹曰大 | 1° sandy desert 2° the Gobi 3° unconcerned ◇ 1° désert 2° Gobi 3° indifférent [Etym] 氵 18 (rad: 085b 3-10), 莫 679 [Graph] 121b 415c 021a 242a.

滞 zhì -180 氵卌冖巾 | 滯 *187 | 1° stagnant, to stop 2° obstruction, opposition 3° amiss, forgotten 4° coagulation ◇ 1° stagnant, séjourner, s'arrêter 2° obstruction, opposition 3° omis, être oublié, échapper à 4° coagulation [Etym] 氵 18 (rad: 085b 3-09), 带 697 [Graph] 121b 415d 851a 858a.

滞碍 zhì ài ∘ to block up, to obstruct ◇ bloquer, empêcher ✱ 9771.

渊 yuān +181 氵丿米 | 淵 *607 | 1° deep pool, abyss 2° deep 3° surname ◇ 1° eau profonde, abîme 2° profond 3° nom de famille [Etym] 氵 18 (rad: 085b 3-08), 𣶒 699 [Graph] 121b 416b 422f.

渍 fén -182 氵卉贝 | 濆 *183 | 1° river in Henan 2° waterside, waterfront ◇ 1° rivière du Henan 2° au bord de l'eau [Etym] 氵 18 (rad: 085b 3-09), 贲 703 [Graph] 121b 416f 854b.

濆 fén *183 氵卉貝 | 渍 -182 | 1° river in Henan 2° waterside, waterfront ◇ 1° rivière du Henan 2° au bord de l'eau [Etym] 氵 18 (rad: 085b 3-12), 賁 704 [Graph] 121b 416f 023b.

汧 qiān +184 氵开 | place in Shanxi ◇ lieu du Shanxi [Etym] 氵 18 (rad: 085b 3-04), 开 706 [Graph] 121b 416h.

洴 píng +185 氵并 | [Etym] 氵 18 (rad: 085b 3-06), 并 708 [Graph] 121b 416i.

洴澼 píng pì ∘ to bleach, to rinse (silk) ◇ blanchir (soie) ✱ 479.

洲 zhōu +186 氵州 | 1° continent 2° sand bar 3° island (in a river) ◇ 1° continent 2° terre habitable entourée d'eau 3° île 4° îlot [Etym]

氵18 (rad: 085b 3-06), 州 715 [Graph] 121b 417d.

滞 z h ì *187 | 滯 -180 | 1° stagnant, to stop 2° obstruction, opposition 3° amiss, forgotten 4° coagulation ◇ 1° stagnant, séjourner, s'arrêter 2° obstruction, opposition 3° omis, être oublié, échapper à 4° coagulation [Etym] 氵18 (rad: 085b 3-11), 带 717 [Graph] 121b 417f 851a 858a.

沐 m ù (29) 氵木 | [Tra] to cleanse ◇ nettoyer [Etym] water (1= 氵18), phon. (2= 木 723) ◇ eau (1= 氵18), phon. (2= 木 723) [Graph] 121b 422a [Ref] r39c, w119k [Hanzi] mu4 沐 188, mu4 霂 8417.

沐 m ù +188 氵木 | 1° to wash one's hair 2° wet 3° to give, to receive ◇ 1° se laver la chevelure 2° trempé 3° donner, recevoir, favorisé de [Etym] 氵18 (rad: 085b 3-04), 沐 29 [Graph] 121b 422a.

涞 l á i *189 氵木人人 | 淶 -206 | county in Hebei ◇ chef-lieu du Hebei [Etym] 氵18 (rad: 085b 3-08), 來 724 [Graph] 121b 422a 232a 232a.

漆 q ī +190 氵木人氺 | 1° lacquer, paint 2° to paint 3° pitch-black 4° river in Shaanxi 5° surname ◇ 1° laque, vernis 2° vernir, peindre 3° noir comme la laque 4° fleuve du Shaanxi 5° nom propre [Etym] 氵18 (rad: 085b 3-11), 桼 727 [Graph] 121b 422a 233a 331o.

淋 l í n +191 氵木木 | 1° to drip 2° to soak 3° to pour ◇ 1° dégoutter, couler 2° tremper, infuser, macérer 3° verser, arroser [Etym] 氵18 (rad: 085b 3-08), 林 734 [Graph] 121b 422a 422a.

淋浴 l í n y ù 。 shower ◇ douche * 94.

淋巴 l í n b ā 。 lymph ◇ lymphe * 8730.

△ l ì n | 1° to drip 2° to filter, to strain ◇ 1° dégoutter 2° filtrer.

漤 l ǎ n +192 氵木木女 | 灠 *499 | to pickle fruit in brine, to preserve in salted water ◇ mariner [Etym] 氵18 (rad: 085b 3-11), 婪 739 [Graph] 121b 422a 422a 611e.

潸 s h ā n +193 氵木木月 | 潸 *194 | to weep, to lament ◇ pleurer, se lamenter [Etym] 氵18 (rad: 085b 3-12), 朁 740 [Graph] 121b 422a 422a 856e.

潸 s h ā n *194 氵木木曰 | 潸 +193 | to weep, to lament ◇ pleurer, se lamenter [Etym] 氵18 (rad: 085b 3-12), 朁 741 [Graph] 121b 422a 422a 021a.

淞 s ō n g +195 氵木公 | Wusong river in the Shanghai area ◇ rivière Wusong, de la région de Shanghai [Etym] 氵18 (rad: 085b 3-08), 松 744 [Graph] 121b 422a 612h.

淅 x ī +196 氵木斤 | to wash rice ◇ laver le riz [Etym] 氵18 (rad: 085b 3-08), 析 748 [Graph] 121b 422a 722c.

渣 z h ā +197 氵木曰一 | 1° dregs, residue 2° crumbs ◇ 1° lie, marc, résidu 2° miettes [Etym] 氵18 (rad: 085b 3-09), 查 757 [Graph] 121b 422a 021a ac:z.

湘 x i ā n g +198 氵木目 | 1° to boil 2° river in Hunan 3° another name for Hunan Province ◇ 1° cuire 2° rivière du Hunan 3° autre nom du Hunan [Etym] 氵18 (rad: 085b 3-09), 相 758 [Graph] 121b 422a 023a.

湫 j i ǎ o +199 氵禾火 | 1° mournful 2° low-lying ◇ 1° souffrance 2° à basse altitude [Etym] 氵18 (rad: 085b 3-09), 秋 761 [Graph] 121b 422d 231b.

湫隘 j i ǎ o à i 。 narrow and low-lying ◇ étroit et bas * 6710.

△ q i ū | 1° to beg, to request, to entreat 2° to seek, to aim at 3° demand, to pray for 4° surname ◇ 1° demander, exiger 2° chercher à obtenir, désirer 3° supplier 4° nom propre.

潲 s h à o (30) 氵禾肖 | [Tra] hogwash; to sprinkle ◇ eaux grasses; arrose [Etym] {?}two sign: water (氵18) with grains (禾 760); phon (肖 1878) ◇ {?} deux sign: eau (氵18) avec grains (禾 760); phon (肖 1878) [Graph] 121b 422d 857i [Hanzi] shao4 潲 200.

潲 s h à o +200 氵禾肖 | 1° water driven by rain 2° to sprinkle 3° hogwash ◇ 1° action ou bruit de la pluie qui fouette 2° arroser 3° eaux grasses (porcs) [Etym] 氵18 (rad: 085b 3-12), 潲 30 [Graph] 121b 422d 857i.

沭 s h ù -201 氵术 | river in Shandong ◇ rivière du Shandong [Etym] 氵18 (rad: 085b 3-05), 术 781 [Graph] 121b 422e.

溇 l ó u -202 氵米女 | 漊 *632 | place in Hunan ◇ lieu du Hunan [Etym] 氵18 (rad: 085b 3-09), 娄 785 [Graph] 121b 422f 611e.

潘 p ā n (31) 氵采田 | [Tra] river ◇ rivière [Etym] water (1= 氵18), phon. (2,3= 番 797) ◇ eau (1= 氵18), phon. (2,3= 番 797) [Graph] 121b 422g 041a [Ref] k691, w123d [Hanzi] pan1 潘 203, fan1 藩 3520.

潘 p ā n +203 氵采田 | surname ◇ nom propre [Etym] 氵18 (rad: 085b 3-12), 潘 31 [Graph] 121b 422g 041a.

沫 m ò +204 氵末 | foam spittle froth to end ◇ écume salive mousse finir [Etym] 氵18 (rad: 085b 3-05), 末 802 [Graph] 121b 422j.

洙 z h ū +205 氵朱 | river in Shandong ◇ rivière du Shandong [Etym] 氵18 (rad: 085b 3-06), 朱 803 [Graph] 121b 422l.

涞 l á i -206 氵来 | 淶 *189 | county in Hebei ◇ chef-lieu du Hebei [Etym] 氵18 (rad: 085b 3-07), 来 804 [Graph] 121b 422m.

江 j i ā n g (32) 氵工 | [Tra] river ◇ fleuve [Etym] water (1= 氵18), phon. (2= 工 808) ◇ eau (1= 氵18), phon. (2= 工 808) [Graph] 121b 431a [Ref] k350, r5c, r5c, r474, wi354 [Hanzi] jiang1 江 207, hong4 澒 208, hong2 鸿 210, hong2 鴻 211, jiang1 茳 3521.

江 j i ā n g +207 氵工 | 1° river 2° Changjiang River 3° surname ◇ 1° fleuve 2° abréviation du Yangzijiang 3° nom propre [Etym] 氵18 (rad: 085b 3-03), 江 32 [Graph] 121b 431a.

江山 j i ā n g s h ā n 。 rivers and mountains; country, land ◇ fleuves et montagnes, pays, territoire * 7475.

澒 h ò n g -208 氵工页 | 澒 *209 | 1° flood 2° chaos, confusion 3° enormous ◇ 1° inondation

2° chaos, désordre 3° immense [Etym] 页 1802 (rad: 181s 6-06), 江 32 [Graph] 121b 431a 854d.

澒 hòng *209 氵工頁 | 澒 -208 | 1° flood 2° chaos, confusion 3° enormous ◇ 1° inondation 2° chaos, désordre 3° immense [Etym] 氵 18 (rad: 085b 3-12), 項 815 [Graph] 121b 431a 023f.

鸿 hóng -210 氵工鸟 | 鴻 *211 | 1° swan 2° vast, great 3° letter ◇ 1° cygne, oie sauvage 2° grand, vaste 3° lettre [Etym] 鸟 2494 (rad: 196s 5-06), 江 32 [Graph] 121b 431a Z22e.

鴻 hóng *211 氵工鳥 | 鸿 -210 | 1° swan 2° vast, great 3° letter ◇ 1° cygne, oie sauvage 2° grand, vaste 3° lettre [Etym] 鳥 2500 (rad: 196a 11-06), 江 32 [Graph] 121b 431a Z22h.

淑 shū +212 氵上小又 | 1° kind and gentle, fair 2° clear, pure 3° virtuous ◇ 1° gentil, honnête 2° pur 3° vertueux, bon [Etym] 氵 18 (rad: 085b 3-08), 叔 820 [Graph] 121b 431b 331j 633a.

澀 sè *213 氵土人人口口 | 涩 -361 、澁 *362 | 1° astringent, rough, uneven 2° difficult 3° obscure ◇ 1° astringent, raboteux, âpre 2° peu coulant, difficile 3° obscur [Etym] 氵 18 (rad: 085b 3-13), 嗇 828 [Graph] 121b 432a 232a 232a 071a 011a.

澾 tà *214 氵土羊辶 | 汰 -99 | to slip, slippery ◇ glisser, glissant [Etym] 氵 18 (rad: 085b 3-12), 達 839 [Graph] 121b 432a 414b 634o.

> 洼 wā (33) 氵土土 | [Tra] low ground; puddle ◇ terres basses; marai [Etym] water (1= 氵 18); phon, land (2,3= 圭 840) ◇ eau (1= 氵 18); phon, terre (2,3= 圭 840) [Graph] 121b 432a 432a [Hanzi] wa1 洼 215, wa1 窪 7795.

洼 wā +215 氵土土 | 窪 *7795 | low ground, puddle ◇ terres basses, marais [Etym] 氵 18 (rad: 085b 3-06), 圭 840 [Graph] 121b 432a 432a.

澆 jiāo *216 氵土土土兀 | 浇 -266 | 1° to sprinkle water on 2° to irrigate, to water 3° to cast 4° bad ◇ 1° arroser 2° irriguer 3° mouler 4° vil [Etym] 氵 18 (rad: 085b 3-12), 堯 844 [Graph] 121b 432a 432a 432a 322c.

> 法 fǎ (34) 氵土厶 | [Tra] law ◇ loi [Etym] get adaptability (1= 氵 18), eliminate (2, 3= 去 848) vices ◇ obtenir qu'on s'adapte comme l'eau (1= 氵 18), extirper (2,3= 去 848) les mauvais comportements [Graph] 121b 432a 612a [Ref] r14f, w125a, wi260 [Hanzi] fa3 法 217, fa4 珐 5062.

法 fǎ +217 氵土厶 | 1° law 2° method, way, mode 3° to imitate, to follow 4° rule, standard 5° Legalists 6° Buddhist dharma or doctrine 7° magic arts ◇ 1° loi 2° méthode, moyen, procédé 3° imiter 4° norme, règle, modèle 5° les Légalistes (pensée chinoise) 6° doctrine ou dharma bouddhique 7° arts [Etym] 氵 18 (rad: 085b 3-05), 法 34 [Graph] 121b 432a 612a.

法令 fǎ lìng ∘ laws and decrees ◇ loi et décret ✱ 1394.

法律 fǎ lǜ ∘ law, right ◇ droit, loi; législation ✱ 3157.

法子 fǎ zǐ ∘ mean, method, proceeding ◇ moyen, méthode, procédé ✱ 6546.

法院 fǎ yuàn ∘ law-court, tribunal ◇ cour de justice, tribunal ✱ 6771.

法庭 fǎ tíng ∘ tribunal, court ◇ tribunal, cour de justice ✱ 6912.

法办 fǎ bàn ∘ to punish by law ◇ punir selon la loi ✱ 7271.

法案 fǎ àn ∘ proposed law, bill ◇ projet de loi ✱ 7749.

法官 fǎ guān ∘ judge; justice ◇ juge, magistrat ✱ 7771.

法则 fǎ zé ∘ method ◇ méthode ✱ 7962.

法制 fǎ zhì ∘ law ◇ loi ✱ 8497.

法郎 fǎ láng ∘ (French) franc (currency) ◇ franc (monnaie) ✱ 8721.

法西斯 fǎ xī sī ∘ fascist; fascism ◇ fascisme, fasciste ✱ 10844 5434.

法国 fǎ guó ∘ France, French ◇ France, français ✱ 10952.

溘 kè +218 氵土厶皿 | suddenly ◇ soudain, tout à coup, subitement [Etym] 氵 18 (rad: 085b 3-10), 盍 851 [Graph] 121b 432a 612a 922a.

濤 tāo *219 氵士二工口寸 | 涛 -97 | 1° great waves 2° billows ◇ 1° flots 2° grandes vagues [Etym] 氵 18 (rad: 085b 3-14), 壽 860 [Graph] 121b 432b ac:g 431a 012a 332b.

瀔 gǔ +220 氵士冖二木几又 | place in Hunan ◇ lieu du Hunan [Etym] 氵 18 (rad: 085b 3-14), 穀 864 [Graph] 121b 432b 851a ac:a 422a Z33a 633a.

洁 jié -221 氵士口 | 潔 *164 | 1° clean, to purify 2° chastity ◇ 1° propre, purifier 2° chasteté [Etym] 氵 18 (rad: 085b 3-06), 吉 876 [Graph] 121b 432b 011a.

洁白 jié bái ∘ pure white; pure ◇ blanc, immaculé, pur ✱ 9973.

澎 pēng +222 氵士豆彡 | noise of surging waters, splash, spatter, to surge ◇ choc et bruit de l'eau, déferler avec fracas, éclaboussement [Etym] 氵 18 (rad: 085b 3-12), 彭 881 [Graph] 121b 432b 011b 211c.

澎湃 pēng pài ∘ (of water) roaring and flushing, to surge, to splash ◇ déferler avec fracas, choc et bruit de l'eau ✱ 161.

△ péng |

澎湖列岛 péng hú liè dǎo ∘ the Penghu Islands ◇ les îles Penghu ✱ 523 6419 11149.

澍 shù +223 氵士豆寸 | 1° moistened, well watered 2° timely rain ◇ 1° imprégné, saturé 2° pluie bénéfique [Etym] 氵 18 (rad: 085b 3-12), 尌 882 [Graph] 121b 432b 011b 332b.

瀆 dú *224 氵士罒貝 | 渎 -104 、瀆1° *23 | 1° to show contempt, to annoy 2° ditch, outlet 3° foul, muddy ◇ 1° importuner, ennuyer, molester 2° rigole 3° désordre, licence, familiarité [Etym] 氵 18 (rad: 085b 3-15), 賣 886 [Graph] 121b 432b 051a 023b.

激 j i ā o +225 氵夬子攵 | place near the City of Guangzhou ◇ lieu près de la ville de Guangzhou [Etym] 氵 18 (rad: 085b 3-11), 教 892 [Graph] 121b 432c 634d 243c.

渚 z h ǔ +226 氵夬曰 | islet ◇ banc de sable, île [Etym] 氵 18 (rad: 085b 3-08), 者 893 [Graph] 121b 432c 021a.

凌 l í n g +227 氵夬夂 | 1° to insult 2° to maltreat 3° to advance 4° to rise 5° to aspire to ◇ 1° insulter 2° maltraiter 3° avancer 4° s'élever à 5° aspirer à [Etym] 氵 18 (rad: 085b 3-08), 夌 901 [Graph] 121b 432d 633e.

汪 w ā n g +228 氵王 | 1° to collect (liquid) 2° measure-word (puddle of water) 3° to bark 4° vast and still, abundant, immense 5° much 6° surname ◇ 1° collecter (liquide) 2° spécificatif (flaque d'eau) 3° japper 4° vaste, immense, abondance 5° beaucoup 6° nom de famille [Etym] 氵 18 (rad: 085b 3-04), 王 903 [Graph] 121b 432e.

� p á +229 氵王王巴 | place in Guangdong ◇ lieu du Guangdong [Etym] 氵 18 (rad: 085b 3-12), 琶 911 [Graph] 121b 432e 432e 933c.

注 z h ù +230 氵主 | 註 4° *9531 | 1° to pour 2° to fix mind or eyes on, to concentrate on 3° stakes (gambling) 4° to annotate, notes, to record 5° to soak 6° water flowing off in streamlets ◇ 1° verser, couler 2° s'appliquer à, se concentrer sur 3° enjeu (jeux) 4° noter, note, enregistrer, commentaire 5° tremper 6° se jeter dans [Etym] 氵 18 (rad: 085b 3-05), 主 914 [Graph] 121b 432f.

注意 z h ù y ì ∘ careful ◇ faire attention à, prendre garde ∗ 667.

注释 z h ù s h ì ∘ annotation, explanatory note ◇ annoter, note, annotation, glose ∗ 4656.

注射 z h ù s h è ∘ to inject; injection ◇ injecter ∗ 8831.

瀁 y ǎ n g +231 氵羊人良 | See ◇ Voir 滉瀁 huang4-yang3 527-231 [Etym] 氵 18 (rad: 085b 3-15), 養 919 [Graph] 121b 432g 233a 932e.

漾 y à n g +232 氵羊永 | 1° to ripple 2° to overflow 3° agitated 4° to throw 5° name of a river ◇ 1° nom de rivière 2° refluer 3° agité 4° jeter 5° ride (eau), ondulation [Etym] 氵 18 (rad: 085b 3-11), 羕 921 [Graph] 121b 432g 331r.

浩 h à o +233 氵生口 | 1° overwhelming (as a flood), vast, grand 2° voluminous ◇ 1° grandes eaux, vaste, immense 2° nombreux [Etym] 氵 18 (rad: 085b 3-07), 告 932 [Graph] 121b 432l 011a.

浩荡 h à o d à n g ∘ mighty; vast ◇ impétueux; vaste ∗ 3524.

> 洗 x ǐ (35) 氵先 | [Tra] to wash; to reform ◇ laver; effacer [Etym] water (1= 氵 18); previous state (2= 先 935) ◇ eau (1= 氵 18); état antérieur (2= 先 935) [Graph] 121b 432m [Hanzi] xi3 xian3 洗 234, xian3 筅 728.

洗 x ǐ +234 氵先 | 1° to wash, to cleanse, to bathe 2° to baptize 3° to reform, to redress 4° to sack, massacre 5° to develop (film) 6° to shuffle (cards) ◇ 1° laver, purifier 2° baptiser 3° se corriger 4° exterminer, massacrer 5° développer (photos) 6° battre (cartes) [Etym] 氵 18 (rad: 085b 3-06), 先 935 [Graph] 121b 432m.

洗澡 x ǐ z ǎ o ∘ to bathe ◇ prendre un bain, une douche ∗ 507.

洗衣机 x ǐ y ī j ī ∘ washing machine ◇ lessiveuse, machine à laver ∗ 2140 4478.

洗衣粉 x ǐ y ī f ě n ∘ washing powder ◇ lessive ∗ 2140 4634.

洗脸 x ǐ l i ǎ n ∘ to wash ◇ se laver, se débarbouiller ∗ 8065.

△ x i ǎ n | surname ◇ nom de famille.

渍 z ì -235 氵主贝 | 漬 *237 | 1° to soak, to steep 2° floodwater 3° soiled ◇ 1° humecter, imbiber, imbu 2° inondation 3° souillé, taché [Etym] 氵 18 (rad: 085b 3-08), 责 945 [Graph] 121b 433a 854b.

清 q ī n g +236 氵主月 | 1° clear, pure, fresh 2° distinct 3° quiet 4° honest 5° completely 6° to clean up 7° to clear off 8° to count 9° Qing Dynasty (1644-1911) 10° surname ◇ 1° pur, net, clair, frais 2° distinct 3° tranquille 4° chaste, pudique 5° complètement 6° nettoyer, purifier 7° liquider 8° compter, régler 9° dynastie Qing (1644-1911) 10° nom propre [Etym] 氵 18 (rad: 085b 3-08), 青 946 [Graph] 121b 433a 856e.

清净 q ī n g j ì n g ∘ quiet, calm ◇ calme, tranquille, paisible ∗ 36.

清凉 q ī n g l i á n g ∘ cool, refreshing ◇ frais, rafraîchissant ∗ 39.

清淡 q ī n g d à n ∘ light (color); delicate (taste) ◇ clair (couleur), léger (odeur, goût) ∗ 66.

清洁 q ī n g j i é ∘ clean, pure ◇ propre, pur ∗ 221.

清楚 q ī n g c h ǔ ∘ clear, distinct ◇ clair, distinct, net; connaître ∗ 4186.

清理 q ī n g l ǐ ∘ to clear off, to rule out ◇ régler, liquider; arranger ∗ 5204.

清静 q ī n g j ì n g ∘ calm, serene ◇ calme, serein, tranquille ∗ 5276.

清除 q ī n g c h ú ∘ to clear away; to eliminate ◇ nettoyer, liquider, extirper ∗ 6715.

清真 q ī n g z h ē n ∘ Islamic, muslim ◇ musulman, islamique ∗ 8551.

清真寺 q ī n g z h ē n s ì ∘ mosque ◇ mosquée ∗ 8551 4781.

清高 q ī n g g ā o ∘ aloof (from politics) ◇ avec hauteur et distance ∗ 9463.

清晨 q ī n g c h é n ∘ early morning ◇ au petit matin, au point du jour ∗ 9902.

清明 q ī n g m í n g ∘ clear and bright; festival of the dead ◇ fête des morts ∗ 9933.

清早 q ī n g z ǎ o ∘ early morning ◇ au petit matin, au point du jour ∗ 9970.

清白 q ī n g b á i ∘ pure, stainless ◇ propre, immaculé ∗ 9973.

漬 z ì *237 氵主貝 | 渍 -235 | 1° to soak, to steep 2° floodwater 3° soiled ◇ 1° humecter, imbiber, imbu 2° inondation 3° souillé, taché [Etym] 氵 18 (rad: 085b 3-11), 責 948 [Graph] 121b 433a 023b.

沚 zhǐ -238 氵止 | 1° bank 2° small island ◇ 1° banc 2° îlot [Etym] 氵 18 (rad: 085b 3-04), 止954 [Graph] 121b 434a.

泚 cǐ +239 氵止匕 | 1° clear 2° to use pen and ink for writing ◇ 1° clair, transparent, limpide 2° tremper le pinceau dans l'encre [Etym] 氵 18 (rad: 085b 3-06), 此 955 [Graph] 121b 434a 321b.

涉 shè (36) 氵止少 | [Tra] to ford ◇ gué [Etym] to step (2,3= 步 957) in water (1= 氵 18) ◇ marcher (2,3= 步 957) dans l'eau (1= 氵 18) [Graph] 121b 434a 331h [Ref] r26i, w112g [Hanzi] she4 涉 240.

涉 shè +240 氵止少 | 1° to ford, to wade 2° to go through, experience 3° to involve, to concern 4° relations ◇ 1° gué, passer à gué 2° passer par, expérience, traverser 3° concerner, impliquer, mêlé à 4° relation [Etym] 氵 18 (rad: 085b 3-07), 涉 36 [Graph] 121b 434a 331h.

涉及 shè jí 。 to relate to , to involve ◇ concerner, porter sur * 6807.

濒 bīn -241 氵止少页 | 瀕 *242 | 1° bank, shore 2° to be on the point of ◇ 1° rive, berge 2° être sur le point de [Etym] 氵 18 (rad: 085b 3-13), 频958 [Graph] 121b 434a 331h 854d.

瀕 bīn *242 氵止少頁 | 濒 -241 | 1° bank, shore 2° to be on the point of ◇ 1° rive, berge 2° être sur le point de [Etym] 氵 18 (rad: 085b 3-16), 頻959 [Graph] 121b 434a 331h 023f.

湑 xū +243 氵疋月 | 1° clear, limpid 2° river in Shaanxi ◇ 1° pur, limpide 2° rivière du Shaanxi [Etym] 氵 18 (rad: 085b 3-09), 胥 971 [Graph] 121b 434g 856e.

△ xǔ | 1° clear, limpid 2° lush 3° filtered wine ◇ 1° pur, limpide 2° luxuriant 3° vin filtré.

涎 xián +244 氵正廴 | 1° saliva, spittle 2° to covet ◇ 1° salive 2° convoitise [Etym] 氵 18 (rad: 085b 3-06), 延 973 [Graph] 121b 434h 634n.

滿 mǎn (37) 氵廿雨人人 | [Tra] full ◇ complet [Etym] adaptability (1= 氵 18) and equilibrium (2,3,4,5= 㒼 989) ◇ souple (1= 氵 18) et équilibré (2,3,4,5= 㒼 989) [Graph] 121b 436a 858b 232a 232a [Ref] k597, wi306 [Hanzi] man3 滿 245, men4 懣 246.

滿 mǎn *245 氵廿雨人人 | 满 -176 | 1° full, filled, to fill 2° to expire 3° completely 4° satisfied 5° conceited 6° the Man nationality 7° surname ◇ 1° plein, remplir 2° arriver à terme 3° entièrement 4° satisfait, fier 6° complaisant, la Mandchourie 7° nom propre [Etym] 氵 18 (rad: 085b 3-11), 滿 37 [Graph] 121b 436a 858b 232a 232a.

懣 mèn *246 氵廿雨人人心 | 懑 -177 | melancholy, depressed, discontented, resentful ◇ ennui, tristesse, déprimé, mélancolique, morose [Etym] 心 397 (rad: 061a 4-14), 滿 37 [Graph] 121b 436a 858b 232a 232a 321c.

漢 hàn *247 氵廿美 | 汉 -317 | 1° famous Chinese dynasty 2° belonging to China 3° man, fellow 4° name of a river 5° milky way ◇ 1° nom de dynastie 2° Chine, chinois, la race chinoise 3° homme, gars 4° nom d'une rivière 5° voie lactée [Etym] 氵 18 (rad: 085b 3-11), 菓 995 [Graph] 121b 436a 032a.

灘 tān *248 氵廿美隹 | 滩 -319 | 1° beach 2° sands 3° shoal ◇ 1° plage 2° banc de sable 3° bas-fond, rapide (cours d'eau) [Etym] 氵 18 (rad: 085b 3-19), 難 996 [Graph] 121b 436a 032a 436m.

潵 sǎ +249 氵廾月攵 | place name ◇ nom de lieu [Etym] 氵 18 (rad: 085b 3-12), 散 1000 [Graph] 121b 436b 856e 243c.

潢 huáng +250 氵廾由 | 1° pool, pond 2° to decorate 3° to mount (a picture, etc.) ◇ 1° étang 2° décorer 3° encadrer (tableau) [Etym] 氵 18 (rad: 085b 3-11), 黄 1003 [Graph] 121b 436b 042b.

洪 hóng (38) 氵共 | [Tra] flood; immense ◇ inondation; vaste [Etym] joining (2= 共 1006) waters (1= 氵 18) ◇ convergence (2= 共1006) des eaux (1= 氵 18) [Graph] 121b 436e [Hanzi] hong2 洪 251, hong2 葓 3522.

洪 hóng +251 氵共 | 1° big, vast, immense 2° flood, inundation 3° surname ◇ 1° grand, immense, vaste 2° inondation, déluge 3° nom propre [Etym] 氵 18 (rad: 085b 3-06), 共 1006 [Graph] 121b 436e.

洪水 hóng shuǐ 。 flood; swelling (of river); inundation ◇ déluge, crue, inondation * 2299.

洪亮 hóng liàng 。 resonant, enlightening; generosity ◇ éclatant, retentissant, sonore; générosité * 9462.

港 gǎng +252 氵共巳 | 1° port, harbor 2° short for Xianggang ◇ 1° port 2° abréviation de Xianggang (Hongkong) [Etym] 氵 18 (rad: 085b 3-08), 巷 1008 [Graph] 121b 436e 933b.

港澳 gǎng ào 。 inlet, bay ◇ crique, baie * 451.

港口 gǎng kǒu 。 port, harbor ◇ port * 8842.

泔 gān +253 氵甘 | slops ◇ eau de vaisselle, eaux sales [Etym] 氵 18 (rad: 085b 3-05), 甘 1009 [Graph] 121b 436f.

溝 gōu *254 氵井冉 | 沟 -432 | 1° drain, ditch 2° groove 3° ravine 4° to communicate ◇ 1° canal, fossé, égout 2° ornière 3° ravin 4° communiquer [Etym] 氵 18 (rad: 085b 3-10), 冓 1012 [Graph] 121b 436g 858c.

淇 qí +255 氵其 | 1° (bing1 - lin2) ice cream 2° river in Henan ◇ 1° (bing1 - lin2) crème glacée 2° fleuve du Henan [Etym] 氵 18 (rad: 085b 3-08), 其1013 [Graph] 121b 436i.

澌 sī +256 氵其斤 | [Etym] 氵 18 (rad: 085b 3-12), 斯 1014 [Graph] 121b 436i 722c.

澌灭 sī miè 。 1° to exhaust; 2° to totally disappear ◇ 1° épuiser, éteindre; 2° disparaître complètement2 * 1069.

湛 zhàn +257 氵甚 | 1° profound, deep 2° crystal clear 3° exquisite 4° very, much 5° surname ◇ 1° profond 2° clair 3° superbe 4° beaucoup, très 5° nom de famille [Etym] 氵 18 (rad: 085b 3-09), 甚1015 [Graph] 121b 436j.

洱 ěr +258 氵耳 | river in Henan ◇ rivière du Henan [Etym] 氵 18 (rad: 085b 3-06), 耳 1017

[Graph] 121b 436k.

灄 shè *259 |灄 -260| river in Hubei ◇ rivière du Hubei [Etym] 氵 18 (rad: 085b 3-18), 聶 1022 [Graph] 121b 436k 436k 436k.

湂 shè -260 |灄 *259| river in Hubei ◇ rivière du Hubei [Etym] 氵 18 (rad: 085b 3-10), 聂 1026 [Graph] 121b 436k 633a 633a.

澉 gǎn +261 | 1° to wash 2° place in Zhejiang ◇ 1° laver 2° lieu du Zhejiang [Etym] 氵 18 (rad: 085b 3-11), 敢 1029 [Graph] 121b 436l 243c.

淮 huái (39) | [Tra] river name ◇ nom de rivière [Etym] coexistence of water (1= 氵 18) and birds (2= 隹 1030) ◇ présence d'eau (1= 氵 18) et d'oiseaux (2= 隹 1030) [Graph] 121b 436m [Ref] k96, w168c, wi933 [Hanzi] huai2 淮 262, hui4 匯 7293.

淮 huái +262 | large river in Henan and Anhui ◇ fleuve du Henan et de l'Anhui [Etym] 氵 18 (rad: 085b 3-08), 淮 39 [Graph] 121b 436m.

準 zhǔn (40) | [Tra] sure, to agree ◇ certain [Etym] {?} possibly a target (prim.> 氵 18) (> 隼 1033) ◇ {?} possiblement une cible (prim.> 氵 18) (> 隼 1033) [Graph] 121b 436m 413a [Ref] w168c, wi516 [Hanzi] zhun3 準 263.

準 zhǔn *263 | See ◇ Voir 准 27 [Etym] 氵 18 (rad: 085b 3-10), 準 40 [Graph] 121b 436m 413a.

潕 wǔ *264 |沅 -133 、潕 *265| 1° to filter 2° river in Hunan ◇ 1° filtrer 2° rivière du Hunan [Etym] 氵 18 (rad: 085b 3-12), 無 1043 [Graph] 121b 436n 222d.

潕 wǔ *265 |沅 -133 、潕 *264| 1° to filter 2° river in Hunan ◇ 1° filtrer 2° rivière du Hunan [Etym] 氵 18 (rad: 085b 3-14), 舞 1044 [Graph] 121b 436n 631b 712b.

浇 jiāo -266 |澆 *216| 1° to sprinkle water on 2° to irrigate, to water 3° to cast 4° bad ◇ 1° arroser 2° irriguer 3° mouler 4° vil [Etym] 氵 18 (rad: 085b 3-06), 尧 1056 [Graph] 121b 512a 322c.

淺 qiǎn *267 |浅 -270| 1° shallow 2° simple, easy 3° superficial 4° not close 5° light (color) 6° short (duration) 7° to run aground ◇ 1° pas profond 2° facile à comprendre 3° superficiel 4° pas près de 5° pâle (couleur) 6° court(durée) 7° échouer [Etym] 氵 18 (rad: 085b 3-08), 戔 1059 [Graph] 121b 512b 512b.

滅 miè *268 |灭 -1069| 1° to go out (of light, fire, etc.), to extinguish 2° to drown 3° to destroy (by fire), to cut off, to put out ◇ 1° éteindre 2° sombrer, être submergé 3° détruire, anéantir [Etym] 氵 18 (rad: 085b 3-10), 威1073 [Graph] 121b 512m ac:a 231b.

減 jiǎn *269 |减 +29| 1° to subtract 2° to decrease, to lessen, to diminish ◇ 1° soustraire 2° diminuer, rogner, retrancher, abréger [Etym] 氵 18 (rad: 085b 3-09), 咸 1078 [Graph] 121b 512m 012a.

浅 jiān -270 |濺 *555| [Etym] 氵 18 (rad: 085b 3-05), 戋 1083 [Graph] 121b 513a.

浅浅 jiān jiān ∘ sound of water flowing ◇ onomatopée de l'eau qui coule * 270.

△ qiǎn |淺 *267| 1° shallow 2° simple, easy 3° superficial 4° not close 5° light (color) 6° short (duration) 7° to run aground ◇ 1° pas profond 2° facile à comprendre 3° superficiel 4° pas près de 5° pâle (couleur) 6° court(durée) 7° échouer.

浅易 qiǎn yì ∘ simple, easy ◇ simple, facile * 9921.

漪 yī +271 | ripples ◇ rides sur l'eau [Etym] 氵 18 (rad: 085b 3-11), 猗 1092 [Graph] 121b 521b 242a 331c 011a.

渚 zhū -272 |瀦 *273| 1° to collect (water) 2° to puddle 3° accumuler ◇ 1° endroit où l'eau s'accumule 2° patauger, barboter 3° to accumulate [Etym] 氵 18 (rad: 085b 3-11), 猪 1095 [Graph] 121b 521b 432c 021a.

瀦 zhū *273 |潴 -272| 1° to collect (water) 2° to puddle 3° accumuler ◇ 1° endroit où l'eau s'accumule 2° patauger, barboter 3° to accumulate [Etym] 氵 18 (rad: 085b 3-15), 豬 1101 [Graph] 121b 522a 432c 021a.

涿 zhuō +274 | 1° to drip 2° place in Hebei ◇ 1° dégoutter 2° lieu du Hebei [Etym] 氵 18 (rad: 085b 3-08), 豖 1103 [Graph] 121b 522b.

邕 yōng +275 | river in Jiangxi ◇ rivière du Jiangxi [Etym] 氵 18 (rad: 085b 3-10), 邕 1114 [Graph] 121b 611c 011a 933c.

淄 zī +276 | river in Shandong ◇ rivière du Shandong [Etym] 氵 18 (rad: 085b 3-08), 甾 1116 [Graph] 121b 611c 041a.

涇 jīng *277 |泾 -316| 1° river 2° to flow 3° short for Jinghe River ◇ 1° rivière 2° couler 3° abréviation du Jinghe, affluent de la Wei [Etym] 氵 18 (rad: 085b 3-07), 巠 1121 [Graph] 121b 611d 431a.

汝 rǔ +278 | 1° thou, you, your 2° tributary of the Huai River in Henan ◇ 1° tu, vous, votre 2° affluent de la Huai au Henan [Etym] 氵 18 (rad: 085b 3-03), 女 1122 [Graph] 121b 611e.

洳 rù +279 | See ◇ Voir 沮洳 ju4-ru4 466-279 [Etym] 氵 18 (rad: 085b 3-06), 如 1128 [Graph] 121b 611e 011a.

渗 shèn -280 |滲 *282| 1° to ooze, to soak, to flow, to infiltrate 2° to absorb ◇ 1° imbiber, infiltrer, dégoutter 2° absorber [Etym] 氵 18 (rad: 085b 3-08), 参 1133 [Graph] 121b 612a 242a 211c.

渗透 shèn tòu ∘ to permeate, to seep into ◇ s'infiltrer, être imbibé, être trempé * 4546.

涘 sì +281 | river bank ◇ berge, rive [Etym] 氵 18 (rad: 085b 3-07), 矣 1135 [Graph] 121b 612a 242d.

滲 shèn *282 |渗 -280| 1° to ooze, to soak, to flow, to infiltrate 2° to absorb ◇ 1° imbiber, infiltrer, dégoutter 2° absorber [Etym] 氵 18 (rad: 085b 3-11), 參 1138 [Graph] 121b 612a 612a 612a 233a 211c.

治 zhì +283 氵厶口 | 1° to rule, to govern 2° order 3° peace 4° (county) seat 5° to heal, to cure 6° to control, to harness (river) 7° to punish 8° research, study 9° surname ◇ 1° gouverner, administrer, régler 2° en ordre, former 3° en paix, bien administré 4° chef-lieu 5° guérir 6° contrôler, endiguer (rivière) 7° punir 8° étude, recherche 9° nom de famille [Etym] 氵 18 (rad: 085b 3-05), 台 1143 [Graph] 121b 612a 011a.

治理 zhì lǐ。to run, to govern; to bring under control ◇ administrer, gouverner, diriger; aménager * 5204.

治疗 zhì liáo。to care, to cure ◇ soigner, guérir, traiter * 7079.

治安 zhì ān。public order, public security ◇ ordre public, sécurité publique * 7748.

浚 jùn +284 氵允夂 | 濬 *426 | 1° to dredge, to dig 2° deep 3° to scrutinize ◇ 1° draguer, creuser 2° profond, abstrus 3° scruter [Etym] 氵 18 (rad: 085b 3-07), 夋 1147 [Graph] 121b 612b 633e.

△ xùn | 濬 *426 | place in Henan ◇ lieu du Henan.

流 liú (41) 氵𠫓儿 | [Tra] to flow ◇ couler [Etym] amniotic liquid (1= 氵 18) flowing at birth (2,3= 㐬 1155) ◇ poche des eaux (1= 氵 18) percée à la naissance (2,3= 㐬 1155) [Graph] 121b 612e 417b [Ref] h409, r16i, r325, w94f, wi629 [Hanzi] liu2 流 285, liu2 鎏 286.

流 liú +285 氵𠫓儿 | 1° to flow 2° drifting, to circulate 3° to spread 4° to degenerate 5° to banish 6° stream of water, current 7° class, grade ◇ 1° couler 2° circuler, mouvant 3° se répandre 4° dégénérer 5° bannir, exil 6° courant 7° cours, classe sociale [Etym] 氵 18 (rad: 085b 3-07), 流 41 [Graph] 121b 612e 417b.

流浪 liú làng。to roam ◇ vagabonder, errer * 490.

流失 liú shī。erosion ◇ érosion * 1621.

流传 liú chuán。to spread, to circulate ◇ se répandre, circuler * 2936.

流行 liú xíng。fashionable, popular; to spread ◇ se répandre; être dans le vent, être à la mode * 3128.

流动 liú dòng。to circulate ◇ circuler, couler; fluide, mobile * 5920.

流亡 liú wáng。to go into exile; to leave one's own country ◇ se réfugier, s'expatrier, s'exiler * 7334.

流氓 liú máng。rogue, hooligan; indecency ◇ coquin, voyou, canaille, chenapan; indécence * 7340.

鎏 liú +286 氵𠫓儿人亚 | pure gold ◇ or pur [Etym] 金 196 (rad: 167a 8-10), 流 41 [Graph] 121b 612e 417b 233a 432q.

淯 yù +287 氵𠫓月 | river in Henan ◇ rivière du Henan [Etym] 氵 18 (rad: 085b 3-08), 育 1157 [Graph] 121b 612e 856e.

澈 chè +288 氵𠫓月攵 | 1° clear water 2° to exhaust 3° to the bottom ◇ 1° clair, limpide 2° épuiser 3° à fond [Etym] 氵 18 (rad: 085b 3-12), 敞 1158 [Graph] 121b 612e 856e 243c.

滃 wēng +289 氵公习习 | river in Guangdong ◇ rivière du Guangdong [Etym] 氵 18 (rad: 085b 3-10), 翁 1162 [Graph] 121b 612h 731c 731c.

△ wěng | 1° cloudy 2° foggy 3° to float 4° vast (water) ◇ 1° brume 2° brouillard 3° flotter 4° vaste (mer).

潍 wéi -290 氵纟隹 | 濰 *292 | river in Shandong ◇ rivière du Shandong [Etym] 氵 18 (rad: 085b 3-11), 维 1167 [Graph] 121b 613b 436m.

濼 luò *291 氵幺白幺木 | 泺 -378 | river in Shandong ◇ rivière du Shandong [Etym] 氵 18 (rad: 085b 3-15), 樂 1184 [Graph] 121b 613c 022c 613c 422a.

濰 wéi *292 氵糸隹 | 潍 -290 | river in Shandong ◇ rivière du Shandong [Etym] 氵 18 (rad: 085b 3-14), 維 1188 [Graph] 121b 613d 436m.

灤 luán *293 氵糸言糸木 | 滦 -147 | river in Hebei ◇ rivière du Hebei [Etym] 氵 18 (rad: 085b 3-23), 欒 1194 [Graph] 121b 613d 012d 613d 422a.

灣 wān *294 氵糸言糸弓 | 湾 -148 | 1° bend (stream), winding bank 2° cove, bay, gulf 3° to moor ◇ 1° courbe (rivière) 2° baie, anse 3° ancrer, mouiller [Etym] 氵 18 (rad: 085b 3-22), 彎 1196 [Graph] 121b 613d 012d 613d Z42a.

溼 shī (42) 氵玄幺土 | [Tra] wet, marsh ◇ humide, marais [Etym] water (1= 氵 18); earth (4= 土 826); brillance (2,3> 㬎 2188) ◇ eau (1= 氵 18); terre (4= 土 826); idée de clarté (2,3> 㬎 2188) [Graph] 121b 613f 613c 432a [Ref] k892, w92e [Hanzi] shi1 溼 295.

溼 shī *295 氵玄幺土 | 湿 -530、濕 *532 | wet, moist ◇ humide, humecter [Etym] 氵 18 (rad: 085b 3-10), 溼 42 [Graph] 121b 613f 613c 432a.

泫 xuàn +296 氵玄 | 1° glistening dew drops 2° to trickle 3° tears ◇ 1° rosée, perler 2° couler 3° larmes [Etym] 氵 18 (rad: 085b 3-05), 玄 1204 [Graph] 121b 613g.

滀 chù +297 氵玄田 | water flowing, to flush ◇ bouillonner [Etym] 氵 18 (rad: 085b 3-10), 畜 1206 [Graph] 121b 613g 041a.

滋 zī +298 氵䒑幺 | 1° to grow, to multiply 2° more, many 3° to spurt, to burst 4° humid 5° juicy, taste 6° name of several rivers 7° measure-word (burst) ◇ 1° croître, se multiplier 2° plus, beaucoup 3° jaillir 4° humecter, pénétrer 5° juteux, goût 6° nom de plusieurs rivières 7° spécificatif (saillie) [Etym] 氵 18 (rad: 085b 3-12), 兹 1208 [Graph] 121b 613i 613c.

滋长 zī zhǎng。to grow, to develop ◇ surgir, croître, apparaître * 2139.

滋味 zī wèi。taste, flavor ◇ goût, saveur * 8962.

涟 lián -299 氵车辶 | 漣 *576 | 1° to weep 2° ripples ◇ 1° pleurer 2° rides à la surface de l'eau [Etym] 氵 18 (rad: 085b 3-07), 连 1215 [Graph] 121b 614d 634o.

渐 jiān -300 氵车斤 | 漸 *577 | 1° to gradually soak 2° to flow into 3° to be influenced ◇ 1° imbiber peu à peu, mouiller 2° se déverser dans 3° être influencé [Etym] 氵 18 (rad:

085b 3-08), 斩 1216 [Graph] 121b 614d 722c.

△ jiàn | 漸 *577 | gradually, by degrees ◇ graduellement, petit à petit.

渐渐 jiàn jiàn。little by little; gradually ◇ peu à peu, petit à petit, pas à pas ✱ 300.

渌 lù *301 氵彑氺 | 淥 +383 | 1° to strain 2° river in Hunan ◇ 1° clarifier, purifier 2° rivière du Hunan [Etym] 氵 18 (rad: 085b 3-08), 彔 1220 [Graph] 121b 621a 331o.

沍 hù *302 氵互 | 冱 +32 | ◇ [Etym] 氵 18 (rad: 085b 3-04), 互 1224 [Graph] 121b 621b.

汐 xī +303 氵夕 | night tide ◇ marée du soir [Etym] 氵 18 (rad: 085b 3-03), 夕 1225 [Graph] 121b 631b.

洺 míng +304 氵夕口 | river in Hebei ◇ rivière du Hebei [Etym] 氵 18 (rad: 085b 3-06), 名 1232 [Graph] 121b 631b 011a.

洌 liè +305 氵歹刂 | pure, clear (of water or wine) ◇ (eau ou vin) limpide [Etym] 氵 18 (rad: 085b 3-06), 列 1236 [Graph] 121b 631c 333b.

瀣 xiè +306 氵歺又韭 | mist, dew ◇ vapeur, rosée [Etym] 氵 18 (rad: 085b 3-16), 韰 1241 [Graph] 121b 631d 633a 435d.

澄 chéng +307 氵癶豆 | 澂 *393 | 1° to filter 2° to clarify 3° clear ◇ 1° filtrer, clarifier 2° clair [Etym] 氵 18 (rad: 085b 3-12), 登 1247 [Graph] 121b 631g 012b.

△ dèng | 1° to filter 2° to clarify ◇ 1° filtrer 2° clarifier.

潑 pō *308 氵癶弓几又 | 泼 -330 | 1° to sprinkle, to spill 2° rude, unreasonable ◇ 1° éparpiller, asperger, verser de l'eau 2° impétueux, brutal, violent, odieux [Etym] 氵 18 (rad: 085b 3-12), 發 1249 [Graph] 121b 631g Z42a Z33a 633a.

滪 yù 309 氵マ丁页 | 澦 *310 | (yan4 - dui4) huge rocks in Qutang Gorges in Sichuan ◇ (yan4 - dui4) rochers énormes des Gorges de Qutang au Sichuan [Etym] 氵 18 (rad: 085b 3-10), 预 1253 [Graph] 121b 632a 331f 854d.

澦 yù *310 氵マ丁頁 | 滪 309 | (yan4 - dui4) huge rocks in Qutang Gorges in Sichuan ◇ (yan4 - dui4) rochers énormes des Gorges de Qutang au Sichuan [Etym] 氵 18 (rad: 085b 3-13), 預 1254 [Graph] 121b 632a 331f 023f.

潏 yù +311 氵マ丆冏口 | 1° delta 2° to bubble forth (water) ◇ 1° delta 2° jaillir [Etym] 氵 18 (rad: 085b 3-12), 矞 1261 [Graph] 121b 632a 331g 856l 011a.

> 涌 yǒng (43) 氵マ用 | [Tra] to bubble; to gush ◇ bouillonner; surgir [Etym] water (1= 氵 18); phon, burst forth (2,3= 甬 1262) ◇ eau (1= 氵 18); phon, éclater (2,3= 甬 1262) [Graph] 121b 632a 856i [Hanzi] yong3 涌 312, yong3 湧 313.

涌 yǒng +312 氵マ用 | 湧 *314 | 1° to gush, to surge 2° to emerge, to rise 3° to bubble ◇ 1° jaillir, surgir 2° s'élever, monter 3° bouillonner [Etym] 氵 18 (rad: 085b 3-07), 甬 1262 [Graph] 121b 632a 856i.

湧 yǒng *313 氵マ用心 | 慂 +6486 | to urge, to encourage, to incite ◇ urger, stimuler, encourager [Etym] 心 397 (rad: 061a 4-10), 涌 43 [Graph] 121b 632a 856i 321c.

湧 yǒng *314 氵マ用力 | 涌 +312 | 1° to gush, to surge 2° to emerge, to rise 3° to bubble ◇ 1° jaillir, surgir 2° s'élever, monter 3° bouillonner [Etym] 氵 18 (rad: 085b 3-09), 勇 1264 [Graph] 121b 632a 856i 732f.

泛 fàn +315 氵乏 | 汎 1°4° *619 | 氾 3°4° *367 | 1° to float 2° to be suffused with 3° great flood 4° immense, waste, vague ◇ 1° flotter 2° être imbibé de 3° grandes eaux 4° immense, vague, indécis [Etym] 氵 18 (rad: 085b 3-04), 乏 1268 [Graph] 121b 632e.

泾 jīng -316 氵ス工 | 涇 *277 | 1° river 2° to flow 3° short for Jinghe River ◇ 1° rivière 2° couler 3° abréviation du Jinghe, affluent de la Wei [Etym] 氵 18 (rad: 085b 3-05), 圣 1269 [Graph] 121b 632f 431a.

汉 hàn -317 氵又 | 漢 *247 | 1° famous Chinese dynasty 2° belonging to China 3° man, fellow 4° name of a river 5° milky way ◇ 1° nom de dynastie 2° Chine, chinois, la race chinoise 3° homme, gars 4° nom d'une rivière 5° voie lactée [Etym] 氵 18 (rad: 085b 3-02), 又 1271 [Graph] 121b 633a.

汉语 hàn yǔ。Chinese language ◇ langue chinoise; chinois ✱ 1784.

汉语拼音 hàn yǔ pīn yīn。Scheme for Chinese Phonetic Alphabet ◇ projet de transcription phonétique des caractères ✱ 1784 2430 665.

汉奸 hàn jiān。traitor to China ◇ traître à la Chine ✱ 5746.

汉字 hàn zì。Chinese character ◇ caractères chinois ✱ 7763.

泽 zé -318 氵又丰 | 澤 *581 | 1° pool, pond 2° moist, to soak 3° gloss 4° favor 5° kindness 6° to enrich 7° slippery ◇ 1° bassin, étang 2° humecter, tremper, humide, imprégner 3° vapeurs lumineuses 4° faveur, favoriser 5° grâce, onctueux 6° enrichir 7° glissant [Etym] 氵 18 (rad: 085b 3-05), 择 1273 [Graph] 121b 633a 414a.

滩 tān -319 氵又隹 | 灘 *248 | 1° beach 2° sands 3° shoal ◇ 1° plage 2° banc de sable 3° bas-fond, rapide (cours d'eau) [Etym] 氵 18 (rad: 085b 3-10), 难 1275 [Graph] 121b 633a 436m.

汊 chà +320 氵叉 | fork of a stream ◇ bifurcation de rivière [Etym] 氵 18 (rad: 085b 3-03), 叉 1281 [Graph] 121b 633b.

> 洛 luò (44) 氵夂口 | [Tra] name of river ◇ nom de rivière [Etym] orig.: canal bringing water (1= 氵 18) for all (2,3= 各 1295) ◇ sens orig.: canalisation (1= 氵 18) pour tous (2,3= 各 1295) [Graph] 121b 633e 011a [Ref] k566, w31b, wi1002 [Hanzi] luo4 洛 321, la4 lao4 luo4 落 3523.

洛 luò +321 氵夂口 | river in Henan and Shaanxi provinces ◇ rivière du Henan et du Shaanxi [Etym] 氵 18 (rad: 085b 3-06), 洛 44 [Graph] 121b 633e 011a.

涵 hán +322 氵采凵 | 1° to swamp, to submerge 2° vast, capacious 3° to contain 4° culvert ◇ 1° grandes eaux, submerger 2° vaste 4° contenir 5°

caniveau [Etym] 氵 18 (rad: 085b 3-08), 函 1300 [Graph] 121b 634b 841e.

滁 c h ú +323 | river in Anhui ◇ rivière du Anhui
氵阝人示 | [Etym] 氵 18 (rad: 085b 3-09), 除 1319 [Graph] 121b 634j 233a 422c.

泐 l è +324 | 1° designs created on rocks by incessant
氵阝力 | flow of water over them, to bridle 2° handwritten by ◇ 1° veines de la pierre 2° écrit à la main [Etym] 氵 18 (rad: 085b 3-04), 阞 1333 [Graph] 121b 634j 732f.

汤 t ā n g (45) | [Tra] hot water; soup ◇ soupe;
氵㐅 | eau chaude [Etym] water (1= 氵 18); phon, sun rays (2> 昜 1338, 易 2197) ◇ eau (1= 氵 18); phon, rayons de soleil (2> 昜 1338, 易 2197) [Graph] 121b 634k [Hanzi] tang1 汤 325, tang4 烫 326, tang1 铴 1895, dang4 荡 3524.

汤 t ā n g -325 | 湯 *535 | 1° hot water 2° hot springs
氵㐅 | 3° soup 4° infusion (medicine) 5° to scold 6° surname ◇ 1° eau chaude 2° source thermale 3° potage, soupe, bouillon 4° décoction, infusion (médecine) 5° gronder 6° nom propre [Etym] 氵 18 (rad: 085b 3-03), 汤 45 [Graph] 121b 634k.

汤匙 tāng chí 。 tablespoon ◇ cuiller * 9881.

烫 t à n g -326 | 燙 *536 | 1° to scald, to burn 2° to
氵㐅火 | heat by placing in hot water 3° boiling hot 4° to iron 5° perm ◇ 1° échauder, brûler 2° chauffer à l'eau chaude 3° bouillant 4° repasser (des vêtements) 5° faire une permanente [Etym] 火 156 (rad: 086a 4-06), 汤 45 [Graph] 121b 634k 231b.

汲 j í +327 | 1° to draw water (from a well) 2° to
氵及 | emulate ◇ 1° puiser de l'eau, pomper, faire monter 2° zèle [Etym] 氵 18 (rad: 085b 3-03), 及 1344 [Graph] 121b 634m.

泄 x i è +328 | 洩 *578 | 1° to let out, to release 2° to
氵世 | leak (news, secrets), to divulge 3° to give vent to ◇ 1° laisser échapper, lâcher 2° divulguer, révéler (secret) 3° décharger (colère) [Etym] 氵 18 (rad: 085b 3-05), 世 1348 [Graph] 121b 711d.

泄密 xiè mì 。 to divulge a secret; to leak ◇ divulguer un secret, révéler un secret * 7703.

泄气 xiè qì 。 to feel discouraged, to lose heart; pathetic ◇ découragé, dégonflé, abattu * 11170.

渫 x i è +329 | to remove, to eliminate ◇ éliminer,
氵世木 | enlever [Etym] 氵 18 (rad: 085b 3-09), 枼 1349 [Graph] 121b 711d 422a.

泼 p ō -330 | 潑 *308 | 1° to sprinkle, to spill 2° rude,
氵发又 | unreasonable ◇ 1° éparpiller, asperger, verser de l'eau 2° impétueux, brutal, violent, odieux [Etym] 氵 18 (rad: 085b 3-05), 发 1352 [Graph] 121b 712a 633a.

溽 r ù +331 | 1° damp 2° muggy ◇ 1° humide 2° moisi
氵厂辰寸 | [Etym] 氵 18 (rad: 085b 3-10), 辱 1357 [Graph] 121b 721a 312f 332b.

瀝 l ì *332 | 沥 -334 | 1° to drip, to trickle, drop
氵厂禾禾止 | 2° to filter ◇ 1° goute à goute, dégoutter, goutte de vin 2° filtrer [Etym] 氵 18 (rad: 085b 3-16), 歷 1362 [Graph] 121b 721a 422d 422d 434a.

涯 y á +333 | 1° limit, margin 2° bank, shore 3°
氵厂土土 | horizon ◇ 1° limite, marge 2° berge, bord 3° horizon [Etym] 氵 18 (rad: 085b 3-08), 厓 1364 [Graph] 121b 721a 432a 432a.

沥 l ì -334 | 瀝 *332 | 1° to drip, to trickle, drop 2°
氵厂力 | to filter ◇ 1° goute à goute, dégoutter, goutte de vin 2° filtrer [Etym] 氵 18 (rad: 085b 3-04), 历 1366 [Graph] 121b 721a 732f.

㵐 j u é +335 | river in Hubei ◇ rivière du Hubei
氵厂屰欠 | [Etym] 氵 18 (rad: 085b 3-12), 厥 1368 [Graph] 121b 721a 842d 232b.

源 y u á n +336 | 1° source (river) 2° spring (water)
氵厂白小 | 3° cause ◇ 1° source (rivière) 2° source (eau) 3° cause [Etym] 氵 18 (rad: 085b 3-10), 原 1373 [Graph] 121b 721a 022c 331j.

源泉 yuán quán 。 source ◇ source, origine * 9977.

渡 d ù +337 | 1° ferry, to cross 2° to ford ◇ 1° bac,
氵广廿又 | faire passer 2° passer à gué [Etym] 氵 18 (rad: 085b 3-09), 度 1391 [Graph] 121b 721b 436a 633a.

渡轮 dù lún 。 ferry, ferry-boat ◇ bac, ferry-boat * 6330.

渡船 dù chuán 。 ferry; ferryboat ◇ bac; bateau de passage, ferry-boat * 8333.

漉 l ù +338 | to filter ◇ filtrer, clarifier
氵广丗匕匕 | [Etym] 氵 18 (rad: 085b 3-11), 鹿 1398 [Graph] 121b 721b 821b 311d 321b.

溏 t á n g +339 | 1° congealed 2° viscous ◇ 1°
氵广⺕口 | caillé, figé 2° visqueux, gluant [Etym] 氵 18 (rad: 085b 3-10), 唐 1405 [Graph] 121b 721b 833c 011a.

濂 l i á n +340 | 1° waterfall, cascade 2° river in
氵广兼 | Jiangxi ◇ 1° cascade 2° fleuve du Jiangxi [Etym] 氵 18 (rad: 085b 3-13), 廉 1408 [Graph] 121b 721b 834h.

瀍 c h á n +341 | river in Hubei ◇ rivière du Hubei
氵广里八土 | [Etym] 氵 18 (rad: 085b 3-15), 廛 1413 [Graph] 121b 721b 043j ac:h 432a.

浐 c h ǎ n -342 | 滻 *343 | stream in Shaanxi ◇ rivière
氵产 | du Shaanxi [Etym] 氵 18 (rad: 085b 3-06), 产 1414 [Graph] 121b 721c.

滻 c h ǎ n *343 | 浐 -342 | stream in Shaanxi ◇ rivière
氵产生 | du Shaanxi [Etym] 氵 18 (rad: 085b 3-11), 產 1416 [Graph] 121b 721c 433b.

澹 d à n +344 | flat, dull, tranquil ◇ fade, incolore,
氵产八言 | calme, paisible [Etym] 氵 18 (rad: 085b 3-13), 詹 1421 [Graph] 121b 721e ac:h 012d.

△ t á n

澹台 tán tái 。 two-character surname ◇ nom propre composé * 5901.

滤 l ǜ -345 | 濾 *348 | to filter, to strain ◇ filtrer
氵虍七心 | [Etym] 氵 18 (rad: 085b 3-10), 虑 1430 [Graph] 121b 721g 321e 321c.

滹 h ū +346 | river in Shanxi and Hebei ◇ rivière du
氵虍七乎 | Shanxi et du Hebei [Etym] 氵 18 (rad: 085b 3-11), 虖 1431 [Graph] 121b 721g 321e 332d.

澽 j ù +347 | river in Shanxi ◇ rivière du Shanxi
氵虍七豕 | [Etym] 氵 18 (rad: 085b 3-13), 豦

1434 [Graph] 121b 721g 321e 522a.

濾 lǜ *348 |滤 -345| to filter, to strain ◇ filtrer [Etym] 氵 18 (rad: 085b 3-15), 慮 1446 [Graph] 121b 721g 321e 041a 321c.
氵广七田心

瀘 lú *349 |泸 -484| city in Sichuan ◇ ville du Sichuan [Etym] 氵 18 (rad: 085b 3-16), 盧 1448 [Graph] 121b 721g 321e 041a 922a.
氵广七田皿

波 bō (46) [Tra] wave, ripple ◇ vague [Etym] water (1= 氵 18); phon. (2,3= 皮 1452) ◇ eau (1= 氵 18); phon. (2,3= 皮 1452) [Graph] 121b 721h 633a [Ref] h367, k753, wi820 [Hanzi] bo1 波 350, po2 婆 351, bo1 菠 3525, bo5 啵 8843.
氵广又

波 bō +350 1° wave, ripple 2° unexpected ◇ 1° vague, lame, houle 2° agitation, inattendu [Etym] 氵 18 (rad: 085b 3-05), 波 46 [Graph] 121b 721h 633a.
氵广又

波涛 bō tāo。great waves; billows ◇ grandes vagues; flots * 97.

婆 pó +351 old woman, stepmother, mother-in-law ◇ vielle femme, mère du mari, belle mère, grande mère paternelle [Etym] 女 1122 (rad: 038a 3-08), 波 46 [Graph] 121b 721h 633a 611e.
氵广又女

婆婆 pó pó。mother-in-law (mother of husband); grand-mother ◇ belle-mère (mère du mari); grand-mère * 351.

派 pài (47) [Tra] to ramify; group ◇ ramifier; branche [Etym] water (1= 氵 18); phon, many streams (2,3= 𠂢 1453) ◇ eau (1= 氵 18); phon, courants (2,3= 𠂢 1453) [Graph] 121b 722a 312g [Hanzi] pai4 派 352, pai4 蒎 3526.
氵厂𠂢

派 pài +352 1° group, faction, school 2° style, manner 3° to branch (as a river), to ramify 4° to appoint to a post 5° to send 6° measure word ◇ 1° secte, école, parti 2° style, manière 3° branche de rivière ou d'arbre généalogique, se ramifier 4° charger d'un office 5° distribuer, envoyer à 6° spécificatif [Etym] 氵 18 (rad: 085b 3-06), 𠂢 1453 [Graph] 121b 722a 312g.
氵厂𠂢

派出所 pài chū suǒ。police station ◇ commissariat * 7657 8705.

沂 yí +353 river in Shandong ◇ rivière du Shandong [Etym] 氵 18 (rad: 085b 3-04), 斤 1461 [Graph] 121b 722c.
氵斤

泝 sù *354 |溯 +399、遡 *7666| 1° to go against the stream 2° to trace up to the source 3° to remember, to recall ◇ 1° remonter le cours de l'eau ou du temps 2° évoquer le passé 3° se rappeler [Etym] 氵 18 (rad: 085b 3-05), 斥 1464 [Graph] 121b 722d.
氵斥

浜 bāng +355 1° creek, streamlet 2° canal, side-crock ◇ 1° ruisseau 2° canal [Etym] 氵 18 (rad: 085b 3-07), 兵 1469 [Graph] 121b 722h.
氵兵

汈 diāo +356 lake in Hubei ◇ lac du Hubei [Etym] 氵 18 (rad: 085b 3-02), 刁 1470 [Graph] 121b 731b.
氵刁

濯 zhuó +357 1° to wash, to rinse 2° clean ◇ 1° laver 2° net [Etym] 氵 18 (rad: 085b 3-14), 翟 1474 [Graph] 121b 731c 731c 436m.
氵习习隹

沼 zhǎo +358 fish-pond, pool ◇ vivier, étang [Etym] 氵 18 (rad: 085b 3-05), 召 1479 [Graph] 121b 732a 011a.
氵刀口

汾 fén +359 river in Shaanxi ◇ rivière du Shaanxi [Etym] 氵 18 (rad: 085b 3-04), 分 1480 [Graph] 121b 732b.
氵分

湓 pén +360 1° to boil 2° river in Jiangxi ◇ 1° bouillonner 2° rivière du Jiangxi [Etym] 氵 18 (rad: 085b 3-09), 盆 1481 [Graph] 121b 732b 922a.
氵分皿

涩 sè -361 |澀 *362、澁 *213| 1° astringent, rough, uneven 2° difficult 3° obscure ◇ 1° astringent, raboteux, âpre 2° peu coulant, difficile 3° obscur [Etym] 氵 18 (rad: 085b 3-07), 刃 1485 [Graph] 121b 732c 434a.
氵刃止

澀 sè *362 |涩 -361、澁 *213| 1° astringent, rough, uneven 2° difficult 3° obscure ◇ 1° astringent, raboteux, âpre 2° peu coulant, difficile 3° obscur [Etym] 氵 18 (rad: 085b 3-14), 歰 1486 [Graph] 121b 732c 732c 434a 434a.
氵刃刃止止

㳌 liáng (48) [Tra] beam, bridge ◇ poutre, pont [Etym] reduction of (梁 49) ◇ réduction de (梁 49) [Graph] 121b 732d [Ref] k543, w52b [Hanzi] liang2 梁 363, liang2 粱 364.
氵刅

梁 liáng (49) [Tra] beam, bridge ◇ poutre, pont [Etym] to carve (2= 刅 1487) wood (3= 木 723) to bridge water (1= 氵 18) ◇ tailler (2= 刅 1487) du bois (3= 木 723) pour enjamber de l'eau (1= 氵 18) [Graph] 121b 732d 422a [Ref] k543, w52b [Hanzi] liang2 梁 363, liang2 樑 4081.
氵刅木

梁 liáng +363 |樑 1° *4081| 1° ridge pole, beam 2° bridge 3° name of a dynasty 4° surname ◇ 1° poutre, arête 2° pont 3° nom d'une dynastie 4° nom propre [Etym] 木 723 (rad: 075a 4-07), 梁 49 [Graph] 121b 732d 422a.
氵刅木

粱 liáng (50) [Tra] sorghum, grain ◇ sorgho, grains [Etym] grain (3= 米 782); phon. (1,2> 梁 49) ◇ grain (3= 米 782); phon. (1,2> 梁 49) [Graph] 121b 732d 422f [Ref] w52b [Hanzi] liang2 粱 364.
氵刅米

粱 liáng +364 1° sorghum 2° fine grain, fine strain of millet ◇ 1° sorgho 2° grains d'excellente qualité [Etym] 米 782 (rad: 119a 6-07), 粱 50 [Graph] 121b 732d 422f.
氵刅米

沩 wéi -365 |溈 *366、潙 *60| river in Hunan ◇ rivière du Hunan [Etym] 氵 18 (rad: 085b 3-04), 为 1496 [Graph] 121b 732h.
氵为

溈 wéi *366 |沩 -365、潙 *60| river in Hunan ◇ rivière du Hunan [Etym] 氵 18 (rad: 085b 3-09), 為 1497 [Graph] 121b 732j.
氵為

氾 fàn (51) [Tra] to flood ◇ inonder [Etym] water (1= 氵 18); phon, bud or bloom (2= 㔾 1499) ◇ eau (1= 氵 18); phon, bourgeon ou floraison (2= 㔾 1499) [Graph] 121b 733a [Hanzi] fan4 氾 367, fan4 范 3527.
氵巳

氾 fàn *367 氵巳 | See ◇ Voir 泛 315 [Etym] 氵 18 (rad: 085b 3-02), 巳 1499 [Graph] 121b 733a.

潠 xùn *368 氵巳巳共 | 噀 +9075 | 1° to spurt water 2° to spit ◇ 1° jet d'eau 2° cracher [Etym] 氵 18 (rad: 085b 3-10), 巽 1500 [Graph] 121b 733a 733a 436e.

池 chí +369 氵也 | 1° pool, tank, vessel 2° surname ◇ 1° étang, basin, vase 2° nom de famille [Etym] 氵 18 (rad: 085b 3-03), 也 1502 [Graph] 121b 733c.

池塘 chí táng 。 pond ◇ étang * 4893.

池子 chí zǐ 。 tank, reservoir, pool ◇ citerne; étang * 6546.

沲 duò +370 氵㐌 | 1° affluent 2° heavy rain 3° falling tears ◇ 1° affluent, confluent 2° grande pluie 3° larmes [Etym] 氵 18 (rad: 085b 3-05), 㐌 1503 [Graph] 121b 733d.

汇 huì (52) 氵匚 | [Tra] to converge; to remit ◇ confluer; transférer [Etym] water (1= 氵 18); container (2= 匚 1511) ◇ eau (1= 氵 18); contenant (2= 匚 1511) [Graph] 121b 811c [Hanzi] hui4 汇 371, kuai3 㧟 2320.

汇 huì -371 氵匚 | 滙、匯、彙 *374、*7293、*6391 | 1° to converge, confluent 2° to gather together 3° collection 4° to remit (money), bank draft ◇ 1° confluer 2° se réunir, rassembler 3° collection 4° transférer des capitaux, chèque [Etym] 氵 18 (rad: 085b 3-02), 匚 1511 [Graph] 121b 811c.

汇报 huì bào 。 to report, to render an account; report ◇ rendre compte, rapporter; compte rendu * 2563.

汇款 huì kuǎn 。 money order; to remit money ◇ mandat-poste; expédier un mandat-poste * 4995.

汇集 huì jí 。 to collect, to compile ◇ recueillir, collectionner * 5492.

沤 ōu -372 氵匚乂 | 漚 *375 | water bubble ◇ bulle [Etym] 氵 18 (rad: 085b 3-04), 区 1519 [Graph] 121b 811c 243a.

△ òu | 漚 *375 | to soak, to steep ◇ macérer, tremper, suinter.

洭 kuāng +373 氵匚王 | river in Guangdong ◇ rivière du Guangdong [Etym] 氵 18 (rad: 085b 3-06), 匡 1522 [Graph] 121b 811c 432e.

滙 huì *374 氵匚隹 | 汇、匯、彙 -371、*7293、*6391 | 1° to converge, confluent 2° to gather together 3° collection 4° to remit (money), bank draft ◇ 1° confluer 2° se réunir, rassembler 3° collection 4° transférer des capitaux, chèque [Etym] 氵 18 (rad: 085b 3-10), 匯 1523 [Graph] 121b 811c 436m.

漚 ōu *375 氵匚口口口 | 沤 -372 | water bubble ◇ bulle [Etym] 氵 18 (rad: 085b 3-11), 區 1528 [Graph] 121b 811c 011a 011a 011a.

△ òu | 沤 -372 | to soak, to steep ◇ macérer, tremper, suinter.

汒 màng (53) 氵亡 | [Tra] wide water, spatious ◇ grandes eaux, vaste [Etym] water (1= 氵 18); phon, to die (2= 亡 1533) ◇ eau (1= 氵 18); phon, mourir (2= 亡 1533) [Graph] 121b 811f [Hanzi] mang2 茫 3528.

瀛 yíng +376 氵亡口月女凡 | 1° sea, ocean 2° lake 3° to fill up ◇ 1° mer, océan 2° lac 3° remplir [Etym] 氵 18 (rad: 085b 3-16), 嬴 1537 [Graph] 121b 811f 011a 856e 611e Z33b.

濳 qián *377 氵兂兂曰 | 潜 +107 | 1° latent 2° secretly, to abscond 3° to plunge 4° potential ◇ 1° latent 2° se cacher, secret 3° plonger 4° potentiel [Etym] 氵 18 (rad: 085b 3-12), 朁 1541 [Graph] 121b 812a 812a 021a.

泺 luò -378 氵乐 | 濼 *291 | river in Shandong ◇ rivière du Shandong [Etym] 氵 18 (rad: 085b 3-05), 乐 1544 [Graph] 121b 812c.

△ pō | 泊 +543 | lake ◇ lac.

浯 wú +379 氵五口 | river in Shandong ◇ rivière du Shandong [Etym] 氵 18 (rad: 085b 3-07), 吾 1549 [Graph] 121b 822b 011a.

決 jué *380 氵夬 | 决 +34 | 1° to decide, to settle 2° definitely, absolutely 3° to execute a person 4° burst (dike) ◇ 1° décider, statuer 2° absolument, certainement 3° condamner à mort 4° brèche (dans une digue) [Etym] 氵 18 (rad: 085b 3-04), 夬 1550 [Graph] 121b 822c.

浔 xún -381 氵彐寸 | 潯 *384 | 1° waterside 2° steep bank 3° another name for Jinjiang ◇ 1° bord de l'eau 2° rive escarpée 3° autre nom de la rivière Jinjiang [Etym] 氵 18 (rad: 085b 3-06), 寻 1555 [Graph] 121b 832a 332b.

浸 jìn (54) 氵彐冖又 | [Tra] to soak; gradually ◇ imbiber; peu à peu [Etym] water (1= 氵 18); phon, duster (2,3,4= 㐬 1556) ◇ eau (1= 氵 18); phon, époussette (2,3,4= 㐬 1556) [Graph] 121b 832a 851a 633a [Hanzi] jin4 浸 382, shen1 蔓 3529.

浸 jìn +382 氵彐冖又 | 1° to soak, to penetrate 2° gradually ◇ 1° imbiber, imprégner 2° peu à peu [Etym] 氵 18 (rad: 085b 3-07), 㐬 1556 [Graph] 121b 832a 851a 633a.

渌 lù +383 氵彐氺 | 淥 *301 | 1° to strain 2° river in Hunan ◇ 1° clarifier, purifier 2° rivière du Hunan [Etym] 氵 18 (rad: 085b 3-08), 录 1563 [Graph] 121b 832d 331o.

潯 xún *384 氵彐工口寸 | 浔 -381 | 1° waterside 2° steep bank 3° another name for Jinjiang ◇ 1° bord de l'eau 2° rive escarpée 3° autre nom de la rivière Jinjiang [Etym] 氵 18 (rad: 085b 3-12), 尋 1566 [Graph] 121b 833a 431a 011a 332b.

濜 jìn *385 氵聿灬皿 | 浕 -480 | river in Hubei ◇ rivière du Hubei [Etym] 氵 18 (rad: 085b 3-14), 盡 1567 [Graph] 121b 833d 222d 922a.

津 jīn (55) 氵聿 | [Tra] ford; saliva ◇ gué; sécrétion [Etym] water (1= 氵 18); phon. (2= 聿 1568) ◇ eau (1= 氵 18); phon. (2= 聿 1568) [Graph] 121b 833e [Ref] h1434, r34e, w169d, wi910 [Hanzi] jin1 津 386.

津 jīn +386 | 1° ferry, to cross, ford 2° saliva 3° sweat, secretion, to perspire 4° to moisten, damp 5° short for Tianjin ◇ 1° passage, gué 2° salive 3° sueur, sécrétion 4° mouiller, imbiber 5° nom abrégé de Tianjin [Etym] 氵 18 (rad: 085b 3-06), 津55 [Graph] 121b 833e.

津津有味 jīn jīn yǒu wèi ∘ with relish; with great pleasure or interest ◇ savoureux, avec plaisir, avec intérêt ＊ 386 1525 8962.

津贴 jīn tiē ∘ subsidy, allowance ◇ subvention, indemnité ＊ 7988.

凄 qī *387 | See ◇ Voir 凄 35 [Etym] 氵 18 (rad: 085b 3-08), 妻 1574 [Graph] 121b 833f 611e.

潟 xì +388 | land overflowed and thus become permeated with salt ◇ terres basses imprégnées de sel [Etym] 氵 18 (rad: 085b 3-12), 舄 1592 [Graph] 121b 835b 852g.

淊 yān *389 | See ◇ Voir 淹 100 [Etym] 氵 18 (rad: 085b 3-08), 臽 1594 [Graph] 121b 835e.

溲 sōu +390 | 1° to urinate 2° to soak in water 3° to mix ◇ 1° uriner 2° tremper dans l'eau, macérer, rouir 3° délayer [Etym] 氵 18 (rad: 085b 3-09), 叟 1596 [Graph] 121b 835g 633a.

汕 shàn +391 | port of Shantou in Guangdong ◇ port de Shantou à Guangdong [Etym] 氵 18 (rad: 085b 3-03), 山 1611 [Graph] 121b 841b.

涔 cén +392 | puddle, pool ◇ flaque, mare [Etym] 氵 18 (rad: 085b 3-07), 岑 1612 [Graph] 121b 841b 233a 631a.

澂 chéng *393 | 澄 +307 | 1° to filter 2° to clarify 3° clear ◇ 1° filtrer, clarifier 2° clair [Etym] 氵 18 (rad: 085b 3-12), 徵 1617 [Graph] 121b 841b ac:a 432e 243c.

湍 tuān +394 | 1° rapid current, rapids 2° boisterous ◇ 1° flux mouvant, couler rapidement 2° bouillonnant [Etym] 氵 18 (rad: 085b 3-09), 耑 1623 [Graph] 121b 841b 857f.

溦 wēi +395 | slight shower of rain, drizzle ◇ pluie fine [Etym] 氵 18 (rad: 085b 3-10), 敚 1626 [Graph] 121b 841b ac:a Z33a 243c.

灃 fēng *396 | 沣 -163 | river in Shanxi ◇ rivière du Shanxi [Etym] 氵 18 (rad: 085b 3-18), 豐 1631 [Graph] 121b 841g 414g 414g 012b.

灩 yàn *397 | 滟、灧 -165、*590 | See ◇ Voir 滟 滈 堆 yan4-yu4-dui1 165-311-4865 [Etym] 氵 18 (rad: 085b 3-24), 艷 1632 [Graph] 121b 841g 414g 414g 012b 933d.

滍 zhì +398 | place in Henan ◇ lieu du Henan [Etym] 氵 18 (rad: 085b 3-10), 蚩 1639 [Graph] 121b 842b 031d.

溯 sù +399 | 泝、遡 *354、*7666 | 1° to go against the stream 2° to trace up to the source 3° to remember, to recall ◇ 1° remonter le cours de l'eau ou du temps 2° évoquer le passé 3° se rappeler [Etym] 氵 18 (rad: 085b 3-10), 朔 1646 [Graph] 121b 842d 856e.

沌 dùn +400 | 1° rush of water 2° chaos ◇ 1° giclement d'eau 2° chaos, confusion [Etym] 氵 18 (rad: 085b 3-04), 屯 1647 [Graph] 121b 842e.

浑 hún -401 | 渾 *403 | 1° torrent 2° muddy, turbid 3° chaotic 4° whole 5° foolish, unsophisticated ◇ 1° torrent 2° trouble, boueux 3° chaos 4° entier 5° stupide [Etym] 氵 18 (rad: 085b 3-06), 军 1652 [Graph] 121b 851a 614d.

浑蛋 hún dàn ∘ idiot; scoundrel, rogue ◇ sot (injure), salaud, gredin ＊ 5326.

浑身 hún shēn ∘ from head to toe; all over ◇ tout son corps, des pieds à la tête ＊ 8830.

溟 míng +402 | 1° ocean, sea 2° drizzle, mist ◇ 1° océan, mer 2° pluie fine [Etym] 氵 18 (rad: 085b 3-10), 冥 1653 [Graph] 121b 851a 021a 222b.

渾 hún *403 | 浑 -401 | 1° torrent 2° muddy, turbid 3° chaotic 4° whole 5° foolish, unsophisticated ◇ 1° torrent 2° trouble, boueux 3° chaos 4° entier 5° stupide [Etym] 氵 18 (rad: 085b 3-09), 軍 1655 [Graph] 121b 851a 042g.

泻 xiè -404 | 瀉 *421 | 1° to flow off, to rush down 2° diarrhea 3° to leak 4° to pour out ◇ 1° s'écouler rapidement, s'engouffrer 2° diarrhée 3° couler 4° renverser, vider [Etym] 氵 18 (rad: 085b 3-05), 写 1656 [Graph] 121b 851a Z21f.

沉 chén +405 | 沈 +429 | 1° to sink, deep 2° heavy 3° to devote oneself to ◇ 1° couler à fond, immmergé 2° lourd 3° s'adonner à [Etym] 氵 18 (rad: 085b 3-04), 冗 1657 [Graph] 121b 851a Z33a.

沉湎 chén miǎn ∘ 1° to flush with drink, drunk; 2° to wallow in ◇ 1° enivré, soûl; 2° se vautrer dans ＊ 596.

沉没 chén mò ∘ to sink ◇ couler, sombrer ＊ 617.

沉着 chén zhuó ∘ steady, calm ◇ calme, placide ＊ 1531.

沉痛 chén tòng ∘ deeply grieved; bitter ◇ affligé; grave; amer ＊ 7073.

沉默 chén mò ∘ silent, uncommunicative ◇ taciturne, silencieux ＊ 10397.

沉重 chén zhòng ∘ heavy; serious ◇ lourd; grave ＊ 10764.

深 shēn +406 | 1° deep 2° difficult 3° profound, abstruse 4° thoroughgoing, penetrating 5° dark, deep-tinted, intense 6° late 7° deeply, greatly 8° ardent 9° close ◇ 1° profond 2° difficile 3° à fond 4° pénétrant 5° foncé, intense 6° avancé, tard 7° extrêmement, très 8° ardent 9° intime, proche [Etym] 氵 18 (rad: 085b 3-08), 罙 1660 [Graph] 121b 851b 422a.

深浅 shēn qiǎn ∘ depth; limits; shade of color ◇ profondeur; mesure ＊ 270.

深入 shēn rù ∘ to penetrate into; thorough ◇ pénétrer; approfondi, pénétrant ＊ 1082.

深切 shēn qiè ∘ profoundly; heartfelt ◇ profond et affectueux, profond et précis ＊ 1894.

深信 shēn xìn ∘ to firmly believe; to be deeply convinced ◇ se persuader, croire fermement; être convaincu de ＊ 3042.

深夜 shēn yè ∘ late at night ◇ nuit avancée, nuit profonde ＊ 3101.

深情 shēn qíng。deep love ◇ grande affection ✱ 3261.

深耕 shēn gēng。deep ploughing ◇ labour profond ✱ 4681.

深刻 shēn kè。in-depth, profound ◇ approfondi, pénétrant, profond ✱ 6321.

深厚 shēn hòu。profound, deep; deep-seated ◇ profond, intime, vif; solide ✱ 6860.

深度 shēn dù。depth ◇ profondeur ✱ 6919.

深奥 shēn ào。abstruse, profound ◇ profond, abstrait ✱ 8337.

深思 shēn sī。to think deeply about ◇ méditer profondément ✱ 10423.

深更半夜 shēn gēng bàn yè。in the depth of night ◇ nuit profonde, en pleine nuit ✱ 10731 3477 3101.

滘 jiào +407 氵罒工口 | 1° used in place names 2° various places in Guangdong ◇ 1° utilisé dans les noms de lieu 2° divers lieux de Guangdong [Etym] 氵 18 (rad: 085b 3-10), 罒 1658 [Graph] 121b 851b 431a 011a.

溶 róng +408 氵宀八口 | to dissolve ◇ se dissoudre, fondre [Etym] 氵 18 (rad: 085b 3-10), 容 1663 [Graph] 121b 851c 233b 011a.

沱 tuó +409 氵宀匕 | 1° affluent 2° small bay in a river ◇ 1° affluent, confluent 2° baie, anse [Etym] 氵 18 (rad: 085b 3-05), 它 1665 [Graph] 121b 851c 321b.

濘 nìng *410 氵宀心皿丁 | 泞 -412 | See ◇ Voir 泥泞 ni2-ning4 473-412 [Etym] 氵 18 (rad: 085b 3-14), 寧 1667 [Graph] 121b 851c 321c 922a 331b.

浣 huàn +411 氵宀元 | 澣 *547 | 1° to wash 2° ten-day period ◇ 1° laver 2° décade [Etym] 氵 18 (rad: 085b 3-07), 完 1671 [Graph] 121b 851c 322d.

泞 nìng -412 氵宀丁 | 濘 *410 | See ◇ Voir 泥泞 ni2-ning4 473-412 [Etym] 氵 18 (rad: 085b 3-05), 宁 1673 [Graph] 121b 851c 331b.

濱 bīn *413 氵宀丏貝 | 滨 -420 | 1° beach, shore 2° close to ◇ 1° rive, berge 2° près de [Etym] 氵 18 (rad: 085b 3-14), 賓 1674 [Graph] 121b 851c 331i 023b.

淙 cóng +414 氵宀示 | 1° rushing water 2° gurgling ◇ 1° hautes eaux 2° glouglouter [Etym] 氵 18 (rad: 085b 3-08), 宗 1675 [Graph] 121b 851c 331l.

滓 zǐ +415 氵宀辛 | sediment, dregs ◇ lie, sédiment [Etym] 氵 18 (rad: 085b 3-10), 宰 1679 [Graph] 121b 851c 413d.

瀋 shěn *416 氵宀釆田 | See ◇ Voir 钟 2121 [Etym] 氵 18 (rad: 085b 3-15), 審 1685 [Graph] 121b 851c 422g 041a.

△ shěn | 沈 -423 | 1° juice 2° gravy 3° sap 4° ink ◇ 1° jus 2° sauce 3° sève 4° encre.

淀 diàn +417 氵宀疋 | 澱 2° *474 | 1° shallow water, marsh 2° to form sediment ◇ 1° marais 2° sédiment [Etym] 氵 18 (rad: 085b 3-08), 定 1690 [Graph] 121b 851c 434f.

瀽 jiǎn +418 氵宀共足 | to pour out, to pour away ◇ verser, couler [Etym] 氵 18 (rad: 085b 3-17), 蹇 1695 [Graph] 121b 851c 436h 011f.

涴 wò +419 氵宀夕㔾 | 1° to whirl 2° to stain, to soil 3° to wind or meander (stream) ◇ 1° tourbillon 2° salir, souiller 3° méandre, serpenter [Etym] 氵 18 (rad: 085b 3-08), 宛 1699 [Graph] 121b 851c 631b 733a.

滨 bīn -420 氵宀兵 | 濱 *413 | 1° beach, shore 2° close to ◇ 1° rive, berge 2° près de [Etym] 氵 18 (rad: 085b 3-10), 宾 1703 [Graph] 121b 851c 722h.

瀉 xiè *421 氵宀臼勹 | 泻 -404 | 1° to flow off, to rush down 2° diarrhea 3° to leak 4° to pour out ◇ 1° s'écouler rapidement, s'engouffrer 2° diarrhée 3° couler 4° renverser, vider [Etym] 氵 18 (rad: 085b 3-15), 寫 1704 [Graph] 121b 851c 835b 852g.

渲 xuàn +422 氵宀亘 | to wash with watercolors (a piece of drawing paper) ◇ peindre au lavis [Etym] 氵 18 (rad: 085b 3-09), 宣 1711 [Graph] 121b 851c 022a ac:z.

沈 shěn -423 氵宀申 | 瀋 *416 | 1° juice 2° gravy 3° sap 4° ink ◇ 1° jus 2° sauce 3° sève 4° encre [Etym] 氵 18 (rad: 085b 3-08), 审 1712 [Graph] 121b 851c 042c.

演 yǎn +424 氵宀寅 | 1° to develop, to evolve 2° to deduce 3° to drill, to practice 4° to perform ◇ 1° développer 2° déduire 3° exercer, pratiquer 4° représenter en public [Etym] 氵 18 (rad: 085b 3-11), 寅 1713 [Graph] 121b 851c 042e.

演奏 yǎn zòu。instrumental concert; to play a musical instrument ◇ concert instrumental; jouer d'un instrument ✱ 1635.

演说 yǎn shuō。to make a speech ◇ prononcer un discours, faire une conférence ✱ 1819.

演变 yǎn biàn。to develop; evolution ◇ évoluer, évolution ✱ 2762.

演戏 yǎn xì。rehearsal ◇ répétition (théâtre); jouer une pièce ✱ 6506.

演习 yǎn xí。practice, drill ◇ manoeuvrer, s'exercer ✱ 7217.

演出 yǎn chū。to play, to perform; to put on a show ◇ jouer, représenter, représentation, performance ✱ 7657.

演员 yǎn yuán。actor, artist ◇ acteur, artiste ✱ 9127.

演唱 yǎn chàng。to sing (in public) ◇ chanter (en public) ✱ 9208.

滂 pāng +425 氵产方 | heavy fall ◇ averse [Etym] 氵 18 (rad: 085b 3-10), 旁 1732 [Graph] 121b 851e 853b.

滂湃 pāng pài。(of water) roaring and flushing, to surge, to splash ◇ déferler avec fracas, choc et bruit de l'eau ✱ 161.

濬 jùn *426 氵卢二八目 | 浚 +284 | 1° to dredge, to dig 2° deep 3° to scrutinize ◇ 1° draguer, creuser 2° profond, abstrus 3° scruter [Etym] 氵 18 (rad: 085b 3-14), 睿 1738 [Graph] 121b 851g ac:a 233b 023a.

△ xùn | 浚 +284 | place in Henan ◇ lieu du Henan.

浡 bó +427 氵声子力 | sound of waves ◇ bruit des flots [Etym] 氵 18 (rad: 085b 3-09), 勃

1754 [Graph] 121b 851i 634d 732f.

浓 nóng -428 氵农 |濃 *588| 1° dense, thick, concentrated, dark 2° great (extent, degree) 3° sticky ◇ 1° dense, épais, concentré, foncé, intense 2° grand, haut (degré) 3° visqueux [Etym] 氵 18 (rad: 085b 3-06), 农 1761 [Graph] 121b 851l.

浓厚 nóng hòu。dense, thick; strong ◇ épais (fumée, brouillard, etc.); fort, dense * 6860.

沈 chén +429 氵冘 |沉 +405| 1° to sink, deep 2° heavy 3° to devote oneself to ◇ 1° couler à fond, immmergé 2° lourd 3° s'adonner à [Etym] 氵 18 (rad: 085b 3-04), 冘 1762 [Graph] 121b 851m.

△ shěn |瀋 1° *416| 1° short for Shenyang 2° surname ◇ 1° nom monosyllabique de Shenyang 2° nom propre.

淴 hū +430 氵勿心 |[Etym] 氵 18 (rad: 085b 3-08), 忽 1766 [Graph] 121b 852e 321c.

淴浴 hū yù。to take a bath ◇ prendre un bain * 94.

汹 xiōng *431 氵勹乂凵 |洶 +114| 1° sound of waves 2° agitated, violent ◇ 1° fracas des vagues 2° cris, tumultes [Etym] 氵 18 (rad: 085b 3-06), 匈 1772 [Graph] 121b 852h 243a 841e.

沟 gōu -432 氵勹厶 |溝 *254| 1° drain, ditch 2° groove 3° ravine 4° to communicate ◇ 1° canal, fossé, égout 2° ornière 3° ravin 4° communiquer [Etym] 氵 18 (rad: 085b 3-04), 勾 1774 [Graph] 121b 852h 612a.

淘 táo +433 氵勹缶 |1° to wash in a pan or basket 2° to clean out 3° tax 4° to pick 5° naughty ◇ 1° laver dans un tamis ou un panier 2° curer, nettoyer 3° taxe 4° trier 5° insupportable [Etym] 氵 18 (rad: 085b 3-08), 匋 1775 [Graph] 121b 852h 841c.

淘汰 táo tài。to eliminate, to select ◇ éliminer, sélectionner * 105.

淘气 táo qì。mischievous, naughty ◇ espiègle, malicieux, coquin (enfant) * 11170.

泡 pāo +434 氵勹巳 |1° puffy and soft, spongy 2° measure-word ◇ 1° spongieux, poreux, écume 2° spécificatif [Etym] 氵 18 (rad: 085b 3-05), 包 1778 [Graph] 121b 852h 933b.

△ pào |1° bubble 2° bubble-shaped object 3° to soak 4° blisters 5° light bulb 6° to dawdle ◇ 1° bulle 2° objet en forme de bulle 3° macérer, tremper 4° ampoule (de la peau) 5° traîner.

洵 jū +435 氵勹口 |river in Hebei ◇ rivière du Hebei [Etym] 氵 18 (rad: 085b 3-05), 句 1779 [Graph] 121b 852h 011a.

洵 xún +436 氵勹日 |1° truly 2° indeed ◇ 1° vraiment 2° en effet [Etym] 氵 18 (rad: 085b 3-06), 旬 1782 [Graph] 121b 852h 021a.

淤 yū +437 氵方人⺀ |1° to silt up 2° to be blocked 3° mud ◇ 1° ensablé 2° bloqué 3° boue [Etym] 氵 18 (rad: 085b 3-08), 於 1786 [Graph] 121b 853b 233a 211b.

淤地坝 yū dì bà。silt arrested ◇ barrage d'arrêt de dépôt vaseux * 4903 4918.

漩 xuán +438 氵方𠂉疋 |circling water, eddy ◇ tourbillon [Etym] 氵 18 (rad: 085b 3-11), 旋 1790 [Graph] 121b 853b ac:f 434g.

游 yóu +439 氵方𠂉子 |遊 2° *7943| 1° to swim, to float 2° to wander about, to travel, to tour 3° itinerant, roving 4° to associate with 5° part of a river, reach 6° indecision 7° surname ◇ 1° nager, flotter 2° visiter en touriste, se promener, divaguer 3° itinérant 4° s'associer à 5° section d'une rivière 6° indécision 7° nom de famille [Etym] 氵 18 (rad: 085b 3-09), 斿 1791 [Graph] 121b 853b ac:f 634d.

游泳 yóu yǒng。to swim ◇ natation; nager * 143.

游泳池 yóu yǒng chí。swimming pool ◇ piscine * 143 369.

游人 yóu rén。visitor, tourist ◇ voyageur, touriste, visiteur * 1070.

游行 yóu xíng。march, demonstration, parade ◇ manifestation; manifester * 3128.

游览 yóu lǎn。to tour, to go sightseeing ◇ faire un voyage d'agrément, visiter; excursion * 3497.

游玩 yóu wán。to play; to amuse oneself ◇ se divertir, s'amuser; faire une excursion * 5088.

游逛 yóu guàng。to go sight-seeing, to stroll about ◇ flâner, aller admirer * 5625.

游戏 yóu xì。to divert, relaxation ◇ se distraire, relaxer; jeu, amusement * 6506.

游击队 yóu jī duì。guerilla forces ◇ guérilla, groupe de partisans * 7647 6711.

游客 yóu kè。tourist ◇ touriste, voyageur * 7760.

游艇 yóu tǐng。yacht, pleasure-boat ◇ yacht, bateau de plaisance * 8305.

游船 yóu chuán。pleasure-boat ◇ bateau de plaisance, yacht * 8333.

测 cè -440 氵贝刂 |測 *554| 1° survey, fathom, measure 2° conjecture ◇ 1° sonder, mesurer 2° conjecturer [Etym] 氵 18 (rad: 085b 3-06), 则 1797 [Graph] 121b 854b 333b.

测验 cè yàn。to examine; to test ◇ examiner; vérifier * 11089.

溅 jiàn -441 氵贝戋 |濺 *555| to spatter, to splash ◇ éclabousser [Etym] 氵 18 (rad: 085b 3-09), 贱 1798 [Graph] 121b 854b 513a.

浈 zhēn -442 氵贞 |湞 *559| river in Guangdong ◇ rivière du Guangdong [Etym] 氵 18 (rad: 085b 3-06), 贞 1803 [Graph] 121b 854e.

润 rùn -443 氵门王 |潤 *493| 1° moist, to moisten 2° to touch up, to embellish 4° profit, to reward 5° unctuous ◇ 1° mouiller, imprégner, embellir, enrichi, féconder 2° gratifier, orner 4° profit, récompenser 5° onctueux [Etym] 氵 18 (rad: 085b 3-07), 闰 1812 [Graph] 121b 855a 432e.

润滑 rùn huá。to lubricate ◇ graisser, lubrifier * 471.

澗 jiàn -444 | 澗 *495 | ravine, gully ◇ torrent encaissé [Etym] 氵 18 (rad: 085b 3-07), 间 1817 [Graph] 121b 855a 021a.

瀾 lán -445 | 瀾 *496 | billows, waves ◇ grandes vagues, lames, flots [Etym] 氵 18 (rad: 085b 3-12), 阑 1818 [Graph] 121b 855a 033d.

淝 féi +446 | name of a river in Anhui province ◇ rivière du Nord de Anhui [Etym] 氵 18 (rad: 085b 3-08), 肥 1837 [Graph] 121b 856e 933c.

湔 jiān +447 | to wash, to water, to sprinkle ◇ laver, asperger [Etym] 氵 18 (rad: 085b 3-09), 前 1839 [Graph] 121b ac:d 856e 333b.

泂 jiǒng +448 | far and wide ◇ loin, éloigné [Etym] 氵 18 (rad: 085b 3-05), 冋 1852 [Graph] 121b 856k 011a.

洞 dòng +449 | 1° cavern, hole 2° to comprehend, to see through ◇ 1° caverne, antre 2° comprendre à fond, pénétrer [Etym] 氵 18 (rad: 085b 3-06), 同 1853 [Graph] 121b 856k 012a.

洞察 dòng chá ◦ to see clearly ◇ connaître à fond, pénétrer; scruter ✱ 7759.

洞房 dòng fáng ◦ bridal chamber ◇ chambre nuptiale ✱ 8693.

洞口 dòng kǒu ◦ entrance to a cave ◇ entrée d'une caverne, d'un souterrain ✱ 8842.

灑 sǎ *450 | 洒 +594 | to sprinkle, to scatter, to shed ◇ asperger, éparpiller, arroser, verser [Etym] 氵 18 (rad: 085b 3-19), 麗 1860 [Graph] 121b 857a 857a 721b 821b 311d 321b.

澳 ào +451 | 澳 *452 | 1° inlet 2° Macao ◇ 1° baie 2° Macao [Etym] 氵 18 (rad: 085b 3-12), 奥 1866 [Graph] 121b 857e 422f 242a.

澳洲 ào zhōu ◦ Macao ◇ Macao ✱ 186.

澳门 ào mén ◦ inlet; Macao ◇ baie; Macao ✱ 7996.

澳 ào *452 | 澳 +451 | 1° inlet 2° Macao ◇ 1° baie 2° Macao [Etym] 氵 18 (rad: 085b 3-13), 奧 1868 [Graph] 121b 857e 422g 242a.

滴 dī +453 | to drop, to leak ◇ goutte, dégoutter [Etym] 氵 18 (rad: 085b 3-11), 啇 1875 [Graph] 121b 857g 013f.

消 xiāo +454 | 1° to disappear 2° to eliminate 3° to while away (the time), to consume 4° it takes (days, ..) 5° to melt ◇ 1° disparaître 2° supprimer 3° dépenser, perdre (temps) 4° prendre (jours) 5° fondre [Etym] 氵 18 (rad: 085b 3-07), 肖 1878 [Graph] 121b 857i.

消灭 xiāo miè ◦ to ruin ◇ anéantir, exterminer, détruire ✱ 1069.

消失 xiāo shī ◦ to disappear, to vanish ◇ disparaître, s'évanouir ✱ 1621.

消化 xiāo huà ◦ to digest ◇ digérer ✱ 2834.

消极 xiāo jí ◦ negative, passive ◇ négatif, passif; découragé, abattu ✱ 4288.

消耗 xiāo hào ◦ to consume, to use up ◇ consommer, user; consommation ✱ 4678.

消毒 xiāo dú ◦ to disinfect, to sterilize ◇ désinfecter, aseptiser, stériliser ✱ 5284.

消散 xiāo sàn ◦ to scatter, to dissipate ◇ se disperser, se dissiper ✱ 5410.

消除 xiāo chú ◦ to eliminate; to remove ◇ supprimer, éliminer, abolir ✱ 6715.

消防 xiāo fáng ◦ fire control or fighting ◇ lutte ou prévention contre l'incendie ✱ 6773.

消息 xiāo xī ◦ news ◇ nouvelle, information ✱ 10156.

消遣 xiāo qiǎn ◦ to amuse oneself; pastime ◇ se divertir, se distraire ✱ 10188.

消费 xiāo fèi ◦ to consume ◇ consommer ✱ 11282.

淌 tǎng +455 | 1° to drip, to flow 2° not lasting, slobber ◇ 1° dégoutter, couler 2° passager, pas durable [Etym] 氵 18 (rad: 085b 3-08), 尚 1879 [Graph] 121b 857j 011a.

澥 xiè +456 | 1° paste or glue becoming liquefied 2° Chihli Bay 3° sea 4° creek, rivulet 5° watery 6° cove ◇ 1° pâte ou colle liquéfiées 2° mer de Chine 3° mer 4° ruisseau 5° aqueux 6° anse [Etym] 氵 18 (rad: 085b 3-13), 解 1885 [Graph] 121b 857l 732a 414d.

灞 bà +457 | small river in Shanxi ◇ petit fleuve dans le Shanxi [Etym] 氵 18 (rad: 085b 3-21), 霸 1892 [Graph] 121b 858e 436a 031e 856e.

濡 rú +458 | 1° to immerse, to moisten 2° to linger 3° patience, mild 4° thick 5° name of river (Hebei, Guangxi) ◇ 1° tremper, imbiber, humide 2° tarder 3° patience 4° onctueux 5° nom de rivière (Hebei, Guangxi) [Etym] 氵 18 (rad: 085b 3-14), 需 1896 [Graph] 121b 858e 857f.

> 沛 pèi (56) | [Tra] abundant; swiftly ◇ copieux; eaux rapides [Etym] water (1= 氵 18); phon, multiplication (2= 市 1908) ◇ eau (1= 氵 18); phon, prolifération (2= 市 1908) [Graph] 121b 858l [Hanzi] pei4 沛 459, pei4 霈 8418.

沛 pèi +459 | 1° copious, abundant, luxuriant marsh 2° to flow swiftly, to irrigate 3° name of a river in Jiangsu ◇ 1° copieux, abondant, marais couvert de végétation 2° couler rapidement, retenir l'eau pour l'irrigation 3° nom de rivière [Etym] 氵 18 (rad: 085b 3-04), 市 1908 [Graph] 121b 858l.

> 浦 pǔ (57) | [Tra] shore, bank ◇ rive, berge [Etym] beginning, edge (2= 甫 1914) of water (1= 氵 18) ◇ début, bord (2= 甫 1914) de l'eau (1= 氵 18) [Graph] 121b 858n [Ref] h1785, k762 [Hanzi] pu3 浦 460, pu2 蒲 3530.

浦 pǔ +460 | 1° riverside, shore, bank 2° river mouth 3° surname ◇ 1° berge, rive 2° embouchure 3° nom propre [Etym] 氵 18 (rad: 085b 3-07), 浦 57 [Graph] 121b 858n.

> 溥 pǔ (58) | [Tra] vast, common ◇ vaste, partout [Etym] wide (2,3= 尃 1915) extension of

water (1= 氵 18) ◇ une grande (2,3= 尃 1915) étendue d'eau (1= 氵 18) [Graph] 121b 858n 332b [Ref] k764, ph753, w109d, wi416 [Hanzi] pu3 溥 461, bu4 簿 729, bao2 bo2 bo4 薄 3531.

溥 pǔ +461 氵甫寸 | 1° vast, broad, pervading 2° common 3° anywhere ◇ 1° vaste, large 2° common 3° partout [Etym] 氵 18 (rad: 085b 3-10), 溥 58 [Graph] 121b 858n 332b.

淛 zhè *462 氵肀刂 | 浙 -145 | 1° river in Zhejiang 2° short for Zhejiang Province ◇ 1° rivière 2° nom de la province de Zhejiang [Etym] 氵 18 (rad: 085b 3-08), 制 1917 [Graph] 121b 858o 333b.

汭 ruì +463 氵内 | 1° winding of a stream 2° confluence of rivers ◇ 1° coude de rivière 2° confluent [Etym] 氵 18 (rad: 085b 3-04), 内 1919 [Graph] 121b 859a.

漓 lí +464 氵离 | 灕 2° *465 | 1° water dripping 2° Li (river) ◇ 1° dégoutter 2° Li (rivière) [Etym] 氵 18 (rad: 085b 3-10), 离 1927 [Graph] 121b 911c 859e.

灕 lí *465 氵离隹 | See ◇ Voir 漓 464 [Etym] 氵 18 (rad: 085b 3-18), 離 1928 [Graph] 121b 911c 859e 436m.

沮 jǔ (59) 氵且 | [Tra] to intimidate; gloomy ◇ intimider; gâter [Etym] water (1= 氵 18); phon, to stack up (2= 且 1929) ◇ eau (1= 氵 18); phon, empiler (2= 且 1929) [Graph] 121b 921a [Hanzi] ju3 ju4 沮 466, zu1 菹 3532.

沮 jǔ +466 氵且 | 1° to prevent, to stop 2° to turn gloomy 3° to intimidate 4° river in Hubei ◇ 1° empêcher, dissuader 2° noircir, se gâter 3° intimider 4° rivière du Hubei [Etym] 氵 18 (rad: 085b 3-05), 且 1929 [Graph] 121b 921a.

△ jù | damp and low-lying land ◇ terre humide et à basse altitude.

沮洳 jù rù ◦ 1° moist; 2° to soak in; 3° boggy and wet area ◇ 1° humide; 2° humecter; 3° endroit marécageux, tourbeux ✱ 279.

滇 diān +467 氵真 | 滇 *126 | 1° lake south of Yunnan 2° another name for Yunnan province ◇ 1° nom d'un lac au Yunnan 2° autre nom du Yunnan [Etym] 氵 18 (rad: 085b 3-10), 真 1936 [Graph] 121b 921f.

洫 xù +468 氵血 | trench, channel ◇ rigole, canal [Etym] 氵 18 (rad: 085b 3-06), 血 1940 [Graph] 121b 922b.

涣 huàn +469 氵奂 | 1° to melt, to vanish 2° broad, swelling 3° scattered ◇ 1° fondre, évanoui, dissiper 2° hautes eaux, gonflé 3° disperser [Etym] 氵 18 (rad: 085b 3-07), 奂 1942 [Graph] 121b 923a.

泱 yāng +470 氵央 | 1° wide 2° violent 3° magnificent ◇ 1° vaste 2° intense 3° magnifique [Etym] 氵 18 (rad: 085b 3-05), 央 1943 [Graph] 121b 923b.

滑 huá +471 氵𠃊月 | 1° slippery, smooth 2° to slip 3° comical, cunning, crafty, farcical ◇ 1° astucieux 2° comique, glissant 3° lisse, rusé, déraper, comique [Etym] 氵 18 (rad: 085b 3-09), 骨 1947 [Graph] 121b 924c 856e.

滑冰 huá bīng ◦ to skate (on ice) ◇ patiner ✱ 21.

滑头 huá tóu ◦ cheating, rascally ◇ rusé, fourbe ✱ 1598.

滑梯 huá tī ◦ slide ◇ glissoire ✱ 4483.

滑稽 huá jī ◦ funny, amusing ◇ drôle, comique, ridicule ✱ 4512.

滑车 huá chē ◦ pulley ◇ poulie ✱ 6327.

滑雪 huá xuě ◦ to ski ◇ skier, faire du ski ✱ 8446.

渦 guō *472 氵咼口 | 涡 -505 | river originating in Henan and flowing through Anhui ◇ rivière ayant sa source dans Henan et traversant Anhui [Etym] 氵 18 (rad: 085b 3-09), 咼 1948 [Graph] 121b 924d 011a.

△ wō | 涡 -505 | whirlpool ◇ tourbillon.

泥 ní +473 氵尸匕 | 1° mire, mud 2° dirt 3° mashed vegetable or fruit ◇ 1° boue, matière visqueuse 2° sale 3° pâte, purée (légume, fruit) [Etym] 氵 18 (rad: 085b 3-05), 尼 1952 [Graph] 121b 931a 321b.

泥泞 ní nìng ◦ muddy ◇ boueux ✱ 412.

△ nì | 1° to cover or daub with plaster, putty, plaster 2° attached to 3° obstinate ◇ 1° plâtrer, crépir, mortier, plâtre 2° attaché à, épris de 3° opiniâtre.

澱 diàn *474 氵尸共几又 | See ◇ Voir 淀 417 [Etym] 氵 18 (rad: 085b 3-13), 殿 1967 [Graph] 121b 931a 436e Z33a 633a.

渥 wò +475 氵尸厶土 | to soak, to steep, wet ◇ imbiber, recevoir grâce, faveur [Etym] 氵 18 (rad: 085b 3-09), 屋 1968 [Graph] 121b 931a 612c 432a.

潺 chán +476 氵尸子子子 | sound of water ◇ bruit de l'eau [Etym] 氵 18 (rad: 085b 3-12), 孱 1969 [Graph] 121b 931a 634d 634d 634d.

涮 shuàn +477 氵尸巾刂 | 1° to rinse 2° to boil instantly 3° to wash ◇ 1° rincer 2° bouillir instantanément 3° laver [Etym] 氵 18 (rad: 085b 3-08), 刷 1972 [Graph] 121b 931a 858a 333b.

漏 lòu +478 氵尸雨 | 1° to leak, to drop 2° water clock 3° to divulge 4° to leave out ◇ 1° goutter 2° horloge à eau 3° couler 4° laisser échapper, omettre, perdre [Etym] 氵 18 (rad: 085b 3-11), 屚 1974 [Graph] 121b 931a 858e.

澼 pì +479 氵尸口辛 | See ◇ Voir 洴澼 ping2-pi4 185-479 [Etym] 氵 18 (rad: 085b 3-13), 辟 1975 [Graph] 121b 931a 011a 413d.

浕 jìn -480 氵尽 | 濜 *385 | river in Hubei ◇ rivière du Hubei [Etym] 氵 18 (rad: 085b 3-06), 尽 1979 [Graph] 121b 931c 211b.

沪 hù -481 氵户 | 滬 *483 | another name for Shanghai ◇ autre appellation de Shanghai [Etym] 氵 18 (rad: 085b 3-04), 户 1981 [Graph] 121b 931e.

淚 lèi *482 氵户犬 | 泪 +550 | tears ◇ larmes [Etym] 氵 18 (rad: 085b 3-08), 戾 1982 [Graph] 121b 931e 242i.

滬 hù *483 氵户口巴 | 沪 -481 | another name for Shanghai ◇ autre appellation de Shanghai

[Etym] 氵 18 (rad: 085b 3-11), 扈 1991 [Graph] 121b 931e 011a 933c.

泸 lú -484 | 瀘 *349 | city in Sichuan ◇ ville du Sichuan [Etym] 氵 18 (rad: 085b 3-05), 卢 1992 [Graph] 121b 931f.

溵 yīn +485 氵扂几又 | place in Tianjin Municipality ◇ lieu de la région de Tianjin [Etym] 氵 18 (rad: 085b 3-10), 殷 1995 [Graph] 121b 931i Z33a 633a.

湄 méi +486 氵尸目 | edge of the water, river bank ◇ bord, berge [Etym] 氵 18 (rad: 085b 3-09), 眉 1996 [Graph] 121b 931j 023a.

泯 mǐn +487 氵民 | 1° to flow over 2° to destroy, to perish, to vanish, to die out ◇ 1° inondation 2° détruire, périr, anéantir [Etym] 氵 18 (rad: 085b 3-05), 民 1997 [Graph] 121b 932a.

湣 mǐn +488 氵民曰 | 1° name of ancient prince 2° to mourn ◇ 1° nom d'un prince de jadis 2° pleurer la mort [Etym] 氵 18 (rad: 085b 3-09), 昏 1999 [Graph] 121b 932a 021a.

溉 gài +489 氵艮旡 | 1° to wash 2° to irrigate ◇ 1° laver 2° irriguer [Etym] 氵 18 (rad: 085b 3-09), 既 2001 [Graph] 121b 932b 812a.

> 浪 làng (60) 氵良 | [Tra] wave; dissolute ◇ vague; débauché [Etym] water (1= 氵 18); phon, sieve (2= 良 2008) ◇ eau (1= 氵 18); phon, tamis (2= 良 2008) [Graph] 121b 932e [Hanzi] lang4 浪 490, lang4 莨 3533.

浪 làng +490 氵良 | 1° wave, billow 2° dissolute, profligate ◇ 1° vague, flot 2° licence, libertinage, débauché, dissolu, immodéré [Etym] 氵 18 (rad: 085b 3-07), 良 2008 [Graph] 121b 932e.

浪漫 làng màn。romantic ◇ romantique * 541.

浪漫主义 làng màn zhǔ yì。romanticism ◇ romantisme * 541 5212 1687.

浪费 làng fèi。to waste, to be extravagant ◇ gaspiller, dilapider, dissiper * 11282.

汜 sì +491 氵巳 | river and city in Henan ◇ rivière et ville du Henan [Etym] 氵 18 (rad: 085b 3-03), 巳 2010 [Graph] 121b 933b.

溮 shī *492 氵自帀 | 浉 -146 | river in Henan, affluent of the Huai ◇ rivière du Henan, affluent du fleuve Huai [Etym] 氵 18 (rad: 085b 3-10), 師 2023 [Graph] 121b 934c 858d.

潤 rùn *493 氵門王 | 润 -443 | 1° moist, to moisten 2° to touch up, to embellish 4° profit, to reward 5° unctuous ◇ 1° mouiller, imprégner, embellir, enrichi, féconder 2° gratifier, orner 4° profit, récompenser 5° onctueux [Etym] 氵 18 (rad: 085b 3-12), 閏 2032 [Graph] 121b 934e 432e.

> 濶 kuò (61) 氵門舌 | [Tra] liberal; wealthy ◇ libéral; opulent [Etym] {?} doors (2= 門 2025); phon, life (1,3= 活 65) ◇ {?} portes (2= 門 2025); phon, vie (1,3= 活 65) [Graph] 121b 934e 013h [Hanzi] kuo4 濶 494.

濶 kuò *494 氵門舌 | 阔 -7998、闊 *8741 | 1° wide, large, liberal 2° wealthy 3° separation, far ◇ 1° large, libéral 2° riche, opulent 3° séparation, éloigné [Etym] 氵 18 (rad: 085b 3-14), 活 61 [Graph] 121b 934e 013h.

澗 jiàn *495 氵門日 | 涧 -444 | ravine, gully ◇ torrent encaissé [Etym] 氵 18 (rad: 085b 3-12), 間 2041 [Graph] 121b 934e 021a.

瀾 lán *496 氵門柬 | 澜 -445 | billows, waves ◇ grandes vagues, lames, flots [Etym] 氵 18 (rad: 085b 3-17), 闌 2042 [Graph] 121b 934e 033d.

> 渠 qú (62) 氵巨木 | [Tra] canal, he; she ◇ canal; il, elle [Etym] square (2= 巨 2043) to make wooden (3= 木 723) water (1= 氵 18) pipes ◇ une équerre (2= 巨 2043): faire des conduits d'eau (1= 氵 18) en bois (3= 木 723) [Graph] 121b 935a 422a [Ref] w82d [Hanzi] qu2 渠 497, qu2 蕖 3534, qu2 磲 9643.

渠 qú +497 氵巨木 | 佢 2° *3029 | 1° canal, drain, ditch 2° he, she, it, they 3° surname ◇ 1° canal, rigole 2° il, elle, lui, eux 3° nom propre [Etym] 氵 18 (rad: 085b 3-09), 渠 62 [Graph] 121b 935a 422a.

濫 làn *498 氵臣𠂉一皿 | 滥 -166 | 1° to overflow 2° excessive 3° to abuse ◇ 1° déborder, inonder, flottant 2° excéder, excessif 3° abuser, se tromper [Etym] 氵 18 (rad: 085b 3-14), 監 2045 [Graph] 121b 935b ac:f 111a 922a.

灠 lǎn *499 氵臣𠂉一罒見 | 漤 +192 | to pickle fruit in brine, to preserve in salted water ◇ mariner [Etym] 氵 18 (rad: 085b 3-21), 覽 2046 [Graph] 121b 935b ac:f 111a 051a 023c.

瀏 liú *500 氵卯刀亼亚刂 | 浏 -116 | 1° (of water) clear, limpid 2° (of wind) swift 3° to sneak off 4° to browse ◇ 1° clair, transparent (eau) 2° vent frais 3° s'esquiver 4° lire en diagonale [Etym] 氵 18 (rad: 085b 3-15), 劉 2054 [Graph] 121b 941a 732a 233a 432q 333b.

溜 liū +501 氵卯刀田 | 1° to slide 2° smooth 3° to slip away ◇ 1° glisser 2° lisse, polir 3° s'esquiver [Etym] 氵 18 (rad: 085b 3-10), 留 2055 [Graph] 121b 941a 732a 041a.

溜冰 liū bīng。to skate ◇ patiner * 21.

△ liù | 霤 2° *8457 | 1° swift current, flow 2° rainwater from the roof, roof gutter 3° row 4° neighborhood ◇ 1° couler rapidement, courant 2° bord inférieur du toit, gouttière 3° rangée, traînée 4° voisinage.

溜冰 liù bīng。to skate ◇ patiner * 21.

泖 mǎo +502 氵卯 | lake and place in the Shanghai area ◇ lac et lieu de la région de Shanghai [Etym] 氵 18 (rad: 085b 3-05), 卯 2057 [Graph] 121b 941b 734a.

涢 yún -503 氵口贝 | 溳 *508 | river in Hubei ◇ rivière du Hubei [Etym] 氵 18 (rad: 085b 3-07), 员 2077 [Graph] 121b 011a 854b.

涓 juān +504 氵口月 | 1° bubbling water, small stream 2° to choose ◇ 1° bruit de l'eau, ruisseau 2° choisir [Etym] 氵 18 (rad: 085b 3-07), 肙 2078 [Graph] 121b 011a 856e.

涓埃 juān āi。tiny, negligible, insignificant ◇ minuscule, négligeable, insignifiant ✱ 4871.

涡 guō -505 | 渦 •472 | river originating in Henan and flowing through Anhui ◇ rivière ayant sa source dans Henan et traversant Anhui [Etym] 氵 18 (rad: 085b 3-07), 咼 2081 [Graph] 121b 011a 859a.

△ wō | 渦 •472 | whirlpool ◇ tourbillon.

浥 yì +506 | damp, soaked, wet, moist ◇ humide, mouillé [Etym] 氵 18 (rad: 085b 3-07), 邑2082 [Graph] 121b 011a 933c.

澡 zǎo (63) | [Tra] to bathe ◇ bain, se laver [Etym] water (1= 氵 18); phon. (2,3,4,5= 喿 2094) ◇ eau (1= 氵 18); phon. (2,3,4,5= 喿 2094) [Graph] 121b 011a 011a 011a 422a [Ref] k1040 [Hanzi] zao3 澡 507, zao3 藻 3535.

澡 zǎo +507 | 1° to bathe, bath 2° to cleanse ◇ 1° bain, baigner 2° nettoyer [Etym] 氵 18 (rad: 085b 3-13), 澡 63 [Graph] 121b 011a 011a 011a 422a.

澡堂 zǎo táng。public baths ◇ établissement de bains ✱ 7868.

湏 yún •508 | 涢 -503 | river in Hubei ◇ rivière du Hubei [Etym] 氵 18 (rad: 085b 3-10), 員 2104 [Graph] 121b 011a 023b.

渑 miǎn -509 | 澠 •630 | county in Henan ◇ chef-lieu du Henan [Etym] 氵 18 (rad: 085b 3-08), 黾 2107 [Graph] 121b 011a 043c.

△ shéng | 澠 •630 | ancient river in Shandong ◇ ancien fleuve du Shandong.

况 kuàng •510 | 况 +38 | 1° condition, situation, circumstances 2° to compare 3° moreover, a fortiori 4° surname ◇ 1° circonstances, situation 2° comparer 3° davantage, plus, a fortiori 4° nom propre [Etym] 氵 18 (rad: 085b 3-05), 兄 2114 [Graph] 121b 011d.

潞 lù +511 | place in Yunnan ◇ lieu du Yunnan [Etym] 氵 18 (rad: 085b 3-13), 路 2116 [Graph] 121b 011e 633e 011a.

浞 zhuó +512 | to soak, damp ◇ humide, arroser [Etym] 氵 18 (rad: 085b 3-07), 足 2117 [Graph] 121b 011f.

滆 gé +513 | lake in Jiangsu ◇ lac du Jiangsu [Etym] 氵 18 (rad: 085b 3-10), 鬲 2118 [Graph] 121b 012a 856k 411c.

凉 liáng •514 | 凉 +39 | 1° cool, cold 2° disappointed ◇ 1° fraîcheur, frais 2° déçu [Etym] 氵 18 (rad: 085b 3-08), 京 2122 [Graph] 121b 012c 331j.

△ liàng | 凉 +39 | to make or to become cool ◇ exposer à l'air, rafraîchir, refroidir.

淳 chún +515 | pure, genuine, sincere ◇ pur, honnête, sincère [Etym] 氵 18 (rad: 085b 3-08), 享 2128 [Graph] 121b 012c 634d.

漷 huǒ +516 | district de Beijing ◇ quartier de Beijing [Etym] 氵 18 (rad: 085b 3-10), 郭2130 [Graph] 121b 012c 634d 634j.

渟 tíng +517 | stagnant, still water ◇ eau stagnante [Etym] 氵 18 (rad: 085b 3-09), 亭 2135 [Graph] 121b 012c 851a 331b.

濠 háo +518 | 1° ditch 2° river in Anhui ◇ 1° fossé 2° rivière du Anhui [Etym] 氵 18 (rad: 085b 3-14), 豪 2136 [Graph] 121b 012c 851a 522a.

滈 hào +519 | 1° bubbling of water 2° river in Shanxi ◇ 1° bouillonner 2° rivière du Shanxi [Etym] 氵 18 (rad: 085b 3-10), 高 2138 [Graph] 121b 012c 856k 011a.

滸 hǔ •520 | 浒 -121 | bank, shore, water side ◇ rive, berge [Etym] 氵 18 (rad: 085b 3-11), 許 2144 [Graph] 121b 012d 413e.

△ xǔ | 浒 -121 | 1° bank, shore 2° place in Jiangsu ◇ 1° rive, berge 2° lieu du Jiangsu.

沾 zhān (64) | [Tra] to moisten ◇ mouiller [Etym] water (1= 氵 18); phon (2= 占 2154) {to get profit} ◇ eau (1= 氵 18); phon (2= 占 2154) {bénéfice} [Graph] 121b 013e [Ref] k1163 [Hanzi] zhan1 沾 521, zhan1 霑 8419.

沾 zhān +521 | 霑 1° •8419 | 1° to moisten 2° to be stained with, infected with 3° to tinge 4° to touch 5° to receive benefits ◇ 1° humecter, imprégner 2° souillure, contaminé 3° teindre 4° toucher 5° bénéficier de, faveur, profiter de [Etym] 氵 18 (rad: 085b 3-05), 沾 64 [Graph] 121b 013e.

沽 gū +522 | to trade in, to buy and sell ◇ acheter, vendre [Etym] 氵 18 (rad: 085b 3-05), 古2155 [Graph] 121b 013f.

湖 hú +523 | 1° lake 2° Hunan and Hubei Provinces ◇ 1° lac 2° les provinces de Hunan et Hubei [Etym] 氵 18 (rad: 085b 3-09), 胡 2158 [Graph] 121b 013f 856e.

湖泊 hú pō。lakes ◇ lacs ✱ 543.

活 huó (65) | [Tra] to live, active ◇ vie, travail [Etym] running water (1= 氵 18); phon (2= 舌 2161) ◇ une eau courante (1= 氵 18); phon (2= 舌 2161) [Graph] 121b 013h [Ref] k119, w102c, wi530 [Hanzi] huo2 活 524, kuo4 阔 7998, kuo4 闊 8741.

活 huó +524 | 1° to live, alive, lively 2° to save (lives) 3° active, vivid 4° moving, mobile, versatile 5° to work 6° product ◇ 1° vivre, vivant 2° sauver la vie à 3° actif 4° mobile, changeant 5° travail 6° moyen de vivre, produit [Etym] 氵 18 (rad: 085b 3-06), 活 65 [Graph] 121b 013h.

活泼 huó pō。lively, active ◇ vif, impétueux; plein d'entrain, dynamique ✱ 330.

活儿 huó ér。work, duty ◇ travail, boulot, besogne; produit ✱ 2194.

活靶 huó bǎ。maneuvering target ◇ cible de manoeuvre ✱ 5391.

活动 huó dòng。to act, to move ◇ activité, se mouvoir, exercices physiques ✱ 5920.

活动坝 huó dòng bà。movable dam ◇ barrage démontable ✱ 5920 4918.

活动靶 huó dòng bǎ。maneuvering target ◇ cible de manoeuvre ✱ 5920 5391.

活跃 huó yuè。to invigorate; active, dynamic ◇ ranimer; plein d'entrain, vif ✱ 9298.

汩 gǔ +525 氵日 | 1° noise of waves 2° gurgle 3° disorder 4° disappear ◇ 1° bruit des vagues 2° gargouillis 3° confusion 4° disparaître [Etym] 氵 18 (rad: 085b 3-04), 日 2169 [Graph] 121b 021a.

△ mì | river in Hunan, noise of waves ◇ rivière du Hunan, flotter.

混 hún +526 氵日匕匕 | [Etym] 氵 18 (rad: 085b 3-08), 昆 2173 [Graph] 121b 021a 311d 321b.

混蛋 hún dàn。wretch, scoundrel, bastard ◇ stupide, misérable, salaud, vaurien ✱ 5326.

△ hùn | 1° to mix, to confuse 2° to pass off as 3° to drift along, to bustle 4° recklessly 5° chaos, confusion ◇ 1° mélanger, mêler 2° berner 3° vivre au jour le jour 4° sans relâche 5° chaos, confusion, trouble, indistinct.

混淆 hùn xiáo。to confuse, to mix up ◇ confondre ✱ 112.

混帐 hùn zhàng。scoundrel, rogue ◇ canaille (injure), vaurien ✱ 8382.

混乱 hùn luàn。confusion, chaos ◇ trouble, confus, désordonné, chaotique ✱ 9823.

滉 huàng +527 氵日光 | vast expanse of water ◇ vaste étendue d'eau [Etym] 氵 18 (rad: 085b 3-10), 晃 2174 [Graph] 121b 021a 322e.

滉瀁 huàng yǎng。waves, rapids ◇ flots, vagues ✱ 231.

涅 niè (66) 氵日土 | [Tra] black mud ◇ vase noire [Etym] earth (3= 土 826) water (1= 氵 18) in the sun (2= 日 2169) {black dye} ◇ la terre (3= 土 826) et l'eau (1= 氵 18) au soleil (2= 日 2169) {teindre en noir} [Graph] 121b 021a 432a [Ref] w81a [Hanzi] nie4 涅 528.

涅 niè +528 氵日土 | [Etym] 氵 18 (rad: 085b 3-07), 涅 66 [Graph] 121b 021a 432a.

涅槃 niè pán。nirvana ◇ nirvana ✱ 8330.

涅白 niè bái。opaque white ◇ blanc opaque ✱ 9973.

湜 shí +529 氵日疋 | 1° clear water 2° true 3° sincere ◇ 1° eau limpide 2° vrai 3° sincère [Etym] 氵 18 (rad: 085b 3-09), 是 2182 [Graph] 121b 021a 434f.

湿 shī -530 氵日业 | 濕 *532 、溼 *295 | wet, moist ◇ humide, humecter [Etym] 氵 18 (rad: 085b 3-09), 显 2184 [Graph] 121b 021a 435a.

湿度 shī dù。humidity ◇ humidité ✱ 6919.

瀑 bào +531 氵日共氺 | waterfall ◇ chute d'eau [Etym] 氵 18 (rad: 085b 3-15), 暴 2185 [Graph] 121b 021a 436e 331o.

△ pù | waterfall ◇ chute d'eau, cascade.

瀑布 pù bù。waterfall ◇ chute d'eau, cascade ✱ 1527.

濕 shī *532 氵日幺幺灬 | 湿 -530 、溼 *295 | wet, moist ◇ humide, humecter [Etym] 氵 18 (rad: 085b 3-14), 㬎 2188 [Graph] 121b 021a 613c 613c 222d.

溻 tā +533 氵日羽羽 | to dampen, to be soaked through with perspiration ◇ pénétré par l'humidité, par la sueur [Etym] 氵 18 (rad: 085b 3-10), 㬪 2190 [Graph] 121b 021a 731c 731c.

渴 kě +534 氵日勹人乚 | 1° thirsty 2° to yearn for ◇ 1° soif 2° avoir envie de, aspirer à [Etym] 氵 18 (rad: 085b 3-09), 曷 2194 [Graph] 121b 021a 852h 232a 711a.

渴望 kě wàng。to long for, to thirst for ◇ désirer vivement, aspirer à, avoir envie de ✱ 7339.

湯 tāng (67) 氵日昜 | [Tra] soup ◇ soupe [Etym] water (1= 氵 18); sun (2= 日 2169) rays (3=prim) {hot water} ◇ eau (1= 氵 18); rayons (3=prim) de soleil (2= 日 2169) {eau chaude} [Graph] 121b 021a 852i [Ref] h359c, k974, ph707, r3k, w101b, wi893 [Hanzi] tang1 湯 535, tang4 燙 536, dang4 盪 537, tang1 鐋 1107, dang4 蕩 3536.

湯 tāng *535 氵日昜 | 汤 -325 | 1° hot water 2° hot springs 3° soup 4° infusion (medicine) 5° to scold 6° surname ◇ 1° eau chaude 2° source thermale 3° potage, soupe, bouillon 4° décoction, infusion (médecine) 5° gronder 6° nom propre [Etym] 氵 18 (rad: 085b 3-09), 湯 67 [Graph] 121b 021a 852i.

燙 tàng *536 氵日昜火 | 烫 -326 | 1° to scald, to burn 2° to heat by placing in hot water 3° boiling hot 4° to iron 5° perm ◇ 1° échauder, brûler 2° chauffer à l'eau chaude 3° bouillant 4° repasser (des vêtements) 5° faire une permanente [Etym] 火 156 (rad: 086a 4-12), 湯 67 [Graph] 121b 021a 852i 231b.

盪 dàng *537 氵日昜皿 | See ◇ Voir 宕 7777 [Etym] 皿 1939 (rad: 108a 5-12), 湯 67 [Graph] 121b 021a 852i 922a.

温 wēn +538 氵日皿 | 1° warm, tepid, mild 2° temperature 3° to warm up 4° to revise 5° to repeat 6° graciousness 7° surname ◇ 1° tiède 2° température 3° réchauffer 4° réviser 5° répéter, modérer 6° affabilité 7° nom de famille [Etym] 氵 18 (rad: 085b 3-09), 昷 2201 [Graph] 121b 021a 922a.

温带 wēn dài。temperate zone ◇ zone tempérée ✱ 4039.

温和 wēn hé。gracious, mild, temperate ◇ affable, doux; tiède ✱ 4568.

温柔 wēn róu。gentle and soft ◇ doux, tendre, gentil ✱ 6477.

温度 wēn dù。temperature ◇ température ✱ 6919.

温度计 wēn dù jì。thermometer ◇ thermomètre ✱ 6919 1719.

温暖 wēn nuǎn。warm ◇ doux, chaud ✱ 9845.

温泉 wēn quán。hot spring ◇ source thermale, eaux thermales ✱ 9977.

灝 hào -539 灝 *540 vast, boundless (water) ◇ vaste, infini (eau) [Etym] 氵18 (rad: 085b 3-18), 颢 2205 [Graph] 121b 021a 012c 331j 854d.

灝 hào *540 灝 -539 vast, boundless (water) ◇ vaste, infini (eau) [Etym] 氵18 (rad: 085b 3-21), 顥 2206 [Graph] 121b 021a 012c 331j 023f.

漫 màn +541 1° water overflowing, to flood 2° spreading, everywhere 3° free 4° to exceed ◇ 1° inonder 2° débordement, partout 3° immense, librement, à sa guise 4° excès [Etym] 氵18 (rad: 085b 3-11), 曼 2211 [Graph] 121b 021a 051a 633a.

漫漶 màn huàn。1° to wear out beyond recognition (of pictures, printing); 2° blurred ◇ 1° indistinct; 2° flou ✱ 569.

漫谈 màn tán。to chat; rambling conversation ◇ causer à plusieurs; discuter à bâtons rompus ✱ 1696.

漫长 màn cháng。very long, endless ◇ très long, interminable ✱ 2139.

漫画 màn huà。caricature ◇ caricature ✱ 10453.

洹 huán +542 river in Henan ◇ rivière du Henan [Etym] 氵18 (rad: 085b 3-06), 亘 2213 [Graph] 121b 022a ac:z.

泊 bó, pō (68) [Tra] to moor, lake ◇ amarrer, lac [Etym] water (1= 氵18); phon (2= 白 2216) {to stop, to rest} ◇ eau (1= 氵18); phon (2= 白 2216) {repos} [Graph] 121b 022c [Ref] k751 [Hanzi] bo2 po1 泊 543, bo2 箔 730.

泊 bó +543 魄 4° +9997 1° to moor, to fasten a boat 2° to stop, to rest 3° satisfaction 4° in luo4-bo2 ◇ 1° amarrer, aborder 2° arrêter, repos 3° satisfaction 4° dans luo4-bo2 [Etym] 氵18 (rad: 085b 3-05), 泊 68 [Graph] 121b 022c.

△ pō 泺 *378 lake ◇ lac.

湟 huáng +544 river in Qinghai ◇ rivière du Qinghai [Etym] 氵18 (rad: 085b 3-09), 皇 2221 [Graph] 121b 022c 432e.

激 jī +545 1° to surge, to dash, to hit 2° noise of waters 3° to excite 4° sharp, fierce 5° to chill 6° to fetter, to lower, low ◇ 1° jaillir, heurter 2° choc de l'eau 3° exciter 4° vif, rapide, ardent 5° douche froide 6° endiguer, entraver, abaisser, bas [Etym] 氵18 (rad: 085b 3-13), 敫 2223 [Graph] 121b 022c 853b 243c.

激怒 jī nù。to irritate, to infuriate, to enrage ◇ irriter, indigner, mettre en colère, enrager ✱ 5782.

激动 jī dòng。to excite; to agitate; stirring; to be moved ◇ exciter, émouvoir; ému, exalté, avec émotion ✱ 5920.

激烈 jī liè。fiery, staunch, intense ◇ ardent, violent, intense ✱ 6420.

激发 jī fā。to stimulate, to galvanize ◇ exciter, galvaniser ✱ 6813.

激昂 jī áng。excited and indignant, roused ◇ excité, élevé ✱ 9911.

淖 nào +546 1° wet, drenched 2° mud, mire ◇ 1° détrempé, humide 2° boue, bourbier [Etym] 氵18 (rad: 085b 3-08), 卓 2230 [Graph] 121b 022h.

澣 huàn *547 浣 +411 1° to wash 2° ten-day period ◇ 1° laver 2° décade [Etym] 氵18 (rad: 085b 3-13), 幹 2233 [Graph] 121b 022i 233a 413b.

瀚 hàn +548 1° northern sea 2° desert 3° vast ◇ 1° mer nordique 2° désert, gobi 3° immense [Etym] 氵18 (rad: 085b 3-16), 翰 2235 [Graph] 121b 022i 233a 731c 731c.

潮 cháo +549 1° tide 2° moist, damp ◇ 1° marée 2° humide, humidité [Etym] 氵18 (rad: 085b 3-12), 朝 2237 [Graph] 121b 022i 856e.

潮流 cháo liú。tide; trend ◇ courant, marée; tendance ✱ 285.

潮湿 cháo shī。damp ◇ humide ✱ 530.

潮水 cháo shuǐ。tidal water; flow ◇ marée; flux ✱ 2299.

潮白 cháo bái。kind of sugar (Chao'an region) ◇ sorte de sucre (du comté de Chao'an) ✱ 9973.

泪 lèi +550 淚 *482 tears ◇ larmes [Etym] 氵18 (rad: 085b 3-05), 目 2239 [Graph] 121b 023a.

泪水 lèi shuǐ。tear ◇ larme ✱ 2299.

湨 jú +551 river in Henan ◇ rivière du Henan [Etym] 氵18 (rad: 085b 3-09), 狊 2240 [Graph] 121b 023a 242i.

渺 miǎo +552 淼 1° +2300 1° (of expanse of water) vast, boundless 2° remote 3° vague 4° insignificant 5° small, trivial ◇ 1° vaste (étendue d'eau) 2° lointain 3° vague, confus 4° douteux, incertain 5° minime, infime [Etym] 氵18 (rad: 085b 3-09), 眇 2241 [Graph] 121b 023a 331k.

濉 suī (69) [Tra] river in Anhui ◇ rivière du Anhui [Etym] water (1= 氵18); eye (2= 目 2239); phon, bird (3= 隹 1030) ◇ eau (1= 氵18), oeil (2= 目 2239); phon, oiseau (3= 隹 1030) [Graph] 121b 023a 436m [Hanzi] sui1 濉 553.

濉 suī +553 river in Anhui ◇ rivière du Anhui [Etym] 氵18 (rad: 085b 3-13), 濉 69 [Graph] 121b 023a 436m.

測 cè *554 测 -440 1° survey, fathom, measure 2° conjecture ◇ 1° sonder, mesurer 2° conjecturer [Etym] 氵18 (rad: 085b 3-09), 則 2249 [Graph] 121b 023b 333b.

濺 jiān *555 溅 -270 See ◇ Voir 浅浅 jian1-jian1 270-270 [Etym] 氵18 (rad: 085b 3-15), 賤 2250 [Graph] 121b 023b 512b 512b.

△ jiàn 溅 -441 to spatter, to splash ◇ éclabousser.

洎 jì +556 till, to ◇ jusqu'à [Etym] 氵18 (rad: 085b 3-06), 自 2256 [Graph] 121b 023d.

溴 x i ù +557 | 1° name of a river 2° bromine (Br) ◇ 1° nom de rivière 2° bromine (Br) 氵自犬 [Etym] 氵 18 (rad: 085b 3-10), 臭 2258 [Graph] 121b 023d 242i.

濞 b ì +558 | place in Yunnan ◇ lieu du Yunnan 氵自田丌 [Etym] 氵 18 (rad: 085b 3-14), 鼻 2263 [Graph] 121b 023d 041a 416c.

湞 z h ē n *559 | 浈 -442 | river in Guangdong ◇ rivière du Guangdong 氵貞 [Etym] 氵 18 (rad: 085b 3-09), 貞 2271 [Graph] 121b 023h.

沖 c h ō n g *560 | See ◇ Voir 冲 40 氵中 [Etym] 氵 18 (rad: 085b 3-04), 中 2276 [Graph] 121b 031b.

溃 h u ì -561 | 殨 -6446 、潰 *562 | festering ◇ suppurer 氵虫贝 [Etym] 氵 18 (rad: 085b 3-09), 贵 2278 [Graph] 121b 031c 854b.

△ k u ì | 潰 *562 | 1° deficient 2° wearied 3° exhausted 4° to leave off ◇ 1° défectueux, faire défaut, manquer 2° préoccupé 3° épuisé, à bout 4° cesser.

溃败 kuì bài 。 to be defeated, to be routed ◇ mis en déroute; se débander * 7959.

潰 h u ì *562 | 殨 -6446 、溃 -561 | festering ◇ suppurer 氵虫貝 [Etym] 氵 18 (rad: 085b 3-12), 貴 2281 [Graph] 121b 031c 023b.

△ k u ì | 溃 -561 | 1° deficient 2° wearied 3° exhausted 4° to leave off ◇ 1° défectueux, faire défaut, manquer 2° préoccupé 3° épuisé, à bout 4° cesser.

浊 z h u ó -563 | 濁 *582 | 1° muddy 2° foul, confused ◇ 1° boueux, impur, grossier 2° 氵虫 confus, trouble [Etym] 氵 18 (rad: 085b 3-06), 虫 2282 [Graph] 121b 031d.

浼 m ě i +564 | 1° to defile, to soil 2° to request ◇ 1° impur, souiller, 氵免 polluer 2° demander [Etym] 氵 18 (rad: 085b 3-07), 免 2292 [Graph] 121b 032d.

涑 s ù +565 | river in Shanxi ◇ rivière du Shanxi 氵束 [Etym] 氵 18 (rad: 085b 3-07), 束 2296 [Graph] 121b 032g.

漱 s h ù +566 | to rinse out, to gargle ◇ se rincer 氵束欠 la bouche, laver [Etym] 氵 18 (rad: 085b 3-11), 敕 2297 [Graph] 121b 032g 232b.

漱口 shù kǒu 。 to wet one's whistle ◇ se rincer la bouche * 8842.

濑 l à i -567 | 瀨 *568 | rapid flowing waters ◇ courant 氵束负 d'eau rapide [Etym] 氵 18 (rad: 085b 3-13), 赖 2301 [Graph] 121b 032g 854h.

瀨 l à i *568 | 濑 -567 | rapid flowing waters ◇ courant 氵束負 d'eau rapide [Etym] 氵 18 (rad: 085b 3-16), 賴 2302 [Graph] 121b 032g 023k.

漶 h u à n +569 | See ◇ Voir 漫漶 man4-huan4 氵串心 541-569 [Etym] 氵 18 (rad: 085b 3-11), 患 2307 [Graph] 121b 032l 321c.

淠 p ì +570 | river in Anhui ◇ rivière du Anhui 氵田丌 [Etym] 氵 18 (rad: 085b 3-08), 畀 2317 [Graph] 121b 041a 416c.

漯 l u ò +571 | 1° glittering of water 2° city in Henan ◇ 1° miroitement de l'eau 2° 氵田糸 ville du Henan [Etym] 氵 18 (rad: 085b 3-11), 累 2319 [Graph] 121b 041a 613d.

△ t à | old river in Shandong ◇ rivière du Shandong.

渭 w è i +572 | short for the Weihe River ◇ abréviation du nom de la rivière 氵田月 Weihe [Etym] 氵 18 (rad: 085b 3-09), 胃 2324 [Graph] 121b 041a 856e.

渔 y ú -573 | 漁 *574 、𢻠 *7180 | 1° to fish, fishing 2° to usurp 3° to benefit 4° 氵鱼 surname ◇ 1° pêcher, pêche 2° s'approprier indûment, usurper 3° tirer profit 4° nom de famille [Etym] 氵 18 (rad: 085b 3-08), 鱼 2335 [Graph] 121b 041i.

渔业 yú yè 。 fishery ◇ pêche * 5328.

渔霸 yú bà 。 fishing despot ◇ usurpateur de pêche * 8434.

渔民 yú mín 。 fisherman ◇ pêcheur * 8712.

> 漁 y ú (70) 氵魚 | [Tra] to fish ◇ pêcher [Etym] water (1= 氵 18); fish (2= 魚 2339) {to usurp} ◇ eau (1= 氵 18); poisson (2= 魚 2339) {s'approprier} [Graph] 121b 041j [Ref] h459c, w142a [Hanzi] yu2 漁 574.

漁 y ú *574 | 渔 -573 、𢻠 *7180 | 1° to fish, fishing 2° to usurp 3° to benefit 4° 氵魚 surname ◇ 1° pêcher, pêche 2° s'approprier indûment, usurper 3° tirer profit 4° nom de famille [Etym] 氵 18 (rad: 085b 3-11), 漁 70 [Graph] 121b 041j.

油 y ó u +575 | 1° oil, fat, to apply oil 2° to be stained with grease 3° glib ◇ 1° 氵由 huile, gras, huiler 2° taché de graisse 3° qui donne de belles paroles, fallacieux [Etym] 氵 18 (rad: 085b 3-05), 由 2345 [Graph] 121b 042a.

油漆 yóu qī 。 paint ◇ peinture * 190.

油灯 yóu dēng 。 oil lamp ◇ lampe à huile * 960.

油葫芦 yóu hú lǔ 。 kind of field cricket ◇ grillon de champ * 3947 3908.

油腻 yóu nì 。 oily, greasy ◇ gras, graisseux * 8143.

油画 yóu huà 。 oil painting ◇ peinture à l'huile * 10453.

漣 l i á n *576 | 涟 -299 | 1° to weep 2° ripples ◇ 1° pleurer 2° rides à la surface 氵車辶 de l'eau [Etym] 氵 18 (rad: 085b 3-10), 連 2353 [Graph] 121b 042g 634o.

漸 j i ā n *577 | 渐 -300 | 1° to gradually soak 2° to flow into 3° to be 氵車斤 influenced ◇ 1° imbiber peu à peu, mouiller 2° se déverser dans 3° être influencé [Etym] 氵 18 (rad: 085b 3-11), 斬 2354 [Graph] 121b 042g 722c.

△ j i à n | 渐 -300 | gradually, by degrees ◇ graduellement, petit à petit.

洩 x i è *578 | 泄 +328 | 1° to let out, to release 2° to leak (news, secrets), to 氵曳 divulge 3° to give vent to ◇ 1° laisser échapper, lâcher 2° divulguer, révéler (secret) 3° décharger (colère) [Etym] 氵 18 (rad: 085b 3-06), 曳 2362 [Graph] 121b 043d.

浬 lǐ +579 氵里 | See ◇ Voir 海浬 hai3-li3 631-579 [Etym] 氵 18 (rad: 085b 3-07), 里 2368 [Graph] 121b 043j.

潨 cóng +580 氵罒豖 | 1° sound of water 2° junction (of rivers) ◇ 1° bruit d'eau 2° confluent [Etym] 氵 18 (rad: 085b 3-11), 眾 2379 [Graph] 121b 051a 412i.

澤 zé *581 氵罒土羊 | 泽 -318 | 1° pool, pond 2° moist, to soak 3° gloss 4° favor 5° kindness 6° to enrich 7° slippery ◇ 1° bassin, étang 2° humecter, tremper, humide, imprégner 3° vapeurs lumineuses 4° faveur, favoriser 5° grâce, onctueux 6° enrichir 7° glissant [Etym] 氵 18 (rad: 085b 3-13), 睪 2381 [Graph] 121b 051a 432a 413c.

濁 zhuó *582 氵罒勹虫 | 浊 -563 | 1° muddy 2° foul, confused ◇ 1° boueux, impur, grossier 2° confus, trouble [Etym] 氵 18 (rad: 085b 3-13), 蜀 2391 [Graph] 121b 051a 852h 031d.

澴 huán +583 氵罒口衣 | river in Hubei ◇ rivière du Hubei [Etym] 氵 18 (rad: 085b 3-13), 睘 2394 [Graph] 121b 051a 012a 312h.

> 漂 piāo (71) 氵西示 | [Tra] to float; to drift ◇ flotter; dériver [Etym] eau (1= 氵 18); phon (2,3= 票 2404) ◇ eau (1= 氵 18); phon (2,3= 票2404) [Graph] 121b 051e 331l [Hanzi] piao1 piao3 piao4 漂584, piao1 瀌 3537.

漂 piāo +584 氵西示 | 1° to float 2° to drift ◇ 1° flotter, surnager 2° mouvoir [Etym] 氵 18 (rad: 085b 3-11), 票 2404 [Graph] 121b 051e 331l.

△ piǎo | 1° to bleach 2° to rinse ◇ 1° blanchir, décolorer 3° rincer.

漂白 piǎo bái ∘ bleach ◇ blanchir ∗ 9973.

△ piào |

漂亮 piào liàng ∘ handsome, pretty ◇ joli, beau ∗ 9462.

溧 lì +585 氵西木 | river and place in Jiangsu ◇ rivière et chef-lieu du Jiangsu [Etym] 氵 18 (rad: 085b 3-10), 栗 2406 [Graph] 121b 051e 422a.

湮 yān +586 氵西土 | 1° to fall into oblivion 2° to clog up 3° to soak 4° to spread ◇ 1° tomber dans l'oubli 2° boucher, obstruer 3° imbiber 4° pénétrer [Etym] 氵 18 (rad: 085b 3-09), 垔 2408 [Graph] 121b 051e 432a.

△ yīn | 洇 +598 | (of ink) to spread and sink in, blotted ◇ plongé dans l'encre, trempé.

潭 tán +587 氵西早 | 1° deep water, pool, pond 2° pit, depression 3° to sink, to penetrate ◇ 1° eau profonde, étang 2° cratère, dépression 3° sombrer, pénétrer [Etym] 氵 18 (rad: 085b 3-12), 覃 2411 [Graph] 121b 051e 021d.

濃 nóng *588 氵曲厂辰 | 浓 -428 | 1° dense, thick, concentrated, dark 2° great (extent, degree) 3° sticky ◇ 1° dense, épais, concentré, foncé, intense 2° grand, haut (degré) 3° visqueux [Etym] 氵 18 (rad: 085b 3-13), 農 2414 [Graph] 121b 052a 721a 312f.

澧 lǐ +589 氵曲豆 | river in Hunan ◇ rivière du Hunan [Etym] 氵 18 (rad: 085b 3-13), 豊 2415 [Graph] 121b 052a 012b.

灩 yàn *590 氵曲豆色 | 滟 -165 、灧 *397 | See ◇ Voir 滟滪堆 yan4-yu4-dui1 165-311-4865 [Etym] 氵 18 (rad: 085b 3-24), 豊 2415 [Graph] 121b 052a 012b 933d.

漕 cáo +591 氵曲曰 | to transport by water ◇ transporter en barque, par voie d'eau [Etym] 氵 18 (rad: 085b 3-11), 曹 2416 [Graph] 121b 052b 021a.

滷 lǔ *592 氵鹵 | 卤 +10835 、鹵 *10838 | 1° bittern 2° halogen 3° to stew in soy sauce 4° thick gravy ◇ 1° butor 2° halogène 3° cuire en ragoût dans la sauce de soja 4° sauce veloutée [Etym] 氵 18 (rad: 085b 3-11), 鹵 2424 [Graph] 121b 061d.

泗 sì +593 氵四 | nasal mucus, snivel ◇ morve au nez [Etym] 氵 18 (rad: 085b 3-05), 四 2426 [Graph] 121b 062a.

洒 sǎ +594 氵西 | 灑 *450 | to sprinkle, to scatter, to shed ◇ asperger, éparpiller, arroser, verser [Etym] 氵 18 (rad: 085b 3-06), 西 2427 [Graph] 121b 062b.

酒 jiǔ +595 氵酉 | alcoholic drink, wine, spirits ◇ boisson alcoolique, vin, eau-de-vie [Etym] 酉 2429 (rad: 164a 7-03), 氵 18 [Graph] 121b 062c.

酒会 jiǔ huì ∘ cocktail party ◇ cocktail ∗ 1382.

酒杯 jiǔ bēi ∘ wine glass ◇ verre ∗ 4179.

酒吧间 jiǔ bā jiān ∘ bar, tavern ◇ bar, cabaret, bistrot ∗ 9167 8039.

湎 miǎn +596 氵面 | See ◇ Voir 沉湎 chen2-mian3 405-596 [Etym] 氵 18 (rad: 085b 3-09), 面 2438 [Graph] 121b 063b.

泅 qiú +597 氵囗人 | to swim, to float ◇ nager, flotter [Etym] 氵 18 (rad: 085b 3-05), 囚 2441 [Graph] 121b 071a 232a.

洇 yīn +598 氵囗大 | 湮 +586 | (of ink) to spread and sink in, blotted ◇ plongé dans l'encre, trempé [Etym] 氵 18 (rad: 085b 3-06), 因 2444 [Graph] 121b 071a 242a.

涠 guó -599 氵囗玉 | 漍 *600 | rivers ◇ rivières [Etym] 氵 18 (rad: 085b 3-08), 国 2449 [Graph] 121b 071a 432o.

漍 guó *600 氵囗戈口一 | 涠 -599 | rivers ◇ rivières [Etym] 氵 18 (rad: 085b 3-12), 國 2450 [Graph] 121b 071a 512b 011a ac:z.

溷 hùn +601 氵囗豕 | 圂 *10955 | 1° dirty, unclean, privy 2° pigsty ◇ 1° impur, sale, confus, latrines 2° porcherie [Etym] 氵 18 (rad: 085b 3-10), 圂 2451 [Graph] 121b 071a 522a.

涠 wéi -602 氵囗韦 | 潿 *603 | [Etym] 氵 18 (rad: 085b 3-07), 围 2452 [Graph] 121b 071a 734e.

涠洲 wéi zhōu ∘ 1° to flow back; 2° island in Guangxi ◇ 1° refluer; 2° île du Guangxi ∗ 186.

潿 wéi *603 氵囗五口丰 | 涠 -602 | See ◇ Voir 涠洲 wei2-zhou1 602-186 [Etym] 氵 18 (rad: 085b 3-12), 圍 2453 [Graph] 121b 071a 822a 011a 712b.

洄 huí +604 氵囗口 | whirlpool ◇ tourbillon [Etym] 氵 18 (rad: 085b 3-06), 回 2454 [Graph]

121b 071a 011a.

涸 h é +605 氵冂古 | dried, dry up ◇ desséché [Etym] 氵 18 (rad: 085b 3-08), 固 2456 [Graph] 121b 071a 013f.

澶 c h á n +606 氵亩口日亠 | still water ◇ eau dormante [Etym] 氵 18 (rad: 085b 3-13), 亶 2460 [Graph] 121b 071b 011a 021a ac:z.

淵 y u ā n •607 氵㴊 | 渊 +181 | 1° deep pool, abyss 2° deep 3° surname ◇ 1° eau profonde, abîme 2° profond 3° nom de famille [Etym] 氵 18 (rad: 085b 3-09), 㴊 2474 [Graph] 121b Z12d.

污 w ū -608 氵亏 | 汚 •609 、汙 •144 | 1° dirt, filth, foul, mud, to defile 2° corrupt, perverse, obscene ◇ 1° sale, ordure, boue, souiller 2° corrompu, pervers [Etym] 氵 18 (rad: 085b 3-03), 亏 2477 [Graph] 121b Z21c.

污染 w ū r ǎ n ∘ to pollute, to contaminate ◇ salir, souiller, polluer ✱ 615.

污辱 w ū r ǔ ∘ to insult, to humiliate; to tarnish ◇ outrager, offenser, profaner; violer, souiller ✱ 6824.

汚 w ū •609 氵亏 | 污 -608 、汙 •144 | 1° dirt, filth, foul, mud, to defile 2° corrupt, perverse, obscene ◇ 1° sale, ordure, boue, souiller 2° corrompu, pervers [Etym] 氵 18 (rad: 085b 3-03), 亏 2478 [Graph] 121b Z21d.

沔 m i ǎ n +610 氵丏 | river in Shaanxi ◇ rivière in Shaanxi [Etym] 氵 18 (rad: 085b 3-04), 丏 2484 [Graph] 121b Z21j.

汔 q ì +611 氵乞 | 1° perhaps 2° nearly 3° dried 4° so that ◇ 1° peut-être 2° presque 3° desséché 4° pour que [Etym] 氵 18 (rad: 085b 3-03), 乞 2508 [Graph] 121b Z31e.

汽 q ì +612 氵气 | steam, vapor ◇ vapeur [Etym] 氵 18 (rad: 085b 3-04), 气 2509 [Graph] 121b Z31f.

汽油 q ì y ó u ∘ gasoline ◇ essence ✱ 575.

汽水 q ì s h u ǐ ∘ soda, soft drinks, lemonade ◇ eau gazeuse, limonade ✱ 2299.

汽车 q ì c h ē ∘ car ◇ auto, automobile ✱ 6327.

汽艇 q ì t ǐ n g ∘ motorboat ◇ canot à moteur ✱ 8305.

汛 x ù n +613 氵卂 | flood, high water ◇ inondation, déluge [Etym] 氵 18 (rad: 085b 3-03), 卂 2512 [Graph] 121b Z32a.

氿 g u ǐ +614 氵九 | spring issuing from the side of a hill ◇ source jaillissante [Etym] 氵 18 (rad: 085b 3-02), 九 2513 [Graph] 121b Z32b.

> 染 r ǎ n (72) 氵九木 | [Tra] to dye, to soil ◇ teindre [Etym] to soak (1= 氵 18) 9 times (2= 九 2513) vegetal (3= 木 723) dye ◇ tremper (1= 氵 18) neuf fois (2= 九 2513) dans la teinture végétale (3= 木 723) [Graph] 121b Z32b 422a [Ref] h917, wl1902k [Hanzi] ran3 染 615.

染 r ǎ n +615 氵九木 | 1° to dye 2° to contaminate 3° to soil 4° to catch (disease) ◇ 1° teindre 2° imprégner, contaminer 3° souiller 4° contracter (une maladie) [Etym] 木 723 (rad: 075a 4-05), 染 72 [Graph] 121b Z32b 422a.

染料 r ǎ n l i à o ∘ dye, dyestuff ◇ teinture, matières tinctoriales ✱ 4607.

汍 w á n +616 氵丸 | tears ◇ larmes [Etym] 氵 18 (rad: 085b 3-03), 丸 2515 [Graph] 121b Z32c.

没 m é i +617 氵几又 | [Etym] 氵 18 (rad: 085b 3-04), 殳 2519 [Graph] 121b Z33a 633a.

没法 m é i f ǎ ∘ impossible ◇ impossible ✱ 217.

没有 m é i y ǒ u ∘ no, not to have ◇ non, ne pas avoir ✱ 1525.

没关系 m é i g u ā n x ì ∘ it's nothing; it does not matter; never mind ◇ pas de quoi, de rien, ça ne fait rien ✱ 1576 6318.

没什么 m é i s h é n m e ∘ it does not matter; it's nothing; never mind ◇ ce n'est rien, ça n'a pas d'importance, de rien ✱ 2851 5927.

△ m ò | to sink to plunge to disappear to cease not none to overflow to die till the end ◇ sombrer plonger disparaître cesser d'être ne pas mourir.

没收 m ò s h ō u ∘ to confiscate ◇ confisquer ✱ 10987.

沿 y á n +618 氵几口 | 1° along 2° to follow (tradition) 3° to trim 4° shore, border ◇ 1° le long de 2° suivre (tradition), continuer, imiter 3° tailler 4° bord, rivage [Etym] 氵 18 (rad: 085b 3-05), 㕣 2521 [Graph] 121b Z33a 011a.

沿海 y á n h ǎ i ∘ coastal, along the coast ◇ littoral, le long de la côte ✱ 631.

沿着 y á n z h e ∘ along ◇ le long de ✱ 1531.

沿岸 y á n à n ∘ along the coast or bank ◇ au bord de, le long de la côte; rivage, rive ✱ 7557.

△ y à n | shore, bank ◇ bord, berge.

汎 f à n •619 氵凡 | See ◇ Voir 泛 315 [Etym] 氵 18 (rad: 085b 3-03), 凡 2522 [Graph] 121b Z33b.

沨 f ē n g -620 氵风乂 | 渢 •621 | rippling of water ◇ houle [Etym] 氵 18 (rad: 085b 3-04), 风 2523 [Graph] 121b Z33c 243a.

渢 f ē n g •621 氵凡亠虫 | 沨 -620 | rippling of water ◇ houle [Etym] 氵 18 (rad: 085b 3-09), 風 2527 [Graph] 121b Z33c ac:a 031d.

沆 h à n g +622 氵亢 | mist, fog ◇ brouillard [Etym] 氵 18 (rad: 085b 3-04), 亢 2529 [Graph] 121b Z33d.

涨 z h ǎ n g -623 氵弓长 | 漲 •624 | 1° to overflow, to inundate 2° to rise (prices, water) ◇ 1° débordement 2° monter (prix, eau) [Etym] 氵 18 (rad: 085b 3-07), 张 2536 [Graph] 121b Z42a 312c.

涨水 z h ǎ n g s h u ǐ ∘ to flood ◇ être en crue ✱ 2299.

△ z h à n g | 漲 •624 | 1° to swell (after absorbing water), to be swelled up 2° to be larger than expected ◇ 1° enfler, grossir 2° gonfler, plus grand que.

漲 z h ǎ n g •624 氵弓镸𠄠 | 涨 -623 | 1° to overflow, to inundate 2° to rise (prices, water) ◇ 1° débordement 2° monter (prix, eau) [Etym] 氵 18 (rad: 085b 3-11), 張 2541 [Graph] 121b Z42a 431c 312d.

△ zhàng |涨 -623| 1° to swell (after absorbing water), to be swelled up 2° to be larger than expected ◇ 1° enfler, grossir 2° gonfler, plus grand que.

泓 hóng +625 氵弓厶 |1° deep 2° mysterious 3° clear ◇ 1° profond 2° mystérieux 3° limpide [Etym] 氵 18 (rad: 085b 3-05), 弘 2542 [Graph] 121b Z42a 612a.

瀰 mí *626 氵弓爾 |See ◇ Voir 𪵑 10046 [Etym] 氵 18 (rad: 085b 3-17), 彌 2545 [Graph] 121b Z42a 858k.

溺 nì +627 氵弓弓 |1° to sink, to be drowned 2° greedy, doting on 3° urine ◇ 1° submerger, noyé 2° adonné passionnément à 3° urine [Etym] 氵 18 (rad: 085b 3-10), 弱 2548 [Graph] 121b Z42b Z42b.

溺爱 nì ài ◦ to spoil (a child) ◇ gâter (un enfant) * 712.

△ niào |urine ◇ urine.

涕 tì +628 氵弟 |1° to weep, tears 2° snivel ◇ 1° pleurer, larmes 2° morve [Etym] 氵 18 (rad: 085b 3-07), 弟 2552 [Graph] 121b Z42f.

沸 fèi +629 氵弗 |to boil ◇ bouillonner, bouillir [Etym] 氵 18 (rad: 085b 3-05), 弗 2553 [Graph] 121b Z42g.

沸腾 fèi téng ◦ to boil over; turmoil ◇ bouillir, bouillonner * 8090.

澠 miǎn *630 氵黽 |渑 -509| county in Henan ◇ chef-lieu du Henan [Etym] 氵 18 (rad: 085b 3-13), 黽 2562 [Graph] 121b Z51h.

△ shéng |渑 -509| ancient river in Shandong ◇ ancien fleuve du Shandong.

海 hǎi (73) 氵每 [Tra] sea; immensity ◇ mer; vaste [Etym] water (1= 氵 18); phon, prolific (2= 每 2565) ◇ eau (1= 氵 18); phon, prolifique (2= 每 2565) [Graph] 121b Z61b [Hanzi] hai3 海 631, hai1 hei1 嗨 8844.

海 hǎi +631 氵每 |1° sea, ocean 2° crowd 3° immensity, very big 4° surname ◇ 1° mer, océan 2° multitude 3° grand, vaste 4° nom propre [Etym] 氵 18 (rad: 085b 3-07), 每 2565 [Graph] 121b Z61b.

海洋 hǎi yáng ◦ sea, ocean ◇ océan * 160.

海港 hǎi gǎng ◦ seaport, harbor ◇ port de mer * 252.

海滩 hǎi tān ◦ beach ◇ plage, grève * 319.

海滨 hǎi bīn ◦ coastline, seashore ◇ littoral, côte * 420.

海浬 hǎi lǐ ◦ nautical mile (= 1.852 meters) ◇ mille marin (= 1.852 mètres) * 579.

海关 hǎi guān ◦ customs ◇ douane * 1576.

海拔 hǎi bá ◦ elevation, height above sea level ◇ altitude * 2361.

海蜇 hǎi zhé ◦ jellyfish ◇ méduse * 2552.

海参 hǎi shēn ◦ sea-cucumber, sea-slug ◇ holoturie, concombre de mer * 5888.

海绵 hǎi mián ◦ sponge ◇ éponge * 6075.

海外 hǎi wài ◦ abroad, overseas ◇ outre-mer * 6395.

海峡 hǎi xiá ◦ strait, channel ◇ détroit * 7504.

海岸 hǎi àn ◦ sea shore, sea coast ◇ bord de mer, rivage, côte * 7557.

海军 hǎi jūn ◦ naval forms ◇ armée de mer, marine militaire * 7675.

海味 hǎi wèi ◦ seafood ◇ fruits de mer * 8962.

海员 hǎi yuán ◦ sailor, seaman ◇ matelot, marin * 9127.

海面 hǎi miàn ◦ sea surface ◇ surface de la mer * 10929.

海岛 hǎi dǎo ◦ island ◇ île * 11149.

漊 lóu *632 氵婁 |溇 -202| place in Hunan ◇ lieu du Hunan [Etym] 氵 18 (rad: 085b 3-10), 婁 2572 [Graph] 121b Z61f 611e.

彡 211

丿 piē (74) 丿 [Tra] left down stroke ◇ trait penché gauche [Etym] stroke in writing ◇ trait de l'écriture chinoise [Graph] 211a [Ref] k729, w7a [Hanzi] qiao2 乔 1595, yi4 乂 1643, hu1 乎 2313, guai1 乖 3420, cheng2 sheng4 乘 4519, ga3 生 5227, zhi1 之 6492, fa2 乏 6493, jiu3 久 6498, nai3 乃 6799, yue4 粤 8339, bo2 亳 9457, wu1 wu1 wu4 乌 11145, pie1 丿 11171 [Rad] 004a.

冫 bīng (75) 冫 [Tra] ice ◇ glace [Etym] different writing for (冫 7) ◇ autre graphie pour (冫 7) [Graph] 211b [Ref] h182, k1145, r124, w17f, wi170 [Hanzi] zao3 枣 8488 [Rad] 015b.

彡 shān (76) 彡 [Tra] lines, hairs ◇ lignes, cheveux [Etym] numerous parallel stripes (prim) as ornamentation ◇ de nombreuses bandes parallèles (prim) comme ornement [Graph] 211c [Ref] k850, ph26, r37f, w62a, wa197, wi415, wi880 [Hanzi] xu1 须 633, xu1 須 635, shan1 shan4 釤 1108, shan1 shan4 钐 1896, xiu1 修 3105, sha1 shan1 杉 4082, shan1 衫 6608, mei4 魅 10737 [Rad] 059a.

辵 zhuò (77) 彡止 [Tra] to go; walk ◇ marcher; aller [Etym] many, here three (top lines) footprints (< 止 968) ◇ plusieurs, ici trois (lignes haut) traces de pas (< 止 968) [Graph] 211c 434e [Ref] k1236, w112e [Rad] 162a.

须 xū (78) 彡页 [Tra] beard; must ◇ barbe; il faut [Etym] modern simplified form of (須 79) ◇ forme simplifiée moderne de (須 79) [Graph] 211c 854d [Hanzi] xu1 须 633, xu1 嬃 634.

须 xū -633 纟页 |須 *635 鬚 5°6° *4725| 1° must, ought, necessary 2° to wait for 3° instant 4° perhaps 5° beard, moustache 6° tassel ◇ 1° il faut, nécessaire 2° attendre 3° instant 4° peut-être 5° barbe, moustache 6° frange, pompon [Etym] 页 1802 (rad: 181s 6-03), 须 78 [Graph] 211c 854d.

须臾 xū yú ∘ 1° instant, moment; 2° to bind; 3° to draw; 4° surname ◇ 1° instant, moment, momentanément; 2° lier; 3° tirer; 4° nom de famille ＊ 7445.

媭 xū -634 纟页女 |嬃 *636| old term for elder sister ◇ soeur aînée [Etym] 女 1122 (rad: 038a 3-09), 须 78 [Graph] 211c 854d 611e.

須 xū (79) 纟頁 |[Tra] beard; must ◇ barbe; il faut [Etym] beard (1= 纟 76) on face (2= 𦣻 1154) of the family master ◇ une barbe (1= 纟 76) comme signe du chef (2= 𦣻 1154) de famille [Graph] 211c 023f [Ref] k839, w62b [Hanzi] xu1 須 635, xu1 嬃 636, xu1 鬚 4725.

須 xū *635 纟頁 |须 -633 鬚 5°6° *4725| 1° must, ought, necessary 2° to wait for 3° instant 4° perhaps 5° beard, moustache 6° tassel ◇ 1° il faut, nécessaire 2° attendre 3° instant 4° peut-être 5° barbe, moustache 6° frange, pompon [Etym] 頁 2267 (rad: 181a 9-03), 須 79 [Graph] 211c 023f.

嬃 xū *636 纟頁女 |媭 -634| old term for elder sister ◇ soeur aînée [Etym] 女 1122 (rad: 038a 3-12), 須 79 [Graph] 211c 023f 611e.

丷 221

立 lì (80) 立 |[Tra] to be standing ◇ être debout [Etym] a man standing on the ground (prim) ◇ un homme debout sur le sol (prim) [Graph] 221a [Ref] k524, ph134, r2h, w60h, wa4, wi87, wi216 [Hanzi] qi4 泣 48, li4 立 637, qin1 qing4 亲 640, jing4 靖 643, qie4 妾 644, yi4 翊 647, jing4 竸 663, jing4 竟 672, sa4 飒 681, sa4 颯 682, li4 笠 732, la1 la2 la3 拉 2321, wei4 位 2775, li4 粒 4598, la1 垃 4759, yi4 翌 7219, la2 砬 9644, yu4 昱 9841 [Rad] 117a.

立 lì +637 立 |1° to stand 2° to erect, to set up, to rear 3° to found 4° to exist, to live 5° immediate, presently ◇ 1° être debout 2° organiser, élever, lever 3° fonder, établir 4° exister, vivre 5° à l'instant, immédiatement [Etym] 立 80 (rad: 117a 5-00), [Graph] 221a.

立场 lì chǎng ∘ political position ◇ position politique ＊ 4884.

立刻 lì kè ∘ right away, immediately ◇ tout de suite, immédiatement, sur le champ ＊ 6321.

立案 lì àn ∘ to register; to put on record ◇ enregistrer; établir un dossier ＊ 7749.

立方 lì fāng ∘ cube, cubic ◇ cube (math.) ＊ 7928.

立即 lì jí ∘ at once, immediately ◇ sur le champ, immédiatement, tout de suite ＊ 8714.

竝 bìng (81) 立立 |[Tra] to merge, incorporate ◇ intégrer, fusionner [Etym] many men standing (1,2= 立 80) side by side ◇ plusieurs hommes debout (1,2= 立 80) côte à côte [Graph] 221a 221a [Ref] k742, w60l [Hanzi] bing4 竝 638.

竝 bìng *638 立立 |See ◇ Voir 並 10976 [Etym] 立 80 (rad: 117a 5-05), 竝 81 [Graph] 221a 221a.

竑 hóng +639 立𠂇厶 |1° to measure 2° vast, immense ◇ 1° mesurer 2° vaste, immense [Etym] 立 80 (rad: 117a 5-04), 厷 244 [Graph] 221a 241a 612a.

亲 qīn (82) 立木 |[Tra] hazelnut tree ◇ noisetier [Etym] wood (2= 木 723); phon (1< 辛 835) ◇ du bois (2= 木 723); phon (1< 辛 835) [Graph] 221a 422a [Ref] k1195, w102h, wi309, wi394 [Hanzi] qin1 qing4 亲 640, xin1 新 641, qin1 qing4 親 642, chen4 榇 4083.

亲 qīn -640 立木 |親 *642| 1° parent, blood relation, kindred, relative 2° marriage 3° bride 4° close, near, to approach 5° intimate, affinity 6° oneself, in person, own 7° to love, dear 8° to kiss ◇ 1° parents proches 2° mariage 3° fiancée 4° près de, approcher 5° intime, affinité 6° soi-même, propre 7° aimer, cher 8° baiser [Etym] 木 723 (rad: 075a 4-05), 亲 82 [Graph] 221a 422a.

亲爱 qīn ài ∘ dear, beloved ◇ cher, bien-aimé ＊ 712.

亲笔 qīn bǐ ∘ one's own handwriting; autograph ◇ autographe ＊ 754.

亲人 qīn rén ∘ immediate family members ◇ proches parents ＊ 1070.

亲友 qīn yǒu ∘ relatives and friends ◇ parents et amis ＊ 1523.

亲切 qīn qiè ∘ kind, cordial ◇ intime, sympathique, cordial, affectueux ＊ 1894.

亲热 qīn rè ∘ affectionate, loving ◇ affectueux, chaleureux, intime ＊ 2730.

亲戚 qīn qī ∘ relatives ◇ parents (par le sang ou par alliance) ＊ 5552.

亲近 qīn jìn ∘ close, intimate ◇ proche, intime, familier; fréquenter ＊ 7205.

亲密 qīn mì ∘ close, intimate ◇ intime, familier ＊ 7703.

亲屬 qīn shǔ ∘ relatives; kinsfolk ◇ parents; parenté ＊ 8664.

亲身 qīn shēn ∘ personal ◇ en personne, soi-même ＊ 8830.

亲口 qīn kǒu ∘ personally ◇ de sa propre bouche, soi-même ＊ 8842.

亲眼 qīn yǎn ∘ with one's own eyes ◇ de ses propres yeux ＊ 10094.

亲自 qīn zì ∘ personally ◇ personnellement, en personne, soi-même ＊ 10153.

△ qìng |親 *642| 1° relatives by marriage 2° engagement ◇ 1° parenté par alliance 2° fiançailles.

新 xīn (83) 立木斤 [Tra] new; fuel ◇ nouveau; combustible [Etym] {?} cut down (3,4= 斤1461) wood (1,2= 亲 82) for a new house ◇ {?} couper (3,4= 斤 1461) du bois (1,2= 亲 82): nouvelle maison [Graph] 221a 422a 722c [Ref] k803, w102h, wi394 [Hanzi] xin1 新 641, xin1 薪 3538.

新 xīn +641 立木斤 1° new, fresh, up-to-date 2° recently 3° recently married 4° short for Xinjiang ◇ 1° nouveau, à jour 2° récemment 3° nouveaux mariés 4° autre nom du Xinjiang [Etym] 斤 1461 (rad: 069a 4-09), 新 83 [Graph] 221a 422a 722c.

新水 xīn shuǐ ∘ salary ◇ salaire, traitement, appointements ✱ 2299.

新年 xīn nián ∘ new year ◇ nouvel an, année nouvelle ✱ 3476.

新式 xīn shì ∘ new style ◇ dernière mode ✱ 5509.

新婚 xīn hūn ∘ newly-married ◇ nouvellement mariés; durée des noces ✱ 5773.

新娘 xīn niáng ∘ bride ◇ jeune mariée ✱ 5838.

新加坡 xīn jiā pō ∘ Singapore ◇ Singapour ✱ 7263 4897.

新闻 xīn wén ∘ news, press ◇ presse, nouvelles, information ✱ 8018.

新房 xīn fáng ∘ bridal chamber ◇ chambre nuptiale ✱ 8693.

新郎 xīn láng ∘ bridegroom ◇ jeune marié ✱ 8721.

新鲜 xīn xiān ∘ fresh, new ◇ frais, récent, nouveau, original ✱ 10477.

親 qīn (84) 立木見 [Tra] to lose; kindred ◇ aimer; intime; parents [Etym] to look (3= 見2255); phon (1,2= 亲 82) ◇ regarder (3= 見 2255); phon (1,2= 亲 82) [Graph] 221a 422a 023c [Ref] k1083, ph818, w102h, wa121, wi309 [Hanzi] qin1 qing4 親 642, chen4 櫬 4084, chen4 襯 6609.

親 qīn *642 立木見 |亲 -640| 1° parent, blood relation, kindred, relative 2° marriage 3° bride 4° close, near, to approach 5° intimate, affinity 6° oneself, in person, own 7° to love, dear 8° to kiss ◇ 1° parents proches 2° mariage 3° fiancée 4° près de, approcher 5° intime, affinité 6° soi-même, propre 7° aimer, cher 8° baiser [Etym] 見 2255 (rad: 147a 7-09), 親 84 [Graph] 221a 422a 023c.

△ qìng |亲 -640| 1° relatives by marriage 2° engagement ◇ 1° parenté par alliance 2° fiançailles.

靖 jìng +643 立主月 1° peace, quiet 2° to pacify 3° order ◇ 1° paix 2° pacifié, apaiser 3° ordre [Etym] 青 946 (rad: 174a 8-05), 立 80 [Graph] 221a 433a 856e.

妾 qiè (85) 立女 [Tra] concubine ◇ concubine [Etym] women (2= 女 1122) no more free than criminals (1< 辛 567) ◇ une femme (2= 女 1122) non libre comme les criminels (1< 辛 567) [Graph] 221a 611e [Ref] k1071, ph331, w67e, wa168, wi667 [Hanzi] qie4 妾 644, jie1 接 2322, sha4 霎 8420, sha4 唼 8845.

妾 qiè +644 立女 concubine ◇ concubine, femme secondaire [Etym] 女 1122 (rad: 038a 3-05), 妾 85 [Graph] 221a 611e.

竢 sì *645 立厶矢 |俟 +2923| 1° to wait 2° until, as soon as ◇ 1° attendre 2° dès que [Etym] 立 80 (rad: 117a 5-07), 矣 1135 [Graph] 221a 612a 242d.

竣 jùn +646 立允夂 1° to stop 2° to complete ◇ 1° finir 2° achever [Etym] 立 80 (rad: 117a 5-07), 夋 1147 [Graph] 221a 612b 633e.

翊 yì +647 立习习 to cooperate, to assist ◇ aider, concourir [Etym] 羽 1472 (rad: 124a 6-05), 立 80 [Graph] 221a 731c 731c.

端 duān +648 立山而 |耑 *7581| 1° end, extremity 2° beginning 3° point, item 4° reason 5° correct, regular 6° to serve a meal ◇ 1° bout, extrémité 2° commencement 3° article 4° cause 5° correct, modestie, régulier, principe 6° servir un repas [Etym] 立 80 (rad: 117a 5-09), 耑 1623 [Graph] 221a 841b 857f.

端午节 duān wǔ jié ∘ Dragon Boat Festival (5th day of 5th lunar month) ◇ fête chinoise (le 5 du 5e mois) ✱ 3417 3805.

端正 duān zhèng ∘ upright, regular; proper, correct ◇ régulier, droit; honnête, probe, correct ✱ 5316.

端庄 duān zhuāng ∘ majestic; dignified ◇ majestueux; sérieux; imposant ✱ 6910.

竚 zhù *649 立宀丁 |伫 -2978、佇 *2981| to hope and wait, to stand for a long time ◇ attendre, espérer [Etym] 立 80 (rad: 117a 5-05), 宁 1673 [Graph] 221a 851c 331b.

龍 lóng (86) 立月⾣ [Tra] dragon; imperial ◇ dragon; impérial [Etym] dragon: ears (1=prim), body (2= 月 1823), spiky tail (3=prim) ◇ dragon: oreilles (1=prim), corps (2= 月 1823), queue (3=prim) [Graph] 221a 856e Z41b [Ref] h1899d, k585, ph824, r137, w140a, wa49, wi286 [Hanzi] long2 shuang1 瀧 49, long2 龍 650, xi2 襲 652, long3 壟 653, long2 聾 655, zhe2 讋 656, long2 礱 657, long2 long3 籠 733, long3 攏 2323, long3 儱 2776, long2 蘢 3540, long2 櫳 4085, long3 壠 4760, long2 瓏 5063, long3 隴 6706, pang2 龐 6815, chong3 寵 7689, long2 朧 8058, long2 嚨 8846, long2 曨 9842, long2 矓 10017 [Rad] 212a.

龍 lóng *650 立月⾣ |龙 -2223| 1° dragon 2° imperial 3° glorious 4° ssurname ◇ 1° dragon 2° impérial 3° illustre, glorieux 4° nom propre [Etym] 龍 86 (rad: 212a 17-00), [Graph] 221a 856e Z41b.

龑 yǎn *651 立月⾣天 |䶮 *2224| personal name ◇ prénom [Etym] 龍 86 (rad: 212a 17-04), 天 278 [Graph] 221a 856e Z41b 242b.

襲 xí *652 立月⾣衣 |袭 -2225| 1° to raid, surprise attack 2° to carry on (tradition), to inherit, to repeat 3° measure-word (suit of clothes) 4° to add, attached ◇ 1° attaquer par surprise 2° continuer (tradition), héritage, concorder, répéter 3° spécificatif (costume) 4° ajouter, ressembler [Etym] 衣 371 (rad: 145a 6-17), 龍 86 [Graph] 221a 856e Z41b 312i.

壟 lǒng *653 立月㠯土 | 垄、壠 -2226、*4760 | 1° ridge (in a field), raised path 2° to monopolize ◇ 1° tertre, monticule, talus 2° monopoliser [Etym] 土 826 (rad: 032a 3-17), 龍 86 [Graph] 221a 856e Z41b 432a.

龔 gōng *654 立月㠯共 | 龚 -2227 | 1° to give, to offer 2° cult 3° surname ◇ 1° offrir 2° culte 3° nom propre [Etym] 龍 86 (rad: 212a 17-06), 共1006 [Graph] 221a 856e Z41b 436e.

聾 lóng *655 立月㠯耳 | 聋 -2228 | deaf ◇ sourd, surdité [Etym] 耳 1017 (rad: 128a 6-17), 龍86 [Graph] 221a 856e Z41b 436k.

讋 zhé *656 立月㠯言 | 詟 -2229 | fear, dread ◇ peur, crainte [Etym] 言 2139 (rad: 149a 7-17), 龍 86 [Graph] 221a 856e Z41b 012d.

礱 lóng *657 立月㠯石 | 砻 -2230 | 1° rice huller, to hull (rice) 2° to brush, to polish ◇ 1° moudre le grain, meule 2° décortiquer, frotter, polir [Etym] 石 2149 (rad: 112a 5-17), 龍 86 [Graph] 221a 856e Z41b 013b.

> **咅** tòu (87) 立口 | [Tra] to interrupt ◇ interrompre [Etym] may not (1< 不 718) speak (2= 口 2063) (# 音 91) ◇ ne pas (1< 不 718) pouvoir parler (2= 口 2063) (# 音 91) [Graph] 221a 011a [Ref] k756, ph401, w133a, wi332, wi767 [Hanzi] fu2 涪 50, pou1 剖658, tou3 敨 659, bu4 部 660, bu4 瓿 661, bei4 焙 926, pei2 錇 1109, pei2 锫 1897, pou3 掊 2324, bei4 倍 2777, pu2 菩 3541, bang4 棓 4488, pei2 培 4761, pei2 陪 6707, pei2 赔 7954, bo2 踣 9281, bei4 碚 9645, pei2 賠 10110, pei1 醅 10848.

剖 pōu +658 立口刂 | 1° to cut open, to split 2° to analyze, to dissect ◇ 1° fendre, trancher 2° discerner, disséquer, analyser [Etym] 刂 470 (rad: 018b 2-08), 咅 87 [Graph] 221a 011a 333b.

剖白 pōu bái ∘ to explain oneself, to vindicate oneself ◇ s'expliquer, se justifier * 9973.

敨 tǒu +659 立口攴 | 1° to open (a package) 2° to display ◇ 1° ouvrir 2° étaler [Etym] 攴 1283 (rad: 066a 4-08), 咅 87 [Graph] 221a 011a 633c.

> **部** bù (88) 立口阝 | [Tra] category; headquarter ◇ catégorie; ministère [Etym] {?} forbidden (1,2= 咅 87) city or village (3= 阝 1316) ◇ {?} cité ou village (3= 阝 1316) réservés (1,2= 咅 87) [Graph] 221a 011a 634j [Hanzi] bu4 部 660, bu4 瓿 661, bu4 篰 734.

部 bù +660 立口阝 | 1° class, part, category 2° ministry, board 3° headquarters ◇ 1° partie, classe, catégorie 2° ministère, département 3° siège central [Etym] 阝 1316 (rad: 163b 2-08), 咅 87 [Graph] 221a 011a 634j.

部长 bù zhǎng ∘ minister ◇ ministre * 2139.

部份 bù fèn ∘ part, share, section ◇ partie, part, portion, section * 2952.

部下 bù xià ∘ subordinate; inferior ◇ subordonné; inférieur * 3204.

部队 bù duì ∘ army, troops ◇ armée, troupe * 6711.

部分 bù fēn ∘ part of ◇ partie * 7245.

部门 bù mén ∘ branch, department ◇ branche, service * 7996.

部首 bù shǒu ∘ radical or key of Chinese characters ◇ radical (des caractères chinois) * 10173.

部署 bù shǔ ∘ to dispose, to deploy ◇ arranger, disposer * 10782.

瓿 bù +661 立口瓦 | jar ◇ jarre [Etym] 瓦 2531 (rad: 098a 4-08), 咅 87 [Graph] 221a 011a Z33f.

> **竞** jìng (89) 立兄 | [Tra] to contest ◇ disputer [Etym] contraction of (競 90) ◇ forme abrégée de (競 90) [Graph] 221a 011d [Ref] h463c, r360, w73d [Hanzi] jing4 竞 662, jing4 競 663.

竞 jìng -662 立兄 | 競 *663 | 1° to compete, to contest, to struggle 2° to be quarrelsome, envious 3° strong ◇ 1° disputer, contester 2° rivaliser, envieux 3° fort [Etym] 立 80 (rad: 117a 5-05), 竞 89 [Graph] 221a 011d.

竞选 jìng xuǎn ∘ to launch an election campaign ◇ lancer une campagne électorale * 5246.

竞争 jìng zhēng ∘ to compete ◇ rivaliser, concurrencer * 7410.

竞赛 jìng sài ∘ contest, competition ◇ concourir, entrer en compétition * 7740.

> **競** jìng (90) 立兄立兄 | [Tra] to contest ◇ disputer [Etym] outgoing words (1,3< 言 2139) between two men (2,4= 兄 2114) ◇ fortes paroles (1, 3< 言 2139) entre deux hommes (2,4= 兄 2114) [Graph] 221a 011d 221a 011d [Ref] h463c, k394, r360, w73d [Hanzi] jing4 競663.

競 jìng *663 立兄立兄 | 竞 -662 | 1° to compete, to contest, to struggle 2° to be quarrelsome, envious 3° strong ◇ 1° disputer, contester 2° rivaliser, envieux 3° fort [Etym] 立 80 (rad: 117a 5-15), 競 90 [Graph] 221a 011d 221a 011d.

站 zhàn +664 立占 | 1° to stand up 2° to stop 3° station 4° stage ◇ 1° se tenir debout 2° s'arrêter 3° station, gare 4° étape [Etym] 立80 (rad: 117a 5-05), 占 2154 [Graph] 221a 013e.

站台 zhàn tái ∘ platform (railway station) ◇ quai de gare, plate-forme * 5901.

站岗 zhàn gǎng ∘ to stand guard ◇ être en faction * 7578.

> **音** yīn (91) 立曰 | [Tra] sound, music ◇ son, musique [Etym] sounds (1=prim,< 言 2139) of words (2= 曰 2168) ◇ les sons (1=prim,< 言 2139) des paroles (2= 曰 2168) [Graph] 221a 021a [Ref] h6, k277, ph498, r224, w73e, wa14, wi44 [Hanzi] yin1 音 665, xin1 歆666, yi4 意 667, an1 谙 1692, an3 揞 2325, yin1 愔 3210, yin1 瘖 7004, xun1 yin4 窨 7796, an4 闇 8742, yin1 喑8847, an1 諳 9471, an4 暗 9843, an4 黯 10394 [Rad] 180a.

音 yīn +665 立曰 | 1° sound 2° news 3° tone 4° musical note ◇ 1° son, voix 2° annonce, missive 3° ton 4° note musicale [Etym] 音 91 (rad: 180a 9-00), [Graph] 221a 021a.

音调 yīn diào ◦ tone ◇ ton, intonation * 1804.

音讯 yīn xùn ◦ tidings, mail, message ◇ nouvelles, courrier, message * 1832.

音信 yīn xìn ◦ message, news ◇ nouvelles, message * 3042.

音乐 yīn yuè ◦ music ◇ musique * 7358.

音乐会 yīn yuè huì ◦ concert ◇ concert * 7358 1382.

音乐家 yīn yuè jiā ◦ musician ◇ musicien * 7358 7747.

> 歆 xīn (92) 立曰欠 | [Tra] to taste; to agree ◇ goûter; agréer [Etym] to aspire after (3= 欠 178); phon, music (1,2= 音 91) ◇ aspirer (3= 欠 178); phon, musique (1,2= 音 91) [Graph] 221a 021a 232b [Hanzi] xin1 歆 666, hm5 噷 8848.

歆 xīn +666 立曰欠 | 1° to taste 2° to agree 3° to admire 4° to envy ◇ 1° goûter 2° agréer 3° admirer 4° envier [Etym] 欠 178 (rad: 076a 4-09), 音91 [Graph] 221a 021a 232b.

> 意 yì (93) 立曰心 | [Tra] thought, feeling ◇ pensée, sentiment [Etym] sounds (1,2= 音 91) from the heart (3= 心 397) ◇ des sons (1,2= 音 91) venus du coeur (3= 心 397) [Graph] 221a 021a 321c [Ref] h226, k203, ph739, r311, w73e, wi44 [Hanzi] yi4 意 667, yi4 鐿 1110, yi4 镱 1898, yi4 億 2778, yi4 憶 3211, yi4 薏3542, yi4 癔 7005, yi4 臆 8059, yi1 噫 8849.

意 yì +667 立曰心 | 1° meaning, idea, thought 2° wish, purpose, intention, sentiment 3° to expect 4° hint ◇ 1° sens, signification, idée, pensée 2° désir, propos, volonté, sentiment 3° s'attendre à 4° suggestion [Etym] 心 397 (rad: 061a 4-09), 意 93 [Graph] 221a 021a 321c.

意义 yì yì ◦ sense, meaning ◇ sens, acception; signification, valeur * 1687.

意识 yì shí ◦ consciousness; to realize ◇ conscience, prendre conscience de * 1816.

意料 yì liào ◦ to expect, to anticipate ◇ présumer, conjecturer * 4607.

意志 yì zhì ◦ will ◇ volonté * 4994.

意外 yì wài ◦ unexpected; mishap ◇ inattendu, imprévu; accident, incident * 6395.

意愿 yì yuàn ◦ wish, desire ◇ désir, souhait, volonté * 6870.

意见 yì jiàn ◦ advice, proposal, idea, opinion ◇ avis, proposition, idée, suggestion; opinion * 7991.

意味 yì wèi ◦ meaning; interest; flavor ◇ signification, sens; intérêt, goût * 8962.

意思 yì sī ◦ thought, intention, meaning ◇ intention, pensée, sens, signification * 10423.

意图 yì tú ◦ intention ◇ désir, intention * 10957.

韶 sháo +668 立曰刀口 | 1° glory, prosperity 2° music of shun, voices in harmony ◇ 1° gloire, prospérité 2° musique de shun, harmonie (voix) [Etym] 音 91 (rad: 180a 9-05), 召 1479 [Graph] 221a 021a 732a 011a.

韵 yùn -669 立曰匀 | 韻 *671 | 1° musical sound (pleasant) 2° rhyme, sounds which rhyme 3° charm, harmony ◇ 1° ton ou son musical (agréable) 2° rime 3° charme [Etym] 音 91 (rad: 180a 9-04), 匀 1764 [Graph] 221a 021a 852c.

韵白 yùn bái ◦ parts in special pronunciation (Chinese opera) ◇ parties parlées de l'opéra * 9973.

竭 jié +670 立曰勺人匕 | 1° to exhaust, to use up 2° utmost 3° finished ◇ 1° épuiser, user 2° à bout, maximum 3° fini [Etym] 立 80 (rad: 117a 5-09), 曷2194 [Graph] 221a 021a 852h 232a 711a.

韻 yùn *671 立曰口貝 | 韵 -669 | 1° musical sound (pleasant) 2° rhyme, sounds which rhyme 3° charm, harmony ◇ 1° ton ou son musical (agréable) 2° rime 3° charme [Etym] 音 91 (rad: 180a 9-10), 員 2104 [Graph] 221a 021a 011a 023b.

> 竟 jìng (94) 立見 | [Tra] to finish; borders ◇ fin; limites [Etym] {?} where men speak (< 競 90, 音 91) differently (# 章 95) ◇ {?} là où les langues des hommes (< 競 90, 音 91) diffèrent [Graph] 221a 021c [Ref] k395, ph603, w73e, wi875, wi907 [Hanzi] jing4 竟 672, jing4 鏡 1111, jing4 镜 1899, jiang4 糡 4599, jing4 境 4762, jing4 獍 5585.

竟 jìng +672 立見 | 1° to finish, complete 2° throughout, to examine, to search 3° after all, finally 4° unexpectedly, impudence ◇ 1° fin, accomplir 2° complètement, examiner à fond, scruter 3° enfin, en définitive 4° inattendu, impudence [Etym] 立 80 (rad: 117a 5-06), 竟 94 [Graph] 221a 021c.

竟然 jìng rán ◦ finally; unexpectedly ◇ finalement; contrairement à ce que l'on attendait * 6452.

> 章 zhāng (95) 立早 | [Tra] order; section ◇ élégant; chapitre [Etym] {?} ten (2,bottom< 十 560) sounds (1,2< 音 91): perfect (# 竟 94) ◇ {?} dix (2,bas< 十 560) sons (1,2< 音 91): la perfection (# 竟 94) [Graph] 221a 021d [Ref] h318, k1172, ph593, r351, w73e, wi87 [Hanzi] zhang1 漳 51, zhang1 章 673, zhang1 彰 674, gan4 贑 675, zhang1 樟 4086, zhang1 璋5064, zhang1 獐 5586, zhang1 嫜 5727, zhang4 障 6708, zhang1 麞 6941, zhang4 瘴 7006, zhang4 嶂 7476, zhang4 幛8378, zhang1 蟑 10192.

章 zhāng +673 立早 | 1° chapter, section, document, essay 2° order 3° rule, law 4° seal 5° medal, badge 6° elegant 7° surname ◇ 1° chapitre, section (texte), document, essai 2° ordre 3° règle, loi 4° sceau 5° médaille 6° élégant 7° nom de famille [Etym] 立 80 (rad: 117a 5-06), 章 95 [Graph] 221a 021d.

章程 zhāng chéng ◦ rules, regulations ◇ statut, règlement ＊ 4569.

彰 zhāng +674 立早彡 | 1° clear, evident, obvious 2° to manifest, to exhibit 3° beautiful ◇ 1° clair, évident 2° manifester, montrer 3° beau [Etym] 彡 76 (rad: 059a 3-11), 章 95 [Graph] 221a 021d 211c.

贑 gàn *675 立早工員 | 贛 +676 、灨 *52 | another name for Jiangxi Province ◇ nom de la province du Jiangxi [Etym] 貝 2246 (rad: 154a 7-14), 章 95 貢 814 [Graph] 221a 021d 431a 023b.

赣 gàn (96) 立早夂工贝 | [Tra] surname for Jiangxi ◇ surnom du Jiangxi [Etym] modern simplified form of (贛 97) ◇ forme simplifiée moderne de (贛 97) [Graph] 221a 021d 633e 431a 854b [Hanzi] gan4 赣 676, gang4 zhuang4 戆 677.

赣 gàn +676 立早夂工贝 | 贑 *675 、灨 *52 | another name for Jiangxi Province ◇ nom de la province du Jiangxi [Etym] 贝 1796 (rad: 154s 4-17), 赣 96 [Graph] 221a 021d 633e 431a 854b.

戆 gàng -677 立早夂工贝心 | 戇 *678 | 1° rude 2° simple 3° stupid ◇ 1° rude 2° simple 3° stupide [Etym] 心 397 (rad: 061a 4-21), 赣 96 [Graph] 221a 021d 633e 431a 854b 321c.

△ zhuàng | 戇 *678 | 1° dim-witted, stupid 2° simple and honest ◇ 1° lent d'esprit, stupide 2° simple, honnête.

贛 gàn (97) 立早夂工貝 | [Tra] gratification ◇ récompense [Etym] money (5= 貝 2246) for musicians (1,2< 章 95), dancers (3,4< 舛 1229) ◇ de l'argent (5= 貝 2246)offert aux musiciens (1,2< 章 95), aux danseurs (3,4< 舛 1229) [Graph] 221a 021d 633e 431a 023b [Ref] ph850, w73e [Hanzi] gan4 灨 52, gang4 zhuang4 戇 678.

戇 gàng *678 立早夂工貝心 | 戆 -677 | 1° rude 2° simple 3° stupid ◇ 1° rude 2° simple 3° stupide [Etym] 心 397 (rad: 061a 4-24), 贛 97 [Graph] 221a 021d 633e 431a 023b 321c.

△ zhuàng | 戆 -677 | 1° dim-witted, stupid 2° simple and honest ◇ 1° lent d'esprit, stupide 2° simple, honnête.

竦 sǒng (98) 立束 | [Tra] respect; fear ◇ respect; craindre [Etym] to stand still (1= 立 80) as being tied up (2= 束 2296) ◇ se tenir (1= 立 80) comme lié (2= 束 2296) sur place [Graph] 221a 032g [Ref] w120i [Hanzi] song3 竦 679.

竦 sǒng +679 立束 | 1° respect 2° fear, terror 3° to shiver 4° serious ◇ 1° respectueux 2° craindre 3° frissonner 4° sérieux [Etym] 立 80 (rad: 117a 5-07), 竦 98 [Graph] 221a 032g.

童 tóng (99) 立里 | [Tra] child; slave ◇ enfant; esclave [Etym] {1} dependent person like under load (2< 重 2370)of crime (1< 辛 567); {2} eye (2=prim) pulled away (1< 辛 567) ◇ {1} une personne accablée comme après un lourd (2< 重 2370) crime (1< 辛 567); {2} un oeil (2=prim) arraché (1< 辛 567) [Graph] 221a 043j [Ref] h363, k1149, ph716, w120k, wa168, wi177 [Hanzi] tong2 潼 53, tong2 童 680, zhong1 鐘 1112, zhuang4 撞 2326, tong2 zhuang4 僮 2779, chong1 憧 3212, chong1 艟 8294, chuang2 zhuang4 幢 8379, chuang2 噇 8850, tong2 瞳 9844, tong2 朣 10018, tuan3 疃 10413.

童 tóng +680 立里 | 1° child 2° virgin, boy under 15 years and unmarried 3° bare 4° bald 5° surname ◇ 1° enfant 2° célibat, vierge, jeune garçon ou fille (moins de 15 ans) 3° dénudé 4° chauve 5° nom de famille [Etym] 立 80 (rad: 117a 5-07), 童 99 [Graph] 221a 043j.

童话 tóng huà ◦ children's stories ◇ contes ou histoires pour enfants ＊ 1821.

童年 tóng nián ◦ childhood ◇ enfance ＊ 3476.

童工 tóng gōng ◦ child labor; child laborer ◇ main d'oeuvre enfantine, enfant ouvrier ＊ 4698.

飒 sà -681 立风乂 | 颯 *682 | 1° gust 2° suddenly 3° to wither ◇ 1° bruit du vent 2° soudain 3° se faner [Etym] 风 2523 (rad: 182s 4-05), 立 80 [Graph] 221a Z33c 243a.

颯 sà *682 立凡二虫 | 飒 -681 | 1° gust 2° suddenly 3° to wither ◇ 1° bruit du vent 2° soudain 3° se faner [Etym] 風 2527 (rad: 182a 9-05), 立 80 [Graph] 221a Z33c ac:a 031d.

兴 xīng (100) 兴 | [Tra] prosper, rise ◇ élever, monter [Etym] modern simplified form of (興 1598) (與 1600) ◇ forme simplifiée moderne de (興 1598) (與 1600) [Graph] 221c [Ref] h652c, r1j, r26g [Hanzi] xing1 xing4 兴 683, ju3 举 684, yu4 誉 685.

兴 xīng -683 兴 | 興 *7449 | 1° to prosper, to rise, to become popular 2° to start 3° to promote 4° to get up 5° to allow 6° perhaps ◇ 1° prospérer, monter, prévaloir 2° démarrer 3° encourager 4° se lever 5° permettre 6° peut-être [Etym] 八 127 (rad: 012a 2-04), 兴 100 [Graph] 221c.

兴奋 xīng fèn ◦ to be excited ◇ excité, stimulant, excitant ＊ 1565.

兴建 xīng jiàn ◦ to set up ◇ construire, mettre sur pied ＊ 7397.

△ xìng | 興 *7449 | 1° desire to do something 2° excitement ◇ 1° envie de faire quelque chose 2° excitation.

兴趣 xìng qù ◦ interest ◇ intérêt, goût, plaisir ＊ 4845.

举 jǔ (101) 兴丰 | [Tra] raise, begin ◇ lever, commencer [Etym] modern simplified form of (舉 1601) ◇ forme simplifiée moderne de (舉 1601) [Graph] 221c 414a [Ref] h458c, r1j [Hanzi] ju3 举 684, ju3 榉 4087.

举 jǔ -684 兴丰 | 舉 *7454 、擧 *7453 | 1° to raise, to lift up 2° to act 3° to begin 4° to elect 5° to enumerate 6° whole, all 7° to promote, promoted man 8° surname ◇ 1° lever, élever, soulever 2° actions 3° commencer 4° élire, choisir 5° citer 6° tous, entier 7° promouvoir, recommander 8° nom propre [Etym] 丶 1 (rad: 003a 1-08), 举 101 [Graph] 221c

414a.

举哀 jǔ āi ∘ wail in mourning ◇ gémir en deuil ✱ 2150.

举行 jǔ xíng ∘ to organize, to hold (a meeting...) ◇ organiser, avoir lieu, tenir ✱ 3128.

举办 jǔ bàn ∘ to organize, to conduct, to run ◇ organiser, entreprendre, créer ✱ 7271.

誉 yù -685 | 譽 *7455 | fame, to praise ◇ réputation, renommée, louer, faire l'éloge [Etym] 言 2139 (rad: 149a 7-06), 兴 100 [Graph] 221c 012d.

爫 zhǎo (102) |[Tra] right hand, paw ◇ main droite, patte [Etym] right hand resting on the palm (prim) ◇ main droite appuyée sur la paume (prim) [Graph] 221d [Ref] r9f, w49a [Hanzi] zhi4 炙 686, yuan2 爰 687, cai3 cai4 采 689, tuo3 妥 692, fu2 孚 700, wei2 wei4 爲 703, zheng1 爭 704, yao3 舀 705, ai4 愛 712, mi4 觅 717, mi4 覓 719, jue2 爵 720 [Rad] 087b.

炙 zhì (103) |[Tra] cauterize; moxa ◇ brûler; moxa [Etym] flesh (1< 然 1242, 月 1823) on fire (2= 火 156) ◇ de la viande (1< 然 1242, 月 1823) au-dessus du feu (2= 火 156) [Graph] 221d 231b [Ref] w126a [Hanzi] zhi4 炙 686.

炙 zhì +686 | 1° to broil 2° roast meat 3° to burn, to cauterize 4° moxa ◇ 1° rôtir 2° viande rôtie 3° brûler, chauffer, cautériser 4° moxa [Etym] 火 156 (rad: 086a 4-04), 炙 103 [Graph] 221d 231b.

爰 yuán (104) |[Tra] equilibrium; halt ◇ égal; pause [Etym] two hands (1= 爫 102) (3= 又 1271) dragging a bar (2< 开 706) ◇ deux mains (1= 爫 102) (3= 又 1271) tirant une barre (2< 开 706) [Graph] 221d ac:a 241a 633a [Ref] k1343, ph505, w49f, wa21 [Hanzi] yuan2 湲 54, yuan2 爰 687, nuan3 煖 927, huan2 鍰 1113, xuan1 谖 1693, huan2 锾 1900, yuan2 援 2327, xuan4 楥 4088, yuan4 瑗 5065, yuan2 猨 5587, yuan2 yuan4 媛 5728, huan3 缓 5936, huan3 緩 6105, xuan1 諼 9472, nuan3 暖 9845.

爰 yuán +687 | 1° whence 2° to lead on to, thereupon ◇ 2° conduire à, donc 3° par conséquent [Etym] 爫 102 (rad: 087b 4-05), 爰 104 [Graph] 221d ac:a 241a 633a.

寽 lue (105) |[Tra] to draw, to stretch ◇ s'étirer [Etym] two hands (1= 爫 102) (2= 寸 441) stretching fingers ◇ deux mains (1= 爫 102) (2= 寸 441) s'étirant les doigts [Graph] 221d 332b [Ref] k549, ph292, r371, w49c [Hanzi] guo2 虢 688, luo1 lü3 捋 2328, lie4 埒 4763, lei4 酹 10849.

虢 guó +688 | 虢 *6453 | Zhou Dynasty state in Shanxi and Henan Provinces ◇ principauté de la dynastie Zhou dans les provinces de Shanxi et Henan [Etym] 虎 1451 (rad: 141b 8-07), 寽 105 [Graph] 221d 332b 721g 321e Z33a.

采 cǎi (106) |[Tra] variegated; gather ◇ multicolore; cueillir [Etym] hand (1= 爫 102) picking fruits from a tree (2= 木 723) ◇ une main (1= 爫 102) cueillant les fruits d'un arbre (2= 木 723) [Graph] 221d 422a [Ref] k1025, ph402, r45k, r45l, w49b, wa78, wi281, wi880 [Hanzi] cai3 cai4 采 689, cai3 彩 690, you4 釉 691, cai3 採 2329, cai3 保 2780, cai4 菜 3543, cai4 埰 4764, cai3 綵 6106, cai4 寀 7690, cai3 踩 9282, cai3 睬 10019.

釆 biàn (107) |[Tra] to discriminate ◇ reconnaître [Etym] footprints ou dungs (prim) as marks of animals (> 采 795) ◇ des empreintes ou des crottes (prim), traces des animaux (> 采 795) [Graph] 221d 422a [Ref] k731, w123a [Hanzi] cai3 cai4 采 689, you4 釉 691 [Rad] 165a.

采 cǎi +689 | 採 1°2° *2329 | 1° to pick, to gather 2° mine, to extract 3° to adopt, to select 4° complexion, spirit ◇ 1° cueillir, rassembler 2° mine, extraire 3° choisir, adopter 4° teint, aspect [Etym] 釆 107 (rad: 165a 8-00), 采 106 [Graph] 221d 422a.

采访 cǎi fǎng ∘ to report; to interview ◇ reporter; interviewer ✱ 1801.

采取 cǎi qǔ ∘ to adopt, to take; to employ ◇ prendre; appliquer, pratiquer ✱ 5460.

采购 cǎi gòu ∘ to buy ◇ acheter ✱ 7978.

采用 cǎi yòng ∘ to adopt, to use ◇ accepter et utiliser ✱ 8267.

△ cài | 埰、寀 *4764、*7690 | 1° allotments to feudal nobles, fief 2° benefice ◇ 1° fief 2° bénéfice.

彩 cǎi +690 | 綵 2° *6106 | 1° color 2° gay-colored, coloured silk 3° to applause 4° elegant, splendid 5° prize 6° bleeding wound ◇ 1° couleur, bariolé 2° colorier, soie de couleurs 3° applaudir 4° faste, élégant, splendide, gai 5° prix, lot 6° blessure saignante [Etym] 彡 76 (rad: 059a 3-08), 采 106 [Graph] 221d 422a 211c.

彩排 cǎi pái ∘ dress rehearsal ◇ répétition générale ✱ 2423.

彩色 cǎi sè ∘ multicolored ◇ couleurs variées ✱ 8731.

釉 yòu +691 | 1° nice 2° glaze ◇ 1° joli 2° lustré [Etym] 釆 107 (rad: 165a 8-05), 采 106 由 2345 [Graph] 221d 422a 042a.

㥯 yǐn (108) |[Tra] retired; latent ◇ retraité; paix [Etym] enjoy (4= 㥯 396)the work (2= 工 808)of both hands (1= 孚 105) (3= ⺕ 1565) ◇joie (4= 㥯 396) du travail (2= 工 808) de ses mains (1= 孚 105) (3= ⺕ 1565) [Graph] 221d 431a 833a 321c [Ref] k281, ph794, w49g, wi809 [Hanzi] wen3 穩 4489, yin3 纆 5937, yin3 繆 6107, yin3 隱 6709.

乑 yín (109) |[Tra] violence, outrage ◇ violence, excès [Etym] man, firm on the ground (2= 壬 929), ready to grasp (1= 爫 102) ◇ un homme, bien campé au sol (2= 壬 929), avide de gains (1= 爫 102) [Graph] 221d 432k [Ref] k275, w81e [Hanzi] yin2 淫 55, yin2 婬 5729.

妥 tuǒ (110) 爫女 [Tra] secure, quiet ◇ sécurité; confiant [Etym] {1} feminine (2= 女 1122) hands (1= 爫 102) bringing peace; {2} woman (2= 女 1122) bent under someone's hands (1< 爫 102) ◇ {1} des mains (1= 爫 102) féminines (2= 女 1122) apportant la paix; {2} une femme (2= 女 1122) courbée sous une main (1= 爫 102) [Graph] 221d 611e [Ref] h1538, k1012, ph306, w67f, wa170 [Hanzi] tuo3 妥 692, nei3 餒 1421, nei3 馁 1838, rua2 ruo2 挼 2330, sui1 荽 3544, sui2 绥 5938, sui2 綏 6108.

妥 tuǒ +692 爫女 1° appropriate, proper 2° ready, settled, prepared 3° secure, safe, firm 4° quiet ◇ 1° approprié, convenable, adéquat 2° prêt, réglé 3° sûr, solide, digne de confiance, décidé 4° tranquille [Etym] 女 1122 (rad: 038a 3-04), 妥 110 [Graph] 221d 611e.

妥协 tuǒ xié ∘ to compromise, to come to terms ◇ transiger, faire un compromis * 3401.

妥当 tuǒ dàng ∘ proper, suitable, secure ◇ convenable, approprié, sûr, bien arrangé * 7380.

奚 xī (111) 爫幺大 [Tra] what, why ◇ quel, pourquoi [Etym] {1} person (3= 大 257) bound (2< 糸 1185) hands (1= 爫 102); {2} man (3= 大 257) with tied up hairs (1,2=prim) ◇ {1} une personne (3= 大 257), mains (1= 爫 102) liées (2< 糸 1185); {2} une personne (3= 大 257) aux cheveux noués (1,2=prim) [Graph] 221d 613c 242a [Ref] k126, ph533, w92c, wa131, wi307 [Hanzi] qi1 xi1 溪 56, xi1 奚 693, xi1 xi1 谿 694, ji1 雞 695, ji1 鷄 696, xi1 傒 2781, xi1 徯 3117, xie2 蹊 5354, xi1 鼷 7425, qi1 xi1 蹊 9283.

奚 xī +693 爫幺大 1° interrogative particle: why, how, what, where 2° surname ◇ 1° interrogatif: quel, pourquoi, comment, où 2° nom de famille [Etym] 大 257 (rad: 037a 3-07), 奚 111 [Graph] 221d 613c 242a.

谿 xī +694 爫幺大欠口 | 溪 +56 | 1° brook 2° mountain gorge 3° to disagree, discord ◇ 1° ruisseau, torrent 2° ravin, passe étroite 3° désaccord, discorde [Etym] 谷 234 (rad: 150a 7-10), 奚 111 [Graph] 221d 613c 242a 233b 011a.

△ xī 1° discord 2° small stream ◇ 1° discorde 2° ruisseau, torrent.

雞 jī *695 爫幺大隹 | 鸡 -6519 丶 鷄 *696 | gallinaceous birds, cock, hen, chicken, rooster ◇ gallinacés, coq, poule [Etym] 隹 1030 (rad: 172a 8-10), 奚 111 [Graph] 221d 613c 242a 436m.

鷄 jī *696 爫幺大鳥 | 鸡 -6519 丶 雞 *695 | gallinaceous birds, cock, hen, chicken, rooster ◇ gallinacés, coq, poule [Etym] 鳥 2500 (rad: 196a 11-10), 奚 111 [Graph] 221d 613c 242a Z22h.

𤔔 luàn (112) 爫マ冂厶又 [Tra] unravel, solve ◇ solution; démêler [Etym] hands (1= 爫 102) (4= 又 1271) untying knots (3,4< 糸 1185, 冂 1819) ◇ des mains (1= 爫 102) (4= 又 1271) dénouant des fils (3,4< 糸 1185, 冂 1819) [Graph] 221d 632a 856k 612a 633a [Ref] h500, k582, r14i, w90b, wa93, wi931 [Hanzi] luan4 亂 697, ci2 辭 698, luo2 覶 699.

亂 luàn *697 爫マ冂厶又乚 | 乱 +9823 | 1° in confusion, in a mess 2° disorder, chaos, unrest 3° trouble, discord 4° indiscriminate 5° promiscuity 6° r,volution ◇ 1° en désordre 2° désordre, anarchie 3° perturber, trouble 4° indistinct 5° licence sexuelle 6° révolution [Etym] 乚 385 (rad: 005c 1-12), 𤔔 112 [Graph] 221d 632a 856k 612a 633a 321a.

辭 cí (113) 爫マ冂厶又辛 [Tra] to decline; plea ◇ récuser; argument [Etym] criminals (5= 辛 567) asking for a judgment (1,2,3,4= 𤔔 112) ◇ des criminels (5= 辛 567) demandant un jugement (1,2,3,4= 𤔔 112) [Graph] 221d 632a 856k 612a 633a 413d [Ref] h500, r14i, w90b, w102h [Hanzi] ci2 辭 698.

辭 cí *698 爫マ冂厶又辛 | 辞 +9825 丶 辤 *716 | 1° expression, phraseology 2° apology, plea 3° to take leave 4° to decline, to refuse 5° to dismiss 6° to shirk ◇ 1° expression, raison, argument 2° apologie 3° quitter 4° refuser, s'excuser 5° démettre, congédier 6° esquiver [Etym] 辛 567 (rad: 160a 7-12), 辭 113 [Graph] 221d 632a 856k 612a 633a 413d.

覶 luó *699 爫マ冂厶又見 | 觇 -2298 丶 覼 *8487 | to state in detail item by item ◇ exposer, présenter en détail [Etym] 見 2255 (rad: 147a 7-12), 𤔔 112 [Graph] 221d 632a 856k 612a 633a 023c.

孚 fú (114) 爫子 [Tra] confidence, sympathy ◇ confiance, sympathie [Etym] hand (1= 爫 102) protecting child (2= 子 1303) ◇ une main (1= 爫 102) protégeant un enfant (2= 子 1303) [Graph] 221d 634d [Ref] k48, ph270, w94b, wa164 [Hanzi] fu2 浮 59, fu2 孚 700, ru3 乳 701, fu2 郛 702, fu2 俘 2782, fu2 piao3 莩 3545, fu2 桴 4089, fu1 稃 4098, fu1 稃 4490, piao3 殍 6410, pao1 脬 8060, fu1 孵 8829, fu2 蜉 10193, fu2 罦 10771.

孚 fú +700 爫子 1° confidence, sympathy 2° loyal ◇ 1° confiance, sympathie 2° fidèle [Etym] 子 1303 (rad: 039a 3-04), 孚 114 [Graph] 221d 634d.

乳 rǔ (115) 爫子乚 [Tra] milk, to suckle ◇ lait, têter [Etym] hands (1= 爫 102) easing birth (3= 乚 385) of child (2= 子 1303) ◇ des mains (1= 爫 102) aidant la naissance (3= 乚 385) d'un enfant (2= 子 1303) [Graph] 221d 634d 321a [Ref] h951, w94b [Hanzi] ru3 乳 701.

乳 rǔ +701 爫子乚 1° breast 2° milk, to suckle 3° milk-like liquid 4° to give birth to, to breed 5° to multiply 6° newborn (animal) ◇ 1° mamelle, seins 2° lait, allaiter, téter 3° liquide laiteux 4° enfanter, couver 5° se multiplier 6°

nouveau né (animal) [Etym] 乚 385 (rad: 005c 1-07), 乳115 [Graph] 221d 634d 321a.

乳汁 rǔ zhī。milk ◇ lait ✱ 158.

乳牛 rǔ niú。milk-cow, dairy cattle ◇ vache laitière ✱ 3445.

乳房 rǔ fáng。breast, mamma, udder ◇ mamelle, sein ✱ 8693.

乳白 rǔ bái。milky white; (of) cream color ◇ laiteux ✱ 9973.

乳罩 rǔ zhào。bra ◇ soutien-gorge ✱ 10803.

郛 fú +702 爫子阝 | suburbs, outer city ◇ district à l'extérieur de la ville, banlieue [Etym] 阝1316 (rad: 163b 2-07), 孚 114 [Graph] 221d 634d 634j.

爲 wéi (116) 爫爲 | [Tra] to do, act; because ◇ agir; parce que [Etym] hand (1= 爫 102) training an elephant (2=prim) ◇ une main (1= 爫 102) domptant un éléphant (2=prim) [Graph] 221d 732i [Ref] h1003, k1313, ph717, r363, w49h, wa84 [Hanzi] wei2 潙 60, wei2 wei4 爲 703, hui1 撝 2331, wei3 僞 2783, gui1 媯 5730, e2 譌 9473.

爲 wéi *703 爫爲 | 为 -7272 、爲 *7273 | 1° to do, to act 2° to serve as 3° to become 4° to be, to make 5° by 6° surname ◇ 1° faire, agir 2° comme, pour, feindre, simuler 3° devenir 4° être 5° par 6° nom de famille [Etym] 爫 102 (rad: 087b 4-08), 爲116 [Graph] 221d 732i.

△ wèi | 为 -7272 、爲 *7273 | 1° on account of, because, for, in order to, for whom? about 2° to stand for 3° to be ◇ 1° pour, parce que, à cause de, afin que, pour qui? 2° soutenir 3° être.

爭 zhēng (117) 爫尹 | [Tra] to wrangle; why ◇ lutter; comment [Etym] two hands (1= 爫 102) (2< 争 1577) pulling in different directions ◇ deux mains (1= 爫 102) (2< 争 1577) tirant en directions opposées [Graph] 221d 834c [Ref] h529, k1199, ph324, r393, w49d, wi315, wi823 [Hanzi] jing4 淨 5, jing4 凈 61, zheng1 爭 704, zheng1 箏 735, zheng1 錚 1114, zheng1 zheng4 掙 2332, cheng1 琤 5066, jing4 靜 5275, zheng1 猙 5588, zheng1 崢 7477, zheng4 鬭 8743, zheng4 諍 9474, zheng1 睜 10020.

爭 zhēng *704 爫尹 | 争 -7410 | 1° to contend, to strive, to wrangle, to contest 2° to argue 3° short of 4° how, why ◇ 1° contester, disputer, lutter 2° argumenter, dissiper 3° en manque de 4° comment, de quelle manière [Etym] 爫 102 (rad: 087b 4-04), 爭 117 [Graph] 221d 834c.

舀 yǎo (118) 爫臼 | [Tra] to draw up, ladle out ◇ puiser, extraire [Etym] hand (1= 爫 102) emptying a mortar (2= 臼 1587) ◇ une main (1= 爫 102) vidant un mortier (2= 臼 1587) [Graph] 221d 835b [Ref] k220, ph584, r9f, r32b, w139a, wa79 [Hanzi] tao1 滔 62, yao3 舀 705, tao1 搯 2333, dao4 稻 4491, tao3 謟 4501, tao1 縚 6109, tao1 韜 7282, tao1 韜 7361, dao3 蹈 9284.

舀 yǎo +705 爫臼 | to bale out, to ladle out ◇ puiser, extraire [Etym] 臼 1587 (rad: 134a 6-04), 舀 118 [Graph] 221d 835b.

䍃 yáo (119) 爫缶 | [Tra] jar, pitcher ◇ jarre, vase, cruche [Etym] meat (1< 然 1242, 月 1823) in a jar (2= 缶 1628) ◇ viande (1< 然 1242, 月 1823) dans une jarre (2= 缶 1628) [Graph] 221d 841c [Ref] k221, ph583, w130c, wi858 [Hanzi] yao2 you2 繇 706, yao2 遥 707, yao4 鹞 708, yao4 鷂 709, yao2 飖 710, yao2 颻 711, yao2 谣 1694, yao2 摇 2334, yao2 傜 2784, yao2 徭 3118, yao2 瑶 5067, yao2 窑 7797, yao2 謠 9475, yao2 鰩 10461, yao2 鳐 10558.

繇 yóu (120) 爫缶系 | [Tra] from; to follow ◇ cause; suivre [Etym] threads of causality (3= 系 1209); phon (1,2= 䍃 119) ◇ fils de la causalité (3= 系 1209); phon (1,2= 䍃 119) [Graph] 221d 841c 613j [Ref] w92b [Hanzi] yao2 you2 繇 706, you2 䌛 10934.

繇 yáo +706 爫缶系 | 徭 +3118 、傜 *2784 | 1° forced labor, corvees 2° duty ◇ 1° corvée 2° taxe [Etym] 系 1185 (rad: 120a 6-11), 繇 120 [Graph] 221d 841c 613j.

△ yóu | 1° from 2° to follow 3° by, by way of 4° consequently 5° cause ◇ 1° de, venant de 2° suivre 3° par 4° par conséquent 5° cause.

遥 yáo +707 爫缶辶 | distant, remote ◇ éloigné, distant [Etym] 辶 1346 (rad: 162b 3-10), 䍃 119 [Graph] 221d 841c 634o.

遥远 yáo yuǎn。distant, faraway ◇ lointain ✱ 2200.

鹞 yào -708 爫缶鸟 | 鷂 *709 | 1° harrier, hunting dog 2° falcon, sparrow hawk 3° paper kite ◇ 1° harrier, chien de chasse 2° faucon 3° cerf-volant [Etym] 鸟 2494 (rad: 196s 5-10), 䍃 119 [Graph] 221d 841c Z22e.

鷂 yào *709 爫缶鳥 | 鹞 -708 | 1° harrier, hunting dog 2° falcon, sparrow hawk 3° paper kite ◇ 1° harrier, chien de chasse 2° faucon 3° cerf-volant [Etym] 鳥 2500 (rad: 196a 11-10), 䍃 119 [Graph] 221d 841c Z22h.

飖 yáo -710 爫缶风乂 | 颻 *711 | See ◇ Voir 飘飖 piao1-yao2 10815-710 [Etym] 风 2523 (rad: 182s 4-10), 䍃 119 [Graph] 221d 841c Z33c 243a.

颻 yáo *711 爫缶风二虫 | 飖 -710 | See ◇ Voir 飄颻 piao1-yao2 10815-710 [Etym] 風 2527 (rad: 182a 9-10), 䍃 119 [Graph] 221d 841c Z33c ac:a 031d.

爱 ài (121) 爫一ナ又 | [Tra] to love, to like ◇ aimer [Etym] modern simplified form of (愛 122) (2,3= 友 245) ◇ forme simplifiée moderne de (愛 122) (2,3= 友 245) [Graph] 221d 851a 241a 633a [Ref] h417c [Hanzi] ai4 爱 712, ai4 瑷 5068, ai4 嫒 5731, ai4 叆 5918, ai1 ai3 ai4 嗳 8851, ai4 暧 9846.

爱 ài +712 爫一ナ又 | 愛 *713 | 1° to love, affection 2° to like, to be fond of 3° to cherish, to take care of 4° to be apt to, to be in the habit of ◇ 1° aimer, amour 2° prendre plaisir à, avoir du goût pour 3° tenir à, prendre soin de 4° avoir l'habitude de, avoir tendance à [Etym] 罒 102 (rad: 087b 4-06), 爱 121 [Graph] 221d 851a 241a 633a.

爱人 à i r é n ◦ married person; lover ◇ époux, épouse; amoureux * 1070.

爱抚 à i f ǔ ◦ to caress, to comfort, to show tender care ◇ caresser * 2400.

爱护 à i h ù ◦ to take care of ◇ prendre soin de * 2651.

爱情 à i q í n g ◦ love ◇ amour * 3261.

爱惜 à i x ī ◦ to treasure; to use sparingly ◇ apprécier; économiser * 3264.

爱戴 à i d à i ◦ love, esteem, to venerate ◇ aimer; respecter; vénérer * 5542.

爱好 à i h à o ◦ to be fond of; hobby, interest ◇ aimer, s'intéresser à; goût, passion, amour * 5792.

爱面子 à i m i à n z ǐ ◦ to be concern about one's reputation ◇ chercher à sauver la face, son prestige * 10929 6546.

爱国 à i g u ó ◦ to be patriotic, to love one's country ◇ patriotique, aimer sa patrie * 10952.

愛 à i (122) | [Tra] to love, to like ◇ aimer [Etym] hesitate (4= 夂 1286), secret (2= 冖 1649) (1= 罒 102) heart (3= 心 397) ◇ l'hésitation (4= 夂 1286) d'un coeur (3= 心 397) secret (2= 冖 1649) (1= 罒 102) [Graph] 221d 851a 321c 633e [Ref] h417c, k3, ph721, w99f, wi273 [Hanzi] ai4 愛 713, ai4 璦 5069, ai4 嬡 5732, ai4 靉 8439, ai3 ai4 噯 8852, ai4 曖 9847.

愛 à i *713 | 爱 +712 | 1° to love, affection 2° to like, to be fond of 3° to cherish, to take care of 4° to be apt to, to be in the habit of ◇ 1° aimer, amour 2° prendre plaisir à, avoir du goût pour 3° tenir à, prendre soin de 4° avoir l'habitude de, avoir tendance à [Etym] 心 397 (rad: 061a 4-09), 愛 122 [Graph] 221d 851a 321c 633e.

舜 s h ù n (123) | [Tra] ancient monarch ◇ empereur légendaire [Etym] {?} flowers (1,2=prim); phon, to move (3,4= 舛 1229) ◇ {?} fleurs (1,2=prim); phon, mouvements (3,4= 舛 1229) [Graph] 221d 851a 631b 712b [Ref] k925, ph703, r24g, w126d [Hanzi] shun4 舜 714, shun4 瞬 10021.

舜 s h ù n +714 | name of an ancient monarch ◇ nom d'un empereur légendaire [Etym] 舛 1229 (rad: 136a 6-06), 舜 123 [Graph] 221d 851a 631b 712b.

受 s h ò u (124) | [Tra] to receive; endure ◇ recevoir; subir [Etym] object (2= 冖 1649) going from hand (1= 罒 102) to hand (3= 又 1271) ◇ un objet (2= 冖 1649) passant d'une main (1= 罒 102) à l'autre (3= 又 1271) [Graph] 221d 851a 633a [Ref] h303, k897, ph392, r14i, r35f, w49e, wa185, wi463 [Hanzi] shou4 受 715, ci2 辞 716, shou4 授 2335, shou4 绶 5939, shou4 綬 6110, wen2 阌 7999, wen2 閿 8744.

受 s h ò u +715 | 1° to receive 2° to endure, to suffer 3° to be pleasant 4° passive mode ◇ 1° recevoir, accepter 2° supporter de, subir, souffrir 3° être agréable 4° marque du passif [Etym] 又 1271 (rad: 029a 2-06), 受 124 [Graph] 221d 851a 633a.

受伤 s h ò u s h ā n g ◦ to be wounded ◇ être blessé * 2956.

受惊 s h ò u j ī n g ◦ to be frightened ◇ être saisi de frayeur * 3348.

受苦 s h ò u k ǔ ◦ to suffer hardships ◇ éprouver des souffrances, peiner, souffrir * 3946.

受到 s h ò u d à o ◦ to undergo, to suffer, to endure ◇ subir, souffrir, être l'objet de * 5914.

受害 s h ò u h à i ◦ to suffer injury; to be victim ◇ subir un tort, être victime de * 7720.

受累 s h ò u l è i ◦ to take pains to do ◇ se donner du mal, s'efforcer de * 10434.

受罪 s h ò u z u ì ◦ to endure hardships; to suffer ◇ subir des souffrances, devoir souffrir, difficulté * 10777.

受骗 s h ò u p i à n ◦ to be cheated ◇ être dupe de, se laisser duper * 11133.

受气 s h ò u q ì ◦ to be bullied ◇ être bafoué, être en butte aux vexations * 11170.

辞 c í *716 | 辞、辭 +9825、*698 | 1° expression, phraseology 2° apology, plea 3° to take leave 4° to decline, to refuse 5° to dismiss 6° to shirk ◇ 1° expression, raison, argument 2° apologie 3° quitter 4° refuser, s'excuser 5° démettre, congédier 6° esquiver [Etym] 辛 567 (rad: 160a 7-08), 受 124 [Graph] 221d 851a 633a 413d.

觅 m ì -717 | 覓、覔 *719、*4076 | 1° to search for, to hunt for 2° invisible ◇ 1° chercher 2° invisible [Etym] 见 1801 (rad: 147s 4-04), 罒 102 [Graph] 221d 854c.

爯 c h è n g (125) | [Tra] to weigh ◇ soupeser [Etym] hand (1= 罒 102) holding a basket (2< 冓 1012, 再 1903) ◇ une main (1= 罒 102) tenant un panier (2< 冓 1012, 再 1903) [Graph] 221d 858c [Ref] k1206, w35k [Hanzi] chen4 cheng1 稱 4492.

冒 h ū *718 | 曶 +7898 | personal name ◇ prénom [Etym] 罒 102 (rad: 087b 4-04), 日 2169 [Graph] 221d 021a.

覓 m ì *719 | 觅、覔 -717、*4076 | 1° to search for, to hunt for 2° invisible ◇ 1° chercher 2° invisible [Etym] 見 2255 (rad: 147a 7-04), 罒 102 [Graph] 221d 023c.

爵 j u é (126) | [Tra] wine vessel; nobility ◇ coupe à vin; dignité [Etym] two hands (1= 罒 102) (4= 寸 441); jar (3=prim), lid (2=prim) ◇ deux mains (1= 罒 102) (4= 寸 441); vase et couvercle (3,2=prim) [Graph] 221d 051a 932b 332b [Ref] k1126, ph837, w176a, wa116 [Hanzi] jue2 爵 720, jiao4 jue2 爝 928, jiao2 jiao4 jue2 嚼 8853.

爵 jué +720 爫四艮寸 | 1° ancient wine vessel 2° degree of nobility, dignities ◇ 1° coupe à vin, calice 2° dignité, degré de noblesse [Etym] 爫 102 (rad: 087b 4-13), 爵 126 [Graph] 221d 051a 932b 332b.

八 222

八 bā (127) 八 | [Tra] eight; to divide ◇ huit; division [Etym] division in two parts (prim) ->eight as multiple for two ◇ idée de séparation (prim) ->le chiffre huit comme multiple de deux [Graph] 222a [Ref] h66, k682, ph8, r52, w18a, wa85 [Hanzi] xing1 xing4 兴 683, ba1 八 721, liu4 lu4 六 722, guan1 关 1576, ba1 pa2 扒 2336, ji4 冀 3202, bing1 bing4 并 4050, ba1 机 4090, gong4 共 5418, qi2 其 5428, gong1 公 5928, bing1 兵 7215, jian1 兼 7416, ju4 具 8546, dian3 典 8564, ba1 叭 8854, pa1 趴 9285, chan2 dan1 shan4 单 10457, chan3 蒇 10459, xi1 兮 11019 [Rad] 012a.

八 bā +721 八 | 1° eight 2° division ◇ 1° huit 2° division [Etym] 八 127 (rad: 012a 2-00), [Graph] 222a.

八月 bā yuè 。 August ◇ août ＊ 8057.

六 liù (128) 六 | [Tra] six ◇ six [Etym] {1} a number as a multiple for two (prim) (< 八 127); {2} dwelling (prim < 宀 1661); {3} grand (prim < 大 257) ◇ {1} un nombre divisible par deux (prim) (< 八 127); {2} une habitation (prim < 宀 1661); {3} grand (prim < 大 257) [Graph] 222b [Ref] h76, k563, r50, w42a, wa97, wi31 [Hanzi] liu4 lu4 六 722.

六 liù +722 六 | 1° six 2° note in musical scale ◇ 1° six 2° note dans la gamme musicale [Etym] 八 127 (rad: 012a 2-02), 六 128 [Graph] 222b.

六月 liù yuè 。 June; sixth moon ◇ juin; sixième lune ＊ 8057.

△ lù | 1° mountain and county in Anhui 2° brand name of green tea produced in Lu'an mountain ◇ 1° montagne et chef-lieu du Anhui 2° nom du thé provenant du mont Lu'an.

益 yì (129) 䒑皿 | [Tra] increase, benefit ◇ augmenter; profit [Etym] overflow of water (1<horiz 人 170) out a container (2= 皿 1939) ◇ de l'eau (1<horiz 人 170) débordant d'un vase (2= 皿 1939) [Graph] 222c 922a [Ref] h652c, k197, ph539, w125c, wi404 [Hanzi] yi4 溢 63, yi4 益 723, juan1 蠲 724, yi4 鹢 725, yi4 鷁 726, yi4 镒 1115, shi4 谥 1695, yi4 鎰 1901, e4 搤 2337, yi4 缢 5940, yi4 縊 6111, ai4 隘 6710, ai4 yi4 嗌 8855, shi4 謚 9476.

益 yì +723 䒑皿 | 1° to benefit, advantage 2° to increase 3° more and more 4° dish filling with water ◇ 1° profit, avantage 2° augmenter 3° davantage, plus 4° vase débordant [Etym] 皿 1939 (rad: 108a 5-05), 益 129 [Graph] 222c 922a.

蠲 juān +724 䒑皿四勹虫 | 1° to purify 2° to dispense with 3° to condone, to exempt ◇ 1° pur, purifier 2° dispenser 3° pardonner [Etym] 虫 2282 (rad: 142a 6-17), 益 129 蜀 2391 [Graph] 222c 922a 051a 852h 031d.

鹢 yì -725 䒑皿鸟 | 鷁 *726 | vulture ◇ vautour [Etym] 鸟 2494 (rad: 196s 5-10), 益 129 [Graph] 222c 922a Z22e.

鷁 yì *726 䒑皿鳥 | 鹢 -725 | vulture ◇ vautour [Etym] 鳥 2500 (rad: 196a 11-10), 益 129 [Graph] 222c 922a Z22h.

灬 huǒ (130) 灬 灬 | [Tra] fire ◇ feu [Etym] contracted form of fire (火 156) ◇ réduction du feu (火 156) [Graph] 222d [Ref] r16e, w126a, wi430, wi506 [Hanzi] jie2 杰 4091, gao1 羔 5215, yan1 焉 5318, yan1 yan4 燕 5351, xiong2 熊 5899, ran2 然 6452, shu4 庶 6914, sha1 sha4 煞 7382, xi1 熙 9836, xun1 xun4 熏 10410, wu1 wu1 wu4 烏 11154 [Rad] 086b.

火 231

⺮ zhú (131) ⺮⺮ | [Tra] bamboo ◇ bambou [Etym] contraction of (竹 477) ◇ forme abrégée de (竹 477) [Graph] 231a 231a [Ref] w77b, wi7 [Hanzi] gu1 箍 761, pa2 筢 762, zhou4 籀 763, zhu4 築 791, bo3 bo4 簸 809, fu3 簠 877, gui3 簋 883, cuan4 篡 893, suan4 算 895 [Rad] 118b.

竺 zhú (132) ⺮⺮二 | [Tra] India; surname ◇ Inde; nom propre [Etym] bamboos (1,2= ⺮ 131); number two (3= 二 4) ◇ bambous (1,2= ⺮ 131); nombre deux (3= 二 4) [Graph] 231a 231a 111b [Ref] w77b [Hanzi] zhu2 竺 727.

竺 zhú +727 ⺮⺮二 | 1° the common name of India 2° surname ◇ 1° Inde 2° nom de famille [Etym] ⺮ 131 (rad: 118b 6-02), 竺 132 [Graph] 231a 231a 111b.

筅 xiǎn *728 ⺮⺮氵先 | 筅 +798 | 1° brush for dish washing 2° bamboo articles of various kinds ◇ 1° brosse à vaisselle 2° ustensiles en bambou [Etym] ⺮ 131 (rad: 118b 6-09), 洗 35 [Graph] 231a 231a 121b 432m.

簿 bù +729 ⺮⺮氵甫寸 | register, tablet, record ◇ registre, dossier [Etym] ⺮ 131 (rad: 118b 6-13), 溥 58 [Graph] 231a 231a 121b 858n 332b.

箔 bó +730 ⺮⺮氵白 | coarse mat ◇ natte épaisse [Etym] ⺮ 131 (rad: 118b 6-08), 泊 68 [Graph] 231a 231a 121b 022c.

簰 pái (133) ⺮⺮氵卑 | [Tra] raft ◇ radeau [Etym] two sign: bamboo (1,2= ⺮ 131), water (3= 氵 18); phon (4= 卑 2366) ◇ deux sign: bambou (1,2= ⺮131), eau (3= 氵 18); phon (4= 卑 2366) [Graph] 231a 231a 121b 043h [Hanzi] pai2 簰 731.

簰 pái *731 ⺮⺮氵卑 | 牌 -917 | raft ◇ radeau [Etym] ⺮ 131 (rad: 118b 6-11), 卑 2366 [Graph] 231a 231a 121b 043h.

笠 lì +732 ⺮⺮立 | large straw hat ◇ grand chapeau de paille [Etym] ⺮ 131 (rad: 118b 6-05), 立80 [Graph] 231a 231a 221a.

籠 lóng *733 ⺮⺮立月𠂤 | 笼 -755 | 1° cage, coop, basket, container 2° to include ◇ 1° cage, corbeille, panier 2° contenir, englober [Etym]

⺮131 (rad: 118b 6-17), 龍 86 [Graph] 231a 231a 221a 856e Z41b.

△ lǒng |笼、籠3° -755、*2776| 1° to envelop, to cover 2° trunk 3° large, sweeping ◇ 1° contenir, englober 2° malle 3° large, englobant.

篰 bù +734 ⺮⺮立口阝 |bamboo basket ◇ panier en bambou [Etym] ⺮ 131 (rad: 118b 6-10), 部 88 [Graph] 231a 231a 221a 011a 634j.

箏 zhēng *735 ⺮⺮爫⺕ |筝 -853| 1° kite 2° 21 or 25-stringed plucked instrument, zither-like instrument ◇ 1° cerf-volant 2° cithare (à 21 ou 25 cordes) [Etym] ⺮ 131 (rad: 118b 6-08), 争 117 [Graph] 231a 231a 221d 834c.

籤 qiān *736 ⺮⺮人人戈韭 |签、簽、籖 -737、*743、*811| 1° to sign, autograph, to subscribe 2° brief comments 3° bamboo slips 4° label 5° bamboo or wooden pick 6° to tack ◇ 1° signer, autographe 2° brefs commentaires 3° fiche de bambou 4° étiquettes, billet 5° ardillon 6° clouer (semences) [Etym] ⺮ 131 (rad: 118b 6-17), 韱 174 [Graph] 231a 231a 232a 232a 512d 435d.

签 qiān -737 ⺮⺮人一业 |簽、籤、籖 *743、*736、*811| 1° to sign, autograph, to subscribe 2° brief comments 3° bamboo slips 4° label 5° bamboo or wooden pick 6° to tack ◇ 1° signer, autographe 2° brefs commentaires 3° fiche de bambou 4° étiquettes, billet 5° ardillon 6° clouer (semences) [Etym] ⺮ 131 (rad: 118b 6-07), 佥 183 [Graph] 231a 231a 233a ac:a 221b.

签证 qiān zhèng。visa ◇ visa * 1744.

签名 qiān míng。to sign; signature ◇ signature, signer * 6408.

签字 qiān zì。to sign; to affix one's signature ◇ signature, signer, apposer sa signature * 7763.

筌 quán +738 ⺮⺮人王 |bamboo fish trap ◇ piège à poisson en bambou [Etym] ⺮ 131 (rad: 118b 6-06), 全 195 [Graph] 231a 231a 233a 432e.

籙 lù *739 ⺮⺮人亚彑氺 |箓、簶 +850、*821| 1° map, chart 2° list 3° Taoist secret talismanic writing ◇ 1° carte 2° liste 3° écrits secrets des Daoistes [Etym] ⺮ 131 (rad: 118b 6-16), 錄 199 [Graph] 231a 231a 233a 432q 621a 331o.

笭 líng -740 ⺮⺮人令 |笭 *741| fisherman's bamboo basket for fish ◇ panier en bambou des pêcheurs [Etym] ⺮ 131 (rad: 118b 6-05), 令 208 [Graph] 231a 231a 233a 632b.

笭箵 líng xīng。bamboo basket for fish ◇ panier à poissons en bambou * 756.

笭 líng *741 ⺮⺮人一卩 |笭 -740| fisherman's bamboo basket for fish ◇ panier en bambou des pêcheurs [Etym] ⺮ 131 (rad: 118b 6-05), 令 211 [Graph] 231a 231a 233a ac:a 734a.

答 dá (134) ⺮⺮人一口 | [Tra] to answer ◇ répondre [Etym] words: appropriate (3,4= 合 222), strong as bamboo (1,2= ⺮ 131) ◇ mots appropriés (3,4= 合222), résistants comme du bambou (1,2= ⺮ 131) [Graph] 231a 231a 233a 012a [Ref] h185, k954, w14b, wi637 [Hanzi] da1 da2 答 742, zha1 zha2 箚 744.

答 dā +742 ⺮⺮人一口 |荅 *3565| ◇ [Etym] ⺮ 131 (rad: 118b 6-06), 答 134 [Graph] 231a 231a 233a 012a.

答应 dā yìng。to agree ◇ acquiescer; promettre * 6878.

△ dá |荅 *3565| 1° to answer 2° to reciprocate ◇ 1° répondre 2° rendre la pareille.

答词 dá cí。reply; answering speech ◇ réponse; discours de réponse * 1777.

答谢 dá xiè。to thank; to express appreciation ◇ remercier * 1813.

答案 dá àn。solution; key ◇ réponse; solution * 7749.

答复 dá fù。to answer ◇ répondre * 9972.

簽 qiān *743 ⺮⺮人一口人口人 |签、籤、籖 -737、*736、*811| 1° to sign, autograph, to subscribe 2° brief comments 3° bamboo slips 4° label 5° bamboo or wooden pick 6° to tack ◇ 1° signer, autographe 2° brefs commentaires 3° fiche de bambou 4° étiquettes, billet 5° ardillon 6° clouer (semences) [Etym] ⺮ 131 (rad: 118b 6-13), 僉 223 [Graph] 231a 231a 233a 012a 232a 011a 232a.

箚 zhā *744 ⺮⺮人一口刂 |See ◇ Voir 劄 10150 [Etym] 刂 470 (rad: 018b 2-12), 答 134 [Graph] 231a 231a 233a 012a 333b.

△ zhá |See ◇ Voir 扎 2391.

籥 yuè +745 ⺮⺮人一口口冊 |flute ◇ flûte [Etym] ⺮ 131 (rad: 118b 6-17), 龠 229 [Graph] 231a 231a 233a 012a 011a 011a 856j.

籲 yù *746 ⺮⺮人一口口冊頁 |吁 +8911| to plead ◇ supplier [Etym] ⺮ 131 (rad: 118b 6-26), 龥 230 [Graph] 231a 231a 233a 012a 011a 011a 856j 023f.

筹 chóu -747 ⺮⺮寿寸 |籌 *794| 1° ticket, chip, a lot 2° to calculate, to plan ◇ 1° fiche 2° plan, stratagème, calculer [Etym] ⺮ 131 (rad: 118b 6-07), 寿 256 [Graph] 231a 231a 241e 332b.

筹备 chóu bèi。to prepare ◇ préparer; arranger * 6537.

筴 cè *748 ⺮⺮大人人 |策、筴、筞 +876、+750、*860| 1° plan, scheme 2° whip 3° bamboo slips as old Chinese writing material 4° antique type of Chinese essay ◇ 1° plan, projet 2° fouet 3° tiges de bambou préparées pour l'écriture dans l'antiquité chinoise 4° type d'essai littéraire ancien [Etym] ⺮ 131 (rad: 118b 6-07), 夾 259 [Graph] 231a 231a 242a 232a 232a.

笑 xiào +749 ⺮⺮夭 |咲 *8883| 1° to smile, to laugh 2° to ridicule ◇ 1° sourire, rire 2° se moquer de [Etym] ⺮ 131 (rad: 118b 6-04), 夭 289 [Graph] 231a 231a 242e.

笑话 xiào huà。to joke; to ridicule ◇ plaisanterie, ridiculiser, se moquer de * 1821.

笑容 xiào róng。smile; smiling expression ◇ air souriant, sourire * 7692.

筴 cè +750 ⺮⺮夹 |策、筞、筴 +876、*860、*748| 1° plan, scheme 2° whip 3° bamboo slips as old Chinese writing material 4° antique type of Chinese essay ◇ 1° plan, projet 2° fouet 3° tiges de

火 ⺮

bambou préparées pour l'écriture dans l'antiquité chinoise 4° type d'essai littéraire ancien [Etym] ⺮ 131 (rad: 118b 6-06), 夹 313 [Graph] 231a 231a 242q.

筊 jiǎo +751 ⺮⺮交 | rope made of bamboo splints ◇ corde épaisse en bambou [Etym] ⺮ 131 (rad: 118b 6-06), 交 344 [Graph] 231a 231a 243e.

筚 bì -752 ⺮⺮上匕十 | 篳 *909、蓽 *3996 | 1° bamboo or wicker fence 2° pepper ◇ 1° clôture en bambou ou en osier 2° poivre [Etym] ⺮ 131 (rad: 118b 6-06), 毕 363 [Graph] 231a 231a 311d 321b 413a.

簑 suō *753 ⺮⺮衣曰 | 蓑 +3598 | 1° straw or palm-bark or grass rain cloak 2° to cover with straw ◇ 1° imperméable fait de paille, de jonc, de feuilles de bambou ou de palmier 2° couvrir d'herbes, de chaume [Etym] ⺮ 131 (rad: 118b 6-10), 衰 378 [Graph] 231a 231a 312j 021b.

笔 bǐ (135) ⺮⺮毛 | [Tra] pen ◇ pinceau, stylo [Etym] writing brush made of bamboo (1,2= ⺮ 131) and hairs (3= 毛 403) ◇ pinceau fait de bambou (1, 2= ⺮ 131) et de poils (3= 毛 403) [Graph] 231a 231a 321g [Hanzi] bi4 滗 64, bi3 笔 754.

笔 bǐ +754 ⺮⺮毛 | 筆 *851 | 1° pencil, pen 2° stroke 3° to write ◇ 1° pinceau, stylo 2° trait 3° écrire [Etym] ⺮ 131 (rad: 118b 6-04), 毛 403 [Graph] 231a 231a 321g.

笔筒 bǐ tǒng。brush pat, jug ◇ pot à pinceau * 874.

笔试 bǐ shì。written examination ◇ examen écrit * 1754.

笔译 bǐ yì。written translation ◇ traduction écrite * 1766.

笔记 bǐ jì。notes; take down in writing ◇ notes; noter * 1836.

笔记本 bǐ jì běn。notebook ◇ cahier, carnet de note * 1836 4662.

笔尖 bǐ jiān。pen point, nib ◇ plume * 2240.

笔迹 bǐ jī。handwriting ◇ écriture * 2756.

笔名 bǐ míng。pen name ◇ nom de plume * 6408.

笼 lóng -755 ⺮⺮龙 | 籠 *733 | 1° cage, coop, basket, container 2° to include ◇ 1° cage, corbeille, panier 2° contenir, englober [Etym] ⺮ 131 (rad: 118b 6-05), 龙 417 [Graph] 231a 231a 323d.

△ lǒng | 籠 *733、儱 *2776 3° | 1° to envelop, to cover 2° trunk 3° large, sweeping ◇ 1° contenir, englober 2° malle 3° large, englobant.

箵 xīng +756 ⺮⺮少目 | See ◇ Voir 笭箵 ling2-xing1 740-756 [Etym] ⺮ 131 (rad: 118b 6-09), 省 430 [Graph] 231a 231a 331k 023a.

竽 yú +757 ⺮⺮于 | reed organ of 36 tubes ◇ flûte de Pan [Etym] ⺮ 131 (rad: 118b 6-03), 于 440 [Graph] 231a 231a 332a.

箝 qián *758 ⺮⺮扌甘 | 钳 -1985、鉗 *1206、拑 *2466 2° | 1° pair of tweezers, pliers, tongs 2° to grip, to clamp 3° to restrain 4° iron collar 5° surname ◇ 1° pinces, tenailles 2° pincer 3° bâillonner 4° collier de fer 5° nom propre [Etym] ⺮ 131 (rad: 118b 6-08), 拑 453 [Graph] 231a 231a 332f 436f.

箨 tuò -759 ⺮⺮扌又丰 | 籜 *765 | sheaths of bamboo shoots ◇ enveloppe des jeunes pousses de bambou [Etym] ⺮ 131 (rad: 118b 6-08), 择 455 [Graph] 231a 231a 332f 633a 414a.

箖 zhé +760 ⺮⺮扌斤 | coarse bamboo mat ◇ natte [Etym] ⺮ 131 (rad: 118b 6-07), 折 457 [Graph] 231a 231a 332f 722c.

箍 gū (136) ⺮⺮扌匚巾 | [Tra] to bind round, to hoop ◇ cercler, entourer [Etym] {?}make (3= 扌 446) a binding (4,5= 匝 1526) with bamboo (⺮ 131) ◇ {?} geste (3= 扌 446) d'encercler (4,5= 匝 1526) de bambou (1,2= ⺮ 131) [Graph] 231a 231a 332f 811c 858a [Hanzi] gu1 箍 761.

箍 gū +761 ⺮⺮扌匚巾 | 1° circlet, to hoop 2° to draw tight, to bind round ◇ 1° cercle, cercler 2° entourer, relier [Etym] ⺮ 131 (rad: 118b 6-08), 箍 136 [Graph] 231a 231a 332f 811c 858a.

筢 pá (137) ⺮⺮扌巴 | [Tra] bamboo rake ◇ râteau de bambou [Etym] {?}hand (2= 扌 446), bamboo (⺮ 131); phon (巴 2013) ◇ {?} main (2= 扌 446), bambou (⺮ 131); phon (巴 2013) [Graph] 231a 231a 332f 933c [Hanzi] pa2 筢 762.

筢 pá +762 ⺮⺮扌巴 | bamboo rake ◇ râteau en bambou [Etym] ⺮ 131 (rad: 118b 6-07), 筢 137 [Graph] 231a 231a 332f 933c.

籀 zhòu (138) ⺮⺮扌卬刀田 | [Tra] to read aloud ◇ lire à haute voix [Etym] {?}hang (扌 446); bamboo (⺮ 131); to stay (留 2055) ◇ {?} une main (扌 446); des bambous (⺮ 131); demeurer (留 2055) [Graph] 231a 231a 332f 941a 732a 041a [Hanzi] zhou4 籀 763.

籀 zhòu +763 ⺮⺮扌卬刀田 | 1° to read aloud 2° ancient characters ◇ 1° lire à haute voix 2° caractères anciens [Etym] ⺮ 131 (rad: 118b 6-13), 籀 138 [Graph] 231a 231a 332f 941a 732a 041a.

筘 kòu -764 ⺮⺮扌口 | 簆 *859 | reed ◇ roseau [Etym] ⺮ 131 (rad: 118b 6-06), 扣 461 [Graph] 231a 231a 332f 011a.

籜 tuò *765 ⺮⺮扌罒土⺷ | 箨 -759 | sheaths of bamboo shoots ◇ enveloppe des jeunes pousses de bambou [Etym] ⺮ 131 (rad: 118b 6-16), 擇 463 [Graph] 231a 231a 332f 051a 432a 413c.

筛 shāi -766 ⺮⺮刂帀 | 篩 *885 | 1° sieve, to sieve, to strain, to screen 2° to strike 3° to temper ◇ 1° tamis, crible, cribler 2° frapper 3° attiédir [Etym] ⺮ 131 (rad: 118b 6-06), 师 469 [Graph] 231a 231a 333a 858d.

筛子 shāi zǐ。sieve ◇ tamis * 6546.

篌 hóu +767 ⺮⺮亻⺈矢 | See ◇ Voir 箜篌 kong1-hou2 862-767 [Etym] ⺮ 131 (rad: 118b 6-09), 侯 482 [Graph] 231a 231a 411e ac:e 242d.

符 fú +768 ⺮⺮亻寸 | 1° deed in two pieces 2° to match, to agree with 3° a spell, magic figures 4° proper name ◇ 1° contrat double, sceau divisé en deux parties 2° conforme, concorder 3° charme, amulette 4° nom propre [Etym] ⺮ 131 (rad: 118b 6-05), 付 489 [Graph] 231a 231a 411e 332b.

符合 fú hé ∘ to conform to; to correspond to; to be in keeping ◇ se conformer, correspondre * 1481.

符合摆 fú hé bǎi ∘ coincidence pendulum ◇ balancier * 1481 2713.

符号 fú hào ∘ mark, sign ◇ marque, signe * 9257.

筰 zuó *769 ⺮⺮亻乍 | 笮 +773 | rope made with bamboo-splinths ◇ corde en bambou [Etym] ⺮ 131 (rad: 118b 6-07), 作 490 [Graph] 231a 231a 411e 412f.

筏 fá +770 ⺮⺮亻戈 | 栰 *4152 | raft ◇ radeau [Etym] ⺮ 131 (rad: 118b 6-06), 伐 500 [Graph] 231a 231a 411e 512b.

筱 xiǎo -771 ⺮⺮亻攵 | 篠 *772 | small bamboo ◇ bambou nain [Etym] ⺮ 131 (rad: 118b 6-07), 攸 514 [Graph] 231a 231a 411f 243c.

篠 xiǎo *772 ⺮⺮亻攵木 | 筱 -771 | small bamboo ◇ bambou nain [Etym] ⺮ 131 (rad: 118b 6-11), 條 515 [Graph] 231a 231a 411f 243c 422a.

笮 zé +773 ⺮⺮乍 | surname ◇ nom de famille [Etym] ⺮ 131 (rad: 118b 6-05), 乍 551 [Graph] 231a 231a 412f.

△ zuó | 筰 *769 | rope made with bamboo-splinths ◇ corde en bambou.

筷 kuài +774 ⺮⺮忄夬 | chopsticks ◇ baguettes, bâtonnets [Etym] ⺮ 131 (rad: 118b 6-07), 快 557 [Graph] 231a 231a 412g 822c.

筷子 kuài zǐ ∘ sticks ◇ baguette * 6546.

竿 gān (139) ⺮⺮干 | [Tra] rod, bamboo stem ◇ perche, canne [Etym] bamboo (1,2= ⺮ 131) stem (3= 干 564) ◇ une branche (3= 干 564) de bambou (1, 2= ⺮ 131) [Graph] 231a 231a 413b [Ref] k297, r27c [Hanzi] gan1 竿 775.

竿 gān +775 ⺮⺮干 | staff, cane, pole, handle, rod ◇ perche, gaule, canne de bambou [Etym] ⺮ 131 (rad: 118b 6-03), 竿 139 [Graph] 231a 231a 413b.

篲 huì *776 ⺮⺮丰丰彐 | 彗 +3481 | broom ◇ balai [Etym] ⺮ 131 (rad: 118b 6-11), 彗 593 [Graph] 231a 231a 414g 414g 832a.

篮 lán -777 ⺮⺮丨⺮皿 | 籃 *887 | 1° basket 2° goal (in basketball) ◇ 1° panier 2° but (basketball) [Etym] ⺮ 131 (rad: 118b 6-10), 监 607 [Graph] 231a 231a 415a 231a 922a.

篮球 lán qiú ∘ basket-ball ◇ ballon de basket * 5094.

箬 ruò +778 ⺮⺮艹ナ口 | 篛 *921 | [Etym] ⺮ 131 (rad: 118b 6-08), 若 621 [Graph] 231a 231a 415c 241a 011a.

箬竹 ruò zhú ∘ 1° variety of bamboo, indocalamus; 2° bamboo bark ◇ 1° bambou à larges feuilles; 2° écorce de bambou * 2770.

籆 yuè *779 ⺮⺮艹隹又 | 篗 +896 | tools for raveling silk and yarn ◇ instrument de tissage de soie [Etym] ⺮ 131 (rad: 118b 6-13), 蒦 636 [Graph] 231a 231a 415c 436m 633a.

笄 jī +780 ⺮⺮开 | ancient hairpin, hair in sign of nubility ◇ épingle à cheveux, fille nubile [Etym] ⺮ 131 (rad: 118b 6-04), 开 706 [Graph] 231a 231a 416h.

笊 zhào +781 ⺮⺮爪 | bamboo skimmer ◇ écumoire en bambou [Etym] ⺮ 131 (rad: 118b 6-04), 爪 714 [Graph] 231a 231a 417c.

箱 xiāng +782 ⺮⺮木目 | 1° box 2° chest 3° case ◇ 1° boîte 2° caisse 3° malle [Etym] ⺮ 131 (rad: 118b 6-09), 相 758 [Graph] 231a 231a 422a 023a.

箱子 xiāng zǐ ∘ chest, bin ◇ malle, coffre, valise, caisse * 6546.

簃 yí +783 ⺮⺮禾夕夕 | hut by the side of a building ◇ petite maison latérale [Etym] ⺮ 131 (rad: 118b 6-11), 移 772 [Graph] 231a 231a 422d 631b 631b.

篓 lǒu -784 ⺮⺮米女 | 簍 *923 | basket ◇ panier [Etym] ⺮ 131 (rad: 118b 6-09), 娄 785 [Graph] 231a 231a 422f 611e.

篓子 lǒu zǐ ∘ basket ◇ panier, manne * 6546.

簖 duàn -785 ⺮⺮米㇗斤 | 籪 *820 | weir ◇ barrage [Etym] ⺮ 131 (rad: 118b 6-11), 断 793 [Graph] 231a 231a 422f 711a 722c.

笨 bèn +786 ⺮⺮本 | 1° stupid, dull 2° clumsy 3° cumbersome ◇ 1° sot, borné 2° maladroit 3° lourd, pesant [Etym] ⺮ 131 (rad: 118b 6-05), 本 799 [Graph] 231a 231a 422h.

笨重 bèn zhòng ∘ heavy; cumbersome ◇ lourd, massif; encombrant * 10764.

籍 jí +787 ⺮⺮耒龷日 | 1° book, record 2° register, list 3° home town 4° membership 5° nationality ◇ 1° liste 2° registre d'état civil 3° maison d'origine 4° adhésion 5° nationalité [Etym] ⺮ 131 (rad: 118b 6-14), 耤 806 [Graph] 231a 231a 422n 436b 021a.

籍贯 jí guàn ∘ native place ◇ pays d'origine * 11306.

筮 shì (140) ⺮⺮工人人 | [Tra] to divine ◇ tirer au sort [Etym] to divine (3,4,5= 巫 809) using bamboo (1,2= ⺮ 131) stalks ◇ lecture divinatoire (3,4,5= 巫 809) avec bambou (1,2= ⺮ 131) [Graph] 231a 231a 431a 232a 232a [Ref] k894, r471, w27e [Hanzi] shi4 筮 788, shi4 噬 8856.

筮 shì +788 ⺮⺮工人人 | to divine with stems of the millfoil ◇ sorts, divination en lisant les feuilles de plante [Etym] ⺮ 131 (rad: 118b 6-07), 筮 140 [Graph] 231a 231a 431a 232a 232a.

筇 qióng +789 ⺮⺮工阝 | kind of bamboo for making walking sticks ◇ bambou à roulettes, bambou servant à faire des cannes [Etym] ⺮ 131 (rad: 118b 6-05), 邛 811 [Graph] 231a 231a 431a 634j.

筑 zhù (141) ⺮⺮工凡 | [Tra] to build ◇ construire, bâtir [Etym] hand (4< 巩 817) at work (3= 工 808); phon (1,2= ⺮ 131) ◇ main (4< 巩 817) au travail (3= 工 808); phon (1,2= ⺮ 131) [Graph] 231a 231a 431a Z33b [Ref] h751, k1249, w77b, wi970 [Hanzi] zhu2 zhu4 筑 790, zhu4 築 791.

筑 zhú -790 ⺮⺮工凡 | 1° to beat down, to ram down 2° to build 3° another name for Guiyang ◇ 1° pilonner, damer, tasser (sol) 2° construire, bâtir 3° autre nom de Guiyang [Etym] ⺮ 131 (rad: 118b 6-06), 筑 141 [Graph] 231a 231a 431a Z33b.

△ zhù | 築 *791 | to build ◇ construire, bâtir.

火

⺮

築 zhù *791 ⺮⺮工凡木 | 筑 -790 | to build ◇ construire, bâtir [Etym] ⺮ 131 (rad: 118b 6-10), 筑 141 木 723 [Graph] 231a 231a 431a Z33b 422a.

> 等 děng (142) ⺮⺮土寸 | [Tra] class; rank; to wait ◇ sorte; attendre [Etym] graduated stalk of bamboo (1,2= ⺮ 131); ritual (3,4= 寺 830) ◇ bambou {marques dans la tige} (1,2= ⺮ 131); rituel (3,4= 寺830) [Graph] 231a 231a 432a 332b [Hanzi] deng3 等 792, den4 撐 2338.

等 děng +792 ⺮⺮土寸 | 1° to wait 2° class, rank, sort 3° sign of the plural ◇ 1° attendre 2° sorte, degré 3° signe du pluriel [Etym] ⺮ 131 (rad: 118b 6-06), 寺 830 [Graph] 231a 231a 432a 332b.

等于 děng yú ∘ to be equivalent ◇ être égal à, équivaloir * 2306.

等候 děng hòu ∘ to wait ◇ attendre * 3103.

等待 děng dài ∘ to wait ◇ attendre * 3137.

等到 děng dào ∘ until, till ◇ jusqu'à, le jour où * 5914.

筠 jūn +793 ⺮⺮土匀 | place in Sichuan ◇ lieu du Sichuan [Etym] ⺮ 131 (rad: 118b 6-07), 均 853 [Graph] 231a 231a 432a 852c.

△ yún | bamboo skin, bamboo ◇ éclats de bambou, écorce de bambou, bambou.

籌 chóu *794 ⺮⺮士冖工口寸 | 筹 -747 | 1° ticket, chip, a lot 2° to calculate, to plan ◇ 1° fiche 2° plan, stratagème, calculer [Etym] ⺮131 (rad: 118b 6-14), 壽 860 [Graph] 231a 231a 432b ac:g 431a 012a 332b.

箸 zhù +795 ⺮⺮耂日 | 筯 *880 | chopsticks ◇ baguettes pour manger [Etym] ⺮ 131 (rad: 118b 6-08), 者 893 [Graph] 231a 231a 432c 021a.

> 筭 suàn (143) ⺮⺮王廾 | [Tra] calculate, estimate ◇ compter, estimer [Etym] two hands (3= 弄 908) on a bamboo (1,2= ⺮ 131) abacus (2=prim) ◇ deux mains (3= 弄 908); un abaque (2=prim) de bambou (1,2= ⺮131) [Graph] 231a 231a 432e 416e [Ref] w47f [Hanzi] suan4 筭 796.

筭 suàn +796 ⺮⺮王廾 | 1° to estimate, to plan, to calculate 2° chips (calculation) 3° to be considered 4° to be ◇ 1° compter, calculer 2° jeton, fiche (calcul) 3° passer pour 4° être [Etym] ⺮131 (rad: 118b 6-07), 筭 143 [Graph] 231a 231a 432e 416e.

筭了 suàn le ∘ what a pity! never mind! ◇ tant pis! * 6540.

簉 zào +797 ⺮⺮出口辶 | 1° secondary, subsidiary 2° to match ◇ 1° second, substitut 2° aller de pair [Etym] ⺮ 131 (rad: 118b 6-10), 造 934 [Graph] 231a 231a 4321 011a 634o.

筅 xiǎn +798 ⺮⺮先 | 箲 *728 | 1° brush for dish washing 2° bamboo articles of various kinds ◇ 1° brosse à vaisselle 2° ustensiles en bambou [Etym] ⺮ 131 (rad: 118b 6-06), 先 935 [Graph] 231a 231a 432m.

箦 zé -799 ⺮⺮主贝 | 簀 *801 | bamboo mat, fibbers ◇ fibres, natte en bambou [Etym] ⺮ 131 (rad: 118b 6-08), 责 945 [Graph] 231a 231a 433a 854b.

箐 qìng +800 ⺮⺮主月 | 1° large bamboo groves in valley, well-forested valleys 2° basket ◇ 1° vallée couverte d'arbres 2° panier, vannerie [Etym] ⺮ 131 (rad: 118b 6-08), 青 946 [Graph] 231a 231a 433a 856e.

簀 zé *801 ⺮⺮主貝 | 箦 -799 | bamboo mat, fibbers ◇ fibres, natte en bambou [Etym] ⺮ 131 (rad: 118b 6-11), 責 948 [Graph] 231a 231a 433a 023b.

笙 shēng +802 ⺮⺮生 | 1° pandean pipe, composed of 13 dissimilar reeds 2° reed pipe wind instrument ◇ 1° flûte de Pan 2° orgue à bouche [Etym] ⺮ 131 (rad: 118b 6-05), 生 951 [Graph] 231a 231a 433b.

箠 chuí +803 ⺮⺮垂 | 1° rod 2° to beat ◇ 1° férule 2° fustiger [Etym] ⺮ 131 (rad: 118b 6-08), 垂 953 [Graph] 231a 231a 433d.

△ chuí | See ◇ Voir 闖 8802.

筵 yán +804 ⺮⺮正廴 | 1° bamboo mat (old) 2° feast 3° banquet ◇ 1° natte (ancien) 2° festin [Etym] ⺮ 131 (rad: 118b 6-06), 延 973 [Graph] 231a 231a 434h 634n.

簕 lè +805 ⺮⺮廿申力 | kind of bamboo ◇ espèce de bambou [Etym] ⺮ 131 (rad: 118b 6-11), 勒 993 [Graph] 231a 231a 436a 031e 732f.

簧 huáng +806 ⺮⺮龷由 | 1° reed 2° spring, rebound ◇ 1° roseau 2° ressort [Etym] ⺮ 131 (rad: 118b 6-11), 黄 1003 [Graph] 231a 231a 436b 042b.

篝 gōu +807 ⺮⺮冓 | 1° bamboo frame 2° cage ◇ 1° châssis 2° cage [Etym] ⺮ 131 (rad: 118b 6-10), 冓 1012 [Graph] 231a 231a 436g 858c.

箕 jī +808 ⺮⺮其 | 1° dustpan 2° winnowing basket ◇ 1° pelle à poussière 2° van [Etym] ⺮ 131 (rad: 118b 6-08), 其 1013 [Graph] 231a 231a 436i.

> 簸 bǒ (144) ⺮⺮其广又 | [Tra] to winnow; fan ◇ vanner; évantail [Etym] tow sign:bamboo (⺮ 131) basket (3= 其 1013); phon (4,5= 皮 1452) ◇ deux sign: panier (3= 其 1013) de bambou (⺮ 131); phon (4,5= 皮1452) [Graph] 231a 231a 436i 721h 633a [Hanzi] bo3 bo4 簸809.

簸 bǒ +809 ⺮⺮其广又 | 1° to winnow with a fan 2° fan ◇ 1° vanner 2° éventail [Etym] ⺮ 131 (rad: 118b 6-13), 簸 144 [Graph] 231a 231a 436i 721h 633a.

△ bò | winnowing basket ◇ panier, van.

簸箕 bò jī ∘ winnowing-basket ◇ van * 808.

箋 jiān *810 ⺮⺮戈戈 | 笺 -814 、 牋 *11010 、 椾 *4370 | 1° tablet, writing paper, letter 2° commentary ◇ 1° lettre, papier à lettres

2° commentaire [Etym] ⺮ 131 (rad: 118b 6-08), 戔 1059 [Graph] 231a 231a 512b 512b.

籤 qiān *811 |签、簽、籖 -737、*743、*736| 1° to sign, autograph, to subscribe 2° brief comments 3° bamboo slips 4° label 5° bamboo or wooden pick 6° to tack ◇ 1° signer, autographe 2° brefs commentaires 3° fiche de bambou 4° étiquettes, billet 5° ardillon 6° clouer (semences) [Etym] ⺮ 131 (rad: 118b 6-15), 韱 1063 [Graph] 231a 231a 512e 435d.

箴 zhēn (145) |[Tra] needle; to prick ◇ aiguille; critiquer [Etym] graduated stalk of bamboo (1,2= ⺮ 131); unison (3,4= 咸 1078) ◇ bambou {marques dans la tige} (1,2= ⺮ 131); unisson (3,4= 咸 1078) [Graph] 231a 231a 512m 012a [Hanzi] zhen1 箴 812, zhen1 鍼 10462, zhen1 鱵 10559.

箴 zhēn +812 |1° to admonish, to prick 2° maxim 3° needle 4° incentive ◇ 1° faire des remontrances, critiquer, censurer 2° maxime 3° aiguille 4° stimulant [Etym] ⺮ 131 (rad: 118b 6-09), 咸1078 [Graph] 231a 231a 512m 012a.

觱 bì (146) |[Tra] ancient musical horn ◇ trompe musicale antique [Etym] two sign: bamboo (⺮ 131),horn (角 1883); harmony (咸 1078) ◇deux sign: bambou (⺮ 131), corne (角 1883); accord (咸 1078) [Graph] 231a 231a 512m 012a 8571 [Hanzi] bi4 觱 813.

觱 bì *813 |觱 +5559| ancient musical horn ◇ trompe antique [Etym] ⺮ 131 (rad: 118b 6-16), 觱 146 [Graph] 231a 231a 512m 012a 8571.

笺 jiān -814 |箋、牋1° 椾 *810、*11010、*4370| 1° tablet, writing paper, letter 2° commentary ◇ 1° lettre, papier à lettres 2° commentaire [Etym] ⺮ 131 (rad: 118b 6-05), 戋 1083 [Graph] 231a 231a 513a.

篆 zhuàn +815 |篆 +816| 1° ancient Chinese characters 2° calligraphic style 3° seal ◇ 1° anciens caractères 2° style de calligraphie 3° sceau [Etym] ⺮ 131 (rad: 118b 6-09), 彖1107 [Graph] 231a 231a 522f.

篆 zhuàn +816 |篆 +815| 1° ancient Chinese characters 2° calligraphic style 3° seal ◇ 1° anciens caractères 2° style de calligraphie 3° sceau [Etym] ⺮ 131 (rad: 118b 6-09), 彖1109 [Graph] 231a 231a 522g.

篸 cǎn -817 |篸 *818| 1° hairpin 2° kind of winnowing basket ◇ 1° épingle de cheveux 2° sorte de van [Etym] ⺮ 131 (rad: 118b 6-08), 参 1133 [Graph] 231a 231a 612a 242a 211c.

篸 cǎn *818 |篸 -817| 1° hairpin 2° kind of winnowing basket ◇ 1° épingle de cheveux 2° sorte de van [Etym] ⺮ 131 (rad: 118b 6-11), 參 1138 [Graph] 231a 231a 612a 612a 612a 233a 211c.

笞 chī +819 |to flog ◇ fustiger [Etym] ⺮ 131 (rad: 118b 6-05), 台 1143 [Graph] 231a 231a 612a 011a.

籪 duàn *820 |簖 -785| weir ◇ barrage [Etym] ⺮ 131 (rad: 118b 6-18), 斷 1179 [Graph] 231a 231a 613c 613c ac:z 613c 613c 711a 722c.

箓 lù *821 |箓、籙 +850、*739| 1° map, chart 2° list 3° Taoist secret talismanic writing ◇ 1° carte 2° liste 3° écrits secrets des Daoistes [Etym] ⺮ 131 (rad: 118b 6-08), 录 1220 [Graph] 231a 231a 621a 331o.

簦 dēng +822 |umbrella ◇ parasol [Etym] ⺮ 131 (rad: 118b 6-12), 登 1247 [Graph] 231a 231a 631g 012b.

筩 tǒng *823 |筒 +874| 1° bamboo tube 2° tube-shaped object (boot) 3° pipe, tube 4° conduit ◇ 1° tube de bambou 2° objet tubulaire (botte) 3° tuyau 4° conduit [Etym] ⺮ 131 (rad: 118b 6-07), 甬 1262 [Graph] 231a 231a 632a 856i.

篷 péng +824 |1° boat sail 2° covering or awning on a car ◇ 1° voile de navire 2° natte couvrant une barque ou une voiture [Etym] ⺮ 131 (rad: 118b 6-10), 逢 1291 [Graph] 231a 231a 633e 414g 634o.

笈 jí +825 |book box, satchel ◇ boîte de livres, cartable [Etym] ⺮ 131 (rad: 118b 6-03), 及1344 [Graph] 231a 231a 634m.

葉 yè *826 |页、頁、叶 -7993、*10172、+8927| 1° page, leaf 2° beginning 3° chapter 4° head ◇ 1° page 2° commencement 3° chapitre 4° tête [Etym] ⺮ 131 (rad: 118b 6-09), 枼 1349 [Graph] 231a 231a 711d 422a.

簏 lù +827 |1° basket 2° bamboo chest, trunk ◇ 1° coffret 2° valise en bambou [Etym] ⺮ 131 (rad: 118b 6-11), 鹿 1398 [Graph] 231a 231a 721b 821b 311d 321b.

簾 lián *828 |帘 -7831| 1° door-screen 2° shop-sign 3° curtain ◇ 1° portière, rideau de fenêtre 2° enseigne 3° écran [Etym] ⺮ 131 (rad: 118b 6-13), 廉 1408 [Graph] 231a 231a 721b 834h.

簷 yán *829 |檐 +4297| 1° end of the rafters 2° brim of hat ◇ 1° bout des chevrons 2° bord du chapeau [Etym] ⺮ 131 (rad: 118b 6-13), 詹 1421 [Graph] 231a 231a 721e ac:h 012d.

簴 jǔ *830 |筥 +888| round bamboo basket ◇ panier rond en bambou [Etym] ⺮ 131 (rad: 118b 6-13), 豦 1434 [Graph] 231a 231a 721g 321e 522a.

籧 qú +831 |[Etym] ⺮ 131 (rad: 118b 6-16), 遽1435 [Graph] 231a 231a 721g 321e 522a 634o.

箎 chí *832 |篪、竾 +833、*839| ancient bamboo musical instrument ◇ ancien instrument musical en bambou [Etym] ⺮ 131 (rad: 118b 6-08), 虎 1451 [Graph] 231a 231a 721g 321e Z33a.

篪 chí +833 |竾、箎 *839、*832| ancient bamboo musical instrument ◇ ancien instrument musical en bambou [Etym] ⺮ 131 (rad: 118b 6-10), 虒 1455 [Graph] 231a 231a 722a 721g 321e Z33a.

笥 sì +834 |bamboo-plaited hamper or basket or suitcase ◇ panier, coffre ou manne en bambou tressé [Etym] ⺮ 131 (rad: 118b 6-05), 司 1476 [Graph] 231a 231a 731d 012a.

苕 tiáo +835 ⺮⺮刀口 [Etym] ⺮ 131 (rad: 118b 6-05), 召 1479 [Graph] 231a 231a 732a 011a.

苕帚 tiáo zhǒu。broom ◇ balai * 7379.

竻 lè +836 ⺮⺮力 bamboo shoots, root of bamboo ◇ pousse ou racine de bambou [Etym] ⺮ 131 (rad: 118b 6-02), 力 1489 [Graph] 231a 231a 732f.

笾 biān -837 ⺮⺮力辶 籩 *898 flat basket ◇ corbeille [Etym] ⺮ 131 (rad: 118b 6-05), 边 1490 [Graph] 231a 231a 732f 634o.

笳 jiā +838 ⺮⺮力口 1° flageolet 2° reed instrument ◇ 1° flageolet 2° flûte en roseau enroulé [Etym] ⺮ 131 (rad: 118b 6-05), 加 1492 [Graph] 231a 231a 732f 011a.

笹 chí *839 ⺮⺮也 篪、箎 +833、*832 ancient bamboo musical instrument ◇ ancien instrument musical en bambou [Etym] ⺮ 131 (rad: 118b 6-03), 也 1502 [Graph] 231a 231a 733c.

篋 qiè *840 ⺮⺮匚大人人 箧 -841 1° casket 2° small suitcase ◇ 1° corbeille 2° mallette, petite valise [Etym] ⺮ 131 (rad: 118b 6-09), 匧 1514 [Graph] 231a 231a 811c 242a 232a 232a.

箧 qiè -841 ⺮⺮匚夹 篋 *840 1° casket 2° small suitcase ◇ 1° corbeille 2° mallette, petite valise [Etym] ⺮ 131 (rad: 118b 6-08), 匧 1518 [Graph] 231a 231a 811c 242q.

篚 fěi +842 ⺮⺮匚非 bamboo basket, container in ancient time ◇ corbeille en bambou dans la Chine antique [Etym] ⺮ 131 (rad: 118b 6-10), 匪 1520 [Graph] 231a 231a 811c 415b.

筐 kuāng +843 ⺮⺮匚王 basket ◇ panier carré [Etym] ⺮ 131 (rad: 118b 6-06), 匡 1522 [Graph] 231a 231a 811c 432e.

筐子 kuāng zǐ。basket ◇ panier, corbeille * 6546.

笸 pǒ +844 ⺮⺮匚口 [Etym] ⺮ 131 (rad: 118b 6-05), 叵 1527 [Graph] 231a 231a 811c 011a.

笸箩 pǒ luó。shallow basket ◇ corbeille servant de mangeoire à chevaux * 912.

篼 dōu +845 ⺮⺮匚兒 1° bamboo basket, container 2° mountain sedan chair ◇ 1° muselière, panier en bambou 2° chaise à porteurs en montagne [Etym] ⺮ 131 (rad: 118b 6-11), 兜 1532 [Graph] 231a 231a 811e 022d.

籝 yíng +846 ⺮⺮亡口月女凡 籯 *847 1° suitcase 2° strong-box, safe 3° chopsticks-container ◇ 1° coffre, malle 2° coffre-fort 3° étui de baguettes [Etym] ⺮ 131 (rad: 118b 6-16), 嬴 1537 [Graph] 231a 231a 811f 011a 856e 611e Z33b.

籯 yíng *847 ⺮⺮亡口月貝凡 籝 +846 1° suitcase 2° strong-box, safe 3° chopsticks-container ◇ 1° coffre, malle 2° coffre-fort 3° étui de baguettes [Etym] ⺮ 131 (rad: 118b 6-20), 贏 1538 [Graph] 231a 231a 811f 011a 856e 023b Z33b.

簪 zān +848 ⺮⺮旡旡曰 hairpin, to wear in one's hair ◇ broche, épingle à cheveux [Etym] ⺮ 131 (rad: 118b 6-12), 朁 1541 [Graph] 231a 231a 812a 812a 021a.

箒 zhǒu *849 ⺮⺮ヨ冖巾 帚 +7379 broom ◇ balai [Etym] ⺮ 131 (rad: 118b 6-08), 帚 1557 [Graph] 231a 231a 832a 851a 858a.

箓 lù +850 ⺮⺮彐氺 箓、籙 *821、*739 1° map, chart 2° list 3° Taoist secret talismanic writing ◇ 1° carte 2° liste 3° écrits secrets des Daoistes [Etym] ⺮ 131 (rad: 118b 6-08), 录 1563 [Graph] 231a 231a 832d 331o.

筆 bǐ (147) ⺮⺮聿 [Tra] pencil, pen ◇ pinceau, stylo [Etym] to write (3< 聿 1569) with a bamboo (1,2= ⺮ 131) brush ◇ écrire (3< 聿 1569) avec un pinceau de bambou (1,2= ⺮ 131) [Graph] 231a 231a 833e [Ref] k1321, r411, w169b, wi7 [Hanzi] bi4 潷 65, bi3 筆 851.

筆 bǐ *851 ⺮⺮聿 笔 +754 1° pencil, pen 2° stroke 3° to write ◇ 1° pinceau, stylo 2° trait 3° écrire [Etym] ⺮ 131 (rad: 118b 6-06), 筆 147 [Graph] 231a 231a 833e.

笋 sǔn +852 ⺮⺮尹 筍 *865 edible bamboo sprouts ◇ pousses de bambou comestible [Etym] ⺮ 131 (rad: 118b 6-04), 尹 1575 [Graph] 231a 231a 834a.

筝 zhēng -853 ⺮⺮争 箏 *735 1° kite 2° 21 or 25-stringed plucked instrument, zither-like instrument ◇ 1° cerf-volant 2° cithare (à 21 ou 25 cordes) [Etym] ⺮ 131 (rad: 118b 6-06), 争 1577 [Graph] 231a 231a 834d.

箫 xiāo -854 ⺮⺮肃 簫 *856 pandean pipes, vertical bamboo flute ◇ flûte de Pan, flûte droite [Etym] ⺮ 131 (rad: 118b 6-08), 肃 1581 [Graph] 231a 231a 834g.

箑 shà +855 ⺮⺮疌 1° fan 2° running band writing ◇ 1° éventail 2° écriture cursive [Etym] ⺮131 (rad: 118b 6-08), 疌 1583 [Graph] 231a 231a 834i.

簫 xiāo *856 ⺮⺮肅 箫 -854 pandean pipes, vertical bamboo flute ◇ flûte de Pan, flûte droite [Etym] ⺮ 131 (rad: 118b 6-13), 肅 1584 [Graph] 231a 231a 834k.

篅 chuán +857 ⺮⺮山而 basket for grain ◇ grande corbeille formée d'une longue natte enroulée en spirale, pour le grain [Etym] ⺮ 131 (rad: 118b 6-09), 耑 1623 [Graph] 231a 231a 841b 857f.

筦 guǎn *858 ⺮⺮宀元 管 +861 1° tube, pipe 2° wind instrument, reed, flute 3° numerative 4° valve 5° to manage, to govern 6° to regulate 7° to mind 8° to provide ◇ 1° tube, tuyau 2° instrument à vent, flûte de bambou 3° spécificatif 4° valve 5° gérer, gouverner 6° régler 7° concerner, se préoccuper de 8° pourvoir [Etym] ⺮ 131 (rad: 118b 6-07), 完 1671 [Graph] 231a 231a 851c 322d.

簆 kòu *859 ⺮⺮宀元攴 筘 -764 reed ◇ roseau [Etym] ⺮ 131 (rad: 118b 6-11), 寇 1672 [Graph] 231a 231a 851c 322d 633c.

筞 cè *860 ⺮⺮宀木 策、筴、筞 +876、+750、*748 1° plan, scheme 2° whip 3° bamboo slips as old Chinese writing material 4° antique type of Chinese essay ◇ 1° plan, projet 2° fouet 3° tiges de bambou préparées pour l'écriture dans l'antiquité chinoise 4° type d'essai littéraire ancien [Etym] ⺮ 131 (rad: 118b 6-07), 宋 1684 [Graph] 231a 231a 851c 422a.

管 guǎn +861 ⺮⺮宀目 | 筦 *858 | 1° tube, pipe 2° wind instrument, reed, flute 3° numerative 4° valve 5° to manage, to govern 6° to regulate 7° to mind 8° to provide ◇ 1° tube, tuyau 2° instrument à vent, flûte de bambou 3° spécificatif 4° valve 5° gérer, gouverner 6° régler 7° concerner, se préoccuper de 8° pourvoir [Etym] ⺮ 131 (rad: 118b 6-08), 官 1707 [Graph] 231a 231a 851c 934b.

管儿 guǎn ér ∘ tube, pipe ◇ tube, tuyau ✱ 2194.

管理 guǎn lǐ ∘ to manage, to administer; to look after ◇ gérer, administrer; entretenir, garder ✱ 5204.

管子 guǎn zǐ ∘ pipe ◇ tuyau, tube, conduite ✱ 6546.

管事 guǎn shì ∘ to be in charge; effective ◇ efficace, efficient; avoir la charge de ✱ 10387.

箜 kōng +862 ⺮⺮穴工 | harp ◇ harpe [Etym] ⺮ 131 (rad: 118b 6-08), 空 1722 [Graph] 231a 231a 851d 431a.

箜篌 kōng hóu ∘ large lute with 25 strings ◇ grand luth à 25 cordes ✱ 767.

笏 hù +863 ⺮⺮勿 | tablet ◇ calepin, tablette [Etym] ⺮ 131 (rad: 118b 6-04), 勿 1765 [Graph] 231a 231a 852e.

笱 gǒu +864 ⺮⺮勹口 | bamboo trap for catching fish ◇ piège pour attraper des poissons [Etym] ⺮ 131 (rad: 118b 6-05), 句 1779 [Graph] 231a 231a 852h 011a.

筍 sǔn *865 ⺮⺮勹日 | 笋 +852 | edible bamboo sprouts ◇ pousses de bambou comestible [Etym] ⺮ 131 (rad: 118b 6-06), 旬 1782 [Graph] 231a 231a 852h 021a.

簇 cù +866 ⺮⺮方𠂉矢 | 1° frame 2° cluster 3° to pile up ◇ 1° châssis 2° groupe 3° accumuler [Etym] ⺮ 131 (rad: 118b 6-11), 族 1787 [Graph] 231a 231a 853b ac:f 242d.

箷 yí *867 ⺮⺮方𠂉也 | 椸 +4363 | clothes-rack ◇ portemanteau [Etym] ⺮ 131 (rad: 118b 6-09), 施 1792 [Graph] 231a 231a 853b ac:f 733c.

笕 jiǎn -868 ⺮⺮见 | 筧 *897 | bamboo waterpipe ◇ tuyau d'eau en bambou [Etym] ⺮ 131 (rad: 118b 6-04), 见 1801 [Graph] 231a 231a 854c.

简 jiǎn -869 ⺮⺮门日 | 簡 *886 | 1° simple, simplified, brief, to abridge 2° slip of bamboo, tablet 3° letter 4° documents, records 5° to arrange 6° to choose 7° breach of manners ◇ 1° simple, simplicité, concis, abréger, diminuer 2° tablette de bambou 3° écrit, lettre 4° document, dossier 5° arranger 6° choisir 7° non respect des convenances [Etym] ⺮ 131 (rad: 118b 6-07), 间 1817 [Graph] 231a 231a 855a 021a.

简短 jiǎn duǎn ∘ to shorten, to abridge; short, brief ◇ abréger; bref, court, simple ✱ 1590.

简体字 jiǎn tǐ zì ∘ simplified Chinese character ◇ caractère simplifié ✱ 2872 7763.

简便 jiǎn biàn ∘ handy, simple, convenient ◇ commode, simple, facile, pratique ✱ 3074.

简称 jiǎn chēng ∘ to abbreviate; abbreviation ◇ abréger, abréviation ✱ 4515.

简历 jiǎn lì ∘ curriculum vitae ◇ curriculum vitae ✱ 6847.

简写 jiǎn xiě ∘ to write in simplified character ◇ écrire en caractères simplifiés ✱ 7686.

简直 jiǎn zhí ∘ really; simply ◇ vraiment; simplement, carrément ✱ 8548.

简易 jiǎn yì ∘ simple and easy; elementary, basic ◇ simple, élémentaire, rudimentaire, facile ✱ 9921.

简明 jiǎn míng ∘ clear, concise ◇ concis et clair ✱ 9933.

简单 jiǎn dān ∘ simple ◇ simple ✱ 10457.

简要 jiǎn yào ∘ concise and brief; briefing ◇ essentiel; schématique, concis ✱ 10824.

籐 téng *870 ⺮⺮月关氺 | 藤 +3882 | 1° cane, rattan 2° vine, liana ◇ 1° rotin 2° vrille (des plantes grimpantes), liane [Etym] ⺮ 131 (rad: 118b 6-15), 滕 1826 [Graph] 231a 231a 856e 242p 331o.

筋 jīn +871 ⺮⺮月力 | 觔 *8369 | 1° muscle 2° tendon 3° vein-like, ribs, fibbers 4° strong ◇ 1° muscle 2° tendon 3° nerf 4° force musculaire [Etym] ⺮ 131 (rad: 118b 6-06), 肋 1832 [Graph] 231a 231a 856e 732f.

箙 fú +872 ⺮⺮月卩又 | quiver, sheath ◇ étui, gaine, carquois [Etym] ⺮ 131 (rad: 118b 6-08), 服 1833 [Graph] 231a 231a 856e 734b 633a.

箭 jiàn +873 ⺮⺮䒑月刂 | arrow ◇ flèche [Etym] ⺮ 131 (rad: 118b 6-09), 前 1839 [Graph] 231a 231a ac:d 856e 333b.

筒 tǒng +874 ⺮⺮冂𠮛 | 筩 *823 | 1° bamboo tube 2° tube-shaped object (boot) 3° pipe, tube 4° conduit ◇ 1° tube de bambou 2° objet tubulaire (botte) 3° tuyau 4° conduit [Etym] ⺮ 131 (rad: 118b 6-06), 同 1853 [Graph] 231a 231a 856k 012a.

筲 shāo +875 ⺮⺮肖 | bucket, bamboo or wooden pail ◇ seau, baquet, corbeille en bambou [Etym] ⺮ 131 (rad: 118b 6-07), 肖 1878 [Graph] 231a 231a 857i.

策 cè +876 ⺮⺮朿 | 筴 +750 、筞 *860 、䇲 *748 | 1° plan, scheme 2° whip 3° bamboo slips as old Chinese writing material 4° antique type of Chinese essay ◇ 1° plan, projet 2° fouet 3° tiges de bambou préparées pour l'écriture dans l'antiquité chinoise 4° type d'essai littéraire ancien [Etym] ⺮ 131 (rad: 118b 6-06), 朿 1909 [Graph] 231a 231a 858m.

策源 cè yuán ∘ home, source ◇ foyer ✱ 336.

策略 cè lüè ∘ plan; tactics ◇ plan; tactique; combinaison ✱ 10436.

簠 fǔ (148) ⺮⺮甫皿 | [Tra] ritual basket; container ◇ panier rituel; récipient [Etym] two sign: a bamboo (⺮ 131) container (皿 1939); phon (甫 1914) ◇ deux sign: récipient (皿 1939) de bambou (⺮ 131); phon (甫 1914) [Graph] 231a 231a 858n 922a [Hanzi] fu3 簠 877.

火

⺮

簠 fǔ +877 ⺮⺮甫皿 | sort of basket, square grain receptacle ◇ panier rituel, récipient de grain [Etym] ⺮⺮ 131 (rad: 118b 6-12), 簠 148 [Graph] 231a 231a 858n 922a.

篱 lí -878 ⺮⺮囟内 | 籬 *879 | fence ◇ haie [Etym] ⺮⺮ 131 (rad: 118b 6-10), 离 1927 [Graph] 231a 231a 911c 859e.

篱笆 lí bā ∘ bamboo or twig fence ◇ haie * 884.

籬 lí *879 ⺮⺮囟内隹 | 篱 -878 | fence ◇ haie [Etym] ⺮⺮ 131 (rad: 118b 6-18), 離 1928 [Graph] 231a 231a 911c 859e 436m.

筯 zhù *880 ⺮⺮且力 | 箸 +795 | chopsticks ◇ baguettes pour manger [Etym] ⺮⺮ 131 (rad: 118b 6-07), 助 1931 [Graph] 231a 231a 921a 732f.

篇 piān +881 ⺮⺮户冊 | 1° piece of writing, essay, article, section of a written work 2° measure-word: sheet of paper 3° leaf of a book 4° writing tablet ◇ 1° écrit, essai, article, thèse, section d'un ouvrage 2° spécificatif des compositions littéraires 3° feuillet d'un livre 4° tablette à écrire [Etym] ⺮⺮ 131 (rad: 118b 6-09), 扁 1989 [Graph] 231a 231a 931e 856j.

節 jiē (149) ⺮⺮艮卩 | [Tra] holiday; to abridge ◇ fête; section [Etym] nodes (3,4=prim) on bamboo (1,2= ⺮⺮ 131) -> time limit ◇ marques (3,4=prim) sur des bambous (1,2= ⺮⺮ 131) -> mémoire [Graph] 231a 231a 932b 734a [Ref] ph798, w26m, wi114 [Hanzi] jie1 jie2 節 882, zhi4 櫛 4092, jie1 癤 7007.

節 jiē *882 ⺮⺮艮卩 | 节 -3805 | juncture, link ◇ noeud, jointure [Etym] ⺮⺮ 131 (rad: 118b 6-07), 節 149 [Graph] 231a 231a 932b 734a.

△ jié | 节 -3805 | 1° knot 2° division 3° part, section 4° festival, holiday 5° to abridge 6° to economize 7° item 8° integrity, chastity ◇ 1° noeud 2° division du temps 3° partie, section 4° fête annuelle 5° abréger 6° économiser 7° article 8° droiture, fermeté, chasteté.

簋 guǐ (150) ⺮⺮良皿 | [Tra] round-mouthed basket ◇ grande corbeille [Etym] bamboo (⺮⺮ 131) containter (皿 1939), food (朗 2007) (> 簠 148) ◇ récipient (皿 1939) de bambou (⺮⺮ 131), nourriture (朗 2007) (> 簠 148) [Graph] 231a 231a 932e 922a [Hanzi] gui3 簋 883.

簋 guǐ +883 ⺮⺮良皿 | basket, round-mouthed food vessel ◇ grande corbeille en bambou, récipient de nourriture [Etym] ⺮⺮ 131 (rad: 118b 6-12), 簋 150 [Graph] 231a 231a 932e 922a.

笆 bā +884 ⺮⺮巴 | basketry ◇ vannerie [Etym] ⺮⺮ 131 (rad: 118b 6-04), 巴 2014 [Graph] 231a 231a 933c.

篩 shāi *885 ⺮⺮自币 | 筛 -766 | 1° sieve, to sieve, to strain, to screen 2° to strike 3° to temper ◇ 1° tamis, crible, cribler 2° frapper 3° attiédir [Etym] ⺮⺮ 131 (rad: 118b 6-10), 師 2023 [Graph] 231a 231a 934c 858d.

簡 jiǎn *886 ⺮⺮門日 | 简 -869 | 1° simple, simplified, brief, to abridge 2° slip of bamboo, tablet 3° letter 4° documents, records 5° to arrange 6° to choose 7° breach of manners ◇ 1° simple, simplicité, concis, abréger, diminuer 2° tablette de bambou 3° écrit, lettre 4° document, dossier 5° arranger 6° choisir 7° non respect des convenances [Etym] ⺮⺮ 131 (rad: 118b 6-12), 間 2041 [Graph] 231a 231a 934e 021a.

籃 lán *887 ⺮⺮臣𠂉一皿 | 篮 -777 | 1° basket 2° goal (in basketball) ◇ 1° panier 2° but (basketball) [Etym] ⺮⺮ 131 (rad: 118b 6-14), 監 2045 [Graph] 231a 231a 935b ac:f 111a 922a.

筥 jǔ +888 ⺮⺮口口 | 篆 *830 | round bamboo basket ◇ panier rond en bambou [Etym] ⺮⺮ 131 (rad: 118b 6-06), 吕 2084 [Graph] 231a 231a 011a 011a.

簞 dān *889 ⺮⺮口口甲 | 箪 -905 | basket for holding steamed rice ◇ corbeille ronde pour mettre du riz cuit [Etym] ⺮⺮ 131 (rad: 118b 6-12), 單 2101 [Graph] 231a 231a 011a 011a 041c.

篙 gāo +890 ⺮⺮亠冋口 | pole ◇ perche, gaffe [Etym] ⺮⺮ 131 (rad: 118b 6-10), 高 2138 [Graph] 231a 231a 012c 856k 011a.

笪 dá +891 ⺮⺮日一 | 1° round basket 2° surname ◇ 1° panier rond 2° nom de famille [Etym] ⺮⺮ 131 (rad: 118b 6-05), 旦 2170 [Graph] 231a 231a 021a ac:z.

篁 huáng +892 ⺮⺮白王 | hard bamboo, bamboo grove ◇ espèce de bambou [Etym] ⺮⺮ 131 (rad: 118b 6-09), 皇 2221 [Graph] 231a 231a 022c 432e.

篹 suàn (151) ⺮⺮目大 | [Tra] to calculate, to compute ◇ compter [Etym] different writing for (算 154) ◇ autre graphie pour (算 154) [Graph] 231a 231a 023a 242a [Hanzi] cuan4 簒 893, zuan3 纂 894.

簒 cuàn (152) ⺮⺮目大厶 | [Tra] to usurp, to seize ◇ usurper, s'emparer [Etym] to calculate (1,2,3,4< 算 154) one's own (5= 厶 1131) profit ◇ calculer (1,2,3,4< 算 154) dans son propre (5= 厶 1131) intérêt [Graph] 231a 231a 023a 242a 612a [Ref] w89a [Hanzi] cuan4 簒 893.

簒 cuàn +893 ⺮⺮目大厶 | to usurp, to seize ◇ usurper, s'emparer de [Etym] ⺮⺮ 131 (rad: 118b 6-10), 篹 151 厶 1131 [Graph] 231a 231a 023a 242a 612a.

纂 zuǎn (153) ⺮⺮目大糸 | [Tra] to compile, to edit ◇ recueillir, réunir [Etym] to calculate (1,2,3,4= 算 154) and to bind (5= 糸 1185) ◇ calculer (1,2,3,4= 算 154) et relier (5= 糸 1185) [Graph] 231a 231a 023a 242a 613d [Ref] w89a [Hanzi] zuan3 纂 894, zuan4 攥 2339.

纂 zuǎn +894 ⺮⺮目大糸 | 1° to compile, to edit 2° bun (hair) 3° red silk ribbon ◇ 1° compiler, réunir, recueillir, éditer 2° chignon 3° cordon de soie rouge [Etym] 糸 1185 (rad: 120a 6-14), 纂 153 [Graph] 231a 231a 023a 242a 613d.

算 suàn (154) ⺮⺮目廾 [Tra] to calculate ◇ compter [Etym] two hands (4= 弄 908); bamboo (1,2= ⺮ 131) abacus (3=prim) (> 筭 143) ◇ deux mains (4= 弄 908); un abaque (3=prim) de bambou (1,2= ⺮ 131) (> 筭 143) [Graph] 231a 231a 023a 416e [Ref] k825, ph780, w47g, wa195, wi247 [Hanzi] suan4 算 895.

算 suàn +895 ⺮⺮目廾 | 祘 •2254 | 1° to calculate, to compute, to count 2° to include 3° to plan 4° to suppose, to estimate, to regard as 5° finally 6° to let it be ◇ 1° calculer, compter 2° inclure 3° planifier, combiner 4° conjecturer, supposer 5° finalement 6° être [Etym] ⺮ 131 (rad: 118b 6-08), 算 154 [Graph] 231a 231a 023a 416e.

算命 suàn mìng ∘ fortune-telling ◇ dire la bonne aventure * 1494.

算术 suàn shù ∘ mathematics ◇ calcul, arithmétique * 4595.

算盘 suàn pán ∘ abacus ◇ abaque, boulier * 8318.

算帐 suàn zhàng ∘ to do the accounts; to pay a bill ◇ dresser un compte, régler son compte à * 8382.

算是 suàn shì ∘ at last ◇ être considéré comme; enfin, finalement * 9880.

籰 yuè +896 ⺮⺮目目隹又 | 籆 •779 | tools for raveling silk and yarn ◇ instrument de tissage de soie [Etym] ⺮ 131 (rad: 118b 6-20), 矍 2244 [Graph] 231a 231a 023a 023a 436m 633a.

筧 jiǎn •897 ⺮⺮見 | 笕 -868 | bamboo waterpipe ◇ tuyau d'eau en bambou [Etym] ⺮ 131 (rad: 118b 6-07), 見 2255 [Graph] 231a 231a 023c.

籩 biān •898 ⺮⺮自穴方辶 | 笾 -837 | flat basket ◇ corbeille [Etym] ⺮ 131 (rad: 118b 6-18), 邊 2262 [Graph] 231a 231a 023d 851d 853b 634o.

篑 kuì -899 ⺮⺮虫贝 | 簣 •900 | deaf ◇ sourd [Etym] ⺮ 131 (rad: 118b 6-09), 贵 2278 [Graph] 231a 231a 031c 854b.

簣 kuì •900 ⺮⺮虫貝 | 篑 -899 | deaf ◇ sourd [Etym] ⺮ 131 (rad: 118b 6-12), 貴 2281 [Graph] 231a 231a 031c 023b.

簌 sù +901 ⺮⺮束欠 | 1° fine sieve 2° dense ◇ 1° crible 2° dru [Etym] ⺮ 131 (rad: 118b 6-11), 欶 2297 [Graph] 231a 231a 032g 232b.

籁 lài -902 ⺮⺮束负 | 籟 •903 | 1° ancient musical pipe 2° sound, noise 3° tube ◇ 1° flûte à trois trous 2° son, bruit 3° tube, canal [Etym] ⺮ 131 (rad: 118b 6-13), 赖 2301 [Graph] 231a 231a 032g 854h.

籟 lài •903 ⺮⺮束負 | 籁 -902 | 1° ancient musical pipe 2° sound, noise 3° tube ◇ 1° flûte à trois trous 2° son, bruit 3° tube, canal [Etym] ⺮ 131 (rad: 118b 6-16), 賴 2302 [Graph] 231a 231a 032g 023k.

箅 bì +904 ⺮⺮田丌 | 1° sieve, bolter 2° to sift, to bolt ◇ 1° sas 2° sasser [Etym] ⺮ 131 (rad: 118b 6-08), 畀 2317 [Graph] 231a 231a 041a 416c.

箪 dān -905 ⺮⺮单 | 簞 •889 | basket for holding steamed rice ◇ corbeille ronde pour mettre du riz cuit [Etym] ⺮ 131 (rad: 118b 6-08), 单 2334 [Graph] 231a 231a 041g.

笛 dí +906 ⺮⺮由 | fife, flute ◇ flûte [Etym] ⺮ 131 (rad: 118b 6-05), 由 2345 [Graph] 231a 231a 042a.

笛子 dí zǐ ∘ fife, flute ◇ flûte, fifre * 6546.

範 fàn •907 ⺮⺮車巳 | 范 +3527 | 1° pattern, model 2° limits 3° plants, grass 4° surname ◇ 1° modèle, moule 2° limites 3° végétation, herbes 4° nom de famille [Etym] ⺮ 131 (rad: 118b 6-09), 巳 1499 [Graph] 231a 231a 042g 733a.

筻 gàng +908 ⺮⺮更 | place in Hunan ◇ lieu du Hunan [Etym] ⺮ 131 (rad: 118b 6-07), 更 2359 [Graph] 231a 231a 043a.

篳 bì •909 ⺮⺮畢 | 荜 -752、蓽 •3996 | 1° bamboo or wicker fence 2° pepper ◇ 1° clôture en bambou ou en osier 2° poivre [Etym] ⺮ 131 (rad: 118b 6-10), 畢 2367 [Graph] 231a 231a 043i.

篾 miè +910 ⺮⺮罒戍 | 1° thin bamboo strip, rind of reed or sorghum 2° splints ◇ 1° éclats de bambou, lanières d'écorce de bambou 2° fibres [Etym] ⺮ 131 (rad: 118b 6-11), 蔑 2386 [Graph] 231a 231a 051a 512k.

籮 luó •911 ⺮⺮罒糸隹 | 箩 -912 | deep bamboo basket ◇ panier ou corbeille en bambou [Etym] ⺮ 131 (rad: 118b 6-19), 羅 2388 [Graph] 231a 231a 051a 613d 436m.

箩 luó -912 ⺮⺮罒夕 | 籮 •911 | deep bamboo basket ◇ panier ou corbeille en bambou [Etym] ⺮ 131 (rad: 118b 6-08), 罗 2389 [Graph] 231a 231a 051a 631b.

篥 lì +913 ⺮⺮西木 | See ◇ Voir 觱篥 bi4-li4 5559-913 [Etym] ⺮ 131 (rad: 118b 6-10), 栗 2406 [Graph] 231a 231a 051e 422a.

簟 diàn +914 ⺮⺮覀早 | bamboo mat ◇ natte de bambou [Etym] ⺮ 131 (rad: 118b 6-12), 覃 2411 [Graph] 231a 231a 051e 021d.

篦 bì +915 ⺮⺮囟匕匕 | 1° comb 2° to comb ◇ peigne [Etym] ⺮ 131 (rad: 118b 6-10), 毘 2419 [Graph] 231a 231a 061b 311d 321b.

箇 gè •916 ⺮⺮囗古 | 个 +1092、個 •3089 | 1° this, this one 2° unit 3° individual 4° numerative ◇ 1° ce, cet 2° unité 3° individu 4° spécificatif [Etym] ⺮ 131 (rad: 118b 6-08), 固 2456 [Graph] 231a 231a 071a 013f.

簰 pái -917 ⺮⺮片卑 | 箄 •731 | raft ◇ radeau [Etym] ⺮ 131 (rad: 118b 6-12), 牌 2473 [Graph] 231a 231a Z12c 043h.

笫 zǐ +918 ⺮⺮弟 | bamboo bed-matting ◇ natte en bambou [Etym] ⺮ 131 (rad: 118b 6-04), 弟 2485 [Graph] 231a 231a Z21k.

篤 dǔ (155) ⺮⺮馬 [Tra] advance; resolute ◇ avancer; ferme [Etym] to advance (3= 馬 2486); phon (1,2= ⺮ 131) ◇ avancer (3= 馬 2486); phon (1,2= ⺮131) [Graph] 231a 231a Z22a [Ref] h1666, w77b [Hanzi] du3 篤 919.

篤 dǔ •919 ⺮⺮馬 | 笃 -920 | 1° sincere, honest 2° critical, firm 3° to augment, generous ◇ 1° sincère, honnête 2° grave, sérieux, constant, ferme 3° augmenter, fortifier, généreux [Etym] ⺮ 131 (rad: 118b 6-10), 篤 155 [Graph] 231a 231a Z22a.

笃 dǔ -920 ⺮⺮马 | 篤 •919 | 1° sincere, honest 2° critical, firm 3° to augment, generous ◇ 1° sincère, honnête 2° grave, sérieux, constant, ferme 3° augmenter, fortifier, généreux [Etym] ⺮ 131 (rad: 118b 6-03), 马 2489 [Graph] 231a 231a Z22b.

箬 ruò *921 | 箬 +778 | See ◇ Voir 箬竹 ruo4-zhu2 778-2770 [Etym] ⺮ 131 (rad: 118b 6-10), 弱 2548 [Graph] 231a 231a Z42b Z42b.
⺮⺮弓弓

第 dì +922 | 1° order, series, section 2° ordinal prefix ◇ 1° ordre 2° préfixe ordinal [Etym] ⺮ 131 (rad: 118b 6-07), 弟 2552 [Graph] 231a 231a Z42f.
⺮⺮弟

第一流 dì yī liú ∘ first class, first rate ◇ de première classe, de première qualité * 1 285.

第一把手 dì yī bǎ shǒu ∘ number one person; first in command ◇ le numéro un de la direction * 1 2656 2748.

簍 lǒu *923 | 篓 -784 | basket ◇ panier [Etym] ⺮ 131 (rad: 118b 6-10), 婁 2572 [Graph] 231a 231a Z61f 611e.
⺮⺮⾅女

火 huǒ (156) | [Tra] fire ◇ feu [Etym] flames (prim) ◇ des flammes (prim) [Graph] 231b [Ref] h8, k117, r33, w126a, wa117, wi169 [Hanzi] huo3 火 924, yi4 燚 931, ying2 營 946, qiong2 煢 949, qiu1 烁 968, xie4 燮 1046, ye4 爗 1051, mie4 灭 1069, huo3 鈥 1116, huo3 钬 1902, huo3 伙 2785, shu1 倏 3106, qiu1 秋 4493, geng3 耿 5446, di2 狄 5589, xian3 燹 5699, chen4 0, cuan4 爨 7464, tan4 炭 7495, gui4 jiong3 炅 9848, jiong3 㷗 9944 [Rad] 086a.
火

火 huǒ +924 | 1° fire, flame, to burn 2° ammunition 3° fever 4° fiery 5° urgent 6° anger, exciting humors ◇ 1° feu, brûler 2° munitions 3° fièvre, inflammation 4° ardeur 5° urgent 6° se fâcher [Etym] 火 156 (rad: 086a 4-00), [Graph] 231b.
火

火箭 huǒ jiàn ∘ missile ◇ fusée * 873.

火焰 huǒ yàn ∘ flame ◇ flamme * 1013.

火把 huǒ bǎ ∘ torch ◇ torche * 2656.

火热 huǒ rè ∘ burning hot, fiery; warm, intimate ◇ brûlant, chaleureux, ardent * 2730.

火药 huǒ yào ∘ gunpowder ◇ poudre, explosif * 3740.

火葬 huǒ zàng ∘ to cremate ◇ incinérer * 3755.

火柴 huǒ chái ∘ match ◇ allumette * 5296.

火车 huǒ chē ∘ train ◇ train * 6327.

火车头 huǒ chē tóu ∘ locomotive ◇ locomotive * 6327 1598.

火山 huǒ shān ∘ volcano ◇ volcan * 7475.

火灾 huǒ zāi ∘ fire, disaster ◇ incendie * 7691.

火腿 huǒ tuǐ ∘ ham ◇ jambon * 8217.

火气 huǒ qì ∘ internal heat; anger, temper ◇ chaleur endogène; colère, emportement, irritation * 11170.

烂 làn -925 | 爛 *1039 | 1° sodden, mashed, desegregated, thoroughly cooked 2° to rot 3° worn-out, ragged 4° messy ◇ 1° décomposé, désagrégé par la cuisson, brûler 2° pourri, gâté 3° usé, effiloché 4° en désordre [Etym] 火 156 (rad: 086a 4-05), 兰 6 [Graph] 231b 111d.
火兰

焙 bèi +926 | to dry over a fire ◇ sécher au feu [Etym] 火 156 (rad: 086a 4-08), 咅 87 [Graph] 231b 221a 011a.
火立口

煖 nuǎn *927 | 暖 +9845 | 1° warm, mild, genial 2° to warm up ◇ 1° tiède, tempéré, doux 2° réchauffer [Etym] 火 156 (rad: 086a 4-09), 爰 104 [Graph] 231b 221d ac:a 241a 633a.
火⺤二𠂇又

爝 jiào +928 | torch ◇ torche, allumer [Etym] 火 156 (rad: 086a 4-17), 爵 126 [Graph] 231b 221d 051a 932b 332b.
火⺤罒艮寸

△ jué | 1° torch 2° to light ◇ 1° torche 2° allumer.

炎 yán (157) | [Tra] to blaze ◇ incendie [Etym] double fires (1,2= 火 156) ◇ doubles feux (1,2= 火 156) [Graph] 231b 231b [Ref] h1024, k239, ph416, r16a, w126d, wi517 [Hanzi] dan4 淡 66, yan2 炎 929, yan4 焱 930, yi4 燚 931, chua1 xu1 欻 933, shan4 yan3 剡 934, tan2 郯 935, tan2 錟 1117, tan2 谈 1696, tan2 锬 1903, tan3 毯 2183, shan4 掞 2340, tan3 菼 3546, yan3 琰 5070, tan2 痰 7009, yan4 餤 7442, dan3 赕 7955, yan3 扊 8678, dan4 啖 8857, tan2 談 9477, shan3 睒 10022, dan3 賧 10111, dan4 氮 11172.
火火

炎 yán +929 | 1° scorching, very hot 2° inflammation 3° to flame, to blaze ◇ 1° chaud, brûlant 2° inflammation 3° flamber, brûler [Etym] 火 156 (rad: 086a 4-04), 炎 157 [Graph] 231b 231b.
火火

炎热 yán rè ∘ very hot, scorching ◇ très chaud, brûlant * 2730.

焱 yàn (158) | [Tra] fire, sparks ◇ feu, étincelles [Etym] many fires or lamps (1,2,3= 火 156) ◇ plusieurs feux ou lampes (1,2,3= 火 156) [Graph] 231b 231b 231b [Ref] r16b, w126f [Hanzi] yan4 焱 930, shen1 燊 932, biao1 飈 11223.
火火火

焱 yàn +930 | 1° fire, flames 2° sparks ◇ 1° feu, flammes 2° étincelles [Etym] 火 156 (rad: 086a 4-08), 焱 158 [Graph] 231b 231b 231b.
火火火

燚 yì +931 | personal name ◇ prénom [Etym] 火 156 (rad: 086a 4-12), 炎 157 炎 157 [Graph] 231b 231b 231b 231b.
火火火火

燊 shēn +932 | flourishing, thriving ◇ florissant, prospère [Etym] 木 723 (rad: 075a 4-12), 焱 158 [Graph] 231b 231b 231b 422a.
火火火木

欻 chuā +933 | agitation ◇ agitation [Etym] 欠 178 (rad: 076a 4-08), 炎 157 [Graph] 231b 231b 232b.
火火欠

△ xū | suddenly ◇ soudain.

剡 shàn +934 | river in Zhejiang ◇ rivière du Zhejiang [Etym] 刂 470 (rad: 018b 2-08), 炎 157 [Graph] 231b 231b 333b.
火火刂

△ yǎn | 1° pointed, sharp, to sharpen 2° to shave 3° to scrape ◇ 1° pointu, aigu 2° tailler 3° gratter.

郯 **tán** +935 火火阝 | county in Shandong ◇ chef-lieu du Shandong [Etym] 阝1316 (rad: 163b 2-08), 炎 157 [Graph] 231b 231b 634j.

𤇾 **yíng** (159) 火火冖 | [Tra] to shine, bright ◇ luire, briller [Etym] two burning (1,2= 火 156) lamps and a shelter (3= 冖 1649) ◇ deux lampes allumées (1,2= 火 156) et un abri (3= 冖 1649) [Graph] 231b 231b 851a [Ref] k286, ph585, r16c, w126f, wi683 [Hanzi] ying2 熒 936, ying2 鎣 937, xing2 ying2 滎 938, luo4 犖 939, rong2 榮 940, qing3 檾 941, ying2 塋 942, ying2 瑩 943, ying2 縈 944, lao2 勞 945, ying2 營 946, ying2 螢 947, ying1 鶯 948, qiong2 煢 949.

熒 **yíng** (160) 火火冖火 | [Tra] to shine, bright ◇ luire, briller [Etym] many lamps (1,2,4= 火 156) in a room (3= 冖 1649) ◇ plusieurs lampes (1,2, 4= 火 156) dans une pièce (3= 冖 1649) [Graph] 231b 231b 851a 231b [Ref] k286, r16c, w126f [Hanzi] ying2 熒 936.

熒 **yíng** *936 火火冖火 | 荧 -3826 | 1° glimmering, to shine, bright 2° dazzled, twinkling 3° to doubt ◇ 1° luire, briller 2° éblouir 3° douter [Etym] 火 156 (rad: 086a 4-10), 熒 160 [Graph] 231b 231b 851a 231b.

鎣 **yíng** *937 火火冖人金 | 蓥 -3827 | See ◇ Voir 华蓥 hua2-ying2 2835-3827 [Etym] 金 196 (rad: 167a 8-10), 𤇾 159 [Graph] 231b 231b 851a 233a 432q.

滎 **xíng** *938 火火冖水 | 荥 -3828 | 1° rivulet 2° place in Henan ◇ 1° ruisseau 2° lieu du Henan [Etym] 水 435 (rad: 085a 4-10), 𤇾 159 [Graph] 231b 231b 851a 331p.

△ **yíng** | 荥 -3828 | place in Sichuan ◇ lieu du Sichuan.

犖 **luò** *939 火火冖牛 | 荦 -3829 | outstanding, extraordinary ◇ extraordinaire, excellent [Etym] 牛 585 (rad: 093a 4-10), 𤇾 159 [Graph] 231b 231b 851a 414d.

榮 **róng** (161) 火火冖木 | [Tra] to flourish, honour ◇ florissant, gloire [Etym] {1} plant (4= 木 723), bright (1,2,3= 𤇾 159); {2} bunch of flowers (1,2,3,4=prim) ◇ {1} plante (4= 木 723), brillant (1,2,3= 𤇾 159); {2} bouquet de fleurs (1,2,3, 4=prim) [Graph] 231b 231b 851a 422a [Ref] k951, wa43 [Hanzi] ying2 濚 67, rong2 榮 940, rong2 嶸 7478, rong2 蠑 10194.

榮 **róng** *940 火火冖木 | 荣 -3830 | 1° to flourish 2° honor, glory 3° surname ◇ 1° florissant 2° honneur, gloire, glorifier 3° nom propre [Etym] 木 723 (rad: 075a 4-10), 榮 161 [Graph] 231b 231b 851a 422a.

檾 **qǐng** *941 火火冖木木 | 苘 +3885、蘔 *3602 | See ◇ Voir 苘麻 qing3-ma2 3885-6897 [Etym] 木 723 (rad: 075a 4-14), 𤇾 159 林 734 [Graph] 231b 231b 851a 422a 422a.

塋 **yíng** *942 火火冖土 | 茔 -3831 | grave, burying-place ◇ tombe, cimetière [Etym] 土 826 (rad: 032a 3-10), 𤇾 159 [Graph] 231b 231b 851a 432a.

瑩 **yíng** (162) 火火冖玉 | [Tra] bright; jade-like ◇ éclatant; brillant [Etym] precious stone (4= 玉 938); phon, bright (1,2,3= 𤇾 159) ◇ pierre précieuse (4= 玉 938); phon, brillant (1,2,3= 𤇾 159) [Graph] 231b 231b 851a 432o [Hanzi] ying2 瀅 68, ying2 瑩 943, ying2 [illegible] 5071.

瑩 **yíng** *943 火火冖玉 | 莹 -3832 | 1° jade-like stone, lustrous, transparent 2° bright 3° to polish (precious stones) ◇ 1° belle pierre ressemblant au jade 2° éclatant, brillant 3° polir (pierres précieuses) [Etym] 玉 938 (rad: 095a 5-10), 𤇾 159 [Graph] 231b 231b 851a 432o.

縈 **yíng** (163) 火火冖糸 | [Tra] to bind; to entangle ◇ entourer; empêtrer [Etym] thread (4= 糸 1185); phon, bright (1,2,3= 𤇾 159) ◇ lien (4= 糸 1185); phon, brillant (1,2,3= 𤇾 159) [Graph] 231b 231b 851a 613d [Hanzi] ying2 瀠 69.

縈 **yíng** *944 火火冖糸 | 萦 -3834 | 1° to entangle, to bind round 2° circuit ◇ 1° empêtrer, entourer, envelopper 2° circuit, tour [Etym] 糸 1185 (rad: 120a 6-10), 𤇾 159 [Graph] 231b 231b 851a 613d.

勞 **láo** (164) 火火冖力 | [Tra] to toil ◇ peine, labeur [Etym] to toil (4= 力 1489) at night under a torch (1,2,3= 𤇾 159) ◇ travail (4= 力 1489) de nuit sous la torche (1,2,3= 𤇾 159) [Graph] 231b 231b 851a 732f [Ref] h610, k516, ph694, r16d, w126f, wi683 [Hanzi] lao4 澇 70, lao2 勞 945, lao2 鐒 1118, lao1 撈 2341, lao4 耮 4675, lao2 癆 7010, lao2 嶗 7479, lao2 lao4 嘮 8858.

勞 **láo** *945 火火冖力 | 劳 -3836 | 1° to labor, to toil 2° service 3° to embarrass 4° reward, to do a favor 5° surname ◇ 1° labeur, peine, fatigue 2° service 3° importuner, ennuyer 4° récompenser, mérite 5° nom propre [Etym] 力 1489 (rad: 019a 2-10), 勞 164 [Graph] 231b 231b 851a 732f.

營 **yíng** (165) 火火冖口白 | [Tra] encampment ◇ camp [Etym] encampment: roof (3= 冖 1649), fire (1,2= 火 156), rooms (4,5< 宮 1709) ◇ camp avec toit (3= 冖 1649), feu (1,2= 火 156), pièces (4,5< 宮 1709) [Graph] 231b 231b 851a 011a 013a [Ref] w90g [Hanzi] ying2 營 946.

營 **yíng** *946 火火冖口白 | 营 -3837 | 1° to operate, to run, to manage, to regulate (business) 2° to seek 3° encampment 4° army corps, battalion ◇ 1° diriger, gérer (affaires) 2° rechercher (profit) 3° camp militaire 4° bataillon [Etym] 火 156 (rad: 086a 4-13), 營 165 [Graph] 231b 231b 851a 011a 013a.

螢 **yíng** *947 火火冖虫 | 萤 -3839 | firefly, glow-worm ◇ luciole, lampyre [Etym] 虫 2282 (rad: 142a 6-10), 𤇾 159 [Graph] 231b 231b 851a 031d.

鶯 **yīng** *948 火火冖鳥 | 莺 -3841、鸎 *10148 | oriole ◇ loriot [Etym] 鳥 2500 (rad: 196a 11-10), 𤇾 159 [Graph] 231b 231b 851a Z22h.

煢 **qióng** *949 火火冖卂 | 茕 -3842、惸 *3319 | 1° alone 2° forlorn 3° dejected ◇ 1°

seul 2° abattu 3° délaissé [Etym] 火 156 (rad: 086a 4-09), 𢇇 159 卂 2511 [Graph] 231b 231b 851a Z32a.

焠 cuì *950 火亠人人十 | 淬 +71 | 1° to dye 2° to quench ◇ 1° teindre 2° tremper [Etym] 火 156 (rad: 086a 4-08), 卒 176 [Graph] 231b ac:c 232a 232a 413a.

炊 chuī +951 火欠 | to cook ◇ cuire, apprêter [Etym] 火 156 (rad: 086a 4-04), 欠 178 [Graph] 231b 232b.

炊具 chuī jù ◦ cooking utensils ◇ ustensiles de cuisine * 8546.

炊事员 chuī shì yuán ◦ cook ◇ cuisinier * 10387 9127.

烩 huì -952 火𠆢云 | 燴 *956 | to braise ◇ braiser [Etym] 火 156 (rad: 086a 4-06), 会 201 [Graph] 231b 233a 612d.

焓 hán +953 火𠆢冫口 | enthalpy, total heat ◇ chaleur globale [Etym] 火 156 (rad: 086a 4-07), 含 205 [Graph] 231b 233a 631a 011a.

炝 qiàng -954 火𠆢㔾 | 熗 *955 | to fry something quickly (water, oil) ◇ sauter des mets (eau, huile) [Etym] 火 156 (rad: 086a 4-04), 仓 210 [Graph] 231b 233a 733a.

熗 qiàng *955 火𠆢戶口 | 炝 -954 | to fry something quickly (water, oil) ◇ sauter des mets (eau, huile) [Etym] 火 156 (rad: 086a 4-10), 倉 217 [Graph] 231b 233a 931h 011a.

燴 huì *956 火𠆢𠚍曰 | 烩 -952 | to braise ◇ braiser [Etym] 火 156 (rad: 086a 4-13), 會 233 [Graph] 231b 233a 033b 021a.

燎 liáo +957 火𡗗日小 | 1° signal-light, beacon 2° to burn 3° to spread ◇ 1° phare, fanal 2° brûler, incendier 3° s'étendre [Etym] 火 156 (rad: 086a 4-12), 尞 300 [Graph] 231b 2421 021a 331j.

△ liǎo | to singe, burnt ◇ flamber, brûler légèrement.

烯 xī +958 火乂𠂇巾 | alkene ◇ alkène [Etym] 火 156 (rad: 086a 4-07), 希 324 [Graph] 231b 243a 241a 858a.

炆 wén +959 火文 | to simmer ◇ mijoter, cuire à l'étuvée [Etym] 火 156 (rad: 086a 4-04), 文 332 [Graph] 231b 243b.

灯 dēng +960 火丁 | 燈 *988 | 1° lamp, lantern 2° light ◇ 1° lampe, lanterne 2° lumière [Etym] 火 156 (rad: 086a 4-02), 丁 420 [Graph] 231b 331b.

灯泡 dēng pào ◦ (electric) light bulb ◇ ampoule (électrique) * 434.

灯笼 dēng lóng ◦ lantern ◇ lanterne, falot * 755.

灯火 dēng huǒ ◦ light ◇ lumière * 924.

灯光 dēng guāng ◦ light ◇ lumière; lumière de lampe * 2205.

灯罩 dēng zhào ◦ lamp-shade ◇ abat-jour * 10803.

炒 chǎo +961 火少 | to roast, to fry ◇ rôtir, griller [Etym] 火 156 (rad: 086a 4-04), 少 427 [Graph] 231b 331k.

炒米 chǎo mǐ ◦ puffed rice ◇ riz gonflé * 4597.

炒虾仁 chǎo xiā rén ◦ shelled fresh fried shrimps ◇ crevettes sautées décortiquées * 10221 2771.

炒面 chǎo miàn ◦ fried noodles; parched flour ◇ nouilles sautées; farine de blé sautée * 10929.

烀 hū +962 火乎 | to stew (in shallow water) ◇ cuire ou mijoter dans le jus [Etym] 火 156 (rad: 086a 4-05), 乎 444 [Graph] 231b 332d.

烨 yè -963 火亻匕十 | 燁 *967 、爗 *1051 、晔 +9862 、曄 *9866 | 1° light (fire, sun) 2° bright 3° glory, prosperity ◇ 1° lumière (feu, soleil) 2° brillant 3° gloire, prospérité [Etym] 火 156 (rad: 086a 4-06), 华 486 [Graph] 231b 411e 321b 413a.

炸 zhá +964 火乍 | 煠 +996 | to deep-fry ◇ frire [Etym] 火 156 (rad: 086a 4-05), 乍 551 [Graph] 231b 412f.

△ zhà | 1° to explode, to burst, to blow up 2° to flare up 3° to scamper ◇ 1° exploser, sauter, explosion 2° éclater (de colère) 3° se disperser en tumulte, décamper.

炸药 zhà yào ◦ dynamite, explosive ◇ explosif * 3740.

炸弹 zhà dàn ◦ shell (army) ◇ bombe * 11271.

煅 duàn +965 火𠂤几又 | 1° fire blazing up 2° to forge ◇ 1° grand feu 2° forger [Etym] 火 156 (rad: 086a 4-09), 段 576 [Graph] 231b 413h Z33a 633a.

烊 yáng +966 火羊 | 1° to melt 2° to dissolve 3° to heat ◇ 1° fondre 2° dissoudre 3° chauffer [Etym] 火 156 (rad: 086a 4-06), 羊 579 [Graph] 231b 414b.

△ yàng | See ◇ Voir 打烊 da3-yang4 2403-966.

燁 yè *967 火艹華 | 烨 -963 、爗 *1051 、晔 +9862 、曄 *9866 | 1° light (fire, sun) 2° bright 3° glory, prosperity ◇ 1° lumière (feu, soleil) 2° brillant 3° gloire, prospérité [Etym] 火 156 (rad: 086a 4-10), 華 627 [Graph] 231b 415c 414k.

烁 qiū *968 火禾 | 秋 +4493 、鞦 *5368 6° | 1° autumn 2° harvest time 3° year 4° period of time 5° surname 6° swing ◇ 1° automne 2° récolte, temps de la moisson 3° année 4° temps, époque 5° nom propre 6° élan [Etym] 禾 760 (rad: 115a 5-04), 火 156 [Graph] 231b 422d.

燐 lín *969 火米夕㐄 | 磷 +9680 、粦 *4620 | 1° ghost lights 2° phosphorus (P) ◇ 1° feu follet 2° phosphore (P) [Etym] 火 156 (rad: 086a 4-12), 粦 789 [Graph] 231b 422f 631b 712b.

燔 fán +970 火釆田 | to roast, to burn ◇ rôtir, brûler [Etym] 火 156 (rad: 086a 4-12), 番 797 [Graph] 231b 422g 041a.

灶 zào +971 火土 | 竈 *7813 | 1° kitchenrange, furnace 2° kitchen, canteen ◇ 1° âtre, fourneau de cuisine, foyer 2° cuisine [Etym] 火 156 (rad: 086a 4-03), 土 826 [Graph] 231b 432a.

灶火 zào huǒ ◦ oven, fire place ◇ fourneau, foyer * 924.

燒 shāo *972 火土土土兀 | 烧 -978 | 1° to burn 2° to cook, to heat, to bake 3° to stew, to fry 4° to roast 5° feverish, white spirit, alcohol ◇ 1° brûler 2° cuire, chauffer 3° faire sauter, frire 4° rôtir 5° fièvre 6° eau-de-vie [Etym] 火 156 (rad:

086a 4-12), 堯 844 [Graph] 231b 432a 432a 432a 322c.

烤 kǎo +973 火耂丂 | 1° to bake, to roast, to toast 2° scorching 3° to warm ◇ 1° cuire, rôtir, griller 2° brûlant 3° chauffer [Etym] 火 156 (rad: 086a 4-06), 考 895 [Graph] 231b 432c Z21b.

烤鸭 kǎo yā ∘ roast duck ◇ canard laqué, canard rôti * 10451.

炷 zhù +974 火主 | 1° wick (oil lamp) 2° candle 3° stick of incense 4° to burn 5° measure-word (wick) ◇ 1° mèche (lampe) 2° chandelle 3° bâton d'encens 4° brûler, allumer 5° spécificatif (mèche) [Etym] 火 156 (rad: 086a 4-05), 主 914 [Graph] 231b 432f.

爔 xī +975 火𦍌我丂 | 1° sunlight 2° daybreak ◇ 1° lumière du soleil 2° aube [Etym] 火 156 (rad: 086a 4-16), 羲 923 [Graph] 231b 432g 512g Z21b.

烘 hōng +976 火共 | 1° to heat 2° to dry or warm by the fire ◇ 1° chauffer 2° rôtir, sécher au feu [Etym] 火 156 (rad: 086a 4-06), 共 1006 [Graph] 231b 436e.

煤 méi +977 火甘木 | 1° coal 2° soot ◇ 1° houille, charbon 2° suie [Etym] 火 156 (rad: 086a 4-09), 某 1011 [Graph] 231b 436f 422a.

煤油 méi yóu ∘ kerosene ◇ kérosène, pétrole lampant * 575.

煤矿 méi kuàng ∘ coal mine ◇ mine de charbon, houillère * 9723.

煤气 méi qì ∘ gas ◇ gaz * 11170.

烧 shāo -978 火戈兀 | 燒 *972 | 1° to burn 2° to cook, to heat, to bake 3° to stew, to fry 4° to roast 5° feverish, white spirit, alcohol ◇ 1° brûler 2° cuire, chauffer 3° faire sauter, frire 4° rôtir 5° fièvre 6° eau-de-vie [Etym] 火 156 (rad: 086a 4-06), 尧 1056 [Graph] 231b 512a 322c.

烧饼 shāo bǐng ∘ sesame girdle-cake, cookie ◇ galette au sésame, galette de farine * 1848.

熾 chì *979 火戠日 | 炽 -1043 | 1° to burn, blaze of fire 2° illustrious ◇ 1° brûler, feu 2° illustre [Etym] 火 156 (rad: 086a 4-12), 戠 1068 [Graph] 231b 512h 021a.

燧 suì +980 火㒸辶 | 1° flint, to get fire by friction 2° beacon fire ◇ 1° briquet à cheville, tirer du feu 2° feu d'alarme [Etym] 火 156 (rad: 086a 4-12), 遂 1105 [Graph] 231b 522d 634o.

烴 tīng *981 火巛工 | 烃 -992 | hydrocarbon ◇ hydrocarbure [Etym] 火 156 (rad: 086a 4-07), 巠 1121 [Graph] 231b 611d 431a.

焌 jùn +982 火允夂 | to burn (with fire) ◇ brûler, cuire [Etym] 火 156 (rad: 086a 4-07), 夋 1147 [Graph] 231b 612b 633e.

△ qū | 1° to extinguish a fire 2° to heat with flameless fire 3° to fry ◇ 1° éteindre 2° chauffer, cuire 3° faire sauter.

爍 shuò *983 火幺白幺木 | 烁 -1007 | to light, to shine, bright ◇ luire, briller, étincelant [Etym] 火 156 (rad: 086a 4-15), 樂 1184 [Graph] 231b 613c 022c 613c 422a.

炫 xuàn +984 火玄 | 衒 *3150 | 1° to dazzle 2° to show off 3° brilliant ◇ 1° éblouir 2° faire parade 3° lumineux [Etym] 火 156 (rad: 086a 4-05), 玄 1204 [Graph] 231b 613g.

炼 liàn -985 火东 | 煉、鍊 *1061、*1350 | 1° smelt, refine 2° to temper metal with fire, to separate dross by fire 3° to test ◇ 1° purifier 2° affiner par le feu, raffiner du sucre 3° tester [Etym] 火 156 (rad: 086a 4-05), 东 1212 [Graph] 231b 614c.

燦 càn *986 火歺又米 | 灿 -1014 | bright, glittering ◇ brillant, luisant [Etym] 火 156 (rad: 086a 4-13), 粲 1240 [Graph] 231b 631d 633a 422f.

燃 rán +987 火夕犬灬 | to light a fire, to burn ◇ allumer, brûler [Etym] 火 156 (rad: 086a 4-12), 然 1242 [Graph] 231b 631e 242i 222d.

燃烧 rán shāo ∘ to burn, to kindle ◇ brûler, s'enflammer * 978.

燈 dēng *988 火癶豆 | 灯 +960 | 1° lamp, lantern 2° light ◇ 1° lampe, lanterne 2° lumière [Etym] 火 156 (rad: 086a 4-12), 登 1247 [Graph] 231b 631g 012b.

煣 róu +989 火マ丆木 | to bend by fire ◇ courber au feu [Etym] 火 156 (rad: 086a 4-09), 柔 1260 [Graph] 231b 632a 331g 422a.

燏 yù +990 火マ丆冏口 | 1° flame 2° personal name ◇ 1° lumière du feu 2° prénom [Etym] 火 156 (rad: 086a 4-12), 矞 1261 [Graph] 231b 632a 331g 856l 011a.

熥 tēng +991 火マ用辶 | to heat up by steaming ◇ faire chauffer à la vapeur [Etym] 火 156 (rad: 086a 4-10), 通 1263 [Graph] 231b 632a 856i 634o.

烃 tīng -992 火ス工 | 烴 *981 | hydrocarbon ◇ hydrocarbure [Etym] 火 156 (rad: 086a 4-05), 圣 1269 [Graph] 231b 632f 431a.

烽 fēng +993 火夂丰 | 1° beacon fire, beacon 2° flames of war ◇ 1° fanal, phare 2° feu d'alarme [Etym] 火 156 (rad: 086a 4-07), 夆 1290 [Graph] 231b 633e 414g.

烙 lào +994 火夂口 | 1° to iron, to brand 2° to bake in a pan ◇ 1° repasser avec un fer chaud, brûler 2° frire à la poêle [Etym] 火 156 (rad: 086a 4-06), 各 1295 [Graph] 231b 633e 011a.

烙饼 lào bǐng ∘ cookie, a kind of pancake ◇ galette * 1848.

△ luò | See ◇ Voir 炮烙 pao2-luo4 1021-994.

炀 yáng -995 火昜 | 煬 *1053 | 1° to heat 2° smelt metal 3° roaring fire ◇ 1° chauffer 2° fondre du métal 3° feu flambant [Etym] 火 156 (rad: 086a 4-03), 昜 1338 [Graph] 231b 634k.

煠 zhá +996 火世木 | 炸 +964 | to deep-fry ◇ frire [Etym] 火 156 (rad: 086a 4-09), 枼 1349 [Graph] 231b 711d 422a.

爊 āo *997 火广廿匕匕灬 | 熬、爊 +5257、*998 | 1° to boil 2° to decoct ◇ 1° infuser 2° cuire [Etym] 火 156 (rad: 086a 4-15), 麃 1399 [Graph] 231b 721b 821b 311d 321b 222d.

爊 āo *998 火广廿匕匕七 | 熬、爊 +5257、*997 | 1° to boil 2° to decoct ◇ 1° infuser 2° cuire [Etym] 火 156 (rad: 086a 4-13), 麀 1400 [Graph] 231b 721b 821b 311d 321b 321e.

爐 lú *999 火虍七田皿 | 炉、鑪 +1032、*1246 | 1° stove, furnace 2° measure-word: heat (of steel) ◇ 1° fourneau, foyer 2° spécificatif [Etym] 火 156 (rad: 086a 4-16), 盧 1448 [Graph] 231b 721g

321e 041a 922a.

焮 xīn +1000 火斤欠 | to burn ◇ brûler [Etym] 火 156 (rad: 086a 4-08), 欣 1462 [Graph] 231b 722c 232b.

燿 yào *1001 火习习隹 | 耀 +2206 | 1° to shine, to dazzle, bright 2° to boast of 3° honor, glorious ◇ 1° briller, éblouir 2° louanger 3° honneur, gloire [Etym] 火 156 (rad: 086a 4-14), 翟 1474 [Graph] 231b 731c 731c 436m.

熠 yì +1002 火习习白 | 1° to sparkle 2° brilliance 3° freshness ◇ 1° étinceler 2° brillant 3° fraîcheur [Etym] 火 156 (rad: 086a 4-11), 習 1475 [Graph] 231b 731c 731c 022c.

炤 zhào *1003 火刀口 | See ◇ Voir 棹 4443 [Etym] 火 156 (rad: 086a 4-05), 召 1479 [Graph] 231b 732a 011a.

灺 xiè +1004 火也 | 炧 *1005 | 1° candle stub 2° flame ◇ 1° bout de chandelle 2° flamme [Etym] 火 156 (rad: 086a 4-03), 也 1502 [Graph] 231b 733c.

炧 xiè *1005 火乜 | 灺 +1004 | 1° candle stub 2° flame ◇ 1° bout de chandelle 2° flamme [Etym] 火 156 (rad: 086a 4-05), 乜 1503 [Graph] 231b 733d.

炜 wěi -1006 火韦 | 煒 *1008 | 1° bright, glowing 2° fire, blazing ◇ 1° luire 2° feu [Etym] 火 156 (rad: 086a 4-04), 韦 1508 [Graph] 231b 734e.

烁 shuò -1007 火乐 | 爍 *983 | to light, to shine, bright ◇ luire, briller, étincelant [Etym] 火 156 (rad: 086a 4-05), 乐 1544 [Graph] 231b 812c.

煒 wěi *1008 火五口丰 | 炜 -1006 | 1° bright, glowing 2° fire, blazing ◇ 1° luire 2° feu [Etym] 火 156 (rad: 086a 4-09), 韋 1547 [Graph] 231b 822a 011a 712b.

焐 wù +1009 火五口 | to warm up ◇ réchauffer [Etym] 火 156 (rad: 086a 4-07), 吾 1549 [Graph] 231b 822b 011a.

炔 quē +1010 火夬 | 1° alkyne 2° surname ◇ 1° alkyne 2° nom propre [Etym] 火 156 (rad: 086a 4-04), 夬 1550 [Graph] 231b 822c.

燼 jìn *1011 火聿灬皿 | 烬 -1031 | 1° to cinder 2° ashes 3° relics, remains of ◇ 1° brûler 2° cendres 3° résidu, restes [Etym] 火 156 (rad: 086a 4-14), 盡 1567 [Graph] 231b 833d 222d 922a.

燬 huǐ *1012 火臼工几又 | See ◇ Voir 毁 3396 [Etym] 火 156 (rad: 086a 4-13), 毀 1591 [Graph] 231b 835b 431a Z33a 633a.

焰 yàn +1013 火臽 | 燄 *7442 | 1° flame 2° blaze ◇ 1° flamme 2° feu [Etym] 火 156 (rad: 086a 4-08), 臽 1594 [Graph] 231b 835e.

灿 càn -1014 火山 | 燦 *986 | bright, glittering ◇ brillant, luisant [Etym] 火 156 (rad: 086a 4-03), 山 1611 [Graph] 231b 841b.

灿烂 càn làn。bright, splendid ◇ brillant, éclatant, rayonnant * 925.

炖 dùn -1015 火屯 | 燉 *1044 | to stew ◇ cuire à l'étuvée [Etym] 火 156 (rad: 086a 4-04), 屯 1647 [Graph] 231b 842e.

煇 huī *1016 火冖車 | 辉 -2207 、輝 *2208 、晖 -9913 | 1° brightness, splendor, to shine 2° glory ◇ 1° éclat, splendeur, briller 2° gloire [Etym] 火 156 (rad: 086a 4-09), 軍 1655 [Graph] 231b 851a 042g.

熔 róng -1017 火宀仌口 | 鎔 *1265 | 1° to smelt 2° mould, to cast ◇ 1° fondre, couler en métal 2° moule [Etym] 火 156 (rad: 086a 4-10), 容 1663 [Graph] 231b 851c 233b 011a.

烷 wán +1018 火宀元 | alkane ◇ alkane [Etym] 火 156 (rad: 086a 4-07), 完 1671 [Graph] 231b 851c 322d.

煊 xuān +1019 火宀亘 | warmth (sun) ◇ douce chaleur du soleil [Etym] 火 156 (rad: 086a 4-09), 宣 1711 [Graph] 231b 851c 022a ac:z.

灼 zhuó +1020 火勺 | 1° to burn 2° to shine ◇ 1° brûler 2° luire [Etym] 火 156 (rad: 086a 4-03), 勺 1763 [Graph] 231b 852b.

炮 bāo +1021 火勹巳 | 1° quick-fry 2° to dry by heat ◇ 1° sauté (cuisine) 2° faire sécher au feu [Etym] 火 156 (rad: 086a 4-05), 包 1778 [Graph] 231b 852h 933b.

△ páo | 1° to roast 2° to incinerate ◇ 1° rôtir 2° incinérer.

炮烙 páo luò。1° to burn; 2° ancient form of torture ◇ 1° brûler, rôtir; 2° ancienne forme de torture * 994.

△ pào | 砲 *9749 、礮 *9789 | cannon, big gun ◇ canon.

炮弹 pào dàn。shell (army) ◇ obus, boulet * 11271.

烦 fán -1022 火页 | 煩 *1059 | 1° to be vexed, to be annoyed 2° to be tired of, disgust 3° superfluous, confusing 4° trouble, perplexity 5° heat and pain in the head ◇ 1° être vexé, ennui 2° en avoir assez, dégoût, impatience 3° superflu, confus 4° trouble, perplexité 5° maux de tête [Etym] 火 156 (rad: 086a 4-06), 页 1802 [Graph] 231b 854d.

烦恼 fán nǎo。annoyed, disgusted, perplexed ◇ irrité, dégoutté, perplexe; contrarié, anxieux * 3331.

烦闷 fán mèn。to be worried; to be unhappy ◇ ennuyé, inquiet * 8007.

烦躁 fán zào。to be irritated, exasperated ◇ irrité, excédé * 9397.

焖 mèn -1023 火门心 | 燜 *1038 | to braise ◇ cuire à l'étouffée, en vase clos [Etym] 火 156 (rad: 086a 4-07), 闷 1808 [Graph] 231b 855a 321c.

炯 jiǒng +1024 火冂口 | bright, shining, warm ◇ briller, illuminer, éclat de feu, chaud [Etym] 火 156 (rad: 086a 4-05), 冋 1852 [Graph] 231b 856k 011a.

烔 tóng +1025 火冂吕 | place in Anhui ◇ lieu du Anhui [Etym] 火 156 (rad: 086a 4-06), 同 1853 [Graph] 231b 856k 012a.

燠 yù +1026 火冋米大 | 燠 *1027 | 1° heat 2° hot fire 3° warm ◇ 1° chaleur naturelle 2° grand feu 3° chaud [Etym] 火 156 (rad: 086a 4-12), 奥 1866 [Graph] 231b 857e 422f 242a.

燠 yù *1027 火冋釆大 | 燠 +1026 | 1° heat 2° hot fire 3° warm ◇ 1° chaleur naturelle 2° grand feu 3° chaud [Etym] 火 156 (rad: 086a 4-13), 奧 1868 [Graph] 231b 857e 422g 242a.

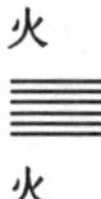

熵 shāng +1028 火啇口 | entropy ◇ entropie [Etym] 火 156 (rad: 086a 4-11), 啇 1877 [Graph] 231b 857h 011a.

炳 bǐng +1029 火丙 | bright, luminous ◇ éclat, lueur [Etym] 火 156 (rad: 086a 4-05), 丙 1921 [Graph] 231b 859c.

焕 huàn +1030 火奂 | 1° flame 2° brightness, shining ◇ 1° flamme 2° éclat, brillant [Etym] 火 156 (rad: 086a 4-07), 奂 1942 [Graph] 231b 923a.

焕发 huàn fā。to shine, to glow; to radiate ◇ briller, resplendir; épanouir, faire rayonner * 6813.

烬 jìn -1031 火尽丶 | 燼 *1011 | 1° to cinder 2° ashes 3° relics, remains of ◇ 1° brûler 2° cendres 3° résidu, restes [Etym] 火 156 (rad: 086a 4-06), 尽 1979 [Graph] 231b 931c 211b.

炉 lú +1032 火户 | 爐 *999 、鑪 *1246 | 1° stove, furnace 2° measure-word: heat (of steel) ◇ 1° fourneau, foyer 2° spécificatif [Etym] 火 156 (rad: 086a 4-04), 户 1981 [Graph] 231b 931e.

炉子 lú zǐ。stove, plate-warmer ◇ poêle, réchaud; four, fourneau * 6546.

煽 shān +1033 火户习习 | to excite, to inflame ◇ attiser, exciter [Etym] 火 156 (rad: 086a 4-10), 扇 1987 [Graph] 231b 931e 731c 731c.

煸 biān +1034 火户冊 | stir-fry before stewing ◇ sauter (cuisson) [Etym] 火 156 (rad: 086a 4-09), 扁 1989 [Graph] 231b 931e 856j.

煺 tuì +1035 火艮辶 | 熥 *1037 、㷂 *2474 | to scald (of a pig, chicken) in order to remove hairs or feathers ◇ échauder [Etym] 火 156 (rad: 086a 4-09), 退 2004 [Graph] 231b 932c 634o.

烺 lǎng +1036 火良 | 1° fire, blaze 2° bright and clear ◇ 1° feu, flammes 2° clair et serein [Etym] 火 156 (rad: 086a 4-07), 良 2008 [Graph] 231b 932e.

熥 tuì *1037 火自辶 | 煺 +1035 、㷂 *2474 | to scald (of a pig, chicken) in order to remove hairs or feathers ◇ échauder [Etym] 火 156 (rad: 086a 4-09), 追 2021 [Graph] 231b 934c 634o.

燜 mèn *1038 火門心 | 焖 -1023 | to braise ◇ cuire à l'étouffée, en vase clos [Etym] 火 156 (rad: 086a 4-12), 悶 2028 [Graph] 231b 934e 321c.

爛 làn *1039 火門柬 | 烂 -925 | 1° sodden, mashed, desegregated, thoroughly cooked 2° to rot 3° worn-out, ragged 4° messy ◇ 1° décomposé, désagrégé par la cuisson, brûler 2° pourri, gâté 3° usé, effiloché 4° en désordre [Etym] 火 156 (rad: 086a 4-17), 闌 2042 [Graph] 231b 934e 033d.

炬 jù +1040 火巨 | 1° torch 2° to burn ◇ 1° torche 2° brûler [Etym] 火 156 (rad: 086a 4-05), 巨 2043 [Graph] 231b 935a.

熘 liū +1041 火卯刀田 | sauté (with thick gravy), quick-fry ◇ sauter un plat avec de la fécule de maïs (ou de patates) [Etym] 火 156 (rad: 086a 4-10), 留 2055 [Graph] 231b 941a 732a 041a.

燥 zào +1042 火口口口木 | dry, parched ◇ sec, échauffé, chaud [Etym] 火 156 (rad: 086a 4-13), 喿 2094 [Graph] 231b 011a 011a 011a 422a.

炽 chì -1043 火只 | 熾 *979 | 1° to burn, blaze of fire 2° illustrious ◇ 1° brûler, feu 2° illustre [Etym] 火 156 (rad: 086a 4-05), 只 2113 [Graph] 231b 011c.

燉 dùn *1044 火亯子攵 | 炖 -1015 | to stew ◇ cuire à l'étuvée [Etym] 火 156 (rad: 086a 4-12), 敦 2129 [Graph] 231b 012c 634d 243c.

熇 hè +1045 火亠冋口 | hot, to warm ◇ chauffer, chaud [Etym] 火 156 (rad: 086a 4-10), 高 2138 [Graph] 231b 012c 856k 011a.

燮 xiè (166) 火言火又 | [Tra] to blend, harmonize ◇ unir, concorde [Etym] to handle (4= 又 1271) a fiery (1,3= 火 156) speech (2= 言 2139) ◇ contenir (4= 又 1271) une discussion (2= 言 2139) enflammée (1,3= 火 156) [Graph] 231b 012d 231b 633a [Ref] k796 [Hanzi] xie4 燮 1046, xie4 躞 9286.

燮 xiè +1046 火言火又 | 1° to blend 2° to harmonize 3° to mature ◇ 1° mêler 2° concorde, harmonieux 3° murir [Etym] 火 156 (rad: 086a 4-13), 燮 166 [Graph] 231b 012d 231b 633a.

煳 hú +1047 火古月 | 1° to singe 2° (of food) burnt ◇ 1° griller, roussir, flamber 2° brûlé [Etym] 火 156 (rad: 086a 4-09), 胡 2158 [Graph] 231b 013f 856e.

煜 yù +1048 火日立 | 1° flame 2° to shine ◇ 1° flamme 2° luire [Etym] 火 156 (rad: 086a 4-09), 昱 2171 [Graph] 231b 021a 221a.

焜 kūn +1049 火日匕匕 | bright, clear ◇ clair, lumineux [Etym] 火 156 (rad: 086a 4-08), 昆 2173 [Graph] 231b 021a 311d 321b.

焊 hàn +1050 火日干 | 銲 *1336 、釬 *1158 | to weld, to solder ◇ souder, soudure [Etym] 火 156 (rad: 086a 4-07), 旱 2177 [Graph] 231b 021a 413b.

爗 yè (167) 火日艹華 | [Tra] fire; glory; prosperity ◇ feu; gloire; prospérité [Etym] {?} fire (1= 火 156), sun (2= 日 2169), magnificence (3,4= 華 627) ◇ {?} feu (1= 火 156), soleil (2= 日 2169), magnificence (3, 4= 華 627) [Graph] 231b 021a 415c 414k [Hanzi] ye4 爗 1051.

爗 yè *1051 火日艹華 | 烨 -963 、燁 *967 、晔 +9862 、曄 *9866 | 1° light (fire, sun) 2° bright 3° glory, prosperity ◇ 1° lumière (feu, soleil) 2° brillant 3° gloire, prospérité [Etym] 火 156 (rad: 086a 4-14), 爗 167 [Graph] 231b 021a 415c 414k.

爆 bào +1052 火日共氺 | 1° to explode, to burst, crackers 2° quick-fry ◇ 1° exploser, crépiter, pétard 2° sauter (cuisson) [Etym] 火 156 (rad: 086a 4-15), 暴 2185 [Graph] 231b 021a 436e 331o.

爆炸 bào zhà。to blow up, to explode ◇ exploser * 964.

爆竹 bào zhú。firecracker ◇ pétard * 2770.

爆发 bào fā。to burst ◇ éclater * 6813.

煬 yáng *1053 火日昜 | 炀 -995 | 1° to heat 2° smelt metal 3° roaring fire ◇ 1° chauffer 2° fondre du métal 3° feu flambant [Etym]

火156 (rad: 086a 4-09), 昜2197 [Graph] 231b 021a 852i.

熳 màn +1054 | glittering ◇ brillant, étincelant [Etym] 火 156 (rad: 086a 4-11), 曼 2211 [Graph] 231b 021a 051a 633a.
火日罒又

烜 xuǎn +1055 | 1° ablaze 2° bright 3° warmth (sun) ◇ 1° feu très ardent 2° éclat, lumière, splendeur 3° chaleur du soleil [Etym] 火156 (rad: 086a 4-06), 亘2213 [Graph] 231b 022a ac:z.
火亘

煌 huáng +1056 | 1° blazing, bright 2° light ◇ 1° éclat, brillant 2° lumière [Etym] 火 156 (rad: 086a 4-09), 皇 2221 [Graph] 231b 022c 432e.
火白王

焯 chāo +1057 | 1° light, bright 2° to scald ◇ 1° clair, chaud 2° ébouillanter [Etym] 火 156 (rad: 086a 4-08), 卓 2230 [Graph] 231b 022h.
火卓

△ zhuō | 1° light, bright, clear, obvious 2° plain ◇ 1° clair, évident 2° nature, simple.

熄 xī +1058 | to put out (fire) ◇ éteindre [Etym] 火 156 (rad: 086a 4-10), 息 2259 [Graph] 231b 023d 321c.
火自心

熄灭 xī miè ∘ to die out; to disappear ◇ éteindre, s'éteindre; disparaître ∗ 1069.

煩 fán (168) | [Tra] annoyed, trouble ◇ impatience, dégoût [Etym] fire (1= 火 156) in the head (2= 頁 2267) ◇ une tête (2= 頁 2267) enflammée (1= 火 156) [Graph] 231b 023f [Ref] h1717, w126a [Hanzi] fan2 煩 1059.
火頁

煩 fán *1059 | 烦 -1022 | 1° to be vexed, to be annoyed 2° to be tired of, disgust 3° superfluous, confusing 4° trouble, perplexity 5° heat and pain in the head ◇ 1° être vexé, ennui 2° en avoir assez, dégoût, impatience 3° superflu, confus 4° trouble, perplexité 5° maux de tête [Etym] 火 156 (rad: 086a 4-09), 煩 168 [Graph] 231b 023f.
火頁

烛 zhú -1060 | 燭 *1065 | 1° candle, torch 2° to illumine 3° watt 4° surname ◇ 1° chandelle, flambeau 2° éclairer 3° watt 4° nom de famille [Etym] 火 156 (rad: 086a 4-06), 虫 2282 [Graph] 231b 031d.
火虫

煉 liàn *1061 | 炼 -985 、鍊 *1350 | 1° smelt, refine 2° to temper metal with fire, to separate dross by fire 3° to test ◇ 1° purifier 2° affiner par le feu, raffiner du sucre 3° tester [Etym] 火 156 (rad: 086a 4-09), 柬 2309 [Graph] 231b 033d.
火柬

熏 xūn *1062 | See ◇ Voir 燻 4971 [Etym] 火 156 (rad: 086a 4-14), 熏 2312 [Graph] 231b 033f 222d.
火重灬

畑 tián +1063 | used in Japanese personal names ◇ nom ou prénom japonais [Etym] 火 156 (rad: 086a 4-05), 田 2313 [Graph] 231b 041a.
火田

煨 wēi +1064 | 1° to simmer, to stew 2° to roast 3° glowing embers ◇ 1° faire mijoter 2° rotir 3° braise [Etym] 火 156 (rad: 086a 4-09), 畏2315 [Graph] 231b 041a 312e.
火田𧘇

燭 zhú *1065 | 烛 -1060 | 1° candle, torch 2° to illumine 3° watt 4° surname ◇ 1° chandelle, flambeau 2° éclairer 3° watt 4° nom de famille [Etym] 火 156 (rad: 086a 4-13), 蜀 2391 [Graph] 231b 051a 852h 031d.
火罒勹虫

煙 yān *1066 | 烟 +1067 、菸 4° *3878 | 1° smoke 2° mist 3° irritated by smoke (eye) 4° cigarette, tobacco 5° opium 6° soot ◇ 1° fumée 2° brume, vapeur 3° irrité par la fumée (oeil) 4° tabac, cigarette 5° opium 6° noir de fumée, suie [Etym] 火 156 (rad: 086a 4-09), 垔 2408 [Graph] 231b 051e 432a.
火西土

烟 yān +1067 | 煙 *1066 、菸 4° *3878 | 1° smoke 2° mist 3° irritated by smoke (eye) 4° cigarette, tobacco 5° opium 6° soot ◇ 1° fumée 2° brume, vapeur 3° irrité par la fumée (oeil) 4° tabac, cigarette 5° opium 6° noir de fumée, suie [Etym] 火 156 (rad: 086a 4-06), 因 2444 [Graph] 231b 071a 242a.
火囗大

烟筒 yān tǒng ∘ chimney, fire place ◇ cheminée ∗ 874.

烟灰 yān huī ∘ ash ◇ cendre ∗ 1519.

烟灰缸 yān huī gāng ∘ ashtray ◇ cendrier ∗ 1519 7638.

烟袋 yān dài ∘ pipe ◇ pipe ∗ 2912.

烟斗 yān dǒu ∘ pipe ◇ pipe ∗ 3424.

烟草 yān cǎo ∘ tobacco ◇ tabac ∗ 3967.

烟囱 yān cōng ∘ chimney ◇ cheminée ∗ 10984.

炕 kàng +1068 | 1° brick bed warmed by a fire 2° to bake or dry by a fire ◇ 1° lit en briques chauffé 2° sécher au feu [Etym] 火 156 (rad: 086a 4-04), 亢2529 [Graph] 231b Z33d.
火亢

灭 huǒ (169) | [Tra] to destroy; cut off ◇ anéantir; détruire [Etym] to smother (top=prim) a fire (bottom= 火 156) ◇ couvrir (haut=prim) un feu (bas= 火 156) [Graph] acc:a 231b [Hanzi] mie4 灭 1069.
一火

灭 miè -1069 | 滅 *268 | 1° to go out (of light, fire, etc.), to extinguish 2° to drown 3° to destroy (by fire), to cut off, to put out ◇ 1° éteindre 2° sombrer, être submergé 3° détruire, anéantir [Etym] 火 156 (rad: 086a 4-01), 灭169 [Graph] ac:a 231b.
一火

灭亡 miè wáng ∘ to destroy; to die out ◇ anéantir, détruire ∗ 7334.

人 232

人 rén (170) | [Tra] human being ◇ être humain, personne [Etym] a man represented by his legs (prim) ◇ un homme représenté par ses jambes (prim) [Graph] 232a [Ref] h39, k930, r5, w25a, wa2 [Hanzi] ren2 人 1070, zu3 俎 1077, san3 傘 1087, ren4 认 1697, yi3 以 2161, dui4 队 6711, shan3 闪 8000, shan3 閃 8745, wo4 卧 8809, qiu2 囚 10935 [Rad] 009a.
人

人 rén +1070 | 1° human being, man, people 2° adult 3° other people 4° personality 5° to
人

feel (health) 6° everybody 7° manpower ◇ 1° être humain, homme, les gens 2° adulte 3° autrui 4° personnalité, caractère 5° se sentir (santé) 6° tout le monde, on 7° main d'oeuvre [Etym] 人 170 (rad: 009a 2-00), [Graph] 232a.

人人 rén rén ∘ everybody ◇ tout le monde ✱ 1070.

人命 rén mìng ∘ human life ◇ vie humaine ✱ 1494.

人心 rén xīn ∘ popular feeling; the will of people ◇ sentiments, attentes des masses ✱ 2177.

人才 rén cái ∘ talented person ◇ homme de talent, travailleur compétent ✱ 2311.

人手 rén shǒu ∘ manpower ◇ main d'oeuvre ✱ 2748.

人们 rén men ∘ people, everybody, the others ◇ les gens, tout le monde, autrui, on ✱ 3002.

人像靶 rén xiàng bǎ ∘ silhouette target ◇ silhouettes de tir ✱ 3063 5391.

人行道 rén xíng dào ∘ pavement ◇ trottoir ✱ 3128 10176.

人情 rén qíng ∘ human feelings; gift ◇ sentiment humain; faveur, favoritisme ✱ 3261.

人物 rén wù ∘ character; figure ◇ personnage ✱ 3468.

人权 rén quán ∘ human rights ◇ droits de l'homme ✱ 4277.

人类 rén lèi ∘ mankind, humanity ◇ genre humain, humanité ✱ 4601.

人工 rén gōng ∘ man-made, artificial; man-day, manpower ◇ artificiel; travail d'une journée d'ouvrier ✱ 4698.

人士 rén shì ∘ public figure, personality ◇ personnalité, personnage; homme, personne ✱ 4993.

人造 rén zào ∘ man-made, artificial ◇ artificiel ✱ 5236.

人造卫星 rén zào wèi xīng ∘ man-made satellite ◇ satellite artificiel ✱ 5236 7280 9878.

人生 rén shēng ∘ life ◇ vie, vie humaine ✱ 5286.

人参 rén shēn ∘ ginseng ◇ ginseng ✱ 5888.

人名 rén míng ∘ name of persons ◇ nom de personne ✱ 6408.

人群 rén qún ∘ crowd ◇ foule ✱ 7407.

人家 rén jiā ∘ others, other people ◇ les autres, autrui; famille, foyer, ménage ✱ 7747.

人间 rén jiān ∘ the world, society ◇ monde, société, terre ✱ 8039.

人民 rén mín ∘ people ◇ peuple ✱ 8712.

人民币 rén mín bì ∘ renminbi (Chinese currency) ◇ renminbi (monnaie chinoise) ✱ 8712 8471.

人口 rén kǒu ∘ population; number of people in a family ◇ population, nombre des membres d'une famille ✱ 8842.

人员 rén yuán ∘ staff; personnel ◇ personnel ✱ 9127.

人道主义 rén dào zhǔ yì ∘ humanitarianism ◇ humanitarisme ✱ 10176 5212 1687.

从 cóng (171) 人人 |[Tra] to follow ◇ suivre; se conformer [Etym] one man following another one (1,2= 人 170) ◇ un homme en suivant un autre (1,2= 人 170) [Graph] 232a 232a [Ref] k1116, r440, w27a, wi66 [Hanzi] cong1 cong2 从 1071, cong2 从 1072, song3 怂 1073, zuo4 坐 1074, song3 耸 1076, zhong4 众 1086, cong1 枞 1904, cong1 cong2 從 3119, cong1 苁 3547, cong1 zong1 枞 4094, zong4 纵 5941, zong4 疭 7011.

从 cōng +1071 人人 |從 •3119| calm, unhurried ◇ calme, tranquillement [Etym] 人 170 (rad: 009a 2-02), 从 171 [Graph] 232a 232a.

从容 cōng róng ∘ calm; unhurried ◇ tranquille, calme; suffisant (temps) ✱ 7692.

△ cóng |從 •3119| 1° to follow, to pursue, to comply with 2° from, by ◇ 1° suivre, céder, se conformer à 2° de, depuis.

从来 cóng lái ∘ always, ever ◇ jamais, toujours ✱ 4672.

从起 cóng qǐ ∘ from now on, since ◇ depuis, dès, à partir de ✱ 4858.

从此 cóng cǐ ∘ from now on, henceforth; thereupon ◇ désormais, depuis de moment, dès lors ✱ 5294.

从前 cóng qián ∘ formerly ◇ autrefois, dans le passé, jadis, auparavant ✱ 8261.

从而 cóng ér ∘ thus ◇ donc, par conséquent, ainsi ✱ 8342.

丛 cóng -1072 人人一 |叢 •5329 丶 菆 •4187| 1° to crowd together, crowd 2° thicket 3° surname ◇ 1° se rassembler, foule 2° fourré 3° nom de famille [Etym] 一 3 (rad: 001a 1-04), 从 171 [Graph] 232a 232a 111a.

丛刊 cóng kān ∘ collection (books) ◇ collection (édition) ✱ 3404.

丛书 cóng shū ∘ series of books; collection ◇ collection de livres ✱ 7291.

怂 sǒng -1073 人人心 |慫 •3120| 1° to alarm 2° to incite, to instigate ◇ 1° alarmer, avoir peur 2° exciter à [Etym] 心 397 (rad: 061a 4-04), 从 171 [Graph] 232a 232a 321c.

坐 zuò (172) 人人土 |[Tra] to sit down ◇ s'asseoir [Etym] two men (1,2= 人 170) on the earth (3= 土 826) ◇ deux hommes (1,2= 人 170) par terre (3= 土 826) [Graph] 232a 232a 432a [Ref] k1100, ph309, r23d, w27d, wi66 [Hanzi] zuo4 坐 1074, cuo4 剉 1075, cuo4 銼 1119, cuo2 矬 1580, cuo4 锉 1905, cuo4 挫 2342, cuo4 莝 3548, zhua1 髽 4726, suo1 趖 4838, zuo4 座 6879, cuo2 痤 7012, chuai4 闼 8001, cuo3 脞 8061, chuai4 闖 8746, zuo4 唑 8859.

坐 zuò +1074 人人土 | 1° to sit down 2° to travel by (plane, etc.) 3° to face (house) 4° to put (pan on fire) 5° to sink (house) 6° recoil, kick back 7° to be punished 8° because ◇ 1° s'asseoir, être assis 2° voyager en (avion, etc.) 3° être situé face à (maison) 4° mettre (plat sur le feu) 5° s'enfoncer (maison) 6° reculer (arme à feu) 7° être puni, condamner 8° en raison de [Etym] 土 826 (rad: 032a 3-04), 坐 172 [Graph] 232a 232a 432a.

剉 cuò +1075 人人土刂 | 1° to file, to trim 2° to injure 3° sprain ◇ 1° rogner, limer 2° blesser 3° foulure, entorse [Etym] 刂 470 (rad: 018b 2-07), 坐 172 [Graph] 232a 232a 432a 333b.

耸 sǒng +1076 人人耳 | 聳 *3121 | 1° lofty, high 2° to shock, terrified 3° to raise, to excite 4° deafness ◇ 1° haut, dressé 2° être terrifié 3° stimuler 4° sourd [Etym] 耳 1017 (rad: 128a 6-04), 从 171 [Graph] 232a 232a 436k.

戋 qiān (173) 人人戈 | [Tra] to cut ◇ couper [Etym] two men (1,2= 人 170) with a halberd (2= 戈 1057) ◇ deux hommes (1,2= 人 170) avec une hallebarde (2= 戈 1057) [Graph] 232a 232a 512b [Ref] k1074, w27b.

韱 qiān (174) 人人戎韭 | [Tra] wild garlic ◇ ail sauvage [Etym] garlic (4= 韭 987); phon (1,2,3= 戋 173) ◇ ail (4= 韭 987); phon (1,2, 3= 戋 173) [Graph] 232a 232a 512d 435d [Ref] k1075, ph829, w27b [Hanzi] qian1 籤 736, chen4 讖 1698, chan4 懺 3213, jian1 殲 4096, xian1 纖 6112, jian1 殲 6411, chen4 讖9478.

俎 zǔ (175) 人人且 | [Tra] sacrificial utensils ◇ vase à sacrifice [Etym] to offer: meat (1,2< 肉 1920) and stack of objects (3= 且 1929) ◇ une offrande: de la viande (1,2< 肉 1920) et une pile d'objets (3= 且 1929) [Graph] 232a 232a 921a [Ref] w17g [Hanzi] zu3 俎1077, zu1 菹 3549.

俎 zǔ +1077 人人且 | 1° utensil used in sacrifices 2° chopping block ◇ 1° vase à sacrifice 2° bloc à découper [Etym] 人 170 (rad: 009a 2-07), 俎175 [Graph] 232a 232a 921a.

卒 zú (176) 亠人人十 | [Tra] soldier; to die, end ◇ soldat; mort, fin [Etym] a special garment (1, 2,3=prim) (> 衣 371) for soldiers ◇ un vêtement (1,2, 3=prim) (> 衣 371) special aux soldats [Graph] acc:c 232a 232a 413a [Ref] k1105, ph403, r42f, w16m, wi993 [Hanzi] cui4 淬 71, cui4 焠 950, cu4 zu2 卒 1078, cui4 顇 1079, sui4 誶 1699, zuo2 捽 2343, cui4 悴 3214, cui4 萃 3550, cui4 粹 4600, cu4 猝 5591, cui4 瘁 7013, cui4 翠 7220, zu2 崪 7480, zu2 崒 7481, su1 窣 7798, cui4 脺 8062, cui4 啐 8860, sui4 誶 9479, sui4 碎 9646, zui4 晬 9849, zui4 醉 10850.

卒 cù +1078 亠人人十 | suddenly, unexpectedly ◇ soudain, brusquement [Etym] 十 560 (rad: 024a 2-06), 卒 176 [Graph] acc:c 232a 232a 413a.

△ zú | 1° soldier 2° servant 3° to end 4° at last 5° to die 6° pawn (Chinese chess) ◇ 1° soldat 2° serviteur, valet 3° terminer, finir 4° enfin 5° mourir 6° pion (échec chinois).

顇 cuì *1079 亠人人十頁 | 悴 +3214 | 1° grieved 2° downcast ◇ 1° affliction 2° abattu, prostration [Etym] 頁 2267 (rad: 181a 9-08), 卒 176 [Graph] ac:c 232a 232a 413a 023f.

雜 zá (177) 亠人人木隹 | [Tra] gaudy, streaked ◇ multicolore, bariolé [Etym] garment (1,2< 卒 176) made of a gathering (4,3< 集 1034)of fabrics ◇ vêtement (1,2< 卒 176) fait d'un assemblage (4, 3< 集 1034) de tissus [Graph] acc:c 232a 232a 422a 436m [Ref] w119g, wi689 [Hanzi] za2 雜 1080.

雜 zá *1080 亠人人木隹 | 杂 -11198、樸 *6644 | miscellaneous, mixture, mixed, to mingle, variegated ◇ mélangé, pêle-mêle, varié [Etym] 隹 1030 (rad: 172a 8-10), 雜 177 [Graph] ac:c 232a 232a 422a 436m.

欠 qiàn (178) 欠 | [Tra] to yawn; be lacking ◇ bailler; manquer [Etym] man (< 人 170) with open mouth (top), difficult breath ◇ un homme (< 人 170) avec la bouche ouverte (haut), souffle difficile [Graph] 232b [Ref] h471, k378, ph44, r39a, r118, w99a, wa14 [Hanzi] chui1 炊 951, qian4 欠 1081, yin3 yin4 飲1422, yin3 yin4 饮 1839, qin1 钦 1906, xian1 忺 3215, qian4 芡 3551, xian1 杴 4103, kan3 坎 4767, kuan3 款 4995, ruan3 软 6328, chuo4 歠 6513, qian3 肷 8063, chui1 吹8861, kan3 砍 9647, ruan3 軟 10668 [Rad] 076a.

欠 qiàn +1081 欠 | 1° to owe, deficit, debt, duty 2° lacking 3° to raise slightly 4° to yawn ◇ 1° devoir, dette, déficit 2° manquer de, insuffisamment 3° relever (membre) 4° bâiller [Etym] 欠178 (rad: 076a 4-00), [Graph] 232b.

欠安 qiàn ān ∘ not well, unwell ◇ malaise, inconfort * 7748.

入 rù (179) 入 | [Tra] to enter ◇ entrer [Etym] {1} person bending to enter (prim); {2} entrance opening (prim); {3} arrow head (prim) ◇ {1} une persone penchée pour entrer (prim); {2} l'entrée elle-même (prim); {3} une pointe de flèche (prim) [Graph] 232c [Ref] k943, r101, w15a, wa151 [Hanzi] ru4 入 1082, liang3 兩 8468, nei4 内 8500 [Rad] 011a.

入 rù +1082 入 | 1° to enter 2° to join 3° income 4° to conform to ◇ 1° entrer 2° s'enrôler 3° recevoir, encaisser, recette, revenu 4° conforme à [Etym] 入 179 (rad: 011a 2-00), [Graph] 232c.

入伍 rù wǔ ∘ to join up ◇ s'engager dans l'armée * 2969.

入迷 rù mí ∘ to be fascinated ◇ se passionner, être mordu, être captivé par * 4627.

入境 rù jìng ∘ to enter a country ◇ franchir la frontière; entrer dans un pays * 4762.

入场券 rù chǎng quàn ∘ admission ticket ◇ ticket d'admission * 4884

1626.

入席 rù xí 。 to sit down to a banquet ◇ se mettre à table ✱ 6921.

入学 rù xué 。 to start school ◇ entrer dans une école ✱ 7854.

入门 rù mén 。 to learn the rudiments; elementary course ◇ rudiments, a b c; s'initier à, débuter ✱ 7996.

入口 rù kǒu 。 entrance ◇ entrée ✱ 8842.

入睡 rù shuì 。 to fall asleep ◇ s'endormir ✱ 10054.

入 233

入 (180) 入 [Tra] many meanings ◇ plusieurs sens [Etym] cover (合 222),in (入 179),parting (八 127),man (人 170)... ◇ couvrir (合 222), dans (入 179), départ (八 127), homme (人 170)... [Graph] 233a [Ref] w14a, w14j [Hanzi] qian1 佥 1083, lun2 仑 1088, cuan1 tun3 氽 1091, ge3 ge4 个 1092, san3 伞 1093, di2 籴 1102, cang1 仓 1400, ling3 ling4 令 1404, qin2 禽 1416, qian1 僉 1483, she3 she4 舍 1502 [Rad] 011b.

亼 hé (181) 入一 [Tra] idea of gathering ◇ idée de réunir [Etym] see (合 222, 僉 223, 會 233); junction of three lines ◇ voir (合 222, 僉 223, 會 233); jonction de trois lignes [Graph] 233a acc:z.

㐱 shān (182) 入彡 [Tra] hair, feather ◇ poil, plumes [Etym] hair (2= 彡 76) of a man (1= 入 180) or feathered wing (prim) ◇ les poils (2= 彡 76) d'un homme (1= 入 180)ou les plumes d'une aile (prim) [Graph] 233a 211c [Ref] k1191, ph106, w62c [Hanzi] zhen3 诊 1700, chen4 趁 4839, zhen1 珍 5072, zhen3 轸 6329, tian3 殄 6412, zhen3 袗 6610, zhen3 疹 7014, zhen1 胗 8064, zhen3 診 9480, zhen3 畛 10414, zhen3 軫 10669.

佥 qiān (183) 入一业 [Tra] meeting, together ◇ réunion, ensemble [Etym] modern simplified form of (僉 223) ◇ forme simplifiée moderne de (僉 223) [Graph] 233a acc:a 221b [Ref] w14a, w49a [Hanzi] qian1 签 737, qian1 佥 1083, lian3 敛 1084, jian4 剑 1085, jian3 捡 2344, jian3 俭 2786, xian1 莶 3552, jian3 检 4104, xian3 猃 5592, lian4 殓 6414, lian3 裣 6611, xian3 险 6713, lian3 脸 8065, jian3 硷 9648, jian3 睑 10023, yan4 验 11089.

佥 qiān -1083 入一业 | 僉 *1483 | unanimous, all, entirely ◇ tous, ensemble [Etym] 人 180 (rad: 009c 2-05), 佥 183 [Graph] 233a acc:a 221b.

敛 liǎn (184) 入一业攵 [Tra] to collect; hold back ◇ amasser; concentrer [Etym] together (1,2= 0); authority (3= 攵 340) ◇ réunir (1, 2= 0); commander (3= 攵 340) [Graph] 233a acc:a 221b 243c [Hanzi] lian4 潋 73, lian3 敛 1084, lian3 蔹 3553.

敛 liǎn -1084 入一业攵 | 斂 *1484 | 1° to hold back, to restrain 2° to collect, to gather 3° to concentrate 4° surname ◇ 1° retenir 2° recueillir, amasser, collecte 3° concentrer en soi 4° nom propre [Etym] 攵 340 (rad: 066b 4-07), 佥 183 [Graph] 233a ac:a 221b 243c.

剑 jiàn -1085 入一业刂 | 劍 *1485 、劎 *1486 | two-edged sword ◇ épée à deux tranchants [Etym] 刂 470 (rad: 018b 2-07), 佥 183 [Graph] 233a ac:a 221b 333b.

众 zhòng -1086 人人人 | 眾 *10776 、衆 *8556 | 1° many, numerous 2° crowd 3° multitude, the masses 4° common 5° group ◇ 1° plusieurs, nombreux 2° foule 3° peuple, masses 4° ordinaire, commun 5° groupe [Etym] 人 180 (rad: 009c 2-04), 从 171 [Graph] 233a 232a 232a.

众多 zhòng duō 。 numerous ◇ nombreux, innombrable ✱ 6397.

傘 sǎn (185) 入人人人人十 [Tra] parasol, umbrella ◇ parasol, parapluie [Etym] cover (1= 入 180); {?} back,ribs of a man (prim) (> 乖 572, 脊 238) ◇ toit (1= 入 180); {?} dos, côtes d'un homme (prim) (> 乖 572, 脊 238) [Graph] 233a 232a 232a 232a 232a 413a [Ref] k768, wi685 [Hanzi] san3 傘 1087.

傘 sǎn *1087 入人人人人十 | 伞 -1093 、繖 1° *6157 | 1° parasol 2° umbrella 3° parachute ◇ 1° parasol 2° parapluie 3° parachute [Etym] 人 170 (rad: 009a 2-10), 傘 185 [Graph] 233a 232a 232a 232a 232a 413a.

仑 lún (186) 入匕 [Tra] meditate; coherence ◇ méditer, cohérence [Etym] modern simplified form of (侖 215) ◇ forme simplifiée moderne de (侖 215) [Graph] 233a 321b [Hanzi] lun2 沦 74, lun2 仑 1088, lun2 lun4 论 1701, lun1 lun2 抡 2345, lun2 伦 2787, guan1 lun2 纶 5942, lun2 轮 6330, lun2 岺 7482, lun2 囵 10936.

仑 lún -1088 入匕 | 侖 *1415 、崘 *7482 、崙 *7491 | 1° to meditate 2° coherence ◇ 1° méditer 2° cohérence [Etym] 入 180 (rad: 009c 2-02), 匕 387 [Graph] 233a 321b.

尒 ěr (187) 入小 [Tra] final stop ◇ point final [Etym] different writing for (尔 432) ◇ autre graphie pour (尔 432) [Graph] 233a 331j [Ref] w18o [Hanzi] nie2 苶 3554.

佘 shé (188) 入示 [Tra] surname ◇ nom de famille [Etym] cover (1= 入 180); phon, to show (2= 示 431) ◇ couvercle (1= 入 180); phon, montrer (2= 耦 807) [Graph] 233a 331l [Ref] k864 [Hanzi] she2 佘 1089, she1 畲 1090, she1 赊 7956, she1 賒 10112.

佘 shé +1089 入示 | surname ◇ nom de famille [Etym] 入 180 (rad: 009c 2-05), 佘 188 [Graph] 233a 331l.

畲 shē -1090 入示田 | 1° ethnic minority 2° fertilizer (from ashes) ◇ 1° minorité nationale 2° engrais (des cendres) [Etym] 田 2313 (rad: 102a 5-07), 佘 188 [Graph] 233a 331l 041a.

氽 cuān +1091 入水 | quick-boil ◇ bouillir rapidement [Etym] 水 435 (rad: 085a 4-02), 入180 [Graph] 233a 331p.

△ tǔn | 1° to float 2° to drift 3° to deep-fry ◇ 1° flotter 2° flâner 3° frire dans beaucoup d'huile.

个 gě (189) 入丨 | [Tra] one, individual ◇ un, individuel [Etym] a twig of bamboo (prim) ◇ une branche de bambou (prim) [Graph] 233a 411a [Ref] w77a [Hanzi] ge3 ge4 个 1092.

个 gě +1092 入丨 | 個 *3089 | See ◇ Voir 自个 zi4-ge3 10153-1092 [Etym] 丨 476 (rad: 002a 1-02), 个 189 [Graph] 233a 411a.

△ gè | 個 *3089 、箇 *916 | 1° this, this one 2° unit 3° individual 4° numerative ◇ 1° ce, cet 2° unité 3° individu 4° spécificatif.

个人 gè rén 。 individual ◇ individu; moi * 1070.

个把 gè bǎ 。 one or two ◇ un ou deux * 2656.

个把 gè bǎ 。 one or two ◇ un ou deux * 2656.

个体 gè tǐ 。 individual ◇ individu, particulier * 2872.

个性 gè xìng 。 individual character; personality ◇ individualité, personnalité * 3262.

个子 gè zǐ 。 size; statue ◇ taille; statue * 6546.

伞 sǎn (190) 入丷十 | [Tra] parasol; umbrella ◇ parasol; parapluie [Etym] modern simplified form of (傘 185) ◇ forme simplifiée moderne de (傘 185) [Graph] 233a 413i [Hanzi] san3 伞 1093.

伞 sǎn -1093 入丷十 | 傘 *1087 、繖 1° *6157 | 1° parasol 2° umbrella 3° parachute ◇ 1° parasol 2° parapluie 3° parachute [Etym] 入 180 (rad: 009c 2-04), 伞 190 [Graph] 233a 413i.

伞兵 sǎn bīng 。 paratrooper ◇ parachutiste * 7215.

介 jiè (191) 入川 | [Tra] to divide ◇ séparer [Etym] men (1< 人 170) got apart (2< 八 127) ◇ des hommes (1< 人 170) séparés (2< 八 127) [Graph] 233a 416a [Ref] h1059, k360, ph42, w18f, wa149, wi432, wi898 [Hanzi] jie4 介 1094, ga4 尬 2215, jia4 jie4 jie5 价 2788, gai4 jie4 芥 3555, jie4 玠 5073, jie1 阶 6714, jie4 疥 7015, jie4 蚧 10195, jie4 界 10415.

介 jiè +1094 入川 | 1° to be in between, to intermediate 2° to take seriously 3° upright 4° armor 5° shell, scales ◇ 1° entre, intermédiaire 2° prendre au sérieux 3° franc, déterminé 4° armure 5° carapace [Etym] 入 180 (rad: 009c 2-02), 介 191 [Graph] 233a 416a.

介绍 jiè shào 。 to present, to offer ◇ présenter, faire connaître, introduire * 6021.

余 yú (192) 入禾 | [Tra] me; rest, surplus ◇ moi; reste [Etym] timber house (2=prim) and its roof (1= 合 222) ◇ maison à colombage (2=prim) et son toit (1= 合 222) [Graph] 233a 422c [Ref] k1322, ph319, w14c, wa99 [Hanzi] tu2 涂 75, xu4 溆 77, yu2 余 1095, xu4 敘 1096, xie2 斜 1097, xu4 叙 1098, xu4 敍 1099, tu2 途 1100, she1 yu2 畲 1101, yu2 餘 1423, xu2 徐 3122, tu2 荼 3557, yu2 狳 5593, chu2 chu2 除 6715, yu2 艅 8295, chu2 蜍 10196, tu2 酴 10851.

余 yú +1095 入禾 | 餘 1°2° *1423 | 1° surplus, remaining, the rest 2° more than, over 3° beyond, after 4° I, me 5° surname ◇ 1° excédent, surabondant, reste 2° plus que 3° au delà, après 4° je, moi 5° nom de famille [Etym] 入 180 (rad: 009c 2-05), 余 192 [Graph] 233a 422c.

余地 yú dì 。 leeway, margin ◇ marge * 4903.

敘 xù *1096 入禾攵 | 叙 +1098 、敍 *1099 | 1° to chat, to talk 2° to narrate 3° to appraise 4° preface 5° to arrange ◇ 1° converser, parler 2° raconter 3° estimer, évaluer 4° préface 5° disposer en ordre [Etym] 攵 340 (rad: 066b 4-07), 余 192 [Graph] 233a 422c 243c.

斜 xié +1097 入禾斗 | 1° oblique, tilted 2° wicked ◇ 1° oblique, penché 2° mauvais [Etym] 斗 575 (rad: 068a 4-07), 余 192 [Graph] 233a 422c 413g.

斜坡 xié pō 。 slope ◇ pente * 4897.

叙 xù +1098 入禾又 | 敘 *1096 、敍 *1099 | 1° to chat, to talk 2° to narrate 3° to appraise 4° preface 5° to arrange ◇ 1° converser, parler 2° raconter 3° estimer, évaluer 4° préface 5° disposer en ordre [Etym] 又 1271 (rad: 029a 2-07), 余 192 [Graph] 233a 422c 633a.

叙说 xù shuō 。 to tell, to narrate ◇ exposer, relater, raconter * 1819.

叙述 xù shù 。 to narrate, to recount ◇ exposer, relater, raconter * 4596.

敍 xù *1099 入禾攴 | 叙 +1098 、敘 *1096 | 1° to chat, to talk 2° to narrate 3° to appraise 4° preface 5° to arrange ◇ 1° converser, parler 2° raconter 3° estimer, évaluer 4° préface 5° disposer en ordre [Etym] 攴 1283 (rad: 066a 4-07), 余 192 [Graph] 233a 422c 633c.

途 tú +1100 入禾辶 | road, way ◇ chemin, voie [Etym] 辶 1346 (rad: 162b 3-07), 余 192 [Graph] 233a 422c 634o.

途中 tú zhōng 。 on the way ◇ à mi-chemin, chemin faisant * 10183.

畲 shē +1101 入禾田 | 1° cultivated fields 2° She nationality ◇ 1° champs 2° peuple She [Etym] 田 2313 (rad: 102a 5-07), 余 192 [Graph] 233a 422c 041a.

△ yú | land, fields cultivated for two years ◇ champs cultivés depuis deux ans.

籴 dí -1102 入米 | 糴 *1103 | to buy in (grain) ◇ s'approvisionner en (grain), stocker [Etym] 米 782 (rad: 119a 6-02), 入 180 [Graph] 233a 422f.

糴 dí (193) 入米习习隹 [Tra] to buy in (grain) ◇ s'approvisionner [Etym] to bring in (1= 入 179) grain (2= 米 782); phon (3,4,5= 翟 1474) ◇ faire entrer (1= 入 179) des céréales (2= 米 782);phon (3, 4,5= 翟 1474) [Graph] 233a 422f 731c 731c 436m [Ref] w122a [Hanzi] di2 糴 1103.

糴 dí *1103 入米习习隹 | 籴 -1102 | to buy in (grain) ◇ s'approvisionner en (grain), stocker [Etym] 米 782 (rad: 119a 6-16), 糴 193 [Graph] 233a 422f 731c 731c 436m.

仝 tóng (194) 入工 [Tra] same, with; surname ◇ même, avec; nom propre [Etym] work (2= 工 808) under cover (1= 入 180) -> monotonous ◇ travail (2= 工 808) sous couvert (1= 入 180) -> monotone [Graph] 233a 431a [Ref] w15b [Hanzi] tong2 仝 1104, tong2 砼 9649.

仝 tóng +1104 入工 | 1° same 2° with 3° surname ◇ 1° même 2° avec 3° nom de famille [Etym] 入 180 (rad: 009c 2-03), 仝 194 [Graph] 233a 431a.

全 quán (195) 入王 [Tra] all, complete ◇ tout, entièrement [Etym] jade (2= 玉 938) under cover (1= 入 180) -> total treasure, all ◇ du jade (2= 玉 938) sous un couvercle (1= 入 180) -> trésor absolu, tout [Graph] 233a 432e [Ref] h330, k1124, ph192, w15b, wa133, wi552 [Hanzi] quan2 筌 738, quan2 全 1105, quan2 銓 1121, quan2 诠 1702, quan2 铨 1907, shuan1 拴 2346, quan2 佺 2789, quan2 牷 3446, quan2 荃 3558, shuan1 栓 4105, quan2 辁 6331, quan2 痊 7016, quan2 詮 9481, quan2 輇 10670.

全 quán +1105 入王 | 1° complete, to make complete 2° whole, all 3° entirely 4° to save 5° surname ◇ 1° complet, compléter 2° entier, totalité, dans son ensemble, tous, tout 3° entièrement, absolument 4° sauvegarder 5° nom propre [Etym] 入 180 (rad: 011b 2-04), 全 195 [Graph] 233a 432e.

全部 quán bù ◦ complete, integral ◇ complet, intégral; totalité, ensemble, tout * 660.

全体 quán tǐ ◦ collectivity, commnunity ◇ collectivité, tout, tous, ensemble * 2872.

全权 quán quán ◦ full powers; plenipotentiary ◇ pleins pouvoirs, plénipotentiaire * 4277.

全程 quán chéng ◦ whole journey or course ◇ tout le trajet * 4569.

全球 quán qiú ◦ the whole world ◇ le monde entier * 5094.

全力 quán lì ◦ with all one's strength ◇ tous ses efforts, à toutes forces * 7259.

全局 quán jú ◦ overall situation ◇ situation d'ensemble * 8676.

全民 quán mín ◦ all the people ◇ tout le peuple * 8712.

全面 quán miàn ◦ all-round, comprehensive ◇ global, entier * 10929.

金 jīn (196) 入亚 [Tra] metal, gold ◇ métal, or [Etym] {1} two nuggets (prim) of gold hidden in the eart (< 余 192, 土 826); {2} metallic complex tool (1,2=prim) ◇ {1} deux pépites (prim) d'or cachés en terre (< 余 192, 土 826); {2} un outil complexe en métal (1,2=prim) [Graph] 233a 432q [Ref] h14, k387, r180, w14t, wa106, wi13 [Hanzi] gan4 淦 78, jin1 金 1106, qin1 欽 1120, xin1 鑫 1122, fu3 釜 1675, zao2 zuo4 鑿 5330, yin2 崟 7483, yin2 崟 7484, yin2 唫 8862 [Rad] 167a.

金 jīn +1106 入亚 | 1° metals 2° money 3° percussion instrument 4° gold, golden 5° Jin dynasty ◇ 1° métal 2° monnaie, argent 3° instrument de musique 4° or, doré 5° dynastie Jin [Etym] 金 196 (rad: 167a 8-00), [Graph] 233a 432q.

金笔 jīn bǐ ◦ golden fountain pen ◇ stylo à plume en or * 754.

金钵 jīn bō ◦ bowl of gold ◇ écuelle d'or * 1964.

金钱 jīn qián ◦ money ◇ monnaie, argent * 1995.

金黄 jīn huáng ◦ golden yellow, gold ◇ jaune d'or, or * 5409.

金子 jīn zǐ ◦ gold ◇ or * 6546.

金屬 jīn shǔ ◦ metal ◇ métal * 8664.

金色 jīn sè ◦ golden ◇ jaune d'or, doré * 8731.

金融 jīn róng ◦ finance; banking ◇ finances * 9423.

金鱼 jīn yú ◦ goldfish ◇ poisson rouge * 10460.

鐋 tāng *1107 入亚氵日勿 | 铴 -1895 | See ◇ Voir 铴锣 tang1-luo2 1895-2124 [Etym] 金 196 (rad: 167a 8-12), 湯 67 [Graph] 233a 432q 121b 021a 852i.

釤 shān *1108 入亚彡 | 钐 -1896 | 1° samarium (Sm) 2° bill-hook 3° to cut ◇ 1° samarium (Sm) 2° serpe 3° trancher [Etym] 金 196 (rad: 167a 8-03), 彡 76 [Graph] 233a 432q 211c.

△ shàn | 钐 -1896 、鎸 *1303 、鐥 *1199 | 1° billhook 2° to cut 3° long-handle sickle ◇ 1° serpe 2° trancher 3° faucille à longue manche.

錇 péi *1109 入亚立口 | 锫 -1897 | berkelium (Bk) ◇ berkélium (Bk) [Etym] 金 196 (rad: 167a 8-08), 音 87 [Graph] 233a 432q 221a 011a.

鐿 yì *1110 入亚立日心 | 镱 -1898 | ytterbium (Yb) ◇ ytterbium (Yb) [Etym] 金 196 (rad: 167a 8-13), 意 93 [Graph] 233a 432q 221a 021a 321c.

鏡 jìng *1111 入亚立見 | 镜 -1899 | 1° mirror, looking glass 2° lens 3° to reflect ◇ 1° miroir, verre (de lunettes) 2° lentilles 3° refléter [Etym] 金 196 (rad: 167a 8-11), 竟 94 [Graph] 233a 432q 221a 021c.

鐘 zhōng *1112 入亚立里 | 钟 -2115 、鍾 *1360 4° | 1° bell, clock 2° time (hour) 3° to concentrate (affection) 4° cup without handle 5° alarm-clock, to sound reveille 6° surname ◇ 1° cloche, horloge, pendule 2° temps (heure) 3° se concentrer (affection) 4° coupe sans poignée 5° sonnerie, réveil 6° nom de famille [Etym] 金 196

(rad: 167a 8-12), 童 99 [Graph] 233a 432q 221a 043j.

鍰 huán *1113 |锾 -1900| 1° six ounces 2° change ◇ 1° six onces 2° monnaie [Etym] 金 196 (rad: 167a 8-09), 爰 104 [Graph] 233a 432q 221d ac:a 241a 633a.

錚 zhēng *1114 |铮 -2035| sound: clang of metal ◇ onomatopée: son métallique [Etym] 金 196 (rad: 167a 8-08), 爭 117 [Graph] 233a 432q 221d 834c.

鎰 yì *1115 |镒 -1901| weight (= 20 or 24 liang) ◇ poids (= 20 ou 24 liang) [Etym] 金 196 (rad: 167a 8-10), 益 129 [Graph] 233a 432q 222c 922a.

鈥 huǒ *1116 |钬 -1902| holmium ◇ holmium [Etym] 金 196 (rad: 167a 8-04), 火 156 [Graph] 233a 432q 231b.

錟 tán *1117 |锬 -1903| long spear ◇ longue lance [Etym] 金 196 (rad: 167a 8-08), 炎 157 [Graph] 233a 432q 231b 231b.

鐒 láo *1118 |铹 -1954| lawrencium ◇ lawrencium [Etym] 金 196 (rad: 167a 8-12), 勞 164 [Graph] 233a 432q 231b 231b 851a 732f.

銼 cuò *1119 |锉 -1905| file ◇ lime, râpe [Etym] 金 196 (rad: 167a 8-07), 坐 172 [Graph] 233a 432q 232a 232a 432a.

> 欽 qīn (197) [Tra] to respect; imperial ◇ révérer; impérial [Etym] special breath (2= 欠 178); phon, gold (金 196) ◇ souffle anormal (3= 欠 178); phon, doré (1,2= 金 196) [Graph] 233a 432q 232b [Hanzi] qin1 欽 1120, qin4 撳 2347, qin1 嶔 7485.

欽 qīn *1120 |钦 -1906| 1° to admire, to respect, to revere 2° imperial 3° surname ◇ 1° admirer, adorer, révérer, respecter 2° impérial, royal 3° nom propre [Etym] 欠 178 (rad: 076a 4-08), 金 196 [Graph] 233a 432q 232b.

銓 quán *1121 |铨 -1907| 1° to estimate 2° to weigh 3° to evaluate qualifications in selecting officials ◇ 1° juger 2° peser, évaluer les compétences d'un mandarin [Etym] 金 196 (rad: 167a 8-06), 全 195 [Graph] 233a 432q 233a 432e.

> 鑫 xīn (198) [Tra] used in personal name ◇ nom propre [Etym] three times gold (> 金 196) ◇ trois fois de l'or (> 金 196) [Graph] 233a 432q 233a 432q 233a 432q [Hanzi] xin1 鑫 1122.

鑫 xīn +1122 | 1° personal name 2° name of stores (prospering) ◇ 1° prénom 2° nom de magasins (prospère) [Etym] 金 196 (rad: 167a 8-16), 鑫 198 [Graph] 233a 432q 233a 432q 233a 432q.

鈐 qián *1123 |钤 -1908| seal, to affix a seal to ◇ sceau, apposer un sceau [Etym] 金 196 (rad: 167a 8-04), 今 202 [Graph] 233a 432q 233a 631a.

鈴 líng *1124 |铃 -1909| 1° sleigh-bell 2° bell-shaped object 3° (cotton) boll ◇ 1° sonnette, clochette, sonnerie 2° boule 3° graine (du cotonnier) [Etym] 金 196 (rad: 167a 8-05), 令 211 [Graph] 233a 432q 233a ac:a 734a.

鍮 tōu *1125 |鍮 -1910| brass ◇ cuivre [Etym] 金 196 (rad: 167a 8-09), 俞 213 [Graph] 233a 432q 233a ac:a 856e 333b.

鎗 qiāng *1126 |枪 -4107、槍 *4110| 1° rifle, firearm 2° spear, lance 3° swindler ◇ 1° fusil, armes à feu 2° lance 3° escroc [Etym] 金 196 (rad: 167a 8-10), 倉 217 [Graph] 233a 432q 233a 931h 011a.

鉿 hā *1127 |铪 -1911| hafnium ◇ hafnium [Etym] 金 196 (rad: 167a 8-06), 合 222 [Graph] 233a 432q 233a 012a.

鎿 ná *1128 |镎 -1912| neptunium (Np) ◇ neptunium (Np) [Etym] 金 196 (rad: 167a 8-10), 拿 225 [Graph] 233a 432q 233a 012a 332g.

鑰 yào *1129 |钥 -2063| key, bolt of lock ◇ clé [Etym] 金 196 (rad: 167a 8-17), 龠 229 [Graph] 233a 432q 233a 012a 011a 011a 856j.

△ yuè |钥 -2063、鈅 *1285| key ◇ clé.

銪 yǒu *1130 |铕 -1913| europium (Eu) ◇ europium (Eu) [Etym] 金 196 (rad: 167a 8-06), 有 247 [Graph] 233a 432q 241a 856e.

鋏 jiá *1131 |铗 -1923| 1° sleigh-bell 2° pincers, pliers 3° sword, hilt ◇ 1° sonnette 2° pince 3° épée, poignée d'épée [Etym] 金 196 (rad: 167a 8-07), 夾 259 [Graph] 233a 432q 242a 232a 232a.

錡 qí *1132 |锜 -1916| 1° pan 2° tripod ◇ 1° bouilloire 2° marmite à trois pieds [Etym] 金 196 (rad: 167a 8-08), 奇 261 [Graph] 233a 432q 242a 331c 011a.

錛 bēn *1133 |锛 -1917| adze ◇ doloire [Etym] 金 196 (rad: 167a 8-08), 奔 264 [Graph] 233a 432q 242a 416f.

鈸 bó *1134 |钹 -1914| small cymbals ◇ petites cymbales [Etym] 金 196 (rad: 167a 8-05), 犮 298 [Graph] 233a 432q 242j.

鈦 tài *1135 |钛 -1918| titanium ◇ titanium [Etym] 金 196 (rad: 167a 8-04), 太 299 [Graph] 233a 432q 242k.

鐐 liào *1136 |镣 -1919| fetters ◇ chaînes, entraves [Etym] 金 196 (rad: 167a 8-12), 尞 300 [Graph] 233a 432q 242l 021a 331j.

鈇 fū *1137 |铁 -1920| ax ◇ hache [Etym] 金 196 (rad: 167a 8-04), 夫 301 [Graph] 233a 432q 242m.

錈 juǎn *1138 |锩 -1922| to bend by heating ◇ courber au feu [Etym] 金 196 (rad: 167a 8-08), 卷 312 [Graph] 233a 432q 242p 733a.

鎩 shā *1139 |铩 -1924| 1° long spear 2° to shed (feathers) 3° to injure ◇ 1° longue lance 2° abriter (plumes) 3° blesser, détruire [Etym] 金 196 (rad: 167a 8-10), 殺 328 [Graph] 233a 432q 243a 422a Z33a 633a.

鏟 chǎn *1140 |铲 -2022、剷 *6996、刬 -5564| spade, shovel, to dig ◇ pelle, racloir, racler, creuser [Etym] 金 196 (rad: 167a 8-11), 產 338 [Graph] 233a 432q 243b 721a 433b.

鉸 jiǎo *1141 人亚交 | 铰 -1925 | 1° to cut with scissors 2° ream ◇ 1° cisailler, couper 2° rame [Etym] 金 196 (rad: 167a 8-06), 交 344 [Graph] 233a 432q 243e.

鈚 pī *1142 人亚匕匕 | 钍 -1926 | 1° sharp 2° arrow ◇ 1° tranchant 2° flèche [Etym] 金 196 (rad: 167a 8-04), 比 362 [Graph] 233a 432q 311d 321b.

鍇 kǎi *1143 人亚匕匕白 | 锴 -1927 | 1° fine iron 2° personal name ◇ 1° fer fin 2° prénom [Etym] 金 196 (rad: 167a 8-09), 皆 365 [Graph] 233a 432q 311d 321b 022c.

銥 yī *1144 人亚衣 | 铱 -1928 | iridium (Ir) ◇ iridium (Ir) [Etym] 金 196 (rad: 167a 8-06), 衣 371 [Graph] 233a 432q 312i.

鎄 āi *1145 人亚衣口 | 锿 -1929 | einsteinium (Es) ◇ einsteinium (Es) [Etym] 金 196 (rad: 167a 8-06), 哀 375 [Graph] 233a 432q 312j 011a.

鑲 xiāng *1146 人亚衣口口井 | 镶 -1930 | 1° to inlay, to insert 2° to mount 3° rim, edge ◇ 1° enchâsser, sertir 2° monter 3° bordure, bord [Etym] 金 196 (rad: 167a 8-17), 襄 376 [Graph] 233a 432q 312j 011a 011a 436g.

釓 gá *1147 人亚乚 | 钆 -1931 | gadolinium ◇ gadolinium [Etym] 金 196 (rad: 167a 8-01), 乚 385 [Graph] 233a 432q 321a.

鎮 zhèn *1148 人亚匕目只 | 镇 -2076、鎭 *1298 | 1° to press down, to calm, tranquil 2° to protect, to keep 3° brigade 4° to chill 5° market-town 6° surname ◇ 1° aplanir (difficultés), abaisser, pacifier, subjuguer (un démon) 2° protéger, garder 3° brigade 4° refroidir 5° ville, marché, bourg 6° nom de famille [Etym] 金 196 (rad: 167a 8-10), 眞 394 [Graph] 233a 432q 321b 023a 711b.

鉍 bì *1149 人亚必 | 铋 -1932 | bismuth ◇ bismuth [Etym] 金 196 (rad: 167a 8-05), 必 399 [Graph] 233a 432q 321d.

銚 diào *1150 人亚兆 | 铫 -1933 | kettle ◇ bouilloire [Etym] 金 196 (rad: 167a 8-06), 兆 411 [Graph] 233a 432q 322g.

△ yáo | 铫 -1933 | 1° ancient giant hoe 2° surname ◇ 1° grande houe 2° nom de famille.

釘 dīng *1151 人亚丁 | 钉 -1934 | 1° nail, to nail 2° to follow closely ◇ 1° clou, clouer 2° suivre de près [Etym] 金 196 (rad: 167a 8-02), 丁 420 [Graph] 233a 432q 331b.

△ dìng | 钉 -1934 | 1° nail, to nail 2° to sew on ◇ 1° clou, clouer 2° coudre.

鈳 kē *1152 人亚可口 | 钶 -1935 | columbium ◇ columbium [Etym] 金 196 (rad: 167a 8-05), 可 421 [Graph] 233a 432q 331c 011a.

鈔 chāo *1153 人亚少 | 钞 -1936 | 1° bank note, money order, receipt 2° to hook 3° to copy, collected writings ◇ 1° billet de banque, quittance 2° accrocher 3° copier, anthologie [Etym] 金 196 (rad: 167a 8-04), 少 427 [Graph] 233a 432q 331k.

釗 zhāo *1154 人亚刂 | 钊 -1937 | 1° to encourage, to exhort 2° to pare 3° surname ◇ 1° encourager, exciter 2° tailler, rogner 3° nom de famille [Etym] 金 196 (rad: 167a 8-02), 刂 470 [Graph] 233a 432q 333b.

鏦 cōng *1155 人亚彳人人止 | 枞 -1904 | short spear ◇ lance courte [Etym] 金 196 (rad: 167a 8-11), 從 520 [Graph] 233a 432q 411g 232a 232a 434e.

釙 pō *1156 人亚卜 | 钋 -1940 | polonium (Po) ◇ polonium (Po) [Etym] 金 196 (rad: 167a 8-02), 卜 548 [Graph] 233a 432q 412c.

針 zhēn *1157 人亚十 | 针 -1941、鍼 *1216 | 1° needle 2° stitch 3° injection 4° needle (pine, etc.) 5° acupuncture ◇ 1° aiguille 2° piqûre 3° aigulle (pin, etc.) 4° injection 5° acupuncture [Etym] 金 196 (rad: 167a 8-02), 十 560 [Graph] 233a 432q 413a.

釬 hàn *1158 人亚干 | 焊 +1050、銲 *1336 | to weld, to solder ◇ souder, soudure [Etym] 金 196 (rad: 167a 8-03), 干 564 [Graph] 233a 432q 413b.

鋅 xīn *1159 人亚辛 | 锌 -1942 | zinc (Zn) ◇ zinc (Zn) [Etym] 金 196 (rad: 167a 8-07), 辛 567 [Graph] 233a 432q 413d.

釺 qiān *1160 人亚千 | 钎 -1943 | borer, drill rod or steel ◇ perforatrice, foret, sonde [Etym] 金 196 (rad: 167a 8-03), 千 571 [Graph] 233a 432q 413f.

鍤 chā *1161 人亚千臼 | 锸 -1944、臿 *3422 | 1° cymbal 2° spade ◇ 1° cymbale 2° bêche [Etym] 金 196 (rad: 167a 8-09), 臿 574 [Graph] 233a 432q 413f 835d.

鈄 dǒu *1162 人亚斗 | 钭 -1945 | surname ◇ nom de famille [Etym] 金 196 (rad: 167a 8-04), 斗 575 [Graph] 233a 432q 413g.

鍛 duàn *1163 人亚阝几又 | 锻 -1946 | 1° to forge metal 2° to make ◇ 1° forger 2° fabriquer [Etym] 金 196 (rad: 167a 8-09), 段 576 [Graph] 233a 432q 413h Z33a 633a.

鍥 qiè *1164 人亚丰刀大 | 锲 -1947 | chisel, to engrave, to carve ◇ ciseau, ciseler, graver [Etym] 金 196 (rad: 167a 8-09), 契 596 [Graph] 233a 432q 414g 732a 242a.

鎝 dā *1165 人亚艹人口 | 铬 -1949 | plough ◇ charrue [Etym] 金 196 (rad: 167a 8-09), 荅 620 [Graph] 233a 432q 415c 233a 012a.

鍩 nuò *1166 人亚艹ナ口 | 锘 -1950 | nobelium (No) ◇ nobélium (No) [Etym] 金 196 (rad: 167a 8-08), 若 621 [Graph] 233a 432q 415c 241a 011a.

鏵 huá *1167 人亚艹華 | 铧 -1938 | plough share ◇ soc de charrue [Etym] 金 196 (rad: 167a 8-10), 華 627 [Graph] 233a 432q 415c 414k.

鐯 zhuō *1168 人亚艹尹日 | 锗 -1951 | 1° pick (for digging), to pick 2° to dig ◇ 1° pioche, piocher 2° creuser [Etym] 金 196 (rad: 167a 8-11), 著 632 [Graph] 233a 432q 415c 432c 021a.

鑊 huò *1169 人亚艹隹又 | 镬 -1952 | caldron, cooking-pot ◇ chaudron, marmite [Etym] 金 196 (rad: 167a 8-13), 蒦 636 [Graph] 233a 432q 415c 436m 633a.

鋩 máng *1170 人亚艹亡 | 铓 -1953 | point of a knife ◇ lame, tranchant d'un couteau [Etym] 金 196 (rad: 167a 8-06), 芒 652 [Graph] 233a 432q 415c 811f.

鑵 guàn *1171 人亚艹口口隹 | 罐 +7635、鑎 *7646 | 1° jar, mug 2° pitcher ◇ 1° bocal, pot 2° cruche à eau [Etym] 金 196 (rad: 167a 8-17),

藋676 [Graph] 233a 432q 415c 011a 011a 436m.

鏌 mò *1172 𠆢亜艹日大 | See ◇ Voir 脈 10073 [Etym] 金 196 (rad: 167a 8-10), 莫 679 [Graph] 233a 432q 415c 021a 242a.

錨 máo *1173 𠆢亜艹田 | 锚 -1955 | anchor ◇ ancre [Etym] 金 196 (rad: 167a 8-08), 苗 687 [Graph] 233a 432q 415c 041a.

鈃 xíng *1174 𠆢亜开 | 钘 -1956 | 1° wine container 2° personal name ◇ 1° récipient de vin 2° prénom [Etym] 金 196 (rad: 167a 8-04), 开 706 [Graph] 233a 432q 416h.

鉶 xíng *1175 𠆢亜开刂 | 铏 -1957 | sacrificial vessel ◇ vase rituel [Etym] 金 196 (rad: 167a 8-06), 刑 707 [Graph] 233a 432q 416h 333b.

釧 chuàn *1176 𠆢亜川 | 钏 -1958 | bracelet ◇ bracelet [Etym] 金 196 (rad: 167a 8-03), 川 711 [Graph] 233a 432q 417a.

鈈 bù *1177 𠆢亜不 | 钚 -1959 | plutonium (Pu) ◇ plutonium (Pu) [Etym] 金 196 (rad: 167a 8-04), 不 718 [Graph] 233a 432q 421a.

錸 lái *1178 𠆢亜木人人 | 铼 -1966 | rhenium ◇ rhénium [Etym] 金 196 (rad: 167a 8-08), 來 724 [Graph] 233a 432q 422a 232a 232a.

鍬 qiāo *1179 𠆢亜禾火 | 锹、鍫 -1960、*4494 | spade, shovel ◇ pelle, bêche [Etym] 金 196 (rad: 167a 8-09), 秋 761 [Graph] 233a 432q 422d 231b.

鉥 shù *1180 𠆢亜术 | 𫓹 -1962 | 1° long needle 2° thorn 3° to guide ◇ 1° longue aiguille 2° épine 3° guider, diriger [Etym] 金 196 (rad: 167a 8-05), 术 781 [Graph] 233a 432q 422e.

鉢 bō *1181 𠆢亜本 | 钵、缽 -1964、*7637 | bowl ◇ écuelle [Etym] 金 196 (rad: 167a 8-05), 本 799 [Graph] 233a 432q 422h.

銖 zhū *1182 𠆢亜朱 | 铢 -1965 | 1° light weight 2° small thing 3° trifle ◇ 1° petit poids, poids de cent grains de millet 2° chose de rien 3° fétu [Etym] 金 196 (rad: 167a 8-06), 朱 803 [Graph] 233a 432q 422l.

銾 gǒng *1183 𠆢亜工水 | 汞 +4705 | mercury, quicksilver ◇ mercure, vif argent [Etym] 金 196 (rad: 167a 8-07), 汞 810 [Graph] 233a 432q 431a 331p.

釷 tǔ *1184 𠆢亜土 | 钍 -1967 | thorium (Th) ◇ thorium (Th) [Etym] 金 196 (rad: 167a 8-03), 土 826 [Graph] 233a 432q 432a.

鐃 náo *1185 𠆢亜土土土兀 | 铙 -1991 | big cymbals ◇ grandes cymbales [Etym] 金 196 (rad: 167a 8-12), 堯 844 [Graph] 233a 432q 432a 432a 432a 322c.

鑄 zhù *1186 𠆢亜士乛工口寸 | 铸 -1915 | to cast, to fuse metal ◇ couler, fondre [Etym] 金 196 (rad: 167a 8-14), 壽 860 [Graph] 233a 432q 432b ac:g 431a 012a 332b.

銠 lǎo *1187 𠆢亜耂匕 | 铑 -1968 | rhodium ◇ rhodium [Etym] 金 196 (rad: 167a 8-06), 老 889 [Graph] 233a 432q 432c 321b.

鍺 zhě *1188 𠆢亜耂日 | 锗 -1969 | germanium (Ge) ◇ germanium (Ge) [Etym] 金 196 (rad: 167a 8-08), 者 893 [Graph] 233a 432q 432c 021a.

銬 kào *1189 𠆢亜耂丂 | 铐 -1970 | handcuffs, fetters, irons ◇ menottes, fers [Etym] 金 196 (rad: 167a 8-06), 考 895 [Graph] 233a 432q 432c Z21b.

鎂 měi *1190 𠆢亜𦍌大 | 镁 -1971 | magnesium (Mg) ◇ magnésium (Mg) [Etym] 金 196 (rad: 167a 8-09), 美 920 [Graph] 233a 432q 432g 242a.

銩 diū *1191 𠆢亜壬厶 | 铥 -1972 | thulium ◇ thulium [Etym] 金 196 (rad: 167a 8-06), 丟 928 [Graph] 233a 432q 432j 612a.

鋌 tǐng *1192 𠆢亜壬廴 | 铤 -1973 | 1° to run quickly 2° ingot, bar ◇ 1° courir rapidement 2° lingot, masse [Etym] 金 196 (rad: 167a 8-06), 廷 931 [Graph] 233a 432q 432k 634n.

鋯 gào *1193 𠆢亜𠂉口 | 锆 -1974 | zirconium ◇ zirconium [Etym] 金 196 (rad: 167a 8-07), 告 932 [Graph] 233a 432q 432l 011a.

銑 xǐ *1194 𠆢亜先 | 铣 -1975 | mill ◇ moulin [Etym] 金 196 (rad: 167a 8-06), 先 935 [Graph] 233a 432q 432m.

△ xiǎn | 铣 -1975 | See ◇ Voir 铣铁 xian3-tie3 1975-1921.

鑽 zuān *1195 𠆢亜先先貝 | 钻 -2099 | 1° to drill, to bore 2° to go through 3° to dig into 4° to study ◇ 1° forer, percer, piquer, vrille 2° pénétrer dans, se pousser (dans la société) 3° creuser 4° approfondir, étudier [Etym] 金 196 (rad: 167a 8-19), 贊 937 [Graph] 233a 432q 432m 432m 023b.

△ zuàn | 钻 -2099 | 1° to drill, to bore 2° diamond ◇ 1° vrille, foret, mèche, percer 2° diamant.

鈺 yù *1196 𠆢亜玉 | 钰 -1976 | treasure ◇ trésor [Etym] 金 196 (rad: 167a 8-05), 玉 938 [Graph] 233a 432q 432o.

錶 biǎo *1197 𠆢亜主𧘇 | See ◇ Voir 镳 2019 [Etym] 金 196 (rad: 167a 8-08), 表 941 [Graph] 233a 432q 433a 312h.

錆 qiāng *1198 𠆢亜主月 | 锖 -1977 | oxidation ◇ oxydation [Etym] 金 196 (rad: 167a 8-08), 青 946 [Graph] 233a 432q 433a 856e.

鐥 shàn *1199 𠆢亜𦍌口 | 钐、釤、鍽 -1896、*1108、*1303 | 1° billhook 2° to cut 3° long-handle sickle ◇ 1° serpe 2° trancher 3° faucille à longue manche [Etym] 金 196 (rad: 167a 8-12), 善 952 [Graph] 233a 432q 433c 011a.

鉦 zhēng *1200 𠆢亜正 | 钲 -1979 | cymbals ◇ cymbales [Etym] 金 196 (rad: 167a 8-05), 正 963 [Graph] 233a 432q 434b.

△ zhèng | 钲 -1979 | old name for "fei" Fermium (Fm) ◇ ancien terme de "fei" Fermium (Fm).

鋋 chán *1201 𠆢亜正廴 | 𬭚 -1980 | 1° bars 2° ingots ◇ 1° masse 2° lingot [Etym] 金 196 (rad: 167a 8-06), 延 973 [Graph] 233a 432q 434h 634n.

鏷 pú *1202 𠆢亜业美 | 镤 -1981 | protactinium (Pa), dart ◇ protactinium (Pa), dard [Etym] 金 196 (rad: 167a 8-12), 菐 975 [Graph] 233a 432q 435a 242n.

鐠 pǔ *1203 𠆢亜並日 | 镨 -1982 | praseodymium (Pr) ◇ praseodymium (Pr) [Etym] 金 196 (rad: 167a 8-12), 普 986 [Graph] 233a 432q 435c 021a.

錯 cuò *1204 𠆢亜丗日 | 错 -1983 | 1° to make a mistake, to be wrong 2° to differ 3° grindstone ◇ 1° se tromper, erreur, faute 2° différer, excepté 3° pierre à aiguiser [Etym] 金 196 (rad: 167a 8-08), 昔 1001 [Graph] 233a 432q 436b

021a.

鐄 huáng *1205 亽亚廿由 | 鐄 -1984 | 1° big bell 2° sound of bells ◇ 1° grande cloche 2° onomatopée du tintement de cloche [Etym] 金 196 (rad: 167a 8-11), 黄 1003 [Graph] 233a 432q 436b 042b.

鉗 qián *1206 亽亚甘 | 钳 -1985、箝 *758、拑 *2466 2° | 1° pair of tweezers, pliers, tongs 2° to grip, to clamp 3° to restrain 4° iron collar 5° surname ◇ 1° pinces, tenailles 2° pincer 3° bâillonner 4° collier de fer 5° nom propre [Etym] 金 196 (rad: 167a 8-05), 甘 1009 [Graph] 233a 432q 436f.

鉺 ěr *1207 亽亚耳 | 铒 -1986 | erbium ◇ erbium [Etym] 金 196 (rad: 167a 8-06), 耳 1017 [Graph] 233a 432q 436k.

鑷 niè *1208 亽亚耳耳耳 | 镊 -1987 | tweezers ◇ pinces, pincer [Etym] 金 196 (rad: 167a 8-18), 聶 1022 [Graph] 233a 432q 436k 436k 436k.

錐 zhuī *1209 亽亚隹 | 锥 -1988 | 1° awl 2° to drill ◇ 1° poinçon, alêne 2° forer [Etym] 金 196 (rad: 167a 8-08), 隹 1030 [Graph] 233a 432q 436m.

鐫 juān *1210 亽亚隹乃 | 镌 -1989 | 1° to engrave, to cut, to chisel 2° to dismiss ◇ 1° graver, tailler, ciseler, rogner 2° destituer [Etym] 金196 (rad: 167a 8-12), 雋 1041 [Graph] 233a 432q 436m Z51a.

鉽 tè *1211 亽亚弋心 | 铽 -1990 | terbium ◇ terbium [Etym] 金 196 (rad: 167a 8-07), 忒 1047 [Graph] 233a 432q 511a 321c.

錢 qián *1212 亽亚戈戈 | 钱 -1995 | 1° copper coin, cash 2° money 3° sum, fund 4° unit of weight = 5 grams 5° surname ◇ 1° pièce de monnaie, sapèque 2° argent, billon 3° somme, fonds 4° dixième d'once = 5 grammes 5° nom propre [Etym] 金 196 (rad: 167a 8-08), 戔 1059 [Graph] 233a 432q 512b 512b.

鐵 tiě *1213 亽亚戠口王 | 铁 -1921、銕 *1377 | 1° iron (Fe) 2° weapon 3° strong as iron 4° indisputable 5° to resolve 6° surname ◇ 1° fer (Fe) 2° arme 3° dur comme le fer 4° inébranlable 5° se décider à 6° nom de famille [Etym] 金 196 (rad: 167a 8-13), 戴 1065 [Graph] 233a 432q 512e 011a 432e.

鋨 é *1214 亽亚我 | 锇 -1992 | osmium ◇ osmium [Etym] 金 196 (rad: 167a 8-07), 我 1067 [Graph] 233a 432q 512f.

鋮 chéng *1215 亽亚成 | 铖 -1993 | first name ◇ prénom [Etym] 金 196 (rad: 167a 8-06), 成 1072 [Graph] 233a 432q 512l.

鍼 zhēn *1216 亽亚咸 | 针 -1941、針 *1157 | 1° needle 2° stitch 3° injection 4° needle (pine, etc.) 5° acupuncture ◇ 1° aiguille 2° piqûre 3° aigulle (pin, etc.) 4° injection 5° acupuncture [Etym] 金 196 (rad: 167a 8-09), 咸 1078 [Graph] 233a 432q 512m 012a.

鉞 yuè *1217 亽亚戉 | 钺 -1994、戉 *5561 | battle-ax ◇ hallebarde [Etym] 金 196 (rad: 167a 8-05), 戉 1080 [Graph] 233a 432q 512n.

錙 zī *1218 亽亚巛田 | 锱 -1996 | ancient unit of wieght = one fourth of a liang ◇ ancienne unité de mesure le quart d'un liang [Etym] 金 196 (rad: 167a 8-08), 甾 1116 [Graph] 233a 432q 611c 041a.

鑞 là *1219 亽亚巛囟鼠 | 镴 -1997 | 1° tin 2° to solder, welding ◇ 1° étain 2° soudure [Etym] 金 196 (rad: 167a 8-16), 巤 1120 [Graph] 233a 432q 611c 061b 312k.

釹 nǚ *1220 亽亚女 | 钕 -1998 | neodymium (Nd) ◇ néodymium (Nd) [Etym] 金 196 (rad: 167a 8-03), 女 1122 [Graph] 233a 432q 611e.

銣 rú *1221 亽亚女口 | 铷 -1999 | rubidium (Rb) ◇ rubidium (Rb) [Etym] 金 196 (rad: 167a 8-06), 如 1128 [Graph] 233a 432q 611e 011a.

銍 zhì *1222 亽亚厶土 | 铚 -2000 | 1° sickle 2° old place in Anhui ◇ 1° faucille 2° ancien lieu du Anhui [Etym] 金 196 (rad: 167a 8-06), 至 1148 [Graph] 233a 432q 612c 432a.

鎏 liǔ *1223 亽亚㐬 | 锍 -2001 | to plate with gold ◇ dorer [Etym] 金 196 (rad: 167a 8-07), 㐬 1155 [Graph] 233a 432q 612e 417b.

銃 chòng *1224 亽亚充 | 铳 -2002 | blunderbuss ◇ tromblon, espingole [Etym] 金 196 (rad: 167a 8-06), 充 1159 [Graph] 233a 432q 612f.

鑠 shuò *1225 亽亚幺白幺木 | 铄 -2030 | 1° to polish, to shine 2° melt (of metal, etc.) 3° to weaken ◇ 1° polir, luisant 2° fondre (du métal) 3° affaiblir [Etym] 金 196 (rad: 167a 8-15), 樂 1184 [Graph] 233a 432q 613c 022c 613c 422a.

鉉 xuàn *1226 亽亚玄 | 铉 -2003 | tripod rings or ears ◇ anse d'une marmite à trois pieds [Etym] 金 196 (rad: 167a 8-05), 玄 1204 [Graph] 233a 432q 613g.

鎡 zī *1227 亽亚玄幺 | 镃 -2004 | hoe or mattock in ancient times ◇ pioche antique [Etym] 金196 (rad: 167a 8-12), 兹 1208 [Graph] 233a 432q 613i 613c.

> 錄 lù (199) 亽亚彑氺 | [Tra] to write down; record ◇ registre; copier [Etym] to inscribe (3= 彔 1220) on metal (1,2= 金 196) ◇ noter (3= 彔 1220) dans le métal (1,2= 金 196) [Graph] 233a 432q 621a 331o [Hanzi] lu4 簶 739, lu4 錄 1228.

錄 lù *1228 亽亚彑氺 | 录 -7388、彔 *6385 | 1° to write down 2° to hire, to employ 3° to tape-record 4° collection, register 5° surname ◇ 1° noter, inscrire 2° emprunter, utiliser 3° copier (cassette) 4° registre, liste, annales 5° nom propre [Etym] 金 196 (rad: 167a 8-08), 彔 1220 [Graph] 233a 432q 621a 331o.

銘 míng *1229 亽亚夕口 | 铭 -2006 | 1° inscription 2° to engrave, to carve 3° to bear firmly in mind ◇ 1° inscription 2° graver, sculpter 3° garder au coeur [Etym] 金 196 (rad: 167a 8-06), 名 1232 [Graph] 233a 432q 631b 011a.

鐙 dèng *1230 亽亚癶豆 | 镫 -2007 | stirrup ◇ étrier [Etym] 金196 (rad: 167a 8-12), 登1247 [Graph] 233a 432q 631g 012b.

鏺 pō *1231 亽亚癶弓儿又 | 钹 -2017 | scythe, to cut with a scythe ◇ faucille, couper avec une faucille [Etym] 金 196 (rad: 167a 8-12), 發1249 [Graph] 233a 432q 631g Z42a Z33a 633a.

鐍 jué *1232 亽亚マ𠂇冏口 | 镝 -2008 | 1° brooch 2° rings for installing a lock on a suitcase ◇ 1° broche 2° anneau pour fermer à clé une malle [Etym] 金 196 (rad: 167a 8-12), 矞 1261

[Graph] 233a 432q 632a 331g 8561 011a.

釵 chāi *1233 亼亜叉 |钗 -2010| hair pin ◇ broche, épingle à cheveux [Etym] 金 196 (rad: 167a 8-03), 叉 1281 [Graph] 233a 432q 633b.

鋒 fēng *1234 亼亜夂丰 |锋 -2011| 1° sharp point 2° vanguard 3° weapons ◇ 1° pointe aiguë 2° avant-garde 3° armes [Etym] 金 196 (rad: 167a 8-07), 夆 1290 [Graph] 233a 432q 633e 414g.

鉻 gè *1235 亼亜夂口 |铬 -2012| chromium ◇ chrome [Etym] 金 196 (rad: 167a 8-06), 各 1295 [Graph] 233a 432q 633e 011a.

釕 liǎo *1236 亼亜了 |钌 -2013| ruthenium ◇ ruthénium [Etym] 金 196 (rad: 167a 8-02), 了 1298 [Graph] 233a 432q 634a.

△ liào |钌 -2013| ruthenium (Ru) ◇ ruthenium (Ru).

錳 měng *1237 亼亜子皿 |锰 -2014| manganese (Mn) ◇ manganèse (Mn) [Etym] 金 196 (rad: 167a 8-08), 孟 1308 [Graph] 233a 432q 634d 922a.

錒 ā *1238 亼亜阝可口 |锕 -2015| actinium (Ac) ◇ actinium (Ac) [Etym] 金 196 (rad: 167a 8-07), 阿 1327 [Graph] 233a 432q 634j 331c 011a.

鎒 nòu *1239 亼亜厂辰寸 |耨 +4686| hoe, to weed ◇ houe, biner, sarcler [Etym] 金 196 (rad: 167a 8-10), 辱 1357 [Graph] 233a 432q 721a 312f 332b.

鐝 jué *1240 亼亜厂屰欠 |镢 -2113| to pick, pickaxe ◇ piocher, pioche [Etym] 金 196 (rad: 167a 8-12), 厥 1368 [Graph] 233a 432q 721a 842d 232b.

鍍 dù *1241 亼亜广廿又 |镀 -2018| to gild, to plate ◇ plaquer, dorer, argenter [Etym] 金 196 (rad: 167a 8-09), 度 1391 [Graph] 233a 432q 721b 436a 633a.

鑛 kuàng *1242 亼亜广廿黄 |矿 -9723、礦 *9725| mine, ore deposit ◇ mine, minéral [Etym] 金 196 (rad: 167a 8-15), 廣 1393 [Graph] 233a 432q 721b 436a 042e.

鑣 biāo *1243 亼亜广丗ヒ匕灬 |镳 -2019| bridle and bit ◇ bride et mors [Etym] 金 196 (rad: 167a 8-15), 麃 1399 [Graph] 233a 432q 721b 821b 311d 321b 222d.

鐮 lián *1244 亼亜广兼 |镰 -2020、鎌 *1258| sickle, reaping blade ◇ serpe, faucille [Etym] 金 196 (rad: 167a 8-13), 廉 1408 [Graph] 233a 432q 721b 834h.

鏞 yōng *1245 亼亜广肀 |镛 -2021| 1° giant bell 2° ancient musical instrument ◇ 1° cloche énorme 2° instrument musical [Etym] 金 196 (rad: 167a 8-11), 庸 1409 [Graph] 233a 432q 721b 834j.

鑪 lú *1246 亼亜户七田皿 |炉 +1032、爐 *999| 1° stove, furnace 2° measure-word: heat (of steel) ◇ 1° fourneau, foyer 2° spécificatif [Etym] 金 196 (rad: 167a 8-16), 盧 1448 [Graph] 233a 432q 721g 321e 041a 922a.

△ lú |铲 -2080| rutherfordium (Rf) ◇ rutherfordium (Rf).

鈹 pí *1247 亼亜广又 |铍 -2023| beryllium (Be) ◇ béryllium (Be) [Etym] 金 196 (rad: 167a 8-05), 皮 1452 [Graph] 233a 432q 721h 633a.

鈑 bǎn *1248 亼亜厂又 |钣 -2024| sheet-metal ◇ tôle [Etym] 金 196 (rad: 167a 8-04), 反 1454 [Graph] 233a 432q 722a 633a.

鍁 xiān *1249 亼亜斤欠 |锨 -2026、杴 *4103、橄 *4306| shovel ◇ pelle [Etym] 金 196 (rad: 167a 8-08), 欣 1462 [Graph] 233a 432q 722c 232b.

鑕 zhì *1250 亼亜斤斤貝 |锧 -2025| 1° anvil 2° executioner's block ◇ 1° enclume 2° instrument du bourreau (trancher la tête) [Etym] 金 196 (rad: 167a 8-15), 質 1463 [Graph] 233a 432q 722c 722c 023b.

鏐 liú *1251 亼亜习习亼彡 |镠 -2027| pure gold ◇ or pur [Etym] 金 196 (rad: 167a 8-11), 翏 1473 [Graph] 233a 432q 731c 731c 233a 211c.

鉕 pǒ *1252 亼亜匚口 |钷 -2028| promethium (Pm) ◇ prométhéum (Pm) [Etym] 金 196 (rad: 167a 8-05), 叵 1527 [Graph] 233a 432q 811c 011a.

釾 yá *1253 亼亜牙 |铔 -2029| old term for "ai" einsteinum (Es) ◇ terme ancien de "ai" einsteinum (Es) [Etym] 金 196 (rad: 167a 8-04), 牙 1542 [Graph] 233a 432q 812b.

鋣 yé *1254 亼亜牙阝 |See ◇ Voir 暍 9956 [Etym] 金 196 (rad: 167a 8-06), 邪 1543 [Graph] 233a 432q 812b 634j.

鋟 qǐn *1255 亼亜彐冖又 |锓 -2031| to engrave, to carve ◇ graver, entailler [Etym] 金 196 (rad: 167a 8-07), 㑴 1556 [Graph] 233a 432q 832a 851a 633a.

鈕 niǔ *1256 亼亜丑 |钮 -2033| 1° button 2° surname ◇ 1° bouton, fermoir 2° nom propre [Etym] 金 196 (rad: 167a 8-04), 丑 1564 [Graph] 233a 432q 832e.

鍵 jiàn *1257 亼亜聿廴 |键 -2034| 1° key, bolt of a Chinese door 2° spring 3° key (of a piano) 4° key-point ◇ 1° clé, verrou 2° ressort 3° touche (de clavier) 4° clé (d'une affaire) [Etym] 金 196 (rad: 167a 8-08), 建 1570 [Graph] 233a 432q 833e 634n.

鎌 lián *1258 亼亜兼 |镰 -2020、鐮 *1244| sickle, reaping blade ◇ serpe, faucille [Etym] 金 196 (rad: 167a 8-10), 兼 1582 [Graph] 233a 432q 834h.

鏽 xiù *1259 亼亜肅 |锈 -1961| 1° rust 2° oxides ◇ 1° rouille 2° oxydes [Etym] 金 196 (rad: 167a 8-13), 肅 1584 [Graph] 233a 432q 834k.

鎪 sōu *1260 亼亜申又 |锼 -2036| to engrave on metal or wood ◇ graver sur métal ou bois [Etym] 金 196 (rad: 167a 8-09), 叟 1596 [Graph] 233a 432q 835g 633a.

鏰 bèng *1261 亼亜山月月 |镚 -2037| small coin ◇ petite pièce de monnaie [Etym] 金 196 (rad: 167a 8-11), 崩 1622 [Graph] 233a 432q 841b 856e 856e.

鎧 kǎi *1262 亼亜山豆 |铠 -2038| armor, cuirass ◇ armure, cuirasse [Etym] 金 196 (rad: 167a 8-10), 豈 1625 [Graph] 233a 432q 841b 012b.

鈍 dùn *1263 亼亜屯 |钝 -2039| dull, blunt, stupid ◇ émoussé, inepte, obtus [Etym] 金 196 (rad: 167a 8-04), 屯 1647 [Graph] 233a 432q 842e.

鉿 hǎn *1264 亼亜罒干 |铪 -2040| hafnium ◇ hafnium [Etym] 金 196 (rad: 167a 8-07), 罕 1659 [Graph] 233a 432q 851b 413b.

鎔 róng *1265 亼亜宀八口 |熔 -1017| 1° to smelt 2° mould, to cast ◇ 1° fondre, couler en métal 2° moule [Etym] 金 196 (rad: 167a 8-10),

容1663 [Graph] 233a 432q 851c 233b 011a.

鉈 tā *1266 入亚宀匕 | 铊 -2041 | thallium ◇ thallium [Etym] 金 196 (rad: 167a 8-05), 它 1665 [Graph] 233a 432q 851c 321b.

△ tuó | See ◇ Voir 柁 4337.

鑌 bīn *1267 入亚宀丏貝 | 镔 -2046 | fine steel ◇ acier fin [Etym] 金 196 (rad: 167a 8-14), 賓 1674 [Graph] 233a 432q 851c 331i 023b.

鎋 xiá *1268 入亚宀丰口 | 辖 -6367、轄 *10712、舝 *7359 1° | 1° linchpin, bolt of a wheel 2° to have jurisdiction over 3° to govern, to regulate ◇ 1° esse, clavette 2° avoir juridiction sur 3° gouverner, administrer [Etym] 金 196 (rad: 167a 8-10), 害 1681 [Graph] 233a 432q 851c 414g 011a.

錠 dìng *1269 入亚宀疋 | 锭 -2042 | bullion, ingot-shaped tablet ◇ lingot [Etym] 金 196 (rad: 167a 8-08), 定 1690 [Graph] 233a 432q 851c 434f.

鎵 jiā *1270 入亚宀豕 | 镓 -2043 | gallium ◇ gallium [Etym] 金 196 (rad: 167a 8-10), 家 1696 [Graph] 233a 432q 851c 522a.

銨 ǎn *1271 入亚宀女 | 铵 -2044 | ammonium ◇ ammonium [Etym] 金 196 (rad: 167a 8-06), 安 1697 [Graph] 233a 432q 851c 611e.

鑔 chǎ *1272 入亚宀癶示 | 镲 -2045 | small cymbals ◇ petites cymbales [Etym] 金 196 (rad: 167a 8-14), 察 1700 [Graph] 233a 432q 851c 631h 331l.

鑹 cuān *1273 入亚穴臼鼠 | 镩 -2047 | to cut or break ice with an ice-pick ◇ briser la glace avec un pic à glace [Etym] 金 196 (rad: 167a 8-18), 竄1727 [Graph] 233a 432q 851d 835b 312k.

鎊 bàng *1274 入亚亠方 | 镑 -2048 | 1° pound (currency) 2° to hoe ◇ 1° livre (monnaie) 2° houe [Etym] 金 196 (rad: 167a 8-10), 旁 1732 [Graph] 233a 432q 851e 853b.

鏜 tāng *1275 入亚⺌口土 | 镗 -2049 | noise of drums or bells ◇ son, bruit, onomatopée de cloches, de tambours [Etym] 金 196 (rad: 167a 8-11), 堂1743 [Graph] 233a 432q 851h 011a 432a.

△ táng | 镗 -2049 | 1° noise of drums, etc. 2° boring ◇ 1° son, bruit, son du tambour ou d'une cloche 2° forage.

钂 tǎng *1276 入亚⺌口黑灬 | 镋 -2050 | pitchfork-like weapon ◇ arme ressemblant à une fourche [Etym] 金 196 (rad: 167a 8-20), 黨 1748 [Graph] 233a 432q 851h 011a 033e 222d.

鐺 chēng *1277 入亚⺌口田 | 铛 -2032 | 1° shallow, flat pan 2° griddle ◇ 1° poêle plate 2° plaque chauffante [Etym] 金 196 (rad: 167a 8-13), 當1749 [Graph] 233a 432q 851h 011a 041a.

△ dāng | 铛 -2032 | clank, clang ◇ bruit, son métallique.

釣 diào *1278 入亚勺 | 钓 -2051 | to hook, to fish, to angle ◇ pêcher à l'hameçon, hameçon [Etym] 金 196 (rad: 167a 8-03), 勺 1763 [Graph] 233a 432q 852b.

鈞 jūn *1279 入亚匀 | 钧 -2052 | 1° thirty catties 2° you, your ◇ 1° trente livres 2° vous, Monsieur [Etym] 金 196 (rad: 167a 8-04), 匀 1764 [Graph] 233a 432q 852c.

鉋 bào *1280 入亚勹巳 | 刨 +7912、鑤 *1337 | 1° to plane 2° to dig 3° to extract ◇ 1° aplanir 2° creuser 3° déterrer, extraire [Etym] 金 196 (rad: 167a 8-05), 包 1778 [Graph] 233a 432q 852h 933b.

鉤 gōu *1281 入亚勹口 | 钩 -2053 | hook, to hook, crochet ◇ jointoyer, accrocher, crochet [Etym] 金 196 (rad: 167a 8-05), 句 1779 [Graph] 233a 432q 852h 011a.

鈁 fāng *1282 入亚方 | 钫 -2054 | 1° francium 2° kettle 3° bell 4° coin ◇ 1° francium 2° chaudron 3° clochette 4° monnaie [Etym] 金 196 (rad: 167a 8-04), 方 1784 [Graph] 233a 432q 853b.

鏃 zú *1283 入亚方𠂉矢 | 镞 -2055 | 1° arrowhead 2° pulley, wind-lass ◇ 1° tête de flèche 2° tourner au tour, tour, treuil [Etym] 金 196 (rad: 167a 8-11), 族 1787 [Graph] 233a 432q 853b ac:f 242d.

鏇 xuàn *1284 入亚方𠂉疋 | See ◇ Voir 眩 10063 [Etym] 金 196 (rad: 167a 8-11), 旋 1790 [Graph] 233a 432q 853b ac:f 434g.

鈅 yuè *1285 入亚月 | 钥 -2063、鑰 *1129 | key ◇ clé [Etym] 金 196 (rad: 167a 8-04), 月1823 [Graph] 233a 432q 856e.

銅 tóng *1286 入亚冂𠮛 | 铜 -2065 | copper (Cu), brass ◇ cuivre (Cu), laiton [Etym] 金196 (rad: 167a 8-06), 同 1853 [Graph] 233a 432q 856k 012a.

鋼 gāng *1287 入亚冂山 | 钢 -2064 | steel ◇ acier [Etym] 金 196 (rad: 167a 8-08), 岡 1857 [Graph] 233a 432q 856m 841b.

△ gàng | 钢 -2064 | to sharpen, to whet ◇ aiguiser, affûter.

鏑 dī *1288 入亚啇古 | 镝 -2066 | dysprosium ◇ dysprosium [Etym] 金196 (rad: 167a 8-11), 啇 1875 [Graph] 233a 432q 857g 013f.

△ dí | 镝 -2066 | point of an arrow ◇ pointe de flèche.

銷 xiāo *1289 入亚肖 | 销 -2067 | 1° melt (metal) 2° to cancel 3° to sell 4° market 5° to expend, to consume 6° pin ◇ 1° faire fondre (du métal) 2° annuler 3° vendre 4° marché 5° dépenser, dissiper, dissoudre 6° épingle, goupille [Etym] 金 196 (rad: 167a 8-07), 肖 1878 [Graph] 233a 432q 857i.

鐳 léi *1290 入亚雨田 | 镭 -2068 | 1° bronzes 2° old vases 3° radium ◇ 1° bronzes 2° vases antiques 3° radium [Etym] 金 196 (rad: 167a 8-13), 雷1899 [Graph] 233a 432q 858e 041a.

鈰 shì *1291 入亚市 | 铈 -2069 | cerium ◇ cérium [Etym] 金 196 (rad: 167a 8-05), 市 1904 [Graph] 233a 432q 858h.

鐅 piě *1292 入亚㡀攵 | 鐅 -2070 | place in Jiangsu ◇ lieu du Jiangsu [Etym] 金 196 (rad: 167a 8-11), 敝 1906 [Graph] 233a 432q 858j 243c.

鋪 pū *1293 入亚甫 | 铺 -2071 | 1° to spread, to unfold 2° to pave, to lay 3° anywhere, universal 4° ring 5° chain, large lock ◇ 1° étendre, étaler 2° disposer, recouvrir, paver 3° partout, universel 4° anneau 5° chaîne, serrure [Etym] 金 196 (rad: 167a 8-07), 甫 1914 [Graph] 233a 432q 858n.

△ pù | 铺 -2071、舖 *1505 | 1° shop, store 2° plank bed ◇ 1° boutique, magasin 2° lit en planche.

鎛 bó *1294 入亚甫寸 | 镈 -2072 | large bell ◇ cloche [Etym] 金 196 (rad: 167a 8-10), 尃 1915

[Graph] 233a 432q 858n 332b.

鈉 nà *1295 亼亚内 | 钠 -2073 | sodium (Na) ◇ sodium (Na) [Etym] 金 196 (rad: 167a 8-04), 内 1919 [Graph] 233a 432q 859a.

鉏 chú *1296 亼亚且 | 锄 -2074 | hoe ◇ houe [Etym] 金 196 (rad: 167a 8-05), 且 1929 [Graph] 233a 432q 921a.

鋤 chú *1297 亼亚且力 | 锄 -2075、耡 *4691 | hoe, to hoe ◇ houe, travailler avec une houe [Etym] 金 196 (rad: 167a 8-07), 助 1931 [Graph] 233a 432q 921a 732f.

鎮 zhèn *1298 亼亚真 | 镇 -2076、鎭 *1148 | 1° to press down, to calm, tranquil 2° to protect, to keep 3° brigade 4° to chill 5° market-town 6° surname ◇ 1° aplanir (difficultés), abaisser, pacifier, subjuguer (un démon) 2° protéger, garder 3° brigade 4° refroidir 5° ville, marché, bourg 6° nom de famille [Etym] 金 196 (rad: 167a 8-10), 真 1936 [Graph] 233a 432q 921f.

鍋 guō *1299 亼亚咼口 | 锅 -2092 | 1° pot, pan, boiler, cauldron 2° bowl ◇ 1° poêle, casserole, chaudron, marmite 2° bol [Etym] 金 196 (rad: 167a 8-09), 咼 1948 [Graph] 233a 432q 924d 011a.

鈮 ní *1300 亼亚尸匕 | 铌 -2077 | niobium (Nb) ◇ niobium (Nb) [Etym] 金 196 (rad: 167a 8-05), 尼 1952 [Graph] 233a 432q 931a 321b.

鋸 jū *1301 亼亚尸古 | 锔 -2079、鋦 *1302 | clasp, to hook, to mend crockery with cramps ◇ agrafer (des porcelaines ou de la poterie brisée) [Etym] 金 196 (rad: 167a 8-08), 居 1976 [Graph] 233a 432q 931a 013f.

△ jù | 锯 -2078 | saw, to saw ◇ scie, scier.

鋦 jū *1302 亼亚局口 | 锔 -2079、鋸 *1301 | clasp, to hook, to mend crockery with cramps ◇ agrafer (des porcelaines ou de la poterie brisée) [Etym] 金 196 (rad: 167a 8-07), 局 1980 [Graph] 233a 432q 931d 011a.

△ jú | 锔 -2079 | curium ◇ curium.

鐥 shàn *1303 亼亚户习习 | 钐 -1896、釤 *1108、鐥 *1199 | 1° billhook 2° to cut 3° long-handle sickle ◇ 1° serpe 2° trancher 3° faucille à longue manche [Etym] 金 196 (rad: 167a 8-10), 扇 1987 [Graph] 233a 432q 931e 731c 731c.

鎇 méi *1304 亼亚尸目 | 镅 -2081 | americium (Am) ◇ américium (Am) [Etym] 金 196 (rad: 167a 8-09), 眉 1996 [Graph] 233a 432q 931j 023a.

銀 yín *1305 亼亚艮 | 银 -2082 | 1° silver (Ag) 2° silver-colored 3° currency, money ◇ 1° argent (Ag) 2° argenté, couleur d'argent 3° argent, monnaie [Etym] 金 196 (rad: 167a 8-06), 艮 2003 [Graph] 233a 432q 932c.

鋃 láng *1306 亼亚良阝 | 锒 -2083 | See ◇ Voir 锒头 lang2-tou2 2083-1598 [Etym] 金 196 (rad: 167a 8-08), 郎 2005 [Graph] 233a 432q 932d 634j.

銀 láng *1307 亼亚良 | 锒 -2084 | See ◇ Voir 锒头 lang2-tou2 2084-1598 [Etym] 金 196 (rad: 167a 8-07), 良 2008 [Graph] 233a 432q 932e.

鈀 bǎ *1308 亼亚巴 | 钯 -2085 | 1° palladium (Pd) 2° rake ◇ 1° palladium (Pd) 2° herse, herser [Etym] 金 196 (rad: 167a 8-04), 巴 2014 [Graph] 233a 432q 933c.

△ pá | 耙 +4693、钯 *2085 | to rake, rake ◇ râteler, râteau.

銫 sè *1309 亼亚色 | 铯 -2086 | cesium (Cs) ◇ césium (Cs) [Etym] 金 196 (rad: 167a 8-06), 色 2015 [Graph] 233a 432q 933d.

鎚 chuí *1310 亼亚自辶 | See ◇ Voir 槌 4402 [Etym] 金 196 (rad: 167a 8-09), 追 2021 [Graph] 233a 432q 934c 634o.

鍆 mén *1311 亼亚門 | 钔 -2059 | mendelevium (Md) ◇ mendélévium (Md) [Etym] 金 196 (rad: 167a 8-08), 門 2025 [Graph] 233a 432q 934e.

鐦 kāi *1312 亼亚門开 | 锎 -2060 | californium ◇ californium [Etym] 金 196 (rad: 167a 8-12), 開 2030 [Graph] 233a 432q 934e 416h.

鐧 jiǎn *1313 亼亚門日 | 锏 -2061 | 1° iron protecting an axle 2° mace ◇ 1° ferrures de l'essieu 2° massue [Etym] 金 196 (rad: 167a 8-12), 間 2041 [Graph] 233a 432q 934e 021a.

△ jiàn | 锏 -2061 | iron protecting an axle of a wheel ◇ ferrures de l'essieu d'une roue.

鑭 lán *1314 亼亚門柬 | 镧 -2062 | lanthanum ◇ lanthanum [Etym] 金 196 (rad: 167a 8-17), 闌 2042 [Graph] 233a 432q 934e 033d.

鉅 jù *1315 亼亚巨 | 巨 +8803 | 1° huge, tremendous, great, large 2° chief 3° very 4° surname ◇ 1° énorme, colossal, grand 2° principal 3° très 4° nom propre [Etym] 金 196 (rad: 167a 8-05), 巨 2043 [Graph] 233a 432q 935a.

鑑 jiàn *1316 亼亚臣𠂉一皿 | 鉴 -3496、鑒 *8806 | 1° ancient bronze mirror 2° to reflect 3° warning 4° to scrutinize 5° example ◇ 1° miroir en métal 2° refléter 3° avertissement 4° examiner, considérer 5° exemple [Etym] 金 196 (rad: 167a 8-14), 監 2045 [Graph] 233a 432q 935b ac:f 111a 922a.

鏗 kēng *1317 亼亚臣又土 | 铿 -1948 | jingling, clang, clatter ◇ sonner, son, frapper (une cloche), tintement [Etym] 金 196 (rad: 167a 8-11), 堅 2049 [Graph] 233a 432q 935b 633a 432a.

鎦 liú *1318 亼亚卯刀田 | 镏 -2088 | See ◇ Voir 镏金 liu2-jin1 2088-1106 [Etym] 金 196 (rad: 167a 8-10), 留 2055 [Graph] 233a 432q 941a 732a 041a.

△ liù | 镏 -2088 | ring (on finger) ◇ anneau, bague.

鉚 mǎo *1319 亼亚卯卩 | 铆 -2089 | riveting, riveted ◇ rivetage, riveuse [Etym] 金 196 (rad: 167a 8-05), 卯 2057 [Graph] 233a 432q 941b 734a.

釦 kòu *1320 亼亚口 | See ◇ Voir 叩 9076 [Etym] 金 196 (rad: 167a 8-03), 口 2063 [Graph] 233a 432q 011a.

鋥 zèng *1321 亼亚口王 | 锃 -2090 | to polish ◇ polir, fourbir [Etym] 金 196 (rad: 167a 8-07), 呈 2070 [Graph] 233a 432q 011a 432e.

銱 diào *1322 亼亚口巾 | 铞 -2091 | door fetters ◇ chaînes d'une porte [Etym] 金 196 (rad: 167a 8-06), 吊 2080 [Graph] 233a 432q 011a 858a.

鍔 è *1323 亼亚口口亏 | 锷 -2094 | 1° sharp point 2° blade of a sword ◇ 1° pointe 2°

tranchant [Etym] 金 196 (rad: 167a 8-09), 咢 2102 [Graph] 233a 432q 011a 011a Z21c.

鋁 lǚ *1324 | 铝 -2093 | aluminum (Al) ◇ aluminium (Al) [Etym] 金 196 (rad: 167a 8-07), 呂 2103 [Graph] 233a 432q 011a 013a.

鋜 zhuó *1325 | 镯 -2125 、鐲 *1363 | bracelet ◇ bracelet [Etym] 金 196 (rad: 167a 8-07), 足 2117 [Graph] 233a 432q 011f.

鎘 gé *1326 | 镉 -2095 | cadmium ◇ cadmium [Etym] 金 196 (rad: 167a 8-10), 鬲 2118 [Graph] 233a 432q 012a 856k 411c.

鐓 duì *1327 | 镦 -2096 | flail-shaped weapon ◇ pommeau [Etym] 金 196 (rad: 167a 8-12), 敦 2129 [Graph] 233a 432q 012c 634d 243c.

鎬 gǎo *1328 | 镐 -2097 | 1° name of a place 2° pick, pick-ax ◇ 1° nom de ville 2° pioche [Etym] 金 196 (rad: 167a 8-10), 高 2138 [Graph] 233a 432q 012c 856k 011a.

△ hào | 镐 -2097 | Zhou Dynasty's capital in Shanxi Province ◇ capitale de la dynastie Zhou dans la province de Shanxi.

銳 ruì *1329 | 锐 -2098 | 1° sharp, keen, pointed 2° acute 3° vigour 4° irresistible ◇ 1° aigu, pointe 2° perspicace 3° ardent, vigueur 4° irrésistible [Etym] 金 196 (rad: 167a 8-07), 兑 2153 [Graph] 233a 432q 013d.

鈷 gǔ *1330 | 钴 -2100 | 1° smoother 2° cobalt ◇ 1° fer à repasser 2° cobalt [Etym] 金 196 (rad: 167a 8-05), 古 2155 [Graph] 233a 432q 013f.

銛 xiān *1331 | 铦 -2101 | 1° sharp 2° to cut 3° weapon in ancient times ◇ 1° tranchant 2° couper 3° arme antique [Etym] 金 196 (rad: 167a 8-06), 舌 2162 [Graph] 233a 432q 013h.

鑱 chán *1332 | 镵 -2102 | ancient pickax ◇ pioche antique [Etym] 金 196 (rad: 167a 8-17), 毚 2165 [Graph] 233a 432q 013i 311d 321b 032e.

鉭 tǎn *1333 | 钽 -2103 | tantalum ◇ tantalum [Etym] 金 196 (rad: 167a 8-05), 旦 2170 [Graph] 233a 432q 021a ac:z.

錕 kūn *1334 | 锟 -2104 | 1° steel 2° personal name ◇ 1° acier 2° prénom [Etym] 金 196 (rad: 167a 8-08), 昆 2173 [Graph] 233a 432q 021a 311d 321b.

鍀 dé *1335 | 锝 -2105 | technetium ◇ technetium [Etym] 金 196 (rad: 167a 8-08), 㝵 2176 [Graph] 233a 432q 021a ac:a 332b.

銲 hàn *1336 | 焊 +1050 、釬 *1158 | to weld, to solder ◇ souder, soudure [Etym] 金 196 (rad: 167a 8-07), 旱 2177 [Graph] 233a 432q 021a 413b.

鑤 bào *1337 | 刨 +7912 、鉋 *1280 | 1° to plane 2° to dig 3° to extract ◇ 1° aplanir 2° creuser 3° déterrer, extraire [Etym] 金 196 (rad: 167a 8-15), 暴 2185 [Graph] 233a 432q 021a 436e 331o.

錫 xī *1338 | 锡 2106 | tin (Sn) ◇ étain (Sn) [Etym] 金 196 (rad: 167a 8-08), 易 2193 [Graph] 233a 432q 021a 852e.

鍚 yáng *1339 | 钖 -2016 | ancient headdress decorations for a horse ◇ parure du front du cheval [Etym] 金 196 (rad: 167a 8-09), 昜 2197 [Graph] 233a 432q 021a 852i.

鏝 màn *1340 | 镘 -2107 | trowel, to rough-cast ◇ truelle, crépir [Etym] 金 196 (rad: 167a 8-11), 曼 2211 [Graph] 233a 432q 021a 051a 633a.

鉑 bó *1341 | 铂 -2108 | thin sheet of metal ◇ lame de métal [Etym] 金 196 (rad: 167a 8-05), 白 2216 [Graph] 233a 432q 022c.

線 xiàn *1342 | 线 -2109 | 1° wire 2° metal thread ◇ fil en métal [Etym] 金 196 (rad: 167a 8-09), 泉 2219 [Graph] 233a 432q 022c 331p.

鍠 huáng *1343 | 锽 -2110 | sound of jingling of bells ◇ onomatopée du son métallique, tintement [Etym] 金 196 (rad: 167a 8-09), 皇 2221 [Graph] 233a 432q 022c 432e.

錦 jǐn *1344 | 锦 -2111 | 1° brocade 2° splendid, glorious, beautiful ◇ 1° tissu à fleurs de diverses couleurs, brocart 2° orné, joli, élégant [Etym] 金 196 (rad: 167a 8-08), 帛 2224 [Graph] 233a 432q 022c 858a.

鉬 mù *1345 | 钼 -2112 | molybdenum (Mo) ◇ molybdenum (Mo) [Etym] 金 196 (rad: 167a 8-05), 目 2239 [Graph] 233a 432q 023a.

鋇 bèi *1346 | 钡 -2056 | barium (Ba) ◇ baryum (Ba) [Etym] 金 196 (rad: 167a 8-07), 貝 2246 [Graph] 233a 432q 023b.

鍘 zhá *1347 | 铡 -2057 | fodder chopper, to cut up with a hay cutter ◇ hacher, hache-paille [Etym] 金 196 (rad: 167a 8-09), 則 2249 [Graph] 233a 432q 023b 333b.

鎳 niè *1348 | 镍 -2114 | nickel (Ni) ◇ nickel (Ni) [Etym] 金 196 (rad: 167a 8-10), 臬 2261 [Graph] 233a 432q 023d 422a.

鎖 suǒ *1349 | 锁 -2058 | 1° lock, chains, to lock 2° to fetter 3° lockstitch 4° knitted brows ◇ 1° serrure, chaîne, fermer à clef 2° enchaîner (un prisonnier) 3° ourler 4° froncer (les sourcils) [Etym] 金 196 (rad: 167a 8-10), 肖 2272 [Graph] 233a 432q 023i.

鍊 liàn *1350 | 炼 -985 、煉 *1061 | 1° smelt, refine 2° to temper metal with fire, to separate dross by fire 3° to test ◇ 1° purifier 2° affiner par le feu, raffiner du sucre 3° tester [Etym] 金 196 (rad: 167a 8-09), 柬 2309 [Graph] 233a 432q 033d.

△ liàn | 链 -2005 、鏈 *1357 | 1° chain 2° lead mine ◇ 1° chaîne 2° minerai de plomb.

鈿 diàn *1351 | 钿 -2116 | 1° inlaid work in metal 2° jewel ◇ 1° incruster 2° bijoux, ornement fait de métal [Etym] 金 196 (rad: 167a 8-05), 田 2313 [Graph] 233a 432q 041a.

△ tián | 钿 -2116 | coin, money ◇ pièce de monnaie.

鍶 sī *1352 | 锶 -2117 | strontium ◇ strontium [Etym] 金 196 (rad: 167a 8-09), 思 2316 [Graph] 233a 432q 041a 321c.

鉀 jiǎ *1353 | 钾 -2118 | potassium ◇ potassium [Etym] 金 196 (rad: 167a 8-05), 甲 2329 [Graph] 233a 432q 041b.

鑥 lǔ *1354 | 镥 -2119 | 1° lutecium 2° lutetium (Lu) ◇ 1° lutécium 2° lutécium (Lu) [Etym] 金 196 (rad: 167a 8-15), 魯 2344 [Graph]

233a 432q 041j 021a.

鈾 yóu *1355 入亚由 | 铀 -2120 | uranium (U) ◇ uranium (U) [Etym] 金 196 (rad: 167a 8-05), 由 2345 [Graph] 233a 432q 042a.

鉮 shén *1356 入亚申 | 钾 -2121 | arsonium ◇ arsonium [Etym] 金 196 (rad: 167a 8-05), 申 2348 [Graph] 233a 432q 042c.

鏈 liàn *1357 入亚車辶 | 链 -2005、鍊 *1350 | 1° chain 2° lead mine ◇ 1° chaîne 2° minerai de plomb [Etym] 金 196 (rad: 167a 8-10), 連 2353 [Graph] 233a 432q 042g 634o.

錁 kè *1358 入亚果 | 锞 -2122 | small ingot of gold or silver ◇ petit lingot d'or ou d'argent [Etym] 金 196 (rad: 167a 8-08), 果 2364 [Graph] 233a 432q 043f.

鋰 lǐ *1359 入亚里 | 锂 -2123 | lithium ◇ lithium [Etym] 金 196 (rad: 167a 8-07), 里 2368 [Graph] 233a 432q 043j.

鍾 zhōng *1360 入亚重 | See ◇ Voir 鐘 1112 [Etym] 金 196 (rad: 167a 8-09), 重 2370 [Graph] 233a 432q 043k.

鐸 duó *1361 入亚罒土丯 | 铎 -2009 | clapper, bell ◇ clochette [Etym] 金 196 (rad: 167a 8-13), 睪 2381 [Graph] 233a 432q 051a 432a 413c.

鑼 luó *1362 入亚罒糸隹 | 锣 -2124 | gong ◇ tam-tam, gong [Etym] 金 196 (rad: 167a 8-19), 羅 2388 [Graph] 233a 432q 051a 613d 436m.

鐲 zhuó *1363 入亚罒勹虫 | 镯 -2125、鋜 *1325 | bracelet ◇ bracelet [Etym] 金 196 (rad: 167a 8-13), 蜀 2391 [Graph] 233a 432q 051a 852h 031d.

鐶 huán *1364 入亚罒𠮛衣 | 镮 -2126 | metal ring ◇ anneau, boucle [Etym] 金 196 (rad: 167a 8-13), 睘 2394 [Graph] 233a 432q 051a 012a 312h.

鏢 biāo *1365 入亚覀示 | 镖 -2127 | weapon (dartlike) ◇ pointe, tranchant [Etym] 金 196 (rad: 167a 8-11), 票 2404 [Graph] 233a 432q 051e 331l.

銦 yīn *1366 入亚囗大 | 铟 -2128 | indium (In) ◇ indium (In) [Etym] 金 196 (rad: 167a 8-06), 因 2444 [Graph] 233a 432q 071a 242a.

錮 gù *1367 入亚囗古 | 锢 -2129 | 1° to stop 2° to restrain 3° to plug with molten metals 4° to imprison ◇ 1° arrêter 2° obstruer, restreindre 3° boucher une fente en y coulant du métal fondu 4° enfermer [Etym] 金 196 (rad: 167a 8-08), 固 2456 [Graph] 233a 432q 071a 013f.

鏘 qiāng *1368 入亚丬夕寸 | 锵 -1939 | sound: peal, clang ◇ onomatopée: carillon, gong [Etym] 金 196 (rad: 167a 8-11), 將 2469 [Graph] 233a 432q Z12a 631e 332b.

鈣 gài *1369 入亚丐 | 钙 -2130 | calcium ◇ calcium [Etym] 金 196 (rad: 167a 8-04), 丐 2483 [Graph] 233a 432q Z21i.

鎢 wū *1370 入亚烏 | 钨 -2131 | 1° tungsten 2° wolfram (W) ◇ 1° tungstène 2° wolfram (W) [Etym] 金 196 (rad: 167a 8-10), 烏 2495 [Graph] 233a 432q Z22f.

釔 yǐ *1371 入亚乙 | 钇 -2132 | yttrium (Y) ◇ yttrium (Y) [Etym] 金 196 (rad: 167a 8-01), 乙 2506 [Graph] 233a 432q Z31d.

鉛 qiān *1372 入亚儿口 | 铅 -2133 | 1° lead-ore (Pb) 2° lead (pencil) ◇ 1° plomb (Pb) 2° mine de plomb (crayon) [Etym] 金 196 (rad: 167a 8-05), 㕣 2521 [Graph] 233a 432q Z33a 011a.

△ yán | 铅 -2133 | place in Jiangxi ◇ lieu du Jiangxi.

釩 fán *1373 入亚凡 | 钒 -2134 | vanadium ◇ vanadium [Etym] 金 196 (rad: 167a 8-03), 凡 2522 [Graph] 233a 432q Z33b.

鈧 kàng *1374 入亚亢 | 钪 -2135 | scandium ◇ scandium [Etym] 金 196 (rad: 167a 8-04), 亢 2529 [Graph] 233a 432q Z33d.

鏹 qiāng *1375 入亚弓厶虫 | 镪 -2136 | See ◇ Voir 镪水 qiang1-shui3 2136-2299 [Etym] 金 196 (rad: 167a 8-11), 強 2543 [Graph] 233a 432q Z42a 612a 031d.

△ qiǎng | 镪 -2136、鏹 *1376 | to string up cash ◇ enfiler des sapèques.

鏹 qiǎng *1376 入亚弓口虫 | 镪 -2136、鏹 *1375 | to string up cash ◇ enfiler des sapèques [Etym] 金 196 (rad: 167a 8-12), 強 2546 [Graph] 233a 432q Z42a 011a 031d.

銕 tiě *1377 入亚夷 | 铁 -1921、鐵 *1213 | 1° iron (Fe) 2° weapon 3° strong as iron 4° indisputable 5° to resolve 6° surname ◇ 1° fer (Fe) 2° arme 3° dur comme le fer 4° inébranlable 5° se décider à 6° nom de famille [Etym] 金 196 (rad: 167a 8-06), 夷 2550 [Graph] 233a 432q Z42d.

銻 tī *1378 入亚弟 | 锑 -2137 | antimony, stibium ◇ antimoine, stibium [Etym] 金 196 (rad: 167a 8-07), 弟 2552 [Graph] 233a 432q Z42f.

鐨 fèi *1379 入亚弗貝 | 镄 -2138 | fermium ◇ fermium [Etym] 金 196 (rad: 167a 8-12), 費 2555 [Graph] 233a 432q Z42g 023b.

鏤 lòu *1380 入亚婁女 | 镂 -1963 | to carve, to engrave ◇ graver [Etym] 金 196 (rad: 167a 8-10), 婁 2572 [Graph] 233a 432q Z61f 611e.

企 qǐ (200) 入止 | [Tra] to stand on tiptoe ◇ se dresser; espoir [Etym] man (1< 人 170) on foot (2= 止 954) ◇ un homme (1< 人 170) sur le bout des pieds (2= 止 954) [Graph] 233a 434a [Ref] h1120, w112a [Hanzi] qi3 企 1381.

企 qǐ +1381 入止 | 1° to stand on tiptoe 2° to desire, to long for ◇ 1° se tenir sur la pointe des pieds, se dresser 2° désir, espoir [Etym] 入 180 (rad: 009c 2-04), 企 200 [Graph] 233a 434a.

企业 qǐ yè。firm, venture ◇ entreprise * 5328.

企图 qǐ tú。to try, to attempt; to plan ◇ avoir l'intention de; tenter de; dessein, projet * 10957.

会 huì (201) 入云 | [Tra] to meet, to know ◇ réunir, savoir [Etym] modern simplified form of (會 233) ◇ forme simplifiée moderne de (會 233) [Graph] 233a 612d [Ref] w14j, w93a [Hanzi] kuai4 浍 79, hui4 烩 952, hui4 kuai4 会 1382, gui4 刽 1383, kuai4 郐 1384, kuai4 侩 2790, hui4 荟 3559, gui4 hui4 桧 4106, kuai4 狯 5594, hui4 绘 5943, kuai4 脍 8066, kuai4 哙 8863, kuai4 鲙 10463.

会 huì -1382 入云 | 會 *1506 | 1° to get together, to meet 2° to collect, to unite 3° meeting, gathering, conference 4° society, union, guild, party 5° fair 6° capital city 7° opportunity 8° to know 9° can, able to 10° inst ◇ 1° se rassembler, rencontrer 2° réunir 3° réunion, assemblée, congrès 4° société, association 5° marché 6° capitale (ville) 7° occasion 8° savoir 9° être capable de 10° moment [Etym] 人 180 (rad: 009c 2-04), 会201 [Graph] 233a 612d.

会谈 huì tán。to talk, to negotiate ◇ avoir un entretien avec, négocier * 1696.

会议 huì yì。meeting, conference ◇ assemblée, conférence, réunion * 1709.

会计 huì jì。accounting; bookkeeper ◇ comptabilité; comptable * 1719.

会话 huì huà。conversation; to converse ◇ conversation, causer * 1821.

会场 huì chăng。meeting room ◇ salle de réunion * 4884.

会客 huì kè。to receive guest ◇ recevoir (invités) * 7760.

会客室 huì kè shì。reception room, parlor ◇ salle de réunion, parloir * 7760 7754.

会见 huì jiàn。to meet with ◇ rencontrer, se rencontrer, recevoir des invités * 7991.

会员 huì yuán。trade-unionist ◇ syndicaliste * 9127.

会面 huì miàn。to meet; to have an appointment ◇ rencontrer, avoir une entrevue * 10929.

△ kuài | 會 *1506

会计 kuài jì。accountant; accounting ◇ comptable, comptabilité * 1719.

刽 guì -1383 | 劊 *1507 | 1° executioner 2° to cut off ◇ 1° bourreau 2° couper [Etym] 刂 470 (rad: 018b 2-06), 会201 [Graph] 233a 612d 333b.
人云刂

刽子手 guì zĭ shŏu。executioner; butcher ◇ bourreau, exécuteur * 6546 2748.

郐 kuài -1384 | 鄶 *1508 | feudal state in the Zhou Dynasty in Henan Province ◇ principauté de la dynastie Zhou dans la province du Henan [Etym] 阝 1316 (rad: 163b 2-06), 会201 [Graph] 233a 612d 634j.
人云阝

今 jīn (202) | [Tra] now ◇ maintenant [Etym] {1} cover (1= 人 180) and corner (2< ⺊ 1347) ->discover now; {2} ancient bell (1,2=prim) ◇ {1} un couvercle (1= 人 180) et un coin (2< ⺊ 1347) ->moment de voir; {2} ancienne cloche (1,2=prim) [Graph] 233a 631a [Ref] h125, k386, ph47, r14k, w14k, wa162, wi18, wi574 [Hanzi] qian2 鈐 1123, jin1 今 1385, qin1 衾 1386, nian4 念 1387, tan1 贪 1388, han2 含 1389, tan1 貪 1392, qian2 钤 1908, qin2 芩 3560, qin2 琴 5114, jin4 妗 5733, guan1 jin1 qin2 矜 6467, jin1 衿 6612, yin1 陰 6717, cen2 岑 7486, yin2 吟 8864, qian2 黔 10395.
人氵

今 jīn +1385 | 1° present-day, today 2° this 3° now, until now ◇ 1° aujourd'hui 2° ceci 3° le présent, maintenant [Etym] 人 180 (rad: 009c 2-02), 今 202 [Graph] 233a 631a.
人氵

今天 jīn tiān。today ◇ aujourd'hui; présent, actuel * 1573.

今年 jīn nián。this year ◇ cette année * 3476.

今后 jīn hòu。henceforth ◇ désormais, dorénavant, dès à présent * 7199.

今日 jīn rì。today; now ◇ aujourd'hui * 9838.

今晚 jīn wăn。to-night, this evening ◇ ce soir * 9962.

衾 qìn (203) | [Tra] bed-clothes, quilt, ◇ couverture, linceuil [Etym] clothing (3= 衣 371); phon, to cover (1,2= 今 202) ◇ vêtement (3= 衣 371); phon, couvrir (1,2= 今 202) [Graph] 233a 631a 312i [Hanzi] qin1 衾 1386, qin4 搇 2348.
人氵衣

衾 qīn +1386 | 1° bed-clothes, quilt 2° shroud ◇ 1° couverture, literie, édredon 2° linceul [Etym] 衣 371 (rad: 145a 6-04), 今 202 [Graph] 233a 631a 312i.
人氵衣

念 niàn (204) | [Tra] think, read aloud ◇ penser, lire fort [Etym] present (1,2= 今 202) to the heart, mind (3= 心 397) ◇ une présence (1,2= 今 202) dans le coeur et la pensée (3= 心 397) [Graph] 233a 631a 321c [Ref] h561, k670, ph385, w14n, wi18 [Hanzi] nian4 念 1387, shen3 谂 1703, nian3 捻 2349, ren3 稔 4503, nian4 埝 4768, nian4 唸 8865, shen3 諗 9482, nian2 鲶 10560, yan4 騐 11025.
人氵心

念 niàn +1387 | 唸3° *8865 | 1° to think of, to miss, to ponder on 2° idea, thought 3° to read aloud, to repeat 4° to study, to attend (school) ◇ 1° penser à, se rappeler, regretter 2° pensée, idée 3° lire à haute voix, réciter 4° étudier, fréquenter (école) [Etym] 心 397 (rad: 061a 4-04), 念 204 [Graph] 233a 631a 321c.
人氵心

念头 niàn tóu。thought, idea; intention ◇ idée, pensée; désir; intention * 1598.

念书 niàn shū。to study; to read ◇ faire ses études; lire * 7291.

念白 niàn bái。spoken parts in Chinese operas ◇ paroles dans l'opéra chinois * 9973.

贪 tān -1388 | 貪 *1392 | 1° corrupt 2° to long for, to covet, greedy ◇ 1° corrompu 2° cupide, convoiter, désirer avidement [Etym] 贝 1796 (rad: 154s 4-04), 今 202 [Graph] 233a 631a 854b.
人氵贝

贪污 tān wū。corruption, embezzlement ◇ détourner, malversation * 608.

贪心 tān xīn。greed; insatiable ◇ cupidité, avidité * 2177.

贪婪 tān lán。greediness ◇ convoitise, rapacité, avide * 4188.

贪图 tān tú。to seek, to hanker after ◇ rechercher (péjor.), courir après * 10957.

含 hán (205) | [Tra] to contain ◇ renfermer [Etym] to keep hidden (1,2= 今 202) in the mouth (3= 口 2063) ◇ tenir caché (1,2= 今 202) dans la bouche (3= 口 2063) [Graph] 233a 631a 011a [Ref] h1118, k62, ph272, r141, w141 [Hanzi] han2 浛 80, han2 焓
人氵口

953, han2 含 1389, han4 颔 1390, han4 頷 1391, han2 琀 5074, han2 晗 9850.

含 hán +1389 | 1° to keep in the mouth 2° to contain, to restrain 3° doubt 4° to nurse, to cherish ◇ 1° tenir en bouche 2° renfermer, restreindre, celer 3° doute, incertitude 4° soigner, chérir [Etym] 口 2063 (rad: 030a 3-04), 含 205 [Graph] 233a 631a 011a.

含义 hán yì ∘ meaning, implication ◇ sens, signification ✱ 1687.

含蓄 hán xù ∘ to contain; implicit, veiled; reserved ◇ contenu, retenu, implicite; réticent, réservé ✱ 3750.

含糊 hán hū ∘ ambiguous, vague; careless ◇ ambigu, imprécis, équivoque, vague ✱ 4642.

颔 hàn -1390 | 頷 *1391 | 1° chin 2° to bend the head, to nod ◇ 1° menton 2° incliner la tête [Etym] 页 1802 (rad: 181s 6-07), 含 205 [Graph] 233a 631a 011a 854d.

頷 hàn *1391 | 颔 -1390 | 1° chin 2° to bend the head, to nod ◇ 1° menton 2° incliner la tête [Etym] 頁 2267 (rad: 181a 9-07), 含 205 [Graph] 233a 631a 011a 023f.

貪 tān (206) | [Tra] to covet, long for ◇ convoiter, désirer [Etym] presence (1,2= 今 202) of something precious (2= 貝 2246) ->wish ◇ la présence (1,2= 今 202) d'un objet précieux (2= 貝 2246) -> désir [Graph] 233a 631a 023b [Ref] w14m, wi574 [Hanzi] tan1 貪 1392.

貪 tān *1392 | 贪 -1388 | 1° corrupt 2° to long for, to covet, greedy ◇ 1° corrompu 2° cupide, convoiter, désirer avidement [Etym] 貝 2246 (rad: 154a 7-04), 貪 206 [Graph] 233a 631a 023b.

酓 yǐn (207) | [Tra] new wine ◇ vin nouveau [Etym] now (1,2= 今 202); wine (3= 酉 2429) ◇ maintenant (1,2= 今 202); vin (3= 酉 2429) [Graph] 233a 631a 062c [Ref] w14o [Hanzi] an1 盦 1393.

盦 ān +1393 | 1° peace, calm, stable 2° to comfort 3° to install 4° how (interrogation) ◇ 1° paix, paisible, calme, calmer 2° consoler 3° installer 4° comment (interrogation) [Etym] 皿 1939 (rad: 108a 5-11), 酓 207 [Graph] 233a 631a 062c 922a.

令 lìng (208) | [Tra] decree, order ◇ loi, ordre [Etym] modern simplified form for (令 211) ◇ forme simplifiée moderne de (令 211) [Graph] 233a 632b [Ref] h603, k558, ph135, r22b, w14i, wa162, wi61, wi138 [Hanzi] leng3 冷 16, ling2 泠 81, ling2 答 740, ling3 ling4 令 1394, lin2 邻 1395, ling2 翎 1396, ling3 领 1397, ling2 鸰 1398, ling2 瓴 1399, ling2 铃 1909, ling1 拎 2350, ling2 伶 2791, lian2 怜 3216, ling2 羚 3428, ling2 苓 3561, ling2 玲 5075, ling2 聆 5448, ling3 岭 7487, ling2 零 8421, ling2 龄 8506, ling2 ling4 呤 8866, ling2 蛉 10197, ling2 囹 10937.

令 lǐng -1394 | 令 *1404 | measure-word: ream (of paper) ◇ spécificatif: rame (de feuilles de papier) [Etym] 亼 180 (rad: 009c 2-03), 令 208 [Graph] 233a 632b.

令爱 lǐng ài ∘ your daughter ◇ votre fille ✱ 712.

△ lìng | 1° to command, order, decree 2° to make 3° season 4° your honored 5° good, excellent 6° drinking game 7° short lyric ◇ 1° ordre, ordonner, loi 2° faire que 3° saison 4° honorable, votre 5° bon, vertueux 6° jeu à boire 7° petit poème.

令嫒 lìng ài ∘ your daughter ◇ votre fille ✱ 5731.

邻 lín -1395 | 鄰 *4622 ∖ 隣 *6740 | near, adjacent, neighbor ◇ voisinage, voisin, proche de [Etym] 阝 1316 (rad: 163b 2-05), 令 208 [Graph] 233a 632b 634j.

邻居 lín jū ∘ neighbor, neighborhood ◇ voisin, voisinage ✱ 8661.

翎 líng -1396 | 翎 *1405 | long tail feathers, plume ◇ pennes, plumes [Etym] 羽 1472 (rad: 124a 6-05), 令 208 [Graph] 233a 632b 731c 731c.

领 lǐng (209) | [Tra] neck; to lead ◇ cou; diriger [Etym] modern simplified form for (領 212) ◇ forme simplifiée moderne de (領 212) [Graph] 233a 632b 854b.

领 lǐng -1397 | 領 *1406 | 1° neck, throat 2° collar 3° outline 4° to lead 5° to manage 6° to receive 7° to understand 8° measure-word for mats ◇ 1° cou 2° col 3° grandes lignes 4° conduire 5° diriger 6° recevoir 7° comprendre 8° spécificatif des nattes [Etym] 页 1802 (rad: 181s 6-05), 令 208 [Graph] 233a 632b 854d.

领带 lǐng dài ∘ tie ◇ cravate ✱ 4039.

领土 lǐng tǔ ∘ territory ◇ territoire ✱ 4758.

领域 lǐng yù ∘ territory; field, sphere ◇ territoire, domaine ✱ 4867.

领取 lǐng qǔ ∘ to draw, to receive ◇ toucher, recevoir ✱ 5460.

领子 lǐng zǐ ∘ collar ◇ col, collet ✱ 6546.

领袖 lǐng xiù ∘ ruling classes ◇ dirigeant, leader, chef ✱ 6697.

领导 lǐng dǎo ∘ to lead, to conduct, to manage ◇ diriger, conduire, guider; directeur, dirigeant ✱ 8728.

领导人 lǐng dǎo rén ∘ leader, director ◇ dirigeant, directeur ✱ 8728 1070.

领路 lǐng lù ∘ to lead the way, to guide ◇ montrer la route, servir de guide ✱ 9353.

领事 lǐng shì ∘ consul ◇ consul ✱ 10387.

领事馆 lǐng shì guǎn ∘ consulate ◇ consulat ✱ 10387 1869.

鸰 líng -1398 | 鴒 *1407 | See ◇ Voir 鹡鸰 ji2-ling2 1517-1398 [Etym] 鸟 2494 (rad: 196s 5-05), 令 208 [Graph] 233a 632b Z22e.

瓴 líng -1399 |瓴 *1408| long-necked jar ◇ cruche [Etym] 瓦 2531 (rad: 098a 4-05), 令 208 [Graph] 233a 632b Z33f.

仓 cāng (210) |[Tra] storehouse, warehouse ◇ grenier, dépôt [Etym] modern simplified form of (倉 217) ◇ forme simplifiée moderne de (倉 217) [Graph] 233a 733a [Hanzi] cang1 沧 82, qiang4 炝 954, cang1 仓 1400, chuang1 chuang4 创 1401, qiang1 qiang4 戗 1402, cang1 鸧 1403, qiang1 qiang3 抢 2351, cang1 chen5 伧 2792, chuang4 怆 3217, cang1 苍 3562, qiang1 枪 4107, qiang1 玱 5076, chuang1 疮 7017, cang1 舱 8296, qiang1 qiang4 呛 8867, qiang4 跄 9287.

仓 cāng -1400 |倉 *1417| storehouse, warehouse ◇ grenier, dépôt [Etym] 人 180 (rad: 009c 2-02), 仓 210 [Graph] 233a 733a.

仓促 cāng cù ∘ hurriedly, hastily ◇ en hâte, à la hâte * 3038.

仓颉 cāng jié ∘ founder of the Chinese writing system ◇ fondateur de l'écriture chinoise * 5028.

仓廒 cāng áo ∘ granary ◇ grenier * 6913.

仓库 cāng kù ∘ warehouse, depository ◇ dépôt, entrepôt; magasin * 6930.

仓房 cāng fáng ∘ storehouse, warehouse ◇ entrepôt, magasin * 8693.

创 chuāng -1401 |創 *1418| to wound, gashed ◇ blessure, plaie [Etym] 刂 470 (rad: 018b 2-04), 仓 210 [Graph] 233a 733a 333b.

创伤 chuāng shāng ∘ trauma; wound ◇ traumatisme; blessure * 2956.

创口 chuāng kǒu ∘ wound ◇ blessure * 8842.

△ chuàng |創 *1418 、剏 *4052 、刱 *4053| to found, to create ◇ commencer, fonder, instituer.

创立 chuàng lì ∘ to found, to originate ◇ établir, fonder * 637.

创设 chuàng shè ∘ to found, to create, to set up ◇ fonder, créer, établir * 1834.

创作 chuàng zuò ∘ to create, to compose, to write ◇ écrire; oeuvre; création * 2850.

创造 chuàng zào ∘ to create, to concoct ◇ créer, inventer; établir * 5236.

创始 chuàng shǐ ∘ to initiate, to originate ◇ fonder; créer * 5778.

创办 chuàng bàn ∘ to set up, to establish, to found ◇ établir, fonder * 7271.

戗 qiāng -1402 |戧 *1419| 1° in opposite direction, against the wind 2° to clash 3° to disagree ◇ 1° en direction inverse, contre le courant 2° se heurter 3° être en désaccord [Etym] 戈 1057 (rad: 062a 4-04), 仓 210 [Graph] 233a 733a 512b.

△ qiàng |戧 *1419| to prop ◇ étai, étayer.

鸧 cāng -1403 |鶬 *1420| oriole ◇ loriot [Etym] 鸟 2494 (rad: 196s 5-04), 仓 210 [Graph] 233a 733a Z22e.

鸧鹒 cāng gēng ∘ oriole ◇ loriot * 6964.

令 lìng (211) |[Tra] decree, order ◇ loi, ordre [Etym] {1} seal (2< 卩 1504) under cover (1= 求 445); {2} man bent (2< 卩 1504) under a bell (1< 求 445) ◇ {1} un sceau (2< 卩 1504) sous un couvercle (1= 人 180); {2} un homme courbé (2< 卩 1504) sous une cloche (1< 今 202) [Graph] 233a acc:a 734a [Ref] h603, i22b, k558, ph135, w14i, wa162, wi61, wi138 [Hanzi] leng3 冷 17, ling2 泠 83, ling2 笭 741, ling2 鈴 1124, ling3 ling4 令 1404, ling2 翎 1405, ling3 領 1406, ling2 鴒 1407, ling2 瓴 1408, ling1 拎 2352, ling2 伶 2793, lian2 0, ling2 羚 3429, ling2 苓 3563, ling2 玲 5077, ling2 聆 5449, ling3 岭 7488, ling2 零 8422, ling2 齡 8521, ling2 ling4 呤 8868, ling2 蛉 10198, ling2 囹 10938.

令 lǐng *1404 |令 -1394| measure-word: ream (of paper) ◇ spécificatif: rame (de feuilles de papier) [Etym] 人 180 (rad: 009c 2-03), 令 211 [Graph] 233a acc:a 734a.

△ lìng |另 +9071| 1° other, separate 2° to go one's way 3° moreover ◇ 1° autre, distinct 2° vivre à part 3° de plus.

翎 líng *1405 |翎 -1396| long tail feathers, plume ◇ pennes, plumes [Etym] 羽 1472 (rad: 124a 6-05), 令 211 [Graph] 233a acc:a 734a 731c 731c.

領 lǐng (212) |[Tra] neck; to lead ◇ cou; diriger [Etym] head (3= 頁 2267); phon or law (1,2= 令 211) ◇ tête (3= 頁 2267): phon ou loi (1,2= 令 211) [Graph] 233a acc:a 734a 023f [Ref] h806, k559, wi472 [Hanzi] ling3 領 1406, ling3 嶺 7489.

領 lǐng *1406 |领 -1397| 1° neck, throat 2° collar 3° outline 4° to lead 5° to manage 6° to receive 7° to understand 8° measure-word for mats ◇ 1° cou 2° col 3° grandes lignes 4° conduire 5° diriger 6° recevoir 7° comprendre 8° spécificatif des nattes [Etym] 頁 2267 (rad: 181a 9-05), 領 212 [Graph] 233a acc:a 734a 023f.

鴒 líng *1407 |鸰 -1398| See ◇ Voir 鹡鸰 ji2-ling2 1517-1398 [Etym] 鳥 2500 (rad: 196a 11-05), 令 211 [Graph] 233a acc:a 734a Z22h.

瓴 líng *1408 |瓴 -1399| long-necked jar ◇ cruche [Etym] 瓦 2531 (rad: 098a 4-05), 令 211 [Graph] 233a acc:a 734a Z33f.

俞 yú (213) |[Tra] assent; yes ◇ consentir; oui [Etym] a boat (2< 舟 1861) on a river (3< 巜 1111, 川 711) (1=?) (# 前 1839) ◇ un bâteau (2< 舟 1861) sur une rivière (3< 巜 1111, 川 711) (1=?) (# 前 1839) [Graph] 233a acc:a 856e 333b [Ref] k1327, ph501, wl4f, wa110, wi795, wi872 [Hanzi] yu2 渝 84, tou1 鍮 1125, shu4 yu2 俞 1409, yu4 愈 1410, shu1 毹 1411, yu2 逾 1412, yu2 覦 1413, yu2 覦 1414, yu4 谕 1704, tou1 鍮 1910, yu2 揄 2353, tou1 偷 2794, yu2 愉 3219, yu2 榆

4108, yu2 瑜 5078, yu3 貐 5568, tou1 媮 5734, shu1 输 6332, yu4 瘉 7018, yu2 嵛 7490, yu2 窬 7799, shu4 腧 8067, yu4 喻 8869, yu2 yu2 踰 9288, yu4 諭 9483, yu2 蝓 10199, shu1 輸 10671.

俞 shù +1409 | 腧 -8067 | channels in the human body ◇ point sur le corps pour l'acupuncture [Etym] 入 180 (rad: 011b 2-07), 俞 213 [Graph] 233a ac:a 856e 333b.

△ yú | 1° to say yes 2° to agree 3° surname ◇ 1° oui, dire oui 2° agréer 3° nom de famille.

愈 yù (214) | [Tra] more; further; heal ◇ augmenter; plus [Etym] heart (4= 心 397); phon, to assent (1,2,3= 俞 213) ◇ coeur (4= 心 397); phon, consentir (1,2,3= 俞 213) [Graph] 233a acc:a 856e 333b 321c [Hanzi] yu4 愈 1410, yu4 瘉 7019.

愈 yù +1410 | 癒 *7019、瘉 1° *7018 | 1° to heal, to recover 2° better 3° more, further ◇ 1° guérir, récupérer (santé) 2° mieux, davantage 3° plus, augmenter, surpasser [Etym] 心 397 (rad: 061a 4-09), 俞 213 [Graph] 233a ac:a 856e 333b 321c.

愈来愈 yù lái yù。more and more ◇ de plus en plus * 4672 1410.

愈加 yù jiā。even more, further ◇ de plus en plus (langue écrite) * 7263.

毹 shū +1411 | See ◇ Voir 氍毹 qu2-shu1 10098-1411 [Etym] 毛 403 (rad: 082a 4-09), 俞 213 [Graph] 233a ac:a 856e 333b 321g.

逾 yú +1412 | 踰 1° *9288 | 1° to exceed, to go beyond 2° even more ◇ 1° excès, dépasser 2° encore plus [Etym] 辶 1346 (rad: 162b 3-09), 俞 213 [Graph] 233a ac:a 856e 333b 634o.

觎 yú -1413 | 覦 *1414 | to covet ◇ convoiter, aspirer à [Etym] 见 1801 (rad: 147s 4-09), 俞 213 [Graph] 233a ac:a 856e 333b 854c.

覦 yú *1414 | 觎 -1413 | to covet ◇ convoiter, aspirer à [Etym] 見 2255 (rad: 147a 7-09), 俞 213 [Graph] 233a ac:a 856e 333b 023c.

侖 lún (215) | [Tra] meditate; coherence ◇ méditer; cohérence [Etym] to gather (1< 合 222) books (2= 冊 1846) -> to think ◇ rassembler (1< 合 222) des documents (2= 冊 1846) ->penser [Graph] 233a acc:a 856j [Ref] k583, ph380, r448, wl4g, wl56e, wa199, wi359 [Hanzi] lun2 淪 85, lun2 侖 1415, lun1 lun2 掄 2354, lun2 倫 2795, guan1 lun2 綸 6113, lun2 崙 7491, lun2 lun4 論 9484, lun2 輪 10672, lun2 圇 10939.

侖 lún *1415 | 仑 -1088、岺 *7482、崙 *7491 | 1° to meditate 2° coherence ◇ 1° méditer 2° cohérence [Etym] 入 180 (rad: 009c 2-06), 侖 215 [Graph] 233a ac:a 856j.

禽 qín (216) | [Tra] game; poultry ◇ gibier; volailles [Etym] {1} a yak (2,3= 离 1927), phon (1< 今 202); {2} hand and hunting net (prim) ◇ {1} un yak (2,3= 离 1927), phon (1< 今 202); {2} main et filet de chasse (prim) [Graph] 233a 911c 859e [Ref] k390, ph728, r38c, w23e, wa68 [Hanzi] qin2 禽 1416, qin2 擒 2355, qin2 檎 4109, qin2 噙 8870.

禽 qín +1416 | 1° song birds 2° poultry ◇ 1° oiseaux chanteurs 2° volaille [Etym] 禸 1923 (rad: 114a 4-08), 禽 216 [Graph] 233a 911c 859e.

倉 cāng (217) | [Tra] storehouse, warehouse ◇ grenier, dépôt [Etym] {1} the walls (3=prim) where to store food (1,2< 食 221); {2} dwelling (1=prim), door (2= 户 1981), bottom stair (3=prim) ◇ {1} les murs (3=prim) où garder la nourriture (1,2< 食 221); {2} une habitation (1=prim), une porte (2> 户 1981), une marche (3=prim) [Graph] 233a 931h 011a [Ref] k1036, ph575, w26m, wa100, wi666 [Hanzi] cang1 滄 86, qiang4 熗 955, qiang1 鎗 1126, cang1 倉 1417, chuang1 chuang4 創 1418, qiang1 qiang4 戧 1419, cang1 鶬 1420, qiang1 qiang3 搶 2356, cang1 chen5 傖 2796, chuang4 愴 3220, cang1 蒼 3564, qiang1 槍 4110, qiang1 瑲 5079, chuang1 瘡 7020, cang1 艙 8297, qiang1 qiang4 嗆 8871, qiang4 蹌 9289.

倉 cāng *1417 | 仓 -1400 | storehouse, warehouse ◇ grenier, dépôt [Etym] 入 180 (rad: 009c 2-08), 倉 217 [Graph] 233a 931h 011a.

創 chuāng *1418 | 创 -1401 | to wound, gashed ◇ blessure, plaie [Etym] 刂 470 (rad: 018b 2-10), 倉 217 [Graph] 233a 931h 011a 333b.

△ chuàng | 创 -1401、剏 *4052、刱 *4053 | to found, to create ◇ commencer, fonder, instituer.

戧 qiāng *1419 | 戗 -1402 | 1° in opposite direction, against the wind 2° to clash 3° to disagree ◇ 1° en direction inverse, contre le courant 2° se heurter 3° être en désaccord [Etym] 戈 1057 (rad: 062a 4-10), 倉 217 [Graph] 233a 931h 011a 512b.

△ qiàng | 戗 -1402 | to prop ◇ étai, étayer.

鶬 cāng *1420 | 鸧 -1403 | oriole ◇ loriot [Etym] 鳥 2500 (rad: 196a 11-10), 倉 217 [Graph] 233a 931h 011a Z22h.

飠 shí (218) | [Tra] food ◇ nourriture [Etym] reduction of (食 221) ◇ réduction de (食 221) [Graph] 233a 932d [Ref] k891, w26m, wi75 [Hanzi] chi4 飭 1453, shi4 飾 1462, shi2 蝕 1474 [Rad] 184b.

𩙿 shí (219) | [Tra] to nourish ◇ nourrir [Etym] to give food (1,2= 食 221) to a man (right=prim) ◇ donner de la nourriture (1,2= 食 221) à un homme (droite=prim) [Graph] 233a 932d acc:f [Ref] k815, w26m [Hanzi] chi4 飭 1453, shi4 飾 1462.

餒 něi *1421 | 馁 -1838 | 1° hungry 2° disheartened 3° putrid (of fish) ◇ 1° avoir faim 2° désespéré, découragé 3° gâté (poisson) [Etym] 飠 218 (rad: 184b 8-07), 妥 110 [Graph] 233a 932d 221d 611e.

飲 yǐn *1422 入良欠 | 饮 -1839 | 1° to drink 2° to nurse (feeling) ◇ 1° boire, abreuver 2° entretenir, alimenter (sentiment) [Etym] 飠 218 (rad: 184b 8-04), 欠 178 [Graph] 233a 932d 232b.

△ yìn | 饮 -1839 | to give animals water to drink ◇ faire boire (un animal).

餘 yú *1423 入良人示 | See ◇ Voir 余 1095 [Etym] 飠 218 (rad: 184b 8-07), 余 192 [Graph] 233a 932d 233a 422c.

餄 hé *1424 入良人口 | 饸 -1840 | kind of noodles ◇ sorte de nouilles [Etym] 飠 218 (rad: 184b 8-06), 合 222 [Graph] 233a 932d 233a 012a.

饈 xiū *1425 入良羊丑 | 馐 -1841 | delicacies, sweets ◇ mets délicats, friandises [Etym] 飠 218 (rad: 184b 8-10), 羞 254 [Graph] 233a 932d 241c 832e.

飫 yù *1426 入良夭 | 饫 -1842 | 1° satiated (with food) 2° gift 3° favor ◇ 1° saturé, rassasié, repu 2° don 3° faveur [Etym] 飠 218 (rad: 184b 8-04), 夭 289 [Graph] 233a 932d 242e.

餚 yáo *1427 入良乂ナ月 | 肴 -1645 | 1° meat and fish dishes 2° exquisite viands 3° sacrificial meats ◇ 1° mets de viandes et poissons 2° aliments délicieux 3° viandes des offrandes [Etym] 飠 218 (rad: 184b 8-08), 肴 323 [Graph] 233a 932d 243a 241a 856e.

餃 jiǎo *1428 入良交 | 饺 -1843 | meat dumpling ◇ beignets, ravioli [Etym] 飠 218 (rad: 184b 8-06), 交 344 [Graph] 233a 932d 243e.

餏 xī *1429 入良衣 | 饻 -1844 | wages in kind (food, clothing, etc.) ◇ unité de compte pour calculer le salaire [Etym] 飠 218 (rad: 184b 8-06), 衣 371 [Graph] 233a 932d 312i.

饢 náng *1430 入良亠口口井 | 馕 -1884 | crusty pancake (staple food in some countries) ◇ galette croustillant (nourriture de base dans certains pays) [Etym] 飠 218 (rad: 184b 8-17), 襄 376 [Graph] 233a 932d 312j 011a 011a 436g.

△ nǎng | 馕 -1884 | to cram food into one's mouth ◇ enfourner de la nourriture, se gaver.

△ xiǎng | 饷 -1872 | 1° to entertain (food, drink) 2° to pay (soldiers, policemen) 3° provisions, rations ◇ 1° offrir des victuailles 2° salaire (armée, police) 3° provision, ration.

飥 tuō *1431 入良乇 | 饦 -1845 | See ◇ Voir 餺飥 bo2-tuo1 1874-1845 [Etym] 飠 218 (rad: 184b 8-03), 乇 402 [Graph] 233a 932d 321f.

飣 dìng *1432 入良丁 | 饤 -1846 | See ◇ Voir 餖飣 dou4-ding4 1877-1846 [Etym] 飠 218 (rad: 184b 8-02), 丁 420 [Graph] 233a 932d 331b.

餱 hóu *1433 入良亻⺈矢 | 糇 +4606 | dry provisions ◇ grains, vivres [Etym] 飠 218 (rad: 184b 8-09), 侯 482 [Graph] 233a 932d 411e ac:e 242d.

飪 rèn *1434 入良亻壬 | 饪 -1850 | to cook ◇ cuire [Etym] 飠 218 (rad: 184b 8-06), 任 494 [Graph] 233a 932d 411e 432k.

餅 bǐng *1435 入良并 | 饼 -1848 | cakes, pastry ◇ galette, pastille [Etym] 飠 218 (rad: 184b 8-06), 并 708 [Graph] 233a 932d 416i.

餷 chā *1436 入良木日一 | 馇 -1849 | to cook and stir ◇ sauter (cuisine) [Etym] 飠 218 (rad: 184b 8-09), 查 757 [Graph] 233a 932d 422a 021a ac:z.

餧 wèi *1437 入良禾女 | 喂 +9232、餵 *1475 | 1° hello, hey 2° to feed animals ◇ 1° hé, allô! 2° nourrir un animal [Etym] 飠 218 (rad: 184b 8-08), 委 769 [Graph] 233a 932d 422d 611e.

饒 ráo *1438 入良土土土兀 | 饶 -1854 | 1° rich, plentiful, abundance 2° to forgive 3° to give something extra 4° although, in spite of 5° surname ◇ 1° richesse, abondance 2° pardonner, indulgence 3° donner en surplus 4° en dépit de, malgré que 5° nom propre [Etym] 飠 218 (rad: 184b 8-12), 堯 844 [Graph] 233a 932d 432a 432a 432a 322c.

餻 gāo *1439 入良羊灬 | 糕 +4608 | cake, pastry ◇ gâteau, pâtisserie [Etym] 飠 218 (rad: 184b 8-10), 羔 918 [Graph] 233a 932d 432g 222d.

饍 shàn *1440 入良羊口 | 膳 +8139 | delicacies, food, meals ◇ mets exquis, aliments, repas [Etym] 飠 218 (rad: 184b 8-12), 善 952 [Graph] 233a 932d 433c 011a.

饉 jǐn *1441 入良廿里 | 馑 -1851 | dearth, famine, crop failure ◇ disette, famine [Etym] 飠 218 (rad: 184b 8-11), 堇 997 [Graph] 233a 932d 436a 032h.

饊 sǎn *1442 入良龷月攵 | 馓 -1852 | fried cakes, fried puffy shredded dough ◇ frites, pâte frite [Etym] 飠 218 (rad: 184b 8-12), 散 1000 [Graph] 233a 932d 436b 856e 243c.

餌 ěr *1443 入良耳 | 饵 -1853 | 1° bait for fish 2° cakes 3° to entice ◇ 1° appât 2° gâteau 3° amorce, attirer [Etym] 飠 218 (rad: 184b 8-06), 耳 1017 [Graph] 233a 932d 436k.

餞 jiàn *1444 入良戈戈 | 饯 -1856 | farewell entertainment ◇ repas d'adieu [Etym] 飠 218 (rad: 184b 8-08), 戔 1059 [Graph] 233a 932d 512b 512b.

餓 è *1445 入良我 | 饿 -1855 | 1° hungry, to starve 2° to covet, to desire ◇ 1° avoir faim 2° convoiter [Etym] 飠 218 (rad: 184b 8-07), 我 1067 [Graph] 233a 932d 512f.

飴 yí *1446 入良厶口 | 饴 -1857 | 1° malt sugar 2° sweet-meat, delicacies 3° pleasure ◇ 1° sucre (maltose) 2° mets délicats, délicieux 3° plaisir [Etym] 飠 218 (rad: 184b 8-05), 台 1143 [Graph] 233a 932d 612a 011a.

餕 jùn *1447 入良允夂 | 馂 -1858 | to eat the remains, scraps of a meal ◇ manger les restes, reliefs d'un repas [Etym] 飠 218 (rad: 184b 8-07), 夋 1147 [Graph] 233a 932d 612b 633e.

饑 jī *1448 入良幺幺戍 | 饥 -1888、飢 *1479 | dearth, famine, to be hungry ◇ disette, famine, avoir faim [Etym] 飠 218 (rad: 184b 8-12), 幾 1177 [Graph] 233a 932d 613c 613c 512k.

餎 le *1449 入良夂口 | 饹 -1859 | See ◇ Voir 餄餎 he2-le5 1840-1859 [Etym] 飠 218 (rad: 184b 8-06), 各 1295 [Graph] 233a 932d 633e 011a.

饝 mó *1450 入良广木木石 | 馍 -1847 | steamed bread, steamed bun ◇ pain chinois cuit à la vapeur [Etym] 飠 218 (rad: 184b 8-16), 磨 1386 [Graph] 233a 932d 721b 422a 422a 013b.

飯 fàn *1451 入皀厂又 | 饭 -1861 | 1° boiled rice 2° food in general 3° meal ◇ 1° riz cuit 2° aliments 3° repas [Etym] 𩙿 218 (rad: 184b 8-04), 反 1454 [Graph] 233a 932d 722a 633a.

飼 sì *1452 入皀司 | 饲 -1862 | 1° to feed 2° to raise ◇ 1° nourrir 2° élever [Etym] 𩙿 218 (rad: 184b 8-05), 司 1476 [Graph] 233a 932d 731d 012a.

飭 chì *1453 入皀力 | 饬 -1863 | 1° to adjust 2° orderly 3° edict, notice, to direct ◇ 1° mettre en ordre, préparer, vaquer à 2° ordre 3° avis, édit [Etym] 𩙿 218 (rad: 184b 8-04), 𩙿 219 力 1489 [Graph] 233a 932d 732f.

饌 zhuàn *1454 入皀巳巳共 | 馔 -1864 | food, provisions ◇ mets, vivres [Etym] 𩙿 218 (rad: 184b 8-10), 巽 1500 [Graph] 233a 932d 733a 733a 436e.

餡 xiàn *1455 入皀臽 | 馅 -1865 | 1° filling, stuffing 2° minced meat ◇ 1° farce 2° hachis [Etym] 𩙿 218 (rad: 184b 8-08), 臽 1594 [Graph] 233a 932d 835e.

餿 sōu *1456 入皀申又 | 馊 -1866 | spoiled (food), sour ◇ moisir, gâté, avarié, rance [Etym] 𩙿 218 (rad: 184b 8-09), 叟 1596 [Graph] 233a 932d 835g 633a.

饳 duò *1457 入皀出 | 饳 -1867 | See ◇ Voir 馉饳 gu3-duo4 1875-1867 [Etym] 𩙿 218 (rad: 184b 8-05), 出 1640 [Graph] 233a 932d 842c.

飩 tún *1458 入皀屯 | 饨 -1868 | (hun2 - 5) dumpling soup ◇ (hun2 - 5) soupe aux raviolis [Etym] 𩙿 218 (rad: 184b 8-04), 屯 1647 [Graph] 233a 932d 842e.

館 guǎn *1459 入皀宀㠯 | 馆 -1869 、舘 *1504 | 1° accommodation for guests 2° embassy, consulate 3° shop (service), restaurant, office 4° museum, library ◇ 1° hôtel, loger 2° résidence officielle, ambassade, consulat 3° salle de réception, restaurant, maison de thé 4° établissement, musée, bibliothèque [Etym] 𩙿 218 (rad: 184b 8-08), 官 1707 [Graph] 233a 932d 851c 934b.

餑 bō *1460 入皀孛 | 饽 -1870 | cakes, biscuits ◇ pain [Etym] 𩙿 218 (rad: 184b 8-07), 孛 1753 [Graph] 233a 932d 851i 634d.

飽 bǎo *1461 入皀勹巳 | 饱 -1871 | 1° to eat enough, satiated 2° full 3° to satisfy ◇ 1° satiété, rassasié, repu 2° plein 3° satisfait [Etym] 𩙿 218 (rad: 184b 8-05), 包 1778 [Graph] 233a 932d 852h 933b.

飾 shì *1462 入皀巾 | 饰 -1873 | 1° ornament, to adorn, to cover up 2° to paint 3° to impersonate, to play the role of 4° to palliate ◇ 1° ornement, orner, parure, parer, bijoux 2° peindre 3° jouer le rôle de 4° pallier (une faute) [Etym] 𩙿 218 (rad: 184b 8-05), 飾 220 [Graph] 233a 932d 858a.

> **飾** shì (220) 入皀𠂉巾 | [Tra] jewels; to adorn ◇ bijoux; orner [Etym] cloth as ornament (3< 巾 1886); phon (1,2,top right= 𩙿 219) ◇ tissus ornemental (3< 巾 1886); phon (1,2,haut droit= 𩙿 219) [Graph] 233a 932d acc:f 858a [Ref] h1427, w26m, wi952 [Hanzi] shi4 飾 1462.

餺 bó *1463 入皀甫寸 | 馎 -1874 | ancient food ◇ aliment ancien [Etym] 𩙿 218 (rad: 184b 8-10), 尃 1915 [Graph] 233a 932d 858n 332b.

餶 gǔ *1464 入皀冎月 | 馉 -1875 | See ◇ Voir 馉饳 gu3-duo4 1875-1867 [Etym] 𩙿 218 (rad: 184b 8-09), 骨 1947 [Graph] 233a 932d 924c 856e.

餾 liú *1465 入皀𠂎刀田 | 馏 -1876 | See ◇ Voir 蒸馏 zheng1-liu2 3767-1876 [Etym] 𩙿 218 (rad: 184b 8-10), 留 2055 [Graph] 233a 932d 941a 732a 041a.

△ liù | 馏 -1876 | steam rice, to heat up in a steamer ◇ étuver, cuire à la vapeur pour réchauffer.

餖 dòu *1466 入皀豆 | 饾 -1877 | See ◇ Voir 饾饤 dou4-ding4 1877-1846 [Etym] 𩙿 218 (rad: 184b 8-07), 豆 2120 [Graph] 233a 932d 012b.

餬 hú *1467 入皀古月 | See ◇ Voir 鶘 9812 [Etym] 𩙿 218 (rad: 184b 8-09), 胡 2158 [Graph] 233a 932d 013f 856e.

饞 chán *1468 入皀⺈⺊匕兔 | 馋 -1885 | greedy, gluttonous ◇ convoitise, gourmandise, avidité [Etym] 𩙿 218 (rad: 184b 8-17), 毚 2165 [Graph] 233a 932d 013i 311d 321b 032e.

餛 hún *1469 入皀日⺊匕 | 馄 -1879 | 1° fritters 2° dumpling ◇ 1° petits beignets 2° sorte de raviolis [Etym] 𩙿 218 (rad: 184b 8-08), 昆 2173 [Graph] 233a 932d 021a 311d 321b.

餲 ài *1470 入皀日勹人𠃊 | 餲 -1880 | spoiled food ◇ aliments gâtés [Etym] 𩙿 218 (rad: 184b 8-09), 曷 2194 [Graph] 233a 932d 021a 852h 232a 711a.

△ hé | 餲 -1880 | fried wheaten food ◇ aliments frits faits de farine de blé.

餳 xíng *1471 入皀日勿 | 饧 -1860 | 1° sugar 2° syrup 3° delicacies 4° sticky (eyes) ◇ 1° sucre 2° sirop 3° friandises 4° yeux semi-ouverts [Etym] 𩙿 218 (rad: 184b 8-09), 昜 2197 [Graph] 233a 932d 021a 852i.

饅 mán *1472 入皀日罒又 | 馒 -1881 | See ◇ Voir 馒头 man2-tou2 1881-1598 [Etym] 𩙿 218 (rad: 184b 8-11), 曼 2211 [Graph] 233a 932d 021a 051a 633a.

饋 kuì *1473 入皀虫貝 | 馈 -1882 、餽 *1476 | 1° burst (of dike or dam), flood 2° to break through 3° to be routed 4° to fester ◇ 1° rompre ses digues, inonder 2° déborder 3° en déroute, se débander 4° se corrompre, suppurer [Etym] 𩙿 218 (rad: 184b 8-12), 貴 2281 [Graph] 233a 932d 031c 023b.

蝕 shí *1474 入皀虫 | 蚀 -1883 | 1° to lose 2° to erode 3° to eat away 4° eclipse ◇ 1° perdre 2° corroder, ronger 3° manger 4° éclipse [Etym] 虫 2282 (rad: 142a 6-08), 𩙿 218 [Graph] 233a 932d 031d.

餵 wèi *1475 入皀田𧘇 | 喂 +9232 、餧 *1437 | 1° hello, hey 2° to feed animals ◇ 1° hé, allô! 2° nourrir un animal [Etym] 𩙿 218 (rad: 184b 8-09), 畏 2315 [Graph] 233a 932d 041a 312e.

餽 kuì *1476 入皀鬼厶 | 馈 -1882 、饋 *1473 | 1° burst (of dike or dam), flood 2° to break through 3° to be routed 4° to fester ◇ 1° rompre ses digues, inonder 2° déborder 3° en déroute, se débander 4° se corrompre, suppurer [Etym] 𩙿 218

(rad: 184b 8-08), 鬼 2363 [Graph] 233a 932d 043e 612a.

餜 guǒ *1477 | 馃 -1886 | fried pastry ◇ pâte frite [Etym] 飠 218 (rad: 184b 8-08), 果 2364 [Graph] 233a 932d 043f.
人皀果

饎 xì *1478 | 饩 -1887 | 1° offering of meat 2° banquet 3° provisions ◇ 1° offrande de viande 2° banquet 3° vivres, provisions [Etym] 飠 218 (rad: 184b 8-10), 氣 2510 [Graph] 233a 932d Z31f 422f.
人皀气米

飢 jī *1479 | 饥 -1888 丶 *1448 饑 | dearth, famine, to be hungry ◇ disette, famine, avoir faim [Etym] 飠 218 (rad: 184b 8-02), 几 2516 [Graph] 233a 932d Z33a.
人皀几

食 shí (221) | [Tra] food ◇ nourriture [Etym] {1} vessel on legs and food (2=prim), cover (1< 合 222); {2} open mouth (1=prim) above a food vessel (2=prim) ◇ {1} un récipient à pieds et de la nourriture (2=prim), un couvercle (1< 合 222); {2} une bouche ouverte (1=prim) au-dessus d'un vase de nourriture (2=prim) [Graph] 233a 932e [Ref] k891, r17a, r17g, w26m, wa127 [Hanzi] can1 飡 18, can1 湌 87, shi2 si4 食 1480 [Rad] 184a.
人良

食 shí +1480 | 1° to eat, food, edible 2° meal 3° to feed 4° to rear 5° eclipse ◇ 1° manger, nourriture 2° repas 3° nourrir 4° élever 5° éclipse [Etym] 食 221 (rad: 184a 9-00), [Graph] 233a 932e.
人良

- 食欲 shí yù ∘ appetite ◇ appétit * 1510.
- 食谱 shí pǔ ∘ cookbook; recipes ◇ livre de recettes; menu * 1747.
- 食物 shí wù ∘ food; edibles ◇ nourriture, aliments, denrées * 3468.
- 食糖 shí táng ∘ sugar ◇ sucre * 4632.
- 食堂 shí táng ∘ canteen, refectories, dining room ◇ cantine, réfectoire, salle à manger * 7868.
- 食用 shí yòng ∘ edible ◇ comestible * 8267.
- 食品 shí pǐn ∘ foodstuff; food ◇ denrées alimentaires, aliments * 9179.

△ sì | to feed, to bring food to ◇ nourriture, nourrir, donner à manger à.

合 hé (222) | [Tra] to unite; convenient ◇ réunir; adapter [Etym] a lid (1=prim, 亼 181) over an opening (2=prim) ◇ un couvercle (1=prim, 亼 181) sur une ouverture (2=prim) [Graph] 233a 012a [Ref] h121, k71, ph198, r5d, w14b, wa125, wi103, wi116, wi852 [Hanzi] qia4 洽 88, da1 da2 答 742, ha1 鉿 1127, he2 餄 1424, ge3 he2 合 1481, kan1 龕 1482, he1 欱 1487, kan1 龛 1488, na2 拿 1489, yan3 弇 1490, he2 郃 1491, xi1 翕 1492, ge2 he2 颌 1495, he2 盒 1496, ge2 he2 頜 1499, ge1 鸽 1500, ge1 鴿 1501, he2 饸 1840, ha1 铪 1911, shi2 拾 2357, qia4 恰 3221, da1 da2 荅 3565, huo1 耠 4676, gei3 ji3 给 5944, gei3 ji3 給 6114, jia2 qia1 袷 6613, ke1 匼 7294, ge2 ge2 he2 阁 8002, ge2 he2 閤 8747, ha1 ha3 ha4 哈 8872, ge2 ha2 蛤 10200.
人口

合 gě +1481 | unit of measure for grain: deciliter ◇ décilitre [Etym] 口 2063 (rad: 030a 3-02), 合 222 [Graph] 233a 012a.
人口

△ hé | 1° to shut (the mouth) 2° to join, to unite, to meet 3° whole 4° suitable, to agree 5° to match, to equal, to add up 6° proper 7° with, together ◇ 1° fermer 2° joindre, réunir 3° entier 4° convenable 5° associer, adapter, correspondre à 6° propre 7° avec, d'accord.

- 合法 hé fǎ ∘ legal, legitimate ◇ légal, légitime * 217.
- 合算 hé suàn ∘ profitable, advantageous; to calculate ◇ avantageux, économique, profitable; calculer * 895.
- 合奏 hé zòu ∘ instrumental ensemble; to play on instruments toge ◇ jouer ensemble (musique); ensemble instrumental * 1635.
- 合谋 hé móu ∘ to conspire, to scheme; to be in collusion with so ◇ conspirer, comploter; être de mèche avec * 1749.
- 合作 hé zuò ∘ to collaborate, to cooperate, to work together, to unite ◇ collaborer, coopérer, s'associer * 2850.
- 合营 hé yíng ∘ to operate with joint capital ◇ gérer avec capitaux mixes * 3837.
- 合并 hé bìng ∘ to merge, to unite; to incorporate, to join ◇ fusionner, réunir, annexer, associer * 4050.
- 合格 hé gé ∘ up to standard ◇ conforme aux normes, au standard * 4282.
- 合理 hé lǐ ∘ reasonable, rational ◇ rationnel, raisonnable * 5204.
- 合同 hé tóng ∘ contract ◇ contrat * 8279.
- 合唱 hé chàng ∘ to sing in chorus ◇ chanter en choeur * 9208.
- 合适 hé shì ∘ suitable, to match ◇ approprié, convenable, adapté * 9829.
- 合影 hé yǐng ∘ group photo ◇ photo de groupe * 9948.

龕 kān *1482 | 龛 -1488 | shrine for an idol, niche ◇ niche, case [Etym] 龍 86 (rad: 212a 17-06), 合 222 [Graph] 233a 012a 221a 856e Z41b.
人口立月𠂤

僉 qiān (223) | [Tra] meeting, together ◇ réunion, ensemble [Etym] to gather (1< 合 222) men (3,5= 人 170)in order to talk (2, 4< 口 2063) ◇ rassembler (1< 合 222) des hommes (3,5= 人 170) pour parler (2,4< 口 2063) [Graph] 233a 012a 232a 011a 232a [Ref] k1078, ph726, w72i, wa162, wi133 [Hanzi] qian1 簽 743, qian1 僉 1483, lian3 斂 1484, jian4 劍 1485, jian4 劒 1486, jian3 撿 2358, jian3 儉 2797, xian1 薟 3566, jian3 檢 4111, xian3 獫 5595, lian4 殮 6416, lian3 襝 6614, xian3 險 6718, lian2 匳 7295, lian3 臉 8068, jian3 礆 9650, jian3 瞼 10024, jian3 鹼 10839, yan4 驗 11026.
人口人口人

僉 qiān *1483 | 佥 -1083 | unanimous, all, entirely ◇ tous, ensemble [Etym] 人 180 (rad: 009c 2-11), 僉 223 [Graph] 233a 012a 232a 011a 232a.
人口人口人

斂 liǎn (224) 亼𠔿人口人攵 [Tra] to collect; hold back ◇ amasser; concentrer [Etym] together (1,2,3,4,5= 僉 223); authority (3= 攵 340) ◇ réunir (1,2,3,4,5= 僉 223); commander (3= 攵 340) [Graph] 233a 012a 232a 011a 232a 243c [Hanzi] lian4 瀲 89, lian3 斂 1484, lian3 蘞 3567.

斂 liǎn *1484 亼𠔿人口人攵 | 敛 -1084 | 1° to hold back, to restrain 2° to collect, to gather 3° to concentrate 4° surname ◇ 1° retenir 2° recueillir, amasser, collecte 3° concentrer en soi 4° nom propre [Etym] 攵 340 (rad: 066b 4-13), 僉 223 [Graph] 233a 012a 232a 011a 232a 243c.

劍 jiàn *1485 亼𠔿人口人刂 | 剑 -1085 、劒 *1486 | two-edged sword ◇ épée à deux tranchants [Etym] 刂 470 (rad: 018b 2-13), 僉 223 [Graph] 233a 012a 232a 011a 232a 333b.

劒 jiàn *1486 亼𠔿人口人刀 | 剑 -1085 、劍 *1485 | two-edged sword ◇ épée à deux tranchants [Etym] 刀 1477 (rad: 018a 2-13), 僉 223 [Graph] 233a 012a 232a 011a 232a 732a.

欱 hē *1487 亼𠔿欠 | 喝 +9207 | to drink ◇ boire [Etym] 欠 178 (rad: 076a 4-06), 合 222 [Graph] 233a 012a 232b.

龕 kān -1488 亼𠔿龙 | 龕 *1482 | shrine for an idol, niche ◇ niche, case [Etym] 龙 417 (rad: 212s 5-06), 合 222 [Graph] 233a 012a 323d.

拿 ná (225) 亼𠔿手 [Tra] to take; to seize ◇ prendre; tenir [Etym] to join (1,2= 合 222) hands (3= 手 465) in order to catch ◇ réunir (1,2= 合 222) les mains (3= 手 465) pour saisir [Graph] 233a 012a 332g [Hanzi] na2 鎿 1128, na2 拿 1489, na2 镎 1912.

拿 ná +1489 亼𠔿手 | 拏 *5783 | 1° to hold, to take 2° to seize 3° to be sure of 4° to make difficulties 5° with, by ◇ 1° tenir, prendre 2° arrêter (un criminel), saisir 3° avoir le contrôle de 4° gêner, être gêné 5° au moyen de, avec [Etym] 手 465 (rad: 064a 4-06), 合 222 [Graph] 233a 012a 332g.

拿手 ná shǒu ∘ good at, expert ◇ ce en quoi qqn est fort * 2748.

弇 yǎn (226) 亼𠔿廾 [Tra] to cover; to conceal ◇ couvrir; cacher [Etym] to join (1,2= 合 222) both hands (3= 廾 701) -> to hide something ◇ joindre (1,2= 合 222) les deux mains (3= 廾 701) -> pour cacher [Graph] 233a 012a 416e [Ref] k241, ph496, w14b, w47i [Hanzi] yan1 yan3 渰 90, yan3 弇 1490, yan3 揜 2359, eng1 鞥 5355.

弇 yǎn +1490 亼𠔿廾 | 1° to cover 2° to conceal ◇ 1° couvrir 2° cacher [Etym] 廾 701 (rad: 055a 3-06), 合 222 [Graph] 233a 012a 416e.

郃 hé +1491 亼𠔿阝 | place in Shanxi ◇ lieu du Shanxi [Etym] 阝 1316 (rad: 163b 2-06), 合 222 [Graph] 233a 012a 634j.

翕 xī (227) 亼𠔿习习 [Tra] to unite, together ◇ joindre, ensemble [Etym] to gather (1,2= 合 222) the wings (3,4= 羽 1472) -> {harmony} ◇ rassembler (1,2= 合 222) ses ailes (3,4= 羽 1472) -> {harmonie} [Graph] 233a 012a 731c 731c [Ref] k128, ph681, w62h [Hanzi] xi4 潝 91, xi1 翕 1492, she4 xi1 歙 1493, xi1 噏 8873.

翕 xī +1492 亼𠔿习习 | 1° amiable and compliant 2° to furl, to shut 3° to unite 4° together 5° all ◇ 1° aimable et complaisant, harmonie 2° enrouler, fermer 3° unir, union étroite 4° ensemble 5° tout [Etym] 羽 1472 (rad: 124a 6-06), 翕 227 [Graph] 233a 012a 731c 731c.

歙 shè +1493 亼𠔿习习欠 | 1° to join 2° to shut up 3° county of Anhui ◇ 1° joindre, fermer 2° chef-lieu du Anhui [Etym] 欠 178 (rad: 076a 4-12), 翕 227 [Graph] 233a 012a 731c 731c 232b.

△ xī | 1° to join 2° to shut up 3° to inhale ◇ 1° joindre 2° fermer 3° inhaler.

命 mìng (228) 亼𠔿卩 [Tra] order; fate; life ◇ ordre; destinée; vie [Etym] order (1,3< 令 208) voiced (2= 口 2063) from above -> life ◇ un ordre (1,3< 令 208) énoncé (2= 口 2063) d'en haut -> vie [Graph] 233a 012a 734a [Ref] h394, r22b, r22e, w14i, wi551 [Hanzi] ming4 命 1494.

命 mìng +1494 亼𠔿卩 | 1° life 2° fate 3° to order, to assign 4° celebrated ◇ 1° vie 2° sort, destinée 3° ordonner de, ordre 4° illustre [Etym] 口 2063 (rad: 030a 3-05), 命 228 [Graph] 233a 012a 734a.

命令 mìng lìng ∘ order, command ◇ ordre, commandement, décret; ordonner * 1394.

命运 mìng yùn ∘ destiny, fate ◇ destin, sort, fortune * 5919.

命案 mìng àn ∘ homicide case ◇ homicide, affaire de meurtre * 7749.

颌 gé -1495 亼𠔿页 | 頜 *1499 | 1° jaw-bone 2° jowl ◇ 1° mâchoire 2° joue [Etym] 页 1802 (rad: 181s 6-06), 合 222 [Graph] 233a 012a 854d.

△ hé | 頜 *1499 | jaw-bone ◇ mâchoire.

盒 hé +1496 亼𠔿皿 | case, box ◇ boîte [Etym] 皿 1939 (rad: 108a 5-06), 合 222 [Graph] 233a 012a 922a.

盒子 hé zǐ ∘ box ◇ boîte, coffre, cassette * 6546.

龠 yuè (229) 亼𠔿口口冊 [Tra] pandean pipes ◇ flute de pan [Etym] pandean pipes (prim) ◇ flute de pan (prim) [Graph] 233a 012a 011a 011a 856j [Ref] k1350, ph835, r30a, r139, w156f, wa178 [Hanzi] yue4 瀹 92, yue4 籥 745, yao4 yue4 鑰 1129, yue4 龠 1497 [Rad] 214a.

龠 yuè +1497 亼𠔿口口冊 | 1° pandean pipes, flute, tube 2° ancient measure of 1200 grains of millet ◇ 1° flûte de pan 2° ancienne unité de mesure [Etym] 龠 229 (rad: 214a 17-00), [Graph] 233a 012a 011a 011a 856j.

龢 hé *1498 亼𠔿口口冊禾 | 和 +4568 | 1° gentle 2° harmony, concord 3° peace 4° to draw, to tie 5° together with, and 6° sum 7° surname ◇ 1° doux 2° harmonie, accord, s'accorder 3° paix 4° lier, attirer 5° avec, unisson, et 6° somme 7° nom propre [Etym] 龠 229 (rad: 214a 17-05), 禾 760 [Graph] 233a 012a 011a 011a 856j 422d.

龥 yú (230) 入𠚍口口冊頁 [Tra] to plead ◇ implorer [Etym] head (6= 頁 2267); phon, pandean pipes (1,2,3,4,5= 龠 229) ◇ tête (6= 頁 2267); phon, air de flute (1,2,3,4,5= 龠 229) [Graph] 233a 012a 011a 011a 856j 023f [Hanzi] yu4 龥 746.

頜 gé *1499 入𠚍頁 | 颌 -1495 | 1° jaw-bone 2° jowl ◇ 1° mâchoire 2° joue [Etym] 頁 2267 (rad: 181a 9-06), 合 222 [Graph] 233a 012a 023f.

△ hé | 颌 -1495 | jaw-bone ◇ mâchoire.

鸽 gē -1500 入𠚍鸟 | 鴿 *1501 | domestic pigeon, dove ◇ pigeon domestique, colombe [Etym] 鸟 2494 (rad: 196s 5-06), 合 222 [Graph] 233a 012a Z22e.

鸽子 gē zǐ ◦ pigeon ◇ pigeon, colombe * 6546.

鴿 gē *1501 入𠚍鳥 | 鸽 -1500 | domestic pigeon, dove ◇ pigeon domestique, colombe [Etym] 鳥 2500 (rad: 196a 11-06), 合 222 [Graph] 233a 012a Z22h.

舍 shè (231) 入舌 [Tra] house, shed ◇ maison, loger [Etym] a roof (1= 人 180); a room covered with thatch (2=prim) ◇ un toit (1= 人 180); une pièce surmontée de chaume (2=prim) [Graph] 233a 013h [Ref] k863, w14c, wi151, wi550 [Hanzi] she3 she4 舍 1502, shu1 舒 1503, guan3 舘 1504, pu4 舖 1505, she3 捨 2360, she1 猞 5596, sha4 啥 8874.

舍 shě +1502 入舌 | 捨 *2360 | 1° to give up 2° to part with, to renounce 3° to give alms ◇ 1° abandonner, quitter, laisser 2° se passer de, sacrifier 3° faire l'aumône [Etym] 舌 2162 (rad: 135a 6-02), 舍 231 [Graph] 233a 013h.

舍得 shě de ◦ to be able to quit ◇ dissociable, abandonner de bon gré * 3173.

舍不得 shě bù de ◦ hate to part with ◇ être très attaché par * 4066 3173.

△ shè | 1° house, shed, hut, buildings 2° to lodge, to accomadate 3° unit of distance = 30 li ◇ 1° maison, hutte, habitation, hôtel 2° loger 3° étape militaire = 30 li.

舒 shū (232) 入舌マ丁 [Tra] to stretch, leisurely ◇ étendre; à l'aise [Etym] to pass or give (3,4= 予 1252) one's property (1,2= 舍 231) ◇ prêter ou donner (3,4= 予 1252) sa propriété (1,2= 舍 231) [Graph] 233a 013h 632a 331f [Ref] w95a [Hanzi] shu1 舒 1503.

舒 shū +1503 入舌マ丁 | 1° to stretch 2° easy, leisurely 3° surname ◇ 1° étendre, étaler 2° détendu, à l'aise 3° nom propre [Etym] 舌 2162 (rad: 135a 6-06), 舒 232 [Graph] 233a 013h 632a 331f.

舒服 shū fú ◦ comfortable, at ease ◇ confortable, à l'aise, bien * 8175.

舒适 shū shì ◦ comfortable, cozy ◇ confortable, à son aise * 9829.

舘 guǎn *1504 入舌宀目 | 馆 -1869 、館 *1459 | 1° accommodation for guests 2° embassy, consulate 3° shop (service), restaurant, office 4° museum, library ◇ 1° hôtel, loger 2° résidence officielle, ambassade, consulat 3° salle de réception, restaurant, maison de thé 4° établissement, musée, bibliothèque [Etym] 舌 2162 (rad: 135a 6-10), 舍 231 官 1707 [Graph] 233a 013h 851c 934b.

舖 pù *1505 入舌甫 | 铺 -2071 、鋪 *1293 | 1° shop, store 2° plank bed ◇ 1° boutique, magasin 2° lit en planche [Etym] 舌 2162 (rad: 135a 6-09), 舍 231 甫 1914 [Graph] 233a 013h 858n.

會 huì (233) 入罒日 [Tra] gathering; to know ◇ réunir; savoir [Etym] {1} to meet (1< 合 222) and talk (3= 曰 2168) around a fire (2< 黑 2310); {2} cooking pot (2,3=prim) and lid (1=prim) ◇ {1} réunion (1< 合 222) près du feu (2< 黑 2310) pour parler (3= 曰 2168); {2} marmite (2,3=prim) et son couvercle (prim) [Graph] 233a 033b 021a [Ref] h87, k112, ph736, w4014d, wa124, wi230 [Hanzi] kuai4 澮 93, hui4 燴 956, hui4 kuai4 會 1506, gui4 劊 1507, kuai4 鄶 1508, kuai4 儈 2798, hui4 薈 3568, gui4 hui4 檜 4112, kuai4 獪 5597, hui4 繪 6115, kuai4 膾 8069, kuai4 噲 8875, kuai4 鱠 10561.

會 huì *1506 入罒日 | 会 -1382 | 1° to get together, to meet 2° to collect, to unite 3° meeting, gathering, conference 4° society, union, guild, party 5° fair 6° capital city 7° opportunity 8° to know 9° can, able to 10° inst ◇ 1° se rassembler, rencontrer 2° réunir 3° réunion, assemblée, congrès 4° société, association 5° marché 6° capitale (ville) 7° occasion 8° savoir 9° être capable de 10° moment [Etym] 曰 2168 (rad: 073a 4-09), 會 233 [Graph] 233a 033b 021a.

△ kuài | 会 -1382 | See ◇ Voir 会计 kuai4-ji4 1382-1719.

劊 guì *1507 入罒日刂 | 刽 -1383 | 1° executioner 2° to cut off ◇ 1° bourreau 2° couper [Etym] 刂 470 (rad: 018b 2-13), 會 233 [Graph] 233a 033b 021a 333b.

鄶 kuài *1508 入罒日阝 | 郐 -1384 | feudal state in the Zhou Dynasty in Henan Province ◇ principauté de la dynastie Zhou dans la province du Henan [Etym] 阝 1316 (rad: 163b 2-13), 會 233 [Graph] 233a 033b 021a 634j.

谷 gǔ (234) 𠓛口 [Tra] palate ◇ palais de la bouche [Etym] mouth (2= 口 2063) and palate above (1=prim) ◇ une bouche (2= 口 2063) et le palais au-dessus (1=prim) [Graph] 233b 011a [Ref] h122, k501, ph284, r39b, r481, r482, w17h, w18e, wi622 [Hanzi] yu4 浴 94, gu3 yu4 谷 1509, xi4 郤 1512, yu4 鹆 1514, yu4 鵒 1515, su2 俗 2799, yu4 裕 6615, yu4 峪 7493 [Rad] 150a.

谷 gǔ (235) 𠓛口 [Tra] valley, ravine, canyon ◇ vallée, gorge [Etym] an opening (2=prim) wide open (1<deux fois 八 127) ◇ une ouverture (2=prim) grande ouverte (1=deux fois< 八 127) [Graph] 233b 011a [Ref] h122, k425, w17h, w18e, wi509, wi579 [Hanzi] yu4 欲 1510, que4 卻 1513, xi4 绤 5945, xi4 綌 6116, rong2 容 7692.

谷 gǔ +1509 𠓛口 | 穀 2°3° +5000 | 1° valley, ravine, bed of a torrent 2° cereal 3° millet 4° surname ◇ 1° vallée, gorge, canal, lit d'un torrent 2° céréale 3° millet 4° nom propre [Etym] 谷 234 (rad: 150a 7-00), [Graph] 233b 011a.

谷子 gǔ zǐ ∘ millet, bird seed, canary seed ◇millet ✱ 6546.

△ yù | (tu3 - hun2) ancient tribe in Western China ◇ (tu3 - hun2) ancien tribu dans l'ouest de la Chine.

欲 yù (236) 仌口欠 | [Tra] longing, to want ◇ désir, convoitise [Etym] to be lacking (3= 欠 178); phon (1,2= 谷 234) ◇ manquer (3= 欠 178); phon (1,2= 谷 234) [Graph] 233b 011a 232b [Ref] h987, k1333 [Hanzi] yu4 欲 1510, yu4 慾 1511.

欲 yù +1510 仌口欠 | 慾 1° *1511 | 1° to desire, longing, wish 2° to want 3° about to 4° passion, sensuality ◇ 1° désir, convoitise 2° vouloir 3° sur le point de 4° passion, sensualité [Etym] 欠 178 (rad: 076a 4-07), 欲 236 [Graph] 233b 011a 232b.

欲望 yù wàng ∘ wish, desire ◇ aspiration, désir ✱ 7339.

慾 yù *1511 仌口欠心 | See ◇ Voir 欲 1510 [Etym] 心 397 (rad: 061a 4-11), 欲 236 [Graph] 233b 011a 232b 321c.

郤 xì +1512 仌口阝 | 1° ravine, crack 2° dissension 3° surname ◇ 1° fissure, interstice 2° discorde 3° nom de famille [Etym] 阝 1316 (rad: 163b 2-07), 谷 234 [Graph] 233b 011a 634j.

卻 què (237) 仌口卩 | [Tra] to reject, step back ◇ refuser, reculer [Etym] authority (3= 卩 1504); phon (1,2= 谷 234) ◇ l'autorité (3= 卩 1504); phon (1,2= 谷 234) [Graph] 233b 011a 734a [Ref] k506a, w17h, wi509 [Hanzi] que4 卻 1513, jiao3 腳 8070.

卻 què *1513 仌口卩 | 却 +4875 | 1° to step back 2° to drive back 3° to refuse, to reject 4° precisely, sure 5° however, yet 6° while 7° again ◇ 1° reculer 2° quitter 3° refuser 4° certes 5° mais, or, voilà que 6° pendant que 7° de nouveau, encore [Etym] 卩 1504 (rad: 026a 2-07), 卻 237 [Graph] 233b 011a 734a.

鹆 yù -1514 仌口鸟 | 鵒 *1515 | thrush ◇ grive [Etym] 鸟 2494 (rad: 196s 5-07), 谷 234 [Graph] 233b 011a Z22e.

鵒 yù *1515 仌口鳥 | 鹆 -1514 | thrush ◇ grive [Etym] 鳥 2500 (rad: 196a 11-07), 谷 234 [Graph] 233b 011a Z22h.

脊 jí (238) 仌月 | [Tra] back (of human body) ◇ dos [Etym] human body: flesh (2= 月 1823), spine and ribs (1=prim) ◇ le corps humain: la chair (2= 月 1823), la colonne vertébrale et les côtes (1=prim) [Graph] 233c 856e [Ref] k1050, w13i, wa5 [Hanzi] ji2 ji3 脊 1516, ji2 鹡 1517, ji2 鶺 1518, ji2 瘠 7021, ji2 嵴 7494, ji2 蹐 9290.

脊 jí +1516 仌月 | [Etym] 月 1823 (rad: 130b 4-06), 脊 238 [Graph] 233c 856e.

脊梁 jí liáng ∘ back (of the human body) ◇dos (d'un être humain) ✱ 363.

△ jǐ | vertebrae, spine, backbone, ridge ◇ 1° épine dorsale, dos 2° crête, arête 3° cime.

鹡 jí -1517 仌月鸟 | 鶺 *1518 | wagtail ◇ bergeronnette [Etym] 鸟 2494 (rad: 196s 5-10), 脊 238 [Graph] 233c 856e Z22e.

鹡鸰 jí líng ∘ wagtail ◇ hochequeue, lavandière ✱ 1398.

鶺 jí *1518 仌月鳥 | 鹡 -1517 | wagtail ◇ bergeronnette [Etym] 鳥 2500 (rad: 196a 11-10), 脊 238 [Graph] 233c 856e Z22h.

ナ 241

ナ shǒu (239) ナ | [Tra] hand ◇ main [Etym] reduction of (扌 446) (> 灰 240, 左 241, 友 245, 右 250) ◇ réduction de (扌 446) (> 灰 240, 左 241, 友 245, 右 250) [Graph] 241a [Hanzi] hui1 灰 1519, zuo3 左 1521, you3 友 1523, mao3 冇 1524, you3 you4 有 1525, bu4 布 1527, you4 右 1528.

灰 huī (240) ナ火 | [Tra] ash, dust; grey ◇ cendre; gris [Etym] hand (1< ナ 239) covering a fire (2= 火 156) ◇ une main (1< ナ 239) couvrant un feu (2= 火 156) [Graph] 241a 231b [Ref] h818d, k109, ph210, w46i, wa119, wi674 [Hanzi] hui1 灰 1519, kui1 盔 1520, hui1 诙 1705, hui1 恢 3222, tan4 炭 7495, hui1 咴 8876, hui1 詼 9485.

灰 huī +1519 ナ火 | 1° ash, embers 2° dust 3° lime, mortar 4° grey 5° disheartened ◇ 1° cendre 2° poussière 3° chaux, mortier 4° gris 5° découragé [Etym] 火 156 (rad: 086a 4-02), 灰 240 [Graph] 241a 231b.

灰心 huī xīn ∘ discouraged; to loose heart ◇découragé, désespéré ✱ 2177.

灰尘 huī chén ∘ dust ◇ poussière ✱ 2242.

灰色 huī sè ∘ grew ◇ gris ✱ 8731.

灰暗 huī àn ∘ murky gray, gloomy ◇ sombre, terne ✱ 9843.

灰白 huī bái ∘ grayish white, pale, ashen ◇grisâtre, pâle, blême ✱ 9973.

盔 kuī +1520 ナ火皿 | 1° helmet 2° porringer ◇ 1° casque 2° écuelle, bol [Etym] 皿 1939 (rad: 108a 5-06), 灰 240 [Graph] 241a 231b 922a.

盔甲 kuī jiǎ ∘ armor ◇ armure ✱ 10450.

左 zuǒ (241) ナ工 | [Tra] left; bad ◇ gauche; mauvais [Etym] left hand (1=prim) at work (2= 工 808) ◇ la main gauche (1=prim) au travail (2= 工 808) [Graph] 241a 431a [Ref] h22, k1099, r374, w46b, wa20 [Hanzi] zuo3 左 1521, zuo3 佐 2800.

左 zuǒ +1521 ナ工 | 1° the left side, left 2° east 3° unorthodox, wrong, incorrect, bad 4° different 5° second to 6° surname ◇ 1° côté gauche, gauche 2° est, orient 3° non orthodoxe, mauvais 4° différent 5° second, après 6° nom de famille [Etym] 工 808 (rad: 048a 3-02), 左 241 [Graph] 241a 431a.

左右 zuǒ yòu ∘ about, approximately; in any case ◇ environ; de toute manière ✱ 1528.

左边 zuǒ biān 。left ◇ gauche ＊ 7260.

隋 suí (242) 𠂇工月 [Tra] cut up meat ◇ viande découpée [Etym] work (1,2= 左 241) done on the meat (3= 月 1823) ◇ travail (1,2= 左 241) fait sur la viande (3= 月 1823) [Graph] 241a 431a 856e [Ref] ph480, w46d [Hanzi] duo4 惰 3223, sui2 隋 6719.

遀 suí (243) 𠂇工月辶 [Tra] follow ◇ suivre [Etym] to go (4= 辶 1346); phon (1,2,3= 隋 242) ◇ aller (4= 辶 1346); phon (1,2,3= 隋 242) [Graph] 241a 431a 856e 634o [Ref] k1010, ph759, w46d, wi493 [Hanzi] sui2 隨 6722, sui3 髓 8575.

厷 gōng (244) 𠂇厶 [Tra] arm ◇ bras [Etym] arm bent or biceps (2=prim); hand (1< 𠂇 239) ◇ un bras plié ou biceps (2=prim); une main (1< 𠂇 239) [Graph] 241a 612a [Ref] k468, ph69, r7b, w38h, wa21 [Hanzi] hong2 竑 639, xiong2 雄 1522, hong2 纮 5946, hong2 紘 6117, hong2 宏 7693, hong2 闳 8003, gong1 肱 8071, hong2 閎 8748.

雄 xióng +1522 𠂇厶隹 1° male 2° brave 3° imposing, mighty 4° to reprove ◇ 1° mâle 2° brave, héros 3° avoir la supériorité, puissant 4° réprimander [Etym] 隹 1030 (rad: 172a 8-04), 厷 244 [Graph] 241a 612a 436m.

雄心 xióng xīn 。great ambition ◇ ambition, volonté forte ＊ 2177.

雄伟 xióng wěi 。grand, imposing ◇ grandiose, imposant ＊ 2961.

雄壮 xióng zhuàng 。gorgeous, majestic ◇ majestueux, imposant, magnifique ＊ 3191.

友 yǒu (245) 𠂇又 [Tra] friend, friendship ◇ ami, amitié [Etym] to be hand (1< 𠂇 239) in hand (2= 又 1271) ◇ être relié main (1< 𠂇 239) dans la main (2= 又 1271) [Graph] 241a 633a [Ref] h214, w43p, wi49 [Hanzi] you3 友 1523.

友 yǒu +1523 𠂇又 friend, friendship ◇ ami, amitié [Etym] 又 1271 (rad: 029a 2-02), 友 245 [Graph] 241a 633a.

友爱 yǒu ài 。friendly affection, fraternal love ◇ affection amicale, amour fraternel ＊ 712.

友人 yǒu rén 。friend ◇ ami ＊ 1070.

友谊 yǒu yì 。friendship ◇ amitié ＊ 1795.

友情 yǒu qíng 。friendship ◇ amitié ＊ 3261.

友好 yǒu hǎo 。close friend; friendly ◇ ami; amical ＊ 5792.

冇 mǎo (246) 𠂇冂 [Tra] not ◇ ne pas [Etym] {?} hand (1< 𠂇 239) guarding a space limits (2= 冂 1819) ◇ {?} main (1< 𠂇 239) protégeant une place enclose (2= 冂 1819) [Graph] 241a 856a [Hanzi] mao3 冇 1524.

冇 mǎo +1524 𠂇冂 1° did not 2° do not have ◇ ne pas [Etym] 冂 1819 (rad: 013a 2-02), 冇 246 [Graph] 241a 856a.

有 yǒu (247) 𠂇月 [Tra] to have ◇ avoir [Etym] ph.b.: moon phases or hand (1< 𠂇 239) hiding the moon (2= 月 1822); {2} hand taking hold of meat (2< 肉 1920) ◇ e.ph.: {1} les lunaisons ou la main (1< 𠂇 239) cachant la lune (2= 月 1822); {2} une main prenant de la viande (2< 肉 1920) [Graph] 241a 856e [Ref] k251, ph250, r144, w46h, wa128, wi43 [Hanzi] wei3 洧 95, you3 銪 1130, you3 you4 有 1525, yu4 郁 1526, you3 铕 1913, you4 侑 2801, wei3 痏 7022, you4 宥 7694, hui4 贿 7957, hui4 賄 10113, wei3 鲔 10464, wei3 鮪 10562, you4 囿 10940.

有 yǒu +1525 𠂇月 1° to have, to possess 2° there is 3° to exist 4° abundant 5° surname ◇ 1° avoir, posséder 2° il y a (bien des années), être 3° exister 4° abondant 5° nom de famille [Etym] 月 1822 (rad: 074a 4-02), 有 247 [Graph] 241a 856e.

有一点儿 yǒu yī diǎn ér 。somewhat ◇ un petit peu ＊ 1 9799 2194.

有意 yǒu yì 。to intend to; deliberately ◇ à dessein, exprès ＊ 667.

有意思 yǒu yì sī 。interesting; significant ◇ intéressant ＊ 667 10423.

有益 yǒu yì 。useful, profitable ◇ fructueux, utile, avantageux ＊ 723.

有着 yǒu zhe 。to have; to be ◇ avoir; exister ＊ 1531.

有关 yǒu guān 。to concern, to relate to ◇ concerner, en ce qui concerne ＊ 1576.

有效 yǒu xiào 。effective, valid ◇ valable, valide, efficace ＊ 1682.

有钱 yǒu qián 。wealthy ◇ riche ＊ 1995.

有利 yǒu lì 。advantageous, beneficial ◇ avantageux, profitable ＊ 4516.

有趣 yǒu qù 。interesting; amusing ◇ intéressant, amusant ＊ 4845.

有理 yǒu lǐ 。to be right; reasonable ◇ avoir raison ＊ 5204.

有些 yǒu xiē 。some; somewhat ◇ un petit peu ＊ 5295.

有名 yǒu míng 。famous ◇ célèbre ＊ 6408.

有限 yǒu xiàn 。limited ◇ limité, restreint; peu nombreux; niveau inférieur ＊ 6778.

有力 yǒu lì 。strong, powerful, energetic ◇ fort, puissant, énergique ＊ 7259.

有害 yǒu hài 。harmful, detrimental ◇ porter préjudice à, nuisible, pernicieux ＊ 7720.

有用 yǒu yòng 。useful ◇ utile ＊ 8267.

有点 yǒu diǎn ◦ a little ◇ un peu ✱ 9799.

有点儿 yǒu diǎn ér ◦ some, a little; somewhat ◇ un petit peu ✱ 9799 2194.

有时 yǒu shí ◦ sometimes; now and then ◇ quelque fois, parfois, tantôt...tantôt ✱ 9861.

有的 yǒu de ◦ some ◇ certains, quelques, les uns les autres ✱ 9990.

△ yòu | and (in counting) ◇ et (en comptant les chiffres).

郁 yù -1526 𠂇月阝 | 鬱1°2° *4334 | 1° strong fragrance 2° lush 3° gloomy, depressed 4° elegance 5° place in Shanxi 6° surname ◇ 1° parfum très fort 2° luxuriant 3° dépression, tristesse 4° grâce, élégance 5° lieu du Shanxi 6° nom de famille [Etym] 阝1316 (rad: 163b 2-06), 有247 [Graph] 241a 856e 634j.

郁闷 yù mèn ◦ gloomy, depressed ◇ triste, mélancolique ✱ 8007.

迶 suí (248) 𠂇月辶 | [Tra] follow ◇ suivre [Etym] modern simplified form of (遀 243) ◇ forme simplifiée moderne de (遀 243) [Graph] 241a 856e 634o [Ref] k1010, w46d [Hanzi] sui2 随6724.

布 bù (249) 𠂇巾 | [Tra] linen; to spread out ◇ toile; publier [Etym] hand (1< 𠂇 239) beating a cloth (2= 巾 1886) ◇ une main (1< 𠂇 239) battant un drap (2= 巾 1886) [Graph] 241a 858a [Ref] h778, k758, ph152, w35c, wa130, wi340 [Hanzi] bu4 布1527, bu4 佈2802, bu4 怖3224, bu4 埔4769.

布 bù +1527 𠂇巾 | 佈2°4° *2802 | 1° cotton, linen 2° to spread out 3° to arrange 4° to declare ◇ 1° toile 2° propager, publier 3° arranger 4° annoncer [Etym] 巾1886 (rad: 050a 3-02), 布249 [Graph] 241a 858a.

布告 bù gào ◦ notice, public advice ◇ avis, proclamation ✱ 5233.

布鞋 bù xié ◦ cotton shoe ◇ chaussure de coton ✱ 5371.

布匹 bù pǐ ◦ material, cloth ◇ étoffe, tissu ✱ 7292.

布局 bù jú ◦ arrangement, layout, distribution ◇ arrangement, organisation, disposition ✱ 8676.

布景 bù jǐng ◦ to decorate, decoration ◇ décorer, décoration ✱ 9946.

布置 bù zhì ◦ to prepare, to arrange, to lay out ◇ préparer, mettre, arranger ✱ 10793.

右 yòu (250) 𠂇口 | [Tra] on the right ◇ à droite [Etym] hand (1< 𠂇 239)used to eat or to support the speach (2= 口 2063) ◇ la main (1< 𠂇 239) qui est portée à la bouche (2= 口 2063) [Graph] 241a 011a [Ref] h2, k250, ph172, r373, w46g, wa20 [Hanzi] you4 右1528, you4 祐2248, you4 佑2803, ruo4 若3569, you4 祐6563, hai3 醢10852.

右 yòu +1528 𠂇口 | 1° right hand, on the right 2° west 3° towering ◇ 1° côté droit, mettre à droite 2° ouest 3° haut, puissant, élevé [Etym] 口2063 (rad: 030a 3-02), 右250 [Graph] 241a 011a.

右边 yòu biān ◦ right ◇ droite ✱ 7260.

犮 bá (251) 𠂇又 | [Tra] to curb a dog ◇ chien en laisse [Etym] a lease (2=prim) tied up to the leg of a dog (1< 犬 295) ◇ une laisse (2=prim) à la patte d'un chien (1< 犬 295) [Graph] 241b 633a [Ref] k750, ph142, r41d, w134a, wi626, wi955 [Hanzi] bo2 钹1914, ba2 拔2361, ba2 茇3572, fu2 黻5338, fu2 绂5947, fu2 祓6564, fu2 韨7283, ba2 魃7426, ba2 胈8072, ba2 跋9291, ba4 鲅10465, ba2 魃10738.

𦍌 chā (252) 𦍌 | [Tra] uneven ◇ inégal [Etym] plant with unequal shoots (prim) (> 差253) ◇ une plante aux ramifications inégales (prim) (> 差 253) [Graph] 241c [Ref] h482, wi333 [Hanzi] cha1 cha4 chai1 ci1 差1529, zhao1 zhao2 zhe5 zhuo2 着1531, zha3 鲝1532, zha3 鮺1533, yang3 养1619 [Rad] 123b.

差 chā (253) 𦍌工 | [Tra] mistake, need ◇ erreur, manque [Etym] plant with unequal shoots (1=prim); left (2> 左 241) ◇ une plante aux branches inégales (1=prim); gauche (2> 左 241) [Graph] 241c 431a [Ref] k1157, ph506, w46c, wi352 [Hanzi] zha4 溠96, cha1 cha4 chai1 ci1 差1529, cuo1 搓2362, cha2 槎4113, chai4 瘥7023, cuo2 嵯7496, jie1 jue1 嗟8877, cuo1 蹉9292, cuo1 磋9651, cuo2 鹾10836, cuo2 鹺10840.

差 chā +1529 𦍌工 | 1° difference 2° mistake ◇ 1° différence 2° erreur, se tromper [Etym] 工808 (rad: 048a 3-06), 差253 [Graph] 241c 431a.

差别 chā bié ◦ difference ◇ différence ✱ 9073.

△ chà | 1° to differ from 2° wrong 3° short of 4° poor ◇ 1° différer 2° défectueux 3° en manque 4° inférieur.

差不多 chà bù duō ◦ almost, nearly; not bad ◇ à peu près, presque; environ, en gros ✱ 4066 6397.

△ chāi | 1° to send, messenger 2° job ◇ 1° envoyer, député 2° travail.

△ cī | 1° order 2° unequal ◇ 1° ordre 2° inégal.

羞 xiū (254) 𦍌丑 | [Tra] offerings, shy ◇ offrande, honte [Etym] hand bound (2= 丑 1564) to repair with offerings of a lamb (1= 羊 579) ◇ être forcé (2, main liée= 丑 1564) de réparer par l'offrande d'un agneau (1= 羊 579) [Graph] 241c 832e [Ref] k806, w44b, wa71 [Hanzi] xiu1 馐1425, xiu1 羞1530, xiu1 馐1841.

羞 xiū +1530 𦍌丑 | 1° shy, to blush, to feel ashamed 2° disgrace 3° viands, delicacies 4° offering, to bring forward ◇ 1° honte, rougir 2°

disgrâce 3° mets 4° offrande, proposer, avancer [Etym] 羊 252 (rad: 123b 6-04), 羞 254 [Graph] 241c 832e.

羞愧 xiū kuì。ashamed ◇ honteux et confus * 3378.

羞耻 xiū chǐ。shame ◇ honteux; honte * 5454.

着 zhāo +1531 羊目 | 1° move (chess play) 2° trick 3° all right, O.K. 4° to catch (a cold) ◇ 1° coup (jeu d'échec) 2° combinaison, truc, ruse 3° d'accord 4° attraper (un rhume) [Etym] 目 2239 (rad: 109a 5-06), 羊 252 [Graph] 241c 023a.

△ zháo | 1° to touch, to get 2° to feel, to be affected by (cold) 3° to burn 4° to fall asleep ◇ 1° toucher, atteindre 2° se sentir, prendre (froid) 3° prendre feu, brûler 4° s'endormir.

着凉 zháo liáng。to catch cold; to catch a chill ◇ prendre froid, attraper froid * 39.

着火 zháo huǒ。to ignite, to catch fire ◇ s'enflammer, prendre feu, être incendié * 924.

着迷 zháo mí。to be fascinated or captivated ◇ être fasciné, être captivé * 4627.

着急 zháo jí。to be troubled, anxious ◇ être inquiet, affolé, s'énerver, se presser * 7383.

△ zhe | 1° marking continuation of an action 2° imperative ◇ 1° suffixe qui marque que l'action du verbe précédent a atteint son effet 2° impératif.

△ zhuó | 著 +3688 | 1° to wear (clothes), to put on 2° to touch 3° to apply 4° whereabouts 5° to send ◇ 1° porter (vêtement), revêtir 2° toucher 3° appliquer, disposer, placer 4° lieu où trouver quelqu'un 5° envoyer.

着手 zhuó shǒu。to set about ◇ se mettre à l'oeuvre, commencer * 2748.

着想 zhuó xiǎng。to consider, to think about ◇ penser au bien de, prendre en considération * 4445.

着重 zhuó zhòng。to stress ◇ attacher de l'importance à * 10764.

鲝 zhǎ -1532 羊鱼 | 鮺 *1533 | 1° fish preserved in salt and red ferment 2° place in Sichuan ◇ 1° poisson fumé 2° lieu du Sichuan [Etym] 鱼 2335 (rad: 195s 8-06), 羊 252 [Graph] 241c 041i.

鮺 zhǎ *1533 羊魚 | 鲝 -1532 | 1° fish preserved in salt and red ferment 2° place in Sichuan ◇ 1° poisson fumé 2° lieu du Sichuan [Etym] 魚 2339 (rad: 195a 11-06), 羊 252 [Graph] 241c 041j.

看 kān (255) 龵目 | [Tra] to see ◇ voir [Etym] hand (1= 手 581) above eye (2= 目 2239) ◇ une main (1= 手 581) au-dessus de l'oeil (2= 目 2239) [Graph] 241d 023a [Ref] r75, w48c, wi102 [Hanzi] kan1 kan4 看 1534.

看 kān +1534 龵目 | 1° to look after, to take care of, to tend 2° to keep an eye on ◇ 1° s'occuper de, garder 2° surveiller [Etym] 目 2239 (rad: 109a 5-04), 看 255 [Graph] 241d 023a.

看护 kān hù。nurse ◇ garder, prendre soin de; infirmier(ère) * 2651.

看守 kān shǒu。to watch, to guard ◇ surveiller, garder * 7715.

△ kàn | 1° to look at, to see 2° to read 3° to think 4° to regard 5° to treat (illness) 6° to look after 7° to visit ◇ 1° voir, regarder 2° lire 3° penser 4° observer, considérer 5° traiter (maladie) 6° prendre soin de 7° visiter.

看法 kàn fǎ。point of view; view ◇ idée, point de vue, opinion, manière de voir * 217.

看待 kàn dài。to regard, to treat ◇ traiter * 3137.

看来 kàn lái。it seems; it looks as if ◇ sembler, paraître * 4672.

看病 kàn bìng。to see a patient; to consult a doctor ◇ aller voir un malade; consulter un médecin * 7105.

看见 kàn jiàn。to see, to catch sight of ◇ voir, apercevoir * 7991.

寿 shòu (256) 寿寸 | [Tra] longevity; birthday ◇ longévité [Etym] modern simplified form of (壽 860) ◇ forme simplifiée moderne de (壽 860) {anniversaire} [Graph] 241e 332b [Hanzi] tao1 涛 97, chou2 筹 747, shou4 寿 1535, dao4 tao1 焘 1536, zhu4 铸 1915, chou2 俦 2804, tao2 梼 4114, dao3 祷 6565, chou2 dao4 帱 8380, chou2 踌 9293, chou2 畴 10416.

寿 shòu -1535 寿寸 | 壽 *4997 | 1° longevity 2° life, age 3° birthday 4° burial 5° surname ◇ 1° longévité, avancé en âge 2° vie, âge 3° anniversaire 4° funéraire 5° nom propre [Etym] 寸 441 (rad: 041a 3-04), 寿 256 [Graph] 241e 332b.

寿命 shòu mìng。life, life span ◇ vie, durée de vie * 1494.

寿诞 shòu dàn。birthday ◇ anniversaire de naissance * 1746.

寿辰 shòu chén。birthday (of an elderly person) ◇ anniversaire (d'une personne âgée) * 6823.

焘 dào -1536 寿寸灬 | 燾 *4998 | to cover ◇ couvrir [Etym] 灬 130 (rad: 086b 4-07), 寿 256 [Graph] 241e 332b 222d.

△ tāo | 燾 *4998 | 1° to nurse 2° personal name ◇ 1° allaiter, soigner 2° prénom.

大 242

大 dà (257) 大 | [Tra] big ◇ grand [Etym] man with extended arms (prim) (< 人 170) ◇ un homme aux bras étendus (prim) (< 人 170) [Graph] 242a [Ref] h53, k952, r61, w60a, wa3, wi345 [Hanzi] xi1 奚 693, da4 dai4 大 1537, duo2 夺 1555, fen4 奋 1556, da2 达 1558, shi4 奭 1564, tian1 天 1573, yao1 夭 1593, tou2 头 1598, tai4 太 1604, fu1 fu2 夫 1610, shi1 失 1621, ga1 jia1 jia2 夹 1631, zou4 奏 1635, feng4 奉 1637, lei4 类 4601, mei3 美 5218, dai4 轪 6333, qing4 庆 6880, ao4 奥 8337, ao4 奧 8340, huan4 奂 8567, yang1 央 8568, ao4 奡 10169, dai4 軑 10673, yin1 因 10941, duo4 tuo2 馱 11027, duo4 tuo2 驮 11090, yi2 夷 11274 [Rad] 037a.

大 dà +1537 大 | 1° big, large, great 2° heavy, strong, loud 3° main, major 4° noble, chief 5° highly, very ◇ 1° grand, grandir 2° fort, considérable, violent 3° principal, majeur 4° noble, directeur 5° très [Etym] 大 257 (rad: 037a 3-00), [Graph] 242a.

大洋 dà yáng ∘ ocean; silver dollar ◇ océan; pièce d'argent * 160.

大洋洲 dà yáng zhōu ∘ Oceania ◇ Océanie * 160 186.

大洲 dà zhōu ∘ continent ◇ continent * 186.

大意 dà yì ∘ neglectful, absent-minded ◇ négligent, inattentif, distrait; imprudent * 667.

大炮 dà pào ∘ cannon ◇ canon * 1021.

大人 dà rén ∘ adult, grown-up ◇ adulte * 1070.

大人物 dà rén wù ∘ important person; VIP ◇ grand personnage * 1070 3468.

大众 dà zhòng ∘ the people, the public, the masses ◇ public; masse * 1086.

大众化 dà zhòng huà ∘ popular ◇ populariser * 1086 2834.

大会 dà huì ∘ meeting, congress ◇ assemblée, congrès * 1382.

大大咧咧 dà dà liē liē ∘ careless, casual ◇ distrait * 1537 9038 9038.

大衣 dà yī ∘ coat ◇ pardessus, manteau * 2140.

大哥 dà gē ∘ eldest brother ◇ l'aîné des frères * 2236.

大少爷 dà shào yé ∘ eldest son; spoilt son; spendthrift ◇ fils aîné; prodigue, dissipateur * 2243 1679.

大批 dà pī ∘ large numbers, amounts ◇ en grand nombre * 2386.

大师 dà shī ∘ master, teacher, sage ◇ grand maître, maître, sage * 2752.

大伙儿 dà huǒ ér ∘ everybody; mass ◇ tout le monde, masse * 2785 2194.

大伯子 dà bǎi zǐ ∘ husband's elder brother, brother-in-law ◇ frère aîné du mari, beau-frère * 3052 6546.

大使馆 dà shǐ guǎn ∘ embassy ◇ ambassade * 3061 1869.

大便 dà biàn ∘ shit, excrement ◇ excréments, merde * 3074.

大街 dà jiē ∘ street, avenue ◇ rue, avenue * 3138.

大型 dà xíng ∘ large-scale ◇ grande dimension * 4048.

大概 dà gài ∘ in general; probably; perhaps ◇ en général; probablement; peut-être * 4397.

大米 dà mǐ ∘ rice ◇ riz * 4597.

大叔 dà shū ∘ uncle; father's younger brother ◇ oncle; homme de la génération de son père * 4721.

大赦 dà shè ∘ to pardon; amnesty ◇ amnistier * 4783.

大声 dà shēng ∘ loud voice ◇ à haute voix * 5018.

大理石 dà lǐ shí ∘ marble ◇ marbre * 5204 9642.

大选 dà xuǎn ∘ general election ◇ élections générales * 5246.

大麦 dà mài ∘ barley ◇ orge * 5252.

大嫂 dà sǎo ∘ sister-in-law; elder brother's wife ◇ belle-soeur; femme de son âge (nom de respect) * 5813.

大娘 dà niáng ∘ aunt; wife of father's elder brother ◇ tante; femme âgée * 5838.

大致 dà zhì ∘ in general; approximately ◇ en général; à peu près * 5913.

大约 dà yuē ∘ about, approximately ◇ environ, à peu près * 6041.

大车 dà chē ∘ wagon ◇ chariot * 6327.

大多 dà duō ∘ mostly, for the most part ◇ en majeure partie; pour la plupart * 6397.

大多数 dà duō shù ∘ the great majority ◇ la grande majorité * 6397 4614.

大陆 dà lù ∘ mainland, continent ◇ col de montagne; continent * 6769.

大厅 dà tīng ∘ hall ◇ grande salle, hall * 6828.

大雁 dà yàn ∘ goose ◇ oie sauvage * 6829.

大厦 dà shà ∘ large building; mansion ◇ grand bâtiment * 6873.

大写 dà xiě ∘ capital letter; capital form of Chinese numerals ◇ majuscule; forme complexe des nombres (en chinois) * 7686.

大家 dà jiā ∘ everybody, everyone ◇ tout le monde * 7747.

大学 dà xué ∘ university ◇ université * 7854.

大学生 dà xué shēng ∘ university (college) student ◇ étudiant * 7854 5286.

大方 dà fāng ∘ generous, large ◇ généreux, grand; naturel; sobre, simple * 7928.

大败 dà bài ∘ to defeat utterly; to suffer a crushing defeat ◇ subir une défaite cuisante * 7959.

大门 dà mén ∘ main gate ◇ porte principal * 7996.

大脑 dà nǎo ∘ cerebrum ◇ cerveau * 8211.

大腿 dà tuǐ ∘ thigh ◇ cuisse * 8217.

大胆 dà dǎn ∘ bold, dauntless ◇ courageux, intrépide * 8228.

大豆 dà dòu ∘ soya ◇ soja * 9427.

大量 dà liàng ∘ great quantity, large number ◇ d'une grande quantité * 9964.

大白 dà bái ∘ chalk; to become known (truth) ◇ blanc de chaux; en plein jour; éclater (vérité) ✱ 9973.

大自然 dà zì rán ∘ nature ◇ nature ✱ 10153 6452.

大道 dà dào ∘ road ◇ route ✱ 10176.

大西洋 dà xī yáng ∘ the Atlantic Ocean ◇ océan Atlantique ✱ 10844 160.

大凡 dà fán ∘ generally ◇ généralement, en général ✱ 11211.

△ dài |

大夫 dài fū ∘ doctor, physician ◇ médecin, docteur ✱ 1610.

大黄 dài huáng ∘ Chinese rhubarb ◇ rhubarbe chinoise ✱ 5409.

夾 shǎn (258) 大人人 | [Tra] thief ◇ voleur [Etym] man (1= 大 257); objects under the arms (2,3=prim) (< 夾 259) ◇ un homme (1= 大 257) aec des objets sour les bras (2,3=prim) (< 夾 259) [Graph] 242a 232a 232a [Ref] k851, ph257, w13b, w27f [Hanzi] xia2 狹 5598, shan3 陝 6725, shan3 睒 10025.

夾 jiā (259) 大人人 | [Tra] to press; to mingle ◇ pincer; serrer [Etym] man (1= 大 257) squeezing other men (2,3= 人 170) (# 夾 258) ◇ un homme (1= 大 257) enserrant d'autres hommes (2,3= 人 170) (# 夾 258) [Graph] 242a 232a 232a [Ref] k345, w13b, w27f, wa165 [Hanzi] jia1 浹 98, ce4 筴 748, jia2 鋏 1131, ga1 jia1 jia2 夾 1538, jia2 郟 1539, chi4 勅 1540, jia2 頰 1541, jia1 xie2 挾 2363, xia2 俠 2805, jia2 莢 3573, jia2 袷 6616, yi4 瘞 7024, xia2 峽 7497, xia2 硤 9652, jia2 蛺 10201.

夾 gā *1538 大人人 | 夹 +1631 | See ◇ Voir 夹肢窝 ga1-zhi1-wo1 1631-8158-7836 [Etym] 大 257 (rad: 037a 3-04), 夾 259 [Graph] 242a 232a 232a.

△ jiā | 夹 +1631 、挟 1° *2380 、挾 1° *2363 | 1° to press from both sides 2° to mingle ◇ 1° pincer, serrer entre deux, presser de deux côtés 2° mêler.

△ jiá | 夹 +1631 、袷 *6616 、袷 +6613 | double-layered, lined ◇ doublé, doublure (vêtement).

郟 jiá *1539 大人人阝 | 郏 -1633 | place in Henan ◇ lieu du Henan [Etym] 阝 1316 (rad: 163b 2-07), 夾 259 [Graph] 242a 232a 232a 634j.

勅 chì *1540 大人人力 | 敕 +10376 、勅 *10380 | imperial edict ◇ édit impérial [Etym] 力 1489 (rad: 019a 2-07), 夾 259 [Graph] 242a 232a 232a 732f.

頰 jiá *1541 大人人頁 | 颊 -1634 | cheek ◇ joue [Etym] 頁 2267 (rad: 181a 9-07), 夾 259 [Graph] 242a 232a 232a 023f.

爽 shuǎng (260) 大㐅㐅㐅㐅 | [Tra] bright; clear ◇ clair; brillant [Etym] very active (2,3,4,5=prim) (> 爻 325) man (1= 大 257) ◇ un homme (1= 大 257) très actif (2,3,4,5=prim) (> 爻 325) [Graph] 242a 243a 243a 243a 243a [Ref] w39o, wi918 [Hanzi] shuang3 爽 1542.

爽 shuǎng +1542 大㐅㐅㐅㐅 | 1° bright, clear, crisp 2° frank 3° to feel well 4° to deviate ◇ 1° brillant, clair, lumineux 2° franc 3° allègre, se sentir bien 4° manquer à [Etym] 爻 325 (rad: 089a 4-07), 爽 260 [Graph] 242a 243a 243a 243a 243a.

爽快 shuǎng kuài ∘ refreshed, comfortable; frank, outright ◇ dispos, en bonne forme; franc, ouvert ✱ 3301.

爽直 shuǎng zhí ∘ sincere, upright ◇ sincère, droit, franc ✱ 8548.

奇 qí (261) 大可口 | [Tra] marvellous; strange ◇ remarquable; surprise [Etym] great (1= 大 257); phon, sigh (2,3= 哥 422) ◇ quelque chose de grand (1= 大 257); phon, un soupir (2,3= 哥 422) [Graph] 242a 331c 011a [Ref] h1123, k337, ph328, w58i, wa88, wi54, wi300 [Hanzi] qi2 錡 1132, ji1 qi2 奇 1543, ji1 剞 1544, qi1 攲 1545, qi2 锜 1916, ji3 掎 2364, yi3 倚 2806, ji4 徛 3124, ji1 犄 3447, qi2 萮 3574, yi1 yi3 椅 4115, qi2 埼 4770, qi2 琦 5080, yi1 猗 5599, qi3 绮 5948, qi3 綺 6118, qi2 崎 7498, ji4 寄 7695, yi3 旖 7930, yi3 踦 9294, qi2 碕 9653, ji1 畸 10417, qi2 騎 11028, qi2 骑 11091.

奇 jī +1543 大可口 | 1° odd number 2° surplus, remainder 3° fraction ◇ 1° chiffre impair 2° reste 3° fraction [Etym] 大 257 (rad: 037a 3-05), 奇 261 [Graph] 242a 331c 011a.

△ qí | 1° strange, rare 2° surprise 3° extraordinary, marvelous ◇ 1° étrange, rare 2° surprise 3° extraordinaire, merveilleux, remarquable.

奇迹 qí jī ∘ miracle; wonder ◇ miracle, prodige; merveille ✱ 2756.

奇怪 qí guài ∘ strange, rare, whimsical ◇ singulier, bizarre ✱ 3282.

奇妙 qí miào ∘ marvelous, wonderful ◇ merveilleux, miraculeux ✱ 5744.

剞 jī +1544 大可口刂 | [Etym] 刂 470 (rad: 018b 2-08), 奇 261 [Graph] 242a 331c 011a 333b.

剞劂 jī jué ∘ chisel, curved carving knife ◇ couteau à découper, burin ✱ 6852.

攲 qī +1545 大可口支 | to slant, incline ◇ pencher, oblique [Etym] 支 1284 (rad: 065a 4-08), 奇 261 [Graph] 242a 331c 011a 633d.

奈 nài (262) 大示 | [Tra] unfortunately; why ◇ endurer; comment [Etym] omens (2= 示 431) obtained from trees (1< 木 723) ◇ divinations (2= 示 431) avec des arbres (1< 木 723) [Graph] 242a 3311 [Ref] k649, w119f [Hanzi] nai4 奈 1546, na4 捺 2365, nai4 萘 3575.

奈 nài +1546 大示 | 1° how, why 2° means, resource 3° to do something to a person 4° to endure 5° unfortunately ◇ 1° comment? 2° par quel moyen? ressource 3° faire quelque chose à quelqu'un 4° endurer 5° malheureusement [Etym] 大 257 (rad: 037a 3-05), 奈 262 [Graph] 242a 3311.

夺 duó -1547 大寸 | 奪 *1555 | 1° to take by force, to carry off, to deprive 2° to strive 3° to decide ◇ 1° enlever de force, ravir 2° faire effort 3° décider [Etym] 大 257 (rad: 037a 3-03), 寸441 [Graph] 242a 332b.

夺取 duó qǔ ∘ to capture, to seize; to strive for ◇ s'emparer de force; obtenir de haute lutte * 5460.

夲 tāo (263) 大十 | [Tra] move forward; prosper ◇ avancer; prospérer [Etym] man (1= 大257) being more than ten (2= 十 560) years old ◇ un homme (1= 大 257) qui a plus de dix (2= 十 560) ans [Graph] 242a 413a [Ref] w60f [Hanzi] gao1 皋 9974.

奔 bēn (264) 大卉 | [Tra] to run; to rush ◇ aller; courir [Etym] man (1= 大 257); {1} going through long herbs (2= 卉 702), {2} running many steps (2< 止 954) ◇ un homme (1= 大 257); {1} enjambant de grandes herbes (2= 卉 702), {2} faisant plusieurs pas (2< 止 954) [Graph] 242a 416f [Ref] k708, ph472, w78f [Hanzi] ben1 錛 1133, ben1 ben4 奔 1548, ben4 逩 1549, ben1 锛 1917, ben4 倴 2807.

奔 bēn +1548 大卉 | 犇 *3453 | 1° to run 2° to rush ◇ 1° aller 2° courir [Etym] 大 257 (rad: 037a 3-05), 奔 264 [Graph] 242a 416f.

奔忙 bēn máng ∘ to be very busy; to bustle about ◇ être très affairé * 3299.

奔腾 bēn téng ∘ to gallop; to leap on; impetuous ◇ galoper; rapide; impétueux * 8090.

奔跑 bēn pǎo ∘ to run ◇ courir * 9383.

奔驰 bēn chí ∘ to gallop; to run quickly ◇ galoper, trotter; courir * 11119.

△ bèn | 逩 *1549 | 1° to go straight towards, to head for 2° to approach ◇ 1° se diriger vers 2° s'approcher de.

逩 bèn *1549 大卉辶 | 奔 +1548 | 1° to go straight towards, to head for 2° to approach ◇ 1° se diriger vers 2° s'approcher de [Etym] 辶 1346 (rad: 162b 3-08), 奔 264 [Graph] 242a 416f 634o.

夼 kuǎng +1550 大川 | 1° low land 2° used in place names, various places in Shandong ◇ 1° terrain creux 2° utilisé comme nom de lieu, divers lieux du Shandong [Etym] 大 257 (rad: 037a 3-03), 川 711 [Graph] 242a 417a.

套 tào (265) 大镸厶 | [Tra] wrap; case; harness ◇ enveloppe; harnais [Etym] length (2,3= 镸 823) and size (1= 大 257) fit to wrapping ◇ longueur (2,3= 镸 823) et grandeur (1= 大 257) adaptées à une enveloppe [Graph] 242a 431c 612a [Ref] r450, w113b [Hanzi] tao4 套 1551.

套 tào +1551 大镸厶 | 1° sheath, case, cover 2° to envelop, to include 3° bend of river 4° padding 5° to harness 6° knot, to tie, snare 7° to copy 8° convention, ormula 9° measure-words (set, suit, suite) ◇ 1° fourreau, enveloppe, pochette, étui 2° envelopper, inclure 3° boucle d'un cours d'eau 4° doublure 5° harnais 6° noeud, attacher, piège 7° imiter 8° convention, formule 9° spécificatif (ensemble, série, trousse, ass [Etym] 大257 (rad: 037a 3-07), 套 265 [Graph] 242a 431c 612a.

套间 tào jiān ∘ apartment ◇ appartement * 8039.

奎 kuí (266) 大土土 | [Tra] to stride; constellation ◇ enfourcher; constellation [Etym] large (1= 大 257); phon, insignia (2,3= 圭 840) ◇ grand (1= 大 257); phon, insigne (2,3= 圭 840) [Graph] 242a 432a 432a [Hanzi] kui2 奎 1552, kui2 喹 8878, kui2 蝰 10202.

奎 kuí +1552 大土土 | 1° stride made by a man 2° constellation 3° surname ◇ 1° enfourcher, enjamber 2° constellation 3° nom propre [Etym] 大 257 (rad: 037a 3-06), 圭 840 [Graph] 242a 432a 432a.

奢 shē (267) 大耂日 | [Tra] luxurious; to waste ◇ gaspiller; luxe [Etym] great (1= 大 257); phon, many objects (2,3= 者 893) ◇ grand (1= 大 257); phon, plusieurs objets (2,3= 者 893) [Graph] 242a 432c 021a [Ref] k867, w159b [Hanzi] she1 奢 1553, che3 撦 2366.

奢 shē +1553 大耂日 | 1° luxurious 2° excessive, extravagant 3° prodigal, dissipated ◇ 1° luxe 2° excessif 3° gaspiller, dissipation, prodigalité [Etym] 大 257 (rad: 037a 3-08), 奢 267 [Graph] 242a 432c 021a.

奢侈 shē chǐ ∘ luxurious; extravagant ◇ luxueux, somptueux * 2930.

耷 dā (268) 大耳 | [Tra] dragging; hanging ◇ pendant [Etym] big (1= 大 257) ears (2= 耳 1017) -> {to hang} ◇ grandes (1= 大 257) oreilles (2= 耳1017) -> {pendre} [Graph] 242a 436k [Ref] w146a [Hanzi] da1 耷 1554.

耷 dā +1554 大耳 | 1° hanging ears 2° dragging ◇ 1° oreilles pendantes 2° pendant, traînant [Etym] 大 257 (rad: 037a 3-06), 耷 268 [Graph] 242a 436k.

奞 suī (269) 大隹 | [Tra] to rise; impetuous ◇ s'élancer; ardeur [Etym] bird (2= 隹 1030), flying or large (1= 大 257) (> 奪 270, 奮 271) ◇ oiseau (2= 隹 1030), en vol ou de grande taille (1= 大 257) (> 奪 270, 奮 271) [Graph] 242a 436m [Ref] w60e [Hanzi] duo2 奪 1555, fen4 奮 1556.

奪 duó (270) 大隹寸 | [Tra] take by force; strive ◇ ravir; enlever [Etym] to seize (3= 寸441) a bird (2= 隹 1030) of great (1= 大 257) size ◇ capturer (3= 寸 441) un oiseau (2= 隹 1030) de grande (1= 大 257) taille [Graph] 242a 436m 332b [Ref] w60e [Hanzi] duo2 奪 1555.

奪 d u ó *1555 大隹寸 |奇 -1547| 1° to take by force, to carry off, to deprive 2° to strive 3° to decide ◇ 1° enlever de force, ravir 2° faire effort 3° décider [Etym] 大 257 (rad: 037a 3-11), 奞269 寸441 [Graph] 242a 436m 332b.

奮 f è n (271) 大隹田 |[Tra] to arouse; impetuous ◇ s'élancer; ardeur [Etym] bird flying (1,2= 奞 270) over a field (3= 田 2313) ◇ un oiseau survolant (1,2= 奞 270) un champ (3= 田 2313) [Graph] 242a 436m 041a [Ref] w60e [Hanzi] fen4 奮 1556.

奮 f è n *1556 大隹田 |奋 -1565| 1° impetuous action, to strive 2° to arouse, to fly, to lift 3° to propagate ◇ 1° ardeur, faire effort, impétuosité 2° s'élancer, élan, étendre les ailes 3° étendre, répandre [Etym] 大 257 (rad: 037a 3-13), 奞269 田 2313 [Graph] 242a 436m 041a.

奓 z h ā (272) 大夕夕 |[Tra] montain in Hubei ◇ mont du Hubei [Etym] large (1= 大 257); numerous (2,3= 多 1228) ◇ grand (1= 大 257); abondant (2,3= 多 1228) [Graph] 242a 631b 631b [Hanzi] zha1 zha4 奓1557, zha4 䃎 9654.

奓 z h ā +1557 大夕夕 |mountain in Hubei ◇ mont du Hubei [Etym] 大 257 (rad: 037a 3-06), 多 1228 [Graph] 242a 631b 631b.

△ z h à |1° to open out, to stretch open 2° to loosen ◇ 1° ouvrir 2° détendre.

达 d á (273) 大辶 |[Tra] to reach; extend ◇ pénétrer; ouvrir [Etym] modern simplified form of (達 839) (1= 大 257) (2= 辶 1346) ◇ forme simplifiée moderne de (達 839) (1= 大 257) (2= 辶 1346) [Graph] 242a 634o [Ref] w60a, w112e [Hanzi] ta4 汏 99, da2 达1558, ta4 挞 2367, ta4 㣵 2808, da2 荙 3576, da5 垯 4771, da2 鞑 5356, da5 绂 5949, ta4 闼 8004, da1 哒 8879.

达 d á +1558 大辶 |達 *4808| 1° to extend 2° to reach, to penetrate 3° to understand 4° to express, to communicate 5° to succeed, eminent, distinguished ◇ 1° étendre, disposer 2° atteindre, pénétrer 3° perspicacité, comprendre 4° exprimer, communiquer 5° réussir, éminent, distingué [Etym] 辶 1346 (rad: 162b 3-03), 大 257 [Graph] 242a 634o.

达到 dá dào。to reach, to arrive ◇ atteindre, arriver à * 5914.

夯 b è n +1559 大力 |stupid, foolish ◇ sot, idiot [Etym] 大257 (rad: 037a 3-02), 力 1489 [Graph] 242a 732f.

△ h ā n g |硂 *9717| to ram, rammer, to pound ◇ pilonner, enfoncer, hie (pour tasser la terre).

奁 l i á n -1560 大匚乂 |奩、匳、匲 *1561、*7295、*7297| lady's dressing case, bridal trousseau, gear ◇ trousseau de noces, sac de toilette, nippes [Etym] 大 257 (rad: 037a 3-04), 区 1519 [Graph] 242a 811c 243a.

奩 l i á n *1561 大匚口口口 |奁、匳、匲 -1560、*7295、*7297| lady's dressing case, bridal trousseau, gear ◇ trousseau de noces, sac de toilette, nippes [Etym] 大 257 (rad: 037a 3-11), 區 1528 [Graph] 242a 811c 011a 011a 011a.

牵 q i ā n (274) 大冖牛 |[Tra] to pull, to haul; in ◇ trainer, tirer; dans [Etym] modern simplified form of (牽 1205) ◇ forme simplifiée moderne de (牽 1205) [Graph] 242a 851a 414d.

牵 q i ā n -1562 大冖牛 |牽 *6309| 1° to lead along, to pull, to haul 2° to involve 3° connexion ◇ 1° mener en laisse, traîner 2° impliquer 3° relation, connexion [Etym] 牛 585 (rad: 093a 4-01), [Graph] 242a 851a 414d.

牵涉 qiān shè。to involve; to lead along ◇ concerner, se rapporter à, toucher * 240.

牵连 qiān lián。to implicate; to involve (in trouble) ◇ compromettre, impliquer * 6356.

奅 p à o +1563 大卯卩 |great void ◇ vide et grand [Etym] 大257 (rad: 037a 3-05), 卯 2057 [Graph] 242a 941b 734a.

奭 s h ì (275) 大百百 |[Tra] grand; magnificent ◇ grandiose; magnifique [Etym] great (1= 大 257); one hundred twice (2,3= 百 2228) ◇ grand (1= 大 257); cent (2,3= 百 2228) deux fois [Graph] 242a 022f 022f [Ref] w88b [Hanzi] shi4 奭 1564, shi4 襫 6617.

奭 s h ì +1564 大百百 |grand, magnificent ◇ grandiose, magnifique [Etym] 大 257 (rad: 037a 3-12), 奭 275 [Graph] 242a 022f 022f.

奋 f è n -1565 大田 |奮 *1556| 1° impetuous action, to strive 2° to arouse, to fly, to lift 3° to propagate ◇ 1° ardeur, faire effort, impétuosité 2° s'élancer, élan, étendre les ailes 3° étendre, répandre [Etym] 大 257 (rad: 037a 3-05), 田2313 [Graph] 242a 041a.

奋斗 fèn dòu。to struggle for ◇ soutenir, lutter pour * 3424.

奋勇 fèn yǒng。to sum up courage; brave ◇ courageux, vaillant * 6489.

奄 y ǎ n (276) 大电 |[Tra] to spread; suddenly ◇ étendre; soudain [Etym] big (1= 大 257); extension (2< 申 2348, 电 2361) ◇ une grande (1= 大257) extension (2< 申 2348, 电 2361) [Graph] 242a 043c [Ref] k238, ph418, w50e, wi808 [Hanzi] yan1 淹 100, yan3 奄 1566, an1 鹌 1567, an1 鵪 1568, yan3 掩 2368, an3 俺 2809, an1 菴 3577, an3 埯 4772, an1 庵 6881, yan1 崦 7501, yan1 阉 8005, a1 yan1 腌 8073, yan1 閹 8749, an3 唵 8880, yan3 罨 10772, yan1 醃 10853.

奄 y ǎ n +1566 大电 |1° to cover, to overspread 2° suddenly ◇ 1° couvrir, étendre 2° subitement, soudain [Etym] 大 257 (rad: 037a 3-05), 奄276 [Graph] 242a 043c.

鹌 ā n -1567 大电鸟 |鵪 *1568| quail ◇ caille [Etym] 鸟 2494 (rad: 196s 5-08), 奄 276 [Graph] 242a 043c Z22e.

鵪 ā n *1568 大电鳥 |鹌 -1567| quail ◇ caille [Etym] 鳥 2500 (rad: 196a 11-08), 奄 276 [Graph] 242a 043c Z22h.

大

大天关

夸 kuā (277) 大亏 [Tra] exaggerate; praise ◇ exagérer; louer [Etym] great (1= 大 257) exclamation (2= 亏 2477) ◇ une grande (1= 大 257) exclamation (2= 亏 2477) [Graph] 242a Z21c [Ref] k438, ph221, r24b, w58g, wi728 [Hanzi] kua1 夸 1569, hu4 瓠 1570, ku1 刳 1571, pao2 匏 1572, kua4 挎 2369, kua3 侉 2810, kua3 垮 4773, ku4 絝 6119, ku4 袴 6618, kua4 胯 8074, kua3 咵 8881, kua4 跨 9295, kua1 誇 9486.

夸 kuā +1569 大亏 | 誇 *9486 | 1° to exaggerate, to boast 2° to praise ◇ 1° exagérer, se vanter 2° louer, faire des compliments, flatter [Etym] 大 257 (rad: 037a 3-03), 夸 277 [Graph] 242a Z21c.

夸大 kuā dà ◦ to exaggerate, to boast ◇ exagérer, se vanter * 1537.

夸奖 kuā jiǎng ◦ to praise ◇ louer, faire l'éloge de * 3194.

夸口 kuā kǒu ◦ to brag, to boast ◇ se vanter * 8842.

夸张 kuā zhāng ◦ to exaggerate; hyperbolically ◇ exagéré, emphatique, hyperbolique * 11247.

瓠 hù +1570 大亏瓜 | calabash ◇ calebasse [Etym] 瓜 382 (rad: 097a 5-06), 夸 277 [Graph] 242a Z21c 313a.

刳 kū +1571 大亏刂 | 1° to cut open, to rip up 2° to hollow out ◇ 1° fendre 2° évider [Etym] 刂 470 (rad: 018b 2-06), 夸 277 [Graph] 242a Z21c 333b.

匏 páo +1572 大亏勹巳 | calabash ◇ calebasse [Etym] 勹 1770 (rad: 020a 2-09), 夸 277 包 1778 [Graph] 242a Z21c 852h 933b.

天 tiān (278) 天 [Tra] heaven ◇ ciel [Etym] what is above man (prim< 大 257) ◇ ce qui est au-dessus de l'homme (prim< 大 257) [Graph] 242b [Ref] h58, k996, r214, w60c, wa4, wi113 [Hanzi] yan3 龑 651, tian1 天 1573, tun1 吞 1574, can2 蚕 1575, yan3 奕 2224, xian1 祆 2249, gui3 癸 6455, xian1 袄 6566, wu2 昊 8882, hao4 昊 9851.

天 tiān +1573 天 | 1° sky, heaven 2° overhead 3° day 4° season 5° weather 6° nature 7° God, celestial 8° great, immense 9° emperor ◇ 1° ciel 2° en haut 3° jour 4° saison 5° temps qu'il fait 6° nature 7° Dieu, céleste 8° grand 9° impérial [Etym] 大 257 (rad: 037a 3-01), 天 278 [Graph] 242b.

天天 tiān tiān ◦ every day ◇ tous les jours * 1573.

天文 tiān wén ◦ astronomy ◇ astronomie * 1659.

天文台 tiān wén tái ◦ astronomical observatory ◇ observatoire astronomique * 1659 5901.

天才 tiān cái ◦ genius, talent, gift ◇ génie, talent naturel * 2311.

天平 tiān píng ◦ scales ◇ balance à plateaux * 3426.

天花 tiān huā ◦ smallpox ◇ variole * 3621.

天花板 tiān huā bǎn ◦ ceiling ◇ plafond * 3621 4301.

天蓝 tiān lán ◦ sky blue ◇ bleu ciel, azur * 3648.

天鹅 tiān é ◦ swan ◇ cygne * 5545.

天线 tiān xiàn ◦ aerial, antenna ◇ antenne * 5994.

天然 tiān rán ◦ natural ◇ naturel * 6452.

天空 tiān kōng ◦ sky ◇ firmament, ciel * 7811.

天堂 tiān táng ◦ heaven ◇ paradis * 7868.

天真 tiān zhēn ◦ innocent, simple ◇ naïf, ingénu, candide, innocent * 8551.

天亮 tiān liàng ◦ dawn ◇ aube, aurore * 9462.

天气 tiān qì ◦ weather ◇ temps (atmosphérique) * 11170.

天气预报 tiān qì yù bào ◦ weather forecast ◇ prévisions météorologiques * 11170 6463 2563.

忝 tiǎn (279) 天小 [Tra] to disgrace; outrage ◇ déshonorer; indigne [Etym] feeling (2= 小 433); phon, heaven (1< 天 278) ◇ sentiment (2= 小 433); phon, ciel (1< 天 278) [Graph] 242b 331n [Ref] k997, ph399, w60c [Hanzi] tian1 添 101, tian3 忝 1594, tian4 掭 2370, tian2 菾 3578, tian3 舔 9821.

吞 tūn +1574 天口 | 1° to swallow, to engulf 2° to take possession of, to annex ◇ 1° avaler, engloutir 2° s'emparer de, annexer [Etym] 口 2063 (rad: 030a 3-04), 天 278 [Graph] 242b 011a.

吞没 tūn mò ◦ to engulf; to embezzle ◇ noyer, submerger; s'emparer de, détourner * 617.

吞并 tūn bìng ◦ to annex ◇ annexer * 4050.

蚕 cán +1575 天虫 | 蠶 *7351 | silkworm ◇ ver à soie [Etym] 虫 2282 (rad: 142a 6-04), 天 278 [Graph] 242b 031d.

蚕豆 cán dòu ◦ bean ◇ fève * 9427.

关 guān (280) 关 [Tra] barrier, to close ◇ barrière, fermer [Etym] barrier (prim) on a road located between horiz. lines ◇ une barrière (prim) sur une route suggérée par les horizontales [Graph] 242c [Ref] r352, w9d, w47o, wi94 [Hanzi] guan1 关 1576, zheng4 郑 1577, song4 送 1578, lian2 联 5450, zhen4 朕 8075, guan1 関 8750, xiao4 咲 8883.

关 guān -1576 关 | 關 *8771、関 *8750 | 1° to shut, to close 2° to turn off 3° to lock up, to bar the door 4° pass 5° custom-house 6° barrier 7° to bear upon, involving 8° Guandi, Chinese god of war ◇ 1° fermer 2° éteindre (courant) 3° barrière 4° passe 5° poste-frontière, douane 6° concerner, relations 7° Guandi, dieu de la guerre [Etym] 八 127 (rad: 012a 2-04), 关 280 [Graph] 242c.

关键 guān jiàn ◦ key; crucial ◇ clef; crucial; décisif * 2034.

关心 guān xīn。to take an interest in ◇ s'intéresser à; se soucier de, prendre soin de ＊ 2177.

关于 guān yú。as regards, as to, as for ◇ quant à, en ce qui concerne, au sujet de ＊ 2306.

关怀 guān huái。to give one's attention; to care for ◇ entourer de soin, se préoccuper de; sollicitude ＊ 3249.

关节 guān jié。joint ◇ articulation ＊ 3805.

关系 guān xì。relation; to relate to ◇ relation, rapport; concerner ＊ 6318.

关隘 guān ài。pass (mountain) ◇ col de montagne ＊ 6710.

关闭 guān bì。to close; to shut ◇ fermer, clore, interdire l'accès ＊ 8009.

关碍 guān ài。to hinder, to stand in the way ◇ empêcher; barrer la voie ＊ 9771.

郑 zhèng (281) 关阝 | [Tra] solemn; surname ◇ sérieux; nom propre [Etym] modern simplified form of (鄭 2434) ◇ forme simplifiée moderne de (鄭 2434) [Graph] 242c 634j [Hanzi] zheng4 郑 1577, zhi1 zhi4 掷 2371, zhi2 踯 9296.

郑 zhèng -1577 关阝 | 鄭 *10923 | 1° serious 2° feudal state in Henan 3° surname ◇ 1° grave, sérieux 2° principauté au Shanxi et Henan 3° nom de famille [Etym] 阝 1316 (rad: 163b 2-06), 关 280 [Graph] 242c 634j.

郑重 zhèng zhòng。serious, solemn ◇ sérieux, solennel ＊ 10764.

送 sòng (282) 关辶 | [Tra] to send, escort, give ◇ accompagner, donner [Etym] {?} to go beyond (2= 辶 1346) a barrier (1= 关 280) ◇ {?} passer (2= 辶 1346) la barrière (1= 关 280) [Graph] 242c 634o [Ref] k835, wi94 [Hanzi] song4 送 1578.

送 sòng +1578 关辶 | 1° to deliver, to carry 2° to accompany, to see a guest out 3° to give ◇ 1° expédier, envoyer 2° reconduire, escorter 3° offrir [Etym] 辶 1346 (rad: 162b 3-06), 送 282 [Graph] 242c 634o.

送行 sòng xíng。to see somebody. off ◇ faire ses adieux, saluer un départ ＊ 3128.

送葬 sòng zàng。to attend a funeral ◇ assister aux obsèques ＊ 3755.

送礼 sòng lǐ。to give a gift ◇ donner un cadeau, offrir un objet ＊ 6568.

送别 sòng bié。to see somebody. off ◇ faire ses adieux, saluer le départ ＊ 9073.

矢 shǐ (283) 矢 | [Tra] arrow ◇ flèche [Etym] arrow (prim) ◇ une flèche (prim) [Graph] 242d [Ref] h981, k881, r135, w131a, wa152, wi100 [Hanzi] shi3 矢 1579, zhi4 雉 1585, ji2 疾 7025, yi1 医 7298, zu2 族 7931 [Rad] 111a.

矢 shǐ +1579 矢 | 1° arrow, dart 2° to swear, to resolve 3° to shoot 4° swift 5° upright ◇ 1° flèche 2° faire serment 3° tirer 4° rapide 5° droit [Etym] 矢 283 (rad: 111a 5-00), [Graph] 242d.

矬 cuó +1580 矢人人土 | short, dwarf ◇ bas, nain [Etym] 矢 283 (rad: 111a 5-07), 坐 172 [Graph] 242d 232a 232a 432a.

矫 jiáo -1581 矢夭丿 | 矯 *1582 | [Etym] 矢 283 (rad: 111a 5-06), 乔 290 [Graph] 242d 242e 416a.

矫情 jiáo qíng。argumentative, unreasonable ◇ argumenter ＊ 3261.

△ jiǎo | 矯 *1582 | 1° to correct 2° strong 3° to falsify, to feign, false ◇ 1° redresser, corriger, rectifier 2° fort 3° feindre, faux.

矫健 jiǎo jiàn。strong and vigorous ◇ fort; vigoureux ＊ 2973.

矯 jiáo *1582 矢夭口冂口 | 矫 -1581 | See ◇ Voir 矫情 jiao2-qing2 1581-3261 [Etym] 矢 283 (rad: 111a 5-12), 喬 291 [Graph] 242d 242e 011a 856k 011a.

△ jiǎo | 矫 -1581 | 1° to correct 2° strong 3° to falsify, to feign, false ◇ 1° redresser, corriger, rectifier 2° fort 3° feindre, faux.

矱 yuē +1583 矢艹隹又 | 1° measurement 2° marking line 3° standard ◇ 1° mesure 2° marque 3° norme [Etym] 矢 283 (rad: 111a 5-13), 蒦 636 [Graph] 242d 415c 436m 633a.

矮 ǎi +1584 矢禾女 | 1° low, short 2° dwarf ◇ 1° bas, petit 2° nain [Etym] 矢 283 (rad: 111a 5-08), 委 769 [Graph] 242d 422d 611e.

矮小 ǎi xiǎo。small, short ◇ petit, pas grand ＊ 2239.

矮子 ǎi zǐ。short man ◇ homme de petite taille ＊ 6546.

雉 zhì (284) 矢隹 | [Tra] pheasant ◇ faisan [Etym] bird (2= 隹 1043); phon, arrow (1= 矢 283) ◇ oiseau (2= 隹 1043); phon, flèche (1= 矢 283) [Graph] 242d 436m [Ref] wa71 [Hanzi] zhi4 雉 1585, ti4 ti4 薙 3579.

雉 zhì +1585 矢隹 | pheasant ◇ faisan [Etym] 隹 1030 (rad: 172a 8-05), 矢 283 [Graph] 242d 436m.

矩 jǔ +1586 矢巨 | 榘 *1587 | 1° carpenter's square 2° rules 3° pattern 4° moment ◇ 1° équerre 2° règle, norme 3° modèle 4° moment [Etym] 矢 283 (rad: 111a 5-05), 巨 2043 [Graph] 242d 935a.

榘 jǔ (285) 矢巨木 | [Tra] carpenter's square ◇ équerre; régler [Etym] {1} wooden (3= 木 723) square (2= 巨 2043) as accurate as arrow (1= 矢 283); {2} carpenter (1> 夫 301) and his ruler (2> 巨 2043) ◇ {1} équerre (2= 巨 2043) de bois (3= 木 723) précise comme flèche (1= 矢 283); {2} menuisier (1> 夫 301) et sa règle (2> 巨 2043) [Graph] 242d 935a 422a [Ref] wa110 [Hanzi] ju3 榘 1587.

榘 jǔ *1587 矢巨木 | 矩 +1586 | 1° carpenter's square 2° rules 3° pattern 4° moment ◇ 1° équerre 2° règle, norme 3° modèle 4° moment [Etym] 木 723 (rad: 075a 4-10), 榘 285 [Graph] 242d 935a

422a.

知 zhī (286) 矢口 [Tra] to know, administer ◇ savoir, connaître [Etym] to speak (2= 口 2063) as quickly as an arrow (1= 矢 283)->to know ◇ parler aussi droit (2= 口 2063) qu'une flèche (1= 矢 283)->savoir [Graph] 242d 011a [Ref] h169, k1218, ph334, r192, w131e, wa154, wi100 [Hanzi] zhi1 zhi4 知 1588, zhi4 智 1589, zhi1 椥 4116, chi1 痴 7026, chi2 踟 9297, zhi1 蜘 10203.

知 zhī +1588 矢口 1° to know, to realize 2° to notify 3° knowledge 4° to administer 5° closeness ◇ 1° savoir 2° faire connaître 3° connaître 4° gouverner 5° intimité [Etym] 矢 283 (rad: 111a 5-03), 知 286 [Graph] 242d 011a.

知识 zhī shí。knowledge ◇ connaissance, savoir, science acquise * 1816.

知识分子 zhī shí fèn zǐ。intellectual ◇ intellectuel * 1816 7245 6546.

知觉 zhī jué。consciousness; perception ◇ conscience, perception, sens, connaissance * 7857.

知足 zhī zú。to be content ◇ savoir se contenter * 9419.

知道 zhī dào。to know ◇ savoir, connaître, être au courant de * 10176.

知己 zhī jǐ。intimate; understanding ◇ intime, ami intime * 11243.

△ zhì 智 +1589 1° wisdom 2° cleverness, bright 3° stratagem, artifice of war 4° wile ◇ 1° sagesse 2° intelligent, brillant 3° stratagème, astuce (guerre) 4° ruse.

智 zhì +1589 矢口日 知 +1588 1° wisdom 2° cleverness, bright 3° stratagem, artifice of war 4° wile ◇ 1° sagesse 2° intelligent, brillant 3° stratagème, astuce (guerre) 4° ruse [Etym] 日 2169 (rad: 072a 4-08), 知 286 [Graph] 242d 011a 021a.

智慧 zhì huì。intelligence, wisdom ◇ intelligence, sagesse, esprit * 3482.

短 duǎn (287) 矢豆 [Tra] short; to lack ◇ court; faire défaut [Etym] arrow (1= 矢 283)and cooking vessel (2= 豆 2120) ->short measures ◇ flèche (1= 矢 283) et chaudron (2= 豆 2120) -> mesures courtes [Graph] 242d 012b [Ref] h342, r34c, w165a, wi393 [Hanzi] duan3 短 1590.

短 duǎn +1590 矢豆 1° short 2° to lack, fault ◇ 1° court, raccourcir 2° faire défaut, défaut [Etym] 矢 283 (rad: 111a 5-07), 短 287 [Graph] 242d 012b.

短波 duǎn bō。short-wave ◇ onde courte * 350.

短篇小说 duǎn piān xiǎo shuō。

短途 duǎn tú。short distance ◇ court trajet; courte distance * 1100.

短少 duǎn shǎo。missing; short ◇ manquer; être pris de court * 2243.

短期 duǎn qī。short-term; in a short time ◇ à courte échéance; à bref délai; de courte durée * 5437.

短跑 duǎn pǎo。sprint ◇ course de vitesse * 9383.

矩 guī (288) 矢見 [Tra] rule; right, straight ◇ règle; droit [Etym] be watchful (2= 見 2255), as straight as arrow (1= 矢 283) ◇ un être vigilant (2= 見 2255) et droit comme une flèche (1= 矢 283) [Graph] 242d 023c.

矰 zēng +1591 矢曲日 dart, arrow ◇ javelot, flèche [Etym] 矢 283 (rad: 111a 5-12), 曾 2308 [Graph] 242d 033c 021a.

矧 shěn +1592 矢弓丨 still more, how much more ◇ d'autant plus, combien plus [Etym] 矢 283 (rad: 111a 5-04), 引 2538 [Graph] 242d Z42a 411a.

夭 yāo (289) 夭 [Tra] to lean ◇ se pencher [Etym] a man (< 大 257) who bends the head ◇ un homme (< 大 257) penchant la tête [Graph] 242e [Ref] k9, k216, ph92, r13a, w61b, wa11, wi417 [Hanzi] wo4 沃 102, xiao4 笑 749, yu4 飫 1426, yao1 夭 1593, tian3 忝 1594, ao4 奀 1596, yu4 饫 1842, yao1 妖 5735, yao1 殀 6417, ao3 袄 6619, yue4 跃 9298.

夭 yāo +1593 夭 殀 *6417 1° to die young 2° delicate 3° misfortune ◇ 1° mourir jeune 2° beauté 3° malheur [Etym] 大 257 (rad: 037a 3-01), 夭 289 [Graph] 242e.

忝 tiǎn +1594 夭小 1° to be unworthy of the honor 2° to disgrace 3° I, me ◇ 1° indigne 2° déshonorer 3° moi [Etym] 小 433 (rad: 061c 4-04), 忝 279 [Graph] 242e 331n.

乔 qiáo (290) 夭川 [Tra] lofty; to disguise ◇ haut; simuler [Etym] modern simplified form of (喬 291) ◇ forme simplifiée moderne de (喬 291) [Graph] 242e 416a [Ref] w61b [Hanzi] jiao2 jiao3 矫 1581, qiao2 乔 1595, jiao3 挢 2372, qiao2 侨 2812, qiao2 荞 3580, qiao2 桥 4117, qiao2 鞒 5357, jiao1 娇 5736, jiao4 轿 6334, jiao4 qiao2 峤 7502, jue1 屩 8613, qiao1 跷 9299, qiao2 硚 9655, jiao1 骄 11092.

乔 qiáo -1595 夭川 喬 *1597 1° high, lofty, tall 2° proud 3° to disguise 4° surname ◇ 1° haut, élevé 2° fier, hautain 3° simuler 4° nom propre [Etym] 丿 74 (rad: 004a 1-05), 乔 290 [Graph] 242e 416a.

乔木 qiáo mù。arbor, tree ◇ arbre de haute futaie * 4078.

岙 ào -1596 夭山 嶴 *8338 vest, short coat, quilted dressing-gown ◇ veste, vêtement doublé, robe ou veste ouatée [Etym] 山 1611 (rad: 046a 3-04), 夭 289 [Graph] 242e 841b.

喬 qiáo (291) 夭口冋口 [Tra] proud; to disguise ◇ hautain; simuler [Etym] to bend (1= 夭 289); phon (2,3,4< 高 2138) ◇ courber (1= 夭 289); phon (2,3,4< 高 2138) [Graph] 242e 011a 856k 011a [Ref] k359, ph670, w75b, wa99, wi322 [Hanzi] jiao2 jiao3 矯 1582, qiao2 喬 1597, jiao3 撟 2373, qiao2 僑 2813, qiao2 蕎 3581, qiao2 橋 4118, qiao2 鞽 5358, jiao1 嬌

5737, jiao4 qiao2 嶠 7503, jue1 屩 8614, jue1 qiao1 蹻 9300, qiao2 礄 9656, jiao4 轎 10674, jiao1 驕 11029.

喬 qiáo *1597 | 乔 -1595 | 1° high, lofty, tall 2° proud 3° to disguise 4° surname ◇ 1° haut, élevé 2° fier, hautain 3° simuler 4° nom propre [Etym] 口 2063 (rad: 030a 3-09), 喬 291 [Graph] 242e 011a 856k 011a.

头 tóu (292) 头 [Tra] head; first; top ◇ tête; sommet [Etym] modern character: dots pointing a man's head (< 大 257) ◇ caractère moderne: points montrant la tête d'un homme (< 大 257) [Graph] 242f [Ref] r4j [Hanzi] tou2 头 1598, shi2 实 7696.

头 tóu -1598 头 | 頭 *9435 | 1° head 2° hair, hairstyle 3° top, end 4° beginning, first 5° chief, leading 6° side 7° before 8° summit 9° measure-word (cattle, garlic) ◇ 1° tête 2° cheveu, coiffure 3° bout, fin 4° commencement, premier 5° chef 6° côté 7° avant de 8° cime, sommet 9° spécificatif (bétail, ail) [Etym] 大 257 (rad: 037a 3-02), 头 292 [Graph] 242f.

头等 tóu děng ◦ first-rate, first-class; prime ◇ premier choix, de première qualité * 792.

头绪 tóu xù ◦ the main threads, the guiding theme ◇ les grandes lignes, fil conducteur, suite logique * 5979.

头发 tóu fà ◦ hair ◇ cheveux * 6813.

头痛 tóu tòng ◦ to have a headache ◇ avoir mal à la tête; casse-tête * 7073.

头脑 tóu nǎo ◦ brains, mind; main threads ◇ grand esprit, conscience; grandes lignes * 8211.

头巾 tóu jīn ◦ turban ◇ turban, foulard de tête, châle * 8377.

头号 tóu hào ◦ number one; the best ◇ premier, numéro un; meilleur * 9257.

买 mǎi (293) 买 [Tra] to buy ◇ acheter [Etym] modern simplified form of (買 2397) ◇ forme simplifiée moderne de (買 2397) [Graph] 242g [Hanzi] mai3 买 1599, mai5 荬 3582.

买 mǎi -1599 买 | 買 *10804 | to buy, to purchase ◇ acheter [Etym] 大 257 (rad: 037a 3-03), 买 293 [Graph] 242g.

买卖 mǎi mài ◦ small shop, commerce ◇ petit commerce, commerce, trafic * 1600.

卖 mài (294) 卖 [Tra] to sell ◇ vendre [Etym] modern simplified form of (賣 886) ◇ forme simplifiée moderne de (賣 886) [Graph] 242h [Hanzi] du2 渎 104, mai4 卖 1600, di2 觌 1601, dou4 du2 读 1706, du2 嬻 1707, du2 椟 3448, du2 椟 4119, xu4 续 5950, dou4 窦 7800, shu2 赎 7958, du2 黩 10396, du2 犊 11007.

卖 mài -1600 卖 | 賣 *5042 | 1° to sell 2° to betray 3° to exert to the utmost 4° to show off ◇ 1° vendre 2° trahir 3° exaction 4° faire parade de [Etym] 十 560 (rad: 024a 2-06), 卖 294 [Graph] 242h.

卖力 mài lì ◦ to strive, to spare no effort ◇ faire des efforts, se dépenser, peiner pour * 7259.

觌 dí -1601 卖见 | 覿 *5043 | to visit, to see face to face ◇ visiter, envisager [Etym] 见 1801 (rad: 147s 4-08), 卖 294 [Graph] 242h 854c.

犬 quǎn (295) 犬 [Tra] dog ◇ chien [Etym] dog (prim) ◇ un chien (prim) [Graph] 242i [Ref] k498, r316, w134a, wa54, wi424 [Hanzi] quan3 犬 1602, fu2 伏 2814, shu1 倏 3107, mang3 莽 3583, yan4 厌 6817, xian4 献 7169, tu1 突 7801, li4 戾 8679, fei4 吠 8884, ku1 哭 9171, qi4 器 9172, chou4 xiu4 臭 10155, mo4 默 10397, quan3 畎 10418 [Rad] 094a.

犬 quǎn +1602 犬 | dog ◇ chien [Etym] 犬 295 (rad: 094a 4-00), [Graph] 242i.

犾 yín (296) 犬犬 [Tra] quarrel, conflict ◇ querelle, conflit [Etym] two dogs (1,2= 犬 295) biting each other ◇ deux chiens (1,2= 犬 295) en train de se mordre [Graph] 242i 242i [Ref] w134b.

猋 biāo (297) 犬犬犬 [Tra] untame, strong wind ◇ violent, rafale [Etym] three dogs (犬 295) ◇ trois chiens (犬 295) [Graph] 242i 242i 242i [Hanzi] biao1 飙 1603, biao1 飆 11224.

飙 biāo -1603 犬犬犬风乂 | 飆、飇 *11224、*11223 | 1° violent wind 2° whirlwind ◇ 1° vent fort 2° tourbillon de vent [Etym] 风 2523 (rad: 182s 4-12), 猋 297 [Graph] 242i 242i 242i Z33c 243a.

犮 bá (298) 犮 [Tra] to curb a dog ◇ chien en laisse [Etym] ◇ [Graph] 242j [Hanzi] bo2 鈸 1134, fu2 祓 2250, ba2 拔 2374, ba2 茇 3584, fa4 髮 4727, fu2 黻 5339, fu2 紱 6120, fu2 韍 7362, ba2 鼥 7427, ba2 胈 8076, ba2 跋 9301, ba4 鲅 10466, ba2 魃 10739.

太 tài (299) 太 [Tra] very, too much ◇ trop, beaucoup [Etym] contraction of two superimposed 'big' (< 大 257) ◇ forme abrégée de deux 'grands' (< 大 257) superposés [Graph] 242k [Ref] k963, r62, w60a, wa3 [Hanzi] tai4 汰 105, tai4 鈦 1135, tai4 太 1604, tai4 态 1605, he2 盍 1606, tai4 钛 1918, tai4 肽 8077, dai1 呔 8885, tai4 酞 10854.

太 tài +1604 太 | 1° highest, greatest, grand, enormous 2° most senior 3° excessively, too 4° extremely, very 5° epithet of a distinguished person ◇ 1° très haut, très grand, énorme, suprême 2° très ancien 3° trop, excessivement 4° extrême, beaucoup, madame 5° terme de respect pour personnes élevées en dignité [Etym] 大 257 (rad: 037a 3-01), 太 299 [Graph] 242k.

太太 tài tài ◦ Mrs., lady, madam ◇ madame, dame * 1604.

太平 tài píng ∘ peace ◇ pacifique, paisible ✱ 3426.

太平洋 tài píng yáng ∘ the Pacific ocean ◇ Océan Pacifique ✱ 3426 160.

太平门 tài píng mén ∘ exit ◇ sortie de secours ✱ 3426 7996.

太阳 tài yáng ∘ sun ◇ soleil ✱ 6783.

太空 tài kōng ∘ the firmament, universe ◇ espace, cosmos, univers ✱ 7811.

态 tài -1605 | 態 *5900 | 太心 1° form, appearance 2° state 3° attitude, manner, bearing, behavior 4° voice (active, passive) ◇ 1° apparence, air, figure 2° état (chimie) 3° attitude, manière, tenue, tournure 4° voix (active, passive) [Etym] 心 397 (rad: 061a 4-04), 太 299 [Graph] 242k 321c.

态度 tài dù ∘ attitude, behavior ◇ attitude, comportement, manière d'être, d'agir ✱ 6919.

盇 hé *1606 | 盍 +4876 | 太皿 why not? ◇ pourquoi pas? [Etym] 皿 1939 (rad: 108a 5-04), 太 299 [Graph] 242k 922a.

尞 liǎo (300) 丷日小 [Tra] sacrifice, torchlight ◇ offrande, flambeau [Etym] grain (1< 來 724) or sparks (1=prim) and object (2=prim) on a fire (3< 火 156) ◇ céréales (1< 來 724) ou étincelles (1=prim) et objet (2=prim) sur le feu (3< 火 156) [Graph] 242l 021a 331j [Ref] k547, ph695, wl26e, wa118 [Hanzi] lao3 liao3 潦 106, liao2 liao3 燎 957, liao4 鐐 1136, liao2 遼 1607, liao2 鹩 1608, liao2 鷯 1609, liao4 镣 1919, liao1 liao2 撩 2375, liao2 僚 2815, liao2 獠 5600, liao2 缭 5951, liao2 繚 6121, liao2 療 7027, liao2 寮 7697, liao2 嘹 8886, liao1 蹽 9302, liao3 liao4 瞭 10028.

遼 liáo *1607 | 辽 -6541 | 丷日小辶 1° distant, faraway 2° the Liao river, short for Liaoning Province 3° name of a dynasty ◇ 1° éloigné, lointain 2° le fleuve Liao, abréviation de la province de Liaoning 3° nom d'une dynastie [Etym] 辶 1346 (rad: 162b 3-12), 尞 300 [Graph] 242l 021a 331j 634o.

鹩 liáo -1608 | 鷯 *1609 | 丷日小鸟 wren ◇ troglodyte [Etym] 鸟 2494 (rad: 196s 5-12), 尞 300 [Graph] 242l 021a 331j Z22e.

鷯 liáo *1609 | 鹩 -1608 | 丷日小鳥 wren ◇ troglodyte [Etym] 鳥 2500 (rad: 196a 11-12), 尞 300 [Graph] 242l 021a 331j Z22h.

夫 fū (301) 夫 [Tra] husband, master ◇ mari, maître [Etym] grown up man (< 0) wearing hair pin (prim): adulthood ◇ un homme adulte de grande taille (< 0) avec une épingle à cheveux (trait du haut=prim) [Graph] 242m [Ref] k41, ph59, r151, w60j, wa27, wi234, wi529 [Hanzi] fu1 鈇 1137, fu1 fu2 夫 1610, gui1 规 1615, gui1 規 1617, fu1 铁 1920, fu2 扶 2376, fu1 伕 2816, fu2 芙 3585, fu1 麸 5253, fu1 肤 8078, fu1 呋 8887, fu1 趺 9303, fu2 蚨 10204.

夫 fū +1610 | 夫 1° husband, man, master 2° lady ◇ 1° mari, homme, maître 2° femme noble [Etym] 大 257 (rad: 037a 3-01), 夫 301 [Graph] 242m.

夫人 fū rén ∘ Mrs., lady, madam ◇ madame, dame ✱ 1070.

夫妇 fū fù ∘ husband and wife, married couple ◇ mari et femme, époux et épouse ✱ 5807.

夫妻 fū qī ∘ husband and wife ◇ mari et femme ✱ 7402.

△ fú | 1° initial and final particle, demonstrative, etc. 2° thus ◇ 1° ce, lui, il, son final 2° donc, or.

扶 pàn (302) 夫夫 [Tra] men crew ◇ groupe d'hommes [Etym] two adult males (1,2= 夫 301) together ◇ deux hommes adultes (1,2= 夫 301) ensemble [Graph] 242m 242m [Ref] w60m, wi371 [Hanzi] nian3 辇 1611, ti4 替 1612, zan4 賛 1613, nian3 輦 1614.

辇 niǎn (303) 夫夫车 [Tra] imperial carriage ◇ char impérial [Etym] modern simplified form of (輦 305) ◇ forme simplifiée moderne de (輦 305) [Graph] 242m 242m 614d [Hanzi] nian3 辇 1611, nian3 撵 2377.

辇 niǎn -1611 | 輦 *1614 | 夫夫车 1° man-drawn carriage 2° imperial carriage 3° to haul, transport ◇ 1° voiture à bras 2° char de l'empereur 3° transporter [Etym] 车 1213 (rad: 159s 4-08), 辇 303 [Graph] 242m 242m 614d.

替 tì (304) 夫夫日 [Tra] substitute, instead ◇ remplacer, au lieu de [Etym] one man (1= 夫 301) speaking (3= 曰 2168) for another (2= 夫 301) ◇ un homme (1= 夫 301) parlant (3= 曰 2168) pour un autre (2= 夫 301) [Graph] 242m 242m 021a [Ref] w60l, wi371 [Hanzi] qian2 潜 107, ti4 替 1612.

替 tì +1612 | 夫夫日 1° to substitute, to supersede, to abolish 2° for, to decline, instead of ◇ 1° substitution, remplacer, supprimer 2° au lieu de [Etym] 曰 2168 (rad: 073a 4-08), 替 304 [Graph] 242m 242m 021a.

替换 tì huàn ∘ to replace, to substitute for ◇ remplacer, substituer, changer ✱ 2642.

替代 tì dài ∘ to replace, to substitute; to supersede ◇ remplacer, substituer, suppléer, tenir lieu de ✱ 2911.

賛 zàn *1613 | 赞 -5240 、贊 *5243 、讚 2° *9534 | 夫夫貝 1° to assist, to second 2° to praise, eulogy 3° to counsel 4° to make known ◇ 1° assister, aider 2° louer, proclamer 3° conseiller 4° faire connaître [Etym] 貝 2246 (rad: 154a 7-08), 扶 302 [Graph] 242m 242m 023b.

輦 niǎn (305) 夫夫車 [Tra] imperial carriage ◇ char impérial [Etym] a car (3= 車 2352) drawn by men (1,2= 扶 302) ◇ une voiture (3= 車 2352) tirée par des hommes (1,2= 扶 302) [Graph] 242m 242m 042g [Ref] k671, w60m, wi840 [Hanzi] nian3 輦 1614, nian3 攆 2378.

輦 niǎn *1614 |輦 -1611| 1° man-drawn carriage 2° imperial carriage 3° to haul, transport ◇ 1° voiture à bras 2° char de l'empereur 3° transporter [Etym] 車 2352 (rad: 159a 7-08), 輦 305 [Graph] 242m 242m 042g.

规 guī (306) 夫见 |[Tra] rule; to plan ◇ règle; projeter [Etym] modern simplified form of (規 307) ◇ forme simplifiée moderne de (規 307) [Graph] 242m 854c [Hanzi] gui1 规 1615, gui1 鬹 1616, kui1 窥 7802.

规 guī -1615 夫见 |規 *1617| 1° compasses 2° rule, regulation 3° to advise 4° to plan 5° gauge ◇ 1° compas 2° règle, règlement, correct 3° aviser 4° projeter 5° jauge [Etym] 见 1801 (rad: 147s 4-04), 夫 301 [Graph] 242m 854c.

规矩 guī jǔ。rule ◇ règle, coutume, convention * 1586.

规律 guī lǜ。law; rule ◇ loi, règle * 3157.

规模 guī mó。scale, scope, dimension ◇ échelle, envergure, dimension * 4177.

规格 guī gé。norm; standard ◇ norme, modèle; standard, critère * 4282.

规划 guī huà。plan, programme, project ◇ plan, programme, projet * 5527.

规定 guī dìng。to set; to stipulate ◇ fixer, réglementer; décider, stipuler * 7734.

规则 guī zé。rule, criterion ◇ règle, code, règlement, régulier, équilibré * 7962.

鬹 guī -1616 夫见㔾冂丫 |鬹 *1618| three-legged pitcher ◇ récipient à trois pieds [Etym] 鬲 2118 (rad: 193a 10-08), 规 306 [Graph] 242m 854c 012a 856k 411c.

規 guī (307) 夫見 |[Tra] rule; to plan ◇ règle; projeter [Etym] to look upon (2= 見 2255) a master (1= 夫 301) as a standard ◇ regarder (2= 見 2255) le maître (1= 夫 301) comme modèle [Graph] 242m 023c [Ref] k461, ph624, w131f, wi529 [Hanzi] gui1 規 1617, gui1 鬹 1618, kui1 闚 8751.

規 guī *1617 夫見 |规 -1615| 1° compasses 2° rule, regulation 3° to advise 4° to plan 5° gauge ◇ 1° compas 2° règle, règlement, correct 3° aviser 4° projeter 5° jauge [Etym] 見 2255 (rad: 147a 7-04), 規 307 [Graph] 242m 023c.

鬹 guī *1618 夫見㔾冂丫 |鬹 -1616| three-legged pitcher ◇ récipient à trois pieds [Etym] 鬲 2118 (rad: 193a 10-11), 規 307 [Graph] 242m 023c 012a 856k 411c.

羌 yǎng (308) 羌 |[Tra] to educate ◇ nourrir, élever [Etym] reduction of (养 309) ◇ réduction de (养 309) [Graph] 242n [Ref] k760, w102i [Hanzi] xiang3 鲞 1620.

养 yǎng (309) 羌儿 |[Tra] to educate ◇ nourrir, élever [Etym] modern simplified form of (養 919) ◇ forme simplifiée moderne de (養 919) [Graph] 242n 416a [Ref] r17j [Hanzi] yang3 养 1619.

养 yǎng -1619 羌儿 |養 *5217| 1° to support, to provide for 2° to raise (duck) 3° to give birth to (boy) 4° foster, adoptive 5° to cultivate (good habits) 6° to rest 7° to heal 8° to maintain 9° surname ◇ 1° pourvoir aux besoins de (nourriture, éducation) 2° élever (canards) 3° enfanter 4° adoptif 5° cultiver (bonnes habitudes) 6° se reposer 7° guérir 8° entretenir (en bon état) 9° nom de famille [Etym] 羌 252 (rad: 123b 6-03), 养 309 [Graph] 242n 416a.

养活 yǎng huó。to raise (child), to provide for ◇ élever * 524.

养伤 yǎng shāng。to nurse one's wound ◇ soigner sa blessure * 2956.

养料 yǎng liào。nourishment ◇ éléments nutritifs * 4607.

养病 yǎng bìng。to take a cure; convalescence ◇ faire une cure; convalescence * 7105.

鲞 xiǎng *1620 羌魚 |鲞 -1630| dried fish ◇ poisson séché [Etym] 魚 2339 (rad: 195a 11-07), 羌 308 [Graph] 242n 041j.

失 shī (310) 失 |[Tra] to lose; mistake ◇ perdre; faute [Etym] object falling from hand (< 扌 446) (prim) ◇ un objet tombant d'une main (< 扌 446) (prim) [Graph] 242o [Ref] k880, ph155, r40c, w48b, wi566 [Hanzi] yi4 泆 108, shi1 失 1621, die2 迭 1622, tie3 铁 1921, zhi4 袠 2142, die2 瓞 2160, yi4 佚 2817, zhi4 秩 4504, yi4 轶 6335, zhi4 帙 8381, die1 跌 9304, die2 yi4 昳 9852, yi4 軼 10675.

失 shī +1621 失 |1° to lose 2° to miss, to omit 3° to fail 4° mistake, fault 5° to break (promise) ◇ 1° perdre 2° manquer, laisser échapper 3° faillir, négliger 4° maladresse, faute, erreur 5° rompre (promesse) [Etym] 大 257 (rad: 037a 3-02), 失 310 [Graph] 242o.

失意 shī yì。frustrated, disappointed ◇ frustré, désappointé * 667.

失火 shī huǒ。to catch fire ◇ incendie qui commence, prendre feu * 924.

失效 shī xiào。to lose effectiveness; to become invalid ◇ perdre son efficacité; devenir nul, dépassé * 1682.

失掉 shī diào。to lose; to miss ◇ perdre, laisser échapper, rater * 2692.

失恋 shī liàn。to be disappointed in a love affair ◇ être délaissé, plaqué (amoureux), malheur en amour * 2758.

失信 shī xìn。to break one's promise ◇ manquer à sa parole, ne pas tenir ses engagements * 3042.

失利 shī lì。to suffer a setback, a defeat ◇ échouer, être vaincu * 4516.

失去 shī qù。to lose, to miss ◇ perdre, manquer * 4870.

失业 shī yè。to be out of work or unemployed ◇ chômage, être sans travail * 5328.

失约 shī yuē ∘ not keep an appointment ◇ manquer à un rendez-vous; ne pas tenir promesse ✱ 6041.

失礼 shī lǐ ∘ impoliteness ◇ manquer à la politesse ✱ 6568.

失陪 shī péi ∘ excuse me, I must be leaving now ◇ permettez-moi de partir, mes excuses ✱ 6707.

失望 shī wàng ∘ to lose hope ◇ désespérer, se décourager ✱ 7339.

失常 shī cháng ∘ odd, not normal ◇ anormal ✱ 7870.

失败 shī bài ∘ to lose, to fail, to be defeated; failure ◇ échec, défaite, être vaincu ✱ 7959.

失踪 shī zōng ∘ to be missing ◇ disparaître sans laisser de trace ✱ 9377.

失明 shī míng ∘ to go blind ◇ perdre la vue ✱ 9933.

失眠 shī mián ∘ insomnia ◇ perdre le sommeil, insomnie ✱ 10093.

失事 shī shì ∘ to have an accident ◇ un accident vient d'arriver ✱ 10387.

迭 dié +1622 失辶 | 1° to alternate 2° to be able to 3° repeatedly ◇ 1° alterner, changer 2° avoir la force ou le loisir de 3° à plusieurs reprises [Etym] 辶 1346 (rad: 162b 3-05), 失 310 [Graph] 242o 634o.

龹 juàn (311) 龹 | [Tra] to select; to handle ◇ choisir; manipuler [Etym] two hands (bottom< 廾 701) sorting rice (top< 米 782) ◇ deux mains (bas< 廾 701) sélectionnant du riz (haut< 米 782) [Graph] 242p [Ref] k495, ph191, w47k [Hanzi] quan2 拳 1623, juan4 桊 1624, huan4 豢 1625, quan4 xuan4 券 1626, juan3 juan4 卷 1627, teng2 誊 1628, juan4 眷 1629, xiang3 鲞 1630.

拳 quán +1623 龹手 | 1° fist 2° boxing ◇ 1° poing 2° boxe [Etym] 手 465 (rad: 064a 4-06), 龹 311 [Graph] 242p 332g.

拳头 quán tóu ∘ fist ◇ poing ✱ 1598.

拳击 quán jī ∘ boxing ◇ boxe ✱ 7647.

桊 juàn +1624 龹木 | ring or bar on an ox's nose ◇ anneau sur le museau du boeuf [Etym] 木 723 (rad: 075a 4-06), 龹 311 [Graph] 242p 422a.

豢 huàn +1625 龹豕 | 1° domestic animals 2° to feed 3° to allure ◇ 1° animaux domestiques 2° nourrir 3° allécher [Etym] 豕 1100 (rad: 152a 7-06), 龹 311 [Graph] 242p 522a.

券 quàn +1626 龹刀 | 1° deed, diploma 2° ticket ◇ 1° contrat, diplôme, certificat, bon 2° billet [Etym] 刀 1477 (rad: 018a 2-06), 龹 311 [Graph] 242p 732a.

△ xuàn | See ◇ Voir 拱券 gong3-xuan4 2465-1626.

卷 juǎn (312) 龹㔾 | [Tra] to roll up; sweep out ◇ enrouler; balayer [Etym] handling (1= 龹 311) of a bent body (2= 㔾 1499) ◇ manipulation (1= 龹 311) d'un objet recourbé (2= 㔾 1499) [Graph] 242p 733a [Ref] k496, ph826, w47k [Hanzi] juan3 錈 1138, juan3 juan4 卷 1627, juan3 锩 1922, juan3 捲 2379, juan4 倦 2818, quan2 惓 3225, quan2 鬈 4728, quan3 绻 5952, quan3 綣 6122, quan2 踡 9305, juan4 睠 10029, quan2 蜷 10205, juan1 juan4 quan1 圈 10943.

卷 juǎn +1627 龹㔾 | 捲 *2379 | 1° to roll up, roll, spool 2° to sweep off ◇ 1° enrouler, rouleau, bobine 2° balayer [Etym] 㔾 1499 (rad: 026b 2-06), 卷 312 [Graph] 242p 733a.

△ juàn | 1° book 2° roll (of paper), volume 3° measure-word for roll, spool, reel etc., to roll up 4° file ◇ 1° livre 2° rouleau (de papier) 3° spécificatif des rouleaux, rouler, courber, onduler 4° fichier.

卷子 juàn zǐ ∘ examination paper ◇ épreuve écrite ✱ 6546.

誊 téng -1628 龹言 | 謄 *8084 | to copy out, to transcribe ◇ copier, transcrire [Etym] 言 2139 (rad: 149a 7-06), 龹 311 [Graph] 242p 012d.

眷 juàn -1629 龹目 | 睠 2° *10029 | 1° family dependent 2° to love 3° wife and children ◇ 1° les proches, famille, parenté 2° aimer, affection 3° femme et enfants [Etym] 目 2239 (rad: 109a 5-06), 龹 311 [Graph] 242p 023a.

鲞 xiǎng -1630 龹鱼 | 鯗 *1620 | dried fish ◇ poisson séché [Etym] 鱼 2335 (rad: 195s 8-06), 龹 311 [Graph] 242p 041i.

夹 jiā (313) 夹 | [Tra] to press; to mingle ◇ pincer; serrer [Etym] modern simplified form of (夾 259) ◇ forme simplifiée moderne de (夾 259) [Graph] 242q [Hanzi] jia1 浃 109, ce4 筴 750, ga1 jia1 jia2 夹 1631, jia2 郏 1633, jia2 颊 1634, jia2 铗 1923, jia1 xie2 挟 2380, xia2 侠 2819, jia2 荚 3586, xia2 狭 5601, xia2 峡 7504, xia2 硖 9657, jia2 蛱 10206.

夹 shǎn (314) 夹 | [Tra] thief ◇ voleur [Etym] modern simplified form of (夾 258) ◇ forme simplifiée moderne de (夾 258) [Graph] 242q [Hanzi] shan3 陕 6726.

夹 gā +1631 夹 | 夾 *1538 | [Etym] 大 257 (rad: 037a 3-03), 夹 313 [Graph] 242q.

夹肢窝 gā zhī wō ∘ 1° armpit; 2° to help ◇ 1° aisselle; 2° aider ✱ 8158 7836.

△ jiā | 挟 1° *2380 、夾 *1538 、挾 1° *2363 | 1° to press from both sides 2° to mingle ◇ 1° pincer, serrer entre deux, presser de deux côtés 2° mêler.

夹子 jiā zǐ ∘ clip, tongue; wallet ◇ pince, portefeuille; porte-billets ✱ 6546.

△ jiá | 夾 *1538 、裌 *6616 、袷 +6613 | double-layered, lined ◇ doublé, doublure (vêtement).

慭 yìn -1632 夹犬心 | 憖 *4095 | 1° would rather 2° to damage, to injure 3° careful ◇ 1° plutôt 2° blesser 3° prudent [Etym] 心 397 (rad:

061a 4-12), 厺 725 [Graph] 242q 242i 321c.

郏 j i á -1633 夹阝 | 郟 *1539 | place in Henan ◇ lieu du Henan [Etym] 阝 1316 (rad: 163b 2-06), 夹 313 [Graph] 242q 634j.

颊 j i á -1634 夹页 | 頰 *1541 | cheek ◇ joue [Etym] 页 1802 (rad: 181s 6-06), 夹 313 [Graph] 242q 854d.

奏 z ò u (315) 龹天 | [Tra] report; concert ◇ informer; concert [Etym] offerings (1< 奉 317); an important man (2< 大 257) ◇ des offrandes (1< 奉317); un homme de valeur (2< 大 257) [Graph] 242r 242b [Ref] k1103, ph482, w47m [Hanzi] cou4 凑 19, cou4 湊 110, zou4 奏 1635, zou4 揍 2381, cou4 辏 6336, cou4 腠 8091, cou4 輳 10676.

奏 z ò u +1635 龹天 | 1° to play on instruments 2° to achieve 3° to report to the throne 4° to advance ◇ 1° faire de la musique, jouer (d'un instrument) 2° accomplir 3° informer l'empereur, mémoire 4° avancer [Etym] 大 257 (rad: 037a 3-06), 奏315 [Graph] 242r 242b.

奏乐 z ò u y u è 。 to play music ◇ jouer de la musique, exécuter une pièce de musique * 7358.

泰 t à i (316) 龹氺 | [Tra] calm ◇ paisible [Etym] {?}man (1,top< 大 257)two hands (1, bottom< 廾 701);water (2= 氺 434) ◇ {?} un homme (1, haut< 大 257) et ses deux mains (1,bas< 廾 701); de l'eau (2= 氺 434) [Graph] 242r 331o [Ref] w47o [Hanzi] tai4 泰 1636, dai3 傣 2820.

泰 t à i +1636 龹氺 | 1° safe, peaceful 2° extreme 3° name of a river ◇ 1° paisible 2° extrême 3° nom de rivière [Etym] 氺 434 (rad: 085c 5-05), 泰316 [Graph] 242r 331o.

奉 f è n g (317) 龹丰 | [Tra] to give, respect ◇ offrir, saluer [Etym] hands (2< 扌 446) (1,bottom< 廾 701) giving a blossom (1,top< 丰 592) ◇ des mains (2< 扌 446) (1,bas< 廾 701) offrant un bouquet (1,haut< 丰 592) [Graph] 242r 414a [Ref] k34, ph354, r12a, w47l, wa76 [Hanzi] feng4 奉 1637, peng3 捧 2382, feng4 俸 2821, bang4 棒 4120, beng3 琫 5081, feng3 唪8888, bang4 蚌 10207.

奉 f è n g +1637 龹丰 | 1° to receive or give respectfully with both hands, to pay one's respects, to revere 2° to believe in 3° to attend to ◇ 1° recevoir ou présenter des deux mains, avec respect, saluer, flatter, courtier 2° croire en (religion) 3° servir, soigner [Etym] 大 257 (rad: 037a 3-05), 奉 317 [Graph] 242r 414a.

奉送 f è n g s ò n g 。 to offer as a gift ◇ faire don, offrir, faire un cadeau * 1578.

奉劝 f è n g q u à n 。 to advise ◇ conseiller * 6516.

奉承 f è n g c h é n g 。 to flatter, to court, to fawn on ◇ flatter, courtiser, faire des compliments * 6562.

秦 q í n (318) 龹禾 | [Tra] surname (Shaanxi) ◇ surnom du Shaanxi [Etym] hands (1,bottom< 廾 701) hold pestle (1,top< 午 570);grain (2= 禾 760) ◇ des mains (1,bas< 廾 701) tenant un pilon (1,haut< 午 570); grain (2= 禾 760) [Graph] 242r 422d [Ref] k1082, ph522, r12d, w47n, wa80 [Hanzi] qin2 zhen1 溱 111, qin2 秦 1638, zhen1 蓁 3587, zhen1 榛 4121, zhen1 獉 5602, zhen1 臻 5912, qin2 嗪 8889, qin2 螓 10208.

秦 q í n +1638 龹禾 | 1° Qin dynasty (221-207 BC) 2° another name for Shaanxi Province 3° surname ◇ 1° dynastie Qin (221-207 av. J.-C..) 2° autre nom du Shaanxi 3° nom propre [Etym] 禾 760 (rad: 115a 5-05), 秦 318 [Graph] 242r 422d.

舂 c h ō n g (319) 龹臼 | [Tra] to pound grain ◇ piler du grain [Etym] two hands holding a pestle (1< 秦 318) on a mortar (2= 臼 1587) ◇ deux mains tenant un pilon (1< 秦 318) sur un mortier (2= 臼1587) [Graph] 242r 835b [Ref] k1274, ph606, r9j, w47n, wa80 [Hanzi] chong1 舂 1639, zhuang1 樁 4122.

舂 c h ō n g +1639 龹臼 | to pound grain, to hull ◇ piler du grain, décortiquer [Etym] 臼 1587 (rad: 134a 6-05), 舂 319 [Graph] 242r 835b.

春 c h ū n (320) 龹日 | [Tra] spring ◇ printemps [Etym] outburst of many plants (1< 屯 1647) in the sun (2= 日 2169) ◇ l'éclosion des plantes (1< 屯 1647) dans le soleil (2= 日 2169) [Graph] 242r 021a [Ref] k1268, ph436, r295, w47p, wa42, wi167 [Hanzi] chun1 春 1640, chun3 惷 1641, chun3 蠢 1642, chun1 椿 4123, chuan3 踳 9306, chun1 蝽 10209, chun1 鰆 10467, chun1 鰆 10563.

春 c h ū n +1640 龹日 | 1° spring 2° life, vitality 3° pleasant 4° surname ◇ 1° printemps, printanier 2° vie, vitalité 3° plaisant, agréable 4° nom de famille [Etym] 日 2169 (rad: 072a 4-05), 春 320 [Graph] 242r 021a.

春天 c h ū n t i ā n 。 spring ◇ printemps * 1573.

春卷 c h ū n j u ǎ n 。 spring rolls ◇ rouleaux de printemps * 1627.

春节 c h ū n j i é 。 spring festival ◇ fête du printemps * 3805.

春秋 c h ū n q i ū 。 year, spring and autumn ◇ année, printemps et automne * 4493.

春季 c h ū n j ì 。 spring ◇ printemps * 4543.

春耕 c h ū n g ē n g 。 spring plough ◇ labour de printemps * 4681.

春风 c h ū n f ē n g 。 spring breeze; merry face ◇ brise printanière; visage radieux, joyeux * 11212.

惷 c h ǔ n *1641 龹日心 | 蠢 +1642 | stupid, foolish ◇ sot, stupide [Etym] 心 397 (rad: 061a 4-09), 春 320 [Graph] 242r 021a 321c.

蠢 c h ǔ n +1642 龹日虫虫 | 惷 *1641 | stupid, foolish ◇ sot, stupide [Etym] 虫 2282 (rad: 142a 6-15), 春 320 蚰 2283 [Graph] 242r 021a 031d 031d.

大 夹 龹

乂 243

乂 yì (321) [Tra] to mow ◇ moissonner [Etym] scissors (prim) ◇ des ciseaux (prim) [Graph] 243a [Ref] k177, r174, w39b [Hanzi] yi4 乂 1643, yi4 刈 1652, sha1 杀 1653, xiong1 凶 1657, ai4 yi4 艾 3588, zhao4 赵 4840, ou1 qu1 区 7305, gang1 冈 8270.

乂 yì +1643 1° to govern 2° to rule 3° to pacify ◇ 1° gouverner 2° régler, gérer 3° pacifier [Etym] 丿 74 (rad: 004a 1-01), 乂 321 [Graph] 243a.

厼 (322) 乂ㄘ厶 [Tra] [?] ◇ [?] [Etym] {?}complex (2,3< 爻 325)private (3= 厶 1131)life; {?} (> 厷 244, 乂 321) ◇ {?} vie privée (3= 厶 1131) entremêlée (1,2< 爻 325); {?} (> 厷 244, 乂 321) [Graph] 243a 241a 612a [Hanzi] qie4 郄 1644, lin4 悋 3226.

郄 qiè +1644 乂ㄘ厶阝 surname ◇ nom de famille [Etym] 阝 1316 (rad: 163b 2-06), 厼 322 [Graph] 243a 241a 612a 634j.

肴 yáo (323) 乂ㄘ月 [Tra] meat or fish dishes ◇ viandes; aliments [Etym] meat (3= 月 1823); phon (1,2< 爻 325) ◇ de la viande (3= 月 1823); phon (1,2< 爻 325) [Graph] 243a 241a 856e [Ref] k218, ph412, w39j [Hanzi] xiao2 淆 112, yao2 餚 1427, yao2 肴 1645, xiao2 殽 1646, xiao2 崤 7505.

肴 yáo -1645 乂ㄘ月 餚 *1427 1° meat and fish dishes 2° exquisite viands 3° sacrificial meats ◇ 1° mets de viandes et poissons 2° aliments délicieux 3° viandes des offrandes [Etym] 月 1823 (rad: 130b 4-04), 肴 323 [Graph] 243a 241a 856e.

殽 xiáo *1646 乂ㄘ月几又 淆 -112 mixed, confused ◇ eau trouble, trouble, confusion [Etym] 殳 2519 (rad: 079a 4-08), 肴 323 [Graph] 243a 241a 856e Z33a 633a.

希 xī (324) 乂ㄘ巾 [Tra] scarce; to hope ◇ rare; désirer [Etym] loose mesches (1, 2=prim) in a piece of cloth (3= 巾 1886) ◇ des fils espacés (1,2=prim) dans un tissus (3= 巾 1886) [Graph] 243a 241a 858a [Ref] k127, ph275, w35d, wi785 [Hanzi] xi1 浠 113, xi1 烯 958, xi1 希 1647, xi1 欷 1648, xi1 郗 1649, chi1 絺 1650, xi1 稀 4505, xi1 豨 5694, chi1 絺 5953, chi1 絺 6123, xi1 唏 8890, xi1 晞 9853.

希 xī +1647 乂ㄘ巾 1° to hope 2° rare, seldom, scarce 3° few ◇ 1° espérer, désirer 2° rare, clairsemé, pas dru 3° peu de [Etym] 巾 1886 (rad: 050a 3-04), 希 324 [Graph] 243a 241a 858a.

希奇 xī qí ∘ strange, rare, curious ◇ bizarre, étrange, rare * 1543.

希望 xī wàng ∘ hope, to wish; desire ◇ espoir, souhaiter; désir, aspiration * 7339.

欷 xī +1648 乂ㄘ巾欠 to sob, to whimper, to sigh ◇ gémir, pleurer, soupirer [Etym] 欠 178 (rad: 076a 4-07), 希 324 [Graph] 243a 241a 858a 232b.

郗 xī +1649 乂ㄘ巾阝 1° name of a city 2° surname ◇ 1° nom de lieu 2° nom de famille [Etym] 阝 1316 (rad: 163b 2-07), 希 324 [Graph] 243a 241a 858a 634j.

瓻 chī +1650 乂ㄘ巾瓦 amphora ◇ amphore [Etym] 瓦 2531 (rad: 098a 4-07), 希 324 [Graph] 243a 241a 858a Z33f.

爻 yáo (325) 乂乂 [Tra] intertwine ◇ entrelacé [Etym] {1} intertwined lines (prim), hence meaning of 'various activities'; {2} a system of bamboo sticks for counting (prim) ◇ {1} des lignes entremêlées (prim), d'où le sens 'actions variées'; {2} bâtons de bambou d'un système de calcul (prim) [Graph] 243a 243a [Ref] k217, r176, w39g, wa196 [Hanzi] shuang3 爽 1542, yao2 爻 1651, er3 爾 8484, bo2 駁 11030, bo2 驳 11093 [Rad] 089a.

爻 yáo +1651 乂乂 solid and broken lines of the diagrams ◇ action et réaction, lignes continues et brisées des diagrammes [Etym] 爻 325 (rad: 089a 4-00), [Graph] 243a 243a.

刈 yì +1652 乂刂 1° to mow 2° to destroy ◇ 1° faucher 2° détruire [Etym] 刂 470 (rad: 018b 2-02), 乂 321 [Graph] 243a 333b.

杀 shā (326) 乂木 [Tra] to kill; to reduce ◇ tuer; finir [Etym] to cut off (1= 乂 321) head or ears of a plant (2= 木 723) ◇ couper (1= 乂 321) la tête ou l'épi d'une plante (2= 木 723) [Graph] 243a 422a [Ref] k1154, wi165 [Hanzi] sha1 杀 1653, cha4 sha1 刹 1654, shi4 弑 1655, sha1 殺 1656, sha1 铩 1924, sa4 脎 8092.

杀 shā -1653 乂木 殺 *1656 1° to kill, to decapitate, to slay 2° to fight 3° to weaken, to reduce 4° to smart 5° to take off 6° exceedingly 7° to finish, end ◇ 1° tuer, décapiter 2° se battre 3° diminuer, affaiblir, moindre 4° brûler, picoter 5° enlever 6° excessivement, très 7° finir, fin [Etym] 木 723 (rad: 075a 4-02), 杀 326 [Graph] 243a 422a.

杀伤 shā shāng ∘ to wound and kill ◇ blesser et tuer * 2956.

杀菌 shā jūn ∘ to sterilize; to disinfect ◇ stériliser; désinfecter * 4018.

杀害 shā hài ∘ to kill, to murder ◇ tuer, assassiner * 7720.

刹 chà (327) 乂木刂 [Tra] to stop; buddhist ◇ freiner; bouddhiste [Etym] to cut off (1,2= 杀 326) (3= 刂 470) life in the world ◇ se couper (1,2= 杀 326) (3= 刂 470) du monde [Graph] 243a 422a 333b [Ref] k1154, w45j [Hanzi] cha4 sha1 刹 1654.

刹 chà +1654 乂木刂 pagoda ◇ pagode, bonzerie [Etym] 刂 470 (rad: 018b 2-06), 刹 327 [Graph] 243a 422a 333b.

△ shā 1° to put on the brakes 2° to stop 3° to bind 4° to eliminate ◇ 1° freiner 2° arrêter 3° lier, serrer 4° éliminer.

刹把 shā bà ∘ brake crank ◇ frein * 2656.

刹车 shā chē ∘ to put on the brakes; to brake ◇ frein, freiner ✱ 6327.

弑 shì +1655 乂木弋工 | to murder (superior, sovereign, father) ◇ tuer (supérieur, souverain, père) [Etym] 弋 1045 (rad: 056a 3-09), 杀326 式 1048 [Graph] 243a 422a 511a 431a.

殺 shā (328) 乂木几又 | [Tra] kill; reduce; weaken ◇ tuer; finir; diminue [Etym] to cut (1,2= 杀326); to strike (3,4= 殳 2519) ◇ couper (1,2= 杀 326); frapper (3,4= 殳 2519) [Graph] 243a 422a Z33a 633a [Ref] w45j, wi165 [Hanzi] sha1 鎩 1139, sha1 殺 1656, sa4 搬2383.

殺 shā *1656 乂木几又 | 杀 -1653 | 1° to kill, to decapitate, to slay 2° to fight 3° to weaken, to reduce 4° to smart 5° to take off 6° exceedingly 7° to finish, end ◇ 1° tuer, décapiter 2° se battre 3° diminuer, affaiblir, moindre 4° brûler, picoter 5° enlever 6° excessivement, très 7° finir, fin [Etym] 殳 2519 (rad: 079a 4-06), 殺 328 [Graph] 243a 422a Z33a 633a.

凶 xiōng (329) 乂凵 | [Tra] sad, to terrify ◇ néfaste, malheureux [Etym] something fallen into a pit (2=prim) after cut (1= 乂 321) ◇ une chose tombée dans une fosse (2=prim) après coupe (1= 乂 321) [Graph] 243a 841e [Ref] h1159, k161, ph62, w38d [Hanzi] xiong1 汹 114, xiong1 凶 1657, xiong1 讻 1708, xiong1 匈 7902, xiong1 詾 9487, xu4 酗 10855.

凶 xiōng +1657 乂凵 | 兇 3°4°5° *1658 | 1° unfortunate, unlucky 2° bad harvest 3° cruel, ferocious 4° to terrify, dreadful 5° act of violence ◇ 1° funeste, néfaste, malheureux 2° mauvaise récolte 3° méchant, féroce 4° effrayer, terrible 5° assaut physique [Etym] 凵 1630 (rad: 017a 2-02), 凶 329 [Graph] 243a 841e.

凶杀案 xiōng shā àn ∘ a case of murder ◇ affaire de meurtre ✱ 1653 7749.

凶手 xiōng shǒu ∘ murderer, assassin ◇ assassin, meurtrier ✱ 2748.

凶恶 xiōng è ∘ ferocious, cruel ◇ affreux, cruel, mauvais, méchant, scélérat ✱ 5342.

凶猛 xiōng měng ∘ violent, ferocious ◇ impétueux, violent ✱ 5636.

凶狠 xiōng hěn ∘ fierce and malicious ◇ féroce, cruel ✱ 5659.

凶残 xiōng cán ∘ cruel, savage ◇ cruel, féroce ✱ 6431.

兇 xiōng (330) 乂兇 | [Tra] sad; to terrify ◇ néfaste, malheureux [Etym] a sad (1,2= 凶 329) man (bottom< 儿 405) ◇ un homme (bas< 儿405) malheureux (1,2= 凶 329) [Graph] 243a 841f [Ref] h1159, k1115, w38d [Hanzi] xiong1 兇 1658.

兇 xiōng *1658 乂兇 | See ◇ Voir 凶 1657 [Etym] 儿 405 (rad: 010a 2-04), 兇 330 [Graph] 243a 841f.

㚇 cōng (331) 乂兇夊 | [Tra] to move, to shake ◇ bouger, trembler [Etym] to go on difficultly (3= 夊 1286); phon (1,2= 兇 330) ◇ avancer péniblement (3= 夊 1286); phon (1,2= 兇 330) [Graph] 243a 841f 633e [Ref] k1115, ph483, w38d [Hanzi] zong1 椶 4127, zong4 糉 4603, zong1 鬷 11031.

文 wén (332) 文 | [Tra] figures; culture ◇ élégant; culture [Etym] {1} linear drawing (1=prim), hence writing, culture; {2} someone with tattooing (prim) ◇ {1} dessin linéaire (1=prim), d'où l'écriture, la culture; {2} personne avec tatouage (prim) [Graph] 243b [Ref] h68, k1315, ph88, r18, r177, w61f, wa179, wi427 [Hanzi] wen4 汶 115, wen2 炆 959, wen2 文 1659, liu2 刘 1660, wen3 紊 1667, xue2 斈 1668, zhe4 zhei4 这 1669, lin4 吝 1673, wen3 抆 2384, fen2 坟 4774, ban1 斑 5082, wen2 wen4 纹 5954, wen2 wen4 紋 6124, qian2 虔7152, min3 闵 8006, wen2 雯 8423, min3 閔 8752, min2 旻9854, wen2 蚊 10210 [Rad] 067a.

文 wén +1659 文 | 1° character, writing 2° language 3° literary style 4° culture 5° formality, ritual 6° science, -logy 7° civilian, refined 8° to paint over 9° strokes, lines, variegated 10° measure-word (cash, coin) 11° surname ◇ 1° caractère, écriture 2° langue, langage 3° style littéraire 4° culture 5° formalité, rituel 6° science, -logie 7° civil, raffiné, élégant 8° repeindre 9° figures, lignes 10° spécificatif (sapèques, monnaie) 11° nom [Etym] 文 332 (rad: 067a 4-00), [Graph] 243b.

文章 wén zhāng ∘ article, text ◇ article, texte, essai, composition littéraire ✱ 673.

文化 wén huà ∘ civilization, culture ◇ culture, civilisation ✱ 2834.

文化遗产 wén huà yí chǎn ∘ cultural heritage or legacy ◇ patrimoine culturel ✱ 2834 10187 6991.

文件 wén jiàn ∘ documents; papers ◇ document, papiers ✱ 2856.

文物 wén wù ∘ cultural relics ◇ vestiges d'une civilisation, patrimoine culturel ✱ 3468.

文艺 wén yì ∘ fine arts ◇ beaux-arts, arts et lettres ✱ 4026.

文告 wén gào ∘ proclamation, statement, message ◇ proclamation, message, décret ✱ 5233.

文选 wén xuǎn ∘ selected works ◇ oeuvres choisies ✱ 5246.

文集 wén jí ∘ collected works; anthology ◇ collection, recueil, anthologie littéraire ✱ 5492.

文娱 wén yú ∘ cultural recreation, entertainment ◇ distractions culturelles, divertissement ✱ 5842.

文盲 wén máng ∘ illiterate ◇ analphabète, illettré ✱ 7348.

文字 wén zì ∘ written character ◇ caractère écrit, texte écrit; article, texte ✱ 7763.

文学 wén xué ∘ literature ◇ littérature, lettres ✱ 7854.

文学家 wén xué jiā ∘ man of letters ◇homme de lettres ✱ 7854 7747.

文具 wén jù ∘ stationery; writing materials ◇ articles de papeterie, fournitures de bureau ✱ 8546.

文言 wén yán ∘ classical Chinese ◇ langue écrite de style ancien ✱ 9469.

文明 wén míng ∘ civilization; cultivated, civilized ◇ civilisation; cultivé, civilisé ✱ 9933.

刘 liú (333) 文刂 [Tra] proper name ◇ nom propre [Etym] skill in weapons (2= 刂 470) and letters (1= 文 332) ◇ pratiquer les armes (2= 刂 470) et les lettres (1= 文 332) [Graph] 243b 333b [Hanzi] liu2 浏 116, liu2 刘 1660.

刘 liú -1660 劉 *8819 文刂 surname ◇ nom propre [Etym] 刂 470 (rad: 018b 2-04), 文 332 [Graph] 243b 333b.

齐 qí (334) 文川 [Tra] order, perfect ◇ harmonie, parfait [Etym] modern simplified form of (齊 539) ◇ forme simplifiée moderne de (齊 539) [Graph] 243b 416a [Ref] h1473 [Hanzi] ji3 ji4 济 117, qi2 齐 1661, ji4 剂 1662, ji3 挤 2385, chai2 侪 2822, ji4 qi2 qi5 荠 3589, qi2 脐 8093, ji4 霁 8424, ji1 跻 9307, qi2 蛴 10211, ji4 鲚 10468 [Rad] 210s.

齐 qí -1661 齊 *3185 文川 1° neat, even, uniform 2° on a level with 3° together 4° all present, all ready 5° order, perfect, harmony 6° Southern Qi Dynasty (479-502) 7° surname ◇ 1° uni, égal, régulier 2° au même niveau 3° ensemble 4° complet, prêt 5° ordre, parfait, harmonie 6° dynastie Qi du Sud (479-502) et du Nord (550-577) 7° nom propre [Etym] 齐 334 (rad: 210s 6-00), [Graph] 243b 416a.

齐全 qí quán ∘ complete, all available, satisfactory, ready ◇ complet, disponible, satisfaisant, prêt ✱ 1105.

齐心 qí xīn ∘ to be of one mind or heart; concerted ◇ de concert, d'un commun accord ✱ 2177.

剂 jì -1662 劑 *3186 文川刂 1° to adjust, to trim 2° a dose, dosage 3° pharmaceutical or chemical preparation ◇ 1° ajuster 2° portion, dose 3° préparation en pharmacie [Etym] 刂 470 (rad: 018b 2-06), 齐 334 [Graph] 243b 416a 333b.

齐 qí (335) 文丬 [Tra] harmony ◇ harmonie [Etym] modern simplified form of (齊 539) ◇ forme simplifiée moderne de (齊 539) [Graph] 243b 416b [Hanzi] ji1 齑 1663.

齑 jī -1663 齏 *3187 文丬韭 1° fine, finely chopped 2° powdery ◇ 1° fin, finement, hacher quelque chose menu 2° poudreux [Etym] 韭 987 (rad: 179a 9-06), 齐 335 [Graph] 243b 416b 435d.

斌 bīn (336) 文弋止 [Tra] graceful; curteous ◇ élégant; poli [Etym] literate (1= 文 332) warrior (2,3= 武 1051) ◇ militaire (2,3= 武 1051) cultivé (1= 文 332) [Graph] 243b 511b 434a [Hanzi] bin1 斌 1664, yun1 赟 1665, yun1 贇 1666.

斌 bīn +1664 文弋止 1° elegant, graceful 2° courteous ◇ 1° élégant, gracieux 2° poli, courtois [Etym] 文 332 (rad: 067a 4-08), 武 1051 [Graph] 243b 511b 434a.

赟 yūn -1665 贇 *1666 文弋止贝 1° fine 2° pleasant 3° personal name ◇ 1° bon 2° agréable 3° prénom [Etym] 贝 1796 (rad: 154s 4-12), 斌 336 [Graph] 243b 511b 434a 854b.

贇 yūn *1666 赟 -1665 文弋止貝 1° fine 2° pleasant 3° personal name ◇ 1° bon 2° agréable 3° prénom [Etym] 貝 2246 (rad: 154a 7-12), 斌 336 [Graph] 243b 511b 434a 023b.

紊 wěn +1667 文糸 raveled, tangled, to embroil, confused ◇ embrouillamini, confus [Etym] 糸 1185 (rad: 120a 6-04), 文 332 [Graph] 243b 613d.

斈 xué *1668 学 -7854 、學 *7458 文子 1° to study, to learn 2° to imitate 3° learning, knowledge 4° subject of study 5° school, college ◇ 1° étudier, apprendre 2° imiter 3° savoir, science 4° sujet d'étude 5° école, collège [Etym] 子 1303 (rad: 039a 3-04), 文 332 [Graph] 243b 634d.

这 zhè +1669 這 *9563 文辶 1° this 2° here 3° now ◇ 1° ce, ceci 2° ici 3° maintenant [Etym] 辶 1346 (rad: 162b 3-04), 文 332 [Graph] 243b 634o.

这个 zhè gè ∘ this, this one; such ◇ ce, cela, ça, voilà, voici ✱ 1092.

这儿 zhè ér ∘ here; now ◇ ici, voici ✱ 2194.

这样 zhè yàng ∘ so, like this, this way ◇comme cela, ainsi ✱ 4163.

这些 zhè xiē ∘ these ◇ ces ✱ 5295.

这么 zhè me ∘ such, so, this way, like this ◇ ainsi, comme ceci, de cette façon ✱ 5927.

这里 zhè lǐ ∘ here ◇ ici ✱ 10761.

△ zhèi 這 *9563 1° this 2° here 3° now ◇ 1° ce, cet 2° ici 3° maintenant.

这样 zhèi yàng ∘ thus, so; in this, in that, manner ◇ ainsi ✱ 4163.

这些 zhèi xiē ∘ these, those ◇ ceux-ci, celles-ci ✱ 5295.

这么 zhèi me ∘ thus, so, this way, like this ◇ ainsi, de cette façon ✱ 5927.

这边 zhèi biān ∘ here ◇ ici ✱ 7260.

彦 yàn (337) 文厂彡 [Tra] venerable; appearance ◇ vénérable, apparat [Etym] drawing composed of many lines (1,2,3=prim) (< 文 332) ◇ dessin formé de plusieurs lignes (1,2,3=prim) (< 文 332) [Graph] 243b 721a 211c [Ref] k240, ph497, w61f [Hanzi] yan4 諺 9488.

產 chǎn (338) 文厂生 [Tra] fecundity; to bear ◇ fécondité; produire [Etym] wrinkles (1,2=prim) (< 彦 337) on body after pregnancy (3= 生 951) ◇ le corps d'une mère ridé (1,2=prim) (< 彦 337) après une naissance (3= 生 951) [Graph] 243b 721a 433b [Ref] k1167, ph592, w61f [Hanzi] chan3 鏟 1140, sa4 薩 3773.

斓 lán -1670 文门柬 | 斕 *1672 | See ◇ Voir 斑斓 ban1-lan2 5082-1670 [Etym] 文 332 (rad: 067a 4-12), 阑 1818 [Graph] 243b 855a 033d.

斋 zhāi +1671 文而 | 齋 *3189 | 1° to fast, to practice abstinence 2° vegetarian diet 3° to give alms (to a monk) 4° room, building 5° to purify ◇ 1° jeûne, abstinence 2° nourriture végétarienne (bonze) 3° faire l'aumône (à un moine) 4° bureau de travail, hôtellerie d'un temple 5° purifier [Etym] 文 332 (rad: 067a 4-06), 而 1871 [Graph] 243b 857f.

斕 lán *1672 文門柬 | 斓 -1670 | See ◇ Voir 斑斓 ban1-lan2 5082-1670 [Etym] 文 332 (rad: 067a 4-17), 闌 2042 [Graph] 243b 934e 033d.

吝 lìn (339) 文口 [Tra] stingy; ashamed ◇ avare; honte [Etym] diff. wrinkles (1= 文 332) around an hungry mouth (2= 口 2063) ◇ {?} des rides (1= 文 332) autour d'une bouche (2= 口 2063) affamée [Graph] 243b 011a [Ref] k553, w61f [Hanzi] lin4 吝 1673, lin2 廪 6943.

吝 lìn +1673 文口 | 悋 *3226 | 1° stingy, mean 2° to feel ashamed ◇ 1° avare, parcimonieux 2° avoir honte [Etym] 口 2063 (rad: 030a 3-04), 吝 339 [Graph] 243b 011a.

吝啬 lìn sè ∘ mean, stingy ◇ avare ✱ 5249.

攵 pū (340) 攵 [Tra] to flog; authority ◇ frapper, commander [Etym] contracted form for (攴 1283) {counting rod} ◇ forme abrégée de (攴 1283) {bâton de compte} [Graph] 243c [Ref] r96, w43b, wi147, wi198, wi542 [Hanzi] mu4 牧 3449, mei2 枚 4128, she4 赦 4783, mei2 玫 5083, ao2 敖 5256, san3 san4 散 5410, gan3 敢 5482, zhi4 致 5913, bian4 變 6241, tiao2 条 6531, wu4 务 6533, zi1 孜 6547, bi4 敝 8474, bi4 斃 8477, qi3 啟 8700, jiao3 敫 9991, zheng3 整 10377, tian2 畋 10419, shou1 收 10987 [Rad] 066b.

父 fù (341) 父 [Tra] father ◇ père [Etym] hand holding a stick or stones (1=prim) (> 攵 340, 方 239) ◇ une main tenant un bâton ou des pierres (1=prim) (> 攵 340, 方 239) [Graph] 243d [Ref] h197, k42, ph60, r152, w43g, wa157, wi317, wi613 [Hanzi] fu3 fu4 父 1674, fu3 斧 1678 [Rad] 088a.

父 fǔ +1674 父 | respectful term for an elderly man in ancient times ◇ appellation respectueuse des hommes âgés [Etym] 父 341 (rad: 088a 4-00), [Graph] 243d.

△ fù | 1° father 2° male relative of a senior generation ◇ 1° père 2° appellation des parents masculins d'une génération antérieure.

父亲 fù qìng ∘ father ◇ père ✱ 640.

父子 fù zǐ ∘ father and son ◇ père et fils ✱ 6546.

父兄 fù xiōng ∘ father and elder brothers; the elders ◇ père et frère aînés; les anciens ✱ 9280.

父母 fù mǔ ∘ parents, mother and father ◇ parents, père et mère ✱ 11296.

釜 fǔ (342) 父亚 [Tra] cauldron ◇ marmite [Etym] metal (2= 0); phon (1= 父 341) ◇ métal (2= 0); phon (1= 父 341) [Graph] 243d 432q [Hanzi] fu3 滏 119, fu3 釜 1675.

釜 fǔ +1675 父亚 | 鬴 *9422 | cauldron ◇ marmite [Etym] 金 196 (rad: 167a 8-06), 釜 342 [Graph] 243d 432q.

爺 yé *1676 父耳阝 | 爷 -1679 | 1° father 2° grandfather 3° term of address (uncle, gentleman, master) 4° god, heaven ◇ 1° père 2° aïeul 3° formule de politesse (oncle, monsieur, maître) 4° dieu, ciel [Etym] 父 341 (rad: 088a 4-08), 耶 1027 [Graph] 243d 436k 634j.

爹 diē, duò (343) 父夕夕 [Tra] father ◇ père [Etym] father (1= 父 341); phon, many (2,3= 多 1228) ◇ père (1= 父 341); phon, beaucoup (2,3= 多 1228) [Graph] 243d 631b 631b [Hanzi] die1 爹 1677, dia3 嗲 8891.

爹 diē +1677 父夕夕 | father, dad ◇ père, papa [Etym] 父 341 (rad: 088a 4-06), 多 1228 [Graph] 243d 631b 631b.

斧 fǔ +1678 父斤 | ax ◇ hache [Etym] 斤 1461 (rad: 069a 4-04), 父 341 [Graph] 243d 722c.

斧头 fǔ tóu ∘ ax ◇ hache ✱ 1598.

斧子 fǔ zǐ ∘ ax ◇ hache, cognée ✱ 6546.

爷 yé -1679 父卩 | 爺 *1676 | 1° father 2° grandfather 3° term of address (uncle, gentleman, master) 4° god, heaven ◇ 1° père 2° aïeul 3° formule de politesse (oncle, monsieur, maître) 4° dieu, ciel [Etym] 父 341 (rad: 088a 4-02), 卩 1504 [Graph] 243d 734a.

爷爷 yé yé ∘ grandfather ◇ grand-père ✱ 1679.

爸 bà +1680 父巴 | father, dad ◇ père, papa [Etym] 父 341 (rad: 088a 4-04), 巴 2014 [Graph] 243d 933c.

爸爸 bà bà ∘ daddy, father ◇ papa, père ✱ 1680.

交 jiāo (344) 交 [Tra] blend, intercourse ◇ union, sexualité [Etym] human beings with intertwined legs (1=prim) {mutual} ◇ des personnes aux jambes entrecroisées (1=prim) {échanger} [Graph] 243e [Ref] h115, k357, ph183, r37j, w61d, wa8, wi613 [Hanzi] xiao2 洨 120, jiao3 筊 751, jiao3 鉸 1141, jiao3 餃 1428, jiao1 交 1681, xiao4 效 1682, jiao1 郊 1683, xiao4 効 1684, jiao1 鸡 1685, jiao1 鵁 1686, jiao3 铰 1843, jiao3 铰 1925, jiao3 佼 2823, jiao1 茭 3591,

jiao4 xiao4 校 4129, jiao3 狡 5603, jiao1 姣 5738, jiao3 绞5956, jiao3 絞 6125, jiao4 较 6337, jiao1 蛟 7506, jiao1 胶 8094, yao3 鲛 8522, yao3 咬 8892, jiao1 跤 9308, jiao3 皎 9975, jiao1 鲛 10212, jiao1 鮫 10470, jiao1 鮫 10564, jiao4 較 10677, bo2 駁 11032.

交 jiāo +1681 交 | 1° to hand over, to give up 2° to join, to unite 3° to reach 4° to cross, to blend 5° friend, acquaintance, relationship 6° sexual intercourse 7° mutual, together 8° deal ◇ 1° abandonner 2° nouer des relations, union 3° atteindre 4° se croiser, échanger 5° ami, relation 6° union sexuelle 7° réciproquement, ensemble 8° entente [Etym] 亠 2 (rad: 008a 2-04), 交 344 [Graph] 243e.

交涉 jiāo shè。to negotiate, to trade ◇ négocier, traiter; discuter ＊ 240.

交流 jiāo liú。to exchange, to interchange ◇ échanger ＊ 285.

交谈 jiāo tán。to converse, to chat; to have a conversation ◇ converser, causer; avoir un entretien ＊ 1696.

交换 jiāo huàn。to exchange ◇ échanger ＊ 2642.

交代 jiāo dài。to report, to render an account ◇ rendre compte; transmettre; recommander; expliquer ＊ 2911.

交往 jiāo wǎng。contact; to associate with ◇ fréquenter, se fréquenter ＊ 3140.

交情 jiāo qíng。friendship ◇ amitié ＊ 3261.

交还 jiāo huán。to return, to give back ◇rendre, remettre ＊ 4072.

交通 jiāo tōng。communications, traffic ◇communications, circulation ＊ 6488.

交叉 jiāo chā。to intersect, to cross; alternate ◇ entrecroiser, croiser; alterner ＊ 6520.

交际 jiāo jì。social relations, to be in contact with ◇ relations sociales; être en relation; sociable ＊ 6734.

交响乐 jiāo xiǎng yuè。symphony ◇symphonie (mus.) ＊ 9139 7358.

交界 jiāo jiè。to be bounded; to have a common boundary ◇ être limitrophe; avoir des frontières communes ＊ 10415.

效 xiào (345) 交夂 | [Tra] efficient; imitate ◇ efficacité; imiter [Etym] to coerce (2= 夂 340); phon (1= 交 344) ◇ conduire à la baguette (2= 夂 340); phon (1= 交 344) [Graph] 243e 243c [Ref] h671d, k144, w183h [Hanzi] xiao4 效 1682, xiao4 傚 2824.

效 xiào +1682 交夂 | 傚 *2824 2°、効 *1684 3° | 1° effect 2° to imitate 3° to devote to ◇ 1° effet, efficacité 2° imiter 3° s'efforcer [Etym] 夂 340 (rad: 066b 4-06), 效 345 [Graph] 243e 243c.

效劳 xiào láo。to work for ◇ rendre service à qqn, se dépenser ＊ 3836.

效率 xiào lǜ。efficiency ◇ efficacité, effet utile ＊ 6311.

效力 xiào lì。to serve; effect ◇ efficacité; servir ＊ 7259.

效果 xiào guǒ。effect, result ◇ effet, résultat ＊ 10750.

郊 jiāo +1683 交阝 | 1° suburbs 2° imperial sacrifice ◇ 1° faubourg, banlieue 2° sacrifice au Ciel [Etym] 阝 1316 (rad: 163b 2-06), 交344 [Graph] 243e 634j.

郊外 jiāo wài。outside the city, outskirts ◇ hors de la ville, banlieue ＊ 6395.

郊区 jiāo qū。suburbs; outskirts of a city ◇ faubourg, banlieue, environs de la ville ＊ 7305.

効 xiào *1684 交力 | See ◇ Voir 效 1682 [Etym] 力 1489 (rad: 019a 2-06), 交 344 [Graph] 243e 732f.

鸡 jiāo -1685 交鸟 | 鵁 *1686 | [Etym] 鸟 2494 (rad: 196s 5-06), 交 344 [Graph] 243e Z22e.

鸡鹊 jiāo jīng。1° heron; 2° water bird ◇1° héron; 2° oiseau aquatique ＊ 5280.

鵁 jiāo *1686 交鳥 | 鸡 -1685 | See ◇ Voir 鸡鹊 jiao1-jing1 1685-5280 [Etym] 鳥 2500 (rad: 196a 11-06), 交 344 [Graph] 243e Z22h.

义 yì (346) 义 | [Tra] duty, idea, peace ◇ équité, idée, paix [Etym] modern simplified form of (義 922) ◇ forme simplifiée moderne de (義 922) [Graph] 243f [Hanzi] yi4 义 1687, yi4 议 1709, yi2 仪2825, yi3 舣 8298, yi3 蚁 10213.

义 yì -1687 义 | 義 *5221 | 1° justice, righteousness 2° equitable, just 3° relationship 4° meaning, significance 5° adopted, adoptive 6° artificial, false 7° common, conformity, public ◇ 1° justice, droiture 2° équité 3° liens humains, relations 4° sens, signification, notion 5° adopté, adoptif 6° artificiel, faux 7° convenance, public [Etym] 丶 1 (rad: 003a 1-02), 义 346 [Graph] 243f.

义务 yì wù。obligation, task ◇ devoir, obligation ＊ 6533.

鬯 chàng (347) ※凵匕 | [Tra] wine for worship ◇ vin pour offrandes [Etym] {1} many herbs (1=prim) in a container (2=prim), spoon (3= 匕 387); {2} wine kettle with yeast (prim) ◇ {1} des herbes (1=prim) dans un récipient (2=prim), une cuiller (3= 匕 387); {2} une bouilloire à vin avec levure (prim) [Graph] 243g 841e 321b [Ref] k1176, w26c, wa114 [Hanzi] chang4 鬯 1688, yu4 鬱 4334 [Rad] 192a.

鬯 chàng +1688 ※凵匕 | ancient wine for worship ◇ vin ancien pour offrandes [Etym] 鬯 347 (rad: 192a 10-00), [Graph] 243g 841e 321b.

傻 shǎ (348) ※兒夂 | [Tra] silly, foolish ◇ sot, imbécile [Etym] worst condition than (< 叟 331, 兒 330) ◇ situation pire que (< 叟 331, 兒330) [Graph] 243g 841f 633e [Ref] w38d [Hanzi] sha3 傻 2826.

丈 244

丈 zhàng (349) 丈 [Tra] measure; husband ◇ toise; mesurer; mari [Etym] ten (< 十 560) and hand (< 𠂇 239) combined ->ten times one hand ◇ le chiffre dix (< 十 560) et une main (< 𠂇 239) combinés -> dix fois une main [Graph] 244a [Ref] h1415, k1171, ph13, w24e, wa18, wi368, wi567 [Hanzi] zhang4 丈 1689, zhang4 仗 2827, zhang4 杖 4130.

丈 zhàng +1689 丈 1° unit of length (=10 feet) 2° to measure (land) 3° to rake 4° form of address (male relative by marriage) ◇ 1° toise (=10 pieds) 2° mesurer (terre), arpenter 3° racler 4° formule de politesse (parents masculins par mariage) [Etym] 一 3 (rad: 001a 1-02), 丈 349 [Graph] 244a.

丈人 zhàng rén ∘ father-in-law (of husband) ◇ beau-père (du mari) ✱ 1070.

丈夫 zhàng fū ∘ husband ◇ mari, époux ✱ 1610.

𠂀 zài (350) 𠂀 [Tra] in; to be present ◇ dans; être; présent [Etym] reduction of (在 351) ◇ reduction de (在 351) [Graph] 244b [Ref] h684, w96d, wi81 [Hanzi] zai4 在 1690, cun2 存 1691.

在 zài (351) 𠂀土 [Tra] at; to be present ◇ dans; être présent [Etym] a dam (1=prim) build of earth (2= 土 826) ◇ un barrage (1=prim) fait de terre (2= 土 826) [Graph] 244b 432a [Ref] h684, r11k, w96d, wi81 [Hanzi] zai4 在 1690, guai4 恠 3227, cha2 茬 3592.

在 zài +1690 𠂀土 1° to exist, to be living, to be, alive 2° to be present 3° at, in 4° to depend on, to belong to ◇ 1° exister, être vivant, être 2° être présent 3° à, dans 4° dépendre de, relever de [Etym] 土 826 (rad: 032a 3-03), 在 351 [Graph] 244b 432a.

在于 zài yú ∘ to rest with; to depend on ◇ consister à; dépendre de ✱ 2306.

在乎 zài hū ∘ to consist of, to be composed of ◇ consister en ✱ 2313.

在案 zài àn ∘ to be on record or file ◇ être consigné par écrit ✱ 7749.

存 cún (352) 𠂀子 [Tra] to be; to preserve ◇ conserver, exister [Etym] to exist (1< 在 351) by one's offspring (2= 子 1303) ◇ être présent (1< 在 351) par sa descendance (2= 子 1303) [Graph] 244b 634d [Ref] h926, r11l, w96d [Hanzi] cun2 存 1691, jian4 荐 3593.

存 cún +1691 𠂀子 1° to be, to exist 2° to preserve, to continue 3° to contain ◇ 1° exister 2° conserver, garder 3° contenir [Etym] 子 1303 (rad: 039a 3-03), 存 352 [Graph] 244b 634d.

存在 cún zài ∘ to be, to exist ◇ être, exister ✱ 1690.

存衣处 cún yī chù ∘ cloakroom ◇ vestiaire ✱ 2140 6526.

存心 cún xīn ∘ deliberately, on purpose ◇ exprès, intentionnellement ✱ 2177.

存货 cún huò ∘ goods in stock, stock ◇ marchandise en stock; stock ✱ 2836.

存款 cún kuǎn ∘ deposit (bank); bank savings ◇ dépôt (banque) ✱ 4995.

存车处 cún chē chù ∘ garage; parking lot (for bicycles) ◇ garage, parking (pour bicyclettes) ✱ 6327 6526.

存案 cún àn ∘ to register with authorities ◇ enregistrer auprès des autorités ✱ 7749.

存放 cún fàng ∘ to deposit; to leave with ◇ déposer; mettre en réserve ✱ 7934.

亅 311

亅 jué (353) 亅 [Tra] hook ◇ crochet [Etym] hook (prim) ◇ un crochet (prim) [Graph] 311a [Ref] w6c.

讠 yán (354) 讠 [Tra] words, to speak ◇ paroles, parler [Etym] modern simplified form of (言 2139) ◇ forme simplifiée moderne de (言 2139) [Graph] 311b [Ref] r265 [Hanzi] du2 讟 1707, bian4 辩 3409, chou2 chou2 雠 5490 [Rad] 149s.

䜌 jìng (355) 讠 [Tra] dispute, contest ◇ dispute, querelle [Etym] modern simplified form of (誩 2140) ◇ forme simplifiée moderne de (誩 2140) [Graph] 311b [Hanzi] du2 讟 1707.

谙 ān -1692 讠立日 | 諳 *9471 | to be skilled in, to know well ◇ bien savoir, être expert [Etym] 讠 354 (rad: 149s 2-09), 音 91 [Graph] 311b 221a 021a.

谖 xuān -1693 讠爫二𠂇又 | 諼 *9472 | 1° heat of the sun 2° warm 3° genial 4° loose ◇ 1° chaleur du soleil 2° chaud 3° génial 4° mou, souple [Etym] 讠 354 (rad: 149s 2-09), 爰 104 [Graph] 311b 221d ac:a 241a 633a.

谣 yáo -1694 讠爫缶 | 謠 *9475 | 1° ballad, rhyme 2° rumour, common gossip, to crimp ◇ 1° ballade, rime 2° rumeurs, bruits qui courent, racolages [Etym] 讠 354 (rad: 149s 2-10), 䍃 119 [Graph] 311b 221d 841c.

谣传 yáo chuán ∘ rumor, hearsay ◇ rumeur, il paraît que... ✱ 2936.

谣言 yáo yán ∘ rumor ◇ bruit, rumeur ✱ 9469.

谥 shì -1695 讠兴皿 | 謚、諡 *9476 *9635 | posthumous title, epitaph name ◇ épitaphe, titre posthume [Etym] 讠 354 (rad: 149s 2-10), 益 129 [Graph] 311b 222c 922a.

谈 tán -1696 讠火火 | 談 *9477 | 1° to talk, to chat, to discuss 2° discourses, tale 3° surname ◇ 1° causer, jaser, s'entretenir de 2° conversation, propos 3° nom propre [Etym] 讠 354 (rad: 149s 2-08), 炎 157 [Graph] 311b 231b 231b.

谈天 tán tiān ∘ to chat ◇ bavarder ✱ 1573.

谈天儿 tán tiān ér ∘ chat, gossip ◇ bavardage ∗ 1573 2194.

谈话 tán huà ∘ conversation, to chat, to speak ◇ conversation; parler, causer, s'entretenir ∗ 1821.

谈判 tán pàn ∘ talks, negotiations ◇ négocier, engager des pourparlers ∗ 3478.

认 rèn -1697 讠人 |認 *9577| 1° to recognize, to know 2° to adopt, to consider 3° to confess, to admit 4° to resign oneself to 5° mistake ◇ 1° reconnaître, connaître 2° accepter, considérer 3° avouer, confesser 4° se résigner 5° faute [Etym] 讠 354 (rad: 149s 2-02), 人 170 [Graph] 311b 232a.

认识 rèn shí ∘ to know ◇ connaître, connaissance ∗ 1816.

认错 rèn cuò ∘ to acknowledge a mistake; to confess one's wrong d ◇ reconnaître ses torts, avouer sa faute, s'excuser ∗ 1983.

认得 rèn de ∘ to know ◇ connaître, se faire une idée de ∗ 3173.

认输 rèn shū ∘ to give up, to admit defeat ◇ reconnaître sa défaite, s'avouer vaincu ∗ 6332.

认为 rèn wéi ∘ to believe, to think ◇ croire, penser, estimer, considérer ∗ 7272.

认真 rèn zhēn ∘ serious, conscientious; close attention ◇ sérieux, consciencieux; faire attention ∗ 8551.

谶 chèn -1698 讠人人戈韭 |讖 *9478| to divine, to augur ◇ divination, augurer [Etym] 讠 354 (rad: 149s 2-17), 韱 174 [Graph] 311b 232a 232a 512d 435d.

谇 suì -1699 讠亠人人十 |誶 *9479| 1° to abuse 2° to rail at 3° to scold, to admonish 4° to ask 5° to advise ◇ 1° bafouer 2° ridiculiser 3° conseiller, reprocher, réprimander 4° demander 5° suggérer [Etym] 讠 354 (rad: 149s 2-08), 卒 176 [Graph] 311b ac:c 232a 232a 413a.

诊 zhěn -1700 讠亽彡 |診 *9480| 1° to examine (patient) 2° to verify 3° to interpret (dream) ◇ 1° examiner (patient), consulter, ausculter 2° vérifier 3° interpréter (rêve) [Etym] 讠 354 (rad: 149s 2-05), 㐱 182 [Graph] 311b 233a 211c.

诊断 zhěn duàn ∘ to diagnose ◇ diagnostic, diagnostiquer, examiner ∗ 4628.

诊所 zhěn suǒ ∘ clinic ◇ dispensaire, clinique, cabinet de consultation ∗ 8705.

论 lún -1701 讠亽匕 |論 *9484| Analects of Confucius ◇ Analectes de Confucius [Etym] 讠 354 (rad: 149s 2-04), 仑 186 [Graph] 311b 233a 321b.

△ lùn |論 *9484| 1° to discuss, to discourse, to compare 2° view, statement 3° essay, dissertation 4° theory 5° with reference to, in terms of 6° to determine ◇ 1° discuter, discourir, comparer 2° point de vue, opinion 3° thèse, essai, traiter 4° théorie 5° quant à, selon 6° porter un jugement, déterminer.

论文 lùn wén ∘ thesis, dissertation, paper ◇ thèse, dissertation ∗ 1659.

论点 lùn diǎn ∘ argument, thesis ◇ argument, hypothèse de base, thèse ∗ 9799.

诠 quán -1702 讠亽王 |詮 *9481| to explain, to discourse upon, annotation ◇ commenter, développer, exposer [Etym] 讠 354 (rad: 149s 2-06), 全 195 [Graph] 311b 233a 432e.

谂 shěn -1703 讠亽㇇心 |諗 *9482| 1° to know, to reflect on 2° to reprove ◇ 1° savoir, penser à 2° avertir, conseiller [Etym] 讠 354 (rad: 149s 2-08), 念 204 [Graph] 311b 233a 631a 321c.

谕 yù -1704 讠亽一月刂 |諭 *9483| to issue orders, edit, to notify ◇ avertir, instruire, décret, édit [Etym] 讠 354 (rad: 149s 2-09), 俞 213 [Graph] 311b 233a ac:a 856e 333b.

诙 huī -1705 讠𠂇火 |詼 *9485| [Etym] 讠 354 (rad: 149s 2-06), 灰 240 [Graph] 311b 241a 231b.

诙谐 huī xié ∘ humorous, jocular ◇ plaisanter, blaguer ∗ 1710.

读 dòu -1706 讠卖 |讀 *9528| slight pause in reading ◇ pauses et demi-pauses dans les phrases [Etym] 讠 354 (rad: 149s 2-08), 卖 294 [Graph] 311b 242h.

△ dú |讀 *9528| 1° to read aloud 2° to study 3° to attend school ◇ 1° lire à haute voix 2° étudier 3° fréquenter l'école.

读音 dú yīn ∘ pronunciation ◇ prononciation ∗ 665.

读物 dú wù ∘ reading matter (or material) ◇ lectures (livres, revues, etc.) ∗ 3468.

读本 dú běn ∘ reader, textbook ◇ livre de lecture; manuel ∗ 4662.

读者 dú zhě ∘ reader ◇ lecteur ∗ 5051.

读书 dú shū ∘ to attend school, to read ◇ faire des études, lire ∗ 7291.

𬤫 dú -1707 讠卖言 |讟 *9529| to slander, to libel, seditious ◇ récriminer, calomnie [Etym] 讠 354 (rad: 149s 2-15), 𬣙 355 卖 294 [Graph] 311b 242h 012d.

讻 xiōng -1708 讠乂凵 |訩 *9487、詾 *9600| 1° to scold 2° to threaten 3° to litigate, to argue ◇ 1° gronder 2° menacer 3° disputer [Etym] 讠 354 (rad: 149s 2-04), 凶 329 [Graph] 311b 243a 841e.

议 yì -1709 讠义 |議 *9532| 1° opinion, view 2° to discuss, to deliberate upon 3° to consider ◇ 1° opinion, manière de voir 2° discuter, délibérer 3° considérer [Etym] 讠 354 (rad: 149s 2-03), 义 346 [Graph] 311b 243f.

议会 yì huì ∘ parliament, legislative assembly ◇ assemblée, parlement, chambre des députés ∗ 1382.

议论 yì lùn ∘ to discuss, to comment ◇ délibérer, discuter; discussion ∗ 1701.

议程 yì chéng ∘ agenda ◇ ordre du jour ∗ 4569.

议案 yì àn ∘ proposal, motion ◇ proposition, motion ∗ 7749.

议员 yì yuán。member of parliament or legislative assembly ◇ parlementaire, député ＊ 9127.

谐 xié -1710 |諧 *9489| 讠⺊匕白 1° in harmony, accord 2° humorous ◇ 1° harmonie, concorder 2° plaisanter, humour, enjoué [Etym] 讠 354 (rad: 149s 2-09), 皆 365 [Graph] 311b 311d 321b 022c.

诣 yì -1711 |詣 *9491| 讠匕曰 1° to visit 2° achievements (academic) 3° to go to, to reach ◇ 1° visiter 2° degré atteint (universitaire) 3° aller à, arriver à [Etym] 讠 354 (rad: 149s 2-06), 旨 393 [Graph] 311b 321b 021a.

谧 mì -1712 |謐 *9492| 讠必皿 See ◇ Voir 安谧 an1-mi4 7748-1712 [Etym] 讠 354 (rad: 149s 2-10), 谧 400 [Graph] 311b 321d 922a.

订 dìng -1713 |訂 *9494| 讠丁 1° to decide 2° to subscribe 3° to conclude 4° to revise, to criticize ◇ 1° décider 2° abonner 3° juger, conclure 4° réviser, critiquer [Etym] 讠 354 (rad: 149s 2-02), 丁 420 [Graph] 311b 331b.

订货 dìng huò。to order goods ◇ commander des marchandises ＊ 2836.

订婚 dìng hūn。to be engaged (to be married); to be betrothed ◇ se fiancer ＊ 5773.

订阅 dìng yuè。to subscribe to ◇ s'abonner ＊ 8038.

订户 dìng hù。subscriber ◇ abonné ＊ 8677.

诃 hē -1714 |訶 *9495| 讠可口 1° to blame, to reprove 2° to scold ◇ 1° critiquer, dénigrer 2° gronder [Etym] 讠 354 (rad: 149s 2-05), 可 421 [Graph] 311b 331c 011a.

△ hē |嗬 -8939| ah! oh! ◇ ah! oh!.

讨 tǎo -1715 |討 *9497| 讠寸 1° to repress, to punish 2° to ask for 3° to get married 4° to incur, to provoke 5° to discuss 6° to chastise 7° to examine 8° to denounce ◇ 1° réprimer 2° réclamer 3° se marier 4° s'attirer, provoquer 5° débattre 6° châtier 7° scruter 8° dénoncer [Etym] 讠 354 (rad: 149s 2-03), 寸 441 [Graph] 311b 332b.

讨论 tǎo lùn。to discuss, to discourse ◇ discuter, débattre ＊ 1701.

讨饶 tǎo ráo。to ask for forgiveness ◇ solliciter l'indulgence, demander grâce ＊ 1854.

讨好 tǎo hǎo。to flatter, to fawn on ◇ faire plaisir à, flatter qqn, se faire bien voir ＊ 5792.

讨嫌 tǎo xián。annoying; nuisance ◇ provoquer le dégoût, se faire détester, déplaire à ＊ 5811.

讨厌 tǎo yàn。to hate, boring, painful ◇ détester, ennuyeux, pénible, écoeurant, détestable ＊ 6817.

讹 é -1716 |訛 *9498 丶 譌 *9473| 讠亻匕 1° mistake, error 2° to harm 3° false, cheating 4° to extort, to excite ◇ 1° se tromper, erreur 2° faire tort 3° faux, fourbe 4° extorquer [Etym] 讠 354 (rad: 149s 2-04), 化 485 [Graph] 311b 411e 321b.

讹诈 é zhà。to blackmail ◇ faire du chantage ＊ 1718.

讣 fù -1717 |訃 *9499| 讠卜 to announce a death, obituary ◇ faire part d'un décès [Etym] 讠 354 (rad: 149s 2-02), 卜 548 [Graph] 311b 412c.

讣告 fù gào。death notice, obituary ◇ avis de décès, nécrologie ＊ 5233.

诈 zhà -1718 |詐 *9500| 讠乍 1° to deceive, to cheat 2° fraudulent 3° to pretend ◇ 1° tromper, abuser, ruse 2° fourberie, faux, contrefait, fraude 3° feindre, prétendre [Etym] 讠 354 (rad: 149s 2-05), 乍 551 [Graph] 311b 412f.

计 jì (356) 讠十	[Tra] to count, calculate ◇ compter, calcul [Etym] modern simplified form of (計 2143) ◇ forme simplifiée moderne de (計 2143) [Graph] 311b 413a [Ref] h105, w24b [Hanzi] ji4 计 1719, ji4 짓 7029.

计 jì -1719 |計 *9501| 讠十 1° to count, to calculate 2° meter, number 3° plan 5° surname ◇ 1° compter, calcul 2° mètre, mesure, plan 3° nom propre [Etym] 讠 354 (rad: 149s 2-02), 十 560 [Graph] 311b 413a.

计策 jì cè。stratagem, plan ◇ stratagème, ruse, complot ＊ 876.

计算 jì suàn。to calculate, to count ◇ calculer, compter; réfléchir ＊ 895.

计算机 jì suàn jī。computer, calculating machine ◇ ordinateur, machine à calculer ＊ 895 4478.

计划 jì huà。plan, project, program ◇ plan, projet ＊ 5527.

计较 jì jiào。to compare; to haggle over; to argue; to plan ◇ comparer, prendre en compte; disputer; projeter ＊ 6337.

讦 jié -1720 |訐 *9502| 讠干 to divulge, indiscretion ◇ divulguer, dénoncer [Etym] 讠 354 (rad: 149s 2-03), 干 564 [Graph] 311b 413b.

许 xǔ (357) 讠午	[Tra] to grant, to allow ◇ consentir, permettre [Etym] modern simplified form of (許 2144) ◇ forme simplifiée moderne de (許 2144) [Graph] 311b 413e [Hanzi] hu3 xu3 浒 121, xu3 许 1721.

许 xǔ -1721 |許 *9503| 讠午 1° to praise 2° to promise 3° to allow, to permit 4° maybe 5° place 6° about (numbers) 7° more than, excess, very 8° surname ◇ 1° louanger, louer 2° promettre 3° permettre, consentir 4° peut-être 5° lieu 6° environ 7° beaucoup, très 8° nom de famille [Etym] 讠 354 (rad: 149s 2-04), 许 357 [Graph] 311b 413e.

许诺 xǔ nuò。to promise ◇ promettre ＊ 1725.

许可 xǔ kě。to permit, to allow ◇ permettre, autoriser ＊ 2235.

许多 xǔ duō。many, much ◇ beaucoup de, nombreux, un grand nombre de ＊ 6397.

评 píng -1722 |評 *9504| 讠平 1° to discuss, to criticize 2° to judge, to appraise ◇ 1° discuter, critiquer 2° juger, évaluer [Etym] 讠 354 (rad: 149s 2-05), 平 577 [Graph] 311b 413j.

评论 píng lùn ◦ to discuss; to comment; commentary ◇ commenter; commentaire ✱ 1701.

评价 píng jià ◦ to apprise, to evaluate; evaluation ◇ évaluer, apprécier; évaluation ✱ 2788.

评判 píng pàn ◦ to adjudicate; to judge ◇ arbitrer, juger ✱ 3478.

详 xiáng -1723 | 詳 *9505 | 讠羊 1° minute, detailed 2° to know clearly 3° to examine 4° to explain ◇ 1° minutieux, en détail 2° élucider 3° examiner 4° publier, expliquer [Etym] 讠 354 (rad: 149s 2-06), 羊 579 [Graph] 311b 414b.

详细 xiáng xì ◦ minute, detailed ◇ détaillé, minutieux, détail ✱ 6081.

诽 fěi -1724 | 誹 *9506 | 讠非 to slander ◇ critiquer, dénigrer [Etym] 讠 354 (rad: 149s 2-08), 非 611 [Graph] 311b 415b.

诽谤 fěi bàng ◦ to slander, to calumniate ◇ critiquer, dénigrer, calomnier ✱ 1797.

诺 nuò -1725 | 諾 *9507 | 讠艹𠂇口 1° yes 2° to assent 3° to promise ◇ 1° dire oui 2° consentir, acquiescer 3° promettre [Etym] 讠 354 (rad: 149s 2-08), 若 621 [Graph] 311b 415c 241a 011a.

诺言 nuò yán ◦ promise ◇ promesse ✱ 9469.

谎 huǎng -1726 | 謊 *9511 | 讠艹亡儿 1° to lie, to mislead 2° overstatement ◇ 1° mensonge, mentir 2° exagération [Etym] 讠 354 (rad: 149s 2-09), 荒 653 [Graph] 311b 415c 811f 417b.

谎话 huǎng huà ◦ lie ◇ mensonge ✱ 1821.

谟 mó -1727 | 謨 *9513 | 讠艹曰大 1° scheme, plan 2° to meditate ◇ 1° plan, projet, combiner 2° méditer [Etym] 讠 354 (rad: 149s 2-10), 莫 679 [Graph] 311b 415c 021a 242a.

讲 jiǎng -1728 | 講 *9542 | 讠井 1° to speak, to tell 2° to explain 3° to discuss 4° to stress 5° as regards ◇ 1° parler, dire 2° expliquer, développer 3° discuter de 4° insister sur 5° en ce qui concerne [Etym] 讠 354 (rad: 149s 2-04), 井 709 [Graph] 311b 416j.

讲演 jiǎng yǎn ◦ to make a speech; lecture ◇ donner une conférence, prononcer un discours ✱ 424.

讲坐 jiǎng zuò ◦ a course of lectures ◇ cours ✱ 1074.

讲义 jiǎng yì ◦ mimeographed teaching materials ◇ cours polycopié ✱ 1687.

讲话 jiǎng huà ◦ to speak, to lecture ◇ parler, faire un discours; paroles ✱ 1821.

讲师 jiǎng shī ◦ lecturer ◇ maître-assistant ✱ 2752.

讲理 jiǎng lǐ ◦ to reason, to argue ◇ raisonner, faire entendre raison ✱ 5204.

讲台 jiǎng tái ◦ platform, rostrum ◇ chaire, estrade, tribune ✱ 5901.

讲座 jiǎng zuò ◦ conferences ◇ conférences ✱ 6879.

讲究 jiǎng jiū ◦ to stress; to pay attention to; exquisite ◇ insister sur, mettre l'accent sur; beau, élégant ✱ 7846.

讲学 jiǎng xué ◦ to teach, to give lectures ◇ enseigner, donner des leçons ✱ 7854.

训 xùn -1729 | 訓 *9514 | 讠川 1° to teach, to instruct 2° model, example 3° to exhort ◇ 1° instruire, enseigner, éduquer 2° modèle, exemple 3° exhorter [Etym] 讠 354 (rad: 149s 2-03), 川 711 [Graph] 311b 417a.

训练 xùn liàn ◦ to instruct, to train ◇ former par la pratique, entraîner ✱ 6004.

训斥 xùn chì ◦ to reprimand, to rebuke ◇ gronder, admonester ✱ 7209.

诿 wěi -1730 | 諉 *9515 | 讠禾女 to shirk, to evade ◇ s'excuser, se rétracter [Etym] 讠 354 (rad: 149s 2-08), 委 769 [Graph] 311b 422d 611e.

诱 yòu -1731 | 誘 *9516 | 讠禾乃 1° to guide, to lead on 2° to lure, to entice, to seduce ◇ 1° guider, diriger 2° induire à, séduire, tentation [Etym] 讠 354 (rad: 149s 2-07), 秀 774 [Graph] 311b 422d 634l.

诱惑 yòu huò ◦ to seduce; to attract ◇ séduire, tenter ✱ 5534.

诱骗 yòu piàn ◦ to trick, to trap ◇ tromper, leurrer ✱ 11133.

谜 mèi -1732 | 謎 *9517 | 讠米辶 [Etym] 讠 354 (rad: 149s 2-09), 迷 791 [Graph] 311b 422f 634o.

谜儿 mèi ér ◦ riddle, puzzle ◇ devinette, énigme ✱ 2194.

△ mí | 謎 *9517、謎 *9518 | 1° riddle, puzzle, enigma 2° mystery ◇ 1° énigme, devinette 2° mystère.

谜语 mí yǔ ◦ riddle ◇ devinette, énigme ✱ 1784.

诛 zhū -1733 | 誅 *9519 | 讠朱 1° to put to death (criminal) 2° to punish 3° to blame ◇ 1° mettre à mort (criminel) 2° châtier, punir 3° blâmer [Etym] 讠 354 (rad: 149s 2-06), 朱 803 [Graph] 311b 422l.

诔 lěi -1734 | 誄 *9520 | 讠耒 to eulogize the dead, prayers ◇ oraison funèbre, invocation [Etym] 讠 354 (rad: 149s 2-06), 耒 805 [Graph] 311b 422n.

讧 hòng -1735 | 訌 *9521 | 讠工 1° words destructive of order and peace 2° internal conflict or strife 3° to ruin ◇ 1° paroles détruisant l'ordre et la paix 2° discorde, dissension 3° ruiner [Etym] 讠 354 (rad: 149s 2-03), 工 808 [Graph] 311b 431a.

诬 wū -1736 | 誣 *9522 | 讠工人人 to calumniate, to accuse falsely ◇ calomnie, accuser faussement [Etym] 讠 354 (rad: 149s 2-07), 巫 809 [Graph] 311b 431a 232a 232a.

诬蔑 wū miè ◦ to slander, to smear ◇ calomnier ✱ 4004.

诬告案 wū gào àn ◦ frame-up; false charge ◇ accusation mensongère ✱ 5233 7749.

诬陷 wū xiàn ◦ to frame somebody ◇ inculper de crime (à tort) ✱ 6768.

让 ràng -1737 | 讓 *9490 | 讠上 1° to give way to, to yield 2° to invite, to offer 3°

to let, to allow 4° to forgive 5° to scold 6° to ask to do 7° to avoid 8° by (passive mode) ◇ 1° laisser passer, céder 2° inviter à, déférer 3° permettre de, laisser 4° pardonner 5° réprimander 6° demander de, dire de 7° éviter 8° par (voix passive) [Etym] 讠 354 (rad: 149s 2-03), 上 818 [Graph] 311b 431b.

让步 ràng bù ∘ to yield, to give in, to make a concession ◇ faire une concession, céder, transiger ✱ 5306.

让座 ràng zuò ∘ to give up one's seat ◇ céder sa place; inviter à s'asseoir ✱ 6879.

让路 ràng lù ∘ to give way, to make way for ◇ laisser le passage, s'écarter ✱ 9353.

诗 shī -1738 讠土寸 |詩 *9523| poetry, verse, poem, poetic ◇ vers, poésie, poème, poétique [Etym] 讠 354 (rad: 149s 2-06), 寺 830 [Graph] 311b 432a 332b.

诗人 shī rén ∘ poet ◇ poète ✱ 1070.

诗歌 shī gē ∘ poem, poetry ◇ poésie, poème ✱ 2237.

诗做 shī zuò ∘ poem ◇ poème ✱ 2850.

诖 guà -1739 讠土土 |詿 *9524| 1° obstacle 2° to deceive 3° mistake ◇ 1° obstacle 2° tromper 3° erreur, faute [Etym] 讠 354 (rad: 149s 2-06), 圭 840 [Graph] 311b 432a 432a.

诘 jí -1740 讠士口 |詰 *9527| [Etym] 讠 354 (rad: 149s 2-06), 吉 876 [Graph] 311b 432b 011a.

诘屈 jí qū ∘ to bend and twist ◇ courber et tordre, plier ✱ 8639.

△ jié |詰 *9527| inquiry, to interrogate, to examine ◇ enquête, interroger, examiner.

诸 zhū (358) 讠耂曰 [Tra] all, every ◇ tous, tout [Etym] modern simplified form of (諸 2145) ◇ forme simplifiée moderne de (諸 2145) [Graph] 311b 432c 021a [Hanzi] zhu1 诸 1741, chu3 储 2828, zhu1 槠 4131.

诸 zhū -1741 讠耂曰 |諸 *9530| 1° all, every 2° final particle 3° at, in 4° surname ◇ 1° tous, tout 2° préposition 3° de, dans 4° nom de famille [Etym] 讠 354 (rad: 149s 2-08), 者 893 [Graph] 311b 432c 021a.

诸位 zhū wèi ∘ Ladies and Gentlemen! ◇ Mesdames et Messieurs ✱ 2775.

诸侯 zhū hóu ∘ dukes, princes under an emperor ◇ prince, feudataire ✱ 2811.

诰 gào -1742 讠⺧口 |誥 *9533| 1° to announce to 2° to order, edict 3° to grant 4° imperial mandate ◇ 1° avertir, informer 2° édit 3° accorder 4° décret impérial [Etym] 讠 354 (rad: 149s 2-07), 告 932 [Graph] 311b 432l 011a.

请 qǐng -1743 讠主月 |請 *9535| 1° to beg, to request 2° to engage, to invite 3° please ◇ 1° prier de, souhaiter, se permettre de 2° inviter, engager 3° veuillez, s'il vous plaît [Etym] 讠 354 (rad: 149s 2-08), 青 946 [Graph] 311b 433a 856e.

请坐 qǐng zuò ∘ please be seated! ◇ asseyez-vous je vous prie! ✱ 1074.

请示 qǐng shì ∘ to ask for directions ◇ demander des instructions ✱ 2247.

请求 qǐng qiú ∘ to ask, to request ◇ demander, solliciter; requête ✱ 2314.

请假 qǐng jià ∘ to ask for leave ◇ demander congé ✱ 3027.

请教 qǐng jiào ∘ seek advice ◇ demander conseil, demander un renseignement ✱ 5050.

请驾 qǐng jià ∘ respectful form of address ◇ formule de politesse ✱ 7270.

请安 qǐng ān ∘ to pay respects; to wish somebody good health ◇ rendre hommage; souhaiter une bonne santé ✱ 7748.

请客 qǐng kè ∘ to invite ◇ inviter, donner une réception ✱ 7760.

请问 qǐng wèn ∘ may I ask? ◇ puis-je vous demander? ✱ 8035.

请帖 qǐng tiě ∘ invitation card ◇ carte d'invitation ✱ 8405.

证 zhèng -1744 讠正 |證 *9560| 1° to prove, to demonstrate, to testify 2° evidence, legal testimony 3° certificate 4° disease, illness (sources of) ◇ 1° prouver, démontrer 2° preuve, attester témoignage 3° certificat, permis 4° maladie, causes de maladie [Etym] 讠 354 (rad: 149s 2-05), 正 963 [Graph] 311b 434b.

证人 zhèng rén ∘ witness ◇ témoin ✱ 1070.

证据 zhèng jù ∘ proof, testimony ◇ preuve, témoignage ✱ 2650.

证件 zhèng jiàn ∘ papers, credentials ◇ papiers (d'identité) ✱ 2856.

证明 zhèng míng ∘ to prove ◇ démontrer, témoigner, attester, prouver; certificat ✱ 9933.

谞 xū -1745 讠疋月 |諝 *9536| 1° prudence 2° sly 3° knowledge 4° to plan ◇ 1° prudent 2° rusé 3° connaissance 4° projeter [Etym] 讠 354 (rad: 149s 2-09), 胥 971 [Graph] 311b 434g 856e.

诞 dàn -1746 讠正廴 |誕 *9537| 1° to boast 2° to bear children, birth 3° absurd ◇ 1° vanter, exagérer 2° enfanter, naissance 3° absurde, licence [Etym] 讠 354 (rad: 149s 2-06), 延 973 [Graph] 311b 434h 634n.

诞生 dàn shēng ∘ to be born; birth ◇ naître, venir au monde ✱ 5286.

诞辰 dàn chén ∘ birthday ◇ anniversaire de naissance ✱ 6823.

谱 pǔ -1747 讠並曰 |譜 *9538| 1° table, chart, register, catalogue, chronicle 2° guide, manual 3° music score 4° to compose (music) 5° something reliable 6° confidence ◇ 1° tableau, planche, registre, répertoire, chronique, catalogue, album 2° guide, manuel 3° notation musicale 4° composer (musique) 5° données dignes de confiance 6° confiance [Etym] 讠 354 (rad: 149s 2-12), 普 986 [Graph] 311b 435c 021a.

谨 jǐn -1748 讠廿里 |謹 *9540| 1° careful, cautious, vigilant 2° solemnly 3° respectful ◇ 1° attentif, soigneux 2° solennel 3° respectueux, vénérer [Etym] 讠 354 (rad: 149s 2-11), 堇 997 [Graph] 311b 436a 032h.

谨慎 jǐn shèn。cautious, careful ◇ prudent, circonspect * 3333.

谋 móu -1749 |謀 *9541| 讠甘木 1° stratagem, plan, to scheme, to plot 2° to consult ◇ 1° plan, projeter, comploter 2° conseil [Etym] 讠 354 (rad: 149s 2-09), 某 1011 [Graph] 311b 436f 422a.

谌 chén -1750 |諶 *9543| 讠甚 1° sincere 2° commonly 3° to trust 4° surname ◇ 1° sincérité, droiture 2° habituellement 3° se fier à 4° nom de famille [Etym] 讠 354 (rad: 149s 2-09), 甚 1015 [Graph] 311b 436j.

诹 zōu -1751 |諏 *9544| 讠耳又 1° to confer 2° to consult ◇ 1° discuter 2° consulter [Etym] 讠 354 (rad: 149s 2-08), 取 1024 [Graph] 311b 436k 633a.

谁 shéi -1752 |誰 *9545| 讠隹 who, anyone, someone ◇ qui? quiconque, celui qui [Etym] 讠 354 (rad: 149s 2-08), 隹 1030 [Graph] 311b 436m.

△ shuí |誰 *9545| 1° who 2° anyone, someone ◇ 1° qui, celui qui 2° quiconque.

谯 qiáo -1753 |譙 *9546| 讠隹灬 [Etym] 讠 354 (rad: 149s 2-12), 焦 1031 [Graph] 311b 436m 222d.

谯楼 qiáo lóu。watchtower, drum tower ◇ tour de guet, tour de garde * 4198.

试 shì -1754 |試 *9547| 讠弋工 1° to try, to experiment 2° examination 3° essay ◇ 1° essayer, tenter, expérimenter, sonder 2° examen, épreuve 3° essai [Etym] 讠 354 (rad: 149s 2-06), 式 1048 [Graph] 311b 511a 431a.

试卷 shì juàn。examination paper ◇ copie d'examen * 1627.

试探 shì tàn。to probe, to explore ◇ sonder, tâter * 2593.

试表 shì biǎo。to take somebody's temperature ◇ prendre la température de quelqu'un * 5250.

试验 shì yàn。to experiment, to check ◇ expérimenter; expérience * 11089.

诋 dǐ -1755 |詆 *9548| 讠氐 to vilify, to slander ◇ critiquer, blâmer [Etym] 讠 354 (rad: 149s 2-05), 氐 1055 [Graph] 311b 511d.

诋毁 dǐ huǐ。to slander, to vilify, to defame ◇ détruire, ruiner; dénigrer, blâmer, critiquer * 7438.

诫 jiè -1756 |誡 *9549| 讠戈廾 1° to warn 2° order, precept 3° prohibition ◇ 1° avertir 2° ordre, précepte 3° interdire, prohibition [Etym] 讠 354 (rad: 149s 2-07), 戒 1058 [Graph] 311b 512b 416e.

诚 chéng -1757 |誠 *9551| 讠成 1° sincere, guileless 2° to rectify, perfection 3° really, indeed ◇ 1° sincère, vrai 2° rectifier, perfection 3° en effet, vraiment [Etym] 讠 354 (rad: 149s 2-06), 成 1072 [Graph] 311b 512l.

诚意 chéng yì。sincerity; good faith ◇ sincérité; de bonne foi * 667.

诚心 chéng xīn。sincerity ◇ sincérité * 2177.

诚实 chéng shí。honest; sincere ◇ honnête; sincère * 7696.

诚恳 chéng kěn。sincere ◇ sincère * 8718.

诳 kuáng -1758 |誑 *9552| 讠犭王 1° lies 2° to deceive ◇ 1° mensonge, mentir 2° tromper [Etym] 讠 354 (rad: 149s 2-07), 狂 1096 [Graph] 311b 521b 432e.

诼 zhuó -1759 |諑 *9553| 讠豖 to accuse, to vilify ◇ incriminer [Etym] 讠 354 (rad: 149s 2-08), 豖 1103 [Graph] 311b 522b.

诒 yí -1760 |詒 *9555| 讠厶口 1° to leave, to hand down, to give 2° to cause ◇ 1° léguer, transmettre, donner 2° causer [Etym] 讠 354 (rad: 149s 2-05), 台 1143 [Graph] 311b 612a 011a.

讼 sòng -1761 |訟 *9556| 讠公 1° to bring a case to court, to accuse, litigation 2° to argue ◇ 1° intenter un procès, accuser, procès 2° disputer [Etym] 讠 354 (rad: 149s 2-04), 公 1161 [Graph] 311b 612h.

讼案 sòng àn。case in court ◇ procès en cour * 7749.

该 gāi -1762 |該 *9558| 讠亥 1° ought to, must 2° to deserve 3° probably 4° this, that, the above-mentioned ◇ 1° devoir, falloir 2° mériter 3° probablement 4° ce, cet, la chose en question [Etym] 讠 354 (rad: 149s 2-06), 亥 1210 [Graph] 311b 614a.

谍 huò -1763 |諜 *9559| 讠夕丰木 sound ◇ onomatopée [Etym] 讠 354 (rad: 149s 2-10), 桀 1230 [Graph] 311b 631b 712b 422a.

谲 jué -1764 |譎 *9561| 讠マ才冋口 to cheat, to feign, to delude ◇ tromper, fourberie [Etym] 讠 354 (rad: 149s 2-12), 矞 1261 [Graph] 311b 632a 331g 856l 011a.

诵 sòng -1765 |誦 *9562| 讠マ用 1° to read aloud 2° to recite, to narrate 3° to hum over ◇ 1° lire à haute voix 2° réciter, raconter 3° déclamer [Etym] 讠 354 (rad: 149s 2-07), 甬 1262 [Graph] 311b 632a 856i.

译 yì -1766 |譯 *9633| 讠又丰 1° to translate, to interpret 2° to explain ◇ 1° traduire, interpréter 2° expliquer [Etym] 讠 354 (rad: 149s 2-05), 圣 1273 [Graph] 311b 633a 414a.

译文 yì wén。translated text; translation ◇ traduction (d'un texte) * 1659.

译者 yì zhě。translator ◇ traducteur * 5051.

译员 yì yuán。interpreter ◇ interprète * 9127.

谍 dié -1767 |諜 *9564| 讠世木 to play the traitor, spy ◇ épier, espion [Etym] 讠 354 (rad: 149s 2-09), 枼 1349 [Graph] 311b 711d 422a.

谚 yàn -1768 |諺 *9488| 讠产彡 proverb, common saying ◇ proverbe, adage [Etym] 讠 354 (rad: 149s 2-09), 彦 1415 [Graph] 311b 721c 211c.

谚语 yàn yǔ。proverb, saying ◇ proverbe, dicton * 1784.

诡 guǐ -1769 |詭 *9565| 讠产㔾 1° to deceive, tricky, cunning 2° weird, eerie ◇ 1° tromper, rusé, fourberie 2° étrange, bizarre [Etym] 讠 354 (rad: 149s 2-06), 危 1419 [Graph] 311b 721e 733a.

诡计 guǐ jì ∘ trick, ruse; cunning scheme ◇ intrigue, ruse, tour ∗ 1719.

谵 zhān -1770 讠广亼言 |譫 *9566| wild delirious talking, to rave ◇ divaguer, délire [Etym] 讠 354 (rad: 149s 2-13), 詹 1421 [Graph] 311b 721e ac:h 012d.

谑 xuè -1771 讠广七乇 |謔 *9567| 1° to ridicule 2° to tease ◇ 1° ridiculiser 2° taquiner [Etym] 讠 354 (rad: 149s 2-09), 虐 1438 [Graph] 311b 721g 321e 831b.

诐 bì -1772 讠广又 |詖 *9569| 1° swindle 2° to slander ◇ 1° fourberie, perversité 2° calomnier [Etym] 讠 354 (rad: 149s 2-05), 皮 1452 [Graph] 311b 721h 633a.

诟 gòu -1773 讠户口 |詬 *9570| 1° to reproach 2° to revile 3° shame ◇ 1° blâmer 2° outrager, railler, insulter 3° honte [Etym] 讠 354 (rad: 149s 2-06), 后 1460 [Graph] 311b 722b 011a.

诉 sù -1774 讠斥 |訴 *9572 丶 愬 *7663| 1° to tell, to make known 2° to complain, to accuse 3° to resort to ◇ 1° dire, raconter, faire savoir, avertir 2° se plaindre, accuser 3° recourir à [Etym] 讠 354 (rad: 149s 2-05), 斥 1464 [Graph] 311b 722d.

诉说 sù shuō ∘ to tell, to relate ◇ raconter ∗ 1819.

诩 xǔ -1775 讠习习 |詡 *9573| 1° to brag, to boast 2° broad 3° acute ◇ 1° exagérer, amplifier, vantardise 2° vaste 3° perspicace [Etym] 讠 354 (rad: 149s 2-06), 羽 1472 [Graph] 311b 731c 731c.

谬 miù -1776 讠习习人彡 |謬 *9574| falsehood, error, wrong ◇ erreur, mensonge, faux [Etym] 讠 354 (rad: 149s 2-11), 翏 1473 [Graph] 311b 731c 731c 233a 211c.

词 cí -1777 讠⺆口 |詞 *9575| 1° word, expression 2° composition 3° to accuse, to request ◇ 1° terme, locution 2° composition 3° accusation [Etym] 讠 354 (rad: 149s 2-05), 司 1476 [Graph] 311b 731d 012a.

词典 cí diǎn ∘ word dictionary ◇ dictionnaire de mots ∗ 8564.

诏 zhào -1778 讠刀口 |詔 *9576| 1° to instruct, to proclaim 2° imperial mandate ◇ 1° avertir, faire savoir 2° édit, décret impérial [Etym] 讠 354 (rad: 149s 2-05), 召 1479 [Graph] 311b 732a 011a.

讳 huì -1779 讠韦 |諱 *9583| 1° to avoid as taboo, taboo 2° to conceal 3° to shun ◇ 1° omettre par respect ou par crainte, tabou 2° taire, cacher 3° éviter de [Etym] 讠 354 (rad: 149s 2-04), 韦 1508 [Graph] 311b 734e.

讴 ōu -1780 讠匚乂 |謳 *9580| ballads, folk songs, to sing ◇ réciter en chantant, chanter, romances, chants [Etym] 讠 354 (rad: 149s 2-04), 区 1519 [Graph] 311b 811c 243a.

诓 kuāng -1781 讠匚王 |誆 *9579| 1° to lie 2° to deceive, hoax ◇ 1° mentir 2° tromper, duper [Etym] 讠 354 (rad: 149s 2-06), 匡 1522 [Graph] 311b 811c 432e.

谮 zèn -1782 讠旡旡曰 |譖 *9581| to slander ◇ dénigrer, diffamer [Etym] 讠 354 (rad: 149s 2-12), 朁 1541 [Graph] 311b 812a 812a 021a.

讶 yà -1783 讠牙 |訝 *9582| 1° to be surprised, to wonder at 2° to admire ◇ 1° être surpris, s'étonner 2° admirer, s'exclamer [Etym] 讠 354 (rad: 149s 2-04), 牙 1542 [Graph] 311b 812b.

语 yǔ -1784 讠五口 |語 *9584| 1° language, words 2° to say, to talk, to discuss 3° proverb, saying 4° means of communication (animal, human) 5° signal, sign ◇ 1° langage, langue, paroles 2° dire, parler, discuter 3° proverbe, expression 4° signe, signal 5° langage des animaux [Etym] 讠 354 (rad: 149s 2-07), 吾 1549 [Graph] 311b 822b 011a.

语法 yǔ fǎ ∘ grammar ◇ grammaire ∗ 217.

语音 yǔ yīn ∘ phonetics ◇ phonétique ∗ 665.

语文 yǔ wén ∘ language ◇ langue, langage ∗ 1659.

语言 yǔ yán ∘ language ◇ langue, langage ∗ 9469.

语气 yǔ qì ∘ tone, manner of speaking ◇ ton, manière de parler, tournure ∗ 11170.

△ yù |語 *9584| to tell, to inform, to talk ◇ dire, informer, parler, communiquer.

诀 jué -1785 讠夬 |訣 *9585| 1° magic formula 2° knack 3° to bid farewell ◇ 1° formule magique 2° truc, recette, procédé 3° se séparer de quelqu'un, faire ses adieux [Etym] 讠 354 (rad: 149s 2-04), 夬 1550 [Graph] 311b 822c.

诌 zhōu -1786 讠刍 |謅 *9601| 1° to recriminate 2° to make up (tales) ◇ 1° grommeler, récriminer 2° radoter [Etym] 讠 354 (rad: 149s 2-05), 刍 1559 [Graph] 311b 832c.

诤 zhèng -1787 讠争 |諍 *9474| to reprove, to remonstrate with ◇ réprimander [Etym] 讠 354 (rad: 149s 2-06), 争 1577 [Graph] 311b 834d.

谦 qiān -1788 讠兼 |謙 *9586| 1° modest 2° yielding 3° respectful, to revere ◇ 1° modestie, humilité 2° céder 3° révérer, déférer [Etym] 讠 354 (rad: 149s 2-10), 兼 1582 [Graph] 311b 834h.

谦虚 qiān xū ∘ modest, humble ◇ humble, modeste ∗ 7154.

谄 chǎn -1789 讠臽 |諂 *9588| to flatter ◇ flatter, flatterie, adulation [Etym] 讠 354 (rad: 149s 2-08), 臽 1594 [Graph] 311b 835e.

谀 yú -1790 讠臾 |諛 *9589| to flatter ◇ flatter, cajoler [Etym] 讠 354 (rad: 149s 2-08), 臾 1595 [Graph] 311b 835f.

讪 shàn -1791 讠山 |訕 *9590 丶 赸 2° *4851| 1° to mock, to vilify, to slander 2° embarrassed ◇ 1° dénigrer, censurer 2° gêné [Etym] 讠 354 (rad: 149s 2-03), 山 1611 [Graph] 311b 841b.

诎 qū -1792 讠出 |詘 *9591| 1° to bend, to crouch 2° to yield ◇ 1° courber, incliner 2° se soumettre, obéir [Etym] 讠 354 (rad: 149s 2-05), 出 1640 [Graph] 311b 842c.

诨 hùn -1793 讠冖车 |諢 *9592| joke, jest ◇ plaisanterie, farce, plaisanter [Etym] 讠 354 (rad: 149s 2-06), 军 1652 [Graph] 311b 851a 614d.

诧 chà -1794 讠宀乇 |詫 *9593| 1° to talk big, to brag, to boast 2° to be surprised ◇ 1° se vanter, exagérer 2° s'étonner de [Etym] 讠 354 (rad: 149s 2-06), 宅 1670 [Graph] 311b 851c 321f.

谊 yì -1795 |誼 *9595| 1° friendship 2° relations 3° suitable, right, proper ◇ 1° amitié 2° relations 3° convenances, correct [Etym] 讠354 (rad: 149s 2-08), 宜1705 [Graph] 311b 851c 921a.

谉 shěn -1796 |讅 *9594| to understand, to know ◇ savoir, être au courant [Etym] 讠354 (rad: 149s 2-08), 审1712 [Graph] 311b 851c 042c.

谤 bàng -1797 |謗 *9597| to slander, to defame, to vilify ◇ médire, dénigrer [Etym] 讠354 (rad: 149s 2-10), 旁1732 [Graph] 311b 851e 853b.

谛 dì -1798 |諦 *9598| 1° to investigate, to make research 2° carefully ◇ 1° scruter, examiner attentivement 2° précaution, attention [Etym] 讠354 (rad: 149s 2-09), 帝1733 [Graph] 311b 851e 858a.

谠 dǎng -1799 |讜 *9599| 1° right words, persuasive speech 2° honest ◇ 1° avis sincères 2° honnête [Etym] 讠354 (rad: 149s 2-10), 党1750 [Graph] 311b 851h 011d.

询 xún -1800 |詢 *9602| to inquire about ◇ s'informer, enquête [Etym] 讠354 (rad: 149s 2-06), 旬1782 [Graph] 311b 852h 021a.

询问 xún wèn。to ask about, to inquire ◇ questionner, se renseigner, interroger ✱ 8035.

访 fǎng -1801 |訪 *9603| 1° to visit 2° to search out, to inquire about, to examine ◇ 1° visiter 2° chercher, interroger, enquête, examiner [Etym] 讠354 (rad: 149s 2-04), 方1784 [Graph] 311b 853b.

访问 fǎng wèn。visit ◇ visite, visiter ✱ 8035.

谰 lán -1802 |讕 *9613| to defame, to slander ◇ diffamer, calomnie [Etym] 讠354 (rad: 149s 2-12), 阑1818 [Graph] 311b 855a 033d.

谫 jiǎn -1803 |。、譾 *9604| 1° shallow in knowledge 2° superficial ◇ 1° peu profond 2° superficiel, banal [Etym] 讠354 (rad: 149s 2-11), 剪1841 [Graph] 311b ac:d 856e 333b 732a.

调 diào -1804 |調 *9606| 1° cadence 2° air 3° to transfer 4° accent ◇ 1° cadence 2° air 3° muter, déplacer 4° accent [Etym] 讠354 (rad: 149s 2-08), 周1851 [Graph] 311b 856k 432a 011a.

调换 diào huàn。to change; to exchange ◇ changer; échanger ✱ 2642.

调查 diào chá。to investigate ◇ investigation, examiner; enquêter ✱ 4429.

调动 diào dòng。to displace, to transfer, to shift ◇ déplacer, muter; mobiliser, déployer ✱ 5920.

调度 diào dù。to dispatch (trains, buses); to manage ◇ répartir; préposé à la répartition des tâches; gérant ✱ 6919.

调遣 diào qiǎn。to dispatch; to assign ◇ disposer; envoyer; déplacer ✱ 10188.

△ tiáo |調 *9606| 1° to mix 2° to suit well 3° to mediate 4° to tease, to provoke ◇ 1° combiner, mélanger 2° accorder 3° réconcilier 4° se rire de, provoquer.

调剂 tiáo jì。to adjust, to trim, to arrange ◇ arranger, doser, régler, ajuster ✱ 1662.

调和 tiáo hé。harmonious; to reconcile, to mediate ◇ harmonieux, à point, réconcilier, concilier ✱ 4568.

调羹 tiáo gēng。spoon ◇ cuiller, cuillère ✱ 5216.

调皮 tiáo pí。mischievous, unruly ◇ espiègle, gamin ✱ 7184.

调整 tiáo zhěng。to adjust, to regulate ◇ rajuster, régler ✱ 10377.

诇 xiòng -1805 |詗 *9607| to spy ◇ espionner [Etym] 讠354 (rad: 149s 2-05), 冋1852 [Graph] 311b 856k 011a.

谪 zhé -1806 |謫 *9608| 1° to banish (to outlying district) 2° to reproach, to blame 3° to punish 4° crime ◇ 1° exiler à la frontière 2° blâmer, gronder 3° punir 4° faute, crime [Etym] 讠354 (rad: 149s 2-11), 啇1875 [Graph] 311b 857g 013f.

诮 qiào -1807 |誚 *9609| to blame ◇ gronder [Etym] 讠354 (rad: 149s 2-07), 肖1878 [Graph] 311b 857i.

谳 yàn -1808 |讞 *9568| to decide on judicial cases, to pronounce judgment ◇ juger, établir la culpabilité [Etym] 讠354 (rad: 149s 2-13), 献1882 [Graph] 311b 857k 413c 242i.

讷 nè -1809 |訥 *9610| 1° cautious speech 2° slow (of speech) ◇ 1° parler avec réserve 2° parler lentement [Etym] 讠354 (rad: 149s 2-04), 内1919 [Graph] 311b 859a.

诅 zǔ -1810 |詛 *9611| to imprecate, to curse ◇ maudire [Etym] 讠354 (rad: 149s 2-05), 且1929 [Graph] 311b 921a.

谝 piǎn -1811 |諞 *9612| to show off ◇ parader, se pavaner [Etym] 讠354 (rad: 149s 2-09), 扁1989 [Graph] 311b 931e 856j.

讵 jù -1812 |詎 *9614| how? how come? ◇ comment?, se peut-il que? [Etym] 讠354 (rad: 149s 2-05), 巨2043 [Graph] 311b 935a.

谢 xiè -1813 |謝 *9615| 1° to thank 2° to excuse oneself 3° to decline, to resign, to cease 4° to wither (leaves) 5° to confess 6° surname ◇ 1° remercier 2° s'excuser 3° se démettre, cesser 4° se faner (feuilles) 5° confesser 6° nom de famille [Etym] 讠354 (rad: 149s 2-10), 射2061 [Graph] 311b 941d 332b.

谢谢 xiè xiè。thank you! ◇ merci, remercier ✱ 1813.

谢幕 xiè mù。to respond to a curtain call ◇ remercier les spectateurs (durant rappels) ✱ 3956.

谢绝 xiè jué。to refuse, to decline ◇ refuser poliment, décliner (une offre) ✱ 6060.

误 wù -1814 |誤 *9618、悞 *3343| 1° mistake, to err 2° to miss 3° to harm 4° neglect 5° by accident ◇ 1° errer, erreur, se tromper 2° manquer 3° nuire à 4° négligence 5° par hasard [Etym] 讠354 (rad: 149s 2-07), 吴2065 [Graph] 311b 011a 242b.

误会 wù huì ∘ misunderstanding ◇ mésentente, se méprendre, se faire une fausse idée ✱ 1382.

误差 wù chā ∘ error ◇ écart ✱ 1529.

误解 wù jiě ∘ to misunderstand ◇ mal interpréter; malentendu ✱ 8366.

误点 wù diǎn ∘ late, overdue ◇ en retard ✱ 9799.

谔 è -1815 讠口口亏 |諤 *9617| honest, sincere ◇ franchise [Etym] 讠 354 (rad: 149s 2-09), 咢2102 [Graph] 311b 011a 011a Z21c.

识 shí -1816 讠只 |識 *9550| 1° to know, knowledge 2° perception, experience ◇ 1° connaître, savoir 2° perception, conscience [Etym] 讠 354 (rad: 149s 2-05), 只 2113 [Graph] 311b 011c.

识别 shí bié ∘ to distinguish, to discern, to spot ◇ distinguer, discerner, identifier ✱ 9073.

识破 shí pò ∘ to see through, to penetrate ◇ voir à fond, pénétrer (intentions) ✱ 9727.

△ zhì |識 *9550| 1° to remember 2° mark, note 3° memorandum, document ◇ 1° se souvenir, mémoire, graver dans son mémoire 2° noter, inscription gravée 3° document.

谅 liàng -1817 讠亠口小 |諒 *9619| 1° to forgive, to excuse 2° to consider, to think 3° to trust, sincerity ◇ 1° pardonner, excuser 2° penser, examiner 3° croire à, ajouter foi, sincérité [Etym] 讠 354 (rad: 149s 2-08), 京 2122 [Graph] 311b 012c 331j.

谅解 liàng jiě ∘ to forgive; to understand ◇ pardonner; comprendre ✱ 8366.

谆 zhūn -1818 讠亠口子 |諄 *9620| 1° earnestly, tirelessly 2° to impress upon 3° to teach ◇ 1° sollicitude, sans relâche 2° soin 3° enseigner [Etym] 讠 354 (rad: 149s 2-08), 享 2128 [Graph] 311b 012c 634d.

说 shuì -1819 讠兑 |說 *9621| 1° to try to convince, to peddle an idea 2° to urge ◇ 1° exhorter, engager à 2° presser [Etym] 讠 354 (rad: 149s 2-07), 兑 2153 [Graph] 311b 013d.

△ shuō |說 *9621| 1° to say, to speak, to talk 2° to explain 3° teachings, theory, doctrine 4° to scold ◇ 1° dire, parler 2° expliquer, raconter 3° doctrine, enseignements, théorie 4° gronder, réprimander.

说谎 shuō huǎng ∘ to lie ◇ mentir ✱ 1726.

说话 shuō huà ∘ to speak ◇ parler; causer, bavarder ✱ 1821.

说不定 shuō bù dìng ∘ maybe, perhaps ◇ incertain, peut-être ✱ 4066 7734.

说字 shuō zì ∘ to know how to read ◇ savoir lire ✱ 7763.

说服 shuō fú ∘ to convince ◇ convaincre, persuader ✱ 8175.

说明 shuō míng ∘ to explain, to demonstrate ◇ expliquer, démontrer, faire comprendre ✱ 9933.

说白 shuō bái ∘ spoken parts in operas ◇ parties parlées dans une pièce d'opéra ✱ 9973.

△ yuè |說 *9621| 1° to delight, to gratify 2° pleased 3° joy ◇ 1° enchanter, gratifier 2° content, bonheur 3° joie.

诂 gǔ -1820 讠古 |詁 *9622| 1° to explain, to comment 2° explain archaic words in current language ◇ 1° commenter, interpréter 2° expliquer des textes anciens en termes modernes [Etym] 讠 354 (rad: 149s 2-05), 古 2155 [Graph] 311b 013f.

话 huà -1821 讠舌 |話 *9623| 1° word, sentence, language 2° to speak, to tell ◇ 1° parole, phrase, langage 2° parler, dire [Etym] 讠 354 (rad: 149s 2-06), 舌 2162 [Graph] 311b 013h.

话筒 huà tǒng ∘ microphone ◇ microphone ✱ 874.

话把儿 huà bà ér ∘ subject for ridicule; handle ◇ exposé au ridicule ✱ 2656 2194.

话剧 huà jù ∘ theater ◇ théâtre parlé, théâtre moderne ✱ 8662.

话别 huà bié ∘ to say good-bye ◇ faire ses adieux, conversation avant séparation ✱ 9073.

话题 huà tí ∘ topic of conversation ◇ sujet de conversation ✱ 9885.

谒 yè (359) 讠曰勹人匕 |[Tra] to visit, let know ◇ visite; faire savoir [Etym] modern simplified form of (謁 2146) ◇ forme simplifiée moderne de (謁 2146) [Graph] 311b 021a 852h 232a 711a [Hanzi] ye4 谒1822, ai3 蔼 3594, ai3 霭 8426.

谒 yè -1822 讠曰勹人匕 |謁 *9625| to visit (a superior), to receive a visit ◇ faire ou recevoir visite [Etym] 讠 354 (rad: 149s 2-09), 曷 2194 [Graph] 311b 021a 852h 232a 711a.

谩 mán -1823 讠曰罒又 |謾 *9626| to deceive ◇ tromper, duper [Etym] 讠 354 (rad: 149s 2-11), 曼 2211 [Graph] 311b 021a 051a 633a.

△ màn |謾 *9626| 1° disrespectful 2° to recriminate ◇ 1° impoli 2° récriminer.

谩骂 màn mà ∘ to swear; to fling abuses ◇ injurier, maudire, calomnier ✱ 9196.

谴 qiǎn -1824 讠虫目辶 |譴 *9628| 1° to condemn, to denounce, to reprimand, to scold, to chastise 2° surname ◇ 1° réprimander, châtier, dénoncer 2° nom propre [Etym] 讠 354 (rad: 149s 2-13), 遣 2279 [Graph] 311b 031c 934b 634o.

谗 chán -1825 讠免丶 |讒 *9624| to detract, to slander ◇ dénigrer [Etym] 讠 354 (rad: 149s 2-09), 毚 2293 [Graph] 311b 032d 211b.

谏 jiàn -1826 讠柬 |諫 *9629| 1° to admonish, to warn, to reprove 2° to plead with ◇ 1° remontrer les fautes, avertir 2° exhortation [Etym] 讠 354 (rad: 149s 2-09), 柬 2309 [Graph] 311b 033d.

谡 sù -1827 讠田亾夂 |謖 *9630| 1° to rise 2° to get up ◇ 1° lever 2° se lever [Etym] 讠 354 (rad: 149s 2-10), 畟 2321 [Graph] 311b 041a ac:h 633e.

谓 wèi -1828 謂 *9631 1° to say, to speak 2° to call, to name 3° meaning, sense 4° to be ◇ 1° dire 2° nommer 3° penser, signification, sens 4° être [Etym] 讠 354 (rad: 149s 2-09), 胃 2324 [Graph] 311b 041a 856e.

课 kè -1829 課 *9632 1° course, subject 2° class 3° lesson 4° tax 5° to levy ◇ 1° cours, matière 2° classe 3° leçon, exercice 4° taxe, impôt 5° prélever [Etym] 讠 354 (rad: 149s 2-08), 果 2364 [Graph] 311b 043f.

课程 kè chéng。course; curriculum ◇ cours, programme scolaire * 4569.

课本 kè běn。handbook ◇ manuel, livre de classe * 4662.

课外 kè wài。extracurricular; after school ◇ extra-scolaire, en dehors du cours * 6395.

课堂 kè táng。classroom ◇ salle de cours, classe * 7868.

谭 tán -1830 譚 *9634 1° to boast 2° surname ◇ 1° vanter 2° nom propre [Etym] 讠 354 (rad: 149s 2-12), 覃 2411 [Graph] 311b 051e 021d.

讫 qì -1831 訖 *9636 1° settled, completed, done, to finish 2° end 3° up to ◇ 1° régler, achever, finir 2° fin 3° enfin [Etym] 讠 354 (rad: 149s 2-03), 乞 2508 [Graph] 311b Z31e.

讯 xùn -1832 訊 *9637 1° to interrogate, to examine judicially 2° to dispatch 3° to chide 4° informations ◇ 1° interroger, examiner 2° dépêcher 3° réprimander 4° nouvelles, informations [Etym] 讠 354 (rad: 149s 2-03), 卂 2512 [Graph] 311b Z32a.

讯问 xùn wèn。to question, to interrogate ◇ questionner; se renseigner * 8035.

讥 jī -1833 譏 *9557 1° scoff, to ridicule, to mock 2° to blame 3° to interrogate ◇ 1° railler, ridiculiser 2° blâmer 3° interroger [Etym] 讠 354 (rad: 149s 2-02), 几 2516 [Graph] 311b Z33a.

讥笑 jī xiào。to mock, to sneer at ◇ rire de, railler * 749.

饥饿 jī è。hungry, starving ◇ affamé, famélique * 1855.

饥荒 jī huāng。famine ◇ famine * 3810.

饥寒 jī hán。suffer hunger and cold ◇ faim et froid * 7735.

设 shè -1834 設 *9638 1° to set up, to found 2° to work out, to frame, to arrange 3° given, suppose 4° if ◇ 1° organiser, fonder 2° combiner (plan), disposer 3° supposer 4° si [Etym] 讠 354 (rad: 149s 2-04), 殳 2519 [Graph] 311b Z33a 633a.

设法 shè fǎ。to strive; to think of a way ◇ chercher à, tâcher de * 217.

设想 shè xiǎng。to imagine, to envisage; tentative idea ◇ imaginer, supposer; idée, imagination * 4445.

设备 shè bèi。equipment; facilities ◇ équipement, installations * 6537.

设置 shè zhì。to set up, to install ◇ instituer, installer, équiper * 10793.

讽 fěng -1835 諷 *9639 1° to chant 2° to ridicule, to mock ◇ 1° chanter, psalmodier, réciter 2° ridiculiser, critiquer [Etym] 讠 354 (rad: 149s 2-04), 风 2523 [Graph] 311b Z33c 243a.

讽刺 fěng cì。to mock; satire ◇ ironie, satire; railler * 8489.

记 jì -1836 記 *9640 1° to note down 2° history 3° to remember 4° record 5° mark ◇ 1° noter 2° histoire 3° marque, se souvenir [Etym] 讠 354 (rad: 149s 2-03), 己 2532 [Graph] 311b Z41a.

记住 jì zhù。to remember, to bear in mind ◇ retenir, se souvenir de * 2887.

记得 jì de。to remember ◇ se rappeler; se souvenir de * 3173.

记性 jì xìng。memory ◇ mémoire * 3262.

记忆 jì yì。to remember, to recall ◇ se souvenir, se rappeler * 3390.

记者 jì zhě。journalist, reporter ◇ journaliste, reporter, correspondant * 5051.

记载 jì zǎi。to record, to put down in writing; account ◇ écrire, noter, mentionner; compte-rendu, rapport * 5539.

记录 jì lù。note, minutes ◇ notes, procès-verbal; secrétaire; record * 7388.

记录片 jì lù piàn。documentary ◇ film documentaire * 7388 11006.

记帐 jì zhàng。to keep accounts ◇ tenir les comptes * 8382.

记号 jì hào。sign, mark ◇ signe, marque * 9257.

诲 huì -1837 誨 *9641 1° to teach 2° advice ◇ 1° enseigner, leçon 2° conseil [Etym] 讠 354 (rad: 149s 2-07), 每 2565 [Graph] 311b Z61b.

饣 shí (360) 饣 [Tra] food ◇ nourriture [Etym] modern simplified form of (食 221) ◇ forme simplifiée moderne de (食 221) [Graph] 311c [Ref] w26m [Hanzi] chi4 饬 1863, shi4 饰 1873 [Rad] 184s.

饣 shí (361) 饣亠 [Tra] to nourrish ◇ nourrir [Etym] modern simplified form of (飠 219) ◇ forme simplifiée moderne de (飠 219) [Graph] 311c acc:f [Hanzi] chi4 饬 1863, shi4 饰 1873.

馁 něi -1838 餒 *1421 1° hungry 2° disheartened 3° putrid (of fish) ◇ 1° avoir faim 2° désespéré, découragé 3° gâté (poisson) [Etym] 饣 360 (rad: 184s 3-07), 妥 110 [Graph] 311c 221d 611e.

饮 yǐn -1839 飲 *1422 1° to drink 2° to nurse (feeling) ◇ 1° boire, abreuver 2° entretenir, alimenter (sentiment) [Etym] 饣 360 (rad: 184s 3-04), 欠 178 [Graph] 311c 232b.

饮食 yǐn shí。food and drink ◇ nourriture * 1480.

饮料 yǐn liào。drink ◇ boisson * 4607.

△ yìn |飲 *1422| to give animals water to drink ◇ faire boire (un animal).

饸 hé -1840 饣人口 |餄 *1424| kind of noodles ◇ sorte de nouilles [Etym] 饣 360 (rad: 184s 3-06), 合 222 [Graph] 311c 233a 012a.

饸饹 hé le ∘ buckwheat or sorghum flour noodles ◇ nouilles de sarrasin ou de sorgho * 1859.

馐 xiū -1841 饣羊丑 |饈 *1425| delicacies, sweets ◇ mets délicats, friandises [Etym] 饣 360 (rad: 184s 3-10), 羞 254 [Graph] 311c 241c 832e.

饫 yù -1842 饣夭 |飫 *1426| 1° satiated (with food) 2° gift 3° favor ◇ 1° saturé, rassasié, repu 2° don 3° faveur [Etym] 饣 360 (rad: 184s 3-04), 夭 289 [Graph] 311c 242e.

饺 jiǎo -1843 饣交 |餃 *1428| meat dumpling ◇ beignets, ravioli [Etym] 饣 360 (rad: 184s 3-06), 交 344 [Graph] 311c 243e.

饺子 jiǎo zǐ ∘ ravioli ◇ ravioli chinois * 6546.

饻 xī -1844 饣衣 |餏 *1429| wages in kind (food, clothing, etc.) ◇ unité de compte pour calculer le salaire [Etym] 饣 360 (rad: 184s 3-06), 衣 371 [Graph] 311c 312i.

饦 tuō -1845 饣乇 |飥 *1431| See ◇ Voir 馎饦 bo2-tuo1 1874-1845 [Etym] 饣 360 (rad: 184s 3-03), 乇 402 [Graph] 311c 321f.

饤 dìng -1846 饣丁 |飣 *1432| See ◇ Voir 饾饤 dou4-ding4 1877-1846 [Etym] 饣 360 (rad: 184s 3-02), 丁 420 [Graph] 311c 331b.

馍 mó -1847 饣艹日大 |饝 *1450| steamed bread, steamed bun ◇ pain chinois cuit à la vapeur [Etym] 饣 360 (rad: 184s 3-10), 莫 679 [Graph] 311c 415c 021a 242a.

饼 bǐng -1848 饣并 |餅 *1435| cakes, pastry ◇ galette, pastille [Etym] 饣 360 (rad: 184s 3-06), 并 708 [Graph] 311c 416i.

饼干 bǐng gān ∘ cookie ◇ biscuit, gâteau sec * 3403.

馇 chā -1849 饣木日一 |餷 *1436| to cook and stir ◇ sauter (cuisine) [Etym] 饣 360 (rad: 184s 3-09), 查 757 [Graph] 311c 422a 021a ac:z.

饪 rèn -1850 饣壬 |飪 *1434| to cook ◇ cuire [Etym] 饣 360 (rad: 184s 3-04), 壬 930 [Graph] 311c 432k.

馑 jǐn -1851 饣廿里 |饉 *1441| dearth, famine, crop failure ◇ disette, famine [Etym] 饣 360 (rad: 184s 3-11), 堇 997 [Graph] 311c 436a 032h.

馓 sǎn -1852 饣龷月攵 |饊 *1442| fried cakes, fried puffy shredded dough ◇ frites, pâte frite [Etym] 饣 360 (rad: 184s 3-12), 散 1000 [Graph] 311c 436b 856e 243c.

饵 ěr -1853 饣耳 |餌 *1443| 1° bait for fish 2° cakes 3° to entice ◇ 1° appât 2° gâteau 3° amorce, attirer [Etym] 饣 360 (rad: 184s 3-06), 耳 1017 [Graph] 311c 436k.

饶 ráo -1854 饣戈兀 |饒 *1438| 1° rich, plentiful, abundance 2° to forgive 3° to give something extra 4° although, in spite of 5° surname ◇ 1° richesse, abondance 2° pardonner, indulgence 3° donner en surplus 4° en dépit de, malgré que 5° nom propre [Etym] 饣 360 (rad: 184s 3-06), 尧 1056 [Graph] 311c 512a 322c.

饶恕 ráo shù ∘ to forgive, to pardon ◇ pardonner, faire grâce * 5843.

饿 è -1855 饣我 |餓 *1445| 1° hungry, to starve 2° to covet, to desire ◇ 1° avoir faim 2° convoiter [Etym] 饣 360 (rad: 184s 3-07), 我 1067 [Graph] 311c 512f.

饿殍 è piǎo ∘ 1° to die of hunger; 2° bodies of the starved ◇ 1° inanition, mourir de faim; 2° gens morts de faim * 6410.

饯 jiàn -1856 饣戋 |餞 *1444| farewell entertainment ◇ repas d'adieu [Etym] 饣 360 (rad: 184s 3-05), 戋 1083 [Graph] 311c 513a.

饯行 jiàn xíng ∘ to give a farewell dinner ◇ offrir un repas d'adieu * 3128.

饴 yí -1857 饣厶口 |飴 *1446| 1° malt sugar 2° sweet-meat, delicacies 3° pleasure ◇ 1° sucre (maltose) 2° mets délicats, délicieux 3° plaisir [Etym] 饣 360 (rad: 184s 3-05), 台 1143 [Graph] 311c 612a 011a.

馂 jùn -1858 饣允夂 |餕 *1447| to eat the remains, scraps of a meal ◇ manger les restes, reliefs d'un repas [Etym] 饣 360 (rad: 184s 3-07), 夋 1147 [Graph] 311c 612b 633e.

饹 le -1859 饣夂口 |餎 *1449| See ◇ Voir 饸饹 he2-le5 1840-1859 [Etym] 饣 360 (rad: 184s 3-06), 各 1295 [Graph] 311c 633e 011a.

饧 xíng -1860 饣𠃓 |餳 *1471| 1° sugar 2° syrup 3° delicacies 4° sticky (eyes) ◇ 1° sucre 2° sirop 3° friandises 4° yeux semi-ouverts [Etym] 饣 360 (rad: 184s 3-03), 𠃓 1338 [Graph] 311c 634k.

饭 fàn -1861 饣厂又 |飯 *1451| 1° boiled rice 2° food in general 3° meal ◇ 1° riz cuit 2° aliments 3° repas [Etym] 饣 360 (rad: 184s 3-04), 反 1454 [Graph] 311c 722a 633a.

饭馆 fàn guǎn ∘ restaurant ◇ restaurant * 1869.

饭菜 fàn cài ∘ meal, dish (of food) ◇ repas, mets * 3543.

饭桶 fàn tǒng ∘ rice-bucket; good-for-nothing, idiot ◇ récipient à riz; un bon à rien, imbécile * 4275.

饭厅 fàn tīng ∘ dining hall; canteen ◇ salle à manger, cantine, réfectoire * 6828.

饭庄 fàn zhuāng ∘ (big) restaurant ◇ (grand) restaurant * 6910.

饭店 fàn diàn ∘ restaurant ◇ restaurant * 6979.

饭碗 fàn wǎn ∘ rice bowl ◇ bol à riz; gagne-pain, travail rémunéré * 9742.

饲 sì -1862 饣𠃌口 |飼 *1452| 1° to feed 2° to raise ◇ 1° nourrir 2° élever [Etym] 饣 360 (rad: 184s 3-05), 司 1476 [Graph] 311c 731d 012a.

饲养 sì yǎng ∘ to raise, to rear (livestock) ◇ élever, nourrir (animaux domestiques) * 1619.

饲料 sì liào ∘ fodder, feed ◇ fourrage * 4607.

饬 chì -1863 饣力 |飭 *1453| 1° to adjust 2° orderly 3° edict, notice, to direct ◇ 1°

mettre en ordre, préparer, vaquer à 2° ordre 3° avis, édit [Etym] 饣 360 (rad: 184s 3-04), 饣 361 力 1489 [Graph] 311c 732f.

馔 zhuàn -1864 |饌 •1454| food, provisions ◇ mets, vivres [Etym] 饣 360 (rad: 184s 3-10), 巽 1500 [Graph] 311c 733a 733a 436e.
饣巳巳共

馅 xiàn -1865 |餡 •1455| 1° filling, stuffing 2° minced meat ◇ 1° farce 2° hachis [Etym] 饣 360 (rad: 184s 3-08), 臽 1594 [Graph] 311c 835e.
饣臽

馊 sōu -1866 |餿 •1456| spoiled (food), sour ◇ moisir, gâté, avarié, rance [Etym] 饣 360 (rad: 184s 3-09), 叟 1596 [Graph] 311c 835g 633a.
饣申又

饳 duò -1867 |飿 •1457| See ◇ Voir 馉饳 gu3-duo4 1875-1867 [Etym] 饣 360 (rad: 184s 3-05), 出 1640 [Graph] 311c 842c.
饣出

饨 tún -1868 |飩 •1458| (hun2 - 5) dumpling soup ◇ (hun2 - 5) soupe aux raviolis [Etym] 饣 360 (rad: 184s 3-04), 屯 1647 [Graph] 311c 842e.
饣屯

馆 guǎn -1869 |館 •1459、舘 •1504| 1° accommodation for guests 2° embassy, consulate 3° shop (service), restaurant, office 4° museum, library ◇ 1° hôtel, loger 2° résidence officielle, ambassade, consulat 3° salle de réception, restaurant, maison de thé 4° établissement, musée, bibliothèque [Etym] 饣 360 (rad: 184s 3-08), 官 1707 [Graph] 311c 851c 934b.
饣宀目

饽 bō -1870 |餑 •1460| cakes, biscuits ◇ pain [Etym] 饣 360 (rad: 184s 3-07), 孛 1753 [Graph] 311c 851i 634d.
饣𡿺子

饱 bǎo -1871 |飽 •1461| 1° to eat enough, satiated 2° full 3° to satisfy ◇ 1° satiété, rassasié, repu 2° plein 3° satisfait [Etym] 饣 360 (rad: 184s 3-05), 包 1778 [Graph] 311c 852h 933b.
饣勹巳

饱满 bǎo mǎn。full; energetic ◇ plein, abondant; enthousiaste * 176.

饷 xiǎng -1872 |饟 •1430| 1° to entertain (food, drink) 2° to pay (soldiers, policemen) 3° provisions, rations ◇ 1° offrir des victuailles 2° salaire (armée, police) 3° provision, ration [Etym] 饣 360 (rad: 184s 3-06), 向 1870 [Graph] 311c 857e 011a.
饣冂口

饰 shì -1873 |飾 •1462| 1° ornament, to adorn, to cover up 2° to paint 3° to impersonate, to play the role of 4° to palliate ◇ 1° ornement, orner, parure, parer, bijoux 2° peindre 3° jouer le rôle de 4° pallier (une faute) [Etym] 饣 360 (rad: 184s 3-05), 饣 361 巾 1886 [Graph] 311c 858a.
饣巾

馎 bó -1874 |餺 •1463| ancient food ◇ aliment ancien [Etym] 饣 360 (rad: 184s 3-10), 尃 1915 [Graph] 311c 858n 332b.
饣甫寸

馎饦 bó tuō。1° pastry; 2° cakes ◇ 1° pâte; 2° galettes * 1845.

馉 gǔ -1875 |餶 •1464| [Etym] 饣 360 (rad: 184s 3-09), 骨 1947 [Graph] 311c 924c 856e.
饣冎月

馉饳 gǔ duò。small dumplings, short noodles in soup ◇ nouilles, raviolis faits de la farine de blé * 1867.

馏 liú -1876 |餾 •1465| See ◇ Voir 蒸馏 zheng1-liu2 3767-1876 [Etym] 饣 360 (rad: 184s 3-10), 留 2055 [Graph] 311c 941a 732a 041a.
饣𠂎刀田

△ liù |餾 •1465| steam rice, to heat up in a steamer ◇ étuver, cuire à la vapeur pour réchauffer.

饾 dòu -1877 |餖 •1466| [Etym] 饣 360 (rad: 184s 3-07), 豆 2120 [Graph] 311c 012b.
饣豆

饾饤 dòu dìng。sacrificial food ◇ mets du sacrifice * 1846.

餬 hú -1878 |1° congee, rice gruel 2° food 3° glue 4° to eke out one's livelihood ◇ 1° bouillie 2° nourrir 3° colle de farine 4° subsistance [Etym] 饣 360 (rad: 184s 3-09), 胡 2158 [Graph] 311c 013f 856e.
饣古月

馄 hún -1879 |餛 •1469| 1° fritters 2° dumpling ◇ 1° petits beignets 2° sorte de raviolis [Etym] 饣 360 (rad: 184s 3-08), 昆 2173 [Graph] 311c 021a 311d 321b.
饣日匕匕

馄饨 hún tún。dumpling soup ◇ raviolis chinois; pâté à la viande * 1868.

馤 ài -1880 |餲 •1470| spoiled food ◇ aliments gâtés [Etym] 饣 360 (rad: 184s 3-09), 曷 2194 [Graph] 311c 021a 852h 232a 711a.
饣日勹人𠃊

△ hé |餲 •1470| fried wheaten food ◇ aliments frits faits de farine de blé.

馒 mán -1881 |饅 •1472| [Etym] 饣 360 (rad: 184s 3-11), 曼 2211 [Graph] 311c 021a 051a 633a.
饣日罒又

馒头 mán tóu。steamed bread ◇ petit pain cuit à la vapeur * 1598.

馈 kuì -1882 |饋 •1473、餽 •1476| 1° burst (of dike or dam), flood 2° to break through 3° to be routed 4° to fester ◇ 1° rompre ses digues, inonder 2° déborder 3° en déroute, se débander 4° se corrompre, suppurer [Etym] 饣 360 (rad: 184s 3-09), 贵 2278 [Graph] 311c 031c 854b.
饣虫贝

蚀 shí -1883 |蝕 •1474| 1° to lose 2° to erode 3° to eat away 4° eclipse ◇ 1° perdre 2° corroder, ronger 3° manger 4° éclipse [Etym] 饣 360 (rad: 184s 3-06), 虫 2282 [Graph] 311c 031d.
饣虫

馕 náng -1884 |饢 •1430| crusty pancake (staple food in some countries) ◇ galette croustillant (nourriture de base dans certains pays) [Etym] 饣 360 (rad: 184s 3-22), 囊 2286 [Graph] 311c 031f 851a 011a 011a 436g 312h.
饣申冖口口𡗗𧘇

△ nǎng |饢 •1430| to cram food into one's mouth ◇ enfourner de la nourriture, se gaver.

馋 chán -1885 |饞 •1468| greedy, gluttonous ◇ convoitise, gourmandise, avidité [Etym] 饣 360 (rad: 184s 3-09), 㕭 2293 [Graph] 311c 032d 211b.
饣免丶

馃 guǒ -1886 |餜 •1477| fried pastry ◇ pâte frite [Etym] 饣 360 (rad: 184s 3-08), 果 2364 [Graph] 311c 043f.
饣果

饩 xì -1887 |餼 •1478| 1° offering of meat 2° banquet 3° provisions ◇ 1° offrande de viande 2° banquet 3° vivres, provisions [Etym] 饣 360 (rad: 184s 3-04), 气 2509 [Graph] 311c Z31f.
饣气

饥 jī -1888 饣几 |飢 *1479、饑 *1448| dearth, famine, to be hungry ◇ disette, famine, avoir faim [Etym] 饣 360 (rad: 184s 3-02), 几 2516 [Graph] 311c Z33a.

比 bǐ (362) 上匕 |[Tra] to compare; compete ◇ comparer; émulation [Etym] slightly different persons (< 北 545) running and competing ◇ des personnes peu différentes (< 北 545) faisant la course [Graph] 311d 321b [Ref] h771, k714, ph77, r17f, r20g, w27i, wa7, wi323, wi966 [Hanzi] bi3 沘 122, pi1 鈚 1142, bi3 比 1889, bi4 毙 1892, jie1 皆 1893, pi1 钍 1926, pi1 批 2386, pi3 仳 2829, pi2 枇 4132, bi3 秕 4506, bi3 粃 4605, pin2 玭 5084, pi2 琵 5115, bi3 妣 5739, pi1 纰 5957, pi1 紕 6126, bi4 庇 6882, pi4 屁 8606, bi3 吡 8893, pi1 砒 9658, kun1 昆 9855, pi2 蚍 10214 [Rad] 081a.

比 bǐ +1889 上匕 |1° to compare 2° to compete 3° to liken to 4° to gesticulate 5° to copy 6° proportion 7° next to ◇ 1° comparer, comparaison 2° compétition 3° assimiler à 4° gesticuler 5° copier 6° proportion 7° près de [Etym] 比 362 (rad: 081a 4-00), [Graph] 311d 321b.

比例 bǐ lì ◦ proportion ◇ proportion * 2932.

比如 bǐ rú ◦ like, such as, for example ◇ par exemple * 5841.

比较 bǐ jiào ◦ to compare ◇ comparer * 6337.

比赛 bǐ sài ◦ competition; match ◇ compétition; match * 7740.

比方 bǐ fāng ◦ example ◇ exemple * 7928.

比喻 bǐ yù ◦ comparison, metaphor ◇ métaphore, comparaison * 8869.

毖 bì +1890 上匕必 |1° caution, vigilance 2° grieve 3° to notice ◇ 1° attention, vigilance 2° peine, affliger 3° avertir [Etym] 比 362 (rad: 081a 4-05), 必 399 [Graph] 311d 321b 321d.

毕 bì (363) 上匕十 |[Tra] end; finish; whole ◇ fin; tout; entier [Etym] modern simplified form for (畢 2367) ◇ forme simplifiée moderne de (畢 2367) [Graph] 311d 321b 413a [Hanzi] bi4 荜 752, bi4 毕 1891, bi4 哔 8894, bi4 跸 9309.

毕 bì -1891 上匕十 |畢 *10760| 1° to finish, ended 2° all, together 3° surname ◇ 1° fin, finir 2° tout, entier 3° nom de famille [Etym] 比 362 (rad: 081a 4-02), 十 560 [Graph] 311d 321b 413a.

毕竟 bì jìng ◦ after all ◇ en fin de compte, après tout, finalement * 672.

毕生 bì shēng ◦ all one's life ◇ toute sa vie * 5286.

毕业 bì yè ◦ to graduate ◇ obtenir un diplôme * 5328.

坒 bǐ (364) 上匕土 |[Tra] to compare, compete ◇ comparer; émulation [Etym] different writing for (比 362) with ground (2= 土 826) ◇ autre graphie pour (比 362) avec le sol (2= 土 826) [Graph] 311d 321b 432a [Ref] k715, ph299, w27i [Hanzi] bi4 狴 5606, bi4 陛 6727.

毙 bì -1892 上匕歹匕 |斃 *8477| 1° to die 2° to kill ◇ 1° mourir 2° tuer [Etym] 比 362 (rad: 081a 4-06), 死 1235 [Graph] 311d 321b 631c 321b.

皆 jiē (365) 上匕白 |[Tra] all; together ◇ tous; ensemble [Etym] sitting persons (1= 比 362); oneself (2< 自 2256) in harmony ◇ des personnes assises (1= 比 362); être bien avec soi-même (2< 自 2256) [Graph] 311d 321b 022c [Ref] h1064, k364, ph428, r20i, w27i [Hanzi] kai3 鍇 1143, xie2 谐 1710, jie1 皆 1893, kai3 锴 1927, kai1 揩 2387, xie2 偕 2830, kai3 蒈 3595, jie1 kai3 楷 4133, jie1 稭 4507, jie1 堦 4775, jie1 階 6728, jie1 喈 8895, xie2 諧 9489.

皆 jiē +1893 上匕白 |1° all, every 2° together ◇ 1° tous, tout 2° ensemble [Etym] 白 2216 (rad: 106a 5-04), 皆 365 [Graph] 311d 321b 022c.

切 qiē (366) 七刀 |[Tra] to cut, slice ◇ trancher, couper [Etym] knife (2= 刀 1477); {1} seven or ten that has been cut (1= 七 401), {2} incision (1< 七 401) ◇ un couteau (2= 刀 1477); {1} sept ou dix coupé (1= 七 401), {2} une incision (1< 七 401) [Graph] 311e 732a [Ref] h156, k1069, ph43, w33a, wa112, wi557 [Hanzi] qi1 沏 123, qie1 qie4 切 1894, che4 彻 3125, qie4 窃 7803, qi4 砌 9659.

切 qiē +1894 七刀 |1° to cut, to slice 2° tangency ◇ 1° trancher, couper 2° tangent [Etym] 刀 1477 (rad: 018a 2-02), 切 366 [Graph] 311e 732a.

切断 qiē duàn ◦ to cut off ◇ couper, trancher, rompre en deux * 4628.

△ qiè |1° to correspond to, to be close to 2° eagerly 3° to be sure to 4° important ◇ 1° correspondre à, être en contact avec, toucher 2° instamment, pressant, absolument 3° nécessaire, exactement, juste 4° important.

切实 qiè shí ◦ realistic, practical; earnestly ◇ réel, efficace, sérieux * 7696.

切要 qiè yào ◦ very important ◇ très important * 10824.

切忌 qiè jì ◦ strictly forbidden ◇ strictement interdit * 11245.

钅 jīn (367) 钅 |[Tra] gold, metal ◇ or, métal [Etym] modern simplified form of (金 196) ◇ forme simplifiée moderne de (金 196) [Graph] 311f [Ref] w14t [Rad] 167s.

钖 tāng -1895 钅氵昜 |鍚 *1107| [Etym] 钅 367 (rad: 167s 5-06), 汤 45 [Graph] 311f 121b 634k.

钖锣 tāng luó ◦ small brass gong ◇ petit gong en cuivre * 2124.

钐 shān -1896 钅彡 |釤 *1108| 1° samarium (Sm) 2° bill-hook 3° to cut ◇ 1° samarium (Sm) 2° serpe 3° trancher [Etym] 钅 367 (rad: 167s 5-03), 彡 76 [Graph] 311f 211c.

△ shàn |釤 *1108、鐥 *1303、鐥 *1199| 1° billhook 2° to cut 3° long-handle sickle ◇ 1° serpe 2° trancher 3° faucille à longue manche.

锫 péi -1897 |錇 *1109| berkelium (Bk) ◇ berkélium (Bk) [Etym] 钅 367 (rad: 167s 5-08), 咅 87 [Graph] 311f 221a 011a.
钅立口

镱 yì -1898 |鐿 *1110| ytterbium (Yb) ◇ ytterbium (Yb) [Etym] 钅 367 (rad: 167s 5-13), 意 93 [Graph] 311f 221a 021a 321c.
钅立曰心

镜 jìng -1899 |鏡 *1111| 1° mirror, looking glass 2° lens 3° to reflect ◇ 1° miroir, verre (de lunettes) 2° lentilles 3° refléter [Etym] 钅 367 (rad: 167s 5-11), 竟 94 [Graph] 311f 221a 021c.
钅立见

镜头 jìng tóu ∘ lens ◇ lentille * 1598.

镜子 jìng zǐ ∘ mirror ◇ miroir, glace * 6546.

锾 huán -1900 |鍰 *1113| 1° six ounces 2° change ◇ 1° six onces 2° monnaie [Etym] 钅 367 (rad: 167s 5-09), 爰 104 [Graph] 311f 221d ac:a 241a 633a.
钅爫二ナ又

镒 yì -1901 |鎰 *1115| weight (= 20 or 24 liang) ◇ poids (= 20 ou 24 liang) [Etym] 钅 367 (rad: 167s 5-10), 益 129 [Graph] 311f 222c 922a.
钅兴皿

钬 huǒ -1902 |鈥 *1116| holmium ◇ holmium [Etym] 钅 367 (rad: 167s 5-04), 火 156 [Graph] 311f 231b.
钅火

锬 tán -1903 |錟 *1117| long spear ◇ longue lance [Etym] 钅 367 (rad: 167s 5-08), 炎 157 [Graph] 311f 231b 231b.
钅火火

锹 cōng -1904 |鏦 *1155| short spear ◇ lance courte [Etym] 钅 367 (rad: 167s 5-04), 从 171 [Graph] 311f 232a 232a.
钅人人

锉 cuò -1905 |銼 *1119| file ◇ lime, râpe [Etym] 钅 367 (rad: 167s 5-07), 坐 172 [Graph] 311f 232a 232a 432a.
钅人人土

钦 qīn (368) 钅欠 [Tra] to respect; imperial ◇ révérer; impérial [Etym] special breath (2= 欠 178); phon, golden (1= 钅 367) (> 欽 197) ◇ souffle anormal (2= 欠 178); phon, doré (1= 钅 367) (> 欽 197) [Graph] 311f 232b [Hanzi] qin1 钦 1906, qin4 揿 2388, qin1 嵚 7507.

钦 qīn -1906 |欽 *1120| 1° to admire, to respect, to revere 2° imperial 3° surname ◇ 1° admirer, adorer, révérer, respecter 2° impérial, royal 3° nom propre [Etym] 钅 367 (rad: 167s 5-04), 欠 178 [Graph] 311f 232b.
钅欠

钦佩 qīn pèi ∘ to admire, to respect ◇ admirer, respecter * 3095.

铨 quán -1907 |銓 *1121| 1° to estimate 2° to weigh 3° to evaluate qualifications in selecting officials ◇ 1° juger 2° peser, évaluer les compétences d'un mandarin [Etym] 钅 367 (rad: 167s 5-06), 全 195 [Graph] 311f 233a 432e.
钅人王

钤 qián -1908 |鈐 *1123| seal, to affix a seal to ◇ sceau, apposer un sceau [Etym] 钅 367 (rad: 167s 5-04), 今 202 [Graph] 311f 233a 631a.
钅人ㄱ

铃 líng -1909 |鈴 *1124| 1° sleigh-bell 2° bell-shaped object 3° (cotton) boll ◇ 1° sonnette, clochette, sonnerie 2° boule 3° graine (du cotonnier) [Etym] 钅 367 (rad: 167s 5-05), 令 208 [Graph] 311f 233a 632b.
钅人令

鍮 tōu -1910 |鍮 *1125| brass ◇ cuivre [Etym] 钅 367 (rad: 167s 5-09), 俞 213 [Graph] 311f 233a ac:a 856e 333b.
钅人一月刂

铪 hā -1911 |鉿 *1127| hafnium ◇ hafnium [Etym] 钅 367 (rad: 167s 5-06), 合 222 [Graph] 311f 233a 012a.
钅人口

镎 ná -1912 |鎿 *1128| neptunium (Np) ◇ neptunium (Np) [Etym] 钅 367 (rad: 167s 5-10), 拿 225 [Graph] 311f 233a 012a 332g.
钅人口手

铕 yǒu -1913 |銪 *1130| europium (Eu) ◇ europium (Eu) [Etym] 钅 367 (rad: 167s 5-06), 有 247 [Graph] 311f 241a 856e.
钅ナ月

钹 bó -1914 |鈸 *1134| small cymbals ◇ petites cymbales [Etym] 钅 367 (rad: 167s 5-05), 犮 251 [Graph] 311f 241b 633a.
钅ナ又

铸 zhù -1915 |鑄 *1186| to cast, to fuse metal ◇ couler, fondre [Etym] 钅 367 (rad: 167s 5-07), 寿 256 [Graph] 311f 241e 332b.
钅寿寸

锜 qí -1916 |錡 *1132| 1° pan 2° tripod ◇ 1° bouilloire 2° marmite à trois pieds [Etym] 钅 367 (rad: 167s 5-08), 奇 261 [Graph] 311f 242a 331c 011a.
钅大可口

锛 bēn -1917 |錛 *1133| adze ◇ doloire [Etym] 钅 367 (rad: 167s 5-08), 奔 264 [Graph] 311f 242a 416f.
钅大卉

钛 tài -1918 |鈦 *1135| titanium ◇ titanium [Etym] 钅 367 (rad: 167s 5-04), 太 299 [Graph] 311f 242k.
钅太

钛白 tài bái ∘ titanium white ◇ dioxyde de titane * 9973.

镣 liào -1919 |鐐 *1136| fetters ◇ chaînes, entraves [Etym] 钅 367 (rad: 167s 5-12), 尞 300 [Graph] 311f 242l 021a 331j.
钅大曰小

铁 fū -1920 |鈇 *1137| ax ◇ hache [Etym] 钅 367 (rad: 167s 5-04), 夫 301 [Graph] 311f 242m.
钅夫

铁 tiě -1921 |鐵 *1213 、銕 *1377| 1° iron (Fe) 2° weapon 3° strong as iron 4° indisputable 5° to resolve 6° surname ◇ 1° fer (Fe) 2° arme 3° dur comme le fer 4° inébranlable 5° se décider à 6° nom de famille [Etym] 钅 367 (rad: 167s 5-05), 失 310 [Graph] 311f 242o.
钅失

铁锨 tiě xiān ∘ shovel ◇ pelle * 2026.

铁轨 tiě guǐ ∘ rail ◇ rail * 6383.

铁匠 tiě jiàng ∘ blacksmith ◇ forgeron * 7316.

铁路 tiě lù ∘ rail ◇ chemin de fer, rail * 9353.

铁道 tiě dào ∘ railway ◇ chemin de fer * 10176.

锩 juǎn -1922 |錈 *1138| to bend by heating ◇ courber au feu [Etym] 钅 367 (rad: 167s 5-08), 卷 312 [Graph] 311f 242p 733a.
钅关巳

铗 jiá -1923 |鋏 *1131| 1° sleigh-bell 2° pincers, pliers 3° sword, hilt ◇ 1° sonnette 2° pince 3° épée, poignée d'épée [Etym] 钅

367 (rad: 167s 5-06), 夹 313 [Graph] 311f 242q.

铩 shā -1924 | 鎩 •1139 | 1° long spear 2° to shed 钅乂木 (feathers) 3° to injure ◇ 1° longue lance 2° abriter (plumes) 3° blesser, détruire [Etym] 钅 367 (rad: 167s 5-06), 杀 326 [Graph] 311f 243a 422a.

铰 jiǎo -1925 | 鉸 •1141 | 1° to cut with scissors 2° 钅交 ream ◇ 1° cisailler, couper 2° rame [Etym] 钅 367 (rad: 167s 5-06), 交 344 [Graph] 311f 243e.

铫 pī -1926 | 鈚 •1142 | 1° sharp 2° arrow ◇ 1° 钅比 tranchant 2° flèche [Etym] 钅 367 (rad: 167s 5-04), 比 362 [Graph] 311f 311d 321b.

锴 kǎi -1927 | 鍇 •1143 | 1° fine iron 2° personal 钅比白 name ◇ 1° fer fin 2° prénom [Etym] 钅 367 (rad: 167s 5-09), 皆 365 [Graph] 311f 311d 321b 022c.

铱 yī -1928 | 銥 •1144 | iridium (Ir) ◇ iridium (Ir) 钅衣 [Etym] 钅 367 (rad: 167s 5-06), 衣 371 [Graph] 311f 312i.

锿 āi -1929 | 鎄 •1145 | einsteinium (Es) ◇ einsteinium 钅哀 (Es) [Etym] 钅 367 (rad: 167s 5-06), 哀 375 [Graph] 311f 312j 011a.

镶 xiāng -1930 | 鑲 •1146 | 1° to inlay, to insert 2° 钅襄 to mount 3° rim, edge ◇ 1° enchâsser, sertir 2° monter 3° bordure, bord [Etym] 钅 367 (rad: 167s 5-17), 襄 376 [Graph] 311f 312j 011a 011a 436g.

钆 gá -1931 | 釓 •1147 | gadolinium ◇ gadolinium [Etym] 钅乚 钅 367 (rad: 167s 5-01), 乚 385 [Graph] 311f 321a.

铋 bì -1932 | 鉍 •1149 | bismuth ◇ bismuth [Etym] 钅 钅必 367 (rad: 167s 5-05), 必 399 [Graph] 311f 321d.

铫 diào -1933 | 銚 •1150 | kettle ◇ bouilloire [Etym] 钅兆 钅 367 (rad: 167s 5-06), 兆 411 [Graph] 311f 322g.

△ yáo | 銚 •1150 | 1° ancient giant hoe 2° surname ◇ 1° grande houe 2° nom de famille.

钉 dīng -1934 | 釘 •1151 | 1° nail, to nail 2° to 钅丁 follow closely ◇ 1° clou, clouer 2° suivre de près [Etym] 钅 367 (rad: 167s 5-02), 丁 420 [Graph] 311f 331b.

钉梢 dīng shāo ∘ to tail, to shadow somebody. ◇ suivre qqn à la trace * 4376.

钉子 dīng zǐ ∘ nail ◇ clou, pointe * 6546.

钉齿耙 dīng chǐ bà ∘ spike-tooth harrow ◇ herse à pointe * 8505 4693.

△ dìng | 釘 •1151 | 1° nail, to nail 2° to sew on ◇ 1° clou, clouer 2° coudre.

钶 kē -1935 | 鈳 •1152 | columbium ◇ columbium [Etym] 钅可口 钅 367 (rad: 167s 5-05), 可 421 [Graph] 311f 331c 011a.

钞 chāo -1936 | 鈔 •1153 | 1° bank note, money order, 钅少 receipt 2° to hook 3° to copy, collected writings ◇ 1° billet de banque, quittance 2° accrocher 3° copier, anthologie [Etym] 钅 367 (rad: 167s 5-04), 少 427 [Graph] 311f 331k.

钞票 chāo piào ∘ bank note, bill ◇ billet de banque * 10812.

钊 zhāo -1937 | 釗 •1154 | 1° to encourage, to exhort 钅刂 2° to pare 3° surname ◇ 1° encourager, exciter 2° tailler, rogner 3° nom de famille [Etym] 钅 367 (rad: 167s 5-02), 刂 470 [Graph] 311f 333b.

铧 huá -1938 | 鏵 •1167 | plough share ◇ soc de charrue 钅亻匕十 [Etym] 钅 367 (rad: 167s 5-06), 华 486 [Graph] 311f 411e 321b 413a.

锵 qiāng -1939 | 鏘 •1368 | sound: peal, clang ◇ 钅丬夕寸 onomatopée: carillon, gong [Etym] 钅 367 (rad: 167s 5-09), 将 544 [Graph] 311f 412a 631b 332b.

钋 pō -1940 | 釙 •1156 | polonium (Po) ◇ polonium (Po) 钅卜 [Etym] 钅 367 (rad: 167s 5-02), 卜 548 [Graph] 311f 412c.

针 zhēn -1941 | 針 •1157、鍼 •1216 | 1° needle 2° stitch 钅十 3° injection 4° needle (pine, etc.) 5° acupuncture ◇ 1° aiguille 2° piqûre 3° aigulle (pin, etc.) 4° injection 5° acupuncture [Etym] 钅 367 (rad: 167s 5-02), 十 560 [Graph] 311f 413a.

针织品 zhēn zhī pǐn ∘ knitwear ◇ tricot * 6067 9179.

针灸 zhēn jiǔ ∘ acupuncture et moxibustion ◇ acupuncture et moxas; pratiquer l'acupuncture * 6499.

针灸科 zhēn jiǔ kē ∘ acupuncture ◇ acupuncture * 6499 4523.

针对 zhēn duì ∘ to be aimed at ◇ viser à * 6502.

锌 xīn -1942 | 鋅 •1159 | zinc (Zn) ◇ zinc (Zn) [Etym] 钅辛 钅 367 (rad: 167s 5-07), 辛 567 [Graph] 311f 413d.

锌钡白 xīn bèi bái ∘ lithopone ◇ lithopone * 2056 9973.

锌白 xīn bái ∘ zinc white ◇ blanc de zinc * 9973.

钎 qiān -1943 | 釬 •1160 | borer, drill rod or 钅千 steel ◇ perforatrice, foret, sonde [Etym] 钅 367 (rad: 167s 5-03), 千 571 [Graph] 311f 413f.

锸 chā -1944 | 鍤 •1161、臿 •3422 | 1° cymbal 2° spade ◇ 钅千臼 1° cymbale 2° bêche [Etym] 钅 367 (rad: 167s 5-09), 臿 574 [Graph] 311f 413f 835d.

钭 dǒu -1945 | 鈄 •1162 | surname ◇ nom de famille 钅斗 [Etym] 钅 367 (rad: 167s 5-04), 斗 575 [Graph] 311f 413g.

锻 duàn -1946 | 鍛 •1163 | 1° to forge metal 2° to 钅𠂤几又 make ◇ 1° forger 2° fabriquer [Etym] 钅 367 (rad: 167s 5-09), 段 576 [Graph] 311f 413h Z33a 633a.

锻炼 duàn liàn ∘ to steel; physical training ◇ forger; faire du sport, des exercices physiques * 985.

锲 qiè -1947 | 鍥 •1164 | chisel, to engrave, to 钅丰刀大 carve ◇ ciseau, ciseler, graver [Etym] 钅 367 (rad: 167s 5-09), 契 596 [Graph] 311f 414g 732a 242a.

铿 kēng -1948 | 鏗 •1317 | jingling, clang, clatter ◇ 钅‖又土 sonner, son, frapper (une cloche), tintement [Etym] 钅 367 (rad: 167s 5-07), 坚 610 [Graph] 311f 415a 633a 432a.

锴 dā -1949 钅艹人曰 | 鎝 •1165 | plough ◇ charrue [Etym] 钅 367 (rad: 167s 5-09), 荅 620 [Graph] 311f 415c 233a 012a.

锘 nuò -1950 钅艹𠂇口 | 鍩 •1166 | nobelium (No) ◇ nobélium (No) [Etym] 钅 367 (rad: 167s 5-08), 若 621 [Graph] 311f 415c 241a 011a.

锗 zhuō -1951 钅艹耂日 | 鐯 •1168 | 1° pick (for digging), to pick 2° to dig ◇ 1° pioche, piocher 2° creuser [Etym] 钅 367 (rad: 167s 5-11), 著 632 [Graph] 311f 415c 432c 021a.

镬 huò -1952 钅艹隹又 | 鑊 •1169 | caldron, cooking-pot ◇ chaudron, marmite [Etym] 钅 367 (rad: 167s 5-13), 蒦 636 [Graph] 311f 415c 436m 633a.

铓 máng -1953 钅艹亡 | 鋩 •1170 | point of a knife ◇ lame, tranchant d'un couteau [Etym] 钅 367 (rad: 167s 5-06), 芒 652 [Graph] 311f 415c 811f.

铹 láo -1954 钅艹冖力 | 鐒 •1118 | lawrencium ◇ lawrencium [Etym] 钅 367 (rad: 167s 5-07), 劳 662 [Graph] 311f 415c 851a 732f.

锚 máo -1955 钅艹田 | 錨 •1173 | anchor ◇ ancre [Etym] 钅 367 (rad: 167s 5-08), 苗 687 [Graph] 311f 415c 041a.

钘 xíng -1956 钅开 | 鈃 •1174 | 1° wine container 2° personal name ◇ 1° récipient de vin 2° prénom [Etym] 钅 367 (rad: 167s 5-04), 开 706 [Graph] 311f 416h.

铏 xíng -1957 钅开刂 | 鉶 •1175 | sacrificial vessel ◇ vase rituel [Etym] 钅 367 (rad: 167s 5-06), 刑 707 [Graph] 311f 416h 333b.

钏 chuàn -1958 钅川 | 釧 •1176 | bracelet ◇ bracelet [Etym] 钅 367 (rad: 167s 5-03), 川 711 [Graph] 311f 417a.

钚 bù -1959 钅不 | 鈈 •1177 | plutonium (Pu) ◇ plutonium (Pu) [Etym] 钅 367 (rad: 167s 5-04), 不 718 [Graph] 311f 421a.

锹 qiāo -1960 钅禾火 | 鍬 •1179 、鍫 •4494 | spade, shovel ◇ pelle, bêche [Etym] 钅 367 (rad: 167s 5-09), 秋 761 [Graph] 311f 422d 231b.

锈 xiù -1961 钅禾乃 | 鏽 •1259 | 1° rust 2° oxides ◇ 1° rouille 2° oxydes [Etym] 钅 367 (rad: 167s 5-07), 秀 774 [Graph] 311f 422d 634l.

铢 shù -1962 钅术 | 鉥 •1180 | 1° long needle 2° thorn 3° to guide ◇ 1° longue aiguille 2° épine 3° guider, diriger [Etym] 钅 367 (rad: 167s 5-05), 术 781 [Graph] 311f 422e.

镂 lòu -1963 钅米女 | 鏤 •1380 | to carve, to engrave ◇ graver [Etym] 钅 367 (rad: 167s 5-09), 娄 785 [Graph] 311f 422f 611e.

钵 bō -1964 钅本 | 鉢 •1181 、缽 •7637 | bowl ◇ écuelle [Etym] 钅 367 (rad: 167s 5-05), 本 799 [Graph] 311f 422h.

铢 zhū -1965 钅朱 | 銖 •1182 | 1° light weight 2° small thing 3° trifle ◇ 1° petit poids, poids de cent grains de millet 2° chose de rien 3° fétu [Etym] 钅 367 (rad: 167s 5-06), 朱 803 [Graph] 311f 422l.

铼 lái -1966 钅来 | 錸 •1178 | rhenium ◇ rhénium [Etym] 钅 367 (rad: 167s 5-07), 来 804 [Graph] 311f 422m.

钍 tǔ -1967 钅土 | 釷 •1184 | thorium (Th) ◇ thorium (Th) [Etym] 钅 367 (rad: 167s 5-03), 土 826 [Graph] 311f 432a.

铑 lǎo -1968 钅耂匕 | 銠 •1187 | rhodium ◇ rhodium [Etym] 钅 367 (rad: 167s 5-06), 老 889 [Graph] 311f 432c 321b.

锗 zhě -1969 钅耂日 | 鍺 •1188 | germanium (Ge) ◇ germanium (Ge) [Etym] 钅 367 (rad: 167s 5-08), 者 893 [Graph] 311f 432c 021a.

铐 kào -1970 钅耂丂 | 銬 •1189 | handcuffs, fetters, irons ◇ menottes, fers [Etym] 钅 367 (rad: 167s 5-06), 考 895 [Graph] 311f 432c Z21b.

镁 měi -1971 钅羊大 | 鎂 •1190 | magnesium (Mg) ◇ magnésium (Mg) [Etym] 钅 367 (rad: 167s 5-09), 美 920 [Graph] 311f 432g 242a.

铥 diū -1972 钅王厶 | 銩 •1191 | thulium ◇ thulium [Etym] 钅 367 (rad: 167s 5-06), 丢 928 [Graph] 311f 432j 612a.

铤 tǐng -1973 钅壬廴 | 鋌 •1192 | 1° to run quickly 2° ingot, bar ◇ 1° courir rapidement 2° lingot, masse [Etym] 钅 367 (rad: 167s 5-06), 廷 931 [Graph] 311f 432k 634n.

锆 gào -1974 钅牛口 | 鋯 •1193 | zirconium ◇ zirconium [Etym] 钅 367 (rad: 167s 5-07), 告 932 [Graph] 311f 432l 011a.

铣 xǐ -1975 钅先 | 銑 •1194 | mill ◇ moulin [Etym] 钅 367 (rad: 167s 5-06), 先 935 [Graph] 311f 432m.

△ xiǎn | 銑 •1194 |

铣铁 xiǎn tiě。cast iron ◇ fonte * 1921.

钰 yù -1976 钅玉 | 鈺 •1196 | treasure ◇ trésor [Etym] 钅 367 (rad: 167s 5-05), 玉 938 [Graph] 311f 432o.

锖 qiāng -1977 钅主月 | 錆 •1198 | oxidation ◇ oxydation [Etym] 钅 367 (rad: 167s 5-08), 青 946 [Graph] 311f 433a 856e.

锤 chuí -1978 钅垂 | 鎚 2° •1310 | 1° counter-poise 2° to hammer ◇ 1° contrepoids 2° marteler [Etym] 钅 367 (rad: 167s 5-08), 垂 953 [Graph] 311f 433d.

锤子 chuí zǐ。hammer ◇ marteau * 6546.

钲 zhēng -1979 钅正 | 鉦 •1200 | cymbals ◇ cymbales [Etym] 钅 367 (rad: 167s 5-05), 正 963 [Graph] 311f 434b.

△ zhèng | 鉦 •1200 | old name for "fei" Fermium (Fm) ◇ ancien terme de "fei" Fermium (Fm).

铤 chán -1980 钅正廴 | 鋋 •1201 | 1° bars 2° ingots ◇ 1° masse 2° lingot [Etym] 钅 367 (rad: 167s 5-06), 延 973 [Graph] 311f 434h 634n.

镤 pú -1981 钅业美 | 鏷 •1202 | protactinium (Pa), dart ◇ protactinium (Pa), dard [Etym] 钅 367 (rad: 167s 5-12), 菐 975 [Graph] 311f 435a 242n.

镨 pǔ -1982 钅並曰 | 鐠 •1203 | praseodymium (Pr) ◇ praseodymium (Pr) [Etym] 钅 367 (rad: 167s 5-12), 普 986 [Graph] 311f 435c 021a.

错 cuò -1983 钅廿日 | 錯 •1204 | 1° to make a mistake, to be wrong 2° to differ 3° grindstone ◇ 1° se tromper, erreur, faute 2°

différer, excepté 3° pierre à aiguiser [Etym] 钅 367 (rad: 167s 5-08), 昔 1001 [Graph] 311f 436b 021a.

错爱 cuò ài 。undeserved kindness ◇ gentillesse imméritée * 712.

错误 cuò wù 。error, fault ◇ erreur, faute; tort * 1814.

错过 cuò guò 。to miss, to slip ◇ manquer, rater (occasion); échapper * 2310.

错案 cuò àn 。misjudged case ◇ erreur judiciaire * 7749.

错字 cuò zì 。wrongly written character; misprint ◇ caractère erroné; faute d'impression * 7763.

错别 cuò bié 。wrong character ◇ caractère mal utilisé * 9073.

𬭚 huáng -1984 钅艹由 | 鐄 *1205 | 1° big bell 2° sound of bells ◇ 1° grande cloche 2° onomatopée du tintement de cloche [Etym] 钅 367 (rad: 167s 5-11), 黄 1003 [Graph] 311f 436b 042b.

钳 qián -1985 钅甘 | 鉗、箝、拑2° *1206、*758、*2466 | 1° pair of tweezers, pliers, tongs 2° to grip, to clamp 3° to restrain 4° iron collar 5° surname ◇ 1° pinces, tenailles 2° pincer 3° bâillonner 4° collier de fer 5° nom propre [Etym] 钅 367 (rad: 167s 5-05), 甘 1009 [Graph] 311f 436f.

钳子 qián zǐ 。grip, pliers, tongs ◇ pince, tenaille * 6546.

铒 ěr -1986 钅耳 | 鉺 *1207 | erbium ◇ erbium [Etym] 钅 367 (rad: 167s 5-06), 耳 1017 [Graph] 311f 436k.

镊 niè -1987 钅耳又又 | 鑷 *1208 | tweezers ◇ pinces, pincer [Etym] 钅 367 (rad: 167s 5-10), 聂 1026 [Graph] 311f 436k 633a 633a.

锥 zhuī -1988 钅隹 | 錐 *1209 | 1° awl 2° to drill ◇ 1° poinçon, alêne 2° forer [Etym] 钅 367 (rad: 167s 5-08), 隹 1030 [Graph] 311f 436m.

锥子 zhuī zǐ 。engraver's point, awl ◇ poinçon, alêne * 6546.

镌 juān -1989 钅隹乃 | 鐫 *1210 | 1° to engrave, to cut, to chisel 2° to dismiss ◇ 1° graver, tailler, ciseler, rogner 2° destituer [Etym] 钅 367 (rad: 167s 5-10), 隽 1038 [Graph] 311f 436m 634l.

铽 tè -1990 钅弋心 | 鋱 *1211 | terbium ◇ terbium [Etym] 钅 367 (rad: 167s 5-07), 忒 1047 [Graph] 311f 511a 321c.

铙 náo -1991 钅戈兀 | 鐃 *1185 | big cymbals ◇ grandes cymbales [Etym] 钅 367 (rad: 167s 5-06), 尧 1056 [Graph] 311f 512a 322c.

锇 é -1992 钅我 | 鋨 *1214 | osmium ◇ osmium [Etym] 钅 367 (rad: 167s 5-07), 我 1067 [Graph] 311f 512f.

铖 chéng -1993 钅成 | 鋮 *1215 | first name ◇ prénom [Etym] 钅 367 (rad: 167s 5-06), 成 1072 [Graph] 311f 512l.

钺 yuè -1994 钅戉 | 鉞、戉 *1217、*5561 | battle-ax ◇ hallebarde [Etym] 钅 367 (rad: 167s 5-05), 戉 1080 [Graph] 311f 512n.

钱 qián -1995 钅戋 | 錢 *1212 | 1° copper coin, cash 2° money 3° sum, fund 4° unit of weight = 5 grams 5° surname ◇ 1° pièce de monnaie, sapèque 2° argent, billon 3° somme, fonds 4° dixième d'once = 5 grammes 5° nom propre [Etym] 钅 367 (rad: 167s 5-05), 戋 1083 [Graph] 311f 513a.

锱 zī -1996 钅巛田 | 錙 *1218 | ancient unit of wieght = one fourth of a liang ◇ ancienne unité de mesure le quart d'un liang [Etym] 钅 367 (rad: 167s 5-08), 甾 1116 [Graph] 311f 611c 041a.

镴 là -1997 钅巛囟鼡 | 鑞 *1219 | 1° tin 2° to solder, welding ◇ 1° étain 2° soudure [Etym] 钅 367 (rad: 167s 5-16), 巤 1120 [Graph] 311f 611c 061b 312k.

钕 nǚ -1998 钅女 | 釹 *1220 | neodymium (Nd) ◇ néodymium (Nd) [Etym] 钅 367 (rad: 167s 5-03), 女 1122 [Graph] 311f 611e.

铷 rú -1999 钅女口 | 銣 *1221 | rubidium (Rb) ◇ rubidium (Rb) [Etym] 钅 367 (rad: 167s 5-06), 如 1128 [Graph] 311f 611e 011a.

铚 zhì -2000 钅𠫔土 | 銍 *1222 | 1° sickle 2° old place in Anhui ◇ 1° faucille 2° ancien lieu du Anhui [Etym] 钅 367 (rad: 167s 5-06), 至 1148 [Graph] 311f 612c 432a.

锍 liǔ -2001 钅𠫓儿 | 鋶 *1223 | to plate with gold ◇ dorer [Etym] 钅 367 (rad: 167s 5-07), 㐬 1155 [Graph] 311f 612e 417b.

铳 chòng -2002 钅充 | 銃 *1224 | blunderbuss ◇ tromblon, espingole [Etym] 钅 367 (rad: 167s 5-06), 充 1159 [Graph] 311f 612f.

铉 xuàn -2003 钅玄 | 鉉 *1226 | tripod rings or ears ◇ anse d'une marmite à trois pieds [Etym] 钅 367 (rad: 167s 5-05), 玄 1204 [Graph] 311f 613g.

镃 zī -2004 钅玄幺 | 鎡 *1227 | hoe or mattock in ancient times ◇ pioche antique [Etym] 钅 367 (rad: 167s 5-12), 兹 1208 [Graph] 311f 613i 613c.

链 liàn -2005 钅车辶 | 鏈、鍊 *1357、*1350 | 1° chain 2° lead mine ◇ 1° chaîne 2° minerai de plomb [Etym] 钅 367 (rad: 167s 5-07), 连 1215 [Graph] 311f 614d 634o.

链子 liàn zǐ 。chain ◇ chaîne * 6546.

铭 míng -2006 钅夕口 | 銘 *1229 | 1° inscription 2° to engrave, to carve 3° to bear firmly in mind ◇ 1° inscription 2° graver, sculpter 3° garder au coeur [Etym] 钅 367 (rad: 167s 5-06), 名 1232 [Graph] 311f 631b 011a.

镫 dèng -2007 钅癶豆 | 鐙 *1230 | stirrup ◇ étrier [Etym] 钅 367 (rad: 167s 5-12), 登 1247 [Graph] 311f 631g 012b.

𫔎 jué -2008 钅マ丆冏口 | 鐍 *1232 | 1° brooch 2° rings for installing a lock on a suitcase ◇ 1° broche 2° anneau pour fermer à clé une malle [Etym] 钅 367 (rad: 167s 5-12), 矞 1261 [Graph] 311f 632a 331g 856l 011a.

铎 duó -2009 钅又丰 | 鐸 *1361 | clapper, bell ◇ clochette [Etym] 钅 367 (rad: 167s 5-05), 圣 1273 [Graph] 311f 633a 414a.

钗 chāi -2010 钅叉 | 釵 *1233 | hair pin ◇ broche, épingle à cheveux [Etym] 钅 367 (rad: 167s 5-03), 叉 1281 [Graph] 311f 633b.

锋 fēng -2011 钅夂丰 | 鋒 *1234 | 1° sharp point 2° vanguard 3° weapons ◇ 1° pointe aiguë 2° avant-garde 3° armes [Etym] 钅 367 (rad: 167s 5-07), 夆 1290 [Graph] 311f 633e 414g.

锋利 fēng lì。sharp; incisive ◇ aigu, tranchant, effilé * 4516.

铬 gè -2012 钅夂口 | 鉻 *1235 | chromium ◇ chrome [Etym] 钅 367 (rad: 167s 5-06), 各 1295 [Graph] 311f 633e 011a.

钌 liǎo -2013 钅了 | 釕 *1236 | ruthenium ◇ ruthénium [Etym] 钅 367 (rad: 167s 5-02), 了 1298 [Graph] 311f 634a.

△ liào | 釕 *1236 | ruthenium (Ru) ◇ ruthenium (Ru).

锰 měng -2014 钅子皿 | 錳 *1237 | manganese (Mn) ◇ manganèse (Mn) [Etym] 钅 367 (rad: 167s 5-08), 孟 1308 [Graph] 311f 634d 922a.

锕 ā -2015 钅阝可口 | 錒 *1238 | actinium (Ac) ◇ actinium (Ac) [Etym] 钅 367 (rad: 167s 5-07), 阿1327 [Graph] 311f 634j 331c 011a.

钖 yáng -2016 钅𠃓 | 鍚 *1339 | ancient headdress decorations for a horse ◇ parure du front du cheval [Etym] 钅 367 (rad: 167s 5-03), 𠃓 1338 [Graph] 311f 634k.

钹 pō -2017 钅发 | 鏺 *1231 | scythe, to cut with a scythe ◇ faucille, couper avec une faucille [Etym] 钅 367 (rad: 167s 5-05), 发 1352 [Graph] 311f 712a 633a.

镀 dù -2018 钅广廿又 | 鍍 *1241 | to gild, to plate ◇ plaquer, dorer, argenter [Etym] 钅 367 (rad: 167s 5-09), 度 1391 [Graph] 311f 721b 436a 633a.

镳 biāo -2019 钅广卌上匕灬 | 鑣 *1243 | bridle and bit ◇ bride et mors [Etym] 钅 367 (rad: 167s 5-15), 麃 1399 [Graph] 311f 721b 821b 311d 321b 222d.

镰 lián -2020 钅广兼 | 鐮、鎌 *1244、*1258 | sickle, reaping blade ◇ serpe, faucille [Etym] 钅 367 (rad: 167s 5-13), 廉 1408 [Graph] 311f 721b 834h.

镰刀 lián dāo。scythe ◇ faux, faucille * 7239.

镛 yōng -2021 钅广肀 | 鏞 *1245 | 1° giant bell 2° ancient musical instrument ◇ 1° cloche énorme 2° instrument musical [Etym] 钅 367 (rad: 167s 5-11), 庸 1409 [Graph] 311f 721b 834j.

铲 chǎn -2022 钅产 | 鏟、剷、刬 *1140、*6996、-5564 | spade, shovel, to dig ◇ pelle, racloir, racler, creuser [Etym] 钅 367 (rad: 167s 5-06), 产 1414 [Graph] 311f 721c.

铲子 chǎn zǐ。spade ◇ bêche * 6546.

铍 pí -2023 钅广又 | 鈹 *1247 | beryllium (Be) ◇ béryllium (Be) [Etym] 钅 367 (rad: 167s 5-05), 皮1452 [Graph] 311f 721h 633a.

钣 bǎn -2024 钅厂又 | 鈑 *1248 | sheet-metal ◇ tôle [Etym] 钅 367 (rad: 167s 5-04), 反 1454 [Graph] 311f 722a 633a.

锧 zhì -2025 钅厂贞 | 鑕 *1250 | 1° anvil 2° executioner's block ◇ 1° enclume 2° instrument du bourreau (trancher la tête) [Etym] 钅 367 (rad: 167s 5-08), 质 1456 [Graph] 311f 722a 854g.

锨 xiān -2026 钅斤欠 | 鍁、杴、栿 *1249、*4103、*4306 | shovel ◇ pelle [Etym] 钅 367 (rad: 167s 5-08), 欣 1462 [Graph] 311f 722c 232b.

镠 liú -2027 钅习习人彡 | 鏐 *1251 | pure gold ◇ or pur [Etym] 钅 367 (rad: 167s 5-11), 翏 1473 [Graph] 311f 731c 731c 233a 211c.

钷 pǒ -2028 钅匚口 | 鉕 *1252 | promethium (Pm) ◇ prométhéum (Pm) [Etym] 钅 367 (rad: 167s 5-05), 叵 1527 [Graph] 311f 811c 011a.

铘 yá -2029 钅牙 | 鋣 *1253 | old term for "ai" einsteinum (Es) ◇ terme ancien de "ai" einsteinum (Es) [Etym] 钅 367 (rad: 167s 5-04), 牙 1542 [Graph] 311f 812b.

铄 shuò -2030 钅乐 | 鑠 *1225 | 1° to polish, to shine 2° melt (of metal, etc.) 3° to weaken ◇ 1° polir, luisant 2° fondre (du métal) 3° affaiblir [Etym] 钅 367 (rad: 167s 5-05), 乐 1544 [Graph] 311f 812c.

锓 qǐn -2031 钅彐冖又 | 鋟 *1255 | to engrave, to carve ◇ graver, entailler [Etym] 钅 367 (rad: 167s 5-07), 㝮 1556 [Graph] 311f 832a 851a 633a.

铛 chēng -2032 钅当 | 鐺 *1277 | 1° shallow, flat pan 2° griddle ◇ 1° poêle plate 2° plaque chauffante [Etym] 钅 367 (rad: 167s 5-06), 当1558 [Graph] 311f 832b.

△ dāng | 鐺 *1277 | clank, clang ◇ bruit, son métallique.

钮 niǔ -2033 钅丑 | 鈕 *1256 | 1° button 2° surname ◇ 1° bouton, fermoir 2° nom propre [Etym] 钅 367 (rad: 167s 5-04), 丑 1564 [Graph] 311f 832e.

键 jiàn -2034 钅聿廴 | 鍵 *1257 | 1° key, bolt of a Chinese door 2° spring 3° key (of a piano) 4° key-point ◇ 1° clé, verrou 2° ressort 3° touche (de clavier) 4° clé (d'une affaire) [Etym] 钅 367 (rad: 167s 5-08), 建 1570 [Graph] 311f 833e 634n.

铮 zhēng -2035 钅争 | 錚 *1114 | sound: clang of metal ◇ onomatopée: son métallique [Etym] 钅 367 (rad: 167s 5-06), 争 1577 [Graph] 311f 834d.

锼 sōu -2036 钅申又 | 鎪 *1260 | to engrave on metal or wood ◇ graver sur métal ou bois [Etym] 钅 367 (rad: 167s 5-09), 叟 1596 [Graph] 311f 835g 633a.

镚 bèng -2037 钅山月月 | 鏰 *1261 | small coin ◇ petite pièce de monnaie [Etym] 钅 367 (rad: 167s 5-11), 崩 1622 [Graph] 311f 841b 856e 856e.

铠 kǎi -2038 钅山己 | 鎧 *1262 | armor, cuirass ◇ armure, cuirasse [Etym] 钅 367 (rad: 167s 5-06), 岂 1627 [Graph] 311f 841b Z41a.

钝 dùn -2039 钅屯 | 鈍 *1263 | dull, blunt, stupid ◇ émoussé, inepte, obtus [Etym] 钅 367 (rad: 167s 5-04), 屯 1647 [Graph] 311f 842e.

𬭶 hǎn -2040 钅罒干 | [金罕] *1264 | hafnium ◇ hafnium [Etym] 钅 367 (rad: 167s 5-07), 罕 1659 [Graph] 311f 851b 413b.

铊 tā -2041 钅宀匕 | 鉈 *1266 | thallium ◇ thallium [Etym] 钅 367 (rad: 167s 5-05), 它 1665 [Graph] 311f 851c 321b.

△ tuó | See ◇ Voir 柁 4337.

锭 dìng -2042 钅宀疋 | 錠 *1269 | bullion, ingot-shaped tablet ◇ lingot [Etym] 钅 367 (rad: 167s 5-08), 定 1690 [Graph] 311f 851c 434f.

镓 jiā -2043 |鎵 *1270| gallium ◇ gallium [Etym] 钅 钅宀豕 367 (rad: 167s 5-10), 家 1696 [Graph] 311f 851c 522a.

铵 ǎn -2044 |銨 *1271| ammonium ◇ ammonium [Etym] 钅 钅宀女 367 (rad: 167s 5-06), 安 1697 [Graph] 311f 851c 611e.

镲 chǎ -2045 |鑔 *1272| small cymbals ◇ petites 钅宀夕示 cymbales [Etym] 钅 367 (rad: 167s 5-14), 察 1700 [Graph] 311f 851c 631h 331l.

镔 bīn -2046 |鑌 *1267| fine steel ◇ acier fin [Etym] 钅宀兵 钅 367 (rad: 167s 5-10), 宾 1703 [Graph] 311f 851c 722h.

镩 cuān -2047 |鑹 *1273| to cut or break ice with an 钅穴串 ice-pick ◇ briser la glace avec un pic à glace [Etym] 钅 367 (rad: 167s 5-12), 窜 1729 [Graph] 311f 851d 032l.

镑 bàng -2048 |鎊 *1274| 1° pound (currency) 2° to 钅䒑方 hoe ◇ 1° livre (monnaie) 2° houe [Etym] 钅 367 (rad: 167s 5-10), 旁 1732 [Graph] 311f 851e 853b.

镗 tāng -2049 |鏜 *1275| noise of drums or bells ◇ 钅⺌口土 son, bruit, onomatopée de cloches, de tambours [Etym] 钅 367 (rad: 167s 5-11), 堂 1743 [Graph] 311f 851h 011a 432a.

△ táng |鏜 *1275| 1° noise of drums, etc. 2° boring ◇ 1° son, bruit, son du tambour ou d'une cloche 2° forage.

镋 tǎng -2050 |钂 *1276| pitchfork-like weapon ◇ 钅⺌兄 arme ressemblant à une fourche [Etym] 钅 367 (rad: 167s 5-10), 党 1750 [Graph] 311f 851h 011d.

钓 diào -2051 |釣 *1278| to hook, to fish, to 钅勺 angle ◇ pêcher à l'hameçon, hameçon [Etym] 钅 367 (rad: 167s 5-03), 勺 1763 [Graph] 311f 852b.

钓竿 diào gān ∘ fishing rod ◇ canne à pêche; gaule de pêcheur * 775.

钓钩 diào gōu ∘ hook ◇ hameçon * 2053.

钧 jūn -2052 |鈞 *1279| 1° thirty catties 2° you, 钅匀 your ◇ 1° trente livres 2° vous, Monsieur [Etym] 钅 367 (rad: 167s 5-04), 匀 1764 [Graph] 311f 852c.

钩 gōu -2053 |鉤 *1281| hook, to hook, crochet ◇ 钅勺厶 jointoyer, accrocher, crochet [Etym] 钅 367 (rad: 167s 5-04), 勾 1774 [Graph] 311f 852h 612a.

钩儿 gōu ér ∘ crochet ◇ crochet * 2194.

钩子 gōu zǐ ∘ hook ◇ crochet, croc, gaffe * 6546.

钫 fāng -2054 |鈁 *1282| 1° francium 2° kettle 3° 钅方 bell 4° coin ◇ 1° francium 2° chaudron 3° clochette 4° monnaie [Etym] 钅 367 (rad: 167s 5-04), 方 1784 [Graph] 311f 853b.

镞 zú -2055 |鏃 *1283| 1° arrowhead 2° pulley, 钅方𠂉矢 wind-lass ◇ 1° tête de flèche 2° tourner au tour, tour, treuil [Etym] 钅 367 (rad: 167s 5-11), 族 1787 [Graph] 311f 853b ac:f 242d.

钡 bèi -2056 |鋇 *1346| barium (Ba) ◇ baryum (Ba) 钅贝 [Etym] 钅 367 (rad: 167s 5-04), 贝 1796 [Graph] 311f 854b.

铡 zhá -2057 |鍘 *1347| fodder chopper, to cut up with 钅贝刂 a hay cutter ◇ hacher, hache-paille [Etym] 钅 367 (rad: 167s 5-06), 则 1797 [Graph] 311f 854b 333b.

锁 suǒ -2058 |鎖 *1349| 1° lock, chains, to lock 2° to 钅贞 fetter 3° lockstitch 4° knitted brows ◇ 1° serrure, chaîne, fermer à clef 2° enchaîner (un prisonnier) 3° ourler 4° froncer (les sourcils) [Etym] 钅 367 (rad: 167s 5-07), 贞 1804 [Graph] 311f 854f.

钔 mén -2059 |鍆 *1311| mendelevium (Md) ◇ 钅门 mendélévium (Md) [Etym] 钅 367 (rad: 167s 5-03), 门 1806 [Graph] 311f 855a.

锎 kāi -2060 |鐦 *1312| californium ◇ californium 钅门开 [Etym] 钅 367 (rad: 167s 5-07), 开 1810 [Graph] 311f 855a 416h.

锏 jiǎn -2061 |鐧 *1313| 1° iron protecting an axle 钅门曰 2° mace ◇ 1° ferrures de l'essieu 2° massue [Etym] 钅 367 (rad: 167s 5-07), 间 1817 [Graph] 311f 855a 021a.

△ jiàn |鐧 *1313| iron protecting an axle of a wheel ◇ ferrures de l'essieu d'une roue.

镧 lán -2062 |鑭 *1314| lanthanum ◇ lanthanum [Etym] 钅门柬 钅 367 (rad: 167s 5-12), 阑 1818 [Graph] 311f 855a 033d.

钥 yào -2063 |鑰 *1129| key, bolt of lock ◇ clé 钅月 [Etym] 钅 367 (rad: 167s 5-04), 月 1823 [Graph] 311f 856e.

钥匙 yào shi ∘ key ◇ clé * 9881.

△ yuè |鈅 *1285、鑰 *1129| key ◇ clé.

钢 gāng -2064 |鋼 *1287| steel ◇ acier [Etym] 钅 钅冂乂 367 (rad: 167s 5-04), 冈 1849 [Graph] 311f 856k 243a.

钢笔 gāng bǐ ∘ pen, ball pen ◇ stylo; plume * 754.

钢铁 gāng tiě ∘ steel ◇ acier, acier et fonte * 1921.

钢材 gāng cái ∘ sectional steel or iron ◇ profilé * 4149.

钢精 gāng jīng ∘ aluminum ◇ aluminium * 4610.

钢琴 gāng qín ∘ Chinese lute, piano ◇ cithare, piano * 5114.

△ gàng |鋼 *1287| to sharpen, to whet ◇ aiguiser, affûter.

铜 tóng -2065 |銅 *1286| copper (Cu), brass ◇ 钅冂𠮛 cuivre (Cu), laiton [Etym] 钅 367 (rad: 167s 5-06), 同 1853 [Graph] 311f 856k 012a.

镝 dī -2066 |鏑 *1288| dysprosium ◇ dysprosium [Etym] 钅啇古 钅 367 (rad: 167s 5-11), 啇 1875 [Graph] 311f 857g 013f.

△ dí |鏑 *1288| point of an arrow ◇ pointe de flèche.

销 xiāo -2067 |銷 *1289| 1° melt (metal) 2° to 钅肖 cancel 3° to sell 4° market 5° to expend, to consume 6° pin ◇ 1° faire fondre (du métal) 2° annuler 3° vendre 4° marché 5° dépenser, dissiper, dissoudre 6° épingle, goupille [Etym] 钅 367 (rad: 167s 5-07), 肖 1878 [Graph] 311f 857i.

销售 xiāo shòu ◦ to sell; market ◇ vendre, écouler ✱ 5498.

销毁 xiāo huǐ ◦ to destroy ◇ détruire ✱ 7438.

销案 xiāo àn ◦ to close a legal case ◇ clore un procès ✱ 7749.

销路 xiāo lù ◦ sale; market ◇ débouché (commercial); demande ✱ 9353.

镭 léi -2068 | 鐳 *1290 | 1° bronzes 2° old vases 3° radium ◇ 1° bronzes 2° vases antiques 3° radium [Etym] 钅 367 (rad: 167s 5-13), 雷1899 [Graph] 311f 858e 041a.

铈 shì -2069 钅市 | 鈰 *1291 | cerium ◇ cérium [Etym] 钅 367 (rad: 167s 5-05), 市 1904 [Graph] 311f 858h.

镦 piě -2070 钅敝 | 鐅 *1292 | place in Jiangsu ◇ lieu du Jiangsu [Etym] 钅 367 (rad: 167s 5-11), 敝 1906 [Graph] 311f 858j 243c.

铺 pū -2071 钅甫 | 鋪 *1293 | 1° to spread, to unfold 2° to pave, to lay 3° anywhere, universal 4° ring 5° chain, large lock ◇ 1° étendre, étaler 2° disposer, recouvrir, paver 3° partout, universel 4° anneau 5° chaîne, serrure [Etym] 钅 367 (rad: 167s 5-07), 甫 1914 [Graph] 311f 858n.

铺盖 pū gài ◦ bedding ◇ literie, matériel de couchage ✱ 5225.

铺张 pū zhāng ◦ extravagant ◇ qui étale un grand luxe ✱ 11247.

△ pù | 鋪 *1293 、舖 *1505 | 1° shop, store 2° plank bed ◇ 1° boutique, magasin 2° lit en planche.

铺子 pù zǐ ◦ store, shop ◇ boutique, magasin ✱ 6546.

镈 bó -2072 钅甫寸 | 鎛 *1294 | large bell ◇ cloche [Etym] 钅 367 (rad: 167s 5-10), 尃 1915 [Graph] 311f 858n 332b.

钠 nà -2073 钅内 | 鈉 *1295 | sodium (Na) ◇ sodium (Na) [Etym] 钅 367 (rad: 167s 5-04), 内1919 [Graph] 311f 859a.

钼 chú -2074 钅且 | 鉏 *1296 | hoe ◇ houe [Etym] 钅 367 (rad: 167s 5-05), 且 1929 [Graph] 311f 921a.

锄 chú -2075 钅且力 | 鋤 *1297 、耡 *4691 | hoe, to hoe ◇ houe, travailler avec une houe [Etym] 钅 367 (rad: 167s 5-07), 助 1931 [Graph] 311f 921a 732f.

锄头 chú tóu ◦ hoe ◇ houe ✱ 1598.

镇 zhèn -2076 钅真 | 鎮 *1298 、鎭 *1148 | 1° to press down, to calm, tranquil 2° to protect, to keep 3° brigade 4° to chill 5° market-town 6° surname ◇ 1° aplanir (difficultés), abaisser, pacifier, subjuguer (un démon) 2° protéger, garder 3° brigade 4° refroidir 5° ville, marché, bourg 6° nom de famille [Etym] 钅 367 (rad: 167s 5-10), 真 1936 [Graph] 311f 921f.

镇静 zhèn jìng ◦ calm, composed ◇ calme, impassible ✱ 5276.

镇压 zhèn yā ◦ to crack down, to quell ◇ écraser, réprimer ✱ 6841.

铌 ní -2077 钅尸匕 | 鈮 *1300 | niobium (Nb) ◇ niobium (Nb) [Etym] 钅 367 (rad: 167s 5-05), 尼1952 [Graph] 311f 931a 321b.

锯 jù -2078 钅尸古 | 鋸 *1301 | saw, to saw ◇ scie, scier [Etym] 钅 367 (rad: 167s 5-08), 居1976 [Graph] 311f 931a 013f.

锯子 jù zǐ ◦ saw ◇ scie ✱ 6546.

锔 jū -2079 钅局口 | 鋦 *1302 、鋸 *1301 | clasp, to hook, to mend crockery with cramps ◇ agrafer (des porcelaines ou de la poterie brisée) [Etym] 钅 367 (rad: 167s 5-07), 局 1980 [Graph] 311f 931d 011a.

△ jú | 鋦 *1302 | curium ◇ curium.

铲 lú -2080 钅卢 | 鑪 *1246 | rutherfordium (Rf) ◇ rutherfordium (Rf) [Etym] 钅 367 (rad: 167s 5-05), 卢 1992 [Graph] 311f 931f.

镅 méi -2081 钅尸目 | 鎇 *1304 | americium (Am) ◇ américium (Am) [Etym] 钅 367 (rad: 167s 5-09), 眉 1996 [Graph] 311f 931j 023a.

银 yín -2082 钅艮 | 銀 *1305 | 1° silver (Ag) 2° silver-colored 3° currency, money ◇ 1° argent (Ag) 2° argenté, couleur d'argent 3° argent, monnaie [Etym] 钅 367 (rad: 167s 5-06), 艮2003 [Graph] 311f 932c.

银灰 yín huī ◦ silver gray ◇ gris argenté ✱ 1519.

银行 yín háng ◦ bank ◇ banque ✱ 3128.

银幕 yín mù ◦ movie screen ◇ écran de cinéma ✱ 3956.

银子 yín zǐ ◦ silver ◇ argent ✱ 6546.

银白 yín bái ◦ silvery white ◇ argenté ✱ 9973.

鎯 láng -2083 钅良阝 | 鋃 *1306 | [Etym] 钅 367 (rad: 167s 5-08), 郎 2005 [Graph] 311f 932d 634j.

鎯头 láng tóu ◦ hammer ◇ marteau ✱ 1598.

锒 láng -2084 钅良 | 鋃 *1307 | [Etym] 钅 367 (rad: 167s 5-07), 良 2008 [Graph] 311f 932e.

锒头 láng tóu ◦ hammer ◇ marteau ✱ 1598.

锒铛 láng dāng ◦ iron chain; to clank ◇ chaînes de métal; résonnance métallique ✱ 2032.

钯 bǎ -2085 钅巴 | 鈀 *1308 | 1° palladium (Pd) 2° rake ◇ 1° palladium (Pd) 2° herse, herser [Etym] 钅 367 (rad: 167s 5-04), 巴 2014 [Graph] 311f 933c.

△ pá | 耙 *4693 、鈀 *1308 | to rake, rake ◇ râteler, râteau.

铯 sè -2086 钅色 | 銫 *1309 | cesium (Cs) ◇ césium (Cs) [Etym] 钅 367 (rad: 167s 5-06), 色2015 [Graph] 311f 933d.

钜 jù -2087 钅巨 | 1° hard iron, steel 2° hook 3° great, huge ◇ 1° acier 2° crochet 3° grand, vaste [Etym] 钅 367 (rad: 167s 5-05), 巨 2043 [Graph] 311f 935a.

镏 liú -2088 钅𠂊刀田 | 鎦 *1318 | [Etym] 钅 367 (rad: 167s 5-10), 留 2055 [Graph] 311f 941a 732a 041a.

镏金 liú jīn。gold-plating ◇ orné d'or ＊ 1106.

△ liù |鎦 *1318| ring (on finger) ◇ anneau, bague.

铆 mǎo -2089 钅卯卩 |鉚 *1319| riveting, riveted ◇ rivetage, riveuse [Etym] 钅 367 (rad: 167s 5-05), 卯 2057 [Graph] 311f 941b 734a.

锃 zèng -2090 钅口王 |鋥 *1321| to polish ◇ polir, fourbir [Etym] 钅 367 (rad: 167s 5-07), 呈 2070 [Graph] 311f 011a 432e.

铞 diào -2091 钅口巾 |銱 *1322| door fetters ◇ chaînes d'une porte [Etym] 钅 367 (rad: 167s 5-06), 吊 2080 [Graph] 311f 011a 858a.

锅 guō -2092 钅口内 |鍋 *1299| 1° pot, pan, boiler, cauldron 2° bowl ◇ 1° poêle, casserole, chaudron, marmite 2° bol [Etym] 钅 367 (rad: 167s 5-07), 呙 2081 [Graph] 311f 011a 859a.

锅炉 guō lú。boiler; heating system ◇ chaudière; système de chauffage ＊ 1032.

锅巴 guō bā。crust of cooked rice ◇ croûte de riz brûlé ＊ 8730.

铝 lǚ -2093 钅口口 |鋁 *1324| aluminum (Al) ◇ aluminium (Al) [Etym] 钅 367 (rad: 167s 5-06), 吕 2084 [Graph] 311f 011a 011a.

锷 è -2094 钅口口亏 |鍔 *1323| 1° sharp point 2° blade of a sword ◇ 1° pointe 2° tranchant [Etym] 钅 367 (rad: 167s 5-09), 咢 2102 [Graph] 311f 011a 011a Z21c.

镉 gé -2095 钅一冂丫 |鎘 *1326| cadmium ◇ cadmium [Etym] 钅 367 (rad: 167s 5-10), 鬲 2118 [Graph] 311f 012a 856k 411c.

镦 duì -2096 钅亩子攵 |鐓 *1327| flail-shaped weapon ◇ pommeau [Etym] 钅 367 (rad: 167s 5-12), 敦 2129 [Graph] 311f 012c 634d 243c.

镐 gǎo -2097 钅亩冂口 |鎬 *1328| 1° name of a place 2° pick, pick-ax ◇ 1° nom de ville 2° pioche [Etym] 钅 367 (rad: 167s 5-10), 高 2138 [Graph] 311f 012c 856k 011a.

镐头 gǎo tóu。pickax, mattock ◇ pic, pioche ＊ 1598.

△ hào |鎬 *1328| Zhou Dynasty's capital in Shanxi Province ◇ capitale de la dynastie Zhou dans la province de Shanxi.

锐 ruì -2098 钅兑 |銳 *1329| 1° sharp, keen, pointed 2° acute 3° vigour 4° irresistible ◇ 1° aigu, pointe 2° perspicace 3° ardent, vigueur 4° irrésistible [Etym] 钅 367 (rad: 167s 5-07), 兑 2153 [Graph] 311f 013d.

锐利 ruì lì。sharp; keen ◇ pointu, acéré, tranchant, aigu; perçant ＊ 4516.

钻 zuān -2099 钅占 |鑽 *1195| 1° to drill, to bore 2° to go through 3° to dig into 4° to study ◇ 1° forer, percer, piquer, vrille 2° pénétrer dans, se pousser (dans la société) 3° creuser 4° approfondir, étudier [Etym] 钅 367 (rad: 167s 5-05), 占 2154 [Graph] 311f 013e.

钻研 zuān yán。to study in detail ◇ faire une étude approfondie ＊ 9676.

△ zuàn |鑽 *1195| 1° to drill, to bore 2° diamond ◇ 1° vrille, foret, mèche, percer 2° diamant.

钻石 zuàn shí。diamond ◇ diamant ＊ 9642.

钴 gǔ -2100 钅古 |鈷 *1330| 1° smoother 2° cobalt ◇ 1° fer à repasser 2° cobalt [Etym] 钅 367 (rad: 167s 5-05), 古 2155 [Graph] 311f 013f.

铦 xiān -2101 钅舌 |銛 *1331| 1° sharp 2° to cut 3° weapon in ancient times ◇ 1° tranchant 2° couper 3° arme antique [Etym] 钅 367 (rad: 167s 5-06), 舌 2162 [Graph] 311f 013h.

镵 chán -2102 钅𠂊⺊匕兔 |鑱 *1332| ancient pickax ◇ pioche antique [Etym] 钅 367 (rad: 167s 5-17), 毚 2165 [Graph] 311f 013i 311d 321b 032e.

钽 tǎn -2103 钅日一 |鉭 *1333| tantalum ◇ tantalum [Etym] 钅 367 (rad: 167s 5-05), 旦 2170 [Graph] 311f 021a ac:z.

锟 kūn -2104 钅日匕匕 |錕 *1334| 1° steel 2° personal name ◇ 1° acier 2° prénom [Etym] 钅 367 (rad: 167s 5-08), 昆 2173 [Graph] 311f 021a 311d 321b.

锝 dé -2105 钅日一寸 |鍀 *1335| technetium ◇ technetium [Etym] 钅 367 (rad: 167s 5-08), 导 2176 [Graph] 311f 021a ac:a 332b.

锡 xī -2106 钅日勿 |錫 *1338| tin (Sn) ◇ étain (Sn) [Etym] 钅 367 (rad: 167s 5-08), 易 2193 [Graph] 311f 021a 852e.

镘 màn -2107 钅日四又 |鏝 *1340| trowel, to rough-cast ◇ truelle, crépir [Etym] 钅 367 (rad: 167s 5-11), 曼 2211 [Graph] 311f 021a 051a 633a.

铂 bó -2108 钅白 |鉑 *1341| thin sheet of metal ◇ lame de métal [Etym] 钅 367 (rad: 167s 5-05), 白 2216 [Graph] 311f 022c.

线 xiàn -2109 钅白水 |線 *1342| 1° wire 2° metal thread ◇ fil en métal [Etym] 钅 367 (rad: 167s 5-09), 泉 2219 [Graph] 311f 022c 331p.

锽 huáng -2110 钅白王 |鍠 *1343| sound of jingling of bells ◇ onomatopée du son métallique, tintement [Etym] 钅 367 (rad: 167s 5-09), 皇 2221 [Graph] 311f 022c 432e.

锦 jǐn -2111 钅白巾 |錦 *1344| 1° brocade 2° splendid, glorious, beautiful ◇ 1° tissu à fleurs de diverses couleurs, brocart 2° orné, joli, élégant [Etym] 钅 367 (rad: 167s 5-08), 帛 2224 [Graph] 311f 022c 858a.

锦标 jǐn biāo。trophy, brocade banner ◇ trophée, bannière de brocart ＊ 4145.

钼 mù -2112 钅目 |鉬 *1345| molybdenum (Mo) ◇ molybdenum (Mo) [Etym] 钅 367 (rad: 167s 5-05), 目 2239 [Graph] 311f 023a.

镬 jué -2113 钅目目隹又 |钁 *1240| to pick, pickaxe ◇ piocher, pioche [Etym] 钅 367 (rad: 167s 5-20), 矍 2244 [Graph] 311f 023a 023a 436m 633a.

镍 niè -2114 钅自木 |鎳 *1348| nickel (Ni) ◇ nickel (Ni) [Etym] 钅 367 (rad: 167s 5-10), 臬 2261 [Graph] 311f 023d 422a.

钟 zhōng -2115 钅中 |鐘 *1112 、鍾 4° *1360| 1° bell, clock 2° time (hour) 3° to concentrate (affection) 4° cup without handle 5° alarm-clock, to sound reveille 6° surname ◇ 1° cloche, horloge, pendule 2° temps (heure) 3° se concentrer (affection) 4° coupe sans poignée 5° sonnerie, réveil 6° nom de famille [Etym] 钅 367 (rad: 167s 5-04), 中 2276 [Graph] 311f 031b.

钟爱 zhōng ài ∘ to dote on; to love dearly ◇ doter; aimer tendrement * 712.

钟头 zhōng tóu ∘ hour ◇ heure * 1598.

钟摆 zhōng bǎi ∘ pendulum ◇ pendule * 2713.

钟表 zhōng biǎo ∘ clock ◇ horloge * 5250.

钟点 zhōng diǎn ∘ time for something to be done; hour ◇ délai d'accomplissement d'une chose; heure * 9799.

钿 diàn -2116 | 鈿 *1351 | 钅田 1° inlaid work in metal 2° jewel ◇ 1° incruster 2° bijoux, ornement fait de métal [Etym] 钅 367 (rad: 167s 5-05), 田 2313 [Graph] 311f 041a.

△ tián | 鈿 *1351 | coin, money ◇ pièce de monnaie.

锶 sī -2117 | 鍶 *1352 | 钅田心 strontium ◇ strontium [Etym] 钅 367 (rad: 167s 5-09), 思 2316 [Graph] 311f 041a 321c.

钾 jiǎ -2118 | 鉀 *1353 | 钅甲 potassium ◇ potassium [Etym] 钅 367 (rad: 167s 5-05), 甲 2329 [Graph] 311f 041b.

镥 lǔ -2119 | 鑥 *1354 | 钅鱼曰 1° lutecium 2° lutetium (Lu) ◇ 1° lutécium 2° lutécium (Lu) [Etym] 钅 367 (rad: 167s 5-12), 鲁 2338 [Graph] 311f 041i 021a.

铀 yóu -2120 | 鈾 *1355 | 钅由 uranium (U) ◇ uranium (U) [Etym] 钅 367 (rad: 167s 5-05), 由 2345 [Graph] 311f 042a.

钟 shēn -2121 | 鉮 *1356 | 钅申 arsonium ◇ arsonium [Etym] 钅 367 (rad: 167s 5-05), 申 2348 [Graph] 311f 042c.

锞 kè -2122 | 錁 *1358 | 钅果 small ingot of gold or silver ◇ petit lingot d'or ou d'argent [Etym] 钅 367 (rad: 167s 5-08), 果 2364 [Graph] 311f 043f.

锂 lǐ -2123 | 鋰 *1359 | 钅里 lithium ◇ lithium [Etym] 钅 367 (rad: 167s 5-07), 里 2368 [Graph] 311f 043j.

锣 luó -2124 | 鑼 *1362 | 钅罒夕 gong ◇ tam-tam, gong [Etym] 钅 367 (rad: 167s 5-08), 罗 2389 [Graph] 311f 051a 631b.

锣鼓 luó gǔ ∘ gong and drum ◇ gong et tambour * 5032.

镯 zhuó -2125 | 鐲、鋜 *1363、*1325 | 钅罒勺虫 bracelet ◇ bracelet [Etym] 钅 367 (rad: 167s 5-13), 蜀 2391 [Graph] 311f 051a 852h 031d.

镮 huán -2126 | 鐶 *1364 | 钅罒口𧘇 metal ring ◇ anneau, boucle [Etym] 钅 367 (rad: 167s 5-13), 睘 2394 [Graph] 311f 051a 012a 312h.

镖 biāo -2127 | 鏢 *1365 | 钅覀示 weapon (dartlike) ◇ pointe, tranchant [Etym] 钅 367 (rad: 167s 5-11), 票 2404 [Graph] 311f 051e 331l.

铟 yīn -2128 | 銦 *1366 | 钅囗大 indium (In) ◇ indium (In) [Etym] 钅 367 (rad: 167s 5-06), 因 2444 [Graph] 311f 071a 242a.

锢 gù -2129 | 錮 *1367 | 钅囗古 1° to stop 2° to restrain 3° to plug with molten metals 4° to imprison ◇ 1° arrêter 2° obstruer, restreindre 3° boucher une fente en y coulant du métal fondu 4° enfermer [Etym] 钅 367 (rad: 167s 5-08), 固 2456 [Graph] 311f 071a 013f.

钙 gài -2130 | 鈣 *1369 | 钅丐 calcium ◇ calcium [Etym] 钅 367 (rad: 167s 5-04), 丐 2483 [Graph] 311f Z21i.

钨 wū -2131 | 鎢 *1370 | 钅乌 1° tungsten 2° wolfram (W) ◇ 1° tungstène 2° wolfram (W) [Etym] 钅 367 (rad: 167s 5-04), 乌 2490 [Graph] 311f Z22c.

钇 yǐ -2132 | 釔 *1371 | 钅乙 yttrium (Y) ◇ yttrium (Y) [Etym] 钅 367 (rad: 167s 5-01), 乙 2506 [Graph] 311f Z31d.

铅 qiān -2133 | 鉛 *1372 | 钅几口 1° lead-ore (Pb) 2° lead (pencil) ◇ 1° plomb (Pb) 2° mine de plomb (crayon) [Etym] 钅 367 (rad: 167s 5-05), 㕣 2521 [Graph] 311f Z33a 011a.

铅笔 qiān bǐ ∘ pencil ◇ crayon * 754.

铅白 qiān bái ∘ white lead ◇ blanc de plomb * 9973.

△ yán | 鉛 *1372 | place in Jiangxi ◇ lieu du Jiangxi.

钒 fán -2134 | 釩 *1373 | 钅凡 vanadium ◇ vanadium [Etym] 钅 367 (rad: 167s 5-03), 凡 2522 [Graph] 311f Z33b.

钪 kàng -2135 | 鈧 *1374 | 钅亢 scandium ◇ scandium [Etym] 钅 367 (rad: 167s 5-04), 亢 2529 [Graph] 311f Z33d.

镪 qiāng -2136 | 鏹 *1375 | 钅弓口虫 [Etym] 钅 367 (rad: 167s 5-12), 强 2546 [Graph] 311f Z42a 011a 031d.

镪水 qiāng shuǐ ∘ strong acid ◇ acide fort * 2299.

△ qiǎng | 繈、鏹 *1376、*1375 | to string up cash ◇ enfiler des sapèques.

锑 tī -2137 | 銻 *1378 | 钅弟 antimony, stibium ◇ antimoine, stibium [Etym] 钅 367 (rad: 167s 5-07), 弟 2552 [Graph] 311f Z42f.

锑白 tī bái ∘ stibium trioxide ◇ antimoine * 9973.

镄 fèi -2138 | 鐨 *1379 | 钅弗贝 fermium ◇ fermium [Etym] 钅 367 (rad: 167s 5-09), 费 2554 [Graph] 311f Z42g 854b.

𠂆乀 312

长 cháng (369) | 长 [Tra] long, to excel ◇ long; exceller en [Etym] modern simplified form of (長 822) ◇ forme simplifiée moderne de (長 822) [Graph] 312c [Ref] r44p [Hanzi] chang2 zhang3 长2139, chang1 伥 2831, chang4 怅 3228, chang2 苌 3596, cheng2 枨 4134, chang4 韔 7284, zhang4 胀 8095, zhang4 帐 8382, zhang1 张 11247 [Rad] 168s.

长 cháng -2139 | 長 *4724 | 长 1° to excel 2° long (of time or space) 3° steadily ◇ 1° exceller en 2° long, durable 3° constant [Etym] 长 369 (rad: 168s 4-00), [Graph] 312c.

长途 cháng tú ∘ long distance; long journey ◇ longue distance; long trajet * 1100.

长寿 cháng shòu ∘ longevity, long life ◇ longévité * 1535.

长城 cháng chéng。the Great Wall ◇ Grande Muraille * 4868.

长期 cháng qī。long-term; over a long period of time ◇ long terme, longue période; longue échéance * 5437.

长久 cháng jiǔ。for a long time ◇ pour longtemps; depuis longtemps * 6498.

长处 cháng chù。good qualities, strong points ◇ qualité; fort; bon côté * 6526.

长袍 cháng páo。Chinese robe (man) ◇ robe chinoise d'homme * 6672.

长方形 cháng fāng xíng。rectangle ◇ rectangle * 7928 4046.

△ zhǎng | 長 *4724 | 1° older, senior, eldest 2° chief, head 3° to grow 4° to form 5° to acquire 6° to excel 7° surname ◇ 1° plus âgé 2° chef, tête 3° grandir 4° se former 5° acquérir 6° exceller en 7° nom de famille.

长进 zhǎng jìn。progress ◇ faire des progrès, progrès * 4056.

衤 yī (370) 衤 | [Tra] clothes ◇ vêtements [Etym] lower part of (衣 371) ◇ partie basse de (衣 371) [Graph] 312h [Hanzi] yuan2 袁 4942, biao3 表 5250 [Rad] 145c.

衣 yī (371) 衣 | [Tra] clothes ◇ vêtements [Etym] {1} a long pleated dress (prim); {2} bringing forth and swaddling a child (prim) ◇ {1} un vêtement ample et plissé (prim); {2} accouchement et emmaillotage (prim) [Graph] 312i [Ref] h420, k185, r205, w16a, wa25, wi51 [Hanzi] yi1 銥 1144, xi1 鉉 1429, xi1 铱 1844, yi1 铱 1928, yi1 yi4 衣 2140, yi1 依 2832, yi3 扆 8685 [Rad] 145a.

衣 yī +2140 衣 | 1° clothes, garment 2° coating, covering, afterbirth 3° surname ◇ 1° habits, vêtements 2° enveloppe, étui, peau ou écorce d'un fruit, enveloppes foetales 3° nom de famille [Etym] 衣 371 (rad: 145a 6-00), [Graph] 312i.

衣着 yī zhuó。clothing ◇ tenue, habillement * 1531.

衣柜 yī guì。wardrobe ◇ armoire * 4405.

衣裳 yī shang。clothes ◇ vêtement, habit * 7864.

衣服 yī fú。clothes ◇ vêtement, habit, costume * 8175.

△ yì | to wear (clothes) ◇ porter (habits, vêtements).

裔 yì +2141 衣冏口 | 1° posterity, descendants 2° border 3° train of a robe ◇ 1° postérité, descendance 2° frontière, limite 3° traîne (robe) [Etym] 衣 371 (rad: 145a 6-07), 冏 1854 [Graph] 312i 856l 011a.

亠 yī (372) 亠 | [Tra] clothes ◇ vêtements [Etym] enclosing form of (衣 371) ◇ forme englobante de (衣 371) [Graph] 312j [Hanzi] ai1 哀 2150, xiang1 襄 2151, cui1 shuai1 衰 2155 [Rad] 145b.

袠 zhì *2142 亠失 | 帙 +8381 | 1° cloth slipcase for a book 2° wrapper ◇ 1° portefeuille 2° enveloppe, étui [Etym] 亠 372 (rad: 145b 6-05), 失 310 [Graph] 312j 242o.

亵 xiè -2143 亠扌丸 | 褻 *2145 | 1° to be disrespectful 2° indecent, obscene, undress 3° familiarity 4° under-clothes 5° filthy ◇ 1° manque de respect 2° indécent, obscène, non vêtu 3° familiarité 4° habits de dessous 5° souiller, impur [Etym] 亠 372 (rad: 145b 6-06), 执 464 [Graph] 312j 332f Z32c.

褒 bāo +2144 亠亻口木 | 襃 *2148 | 1° to praise, honour 2° commend ◇ 1° louanger, honneur 2° commander [Etym] 亠 372 (rad: 145b 6-09), 保 507 [Graph] 312j 411e 011a 422a.

褻 xiè *2145 亠坴丸 | 亵 -2143 | 1° to be disrespectful 2° indecent, obscene, undress 3° familiarity 4° under-clothes 5° filthy ◇ 1° manque de respect 2° indécent, obscène, non vêtu 3° familiarité 4° habits de dessous 5° souiller, impur [Etym] 亠 372 (rad: 145b 6-11), 埶 899 [Graph] 312j 432d 432a Z32c.

衮 gǔn (373) 亠公 | [Tra] official dress ◇ vêtement officiel [Etym] clothes (top, bottom= 衣 371) for public appearance (1= 翁 1162) ◇ un vêtement (haut, bas= 衣 371) pour un rituel public (centre= 翁 1162) [Graph] 312j 612h [Ref] k464, w16f [Hanzi] gun3 滚 124, gun3 衮 2146, gun3 磙 9660.

衮 gǔn +2146 亠公 | 袞 *2154 | imperial robes, court robes, ceremonial dress ◇ robe de cérémonie, robe d'apparat [Etym] 亠 372 (rad: 145b 6-04), 衮 373 [Graph] 312j 612h.

袤 mào +2147 亠マ丆 | See ◇ Voir 广袤 guang3-mao4 6876-2147 [Etym] 亠 372 (rad: 145b 6-05), 矛 1256 [Graph] 312j 632a 331g.

襃 bāo (374) 亠𠂉口木 | [Tra] favour; distinction ◇ faveur; distinction [Etym] clothes (4= 衣 371), imperial gift; phon or to hatch (1,2= 保 1553) ◇ vêtement (4= 衣 371), don impérial; phon ou couver (1, 2= 保 1553) [Graph] 312j 831a 011a 422a [Ref] w94b [Hanzi] bao1 襃 2148.

襃 bāo *2148 亠𠂉口木 | 褒 +2144 | 1° to praise, honour 2° commend ◇ 1° louanger, honneur 2° commander [Etym] 亠 372 (rad: 145b 6-16), 襃 374 [Graph] 312j 831a 011a 422a.

裒 póu +2149 亠臼 | 1° to collect 2° to diminish, to reduce ◇ 1° ramasser 2° diminuer [Etym] 亠 372 (rad: 145b 6-06), 臼 1587 [Graph] 312j 835b.

哀 āi (375) 亠口 | [Tra] sorrow, pity, mourn ◇ tristesse, deuil [Etym] to lament (2< 口 2063) and wear mourning clothes (1= 衣 371) ◇ des lamentations (2< 口 2063) et des vêtements de deuil (1= 衣 371) [Graph] 312j 011a [Ref] h998, w16c [Hanzi] ai1 锿 1145, ai1 锿 1929, ai1 哀 2150, ei2 唉 8896.

哀 āi +2150 亠口 | 1° sorrow, pity, grief 2° mourning ◇ 1° tristesse, douleur 2° deuil [Etym]

长 衤 衣 亠

口2063 (rad: 030a 3-06), 哀375 [Graph] 312j 011a.

哀求 āi qiú。to beseech, to implore ◇ supplier, implorer ✱ 2314.

哀悼 āi dào。to express one's sympathy ◇ exprimer ses condoléances ✱ 3365.

襄 xiāng (376) 衣口口井 |[Tra] help; take off; away ◇ aide; enlever; chasser [Etym] take off robe (1< 衣 371);counsel (2,3= 口 2063);wall up (4> 展 1966) ◇ oter sa toge (1< 衣 371); s'entendre (2, 3= 口 2063); maçonner (4> 展 1966) [Graph] 312j 011a 011a 436g [Ref] k788, ph831, r237, w16i, w72h, wi839 [Hanzi] xiang1 鑲 1146, nang2 nang3 xiang3 饢 1430, xiang1 镶 1930, xiang1 襄 2151, rang2 瓤 2152, rang2 勷 2153, rang2 禳 2251, rang3 攘 2389, rang2 蘘 3597, rang2 穰 4508, rang3 壤 4776, xiang1 瓖 5085, niang2 孃 5740, rang2 穰 6567, rang2 欀 6620, rang1 rang3 嚷 8897, rang4 讓9490, nang3 囊 9857, niang2 niang4 醸 10856, xiang1 驤11033, xiang1 骧 11094.

襄 xiāng +2151 |1° to help, to assist 2° to carry out ◇ 1° aider, assister 2° exécuter [Etym] 衣 372 (rad: 145b 6-11), 襄 376 [Graph] 312j 011a 011a 436g.

瓤 ráng +2152 |1° pulp, flesh 2° interior part 3° kernel ◇ 1° pulpe, chair 2° intérieur 3° amande [Etym] 瓜 382 (rad: 097a 5-17), 襄376 [Graph] 312j 011a 011a 436g 313a.

勷 ráng +2153 |See ◇ Voir 劻勷 kuang1-rang2 7314-2153 [Etym] 力 1489 (rad: 019a 2-17), 襄 376 [Graph] 312j 011a 011a 436g 732f.

衮 gǔn (377) 衣凸 |[Tra] official dress ◇ vêtement officiel [Etym] different writing for (衮 373) ◇ autre graphie pour (衮 373) [Graph] 312j 013c [Ref] k464, w16f [Hanzi] gun3 滚 125, gun3 衮 2154, gun3 磙 9661.

衮 gǔn *2154 |衮 +2146| imperial robes, court robes, ceremonial dress ◇ robe de cérémonie, robe d'apparat [Etym] 衣 372 (rad: 145b 6-05), 衮 377 [Graph] 312j 013c.

衰 c ,shuāi (378) 衣冄 |[Tra] decline; ruin; wane ◇ décadence; ruîne [Etym] straw (1=prim) coat (2< 衣 371) ->pierced, weaken ◇ un vêtement (2< 衣 371) de paille (1=prim) ->percé, ruîné [Graph] 312j 021b [Ref] h1456, k921, ph563, w16d, wa129 [Hanzi] suo1 簑 753, cui1 shuai1 衰 2155, suo1 蓑 3598, cui1 榱 4135, cui1 缞 5958, cui1 縗 6127.

衰 cuī +2155 |wearing away, fading, ruin ◇ décadence, décrépitude, ruine [Etym] 衣372 (rad: 145b 6-04), 衰 378 [Graph] 312j 021b.

△ shuāi |wearing away, fading, ruin, to decline, to wane ◇ tomber en décadence, décrépitude, ruine, s'affaiblir, déchoir.

衰落 shuāi luò。to decline, go downhill ◇ décliner, déchoir ✱ 3523.

衰老 shuāi lǎo。decrepit, senile ◇ décrépit, sénile ✱ 5045.

衰败 shuāi bài。to be in a bad way, to decline, to be at low ebb ◇ péricliter, dépérir ✱ 7959.

衰弱 shuāi ruò。weak, feeble ◇ faible, affaibli, débile ✱ 11272.

衷 zhōng (379) 衣中 |[Tra] under-clothes ◇ sous-vêtements [Etym] clothes (2= 衣 371); center,inside (1= 中 2276) ->feelings ◇ vêtements (2= 衣 371); centre, intérieur (1= 中 2276) -> sentiments [Graph] 312j 031b [Ref] w16e [Hanzi] zhong1 衷 2156.

衷 zhōng +2156 |1° inner feelings, heart (feelings) 2° sincere, good 3° proper, convenient 4° underwear 5° surname ◇ 1° sentiments, pensée, coeur (sentiments) 2° sincère, bonté 3° convenable,propre à 4° vêtements de dessous 5° nom de famille [Etym] 衣 372 (rad: 145b 6-04), 衷379 [Graph] 312j 031b.

衷心 zhōng xīn。wholehearted ◇ sincère ✱ 2177.

裹 guǒ (380) 衣果 |[Tra] to wrap up; bind ◇ envelopper; relier [Etym] cloth (2= 衣371); phon (1= 果 2364) ◇ tissus (2= 衣 371); phon (1= 果 2364) [Graph] 312j 043f [Ref] w16h [Hanzi] guo3 裹 2157.

裹 guǒ +2157 |1° to wrap up, to bind, bandage 2° parcel ◇ 1° envelopper, bander, emmailloter 2° paquet [Etym] 衣 372 (rad: 145b 6-08), 裹380 [Graph] 312j 043f.

裏 lǐ *2158 |See ◇ Voir 李 4283 [Etym] 衣 372 (rad: 145b 6-07), 里 2368 [Graph] 312j 043j.

褱 huái (381) 衣罒氺 |[Tra] to hide; to cower ◇ se cacher; se blottir [Etym] clothes (3= 衣 371) to hide in; phon, to close (2,3= 罘 2378) ◇ vêtement (3= 衣 371) pour se couvrir; phon, fermer (2,3= 罘2378) [Graph] 312j 051a 412h [Ref] k97, ph820, w16j, w100c, wi396 [Hanzi] huai2 懷 3229, huai2 耱 4677, huai4 壞4777, gui1 瓌 5086.

瓜 313

瓜 guā (382) 瓜 |[Tra] cucumber, melon, etc ◇ cucurbitacée; melon [Etym] melon among leaves and tendrils (prim) ◇ le melon dans sa plante et ses feuilles (prim) [Graph] 313a [Ref] k206, ph1, r391, r200, w9e, wi931 [Hanzi] gua1 瓜 2159, gu1 苽 3599, hu2 狐 5607, gu1 钘 6338, gu1 孤 6548, gua1 胍 8096, gu1 觚 8360, gu1 gua1 gua3 呱 8898, gu1 軱 10678, hu2 弧11248 [Rad] 097a.

瓜 guā +2159 |cucurbitaceous plants: melon, gourd, water melon, cucumber etc. ◇ cucurbitacées: melon, pastèque, citrouille, concombre etc. [Etym] 瓜 382 (rad: 097a 5-00), [Graph] 313a.

瓞 dié +2160 |1° small melon 2° posterity ◇ 1° petit melon 2° postérité [Etym] 瓜 382 (rad: 097a 5-05), 失 310 [Graph] 313a 242o.

胍 yù (383) 瓜瓜 |[Tra] many fruits; exhaustion ◇ trop de fruits; épuisement [Etym] two melons (瓜 382)->many fruits on the same stalk ◇ deux melons (瓜 382)-> plusieurs fruits sur une même tige [Graph] 313a 313a [Ref] k206 [Hanzi] luo3 蓏 3600, yu3 窳 7804.

以 yǐ (384) 以 |[Tra] strength; in order to ◇ force; afin de [Etym] {1} breath (prim) during action ->virtue; {2} peasant (right, > 人 170) holding spade (left, prim) ◇ {1} exhalation (prim) durant l'effort -> force; {2} paysan (droite, > 人 170) tenant une bêche (gauche=prim) [Graph] 313b [Ref] k9, k713, r17c, r429, r433, w26b, wa7, wi209, wi304 [Hanzi] yi3 以 2161, ni3 拟 2390, shi4 si4 似 2833, yi3 苡 3601, si4 姒 5741.

以 yǐ +2161 以 |1° to use, to take 2° according to 3° because of 4° in order to 5° at (time), on (date) 6° and, as well as 7° prefix pertaining to relation ◇ 1° utiliser, prendre, se servir de 2° selon, au moyen de 3° parce que, cause, motif 4° afin de 5° en (temps), à (date), depuis 6° et, en plus 7° préfixe exprimant rapport [Etym] 人 170 (rad: 009a 2-02), 以 384 [Graph] 313b.

以便 yǐ biàn ∘ so that, in order to ◇ pour que * 3074.

以往 yǐ wǎng ∘ before, in the past ◇ autrefois, auparavant * 3140.

以下 yǐ xià ∘ under, less ◇ au-dessous de, moins de; inférieur à * 3204.

以来 yǐ lái ∘ since ◇ depuis * 4672.

以上 yǐ shàng ∘ above, more ◇ au-dessus de, plus de * 4718.

以致 yǐ zhì ∘ so that, consequently ◇ tellement que, de sorte que, si bien que * 5913.

以外 yǐ wài ∘ exterior, out, except ◇ à l'extérieur de, sauf, à l'exception de * 6395.

以及 yǐ jí ∘ and, as well as ◇ et, ainsi que * 6807.

以后 yǐ hòu ∘ after, afterwards ◇ ensuite, après, désormais, plus tard * 7199.

以为 yǐ wéi ∘ to fancy, to imagine ◇ imaginer que, croire à tort, penser, trouver que * 7272.

以前 yǐ qián ∘ formerly, before ◇ auparavant, avant, autrefois * 8261.

以内 yǐ nèi ∘ inside, in ◇ à l'intérieur, dans * 8500.

乚 321

乚 yī (385) 乚 |[Tra] germination ◇ germination [Etym] contracted form for (乙 2506) suggesting striving of germ ◇ réduction de (乙 2506) suggérant la poussée du germe [Graph] 321a [Ref] h835, w131g [Hanzi] ga2 釓 1147, ga2 钆 1931, za1 zha1 zha2 扎 2391, zha2 札 4136, ga2 ya4 zha2 轧 6339, kong3 孔 6549, li3 礼 6568, mie1 nie4 乜 7276, ye3 也 7277, qiu2 虬 10215, ga2 ya4 zha2 軋 10679 [Rad] 005c.

乚 yā (386) 乚 |[Tra] swallow ◇ hirondelle [Etym] jerky flight (prim) of a swallow (# 乚 385) ◇ vol saccadé (prim) de l'hirondelle (# 乚 385) [Graph] 321a [Ref] h1108, w99d.

匕 bǐ (387) 匕 |[Tra] spoon ◇ cuiller [Etym] spoon (prim) (# 北 545) ◇ une cuiller (prim) (# 北 545) [Graph] 321b [Ref] h835, k205, ph783, w131g [Hanzi] lun2 仑 1088, qie1 qie4 切 1894, bi3 匕 2162, qing3 顷 2172, zhi3 旨 2173, qing3 頃 2176, bei3 北 3199, pin4 牝 3450, lao3 老 5045, ci3 此 5294, si3 死 6418, pi3 庀 6883, you1 麀 6944, ta1 它 7698, ni2 尼 8607 [Rad] 021a.

匕 bǐ +2162 匕 |spoon ◇ cuiller [Etym] 匕 387 (rad: 021a 2-00), [Graph] 321b.

矣 yí (388) 匕矢 |[Tra] old person ◇ veillard [Etym] person (2< 大 257) turning head (1< 北 545), asking his way (疑 390) ◇ personne (2< 大 257) tournant la tête (1< 北 545), inquiète (疑 390) [Graph] 321b 242d [Ref] k696, w26e [Hanzi] kuan3 欵 2163, yi4 肄 2165.

欵 kuǎn (389) 匕矢欠 |[Tra] sincere; entertain ◇ sincère; accueil [Etym] same as (款 859); corrupted with (疑 390) ◇ comme (款 859); confusion avec (疑 390) [Graph] 321b 242d 232b [Hanzi] kuan3 欵 2163.

欵 kuǎn *2163 匕矢欠 |款 +4995| 1° sincere, true 2° to treat well, to entertain 3° paragraph, article 4° fund 5° leisurely, delay 6° kind, liberal ◇ 1° sincère 2° recevoir (hôte), hospitalité 3° article (loi) 4° somme d'argent 5° délai, lent 6° bienveillance, libéralité [Etym] 欠 178 (rad: 076a 4-07), 欵 389 [Graph] 321b 242d 232b.

疑 yí (390) 匕矢マ疋 |[Tra] to doubt, suspect ◇ doute, soupçon [Etym] old person (1,2= 矣 388),child (3< 子 1303)out of their way (4= 疋 965) ◇ un vieillard (1,2= 矣 388), un enfant (3< 子 1303) déroutés (4= 疋 965) [Graph] 321b 242d 632a 434g [Ref] h1312, k1215, ph185, r2j, w26k, wi618 [Hanzi] ning2 凝 20, yi2 疑 2164, ni3 擬 2393, chi1 癡 7030, yi2 嶷 7508, ai4 礙 9662.

疑 yí +2164 匕矢マ疋 |to doubt, to suspect, uncertain ◇ doute, soupçon, douter, conjecturer [Etym] 疋 965 (rad: 103a 5-09), 疑 390 [Graph] 321b 242d 632a 434g.

疑心 yí xīn ∘ suspicion; to doubt ◇ doute de, soupçonner * 2177.

疑难 yí nán ∘ difficult, complicated ◇ indécis, difficile * 6505.

疑案 yí àn ∘ doubtful case; mystery ◇ cas douteux, mystère * 7749.

疑问 yí wèn ∘ question, doubt ◇ doute, question, problème, interrogation * 8035.

肄 yì +2165 匕矢聿 |1° to study 2° to toil, pain 3° to practice 4° sprouts ◇ 1° étudier 2°

labeur, peine **3°** exercer, pratiquer **4°** rejetons [Etym] 聿 1568 (rad: 129a 6-07), 㚇 388 [Graph] 321b 242d 833e.

颍 yǐng -2166 | 潁 *2167 | river flowing from Henan to Anhui ◇ rivière qui traverse le Henan et l'Anhui [Etym] 水 435 (rad: 085a 4-08), 顷 392 [Graph] 321b 331p 854d.

潁 yǐng *2167 | 颍 -2166 | river flowing from Henan to Anhui ◇ rivière qui traverse le Henan et l'Anhui [Etym] 水 435 (rad: 085a 4-11), 頃 396 [Graph] 321b 331p 023f.

| 𠤏 bǎo (391) 匕十 | [Tra] ten men ◇ dix hommes [Etym] a tithing of ten (2= 十 560) men (1< 北 545) ◇ un groupe de dix (2= 十 560) hommes (1< 北545) [Graph] 321b 413a [Ref] k1194, ph509, w10l, wi218, wi751 [Hanzi] bao3 鸨 2168, bao3 鴇 2169. |

鸨 bǎo -2168 | 鴇 *2169 | bustard ◇ outarde [Etym] 鸟 2494 (rad: 196s 5-04), 𠤏 391 [Graph] 321b 413a Z22e.

鴇 bǎo *2169 | 鸨 -2168 | bustard ◇ outarde [Etym] 鳥 2500 (rad: 196a 11-04), 𠤏391 [Graph] 321b 413a Z22h.

颖 yǐng -2170 | 穎 *2171 | **1°** grain husk **2°** tip (writing brush) **3°** clever **4°** to shine ◇ **1°** glume, balle (blé) **2°** pointe (pinceau) **3°** intelligent **4°** luire [Etym] 禾 760 (rad: 115a 5-08), 顷 392 [Graph] 321b 422d 854d.

穎 yǐng *2171 | 颖 -2170 | **1°** grain husk **2°** tip (writing brush) **3°** clever **4°** to shine ◇ **1°** glume, balle (blé) **2°** pointe (pinceau) **3°** intelligent **4°** luire [Etym] 禾 760 (rad: 115a 5-11), 頃 396 [Graph] 321b 422d 023f.

| 顷 qǐng (392) 匕页 | [Tra] unit; instant; while ◇ mesure; instant [Etym] modern simplified form of (頃 396) ◇ forme simplifiée moderne de (頃 396) [Graph] 321b 854d [Ref] k995, ph848, w160c [Hanzi] ying3 颍 2166, ying3 颖 2170, qing3 顷 2172, qing1 倾 2837, qing3 庼 6884. |

顷 qǐng -2172 | 頃 *2176 | **1°** unit of area: a hundred mu **2°** just now, instant, a little while ◇ **1°** mesure agraire: cent mu **2°** à l'instant, peu de temps [Etym] 页 1802 (rad: 181s 6-02), 匕 387 [Graph] 321b 854d.

| 旨 zhǐ (393) 匕日 | [Tra] decree; delicious ◇ édit impérial; délice [Etym] spoon (1= 匕 387) to take something sweet (2< 甘 1009) ◇ une cuiller (1= 匕 387) pour prendre des sucreries (2< 甘 1009) [Graph] 321b 021a [Ref] k398, w26j [Hanzi] yi4 诣 1711, zhi3 旨 2173, zhi1 zhi2 zhi3 指 2394, zhi3 恉 3230, qi2 耆 5048, chang2 嘗 7865, zhi1 脂 8097, yi4 詣 9491, zhi3 酯 10857. |

旨 zhǐ +2173 | 恉 *3230 1° | **1°** purport, aim **2°** meaning **3°** delicious **4°** imperial decree ◇ **1°** intention, objectif, but **2°** signification, idée **3°** délicieux **4°** édit impérial [Etym] 日 2169 (rad: 072a 4-02), 旨 393 [Graph] 321b 021a.

| 眞 zhēn (394) 匕目𠘧 | [Tra] true, deep nature ◇ vrai; vraie nature [Etym] {1} inverted man (1= 北 545) and head (2,3< 縣 2242), hence death, truth; {2} sorcerer as a true man (prim) ◇ {1} renversement: corps (1= 北 545), tête (2,3< 縣 2242), d'où l'idée de mort, de vérité; {2} le sorcier comme homme complet, vrai (prim) [Graph] 321b 023a 711b [Ref] h147, k801, ph61, r34, w107a, wa5, wi18 [Hanzi] dian1 滇 126, zhen4 鎭 1148, zhen1 眞 2174, dian1 顚 2175, zhun1 0, shen4 愼 3231, zhen3 稹 4509, zhen3 鬒 4729, tian2 填 4778, zhen4 瑱 5087, zhen3 縝 6128, zhi4 寘 7699, tian2 闐8753, chen1 嗔 8899, chen1 瞋 10030. |

眞 zhēn *2174 | 真 +8551 | **1°** true, real, genuine **2°** indeed, clearly **3°** sincere **4°** surname ◇ **1°** vrai, réel, véritable **2°** en effet **3°** sincère, nature foncière des êtres **4°** nom de famille [Etym] 目 2239 (rad: 109a 5-05), 眞 394 [Graph] 321b 023a 711b.

| 顚 diān (395) 匕目𠘧頁 | [Tra] top, apex; overthrow ◇ sommet; ruîner [Etym] idea of truth, death, soul (1= 眞 394); head, top (2= 頁 2267) (顛 1938) ◇ idée de vérité, mort, âme (1= 眞 394); tête, partie haute (1= 頁 2267) (顛 1938) [Graph] 321b 023a 711b 023f [Ref] k947, w107a [Hanzi] dian1 顚 2175, dian4 攧2395, dian1 癲 7031, dian1 巓 7509. |

顚 diān *2175 | 颠、顛 -8552、*8553 | **1°** crown (of the head) **2°** top, summit, apex **3°** to jolt, bump **4°** to upset, to overthrow, to fall, to be ruined **5°** to run, to go away **6°** to amble ◇ **1°** vertex **2°** sommet **3°** secouer, cahot **4°** tomber, ruine **5°** courir, s'en aller **6°** aller l'amble [Etym] 頁 2267 (rad: 181a 9-10), 眞 394 [Graph] 321b 023a 711b 023f.

| 頃 qǐng (396) 匕頁 | [Tra] unit; instant; while ◇ mesure; instant [Etym] just enough time to turn or bend (1< 北 545) the head (2= 頁 2267) ◇ l'instant de pencher ou tourner (1< 北 545) la tête (2= 頁 2267) [Graph] 321b 023f [Ref] h568, k717, ph148, r341, r427, w18g, wa149, wi504 [Hanzi] ying3 潁 2167, ying3 穎 2171, qing3 頃 2176, qing1 傾 2839, qing3 謮3602, qing3 廎 6885. |

頃 qǐng *2176 | 顷 -2172 | **1°** unit of area: a hundred mu **2°** just now, instant, a little while ◇ **1°** mesure agraire: cent mu **2°** à l'instant, peu de temps [Etym] 頁 2267 (rad: 181a 9-02), 頃 396 [Graph] 321b 023f.

| 心 xīn (397) 心 | [Tra] heart; feeling ◇ coeur; sentiment [Etym] a human heart (prim) ◇ un coeur humain (prim) [Graph] 321c [Hanzi] qin4 沁127, ai4 愛 713, xin1 心 2177, qin4 㤈 2178, bi4 必 2179, xin1 xin4 芯 3603, yi4 懿 5006, bei4 惫 6538, qing4 慶 6958, lü4 慮 7174, xian4 憲 7733, chuang1 窗 7819, men1 men4 闷 8007, you1 憂 8572, min3 愍 8713, qin4 吣 8900, qi4 憩 9830 [Rad] 061a. |

心 xīn +2177 | **1°** heart **2°** mind **3°** center, core **4°** feelings, affections **5°** motives, intention ◇ 1° coeur 2° esprit, nature 3° centre, noyau 4° sentiments 5° intentions [Etym] 心 397 (rad: 061a 4-00), [Graph] 321c.

心爱 xīn ài ∘ treasured ◇ adoré, chéri, bien aimé, cher ＊ 712.

心慌 xīn huāng ∘ anxious, nervous ◇ inquiet, nerveux, troublé, pris de peur, paniqué ＊ 3243.

心情 xīn qíng ∘ state of mind, mood ◇ humeur, état d'esprit ＊ 3261.

心理 xīn lǐ ∘ heart, thought ◇ coeur, pensée; psychologie, mentalité ＊ 5204.

心愿 xīn yuàn ∘ wish, cherished desire ◇ voeu, aspiration, désir, intention ＊ 6870.

心疼 xīn téng ∘ to love ◇ aimer, chérir; être désolé, regretter, se repentir ＊ 7078.

心灵 xīn líng ∘ soul, heart, spirit; clever ◇ âme, esprit ＊ 7376.

心肠 xīn cháng ∘ heart, intention; mood ◇ coeur, intention, sentiment ＊ 8161.

心脏 xīn zàng ∘ heart ◇ coeur; centre ＊ 8163.

心事 xīn shì ∘ worry, load on the mind ◇ souci, inquiétude, ce qu'on a à coeur ＊ 10387.

心里 xīn lǐ ∘ in the heart, in mind ◇ dans le coeur, dans son for intérieur ＊ 10761.

心心心 ruǐ, suò (398) 心心心 | [Tra] pistil; doubt ◇ pistil; doute [Etym] heart (1,2,3= 心 397) of a flower; three different feelings ◇ le coeur (1,2,3= 心 397) d'une fleur; trois sentiments différents [Graph] 321c 321c 321c [Ref] h30, k1055, r51, w33a, wa112, wi32 [Hanzi] rui3 蕊 3604, rui3 蘂 3605.

吢 qìn *2178 心口 | 吣 +8900 ↘ 唚 *9087 | to vomit, to regurgitate (of dogs and cats) ◇ vomissement des chats et des chiens [Etym] 口 2063 (rad: 030a 3-04), 心 397 [Graph] 321c 011a.

必 bì (399) 必 | [Tra] must; certain ◇ il faut; certain [Etym] dividing (2 lateral strokes< 八 127)spear (center< 弋 1045):decide ◇ une lance (centre< 弋 1045) qui départage (2 traits latéraux< 八 127) [Graph] 321d [Ref] k1159, ph29, r43d, w33b, wi624 [Hanzi] bi4 mi4 泌 128, bi4 鉍 1149, bi4 毖 1890, bi4 铋 1932, bi4 必 2179, bi4 邲 2180, mi4 秘 2252, bi4 苾 3606, bi4 mi4 秘 4510, se4 瑟 5116, bi4 mi4 祕 6569, mi4 宓 7702, bi4 𬮪 8008, bi4 閟 8755.

必 bì +2179 必 | 1° certainly, necessary, determined on 2° must ◇ 1° certainement, absolument, nécessité 2° il faut [Etym] 心 397 (rad: 061a 4-01), 必 399 [Graph] 321d.

必须 bì xū ∘ must; necessarily ◇ falloir; nécessairement ＊ 633.

必然 bì rán ∘ necessarily ◇ nécessairement ＊ 6452.

必定 bì dìng ∘ certainly; to be sure to ◇ certainement, sûrement ＊ 7734.

必需 bì xū ∘ essential; absolutely necessary ◇ essentiel; indispensable ＊ 8451.

必要 bì yào ∘ necessary, essential, obligatory ◇ nécessaire, indispensable, obligatoire ＊ 10824.

邲 bì +2180 必阝 | place in Shanxi ◇ lieu du Shanxi [Etym] 阝 1316 (rad: 163b 2-05), 必 399 [Graph] 321d 634j.

𥁑 m (400) 必皿 | [Tra] peace, calm ◇ paix, calme [Etym] {?} steady (1= 必 399) food (2= 皿 1939) (> 宓 1668) ◇ {?} nourriture (2= 皿 1939) assurée (1= 必 399) (> 宓 1668) [Graph] 321d 922a [Ref] h210, k601, ph70, r315, w100a, wa11, wi254 [Hanzi] mi4 谧 1712, mi4 謐 9492.

七 qī (401) 七 | [Tra] seven ◇ sept [Etym] {1} a shorten ten (< 十 560); {2} incision in a lacquer tree (prim) ◇ {1} le chiffre dix (< 十 560) en raccourci; {2} une incision dans un arbre à laque (prim) [Graph] 321e [Ref] ph712, w100a [Hanzi] qi1 柒 129, qi1 七 2181, chen4 龀 8507, chen4 齔 8523, chi4 叱 8901, zao4 皂 9976.

七 qī +2181 七 | seven ◇ sept [Etym] 一 3 (rad: 001a 1-01), 七 401 [Graph] 321e.

七月 qī yuè ∘ July ◇ juillet ＊ 8057.

乇 tuō (402) 乇 | [Tra] to take root ◇ enracinement [Etym] plant (prim): bud (top), ground (middle), root (bottom) ◇ une plante (prim): bourgeon (haut), sol (milieu), racine (bas) [Graph] 321f [Ref] k931, r112, w29a [Hanzi] tuo1 飥 1431, tuo1 饦 1845, tuo1 托 2396, zhai2 宅 7705, zha1 zha4 吒 8902, bo2 亳 9457, tuo1 託 9493.

毛 máo (403) 毛 | [Tra] hair; feathers ◇ poil; plumes [Etym] une touffe de poils (prim) ◇ un touffe de poil (prim) [Graph] 321g [Ref] w90c [Hanzi] bi3 笔 754, mao2 毛 2182, cui4 毳 2184, mao2 牦 3451, hao4 耗 4678, mao2 髦 4730, mao4 耄 5046, hui1 麾 6898, mao2 旄 7937, wei3 yi3 尾 8608, mao4 眊 10031, hao2 蚝 10216, mao2 酕 10858 [Rad] 082a.

毛 máo +2182 毛 | 1° hair, feathers, down 2° wool 3° mildew 4° gross, rude 5° little 6° careless 7° panicky 8° unit of Chinese money 9° surname ◇ 1° poils, plumes, duvet 2° laine 3° rouille (blé, vigne) 4° brut, rude, grossier 5° environ, peu 6° négligent 7° affolé 8° unité monétaire chinoise 9° nom propre [Etym] 毛 403 (rad: 082a 4-00), [Graph] 321g.

毛笔 máo bǐ ∘ brush ◇ pinceau ＊ 754.

毛衣 máo yī ∘ pull-over ◇ pull-over, gilet de laine ＊ 2140.

毛毛雨 máo máo yǔ ∘ drizzle ◇ bruine, pluie ＊ 2182 8415.

毛茛 máo gèn ∘ wild plant, buttercup ◇ renoncule des champs, bouton d'or ＊ 3911.

毛料 máo liào。woolen cloth ◇ tissu en laine ＊ 4607.

毛线 máo xiàn。wool thread ◇ fil de laine, laine filée ＊ 5994.

毛裤 máo kù。long woolen underwear ◇ pantalon en tricot ＊ 6657.

毛病 máo bìng。disease, defect ◇ maladie, défaut, défectuosité, panne, insuffisance ＊ 7105.

毛巾 máo jīn。Turkish towel, rough towel ◇ serviette-éponge, serviette de toilette ＊ 8377.

毯 tǎn +2183 毛火火 | 1° rug, carpet 2° blanket ◇ 1° tapis 2° couverture (de laine) [Etym] 毛 403 (rad: 082a 4-08), 炎 157 [Graph] 321g 231b 231b.

毯子 tǎn zǐ。carpet, coverlet ◇ tapis, dessus de lit ＊ 6546.

毳 cuì (404) 毛毛毛 | [Tra] down; soft, fragile ◇ duvet; doux, délicat [Etym] the many hairs (1,2,3= 毛 403) of a fine fur ◇ les poils abondants (1,2, 3= 毛 403) d'une bonne fourrure [Graph] 321g 321g 321g [Ref] k1275, ph36, r21a, r21c, w29k, wa2, wi218 [Hanzi] cui4 毳 2184, qiao4 撬 2397, qiao1 橇 4138.

毳 cuì +2184 毛毛毛 | 1° down (swan, eider) 2° fur 3° soft, fragile ◇ 1° duvet 2° fourrure 3° doux, délicat, fragile [Etym] 毛 403 (rad: 082a 4-08), 毳 404 [Graph] 321g 321g 321g.

毬 qiú *2185 毛求 | See ◇ Voir 酋 10921 [Etym] 毛 403 (rad: 082a 4-07), 求 445 [Graph] 321g 332e.

氆 pǔ +2186 毛並曰 | [Etym] 毛 403 (rad: 082a 4-12), 普 986 [Graph] 321g 435c 021a.

氆氇 pǔ lu。1° yak's hair; 2° woolen fabric ◇ 1° poil de yak; 2° lainage ＊ 2191.

毧 róng *2187 毛戎 | 绒、絨、羢 -5992、*6163、*3431 | 1° fine hair, down 2° flannel, velvet, corduroy 3° fine floss for embroidery ◇ 1° poil fin, duvet 2° flanelle, velours, lainage 3° fil de soie à broder [Etym] 毛 403 (rad: 082a 4-06), 戎 1060 [Graph] 321g 512c.

牦 mú +2188 毛厶牛 | Tibetan woolen carpet ◇ tapis du Tibet [Etym] 毛 403 (rad: 082a 4-06), 牟 1136 [Graph] 321g 612a 414d.

毽 jiàn +2189 毛聿廴 | shuttlecock ◇ volant (qu'on lance avec les pieds) [Etym] 毛 403 (rad: 082a 4-08), 建 1570 [Graph] 321g 833e 634n.

毽子 jiàn zǐ。shuttlecock ◇ volant (pour les pieds) ＊ 6546.

毡 zhān +2190 毛占 | 氈、氊 *2193、*10978 | rough felt ◇ feutre [Etym] 毛 403 (rad: 082a 4-05), 占 2154 [Graph] 321g 013e.

氇 lu -2191 毛鱼曰 | 氌 *2192 | (pu3 - 5) yak's hair cloth ◇ (pu3 - 5) bure [Etym] 毛 403 (rad: 082a 4-12), 鲁 2338 [Graph] 321g 041i 021a.

氌 lu *2192 毛魚曰 | 氇 -2191 | (pu3 - 5) yak's hair cloth ◇ (pu3 - 5) bure [Etym] 毛 403 (rad: 082a 4-15), 魯 2344 [Graph] 321g 041j 021a.

氈 zhān *2193 毛亩口曰亠 | 毡、氊 +2190、*10978 | rough felt ◇ feutre [Etym] 毛 403 (rad: 082a 4-13), 亶 2460 [Graph] 321g 071b 011a 021a ac:z.

儿 322

儿 ér, rén (405) 儿 | [Tra] child; man ◇ enfant; homme [Etym] two legs of a man (prim) ◇ les deux jambes d'un homme (prim) [Graph] 322a [Ref] h106, k1337, ph97, r7j, r34h, w29h, wa2, wi93, wi263 [Hanzi] er2 儿 2194, wu4 兀 2196, yuan2 元 2199, guang1 光 2205, zhao4 兆 2210, xian1 先 5239, yao2 尧 5524, yun3 允 5908, chong1 充 5926, yan3 兖 5935, dou1 兜 7333, er2 兒 7441, dang3 党 7874, xiong1 兄 9280, dui4 兑 9797, ke4 克 9816, jing1 兢 9819, mian3 免 10370, tu4 兔 10372, si4 兕 11286 [Rad] 010a.

儿 ér +2194 儿 | 兒 *7441 | 1° infant, son, youth 2° male 3° uffix ◇ 1° enfant, fils 2° mâle 3° suffixe [Etym] 儿 405 (rad: 010a 2-00), [Graph] 322a.

儿童 ér tóng。child ◇ enfant ＊ 680.

儿歌 ér gē。children's song; nursery rhymes ◇ chanson d'enfants; chanson de nourrice ＊ 2237.

儿科 ér kē。pediatrics ◇ pédiatrie ＊ 4523.

儿女 ér nǚ。sons and daughters; children ◇ enfants (fils et filles) ＊ 5726.

儿媳 ér xí。daughter-in-law ◇ bru, belle-fille ＊ 5858.

儿媳妇 ér xí fù。daughter-in-law ◇ bru, belle-fille ＊ 5858 5807.

儿子 ér zǐ。son ◇ fils ＊ 6546.

儿孙 ér sūn。children and grandchildren; descendants ◇ fils et petits-fils; descendants ＊ 6550.

胤 yìn (406) 丿乚幺月 | [Tra] offspring; inherit ◇ progéniture; succéder [Etym] subdivided (1= 八 127) thread (2= 幺 1174) of flesh (3= 月 1823): clan ◇ le lien (2= 幺 1174) charnel (3= 月 1823) et ses ramifications (1< 八 127): clan [Graph] 322b 613c 856e [Ref] h116, k451, ph222, r162, w29i, wa119, wi280 [Hanzi] yin4 胤 2195.

胤 yìn +2195 丿乚幺月 | 1° offspring, posterity 2° to succeed, to inherit 3° to follow ◇ 1° progéniture 2° succéder, hériter 3° suivre [Etym] 月 1823 (rad: 130b 4-05), 胤 406 [Graph] 322b 613c 856e.

兀 wù (407) 兀 | [Tra] stool ◇ tabouret [Etym] a man (' 契 596), a stroke as a head ◇ un homme (< 人 170), un trait pour la tête [Graph] 322c [Hanzi] wu4 兀 2196, hui1 虺 2197, hui3 虺 2198, wu4 杌 4139, kun1 髡 4731, yao2 尧 4825, wu4 靰 5359, wu4 阢 6729, n4 ng4 叽 8903 [Rad] 043a.

兀 wù +2196 兀 | 1° towering 2° bald 3° stool 4° still ◇ 1° haut 2° dépouillé 3° tabouret 4° immobile [Etym] 儿 405 (rad: 010a 2-01), 兀 407 [Graph] 322c.

兀傲 wù ào。supercilious, haughty ◇ hautain, dédaigneux ＊ 2897.

豗 huī +2197 兀豕 | 1° to strike, to ram 2° to dash against ◇ 1° enfoncer, pilonner 2° attaquer [Etym] 豕 1100 (rad: 152a 7-03), 兀 407 [Graph] 322c 522a.

虺 huǐ +2198 兀虫 | poisonous snake, cobra ◇ serpent venimeux, cobra [Etym] 虫 2282 (rad: 142a 6-03), 兀 407 [Graph] 322c 031d.

元 yuán (408) 元 | [Tra] first; superior primordial; origine [Etym] man (儿 405); its head or superior (two first strokes) ◇ un homme (儿 405); une tête ou un supérieur (deux premiers traits) [Graph] 322d [Ref] h939, k1182, ph178, w56d, wi112 [Hanzi] yuan2 沅 130, yuan2 元 2199, yuan3 远 2200, wan2 顽 2201, yuan2 鼋 2202, wan2 頑 2203, yuan2 黿 2204, yan2 yuan2 芫 3607, wan2 玩 5088, ruan3 阮 6730, wan2 翫 7233, wan2 完 7706, ruan3 朊 8098, yuan2 园 10944.

元 yuán +2199 元 | 1° first, head, primary, primordial 2° basic, chief 3° the Yuan Dynasty (1271-1368) 4° surname ◇ 1° premier, tête, primordial 2° de base, chef 3° nom de la dynastie mongole, Yuan 4° nom de famille [Etym] 儿 405 (rad: 010a 2-02), 元 408 [Graph] 322d.

元帅 yuán shuài ∘ marshal, commander-in-chief ◇ maréchal ✱ 2751.

元素 yuán sù ∘ element ◇ élément ✱ 5251.

元旦 yuán dàn ∘ new year day ◇ jour de l'an ✱ 9840.

元首 yuán shǒu ∘ head of state ◇ chef de l'Etat ✱ 10173.

远 yuǎn -2200 元辶 | 遠 *4943 | 1° far off, distant 2° to remove, to thrust aside ◇ 1° loin, éloigné 2° enlever, repousser [Etym] 辶 1346 (rad: 162b 3-04), 元 408 [Graph] 322d 634o.

远大 yuǎn dà ∘ broad; ambitious ◇ grand, vaste; prometteur, plein d'avenir ✱ 1537.

远东 yuǎn dōng ∘ the Far East ◇ Extrême-Orient ✱ 6325.

远方 yuǎn fāng ∘ faraway place ◇ de loin, d'un pays lointain ✱ 7928.

远见 yuǎn jiàn ∘ foresight ◇ prévoyance ✱ 7991.

顽 wán -2201 元页 | 頑 *2203 | 1° stupid 2° stubborn 3° mischievous ◇ 1° stupide 2° entêté 3° hargneux, espiègle [Etym] 页 1802 (rad: 181s 6-04), 元 408 [Graph] 322d 854d.

顽皮 wán pí ∘ mischievous ◇ espiègle, vilain, méchant (enfant) ✱ 7184.

顽固 wán gù ∘ stubborn, headstrong ◇ entêté, obstiné, têtu; irréductible; résistant ✱ 10971.

顽强 wán qiáng ∘ stubborn, violent ◇ entêté, violent, opiniâtre, acharné, âpre ✱ 11265.

鼋 yuán -2202 元口电 | 黿 *2204 | great sea turtle, soft-shelled turtle ◇ tortue à carapace molle [Etym] 黾 2107 (rad: 205s 8-04), 元 408 [Graph] 322d 011a 043c.

頑 wán *2203 元頁 | 顽 -2201 | 1° stupid 2° stubborn 3° mischievous ◇ 1° stupide 2° entêté 3° hargneux, espiègle [Etym] 頁 2267 (rad: 181a 9-04), 元 408 [Graph] 322d 023f.

黿 yuán *2204 元黽 | 鼋 -2202 | great sea turtle, soft-shelled turtle ◇ tortue à carapace molle [Etym] 黽 2562 (rad: 205a 13-04), 元 408 [Graph] 322d Z51h.

光 guāng (409) 光 | [Tra] bright; bare; only ◇ lumière; à nu; seul [Etym] a man (bottom< 儿 405) carrying a torch (top< 火 156) ◇ un homme (bas< 儿 405) portant une torche (haut< 火 156) [Graph] 322e [Ref] k1297, w61c [Hanzi] guang1 洸 131, guang1 光 2205, yao4 耀 2206, hui1 辉 2207, hui1 輝 2208, huang3 恍 3232, guang1 guang4 桄 4140, guang1 胱 8099, gong1 觥 8361, huang3 huang4 晃 9858, huang4 銧 9981.

光 guāng +2205 光 | 1° light, ray 2° bright 3° glory, honour 4° scenery 5° smooth 6° used up 7° naked 8° only ◇ 1° lumière 2° éclat 3° gloire, honneur 4° paysage, aspect 5° poli, fini 6° épuisé 7° nu 8° seulement [Etym] 儿 405 (rad: 010a 2-04), 光 409 [Graph] 322e.

光滑 guāng huá ∘ smooth, slippery ◇ lisse, poli, glissant, glacé ✱ 471.

光辉 guāng huī ∘ glory; brilliance; radiant ◇ éclat, splendeur; rayonnant, brillant ✱ 2207.

光荣 guāng róng ∘ honor, glory, credit ◇ honneur, gloire, crédit ✱ 3830.

光线 guāng xiàn ∘ light; ray ◇ rayon lumineux; lumière ✱ 5994.

光阴 guāng yīn ∘ time ◇ temps ✱ 6774.

光明 guāng míng ∘ bright, luminous ◇ brillant, lumineux ✱ 9933.

耀 yào +2206 光习习隹 | 燿 *1001 | 1° to shine, to dazzle, bright 2° to boast of 3° honor, glorious ◇ 1° briller, éblouir 2° louanger 3° honneur, gloire [Etym] 羽 1472 (rad: 124a 6-14), 光 409 翟 1474 [Graph] 322e 731c 731c 436m.

耀眼 yào yǎn ∘ dazzling ◇ éblouissant ✱ 10094.

辉 huī -2207 光冖车 | 輝 *2208 、 煇 *1016 、 暉 -9913 | 1° brightness, splendor, to shine 2° glory ◇ 1° éclat, splendeur, briller 2° gloire [Etym] 小 424 (rad: 042a 3-09), 光 409 军 1652 [Graph] 322e 851a 614d.

辉煌 huī huáng ∘ brilliant, splendid ◇ brillant, lumineux, splendide ✱ 1056.

輝 huī *2208 光冖車 | 辉 -2207 、 煇 *1016 、 晖 -9913 | 1° brightness, splendor, to shine 2° glory ◇ 1° éclat, splendeur, briller 2° gloire [Etym] 小 424 (rad: 042a 3-12), 光 409 軍 1655 [Graph] 322e 851a 042g.

尣 wāng (410) 尣 | [Tra] weak; crooked ◇ faible; difforme [Etym] a man (bottom< 儿 405) with bent members (top< 尣 413) ◇ un homme (bas< 儿 405) aux membres tordus (haut< 尣 413) [Graph] 322f [Ref] w61c [Hanzi] wang1 尪 2209 [Rad] 043c.

尪 wāng *2209 尣王 | 尫 -2217 | 1° weak 2° lame 3° exhausted ◇ 1° faible, étique **2°** boiteux **3°** épuisé [Etym] 兀 407 (rad: 043a 4-04), 尣 410 王 903 [Graph] 322f 432e.

兆 hào (411) 兆 |[Tra] billion; sign ◇ présage; millions [Etym] divination: cracks (prim) on turtle shells ◇ divination: des craquelures (prim) sur une écaille de tortue [Graph] 322g [Ref] k1276, r208, r210, w61c [Hanzi] tao2 洮 132, diao4 yao2 銚 1150, diao4 yao2 铫 1933, zhao4 兆 2210, tao2 鼗 2211, tao2 逃 2212, fu3 頫 2213, tiao1 祧 2253, tiao1 tiao3 挑 2398, tiao1 佻 2840, tao2 桃 4141, tao2 桃 4511, yao2 珧 5089, yao2 姚 5742, tiao1 祧 6570, tiao3 窕 7805, tiao3 朓 8100, tao2 咷 8904, tiao4 跳 9310, chao2 晁 9859, tiao4 眺 10032.

兆 zhào +2210 兆 |**1°** sign, omen **2°** prognostic, to foretell **3°** million, billion ◇ **1°** signe **2°** présage, pronostic, prédire **3°** des millions [Etym] 儿 405 (rad: 010a 2-04), 兆 411 [Graph] 322g.

鼗 táo +2211 兆士豆支 |small flat drum ◇ tambourin [Etym] 鼓 884 (rad: 207a 13-06), 兆 411 [Graph] 322g 432b 011b 633d.

逃 táo +2212 兆辶 |迯 *6396| **1°** to flee, to escape **2°** to dodge, to shirk ◇ **1°** fuir, déserter **2°** esquiver, se dérober à [Etym] 辶 1346 (rad: 162b 3-06), 兆 411 [Graph] 322g 634o.

逃难 táo nàn。to be a refugee; to flee from a calamity ◇ se réfugier, fuir le fléau, fuir pour un refuge * 6505.

逃避 táo bì。to escape, to evade ◇ se dérober, éviter, esquiver * 8653.

逃跑 táo pǎo。to flee, to run away ◇ s'enfuir, déserter * 9383.

頫 fǔ *2213 兆頁 |俯 +2946、俛 *3062| **1°** to bow (one's head) **2°** to deign ◇ **1°** incliner la tête, abaisser ses regards sur **2°** daigner [Etym] 頁 2267 (rad: 181a 9-06), 兆 411 [Graph] 322g 023f.

尢 323

尢 yóu (412) 尢 |[Tra] fault; outstanding ◇ faute; encore [Etym] man with crooked leg (prim,< 大 257) ◇ un homme à la jambe pliée (prim,< 大 257) [Graph] 323a [Ref] k252, ph95, r32c, w134c, wi98 [Hanzi] you2 尤 2214, gan1 尴 2218, gan1 尷 2220, you2 尤 2222, jiu4 就 9437 [Rad] 043b.

尢 yóu *2214 尢 |尤 +2222| **1°** outstanding **2°** especially **3°** fault **4°** to blame **5°** calamities, evils **6°** more, still, to exceed **7°** surname ◇ **1°** extraordinaire **2°** spécialement **3°** faute **4°** blâmer **5°** mal, malheur **6°** davantage, encore **7°** nom de famille [Etym] 兀 407 (rad: 043a 4--1), 尢 412 [Graph] 323a.

尬 gà +2215 尢人川 |to stagger ◇ marcher de travers [Etym] 尢 412 (rad: 043b 3-04), 介 191 [Graph] 323a 233a 416a.

尴 gān +2216 尢刂𠂉皿 |尷 *2220、尲 *2218| awkward, embarrassed ◇ embarrassant, difficile, gêné [Etym] 尢 412 (rad: 043b 3-10), 监 607 [Graph] 323a 415a 231a 922a.

尴尬 gān gà。embarrassed; awkward ◇ embarrassé, perplexe, gêné * 2215.

尪 wāng (413) 尢王 |[Tra] weak; lame ◇ faible, boiteux [Etym] lame man (1= 尢 412); phon (2= 王 903) ◇ un homme infirme (1= 尢 412); phon (2= 王 903) [Graph] 323a 432e [Ref] k600, ph293, w134c [Hanzi] wang1 尪 2217.

尪 wāng -2217 尢王 |尫 *2209| **1°** weak **2°** lame **3°** exhausted ◇ **1°** faible, étique **2°** boiteux **3°** épuisé [Etym] 尢 412 (rad: 043b 3-04), 尪 413 [Graph] 323a 432e.

尲 gān *2218 尢兼 |尴 +2216、尷 *2220| awkward, embarrassed ◇ embarrassant, difficile, gêné [Etym] 兀 407 (rad: 043a 4-09), 尢 412 兼 1582 [Graph] 323a 834h.

尥 liào +2219 尢勺 |to toddle along ◇ marcher lourdement [Etym] 尢 412 (rad: 043b 3-03), 勺 1763 [Graph] 323a 852b.

尷 gān *2220 尢臣𠂉一皿 |尴 +2216、尲 *2218| awkward, embarrassed ◇ embarrassant, difficile, gêné [Etym] 兀 407 (rad: 043a 4-13), 尢 412 監 2045 [Graph] 323a 935b ac:f 111a 922a.

无 wú (414) 无 |[Tra] not, nothing, without ◇ ne pas; sans [Etym] a lame man (1< 尢 412) bent under upper bar ◇ un infirme (1< 尢 412) avec un obstacle (haut) insurmontable [Graph] 323b [Ref] h1899 [Hanzi] wu3 沅 133, wu2 无 2221, fu3 抚 2400, wu3 怃 3233, wu2 芜 3608, wu3 妩 5743, wu3 庑 6886, hu1 幠 8383, ji4 既 8715, m2 呒 8905 [Rad] 071a.

无 wú +2221 无 |無 *5500| **1°** nothing, nil **2°** not have, without **3°** not **4°** regardless of **5°** surname ◇ **1°** rien **2°** il n'y a pas, sans **3°** ne, ne pas **4°** sans tenir compte de **5°** nom de famille [Etym] 无 414 (rad: 071a 4-00), [Graph] 323b.

无法 wú fǎ。unable, incapable ◇ incapable * 217.

无意 wú yì。to have no intention of; inadvertently ◇ ne pas avoir envie de; involontairement * 667.

无关 wú guān。to have nothing to do with ◇ ne pas avoir de rapport avec * 1576.

无知 wú zhī。ignorant ◇ ignorant * 1588.

无头案 wú tóu àn。unsolved mystery; a court case without clues ◇ mystère; une affaire sans indices * 1598 7749.

无效 wú xiào。no avail, ineffective, invalid ◇ nul, inefficace, inutile * 1682.

无论 wú lùn。regardless of, no matter ◇ peu importe, quel que soit * 1701.

无比 wú bǐ。peerless ◇ incomparable, inégalable, sans pareil * 1889.

无疑 wú yí。undoubtedly; beyond doubt ◇ indubitable, sans aucun doute, certain * 2164.

无偿 wú cháng。free, gratis ◇ sans récompense * 2989.

无情 wú qíng。heartless, ruthless ◇ insensible, impitoyable, sans merci, sans pitié * 3261.

无愧 wú kuì。to have a clear conscience ◇ être digne de, n'avoir rien à se reprocher ✱ 3378.

无非 wú fēi。nothing but, no more than, only ◇ ce n'est que, rien d'autre que, seulement ✱ 3505.

无私 wú sī。selfless, disinterested ◇ désintéressé ✱ 4538.

无数 wú shù。countless, innumerable ◇ innombrable, incalculable ✱ 4614.

无理 wú lǐ。unreasonable ◇ sans raison, déraisonnable ✱ 5204.

无耻 wú chǐ。shameless, brazen ◇ sans vergogne, sans pudeur, éhonté ✱ 5454.

无聊 wú liáo。bored; silly ◇ s'ennuyer à ne rien faire; fastidieux, insipide ✱ 5473.

无能 wú néng。incompetent, incapable ◇ incapable, bon à rien, incompétent ✱ 5898.

无线电 wú xiàn diàn。radio ◇ radioélectricité; poste de radio ✱ 5994 10734.

无轨电车 wú guǐ diàn chē。trolleys ◇ trolleybus ✱ 6383 10734 6327.

无限 wú xiàn。infinite, boundless, limitless ◇ infini, illimité, sans bornes ✱ 6778.

无产阶级 wú chǎn jiē jí。proletarianism ◇ prolétariat ✱ 6991 6714 6015.

无穷 wú qióng。endless, boundless ◇ infini, interminable, inépuisable ✱ 7825.

无用 wú yòng。useless, vain, trifling ◇ inutile, futile, vain ✱ 8267.

无所谓 wú suǒ wèi。cannot be considered to be; to be indifferent ◇ ne pas être considéré comme; être indifférent ✱ 8705 1828.

无故 wú gù。without cause or reason ◇ sans raison, sans motif ✱ 9807.

无辜 wú gū。innocent ◇ innocence, innocent ✱ 9808.

尤 yóu (415) 尢 [Tra] evils; outstanding ◇ faute; exceptionnel [Etym] different writing for (< 尢 412). Also a setter dog (< 尤 415) ◇ autre graphie pour (< 尢 412). Aussi un setter (< 尤 415) [Graph] 323c [Ref] wa70 [Hanzi] you2 尤 2222, rao3 扰 2401, you1 优 2841, you1 忧 3234, you2 犹 5608, you2 疣 7032, you2 肬 8101, jiu4 就 9437, hui2 蚘 10217, you2 鱿 10471, you2 魷 10565.

尤 yóu +2222 | 尤 *2214 | 1° outstanding 2° especially 3° fault 4° to blame 5° calamities, evils 6° more, still, to exceed 7° surname ◇ 1° extraordinaire 2° spécialement 3° faute 4° blâmer 5° mal, malheur 6° davantage, encore 7° nom de famille [Etym] 尢 412 (rad: 043b 3-01), 尤 415 [Graph] 323c.

尤其 yóu qí。especially, particularly ◇ particulièrement, surtout, notamment ✱ 5428.

尨 máng (416) 尤彡 [Tra] shaggy dog ◇ chien poilu [Etym] a shaggy (2= 彡 76) dog (1< 犹 1094) ◇ un chien (1< 犹 1094) poilu (2= 彡 76) [Graph] 323c 211c [Hanzi] mang2 牻 3452, mang2 駹 11034, mang2 骢 11095.

龙 lóng (417) 龙 [Tra] dragon; imperial ◇ dragon; impérial [Etym] modern simplified form of (龍 86) (> 尨 416) ◇ forme simplifiée moderne de (龍 86) (> 尨 416) [Graph] 323d [Ref] h346, k999, ph11, r5m, r5n, w57a, wa109, wi155, wi219, wi289 [Hanzi] long2 shuang1 泷 134, long2 long3 笼 755, long2 龙 2223, xi2 袭 2225, long3 垄 2226, long2 聋 2228, zhe2 詟 2229, long2 砻 2230, long3 拢 2402, long2 茏 3609, long2 栊 4142, long2 珑 5090, long3 陇 6731, pang2 庞 6887, chong3 宠 7708, long2 胧 8102, long2 咙 8906, long2 昽 9860, long2 眬 10033 [Rad] 212s.

龙 lóng -2223 | 龍 *650 | 1° dragon 2° imperial 3° glorious 4° ssurname ◇ 1° dragon 2° impérial 3° illustre, glorieux 4° nom propre [Etym] 龙 417 (rad: 212s 5-00), [Graph] 323d.

龑 yǎn *2224 | 龑 *651 | personal name ◇ prénom [Etym] 龙 417 (rad: 212s 5-04), 天 278 [Graph] 323d 242b.

袭 xí -2225 | 襲 *652 | 1° to raid, surprise attack 2° to carry on (tradition), to inherit, to repeat 3° measure-word (suit of clothes) 4° to add, attached ◇ 1° attaquer par surprise 2° continuer (tradition), héritage, concorder, répéter 3° spécificatif (costume) 4° ajouter, ressembler [Etym] 衣 371 (rad: 145a 6-05), 龙 417 [Graph] 323d 312i.

垄 lǒng -2226 | 壟、壠 *653、*4760 | 1° ridge (in a field), raised path 2° to monopolize ◇ 1° tertre, monticule, talus 2° monopoliser [Etym] 土 826 (rad: 032a 3-05), 龙 417 [Graph] 323d 432a.

垄断 lǒng duàn。to monopolize ◇ monopoliser ✱ 4628.

龚 gōng -2227 | 龔 *654 | 1° to give, to offer 2° cult 3° surname ◇ 1° offrir 2° culte 3° nom propre [Etym] 龙 417 (rad: 212s 5-06), 共 1006 [Graph] 323d 436e.

聋 lóng -2228 | 聾 *655 | deaf ◇ sourd, surdité [Etym] 耳 1017 (rad: 128a 6-05), 龙 417 [Graph] 323d 436k.

聋子 lóng zǐ。deaf person ◇ sourd ✱ 6546.

聋哑 lóng yǎ。deaf-mute ◇ sourd-muet, surdité ✱ 8996.

詟 zhé -2229 | 讋 *656 | fear, dread ◇ peur, crainte [Etym] 言 2139 (rad: 149a 7-05), 龙 417 [Graph] 323d 012d.

砻 lóng -2230 | 礱 *657 | 1° rice huller, to hull (rice) 2° to brush, to polish ◇ 1° moudre le grain, meule 2° décortiquer, frotter, polir [Etym] 石 2149 (rad: 112a 5-05), 龙 417 [Graph] 323d 013b.

羌 qiāng (418) 羌 [Tra] nomads shepherds ◇ pasteurs nomades [Etym] men

尢

尤
龙
羌

(bas< 儿 405) herding sheep (haut< 羊 579) ◇ des hommes (bottom< 儿 405) gardant des moutons (top< 羊 579) [Graph] 323e [Ref] k414, ph130, r272, w58i, wa108, wi152, wi316 [Hanzi] qiang1 羌 2231, qiang1 蜣 10218.

羌 qiāng +2231 |羌 *5226| [Etym] 羊 252 (rad: 123b 6-01), 羌 418 [Graph] 323e.

羌族 qiāng zú。1° shepherd nomads of the West; 2° ancient nationality in China ◇ 1° pasteurs nomades; 2° peuple ancien de la Chine * 7931.

亅 331

亅 juē (419) |[Tra] vertical hooked stroke ◇ trait vertical à crochet [Etym] image of the stroke (prim) ◇ l'image du trait (prim) [Graph] 331a [Ref] k413, w58i, wi152 [Hanzi] yu2 yu3 予 6462, le5 liao3 liao4 了 6540, shi4 事 10387 [Rad] 006a.

丁 dīng (420) |[Tra] rigid, strong ◇ fort, droit [Etym] a carpenter nail (prim) ◇ un clou (prim) [Graph] 331b [Ref] r182, w63b [Hanzi] ting1 汀 135, deng1 灯 960, ding1 ding4 釘 1151, ding4 飣 1432, ding4 订 1713, ding4 饤 1846, ding1 ding4 钉 1934, ding1 zheng1 丁 2232, ding3 顶 2233, ding3 頂 2234, da2 da3 打 2403, ding1 仃 2842, ding1 ding1 玎 5091, ding1 虰 5360, ding1 耵 5452, ting1 厅 6828, ding1 疔 7033, ning2 ning4 宁 7709, ding1 ding1 叮 8907, ting2 亭 9459, ding4 訂 9494, ding4 矴 9663, ding1 盯 10034, ding1 ting3 町 10425, ding1 ding3 酊 10859.

丁 dīng +2232 |玎 5° +5091 叮 5° +8907| 1° man 2° population 3° fourth 4° surname 5° sound (ding-dang) ◇ 1° homme adulte, personne 2° population 3° quatrième 4° nom de famille 5° son (ding-dang) [Etym] 一 3 (rad: 001a 1-01), 丁 420 [Graph] 331b.

丁坝 dīng bà。spur dike ◇ éperon, contrefort * 4918.

△ zhēng |sound `kang' ◇ onomatopée: son métallique.

顶 dǐng -2233 |頂 *2234| 1° crown (of the head) 2° top 3° to carry on the head 4° to gore, to butt, to touch with the head 5° to lean against, to go against 6° to contrad ◇ 1° vertex 2° sommet 3° porter sur la tête 4° toucher de la tête, foncer sur 5° appuyer contre, faire opposition 6° contredire 7° contrebalancer, [Etym] 页1802 (rad: 181s 6-02), 丁 420 [Graph] 331b 854d.

顶替 dǐng tì。to replace, to substitute ◇ remplacer, substituer * 1612.

顶撞 dǐng zhuàng。to contradict (one's elder or superior); to offend ◇ heurter (en paroles), offenser, vexer; contredire * 2326.

頂 dǐng *2234 |顶 -2233| 1° crown (of the head) 2° top 3° to carry on the head 4° to gore, to butt, to touch with the head 5° to lean against, to go against 6° to contrad ◇ 1° vertex 2° sommet 3° porter sur la tête 4° toucher de la tête, foncer sur 5° appuyer contre, faire opposition 6° contredire 7° contrebalancer, [Etym] 頁2267 (rad: 181a 9-02), 丁 420 [Graph] 331b 023f.

可 kě (421) |[Tra] to approve, to can ◇ permettre, pouvoir [Etym] {1} breathing (1> 丂 2111) from mouth (2= 口 2063); {2} an axe (1,2=prim) ◇ {1} soupir (1> 丂 2111) de la bouche (2= 口 2063); {2} une hache (1,2=prim) [Graph] 331c 011a [Ref] k789, r280, w18h, wa38 [Hanzi] he2 河 136, ke1 鈳 1152, ji1 qi2 奇 1543, he1 he1 诃 1714, ke1 钶 1935, ke3 ke4 可 2235, ge1 哥 2236, he2 何 2843, ke1 苛 3610, ke1 柯 4143, ke1 ke3 坷 4779, ke1 珂 5092, ke1 轲 6340, a1 e1 阿 6732, ke1 疴 7034, ke3 岢 7510, ge3 舸 8299, a5 he1 呵 8908, he1 訶 9495, ke1 砢 9664, ke1 軻 10680, ke1 痾 10991.

可 kě +2235 |1° to approve, to permit 2° can, may 3° to be worth (doing) 4° to suit, convenient, proper 5° but, yet 6° suffix -able, -ible ◇ 1° approuver, permettre 2° pouvoir 3° être séant 4° convenir 5° mais, cependant 6° suffixes -ible et -able [Etym] 口 2063 (rad: 030a 3-02), 可 421 [Graph] 331c 011a.

可爱 kě ài。lovable, lovely ◇ aimable, adorable, charmant, ravissant, gentil * 712.

可笑 kě xiào。funny, ridiculous ◇ comique, ridicule, drôle, risible; rigolo * 749.

可以 kě yǐ。can, may; it's possible ◇ pouvoir, il est permis de; passable, acceptable * 2161.

可疑 kě yí。suspicious, questionable ◇ louche, suspect * 2164.

可可 kě kě。cocoa ◇ cacao * 2235.

可怜 kě lián。pitiful ◇ pitoyable, misérable, pauvre; avoir pitié de * 3216.

可惜 kě xī。unfortunate, what a pity! ◇ regrettable, c'est dommage!, malheureusement * 3264.

可怕 kě pà。terrible, frightening ◇ terrible, apeurant, épouvantable, effrayant * 3363.

可靠 kě kào。reliable, dependable ◇ digne de confiance, sûr, fiable * 5234.

可恶 kě wù。hateful, detestable ◇ détestable, abominable, exécrable * 5342.

可耻 kě chǐ。disgraceful, shameful ◇ honteux, déshonorant * 5454.

可能 kě néng。to be possible, may; perhaps, likely ◇ possible, vraisemblablement, peut-être * 5898.

可能性 kě néng xìng。likelihood, possibility ◇ possibilité, chance (d'arriver) * 5898 3262.

可口 kě kǒu。tasty, delicious ◇ savoureux, succulent, délicieux * 8842.

可是 kě shì。but ◇ mais, pourtant * 9880.

△ kè |

可汗 kè hán。khan (Mongolian, Turkish, etc. chiefs) ◇ khan (chefs chez les Mongols, les Turcs, etc.) ＊ 159.

哥 gē (422) 可口可口 | [Tra] to sing ◇ chanter [Etym] many breath from the mouth (1,2,3,4= 可 421) ◇ plusieurs souffles de la bouche (1,2,3,4= 可 421) [Graph] 331c 011a 331c 011a [Ref] ph484, w18i [Hanzi] ge1 哥 2236, ge1 歌 2237.

哥 gē +2236 可口可口 | elder brother ◇ frère aîné [Etym] 口 2063 (rad: 030a 3-07), 哥 422 [Graph] 331c 011a 331c 011a.

哥儿 gē ér。elder brother; boy ◇ frère aîné; garçon ＊ 2194.

哥哥 gē gē。elder brother ◇ frère aîné ＊ 2236.

歌 gē +2237 可口可口欠 | to sing, song ◇ chant, chanter [Etym] 欠 178 (rad: 076a 4-10), 哥 422 [Graph] 331c 011a 331c 011a 232b.

歌谱 gē pǔ。music of a song ◇ notation musicale d'un chant ＊ 1747.

歌词 gē cí。words of a song ◇ paroles d'une chanson ＊ 1777.

歌手 gē shǒu。singer ◇ chanteur ＊ 2748.

歌声 gē shēng。singing; song ◇ chant, chanson ＊ 5018.

歌舞 gē wǔ。song and dance ◇ chant et danse ＊ 5501.

歌颂 gē sòng。to extol; to praise ◇ louer, chanter, exalter ＊ 5932.

歌剧 gē jù。opera, stage play ◇ opéra, pièce de théâtre ＊ 8662.

歌唱 gē chàng。to sing ◇ chanter ＊ 9208.

歌曲 gē qǔ。song ◇ chant, chanson; air ＊ 10829.

亍 chù (423) 亍 | [Tra] to walk ◇ marcher [Etym] step with the right foot (prim) (> 彳 517, 衔 519, 行 522) ◇ un pas du pied droit (prim) (> 彳 517, 衔 519, 行 522) [Graph] 331d [Ref] k341, w18l [Hanzi] chu4 亍 2238.

亍 chù +2238 亍 | a step with the right foot ◇ un pas du pied droit [Etym] 二 4 (rad: 007a 2-01), 亍 423 [Graph] 331d.

小 xiǎo (424) 小 | [Tra] small ◇ petit [Etym] one item (central stroke) divided (> 八 127) into two ◇ un élément (trait central) divisé (> 八 127) en deux [Graph] 331j [Ref] k861, ph80, r428, w18m, wa38, wi176, wi391 [Hanzi] hui1 輝 2208, xiao3 小 2239, jian1 尖 2240, shao3 shao4 少 2243, er3 尔 2295, sun1 孙 6550, chang2 尝 7863, shang4 尚 8354 [Rad] 042a.

小 xiǎo +2239 小 | 1° small, little 2° for a while 3° young 4° diminutive (personal name), term of address (I, me) ◇ 1° petit, un peu 2° un petit moment 3° jeune 4° diminutif (nom de personne), terme de politesse (moi) [Etym] 小 424 (rad: 042a 3-00), [Graph] 331j.

小看 xiǎo kàn。to belittle, to look down upon ◇ mépriser, sous-estimer, négliger ＊ 1534.

小说 xiǎo shuō。novel ◇ roman, conte, nouvelle ＊ 1819.

小心 xiǎo xīn。to be careful ◇ faire attention, prudent, soigneux, prendre garde ＊ 2177.

小提琴 xiǎo tí qín。violin ◇ violon ＊ 2685 5114.

小伙子 xiǎo huǒ zǐ。young fellow, lad ◇ jeune homme, adolescent; mec ＊ 2785 6546.

小偷 xiǎo tōu。petty thief ◇ voleur, filou ＊ 2794.

小便 xiǎo biàn。urine ◇ urine; uriner ＊ 3074.

小米 xiǎo mǐ。husked rice ◇ riz décortiqué ＊ 4597.

小声 xiǎo shēng。low voice ◇ à voix basse ＊ 5018.

小麦 xiǎo mài。wheat ◇ blé ＊ 5252.

小姐 xiǎo jiě。miss ◇ mademoiselle, demoiselle ＊ 5831.

小组 xiǎo zǔ。group, team ◇ groupe, équipe ＊ 6056.

小孩儿 xiǎo hái ér。child ◇ enfant ＊ 6554 2194.

小丑 xiǎo chǒu。clown, buffoon ◇ clown, bouffon ＊ 7392.

小学 xiǎo xué。primary school ◇ école primaire ＊ 7854.

小朋友 xiǎo péng yǒu。children; little boy or girl ◇ enfants, petit garçon, petite fille ＊ 8200 1523.

小吃 xiǎo chī。snack; cold dish ◇ repas léger; friandise; hors-d'oeuvre ＊ 9268.

小时 xiǎo shí。hour ◇ heure ＊ 9861.

小气 xiǎo qì。mean, stingy ◇ méprisable, avare, parcimonieux ＊ 11170.

尖 jiān (425) 小大 | [Tra] sharp ◇ pointu [Etym] from large (1= 大 257) to small (1= 小 424) ◇ le passage du gros (2= 大 257) au petit (1= 小 424) [Graph] 331j 242a [Ref] w18n, wi627 [Hanzi] jian1 尖 2240, ga2 尜 2241.

尖 jiān +2240 小大 | 1° point, tip, pointed 2° shrill, sharp 3° the best 4° first choice ◇ 1° pointe, pointu 2° aigu 3° le meilleur 4° de premier choix [Etym] 小 424 (rad: 042a 3-03), 尖 425 [Graph] 331j 242a.

尖端 jiān duān。peak, pointed end; most advanced (technology) ◇ pointe, sommet; (science, technique) de pointe ＊ 648.

尖锐 jiān ruì。pointed, sharp; shrill; acute; intense ◇ acéré; perspicace, perçant, pénétrant; acharné ＊ 2098.

尜 gá -2241 小大小 | 嘎 +9221 | olive-shaped toy ◇ sorte de jouet [Etym] 小 424 (rad: 042a 3-06), 尖 425 [Graph] 331j 242a 331j.

尘 chén -2242 小土 | 塵 *6948 | 1° dust 2° wordly 3° carnal, dissipation, pleasure ◇ 1° poussière 2° mondain 3° charnel, dissipation, plaisirs, vice [Etym] 小 424 (rad: 042a 3-03), 土 826 [Graph] 331j 432a.

尘土 chén tǔ。dust ◇ poussière ＊ 4758.

尘埃 chén āi。dust ◇ poussière ＊ 4871.

㝴 xì (426) 小日小 | [Tra] chink ◇ fente [Etym] very small (1,3> 小 424) passage for light (1= 白 2216) ◇ très petit (1,3> 小 424) passage pour la lumière (1= 白 2216) [Graph] 331j 021a 331j [Ref] h1928, w53b [Hanzi] xi4 隙 6733.

少 shǎo (427) 少 | [Tra] few ◇ peu [Etym] to diminish (bottom stroke) what is small (> 小 424) ◇ diminuer (trait du bas) ce qui est petit (> 小 424) [Graph] 331k [Ref] h516, k875, w158d, wi391 [Hanzi] sha1 sha4 沙 137, chao3 炒 961, chao1 鈔 1153, chao1 钞 1936, shao3 shao4 少 2243, qiao1 qiao3 que4 雀 2244, lie4 劣 2245, sheng3 xing3 省 2246, chao1 抄 2404, miao3 杪 4144, miao3 秒 4514, chao4 耖 4679, xian3 尟 5441, miao4 妙 5744, sha1 纱 5959, sha1 紗 6129, miao4 玅 6308, chao1 chao3 吵 8909, sha1 砂 9665, xian3 尠 9882, miao3 眇 10035.

少 shǎo +2243 少 | 1° few, little, less, to diminish 2° to lack, to do without 3° to lose 4° moment 5° to quit ◇ 1° peu, diminuer 2° manquer de 3° perdre, disparaître 4° instant 5° cesser [Etym] 小 424 (rad: 042a 3-01), 少 427 [Graph] 331k.

少许 shǎo xǔ。a little, a few ◇ un tout petit peu ＊ 1721.

少艾 shǎo ài。a young and handsome person ◇ personne jeune et belle ＊ 3588.

少数 shǎo shù。minority, small number ◇ minorité, un peu de, un petit nombre de ＊ 4614.

少数民族 shǎo shù mín zú。national minority ◇ minorité nationale ＊ 4614 8712 7931.

少陪 shǎo péi。excuse me for leaving ◇ excusez-moi de ne pas rester davantage ＊ 6707.

少量 shǎo liàng。a little, a small amount ◇ un peu de, une petite quantité de ＊ 9964.

△ shào | 1° young 2° young master 3° vice- ◇ 1° jeune 2° jeune maître 3° adjoint, vice-.

少年 shào nián。teenage, adolescent ◇ adolescent, jeune homme ＊ 3476.

少女 shào nǚ。young girl ◇ jeune fille ＊ 5726.

雀 què (428) 少隹 | [Tra] sparrow ◇ moineau [Etym] very small (1= 少 427) bird (2= 隹 1030) ◇ très petit (1= 少 427) oiseau (2= 隹 1030) [Graph] 331k 436m [Ref] k882, r15j, r199, w3d, wa186 [Hanzi] qiao1 qiao3 que4 雀 2244.

雀 qiāo +2244 少隹 | freckles ◇ taches de rousseur [Etym] 隹 1030 (rad: 172a 8-04), 雀 428 [Graph] 331k 436m.

△ qiǎo | sparrow, small birds ◇ moineau, petit oiseau.

△ què | 1° sparrow 2° small bird ◇ 1° moineau 2° petit oiseau.

雀斑 què bān。freckle ◇ tache de rousseur ＊ 5082.

劣 liè (429) 少力 | [Tra] weak ◇ faible [Etym] few (1= 少 427) strength (2= 力 1489) ◇ peu (1= 少 427) de force (2= 力 1489) [Graph] 331k 732f [Ref] k14, w18o, wi3 [Hanzi] lie4 劣 2245.

劣 liè +2245 少力 | 1° weak, feeble 2° vicious, bad 3° inferior ◇ 1° faible, débile 2° vicieux, mauvais 3° inférieur [Etym] 力 1489 (rad: 019a 2-04), 劣 429 [Graph] 331k 732f.

省 xǐng (430) 少目 | [Tra] to examine ◇ scruter [Etym] to look (2= 目 2239) at small (1= 少 427) details {understand} ◇ regarder (2= 目 2239) ce qui est petit (1= 少 427) {comprendre} [Graph] 331k 023a [Ref] w107a [Hanzi] xing1 箵 756, sheng3 xing3 省 2246, xing3 揝 2405.

省 shěng +2246 少目 | 1° to save, to economize 2° to omit 3° province ◇ 1° épargner, économiser 2° omettre 3° province [Etym] 目 2239 (rad: 109a 5-04), 省 430 [Graph] 331k 023a.

省会 shěng huì。chief town of province ◇ chef-lieu de province ＊ 1382.

省长 shěng zhǎng。governor of province ◇ gouverneur de province ＊ 2139.

省份 shěng fèn。province ◇ province ＊ 2952.

省得 shěng de。so as to avoid ◇ pour éviter, pour ne pas ＊ 3173.

省力 shěng lì。to save labor or effort ◇ épargner les forces, économiser du travail ＊ 7259.

省事 shěng shì。to simplify matters ◇ simplifier les formalités, faciliter ＊ 10387.

省略 shěng lüè。to omit; to leave out ◇ omettre, retrancher ＊ 10436.

△ xǐng | 1° to examine oneself 2° to visit (parents) 3° to be aware, to perceive ◇ 1° s'examiner 2° rendre visite (parents) 3° être au courant de, percevoir.

示 shì (431) 示 | [Tra] to show ◇ montrer [Etym] {1} lines of warning coming down from heaven (prim); {2} a 'T' shaped altar and emanations (prim) ◇ {1} des messages descendant du ciel (prim); {2} autel en forme de 'T' et ses émanations (prim) [Graph] 331l [Hanzi] she2 佘 1089, nai4 奈 1546, shi4 示 2247, qi2 祁 2269, shi4 視 2286, biao1 标 4145, nai4 柰 4146, ji4 祭 6460, ji4 际 6734, zong1 宗 7711, shi4 际 8103, shi4 眎 10036 [Rad] 113a.

示 shì +2247 | 1° to show 2° to reveal 3° to teach, to instruct ◇ 1° montrer 2° manifester 3° instruire, informer [Etym] 示 431 (rad: 113a 5-00), [Graph] 3311.
示

示范 shì fàn。to demonstrate; to set an example ◇ montrer, démontrer; démonstration * 3527.

示威 shì wēi。to demonstrate; to hold a demonstration, march ◇ manifester, faire une démonstration de force * 5555.

祐 yòu *2248 | 祐 -6563 | divine care and protection ◇ secours, protection d'en haut [Etym] 示 431 (rad: 113a 5-05), 右 250 [Graph] 3311 241a 011a.
示𠂇口

祆 xiān *2249 | 祆 -6566 | Zoroastrianism, fire-worship ◇ mazdéisme (Zoroastre), religion qui fait le culte du feu [Etym] 示431 (rad: 113a 5-04), 天 278 [Graph] 3311 242b.
示天

祓 fú *2250 | 祓 -6564 | 1° to cleanse 2° to remove evil, to deprecate sickness ◇ 1° purifier 2° préserver, protéger [Etym] 示 431 (rad: 113a 5-05), 犮 298 [Graph] 3311 242j.
示犮

禳 ráng *2251 | 禳 -6567 | to avert (misfortune) ◇ conjurer (mal) [Etym] 示 431 (rad: 113a 5-17), 襄 376 [Graph] 3311 312j 011a 011a 436g.
示亠口口井

祕 mì *2252 | 秘 +4510、祕 *6569 | 1° secret 2° to hold something back 3° secretary 4° mysterious, divine ◇ 1° secret 2° garder une chose secrète 3° secrétaire 4° mystère, occulte, divin [Etym] 示 431 (rad: 113a 5-05), 必 399 [Graph] 3311 321d.
示必

祧 tiāo *2253 | 祧 -6570 | 1° room where the oldest ancestral tablets were kept 2° to be heir to ◇ 1° remise des tablettes anciennes 2° être héritier de [Etym] 示 431 (rad: 113a 5-06), 兆411 [Graph] 3311 322g.
示兆

祘 suàn *2254 | 算 +895 | 1° to calculate, to compute, to count 2° to include 3° to plan 4° to suppose, to estimate, to regard as 5° finally 6° to let it be ◇ 1° calculer, compter 2° inclure 3° planifier, combiner 4° conjecturer, supposer 5° finalement 6° être [Etym] 示 431 (rad: 113a 5-05), [Graph] 3311 3311.
示示

祚 zuò *2255 | 祚 -6572 | 1° felicity, happiness 2° favor 3° blessing ◇ 1° bonheur 2° faveur 3° bénédiction [Etym] 示 431 (rad: 113a 5-05), 乍 551 [Graph] 3311 412f.
示乍

祥 xiáng *2256 | 祥 -6573 | felicitous, of good omen, lucky ◇ faste, de bon augure, bonne fortune, bonheur [Etym] 示 431 (rad: 113a 5-06), 羊 579 [Graph] 3311 414b.
示羊

禊 xì *2257 | 禊 -6574 | sacrifice offered in spring and autumn to avert evils ◇ sacrifice déprécatoire au printemps et en automne [Etym] 示 431 (rad: 113a 5-09), 契 596 [Graph] 3311 414g 732a 242a.
示丰刀大

社 shè *2258 | 社 -6575 | 1° society, company 2° people's commune, community 3° local Genius, its mound ◇ 1° société, groupement 2° groupe de 25 familles, hameau 3° tertre du Génie de la terre [Etym] 示 431 (rad: 113a 5-03), 土 826 [Graph] 3311 432a.
示土

祛 qū *2259 | 祛 -6576 | to expel, to disperse, to drive away ◇ chasser, écarter, conjurer (mal) [Etym] 示 431 (rad: 113a 5-05), 去 848 [Graph] 3311 432a 612a.
示土厶

禱 dǎo *2260 | 祷 -6565 | to pray, to request, to beg ◇ prier, supplier [Etym] 示 431 (rad: 113a 5-13), 壽 860 [Graph] 3311 432b ac:g 431a 012a 332b.
示士𠘨工口寸

禧 xǐ *2261 | 禧 -6577 | blessings, good luck, happiness ◇ bénédiction, bonheur, faste [Etym] 示 431 (rad: 113a 5-12), 喜 885 [Graph] 3311 432b 011b 011a.
示士豆口

禚 zhuó *2262 | 禚 -6578 | surname ◇ nom de famille [Etym] 示 431 (rad: 113a 5-10), 羔 918 [Graph] 3311 432g 222d.
示羊灬

祉 zhǐ *2263 | 祉 -6579 | happiness ◇ bonheur [Etym] 示431 (rad: 113a 5-04), 止 954 [Graph] 3311 434a.
示止

禮 zhà *2264 | 蜡 -10255 | year-end sacrificial ritual ◇ offrande de fin d'année [Etym] 示431 (rad: 113a 5-08), 昔 1001 [Graph] 3311 436b 021a.
示廾日

祺 qí *2265 | 祺 -6580 | 1° prosperity 2° happiness 3° auspiciousness ◇ 1° prospérité 2° bonheur 3° bon augure [Etym] 示 431 (rad: 113a 5-08), 其 1013 [Graph] 3311 436i.
示其

祇 zhǐ *2266 | 只 +9278、秖 *6645、衹 -6581 | 1° only, merely 2° final particle ◇ 1° seulement 2° explétif [Etym] 示 431 (rad: 113a 5-04), 氏 1052 [Graph] 3311 511c.
示氏

祗 zhī *2267 | 祗 -6582 | 1° to venerate 2° to cultivate 3° yet 4° only ◇ 1° vénérer 2° cultiver 3° mais 4° seulement [Etym] 示 431 (rad: 113a 5-05), 氐 1055 [Graph] 3311 511d.
示氐

祿 lù *2268 | 禄 +6589 | 1° happiness 2° official's salary, emolument ◇ 1° bonheur 2° honoraires, salaire, émoluments d'un fonctionnaire [Etym] 示 431 (rad: 113a 5-08), 录 1220 [Graph] 3311 621a 331o.
示彑氺

祁 qí *2269 | 祁 -6583 | surname ◇ nom propre [Etym] 阝 1316 (rad: 163b 2-05), 示 431 [Graph] 3311 634j.
示阝

礽 réng *2270 | 礽 -6584 | happiness, bliss ◇ bonheur [Etym] 示 431 (rad: 113a 5-02), 乃 1340 [Graph] 3311 634l.
示乃

祈 qí *2271 | 祈 -6585 | 1° to pray 2° to entreat ◇ 1° prier 2° solliciter [Etym] 示 431 (rad: 113a 5-04), 斤 1461 [Graph] 3311 722c.
示斤

祠 cí *2272 | 祠 -6586 | 1° ancestral hall of a family 2° offering ◇ 1° temple des ancêtres 2° offrandes [Etym] 示 431 (rad: 113a 5-05), 司1476 [Graph] 3311 731d 012a.
示𠃌口

禕 yī *2273 | 祎 -6587 | 1° fine, glorious 2° personal name ◇ 1° beau, magnifique, splendide 2° prénom [Etym] 示 431 (rad: 113a 5-09), 韋1547 [Graph] 3311 822a 011a 712b.
示五口㐄

祲 jìn *2274 | 祲 -6588 | ill omen ◇ mauvais augure ou présage [Etym] 示 431 (rad: 113a 5-07), 𠬝 1556 [Graph] 3311 832a 851a 633a.
示彐冖又

禘 dì *2275 | 禘 -6590 | worship in ancient time ◇ cérémonie rituelle religieuse dans la Chine antique [Etym] 示 431 (rad: 113a 5-09), 帝1733 [Graph] 3311 851e 858a.
示亠巾

祊 bēng *2276 | 祊 -6591、鬃 *9428 | 1° worship in temple 2° river in Shandong ◇ 1° présenter des offrandes 2° rivière du Shandong [Etym] 示 431 (rad: 113a 5-04), 方 1784 [Graph] 3311 853b.

禰 mí *2277 | 祢 -6571 | 1° ancestral tablets 2° surname ◇ 1° tablettes des ancêtres 2° nom de famille [Etym] 示 431 (rad: 113a 5-14), 爾 1907 [Graph] 3311 858k.

祖 zǔ *2278 | 祖 -6594 | 1° grandfather, grandmother 2° ancestors 3° founder 4° surname ◇ 1° grand-père, grand-mère 2° ancêtres 3° fondateur 4° nom de famille [Etym] 示 431 (rad: 113a 5-05), 且 1929 [Graph] 3311 921a.

禍 huò *2279 | 祸 -6596 | 1° misfortune, calamity, adversity 2° accident 3° ruin ◇ 1° malheur, calamité 2° accident 3° ruine, anéantir [Etym] 示 431 (rad: 113a 5-09), 咼 1948 [Graph] 3311 924d 011a.

祀 sì *2280 | 祀 -6595、禩 *2288 | 1° to offer sacrifices 2° (formerly) year ◇ 1° offrir un sacrifice 2° (anciennement) année [Etym] 示431 (rad: 113a 5-03), 巳 2010 [Graph] 3311 933b.

禪 shàn *2281 | 禅 -6601 | 1° to conceed 2° to abdicate 3° to offer a sacrifice to the earth ◇ 1° céder 2° abdiquer 3° offrir un sacrifice à la terre [Etym] 示 431 (rad: 113a 5-12), 單 2101 [Graph] 3311 011a 011a 041c.

祝 zhù *2282 | 祝 -6597 | 1° to wish, to bless 2° to pray 3° surname ◇ 1° souhaiter, célébrer, bénir 2° prier 3° nom de famille [Etym] 示 431 (rad: 113a 5-05), 兄 2114 [Graph] 3311 011d.

福 fú *2283 | 福 -6598 | 1° happiness 2° luck, blessings ◇ 1° bonheur 2° heureux destin, félicité [Etym] 示 431 (rad: 113a 5-09), 畐 2119 [Graph] 3311 012a 041a.

祏 shí *2284 | 祏 -6599 | stone shrine to keep the ancestral tablet ◇ crédence [Etym] 示 431 (rad: 113a 5-05), 石 2149 [Graph] 3311 013b.

祜 hù *2285 | 祜 -6600 | protection of heaven, favor, blessing, bliss ◇ protection, faveur, bienfait [Etym] 示 431 (rad: 113a 5-05), 古 2155 [Graph] 3311 013f.

視 shì *2286 | 视 -6592、眎 *10036 | 1° to look at 2° to consider 3° to inspect, to watch ◇ 1° regarder 2° considérer comme 3° examiner, surveiller [Etym] 見 2255 (rad: 147a 7-04), 示431 [Graph] 3311 023c.

禎 zhēn *2287 | 祯 -6593 | lucky, propitious ◇ faste, bonheur [Etym] 示 431 (rad: 113a 5-09), 貞 2271 [Graph] 3311 023h.

禩 sì *2288 | 祀 -6595、祀 *2280 | 1° to offer sacrifices 2° (formerly) year ◇ 1° offrir un sacrifice 2° (anciennement) année [Etym] 示431 (rad: 113a 5-11), 異 2318 [Graph] 3311 041a 436e.

神 shén *2289 | 神 -6602 | 1° god, deity, divinity 2° supernatural, animal spirits, natural powers 3° spirit, mind, spiritual 4° expression 5° smart, clever ◇ 1° Dieu, divinités 2° surnaturel, forces naturelles ou vitales, génies, prodigieux, miraculeux 3° esprit, âme, spirituel 4° expression 5° sage [Etym] 示 431 (rad: 113a 5-05), 申2348 [Graph] 3311 042c.

䙓 bǎi *2290 | See ◇ Voir 捭 2710 [Etym] 示 431 (rad: 113a 5-15), 罷 2387 [Graph] 3311 051a 612a 856e 321b 321b.

禤 xuān *2291 | 禤 -6604 | surname ◇ nom de famille [Etym] 示 431 (rad: 113a 5-11), 罒 2373 [Graph] 3311 051a 731c 731c.

禋 yīn *2292 | 禋 -6605 | to offer a sacrifice to Heaven, to offer sacrifices ◇ offrande du Ciel, offrande [Etym] 示 431 (rad: 113a 5-09), 垔 2408 [Graph] 3311 051e 432a.

禮 lǐ *2293 | 礼 +6568 | 1° rite, ceremony, worship 2° etiquette, manners 3° presents 4° to revere 5° surname ◇ 1° rite, cérémonie 2° politesse, courtoisie 3° présent 4° honorer, révérer 5° nom propre [Etym] 示 431 (rad: 113a 5-13), 豊 2415 [Graph] 3311 052a 012b.

禡 mà *2294 | 祃 -6607、禡 *6606 | sacrifice offered for the army ◇ sacrifice guerrier [Etym] 示 431 (rad: 113a 5-10), 馬 2486 [Graph] 3311 Z22a.

尔 ěr (432) | [Tra] final stop ◇ point final [Etym] exhausted: go (> 丨 476) from inside (> ⟶ 1649) to outside (> 八 127) ◇ épuisement: le passage (> 丨 476) de l'intérieur (> ⟶ 1649) à l'extérieur (> 八 127) [Graph] 331m [Ref] k924, r15, w125a, wa36 [Hanzi] er3 尔 2295, xi3 玺 2296, er3 迩 2297, luo2 觇2298, ni3 你 2844, chen4 cheng1 cheng4 称 4515, zhen1 珎5093, xian3 狝 5609, mi2 祢 6571, mi2 弥 11249.

尔 ěr +2295 | 爾 *8484 | 1° you 2° like that 3° so 4° that ◇ 1° tu, toi, vous 2° tel 3° seulement, ainsi 4° ce, cet [Etym] 小 424 (rad: 042a 3-02), 尔 432 [Graph] 331m.

玺 xǐ +2296 | 璽 *8485 | imperial seal ◇ sceau impérial [Etym] 玉 938 (rad: 095a 5-05), 尔432 [Graph] 331m 432o.

迩 ěr -2297 | 邇 *8486 | 1° near, close 2° to come close ◇ 1° proche, prochain, pas éloigné, allié 2° s'approcher de [Etym] 辶 1346 (rad: 162b 3-05), 尔 432 [Graph] 331m 634o.

觇 luó -2298 | 覶 *8487、覼 *699 | to state in detail item by item ◇ exposer, présenter en détail [Etym] 见 1801 (rad: 147s 4-05), 尔432 [Graph] 331m 854c.

⺌ xīn (433) | [Tra] heart ◇ coeur [Etym] contracted form of (心 397) (> 忄 553) ◇ forme contractée de (心 397) (> 忄 553) [Graph] 331n [Rad] 061c.

氺 shuǐ (434) | [Tra] water ◇ eau [Etym] different writing for (水 435) ◇ autre graphie pour (水 435) [Graph] 331o [Ref] k953, ph395, w73a [Hanzi] tai4 泰 1636 [Rad] 085c.

水 shuǐ (435) | [Tra] water ◇ eau [Etym] main stream and lateral whirls (prim)

(> 水 434) ◇ un courant central et des tourbillons latéraux (prim) (> 水 434) [Graph] 331p [Ref] w17b [Hanzi] bing1 冰 21, cuan1 tun3 氽 1091, shui3 水 2299, miao3 miao3 淼 2300, dang4 凼 2301, yong3 永 2304, qiu2 求 2314, yang4 羕 5220, niao4 sui1 尿 8612, beng4 泵 9666 [Rad] 085a.

水 shuǐ +2299 水 | 1° water 2° river 3° general term for rivers, lakes, seas, etc. 4° liquid, fluid ◇ 1° eau 2° cours d'eau 3° terme générique pour les rivières, lacs, mers 4° liquide, fluide [Etym] 水 435 (rad: 085a 4-00), [Graph] 331p.

水泥 shuǐ ní ∘ cement, concrete ◇ ciment, béton ∗ 473.

水彩 shuǐ cǎi ∘ watercolor ◇ couleurs à l'aquarelle, couleurs à l'eau ∗ 690.

水彩画 shuǐ cǎi huà ∘ watercolor painting ◇ aquarelle (peinture) ∗ 690 10453.

水饺 shuǐ jiǎo ∘ boiled dumplings ◇ raviolis chinois ∗ 1843.

水手 shuǐ shǒu ∘ seaman ◇ marin ∗ 2748.

水平 shuǐ píng ∘ level ◇ niveau; horizon ∗ 3426.

水牛 shuǐ niú ∘ buffalo ◇ buffle ∗ 3445.

水蒸气 shuǐ zhēng qì ∘ steam ◇ vapeur d'eau ∗ 3767 11170.

水桶 shuǐ tǒng ∘ water pale, bucket ◇ seau à eau ∗ 4275.

水稻 shuǐ dào ∘ paddy; rice ◇ riz ∗ 4491.

水利 shuǐ lì ∘ irrigation works ◇ aménagements de l'eau (électricité, inondations) ∗ 4516.

水土 shuǐ tǔ ∘ water and soil; climate and natural environment ◇ sol et eau; conditions géographiques, climatiques ∗ 4758.

水塔 shuǐ tǎ ∘ water tower ◇ château d'eau ∗ 4809.

水坝 shuǐ bà ∘ dam ◇ barrage ∗ 4918.

水车 shuǐ chē ∘ noria ◇ noria ∗ 6327.

水库 shuǐ kù ∘ tank, pond, pool ◇ réservoir, lac artificiel ∗ 6930.

水产 shuǐ chǎn ∘ aquatic product ◇ produits aquatiques ∗ 6991.

水兵 shuǐ bīng ∘ sailor ◇ matelot, marin ∗ 7215.

水灾 shuǐ zāi ∘ flood ◇ inondation ∗ 7691.

水泵 shuǐ bèng ∘ water pomp ◇ pompe à eau ∗ 9666.

水螅 shuǐ xī ∘ hydra ◇ hydre ∗ 10335.

水田 shuǐ tián ∘ paddy field ◇ champs irrigués, rizière (inondée) ∗ 10412.

水电站 shuǐ diàn zhàn ∘ hydropower station ◇ centrale hydroélectrique ∗ 10734 664.

水果 shuǐ guǒ ∘ fresh fruit ◇ fruit frais ∗ 10750.

水瓢 shuǐ piáo ∘ half gourd (for water) ◇ demi-gourde ou calebasse pour puiser de l'eau ∗ 10813.

沝 miǎo (436) 水水 水水水 | [Tra] ocean; spatious ◇ océan; immense [Etym] three times water (水 435) ◇ trois fois de l'eau (水 435) [Graph] 331p 331p 331p [Ref] k261, ph173, w125d, wa9 [Hanzi] miao3 miao3 淼 2300.

淼 miǎo +2300 水水 水水水 | See ◇ Voir 渺 552 [Etym] 水 435 (rad: 085a 4-08), 淼 436 [Graph] 331p 331p 331p.

△ miǎo | 1° ocean 2° immense ◇ 1° océan 2° immense.

凼 dàng -2301 水凵 | 氹 *11167 | 1° pond, pool 2° dike ◇ 1° étang 2° digue [Etym] 凵 1630 (rad: 017a 2-04), 水 435 [Graph] 331p 841e.

沓 dá (437) 水曰 | [Tra] babble ◇ bavardage [Etym] flowing (1= 水 435) of words (2= 曰 2168) ◇ un flux (1= 水 435) de paroles (2= 曰 2168) [Graph] 331p 021a [Ref] k1317, r128, w58e [Hanzi] da2 ta4 沓 2302, ta1 ta4 踏 9311.

沓 dá +2302 水曰 | 1° babble of words 2° pile of paper 3° to pile up ◇ 1° flux de paroles 2° pile de papiers 3° entasser [Etym] 水 435 (rad: 085a 4-04), 沓 437 [Graph] 331p 021a.

△ tà | 1° babble of words 2° crowded ◇ 1° flux de paroles 2° nombreux.

氷 bīng (438) 氷 | [Tra] ice ◇ glace [Etym] crystallized (upper left stroke) (> 冫 7) water (> 水 435) ◇ eau (> 水 435) crystallisée (trait supér. gauche) (> 冫 7) [Graph] 331q [Ref] k1113, ph31, r300, w45b, wa17, wi69 [Hanzi] bing1 氷 2303.

氷 bīng *2303 氷 | 冰 +21 | ice, to ice ◇ 1° glace 2° congeler, geler [Etym] 水 435 (rad: 085a 4-01), 氷 438 [Graph] 331q.

永 yǒng (439) 永 | [Tra] perpetually ◇ longue durée [Etym] veins of many rivers on earth (prim) (> 于 440, 寸 441) ◇ un réseau de rivières sur la terre (prim) (> 于 440, 寸 441) [Graph] 331r [Hanzi] yong3 泳 143, yong3 永 2304, chang3 昶 2305, yang4 羕 5220, mai4 mo4 脉 8104, yong3 咏 8910, yong3 詠 9496.

永 yǒng +2304 永 | perpetually, ever-moving ◇ perpétuel, éternel, longue durée [Etym] 水 435 (rad: 085a 4-01), 永 439 [Graph] 331r.

永远 yǒng yuǎn ∘ always, forever ◇ toujours, à jamais, pour toujours, à perpétuité ∗ 2200.

永垂不朽 yǒng chuí bù xiǔ ∘ to be immortal or eternal ◇ rester éternel, rester immortel ∗ 5291 4066 4475.

永久 yǒng jiǔ 。everlasting, eternal, perpetual ◇ durable, éternel, perpétuel * 6498.

永别 yǒng bié 。to part forever ◇ quitter pour toujours * 9073.

昶 chǎng +2305 永日 | 1° long day 2° long, remote 3° full, filled ◇ 1° longue journée 2° long, étendu, durable 3° plein [Etym] 日 2169 (rad: 072a 4-05), 永 439 [Graph] 331r 021a.

亅 十 ☰ 永 · 于 寸 才 乎

十 332

于 yú (440) 于 | [Tra] related to ◇ en rapport avec [Etym] emission of voice (prim) analogous to (> 号 2111) ◇ une émission verbale (prim) anologue à (> 号 2111) [Graph] 332a [Ref] k1024, ph30, r11h, w96a, wa40, wi562 [Hanzi] wu1 汙 144, yu2 竽 757, yu2 于 2306, yu1 迂 2307, yu2 盂 2308, yu4 芋 3612, wei2 xu1 圩 4780, yu1 纡 5960, yu1 紆 6130, yu3 宇 7714, xu1 yu4 吁 8911, xu1 盱 10037.

于 yú +2306 于 | 於 1° +7929 | 1° in, at 2° on, among 3° for 4° through 5° than 6° passive form 7° surname ◇ 1° dans, à 2° sur, parmi 3° pour, quant à 4° par 5° que (comparatif) 6° forme passive 7° nom de famille [Etym] 二 4 (rad: 007a 2-01), 于 440 [Graph] 332a.

于是 yú shì 。then, so ◇ alors, c'est pourquoi, donc * 9880.

迂 yū +2307 于辶 | 1° circuitous, roundabout 2° pedantic 3° aberration, perversion 4° to go far ◇ 1° sinueux, détourné 2° pédant 3° aberration, perversion 4° s'éloigner, écart [Etym] 辶 1346 (rad: 162b 3-03), 于 440 [Graph] 332a 634o.

盂 yú +2308 于皿 | basin, large cup, jar ◇ bassin, bol, jarre [Etym] 皿 1939 (rad: 108a 5-03), 于 440 [Graph] 332a 922a.

寸 cùn (441) 寸 | [Tra] thumb, hand, measure ◇ pouce, main, mesure [Etym] hand (> 扌 446) with separated thumb (prim) ◇ une main (> 扌 446), le pouce à part (prim) [Graph] 332b [Ref] k85, w58d, wi723 [Hanzi] shou4 寿 1535, duo2 夺 1547, duo2 奪 1555, tao3 讨 1715, cun4 寸 2309, guo1 guo4 过 2310, fu4 付 2846, cun3 忖 3235, cun1 村 4148, dui4 對 5334, zhou4 纣 5961, zhou4 紂 6131, chen4 衬 6621, ru3 辱 6824, xin2 xun2 尋 7393, shou3 守 7715, zhou3 肘 8105, nai4 耐 8344, wei4 yu4 尉 8609, cun4 吋 8912, tao3 討 9497, shi2 时 9861, zhou4 酎 10860, jiang1 jiang4 將 11000 [Rad] 041a.

寸 cùn +2309 寸 | inch ◇ pouce [Etym] 寸 441 (rad: 041a 3-00), [Graph] 332b.

过 guò, guō (442) 寸辶 | [Tra] to go through ◇ traverser [Etym] modern simplified form of (過 1949) ◇ forme simplifiée moderne de (過 1949) [Graph] 332b 634o [Ref] h455, k407, ph263, r2ll, w45k, wa129, wi150 [Hanzi] guo1 guo4 过 2310, wo1 zhua1 挝 2406.

过 guō +2310 寸辶 | 過 *8603 | 1° beyond the limit, excessive 2° undue 3° proper noun ◇ 1° excéder, trop, outre mesure 2° indu 3° nom propre [Etym] 辶 1346 (rad: 162b 3-03), 寸 441 [Graph] 332b 634o.

△ guò | 過 *8603 | 1° to cross, to pass by 2° past, over 3° to spend (time) 4° after 5° to go through 6° to go beyond 7° transgression, fault ◇ 1° traverser, passer 2° passé 3° s'écouler (temps) 4° après 5° passer à travers 6° dépasser, excéder 7° faute.

过错 guò cuò 。fault; mistake ◇ faute, tort * 1983.

过于 guò yú 。too much; in excess ◇ trop; à l'excès * 2306.

过程 guò chéng 。process; course ◇ processus, étape; cours, évolution * 4569.

过来 guò lái 。to come to, to come on ◇ s'approcher, venir vers * 4672.

过去 guò qù 。past, to go away ◇ passé, s'éloigner * 4870.

过期 guò qī 。to be overdue; expired ◇ périmé, passé la date * 5437.

过度 guò dù 。excessive; over- ◇ excessif * 6919.

过虑 guò lǜ 。to worry unnecessarily ◇ se tourmenter inutilement, se faire de la bile * 7153.

过分 guò fèn 。undue; excessive ◇ exagéré, démesuré, excessif * 7245.

过时 guò shí 。out-of-date; out of fashion ◇ démodé, périmé * 9861.

才 cái (443) 才 | [Tra] capacity ◇ talent [Etym] stem of plant pointing above ground (prim) ◇ la tige d'une plante pointant au-dessus du sol (prim) [Graph] 332c [Ref] w48a, wi53 [Hanzi] cai2 才 2311, zi1 鼒 2312, cai2 材 4149, chai2 豺 5569, cai2 财 7960, bi4 闭 8009, bi4 閉 8756, cai2 財 10115, tuan2 团 10945.

才 cái +2311 才 | 纔 3° *6253 | 1° talent, gift, ability 2° capable person 3° just now, only ◇ 1° talent, qualités, aptitudes 2° personne capable 3° à l'instant même, tout juste, seulement [Etym] 扌 446 (rad: 064b 3-00), 才 443 [Graph] 332c.

才华 cái huá 。talent, ability, genius ◇ talent, aptitude, génie * 2835.

才能 cái néng 。ability, talent ◇ compétence, capacité * 5898.

鼒 zī +2312 才目鼎 | tripod vessel with a small opening on the top ◇ vase tripode dont la bouche est petite [Etym] 鼎 2245 (rad: 206a 13-03), 才 443 [Graph] 332c 023a Z12e.

乎 hū (444) 乎 | [Tra] exclamation ◇ exclamation [Etym] emission of voice (prim) (> 于 440) (:bottom 丂 2475) ◇ une émission verbale (prim) (> 于 440) (:bas 丂 2475) [Graph] 332d [Hanzi] hu1 烀 962, hu1 乎 2313, hu1 轷 6341, hu1 呼 8913, hu1 軤 10681.

乎 hū +2313 乎 | 1° particle of varied uses: interrogative, comparative, expletive 2° very 3° in ◇ 1° finale interrogative, comparative, explétive 2° très 3° dans, de [Etym] 丿 74 (rad: 004a 1-04), 乎 444 [Graph] 332d.

求 qiú (445) 求 |[Tra] to beg ◇ demander [Etym] fur coat or skin (prim); hence, something desirable ◇ un manteau ou une peau de fourrure (prim); d'où objet désirable [Graph] 332e [Hanzi] qiu2 毬 2185, qiu2 求 2314, jiu4 救 2315, qiu2 裘 2316, qiu2 逑 2317, jiu4 捄 2407, qiu2 俅 2847, qiu2 球 5094, qiu2 赇 7961, qiu2 賕 10116.

求 qiú +2314 求 |◇ [Etym] 水 435 (rad: 085a 4-03), 求445 [Graph] 332e.

求饶 qiú ráo。to beg for mercy ◇ demander, crier grâce * 1854.

求援 qiú yuán。to ask for help ◇ demander de l'aide * 2327.

救 jiù +2315 求攵 |捄 *2407| 1° to rescue, to save from 2° to help, to relieve 3° to keep from, to cease ◇ 1° sauver, délivrer de 2° aider, secourir 3° empêcher, faire cesser (feu) [Etym] 攵 340 (rad: 066b 4-07), 求 445 [Graph] 332e 243c.

救济 jiù jì。to help, to provide relief ◇ donner assistance, porter secours à * 117.

救火 jiù huǒ。fire fighting ◇ combattre un incendie; au feu! * 924.

救命 jiù mìng。to save somebody's life; Help! ◇ sauver la vie; au secours! * 1494.

救护 jiù hù。to rescue, to give first-aid ◇ protéger; sauver, porter secours à * 2651.

裘 qiú +2316 求衣 |1° fur garment 2° surname ◇ 1° habit fourré, fourrure 2° nom propre [Etym] 衣 371 (rad: 145a 6-07), 求 445 [Graph] 332e 312i.

逑 qiú +2317 求辶 |1° spouse 2° to match ◇ 1° épouse 2° assortir, appareiller [Etym] 辶 1346 (rad: 162b 3-07), 求 445 [Graph] 332e 634o.

扌 shǒu (446) 扌 |[Tra] hand ◇ main [Etym] contracted form of (手 465) ◇ forme contractée de (手 465) [Graph] 332f [Hanzi] cai2 才 2311, pao1 抛 2399, zui4 罪 10777 [Rad] 064b.

拦 lán -2318 扌兰 |攔 *2660| 1° to block, to bar 2° to hinder, to embarrass, to obstruct ◇ 1° obstruer, bloquer 2° empêcher, retenir, arrêter [Etym] 扌 446 (rad: 064b 3-05), 兰 6 [Graph] 332f 111d.

拦河坝 lán hé bà。dam (across a river) ◇ barrage de retenue * 136 4918.

拦洪坝 lán hóng bà。regulating dam ◇ barrage de retenue * 251 4918.

挲 sā *2319 扌氵少 |挱 +139| See ◇ Voir 摩挲 ma1-sa1 6899-139 [Etym] 扌 446 (rad: 064b 3-07), 沙 25 [Graph] 332f 121b 331k.

△ sa |挱 +139| in mo1 - : to caress, to touch gently ◇ dans mo1 - : caresser, attoucher.

△ sha |挱 +139| See ◇ Voir 挓挲 zha1-sha5 2596-139.

△ suō |挱 +139| See ◇ Voir 摩挲 mo2-suo1 6899-139.

扤 kuǎi -2320 扌氵匚 |擓 *2564| 1° to scratch 2° to carry on the arm ◇ 1° gratter 2° porter au bras [Etym] 扌 446 (rad: 064b 3-05), 汇 52 [Graph] 332f 121b 811c.

拉 lā (447) 扌立 |[Tra] to draw; to pull ◇ tirer; trainer [Etym] hand (1= 扌 446); phon, standing (2= 立 80) ◇ main (1= 扌 446); phon, debout (2= 立 80) [Graph] 332f 221a [Hanzi] la1 la2 la3 拉 2321, la5 鞡 5361, la1 la2 la5 啦 8914.

拉 lā +2321 扌立 |1° to pull, to draw 2° to haul, to transport 3° to play (musical instruments) 4° to draw in 5° to empty the bowels 6° short for Latin America ◇ 1° tirer, traîner 2° transporter 3° jouer (un instrument à cordes) 4° attirer 5° aller à la selle 6° abréviation de l'Amérique latine [Etym] 扌 446 (rad: 064b 3-05), 立80 [Graph] 332f 221a.

拉链儿 lā liàn ér。zipper ◇ fermeture éclair * 2005 2194.

拉锁 lā suǒ。zipper ◇ fermeture éclair * 2058.

拉拔 lā bá。to draw ◇ tirer * 2361.

拉拢 lā lǒng。to rope in, to draw into one's action ◇ amadouer, gagne par flatterie * 2402.

拉倒 lā dǎo。to swoop, to let fall ◇ laisser tomber, renverser * 2927.

拉肚子 lā dù zǐ。to have diarrhea ◇ avoir la diarrhée * 8129 6546.

△ lá |剌 1° +10378 、啦 2° +8914| 1° to cut, to slash 2° chat ◇ 1° couper, trancher 2° causerie.

△ lǎ |See ◇ Voir 半拉 ban4-la3 3477-2321.

接 jiē +2322 扌立女 |1° to come close to 2° to connect 3° to catch 4° to receive 5° to meet, to welcome 6° to forward 7° to follow ◇ 1° proche de, en contact 2° joindre, unir, greffer 3° saisir 4° recevoir 5° rencontrer, accueillir 6° transmettre, passer 7° suivre, à la suite [Etym] 扌 446 (rad: 064b 3-08), 妾 85 [Graph] 332f 221a 611e.

接洽 jiē qià。to come into contact, to connect so. ◇ se mettre en contact * 88.

接受 jiē shòu。to accept, to receive ◇ accepter, recevoir * 715.

接着 jiē zhe。then, afterwards; to follow, to succeed ◇ puis, ensuite; suivre, succéder; continuer * 1531.

接头 jiē tóu。to connect, to come in contact with ◇ se mettre en rapport * 1598.

接待 jiē dài。to receive, to admit ◇ recevoir, accueillir * 3137.

接到 jiē dào。to receive ◇ recevoir, avoir reçu * 5914.

接近 jiē jìn。to come close to, to be in relation to ◇ approcher, être en rapport avec, se rapprocher * 7205.

接见 jiē jiàn。to receive; to grant an interview to ◇ recevoir, accorder audience à qqn ✱ 7991.

接触 jiē chù。to come into contact with; contact ◇ toucher, être en contact; fréquenter ✱ 8373.

接吻 jiē wěn。to kiss ◇ donner un baiser, embrasser ✱ 9121.

接收 jiē shōu。to receive; to take over ◇ recevoir; prendre en main; admettre qqn ✱ 10987.

攏 lǒng *2323 扌立月⺕ |拢 -2402| 1° to approach, to reach 2° to sum up 3° to hold together, to collect, to grasp 4° comb 5° relations ◇ 1° aborder, arriver à 2° faire l'addition 3° réunir, réunion, saisir 4° peigne, démêloir 5° relations [Etym] 扌 446 (rad: 064b 3-17), 龍 86 [Graph] 332f 221a 856e Z41b.

掊 pǒu +2324 扌立口 |[Etym] 扌 446 (rad: 064b 3-08), 音 87 [Graph] 332f 221a 011a.

掊击 pǒu jī。to take, to rob, to attack ◇ s'emparer de, ravir, extorquer, attaquer ✱ 7647.

揞 ǎn +2325 扌立日 |1° to apply (something on a wound) 2° to press on 3° to hide ◇ 1° appliquer (quelque chose sur une blessure) 2° presser 3° cacher, couvrir [Etym] 扌 446 (rad: 064b 3-09), 音 91 [Graph] 332f 221a 021a.

撞 zhuàng +2326 扌立里 |1° to strike, to run into 2° to meet by chance 3° to rush, to dash ◇ 1° frapper, heurter 2° rencontrer, à l'improviste 3° se précipiter [Etym] 扌 446 (rad: 064b 3-12), 童 99 [Graph] 332f 221a 043j.

撞见 zhuàng jiàn。to run across; to meet by chance ◇ rencontrer inopinément ✱ 7991.

援 yuán +2327 扌爫二方又 |1° to pull by hand, to hold fast, to seize 2° to help, to rescue 3° to quote, to cite ◇ 1° tirer par la main, tenir fermement, amener, saisir 2° secourir, sauver 3° citer [Etym] 扌 446 (rad: 064b 3-09), 爰 104 [Graph] 332f 221d ac:a 241a 633a.

援助 yuán zhù。to help, to support ◇ aider, assister; aide, secours ✱ 8545.

捋 luō +2328 扌爫寸 |捋 *2504| 1° to draw through 2° to rub one's palm along ◇ 1° étirer, retrousser 2° frotter avec les doigts ou les mains [Etym] 扌 446 (rad: 064b 3-07), 寽 105 [Graph] 332f 221d 332b.

△ lǚ |捋 *2504| to smooth out ◇ étirer.

採 cǎi *2329 扌爫木 |See ◇ Voir 采 689 [Etym] 扌 446 (rad: 064b 3-08), 采 106 [Graph] 332f 221d 422a.

挼 ruá +2330 扌爫女 |1° to rub 2° crinkled ◇ 1° frotter 2° froissé [Etym] 扌 446 (rad: 064b 3-07), 妥 110 [Graph] 332f 221d 611e.

△ ruó |1° to rub 2° to crumple ◇ 1° frotter 2° froisser, chiffonner.

撝 huī *2331 扌爫爲 |㧑、撝 -2559、*2560| to direct, to instruct ◇ diriger [Etym] 扌 446 (rad: 064b 3-12), 爲 116 [Graph] 332f 221d 732i.

掙 zhēng *2332 扌爫争 |挣 -2578| See ◇ Voir 挣扎 zheng1-zha2 2578-2391 [Etym] 扌 446 (rad: 064b 3-08), 爭 117 [Graph] 332f 221d 834c.

△ zhèng |挣 -2578| 1° to struggle to get free 2° to earn, to make (money) ◇ 1° se débattre, se démener, faire effort 2° gagner par effort (argent).

搯 tāo *2333 扌爫臼 |掏 +2620| 1° to draw out, to take out 2° to scoop out, to dig 3° to steal from somebody's pocket ◇ 1° extraire, tirer de 2° creuser 3° voler à la tire, dérober [Etym] 扌 446 (rad: 064b 3-10), 舀 118 [Graph] 332f 221d 835b.

摇 yáo +2334 扌爫缶 |1° to shake, to wave, to move, to turn 2° to loaf about 3° surname ◇ 1° agiter, remuer 2° flâner 3° nom de famille [Etym] 扌 446 (rad: 064b 3-10), 䍃 119 [Graph] 332f 221d 841c.

摇篮 yáo lán。cradle ◇ berceau ✱ 777.

摇头 yáo tóu。to shake one's head ◇ hocher la tête (négation, mépris), faire non ✱ 1598.

摇摆 yáo bǎi。to sway, to swing, to vacillate ◇ osciller, hésiter ✱ 2713.

摇动 yáo dòng。to shake; to wave ◇ secouer, agiter, remuer ✱ 5920.

摇晃 yáo huàng。to shake, to sway ◇ secouer, balancer, se balancer, osciller ✱ 9858.

授 shòu +2335 扌爫冖又 |1° to award 2° to give 3° to transmit 4° to teach ◇ 1° accorder 2° donner 3° transmettre 4° enseigner, instruire [Etym] 扌 446 (rad: 064b 3-08), 受 124 [Graph] 332f 221d 851a 633a.

授奖 shòu jiǎng。to receive a reward, to be rewarded ◇ recevoir un prix, une récompense ✱ 3194.

授奖 shòu jiǎng。to award a prize ◇ décerner un prix ✱ 3197.

授权 shòu quán。to authorize ◇ autoriser, mandater ✱ 4277.

扒 bā +2336 扌八 |1° to cling to 2° to pull down, to eradicate 3° to push aside 4° to strip off, to take off ◇ 1° s'accrocher à 2° démolir 3° écarter 4° dépouiller [Etym] 扌 446 (rad: 064b 3-02), 八 127 [Graph] 332f 222a.

扒拉 bā lā。to push lightly ◇ pousser délicatement ✱ 2321.

△ pá |1° to pull out, to eradicate, to rake up 2° to braise ◇ 1° dépouiller, déraciner, arracher 2° braiser.

搤 è *2337 扌⺍皿 |扼 +2528| to grasp, to seize, to hold, to control ◇ saisir, empoigner, tenir, occuper, défendre [Etym] 扌 446 (rad: 064b 3-10), 益 129 [Graph] 332f 222c 922a.

撙 den *2338 扌⺮⺮土寸 |扽 -2590| to move, to shake ◇ remuer, secouer [Etym] 扌 446 (rad: 064b 3-12), 等 142 [Graph] 332f 231a 231a 432a 332b.

攥 zuàn +2339 扌⺮⺮目大糸 |to hold, to grip ◇ saisir, tenir en main [Etym] 扌 446 (rad: 064b 3-20), 纂 153 [Graph] 332f 231a 231a 023a 242a 613d.

掞 shàn +2340 扌火火 |1° comfortable, suave, easy 2° to rest 3° extravagant ◇ 1° confortable, doucereux 2° se reposer 3° extravagant

[Etym] 扌 446 (rad: 064b 3-08), 炎 157 [Graph] 332f 231b 231b.

撈 lāo *2341 | 捞 -2426 | 1° to fish up, to drag out of water, to dredge up 2° to gain ◇ 1° tirer hors de l'eau, repêcher 2° obtenir [Etym] 扌 446 (rad: 064b 3-12), 勞 164 [Graph] 332f 231b 231b 851a 732f.

挫 cuò +2342 扌人人土 | 1° to rub 2° to bruise 3° to defeat ◇ 1° heurter, froisser 2° maltraiter 3° subir un échec [Etym] 扌 446 (rad: 064b 3-07), 坐 172 [Graph] 332f 232a 232a 432a.

挫败 cuò bài ∘ to suffer a setback; to defeat, to frustrate ◇ subir un échec; mettre en échec, en déroute ✱ 7959.

捽 zuó +2343 扌亠人人十 | 1° to clutch, handful 2° to pull (hair) ◇ 1° saisir 2° arracher (cheveux), poignée [Etym] 扌 446 (rad: 064b 3-08), 卒 176 [Graph] 332f ac:c 232a 232a 413a.

捡 jiǎn -2344 扌亼一业 | 撿 *2358 | to collect, to gather ◇ recueillir, ramasser [Etym] 扌 446 (rad: 064b 3-07), 佥 183 [Graph] 332f 233a ac:a 221b.

抡 lūn -2345 扌亼匕 | 掄 *2354 | to brandish, to waste, to wave ◇ brandir, gaspiller [Etym] 扌 446 (rad: 064b 3-04), 仑 186 [Graph] 332f 233a 321b.

△ lún | 掄 *2354 | 1° to select 2° to sort ◇ 1° choisir 2° classer.

拴 shuān +2346 扌亼王 | to fasten, to tie up ◇ attacher, lier [Etym] 扌 446 (rad: 064b 3-06), 全 195 [Graph] 332f 233a 432e.

撳 qìn *2347 扌亼亞欠 | 揿 -2388、捦 *2348 | to press (with finger) ◇ appuyer sur [Etym] 扌 446 (rad: 064b 3-12), 欽 197 [Graph] 332f 233a 432q 232b.

捦 qìn *2348 扌亼冫衣 | 揿 -2388、撳 *2347 | to press (with finger) ◇ appuyer sur [Etym] 扌 446 (rad: 064b 3-10), 衾 203 [Graph] 332f 233a 631a 312i.

捻 niǎn +2349 扌亼冫心 | 撚 *2503 | 1° to twist with the fingers 2° something made by twisting ◇ 1° rouler avec les doigts, tordre 2° mèche, corde, etc. [Etym] 扌 446 (rad: 064b 3-08), 念 204 [Graph] 332f 233a 631a 321c.

拎 līng -2350 扌亼マ | 拎 *2352 | 1° to lift, to dangle a thing 2° to hold, to carry ◇ 1° soulever, pendre 2° prendre par la main, transporter [Etym] 扌 446 (rad: 064b 3-05), 令 208 [Graph] 332f 233a 632b.

抢 qiāng -2351 扌亼巳 | 搶 *2356 | (hultian1 - di4) to knock one's head on earth ◇ (hultian1 - di4) heurter la terre du front [Etym] 扌 446 (rad: 064b 3-04), 仓 210 [Graph] 332f 233a 733a.

△ qiǎng | 搶 *2356 | 1° to rob, to take by force, to ravish 2° to grab 3° to vie for 4° to rush 5° to scrape 6° to sharpen ◇ 1° ravir, prendre de force 2° accaparer 3° rivaliser, butter pour obtenir l'avantage 4° se hâter 5° écorcher 6° aiguiser.

抢救 qiǎng jiù ∘ to rescue; to give emergency treatment ◇ se précipiter au secours, secours d'urgence ✱ 2315.

抢先 qiǎng xiān ∘ to anticipate; to forestall ◇ se disputer la priorité ✱ 5239.

抢白 qiǎng bái ∘ to rebuke or satirize somebody. to his face ◇ blâmer quelqu'un en face ✱ 9973.

拎 līng *2352 扌亼一卩 | 拎 -2350 | 1° to lift, to dangle a thing 2° to hold, to carry ◇ 1° soulever, pendre 2° prendre par la main, transporter [Etym] 扌 446 (rad: 064b 3-05), 令 211 [Graph] 332f 233a ac:a 734a.

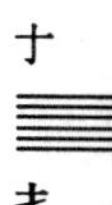

揄 yú +2353 扌亼一月刂 | 1° to draw out, to extol 2° to raise ◇ 1° tirer, extraire 2° élever [Etym] 扌 446 (rad: 064b 3-09), 俞 213 [Graph] 332f 233a ac:a 856e 333b.

掄 lūn *2354 扌亼一冊 | 抡 -2345 | to brandish, to waste, to wave ◇ brandir, gaspiller [Etym] 扌 446 (rad: 064b 3-08), 侖 215 [Graph] 332f 233a ac:a 856j.

△ lún | 抡 -2345 | 1° to select 2° to sort ◇ 1° choisir 2° classer.

擒 qín +2355 扌亼离 | to seize, to clutch, to capture ◇ saisir, capturer, arrêter (quelqu'un) [Etym] 扌 446 (rad: 064b 3-12), 禽 216 [Graph] 332f 233a 911c 859e.

搶 qiāng *2356 扌亼户口 | 抢 -2351 | (hultian1 - di4) to knock one's head on earth ◇ (hultian1 - di4) heurter la terre du front [Etym] 扌 446 (rad: 064b 3-10), 倉 217 [Graph] 332f 233a 931h 011a.

△ qiǎng | 抢 -2351 | 1° to rob, to take by force, to ravish 2° to grab 3° to vie for 4° to rush 5° to scrape 6° to sharpen ◇ 1° ravir, prendre de force 2° accaparer 3° rivaliser, butter pour obtenir l'avantage 4° se hâter 5° écorcher 6° aiguiser.

拾 shí +2357 扌亼口 | 1° to pick up, to collect, to gather 2° to put in order 3° to pass 4° ten (bank notes, cheques) ◇ 1° ramasser, recueillir 2° ranger 3° passer 4° dix (en grande écriture) [Etym] 扌 446 (rad: 064b 3-06), 合 222 [Graph] 332f 233a 012a.

撿 jiǎn *2358 扌亼口人口人 | 捡 -2344 | to collect, to gather ◇ recueillir, ramasser [Etym] 扌 446 (rad: 064b 3-13), 僉 223 [Graph] 332f 233a 012a 232a 011a 232a.

揜 yǎn *2359 扌亼口廾 | 掩 +2368 | 1° to cover, to conceal 2° to shut 3° to attack by surprise ◇ 1° couvrir, cacher, dissimuler 2° clore 3° attaquer par surprise [Etym] 扌 446 (rad: 064b 3-09), 弇 226 [Graph] 332f 233a 012a 416e.

捨 shě *2360 扌亼舌 | 舍 +1502 | 1° to give up 2° to part with, to renounce 3° to give alms ◇ 1° abandonner, quitter, laisser 2° se passer de, sacrifier 3° faire l'aumône [Etym] 扌 446 (rad: 064b 3-08), 舍 231 [Graph] 332f 233a 013h.

拔 bá (448) 扌犮又 | [Tra] to pull up; eradicate ◇ tirer; extraire [Etym] hand (1= 扌 446); phon, to curb a dog (2,3= 犮 251) ◇ main (1= 扌 446); phon, chien en laisse (2,3= 犮 251) [Graph] 332f 241b 633a [Hanzi] ba2 拔 2361, ba2 茇 3613.

拔 bá -2361 扌犮又 | 拔 *2374 | 1° to pull up 2° to draw, to suck out 3° to choose, to select 4° to lift, to raise 5° to surpass 6° to capture, to size ◇ 1° tirer 2° extraire, arracher 3° choisir 4° élever 5° surpasser 6° capturer, saisir [Etym] 扌 446 (rad: 064b 3-05), 犮 251 [Graph] 332f 241b 633a.

拔除 bá chú ∘ to put out, to remove ◇ extirper, arracher * 6715.

搓 cuō +2362 扌差工 | 1° to rub 2° to scrub 3° to fiddle about 4° to torment ◇ 1° frotter 2° froisser 3° tripoter 4° tourmenter [Etym] 扌 446 (rad: 064b 3-09), 差 253 [Graph] 332f 241c 431a.

挾 jiā *2363 扌大人人 | See ◇ Voir 夹 1631 [Etym] 扌 446 (rad: 064b 3-07), 夾 259 [Graph] 332f 242a 232a 232a.

△ xié | 挟 *2380 | 1° to hold under the arm 2° to coerce, to force 3° to harbor (feeling) ◇ 1° tenir sous le bras 2° contraindre, soumettre 3° abriter, nourrir (un sentiment).

掎 jǐ +2364 扌大可口 | to pin down, to tie up, to contain ◇ immobiliser, coincer, attacher [Etym] 扌 446 (rad: 064b 3-08), 奇 261 [Graph] 332f 242a 331c 011a.

捺 nà +2365 扌大示 | 1° to press down, to restrain 2° to master 3° right-falling stroke (in Chinese characters) ◇ 1° presser, comprimer 2° contrôler, maîtriser 3° trait descendant vers la droite [Etym] 扌 446 (rad: 064b 3-08), 奈 262 [Graph] 332f 242a 331l.

撦 chě *2366 扌大尹曰 | 扯 +2456 | 1° to drag 2° to pull apart 3° to tear ◇ 1° tirer 2° tirailler 3° déchirer [Etym] 扌 446 (rad: 064b 3-11), 奢 267 [Graph] 332f 242a 432c 021a.

挞 tà -2367 扌大辶 | 撻 *2441 | 1° to whip, to flog 2° to chastise ◇ 1° frapper, fustiger, fouetter 2° châtier [Etym] 扌 446 (rad: 064b 3-06), 达 273 [Graph] 332f 242a 634o.

掩 yǎn +2368 扌大电 | 揜 *2359 | 1° to cover, to conceal 2° to shut 3° to attack by surprise ◇ 1° couvrir, cacher, dissimuler 2° clore 3° attaquer par surprise [Etym] 扌 446 (rad: 064b 3-08), 奄 276 [Graph] 332f 242a 043c.

掩护 yǎn hù ∘ to shield, to cover ◇ couvrir (armée), protéger * 2651.

掩盖 yǎn gài ∘ to cover, to conceal ◇ couvrir, dissimuler * 5225.

挎 kuà +2369 扌大亏 | to carry on the arm, to carry over one's shoulder or on one's side ◇ porter au bras, porter en bandoulière [Etym] 扌 446 (rad: 064b 3-06), 夸 277 [Graph] 332f 242a Z21c.

掭 tiàn +2370 扌天小 | to dip the writing-brush, to smooth out a writing brush on the ink slab ◇ tremper le pinceau [Etym] 扌 446 (rad: 064b 3-08), 忝 279 [Graph] 332f 242b 331n.

掷 zhī -2371 扌关阝 | 擲 *2718 | to throw, to cast ◇ jeter, lancer [Etym] 扌 446 (rad: 064b 3-08), 郑 281 [Graph] 332f 242c 634j.

△ zhì | 擲 *2718 | 1° to throw, to cast 2° to jump 3° to reject ◇ 1° lancer, jeter 2° sauter, sautiller 3° rejeter.

挢 jiǎo -2372 扌天丿| | 撟 *2373 | 1° to lift up the hand 2° to grasp 3° to bend ◇ 1° lever la main 2° saisir 3° courber [Etym] 扌 446 (rad: 064b 3-06), 乔 290 [Graph] 332f 242e 416a.

撟 jiǎo *2373 扌夭口冂口 | 挢 -2372 | 1° to lift up the hand 2° to grasp 3° to bend ◇ 1° lever la main 2° saisir 3° courber [Etym] 扌 446 (rad: 064b 3-12), 喬 291 [Graph] 332f 242e 011a 856k 011a.

犮 bá (449) 扌犮 | [Tra] to pull up; to eradicate ◇ tirer, extraire [Etym] ◇ [Graph] 332f 242j [Hanzi] ba2 菝 3614.

拔 bá *2374 扌犮 | 拔 -2361 | 1° to pull up 2° to draw, to suck out 3° to choose, to select 4° to lift, to raise 5° to surpass 6° to capture, to size ◇ 1° tirer 2° extraire, arracher 3° choisir 4° élever 5° surpasser 6° capturer, saisir [Etym] 扌 446 (rad: 064b 3-05), 犮 298 [Graph] 332f 242j.

撩 liāo +2375 扌尞日小 | 1° to hold up, to raise (curtain) 2° to sprinkle (with one's hand) ◇ 1° soulever, relever 2° asperger (de l'eau) [Etym] 扌 446 (rad: 064b 3-12), 尞 300 [Graph] 332f 242l 021a 331j.

△ liáo | 1° to grasp 2° to tease 3° to provoke ◇ 1° saisir 2° exciter, taquiner 3° provoquer.

扶 fú +2376 扌夫 | to uphold, to assist, to protect, to support with the hand ◇ soutenir, secourir, appuyer [Etym] 扌 446 (rad: 064b 3-04), 夫 301 [Graph] 332f 242m.

扶助 fú zhù ∘ to help, to assist; to support ◇ soutenir, assister, appuyer * 8545.

撵 niǎn -2377 扌夫夫车 | 攆 *2378 | 1° to expel 2° to dismiss 3° to catch up ◇ 1° chasser, expulser 2° démettre 3° poursuivre, attraper [Etym] 扌 446 (rad: 064b 3-12), 辇 303 [Graph] 332f 242m 242m 614d.

攆 niǎn *2378 扌夫夫車 | 撵 -2377 | 1° to expel 2° to dismiss 3° to catch up ◇ 1° chasser, expulser 2° démettre 3° poursuivre, attraper [Etym] 扌 446 (rad: 064b 3-15), 輦 305 [Graph] 332f 242m 242m 042g.

捲 juǎn *2379 扌关巳 | 卷 +1627 | 1° to roll up, roll, spool 2° to sweep off ◇ 1° enrouler, rouleau, bobine 2° balayer [Etym] 扌 446 (rad: 064b 3-08), 卷 312 [Graph] 332f 242p 733a.

挟 jiā *2380 扌夹 | See ◇ Voir 夹 1631 [Etym] 扌 446 (rad: 064b 3-06), 夹 313 [Graph] 332f 242q.

△ xié | 挾 *2363 | 1° to hold under the arm 2° to coerce, to force 3° to harbor (feeling) ◇ 1° tenir sous le bras 2° contraindre, soumettre 3° abriter, nourrir (un sentiment).

揍 zòu +2381 扌𡗗天 | 1° to beat, to hit, to strike 2° to break ◇ 1° battre, frapper, atteindre 2° casser, briser [Etym] 扌 446 (rad: 064b 3-09), 奏 315 [Graph] 332f 242r 242b.

捧 pěng +2382 扌𡗗丰 | 1° to hold up in both hands, to offer 2° measure-word: handful 3° to boost, to flatter, to extol ◇ 1° tenir, présenter des deux mains 2° spécificatif: poignée 3° vanter, favoriser [Etym] 扌 446 (rad: 064b 3-08), 奉 317 [Graph] 332f 242r 414a.

捧场 pěng chǎng ∘ to flatter; to boost ◇flatter; faire campagne pour ∗ 4884.

撒 sà +2383 扌乂木几又 | to slap ◇ frapper avec le revers de la main [Etym] 扌 446 (rad: 064b 3-10), 殺 328 [Graph] 332f 243a 422a Z33a 633a.

抆 wěn +2384 扌文 | to rub, to wipe ◇ frotter, essuyer [Etym] 扌 446 (rad: 064b 3-04), 文 332 [Graph] 332f 243b.

挤 jǐ -2385 扌文川 | 擠 *2410 | 1° to squeeze, to crowd, to jostle, to press 2° to upset ◇ 1° pousser, se presser en foule, piler, broyer, opprimer 2° renverser [Etym] 扌 446 (rad: 064b 3-06), 齐 334 [Graph] 332f 243b 416a.

批 pī +2386 扌匕匕 | 1° to slap 2° to criticize 3° to write comments 4° wholesale 5° measure-word: batch, lot, group 6° to decide officially ◇ 1° frapper avec la main 2° critiquer 3° donner son avis 4° en gros 5° spécificatif: groupe, lot 6° donner une réponse officielle à un inférieur [Etym] 扌 446 (rad: 064b 3-04), 比 362 [Graph] 332f 311d 321b.

批准 pī zhǔn ∘ to approve, to ratify ◇ approuver, ratifier; autoriser, décider (officiel) ∗ 27.

批评 pī píng ∘ to criticize ◇ critiquer; critique ∗ 1722.

批判 pī pàn ∘ to criticize, to judge, to sentence ◇ critiquer, juger, rendre une sentence ∗ 3478.

批发 pī fā ∘ wholesale ◇ vente en gros ∗ 6813.

揩 kāi +2387 扌匕匕白 | to wipe ◇ essuyer, frotter [Etym] 扌 446 (rad: 064b 3-09), 皆 365 [Graph] 332f 311d 321b 022c.

揿 qìn -2388 扌钅欠 | 搇 *2348 、撳 *2347 | to press (with finger) ◇ appuyer sur [Etym] 扌 446 (rad: 064b 3-09), 钦 368 [Graph] 332f 311f 232b.

攘 rǎng +2389 扌亠口口井 | 1° to reject, to resist 2° to expel 3° to seize, to grab 4° to embroil 5° to push up one's sleeves ◇ 1° rejeter 2° chasser 3° prendre de force, voler 4° troubler 5° retrousser ses manches [Etym] 扌 446 (rad: 064b 3-17), 襄 376 [Graph] 332f 312j 011a 011a 436g.

拟 nǐ -2390 扌以 | 擬 *2393 | 1° to draw up, draft 2° to plan 3° to copy, to imitate 4° similar, to compare ◇ 1° dresser (plan), rédiger 2° se proposer de, avoir l'intention de, considérer 3° imiter 4° ressembler, comparer [Etym] 扌 446 (rad: 064b 3-04), 以 384 [Graph] 332f 313b.

扎 zā (450) 扌乚 | [Tra] to bind up; tie; frame ◇ tresser; agencer [Etym] hand (1= 扌 446); phon (2= 乚 386, 乙 2507) ◇ main (1= 扌 446); phon (2= 乚 386, 乙 2507) [Graph] 332f 321a [Hanzi] za1 zha1 zha2 扎 2391, za1 zha1 紮 2392.

扎 zā +2391 扌乚 | 紮 *2392 、紥 *4137 | 1° to bind up, to tie together 2° frame ◇ 1° lier, relier 2° agencer [Etym] 扌 446 (rad: 064b 3-01), 乚 385 [Graph] 332f 321a.

△ zhā | 劄 1°2° *744 、紮 3° *2392 、紥 *4137 | 1° to prick 2° to get into 3° to be stationed 4° large ◇ 1° piquer, percer 2° enfoncer, jeter dans 3° être cantonné 4° étendu.

△ zhá | to pitch (tent) ◇ dresser (tente).

紮 zā *2392 扌乚糸 | 扎 +2391 、紥 *4137 | 1° to bind up, to tie together 2° frame ◇ 1° lier, relier 2° agencer [Etym] 糸 1185 (rad: 120a 6-04), 扎 450 [Graph] 332f 321a 613d.

△ zhā | See ◇ Voir 扎 2391.

擬 nǐ *2393 扌匕矢マ疋 | 拟 -2390 | 1° to draw up, draft 2° to plan 3° to copy, to imitate 4° similar, to compare ◇ 1° dresser (plan), rédiger 2° se proposer de, avoir l'intention de, considérer 3° imiter 4° ressembler, comparer [Etym] 扌 446 (rad: 064b 3-14), 疑 390 [Graph] 332f 321b 242d 632a 434g.

指 zhī +2394 扌匕日 | [Etym] 扌 446 (rad: 064b 3-06), 旨 393 [Graph] 332f 321b 021a.

指甲 zhī jiǎ ∘ nail ◇ ongle ∗ 10450.

△ zhí | 1° finger 2° toe ◇ 1° doigt 2° orteil.

指头 zhí tóu ∘ finger ◇ doigt, orteil ∗ 1598.

△ zhǐ | 1° finger 2° digit 3° to point at, to indicate 4° to refer to, to designate 5° to depend on 6° to give orders 7° to hope ◇ 1° doigt 2° doigt (unité de mesure) 3° montrer du doigt, indiquer 4° désigner, se référer à 5° compter sur 6° donner des directives, des ordres, indiquer sa volonté 7° espérer.

指针 zhǐ zhēn ∘ indicator, pointer, needle; guide ◇ indicatrice, aiguille; guide ∗ 1941.

指示 zhǐ shì ∘ to point out, to indicate; directive ◇ directive, instructions; signaler, indiquer ∗ 2247.

指挥 zhǐ huī ∘ to command, to direct, to run ◇ conduire, guider, commander ∗ 2591.

指使 zhǐ shǐ ∘ to incite, to put somebody up to something ◇ inciter, instiguer, faire faire ∗ 3061.

指教 zhǐ jiào ∘ to give information, advice ◇ renseigner, conseiller ∗ 5050.

指责 zhǐ zé ∘ to criticize, to censure ◇ critiquer, réprimander ∗ 5272.

指正 zhǐ zhèng ∘ to point out mistakes ◇ signaler les fautes, corriger ∗ 5316.

指出 zhǐ chū ∘ to show, to point ◇ montrer, indiquer, marquer ∗ 7657.

指定 zhǐ dìng ∘ to assign, to appoint ◇ désigner, déterminer ∗ 7734.

指南 zhǐ nán ∘ guide, guidebook ◇ guide, manuel ∗ 8357.

指导 zhǐ dǎo ∘ to lead, to instruct ◇ conduire, instruire, diriger, guider, conseiller ∗ 8728.

攧 diān *2395 扌匕目只頁 | 攧 -2639 、擷 *2640 | to fall, to drop, to fall down ◇ tomber à terre [Etym] 扌 446 (rad: 064b 3-19), 顛 395 [Graph] 332f 321b 023a 711b 023f.

托 tuō +2396 扌毛 |託 3°4° *9493| 1° to hold with the hand or palm 2° to support 3° to excuse oneself, to feign 4° to trust, to rely on ◇ 1° soutenir sur la paume de la main 2° support 3° s'excuser, prétexter 4° faire confiance [Etym] 扌 446 (rad: 064b 3-03), 乇 402 [Graph] 332f 321f.

托儿所 tuō ér suǒ ∘ nursery; daycare ◇ crèche, garderie d'enfants * 2194 8705.

托付 tuō fù ∘ to entrust ◇ confier, charger * 2846.

托运 tuō yùn ∘ to consign a shipment ◇ expédier (colis, bagages) * 5919.

撬 qiào +2397 扌毛毛毛 |to force up by leverage, to press open ◇ forcer (ouverture), soulever avec un levier [Etym] 扌 446 (rad: 064b 3-12), 毳 404 [Graph] 332f 321g 321g 321g.

挑 tiāo +2398 扌兆 |1° to choose, to select 2° to carry on the shoulder, load 3° measure-word (load carried on a shoulder pole: buckets of water, etc.) ◇ 1° choisir, trier, extraire 2° porter sur l'épaule 3° spécificatif (charge sur l'épaule: seau d'eau, etc.) [Etym] 扌 446 (rad: 064b 3-06), 兆 411 [Graph] 332f 322g.

挑选 tiāo xuǎn ∘ to choose ◇ choisir, sélectionner; opter * 5246.

挑剔 tiāo tī ∘ to be difficult; to nit-pick ◇ se montrer difficile; chercher des poux * 9922.

△ tiǎo |1° to raise 2° to poke (a fire) 3° to stir up ◇ 1° lever 2° tisonner (le feu) 3° provoquer, instiguer.

挑拨 tiǎo bō ∘ to sow discord; to incite ◇ semer la discorde, faire des ragots * 2525.

挑起 tiǎo qǐ ∘ to provoke, to stir up ◇ provoquer, susciter * 4858.

挑衅 tiǎo xìn ∘ to provoke ◇ provoquer, exciter; provocation * 8557.

挑战 tiǎo zhàn ∘ to stir up, to challenge ◇ instiguer, défier, provoquer * 9801.

> 抛 pāo (451) 扌尢力 |[Tra] to throw, to reject ◇ jeter, abandonner [Etym] {?} hand (1= 扌 446), strength (3= 力 1489); defect (2= 尢 412) ◇ {?} main (1= 扌 446), force (3= 力 1489); défaut (2= 尢 412) [Graph] 332f 323a 732f [Hanzi] pao1 拋 2399, pao1 抛 2728.

抛 pāo -2399 扌尢力 |拋 *2728| 1° to throw, to fling 2° to reject, to cast off ◇ 1° jeter, lancer 2° abandonner, retrancher [Etym] 扌 446 (rad: 064b 3-05), 抛 451 [Graph] 332f 323a 732f.

抛锚 pāo máo ∘ to break down (of vehicle); to cast anchor ◇ avoir une panne, être en panne; jeter l'ancre * 1955.

抛弃 pāo qì ∘ to abandon, to cast aside ◇ abandonner, laisser de côté * 5923.

抚 fǔ +2400 扌无 |撫 *2478| 1° to comfort 2° to nurture 3° to caress, to pat 4° to stroke ◇ 1° consoler 2° élever 3° caresser, tapoter 4° frapper [Etym] 扌 446 (rad: 064b 3-04), 无 414 [Graph] 332f 323b.

抚爱 fǔ ài ∘ to caress, to fondle ◇ caresser, cajoler, câliner * 712.

抚养 fǔ yǎng ∘ to raise, to bring up, to provide for ◇ élever, nourrir * 1619.

抚摩 fǔ mó ∘ to stroke; to pat ◇ caresser; frotter légèrement * 6899.

扰 rǎo -2401 扌尤 |擾 *2643| 1° to trouble, to disturb 2° to tame animals 3° obedient, mild ◇ 1° troubler, déranger, molester 2° apprivoiser (animaux) 3° docile, doux [Etym] 扌 446 (rad: 064b 3-04), 尤 415 [Graph] 332f 323c.

扰乱 rǎo luàn ∘ to disturb, to create confusion ◇ déranger, perturber * 9823.

拢 lǒng -2402 扌龙 |攏 *2323| 1° to approach, to reach 2° to sum up 3° to hold together, to collect, to grasp 4° comb 5° relations ◇ 1° aborder, arriver à 2° faire l'addition 3° réunir, réunion, saisir 4° peigne, démêloir 5° relations [Etym] 扌 446 (rad: 064b 3-05), 龙 417 [Graph] 332f 323d.

拢岸 lǒng àn ∘ to draw alongside a shore ◇ accoster; s'approcher du bord * 7557.

> 打 dá (452) 扌丁 |[Tra] strike; to beat ◇ frapper; battre [Etym] hand (1= 扌 446); carpenter nail (2= 丁 420) ◇ main (1= 扌 446); clou (2= 丁 420) [Graph] 332f 331b [Hanzi] da2 da3 打 2403, da1 町 8915.

打 dá +2403 扌丁 |dozen ◇ douzaine [Etym] 扌 446 (rad: 064b 3-02), 丁 420 [Graph] 332f 331b.

△ dǎ |1° to strike, to beat 2° to break, to smash 3° to fight, to attack 4° to build 5° doing in general 6° to mix, to stir 7° from, since ◇ 1° frapper 2° casser, écraser 3° combattre, attaquer 4° construire 5° verbe exprimant l'action en général 6° mélanger, battre 7° depuis, à parti.

打筭 dǎ suàn ∘ to plan, to calculate, to mean to ◇ compter, calculer, avoir l'intention de * 796.

打算 dǎ suàn ∘ to plan, to decide ◇ décider, projeter; penser * 895.

打火机 dǎ huǒ jī ∘ lighter ◇ briquet * 924 4478.

打烊 dǎ yàng ∘ 1° stores closing up at night; 2° closed (business) ◇ fermer la porte du magasin * 966.

打针 dǎ zhēn ∘ injection ◇ faire une piqûre * 1941.

打扮 dǎ bàn ∘ to make up, to disguise ◇ se maquiller, se parer; faire sa toilette; se vêtir * 2557.

打扫 dǎ sǎo ∘ to sweep; to clean ◇ balayer; nettoyer * 2575.

打搅 dǎ jiǎo ∘ excuse my disturbing you ◇ je vous ai dérangé; déranger * 2613.

打仗 dǎ zhàng ∘ to fight, to battle ◇ se battre, faire la guerre * 2827.

打倒 dǎ dǎo ∘ to beat, to throw down ◇ abattre, renverser; à bas ...! * 2927.

打开 dǎ kāi ∘ to open ◇ ouvrir; débloquer * 4045.

打枪 dǎ qiāng ◦ to shoot (gun, firearm) ◇ tirer un coup de fusil ✱ 4107.

打断 dǎ duàn ◦ to break; to interrupt; to cut short ◇ fracturer, casser; interrompre, couper court ✱ 4628.

打球 dǎ qiú ◦ to play ball ◇ jouer au ballon (à la balle) ✱ 5094.

打主意 dǎ zhǔ yì ◦ to make up one's mind; to think of a plan ◇ se décider; commencer par ✱ 5212 667.

打靶 dǎ bǎ ◦ to have target practice ◇ tirer à la cible; exercices de tir ✱ 5391.

打猎 dǎ liè ◦ to go hunting ◇ chasser, aller à la chasse ✱ 5629.

打架 dǎ jià ◦ to fight ◇ combattre, se battre ✱ 7265.

打击 dǎ jī ◦ to strike, to hit ◇ frapper, heurter; décourager; attaquer ✱ 7647.

打字 dǎ zì ◦ to type ◇ dactylographier, taper à la machine ✱ 7763.

打字机 dǎ zì jī ◦ typewriter ◇ machine à écrire ✱ 7763 4478.

打败 dǎ bài ◦ to vanquish, to defeat, to beat (rival) ◇ vaincre; défaite, abattre, renverser ✱ 7959.

打闪 dǎ shǎn ◦ it is lightening ◇ faire des éclairs ✱ 8000.

打雷 dǎ léi ◦ to thunder ◇ tonner, tonnerre ✱ 8463.

打听 dǎ tīng ◦ to get information ◇ s'informer; se renseigner ✱ 9066.

打破 dǎ pò ◦ to break, to destroy ◇ casser, briser ✱ 9727.

打量 dǎ liàng ◦ to stare at, to look at somebody up and down ◇ dévisager ✱ 9964.

打更 dǎ gēng ◦ to sound night watches ◇ sonner les veilles de nuit ✱ 10731.

打电话 dǎ diàn huà ◦ to make a telephone call; to call somebody ◇ téléphoner ✱ 10734 1821.

打电报 dǎ diàn bào ◦ to send a telegram ◇ télégraphier ✱ 10734 2563.

打气 dǎ qì ◦ to inflate; to boost the morale; to encourage ◇ gonfler; remonter le moral de quelqu'un, encourager ✱ 11170.

抄 chāo +2404 扌少 | 1° to copy out, to transcribe 2° to plagiarize 3° to search, to confiscate, to seize 4° to fold (arms) ◇ 1° copier, noter 2° plagier 3° ravir, saisir, perquisition 4° croiser (bras) [Etym] 扌 446 (rad: 064b 3-04), 少 427 [Graph] 332f 331k.

抄袭 chāo xí ◦ to plagiarize ◇ plagier ✱ 2225.

抄写 chāo xiě ◦ to note, to copy ◇ noter, copier ✱ 7686.

揝 xǐng *2405 扌少目 | 擤 +2696 | to blow one's nose with the fingers ◇ se moucher [Etym] 扌 446 (rad: 064b 3-09), 省 430 [Graph] 332f 331k 023a.

挝 wō -2406 扌寸辶 | 撾 *2644 | 1° to beat, to strike 2° Laos ◇ 1° battre 2° Laos [Etym] 扌 446 (rad: 064b 3-06), 过 442 [Graph] 332f 332b 634o.

△ zhuā | 撾 *2644 | to beat, to strike, to knock ◇ battre, frapper.

捄 jiù *2407 扌求 | 救 +2315 | 1° to rescue, to save from 2° to help, to relieve 3° to keep from, to cease ◇ 1° sauver, délivrer de 2° aider, secourir 3° empêcher, faire cesser (feu) [Etym] 扌 446 (rad: 064b 3-07), 求 445 [Graph] 332f 332e.

拊 fǔ +2408 扌亻寸 | 1° to pat, to slap, to soothe 2° to clap ◇ 1° tapoter, caresser, choyer 2° battre (des mains) [Etym] 扌 446 (rad: 064b 3-05), 付 489 [Graph] 332f 411e 332b.

掖 yē +2409 扌亠亻夂 | to tuck in, to thrust in between ◇ serrer, fourrer dans [Etym] 扌 446 (rad: 064b 3-08), 夜 511 [Graph] 332f ac:c 411e 633f.

△ yè | 1° to support by the arm 2° to help 3° to uphold ◇ 1° soutenir au bras 2° aider 3° soulever.

擠 jǐ *2410 扌亠刀氏刂二 | 挤 -2385 | 1° to squeeze, to crowd, to jostle, to press 2° to upset ◇ 1° pousser, se presser en foule, piler, broyer, opprimer 2° renverser [Etym] 扌 446 (rad: 064b 3-14), 齊 539 [Graph] 332f 411i 732a 312b 416b 111b.

揹 bēi *2411 扌丬匕月 | 背 +3201 | 1° back, behind, rear, rebellion 2° to turn the back on, to carry 3° to recite 4° secret 5° deaf ◇ 1° dos, tourner le dos, rébellion, apostasie 2° porter sur le dos 3° réciter 4° en cachette, dissimuler 5° surdité [Etym] 扌 446 (rad: 064b 3-09), 背 546 [Graph] 332f 412b 321b 856e.

扑 pū +2412 扌卜 | 撲 *2458 | 1° to pounce on 2° to attack, to strike 3° to flutter 4° to bend over ◇ 1° fustiger 2° se jeter sur, se précipiter contre, frapper 3° voltiger 4° se pencher [Etym] 扌 446 (rad: 064b 3-02), 卜 548 [Graph] 332f 412c.

扑通 pū tōng ◦ sound of water: plop! flop! splash ◇ bruit d'eau : floc! ✱ 6488.

抃 biàn +2413 扌卞 | to applause ◇ frapper des mains, applaudir [Etym] 扌 446 (rad: 064b 3-04), 卞 550 [Graph] 332f 412e.

拃 zhǎ +2414 扌乍 | 1° span 2° measure-word (wide) ◇ 1° empan, mesurer par la main 2° spécificatif (largeur) [Etym] 扌 446 (rad: 064b 3-05), 乍 551 [Graph] 332f 412f.

扞 hàn *2415 扌干 | 捍 +2683 | to ward off, to defend, to guard ◇ défendre, protéger, résister à [Etym] 扌 446 (rad: 064b 3-03), 干 564 [Graph] 332f 413b.

扦 qiān +2416 扌千 | 1° metal or bamboo spike 2° to graft into ◇ 1° aiguille de métal ou de bambou 2° greffer, insérer [Etym] 扌 446 (rad: 064b 3-03), 千 571 [Graph] 332f 413f.

插 chā +2417 扌千臼 | 1° to insert, to stick in, bolt 2° to meddle with ◇ 1° insérer, enfoncer, ficher, fiche, verrou 2° s'immiscer dans [Etym] 扌 446 (rad: 064b 3-09), 臿 574 [Graph] 332f 413f 835d.

插销 chā xiāo ◦ plug ◇ prise de courant ✱ 2067.

插手 chā shǒu ◦ to interfere; to meddle in; to take part ◇ intervenir dans, se mêler de; participer à ✱ 2748.

扌

插秧 chā yāng。to stick in (rice seedlings) ◇ repiquer (le riz) * 4565.

插曲 chā qǔ。interlude; songs in a film or play ◇ intermède (musical); interlude * 10829.

插图 chā tú。illustration; plate ◇ illustration (d'un texte) * 10957.

抖 dǒu +2418 扌斗 | 1° to tremble, to shake off 2° to rouse ◇ 1° secouer, trembler 2° stimuler [Etym] 扌 446 (rad: 064b 3-04), 斗 575 [Graph] 332f 413g.

抖擞 dǒu sǒu。1° to shake, to tremble; 2° to rouse ◇ 1° agiter, secouer, trembler; 2° exciter * 2436.

抖动 dǒu dòng。to shake, to tremble ◇ secouer; trembler; grelotter * 5920.

抨 pēng +2419 扌平 | [Etym] 扌 446 (rad: 064b 3-05), 平 577 [Graph] 332f 413j.

抨击 pēng jī。1° to attack; 2° to accuse ◇ 1° critiquer; 2° accuser * 7647.

拌 bàn +2420 扌半 | 1° to mix 2° to throw away ◇ 1° mélanger 2° jeter [Etym] 扌 446 (rad: 064b 3-05), 半 591 [Graph] 332f 414f.

揳 xiē +2421 扌丰刀大 | to drive (a nail, a peg) ◇ planter (un clou) [Etym] 扌 446 (rad: 064b 3-09), 契 596 [Graph] 332f 414g 732a 242a.

揽 lǎn -2422 扌刂𠂉见 | 攬 *2662、擥 *8807 | 1° to take into one's arms 2° to take on, to grasp, to clutch 3° to monopolize 4° to tender for ◇ 1° prendre dans ses bras 2° accaparer, saisir, recueillir 3° monopoliser 4° soumissionner, attirer [Etym] 扌 446 (rad: 064b 3-09), 览 606 [Graph] 332f 415a 231a 854c.

排 pái +2423 扌非 | 1° to arrange in order, to dispose 2° row, line 3° to rehearse 4° raft 5° to exclude, to discharge 6° to push 7° pie ◇ 1° arranger, disposer, mettre en ordre, ranger 2° ordre, rang, section 3° répéter (théâtre) 4° radeau 5° expulser, rejeter 6° ouvrir en poussant 7° tarte [Etym] 扌 446 (rad: 064b 3-08), 非 611 [Graph] 332f 415b.

排长 pái zhǎng。sergeant ◇ sergent, chef de section * 2139.

排球 pái qiú。volley-ball ◇ volley-ball, ballon de volley-ball * 5094.

排练 pái liàn。to rehearse ◇ répéter (au théâtre, etc.) * 6004.

排列 pái liè。to classify, to put in order ◇ classer, mettre en ordre * 6419.

排队 pái duì。to line up, to queue up; to arrange ◇ faire la queue, se mettre en rang, se ranger * 6711.

排除 pái chú。to level; to get rid of, to remove ◇ aplanir; débarrasser; enlever * 6715.

排印 pái yìn。typesetting and printing ◇ typographie et impression * 7375.

排骨 pái gǔ。spareribs ◇ côtelette * 8574.

排奡 pái ào。vigorous (of writing style) ◇ vigoureux (pour style d'écriture) * 10169.

△ pǎi |

排子车 pǎi zǐ chē。large handcart ◇ voiture à bras * 6546 6327.

搽 chá +2424 扌艹人木 | to anoint, to smear, to paint ◇ oindre, farder, enduire [Etym] 扌 446 (rad: 064b 3-09), 茶 618 [Graph] 332f 415c 233a 422a.

搭 dā +2425 扌艹人口 | 1° to put up, to build 2° to lean against, to put over, to pile up 3° to join 4° to add to 5° to lift (something) 6° to take (ship, plane) ◇ 1° dresser 2° combiner, s'adjoindre 3° réunir 4° ajouter, agencer 5° lever (quelque chose) 6° prendre (bâteau, avion) [Etym] 扌 446 (rad: 064b 3-09), 荅 620 [Graph] 332f 415c 233a 012a.

搭配 dā pèi。to pair; to apportion, to distribute ◇ répartir, distribuer; assortir * 10919.

捞 lāo -2426 扌艹冖力 | 撈 *2341 | 1° to fish up, to drag out of water, to dredge up 2° to gain ◇ 1° tirer hors de l'eau, repêcher 2° obtenir [Etym] 扌 446 (rad: 064b 3-07), 劳 662 [Graph] 332f 415c 851a 732f.

摸 mō +2427 扌艹日大 | 1° to touch, to feel, to feel for, to sound out 2° to get, to succeed ◇ 1° palper, toucher (avec la main), tâter 2° obtenir, réussir [Etym] 扌 446 (rad: 064b 3-10), 莫 679 [Graph] 332f 415c 021a 242a.

△ mó | 1° indecision 2° ambiguity ◇ 1° indécision 2° ambiguïté.

擖 kā +2428 扌艹日勹人匕 | to scrape ◇ gratter, racler [Etym] 扌 446 (rad: 064b 3-12), 葛 681 [Graph] 332f 415c 021a 852h 232a 711a.

描 miáo +2429 扌艹田 | 1° to trace, to sketch, to delineate, to draw 2° to depict 3° to copy 4° to retouch ◇ 1° tracer, esquisser, dessiner 2° décrire 3° copier 4° retoucher [Etym] 扌 446 (rad: 064b 3-08), 苗 687 [Graph] 332f 415c 041a.

描写 miáo xiě。to describe, to portray ◇ décrire, dépeindre * 7686.

拼 pīn +2430 扌并 | 1° to put together 2° to go all out in work ◇ 1° unir, joindre, combiner 2° risquer [Etym] 扌 446 (rad: 064b 3-06), 并 708 [Graph] 332f 416i.

拼音 pīn yīn。phonetic transcription ◇ transcription phonétique (pinyin) * 665.

拼命 pīn mìng。to go all out in work, to risk one's life ◇ prendre des risques, grande résolution; à force * 1494.

拼盘 pīn pán。hors-d'oeuvres ◇ hors-d'oeuvre * 8318.

抓 zhuā +2431 扌爪 | 1° to grab, to seize 2° to scratch, to tear 3° to arrest, to catch 4° to stress, to insist on 5° to take charge of ◇ 1° empoigner, saisir 2° griffer, gratter, chatouiller, déchirer 3° arrêter, prendre (bandit) 4° insister sur 5° prendre la charge de [Etym] 扌 446 (rad: 064b 3-04), 爪 714 [Graph] 332f 417c.

抓住 zhuā zhù。to catch, to hold up, to grip, to grab ◇ prendre, saisir, empoigner * 2887.

抓紧 zhuā jǐn。to grasp firmly ◇ prendre en main, sans perdre un instant *

3502.

抔 póu +2432 扌不 | double handful, to hold something with cupped hands ◇ deux mains pleines, tenir quelque chose dans les mains mises en coupe [Etym] 扌 446 (rad: 064b 3-04), 不 718 [Graph] 332f 421a.

揸 zhā +2433 扌木日亠 | 摣 *2539、 叡 *7165 | 1° to pick up something with the fingers, to seize 2° handful 3° to spread (one's fingers) ◇ 1° saisir, empoigner 2° poignée 3° étendre (doigts) [Etym] 扌 446 (rad: 064b 3-09), 查 757 [Graph] 332f 422a 021a ac:z.

揪 jiū +2434 扌禾火 | 1° to grasp, to seize 2° to pull, to drag ◇ 1° saisir, empoigner, tenir 2° tirer [Etym] 扌 446 (rad: 064b 3-09), 秋 761 [Graph] 332f 422d 231b.

搂 lōu -2435 扌米女 | 摟 *2746 | 1° to gather up, to rake 2° to hold up 3° to extort (money) 4° to pull ◇ 1° ramasser, ratisser 2° relever 3° extorquer (de l'argent) 4° attirer, tirer, se donner l'avantage sur quelqu'un [Etym] 扌 446 (rad: 064b 3-09), 娄 785 [Graph] 332f 422f 611e.

△ lǒu | 摟 *2746 | to embrace, to hold in one's arms ◇ embrasser, étreindre, attirer à soi.

擞 sǒu -2436 扌米女攵 | 擻 *2747 | See ◇ Voir 抖擞 dou3-sou3 2418-2436 [Etym] 扌 446 (rad: 064b 3-13), 数 786 [Graph] 332f 422f 611e 243c.

△ sòu | 擻 *2747 | to shake, to tremble ◇ agiter, secouer.

播 bō +2437 扌采田 | 1° to sow, to winnow 2° to publish, to cast aside ◇ 1° semer 2° répandre, publier, vanner, rejeter [Etym] 扌 446 (rad: 064b 3-12), 番 797 [Graph] 332f 422g 041a.

播音 bō yīn ∘ to broadcast, broadcasting ◇ diffuser, radiodiffuser ✱ 665.

播送 bō sòng ∘ to broadcast, to send out ◇ radiodiffuser, émettre ✱ 1578.

播种 bō zhǒng ∘ to sow ◇ ensemencer ✱ 4580.

抹 mā +2438 扌末 | 1° to wipe 2° to rub something down 3° to oil 4° to cut the throat of ◇ 1° essuyer 2° effacer 3° oindre, enduire 4° égorger [Etym] 扌 446 (rad: 064b 3-05), 末 802 [Graph] 332f 422j.

△ mǒ | 1° to put on, to apply, to smear 2° to wipe, to erase 3° to cross 4° to cut the throat of ◇ 1° appliquer, oindre, enduire 2° essuyer, effacer 3° traverser 4° égorger.

△ mò | to daub to plaster to bypass ◇ oindre, enduire contourner.

扛 gāng +2439 扌工 | 捫 *2628、 撊 *2629 | to lift with both hands ◇ soulever avec les deux mains [Etym] 扌 446 (rad: 064b 3-03), 工 808 [Graph] 332f 431a.

△ káng | to carry on the shoulder, to shoulder ◇ porter sur l'épaule.

持 chí +2440 扌土寸 | to seize in the hand, to hold, to maintain, to govern ◇ tenir en main, posséder, maintenir, maîtriser, gouverner [Etym] 扌 446 (rad: 064b 3-06), 寺 830 [Graph] 332f 432a 332b.

持久 chí jiǔ ∘ protracted, lasting ◇ prolongé, durable; perpétuel ✱ 6498.

撻 tà *2441 扌土羊辶 | 挞 -2367 | 1° to whip, to flog 2° to chastise ◇ 1° frapper, fustiger, fouetter 2° châtier [Etym] 扌 446 (rad: 064b 3-12), 達 839 [Graph] 332f 432a 414b 634o.

挂 guà +2442 扌土土 | 掛 *2443、 罣 *10779 | 1° to hang 2° to hitch 3° to ring off 4° to call up 5° to be concerned about 6° to register 7° numerative ◇ 1° suspendre 2° accrocher 3° raccrocher 4° appeler 5° se préoccuper 6° enregistrer 7° spécificatif [Etym] 扌 446 (rad: 064b 3-06), 圭 840 [Graph] 332f 432a 432a.

挂号 guà hào ∘ to register ◇ faire enregistrer, faire inscrire ✱ 9257.

挂号芯 guà hào xìn ∘ registered letter ◇ lettre recommandée ✱ 9257 3603.

挂碍 guà ài ∘ to be concerned ◇ être impliqué ✱ 9771.

掛 guà *2443 扌土土卜 | 挂 +2442、 罣 *10779 | 1° to hang 2° to hitch 3° to ring off 4° to call up 5° to be concerned about 6° to register 7° numerative ◇ 1° suspendre 2° accrocher 3° raccrocher 4° appeler 5° se préoccuper 6° enregistrer 7° spécificatif [Etym] 扌 446 (rad: 064b 3-08), 卦 842 [Graph] 332f 432a 432a 412c.

撓 náo *2444 扌土土土兀 | 挠 -2482 | 1° to scratch 2° to trouble, to hinder, to vex, to ruin 3° to yield ◇ 1° gratter, griffer 2° troubler, agacer 3° fléchir [Etym] 扌 446 (rad: 064b 3-12), 堯 844 [Graph] 332f 432a 432a 432a 322c.

搕 kē +2445 扌土厶皿 | to knock, to bump ◇ frapper, heurter [Etym] 扌 446 (rad: 064b 3-10), 盍 851 [Graph] 332f 432a 612a 922a.

擣 dǎo *2446 扌士㇖工口寸 | 捣 -2725、 擣 *2727 | to pound, to smash ◇ piler, écraser [Etym] 扌 446 (rad: 064b 3-14), 壽 860 [Graph] 332f 432b ac:g 431a 012a 332b.

拮 jié +2447 扌士口 | 1° laboring hard, tenacity 2° hard up, in want of money ◇ 1° travailler avec acharnement, ténacité 2° difficulté, gêne financière [Etym] 扌 446 (rad: 064b 3-06), 吉 876 [Graph] 332f 432b 011a.

擡 tái *2448 扌士口冖厶土 | 抬 +2493 | 1° to lift, to raise 2° to carry (two or more persons) ◇ 1° lever, soulever, hausser 2° porter (à deux ou plusieurs personnes) [Etym] 扌 446 (rad: 064b 3-14), 臺 877 [Graph] 332f 432b 011a 851a 612c 432a.

撷 xié -2449 扌士口页 | 擷 *2450 | to pick up, to gather ◇ cueillir, ramasser [Etym] 扌 446 (rad: 064b 3-12), 颉 878 [Graph] 332f 432b 011a 854d.

擷 xié *2450 扌士口頁 | 撷 -2449 | to pick up, to gather ◇ cueillir, ramasser [Etym] 扌 446 (rad: 064b 3-15), 頡 879 [Graph] 332f 432b 011a 023f.

拷 kǎo +2451 扌耂丂 | 1° to beat 2° to put to the question, to torture ◇ 1° battre, frapper, fustiger 2° torture [Etym] 扌 446 (rad: 064b 3-06), 考 895 [Graph] 332f 432c Z21b.

拷问 kǎo wèn ∘ to interrogate with torture ◇ interrogation avec torture; torturer et interroger ✱ 8035.

拄 zhǔ +2452 扌主 | to lean on, prop ◇ s'appuyer sur, étayer, étai [Etym] 扌 446 (rad: 064b 3-05), 主 914 [Graph] 332f 432f.

挺 tǐng +2453 扌壬廴 | 1° straight, to erect, to stand erect, rigid, still 2° to endure 3° to stick out 4° quite, rather ◇ 1° droit, raide, rigide, se dresser, se raidir 2° supporter, endurer 3° étendre, avancer 4° pas mal, assez [Etym] 扌 446 (rad: 064b 3-06), 廷 931 [Graph] 332f 432k 634n.

挺立 tǐng lì ∘ to stand upright ◇ se tenir tout droit, se dresser ✱ 637.

挺拔 tǐng bá ∘ tall and straight; forceful ◇ haut et droit; énergique ✱ 2361.

攒 cuán -2454 扌先先贝 | 欑 *4227 | 1° shed 2° to collect, to gather ◇ 1° hangar 2° rassembler, cotiser [Etym] 扌 446 (rad: 064b 3-16), 赞 936 [Graph] 332f 432m 432m 854b.

△ zǎn | 儹 *2895 | 1° to hoard 2° to save 3° shed ◇ 1° accumuler, collectionner 2° épargner, économiser 3° hangar.

捶 chuí +2455 扌垂 | 搥 *2657 | to beat, to flog ◇ battre, fustiger [Etym] 扌 446 (rad: 064b 3-08), 垂 953 [Graph] 332f 433d.

扯 chě +2456 扌止 | 撦 *2366 | 1° to drag 2° to pull apart 3° to tear ◇ 1° tirer 2° tirailler 3° déchirer [Etym] 扌 446 (rad: 064b 3-04), 止 954 [Graph] 332f 434a.

掯 kèn +2457 扌止月 | 1° to press hard, to oppress, to force 2° to extort ◇ 1° tourmenter, forcer, opprimer 2° extorquer [Etym] 扌 446 (rad: 064b 3-08), 肯 962 [Graph] 332f 434a 856e.

撲 pū *2458 扌业美 | 扑 +2412 | 1° to pounce on 2° to attack, to strike 3° to flutter 4° to bend over ◇ 1° fustiger 2° se jeter sur, se précipiter contre, frapper 3° voltiger 4° se pencher [Etym] 扌 446 (rad: 064b 3-12), 菐 975 [Graph] 332f 435a 242n.

挜 yà -2459 扌亚 | 掗 *2742 | compulsory giving or selling to someone ◇ donner ou vendre par impulsion [Etym] 扌 446 (rad: 064b 3-06), 亚 983 [Graph] 332f 435b.

搢 jìn -2460 扌亚日 | 搢 *2495 | 1° to stick into, to insert 2° bureaucrat ◇ 1° piquer, fourrer dans 2° mandarin [Etym] 扌 446 (rad: 064b 3-10), 晋 984 [Graph] 332f 435b 021a.

掽 pèng *2461 扌並 | 碰 +9691 | 1° to bump, to collide with, to run into 2° to take a chance ◇ 1° heurter, cogner, rencontrer par hasard 2° risquer [Etym] 扌 446 (rad: 064b 3-08), 並 985 [Graph] 332f 435c.

攤 tān *2462 扌廿臾隹 | 摊 -2513 | 1° to open and spread out 2° to share, to contribute 3° vendor's stall, booth, stand 4° measure-words (puddle, pool) 5° to fry in thin layer (pancake, eggs) ◇ 1° distribuer, étendre 2° se cotiser 3° étalage, étaler 4° spécificatif (liquides stagnants: flaque, mare, étang) 5° faire cuire en couche mince (crêpe, oeufs) [Etym] 扌 446 (rad: 064b 3-19), 難 996 [Graph] 332f 436a 032a 436m.

撒 sā +2463 扌龷月攵 | 1° to cast 2° to let oneself go ◇ 1° émettre 2° lâcher, laisser aller [Etym] 扌 446 (rad: 064b 3-12), 散 1000 [Graph] 332f 436b 856e 243c.

撒谎 sā huǎng ∘ to lie ◇ mentir, mensonge ✱ 1726.

撒开 sā kāi ∘ to scatter ◇ disperser ✱ 4045.

撒娇 sā jiāo ∘ to act like a spoilt child ◇ se conduire en enfant gâté, minauder ✱ 5736.

撒尿 sā niào ∘ to pee, to pass water ◇ uriner, pisser ✱ 8612.

△ sǎ | 1° to scatter, to spread 2° to spill, to loose ◇ 1° éparpiller, répandre, semer 2° gaspiller, perdre.

措 cuò +2464 扌龷日 | 1° to arrange 2° to handle ◇ 1° arranger, disposer 2° manipuler, user de [Etym] 扌 446 (rad: 064b 3-08), 昔 1001 [Graph] 332f 436b 021a.

措施 cuò shī ∘ measure, step ◇ mesures, arrangement, disposition ✱ 7946.

拱 gǒng +2465 扌共 | 1° to bow with the hands before the breast 2° to surround 3° arch, vault 4° to sprout up ◇ 1° joindre les deux mains pour saluer 2° entourer 3° arche, voûte 4° fouiner, fouiller [Etym] 扌 446 (rad: 064b 3-06), 共 1006 [Graph] 332f 436e.

拱券 gǒng xuàn ∘ arch ◇ voûte, arc ✱ 1626.

拱坝 gǒng bà ∘ arch dam ◇ barrage en voûtes ✱ 4918.

> 拑 qián (453) 扌甘 | [Tra] tongs; to grip ◇ pinces; baillonner [Etym] hand (1= 扌 446); phon (2= 甘 1009) ◇ main (1= 扌 446); phon (2= 甘 1009) [Graph] 332f 436f [Hanzi] qian2 箝 758, qian2 拑 2466.

拑 qián *2466 扌甘 | See ◇ Voir 钳 1985 [Etym] 扌 446 (rad: 064b 3-05), 甘 1009 [Graph] 332f 436f.

搆 gòu *2467 扌冓冉 | 构 +4358 、構 *4237 | 1° to construct, to compose 2° to fabricate, to reach up to 3° to bind 4° literary composition ◇ 1° construire, composer 2° fabriquer 3° joindre, nouer, relier, unir 4° composition littéraire [Etym] 扌 446 (rad: 064b 3-10), 冓 1012 [Graph] 332f 436g 858c.

撕 sī +2468 扌其斤 | to tear, to rend ◇ 1° déchirer 2° lacérer [Etym] 扌 446 (rad: 064b 3-12), 斯 1014 [Graph] 332f 436i 722c.

撕毁 sī huǐ ∘ to tear up ◇ déchirer, lacérer ✱ 7438.

攝 shè *2469 扌耳耳耳 | 摄 -2470 | 1° to absorb 2° to take a photograph of 3° to conserve (health) 4° to act for 5° to help ◇ 1° absorber, assimiler, saisir 2° photographier 3° conserver (santé) 4° suppléer (quelqu'un) 5° aider, assister, soigner [Etym] 扌 446 (rad: 064b 3-18), 聶 1022 [Graph] 332f 436k 436k 436k.

摄 shè -2470 扌耳又又 | 攝 *2469 | 1° to absorb 2° to take a photograph of 3° to conserve (health) 4° to act for 5° to help ◇ 1° absorber, assimiler, saisir 2° photographier 3° conserver (santé) 4° suppléer (quelqu'un) 5° aider, assister, soigner [Etym] 扌 446 (rad: 064b 3-10), 聂 1026

[Graph] 332f 436k 633a 633a.

摄制 shè zhì ∘ to produce a film ◇ tourner (un film) ∗ 8497.

摄影 shè yǐng ∘ to take a photograph; to shoot a film ◇ photographier, filmer ∗ 9948.

摄影机 shè yǐng jī ∘ camera ◇ caméra ∗ 9948 4478.

揶 yé +2471 扌耳阝 | 1° to ridicule 2° to gesticulate, to posture ◇ 1° railler 2° gesticuler [Etym] 扌 446 (rad: 064b 3-08), 耶 1027 [Graph] 332f 436k 634j.

撖 hàn +2472 扌耳攵 | surname ◇ nom de famille [Etym] 扌 446 (rad: 064b 3-11), 敢 1029 [Graph] 332f 436l 243c.

推 tuī (454) 扌隹 | [Tra] to push; to decline ◇ pousser; s'excuser [Etym] hand (1= 扌 446); phon, bird (2= 隹 1030) ◇ main (1= 扌 446); phon, oiseau (2= 隹 1030) [Graph] 332f 436m [Ref] h522, k1185, ph252, w48d, wa109, wi756, wi855 [Hanzi] tui1 推 2473, tui4 搉 2474.

推 tuī +2473 扌隹 | 1° to push, to shove 2° to grind 3° to cut (hair) 4° to promote 5° to infer 6° to shift, to decline 7° to postpone 8° to choose 9° to praise ◇ 1° pousser, frayer, agiter en divers sens 2° tourner une meule, moudre 3° couper (cheveu) 4° promouvoir 5° raisonner, déduire 6° repousser, s'excuser 7° retarder 8° choisir [Etym] 扌 446 (rad: 064b 3-08), 隹 1030 [Graph] 332f 436m.

推测 tuī cè ∘ to guess, to conjecture ◇ supposer, conjecturer, deviner ∗ 440.

推让 tuī ràng ∘ to decline (position, favor) ◇ décliner, céder (par modestie, courtoisie) ∗ 1737.

推销 tuī xiāo ∘ to peddle; to promote sales ◇ écouler (marchandise); activer la vente de ∗ 2067.

推托 tuī tuō ∘ to offer as an excuse ◇ prétexter, s'excuser ∗ 2396.

推行 tuī xíng ∘ to carry out, to practice ◇ appliquer, généraliser, mettre en oeuvre ∗ 3128.

推荐 tuī jiàn ∘ to recommend ◇ recommander ∗ 3593.

推翻 tuī fān ∘ to turn over ◇ renverser, rejeter, annuler ∗ 4659.

推却 tuī què ∘ to decline, to refuse ◇ décliner, refuser, repousser ∗ 4875.

推选 tuī xuǎn ∘ to elect, to choose ◇ élire, choisir ∗ 5246.

推卸 tuī xiè ∘ to shirk , to avoid responsibility ◇ éluder, se dérober ∗ 5322.

推动 tuī dòng ∘ to push, to get moving, to stir ◇ pousser, remuer, mettre en mouvement, stimuler ∗ 5920.

推广 tuī guǎng ∘ to spread out, to promote ◇ diffuser, répandre, populariser, généraliser ∗ 6876.

推迟 tuī chí ∘ to postpone, to put off ◇ ajourner, retarder, remettre, reporter ∗ 8672.

推敲 tuī qiāo ∘ to deliberate; to weigh one's words ◇ soigner le style; peser ses mots ∗ 9466.

推辞 tuī cí ∘ to decline, to refuse ◇ refuser, récuser, décliner (offre) ∗ 9825.

搉 tuì *2474 扌隹火 | 煺 +1035 、焞 *1037 | to scald (of a pig, chicken) in order to remove hairs or feathers ◇ échauder [Etym] 火 156 (rad: 086a 4-11), 推 454 [Graph] 332f 436m 231b.

擭 sǒng *2475 扌隹隹又 | 扨 -2514 | 1° to stand straight 2° to push ◇ 1° droit, se dresser 2° pousser [Etym] 扌 446 (rad: 064b 3-18), 雙 1035 [Graph] 332f 436m 436m 633a.

携 xié -2476 扌隹乃 | 攜 *2586 、擕 *2477 | 1° to carry off, to take along 2° to lead by the hand ◇ 1° porter ou mener avec soi 2° tenir par la main [Etym] 扌 446 (rad: 064b 3-10), 隽 1038 [Graph] 332f 436m 634l.

携带 xié dài ∘ to carry ◇ porter sur soi, emporter ∗ 4039.

擕 xié *2477 扌隹冂 | 携 -2476 、攜 *2586 | 1° to carry off, to take along 2° to lead by the hand ◇ 1° porter ou mener avec soi 2° tenir par la main [Etym] 扌 446 (rad: 064b 3-12), 雋 1041 [Graph] 332f 436m Z51a.

撫 fǔ *2478 扌無灬 | 抚 +2400 | 1° to comfort 2° to nurture 3° to caress, to pat 4° to stroke ◇ 1° consoler 2° élever 3° caresser, tapoter 4° frapper [Etym] 扌 446 (rad: 064b 3-12), 無 1043 [Graph] 332f 436n 222d.

拭 shì +2479 扌弋工 | to wipe, to dust ◇ essuyer, nettoyer [Etym] 扌 446 (rad: 064b 3-06), 式 1048 [Graph] 332f 511a 431a.

抵 zhǐ +2480 扌氏 | 1° to gesticulate, to slap 2° to clap ◇ 1° remuer, gesticuler 2° frapper [Etym] 扌 446 (rad: 064b 3-04), 氏 1052 [Graph] 332f 511c.

抵 dǐ +2481 扌氐 | 牴2° *3460 、觝 *8364 | 1° to support, to sustain 2° to oppose, to resist 3° to compensate for 4° mortgage 5° to be equivalent 6° to reach ◇ 1° supporter 2° contrebalancer, résister 3° compenser 4° hypothèque 5° équivaloir, en somme 6° arriver à, atteindre [Etym] 扌 446 (rad: 064b 3-05), 氐 1055 [Graph] 332f 511d.

抵达 dǐ dá ∘ to arrive, to come ◇ arriver ∗ 1558.

抵抗 dǐ kàng ∘ to oppose ◇ résister; s'opposer à ∗ 2739.

抵制 dǐ zhì ∘ to boycott; to thwart; to oppose ◇ boycotter; contrecarrer ∗ 8497.

抵赖 dǐ lài ∘ to repudiate; to deny ◇ refuser de reconnaître; désavouer ∗ 10383.

挠 náo -2482 扌戈兀 | 撓 *2444 | 1° to scratch 2° to trouble, to hinder, to vex, to ruin 3° to yield ◇ 1° gratter, griffer 2° troubler, agacer 3° fléchir [Etym] 扌 446 (rad: 064b 3-06), 尧 1056 [Graph] 332f 512a 322c.

找 zhǎo +2483 扌戈 | 1° to look for, to seek 2° to approach 3° to exchange, to give change 4° to make up ◇ 1° chercher, rechercher, s'efforcer d'obtenir 2° aller trouver 3° changer 4°

compenser [Etym] 扌 446 (rad: 064b 3-04), 戈 1057 [Graph] 332f 512b.

找钱 zhǎo qián。to give change ◇ rendre la monnaie ✱ 1995.

撼 hàn +2484 扌戊日心 | 1° to shake 2° to excite ◇ 1° agiter, secouer 2° exciter à [Etym] 扌 446 (rad: 064b 3-13), 感 1079 [Graph] 332f 512m 012a 321c.

掾 yuàn +2485 扌彖 | 掾 *2486 | public officials in ancient China ◇ mandarins dans l'ancien temps [Etym] 扌 446 (rad: 064b 3-09), 彖 1107 [Graph] 332f 522f.

掾 yuàn *2486 扌彖 | 掾 +2485 | public officials in ancient China ◇ mandarins dans l'ancien temps [Etym] 扌 446 (rad: 064b 3-09), 彖 1109 [Graph] 332f 522g.

拶 zā +2487 扌巛夕 | to compel, to force ◇ forcer [Etym] 扌 446 (rad: 064b 3-06), 𢀖 1113 [Graph] 332f 611c 631b.

△ zǎn | to squeeze hard the fingers (form of torture) ◇ comprimer les doigts après y avoir intercalé des bâtonnets (forme de torture).

㧱 nǔ *2488 扌女又 | See ◇ Voir 驽 5789 [Etym] 扌 446 (rad: 064b 3-05), 奴 1125 [Graph] 332f 611e 633a.

掺 chān -2489 扌厶大彡 | 摻 *2492 | to mix, to blend ◇ mélanger [Etym] 扌 446 (rad: 064b 3-08), 参 1133 [Graph] 332f 612a 242a 211c.

挨 āi +2490 扌厶矢 | 1° near, to be next to 2° in sequence, one by one ◇ 1° proche, contigu 2° un par un, distributif [Etym] 扌 446 (rad: 064b 3-07), 矣 1135 [Graph] 332f 612a 242d.

挨次 āi cì。one by one, in sequence ◇ successivement, l'un après l'autre ✱ 6.

挨个儿 āi gè ér。one by one, in turn ◇ dans l'ordre, l'un après l'autre ✱ 1092 2194.

挨近 āi jìn。to get close to ◇ s'approcher de ✱ 7205.

△ ái | 捱 +2527 | 1° to suffer, to endure 2° to drag out (miserable life) 3° to delay, to stall ◇ 1° souffrir, pâtir 2° traîner (vie misérable) 3° différer, délai.

挨饿 ái è。to be starving ◇ souffrir de la faim ✱ 1855.

挨打 ái dǎ。to take a beating, to endure a thrashing ◇ être frappé, battu ✱ 2403.

挨骂 ái mà。to endure abuse, growl, snarl ◇ être injurié, insulté, grondé ✱ 9196.

拚 pàn +2491 扌厶廾 | 1° to risk 2° to disregard 3° to throw away ◇ 1° risquer 2° s'exposer 3° gâcher [Etym] 扌 446 (rad: 064b 3-05), 弁 1137 [Graph] 332f 612a 416e.

△ pīn | 1° to join together, to link up 2° to risk, to disregard ◇ 1° unir, joindre 2° risquer, s'exposer.

摻 chān *2492 扌厶厶厶𠆢彡 | 掺 -2489 | to mix, to blend ◇ mélanger [Etym] 扌 446 (rad: 064b 3-11), 參 1138 [Graph] 332f 612a 612a 612a 233a 211c.

抬 tái +2493 扌厶口 | 擡 *2448 | 1° to lift, to raise 2° to carry (two or more persons) ◇ 1° lever, soulever, hausser 2° porter (à deux ou plusieurs personnes) [Etym] 扌 446 (rad: 064b 3-05), 台 1143 [Graph] 332f 612a 011a.

抬举 tái jǔ。to favor, to praise somebody. ◇ avoir de la considération pour, apprécier, estimer ✱ 684.

抬头 tái tóu。to raise one's head; to rise ◇ lever la tête, redresser l'échine ✱ 1598.

抬价 tái jià。to raise prices ◇ hausser les prix ✱ 2788.

捯 dáo +2494 扌云土刂 | 1° to pull in rapidly with both hands (rope, cable) 2° to trace the cause ◇ 1° tirer (la corde, le câble) avec les deux mains 2° établir la cause [Etym] 扌 446 (rad: 064b 3-08), 到 1150 [Graph] 332f 612c 432a 333b.

搢 jìn *2495 扌云厶亠日 | 搢 -2460 | 1° to stick into, to insert 2° bureaucrat ◇ 1° piquer, fourrer dans 2° mandarin [Etym] 扌 446 (rad: 064b 3-10), 晋 1151 [Graph] 332f 612c 612a ac:z 021a.

撤 chè +2496 扌云月攵 | 1° to remove, to take away, to withdraw 2° to do without ◇ 1° enlever, ôter, retirer, retrancher 2° se passer de [Etym] 扌 446 (rad: 064b 3-12), 㪚 1158 [Graph] 332f 612e 856e 243c.

撤职 chè zhí。to dismiss somebody; to remove somebody from offic ◇ destituer quelqu'un; faire démissionner quelqu'un ✱ 5475.

撤兵 chè bīng。to withdraw troops ◇ retirer des troupes ✱ 7215.

撤军 chè jūn。to withdraw troops ◇ retirer des troupes ✱ 7675.

撤退 chè tuì。to withdraw; to evacuate; to pull out ◇ se retirer de; évacuer; battre en retraite ✱ 8720.

抝 ǎo *2497 扌幺刁 | 拗 +2498 | 1° to bend and to break 2° mulish, stubborn ◇ 1° briser 2° obstination, entêtement [Etym] 扌 446 (rad: 064b 3-04), 幻 1182 [Graph] 332f 613c 731a.

△ ào | 拗 +2498 | 1° to bend and to break 2° mulish, stubborn ◇ 1° briser 2° obstination, entêtement.

△ niù | 拗 +2498 | 1° mulish, stubborn 2° difficult ◇ 1° obstination, entêtement 2° difficile.

拗 ǎo +2498 扌幺力 | 抝 *2497 | 1° to bend and to break 2° mulish, stubborn ◇ 1° briser 2° obstination, entêtement [Etym] 扌 446 (rad: 064b 3-05), 幼 1183 [Graph] 332f 613c 732f.

△ ào | 抝 *2497 | 1° to bend and to break 2° mulish, stubborn ◇ 1° briser 2° obstination, entêtement.

△ niù | 抝 *2497 | 1° mulish, stubborn 2° difficult ◇ 1° obstination, entêtement 2° difficile.

擁 yōng *2499 扌亠乡隹 | 拥 -2627 | 1° to hold in the arms, to embrace, to hug 2° to surround 3° crowd 4° to support 5° to press 6° to possess ◇ 1° serrer dans ses bras, embrasser 2° entourer 3° foule serrée, suivre en foule 4° accorder son appui, soutenir 5° presser 6° posséder [Etym] 扌 446 (rad: 064b 3-13), 雍 1203 [Graph] 332f ac:c 613e 436m.

搐 chù +2500 | 1° to draw 2° to shake 3° spasm ◇ 1° tirer 2° secouer 3° spasmes, contraction [Etym] 扌 446 (rad: 064b 3-10), 畜 1206 [Graph] 332f 613g 041a.
扌玄田

摔 shuāi +2501 | 踤 *9347 | 1° to fall down, to tumble 2° to plunge 3° to break 4° to throw down ◇ 1° choir, tomber 2° plonger 3° casser 4° jeter à terre, lancer [Etym] 扌 446 (rad: 064b 3-11), 率 1207 [Graph] 332f 613h.
扌率

摔交 shuāi jiāo。to fall down; wrestling ◇ tomber, faire une chute; lutte (sport) * 1681.

拣 jiǎn -2502 | 揀 *2700 | 1° to select, to choose 2° to pick up ◇ 1° trier, choisir 2° ramasser [Etym] 扌 446 (rad: 064b 3-05), 东 1212 [Graph] 332f 614c.
扌东

撚 niǎn *2503 | 捻 +2349 | 1° to twist with the fingers 2° something made by twisting ◇ 1° rouler avec les doigts, tordre 2° mèche, corde, etc. [Etym] 扌 446 (rad: 064b 3-12), 然 1242 [Graph] 332f 631e 242i 222d.
扌夕犬灬

捋 luō *2504 | 捋 +2328 | 1° to draw through 2° to rub one's palm along ◇ 1° étirer, retrousser 2° frotter avec les doigts ou les mains [Etym] 扌 446 (rad: 064b 3-07), 寽 1243 [Graph] 332f 631e 332b.
扌夕寸

△ lǔ | 捋 +2328 | to smooth out ◇ étirer.

揆 kuí +2505 | 1° to estimate, to guess, to judge, to consider 2° principle ◇ 1° estimer, considérer, juger, examiner 2° principe, affaire [Etym] 扌 446 (rad: 064b 3-09), 癸 1246 [Graph] 332f 631g 242b.
扌癶天

撥 bō *2506 | 拨 -2525 | 1° to move, to stir 2° to spread, to open out, to send away, to expel, to distribute 3° group ◇ 1° remuer, brasser 2° séparer, ouvrir, dissiper, disposer, distribuer, chasser 3° groupe [Etym] 扌 446 (rad: 064b 3-12), 發 1249 [Graph] 332f 631g Z42a Z33a 633a.
扌癶弓几又

抒 shū +2507 | 1° to express, to convey 2° to take out ◇ 1° exprimer, dissiper 2° puiser [Etym] 扌 446 (rad: 064b 3-04), 予 1252 [Graph] 332f 632a 331f.
扌マ丁

抒情 shū qíng。express one's feelings ◇ exprimer, épancher ses sentiments * 3261.

揉 róu +2508 | 1° to rub (eyes), to knead 2° to twist 3° to bend 4° to rumple ◇ 1° frotter (yeux), pétrir, tripoter 2° courber 3° plier 4° froisser [Etym] 扌 446 (rad: 064b 3-09), 柔 1260 [Graph] 332f 632a 331g 422a.
扌マ丆木

捅 tǒng +2509 | 樋 *2510 | 1° to stab 2° to disclose 3° to strike, to break ◇ 1° poignarder, perforer 2° dévoiler 3° heurter, briser [Etym] 扌 446 (rad: 064b 3-07), 甬 1262 [Graph] 332f 632a 856i.
扌マ用

樋 tǒng *2510 | 捅 +2509 | 1° to stab 2° to disclose 3° to strike, to break ◇ 1° poignarder, perforer 2° dévoiler 3° heurter, briser [Etym] 扌 446 (rad: 064b 3-10), 通 1263 [Graph] 332f 632a 856i 634o.
扌マ用辶

抟 tuán -2511 | 摶 *2708 | to roll something into a ball ◇ rouler en boule [Etym] 扌 446 (rad: 064b 3-04), 专 1266 [Graph] 332f 632c.
扌专

择 zé (455) | [Tra] to choose; select ◇ choisir; distinguer [Etym] hand (1= 扌 446); vigilance (2,3= 睪 1273) ◇ main (1= 扌 446); investiguer (2,3= 睪 1273) [Graph] 332f 633a 414a [Ref] w49i [Hanzi] tuo4 籜 759, ze2 zhai2 择 2512, tuo4 蘀 3615.
扌又丰

择 zé -2512 | 擇 *2712 | to choose, to select ◇ choisir, distinguer [Etym] 扌 446 (rad: 064b 3-05), 睪 1273 [Graph] 332f 633a 414a.
扌又丰

△ zhái | 擇 *2712 | to choose, to select ◇ choisir, sélectionner.

摊 tān -2513 | 攤 *2462 | 1° to open and spread out 2° to share, to contribute 3° vendor's stall, booth, stand 4° measure-words (puddle, pool) 5° to fry in thin layer (pancake, eggs) ◇ 1° distribuer, étendre 2° se cotiser 3° étalage, étaler 4° spécificatif (liquides stagnants: flaque, mare, étang) 5° faire cuire en couche mince (crêpe, oeufs) [Etym] 扌 446 (rad: 064b 3-10), 难 1275 [Graph] 332f 633a 436m.
扌又隹

摊子 tān zǐ。vendor's stand, stall ◇ étalage des marchandises dehors * 6546.

摊贩 tān fàn。street vendor ◇ petit marchand extérieur; marchand étalagiste * 7975.

扨 sǒng -2514 | 攫 *2475 | 1° to stand straight 2° to push ◇ 1° droit, se dresser 2° pousser [Etym] 扌 446 (rad: 064b 3-04), 双 1276 [Graph] 332f 633a 633a.
扌又又

搡 sǎng +2515 | to shake, to push over ◇ secouer, ébranler, bousculer [Etym] 扌 446 (rad: 064b 3-10), 桑 1277 [Graph] 332f 633a 633a 633a 422a.
扌又又又木

掇 duō +2516 | 1° to pick up 2° to gather 3° to pluck ◇ 1° recueillir 2° arranger, ramasser 3° arracher, maltraiter [Etym] 扌 446 (rad: 064b 3-08), 叕 1278 [Graph] 332f 633a 633a 633a 633a.
扌又又又又

扠 chā *2517 | See ◇ Voir 蹅 9406 [Etym] 扌 446 (rad: 064b 3-03), 叉 1281 [Graph] 332f 633b.
扌叉

搔 sāo +2518 | to scratch ◇ gratter [Etym] 扌 446 (rad: 064b 3-09), 蚤 1282 [Graph] 332f 633b 031d.
扌叉虫

技 jì +2519 | dexterous, skillful, ability ◇ talent, adresse, habileté, technique, dextérité [Etym] 扌 446 (rad: 064b 3-04), 支 1284 [Graph] 332f 633d.
扌支

技师 jì shī。technician (high level) ◇ technicien supérieur * 2752.

技艺 jì yì。skill, artistry ◇ habileté, dextérité, arts mécaniques * 4026.

技术 jì shù。technics, technology ◇ technique, technologie * 4595.

技术员 jì shù yuán。technician ◇ technicien * 4595 9127.

技工 jì gōng。skilled labor ◇ ouvrier qualifié * 4698.

技巧 jì qiǎo。dexterity, skill, ability ◇ talent, adresse, technique, habileté, art * 4712.

十 扌

挌 gé *2520 扌夂口 | See ◇ Voir 閣 8774 [Etym] 扌 446 (rad: 064b 3-06), 各 1295 [Graph] 332f 633e 011a.

拯 zhěng +2521 扌丞 | 1° to rescue, to help 2° to raise ◇ 1° sauver de, secourir 2° soulever [Etym] 扌 446 (rad: 064b 3-06), 丞 1301 [Graph] 332f 634c ac:z.

拯救 zhěng jiù 。 to save, to rescue ◇ sauver, secourir * 2315.

扬 yáng -2522 扌昜 | 揚 *2689 、 敭 *9931 、 颺 *11232 2° | 1° to raise 2° to winnow 3° to spread, to make known ◇ 1° élever, exalter 2° vanner 3° étendre, propager [Etym] 扌 446 (rad: 064b 3-03), 昜 1338 [Graph] 332f 634k.

扔 rēng +2523 扌乃 | 1° to throw, to toss 2° to throw away ◇ 1° jeter, lancer 2° rejeter [Etym] 扌 446 (rad: 064b 3-02), 乃 1340 [Graph] 332f 634l.

扔掉 rēng diào 。 to throw away, to reject ◇ jeter, rejeter, abandonner * 2692.

抴 yè *2524 扌世 | 曳 +10735 、 拽 +2709 | to drag after one, to haul, to trail ◇ tirer, traîner [Etym] 扌 446 (rad: 064b 3-05), 世 1348 [Graph] 332f 711d.

拨 bō -2525 扌癶又 | 撥 *2506 | 1° to move, to stir 2° to spread, to open out, to send away, to expel, to distribute 3° group ◇ 1° remuer, brasser 2° séparer, ouvrir, dissiper, disposer, distribuer, chasser 3° groupe [Etym] 扌 446 (rad: 064b 3-05), 发 1352 [Graph] 332f 712a 633a.

拨动 bō dòng 。 to dispel the clouds, to clarify ◇ dissiper les illusions, clarifier * 5920.

振 zhèn +2526 扌厂辰 | 1° to shake, to flap 2° to stir up 3° to move ◇ 1° secouer, ébranler 2° stimuler, remonter 3° bouger [Etym] 扌 446 (rad: 064b 3-07), 辰 1356 [Graph] 332f 721a 312f.

振拔 zhèn bá 。 to remove hindrance and enter action ◇ redoubler d'action * 2361.

振动 zhèn dòng 。 vibration ◇ osciller, balancer, vibrer * 5920.

捱 ái +2527 扌厂土土 | 挨 +2490 | ◇ [Etym] 扌 446 (rad: 064b 3-08), 厓 1364 [Graph] 332f 721a 432a 432a.

扼 è +2528 扌厂㔾 | 搤 *2337 | to grasp, to seize, to hold, to control ◇ saisir, empoigner, tenir, occuper, défendre [Etym] 扌 446 (rad: 064b 3-04), 厄 1367 [Graph] 332f 721a 733a.

扼要 è yào 。 concise, brief ◇ concis, succinct * 10824.

撅 juē -2529 扌厂屰欠 | 噘 *9055 1° | 1° to pout (one's lips) 2° to stick up 3° to break ◇ 1° pincer les lèvres, faire la moue 2° relever (vers le haut) 3° briser, rompre [Etym] 扌 446 (rad: 064b 3-12), 厥 1368 [Graph] 332f 721a 842d 232b.

扩 kuò -2530 扌广 | 擴 *2532 | to stretch, to expand, to enlarge ◇ agrandir, étendre, développer, déployer [Etym] 扌 446 (rad: 064b 3-03), 广 1375 [Graph] 332f 721b.

扩大 kuò dà 。 to enlarge, extend, enlarge ◇ augmenter, amplifier, accroître, étendre * 1537.

扩充 kuò chōng 。 to expand, to enlarge ◇ amplifier, agrandir, étendre, accroître * 5926.

摭 zhí +2531 扌广廿灬 | to gather, to collect ◇ ramasser, réunir [Etym] 扌 446 (rad: 064b 3-11), 庶 1390 [Graph] 332f 721b 436a 222d.

擴 kuò *2532 扌广廿黄 | 扩 -2530 | to stretch, to expand, to enlarge ◇ agrandir, étendre, développer, déployer [Etym] 扌 446 (rad: 064b 3-15), 廣 1393 [Graph] 332f 721b 436a 042e.

搪 táng +2533 扌广肀口 | 1° to ward off, to guard against 2° to evade 3° to spread over, to daub 4° to offend ◇ 1° se défendre contre, parer 2° esquiver, éviter 3° enduire (peinture) 4° choquer [Etym] 扌 446 (rad: 064b 3-10), 唐 1405 [Graph] 332f 721b 833c 011a.

掂 diān +2534 扌广占 | to weigh in the hand, to jolt up and down ◇ soupeser, estimer [Etym] 扌 446 (rad: 064b 3-08), 店 1410 [Graph] 332f 721b 013e.

擔 dān *2535 扌产仌言 | 担 +2681 | 1° to carry on a shoulder pole 2° to undertake ◇ 1° porter sur l'épaule 2° se charger de [Etym] 扌 446 (rad: 064b 3-13), 詹 1421 [Graph] 332f 721e ac:h 012d.

△ dàn | 担 +2681 | 1° unit of weight, fifty kilograms 2° load of goods carried on a shoulder pole ◇ 1° mesure de poids, cent livres 2° charge portée sur l'épaule.

摅 shū -2536 扌虍七心 | 攄 *2540 | to make known, to vent ◇ s'exprimer, exposer son opinion [Etym] 扌 446 (rad: 064b 3-10), 虑 1430 [Graph] 332f 721g 321e 321c.

據 jù *2537 扌虍七豕 | 据 +2650 | 1° to seize 2° to rely on 3° according to 4° evidence 5° to gather ◇ 1° prendre 2° s'appuyer sur 3° selon 4° preuve 5° amasser [Etym] 扌 446 (rad: 064b 3-13), 豦 1434 [Graph] 332f 721g 321e 522a.

掳 lǔ -2538 扌虍七力 | 擄 *2541 | 1° to capture prisoners, prisoners 2° slave ◇ 1° capturer, s'emparer de, prisonnier 2° esclave [Etym] 扌 446 (rad: 064b 3-08), 虏 1437 [Graph] 332f 721g 321e 732f.

摣 zhā *2539 扌虍七且 | 揸 +2433 、 䶥 *7165 | 1° to pick up something with the fingers, to seize 2° handful 3° to spread (one's fingers) ◇ 1° saisir, empoigner 2° poignée 3° étendre (doigts) [Etym] 扌 446 (rad: 064b 3-11), 虘 1439 [Graph] 332f 721g 321e 921a.

攄 shū *2540 扌虍七田心 | 摅 -2536 | to make known, to vent ◇ s'exprimer, exposer son opinion [Etym] 扌 446 (rad: 064b 3-15), 慮 1446 [Graph] 332f 721g 321e 041a 321c.

擄 lǔ *2541 扌虍七田力 | 掳 -2538 | 1° to capture prisoners, prisoners 2° slave ◇ 1° capturer, s'emparer de, prisonnier 2° esclave [Etym] 扌 446 (rad: 064b 3-13), 虜 1447 [Graph] 332f 721g 321e 041a 732f.

披 pī +2542 扌广又 | 1° to drape over one's shoulders, to wrap around 2° to open, to spread out, to throw on 3° to crack ◇ 1° porter sur soi en draperie, revêtir 2° ouvrir, étendre 3° défaire, craquer [Etym] 扌 446 (rad: 064b 3-05), 皮 1452 [Graph] 332f 721h 633a.

扳 bān (456) 扌厂又 | [Tra] to grasp ◇ attirer; saisir [Etym] hand (1= 扌 446); phon, inversion (2,3= 反 1454) ◇ main (1= 扌 446); phon, retourner (2,3= 反 1454) [Graph] 332f 722a 633a [Ref] w164b [Hanzi] ban1 扳 2543, pan4 鋬 2544.

扳 bān +2543 扌厂又 | 1° to pull, to turn 2° to grasp ◇ 1° tirer, retourner 2° saisir, attirer [Etym] 扌 446 (rad: 064b 3-04), 反 1454 [Graph] 332f 722a 633a.

扳子 bān zǐ ∘ spanner, wrench ◇ clé (à molette, etc.) * 6546.

鋬 pàn +2544 扌厂又人亚 | pot-handle ◇ anse, poignée [Etym] 金 196 (rad: 167a 8-07), 扳 456 [Graph] 332f 722a 633a 233a 432q.

搋 chuāi +2545 扌厂广七儿 | to knead ◇ pétrir [Etym] 扌 446 (rad: 064b 3-10), 虒 1455 [Graph] 332f 722a 721g 321e Z33a.

折 zhé, shé (457) 扌斤 | [Tra] briser ◇ casser [Etym] hand (1= 扌 446) holding an ax (2= 斤 1461) ◇ une main (1= 扌 446) tenant une hache (2= 斤 1461) [Graph] 332f 722c [Hanzi] zhe4 浙 145, zhe2 銌 760, she2 zhe1 zhe2 折 2546, shi4 逝 2548, zhe2 哲 2549, xue2 踅 2550, shi4 誓 2551, zhe1 zhe2 蜇 2552, zha1 哳 8916.

折 shé +2546 扌斤 | 1° to break apart, to snap in two 2° to lose money in business ◇ 1° rompre, casser 2° subir une perte [Etym] 扌 446 (rad: 064b 3-04), 折 457 [Graph] 332f 722c.

折断 shé duàn ∘ to break apart, to snap in two ◇ briser, casser en deux * 4628.

△ zhē | 1° to turn over 2° to pour liquid back and forth ◇ 1° renverser 2° transvaser.

△ zhé | 摺 8° *2555 | 1° to break apart, to snap in two 2° to lose 3° to bend 4° to turn back 5° to be convinced 6° to convert into 7° to diminish, to discount 8° to fold 9° to barter 10° turning stroke (Chinese character) ◇ 1° casser, rompre 2° perdre 3° courber 4° retourner 5° décider, estimer 6° convertir en 7° diminuer, rabais 8° plier 9° échanger 10° trait courbe (écriture chinoise).

折扣 zhé kòu ∘ discount ◇ remise, réduction, escompte * 2663.

掀 xiān +2547 扌斤欠 | to lift (a cover), to open, to take the lid off ◇ lever (couvercle), ouvrir [Etym] 扌 446 (rad: 064b 3-08), 欣 1462 [Graph] 332f 722c 232b.

掀起 xiān qǐ ∘ to lift; to start ◇ soulever, déclencher * 4858.

逝 shì +2548 扌斤辶 | 1° to pass 2° to pass away, to die ◇ 1° passer, partir 2° mourir [Etym] 辶 1346 (rad: 162b 3-07), 折 457 [Graph] 332f 722c 634o.

逝世 shì shì ∘ to die, to pass away ◇ trépasser, décéder, mourir * 6808.

哲 zhé +2549 扌斤口 | 1° wise, sage 2° philosophy ◇ 1° sage, sagace, prudent 2° philosophie [Etym] 口 2063 (rad: 030a 3-07), 折 457 [Graph] 332f 722c 011a.

哲学 zhé xué ∘ philosophy ◇ philosophie * 7854.

踅 xué +2550 扌斤足 | to rotate, to turn, to whirl ◇ tourner, retourner [Etym] 足 2117 (rad: 157a 7-07), 折 457 [Graph] 332f 722c 011f.

誓 shì +2551 扌斤言 | 1° to swear, to take an oath 2° contract 3° imprecation, curse ◇ 1° faire serment, jurer 2° contrat 3° imprécations [Etym] 言 2139 (rad: 149a 7-07), 折 457 [Graph] 332f 722c 012d.

誓言 shì yán ∘ oath, pledge ◇ serment, promesse, voeu * 9469.

蜇 zhē +2552 扌斤虫 | to sting ◇ piquer, dard [Etym] 虫 2282 (rad: 142a 6-07), 折 457 [Graph] 332f 722c 031d.

△ zhé | See ◇ Voir 海蜇 hai3-zhe2 631-2552.

拆 cā +2553 扌斥 | to do ◇ faire [Etym] 扌 446 (rad: 064b 3-05), 斥 1464 [Graph] 332f 722d.

拆散 cā sàn ∘ to break up (a family) ◇ séparer (des membres de famille) * 5410.

△ chāi | to break, to destroy ◇ défaire un agencement, découdre, démolir.

拆除 chāi chú ∘ demolish, dismantle; remove ◇ démolir, démanteler; enlever * 6715.

擢 zhuó +2554 扌习习隹 | 1° to pull out, to extract 2° to promote 3° to select 4° to employ 5° distinguished ◇ 1° extraire, arracher 2° promouvoir, dresser 3° choisir 4° employer 5° éminent [Etym] 扌 446 (rad: 064b 3-14), 翟 1474 [Graph] 332f 731c 731c 436m.

摺 zhé *2555 扌习习白 | See ◇ Voir 折 2546 [Etym] 扌 446 (rad: 064b 3-11), 習 1475 [Graph] 332f 731c 731c 022c.

招 zhāo +2556 扌刀口 | 1° to beckon 2° to enlist, to recruit 3° to court, to attrack, to invite 4° to tease 5° to confess 6° to infect 7° trick ◇ 1° appeler de la main 2° recruter 3° attirer, inviter 4° provoquer 5° avouer 6° infecter 7° tour, ruse [Etym] 扌 446 (rad: 064b 3-05), 召 1479 [Graph] 332f 732a 011a.

招手 zhāo shǒu ∘ to wave ◇ agiter la main, faire signe de la main * 2748.

招徕 zhāo lái ∘ to induce to come, to invite, to solicit ◇ appeler, inviter, attirer * 3136.

招待 zhāo dài ∘ to greet, to receive ◇ accueillir, recevoir * 3137.

招待会 zhāo dài huì ∘ reception ◇ réception * 3137 1382.

招待所 zhāo dài suǒ ∘ guest house, hostel ◇ maison d'accueil, centre d'hébergement * 3137 8705.

招生 zhāo shēng ∘ to recruit or enroll (new students) ◇ recruter ou admettre (de nouveaux étudiants) * 5286.

招安 zhāo ān ∘ to offer amnesty to rebels (of feudal rulers) ◇ offrir l'amnistie aux rebelles (seigneur féodal) * 7748.

招呼 zhāo hū ∘ salutation, greeting ◇ salutation, accueillir, appeler * 8913.

招收 zhāo shōu ∘ to recruit, to take in ◇ recruter, embaucher * 10987.

招牌 zhāo pái ∘ notice board, board ◇ enseigne ✱ 11013.

扮 bàn +2557 扌分 | 1° to dress up, to disguise 2° to put on (expressions) ◇ 1° mise, costume, s'attifer, s'habiller 2° se donner des airs, des expressions [Etym] 扌 446 (rad: 064b 3-04), 分 1480 [Graph] 332f 732b.

扮演 bàn yǎn ∘ to make up; to act ◇ se déguiser, se maquiller; jouer un rôle ✱ 424.

挪 nuó +2558 扌丑阝 | to move, to remove, to shift ◇ déplacer, transférer [Etym] 扌 446 (rad: 064b 3-06), 那 1488 [Graph] 332f 732e 634j.

挪动 nuó dòng ∘ to move, to shift ◇ déplacer, bouger, changer de place ✱ 5920.

㧑 huī -2559 扌为 | 撝 *2560、*2331 | to direct, to instruct ◇ diriger [Etym] 扌 446 (rad: 064b 3-04), 为 1496 [Graph] 332f 732h.

撝 huī *2560 扌為 | 㧑 -2559、*2331 | to direct, to instruct ◇ diriger [Etym] 扌 446 (rad: 064b 3-09), 為 1497 [Graph] 332f 732j.

撰 zhuàn +2561 扌巳巳共 | 譔 *9578 | 1° to write, composition 2° note 3° to collect ◇ 1° écrire, composer, composition 2° note 3° arranger, colliger [Etym] 扌 446 (rad: 064b 3-10), 巽 1500 [Graph] 332f 733a 733a 436e.

拖 tuō +2562 扌乇 | 拕 *2594 | 1° to pull, to haul, to draw 2° to procrastinate, delay ◇ 1° tirer 2° traîner, différer [Etym] 扌 446 (rad: 064b 3-05), 乇 1503 [Graph] 332f 733d.

拖拉 tuō lā ∘ slow, sluggish ◇ lambin, traînard, retardataire ✱ 2321.

拖拉机 tuō lā jī ∘ tractor ◇ tracteur ✱ 2321 4478.

拖把 tuō bǎ ∘ mop ◇ balai laveur ✱ 2656.

拖把 tuō bà ∘ mop ◇ balai; vadrouille ✱ 2656.

拖延 tuō yán ∘ to delay, to procrastinate ◇ retarder, remettre à plus tard, traîner ✱ 5327.

拖鞋 tuō xié ∘ slippers ◇ pantoufle ✱ 5371.

报 bào -2563 扌卩又 | 報 *4797 | 1° to report 2° to reply 3° to requite, to recompense 4° newspaper, journal, telegram ◇ 1° annoncer 2° rendre la pareille en bien ou en mal 3° rétribuer 4° journal, périodique, télégramme [Etym] 扌 446 (rad: 064b 3-04), 艮 1505 [Graph] 332f 734b 633a.

报答 bào dá ∘ to repay; to compensate ◇ récompenser; payer de retour ✱ 742.

报仇 bào chóu ∘ to revenge ◇ se venger de, prendre sa revanche ✱ 3093.

报刊 bào kān ∘ newspapers and periodicals ◇ journaux et revues ✱ 3404.

报警 bào jǐng ∘ to report to the police; to give an alarm ◇ avertir la police; déclencher l'alarme ✱ 3873.

报告 bào gào ∘ to report, to answer a request ◇ faire un rapport, rendre compte ✱ 5233.

报纸 bào zhǐ ∘ newspaper ◇ journal ✱ 5990.

报名 bào míng ∘ to register, to sign up ◇ s'inscrire ✱ 6408.

报社 bào shè ∘ newspaper office; news agency ◇ bureau d'un journal; agence de presse ✱ 6575.

报案 bào àn ∘ to report a case to authorities ◇ rapporter un cas aux autorités/s ✱ 7749.

报导 bào dǎo ∘ to report; to inform; a report ◇ rapporter; informer; reportage ✱ 8728.

报复 bào fù ∘ to retaliate; revenge ◇ se venger, représailles ✱ 9972.

报道 bào dào ∘ to report, to inform; information ◇ informer, annoncer; information ✱ 10176.

报酬 bào chóu ∘ payment ◇ rémunération ✱ 10864.

擓 kuǎi *2564 扌匚氵隹 | 㧟 -2320 | 1° to scratch 2° to carry on the arm ◇ 1° gratter 2° porter au bras [Etym] 扌 446 (rad: 064b 3-13), 匯 1513 [Graph] 332f 811c 121b 436m.

抠 kōu -2565 扌匚乂 | 摳 *2566 | 1° to dig out 2° to carve, to cut 3° to delve into 4° stingy ◇ 1° creuser 2° graver 3° étudier à fond 4° avare [Etym] 扌 446 (rad: 064b 3-04), 区 1519 [Graph] 332f 811c 243a.

摳 kōu *2566 扌匚口口口 | 抠 -2565 | 1° to dig out 2° to carve, to cut 3° to delve into 4° stingy ◇ 1° creuser 2° graver 3° étudier à fond 4° avare [Etym] 扌 446 (rad: 064b 3-11), 區 1528 [Graph] 332f 811c 011a 011a 011a.

揠 yà +2567 扌匚日女 | to pull up, to eradicate ◇ extirper, déraciner, cueillir [Etym] 扌 446 (rad: 064b 3-09), 匽 1529 [Graph] 332f 811c 021a 611e.

> 抑 yì (458) 扌𠂆卩 | [Tra] to repress ◇ réprimer [Etym] hands (1= 扌 446) pressing a seal (2= 卬 1531) ◇ une main (1= 扌 446) pressant un sceau (2= 卬 1531) [Graph] 332f 811d 734a [Hanzi] yi4 抑 2568.

抑 yì +2568 扌𠂆卩 | 1° to restrain, to repress 2° or, either 3° initial particle 4° to vex ◇ 1° comprimer, réprimer, abaisser 2° ou bien, de plus 3° particule initiale 4° vexer [Etym] 扌 446 (rad: 064b 3-04), 抑 458 [Graph] 332f 811d 734a.

捂 wǔ +2569 扌五口 | 摀 *2726 | 1° to seal, to cover 2° to oppose, to resist ◇ 1° couvrir, cacher 2° résister, s'opposer [Etym] 扌 446 (rad: 064b 3-07), 吾 1549 [Graph] 332f 822b 011a.

抉 jué +2570 扌夬 | 1° to pick out 2° to dig 3° to draw ◇ 1° arracher 2° creuser 3° extirper [Etym] 扌 446 (rad: 064b 3-04), 夬 1550 [Graph] 332f 822c.

挦 xián -2571 扌彐寸 | 撏 *2576 | 1° to elect 2° to seize 3° to pull out (hair, feathers) ◇ 1° élire 2° saisir 3° arracher (cheveux, poils, plumes) [Etym] 扌 446 (rad: 064b 3-06), 寻 1555 [Graph] 332f 832a 332b.

掃 sǎo *2572 | 扫 -2575 | to sweep, to clear away ◇ balayer, nettoyer [Etym] 扌 446 (rad: 064b 3-08), 帚 1557 [Graph] 332f 832a 851a 858a.
扌ヨ冖巾

△ sào | 扫 -2575 | See ◇ Voir 扫帚 sao4-zhou3 2575-7379.

挡 dǎng -2573 | 擋、攩 *2617、*2616 | to obstruct, to withstand ◇ arrêter, empêcher, résister à [Etym] 扌 446 (rad: 064b 3-06), 当 1558 [Graph] 332f 832b.
扌当

△ dàng | 擋 *2617 | See ◇ Voir 摒挡 bing4-dang4 2645-2573.

扭 niǔ +2574 | 1° to turn round 2° to twist, to wring 3° sprain 4° roll, swing 5° to seize ◇ 1° tourner 2° tordre 3° se fouler (une articulation) 4° rouler les hanches en marchant 5° saisir, empoigner [Etym] 扌 446 (rad: 064b 3-04), 丑 1564 [Graph] 332f 832e.
扌丑

扭转 niǔ zhuǎn。to turn around; to turn back ◇ retourner, revenir * 6351.

扫 sǎo -2575 | 掃 *2572 | to sweep, to clear away ◇ balayer, nettoyer [Etym] 扌 446 (rad: 064b 3-03), ヨ 1565 [Graph] 332f 833a.
扌ヨ

扫兴 sǎo xìng。to feel disappointed ◇ désappointé, déçu * 683.

扫墓 sǎo mù。to sweep a grave; to pay respects to a dead ◇ se recueillir sur la tombe de qqn * 3953.

扫地 sǎo dì。to sweep ◇ balayer; perdre complètement * 4903.

扫除 sǎo chú。to sweep, to clear away; to eliminate ◇ nettoyer, balayer; éliminer, liquider, enlever * 6715.

△ sào | 掃 *2572 |

扫帚 sào zhǒu。broom ◇ balai * 7379.

撏 xián *2576 | 挦 -2571 | 1° to elect 2° to seize 3° to pull out (hair, feathers) ◇ 1° élire 2° saisir 3° arracher (cheveux, poils, plumes) [Etym] 扌 446 (rad: 064b 3-12), 尋 1566 [Graph] 332f 833a 431a 011a 332b.
扌ヨ工口寸

捃 jùn +2577 | 1° to sort, to arrange 2° to pick up ◇ 1° trier, disposer 2° ramasser [Etym] 扌 446 (rad: 064b 3-07), 君 1576 [Graph] 332f 834a 011a.
扌尹口

挣 zhēng -2578 | 掙 *2332 | [Etym] 扌 446 (rad: 064b 3-06), 争 1577 [Graph] 332f 834d.
扌争

挣扎 zhēng zhá。to struggle ◇ faire l'impossible pour, lutter ardemment * 2391.

△ zhèng | 掙 *2332 | 1° to struggle to get free 2° to earn, to make (money) ◇ 1° se débattre, se démener, faire effort 2° gagner par effort (argent).

挣揣 zhèng chuài。to struggle ◇ lutter * 2587.

搛 jiān +2579 | to pick up with chopsticks ◇ saisir avec des baguettes [Etym] 扌 446 (rad: 064b 3-10), 兼 1582 [Graph] 332f 834h.
扌兼

捷 jié -2580 | 1° victory, to succeed 2° prompt, quick 3° alert, active, clever ◇ 1° victoire 2° prompt, rapide, vif 3° alerte, agile [Etym] 扌 446 (rad: 064b 3-08), 疌 1583 [Graph] 332f 834i.
扌疌

捏 niē *2581 | 揑 +2684 | 1° to hold between the fingers, to pinch 2° to knead with the fingers 3° to fabricate 4° to trump up ◇ 1° prendre avec les doigts, pincer 2° pétrir, modeler avec les doigts 3° fabriquer 4° prétendre faussement [Etym] 扌 446 (rad: 064b 3-09), 捏 1590 [Graph] 332f 835b 431a.
扌日工

掐 qiā +2582 | 1° to pinch 2° to pluck, to pick up 3° to throttle 4° to scratch ◇ 1° pincer 2° cueillir 3° égorger 4° égratigner [Etym] 扌 446 (rad: 064b 3-08), 臽 1594 [Graph] 332f 835e.
扌臽

搜 sōu +2583 | 蒐 *3993 | to search, to investigate, to inquire ◇ rechercher, scruter, fouiller, perquisitionner [Etym] 扌 446 (rad: 064b 3-09), 叟 1596 [Graph] 332f 835g 633a.
扌申又

搜捕 sōu bǔ。to track down and arrest ◇ poursuivre et arrêter, effectuer une rafle * 2637.

搜查 sōu chá。to conduct a search ◇ fouiller, perquisitionner, examiner * 4429.

搜集 sōu jí。to look for, to gather together ◇ rechercher, rassembler, recueillir, collectionner * 5492.

攪 jiǎo *2584 | 搅 -2613 | 1° to stir up, to mix 2° to disturb 3° to excite 4° to interrupt ◇ 1° agiter, secouer, mélanger 2° déranger, troubler 3° exciter 4° interrompre [Etym] 扌 446 (rad: 064b 3-20), 覺 1604 [Graph] 332f 835i 243a 243a 023c.
扌𦥑乂乂見

摧 cuī +2585 | to break, to destroy ◇ comprimer, briser, détruire [Etym] 扌 446 (rad: 064b 3-11), 崔 1618 [Graph] 332f 841b 436m.
扌山隹

摧毁 cuī huǐ。to destroy; to ruin ◇ détruire, ruiner; abattre * 7438.

攜 xié *2586 | 携、擕 -2476、*2477 | 1° to carry off, to take along 2° to lead by the hand ◇ 1° porter ou mener avec soi 2° tenir par la main [Etym] 扌 446 (rad: 064b 3-18), 巂 1619 [Graph] 332f 841b 436m 856l 011a.
扌山隹冏口

> **揣** chuǎi (459) | [Tra] to estimate ◇ supputer [Etym] measure with hand (1= 扌 446) a plant's growth (2,3= 耑 1623) ◇ mesurer, main (1= 扌 446), croissance d'une plante (2,3= 耑 1623) [Graph] 332f 841b 857f [Hanzi] chuai1 chuai3 chuai4 揣 2587.
> 扌山而

揣 chuāi +2587 | to hide or carry in one's clothes ◇ fourrer ou porter dans son giron [Etym] 扌 446 (rad: 064b 3-09), 揣 459 [Graph] 332f 841b 857f.
扌山而

△ chuǎi | 1° to feel for 2° to estimate, to conjecture ◇ 1° palper, tâter 2° estimer, supputer.

△ chuài | See ◇ Voir 挣揣 zheng4-chuai4 2578-2587.

拙 zhuō +2588 | 1° clumsy, unskillful 2° my (humble term) ◇ 1° maladroit 2° moi (terme d'humilité) [Etym] 扌 446 (rad: 064b
扌出

3-05), 出 1640 [Graph] 332f 842c.

搠 shuò +2589 扌䒑月 | 1° to smear 2° to daub ◇ 1° crépir 2° enduire [Etym] 扌 446 (rad: 064b 3-10), 朔 1646 [Graph] 332f 842d 856e.

扽 den -2590 扌屯 | 撉 *2338 | to move, to shake ◇ remuer, secouer [Etym] 扌 446 (rad: 064b 3-04), 屯 1647 [Graph] 332f 842e.

挥 huī -2591 扌冖车 | 揮 *2592 | 1° to wave, to move 2° to wield 3° to wipe off 4° to command (an army) 5° to scatter ◇ 1° secouer, agiter, faire signe 2° manier, exercer 3° essuyer 4° commander (armée) 5° disperser [Etym] 扌 446 (rad: 064b 3-06), 军 1652 [Graph] 332f 851a 614d.

挥手 huī shǒu。to wave; to wave one's hand ◇ agiter la main, faire signe de la main * 2748.

挥动 huī dòng。to brandish, to wave ◇ brandir, agiter * 5920.

挥发 huī fā。to volatile ◇ se volatiliser * 6813.

挥霍 huī huò。to waste, to spend lavishly ◇ gaspiller, prodiguer, dilapider * 8436.

揮 huī *2592 扌冖車 | 挥 -2591 | 1° to wave, to move 2° to wield 3° to wipe off 4° to command (an army) 5° to scatter ◇ 1° secouer, agiter, faire signe 2° manier, exercer 3° essuyer 4° commander (armée) 5° disperser [Etym] 扌 446 (rad: 064b 3-09), 軍 1655 [Graph] 332f 851a 042g.

探 tàn +2593 扌罙木 | 1° to explore, to investigate, to sound 2° spy, detective 3° to pay a visit 4° to lean on, to feel for ◇ 1° chercher à savoir, espionner, explorer, sonder 2° épier, détective 3° rendre visite à 4° s'appuyer sur [Etym] 扌 446 (rad: 064b 3-08), 罙 1660 [Graph] 332f 851b 422a.

探亲 tàn qīn。to visit parents or relatives ◇ visiter des parents (les époux) * 640.

探讨 tàn tǎo。to probe into, to study in depth ◇ discuter et étudier; approfondir * 1715.

探险 tàn xiǎn。to explore ◇ explorer * 6713.

探望 tàn wàng。to look about ◇ regarder, parcourir du regard, rendre visite à qqn * 7339.

探听 tàn tīng。to make inquiries; to sound out ◇ prendre des informations, sonder * 9066.

拕 tuō *2594 扌宀匕 | 拖 +2562 | 1° to pull, to haul, to draw 2° to procrastinate, delay ◇ 1° tirer 2° traîner, différer [Etym] 扌 446 (rad: 064b 3-05), 它 1665 [Graph] 332f 851c 321b.

擰 níng *2595 扌宀心皿丁 | 拧 -2597 | 1° to wring 2° to pinch ◇ 1° tordre 2° pincer [Etym] 扌 446 (rad: 064b 3-14), 寧 1667 [Graph] 332f 851c 321c 922a 331b.

△ nǐng | 拧 -2597 | 1° to twist, to screw 2° to be wrong 3° to disagree ◇ 1° tourner avec force 2° faire erreur 3° être en désaccord.

△ nìng | 拧 -2597 | stubborn ◇ entêté, têtu.

挓 zhā +2596 扌宀乇 | to open, to widen out ◇ étendre, déployer [Etym] 扌 446 (rad: 064b 3-06), 宅 1670 [Graph] 332f 851c 321f.

挓挲 zhā sha。to open and stretch ◇ étendre * 139.

拧 níng -2597 扌宀丁 | 擰 *2595 | 1° to wring 2° to pinch ◇ 1° tordre 2° pincer [Etym] 扌 446 (rad: 064b 3-05), 宁 1673 [Graph] 332f 851c 331b.

△ nǐng | 擰 *2595 | 1° to twist, to screw 2° to be wrong 3° to disagree ◇ 1° tourner avec force 2° faire erreur 3° être en désaccord.

△ nìng | 擰 *2595 | stubborn ◇ entêté, têtu.

擯 bìn *2598 扌宀歹貝 | 摈 -2605 | 1° to expel, to discard, to reject 2° garbage ◇ 1° chasser, rejeter 2° rebut [Etym] 扌 446 (rad: 064b 3-14), 賓 1674 [Graph] 332f 851c 331i 023b.

搳 huá +2599 扌宀丰口 | 1° to guess 2° finger-guessing game ◇ 1° deviner 2° jouer à la mourre [Etym] 扌 446 (rad: 064b 3-10), 害 1681 [Graph] 332f 851c 414g 011a.

搴 zhài +2600 扌宀共木 | to sew with close stitches ◇ coudre [Etym] 扌 446 (rad: 064b 3-14), 寨 1693 [Graph] 332f 851c 436h 422a.

㨙 sāi *2601 扌宀共土 | 揌 +2701 | 1° to stop up, to block 2° to fill ◇ 1° obstruer, bloquer, bouchon 2° remplir, combler [Etym] 扌 446 (rad: 064b 3-13), 塞 1694 [Graph] 332f 851c 436h 432a.

按 àn +2602 扌宀女 | 1° to press down 2° to leave aside 3° to control 4° as, accordingly ◇ 1° comprimer 2° laisser de côté 3° contenir, réprimer 4° selon, conformément [Etym] 扌 446 (rad: 064b 3-06), 安 1697 [Graph] 332f 851c 611e.

按期 àn qī。on time ◇ à terme * 5437.

按摩 àn mó。massage ◇ masser * 6899.

按时 àn shí。on time, on schedule ◇ à temps, ponctuellement * 9861.

按照 àn zhào。following; according to ◇ suivant; selon, d'après * 9909.

擦 cā +2603 扌宀癶示 | 1° to rub 2° to wipe 3° to spread on 4° to brush, to shave 5° to scrape ◇ 1° frotter, fourbir 2° essuyer, effacer 3° appliquer 4° brosser, raser 5° gratter [Etym] 扌 446 (rad: 064b 3-14), 察 1700 [Graph] 332f 851c 631h 331l.

揢 ké +2604 扌宀夂口 | 1° to get stuck 2° to create difficulties ◇ 1° coincer 2° causer des difficultés [Etym] 扌 446 (rad: 064b 3-09), 客 1701 [Graph] 332f 851c 633e 011a.

摈 bìn -2605 扌宀兵 | 擯 *2598 | 1° to expel, to discard, to reject 2° garbage ◇ 1° chasser, rejeter 2° rebut [Etym] 扌 446 (rad: 064b 3-10), 宾 1703 [Graph] 332f 851c 722h.

揎 xuān +2606 扌宀亘 | 1° to pull up the sleeves and expose the arms 2° to denude 3° to raise ◇ 1° retrousser les manches 2° dénuder 3° relever, soulever [Etym] 扌 446 (rad: 064b 3-09), 宣 1711 [Graph] 332f 851c 022a ac:z.

搾 zhà *2607 扌穴乍 | See ◇ Voir 蚱 10222 [Etym] 扌 446 (rad: 064b 3-10), 窄 1720 [Graph] 332f 851d 412f.

控 kòng +2608 扌穴工 | 1° to accuse 2° to draw, to control ◇ 1° accuser 2° arrêter, tirer [Etym] 扌 446 (rad: 064b 3-08), 空 1722 [Graph] 332f 851d 431a.

控诉 kòng sù。to denounce; to accuse ◇ dénoncer, porter plainte contre * 1774.

控制 kòng zhì。to control, to regulate ◇ contrôler, maîtriser, dominer * 8497.

攛 cuān *2609 扌穴臼鼠 | 撺 -2610 | 1° to throw 2° to do in a hurry 3° to fly into a rage 4° to instigate, to rouse, to entice ◇ 1° jeter 2° faire à la hâte 3° se fâcher 4° pousser, exciter, instigation, intrigues [Etym] 扌 446 (rad: 064b 3-18), 竄 1727 [Graph] 332f 851d 835b 312k.

撺 cuān -2610 扌穴串 | 攛 *2609 | 1° to throw 2° to do in a hurry 3° to fly into a rage 4° to instigate, to rouse, to entice ◇ 1° jeter 2° faire à la hâte 3° se fâcher 4° pousser, exciter, instigation, intrigues [Etym] 扌 446 (rad: 064b 3-12), 窜 1729 [Graph] 332f 851d 032l.

挖 wā +2611 扌穴乙 | 空乙 *7845 | 1° to dig out, to scoop out 2° to clean 3° to criticize ◇ 1° creuser, excaver 2° curer 3° critiquer [Etym] 扌 446 (rad: 064b 3-06), 空乙 1731 [Graph] 332f 851d Z31d.

挖掘 wā jué。to unearth, to excavate ◇ creuser, excaver, extraire * 2648.

挖苦 wā kǔ。to make ironical remarks; to jeer at ◇ se moquer de, railler * 3946.

搒 bàng +2612 扌亠方 | 1° to beat 2° to propel a boat ◇ 1° fustiger, gaffer 2° propulser (bateau) [Etym] 扌 446 (rad: 064b 3-10), 旁 1732 [Graph] 332f 851e 853b.

△ péng | 1° to beat with a stick or a bamboo plank 2° to hook (floating object) ◇ 1° fustiger avec un bâton ou une planche en bambou 2° gaffer.

搅 jiǎo -2613 扌⺍见 | 攪 *2584 | 1° to stir up, to mix 2° to disturb 3° to excite 4° to interrupt ◇ 1° agiter, secouer, mélanger 2° déranger, troubler 3° exciter 4° interrompre [Etym] 扌 446 (rad: 064b 3-09), 觉 1736 [Graph] 332f 851f 854c.

搅拌 jiǎo bàn。to mix, to stir ◇ mélanger, battre, frapper pour remuer * 2420.

搅乱 jiǎo luàn。to confuse; to throw into disorder ◇ brouiller, troubler, jeter le trouble * 9823.

撑 chēng +2614 扌⺍口手 | 撐 *2615 | to prop up, to assist, to punt ◇ appuyer, étayer, soutenir, aider, gaffer [Etym] 扌 446 (rad: 064b 3-12), 掌 1742 [Graph] 332f 851h 011a 332g.

撑竿跳 chēng gān tiào。pole jump ◇ saut à la perche * 775 9310.

撐 chēng *2615 扌⺍口牙 | 撑 +2614 | to prop up, to assist, to punt ◇ appuyer, étayer, soutenir, aider, gaffer [Etym] 扌 446 (rad: 064b 3-12), 牚 1744 [Graph] 332f 851h 011a 812b.

攩 dǎng *2616 扌⺍口黑灬 | 挡 -2573、擋 *2617 | to obstruct, to withstand ◇ arrêter, empêcher, résister à [Etym] 扌 446 (rad: 064b 3-20), 黨 1748 [Graph] 332f 851h 011a 033e 222d.

擋 dǎng *2617 扌⺍口田 | 挡 -2573、攩 *2616 | to obstruct, to withstand ◇ arrêter, empêcher, résister à [Etym] 扌 446 (rad: 064b 3-13), 當 1749 [Graph] 332f 851h 011a 041a.

△ dàng | 挡 -2573 | See ◇ Voir 摒挡 bing4-dang4 2645-2573.

搉 què *2618 扌隺 | 榷 +4355 | 1° to discuss 2° footbridge 3° tollgate 4° to monopolize ◇ 1° discuter 2° passerelle 3° percevoir une taxe 4° avoir le monopole de [Etym] 扌 446 (rad: 064b 3-10), 隺 1760 [Graph] 332f 851k.

△ què | 1° to strike 2° to attract ◇ 1° frapper 2° attirer.

掬 jū +2619 扌勹米 | to hold with both hands, handful ◇ tenir avec deux mains jointes, empoigner, poignée [Etym] 扌 446 (rad: 064b 3-08), 匊 1773 [Graph] 332f 852h 422f.

掏 tāo +2620 扌勹缶 | 搯 *2333 | 1° to draw out, to take out 2° to scoop out, to dig 3° to steal from somebody's pocket ◇ 1° extraire, tirer de 2° creuser 3° voler à la tire, dérober [Etym] 扌 446 (rad: 064b 3-08), 匋 1775 [Graph] 332f 852h 841c.

掏出 tāo chū。to take out, to draw out ◇ extraire, sortir * 7657.

抱 bào (460) 扌勹巳 | [Tra] to hold tight; hide ◇ embrasser; recéler [Etym] hand (1= 扌 446); phon, to wrap (2,3= 包 1778) ◇ main (1= 扌 446); phon, envelopper (2,3= 包 1778) [Graph] 332f 852h 933b [Hanzi] bao4 抱 2621, bao4 菢 3616.

抱 bào +2621 扌勹巳 | 菢 5° *3616 | 1° to carry in the lap, to hug, to hold tight 2° to have one's first child or grandchild 3° to adopt (child) 4° to cherish 5° to hatch ◇ 1° tenir dans ses bras, dans son sein, embrasser 2° avoir son premier enfant ou petit enfant 3° adopter (enfant) 4° chérir 5° couver [Etym] 扌 446 (rad: 064b 3-05), 包 1778 [Graph] 332f 852h 933b.

抱怨 bào yuàn。to complain, grievance ◇ se plaindre de, s'en prendre à * 6402.

抱歉 bào qiàn。to apology, excuse ◇ présenter ses excuses, s'excuser * 7417.

拘 jū +2622 扌勹口 | 1° to arrest, to grasp, to hold 2° to restrain, to limit 3° to adhere to 4° inflexible ◇ 1° arrêter, saisir, tenir 2° limiter, contrainte, gêné (par les règles) 3° s'attacher à 4° s'obstiner à, obstiné [Etym] 扌 446 (rad: 064b 3-05), 句 1779 [Graph] 332f 852h 011a.

拘束 jū shù。to restrain; constrained, awkward ◇ gêné, embarrassé; restreindre * 10375.

揈 hōng *2623 扌勹言 | See ◇ Voir 哼 9200 [Etym] 扌 446 (rad: 064b 3-09), 訇 1781 [Graph] 332f 852h 012d.

攖 yīng -2624 扌贝贝女 | 攖 *2695 | to run against, to assail ◇ heurter, contrarier [Etym] 扌 446 (rad: 064b 3-11), 婴 1800 [Graph] 332f 854b 854b 611e.

扪 mén -2625 扌门 | 捫 *2658 | to feel for, to examine, to touch ◇ tâter, palper, mettre la main sur [Etym] 扌 446 (rad: 064b 3-03),

门1806 [Graph] 332f 855a.

擱 gē -2626 | 擱 *2659 | 1° to put down 2° to put aside 3° to shelve ◇ 1° placer, poser 2° mettre de côté, laisser 3° ranger [Etym] 扌 446 (rad: 064b 3-09), 阁 1815 [Graph] 332f 855a 633e 011a.
扌门夂口

△ gé | 擱 *2659 | to bear, to endure ◇ supporter.

拥 yōng -2627 | 擁 *2499 | 1° to hold in the arms, to embrace, to hug 2° to surround 3° crowd 4° to support 5° to press 6° to possess ◇ 1° serrer dans ses bras, embrasser 2° entourer 3° foule serrée, suivre en foule 4° accorder son appui, soutenir 5° presser 6° posséder [Etym] 扌 446 (rad: 064b 3-05), 用 1845 [Graph] 332f 856i.
扌用

拥挤 yōng jǐ 。to crowd; to push ◇ se bousculer, pousser, se presser; être serré ✱ 2385.

拥抱 yōng bào 。to embrace, to surround ◇ embrasser, serrer dans ses bras ✱ 2621.

拥护 yōng hù 。to support, to approve ◇ soutenir, approuver, appuyer ✱ 2651.

㧏 gāng *2628 | 扛、掆 +2439、*2629 | to lift with both hands ◇ soulever avec les deux mains [Etym] 扌 446 (rad: 064b 3-04), 冈1849 [Graph] 332f 856k 243a.
扌冂乂

掆 gāng *2629 | 扛、㧏 +2439、*2628 | to lift with both hands ◇ soulever avec les deux mains [Etym] 扌 446 (rad: 064b 3-08), 岡1857 [Graph] 332f 856m 841b.
扌冂山

搬 bān +2630 | 1° to remove, to transport 2° thumb-ring 3° to copy mechanically ◇ 1° déplacer, transporter 2° doigtier 3° copier mécaniquement [Etym] 扌 446 (rad: 064b 3-10), 般 1862 [Graph] 332f 857b Z33a 633a.
扌舟几又

搬运 bān yùn 。to transport, to carry ◇ transporter ✱ 5919.

搬家 bān jiā 。to move house ◇ déménager ✱ 7747.

摘 zhāi +2631 | 1° to pick, to take off 2° to select 3° to deprive of 4° to borrow money urgently 5° to reprove ◇ 1° cueillir 2° choisir 3° ôter, enlever 4° emprunter de l'argent (cas de force majeure) 5° réprimander [Etym] 扌 446 (rad: 064b 3-11), 啇 1875 [Graph] 332f 857g 013f.
扌啇古

摘要 zhāi yào 。summary, abstract; to make a summary ◇ extrait, résumé, extraire ✱ 10824.

捎 shāo +2632 | to carry, to bring to somebody ◇ porter, transporter [Etym] 扌 446 (rad: 064b 3-07), 肖 1878 [Graph] 332f 857i.
扌肖

捎带 shāo dài 。incidentally ◇ faire qqch. en passant, en profiter pour ✱ 4039.

△ shào | 1° to back (cart) 2° to water ◇ 1° reculer (charrette) 2° arroser.

擭 huō +2633 | to shovel (coal, ore etc.) ◇ pelleter (du charbon, minerai) [Etym] 扌 446 (rad: 064b 3-16), 霍 1893 [Graph] 332f 858e 436m.
扌雨隹

擩 rǔ +2634 | to stuff, to stick ◇ fourrer, enfoncer [Etym] 扌 446 (rad: 064b 3-14), 需 1896 [Graph] 332f 858e 857f.
扌雨而

擂 lēi +2635 | to pound, to beat ◇ battre, broyer [Etym] 扌 446 (rad: 064b 3-13), 雷 1899 [Graph] 332f 858e 041a.
扌雨田

△ léi | to pound, to pestle ◇ mortier, pilon.

△ lèi | 1° to beat (a drum) 2° arena, ring (for contests) ◇ 1° battre (le tambour) 2° estrade pour l'escrime, la boxe, la lutte.

撇 piē +2636 | 1° to cast aside, to reject, to neglect 2° to skim off ◇ 1° rejeter, jeter, abandonner, quitter 2° écumer [Etym] 扌 446 (rad: 064b 3-11), 敝 1906 [Graph] 332f 858j 243c.
扌㡀夂

△ piě | 1° to throw, to cast 2° left-falling stroke (Chinese writing) 3° measure-word for eyebrows ◇ 1° jeter, rejeter 2° trait oblique gauche (écriture chinoise) 3° spécificatif de sourcils.

捕 bǔ +2637 | 1° to seize, to catch 2° police ◇ 1° saisir, appréhender 2° police [Etym] 扌446 (rad: 064b 3-07), 甫 1914 [Graph] 332f 858n.
扌甫

捕捉 bǔ zhuō 。to seize; to catch ◇ saisir; appréhender ✱ 2673.

搏 bó +2638 | 1° to seize 2° to strike ◇ 1° saisir 2° combattre [Etym] 扌 446 (rad: 064b 3-11), 尃 1915 [Graph] 332f 858n 332b.
扌甫寸

搏斗 bó dòu 。to fight ◇ se battre ✱ 3424.

攧 diān -2639 | 攧、攧 *2640、*2395 | to fall, to drop, to fall down ◇ tomber à terre [Etym] 扌 446 (rad: 064b 3-16), 颠 1937 [Graph] 332f 921f 854d.
扌真页

攧 diān *2640 | 攧、攧 -2639、*2395 | to fall, to drop, to fall down ◇ tomber à terre [Etym] 扌 446 (rad: 064b 3-19), 顛 1938 [Graph] 332f 921f 023f.
扌真頁

捵 chēn *2641 | 抻 +2707 | to pull out, to stretch ◇ étirer [Etym] 扌 446 (rad: 064b 3-08), 典 1941 [Graph] 332f 922c.
扌典

换 huàn +2642 | to change, to exchange, to barter, change ◇ changer, échanger, troquer, changement [Etym] 扌 446 (rad: 064b 3-07), 奂1942 [Graph] 332f 923a.
扌奂

换班 huàn bān 。to change shifts; to take it in turns ◇ prendre la relève, se relayer ✱ 5095.

擾 rǎo *2643 | 扰 -2401 | 1° to trouble, to disturb 2° to tame animals 3° obedient, mild ◇ 1° troubler, déranger, molester 2° apprivoiser (animaux) 3° docile, doux [Etym] 扌 446 (rad: 064b 3-15), 憂 1945 [Graph] 332f 924b 321c 633e.
扌𦣻心夂

撾 wō *2644 | 挝 -2406 | 1° to beat, to strike 2° Laos ◇ 1° battre 2° Laos [Etym] 扌 446 (rad: 064b 3-12), 過 1949 [Graph] 332f 924d 011a 634o.
扌咼口辶

△ zhuā | 挝 -2406 | to beat, to strike, to knock ◇ battre, frapper.

摒 bìng +2645 | 1° to get rid of 2° to dismiss ◇ 1° se débarrasser de 2° congédier [Etym] 扌 446 (rad: 064b 3-09), 屏 1963 [Graph] 332f 931a 416i.
扌尸井

摒挡 bìng dàng 。to arrange ◇ arranger, régler ✱ 2573.

搌 zhǎn +2646 扌尸㞢𠄌 | to wipe away (tears), to blot up (ink) ◇ essuyer (larmes), passer le buvard (encre) [Etym] 扌 446 (rad: 064b 3-10), 展1966 [Graph] 332f 931a 436b 312d.

握 wò +2647 扌尸厶土 | to hold, to grasp, grip ◇ tenir en main, empoigner, saisir, serrer dans la main, poignée de [Etym] 扌 446 (rad: 064b 3-09), 屋1968 [Graph] 332f 931a 612c 432a.

握手 wò shǒu ∘ to shake hand ◇ serrer la main, donner une poignée de main ∗ 2748.

掘 jué +2648 扌尸出 | to dig, to excavate ◇ creuser [Etym] 扌 446 (rad: 064b 3-08), 屈 1970 [Graph] 332f 931a 842c.

擗 pǐ +2649 扌尸口辛 | 1° to cleave, to open, to break off 2° to strike ◇ 1° rompre, fendre, casser 2° frapper [Etym] 扌 446 (rad: 064b 3-13), 辟 1975 [Graph] 332f 931a 011a 413d.

据 jū +2650 扌尸古 | 1° short of money 2° tired hands ◇ 1° manque d'argent 2° mains malades ou fatiguées [Etym] 扌 446 (rad: 064b 3-08), 居 1976 [Graph] 332f 931a 013f.

△ jù | 據 *2537 | 1° to seize 2° to rely on 3° according to 4° evidence 5° to gather ◇ 1° prendre 2° s'appuyer sur 3° selon 4° preuve 5° amasser.

据说 jù shuō ∘ it is said; they say ◇ on dit que ∗ 1819.

护 hù -2651 扌户 | 護 *9510 | 1° to protect, to guard 2° to be partial to ◇ 1° garder, protéger 2° être injuste, avoir un faible pour quelque chose [Etym] 扌 446 (rad: 064b 3-04), 户 1981 [Graph] 332f 931e.

护送 hù sòng ∘ to escort; to accompany; convoy ◇ escorter, accompagner, convoyer ∗ 1578.

护士 hù shì ∘ nurse ◇ infirmière, infirmier ∗ 4993.

护理 hù lǐ ∘ to nurse, to take care of ◇ soigner, prendre soin de ∗ 5204.

护岸 hù àn ∘ bank revetment ◇ revêtement d'une digue ∗ 7557.

护航 hù háng ∘ to escort; convoy (ship or aircraft) ◇ escorter, convoyer (navire ou avion) ∗ 8334.

护照 hù zhào ∘ passport ◇ passeport ∗ 9909.

捩 liè +2652 扌户犬 | to turn, to twist, to tear ◇ tourner, tordre, déchirer [Etym] 扌 446 (rad: 064b 3-08), 戾 1982 [Graph] 332f 931e 242i.

搧 shān *2653 扌户习习 | See ◇ Voir 煽 8313 [Etym] 扌 446 (rad: 064b 3-10), 扇 1987 [Graph] 332f 931e 731c 731c.

掮 qián +2654 扌户月 | 1° to carry on the shoulder 2° broker ◇ 1° porter sur l'épaule 2° intermédiaire commercial [Etym] 扌 446 (rad: 064b 3-08), 肩 1988 [Graph] 332f 931e 856e.

抿 mǐn +2655 扌民 | 1° to smooth down (hair) to fold 2° to tuck, to compress (one's lips) 3° sip, to touch ◇ 1° lisser sa chevelure 2° serrer, fermer (la bouche), pincer (les lèvres) 3° appliquer, toucher [Etym] 扌 446 (rad: 064b 3-05), 民 1997 [Graph] 332f 932a.

把 bǎ +2656 扌巴 | 1° to grasp, to hold 3° to control, to monopolize 4° to watch 5° handle 6° bundle, bunch 7° measure word 8° about (a month) 9° particle denotin ◇ 1° saisir, tenir 3° contrôler 4° garder 5° poignée, manche 6° botte (foin) 7° spécificatif 8° environ, à peu près 9° préfixe accusatif [Etym] 扌 446 (rad: 064b 3-04), 巴 2014 [Graph] 332f 933c.

把握 bǎ wò ∘ to grasp, to hold ◇ saisir, tenir en main ∗ 2647.

把守 bǎ shǒu ∘ to keep, to protect, to watch (over) ◇ garder, défendre, surveiller ∗ 7715.

△ bà | 欛 *4382 | 1° handle, grip 2° to grasp, to hold 3° particle denoting accusative 4° stem (of a flower) ◇ 1° poignée, manche 2° saisir, tenir 3° préfixe accusatif 4° tige (d'une fleur).

搥 chuí *2657 扌自辶 | 捶 +2455 | to beat, to flog ◇ battre, fustiger [Etym] 扌 446 (rad: 064b 3-09), 追 2021 [Graph] 332f 934c 634o.

捫 mén *2658 扌門 | 扪 -2625 | to feel for, to examine, to touch ◇ tâter, palper, mettre la main sur [Etym] 扌 446 (rad: 064b 3-08), 門2025 [Graph] 332f 934e.

擱 gē *2659 扌門夂口 | 搁 -2626 | 1° to put down 2° to put aside 3° to shelve ◇ 1° placer, poser 2° mettre de côté, laisser 3° ranger [Etym] 扌 446 (rad: 064b 3-14), 閣 2037 [Graph] 332f 934e 633e 011a.

△ gé | 搁 -2626 | to bear, to endure ◇ supporter.

攔 lán *2660 扌門柬 | 拦 -2318 | 1° to block, to bar 2° to hinder, to embarrass, to obstruct ◇ 1° obstruer, bloquer 2° empêcher, retenir, arrêter [Etym] 扌 446 (rad: 064b 3-17), 闌 2042 [Graph] 332f 934e 033d.

拒 jù +2661 扌巨 | 1° to resist, to repel 2° to reject, to oppose ◇ 1° résister à, repousser 2° refuser, rejeter [Etym] 扌 446 (rad: 064b 3-05), 巨 2043 [Graph] 332f 935a.

拒绝 jù jué ∘ to reject, to oppose ◇ refuser, rejeter, repousser ∗ 6060.

攬 lǎn *2662 扌臣𠂉一罒見 | 揽 -2422 、 擥 *8807 | 1° to take into one's arms 2° to take on, to grasp, to clutch 3° to monopolize 4° to tender for ◇ 1° prendre dans ses bras 2° accaparer, saisir, recueillir 3° monopoliser 4° soumissionner, attirer [Etym] 扌 446 (rad: 064b 3-21), 覽 2046 [Graph] 332f 935b ac:f 111a 051a 023c.

扣 kòu (461) | [Tra] to buckle; to fix ◇ boutonner; boucler [Etym] hand (1= 扌 446); phon, mouth (2= 口 2063) ◇ main (1= 扌 446); phon, bouche (2= 口 2063) [Graph] 332f 011a [Ref] w48a, w59e [Hanzi] kou4 筘 764, kou4 扣 2663.

扣 kòu +2663 扌口 | 釦 *1320 1° | 1° to button up, to buckle 2° to cover with an inverted cup or bowl 3° to detain, to seize 4° to deduct 5° discount 6° to knock ◇ 1° bouton, boutonner, agrafe, boucler 2° couvrir avec un objet concave 3° capturer, saisir 4° déduire, retrancher 5° rabais 6° heurter [Etym] 扌 446 (rad: 064b 3-03), 口 2063 [Graph]

332f 011a.

扣押 kòu yā。to detain ◇ détenir, retenir de force ✱ 2704.

扣子 kòu zǐ。button ◇ bouton ✱ 6546.

扣除 kòu chú。to deduct; discount ◇ déduire, prélever, retenir ✱ 6715.

扣留 kòu liú。to arrest, to detain ◇ détenir, garder ✱ 8822.

揖 yī +2664 扌口耳 | 1° reverence 2° to salute, to bow with hands clasped ◇ 1° révérence 2° saluer [Etym] 扌 446 (rad: 064b 3-09), 咠 2071 [Graph] 332f 011a 436k.

拐 guǎi +2665 扌口力 | 枴 *4415 3° | 1° to turn 2° to limp, lame 3° crutch 4° to kidnap 5° to seduce, to twist, to deceive ◇ 1° tourner 2° boiter, boiteux 3° béquille 4° kidnapper 5° séduire, tromper [Etym] 扌 446 (rad: 064b 3-05), 另2074 [Graph] 332f 011a 732f.

拐弯 guǎi wān。to turn; to change direction ◇ tourner, changer de direction ✱ 2768.

拐骗 guǎi piàn。to abduct; to swindle ◇ enlever par séduction, escroquer ✱ 11133.

捌 bā +2666 扌口力刂 | eight ◇ huit [Etym] 扌 446 (rad: 064b 3-07), 别 2075 [Graph] 332f 011a 732f 333b.

损 sǔn -2667 扌口贝 | 損 *2672 | 1° to decrease, to lose 2° to harm, to injure 3° sarcastic 4° chastisement 5° mean, shabby ◇ 1° diminuer, perdre 2° léser, nuire, ruiner 3° se moquer de, mordant, méchant 4° châtiment 5° usé [Etym] 扌 446 (rad: 064b 3-07), 员 2077 [Graph] 332f 011a 854b.

损失 sǔn shī。lost, harm ◇ perte, dommage ✱ 1621.

损坏 sǔn huài。to damage; to injure ◇ endommager, abîmer ✱ 4813.

损害 sǔn hài。to harm, to damage ◇ être nuisible à, être mauvais pour ✱ 7720.

捐 juān +2668 扌口月 | 1° to abandon, to relinquish 2° to subscribe, to donate 3° tax 4° to purchase, to collect ◇ 1° renoncer à, quitter 2° souscrire 3° impôt, contribuer 4° acheter, amasser, payer [Etym] 扌 446 (rad: 064b 3-07), 肙 2078 [Graph] 332f 011a 856e.

捐款 juān kuǎn。to contribute money; subscription ◇ don en argent; souscriptions ✱ 4995.

捐献 juān xiàn。to subscribe to , to donate ◇ souscrire à, faire don de, donner à ✱ 8358.

挹 yì +2669 扌口巴 | 1° to bale out, to decant 2° to pull ◇ 1° verser, transvaser 2° tirer [Etym] 扌446 (rad: 064b 3-07), 邑 2082 [Graph] 332f 011a 933c.

操 cāo +2670 扌口口口木 | 1° to grasp, to hold 2° to act, to operate 3° to speak (language) 4° to practice, to drill 5° rule, method 6° conduct, behaviour ◇ 1° tenir 2° agir 3° parler (une langue) 4° pratiquer, exercer, manier 5° méthode, règle 6° conduite, comportement [Etym] 扌 446 (rad: 064b 3-13), 喿 2094 [Graph] 332f 011a 011a 011a 422a.

操心 cāo xīn。to worry about ◇ se préoccuper de ✱ 2177.

操劳 cāo láo。to work hard ◇ travailler intensément, avec souci ✱ 3836.

操场 cāo chǎng。sport ground ◇ terrain de sport ✱ 4884.

操纵 cāo zǒng。to drill, to put in action ◇ manier, mettre en marche; contrôler, dominer ✱ 5941.

操练 cāo liàn。to practice ◇ s'entraîner physiquement ✱ 6004.

撣 dǎn *2671 扌口口單 | 掸 -2705、担 +2681、撢 *2717 | to dust, duster, to brush lightly ◇ épousseter, plumeau [Etym] 扌 446 (rad: 064b 3-12), 單 2101 [Graph] 332f 011a 011a 041c.

△ shàn | 掸 -2705 | 1° ancient name of the Dai people 2° race in Burma 3° place in Burma ◇ 1° nom ancien de la minorité Dai 2° descendance birmane 3° lieu de la Birmanie.

損 sǔn *2672 扌口貝 | 损 -2667 | 1° to decrease, to lose 2° to harm, to injure 3° sarcastic 4° chastisement 5° mean, shabby ◇ 1° diminuer, perdre 2° léser, nuire, ruiner 3° se moquer de, mordant, méchant 4° châtiment 5° usé [Etym] 扌 446 (rad: 064b 3-10), 員 2104 [Graph] 332f 011a 023b.

捉 zhuō +2673 扌足 | 1° to grasp, to seize 2° to capture ◇ 1° saisir, tenir 2° capturer [Etym] 扌 446 (rad: 064b 3-07), 足 2117 [Graph] 332f 011f.

捉弄 zhuō nòng。to tease, to make fun of ◇ jouer un tour à qqn., se jouer de ✱ 5103.

掠 lüè +2674 扌亩小 | 1° to plunder, to rob 2° to brush past 3° to flog, to graze ◇ 1° piller, ravir, s'emparer de 2° frôler, raser 3° fustiger, écorcher [Etym] 扌 446 (rad: 064b 3-08), 京2122 [Graph] 332f 012c 331j.

撴 dūn +2675 扌亩子攵 | 1° to strike with the fist 2° to grasp with force ◇ 1° frapper, heurter 2° saisir avec force [Etym] 扌 446 (rad: 064b 3-12), 敦 2129 [Graph] 332f 012c 634d 243c.

搞 gǎo +2676 扌亩冂口 | 1° to do, to carry on 2° to produce, to make 3° to organize, to set up 4° to get hold of 5° to cause to happen ◇ 1° faire 2° produire, fabriquer 3° organiser, initier 4° s'arranger pour, mettre la main à 5° faire que [Etym] 扌446 (rad: 064b 3-10), 高 2138 [Graph] 332f 012c 856k 011a.

拓 tà +2677 扌石 | 搨 *2687 | to make rubbings ◇ estamper [Etym] 扌 446 (rad: 064b 3-05), 石2149 [Graph] 332f 013b.

△ tuò | 魄 +9997 2° | 1° to develop, to open up 2° dire straits (in luotuo) ◇ 1° étendre, développer 2° embarras (dans luotuo).

拈 niān +2678 扌占 | to pick up with the fingers ◇ tenir ou prendre avec les doigts [Etym] 扌 446 (rad: 064b 3-05), 占 2154 [Graph] 332f 013e.

括 guā +2679 扌舌 | 1° to envelop 2° to embrace, to include 3° notch ◇ 1° contenir 2° embrasser, lier, inclure 3° encoche, gêne [Etym] 扌 446 (rad: 064b 3-06), 舌 2162 [Graph] 332f 013h.

△ kuò |1° to contract (muscles) 2° to include, to envelop, to embrace 3° notch 4° discomfort ◇ 1° contracter (les muscles) 2° contenir, embrasser, lier 3° coche 4° gêne.

括号 kuò hào ∘ brackets ◇ parenthèse, crochet * 9257.

括弧 kuò hú ∘ parentheses ◇ parenthèse, crochet * 11248.

攙 chān *2680 扌白⺊匕兔 |摻 -2699| 1° to support 2° to help by the arm 3° to mix ◇ 1° soutenir 2° tenir par la main 3° mêler [Etym] 扌 446 (rad: 064b 3-17), 毚 2165 [Graph] 332f 013i 311d 321b 032e.

担 dān +2681 扌日一 |擔 *2535| 1° to carry on a shoulder pole 2° to undertake ◇ 1° porter sur l'épaule 2° se charger de [Etym] 扌 446 (rad: 064b 3-05), 旦 2170 [Graph] 332f 021a ac:z.

担心 dān xīn ∘ to be anxious ◇ avoir du souci pour, s'inquiéter * 2177.

担任 dān rèn ∘ to undertake, to be in charge of ◇ être responsable de; faire fonction de * 2889.

担忧 dān yōu ∘ to worry, to be anxious ◇ être soucieux ou inquiet * 3234.

△ dǎn |撣 -2705 、撢 *2671 、撢 *2717| to dust, duster, to brush lightly ◇ épousseter, plumeau.

△ dàn |擔 *2535| 1° unit of weight, fifty kilograms 2° load of goods carried on a shoulder pole ◇ 1° mesure de poids, cent livres 2° charge portée sur l'épaule.

担子 dàn zǐ ∘ carrying pole; load, burden; task ◇ palanche à deux poids; charge, tâche * 6546.

挩 huàng *2682 扌日光 |晃 +9858| to shake, to sway ◇ se balancer, osciller [Etym] 扌446 (rad: 064b 3-10), 晃 2174 [Graph] 332f 021a 322e.

捍 hàn +2683 扌日干 |扞 *2415| to ward off, to defend, to guard ◇ défendre, protéger, résister à [Etym] 扌 446 (rad: 064b 3-07), 旱 2177 [Graph] 332f 021a 413b.

捏 niē +2684 扌日土 |揑 *2581| 1° to hold between the fingers, to pinch 2° to knead with the fingers 3° to fabricate 4° to trump up ◇ 1° prendre avec les doigts, pincer 2° pétrir, modeler avec les doigts 3° fabriquer 4° prétendre faussement [Etym] 扌446 (rad: 064b 3-07), 星 2179 [Graph] 332f 021a 432a.

提 dī +2685 扌日疋 |1° to separate 2° to reject ◇ 1° séparer 2° rejeter [Etym] 扌 446 (rad: 064b 3-09), 是 2182 [Graph] 332f 021a 434f.

提防 dī fáng ∘ to take precautions; beware of ◇ prendre des précautions; parer à * 6773.

△ tí |1° to carry (one's hand, arm down) 2° to lift, to pull up 3° to shift to an earlier time 4° to bring forward, to propose 5° to draw out 6° to mention 7° dipper 8° rising stroke (Chinese writing) ◇ 1° porter à la main (bras abaissé) 2° soulever, lever 3° avancer dans le temps (rencontre, affaire) 4° mettre un sujet sur le tapis, proposer 5° retirer 6° citer, faire allusion, rappeler 7° bielle.

提交 tí jiāo ∘ to submit ◇ remettre, présenter * 1681.

提议 tí yì ∘ to propose ◇ proposer, proposition * 1709.

提拔 tí bá ∘ to promote ◇ promouvoir, donner de l'avancement * 2361.

提供 tí gōng ∘ supply, to provide, to offer ◇ fournir, offrir, présenter * 2907.

提倡 tí chàng ∘ to encourage, to promote, to spread ◇ encourager, propager, prendre l'initiative de * 3050.

提纲 tí gāng ∘ outline ◇ esquisse; grandes lignes * 6046.

提出 tí chū ∘ to formulate, to bring forward ◇ formuler, présenter (critiques, etc.), avancer * 7657.

提案 tí àn ∘ motion, proposal ◇ proposition, motion; projet * 7749.

提问 tí wèn ∘ to quiz, to question ◇ poser des questions, interroger, questionner * 8035.

提前 tí qián ∘ to advance; to move up (a date) ◇ avancer, anticiper * 8261.

提高 tí gāo ∘ to raise, to lift up ◇ élever, hausser * 9463.

提早 tí zǎo ∘ to be earlier than expected ◇ avancer, anticiper, devancer (date) * 9970.

提醒 tí xǐng ∘ to call attention to, to remind ◇ faire la remarque, rappeler * 10913.

撮 cuō +2686 扌日耳又 |1° pinch, to pinch up 2° to choose 3° to gather ◇ 1° prendre du bout des doigts, pincée 2° choisir, sélection 3° réunir, amasser [Etym] 扌 446 (rad: 064b 3-12), 最 2186 [Graph] 332f 021a 436k 633a.

△ zuǒ |measure-word (tuft of hair) ◇ spécificatif (toupet de cheveux).

搨 tà *2687 扌日习习 |拓 +2677| to make rubbings ◇ estamper [Etym] 扌 446 (rad: 064b 3-10), 㬰2190 [Graph] 332f 021a 731c 731c.

揭 jiē +2688 扌日勹人匕 |楬5° *4433| 1° to tear off 2° to lift up, to uncover, to expose 3° to borrow 4° to solve 5° to mark ◇ 1° détacher 2° découvrir, dévoiler, soulever 3° prêter, emprunter 4° résoudre 5° marquer [Etym] 扌 446 (rad: 064b 3-09), 曷2194 [Graph] 332f 021a 852h 232a 711a.

揭发 jiē fā ∘ to expose, to unmask, to reveal ◇ dénoncer; révéler * 6813.

揭露 jiē lù ∘ to expose, to unmask ◇ révéler, dénoncer, dévoiler; démasquer * 8460.

揚 yáng *2689 扌日昜 |扬 -2522 、敭 *9931 、颺2° *11232| 1° to raise 2° to winnow 3° to spread, to make known ◇ 1° élever, exalter 2° vanner 3° étendre, propager [Etym] 扌 446 (rad: 064b 3-09), 昜 2197 [Graph] 332f 021a 852i.

搵 wèn +2690 扌日皿 |to press down ◇ appuyer sur, presser, comprimer [Etym] 扌 446 (rad: 064b 3-09), 昷 2201 [Graph] 332f 021a 922a.

拍 pāi (462) 扌白 [Tra] to clap; to pat ◇ frapper; saisir [Etym] hand (1= 扌 446); phon, white (2= 白 2216) ◇ main (1= 扌 446); phon, blanc (2= 白 2216) [Graph] 332f 022c [Ref] k895, r41, w48a, wa17, wi103 [Hanzi] pai1 拍 2691, pa1 啪 8917.

拍 pāi +2691 扌白 | 1° to clap, to pat 2° bat, racket 3° beat, time 4° to take (picture) 5° to send (telegram) 6° to flatter ◇ 1° frapper, applaudir 2° raquette (ping-pong) 3° battre la mesure, mesure 4° photographier 5° envoyer (télégramme) 6° flatter [Etym] 扌 446 (rad: 064b 3-05), 白 2216 [Graph] 332f 022c.

拍摄 pāi shè。to take a photo; to shoot (film) ◇ photographier, filmer * 2470.

拍手 pāi shǒu。to applaud; to clap hands ◇ applaudir * 2748.

拍案 pāi àn。to strike the table (in anger, etc.) ◇ frapper sur la table (indigné) * 7749.

拍照 pāi zhào。to take a photograph ◇ photographier * 9909.

掉 diào +2692 扌卓 | 1° to adjust 2° to move 3° to fall 4° to lose 5° to exchange 6° to turn ◇ 1° ajuster, remuer, agiter 2° tomber 4° perdre 5° changer, échanger 6° tourner [Etym] 扌 446 (rad: 064b 3-08), 卓 2230 [Graph] 332f 022h.

掉头 diào tóu。to turn round ◇ se retourner * 1598.

掉队 diào duì。to fall behind; to trail ◇ rester en arrière des autres * 6711.

掉色 diào sè。to fade; to lose color ◇ déteindre; se décolorer * 8731.

擀 gǎn +2693 扌卓𠆢干 | 1° to roll (dough), rolling pin 2° to polish 3° to laminate, to spread ◇ 1° étirer (la pâte), rouleau à pâtisserie 2° polir 3° laminer, étendre [Etym] 扌 446 (rad: 064b 3-13), 幹 2233 [Graph] 332f 022i 233a 413b.

攫 jué +2694 扌目目隹又 | to seize, to grab, to capture ◇ saisir, s'emparer de, capturer [Etym] 扌 446 (rad: 064b 3-20), 矍 2244 [Graph] 332f 023a 023a 436m 633a.

攖 yīng *2695 扌貝貝女 | 撄 -2624 | to run against, to assail ◇ heurter, contrarier [Etym] 扌 446 (rad: 064b 3-17), 嬰 2253 [Graph] 332f 023b 023b 611e.

擤 xǐng +2696 扌自田丌 | 揩 *2405 | to blow one's nose with the fingers ◇ se moucher [Etym] 扌 446 (rad: 064b 3-14), 鼻 2263 [Graph] 332f 023d 041a 416c.

攮 nǎng +2697 扌亠口口井𧘇 | to stab ◇ poignarder [Etym] 扌 446 (rad: 064b 3-22), 囊 2286 [Graph] 332f 031f 851a 011a 011a 436g 312h.

挽 wǎn +2698 扌免 | 輓 *10724 | 1° to draw, to pull 2° to roll up 3° to lament 4° hearse ◇ 1° tirer, traîner 2° retrousser 3° offrir des condoléances 4° corbillard [Etym] 扌 446 (rad: 064b 3-07), 免 2292 [Graph] 332f 032d.

搀 chān -2699 扌免⺀ | 攙 *2680 | 1° to support 2° to help by the arm 3° to mix ◇ 1° soutenir 2° tenir par la main 3° mêler [Etym] 扌 446 (rad: 064b 3-09), 㕚 2293 [Graph] 332f 032d 211b.

搀扶 chān fú。to support somebody with one's hand ◇ tenir quelqu'un par la main ou le bras * 2376.

揀 jiǎn *2700 扌柬 | 拣 -2502 | 1° to select, to choose 2° to pick up ◇ 1° trier, choisir 2° ramasser [Etym] 扌 446 (rad: 064b 3-09), 柬 2309 [Graph] 332f 033d.

揌 sāi +2701 扌田心 | 搴 *2601 | 1° to stop up, to block 2° to fill ◇ 1° obstruer, bloquer, bouchon 2° remplir, combler [Etym] 扌 446 (rad: 064b 3-09), 思 2316 [Graph] 332f 041a 321c.

摞 luò +2702 扌田糸 | 1° to pile up 2° to organize 3° measure-word: pile, stack ◇ 1° entasser, empiler 2° disposer, arranger 3° spécifictif: pile, tas [Etym] 扌 446 (rad: 064b 3-11), 累 2319 [Graph] 332f 041a 613d.

撂 liào +2703 扌田夂口 | to put down, to leave behind, to throw down ◇ déposer, mettre sur, faire tomber [Etym] 扌 446 (rad: 064b 3-11), 畧 2320 [Graph] 332f 041a 633e 011a.

押 yā +2704 扌甲 | 1° mortgage, pawn, pledge 2° to detain 3° to escort 4° signature, to sign 5° to arrest ◇ 1° hypothéquer, engager, otage 2° détenir, emprisonner 3° escorter 4° signer, signature [Etym] 扌 446 (rad: 064b 3-05), 甲 2329 [Graph] 332f 041b.

押金 yā jīn。deposit ◇ gage, nantissement * 1106.

押送 yā sòng。to send under escort; to escort ◇ envoyer sous escorte; escorter * 1578.

掸 dǎn -2705 扌单 | 撣 *2671、担 +2681、撢 *2717 | to dust, duster, to brush lightly ◇ épousseter, plumeau [Etym] 扌 446 (rad: 064b 3-08), 单 2334 [Graph] 332f 041g.

△ shàn | 撣 *2671 | 1° ancient name of the Dai people 2° race in Burma 3° place in Burma ◇ 1° nom ancien de la minorité Dai 2° descendance birmane 3° lieu de la Birmanie.

抽 chōu +2706 扌由 | 1° to draw out 2° to extract 3° to decrease, to shrink 4° to lash, to thrash ◇ 1° tirer 2° extraire, extorquer 3° se contracter, décroître 4° lancer [Etym] 扌 446 (rad: 064b 3-05), 由 2345 [Graph] 332f 042a.

抽烟 chōu yān。to smoke ◇ fumer * 1067.

抽屉 chōu tì。drawer ◇ tiroir * 8638.

抽象 chōu xiàng。abstract ◇ abstrait * 10385.

抻 chēn +2707 扌申 | 捵 *2641 | to pull out, to stretch ◇ étirer [Etym] 扌 446 (rad: 064b 3-05), 申 2348 [Graph] 332f 042c.

摶 tuán *2708 扌叀寸 | 抟 -2511 | to roll something into a ball ◇ rouler en boule [Etym] 扌 446 (rad: 064b 3-11), 專 2351 [Graph] 332f 042f 332b.

拽 yè +2709 扌曳 | 曳 +10735、拽 *2524 | to drag after one, to haul, to trail ◇ tirer, traîner [Etym] 扌 446 (rad: 064b 3-06), 曳 2362 [Graph] 332f 043d.

△ zhuāi | to throw, to hurl ◇ jeter, lancer.

△ zhuài |拽 *2711| to pull, to drag, to trail ◇ tirer, tirailler.

捭 bǎi +2710 扌卑 |1° to strike 2° to throw away ◇ 1° frapper 2° jeter [Etym] 扌 446 (rad: 064b 3-08), 卑 2366 [Graph] 332f 043h.

揌 zhuài *2711 扌罒非 |拽 +2709| to pull, to drag, to trail ◇ tirer, tirailler [Etym] 扌 446 (rad: 064b 3-13), 罪 2380 [Graph] 332f 051a 415b.

擇 zé (463) 扌罒土羊 |[Tra] to choose; to select ◇ choisir; distinguer [Etym] hand (1= 扌 446); vigilance (2,3,4= 睪 2381) ◇ main (1= 扌 446); investiguer (2,3,4= 睪 2381) [Graph] 332f 051a 432a 413c [Hanzi] tuo4 擇 765, ze2 zhai2 擇 2712, tuo4 擇 3617.

擇 zé *2712 扌罒土羊 |择 -2512| to choose, to select ◇ choisir, distinguer [Etym] 扌 446 (rad: 064b 3-13), 睪 2381 [Graph] 332f 051a 432a 413c.

△ zhái |择 -2512| to choose, to select ◇ choisir, sélectionner.

摆 bǎi -2713 扌罒土厶 |擺 *2714、襬 5° -6603 、襬 5° *2290| 1° to put, to arrange 2° to state 3° to assume 4° sway, wave 5° pendulum ◇ 1° mettre, disposer 2° déclarer 3° supposer 4° vague, ondulation 5° pendule [Etym] 扌 446 (rad: 064b 3-10), 罢2382 [Graph] 332f 051a 432a 612a.

摆渡 bǎi dù ∘ to cross, to ferry across ◇ passer, transporter en bac ✱ 337.

摆布 bǎi bù ∘ to manipulate, to order about ◇ manipuler, commander quelqu'un ✱ 1527.

摆设 bǎi shè ∘ knickknacks ◇ bibelot ✱ 1834.

摆动 bǎi dòng ∘ to swing, to sway ◇ osciller, balancer ✱ 5920.

摆列 bǎi liè ∘ to arrange ◇ arranger ✱ 6419.

摆架子 bǎi jià zǐ ∘ to put on airs ◇ se donner de grands airs, se pousser du col ✱ 7265 6546.

摆脱 bǎi tuō ∘ to cast off; to free oneself from ◇ se débarrasser de; se tirer de ✱ 8227.

摆事实 bǎi shì shí ∘ to present facts, do reasoning ◇ présenter les faits, raisonner ✱ 10387 7696.

擺 bǎi *2714 扌罒厶月匕匕 |摆 -2713、襬 5° -6603 、襬 5° *2290| 1° to put, to arrange 2° to state 3° to assume 4° sway, wave 5° pendulum ◇ 1° mettre, disposer 2° déclarer 3° supposer 4° vague, ondulation 5° pendule [Etym] 扌 446 (rad: 064b 3-15), 罷 2387 [Graph] 332f 051a 612a 856e 321b 321b.

擐 huàn +2715 扌罒口𧘇 |to wear ◇ porter, habiller [Etym] 扌 446 (rad: 064b 3-13), 睘 2394 [Graph] 332f 051a 012a 312h.

摽 biào +2716 扌西示 |to give a signal ◇ faire signe, indiquer [Etym] 扌 446 (rad: 064b 3-11), 票 2404 [Graph] 332f 051e 331l.

撢 dǎn *2717 扌西早 |掸 -2705、撣 *2671、担 +2681| to dust, duster, to brush lightly ◇ épousseter, plumeau [Etym] 扌 446 (rad: 064b 3-12), 覃 2411 [Graph] 332f 051e 021d.

擲 zhī *2718 扌酋大阝 |掷 -2371| to throw, to cast ◇ jeter, lancer [Etym] 扌 446 (rad: 064b 3-14), 鄭 2434 [Graph] 332f 062d 242a 634j.

△ zhì |掷 -2371| 1° to throw, to cast 2° to jump 3° to reject ◇ 1° lancer, jeter 2° sauter, sautiller 3° rejeter.

撙 zǔn +2719 扌酋寸 |1° to save, economy 2° to adjust, to regulate ◇ 1° épargner 2° ordre, modération [Etym] 扌 446 (rad: 064b 3-12), 尊 2435 [Graph] 332f 062d 332b.

摁 èn +2720 扌囗大心 |to press (with the hand or finger) ◇ presser (avec la main) [Etym] 扌 446 (rad: 064b 3-10), 恩 2445 [Graph] 332f 071a 242a 321c.

捆 kǔn +2721 扌囗木 |綑 *6283| 1° to bind, to tie up, knot 2° bunch 3° measure-word: bundle ◇ 1° lier, ficeler, botteler, nouer, attacher, noeud 2° botte, gerbe, liasse 3° spécificatif [Etym] 扌 446 (rad: 064b 3-07), 困 2446 [Graph] 332f 071a 422a.

掴 guāi -2722 扌囗玉 |摑 *2723| to slap, to smack ◇ souffleter, donner une tape à, gifler [Etym] 扌 446 (rad: 064b 3-08), 国 2449 [Graph] 332f 071a 432o.

△ guó |摑 *2723| to slap, to smack ◇ souffleter, gifler.

摑 guāi *2723 扌囗戈口一 |掴 -2722| to slap, to smack ◇ souffleter, donner une tape à, gifler [Etym] 扌 446 (rad: 064b 3-11), 國 2450 [Graph] 332f 071a 512b 011a ac:z.

△ guó |掴 -2722| to slap, to smack ◇ souffleter, gifler.

擅 shàn +2724 扌亩口旦一 |1° to usurp 2° to assume 3° to be expert in 4° to dare ◇ 1° s'arroger 2° présumer 3° exceller à 4° oser, se permettre de [Etym] 扌 446 (rad: 064b 3-13), 亶 2460 [Graph] 332f 071b 011a 021a ac:z.

擅长 shàn cháng ∘ t be good at; to be expert in; skilled ◇ être expert en, être habile à, être fort en ✱ 2139.

捣 dǎo -2725 扌鸟山 |搗 *2727、擣 *2446| to pound, to smash ◇ piler, écraser [Etym] 扌 446 (rad: 064b 3-07), 岛 2493 [Graph] 332f Z22d 841b.

捣乱 dǎo luàn ∘ to unrest, to disorder ◇ perturber, troubler ✱ 9823.

摀 wǔ *2726 扌烏 |捂 +2569| 1° to seal, to cover 2° to oppose, to resist ◇ 1° couvrir, cacher 2° résister, s'opposer [Etym] 扌 446 (rad: 064b 3-10), 烏 2495 [Graph] 332f Z22f.

搗 dǎo *2727 扌鳥山 |捣 -2725、擣 *2446| to pound, to smash ◇ piler, écraser [Etym] 扌 446 (rad: 064b 3-10), 島 2499 [Graph] 332f Z22g 841b.

拋 pāo *2728 扌九力 |抛 -2399| 1° to throw, to fling 2° to reject, to cast off ◇ 1° jeter, lancer 2° abandonner, retrancher [Etym] 扌 446 (rad: 064b 3-05), 拋 451 [Graph] 332f Z32b 732f.

执 zhí (464) 扌丸 |[Tra] to hold ◇ tenir [Etym] modern simplified form of (執 838) ◇ forme simplifiée moderne de (執 838) [Graph] 332f Z32c [Ref] r266, w44a [Hanzi] xie4 亵 2143, zhi2 执 2729,

re4 热 2730, zhi4 挚 2731, dian4 垫 2732, zhi2 絷 2733, shi4 势 2734, zhi4 贽 2735, zhe2 蛰 2736, zhi4 鸷 2737.

执 zhí -2729 扌丸 | 執 *4798 | 1° to hold, to grasp 2° to manage 3° to persist 4° to carry out 5° to capture 6° receipt 7° surname ◇ 1° prendre ou tenir en main 2° administrer, diriger 3° persister, s'obstiner, tenace 4° exécuter 5° retenir un prisonnier, capturer 7° reçu 8° nom de famille [Etym] 扌 446 (rad: 064b 3-03), 执 464 [Graph] 332f Z32c.

热 rè -2730 扌丸灬 | 熱 *5059 | 1° heat 2° hot, warm 3° to warm, to heat up 4° fever 5° ardent 6° craze 7° eager, envious 8° popular, in great demand 9° thermal ◇ 1° chaleur 2° chaud 3° chauffer 4° fièvre 5° ardent, chaleureux 6° emporté, excité, vif 7° envieux 8° en grande demande, populaire 9° thermal [Etym] 灬 130 (rad: 086b 4-06), 执 464 [Graph] 332f Z32c 222d.

热泪 rè lèi ◦ to weep bitterly ◇ à chaudes larmes * 550.

热爱 rè ài ◦ to love ardently ◇ amour ardent, adorer * 712.

热心 rè xīn ◦ eager, warm ◇ emporté, chaleureux, zèle, enthousiasme * 2177.

热水 rè shuǐ ◦ hot water ◇ eau chaude * 2299.

热水瓶 rè shuǐ píng ◦ thermos bottle ◇ thermos * 2299 4054.

热恋 rè liàn ◦ to be passionately in love ◇ s'aimer passionnément, amour fou * 2758.

热情 rè qíng ◦ enthusiastic, warm ◇ enthousiaste, chaleureux, ardent, ardeur * 3261.

热带 rè dài ◦ tropical zone ◇ zone tropicale * 4039.

热烈 rè liè ◦ warm, ardent ◇ chaleureux, brûlant * 6420.

热度 rè dù ◦ temperature, fever ◇ température, fièvre * 6919.

热闹 rè nào ◦ animated ◇ animé, effervescence, animation * 8032.

挚 zhì -2731 扌丸手 | 摯 *4799 | 1° sincere, earnest 2° to grasp, to hold, to offer up 3° to insist ◇ 1° sincère, ardent 2° saisir, tenir, présenter 4° pousser [Etym] 手 465 (rad: 064a 4-06), 执 464 [Graph] 332f Z32c 332g.

垫 diàn -2732 扌丸土 | 墊 *4800 | 1° to fill up, to make good 2° to advance money 3° pad ◇ 1° combler, caler 2° payer, avancer de l'argent 3° coussinet [Etym] 土 826 (rad: 032a 3-06), 执 464 [Graph] 332f Z32c 432a.

垫子 diàn zǐ ◦ cushion ◇ coussin * 6546.

絷 zhí -2733 扌丸糸 | 縶 *4801 | 1° to tie up 2° to arrest 3° to incarcerate ◇ 1° attacher 2° arrêter 3° emprisonner [Etym] 糸 1185 (rad: 120a 6-06), 执 464 [Graph] 332f Z32c 613d.

势 shì -2734 扌丸力 | 勢 *5060 | 1° power, influence, authority 2° momentum, tendency 3° outward appearances (scenery) 4° circumstances 5° sign, gesture 6° male genitals ◇ 1° force, pouvoir, influence 2° intensité, puissance, énergie, potentiel 3° aspects externes (paysage) 4° circonstances 5° geste, manière 6° organes génitaux mâles [Etym] 力 1489 (rad: 019a 2-06), 执 464 [Graph] 332f Z32c 732f.

势必 shì bì ◦ to be bound to; undoubtedly ◇ inévitablement, nécessairement, immanquablement * 2179.

势力 shì lì ◦ force, power, influence ◇ influence, puissance * 7259.

贽 zhì -2735 扌丸贝 | 贄 *4802 | present, offerings, gifts ◇ présent, cadeau [Etym] 贝 1796 (rad: 154s 4-06), 执 464 [Graph] 332f Z32c 854b.

蛰 zhé -2736 扌丸虫 | 蟄 *4803 | 1° to hibernate 2° to become torpid ◇ 1° hiberner 2° torpeur hivernale [Etym] 虫 2282 (rad: 142a 6-06), 执 464 [Graph] 332f Z32c 031d.

鸷 zhì -2737 扌丸鸟 | 鷙 *4804 | 1° birds of prey 2° ferocious ◇ 1° oiseaux rapaces 2° féroce [Etym] 鸟 2494 (rad: 196s 5-06), 执 464 [Graph] 332f Z32c Z22e.

投 tóu +2738 扌几又 | 1° to throw at, to hurl 2° to cast, to project 3° to deliver 4° to join 5° to agree 6° to have recourse to 7° to drown oneself ◇ 1° jeter, lancer 2° projeter 3° livrer 4° joindre 5° concorder 6° concourir 7° se jeter dans [Etym] 扌 446 (rad: 064b 3-04), 殳 2519 [Graph] 332f Z33a 633a.

投资 tóu zī ◦ to invest; investment ◇ investir des fonds, investissement * 11.

投入 tóu rù ◦ to throw into; to put into ◇ se jeter dans, se plonger dans * 1082.

投会 tóu huì ◦ occasion ◇ occasion * 1382.

投机 tóu jī ◦ speculation ◇ spéculation; être d'accord, du même avis * 4478.

投稿 tóu gǎo ◦ to submit a piece of writing ◇ envoyer un article à; présenter un manuscrit * 4573.

投降 tóu xiáng ◦ to surrender ◇ capituler, se soumettre, se rendre * 6760.

投产 tóu chǎn ◦ to put into production ◇ être mis en production (produit) * 6991.

投案 tóu àn ◦ to surrender to the police ◇ se rendre à la justice * 7749.

投票 tóu piào ◦ to vote, to drop one's ballot ◇ voter, mettre son bulletin de vote, donner sa voix * 10812.

投递 tóu dì ◦ to deliver; to put in ◇ envoyer, remettre, transmettre * 11278.

抗 kàng +2739 扌亢 | 1° to resist, to oppose, to fight 2° to refuse 3° prefix anti- 4° to hide ◇ 1° résister à, s'opposer à 2° refuser 3° préfixe anti- 4° cacher [Etym] 扌 446 (rad: 064b 3-04), 亢 2529 [Graph] 332f Z33d.

抗议 kàng yì ◦ protest ◇ protester; protestation * 1709.

搦 nuò +2740 扌弓弓 | to catch hold, to hold in the hand ◇ saisir, tenir dans la main [Etym] 扌 446 (rad: 064b 3-10), 弱 2548 [Graph] 332f Z42b Z42b.

拂 fú +2741 扌弗 | 1° to wipe off, to brush away 2° to oppose 3° to stroke ◇ 1° s'opposer 2° essuyer 3° effleurer [Etym] 扌 446 (rad: 064b 3-05),

弗2553 [Graph] 332f Z42g.

掗 yà *2742 | 挜 -2459 | compulsory giving or selling to someone ◇ donner ou vendre par impulsion [Etym] 扌446 (rad: 064b 3-08), 亞2559 [Graph] 332f Z51f.

拇 mǔ +2743 | [Etym] 扌446 (rad: 064b 3-05), 母2564 [Graph] 332f Z61a.

拇指 mǔ zhǐ ∘ thumb, big toe ◇ pouce, gros orteil ✱ 2394.

掼 guàn -2744 | 摜 *2745 | 1° to fling, to hurl, to lift 2° to let drop 3° to be familiar with ◇ 1° lancer avec force par terre 2° jeter, laisser tomber 3° avoir l'habitude de [Etym] 扌446 (rad: 064b 3-08), 贯2570 [Graph] 332f Z61e 854b.

摜 guàn *2745 | 掼 -2744 | 1° to fling, to hurl, to lift 2° to let drop 3° to be familiar with ◇ 1° lancer avec force par terre 2° jeter, laisser tomber 3° avoir l'habitude de [Etym] 扌446 (rad: 064b 3-11), 貫2571 [Graph] 332f Z61e 023b.

摟 lōu *2746 | 搂 -2435 | 1° to gather up, to rake 2° to hold up 3° to extort (money) 4° to pull ◇ 1° ramasser, ratisser 2° relever 3° extorquer (de l'argent) 4° attirer, tirer, se donner l'avantage sur quelqu'un [Etym] 扌446 (rad: 064b 3-10), 婁2572 [Graph] 332f Z61f 611e.

△ lǒu | 搂 -2435 | to embrace, to hold in one's arms ◇ embrasser, étreindre, attirer à soi.

擻 sǒu *2747 | 擞 -2436 | See ◇ Voir 抖擞 dou3-sou3 2418-2436 [Etym] 扌446 (rad: 064b 3-14), 數2573 [Graph] 332f Z61f 611e 243c.

△ sòu | 擞 -2436 | to shake, to tremble ◇ agiter, secouer.

手 shǒu (465) | [Tra] hand ◇ main [Etym] left hand seen full face (prim) ◇ la main gauche vue de face (prim) [Graph] 332g [Ref] w35a [Hanzi] shou3 手2748, pa2 掱2749, bai4 拜3442, bai1 掰3444, pan1 攀4125, cheng2 承6562, ma1 mo2 摩6899, zhang3 掌7866 [Rad] 064a.

手 shǒu +2748 | 1° hand 2° to hold 3° handy 4° personally 5° workman 6° skill ◇ 1° main 2° tenir, prendre en main 3° pratique 4° personnellement 5° artisan 6° talent [Etym] 手465 (rad: 064a 4-00), [Graph] 332g.

手套 shǒu tào ∘ glove ◇ gant ✱ 1551.

手心 shǒu xīn ∘ palm (hand) ◇ paume ✱ 2177.

手指 shǒu zhǐ ∘ finger ◇ doigt ✱ 2394.

手提包 shǒu tí bāo ∘ handbag ◇ sac à main ✱ 2685 7911.

手段 shǒu duàn ∘ means, method; trick ◇ moyen, tour, truc; procédé douteux, passe-passe ✱ 3425.

手艺 shǒu yì ∘ craftsmanship ◇ habileté manuelle ✱ 4026.

手枪 shǒu qiāng ∘ revolver, gun ◇ revolver, pistolet ✱ 4107.

手杖 shǒu zhàng ∘ cane, walking stick ◇ canne ✱ 4130.

手榴弹 shǒu liú dàn ∘ hand grenade ◇ grenade à main ✱ 4408 11271.

手稿 shǒu gǎo ∘ manuscript ◇ manuscrit ✱ 4422.

手术 shǒu shù ∘ surgical operation ◇ opération chirurgicale ✱ 4595.

手工 shǒu gōng ∘ handwork; manual ◇ travail fait à la main ✱ 4698.

手工艺 shǒu gōng yì ∘ handicraft art ◇ art artisanal, métier d'art ✱ 4698 4026.

手工业 shǒu gōng yè ∘ handicraft industry ◇ artisanat ✱ 4698 5328.

手表 shǒu biǎo ∘ arm watch ◇ montre-bracelet ✱ 5250.

手续 shǒu xù ∘ procedures, formalities ◇ formalités ✱ 5950.

手纸 shǒu zhǐ ∘ toilet paper ◇ papier hygiénique ✱ 5990.

手绢 shǒu juàn ∘ handkerchief ◇ mouchoir ✱ 6063.

手绢儿 shǒu juàn ér ∘ handkerchief ◇ mouchoir ✱ 6063 2194.

手掌 shǒu zhǎng ∘ palm (hand) ◇ paume ✱ 7866.

手巾 shǒu jīn ∘ towel ◇ serviette de toilette ✱ 8377.

手帕 shǒu pà ∘ handkerchief ◇ mouchoir ✱ 8408.

手臂 shǒu bì ∘ arm ◇ bras ✱ 8655.

手电 shǒu diàn ∘ flashlight ◇ lampe de poche ✱ 10734.

手电筒 shǒu diàn tǒng ∘ flashlight ◇ lampe de poche ✱ 10734 874.

手风琴 shǒu fēng qín ∘ accordion ◇ accordéon ✱ 11212 5114.

掱 pá (466) | [Tra] pickpocket ◇ pickpocket [Etym] three hands (手465) ◇ trois mains (手465) [Graph] 332g 332g 332g [Hanzi] pa2 掱2749.

掱 pá +2749 | [Etym] 手465 (rad: 064a 4-08), 掱466 [Graph] 332g 332g 332g.

掱手 pá shǒu ∘ pickpocket ◇ voler à la tire ✱ 2748.

刂 333

归 guī (467) | [Tra] to return; restore ◇ retrouner à; rendre [Etym] modern simplified form of (歸2020) ◇ forme simplifiée moderne de (歸2020) [Graph] 333a 832a [Ref] w52a, wi88, wi180, wi455 [Hanzi] gui1 归2750, kui1 岿7511.

归 guī +2750 | 歸 *8734 | 1° to return, to go back 2° to give back to, to send back, to restore 3° to converge, to come together 4° to belong to 5° division on the abacus 6° surname ◇ 1° retourner à 2° rendre 3° se rassembler 4° appartenir à, ressortir de 5° division en se servant d'un boulier 6° nom propre [Etym] 彐 1565 (rad: 058c 3-02), 归 467 [Graph] 333a 832a.

归还 guī huán ∘ to return; to give back ◇ rendre, remettre, restituer * 4072.

归案 guī àn ∘ to bring to justice ◇ traduire quelqu'un devant la justice * 7749.

帅 shuài (468) 刂巾 [Tra] leader; smart ◇ commander; séduisant [Etym] modern simplified form of (帥 2022) ◇ forme simplifiée moderne de (帥 2022) [Graph] 333a 858a [Ref] k187, ph214, r11f, w60i, wa7 [Hanzi] shuai4 帅 2751.

帅 shuài -2751 刂巾 帥 *8736 1° commander-in-chief 2° leader, to give order 3° beautiful, smart 4° chief piece (Chinese chess) 5° surname ◇ 1° général en chef 2° commander, mener 3° beau, séduisant 4° pièce maîtresse (échec chinois) 5° nom propre [Etym] 巾 1886 (rad: 050a 3-02), 帅 468 [Graph] 333a 858a.

师 shī (469) 刂帀 [Tra] master; troop ◇ maître, sage, légion [Etym] modern simplified form of (師 2023) ◇ forme simplifiée moderne de (師 2023) [Graph] 333a 858d [Hanzi] shi1 浉 146, shai1 筛 766, shi1 师 2752, shi1 狮 5610, si1 蛳 10219, shi1 鲺 10472.

师 shī -2752 刂帀 師 *8737 1° teacher, master 2° model, example 3° skilled 4° sage 5° army, troops, division, legion 6° proper noun ◇ 1° maître, enseignant 2° modèle, exemple 3° artisan qualifié 4° sage 5° armée, troupe, division 6° nom propre [Etym] 巾 1886 (rad: 050a 3-03), 师 469 [Graph] 333a 858d.

师长 shī zhǎng ∘ major-general ◇ général de division * 2139.

师傅 shī fù ∘ master ◇ maître * 3014.

师范 shī fàn ∘ teachers training college ◇ école normale * 3527.

师生 shī shēng ∘ teacher and pupil ◇ enseignant et élève * 5286.

刂 dāo (470) 刂 [Tra] knife ◇ couteau [Etym] contraction of (刀 1477) ◇ forme abrégée de (刀 1477) [Graph] 333b [Hanzi] zhao1 釗 1154, zhao1 钊 1937, bian4 辨 3411, kuai3 蒯 3884, qian2 前 8261, zhi4 制 8497, shua1 shua4 刷 8642, liu2 劉 8819 [Rad] 018b.

亦 yì (471) 亦 [Tra] also, moreover ◇ aussi, de plus [Etym] man with marks on his sides (prim) -> contact, also ◇ un homme avec des marques sur côtés (prim) -> de plus, et [Graph] 333d [Hanzi] yi4 亦 2753, yi4 奕 2754, yi4 弈 2755, ji1 迹 2756, ji1 跡 9312.

亦 yì +2753 亦 1° also, moreover 2° it is fitting to ◇ 1° aussi, de plus 2° il convient de [Etym] 亠 2 (rad: 008a 2-04), 亦 471 [Graph] 333d.

奕 yì +2754 亦大 1° great 2° fine 3° in order ◇ 1° grand 2° beau 3° en ordre [Etym] 大 257 (rad: 037a 3-06), 亦 471 [Graph] 333d 242a.

弈 yì +2755 亦廾 to play chess ◇ échecs, jouer aux échecs [Etym] 廾 701 (rad: 055a 3-06), 亦 471 [Graph] 333d 416e.

迹 jī +2756 亦辶 跡 蹟 *9312、*9333 1° chess 2° mark, trace 3° remains, vestige 4° indication, to follow a model ◇ 1° échecs 2° empreintes de pas 3° vestige 4° suivre l'exemple de [Etym] 辶 1346 (rad: 162b 3-06), 亦 471 [Graph] 333d 634o.

迹象 jī xiàng ∘ sign, indication ◇ signe, indication, indice * 10385.

亦 luàn (472) 亦 [Tra] trouble and order ◇ trouble et ordre [Etym] modern simplified form of (䜌 1193) ◇ forme simplifiée moderne de (䜌 1193) [Graph] 333e [Hanzi] luan2 銮 2757, lian4 恋 2758, luan2 挛 2759, luan2 栾 2760, luan2 娈 2761, bian4 变 2762, luan2 孪 2763, luan2 峦 2764, luan2 脔 2765, man2 蛮 2766, luan2 鸾 2767, wan1 弯 2768.

銮 luán -2757 亦人金 鑾 *6240 1° tinkling little bells 2° imperial cars 3° term of respect ◇ 1° grelots, clochettes 2° char impérial 3° terme de respect [Etym] 金 196 (rad: 167a 8-06), 亦 472 [Graph] 333e 233a 432q.

恋 liàn +2758 亦心 戀 *6242 ardent love, to long for, to dot on ◇ attachement, passion, aimer éperdument [Etym] 心 397 (rad: 061a 4-06), 亦 472 [Graph] 333e 321c.

恋爱 liàn ài ∘ to love, to be in love ◇ être ou tomber amoureux, aimer, s'éprendre; amour * 712.

挛 luán -2759 亦手 攣 *6243 1° contraction 2° to bind, to tie ◇ 1° contraction 2° lier, connexion [Etym] 手 465 (rad: 064a 4-06), 亦 472 [Graph] 333e 332g.

栾 luán (473) 亦木 [Tra] golden rain tree ◇ espèce d'arbre [Etym] wood (2= 木 723); phon (1= 亦 472, 䜌 1193) ◇ bois (2= 木 723); phon (1= 亦 472, 䜌 1193) [Graph] 333e 422a [Ref] k463, r45g, w6a [Hanzi] luan2 滦 147, luan2 栾 2760.

栾 luán +2760 亦木 欒 *6244 1° golden rain tree 2° surname ◇ 1° espèce d'arbre 2° nom propre [Etym] 木 723 (rad: 075a 4-06), 亦 472 [Graph] 333e 422a.

娈 luán -2761 亦女 孌 *6245 nice, amiable, beautiful ◇ joli, aimable, beau [Etym] 女 1122 (rad: 038a 3-06), 亦 472 [Graph] 333e 611e.

变 biàn -2762 亦又 變 *6241 to change, to transform, to metamorphose ◇ changer, transformer, métamorphose [Etym] 亠 2 (rad: 008a 2-06), 亦 472 又 1271 [Graph] 333e 633a.

变化 biàn huà ∘ to change, transformation ◇ se transformer, changer * 2834.

变成 biàn chéng ∘ to transform; to become ◇ se transformer en; devenir * 5550.

变质 biàn zhì ∘ to go bad, to degenerate ◇ dénaturer, dégénérer ∗ 7194.

孪 luán (474) 亦子 |[Tra] twins ◇ jumeaux [Etym] modern simplified form of (孿 1195) ◇ forme simplifiée moderne de (孿 1195) [Graph] 333e 634d [Ref] k1248, r6, w77b, wa46 [Hanzi] luan2 孪 2763.

孪 luán -2763 孿 *6246 亦子 | twins ◇ jumeaux [Etym] 子 1303 (rad: 039a 3-06), 亦 472 [Graph] 333e 634d.

峦 luán -2764 巒 *6247 亦山 | low and pointed peaks of a hill, range of mountains ◇ chaîne de montagnes sinueuse, pic peu élevé [Etym] 山 1611 (rad: 046a 3-06), 亦 472 [Graph] 333e 841b.

脔 luán -2765 臠 *6248 亦肉 | 1° sliced meat, minced meat 2° thin ◇ 1° viande découpée, hachis 2° mince [Etym] 肉 1920 (rad: 130a 6-06), 亦 472 [Graph] 333e 859b.

蛮 mán -2766 蠻 *6249 亦虫 | 1° fierce, rough, reckless 2° minorities of south China 3° quite ◇ 1° sauvage, barbare 2° ethnies du sud de la Chine 3° assez, tout à fait [Etym] 虫 2282 (rad: 142a 6-06), 亦 472 [Graph] 333e 031d.

蛮横 mán hèng ∘ arbitrary, peremptory ◇ brutal, arbitraire ∗ 4233.

鸾 luán -2767 鸞 *6250 亦鸟 | male argus pheasant ◇ faisan argus mâle [Etym] 鸟 2494 (rad: 196s 5-06), 亦 472 [Graph] 333e Z22e.

弯 wān (475) 亦弓 |[Tra] to bend; crooked ◇ courber; arquer [Etym] bow (2= 弓 2534); `phon (1= 亦 472, 䜌 1193) ◇ arc (2= 弓 2534); phon (1= 亦 472, 䜌 1193) [Graph] 333e Z42a [Ref] r70, w25a, wi3, wi17 [Hanzi] wan1 湾 148, wan1 弯 2768.

弯 wān -2768 彎 *6251 亦弓 | 1° to bend, crooked, arched, to draw a bow 2° to turn ◇ 1° courber, arqué, bander 2° tourner [Etym] 弓 2534 (rad: 057a 3-06), 亦 472 [Graph] 333e Z42a.

弯路 wān lù ∘ detour, round-about way ◇ détour, déviation; effort inutile ∗ 9353.

弯曲 wān qū ∘ winding, meandering, crooked ◇ courbé, sinueux, tortueux ∗ 10829.

丨 411

丨 gǔn (476) 丨 |[Tra] vertical stroke ◇ trait vertical [Etym] vertical stroke (prim) ◇ trait vertical (prim) [Graph] 411a [Ref] h906, r191, w25g [Hanzi] jiu4 旧 2769, ya1 丫 3184, feng1 丰 3480, lin2 临 3499, shu1 书 7291, zhong1 zhong4 中 10183, chuan4 串 10388, yin3 引 11250 [Rad] 002a.

旧 jiù +2769 舊 *3712 丨日 | 1° past, old, bygone 2° used 3° former 4° old friendship ◇ 1° passé, vieux 2° usagé 3° ancien 4° vieille amitié [Etym] 日 2169 (rad: 072a 4-01), 丨 476 [Graph] 411a 021a.

旧式 jiù shì ∘ old type ◇ mode ancienne, ancien style ∗ 5509.

旧案 jiù àn ∘ a long-pending case; old regulations or practice ◇ un procès qui traîne; règlements anciens ∗ 7749.

旧时 jiù shí ∘ old times, old days ◇ l'ancien temps, le passé ∗ 9861.

竹 zhú (477) 𠂉𠂉 |[Tra] bamboo ◇ bambou [Etym] bamboo (1,2=prim); (> ⺮ 131) ◇ bambou (1,2=prim); (> ⺮ 131) [Graph] 411d 331e [Ref] k1305, w25f, w60h, wi216 [Hanzi] zhu2 竹 2770 [Rad] 118a.

竹 zhú +2770 𠂉𠂉 | bamboo ◇ bambou [Etym] 竹 477 (rad: 118a 6-00), [Graph] 411d 331e.

竹笋 zhú sǔn ∘ bamboo sprout ◇ pousse de bambou ∗ 852.

竹子 zhú zǐ ∘ bamboo ◇ bambou ∗ 6546.

亻 rén (478) 亻 |[Tra] human being ◇ être humain [Etym] contracted form of (人 170) ◇ forme contractée de (人 170) [Graph] 411e [Hanzi] hou2 hou4 侯 2811, hua1 hua1 hua4 化 2834, hou4 候 3103, xiu1 修 3105, shu1 倏 3107, shu1 儵 3113, ju4 ju4 聚 5461 [Rad] 009b.

仁 rén (479) 亻二 |[Tra] humanity ◇ bienveillance [Etym] good relation between two (2= 二 4) men (1= 亻 478) ◇ les bons rapports entre deux (2= 二 4) hommes (1= 亻 478) {humanisme} [Graph] 411e 111b [Ref] k79, r26c, w59h, wa153 [Hanzi] ren2 仁 2771, ning4 佞 2772.

仁 rén +2771 亻二 | 1° benevolence, humanity 2° sensitive 3° perfection 4° kernel ◇ 1° vertu d'humanité, bienveillance 2° sensible 3° perfection 4° noyau, graine, pépin [Etym] 亻 478 (rad: 009b 2-02), 仁 479 [Graph] 411e 111b.

仁爱 rén ài ∘ kindheartedness ◇ bienveillance ∗ 712.

仁慈 rén cí ∘ benevolent, kind ◇ bienveillant, bon ∗ 6313.

佞 nìng +2772 亻二女 | cunning, insinuating, flattering ◇ rusé, beau parleur, flatteur [Etym] 亻 478 (rad: 009b 2-05), 佞 501 [Graph] 411e 111b 611e.

仨 sā +2773 亻三 | three ◇ trois [Etym] 亻 478 (rad: 009b 2-03), 三 5 [Graph] 411e 111c.

佽 cì +2774 亻冫欠 | 1° to be fit for, active 2° to help ◇ 1° apte, convenable 2° aider [Etym] 亻 478 (rad: 009b 2-06), 次 8 [Graph] 411e 121a 232b.

位 wèi (480) 亻立 |[Tra] dignity ◇ dignité [Etym] man (1= 亻 478) standing (2= 立 80) {social rank} ◇ un homme (1= 亻 478) debout (2= 立 80) {rang social} [Graph] 411e 221a [Ref] k46, ph196, w25e, wi647, wi791 [Hanzi] li4 涖 149, wei4 位 2775, li4 莅 3618.

位 wèi +2775 亻立 | 1° place, location 2° position 3° seat, throne 4° figure, digit 5° condition, dignity 6° measure-word (person) ◇ 1° endroit, lieu 2° situation 3° siège, trône 4° chiffre

5° condition, dignité 6° spécificatif (personne) [Etym] 亻 478 (rad: 009b 2-05), 位 480 [Graph] 41le 221a.

位于 wèi yú ∘ to lie, to be located or situated ◇ se trouver, se placer, être situé ✱ 2306.

位子 wèi zǐ ∘ seat, place ◇ place, siège ✱ 6546.

位置 wèi zhì ∘ place; position ◇ situation, position, place, poste ✱ 10793.

儱 lǒng *2776 亻立月𠂤 | See ◇ Voir 笼 755 [Etym] 亻 478 (rad: 009b 2-17), 龍 86 [Graph] 41le 221a 856e Z41b.

倍 bèi (481) 亻立口 | [Tra] to multiply; times ◇ multiplier; fois [Etym] man (1= 亻 478); to interrupt (2,3= 咅 87) ◇ homme (1= 亻 478); interrompre (2,3= 咅 87) [Graph] 41le 221a 011a [Ref] k93, ph64, r44b, r430, w30d, wa140, wi488, wi519 [Hanzi] bei4 倍2777, bei4 蓓 3619.

倍 bèi +2777 亻立口 | 1° times, -fold, to multiply 2° double ◇ 1° fois, multiplicatif 2° doubler [Etym] 亻 478 (rad: 009b 2-08), 咅 87 [Graph] 41le 221a 011a.

億 yì *2778 亻立日心 | 亿 -3091 | 1° hundred million 2° numberless ◇ 1° cent millions 2° infinité [Etym] 亻 478 (rad: 009b 2-13), 意 93 [Graph] 41le 221a 021a 321c.

僮 tóng +2779 亻立里 | slave boy, male servant ◇ garçon, domestique [Etym] 亻 478 (rad: 009b 2-12), 童 99 [Graph] 41le 221a 043j.

△ zhuàng | 1° slave boy 2° former name of Zhuangzu, an ethnic minority ◇ 1° garçon, domestique 2° nom d'une minorité nationale, Zhuangzu.

倸 cǎi *2780 亻爫木 | 睬 -10019 | to take notice ◇ observer, remarquer [Etym] 亻 478 (rad: 009b 2-08), 采 106 [Graph] 41le 221d 422a.

傒 xī +2781 亻爫幺大 | worried, vexed ◇ anxieux [Etym] 亻 478 (rad: 009b 2-10), 奚 111 [Graph] 41le 221d 613c 242a.

俘 fú +2782 亻爫子 | 1° prisoner of war, captive 2° to capture, to take prisoner ◇ 1° prisonnier, captif 2° capturer [Etym] 亻 478 (rad: 009b 2-07), 孚 114 [Graph] 41le 221d 634d.

俘虏 fú lǔ ∘ to take prisoner ◇ capturer et emprisonner ✱ 7162.

僞 wěi *2783 亻爫爲 | 伪 -2957 、偽 *2958 | 1° false, bogus 2° counterfeit 3° puppet ◇ 1° faux 2° fourberie 3° fantoche [Etym] 亻 478 (rad: 009b 2-12), 爲 116 [Graph] 41le 221d 732i.

傜 yáo *2784 亻爫缶 | 徭 +3118 、繇 +706 | 1° forced labor, corvees 2° duty ◇ 1° corvée 2° taxe [Etym] 亻 478 (rad: 009b 2-10), 䍃 119 [Graph] 41le 221d 841c.

伙 huǒ +2785 亻火 | 夥 +10751 | 1° board, utensils, meals 2° partnership, company 3° group, band, crowd 4° to join ◇ 1° couvert, ustensiles, repas 2° compagnon, compagnie 3° groupe, foule 4° joindre [Etym] 亻 478 (rad: 009b 2-04), 火 156 [Graph] 41le 231b.

伙食 huǒ shí ∘ food ◇ nourriture, aliment, cuisine ✱ 1480.

伙计 huǒ jì ∘ shop assistant ◇ garçon de service ✱ 1719.

伙伴 huǒ bàn ∘ companion, pal, partner ◇ compagnon, camarade, copain ✱ 2857.

伙房 huǒ fáng ∘ kitchen ◇ cuisine ✱ 8693.

俭 jiǎn -2786 亻人䒑业 | 儉 *2797 | 1° frugal, economical 2° little, not much ◇ 1° parcimonieux, économe 2° peu [Etym] 亻 478 (rad: 009b 2-07), 佥 183 [Graph] 41le 233a ac:a 221b.

俭朴 jiǎn pǔ ∘ economical; simple; frugal ◇ économe et simple, sobre ✱ 4155.

伦 lún -2787 亻人匕 | 倫 *2795 | 1° human relations 2° logic, order 3° peer 4° moral principles ◇ 1° loi et relations naturelles, relations sociales 2° logique 3° de même classe 4° ordre moral [Etym] 亻 478 (rad: 009b 2-04), 仑 186 [Graph] 41le 233a 321b.

伦巴 lún bā ∘ rumba ◇ rumba ✱ 8730.

价 jià +2788 亻人儿 | 價 *3086 | 1° price, value 2° valence ◇ 1° prix, valeur 2° valence [Etym] 亻 478 (rad: 009b 2-04), 介 191 [Graph] 41le 233a 416a.

价钱 jià qián ∘ price ◇ prix, coût ✱ 1995.

价值 jià zhí ∘ value, worth ◇ valeur ✱ 3017.

价格 jià gé ∘ price ◇ prix ✱ 4282.

△ jiè | messenger ◇ messager.

△ jie | 價 *3086 | 1° good, virtuous 2° to serve, servant ◇ 1° bon, vertueux 2° servir, valet.

佺 quán +2789 亻人王 | personal name ◇ prénom [Etym] 亻 478 (rad: 009b 2-06), 全 195 [Graph] 41le 233a 432e.

侩 kuài -2790 亻人云 | 儈 *2798 | broker, middleman ◇ courtier, revendeur [Etym] 亻 478 (rad: 009b 2-06), 会 201 [Graph] 41le 233a 612d.

伶 líng -2791 亻人々 | 伶 *2793 | 1° actor, actress (in the old days) 2° witty, bright 3° lonely 4° surname ◇ 1° acteur de profession, musicien de la cour 2° vif d'esprit, intelligent 3° seul 4° nom propre [Etym] 亻 478 (rad: 009b 2-05), 令208 [Graph] 41le 233a 632b.

伶俐 líng lì ∘ clever, active, bright ◇ vif, adroit, ingénieux ✱ 2869.

伶俜 líng pīng ∘ lonesome, lonely ◇ solitaire ✱ 3070.

伧 cāng -2792 亻人巳 | 傖 *2796 | 1° worthless fellow 2° rude ◇ 1° misérable, mauvais sujet 2° vulgaire [Etym] 亻 478 (rad: 009b 2-04), 仓 210 [Graph] 41le 233a 733a.

△ chen | 傖 *2796 | 1° ugly 2° shabby ◇ 1° laid 2° minable.

伶 líng *2793 亻人一卩 | 伶 -2791 | 1° actor, actress (in the old days) 2° witty, bright 3° lonely 4° surname ◇ 1° acteur de profession, musicien de la cour 2° vif d'esprit, intelligent 3° seul 4° nom propre [Etym] 亻 478 (rad: 009b 2-05), 令211 [Graph] 411e 233a ac:a 734a.

偷 tōu +2794 | 媮5° *5734 | 1° to steal 2° clandestine, on the sly 3° fraudulent 4° to peek 5° ease, to take time ◇ 1° voler, dérober 2° en cachette, furtivement 3° fraude 4° épier 5° aise, prendre son temps [Etym] 亻 478 (rad: 009b 2-09), 俞213 [Graph] 411e 233a ac:a 856e 333b.

偷盗 tōu dào ∘ to steal, to rob ◇ cambrioler, voler, dérober * 12.

偷偷 tōu tōu ∘ secretly, stealthily ◇ en cachette, en secret, à la dérobée, à l'insu de * 2794.

偷懒 tōu lǎn ∘ to be lazy ◇ paresser, fainéanter * 3373.

偷安 tōu ān ∘ to seek temporary ease ◇ recherche un soulagement temporaire * 7748.

偷窃 tōu qiè ∘ to steal ◇ voler, cambrioler * 7803.

倫 lún *2795 | 伦 -2787 | 1° human relations 2° logic, order 3° peer 4° moral principles ◇ 1° loi et relations naturelles, relations sociales 2° logique 3° de même classe 4° ordre moral [Etym] 亻 478 (rad: 009b 2-08), 侖215 [Graph] 411e 233a ac:a 856j.

傖 cāng *2796 | 伧 -2792 | 1° worthless fellow 2° rude ◇ 1° misérable, mauvais sujet 2° vulgaire [Etym] 亻 478 (rad: 009b 2-10), 倉217 [Graph] 411e 233a 931h 011a.

△ chen | 伧 -2792 | 1° ugly 2° shabby ◇ 1° laid 2° minable.

儉 jiǎn *2797 | 俭 -2786 | 1° frugal, economical 2° little, not much ◇ 1° parcimonieux, économe 2° peu [Etym] 亻 478 (rad: 009b 2-13), 僉223 [Graph] 411e 233a 012a 232a 011a 232a.

儈 kuài *2798 | 侩 -2790 | broker, middleman ◇ courtier, revendeur [Etym] 亻 478 (rad: 009b 2-13), 會233 [Graph] 411e 233a 033b 021a.

俗 sú +2799 | 1° custom, convention 2° vernacular, common 3° vulgar 4° secular ◇ 1° coutume, usage, mondain 2° populaire, banal, ordinaire 3° vulgaire 4° laïc [Etym] 亻 478 (rad: 009b 2-07), 谷234 [Graph] 411e 233b 011a.

俗套 sú tào ∘ conventional pattern ◇ banalité d'usage, formules conventionnelles * 1551.

俗语 sú yǔ ∘ common saying ◇ expression populaire * 1784.

俗话 sú huà ∘ common saying ◇ locution populaire * 1821.

俗气 sú qì ∘ vulgar ◇ vulgaire * 11170.

佐 zuǒ +2800 | 1° to assist, to second 2° assistant 3° deputy ◇ 1° aider, seconder 2° assistant, adjudant 3° ministre [Etym] 亻 478 (rad: 009b 2-05), 左241 [Graph] 411e 241a 431a.

侑 yòu +2801 | to press (food and drink on somebody), to urge ◇ insister (pour qu'une personne mange et boive), presser [Etym] 亻 478 (rad: 009b 2-06), 有247 [Graph] 411e 241a 856e.

佈 bù *2802 | See ◇ Voir 布 1527 [Etym] 亻 478 (rad: 009b 2-05), 布249 [Graph] 411e 241a 858a.

佑 yòu +2803 | 1° to aid, to help 2° to bless ◇ 1° aide, secours 2° bénir [Etym] 亻 478 (rad: 009b 2-05), 右250 [Graph] 411e 241a 011a.

俦 chóu -2804 | 儔 *2883 | 1° comrade, partner 2° who? ◇ 1° camarade, compagnie 2° qui? [Etym] 亻 478 (rad: 009b 2-07), 寿256 [Graph] 411e 241e 332b.

俠 xiá *2805 | 侠 -2819 | brave, hero ◇ brave, héros [Etym] 亻 478 (rad: 009b 2-07), 夾259 [Graph] 411e 242a 232a 232a.

倚 yǐ +2806 | 1° to lean upon 2° to count on, to trust to 3° inclined, biased ◇ 1° s'appuyer sur 2° compter sur 3° avoir un penchant pour [Etym] 亻 478 (rad: 009b 2-08), 奇261 [Graph] 411e 242a 331c 011a.

倴 bèn +2807 | place in Hebei Province ◇ lieu dans la province du Hebei [Etym] 亻 478 (rad: 009b 2-08), 奔264 [Graph] 411e 242a 416f.

㑺 tà -2808 | 㒓 *2879 | See ◇ Voir 佻㑺 tiao1-ta4 2840-2808 [Etym] 亻 478 (rad: 009b 2-06), 达273 [Graph] 411e 242a 634o.

俺 ǎn +2809 | I, me, we ◇ je, moi, nous [Etym] 亻 478 (rad: 009b 2-08), 奄276 [Graph] 411e 242a 043c.

侉 kuǎ +2810 | 咵 *8881 | 1° to speak with an accent 2° unwieldy ◇ 1° personne à l'accent campagnard 2° rustaud [Etym] 亻 478 (rad: 009b 2-06), 夸277 [Graph] 411e 242a Z21c.

侯 hóu (482) | [Tra] aristocraty ◇ grand seigneur [Etym] man (1= 亻 478)shooting arrow (2= 矢 283) in target (top=prim) (> 候 513) ◇ un homme (1= 亻 478); une flèche (2= 矢 283) dans la cible (haut=prim) (> 候 513) [Graph] 411e acc:e 242d [Ref] w30d [Hanzi] hou2 篌 767, hou2 餱 1433, hou2 hou4 侯 2811, hou2 糇 4606, hou4 堠 4792, hou2 猴 5611, gou1 缑 5962, gou1 緱 6132, hou2 瘊 7035, hou2 喉 8918.

侯 hóu +2811 | 1° marquis, feudal princes 2° high official 3° surname ◇ 1° marquis, feudataires 2° haut fonctionnaires 3° nom propre [Etym] 亻 478 (rad: 009b 2-07), 侯482 [Graph] 411e ac:e 242d.

△ hòu | place name in Fujian ◇ nom de lieu au Fujian.

侨 qiáo -2812 | 僑 *2813 | 1° to live abroad 2° foreign resident 3° to sojourn 4° guest ◇ 1° résider à l'étranger 2° ressortissant étranger 3° séjourner 4° hôte [Etym] 亻 478 (rad: 009b 2-06), 乔290 [Graph] 411e 242e 416a.

侨务 qiáo wù ∘ affairs concerning nationals living abroad ◇ affaires concernant les ressortissants * 6533.

侨胞 qiáo bāo ∘ countrymen (living abroad) ◇ compatriotes d'outremer * 8197.

侨居 qiáo jū ∘ to live abroad; to emigrate ◇ résider à l'étranger, émigrer * 8661.

侨民 qiáo mín。a national living abroad; emigrant ◇ ressortissant, émigrant ＊ 8712.

僑 qiáo *2813 |侨 -2812| 1° to live abroad 2° foreign resident 3° to sojourn 4° guest ◇ 1° résider à l'étranger 2° ressortissant étranger 3° séjourner 4° hôte [Etym] 亻 478 (rad: 009b 2-12), 喬 291 [Graph] 411e 242e 011a 856k 011a.

伏 fú (483) 亻犬 |[Tra] to be prostrate ◇ se soumettre [Etym] man (1= 亻 478) behaving like dog (2= 犬 295) ◇ un homme (1= 亻 478) imitant le chien (2= 犬 295) [Graph] 411e 242i [Ref] k52, wa161 [Hanzi] fu2 fu4 洑 150, fu2 伏 2814, fu2 茯 3620, fu2 栿 4150, fu2 袱 6622.

伏 fú +2814 亻犬 |1° to bend over 2° to fall prostrate, to subject, to serve 3° to brood 4° to hide 5° hot season, decade in dog-days 6° to lie in ambush 7° volt (electricity) ◇ 1° se prosterner 2° se coucher à plat ventre, soumettre, servir, humblement 3° couver 4° cacher 5° canicule 6° embuscade 7° volt (électricité) [Etym] 亻 478 (rad: 009b 2-04), 伏 483 [Graph] 411e 242i.

伏安 fú ān。volt-ampere ◇ ampère, volt ＊ 7748.

伏案 fú àn。to bend over ◇ se courber ＊ 7749.

僚 liáo +2815 亻尞日小 |1° companion, colleague 2° official ◇ 1° compagnon, collègue 2° bureaucrate, fonctionnaire [Etym] 亻 478 (rad: 009b 2-12), 尞 300 [Graph] 411e 242l 021a 331j.

伕 fū +2816 亻夫 |particle meaning a man, husband, farmer, servant, etc ◇ particule signifiant un homme, mari, paysan, domestique etc. [Etym] 亻 478 (rad: 009b 2-04), 夫 301 [Graph] 411e 242m.

佚 yì +2817 亻失 |1° ease 2° negligence ◇ 1° repos, oisiveté 2° négligence [Etym] 亻 478 (rad: 009b 2-05), 失 310 [Graph] 411e 242o.

倦 juàn +2818 亻关巳 |tired, weary ◇ las, fatigué, lassé de [Etym] 亻 478 (rad: 009b 2-08), 卷 312 [Graph] 411e 242p 733a.

侠 xiá -2819 亻夹 |俠 *2805| brave, hero ◇ brave, héros [Etym] 亻 478 (rad: 009b 2-06), 夹 313 [Graph] 411e 242q.

傣 dǎi +2820 亻𡗗氺 |Dai nationality ◇ groupe ethnique Dai [Etym] 亻 478 (rad: 009b 2-10), 泰 316 [Graph] 411e 242r 331o.

俸 fèng +2821 亻𡗗丰 |1° salary, emolument 2° pay ◇ 1° salaire, honoraires 2° solde, payer [Etym] 亻 478 (rad: 009b 2-08), 奉 317 [Graph] 411e 242r 414a.

侪 chái -2822 亻文川 |儕 *2848| 1° class 2° sign of the plural 3° fellows ◇ 1° classe, espèce 2° signe du pluriel 3° camarades [Etym] 亻 478 (rad: 009b 2-06), 齐 334 [Graph] 411e 243b 416a.

佼 jiǎo +2823 亻交 |graceful, handsome, beautiful ◇ beau, joli, élégant [Etym] 亻 478 (rad: 009b 2-06), 交 344 [Graph] 411e 243e.

傚 xiào *2824 亻交攵 |See ◇ Voir 效 1682 [Etym] 亻 478 (rad: 009b 2-10), 效 345 [Graph] 411e 243e 243c.

仪 yí -2825 亻义 |儀 *2888| 1° appearance, bearing, manners 2° rites, ceremony, observances 3° gift, present 4° apparatus, instrument ◇ 1° apparence, tenue, manières 2° rites, cérémonie 3° présent, cadeau 4° instrument [Etym] 亻 478 (rad: 009b 2-03), 义 346 [Graph] 411e 243f.

仪表 yí biǎo。appearance, bearing ◇ tenue, maintien, air; instrument ＊ 5250.

仪式 yí shì。ceremony; function ◇ cérémonie, rite ＊ 5509.

仪器 yí qì。apparatus, instrument ◇ appareil, instrument ＊ 9172.

傻 shǎ *2826 亻※儿夂 |傻 -3088| 1° silly, foolish 2° to act mechanically ◇ 1° sot, imbécile, naïf 2° agir bêtement [Etym] 亻 478 (rad: 009b 2-13), 叟 348 [Graph] 411e 243g 841f 633e.

仗 zhàng +2827 亻丈 |1° weapons 2° to hold (weapon) 3° to depend on 4° battle, to fight ◇ 1° armes 2° tenir (arme) 3° s'appuyer sur, mettre se confiance en 4° bataille, combattre [Etym] 亻 478 (rad: 009b 2-03), 丈 349 [Graph] 411e 244a.

储 chǔ -2828 亻讠耂日 |儲 *3043| 1° to collect 2° to store up, to save ◇ 1° amasser, provisions 2° épargne [Etym] 亻 478 (rad: 009b 2-10), 诸 358 [Graph] 411e 311b 432c 021a.

储存 chǔ cún。to store up; to preserve ◇ entreposer; conserver; réserver ＊ 1691.

储藏 chǔ cáng。to preserve, to keep; deposit ◇ emmagasiner, conserver; renfermer ＊ 3721.

储蓄 chǔ xù。to save ◇ mettre de côté; épargner ＊ 3750.

储备 chǔ bèi。reserve; to store up, to stock ◇ réserves; stocker ＊ 6537.

仳 pǐ +2829 亻匕匕 |[Etym] 亻 478 (rad: 009b 2-04), 比 362 [Graph] 411e 311d 321b.

仳离 pǐ lí。1° to take leave of; 2° to be separated, to divorce ◇ 1° quitter; 2° se séparer, divorcer ＊ 8539.

偕 xié +2830 亻匕匕白 |together with ◇ union, ensemble, avec [Etym] 亻 478 (rad: 009b 2-09), 皆 365 [Graph] 411e 311d 321b 022c.

伥 chāng -2831 亻长 |倀 *2876| mad, wild ◇ fou, sauvage [Etym] 亻 478 (rad: 009b 2-04), 长 369 [Graph] 411e 312c.

依 yī +2832 亻衣 |1° to depend on, to rely on, to trust to 2° to yield to, to conform to 3° to accede, to permit 4° according to ◇ 1° dépendre de, compter sur, s'appuyer 2° acquiescer, céder à 3° permettre 4° selon [Etym] 亻 478 (rad: 009b 2-06), 衣 371 [Graph] 411e 312i.

依次 yī cì。in order, successively ◇ par ordre, successivement ＊ 6.

依旧 yī jiù。as before, still ◇ comme auparavant, toujours, encore ＊ 2769.

依靠 yī kào。to rely on, to trust to ◇ s'appuyer sur, compter sur, dépendre de ＊ 5234.

依然 yī rán。still, as before ◇ comme auparavant, toujours ＊ 6452.

依照 yī zhào ∘ according to, in accordance with ◇ selon, suivant, d'après, conformément à * 9909.

依赖 yī lài ∘ to rely on, to be dependent on ◇ se subordonner à, dépendre de, compter sur * 10383.

似 shì (484) 亻以 |[Tra] equivalent ◇ semblable [Etym] man (1= 亻 478) having virtue (2= 以 384) ◇ une personne (1= 亻 478) dotée de force (2= 以 384) [Graph] 411e 313b [Ref] w18o, wi3 [Hanzi] shi4 si4 似 2833.

似 shì +2833 亻以 |1° like, similar to, as... as 2° to seem ◇ 1° semblable, en comparaison de, ainsi... ainsi 2° ressembler [Etym] 亻 478 (rad: 009b 2-04), 似 484 [Graph] 411e 313b.

似的 shì de ∘ apparently, like ◇ apparemment, comme * 9990.

△ sì |1° like, similar to 2° to seem ◇ 1° semblable, en comparaison de 2° ressembler.

似乎 sì hū ∘ as if, it seems ◇ comme si, on dirait que, il semble que * 2313.

化 huā (485) 亻匕 |[Tra] to change ◇ transformer [Etym] man standing (1= 亻 478), inverted (2=prim) {spend time, money} ◇ un homme debout (1= 亻 478), renversé (2=prim) {passer, dépenser} [Graph] 411e 321b [Ref] k44, ph120, r18e, r37h, wi388, wi672 [Hanzi] e2 讹 1716, hua1 hua1 hua4 化 2834, hua1 hua2 hua4 华 2835, huo4 货 2836, huo4 貨 2838, hua1 花 3621, xue1 靴 5362, e2 訛 9498, e2 囮 10946.

化 huā +2834 亻匕 |to spend, to expend ◇ dépenser, passer [Etym] 匕 387 (rad: 021a 2-02), 化 485 [Graph] 411e 321b.

△ huā |See ◇ Voir 化 2834.

△ huà |1° to change 2° to convert 3° to melt 4° to burn up 5° chemistry 6° to beg alms, to die 7° transformation ◇ 1° changer 2° réforme 3° mendier 4° brûler, chimie 6° mourir, quêter 7° transformer.

化装 huà zhuāng ∘ to make up one's face; to disguise oneself ◇ se maquiller, se déguiser, se grimer * 3192.

化学 huà xué ∘ chemistry ◇ chimie * 7854.

化肥 huà féi ∘ chemical fertilizer ◇ engrais chimiques * 8218.

化验 huà yàn ∘ to experiment; laboratory test ◇ faire une analyse * 11089.

华 huá (486) 亻匕十 |[Tra] magnificent ◇ glorieux [Etym] modern simplified form of (華 627); (> 化 485) ◇ forme simplifiée moderne de (華 627); (> 化 485) [Graph] 411e 321b 413a [Ref] r10f [Hanzi] ye4 烨 963, hua2 铧 1938, hua1 hua2 hua4 华 2835, hua4 桦 4151, wei3 韡 7285, hua1 hua2 哗 8919, ye4 ye4 晔 9862, hua2 骅 11096.

华 huā -2835 亻匕十 |華 *3647| 1° flower 2° blossom ◇ 1° fleur 2° floraison [Etym] 十 560 (rad: 024a 2-04), 华 486 [Graph] 411e 321b 413a.

△ huá |華 *3647| 1° magnificent 2° flourishing 3° best part 4° flashy 5° gray 6° China 7° your ◇ 1° éclat 2° prospère 3° la meilleure part 4° glorieux, orné 5° chenu 6° la Chine 7° votre honoré.

华裔 huá yì ∘ foreign citizen of Chinese origin ◇ Chinois ayant une nationalité étrangère * 2141.

华侨 huá qiáo ∘ overseas Chinese ◇ Chinois d'outremer, Chinois résidant à l'étranger * 2812.

华蓥 huá yíng ∘ mountain in Sichuan ◇ mont du Sichuan * 3827.

华丽 huá lì ∘ splendid, magnificent ◇ beau, splendide, élégant * 8285.

△ huà |華 *3647| 1° mountain in Shanxi 2° surname ◇ 1° montagne du Shanxi 2° nom propre.

货 huò -2836 亻匕贝 |貨 *2838| 1° goods, merchandise 2° money, currency 3° to deal, to sell 4° idiot ◇ 1° biens, marchandises 2° devise, argent 3° vendre, commerce 4° terme de mépris ou d'injure [Etym] 贝 1796 (rad: 154s 4-04), 化 485 [Graph] 411e 321b 854b.

货物 huò wù ∘ merchandise, goods ◇ marchandise, denrée, articles * 3468.

货车 huò chē ∘ freight train; goods lorry ◇ wagon de marchandises, camion de marchandises * 6327.

货轮 huò lún ∘ freight, cargo boat ◇ cargo * 6330.

货币 huò bì ∘ money, currency ◇ monnaie * 8471.

倾 qīng -2837 亻匕页 |傾 *2839| 1° slanting, inclined, to bend 2° to admire wholeheartedly 3° deviation 4° to overturn, to exhaust, empty 5° to use all own resourses, collapse ◇ 1° pencher, incliner vers 2° admirer de tout coeur 3° porté à, déviant 4° se renverser, vider, épuiser, verser 5° aller au bout de ses forces, crouler [Etym] 亻 478 (rad: 009b 2-08), 顷 392 [Graph] 411e 321b 854d.

貨 huò *2838 亻匕貝 |货 -2836| 1° goods, merchandise 2° money, currency 3° to deal, to sell 4° idiot ◇ 1° biens, marchandises 2° devise, argent 3° vendre, commerce 4° terme de mépris ou d'injure [Etym] 貝 2246 (rad: 154a 7-04), 化 485 [Graph] 411e 321b 023b.

傾 qīng *2839 亻匕頁 |倾 -2837| 1° slanting, inclined, to bend 2° to admire wholeheartedly 3° deviation 4° to overturn, to exhaust, empty 5° to use all own resourses, collapse ◇ 1° pencher, incliner vers 2° admirer de tout coeur 3° porté à, déviant 4° se renverser, vider, épuiser, verser 5° aller au bout de ses forces, crouler [Etym] 亻 478 (rad: 009b 2-11), 頃 396 [Graph] 411e 321b 023f.

佻 tiāo +2840 亻兆 |unsteady, frivolous ◇ volage, inconstant, frivole [Etym] 亻 478 (rad: 009b 2-06), 兆 411 [Graph] 411e 322g.

佻佻 tiāo tà ∘ light, not serious ◇ léger, non sérieux * 2808.

优 yōu -2841 | 優 *3018 | 1° excellent 2° actor, mimes 3° abundant 4° favor ◇ 1° excellent 2° comédien, acteur 3° abondant 4° faveur [Etym] 亻478 (rad: 009b 2-04), 尤415 [Graph] 411e 323c.
亻尤

优等 yōu děng 。first-rate, high-class, excellent ◇ de qualité supérieure, excellent, extra ✱ 792.

优待 yōu dài 。to favor, to give good treatment ◇ appuyer, favoriser, traiter avec égards ✱ 3137.

优待券 yōu dài quàn 。coupon ◇ coupon, bon ✱ 3137 1626.

优秀 yōu xiù 。outstanding; splendid ◇ remarquable, éminent, d'élite ✱ 4544.

优越 yōu yuè 。to exceed, superior ◇ excéder, supérieur, bon, excellent ✱ 4846.

优美 yōu měi 。fine, graceful ◇ beau, gracieux, élégant, pittoresque ✱ 5218.

优先 yōu xiān 。to have priority ◇ préférentiel, prioritaire, privilégié ✱ 5239.

优胜 yōu shèng 。superior, winning ◇ en situation avantageuse ou supérieure ✱ 8138.

优良 yōu liáng 。fine, good ◇ bon, excellent, supérieur ✱ 8725.

优点 yōu diǎn 。quality ◇ qualité, avantages, le fort ✱ 9799.

优惠 yōu huì 。preferential, favorable ◇ préférentiel, favorable ✱ 10664.

仃 dīng +2842 | alone, forlorn ◇ seul, isolé, délaissé [Etym] 亻478 (rad: 009b 2-02), 丁420 [Graph] 411e 331b.
亻丁

何 hé (487) | [Tra] what ◇ quel, quoi [Etym] man (1= 亻478) who asks autorisation (2, 3= 可421) ◇ personne (1= 亻478) demandant une autorisation (2,3= 可421) [Graph] 411e 331c 011a [Ref] h660, w132c, wi50 [Hanzi] he2 何2843, he2 he4 荷3622.
亻丁口

何 hé +2843 | 1° who, which, what, where 2° how 3° interrogative pronoun 4° surname ◇ 1° qui, quel, quoi 2° comment, pourquoi 3° pronom interrogatif 4° nom propre [Etym] 亻478 (rad: 009b 2-05), 可421 [Graph] 411e 331c 011a.
亻丁口

何况 hé kuàng 。moreover; let alone ◇ d'ailleurs, d'autant plus que; de toute façon ✱ 38.

何等 hé děng 。what kind? how? ◇ comment..., combien..., que... ✱ 792.

何必 hé bì 。what for? ◇ à quoi bon? ✱ 2179.

何不 hé bù 。why not ◇ pourquoi ... ne pas ✱ 4066.

你 nǐ (488) | [Tra] you ◇ tu, vous [Etym] {?} man (1= 亻478); final stop (2= 尔432) ◇ {?} personne (1= 亻478); point final (2= 尔432) [Graph] 411e 331m [Ref] k159, ph205, r32i, w119c, wa138 [Hanzi] ni3 你2844, nin2 您2845.
亻尔

你 nǐ +2844 | 1° second personal pronoun, thou, you, your 2° anyone ◇ 1° tu, toi, te, vous 2° n'importe qui [Etym] 亻478 (rad: 009b 2-05), 你488 [Graph] 411e 331m.
亻尔

你们 nǐ men 。you ◇ vous ✱ 3002.

您 nín +2845 | 1° you 2° your honor, sir ◇ 1° vous 2° votre honneur, monsieur [Etym] 心397 (rad: 061a 4-07), 你488 [Graph] 411e 331m 321c.
亻尔心

付 fù (489) | [Tra] to give ◇ donner [Etym] hand (2= 寸441) giving something to a man (1= 亻478) ◇ main (2= 寸441) tendue vers un homme (1= 亻478) {remettre} [Graph] 411e 332b [Hanzi] fu2 符768, fu3 拊2408, fu4 付2846, fu2 苻3623, fu4 坿4793, fu4 附6735, fu3 府6888, fu5 咐8920, fu1 趺9313, fu4 鲋10473, fu4 鮒10566, fu4 駙11035, fu4 驸11097.
亻寸

付 fù +2846 | 1° to hand over 2° to commit to 3° to pay ◇ 1° donner 2° remettre 3° payer [Etym] 亻478 (rad: 009b 2-03), 付489 [Graph] 411e 332b.
亻寸

付款 fù kuǎn 。to pay ◇ payer ✱ 4995.

付帐 fù zhàng 。to pay a bill ◇ payer une note ✱ 8382.

俅 qiú +2847 | 1° subservient, obedient 2° ethnic minority group ◇ 1° obéissant 2° nom d'une minorité nationale [Etym] 亻478 (rad: 009b 2-07), 求445 [Graph] 411e 332e.
亻求

儕 chái *2848 | 侪 -2822 | 1° class 2° sign of the plural 3° fellows ◇ 1° classe, espèce 2° signe du pluriel 3° camarades [Etym] 亻478 (rad: 009b 2-14), 齊539 [Graph] 411e 411i 732a 312b 416b 111b.
亻丫刀氏丬二

仆 pū +2849 | to fall prostrate, to lie down ◇ se prosterner, être gisant, tomber à terre [Etym] 亻478 (rad: 009b 2-02), 卜548 [Graph] 411e 412c.
亻卜

△ pú | 僕 *2901 | servant ◇ serviteur, domestique.

仆人 pú rén 。servant ◇ servant, valet, domestique ✱ 1070.

作 zuō (490) | [Tra] to do; workshop ◇ faire; artisan [Etym] man (1= 亻478); phon, hindrance (2= 乍551) ◇ homme (1= 亻478); phon, entrave (2= 乍551) [Graph] 411e 412f [Ref] k935, ph215, w82c, wi981, wi995 [Hanzi] zuo2 筰769, zuo1 zuo2 zuo4 zuo4 作2850.
亻乍

作 zuō +2850 | 1° to do 2° workshop ◇ 1° faire, fabriquer 2° atelier [Etym] 亻478 (rad: 009b 2-05), 乍551 [Graph] 411e 412f.
亻乍

作恶 zuō è 。to do evil ◇ faire du tort, faire une mauvaise action ✱ 5342.

△ zuó |

作践 zuó jiàn 。1° to spoil, to waste; 2° to humiliate ◇ 1° gaspiller, gâter; 2° insulter ✱ 9343.

△ zuò | 1° to do, to make 2° to get up 3° to compose (poem) 4° writings 5° to affect, to pretend 6° as 7° to feel 8° to become, to act as ◇ 1° faire, fabriquer 2° se lever 3° composer (poème) 4° écrits 5° prétendre 6° comme 7° devenir, jouer le rôle de, sentir, se produire.

作文 zuò wén ∘ composition ◇ composition, rédaction * 1659.

作工 zuò gōng ∘ to make (someth.) ◇ travailler (à quelque chose) * 4698.

作者 zuò zhě ∘ author ◇ auteur * 5051.

作业 zuò yè ∘ homework; task, operation, production ◇ devoirs; travail, opération * 5328.

作陪 zuò péi ∘ to help entertain the guest of honor ◇ accompagner, tenir compagnie * 6707.

作废 zuò fèi ∘ to become invalid, to annul ◇ annuler, devenir nul * 6937.

作为 zuò wéi ∘ conduct, action, deed; to regard as ◇ considérer comme, prendre pour; en tant que * 7272.

作家 zuò jiā ∘ writer ◇ écrivain * 7747.

作案 zuò àn ∘ to commit a crime, an offense ◇ commettre un crime * 7749.

作客 zuò kè ∘ to sojourn ◇ séjourner ailleurs, être hors de chez soi * 7760.

作用 zuò yòng ∘ action ◇ rôle, action, effet, influence * 8267.

作品 zuò pǐn ∘ works (of art and literature) ◇ oeuvre, travail, ouvrage * 9179.

作罢 zuò bà ∘ to drop, to give up, to abdicate ◇ abandonner, laisser * 10780.

作曲 zuò qǔ ∘ to compose, to write music ◇ composer (musique) * 10829.

作曲家 zuò qǔ jiā ∘ composer ◇ compositeur * 10829 7747.

作风 zuò fēng ∘ way, style of work ◇ style de travail, comportement * 11212.

△ zuò | 做 +3047 | 1° to make, to produce 2° to cook, to prepare 3° to act, to do (good) 4° to become 5° to write, to compose 6° to celebrate 7° to feign ◇ 1° fabriquer, produire 2° cuisiner, préparer (repas) 3° agir, faire (le bien) 4° devenir 5° écrire, composer 6° célébrer 7° faire semblant, feindre, simuler.

什 shén +2851 亻十 | 甚 +5440 | what, anything ◇ quoi? qu'est ce que? quel? tout ce que [Etym] 亻 478 (rad: 009b 2-02), 十 560 [Graph] 411e 413a.

什么 shén me ∘ what? ◇ que? quoi? quel? * 5927.

△ shí | 1° assorted, various 2° file of ten soldiers ◇ 1° divers 2° dix soldats.

仵 wǔ +2852 亻午 | 1° coroner 2° surname ◇ 1° expert des causes de décès 2° nom de famille [Etym] 亻 478 (rad: 009b 2-04), 午 570 [Graph] 411e 413e.

仟 qiān +2853 亻千 | 1° thousand (numeral on cheques) 2° leader of a group of 1000 men, chiliad ◇ 1° mille (en grande écriture) 2° chiliarque, chef d'un groupe de 1000 hommes [Etym] 亻 478 (rad: 009b 2-03), 千 571 [Graph] 411e 413f.

伻 bēng +2854 亻平 | to send, convoy ◇ envoyer, mander [Etym] 亻 478 (rad: 009b 2-05), 平 577 [Graph] 411e 413j.

佯 yáng +2855 亻羊 | 1° to pretend, to feign 2° false, deceitful ◇ 1° prétendre, simuler 2° faux, trompeur [Etym] 亻 478 (rad: 009b 2-06), 羊 579 [Graph] 411e 414b.

△ yáng | 徉 +3132 | 1° to ramble, to stray 2° to loaf about ◇ 1° vagabonder, errer 2° flâner.

件 jiàn (491) 亻牛 [Tra] piece, document ◇ article, lettre [Etym] man (1= 亻 478) selecting a cow (2= 牛 585); hence any item ◇ un homme (1= 亻 478) choisissant une vache (2= 牛 585); d'où tout objet [Graph] 411e 414d [Ref] w20c [Hanzi] jian4 件2856.

件 jiàn +2856 亻牛 | 1° measure- word for article 2° piece, document 3° affair ◇ 1° spécificatif des objets 2° pièce, document, lettre 3° article, affaire [Etym] 亻 478 (rad: 009b 2-04), 件 491 [Graph] 411e 414d.

伴 bàn +2857 亻半 | 1° comrade, companion, partner, fellow 2° to accompany (a singer) ◇ 1° camarade, compagnon 2° accompagner (un chanteur) [Etym] 亻 478 (rad: 009b 2-05), 半 591 [Graph] 411e 414f.

伴奏 bàn zòu ∘ accompany (with musical instruments) ◇ accompagner (avec instruments de musique) * 1635.

伴随 bàn suí ∘ to follow; to accompany ◇ suivre; accompagner * 6724.

偰 xiè *2858 亻丰刀大 | 契 +3485 | ancestor of founder of Shang Dynasty ◇ ancêtre du fondateur de la dynastie Shang [Etym] 亻 478 (rad: 009b 2-09), 契 596 [Graph] 411e 414g 732a 242a.

俳 pái +2859 亻非 | 1° actor, comedian 2° funny ◇ 1° comédie, comédien 2° plaisanterie [Etym] 亻 478 (rad: 009b 2-08), 非 611 [Graph] 411e 415b.

偌 ruò +2860 亻艹𠂇口 | 1° what! such, so, interjection 2° indeed ◇ 1° tant, tellement, ainsi, exclamation 2° en effet [Etym] 亻 478 (rad: 009b 2-08), 若 621 [Graph] 411e 415c 241a 011a.

儆 jǐng +2861 亻艹勹口攵 | 1° to warn 2° to caution, to take care ◇ 1° avertir 2° prendre garde [Etym] 亻 478 (rad: 009b 2-12), 敬 668 [Graph] 411e 415c 852h 011a 243c.

偾 fèn -2862 亻卉贝 | 僨 *2863 | 1° to ruin 2° to spoil ◇ 1° détériorer 2° gâter [Etym] 亻 478 (rad: 009b 2-09), 贲 703 [Graph] 411e 416f 854b.

偾慨 fèn kǎi ∘ full of indignation ◇ plein d'indignation * 3339.

偾恨 fèn hèn ∘ indignant ◇ indigné * 3340.

偾怒 fèn nù ∘ indignant, furious ◇ indigné, furieux * 5782.

僨 fèn *2863 亻卉貝 | 偾 -2862 | 1° to ruin 2° to spoil ◇ 1° détériorer 2° gâter [Etym] 亻

478 (rad: 009b 2-12), 賁 704 [Graph] 411e 416f 023b.

併 bìng *2864 亻并 | See ◇ Voir 稟 10976 [Etym] 亻 478 (rad: 009b 2-06), 并 708 [Graph] 411e 416i.

伾 pī +2865 亻不一 | mighty, strong ◇ puissant, fort [Etym] 亻 478 (rad: 009b 2-05), 丕 719 [Graph] 411e 421a ac:z.

休 xiū (492) 亻木 | [Tra] to rest ◇ repos [Etym] man (1= 亻 478) under a tree (2= 木 723) {to stop} ◇ une personne (1= 亻 478) sous un arbre (2= 木 723) {cessation} [Graph] 411e 422a [Hanzi] xiu1 休2866, xiu1 鸺2867, xiu1 鵂2868, xiu1 髹4732, xiu1 貅5570, xiu1 庥6890, xiu1 咻8921.

休 xiū +2866 亻木 | 1° to stop, to cease 2° to rest 3° to repudiate 4° don't 5° happiness, good fortune ◇ 1° arrêter, cesser 2° repos 3° répudier 4° ne pas 5° bonheur, chance [Etym] 亻 478 (rad: 009b 2-04), 休 492 [Graph] 411e 422a.

休养 xiū yǎng ∘ convalescence ◇ être en convalescence, faire une cure, se reposer * 1619.

休假 xiū jià ∘ to go on holiday; to take a vacation ◇ prendre des vacances, avoir congé * 3027.

休息 xiū xī ∘ to rest, to settle, to take a rest ◇ se reposer * 10156.

鸺 xiū -2867 亻木鸟 | 鵂 *2868 | owl ◇ hibou [Etym] 鸟 2494 (rad: 196s 5-06), 休 492 [Graph] 411e 422a Z22e.

鸺鹠 xiū liú ∘ owlet ◇ petit hibou * 8824.

鵂 xiū *2868 亻木鳥 | 鸺 -2867 | owl ◇ hibou [Etym] 鳥 2500 (rad: 196a 11-06), 休 492 [Graph] 411e 422a Z22h.

俐 lì +2869 亻禾刂 | See ◇ Voir 伶俐 ling2-li4 2791-2869 [Etym] 亻 478 (rad: 009b 2-07), 利 765 [Graph] 411e 422d 333b.

倭 wō +2870 亻禾女 | 1° Japanese 2° dwarf ◇ 1° japonais 2° nain [Etym] 亻 478 (rad: 009b 2-08), 委 769 [Graph] 411e 422d 611e.

偻 lóu -2871 亻米女 | 僂 *3100 | 1° hunchbacked 2° to bend ◇ 1° bossu, difforme 2° courber [Etym] 亻 478 (rad: 009b 2-09), 娄 785 [Graph] 411e 422f 611e.

△ lǚ | 僂 *3100 | 1° hunchbacked 2° at once ◇ 1° bossu, difforme 2° tout de suite.

体 tī +2872 亻本 | 體 *8596 | [Etym] 亻 478 (rad: 009b 2-05), 本 799 [Graph] 411e 422h.

体己 tī jǐ ∘ intimate, confidential, confidence ◇ intime, confidentiel, confidences * 11243.

△ tǐ | 體 *8596 | 1° body, limbs, trunk 2° substance 3° style, form, manner, respectable 4° to put oneself in another one's position, to conform 5° system 6° aspect (verb) ◇ 1° corps, membres 2° substance, ensemble 3° style, forme, manière d'être, modèle, distingué 4° se mettre à la place des autres, se conformer 5° système 6° aspect (verbe).

体温 tǐ wēn ∘ body temperature ◇ température du corps, chaleur du corps * 538.

体会 tǐ huì ∘ to be acquainted with, to realize ◇ réaliser que, se rendre compte de, éprouver * 1382.

体操 tǐ cāo ∘ drill, gymnastic ◇ gymnastique * 2670.

体积 tǐ jī ∘ volume ◇ volume * 4572.

体现 tǐ xiàn ∘ to embody; to reflect ◇ manifester, incarner, traduire * 5172.

体裁 tǐ cái ∘ types or forms of literature ◇ genre ou forme littéraire * 5536.

体育 tǐ yù ∘ physical education ◇ éducation physique, sport * 5925.

体育馆 tǐ yù guǎn ∘ gymnasium ◇ gymnase, palais des sports * 5925 1869.

体育场 tǐ yù chǎng ∘ stadium ◇ stade, terrain de sports * 5925 4884.

体系 tǐ xì ∘ system ◇ système * 6318.

体力 tǐ lì ∘ physical strength ◇ force physique * 7259.

体制 tǐ zhì ∘ system of organization ◇ régime, système, institutions * 8497.

体重 tǐ zhòng ∘ body weight ◇ poids du corps, poids * 10764.

体验 tǐ yàn ∘ to learn through practice ◇ faire l'expérience de * 11089.

侏 zhū +2873 亻朱 | dwarf, pygmy ◇ nain, colonnette, petit [Etym] 亻 478 (rad: 009b 2-06), 朱 803 [Graph] 411e 422l.

俶 chù +2874 亻上小又 | 1° to begin 2° to act 3° good ◇ 1° commencer 2° agir, faire 3° bon [Etym] 亻 478 (rad: 009b 2-08), 叔 820 [Graph] 411e 431b 331j 633a.

△ tì | 倜 +3005 |

佧 kǎ +2875 亻上卜 | [Etym] 亻 478 (rad: 009b 2-05), 卡 821 [Graph] 411e 431b 412c.

佧佤 kǎ wǎ ∘ name of an ethnic minority ◇ nom d'une minorité nationale * 3097.

倀 chāng *2876 亻镸 | 伥 -2831 | mad, wild ◇ fou, sauvage [Etym] 亻 478 (rad: 009b 2-08), 長 822 [Graph] 411e 431c 312d.

侍 shì +2877 亻土寸 | to help, to wait upon ◇ assister, aider, secourir, servir [Etym] 亻 478 (rad: 009b 2-06), 寺 830 [Graph] 411e 432a 332b.

倖 xìng *2878 亻土羊 | See ◇ Voir 性 3262 [Etym] 亻 478 (rad: 009b 2-08), 幸 835 [Graph] 411e 432a 413c.

達 tà *2879 亻土羊辶 | 㒓 -2808 | See ◇ Voir 佻㒓 tiao1-ta4 2840-2808 [Etym] 亻 478 (rad: 009b 2-12), 達 839 [Graph] 411e 432a 414b 634o.

佳 jiā +2880 亻土土 | fine, elegant, beautiful ◇ beau, élégant [Etym] 亻 478 (rad: 009b 2-06), 圭 840 [Graph] 411e 432a 432a.

佳节 jiā jié ∘ festival ◇ fête * 3805.

僥 jiǎo *2881 亻土土土兀 | 侥 -2919 、儌 *3053 、徼 +3176 | happy, fortunate, lucky ◇ heureusement, avoir de la chance, par chance [Etym] 亻 478 (rad: 009b 2-12), 堯 844 [Graph] 411e 432a 432a 432a 322c.

△ yáo | 侥 -2919 | See ◇ Voir 僬侥 jiao1-yao2 2910-2919.

仕 shì (493) 亻士 | [Tra] officer; duty ◇ fonctionnaire; charge [Etym] man (1= 亻 478); phon, scholar (2= 士 856) ◇ homme (1= 亻 478); phon, lettré (2= 士 856) [Graph] 411e 432b [Hanzi] shi4 仕2882, chi2 茌3624.

仕 shì +2882 亻士 | 1° to be an official, to fill an office 2° public office 3° bodyguard piece (Chinese chess) ◇ 1° exercer une fonction publique, fonctionnaire 2° charge, fonction 3° pion (échec chinois) [Etym] 亻 478 (rad: 009b 2-03), 士 856 [Graph] 411e 432b.

儔 chóu *2883 亻士二工口寸 | 俦 -2804 | 1° comrade, partner 2° who? ◇ 1° camarade, compagnie 2° qui? [Etym] 亻 478 (rad: 009b 2-14), 壽860 [Graph] 411e 432b ac:g 431a 012a 332b.

佶 jí +2884 亻士口 | robust, strong ◇ fort, robuste [Etym] 亻 478 (rad: 009b 2-06), 吉 876 [Graph] 411e 432b 011a.

僖 xī +2885 亻士豆口 | happy, joyful ◇ gai, heureux [Etym] 亻 478 (rad: 009b 2-12), 喜 885 [Graph] 411e 432b 011b 011a.

佬 lǎo +2886 亻耂匕 | man, fellow, guy ◇ une personne, quelqu'un (péjoratif), type [Etym] 亻 478 (rad: 009b 2-06), 老 889 [Graph] 411e 432c 321b.

住 zhù +2887 亻主 | 1° to live in, to dwell, to stay 2° to stop, to cease, to halt ◇ 1° demeurer, habiter 2° cesser, s'arrêter [Etym] 亻 478 (rad: 009b 2-05), 主 914 [Graph] 411e 432f.

住址 zhù zhǐ ∘ address ◇ adresse * 4835.

住处 zhù chù ∘ residence, abode ◇ domicile, résidence * 6526.

住院 zhù yuàn ∘ hospitalization ◇ hospitalisation * 6771.

住宅 zhù zhái ∘ residence, dwelling, apartment ◇ maison d'habitation, logement, résidence * 7705.

住宿 zhù sù ∘ to stay, to get accommodation ◇ passer la nuit, habiter * 7716.

住户 zhù hù ∘ resident; household ◇ habitant, foyer * 8677.

住房 zhù fáng ∘ housing, lodgings ◇ maison, logement * 8693.

住所 zhù suǒ ∘ residence, dwelling place ◇ habitation, demeure, résidence * 8705.

儀 yí *2888 亻羊我 | 仪 -2825 | 1° appearance, bearing, manners 2° rites, ceremony, observances 3° gift, present 4° apparatus, instrument ◇ 1° apparence, tenue, manières 2° rites, cérémonie 3° présent, cadeau 4° instrument [Etym] 亻 478 (rad: 009b 2-13), 義 922 [Graph] 411e 432g 512f.

任 rén (494) 亻壬 | [Tra] burden, to bear ◇ charge, poids [Etym] man (1= 亻 478) carrying a load (2= 壬 930) ◇ une personne (1= 亻 478) portant une charge (2= 壬 930) [Graph] 411e 432k [Ref] k704, wa153, wi695 [Hanzi] ren4 飪 1434, ren2 ren4 任 2889, nen4 恁 2890, lin4 赁 2892, lin4 賃 2893, ping2 凭2894, ren3 荏 3625, ren4 姙 5745, ren4 紝 6133, ren4 衽6623.

任 rén +2889 亻壬 | surname ◇ nom propre [Etym] 亻 478 (rad: 009b 2-04), 任 494 [Graph] 411e 432k.

△ rèn | 1° to appoint 2° to take up a job 3° official post 4° measure word (position, office) 5° to let, to allow 6° no matter (how, what) ◇ 1° nommer à un poste 2° être en charge de 3° occupation, fonction, office 4° spécificatif (poste, fonction) 5° donner libre cours à, laisser 6° n'importe quel.

任意 rèn yì ∘ arbitrarily, wantonly ◇ à sa guise, selon sa fantaisie * 667.

任命 rèn mìng ∘ to appoint ◇ nommer, désigner * 1494.

任何 rèn hé ∘ all, any one ◇ tout, n'importe quel * 2843.

任期 rèn qī ∘ term of office, tenure ◇ terme d'une fonction (emploi) * 5437.

任职 rèn zhí ∘ to hold a post; to take up a job ◇ assumer une fonction, travailler comme * 5475.

任务 rèn wù ∘ mission, task ◇ mission, tâche * 6533.

任免 rèn miǎn ∘ to appoint and dismiss ◇ nommer et destituer * 10370.

恁 nèn +2890 亻壬心 | such, so that ◇ ainsi, alors, ce [Etym] 心 397 (rad: 061a 4-06), 任 494 [Graph] 411e 432k 321c.

侹 tǐng +2891 亻壬廴 | flat and straight ◇ plat et droit [Etym] 亻 478 (rad: 009b 2-06), 廷931 [Graph] 411e 432k 634n.

赁 lìn -2892 亻壬贝 | 賃 *2893 | to let, to rent, to hire ◇ louer, location, loyer, embaucher [Etym] 贝 1796 (rad: 154s 4-06), 任 494 [Graph] 411e 432k 854b.

賃 lìn *2893 亻壬貝 | 赁 -2892 | to let, to rent, to hire ◇ louer, location, loyer, embaucher [Etym] 貝 2246 (rad: 154a 7-06), 任 494 [Graph] 411e 432k 023b.

凭 píng (495) 亻壬几 | [Tra] to lean ◇ s'appuyer [Etym] loaded (2= 任 494) man (1= 亻 478) on a stand (3= 几 2516) {to sit down} ◇ un homme (1= 亻 478) chargé (2= 任 494) sur un siège (3= 几 2516) {assis} [Graph] 411e 432k Z33a [Ref] k960, ph161, r3a, w71b, wi769 [Hanzi] ping2 凭2894.

凭 píng +2894 亻壬几 | 憑、凴 *45 、*46 | 1° to lean on 2° to trust to, to depend on 3° to base on, according to 4° evidence, proof 5° no matter (what, how) ◇ 1° s'appuyer sur 2° se fier à 3° fondement, selon 4° preuve, témoignage 5° peu importe [Etym] 几 2516 (rad: 016a 2-06), 凭 495 [Graph] 411e 432k Z33a.

凭据 píng jù ∘ proof, evidence ◇ preuve, pièce à conviction; certificat * 2650.

儹 zǎn *2895 亻先先貝 | 攒 -2454 | 1° to hoard 2° to save 3° shed ◇ 1° accumuler, collectionner 2° épargner, économiser 3° hangar [Etym] 亻 478 (rad: 009b 2-19), 贊 937 [Graph] 411e

432m 432m 023b.

俵 b i à o +2896 亻主衣 | to distribute ◇ distribuer, répartir [Etym] 亻 478 (rad: 009b 2-08), 表 941 [Graph] 411e 433a 312h.

傲 à o +2897 亻主勹攵 | 1° proud 2° arrogant, to refuse to yield to ◇ 1° orgueil 2° défier, refuser de céder [Etym] 亻 478 (rad: 009b 2-10), 敖 944 [Graph] 411e 433a 852a 243c.

傲慢 ào màn ∘ arrogant, haughty ◇ arrogant, orgueilleux, insolent ✱ 3360.

傲岸 ào àn ∘ arrogant; proud ◇ arrogant; fier ✱ 7557.

债 zh à i -2898 亻主贝 | 債 *2900 | debt, to be in debt ◇ dette [Etym] 亻 478 (rad: 009b 2-08), 责 945 [Graph] 411e 433a 854b.

倩 q i à n (496) 亻主月 | [Tra] pretty, handsome ◇ joli, gracieux [Etym] man (1= 亻 478); phon, young, green (2,3= 青 946) ◇ homme (1= 亻 478); phon, jeune, vert (2,3= 青 946) [Graph] 411e 433a 856e [Ref] k16, ph195, r70, w71g, wa163 [Hanzi] qian4 倩 2899, qian4 蒨 3626.

倩 q i à n +2899 亻主月 | 1° pretty, handsome 2° to ask somebody to do something 3° young ◇ 1° joli, gracieux, beau 2° faire faire 3° jeune [Etym] 亻 478 (rad: 009b 2-08), 青 946 [Graph] 411e 433a 856e.

債 zh à i *2900 亻主貝 | 债 -2898 | debt, to be in debt ◇ dette [Etym] 亻 478 (rad: 009b 2-11), 責 948 [Graph] 411e 433a 023b.

僕 p ú (497) 亻业美 | [Tra] servant ◇ serviteur; domestique [Etym] man (1= 亻 478); phon, gathering (2,3= 菐 975) ◇ homme (1= 亻 478); phon, ramasser (2,3= 菐 975) [Graph] 411e 435a 242n [Ref] w2c [Hanzi] pu2 濮 151, pu2 僕 2901.

僕 p ú *2901 亻业美 | 仆 +2849 | servant ◇ serviteur, domestique [Etym] 亻 478 (rad: 009b 2-12), 菐 975 [Graph] 411e 435a 242n.

儺 n u ó *2902 亻廿奥隹 | 傩 -2938 | to exorcise the demons which cause pestilence ◇ chasser le génie de la peste, exorciser [Etym] 亻 478 (rad: 009b 2-19), 難 996 [Graph] 411e 436a 032a 436m.

僅 j ǐ n *2903 亻廿里 | 仅 +2937 、廑 *6923 | only, merely, barely ◇ à peine, tout juste, seulement, ne...que [Etym] 亻 478 (rad: 009b 2-11), 堇 997 [Graph] 411e 436a 032h.

△ j ì n | 仅 +2937 | only ◇ seulement.

借 j i è +2904 亻廾日 | 1° to borrow 2° to lend 3° to take advantage of ◇ 1° prêter 2° emprunter 3° se servir de [Etym] 亻 478 (rad: 009b 2-08), 昔 1001 [Graph] 411e 436b 021a.

借光 jiè guāng ∘ please, may I? ◇ s'il vous plaît, permettez-moi de; pardon ✱ 2205.

借债 jiè zhài ∘ to borrow money; to be in debt ◇ être en dette, être endetté ✱ 2898.

借用 jiè yòng ∘ to borrow ◇ emprunter ✱ 8267.

借助 jiè zhù ∘ to resort to; to have the aid of ◇ recourir à, faire appel à ✱ 8545.

借口 jiè kǒu ∘ to use as a pretext or excuse; pretext ◇ prétexter ✱ 8842.

借故 jiè gù ∘ to find a pretext or excuse ◇ sous un prétexte ✱ 9807.

備 b è i (498) 亻共用 | [Tra] ready, finished ◇ préparer, complet [Etym] man (1= 亻 478) with arrays of arrows (2,3=prim) ◇ homme (1= 亻 478) ayant des rangées de flèches (2,3=prim) [Graph] 411e 436d 856i [Ref] w85f, wi338 [Hanzi] bei4 備 2905, bei4 憊 2906.

備 b è i *2905 亻共用 | 备 -6537 、偹 *2942 | 1° to have, to be equipped with 2° to prepare 3° to provide against 4° equipment 5° complete, perfect ◇ 1° avoir, disposer de 2° préparer 3° se prémunir contre 4° équipement 5° complet, parfait [Etym] 亻 478 (rad: 009b 2-10), 備 498 [Graph] 411e 436d 856i.

憊 b è i *2906 亻共用心 | 惫 -6538 | exhausted ◇ épuisé [Etym] 心 397 (rad: 061a 4-12), 備 498 [Graph] 411e 436d 856i 321c.

供 g ō n g +2907 亻共 | 1° to supply 2° for 3° testimony ◇ 1° fournir 2° pour 3° déposition, aveu [Etym] 亻 478 (rad: 009b 2-06), 共 1006 [Graph] 411e 436e.

供给 gōng jǐ ∘ to provide; to supply ◇ fournir, approvisionner en ✱ 5944.

供应 gōng yìng ∘ to supply; to furnish ◇ fournir, offrir, pourvoir ✱ 6878.

△ g ò n g | 1° to offer 2° to expose 3° to confess, testimony ◇ 1° offrir, présenter 2° exposer 3° déposition, aveu.

佴 è r +2908 亻耳 | 1° second 2° assistant 3° to stop, to stay ◇ 1° second 2° assister, aider 3° rester, séjourner [Etym] 亻 478 (rad: 009b 2-06), 耳 1017 [Graph] 411e 436k.

△ n à i | surname ◇ nom de famille.

倻 y ē +2909 亻耳阝 | plucked stringed instrument used by the Chaoxian nationality ◇ instrument musical utilisé par la nationalité Chaoxian [Etym] 亻 478 (rad: 009b 2-08), 耶 1027 [Graph] 411e 436k 634j.

僬 j i ā o +2910 亻隹灬 | [Etym] 亻 478 (rad: 009b 2-12), 焦 1031 [Graph] 411e 436m 222d.

僬侥 jiāo yáo ∘ dwarfs in ancient novels ◇ nains dans les romans anciens ✱ 2919.

代 d à i (499) 亻弋 | [Tra] generation ◇ génération [Etym] men (1= 亻 478); orderly succession (2= 弋 1045) {period} ◇ des hommes (1= 亻 478); succession ordonnée (2= 弋 1045) {période} [Graph] 411e 511a [Hanzi] dai4 代 2911, dai4 袋 2912, jian4 华 2913, dai4 岱 2914, dai4 贷 2915, dai4 貸 2916, dai4 黛 2917, dai4 玳 5096.

代 d à i +2911 亻弋 | 1° to alter, to substitute 2° generation 3° series ◇ 1° remplacer, au lieu de 2° génération 3° série [Etym] 亻 478 (rad: 009b 2-03), 代 499 [Graph] 411e 511a.

代替 dài tì 。to substitute, to replace ◇ remplacer, substituer * 1612.
代价 dài jià 。price, cost ◇ prix, coût * 2788.
代理 dài lǐ 。to substitute, to replace ◇ substituer, suppléer * 5204.
代表 dài biǎo 。to stand for, to represent ◇ représenter * 5250.
代表团 dài biǎo tuán 。delegation; mission ◇ délégation * 5250 10945.

袋 dài +2912 亻弋衣 | bag, purse ◇ sac, étui [Etym] 衣 371 (rad: 145a 6-05), 代 499 [Graph] 411e 511a 312i.
袋子 dài zǐ 。bag; sack ◇ sac, sacoche * 6546.

牮 jiàn +2913 亻弋牛 | 1° to support 2° to block water with dirt and rocks ◇ 1° soutenir 2° bloquer l'eau avec de la terre et des pierres [Etym] 牛 585 (rad: 093a 4-05), 代 499 [Graph] 411e 511a 414d.

岱 dài +2914 亻弋山 | another name for Taishan mountain in Shandong ◇ autre nom du mont Taishan (Shandong), mont sacré de l'Est [Etym] 山 1611 (rad: 046a 3-05), 代 499 [Graph] 411e 511a 841b.

贷 dài -2915 亻弋贝 | 貸 *2916 | to lend, to borrow ◇ emprunter, prêter [Etym] 贝 1796 (rad: 154s 4-05), 代 499 [Graph] 411e 511a 854b.
贷款 dài kuǎn 。credit; loan; to provide a grant, loan ◇ crédit; prêt * 4995.

貸 dài *2916 亻弋貝 | 贷 -2915 | to lend, to borrow ◇ emprunter, prêter [Etym] 貝 2246 (rad: 154a 7-05), 代 499 [Graph] 411e 511a 023b.

黛 dài +2917 亻弋黑灬 | 1° indigo 2° black pigment ◇ 1° indigo 2° fard noir [Etym] 黑 2310 (rad: 203a 12-05), 代 499 [Graph] 411e 511a 033e 222d.

低 dī +2918 亻氐 | 1° to bend down 2° low ◇ 1° baisser, incliner 2° bas [Etym] 亻 478 (rad: 009b 2-05), 氐 1055 [Graph] 411e 511d.
低级 dī jí 。elementary; low; to lower ◇ inférieur; élémentaire; baisser * 6015.

侥 jiǎo -2919 亻尧兀 | 僥 *2881 、傲 *3053 、徼 +3176 | happy, fortunate, lucky ◇ heureusement, avoir de la chance, par chance [Etym] 亻 478 (rad: 009b 2-06), 尧 1056 [Graph] 411e 512a 322c.

△ yáo | 僥 *2881 | See ◇ Voir 僬侥 jiao1-yao2 2910-2919.

伐 fá (500) 亻戈 | [Tra] to crack down ◇ vaincre [Etym] man (1= 亻 478); halberd (2= 戈 1057) {to destroy, victory} ◇ un homme (1= 亻 478); une hallebarde (2= 戈 1057) {attaquer, écraser} [Graph] 411e 512b [Ref] w441 [Hanzi] fa2 筏 770, fa2 伐 2920, fa2 垡 2921, fa2 栰 4152, fa2 阀 8010, fa2 閥 8757.

伐 fá +2920 亻戈 | 1° to cut down, to fell 2° to strike, to attack 3° to destroy 4° to chastise 5° to brag one's meritorious deeds ◇ 1° couper, abattre 2° attaquer, frapper 3° détruire 4° châtier 5° vanter ses propres mérites [Etym] 亻 478 (rad: 009b 2-04), 伐 500 [Graph] 411e 512b.

垡 fá +2921 亻戈土 | 1° to clear 2° to till ◇ 1° défricher 2° labourer [Etym] 土 826 (rad: 032a 3-06), 伐 500 [Graph] 411e 512b 432a.

俄 é +2922 亻我 | 1° sudden, very soon 2° inclined ◇ 1° soudain, en un instant 2° penché [Etym] 亻 478 (rad: 009b 2-07), 我 1067 [Graph] 411e 512f.

佞 nìng (501) 亻二女 | [Tra] flattery ◇ flatterie [Etym] benevolence (1= 仁 479) between women (2= 女 1122) {fluent} ◇ bienveillance (1= 仁 479) entre femmes (2= 女 1122) {disert} [Graph] 411e acc:b 611e [Hanzi] ning4 佞 2772.

俟 qí +2923 亻厶矢 | See ◇ Voir 万俟 mo4-qi2 7923-2923 [Etym] 亻 478 (rad: 009b 2-07), 矣 1135 [Graph] 411e 612a 242d.

△ sì | 竢 *645 | 1° to wait 2° until, as soon as ◇ 1° attendre 2° dès que.

侔 móu +2924 亻厶牛 | 1° alike, similar 2° equal 3° same 4° just ◇ 1° semblable 2° égal 3° pareil 4° juste [Etym] 亻 478 (rad: 009b 2-06), 牟 1136 [Graph] 411e 612a 414d.

俊 jùn +2925 亻允夂 | 1° prefecture, district 2° city ◇ 1° préfecture, arrondissement 2° ville [Etym] 亻 478 (rad: 009b 2-07), 夋 1147 [Graph] 411e 612b 633e.

侄 zhí +2926 亻云土 | 姪 *5779 | 1° brother's child, nephew, niece 2° I, me ◇ 1° enfant d'un frère, neveu, nièce 2° je, moi [Etym] 亻 478 (rad: 009b 2-06), 至 1148 [Graph] 411e 612c 432a.
侄儿 zhí ér 。nephew (brother's son) ◇ neveu (fils du frère) * 2194.
侄女 zhí nǚ 。niece (brother's daughter) ◇ nièce (fille du frère) * 5726.
侄子 zhí zǐ 。nephew (brother's son) ◇ neveu (fils du frère) * 6546.

倒 dǎo +2927 亻云土刂 | 1° to fall over 2° to swoop 3° to collapse ◇ 1° être renversé, gisant 2° échanger 3° tomber [Etym] 亻 478 (rad: 009b 2-08), 到 1150 [Graph] 411e 612c 432a 333b.
倒塌 dǎo tā 。to collapse; to tumble down ◇ s'écrouler, s'effondrer * 4959.
倒闭 dǎo bì 。to go bankrupt; to close down ◇ faire faillite ou banqueroute * 8009.
倒霉 dǎo méi 。to have bad luck; to be out of luck ◇ avoir de la malchance; avoir la guigne * 8467.

△ dào | 1° to pour out 2° on the contrary 3° upside down, reverse, inverted ◇ 1° verser 2° au contraire 3° renverser l'ordre, en revanche, à l'envers.
倒车 dào chē 。to back (a car) ◇ faire marche arrière (en voiture) * 6327.
倒退 dào tuì 。to draw back, to recede ◇ reculer * 8720.
倒嚼 dào jiào 。to chew, to ruminate ◇ mâcher, ronger, ruminer * 8853.
倒影 dào yǐng 。inverted image ◇ image inversée * 9948.

仫 mù +2928 亻么 | [Etym] 亻 478 (rad: 009b 2-03), 么 1160 [Graph] 411e 612g.
仫佬 mù lǎo 。Mulam nationality ◇ nom de la minorité ethnique Mulam * 2886.

係 xì *2929 亻系 | See ◇ Voir 戲 7171 [Etym] 亻 478 (rad: 009b 2-07), 系 1209 [Graph] 411e 613j.

侈 chǐ +2930 亻夕夕 | 1° lavish 2° exaggerated, extravagant ◇ 1° faste, prodigalité 2° exagéré, excessif [Etym] 亻 478 (rad: 009b 2-06), 多 1228 [Graph] 411e 631b 631b.

傑 jié +2931 亻夕牛木 | 杰 -4091 | 1° outstanding 2° hero ◇ 1° excellent, supérieur, éminent 2° héros [Etym] 亻 478 (rad: 009b 2-10), 桀 1230 [Graph] 411e 631b 712b 422a.

例 lì +2932 亻歹刂 | 1° example, instance, case 2° precedent 3° rule, statute 4° routine, regular ◇ 1° exemple, modèle 2° précédent 3° règle, statut 4° régulier, de règle [Etym] 亻 478 (rad: 009b 2-06), 列 1236 [Graph] 411e 631c 333b.

例如 lì rú。for instance, for example ◇ par exemple, prendre comme exemple * 5841.

例外 lì wài。exception ◇ excepter; exception * 6395.

例子 lì zǐ。example ◇ exemple * 6546.

僜 dèng +2933 亻癶豆 | ethnic minority in Tibet ◇ minorité nationale du Tibet [Etym] 亻 478 (rad: 009b 2-12), 登 1247 [Graph] 411e 631g 012b.

傺 chì +2934 亻癶示 | disappointed ◇ déçu, désillusionné [Etym] 亻 478 (rad: 009b 2-11), 祭 1251 [Graph] 411e 631h 331l.

俑 yǒng +2935 亻マ用 | tomb figurines, effigies, wooden figures ◇ figurines funéraires [Etym] 亻 478 (rad: 009b 2-07), 甬 1262 [Graph] 411e 632a 856i.

传 chuán -2936 亻专 | 傳 +3014 | 1° to pass on 2° to hand down 3° to teach 4° to spread 5° to transmit, to conduct 6° to summon 7° to infect ◇ 1° transmettre 2° communiquer 3° enseigner 4° répandre, onction 5° conduire (chaleur) 6° rassembler 7° infecter [Etym] 亻 478 (rad: 009b 2-04), 专 1266 [Graph] 411e 632c.

传染 chuán rǎn。to be contagious; to be infected ◇ contaminer, infecter; être atteint de * 615.

传染病 chuán rǎn bìng。epidemic; infectious disease ◇ épidémie; maladie contagieuse * 615 7105.

传达 chuán dá。to communicate, to transmit ◇ transmettre, dire de la part de quelqu'un * 1558.

传达室 chuán dá shì。room of janitor or caretaker ◇ conciergerie * 1558 7754.

传说 chuán shuō。legend ◇ légende * 1819.

传播 chuán bō。to spread, to pass on, to convey ◇ répandre, faire circuler, transmettre * 2437.

传统 chuán tǒng。tradition ◇ tradition * 6001.

传神 chuán shén。expressive ◇ expressif * 6602.

传真 chuán zhēn。facsimile ◇ phototélégraphie; fax * 8551.

传言 chuán yán。hearsay, rumour; to pass on a message ◇ rumeur; communiquer un message * 9469.

传单 chuán dān。leaflet ◇ tract * 10457.

△ zhuàn | 傳 *3073 | 1° commentaries on classics 2° biography 3° historical novel 4° to record 5° without interruption ◇ 1° commentaire des livres anciens 2° biographie 3° mémoires historiques, roman historique 4° noter 5° sans interruption.

传记 zhuàn jì。biography ◇ biographie * 1836.

仅 jǐn +2937 亻又 | 僅 *2903 、廑 *6923 | only, merely, barely ◇ à peine, tout juste, seulement, ne...que [Etym] 亻 478 (rad: 009b 2-02), 又 1271 [Graph] 411e 633a.

仅仅 jǐn jǐn。only, merely, barely ◇ à peine, tout juste, seulement, ne ... que * 2937.

△ jìn | 僅 *2903 | only ◇ seulement.

傩 nuó -2938 亻又隹 | 儺 *2902 | to exorcise the demons which cause pestilence ◇ chasser le génie de la peste, exorciser [Etym] 亻 478 (rad: 009b 2-10), 难 1275 [Graph] 411e 633a 436m.

伎 jì +2939 亻支 | 1° skill, talent, cleverness, ability 2° professional female dancer or singer ◇ 1° talent, capacité, adresse, habileté 2° chanteuse, courtisane [Etym] 亻 478 (rad: 009b 2-04), 支 1284 [Graph] 411e 633d.

伎俩 jì liǎng。1° trick; 2° intrigue, maneuver ◇ 1° habileté, adresse en affaires; 2° comploter * 3015.

佟 tóng +2940 亻夂⺀ | surname ◇ nom de famille [Etym] 亻 478 (rad: 009b 2-05), 冬 1287 [Graph] 411e 633e 211b.

偺 zán *2941 亻夂卜曰 | 咱 +9219 、喒 *9045 | we, our ◇ nous, notre [Etym] 亻 478 (rad: 009b 2-09), 昝 1289 [Graph] 411e 633e 412c 021a.

偹 bèi *2942 亻夂田 | 备 -6537 、備 *2905 | 1° to have, to be equipped with 2° to prepare 3° to provide against 4° equipment 5° complete, perfect ◇ 1° avoir, disposer de 2° préparer 3° se prémunir contre 4° équipement 5° complet, parfait [Etym] 亻 478 (rad: 009b 2-08), 备 1296 [Graph] 411e 633e 041a.

仔 zǎi +2943 亻子 | 1° son 2° young animal ◇ 1° petit enfant, fils 2° petit d'un animal [Etym] 亻 478 (rad: 009b 2-03), 子 1303 [Graph] 411e 634d.

△ zǎi | 崽 +7614 | 1° son 2° young animal, to bring forth (animal), young (animal) ◇ 1° fils, garçon, rejeton, progéniture 2° mettre bas (animal), petit (animal).

△ zī |

仔肩 zī jiān。1° official burdens; 2° meticulous ◇ 1° porter un fardeau; 2° soigneux * 8694.

△ zǐ | young (domestic animals or fowls) ◇ petit (animal).

仔细 zǐ xì ◦ careful, attentive ◇ minutieux, en détail; avec soin, attentif ✱ 6081.

仍 réng +2944 亻乃 |1° to remain 2° still, yet, as before ◇ 1° demeurer 2° encore, comme auparavant [Etym] 亻 478 (rad: 009b 2-02), 乃 1340 [Graph] 411e 6341.

仍旧 réng jiù ◦ as before, as usual ◇ comme auparavant, comme d'habitude, toujours ✱ 2769.

仍然 réng rán ◦ yet, still; like that, always ◇ encore, toujours; comme auparavant ✱ 6452.

伋 jí +2945 亻及 |1° grandson of Confucius 2° personal name ◇ 1° petit-fils de Confucius 2° prénom [Etym] 亻 478 (rad: 009b 2-03), 及 1344 [Graph] 411e 634m.

俯 fǔ +2946 亻广亻寸 |頫 *2213、俛 *3062| 1° to bow (one's head) 2° to deign ◇ 1° incliner la tête, abaisser ses regards sur 2° daigner [Etym] 亻 478 (rad: 009b 2-08), 府 1377 [Graph] 411e 721b 411e 332b.

傭 yōng *2947 亻广肀 |佣 +3004| 1° to hire (a laborer) 2° servant ◇ 1° s'engager comme salarié 2° servant, domestique [Etym] 亻 478 (rad: 009b 2-11), 庸 1409 [Graph] 411e 721b 834j.

俨 yǎn -2948 亻严 |儼 *3036| 1° solemn, grave 2° as if ◇ 1° majestueux, gravité 2° comme, de même que [Etym] 亻 478 (rad: 009b 2-07), 严 1417 [Graph] 411e 721d.

儋 dān +2949 亻产亼言 |1° load that a man can carry 2° place in Guangzhou ◇ 1° charge d'homme 2° lieu du Guangzhou [Etym] 亻 478 (rad: 009b 2-13), 詹 1421 [Graph] 411e 721e ac:h 012d.

僇 lù +2950 亻习习人彡 |to scorn, to put to shame ◇ faire honte [Etym] 亻 478 (rad: 009b 2-11), 翏 1473 [Graph] 411e 731c 731c 233a 211c.

伺 cì +2951 亻𠃌口 |1° to wait upon 2° to serve ◇ 1° attendre 2° se tenir à la disposition de, servir [Etym] 亻 478 (rad: 009b 2-05), 司 1476 [Graph] 411e 731d 012a.

伺候 cì hòu ◦ to attend with humility, to offer service ◇ rendre un service humblement ✱ 3103.

△ sì |1° to watch, to wait upon 2° to serve ◇ 1° surveiller, épier, observer 2° servir, se tenir à la disposition de.

份 fèn +2952 亻分 |分 +7245| 1° share, part, lot 2° function, duty 3° measure word for gifts ◇ 1° part, lot 2° tâche, sort, devoir 3° spécificatif des cadeaux [Etym] 亻 478 (rad: 009b 2-04), 分 1480 [Graph] 411e 732b.

份儿 fèn ér ◦ part, share, portion; number ◇ part, lot, portion; numéro ✱ 2194.

份子 fèn zǐ ◦ contribution; share, quota ◇ contribution; écot; quote-part ✱ 6546.

份量 fèn liàng ◦ weight; importance ◇ poids; importance ✱ 9964.

仞 rèn +2953 亻刃 |eight feet measure ◇ mesure de huit pieds [Etym] 亻 478 (rad: 009b 2-03), 刃 1483 [Graph] 411e 732c.

仂 lè +2954 亻力 |remainder (in mathematics) ◇ reste (arithmétique) [Etym] 亻 478 (rad: 009b 2-02), 力 1489 [Graph] 411e 732f.

伽 gā +2955 亻力口 |[Etym] 亻 478 (rad: 009b 2-05), 加 1492 [Graph] 411e 732f 011a.

伽马 gā mǎ ◦ gamma ◇ gamma ✱ 11088.

△ jiā |gal ◇ gal.

△ qié |1° incense 2° temple 3° shrine ◇ 1° encens 2° temple bouddhique 3° autel.

伤 shāng -2956 亻𠂉力 |傷 *3051| 1° to wound, to injure, hurt 2° to be distressed 3° to get sick of something 4° to be harmful to ◇ 1° blesser, blessure, offenser 2° s'affliger de 3° souffrir, jusqu'au dégoût 4° nuire à [Etym] 亻 478 (rad: 009b 2-04), 𤴓 1494 [Graph] 411e ac:f 732f.

伤心 shāng xīn ◦ to be grieved ◇ être affligé, avoir le coeur triste, brisé ✱ 2177.

伤痕 shāng hén ◦ scar, bruise ◇ cicatrice, stigmate, balafre ✱ 7113.

伤疤 shāng bā ◦ scar ◇ cicatrice, trace d'une blessure ✱ 7114.

伤兵 shāng bīng ◦ wounded soldier ◇ blessé de guerre (soldat) ✱ 7215.

伤亡 shāng wáng ◦ casualties ◇ éprouver des pertes; blessés et morts, pertes ✱ 7334.

伤害 shāng hài ◦ to harm, to hurt ◇ blesser, nuire ✱ 7720.

伤寒 shāng hán ◦ typhoid fever ◇ fièvre typhoïde ✱ 7735.

伤脑筋 shāng nǎo jīn ◦ troublesome ◇ énervant; se tracasser ✱ 8211 871.

伤口 shāng kǒu ◦ cut, wound ◇ plaie, blessure ✱ 8842.

伤员 shāng yuán ◦ the wounded ◇ un blessé ✱ 9127.

伤风 shāng fēng ◦ cold (med.) ◇ rhume, s'enrhumer ✱ 11212.

伪 wěi -2957 亻为 |偽 *2958、僞 *2783| 1° false, bogus 2° counterfeit 3° puppet ◇ 1° faux 2° fourberie 3° fantoche [Etym] 亻 478 (rad: 009b 2-04), 为 1496 [Graph] 411e 732h.

伪装 wěi zhuāng ◦ to disguise; to pretend ◇ camoufler, déguiser, feindre; masque ✱ 3192.

偽 wěi *2958 亻為 |伪 -2957、僞 *2783| 1° false, bogus 2° counterfeit 3° puppet ◇ 1° faux 2° fourberie 3° fantoche [Etym] 亻 478 (rad: 009b 2-09), 為 1497 [Graph] 411e 732j.

他 tā (502) 亻也 |[Tra] he; that; another ◇ il; lui; autre [Etym] man (1= 亻 478); also (2= 也 1502) ◇ homme (1= 亻 478); aussi (2= 也 1502) [Graph] 411e 733c [Ref] r42h, r284, w25i [Hanzi] ta1 他 2959, tan1 怹 2960.

他 tā +2959 亻也 |1° he, that 2° another, other ◇ 1° il, lui 2° autre, autrui [Etym] 亻 478 (rad: 009b 2-03), 也 1502 [Graph] 411e 733c.

他人 tā rén ◦ other people, others ◇ autre, autrui, les autres ✱ 1070.

他们 tā men。they; their ◇ ils, eux, elles; leur ✱ 3002.

怹 tān +2960 亻也心 |he (third person honorific) ◇ il (terme de respect) [Etym] 心 397 (rad: 061a 4-05), 他 502 [Graph] 411e 733c 321c.

伟 wěi -2961 亻韦 |偉 *2968| 1° great 2° noble ◇ 1° grand 2° noble [Etym] 亻 478 (rad: 009b 2-04), 韦 1508 [Graph] 411e 734e.

伟大 wěi dà。great, grand ◇ considérable, grandiose, grand ✱ 1537.

伟岸 wěi àn。big and tall, stalwart ◇ grand, robuste ✱ 7557.

伛 yǔ -2962 亻匚乂 |傴 *2963| hunchback ◇ bossu [Etym] 亻 478 (rad: 009b 2-04), 区 1519 [Graph] 411e 811c 243a.

傴 yǔ *2963 亻匚口口口 |伛 -2962| hunchback ◇ bossu [Etym] 亻 478 (rad: 009b 2-11), 區 1528 [Graph] 411e 811c 011a 011a 011a.

偃 yǎn +2964 亻匚日女 |1° to fall on one's back 2° to recline, to sleep 3° to cease ◇ 1° tomber sur le dos 2° être couché, repos, gisant 3° cesser [Etym] 亻 478 (rad: 009b 2-09), 匽 1529 [Graph] 411e 811c 021a 611e.

仰 yǎng +2965 亻匚卩 |1° to look up with respect 2° to admire 3° to rely on ◇ 1° lever la tête avec espoir et désir 2° admirer 3° se fier à [Etym] 亻 478 (rad: 009b 2-04), 卬 1531 [Graph] 411e 811d 734a.

僭 jiàn +2966 亻旡旡曰 |to arrogate to oneself, to overstep one's authority ◇ usurper, s'arroger, outrepasser ses pouvoirs [Etym] 亻 478 (rad: 009b 2-12), 朁 1541 [Graph] 411e 812a 812a 021a.

伢 yá +2967 亻牙 |child, kid ◇ enfant, garçon [Etym] 亻 478 (rad: 009b 2-04), 牙 1542 [Graph] 411e 812b.

偉 wěi *2968 亻五口㐄 |伟 -2961| 1° great 2° noble ◇ 1° grand 2° noble [Etym] 亻 478 (rad: 009b 2-09), 韋 1547 [Graph] 411e 822a 011a 712b.

伍 wǔ +2969 亻五 |1° five (numeral on cheque, banknote, etc.) 2° men arranged by fives, army, company 3° file 4° surname ◇ 1° cinq (en grande écriture) 2° armée, compagnie 3° file 4° nom de famille [Etym] 亻 478 (rad: 009b 2-04), 五 1548 [Graph] 411e 822b.

侵 qīn (503) 亻彐冖又 |[Tra] to invade ◇ envahir [Etym] man (1= 亻 478); phon (2,3,4= 𠬶 1556) ◇ homme (1= 亻 478); phon (2,3,4= 𠬶 1556) [Graph] 411e 832a 851a 633a [Ref] w12k [Hanzi] qin1 侵 2970, shen1 葠 3627.

侵 qīn +2970 亻彐冖又 |1° to invade, to encroach upon, to usurp 2° approaching ◇ 1° envahir, empiéter, usurper 2° progressif, approchant [Etym] 亻 478 (rad: 009b 2-07), 侵 503 [Graph] 411e 832a 851a 633a.

侵犯 qīn fàn。to violate, to infringe upon ◇ violer, porter atteinte à; envahir; offenser ✱ 5641.

侵害 qīn hài。to encroach on; to harm ◇ nuire à, porter préjudice à ✱ 7720.

侵略 qīn lüè。to invade ◇ envahir, empiéter, agresser ✱ 10436.

㑇 zhòu -2971 亻刍 |㥮 *2996| 1° clever, bright 2° beautiful, handsome ◇ 1° sage, intelligent 2° joli [Etym] 亻 478 (rad: 009b 2-05), 刍 1559 [Graph] 411e 832c.

儘 jǐn *2972 亻聿灬皿 |尽 -8675、侭 *3023| 1° to the greatest extent 2° within the limits of 3° to give priority to, at the furthest end ◇ 1° le plus possible 2° a l'extrémité 3° donner la priorité à [Etym] 亻 478 (rad: 009b 2-14), 盡 1567 [Graph] 411e 833d 222d 922a.

健 jiàn +2973 亻聿廴 |1° healthy, strong, to invigorate 2° to be good at ◇ 1° bonne santé, fort, robuste 2° capable [Etym] 亻 478 (rad: 009b 2-08), 建 1570 [Graph] 411e 833e 634n.

健康 jiàn kāng。good health ◇ bonne santé; sain, bien portant ✱ 6966.

伊 yī (504) 亻尹 |[Tra] she; he; him; this ◇ elle; il; ce; lui [Etym] man (1= 亻 478); phon, to govern (2= 尹 1575) ◇ homme (1= 亻 478); phon, gouverneur (2= 尹 1575) [Graph] 411e 834a [Ref] k697, ph471, w94b, wa26, wi938 [Hanzi] yi1 伊 2974, yi1 咿 8922.

伊 yī +2974 亻尹 |1° she, he, him 2° this 3° (yi-li) Turkestan 4° surname ◇ 1° il, elle 2° ce, lui 3° (yi-li) Turkestan 4° nom de famille [Etym] 亻 478 (rad: 009b 2-04), 尹 1575 [Graph] 411e 834a.

伊斯兰教 yī sī lán jiào。Islam ◇ islam ✱ 5434 4 5050.

倪 ní +2975 亻兒 |1° young, small 2° weak, defective 3° extremity 4° surname ◇ 1° jeune, petit 2° faible, débile 3° extrémité 4° nom propre [Etym] 亻 478 (rad: 009b 2-08), 兒 1593 [Graph] 411e 835c.

仙 xiān (505) 亻山 |[Tra] taoist genii ◇ immortel [Etym] person (1= 亻 478) living in mountains (2= 山 1611) {immortal} ◇ une personne (1= 亻 478) dans la montagne (2= 山 1611) {génie taoïste} [Graph] 411e 841b [Ref] r225, w25h, wi195 [Hanzi] xian1 仙 2976.

仙 xiān +2976 亻山 |僊 *3083| 1° genii, immortals, fairies 2° marvellous ◇ 1° génies, immortels 2° merveilleux [Etym] 亻 478 (rad: 009b 2-03), 仙 505 [Graph] 411e 841b.

催 cuī +2977 亻山隹 |to urge, to press ◇ presser, urger [Etym] 亻 478 (rad: 009b 2-11), 崔 1618 [Graph] 411e 841b 436m.

催促 cuī cù。to hurry, to speed up; to press ◇ presser, hâter, stimuler ✱ 3038.

催眠 cuī mián。to hypnotize ◇ hypnotiser ✱ 10093.

伫 zhù -2978 亻宀一 |佇 *2981、竚 *649| to hope and wait, to stand for a long time ◇ attendre, espérer [Etym] 亻 478 (rad: 009b 2-04), 宁 1662 [Graph] 411e 851c 111a.

佗 tuó +2979 亻宀匕 |1° to bear, load 2° name of a famous physician during the Three Kingdoms Period ◇ 1° se charger de 2° nom d'un médecin célèbre à l'époque des Trois Royaumes [Etym] 亻 478 (rad: 009b 2-05), 它 1665 [Graph] 411e 851c 321b.

侂 chà +2980 亻宀乇 to be disappointed ◇ désillusionné, déçu [Etym] 亻 478 (rad: 009b 2-06), 宅1670 [Graph] 411e 851c 321f.

佇 zhù *2981 亻宀丁 | 伫 -2978 、 竚 *649 | to hope and wait, to stand for a long time ◇ attendre, espérer [Etym] 亻 478 (rad: 009b 2-05), 宁 1673 [Graph] 411e 851c 331b.

儐 bīn *2982 亻宀丏貝 | 傧 -2985 | to receive and entertain a guest ◇ traiter en hôte [Etym] 亻 478 (rad: 009b 2-14), 賓 1674 [Graph] 411e 851c 331i 023b.

僿 shì 2983 亻宀共土 insincere ◇ non sincere, de mauvaise foi [Etym] 亻 478 (rad: 009b 2-13), 塞 1694 [Graph] 411e 851c 436h 432a.

傢 jiā +2984 亻宀豕 1° tools 2° furniture 3° family things ◇ 1° ustensile, instrument 2° meuble 3° biens familiaux [Etym] 亻 478 (rad: 009b 2-10), 家 1696 [Graph] 411e 851c 522a.

傧 bīn -2985 亻宀兵 | 儐 *2982 | to receive and entertain a guest ◇ traiter en hôte [Etym] 亻 478 (rad: 009b 2-10), 宾 1703 [Graph] 411e 851c 722h.

倌 guān +2986 亻宀目 1° keeper of domestic animals, herdsman 2° hired hand ◇ 1° gardien d'animaux domestiques 2° serviteur [Etym] 亻 478 (rad: 009b 2-08), 官 1707 [Graph] 411e 851c 934b.

倌材 guān cái ∘ coffin ◇ cercueil * 4149.

倥 kǒng +2987 亻穴工 1° urgent, pressing 2° poor ◇ 1° pressé, accablé d'affaires 2° pauvre, misérable [Etym] 亻 478 (rad: 009b 2-08), 空1722 [Graph] 411e 851d 431a.

傍 bàng +2988 亻亠方 1° near, to draw near 2° the side 3° imminent ◇ 1° proche, approcher 2° côté 3° imminent [Etym] 亻 478 (rad: 009b 2-10), 旁 1732 [Graph] 411e 851e 853b.

傍亮 bàng liàng ∘ dawn, day break ◇ aurore, aube * 9462.

傍晚 bàng wǎn ∘ twilight ◇ crépuscule * 9962.

偿 cháng -2989 亻⺌云 | 償 *2990 | to pay back, to compensate for ◇ compenser, rendre la pareille [Etym] 亻 478 (rad: 009b 2-09), 尝 1739 [Graph] 411e 851h 612d.

偿命 cháng mìng ∘ to play with one's life; a life for a life ◇ payer de sa vie; vie pour vie * 1494.

偿还 cháng huán ∘ to pay back; to discharge ◇ rembourser; s'acquitter de * 4072.

償 cháng *2990 亻⺌口貝 | 偿 -2989 | to pay back, to compensate for ◇ compenser, rendre la pareille [Etym] 亻 478 (rad: 009b 2-15), 賞 1747 [Graph] 411e 851h 011a 023b.

儻 tǎng *2991 亻⺌口黑灬 | 倘 +3011 | 1° if, supposing 2° unforeseen things 3° in case ◇ 1° si, supposé que 2° choses imprévues 3° au cas où, s'il arrivait que [Etym] 亻 478 (rad: 009b 2-20), 黨 1748 [Graph] 411e 851h 011a 033e 222d.

△ tǎng | 傥 -2992 | if, supposing ◇ si, supposé que.

傥 tǎng -2992 亻⺌兄 | 儻 *2991 | if, supposing ◇ si, supposé que [Etym] 亻 478 (rad: 009b 2-10), 党 1750 [Graph] 411e 851h 011d.

傕 jué +2993 亻隺 personal name ◇ prénom [Etym] 亻 478 (rad: 009b 2-10), 隺 1760 [Graph] 411e 851k.

侬 nóng -2994 亻农 | 儂 *3087 | 1° you 2° I (in old literature) 3° surname ◇ 1° tu, toi 2° je, moi (anciennement) 3° nom propre [Etym] 亻 478 (rad: 009b 2-06), 农 1761 [Graph] 411e 851l.

偬 zǒng -2995 亻匆心 | 傯 *3090 | 1° burdened with, pressing 2° wearied, worn out ◇ 1° surchargé, surmené 2° usé [Etym] 亻 478 (rad: 009b 2-09), 匆 1769 [Graph] 411e 852f 321c.

傷 zhòu *2996 亻勹中勹中 | 㑇 -2971 | 1° clever, bright 2° beautiful, handsome ◇ 1° sage, intelligent 2° joli [Etym] 亻 478 (rad: 009b 2-10), 芻 1776 [Graph] 411e 852h 842a 852h 842a.

佝 gōu +2997 亻勹口 [Etym] 亻 478 (rad: 009b 2-05), 句1779 [Graph] 411e 852h 011a.

佝楼病 gōu lóu bìng ∘ rickets ◇ rachitisme * 4198 7105.

佝嵝 gōu lǒu ∘ mountain in Hunan ◇ mont du Hunan * 7522.

仿 fǎng +2998 亻方 | 倣 *2999 、 彷 +3165 2° 、 髣 *4746 2° | 1° to imitate, to copy 2° to be like 3° model ◇ 1° imiter, copier 2° ressembler, semblable 3° modèle [Etym] 亻 478 (rad: 009b 2-04), 方 1784 [Graph] 411e 853b.

仿佛 fǎng fú ∘ to seem; as if; to be alike ◇ il semble que, il paraît que; ressembler, comme si * 3098.

仿造 fǎng zào ∘ to reproduce; to model on; to copy ◇ reproduire, contrefaire, produire selon modèle * 5236.

仿照 fǎng zhào ∘ to imitate, to follow ◇ imiter, faire comme qqn * 9909.

倣 fǎng *2999 亻方攵 | 仿 +2998 、 彷 +3165 2° 、 髣 *4746 2° | 1° to imitate, to copy 2° to be like 3° model ◇ 1° imiter, copier 2° ressembler, semblable 3° modèle [Etym] 亻 478 (rad: 009b 2-08), 放 1788 [Graph] 411e 853b 243c.

侧 cè -3000 亻贝刂 | 側 *3056 | 1° side 2° inclining to one side 3° low, mean ◇ 1° de côté, incliné, penchant 2° bord 3° vil, bas [Etym] 亻 478 (rad: 009b 2-06), 则 1797 [Graph] 411e 854b 333b.

侧柏 cè bǎi ∘ oriental arborvitae ◇ thuya de Chine * 4437.

侧重 cè zhòng ∘ to emphasize; to pay particular attention to ◇ insister sur; attention particulière * 10764.

侧面 cè miàn ∘ side; aspect; flank; profile ◇ face latérale, côté; flanc; profil * 10929.

△ zè | 側 *3056 | general term for second, third and fourth tones ◇ terme signifiant les deuxième, troisième et quatrième tons.

△ zhāi | 側 *3056 | 1° slant, askew, inclining to one side 2° side ◇ 1° incliné, penchant 2° de côté.

侦 zhēn -3001 亻贞 | 偵 *3057 | to spy, to explore, to detect ◇ épier, explorer, détecter [Etym] 亻 478 (rad: 009b 2-06), 贞 1803 [Graph] 411e 854e.

侦探 zhēn tàn。to spy; detective work ◇ espionner, surveiller, enquêter; police secrète ✱ 2593.

侦察 zhēn chá。to scout; to gather intelligence ◇ aller en reconnaissance (milit.), observer ✱ 7759.

们 men -3002 | 們 *3028 | sign of the plural, people, etc. ◇ signe du pluriel [Etym] 亻 478 (rad: 009b 2-03), 门 1806 [Graph] 411e 855a.

佾 yì +3003 | ranks and files of dancers and musicians in ancient times ◇ rangée de danseurs et de musiciens [Etym] 亻 478 (rad: 009b 2-06), 佾 1842 [Graph] 411e ac:h 856e.

佣 yōng +3004 | 傭 *2947 | 1° to hire (a laborer) 2° servant ◇ 1° s'engager comme salarié 2° servant, domestique [Etym] 亻 478 (rad: 009b 2-05), 用 1845 [Graph] 411e 856i.

△ yòng | 1° commission 2° brokerage ◇ 1° commission 2° courtage.

倜 tì +3005 | 俶 +2874 | [Etym] 亻 478 (rad: 009b 2-08), 周 1851 [Graph] 411e 856k 432a 011a.

倜傥 tì tǎng。elegant in a casual way, free and easy (of manner) ◇ élégant, détendu, délassé ✱ 2992.

侗 dòng +3006 | Dong nationality ◇ ethnie Dong [Etym] 亻 478 (rad: 009b 2-06), 同 1853 [Graph] 411e 856k 012a.

△ tóng | 1° childish ignorance 2° rude, rustic ◇ 1° enfant ignorant 2° rude, rustique.

△ tǒng | See ◇ Voir 瞳 10018.

俪 lì -3007 | 儷 *3008 | 1° companion, mate 2° couple, husband and wife 3° ensemble ◇ 1° camarade, compagne 2° couple, mari et femme 3° ensemble [Etym] 亻 478 (rad: 009b 2-07), 丽 1858 [Graph] 411e 857a 856b.

儷 lì *3008 | 俪 -3007 | 1° companion, mate 2° couple, husband and wife 3° ensemble ◇ 1° camarade, compagne 2° couple, mari et femme 3° ensemble [Etym] 亻 478 (rad: 009b 2-19), 麗 1860 [Graph] 411e 857a 857a 721b 821b 311d 321b.

侜 zhōu -3009 | 譸 *9526 | to deceive ◇ duper, tromper, leurrer [Etym] 亻 478 (rad: 009b 2-06), 舟 1861 [Graph] 411e 857b.

俏 qiào +3010 | sheath, scabbard ◇ étui, fourreau [Etym] 亻 478 (rad: 009b 2-07), 肖 1878 [Graph] 411e 857i.

俏皮 qiào pí。smart, witty; good-looking; lively ◇ distingué, chic, élégant, vif et gai ✱ 7184.

倘 cháng +3011 | 徜 +3167 | 1° inconstant, fickle 2° to loiter ◇ 1° inconstant, volage 2° errer, flâner [Etym] 亻 478 (rad: 009b 2-08), 尚 1879 [Graph] 411e 857j 011a.

△ tǎng | 儻 *2991 | 1° if, supposing 2° unforeseen things 3° in case ◇ 1° si, supposé que 2° choses imprévues 3° au cas où, s'il arrivait que.

倘使 tǎng shǐ。if, supposing, in case ◇ supposé que, si, s'il arrive que, au cas où ✱ 3061.

倘若 tǎng ruò。supposing ◇ supposé que, si, au cas où ✱ 3569.

儒 rú +3012 | 1° Confucian, Confucianism 2° Chinese literati, scholar ◇ 1° confucéen, confucianisme 2° lettré, littéraire [Etym] 亻 478 (rad: 009b 2-14), 需 1896 [Graph] 411e 858e 857f.

倆 liǎ *3013 | 俩 -3015 | 1° two (of persons), both of us 2° some, several ◇ 1° deux 2° quelques [Etym] 亻 478 (rad: 009b 2-08), 兩 1902 [Graph] 411e 858f 232a 232a.

△ liǎng | 俩 -3015 | See ◇ Voir 伎俩 ji4-liang3 2939-3015.

傳 chuán +3014 | 传 -2936 | 1° to pass on 2° to hand down 3° to teach 4° to spread 5° to transmit, to conduct 6° to summon 7° to infect ◇ 1° transmettre 2° communiquer 3° enseigner 4° répandre, onction 5° conduire (chaleur) 6° rassembler 7° infecter [Etym] 亻 478 (rad: 009b 2-10), 専 1915 [Graph] 411e 858n 332b.

△ fù | 1° to teach, teacher, to superintend 2° to anoint 3° surname ◇ 1° enseigner, maître 2° oindre, onction 3° nom propre.

俩 liǎ -3015 | 倆 *3013 | 1° two (of persons), both of us 2° some, several ◇ 1° deux 2° quelques [Etym] 亻 478 (rad: 009b 2-07), 两 1922 [Graph] 411e 859d.

△ liǎng | 倆 *3013 | See ◇ Voir 伎俩 ji4-liang3 2939-3015.

俱 jù +3016 | all, every, complete, together ◇ tous, tout, complet, ensemble [Etym] 亻 478 (rad: 009b 2-08), 具 1932 [Graph] 411e 921c.

俱乐部 jù lè bù。club ◇ club ✱ 7358 660.

值 zhí +3017 | 値 *3058 | 1° value 2° to be worth (money), to cost 3° to happen to 4° to be on duty 5° price 6° to merit, deserving ◇ 1° valeur, valeur (en mathématiques) 2° coûter 3° il arrive que, en train de 4° être de service 5° prix 6° mériter, digne [Etym] 亻 478 (rad: 009b 2-08), 直 1934 [Graph] 411e 921e.

值得 zhí de。to be worth while, to deserve ◇ valoir la peine, mériter, être digne de ✱ 3173.

優 yōu *3018 | 优 -2841 | 1° excellent 2° actor, mimes 3° abundant 4° favor ◇ 1° excellent 2° comédien, acteur 3° abondant 4° faveur [Etym] 亻 478 (rad: 009b 2-15), 憂 1945 [Graph] 411e 924b 321c 633e.

偓 wò +3019 | personal name ◇ prénom [Etym] 亻 478 (rad: 009b 2-09), 屋 1968 [Graph] 411e 931a 612c 432a.

倔 jué +3020 | obstinate, stubborn, surly ◇ obstiné, revêche [Etym] 亻 478 (rad: 009b 2-08), 屈 1970 [Graph] 411e 931a 842c.

倔强 jué jiàng。stubborn, uncompromising ◇ opiniâtre, obstiné, inflexible, intransigeant ✱ 11265.

△ juè | surly, gruff (of speech) ◇ brusque, grossier (paroles).

僻 pì +3021 亻尸口辛 | 1° secluded 2° eccentric, remote 3° rare 4° prejudiced ◇ 1° écarté 2° éloigné, retiré 3° rare, peu fréquent 4° partial, prévenu [Etym] 亻 478 (rad: 009b 2-13), 辟 1975 [Graph] 411e 931a 011a 413d.

倨 jù +3022 亻尸古 | haughty, arrogant ◇ arrogant, hautain [Etym] 亻 478 (rad: 009b 2-08), 居 1976 [Graph] 411e 931a 013f.

侭 jǐn *3023 亻尽丶 | 尽 -8675 丶 儘 *2972 | 1° to the greatest extent 2° within the limits of 3° to give priority to, at the furthest end ◇ 1° le plus possible 2° a l'extrémité 3° donner la priorité à [Etym] 亻 478 (rad: 009b 2-06), 尽 1979 [Graph] 411e 931c 211b.

侷 jú *3024 亻局口 | See ◇ Voir 鞠 5386 [Etym] 亻 478 (rad: 009b 2-07), 局 1980 [Graph] 411e 931d 011a.

僱 gù *3025 亻户隹 | 雇 +8688 | to hire, to employ ◇ louer, embaucher [Etym] 亻 478 (rad: 009b 2-12), 雇 1985 [Graph] 411e 931e 436m.

偏 piān +3026 亻户冊 | 1° inclined to one side, leaning, slanting 2° partial, prejudiced 3° accessories 4° on the contrary, unexpectedly ◇ 1° incliné, penché 2° partial, prévenu, unilatéral, pencher pour 3° accessoire 4° contre toute attente, au contraire [Etym] 亻 478 (rad: 009b 2-09), 扁 1989 [Graph] 411e 931e 856j.

偏爱 piān ài ∘ to be partial to; to favor ◇ être partial; favoriser * 712.

偏偏 piān piān ∘ contrary to ◇ contrairement à; délibérément contre * 3026.

偏巧 piān qiǎo ∘ as luck would have it; contrary to all expectation ◇ par coïncidence malheureuse; contre toute attente * 4712.

偏安 piān ān ∘ to be content to maintain sovereignty over a provi ◇ être satisfait de maintenir son pouvoir sur une région * 7748.

偏见 piān jiàn ∘ bias; prejudice ◇ préjugé, idée préconçue * 7991.

假 jiǎ +3027 亻巨コ又 | 叚 *8732 | 1° false, fake, sham 2° to borrow 3° if ◇ 1° faux, feindre 2° emprunter 3° si, supposé que [Etym] 亻 478 (rad: 009b 2-09), 叚 2016 [Graph] 411e 934a 821a 633a.

假话 jiǎ huà ∘ lie ◇ mensonge * 1821.

假设 jiǎ shè ∘ to suppose; to assume; hypothesis ◇ supposer, supposons que; hypothèse * 1834.

假借 jiǎ jiè ∘ to borrow, to make use; use under false pretenses ◇ emprunter, utiliser; utiliser par fraude * 2904.

假使 jiǎ shǐ ∘ if, in case ◇ si, au cas où, à condition que * 3061.

假装 jiǎ zhuāng ∘ to feign, to pretend ◇ feindre, faire semblant de * 3192.

假造 jiǎ zào ∘ to counterfeit, to forge; to fabricate ◇ contrefaire, falsifier, forger * 5236.

假如 jiǎ rú ∘ if, supposing that ◇ si, supposé que, au cas où * 5841.

假发 jiǎ fà ∘ wig ◇ perruque * 6813.

假牙 jiǎ yá ∘ false tooth, denture, dental prosthesis ◇ fausse dent, prothèse dentaire * 7352.

假山 jiǎ shān ∘ rockery; artificial hill ◇ monticule artificiel, colline artificielle * 7475.

假定 jiǎ dìng ∘ to suppose, to presume; hypothesis ◇ supposer, hypothèse * 7734.

假案 jiǎ àn ∘ frame-up, false charge ◇ coup monté, fausse accusation * 7749.

△ jià | holiday, leave (of absence) ◇ congé, vacances.

假期 jià qī ∘ vacation, holiday ◇ vacances * 5437.

假日 jià rì ∘ holiday, day off ◇ jour de congé, jour de repos * 9838.

們 men *3028 亻門 | 们 -3002 | sign of the plural, people, etc. ◇ signe du pluriel [Etym] 亻 478 (rad: 009b 2-08), 門 2025 [Graph] 411e 934e.

佢 qú *3029 亻巨 | See ◇ Voir 渠 497 [Etym] 亻 478 (rad: 009b 2-05), 巨 2043 [Graph] 411e 935a.

俣 yǔ +3030 亻口天 | 1° hunchbacked, misshapen 2° big, large 3° great ◇ 1° bossu, difforme 2° gros 4° grand [Etym] 亻 478 (rad: 009b 2-07), 吴 2065 [Graph] 411e 011a 242b.

侃 kǎn (506) 亻口儿 | [Tra] uprightness ◇ fermeté [Etym] to constantly (3= 川 711) stand by one's (1= 亻 478) words (2= 口 2063) ◇ s'en tenir toujours (3= 川 711) à ses (1= 亻 478) paroles (2= 口 2063) [Graph] 411e 011a 417b [Ref] k732, ph474, w41a, wi492, wi891 [Hanzi] kan3 侃 3031.

侃 kǎn +3031 亻口儿 | 1° honest and firm, dignified, plain spoken, grave 2° happily ◇ 1° droit, ferme, digne, franchement, à son aise, grave 2° joyeusement [Etym] 亻 478 (rad: 009b 2-06), 侃 506 [Graph] 411e 011a 417b.

保 bǎo (507) 亻口木 | [Tra] to protect ◇ protéger [Etym] to protect (2,3= 呆 2068) somebody (1= 亻 478) ◇ protéger (2,3= 呆 2068) un homme (1= 亻 478) [Graph] 411e 011a 422a [Ref] k705, w21d, wi947 [Hanzi] bao1 褒 2144, bao3 保 3032, bao1 煲 3033, bao3 bu3 pu4 堡 3034, bao3 葆 3628, bao3 緥 6134, bao3 褓 6624.

保 bǎo +3032 亻口木 | 1° to protect 2° to preserve 3° to keep safe, to guarantee ◇ 1° protéger 2° préserver 3° garantir, patronner [Etym] 亻 478 (rad: 009b 2-07), 保 507 [Graph] 411e 011a 422a.

保存 bǎo cún ∘ to preserve, to keep ◇ conserver, garder; réserver * 1691.

保证 bǎo zhèng ∘ to guarantee, to protect ◇ attester, garantir * 1744.

保持 bǎo chí ∘ to maintain, to safeguard ◇ maintenir, protéger, garder * 2440.

保护 bǎo hù。to protect, to keep safe, to guard ◇ protéger, garantir ＊ 2651.

保姆 bǎo mǔ。children's nurse ◇ bonne d'enfant ＊ 5885.

保育员 bǎo yù yuán。kindergarten ◇ jardinière d'enfants ＊ 5925 9127.

保险 bǎo xiǎn。safe; insurance ◇ sûr, assuré; garantir; sécurité ＊ 6713.

保险箱 bǎo xiǎn xiāng。safe, strongbox ◇ coffre-fort ＊ 6713 782.

保卫 bǎo wèi。to guarantee, to protect, to guard ◇ défendre, protéger, garantir ＊ 7280.

保密 bǎo mì。to keep something secret ◇ garder le secret ＊ 7703.

保守 bǎo shǒu。curator, to care for; conservative ◇ conserver; conservateur ＊ 7715.

保安 bǎo ān。to ensure public security; safety in production ◇ assurer la sécurité publique; sécurité au travail ＊ 7748.

保留 bǎo liú。to retain; to reserve ◇ garder intact; conserver; réserver ＊ 8822.

煲 bāo +3033 亻口木火 | 1° boiler 2° to boil or simmer ◇ 1° casserole 2° mijoter [Etym] 火 156 (rad: 086a 4-09), 保 507 [Graph] 411e 011a 422a 231b.

堡 bǎo +3034 亻口木土 | 1° fortress, rampart 2° station, stage 3° village ◇ 1° forteresse, redoute 2° étape 3° village, quartier [Etym] 土 826 (rad: 032a 3-09), 保 507 [Graph] 411e 011a 422a 432a.

△ bǔ | 1° rampart, fortress 2° station 3° village ◇ 1° rempart, redoute 2° étape, gare 3° village, quartier.

△ pù | place name ◇ nom de lieu.

侣 lǚ -3035 亻口口 | 侶 *3037 | comrade, companion, associate ◇ compagnon, partenaire, compagne, associé [Etym] 亻 478 (rad: 009b 2-06), 吕 2084 [Graph] 411e 011a 011a.

儼 yǎn *3036 亻口口厂耳攵 | 俨 -2948 | 1° solemn, grave 2° as if ◇ 1° majestueux, gravité 2° comme, de même que [Etym] 亻 478 (rad: 009b 2-19), 嚴 2089 [Graph] 411e 011a 011a 721a 436l 243c.

侶 lǚ *3037 亻口㠯 | 侣 -3035 | comrade, companion, associate ◇ compagnon, partenaire, compagne, associé [Etym] 亻 478 (rad: 009b 2-07), 呂 2103 [Graph] 411e 011a 013a.

促 cù +3038 亻足 | 1° to urge, to press 2° constraint 3° close to ◇ 1° urgent, pressé 2° nécessité, obligé 3° proche [Etym] 亻 478 (rad: 009b 2-07), 足 2117 [Graph] 411e 011f.

促使 cù shǐ。to incite, to urge ◇ inciter, pousser, stimuler ＊ 3061.

促进 cù jìn。to promote, to stimulate, to encourage ◇ promouvoir, stimuler, encourager ＊ 4056.

促成 cù chéng。to facilitate; help to bring about ◇ presser la réalisation ＊ 5550.

偪 bī *3039 亻畐田 | 逼 +9426 | 1° to compel, to force 2° to press 3° to extort ◇ 1° importuner, vexer 2° presser 3° contraindre [Etym] 亻 478 (rad: 009b 2-09), 畐 2119 [Graph] 411e 012a 041a.

僦 jiù +3040 亻亯小尤 | to rent, to hire ◇ gager, louer [Etym] 亻 478 (rad: 009b 2-12), 就 2123 [Graph] 411e 012c 331j 323c.

停 tíng +3041 亻亯冖丁 | 1° to stop, to cease 2° to stay 3° settled 4° to delay 5° to be parked (car, ship) 6° portion ◇ 1° arrêter, cesser de 2° séjourner 3° déterminé, fixé 4° différer 5° stationnement, ancrage 6° portion [Etym] 亻 478 (rad: 009b 2-09), 亭 2135 [Graph] 411e 012c 851a 331b.

停火 tíng huǒ。cease-fire ◇ cessez-le-feu ＊ 924.

停摆 tíng bǎi。to stop (pendulum) ◇ s'arrêter (horloge) ＊ 2713.

停靠 tíng kào。(train) to stop ◇ stationner, se ranger à quai ＊ 5234.

停止 tíng zhǐ。to stop, to cease ◇ arrêter, cesser, suspendre ＊ 5293.

停业 tíng yè。to close down (a business) ◇ fermer (commerce) ＊ 5328.

停职 tíng zhí。to suspend somebody from his duties ◇ suspendre qqn de ses fonctions ＊ 5475.

停车 tíng chē。to stop, to pull up ◇ arrêter (train, bus); arrêter la machine ＊ 6327.

停顿 tíng dùn。to cease, to stop ◇ interrompre, cesser ＊ 7670.

停留 tíng liú。to stop, to remain, to stay for a time ◇ s'arrêter, rester, séjourner ＊ 8822.

停战 tíng zhàn。truce, cease-fire ◇ armistice, trêve, cessez-le-feu ＊ 9801.

信 xìn (508) 亻言 | [Tra] truthfulness ◇ sincérité [Etym] man (1= 亻 478) saying words (2= 言 2139) {letter} ◇ un homme (1= 亻 478) émettant des paroles (2= 言 2139) {lettre} [Graph] 411e 012d [Ref] k224, ph415, w60i, wa8, wi173 [Hanzi] xin4 xin4 信 3042.

信 xìn +3042 亻言 | 芯 +3603 | core ◇ noyau [Etym] 亻 478 (rad: 009b 2-07), 信 508 [Graph] 411e 012d.

△ xìn | 1° true 2° confidence, trust, faith 3° to believe (in) 4° at will, at random 5° sign, evidence 6° letter 7° message 8° fuse (electical) 9° arsenic ◇ 1° vrai 2° confiance, foi 3° croire 4° au gré de, au hasard 5° signe, preuve 6° lettre 7° annonce 8° fusible (électricité) 9° arsenic.

信箱 xìn xiāng。mail box ◇ boîte postale ＊ 782.

信筒 xìn tǒng。mail box ◇ boîte aux lettres ＊ 874.

信心 xìn xīn。confidence ◇ confiance, conviction, certitude ＊ 2177.

信件 xìn jiàn。mail, letters ◇ lettre, courrier ＊ 2856.

信任 xìn rèn。trust, reliability, to trust ◇ confiance, compter sur, se fier à ＊ 2889.

信仰 xìn yǎng ∘ conviction; belief, faith ◇croire à; croyance, foi * 2965.

信使 xìn shǐ ∘ courier, messenger ◇ courrier diplomatique, messager * 3061.

信封 xìn fēng ∘ envelope ◇ enveloppe * 4818.

信纸 xìn zhǐ ∘ writing paper, note-paper ◇papier à lettre * 5990.

信用 xìn yòng ∘ trustworthiness; credit ◇digne de confiance, crédit * 8267.

信号 xìn hào ∘ signal ◇ signal * 9257.

信息 xìn xī ∘ news, information ◇ nouvelles, information * 10156.

信赖 xìn lài ∘ to have faith in, to trust ◇avoir confiance * 10383.

儲 chǔ *3043 亻言尹日 |储 -2828| 1° to collect 2° to store up, to save ◇ 1° amasser, provisions 2° épargne [Etym] 亻 478 (rad: 009b 2-15), 諸2145 [Graph] 411e 012d 432c 021a.

侻 tuō *3044 亻兑 |See ◇ Voir 挖 2594 [Etym] 亻 478 (rad: 009b 2-07), 兑 2153 [Graph] 411e 013d.

佔 zhàn *3045 亻占 |占 +9798| 1° to occupy, to seize 2° to constitute 3° to account for ◇ 1° s'emparer de, capturer 2° constituer 3° rendre compte de, comptabiliser [Etym] 亻 478 (rad: 009b 2-05), 占 2154 [Graph] 411e 013e.

估 gū +3046 亻古 |to estimate, to set a price on ◇ évaluer, estimer, conjecturer [Etym] 亻 478 (rad: 009b 2-05), 古 2155 [Graph] 411e 013f.

估计 gū jì ∘ to estimate, to reckon ◇ apprécier, estimer * 1719.

估量 gū liàng ∘ to appraise, estimate, assess ◇ évaluer, estimer * 9964.

△ gù |second-hand clothes in a store ◇ vêtement usagé à vendre.

做 zuò +3047 亻古攵 |作 +2850| 1° to make, to produce 2° to cook, to prepare 3° to act, to do (good) 4° to become 5° to write, to compose 6° to celebrate 7° to feign ◇ 1° fabriquer, produire 2° cuisiner, préparer (repas) 3° agir, faire (le bien) 4° devenir 5° écrire, composer 6° célébrer 7° faire semblant, feindre, simuler [Etym] 亻 478 (rad: 009b 2-09), 故 2156 [Graph] 411e 013f 243c.

做法 zuò fǎ ∘ way of doing things; method of work; practice ◇ méthode, pratique, façon d'agir * 217.

做人 zuò rén ∘ to behave ◇ se conduire en homme; avoir du savoir-vivre * 1070.

做饭 zuò fàn ∘ to prepare a meal ◇ faire la cuisine * 1861.

做梦 zuò mèng ∘ to dream, to have a dream ◇rêver, faire un rêve * 4189.

做工 zuò gōng ∘ to work, to do manual work ◇travailler, être ouvrier * 4698.

做事 zuò shì ∘ to work; to handle affairs; to act ◇ travailler, remplir une fonction * 10387.

但 dàn +3048 亻日一 |1° only, simply 2° but, yet ◇ 1° seulement 2° mais, pourtant [Etym] 亻 478 (rad: 009b 2-05), 旦 2170 [Graph] 411e 021a ac:z.

但愿 dàn yuàn ∘ if only; to hope, to wish ◇pourvu que; espérer * 6870.

但是 dàn shì ∘ but ◇ mais, cependant, pourtant, néanmoins * 9880.

偈 jì +3049 亻日勹人匕 |Buddhist hymns ◇ vers chantés par les moines [Etym] 亻 478 (rad: 009b 2-09), 曷 2194 [Graph] 411e 021a 852h 232a 711a.

△ jié |1° brave, martial 2° to run quickly ◇ 1° brave, courageux 2° courir vite.

倡 chàng +3050 亻日日 |1° to direct 2° to initiate ◇ 1° diriger 2° prendre l'initiative [Etym] 亻 478 (rad: 009b 2-08), 昌 2207 [Graph] 411e 021a 021a.

倡议 chàng yì ∘ to propose; initiative ◇ proposer, suggérer; prendre l'initiative de * 1709.

倡导 chàng dǎo ∘ to initiate, to propose ◇prendre l'initiative de; promouvoir * 8728.

傷 shāng *3051 亻𠂉昜 |伤 -2956| 1° to wound, to injure, hurt 2° to be distressed 3° to get sick of something 4° to be harmful to ◇ 1° blesser, blessure, offenser 2° s'affliger de 3° souffrir, jusqu'au dégoût 4° nuire à [Etym] 亻 478 (rad: 009b 2-11), 𥏻 2215 [Graph] 411e 022b 852i.

伯 bǎi +3052 亻白 |1° father's elder brother 2° senior 3° earl 4° leader ◇ 1° frère aîné du père, oncle 2° personne plus âgé 3° comte 4° chef [Etym] 亻 478 (rad: 009b 2-05), 白 2216 [Graph] 411e 022c.

△ bó |1° father's elder brother 2° senior 3° earl, leader ◇ 1° frère aîné du père 2° aîné, comte, seigneur, chef, guide.

伯父 bó fù ∘ uncle (father's elder brother) ◇oncle (frère aîné du père) * 1674.

伯伯 bó bó ∘ father's elder brother, uncle ◇oncle (frère aîné du père) * 3052.

伯母 bó mǔ ∘ aunt (wife of father's elder brother) ◇ tante (femme du frère aîné du père) * 11296.

儌 jiǎo *3053 亻白方攵 |侥 -2919、僥 *2881、徼 +3176| happy, fortunate, lucky ◇ heureusement, avoir de la chance, par chance [Etym] 亻 478 (rad: 009b 2-13), 敫 2223 [Graph] 411e 022c 853b 243c.

佰 bǎi +3054 亻百 |hundred ◇ cent [Etym] 亻 478 (rad: 009b 2-06), 百 2228 [Graph] 411e 022f.

倬 zhuō +3055 亻卓 |1° manifest, noticeable 2° large ◇ 1° évident, visible 2° grand [Etym] 亻 478 (rad: 009b 2-08), 卓 2230 [Graph] 411e 022h.

側 cè *3056 亻貝刂 |侧 -3000| 1° side 2° inclining to one side 3° low, mean ◇ 1° de côté, incliné, penchant 2° bord 3° vil, bas [Etym] 亻 478 (rad: 009b 2-09), 則 2249 [Graph] 411e 023b 333b.

△ zè |侧 -3000| general term for second, third and fourth tones ◇ terme signifiant les deuxième, troisième et quatrième tons.

△ zhāi |侧 -3000| 1° slant, askew, inclining to one side 2° side ◇ 1° incliné, penchant 2° de côté.

偵 zhēn *3057 侦 -3001 to spy, to explore, to detect ◇ épier, explorer, détecter [Etym] 亻 478 (rad: 009b 2-09), 貞 2271 [Graph] 411e 023h.

值 zhí *3058 值 +3017 1° value 2° to be worth (money), to cost 3° to happen to 4° to be on duty 5° price 6° to merit, deserving ◇ 1° valeur, valeur (en mathématiques) 2° coûter 3° il arrive que, en train de 4° être de service 5° prix 6° mériter, digne [Etym] 亻 478 (rad: 009b 2-08), 直 2273 [Graph] 411e 023j 711a.

仲 zhòng +3059 1° second (in the three months of a season) 2° second (in the order of birth) 3° middle 4° younger brother 5° surname ◇ 1° second (des trois mois d'une saison) 2° second dans l'ordre des naissances) 3° intermédiaire, milieu 4° frère cadet 5° nom de famille [Etym] 亻 478 (rad: 009b 2-04), 中 2276 [Graph] 411e 031b.

儾 nàng *3060 齉 -10168 to snuffle ◇ nasiller [Etym] 亻 478 (rad: 009b 2-22), 囊 2286 [Graph] 411e 031f 851a 011a 011a 436g 312h.

使 shǐ +3061 1° to send 2° to use, to employ 3° to make, to cause, to enable 4° to order, to command 5° messenger 6° if, supposing ◇ 1° envoyer 2° employer, utiliser 3° faire que, causer 4° ordonner de 5° messager 6° si, supposé que [Etym] 亻 478 (rad: 009b 2-06), 吏 2291 [Graph] 411e 032c.

使命 shǐ mìng ∘ mission ◇ mission * 1494.

使馆 shǐ guǎn ∘ embassy ◇ ambassade * 1869.

使得 shǐ dé ∘ so that, in such a manner that ◇ faire en sorte que * 3173.

使节 shǐ jié ∘ diplomatic envoy ◇ envoyé diplomatique * 3805.

使劲 shǐ jìn ∘ to strive; to exert all one's strength ◇ faire effort, avec force * 6496.

使用 shǐ yòng ∘ to use ◇ employer, utiliser * 8267.

使用者 shǐ yòng zhě ∘ user ◇ utilisateur * 8267 5051.

使团 shǐ tuán ∘ diplomatic corps ◇ corps diplomatique * 10945.

俛 fǔ *3062 俯、頫 +2946、*2213 1° to bow (one's head) 2° to deign ◇ 1° incliner la tête, abaisser ses regards sur 2° daigner [Etym] 亻 478 (rad: 009b 2-07), 免 2292 [Graph] 411e 032d.

像 xiàng +3063 1° likeness, portrait, picture 2° image 3° to resemble ◇ 1° ressemblance, portrait, tableau 2° image 3° ressembler [Etym] 亻 478 (rad: 009b 2-11), 象 2303 [Graph] 411e 032i.

僧 sēng +3064 Buddhist priest, monk ◇ bonze, moine bouddhique [Etym] 亻 478 (rad: 009b 2-12), 曾 2308 [Graph] 411e 033c 021a.

佃 diàn +3065 1° to till the ground 2° farmer 3° to rent land (from a landlord) ◇ 1° labourer 2° paysan 3° louer la terre [Etym] 亻 478 (rad: 009b 2-05), 田 2313 [Graph] 411e 041a.

△ tián 1° to plough, to till the ground 2° farmer ◇ 1° labourer 2° paysan.

偎 wēi +3066 1° to lean close to, to snuggle up 2° to fondle 3° benevolent 4° partial ◇ 1° se pelotonner contre quelqu'un 2° chouchouter 3° affection, bienveillance 4° partialité [Etym] 亻 478 (rad: 009b 2-09), 畏 2315 [Graph] 411e 041a 312e.

偲 cāi +3067 able, skill ◇ capable, compétent [Etym] 亻 478 (rad: 009b 2-09), 思 2316 [Graph] 411e 041a 321c.

△ sī 1° to warn 2° to scold ◇ 1° avertir 2° gronder.

儡 lěi +3068 See ◇ Voir 傀儡 kui3-lei3 3075-3068 [Etym] 亻 478 (rad: 009b 2-15), 畾 2325 [Graph] 411e 041a 041a 041a.

僵 jiāng +3069 殭1° *6447 1° stiff body, numb 2° lying 3° to overthrow 4° to fall 5° deadlocked ◇ 1° rigide, raide, engourdi 2° gisant 3° renverser 4° tomber 5° sans issue [Etym] 亻 478 (rad: 009b 2-13), 畺 2331 [Graph] 411e 041d 041d ac:z.

僵持 jiāng chí ∘ (both parties) refuse to budge ◇ (les parties) restent sur leur position * 2440.

僵尸 jiāng shī ∘ corpse ◇ cadavre rigide * 8605.

僵硬 jiāng yìng ∘ stiff; rigid ◇ rigide, dur * 9782.

甹 pīng +3070 See ◇ Voir 伶俜 ling2-ping1 2791-3070 [Etym] 亻 478 (rad: 009b 2-07), 甹 2347 [Graph] 411e 042a Z21b.

伸 shēn +3071 1° to stretch, to extend, to dilate 2° to explain ◇ 1° s'étirer, étendre, propager 2° exposer [Etym] 亻 478 (rad: 009b 2-05), 申 2348 [Graph] 411e 042c.

僡 huì +3072 1° kindness 2° benefit, to favor ◇ 1° gentillesse 2° avantage, favoriser [Etym] 亻 478 (rad: 009b 2-12), 惠 2350 [Graph] 411e 042f 321c.

傳 zhuàn *3073 传 -2936 1° commentaries on classics 2° biography 3° historical novel 4° to record 5° without interruption ◇ 1° commentaire des livres anciens 2° biographie 3° mémoires historiques, roman historique 4° noter 5° sans interruption [Etym] 亻 478 (rad: 009b 2-11), 專 2351 [Graph] 411e 042f 332b.

> 便 biàn (509) [Tra] convenient ◇ commode [Etym] man (1= 亻 478) who settles (2= 更 2359) his affairs well ◇ une personne (1= 亻 478) qui règle (2= 更 2359) bien ses affaires [Graph] 411e 043a [Hanzi] bian4 pian2 便 3074, bian1 鞭 5363, bian4 缏 5963, bian4 bian4 緶 6135.

便 biàn +3074 1° convenient 2° handy, advantageous, to profit 3° cheap, ordinary 4° to relieve nature, piss or shit 5° then, even if ◇ 1° aisé 2° disponible et facile, avantage, profit 3° ordinaire 4° besoins naturels 5° quand même [Etym] 亻 478 (rad: 009b 2-07), 便 509 [Graph] 411e 043a.

便饭 biàn fàn ∘ simple meal, potluck ◇ repas simple, à la bonne franquette * 1861.

便秘 biàn bì。constipation ◇ constipation ✱ 4510.

便利 biàn lì。easy, convenient; to facilitate ◇ facile, commode; faciliter ✱ 4516.

便士 biàn shì。penny ◇ denier, petite monnaie ✱ 4993.

便帽 biàn mào。cap ◇ bonnet ✱ 8398.

便道 biàn dào。sidewalk ◇ trottoir ✱ 10176.

△ pián |

便宜 pián yí。cheap ◇ bon marché; avantage illégal; l'échapper belle ✱ 7769.

傀 kuǐ +3075 亻鬼厶 |睽 *10066| 1° doll 2° puppet ◇ 1° poupée 2° marionnette, fantoche [Etym] 亻 478 (rad: 009b 2-08), 鬼 2363 [Graph] 411e 043e 612a.

傀儡 kuǐ lěi。puppet ◇ pantin, marionnette, fantoche ✱ 3068.

倮 luǒ +3076 亻果 |1° bare, naked 2° vile ◇ 1° nu 2° vil, ignoble [Etym] 亻 478 (rad: 009b 2-08), 果 2364 [Graph] 411e 043f.

俾 bǐ +3077 亻卑 |1° to cause, to enable 2° in order to, so that ◇ 1° faire que 2° pour que [Etym] 亻 478 (rad: 009b 2-08), 卑 2366 [Graph] 411e 043h.

俚 lǐ +3078 亻里 |rude, rustic, vulgar ◇ grossier, rustique, vulgaire [Etym] 亻 478 (rad: 009b 2-07), 里 2368 [Graph] 411e 043j.

偶 ǒu +3079 亻禺 |1° image, idol 2° in pairs, even (numbers) 3° to mate, spouse 4° suddenly, by chance, occasionally ◇ 1° image, idole, statue 2° nombre pair, à deux 3° époux, compagnon 4° par hasard, fortuit [Etym] 亻 478 (rad: 009b 2-09), 禺 2372 [Graph] 411e 043l.

偶尔 ǒu ěr。by chance ◇ par hasard, fortuitement ✱ 2295.

偶然 ǒu rán。by chance ◇ par hasard, fortuit, occasionnel ✱ 6452.

儸 luó *3080 亻罒糸隹 |罗 -10789、羅 *10787、囉 *9245 8°| 1° net, trap 2° to collect 3° to spread out, to display 4° to sieve 5° gauze 6° twelve dozen 7° surname 8° to make noise ◇ 1° filet, piège 2° ramasser, prendre 3° disposer 4° tamiser, crible 5° gaze (de soie) 6° douze douzaines 7° nom propre 8° faire du bruit [Etym] 亻 478 (rad: 009b 2-19), 羅 2388 [Graph] 411e 051a 613d 436m.

△ luó |㑩 -3081| 1° (lou2 -5) band of outlaws 2° lackey ◇ 1° (lou2 -5) bande de brigands 2° laquais.

△ luo |See ◇ Voir 維 6535.

㑩 luó -3081 亻罒夕 |儸 *3080| 1° (lou2 -5) band of outlaws 2° lackey ◇ 1° (lou2 -5) bande de brigands 2° laquais [Etym] 亻 478 (rad: 009b 2-08), 罗 2389 [Graph] 411e 051a 631b.

儇 xuān +3082 亻罒𠮛𧘇 |frivolous but intelligent ◇ frivole mais adroit [Etym] 亻 478 (rad: 009b 2-13), 睘 2394 [Graph] 411e 051a 012a 312h.

僊 xiān *3083 亻覀大巳 |仙 +2976| 1° genii, immortals, fairies 2° marvellous ◇ 1° génies, immortels 2° merveilleux [Etym] 亻 478 (rad: 009b 2-11), 䙴 2402 [Graph] 411e 051e 242a 733a.

傈 lì +3084 亻覀木 |1° ancestral tablets 2° the Lisu nationality living in Yunnan ◇ 1° tablette funéraire 2° groupe ethnique vivant au Yunnan [Etym] 亻 478 (rad: 009b 2-10), 栗 2406 [Graph] 411e 051e 422a.

僳 sù +3085 亻覀米 |(Li4 - zu2) Lisu nationality in Yunnan ◇ (Li4 - zu2) minorité ethnique Lisu dans le Yunnan [Etym] 亻 478 (rad: 009b 2-12), 粟 2407 [Graph] 411e 051e 422f.

價 jià *3086 亻覀貝 |价 +2788| 1° price, value 2° valence ◇ 1° prix, valeur 2° valence [Etym] 亻 478 (rad: 009b 2-13), 賈 2412 [Graph] 411e 051e 023b.

△ jie |价 +2788| 1° good, virtuous 2° to serve, servant ◇ 1° bon, vertueux 2° servir, valet.

儂 nóng *3087 亻曲厂𧘇 |侬 -2994| 1° you 2° I (in old literature) 3° surname ◇ 1° tu, toi 2° je, moi (anciennement) 3° nom propre [Etym] 亻 478 (rad: 009b 2-13), 農 2414 [Graph] 411e 052a 721a 312f.

傻 shǎ -3088 亻囟八夂 |儍 *2826| 1° silly, foolish 2° to act mechanically ◇ 1° sot, imbécile, naïf 2° agir bêtement [Etym] 亻 478 (rad: 009b 2-11), 㚇 2421 [Graph] 411e 061b ac:h 633e.

傻瓜 shǎ guā。fool, stupid ◇ sot, imbécile, idiot ✱ 2159.

傻子 shǎ zǐ。fool, idiot ◇ sot, idiot ✱ 6546.

個 gě *3089 亻囗古 |个 +1092| See ◇ Voir 自个 zi4-ge3 10153-1092 [Etym] 亻 478 (rad: 009b 2-08), 固 2456 [Graph] 411e 071a 013f.

△ gè |个 +1092、箇 *916| 1° this, this one 2° unit 3° individual 4° numerative ◇ 1° ce, cet 2° unité 3° individu 4° spécificatif.

傯 zǒng *3090 亻囱心 |偬 -2995| 1° burdened with, pressing 2° wearied, worn out ◇ 1° surchargé, surmené 2° usé [Etym] 亻 478 (rad: 009b 2-11), 悤 2462 [Graph] 411e 071c 633e 321c.

亿 yì -3091 亻乙 |億 *2778| 1° hundred million 2° numberless ◇ 1° cent millions 2° infinité [Etym] 亻 478 (rad: 009b 2-01), 乙 2506 [Graph] 411e Z31d.

亿万 yì wàn。hundreds of millions ◇ des millions et des millions ✱ 7923.

仡 gē +3092 亻乞 |[Etym] 亻 478 (rad: 009b 2-03), 乞 2508 [Graph] 411e Z31e.

仡佬族 gē lǎo zú。the Gelao nationality in Guizhou Province ◇ l'ethnie Gelao de la province de Guizhou ✱ 2886 7931.

仇 chóu +3093 亻九 |讎 +5490、讐 *5494| 1° enemy, foe 2° hatred ◇ 1° ennemi 2° haïr, inimitié [Etym] 亻 478 (rad: 009b 2-02), 九 2513 [Graph] 411e Z32b.

仇人 chóu rén。enemy ◇ ennemi ✱ 1070.

仇恨 chóu hèn。hatred ◇ avoir en haine ✱ 3340.

△ qiú | 1° to be joined in marriage 2° surname ◇ 1° s'unir par le mariage 2° nom propre.

仉 zhǎng +3094 亻几 | 1° family name of Mencius' mother 2° surname ◇ 1° nom de famille de la mère de Mencius 2° nom de famille [Etym] 亻 478 (rad: 009b 2-02), 几 2516 [Graph] 411e Z33a.

佩 pèi (510) 亻凡巾 | [Tra] girdle ornament ◇ breloques [Etym] anything (2= 凡 2522) worn by man (1= 亻 478) on sash (3= 巾 1886) ◇ un objet (2= 凡 2522) à la ceinture (3= 巾 1886) d'un homme (1= 亻 478) [Graph] 411e Z33c 858d [Ref] h478, k79, ph444, r26d, w59h, wi126 [Hanzi] pei4 佩 3095.

佩 pèi +3095 亻凡巾 | 珮 2° *5210 | 1° to wear (at the waist, on one's belt) 2° girdle ornaments 3° to admire ◇ 1° porter suspendu à la ceinture 2° breloques, bijoux 3° admirer [Etym] 亻 478 (rad: 009b 2-06), 佩 510 [Graph] 411e Z33c 858d.

佩服 pèi fú ∘ to admire ◇ admirer; respecter ✱ 8175.

伉 kàng +3096 亻亢 | [Etym] 亻 478 (rad: 009b 2-04), 亢 2529 [Graph] 411e Z33d.

伉俪 kàng lì ∘ 1° companion; 2° married couple ◇ 1° compagnon; 2° conjoints, couple ✱ 3007.

佤 wǎ +3097 亻瓦 | [Etym] 亻 478 (rad: 009b 2-04), 瓦 2531 [Graph] 411e Z33f.

佤族 wǎ zú ∘ nationality living in Yunnan ◇ groupe ethnique se trouvant dans la province de Yunnan ✱ 7931.

佛 fó +3098 亻弗 | Buddha, Buddhist, Buddhism ◇ Bouddha, bouddhique, bouddhisme [Etym] 亻 478 (rad: 009b 2-05), 弗 2553 [Graph] 411e Z42g.

佛教 fó jiào ∘ Buddhism ◇ bouddhisme ✱ 5050.

佛教徒 fó jiào tú ∘ Buddhist ◇ bouddhiste ✱ 5050 3139.

△ fú | 彿 *3183 、髴 *4756 | See ◇ Voir 仿佛 fang3-fu2 2998-3098.

侮 wǔ +3099 亻每 | 1° to insult 2° to bully 3° to humiliate ◇ 1° manquer de respect, insulter 2° intimider, brutaliser 3° humilier [Etym] 亻 478 (rad: 009b 2-07), 每 2565 [Graph] 411e Z61b.

侮辱 wǔ rǔ ∘ to insult, to bully ◇ outrager, insulter, humilier, offenser ✱ 6824.

偻 lóu *3100 亻婁女 | 偻 -2871 | 1° hunchbacked 2° to bend ◇ 1° bossu, difforme 2° courber [Etym] 亻 478 (rad: 009b 2-10), 婁 2572 [Graph] 411e Z61f 611e.

△ lóu | 喽 -8961 、嘍 *9277 | chattering, prattle ◇ bavarder, babiller.

△ lǚ | 偻 -2871 | 1° hunchbacked 2° at once ◇ 1° bossu, difforme 2° tout de suite.

夜 yè (511) 亠亻夂 | [Tra] night ◇ nuit [Etym] night (2< 夕 1225); {1} phon (1< 亦 471), {2} man (1= 亻 478) lying down (top=prim) ◇ la nuit (2< 夕 1225), {1} phon (1< 亦 471), {2} un homme (1= 亻 478) couché (haut=prim) [Graph] acc:c 411e 633f [Ref] k257, ph317, r37b, r37c, w12c, wa142, wi166, wi415 [Hanzi] ye4 液 152, ye1 ye4 掖 2409, ye4 夜 3101, ye4 腋 8107.

夜 yè +3101 亠亻夂 | 亱 *3102 | night ◇ nuit [Etym] 夕 1225 (rad: 036a 3-05), 夜 511 [Graph] ac:c 411e 633f.

夜班 yè bān ∘ night shift ◇ équipe de nuit ✱ 5095.

夜车 yè chē ∘ night train; to work into the night ◇ train de nuit; travailler la nuit ✱ 6327.

夜餐 yè cān ∘ midnight meal ◇ repas pris tard dans le nuit ✱ 6450.

夜晚 yè wǎn ∘ night ◇ soir, nuit ✱ 9962.

夜里 yè lǐ ∘ night ◇ nuit, durant la nuit, de nuit ✱ 10761.

亱 yè (512) 亠亻日一 | [Tra] night ◇ nuit [Etym] different writing for (夜 511) ◇ autre graphie pour (夜 511) [Graph] acc:c 411e 021a acc:z [Hanzi] ye4 亱 3102.

亱 yè *3102 亠亻日一 | 夜 +3101 | night ◇ nuit [Etym] 亠 2 (rad: 008a 2-09), 亱 512 [Graph] ac:c 411e 021a ac:z.

候 hòu (513) 亻亠矢 | [Tra] time, wait ◇ temps, attendre [Etym] man (1= 亻 478) pointing another man (> 侯 482) ◇ un homme (1= 亻 478) recherchant un autre homme (> 侯 482) [Graph] 411f acc:e 242d [Hanzi] hou4 候 3103.

候 hòu +3103 亻亠矢 | 1° to wait, to await 2° to inquire after 3° season 4° condition ◇ 1° attendre 2° offrir ses salutations 3° période 4° état [Etym] 亻 478 (rad: 009b 2-08), 候 513 [Graph] 411f ac:e 242d.

候选人 hòu xuǎn rén ∘ candidate ◇ candidat ✱ 5246 1070.

候车室 hòu chē shì ∘ waiting room (in railway) ◇ salle d'attente (gare) ✱ 6327 7754.

候补 hòu bǔ ∘ substitute for, deputy ◇ suppléant ✱ 6626.

攸 yōu (514) 亻攵 | [Tra] to sound river ◇ sonder rivière [Etym] man and river (1= 川 711); stick in hand (2= 攴 1283) {place} ◇ un homme et une rivière (1= 川 711); un bâton à la main (2= 攴 1283) {lieu} [Graph] 411f 243c [Ref] k1229, r181, w63a, wi78, wi223 [Hanzi] xiao3 筱 771, you1 攸 3104, xiu1 修 3105, shu1 倏 3106, shu1 儵 3107, you1 悠 3108, tiao2 條 3109, tao1 絛 3110, xiao1 翛 3111, xiu1 xiu1 脩 3112, shu1 鯈 3113, you2 莜 3629.

攸 yōu +3104 亻攵 | 1° place, where 2° that which ◇ 1° lieu, place, où, habiter 2° ce qui, ce que [Etym] 攵 340 (rad: 066b 4-03), 攸 514 [Graph] 411f 243c.

修 xiū +3105 亻攵彡 | 脩 +3112 | 1° to adorn, to embellish 2° to repair, to mend, to restore 3° to write 4° to study 5° to build 6° to trim (nails) 7° long, slender 8° revisionism ◇ 1° orner, décorer 2° réparer, repriser, arranger 3° écrire 4° se perfectionner dans, étudier 5° construire 6° tailler (ongles) 7° long, mince 8° révisionisme [Etym] 亻 478 (rad: 009b 2-08), 攸 514 彡 76 [Graph] 411f 243c 211c.

修养 xiū yǎng。good education ◇ bonne éducation, formation; savoir-vivre * 1619.

修订 xiū dìng。to revise ◇ réviser, revoir et corriger * 1713.

修理 xiū lǐ。to repair ◇ réparer, remettre en état * 5204.

修正案 xiū zhēng àn。amendment ◇ modification * 5316 7749.

修建 xiū jiàn。to build, to construct ◇ construire * 7397.

修改 xiū gǎi。to correct, to repair, to modify ◇ réparer, corriger, modifier, réviser * 11244.

倏 shū *3106 | 倐 儵 +3107、*3113 | hastily, quickly ◇ subitement, soudain [Etym] 亻 478 (rad: 009b 2-09), 攸 514 火 156 [Graph] 411f 243c 231b.

倐 shū +3107 | 倏 儵 *3106、*3113 | hastily, quickly ◇ subitement, soudain [Etym] 亻 478 (rad: 009b 2-09), 攸 514 犬 295 [Graph] 411f 243c 242i.

悠 yōu +3108 | 1° distant (time and space) 2° leisurely 3° to swing (object) 4° sadness ◇ 1° lointain (temps et espace) 2° à loisir 3° balancer, lancer un objet en se balançant 4° tristesse [Etym] 心 397 (rad: 061a 4-07), 攸 514 [Graph] 411f 243c 321c.

悠久 yōu jiǔ。long, age-old ◇ qui remonte loin dans le temps, de longure date * 6498.

條 tiáo (515) | [Tra] twig; item ◇ baguette; article [Etym] wood (3= 木 723); stick to sound river (1,2= 攸 514) ◇ bois (3= 木 723); baguette à sonder l'eau (1,2= 攸 514) [Graph] 411f 243c 422a [Ref] k156, r186, w63c, wi161 [Hanzi] di2 滌 153, xiao3 篠 772, tiao2 條 3109, diao4 蓧 3630, tao1 絛 6136, tiao2 鰷 10567.

條 tiáo *3109 | 条 -6531 | 1° twig 2° strip, slip 3° item, article 4° order 5° measure-word (thin and long objects: fish, avenue, trousers, etc.) ◇ 1° branche, baguette, rameau 2° bamde. ceinture 3° article, clause 4° ordre 5° spécificatif (objets minces et allongés: corde, chemin, serpent, pantalons) [Etym] 木 723 (rad: 075a 4-07), 攸 514 [Graph] 411f 243c 422a.

絛 tāo *3110 | 绦 縧 縚 -5955、*6136、*6109 | sash, silk ribbon, silk braid ◇ ganse, chardonneret, ruban ou cordon de soie [Etym] 糸 1185 (rad: 120a 6-07), 攸 514 [Graph] 411f 243c 613d.

翛 xiāo +3111 | 1° to flutter about 2° straggling appearance of feathers ◇ 1° voltiger 2° plumes épars, disséminées [Etym] 羽 1472 (rad: 124a 6-07), 攸 514 [Graph] 411f 243c 731c 731c.

脩 xiū (516) | [Tra] meat; gift ◇ viande; cadeau [Etym] meat (3= 月 1823); phon (1, 2= 攸 514) ◇ viande (3= 月 1823); phon (1,2= 攸 514) [Graph] 411f 243c 856e [Ref] k242, w125a [Hanzi] xiu3 滫 154, xiu1 xiu1 脩 3112, tiao2 蓨 3631.

脩 xiū +3112 | 修 +3105 | 1° to adorn, to embellish 2° to repair, to mend, to restore 3° to write 4° to study 5° to build 6° to trim (nails) 7° long, slender 8° revisionism ◇ 1° orner, décorer 2° réparer, repriser, arranger 3° écrire 4° se perfectionner dans, étudier 5° construire 6° tailler (ongles) 7° long, mince 8° révisionisme [Etym] 月 1823 (rad: 130b 4-07), 攸 514 [Graph] 411f 243c 856e.

△ xiū | 1° dried meat 2° salary 3° to decorate ◇ 1° viande épicée séchée 2° honoraires 3° orner.

儵 shū *3113 | 倏 倐 +3107、*3106 | hastily, quickly ◇ subitement, soudain [Etym] 亻 478 (rad: 009b 2-17), 攸 514 黑 2310 [Graph] 411f 243c 033e 222d.

彳 chì (517) | [Tra] to walk ◇ marcher [Etym] a step forward with the left foot (prim) (> 行 522) ◇ un pas de la jambe gauche (prim) (> 行 522) [Graph] 411g [Ref] k1117, ph657, r440, w27a, w112e, wi128 [Hanzi] chi4 彳 3114, xi3 徙 3141, zheng1 zhi3 徵 3158, hui1 徽 3160, wei1 微 3162 [Rad] 060a.

𧗠 xíng (518) | [Tra] to march ◇ marcher au pas [Etym] like (行 522) ◇ comme (行 522) [Graph] 411g [Ref] k149, w203h [Hanzi] yan3 衍 3115, xian2 銜 3123, xian2 衔 3126, zhun1 0, kan4 衎 3131, shu4 術 3135, jie1 街 3138, long4 衖 3146, xuan4 衒 3150, wei4 衛 3154, wei4 衞 3155, ya2 衙 3156, tong4 衕 3166, zhun1 衠 3169, hu2 衚 3172, qu2 衢 3177, chong1 chong1 chong4 衝 3179.

彳 chì +3114 | step, to walk ◇ poser le pied gauche, marcher [Etym] 彳 517 (rad: 060a 3-00), [Graph] 411g.

衍 yǎn (519) | [Tra] overflowing ◇ déborder [Etym] advancing (1,3= 行 522) water (2= 氵 18) {flood} ◇ de l'eau (2= 氵 18) qui s'avance (1,3= 行 522) {inondation} [Graph] 411g 121b 331d [Ref] k156, ph203, r183, w63c, wa141 [Hanzi] yan3 衍 3115, qian1 愆 3116.

衍 yǎn +3115 | 1° to spread out, to develop 2° superfluous 3° ample 4° fertile 5° flood ◇ 1° déborder, s'étendre 2° superflu 3° ample 4° fertile 5° inondation [Etym] 行 522 (rad: 144a 6-03), 衍 519 [Graph] 411g 121b 331d.

愆 qiān +3116 | 1° fault, error, mistake 2° to go beyond ◇ 1° faute, errer 2° excéder, dépasser [Etym] 心 397 (rad: 061a 4-09), 衍 519 [Graph] 411g 121b 331d 321c.

徯 xī +3117 | 1° to wait for, to expect 2° to hope 3° footpath ◇ 1° attendre 2° espérer 3° sentier [Etym] 彳 517 (rad: 060a 3-10), 奚 111

[Graph] 411g 221d 613c 242a.

徭 yáo +3118 | 繇 +706 、傜 *2784 | 1° forced labor, corvees 2° duty ◇ 1° corvée 2° taxe [Etym] 彳 517 (rad: 060a 3-10), 䍃 119 [Graph] 411g 221d 841c.

從 cóng (520) 彳人人止 | [Tra] follow, obey ◇ suivre, obéir [Etym] man (2,3= 人 170) walking (1,4= 彳 517, 止 968) behind another ◇ un homme (2,3= 人 170) marchant (1,4= 彳 517, 止 968) derrière un autre [Graph] 411g 232a 232a 434e [Ref] r26h, w112e, wi290 [Hanzi] cong1 鏦 1155, cong1 cong2 從 3119, song3 慫 3120, song3 聳 3121, cong1 蓯 3632, cong1 zong1 樅 4153, zong4 縱 6137, zong4 瘲 7036, zong1 蹤 9314.

從 cōng *3119 | 从 +1071 | calm, unhurried ◇ calme, tranquillement [Etym] 彳 517 (rad: 060a 3-08), 從 520 [Graph] 411g 232a 232a 434e.

△ cóng | 从 +1071 | 1° to follow, to pursue, to comply with 2° from, by ◇ 1° suivre, céder, se conformer à 2° de, depuis.

慫 sǒng *3120 彳人人止心 | 怂 -1073 | 1° to alarm 2° to incite, to instigate ◇ 1° alarmer, avoir peur 2° exciter à [Etym] 心 397 (rad: 061a 4-11), 從 520 [Graph] 411g 232a 232a 434e 321c.

聳 sǒng *3121 彳人人止耳 | 耸 +1076 | 1° lofty, high 2° to shock, terrified 3° to raise, to excite 4° deafness ◇ 1° haut, dressé 2° être terrifié 3° stimuler 4° sourd [Etym] 耳 1017 (rad: 128a 6-11), 從 520 [Graph] 411g 232a 232a 434e 436k.

徐 xú +3122 彳亼禾 | 1° slowly, gently 2° sedate 3° dignified 4° surname ◇ 1° lentement, tranquillement 2° calme 3° dignité 4° nom de famille [Etym] 彳 517 (rad: 060a 3-07), 余 192 [Graph] 411g 233a 422c.

銜 xián (521) 彳亼金亍 | [Tra] bit of bridle ◇ mors de bride [Etym] metal (2,3= 金 196) bridle of courser (1,4= 行 522) {rank, title} ◇ métal (2, 3= 金 196), la bride du coursier (1,4= 行 522) {grade, rang} [Graph] 411g 233a 432q 331d [Ref] w79d, wi350 [Hanzi] xian2 銜 3123.

銜 xián *3123 彳亼金亍 | 衔 -3126 、啣 2° *8994 | 1° to hold in the mouth, bit 2° to bear 3° rank, tigle, degree ◇ 1° avoir quelque chose dans la bouche, mors 2° porter, abriter 3° rang, titre [Etym] 金 196 (rad: 167a 8-06), 銜 521 [Graph] 411g 233a 432q 331d.

徛 jì +3124 彳大可口 | 1° bridge 2° to stand up ◇ 1° passerelle 2° debout [Etym] 彳 517 (rad: 060a 3-08), 奇 261 [Graph] 411g 242a 331c 011a.

彻 chè -3125 彳七刀 | 徹 *3148 | 1° to penetrate 2° to understand 3° all, entire 4° general ◇ 1° pénétrer 2° comprendre 3° tout, entier 4° général [Etym] 彳 517 (rad: 060a 3-04), 切 366 [Graph] 411g 311e 732a.

彻底 chè dǐ ◦ complete, thoroughly ◇ complet, à fond * 6929.

衔 xián -3126 彳钅亍 | 銜 *3123 、啣 2° *8994 | 1° to hold in the mouth, bit 2° to bear 3° rank, tigle, degree ◇ 1° avoir quelque chose dans la bouche, mors 2° porter, abriter 3° rang, titre [Etym] 钅 367 (rad: 167s 5-06), 衔 518 [Graph] 411g 311f 331d.

衠 zhūn *3127 彳匕目乚亍 | 衠 +3169 | pure (quality) ◇ pur (de qualité), purement [Etym] 行 522 (rad: 144a 6-10), 衍 518 眞 394 [Graph] 411g 321b 023a 711b 331d.

行 xíng (522) 彳亍 | [Tra] to march; rank ◇ marcher au pas; rang [Etym] {1} steps with the left (1= 彳 517) and right (2= 亍 423) feet; {2} drawing of road crossings (prim) ◇ {1} des pas des pieds gauche (1= 彳 517) et droit (2= 亍 423); {2} image d'un croisement de routes (prim) [Graph] 411g 331d [Ref] k783, ph611, r13o, w112e [Hanzi] yan3 衍 3115, zhun1 0, hang2 xing2 行 3128, heng2 鸻 3129, heng2 鴴 3130, kan4 衎 3131, shu4 術 3135, jie1 街 3138, wei4 衛 3154, ya2 衙 3156, zhun1 衠 3169, qu2 衢 3177, heng2 衡 3178, xing4 荇 3633, heng2 桁 4154, heng2 珩 5097, hang2 绗 5964, hang2 絎 6138 [Rad] 144a.

行 háng +3128 彳亍 | 1° line, row 2° seniority 3° profession 4° corporation, business firm 5° rank, category ◇ 1° rangée, ligne 2° ancienneté 3° profession, métier 4° maison de commerce, corporation 5° catégorie [Etym] 行 522 (rad: 144a 6-00), [Graph] 411g 331d.

行业 háng yè ◦ profession, occupation, trade ◇ métier, profession, carrière * 5328.

行列 háng liè ◦ ranks ◇ rangs (armée, groupe) * 6419.

行家 háng jiā ◦ expert, specialist ◇ connaisseur, expert, spécialiste; compétent * 7747.

△ xíng | 1° to go, to walk 2° to travel 3° temporary 4° to prevail 5° to do, to perform, to carry out 7° behavior 8° O.K., all right ◇ 1° aller, marcher 2° voyager 3° provisoire 4° prédominer, prévaloir, circuler 5° faire, action, exécuter 7° comportement 8° d'accord.

行人 xíng rén ◦ pedestrian, passer-by ◇ piéton, passant * 1070.

行凶 xíng xiōng ◦ do violence, commit a crime or murder ◇ commettre un crime ou meurtre; agir avec violence * 1657.

行李 xíng lǐ ◦ luggage ◇ bagage * 4283.

行走 xíng zǒu ◦ to walk ◇ marcher * 4836.

行政 xíng zhèng ◦ administration ◇ administration * 5317.

行动 xíng dòng ◦ to move about; to act; action, operation ◇ se déplacer; agir; opération; conduite * 5920.

行礼 xíng lǐ ◦ to salute ◇ saluer * 6568.

行为 xíng wéi ◦ action, behavior, conduct ◇ acte, conduite, action * 7272.

行刺 xíng cì ◦ to assassinate ◇ assassiner * 8489.

行驶 xíng shǐ ◦ (of a vehicle) to go, to travel ◇ circuler, rouler * 11137.

鸻 héng -3129 | 鴴 *3130 | plover ◇ pluvier [Etym] 鸟2494 (rad: 196s 5-06), 行522 [Graph] 411g 331d Z22e.

鴴 héng *3130 | 鸻 -3129 | plover ◇ pluvier [Etym] 鳥2500 (rad: 196a 11-06), 行522 [Graph] 411g 331d Z22h.

衎 kàn +3131 彳干亍 | 1° feast 2° happy, merry 3° honest ◇ 1° fête 2° réjouissance, joyeux 3° droit, sincère [Etym] 行522 (rad: 144a 6-03), 彳518 干564 [Graph] 411g 413b 331d.

徉 yáng +3132 彳羊 | 佯 +2855 | 1° to ramble, to stray 2° to loaf about ◇ 1° vagabonder, errer 2° flâner [Etym] 彳517 (rad: 060a 3-06), 羊579 [Graph] 411g 414b.

徘 pái +3133 彳非 | [Etym] 彳517 (rad: 060a 3-08), 非611 [Graph] 411g 415b.

徘徊 pái huái ∘ 1° undecided, irresolute, to hesitate, to fluctuate; 2° to p ◇ 1° inquiétude, agitation, irrésolution, indécis; 2° aller et ✱ 3181.

徠 lái *3134 彳木人人 | 徕 -3136 | See ◇ Voir 招徕 zhao1-lai2 2556-3136 [Etym] 彳517 (rad: 060a 3-08), 來724 [Graph] 411g 422a 232a 232a.

術 shù *3135 彳术亍 | 术 +4595 | 1° art 2° skill, technique 3° method, tactics 4° science ◇ 1° art 2° technique 3° procédé, méthode 4° science [Etym] 行522 (rad: 144a 6-05), 彳518 术781 [Graph] 411g 422e 331d.

徕 lái -3136 彳来 | 徠 *3134 | See ◇ Voir 招徕 zhao1-lai2 2556-3136 [Etym] 彳517 (rad: 060a 3-07), 来804 [Graph] 411g 422m.

待 dāi +3137 彳土寸 | to stay ◇ rester [Etym] 彳517 (rad: 060a 3-06), 寺830 [Graph] 411g 432a 332b.

△ dài | 1° to wait for 2° to await 3° to treat 4° as for ◇ 1° attendre 2° rester 3° traiter, soigner 4° quant à.

待遇 dài yù ∘ salary ◇ traitement, manière d'agir; rémunération ✱ 10768.

街 jiē +3138 彳土土亍 | 1° street 2° country fair ◇ 1° rue 2° marché [Etym] 行522 (rad: 144a 6-06), 彳518 圭840 [Graph] 411g 432a 432a 331d.

街道 jiē dào ∘ street; neighborhood ◇ rue, boulevard ✱ 10176.

> 徒 tú (523) 彳土⻌ | [Tra] to go on foot ◇ aller à pied [Etym] to walk (2,3= 走845) step by step (1= 彳517) ◇ marcher (2,3= 走845) pas à pas (1= 彳517) [Graph] 411g 432a 434e [Hanzi] tu2 徒3139.

徒 tú +3139 彳土⻌ | 1° to go on foot 2° empty, bare 3° only 4° in vain, futile 5° apprentice, companion, disciple 6° foot-soldier 7° to banish, imprisonment ◇ 1° aller à pied, piéton 2° vide, nu 3° seulement 4° en vain, sans raison 5° apprenti, compagnon, disciple 6° fantassin 7° exil temporaire, emprisonnement [Etym] 彳517 (rad: 060a 3-07), 徒523 [Graph] 411g 432a 434e.

徒刑 tú xíng ∘ imprisonment; prison sentence ◇ emprisonnement; peine de prison ✱ 4047.

徒弟 tú dì ∘ apprentice, disciple ◇ apprenti, disciple ✱ 11276.

> 往 wǎng (524) 彳主 | [Tra] to go to ◇ se diriger vers [Etym] to walk (1= 彳517); wandering (2= 主915) ◇ marcher (1= 彳517); errer (2= 主915) [Graph] 411g 432f [Ref] k1334, w130b [Hanzi] wang3 wang4 往3140.

往 wǎng +3140 彳主 | 1° to go to 2° towards 3° past 4° frequently ◇ 1° aller 2° vers 3° passé 4° fréquemment [Etym] 彳517 (rad: 060a 3-05), 往524 [Graph] 411g 432f.

往往 wǎng wǎng ∘ frequently, often ◇ fréquemment, souvent, constamment ✱ 3140.

往年 wǎng nián ∘ formerly, in the past years ◇ autrefois, les années passées ✱ 3476.

往来 wǎng lái ∘ contact, connection; to go and come ◇ contact, relations; aller et venir ✱ 4672.

往返 wǎng fǎn ∘ to and fro; to go there and back ◇ aller et venir, va-et-vient, aller et retour ✱ 7189.

往后 wǎng hòu ∘ henceforth, from now on ◇ désormais, dorénavant ✱ 7199.

往常 wǎng cháng ∘ as one used to do formerly ◇ d'habitude, habituellement ✱ 7870.

△ wàng | to, towards, in the direction of ◇ vers, à, dans la direction de.

> 徙 xǐ (525) 彳止⻌ | [Tra] to move ◇ déménager [Etym] to walk (1= 彳517); two feet (2= 止954) (3= ⻌968) (> 步957) ◇ marcher (1= 彳517); deux pieds (2= 止954) (3= ⻌968) (> 步957) [Graph] 411g 434a 434e [Ref] k81, w90a, wa191, wi186 [Hanzi] xi3 徙3141, xi3 蓰3634, xi3 屣8616.

徙 xǐ +3141 彳止⻌ | to change place, to be moved ◇ se déplacer, changer, transporter [Etym] 彳517 (rad: 060a 3-08), 徙525 [Graph] 411g 434a 434e.

> 征 zhēng (526) 彳正 | [Tra] to conquer; journey ◇ subjuguer; voyager [Etym] to walk (1= 彳517); phon, correct, just (2= 正963) ◇ marcher (1= 彳517); phon, droit, correct (2= 正963) [Graph] 411g 434b [Ref] r8a, w169b, wi786 [Hanzi] zheng1 征3142, cheng2 惩3143.

征 zhēng +3142 彳正 | 徵3°4°5° +3158 | 1° to go on a journey 2° to campaign, to subjugate 3° to levy (troops), to draft 4° to collect (taxes) 5° to solicit 6° proof 7° sign 8° surname ◇ 1° voyager, faire une tournée, marcher 2° expédition militaire, combattre, subjuguer, saisir 3° lever (troupes) 4° imposer (taxes, corvées) 5° solliciter 6° preuve 7° signe 8° nom de famille [Etym] 彳517 (rad: 060a 3-05), 正963 [Graph] 411g 434b.

征求 zhēng qiú ∘ to ask for, to solicit ◇ demander (avis), recruter, chercher à obtenir ✱ 2314.

惩 chéng +3143 彳正心 | 懲 *3159 | 1° to repress, to correct, to restrain 2° to punish ◇ 1° réprimer, réfréner, contenir, corriger 2° punir [Etym] 心 397 (rad: 061a 4-08), 征 526 [Graph] 411g 434b 321c.

惩治 chéng zhì ∘ to punish ◇ punir ✱ 283.

惩办 chéng bàn ∘ to punish ◇ prendre des sanctions; châtier ✱ 7271.

惩罚 chéng fá ∘ to punish ◇ réprimander; punir ✱ 10773.

御 yù (527) 彳韭卩 [Tra] to drive ◇ conduire [Etym] to go to (1= 彳 517), then unload (2,3= 卸 967) {to rule} ◇ aller (1= 彳 517) et décharger (2, 3= 卸 967) {gouverner} [Graph] 411g 434d 734a [Ref] k1314, w164c [Hanzi] yu4 御 3144, yu4 禦 3145.

御 yù +3144 彳韭卩 | 禦 3° *3145 | 1° to drive a carriage 2° imperial 3° to oppose, to withstand 4° to govern, to manage 5° to serve 6° surname ◇ 1° conduire une voiture à cheval 2° impérial 3° s'opposer, empêcher 4° gouverner 5° servir 6° nom de famille [Etym] 彳 517 (rad: 060a 3-09), 御 527 [Graph] 411g 434d 734a.

禦 yù *3145 彳韭卩示 | See ◇ Voir 御 3144 [Etym] 示 431 (rad: 113a 5-12), 御 527 [Graph] 411g 434d 734a 331l.

衖 lòng *3146 彳共亍 | 弄 +5103 | lane, alley ◇ ruelle [Etym] 行 522 (rad: 144a 6-06), 行 518 共 1006 [Graph] 411g 436e 331d.

徑 jìng *3147 彳巛工 | 径、逕 1°3° -3151、*5723 | 1° path, footpath 2° means 3° directly, to pass 4° diameter ◇ 1° sentier, piste 2° moyens 3° sans détour, directement, passer 4° diamètre [Etym] 彳 517 (rad: 060a 3-07), 巠 1121 [Graph] 411g 611d 431a.

徹 chè *3148 彳𠫓月攵 | 彻 -3125 | 1° to penetrate 2° to understand 3° all, entire 4° general ◇ 1° pénétrer 2° comprendre 3° tout, entier 4° général [Etym] 彳 517 (rad: 060a 3-12), 𢿌 1158 [Graph] 411g 612e 856e 243c.

後 hòu (528) 彳幺夂 [Tra] behind, follow ◇ après, suivre [Etym] {1} file (2> 糸 1185) of people walking (1= 彳 517) (3= 夂 1286); {2} to make (1= 彳 517) knots on an inventory string (2< 系 1209)(3< 冬 1287) ◇ {1} une file (2> 糸 1185) de personnes en marche (1= 彳 517) (3= 夂 1286); {2} faire (1= 彳 517) des noeuds sur des cordelettes d'inventaire (2< 系 1209) (3< 冬 1287) [Graph] 411g 613c 633e [Ref] k1201, ph796, w164c [Hanzi] hou4 後 3149.

後 hòu *3149 彳幺夂 | See ◇ Voir 吼 9047 [Etym] 彳 517 (rad: 060a 3-06), 後 528 [Graph] 411g 613c 633e.

衒 xuàn *3150 彳玄亍 | 炫 +984 | 1° to dazzle 2° to show off 3° brilliant ◇ 1° éblouir 2° faire parade 3° lumineux [Etym] 行 522 (rad: 144a 6-05), 行 518 玄 1204 [Graph] 411g 613g 331d.

径 jìng -3151 彳又工 | 徑、逕 1°3° *3147、*5723 | 1° path, footpath 2° means 3° directly, to pass 4° diameter ◇ 1° sentier, piste 2° moyens 3° sans détour, directement, passer 4° diamètre [Etym] 彳 517 (rad: 060a 3-05), 𢀖 1269 [Graph] 411g 632f 431a.

彼 bǐ +3152 彳广又 | 1° he, him 2° that, those ◇ 1° il, lui 2° celui-là, autre [Etym] 彳 517 (rad: 060a 3-05), 皮 1452 [Graph] 411g 721h 633a.

彼此 bǐ cǐ ∘ each other, mutually ◇ l'un et l'autre, mutuellement ✱ 5294.

彼岸 bǐ àn ∘ the other shore ◇ l'autre rive; outre ✱ 7557.

循 xún +3153 彳厂盾 | to follow, to acquiesce in, docile ◇ suivre, se conformer, docilité [Etym] 彳 517 (rad: 060a 3-09), 盾 1457 [Graph] 411g 722a 023j.

衛 wèi *3154 彳五口韦亍 | 卫、衞 -7280、*3155 | 1° to defend, to guard, to escort 2° surname ◇ 1° escorter, convoyer, défendre 2° nom de famille [Etym] 行 522 (rad: 144a 6-09), 行 518 韋 1547 [Graph] 411g 822a 011a 712b 331d.

衞 wèi *3155 彳五口币亍 | 卫、衛 -7280、*3154 | 1° to defend, to guard, to escort 2° surname ◇ 1° escorter, convoyer, défendre 2° nom de famille [Etym] 行 522 (rad: 144a 6-10), 行 518 币 1889 [Graph] 411g 822a 011a 858d 331d.

衙 yá +3156 彳五口亍 | yamen, tribunal ◇ tribunal, prétoire [Etym] 行 522 (rad: 144a 6-07), 行 518 吾 1549 [Graph] 411g 822b 011a 331d.

律 lǜ (529) 彳聿 [Tra] regulation ◇ règlementation [Etym] written (2= 聿 1569) rules for the march (1= 彳 517) ◇ une règle écrite (2= 聿 1569) pour la marche (1= 彳 517) [Graph] 411g 833e [Ref] w164c [Hanzi] lü4 律 3157, lü4 葎 3635.

律 lǜ +3157 彳聿 | 1° law, regulation 2° to keep under control 3° to adjust 4° sharpen musical notes ◇ 1° loi, règle 2° garder sous contrôle 3° disposer 4° tons majeurs (musique) [Etym] 彳 517 (rad: 060a 3-06), 律 529 [Graph] 411g 833e.

律师 lǜ shī ∘ lawyer; barrister ◇ avocat ✱ 2752.

微 wēi (530) 彳山𠘧 [Tra] minute, tiny ◇ petit, détails [Etym] reduction of (徵 533) ◇ réduction de (徵 533) [Graph] 411g 841b acc:a 243c [Ref] k1314, w164c [Hanzi] zheng1 zhi3 徵 3158, hui1 徽 3160, mei2 黴 3161, wei1 微 3162.

徵 zhēng (531) 彳山𠘧王攵 [Tra] to testify ◇ témoigner [Etym] confidence (3= 壬 929) in all details (1,2,4> 微 533) {proofs} ◇ assurance (3= 壬 929) dans les détails (1,2,4> 微 533) {preuves} [Graph] 411g 841b acc:a 432e 243c [Hanzi] zheng1 zhi3 徵 3158, cheng2 懲 3159, zheng1 癥 7037.

徵 zhēng +3158 彳山𠘧王攵 | See ◇ Voir 征 3142 [Etym] 王 903 (rad: 095b 4-11), 徵 531 [Graph] 411g 841b ac:a 432e 243c.

△ zhǐ | musical note ◇ note de musique.

懲 chéng *3159 彳山𠘧王攵心 | 惩 +3143 | 1° to repress, to correct, to restrain 2° to punish ◇ 1° réprimer, réfréner, contenir, corriger 2° punir [Etym] 心 397 (rad: 061a 4-15), 徵 531

[Graph] 411g 841b acc:a 432e 243c 331d ◇ flâner, vagabonder, hésiter à avancer ✱ 3175.

徽 h u ī (532) 彳山𡿨糸夂 | [Tra] sign ◇ marque [Etym] slender (1,2,4= 微 533) thread (3= 糸 1185) ◇ fil (3= 糸 1185) très fin (1,2,4= 微 533) [Graph] 411g 841b acc:a 613d 243c [Ref] w142b [Hanzi] hui1 徽 3160.

徽 h u ī +3160 彳山𡿨糸夂 | 1° excellent 2° beautiful 3° emblem, badge, mark ◇ 1° excellent, bon 2° beau 3° insigne, étendard, marque [Etym] 糸 1185 (rad: 120a 3-14), 徽 532 [Graph] 411g 841b ac:a 613d 243c.

徽章 huī zhāng ∘ insignia, badge ◇ insigne, plaque, médaille ✱ 673.

黴 m é i *3161 彳山𡿨黑灬夂 | 霉 +8467 | 1° damp, wet 2° mold, mildew ◇ 1° humidité, pluie 2° moisi, moisissure [Etym] 黑 2310 (rad: 203a 12-11), 微 530 [Graph] 411g 841b ac:a 033e 222d 243c.

微 w ē i (533) 彳山𡿨几夂 | [Tra] minute, tiny ◇ petit, détails [Etym] small (2,3,4= 敚 1626) steps (1= 彳 517) {to walk stealthily} ◇ des petits (2,3,4= 敚 1626) pas (1= 彳 517) {marcher furtivement} [Graph] 411g 841b acc:a Z33a 243c [Ref] r253, w10o, wi442 [Hanzi] wei1 微 3162, wei1 薇 3636.

微 w ē i +3162 彳山𡿨几夂 | 1° minute, tiny, trifling, small 2° profound, hidden 3° to diminish, to fade 4° micro- 5° not 6° vulgar ◇ 1° petit, insignifiant, un peu 2° caché, profond 3° diminuer 4° micro- 5° ne pas, non 6° vulgaire [Etym] 彳 517 (rad: 060a 3-10), 微 533 [Graph] 411g 841b ac:a Z33a 243c.

微笑 wēi xiào ∘ smile ◇ sourire ✱ 749.

微小 wēi xiǎo ∘ small, little ◇ petit, minime, insignifiant ✱ 2239.

微薄 wēi bó ∘ meager ◇ léger, maigre, médiocre, modeste ✱ 3531.

微型 wēi xíng ∘ miniature, mini- ◇ en miniature, mini- ✱ 4048.

微妙 wēi miào ∘ delicate, subtle ◇ délicat, subtil, difficile ✱ 5744.

微巴 wēi bā ∘ microbar ◇ microbar ✱ 8730.

微弱 wēi ruò ∘ weak, faint ◇ faible, débile ✱ 11272.

徬 p á n g *3163 彳⺍方 | 彷 +3165 | See ◇ Voir 彷徨 pang2-huang2 3165-3175 [Etym] 彳 517 (rad: 060a 3-10), 旁 1732 [Graph] 411g 851e 853b.

徇 x ù n +3164 彳勹日 | 狥 *5652 | 1° to submit to 2° to follow 3° according to, pervading 4° to sacrifice one's life for ◇ 1° se soumettre à 2° suivre 3° selon, conformément à 4° se sacrifier [Etym] 彳 517 (rad: 060a 3-06), 旬 1782 [Graph] 411g 852h 021a.

彷 f ǎ n g +3165 彳方 | See ◇ Voir 倣 2999 [Etym] 彳 517 (rad: 060a 3-04), 方 1784 [Graph] 411g 853b.

△ p á n g | 徬 *3163

彷徨 páng huáng ∘ to walk back and forth,

衕 t ò n g *3166 彳同亍 | 同 +8279 | (hu2 - r) lane, alley ◇ (hu2 - r) ruelle, chemin [Etym] 行 522 (rad: 144a 6-06), 行 518 同 1853 [Graph] 411g 856k 012a 331d.

徜 c h á n g +3167 彳尚口 | 倘 +3011 | 1° inconstant, fickle 2° to loiter ◇ 1° inconstant, volage 2° errer, flâner [Etym] 彳 517 (rad: 060a 3-08), 尚 1879 [Graph] 411g 857j 011a.

徂 c ú +3168 彳且 | to go, to pass ◇ aller, passer [Etym] 彳 517 (rad: 060a 3-05), 且 1929 [Graph] 411g 921a.

衠 z h ū n +3169 彳真亍 | • 0 | pure (quality) ◇ pur (de qualité), purement [Etym] 行 522 (rad: 144a 6-10), 行 518 真 1936 [Graph] 411g 921f 331d.

徧 b i à n *3170 彳户冊 | 遍 +8696 | 1° everywhere 2° to make a round 3° whole 4° again ◇ 1° parcourir 2° tour, fois 3° entier 4° de nouveau [Etym] 彳 517 (rad: 060a 3-09), 扁 1989 [Graph] 411g 931e 856j.

很 h ě n +3171 彳艮 | 1° very, quite, extremely 2° bad, cruel ◇ 1° très, extrêmement, fort 2° méchanceté, cruauté [Etym] 彳 517 (rad: 060a 3-06), 艮 2003 [Graph] 411g 932c.

衚 h ú *3172 彳古月亍 | See ◇ Voir 弧 11248 [Etym] 行 522 (rad: 144a 6-09), 行 518 胡 2158 [Graph] 411g 013f 856e 331d.

得 d é +3173 彳日𡿨寸 | 1° to get, to obtain, to gain 2° fit ◇ 1° obtenir, pouvoir, atteindre, acquérir 2° s'accorder [Etym] 彳 517 (rad: 060a 3-08), 㝵 2176 [Graph] 411g 021a ac:a 332b.

得意 dé yì ∘ satisfied, contented with ◇ satisfait; infatué; transporté de joie ✱ 667.

得到 dé dào ∘ to get, obtain, to gain ◇ obtenir; acquérir; gagner ✱ 5914.

得了 dé le ∘ that's enough, that's fine ◇ ca suffit, ca va ✱ 6540.

得罪 dé zuì ∘ to offend; to hurt someone's feelings ◇ offenser, blesser, froisser ✱ 10777.

△ d e | suffix ◇ suffixe.

△ d e i | 1° must, ought 2° to suffice ◇ 1° falloir, devoir 2° suffire.

復 f ǔ (534) 彳复夂 | [Tra] to come back; to reply ◇ revenir; répondre [Etym] to walk (1= 彳 517); phon, again (2,3= 复 2214) ◇ marcher (1= 彳 517); phon, de nouveau (2,3= 复 2214) [Graph] 411g 022b 633e [Ref] r37a, w22d [Hanzi] fu4 復 3174, fu4 覆 10817.

復 f ù *3174 彳复夂 | See ◇ Voir 赴 4841 [Etym] 彳 517 (rad: 060a 3-09), 复 2214 [Graph] 411g 022b 633e.

徨 h u á n g +3175 彳白王 | See ◇ Voir 彷徨 pang2-huang2 3165-3175 [Etym] 彳 517 (rad: 060a 3-09), 皇 2221 [Graph] 411g 022c 432e.

徼 j i ǎ o +3176 彳白方夂 | 侥、僥、儌 -2919、*2881、*3053 | happy, fortunate, lucky ◇ heureusement, avoir de la chance, par chance [Etym] 彳 517 (rad: 060a 3-13), 敫 2223 [Graph]

411g 022c 853b 243c.

△ jiǎo | 1° lucky, fortunate 2° to beg, to request ◇ 1° chance, fortune 2° prier, supplier.

△ jiào | 1° border, boundary 2° to patrol ◇ 1° frontière 2° faire la ronde.

衢 qú +3177 彳目目隹亍 | road, path, thoroughfare, crossroads ◇ passage, voie, carrefour [Etym] 行 522 (rad: 144a 6-18), 行 518 瞿 2243 [Graph] 411g 023a 023a 436m 331d.

衡 héng (535) 彳鱼大亍 | [Tra] yoke; to weigh ◇ joug; peser [Etym] big (3= 大 257) yoke at cow's horns (2> 角 1883); phon (1,4= 行 522) ◇ grand (3= 大 257) joug aux cornes (2> 角 1883); phon (1, 4= 行 522) [Graph] 411g 041h 242a 331d [Ref] k207, w103d, wa64 [Hanzi] heng2 衡 3178, heng2 衡 3637.

衡 héng +3178 彳鱼大亍 | 1° balance, to weigh 2° to judge, to adjust ◇ 1° balance, peser 2° apprécier [Etym] 行 522 (rad: 144a 6-10), 衡 535 [Graph] 411g 041h 242a 331d.

衡量 héng liáng。 to weigh, to measure; to judge ◇ peser, mesurer; examiner; réfléchir; délibérer * 9964.

衝 chōng *3179 彳重亍 | See ◇ Voir 冲 40 [Etym] 行 522 (rad: 144a 6-09), 行 518 重 2370 [Graph] 411g 043k 331d.

△ chōng | 艟 +8294 | long canoe ◇ long canot.

△ chòng | 冲 +40 | 1° vigorously 2° towards ◇ 1° avec vigueur 2° vers.

德 dé (536) 彳㥁 | [Tra] virtue ◇ force morale [Etym] behaviour (1= 彳 517) of a righteous (2< 直 1934) heart (3= 心 397) ◇ la conduite (1= 彳 517) correcte (2< 直 1934) du coeur (3= 心 397) [Graph] 411g 051d acc:a 321c [Ref] k1060, ph771, w174a, wa44, wi455, wi789 [Hanzi] de2 德 3180.

德 dé +3180 彳㥁 | 悳、悳 *10180、*8549 | 1° moral excellence, goodness, virtue, quality 2° heart, mind 3° kindness, favour ◇ 1° qualités naturelles et leurs manifestations, vertu 2° coeur, esprit 3° bonté, bienfait [Etym] 彳 517 (rad: 060a 3-12), 德 536 [Graph] 411g 051d ac:a 321c.

徊 huái +3181 彳回口 | See ◇ Voir 徘徊 pai2-huai2 3133-3181 [Etym] 彳 517 (rad: 060a 3-06), 回 2454 [Graph] 411g 071a 011a.

役 yì (537) 彳几又 | [Tra] servant ◇ serviteur [Etym] to prowl about (1= 彳 517) being armed (2,3= 殳 2519) {labour} ◇ roder (1= 彳 517) armé (2,3= 殳 2519) {corvée, travail} [Graph] 411g Z33a 633a [Ref] w174a [Hanzi] yi4 役 3182.

役 yì +3182 彳几又 | 1° labor, service 2° to enslave 3° servant 4° battle 5° petty official 6° satellite ◇ 1° labeur, service, corvée 2° employer comme esclave 3° domestique, valet 4° bataille 5° fonctionnaire fantoche 6° satellite [Etym] 彳 517 (rad: 060a 3-04), 役 537 [Graph] 411g Z33a 633a.

佛 fú *3183 彳弗 | 佛、髴 +3098、*4756 | See ◇ Voir 仿佛 fang3-fu2 2998-3098 [Etym] 彳 517 (rad: 060a 3-05), 弗 2553 [Graph] 411g Z42g.

丫 yā (538) 丫 | [Tra] bifurcation ◇ bifurcation [Etym] une fourche (prim) ◇ une fourche (prim) [Graph] 411h [Ref] wi348 [Hanzi] ya1 丫 3184.

丫 yā +3184 丫 | 椏、桠、枒 -4231、*4484、*4321 | bifurcation, fork ◇ fourche, enfourchure, bifurcation [Etym] 丨 476 (rad: 002a 1-02), 丫 538 [Graph] 411h.

齊 qí (539) 丫刀氏𠂉二 | [Tra] harmony ◇ harmonie [Etym] regular corn ears in a field (1,2,3, 4=prim) ◇ des épis de blé tous comparables dans un champ (1,2,3,4=prim) [Graph] 411i 732a 312b 416b 111b [Hanzi] ji3 ji4 濟 155, ji3 擠 2410, chai2 儕 2848, qi2 齊 3185, ji4 劑 3186, ji1 齏 3188, zhai1 齋 3189, ji4 qi2 qi5 薺 3638, qi2 臍 8108, ji4 霽 8427, ji1 躋 9315, qi2 蠐 10220, ji4 鱭 10568 [Rad] 210a.

齊 qí *3185 丫刀氏𠂉二 | 齐 -1661 | 1° neat, even, uniform 2° on a level with 3° together 4° all present, all ready 5° order, perfect, harmony 6° Southern Qi Dynasty (479-502) 7° surname ◇ 1° uni, égal, régulier 2° au même niveau 3° ensemble 4° complet, prêt 5° ordre, parfait, harmonie 6° dynastie Qi du Sud (479-502) et du Nord (550-577) 7° nom propre [Etym] 齊 539 (rad: 210a 14-00), [Graph] 411i 732a 312b 416b 111b.

劑 jì *3186 丫刀氏𠂉二刂 | 剂 -1662 | 1° to adjust, to trim 2° a dose, dosage 3° pharmaceutical or chemical preparation ◇ 1° ajuster 2° portion, dose 3° préparation en pharmacie [Etym] 刂 470 (rad: 018b 2-14), 齊 539 [Graph] 411i 732a 312b 416b 111b 333b.

齏 jī *3187 丫刀氏𠂉二韭 | 齑 -1663 | 1° fine, finely chopped 2° powdery ◇ 1° fin, finement, hacher quelque chose menu 2° poudreux [Etym] 齊 539 (rad: 210a 14-09), 韭 987 [Graph] 411i 732a 312b 416b 111b 435d.

齎 jī *3188 丫刀氏𠂉二貝 | 赍、賫、賷 -7875、*7876、*7882 | 1° bosom 2° to present 3° to offer, to harbor ◇ 1° sein 2° offrir 3° prendre dans ses bras [Etym] 齊 539 (rad: 210a 14-07), 貝 2246 [Graph] 411i 732a 312b 416b 111b 023b.

齋 zhāi (540) 丫刀氏𠂉亖小 | [Tra] abstinence ◇ abstinence [Etym] good behaviour (1,2,3,4= 齊 539) as told from heaven (5= 示 431) ◇ conduite parfaite (1,2,3,4= 齊 539) selon le ciel (5= 示 431) [Graph] 411i 732a 312b 416b acc:b 331j [Ref] w127b [Hanzi] zhai1 齋 3189.

齋 zhāi *3189 丫刀氏𠂉亖小 | 斋 +1671 | 1° to fast, to practice abstinence 2° vegetarian diet 3° to give alms (to a monk) 4° room, building 5° to purify ◇ 1° jeûne, abstinence 2° nourriture végétarienne (bonze) 3° faire l'aumône (à un moine)

4° bureau de travail, hôtellerie d'un temple 5° purifier [Etym] 齊 539 (rad: 210a 14-03), 齋 540 [Graph] 411i 732a 312b 416b ac:b 331j.

卜 412

丬 pán (541) 丬 [Tra] wooden plank ◇ planche [Etym] modern simplified form of (爿 2467) ◇ forme simplifiée moderne de (爿 2467) [Graph] 412a [Ref] w127b [Hanzi] zhuang4 状 3190, zhuang4 壮 3191, zhuang1 妆 3193 [Rad] 090s.

状 zhuàng +3190 丬犬 | 狀 *10990 | 1° form, shape, appearance 2° state, condition 3° to describe 4° report, account, to declare 5° accusation 6° certificate ◇ 1° forme, apparence, air 2° état, situation 3° décrire, dépeindre 4° rapport officiel, liste, raconter, avouer 5° accusation 6° certificat [Etym] 犬 295 (rad: 094a 4-03), 丬 541 [Graph] 412a 242i.

状况 zhuàng kuàng ∘ condition, state of affairs ◇ état, situation, conditions, circonstances ∗ 38.

壮 zhuàng (542) 丬士 [Tra] strong ◇ robuste [Etym] modern simplified form of (壯 2468) ◇ forme simplifiée moderne de (壯 2468) [Graph] 412a 432b [Ref] h205, k700, r287, w27g, wa8, wi321, wi348 [Hanzi] zhuang4 壮 3191, zhuang1 装 3192.

壮 zhuàng +3191 丬士 | 壯 *10995 | 1° strong, robust 2° grand, magnificent 3° to strengthen ◇ 1° robuste, solide 2° magnifique, éclatant 3° donner courage, encourager [Etym] 士 856 (rad: 033a 3-03), 壮 542 [Graph] 412a 432b.

壮大 zhuàng dà ∘ to expand; to strengthen ◇ agrandir, grandir ∗ 1537.

壮烈 zhuàng liè ∘ brave, heroic ◇ héroïque ∗ 6420.

壮丽 zhuàng lì ∘ splendid ◇ splendide ∗ 8285.

浆 zhuāng -3192 丬士衣 | 裝 *10997 | 1° to dress up, to act as, to deck 2° clothing, outfit 3° stage makeup and costume 4° to pretend, to feign 5° to pack, to load, to contain 6° to assemble, to install ◇ 1° s'habiller, se déguiser en, jouer le rôle de 2° vêtement, accoutrement 3° costumes et maquillage de théâtre 4° prétendre, contrefaire, feindre 5° empaqueter, emballer, contenir, renfermer 6° installer [Etym] 衣 371 (rad: 145a 6-06), 壮 542 [Graph] 412a 432b 312i.

装订 zhuāng dìng ∘ bookbinding; binding ◇ relier (livre), brocher ∗ 1713.

装饰 zhuāng shì ∘ to decorate, to adorn; ornament ◇ orner, décorer, ornement ∗ 1873.

装扮 zhuāng bàn ∘ to dress up; to disguise ◇ se costumer, se déguiser ∗ 2557.

妆 zhuāng -3193 丬女 | 妝、粧 *10999、*4631 | 1° to adorn oneself, make up, rouge, trousseau 2° to feign ◇ 1° se maquiller, se farder, attifer, parure féminine 2° se déguiser, feindre [Etym] 女 1122 (rad: 038a 3-03), 丬 541 [Graph] 412a 611e.

丬夕 jiāng (543) 丬夕 [Tra] to handle; to order ◇ manipuler; ordre [Etym] simplified form of (将 544, 將 2469) ◇ forme simplifiée de (将 544, 將 2469) [Graph] 412a 631b [Ref] h957, k701, r288 [Hanzi] jiang3 奖 3194, jiang1 jiang4 浆 3195, jiang1 jiang4 将 3196, jiang3 桨 3197, jiang4 酱 3198.

奖 jiǎng -3194 丬夕大 | 獎 *11001 | 1° to praise 2° to encourage 3° award, prize ◇ 1° louer 2° encourager 3° récompenser [Etym] 木 723 (rad: 075a 4-06), 丬夕 543 大 257 [Graph] 412a 631b 242a.

奖章 jiǎng zhāng ∘ to award a medal; to decorate (soldier); medal ◇ médaille, décoration ∗ 673.

奖金 jiǎng jīn ∘ premium, money award, bonus ◇ prime, prix ∗ 1106.

奖状 jiǎng zhuàng ∘ certificate of merit ◇ tableau d'honneur ∗ 3190.

奖励 jiǎng lì ∘ to encourage and reward; award ◇ encourage avec récompenses ou louanges; récompense ∗ 6855.

奖学金 jiǎng xué jīn ∘ scholarship ◇ bourse (d'études) ∗ 7854 1106.

奖赏 jiǎng shǎng ∘ to award; reward ◇ récompenser, donner un prix, honorer; récompense ∗ 7869.

奖品 jiǎng pǐn ∘ prize; trophy ◇ objet donné en récompense ∗ 9179.

浆 jiāng -3195 丬夕水 | 漿 *11002 | 1° broth, congee, thick liquid 2° starch ◇ 1° bouillie gluante, liquide épais 2° lait (de soja) [Etym] 水 435 (rad: 085a 4-06), 丬夕 543 [Graph] 412a 631b 331p.

浆糊 jiāng hú ∘ paste glue ◇ colle de pâte ∗ 4642.

△ jiàng | 糨、粡、糡 -4654、*4653、*4599 | 1° starch 2° thick ◇ 1° amidon, empois 2° épais.

将 jiāng (544) 丬夕寸 [Tra] handle, command ◇ manipuler, ordre [Etym] modern simplified form of (將 2469) ◇ forme simplifiée moderne de (將 2469) [Graph] 412a 631b 332b [Ref] k199, w620h, wa180 [Hanzi] qiang1 锵 1939, jiang1 jiang4 将 3196, jiang3 蒋 3639, jiang1 鳉 10474.

将 jiāng -3196 丬夕寸 | 將 *11000 | 1° to support, to take 2° to take care of 3° to check 4° to challenge 5° with, by 6° to be about to, will, shall 7° to act, to handle, to take in the hand ◇ 1° soutenir, tenir 2° prendre soin de 3° vérifier 4° provoquer 5° avec, par 6° être sur le point de, imminence, particule du futur 7° faire, prendre en main [Etym] 寸 441 (rad: 041a 3-06), 将 544 [Graph] 412a 631b 332b.

将来 jiāng lái ∘ future ◇ futur, avenir ∗ 4672.

将近 jiāng jìn。close to, almost ◇ approcher; approximativement * 7205.

将军 jiāng jūn。general (army) ◇ général d'armée * 7675.

将就 jiāng jiù。to make the best of ◇ se contenter faute de mieux * 9437.

将要 jiāng yāo。will; shall, to be going to ◇ (exprime le futur proche) * 10824.

△ jiàng |將 *11000| 1° general 2° to lead, to command ◇ 1° général 2° commander, ordonner.

将领 jiàng lǐng。general; military chief ◇ général, chef militaire * 1397.

桨 jiǎng -3197 丬夕木 |槳 *11003| oar ◇ rame [Etym] 大 257 (rad: 037a 3-06), 丬 543 木 723 [Graph] 412a 631b 422a.

酱 jiàng -3198 丬夕酉 |醬 *11004| 1° soya sauce, cooked or pickled in soy sauce 2° sauce, paste, jam ◇ 1° condiment de soja fermenté, cuit dans sauce de soja 2° bouillie, purée, pâte, confiture [Etym] 酉 2429 (rad: 164a 7-06), 丬 543 [Graph] 412a 631b 062c.

酱油 jiàng yóu。soya sauce ◇ sauce de soja * 575.

北 běi (545) 丬匕 |[Tra] north; be defeated ◇ nord; défaite [Etym] two persons sitting back to back (prim), one facing north ◇ deux personnes assises dos à dos (prim), l'une vers nord [Graph] 412b 321b [Ref] k757, ph9, r2, r389, w56a, wa184, wi14 [Hanzi] bei3 北 3199, bei4 邶 3200, bei1 bei4 背 3201, ji4 冀 3202, guai1 乖 3420, cheng2 sheng4 乘 4519.

北 běi +3199 丬匕 |1° north 2° to be defeated ◇ 1° nord 2° défaite, tourner le dos [Etym] 匕 387 (rad: 021a 2-03), 北 545 [Graph] 412b 321b.

北极 běi jí。the North Pole ◇ Pôle Nord * 4288.

北边 běi biān。north ◇ nord * 7260.

北邙 běi máng。mountain in Henan ◇ mont du Henan * 7337.

北方 běi fāng。north ◇ nord * 7928.

北京 běi jīng。Beijing ◇ Beijing * 9436.

邶 bèi +3200 丬匕阝 |place in Henan ◇ lieu du Henan [Etym] 阝 1316 (rad: 163b 2-05), 北 545 [Graph] 412b 321b 634j.

背 bēi (546) 丬匕月 |[Tra] back; to oppose ◇ dos; rébellion [Etym] combination of (北 545) and (脊 238) ◇ combinaison de (北 545) et (脊 238) [Graph] 412b 321b 856e [Ref] k134, r44, w5b, wa195, wi92 [Hanzi] bei1 揹 2411, bei1 bei4 背 3201, bei4 褙 6625.

背 bēi +3201 丬匕月 |揹 *2411| 1° back, behind, rear, rebellion 2° to turn the back on, to carry 3° to recite 4° secret 5° deaf ◇ 1° dos, tourner le dos, rébellion, apostasie 2° porter sur le dos 3° réciter 4° en cachette, dissimuler 5° surdité [Etym] 月 1823 (rad: 130b 4-05), 背 546 [Graph] 412b 321b 856e.

背包 bēi bāo。parceling; soldier's pack ◇ paquetage; sac à dos * 7911.

△ bèi |1° back of the body, of an object, behind, rear 2° to turn the back on 3° to hide, secret 4° to learn by heart, to recite 5° to violate, to aposta ◇ 1° dos du corps, d'un objet 2° tourner le dos 3° dissimuler, en cachette 4° apprendre par coeur, réciter 5° rébellion, apostasie 6° surdité.

背心 bèi xīn。armless vest ◇ gilet, veste sans manche * 2177.

背叛 bèi pàn。to betray; to rebel ◇ trahir; se rebeller * 3479.

背后 bèi hòu。backwards, back ◇ arrière * 7199.

冀 jì (547) 丬匕田共 |[Tra] to hope, wish ◇ espérer; souhaiter [Etym] {1} northern (1= 北 545) province, phon (2,3= 異 2318); {2} dancer (4< 無 1043) wearing a mask (3=prim) and horns (1,2=prim) ◇ {1} province du nord (1= 北 545), phon (2,3= 異 2318); {2} danseur (4< 無 1043) avec masque (3=prim) et cornes (1, 2=prim) [Graph] 412b 321b 041a 436e [Ref] k730, ph78, w47h [Hanzi] ji4 冀 3202, ji4 ji4 驥 11036, ji4 ji4 骥 11098.

冀 jì +3202 丬匕田共 |1° to hope, to look forward to 2° another name for Hebei 3° surname ◇ 1° espérer, espoir 2° nom du Hebei 3° nom propre [Etym] 八 127 (rad: 012a 2-14), 冀 547 [Graph] 412b 321b 041a 436e.

卜 bǔ (548) 卜 |[Tra] to predict ◇ prédire [Etym] cracks on tortoise shell used for divination (prim) ◇ fêlures sur les os de divination (prim) [Graph] 412c [Ref] k1151, ph102, r10a, w10f, wa129, wi123, wi145 [Hanzi] po1 釙 1156, fu4 讣 1717, po1 钋 1940, pu1 扑 2412, pu1 pu2 仆 2849, bo5 bu3 卜 3203, bian4 卞 3206, piao2 po1 po4 pu3 朴 4155, ka3 qia3 卡 4723, fu4 赴 4841, wai4 外 6395, chu3 chu4 处 6526, bu3 补 6626, wo4 卧 8810, bu3 卟 8923, fu4 訃 9499, zhan1 zhan4 占 9798, xie4 禼 9804, lu3 卤 10835, you3 卣 10933 [Rad] 025a.

卜 bo +3203 卜 |蔔 *3875| See ◇ Voir 萝卜 luo2-bo5 4006-3203 [Etym] 卜 548 (rad: 025a 2-00), [Graph] 412c.

△ bǔ |1° to divine, divination 2° predict 3° proper name ◇ 1° divination 2° prévoir 3° nom propre.

下 xià (549) 下 |[Tra] down, below ◇ sous, en bas [Etym] what is below a line (prim) ◇ ce qui est sous une ligne (prim) [Graph] 412d [Hanzi] xia4 下 3204, te4 忑 3205, he4 xia4 吓 8924, xia1 虾 10221.

下 xià +3204 下 |1° below, down, under 2° inferior 3° next 4° to get off 5° to fall (rain) 6° to go to 7° to exit 8° to form (idea) 9° to use (effort) 10° to give birth (egg, animal) 11° to capture 12° measure word (times) ◇ 1° en bas, sous 2° inférieur 3° postérieur 4° descendre 5° tomber (pluie) 6° se rendre à 7° sortir 8° prendre forme (idée) 9° utiliser (force) 10° mettre bas (oeuf, animal) 11° envahir 12° spécificatif (fois) [Etym] —3 (rad: 001a 1-02), 下 549 [Graph] 412d.

下流 xià liú。lower reaches of a river; obscene, mean ◇ aval, cours inférieur; bassesse, obscène * 285.

下游 xià yóu。lower reaches of a river; backward ◇ aval; en arrière * 439.

下等 xià děng。second-rate, low-grade ◇ de qualité inférieure, de seconde classe * 792.

下头 xià tóu。under, bottom ◇ dessous, sous * 1598.

下课 xià kè。to leave a course, a lecture ◇ terminer un cours, sortir d'un cours * 1829.

下摆 xià bǎi。lower hem of a gown; width of a hem ◇ pans d'une robe * 2713.

下午 xià wǔ。afternoon ◇ après-midi * 3417.

下来 xià lái。to come down to ◇ descendre vers * 4672.

下去 xià qù。to go down from ◇ descendre (éloignement), continuer * 4870.

下场 xià chǎng。to exit, to go off stage ◇ sortir de scène * 4884.

下地 xià dì。to go to the fields ◇ aller aux champs * 4903.

下班 xià bān。to come off work, to come out of school ◇ sortie de travail, sortir de classe, quitter poste * 5095.

下级 xià jí。inferior ◇ inférieur, échelon inférieur, subalterne * 6015.

下降 xià jiàng。to fall down ◇ tomber, descendre * 6760.

下边 xià biān。under, bottom ◇ dessous, sous, bas * 7260.

下雨 xià yǔ。to rain ◇ pleuvoir * 8415.

下雪 xià xuě。snow fall ◇ neiger * 8446.

下巴 xià bā。chin, lower jaw ◇ menton, mâchoire inférieure * 8730.

下面 xià miàn。below, under; next, following; subordinate ◇ en bas, au-dessous; ensuite, et puis; base * 10929.

忑 tè +3205 下心 | See ◇ Voir 忐忑 tan3-te4 4719-3205 [Etym] 心 397 (rad: 061a 4-03), 下 549 [Graph] 412d 321c.

卞 biàn (550) 卞 | [Tra] impetuous; hasty ◇ prompt; impetuous [Etym] phon: a hat (> 弁 1137) ◇ phon: un chapeau (> 弁 1137) [Graph] 412e [Ref] w107a [Hanzi] bian4 汴 156, bian4 抃 2413, bian4 卞 3206, bian4 忭 3236, bian4 苄 3640.

卞 biàn +3206 卞 | 1° impetuous 2° surname ◇ 1° prompt 2° nom de famille [Etym] 卜 548 (rad: 025a 2-02), 卞 550 [Graph] 412e.

乍 zhà (551) 乍 | [Tra] unexpectedly ◇ soudainement [Etym] {1} drawing of a hidden person (prim); {2} to sew a collar on a garment (prim) ◇ {1} le dessin d'une personne cachée ou entravée (prim); {2} coudre le col d'un vêtement (prim) [Graph] 412f [Ref] h723, r274, w79f, wi644 [Hanzi] ze2 zuo2 笮 773, zha2 zha4 炸 964, zha4 诈 1718, zuo4 祚 2255, zha3 拃 2414, zuo1 zuo2 zuo4 zuo4 作 2850, zha4 乍 3207, zen3 怎 3208, ze2 迮 3209, zuo4 怍 3237, zha3 苲 3641, zha4 zuo4 柞 4156, zuo4 祚 6572, zuo4 阼 6736, zha4 痄 7038, zuo4 岞 7512, zhai3 窄 7806, zuo4 胙 8109, ze2 舴 8300, za3 zha1 zha4 咋 8925, zha4 詐 9500, zha3 砟 9667, zuo2 昨 9863, zha4 蚱 10222, zha3 鲊 10475, zha3 鮓 10569, cu4 zuo4 酢 10861.

乍 zhà +3207 乍 | 1° at first 2° suddenly, unexpectedly 3° hastily 4° to spread, to extend ◇ 1° au début, pour la première fois 2° soudain, inopinément, tout juste 3° s'enhardir, rapidement 4° étendre [Etym] 丿 74 (rad: 004a 1-04), 乍 551 [Graph] 412f.

怎 zěn (552) 乍心 | [Tra] how; why ◇ comment; pourquoi [Etym] heart (2= 心 397); phon, suddenly (1= 乍 551) ◇ coeur (2= 心 397); phon, soudain (1= 乍 551) [Graph] 412f 321c [Ref] w168e [Hanzi] zen3 怎 3208, za3 咗 8926.

怎 zěn +3208 乍心 | how? why? ◇ comment? pourquoi? [Etym] 心 397 (rad: 061a 4-05), 乍 551 [Graph] 412f 321c.

怎样 zěn yàng。how? ◇ comment?, quoi? * 4163.

怎么 zěn me。how? why? ◇ comment? pourquoi? * 5927.

迮 zé +3209 乍辶 | surname ◇ nom de famille [Etym] 辶 1346 (rad: 162b 3-05), 乍 551 [Graph] 412f 634o.

忄 xīn (553) 忄 | [Tra] heart, feelings ◇ coeur, sentiment [Etym] heart (contract.> 心 397, 小 433) ◇ un coeur (contract.> 心 397, 小 433) [Graph] 412g [Ref] w2f [Rad] 061b.

愔 yīn +3210 忄立日 | 1° quiet, peaceful 2° quiet and speechless ◇ 1° paix, calme 2° silencieux [Etym] 忄 553 (rad: 061b 3-09), 音 91 [Graph] 412g 221a 021a.

憶 yì *3211 忄立日心 | 忆 -3390 | 1° to remember, to call to mind 3° to reflect ◇ 1° se rappeler, penser à 2° réfléchir [Etym] 忄 553 (rad: 061b 3-13), 意 93 [Graph] 412g 221a 021a 321c.

憧 chōng +3212 忄立里 | irresolute ◇ irrésolu, hésitant [Etym] 忄 553 (rad: 061b 3-12), 童 99 [Graph] 412g 221a 043j.

懺 chàn *3213 忄人人戈韭 | 忏 -3239 | 1° to regret, to repent 2° ritualistic works ◇ repentir, formules expiatoires [Etym] 忄 553 (rad: 061b 3-17), 韱 174 [Graph] 412g 232a 232a 512d 435d.

悴 cuì +3214 忄亠人人十 | 顇 *1079 | 1° grieved 2° downcast ◇ 1° affliction 2° abattu, prostration [Etym] 忄 553 (rad: 061b 3-08), 卒 176 [Graph] 412g ac:c 232a 232a 413a.

忺 xiān +3215 忄欠 | to take pleasure in, enjoyable ◇ prendre plaisir à, content [Etym]

忄553 (rad: 061b 3-04), 欠178 [Graph] 412g 232b.

怜 lián -3216 |憐 *3254丶• 0| 1° to pity, to sympathize with 2° to desire, to covet ◇ 1° avoir pitié de, compassion 2° désirer, envier [Etym] 忄553 (rad: 061b 3-05), 令208 [Graph] 412g 233a 632b.

怜爱 lián ài。to love tenderly ◇ amour tendre ✱ 712.

怆 chuàng -3217 |愴 *3220| sad, to pity ◇ triste, peiné [Etym] 忄553 (rad: 061b 3-04), 仓210 [Graph] 412g 233a 733a.

lián *3218 |怜 -3216丶憐 *3254| 1° to pity, to sympathize with 2° to desire, to covet ◇ 1° avoir pitié de, compassion 2° désirer, envier [Etym] 忄553 (rad: 061b 3-05), 令211 [Graph] 412g 233a ac:a 734a.

愉 yú +3219 |pleasure, joy ◇ plaisir, joie [Etym] 忄553 (rad: 061b 3-09), 俞213 [Graph] 412g 233a ac:a 856e 333b.

愉快 yú kuài。pleased, cheerful ◇ joyeux, gai, agréable ✱ 3301.

愴 chuàng *3220 |怆 -3217| sad, to pity ◇ triste, peiné [Etym] 忄553 (rad: 061b 3-10), 倉217 [Graph] 412g 233a 931h 011a.

恰 qià +3221 |1° appropriate, fitting, opportune, proper 2° just exactly ◇ 1° à propos, à souhait, opportun 2° juste, précisément [Etym] 忄553 (rad: 061b 3-06), 合222 [Graph] 412g 233a 012a.

恰恰 qià qià。just; precisely ◇ justement, exactement ✱ 3221.

恰巧 qià qiǎo。just exactly, precisely ◇ à propos, précisément, justement, par coïncidence ✱ 4712.

恰好 qià hǎo。appropriate ◇ opportun, convenable; justement, à propos ✱ 5792.

恰当 qià dàng。appropriate; fitting ◇ convenable, à point ✱ 7380.

恢 huī +3222 |1° extensive, vast, great, to enlarge 2° liberal ◇ 1° vaste, grand, élargir 2° libéralité [Etym] 忄553 (rad: 061b 3-06), 灰240 [Graph] 412g 241a 231b.

恢复 huī fù。to restore; to recover; to resume ◇ restituer, restaurer, rétablir, recouvrer ✱ 9972.

惰 duò +3223 |lazy, indolent ◇ paresseux, inerte [Etym] 忄553 (rad: 061b 3-09), 育242 [Graph] 412g 241a 431a 856e.

怖 bù +3224 |to frighten, afraid, alarmed ◇ crainte, intimider, avoir peur de [Etym] 忄553 (rad: 061b 3-05), 布249 [Graph] 412g 241a 858a.

惓 quán +3225 |See ◇ Voir 惓惓 quan2-quan2 3225-3225 [Etym] 忄553 (rad: 061b 3-08), 卷312 [Graph] 412g 242p 733a.

惓惓 quán quán。1° sincere; 2° candid ◇ 1° sincère; 2° franc ✱ 3225.

悋 lìn *3226 |吝 +1673| 1° stingy, mean 2° to feel ashamed ◇ 1° avare, parcimonieux 2° avoir honte [Etym] 忄553 (rad: 061b 3-06), 吝322 [Graph] 412g 243a 241a 612a.

恠 guài *3227 |怪 +3282| 1° strange, to deem strange 2° to wonder at 3° rather 4° monstrous 5° to blame 6° to dislike ◇ 1° étrange, trouver étrange 2° s'étonner de, extraordinaire 3° très, plutôt 4° monstre 5° s'en prendre à 6° haïr [Etym] 忄553 (rad: 061b 3-06), 在351 [Graph] 412g 244b 432a.

怅 chàng -3228 |悵 *3255| 1° disappointment 2° sorry ◇ 1° désappointement, ennui, mécontentement 2° triste, ennuyé [Etym] 忄553 (rad: 061b 3-04), 长369 [Graph] 412g 312c.

懷 huái *3229 |怀 +3249| 1° bosom 2° mind, to ruminate about 3° to think of, to cherish 4° to conceive (a child) 5° to put in the bosom ◇ 1° sein 2° esprit, ruminer 3° garder au coeur, choyer, aimer 4° être enceinte 5° porter dans son sein, receler, contenir, embrasser [Etym] 忄553 (rad: 061b 3-16), 褱381 [Graph] 412g 312j 051a 412h.

恉 zhǐ *3230 |See ◇ Voir 旨2173 [Etym] 忄553 (rad: 061b 3-06), 旨393 [Graph] 412g 321b 021a.

愼 shèn *3231 |慎 +3333| 1° attentive, cautious, to act carefully 2° still 3° considerate ◇ 1° attentif, soin 2° réserve 3° circonspection, veiller à [Etym] 忄553 (rad: 061b 3-10), 眞394 [Graph] 412g 321b 023a 711b.

恍 huǎng +3232 |怳 *3347| 1° suddenly 2° seem, as if 3° disturbed, wild, mad ◇ 1° soudain 2° semblable à, comme si 3° déconcerté, confusion, trouble, affolement [Etym] 忄553 (rad: 061b 3-06), 光409 [Graph] 412g 322e.

恍惚 huǎng hū。1° confusion, distraction, dimly; 2° in a trance ◇ 1° confusion, obscurité, affolement; 2° désemparé ✱ 3316.

怃 wǔ -3233 |憮 *3269| [Etym] 忄553 (rad: 061b 3-04), 无414 [Graph] 412g 323b.

怃然 wǔ rán。disappointed, frustrated ◇ déçu, frustré ✱ 6452.

忧 yōu -3234 |憂 *8572| 1° to worry, grieved 2° sorrow, melancholy 3° in mourning ◇ 1° être préoccupé 2° affliction, chagrin, tristesse 3° deuil [Etym] 忄553 (rad: 061b 3-04), 尤415 [Graph] 412g 323c.

忧愁 yōu chóu。sad, melancholic ◇ triste, chagriné, mélancolique, anxieux ✱ 4495.

忧虑 yōu lǜ。worried, anxious ◇ se soucier de, s'inquiéter de, se préoccuper de ✱ 7153.

忖 cǔn +3235 |1° to consider, to conjecture 2° to surmise, to calculate ◇ 1° considérer, méditer 2° calculer, estimer [Etym] 忄553 (rad: 061b 3-03), 寸441 [Graph] 412g 332b.

忭 biàn +3236 |joy, delight ◇ joie, plaisir [Etym] 忄553 (rad: 061b 3-04), 卞550 [Graph] 412g 412e.

怍 zuò +3237 |1° timid, shy 2° to be ashamed ◇ 1° gêne, timidité 2° avoir honte [Etym] 忄553 (rad: 061b 3-05), 乍551 [Graph] 412g 412f.

忤 wǔ +3238 |1° disobedient 2° rebellion, contradiction 3° obstinate ◇ 1° désobéissance 2° rébellion, contradiction 3° stubborn [Etym] 忄553 (rad: 061b 3-04), 午570 [Graph] 412g 413e.

忏 c h à n -3239 忄千 | 懺 *3213 | 1° to regret, to repent 2° ritualistic works ◇ repentir, formules expiatoires [Etym] 忄 553 (rad: 061b 3-03), 千 571 [Graph] 412g 413f.

怦 p ē n g +3240 忄平 | See ◇ Voir 怦怦 peng1-peng1 3240-3240 [Etym] 忄 553 (rad: 061b 3-05), 平 577 [Graph] 412g 413j.

怦怦 pēng pēng 。 1° earnest; 2° ardent; 3° sound: thump (of the heart) ◇ 1° actif; 2° empressé; 3° onomatopée: battre fort (coeur) ✱ 3240.

悭 q i ā n -3241 忄刂又土 | 慳 *3342 | [Etym] 忄 553 (rad: 061b 3-07), 坚 610 [Graph] 412g 415a 633a 432a.

悭吝 q i ā n l ì n 。 1° stingy; 2° economical, to curtail expenses ◇ 1° avare; 2° parcimonieux, économe, épargner ✱ 1673.

悱 f ě i +3242 忄非 | 1° eager 2° to be at a loss for words ◇ 1° se donner de la peine, zèle, studieux 2° ne pas trouver ses mots [Etym] 忄 553 (rad: 061b 3-08), 非 611 [Graph] 412g 415b.

慌 h u ā n g +3243 忄艹亡儿 | 1° flustered, confused 2° nervous, apprehensive 3° moved ◇ 1° confus, troublé 2° craintif, alarmé, agité, affecté de 3° ému [Etym] 忄 553 (rad: 061b 3-09), 荒 653 [Graph] 412g 415c 811f 417b.

慌忙 huāng máng 。 in a hurry; in a great rush ◇ précipité, pressé ✱ 3299.

慌乱 huāng luàn 。 troubled; alarmed, panicky ◇ troublé; panique ✱ 9823.

慌张 huāng zhāng 。 confused, frantic ◇ troublé, affolé ✱ 11247.

懽 h u ā n *3244 忄艹口口隹 | 欢 -6501、歡 *3928、驩 *11041、讙 *9512 | 1° to rejoice, merry, jubilant 2° vigorously ◇ 1° se réjouir, plaisir, joie 2° entrain, vigoureux [Etym] 忄 553 (rad: 061b 3-17), 雚 676 [Graph] 412g 415c 011a 011a 436m.

懂 d ǒ n g +3245 忄艹重 | 1° to understand 2° troubled ◇ 1° comprendre 2° troublé [Etym] 忄 553 (rad: 061b 3-12), 董 689 [Graph] 412g 415c 043k.

懂得 dǒng de 。 to understand, to grasp ◇ avoir compris ✱ 3173.

懂事 dǒng shì 。 wise; intelligent ◇ sage; intelligent ✱ 10387.

懵 m ě n g +3246 忄艹罒冖目 | 曹 *4009 | 1° blockhead, muddled 2° ignorant ◇ 1° ahuri, hébété 2° ignorant [Etym] 忄 553 (rad: 061b 3-15), 瞢 694 [Graph] 412g 415c 051a 851a 023a.

愤 f è n -3247 忄卉贝 | 憤 *3248 | 1° indignation, resentment 2° sadness 3° to exert oneself, energy, zeal ◇ 1° indignation, colère 2° tristesse 3° faire effort, énergie, ardeur, zèle [Etym] 忄 553 (rad: 061b 3-09), 贲 703 [Graph] 412g 416f 854b.

憤 f è n *3248 忄卉貝 | 愤 -3247 | 1° indignation, resentment 2° sadness 3° to exert oneself, energy, zeal ◇ 1° indignation, colère 2° tristesse 3° faire effort, énergie, ardeur, zèle [Etym] 忄 553 (rad: 061b 3-12), 賁 704 [Graph] 412g 416f 023b.

怀 h u á i +3249 忄不 | 懷 *3229 | 1° bosom 2° mind, to ruminate about 3° to think of, to cherish 4° to conceive (a child) 5° to put in the bosom ◇ 1° sein 2° esprit, ruminer 3° garder au coeur, choyer, aimer 4° être enceinte 5° porter dans son sein, receler, contenir, embrasser [Etym] 忄 553 (rad: 061b 3-04), 不 718 [Graph] 412g 421a.

怀念 huái niàn 。 to think of; to cherish the memory of ◇ penser à, garder nostalgie de, se souvenir de ✱ 1387.

怀疑 huái yí 。 doubt, suspicion; to doubt ◇ doute, soupçon; douter ✱ 2164.

怀抱 huái bào 。 bosom; to cherish; to feed ◇ sein; porter, nourrir ✱ 2621.

怀恨 huái hèn 。 to hate; to harbor resentment ◇ haïr, garder rancune ✱ 3340.

怀孕 huái yùn 。 to be pregnant, pregnancy ◇ être enceinte, grossesse ✱ 6805.

憷 c h ù +3250 忄木木疋 | 1° grief, pain 2° fear ◇ 1° peine, affliction 2° crainte [Etym] 忄 553 (rad: 061b 3-13), 楚 738 [Graph] 412g 422a 422a 434g.

愀 q i ǎ o +3251 忄禾火 | [Etym] 忄 553 (rad: 061b 3-09), 秋 761 [Graph] 412g 422d 231b.

愀然 qiǎo rán 。 stern, grave-looking, sorrowful-looking ◇ air grave, sérieux, attristé, affligé ✱ 6452.

悸 j ì +3252 忄禾子 | 1° troubled, to palpitate with terror 2° anger ◇ 1° trouble, désordre, peur, crainte, palpiter de frayeur 2° s'irriter [Etym] 忄 553 (rad: 061b 3-08), 季 773 [Graph] 412g 422d 634d.

怵 c h ù +3253 忄术 | 怵 *3253 | afraid, timorous ◇ crainte, craindre, appréhender [Etym] 忄 553 (rad: 061b 3-05), 术 781 [Graph] 412g 422e.

憐 l i á n *3254 忄米夕㐄 | 怜 -3216、• 0 | 1° to pity, to sympathize with 2° to desire, to covet ◇ 1° avoir pitié de, compassion 2° désirer, envier [Etym] 忄 553 (rad: 061b 3-12), 粦 789 [Graph] 412g 422f 631b 712b.

悵 c h à n g *3255 忄镸以 | 怅 -3228 | 1° disappointment 2° sorry ◇ 1° désappointement, ennui, mécontentement 2° triste, ennuyé [Etym] 忄 553 (rad: 061b 3-08), 長 822 [Graph] 412g 431c 312d.

恃 s h ì +3256 忄土寸 | to rely on, to trust to ◇ s'appuyer sur, se confier en, se fier à [Etym] 忄 553 (rad: 061b 3-06), 寺 830 [Graph] 412g 432a 332b.

悻 x ì n g +3257 忄土羊 | angry, resentful ◇ colère, fureur, être fâché [Etym] 忄 553 (rad: 061b 3-08), 幸 835 [Graph] 412g 432a 413c.

怯 q i è +3258 忄土厶 | timid, fearful, cowardly ◇ timidité, lâcheté, craintif [Etym] 忄 553 (rad: 061b 3-05), 去 848 [Graph] 412g 432a 612a.

慥 z à o +3259 忄屮口辶 | 1° hastily 2° sincere ◇ 1° précipitamment 2° sincérité, simplicité [Etym] 忄 553 (rad: 061b 3-10), 造 934 [Graph] 412g 432l 011a 634o.

愫 s ù +3260 忄主糸 | sincere, one's real intentions ◇ sincérité, vrais sentiments [Etym] 忄 553 (rad: 061b 3-10), 素 942 [Graph] 412g 433a 613d.

情 q í n g +3261 忄主月 | 1° feelings, emotions 2° passions, love, lust 3° kindness 4° circumstances, facts 5° nature, quality 6° just, true ◇ 1° sentiments, émotions, affection 2° passion, amour, luxure 3° bienveillance 4° circonstances, faits, affaire, état de choses 5° nature, qualité 6°

juste, vrai [Etym] 忄 553 (rad: 061b 3-08), 青 946 [Graph] 412g 433a 856e.

情况 qíng kuàng ∘ condition, situation, state ◇ situation, circonstances, état ✱ 38.

情报 qíng bào ∘ intelligence, information ◇renseignement, information ✱ 2563.

情形 qíng xíng ∘ circumstances, situation ◇ circonstances, situation, état des choses ✱ 4046.

情感 qíng gǎn ∘ feeling; emotion ◇ sentiment ✱ 5557.

情绪 qíng xù ∘ emotion, feeling ◇ émotion, sentiment; humeur, moral, état d'esprit ✱ 5979.

情愿 qíng yuàn ∘ to prefer, to wish ◇ préférer, souhaiter ardemment; vouloir, accepter ✱ 6870.

性 xìng (554) 忄生 [Tra] temper ◇ caractère [Etym] heart (1= 忄 553) of a man at his birth (2= 生 951) ◇ coeur (1= 忄 553) d'une personne à sa naissance (2= 生 951) [Graph] 412g 433b [Ref] h631, k441, wi109 [Hanzi] xing4 性 3262.

性 xìng +3262 忄生 1° natural disposition, temper 2° property, quality 3° innate 4° sex, gender 5° passions 6° life ◇ 1° qualités et propensions naturelles 2° propriétés 3° inné 4° sexe 5° passion 6° vie [Etym] 忄 553 (rad: 061b 3-05), 性554 [Graph] 412g 433b.

性命 xìng mìng ∘ life ◇ vie ✱ 1494.

性情 xìng qíng ∘ nature, disposition ◇ caractère, nature ✱ 3261.

性格 xìng gé ∘ nature, disposition ◇ caractère, tempérament ✱ 4282.

性子 xìng zǐ ∘ nature, character ◇ nature, caractère ✱ 6546.

性质 xìng zhì ∘ quality, nature ◇ nature, qualité naturelle, propriété ✱ 7194.

性急 xìng jí ∘ impatient, fast ◇ impatient, vif, nerveux ✱ 7383.

性别 xìng bié ∘ sex; sexual distinction ◇sexe ✱ 9073.

怔 zhēng +3263 忄正 uneasiness, terrified ◇ inquiétude, effrayé [Etym] 忄 553 (rad: 061b 3-05), 正 963 [Graph] 412g 434b.

惜 xī +3264 忄昔 1° to cherish 2° to spare 3° to pity 4° to care for ◇ 1° chérir 2° épargner 3° avoir pitié de 4° avoir soin de [Etym] 忄 553 (rad: 061b 3-08), 昔 1001 [Graph] 412g 436b 021a.

惜别 xī bié ∘ to be reluctant to part ◇ éprouver le regret d'une séparation ✱ 9073.

懾 shè *3265 忄耳耳耳 | 慑 -3266 、 慴 *3292 | to fear ◇ être effrayé, menace [Etym] 忄 553 (rad: 061b 3-18), 聶 1022 [Graph] 412g 436k 436k 436k.

慑 shè -3266 忄耳又又 | 懾 *3265 、 慴 *3292 | to fear ◇ être effrayé, menace [Etym] 忄 553 (rad: 061b 3-10), 聂 1026 [Graph] 412g 436k 633a 633a.

惟 wéi (555) 忄隹 [Tra] to think of ◇ considérer [Etym] heart (1= 忄 553); phon (2= 隹 1030) ◇ coeur (1= 忄 553); phon (2= 隹 1030) [Graph] 412g 436m [Ref] w102c [Hanzi] wei2 惟 3267, li2 罹 10774.

惟 wéi +3267 忄隹 1° only, alone 2° but 3° to think of 4° and, so 5° initial or copulative particle ◇ 1° seulement, seul 2° mais 3° considérer 4° cependant 5° particule initiale ou copulative [Etym] 忄 553 (rad: 061b 3-08), 惟 555 [Graph] 412g 436m.

惟一 wéi yī ∘ only; sole ◇ unique, seul ✱ 1.

惟有 wéi yǒu ∘ only; alone ◇ il n'y a que, seul; uniquement ✱ 1525.

惟独 wéi dú ∘ only, alone ◇ seulement ✱ 5673.

憔 qiáo +3268 忄隹灬 | 顦 *5487 | 1° wan, thin 2° withered (of plants) ◇ 1° émacié, triste, abattu 2° flétrir [Etym] 忄 553 (rad: 061b 3-12), 焦 1031 [Graph] 412g 436m 222d.

憔悴 qiáo cuì ∘ thin and emaciated; wan ◇émacié, fané ✱ 3214.

憮 wǔ *3269 忄無灬 | 怃 -3233 | See ◇ Voir 怃然 wu3-ran2 3233-6452 [Etym] 忄 553 (rad: 061b 3-12), 無 1043 [Graph] 412g 436n 222d.

惛 hūn +3270 忄氏日 confused in mind, dull, stupid ◇ trouble, confusion, affolement, sottise [Etym] 忄 553 (rad: 061b 3-08), 昏 1054 [Graph] 412g 511c 021a.

憾 hàn +3271 忄戌口心 1° regret, displeasure 2° to hate ◇ 1° regret, ennui, mécontentement 2° haïr [Etym] 忄 553 (rad: 061b 3-13), 感 1079 [Graph] 412g 512m 012a 321c.

惱 nǎo *3272 忄巛囟 | 恼 -3331 | 1° irritation, anger, vexation, annoyed 2° unhappy, worried ◇ 1° irritation, colère, aversion, exécrer 2° malheureux, préoccupé [Etym] 忄 553 (rad: 061b 3-09), 𡿺1119 [Graph] 412g 611c 061b.

惨 cǎn -3273 忄厶大彡 | 慘 *3274 | 1° miserable 2° tragic 3° cruel ◇ 1° malheureux 2° tragique 3° cruel [Etym] 忄 553 (rad: 061b 3-08), 参1133 [Graph] 412g 612a 242a 211c.

惨案 cǎn àn ∘ massacre; murder ◇ massacre; meurtre ✱ 7749.

惨败 cǎn bài ∘ to suffer a crushing defeat ◇défaite écrasante, sanglante ✱ 7959.

惨白 cǎn bái ∘ dim, gloomy, faint; pale ◇livide, pale, blême ✱ 9973.

惨重 cǎn zhòng ∘ heavy; disastrous ◇ grave, lourd; désastreux ✱ 10764.

慘 cǎn *3274 忄厶厶厶人彡 | 惨 -3273 | 1° miserable 2° tragic 3° cruel ◇ 1° malheureux 2° tragique 3° cruel [Etym] 忄 553 (rad: 061b 3-11), 參1138 [Graph] 412g 612a 612a 612a 233a 211c.

怡 yí +3275 忄厶口 1° happy, cheerful 2° mutual pleasure, harmonious concord 3° surname ◇ 1° joyeux, réjouir 2° concorde, aménité, harmonie 3° nom de famille [Etym] 忄 553 (rad: 061b 3-05), 台 1143 [Graph] 412g 612a 011a.

悛 quān +3276 忄允夊 to correct, to make amends ◇ se corriger, s'amender [Etym] 忄 553

(rad: 061b 3-07), 炙 1147 [Graph] 412g 612b 633e.

恸 tòng -3277 | 慟 *3380 | moved, affected, excited ◇ ému, touché [Etym] 忄 553
忄云力
(rad: 061b 3-06), 动 1153 [Graph] 412g 612d 732f.

忪 sōng +3278 | agitated, emotion ◇ émoi, émotion [Etym] 忄 553 (rad: 061b 3-04),
忄公
公 1161 [Graph] 412g 612h.

△ zhōng | 1° frightened, scared and nervous 2° agitated 3° emotion ◇ 1° effrayé 2° agité 3° émoi, émotion.

惭 cán -3279 | 慚、慙 *3377、*10702 | 1° ashamed 2° mortified ◇ 1° honte
忄车斤
2° confusion [Etym] 忄 553 (rad: 061b 3-08), 斩 1216 [Graph] 412g 614d 722c.

惭愧 cán kuì ∘ mortified, ashamed ◇ humilié, honteux ✱ 3378.

恆 hěng (556) | [Tra] constancy ◇ persévérance [Etym] heart, will (1= 忄 553) to cross (2,3= 亙 1244) ◇ la volonté (1= 忄 553) de traverser (2,3= 亙 1244) [Graph] 412g 631f acc:z [Ref] r5g, r22d, w27k, wi742 [Hanzi] heng2 恆 3280.
忄歹亖

恆 héng *3280 | 恒 -3361 | 1° permanent, stable 2° perseverance 3° ordinary,
忄歹亖
common ◇ 1° permanent, durable 2° constance, persévérance 3° habituel, ordinaire [Etym] 忄 553 (rad: 061b 3-06), 亙 1244 [Graph] 412g 631f ac:z.

怿 yì -3281 | 懌 *3381 | joy, pleasure ◇ joie, plaisir [Etym] 忄 553 (rad: 061b 3-05),
忄又丰
圣 1273 [Graph] 412g 633a 414a.

怪 guài +3282 | 恠 *3227 | 1° strange, to deem strange 2° to wonder at 3° rather
忄又土
4° monstrous 5° to blame 6° to dislike ◇ 1° étrange, trouver étrange 2° s'étonner de, extraordinaire 3° très, plutôt 4° monstre 5° s'en prendre à 6° haïr [Etym] 忄 553 (rad: 061b 3-05), 圣 1274 [Graph] 412g 633a 432a.

怪物 guài wù ∘ monster; freak ◇ monstre; maniaque ✱ 3468.

怪事 guài shì ∘ strange story or matter ◇ bizarrerie, drôle d'affaire ✱ 10387.

惙 chuò +3283 | sad, exhausted, tired ◇ soucieux, inquiet, fatigué, épuisé [Etym]
忄又又又又
忄 553 (rad: 061b 3-08), 叕 1278 [Graph] 412g 633a 633a 633a 633a.

忮 zhì +3284 | 1° jealousy 2° aversion ◇ 1° jalousie 2° aversion [Etym] 忄 553
忄支
(rad: 061b 3-04), 支 1284 [Graph] 412g 633d.

恪 kè +3285 | reverence, respectful, scrupulous ◇ révérence, respectueux, soigneux [Etym]
忄夂口
忄 553 (rad: 061b 3-06), 各 1295 [Graph] 412g 633e 011a.

恹 yān -3286 | 懨、懕 *3287、*6863 | weak and weary (due to illness) ◇ maladif,
忄厂犬
faible [Etym] 忄 553 (rad: 061b 3-06), 厌 1355 [Graph] 412g 721a 242i.

懨 yān *3287 | 恹、懕 -3286、*6863 | weak and weary (due to illness) ◇ maladif,
忄厂日月犬
faible [Etym] 忄 553 (rad: 061b 3-14), 厭 1372 [Graph] 412g 721a 021a 856e 242i.

慷 kāng +3288 | 忼 *3393 | [Etym] 忄 553 (rad: 061b 3-11), 康 1407 [Graph]
忄广隶
412g 721b 834e.

慷慨 kāng kǎi ∘ generous, liberal; fervent ◇ généreux, large, libéral; véhément, exalté ✱ 3339.

慵 yōng +3289 | idle, sluggish, lethargic ◇ indolence, paresse, négligé [Etym]
忄广甫
忄 553 (rad: 061b 3-11), 庸 1409 [Graph] 412g 721b 834j.

惦 diàn +3290 | to think of, to remember with concern ◇ 1° se souvenir 2°
忄广占
penser avec sollicitude à [Etym] 忄 553 (rad: 061b 3-08), 店 1410 [Graph] 412g 721b 013e.

惦记 diàn jì ∘ to be anxious about ◇ s'inquiéter de ✱ 1836.

忻 xīn +3291 | zinc (Zn) ◇ zinc (Zn) [Etym] 忄 553 (rad: 061b 3-04), 斤 1461
忄斤
[Graph] 412g 722c.

慴 shè *3292 | 慑、慑 -3266、*3265 | to fear ◇ être effrayé, menace [Etym] 忄 553
忄习习白
(rad: 061b 3-11), 習 1475 [Graph] 412g 731c 731c 022c.

忉 dāo +3293 | sad, worried ◇ inquiet, anxieux [Etym] 忄 553 (rad: 061b 3-02), 刀
忄刀
1477 [Graph] 412g 732a.

怊 chāo +3294 | to be grieved, disheartened ◇ tristesse, peine [Etym] 忄 553
忄刀口
(rad: 061b 3-05), 召 1479 [Graph] 412g 732a 011a.

愜 qiè *3295 | 惬、悘 -3296、*7296 | pleased, satisfied ◇ joie, satisfaction
忄匚大人人
[Etym] 忄 553 (rad: 061b 3-09), 匧 1514 [Graph] 412g 811c 242a 232a 232a.

惬 qiè -3296 | 愜、悘 *3295、*7296 | pleased, satisfied ◇ joie, satisfaction
忄匚夹
[Etym] 忄 553 (rad: 061b 3-08), 匧 1518 [Graph] 412g 811c 242q.

怄 òu -3297 | 慪 *3298 | to excite, to irritate, to be annoyed ◇ provoquer, irriter,
忄匚乂
être mécontent [Etym] 忄 553 (rad: 061b 3-04), 区 1519 [Graph] 412g 811c 243a.

慪 òu *3298 | 怄 -3297 | to excite, to irritate, to be annoyed ◇ provoquer, irriter,
忄匚口口口
être mécontent [Etym] 忄 553 (rad: 061b 3-11), 區 1528 [Graph] 412g 811c 011a 011a 011a.

忙 máng +3299 | 1° busy, occupied 2° hurried 3° fluttered ◇ 1° occupé, affairé
忄亡
2° pressé, hâte, urgent 3° émoi [Etym] 忄 553 (rad: 061b 3-03), 亡 1533 [Graph] 412g 811f.

忙碌 máng lù ∘ to be busy; to bustle about ◇ occupé, pressé, affairé ✱ 9734.

忙乱 máng luàn ∘ to be in a muddle; worried ◇ affolé, tracassé ✱ 9823.

悟 wù +3300 | 1° to realize, to awake, to become conscious 2° to apprehend 3°
忄五口
intelligence ◇ 1° percevoir, réaliser, devenir conscient 2° comprendre, saisir 3° intelligence [Etym] 忄 553 (rad: 061b 3-07), 吾 1549 [Graph] 412g 822b 011a.

快 kuài (557) | [Tra] quick, pleasure ◇ rapide, joie [Etym] to open up (2= 夬 1550) one's heart (1= 忄 553) ◇ ouverture (2= 夬 1550) des sentiments (1= 忄 553) [Graph] 412g 822c [Ref] k876, ph10, r30f, r54, w24a, wa193, wi617 [Hanzi] kuai4 筷 774,
忄夬

kuai4 快 3301.

快 kuài +3301 忄央 | 1° fast, quick, speedy 2° to hurry up 3° soon 4° ingenious 5° sharp, keen 6° pleasure, cheerful ◇ 1° prompt, rapide, vite 2° se hâter 3° bientôt 4° agile 5° aigu, tranchant 6° jouissance, plaisir [Etym] 忄 553 (rad: 061b 3-04), 快557 [Graph] 412g 822c.

快活 kuài huó。gay, cheerful ◇ gai, jovial, joyeux, content * 524.

快车 kuài chē。express train or bus ◇ train ou autocar express * 6327.

快乐 kuài lè。cheerful, happy ◇ joyeux, gai, satisfait * 7358.

快点儿 kuài diǎn ér。a bit faster ◇un peu plus vite * 9799 2194.

㤘 zhòu -3302 忄刍 | 㥮 *3317 | stubborn ◇ têtu, opiniâtre [Etym] 忄 553 (rad: 061b 3-05), 刍 1559 [Graph] 412g 832c.

忸 niǔ +3303 忄丑 | [Etym] 忄 553 (rad: 061b 3-04), 丑1564 [Graph] 412g 832e.

忸怩 niǔ ní。to blush, bashful ◇ honte, rouge de honte * 3337.

悽 qī *3304 忄妻女 | See ◇ Voir 凄 35 [Etym] 忄 553 (rad: 061b 3-08), 妻 1574 [Graph] 412g 833f 611e.

慊 qiàn +3305 忄兼 | dissatisfied, hatred, to resent ◇ mécontent, haine [Etym] 忄 553 (rad: 061b 3-10), 兼 1582 [Graph] 412g 834h.

△ qiè | pleasure, joy, satisfied ◇ plaisir, joie, satisfait.

惴 zhuì +3306 忄山而 | mournful, sad ◇ triste, inquiet [Etym] 忄 553 (rad: 061b 3-09), 耑1623 [Graph] 412g 841b 857f.

愷 kǎi *3307 忄山豆 | 恺 -3308 | joyous, happy ◇ joyeux, heureux [Etym] 忄 553 (rad: 061b 3-10), 豈 1625 [Graph] 412g 841b 012b.

恺 kǎi -3308 忄山己 | 愷 *3307 | joyous, happy ◇ joyeux, heureux [Etym] 忄 553 (rad: 061b 3-06), 岂 1627 [Graph] 412g 841b Z41a.

恽 yùn -3309 忄冖车 | 惲 *3310 | 1° to plan 2° surname ◇ 1° projeter 2° nom de famille [Etym] 忄 553 (rad: 061b 3-06), 军 1652 [Graph] 412g 851a 614d.

惲 yùn *3310 忄冖車 | 恽 -3309 | 1° to plan 2° surname ◇ 1° projeter 2° nom de famille [Etym] 忄 553 (rad: 061b 3-09), 軍 1655 [Graph] 412g 851a 042g.

悰 cóng +3311 忄宀示 | joy, enjoyment ◇ joie, plaisir [Etym] 忄 553 (rad: 061b 3-08), 宗1675 [Graph] 412g 851c 331l.

惋 wǎn +3312 忄宀夕巳 | to sigh, to regret ◇ soupirer, regretter, désoler [Etym] 忄 553 (rad: 061b 3-08), 宛 1699 [Graph] 412g 851c 631b 733a.

悖 bèi +3313 忄孛子 | 1° to rebel against 2° perverse, evil, erroneous ◇ 1° opposé à, rebelle, violer 2° trouble, mal, erroné [Etym] 忄 553 (rad: 061b 3-07), 孛 1753 [Graph] 412g 851i 634d.

侬 náo -3314 忄农 | 憹 *3385 | to feel remorse, to repent ◇ remords [Etym] 忄 553 (rad: 061b 3-06), 农 1761 [Graph] 412g 851l.

忱 chén +3315 忄冘 | 1° sincere 2° honest, upright ◇ 1° sincérité 2° droiture [Etym] 忄 553 (rad: 061b 3-04), 冘 1762 [Graph] 412g 851m.

惚 hū +3316 忄勿心 | See ◇ Voir 恍惚 huang3-hu1 3232-3316 [Etym] 忄 553 (rad: 061b 3-08), 忽 1766 [Graph] 412g 852e 321c.

㥮 zhòu *3317 忄勹中勹中 | 㤘 -3302 | stubborn ◇ têtu, opiniâtre [Etym] 忄 553 (rad: 061b 3-10), 㔹 1776 [Graph] 412g 852h 842a 852h 842a.

恂 xún +3318 忄勹日 | 1° sincere, true, frank 2° faith 3° to be afraid, scared ◇ 1° sincère, vrai, franc 2° foi 3° avoir peur [Etym] 忄 553 (rad: 061b 3-06), 旬 1782 [Graph] 412g 852h 021a.

惸 qióng *3319 忄勹日子 | 茕、煢 -3842、*949 | 1° alone 2° forlorn 3° dejected ◇ 1° seul 2° abattu 3° délaissé [Etym] 忄 553 (rad: 061b 3-09), 旬 1782 [Graph] 412g 852h 021a 634d.

恻 cè -3320 忄贝刂 | 惻 *3367 | sorrowful, sad ◇ douleur, affliction, triste [Etym] 忄 553 (rad: 061b 3-06), 则 1797 [Graph] 412g 854b 333b.

悯 mǐn -3321 忄门文 | 憫 *3341 | to pity, sorrow ◇ avoir de la peine, du chagrin, avoir pitié de [Etym] 忄 553 (rad: 061b 3-07), 闵 1807 [Graph] 412g 855a 243b.

惆 chóu +3322 忄冂土口 | disappointed ◇ déçu, mécontent [Etym] 忄 553 (rad: 061b 3-08), 周1851 [Graph] 412g 856k 432a 011a.

恫 dòng +3323 忄冂㔾 | 1° to be dissatisfied 2° to fear 3° to groan, to moan ◇ 1° mécontentement 2° craindre 3° gémir, récriminer [Etym] 忄 553 (rad: 061b 3-06), 同 1853 [Graph] 412g 856k 012a.

惘 wǎng +3324 忄罒亡 | to be frustrated, disappointed, to lose one's self-possession ◇ ému, trouble, déçu [Etym] 忄 553 (rad: 061b 3-08), 罔1856 [Graph] 412g 856m 811f.

懊 ào +3325 忄冂米大 | 懊 *3326 | 1° remorseful, regretful 2° vexed, angry ◇ 1° regret, ennui, déplaisir 2° colère [Etym] 忄 553 (rad: 061b 3-12), 奥1866 [Graph] 412g 857e 422f 242a.

懊悔 ào huǐ。to repent, to regret ◇ se repentir, avoir des remords * 3396.

懊丧 ào sàng。annoyed, vexed, upset ◇ ennuyé, vexé, fâché * 5248.

懊 ào *3326 忄冂采大 | 懊 +3325 | 1° remorseful, regretful 2° vexed, angry ◇ 1° regret, ennui, déplaisir 2° colère [Etym] 忄 553 (rad: 061b 3-13), 奧1868 [Graph] 412g 857e 422g 242a.

悄 qiāo +3327 忄肖 | See ◇ Voir 悄悄 qiao1-qiao1 3327-3327 [Etym] 忄 553 (rad: 061b 3-07), 肖 1878 [Graph] 412g 857i.

悄悄 qiāo qiāo。quietly; in secret ◇ en silence, en cachette, furtivement * 3327.

△ qiǎo | 1° silent, still 2° sadness, grief 3° care ◇ 1° calme, tranquille 2° peine, tristesse 3° prendre soin.

惝 chǎng +3328 忄尚口 | agitated, alarmed ◇ inquiet, soucieux [Etym] 忄 553 (rad: 061b 3-08), 尚 1879 [Graph] 412g 857j 011a.

△ tǎng | 1° disappointed, frustrated 2° alarmed ◇ 1° déçu, frustré 2° inquiet, soucieux.

懈 x i è +3329 忄角刀牛 | 1° lax, remiss 2° idle ◇ 1° relâchement, indolence 2° paresse, oisif [Etym] 忄 553 (rad: 061b 3-13), 解 1885 [Graph] 412g 8571 732a 414d.

懦 n u ò +3330 忄雨而 | weakness, incapacity, cowardly ◇ débilité, mollesse, incapacité, lâche [Etym] 忄 553 (rad: 061b 3-14), 需 1896 [Graph] 412g 858e 857f.

懦弱 nuò ruò。weak, coward ◇ faible, timide * 11272.

恼 n ǎ o -3331 忄囟 | 惱 *3272 | 1° irritation, anger, vexation, annoyed 2° unhappy, worried ◇ 1° irritation, colère, aversion, exécrer 2° malheureux, préoccupé [Etym] 忄 553 (rad: 061b 3-06), 𠚕 1926 [Graph] 412g 911c.

恼怒 nǎo nù。angered, annoyed ◇ enragé, vexé * 5782.

惧 j ù +3332 忄具 | 懼 *3366 | to fear, to dread ◇ crainte, avoir peur, effrayé [Etym] 忄 553 (rad: 061b 3-08), 具 1932 [Graph] 412g 921c.

慎 s h è n +3333 忄真 | 愼 *3231 | 1° attentive, cautious, to act carefully 2° still 3° considerate ◇ 1° attentif, soin 2° réserve 3° circonspection, veiller à [Etym] 忄 553 (rad: 061b 3-10), 真 1936 [Graph] 412g 921f.

慎重 shèn zhòng。prudent, cautious ◇ prudent * 10764.

恤 x ù +3334 忄血 | 卹 *8562、賉 *10140 | 1° to pity, compassion 2° to give alms ◇ 1° avoir pitié, compassion 2° donner en aumône [Etym] 忄 553 (rad: 061b 3-06), 血 1940 [Graph] 412g 922b.

惧 t i ǎ n +3335 忄典 | bashful, to be ashamed ◇ honte, rougir [Etym] 忄 553 (rad: 061b 3-08), 典 1941 [Graph] 412g 922c.

快 y à n g +3336 忄央 | 1° disgruntled, sullen 2° disgust, dislike ◇ 1° mécontent, sullen 2° dégoût, aversion [Etym] 忄 553 (rad: 061b 3-05), 央 1943 [Graph] 412g 923b.

怩 n í +3337 忄尸匕 | See ◇ Voir 忸怩 niu3-ni2 3303-3337 [Etym] 忄 553 (rad: 061b 3-05), 尼 1952 [Graph] 412g 931a 321b.

惛 m ǐ n *3338 忄民日 | 愍 +8713 | 1° pity, compassion 2° to grieve ◇ 1° pitié, compassion 2° chagriner [Etym] 忄 553 (rad: 061b 3-09), 昏 1999 [Graph] 412g 932a 021a.

慨 k ǎ i +3339 忄艮旡 | 嘅2° *9164 | 1° indignant 2° deeply affected 3° generous ◇ 1° s'indigner 2° affigé, triste 4° généreux [Etym] 忄 553 (rad: 061b 3-09), 既 2001 [Graph] 412g 932b 812a.

恨 h è n +3340 忄艮 | 1° hatred, resentment 2° sorrow, regret ◇ 1° détester, haïr 2° regretter [Etym] 忄 553 (rad: 061b 3-06), 艮 2003 [Graph] 412g 932c.

恨不得 hèn bù dé。how one wishes one could; regret not to ... ◇ regretter de ne pas..., que je voudrais * 4066 3173.

憫 m ǐ n *3341 忄門文 | 悯 -3321 | to pity, sorrow ◇ avoir de la peine, du chagrin, avoir pitié de [Etym] 忄 553 (rad: 061b 3-12), 閔 2027 [Graph] 412g 934e 243b.

慳 q i ā n *3342 忄臣又土 | 悭 -3241 | See ◇ Voir 悭吝 qian1-lin4 3241-1673 [Etym] 忄 553 (rad: 061b 3-11), 堅 2049 [Graph] 412g 935b 633a 432a.

悮 w ù *3343 忄口天 | 误 -1814、誤 *9618 | 1° mistake, to err 2° to miss 3° to harm 4° neglect 5° by accident ◇ 1° errer, erreur, se tromper 2° manquer 3° nuire à 4° négligence 5° par hasard [Etym] 忄 553 (rad: 061b 3-07), 吴 2065 [Graph] 412g 011a 242b.

悒 y ì +3344 忄口巴 | 1° sad 2° worried, disquiet, anxiety ◇ 1° triste 2° préoccupé, trouble, inquiétude, soucis [Etym] 忄 553 (rad: 061b 3-07), 邑 2082 [Graph] 412g 011a 933c.

憚 d à n *3345 忄口口甲 | 惮 -3375 | 1° to dread 2° to shrink from ◇ 1° craindre 2° reculer devant la difficulté [Etym] 忄 553 (rad: 061b 3-12), 單 2101 [Graph] 412g 011a 011a 041c.

愕 è +3346 忄口口亏 | 1° to be frightened 2° stunned ◇ 1° crainte, peur 2° surpris [Etym] 忄 553 (rad: 061b 3-09), 咢 2102 [Graph] 412g 011a 011a Z21c.

怳 h u ǎ n g *3347 忄兄 | 恍 +3232 | 1° suddenly 2° seem, as if 3° disturbed, wild, mad ◇ 1° soudain 2° semblable à, comme si 3° déconcerté, confusion, trouble, affolement [Etym] 忄 553 (rad: 061b 3-05), 兄 2114 [Graph] 412g 011d.

惊 j ī n g +3348 忄亠口小 | 驚 *3874 | 1° to start, to be frightened, terrified 2° surprise, shock, to shy ◇ 1° effrayer, effroi 2° surprise, choc, s'emporter [Etym] 忄 553 (rad: 061b 3-08), 京 2122 [Graph] 412g 012c 331j.

惊人 jīng rén。amazing, astonishing ◇ étonnant, surprenant * 1070.

惊奇 jīng qí。to be surprised, astonished ◇ surpris, étonné * 1543.

惊讶 jīng yà。surprised, amazed ◇ surpris, étonné; être surpris * 1783.

惊慌 jīng huāng。scared, panic-stricken ◇ affolé, fou de terreur * 3243.

惊险 jīng xiǎn。dangerous; thrilling ◇ dangereux; palpitant * 6713.

惊醒 jīng xǐng。to wake up with a start ◇ réveiller en sursaut * 10913.

惇 d ū n +3349 忄亠口子 | 1° sincere 2° kind 3° generous ◇ 1° sincère 2° gentil 3° généreux [Etym] 忄 553 (rad: 061b 3-08), 享 2127 [Graph] 412g 012c 634d.

悦 y u è +3350 忄兑 | 1° happy, to be pleased, delight 2° to assent ◇ 1° heureux, plaisir, plaire 2° satisfaction, contenter [Etym] 忄 553 (rad: 061b 3-07), 兑 2153 [Graph] 412g 013d.

悦耳 yuè ěr。melodious, pleasant to the ear ◇ mélodieux, agréable à entendre * 5445.

悦目 yuè mù。good-looking ◇ agréable à voir, joli * 10016.

怗 t i ē +3351 忄占 | peaceful, calm, quiet ◇ paix, tranquillité [Etym] 忄 553 (rad: 061b 3-05), 占 2154 [Graph] 412g 013e.

怙 h ù +3352 忄古 | 1° to rely on 2° parents ◇ 1° protection, s'appuyer sur 2° parents [Etym] 忄 553 (rad: 061b 3-05), 古 2155 [Graph] 412g 013f.

恬 tián (558) 忄舌 [Tra] calm ◇ repos [Etym] feelings(1= 忄 553); sweetness on the tongue (2= 舌 2162) ◇ sentiment (1= 忄 553); une douceur sur la langue (2= 舌 2162) [Graph] 412g 013h [Hanzi] tian2 湉 157, tian2 恬 3353.

恬 tián +3353 忄舌 1° quiet, calm, peaceful 2° to remain unruffled ◇ 1° paix, repos, silencieux 2° imperturbable [Etym] 忄 553 (rad: 061b 3-06), 恬 558 [Graph] 412g 013h.

怛 dá +3354 忄日一 1° pain 2° care ◇ 1° peine, émotion, inquiétude 2° soin [Etym] 忄 553 (rad: 061b 3-05), 旦 2170 [Graph] 412g 021a ac:z.

悍 hàn +3355 忄日干 | 猂 *5669 | 1° fierce, cruel, violent 2° brave, bold ◇ 1° audace, violence, brutalité 2° courageux, énergique [Etym] 忄 553 (rad: 061b 3-07), 旱 2177 [Graph] 412g 021a 413b.

惺 xīng +3356 忄日生 See ◇ Voir 惺惺 xing1-xing1 3356-3356 [Etym] 忄 553 (rad: 061b 3-09), 星 2181 [Graph] 412g 021a 433b.

惺惺 xīng xīng ◦ intelligent, wise, awake ◇ intelligent, sagace, perspicace * 3356.

惕 tì +3357 忄日勿 cautious, alarm, fear ◇ vigilance, attention, crainte [Etym] 忄 553 (rad: 061b 3-08), 易 2193 [Graph] 412g 021a 852e.

愠 yùn +3358 忄日皿 1° irritated, to be grieved 2° sad ◇ 1° mécontent, être mortifié 2° triste [Etym] 忄 553 (rad: 061b 3-09), 昷 2201 [Graph] 412g 021a 922a.

憬 jǐng +3359 忄日亠口小 1° to wake up to reality, to perceive 2° to feel, to excite ◇ 1° se rendre compte, percevoir 2° sentir, exciter [Etym] 忄 553 (rad: 061b 3-12), 景 2204 [Graph] 412g 021a 012c 331j.

慢 màn +3360 忄日罒又 1° slow 2° to defer, to postpone, neglectful 3° rude, impudent ◇ 1° lent, lenteur 2° retarder 3° grossièreté, insolent, maltraiter [Etym] 忄 553 (rad: 061b 3-11), 曼 2211 [Graph] 412g 021a 051a 633a.

慢性子 màn xìng zǐ ◦ straggler; slow coach ◇ lambin, traînard * 3262 6546.

慢性病 màn xìng bìng ◦ chronic disease ◇ maladie chronique * 3262 7105.

慢慢地 màn màn de ◦ slowly, little by little ◇ lentement, petit à petit * 3360 4903.

慢车 màn chē ◦ slow train ◇ train omnibus * 6327.

恒 héng -3361 忄亘一 | 恆 *3280 | 1° permanent, stable 2° perseverance 3° ordinary, common ◇ 1° permanent, durable 2° constance, persévérance 3° habituel, ordinaire [Etym] 忄 553 (rad: 061b 3-06), 亘 2213 [Graph] 412g 022a ac:z.

恒心 héng xīn ◦ perseverance; being constant ◇ persévérance, constance * 2177.

愎 bì +3362 忄复夊 perverse, obstinate ◇ 1° obstiné 2° récidiviste, relaps [Etym] 忄 553 (rad: 061b 3-09), 复 2214 [Graph] 412g 022b 633e.

怕 pà +3363 忄白 1° to fear, to dread 2° I'm afraid, perhaps ◇ 1° craindre, avoir peur, appréhender 2° peut-être que [Etym] 忄 553 (rad: 061b 3-05), 白 2216 [Graph] 412g 022c.

怕羞 pà xiū ◦ timid, shy ◇ timide, gêné * 1530.

惶 huáng +3364 忄白王 1° fear, anxiety, afraid, nervous 2° doubtful ◇ 1° craintif, troublé 2° doute [Etym] 忄 553 (rad: 061b 3-09), 皇 2221 [Graph] 412g 022c 432e.

惶恓 huáng xī ◦ 1° troubled, vexed, grieved; 2° frightened and worried ◇ 1° affliction, peine, malheur; 2° effrayé * 3386.

悼 dào +3365 忄卓 1° affliction 2° to grieve for ◇ 1° affliction 2° regret, compassion [Etym] 忄 553 (rad: 061b 3-08), 卓 2230 [Graph] 412g 022h.

悼念 dào niàn ◦ to mourn; to condole with someone ◇ exprimer ses condoléances; regretter quelqu'un * 1387.

懼 jù *3366 忄目目隹 | 惧 +3332 | to fear, to dread ◇ crainte, avoir peur, effrayé [Etym] 忄 553 (rad: 061b 3-18), 瞿 2243 [Graph] 412g 023a 023a 436m.

惻 cè *3367 忄貝刂 | 恻 -3320 | sorrowful, sad ◇ douleur, affliction, triste [Etym] 忄 553 (rad: 061b 3-09), 則 2249 [Graph] 412g 023b 333b.

忡 chōng +3368 忄中 | 爞 *3371 | sorrow, care ◇ peine, soucis [Etym] 忄 553 (rad: 061b 3-04), 中 2276 [Graph] 412g 031b.

愦 kuì -3369 忄虫贝 | 憒 *3370 | 1° to give a present, gift 2° provisions, food ◇ 1° offrir des mets, cadeau composé de victuailles, faire cadeau 2° nourriture, vivres [Etym] 忄 553 (rad: 061b 3-09), 贵2278 [Graph] 412g 031c 854b.

憒 kuì *3370 忄虫貝 | 愦 -3369 | 1° to give a present, gift 2° provisions, food ◇ 1° offrir des mets, cadeau composé de victuailles, faire cadeau 2° nourriture, vivres [Etym] 忄 553 (rad: 061b 3-12), 貴2281 [Graph] 412g 031c 023b.

爞 chōng *3371 忄虫虫虫 | 忡 +3368 | sorrow, care ◇ peine, soucis [Etym] 忄 553 (rad: 061b 3-18), 蟲 2284 [Graph] 412g 031d 031d 031d.

悚 sǒng +3372 忄束 fear, terror, horrified ◇ crainte, terreur, effrayé [Etym] 忄 553 (rad: 061b 3-07), 束 2296 [Graph] 412g 032g.

懒 lǎn +3373 忄束负 | 嬾 *5861 | 1° lazy, indolent, remiss 2° languid, sleepy 3° aversion ◇ 1° paresse, nonchalant, mollesse 2° endormi 3° répugnance [Etym] 忄 553 (rad: 061b 3-13), 赖 2301 [Graph] 412g 032g 854h.

懒惰 lǎn duò ◦ lazy, languid ◇ paresseux, indolent * 3223.

憎 zēng +3374 忄曾日 to hate, to abhor ◇ haïr, détester [Etym] 忄 553 (rad: 061b 3-12), 曾 2308 [Graph] 412g 033c 021a.

惮 dàn -3375 忄单 | 憚 *3345 | 1° to dread 2° to shrink from ◇ 1° craindre 2° reculer devant la difficulté [Etym] 忄 553 (rad: 061b 3-08), 单2334 [Graph] 412g 041g.

憓 huì +3376 忄叀心 1° to favor 2° goodwill ◇ 1° favoriser 2° bienfaisance [Etym] 忄

553 (rad: 061b 3-12), 惠 2350 [Graph] 412g 042f 321c.

慚 cán *3377 忄車斤 | 惭 、慙 -3279 *10702 | 1° ashamed 2° mortified ◇ 1° honte 2° confusion [Etym] 忄 553 (rad: 061b 3-11), 斬 2354 [Graph] 412g 042g 722c.

愧 kuì -3378 忄鬼厶 | 媿 *5867 | to sigh ◇ soupirer, respirer profondément [Etym] 忄 553 (rad: 061b 3-08), 鬼 2363 [Graph] 412g 043e 612a.

悝 kuī +3379 忄里 | See ◇ Voir 李悝 li3-kui1 4283-3379 [Etym] 忄 553 (rad: 061b 3-07), 里 2368 [Graph] 412g 043j.

慟 tòng *3380 忄重力 | 恸 -3277 | moved, affected, excited ◇ ému, touché [Etym] 忄 553 (rad: 061b 3-11), 動 2371 [Graph] 412g 043k 732f.

懌 yì *3381 忄罒土羊 | 怿 -3281 | joy, pleasure ◇ joie, plaisir [Etym] 忄 553 (rad: 061b 3-13), 睪 2381 [Graph] 412g 051a 432a 413c.

愣 lèng +3382 忄罒方 | 1° distracted, stupefied 2° foolhardy, reckless ◇ 1° ébahi, ahuri, étourdiment 2° rude [Etym] 忄 553 (rad: 061b 3-09), 男 2392 [Graph] 412g 051a 853b.

慓 piāo *3383 忄西示 | See ◇ Voir 骗 11133 [Etym] 忄 553 (rad: 061b 3-11), 票 2404 [Graph] 412g 051e 331l.

慄 lì *3384 忄西木 | See ◇ Voir 瓯 9424 [Etym] 忄 553 (rad: 061b 3-10), 栗 2406 [Graph] 412g 051e 422a.

憹 náo *3385 忄曲厂衣 | 侬 -3314 | to feel remorse, to repent ◇ remords [Etym] 忄 553 (rad: 061b 3-13), 農 2414 [Graph] 412g 052a 721a 312f.

恓 xī +3386 忄西 | [Etym] 忄 553 (rad: 061b 3-06), 西 2427 [Graph] 412g 062b.

悃 kǔn +3387 忄囗木 | loyalty, sincerity ◇ simplicité, sincérité [Etym] 忄 553 (rad: 061b 3-07), 困 2446 [Graph] 412g 071a 422a.

懍 lǐn -3388 忄亩口示 | 懔 *3389 | 1° to fear 2° to tremble at ◇ 1° craindre 2° trembler [Etym] 忄 553 (rad: 061b 3-13), 禀 2458 [Graph] 412g 071b 011a 331l.

懔 lǐn *3389 忄亩口禾 | 懍 -3388 | 1° to fear 2° to tremble at ◇ 1° craindre 2° trembler [Etym] 忄 553 (rad: 061b 3-13), 稟 2459 [Graph] 412g 071b 011a 422d.

忆 yì -3390 忄乙 | 憶 *3211 | 1° to remember, to call to mind 3° to reflect ◇ 1° se rappeler, penser à 2° réfléchir [Etym] 忄 553 (rad: 061b 3-01), 乙 2506 [Graph] 412g Z31d.

忾 kài +3391 忄气 | 愾 *3392 | 1° angry, irate 2° to sigh ◇ 1° en colère 2° soupirant [Etym] 忄 553 (rad: 061b 3-04), 气 2509 [Graph] 412g Z31f.

愾 kài *3392 忄气米 | 忾 +3391 | 1° angry, irate 2° to sigh ◇ 1° en colère 2° soupirant [Etym] 忄 553 (rad: 061b 3-10), 氣 2510 [Graph] 412g Z31f 422f.

忼 kāng *3393 忄亢 | 慷 +3288 | See ◇ Voir 慷慨 kang1-kai3 3288-3339 [Etym] 忄 553 (rad: 061b 3-04), 亢 2529 [Graph] 412g Z33d.

悌 tì +3394 忄弟 | 1° to behave as a younger brother should, to respect one's elder brother 2° submission ◇ 1° se conduire en bon cadet, respecter ses aînés 2° soumission [Etym] 忄 553 (rad: 061b 3-07), 弟 2552 [Graph] 412g Z42f.

怫 fèi +3395 忄弗 | angry, to be grieved, disheartened ◇ colère, tristesse, peine [Etym] 忄 553 (rad: 061b 3-05), 弗 2553 [Graph] 412g Z42g.

△ fú | 1° angry 2° grieved, disheartened ◇ 1° être en colère 2° tristesse, peine.

悔 huǐ +3396 忄每 | to repent, to regret ◇ se repentir, regret, contrition [Etym] 忄 553 (rad: 061b 3-07), 每 2565 [Graph] 412g Z61b.

悔过 huǐ guò。 to repent; to mend one's way ◇ se repentir, se reprocher, s'amender * 2310.

悔恨 huǐ hèn。 deep regret, with remorse ◇ regretter, avoir du remords de, déplorer * 3340.

悔改 huǐ gǎi。 to repent and to mend one's way ◇ se repentir et se corriger * 11244.

惯 guàn -3397 忄毌贝 | 慣 *3398 | 1° addicted to, to be used to 2° to spoil (child) ◇ 1° habitude, accoutumé à, s'habituer 2° gâter (un enfant) [Etym] 忄 553 (rad: 061b 3-08), 贯 2570 [Graph] 412g Z61e 854b.

慣 guàn *3398 忄毌貝 | 惯 -3397 | 1° addicted to, to be used to 2° to spoil (child) ◇ 1° habitude, accoutumé à, s'habituer 2° gâter (un enfant) [Etym] 忄 553 (rad: 061b 3-11), 貫 2571 [Graph] 412g Z61e 023b.

乑 zhòng (559) 乑 | [Tra] crowd ◇ foule [Etym] crowd symbolized by three men (prim) (> 人 170, 亻 478, 人 170) ◇ une foule, ici trois hommes (prim) (> 人 170, 亻 478, 人 170) [Graph] 412i [Ref] h162, k1041, w78a [Hanzi] ju4 ju4 聚 5461, zhong4 衆 8556, zhong4 眾 10776.

十 413

十 shí (560) 十 | [Tra] ten ◇ dix [Etym] {?} a needle (prim) ◇ {?} une aiguille (prim) [Graph] 413a [Ref] r30f, w53e [Hanzi] zhi1 汁 158, qiong2 煢 949, cu4 zu2 卒 1078, zhen1 針 1157, mai4 卖 1600, ji4 计 1719, bi4 毕 1891, zhen1 针 1941, shen2 shi2 什 2851, shi2 十 3399, wu3 午 3417, qian1 千 3419, ban4 半 3477, qiong2 茕 3842, hui4 卉 4041, sheng1 升 4044, sa4 卅 4064, se4 啬 5249, pin2 颦 5308, pin2 矉 5310, zhuan1 专 6491, nan2 南 8357, chu4 矗 8550, ji4 計 9501, zhuo1 卓 10004, bei1 卑 10756 [Rad] 024a.

十 yè (561) 十 | [Tra] leaves ◇ feuilles [Etym] modern simplified form of (葉 1349) ◇ forme simplifiée moderne de (葉 1349) [Graph] 413a [Ref] h825, k296, ph22, r27a, r219, w102a, wa64 [Hanzi] xie2 ye4 ye4 叶 8927.

十 shí +3399 十 | 1° ten 2° tenfold 3° topmost, perfect ◇ 1° dix 2° dizaine 3° complet, parfait [Etym] 十 560 (rad: 024a 2-00), [Graph] 413a.

十一月 shí yī yuè。 November ◇ novembre * 1 8057.

卜 十 忄 乑 · 十

十二月 shí èr yuè ∘ December ◇ décembre ＊ 2 8057.

十全十美 shí quán shí měi ∘ to be perfect in every way ◇ parfait en tous points ＊ 1105 3399 5218.

十分 shí fēn ∘ quite ◇ tout à fait, très, extrêmement ＊ 7245.

十字路口 shí zì lù kǒu ∘ crossroads ◇ carrefour, croisement de rues ou de routes ＊ 7763 9353 8842.

十月 shí yuè ∘ October ◇ octobre ＊ 8057.

十足 shí zú ∘ 100 per cent; full; entirely; perfectly ◇ plein, entièrement, tout à fait; à cent pour cent ＊ 9419.

十十 cǎo (562) 十十	[Tra] grass, vegetables ◇ végétaux, herbe [Etym] contracted form for (艸 1637) ◇ forme abrégée de (艸 1637) [Graph] 413a 413a [Ref] k379, w115b [Rad] 140b.

協 xié (563) 十力力力	[Tra] united ◇ accord [Etym] ten (1= 十 560) people joining their strength (2,3,4= 力 1489) ◇ dix (1= 十 560) personnes unissant leur force (2,3,4= 力 1489) [Graph] 413a 732f 732f 732f [Ref] k936, w102f [Hanzi] xie2 協 3400.

協 xié *3400 十力力力 | 协 -3401 | 1° joint, common 2° to assist, to aid 3° united in, agreement, concord 4° regiment ◇ 1° uni, en commun 2° aider 3° accord, harmonie 4° régiment [Etym] 十 560 (rad: 024a 2-06), 協 563 [Graph] 413a 732f 732f 732f.

协 xié -3401 十办 | 協 *3400 | 1° joint, common 2° to assist, to aid 3° united in, agreement, concord 4° regiment ◇ 1° uni, en commun 2° aider 3° accord, harmonie 4° régiment [Etym] 十 560 (rad: 024a 2-04), 办 1495 [Graph] 413a 732g.

协会 xié huì ∘ association; society ◇ association ＊ 1382.

协议 xié yì ∘ to agree on; agreement ◇ accord, délibérer ＊ 1709.

协调 xié tiáo ∘ to coordinate, to harmonize ◇ s'entendre, être en bonne harmonie, s'accorder ＊ 1804.

协作 xié zuò ∘ cooperation ◇ collaborer, coopérer; coopération ＊ 2850.

协力 xié lì ∘ to join in a common effort ◇ unir ses forces, travailler ensemble ＊ 7259.

协定 xié dìng ∘ agreement ◇ accord, convention ＊ 7734.

协同 xié tóng ∘ to cooperate with ◇ coopérer, collaborer, travailler en équipe ＊ 8279.

协商 xié shāng ∘ to discuss, to trade ◇ délibérer, marchander, négocier ＊ 8350.

协助 xié zhù ∘ to provide help, to assist ◇ assister, aider ＊ 8545.

博 bó +3402 十甫寸 | 1° rich, ample, spacious 2° win, gain 3° universal learning ◇ 1° riche, ample, vaste 2° gain 3° grande connaissance [Etym] 十 560 (rad: 024a 2-10), 尃 1915 [Graph] 413a 858n 332b.

博爱 bó ài ∘ universal love ◇ amour universel ＊ 712.

博物馆 bó wù guǎn ∘ museum ◇ musée ＊ 3468 1869.

博览会 bó lǎn huì ∘ (international) fair, exhibition ◇ foire (internationale), exposition ＊ 3497 1382.

博士 bó shì ∘ doctor (Ph. D) ◇ docteur ＊ 4993.

博学 bó xué ∘ learned, erudite ◇ érudit, savant ＊ 7854.

干 gān (564) 干	[Tra] pestle, oppose ◇ pilon, attaquer [Etym] tree-stem used as a pestle (prim) ◇ une branche d'arbre utilisée comme pilon (prim) [Graph] 413b [Ref] k7, k802, r14i, r222, w102h, wa168 [Hanzi] han2 han4 汗 159, gan1 竿 775, han4 釬 1158, jie2 讦 1720, han4 扞 2415, kan4 衎 3131, gan1 gan4 干 3403, kan1 刊 3404, han2 邗 3405, han1 顸 3406, han1 頇 3407, ping2 平 3426, nian2 年 3476, gan1 gan3 杆 4157, nian2 秊 4521, gan3 秆 4522, xing4 幸 4795, gan3 赶 4842, gan1 玕 5098, an4 han1 犴 5612, jian1 奸 5746, xuan1 轩 6342, jian1 歼 6424, an4 岸 7557, han3 罕 7688, han4 闬 8011, gan1 肝 8111, gan4 骭 8576, han4 閈 8758, jie2 訐 9502, gan1 矸 9668, han4 旱 9864, gan4 旰 9865, han1 鼾 10163, xuan1 軒 10682, gan1 酐 10862 [Rad] 051a.

干 gān +3403 干 | 乾 4°5°6° +10015 | 1° shield, stem 2° to offend 3° to have to do with 4° dry 5° dried food 6° empty ◇ 1° bouclier, tige 2° offenser 3° être en relation avec 4° sec 5° aliment séché 6° vide [Etym] 干 564 (rad: 051a 3-00), [Graph] 413b.

干净 gān jìng ∘ clean, tidy ◇ propre, net ＊ 36.

干涉 gān shè ∘ to interfere; to meddle ◇ se mêler; intervenir; s'immiscer ＊ 240.

干燥 gān zào ∘ dry, parched ◇ sec, échauffé; fade, insipide ＊ 1042.

干饭 gān fàn ∘ Chinese cooked rice ◇ riz cuit à la chinoise ＊ 1861.

干杯 gān bēi ∘ to propose a toast; to drink a toast ◇ porter un toast; vider le verre ＊ 4179.

干脆 gān cuì ∘ brisk, lively ◇ vif, alerte; franchement, carrément ＊ 8166.

干巴巴 gān bā bā ∘ dull and dry, insipid ◇ desséché ＊ 8730 8730.

干碍 gān ài ∘ to be concerned with; to hinder, to impede ◇ être impliqué dans; empêcher ＊ 9771.

干旱 gān hàn ∘ dry ◇ sec ＊ 9864.

△ gàn | 幹 *10007 、榦 2° *10009 | 1° trunk 2° main part 3° cadre 4° to do, to work 5° to fight 6° capable, able ◇ 1° tronc 2° partie principale 3° cadre (administratif) 4° faire, agir 5° combattre 6° talent, capable.

干部 gàn bù ∘ official, civil servant ◇ fonctionnaire; 'cadre' ＊ 660.

干劲 gàn jìn。drive; enthusiasm ◇ ardeur (au travail), entrain ✱ 6496.

干嘛 gàn ma。why? what for? ◇ pourquoi? pourquoi faire? ✱ 9057.

刊 kān +3404 干刂 | 1° to print, to publish 2° periodical 3° to carve, to cut, to engrave 4° to correct ◇ 1° publier 2° périodique 3° tailler, graver, couper 4° correction [Etym] 刂 470 (rad: 018b 2-03), 干 564 [Graph] 413b 333b.

刊物 kān wù。periodicals ◇ périodique, revue; imprimé, publication ✱ 3468.

刊载 kān zǎi。to publish (in a newspaper) ◇ publier, insérer dans une publication ✱ 5539.

刊登 kān dēng。to publish in a newspaper ◇ publier, insérer dans une publication ✱ 6456.

幵 qiān (565) 干干 | [Tra] even ◇ égal [Etym] two scales in equilibrium (prim) ◇ deux plateaux de balance en équilibre (prim) [Graph] 413b 413b [Ref] r348, r349, w102h, wi274, wi512 [Hanzi] yan2 妍 5747, yan2 研 9669.

邗 hán +3405 干阝 | place in Jiangsu ◇ lieu du Jiangsu [Etym] 阝 1316 (rad: 163b 2-03), 干 564 [Graph] 413b 634j.

顸 hān -3406 干页 | 頇 *3407 | 1° bald 2° slow, apathetic 3° thick 4° stupid ◇ 1° chauve 2° lenteur, apathie 3° épais 4° idiot [Etym] 页 1802 (rad: 181s 6-03), 干 564 [Graph] 413b 854d.

頇 hān *3407 干頁 | 顸 -3406 | 1° bald 2° slow, apathetic 3° thick 4° stupid ◇ 1° chauve 2° lenteur, apathie 3° épais 4° idiot [Etym] 頁 2267 (rad: 181a 9-03), 干 564 [Graph] 413b 023f.

𢆉 rěn (566) 𢆉 | [Tra] relaps ◇ récidive [Etym] many attacks (top 2 strokes) with a pestle (> 干 564, 屰 1644) ◇ attaques répétées (haut:2 traits) avec pilon (> 干 564, 屰 1644) [Graph] 413c [Ref] ph786, r350, w102h.

辛 xīn (567) 辛 | [Tra] bitter, crime ◇ amer, crime [Etym] pestle (1> 干 564) against someone (two upper strokes), hence torture ◇ un pilon (1> 干 564) contre quelqu'un (deux premiers traits) -> torture [Graph] 413d [Ref] k1279, ph89, r9k, w130a, wa79, wi190, wi527 [Hanzi] xin1 鋅 1159, xin1 锌 1942, xin1 辛 3408, bian4 辩 3409, bian4 辨 3411, bian4 辫 3412, bian4 辮 3413, ban4 办 3414, bian4 辯 3415, shen1 xin1 莘 3642, zi3 梓 4158, zai3 宰 7718, bi4 pi4 辟 8645, xing1 騂 11037, xing1 骍 11099 [Rad] 160a.

辡 biàn (568) 辛辛 | [Tra] to distinguish ◇ distinguer [Etym] reduction of (辨 569) ◇ réduction de (辨 569) [Graph] 413d [Ref] k1076, ph16, r3m, r42i, w24d, wa193, wi59 [Hanzi] bian4 辩 3409, ban4 瓣 3410, bian4 辨 3411, bian4 辫 3412, bian4 辮 3413, ban4 办 3414, bian4 辯 3415.

辛 xīn +3408 辛 | 1° bitter, hot (taste) 2° toilsome, laborious 3° sad 4° cyclical character: the 8th of the ten Heavenly Stems 5° surname ◇ 1° âcre, épicé 2° pénible, labeur 3° peine, triste 4° le 8ème des dix Rameaux Célestes 5° nom de famille [Etym] 辛 567 (rad: 160a 7-00), [Graph] 413d.

辛劳 xīn láo。To toil; pains ◇ laborieux, fatigué, dur ✱ 3836.

辛苦 xīn kǔ。to toil, to work hard, painful ◇ pénible, se donner de la peine, travailler fort ✱ 3946.

辛勤 xīn qín。hardworking ◇ travailler, laborieux ✱ 5405.

辩 biàn -3409 辛讠辛 | 辯 *3415 | 1° to debate 2° to contradict ◇ 1° discuter 2° répliquer [Etym] 辛 567 (rad: 160a 7-09), 辡 568 讠 354 [Graph] 413d 311b 413d.

辩论 biàn lùn。to discuss ◇ discuter, débattre ✱ 1701.

辩护 biàn hù。to plead in favor of someone; to defend ◇ plaider; défendre ✱ 2651.

辩白 biàn bái。to offer an explanation; to try to defend oneself ◇ se justifier; se défendre ✱ 9973.

辩驳 biàn bó。to refute; to dispute ◇ réfuter; répliquer ✱ 11093.

瓣 bàn +3410 辛瓜辛 | 1° petals, carpels 2° slice (as of a melon), lobe 3° fragment ◇ 1° pétales 2° tranche (melon), lobe 3° fragment [Etym] 瓜 382 (rad: 097a 5-14), 辡 568 [Graph] 413d 313a 413d.

辨 biàn (569) 辛刂辛 | [Tra] to distinguish ◇ distinguer [Etym] criminals (1,3= 辛 567) impeaching (2< 刂 470) each other ◇ criminels (1,3= 辛 567) en train d'attaquer (2< 刂 470) [Graph] 413d 333b 413d [Ref] k439, w103c [Hanzi] bian4 辨 3411.

辨 biàn +3411 辛刂辛 | to cut asunder, to distinguish ◇ séparer, discerner [Etym] 辛 567 (rad: 160a 7-09), 辨 569 [Graph] 413d 333b 413d.

辨认 biàn rèn。to recognize, to identify ◇ reconnaître; identifier ✱ 1697.

辨别 biàn bié。to distinguish, to discriminate ◇ distinguer, discerner ✱ 9073.

辨明 biàn míng。to clarify; to distinguish ◇ clarifier une question; distinguer ✱ 9933.

辫 biàn -3412 辛纟辛 | 辮 *3413 | 1° to plait, to braid 2° braid (garlic, herbs) 3° weakness ◇ 1° queue, tresse 2° botte, gerbe, bouquet (foin, ail) 2° faiblesses, défauts [Etym] 辛 567 (rad: 160a 7-10), 辡 568 纟 1164 [Graph] 413d 613b 413d.

辫子 biàn zǐ。braid ◇ natte ✱ 6546.

辮 biàn *3413 辛糸辛 | 辫 -3412 | 1° to plait, to braid 2° braid (garlic, herbs) 3° weakness ◇ 1° queue, tresse 2° botte, gerbe, bouquet (foin, ail) 2° faiblesses, défauts [Etym] 辛 567

十 干 𢆉 辛

(rad: 160a 7-13), 辡 568 系 1185 [Graph] 413d 613d 413d.

辦 bàn *3414 |办 -7271| 1° to do, to handle 2° to set up, to run 3° to prepare 4° to punish (by law) ◇ 1° établir, faire marcher 2° faire, manipuler 3° préparer 4° punir (en loi) [Etym] 辛 567 (rad: 160a 7-09), 辡 568 力 1489 [Graph] 413d 732f 413d.

辯 biàn *3415 |辩 -3409| 1° to debate 2° to contradict ◇ 1° discuter 2° répliquer [Etym] 辛 567 (rad: 160a 7-14), 辡 568 言 2139 [Graph] 413d 012d 413d.

辣 là +3416 辛束 |1° peppery, hot 2° acrid, biting, to sting 3° crual, vicious ◇ 1° très épicé, pimenté 2° âcre, piquant 3° cruel, vicious [Etym] 辛 567 (rad: 160a 7-07), 束 2296 [Graph] 413d 032g.

辣手 là shǒu 。 thorny, difficult; vicious device ◇ épineux; difficile; procédé cruel ✱ 2748.

辣椒 là jiāo 。 sweet pepper ◇ poivron; piment ✱ 4203.

午 wǔ (570) 午 |[Tra] pestle; noon ◇ pilon; midi [Etym] battering ram (prim) ◇ un pilon (prim) [Graph] 413e [Hanzi] xu3 许 1721, wu3 仵 2852, wu3 忤 3238, wu3 午 3417, wu3 迕 3418, chu3 杵 4159, xu3 許 9503.

午 wǔ +3417 午 |1° noon, midday 2° cyclical character: the seventh of the 12 Earthly Branches ◇ 1° midi 2° caractère cyclique: le septième des 12 Rameaux Terrestres [Etym] 十 560 (rad: 024a 2-02), 午 570 [Graph] 413e.

午饭 wǔ fàn 。 lunch ◇ déjeuner ✱ 1861.

午夜 wǔ yè 。 midnight ◇ minuit ✱ 3101.

午后 wǔ hòu 。 afternoon ◇ après-midi ✱ 7199.

午安 wǔ ān 。 good afternoon ◇ bonne après-midi ✱ 7748.

午睡 wǔ shuì 。 afternoon nap ◇ sieste, faire la sieste ✱ 10054.

迕 wǔ +3418 午辶 |1° to meet 2° opposition, conflict, contrary 3° to violate ◇ 1° rencontrer 2° opposition, conflit, contraire 3° violer [Etym] 辶 1346 (rad: 162b 3-04), 午 570 [Graph] 413e 634o.

千 qiān (571) 千 |[Tra] thousand ◇ mille [Etym] ten (> 十 560) divisions of soldiers (men=upper stroke> 人 170) ◇ dix (> 十 560) divisions de soldats (hommes=trait supér.> 人 170) [Graph] 413f [Ref] k1156, ph421, r9i, w102a [Hanzi] qian1 釬 1160, qian1 钎 1943, qian1 扦 2416, qian1 仟 2853, chan4 忏 3239, qian1 千 3419, guai1 乖 3420, qian1 迁 3421, qian1 芊 3643, qian4 xian1 纤 5965, qian1 阡 6737, qian1 瓩 11242.

千 qiān +3419 千 |韆 3° *5398| 1° thousand 2° a great number of, lots and lots 3° swing ◇ 1° mille 2° un grand nombre de, des milliers 3° élan [Etym] 十 560 (rad: 024a 2-01), 千 571 [Graph] 413f.

千辛万苦 qiān xīn wàn kǔ 。 innumerable hardships ◇ subir des peines et souffrances énormes ✱ 3408 7923 3946.

千万 qiān wàn 。 ten million; absolutely ◇ dix millions; absolument, nécessairement ✱ 7923.

千方百计 qiān fāng bǎi jì 。 in a thousand and one ways ◇ par tous les moyens ✱ 7928 10000 1719.

千瓩 qiān qiān 。 kilowatt ◇ kilowatt ✱ 11242.

乖 guāi (572) 千扌匕 |[Tra] odd, curious ◇ étrange [Etym] man from the back, with ribs (prim); hence, strange ◇ vue d'un homme de dos, de ses côtes (prim); d'où étrange. [Graph] 413f 412b 321b [Ref] k1014, ph84, r9c, w98b, wa122, wi117 [Hanzi] guai1 乖 3420.

乖 guāi +3420 千扌匕 |1° well-behaved (child) 2° clever 3° perverse, odd, strange ◇ 1° sage (enfant) 2° malin 3° pervers, contrariant, étrange [Etym] 丿 74 (rad: 004a 1-07), 乖 572 [Graph] 413f 412b 321b.

迁 qiān (573) 千辶 |[Tra] be promoted; to move ◇ promotion; changer [Etym] to move (2= 辶 1346); phon (1= 千 571) ◇ bouger (2= 辶 1346); phon (1= 千 571) [Graph] 413f 634o [Ref] k1135, ph485, w164d, wa105, wi946 [Hanzi] qian1 迁 3421, xian1 跹 9316.

迁 qiān +3421 千辶 |遷 *10811| 1° to move 2° to change 3° to advance, to be promoted ◇ 1° se déplacer, transférer 2° changer 3° avancer, être promu [Etym] 辶 1346 (rad: 162b 3-03), 千 571 [Graph] 413f 634o.

迁移 qiān yí 。 to move, to remove; to migrate ◇ déplacer, enlever, migrer ✱ 4541.

迁居 qiān jū 。 to move (house) ◇ déménager ✱ 8661.

臿 chá (574) 千臼 |[Tra] to hull grain ◇ décortiquer le grain [Etym] pestle (top< 午 570) in the mortar (bottom< 臼 1587) ◇ un pilon (< 午 570) dans le mortier (bas< 臼 1587) [Graph] 413f 835d [Ref] k743, ph151, r5a, r5g, w58f, wa43, wi268 [Hanzi] cha1 鍤 1161, cha1 锸 1944, cha1 插 2417, cha1 臿 3422, sha4 歃 3423, zha2 牐 11008.

臿 chā *3422 千臼 |锸 -1944 、鍤 *1161| 1° cymbal 2° spade ◇ 1° cymbale 2° bêche [Etym] 臼 1587 (rad: 134a 6-03), 臿 574 [Graph] 413f 835d.

歃 shà +3423 千臼欠 |1° to suck, to drink 2° to anoint one's lips with blood 3° oath ◇ 1° sucer, boire 2° oindre ses lèvres de sang 3° serment [Etym] 欠 178 (rad: 076a 4-09), 臿 574 [Graph] 413f 835d 232b.

斗 dǒu (575) 斗 | [Tra] peck, measure ◇ boisseau [Etym] a graduated measure (prim) ◇ un instrument de mesure gradué (prim) [Graph] 413g [Ref] h458c, rlj, r12a, wi996 [Hanzi] dou3 斜 1162, dou3 钭 1945, dou3 抖 2418, dou3 dou4 斗 3424, dou3 料 4160, ke1 科 4523, dou3 阧 6738, dou4 鬪 7469, hu4 戽 8686, jiao4 叫 8928, dou3 蚪 10223, kui2 魁 10740 [Rad] 068a.

斗 dǒu +3424 斗 | 1° peck measure 2° object shaped like a cup or dipper ◇ 1° boisseau 2° divers vases, récipients [Etym] 斗 575 (rad: 068a 4-00), [Graph] 413g.

△ dòu | 鬥 *7468 、鬭 *7473 、鬪 *7469 | 1° fight, to struggle against 2° to contest with ◇ 1° lutter contre 2° rivaliser avec.

斗志 dòu zhì ∘ fighting will ◇ esprit combatif ✱ 4994.

斗争 dòu zhēng ∘ to fight, to struggle against ◇ lutter contre, contester, combattre ✱ 7410.

段 duàn (576) 阝几又 | [Tra] section ◇ morceau [Etym] {1} to beat (2,3= 殳 2519) and cut in four parts a line (1=prim); {2} to extract (1,2= 凡 2522) ore (1=prim) ◇ {1} un bâton (2,3= 殳 2519) pour couper une ligne en quatre (1=prim); {2} extraire (2,3= 殳 2519) du minerai (1=prim) [Graph] 413h Z33a 633a [Ref] k211, ph248, r25, r220, w103a, wa53, wi253 [Hanzi] duan4 煅 965, duan4 鍛 1163, duan4 锻 1946, duan4 段 3425, duan4 椴 4161, duan4 塅 4805, duan4 缎 5966, duan4 緞 6139.

段 duàn +3425 阝几又 | 1° section, part, piece 2° paragraph 3° surname ◇ 1° article, pièce, morceau, section 2° paragraphe 4° nom de famille [Etym] 殳 2519 (rad: 079a 4-05), 段 576 [Graph] 413h Z33a 633a.

段落 duàn luò ∘ paragraph; stage ◇ paragraphe; étape; partie, morceau ✱ 3523.

平 píng (577) 平 | [Tra] regular, flat ◇ ordinaire, plat [Etym] {1} a kind of balance (prim); {2} duckweed (prim) ◇ {1} une sorte de balance (prim); {2} une lentille d'eau (prim) [Graph] 413j [Ref] w103b [Hanzi] ping2 评 1722, peng1 抨 2419, beng1 怦 2854, peng1 怦 3240, ping2 平 3426, ping2 苹 3644, ping2 枰 4162, cheng4 秤 4524, ping2 坪 4806, ping2 評 9504, peng1 砰 9670, ping2 鲆 10476, ping2 鮃 10570.

平 píng +3426 平 | 1° flat, level, even 2° to equal, to tie, to draw 3° impartial 4° peaceful, quiet 5° to suppress 6° common 7° scales, to weigh 8° surname ◇ 1° plat, uni, uniforme 2° égal, égaliser, régler 3° impartial 4° paisible, vivre en paix avec, apaiser 5° supprimer, abaisser 6° ordinaire 7° peser avec une balance, balance 8° nom propre [Etym] 干 564 (rad: 051a 3-02), 平 577 [Graph] 413j.

平等 píng děng ∘ equality; equal ◇ égalité; égal ✱ 792.

平衡 píng héng ∘ balance, equilibrium ◇ équilibré, équilibre, être en équilibre ✱ 3178.

平均 píng jūn ∘ equally; average, mean ◇ égaliser, égal; moyen ✱ 4915.

平静 píng jìng ∘ calm, peaceful, quiet ◇ paisible, calme, tranquille ✱ 5276.

平原 píng yuán ∘ plain ◇ plaine ✱ 6869.

平分 píng fēn ∘ to share, to divide equally ◇ partager, diviser en parties égales ✱ 7245.

平安 píng ān ∘ safe and sound, peaceful, quiet ◇ en sécurité, paisible, calme ✱ 7748.

平常 píng cháng ∘ usual, regular ◇ habituel, ordinaire ✱ 7870.

平方米 píng fāng mǐ ∘ square meter ◇ mètre carré ✱ 7928 4597.

平方公里 píng fāng gōng lǐ ∘ square kilometer ◇ kilomètre carré ✱ 7928 5928 10761.

平房 píng fáng ∘ single-story house ◇ maison sans étages ✱ 8693.

平时 píng shí ∘ normally; in peacetime ◇ en temps ordinaire, ordinairement; temps de paix ✱ 9861.

平白 píng bái ∘ for no reason; gratuitously ◇ sans motif; gratuitement ✱ 9973.

平面 píng miàn ∘ plane ◇ plan ✱ 10929.

平凡 píng fán ∘ ordinary, common ◇ ordinaire, simple ✱ 11211.

扌 414

扌 shǒu (578) 扌 | [Tra] hand ◇ main [Etym] hands in (舉 1601) (> 奉 317, 举 101) ◇ mains dans (舉 1601) (> 奉 317, 举 101) [Graph] 414a [Ref] r21f [Hanzi] ju3 举 684, ju3 舉 7454.

羊 yáng (579) 羊 | [Tra] sheep, good feelings ◇ mouton, bonté [Etym] sheep (prim): head with horns (top) and goatee (bottom) ◇ un mouton (prim): tête avec cornes (haut) et barbiche (bas) [Graph] 414b [Ref] k687, r4e, w48e, wi188 [Hanzi] yang2 洋 160, yang2 yang4 烊 966, xiang2 详 1723, xiang2 祥 2256, yang2 yang2 佯 2855, yang2 徉 3132, yang2 羊 3427, xiang2 翔 3436, gu3 羖 3441, yang4 样 4163, yang2 垟 4807, xian4 羡 5213, xiang2 祥 6573, xiang2 庠 6895, yang3 痒 7039, jie3 jie4 解 8363, mie1 咩 8929, xiang2 詳 9505, yang2 蛘 10224, xian1 xian3 鲜 10477, xian1 xian3 鮮 10571, zang1 牂 10992, yang3 氧 11173 [Rad] 123a.

羊 yáng +3427 羊 | 1° sheep, goat, ewe, ram, lamb 2° to bleat 3° surname ◇ 1° mouton, chèvre, mouflon, gazelle, agneau 2° bêler 3° nom de famille [Etym] 羊 579 (rad: 123a 6-00), [Graph] 414b.

羊毛 yáng máo ∘ sheep's wool ◇ laine ✱ 2182.

羊羔 yáng gāo ∘ lamb ◇ agneau ✱ 5215.

十 扌 斗 阝 平 • 扌 羊

羊肉 yáng ròu 。lamb ◇ viande de mouton ✱ 8501.

羚 líng -3428 | 羚 *3429 | mufflon, antelope ◇ mouflon, gazelle, antilope [Etym] 羊 579 (rad: 123a 6-05), 令 208 [Graph] 414b 233a 632b.

羚 líng *3429 | 羚 -3428 | mufflon, antelope ◇ mouflon, gazelle, antilope [Etym] 羊 579 (rad: 123a 6-05), 令 211 [Graph] 414b 233a ac:a 734a.

羴 shān (580) | [Tra] flock of sheep ◇ troupeau [Etym] three sheeps (1,2,3= 羊 579) ◇ trois moutons (1,2,3= 羊 579) [Graph] 414b 414b 414b [Ref] h1792, k693, r21f [Hanzi] chan4 羼 8624.

羝 dī +3430 | ram, buck ◇ bouc [Etym] 羊 579 (rad: 123a 6-05), 氐 1055 [Graph] 414b 511d.

羢 róng *3431 | 绒 -5992 、絨 *6163 、毧 *2187 | 1° fine hair, down 2° flannel, velvet, corduroy 3° fine floss for embroidery ◇ 1° poil fin, duvet 2° flanelle, velours, lainage 3° fil de soie à broder [Etym] 羊 579 (rad: 123a 6-06), 戎 1060 [Graph] 414b 512c.

羫 qiǎng *3432 | 羟 -3434 | See ◇ Voir 羟基 qiang3-ji1 3434-5432 [Etym] 羊 579 (rad: 123a 6-07), 巠 1121 [Graph] 414b 611d 431a.

羧 suō +3433 | carboxyl ◇ carboxyl [Etym] 羊 579 (rad: 123a 6-07), 夋 1147 [Graph] 414b 612b 633e.

羟 qiǎng -3434 | 羫 *3432 | [Etym] 羊 579 (rad: 123a 6-05), 圣 1269 [Graph] 414b 632f 431a.

羟基 qiǎng jī 。hydroxyl ◇ hydroxyle ✱ 5432.

羱 yuán +3435 | ibex ◇ chèvre sauvage, ibex [Etym] 羊 579 (rad: 123a 6-10), 原1373 [Graph] 414b 721a 022c 331j.

翔 xiáng +3436 | to soar, to roam about, to hover ◇ voltiger, s'élever (dans les airs) [Etym] 羽 1472 (rad: 124a 6-06), 羊 579 [Graph] 414b 731c 731c.

羰 tāng +3437 | carbonyl (group) ◇ (groupe) carbonyle [Etym] 羊 579 (rad: 123a 6-09), 炭 1614 [Graph] 414b 841b 241a 231b.

羖 gǔ *3438 | 羖 -3441 | ram, male sheep ◇ bélier, bouc [Etym] 羊 579 (rad: 123a 6-05), 古2155 [Graph] 414b 013f.

羯 jié +3439 | 1° gelded ram 2° deer's skin 3° ancient nationality in China ◇ 1° bélier 2° toison 3° peuple ancien en Chine [Etym] 羊 579 (rad: 123a 6-09), 曷 2194 [Graph] 414b 021a 852h 232a 711a.

羶 shān *3440 | 膻 -8250 | smell of mutton ◇ odeur du mouton [Etym] 羊 579 (rad: 123a 6-13), 亶 2460 [Graph] 414b 071b 011a 021a ac:z.

羖 gǔ -3441 | 羖 *3438 | ram, male sheep ◇ bélier, bouc [Etym] 殳 2519 (rad: 079a 4-06), 羊579 [Graph] 414b Z33a 633a.

手 shǒu (581) | [Tra] hand ◇ main [Etym] hand (prim) (also tree fence> 邦 583) ◇ main (prim) (aussi clôture d'arbres> 邦 583) [Graph] 414c [Hanzi] bang1 邦 3443.

拜 bài (582) | [Tra] to salute ◇ saluer [Etym] two hands going down (1,2=prim) {to appoint} ◇ deux mains s'abaissant (1,2=prim) {nommer à un poste} [Graph] 414c 414h [Ref] k673, r23, r90, w132a, wa52, wi50 [Hanzi] pai4 湃 161, bai4 拜 3442, bai5 㗑 8930.

拜 bài +3442 | 1° to revere, to do obeisance 2° to salute 3° to acknowledge somebody as a master 4° to receive ◇ 1° faire la révérence, rendre hommage 2° saluer 3° reconnaître quelqu'un comme maître 4° recevoir [Etym] 手 465 (rad: 064a 4-05), 拜 582 [Graph] 414c 414h.

拜会 bài huì 。to call on ◇ rendre visite ✱ 1382.

拜寿 bài shòu 。birthday congratulations ◇ félicitations d'anniversaire ✱ 1535.

拜访 bài fǎng 。to visit, to call on ◇ visiter, rendre visite ✱ 1801.

拜托 bài tuō 。to ask somebody to do something ◇ prier quelqu'un de faire quelque chose ✱ 2396.

拜把子 bài bǎ zǐ 。to become sworn brothers ◇ frère juré ✱ 2656 6546.

拜望 bài wàng 。to call to pay one's respects ◇ aller chez quelqu'un pour le saluer ✱ 7339.

邦 bāng (583) | [Tra] country ◇ pays [Etym] fence of trees (1=prim) around a city (2= 阝 1316) (> 邦 594) ◇ clôture d'arbres (1=prim) entourant une ville (2= 阝 1316) (> 邦 594) [Graph] 414c 634j [Ref] w43d, wa84 [Hanzi] bang1 邦 3443.

邦 bāng *3443 | 邦 +3483 | state, country ◇ pays, état [Etym] 阝 1316 (rad: 163b 2-04), 邦 583 [Graph] 414c 634j.

掰 bāi (584) | [Tra] to unfasten ◇ détacher [Etym] two hands (1,3= 手 581) to unfasten (2= 分 1480) ◇ deux mains (1,3= 手 581) pour séparer (2= 分 1480) [Graph] 414c 732b 414c [Ref] r17d, w26i [Hanzi] bai1 掰 3444.

掰 bāi -3444 | 擘 +8648 | to break off with the fingers ◇ détacher avec les doigts [Etym] 手 465 (rad: 064a 4-08), 掰 584 [Graph] 414c 732b 414c.

牛 niú (585) | [Tra] ox, cow ◇ boeuf, vache [Etym] ox: head of a cow with horns (prim) ◇ une vache: tête de vache avec ses cornes (prim) [Graph] 414d [Hanzi] jian4 件 2856, niu2 牛 3445, qian1 牽6309, xi1 犀 8621, hong1 吽 8931 [Rad] 093a.

牛 niú +3445 | 1° ox, bull, cow, cattle 2° surname ◇ 1° boeuf, vache, race bovine 2° nom propre [Etym] 牛 585 (rad: 093a 4-00), [Graph] 414d.

牛蒡 niú bàng ∘ great burdock ◇ bardane, glouteron ✱ 3858.

牛奶 niú nǎi ∘ cow milk ◇ lait de vache ✱ 5794.

牛皮 niú pí ∘ ox leather; bragging ◇ cuir de boeuf; vantardise ✱ 7184.

牛腩 niú nǎn ∘ sirloin, tenderloin ◇ bifteck d'aloyau, filet ✱ 8204.

牛肉 niú ròu ∘ beef ◇ viande de boeuf ✱ 8501.

牷 quán +3446 牛亼王 | 1° fat unblemished victim 2° sacrificial ox ◇ 1° victime parfaite 2° boeuf pour le sacrifice [Etym] 牛 585 (rad: 093a 4-06), 全 195 [Graph] 414d 233a 432e.

犄 jī +3447 牛大丂口 | [Etym] 牛 585 (rad: 093a 4-08), 奇 261 [Graph] 414d 242a 331c 011a.

犄角 jī jiǎo ∘ 1° corner; 2° horn ◇ 1° coin; 2° corne ✱ 8359.

犊 dú -3448 牛卖 | 犢 *3457 | calf ◇ veau [Etym] 牛 585 (rad: 093a 4-08), 卖 294 [Graph] 414d 242h.

牧 mù (586) 牛攵 | [Tra] to rule ◇ gouverner [Etym] shepherd, rod in hand (2= 攵 340), and cattle (1= 牛 585) ◇ un berger, bâton à la main (2= 攵 340), et son troupeau (1= 牛 585) [Graph] 414d 243c [Ref] r90, w101a, wi964 [Hanzi] mu4 牧 3449.

牧 mù +3449 牛攵 | 1° to herd, to tend, to pasture, shepherd 2° to superintend, ruler 3° teacher ◇ 1° pasteur, faire paître 2° gouverner, mandarin 3° maître, enseignant [Etym] 牛 585 (rad: 093a 4-04), 牧 586 [Graph] 414d 243c.

牧区 mù qū ∘ pasture land ◇ région de pâturage, pacage ✱ 7305.

牧民 mù mín ∘ herdsman ◇ pasteur, pâtre ✱ 8712.

牝 pìn (587) 牛匕 | [Tra] female (animal) ◇ femelle animale [Etym] counterpart, man upside down (2> 北 545), of ox (1= 牛 585) ◇ la contrepartie du taureau (1= 牛 585), soit un homme renversé (2> 北 545) [Graph] 414d 321b [Ref] k669, r3n, w24d, wa181, wi110 [Hanzi] pin4 牝 3450.

牝 pìn +3450 牛匕 | 1° female (beast) 2° cow ◇ 1° femelle (quadrupède) 2° vache [Etym] 牛585 (rad: 093a 4-02), 牝 587 [Graph] 414d 321b.

牦 máo +3451 牛毛 | 犛 *4664 | [Etym] 牛 585 (rad: 093a 4-04), 毛 403 [Graph] 414d 321g.

牦牛 máo niú ∘ wild yak ◇ yak tibétain ✱ 3445.

牻 máng +3452 牛尤彡 | black and white-haired ox ◇ taureau aux poils noirs et blancs [Etym] 牛 585 (rad: 093a 4-07), 尨 416 [Graph] 414d 323c 211c.

犇 bēn (588) 牛牛牛 | [Tra] to run ◇ courir [Etym] three sheep (1,2,3= 牛 585) ◇ trois moutons (1,2,3= 牛 585) [Graph] 414d 414d 414d [Ref] h195, k689, ph144, r11g, w18d, wa86, wi118, wi744 [Hanzi] ben1 犇 3453.

犇 bēn *3453 牛牛牛 | 奔 +1548 | 1° to run 2° to rush ◇ 1° aller 2° courir [Etym] 牛 585 (rad: 093a 4-08), 犇 588 [Graph] 414d 414d 414d.

犇 māng *3454 牛艹犬廾 | 牤 -3463 | bull ◇ taureau [Etym] 牛 585 (rad: 093a 4-10), 莽 622 [Graph] 414d 415c 242i 416e.

牡 mǔ +3455 牛土 | male of quadrupeds, birds, plants ◇ mâle de certains quadrupèdes, oiseaux et plantes [Etym] 牛 585 (rad: 093a 4-03), 土 826 [Graph] 414d 432a.

牡丹 mǔ dān ∘ peony ◇ pivoine ✱ 8055.

牡蛎 mǔ lì ∘ oyster ◇ huître ✱ 10276.

特 tè +3456 牛土寸 | 1° special, particular 2° specially, on purpose 3° spy, secret agent 4° very 5° but 6° only ◇ 1° spécial, particulier, exceptionnel, extraordinaire 2° exprès, délibérément 3° espion, agent secret 4° très 5° mais 6° seulement [Etym] 牛 585 (rad: 093a 4-06), 寺 830 [Graph] 414d 432a 332b.

特等 tè děng ∘ top grade ◇ de qualité extra, catégorie spéciale, à part ✱ 792.

特长 tè cháng ∘ specialty; the strong point ◇ spécialité, le fort (de qqn) ✱ 2139.

特使 tè shǐ ∘ special envoy ◇ envoyé spécial (gouvernemental) ✱ 3061.

特征 tè zhēng ∘ characteristic, feature ◇ caractéristique, particularité ✱ 3142.

特权 tè quán ∘ privilege ◇ privilège ✱ 4277.

特赦 tè shè ∘ special amnesty ◇ amnistie ✱ 4783.

特地 tè dì ∘ deliberately, specially ◇ exprès, à dessein, intentionnellement ✱ 4903.

特殊 tè shū ∘ particular, special ◇ particulier, spécial ✱ 6427.

特务 tè wù ∘ secret service, secret agent ◇ agent secret, espion; service spécial (armée) ✱ 6533.

特产 tè chǎn ∘ specialty; special local product ◇ spécialité, produit spécial régional ✱ 6991.

特出 tè chū ∘ outstanding, extraordinary ◇ éminent, exceptionnel, extraordinaire ✱ 7657.

特别 tè bié ∘ special, particular; specially, particularly ◇ spécial, exceptionnel, particulier, peu commun ✱ 9073.

特点 tè diǎn ∘ specialty, particularity ◇ particularité, caractéristique ✱ 9799.

特邀 tè yāo ∘ to specially invite ◇ inviter spécialement ✱ 9992.

犢 dú *3457 牛士罒貝 | 犊 -3448 | calf ◇ veau [Etym] 牛 585 (rad: 093a 4-15), 賣 886 [Graph] 414d 432b 051a 023b.

犧 xī *3458 牛羊我丂 | 牺 -3474 | 1° beast for sacrifice 2° sacrifice ◇ 1° victimes animales 2° sacrifice, sacrifier [Etym] 牛 585 (rad: 093a 4-16), 羲 923 [Graph] 414d 432g 512g Z21b.

牲 shēng +3459 牛生 | 1° domestic animal, draught animals 2° animal sacrifice ◇

1° animal domestique, bêtes de trait 2° offrandes animales [Etym] 牛 585 (rad: 093a 4-05), 生 951 [Graph] 414d 433b.

牲畜 shēng chù ∘ domestic animals; livestock ◇ animal domestique, bétail ✱ 6310.

牲口 shēng kǒu ∘ cattle ◇ bétail, gros bétail (vache, cheval, âne) ✱ 8842.

牴 dǐ *3460 牛氏 | See ◇ Voir 抵 2481 [Etym] 牛 585 (rad: 093a 4-05), 氐 1055 [Graph] 414d 511d.

牣 rèn +3461 牛刃 | 牣 *3461 | to stuff, filled with ◇ plein, remplir [Etym] 牛 585 (rad: 093a 4-03), 刃 1483 [Graph] 414d 732c.

牠 tā *3462 牛也 | 它 +7698 | 1° it, that 2° another ◇ 1° il, elle, lui (animal ou de chose) 2° autre [Etym] 牛 585 (rad: 093a 4-03), 也 1502 [Graph] 414d 733c.

牤 māng -3463 牛亡 | 㹊 *3454 | bull ◇ taureau [Etym] 牛 585 (rad: 093a 4-03), 亡 1533 [Graph] 414d 811f.

牾 wǔ +3464 牛五口 | 1° wild ox 2° to butt, to gore 3° to oppose, conflict ◇ 1° boeuf sauvage 2° buter, frapper de la corne 3° opposer, conflit [Etym] 牛 585 (rad: 093a 4-07), 吾 1549 [Graph] 414d 822b 011a.

犍 jiān +3465 牛聿廴 | 1° gelded bull, bullock 2° monster ◇ 1° boeuf châtré 2° monstre [Etym] 牛 585 (rad: 093a 4-08), 建 1570 [Graph] 414d 833e 634n.

△ qián | 1° gelded bull 2° place in Sichuan ◇ 1° veau châtré 2° lieu du Sichuan.

犗 jiè +3466 牛宀丰口 | to geld a bull ◇ boeuf castré [Etym] 牛 585 (rad: 093a 4-10), 害 1681 [Graph] 414d 851c 414g 011a.

牸 zì +3467 牛宀子 | female cattle ◇ bétail femelle [Etym] 牛 585 (rad: 093a 4-06), 字 1702 [Graph] 414d 851c 634d.

> 物 wù (589) 牛勿 | [Tra] thing ◇ chose [Etym] ox (1= 牛 585) as antique best goods; phon (勿 1765) ◇ boeuf (1= 牛 585) comme objet de valeur; phon (2= 勿 1765) [Graph] 414d 852e [Ref] k30, r195, w97a, wa76 [Hanzi] wu4 物 3468.

物 wù +3468 牛勿 | 1° thing, matter 2° other people 3° content, substance 4° being ◇ 1° chose, matière, objet, affaire 2° les autres 3° contenu, substance 4° être [Etym] 牛 585 (rad: 093a 4-04), 物 589 [Graph] 414d 852e.

物资 wù zī ∘ goods and materials ◇ matériel, ressources ✱ 11.

物价 wù jià ∘ (commodity) prices ◇ prix (des marchandises) ✱ 2788.

物件 wù jiàn ∘ thing, object ◇ chose, objet ✱ 2856.

物体 wù tǐ ∘ body, substance, object ◇ corps, substance, objet, matière ✱ 2872.

物理 wù lǐ ∘ physics ◇ la physique ✱ 5204.

物产 wù chǎn ∘ products, produce ◇ produits, productions ✱ 6991.

物质 wù zhì ∘ matter ◇ matière, substance; matériel ✱ 7194.

觕 cū *3469 牛角 | 粗 +4638 、麤 *6953 、麁 *7001 | 1° rough, rude, vulgar 2° thick ◇ 1° grossier 2° épais [Etym] 牛 585 (rad: 093a 4-07), 角 1883 [Graph] 414d 8571.

犋 jù +3470 牛具 | for animal team, two heads per team ◇ attelage d'animaux [Etym] 牛 585 (rad: 093a 4-08), 具 1932 [Graph] 414d 921c.

犏 piān +3471 牛户冊 | [Etym] 牛 585 (rad: 093a 4-09), 扁 1989 [Graph] 414d 931e 856j.

犏牛 piān niú ∘ domestic yak ◇ yak domestique ✱ 3445.

犒 kào +3472 牛亠冋口 | 1° to regale, to reward 2° tip ◇ 1° régaler, récompenser 2° pourboire [Etym] 牛 585 (rad: 093a 4-10), 高 2138 [Graph] 414d 012c 856k 011a.

牯 gǔ +3473 牛古 | bull ◇ taureau [Etym] 牛 585 (rad: 093a 4-05), 古 2155 [Graph] 414d 013f.

牺 xī -3474 牛西 | 犧 *3458 | 1° beast for sacrifice 2° sacrifice ◇ 1° victimes animales 2° sacrifice, sacrifier [Etym] 牛 585 (rad: 093a 4-06), 西 2427 [Graph] 414d 062b.

牺牲 xī shēng ∘ to lay down one's life ◇ faire don de sa vie, sacrifice, donner sa vie ✱ 3459.

牺牲品 xī shēng pǐn ∘ victim ◇ victime ✱ 3459 9179.

牳 mǔ +3475 牛母 | ox ◇ boeuf [Etym] 牛 585 (rad: 093a 4-05), 母 2564 [Graph] 414d Z61a.

> 年 nián (590) 年 | [Tra] year ◇ année [Etym] {1} thousand (> 千 571) and grain (> 禾 760) combined (prim); {2} dancer (bottom < 舞 1044) covered with ears of corn (top < 禾 760) for harvest feast ◇ {1} mille (> 千 571) grains (> 禾 760) combinés (prim); {2} un danseur (bas < 舞 1044) couvert d'épis (haut < 禾 760) fêtant la récolte (prim) [Graph] 414e [Ref] k829, ph617, w97b [Hanzi] nian2 年 3476.

年 nián +3476 年 | 秊 *4521 | 1° year 2° annual, yearly 3° age 4° New Year 5° period 6° harvest, crops 7° proper noun ◇ 1° année 2° annuel 3° âge 4° Nouvel An 5° période 6° récolte, moisson 7° nom propre [Etym] 干 564 (rad: 051a 3-03), 年 590 [Graph] 414e.

年货 nián huò ∘ purchases for Spring Festival ◇ provisions pour le Nouvel An (chinois) ✱ 2836.

年代 nián dài ∘ age, period, years; decade ◇ période, époque, années; décennie ✱ 2911.

年份 nián fèn ∘ age, time; a particular year ◇ année; ancienneté ✱ 2952.

年青 nián qīng ∘ young ◇ jeune ✱ 5274.

年终 nián zhōng ∘ end of the year ◇ fin de l'année ✱ 6010.

年级 nián jí ∘ grade, year ◇ année (scolaire); classe ✱ 6015.

年纪 nián jì ∘ age ◇ âge ✱ 6094.

年轻 nián qīng ∘ young ◇ jeune * 6352.

年历 nián lì ∘ calendar ◇ calendrier * 6847.

年度 nián dù ∘ year ◇ année * 6919.

年底 nián dǐ ∘ end of the year ◇ fin d'une année * 6929.

年岁 nián suì ∘ age ◇ âge * 7546.

年龄 nián líng ∘ age ◇ âge * 8506.

半 bàn (591) 半 [Tra] half ◇ demi, moitié [Etym] split (< 八 127) of cow (< 牛 585) meat ◇ le partage (< 八 127) de la viande d'une vache (< 牛 585) (prim) [Graph] 414f [Ref] h1792, k693, ph235, r21g, w97a, wi675 [Hanzi] pan4 泮 162, ban4 拌 2420, ban4 伴 2857, ban4 半 3477, pan4 判 3478, pan4 叛 3479, ban4 柈 4164, ban4 靽 5364, ban4 绊 5967, ban4 絆 6140, pan4 pan4 衶 6627, pan2 pang4 胖 8112, xin4 衅 8557, pan4 畔 10426.

半 bàn +3477 半 1° half 2° in the middle, halfway 3° the least bit, very little 4° partly ◇ 1° demi, moitié 2° à moitié 3° très peu 4° en partie [Etym] 十 560 (rad: 024a 2-03), 半 591 [Graph] 414f.

半天 bàn tiān ∘ half-day; a long time ◇ demi-journée; un long moment * 1573.

半拉 bàn lǎ ∘ half ◇ moitié, demi * 2321.

半夜 bàn yè ∘ midnight ◇ minuit * 3101.

半导体 bàn dǎo tǐ ∘ semiconductor ◇ semi-conducteur * 8728 2872.

半路 bàn lù ∘ halfway ◇ à mi-chemin * 9353.

半百 bàn bǎi ∘ fifty years (age) ◇ cinquante ans (âge) * 10000.

半岛 bàn dǎo ∘ peninsula ◇ péninsule * 11149.

判 pàn +3478 半刂 1° to distinguish, different 2° obviously 3° to judge, to decide 4° to sentence 5° to halve ◇ 1° distinguer, discerner 2° évidemment 3° juger, décider 4° rendre la sentence 5° diviser [Etym] 刂 470 (rad: 018b 2-05), 半 591 [Graph] 414f 333b.

判决 pàn jué ∘ court verdict; judgment ◇ juger; rendre un verdict, un jugement * 34.

判断 pàn duàn ∘ to judge, to determine; judgment ◇ juger, affirmer; jugement * 4628.

判官 pàn guān ∘ judge ◇ juge * 7771.

判罪 pàn zuì ∘ to convict ◇ condamner (juridique) * 10777.

叛 pàn +3479 半厂又 to rebel against, to betray ◇ se révolter contre, trahir [Etym] 又 1271 (rad: 029a 2-07), 半 591 反 1454 [Graph] 414f 722a 633a.

叛变 pàn biàn ∘ to betray ◇ trahir * 2762.

叛徒 pàn tú ∘ traitor, renegade ◇ traître, renégat * 3139.

叛乱 pàn luàn ∘ to rebel; armed rebellion ◇ se rebeller; révolte * 9823.

叛国 pàn guó ∘ to betray one's country ◇ trahir sa patrie * 10952.

丰 fēng (592) 丰 [Tra] plenty, pretty ◇ abondant, beau [Etym] {1} branches in blossom (prim); {2} set soil around roots of a plant (prim) ◇ {1} une branche ramifiée fleurie (prim); {2} enterrer les racines d'une plante (prim) [Graph] 414g [Ref] k334, ph181, r34m, w97d [Hanzi] feng1 沣 163, feng1 丰 3480, bang1 邦 3483, yan4 艳 3492, hua1 xu1 砉 3493, pang4 肨 8113, bang4 beng4 蚌 10225.

丰 fēng +3480 丰 豐 3° *7648 1° abundant, plenty, copious 2° great 3° fine looking 4° surname ◇ 1° abondance, prospérité, copieux, plein 2° grand 3° joli 4° nom propre [Etym] 丨 476 (rad: 002a 1-03), 丰 592 [Graph] 414g.

丰满 fēng mǎn ∘ plentiful; abundant; plump ◇ plein; abondant, dodu, potelé * 176.

丰年 fēng nián ∘ good year; bumper harvest year ◇ année abondante, année féconde * 3476.

丰盛 fēng shèng ∘ rich; sumptuous ◇ abondant ; copieux * 5551.

丰富 fēng fù ∘ abundant, plenty, rich ◇ copieux, riche, abondant * 7776.

丰收 fēng shōu ∘ bumper or good harvest; good results ◇ faire une bonne récolte; avoir de bons résultats * 10987.

彗 huì (593) 丰丰彐 [Tra] broom ◇ balai [Etym] hand (3= 彐 1565) holding a bundle of branches (1,2= 丰 592) ◇ main (3= 彐 1565) tenant un faisceau de branches (1,2= 丰 592) [Graph] 414g 414g 832a [Ref] k335, ph426, r34o, w97d [Hanzi] hui4 篲 776, hui4 彗 3481, hui4 慧 3482, hui4 彗 3645, hui4 槥 4165.

彗 huì +3481 丰丰彐 篲 *776 broom ◇ balai [Etym] 彐 1565 (rad: 058c 3-08), 彗 593 [Graph] 414g 414g 832a.

慧 huì +3482 丰丰彐心 1° intelligent, bright 2° wise, virtuous ◇ 1° intelligence, bon esprit, perspicacité 2° sage, vertueux [Etym] 心 397 (rad: 061a 4-11), 彗 593 [Graph] 414g 414g 832a 321c.

邦 bāng (594) 丰阝 [Tra] country ◇ pays [Etym] fence of trees (1= 丰 592) around a city (2= 阝 1316) (> 邦 583) ◇ une clôture d'arbres (1= 丰 592) entourant une ville (2= 阝 1316) (> 邦 583) [Graph] 414g 634j [Hanzi] bang1 邦 3483, bang1 帮 3484, bang1 梆 4166, bang3 绑 5968, bang3 綁 6141.

邦 bāng +3483 丰阝 邦 *3443 state, country ◇ pays, état [Etym] 阝 1316 (rad: 163b 2-04), 邦 594 [Graph] 414g 634j.

邦交 bāng jiāo。diplomatic relations ◇ relations diplomatiques ✱ 1681.

邦助 bāng zhù。to help ◇ aider ✱ 8545.

帮 bāng +3484 丰阝巾 | 幫 •4820 | 1° to help, to assist 2° side (of a boat, truck) 3° upper part (shoe), outer leaf (cabbage) 4° gang, band, clique ◇ 1° aider, assister 2° côté (d'un bateau, camion) 3° empeigne (chaussure), feuille externe (chou) 4° groupe, bande, clique [Etym] 巾 1886 (rad: 050a 3-06), 邦 594 [Graph] 414g 634j 858a.

帮会 bāng huì。secret society, underworld gang ◇ société secrète, bande opérant clandestinement ✱ 1382.

帮凶 bāng xiōng。accomplice ◇ complice ✱ 1657.

帮手 bāng shǒu。helper, assistant; right-hand man ◇ aide, assistant, bras droit ✱ 2748.

帮忙 bāng máng。to help ◇ aider ✱ 3299.

帮子 bāng zǐ。outer leaves (cabbage); upper (of shoes) ◇ feuilles protectrices externes (choux); le dessus ✱ 6546.

帮助 bāng zhù。to help ◇ aider ✱ 8545.

丯 / 丰

轫 qì (595) 丰刀 | [Tra] deed, agreement ◇ entente, accord [Etym] cut (2= 刀 1477) notches on a stick (1=prim) ◇ des marques sur un bâton (1=prim) avec un couteau (2= 刀 1477) [Graph] 414g 732a [Hanzi] qi4 xie4 契 3485, jia2 㓞 3486, qie4 挈 3487, qi4 栔 3488, jie2 絜 3489, xie2 絜 3490, nie4 齧 3491.

契 qì (596) 丰刀大 | [Tra] deed, agreement ◇ contrat, entente [Etym] title deeds (1,2= 㓞 595) between men (3= 大 257) ◇ un contrat (1,2= 㓞 595) entre hommes (3= 大 257) [Graph] 414g 732a 242a [Ref] k362, w97d, wi747 [Hanzi] qie4 锲 1164, qie4 锲 1947, xi4 禊 2257, xie1 揳 2421, xie4 偰 2858, qi4 xie4 契 3485, qia1 葜 3646, xie1 楔 4167, ya4 猰 5571, ya4 猰 5613, xi4 禊 6574, chi4 zhi4 瘛 7040, chi1 喫 8932.

契 qì +3485 丰刀大 | 栔 •3488 | 1° to engrave, to carve 2° to agree, adopted 3° covenant, contract, deed 4° dedicated to ◇ 1° graver, entailler 2° s'entendre, adoption 3° pacte, contrat 4° consacré à [Etym] 大 257 (rad: 037a 3-06), 契 596 [Graph] 414g 732a 242a.

△ xiè | 偰 •2858 | ancestor of founder of Shang Dynasty ◇ ancêtre du fondateur de la dynastie Shang.

㓞 jiá (597) 丰刀心 | [Tra] careless; indifferent ◇ insouciant; égoïste [Etym] heart (3= 心 397); phon (1,2= 㓞 595) ◇ coeur (3= 心 397); phon (1,2= 㓞 595) [Graph] 414g 732a 321c [Hanzi] jia2 㓞 3486, chi4 瘛 7041.

㓞 jiá +3486 丰刀心 | 1° careless 2° egoistic 3° indifferent ◇ 1° insouciant 2° égoïste 3° indifférent [Etym] 心 397 (rad: 061a 4-06), 㓞 595 [Graph] 414g 732a 321c.

挈 qiè (598) 丰刀手 | [Tra] to take along; help ◇ emmener; secourir [Etym] hand (3= 手 465); phon (1,2= 㓞 595) ◇ main (3= 手 465); phon (1,2= 㓞 595) [Graph] 414g 732a 332g [Hanzi] qie4 挈 3487, jie2 榤 4168.

挈 qiè +3487 丰刀手 | 1° to take along 2° to lift, to raise 3° to help ◇ 1° emmener 2° soulever 3° secourir [Etym] 手 465 (rad: 064a 4-06), 㓞 595 [Graph] 414g 732a 332g.

栔 qì •3488 丰刀木 | 契 +3485 | 1° to engrave, to carve 2° to agree, adopted 3° covenant, contract, deed 4° dedicated to ◇ 1° graver, entailler 2° s'entendre, adoption 3° pacte, contrat 4° consacré à [Etym] 木 723 (rad: 075a 4-06), 㓞 595 [Graph] 414g 732a 422a.

絜 jié +3489 丰刀女 | 1° clean 2° personal name ◇ 1° propreté 2° prénom [Etym] 女 1122 (rad: 038a 3-06), 㓞 595 [Graph] 414g 732a 611e.

絜 xié (599) 丰刀糸 | [Tra] land survey ◇ arpentage [Etym] to measure (3= 糸 1185) land before a contract (1,2= 㓞 595) ◇ mesurer (3= 糸 1185) la terre avant de signer un contrat (1,2= 㓞 595) [Graph] 414g 732a 613d [Hanzi] jie2 潔 164, xie2 絜 3490.

絜 xié +3490 丰刀糸 | to measure the circumference ◇ mesure, mesurer la circonférence (d'un objet rond) [Etym] 糸 1185 (rad: 120a 6-06), 絜 599 [Graph] 414g 732a 613d.

齧 niè (600) 丰刀齒 | [Tra] to gnaw ◇ mordre; ronger [Etym] tooth (3= 齒 1925); phon (1, 2= 㓞 595) ◇ dent (3= 齒 1925); phon (1,2= 㓞 595) [Graph] 414g 732a 911b [Ref] w104a [Hanzi] nie4 囓 8933.

齧 niè •3491 丰刀齒 | 啮 -9150 、囓 •8933 | to gnaw ◇ mordre, ronger [Etym] 齒 1925 (rad: 211a 15-06), 㓞 595 [Graph] 414g 732a 911b.

艳 yàn (601) 丰色 | [Tra] beautiful; wanton ◇ coloré; joli; désirs [Etym] color (2= 色 2015); branches in blossom (1= 㓞 595) ◇ couleur (2= 色 2015); branche fleurie (1= 㚔 735) [Graph] 414g 933d [Ref] w13f [Hanzi] yan4 滟 165, yan4 艳 3492.

艳 yàn -3492 丰色 | 艷 •7651 、豔 •7649 | 1° gorgeous, beautiful 2° dissipated, amorous 3° to admire and desire, winsome, wanton ◇ 1° splendide, joli, coloré, élégant 2° licence 3° désirs, convoiter [Etym] 色 2015 (rad: 139a 6-04), 丰 592 [Graph] 414g 933d.

艳丽 yàn lì。beautiful, gorgeous ◇ joli, beau, resplendissant, élégant ✱ 8285.

砉 huā (602) 丰石 | [Tra] sound of bird flying ◇ son du vol d'un oiseau [Etym] {?} branch in blossom (1< 艳 601), stone (2= 石 2149) ◇ {?} une branche fleurie (1< 艳 601), une pierre (2= 石 2149) [Graph] 414g 013b [Ref] k1261, w12e, wi898 [Hanzi] hua1 xu1 砉 3493, huo1 剨 3494, huo1 騞 11038, huo1 騞 11100.

砉 huā +3493 丰石 sound of birds flying ◇ onomatopée des oiseaux qui volent [Etym] 石 2149 (rad: 112a 5-04), 丰 592 [Graph] 414g 013b.

△ xū sound of cracking bones ◇ onomatopée du craquement des os.

剨 huō *3494 丰石刂 騞 -11100、*11038 sound of cutting with a knife ◇ onomatopée: couper avec un couteau [Etym] 刂 470 (rad: 018b 2-09), 砉 602 [Graph] 414g 013b 333b.

卝 bān (603) 卝 [Tra] fork; shovel ◇ fourche; pelle [Etym] a fork or shovel (prim) ◇ une fourche ou une pelle (prim) [Graph] 414i [Ref] wl22a.

芈 mǐ (604) 芈 [Tra] surname ◇ nom propre [Etym] {?} plant symbol ◇ {?} symbole végétal [Graph] 414j [Hanzi] mi3 芈 3495, miel 咩 8934.

芈 mǐ +3495 芈 surname ◇ nom de famille [Etym] 丨 476 (rad: 002a 1-06), 芈 604 [Graph] 414j.

刂 415

卧 wò (605) 刂𠂉 [Tra] to rest, to lie down ◇ être couché [Etym] modern simplified form of (監 2045, 臥 2047) ◇ forme simplifiée moderne de (監 2045, 臥 2047) [Graph] 415a 231a [Ref] w82f [Hanzi] jian4 鉴 3496, lan3 览 3497, jian1 jian4 监 3498 [Rad] 131s.

鉴 jiàn -3496 刂𠂉人丕 鑑、鑒 *1316、*8806 1° ancient bronze mirror 2° to reflect 3° warning 4° to scrutinize 5° example ◇ 1° miroir en métal 2° refléter 3° avertissement 4° examiner, considérer 5° exemple [Etym] 金 196 (rad: 167a 8-05), 卧 605 [Graph] 415a 231a 233a 432q.

鉴于 jiàn yú。 in view of, given ◇ vu, étant donné que (langage écrit) * 2306.

鉴定 jiàn dìng。 to appraise, to identify ◇ expertiser, identifier; appréciation * 7734.

鉴别 jiàn bié。 to differentiate; to distinguish ◇ discerner, distinguer * 9073.

览 lǎn (606) 刂𠂉见 [Tra] to inspect, examine ◇ considérer, examiner [Etym] modern simplified form of (覽 2046) ◇ forme simplifiée moderne de (覽 2046) [Graph] 415a 231a 854c [Hanzi] lan3 揽 2422, lan3 览 3497, lan3 榄 4169, lan3 缆 5969.

览 lǎn -3497 刂𠂉见 覽 *8808 1° to look at, to view 2° to read 3° to understand, to inspect, to behold ◇ 1° regarder, parcourir des yeux 2° lire 3° considérer, comprendre [Etym] 见 1801 (rad: 147s 4-05), 卧 605 [Graph] 415a 231a 854c.

监 jiān (607) 刂𠂉皿 [Tra] to examine; jail ◇ inspecter; prison [Etym] modern simplified form of (監 2045) ◇ forme simplifiée moderne de (監 2045) [Graph] 415a 231a 922a [Hanzi] lan4 滥 166, lan2 篮 777, gan1 尴 2216, jian1 jian4 监 3498, la5 lan2 蓝 3648, jian4 kan3 槛 4170, lan2 褴 6628.

监 jiān -3498 刂𠂉皿 監 *8805 1° to examine carefully, to oversee, to supervise 2° jail ◇ 1° inspecter, surveiller 2° prison [Etym] 皿 1939 (rad: 108a 5-05), 监 607 [Graph] 415a 231a 922a.

监禁 jiān jìn。 to imprison; to put in jail ◇ mettre en prison, incarcérer * 4183.

监督 jiān dū。 to oversee, to supervise ◇ superviser, contrôler, inspecter * 4722.

监狱 jiān yù。 prison ◇ prison * 5604.

监视 jiān shì。 to watch; to keep an eye on ◇ surveiller, avoir l'oeil sur, garder à vue * 6592.

△ jiàn 監 *8805 1° college 2° imperial office 3° inspector 4° eunuch ◇ 1° collège 2° bureau officiel 3° inspecteur 4° eunuque du palais.

临 lín (608) 刂𠂉𠙽 [Tra] to condescend ◇ condescendance [Etym] modern simplified form of (臨 2051) ◇ forme simplifiée moderne de (臨 2051) [Graph] 415a 231a 031a [Ref] w82f [Hanzi] lin2 临 3499.

临 lín -3499 刂𠂉𠙽 臨 *8817 1° to face 2° to arrive, to be present 3° to be about to 4° copy 5° to condescend, to look down with sympathy ◇ 1° s'ouvrir sur 2° arriver, présent, s'approcher 3° au moment de, sur le point de, à la veille de 4° copie, reproduire 5° condescendance, s'incliner [Etym] 丨 476 (rad: 002a 1-08), 临 608 [Graph] 415a 231a 031a.

临死 lín sǐ。 before death ◇ avant la mort * 6418.

临近 lín jìn。 close to, close on ◇ près de, non loin de * 7205.

临别 lín bié。 just before leaving ◇ être près de se séparer * 9073.

临时 lín shí。 temporarily ◇ provisoirement; juste avant, peu avant * 9861.

収 jiān (609) 刂又 [Tra] solid, firm ◇ solide, ferme [Etym] modern simplified form of (臤 2048) ◇ forme simplifiée moderne de (臤 2048) [Graph] 415a 633a [Hanzi] shu4 竖 3500, jian1 坚 3501, jin3 紧 3502, xian2 贤 3503, shen4 肾 3504.

竖 shù -3500 刂又立 豎、竪 *8811、*8815 1° upright, vertical 2° perpendicular 3° to erect 4° vertical stroke (Chinese characters) 5° young male servant ◇ 1° droit, debout, vertical 2° perpendiculaire 3° dresser 4° trait vertical (écriture chinoise) 5° jeune serviteur [Etym] 立 80 (rad: 117a 5-04), 収 609 [Graph] 415a 633a 221a.

竖立 shù lì。 to erect ◇ dresser, ériger * 637.

坚 jiān (610) 刂又土 [Tra] solid; stronghold ◇ ferme, forteresse [Etym] a solid (1,2= 刂又 609) land (3= 土 826) ◇ un territoire (3= 土 826) solide (1,2= 刂又 609) [Graph] 415a 633a 432a [Hanzi] keng1 铿 1948, qian1 悭 3241, jian1 坚 3501, jian1 鲣 10478.

坚 jiān -3501 | 堅 *8812 | 1° firm, solid 2° stronghold 3° resolutely 4° to insist ◇ 1° ferme, solide 2° le point fort 3° obstinément 4° persévérer [Etym] 土 826 (rad: 032a 3-04), 刂又 609 [Graph] 415a 633a 432a.

坚决 jiān jué ∘ firm, resolute ◇ ferme, déterminé, résolu ＊ 34.

坚持 jiān chí ∘ to be resolute, to insist, to maintain ◇ tenir bon, persévérer, maîtriser; s'en tenir à ＊ 2440.

坚芯 jiān xìn ∘ to firmly believe ◇ avoir la conviction, être persuadé ＊ 3603.

坚定 jiān dìng ∘ firm, staunch; to consolidate, to strengthen ◇ ferme, inébranlable; consolider, raffermir ＊ 7734.

坚贞 jiān zhēn ∘ faithful ◇ inaltérable, inflexible; constant ＊ 7994.

坚硬 jiān yìng ∘ hard, solid ◇ dur, solide, ferme ＊ 9782.

坚固 jiān gù ∘ solid, strong, firm ◇ solide, fort, résistant ＊ 10971.

坚强 jiān qiáng ∘ firm, powerful ◇ solide, puissant, ferme, inébranlable ＊ 11265.

紧 jǐn -3502 | 緊 *8813 | 1° tight, close, to tighten 2° urgent 3° strict 4° short of money ◇ 1° serré, tendu, bandé, étroitement uni 2° urgent, pressant 3° strict 4° gêne financière [Etym] 糸 1185 (rad: 120a 6-04), 刂又 609 [Graph] 415a 633a 613d.

紧急 jǐn jí ∘ urgent, emergency ◇ urgent, pressé ＊ 7383.

紧密 jǐn mì ∘ tight; close together ◇ étroit, serré; nombreux et tassé ＊ 7703.

紧巴巴 jǐn bā bā ∘ tight; hard up; short of money ◇ serré; à court d'argent ＊ 8730 8730.

紧迫 jǐn pò ∘ urgent; pressing ◇ pressant, pressé ＊ 9985.

紧张 jǐn zhāng ∘ tense, tight ◇ tendu, serré ＊ 11247.

贤 xián -3503 | 賢 *8816 | 1° virtuous, worthy 2° sages 3° term of address 4° to show regard 5° to take pains 6° surname ◇ 1° éminent, vertueux, excellent 2° sages du second ordre 3° formule de politesse 4° estimer 5° se donner la peine 6° nom de famille [Etym] 贝 1796 (rad: 154s 4-04), 刂又 609 [Graph] 415a 633a 854b.

肾 shèn -3504 | 腎 *8814 | 1° kidneys 2° testicles ◇ 1° reins 2° testicules [Etym] 月 1823 (rad: 130b 4-04), 刂又 609 [Graph] 415a 633a 856e.

非 fèi (611) 非 [Tra] not; opposition ◇ non; contradiction [Etym] {1} opposed elements (prim); {2} spread out wings (prim) ◇ {1} des éléments opposés (prim); {2} des ailes déployées (prim) [Graph] 415b [Ref] k27, ph353, r213, r345, w170a, wa57, wi276, wi540 [Hanzi] fei3 诽 1724, pai2 pai3 排 2423, pai2 俳 2859, pai2 徘 3133, fei3 悱 3242, fei1 非 3505, fei3 斐 3506, pei2 裴 3507, bei1 悲 3508, fei4 剕 3509, fei3 棐 3510, bei4 辈 3511, fei3 翡 3512, fei1 fei3 蜚 3513, bei4 輩 3514, fei1 fei3 菲 3649, pai2 棑 4171, bei4 琲 5099, fei1 绯 5970, fei1 緋 6142, fei4 痱 7042, fei3 匪 7310, fei2 腓 8114, fei1 霏 8428, fei1 扉 8687, fei1 啡 8935, fei3 誹 9506, fei1 鲱 10479, fei1 鯡 10572, zui4 罪 10777, fei1 騑 11039, fei1 骓 11101 [Rad] 175a.

非 fēi +3505 非 | 1° wrong, evildoing 2° not conform to 3° to blame 4° not 5° short for Africa ◇ 1° mal, tort 2° contraire à 3° blâmer, désapprouver 4° ne pas, non 5° abréviation d'Afrique [Etym] 非 611 (rad: 175a 8-00), [Graph] 415b.

非洲 fēi zhōu ∘ Africa ◇ Afrique ＊ 186.

非法 fēi fǎ ∘ illegal, illicit ◇ illégal, illicite ＊ 217.

非正式 fēi zhèng shì ∘ unofficial, informal ◇ officieux ＊ 5316 5509.

非常 fēi cháng ∘ very, extremely ◇ très, extrêmement ＊ 7870.

非凡 fēi fán ∘ unusual ◇ inhabituel ＊ 11211.

斐 fěi +3506 非文 | 1° streaks, lines 2° graceful ◇ 1° lignes, dessins 2° gracieux, élégant [Etym] 文 332 (rad: 067a 4-08), 非 611 [Graph] 415b 243b.

裴 péi +3507 非衣 | 1° long robe 2° surname ◇ 1° long habit 2° nom propre [Etym] 衣 371 (rad: 145a 6-08), 非 611 [Graph] 415b 312i.

悲 bēi +3508 非心 | 1° to grieve 2° to be sad 3° to sympathize ◇ 1° affliction 2° pitié, compassion, commisération [Etym] 心 397 (rad: 061a 4-08), 非 611 [Graph] 415b 321c.

悲哀 bēi āi ∘ grieved, sorrowful ◇ triste, affligé ＊ 2150.

悲愤 bēi fèn ∘ grief and indignation ◇ douleur et indignation ＊ 2862.

悲伤 bēi shāng ∘ sad, sorrowful ◇ affligé, douloureux ＊ 2956.

悲惨 bēi cǎn ∘ miserable; tragic ◇ misérable, lamentable; tragique ＊ 3273.

悲观 bēi guān ∘ pessimist ◇ pessimiste ＊ 6517.

悲痛 bēi tòng ∘ sorrowful ◇ affligé ＊ 7073.

悲剧 bēi jù ∘ tragedy ◇ tragédie ＊ 8662.

悲叹 bēi tàn ∘ to lament, to sigh mournfully ◇ se lamenter, soupirer ＊ 9040.

剕 fèi +3509 非刂 | to cut the feet, to amputate ◇ couper les pieds [Etym] 刂 470 (rad: 018b 2-08), 非 611 [Graph] 415b 333b.

棐 fěi +3510 非木 | 1° species of yew, torreya nucifera 2° to assist 3° supplementary ◇ 1° espèce d'if 2° seconder 3° suppléer, supplémentaire [Etym] 木 723 (rad: 075a 4-08), 非 611 [Graph] 415b

422a.

辈 bèi -3511 |輩 *3514| 1° kind, class 2° generation 3° sign of plural ◇ 1° catégorie, espèce 2° génération 3° signe du pluriel [Etym] 车 1213 (rad: 159s 4-08), 非 611 [Graph] 415b 614d.

辈子 bèi zǐ 。 life, a whole life, lifelong ◇ vie, toute la vie * 6546.

翡 fěi +3512 | 1° king-fisher 2° blue 3° jadeite ◇ 1° martin-pêcheur 2° bleu azur 3° jadéite [Etym] 羽 1472 (rad: 124a 6-08), 非 611 [Graph] 415b 731c 731c.

蜚 fēi +3513 | 1° to fly 2° to spread ◇ 1° voler 2° circuler [Etym] 虫 2282 (rad: 142a 6-08), 非 611 [Graph] 415b 031d.

蜚蠊 fēi lián 。 cockroach, roach ◇ blatte, cafard, gardon * 10279.

△ fěi | 1° mites, insects 2° roach ◇ 1° mites, insectes 2° blatte, cafard.

輩 bèi *3514 |辈 -3511| 1° kind, class 2° generation 3° sign of plural ◇ 1° catégorie, espèce 2° génération 3° signe du pluriel [Etym] 車 2352 (rad: 159a 7-08), 非 611 [Graph] 415b 042g.

⺾ cǎo (612) | [Tra] grass; vegetables ◇ herbes; végétaux [Etym] contraction of (艸 1637) (++ 562) ◇ forme simplifiée moderne de (艸 1637, ++562) [Graph] 415c [Ref] r55, r83, r217, w78b, wi60, wi488 [Hanzi] cha2 茶 3556, mang3 莽 3583, jing1 荆 3650, bian3 萹 3665, hong2 hong4 蕻 3677, yi4 藝 3692, chan3 蒇 3719, chan3 蕆 3720, rui2 蕤 3727, zang4 葬 3755, meng1 meng2 meng2 meng3 蒙 3833, lao2 劳 3836, ying2 营 3837, qiong2 茕 3842, gao3 藁 3941, mo4 莫 3950, pa1 葩 3969, mie4 蔑 4004, hong1 薨 4008, meng3 瞢 4009, de5 di2 di4 的 9990 [Rad] 140c.

茻 mǎng (613) | [Tra] luxuriant vegetation ◇ végétation luxuriante [Etym] herbs above and under (1,2= 莽 622, 葬 645) ◇ herbes dessus et dessous (1,2= 莽 622, 葬 645) [Graph] 415c [Ref] k599, r457, w78g [Hanzi] mang3 莽 3583, zang4 葬 3755.

𦯑 cǎo (614) | [Tra] [?] lush; to hide ◇ [?] luxuriance; se cacher [Etym] herbs (1= ⺾ 612) below, trees (2= 木 723) below ◇ herbes (1= ⺾612) en haut, arbres (2= 木 723) en bas [Graph] 415c [Hanzi] nie4 nie4 蘖 3917.

茨 cí +3515 | 1° calthrop 2° thatch ◇ 1° ronces, épines 2° couvrir de chaume [Etym] ⺾ 612 (rad: 140c 3-06), 次 8 [Graph] 415c 121a 232b.

菏 hé +3516 | place in Shandong ◇ lieu du Shandong [Etym] ⺾ 612 (rad: 140c 3-08), 河 24 [Graph] 415c 121b 331c 011a.

莎 shā +3517 | 1° sedge 2° used in personal names, place names 3° place in Xinjiang ◇ 1° roseaux 2° prénom 3° nom de lieu 4° lieu du Xinjiang [Etym] ⺾ 612 (rad: 140c 3-07), 沙 25 [Graph] 415c 121b 331k.

△ suō | a species of sedge ◇ souchet rond, carex.

莅 lì *3518 |莅、涖 -3618、*149| 1° to arrive 2° to be present ◇ 1° arriver pour entrer en charge 2° présent [Etym] ⺾ 612 (rad: 140c 3-10), 涖 26 [Graph] 415c 121b 411e 221a.

萍 píng +3519 | duckweed ◇ lentille d'eau [Etym] ⺾612 (rad: 140c 3-08), 泙 27 [Graph] 415c 121b 413j.

藩 fān +3520 | 1° fence, wall 2° frontier 3° to safeguard 4° treasury ◇ 1° haie 2° frontière 3° protéger, entourer 4° trésorerie [Etym] ⺾612 (rad: 140c 3-15), 潘 31 [Graph] 415c 121b 422g 041a.

茳 jiāng +3521 | [Etym] ⺾ 612 (rad: 140c 3-06), 江32 [Graph] 415c 121b 431a.

茳芏 jiāng dù 。 reed ◇ roseau * 3678.

洪 hóng +3522 | polyenum orientale ◇ polygomnum [Etym] ⺾ 612 (rad: 140c 3-09), 洪38 [Graph] 415c 121b 436e.

落 là +3523 | 1° to omit, to leave out 2° to forget to bring, lack 3° to lag behind ◇ 1° omettre, oublier 2° perdre, ne pas apporter, manquer 3° rester en arrière [Etym] ⺾ 612 (rad: 140c 3-09), 洛44 [Graph] 415c 121b 633e 011a.

落后 là hòu 。 backward ◇ arriéré * 7199.

△ lào | 1° to fall 2° to decrease (of prices) 3° to fade (of color) 4° surplus 5° to obtain ◇ 1° baisser 2° diminuer (prix) 3° passer (couleur) 4° être en surplus 5° obtenir.

△ luò | 1° to fall, to drop, fall of the leaf 2° to go down, to lower 3° to sink, to descend 4° to leave behind 5° hamlet, village, abode 6° to tumble in, to pile up ◇ 1° choir, chute des feuilles 2° baisser, décliner 3° faiblir 4° laisser derrière, finir 5° village, lieu de repos, habitat 6° tomber dans, échoir, s'empiler.

落后 luò hòu 。 backward; to lag behind ◇ arriéré, sous-développé; retarder sur * 7199.

落实 luò shí 。 to put into effect; practicable ◇ mettre en application; faisable * 7696.

落魄 luò bó 。 1° to be in dire straits; 2° to be down and out ◇ 1° être dans l'embarras; 2° être ruiné, fichu * 9997.

荡 dàng -3524 |蕩 盪1°3° *3536、*537| 1° to swing, wave 2° to loaf about 3° to rinse 4° to sweep off, to dissolve 5° loose in morals, to subvert, reckless 6° shallow lake, marsh ◇ 1° se balancer, osciller, agitation 2° flâner 3° rincer 4° balayer, faire disparaître 5° licence, inconstance, morale douteuse 6° étang, marais [Etym] ⺾ 612 (rad: 140c 3-06), 汤 45 [Graph] 415c 121b 634k.

菠 bō +3525 | spinach ◇ épinard [Etym] ⺾ 612 (rad: 140c 3-08), 波 46 [Graph] 415c 121b 721h 633a.

菠菜 bō cài 。 spinach ◇ épinard * 3543.

菠萝 bō luó ∘ pineapple ◇ ananas ∗ 4006.

浱 pài +3526 艹氵厂氐 | chemical component ◇ composant chimique [Etym] 艹 612 (rad: 140c 3-09), 派 47 [Graph] 415c 121b 722a 312g.

范 fàn +3527 艹氵㔾 | 範 *907 | 1° pattern, model 2° limits 3° plants, grass 4° surname ◇ 1° modèle, moule 2° limites 3° végétation, herbes 4° nom de famille [Etym] 艹 612 (rad: 140c 3-05), 氾 51 [Graph] 415c 121b 733a.

范围 fàn wéi ∘ limits, scope, range, sphere ◇ limite, borne, sphère, domaine ∗ 10959.

茫 máng +3528 艹氵亡 | 1° vast and vague 2° ignorant 3° chaos 4° high waters ◇ 1° vaste et vague 2° être dans l'ignorance complète 3° inconnaissable, obscur, chaos 4° grandes eaux [Etym] 艹612 (rad: 140c 3-06), 汒 53 [Graph] 415c 121b 811f.

蓡 shēn *3529 艹氵彐冖又 | 参 -5888 、 參 *5895 、 蓡 *3627 | ginseng ◇ ginseng [Etym] 艹612 (rad: 140c 3-10), 浸 54 [Graph] 415c 121b 832a 851a 633a.

蒲 pú +3530 艹氵甫 | 1° cattail 2° rush mats 3° rush 4° surname ◇ 1° massette (pour faire des nattes, éventails, sacs) 2° sparterie 3° jonc 4° nom propre [Etym] 艹 612 (rad: 140c 3-10), 浦 57 [Graph] 415c 121b 858n.

> 薄 bó (615) 艹氵甫寸 | [Tra] slight; small ◇ léger; médiocre [Etym] covered with foliage (1= 艹 612);phon,extension (2,3,4= 溥 58) ◇ couvert de feuillages (1= 艹 612); phon, extension (2,3,4= 溥 58) [Graph] 415c 121b 858n 332b [Hanzi] bao2 bo2 bo4 薄 3531, bo2 礴 9671.

薄 báo +3531 艹氵甫寸 | 1° thin 2° shabby, insignificant, weak 3° cold 4° poor, infertile ◇ 1° mince 2° peu concentré, léger, insignifiant 3° mesquin, froid 4° aride, peu fertile [Etym] 艹 612 (rad: 140c 3-13), 溥 58 [Graph] 415c 121b 858n 332b.

△ bó | 1° slight, small 2° ungenerous 3° to despise 4° near 5° surname ◇ 1° léger, peu considérable 2° avare 3° mépriser, estimer peu 4° proche 5° nom de famille.

薄刻 bó kè ∘ oppressive ◇ oppressif ∗ 6321.

薄弱 bó ruò ∘ feeble, thin ◇ faible, délicat ∗ 11272.

△ bò | mint ◇ menthe.

菹 zū +3532 艹氵且 | 葅 *3549 | 1° pickled vegetables 2° water weed, marsh land 3° minced meat ◇ 1° légumes marinés 2° terre marécageuse 3° hacher, viande hachée [Etym] 艹 612 (rad: 140c 3-08), 沮59 [Graph] 415c 121b 921a.

莨 làng +3533 艹氵良 | See ◇ Voir 宁莨 ning2-lang4 7709-3533 [Etym] 艹 612 (rad: 140c 3-10), 浪 60 [Graph] 415c 121b 932e.

蕖 qú +3534 艹氵巨木 | lotus ◇ lotus [Etym] 艹 612 (rad: 140c 3-12), 渠 62 [Graph] 415c 121b 935a 422a.

藻 zǎo +3535 艹氵口口口木 | 1° algae 2° aquatiac plants 3° literary embellishments 4° graceful ◇ 1° algues 2° plantes aquatiques 3° ornements littéraires, dessins 4° gracieux [Etym] 艹 612 (rad: 140c 3-16), 澡 63 [Graph] 415c 121b 011a 011a 011a 422a.

蕩 dàng *3536 艹氵日昜 | 荡 -3524 、 盪 *537 1°3° | 1° to swing, wave 2° to loaf about 3° to rinse 4° to sweep off, to dissolve 5° loose in morals, to subvert, reckless 6° shallow lake, marsh ◇ 1° se balancer, osciller, agitation 2° flâner 3° rincer 4° balayer, faire disparaître 5° licence, inconstance, morale douteuse 6° étang, marais [Etym] 艹 612 (rad: 140c 3-12), 湯 67 [Graph] 415c 121b 021a 852i.

薸 piāo +3537 艹氵覀示 | duckweed ◇ lentille d'eau [Etym] 艹612 (rad: 140c 3-14), 漂 71 [Graph] 415c 121b 051e 331l.

薪 xīn +3538 艹立木斤 | 1° firewood, fuel 2° salary ◇ 1° bois de chauffage, combustible 2° salaire [Etym] 艹 612 (rad: 140c 3-13), 新 83 [Graph] 415c 221a 422a 722c.

薪金 xīn jīn ∘ salary, pay ◇ traitement, salaire, appointements ∗ 1106.

> 蒟 jǔ (616) 艹立句口 | [Tra] betel ◇ betel [Etym] plant (1= 艹 612), standing up (2= 立 80); phon (2,3= 句 1779) ◇ plante (1= 艹 612), dressée (2= 立80); phon (2,3= 句 1779) [Graph] 415c 221a 852h 011a [Hanzi] ju3 蒟 3539.

蒟 jǔ +3539 艹立句口 | [Etym] 艹 612 (rad: 140c 3-10), 句 1779 [Graph] 415c 221a 852h 011a.

蒟酱 jǔ jiàng ∘ betel pepper ◇ bétel ∗ 3198.

蘢 lóng *3540 艹立月㠯 | 茏 -3609 | See ◇ Voir 茏葱 long2-cong1 3609-3863 [Etym] 艹 612 (rad: 140c 3-17), 龍 86 [Graph] 415c 221a 856e Z41b.

菩 pú +3541 艹立口 | [Etym] 艹 612 (rad: 140c 3-08), 音 87 [Graph] 415c 221a 011a.

菩萨 pú sà ∘ 1° Bodhisattva, Buddha; 2° fig tree in pagodas; 3° kindhearted person ◇ 1° Bodhisattva, bouddha; 2° figuier des pagodes; 3° personne bienveillante ∗ 3774.

薏 yì +3542 艹立日心 | 1° seeds of lotus 2° Job's tears ◇ 1° graines de lotus 2° larmille [Etym] 艹 612 (rad: 140c 3-13), 意 93 [Graph] 415c 221a 021a 321c.

菜 cài +3543 艹罒木 | 1° culinary vegetables 2° food ◇ 1° légumes 2° mets [Etym] 艹 612 (rad: 140c 3-08), 采 106 [Graph] 415c 221d 422a.

菜地 cài dì ∘ vegetable garden ◇ potager ∗ 4903.

菜市 cài shì ∘ food market ◇ marché aux légumes; halle ∗ 8470.

菜单 cài dān ∘ menu ◇ carte; menu ∗ 10457.

菜园 cài yuán ∘ vegetable garden ◇ potager ∗ 10944.

荽 suī +3544 艹罒女 | (yan2 - 5 or yuan2 - 5) coriander ◇ (yan2 - 5 ou yuan2 - 5) coriandre [Etym] 艹 612 (rad: 140c 3-07), 妥 110 [Graph] 415c

221d 611e.

莩 fú +3545 艹罒子 | 1° epidermis of plants 2° intimacy 3° membrane in stems of rushes or reeds ◇ 1° épiderme végétal 2° union intime, alliance 3° membrane à l'intérieur des roseaux [Etym] 艹 612 (rad: 140c 3-07), 孚 114 [Graph] 415c 221d 634d.

△ piǎo | corpse that died from starvation ◇ mort de faim.

菼 tǎn +3546 艹火火 | kind of rush or sedge ◇ jonc ou laiche [Etym] 艹 612 (rad: 140c 3-08), 炎 157 [Graph] 415c 231b 231b.

苁 cōng +3547 艹人人 | 蓯 *3632 | grassy ◇ verdoyant [Etym] 艹 612 (rad: 140c 3-04), 从 171 [Graph] 415c 232a 232a.

莝 cuò +3548 艹人人土 | to chop straw ◇ couper, hacher [Etym] 艹 612 (rad: 140c 3-07), 坐 172 [Graph] 415c 232a 232a 432a.

葅 zū *3549 艹人人且 | 菹 +3532 | 1° pickled vegetables 2° water weed, marsh land 3° minced meat ◇ 1° légumes marinés 2° terre marécageuse 3° hacher, viande hachée [Etym] 艹 612 (rad: 140c 3-09), 俎 175 [Graph] 415c 232a 232a 921a.

萃 cuì (617) 艹亠人人十	[Tra] jungle; collection ◇ herbes; liasse; réunir [Etym] plant (1= 艹 612); phon (2,3,4= 卒 176) ◇ plante (1= 艹 612); phon (2,3,4= 卒 176) [Graph] 415c ac:c 232a 232a 413a [Hanzi] cui4 萃 3550, cui4 膵 8115.

萃 cuì +3550 艹亠人人十 | 1° jungle 2° bundle 3° collection ◇ 1° jungle, herbes 2° liasse 3° réunion, rassembler, collection [Etym] 艹 612 (rad: 140c 3-08), 卒 176 [Graph] 415c ac:c 232a 232a 413a.

芡 qiàn +3551 艹欠 | water plant, Gorgon euryale ◇ nénuphar épineux, euryale [Etym] 艹 612 (rad: 140c 3-04), 欠 178 [Graph] 415c 232b.

莶 xiān -3552 艹人一业 | 薟 *3566 | wild vine berry ◇ vigne sauvage [Etym] 艹 612 (rad: 140c 3-07), 佥 183 [Graph] 415c 233a ac:a 221b.

蔹 liǎn -3553 艹人一业攵 | 蘞 *3567 | kind of plant ◇ espèce de plante à feuilles fines [Etym] 艹 612 (rad: 140c 3-11), 敛 184 [Graph] 415c 233a ac:a 221b 243c.

苶 nié +3554 艹人小 | worn out, weary, lethargic ◇ fatigué, las, traînant, traîner [Etym] 艹 612 (rad: 140c 3-05), 尒 187 [Graph] 415c 233a 331j.

芥 gài +3555 艹人川 | mustard plant, sinapis ◇ moutarde, sinapis [Etym] 艹 612 (rad: 140c 3-04), 介 191 [Graph] 415c 233a 416a.

△ jiè | mustard plant, sinapis ◇ moutarde, sinapis.

茶 chá (618) 艹人木	[Tra] tea, bitter plant ◇ thé, herbe amère [Etym] {?} plants (1= 艹 612); to drink at home (2,3< 余 192, 舍 231) ◇ {?} des plantes (艹 612); phon,boire à la maison (2,3< 余 192, 舍 231) [Graph] 415c 233a 422a [Ref] ph507, w14c, wi40 [Hanzi] cha2 搽 2424, cha2 茶 3556.

茶 chá +3556 艹人木 | tea ◇ thé [Etym] 艹 612 (rad: 140c 3-06), 茶 618 [Graph] 415c 233a 422a.

茶会 chá huì ∘ tea party ◇ réception avec thé et gâteau * 1382.

茶馆 chá guǎn ∘ tea house ◇ maison de thé * 1869.

茶水 chá shuǐ ∘ tea ; boiled water ◇ thé ; boisson chaude * 2299.

茶杯 chá bēi ∘ tea cup, tea glass ◇ tasse à thé, verre à thé * 4179.

茶壶 chá hú ∘ tea pot ◇ théière * 5001.

茶页 chá yè ∘ tea leaf ◇ feuille de thé * 7993.

茶盘 chá pán ∘ tea tray ◇ plateau à thé * 8318.

茶具 chá jù ∘ tea set ◇ service à thé * 8546.

茶叶 chá yè ∘ tea ◇ thé * 8927.

茶碗 chá wǎn ∘ tea bowl ◇ bol à thé * 9742.

茶点 chá diǎn ∘ refreshments; tea and pastries ◇ goûter, collation; thé et gâteau * 9799.

茶几 chá jī ∘ tea table ◇ table à thé * 11207.

荼 tú +3557 艹人示 | bitter edible plant, white flower of reeds ◇ herbe amère, laiteron, roseaux à inflorescence blanche [Etym] 艹 612 (rad: 140c 3-07), 佘 192 [Graph] 415c 233a 422c.

荼蘼 tú mí ∘ rose leaf raspberry ◇ sorte de framboise * 3786.

荃 quán (619) 艹人王	[Tra] fragrant plant ◇ plante odorante [Etym] plant (1= 艹 612); phon (2,3= 全 195) ◇ plante (1= 艹 612); phon (2, 3= 全 195) [Graph] 415c 233a 432e [Hanzi] quan2 荃 3558, quan2 醛 10863.

荃 quán +3558 艹人王 | fragrant plant ◇ plante odorante [Etym] 艹 612 (rad: 140c 3-06), 全 195 [Graph] 415c 233a 432e.

荟 huì -3559 艹人云 | 薈 *3568 | 1° luxuriant growth (of plants) 2° bundle 3° in abundance ◇ 1° luxuriance (plantes) 2° botte 3° à profusion [Etym] 艹 612 (rad: 140c 3-06), 会 201 [Graph] 415c 233a 612d.

芩 qín +3560 艹人ㄋ | kind of herb, phragmites japonica, can be used as drug ◇ sorte de plante médicinale [Etym] 艹 612 (rad: 140c 3-04), 今 202 [Graph] 415c 233a 631a.

苓 líng -3561 艹人マ | 蕶 *3563 | See ◇ Voir 茯苓 fu2-ling2 3620-3561 [Etym] 艹 612 (rad: 140c 3-05), 令 208 [Graph] 415c 233a 632b.

苍 cāng -3562 艹人巳 | 蒼 *3564 | green, azure ◇ vert, azuré [Etym] 艹 612 (rad: 140c 3-04), 仓 210 [Graph] 415c 233a 733a.

苍白 cāng bái ∘ pale, colorless, pallid, wan ◇ pale, blême * 9973.

苍蝇 cāng yíng ∘ fly ◇ mouche * 10320.

蕶 líng *3563 艹人一卩 | 苓 -3561 | See ◇ Voir 茯苓 fu2-ling2 3620-3561 [Etym]

艹612 (rad: 140c 3-05), 合211 [Graph] 415c 233a ac:a 734a.

蒼 cāng *3564 | 苍 -3562 | green, azure ◇ vert, azuré [Etym] 艹612 (rad: 140c 3-10), 倉217 [Graph] 415c 233a 931h 011a.

荅 dā (620) 艹人亘 | [Tra] pea, vetch ◇ pois, vesce [Etym] plant (1= 艹612) with joined (2,3= 合222) boughs (< 答134) ◇ une plante (1= 艹612) aux ramilles interreliées (2,3= 合222) (< 答134) [Graph] 415c 233a 012a [Ref] k955, w14b, wi959 [Hanzi] ta3 溚167, da1 鎝1165, da1 铪1949, da1 搭2425, da1 da2 荅3565, ta3 塔4809, da1 褡6629, da2 da5 瘩7043, da1 ta4 嗒8936.

荅 dā *3565 艹人亘 | 答 +742 | ◇ [Etym] 艹612 (rad: 140c 3-06), 荅620 [Graph] 415c 233a 012a.

△ dá | 答 +742 | 1° to answer 2° to reciprocate ◇ 1° répondre 2° rendre la pareille.

蘞 xiān *3566 艹人亘人口人 | 莶 -3552 | wild vine berry ◇ vigne sauvage [Etym] 艹612 (rad: 140c 3-13), 僉223 [Graph] 415c 233a 012a 232a 011a 232a.

蘝 liǎn *3567 艹人亘人口人攵 | 蔹 -3553 | kind of plant ◇ espèce de plante à feuilles fines [Etym] 艹612 (rad: 140c 3-17), 斂224 [Graph] 415c 233a 012a 232a 011a 232a 243c.

薈 huì *3568 艹人罒日 | 荟 -3559 | 1° luxuriant growth (of plants) 2° bundle 3° in abundance ◇ 1° luxuriance (plantes) 2° botte 3° à profusion [Etym] 艹612 (rad: 140c 3-13), 會233 [Graph] 415c 233a 033b 021a.

若 ruò (621) 艹𠂇口 | [Tra] as, like; to follow ◇ comme si; conforme [Etym] a: hand (2= 左241) taking vegetables (1= 艹612) to eat (3= 口2063) ◇ une main (2= 左241) portant des légumes (1= 艹612) à la bouche (3= 口2063) [Graph] 415c 241a 011a [Ref] h886, k938, w46g, wa131, wi430 [Hanzi] ruo4 箬778, nuo4 鍩1166, nuo4 诺1725, nuo4 锘1950, ruo4 偌2860, ruo4 若3569, re3 惹3570, he1 蠚3571, ruo4 婼5748, ni4 匿7311, nuo4 re3 喏8937, nuo4 諾9507.

若 ruò +3569 艹𠂇口 | 1° like, as if, to be as 2° if 3° you 4° to be in sympathy with, to follow ◇ 1° comme, comme si, ainsi 2° si 3° toi, tu, vous 4° se conformer, suivre [Etym] 艹612 (rad: 140c 3-05), 若621 [Graph] 415c 241a 011a.

若干 ruò gān。a certain number; how much ◇ en nombre indéfini, en nombre discutable; combien * 3403.

若是 ruò shì。if ◇ si * 9880.

惹 rě +3570 艹𠂇口心 | 1° to incite (bad doings), to rouse 2° to offend, to provoke 3° to attract ◇ 1° inciter (mal), exciter (quelqu'un) 2° offenser, provoquer 3° attirer [Etym] 心397 (rad: 061a 4-08), 若621 [Graph] 415c 241a 011a 321c.

蠚 hē +3571 艹𠂇口虫虫 | to sting (insects, wasps) ◇ dard, piquer [Etym] 虫2282 (rad: 142a 6-14), 若621 蚰2283 [Graph] 415c 241a 011a 031d 031d.

茇 bá -3572 艹犮又 | 茇 *3584 | root (herb) ◇ racines des herbes [Etym] 艹612 (rad: 140c 3-05), 犮251 [Graph] 415c 241b 633a.

荚 jiá *3573 艹大人人 | 荚 -3586 | 1° felicitous plant 2° pod ◇ 1° plante de bon augure 2° gousse [Etym] 艹612 (rad: 140c 3-07), 夾259 [Graph] 415c 242a 232a 232a.

萕 qí +3574 艹大可口 | mountain in Taiwan ◇ mont du Taiwan [Etym] 艹612 (rad: 140c 3-08), 奇261 [Graph] 415c 242a 331c 011a.

萘 nài +3575 艹大示 | naphthalene ◇ naphtalène [Etym] 艹612 (rad: 140c 3-08), 奈262 [Graph] 415c 242a 331l.

荙 dá -3576 艹大辶 | 薘 *3681 | beetroot ◇ betterave [Etym] 艹612 (rad: 140c 3-06), 达273 [Graph] 415c 242a 634o.

菴 ān *3577 艹大电 | 庵 +6881 | 1° hut, thatched cottage 2° Buddhist convent ◇ 1° chaumière, cabane 2° couvent de bonzesses [Etym] 艹612 (rad: 140c 3-08), 奄276 [Graph] 415c 242a 043c.

菾 tián +3578 艹天小 | beet ◇ bette [Etym] 艹612 (rad: 140c 3-08), 忝279 [Graph] 415c 242b 331n.

薙 tì +3579 艹矢隹 | 剃 +11277、 鬀 *4755 | to shave ◇ raser [Etym] 艹612 (rad: 140c 3-13), 雉284 [Graph] 415c 242d 436m.

△ tì | to root up grass, to weed out ◇ défricher, sarcler.

荞 qiáo -3580 艹夭川 | 蕎 *3581 | [Etym] 艹612 (rad: 140c 3-06), 乔290 [Graph] 415c 242e 416a.

荞麦 qiáo mài。buckwheat ◇ sarrasin * 5252.

蕎 qiáo *3581 艹夭口冂口 | 荞 -3580 | See ◇ Voir 荞麦 qiao2-mai4 3580-5252 [Etym] 艹612 (rad: 140c 3-12), 喬291 [Graph] 415c 242e 011a 856k 011a.

荬 mai -3582 艹买 | 蕒 *4011 | (qu3 - cai4) endive ◇ (qu3 - cai4) endive [Etym] 艹612 (rad: 140c 3-06), 买293 [Graph] 415c 242g.

莽 mǎng (622) 艹犬廾 | [Tra] jungle; rustic ◇ jungle; grossier [Etym] hound (2= 犬295) amidst herbs (1,3= 艹612) ◇ un chien (2= 犬295) chassant dans les herbes (1,3= 艹612) [Graph] 415c 242i 416e [Ref] k599, ph698, r457, w78g [Hanzi] mang3 漭168, mang1 牻3454, mang3 莽3583, mang3 蟒10226.

莽 mǎng +3583 艹犬廾 | 1° rank grass, jungle 2° rash 3° undergrowth, rustic ◇ 1° hautes herbes 2° éruption cutanée 3° rustique, grossier [Etym] 艹612 (rad: 140c 3-07), 莽622 [Graph] 415c 242i 416e.

茇 bá *3584 艹犮 | 茇 -3572 | root (herb) ◇ racines des herbes [Etym] 艹612 (rad: 140c 3-05), 犮298 [Graph] 415c 242j.

芙 fú +3585 艹夫 | hibicus mutabilis, lotus ◇ hibiscus mutabilis, lotus [Etym] 艹612 (rad: 140c 3-04), 夫301 [Graph] 415c 242m.

芙蓉 fú róng。1° cottonrose hibiscus; 2° lotus; 3° another name for Chengdu ◇ 1° hibiscus; 2° lotus; 3° autre nom de Chengdu * 3844.

荚 jiá -3586 |莢 *3573| 1° felicitous plant 2° pod ◇ 1° plante de bon augure 2° gousse [Etym] 艹612 (rad: 140c 3-06), 夹313 [Graph] 415c 242q.

蓁 zhēn +3587 |1° bushy 2° spreading 3° luxuriant ◇ 1° touffu, dru 2° se répandre 3° luxuriant [Etym] 艹612 (rad: 140c 3-10), 秦318 [Graph] 415c 242r 422d.

艾 ài (623) |[Tra] mugwort; to end ◇ armoise; cesser [Etym] plante (1= 艹612); scissors (2= 乂321) ◇ plante (1= 艹612); ciseaux (2= 乂321) [Graph] 415c 243a [Ref] wi532 [Hanzi] ai4 yi4 艾3588, ai1 哎8938, ai4 砹9672.

艾 ài +3588 |1° mugwort, artemisia 2° to end 3° surname ◇ 1° armoise 2° cesser 3° nom de famille [Etym] 艹612 (rad: 140c 3-02), 乂321 [Graph] 415c 243a.

△ yì |See ◇ Voir 怨艾 yuan4-yi4 6402-3588.

荠 jì -3589 |薺 *3638| tulipa edulis ◇ tulipa edulis [Etym] 艹612 (rad: 140c 3-06), 齐334 [Graph] 415c 243b 416a.

△ qí |薺 *3638| (bi2 - 5) water chestnut ◇ (bi2 - 5) châtaigne d'eau.

△ qi |薺 *3638| See ◇ Voir 荸荠 bi2-qi5 3860-3589.

蓧 diào -3590 |蓧 *3630| hoe in ancient time ◇ houe antique [Etym] 艹612 (rad: 140c 3-08), 条1292 [Graph] 415c 243c 422a.

茭 jiāo +3591 |1° wild rice stem 2° Canadian rice ◇ 1° jeune tige comestible de la zizanie aquatique 2° riz du Canada [Etym] 艹612 (rad: 140c 3-06), 交344 [Graph] 415c 243e.

茭白 jiāo bái ∘ wild rice stem; discord ◇ zizanie * 9973.

茬 chá -3592 |楂 +4194| 1° stubble 2° crop ◇ 1° chaume 2° récolte [Etym] 艹612 (rad: 140c 3-06), 在351 [Graph] 415c 244b 432a.

荐 jiàn (624) |[Tra] grass; mat; recommend ◇ herbe; recommander [Etym] plant (1= 艹612); phon, conserver (2,3= 存352) ◇ plante (1= 艹612); phon, conserver (2,3= 存352) [Graph] 415c 244b 634d [Hanzi] jian4 荐3593, jian1 鞯5365.

荐 jiàn -3593 |薦 *3791| 1° to recommend, to introduce 2° grass, pasture grounds 3° straw mat ◇ 1° recommander, patronner 2° herbe, pâturage 3° paillasson [Etym] 艹612 (rad: 140c 3-06), 存352 [Graph] 415c 244b 634d.

蔼 ǎi -3594 |藹 *3944| 1° friendly 2° park 3° crowd ◇ 1° affable 2° parc 3° foule [Etym] 艹612 (rad: 140c 3-11), 谒359 [Graph] 415c 311b 021a 852h 232a 711a.

蒈 kǎi +3595 |chemical component ◇ composant chimique [Etym] 艹612 (rad: 140c 3-09), 皆365 [Graph] 415c 311d 321b 022c.

苌 cháng -3596 |萇 *3676| 1° carambola, a fruit 2° proper noun ◇ 1° carambolier 2° nom propre [Etym] 艹612 (rad: 140c 3-04), 长369 [Graph] 415c 312c.

蘘 ráng +3597 |[Etym] 艹612 (rad: 140c 3-17), 襄376 [Graph] 415c 312j 011a 011a 436g.

蘘荷 ráng hè ∘ lilium giganteum, plant whose roots can be made into drug ◇ lilium giganteum, plante dont les racines servent à faire des médicaments * 3622.

蓑 suō +3598 |簑 *753| 1° straw or palm-bark or grass rain cloak 2° to cover with straw ◇ 1° imperméable fait de paille, de jonc, de feuilles de bambou ou de palmier 2° couvrir d'herbes, de chaume [Etym] 艹612 (rad: 140c 3-10), 衰378 [Graph] 415c 312j 021b.

苽 gū *3599 |菰 +3768| 1° edible hydropyrum 2° wild rice ◇ 1° pousses comestibles hydropyrum 2° riz sauvage [Etym] 艹612 (rad: 140c 3-05), 瓜382 [Graph] 415c 313a.

蓏 luǒ +3600 |fruit which ripens on the ground, as melons ◇ cucurbitacées [Etym] 艹612 (rad: 140c 3-10), 㼌383 [Graph] 415c 313a 313a.

苡 yǐ +3601 |a plant, colx lachryma ◇ colx lacryma [Etym] 艹612 (rad: 140c 3-04), 以384 [Graph] 415c 313b.

蘏 qǐng *3602 |苘 +3885、檾 *941| See ◇ Voir 苘麻 qing3-ma2 3885-6897 [Etym] 艹612 (rad: 140c 3-11), 頃396 [Graph] 415c 321b 023f.

芯 xīn +3603 |rush pith ◇ coeur de jonc [Etym] 艹612 (rad: 140c 3-04), 心397 [Graph] 415c 321c.

△ xìn |信 +3042| core ◇ noyau.

蕊 ruǐ +3604 |蘂 *3701、蕋 *3605| 1° heart of a flower 2° stamen ◇ 1° coeur d'une fleur 2° pistil [Etym] 艹612 (rad: 140c 3-12), 惢398 [Graph] 415c 321c 321c 321c.

蘂 ruǐ *3605 |蕊 +3604、蘂 *3701| 1° heart of a flower 2° stamen ◇ 1° coeur d'une fleur 2° pistil [Etym] 艹612 (rad: 140c 3-16), 惢398 [Graph] 415c 321c 321c 321c 422a.

苾 bì +3606 |fragrant ◇ odorant [Etym] 艹612 (rad: 140c 3-05), 必399 [Graph] 415c 321d.

芫 yán +3607 |plant, daphne genkwa ◇ plante, daphne genkwa [Etym] 艹612 (rad: 140c 3-04), 元408 [Graph] 415c 322d.

△ yuán |

芫花 yuán huā ∘ plant, lilac ◇ lilas * 3621.

芜 wú -3608 |蕪 *3713| 1° full of weeds 2° grassland 3° miscellaneous, mess 4° poor, vulgar ◇ 1° herbes touffues 2° prairie 3° varié, confus 4° commun, mauvais [Etym] 艹612 (rad: 140c 3-04), 无414 [Graph] 415c 323b.

茏 lóng -3609 |蘢 *3540| [Etym] 艹612 (rad: 140c 3-05), 龙417 [Graph] 415c 323d.

茏葱 lóng cōng ∘ verdant, luxuriantly green ◇ verdoyant, luxuriant * 3863.

苛 kē +3610 |severe, harsh, particular ◇ sévère, rigoureux, exigeant, pointilleux [Etym] 艹612 (rad: 140c 3-05), 可421 [Graph] 415c 331c

011a.

苛刻 kē kè ∘ severe, harsh, tough ◇ sévère, rigoureux, exigeant, dur ＊ 6321.

蒜 suàn (625) 艹示示 | [Tra] garlic ◇ ail [Etym] plants (艹 612); phon (2,3=prim abacus, here shown as two 雀 428) ◇ plantes (1= 艹 612); phon (2,3=prim abaque,ici représenté avec deux 雀 428) [Graph] 415c 331l 331l [Ref] w3f [Hanzi] suan4 蒜 3611.

蒜 suàn +3611 艹示示 | garlic ◇ ail [Etym] 艹 612 (rad: 140c 3-10), 蒜 625 [Graph] 415c 331l 331l.

芋 yù +3612 艹于 | taro, colocasia, and other edible tubers ◇ taro comestible, aroplée colocasia [Etym] 艹 612 (rad: 140c 3-03), 于 440 [Graph] 415c 332a.

芋头 yù tóu ∘ taro ◇ taro ＊ 1598.

芋艿 yù nǎi ∘ grass, hay ◇ gazon, foin ＊ 3776.

菝 bá -3613 艹扌犮又 | 菝 *3614 | drug, smilax china ◇ smilax china [Etym] 艹 612 (rad: 140c 3-08), 拔 448 [Graph] 415c 332f 241b 633a.

茇 bá *3614 艹扌犮 | 菝 -3613 | drug, smilax china ◇ smilax china [Etym] 艹 612 (rad: 140c 3-05), 拔 449 [Graph] 415c 332f 242j.

萚 tuò -3615 艹扌又丰 | 蘀 *3617 | fallen bark or leaves ◇ écorce et feuilles mortes [Etym] 艹 612 (rad: 140c 3-08), 择 455 [Graph] 415c 332f 633a 414a.

葩 bào *3616 艹扌勹巳 | See ◇ Voir 抱 2621 [Etym] 艹 612 (rad: 140c 3-08), 抱 460 [Graph] 415c 332f 852h 933b.

蘀 tuò *3617 艹扌四土羊 | 萚 -3615 | fallen bark or leaves ◇ écorce et feuilles mortes [Etym] 艹 612 (rad: 140c 3-16), 擇 463 [Graph] 415c 332f 051a 432a 413c.

莅 lì -3618 艹亻立 | 蒞 *3518 、涖 *149 | 1° to arrive 2° to be present ◇ 1° arriver pour entrer en charge 2° présent [Etym] 艹 612 (rad: 140c 3-07), 位 480 [Graph] 415c 411e 221a.

蓓 bèi +3619 艹亻立口 | bud ◇ bouton (fleur) [Etym] 艹 612 (rad: 140c 3-10), 倍 481 [Graph] 415c 411e 221a 011a.

茯 fú +3620 艹亻犬 | fungus-like substance, pachyma cocos ◇ truffe gigantesque [Etym] 艹 612 (rad: 140c 3-06), 伏 483 [Graph] 415c 411e 242i.

茯苓 fú líng ∘ sort of truffle ◇ truffe gigantesque, pachyme ＊ 3561.

花 huā +3621 艹亻匕 | 化 c° +2834 | 1° flower, blossom 2° flowery 3° fireworks 4° pattern 5° multicolored 6° blurred 7° cotton 8° smallpox 9° to spend 10° courtesan 11° surname 12° to change ◇ 1° fleur 2° enjoliver 3° feux d'artifice 4° modèle 5° multicolore, coloré 6° vue confuse, trouble 7° coton 8° petite vérole 9° dépenser 10° courtisane, débauche 11° nom propre 12° changer [Etym] 艹 612 (rad: 140c 3-04), 化 485 [Graph] 415c 411e 321b.

花篮 huā lán ∘ basket of flowers ◇ corbeille à fleurs ＊ 777.

花布 huā bù ∘ print; cotton print ◇ tissu fleuri, tissus à motifs imprimés ＊ 1527.

花镜 huā jìng ∘ long-sighted glasses ◇ lunettes (pour presbytes) ＊ 1899.

花儿 huā ér ∘ flower ◇ fleur ＊ 2194.

花茶 huā chá ∘ scented tea; jasmine tea ◇ thé parfumé aux fleurs (jasmin) ＊ 3556.

花草 huā cǎo ∘ flowers and plants ◇ fleurs et herbes ＊ 3967.

花瓶 huā píng ∘ vase, flower vase ◇ vase à fleurs, porte-bouquet ＊ 4054.

花样 huā yàng ∘ pattern; kind; design; figure; trick ◇ modèle, sorte, espèce; motif, dessin; ruse, astuce ＊ 4163.

花生 huā shēng ∘ peanut ◇ arachide, cacahuète ＊ 5286.

花生米 huā shēng mǐ ∘ shelled peanut ◇ cacahouète ＊ 5286 4597.

花纹 huā wén ∘ decorative pattern; design ◇ dessins, arabesques ＊ 5954.

花盆儿 huā pén ér ∘ flowerpot ◇ pot à fleurs ＊ 7253 2194.

花边 huā biān ∘ lace ◇ dentelle ＊ 7260.

花色 huā sè ∘ design and colour ◇ design et couleur ＊ 8731.

花白 huā bái ∘ gray, grizzled ◇ grisonnant ＊ 9973.

花束 huā shù ∘ bunch of flowers, bouquet ◇ bouquet de fleurs ＊ 10375.

花甲 huā jiǎ ∘ sixty-year cycle; sixty years old ◇ 60 ans d'âge ＊ 10450.

花圈 huā quān ∘ floral wreath ◇ couronne de fleurs ＊ 10943.

花园 huā yuán ∘ pleasure garden ◇ jardin d'agrément ＊ 10944.

花朵 huā duǒ ∘ flower ◇ fleur ＊ 11208.

花费 huā fèi ∘ to spend ◇ dépenser ＊ 11282.

荷 hé (626) 艹亻可口 | [Tra] lotus; water-lily ◇ lotus; nénuphar [Etym] plant (1= 艹 612); phon (2,3,4= 何 487) ◇ plante (1= 艹 612); phon (2,3,4= 何 487) [Graph] 415c 411e 331c 011a [Hanzi] he2 he4 荷 3622, he1 嗬 8939.

荷 hé +3622 艹亻可口 | lotus, water-lily ◇ lotus, nénuphar [Etym] 艹 612 (rad: 140c 3-07), 何 487 [Graph] 415c 411e 331c 011a.

荷花 hé huā ∘ lotus flower ◇ fleur de lotus ＊ 3621.

△ hè | 1° to bear 2° to be obliged for 3° to carry on one's shoulder, responsibility ◇ 1° porter, recevoir 2° remercier 3° porter la responsabilité de.

苻 fú +3623 艹亻寸 | 1° membrane in stems of rushes or reeds 2° surname ◇ 1° membrane à l'intérieur des roseaux 2° nom de famille [Etym] 艹 612 (rad: 140c 3-05), 付 489 [Graph] 415c 411e 332b.

茌 chí +3624 艹亻士 | place in Shandong ◇ lieu du Shandong [Etym] 艹 612 (rad: 140c 3-05), 仕 493 [Graph] 415c 411e 432b.

荏 rěn +3625 艹亻壬 | 1° weak, soft 2° flexible, gentle 3° soya, common perilla ◇ 1° faible, mou, sans énergie 2° flexible, gentil 3° soja, pérille ocymoide [Etym] 艹 612 (rad: 140c 3-06), 任 494 [Graph] 415c 411e 432k.

荏苒 rěn rǎn。to slip by ◇ passer ＊ 3890.

蒨 qiàn *3626 艹亻丰月 | 茜 +4014 | rubia cordifolia, used to dye, madder, alizarin red ◇ rubia cordifolia, plante tinctoriale, garance, couleur rouge [Etym] 艹 612 (rad: 140c 3-10), 倩 496 [Graph] 415c 411e 433a 856e.

蓡 shēn *3627 艹亻彐冖又 | 参 -5888、參 *5895、葠 *3529 | ginseng ◇ ginseng [Etym] 艹 612 (rad: 140c 3-09), 侵 503 [Graph] 415c 411e 832a 851a 633a.

葆 bǎo +3628 艹亻口木 | 1° luxuriant foliage 2° to cover, to preserve ◇ 1° luxuriant, dru 2° protéger, couvrir, préserver [Etym] 艹 612 (rad: 140c 3-09), 保 507 [Graph] 415c 411e 011a 422a.

莜 yóu +3629 艹亻攵 | [Etym] 艹 612 (rad: 140c 3-07), 攸 514 [Graph] 415c 411f 243c.

莜麦 yóu mài。naked oats ◇ avoine ＊ 5252.

蓧 diào *3630 艹亻攵木 | 莜 -3590 | hoe in ancient time ◇ houe antique [Etym] 艹 612 (rad: 140c 3-11), 條 515 [Graph] 415c 411f 243c 422a.

蓨 tiáo +3631 艹亻攵月 | kind of plant ◇ sorte de plante [Etym] 艹 612 (rad: 140c 3-11), 脩 516 [Graph] 415c 411f 243c 856e.

蓯 cōng *3632 艹彳人人止 | 苁 +3547 | grassy ◇ verdoyant [Etym] 艹 612 (rad: 140c 3-11), 從 520 [Graph] 415c 411g 232a 232a 434e.

荇 xìng +3633 艹彳亍 | 莕 *3657 | water plant, nymphoides peltalum ◇ plante aquatique comestible [Etym] 艹 612 (rad: 140c 3-06), 行 522 [Graph] 415c 411g 331d.

蓰 xǐ +3634 艹彳止止 | to increase fivefold ◇ quintuple [Etym] 艹 612 (rad: 140c 3-11), 徙 525 [Graph] 415c 411g 434a 434e.

葎 lǜ +3635 艹彳聿 | [Etym] 艹 612 (rad: 140c 3-09), 律 529 [Graph] 415c 411g 833e.

葎草 lǜ cǎo。wild hop, humulus japonicus, scandent hop ◇ houblon, humulus japonicus ＊ 3967.

薇 wēi +3636 艹彳山一几攵 | 1° fern 2° rose 3° imperial council ◇ 1° fougère 2° rose 3° conseil impérial [Etym] 艹 612 (rad: 140c 3-13), 微 533 [Graph] 415c 411g 841b ac:a Z33a 243c.

蘅 héng +3637 艹彳角大亍 | See ◇ Voir 杜蘅 du4-heng2 4205-3637 [Etym] 艹 612 (rad: 140c 3-16), 衡 535 [Graph] 415c 411g 041h 242a 331d.

薺 jì *3638 艹亠刀氏丿二 | 荠 -3589 | tulipa edulis ◇ tulipa edulis [Etym] 艹 612 (rad: 140c 3-14), 齊 539 [Graph] 415c 411i 732a 312b 416b 111b.

△ qí | 荠 -3589 | (bi2 - 5) water chestnut ◇ (bi2 - 5) châtaigne d'eau.

△ qi | 荠 -3589 | See ◇ Voir 荸荠 bi2-qi5 3860-3589.

蒋 jiǎng -3639 艹丬夕寸 | 蔣 *4023 | 1° kind of rice 2° surname ◇ 1° espèce de riz 2° nom propre [Etym] 艹 612 (rad: 140c 3-09), 将 544 [Graph] 415c 412a 631b 332b.

苄 biàn +3640 艹卞 | benzyl ◇ benzyl [Etym] 艹 612 (rad: 140c 3-04), 卞 550 [Graph] 415c 412e.

苲 zhǎ +3641 艹乍 | water plant (to feed goldfish) ◇ plante aquatique (servant à nourrir les poissons rouges) [Etym] 艹 612 (rad: 140c 3-05), 乍 551 [Graph] 415c 412f.

莘 shēn +3642 艹辛 | numerous ◇ nombreux [Etym] 艹 612 (rad: 140c 3-07), 辛 567 [Graph] 415c 413d.

△ xīn | place in Shanghai area ◇ lieu de la région de Shanghai.

芊 qiān +3643 艹千 | luxuriant foliage, lush ◇ feuillu, touffu [Etym] 艹 612 (rad: 140c 3-03), 千 571 [Graph] 415c 413f.

苹 píng +3644 艹平 | 蘋 *3700、蘋 -3699 | [Etym] 艹 612 (rad: 140c 3-05), 平 577 [Graph] 415c 413j.

苹果 píng guǒ。apple ◇ pomme ＊ 10750.

蔧 huì +3645 艹丰丰彐 | See ◇ Voir 王蔧 wang2-hui4 5061-3645 [Etym] 艹 612 (rad: 140c 3-11), 彗 593 [Graph] 415c 414g 414g 832a.

葜 qiā +3646 艹丰刀大 | felicitous plant ◇ plante de bon augure [Etym] 艹 612 (rad: 140c 3-09), 契 596 [Graph] 415c 414g 732a 242a.

華 huá (627) 艹𠦒 | [Tra] magnificent; China ◇ glorieux; Chine [Etym] grass (1= 艹 612); luxurious tree (2=prim) ◇ des herbes (1= 艹 612); un arbre luxuriant (2=prim) [Graph] 415c 414k [Ref] k94, ph687, r24g, w13f, wa43 [Hanzi] ye4 燁 967, hua2 鏵 1167, hua1 hua2 hua4 華 3647, hua4 樺 4172, xue1 韡 5366, wei3 韡 7363, hua1 hua2 嘩 8940, hua2 譁 9508, ye4 曄 9866, hua2 驊 11040.

華 huā *3647 艹𠦒 | 华 -2835 | 1° flower 2° blossom ◇ 1° fleur 2° floraison [Etym] 艹 612 (rad: 140c 3-07), 華 627 [Graph] 415c 414k.

△ huá | 华 -2835 | 1° magnificent 2° flourishing 3° best part 4° flashy 5° gray 6° China 7° your ◇ 1° éclat 2° prospère 3° la meilleure part 4° glorieux, orné 5° chenu 6° la Chine 7° votre honoré.

△ huà | 华 -2835 | 1° mountain in Shanxi 2° surname ◇ 1° montagne du Shanxi 2° nom propre.

蓝 la -3648 艹刂𠂉皿 | 藍 *3922 | See ◇ Voir 苤蓝 pie3-la5 3653-3648 [Etym] 艹 612 (rad: 140c 3-10), 监 607 [Graph] 415c 415a 231a 922a.

△ lán | 藍 *3922 | 1° indigo, blue, indigo plant 2° surname ◇ 1° indigo, bleu, renouée tinctoriale 2° nom propre.

蓝球 lán qiú。basketball ◇ basket-ball ＊ 5094.

蓝子 lán zǐ。basket ◇ panier, corbeille ＊ 6546.

蓝点罢 lán diǎn bà。Spanish mackerel ◇ maquereau espagnol ＊ 9799 10780.

菲 fēi +3649 艹非 | 1° luxuriant 2° fragrant 3° phenanthrene ◇ 1° beau 2° parfumé 3° phenanthrène [Etym] 艹 612 (rad: 140c 3-08), 非 611 [Graph] 415c 415b.

△ fěi |1° radish 2° frugal 3° mean ◇ 1° navet 2° maigre 3° frugal, mesquin.

荆 jīng (628) 艹开刂 |[Tra] chaste tree ◇ galnier [Etym] plant (1= 艹 612); phon, torture (2,3= 刑 707) ◇ plante (1= 艹 612); phon, châtier (2,3= 刑 707) [Graph] 415c 416h 333b [Hanzi] jing1 荆3650.

荆 jīng +3650 艹开刂 |1° chaste tree, cercis sinensis 2° my wife (polite term) 3° surname ◇ 1° galnier, cercis sinensis, ronces 2° ma femme (terme poli) 3° nom propre [Etym] 艹 612 (rad: 140c 3-06), 荆 628 [Graph] 415c 416h 333b.

蔕 dì *3651 艹卌冖巾 |蒂 +3859| 1° stem 2° peduncle ◇ 1° tige 2° pétiole [Etym] 艹 612 (rad: 140c 3-11), 帶 717 [Graph] 415c 417f 851a 858a.

芣 fú +3652 艹不 |plant, plantago seeds ◇ plantain [Etym] 艹 612 (rad: 140c 3-04), 不 718 [Graph] 415c 421a.

芣苢 fú yǐ 。plantago seeds ◇ plante qui a des fleurs vert clair ✱ 3915.

苤 piě +3653 艹不一 |1° blooming 2° kohlrabi ◇ 1° luxuriant, fleuri 2° kohlrabi [Etym] 艹612 (rad: 140c 3-05), 丕 719 [Graph] 415c 421a ac:z.

苤蓝 piě la 。kohlrabi ◇ végétation prospère ✱ 3648.

萊 lái *3654 艹木人人 |莱 -3672| weeds ◇ herbes sauvages, inculte [Etym] 艹 612 (rad: 140c 3-08), 來 724 [Graph] 415c 422a 232a 232a.

菘 sōng +3655 艹木公 |cabbage ◇ chou [Etym] 艹 612 (rad: 140c 3-08), 松 744 [Graph] 415c 422a 612h.

菥 xī +3656 艹木斤 |asarum ◇ asarum [Etym] 艹 612 (rad: 140c 3-08), 析 748 [Graph] 415c 422a 722c.

莕 xìng *3657 艹木口 |荇 +3633| water plant, nymphoides peltalum ◇ plante aquatique comestible [Etym] 艹 612 (rad: 140c 3-07), 杏755 [Graph] 415c 422a 011a.

葙 xiāng +3658 艹木目 |See ◇ Voir 青葙 qing1-xiang1 5274-3658 [Etym] 艹 612 (rad: 140c 3-09), 相 758 [Graph] 415c 422a 023a.

萩 qiū +3659 艹禾火 |mugwort ◇ armoise [Etym] 艹 612 (rad: 140c 3-09), 秋 761 [Graph] 415c 422d 231b.

莉 lì +3660 艹禾刂 |See ◇ Voir 茉莉 mo4-li4 3670-3660 [Etym] 艹 612 (rad: 140c 3-07), 利 765 [Graph] 415c 422d 333b.

萎 wēi +3661 艹禾女 |to decline ◇ affaibli [Etym] 艹 612 (rad: 140c 3-08), 委 769 [Graph] 415c 422d 611e.

△ wěi |to wither, to decay, to fade ◇ flétri, fané, ruiné.

莠 yǒu +3662 艹禾乃 |1° green bristle grass 2° bad people 3° false 4° to deceive ◇ 1° faux millet, ivraie 2° personne mauvaise 3° faux 4° tromper [Etym] 艹 612 (rad: 140c 3-07), 秀 774 [Graph] 415c 422d 6341.

藜 lí +3663 艹禾勹人氺 |蔾 *3664| kind of bramble ◇ chardon [Etym] 艹 612 (rad: 140c 3-15), 黎 776 [Graph] 415c 422d 852d 233a 331o.

蔾 lí *3664 艹禾勹木 |藜 +3663| kind of bramble ◇ chardon [Etym] 艹 612 (rad: 140c 3-12), 黎777 [Graph] 415c 422d 852d 422a.

萹 biǎn (629) 艹禾户冊 |[Tra] trailing bean ◇ haricot [Etym] {?}two sign: plant (艹 612),grain (禾 760); phon (扁 1989) ◇ {?} deux sign: plante (艹 612), grain (禾 760); phon (扁 1989) [Graph] 415c 422d 931e 856j [Hanzi] bian3 萹3665.

萹 biǎn +3665 艹禾户冊 |trailing bean, dolichos labiab ◇ haricot [Etym] 艹 612 (rad: 140c 3-14), 萹 629 [Graph] 415c 422d 931e 856j.

蒌 lóu -3666 艹米女 |蔞 *4037| parsley ◇ persil [Etym] 艹 612 (rad: 140c 3-09), 娄 785 [Graph] 415c 422f 611e.

薮 sǒu -3667 艹米女攵 |藪 *4038| 1° shallow lake overgrown with wild plants, large pond 2° den, haunt 3° gathering place (beasts) ◇ 1° marais couvert de végétation, grand étang 2° repaire, dépôt 3° lieu de rassemblement (animaux) [Etym] 艹 612 (rad: 140c 3-13), 数 786 [Graph] 415c 422f 611e 243c.

蕃 fān +3668 艹采田 |1° foreign things 2° measure-word (times) 3° in turn ◇ 1° tout ce qui n'est pas chinois 2° spécificatif (fois) 3° à tour de rôle [Etym] 艹 612 (rad: 140c 3-12), 番 797 [Graph] 415c 422g 041a.

△ fán |1° plenty, numerous 2° to multiply, increasing, luxuriant 3° Tibet ◇ 1° nombreux 2° se multiplier, florissant, touffu, prospère 3° Tibet.

苯 běn +3669 艹本 |benzene, benzol ◇ benzine, benzol [Etym] 艹 612 (rad: 140c 3-05), 本 799 [Graph] 415c 422h.

茉 mò +3670 艹末 |[Etym] 艹 612 (rad: 140c 3-05), 末 802 [Graph] 415c 422j.

茉莉 mò lì 。jasmine ◇ jasmin ✱ 3660.

茱 zhū +3671 艹朱 |xanthoxylum ◇ xanthoxylum [Etym] 艹612 (rad: 140c 3-06), 朱 803 [Graph] 415c 422l.

莱 lái -3672 艹来 |萊 *3654| weeds ◇ herbes sauvages, inculte [Etym] 艹 612 (rad: 140c 3-07), 来 804 [Graph] 415c 422m.

莱菔 lái fú 。radish ◇ navet ✱ 3883.

藉 jí +3673 艹耒艹日 |[Etym] 艹 612 (rad: 140c 3-14), 耤 806 [Graph] 415c 422n 436b 021a.

藉藉 jí jí 。in disorder, scattered about in a mess ◇ en désordre, pêle-mêle, fouillis ✱ 3673.

△ jiè |1° cushion, pad, mat 2° to lean on for aid, to help 3° to avail of ◇ 1° coussin, litière 2° support, aider 3° moyennant.

藕 ǒu +3674 艹耒禺 |edible lotus root ◇ racine comestible de lotus [Etym] 艹 612 (rad: 140c 3-15), 耦 807 [Graph] 415c 422n 043l.

菽 shū -3675 艹上小又 |尗 *4720| 1° beans 2° pulse, coarse food ◇ 1° fèves, pois, légumineuses, vesces 2° nourriture grossière [Etym] 艹612 (rad: 140c 3-08), 叔 820 [Graph] 415c 431b 331j 633a.

萇 cháng *3676 艹巨以 | 苌 -3596 | 1° carambola, a fruit 2° proper noun ◇ 1° carambolier 2° nom propre [Etym] 艹 612 (rad: 140c 3-08), 長 822 [Graph] 415c 431c 312d.

蕻 hòng (630) 艹巨厶共 | [Tra] luxuriant vegetables ◇ légumes luxuriants [Etym] 2 sign:plant (1= 艹 612),long (2,3= 镸 823)stem; phon (4= 隺 635) ◇ deux sign: plante (1= 艹 612), longue (2,3= 镸 823) tige; phon (4= 隺 635) [Graph] 415c 431c 612a 436e [Hanzi] hong2 hong4 蕻 3677.

蕻 hóng +3677 艹巨厶共 | mustard green ◇ légume de moutarde [Etym] 艹 612 (rad: 140c 3-13), 蕻 630 [Graph] 415c 431c 612a 436e.

△ hòng | 1° luxuriant 2° long-stalked vegetables ◇ 1° luxuriant 2° légumes à longue tige.

芏 dù +3678 艹土 | See ◇ Voir 茳芏 jiang1-du4 3521-3678 [Etym] 艹 612 (rad: 140c 3-03), 土 826 [Graph] 415c 432a.

薔 qiáng *3679 艹土人人囗口 | 蔷 -3695 | See ◇ Voir 薔薇 qiang2-wei1 3695-3636 [Etym] 艹 612 (rad: 140c 3-13), 嗇 828 [Graph] 415c 432a 232a 232a 071a 011a.

莰 kǎn +3680 艹土欠 | camphane ◇ camphane [Etym] 艹 612 (rad: 140c 3-07), 坎 829 [Graph] 415c 432a 232b.

薘 dá *3681 艹土羊辶 | 荙 -3576 | beetroot ◇ betterave [Etym] 艹 612 (rad: 140c 3-12), 達 839 [Graph] 415c 432a 414b 634o.

葑 fēng +3682 艹土土寸 | 1° cruciferae, mustard 2° coarse vegetables: rape-turnip ◇ 1° crucifères, moutarde 2° légumes grossiers, navets [Etym] 艹 612 (rad: 140c 3-09), 封 841 [Graph] 415c 432a 432a 332b.

△ fèng | rape-turnip ◇ navet.

蕘 ráo *3683 艹土土土兀 | 荛 -3715 | 1° firewood 2° fuel 3° straw 4° vile, valueless ◇ 1° bois à brûler 2° combustible 3° paille 4° vil, de nulle valeur [Etym] 艹 612 (rad: 140c 3-12), 堯 844 [Graph] 415c 432a 432a 432a 322c.

蓋 gài (631) 艹土厶皿 | [Tra] roof; for, since ◇ couvrir: car [Etym] to cover (2,3,4= 盍 851) with plants or thatch (1= 艹 612) ◇ couvrir (2,3,4= 盍 851) avec des herbes ou des chaumes (1= 艹 612) [Graph] 415c 432a 612a 922a [Ref] wi335 [Hanzi] gai4 ge3 蓋 3684.

蓋 gài *3684 艹土厶皿 | 盖 -5225 | 1° lid, covering, roof, canopy 2° shell (tortoise) 3° to affix (seal) 4° to surpass, to top 5° to build 6° around, approximately 7° since, for 8° surname ◇ 1° couvercle, toit, dais, couvrir 2° carapace (tortue) 3° appliquer (sceau) 4° dépasser 5° bâtir 6° environ 7° car, en effet 8° nom propre [Etym] 艹 612 (rad: 140c 3-10), 蓋 631 [Graph] 415c 432a 612a 922a.

△ gě | 盖 -5225 | surname ◇ nom de famille.

薹 tái +3685 艹士口冖厶土 | kind of sedge ◇ carex, laîche [Etym] 艹 612 (rad: 140c 3-14), 臺 877 [Graph] 415c 432b 011a 851a 612c 432a.

荖 lǎo +3686 艹耂匕 | 1° betel 2° river in Taiwan ◇ 1° bétel 2° rivière du Taiwan [Etym] 艹 612 (rad: 140c 3-06), 老 889 [Graph] 415c 432c 321b.

蓍 shī +3687 艹耂匕日 | achillea alpina, which is used for divination, alpine yarrow ◇ herbe des devins, mille-feuille, achillées alpines [Etym] 艹 612 (rad: 140c 3-10), 耆 890 [Graph] 415c 432c 321b 021a.

著 zhù (632) 艹耂日 | [Tra] outstanding; to show ◇ manifeste; publier [Etym] many plants (1= 艹 612); many objects (2,3= 者 893) ◇ plantes abondantes (1= 艹 612); plusieurs objets (2,3= 者 893) [Graph] 415c 432c 021a [Ref] h343, k1253, r404, w159b [Hanzi] zhuo1 鐯 1168, zhuo1 锗 1951, zhu4 zhuo2 著 3688, chu2 躇 9317.

著 zhù +3688 艹耂日 | 1° outstanding, marked 2° to show, to prove 3° to write 4° book, work ◇ 1° remarquable, notoire 2° faire connaître, publier, manifeste, visible 3° exposer par écrit, composer 4° livre, ouvrage [Etym] 艹 612 (rad: 140c 3-08), 著 632 [Graph] 415c 432c 021a.

著作 zhù zuò ∘ book, writings ◇ ouvrage, écrit * 2850.

著称 zhù chēng ∘ famous, celebrated, noted ◇ célèbre, renommé, remarqué * 4515.

著名 zhù míng ∘ famous, celebrated ◇ renommé, célèbre, fameux, réputé * 6408.

△ zhuó | 着 +1531 | 1° to wear (clothes), to put on 2° to touch 3° to apply 4° whereabouts 5° to send ◇ 1° porter (vêtement), revêtir 2° toucher 3° appliquer, disposer, placer 4° lieu où trouver quelqu'un 5° envoyer.

蕁 qián *3689 艹夫土火火 | 荨 -3814、蕁 *3815 | See ◇ Voir 荨麻 qian2-ma2 3814-6897 [Etym] 艹 612 (rad: 140c 3-16), 燅 898 [Graph] 415c 432d 432a 231b 231b.

蓺 yì +3690 艹夫土丸 | 1° to plant 2° to farm ◇ 1° planter 2° cultiver [Etym] 艹 612 (rad: 140c 3-11), 埶 899 [Graph] 415c 432d 432a Z32c.

爇 ruò +3691 艹夫土丸灬 | 1° warm 2° to light 3° to burn ◇ 1° chaud 2° allumer 3° brûler [Etym] 艹 612 (rad: 140c 3-15), 熱 900 [Graph] 415c 432d 432a Z32c 222d.

藝 yí (633) 艹夫土丸云 | [Tra] to sow; skill, art ◇ semer; art, adresse [Etym] {1} plants (艹 612) and clouds (云 1152), phon, farming (埶 899); {2} peasant (his foot,5=prim) resetting (action, 2,3,4=prim) plants (1= 艹 612) ◇ {1} plantes (艹 612) et nuages (云 1152), phon, cultiver (埶 899); {2} paysan (son pied, 5=prim) replantant (action, 2,3,4=prim) des plantes (1= 艹 612) [Graph] 415c 432d 432a Z32c 612d [Ref] wa75 [Hanzi] yi4 藝 3692, yi4 囈 8941, yi4 讛 9509.

藝 yì *3692 艹夫土丸云 | 艺 -4026 | 1° skill 2° art 3° law, rule 4° agriculture, to cultivate ◇ 1° métier, habileté 2° art 3° loi, règle 4° agriculture, cultiver [Etym] 艹 612 (rad: 140c 3-15), 藝 633 [Graph] 415c 432d 432a Z32c 612d.

菱 líng +3693 艹夫夂 | water chestnut, trapa ◇ macre, châtaigne d'eau [Etym] 艹 612 (rad: 140c 3-08), 夌 901 [Graph] 415c 432d 633e.

莛 tíng +3694 艹壬廴 | stalk, straw, stem ◇ tige, chaume, brin [Etym] 艹 612 (rad: 140c 3-06), 廷 931 [Graph] 415c 432k 634n.

蔷 qiáng -3695 艹亠回口 | 薔 *3679 | [Etym] 艹 612 (rad: 140c 3-11), 啬 940 [Graph] 415c 432p 071a 011a.

蔷薇 qiáng wēi ∘ red rose ◇ rose rouge * 3636.

菁 jīng +3696 艹主月 | 1° lush 2° essence, cream, luxuriant 3° turnip 4° leek flower ◇ 1° luxuriant 2° crème 3° navet 4° fleur du poireau [Etym] 艹 612 (rad: 140c 3-08), 青 946 [Graph] 415c 433a 856e.

芷 zhǐ +3697 艹止 | fragrant plant, iris florentina ◇ iris florentina [Etym] 艹 612 (rad: 140c 3-04), 止 954 [Graph] 415c 434a.

茈 cí +3698 艹止匕 | water-chestnut ◇ châtaigne d'eau [Etym] 艹 612 (rad: 140c 3-06), 此 955 [Graph] 415c 434a 321b.

△ zǐ | plant used in dyeing ◇ plante tinctoriale.

苹 pín -3699 艹止少页 | 蘋 *3700 | clover fern ◇ fougère aquatique, marsilée [Etym] 艹 612 (rad: 140c 3-13), 频 958 [Graph] 415c 434a 331h 854d.

△ píng | 苹 +3644 、蘋 *3700 |

蘋 pín *3700 艹止少頁 | 𬞟 -3699 | clover fern ◇ fougère aquatique, marsilée [Etym] 艹 612 (rad: 140c 3-16), 頻 959 [Graph] 415c 434a 331h 023f.

△ píng | 苹 +3644 、𬞟 -3699 | See ◇ Voir 苹果 ping2-guo3 3644-10750.

蕊 ruǐ *3701 艹止止止 | 蕊 +3604 、蘂 *3605 | 1° heart of a flower 2° stamen ◇ 1° coeur d'une fleur 2° pistil [Etym] 艹 612 (rad: 140c 3-12), 𣥒 960 [Graph] 415c 434a 434a 434a.

蔫 niān +3702 艹正㇉ | 1° to fade, to shrivel up 2° listless ◇ 1° fané, séché 2° nonchalant, indolent [Etym] 艹 612 (rad: 140c 3-11), 焉 964 [Graph] 415c 434b Z21h.

蔬 shū +3703 艹正𠫓儿 | vegetables, greens, green foodstuff ◇ légumes, légume vert, plante potagère [Etym] 艹 612 (rad: 140c 3-12), 疏 966 [Graph] 415c 434c 612e 417b.

蔬菜 shū cài ∘ vegetables ◇ légumes * 3543.

韮 jiǔ *3704 艹非 | 韭 +5348 | Chinese chives, fragrant-flowered garlic ◇ échalote, ciboule [Etym] 艹 612 (rad: 140c 3-09), 非 987 [Graph] 415c 435d.

苷 gān +3705 艹甘 | 1° liquorice 2° glucoside ◇ 1° réglisse 2° glucose [Etym] 艹 612 (rad: 140c 3-05), 甘 1009 [Graph] 415c 436f.

萁 qí +3706 艹其 | 1° tendrils of vines 2° beanstalk ◇ 1° vrilles de vigne 2° tige de pois ou haricot [Etym] 艹 612 (rad: 140c 3-08), 其 1013 [Graph] 415c 436i.

葚 rèn +3707 艹甚 | (sang1 - r) fruit of the mulberry tree, mulberry ◇ (sang1 - r) fruit du mûrier, mûre [Etym] 艹 612 (rad: 140c 3-09), 甚 1015 [Graph] 415c 436j.

△ shèn | fruit of the mulberry tree, mulberry ◇ fruit du mûrier, mûres.

茸 róng (634) 艹耳 | [Tra] thick, young antler ◇ touffu, duveteux [Etym] plants (1= 艹 612) ->luxuriant growth; phon (< 聽 1021) ◇ une plante (1= 艹 612) -> luxuriance; phon (< 聽 1021) [Graph] 415c 436k [Ref] w146d [Hanzi] rong2 茸 3708.

茸 róng +3708 艹耳 | 1° fine and soft (grass) 2° thick, dense 3° young pilose antler ◇ 1° duveteux (herbes) 2° touffu, dense 3° jeunes bois du cerf [Etym] 艹 612 (rad: 140c 3-06), 茸 634 [Graph] 415c 436k.

萑 huān (635) 艹隹 | [Tra] grand duke, owl ◇ grand duc, hibou [Etym] an owl (2= 隹 1030) with feather-horns (1=prim) ◇ un grand duc (2= 隹 1030) avec ses oreilles (1=prim) [Graph] 415c 436m [Ref] r275, w103c, wa59, wi395 [Hanzi] huan2 萑 3709, jiu4 舊 3712.

萑 huán +3709 艹隹 | leonurus sibiricus, reeds ◇ leonurus sibiricus, roseaux [Etym] 艹 612 (rad: 140c 3-08), 萑 635 [Graph] 415c 436m.

蕉 jiāo +3710 艹隹灬 | banana tree ◇ bananier [Etym] 艹 612 (rad: 140c 3-12), 焦 1031 [Graph] 415c 436m 222d.

蒦 huō, huái (636) 艹隹又 | [Tra] to seize ◇ saisir [Etym] to hold an owl (1,2= 萑 635) in the hand (3= 又 1271) (< 难 1275) ◇ tenir un grand duc (1,2= 萑 635) à la main (3= 又 1271) (< 难 1275) [Graph] 415c 436m 633a [Ref] k120, ph782, r45h, w103b, wi849, wi919 [Hanzi] yue4 篗 779, huo4 鑊 1169, yue1 彟 1583, huo4 镬 1952, huo1 劐 3711, huo4 穫 4525, huo4 獲 5614, yue1 矱 7378, yue1 蠖 7394, huo1 o3 嚄 8942, hu4 護 9510, huo4 蠖 10227.

劐 huō +3711 艹隹又刂 | 1° to slit or cut with a knife, to split open 2° to risk 3° to expose ◇ 1° fendre, ouvert 2° risquer 3° exposer [Etym] 刂 470 (rad: 018b 2-13), 蒦 636 [Graph] 415c 436m 633a 333b.

舊 jiù (637) 艹隹臼 | [Tra] old, former ◇ vieux, ancien [Etym] an owl (1,2= 萑 635); phon (3= 臼 1587) ◇ un grand duc (1,2= 萑 635); phon (3= 臼 1587) [Graph] 415c 436m 835b [Ref] h648, k120, r45g, w103c, wi395 [Hanzi] jiu4 舊 3712.

舊 jiù *3712 艹隹臼 | 旧 +2769 | 1° past, old, bygone 2° used 3° former 4° old friendship ◇ 1° passé, vieux 2° usagé 3° ancien 4° vieille amitié [Etym] 臼 1587 (rad: 134a 6-11), 舊 637 [Graph] 415c 436m 835b.

蕪 wú *3713 艹無灬 | 芜 -3608 | 1° full of weeds 2° grassland 3° miscellaneous, mess 4° poor, vulgar ◇ 1° herbes touffues 2° prairie 3° varié, confus 4° commun, mauvais [Etym] 艹 612 (rad: 140c 3-12), 無 1043 [Graph] 415c 436n 222d.

茋 qí +3714 艹氏 | See ◇ Voir [Etym] 艹 612 (rad: 140c 3-04), 氏 1052 [Graph] 415c 511c.

荛 ráo -3715 艹戈兀 | 蕘 *3683 | 1° firewood 2° fuel 3° straw 4° vile, valueless ◇ 1° bois à brûler 2° combustible 3° paille 4° vil, de nulle valeur [Etym] 艹 612 (rad: 140c 3-06), 尧 1056 [Graph] 415c 512a 322c.

莪 é +3716 艹我 | artemisia, plant with edible leaves ◇ armoise, plante à feuilles comestibles [Etym] 艹 612 (rad: 140c 3-07), 我 1067 [Graph] 415c 512f.

> **茂** mào (638) 艹戊 | [Tra] florishing; exert ◇ luxuriant; effort [Etym] plants (1= 艹 612); halberd with a crescent (2= 戊 1069) ◇ des plantes (1= 艹 612); une hallebarde à couteau (2= 戊 1069) [Graph] 415c 512i [Ref] k639, w71m [Hanzi] mao4 茂 3717.

茂 mào +3717 艹戊 | 1° exuberant, flourishing 2° strong, to exert ◇ 1° luxuriant, florissant, beau 2° s'efforcer, fort [Etym] 艹 612 (rad: 140c 3-05), 戊 1069 [Graph] 415c 512i.

茂盛 mào shèng。thick, flourishing ◇ épais, abondant, prospère * 5551.

葳 wēi +3718 艹戍二女 | [Etym] 艹 612 (rad: 140c 3-09), 威 1077 [Graph] 415c 512m ac:a 611e.

葳蕤 wēi ruí。luxuriant growth, lush ◇ touffu, exubérant * 3727.

> **蒇** chǎn (639) 艹戍贝 | [Tra] to finish, to complete ◇ terminer, accomplir [Etym] florishing (1,2= 茂 638); money (3= 贝 1796) ◇ florissant (1,2= 茂 638); argent (3= 贝 1796) [Graph] 415c 512m 854b [Hanzi] chan3 蒇 3719.

蒇 chǎn -3719 艹戍贝 | 蕆 *3720 | to finish, to complete ◇ terminer, accomplir [Etym] 艹 612 (rad: 140c 3-09), 蒇 639 [Graph] 415c 512m 854b.

> **蕆** chǎn (640) 艹戍貝 | [Tra] to finish, to complete ◇ terminer, accomplir [Etym] florishing (1,2= 茂 638); money (3= 贝 1796) ◇ florissant (1,2= 茂 638); argent (3= 贝 1796) [Graph] 415c 512m 023b [Hanzi] chan3 蕆 3720.

蕆 chǎn *3720 艹戍貝 | 蒇 -3719 | to finish, to complete ◇ terminer, accomplir [Etym] 艹 612 (rad: 140c 3-12), 蕆 640 [Graph] 415c 512m 023b.

> **藏** cáng (641) 艹戕臣 | [Tra] to hide; booty; Tibet ◇ cacher; butin; Tibet [Etym] a: plants (1= 艹 612) where to hide; phon (2,3= 臧 1082) ◇ a: plantes (1= 艹 612) où se cacher; phon (2,3= 臧 1082) [Graph] 415c 512o 935b [Ref] h923, k1035, wi941 [Hanzi] cang2 zang4 藏 3721, zang4 臟 8116.

藏 cáng +3721 艹戕臣 | 1° to hide away, to conceal 2° to store up 3° Tibet 4° booty ◇ 1° cacher, dissimuler 2° mettre à l'abri 3° Tibet 4° butin [Etym] 艹 612 (rad: 140c 3-14), 藏 641 [Graph] 415c 512o 935b.

藏书 cáng shū。a collection of books ◇ collection de livres * 7291.

△ zàng | 1° storing place, depot 2° Buddhist or Taoist scriptures 3° short for Xizang Autonomous Region, Tibet, Zang nationality 4° booty ◇ 1° dépôt, lieu de conservation 2° textes bouddhistes ou taoïstes 3° nom du Tibet, nationalité tibétaine 4° butin, trésor.

藐 miǎo +3722 艹豸皃 | 1° petty, small 2° to despise, to insult ◇ 1° petit, minime 2° ridiculiser, critiquer, mépriser [Etym] 艹 612 (rad: 140c 3-14), 貌 1088 [Graph] 415c 521a 022d.

藐视 miǎo shì。to despise, to look down upon ◇ mépriser; dédaigner * 6592.

荻 dí +3723 艹犭火 | a kind of reed ◇ roseau [Etym] 艹 612 (rad: 140c 3-07), 狄 1091 [Graph] 415c 521b 231b.

> **获** huò (642) 艹犭犬 | [Tra] to capture, to catch ◇ capturer, atteindre [Etym] two dogs (2= 犭 1090) (3= 犬 295), plants (1= 艹 612) ◇ deux chiens (2= 犭 1090) (3= 犬 295), plantes (1= 艹 612) [Graph] 415c 521b 242i.

获 huò -3724 艹犭犬 | 獲 *5614 、穫 *4525 3° | 1° to capture, to catch, to take in hunting 2° to obtain 3° to reap ◇ 1° capturer, acquérir 2° obtenir, atteindre, avoir la possibilité de 3° moissonner [Etym] 艹 612 (rad: 140c 3-07), 犭 1090 [Graph] 415c 521b 242i.

获得 huò dé。to get, to catch, to capture ◇ obtenir, remporter * 3173.

获得 huò de。to obtain, to gain, to acquire, to win ◇ obtenir, gagner, acquérir, remporter * 3173.

获悉 huò xī。to learn (of an event) ◇ apprendre (une nouvelle) * 4655.

获取 huò qǔ。to obtain, to acquire, to capture ◇ obtenir, acquérir * 5460.

获胜 huò shèng。to win victory, to triumph ◇ remporter la victoire, gagner (au jeu) * 8138.

莸 yóu -3725 艹犭尤 | 蕕 *3726 | 1° malodorous plant 2° bush, shrub ◇ 1° herbe à odeur désagréable 2° arbuste [Etym] 艹 612 (rad: 140c 3-07), 犹 1094 [Graph] 415c 521b 323c.

蕕 yóu *3726 艹犭酋 | 莸 -3725 | 1° malodorous plant 2° bush, shrub ◇ 1° herbe à odeur désagréable 2° arbuste [Etym] 艹 612 (rad: 140c 3-12), 猶 1099 [Graph] 415c 521b 062d.

> **蕤** ruí (643) 艹豕生 | [Tra] luxuriant, lush ◇ touffu, exubérant [Etym] plant (1= 艹 612), pig (2= 豕 1100); growth (3= 生 951) ◇ plantes (1= 艹 612), cochon (2= 豕 1100); croissance (3= 生 951) [Graph] 415c 522a 433b [Hanzi] rui2 蕤 3727.

蕤 ruí +3727 艹豕生 | See ◇ Voir 葳蕤 wei1-rui2 3718-3727 [Etym] 艹 612 (rad: 140c 3-12), 蕤 643 [Graph] 415c 522a 433b.

菑 zī +3728 艹巛田 | fields or land cultivated for one year ◇ terres cultivées depuis un an

[Etym] 艹 612 (rad: 140c 3-08), 甾 1116 [Graph] 415c 611c 041a.

莖 jīng *3729 艹巛工 | 茎 -3763 | stalk, stem (of a plant) ◇ chaume, tige (d'une plante) [Etym] 艹 612 (rad: 140c 3-07), 巠 1121 [Graph] 415c 611d 431a.

薅 hāo +3730 艹女厂辰寸 | 1° to clear 2° to weed, to pull up (weeds, etc.) ◇ 1° défricher 2° sarcler, arracher (les mauvaises herbes) [Etym] 艹 612 (rad: 140c 3-13), 辱 1357 [Graph] 415c 611e 721a 312f 332b.

茹 rú +3731 艹女口 | 1° to eat 2° pain 3° surname ◇ 1° manger 2° peine 3° nom de famille [Etym] 艹 612 (rad: 140c 3-06), 如 1128 [Graph] 415c 611e 011a.

菇 gū +3732 艹女古 | 菰 +3768 | 1° mushroom 2° bud ◇ 1° champignon 2° bouton de fleur [Etym] 艹 612 (rad: 140c 3-08), 姑 1129 [Graph] 415c 611e 013f.

苔 tāi +3733 艹厶口 | See ◇ Voir 舌苔 she2-tail 9820-3733 [Etym] 艹 612 (rad: 140c 3-05), 台 1143 [Graph] 415c 612a 011a.

△ tái | liver moss ◇ hépatiques.

芸 yún +3734 艹云 | 蕓 1° *3892 | 1° fragrant herb, the leaves of which drive away insects 2° to weed 3° library ◇ 1° rutacée dont l'odeur chasse les insectes 2° sarcler 3° bibliothèque [Etym] 艹 612 (rad: 140c 3-04), 云 1152 [Graph] 415c 612d.

茺 chōng +3735 艹充 | lamium album ◇ lamium album [Etym] 艹 612 (rad: 140c 3-06), 充 1159 [Graph] 415c 612f.

蓊 wěng +3736 艹公习习 | luxuriant, lush ◇ fleuri, prospère [Etym] 艹 612 (rad: 140c 3-10), 翁 1162 [Graph] 415c 612h 731c 731c.

䓣 zhòu -3737 艹纟寸 | 葤 *3744 | 1° to wrap with straw 2° measure-word (stack of dishes) ◇ 1° envelopper avec la paille 2° spécificatif (pile de vaisselle) [Etym] 艹 612 (rad: 140c 3-06), 纣 1165 [Graph] 415c 613b 332b.

荭 hóng -3738 艹纟工 | 葒 *3745 | polyenum orientale ◇ polygomnum [Etym] 艹 612 (rad: 140c 3-06), 红 1166 [Graph] 415c 613b 431a.

莼 chún -3739 艹纟屯 | 蓴 *3991 | gentian ◇ espèce de gentiane [Etym] 艹 612 (rad: 140c 3-07), 纯 1171 [Graph] 415c 613b 842e.

药 yào -3740 艹纟勺 | 藥 *3743 | 1° medicine, drug 2° chemicals 3° to cure with medicine 4° to poison 5° surname ◇ 1° médicament, drogue, herbe médicinale 2° produits chimiques (insectide) 3° soigner (avec médicaments) 4° empoisonner 5° nom de famille [Etym] 艹 612 (rad: 140c 3-06), 约 1172 [Graph] 415c 613b 852b.

药水 yào shuǐ ∘ medicinal liquid ◇ potion * 2299.

药材 yào cái ∘ medicinal ingredients ◇ ingrédients médicamenteux * 4149.

药粉 yào fěn ∘ medicinal powder ◇ poudre médicinale * 4634.

药方 yào fāng ∘ prescription ◇ ordonnance, prescription médicale * 7928.

药房 yào fáng ∘ drugstore ◇ pharmacie * 8693.

药品 yào pǐn ∘ medicine, drug ◇ médicament * 9179.

药膏 yào gāo ∘ ointment ◇ pommade, onguent * 9468.

药片 yào piàn ∘ tablet ◇ comprimé, pilule * 11006.

药丸 yào wán ∘ pill ◇ pilule * 11206.

药费 yào fèi ∘ expenses for medicine ◇ frais de médicaments * 11282.

蕴 yùn -3741 艹纟曰皿 | 蘊 *3746 | 1° to bring together, to collect, to hold in store 2° to conceal 3° sadness ◇ 1° rassembler, réunir, entreposer 2° cacher 3° tristesse [Etym] 艹 612 (rad: 140c 3-12), 组 1173 [Graph] 415c 613b 021a 922a.

茲 zī (644) 艹幺幺	[Tra] this; now; year ◇ ceci; maintenant; année [Etym] ph.b.: plants (1= 艹 612); phon (2,3= 絲 1191) ◇ e.ph.: des plantes (1= 艹 612); phon (2,3= 絲 1191) [Graph] 415c 613c 613c [Ref] h1328, k1094, w92f, wi585 [Hanzi] ci2 zi1 茲 3742.

茲 cí *3742 艹幺幺 | 兹 -6312 | ancient state in Xinjiang ◇ ancien état dans le Xinjiang [Etym] 艹 612 (rad: 140c 3-06), 茲 644 [Graph] 415c 613c 613c.

△ zī | 兹 -6312 | 1° this, this one 2° here 3° thus 4° now 5° year ◇ 1° ce, ceci 2° ici 3° ainsi 4° maintenant 5° année.

藥 yào *3743 艹幺白幺木 | 药 -3740 | 1° medicine, drug 2° chemicals 3° to cure with medicine 4° to poison 5° surname ◇ 1° médicament, drogue, herbe médicinale 2° produits chimiques (insectide) 3° soigner (avec médicaments) 4° empoisonner 5° nom de famille [Etym] 艹 612 (rad: 140c 3-15), 樂 1184 [Graph] 415c 613c 022c 613c 422a.

葤 zhòu *3744 艹系寸 | 䓣 -3737 | 1° to wrap with straw 2° measure-word (stack of dishes) ◇ 1° envelopper avec la paille 2° spécificatif (pile de vaisselle) [Etym] 艹 612 (rad: 140c 3-09), 紂 1186 [Graph] 415c 613d 332b.

葒 hóng *3745 艹系工 | 荭 -3738 | polyenum orientale ◇ polygomnum [Etym] 艹 612 (rad: 140c 3-09), 紅 1187 [Graph] 415c 613d 431a.

蘊 yùn *3746 艹系囗人皿 | 蕴 -3741 | 1° to bring together, to collect, to hold in store 2° to conceal 3° sadness ◇ 1° rassembler, réunir, entreposer 2° cacher 3° tristesse [Etym] 艹 612 (rad: 140c 3-16), 縕 1199 [Graph] 415c 613d 071a 232a 922a.

芗 xiāng -3747 艹乡 | 薌 *3748 | 1° spice (cooking) 2° fragrant 3° tasty ◇ 1° herbe parfumée 2° parfumé 3° savoureux [Etym] 艹 612 (rad: 140c 3-03), 乡 1201 [Graph] 415c 613e.

薌 xiāng *3748 艹乡良阝 | 芗 -3747 | 1° spice (cooking) 2° fragrant 3° tasty ◇ 1° herbe parfumée 2° parfumé 3° savoureux [Etym] 艹 612 (rad: 140c 3-11), 鄉 1202 [Graph] 415c 613e 932d 634j.

蕹 wèng +3749 艹亠乡隹 [Etym] 艹 612 (rad: 140c 3-13), 雍 1203 [Graph] 415c ac:c 613e 436m.

蕹菜 wèng cài ∘ water spinach ◇ épinard ✱ 3543.

蓄 xù +3750 艹玄田 1° to store up 2° to grow (beard) 3° to harbor (ideas) ◇ 1° amasser 2° pousser (barbe) 3° nourrir (idées) [Etym] 艹 612 (rad: 140c 3-10), 畜 1206 [Graph] 415c 613g 041a.

蓄洪坝 xù hóng bà ∘ flood storage dam ◇ barrage de retenue ✱ 251 4918.

蓄意 xù yì ∘ deliberate, premeditated ◇ agir avec préméditation, tenter de ✱ 667.

蓄谋 xù móu ∘ to premeditate ◇ préméditer, intriguer, tramer ✱ 1749.

荄 gāi +3751 艹亥 grass roots ◇ racines d'herbe [Etym] 艹 612 (rad: 140c 3-06), 亥 1210 [Graph] 415c 614a.

莲 lián -3752 艹车辶 蓮 *3992 lotus ◇ lotus [Etym] 艹 612 (rad: 140c 3-07), 连 1215 [Graph] 415c 614d 634o.

苑 yuàn +3753 艹夕㔾 1° park field (to rear animals), gardens 2° center (art) 3° surname ◇ 1° parc (élevage), enclos (élevage) 2° centre (culturel, artistique) 3° nom de famille [Etym] 艹 612 (rad: 140c 3-05), 夗 1231 [Graph] 415c 631b 733a.

茗 míng +3754 艹夕口 tender tea leaves, tea ◇ feuilles tendres de thé, thé [Etym] 艹 612 (rad: 140c 3-06), 名 1232 [Graph] 415c 631b 011a.

> 葬 zàng (645) 艹歹匕廾 [Tra] to bury ◇ ensevelir [Etym] a dead body (2,3= 死 1235) surrounded by grass (1,4= 艹 612) (< 茻 622) ◇ un mort (2,3= 死 1235) entouré d'herbes (1,4= 艹 612) (< 茻 622) [Graph] 415c 631c 321b 416e [Ref] h1523, k1033, w78g, wi299 [Hanzi] zang4 葬 3755, zang1 髒 8577.

葬 zàng +3755 艹歹匕廾 to bury, to inter a coffin ◇ ensevelir, enterrer [Etym] 艹 612 (rad: 140c 3-09), 葬 645 [Graph] 415c 631c 321b 416e.

葬礼 zàng lǐ ∘ funeral ◇ funérailles, obsèques ✱ 6568.

薤 xiè +3756 艹歹韭 shallot, allium ascalonicum ◇ échalote, allium ascalonicum [Etym] 艹 612 (rad: 140c 3-13), 殰 1237 [Graph] 415c 631c 435d.

葵 kuí +3757 艹癶天 mallow, sunflower, hollylock ◇ mauve, hélianthe, tournesol [Etym] 艹 612 (rad: 140c 3-09), 癸 1246 [Graph] 415c 631g 242b.

> 蔡 cài (646) 艹癸示 [Tra] grass; hay ◇ herbe; foin [Etym] plant (1= 艹 612); phon, sacrifice (2,3= 祭 1251) ◇ plante (1= 艹 612); phon, sacrifice (2,3= 祭 1251) [Graph] 415c 631h 3311 [Hanzi] cai4 蔡 3758, ca3 礤 9673.

蔡 cài +3758 艹癸示 1° grass, hay 2° surname ◇ 1° herbe, foin 2° nom de famille [Etym] 艹 612 (rad: 140c 3-11), 祭 1251 [Graph] 415c 631h 3311.

蓣 yù -3759 艹マ丁页 蕷 *3760 edible tuber, Chinese yam ◇ iguame [Etym] 艹 612 (rad: 140c 3-10), 预 1253 [Graph] 415c 632a 331f 854d.

蕷 yù *3760 艹マ丁頁 蓣 -3759 edible tuber, Chinese yam ◇ iguame [Etym] 艹 612 (rad: 140c 3-13), 預 1254 [Graph] 415c 632a 331f 023f.

茅 máo +3761 艹マ丆 1° grass used for thatching, cogongrass 2° hut 3° privy 4° proper noun ◇ 1° roseaux, joncs 2° cabane 3° cabinet 4° nom propre [Etym] 艹 612 (rad: 140c 3-05), 矛 1256 [Graph] 415c 632a 331g.

茅厕 máo si ∘ latrine ◇ latrines ✱ 6856.

芝 zhī +3762 艹之 sesame ◇ sésame [Etym] 艹 612 (rad: 140c 3-03), 之 1267 [Graph] 415c 632d.

芝麻 zhī má ∘ sesame ◇ sésame ✱ 6897.

芝麻 zhī mā ∘ sesame ◇ sésame ✱ 6897.

茎 jīng -3763 艹ス工 莖 *3729 stalk, stem (of a plant) ◇ chaume, tige (d'une plante) [Etym] 艹 612 (rad: 140c 3-05), 圣 1269 [Graph] 415c 632f 431a.

芰 jì +3764 艹支 water-caltrop, trapa ineisa ◇ macre, trapa [Etym] 艹 612 (rad: 140c 3-04), 支 1284 [Graph] 415c 633d.

蓬 péng +3765 艹夂丰辶 1° bitter fleabane, plant whose seeds are winged 2° disheveled, to flutter about 3° measure-word: clump of bamboo ◇ 1° plante dont les graines sont ailées, pulicaire, vergerette 2° ébouriffé, voltiger, en désordre 3° spécificatif: massif, touffe, bouquet [Etym] 艹 612 (rad: 140c 3-10), 逢 1291 [Graph] 415c 633e 414g 634o.

菡 hàn +3766 艹丞凵 [Etym] 艹 612 (rad: 140c 3-08), 函 1300 [Graph] 415c 634b 841e.

菡萏 hàn dàn ∘ 1° bud of a flower; 2° lotus ◇ 1° bourgeonner, fleurir; 2° lotus ✱ 3822.

蒸 zhēng +3767 艹丞一灬 1° vapor, to steam 2° all, numerous ◇ 1° vapeur, cuire à la vapeur, étuver 2° tous, nombreux [Etym] 艹 612 (rad: 140c 3-10), 烝 1302 [Graph] 415c 634c ac:z 222d.

蒸汽 zhēng qì ∘ steam ◇ vapeur ✱ 612.

蒸馏 zhēng liú ∘ distillation ◇ distiller (de l'eau) ✱ 1876.

蒸发 zhēng fā ∘ to evaporate ◇ évaporer (phys.), vaporiser ✱ 6813.

菰 gū +3768 艹子瓜 菇 +3732 1° mushroom 2° bud ◇ 1° champignon 2° bouton de fleur [Etym] 艹 612 (rad: 140c 3-08), 孤 1304 [Graph] 415c 634d 313a.

△ gū 苽 *3599 1° edible hydropyrum 2° wild rice ◇ 1° pousses comestibles hydropyrum 2° riz sauvage.

芤 kōu +3769 艹子乚 [Etym] 艹 612 (rad: 140c 3-04), 孔 1305 [Graph] 415c 634d 321a.

芤脉 kōu mài ∘ hollow pulse ◇ tâter le pouls ✱ 8104.

荪 s ū n -3770 艹子小 |蓀 *3771| fragrant orchid ◇ orchidée [Etym] 艹 612 (rad: 140c 3-06), 孙 1306 [Graph] 415c 634d 331j.

蓀 s ū n *3771 艹子系 |荪 -3770| fragrant orchid ◇ orchidée [Etym] 艹 612 (rad: 140c 3-10), 孫 1307 [Graph] 415c 634d 613j.

蔭 y ī n *3772 艹阝人亠云 |荫 -3775| 1° shade 2° to overshadow, to shelter, to protect ◇ 1° ombrager 2° couvrir, protéger, abriter [Etym] 艹 612 (rad: 140c 3-10), 陰 1321 [Graph] 415c 634j 233a 631a 612d.

△ y ì n |荫 -3775、廕 *6936 3°| 1° shady, damp and chilly 2° to confer privileges (feudal lord) 3° to overshadow, to shelter, to protect ◇ 1° ombre, froid humide 2° accorder des faveurs (féodalité) 3° couvrir, abriter, protéger.

薩 s à *3773 艹阝文厂生 |萨 -3774| 1° short for Budhisattva 2° surname ◇ 1° abréviation de Bodhisattva 2° nom de famille [Etym] 艹 612 (rad: 140c 3-13), 產 338 [Graph] 415c 634j 243b 721a 433b.

萨 s à -3774 艹阝产 |薩 *3773| 1° short for Budhisattva 2° surname ◇ 1° abréviation de Bodhisattva 2° nom de famille [Etym] 艹 612 (rad: 140c 3-08), 产 1414 [Graph] 415c 634j 721c.

荫 y ī n -3775 艹阝月 |蔭 *3772| 1° shade 2° to overshadow, to shelter, to protect ◇ 1° ombrager 2° couvrir, protéger, abriter [Etym] 艹 612 (rad: 140c 3-06), 阴 1335 [Graph] 415c 634j 856e.

荫蔽 y ī n b ì ∘ to cover, to conceal; to be hidden ◇ couvrir, cacher ✱ 3895.

△ y ì n |蔭 *3772、廕 *6936 3°| 1° shady, damp and chilly 2° to confer privileges (feudal lord) 3° to overshadow, to shelter, to protect ◇ 1° ombre, froid humide 2° accorder des faveurs (féodalité) 3° couvrir, abriter, protéger.

艿 n ǎ i +3776 艹乃 |See ◇ Voir 芋艿 yu4-nai3 3612-3776 [Etym] 艹 612 (rad: 140c 3-02), 乃 1340 [Graph] 415c 634l.

芨 j ī +3777 艹及 |salep, elder tree, orchid ◇ salep, orchidée [Etym] 艹 612 (rad: 140c 3-03), 及 1344 [Graph] 415c 634m.

葉 y è *3778 艹世木 |叶 +8927| 1° leaf, foliage 2° page 3° part of an era 4° light weight 5° surname ◇ 1° feuille, feuillage 2° page 3° époque, ère 4° léger 5° nom de famille [Etym] 艹 612 (rad: 140c 3-09), 枼 1349 [Graph] 415c 711d 422a.

蓐 r ù +3779 艹厂辰寸 |1° straw mat, mattress, cushion of grass 2° sprouts, shoots, suckers ◇ 1° matelas, litière, paillasse 2° germes, pousses [Etym] 艹 612 (rad: 140c 3-10), 辱 1357 [Graph] 415c 721a 312f 332b.

藶 l ì *3780 艹厂禾禾止 |苈 -3781| mustard ◇ moutarde [Etym] 艹 612 (rad: 140c 3-16), 歷 1362 [Graph] 415c 721a 422d 422d 434a.

苈 l ì -3781 艹厂力 |藶 *3780| mustard ◇ moutarde [Etym] 艹 612 (rad: 140c 3-04), 历 1366 [Graph] 415c 721a 732f.

苊 è +3782 艹厂㔾 |acenaphthene ◇ acenaphthene [Etym] 艹 612 (rad: 140c 3-04), 厄 1367 [Graph] 415c 721a 733a.

蕨 j u é +3783 艹厂屰欠 |bracken ◇ fougère [Etym] 艹 612 (rad: 140c 3-12), 厥 1368 [Graph] 415c 721a 842d 232b.

蔴 m ā *3784 艹广木木 |麻 -6897| just ◇ juste [Etym] 艹 612 (rad: 140c 3-11), 麻 1380 [Graph] 415c 721b 422a 422a.

△ m á |See ◇ Voir 吗 9263.

蘼 m í +3785 艹广木木非 |[Etym] 艹 612 (rad: 140c 3-19), 靡 1381 [Graph] 415c 721b 422a 422a 415b.

蘼蕪 m í j i ā o ∘ asparagus, kind of grass used in medicine ◇ asperge, sorte d'herbe pour les médicaments ✱ 3710.

蘪 m í +3786 艹广木木糸 |See ◇ Voir 荼蘪 tu2-mi2 3557-3786 [Etym] 艹 612 (rad: 140c 3-17), 縻 1385 [Graph] 415c 721b 422a 422a 613d.

蘑 m ó +3787 艹广木木石 |mushroom ◇ champignon comestible [Etym] 艹 612 (rad: 140c 3-16), 磨 1386 [Graph] 415c 721b 422a 422a 013b.

蘑菇 m ó g ū ∘ mushroom ◇ champignon ✱ 3732.

蔗 z h è +3788 艹广廿灬 |sugarcane ◇ canne à sucre [Etym] 艹 612 (rad: 140c 3-11), 庶 1390 [Graph] 415c 721b 436a 222d.

蓆 x í *3789 艹广廿巾 |See ◇ Voir 習 7232 [Etym] 艹 612 (rad: 140c 3-10), 席 1392 [Graph] 415c 721b 436a 858a.

藨 b i ā o +3790 艹广𠁣匕匕灬 |raspberry bush ◇ framboisier [Etym] 艹 612 (rad: 140c 3-15), 麃 1399 [Graph] 415c 721b 821b 311d 321b 222d.

薦 j i à n (647) 艹广𠁣㇉ [Tra] grass; mat; recommend ◇ herbe; recommander [Etym] plant (1= 艹 612); phon, moose (2,3,4= 廌 1404) ◇ plante (1= 艹 612); phon, élan (2,3,4= 廌 1404) [Graph] 415c 721b 821b Z21h [Hanzi] jian4 薦 3791, jian1 韉 5367.

薦 j i à n *3791 艹广𠁣㇉ |荐 -3593| 1° to recommend, to introduce 2° grass, pasture grounds 3° straw mat ◇ 1° recommander, patronner 2° herbe, pâturage 3° paillasson [Etym] 艹 612 (rad: 140c 3-13), 廌 1404 [Graph] 415c 721b 821b Z21h.

蒺 j í +3792 艹疒矢 |thistle ◇ chardon [Etym] 艹 612 (rad: 140c 3-10), 疾 1424 [Graph] 415c 721f 242d.

蘧 q ú +3793 艹虍七豕辶 |1° kind of mushroom 2° pleasure 3° surname ◇ 1° champignon 2° plaisir 3° nom de famille [Etym] 艹 612 (rad: 140c 3-16), 遽 1435 [Graph] 415c 721g 321e 522a 634o.

蘆 l ú *3794 艹虍七田皿 |芦 -3908| water rushes, reed ◇ roseaux [Etym] 艹 612 (rad: 140c 3-16), 盧 1448 [Graph] 415c 721g 321e 041a 922a.

△ l ǔ |芦 -3908| See ◇ Voir

茩 h ò u +3795 艹后口 |See ◇ Voir 薢茩 xie4-hou4 3887-3795 [Etym] 艹 612 (rad: 140c 3-06), 后 1460 [Graph] 415c 722b 011a.

芹 q í n +3796 艹斤 |[Etym] 艹 612 (rad: 140c 3-04), 斤 1461 [Graph] 415c 722c.

芹菜 q í n c à i ∘ celery ◇ céleri ✱ 3543.

蓼 l i ǎ o +3797 艹习习人彡 |1° bitter drug, knotweed 2° pain, resentment ◇ 1° herbe amère, renouée 2° douleur, ressentiment [Etym] 艹 612 (rad: 140c 3-11), 翏 1473 [Graph] 415c 731c 731c 233a 211c.

苅 lì (648) [Tra] lichee ◇ litchi [Etym] {?} plants (1= 艹 612); phon (2,3,4< 力 1489), wrong writing (< 荔 650) ◇ {?} des plantes (1= 艹 612); phon (2,3,4< 力 1489), mal écrit (< 荔 650) [Graph] 415c 732a 732a 732a [Ref] w52f [Hanzi] li4 苅 3798.

苅 lì *3798 荔 +3802 nephelium lizhi, litchi ◇ fruit du nephelium lizhi ou litchi [Etym] 艹 612 (rad: 140c 3-06), 苅 648 [Graph] 415c 732a 732a 732a.

苕 sháo +3799 sweet potato ◇ patate douce [Etym] 艹 612 (rad: 140c 3-05), 召 1479 [Graph] 415c 732a 011a.

△ tiáo clover, Chinese trumpet creeper ◇ trèfle, fleur de roseau.

芬 fēn +3800 fragrant, sweet smell ◇ parfumé, odorant [Etym] 艹 612 (rad: 140c 3-04), 分 1480 [Graph] 415c 732b.

棻 fēn (649) [Tra] fragrant wood ◇ bois de senteur [Etym] plants (1= 艹 612) (3= 木 723); phon, share (2= 分 1480) ◇ plantes (1= 艹 612) (3= 木 723); phon, partage (2= 分 1480) [Graph] 415c 732b 422a [Hanzi] fen1 棻 3801.

棻 fēn +3801 fragrant wood burnt for perfume ◇ bois de senteur [Etym] 艹 612 (rad: 140c 3-08), 棻 649 [Graph] 415c 732b 422a.

荔 lì (650) [Tra] lichee ◇ litchi [Etym] plants (艹 612); {?}phon, force (2,3,4< 力 1489) (> 苅 648) ◇ plantes (艹 612); {?} phon, force (2, 3,4< 力 1489) (> 苅 648) [Graph] 415c 732f 732f 732f [Ref] w52f.

荔 lì +3802 荔 *3798 nephelium lizhi, litchi ◇ fruit du nephelium lizhi ou litchi [Etym] 艹 612 (rad: 140c 3-06), 劦 1491 [Graph] 415c 732f 732f 732f.

荔枝 lì zhī 。 litchi (fruit) ◇ litchi ✱ 4281.

茄 jiā +3803 lotus stem ◇ tige de lotus [Etym] 艹 612 (rad: 140c 3-05), 加 1492 [Graph] 415c 732f 011a.

△ qié egg-plant, aubergine ◇ aubergine.

茄子 qié zǐ 。 egg-plant ◇ aubergine ✱ 6546.

苏 sū -3804 蘇 *3989 、甦 1° *10732 、囌 7° *8947 1° to revive, to cheer up 2° species of thyme 3° short for Suzhou 4° short for Jiangsu Province 5° soviet 6° surname 7° wordy ◇ 1° revivre, se ranimer 2° thym 3° abréviation de Suzhou 4° nom monosyllabique du Jiangsu 5° soviet 6° nom propre 7° bavard [Etym] 艹 612 (rad: 140c 3-04), 办 1495 [Graph] 415c 732g.

苏白 sū bái 。 Suzhou dialect ◇ dialecte de Suzhou ✱ 9973.

苏醒 sū xǐng 。 to recover consciousness ◇ revenir à soi, reprendre conscience ✱ 10913.

节 jié (651) [Tra] holiday; abridge; part ◇ fête; correct; section [Etym] modern simplified form of (節 149) ◇ forme simplifiée moderne de (節 149) [Graph] 415c 734a [Hanzi] jie1 jie2 节 3805, zhi4 栉 4173.

节 jiē -3805 節 *882 juncture, link ◇ noeud, jointure [Etym] 艹 612 (rad: 140c 3-02), 卩 1504 [Graph] 415c 734a.

△ jié 節 *882 1° knot 2° division 3° part, section 4° festival, holiday 5° to abridge 6° to economize 7° item 8° integrity, chastity ◇ 1° noeud 2° division du temps 3° partie, section 4° fête annuelle 5° abréger 6° économiser 7° article 8° droiture, fermeté, chasteté.

节奏 jié zòu 。 rhythm ◇ rythme ✱ 1635.

节省 jié shěng 。 to save, to economize ◇ économiser, épargner ✱ 2246.

节拍 jié pāi 。 metro, metronome ◇ métronome, mesure musicale ✱ 2691.

节约 jié yuē 。 to economize, to save ◇ économiser, épargner ✱ 6041.

节制 jié zhì 。 to be temperate ◇ être sobre, modéré ✱ 8497.

节日 jié rì 。 festival, holiday ◇ fête ✱ 9838.

节目 jié mù 。 program ◇ programme; numéro ✱ 10016.

节气 jié qì 。 1/24 of the year ◇ 1/24 de l'année ✱ 11170.

苇 wěi -3806 葦 *3812 common reed ◇ roseaux [Etym] 艹 612 (rad: 140c 3-04), 韦 1508 [Graph] 415c 734e.

苉 pǐ +3807 organic compound found in tar ◇ composant organique dans le goudron, le bitume [Etym] 艹 612 (rad: 140c 3-04), 匹 1510 [Graph] 415c 811b.

蔸 dōu +3808 1° upper part of the root 2° measure-word (patch, stalk) ◇ 1° partie supérieure de la racine 2° spécificatif (pièce, parcelle, tige) [Etym] 艹 612 (rad: 140c 3-11), 兜 1532 [Graph] 415c 811e 022d.

芒 máng (652) [Tra] beard of grain ◇ barbes des céréales [Etym] plants (1= 艹 612); phon (2= 亡 1533) ◇ plantes (1= 艹 612); phon (2= 亡 1533) [Graph] 415c 811f [Ref] k598, r43f [Hanzi] mang2 鋩 1170, mang2 铓 1953, mang2 wang2 芒 3809, mang2 硭 9674.

芒 máng +3809 1° beard of grain, awn 2° sharp point 3° ray ◇ 1° barbes des céréales, barbe d'épi 2° aigu 3° rayon [Etym] 艹 612 (rad: 140c 3-03), 芒 652 [Graph] 415c 811f.

△ wáng 1° beard of grain 2° sharp point 3° ray ◇ 1° barbes des céréales 2° aigu 3° rayon.

荒 huāng (653) [Tra] desert; scarcity ◇ steppe; rare [Etym] death spaces (2= 亡 1533) between herbs (1= 艹 612), water (3= 川 711) ◇ absence de vie (2= 亡 1533) entre les herbes

(1= 艹 612), eau (3= 川 711) [Graph] 415c 811f 417b [Ref] k103, ph536, r330, w12j, wi639 [Hanzi] huang3 谎 1726, huang1 慌 3243, huang1 荒 3810, huang1 塃 4810, huang3 謊 9511.

荒 huāng +3810 艹亡儿 | 1° waste 2° uncultivated land, desert 3° unproductive 4° famine 5° to neglect 6° scarcity 7° empty ◇ 1° inculte 2° steppe, désert, herbes sauvages 3° stérile 4° famine 5° négliger, oisiveté 6° disette 7° vide [Etym] 艹 612 (rad: 140c 3-06), 㠩 653 [Graph] 415c 811f 417b.

荒凉 huāng liáng。desert; desolate ◇ désert, solitaire, désolé ＊ 39.

荒淫无耻 huāng yín wú chǐ。dissipated and unashamed ◇ débauché et sans vergogne ＊ 55 2221 5454.

荒诞 huāng dàn。absurd, incredible; fantastic ◇ absurde, extravagant, fantastique ＊ 1746.

荒地 huāng dì。uncultivated land, wasteland ◇ terre inculte, terre en friche ou abandonnée ＊ 4903.

荒废 huāng fèi。to lie waste; to neglect; to fall into disrepair ◇ laisser à l'abandon, négliger; gaspiller ＊ 6937.

荒唐 huāng táng。delirious; absurd, ridiculous ◇ délirant, insensé ＊ 6959.

荒山 huāng shān。bare, denuded mountain ◇ montagne, colline chauve ＊ 7475.

芽 yá +3811 艹牙 | germ, shoot, bud ◇ bourgeon, pousse, germe [Etym] 艹 612 (rad: 140c 3-04), 牙 1542 [Graph] 415c 812b.

芽儿 yá ér。bud ◇ bourgeon ＊ 2194.

葦 wěi *3812 艹五口丰 | 苇 -3806 | common reed ◇ roseaux [Etym] 艹 612 (rad: 140c 3-09), 韋 1547 [Graph] 415c 822a 011a 712b.

茚 yìn +3813 艹E卩 | indene ◇ indène [Etym] 艹 612 (rad: 140c 3-05), 印 1552 [Graph] 415c 831a 734a.

荨 qián -3814 艹彐寸 | 蕁 *3815 、 *3689 | [Etym] 艹 612 (rad: 140c 3-06), 寻 1555 [Graph] 415c 832a 332b.

荨麻 qián má。nettle ◇ ortie ＊ 6897.

蕁 qián *3815 艹彐工口寸 | 荨 -3814 、 *3689 | See ◇ Voir 荨麻 qian2-ma2 3814-6897 [Etym] 艹 612 (rad: 140c 3-12), 尋 1566 [Graph] 415c 833a 431a 011a 332b.

藎 jìn *3816 艹聿灬皿 | 荩 -3907 | dyeing plant ◇ plante tinctoriale [Etym] 艹 612 (rad: 140c 3-14), 盡 1567 [Graph] 415c 833d 222d 922a.

萋 qī +3817 艹⺻女 | See ◇ Voir 萋萋 qi1-qi1 3817-3817 [Etym] 艹 612 (rad: 140c 3-08), 妻 1574 [Graph] 415c 833f 611e.

萋萋 qī qī。luxuriant, lush, abundant ◇ touffu, luxuriant, abondant ＊ 3817.

莙 jūn +3818 艹尹口 | [Etym] 艹 612 (rad: 140c 3-07), 君 1576 [Graph] 415c 834a 011a.

莙荙 jūn dá。beet ◇ bette ＊ 3576.

萧 xiāo (654) 艹肃 | [Tra] artemisia; poor ◇ armoise; pauvre [Etym] plant (1= 艹 612); phon, respect (2= 肃 1581) ◇ plante (1= 艹 612); phon, respect (2= 肃 1581) [Graph] 415c 834g [Hanzi] xiao1 潇 169, xiao1 萧 3819, xiao1 蟏 10228.

萧 xiāo -3819 艹肃 | 蕭 *3821 | 1° desolate, destitute, dreary 2° poor 3° artemisia 4° surname ◇ 1° désolé, morne, délaissé, solitaire 2° pauvre 3° armoise 4° nom de famille [Etym] 艹 612 (rad: 140c 3-08), 肃 1581 [Graph] 415c 834g.

蒹 jiān +3820 艹兼 | reed with long ear of grain ◇ roseau à long épi [Etym] 艹 612 (rad: 140c 3-10), 兼 1582 [Graph] 415c 834h.

蕭 xiāo (655) 艹肅 | [Tra] artemisia; poor ◇ armoise; pauvre [Etym] plant (1= 艹 612); phon, respect (2= 肅 1584) ◇ plante (1= 艹 612); phon, respect (2= 肅 1584) [Graph] 415c 834k [Hanzi] xiao1 瀟 170, xiao1 蕭 3821, xiao1 蠨 10229.

蕭 xiāo *3821 艹肅 | 萧 -3819 | 1° desolate, destitute, dreary 2° poor 3° artemisia 4° surname ◇ 1° désolé, morne, délaissé, solitaire 2° pauvre 3° armoise 4° nom de famille [Etym] 艹 612 (rad: 140c 3-13), 肅 1584 [Graph] 415c 834k.

萏 dàn +3822 艹臽 | to bud ◇ fleurir, éclore [Etym] 艹 612 (rad: 140c 3-08), 臽 1594 [Graph] 415c 835e.

萸 yú +3823 艹臾 | kind of pepper-tree ◇ xanthoxylum, espèce de poivrier [Etym] 艹 612 (rad: 140c 3-08), 臾 1595 [Graph] 415c 835f.

茁 zhuó +3824 艹出 | grass starting, to grow sturdy ◇ pousse, pousser, croître [Etym] 艹 612 (rad: 140c 3-05), 出 1640 [Graph] 415c 842c.

蒴 shuò +3825 艹屰月 | [Etym] 艹 612 (rad: 140c 3-10), 朔 1646 [Graph] 415c 842d 856e.

蒴果 shuò guǒ。capsule ◇ capsule ＊ 10750.

艹 yíng (656) 艹冖 | [Tra] to shine, bright ◇ luire, briller [Etym] modern simplified form of (𤇾 159) (> 𤇾 664) ◇ forme simplifiée moderne de (𤇾 159) (> 𤇾 664) [Graph] 415c 851a [Ref] r16c [Hanzi] ying2 荧 3826, ying2 蓥 3827, xing2 ying2 荥 3828, luo4 荦 3829, rong2 荣 3830, ying2 茔 3831, ying2 莹 3832, ying2 萦 3834, lao2 劳 3836, ying2 营 3837, ying2 萤 3839, ying1 莺 3841, qiong2 茕 3842.

荧 yíng (657) 艹冖火 | [Tra] to shine, bright ◇ luire, briller [Etym] modern simplified form of (熒 160) ◇ forme simplifiée moderne de (熒 160) [Graph] 415c 851a 231b [Ref] r16c [Hanzi] ying2 荧 3826.

荧 yíng -3826 艹冖火 | 熒 *936 | 1° glimmering, to shine, bright 2° dazzled, twinkling 3° to doubt ◇ 1° luire, briller 2° éblouir 3° douter [Etym] 火 156 (rad: 086a 4-05), 荧 657 [Graph] 415c 851a 231b.

蓥 yíng -3827 艹冖人亚 | 鎣 *937 | See ◇ Voir 华蓥 hua2-ying2 2835-3827 [Etym]

金196 (rad: 167a 8-05), 艹 656 [Graph] 415c 851a 233a 432q.

荥 xíng -3828 |滎 *938| 1° rivulet 2° place in Henan ◇ 1° ruisseau 2° lieu du Henan [Etym] 水 435 (rad: 085a 4-05), 艹 656 [Graph] 415c 851a 331p.

△ yíng |滎 *938| place in Sichuan ◇ lieu du Sichuan.

荦 luò -3829 |犖 *939| outstanding, extraordinary ◇ extraordinaire, excellent [Etym] 牛 585 (rad: 093a 4-05), 艹 656 [Graph] 415c 851a 414d.

荣 róng (658) |[Tra] to flourish; honour ◇ florissant; gloire [Etym] modern simplified form of (榮 161) ◇ forme simplifiée moderne de (榮 161) [Graph] 415c 851a 422a [Ref] w34h, w78b, w79h [Hanzi] ying2 溁 171, rong2 荣 3830, rong2 嵘 7513, rong2 蝾 10230.

荣 róng -3830 |榮 *940| 1° to flourish 2° honor, glory 3° surname ◇ 1° florissant 2° honneur, gloire, glorifier 3° nom propre [Etym] 木 723 (rad: 075a 4-05), 荣 658 [Graph] 415c 851a 422a.

荣誉 róng yù ∘ honor, glory ◇ honneur, gloire ✱ 685.

荣幸 róng xìng ∘ to be honored ◇ honoré, heureux ✱ 4795.

茔 yíng -3831 |塋 *942| grave, burying-place ◇ tombe, cimetière [Etym] 土 826 (rad: 032a 3-05), 艹 656 [Graph] 415c 851a 432a.

莹 yíng (659) |[Tra] bright; jade-like ◇ éclatant; brillant [Etym] jade, precious (3= 玉 938); phon, bright (1,2= 艹 656) ◇ jade, précieux (3= 玉 938); phon, briller (1,2= 艹 656) [Graph] 415c 851a 432o [Hanzi] ying2 滢 172, ying2 莹 3832, ying2 瑩 5100.

莹 yíng -3832 |瑩 *943| 1° jade-like stone, lustrous, transparent 2° bright 3° to polish (precious stones) ◇ 1° belle pierre ressemblant au jade 2° éclatant, brillant 3° polir (pierres précieuses) [Etym] 玉 938 (rad: 095a 5-05), 艹 656 [Graph] 415c 851a 432o.

蒙 mēng (660) |[Tra] to cheat; dizzy ◇ duper; étourdi [Etym] {1} boar (3= 豕 1100) under a snare (2< 罒 1794) and herbs (1= 艹 612); {2} hunters hidden under beast skins (prim) ◇ {1} un sanglier (3= 豕 1100) sous un piège (2< 罒 1794) et des herbes (1= 艹 612); {2} chasseurs recouverts de peaux de bêtes (prim) [Graph] 415c 851a 522c [Ref] k611, ph784, w34i, wa70, wi460 [Hanzi] meng2 meng2 濛 173, meng1 meng2 meng2 meng3 蒙 3833, meng2 檬 4174, meng2 獴 5615, meng2 朦 8117, meng2 艨 8301, meng2 幪 8384, meng2 礞 9675, meng2 曚 9867, meng1 meng2 矇 10038, meng3 蠓 10231.

蒙 mēng +3833 |矇 +10038| 1° to cheat 2° to make a wild guess 3° unconscious ◇ 1° duper 2° deviner au hasard 3° évanoui, étourdi [Etym] 艹 612 (rad: 140c 3-10), 蒙 660 [Graph] 415c 851a 522c.

△ méng |濛5° +173| 1° to cover 2° to receive 3° illiterate, ignorant, diminished 4° blind 5° (of a small container) ◇ 1° couvrir, voiler 2° recevoir, subir 3° ignorant, ignare 4° aveugle 5° spécification (petit contenant).

△ méng |艨 +8301| war-junk, cruiser, ancient warship ◇ croiseur, ancien vaisseau de guerre.

△ měng |Mongol nationality ◇ nom de Mongolie, mongol, abréviation de Menggu.

萦 yíng (661) |[Tra] to bind; to entangle ◇ entourer; empêtrer [Etym] thread (3= 糸 1185); phon (1,2= 艹 656) ◇ lien (3= 糸 1185); phon (1,2= 艹 656) [Graph] 415c 851a 613d [Hanzi] ying2 潆 174, ying2 萦 3834.

萦 yíng -3834 |縈 *944| 1° to entangle, to bind round 2° circuit ◇ 1° empêtrer, entourer, enveloppe 2° circuit, tour [Etym] 糸 1185 (rad: 120a 6-05), 艹 656 [Graph] 415c 851a 613d.

荤 hūn -3835 |葷 *3840| 1° sapid meat forbidden to those who fast 2° meat or fish ◇ 1° aliments sapides interdits en temps d'abstinence bouddhique 2° aliments d'origine animale: viande, poisson etc. [Etym] 艹 612 (rad: 140c 3-06), 军 1652 [Graph] 415c 851a 614d.

劳 láo (662) |[Tra] toil; tired ◇ peine; fatigue [Etym] modern simplified form of (勞 164) ◇ forme simplifiée moderne de (勞 164) [Graph] 415c 851a 732f [Hanzi] lao4 涝 175, lao2 铹 1954, lao1 捞 2426, lao2 劳 3836, lao4 耢 4680, lao2 痨 7044, lao2 崂 7514, lao2 lao4 唠 8943.

劳 láo -3836 |勞 *945| 1° to labor, to toil 2° service 3° to embarrass 4° reward, to do a favor 5° surname ◇ 1° labeur, peine, fatigue 2° service 3° importuner, ennuyer 4° récompenser, mérite 5° nom propre [Etym] 力 1489 (rad: 019a 2-05), 劳 662 [Graph] 415c 851a 732f.

劳动 láo dòng ∘ work (physical) ◇ travail (physique), travailler manuellement ✱ 5920.

劳动节 láo dòng jié ∘ International Labor Day ◇ fête du Travail ✱ 5920 3805.

劳动力 láo dòng lì ∘ labor, work force ◇ force de travail, main d'oeuvre ✱ 5920 7259.

劳驾 láo jià ∘ term of address, you; please ◇ vous de respect; s'il vous plaît, pardon ✱ 7270.

劳累 láo lèi ∘ tired, overworked ◇ fatigué, épuisé ✱ 10434.

营 yíng (663) |[Tra] encampment ◇ camp [Etym] modern simplified form of (營 165) ◇ forme simplifiée moderne de (營 165) [Graph] 415c 851a 011a 011a [Hanzi] ying2 营 3837.

营 yíng -3837 艹冖口口 | 營 *946 | 1° to operate, to run, to manage, to regulate (business) 2° to seek 3° encampment 4° army corps, battalion ◇ 1° diriger, gérer (affaires) 2° rechercher (profit) 3° camp militaire 4° bataillon [Etym] 艹 612 (rad: 140c 3-08), 营 663 [Graph] 415c 851a 011a 011a.

营养 yíng yăng。nutrition, nourishment ◇ nutrition ⁎ 1619.

营长 yíng zhăng。major (army) ◇ chef de bataillon ⁎ 2139.

营救 yíng jiù。to rescue, to save ◇ sauver, secourir, porter secours à ⁎ 2315.

营业 yíng yè。to do business ◇ faire du commerce, entrer en service ⁎ 5328.

营业员 yíng yè yuán。shop assistant ◇ vendeur ⁎ 5328 9127.

蓂 míng +3838 艹冖日六 | [Etym] 艹 612 (rad: 140c 3-10), 冥 1653 [Graph] 415c 851a 021a 222b.

蓂荚 míng jiá。auspicious plant ◇ herbe de bon augure ⁎ 3586.

萤 yíng -3839 艹冖虫 | 螢 *947 | firefly, glow-worm ◇ luciole, lampyre [Etym] 虫 2282 (rad: 142a 6-05), 𦍌 656 [Graph] 415c 851a 031d.

葷 hūn *3840 艹冖車 | 荤 -3835 | 1° sapid meat forbidden to those who fast 2° meat or fish ◇ 1° aliments sapides interdits en temps d'abstinence bouddhique 2° aliments d'origine animale: viande, poisson etc. [Etym] 艹 612 (rad: 140c 3-09), 軍 1655 [Graph] 415c 851a 042g.

莺 yīng -3841 艹冖鸟 | 鶯、鸎 *948、*10148 | oriole ◇ loriot [Etym] 鸟 2494 (rad: 196s 5-05), 𦍌 656 [Graph] 415c 851a Z22e.

茕 qióng -3842 艹冖孔 | 煢、惸 *949、*3319 | 1° alone 2° forlorn 3° dejected ◇ 1° seul 2° abattu 3° délaissé [Etym] 艹 612 (rad: 140c 3-05), 𦍌 656 孔 2512 [Graph] 415c 851a Z32a.

苎 yíng (664) 艹冖 | [Tra] to shine, bright ◇ luire, briller [Etym] erroneous writing for (𦍌 656) ◇ graphie erronée pour (𦍌 656) [Graph] 415c 851c [Ref] w34h, w78b.

苎 zhù -3843 艹宀一 | 苧 +3848 | [Etym] 艹 612 (rad: 140c 3-04), 宀 1662 [Graph] 415c 851c 111a.

苎麻 zhù má。China grass, ramie ◇ ramie, urtica nivea ⁎ 6897.

蓉 róng +3844 艹宀八口 | See ◇ Voir 芙蓉 fu2-rong2 3585-3844 [Etym] 艹 612 (rad: 140c 3-10), 容 1663 [Graph] 415c 851c 233b 011a.

薴 níng *3845 艹宀心皿丁 | 苧 +3848 | 1° thick plants 2° jungle 3° limonene ◇ 1° herbes 2° jungle 3° limonene [Etym] 艹 612 (rad: 140c 3-14), 寧 1667 [Graph] 415c 851c 321c 922a 331b.

莞 guăn +3846 艹宀元 | 1° sedge 2° mat 3° place in Guangdong ◇ 1° jonc 2° natte 3° lieu du Guangdong [Etym] 艹 612 (rad: 140c 3-07), 完 1671 [Graph] 415c 851c 322d.

△ wăn | 1° sedge 2° mat ◇ jonc, natte.

蔻 kòu +3847 艹宀元支 | See ◇ Voir 豆蔻 dou4-kou4 9427-3847 [Etym] 艹 612 (rad: 140c 3-11), 寇 1672 [Graph] 415c 851c 322d 633c.

苧 níng +3848 艹宀丁 | 薴 *3845 | 1° thick plants 2° jungle 3° limonene ◇ 1° herbes 2° jungle 3° limonene [Etym] 艹 612 (rad: 140c 3-05), 宁 1673 [Graph] 415c 851c 331b.

△ zhù | 苎 -3843 |

蓿 xu +3849 艹宀亻百 | See ◇ Voir 苜蓿 mu4-xu5 3971-3849 [Etym] 艹 612 (rad: 140c 3-11), 宿 1677 [Graph] 415c 851c 411e 022f.

菀 wăn +3850 艹宀夕巳 | to grow luxuriantly ◇ fleurir, prospérité [Etym] 艹 612 (rad: 140c 3-08), 宛 1699 [Graph] 415c 851c 631b 733a.

菅 jiān +3851 艹宀吕 | textile fibber, villous themeda (for brooms and mats) ◇ themeda, fibre textile grossière (pour nattes et balais) [Etym] 艹 612 (rad: 140c 3-08), 官 1707 [Graph] 415c 851c 934b.

菪 dàng +3852 艹宀石 | See ◇ Voir 莨菪 lang4-dang4 3912-3852 [Etym] 艹 612 (rad: 140c 3-08), 宕 1710 [Graph] 415c 851c 013b.

萱 xuān +3853 艹宀亘 | 蘐 *3942 | [Etym] 艹 612 (rad: 140c 3-09), 宣 1711 [Graph] 415c 851c 022a ac:z.

萱草 xuān căo。tawny day lily ◇ lys jaune ⁎ 3967.

茓 xué +3854 艹穴 | long strip of matted reed used to weave containers ◇ natte pour tisser des récipients [Etym] 艹 612 (rad: 140c 3-05), 穴 1718 [Graph] 415c 851d.

葖 tū +3855 艹穴犬 | See ◇ Voir 蓇葖 gu1-tu1 3902-3855 [Etym] 艹 612 (rad: 140c 3-09), 突 1719 [Graph] 415c 851d 242i.

䓖 qióng -3856 艹穴力 | 藭 *3857 | See ◇ Voir 芎䓖 xiong1-qiong2 4032-3856 [Etym] 艹 612 (rad: 140c 3-07), 穷 1725 [Graph] 415c 851d 732f.

藭 qióng *3857 艹穴身弓 | 䓖 -3856 | See ◇ Voir 芎䓖 xiong1-qiong2 4032-3856 [Etym] 艹 612 (rad: 140c 3-15), 窮 1728 [Graph] 415c 851d 941d Z42a.

蒡 bàng +3858 艹立方 | arctium lappa ◇ arctium lappa [Etym] 艹 612 (rad: 140c 3-10), 旁 1732 [Graph] 415c 851e 853b.

蒂 dì +3859 艹立巾 | 蔕 *3651 | 1° stem 2° peduncle ◇ 1° tige 2° pétiole [Etym] 艹 612 (rad: 140c 3-09), 帝 1733 [Graph] 415c 851e 858a.

荸 bí +3860 艹孛子 | tulipa edulis ◇ eleocharis, tulipa edulis, bulbe comestible [Etym] 艹 612 (rad: 140c 3-07), 孛 1753 [Graph] 415c 851i 634d.

荸荠 bí qí。water chestnut ◇ châtaigne d'eau ⁎ 3589.

荸荠 bí qi。water-chestnut ◇ châtaigne d'eau ⁎ 3589.

芍 sháo +3861 艹勺 | Chinese herbaceous peony ◇ pivoine herbacée de Chine [Etym] 艹 612 (rad: 140c 3-03), 勺 1763 [Graph] 415c 852b.

芍药 sháo yào。herbaceous peony ◇ pivoine herbacée ⁎ 3740.

芴 wù +3862 艹勿 | manioc, fluorine ◇ manioc, fluorène [Etym] 艹 612 (rad: 140c 3-04), 勿

1765 [Graph] 415c 852e.

葱 c ō n g (665) 艹匆心 [Tra] onion ◇ oignon [Etym] plants (1= 艹 612); phon (2,3= 匆 1769) ◇ plantes (1= 艹 612); phon (2,3= 匆 1769) [Graph] 415c 852f 321c [Ref] w40d [Hanzi] cong1 葱 3863.

葱 c ō n g +3863 艹匆心 | 蔥 *4020 | onion ◇ oignon [Etym] 艹 612 (rad: 140c 3-09), 葱 665 [Graph] 415c 852f 321c.

葱白 c ō n g b á i ∘ very light green ◇ blanc verdâtre * 9973.

葱白儿 c ō n g b á i é r ∘ scallion stalk ◇ tige d'échalote * 9973 2194.

菊 j ú +3864 艹勹米 | chrysanthemum ◇ chrysanthème d'or, aster [Etym] 艹 612 (rad: 140c 3-08), 匊 1773 [Graph] 415c 852h 422f.

菊花 j ú h u ā ∘ chrysanthemum flower ◇ fleur de chrysanthème * 3621.

芶 g ǒ u +3865 艹勹厶 | surname ◇ nom de famille [Etym] 艹 612 (rad: 140c 3-04), 勾 1774 [Graph] 415c 852h 612a.

萄 t á o +3866 艹勹缶 | grapes ◇ raisins, vigne [Etym] 艹 612 (rad: 140c 3-08), 匋 1775 [Graph] 415c 852h 841c.

葡 b ì (666) 艹勹用 [Tra] to prepare ◇ préparer [Etym] to do useful (3= 用 1845) things with modesty (1,2< 苟 667) ◇ faire ce qui est utile (3= 用 1845) avec modestie (1,2< 苟 667) [Graph] 415c 852h 856i [Ref] w54g.

葡 p ú +3867 艹勹甫 | [Etym] 艹 612 (rad: 140c 3-09), 匍 1777 [Graph] 415c 852h 858n.

葡萄 p ú t á o ∘ raisin ◇ raisin, vigne * 3866.

葡萄酒 p ú t á o j i ǔ ∘ wine ◇ vin * 3866 595.

苞 b ā o +3868 艹勹巳 | 1° bud 2° dense, close 3° reed, rush ◇ 1° bouton de fleur 2° dru, exubérant, dense 3° roseaux [Etym] 艹 612 (rad: 140c 3-05), 包 1778 [Graph] 415c 852h 933b.

苟 z h ì (667) 艹勹口 [Tra] reserve, restrain ◇ modestie; un peu [Etym] wrapped (2= 勹 1770) and peaceful (1< 羊 579) words (3= 口 2063) ◇ des paroles (3= 口 2063) enveloppées (2= 勹 1770), paisibles (1< 羊 579) [Graph] 415c 852h 011a [Ref] w54g, wi407, wi871 [Hanzi] gou3 苟 3869, jing4 敬 3870.

苟 g ǒ u +3869 艹勹口 | 1° careless, indifferent, wayward 2° if, if so 3° plants, herbage ◇ 1° à la légère, tant bien que mal 2° si, presque 3° herbe [Etym] 艹 612 (rad: 140c 3-05), 苟 667 [Graph] 415c 852h 011a.

苟安 g ǒ u ā n ∘ to seek momentary ease ◇ rechercher une aisance temporaire * 7748.

敬 j ì n g (668) 艹勹口攵 [Tra] respectful ◇ révérer [Etym] reserve (1,2,3= 苟 667) in presence of authority (4= 攵 340) ◇ modestie (1,2,3= 苟 667) en face de l'autorité (4= 攵 340) [Graph] 415c 852h 011a 243c [Ref] k396, ph729, w54g, wi407 [Hanzi] jing3 儆 2861, jing4 敬 3870, qing2 擎 3871, qing2 檠 3872, jing3 警 3873, jing1 驚 3874, qing2 檠 4175.

敬 j ì n g +3870 艹勹口攵 | 1° respectfully, to revere, to venerate 2° to offer with respect ◇ 1° respectueux, révérer, témoignages de respect, civilités 2° honorer d'un présent [Etym] 攵 340 (rad: 066b 4-08), 敬 668 [Graph] 415c 852h 011a 243c.

敬意 j ì n g y ì ∘ respect, tribute ◇ respect; hommage * 667.

敬爱 j ì n g à i ∘ respect and love, esteem and love ◇ tendre respect ou estime, vénérer * 712.

敬佩 j ì n g p è i ∘ to admire, to esteem ◇ admirer, estimer * 3095.

敬礼 j ì n g l ǐ ∘ to greet, to salute ◇ saluer * 6568.

擎 q í n g +3871 艹勹口攵手 | 1° to prop up 2° to lift up, to hold up ◇ 1° soutenir 2° soulever, lever [Etym] 手 465 (rad: 064a 4-12), 敬 668 [Graph] 415c 852h 011a 243c 332g.

檠 q í n g +3872 艹勹口攵木 | 檠 *4175 | 1° lamp stand, prop 2° tool for adjusting bow or crossbow ◇ 1° support des lampes 2° instrument servant à régler l'arbalète [Etym] 木 723 (rad: 075a 4-12), 敬 668 [Graph] 415c 852h 011a 243c 422a.

警 j ǐ n g +3873 艹勹口攵言 | 1° alert, vigilant, caution 2° to warn 3° alarm 4° police, constables 5° to cow ◇ 1° alerte, circonspect 2° avertir 3° alarme 4° police 5° intimider [Etym] 言 2139 (rad: 149a 7-12), 敬 668 [Graph] 415c 852h 011a 243c 012d.

警惕 j ǐ n g t ì ∘ to be vigilant; to watch out for ◇ vigilant, vigilance * 3357.

警告 j ǐ n g g ào ∘ to warn, to caution; warning ◇ mettre en garde, avertir; avertissement * 5233.

警卫 j ǐ n g w è i ∘ to escort; guard ◇ garder, escorter; sentinelle * 7280.

警察 j ǐ n g c h á ∘ policeman ◇ agent de police, policier * 7759.

驚 j ī n g *3874 艹勹口攵馬 | 惊 +3348 | 1° to start, to be frightened, terrified 2° surprise, shock, to shy ◇ 1° effrayer, effroi 2° surprise, choc, s'emporter [Etym] 馬 2486 (rad: 187a 10-12), 敬 668 [Graph] 415c 852h 011a 243c Z22a.

葍 b o *3875 艹勹日田 | 卜 +3203 | See ◇ Voir 萝卜 luo2-bo5 4006-3203 [Etym] 艹 612 (rad: 140c 3-11), 匐 1780 [Graph] 415c 852h 012a 041a.

荀 x ú n +3876 艹勹日 | surname ◇ nom de famille [Etym] 艹 612 (rad: 140c 3-06), 旬 1782 [Graph] 415c 852h 021a.

芳 f ā n g +3877 艹方 | 1° fragrant 2° virtue, glory 3° your ◇ 1° parfum 2° vertu, gloire 3° votre [Etym] 艹 612 (rad: 140c 3-04), 方 1784 [Graph] 415c 853b.

菸 y ā n *3878 艹方人⺀ | See ◇ Voir 烟 1067 [Etym] 艹 612 (rad: 140c 3-08), 於 1786 [Graph] 415c 853b 233a 211b.

蔟 c ù +3879 艹方𠂉矢 | 1° nest 2° crowd ◇ 1° amas 2° foule [Etym] 艹 612 (rad: 140c 3-11), 族 1787 [Graph] 415c 853b ac:f 242d.

苋 x i à n -3880 | 莧 *3972 | spinach ◇ épinard [Etym] 艹612 (rad: 140c 3-04), 见1801 [Graph] 415c 854c.
艹见

蔺 l ì n (669) | [Tra] rush ◇ jonc [Etym] plant (1= 艹612); phon, thrush (2,3= 阖 1814) ◇ plante (1= 艹612); phon, grive (2,3= 阖 1814) [Graph] 415c 855a 436m [Hanzi] lin4 蔺3881, lin4 躏9318.
艹门隹

蔺 l ì n -3881 | 藺 *3919 | 1° rush 2° surname ◇ 1° jonc 2° nom propre [Etym] 艹612 (rad: 140c 3-11), 阖1814 [Graph] 415c 855a 436m.
艹门隹

藤 t é n g +3882 | 籐 *870 | 1° cane, rattan 2° vine, liana ◇ 1° rotin 2° vrille (des plantes grimpantes), liane [Etym] 艹612 (rad: 140c 3-15), 滕1826 [Graph] 415c 856e 242p 331o.
艹月关水

藤子 t é n g z ǐ 。 rattan ◇ rotang, rotin ✱ 6546.

菔 f ú +3883 | See ◇ Voir 莱菔 lai2-fu2 3672-3883 [Etym] 艹612 (rad: 140c 3-08), 服1833 [Graph] 415c 856e 734b 633a.
艹月卩又

蒯 (670) | [Tra] rush ◇ jonc [Etym] straw (艹612)mat (2,3=prim); {?}hand (4< 又 1271), knife (4= 刂 470) ◇ natte (2,3=prim) paille (艹612); {?} main (4< 又 1271), couteau (刂 470) [Graph] 415c 856e 856e 333b [Ref] w156h [Hanzi] kuai3 蒯3884.
艹月月刂

蒯 k u ǎ i +3884 | 1° rush, wool grass 2° surname ◇ 1° jonc 2° nom propre [Etym] 刂470 (rad: 018b 2-11), 蒯670 [Graph] 415c 856e 856e 333b.
艹月月刂

苘 q ǐ n g +3885 | 檾、蹟 *941、*3602 | [Etym] 艹612 (rad: 140c 3-05), 冋1852 [Graph] 415c 856k 011a.
艹冂口

苘麻 q ǐ n g m á 。 pie marker ◇ sorte de plante ✱ 6897.

茼 t ó n g +3886 | [Etym] 艹612 (rad: 140c 3-06), 同1853 [Graph] 415c 856k 012a.
艹冂㠯

茼蒿 t ó n g h ā o 。 mugwort, crown daisy chrysanthemum ◇ armoise, sorte de chrysanthème ✱ 3940.

薢 x i è +3887 | water chestnut ◇ macre, châtaigne d'eau [Etym] 艹612 (rad: 140c 3-13), 解1885 [Graph] 415c 857l 732a 414d.
艹角刀牛

薢茩 x i è h ò u 。 water-chestnut ◇ châtaigne d'eau ✱ 3795.

萜 t i ē +3888 | terpene ◇ terpène [Etym] 艹612 (rad: 140c 3-08), 帖1887 [Graph] 415c 858a 013e.
艹巾占

𧄌 j i ǎ n (671) | [Tra] cocoon; callus ◇ cocon; cal [Etym] silk (3,4= 幺 1174); worms (5= 虫 2282); (1,2=unclear prim) ◇ soie (3,4= 幺 1174); insecte (5= 虫 2282); (1,2=prim obscur) [Graph] 415c 858b 613d 031d [Ref] k377, w35m [Hanzi] jian3 𧄌3889.
艹巿糸虫

𧄌 j i ǎ n *3889 | 茧、絸 -3975、*6263 | 1° cocoon 2° callus ◇ 1° cocon 2° cal [Etym] 糸1185 (rad: 120a 6-12), 𧄌671 [Graph] 415c 858b 613d 031d.
艹巿糸虫

苒 r ǎ n +3890 | See ◇ Voir 荏苒 ren3-ran3 3625-3890 [Etym] 艹612 (rad: 140c 3-05), 冉1888 [Graph] 415c 858c.
艹冉

藿 h u ò +3891 | peas, vetches, leaves of pulse plants ◇ pois, vesce [Etym] 艹612 (rad: 140c 3-16), 霍1893 [Graph] 415c 858e 436m.
艹雨隹

蕓 y ú n *3892 | See ◇ Voir 芸3734 [Etym] 艹612 (rad: 140c 3-12), 雲1894 [Graph] 415c 858e 612d.
艹雨云

薷 r ú +3893 | fungus ◇ champignon [Etym] 艹612 (rad: 140c 3-14), 需1896 [Graph] 415c 858e 857f.
艹雨而

蕾 l ě i +3894 | bud of a flower ◇ bouton de fleur [Etym] 艹612 (rad: 140c 3-13), 雷1899 [Graph] 415c 858e 041a.
艹雨田

蔽 b ì +3895 | 1° to conceal 2° to shade, to darken ◇ 1° cacher 2° ombrager, couvrir [Etym] 艹612 (rad: 140c 3-11), 敝1906 [Graph] 415c 858j 243c.
艹㡀攵

芾 f è i +3896 | young tree-trunks and small leaves ◇ petit tronc d'arbre et petites feuilles [Etym] 艹612 (rad: 140c 3-04), 市1908 [Graph] 415c 858l.
艹市

△ f ú | 1° foliate 2° to overshadow ◇ 1° feuillu 2° ombrager.

莆 p ú +3897 | grape, raisin ◇ vigne, raisin [Etym] 艹612 (rad: 140c 3-07), 甫1914 [Graph] 415c 858n.
艹甫

芮 r u ì +3898 | 1° small plants budding 2° surname ◇ 1° bourgeons, pousses 2° nom de famille [Etym] 艹612 (rad: 140c 3-04), 内1919 [Graph] 415c 859a.
艹内

莬 m á n (672) | [Tra] equilibrium ◇ équilibre [Etym] different writing for (𦿣 989) ◇ autre graphie pour (𦿣 989) [Graph] 415c 859d [Ref] w35m [Hanzi] man3 满176, man1 颟3899, pan2 蹒9319, man2 瞒10039, man3 螨10232.
艹两

颟 m ā n -3899 | 顢 *5350 | [Etym] 页2267 (rad: 181a 9-07), 莬672 页1802 [Graph] 415c 859d 854d.
艹两页

颟顸 m ā n h ā n 。 1° large round face; 2° muddleheaded; 3° careless ◇ 1° visage joufflu; 2° stupide; 3° inattentif ✱ 3406.

苴 j ū +3900 | 1° plant of the common hemp, coarse sackcloth 2° to wrap ◇ 1° chanvre, toile grossière 2° envelopper [Etym] 艹612 (rad: 140c 3-05), 且1929 [Graph] 415c 921a.
艹且

英 y ī n g (673) | [Tra] flower; hero; english ◇ fleurs; brave; anglais [Etym] plants (1= 艹612); phon (2= 央1943) ◇ des plantes (1= 艹612); phon (2= 央1943) [Graph] 415c 923b [Ref] k284, w60k, wi441 [Hanzi] ying1 英3901, ying1 瑛5101.
艹央

英 y ī n g +3901 | 1° flowers 2° brave, superior, hero 3° prosperity 4° England 5° surname ◇ 1° fleurs 2° bravoure, supérieur, héros 3° prospérité 4° Angleterre 5° nom de famille [Etym] 艹612 (rad: 140c 3-05), 英673 [Graph] 415c 923b.
艹央

英雄 y ī n g x i ó n g 。 hero ◇ héros; héroïque ✱ 1522.

英镑 y ī n g b à n g 。 sterling pound ◇ livre sterling ✱ 2048.

英勇 yīng yǒng。brave, heroic ◇ vaillant, courageux, brave ＊ 6489.

英哂 yīng liǎng。ounce ◇ once ＊ 9149.

英哩 yīng lǐ。mile (= 1, 09 km) ◇ mille (= 1, 09 km) ＊ 9243.

英明 yīng míng。wise, brilliant ◇ lucide, clairvoyant, brillant ＊ 9933.

蓇 gū +3902 艹凷月 [Etym] 艹 612 (rad: 140c 3-09), 骨 1947 [Graph] 415c 924c 856e.

蓇葖 gū tū。follicle ◇ follicule ＊ 3855.

萵 wō *3903 艹咼口 | 莴 -3926 | dandelion ◇ pissenlit [Etym] 艹 612 (rad: 140c 3-09), 咼 1948 [Graph] 415c 924d 011a.

蔚 wèi +3904 艹尸示寸 | 1° luxuriant, prosperous 2° colourful ◇ 1° verdoyant, prospère 2° coloré, pittoresque [Etym] 艹 612 (rad: 140c 3-11), 尉 1954 [Graph] 415c 931a 331l 332b.

△ yù | county in Hebei ◇ chef-lieu du Hebei.

茁 qū +3905 艹尸出 | chrysene ◇ chrysène [Etym] 艹 612 (rad: 140c 3-08), 屈 1970 [Graph] 415c 931a 842c.

薜 bì +3906 艹尸口辛 | smallage, celery ◇ ache, céleri [Etym] 艹 612 (rad: 140c 3-13), 辟 1975 [Graph] 415c 931a 011a 413d.

荩 jìn -3907 艹尽丶 | 藎 *3816 | dyeing plant ◇ plante tinctoriale [Etym] 艹 612 (rad: 140c 3-06), 尽 1979 [Graph] 415c 931c 211b.

芦 lú -3908 艹户 | 蘆 *3794 | water rushes, reed ◇ roseaux [Etym] 艹 612 (rad: 140c 3-04), 户 1981 [Graph] 415c 931e.

△ lǔ | 蘆 *3794 | See ◇ Voir .

萹 biān +3909 艹户冊 | knotgrass ◇ renouée, polygonum [Etym] 艹 612 (rad: 140c 3-09), 扁 1989 [Graph] 415c 931e 856j.

苠 mín +3910 艹民 | 1° grass 2° multitude 3° belated 4° crops which take longer to grow ◇ 1° bambou 2° foule 3° retardé 4° produit agricole qui prend plus de temps à pousser [Etym] 艹 612 (rad: 140c 3-05), 民 1997 [Graph] 415c 932a.

茛 gèn +3911 艹艮 | See ◇ Voir 毛茛 mao2-gen4 2182-3911 [Etym] 艹 612 (rad: 140c 3-06), 艮 2003 [Graph] 415c 932c.

莨 làng +3912 艹良 | [Etym] 艹 612 (rad: 140c 3-07), 良 2008 [Graph] 415c 932e.

莨菪 làng dàng。hyoscyamous niger black henbane ◇ nom d'une plante, henbane ＊ 3852.

△ liáng |

莨绸 liáng chóu。gambiered Guangdong silk ◇ soie du Guangdong ＊ 6047.

芭 bā +3913 艹巴 | banana-tree ◇ bananier [Etym] 艹 612 (rad: 140c 3-04), 巴 2014 [Graph] 415c 933c.

芭蕾舞 bā lěi wǔ。ballet ◇ ballet ＊ 3894 5501.

葭 jiā +3914 艹𠂤コ又 | 1° young shoot of a reed 2° relationship ◇ 1° roseaux serrés 2° liens de parenté [Etym] 艹 612 (rad: 140c 3-09), 叚 2016 [Graph] 415c 934a 821a 633a.

苢 yǐ 3915 艹目 | See ◇ Voir 芣苢 fu2-yi3 3652-3915 [Etym] 艹 612 (rad: 140c 3-05), 目 2017 [Graph] 415c 934b.

> 薛 xuē (674) 艹自辛 | [Tra] evil deed; sin ◇ mauvais; péché [Etym] {1} plants (1= 艹 612), phon (2,3= 辥 2019); {2} torture (3= 辛 567), testicles (2< 自 2018) ◇ {1} plantes (1= 艹 612), phon (2,3= 辥 2019); {2} torture (3= 辛 567), testicules (2< 自 2018) [Graph] 415c 934c 413d [Ref] k795, w86b, wa166 [Hanzi] xue1 薛3916, nie4 孽 3918.

薛 xuē +3916 艹自辛 | surname ◇ nom de famille [Etym] 艹 612 (rad: 140c 3-13), 薛 674 [Graph] 415c 934c 413d.

蘖 niè +3917 艹自辛木 | 櫱 *7492 | tiller, shoot, offshoot ◇ souche sur laquelle poussent des rejetons, rejeton, rejet [Etym] 艹 612 (rad: 140c 3-17), 木 614 辥 2019 [Graph] 415c 934c 413d 422a.

孽 niè +3918 艹自辛子 | 孼 *7595 | 1° evil 2° sin 3° child of a concubine 4° monster ◇ 1° malheur, infortune 2° péché 3° enfant d'une concubine 4° monstre [Etym] 子 1303 (rad: 039a 3-16), 薛 674 [Graph] 415c 934c 413d 634d.

> 藺 lìn (675) 艹門隹 | [Tra] rush ◇ jonc [Etym] plant (1= 艹 612); phon, thrush (2,3= 閵 1814) ◇ plante (1= 艹 612); phon, grive (2,3= 閵 2035) [Graph] 415c 934e 436m [Hanzi] lin4 藺 3919, lin4 躪 9320.

藺 lìn *3919 艹門隹 | 蔺 -3881 | 1° rush 2° surname ◇ 1° jonc 2° nom propre [Etym] 艹 612 (rad: 140c 3-16), 閵 2035 [Graph] 415c 934e 436m.

蘭 lán *3920 艹門柬 | 兰 -4 | orchid ◇ orchidée [Etym] 艹 612 (rad: 140c 3-17), 闌 2042 [Graph] 415c 934e 033d.

苣 jù +3921 艹巨 | lettuce, chicory ◇ laitue, chicorée, endive [Etym] 艹 612 (rad: 140c 3-05), 巨 2043 [Graph] 415c 935a.

△ qǔ |

苣荬菜 qǔ mai cài。endive ◇ endive ＊ 3582 3543.

藍 la *3922 艹臣𠂉一皿 | 蓝 -3648 | See ◇ Voir 苤蓝 pie3-la5 3653-3648 [Etym] 艹 612 (rad: 140c 3-14), 監 2045 [Graph] 415c 935b ac:f 111a 922a.

△ lán | 蓝 -3648 | 1° indigo, blue, indigo plant 2° surname ◇ 1° indigo, bleu, renouée tinctoriale 2° nom propre.

茆 máo +3923 艹卯卩 | kind of reeds, rushes and grasses that can be used to make rope ◇ roseaux, joncs, pailles et graminées servant à fabriquer la corde [Etym] 艹 612 (rad: 140c 3-05), 卯 2057 [Graph] 415c 941b 734a.

葺 qì +3924 艹口耳 | 1° to cover a roof with straw, to thatch 2° to repair, to put in order ◇ 1° couvrir un toit de chaume 2° réparer [Etym] 艹 612 (rad: 140c 3-09), 咠 2071 [Graph] 415c 011a 436k.

蕺 jí +3925 艹口耳戈 | plant with small flowers smelling of fish ◇ plante à petites fleurs qui sentent le poisson [Etym] 艹 612 (rad: 140c 3-13), 䝞2072 [Graph] 415c 011a 436k 512b.

萵 wō -3926 | 莴 *3903 | dandelion ◇ pissenlit [Etym] 艹口内 艹 612 (rad: 140c 3-07), 咼 2081 [Graph] 415c 011a 859a.

莒 jǔ +3927 | ancient state in the Zhou Dynasty in Shandong Province ◇ ancienne principauté de la dynastie Zhou dans la province de Shandong [Etym] 艹 612 (rad: 140c 3-06), 吕 2084 [Graph] 415c 011a 011a.

藋 guàn (676) 艹口口隹 | [Tra] heron ◇ héron [Etym] bird (4= 隹 1030); crest (1< 雚 635); loud voice (2,3= 口 2063) ◇ oiseau (4= 隹 1030); crète (1< 雚 635); cri puissant (2,3= 口 2063) [Graph] 415c 011a 011a 436m [Ref] k449, ph841, r276, w72j, wi428, wi726 [Hanzi] guan4 灌 178, guan4 鑵 1171, huan1 懽 3244, huan1 歡 3928, quan4 勸 3929, quan2 顴 3930, guan1 guan4 觀 3931, quan2 顴 3932, guan4 鸛 3933, guan4 鸛 3934, quan2 權 4176, guan4 瓘 5102, huan1 貛 5572, huan1 獾 5616, guan4 罐 7635, huan1 讙 9512, huan1 驩 11041.

歡 huān *3928 | 欢 -6501 、懽 *3244 、驩 *11041 、讙 *9512 | 艹口口隹欠 1° to rejoice, merry, jubilant 2° vigorously ◇ 1° se réjouir, plaisir, joie 2° entrain, vigoureux [Etym] 欠 178 (rad: 076a 4-17), 藋 676 [Graph] 415c 011a 011a 436m 232b.

勸 quàn *3929 | 劝 +6516 | 艹口口隹力 1° to advise, to admonish, to exhort 2° to encourage ◇ 1° exhorter, sermonner 2° encourager [Etym] 力 1489 (rad: 019a 2-17), 藋 676 [Graph] 415c 011a 011a 436m 732f.

顴 quán -3930 | 顴 *3932 | 艹口口隹页 cheekbone ◇ os malaire, pommette [Etym] 页 1802 (rad: 181s 6-17), 藋 676 [Graph] 415c 011a 011a 436m 854d.

觀 guān *3931 | 观 -6517 | 艹口口隹見 1° to look at, to watch, to examine 2° view, outlook 3° concept, aspect ◇ 1° regarder, considérer 2° contempler, point de vue 3° aspect, conception [Etym] 見2255 (rad: 147a 7-17), 藋 676 [Graph] 415c 011a 011a 436m 023c.

△ guàn | 观 -6517 | 1° Taoist temple 2° watchtower ◇ 1° temple taoïste 2° belvédère, guette.

顴 quán *3932 | 顴 -3930 | 艹口口隹頁 cheekbone ◇ os malaire, pommette [Etym] 頁 2267 (rad: 181a 9-17), 藋 676 [Graph] 415c 011a 011a 436m 023f.

鸛 guàn -3933 | 鸛 *3934 | 艹口口隹鸟 heron, stork ◇ héron, cigogne blanche [Etym] 鸟 2494 (rad: 196s 5-17), 藋 676 [Graph] 415c 011a 011a 436m Z22e.

鸛 guàn *3934 | 鹳 -3933 | 艹口口隹鳥 heron, stork ◇ héron, cigogne blanche [Etym] 鳥 2500 (rad: 196a 11-17), 藋 676 [Graph] 415c 011a 011a 436m Z22h.

蘄 qí *3935 | 蕲 -3984 | 艹口口單厂丅 place in Hubei ◇ lieu du Hubei [Etym] 艹 612 (rad: 140c 3-16), 單 2101 [Graph] 415c 011a 011a 041c 721a 411b.

萼 è +3936 | 艹口口亏 calyx of a flower ◇ calice d'une fleur [Etym] 艹 612 (rad: 140c 3-09), 咢 2102 [Graph] 415c 011a 011a Z21c.

蕗 lù +3937 | 艹足夂口 liquorice ◇ réglisse [Etym] 艹 612 (rad: 140c 3-13), 路 2116 [Graph] 415c 011e 633e 011a.

荳 dòu *3938 | 艹豆 See ◇ Voir 鬪 7473 [Etym] 艹 612 (rad: 140c 3-07), 豆 2120 [Graph] 415c 012b.

葶 tíng +3939 | 艹亠口冖丁 peduncle ◇ pédoncule, pétiole [Etym] 艹 612 (rad: 140c 3-09), 亭2135 [Graph] 415c 012c 851a 331b.

蒿 hāo (677) 艹亠冂口 | [Tra] artemisia ◇ armoise [Etym] plant (1= 艹 612); phon, tall (2,3, 4= 高 2138) ◇ plante (1= 艹 612); phon, haut (2,3,4= 高2138) [Graph] 415c 012c 856k 011a [Hanzi] hao1 蒿 3940, hao1 嚆 8944.

蒿 hāo +3940 | 艹亠冂口 aromatic plant, artemisia, wormwood ◇ armoise [Etym] 艹 612 (rad: 140c 3-10), 高 2138 [Graph] 415c 012c 856k 011a.

藁 gǎo (678) 艹亠冂口木 | [Tra] place in Hebei ◇ lieu du Hebei [Etym] plants (1= 艹 612), wood (5= 木 723); phon,tall,tower (2,3,4= 高 2138)(> 茉 614) ◇ plantes (1= 艹 612), bois (5= 木 723); phon, haut, tour (2,3,4= 高 2138)(> 茉 614) [Graph] 415c 012c 856k 011a 422a [Hanzi] gao3 藁 3941.

藁 gǎo +3941 | 艹亠冂口木 place in Hebei ◇ lieu du Hebei [Etym] 艹 612 (rad: 140c 3-14), 藁 678 [Graph] 415c 012c 856k 011a 422a.

蕿 xuān *3942 | 萱 +3853 | 艹言爫亠方又 See ◇ Voir 萱草 xuan1-cao3 3853-3967 [Etym] 艹 612 (rad: 140c 3-16), 諼 2141 [Graph] 415c 012d 221d ac:a 241a 633a.

藷 shǔ *3943 | 薯 +4003 | 艹言耂日 plants with tubers, yam, sweet potatoes ◇ igname, patates douces, faux gambir: plante tinctoriale [Etym] 艹 612 (rad: 140c 3-15), 諸 2145 [Graph] 415c 012d 432c 021a.

藹 ǎi *3944 | 蔼 -3594 | 艹言日勹人匕 1° friendly 2° park 3° crowd ◇ 1° affable 2° parc 3° foule [Etym] 艹 612 (rad: 140c 3-16), 謁 2146 [Graph] 415c 012d 021a 852h 232a 711a.

苫 shān +3945 | 艹占 1° straw mat 2° to thatch ◇ 1° paille, paillasson 2° couvrir de chaume un toit [Etym] 艹 612 (rad: 140c 3-05), 占 2154 [Graph] 415c 013e.

△ shàn | to thatch, to cover with a straw mat ◇ paille, paillis, couvrir avec les nattes.

苦 kǔ +3946 | 艹古 1° bitter 2° suffering, painful, to suffer from 3° to cause somebody suffering 4° painstakingly ◇ 1° amer, amertume 2° douleur, peine, souffrir 3° faire peine à 4° avec acharnement [Etym] 艹 612 (rad: 140c 3-05), 古 2155 [Graph] 415c 013f.

苦笑 kǔ xiào。forced smile, sickly smile ◇ rire forcé, rire jaune * 749.

苦艾 kǔ ài ∘ absinthe, a kind of mugwort ◇ absinthe, sorte d'armoise ∗ 3588.

苦难 kǔ nàn ∘ suffering, misery ◇ malheur, misère, souffrance ∗ 6505.

苦闷 kǔ mèn ∘ bitter, depressed ◇ amer, déprimé, tourmenté, affligé ∗ 8007.

葫 hú +3947 艹古月 | bottle-gourd, calabash ◇ gourde, calebasse [Etym] 艹 612 (rad: 140c 3-09), 胡 2158 [Graph] 415c 013f 856e.

苦 guā *3948 | 栝 +4427 | 1° juniperus sinensis 2° fruit rind of Chinese trichosanthes ◇ 1° tisonnier 2° pelure de fruit du trichosanthe chinois [Etym] 艹 612 (rad: 140c 3-06), 舌 2162 [Graph] 415c 013h.

茝 chǎi +3949 艹臣 | fragrant plant ◇ herbe servant à faire du fard [Etym] 艹 612 (rad: 140c 3-07), 臣 2166 [Graph] 415c 013j.

莫 mò (679) 艹日大 | [Tra] no, not, nothing ◇ ne pas, sans, rien [Etym] sun (2= 日 2169) hidden behind plants (1= 艹 612) (3> 葬 645) ◇ le soleil (2= 日 2169) caché par les plantes (1= 艹 612) (3> 葬 645) [Graph] 415c 021a 242a [Ref] k638, ph637, r38k, r458, w78g, wa32, wi523 [Hanzi] mo4 漠 179, mo4 鏌 1172, mo2 谟 1727, mo2 馍 1847, mo1 mo2 摸 2427, mo4 莫 3950, mu4 慕 3951, mo2 摹 3952, mu4 墓 3953, mao4 鄚 3954, mu4 募 3955, mu4 幕 3956, mu4 暮 3957, mo4 驀 3958, mo4 蓦 3959, mo2 mu2 模 4177, mo4 貘 5573, mo2 嫫 5749, mo4 瘼 7045, mo4 寞 7724, mo2 膜 8118, mo2 謨 9513, ma2 ma5 蟆 10233.

莫 mò +3950 艹日大 | 鏌 2° *1172 | 1° no, not, is it not? no one, nothing, none, don't 2° ancient sword 3° proper noun ◇ 1° ne pas, est-ce que, n'est-ce pas? il ne faut pas, il n'y a pas, sans, rien qui 2° ancienne épée 3° nom propre [Etym] 艹 612 (rad: 140c 3-07), 莫 679 [Graph] 415c 021a 242a.

莫大 mò dà ∘ greatest ◇ rien de plus grand que; le plus grand ∗ 1537.

莫不 mò bù ∘ all; there is no one who does or is not ◇ tout, il n'en est pas un seul qui ∗ 4066.

莫名其妙 mò míng qí miào ∘ to be baffled; inexplicable ◇ ne rien comprendre, inexplicable, brouillé ∗ 6408 5428 5744.

莫邪 mò yé ∘ 1° ancient double-edged sword; 2° interrogative suffix ◇ 1° épée antique à deux tranchants; 2° finale interrogative ∗ 7354.

慕 mù +3951 艹日大小 | 1° to yearn for 2° to admire 3° to love ◇ 1° estimer, admirer 2° désirer 3° chérir, aimer [Etym] 小 433 (rad: 061c 4-10), 莫 679 [Graph] 415c 021a 242a 331n.

摹 mó +3952 艹日大手 | to copy, to trace ◇ copier, imiter, moule, modèle [Etym] 手 465 (rad: 064a 4-10), 莫 679 [Graph] 415c 021a 242a 332g.

墓 mù +3953 艹日大土 | grave, tomb ◇ tombe, sépulture [Etym] 土 826 (rad: 032a 3-10), 莫 679 [Graph] 415c 021a 242a 432a.

墓地 mù dì ∘ cemetery, graveyard ◇ cimetière ∗ 4903.

鄚 mào +3954 艹日大阝 | place in Hebei ◇ lieu du Hebei [Etym] 阝 1316 (rad: 163b 2-10), 莫 679 [Graph] 415c 021a 242a 634j.

募 mù +3955 艹日大力 | 1° to collect, to summon 2° to enlist ◇ 1° quêter 2° enrôler [Etym] 力 1489 (rad: 019a 2-10), 莫 679 [Graph] 415c 021a 242a 732f.

募捐 mù juān ∘ to collect donations ◇ recueillir de l'argent (souscription, contribution) ∗ 2668.

幕 mù (680) 艹日大巾 | [Tra] tent; curtain ◇ tente; rideau [Etym] cloth (4= 巾 1886); phon, nothing (1,2,3= 莫 679) ◇ tissus (4= 巾 1886); phon, rien (1,2,3= 莫 679) [Graph] 415c 021a 242a 858a [Hanzi] mu4 幕 3956, mi4 冪 7673.

幕 mù +3956 艹日大巾 | 1° curtain, screen 2° tent 3° act (in a play) 4° intimacy ◇ 1° rideau 2° tente 3° acte (pièce de théâtre) 4° intimité [Etym] 巾 1886 (rad: 050a 3-10), 莫 679 [Graph] 415c 021a 242a 858a.

暮 mù +3957 艹日大日 | 1° evening, sunset 2° late 3° old age 4° decline ◇ 1° coucher du soleil, soir, fin du jour 2° tard 3° vieillesse 4° déclin [Etym] 日 2169 (rad: 072a 4-10), 莫 679 [Graph] 415c 021a 242a 021a.

暮霭 mù ǎi ∘ evening mist ◇ brouillard du soir ∗ 8426.

驀 mò *3958 艹日大馬 | 蓦 -3959 | suddenly ◇ subitement [Etym] 馬 2486 (rad: 187a 10-10), 莫 679 [Graph] 415c 021a 242a Z22a.

蓦 mò -3959 艹日大马 | 驀 *3958 | suddenly ◇ subitement [Etym] 马 2489 (rad: 187s 3-10), 莫 679 [Graph] 415c 021a 242a Z22b.

莳 shì -3960 艹日寸 | 蒔 *3961 | to plant, to set up, to transplant ◇ planter, dresser, repiquer [Etym] 艹 612 (rad: 140c 3-07), 时 2175 [Graph] 415c 021a 332b.

蒔 shì *3961 艹日土寸 | 莳 -3960 | to plant, to set up, to transplant ◇ planter, dresser, repiquer [Etym] 艹 612 (rad: 140c 3-10), 時 2180 [Graph] 415c 021a 432a 332b.

蕞 zuì +3962 艹日耳又 | 1° a few 2° small 3° gathering 4° hamlet ◇ 1° peu 2° petit 3° réunion 4° hameau [Etym] 艹 612 (rad: 140c 3-12), 最 2186 [Graph] 415c 021a 436k 633a.

葛 gé (681) 艹日勹人匕 | [Tra] kudzu vine; fibre ◇ plante grimpante [Etym] plant (1= 艹 612); phon, mendiant (2,3,4,5= 曷 2194) ◇ plante (1= 艹 612); phon, mendier (2,3,4,5= 曷 2194) [Graph] 415c 021a 852h 232a 711a [Hanzi] ka1 擖 2428, ge2 ge3 葛 3963, ga2 噶 8945.

葛 gé +3963 艹日勹人匕 | 1° textile fibber 2° kudzu vine ◇ 1° plante textile 2° plante grimpante [Etym] 艹 612 (rad: 140c 3-09), 曷 2194 [Graph] 415c 021a 852h 232a 711a.

△ gě | surname ◇ nom de personne.

萌 méng (682) 艹日月 | [Tra] sprout ◇ germer [Etym] plants (1= 艹 612) growing in the light (2,3= 明 2198) ◇ des plantes (1= 艹 612)

poussant dans la lumière (2,3= 明 2198) [Graph] 415c 021a 856e [Ref] w42c [Hanzi] meng2 萌 3964.

萌 méng +3964 艹日月 | sprout, germ, shoot, to thrive, to bud ◇ germer, germe, pousse, se développer, commencer [Etym] 艹 612 (rad: 140c 3-08), 萌 682 [Graph] 415c 021a 856e.

菖 chāng +3965 艹日日 | calamus acorus ◇ calamus acorus [Etym] 艹 612 (rad: 140c 3-08), 昌 2207 [Graph] 415c 021a 021a.

蔓 mán +3966 艹日罒又 | [Etym] 艹 612 (rad: 140c 3-11), 曼 2211 [Graph] 415c 021a 051a 633a.

蔓菁 mán jīng ∘ turnip ◇ navet ✱ 3696.

△ màn | trailing (plants) ◇ (plantes) grimpantes, rampantes.

△ wàn | 1° tendrilled vine, climbing plant 2° to climb ◇ 1° vrille 2° grimper, ramper.

草 cǎo (683) 艹早 | [Tra] grass ◇ herbes [Etym] plants (1= 艹 612); phon and idea of germination (2= 早 2212) ◇ des plantes (1= 艹 612); phon, idée de germination (2= 早 2212) [Graph] 415c 021d [Ref] k1042, w143e, wa40, wi399 [Hanzi] cao3 草 3967, cao3 騲 11042.

草 cǎo +3967 艹早 | 艸 *7654 、騲 4° *11042 | 1° grass, straw, plants with herbaceous stems 2° careless, hasty 3° rough copy, draft, running hand 4° female (domestic animals) ◇ 1° foin, herbe, végétaux herbacés 2° négligent, sans soin 3° brouillon, écriture cursive 4° femelle (animaux domestiques) [Etym] 艹 612 (rad: 140c 3-06), 草 683 [Graph] 415c 021d.

草地 cǎo dì ∘ prairie, pasture field ◇ prairie ✱ 4903.

草鞋 cǎo xié ∘ straw sandal ◇ sandale de paille ✱ 5371.

草率 cǎo shuài ∘ careless; perfunctory ◇ négligent; sans application ✱ 6311.

草原 cǎo yuán ∘ grasslands; prairie ◇ steppe; prairie ✱ 6869.

草庵 cǎo ān ∘ thatched hut ◇ hutte à toit de chaume, chaumière ✱ 6881.

草案 cǎo àn ∘ draft (of a law, plan,...) ◇ projet (de loi,...) ✱ 7749.

草帽 cǎo mào ∘ straw hat ◇ chapeau de paille ✱ 8398.

草高 cǎo gāo ∘ draft; rough draft ◇ manuscrit; brouillon, esquisse ✱ 9463.

菂 dì +3968 艹白勺 | lotus seed ◇ graine de lotus [Etym] 艹 612 (rad: 140c 3-08), 的 2222 [Graph] 415c 022c 852b.

葩 pā (684) 艹白巴 | [Tra] flower ◇ fleur [Etym] {?} plants (1= 艹 612), white (2= 白 2216); phon (3= 巴 2013) ◇ {?} plantes (1= 艹 612), blanc (2= 白 2216); phon (3= 巴 2013) [Graph] 415c 022c 933c [Hanzi] pa1 葩 3969.

葩 pā +3969 艹白巴 | flower ◇ fleur [Etym] 艹 612 (rad: 140c 3-09), 葩 684 [Graph] 415c 022c 933c.

蒠 jiào +3970 艹白白白 | Chinese onion ◇ oignon chinois [Etym] 艹 612 (rad: 140c 3-15), 皛 2225 [Graph] 415c 022c 022c 022c.

苜 mù (685) 艹目 | [Tra] squint, bad sight ◇ loucher; mauvaise vue [Etym] diverging directions (1=prim) of the eyes (2= 目 2239) ◇ directions divergentes (1=prim) des yeux (2= 目 2239) [Graph] 415c 023a [Ref] w158f [Hanzi] mu4 苜 3971.

苜 mù +3971 艹目 | lucerne ◇ luzerne [Etym] 艹 612 (rad: 140c 3-05), 苜 685 [Graph] 415c 023a.

苜蓿 mù xu ∘ lucerne ◇ luzerne ✱ 3849.

莧 xiàn (686) 艹見 | [Tra] spinach ◇ épinard [Etym] plants (1= 艹 612); phon (2= 見 2255) ◇ plantes (1= 艹 612); phon (2= 見 2255) [Graph] 415c 023c [Ref] k368, r42d, wi144 [Hanzi] xian4 莧 3972, kuan1 寬 7725.

莧 xiàn *3972 艹見 | 苋 -3880 | spinach ◇ épinard [Etym] 艹 612 (rad: 140c 3-07), 莧 686 [Graph] 415c 023c.

蒉 kuì -3973 艹虫贝 | 蕢 *3974 | straw-basket ◇ panier en paille [Etym] 艹 612 (rad: 140c 3-09), 贵 2278 [Graph] 415c 031c 854b.

蕢 kuì *3974 艹虫貝 | 蒉 -3973 | straw-basket ◇ panier en paille [Etym] 艹 612 (rad: 140c 3-12), 貴 2281 [Graph] 415c 031c 023b.

茧 jiǎn -3975 艹虫 | 繭 *3889 、絸 1° *6263 | 1° cocoon 2° callus ◇ 1° cocon 2° cal [Etym] 艹 612 (rad: 140c 3-06), 虫 2282 [Graph] 415c 031d.

茧儿 jiǎn ér ∘ cocoon ◇ cocon ✱ 2194.

菟 tú +3976 艹兔 | See ◇ Voir 於菟 wu1-tu2 7929-3976 [Etym] 艹 612 (rad: 140c 3-08), 兔 2294 [Graph] 415c 032e.

△ tù |

菟丝 tù sī ∘ cuscuta, seed of Chinese dodder ◇ cuscute ✱ 6002.

蔌 sù +3977 艹束欠 | 1° culinary vegetables 2° wild vegetables 3° plate, food ◇ 1° légumes 2° herbe 3° plat, mets [Etym] 艹 612 (rad: 140c 3-11), 敕 2297 [Graph] 415c 032g 232b.

薰 xūn *3978 艹重灬 | 熏 +10410 、燻 1° *1062 | 1° smoke 2° to smoke, to fumigate 3° steam ◇ 1° fumée 2° fumer, fumiger 3° vapeur [Etym] 艹 612 (rad: 140c 3-14), 熏 2312 [Graph] 415c 033f 222d.

△ xūn | 1° kind of sweet grass 2° fragrance (flowers, etc.) 3° balmy 4° soft 5° to roast ◇ 1° plante aromatique qu'on porte sur soi pour chasser les miasmes 2° parfum 3° oindre son corps de parfum 4° doux, tempéré 5° griller.

苗 miáo (687) 艹田 | [Tra] sprouts; offspring ◇ germe; descendance [Etym] plants (1= 艹 612) in a field (2= 田 2313) ◇ des plantes (1= 艹 612) dans un champ (2= 田 2313) [Graph] 415c 041a

[Ref] h1740, k620, ph464, w149b, wa75, wi798 [Hanzi] mao2 錨1173, mao2 锚1955, miao2 描2429, miao2 苗3979, miao2 鹋3981, miao2 鶓3982, mao1 mao2 貓5574, mao1 mao2 猫5617, miao1 喵8946, miao2 瞄10040.

苗 miáo +3979 艹田 | 1° young plant, seedling, sprouts, shoots 2° the young of some animals 3° vaccine 4° name of wild tribes: Miao nationality 5° proper noun ◇ 1° germe, jeune plante, pousse 2° petits des animaux 3° vaccin 4° groupe de tribus non chinoises, aborigènes 5° nom propre [Etym] 艹612 (rad: 140c 3-05), 苗687 [Graph] 415c 041a.

苗条 miáo tiáo。slender, slim ◇ svelte, de taille fine ＊ 6531.

葸 xǐ +3980 艹田心 | 1° to fear, dread, afraid 2° displeased 3° timorous, hesitating ◇ 1° effrayé, craintif 2° mécontent 3° timide, hésitant [Etym] 艹612 (rad: 140c 3-09), 思2316 [Graph] 415c 041a 321c.

鹋 miáo -3981 艹田鸟 | 鶓 *3982 | See ◇ Voir 鸸鹋 er2-miao2 8346-3981 [Etym] 鸟2494 (rad: 196s 5-08), 苗687 [Graph] 415c 041a Z22e.

鶓 miáo *3982 艹田鳥 | 鹋 -3981 | See ◇ Voir 鸸鹋 er2-miao2 8346-3981 [Etym] 鳥2500 (rad: 196a 11-08), 苗687 [Graph] 415c 041a Z22h.

薑 jiāng *3983 艹畐畐亖 | 姜 +5223 | 1° ginger 2° surname ◇ 1° gingembre 2° nom propre [Etym] 艹612 (rad: 140c 3-13), 畺2331 [Graph] 415c 041d 041d ac:z.

蕲 qí -3984 艹单厂丅 | 蘄 *3935 | place in Hubei ◇ lieu du Hubei [Etym] 艹612 (rad: 140c 3-12), 单2334 [Graph] 415c 041g 721a 411b.

蕲艾 qí ài。Chinese mugwort (Artemisia argyi) ◇ armoise de Chine ＊ 3588.

蓟 jì -3985 艹鱼刂 | 薊 *3987 | setose thistle ◇ chardon [Etym] 艹612 (rad: 140c 3-10), 剑2336 [Graph] 415c 041i 333b.

藓 xiǎn -3986 艹鱼羊 | 蘚 *3988 | moss ◇ mousse [Etym] 艹612 (rad: 140c 3-17), 鲜2341 [Graph] 415c 041i 414b.

薊 jì *3987 艹魚刂 | 蓟 -3985 | setose thistle ◇ chardon [Etym] 艹612 (rad: 140c 3-13), 劍2340 [Graph] 415c 041j 333b.

蘚 xiǎn *3988 艹魚羊 | 藓 -3986 | moss ◇ mousse [Etym] 艹612 (rad: 140c 3-17), 鮮2341 [Graph] 415c 041j 414b.

蘇 sū (688) 艹魚禾 | [Tra] thyme; to cheer up ◇ thym; ramasser [Etym] plant (1= 艹612); harvest (2,3= 穌2342) ◇ plante (1= 艹612); phon, récolte (2,3= 穌2342) [Graph] 415c 041j 422d [Hanzi] su1 蘇3989, su1 囌8947.

蘇 sū *3989 艹魚禾 | 苏 -3804 、甦1° *10732 、囌7° *8947 | 1° to revive, to cheer up 2° species of thyme 3° short for Suzhou 4° short for Jiangsu Province 5° soviet 6° surname 7° wordy ◇ 1° revivre, se ranimer 2° thym 3° abréviation de Suzhou 4° nom monosyllabique du Jiangsu 5° soviet 6° nom propre 7° bavard [Etym] 艹612 (rad: 140c 3-16), 穌2342 [Graph] 415c 041j 422d.

蕙 huì +3990 艹惠心 | orchid ◇ orchidée [Etym] 艹612 (rad: 140c 3-12), 惠2350 [Graph] 415c 042f 321c.

蓴 chún *3991 艹叀寸 | 莼 -3739 | gentian ◇ espèce de gentiane [Etym] 艹612 (rad: 140c 3-11), 專2351 [Graph] 415c 042f 332b.

蓮 lián *3992 艹車辶 | 莲 -3752 | lotus ◇ lotus [Etym] 艹612 (rad: 140c 3-10), 連2353 [Graph] 415c 042g 634o.

蒐 sōu *3993 艹鬼厶 | 搜 +2583 | to search, to investigate, to inquire ◇ rechercher, scruter, fouiller, perquisitionner [Etym] 艹612 (rad: 140c 3-08), 鬼2363 [Graph] 415c 043e 612a.

菓 guǒ *3994 艹果 | See ◇ Voir 腘8249 [Etym] 艹612 (rad: 140c 3-08), 果2364 [Graph] 415c 043f.

萆 bì *3995 艹卑 | 蓖 +4013 | castor-oil plant ◇ ricin, armoise [Etym] 艹612 (rad: 140c 3-08), 卑2366 [Graph] 415c 043h.

蓽 bì *3996 艹畢 | 荜 -752 、篳 *909 | 1° bamboo or wicker fence 2° pepper ◇ 1° clôture en bambou ou en osier 2° poivre [Etym] 艹612 (rad: 140c 3-10), 畢2367 [Graph] 415c 043i.

董 dǒng (689) 艹重 | [Tra] to regulate; trustee ◇ administrer; gérant [Etym] ph.b.: plant (1= 艹612); phon (2= 重2370) {orris} ◇ e.ph.: plante (1= 艹612); phon (2= 重2370) {orris} [Graph] 415c 043k [Ref] k1148, wi22 [Hanzi] dong3 懂3245, dong3 董3997.

董 dǒng +3997 艹重 | 1° to direct, to regulate 2° trustee 3° surname ◇ 1° administrer, gérant 2° chef 3° nom de famille [Etym] 艹612 (rad: 140c 3-09), 董689 [Graph] 415c 043k.

萬 wàn (690) 艹禺 | [Tra] ten thousand ◇ dix milles [Etym] ph.b.: scorpion, tongs, tail (1,2=prim) ◇ e.ph.: scorpion, pinces, queue (1,2=prim) [Graph] 415c 043l [Ref] h392, k1295, ph765, r1d, r217, w23h, wa49, wi60 [Hanzi] wan4 萬3998, mai4 邁3999, mai4 勱4000, dun3 躉4001, chai4 蠆4002, li4 厲6833, li4 癘7046.

萬 wàn +3998 艹禺 | 万 +7923 | 1° ten thousand 2° indefinite number 3° absolutely, by all means 4° surname ◇ 1° dix mille 2° nombreux 3° absolument, de toutes manières 4° nom de famille [Etym] 艹612 (rad: 140c 3-09), 萬690 [Graph] 415c 043l.

邁 mài *3999 艹禺辶 | 迈 -7924 | 1° to stride, to step, to walk, to advance 2° senile, old ◇ 1° enjamber, marcher, franchir, avancer 2° âge avancé [Etym] 辶1346 (rad: 162b 3-12), 萬690 [Graph] 415c 043l 634o.

勱 mài *4000 艹禺力 | 劢 -7925 | to exert one's strength, hard-working ◇ s'efforcer, se dépenser, diligent [Etym] 力1489 (rad: 019a 2-12), 萬690 [Graph] 415c 043l 732f.

躉 dǔn *4001 艹禺足 | 趸 -7926 | 1° wholesale 2° to store ◇ 1° entier, en bloc 2° magasin, dépôt, entreposer [Etym] 足2117 (rad: 157a 7-12), 萬690 [Graph] 415c 043l 011f.

蠆 chài *4002 | 蚃 -7927 | scorpion ◇ scorpion [Etym] 虫2282 (rad: 142a 6-12), 萬690 [Graph] 415c 043l 031d.

薯 shǔ +4003 | 藷 *3943 | plants with tubers, yam, sweet potatoes ◇ igname, patates douces, faux gambir: plante tinctoriale [Etym] 艹612 (rad: 140c 3-13), 署2383 [Graph] 415c 051a 432c 021a.

蔑 miè (691) [Tra] not; to disdain ◇ ne pas; dédaigner [Etym] bad or tired view (1,2= 苜 685) of border guardians (3= 0) ◇ vue fatiguée (1,2= 苜 685) des gardiens de frontière (3= 0) [Graph] 415c 051a 512k [Ref] k622, ph808, w158f [Hanzi] mie4 蔑4004, wa4 襪6630, wa4 韤7364, mie4 蠛8558, mie4 蠛10234.

蔑 miè +4004 | 蠛 *8558 3° | 1° minute, slight 2° without, nothing, not 3° disdain, to smear, worthless ◇ 1° petit 2° rien, ne pas, sans 3° faire peu de cas, rejeter [Etym] 艹612 (rad: 140c 3-11), 蔑691 [Graph] 415c 051a 512k.

蘿 luó *4005 | 萝 -4006 | 1° trailing plants, wisteria 2° carrot, beet ◇ 1° plantes rampantes, glycine 2° carotte, navet [Etym] 艹612 (rad: 140c 3-19), 羅2388 [Graph] 415c 051a 613d 436m.

萝 luó -4006 | 蘿 *4005 | 1° trailing plants, wisteria 2° carrot, beet ◇ 1° plantes rampantes, glycine 2° carotte, navet [Etym] 艹612 (rad: 140c 3-08), 罗2389 [Graph] 415c 051a 631b.

萝卜 luó bo。radish ◇ radis * 3203.

苪 mèng (692) [Tra] dream ◇ rêve [Etym] reduction of (夢 693, 瞢 694) ◇réduction de (夢 693, 瞢 694) [Graph] 415c 051a 851a [Ref] k612, w158f, wi572 [Hanzi] meng4 夢4007, hong1 薨4008, meng3 瞢4009, meng2 甍4010.

夢 mèng (693) [Tra] dream ◇ rêve [Etym] dim sight (1,2= 苜 685); cover (3= 冖1649); night (4= 夕 1225) (< 瞢 694) ◇ vue trouble (1,2= 苜 685): couvert (3= 冖 1649); nuit (4= 夕 1225) (< 瞢 694) [Graph] 415c 051a 851a 631b [Ref] k612, w158f, wi572 [Hanzi] meng4 夢4007.

夢 mèng *4007 | 梦 +4189 | dream, to dream ◇ rêve, rêver, songe [Etym] 夕1225 (rad: 036a 3-10), 夢693 [Graph] 415c 051a 851a 631b.

薨 hōng +4008 | to die (of feudal lords or high officials), to pass away ◇ décéder, mourir [Etym] 艹612 (rad: 140c 3-13), 苪692 死1235 [Graph] 415c 051a 851a 631c 321b.

瞢 měng (694) [Tra] blockhead; muddled ◇ ahuri; hébété [Etym] {1} bad sight (1,2= 苜 685), covered (3= 冖 1649) eye (4= 目 2239); {2} man (3=prim) on a mat (2=prim) with moving (1=prim) eyes (4= 目 2239) ◇ {1} mauvaise vue (1,2= 苜 685), oeil (4= 目 2239) couvert (3= 冖 1649); {2} homme (3=prim) sur natte (2=prim) bougeant (1=prim) les yeux (4= 目2239) [Graph] 415c 051a 851a 023a [Ref] k612, w158f, wa138 [Hanzi] meng3 懵3246, meng3 瞢4009.

瞢 měng *4009 | 懵 +3246 | 1° blockhead, muddled 2° ignorant ◇ 1° ahuri, hébété 2° ignorant [Etym] 艹612 (rad: 140c 3-12), 瞢694 [Graph] 415c 051a 851a 023a.

甍 méng +4010 | ridges of the roof ◇ faîte d'une maison, crête d'un toit [Etym] 瓦2531 (rad: 098a 4-10), 苪692 [Graph] 415c 051a 851a Z33f.

蕒 mai *4011 | 荬 -3582 | (qu3 - cai4) endive ◇ (qu3 - cai4) endive [Etym] 艹612 (rad: 140c 3-12), 買2397 [Graph] 415c 051a 023b.

蕈 xùn +4012 | mushroom ◇ champignon [Etym] 艹612 (rad: 140c 3-12), 覃2411 [Graph] 415c 051e 021d.

蓖 bì +4013 | 萆 *3995 | castor-oil plant ◇ ricin, armoise [Etym] 艹612 (rad: 140c 3-10), 毘2419 [Graph] 415c 061b 311d 321b.

茜 qiàn +4014 | 蒨 *3626 | rubia cordifolia, used to dye, madder, alizarin red ◇ rubia cordifolia, plante tinctoriale, garance, couleur rouge [Etym] 艹612 (rad: 140c 3-06), 西2427 [Graph] 415c 062b.

△ xī | 1° rubia cordifolia, used to dye 2° red, crimson 3° personal name ◇ 1° rubia cordifolia, plante tinctoriale 2° rouge, cramoisi 3° prénom.

蘸 zhàn +4015 | to dip, to soak ◇ tremper, imbiber [Etym] 艹612 (rad: 140c 3-19), 醮2430 [Graph] 415c 062c 436m 222d.

茵 yīn +4016 | mattress ◇ natte, couche [Etym] 艹612 (rad: 140c 3-06), 因2444 [Graph] 415c 071a 242a.

蒽 ēn +4017 | anthracene ◇ anthracite [Etym] 艹612 (rad: 140c 3-10), 恩2445 [Graph] 415c 071a 242a 321c.

菌 jūn +4018 | bacterium ◇ bactérie, microbe [Etym] 艹612 (rad: 140c 3-08), 囷2447 [Graph] 415c 071a 422d.

△ jùn | mushroom ◇ champignon.

茴 huí +4019 | [Etym] 艹612 (rad: 140c 3-06), 回2454 [Graph] 415c 071a 011a.

茴香 huí xiāng。fennel, caraway, anis seed ◇ fenouil, badiane, boucage anis * 4575.

蔥 cōng *4020 | 葱 +3863 | onion ◇ oignon [Etym] 艹612 (rad: 140c 3-11), 悤2462 [Graph] 415c 071c 633e 321c.

荍 qiáo +4021 | 1° mallow 2° buckwheat ◇ 1° mauve 2° sarrasin [Etym] 艹612 (rad: 140c 3-06), 收2465 [Graph] 415c Z11a 243c.

莊 zhuāng *4022 | 庄 -6910 | 1° village 2° manor 3° farm, agriculture 4° place of business 5° banker (mahjong game) 6° grave, sedate 7° surname ◇ 1° village 2° manoir 3° ferme, agriculture 4° place d'affaire 5° banquier (jeu de mahjong) 6° sérieux, solennel, dignité 7° nom de famille [Etym] 艹612 (rad: 140c 3-07), 壯2468 [Graph] 415c Z12a 432b.

蔣 jiǎng *4023 | 蒋 -3639 | 1° kind of rice 2° surname ◇ 1° espèce de riz 2° nom propre [Etym] 艹 612 (rad: 140c 3-11), 將2469 [Graph] 415c Z12a 631e 332b.

茑 niǎo -4024 | 蔦 *4025 | [Etym] 艹 612 (rad: 140c 3-05), 鸟 2494 [Graph] 415c Z22e.

茑萝 niǎo luó ∘ climbing wild vine, cypress vine ◇ plante grimpante * 4006.

蔦 niǎo *4025 | 茑 -4024 | See ◇ Voir 茑萝 niao3-luo2 4024-4006 [Etym] 艹612 (rad: 140c 3-11), 鳥 2500 [Graph] 415c Z22h.

艺 yì (695) [Tra] agriculture; art; law ◇ cultiver; art; loi [Etym] plant (1= 艹612); phon, to take root (2= 乙 2506) ◇ plante (1= 艹612); phon, germer (2= 乙 2506) [Graph] 415c Z31d [Hanzi] yi4 艺 4026, yi4 呓 8948.

艺 yì -4026 | 藝 *3692 | 1° skill 2° art 3° law, rule 4° agriculture, to cultivate ◇ 1° métier, habileté 2° art 3° loi, règle 4° agriculture, cultiver [Etym] 艹 612 (rad: 140c 3-01), 乙 2506 [Graph] 415c Z31d.

艺术 yì shù ∘ art ◇ art * 4595.

艺术性 yì shù xìng ∘ artistic quality ◇ valeur artistique * 4595 3262.

艺术家 yì shù jiā ∘ artist ◇ artiste * 4595 7747.

艺术品 yì shù pǐn ∘ work of art ◇ objet d'art, oeuvre d'art * 4595 9179.

艽 jiāo +4027 | 1° acanthus 2° large-leafed gentian ◇ 1° feuille d'acanthe 2° gentiane [Etym] 艹 612 (rad: 140c 3-02), 九 2513 [Graph] 415c Z32b.

芄 wán +4028 | trailing plant ◇ plante grimpante [Etym] 艹 612 (rad: 140c 3-03), 丸 2515 [Graph] 415c Z32c.

芟 shān (696) [Tra] to mow, to weed out ◇ faucher, sarcler [Etym] hand (3= 又 1271) in motion (2< 殳 2519) among herbs (1= 艹 612) ◇ main (3= 又 1271) en action (2< 殳 2519) sur des herbes (1= 艹 612) [Graph] 415c Z33a 633a [Ref] w22d [Hanzi] shan1 芟 4029.

芟 shān +4029 | 1° to mow (grass) 2° to weed out ◇ 1° faucher 2° élaguer [Etym] 艹 612 (rad: 140c 3-04), 芟 696 [Graph] 415c Z33a 633a.

芃 péng +4030 | luxuriant, bushy ◇ luxuriant, touffu [Etym] 艹 612 (rad: 140c 3-03), 凡 2522 [Graph] 415c Z33b.

芑 qǐ +4031 | chicory ◇ chicorée [Etym] 艹 612 (rad: 140c 3-03), 己 2532 [Graph] 415c Z41a.

芎 xiōng +4032 | sort of angelica ◇ drogue dépurative indéterminée [Etym] 艹612 (rad: 140c 3-03), 弓 2534 [Graph] 415c Z42a.

芎䓖 xiōng qióng ∘ kind of herb ◇ sorte de plante * 3856.

蒻 ruò +4033 | rush ◇ jonc [Etym] 艹 612 (rad: 140c 3-10), 弱 2548 [Graph] 415c Z42b Z42b.

荑 tí +4034 | 1° leaf buds, sprouts 2° weeds ◇ 1° bourgeons 2° mauvaise herbe [Etym] 艹 612 (rad: 140c 3-06), 夷 2550 [Graph] 415c Z42d.

△ yí | 2° panicum, to weed, name of a grassy plant ◇ 1° sarcler 2° panicum, faux millet.

茀 fú +4035 | 1° jungle 2° weed obstructing the way ◇ 1° jungle 2° mauvaises herbes obstruant le passage [Etym] 艹 612 (rad: 140c 3-05), 弗2553 [Graph] 415c Z42g.

莓 méi +4036 | strawberries, certain kinds of berries ◇ fraisier, fraise et fruits du même genre [Etym] 艹 612 (rad: 140c 3-07), 每2565 [Graph] 415c Z61b.

蔞 lóu *4037 | See ◇ Voir 嘍 9277 [Etym] 艹 612 (rad: 140c 3-10), 婁 2572 [Graph] 415c Z61f 611e.

△ lóu | 蒌 -3666 | parsley ◇ persil.

藪 sǒu *4038 | 薮 -3667 | 1° shallow lake overgrown with wild plants, large pond 2° den, haunt 3° gathering place (beasts) ◇ 1° marais couvert de végétation, grand étang 2° repaire, dépôt 3° lieu de rassemblement (animaux) [Etym] 艹 612 (rad: 140c 3-14), 數 2573 [Graph] 415c Z61f 611e 243c.

带 dài (697) [Tra] girdle; to wear ◇ ceinture; porter [Etym] modern simplified form of (帶 717) ◇ forme simplifiée moderne de (帶 717) [Graph] 415d 851a 858a [Ref] k473, w47b, wi467 [Hanzi] zhi4 滞180, dai4 带 4039, ti4 殢 6425, die2 嵽 7515.

带 dài -4039 | 帶 *4065 | 1° belt, girdle, ribbon, sash 2° tire 3° zone, area 4° to take with one 5° to do incidentally 6° to bear, to have 7° together, simultaneous, wit ◇ 1° ceinture, ruban 2° pneu 3° zone, région 4° porter sur soi 5° faire par hasard 6° porter, avoir 7° aussi, et, avec 8° amener, mener 9° éleve [Etym] 巾 1886 (rad: 050a 3-06), 带 697 [Graph] 415d 851a 858a.

带领 dài lǐng ∘ to lead, to guide ◇ mener, diriger * 1397.

带头 dài tóu ∘ to take the lead; to set an example ◇ prendre la tête de, donner l'exemple * 1598.

带子 dài zǐ ∘ belt ◇ ceinture; bande, ruban; lacet * 6546.

带路 dài lù ∘ to show the way; to act as a guide ◇ guider en chemin * 9353.

川 416

川 bā (698) [Tra] to divide ◇ séparer [Etym] different writing for (八 127) ◇ autre graphie pour (八 127) [Graph] 416a [Ref] k107 [Hanzi] jie4 介 1094, dao1 氘 11174.

㳙 yuān (699) [Tra] whirlpool ◇ remous [Etym] modern simplified form of

(鼎 2474) ◇ forme simplifiée moderne de (鼎 2474) [Graph] 416b 422f [Hanzi] yuan1 渊 181.

亓 qí (700) 亓 |[Tra] surname ◇ nom de famille [Etym] superior (upper two lines) man (bottom< 元 408, 介 191) ◇ un homme (bas< 元 408, 介 191) supérieur (deux lignes supérieures) [Graph] 416d [Ref] k709, ph732, w78f, wi525 [Hanzi] qi2 亓 4040.

亓 qí +4040 亓 |surname ◇ nom de famille [Etym] 二 4 (rad: 007a 2-02), 亓 700 [Graph] 416d.

廾 gǒng (701) 廾 |[Tra] two joined hands ◇ deux mains jointes [Etym] two hands joined in upright positions in rituals (prim) ◇ deux mains jointes et levées dans les rites (prim) [Graph] 416e [Ref] h1386, k873, w98b, wa122, wi607 [Hanzi] kai1 开 4045, nian4 廿 5349, jie4 戒 5528, yi4 羿 7225, yu2 舁 7437 [Rad] 055a.

卉 huì (702) 卉 |[Tra] plants; vast number ◇ plantes; multitude [Etym] contracted form of three plants (prim) (< 艹 612, 艸 1637) ◇ réduction de trois plantes (prim) (< 艹 612, 艸 1637) [Graph] 416f [Ref] h241c, k379, ph184, r4d, r202, w115b, wi175, wi656, wi894 [Hanzi] ben1 ben4 奔 1548, hui4 卉 4041, ben1 bi4 贲 4042, ben1 bi4 賁 4043.

卉 huì +4041 卉 |1° plants, herb, grass 2° a vast number of ◇ 1° plantes herbacées 2° multitude [Etym] 十 560 (rad: 024a 2-03), 卉 702 [Graph] 416f.

贲 bēn (703) 卉贝 |[Tra] embellishments ◇ dessins, décor [Etym] modern simplified form of (賁 704) ◇ forme simplifiée moderne de (賁 704) [Graph] 416f 854b [Ref] h1193, k157, ph204, r202, w115a, wa169, wi656 [Hanzi] fen2 濆 182, fen4 偾 2862, fen4 愤 3247, ben1 bi4 贲 4042, fen2 豮 5695, pen1 pen4 喷 8949.

贲 bēn -4042 卉贝 |賁 *4043| embellishments ◇ coquilles à ramages, dessins [Etym] 贝 1796 (rad: 154s 4-05), 贲 703 [Graph] 416f 854b.

△ bì |賁 *4043| ornaments, drawings ◇ dessins, ramages.

賁 bēn (704) 卉貝 |[Tra] embellishments ◇ dessins; décor [Etym] something precious (2= 貝 2246); phon (1= 卉 702) ◇ une chose précieuse (2= 貝 2246); phon (1= 卉 702) [Graph] 416f 023b [Ref] k741, ph390, w115b, wa165, wi235 [Hanzi] fen2 濆 183, fen4 僨 2863, fen4 憤 3248, ben1 bi4 賁 4043, fen2 墳 4811, fen2 豶 5696, pen1 pen4 噴 8950.

賁 bēn *4043 卉貝 |贲 -4042| embellishments ◇ coquilles à ramages, dessins [Etym] 貝 2246 (rad: 154a 7-05), 賁 704 [Graph] 416f 023b.

△ bì |贲 -4042| ornaments, drawings ◇ dessins, ramages.

升 shēng (705) 升 |[Tra] liter ◇ litre [Etym] {1} measure (prim): ten (< 十 560) handful (< 𠂇 239, 廾 701); {2} measure (< 斗 575) of rice on a scale (prim) ◇ {1} une mesure (prim): dix (< 十 560) poignées (< 𠂇 239, 廾 701); {2} une mesure (< 斗 575) de riz sur une balance (prim) [Graph] 416g [Ref] h1470, k1084, ph49, r201, w115a, wa77, wi601 [Hanzi] sheng1 升 4044, sheng1 昇 9868.

升 shēng +4044 升 |昇 1°2° *9868 、陞 1°2° *6761| 1° to rise, to hoist 2° promotion, to ascend 3° unit of dry measure for grain = 1 liter, liter, pint, tenth part of a peck ◇ 1° monter 2° promotion, s'élever 3° mesure de capacité = 1 litre, litre [Etym] 十 560 (rad: 024a 2-02), 升 705 [Graph] 416g.

升子 shēng zǐ。quart (measure) ◇ pinte (mesure) * 6546.

升学 shēng xué。to enter a higher school ◇ passer au cycle supérieur (école) * 7854.

开 kāi (706) 开 |[Tra] to open ◇ ouvrir [Etym] top bar taken away by two hands (prim) (< 廾 701) ◇ deux mains enlevant la barre supérieure (prim) (< 廾 701) [Graph] 416h [Hanzi] qian1 汧 184, ji1 笄 780, xing2 鈃 1174, xing2 钘 1956, kai1 开 4045, xing2 形 4046, xing2 刑 4047, xing2 邢 4049, yan2 妍 5750, qian1 岍 7516, kai1 開 8759, jian3 趼 9321, yan2 研 9676.

开 kāi -4045 开 |開 *8759| 1° to open 2° to open out 3° to come loose, to bloom 4° thaw 5° to begin 6° to set out 7° to hold (meeting) 8° to write out 9° boiling (water) ◇ 1° ouvrir 2° percer, frayer 3° s'épanouir 4° dégeler 5° commencer 6° mettre en marche 7° tenir (réunion) 8° prescrire 9° ébullition (eau) [Etym] 廾 701 (rad: 055a 3-01), 开 706 [Graph] 416h.

开会 kāi huì。to hold a meeting ◇ tenir une réunion, ouvrir une séance * 1382.

开关 kāi guān。switch ◇ commutateur, interrupteur * 1576.

开头 kāi tóu。first ◇ d'abord * 1598.

开设 kāi shè。to open, to set up ◇ ouvrir, établir, fonder * 1834.

开心 kāi xīn。to rejoice, to feel happy ◇ joyeux, gai; plaisanter, railler, se moquer de * 2177.

开水 kāi shuǐ。boiling water ◇ eau bouillante; eau bouillie * 2299.

开拔 kāi bá。to move (of troops); to set out ◇ se mettre en route (troupes) * 2361.

开夜车 kāi yè chē。to work late into the night ◇ travailler la nuit * 3101 6327.

开花 kāi huā。to flower, to blossom ◇ fleurir, s'épanouir * 3621.

开荒 kāi huāng。to reclaim wasteland ◇ défricher, déboiser et mettre en culture * 3810.

开幕 kāi mù ∘ inauguration, to unveil, to open ◇ inaugurer, dévoiler, ouvrir, lever le rideau ∗ 3956.

开场白 kāi chǎng bái ∘ prologue (of a play); opening remarks ◇ prologue, introduction ∗ 4884 9973.

开玩笑 kāi wán xiào ∘ to crack a joke; joke ◇ plaisanter, blague, batifolage ∗ 5088 749.

开始 kāi shǐ ∘ to begin ◇ commencer, débuter, se mettre à; début ∗ 5778.

开动 kāi dòng ∘ to get moving, to open out ◇ déclencher, mettre en marche, démarrer ∗ 5920.

开车 kāi chē ∘ to drive a car, to start (a car) ◇ mettre une voiture en marche, conduire une voiture ∗ 6327.

开支 kāi zhī ∘ to pay (expenses); expenditure ◇ dépenser; dépenses ∗ 6522.

开除 kāi chú ∘ to expel, to discharge ◇ exclure, expulser, renvoyer, congédier ∗ 6715.

开发 kāi fā ∘ to exploit, to develop ◇ exploiter, mettre en valeur ∗ 6813.

开刀 kāi dāo ∘ to perform an operation, to operate ◇ opérer, faire une opération ∗ 7239.

开办 kāi bàn ∘ to open, to start, to set up ◇ entreprendre, fonder, établir, ouvrir ∗ 7271.

开学 kāi xué ∘ beginning of term; school starts ◇ rentrée scolaire, commencer les classes ∗ 7854.

开放 kāi fàng ∘ to bloom; to open to the public ◇ s'épanouir; ouvrir au public ∗ 7934.

开展 kāi zhǎn ∘ to get moving, to unroll, to open out ◇ déclencher, déployer, développer; ouvert ∗ 8629.

开辟 kāi pì ∘ to open up, to start, to create ◇ ouvrir, créer, frayer ∗ 8645.

开口 kāi kǒu ∘ to open one's mouth; to start to talk ◇ ouvrir la bouche, se mettre à parler ∗ 8842.

形 xíng +4046 开彡 | 1° form, shape 2° body, entity 3° to appear 4° to compare 5° to contrast 6° material 7° situation ◇ 1° forme 2° corps, silhouette 3° apparence, air, manière d'être 4° comparer, décrire 5° être perceptible, différencier 6° matérialité 7° situation [Etym] 彡 76 (rad: 059a 3-04), 开 706 [Graph] 416h 211c.

形势 xíng shì ∘ topography, terrain; situation ◇ configuration, topographie; situation, aspect ∗ 2734.

形状 xíng zhuàng ∘ form, shape, appearance ◇ forme, aspect, apparence ∗ 3190.

形式 xíng shì ∘ form, shape ◇ forme; formalité ∗ 5509.

形成 xíng chéng ∘ to form, to take shape ◇ former, prendre forme ∗ 5550.

形容 xíng róng ∘ to describe; appearance ◇ qualifier, décrire; aspect, air ∗ 7692.

形象 xíng xiàng ∘ image, form, figure ◇ image, figure; imagé ∗ 10385.

刑 xíng (707) 开刂 | [Tra] punishment, torture ◇ châtier; mutiler [Etym] to maim (2= 刂 470) someone; behind grid (1=prim), or in jail, or phon (1< 井 709) ◇ mutiler (2= 刂 470) quelqu'un; derrière une grille (1=prim), ou phon (1< 井 709) [Graph] 416h 333b [Ref] h48, k1261, ph18, r42a, r42c, w12e, wa36, wi363 [Hanzi] xing2 鉶 1175, xing2 铏 1957, xing2 刑 4047, xing2 型 4048, xing2 硎 9677.

刑 xíng +4047 开刂 | 1° punishment 2° torture 3° to castigate 4° rules, laws ◇ 1° châtier, peines 2° torturer 3° mutiler 4° règles, lois [Etym] 刂 470 (rad: 018b 2-04), 刑 707 [Graph] 416h 333b.

刑法 xíng fǎ ∘ penal code, criminal law ◇ code pénal, loi pénale ∗ 217.

刑罚 xíng fá ∘ punishment, penalty ◇ peine, châtiment, supplice, torture ∗ 10773.

型 xíng +4048 开刂土 | 1° mold 2° type, model, example 3° statute 4° kind, category ◇ 1° moule 2° type, modèle, exemple 3° règle, format 4° genre, catégorie [Etym] 土 826 (rad: 032a 3-06), 刑 707 [Graph] 416h 333b 432a.

型号 xíng hào ∘ model, type ◇ modèle, type ∗ 9257.

邢 xíng +4049 开阝 | place name ◇ nom de lieu [Etym] 阝 1316 (rad: 163b 2-04), 开 706 [Graph] 416h 634j.

并 bìng (708) 并 | [Tra] to merge; together ◇ intégrer; harmonie [Etym] two men walking side by side (prim) (< 行 522) ◇ deux hommes marchant côte à côte (prim) (< 行 522) [Graph] 416i [Ref] h506c, w160c, wi363 [Hanzi] ping2 洴 185, bing3 餅 1435, bing3 饼 1848, pin1 拼 2430, bing4 併 2864, bing1 bing4 并 4050, beng4 迸 4051, chuang4 刱 4052, chuang4 刱 4053, ping2 瓶 4054, ben1 bing1 栟 4178, pin1 姘 5751, ping2 缾 7636, pian2 胼 8119, ping2 帡 8385, bing3 ping2 屏 8625, pian2 駢 11043, pian2 骈 11102.

并 bīng +4050 并 | another name for Taiyuan ◇ autre nom de Taiyuan [Etym] 八 127 (rad: 012a 2-04), 并 708 [Graph] 416i.

△ bìng | 併 1° ∗2864 並 2°3° ∗5346 竝 2°3° ∗638 | 1° to merge, to incorporate 2° simultaneously, side by side 3° and ◇ 1° intégrer, incorporer 2° simultanément, côte à côte 3° et.

并排 bìng pái ∘ side by side; on the same line ◇ sur la même ligne; être au même rang ∗ 2423.

并列 bìng liè ∘ to juxtapose ◇ juxtaposer ∗ 6419.

并且 bìng qiě ∘ and , besides, moreover, furthermore ◇ et, en outre, de plus, d'ailleurs ∗ 8541.

迸 bèng +4051 并辶 | to spout, to rebound ◇ bondir, rebondir, jaillir [Etym] 辶 1346

刂 开 并

(rad: 162b 3-06), 并 708 [Graph] 416i 634o.

刱 chuàng *4052 | 创 -1401 、創 *1418 、刅 *4053 | to found, to create ◇ commencer, fonder, instituer [Etym] 刀 1477 (rad: 018a 2-07), 并 708 刃 1483 [Graph] 416i 732c.

刅 chuàng *4053 | 创 -1401 、創 *1418 、刱 *4052 | to found, to create ◇ commencer, fonder, instituer [Etym] 刀 1477 (rad: 018a 2-08), 并 708 办 1487 [Graph] 416i 732d.

瓶 píng +4054 | 缾 *7636 | 1° bottle, flask, vase, jar 2° measure-word for bottles ◇ 1° bouteille, flacon, vase, cruche 2° spécificatif des bouteilles [Etym] 瓦 2531 (rad: 098a 4-06), 并 708 [Graph] 416i Z33f.

瓶子 píng zǐ ∘ bottle ◇ bouteille * 6546.

井 jǐng (709) | [Tra] well ◇ puits [Etym] frame of a well (prim); once with a central dot = water ◇ le cadre d'un puits (prim); à l'orig., un point central indiquait l'eau [Graph] 416j [Hanzi] jiang3 讲 1728, jing3 井 4055, jin4 进 4056, geng1 耕 4681, jing3 阱 6739, jing3 穽 7807, jing3 肼 8120.

井 jǐng +4055 | 1° well 2° mine, pit 3° neat, orderly 4° rod of land measuring 900 mu ◇ 1° puits 2° mine, trou 3° en bon ordre 4° pièce de 900 arpents [Etym] 二 4 (rad: 007a 2-02), 井 709 [Graph] 416j.

进 jìn (710) | [Tra] to enter ◇ entrer [Etym] to walk, to go (2= 辶 1346); phon (1= 井 709) ◇ marcher, avancer (2= 辶 1346); phon (1= 井 709) [Graph] 416j 634o [Ref] k1178, ph39, r370, w49a, wa20 [Hanzi] jin4 进 4056, jin1 琎 5104.

进 jìn -4056 | 進 *5497 | 1° to advance, to make progress 2° to enter 3° to receive 4° to eat, to take 5° to submit 6° into, to bring in ◇ 1° avancer, progrès 2° entrer 3° manger, recevoir 5° soumettre 6° introduire, dans [Etym] 辶 1346 (rad: 162b 3-04), 井 709 [Graph] 416j 634o.

进入 jìn rù ∘ to enter, to get into ◇ entrer dans, parvenir à * 1082.

进行 jìn háng ∘ to undertake, to contract for ◇ entreprendre * 3128.

进行 jìn xíng ∘ to advance; to be in progress; to go on ◇ effectuer, procéder à; se dérouler, se poursuivre * 3128.

进来 jìn lái ∘ to enter to ◇ entrer (rapprochement) * 4672.

进攻 jìn gōng ∘ to attack; offensive ◇ attaquer, prendre l'offensive * 4704.

进去 jìn qù ∘ to enter (from) ◇ entrer (éloignement) * 4870.

进步 jìn bù ∘ progressive ◇ progressiste, avancé * 5306.

进口 jìn kǒu ∘ to import ◇ importer * 8842.

川 417

川 chuān (711) | [Tra] river ◇ rivière [Etym] water flowing (prim) ->{durability} ◇ un cours d'eau (prim) ->{constance} [Graph] 417a [Ref] h304, k1238, ph187, r477, w121, wa36, wi389 [Hanzi] chuan4 釧 1176, kuang3 夼 1550, xun4 训 1729, chuan4 钏 1958, chuan1 川 4057, shun4 顺 4058, shun4 順 4059, zhen4 圳 4812, xun2 纠 5971, xun2 紃 6143, xun4 訓 9514, zhen4 甽 10428, xun2 馴 11044, xun2 驯 11103, chuan1 氚 11175 [Rad] 047b.

川 chuān +4057 | 1° river, to flow, flood, stream 2° short for Sichuan province ◇ 1° fleuve, cours d'eau, couler 2° abréviation de Sichuan [Etym] 川 711 (rad: 047b 3-00), [Graph] 417a.

顺 shùn -4058 | 順 *4059 | 1° in the same direction as 2° with, along 3° to put in order, in sequence 4° to obey, to follow, docile, fair 5° suitable 6° to take the opportunity to ◇ 1° dans la même direction que 2° selon, avec 3° mettre en ordre 4° obéir, se conformer à, suivre, souple 5° propice, commode 6° saisir l'occasion pour [Etym] 页 1802 (rad: 181s 6-03), 川 711 [Graph] 417a 854d.

顺从 shùn cóng ∘ to be obedient, to submit ◇ se conformer à, obéir * 1071.

顺着 shùn zhe ∘ with, following; alongside ◇ le long de * 1531.

顺手 shùn shǒu ∘ smoothly, without difficulty; handy ◇ aisément, sans difficulté, en passant, à l'occasion * 2748.

顺便 shùn biàn ∘ in passing, conveniently ◇ en passant, profiter de l'occasion pour * 3074.

顺利 shùn lì ∘ favorable, propitious ◇ favorable, propice, sans problème, sans obstacle * 4516.

顺坝 shùn bà ∘ longitudinal dike ◇ digue longitudinale * 4918.

顺耳 shùn ěr ∘ pleasing to the ear ◇ qui flatte l'oreille, agréable à entendre * 5445.

顺序 shùn xù ∘ order, sequence ◇ ordre * 6932.

顺口 shùn kǒu ∘ to read smoothly, say offhandedly ◇ qui se lit aisément; dire par mégarde * 8842.

顺路 shùn lù ∘ on the way ◇ sur sa route, en passant * 9353.

順 shùn (712) | [Tra] to follow; to obey ◇ suivre, obéir [Etym] to follow as water does (1= 川 711)and bend the head (2= 頁 2267) ◇ suivre le courant (1= 川 711) et pencher la tête (2= 頁 2267) [Graph] 417a 023f [Hanzi] shun4 順 4059.

順 shùn *4059 | 顺 -4058 | 1° in the same direction as 2° with, along 3° to put in order, in sequence 4° to obey, to follow, docile, fair 5° suitable 6° to take the opportunity to ◇ 1° dans la même direction que 2° selon, avec 3° mettre en ordre 4° obéir, se conformer à, suivre, souple 5°

propice, commode 6° saisir l'occasion pour [Etym] 頁 2267 (rad: 181a 9-03), 順 712 [Graph] 417a 023f.

所 suǒ (713) 二川⺮ [Tra] place; building ◇ lieu; bâtiments [Etym] delimited place (top=prim); river (1= 川 711), bamboo (2> 竹 477) ◇ un lieu défini (haut=prim); rivière (1= 川 711), bambou (2> 竹 477) [Graph] acc:a 417a 331e [Ref] r56, w24n [Hanzi] suo3 所 4060.

所 suǒ *4060 二川⺮ | 所 +8705 | 1° place 2° measure-word (houses, buildings, places) 3° about 4° relative pronoun ◇ 1° place, lieu 2° spécificatif (lieux, bâtiments, salles, emplacements) 3° environ 4° pronom relatif, tout ce qui, ce que [Etym] 一 3 (rad: 001a 1-06), 所 713 [Graph] ac:a 417a 331e.

爪 zhǎo (714) 爪 [Tra] hand; claws; paws ◇ main; griffe; patte [Etym] paws or claws (prim) (> 爫 102) ◇ une patte ou une griffe (prim) (> 爫 102) [Graph] 417c [Ref] h572, k37, ph79, r230, w133a, wa41, wi19 [Hanzi] zhao4 笊 781, zhua1 抓 2431, zhao3 zhua3 爪 4061 [Rad] 087a.

爪 zhǎo +4061 爪 | claw, talon ◇ griffe, patte, main [Etym] 爪 714 (rad: 087a 4-00), [Graph] 417c.

爪牙 zhǎo yá ∘ talons and fangs; lackey ◇ bec et ongles, griffes et dents; complice * 7352.

△ zhuǎ | claw, talon ◇ griffe, patte, main.

爬 pá +4062 爪巴 | 1° to crawl, to creep 2° to climb 3° to scratch (with fingernails) ◇ 1° marcher à quatre pattes, ramper 2° grimper sur 3° gratter (avec les ongles) [Etym] 爪 714 (rad: 087a 4-04), 巴 2014 [Graph] 417c 933c.

州 zhōu (715) 州 [Tra] prefecture, region ◇ district, région [Etym] sand or islets (three dots) surrounded by water (> 川 711) ◇ du sable ou des îlets (trois points) entourés d'eau (> 川 711) [Graph] 417d [Ref] k706, ph146, w133a, wa41 [Hanzi] zhou1 洲 186, zhou1 州 4063, chou2 酬 10864.

州 zhōu +4063 州 | 1° administrative region, prefecture, department 2° surname ◇ 1° région administrative, district, état 2° nom de famille [Etym] 川 711 (rad: 047b 3-03), 州 715 [Graph] 417d.

卅 sà (716) 卅 [Tra] thirty ◇ trente [Etym] three times ten (< 十 560) ◇ trois fois dix (< 十 560) [Graph] 417e [Ref] w112i [Hanzi] sa4 卅 4064.

卅 sà +4064 卅 | thirty ◇ trente [Etym] 十 560 (rad: 024a 2-02), 卅 716 [Graph] 417e.

帶 dài (717) 卌冖巾 [Tra] girdle, to wear ◇ ceinture, porter [Etym] girdle and four trinkets (1=prim); two skirts (2,3< 巾 1886) ◇ une ceinture et quatre babioles (1=prim); deux jupes (2,3< 巾 1886) [Graph] 417f 851a 858a [Ref] k38, ph268, w133a [Hanzi] zhi4 滯 187, di4 蔕 3651, dai4 帶 4065, ti4 䗖 6426.

帶 dài *4065 卌冖巾 | 带 -4039 | 1° belt, girdle, ribbon, sash 2° tire 3° zone, area 4° to take with one 5° to do incidentally 6° to bear, to have 7° together, simultaneous, wit ◇ 1° ceinture, ruban 2° pneu 3° zone, région 4° porter sur soi 5° faire par hasard 6° porter, avoir 7° aussi, et, avec 8° amener, mener 9° éleve [Etym] 巾 1886 (rad: 050a 3-08), 帶 717 [Graph] 417f 851a 858a.

不 421

不 bù (718) 不 [Tra] no, not ◇ non, ne pas [Etym] ph.b.: {1} bird flying or bud opening; {2} roots (prim) (> 木 723) ◇ e.ph.: {1} un oiseau en vol ou un bouton floral; {2} des racines (prim) (> 木 723) [Graph] 421a [Hanzi] bu4 鈈 1177, bu4 钚 1959, pou2 抔 2432, huai2 怀 3249, fu2 芣 3652, bu4 不 4066, en1 奀 4068, wai1 歪 4069, nao1 孬 4070, hai2 huan2 还 4072, beng2 甭 4073, bei1 盃 4074, fou3 pi3 否 4075, mi4 覔 4076, bei1 杯 4179, huai4 pi1 坏 4813, huan2 环 5105, pei1 衃 8559, bu4 吥 8951, fu2 罘 10778.

不 bù +4066 不 | no, not ◇ non, ne pas [Etym] 一 3 (rad: 001a 1-03), 不 718 [Graph] 421a.

不满 bù mǎn ∘ dissatisfaction; resentful ◇ mécontentement; insatisfait * 176.

不法 bù fǎ ∘ illegal ◇ illégal * 217.

不大 bù dà ∘ not very, not so ◇ pas tellement * 1537.

不论 bù lùn ∘ no matter, regardless of ◇ quel que soit, peu importe, n'importe (qui, que) * 1701.

不许 bù xǔ ∘ must not, not allow ◇ ne pas permettre, ne pas autoriser * 1721.

不错 bù cuò ∘ not bad, that's right ◇ pas mal, c'est exact * 1905.

不错 bù cuò ∘ good, exact ◇ juste, exact, bon * 1983.

不必 bù bì ∘ not necessary, there is no need to ... ◇ il n'est pas nécessaire de ... * 2179.

不可 bù kě ∘ should not, ought not ◇ il ne faut pas * 2235.

不少 bù shǎo ∘ numerous ◇ nombreux * 2243.

不过 bù guò ∘ however, but, nevertheless ◇ cependant, mais, néanmoins * 2310.

不住 bù zhù ∘ continuously, unceasingly ◇ sans cesse, sans interruption * 2887.

不仅 bù jǐn ∘ not only ◇ non seulement... (mais) * 2937.

不但 bù dàn ∘ not only ◇ non seulement * 3048.

不便 bù biàn ∘ inconvenient; unsuitable ◇ gênant, embarrassant; incommode * 3074.

不行 bù háng ∘ impossible; it does not work ◇ ne pas permettre, impossible, non ✱ 3128.

不得不 bù dé bù ∘ to have to ◇ être obligé de ✱ 3173 4066.

不得已 bù dé yǐ ∘ to have to; to have no choice but to ◇ se voir obligé de, n'y rien pouvoir ✱ 3173 8726.

不惜 bù xī ∘ to spare no ...; not to hesitate ◇ ne rien épargner; ne reculer devant rien ✱ 3264.

不平 bù píng ∘ unfair; injustice ◇ inégal, injuste ✱ 3426.

不禁 bù jìn ∘ in spite of; against one's will ◇ en dépit de; malgré soi ✱ 4183.

不朽 bù xiǔ ∘ immortal, eternal ◇ immortel, impérissable, éternel ✱ 4475.

不利 bù lì ∘ unfavorable ◇ défavorable, désavantageux ✱ 4516.

不料 bù liào ∘ unexpectedly ◇ sans prévoir, inattendu, surpris ✱ 4607.

不断 bù duàn ∘ unceasingly ◇ sans cesse ✱ 4628.

不幸 bù xìng ∘ unhappy, unfortunate ◇ malheureux, malchanceux ✱ 4795.

不敢当 bù gǎn dāng ∘ I really don't deserve this ◇ vous me faites trop d'honneur ✱ 5482 7380.

不成 bù chéng ∘ won't do ◇ ça ne vas pas ✱ 5550.

不妙 bù miào ∘ not too encouraging ◇ pas encourageant ✱ 5744.

不妨 bù fāng ∘ there is no harm in, might as well ◇ sans inconvénient, rien n'empêche ✱ 5825.

不如 bù rú ∘ it is better to ◇ mieux vaut ✱ 5841.

不能 bù néng ∘ impossible; should not, ought not ◇ il est impossible, il ne faut pas ✱ 5898.

不致 bù zhì ∘ not to that extent ◇ ne pas aller jusqu'à ✱ 5913.

不外 bù wài ∘ nothing more than ◇ se borner à; se limiter à; ne ... que ✱ 6395.

不然 bù rán ∘ otherwise, or else; not so ◇ sinon; sans que; pas du tout; au contraire ✱ 6452.

不久 bù jiǔ ∘ soon, before long ◇ bientôt; peu de temps; ça ne sera pas long ✱ 6498.

不对 bù duì ∘ incorrect; abnormal ◇ incorrect; anormal, inhabituel ✱ 6502.

不顾 bù gù ∘ regardless of; in spite of ◇ sans tenir compte de; au mépris de ✱ 6849.

不安 bù ān ∘ unstable; uneasy, disturbed; worried ◇ instable; compliqué; dérangé; inquiet ✱ 7748.

不客气 bù kè qì ∘ you are welcome; not at all ◇ de rien; je vous en prie; pas de manières ✱ 7760 11170.

不见得 bù jiàn dé ∘ not likely ◇ peu probable ✱ 7991 3173.

不用 bù yòng ∘ there is no need to ... ◇ ce n'est pas la peine ✱ 8267.

不同 bù tóng ∘ different ◇ différent ✱ 8279.

不屈 bù qū ∘ unyielding, inflexible ◇ intrépide, inflexible ✱ 8639.

不良 bù liáng ∘ bad, harmful, unhealthy ◇ mauvais, pernicieux ✱ 8725.

不只 bù zhǐ ∘ not only ◇ non seulement ✱ 9278.

不是 bù shì ∘ no, not to be ◇ non, ne pas être ✱ 9880.

不免 bù miǎn ∘ unavoidable ◇ inévitablement ✱ 10370.

不赖 bù lài ∘ not bad, good, fine ◇ pas mauvais, bon, très bien ✱ 10383.

不要 bù yào ∘ must not, should not ◇ il ne faut pas ✱ 10824.

丕 pī (719) 不一 | [Tra] great, vast ◇ grand, vaste [Etym] vast (bottom stroke); phon (top< 不 718) ◇ vaste (trait du bas); phon (haut< 不 718) [Graph] 421a acc:z [Ref] k643, r4, w119a, wa38, wi84 [Hanzi] pi1 伾 2865, pie3 苤 3653, pi1 丕 4067, pi1 邳 4071, pi1 坯 4814, pi3 鉟 5040, pi1 狉 5618, pei1 胚 8121, pei1 呸 8952.

丕 pī +4067 不一 | 1° great, vast 2° largely ◇ 1° grand, vaste 2° amplement, partout [Etym] 一 3 (rad: 001a 1-04), 丕 719 [Graph] 421a ac:z.

奀 ēn +4068 不大 | 1° small and skinny 2° personal name ◇ 1° maigre 2° prénom [Etym] 大 257 (rad: 037a 3-04), 不 718 [Graph] 421a 242a.

歪 wāi (720) 不正 | [Tra] askew, devious ◇ oblique, vicieux [Etym] not (1= 不 718) correct (2= 正 963) ◇ pas (1= 不 718) droit (2= 正 963) [Graph] 421a 434b [Ref] k511, ph374, w13c, wa44, wi64 [Hanzi] wai1 歪 4069, wai3 踒 9322.

歪 wāi +4069 不正 | 1° askew, crooked 2° slanting 3° wicked, insolent, devious ◇ 1° oblique, pas droit 2° penché 3° mauvais, insolence, vicieux [Etym] 止 954 (rad: 077a 4-05), 歪 720 [Graph] 421a 434b.

歪曲 wāi qū ∘ to distort, to misrepresent ◇ déformer, dénaturer, altérer ✱ 10829.

孬 nāo +4070 不女子 | 1° bad 2° cowardly ◇ 1° mauvais 2° lâche, méprisable [Etym] 子 1303 (rad: 039a 3-07), 不 718 好 1126 [Graph] 421a 611e 634d.

邳 pī +4071 不一阝 | 1° tumulus 2° county in Jiangsu ◇ 1° éminence 2° chef-lieu du Jiangsu [Etym] 阝 1316 (rad: 163b 2-05), 丕 719 [Graph] 421a ac:z 634j.

还 hái -4072 不辶 | 還 *10795 | 1° still, yet 2° even more, in addition 3° also, as well 4° fairly 5° even ◇ 1° encore, de nouveau 2° en outre, ou bien 3° aussi 4° passablement 5° même [Etym] 辶 1346 (rad: 162b 3-04), 不 718 [Graph] 421a 634o.

还有 hái yǒu ∘ in addition ◇ en outre ✱ 1525.

还是 hái shì ∘ still, yet; or, also, in addition ◇ encore; aussi, en outre, ou bien; il vaut mieux ✱ 9880.

△ huán | 還 *10795 | 1° to go back, to return 2° to repay, to compensate ◇ 1° retourner, revenir 2° rendre, restituer, compenser.

还债 huán zhài ∘ to pay a debt ◇ payer une dette * 2898.

还原 huán yuán ∘ to restore; to reduce (chemistry) ◇ revenir à son premier état; réduire (chimie) * 6869.

还帐 huán zhàng ∘ to repay a debt ◇ payer une dette * 8382.

甭 béng +4073 不用 | don't ◇ ne pas [Etym] 用 1845 (rad: 101a 5-04), 不 718 [Graph] 421a 856i.

盃 bēi *4074 不皿 | 杯 +4179 | cup, tumbler, glass ◇ coupe, gobelet, verre [Etym] 皿 1939 (rad: 108a 5-04), 不 718 [Graph] 421a 922a.

否 fǒu (721) 不口 | [Tra] not, to negate ◇ non, dénier [Etym] mouth (2= 口 2063) saying no (1= 不 718) ◇ une bouche (2= 口 2063) disant non (1= 不 718) [Graph] 421a 011a [Ref] w13c [Hanzi] fou3 pi3 否 4075, pi3 嚭 5041, pi3 痞 7047.

否 fǒu +4075 不口 | 1° to negate, to deny 2° not, or not 3° interrogative particle ◇ 1° dénier, désapprouver 2° non, ou non, ne pas 3° interrogatif [Etym] 口 2063 (rad: 030a 3-04), 否 721 [Graph] 421a 011a.

否决 fǒu jué ∘ to vote down; veto ◇ rejeter par vote; véto * 34.

否认 fǒu rèn ∘ to deny; to repudiate ◇ nier, renier, dénier; refuser * 1697.

否定 fǒu dìng ∘ to deny ◇ nier * 7734.

否则 fǒu zé ∘ otherwise, if not, or else ◇ autrement, sinon; faute de quoi * 7962.

△ pǐ | 1° bad, evil, wicked 2° to censure ◇ 1° mauvais, mal, bouché 2° blâmer.

覔 mì *4076 不見 | 觅 -717、覓 *719 | 1° to search for, to hunt for 2° invisible ◇ 1° chercher 2° invisible [Etym] 見 2255 (rad: 147a 7-04), 不 718 [Graph] 421a 023c.

丕 dǔn (722) 丕 | [Tra] clay ◇ glaise [Etym] lower part of tree (< 木 723), in the soil ◇ partie inférieur de l'arbre (< 木 723), dans la terre [Graph] 421b [Ref] k594, w13c, wi575 [Hanzi] dun3 丕 4077.

丕 dǔn +4077 丕 | slab of pottery clay ◇ bloc de terre glaise [Etym] 木 723 (rad: 075a 4-00), 丕 722 [Graph] 421b.

木 422

木 mù (723) 木 | [Tra] tree, wood ◇ arbre, bois [Etym] tree (prim) {plant, vegetal} ◇ un arbre (prim) {plante, végétaux} [Graph] 422a [Ref] k1058, ph677, w119e, wa112 [Hanzi] mu4 沐 188, ran3 染 615, cai3 cai4 采 689, zhu4 築 791, ju3 榘 1587, xiu1 休 2866, dun3 丕 4077, mu4 木 4078, lai2 來 4093, fan2 樊 4124, sen1 森 4184, chu3 楚 4186, fen2 棼 4193, fan4 梵 4196, xiang1 xiang4 相 4444, du4 蠹 4450, shu4 zhu2 朮 4595, ben3 本 4662, wei4 未 4663, mo4 末 4669, zhu1 朱 4670, xiu1 髹 4733, gu3 gu3 榖 5000, ye4 業 5332, ji2 集 5492, qi4 棄 5924, le4 yue4 樂 6104, dong1 东 6325, sang1 桑 6508, chuang2 床 6896, luo3 臝 7346, song4 宋 7726, zhai4 寨 7738, xian2 闲 8012, zao3 朿 8488, ji2 zao3 棗 8490, xian2 閑 8760, ai2 dai1 呆 8953, zhuo1 桌 10003, nie4 臬 10159, tuo2 橐 10366, shu4 束 10375, jian3 柬 10392, guo3 果 10750, dong1 東 10754, kun4 困 10947, chuang2 牀 10993 [Rad] 075a.

木 mù +4078 木 | 1° tree 2° wood, timber, wooden 3° coffin 4° numb, stupid 5° surname ◇ 1° arbre 2° bois 3° cercueil 4° engourdi, stupide 5° nom propre [Etym] 木 723 (rad: 075a 4-00), [Graph] 422a.

木头 mù tóu ∘ wood, log, timber; thick-headed ◇ bois; lourdaud (fig.) * 1598.

木材 mù cái ∘ lumber, wood ◇ bois de construction * 4149.

木板 mù bǎn ∘ board of plank ◇ planche * 4301.

木料 mù liào ∘ carpenter wood ◇ bois de construction * 4607.

木工 mù gōng ∘ carpenter ◇ menuisier; travail du bois * 4698.

木柴 mù chái ∘ firewood ◇ bois de chauffage, bûche * 5296.

木刻 mù kè ∘ woodcut; wood engraving ◇ gravure sur bois * 6321.

木匠 mù jiàng ∘ carpenter ◇ menuisier, charpentier * 7316.

木炭 mù tàn ∘ coal ◇ charbon de bois * 7495.

栏 lán -4079 木兰 | 欄 *4404 | 1° fence, railing, balustrade, hurdle 2° shed 3° column 4° section, heading ◇ 1° clôture, haie, balustrade, barrière 2° étable 3° colonne 4° section, rubrique [Etym] 木 723 (rad: 075a 4-05), 兰 6 [Graph] 422a 111d.

栏杆 lán gān ∘ railing; banisters ◇ balustrade, rampe, bastingage (navire) * 4157.

桫 suō +4080 木氵少 | [Etym] 木 723 (rad: 075a 4-07), 沙 25 [Graph] 422a 121b 331k.

桫椤 suō luó ∘ kind of chestnut-tree, spinulose tree fern ◇ aesculus sinensis, espèce de marronnier * 4464.

樑 liáng *4081 木氵刅木 | See ◇ Voir 梁 363 [Etym] 木 723 (rad: 075a 4-11), 梁 49 [Graph] 422a 121b 732d 422a.

杉 shā +4082 木彡 | China fir ◇ pin, sapin [Etym] 木 723 (rad: 075a 4-03), 彡 76 [Graph] 422a 211c.

△ shān | China fir ◇ pin, sapin.

榇 chèn -4083 木立木 | 櫬 *4084 | inner coffin ◇ cercueil intérieur [Etym] 木 723 (rad: 075a 4-09), 亲 82 [Graph] 422a 221a 422a.

櫬 chèn *4084 木立木見 | 榇 -4083 | inner coffin ◇ cercueil intérieur [Etym] 木 723 (rad: 075a 4-16), 親 84 [Graph] 422a 221a 422a 023c.

櫳 lóng *4085 木立月⾉ | 栊 -4142 | 1° pen 2° cage ◇ 1° treillis 2° cage [Etym] 木 723 (rad: 075a 4-17), 龍 86 [Graph] 422a 221a 856e Z41b.

樟 zhāng +4086 木立早 | camphor tree ◇ camphrier [Etym] 木723 (rad: 075a 4-11), 章 95 [Graph] 422a 221a 021d.

榉 jǔ -4087 木兴丰 | 欅 *4331 | See ◇ Voir [Etym] 木 723 (rad: 075a 4-09), 举 101 [Graph] 422a 221c 414a.

楥 xuàn *4088 木爫二 ナ又 | 楦 +4349 | 1° shoe last 2° hat block ◇ 1° forme de cordonnier, mettre (des chaussures à la forme) 2° forme (chapeau) [Etym] 木 723 (rad: 075a 4-09), 爰 104 [Graph] 422a 221d ac:a 241a 633a.

桴 fú +4089 木爫子 | 枹 2° *4359 | 1° raft 2° drum stick ◇ 1° radeau 2° maillet (tambour) [Etym] 木 723 (rad: 075a 4-07), 孚 114 [Graph] 422a 221d 634d.

朳 bā +4090 木八 | 1° kind of elm tree 2° small table ◇ 1° espèce d'orme 2° petite table [Etym] 木723 (rad: 075a 4-02), 八 127 [Graph] 422a 222a.

杰 jié -4091 木灬 | 傑 +2931 | 1° outstanding 2° hero ◇ 1° excellent, supérieur, éminent 2° héros [Etym] 木 723 (rad: 075a 4-04), 灬 130 [Graph] 422a 222d.

杰出 jié chū 。 prominent, remarkable ◇ éminent, distingué, remarquable * 7657.

櫛 zhì *4092 木𥫗𥫗艮卩 | 栉 -4173 | comb ◇ peigne [Etym] 木 723 (rad: 075a 4-13), 節 149 [Graph] 422a 231a 231a 932b 734a.

> 來 lái (724) 木人人 | [Tra] to come ◇ venir [Etym] bearded corns coming out on a plant (prim) (> 木 723) ◇ des épis barbus jaillissant d'une plante (prim) (> 木 723) [Graph] 422a 232a 232a [Ref] k21, ph801, wa22 [Hanzi] lai2 淶 189, lai2 錸 1178, lai2 徠 3134, lai2 萊 3654, lai2 來 4093, cong1 zong1 枞 4094, lai4 賚 4102, lai2 崍 7517, lai4 睞 10041.

來 lái *4093 木人人 | 来 +4672 | 1° to come, to arrive 2° to crop up 3° in the future 4° ever since 5° next, encore 6° about 7° final particle expressing the outcome of an action ◇ 1° venir, arriver 2° survenir 3° à venir, futur 4° depuis 5° suivant, revenir 6° environ 7° particule indiquant l'orientation d'une action [Etym] 木 723 (rad: 075a 4-04), 來 724 [Graph] 422a 232a 232a.

枞 cōng +4094 木人人 | 樅 *4153 | 1° drum-stick 2° to beat 3° fir ◇ 1° baguette 2° frapper 3° sapin [Etym] 木 723 (rad: 075a 4-04), 从 171 [Graph] 422a 232a 232a.

△ zōng | 樅 *4153 | place in Anhui ◇ lieu du Anhui.

> 猌 yìn (725) 木人人犬 | [Tra] to desire ◇ désirer [Etym] dog (2= 犬 295) showing teeth (1= 來724) (here as prim for teeth) ◇ un chien (2= 犬 295) montrant ses dents (1= 來 724) (ici prim dents) [Graph] 422a 232a 232a 242i [Ref] k692, w47z [Hanzi] yin4 憖 1632, yin4 憖 4095.

憖 yìn *4095 木人人犬心 | 慭 -1632 | 1° would rather 2° to damage, to injure 3° careful ◇ 1° plutôt 2° blesser 3° prudent [Etym] 心 397 (rad: 061a 4-12), 猌 725 [Graph] 422a 232a 232a 242i 321c.

櫼 jiān +4096 木人人戈韭 | wedge ◇ cale, coin [Etym] 木 723 (rad: 075a 4-17), 韱 174 [Graph] 422a 232a 232a 512d 435d.

> 麥 mài (726) 木人人夂 | [Tra] wheat ◇ blé [Etym] slow (4> 夂 1285) cereal (1,2,3= 來 724) ◇ une céréale (1,2,3= 來 724) lente (4> 夂 1285) [Graph] 422a 232a 232a 631b [Ref] k606, r37d, w119k, wa110 [Hanzi] mai4 麥 4097, ma4 嘜 8954 [Rad] 199a.

麥 mài *4097 木人人夂 | 麦 +5252 | 1° wheat, barley 2° surname ◇ 1° blé, orge 2° nom propre [Etym] 麥 726 (rad: 199a 11-00), [Graph] 422a 232a 232a 631b.

麩 fū *4098 木人人夂爫子 | 麸 -5253 | wheat bran ◇ son [Etym] 麥726 (rad: 199a 11-07), 孚114 [Graph] 422a 232a 232a 631b 221d 634d.

麯 qū *4099 木人人夂曲 | See ◇ Voir 區 7321 [Etym] 麥 726 (rad: 199a 11-06), 曲 2413 [Graph] 422a 232a 232a 631b 052a.

△ qū | 麴 -5255 | leaven, yeast ◇ levain, levure.

麪 miàn *4100 木人人夂面 | See ◇ Voir 麵 10639 [Etym] 麥 726 (rad: 199a 11-09), 面 2438 [Graph] 422a 232a 232a 631b 063b.

麵 miàn *4101 木人人夂丏 | 面 +10929、靣 *10986、麪 *4100 8°9° | 1° face 2° to face 3° surface, top 4° directly, personally 5° cover, outside 6° side, aspect 7° extent, scope 8° powder, flour 9° noodles 10° measure-word ◇ 1° face, visage 2° faire face à 3° surface, dessus, plan 4° en face, en personne 5° couvercle, extérieur 6° côté, façade 7° étendue, portée 8° poudre, farine 9° nouilles 10° spécificatif [Etym] 麥 726 (rad: 199a 11-04), 丏 2484 [Graph] 422a 232a 232a 631b Z21j.

賚 lài *4102 木人人貝 | 赉 -4673 | 1° to give, to bestow 2° to grant ◇ 1° donner, don 2° gratifier, récompenser [Etym] 貝 2246 (rad: 154a 7-08), 來 724 [Graph] 422a 232a 232a 023b.

杴 xiān *4103 木欠 | 锨 -2026、鍁 *1249、枚 *4306 | shovel ◇ pelle [Etym] 木723 (rad: 075a 4-04), 欠 178 [Graph] 422a 232b.

检 jiǎn -4104 木𠆢二业 | 檢 *4111 | 1° to examine 2° to restrain oneself, to forbid 3° rule 4° envelop, label ◇ 1° examiner, inspecter 2° modérer, empêcher, défendre 3° règle, forme 4° enveloppe, étiquette [Etym] 木 723 (rad: 075a 4-07), 佥183 [Graph] 422a 233a ac:a 221b.

检举 jiǎn jǔ 。 to denounce ◇ dénoncer * 684.

检讨 jiǎn tǎo 。 self-criticism ◇ faire son autocritique * 1715.

检查 jiǎn chá 。 to check, to examine into ◇ scruter, inspecter, contrôler, examiner, vérifier * 4429.

检阅 jiǎn yuè 。 to review, to inspect ◇ passer en revue * 8038.

检验 jiǎn yàn 。 to examine, to check, to test ◇ vérifier, examiner, mettre à l'épreuve ✱ 11089.

桼 chī (727) 木亼氺 [Tra] varnish ◇ vernis [Etym] liquid (3= 氺 434) obtained (2=prim) from a tree (1= 木 723) ◇ un liquide (3= 氺 434) coulant (2=prim) d'un arbre (1= 木 723) [Graph] 422a 233a 331o [Ref] h1304, k1152, ph101, w119d [Hanzi] qi1 漆 190, xi1 膝 8122.

栓 shuān +4105 木亼王 1° peg, bolt, plug 2° stopper, cork ◇ 1° cheville de bois, poteau 2° bouchon [Etym] 木 723 (rad: 075a 4-06), 全 195 [Graph] 422a 233a 432e.

桧 guì -4106 檜 *4112 Chinese juniper ◇ genévrier chinois [Etym] 木 723 (rad: 075a 4-06), 会 201 [Graph] 422a 233a 612d.

△ huì 檜 *4112 name of a treacherous official during the Southern Song Dynasty ◇ nom d'un ministre traître de la dynastie Song du Sud.

枪 qiāng -4107 槍 *4110 、鎗 *1126 1° rifle, firearm 2° spear, lance 3° swindler ◇ 1° fusil, armes à feu 2° lance 3° escroc [Etym] 木 723 (rad: 075a 4-04), 仓 210 [Graph] 422a 233a 733a.

枪决 qiāng jué ∘ to shoot, to execute by shooting ◇ fusiller ✱ 34.

枪毙 qiāng bì ∘ to shoot, to execute by shooting ◇ fusiller, exécuter ✱ 1892.

枪把 qiāng bà ∘ pistol grip, the small of the stock ◇ crosse de pistolet ✱ 2656.

枪机 qiāng jī ∘ rifle bolt ◇ culasse de fusil ✱ 4478.

榆 yú +4108 木亼二月刂 elm ◇ orme [Etym] 木 723 (rad: 075a 4-09), 俞 213 [Graph] 422a 233a ac:a 856e 333b.

榆树 yú shù ∘ elm ◇ orme ✱ 4278.

檎 qín +4109 木亼囟禸 See ◇ Voir 林檎 lin2-qin2 4180-4109 [Etym] 木 723 (rad: 075a 4-12), 禽 216 [Graph] 422a 233a 911c 859e.

槍 qiāng *4110 木亼戶口 枪 -4107 、鎗 *1126 1° rifle, firearm 2° spear, lance 3° swindler ◇ 1° fusil, armes à feu 2° lance 3° escroc [Etym] 木 723 (rad: 075a 4-10), 倉 217 [Graph] 422a 233a 931h 011a.

檢 jiǎn *4111 木亼口人口人 检 -4104 1° to examine 2° to restrain oneself, to forbid 3° rule 4° envelop, label ◇ 1° examiner, inspecter 2° modérer, empêcher, défendre 3° règle, forme 4° enveloppe, étiquette [Etym] 木 723 (rad: 075a 4-13), 僉 223 [Graph] 422a 233a 012a 232a 011a 232a.

檜 guì *4112 木亼罒日 桧 -4106 Chinese juniper ◇ genévrier chinois [Etym] 木 723 (rad: 075a 4-13), 會 233 [Graph] 422a 233a 033b 021a.

△ huì 桧 -4106 name of a treacherous official during the Southern Song Dynasty ◇ nom d'un ministre traître de la dynastie Song du Sud.

槎 chá +4113 木⺶工 1° raft 2° to fell trees ◇ 1° radeau 2° tronc d'arbre [Etym] 木 723 (rad: 075a 4-09), 差 253 [Graph] 422a 241c 431a.

梼 táo -4114 木寿寸 檮 *4212 [Etym] 木 723 (rad: 075a 4-07), 寿 256 [Graph] 422a

241e 332b.

椅 yī +4115 木大丂口 tree, idesia polycarpa ◇ arbre, idesia polycarpa [Etym] 木 723 (rad: 075a 4-08), 奇 261 [Graph] 422a 242a 331c 011a.

椅子 yī zǐ ∘ chair ◇ chaise ✱ 6546.

△ yǐ chair, seat ◇ chaise, fauteuil.

椅子 yǐ zǐ ∘ chair ◇ chaise ✱ 6546.

椥 zhī +4116 木矢口 See ◇ Voir 槟椥 bin1-zhi1 4347-4116 [Etym] 木 723 (rad: 075a 4-08), 知 286 [Graph] 422a 242d 011a.

桥 qiáo -4117 木夭川 橋 *4118 bridge ◇ pont [Etym] 木 723 (rad: 075a 4-06), 乔 290 [Graph] 422a 242e 416a.

桥梁 qiáo liáng ∘ bridge ◇ pont ✱ 363.

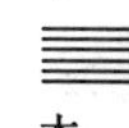

橋 qiáo *4118 木夭口冂口 桥 -4117 bridge ◇ pont [Etym] 木 723 (rad: 075a 4-12), 喬 291 [Graph] 422a 242e 011a 856k 011a.

椟 dú -4119 木卖 櫝 *4216 1° case, receptacle 2° to shut in ◇ 1° boîte, étui 2° enfermer [Etym] 木 723 (rad: 075a 4-08), 卖 294 [Graph] 422a 242h.

棒 bàng +4120 木夫丰 1° club, stick, cudgel 2° good, excellent ◇ 1° bâton, battoir, battre 2° bon, excellent [Etym] 木 723 (rad: 075a 4-08), 奉 317 [Graph] 422a 242r 414a.

棒儿 bàng ér ∘ stick, club; ear of maize ◇ bâton; poils du maïs ✱ 2194.

棒球 bàng qiú ∘ baseball ◇ base-ball ✱ 5094.

棒子 bàng zǐ ∘ stick, club; ear of maize ◇ bâton; poils du maïs ✱ 6546.

榛 zhēn +4121 木夫禾 1° hazel-tree, hazelnut 2° bushy ◇ 1° noisetier, noisette 2° fourré, touffu [Etym] 木 723 (rad: 075a 4-10), 秦 318 [Graph] 422a 242r 422d.

樁 zhuāng *4122 木夫臼 桩 -4293 1° stake, pile 2° measure-word (affair, post, kind) ◇ 1° poteau, pilier 2° spécificatif (affaire, espèce, sorte) [Etym] 木 723 (rad: 075a 4-11), 舂 319 [Graph] 422a 242r 835b.

椿 chūn +4123 木夫日 cedrela, ailantus ◇ cedrela, aillante [Etym] 木 723 (rad: 075a 4-09), 春 320 [Graph] 422a 242r 021a.

椿树 chūn shù ∘ varnish-tree, lacquer-tree ◇ cédrèle, vernis du Japon, arbre à laque ✱ 4278.

樊 fán (728) 木乂乂木大 [Tra] fence, to stop ◇ haie, arrêter [Etym] hands (5> 廾 701); intertwined (2,3= 爻 325) trees (1,4= 木 723) ◇ mains (5> 廾 701); arbres (1,4= 木 723) entrelacés (2,3= 爻 325) [Graph] 422a 243a 243a 422a 242a [Ref] k649, w119f [Hanzi] fan2 樊 4124, fan2 礬 4126.

樊 fán +4124 木乂乂木大 1° hedge, fence 2° surname ◇ 1° haie, cage 2° nom de famille [Etym] 木 723 (rad: 075a 4-11), 樊 728 [Graph] 422a 243a 243a 422a 242a.

攀 pān (729) 木乂乂木大手 [Tra] to grasp ◇ saisir [Etym] hand (6= 手 465); phon, fence (1,2,3,4,5= 樊 728) ◇ main (6= 手 465); phon, clôture (1,2,3,4,5= 樊 728) [Graph] 422a 243a 243a 422a 242a 332g [Ref] h485, w96a, wi562 [Hanzi] pan1 攀 4125, pan4 襻 6631.

攀 pān +4125 木乂乂木大手 1° to climb, to mount 2° to seek to 3° to implicate, to involve 4° to pull down or towards oneself, to grasp ◇ 1° grimper, monter 2° se hisser, aspirer à, atteindre 3° compromettre 4° tirer à soi [Etym] 手 465 (rad: 064a 4-15), 攀 729 [Graph] 422a 243a 243a 422a 242a 332g.

礬 fán *4126 木乂乂木大石 矾 -9793 1° sulfates, alum 2° vitriol ◇ 1° nom générique des sulfates, aluns 2° vitriol [Etym] 石 2149 (rad: 112a 5-15), 樊 728 [Graph] 422a 243a 243a 422a 242a 013b.

椶 zōng *4127 木乂兇夂 棕 +4341 coir-palm ◇ palmier [Etym] 木 723 (rad: 075a 4-09), 㚇 331 [Graph] 422a 243a 841f 633e.

枚 méi (730) 木夂 [Tra] bâton ◇ stick [Etym] wooden (1= 木 723) stick (2= 夂 340) as counter {measure word} ◇ bâton (2= 夂 340) de bois (1= 木 723) pour compter {spécificatif} [Graph] 422a 243c [Ref] k555, ph377, r7, r7, wl191, wi765 [Hanzi] mei2 枚 4128.

枚 méi +4128 木夂 1° (tree) trunk, cane 2° shrub 3° gag 4° coins 5° measure-word for badges, grain ◇ 1° tronc (d'arbre), tige, bâton 2° arbuste 3° bâillon 4° pièce de monnaie 5° spécificatif des objets divers: anneau, graine [Etym] 木 723 (rad: 075a 4-04), 枚 730 [Graph] 422a 243c.

校 jiào +4129 木交 1° to check 2° to proofread 3° to compare ◇ 1° examiner 2° réviser 3° comparer [Etym] 木 723 (rad: 075a 4-06), 交 344 [Graph] 422a 243e.

校长 jiào zhǎng ◦ school director ◇ directeur d'école * 2139.

校对 jiào duì ◦ to revise, to correct ◇ corriger, réviser * 6502.

△ xiào 1° school 2° field officer ◇ 1° école 2° officier.

校舍 xiào shè ◦ school building ◇ bâtiment d'une école * 1502.

校长 xiào zhǎng ◦ principal, headmaster ◇ directeur d'école * 2139.

校园 xiào yuán ◦ school yard, campus ◇ jardin d'une école, terrains d'école * 10944.

杖 zhàng +4130 木丈 1° cane, staff, club 2° to flog (with a stick) ◇ 1° canne, bâton, bâton de deuil, bâtonnet 2° fouetter, battre (bâton) [Etym] 木 723 (rad: 075a 4-03), 丈 349 [Graph] 422a 244a.

槠 zhū -4131 木讠耂日 櫧 *4423 evergreen oak ◇ espèce de chêne [Etym] 木 723 (rad: 075a 4-10), 诸 358 [Graph] 422a 311b 432c 021a.

枇 pí +4132 木匕匕 [Etym] 木 723 (rad: 075a 4-04), 比 362 [Graph] 422a 311d 321b.

枇杷 pí pá ◦ loquat ◇ nèfle du Japon * 4400.

枇杷 pí pa ◦ kind of medlar, loquat ◇ néflier, nèfle * 4400.

楷 jiē +4133 木匕匕白 hard wood tree ◇ arbre à bois dur [Etym] 木 723 (rad: 075a 4-09), 皆 365 [Graph] 422a 311d 321b 022c.

△ kǎi 1° model, pattern 2° elegant style of Chinese characters, regular script ◇ 1° modèle, norme 2° écriture chinoise normale (carrée et régulière).

枨 chéng -4134 木长 棖 *4204 1° door-posts 2° to stir up 3° to feel ◇ 1° châssis de porte, linteau 2° toucher 3° impression [Etym] 木 723 (rad: 075a 4-04), 长 369 [Graph] 422a 312c.

榱 cuī +4135 木衰 small rafters projecting from the eaves ◇ chevrons [Etym] 木 723 (rad: 075a 4-10), 衰 378 [Graph] 422a 312j 021b.

札 zhá (731) 木乚 [Tra] tablet ◇ tablette [Etym] wooden (1= 木 723) tablet; effort (2= 折 457) in writing {letter} ◇ une tablette de bois (1= 木 723); l'effort (2= 乚 385) d'écrire {lettre} [Graph] 422a 321a [Ref] wl19o, wa117 [Hanzi] zha2 札 4136, za1 zha1 紮 4137.

札 zhá +4136 木乚 箚2° *744 1° thin pieces of wood used for writing, tablet 2° letter 3° untimely death 4° misfortune ◇ 1° tablette de bois (écriture) 2° lettre, lettre officielle adressée à un service inférieur, missive 3° mort prématurée 4° malheur [Etym] 木 723 (rad: 075a 4-01), 札 731 [Graph] 422a 321a.

紮 zā *4137 木乚糸 扎 +2391、紮 *2392 1° to bind up, to tie together 2° frame ◇ 1° lier, relier 2° agencer [Etym] 糸 1185 (rad: 120a 6-05), 札 731 [Graph] 422a 321a 613d.

△ zhā 扎 +2391、箚1°2° *744、紮3° *2392 1° to prick 2° to get into 3° to be stationed 4° large ◇ 1° piquer, percer 2° enfoncer, jeter dans 3° être cantonné 4° étendu.

橇 qiāo +4138 木毛毛毛 sledge, sled, sleigh ◇ traîneau, raquette [Etym] 木 723 (rad: 075a 4-12), 毳 404 [Graph] 422a 321g 321g 321g.

杌 wù +4139 木兀 阢3° *6729 1° stump of a tree 2° stool, bench 3° anxious ◇ 1° chicot d'arbre 2° tabouret 3° anxieux [Etym] 木 723 (rad: 075a 4-03), 兀 407 [Graph] 422a 322c.

杌梼 wù táo ◦ 1° block of wood; 2° stupid; 3° wicked (person, beast) ◇ 1° bloc de bois; 2° stupide; 3° méchant * 4114.

杌陧 wù niè ◦ 1° disorder; 2° danger; 3° unsettled ◇ 1° désordre; 2° péril; 3° perturbé, instable * 6784.

桄 guāng +4140 木光 [Etym] 木 723 (rad: 075a 4-06), 光 409 [Graph] 422a 322e.

桄榔 guāng láng ◦ gomuti palm ◇ palmier gomuti * 4399.

△ guàng to reel, reel ◇ bobiner, bobine.

桃 táo +4141 木兆 1° peach 2° peach-shaped object ◇ 1° pêcher, pêche 2° en forme de pêche [Etym] 木 723 (rad: 075a 4-06), 兆 411 [Graph] 422a 322g.

桃儿 táo ér ◦ peach ◇ pêche ✱ 2194.

桃花 táo huā ◦ peach blossom ◇ fleur de pêcher ✱ 3621.

桃树 táo shù ◦ peach tree ◇ pêcher ✱ 4278.

桃子 táo zǐ ◦ peach ◇ pêche ✱ 6546.

栊 lóng -4142 | 櫳 *4085 | 1° pen 2° cage ◇ 1° treillis 2° cage [Etym] 木 723 (rad: 075a 4-05), 龙 417 [Graph] 422a 323d.
木龙

柯 kē +4143 | 1° stalk, branch 2° ax-handle 3° surname ◇ 1° tronc ou branche d'arbre, bois 2° manche de hache 3° nom propre [Etym] 木 723 (rad: 075a 4-05), 可 421 [Graph] 422a 331c 011a.
木可口

杪 miǎo +4144 | 1° tip of a twig 2° end (of a year, month or season) 3° straw 4° fine, slender ◇ 1° bout des branches 2° fin (d'une année, d'un mois ou d'une saison) 3° fétu, brindille 4° fin, ténu [Etym] 木 723 (rad: 075a 4-04), 少 427 [Graph] 422a 331k.
木少

> **柰** nài (732) | [Tra] interjection ◇ interjection [Etym] to get omens (2= 示 431) from trees (1= 木 723) {kind of apple} ◇ divination (2= 示 431) basée sur l'observation des arbres (1= 木 723) {pomme} [Graph] 422a 331l [Ref] k388, ph727, w119m, wi765 [Hanzi] biao1 标 4145, nai4 柰 4146, li4 隸 4147.
> 木示

标 biāo -4145 | 標 *4466 | 1° mark, signal 2° label 3° prize, award 5° outward sign ◇ 1° marque, signe 2° étiqueter, noter 3° prix, récompense 5° manifestations extérieures [Etym] 木 723 (rad: 075a 4-05), 示 431 [Graph] 422a 331l.
木示

标准 biāo zhǔn ◦ criterion; standard ◇ critère conforme à la norme ✱ 27.

标语 biāo yǔ ◦ motto ◇ devise, mot d'ordre ✱ 1784.

标记 biāo jì ◦ mark, sign ◇ marque, signe ✱ 1836.

标本 biāo běn ◦ specimen, sample ◇ échantillon; modèle ✱ 4662.

标点 biāo diǎn ◦ punctuation signs ◇ signe de ponctuation ✱ 9799.

标题 biāo tí ◦ heading, title ◇ titre ✱ 9885.

柰 nài +4146 | kind of apple ◇ pommier, espèce de pomme [Etym] 木 723 (rad: 075a 4-05), 示 431 [Graph] 422a 331l.
木示

隸 lì *4147 | 隶 +7411 、隷 *4996 | 1° to be subordinate to, to be under 2° slave 3° to reach to 4° to leran 5° official script 6° surname ◇ 1° employé subalterne d'un service public, dépendre 2° esclave 3° atteindre, saisir 4° apprendre 5° écriture des scribes 6° nom propre [Etym] 隶 1578 (rad: 171a 8-09), 柰 732 [Graph] 422a 331l 834e.
木示隶

村 cūn +4148 | 邨 *7668 | village ◇ village [Etym] 木 723 (rad: 075a 4-03), 寸 441 [Graph] 422a 332b.
木寸

村镇 cūn zhèn ◦ villages and small towns ◇ bourg, village ✱ 2076.

村子 cūn zǐ ◦ village ◇ village ✱ 6546.

村庄 cūn zhuāng ◦ village; hamlet ◇ village; hameau ✱ 6910.

> **材** cái (733) | [Tra] materials ◇ matières [Etym] wood (1= 木 723), as generic for material; phon (2= 才 443) ◇ bois (1= 木 723), comme principal matériau; phon (2= 才 443) [Graph] 422a 332c [Ref] r8, w119o [Hanzi] cai2 材 4149.
> 木才

材 cái +4149 | 1° timber 2° materials, stuff ◇ 1° bois d'oeuvre 2° matière, substance [Etym] 木 723 (rad: 075a 4-03), 材 733 [Graph] 422a 332c.
木才

材料 cái liào ◦ materials, stuff ◇ matériaux ✱ 4607.

栿 fú +4150 | beams ◇ poutre [Etym] 木 723 (rad: 075a 4-06), 伏 483 [Graph] 422a 411e 242i.
木亻犬

桦 huà -4151 | 樺 *4172 | birch ◇ bouleau [Etym] 木 723 (rad: 075a 4-06), 华 486 [Graph] 422a 411e 321b 413a.
木亻匕十

栰 fá *4152 | 筏 +770 | raft ◇ radeau [Etym] 木 723 (rad: 075a 4-06), 伐 500 [Graph] 422a 411e 512b.
木亻戈

樅 cōng *4153 | 枞 +4094 | 1° drum-stick 2° to beat 3° fir ◇ 1° baguette 2° frapper 3° sapin [Etym] 木 723 (rad: 075a 4-11), 從 520 [Graph] 422a 411g 232a 232a 434e.
木彳人人止

△ zōng | 枞 +4094 | place in Anhui ◇ lieu du Anhui.

桁 héng +4154 | 1° row, purlin 2° beam ◇ 1° rangée, file 2° poutre [Etym] 木 723 (rad: 075a 4-06), 行 522 [Graph] 422a 411g 331d.
木彳亍

朴 piáo +4155 | surname ◇ nom propre [Etym] 木 723 (rad: 075a 4-02), 卜 548 [Graph] 422a 412c.
木卜

△ pō |

朴刀 pō dāo ◦ long-bladed sword ◇ sorte de poignard ✱ 7239.

△ pò | Chinese hackberry ◇ micocoulier, cerisier à grappes.

△ pǔ | 樸 *4230 | 1° simple, plain 2° honest ◇ 1° simple, ordinaire 2° honnête.

朴素 pǔ sù ◦ simple, plain ◇ simple, ordinaire, sans recherche; économe ✱ 5251.

朴实 pǔ shí ◦ simple; sincere ◇ simple; honnête ✱ 7696.

柞 zhà +4156 | county in Shaanxi ◇ chef-lieu du Shaanxi [Etym] 木 723 (rad: 075a 4-05), 乍 551 [Graph] 422a 412f.
木乍

△ zuò | evergreen oak ◇ yeuse.

杆 gān +4157 | 1° stick, post, pole, flag-staff 2° railings ◇ 1° tige, perche, mât 2° rampe [Etym] 木 723 (rad: 075a 4-03), 干 564 [Graph] 422a 413b.
木干

△ gǎn | 桿 *4431 | shaft or arm of something ◇ hampe, manche.

杆子 gǎn zǐ ◦ stem, stalk ◇ tige ✱ 6546.

梓 zǐ +4158 | 1° Chinese catalpa, rottera japonica 2° plank 3° wood (for printing) 4° one's
木辛

木 木

native village or country, home-town ◇ 1° catalpa chinois, rottlera japonica 2° planche 3° bois (pour imprimer) 4° village ou pays natal [Etym] 木 723 (rad: 075a 4-07), 辛 567 [Graph] 422a 413d.

杵 chǔ +4159 木午 | pestle, beater ◇ pilon [Etym] 木 723 (rad: 075a 4-04), 午 570 [Graph] 422a 413e.

枓 dǒu +4160 木斗 | capital of a pillar ◇ chapiteau de colonne [Etym] 木 723 (rad: 075a 4-04), 斗 575 [Graph] 422a 413g.

枓栱 dǒu gǒng ◦ arch, archway ◇ arche, arcade ＊ 4234.

椴 duàn +4161 木𠂤几又 | 1° lime tree 2° linden ◇ tilleul [Etym] 木 723 (rad: 075a 4-09), 段 576 [Graph] 422a 413h Z33a 633a.

枰 píng +4162 木平 | chessboard ◇ échiquier [Etym] 木 723 (rad: 075a 4-05), 平 577 [Graph] 422a 413j.

样 yàng -4163 木羊 | 樣 *4223 | 1° appearance, shape 2° model, pattern 3° kind, type 4° style 5° air, manner ◇ 1° apparence, forme 2° modèle 3° genre, type, sorte, espèce 4° style 5° air, manière [Etym] 木 723 (rad: 075a 4-06), 羊 579 [Graph] 422a 414b.

样本 yàng běn ◦ sample, specimen ◇ échantillon ＊ 4662.

样式 yàng shì ◦ pattern, style, form ◇ modèle, style, forme ＊ 5509.

样子 yàng zǐ ◦ aspect, appearance ◇ air, aspect; mine, physionomie; patron ＊ 6546.

样品 yàng pǐn ◦ sample product ◇ échantillon d'un produit ＊ 9179.

柈 bàn +4164 木半 | large piece of firewood ◇ grand morceau de bois de chauffage [Etym] 木 723 (rad: 075a 4-05), 半 591 [Graph] 422a 414f.

柈子 bàn zǐ ◦ large piece of firewood ◇ grand pièce de bois de chauffage ＊ 6546.

槥 huì +4165 木丰丰彐 | small coffin ◇ petit cercueil [Etym] 木 723 (rad: 075a 4-11), 彗 593 [Graph] 422a 414g 414g 832a.

梆 bāng +4166 木丰阝 | watchman's rattle ◇ claquette des veilleurs [Etym] 木 723 (rad: 075a 4-06), 邦 594 [Graph] 422a 414g 634j.

梆子 bāng zǐ ◦ watchman's clapper ◇ claquette des veilleurs de nuit ＊ 6546.

楔 xiē +4167 木丰刀大 | [Etym] 木 723 (rad: 075a 4-09), 契 596 [Graph] 422a 414g 732a 242a.

楔子 xiē zǐ ◦ 1° peg, wedge; 2° prologue (novel) ◇ 1° cheville, coin; 2° prologue (roman) ＊ 6546.

㮮 jié *4168 木丰刀手 | See ◇ Voir 結 6148 [Etym] 木 723 (rad: 075a 4-10), 挈 598 [Graph] 422a 414g 732a 332g.

榄 lǎn -4169 木刂𠂉见 | 欖 *4407 | See ◇ Voir 橄榄 gan3-lan3 4242-4169 [Etym] 木 723 (rad: 075a 4-09), 览 606 [Graph] 422a 415a 231a 854c.

槛 jiàn -4170 木刂𠂉皿 | 檻 *4406 | balustrade, enclosure, cage ◇ balustrade, enclos, cage, barreaux [Etym] 木 723 (rad: 075a 4-10), 监 607 [Graph] 422a 415a 231a 922a.

△ kǎn | 檻 *4406 | threshold ◇ seuil (de porte).

槛褛 kǎn lǚ ◦ in rags, shabby ◇ en haillons, déchiré (vêtement) ＊ 6633.

棑 pái +4171 木非 | raft ◇ radeau [Etym] 木 723 (rad: 075a 4-08), 非 611 [Graph] 422a 415b.

樺 huà *4172 木艹華 | 桦 -4151 | birch ◇ bouleau [Etym] 木 723 (rad: 075a 4-10), 華 627 [Graph] 422a 415c 414k.

栉 zhì -4173 木艹卩 | 櫛 *4092 | comb ◇ peigne [Etym] 木 723 (rad: 075a 4-05), 节 651 [Graph] 422a 415c 734a.

檬 méng +4174 木艹冖豕 | See ◇ Voir 柠檬 ning2-meng2 4339-4174 [Etym] 木 723 (rad: 075a 4-13), 蒙 660 [Graph] 422a 415c 851a 522c.

檠 qíng *4175 木艹勹口攵 | 檠 +3872 | 1° lamp stand, prop 2° tool for adjusting bow or crossbow ◇ 1° support des lampes 2° instrument servant à régler l'arbalète [Etym] 木 723 (rad: 075a 4-12), 敬 668 [Graph] 422a 415c 852h 011a 243c.

權 quán *4176 木艹口口隹 | 权 -4277 | 1° right 2° power, authority 3° advantage 4° to weigh, weight 5° tentatively 6° to hold an interim position 7° surname ◇ 1° droit 2° autorité, pouvoir 3° avantage 4° peser (circonstances), poids 5° temporairement 6° remplir une charge par intérim 7° nom propre [Etym] 木 723 (rad: 075a 4-17), 雚 676 [Graph] 422a 415c 011a 011a 436m.

模 mó +4177 木艹日大 | 1° pattern, mold, model 2° to copy 3° to look like ◇ 1° forme, modèle, matrice 2° imiter 3° air, tournure [Etym] 木 723 (rad: 075a 4-10), 莫 679 [Graph] 422a 415c 021a 242a.

模仿 mó fǎng ◦ to imitate, to copy ◇ imiter, copier ＊ 2998.

模特儿 mó tè ér ◦ model ◇ modèle (beaux-arts), mannequin ＊ 3456 2194.

模范 mó fàn ◦ model ◇ modèle ＊ 3527.

模型 mó xíng ◦ model; pattern ◇ modèle, maquette ＊ 4048.

模样 mó yàng ◦ face looks ◇ air du visage ＊ 4163.

模糊 mó hú ◦ blurred, woolly ◇ flou, confus, trouble ＊ 4642.

△ mú | pattern, model, mold ◇ forme, modèle, matrice, moule.

栟 bēn +4178 木并 | place in Jiangsu Province ◇ lieu dans la province de Jiangsu [Etym] 木 723 (rad: 075a 4-06), 并 708 [Graph] 422a 416i.

△ bīng | sago-palm ◇ sagoutier.

杯 bēi +4179 木不 | 盃 *4074 | cup, tumbler, glass ◇ coupe, gobelet, verre [Etym] 木 723 (rad: 075a 4-04), 不 718 [Graph] 422a 421a.

杯子 bēi zǐ ◦ glass, cup ◇ verre; tasse ＊ 6546.

林 lín (734) 木木 | [Tra] forest ◇ forêt [Etym] many trees (1,2= 木 723) ◇ plusieurs arbres (1,2= 木 723) [Graph] 422a 422a [Ref] ph730, w119n, wa73, wi876 [Hanzi] lin2 lin4 淋 191, qing3 檾 941, lin2 林 4180, bin1 彬 4181, fen2 焚 4182, jin1 jin4 禁 4183, ye3 埜 4185, chu3 楚 4186, cong2 蕠 4187, lan2 婪 4188, meng4 梦 4189, chen1 郴 4190, nong2 檂 4191, lu4 麓

4192, fen2 棼 4193, tan2 橝 4195, fan4 梵 4196, lin2 琳 5106, ma2 痳 7048, lin2 霖 8429, lin2 啉 8955, mei2 槑 8957.

林 lín +4180 木木 | 1° forest, grove 2° forestry 3° circles 4° collection 5° surname ◇ 1° forêt, bosquet 2° sylviculture 3° cercle 4° collection, grand nombre 5° nom propre [Etym] 木 723 (rad: 075a 4-04), 林 734 [Graph] 422a 422a.

林荫道 lín yīn dào ∘ boulevard, avenue ◇ boulevard, avenue * 3775 10176.

林檎 lín qín ∘ Chinese crabapple ◇ pommier sauvage, pomme sauvage * 4109.

林业 lín yè ∘ forestry ◇ sylviculture, exploitation forestière * 5328.

林独 lín yì ∘ lynx ◇ lynx * 5680.

彬 bīn +4181 木木彡 | graceful, elegant ◇ grâce, élégance [Etym] 彡 76 (rad: 059a 3-08), 林 734 [Graph] 422a 422a 211c.

焚 fén (735) 木木火 | [Tra] to burn ◇ brûler [Etym] forest (1,2= 林 734) on fire (3= 火 156) ◇ forêt (1,2= 林 734) en feu (3= 火 156) [Graph] 422a 422a 231b [Ref] w119o [Hanzi] fen2 焚 4182.

焚 fén +4182 木木火 | to burn, to consume ◇ brûler, allumer [Etym] 火 156 (rad: 086a 4-08), 焚 735 [Graph] 422a 422a 231b.

禁 jìn (736) 木木示 | [Tra] to forbid ◇ interdire [Etym] omens (3= 示 431); phon (1, 2= 林 734) ◇ oracles divins (3= 示 431); phon (1,2= 林 734) [Graph] 422a 422a 331l [Ref] w79h [Hanzi] jin1 jin4 禁 4183, jin1 襟 6632, jin4 噤 8956.

禁 jīn +4183 木木示 | 1° to endure 2° to restrain oneself ◇ 1° supporter 2° résister à [Etym] 示 431 (rad: 113a 5-08), 禁 736 [Graph] 422a 422a 331l.

△ jìn | 1° to forbid, to prohibit 2° to imprison 3° taboo, forbidden area, superstitious fear ◇ 1° défendre, interdire 2° détenir en prison 3° tabou, crainte superstitieuse.

禁止 jìn zhǐ ∘ to forbid ◇ interdire, défendre * 5293.

禁运 jìn yùn ∘ embargo ◇ embargo * 5919.

禁忌 jìn jì ∘ taboo; to avoid; contraindication (med.) ◇ tabou; s'abstenir de; contre-indication (méd.) * 11245.

森 sēn (737) 木木木 | [Tra] forest ◇ forêt [Etym] many trees (1,2,3= 木 723) ◇ plusieurs arbres (1,2,3= 木 723) [Graph] 422a 422a 422a [Hanzi] sen1 森 4184.

森 sēn +4184 木木木 | 1° full of trees, forest 2° in multitudes 3° dark, somber 4° thick ◇ 1° nombreux arbres, forêt 2° en grand nombre 3° sombre 4° épais, dense [Etym] 木 723 (rad: 075a 4-08), 森 737 [Graph] 422a 422a 422a.

森林 sēn lín ∘ forest ◇ forêt * 4180.

森严 sēn yán ∘ stern, strict ◇ sévère; majestueux * 6997.

埜 yě *4185 木木土 | 野 +10762 | 1° open country 2° limit, boundary 3° out of office 4° waste land, wilderness 5° rustic, rough 6° unruly, abandoned 7° exclusively ◇ 1° campagne ouverte, inoccupée 2° limite, frontière 3° qui n'est pas au pouvoir 4° terre inculte, friche, sauvage 5° campagnard, rude 6° désert, abandonné 7° exclusivement [Etym] 土 826 (rad: 032a 3-08), 林 734 [Graph] 422a 422a 432a.

楚 chǔ (738) 木木疋 | [Tra] forest area ◇ zône forestière [Etym] forest (1,2= 林 734); phon, to walk (3= 疋 970) ◇ forêt (1,2= 林 734); phon, marcher (3= 疋 970) [Graph] 422a 422a 434g [Ref] w119o [Hanzi] chu4 憷 3250, chu3 楚 4186, chu3 礎 9678.

楚 chǔ +4186 木木疋 | 1° wooded region 2° clear 3° surname 4° suffering ◇ 1° région boisée 2° clair 3° nom de famille 4° peine [Etym] 木 723 (rad: 075a 4-09), 楚 738 [Graph] 422a 422a 434g.

藂 cóng *4187 木木耳又 | 从 -1072 、 叢 *5329 | 1° to crowd together, crowd 2° thicket 3° surname ◇ 1° se rassembler, foule 2° fourré 3° nom de famille [Etym] 木 723 (rad: 075a 4-12), 林 734 取 1024 [Graph] 422a 422a 436k 633a.

婪 lán (739) 木木女 | [Tra] greediness ◇ convoitise [Etym] woman's vice (3= 女 1122); phon (1,2= 林 734) ◇ défaut associé aux femmes (3= 女 1122); phon (1,2= 林 734) [Graph] 422a 422a 611e [Ref] w165d, wi412 [Hanzi] lan3 漤 192, lan2 婪 4188.

婪 lán +4188 木木女 | See ◇ Voir 贪婪 tan1-lan2 1388-4188 [Etym] 女 1122 (rad: 038a 3-08), 婪 739 [Graph] 422a 422a 611e.

梦 mèng +4189 木木夕 | 夢 *4007 | dream, to dream ◇ rêve, rêver, songe [Etym] 夕 1225 (rad: 036a 3-08), 林 734 [Graph] 422a 422a 631b.

梦话 mèng huà ∘ somniloquy; nonsense ◇ paroles dites en rêvant; propos délirants * 1821.

梦想 mèng xiǎng ∘ to vainly hope, to dream; illusion ◇ rêver, désirer vivement; chimères, illusions * 4445.

郴 chēn +4190 木木阝 | place in Hunan ◇ lieu du Hunan [Etym] 阝 1316 (rad: 163b 2-08), 林 734 [Graph] 422a 422a 634j.

檂 nóng *4191 木木厂辰 | 农 -7889 、 農 *10830 | 1° agriculture, farming 2° peasant, farmer ◇ 1° agriculture 2° cultivateur, paysan [Etym] 辰 1356 (rad: 161a 7-08), 林 734 [Graph] 422a 422a 721a 312f.

麓 lù +4192 木木广艹匕匕 | 1° wooded hills 2° foot of hill or mountain ◇ 1° collines boisées 2° pied d'une colline ou montagne [Etym] 鹿 1398 (rad: 198a 11-08), 林 734 [Graph] 422a 422a 721b 821b 311d 321b.

棼 fén +4193 木木分 | 1° beams in the roof of a house 2° confused, entangled ◇ 1° charpente d'un toit 2° confus, embrouillé [Etym] 木 723 (rad: 075a 4-08), 林 734 分 1480 [Graph] 422a 422a 732b.

皙 sàn (740) 木木月 [Tra] scatter ◇ disperser [Etym] meat (3= 月 1823) into filaments like hemp (1,2= 朩 759, 麻 1380) ◇ viande (3= 月 1823) en filaments comme du chanvre (1,2= 朩 759, 麻 1380) [Graph] 422a 422a 856e [Ref] k836, ph394, w18c [Hanzi] shan1 潸 193.

替 sàn (741) 木木曰 [Tra] to scatter ◇ disperser [Etym] distorted form of (皙 740) ◇ distorsion de (皙 740) [Graph] 422a 422a 021a [Ref] w95a [Hanzi] shan1 潸 194.

楂 chá +4194 木木曰⺀ | 茬 -3592 | 1° stubble 2° crop ◇ 1° chaume 2° récolte [Etym] 木 723 (rad: 075a 4-09), 查 757 [Graph] 422a 422a 021a ac:z.

△ chá | bristly hair or beard ◇ barbe de plusieurs jours.

△ zhā | 樝 *4298 | edible hawthorn, azerole ◇ azerolier.

棔 tán +4195 木木田 | 1° pond 2° pit 3° used in place names ◇ 1° étang 2° creux 3° nom de lieu [Etym] 田 2313 (rad: 102a 5-08), 林 734 [Graph] 422a 422a 041a.

梵 fàn (742) 木木凡 [Tra] stillness ◇ silence [Etym] soughing trees (1,2= 木 723); phon (3= 凡 2522) ◇ bruissement dans les arbres (1,2= 木 723); phon (3= 凡 2522) [Graph] 422a 422a Z33b [Ref] k642, w95c [Hanzi] fan4 梵 4196.

梵 fàn +4196 木木凡 | 1° Buddhist 2° Brahma, Brahmanism 3° Sanskrit 4° stillness, pure 5° soughing of wind through trees, mystery ◇ 1° bouddhique 2° Brahma, bhramanique 3° sanscrit 4° calme, silence, pur 5° murmure du vent dans les arbres, mystère [Etym] 木 723 (rad: 075a 4-07), 梵 742 [Graph] 422a 422a Z33b.

楸 qiū +4197 木禾火 | catalpa ◇ catalpa [Etym] 木 723 (rad: 075a 4-09), 秋 761 [Graph] 422a 422d 231b.

楼 lóu -4198 木米女 | 樓 *4486 、 蔞 4° *4037 | 1° storied building 2° floor, upper-story 3° surname 4° type of Chinese fruit ◇ 1° bâtiment à étages 2° étage 3° nom propre 4° type de fruit chinois [Etym] 木 723 (rad: 075a 4-09), 娄 785 [Graph] 422a 422f 611e.

楼梯 lóu tī。stairs ◇ escalier * 4483.

楼上 lóu shàng。upper story ◇ étage supérieur * 4718.

楼房 lóu fáng。storied building ◇ maison à étages * 8693.

株 zhū +4199 木朱 | 1° trunk, stump 2° pole, column 3° to punish 4° to plant 5° measure-word ◇ 1° tronc, souche (arbre) 2° poteau 3° punir 4° planter 5° spécificatif [Etym] 木 723 (rad: 075a 4-06), 朱 803 [Graph] 422a 422l.

梾 lái +4200 木来 | [Etym] 木 723 (rad: 075a 4-07), 来 804 [Graph] 422a 422m.

梾木 lái mù。cornus macrophylla, large-leafed dogwood ◇ cornus macrophylla et son fruit, cornouiller * 4078.

杠 gàng +4201 木工 | 槓 *4202 | 1° thick stick, porter's pole 2° bar 3° thick line 4° to delete ◇ 1° palanche 2° barre, levier 3° ligne épaisse 4° rayer, effacer [Etym] 木 723 (rad: 075a 4-03), 工 808 [Graph] 422a 431a.

杠子 gàng zǐ。stick ◇ bâton * 6546.

槓 gàng *4202 木工貝 | 杠 +4201 | 1° thick stick, porter's pole 2° bar 3° thick line 4° to delete ◇ 1° palanche 2° barre, levier 3° ligne épaisse 4° rayer, effacer [Etym] 木 723 (rad: 075a 4-10), 貢 814 [Graph] 422a 431a 023b.

椒 jiāo +4203 木上小又 | red pepper, chili ◇ poivrier, poivre, piment [Etym] 木 723 (rad: 075a 4-08), 叔 820 [Graph] 422a 431b 331j 633a.

棖 chéng *4204 木镸㇄ | 枨 -4134 | 1° door-posts 2° to stir up 3° to feel ◇ 1° châssis de porte, linteau 2° toucher 3° impression [Etym] 木 723 (rad: 075a 4-08), 長 822 [Graph] 422a 431c 312d.

杜 dù +4205 木土 | 敳 2° *6920 | 1° wild pear-tree 2° to stop, to obstruct 3° to fill up 4° surname ◇ 1° poirier sauvage 2° boucher, obstruer, empêcher 3° remplir 4° nom de famille [Etym] 木 723 (rad: 075a 4-03), 土 826 [Graph] 422a 432a.

杜蘅 dù héng。asarum, wild ginger ◇ asarum, gingembre sauvage * 3637.

杜鹃 dù juān。1° cuckoo; 2° azalea ◇ 1° coucou; 2° azalée * 9133.

檣 qiáng *4206 木土人人回口 | 樯 -4228 、 艢 *8303 | mast ◇ mât [Etym] 木 723 (rad: 075a 4-13), 嗇 828 [Graph] 422a 432a 232a 232a 071a 011a.

桂 guì +4207 木土土 | 1° cassia or cinnamon tree 2° laurel, bay tree 3° sweet-scented osmanthus 4° name of the Guangxi Zhuang Autonomous Region ◇ 1° cannelier, cannelle 2° laurier 3° osmanthe odorant 4° nom monosyllabique du Guangxi [Etym] 木 723 (rad: 075a 4-06), 圭 840 [Graph] 422a 432a 432a.

桂花 guì huā。cinnamon flower ◇ fleur de cannelier * 3621.

橈 ráo *4208 木土土土兀 | 桡 -4250 | oar ◇ rame [Etym] 木 723 (rad: 075a 4-12), 堯 844 [Graph] 422a 432a 432a 432a 322c.

樾 yuè +4209 木土疋戉 | shade under trees ◇ ombrage [Etym] 木 723 (rad: 075a 4-12), 越 846 [Graph] 422a 432a 434e 512n.

榼 kē +4210 木土厶皿 | ancient wooden wine vessel ◇ ancienne coupe à libations [Etym] 木 723 (rad: 075a 4-10), 盍 851 [Graph] 422a 432a 612a 922a.

梽 zhì +4211 木士心 | place in Hunan ◇ lieu du Hunan [Etym] 木 723 (rad: 075a 4-07), 志 857 [Graph] 422a 432b 321c.

檮 táo *4212 木士二工口寸 | 梼 -4114 | See ◇ Voir [Etym] 木 723 (rad: 075a 4-14), 壽 860 [Graph] 422a 432b ac:g 431a 012a 332b.

桔 jié +4213 木士口 | 橰 2° *4168 | 1° medicinal plant 2° an equipment to draw water ◇ 1° plante médicinale 2° équipement pour tirer de l'eau [Etym] 木 723 (rad: 075a 4-06), 吉 876 [Graph] 422a 432b 011a.

桔槔 jié gāo。 wellsweep ◇ instrument pour puiser de l'eau ✱ 4438.

桔子 jié zǐ。 mandarin, orange ◇ mandarine, orange ✱ 6546.

桔子水 jié zǐ shuǐ。 orange juice ◇ orangeade, jus d'orange ✱ 6546 2299.

△ jú | 1° medicinal plant 2° tangerine ◇ 1° plante médicinale 2° mandarine.

檯 tái *4214 木士口冖厶土 | See ◇ Voir 胎 8151 [Etym] 木 723 (rad: 075a 4-14), 臺 877 [Graph] 422a 432b 011a 851a 612c 432a.

樹 shù (743) 木士豆寸 [Tra] tree, to plant ◇ arbre, cultiver [Etym] tree (1= 木 723); phon (2,3,4= 尌 882) ◇ arbre (1= 木 723); phon (2,3,4= 尌 882) [Graph] 422a 432b 011b 332b [Ref] w94a, wi360 [Hanzi] shu4 樹 4215.

樹 shù *4215 木士豆寸 | 树 -4278 | 1° tree 2° to plant, to cultivate 3° to establish ◇ 1° arbre 2° cultiver, planter 3° établir, dresser [Etym] 木 723 (rad: 075a 4-12), 樹 743 [Graph] 422a 432b 011b 332b.

櫝 dú *4216 木士罒貝 | 椟 -4119 | 1° case, receptacle 2° to shut in ◇ 1° boîte, étui 2° enfermer [Etym] 木 723 (rad: 075a 4-15), 賣 886 [Graph] 422a 432b 051a 023b.

栳 lǎo +4217 木耂匕 | See ◇ Voir 栲栳 kao3-lao3 4219-4217 [Etym] 木 723 (rad: 075a 4-06), 老 889 [Graph] 422a 432c 321b.

楮 chǔ +4218 木耂曰 | 1° paper-mulberry 2° paper money 3° banknote 4° letter ◇ 1° mûrier à papier 2° papier 3° billet de banque 4° lettre [Etym] 木 723 (rad: 075a 4-08), 者 893 [Graph] 422a 432c 021a.

栲 kǎo +4219 木耂丂 | mangrove ◇ manglier [Etym] 木 723 (rad: 075a 4-06), 考 895 [Graph] 422a 432c Z21b.

栲栳 kǎo lǎo。 wicker basket ◇ corbeille en osier, vannerie ✱ 4217.

棱 léng +4220 木夫夂 | 稜 *4530 | 1° edge, corner 2° ridge ◇ 1° angle saillant, coin 2° arête, crête [Etym] 木 723 (rad: 075a 4-08), 夌 901 [Graph] 422a 432d 633e.

△ líng | 稜 *4530 | place in Heilongjiang ◇ lieu du Heilongjiang.

枉 wǎng +4221 木王 | 1° crooked, distorted 2° to twist 3° wrong, unjust 4° needlessly, to no purpose 5° grievance ◇ 1° courber, tordu 2° tordre 3° tort, injustice 4° inutile, en vain 5° opprimer [Etym] 木 723 (rad: 075a 4-04), 王 903 [Graph] 422a 432e.

柱 zhù +4222 木主 | 1° pillar, post 2° support 3° cylinder 4° rack, pedestal ◇ 1° colonne, pilier, poteau 2° soutenir, étayer 3° cylindre 4° chevalet [Etym] 木 723 (rad: 075a 4-05), 主 914 [Graph] 422a 432f.

柱子 zhù zǐ。 pillar, column ◇ pilier, colonne ✱ 6546.

樣 yàng *4223 木羊永 | 样 -4163 | 1° appearance, shape 2° model, pattern 3° kind, type 4° style 5° air, manner ◇ 1° apparence, forme 2° modèle 3° genre, type, sorte, espèce 4° style 5° air, manière [Etym] 木 723 (rad: 075a 4-11), 羕 921 [Graph] 422a 432g 331r.

檥 yǐ *4224 木羊我 | 舣 -8298、艤 *8304 | to moor (a boat) ◇ amarrer un bateau [Etym] 木 723 (rad: 075a 4-13), 義 922 [Graph] 422a 432g 512f.

梃 tǐng +4225 木壬廴 | staff, club, bat, stick ◇ tige, bâton [Etym] 木 723 (rad: 075a 4-06), 廷 931 [Graph] 422a 432k 634n.

△ tìng | 1° iron bar 2° to stick an iron bar into the pig's legs ◇ 1° bâton en fer 2° enfoncer un bâton en fer dans les pattes d'un cochon.

梏 gù +4226 木⺧口 | manacles, fetters, wooden handcuffs ◇ entraves, menottes, planchettes [Etym] 木 723 (rad: 075a 4-07), 告 932 [Graph] 422a 432l 011a.

欑 cuán *4227 木先先貝 | 攒 -2454 | 1° shed 2° to collect, to gather ◇ 1° hangar 2° rassembler, cotiser [Etym] 木 723 (rad: 075a 4-19), 贊 937 [Graph] 422a 432m 432m 023b.

樯 qiáng -4228 木亠回口 | 檣 *4206、艢 *8303 | mast ◇ mât [Etym] 木 723 (rad: 075a 4-11), 啬 940 [Graph] 422a 432p 071a 011a.

棰 chuí +4229 木垂 | 箠 2° +803 | 1° bat, club 2° whip, to whip ◇ 1° battoir, battre avec le battoir 2° fouetter, fouet [Etym] 木 723 (rad: 075a 4-08), 垂 953 [Graph] 422a 433d.

樸 pǔ *4230 木业美 | 朴 +4155 | 1° simple, plain 2° honest ◇ 1° simple, ordinaire 2° honnête [Etym] 木 723 (rad: 075a 4-12), 菐 975 [Graph] 422a 435a 242n.

桠 yā -4231 木亚 | 丫 +3184、椏 *4484、枒 *4321 | bifurcation, fork ◇ fourche, enfourchure, bifurcation [Etym] 木 723 (rad: 075a 4-06), 亚 983 [Graph] 422a 435b.

△ yā | 椏 *4484 | fork (of a tree) ◇ branche d'arbre.

槿 jǐn +4232 木廿里 | hibiscus syriacus, rose of Sharon ◇ hibiscus syriacus [Etym] 木 723 (rad: 075a 4-11), 堇 997 [Graph] 422a 436a 032h.

横 héng +4233 木龷由 | 1° horizontal 2° across 3° to move cross-wise 4° unrestrainedly 5° violently ◇ 1° horizontal 2° latéral 3° transversal 4° outrancier 5° violemment [Etym] 木 723 (rad: 075a 4-11), 黄 1003 [Graph] 422a 436b 042b.

横冲直撞 héng chōng zhí zhuàng。

横渡 héng dù。 to cross (a river, the sea) ◇ traverser (cours d'eau) ✱ 337.

横行 héng xíng。 to run wild, amuck; to dictate ◇ devenir fou furieux; faire la loi ✱ 3128.

横行霸道 héng xíng bà dào。 to play the tyrant; to domineer ◇ agir en despote, imposer sa domination ✱ 3128 8434 10176.

横幅 héng fú。 banner; horizontal scroll ◇ banderole; rouleau horizontal ✱ 8403.

横眉怒目 héng méi nù mù。 to dart angry looks ◇ avoir les yeux

en colère ⁎ 8708 5782 10016.

△ hèng | 1° perverse, obstinate, harsh, unreasonable 2° unexpected ◇ 1° obstination, contraire, déraisonnable, violent 2° imprévu.

横祸 hèng huò。sudden misfortune; bad luck ◇ malheur inattendu, tuile (fig.) ⁎ 6596.

栱 gǒng +4234 木共 | See ◇ Voir 枓栱 dou3-gong3 4160-4234 [Etym] 木 723 (rad: 075a 4-06), 共 1006 [Graph] 422a 436e.

柑 gān +4235 木甘 | mandarin orange ◇ mandarine [Etym] 木 723 (rad: 075a 4-05), 甘 1009 [Graph] 422a 436f.

楳 méi *4236 木甘木 | 梅 +4485、槑 *8957 | 1° plum, prune 2° surname ◇ 1° prunier, prune 2° nom propre [Etym] 木 723 (rad: 075a 4-09), 某 1011 [Graph] 422a 436f 422a.

構 gòu *4237 木冓冉 | 构 +4358、搆 *2467 | 1° to construct, to compose 2° to fabricate, to reach up to 3° to bind 4° literary composition ◇ 1° construire, composer 2° fabriquer 3° joindre, nouer, relier, unir 4° composition littéraire [Etym] 木 723 (rad: 075a 4-10), 冓 1012 [Graph] 422a 436g 858c.

棋 qí +4238 木其 | 棊 *5431、碁 *5438 | chess, board game ◇ jeu d'échecs, jeux analogues [Etym] 木 723 (rad: 075a 4-08), 其 1013 [Graph] 422a 436i.

棋子 qí zǐ。chessman ◇ pièce d'échecs ⁎ 6546.

椹 shèn +4239 木甚 | fruit of the mulberry tree ◇ mûrier, mûres [Etym] 木 723 (rad: 075a 4-09), 甚 1015 [Graph] 422a 436j.

△ zhēn | anvil, chopping or pounding board or block ◇ enclume, billot.

椰 yē +4240 木耳阝 | coconut-tree, coconut ◇ cocotier, noix de coco [Etym] 木 723 (rad: 075a 4-08), 耶 1027 [Graph] 422a 436k 634j.

檉 chēng *4241 木耳口壬 | 柽 -4279 | tamarisk ◇ tamaris [Etym] 木 723 (rad: 075a 4-13), 聖 1028 [Graph] 422a 436k 011a 432k.

橄 gǎn +4242 木耳攵 | olive ◇ olivier [Etym] 木 723 (rad: 075a 4-11), 敢 1029 [Graph] 422a 436l 243c.

橄榄 gǎn lǎn。Chinese olive tree, olive ◇ olivier de Chine, olive ⁎ 4169.

椎 chuí +4243 木隹 | mallot, beetle, rammer ◇ maillet, marteler [Etym] 木 723 (rad: 075a 4-08), 隹 1030 [Graph] 422a 436m.

△ zhuī | vertebra ◇ vertèbre.

樵 qiáo +4244 木隹灬 | 1° to gather firewood 2° firewood, faggot, fuel ◇ 1° ramasser du bois de chauffage 2° fagot, bois de chauffage [Etym] 木 723 (rad: 075a 4-12), 焦 1031 [Graph] 422a 436m 222d.

榫 sǔn +4245 木隹十 | tenon ◇ tenon [Etym] 木 723 (rad: 075a 4-10), 隼 1033 [Graph] 422a 436m 413a.

槜 zuì -4246 木隹乃 | 檇 *4247 | [Etym] 木 723 (rad: 075a 4-10), 隽 1038 [Graph] 422a 436m 634l.

槜李 zuì lǐ。1° kind of prune; 2° ancient name for Jiaxing County in Zhejiang ◇ 1° pruneau; 2° ancien nom du chef-lieu Jiaxing au Zhejiang ⁎ 4283.

檇 zuì *4247 木隹冂 | 槜 -4246 | See ◇ Voir 槜李 zui4-li3 4246-4283 [Etym] 木 723 (rad: 075a 4-12), 雋 1041 [Graph] 422a 436m Z51a.

杙 yì +4248 木弋 | small wooden stake ◇ petit poteau [Etym] 木 723 (rad: 075a 4-03), 弋 1045 [Graph] 422a 511a.

柢 dǐ +4249 木氐 | 1° root 2° origin 3° foundation ◇ 1° racine 2° origine, principe 3° base, fondement [Etym] 木 723 (rad: 075a 4-05), 氐 1055 [Graph] 422a 511d.

桡 ráo -4250 木戈兀 | 橈 *4208 | oar ◇ rame [Etym] 木 723 (rad: 075a 4-06), 尧 1056 [Graph] 422a 512a 322c.

械 xiè +4251 木戈廾 | 1° tool 2° weapons, arms 3° fetters ◇ 1° outil, instrument 2° armes 3° menottes [Etym] 木 723 (rad: 075a 4-07), 戒 1058 [Graph] 422a 512b 416e.

棧 zhàn *4252 木戈戈 | 栈 -4255 | 1° storehouse 2° inn 3° covered shed, depository ◇ 1° entrepôt, magasin 2° auberge 3° hangar, dépôt [Etym] 木 723 (rad: 075a 4-08), 戔 1059 [Graph] 422a 512b 512b.

棫 yù +4253 木戎口一 | kind of oak ◇ espèce de chêne [Etym] 木 723 (rad: 075a 4-08), 或 1061 [Graph] 422a 512d 011a ac:z.

槭 qī +4254 木戚上小 | [Etym] 木 723 (rad: 075a 4-11), 戚 1076 [Graph] 422a 512m 431b 331j.

槭树 qī shù。maple ◇ érable ⁎ 4278.

栈 zhàn -4255 木戋 | 棧 *4252 | 1° storehouse 2° inn 3° covered shed, depository ◇ 1° entrepôt, magasin 2° auberge 3° hangar, dépôt [Etym] 木 723 (rad: 075a 4-05), 戋 1083 [Graph] 422a 513a.

椓 zhuó +4256 木豖 | 1° to strike 2° hammer 3° to castrate (punishment) ◇ 1° frapper 2° marteau 3° châtrer (châtiment) [Etym] 木 723 (rad: 075a 4-08), 豖 1103 [Graph] 422a 522b.

椽 chuán +4257 木彖 | 椽 +4258 | lathing, rafters ◇ solive, latte [Etym] 木 723 (rad: 075a 4-09), 彖 1107 [Graph] 422a 522f.

椽 chuán +4258 木彖 | 椽 +4257 | lathing, rafters ◇ solive, latte [Etym] 木 723 (rad: 075a 4-09), 彖 1109 [Graph] 422a 522g.

梭 suō +4259 木允夂 | weaver's shuttle ◇ navette de tisserand [Etym] 木 723 (rad: 075a 4-07), 夋 1147 [Graph] 422a 612b 633e.

桎 zhì +4260 木厶土 | manacles, fetters ◇ entrave, menottes [Etym] 木 723 (rad: 075a 4-06), 至 1148 [Graph] 422a 612c 432a.

梳 shū +4261 木厶儿 | comb, to comb ◇ peigne, peigner [Etym] 木 723 (rad: 075a 4-07), 㐬 1155 [Graph] 422a 612e 417b.

梳头 shū tóu。to comb one's hair ◇ se peigner ⁎ 1598.

梳妆 shū zhuāng。to dress and make up ◇ se coiffer et se parer; faire sa toilette ⁎ 3193.

梳子 shū zǐ ∘ comb ◇ peigne ＊ 6546.

松 sōng (744) 木公 |[Tra] pine ◇ pin [Etym] tree (1= 木 723); phon, public (2= 公 1161) ◇ un arbre (1= 木 723); phon, public (2= 公 1161) [Graph] 422a 612h [Ref] h1482, k778, ph357, w128a [Hanzi] song1 凇 22, song1 淞 195, song1 菘 3655, song1 松 4262, song1 鬆 4734, song1 崧 7518.

松 sōng +4262 木公 |鬆 2°3°4° *4734| 1° pine, coniferous trees 2° loose, to loosen 3° to relax 4° soft 5° surname ◇ 1° pin, arbres verts en général, conifères 2° desserrer 3° se détendre 4° mou 5° nom propre [Etym] 木 723 (rad: 075a 4-04), 松 744 [Graph] 422a 612h.

松树 sōng shù ∘ pine, fir ◇ pin, sapin ＊ 4278.

松劲 sōng jìn ∘ to slacken off ◇ montrer moins d'ardeur ＊ 6496.

松劲儿 sōng jìn ér ∘ to slacken off ◇ montrer moins d'ardeur ＊ 6496 2194.

櫞 yuán -4263 木纟象 |橼 *4267| See ◇ Voir 枸橼 ju3-yuan2 4360-4263 [Etym] 木 723 (rad: 075a 4-12), 缘 1168 [Graph] 422a 613b 522f.

機 jī *4264 木幺幺戍 |机 +4478| 1° machine, engine 2° aircraft 3° crucial point 4° chance 5° organic 6° flexible ◇ 1° machine, mécanisme 2° avion 3° important 4° occasion 5° organique 6° flexible [Etym] 木 723 (rad: 075a 4-12), 幾 1177 [Graph] 422a 613c 613c 512k.

檵 jì +4265 木幺幺亠幺幺乚 |loropetalum sinense ◇ loropetalum sinense [Etym] 木 723 (rad: 075a 4-14), 繼 1178 [Graph] 422a 613c 613c ac:z 613c 613c 711a.

櫟 lì *4266 木幺白幺木 |栎 -4322| scrubby oak ◇ chêne rabougri, serrata [Etym] 木 723 (rad: 075a 4-15), 樂 1184 [Graph] 422a 613c 022c 613c 422a.

△ yuè |栎 -4322| place in Shaanxi ◇ lieu du Shaanxi.

櫞 yuán *4267 木糸象 |橼 -4263| See ◇ Voir 枸橼 ju3-yuan2 4360-4263 [Etym] 木 723 (rad: 075a 4-15), 緣 1189 [Graph] 422a 613d 522f.

核 hé +4268 木亥 |覈 3° *10827| 1° pit, stone 2° nucleus 3° to examine 4° nut ◇ 1° noyau 2° nucléaire 3° examiner à fond 4° noix [Etym] 木 723 (rad: 075a 4-06), 亥 1210 [Graph] 422a 614a.

核桃 hé táo ∘ nut ◇ noix ＊ 4141.

核蛋白 hé dàn bái ∘ nucleo-protein ◇ nucléoprotéine ＊ 5326 9973.

核武器 hé wǔ qì ∘ nuclear weapon ◇ arme nucléaire ＊ 5513 9172.

核对 hé duì ∘ to verify; to examine ◇ vérifier, examiner ＊ 6502.

△ hú |1° nut 2° stone, pit, core 3° cinders ◇ 1° noix 2° noyau 3° cendres.

栋 dòng -4269 木东 |棟 *4461| 1° beams in a roof 2° prop 3° ridge pole ◇ 1° faîte 2° soutien 3° poutre faîtière [Etym] 木 723 (rad: 075a 4-05), 东 1211 [Graph] 422a 614b.

栋梁 dòng liáng ∘ beam; pillar of the state ◇ maîtresse poutre; colonne de l'Etat (fig.) ＊ 363.

橙 chén +4270 木癶豆 |orange-tree ◇ oranger [Etym] 木 723 (rad: 075a 4-12), 登 1247 [Graph] 422a 631g 012b.

△ chéng |1° orange 2° orange-color ◇ 1° orange 2° couleur orange.

櫈 dèng *4271 木癶豆几 |凳 +6458| stool, bench ◇ banc, escabeau [Etym] 木 723 (rad: 075a 4-14), 凳 1248 [Graph] 422a 631g 012b Z33a.

杼 zhù (745) 木マ丁 |[Tra] shuttle, reed ◇ navette, roseau [Etym] moving (2,3= 予 1252) wood (1= 木 723) ->loom shuttle ◇ bois (1= 木 723) qui bouge (2,3= 予 1252) -> navette à tisser [Graph] 422a 632a 331f [Ref] w130e [Hanzi] zhu4 杼 4272.

杼 zhù +4272 木マ丁 |1° reed 2° shuttle ◇ 1° roseau 2° navette [Etym] 木 723 (rad: 075a 4-04), 杼 745 [Graph] 422a 632a 331f.

楙 mào (746) 木マ丆木 |[Tra] merit, glory ◇ grand, vaste [Etym] trees (1,4= 木 723) shooting forth (2,3= 矛 1256) branches ◇ des arbres (1, 4= 木 723) qui poussent, bougent (2,3= 矛 1256) [Graph] 422a 632a 331g 422a [Ref] w79b [Hanzi] mao4 懋 4273.

懋 mào +4273 木マ丆木心 |1° diligent, efforts, to exert one's mind 2° luxuriant, great ◇ 1° énergie, s'efforcer 2° grand, luxuriant, vaste [Etym] 心 397 (rad: 061a 4-13), 楙 746 [Graph] 422a 632a 331g 422a 321c.

橘 jú +4274 木マ丆冏口 |orange-tree, orange, tangerine ◇ oranger, orange, mandarine [Etym] 木 723 (rad: 075a 4-12), 矞 1261 [Graph] 422a 632a 331g 8561 011a.

橘子 jú zǐ ∘ tangerine ◇ mandarine ＊ 6546.

桶 tǒng +4275 木マ用 |1° bucket, pail 2° tub 3° barrel ◇ 1° seau 2° cuve, baquet 3° tonneau [Etym] 木 723 (rad: 075a 4-07), 甬 1262 [Graph] 422a 632a 856i.

樋 tōng +4276 木マ用辶 |kind of tree ◇ espèce d'arbre [Etym] 木 723 (rad: 075a 4-10), 通 1263 [Graph] 422a 632a 856i 634o.

权 quán -4277 木又 |權 *4176| 1° right 2° power, authority 3° advantage 4° to weigh, weight 5° tentatively 6° to hold an interim position 7° surname ◇ 1° droit 2° autorité, pouvoir 3° avantage 4° peser (circonstances), poids 5° temporairement 6° remplir une charge par intérim 7° nom propre [Etym] 木 723 (rad: 075a 4-02), 又 1271 [Graph] 422a 633a.

权利 quán lì ∘ right ◇ droit ＊ 4516.

权威 quán wēi ∘ authority ◇ autorité, prestige ＊ 5555.

权力 quán lì ∘ power ◇ pouvoir, autorité ＊ 7259.

树 shù -4278 | 樹 *4215 | 1° tree 2° to plant, to cultivate 3° to establish ◇ 1° arbre 2° cultiver, planter 3° établir, dresser [Etym] 木 723 (rad: 075a 4-05), 对 1272 [Graph] 422a 633a 332b.
木又寸

树立 shù lì。to establish, to set up ◇ ériger, établir, former ＊ 637.

树荫 shù yīn。shade ◇ ombrage ＊ 3775.

树木 shù mù。trees ◇ arbres ＊ 4078.

树林 shù lín。forest ◇ forêt, bois ＊ 4180.

树枝 shù zhī。branch, bough (tree) ◇ branche ＊ 4281.

树皮 shù pí。bark ◇ écorce ＊ 7184.

柽 chēng -4279 | 檉 *4241 | tamarisk ◇ tamaris [Etym] 木 723 (rad: 075a 4-05), 圣 1274 [Graph] 422a 633a 432a.
木又土

杈 chā +4280 | branch (of a tree) ◇ fourche (d'un arbre) [Etym] 木 723 (rad: 075a 4-03), 叉 1281 [Graph] 422a 633b.
木叉

△ chà | branch of a tree ◇ fourche d'un arbre.

枝 zhī +4281 | 1° branch, twig 2° measure-word (rifle, candle, spray of flowers) ◇ 1° branche, rameau 2° spécificatif (fusil, bougie, rameau fleuri) [Etym] 木 723 (rad: 075a 4-04), 支 1284 [Graph] 422a 633d.
木支

枝儿 zhī ér。branch, bough (tree) ◇ branche ＊ 2194.

格 gé +4282 | 挌 2° *2520 | 1° chequer work 2° division 3° pattern 4° standard 5° to strike ◇ 1° quadrillage 2° division 3° modèle 4° norme, standard 5° frapper [Etym] 木 723 (rad: 075a 4-06), 各 1295 [Graph] 422a 633e 011a.
木夂口

格式 gé shì。form; style; pattern ◇ formule; style; modèle ＊ 5509.

格外 gé wài。especially; all the more ◇ spécialement; particulièrement; davantage ＊ 6395.

格言 gé yán。saying; motto ◇ maxime, adage, aphorisme ＊ 9469.

李 lǐ (747) | [Tra] plum-tree ◇ prunier [Etym] tree (1= 木 723) dear to children (2= 子 1303) ◇ arbre (1= 木 723) favori des enfants (2= 子 1303) [Graph] 422a 634d [Ref] k1155, w20f [Hanzi] li3 李 4283.
木子

李 lǐ +4283 | 1° plum-tree, plum 2° surname ◇ 1° prunier, prune 2° nom propre [Etym] 木 723 (rad: 075a 4-03), 李 747 [Graph] 422a 634d.
木子

李悝 lǐ kuī。name of a Legalist in the Warring States Periods ◇ nom d'un homme d'état à l'époque des Royaumes Combattants ＊ 3379.

李花 lǐ huā。plum flower ◇ fleur de prunier ＊ 3621.

李子 lǐ zǐ。plum ◇ prune; prunier ＊ 6546.

櫎 tuǒ *4284 | 椭 -4285 | See ◇ Voir 椭圆 tuo3-yuan2 4285-10968 [Etym] 木 723 (rad: 075a 4-11), 隋 1323 [Graph] 422a 634j 241a 431a 856e.
木阝𠂇工月

椭 tuǒ -4285 | 櫎 *4284 | [Etym] 木 723 (rad: 075a 4-08), 隋 1325 [Graph] 422a 634j 241a 856e.
木阝𠂇月

椭圆 tuǒ yuán。ellipse ◇ ovale, ellipse ＊ 10968.

杨 yáng -4286 | 楊 *4434 | 1° poplar 2° surname ◇ 1° peuplier 2° nom de famille [Etym] 木 723 (rad: 075a 4-03), 昜 1338 [Graph] 422a 634k.
木昜

杨树 yáng shù。poplar tree ◇ peuplier ＊ 4278.

杨柳 yáng liǔ。willow ◇ saule ＊ 4409.

楹 yíng +4287 | column (hall), pillar ◇ colonne, pilier [Etym] 木 723 (rad: 075a 4-09), 盈 1342 [Graph] 422a 634l 633a 922a.
木乃又皿

极 jí -4288 | 極 *4476 | 1° extreme, exceedingly 2° pole (North and South) 3° pack-saddle ◇ 1° extrémité, extrêmement, sommet 2° pôle 3° bât, trône [Etym] 木 723 (rad: 075a 4-03), 及 1344 [Graph] 422a 634m.
木及

极端 jí duān。extreme, exceeding ◇ excès, intempérance; extrême, illimité ＊ 648.

极其 jí qí。exceedingly; quite ◇ extrêmement; tout à fait; très ＊ 5428.

櫪 lì *4289 | 枥 -4290 | manger, trough for feeding cattle ◇ mangeoire, auge [Etym] 木 723 (rad: 075a 4-16), 歷 1362 [Graph] 422a 721a 422d 422d 434a.
木厂禾禾止

枥 lì -4290 | 櫪 *4289 | manger, trough for feeding cattle ◇ mangeoire, auge [Etym] 木 723 (rad: 075a 4-04), 历 1366 [Graph] 422a 721a 732f.
木厂力

橛 jué +4291 | 1° peg 2° wooden stake ◇ 1° cheville 2° poteau [Etym] 木 723 (rad: 075a 4-12), 厥 1368 [Graph] 422a 721a 842d 232b.
木厂屰欠

橱 chú -4292 | 櫥 *4294 | 1° cabinet 2° closet ◇ 1° armoire 2° placard [Etym] 木 723 (rad: 075a 4-12), 厨 1370 [Graph] 422a 721a 012b 332b.
木厂豆寸

橱窗 chú chuāng。shop window; window display ◇ vitrine; devanture ＊ 7841.

桩 zhuāng -4293 | 樁 *4122 | 1° stake, pile 2° measure-word (affair, post, kind) ◇ 1° poteau, pilier 2° spécificatif (affaire, espèce, sorte) [Etym] 木 723 (rad: 075a 4-06), 庄 1387 [Graph] 422a 721b 432a.
木广土

櫥 chú *4294 | 橱 -4292 | 1° cabinet 2° closet ◇ 1° armoire 2° placard [Etym] 木 723 (rad: 075a 4-15), 廚 1388 [Graph] 422a 721b 432b 011b 332b.
木广士豆寸

槺 kāng +4295 | See ◇ Voir 榔槺 lang2-kang1 4399-4295 [Etym] 木 723 (rad: 075a 4-11), 康 1407 [Graph] 422a 721b 834e.
木广隶

桅 wéi +4296 | mast ◇ mât de navire [Etym] 木 723 (rad: 075a 4-06), 危 1419 [Graph] 422a 721e 733a.
木产巳

檐 yán +4297 | 簷 *829 | 1° end of the rafters 2° brim of hat ◇ 1° bout des chevrons
木产八言

2° bord du chapeau [Etym] 木 723 (rad: 075a 4-13), 詹1421 [Graph] 422a 721e ac:h 012d.

樝 zhā *4298 |楂 +4194| edible hawthorn, azerole ◇ azerolier [Etym] 木 723 (rad: 075a 4-11), 虘 1439 [Graph] 422a 721g 321e 921a.

櫖 lǔ *4299 |橹 -4455、櫓 *4456、艪 *8323、艣 *8309| 1° tower 2° oar, scull, sweep ◇ 1° tour 2° rame, aviron, godille [Etym] 木 723 (rad: 075a 4-13), 虜 1447 [Graph] 422a 721g 321e 041a 732f.

櫨 lú *4300 |栌 -4395| See ◇ Voir 黄栌 huang2-lu2 5409-4395 [Etym] 木 723 (rad: 075a 4-16), 盧 1448 [Graph] 422a 721g 321e 041a 922a.

板 bǎn +4301 |闆 *8785| 1° board of plank 2° flattened bamboo for beating 3° a beat in Chinese music 4° hard 5° stiff, unnatural ◇ 1° planche 2° férule 3° une mesure en musique chinoise 4° dur 5° raide, non naturel [Etym] 木 723 (rad: 075a 4-04), 反 1454 [Graph] 422a 722a 633a.

板儿 bǎn ér ◦ board ◇ planche * 2194.

板车 bǎn chē ◦ cart ◇ charrette * 6327.

板凳 bǎn dèng ◦ wooden bench ◇ banc * 6458.

板子 bǎn zǐ ◦ board ◇ planche * 6546.

楯 dùn +4302 |1° barrier 2° guard 3° shield ◇ 1° barrière 2° garder 3° bouclier [Etym] 木 723 (rad: 075a 4-09), 盾 1457 [Graph] 422a 722a 023j.

△ shǔn |1° railing, fence, barrier 2° to guard ◇ 1° balustrade, barrière 2° garder.

栀 zhī -4303 |梔 *4304| gardenia tinctoria, used to dye yellow ◇ colorant en jaune [Etym] 木 723 (rad: 075a 4-05), 卮 1458 [Graph] 422a 722b 733a.

梔 zhī *4304 |栀 -4303| gardenia tinctoria, used to dye yellow ◇ colorant en jaune [Etym] 木 723 (rad: 075a 4-07), 巵 1459 [Graph] 422a 722b 933c.

> **析** xī (748) |[Tra] to split ◇ diviser [Etym] to split (1,2= 斤 1461) wood (1= 木 723) ◇ fendre (2,3= 斤 1461) du bois (1= 木 723) [Graph] 422a 722c [Hanzi] xi1 淅 196, xi1 菥 3656, xi1 析 4305, xi1 皙 4307, xi1 晳 4308, xi1 晰 9870, xi1 蜥 10235.

析 xī 4305 |1° to divide, to split 2° to analyze 3° to explain 4° minute ◇ 1° fendre, diviser 2° analyser 3° expliquer 4° menu [Etym] 木 723 (rad: 075a 4-04), 斤 1461 [Graph] 422a 722c.

枚 xiān *4306 |锨 -2026、鍁 *1249、杴 *4103| shovel ◇ pelle [Etym] 木 723 (rad: 075a 4-08), 欣 1462 [Graph] 422a 722c 232b.

晳 xī *4307 |晰 +9870| 1° clear, distinct 2° bright 3° white ◇ 1° clair, net 2° éclaircir 3° blanc [Etym] 日 2169 (rad: 072a 4-08), 析748 [Graph] 422a 722c 021a.

皙 xī +4308 |fair-skinned ◇ à la peau claire [Etym] 白 2216 (rad: 106a 5-08), 析 748 [Graph] 422a 722c 022c.

柝 tuò +4309 |欜 *4451| watchman's clapper ◇ bois creux sur lequel on bat les veilles [Etym] 木 723 (rad: 075a 4-05), 斥 1464 [Graph] 422a 722d.

梹 bīn *4310 |槟 -4347、檳 *4340| areca-palm ◇ arec [Etym] 木 723 (rad: 075a 4-07), 兵 1469 [Graph] 422a 722h.

△ bīng |槟 -4347、檳 *4340| areca, betel palm ◇ arec, bétel.

栩 xǔ +4311 |species of oak ◇ chêne [Etym] 木 723 (rad: 075a 4-06), 羽 1472 [Graph] 422a 731c 731c.

櫂 zhào *4312 |棹 +4443| oar, to row (a boat) ◇ 2° longue rame [Etym] 木 723 (rad: 075a 4-14), 翟 1474 [Graph] 422a 731c 731c 436m.

枷 jiā +4313 |1° cangue 2° flail ◇ 1° cangue 2° fléau (pour battre le grain) [Etym] 木723 (rad: 075a 4-05), 加 1492 [Graph] 422a 732f 011a.

枢 shū -4314 |樞 *4318| pivot, axis, cardinal, hub, center ◇ axe, pivot, gond, cardinal, point essentiel [Etym] 木 723 (rad: 075a 4-04), 区 1519 [Graph] 422a 811c 243a.

榧 fěi +4315 |Chinese torreya ◇ torreya chinois [Etym] 木 723 (rad: 075a 4-10), 匪 1520 [Graph] 422a 811c 415b.

框 kuāng +4316 |frame, circle ◇ encadrement, cadre, chambranle [Etym] 木 723 (rad: 075a 4-06), 匡 1522 [Graph] 422a 811c 432e.

△ kuàng |1° door frame 2° case, rim ◇ 1° montants de porte 2° cadre, châssis.

柩 jiù +4317 |coffin with a corpse in it ◇ cercueil contenant le cadavre [Etym] 木723 (rad: 075a 4-05), 匛 1524 [Graph] 422a 811c 632g.

樞 shū *4318 |枢 -4314| pivot, axis, cardinal, hub, center ◇ axe, pivot, gond, cardinal, point essentiel [Etym] 木 723 (rad: 075a 4-11), 區 1528 [Graph] 422a 811c 011a 011a 011a.

櫃 guì *4319 |柜 +4405| cupboard, cabinet ◇ coffre, placard, comptoir [Etym] 木 723 (rad: 075a 4-14), 匱 1530 [Graph] 422a 811c 031c 023b.

杧 máng +4320 |[Etym] 木 723 (rad: 075a 4-03), 亡1533 [Graph] 422a 811f.

杧果 máng guǒ ◦ mango ◇ mangue * 10750.

枒 yā *4321 |丫 +3184、桠 -4231、椏 *4484| bifurcation, fork ◇ fourche, enfourchure, bifurcation [Etym] 木 723 (rad: 075a 4-04), 牙 1542 [Graph] 422a 812b.

栎 lì -4322 |櫟 *4266| scrubby oak ◇ chêne rabougri, serrata [Etym] 木 723 (rad: 075a 4-05), 乐 1544 [Graph] 422a 812c.

△ yuè |櫟 *4266| place in Shaanxi ◇ lieu du Shaanxi.

梧 wú +4323 |[Etym] 木 723 (rad: 075a 4-07), 吾 1549 [Graph] 422a 822b 011a.

梧桐 wú tóng ∘ paulownia ◇ sterculier, paulownia ⁎ 4374.

棂 líng -4324 |櫺 欞 +4383、*4384| 1° window lattice, latticework 2° (roof) purlin ◇ 1° treillis de fenêtre, claire-voie 2° filière du toit [Etym] 木 723 (rad: 075a 4-07), 灵1554 [Graph] 422a 832a 231b.

梫 qǐn +4325 |cinnamon bark ◇ cannelier [Etym] 木723 (rad: 075a 4-07), 𡬶 1556 [Graph] 422a 832a 851a 633a.

档 dàng -4326 |檔 *4353| 1° joist 2° shelves 3° files 4° grade ◇ 1° solive 2° rayon 3° archives 4° gamme [Etym] 木 723 (rad: 075a 4-06), 当1558 [Graph] 422a 832b.

档案 dàng àn ∘ archives; files ◇ archives; dossier ⁎ 7749.

楗 jiàn +4327 |fence, enclosure ◇ barrière, clôture [Etym] 木 723 (rad: 075a 4-08), 建1570 [Graph] 422a 833e 634n.

棲 qī *4328 |栖 +4470| 1° perch (birds) 2° to stay, to dwell, lodging 3° to rest ◇ 1° percher, jucher, perchoir 2° séjourner, gîte 3° reposer [Etym] 木 723 (rad: 075a 4-08), 妻 1574 [Graph] 422a 833f 611e.

棣 dì +4329 |1° sort of plum 2° fraternal love, younger brother ◇ 1° prunier 2° union fraternelle 3° frère cadet, puîné [Etym] 木 723 (rad: 075a 4-08), 隶1578 [Graph] 422a 834e.

桕 jiù +4330 |Chinese tallow tree ◇ arbre à suif (ses feuilles servent à teindre en noir) [Etym] 木 723 (rad: 075a 4-06), 臼 1587 [Graph] 422a 835b.

櫸 jǔ *4331 |榉 -4087| See ◇ Voir [Etym] 木 723 (rad: 075a 4-16), 舉 1601 [Graph] 422a 835h Z21g 414a.

榿 qī *4332 |桤 -4333| alder ◇ aune ou aulne [Etym] 木723 (rad: 075a 4-10), 豈 1625 [Graph] 422a 841b 012b.

桤 qī -4333 |榿 *4332| alder ◇ aune ou aulne [Etym] 木723 (rad: 075a 4-06), 岂 1627 [Graph] 422a 841b Z41a.

鬱 yù (749) |[Tra] brushwood; hindrance ◇ buisson; nuisance [Etym] wood (1,3= 木 723); phon: decorated (8= 彡 76) vessel (2= 缶 1628), offerings (4,5,6,7= 鬯 347) ◇ bois (1,3= 木 723); phon: vase (2= 缶 1628) décoré (8= 彡 76), offrandes (4,5,6,7= 鬯 347) [Graph] 422a 841c 422a 851a 243g 841e 321b 211c [Ref] k483 [Hanzi] yu4 鬱 4334.

鬱 yù *4334 |See ◇ Voir 郁 1526 [Etym] 鬯347 (rad: 192a 10-19), 鬱749 [Graph] 422a 841c 422a 851a 243g 841e 321b 211c.

柮 duò +4335 |See ◇ Voir 榾柮 gu3-duo4 4392-4335 [Etym] 木 723 (rad: 075a 4-05), 出 1640 [Graph] 422a 842c.

榕 róng +4336 |1° small-fruited fig tree, banyan 2° another name for Fuzhou ◇ 1° figuier banian 2° autre nom de Fuzhou [Etym] 木 723 (rad: 075a 4-10), 容 1663 [Graph] 422a 851c 233b 011a.

柁 duò +4337 |rudder ◇ gouvernail [Etym] 木 723 (rad: 075a 4-05), 它 1665 [Graph] 422a 851c 321b.

△ tuó |1° girder, tie-beam 2° solid 3° to fix ◇ 1° solive, poutre 2° solide 3° fixer.

檸 níng *4338 |柠 -4339| See ◇ Voir 柠檬 ning2-meng2 4339-4174 [Etym] 木 723 (rad: 075a 4-14), 寧 1667 [Graph] 422a 851c 321c 922a 331b.

柠 níng -4339 |檸 *4338| [Etym] 木 723 (rad: 075a 4-05), 宁 1673 [Graph] 422a 851c 331b.

柠檬 níng méng ∘ lemon ◇ citron ⁎ 4174.

檳 bīn *4340 |槟 梹 -4347、*4310| areca-palm ◇ arec [Etym] 木 723 (rad: 075a 4-14), 賓 1674 [Graph] 422a 851c 331i 023b.

△ bīng |槟 梹 -4347、*4310| areca, betel palm ◇ arec, bétel.

棕 zōng +4341 |椶 *4127| coir-palm ◇ palmier [Etym] 木723 (rad: 075a 4-08), 宗1675 [Graph] 422a 851c 331l.

棕榈 zōng lǘ ∘ coconut-tree, palm ◇ cocotier, palmier ⁎ 4367.

櫶 xiǎn +4342 |kind of pine-tree that can be used for construction of houses, boats etc. ◇ espèce de pin servant à construire des maisons, des bateaux etc. [Etym] 木 723 (rad: 075a 4-16), 憲 1689 [Graph] 422a 851c 433a 051a 321c.

椗 dìng *4343 |碇 矴 -9741、*9663| large stone used as an anchor ◇ pierre servant d'encre [Etym] 木 723 (rad: 075a 4-08), 定 1690 [Graph] 422a 851c 434f.

桉 ān +4344 |eucalyptus ◇ eucalyptus [Etym] 木 723 (rad: 075a 4-06), 安 1697 [Graph] 422a 851c 611e.

椀 wǎn *4345 |碗 盌 +9742、*6403| bowl ◇ bol, tasse [Etym] 木 723 (rad: 075a 4-08), 宛 1699 [Graph] 422a 851c 631b 733a.

檫 chá +4346 |sassafras ◇ sassafras [Etym] 木 723 (rad: 075a 4-14), 察 1700 [Graph] 422a 851c 631h 331l.

槟 bīn -4347 |檳 梹 *4340、*4310| areca-palm ◇ arec [Etym] 木 723 (rad: 075a 4-10), 宾 1703 [Graph] 422a 851c 722h.

槟椥 bīn zhī ∘ place in Vietnam ◇ lieu du Vietnam ⁎ 4116.

△ bīng |檳 梹 *4340、*4310| areca, betel palm ◇ arec, bétel.

棺 guān +4348 |inner coffin ◇ cercueil intérieur [Etym] 木 723 (rad: 075a 4-08), 官1707 [Graph] 422a 851c 934b.

楦 xuàn +4349 |楥 *4088| 1° shoe last 2° hat block ◇ 1° forme de cordonnier, mettre (des chaussures à la forme) 2° forme (chapeau) [Etym] 木 723 (rad: 075a 4-09), 宣 1711 [Graph] 422a 851c 022a ac:z.

榨 zhà +4350 |搾2° *2607| 1° to press, to squeeze 2° to extract ◇ 1° presser, pressoir 2° extraire, exprimer (jus) [Etym] 木 723 (rad: 075a 4-10), 窄 1720 [Graph] 422a 851d 412f.

榜 bǎng +4351 |1° a list of names posted up 2° notice, placard 3° model ◇ 1°

tableau de noms de personnes 2° affiche 3° modèle [Etym] 木 723 (rad: 075a 4-10), 旁 1732 [Graph] 422a 851e 853b.

榜样 bǎng yàng ◦ example, model ◇ exemple, modèle ✱ 4163.

樘 táng +4352 木⺍口土 | door or window frame ◇ châssis ou chambranle de fenêtre ou de porte [Etym] 木 723 (rad: 075a 4-11), 堂 1743 [Graph] 422a 851h 011a 432a.

檔 dàng *4353 木⺍口田 | 档 -4326 | 1° joist 2° shelves 3° files 4° grade ◇ 1° solive 2° rayon 3° archives 4° gamme [Etym] 木 723 (rad: 075a 4-13), 當 1749 [Graph] 422a 851h 011a 041a.

桲 po +4354 木十冖子 | flail ◇ fléau à battre [Etym] 木 723 (rad: 075a 4-07), 孛 1753 [Graph] 422a 851i 634d.

榷 què +4355 木隺 | 搉 *2618 | 1° to discuss 2° footbridge 3° tollgate 4° to monopolize ◇ 1° discuter 2° passerelle 3° percevoir une taxe 4° avoir le monopole de [Etym] 木 723 (rad: 075a 4-10), 隺 1760 [Graph] 422a 851k.

枕 zhěn +4356 木冘 | 1° pillow 2° to rest the head on 3° block 4° occiput ◇ 1° oreiller, traversin, coussin 2° poser la tête sur 3° bloc 4° occiput [Etym] 木 723 (rad: 075a 4-04), 冘 1762 [Graph] 422a 851m.

枕头 zhěn tóu ◦ pillow ◇ oreiller, traversin ✱ 1598.

枕巾 zhěn jīn ◦ pillow case ◇ taie d'oreiller ✱ 8377.

杓 sháo +4357 木勺 | [Etym] 木 723 (rad: 075a 4-03), 勺 1763 [Graph] 422a 852b.

杓鹬 sháo yù ◦ curlew ◇ courlis ✱ 6482.

构 gòu +4358 木勹厶 | 構、搆 *4237、*2467 | 1° to construct, to compose 2° to fabricate, to reach up to 3° to bind 4° literary composition ◇ 1° construire, composer 2° fabriquer 3° joindre, nouer, relier, unir 4° composition littéraire [Etym] 木 723 (rad: 075a 4-04), 勾 1774 [Graph] 422a 852h 612a.

构造 gòu zào ◦ structure, construction ◇ disposition, structure, mécanisme; former ✱ 5236.

构成 gòu chéng ◦ to form; to make up; to constitute ◇ former, composer, constituer ✱ 5550.

枹 fú *4359 木勹巳 | See ◇ Voir 桴 4089 [Etym] 木 723 (rad: 075a 4-05), 包 1778 [Graph] 422a 852h 933b.

枸 gōu +4360 木勹口 | [Etym] 木 723 (rad: 075a 4-05), 句 1779 [Graph] 422a 852h 011a.

枸橘 gōu jú ◦ medlar ◇ nèfle ✱ 4274.

△ gǒu |

枸骨 gǒu gǔ ◦ Chinese holly ◇ houx chinois ✱ 8574.

△ jǔ | lemon-tree ◇ citronnier épineux.

枸橼 jǔ yuán ◦ citron ◇ citron ✱ 4263.

栒 xún +4361 木勹日 | 1° crossbeams of a bell or drum frame 2° place in Shaanxi ◇ 1° support de cloche ou de tambours 2° lieu du Shaanxi [Etym] 木 723 (rad: 075a 4-06), 旬 1782 [Graph] 422a 852h 021a.

枋 fāng +4362 木方 | 1° plank 2° square log 3° coffin ◇ 1° bois de charronnage, planche 2° radeau 3° cercueil [Etym] 木 723 (rad: 075a 4-04), 方 1784 [Graph] 422a 853b.

椸 yí +4363 木方𠂉也 | 箷 *867 | clothes-rack ◇ portemanteau [Etym] 木 723 (rad: 075a 4-09), 施 1792 [Graph] 422a 853b ac:f 733c.

樱 yīng -4364 木贝贝女 | 櫻 *4446 | oriental cherry ◇ cerisier, cerise [Etym] 木 723 (rad: 075a 4-11), 婴 1800 [Graph] 422a 854b 854b 611e.

樱桃 yīng táo ◦ cherry ◇ cerise ✱ 4141.

枧 jiǎn -4365 木见 | 梘 *4447 | soap, perfumed soap ◇ savon, savonnette [Etym] 木 723 (rad: 075a 4-04), 见 1801 [Graph] 422a 854c.

桢 zhēn -4366 木贞 | 楨 *4448 | 1° hardwood, common evergreen, ligustrum lucidum 2° terminal posts in building a wall 3° Japanese poem ◇ 1° bois dur, arbre toujours vert 2° pieux constituant les deux extrémités du coffrage d'un mur de pisé en construction 3° poème du Japon [Etym] 木 723 (rad: 075a 4-06), 贞 1803 [Graph] 422a 854e.

榈 lǘ -4367 木门口口 | 櫚 *4403 | See ◇ Voir 棕榈 zong1-lü2 4341-4367 [Etym] 木 723 (rad: 075a 4-09), 闾 1816 [Graph] 422a 855a 011a 011a.

栅 shān +4368 木册 | [Etym] 木 723 (rad: 075a 4-05), 册 1820 [Graph] 422a 856c.

栅极 shān jí ◦ 1° grid; 2° network ◇ 1° grille; 2° réseau ✱ 4288.

△ zhà | 柵 *4372 | railings, bars, fence of laths, barrier ◇ grille, barrière.

棚 péng +4369 木月月 | mat-shed, shack, awning of reed mats ◇ abri, hutte, baraque (en nattes) [Etym] 木 723 (rad: 075a 4-08), 朋 1836 [Graph] 422a 856e 856e.

椾 jiān *4370 木䒑月刂 | 笺、箋、牋 -814、*810、*11010 | 1° | 1° tablet, writing paper, letter 2° commentary ◇ 1° lettre, papier à lettres 2° commentaire [Etym] 木 723 (rad: 075a 4-09), 前 1839 [Graph] 422a ac:d 856e 333b.

枏 nán *4371 木冄 | 楠、柟 +4377、*4381 | See ◇ Voir 楠木 nan2-mu4 4377-4078 [Etym] 木 723 (rad: 075a 4-04), 冄 1843 [Graph] 422a 856f.

柵 zhà *4372 木冊 | 栅 +4368 | railings, bars, fence of laths, barrier ◇ grille, barrière [Etym] 木 723 (rad: 075a 4-05), 冊 1846 [Graph] 422a 856j.

㭎 gāng -4373 木冂乂 | 棡 *4375 | variety of oak ◇ sorte de chêne [Etym] 木 723 (rad: 075a 4-04), 冈 1849 [Graph] 422a 856k 243a.

桐 tóng +4374 木冂𠮛 | varnish tree, aleurites cordata, phoenix and tung tree ◇ arbre à huile, aleurite, abrasin [Etym] 木 723 (rad: 075a 4-06), 同 1853 [Graph] 422a 856k 012a.

棡 gāng *4375 木冂山 | 㭎 -4373 | variety of oak ◇ sorte de chêne [Etym] 木 723 (rad:

075a 4-08), 罔 1857 [Graph] 422a 856m 841b.

梢 shāo +4376 木肖 |1° thin end of a twig, tip, top 2° small ◇ 1° extrémité d'une branche, bout 2° insignifiant, fétu [Etym] 木 723 (rad: 075a 4-07), 肖 1878 [Graph] 422a 857i.

楠 nán +4377 木南羊 |柟、枏 *4381、*4371| [Etym] 木 723 (rad: 075a 4-09), 南 1881 [Graph] 422a 857k 413c.

楠木 nán mù。cedar, machilus nanmu ◇ cèdre * 4078.

桷 jué +4378 木角 |square rafter ◇ poutre carré [Etym] 木 723 (rad: 075a 4-07), 角 1883 [Graph] 422a 857l.

槲 hú +4379 木角斗 |Mongolian oak ◇ chêne mongol [Etym] 木 723 (rad: 075a 4-11), 斛 1884 [Graph] 422a 857l 413g.

檞 jiě +4380 木角刀牛 |pine-like tree ◇ espèce de pin [Etym] 木 723 (rad: 075a 4-13), 解 1885 [Graph] 422a 857l 732a 414d.

柟 nán *4381 木冉 |楠、枏 +4377、*4371| See ◇ Voir 楠木 nan2-mu4 4377-4078 [Etym] 木 723 (rad: 075a 4-05), 冉 1888 [Graph] 422a 858c.

欛 bà *4382 木雨廿串月 |把 +2656| 1° handle, grip 2° to grasp, to hold 3° particle denoting accusative 4° stem (of a flower) ◇ 1° poignée, manche 2° saisir, tenir 3° préfixe accusatif 4° tige (d'une fleur) [Etym] 木 723 (rad: 075a 4-21), 霸 1892 [Graph] 422a 858e 436a 031e 856e.

櫺 líng +4383 木雨口口口 |棂、欞 -4324、*4384| 1° window lattice, latticework 2° (roof) purlin ◇ 1° treillis de fenêtre, claire-voie 2° filière du toit [Etym] 木 723 (rad: 075a 4-17), 霝 1897 [Graph] 422a 858e 011a 011a 011a.

欞 líng *4384 木雨口口口工人人 |棂、櫺 -4324、+4383| 1° window lattice, latticework 2° (roof) purlin ◇ 1° treillis de fenêtre, claire-voie 2° filière du toit [Etym] 木 723 (rad: 075a 4-24), 靈 1898 [Graph] 422a 858e 011a 011a 011a 431a 232a 232a.

檑 léi +4385 木雨田 |1° rolling logs 2° logs rolled off a city wall as weapons ◇ 1° rouler des rondins 2° troncs d'arbre pour défendre la ville contre l'attaque des ennemis [Etym] 木 723 (rad: 075a 4-13), 雷 1899 [Graph] 422a 858e 041a.

樗 chū +4386 木雨亏 |ailanthus glandulosa, useless stuff ◇ bois de nulle valeur, propre à rien [Etym] 木 723 (rad: 075a 4-11), 雩 1901 [Graph] 422a 858e Z21c.

柿 shì (750) 木市 |[Tra] kaki (fruit) ◇ kaki (fruit) [Etym] plant (1= 木 723); phon, market (2= 市 1904) ◇ plante (1= 木 723); phon, marché (2= 市 1904) [Graph] 422a 858h [Ref] w129e [Hanzi] shi4 柿 4387.

柿 shì +4387 木市 |diospyrus khaki, persimmon ◇ plaqueminier, diospyros kaki [Etym] 木 723 (rad: 075a 4-05), 柿 750 [Graph] 422a 858h.

柿子 shì zǐ。kaki ◇ kaki, plaquemine * 6546.

枘 ruì +4388 木内 |handle, haft, grasp ◇ manche, poignée, tenon [Etym] 木 723 (rad: 075a 4-04), 内 1919 [Graph] 422a 859a.

柄 bǐng +4389 木丙 |1° handle 2° haft, stem 3° authority ◇ 1° manche 2° tige (plante) 3° autorité, pouvoir [Etym] 木 723 (rad: 075a 4-05), 丙 1921 [Graph] 422a 859c.

△ bìng |1° handle, haft 2° authority 3° principle ◇ 1° manche, poignée 2° autorité, pouvoir 3° principe.

査 zhā (751) 木且 |[Tra] raft, examine ◇ radeau, examiner [Etym] wood (1= 木 723); phon, to help (2= 助 1931) (> 査 757) ◇ du bois (1= 木 723); phon, aider (2= 助 1931) (> 査 757) [Graph] 422a 921a [Ref] w119i [Hanzi] zha1 査 4390.

査 zhā *4390 木且 |查 +4429| 1° hawthorn 2° surname ◇ 1° aubépine, fruits semblables à l'azerole 2° nom de famille [Etym] 木 723 (rad: 075a 4-05), 査 751 [Graph] 422a 921a.

植 zhí +4391 木直 |植 *4449| 1° to plant 2° to set up 3° to stick 4° pole 5° to lean on, to rely on ◇ 1° planter 2° établir 3° ficher en terre, dresser 4° pieu 5° s'appuyer sur [Etym] 木 723 (rad: 075a 4-08), 直 1934 [Graph] 422a 921e.

植物 zhí wù。plant ◇ plante, végétal * 3468.

榾 gǔ +4392 木冎月 |[Etym] 木 723 (rad: 075a 4-09), 骨 1947 [Graph] 422a 924c 856e.

榾柮 gǔ duò。1° short wood; 2° firewood ◇ 1° morceau de bois; 2° bois de chauffage * 4335.

樨 xī +4393 木尸氺牛 |1° recent 2° delicate 3° sweet-scented osmanthus ◇ 1° récent 2° délicat 3° osmanthe odorant [Etym] 木 723 (rad: 075a 4-12), 犀 1961 [Graph] 422a 931a 412h 414d.

櫦 shuān (752) 木户罒曰衣 |[Tra] latch of a door ◇ barre de porte [Etym] {?} wood (木 723), door (户 1981); phon, afraid (瞏 2394) ◇ {?} bois (木 723), porte (户 1981); phon, peur (瞏 2394) [Graph] 422a 931e 051a 012a 312h [Ref] w143c [Hanzi] shuan1 櫦 4394.

櫦 shuān *4394 木户罒曰衣 |闩 -7997| 1° bolt used to bar doors, latch 2° to bolt a door ◇ 1° barre de porte 2° barrer, verrouiller [Etym] 木 723 (rad: 075a 4-17), 櫦 752 [Graph] 422a 931e 051a 012a 312h.

栌 lú -4395 木卢 |櫨 *4300| See ◇ Voir 黄栌 huang2-lu2 5409-4395 [Etym] 木 723 (rad: 075a 4-05), 卢 1992 [Graph] 422a 931f.

楣 méi +4396 木尸目 |lintel of a door or window ◇ linteau de porte [Etym] 木 723 (rad: 075a 4-09), 眉 1996 [Graph] 422a 931j 023a.

概 gài +4397 木艮旡 |1° general 2° approximate 3° summing up 4° categorically 5° deportment ◇ 1° en général 2° approximatif 3° en somme, le tout, résumé 4° catégoriquement 5° comportement [Etym] 木 723 (rad: 075a 4-09), 既 2001 [Graph] 422a 932b 812a.

概况 gài kuàng。general situation; survey ◇ situation générale; aperçu général * 38.

概括 gài kuò ∘ to summarize; synthesis ◇ synthétiser, résumé, synthétique ∗ 2679.

概貌 gài mào ∘ survey; general picture ◇ aperçu général, vue d'ensemble ∗ 5581.

根 gēn +4398 木艮 | 1° roots 2° (square) root 3° radical 4° base 5° origin, cause 6° thoroughly ◇ 1° racine, racine (carrée) 3° radical 4° base 5° origine, cause, principe 6° foncièrement, complètement [Etym] 木 723 (rad: 075a 4-06), 艮 2003 [Graph] 422a 932c.

根源 gēn yuán ∘ source, origin; root; cause ◇ source, origine; cause ∗ 336.

根儿 gēn ér ∘ root ◇ racine; désigne des objets minces ∗ 2194.

根据 gēn jù ∘ origin, basis ◇ origine, base, fondement; s'appuyer sur ∗ 2650.

根据 gēn jū ∘ according to ◇ d'après, conformément à ∗ 2650.

根本 gēn běn ∘ fundamentally, basically ◇ fondamentalement; ne ... pas du tout ∗ 4662.

榔 láng +4399 木良阝 | See ◇ Voir 桄榔 guang1-lang2 4140-4399 [Etym] 木 723 (rad: 075a 4-08), 郎 2005 [Graph] 422a 932d 634j.

榔头 láng tóu ∘ hammer ◇ marteau ∗ 1598.

榔槺 láng kāng ∘ bulky, cumbersome ◇ encombrant ∗ 4295.

杷 pá +4400 木巴 | See ◇ Voir 枇杷 pi2-pa2 4132-4400 [Etym] 木 723 (rad: 075a 4-04), 巴 2014 [Graph] 422a 933c.

△ pa | in pipa (musical instrument) ◇ dans pipa (instrument de musique).

枱 sì *4401 木目 | 耜 +4694 | 1° spade 2° spade-shaped farm tool ◇ 1° soc (d'araire ou de charrue) 2° bêche [Etym] 木 723 (rad: 075a 4-05), 目 2017 [Graph] 422a 934b.

槌 chuí +4402 木自辶 | wooden mallet and club ◇ maillet, marteau [Etym] 木 723 (rad: 075a 4-09), 追 2021 [Graph] 422a 934c 634o.

櫚 lǘ *4403 木門口白 | 榈 -4367 | See ◇ Voir 棕榈 zong1-lü2 4341-4367 [Etym] 木 723 (rad: 075a 4-15), 閭 2040 [Graph] 422a 934e 011a 013a.

欄 lán *4404 木門柬 | 栏 -4079 | 1° fence, railing, balustrade, hurdle 2° shed 3° column 4° section, heading ◇ 1° clôture, haie, balustrade, barrière 2° étable 3° colonne 4° section, rubrique [Etym] 木 723 (rad: 075a 4-17), 闌 2042 [Graph] 422a 934e 033d.

> **柜** jǔ (753) 木巨 | [Tra] willow ◇ saule [Etym] tree (1= 木 723); phon, big (2= 巨 2043) ◇ arbre (1= 木 723); phon, grand (2= 巨 2043) [Graph] 422a 935a [Ref] k1155, ph420, w20g, wi397, wi874 [Hanzi] gui4 ju3 柜 4405.

柜 guì +4405 木巨 | 櫃 *4319 | cupboard, cabinet ◇ coffre, placard, comptoir [Etym] 木 723 (rad: 075a 4-05), 柜 753 [Graph] 422a 935a.

柜台 guì tái ∘ counter ◇ comptoir ∗ 5901.

柜子 guì zǐ ∘ wardrobe, cupboard, chest, bin ◇ armoire, coffre ∗ 6546.

△ jǔ | kind of willow, can be made into basket ◇ saule, osier dont on se sert pour fabriquer des paniers.

檻 jiàn *4406 木臣𠂉一皿 | 槛 -4170 | balustrade, enclosure, cage ◇ balustrade, enclos, cage, barreaux [Etym] 木 723 (rad: 075a 4-14), 監 2045 [Graph] 422a 935b ac:f 111a 922a.

△ kǎn | 槛 -4170 | threshold ◇ seuil (de porte).

欖 lǎn *4407 木臣𠂉一罒見 | 榄 -4169 | See ◇ Voir 橄榄 gan3-lan3 4242-4169 [Etym] 木 723 (rad: 075a 4-21), 覽 2046 [Graph] 422a 935b ac:f 111a 051a 023c.

榴 liú +4408 木𠂎刀田 | pomegranate ◇ grenadier [Etym] 木 723 (rad: 075a 4-10), 留 2055 [Graph] 422a 941a 732a 041a.

> **柳** liǔ (754) 木卯 | [Tra] willow ◇ saule [Etym] tree (1= 木 723); phon, doors (> 丣 2053) (here as 育 1157) ◇ un arbre (1= 木 723); phon, des portes (> 丣 2053) (ici comme 育 1157) [Graph] 422a 941b 734a [Ref] h530, k786, ph445, w158b, wa108, wi106 [Hanzi] liu3 柳 4409.

柳 liǔ +4409 木卯 | 1° willow 2° surname ◇ 1° saule 2° nom propre [Etym] 木 723 (rad: 075a 4-05), 柳 754 [Graph] 422a 941b 734a.

柳树 liǔ shù ∘ willow ◇ saule ∗ 4278.

榭 xiè +4410 木身寸 | terrace, tribune, pavilion on a terrace ◇ terrasse, tribune, hall sur terrasse [Etym] 木 723 (rad: 075a 4-10), 射 2061 [Graph] 422a 941d 332b.

> **杏** xìng (755) 木口 | [Tra] apricot-tree ◇ abricotier [Etym] tree (1= 木 723) giving apricots (2=prim) ◇ un arbre (1= 木 723) donnant des abricots (2=prim) [Graph] 422a 011a [Ref] w79h [Hanzi] xing4 荇 3657, xing4 杏 4411.

杏 xìng +4411 木口 | apricot-tree, apricot ◇ abricotier, abricot [Etym] 木 723 (rad: 075a 4-03), 杏 755 [Graph] 422a 011a.

杏儿 xìng ér ∘ apricot ◇ abricot ∗ 2194.

杏仁 xìng rén ∘ almond, apricot kernel ◇ amande, noyau d'abricot ∗ 2771.

杏花 xìng huā ∘ apricot flower ◇ fleur d'abricotier ∗ 3621.

杏树 xìng shù ∘ apricot tree ◇ abricotier ∗ 4278.

桯 tīng +4412 木口王 | 1° bed, shaft of an awl 2° small bedside table ◇ 1° bouts d'un lit, lit 2° table de chevet [Etym] 木 723 (rad: 075a 4-07), 呈 2070 [Graph] 422a 011a 432e.

楫 jí +4413 木口耳 | 檝 *4414 | oar, to row ◇ rame, ramer [Etym] 木 723 (rad: 075a 4-09), 咠 2071 [Graph] 422a 011a 436k.

檝 jí *4414 木口耳戈 | 楫 +4413 | oar, to row ◇ rame, ramer [Etym] 木 723 (rad: 075a 4-13), 戢 2072 [Graph] 422a 011a 436k 512b.

枴 guǎi *4415 木口力 | See ◇ Voir 拐 2665 [Etym] 木 723 (rad: 075a 4-05), 另 2074

[Graph] 422a 011a 732f.

榀 p ǐ n +4416 木口口口 | measure-word for unfinished housing framework ◇ spécificatif d'un charpente de maison [Etym] 木 723 (rad: 075a 4-09), 品2093 [Graph] 422a 011a 011a 011a.

枵 x i ā o +4417 木口丂 | 1° empty, hollow 2° vile, vain, petty ◇ 1° vide, creux 2° vain, vil, mesquin [Etym] 木 723 (rad: 075a 4-05), 号 2111 [Graph] 422a 011a Z21b.

枳 z h ǐ +4418 木只 | spiky, thorny shrub, type of orange tree ◇ arbuste épineux, type d'oranger [Etym] 木 723 (rad: 075a 4-05), 只 2113 [Graph] 422a 011c.

椋 l i á n g +4419 木亠小 | [Etym] 木 723 (rad: 075a 4-08), 京2122 [Graph] 422a 012c 331j.

椋鸟 liáng niǎo。starling ◇ étourneau * 11151.

椁 g u ǒ +4420 木亠子 | 槨 *4421 | outer coffin ◇ cercueil extérieur [Etym] 木 723 (rad: 075a 4-08), 享2128 [Graph] 422a 012c 634d.

槨 g u ǒ *4421 木亠子阝 | 椁 +4420 | outer coffin ◇ cercueil extérieur [Etym] 木 723 (rad: 075a 4-10), 郭2130 [Graph] 422a 012c 634d 634j.

槁 g ǎ o +4422 木亠冋口 | 槀 *9464 | decayed wood, withered ◇ bois mort, sec, desséché [Etym] 木 723 (rad: 075a 4-10), 高2138 [Graph] 422a 012c 856k 011a.

櫧 z h ū *4423 木言耂日 | 槠 -4131 | evergreen oak ◇ espèce de chêne [Etym] 木 723 (rad: 075a 4-15), 諸2145 [Graph] 422a 012d 432c 021a.

柘 z h è +4424 木石 | thorny tree ◇ arbre épineux [Etym] 木723 (rad: 075a 4-05), 石 2149 [Graph] 422a 013b.

棁 z h u ō +4425 木兑 | joist, stick, short posts or beams ◇ colonnette, canne [Etym] 木723 (rad: 075a 4-07), 兑2153 [Graph] 422a 013d.

枯 k ū +4426 木古 | 1° withered (of a plant, etc.) 2° dried up (of a well), rotten or dry wood, decayed 3° dull ◇ 1° desséché 2° sec, émacié, tari, bois mort 3° décharné [Etym] 木 723 (rad: 075a 4-05), 古2155 [Graph] 422a 013f.

枯燥 kū zào。dull, uninteresting; dry ◇ insipide; aride * 1042.

栝 g u ā +4427 木舌 | 苦 *3948 | 1° juniperus sinensis 2° fruit rind of Chinese trichosanthes ◇ 1° tisonnier 2° pelure de fruit du trichosanthe chinois [Etym] 木 723 (rad: 075a 4-06), 舌2162 [Graph] 422a 013h.

> **杳** y ǎ o (756) 木日 | [Tra] darkness; obscure ◇ mystère; obscur [Etym] sun (2= 日 2169) setting below trees (1= 木 723) (> 杲 2178, 東 2365) ◇ le soleil (2= 日 2169) derrière les arbres (1= 木 723) (> 杲 2178, 東 2365) [Graph] 422a 021a [Ref] k70, r27e, r105, w121a, wa44, wi169, wi171 [Hanzi] yao3 杳 4428.

杳 y ǎ o +4428 木日 | 1° distant and out of sight 2° dark, obscure 3° mysterious ◇ 1° éloigné et hors de vue 2° obscurité 3° mystère, incertitude [Etym] 木 723 (rad: 075a 4-04), 杳 756 [Graph] 422a 021a.

> **查** z h ā , c h á (757) 木日一 | [Tra] to investigate ◇ examiner [Etym] distortion of (查 751) ◇ distorsion de (查 751) [Graph] 422a 021a acc:z [Ref] h140, k1088, ph433, r106, w121c, wi169, wi782 [Hanzi] zha1 渣 197, cha1 餷 1436, cha1 馇 1849, zha1 揸2433, cha2 cha2 zha1 楂 4194, cha2 zha1 查 4429, zha1 猹5619, cha2 嵖 7519, cha1 zha1 喳 8958, cha3 蹅 9323, cha2 碴 9679.

查 c h á +4429 木日一 | 1° to examine into, to investigate 2° to consult 3° surname ◇ 1° examiner, scruter, chercher 2° consulter 3° nom de famille [Etym] 木 723 (rad: 075a 4-05), 查 757 [Graph] 422a 021a ac:z.

△ z h ā | 查 *4390 | 1° hawthorn 2° surname ◇ 1° aubépine, fruits semblables à l'azerole 2° nom de famille.

棍 g ù n +4430 木日匕匕 | 1° stick 2° rowdy, scoundrel ◇ 1° bâton 2° vaurien, canaille [Etym] 木723 (rad: 075a 4-08), 昆 2173 [Graph] 422a 021a 311d 321b.

棍子 gùn zǐ。rod, stick; bludgeon ◇ bâton critique, halle, massue (gros) * 6546.

桿 g ǎ n *4431 木日干 | 杆 +4157 | shaft or arm of something ◇ hampe, manche [Etym] 木 723 (rad: 075a 4-07), 旱 2177 [Graph] 422a 021a 413b.

榻 t à +4432 木日习习 | long, narrow and low bed, couch ◇ lit étroit et long, couche [Etym] 木 723 (rad: 075a 4-10), 㬐 2190 [Graph] 422a 021a 731c 731c.

楬 j i ē *4433 木日勹人乚 | See ◇ Voir 揭 2688 [Etym] 木 723 (rad: 075a 4-09), 曷 2194 [Graph] 422a 021a 852h 232a 711a.

楊 y á n g *4434 木日昜 | 杨 -4286 | 1° poplar 2° surname ◇ 1° peuplier 2° nom de famille [Etym] 木 723 (rad: 075a 4-09), 昜 2197 [Graph] 422a 021a 852i.

榅 w ē n +4435 木日皿 | [Etym] 木 723 (rad: 075a 4-09), 昷2201 [Graph] 422a 021a 922a.

榅桲 wēn po。quince ◇ coing * 4354.

桓 h u á n +4436 木亘 | 1° pillars before a grave 2° delay 3° surname ◇ 1° portique 2° lenteur, délai 3° nom propre [Etym] 木 723 (rad: 075a 4-06), 亘 2213 [Graph] 422a 022a ac:z.

柏 b ǎ i +4437 木白 | 栢 *4442 | 1° thuja 2° durable ◇ 1° thuya, cyprès 2° immuable, incorruptible [Etym] 木 723 (rad: 075a 4-05), 白 2216 [Graph] 422a 022c.

柏树 bǎi shù。cypress, thuya ◇ cyprès, thuya * 4278.

△ b ó | Bonn, place name in Germany ◇ Bonn, capitale de l'Allemagne.

△ b ò | 檗 +8649 | See ◇ Voir 黄檗 huang2-bo4 5409-8649.

槔 g ā o -4438 木白大十 | 橰 *4439 | See ◇ Voir 桔槔 jie2-gao1 4213-4438 [Etym] 木 723 (rad: 075a 4-10), 皋 2217 [Graph] 422a 022c 242a 413a.

橰 g ā o *4439 木白半 | 槔 -4438 | See ◇ Voir 桔槔 jie2-gao1 4213-4438 [Etym] 木 723 (rad: 075a 4-11), 皐 2220 [Graph] 422a 022c 413k.

檄 xí +4440 木白方攵 | 1° to call to arms 2° decree, missive ◇ 1° appeler aux armes 2° décret, missive [Etym] 木 723 (rad: 075a 4-13), 敫 2223 [Graph] 422a 022c 853b 243c.

棉 mián +4441 木白巾 | 1° cotton tree, cotton 2° quilted ◇ 1° cotonnier, coton 2° ouate, bourré [Etym] 木 723 (rad: 075a 4-08), 帛 2224 [Graph] 422a 022c 858a.

棉布 mián bù ∘ cotton fabrics ◇ étoffe de coton ∗ 1527.

棉衣 mián yī ∘ cotton-padded clothes ◇ vêtement ouatée ∗ 2140.

棉毛衫 mián máo shān ∘ cotton underwear ◇ sous-vêtement de coton (veste) ∗ 2182 6608.

棉毛裤 mián máo kù ∘ cotton trousers (underwear) ◇ sous-vêtement de coton (pantalon) ∗ 2182 6657.

棉花 mián huā ∘ cotton ◇ coton; coton brut ∗ 3621.

棉絮 mián xù ∘ wadding, cotton wool ◇ ouate ∗ 5844.

棉纱 mián shā ∘ cotton gauze ◇ gaze, filé de coton ∗ 5959.

棉袄 mián ǎo ∘ wadded vest ◇ veste ouatée ∗ 6619.

棉裤 mián kù ∘ cotton-padded trousers ◇ pantalon ouatée ∗ 6657.

棉被 mián bèi ∘ cotton-padded quilt ◇ couverture ouatée ∗ 6660.

栢 bǎi *4442 木百 | 柏 +4437 | 1° thuja 2° durable ◇ 1° thuya, cyprès 2° immuable, incorruptible [Etym] 木 723 (rad: 075a 4-06), 百 2228 [Graph] 422a 022f.

棹 zhào +4443 木卓 | 櫂 *4312 | oar, to row (a boat) ◇ 2° longue rame [Etym] 木 723 (rad: 075a 4-08), 卓 2230 [Graph] 422a 022h.

△ zhuō | 桌 +10003 | 1° table, desk 2° measure-word ◇ 1° table, bureau 2° spécificatif.

> **相** xiàng (758) 木目 | [Tra] look at, photo ◇ regarder, photo [Etym] to look (2= 目 2239) from behind a tree (1= 木 723) ◇ regarder (2= 目 2239) à travers un arbre (1= 木 723) [Graph] 422a 023a [Ref] k914, w121i [Hanzi] xiang1 湘 198, xiang1 箱 782, xiang1 葙 3658, xiang1 xiang4 相 4444, xiang3 想 4445, xiang1 缃 5972, xiang1 緗 6144, xiang1 厢 6835, xiang1 廂 6909, shuang1 霜 8430.

相 xiāng +4444 木目 | 1° each other, mutual 2° one towards another 3° surname ◇ 1° mutuel, réciproque 2° l'un envers l'autre 3° nom de famille [Etym] 目 2239 (rad: 109a 5-04), 相 758 [Graph] 422a 023a.

相符 xiāng fú ∘ to correspond to ◇ correspondre ∗ 768.

相等 xiāng děng ∘ to be equal ◇ égaler, équivaloir ∗ 792.

相差 xiāng chà ∘ to differ ◇ avoir une différence, être distant ∗ 1529.

相识 xiāng shí ∘ to be acquainted with ◇ se connaître ∗ 1816.

相比 xiāng bǐ ∘ to compare ◇ comparer ∗ 1889.

相似 xiāng shì ∘ analogous, similar ◇ analogue, semblable ∗ 2833.

相似 xiāng sì ∘ to resemble; similar ◇ semblable, analogue ∗ 2833.

相信 xiāng xìn ∘ to believe, to trust ◇ avoir confiance en ∗ 3042.

相芯 xiāng xìn ∘ to believe in ◇ croire, se fier à, avoir confiance en ∗ 3603.

相蕉 xiāng jiāo ∘ banana ◇ banane ∗ 3710.

相互 xiāng hù ∘ mutual, reciprocal ◇ mutuel, réciproque ∗ 6392.

相对 xiāng duì ∘ face-to-face, opposite; relative ◇ être en opposition avec; face à face; relatif ∗ 6502.

相处 xiāng chǔ ∘ to get along with one another ◇ s'entendre, se fréquenter ∗ 6526.

相逢 xiāng féng ∘ to meet ◇ se rencontrer ∗ 6529.

相反 xiāng fǎn ∘ contrary, opposite ◇ contraire, opposé ∗ 7188.

相当 xiāng dāng ∘ to correspond to, to match; suitable ◇ correspondre à, équivaloir; convenable; assez ∗ 7380.

相当于 xiāng dāng yú ∘ to be equivalent to ◇ équivaloir à ∗ 7380 2306.

相安 xiāng ān ∘ to live in peace together ◇ vivre en paix ensemble ∗ 7748.

相案 xiāng àn ∘ incense burner table ◇ table de l'autel ∗ 7749.

相同 xiāng tóng ∘ identical ◇ identique, pareil, équivalent ∗ 8279.

相象 xiāng xiàng ∘ to resemble, to be alike ◇ se ressembler, être semblable ∗ 10385.

△ xiàng | 1° looks, appearance 2° posture 3° to look at, to appraise 4° to help 5° photograph 6° phase ◇ 1° apparence, air 2° attitude 3° examiner, évaluer 4° aider 5° photographie 6° phase.

相声 xiàng shēng ∘ comic sketch ◇ dialogue comique ∗ 5018.

相貌 xiàng mào ∘ cast of features; appearance, looks ◇ physionomie, air ∗ 5581.

相片 xiàng piān ∘ photography ◇ photographie ∗ 11006.

相片儿 xiàng piàn ér ∘ photograph ◇ photographie ∗ 11006 2194.

想 xiǎng +4445 木目心 | 1° to think about, to reflect 2° to suppose 3° to want to 4° to miss (someone) 5° to hope ◇ 1° penser, réfléchir 2° supposer 3° désirer 4° penser à (nostalgie) 5° espérer [Etym] 心 397 (rad: 061a 4-09), 相 758 [Graph] 422a 023a 321c.

想法 xiǎng fǎ ∘ opinion, advice ◇ opinion, avis, idée ∗ 217.

想念 xiǎng niàn ∘ to miss, to long to see again ◇ penser avec affection à;

rappeler le souvenir de ＊ 1387.

想出 xiǎng chū。to find, to remember ◇ trouver, se souvenir ＊ 7657.

想象 xiǎng xiàng。to imagine ◇ imaginer, se figurer ＊ 10385.

櫻 yīng ＊4446 | 樱 -4364 | oriental cherry ◇ cerisier, 木貝貝女 cerise [Etym] 木 723 (rad: 075a 4-17), 嬰 2253 [Graph] 422a 023b 023b 611e.

梘 jiǎn ＊4447 | 枧 -4365 | soap, perfumed soap ◇ 木見 savon, savonnette [Etym] 木 723 (rad: 075a 4-07), 見 2255 [Graph] 422a 023c.

楨 zhēn ＊4448 | 桢 -4366 | 1° hardwood, common 木貞 evergreen, ligustrum lucidum 2° terminal posts in building a wall 3° Japanese poem ◇ 1° bois dur, arbre toujours vert 2° pieux constituant les deux extrémités du coffrage d'un mur de pisé en construction 3° poème du Japon [Etym] 木 723 (rad: 075a 4-09), 貞 2271 [Graph] 422a 023h.

植 zhí ＊4449 | 植 +4391 | 1° to plant 2° to set up 3° to 木直⺃ stick 4° pole 5° to lean on, to rely on ◇ 1° planter 2° établir 3° ficher en terre, dresser 4° pieu 5° s'appuyer sur [Etym] 木 723 (rad: 075a 4-08), 直 2273 [Graph] 422a 023j 711a.

蠹 dù ＊4450 | 蠹 +10367、蠧 ＊5008 | grubs in wood, worm, 木虫虫 moth ◇ teignes, mites, perce-bois [Etym] 虫 2282 (rad: 142a 6-10), 木 723 蚰 2283 [Graph] 422a 031d 031d.

欜 tuò ＊4451 | 柝 +4309 | watchman's clapper ◇ bois 木𠂉一石木 creux sur lequel on bat les veilles [Etym] 木 723 (rad: 075a 4-16), 橐 2288 [Graph] 422a 031f 851a 013b 422a.

橡 xiàng +4452 | 1° oak 2° rubber tree ◇ 1° 木象 chêne 2° arbre à caoutchouc (latex) [Etym] 木 723 (rad: 075a 4-11), 象 2303 [Graph] 422a 032i.

橡皮 xiàng pí。rubber; eraser ◇ caoutchouc vulcanisé; gomme ＊ 7184.

橡皮膏 xiàng pí gāo。adhesive plaster ◇ sparadrap, ruban protecteur adhésif ＊ 7184 9468.

橡胶 xiàng jiāo。rubber ◇ caoutchouc ＊ 8094.

楝 liàn +4453 | (- shu4) melia azedarach, 木柬 chinaberry ◇ (- shu4) melia azedarach, baie de Chine [Etym] 木 723 (rad: 075a 4-09), 柬 2309 [Graph] 422a 033d.

楝树 liàn shù。melia azedarach, chinaberry ◇ melia azedarach, baie de Chine ＊ 4278.

柙 xiá +4454 | 1° cage 2° pen ◇ 1° cage, enclos 2° 木甲 étui [Etym] 木 723 (rad: 075a 4-05), 甲 2329 [Graph] 422a 041b.

橹 lǔ -4455 | 櫓 ＊4456、樐 ＊4299、艣 ＊8323、艪 ＊8309 | 1° tower 2° 木鱼曰 oar, scull, sweep ◇ 1° tour 2° rame, aviron, godille [Etym] 木 723 (rad: 075a 4-12), 鲁 2338 [Graph] 422a 041i 021a.

櫓 lǔ ＊4456 | 橹 -4455、樐 ＊4299、艣 ＊8323、艪 ＊8309 | 1° tower 2° 木魚曰 oar, scull, sweep ◇ 1° tour 2° rame, aviron, godille [Etym] 木 723 (rad: 075a 4-15), 魯 2344 [Graph] 422a 041j 021a.

柚 yóu +4457 | [Etym] 木 723 (rad: 075a 4-05), 木由 由 2345 [Graph] 422a 042a.

柚木 yóu mù。teak ◇ teck ＊ 4078.

△ yòu | pomelo, grapefruit ◇ pamplemousse.

梗 gěng +4458 | 1° stalk, stem 2° to straighten 3° 木更 to obstruct, stubborn 4° thorny 5° outline ◇ 1° tige 2° se tenir raide 3° opposition, opiniâtre, obstacle 4° épineux 5° résumé [Etym] 木 723 (rad: 075a 4-07), 更 2359 [Graph] 422a 043a.

槐 huái +4459 | Chinese scholar tree, sophora 木鬼厶 japonica ◇ sophora japonica [Etym] 木 723 (rad: 075a 4-08), 鬼 2363 [Graph] 422a 043e 612a.

槐树 huái shù。sophora, acacia, locust tree ◇ sophora, acacia ＊ 4278.

棵 kē +4460 | measure-word for tree, cabbage etc. ◇ 木果 spécificatif de l'arbre, chou etc. [Etym] 木 723 (rad: 075a 4-08), 果 2364 [Graph] 422a 043f.

棟 dòng ＊4461 | 栋 -4269 | 1° beams in a roof 2° prop 木東 3° ridge pole ◇ 1° faîte 2° soutien 3° poutre faîtière [Etym] 木 723 (rad: 075a 4-08), 東 2365 [Graph] 422a 043g.

椑 bēi +4462 | elm ◇ orme [Etym] 木 723 (rad: 木卑 075a 4-08), 卑 2366 [Graph] 422a 043h.

欏 luó ＊4463 | 椤 -4464 | See ◇ Voir 桫椤 suo1-luo2 木罒糸隹 4080-4464 [Etym] 木 723 (rad: 075a 4-19), 羅 2388 [Graph] 422a 051a 613d 436m.

椤 luó -4464 | 欏 ＊4463 | See ◇ Voir 桫椤 suo1-luo2 木罒夕 4080-4464 [Etym] 木 723 (rad: 075a 4-08), 罗 2389 [Graph] 422a 051a 631b.

楞 léng +4465 | 1° turned up corner, edge 2° 木罒方 crest ◇ 1° angle saillant 2° crête, arête [Etym] 木 723 (rad: 075a 4-09), 罗 2392 [Graph] 422a 051a 853b.

標 biāo ＊4466 | 标 -4145 | 1° mark, signal 2° label 3° 木西示 prize, award 5° outward sign ◇ 1° marque, signe 2° étiqueter, noter 3° prix, récompense 5° manifestations extérieures [Etym] 木 723 (rad: 075a 4-11), 票 2404 [Graph] 422a 051e 331l.

槚 jiǎ -4467 | 檟 ＊4468 | 1° catalpa 2° rod 3° ancient 木西贝 name of tea plant ◇ 1° catalpa 2° férule, canne 3° nom ancien de la plante de thé [Etym] 木 723 (rad: 075a 4-10), 贾 2410 [Graph] 422a 051e 854b.

檟 jiǎ ＊4468 | 槚 -4467 | 1° catalpa 2° rod 3° ancient 木西貝 name of tea plant ◇ 1° catalpa 2° férule, canne 3° nom ancien de la plante de thé [Etym] 木 723 (rad: 075a 4-13), 賈 2412 [Graph] 422a 051e 023b.

槽 cáo +4469 | 1° trough, manger 2° groove, slot 3° 木曲曰 distillery ◇ 1° auge, crèche, mangeoire 2° rainure, entaille 3° pressoir, distillerie [Etym] 木 723 (rad: 075a 4-11), 曹 2416 [Graph] 422a 052b 021a.

栖 qī +4470 | 棲 ＊4328 | 1° perch (birds) 2° to stay, to 木西 dwell, lodging 3° to rest ◇ 1° percher, jucher, perchoir 2° séjourner, gîte 3° reposer [Etym] 木 723 (rad: 075a 4-06), 西 2427 [Graph] 422a 062b.

△ xī | See ◇ Voir 栖栖 xi1-xi1 4470-4470.

栖栖 xī xī。bustling and excited ◇

樽 zūn -4471 |罇 *7645| cup, wine vessel ◇ coupe à libations [Etym] 木 723 (rad: 075a 4-12), 尊 2435 [Graph] 422a 062d 332b.

檩 lǐn +4472 |檁 *4473| rafter, purlin ◇ poutrelle, chevron, panne, ventrière [Etym] 木 723 (rad: 075a 4-13), 禀 2458 [Graph] 422a 071b 011a 331l.

檁 lǐn *4473 |檩 +4472| rafter, purlin ◇ poutrelle, chevron, panne, ventrière [Etym] 木 723 (rad: 075a 4-13), 稟 2459 [Graph] 422a 071b 011a 422d.

檀 tán +4474 |1° sandalwood, wing celtis 2° surname ◇ 1° santal 2° nom propre [Etym] 木 723 (rad: 075a 4-13), 亶 2460 [Graph] 422a 071b 011a 021a ac:z.

朽 xiǔ +4475 |1° rotten, decayed, worn out 2° senile ◇ 1° pourri, usé, propre à rien 2° sénile [Etym] 木 723 (rad: 075a 4-02), 丂 2475 [Graph] 422a Z21b.

極 jí *4476 |极 -4288| 1° extreme, exceedingly 2° pole (North and South) 3° pack-saddle ◇ 1° extrémité, extrêmement, sommet 2° pôle 3° bât, trône [Etym] 木 723 (rad: 075a 4-08), 亟 2476 [Graph] 422a Z21b 011a 633a ac:z.

杇 wū *4477 |圬 +4984| 1° to plaster 2° trowel ◇ 1° crépir 2° truelle [Etym] 木 723 (rad: 075a 4-03), 亏 2477 [Graph] 422a Z21c.

机 jī +4478 |機 *4264| 1° machine, engine 2° aircraft 3° crucial point 4° chance 5° organic 6° flexible ◇ 1° machine, mécanisme 2° avion 3° important 4° occasion 5° organique 6° flexible [Etym] 木 723 (rad: 075a 4-02), 几 2516 [Graph] 422a Z33a.

机会 jī huì ∘ occasion ◇ occasion, opportunité * 1382.

机关 jī guān ∘ organism ◇ organisme, organe; ruse, manoeuvre * 1576.

机智 jī zhì ∘ clever; quick-witted ◇ intelligent; avoir de la présence d'esprit * 1589.

机械 jī xiè ∘ machine ◇ machine, mécanisme; rigide, manque de souplesse * 4251.

机构 jī gòu ∘ mechanism; organization ◇ structure d'une machine; organe; unité de travail * 4358.

机场 jī chǎng ∘ airport, air terminal ◇ aéroport, aérogare * 4884.

机动 jī dòng ∘ motorized; motor; flexible ◇ mécanique; avec souplesse * 5920.

机车 jī chē ∘ engine, locomotive ◇ locomotive * 6327.

机床 jī chuáng ∘ machine tool ◇ machine-outil * 6896.

机灵 jī líng ∘ intelligent, clever, skillful ◇ intelligent, habile, fin * 7376.

机密 jī mì ∘ secret, confidential ◇ secret, confidentiel * 7703.

机器 jī qì ∘ machine, outfit ◇ machine, appareil * 9172.

枫 fēng -4479 |楓 *4480| 1° maple 2° Chinese sweet gum ◇ 1° érable 2° liquidambar [Etym] 木 723 (rad: 075a 4-04), 风 2523 [Graph] 422a Z33c 243a.

楓 fēng *4480 |枫 -4479| 1° maple 2° Chinese sweet gum ◇ 1° érable 2° liquidambar [Etym] 木 723 (rad: 075a 4-09), 風 2527 [Graph] 422a Z33c ac:a 031d.

杭 háng +4481 |1° short for Hangzhou 2° proper noun ◇ 1° abréviation de Hangzhou 2° nom propre [Etym] 木 723 (rad: 075a 4-04), 亢 2529 [Graph] 422a Z33d.

杭州 háng zhōu ∘ Hangzhou ◇ Hangzhou * 4063.

杭育 háng yō ∘ heave-ho, yo-ho ◇ onomatopée, interjection * 5925.

杞 qǐ +4482 |1° willow 2° surname ◇ 1° saule 2° nom propre [Etym] 木 723 (rad: 075a 4-03), 己 2532 [Graph] 422a Z41a.

梯 tī +4483 |1° ladder 2° stairs, steps 3° terraced 4° to rely on 5° cause, means ◇ 1° échelle 2° escalier 3° en gradins 4° s'appuyer sur 5° cause, moyen [Etym] 木 723 (rad: 075a 4-07), 弟 2552 [Graph] 422a Z42f.

梯子 tī zǐ ∘ ladder ◇ échelle * 6546.

梯田 tī tián ∘ terraced fields ◇ champs en terrasses * 10412.

椏 yā *4484 |丫 +3184 丶 桠 -4231 丶 枒 *4321| bifurcation, fork ◇ fourche, enfourchure, bifurcation [Etym] 木 723 (rad: 075a 4-08), 亞 2559 [Graph] 422a Z51f.

△ yā |桠 -4231| fork (of a tree) ◇ branche d'arbre.

梅 méi +4485 |楳 *4236 丶 槑 *8957| 1° plum, prune 2° surname ◇ 1° prunier, prune 2° nom propre [Etym] 木 723 (rad: 075a 4-07), 每 2565 [Graph] 422a Z61b.

梅花 méi huā ∘ plum flower ◇ fleur de prunier * 3621.

樓 lóu *4486 |楼 -4198 丶 蔞 4° *4037| 1° storied building 2° floor, upper-story 3° surname 4° type of Chinese fruit ◇ 1° bâtiment à étages 2° étage 3° nom propre 4° type de fruit chinois [Etym] 木 723 (rad: 075a 4-10), 婁 2572 [Graph] 422a Z61f 611e.

朩 pàn (759) |[Tra] hemp ◇ chanvre [Etym] to separate (> 八 127) hemp fibres from stalk (prim) ◇ extraire (> 八 127) la fibre de chanvre de la tige de la plante (prim) [Graph] 422b [Ref] w121m.

禾 hé (760) |[Tra] grain ◇ grain [Etym] grains (upper stroke) on a plant (< 木 723) ◇ les épis (trait du haut) sur une plante (< 木 723) [Graph] 422d [Ref] w121m [Hanzi] he2 龢 1498, qin2 秦 1638, he2 禾 4487, ji1 qi3 稽 4512, li4 利 4516, cheng2 sheng4 乘 4519, wei1 wei3 委 4535, ji4 季 4543, he2 盉 4564, he2 he4 hu2 huo2 huo4 和 4568, xiang1 香 4575, mu4 穆 4578, jun1 qun2 麇 6945, bing3 秉 7413, su1 稣 10480, su1 酥 10865, qun1 囷 10948, bing3 稟 10976 [Rad] 115a.

禾 hé +4487 禾 |standing grain (rice) ◇ céréales sur pied (riz) [Etym] 禾 760 (rad: 115a 5-00), [Graph] 422d.

稖 bàng +4488 禾立口 |corn ◇ mais [Etym] 禾 760 (rad: 115a 5-08), 音 87 [Graph] 422d 221a 011a.

穩 wěn *4489 禾爫工彐心 |稳 -4548| 1° steady, firm 2° sure, certain 3° safe, stable 4° grave ◇ 1° régulier 2° certain, sûr, posé 3° bien équilibré, stable 4° grave [Etym] 禾 760 (rad: 115a 5-14), 㥯 108 [Graph] 422d 221d 431a 833a 321c.

稃 fū +4490 禾爫子 |bran of rice, husk of grain ◇ écorce du grain, son [Etym] 禾 760 (rad: 115a 5-07), 孚 114 [Graph] 422d 221d 634d.

稻 dào +4491 禾爫臼 |rice growing in the field, paddy ◇ riz (la plante), paddy [Etym] 禾 760 (rad: 115a 5-10), 舀 118 [Graph] 422d 221d 835b.

稻草 dào cǎo ∘ rice straw ◇ paille de riz * 3967.

稻子 dào zǐ ∘ rice ◇ riz; riz non décortiqué * 6546.

稻田 dào tián ∘ rice field ◇ rizière * 10412.

稱 chèn *4492 禾爫冉 |称 -4515| 1° fit, match 2° suit ◇ 1° assortir 2° convenir à [Etym] 禾 760 (rad: 115a 5-09), 冉 125 [Graph] 422d 221d 858c.

△ chēng |称 -4515| 1° to call, name 2° to state 3° to praise ◇ 1° appellation, nom, terme 2° dire, déclarer 3° louer.

> 秋 qiū (761) 禾火 |[Tra] automn ◇ automne [Etym] grain (1= 禾 760) after heat (2= 火 156) of summer ->{harvest} ◇ le blé (1= 禾 760) après la chaleur (2= 火 156) de l'été ->{récolte} [Graph] 422d 231b [Ref] k527, ph288, r314, w52f, wa77, wi608, wi709 [Hanzi] jiao3 qiu1 湫 199, qiao1 鍬 1179, qiao1 锹 1960, jiu1 揪 2434, qiao3 愀 3251, qiu1 萩 3659, qiu1 楸 4197, qiu1 秋 4493, qiao1 鍫 4494, chou2 愁 4495, qiao1 幧 4496, qiu1 鹙 4497, qiu1 鶖 4498, zhou4 甃 4499, jiu1 揫 4735, qiu1 qiu1 鞦 5368, jiu1 啾 8959, chou3 瞅 10042, qiu1 鳅 10481, qiu1 鰍 10574.

秋 qiū +4493 禾火 |烁 *968 、鞦 6° *5368| 1° autumn 2° harvest time 3° year 4° period of time 5° surname 6° swing ◇ 1° automne 2° récolte, temps de la moisson 3° année 4° temps, époque 5° nom propre 6° élan [Etym] 禾 760 (rad: 115a 5-04), 秋 761 [Graph] 422d 231b.

秋天 qiū tiān ∘ fall, autumn ◇ automne * 1573.

秋季 qiū jì ∘ fall, autumn ◇ automne * 4543.

鍫 qiāo *4494 禾火亼亚 |锹 -1960 、鍬 *1179| spade, shovel ◇ pelle, bêche [Etym] 金 196 (rad: 167a 8-09), 秋 761 [Graph] 422d 231b 233a 432q.

愁 chóu +4495 禾火心 |1° melancholy, sad 2° fearful, worry ◇ 1° tristesse 2° être préoccupé de, craindre, affligé de [Etym] 心 397 (rad: 061a 4-09), 秋 761 [Graph] 422d 231b 321c.

幧 qiāo *4496 禾火巾 |缲 -6065 、繰 *6238| 1° violet 2° to hem ◇ 1° rouge violacé 2° ourler [Etym] 巾 1886 (rad: 050a 3-09), 秋 761 [Graph] 422d 231b 858a.

鹙 qiū -4497 禾火鸟 |鶖 *4498| stork ◇ cigogne [Etym] 鸟 2494 (rad: 196s 5-09), 秋 761 [Graph] 422d 231b Z22e.

鶖 qiū *4498 禾火鳥 |鹙 -4497| stork ◇ cigogne [Etym] 鳥 2500 (rad: 196a 11-09), 秋 761 [Graph] 422d 231b Z22h.

甃 zhòu +4499 禾火瓦 |1° to brick a well 2° to lay bricks ◇ 1° revêtir un puits de briques 2° construire avec des briques [Etym] 瓦 2531 (rad: 098a 4-09), 秋 761 [Graph] 422d 231b Z33f.

> 黍 shǔ (762) 禾人氺 |[Tra] millet ◇ millet [Etym] grain from (2=prim) which to get alcool (1= 氺 434) ◇ grain (1= 禾 760) donnant (2=prim) un alcool (1= 氺 434) [Graph] 422d 233a 331o [Ref] k1207, ph512, r35m, w31e, wi321 [Hanzi] shu3 黍 4500, li2 黎 4553 [Rad] 202a.

黍 shǔ +4500 禾人氺 |panicle millet, broomcorn ◇ millet à panicules, à grain gluant [Etym] 黍 762 (rad: 202a 12-00), [Graph] 422d 233a 331o.

黍 tǎo +4501 禾人氺爫臼 |sorghum ◇ sorgho [Etym] 黍 762 (rad: 202a 12-10), 舀 118 [Graph] 422d 233a 331o 221d 835b.

黏 nián +4502 禾人氺占 |粘 +4641| to paste up, sticky ◇ coller, gluant [Etym] 黍 762 (rad: 202a 12-05), 占 2154 [Graph] 422d 233a 331o 013e.

△ nián |glutinous, sticky ◇ visqueux, collant, gluant.

稔 rěn +4503 禾人㇇心 |1° harvest, ripe grain 2° to be familiar with somebody, deep-rooted ◇ 1° moisson, mûr 2° être familiarisé avec, habitude [Etym] 禾 760 (rad: 115a 5-08), 念 204 [Graph] 422d 233a 631a 321c.

秩 zhì +4504 禾失 |1° order 2° degree 3° decade 4° constant, regular ◇ 1° ordre 2° degré 3° période de dix ans, décennie 4° constant, régulier [Etym] 禾 760 (rad: 115a 5-05), 失 310 [Graph] 422d 242o.

秩序 zhì xù ∘ law and order ◇ ordre public * 6932.

稀 xī +4505 禾乂𠂇巾 |1° rare, scarce, few 2° scattered, separated 3° thin, liquid ◇ 1° rare, peu 2° épars 3° clair, liquide, pas dense, pas dru [Etym] 禾 760 (rad: 115a 5-07), 希 324 [Graph] 422d 243a 241a 858a.

稀有 xī yǒu ∘ rare, unusual ◇ rare * 1525.

稀饭 xī fàn ∘ rice porridge ◇ bouillie de riz * 1861.

稀少 xī shǎo ∘ rare ◇ rare, peu nombreux * 2243.

稀薄 xī bó ∘ thin ◇ mince * 3531.

稀棋 xī qí ∘ curious, extraordinary ◇ curieux, extraordinaire * 4238.

稀罕 xī hǎn ∘ rare ◇ rare * 7688.

秕 bǐ +4506 禾ト匕 |粃 *4605| blasted or withered or unformed grain ◇ épis vides [Etym] 禾

760 (rad: 115a 5-04), 比 362 [Graph] 422d 311d 321b.

稭 jiē *4507 | 秸 +4529 | thatch, straw ◇ chaume, paille [Etym] 禾 760 (rad: 115a 5-09), 皆 365 [Graph] 422d 311d 321b 022c.
禾匕匕白

穰 ráng +4508 | 1° stalks, culm of grain 2° abundant, prosperous ◇ 1° tige de céréales, pulpe 2° abondance, beaucoup [Etym] 禾 760 (rad: 115a 5-17), 襄 376 [Graph] 422d 312j 011a 011a 436g.
禾衣口口井

稹 zhěn *4509 | 稹 +4563 | 1° fine, minute 2° well considered and planned in every respect ◇ 1° fin, minutieux 2° complet [Etym] 禾 760 (rad: 115a 5-10), 眞 394 [Graph] 422d 321b 023a 711b.
禾匕目乚

秘 bì +4510 | 祕 *6569 | secret, mysterious, divine ◇ secret, mystère [Etym] 禾 760 (rad: 115a 5-05), 必 399 [Graph] 422d 321d.
禾必

△ mì | 祕 *2252 、祕 *6569 | 1° secret 2° to hold something back 3° secretary 4° mysterious, divine ◇ 1° secret 2° garder une chose secrète 3° secrétaire 4° mystère, occulte, divin.

秘书 mì shū ∘ secretary ◇ secrétaire ＊ 7291.

秘书长 mì shū zhǎng ∘ secretary-general ◇ secrétariat général ＊ 7291 2139.

秘密 mì mì ∘ secret ◇ secret, clandestin, confidentiel ＊ 7703.

秕 táo +4511 | sorghum ◇ sorgho [Etym] 禾 760 (rad: 115a 5-06), 兆 411 [Graph] 422d 322g.
禾兆

稽 qǐ (763) | [Tra] to bow the head ◇ incliner la tête [Etym] reduction de (稽 764) ◇ réduction de (稽 764) [Graph] 422d 323c [Ref] k417, w98b, wi611 [Hanzi] ji1 嵇 4513.
禾尤

稽 qǐ (764) | [Tra] bow the head ◇ incliner la tête [Etym] slanted heads of corn (1= 禾 760);of old persons (2,3,4= 耆 890) ◇ courbé comme les blés (1= 禾 760) et les vieux (2,3,4= 耆 890) [Graph] 422d 323c 321b 021a [Ref] h1576, k1225, wl21e [Hanzi] ji1 qi3 稽 4512.
禾尤匕日

稽 jī +4512 | 1° to check, to examine 2° to delay, to procrastinate ◇ 1° examiner, comparer, délibérer 2° différer, retarder [Etym] 禾 760 (rad: 115a 5-10), 稽 764 [Graph] 422d 323c 321b 021a.
禾尤匕日

△ qǐ |

稽首 qǐ shǒu ∘ to bow the head, kowtow ◇ incliner la tête ＊ 10173.

嵇 jī +4513 | surname ◇ nom propre [Etym] 山 1611 (rad: 046a 3-09), 稽 763 [Graph] 422d 323c 841b.
禾尤山

秒 miǎo +4514 | 1° beard of grain 2° second of time or of a degree ◇ 1° barbe d'épi 2° seconde de l'heure, du compas [Etym] 禾 760 (rad: 115a 5-04), 少 427 [Graph] 422d 331k.
禾少

称 chèn -4515 | 稱 *4492 | 1° fit, match 2° suit ◇ 1° assortir 2° convenir à [Etym] 禾 760 (rad: 115a 5-05), 尔 432 [Graph] 422d 331m.
禾尔

称心 chèn xīn ∘ to be satisfied ◇ être satisfait de; conforme aux désirs ＊ 2177.

△ chēng | 稱 *4492 | 1° to call, name 2° to state 3° to praise ◇ 1° appellation, nom, terme 2° dire, déclarer 3° louer.

称赞 chēng zàn ∘ to praise, eulogy ◇ louer (quelqu'un), faire l'éloge ＊ 5240.

称霸 chēng bà ∘ to seek hegemony; to dominate ◇ chercher à dominer; hégémonie ＊ 8434.

称呼 chēng hū ∘ appellation; term ◇ appellation ＊ 8913.

△ chèng | 秤 +4524 | balance, to weigh ◇ balance romaine, peser.

利 lì (765) | [Tra] profit ◇ intérêt [Etym] {1} to cut (2= 刂 470) grain (1= 禾 760) ->profit; {2} ploughing before sowing (prim, > 耒 805) ◇ {1} couper (2= 刂 470) les blés (1= 禾 760) ->profit; {2} le labour avant les semailles (prim, > 耒 805) [Graph] 422d 333b [Ref] h423, k1306, ph409, w121f, wa182, wi971 [Hanzi] li4 俐 2869, li4 莉 3660, li4 利 4516, li2 犁 4517, li2 梨 4518, li4 鬁 4736, li4 猁 5620, li4 痢 7049, li5 蜊 10236.
禾刂

利 lì +4516 | 1° sharp 2° favorable 3° advantage 4° to benefit, profit 5° interest on money ◇ 1° aigu 2° propice 3° avantage 4° bénéfice, profit, profiter à 5° intérêt [Etym] 刂 470 (rad: 018b 2-05), 利 765 [Graph] 422d 333b.
禾刂

利润 lì rùn ∘ profit ◇ profit, gain, bénéfice ＊ 443.

利益 lì yì ∘ interest, profit ◇ intérêt, profit, avantage ＊ 723.

利害 lì hài ∘ gains and losses; terrible; formidable ◇ gain et perte, intérêt; fort, intense; féroce ＊ 7720.

利用 lì yòng ∘ to use, to get profit from ◇ utiliser, mettre à profit ＊ 8267.

利息 lì xī ∘ interest ◇ intérêt ＊ 10156.

犁 lí +4517 | 犂 *4554 | 1° plough, to plough 2° Tibetan yak 3° Chinese Turkestan ◇ 1° charrue, labourer 2° yak tibétain 3° Turkestan chinois [Etym] 牛 585 (rad: 093a 4-07), 利 765 [Graph] 422d 333b 414d.
禾刂牛

梨 lí +4518 | 棃 *4555 | pear ◇ poire [Etym] 木 723 (rad: 075a 4-07), 利 765 [Graph] 422d 333b 422a.
禾刂木

梨树 lí shù ∘ pear tree ◇ poirier ＊ 4278.

乘 shèng (766) | [Tra] to ride ◇ monter (animal) [Etym] war charriot (1=prim) with two men (2,3= 北 545) ◇ un char de guerre (1=prim) avec deux hommes (2,3= 北 545) [Graph] 422d 412b 321b [Hanzi] cheng2 sheng4 乘 4519, sheng4 剩 4520, sheng4 嵊 7520.
禾丬匕

乘 chéng +4519 | 1° to ride 2° to take advantage of 3° to multiply ◇ 1° aller en, monter (animal, voiture) 2° profiter de, prendre 3°
禾丬匕

multiplier [Etym] 丿 74 (rad: 004a 1-09), 乘 766 [Graph] 422d 412b 321b.

乘法 chēng fǎ。multiplication ◇ multiplication (math.) ✱ 217.

乘机 chēng jī。to seize the opportunity ◇ profiter de l'occasion ✱ 4478.

乘客 chēng kè。passenger ◇ passager ✱ 7760.

△ shèng |1° war-chariot drawn by four horses 2° Buddhist doctrine ◇ 1° char, quadrige 2° doctrine bouddhique.

剩 shèng +4520 禾扌匕刂 | 賸 *8085 | surplus, leftovers, remnant ◇ de reste, surplus, excès [Etym] 刂 470 (rad: 018b 2-10), 乘 766 [Graph] 422d 412b 321b 333b.

剩余 shèng yú。surplus; remainder ◇ rester, reste, surplus, excédent ✱ 1095.

秊 nián *4521 禾干 | 年 +3476 | 1° year 2° annual, yearly 3° age 4° New Year 5° period 6° harvest, crops 7° proper noun ◇ 1° année 2° annuel 3° âge 4° Nouvel An 5° période 6° récolte, moisson 7° nom propre [Etym] 禾 760 (rad: 115a 5-03), 干 564 [Graph] 422d 413b.

秆 gǎn +4522 禾干 | 稈 *4576 | 1° culm of grain, straw 2° stalk ◇ 1° paille de millet 2° tige [Etym] 禾 760 (rad: 115a 5-03), 干 564 [Graph] 422d 413b.

科 kē (767) 禾斗 | [Tra] section ◇ classe [Etym] a measure (2= 斗 575) of grain (1= 禾 760) -> {choice, specialised} ◇ une mesure (2= 斗 575) de grain (1= 禾 760) -> {choix, spécialité} [Graph] 422d 413g [Ref] r461, w89a, wi806 [Hanzi] ke1 科 4523, ke1 蝌 10237.

科 kē +4523 禾斗 | 1° branch of study, discipline (of learning) 2° administrative unit, section 3° family (in natural sciences) 4° to pass a sentence 5° to measure ◇ 1° branche d'enseignement, spécialité 2° département, section 3° classe, famille (sciences naturelles) 4° déterminer une peine 5° mesurer [Etym] 禾 760 (rad: 115a 5-04), 科 767 [Graph] 422d 413g.

科长 kē zhǎng。head clerk ◇ chef de bureau ✱ 2139.

科技 kē jì。science and technology ◇ sciences et techniques ✱ 2519.

科学 kē xué。science ◇ science, scientifique ✱ 7854.

科学院 kē xué yuàn。Academy of Sciences ◇ Académie des sciences ✱ 7854 6771.

科学家 kē xué jiā。scientist ◇ homme de science, scientifique ✱ 7854 7747.

科研 kē yán。scientific research ◇ recherches scientifiques ✱ 9676.

秤 chèng +4524 禾平 | 称 -4515 | balance, to weigh ◇ balance romaine, peser [Etym] 禾 760 (rad: 115a 5-05), 平 577 [Graph] 422d 413j.

穫 huò *4525 禾艹隹又 | See ◇ Voir 获 3724 [Etym] 禾 760 (rad: 115a 5-13), 蒦 636 [Graph] 422d 415c 436m 633a.

秫 shú +4526 禾术 | sorghum stalks, kaoliang ◇ tiges du sorgho [Etym] 禾 760 (rad: 115a 5-05), 术 781 [Graph] 422d 422e.

秣 mò +4527 禾末 | fodder to feed animals ◇ fourrage nourrir les chevaux [Etym] 禾 760 (rad: 115a 5-05), 末 802 [Graph] 422d 422j.

穡 sè *4528 禾土人人囗口 | 穑 -4531 | See ◇ Voir 稼穑 jia4-se4 4551-4531 [Etym] 禾 760 (rad: 115a 5-13), 嗇 828 [Graph] 422d 432a 232a 232a 071a 011a.

秸 jiē +4529 禾士口 | 稭 *4507 | thatch, straw ◇ chaume, paille [Etym] 禾 760 (rad: 115a 5-06), 吉 876 [Graph] 422d 432b 011a.

稜 léng *4530 禾夫夊 | 棱 +4220 | 1° edge, corner 2° ridge ◇ 1° angle saillant, coin 2° arête, crête [Etym] 禾 760 (rad: 115a 5-08), 夌 901 [Graph] 422d 432d 633e.

△ líng | 棱 +4220 | place in Heilongjiang ◇ lieu du Heilongjiang.

穑 sè -4531 禾亠囗口 | 穡 *4528 | See ◇ Voir 稼穑 jia4-se4 4551-4531 [Etym] 禾 760 (rad: 115a 5-11), 啬 940 [Graph] 422d 432p 071a 011a.

積 jī *4532 禾圭貝 | 积 -4572 | 1° to gather 2° to store up 3° long-standing 4° indigestion 5° product ◇ 1° rassembler 2° amasser, provision 3° depuis longtemps 4° indigestion 5° produit [Etym] 禾 760 (rad: 115a 5-11), 責 948 [Graph] 422d 433a 023b.

穢 huì *4533 禾止戌歹 | 秽 -4550 | 1° dirty, unclean 2° weeds 3° ugly, abominable 4° to defile ◇ 1° sale, salir 2° mauvaises herbes 3° laid, méprisable 4° souiller [Etym] 禾 760 (rad: 115a 5-13), 歲 961 [Graph] 422d 434a 512m 331i.

稚 zhì (768) 禾隹 | [Tra] young, childish ◇ naif, immature [Etym] grain (1= 禾 760) still tender; phon, bird (2= 隹 1030) ◇ grain (1= 禾 760) encore jeune; phon, oiseau (2= 隹 1030) [Graph] 422d 436m [Hanzi] zhi4 稚 4534.

稚 zhì +4534 禾隹 | 穉 *4566 | 1° young, childish 2° small 3° naive ◇ 1° jeune, tendre 2° petit 3° naïf, naïveté [Etym] 禾 760 (rad: 115a 5-08), 稚 768 [Graph] 422d 436m.

委 wēi (769) 禾女 | [Tra] winding ◇ tortueux [Etym] pliancy as of grain (1= 禾 760) and women (2= 女 1122) ◇ flexible comme le blé (1= 禾 760) et les femmes (2= 女 1122) [Graph] 422d 611e [Ref] h448, w94a, wa182, wi171 [Hanzi] wei4 餧 1437, ai3 矮 1584, wei3 诿 1730, wo1 倭 2870, wei1 wei3 萎 3661, wei1 wei3 委 4535, wei1 逶 4536, wei4 魏 4537, wei3 痿 7050, wo1 踒 9324, wei3 諉 9515.

委 wēi +4535 禾女 | winding, meandering ◇ tortueux, avec aisance et dignité [Etym] 女 1122 (rad: 038a 3-05), 委 769 [Graph] 422d 611e.

委蛇 wēi yí。winding, meandering ◇ serpenté, sinueux ✱ 10291.

△ wěi | 1° to appoint, to entrust, to dispatch, to send 2° to throw away, to give up 3° to shift 4° indirect 5° end 6° dejected 7° actually 8° committee, council 9° wrong 10° surname ◇ 1° charger, déléguer, députer, envoyer 2° jeter, abandonner **3°** fléchir, changer **4°** indirect **5°** aboutissement **6°** dépérir **7°** en réalité, en fait **8°** comité, membre **9°** tort **10°** nom de famille.

委派 wěi pài ∘ to delegate, to appoint ◇ faire assumer, désigner ✱ 352.

委托 wěi tuō ∘ to appoint, to depute ◇ confier, déléguer, charger ✱ 2396.

委任 wěi rèn ∘ to appoint ◇ charger de, confier à ✱ 2889.

委屈 wěi qū ∘ to be victim of unjust treatment ◇ être victime d'une injustice; traiter injustement ✱ 8639.

委员 wěi yuán ∘ committee member ◇ membre d'un comité ✱ 9127.

委员会 wěi yuán huì ∘ committee, council ◇ comité, commission ✱ 9127 1382.

逶 wēi +4536 禾女辶 | to swagger, winding, meandering ◇ onduler, serpenter, flâner [Etym] 辶 1346 (rad: 162b 3-08), 委 769 [Graph] 422d 611e 634o.

魏 wèi (770) 禾女鬼厶 | [Tra] lofty; eminent ◇ haut; éminent [Etym] ghost (3,4= 鬼 2363); phon, winding (1,2= 委 769) ◇ fantôme (3,4= 鬼 2363); phon, tortueux (1,2= 委 769) [Graph] 422d 611e 043e 612a [Ref] h1355, k805, ph278, w23b, wa182 [Hanzi] wei4 魏 4537, wei1 巍 7521.

魏 wèi +4537 禾女鬼厶 | **1°** Kingdom of Wei (220-265), one of the Three Kingdoms **2°** surname **3°** lofty, eminent ◇ **1°** Royaume de Wei (220-265), un des Trois Royaumes **2°** nom de famille **3°** haut, éminent [Etym] 鬼 2363 (rad: 194a 8-08), 委 769 [Graph] 422d 611e 043e 612a.

私 sī (771) 禾厶 | [Tra] secret ◇ clandestin [Etym] to grasp own (1= 厶 1131) share of grain (1= 禾 760) ◇ une appropriation (2= 厶 1131) de blé (1= 禾 760) [Graph] 422d 612a [Ref] k527, w52f [Hanzi] si1 私 4538.

私 sī +4538 禾厶 | **1°** personal, private **2°** selfish **3°** secret **4°** partial **5°** illicit ◇ **1°** particulier, privé **2°** égoïsme **3°** secret, clandestin **4°** partialité **5°** illicite [Etym] 禾 760 (rad: 115a 5-02), 私 771 [Graph] 422d 612a.

私人 sī rén ∘ individual ◇ particulier, personnel, privé ✱ 1070.

私心 sī xīn ∘ selfishness ◇ égoïsme ✱ 2177.

私下 sī xià ∘ in secret, in private ◇ en cachette, en secret, furtivement ✱ 3204.

私生活 sī shēng huó ∘ private life ◇ vie privée ✱ 5286 524.

私自 sī zì ∘ privately, secretly, without permission ◇ en cachette, à la dérobée, sans permission ✱ 10153.

私事 sī shì ∘ personal affairs ◇ affaire personnelle ✱ 10387.

穇 cǎn -4539 禾厶大彡 | 穇 *4540 | [Etym] 禾 760 (rad: 115a 5-08), 參 1133 [Graph] 422d 612a 242a 211c.

穇子 cǎn zǐ ∘ billion-dollar grass ◇ espèce d'herbe ✱ 6546.

穇 cǎn *4540 禾厶厶厶人彡 | - 0 | See ◇ Voir 穇子 can3-zi3 0-6546 [Etym] 禾 760 (rad: 115a 5-11), 參 1138 [Graph] 422d 612a 612a 612a 233a 211c.

移 yí (772) 禾夕夕 | [Tra] to go to; forwards ◇ aller à; avancer [Etym] grain (1= 禾 760); numerous (2,3= 多 1228) ◇ grains (1= 禾 760); nombreux (2,3= 多 1228) [Graph] 422d 631b 631b [Ref] k528, w52f [Hanzi] yi2 迻 783, yi2 yi2 移 4541.

移 yí +4541 禾夕夕 | 迤、迆 +7279 *7278 | to go towards, to advance ◇ aller à, avancer [Etym] 禾 760 (rad: 115a 5-06), 多 1228 [Graph] 422d 631b 631b.

迤交 yí jiāo ∘ to transfer, to hand over ◇ transférer, transmettre, remettre ✱ 1681.

迤动 yí dòng ∘ to move, to shift ◇ déplacer, mouvoir, bouger ✱ 5920.

迤民 yí mín ∘ to migrate ◇ émigré, immigré ✱ 8712.

迤逦 yí lǐ ∘ **1°** to walk slowly; **2°** step by step ◇ **1°** avancer; **2°** peu à peu, successivement ✱ 8287.

△ yí | **1°** to move, to remove, to shift **2°** to change, to alter **3°** to inform **4°** letter ◇ **1°** déplacer, transporter **2°** changer, transformer **3°** annoncer **4°** lettre.

移动 yí dòng ∘ to move, to shift ◇ transporter, déplacer ✱ 5920.

穄 jì 4542 禾癶示 | panicle millet ◇ panicule de millet [Etym] 禾 760 (rad: 115a 5-11), 祭 1251 [Graph] 422d 631h 331l.

季 jì (773) 禾子 | [Tra] season, little ◇ saison, petit [Etym] {1} grain (1= 禾 760) still young (2= 子 1303); {2} child (2= 子 1303) covered with ears of corn (1= 禾 760) for season festival ◇ {1} blé (1= 禾 760) encore jeune (2= 子 1303); {2} enfant (2= 子 1303) couvert d'épis (1= 禾 760) pour la fête [Graph] 422d 634d [Hanzi] ji4 悸 3252, ji4 季 4543.

季 jì +4543 禾子 | **1°** season **2°** crop **3°** last month of a season **4°** youngest of brothers, tender **5°** surname ◇ **1°** saison **2°** récolte **3°** dernier mois d'une saison **4°** petit frère, cadet **5°** nom propre [Etym] 子 1303 (rad: 039a 3-05), 季 773 [Graph] 422d 634d.

季节 jì jié ∘ season ◇ saison ✱ 3805.

季度 jì dù ∘ quarter (of a year) ◇ trimestre ✱ 6919.

秀 xiù (774) 禾乃 | [Tra] excellent ◇ prospérer [Etym] {1} plant (1= 禾 760) bending (2= 乃 1340) under the load of grain; {2} harvest (1= 禾 760) and milk (2= 乃 1340) ◇ {1} plante (1= 禾 760) courbée (2= 乃 1340) sous le poids des blés; {2} moisson (1= 禾 760) et lait (2= 乃 1340) [Graph] 422d 6341 [Ref] h1255, k142, r17b, w73b, wa126, wi587 [Hanzi]

木 禾

you4 诱1731, xiu4 锈1961, you3 莠3662, xiu4 秀4544, tou4 透4546, xiu4 琇5107, xiu4 绣5973, you4 誘9516.

秀 xiù +4544 禾乃 | 1° growing grain coming into ear 2° luxuriant 3° elegant, beautiful 4° licentiate ◇ 1° monter en épi, floraison 2° prospérer 3° élégant, gracieux 4° bachelier [Etym] 禾760 (rad: 115a 5-02), 秀774 [Graph] 422d 634l.

秀丽 xiù lì ∘ pretty, beautiful ◇ joli, gracieux et beau * 8285.

秀气 xiù qì ∘ elegant, delicate; refined ◇ gracieux, raffiné, délicat, distingué * 11170.

稞 duò *4545 禾乃木 | 垛、垜 +4988、*4885 | 1° to pile up 2° target 3° stack ◇ 1° entasser, amas 2° cible 3° tas [Etym] 禾760 (rad: 115a 5-06), 朵1341 [Graph] 422d 634l 422a.

透 tòu +4546 禾乃辶 | 1° to penetrate, to pass through 2° to tell secretly 3° thoroughly 4° to appear ◇ 1° pénétrer, passer à travers, traverser 2° dévoiler secrètement 3° à fond, entièrement 4° apparaître [Etym] 辶1346 (rad: 162b 3-07), 秀774 [Graph] 422d 634l 634o.

透彻 tòu chè ∘ thorough ◇ à fond * 3125.

透露 tòu lù ∘ to reveal, to disclose, to divulge ◇ révéler, divulguer * 8460.

透明 tòu míng ∘ transparent ◇ transparent * 9933.

穅 kāng *4547 禾广隶 | 糠 -4633 | 1° chaff, bran, husk 2° spongy (radish) ◇ 1° enveloppe du grain, balle 2° spongieux (radis), mou, sans consistance [Etym] 禾760 (rad: 115a 5-11), 康1407 [Graph] 422d 721b 834e.

稳 wěn -4548 禾刍心 | 穩 *4489 | 1° steady, firm 2° sure, certain 3° safe, stable 4° grave ◇ 1° régulier 2° certain, sûr, posé 3° bien équilibré, stable 4° grave [Etym] 禾760 (rad: 115a 5-09), 急1561 [Graph] 422d 832c 321c.

稳妥 wěn tuǒ ∘ reliable, safe ◇ sérieux, sûr * 692.

稳当 wěn dàng ∘ secure, safe ◇ sûr, ferme, stable * 7380.

稳定 wěn dìng ∘ to stabilize; steady, stable ◇ stabiliser, calmer; calme, stable * 7734.

稳重 wěn zhòng ∘ steady; sedate ◇ posé, pondéré * 10764.

秈 xiān *4549 禾山 | 籼 +4635 | See ◇ Voir 籼稻 xian1-dao4 4635-4491 [Etym] 禾760 (rad: 115a 5-03), 山1611 [Graph] 422d 841b.

秽 huì -4550 禾山夕 | 穢 *4533 | 1° dirty, unclean 2° weeds 3° ugly, abominable 4° to defile ◇ 1° sale, salir 2° mauvaises herbes 3° laid, méprisable 4° souiller [Etym] 禾760 (rad: 115a 5-06), 岁1620 [Graph] 422d 841b 631b.

稼 jià +4551 禾宀豕 | 1° harvest, crop 2° to sow grain 3° agriculture ◇ 1° récolte, épi 2° semer du grain 3° agriculture [Etym] 禾760 (rad: 115a 5-10), 家1696 [Graph] 422d 851c 522a.

稼穑 jià sè ∘ 1° to harvest, to reap; 2° farm work ◇ 1° moisson, récolte; 2° travail agricole * 4531.

秾 nóng -4552 禾农 | 穠 *4588 | luxuriant, lush ◇ fleurs nombreuses et drues, luxuriant [Etym] 禾760 (rad: 115a 5-06), 农1761 [Graph] 422d 851l.

利 lì (775) 禾勿 | [Tra] aigu ◇ sharp [Etym] sharp as sickle in motion (< 刀1477) on grain (1= 禾760) ◇ aigu comme une faucille en action (< 刀1477) sur les blés (1= 禾760) [Graph] 422d 852d [Ref] w18l [Hanzi] li2 犁4554, li2 棃4555, li2 黧4556.

黎 lí (776) 禾勿人氺 | [Tra] black, crowd ◇ noir, foule [Etym] phon (1,2= 利775); black varnish (1,3,4< 桼727) ->black hairs ◇ phon (1,2= 利775); vernis noir (1,3,4< 桼727) -> noir de monde [Graph] 422d 852d 233a 331o [Ref] k1131, w121g [Hanzi] li2 藜3663, li2 黎4553, li5 瓈5108.

黎 lí +4553 禾勿人氺 | 1° black 2° multitude, crowd 3° host 4° surname ◇ 1° noir 2° multitude, foule 3° hôte 4° nom propre [Etym] 黍762 (rad: 202a 12-03), 黎776 [Graph] 422d 852d 233a 331o.

黎明 lí míng ∘ dawn, daybreak ◇ aube, aurore, point du jour * 9933.

犁 lí *4554 禾勿牛 | 犁 +4517 | 1° plough, to plough 2° Tibetan yak 3° Chinese Turkestan ◇ 1° charrue, labourer 2° yak tibétain 3° Turkestan chinois [Etym] 牛585 (rad: 093a 4-08), 利775 [Graph] 422d 852d 414d.

棃 lí (777) 禾勿木 | [Tra] a bit; a trifle ◇ un peu; peu à peu [Etym] plant (3= 木723); phon, harvest (1,2= 利775) ◇ plante (3= 木723); phon, récolte (1,2= 利775) [Graph] 422d 852d 422a [Ref] k903, ph158, r184, w45j, wa127 [Hanzi] li2 藜3664, li2 棃4555.

棃 lí *4555 禾勿木 | 梨 +4518 | pear ◇ poire [Etym] 木723 (rad: 075a 4-08), 利775 [Graph] 422d 852d 422a.

黧 lí +4556 禾勿黑 | [Etym] 黑2310 (rad: 203a 12-08), 利775 [Graph] 422d 852d 033e 222d.

黧黑 lí hēi ∘ dark dun color ◇ brun foncé * 10393.

稠 chóu +4557 禾冂土口 | thick, dense ◇ dru, épais [Etym] 禾760 (rad: 115a 5-08), 周1851 [Graph] 422d 856k 432a 011a.

稠密 chóu mì ∘ thick, dense ◇ serré, touffu * 7703.

稬 nuò *4558 禾而大 | 糯、穤 +4637、*4560 | glutinous rice (or cereal) ◇ riz glutineux [Etym] 禾760 (rad: 115a 5-09), 耎1872 [Graph] 422d 857f 242a.

稍 shāo +4559 禾肖 | a bit, a little, a trifle ◇ un peu, peu à peu, à peu près [Etym] 禾760 (rad: 115a 5-07), 肖1878 [Graph] 422d 857i.

稍微 shāo wēi ∘ a bit, a little, a trifle; slightly ◇ un peu; légèrement; quelque peu * 3162.

稍稍 shāo shāo ∘ gradually, bit by bit ◇ graduellement, peu à peu * 4559.

稍为 shāo wéi ∘ slightly, a little ◇ un peu, quelque peu * 7272.

△ shào |at ease! (in military drill) ◇ repos! (exercices militaires).

糯 nuò *4560 |糯 稬 +4637、*4558| glutinous rice (or cereal) ◇ riz 禾雨而 glutineux [Etym] 禾 760 (rad: 115a 5-14), 需 1896 [Graph] 422d 858e 857f.

租 zū +4561 |1° to rent, to hire 2° to lease 3° tax 禾且 from fields ◇ 1° louer, loyer 2° prendre en loyer 3° taxe, impôt sur les terres cultivées, fermage [Etym] 禾 760 (rad: 115a 5-05), 且1929 [Graph] 422d 921a.

稙 zhī +4562 |稙 *4579| grain first sown, first crop, 禾直 early planted or early ripened crops ◇ semé de bonne heure, hâtif, précoce [Etym] 禾760 (rad: 115a 5-08), 直 1934 [Graph] 422d 921e.

稹 zhěn +4563 |稹 *4509| 1° fine, minute 2° well 禾真 considered and planned in every respect ◇ 1° fin, minutieux 2° complet [Etym] 禾760 (rad: 115a 5-10), 真 1936 [Graph] 422d 921f.

盉 hé +4564 |vase ◇ vase [Etym] 皿 1939 (rad: 108a 禾皿 5-05), 禾 760 [Graph] 422d 922a.

秧 yāng +4565 |1° seedling, shoots, young plants 禾央 2° rice seedlings 3° vine 4° young ◇ 1° jeune plante 2° jeune pousse de riz 3° germe 4° jeune [Etym] 禾 760 (rad: 115a 5-05), 央 1943 [Graph] 422d 923b.

秧苗 yāng miáo ◦ rice seedling ◇ pousse; plant de riz * 3979.

秧田 yāng tián ◦ rice seedling bed ◇ champ réservé aux plants de riz * 10412.

穉 zhì *4566 |稚 +4534| 1° young, childish 2° small 3° 禾尸米牛 naive ◇ 1° jeune, tendre 2° petit 3° naïf, naïveté [Etym] 禾 760 (rad: 115a 5-12), 屖 1961 [Graph] 422d 931a 412h 414d.

稂 láng +4567 |1° noxious plant, pest 2° 禾良 injurious 3° hypocritical ◇ 1° plante nuisible 2° nuisible 3° hypocrite [Etym] 禾 760 (rad: 115a 5-07), 良 2008 [Graph] 422d 932e.

和 hé +4568 |龢 *1498| 1° gentle 2° harmony, concord 3° 禾口 peace 4° to draw, to tie 5° together with, and 6° sum 7° surname ◇ 1° doux 2° harmonie, accord, s'accorder 3° paix 4° lier, attirer 5° avec, unisson, et 6° somme 7° nom propre [Etym] 口2063 (rad: 030a 3-05), 禾 760 [Graph] 422d 011a.

和平 hé píng ◦ peace ◇ paix * 3426.

和蔼 hé ǎi ◦ amiable ◇ amiable, gentil * 3594.

和好 hé hǎo ◦ to become reconciled; to make it up with somebody ◇ se réconcilier, se raccommoder * 5792.

和好 hé hǎo ◦ to make it up, to become friends again ◇ se réconcilier * 5792.

和尚 hé shàng ◦ monk, friar ◇ moine, bonze * 8354.

和睦 hé mù ◦ in harmony, on good terms ◇ en bon terme, en bonne intelligence * 10051.

和气 hé qì ◦ nice, gentle ◇ aimable, gentil, doux; en bonne harmonie * 11170.

△ hè |to join in the singing, to compose a poem in reply ◇ répondre à un chant (ou poème) par un autre chant (ou poème).

△ hú |to win a hand in card games ◇ gagner le jeu.

△ huó |to mix (powder) with water ◇ mélanger, malaxer.

△ huò |to mix, to blend ◇ mélanger, malaxer.

和 huò ◦ to mix, to blend, to mingle; to spoil, to mess up ◇ mélanger, confondre; gâter * .

程 chéng +4569 |1° rule, regulation 2° order 3° 禾口王 journey 4° distance 5° surname ◇ 1° règle, règlement 2° ordre 3° étape, trajet 4° distance 5° nom de famille [Etym] 禾 760 (rad: 115a 5-07), 呈 2070 [Graph] 422d 011a 432e.

程度 chéng dù ◦ degree, level ◇ degré, niveau * 6919.

稆 lǚ -4570 |穭 稆 *4571、*4582| wild grain, plants ◇ 禾口口 grains et plantes sauvages [Etym] 禾 760 (rad: 115a 5-06), 吕 2084 [Graph] 422d 011a 011a.

穭 lǚ *4571 |稆 穭 -4570、*4582| wild grain, plants ◇ 禾口白 grains et plantes sauvages [Etym] 禾 760 (rad: 115a 5-07), 呂 2103 [Graph] 422d 011a 013a.

积 jī -4572 |積 *4532| 1° to gather 2° to store up 3° 禾只 long-standing 4° indigestion 5° product ◇ 1° rassembler 2° amasser, provision 3° depuis longtemps 4° indigestion 5° produit [Etym] 禾 760 (rad: 115a 5-05), 只 2113 [Graph] 422d 011c.

积蓄 jī xù ◦ to save, to accumulate; savings ◇ réserver, économiser, épargner; économies * 3750.

积木 jī mù ◦ building blocks ◇ jeu de construction, cube de construction * 4078.

积极 jī jí ◦ positive, active ◇ positif, actif, enthousiaste * 4288.

积案 jī àn ◦ a long-pending case ◇ affaire de longue date; en suspens * 7749.

积肥 jī féi ◦ to collect fertilizers ◇ accumuler des engrais * 8218.

积累 jī lěi ◦ to accumulate, to collect ◇ accumuler, amasser * 10434.

稿 gǎo +4573 |. * 0| 1° straw 2° draft, sketch 3° 禾亠冂口 manuscript ◇ 1° paille 2° brouillon, modèle (de dessin) 3° manuscrit [Etym] 禾 760 (rad: 115a 5-10), 高 2138 [Graph] 422d 012c 856k 011a.

稿件 gǎo jiàn ◦ manuscript; article ◇ manuscrit, article * 2856.

稿费 gǎo fèi ◦ payment for a written article or book; royalties ◇ rémunération d'un article; droits d'auteur * 11282.

税 shuì +4574 |1° duties, tax 2° registration ◇ 禾兑 1° impôt, taxe, droits, octroi 4° enregistrement [Etym] 禾 760 (rad: 115a 5-07), 兑 2153 [Graph] 422d 013d.

税收 shuì shōu ◦ tax revenue ◇ revenu du fisc * 10987.

香 xiāng (778) |[Tra] fragrance ◇ parfum 禾日 [Etym] {1} sweet (2< 甘 252) coming from plants (1= 禾 760); {2} to put grain (1= 禾 760) in a container (2=prim) ◇ {1} le sucre (2< 甘 252) extrait de plantes (1= 禾 760); {2} mettre des céréales

(1= 禾 760) dans un contenant (2=prim) [Graph] 422d 021a [Ref] h201, k615, ph229, r109, w122a, wa45, wi47, wi568 [Hanzi] xiang1 香 4575 [Rad] 186a.

香 xiāng +4575 禾日 | 1° fragrance, sweet smelling, scented 2° savory, appetizing 3° popular, welcome 4° perfume 5° incense 6° surname ◇ 1° odeur agréable 2° savoureux, délicieux 3° estimé, bien vu 4° parfum 5° encens 6° nom de famille [Etym] 香 778 (rad: 186a 9-00), [Graph] 422d 021a.

香港 xiāng gǎng ◦ Hongkong ◇ Hongkong * 252.

香油 xiāng yóu ◦ sesame oil ◇ huile de sésame * 575.

香烟 xiāng yān ◦ cigarette; incense smoke ◇ cigarette; fumée de l'encens * 1067.

香水 xiāng shuǐ ◦ perfume ◇ parfum * 2299.

香蕉 xiāng jiāo ◦ banana ◇ banane * 3710.

香槟酒 xiāng bīn jiǔ ◦ champagne ◇ champagne * 4347 595.

香肠 xiāng cháng ◦ sausage ◇ saucisson, saucisse * 8161.

香皂 xiāng zào ◦ scented soap ◇ savon de toilette, savonnette * 9976.

稈 gǎn *4576 禾日干 | 秆 +4522 | 1° culm of grain, straw 2° stalk ◇ 1° paille de millet 2° tige [Etym] 禾 760 (rad: 115a 5-07), 旱 2177 [Graph] 422d 021a 413b.

馥 fù +4577 禾日复攵 | fragrant smell ◇ parfum suave [Etym] 香 778 (rad: 186a 9-09), 复 2214 [Graph] 422d 021a 022b 633e.

穆 mù (779) 禾白小彡 | [Tra] amenity, revere ◇ splendeur [Etym] small (3= 小 424) light (2= 白 2216) stripes (4= 彡 76) on wheat (1= 禾 760) ◇ bandes (4= 彡 76) de lumière (2= 白 2216) légère (3= 小 424) sur les blés (1= 禾 760) [Graph] 422d 022c 331j 211c [Ref] w160c [Hanzi] mu4 穆 4578.

穆 mù +4578 禾白小彡 | 1° solemn, imposing 2° to revere 3° surname ◇ 1° majestueux, digne, grave 2° admirer 3° nom propre [Etym] 禾 760 (rad: 115a 5-11), 穆 779 [Graph] 422d 022c 331j 211c.

稙 zhī *4579 禾直匕 | 稙 +4562 | grain first sown, first crop, early planted or early ripened crops ◇ semé de bonne heure, hâtif, précoce [Etym] 禾 760 (rad: 115a 5-08), 直 2273 [Graph] 422d 023j 711a.

种 chóng +4580 禾中 | surname ◇ nom de famille [Etym] 禾 760 (rad: 115a 5-04), 中 2276 [Graph] 422d 031b.

△ zhǒng | 種 *4587 | 1° species 2° race 3° seed 4° breed 5° guts 6° grit 7° kind, sort ◇ 1° espèce (génétique) 2° race 3° semence, graine 4° lignée, engendrer, descendants 5° entrailles 6° cran (avoir du) 7° catégorie, type, sorte.

种类 zhǒng lèi ◦ species, kind ◇ espèce, sorte, catégorie, genre * 4601.

种子 zhǒng zǐ ◦ seed ◇ graine, semence * 6546.

种族 zhǒng zú ◦ race ◇ race * 7931.

△ zhòng | 種 *4587 | to grow, to plant, to cultivate ◇ planter, cultiver.

种地 zhòng dì ◦ to cultivate ◇ cultiver la terre * 4903.

种痘 zhòng dòu ◦ to vaccinate, to inoculate ◇ vacciner * 7122.

种田 zhòng tián ◦ to till the land ◇ cultiver les champs * 10412.

稷 jì +4581 禾田亽夂 | 1° agriculture 2° crops 3° millet 4° god of grains ◇ 1° agriculture 2° moissons 3° millet 4° génie des céréales [Etym] 禾 760 (rad: 115a 5-10), 畟 2321 [Graph] 422d 041a ac:h 633e.

穭 lǚ *4582 禾魚日 | 秬、稆 -4570、*4571 | wild grain, plants ◇ grains et plantes sauvages [Etym] 禾 760 (rad: 115a 5-15), 魯 2344 [Graph] 422d 041j 021a.

穗 suì +4583 禾叀心 | 繐 2° *6274 | 1° ear of grain, spike 2° fringes, tassels 3° another name for Guangzhou ◇ 1° épi 2° franges, houppe 3° autre nom de Guangzhou [Etym] 禾 760 (rad: 115a 5-12), 惠 2350 [Graph] 422d 042f 321c.

稉 jīng *4584 禾更 | 粳、秔 +4647、*4594 | non glutinous white rice ◇ riz non glutineux et tardif [Etym] 禾 760 (rad: 115a 5-07), 更 2359 [Graph] 422d 043a.

稞 kē +4585 禾果 | [Etym] 禾 760 (rad: 115a 5-08), 果 2364 [Graph] 422d 043f.

稞麦 kē mài ◦ highland barley ◇ orge du Tibet * 5252.

稗 bài +4586 禾卑 | 1° weeds, panic grass 2° insignificant, unofficial 3° tares ◇ 1° panicum, graines 2° insignifiant, non officiel 3° tares [Etym] 禾 760 (rad: 115a 5-08), 卑 2366 [Graph] 422d 043h.

種 zhǒng *4587 禾重 | 种 +4580 | 1° species 2° race 3° seed 4° breed 5° guts 6° grit 7° kind, sort ◇ 1° espèce (génétique) 2° race 3° semence, graine 4° lignée, engendrer, descendants 5° entrailles 6° cran (avoir du) 7° catégorie, type, sorte [Etym] 禾 760 (rad: 115a 5-09), 重 2370 [Graph] 422d 043k.

△ zhòng | 种 +4580 | to grow, to plant, to cultivate ◇ planter, cultiver.

穠 nóng *4588 禾曲厂辰 | 秾 -4552 | luxuriant, lush ◇ fleurs nombreuses et drues, luxuriant [Etym] 禾 760 (rad: 115a 5-13), 農 2414 [Graph] 422d 052a 721a 312f.

秭 zǐ +4589 禾弗 | place in Hubei ◇ lieu du Hubei [Etym] 禾 760 (rad: 115a 5-04), 弗 2485 [Graph] 422d Z21k.

秃 tū (780) 禾儿 | [Tra] bald ◇ chauve [Etym] man (< 儿 405) head as a harvested field (1= 禾 760) ◇ un homme (< 儿 405) ayant la tête rasée comme les blés (1= 禾 760) [Graph] 422d Z33a [Ref] w98b, wi568 [Hanzi] tu1 秃 4590, tui2 颓 4591, tui2 穨 4592, tui2 穨 4593.

秃 tū +4590 禾儿 | 1° bald, bare (hill, tree) 2° blunt 3° incomplete ◇ 1° chauve, dénudé, dépouillé 2° émoussé 3° incomplet [Etym] 禾 760 (rad: 115a 5-02), 儿 2516 [Graph] 422d Z33a.

秃顶 tū dǐng。bald ◇ chauve * 2233.

颓 tuí -4591 | 頹 、 穨 | 1° in ruins 2° declining, dejected 3° bald ◇ 1° décrépit 2° décadent, s'écrouler 3° chauve [Etym] 页 1802 (rad: 181s 6-07), 秃 780 [Graph] 422d Z33a 854d.
禾儿页 *4592 *4593

颓败 tuí bài。declining, decadent ◇ décadent * 7959.

頹 tuí *4592 | 颓 、 穨 | 1° in ruins 2° declining, dejected 3° bald ◇ 1° décrépit 2° décadent, s'écrouler 3° chauve [Etym] 頁 2267 (rad: 181a 9-07), 秃 780 [Graph] 422d Z33a 023f.
禾儿頁 -4591 *4593

穨 tuí *4593 | 颓 、 頹 | 1° in ruins 2° declining, dejected 3° bald ◇ 1° décrépit 2° décadent, s'écrouler 3° chauve [Etym] 禾 760 (rad: 115a 5-14), 秃 780 貴 2281 [Graph] 422d Z33a 031c 023b.
禾儿虫貝 -4591 *4592

秔 jīng *4594 | 粳 、 稉 | non glutinous white rice ◇ riz non glutineux et tardif [Etym] 禾 760 (rad: 115a 5-04), 亢 2529 [Graph] 422d Z33d.
禾亢 +4647 *4584

术 shù (781) | [Tra] glutinous grain ◇ blé glutineux [Etym] glutinous grain (1=prim) (> 禾 760) -> {millet, thistle} ◇ du grain glutineux (1=prim) (> 禾 760) -> {millet, chardon} [Graph] 422e [Ref] wi392 [Hanzi] shu4 沭 201, shu4 鉥 1180, shu4 钬 1962, shu4 術 3135, chu4 chu4 怵 3253, shu2 秫 4526, shu4 zhu2 术 4595, shu4 述 4596.
术

术 shù +4595 | 術 | 1° art 2° skill, technique 3° method, tactics 4° science ◇ 1° art 2° technique 3° procédé, méthode 4° science [Etym] 木 723 (rad: 075a 4-01), 术 781 [Graph] 422e.
术 *3135

△ zhú | glutinous grain, panicum miliaceum, thistle ◇ millet en grappe, à farine gluante, espèce de chardon qui croît sur les montagnes.

述 shù -4596 | 1° to state, to narrate 2° to follow ◇ 1° exposer, raconter 2° suivre, se conformer à [Etym] 辶 1346 (rad: 162b 3-05), 术 781 [Graph] 422e 634o.
术辶

述说 shù shuō。to narrate, to recount ◇ raconter, relater * 1819.

米 mǐ (782) | [Tra] rice, grain ◇ riz, céréales [Etym] grain-laden rice head (prim) (> 斂 224) ◇ un épi de riz rempli de grains (prim) (> 斂 224) [Graph] 422f [Hanzi] mi3 米 4597, mi3 敉 4604, liao4 料 4607, lou2 娄 4613, mi2 迷 4627, mi2 麋 6946, mi3 眯 8123, shi3 屎 8626, mi1 咪 8960, mei4 mi2 謎 9517, mi1 mi3 眯 10043, qi4 氣 11176 [Rad] 119a.
米

米 mǐ +4597 | 1° grains of rice or millet, shelled or husked seed 2° meter 3° surname ◇ 1° grains de riz ou de millet, décortiqué 2° mètre 3° nom propre [Etym] 米 782 (rad: 119a 6-00), [Graph] 422f.
米

米饭 mǐ fàn。cooked rice ◇ riz cuit * 1861.

粒 lì +4598 | 1° kernel, grain, pellet 2° measure-word for: grain, bullet, pill etc. ◇ 1° grain, graine 2° spécificatif des grains, boutons, perles etc. [Etym] 米 782 (rad: 119a 6-05), 立 80 [Graph] 422f 221a.
米立

糡 jiàng *4599 | 糨 、 橿 、 浆 | 1° starch 2° thick ◇ 1° amidon, empois 2° épais [Etym] 米 782 (rad: 119a 6-11), 竟 94 [Graph] 422f 221a 021c.
米立兄 -4654 *4653 -3195

粹 cuì +4600 | pure, unmixed ◇ pur, sans mélange [Etym] 米 782 (rad: 119a 6-08), 卒 176 [Graph] 422f ac:c 232a 232a 413a.
米亠人人十

类 lèi +4601 | 類 | 1° type, species, kind, class 2° to resemble, same as ◇ 1° genre, espèce, catégorie 2° ressembler à, comme [Etym] 米 782 (rad: 119a 6-03), 大 257 [Graph] 422f 242a.
米大 *4602

类型 lèi xíng。type, sort ◇ type, genre, espèce * 4048.

類 lèi (783) | [Tra] class, type ◇ espèce [Etym] heads (3= 頁 2267) of vegetals (1= 米 782) and animals (2= 犬 295) ◇ têtes (3= 頁 2267) de plantes (1= 米 782) et d'animaux (2= 犬 295) [Graph] 422f 242i 023f [Hanzi] lei4 類 4602.
米犬頁

類 lèi *4602 | 类 | 1° type, species, kind, class 2° to resemble, same as ◇ 1° genre, espèce, catégorie 2° ressembler à, comme [Etym] 頁 2267 (rad: 181a 9-10), 類 783 [Graph] 422f 242i 023f.
米犬頁 +4601

糉 zòng *4603 | 粽 | dumplings, glutinous rice dumpling wrapped in bamboo leaves ◇ beignet, pudding triangulaire de riz glutineux, enveloppé d'une feuille de roseau [Etym] 米 782 (rad: 119a 6-09), 㚇 331 [Graph] 422f 243a 841f 633e.
米乂儿夂 -4636

敉 mǐ +4604 | 1° to console, to soothe 2° to pacify, to put down ◇ 1° consoler, calmer 2° pacifier, réprimer [Etym] 攵 340 (rad: 066b 4-06), 米 782 [Graph] 422f 243c.
米攵

粃 bǐ *4605 | 秕 | blasted or withered or unformed grain ◇ épis vides [Etym] 米 782 (rad: 119a 6-04), 比 362 [Graph] 422f 311d 321b.
米匕匕 +4506

糇 hóu +4606 | 餱 | dry provisions ◇ grains, vivres [Etym] 米 782 (rad: 119a 6-09), 侯 482 [Graph] 422f 411e ac:e 242d.
米亻亠矢 *1433

料 liào (784) | [Tra] to expect ◇ conjecturer [Etym] to measure (2= 斗 575) rice (1= 米 782) (> 科 767) -> {to calculate} ◇ mesurer (2= 斗 575) du riz (1= 米 782) (> 科 767) -> {calcul} [Graph] 422f 413g [Hanzi] liao4 料 4607.
米斗

料 liào +4607 | 1° to expect, to consider, to calculate 2° material, stuff, matter 3° grain 4° glass ◇ 1° conjecturer, calculer, considérer 2° denrées, matière, matériaux 3° grain 4° verre [Etym] 斗 575 (rad: 068a 4-06), 料 784 [Graph] 422f 413g.
米斗

木 ☰ 禾 术 米

料想 liào xiǎng ∘ to expect, to think; to presume ◇ prévoir, conjecturer, se douter; s'imaginer * 4445.

料子 liào zǐ ∘ material, fabric ◇ étoffe, tissu * 6546.

糕 gāo +4608 | 餻 *1439 | cake, pastry ◇ gâteau, pâtisserie [Etym] 米 782 (rad: 119a 6-10), 羔 918 [Graph] 422f 432g 222d.
米羊灬

糙 cāo +4609 | 1° coarse paddy 2° inferior ◇ 1° riz grossièrement décortiqué 2° impur, grossier [Etym] 米 782 (rad: 119a 6-10), 造 934 [Graph] 422f 4321 011a 634o.
米牛口辶

精 jīng +4610 | 1° refined, choice 2° essence, extract 3° perfect, excellent, very 4° meticulous 5° smart, clever, shrewd 6° skill 7° spirit, energy 8° semen, sperm 9° demon 10° to husk rice ◇ 1° soigné, raffiné, surchoix 2° quintessence, extrait 3° parfait, excellent, tout à fait 4° bien travaillé, méticuleux 5° subtil, sage 6° expérimenté, habile 7° esprit, énergie 8° sperme 9° dé [Etym] 米 782 (rad: 119a 6-08), 青 946 [Graph] 422f 433a 856e.
米主月

精采 jīng cǎi ∘ thrilling, wonderful ◇ passionnant, magnifique * 689.

精彩 jīng cǎi ∘ wonderful, splendid ◇ excellent, magnifique * 690.

精美 jīng měi ∘ elegant, exquisite ◇ beau, élégant, d'une grand finesse * 5218.

精致 jīng zhì ∘ fine, exquisite , delicate ◇ fin, raffiné, délicat, de qualité supérieure * 5913.

精细 jīng xì ∘ refined, delicate; meticulous ◇ raffiné; minutieux * 6081.

精神 jīng shén ∘ spirit, mind; active ◇ esprit, conscience, pensée, état d'âme; actif * 6602.

精力 jīng lì ∘ vigor, energy ◇ vigueur, force, vitalité, énergie * 7259.

精密 jīng mì ∘ minute; accurate ◇ minutieux, fin, précis * 7703.

精良 jīng liáng ∘ excellent, best quality ◇ parfait, exquis, chic; de qualité * 8725.

精明 jīng míng ∘ intelligent, sharp ◇ intelligent, perspicace, fin, pénétrant * 9933.

糈 xǔ +4611 | 1° income 2° cereals 3° sacrificial rice ◇ 1° revenus 2° céréales 3° riz pour offrande [Etym] 米 782 (rad: 119a 6-09), 胥 971 [Graph] 422f 434g 856e.
米疋月

粪 fèn -4612 | 糞 *4646 | 1° excrement, ordure 2° manure ◇ 1° fumier 2° fumer (la terre) [Etym] 米 782 (rad: 119a 6-06), 共 1006 [Graph] 422f 436e.
米共

粪便 fèn biàn ∘ excrement, soil ◇ excrément, merde * 3074.

娄 lóu (785) | [Tra] to wear ◇ porter [Etym] modern simplified form of (婁 2572) ◇ forme simplifiée moderne de (婁 2572) [Graph] 422f 611e [Ref] k556, ph696, w126d, wa181, wi588, wi588, wi746 [Hanzi] lou2 溇 202, lou3 篓 784, lou4 镂 1963, lou1 lou3 搂 2435, lou2 lü3 偻 2871, lou2 蒌 3666, lou2 楼 4198, lou2 娄 4613, shu3 shu4 shuo4 数 4614, lou2 耧 4682, lü3 缕 5974, lü3 褛 6633, lou4 瘘 7051, lou3 嵝 7522, ju4 窭 7808, lou2 髅 8578, ju4 屦 8615, lü3 屡 8627, lou2 lou5 喽 8961, lou1 瞜 10044, lou2 蝼 10238.
米女

娄 lóu +4613 | 婁 *11308 | 1° to wear 2° to trail along 3° surname ◇ 1° porter 2° traîner 3° nom propre [Etym] 女 1122 (rad: 038a 3-06), 娄 785 [Graph] 422f 611e.
米女

数 shǔ (786) | [Tra] to count ◇ compter [Etym] modern simplified form for (數 2573) ◇ forme simplifiée moderne de (數 2573) [Graph] 422f 611e 243c [Ref] w12d [Hanzi] sou3 sou4 擞 2436, sou3 薮 3667, shu3 shu4 shuo4 数 4614.
米女攵

数 shǔ -4614 | 數 *11309 | 1° to count, to enumerate 2° to be reckoned as ◇ 1° compter 2° être compté parmi [Etym] 攵 340 (rad: 066b 4-09), 娄 785 [Graph] 422f 611e 243c.
米女攵

△ shù | 數 *11309 | 1° number, figure 2° arithmetic 3° several 4° fate ◇ 1° nombre, chiffre 2° calcul arithmétique 3° plusieurs 4° destinée.

数字 shù zì ∘ number, digit ◇ chiffres * 7763.

数学 shù xué ∘ mathematics ◇ mathématiques * 7854.

数量 shù liàng ∘ amount, quantity ◇ quantité, nombre * 9964.

数目 shù mù ∘ number, amount ◇ nombre, montant * 10016.

△ shuò | 數 *11309 | frequently, repeatedly ◇ souvent, plusieurs fois.

糁 sǎn +4615 | 糝 *4616 | cooked rice grain ◇ graine de riz cuit [Etym] 米 782 (rad: 119a 6-08), 参 1133 [Graph] 422f 612a 242a 211c.
米厶大彡

△ shēn | 糝、粈 *4616、*4652 | crushed grain, beans, corn etc. ◇ miette des grains, mais, fèves etc..

糝 sǎn *4616 | 糁 +4615 | cooked rice grain ◇ graine de riz cuit [Etym] 米 782 (rad: 119a 6-11), 參 1138 [Graph] 422f 612a 612a 612a 233a 211c.
米厶厶厶人彡

△ shēn | 糁、粈 +4615、*4652 | crushed grain, beans, corn etc. ◇ miette des grains, mais, fèves etc..

类 lèi (787) | [Tra] shortcoming, defect ◇ défaut, lacune [Etym] {?}thread (2= 糸 1185); phon (1,3< 類 783) ◇ {?} lien (2= 糸 1185); phon (1,3< 類 783) [Graph] 422f 613d 854d [Ref] k616, w229h, wi658 [Hanzi] lei4 纇 4617.
米糸页

纇 lèi -4617 | 類 *4618 | 1° shortcoming 2° defect ◇ 1° défaut 2° lacune [Etym] 页 1802 (rad: 181s 6-12), 纇 787 [Graph] 422f 613d 854d.
米糸页

類 lèi (788) | [Tra] shortcoming, defect ◇ défaut, lacune [Etym] {?} thread (2= 糸 1185); phon (1,3< 類 783) ◇ {?} lien (2= 糸 1185); phon (1,3< 類 783) [Graph] 422f 613d 023f [Ref] w10a, w122a [Hanzi] lei4 類 4618.
米糸頁

類 lèi *4618 |纇 -4617| 1° shortcoming 2° defect ◇ 1° défaut 2° lacune [Etym] 頁 2267 (rad: 181a 9-12), 類 788 [Graph] 422f 613d 023f.

糍 cí +4619 米玄幺 |glutinous rice cake ◇ gâteau de riz gluant [Etym] 米 782 (rad: 119a 6-12), 兹1208 [Graph] 422f 613i 613c.

糍粑 cí bā。glutinous rice paste or cake ◇ gâteau de riz gluant * 4640.

粦 lín (789) 米夕㐄 |[Tra] phosphorous ◇ phosphore [Etym] dance (2,3< 舞 1044); {1} double fire (1< 炎 157), {2} accessories (1=prim) ◇ danse (2,3< 舞 1044); {1} doubles feux, {2} accessoires (1=prim) [Graph] 422f 631b 712b [Hanzi] lin2 燐 969, lian2 憐 3254, lin2 粦 4620, lin2 粼 4621, lin2 鄰 4622, lin2 遴 4623, lin2 璘 5109, lin2 辚 6343, lin2 隣 6740, lin2 麟 6947, lin2 嶙 7523, lin4 膦 8124, lin2 磷 9680, lin2 瞵 10045, lin2 鳞 10482, lin2 鱗 10575, lin2 轔 10683.

粦 lín *4620 米夕㐄 |磷、燐 +9680、*969| 1° ghost lights 2° phosphorus (P) ◇ 1° feu follet 2° phosphore (P) [Etym] 米 782 (rad: 119a 6-06), 粦 789 [Graph] 422f 631b 712b.

粼 lín (790) 米夕㐄巛 |[Tra] clear ◇ limpide [Etym] river (4=prim,> 巛 1112); phon, phosphorous (1,2,3= 粦 789) ◇ rivière (4=prim,> 巛 1112); phon (1,2,3= 粦 789) [Graph] 422f 631b 712b 611b [Ref] w104a [Hanzi] lin2 粼 4621.

粼 lín +4621 米夕㐄巛 |See ◇ Voir 粼粼 lin2-lin2 4621-4621 [Etym] 米 782 (rad: 119a 6-08), 粼 790 [Graph] 422f 631b 712b 611b.

粼粼 lín lín。clear, crystalline (of water, stone, etc.) ◇ bleu clair, (eau ou pierre) limpide * 4621.

鄰 lín *4622 米夕㐄阝 |邻、隣 -1395、*6740| near, adjacent, neighbor ◇ voisinage, voisin, proche de [Etym] 阝 1316 (rad: 163b 2-12), 粦789 阝 1315 [Graph] 422f 631b 712b 634j.

遴 lín +4623 米夕㐄辶 |to select ◇ élire, choisir [Etym] 辶 1346 (rad: 162b 3-12), 粦 789 [Graph] 422f 631b 712b 634o.

糅 róu +4624 米マ才木 |to mix together, to mingle ◇ mélanger, mêler [Etym] 米 782 (rad: 119a 6-09), 柔 1260 [Graph] 422f 632a 331g 422a.

糌 zān +4625 米夂卜曰 |[Etym] 米 782 (rad: 119a 6-09), 昝1289 [Graph] 422f 633e 412c 021a.

糌粑 zān bā。zanba (barley flour) of Zang nationality ◇ farine d'orge (nourriture tibétaine) * 4640.

籽 zǐ +4626 米子 |seeds (cereals) ◇ semences, graines (végétaux) [Etym] 米 782 (rad: 119a 6-03), 子 1303 [Graph] 422f 634d.

迷 mí (791) 米辶 |[Tra] to get lost ◇ se perdre [Etym] phon, rice (1= 米 782); to go (2= 辶 1346) -> {lost, fascination} ◇ phon, riz (1= 米 782); aller (2= 辶 1346) -> {se perdre, passion} [Graph] 422f 634o [Ref] k731, w123a, wa62 [Hanzi] mei4 mi2 谜 1732, mi2 迷 4627, mi2 謎 9518, mi1 mi3 瞇 10046, mi2 醚 10866.

迷 mí +4627 米辶 |1° to get lost, to confuse 2° fascinated, to bewitch 3° fan, enthusiast 4° to enchant ◇ 1° s'égarer, égarement 2° fasciner, affolement 3° passion, aimer éperdument 4° enchanter [Etym] 辶 1346 (rad: 162b 3-06), 迷 791 [Graph] 422f 634o.

迷信 mí xìn。superstitious ◇ être superstitieux; mythe; croire à * 3042.

迷路 mí lù。to get lost; to lose one's way ◇ s'égarer, se perdre, faire fausse route * 9353.

𠤏 zhì (792) 米匕 |[Tra] to connect ◇ relier [Etym] modern simplified form of (㡭 1178) ◇ forme simplifiée moderne de (㡭 1178) [Graph] 422f 711a [Ref] k782, w123b [Hanzi] duan4 断 4628, ji4 继 5975.

断 duàn (793) 米匕斤 |[Tra] to stop, to judge ◇ arrêter, juger [Etym] modern simplified form of (斷 1179) ◇ forme simplifiée moderne de (斷 1179) [Graph] 422f 711a 722c [Ref] k22, ph676, w123d, wa63, wi837 [Hanzi] duan4 簖 785, duan4 断 4628.

断 duàn +4628 米匕斤 |斷 *6101| 1° to break, to cut asunder 2° to stop, to cease 3° to settle, to judge 4° certainly, decidedly ◇ 1° couper 2° interrompre, cesser 3° décider, juger 4° certain, absolument [Etym] 斤 1461 (rad: 069a 4-07), 𠤏 792 [Graph] 422f 711a 722c.

断交 duàn jiāo。to break off (friendship or diplomatic relations) ◇ rompre l'amitié; rompre les rapports diplomatiques * 1681.

断垵 duàn ǎn。to break the rows of drilled millet, etc. to to ma ◇ rassembler des céréales en touffe avec une houe * 4772.

断绝 duàn jué。to break off, to sever; to stop ◇ rompre; arrêter * 6060.

断然 duàn rán。absolutely, flatly; firm, resolute ◇ catégorique, tranchant; ferme * 6452.

断案 duàn àn。conclusion (in logic); to settle a law suit ◇ conclusion; juger une cause * 7749.

断言 duàn yán。to assert categorically ◇ affirmer catégoriquement * 9469.

断电 duàn diàn。power cut ◇ couper l'électricité * 10734.

糲 lì *4629 米厂艹禺 |粝 -4630| 1° husks 2° void 3° coarse rice ◇ 1° balle 2° vide 3° riz grossier [Etym] 米 782 (rad: 119a 6-14), 厲 1360 [Graph] 422f 721a 415c 043l.

粝 lì -4630 米厂万 |糲 *4629| 1° husks 2° void 3° coarse rice ◇ 1° balle 2° vide 3° riz grossier [Etym] 米 782 (rad: 119a 6-05), 厉 1369 [Graph] 422f 721a 853a.

粧 zhuāng *4631 米广土 |妆、妝 -3193、*10999| 1° to adorn oneself, make up, rouge, trousseau 2° to feign ◇ 1° se maquiller, se farder, attifer, parure féminine 2° se déguiser, feindre [Etym] 米 782 (rad: 119a 6-06), 庄 1387 [Graph] 422f 721b 432a.

糖 táng +4632 米广丰口 | 醣2° *10888 | 1° sugar 2° syrup 3° sweets, candy ◇ 1° sucre 2° confit, sirop 3° bonbon, friandise [Etym] 米 782 (rad: 119a 6-10), 唐 1405 [Graph] 422f 721b 833c 011a.

糖果 táng guǒ 。candy, sweets ◇ bonbon ＊ 10750.

糠 kāng -4633 米广隶 | 穅 *4547 | 1° chaff, bran, husk 2° spongy (radish) ◇ 1° enveloppe du grain, balle 2° spongieux (radis), mou, sans consistance [Etym] 米 782 (rad: 119a 6-11), 康 1407 [Graph] 422f 721b 834e.

粉 fěn +4634 米分 | 1° powder, flour, make-up (face) 2° rice noodles 3° white 4° pink 5° whitewash ◇ 1° poudre, farine, pulvériser, fard 2° nouilles de riz 3° blanc 4° rose 5° chauler, blanchir, repeindre [Etym] 米 782 (rad: 119a 6-04), 分 1480 [Graph] 422f 732b.

粉笔 fěn bǐ 。chalk ◇ craie ＊ 754.

粉饰 fěn shì 。to make up; to gloss over ◇ maquiller, se farder (péjor.); masquer ＊ 1873.

粉红 fěn hóng 。pink ◇ rougeâtre, rose ＊ 5976.

粉丝 fěn sī 。vermicelli ◇ vermicelle ＊ 6002.

粉刷 fěn shuā 。plaster; to whitewash ◇ plâtrer, badigeonner ＊ 8642.

粉碎 fěn suì 。to smash, to crack down ◇ broyer, écraser, pulvériser; briser, casser ＊ 9646.

籼 xiān +4635 米山 | 秈 *4549 | [Etym] 米 782 (rad: 119a 6-03), 山 1611 [Graph] 422f 841b.

籼稻 xiān dào 。long-grained non glutinous rice ◇ riz à grains longs ＊ 4491.

粽 zòng -4636 米宀示 | 糉 *4603 | dumplings, glutinous rice dumpling wrapped in bamboo leaves ◇ beignet, pudding triangulaire de riz glutineux, enveloppé d'une feuille de roseau [Etym] 米782 (rad: 119a 6-08), 宗 1675 [Graph] 422f 851c 331l.

糯 nuò +4637 米雨而 | 稬 *4560、穤 *4558 | glutinous rice (or cereal) ◇ riz glutineux [Etym] 米 782 (rad: 119a 6-14), 需 1896 [Graph] 422f 858e 857f.

粗 cū +4638 米且 | 麁 *3469、麤 *6953、麄 *7001 | 1° rough, rude, vulgar 2° thick ◇ 1° grossier 2° épais [Etym] 米 782 (rad: 119a 6-05), 且1929 [Graph] 422f 921a.

粗话 cū huà 。vulgar language ◇ gros mots ＊ 1821.

粗心 cū xīn 。careless, neglectful, rough ◇ négligent, inattentif; grossier ＊ 2177.

粗糙 cū cāo 。rough, coarse ◇ grossier, rude; rugueux ＊ 4609.

粗暴 cū bào 。crude, rude, brutal ◇ brutal, rude, cruel, violent ＊ 9888.

粗鲁 cū lǔ 。rough, vulgar ◇ grossier, rude; abrupt ＊ 10532.

粮 liáng -4639 米良 | 糧 *4643 | 1° grain, food, rations 3° grain tax ◇ 1° grains, vivres, aliments, céréales 2° impôt foncier [Etym] 米782 (rad: 119a 6-07), 良 2008 [Graph] 422f 932e.

粮食 liáng shí 。basic food products ◇ nourriture, produits alimentaires; céréales ＊ 1480.

粑 bā +4640 米巴 | cake ◇ gâteau [Etym] 米 782 (rad: 119a 6-04), 巴 2014 [Graph] 422f 933c.

粘 nián +4641 米占 | 黏 +4502 | to paste up, sticky ◇ coller, gluant [Etym] 米 782 (rad: 119a 6-05), 占 2154 [Graph] 422f 013e.

△ zhān | to paste up, to glue ◇ coller.

糊 hū +4642 米古月 | to plaster ◇ plâtrer, tapisser [Etym] 米782 (rad: 119a 6-09), 胡 2158 [Graph] 422f 013f 856e.

△ hú | 餬3° *1467 | 1° paste, to paste 2° burnt (of food) 3° kind of porridge ◇ 1° coller, colle de farine, visqueux 2° brûlé 3° sorte de gruau.

糊涂 hú tú 。stupid, absurd ◇ idiot, absurde ＊ 75.

△ hù |

糊弄 hù nòng 。1° to fool, to deceive; 2° to do something carelessly ◇ 1° tromper; 2° bâcler, gâcher un travail ＊ 5103.

糧 liáng *4643 米曰亠里 | 粮 -4639 | 1° grain, food, rations 3° grain tax ◇ 1° grains, vivres, aliments, céréales 2° impôt foncier [Etym] 米782 (rad: 119a 6-12), 量 2210 [Graph] 422f 021a ac:a 043j.

粕 pò +4644 米白 | dregs (of rice) ◇ lie (de riz) [Etym] 米782 (rad: 119a 6-05), 白 2216 [Graph] 422f 022c.

糗 qiǔ +4645 米自犬 | 1° grains 2° dry food, dry ration 3° cooked rice or noodles that have caked ◇ 1° grain 2° aliments secs 3° riz ou nouilles cuites qui ont durci [Etym] 米 782 (rad: 119a 6-10), 臭2258 [Graph] 422f 023d 242i.

糞 fèn (794) 米田共 | [Tra] manure, filth ◇ fumier, ordure [Etym] dung (1> 采 107); two hands (3= 共 1006) with a showel (2> 卄 603) ◇ fumier (1> 采 107); deux mains (3= 共 1006) tenant une pelle (2> 卄603) [Graph] 422f 041a 436e [Ref] w123e [Hanzi] fen4 糞4646.

糞 fèn *4646 米田共 | 粪 -4612 | 1° excrement, ordure 2° manure ◇ 1° fumier 2° fumer (la terre) [Etym] 米 782 (rad: 119a 6-11), 糞 794 [Graph] 422f 041a 436e.

粳 jīng +4647 米更 | 秔 *4594、稉 *4584 | non glutinous white rice ◇ riz non glutineux et tardif [Etym] 米 782 (rad: 119a 6-07), 更2359 [Graph] 422f 043a.

粬 qū *4648 米曲 | See ◇ Voir 麴 7321 [Etym] 米 782 (rad: 119a 6-06), 曲 2413 [Graph] 422f 052a.

糟 zāo +4649 米曲曰 | 1° grains (distillers), pickled with grains 2° rotten, spoilt 3° dregs, sediment 4° in a mess ◇ 1° céréales (fermentées pour distiller), mariné 2° pourri, usé 3° lie, résidu 4° en désordre [Etym] 米 782 (rad: 119a 6-11), 曹 2416 [Graph] 422f 052b 021a.

糟糕 zāo gāo。boring, too bad ◇ ennuyeux, dommage, fâcheux * 4608.

糟踏 zāo tà。to spoil, to damage ◇ gâter, dégrader, détériorer, endommager * 9311.

糟蹋 zāo tà。1° to waste, to ruin; 2° to insult ◇ 1° ruiner, gaspiller; 2° insulter * 9402.

粞 xī +4650 米西 | crushed rice ◇ gruau [Etym] 米 782 (rad: 119a 6-06), 西 2427 [Graph] 422f 062b.

糰 tuán *4651 米囗叀寸 | See ◇ Voir 湍 394 [Etym] 米 782 (rad: 119a 6-14), 團 2457 [Graph] 422f 071a 042f 332b.

籸 shēn *4652 米卂 | 糁 +4615 、糝 *4616 | crushed grain, beans, corn etc. ◇ miette des grains, mais, fèves etc. [Etym] 米 782 (rad: 119a 6-03), 卂 2511 [Graph] 422f Z32a.

糨 jiàng *4653 米弓厶虫 | 糡 -4654 、糡 *4599 、浆 -3195 | 1° starch 2° thick ◇ 1° amidon, empois 2° épais [Etym] 米 782 (rad: 119a 6-11), 強 2543 [Graph] 422f Z42a 612a 031d.

糡 jiàng -4654 米弓口虫 | 糨 *4653 、糡 *4599 、浆 -3195 | 1° starch 2° thick ◇ 1° amidon, empois 2° épais [Etym] 米 782 (rad: 119a 6-12), 强 2546 [Graph] 422f Z42a 011a 031d.

采 biàn (795) 采 | [Tra] to discriminate ◇ reconnaître [Etym] modern simplified form of (釆 107) (< 釆 106) ◇ forme simplifiée moderne de (釆 107) (< 釆 106) [Graph] 422g [Ref] k707, ph147, r442, w120a, wa39, wi36 [Hanzi] you4 釉 691, xi1 悉 4655, fan1 pan1 番 4657 [Rad] 165b.

悉 xī (796) 采心 | [Tra] to know, to learn ◇ connaître, apprendre [Etym] to know (1= 釆 107) in his heart (2= 心 397) ◇ se connaître (1= 釆 107) au fond du coeur (2= 心 397) [Graph] 422g 321c [Ref] h794, k1303, ph167, w120c, wa39, wi524, wi692 [Hanzi] xi1 悉 4655, xi1 窸 7809, xi1 蟋 10239.

悉 xī +4655 采心 | 1° all, entirely 2° to know, to learn 3° surname ◇ 1° tout, tous, entièrement 2° connaître à fond, en détail 3° nom de famille [Etym] 心 397 (rad: 061a 4-07), 悉 796 [Graph] 422g 321c.

释 shì -4656 采又丰 | 釋 *4661 | 1° to explain, to elucidate 2° to clear up 3° to let go, to loosen, to set free, to open out 4° to cease 5° Buddhism ◇ 1° expliquer 2° détacher, dissiper 3° libérer, lâcher 4° cesser 5° bouddhisme [Etym] 采 795 (rad: 165b 7-05), 圣 1273 [Graph] 422g 633a 414a.

释放 shì fàng。to release, to set free ◇ libérer, mettre en liberté, relâcher * 7934.

番 fān (797) 采田 | [Tra] times, barbarious ◇ fois, barbares [Etym] footprints (1= 釆 107) and hunting net (2=prim) ◇ traces de pas (1= 釆 107) et filet de chasse (2=prim) [Graph] 422g 041a [Ref] k535, ph627, wi936 [Hanzi] pan1 潘 203, fan2 燔 970, bo1 播 2437, fan1 fan2 蕃 3668, fan1 pan1 番 4657, po2 鄱 4658, fan1 翻 4659, fan1 飜 4660, fan2 璠 5110, bo1 嶓 7524, shen3 審 7727, fan1 旛 7938, fan2 膰 8125, fan1 幡 8386, fan2 蹯 9325, pan2 磻 9681, po2 皤 9979, pan2 蟠 10240.

番 fān +4657 采田 | 1° time, turn 2° barbarians ◇ 1° une fois, un tour 2° étranger, barbare [Etym] 田 2313 (rad: 102a 5-07), 番 797 [Graph] 422g 041a.

番茄 fān qié。tomato ◇ tomate * 3803.

△ pān |

番禺 pān yú。county in Guangdong ◇ chef-lieu du Guangdong * 10766.

鄱 pó +4658 采田阝 | Poyang Lake in Jiangxi Province ◇ lac Poyang dans la province de Jiangxi [Etym] 阝 1316 (rad: 163b 2-12), 番 797 [Graph] 422g 041a 634j.

翻 fān +4659 采田习习 | 飜 *4660 | 1° to turn over 2° to cross 3° to rummage, to search 4° to translate 5° to come back, reverse, alternatives 6° to multiply 7° to break up ◇ 1° tourner 2° traverser 3° remuer et chercher 4° traduire 5° retourner, envers, alternatives 6° multiplier 7° se séparer [Etym] 羽 1472 (rad: 124a 6-12), 番 797 [Graph] 422g 041a 731c 731c.

翻译 fān yì。to translate ◇ traduire, traducteur * 1766.

翻把 fān bǎ。to deny one's sayings, to take a revenge ◇ nier, démentir * 2656.

翻修 fān xiū。to rebuild, to renovate ◇ retaper, rénover, renouveler * 3105.

翻案 fān àn。to reverse a verdict ◇ faire casser un verdict * 7749.

翻身 fān shēn。to turn round, to turn over; to throw off the yoke ◇ se retourner; s'affranchir * 8830.

飜 fān *4660 采田飞升 | 翻 +4659 | 1° to turn over 2° to cross 3° to rummage, to search 4° to translate 5° to come back, reverse, alternatives 6° to multiply 7° to break up ◇ 1° tourner 2° traverser 3° remuer et chercher 4° traduire 5° retourner, envers, alternatives 6° multiplier 7° se séparer [Etym] 飛 2505 (rad: 183a 9-12), 番 797 [Graph] 422g 041a Z31c Z32d.

釋 shì (798) 采罒土羊 | [Tra] to set free ◇ libérer [Etym] to know (1= 釆 107) after investigation (2,3= 睪 2381) ->release ◇ connaître (1= 釆 107) après enquête (2,3= 睪 2381) ->libérer [Graph] 422g 051a 432a 413c [Ref] k636, ph138, r443, w120b, wa39, wi665 [Hanzi] shi4 釋 4661.

釋 shì *4661 采罒土羊 | 释 -4656 | 1° to explain, to elucidate 2° to clear up 3° to let go, to loosen, to set free, to open out 4° to cease 5° Buddhism ◇ 1° expliquer 2° détacher, dissiper 3° libérer, lâcher 4° cesser 5° bouddhisme [Etym] 采 795 (rad: 165b 7-13), 釋 798 [Graph] 422g 051a 432a 413c.

本 běn (799) 本 |[Tra] root; book ◇ racine; livre [Etym] roots at the bottom of a tree (1=prim> 木 723) ◇ les racines au pied d'un arbre (1=prim> 木 723) [Graph] 422h [Ref] k1247, ph188, r405, w120d, wa39 [Hanzi] ben4 笨 786, bo1 鉢 1181, bo1 钵 1964, ti1 ti3 体 2872, ben3 苯 3669, ben3 本 4662, bo1 缽 7637.

本 běn +4662 本 |1° root 2° origin 3° capital 4° original 5° native 6° this, current, present 7° according to 8° book 9° edition, version ◇ 1° racine 2° origine 3° capital 4° original, volume 5° inné 6° ceci, présent 7° selon 8° cahier [Etym] 木 723 (rad: 075a 4-01), 本 799 [Graph] 422h.

本人 běn rén ∘ oneself, in person; I, myself ◇ soi-même, en personne; moi, je * 1070.

本领 běn lǐng ∘ skill, capacity ◇ talent, habileté, capacité * 1397.

本行 běn háng ∘ one's occupation or profession ◇ métier premier; profession * 3128.

本性 běn xìng ∘ nature ◇ nature * 3262.

本来 běn lái ∘ originally; ever since; really ◇ à l'origine; réellement * 4672.

本地 běn dì ∘ local; a native of ◇ local; lieu d'origine * 4903.

本质 běn zhì ∘ essence, nature ◇ essence, nature * 7194.

本身 běn shēn ∘ itself; in itself ◇ soi-même; propre * 8830.

本事 běn shì ∘ theme; history ◇ thème; histoire * 10387.

未 wèi (800) 未 |[Tra] cycl. charact.; not ◇ caract. cycl.; non [Etym] additional branches (prim> 木 723) ->not mature (# 末 802) ◇ des branches en plus (prim> 木 723) ->pas mûr (# 末802) [Graph] 422i [Hanzi] wei4 未 4663, mei4 妹 5752, wei4 味 8962, mei4 昧 9871, mei4 魅 10741.

未 wèi +4663 未 |1° to have not, did not, not, negation 2° cyclical character: the eighth of the 12 Earthly Branches ◇ 1° ne...pas, négation 2° caractère cyclique: le huitième des 12 Rameaux Terrestres [Etym] 木 723 (rad: 075a 4-01), 未800 [Graph] 422i.

未必 wèi bì ∘ not necessarily ◇ pas nécessairement, il n'est pas certain * 2179.

未来 wèi lái ∘ future ◇ avenir, futur * 4672.

未婚夫 wèi hūn fū ∘ fianc, ◇ fiancé * 5773 1610.

未婚妻 wèi hūn qī ∘ fianc,e ◇ fiancée * 5773 7402.

未免 wèi miǎn ∘ necessarily, unavoidably ◇ nécessairement, inévitablement * 10370.

犛 lí (801) 未攵厂 |[Tra] work wood; to make ◇ travail bois; faire [Etym] falling (3=prim) of a cutdown (2= 攵 340) tree (1= 未 800) ◇ la chute (3=prim) d'un arbre (1= 未 800) bûché (2= 攵 340) [Graph] 422i 243c 721a [Ref] k519, r45e, w120e, wa73, wi601 [Hanzi] mao2 氂 4664, chi2 li2 漦 4665, li2 犛 4666, li2 嫠 4667, li2 釐 4668.

氂 máo *4664 未攵厂毛 |牦 +3451| See ◇ Voir 牦牛 mao2-niu2 3451-3445 [Etym] 毛 403 (rad: 082a 4-11), 犛 801 [Graph] 422i 243c 721a 321g.

漦 chí +4665 未攵厂水 |spittle, mucus ◇ mucus, glaires [Etym] 水 435 (rad: 085a 4-11), 犛 801 [Graph] 422i 243c 721a 331p.

△ lí |spittle, mucus ◇ mucus, glaires.

犛 lí +4666 未攵厂牛 |yak ◇ yak [Etym] 牛 585 (rad: 093a 4-11), 犛 801 [Graph] 422i 243c 721a 414d.

嫠 lí +4667 未攵厂女 |widow ◇ veuve [Etym] 女 1122 (rad: 038a 3-11), 犛 801 [Graph] 422i 243c 721a 611e.

釐 lí *4668 未攵厂里 |厘 -6875| 1° thousandth part of a tael 2° unit of area = 0.666 square meters 3° fraction 4° the least ◇ 1° millième d'once 2° 0.001 pied chinois 3° fraction 4° le moindre [Etym] 里 2368 (rad: 166a 7-11), 犛 801 [Graph] 422i 243c 721a 043j.

末 mò (802) 末 |[Tra] end ◇ fin [Etym] stroke showing the highest branch of a tree (prim< 木 723) ◇ un trait désignant la dernière branche d'un arbre (prim< 木 723) [Graph] 422j [Ref] k1054, ph770, w17j, wi868 [Hanzi] mo4 沫 204, ma1 mo3 mo4 抹 2438, mo4 茉3670, mo4 秣 4527, mo4 末 4669, mo4 靺 5369, mo4 妹 5753, wa4 袜 6634.

末 mò +4669 末 |1° end of a branch 2° tip 3° end, finally 4° small, meanest part of 5° powder 6° dust 7° negative 8° minor details ◇ 1° bout des branches 2° fin, terme, dernier 3° petit 4° chose accessoire, bagatelle 5° poudre 6° sciure 7° négation [Etym] 木 723 (rad: 075a 4-01), 末 802 [Graph] 422j.

末年 mò nián ∘ last years (period, dynasty) ◇ dernières années, dernière période * 3476.

末了 mò liǎo ∘ in the end, finally ◇ à la fin, en fin de compte; finalement * 6540.

末子 mò zǐ ∘ powder; dust ◇ poudre, miette * 6546.

末尾 mò wěi ∘ end ◇ fin, bout, extrémité * 8608.

末路 mò lù ∘ dead end ◇ fin, à l'extrémité * 9353.

朱 zhū (803) 朱 |[Tra] red, vermillion ◇ rouge, vermillon [Etym] a tree and a stem from which to get dye (prim< 未 800) ◇ un arbre dont on extrait la teinture (prim< 未 800) [Graph] 422l [Ref] k681 [Hanzi] zhu1 洙 205, zhu1 銖 1182, zhu1 诛 1733, zhu1 铢1965, zhu1 侏 2873, zhu1 茱 3671, zhu1 株 4199, zhu1

朱4670, zhu1 邾4671, zhu1 珠5111, shu1 姝5754, shu1 殊6427, zhou4 咮8963, zhu1 誅9519, zhu1 硃9682, zhu1 蛛10241.

朱 zhū +4670 |硃2° *9682| 1° bright red, vermilion 2° cinnabar 3° surname ◇ 1° vermillon, rouge brillant 2° cinabre 3° nom de famille [Etym] 木 723 (rad: 075a 4-02), 朱 803 [Graph] 4221.

邾 zhū +4671 |1° place in Hubei 2° state in Zhou Dynasty ◇ 1° lieu du Hubei 2° principauté de la dynastie des Zhou [Etym] 阝1316 (rad: 163b 2-06), 朱 803 [Graph] 4221 634j.

来 lái (804) |[Tra] to come ◇ venir [Etym] modern simplified form of (來 724) ◇ forme simplifiée moderne de (來 724) [Graph] 422m [Ref] k469, ph24, r233, w82a, wa102, wi89, wi354 [Hanzi] lai2 涞206, lai2 錸1966, lai2 徕3136, lai2 莱3672, lai2 梾4200, lai2 来4672, lai4 赉4673, lai2 崍7525, lai4 睐10047.

来 lái +4672 |來 *4093| 1° to come, to arrive 2° to crop up 3° in the future 4° ever since 5° next, encore 6° about 7° final particle expressing the outcome of an action ◇ 1° venir, arriver 2° survenir 3° à venir, futur 4° depuis 5° suivant, revenir 6° environ 7° particule indiquant l'orientation d'une action [Etym] 木 723 (rad: 075a 4-03), 来 804 [Graph] 422m.

来源 lái yuán ∘ source, origin; to originate from ◇ source, origine; venir de, résider dans * 336.

来往 lái wǎng ∘ frequentation ◇ fréquentation, fréquenter * 3140.

来往 lái wàng ∘ to come and go; contact ◇ aller et venir; se voir fréquemment, relations * 3140.

来到 lái dào ∘ to arrive ◇ arriver * 5914.

来历 lái lì ∘ source, origin, background; past history ◇ source, origine; antécédents * 6847.

来宾 lái bīn ∘ guest, visitor ◇ hôte, invité, visiteur * 7765.

来自 lái zì ∘ to come from ◇ venir de * 10153.

来回 lái huí ∘ relations; round trip ◇ relations; aller et retour, va-et-vient * 10965.

赉 lài -4673 |賚 *4102| 1° to give, to bestow 2° to grant ◇ 1° donner, don 2° gratifier, récompenser [Etym] 贝 1796 (rad: 154s 4-07), 来 804 [Graph] 422m 854b.

耒 lěi (805) |[Tra] harrow ◇ herse [Etym] wooden (< 木 723) tool with prongs ◇ un outil de bois (< 木 723) avec des fourchons (prim) [Graph] 422n [Ref] k1282, r468, w27e, wa172, wi446 [Hanzi] lei3 诔1734, lei3 耒4674, lei3 誄9520 [Rad] 127a.

耒 lěi +4674 |harrow ◇ charrue [Etym] 耒 805 (rad: 127a 6-00), [Graph] 422n.

耮 lào *4675 |耢 -4680| woven rake, to rake ◇ râteau ancien, râteler [Etym] 耒 805 (rad: 127a 6-12), 勞 164 [Graph] 422n 231b 231b 851a 732f.

耠 huō +4676 |hoeing ◇ sarcler [Etym] 耒 805 (rad: 127a 6-06), 合 222 [Graph] 422n 233a 012a.

耲 huái +4677 |farmer's tiller, to till ◇ charrue, labourer [Etym] 耒 805 (rad: 127a 6-16), 褱 381 [Graph] 422n 312j 051a 412h.

耗 hào +4678 |1° to use, to spend, to waste 2° to cost 3° bad news ◇ 1° user, dépenser, gaspiller 2° coûter 3° mauvaise nouvelle [Etym] 耒 805 (rad: 127a 6-04), 毛 403 [Graph] 422n 321g.

耖 chào +4679 |second ploughing ◇ second labour [Etym] 耒 805 (rad: 127a 6-04), 少 427 [Graph] 422n 331k.

耢 lào -4680 |耮 *4675| woven rake, to rake ◇ râteau ancien, râteler [Etym] 耒 805 (rad: 127a 6-07), 劳 662 [Graph] 422n 415c 851a 732f.

耕 gēng +4681 |1° to till, to cultivate 2° to earn one's livelihood ◇ 1° labourer, cultiver 2° gagner sa vie [Etym] 耒 805 (rad: 127a 6-04), 井 709 [Graph] 422n 416j.

耕牛 gēng niú ∘ farm cattle ◇ boeuf de labour * 3445.

耕种 gēng zhǒng ∘ to plough, to cultivate, to till ◇ cultiver, labourer, travailler (la terre) * 4580.

耕地 gēng dì ∘ to plough; cultivated land ◇ terre labourée, terre cultivée; labourer * 4903.

耕畜 gēng chù ∘ farm animal ◇ bête de labeur * 6310.

耕具 gēng jù ∘ agricultural implements ◇ instruments aratoires * 8546.

耧 lóu -4682 |耬 *4697| sowing-machine ◇ semoir [Etym] 耒 805 (rad: 127a 6-09), 娄 785 [Graph] 422n 422f 611e.

耤 zhí (806) |[Tra] property (imperial) ◇ propriété (impérial) [Etym] harrow (1= 耒 805); phon {xi2: meat (2=prim) sun drying (3= 日 2169)} ◇ herse (1= 耒 805); phon {xi2: viande (2=prim) au soleil (3= 日 2169)} [Graph] 422n 436b 021a [Hanzi] ji2 籍787, ji2 jie4 藉3673.

耩 jiǎng +4683 |to sow ◇ ensemencer, semer [Etym] 耒 805 (rad: 127a 6-10), 冓1012 [Graph] 422n 436g 858c.

耘 yún +4684 |1° to weed 2° to plough ◇ 1° sarcler, arracher les mauvaises herbes 2° labourer [Etym] 耒 805 (rad: 127a 6-04), 云1152 [Graph] 422n 612d.

耔 zǐ +4685 |to earth up ◇ butter [Etym] 耒 805 (rad: 127a 6-03), 子 1303 [Graph] 422n 634d.

耨 nòu +4686 |鎒 *1239| hoe, to weed ◇ houe, biner, sarcler [Etym] 耒 805 (rad: 127a 6-10), 辱 1357 [Graph] 422n 721a 312f 332b.

耱 mò +4687 |woven rake, to rake ◇ râteau ancien, râteler [Etym] 耒 805 (rad: 127a

木 朱 来 耒

6-16), 磨 1386 [Graph] 422n 721b 422a 422a 013b.

耞 jiā +4688 耒力口 | See ◇ Voir 连耞 lian2-jia1 6356-4688 [Etym] 耒 805 (rad: 127a 6-05), 加 1492 [Graph] 422n 732f 011a.

耪 pǎng +4689 耒亠方 | to loosen soil with a hoe ◇ labourer la terre avec une herse, râteler [Etym] 耒 805 (rad: 127a 6-10), 旁 1732 [Graph] 422n 851e 853b.

耥 tǎng +4690 耒尚口 | to weed and loosen the soil ◇ sarcler et ameublir la terre [Etym] 耒 805 (rad: 127a 6-08), 尚 1879 [Graph] 422n 857j 011a.

耥耙 tǎng pá ◦ paddy-field harrow ◇ herse ✱ 4693.

耡 chú *4691 | 锄、鉏 -2075、*1297 | hoe, to hoe ◇ houe, 耒且力 travailler avec une houe [Etym] 耒 805 (rad: 127a 6-07), 助 1931 [Graph] 422n 921a 732f.

耰 yōu +4692 耒㝁心夊 | 1° hoe 2° to cover in seed, to draw earth over newly sown grain ◇ 1° herse fine 2° couvrir un semis [Etym] 耒 805 (rad: 127a 6-15), 憂 1945 [Graph] 422n 924b 321c 633e.

耙 bà +4693 | 䎱 *4696 | to harrow ◇ herse, herser 耒巴 [Etym] 耒 805 (rad: 127a 6-04), 巴 2014 [Graph] 422n 933c.

△ pá | 鈀 钯 *1308、*2085 | to rake, rake ◇ râteler, râteau.

耜 sì +4694 耒㠯 | 枱 *4401 | 1° spade 2° spade-shaped farm tool ◇ 1° soc (d'araire ou de charrue) 2° bêche [Etym] 耒 805 (rad: 127a 6-05), 㠯 2017 [Graph] 422n 934b.

> 耦 ǒu (807) 耒禺 | [Tra] two furrows; mate ◇ deux sillons; amis [Etym] harrow (1= 耒 805) ->farmers; phon, monkey (2= 禺 2372) ◇ herse (1= 耒 805) -> paysans; phon, singe (2= 禺 2372) [Graph] 422n 0431 [Hanzi] ou3 藕 3674, ou3 耦 4695.

耦 ǒu +4695 耒禺 | 1° two furrows 2° in pairs 3° mate ◇ 1° deux sillons 2° couple, paire 3° compagnon, associé, époux [Etym] 耒 805 (rad: 127a 6-09), 耦 807 [Graph] 422n 0431.

䎱 bà *4696 耒罒厶月匕匕 | 耙 +4693 | to harrow ◇ herse, herser [Etym] 耒 805 (rad: 127a 6-15), 罷 2387 [Graph] 422n 051a 612a 856e 321b 321b.

耬 lóu *4697 耒婁女 | 耧 -4682 | sowing-machine ◇ semoir [Etym] 耒 805 (rad: 127a 6-10), 婁 2572 [Graph] 422n Z61f 611e.

工 431

> 工 gōng (808) 工 | [Tra] work ◇ travail [Etym] {1} carpenter's square (prim); {2} mallet, maul (prim) ◇ {1} équerre d'un charpentier (prim); {2} maillet (prim) [Graph] 431a [Ref] h477, r7h, w82a, wi682 [Hanzi] jiang1 江 207, tong2 仝 1104, hong4 讧 1735, gang1 kang2 扛 2439, gang4 杠 4201, gong1 工 4698, wu1 巫 4699, gong1 攻 4704, gong3 汞 4705, qiong2 邛 4706, gong1 功 4707, gong4 贡 4708, gong4 貢 4710, xiang4 項 4711, shi4 式 5509, gong1 hong2 红 5976, gong1 hong2 紅 6145, qiu2 巯 6495, gang1 缸 7638, kong1 kong4 空 7811, gang1 肛 8126, chuan2 舡 8302, ju4 巨 8803, qi4 器 9173, jiang1 豇 9430, hong4 訌 9521, hong2 jiang4 虹 10242, hong2 魟 10483, hong2 鱼工 10576 [Rad] 048a.

工 gōng +4698 工 | 1° work, worker 2° labor 3° project 4° industry 5° day of work 6° skill ◇ 1° travail, ouvrier, oeuvre 2° labeur 3° projet (construction) 4° industrie 5° journée de travail 6° ingénieux, habileté [Etym] 工 808 (rad: 048a 3-00), [Graph] 431a.

工资 gōng zī ◦ salary ◇ salaire; appointements ✱ 11.

工人 gōng rén ◦ worker ◇ ouvrier ✱ 1070.

工会 gōng huì ◦ union (workers) ◇ syndicat ✱ 1382.

工夫 gōng fū ◦ time; space of time; leisure time ◇ temps; laps de temps; moment de loisir ✱ 1610.

工钱 gōng qián ◦ pay, wages ◇ salaire ✱ 1995.

工作 gōng zuò ◦ to work ◇ travailler ✱ 2850.

工作 gōng zuō ◦ work ◇ travail ✱ 2850.

工艺美术 gōng yì měi shù ◦ arts and crafts ◇ métier d'art, art artisanal ✱ 4026 5218 4595.

工艺品 gōng yì pǐn ◦ handicraft ◇ article d'art ✱ 4026 9179.

工程 gōng chéng ◦ construction; work, project ◇ construction, travaux; ouvrage ✱ 4569.

工程师 gōng chéng shī ◦ engineer ◇ ingénieur ✱ 4569 2752.

工地 gōng dì ◦ yard, working site ◇ chantier ✱ 4903.

工业 gōng yè ◦ industry ◇ industrie ✱ 5328.

工业化 gōng yè huà ◦ to industrialize ◇ industrialiser ✱ 5328 2834.

工厂 gōng chǎng ◦ factory, industrial plant ◇ usine, fabrique ✱ 6814.

工农 gōng nóng ◦ workers and peasants ◇ ouvriers et paysans ✱ 7889.

工具 gōng jù ◦ tool, implement ◇ outil, instrument, outillage ✱ 8546.

> 巫 wū (809) 工人人 | [Tra] witch, magic ◇ sorcière, magie [Etym] the work (1= 工 808) of two shamans (2,3= 人 170) dancing ◇ le travail (1= 工 808) de deux shamans (2,3= 人 170) dansants [Graph] 431a 232a 232a [Ref] r36f [Hanzi] shi4 筮 788, wu1 诬 1736, wu1 巫 4699, xi2 觋 4700, xi2 覡 4701, wu2 鹀 4702, wu2 鵐 4703, yi1 毉 7299, ling2 靈 8458, wu1 誣 9522.

巫 wū +4699 工人人 | 1° witch, magic, shaman 2° surname ◇ 1° sorcière 2° nom de famille [Etym] 工 808 (rad: 048a 3-04), 巫 809 [Graph] 431a 232a 232a.

觋 xí -4700 工人人见 | 覡 *4701 | witch, wizard ◇ devin, magicien [Etym] 见 1801 (rad: 147s 4-07), 巫 809 [Graph] 431a 232a 232a 854c.

覡 xí *4701 工人人見 | 觋 -4700 | witch, wizard ◇ devin, magicien [Etym] 見 2255 (rad: 147a 7-07),

巫809 [Graph] 431a 232a 232a 023c.

鸡 wú 4702 工人人鸟 |鴉 *4703| bunting ◇ bruant [Etym] 鸟 2494 (rad: 196s 5-07), 巫 809 [Graph] 431a 232a 232a Z22e.

鴉 wú *4703 工人人鳥 |鸡 4702| bunting ◇ bruant [Etym] 鳥 2500 (rad: 196a 11-07), 巫 809 [Graph] 431a 232a 232a Z22h.

攻 gōng +4704 工攵 |1° to assault, to attack 2° to accuse 3° to specialize in ◇ 1° attaquer, combattre 2° critiquer 3° s'appliquer à, s'adonner à [Etym] 攵 340 (rad: 066b 4-03), 工 808 [Graph] 431a 243c.

攻击 gōng jī。to attack, to assault ◇ attaquer, combattre; s'en prendre à * 7647.

攻占 gōng zhàn。to conquer; to subdue ◇ conquérir, soumettre par la force * 9798.

汞 gǒng (810) 工水 |[Tra] mercury; quicksilver ◇ mercure; vif argent [Etym] fluid (2= 水 435); phon (1= 工 808) ◇ liquide (2= 水 435); phon (工 808) [Graph] 431a 331p [Ref] r36f, w82a [Hanzi] gong3 銾 1183, gong3 汞 4705.

汞 gǒng +4705 工水 |銾 *1183| mercury, quicksilver ◇ mercure, vif argent [Etym] 水435 (rad: 085a 4-03), 工 808 [Graph] 431a 331p.

邛 qióng (811) 工阝 |[Tra] mountain in Sichuan ◇ mont du Sichuan [Etym] city, country (2= 阝 1316); phon (1= 工 808) ◇ ville, pays (2= 阝 1316); phon (1= 工 808) [Graph] 431a 634j [Ref] h1262, w82a, wi909 [Hanzi] qiong2 筇 789, qiong2 邛 4706.

邛 qióng +4706 工阝 |[Etym] 阝 1316 (rad: 163b 2-03), 工 808 [Graph] 431a 634j.

邛崃 qióng lái。peak in Sichuan ◇ montagne du Sichuan * 7525.

功 gōng (812) 工力 |[Tra] achievement ◇ exploit [Etym] work (1= 工 808) and strength (2= 力 1489) ◇ travail (1= 工 808) et force (2= 力 1489) [Graph] 431a 732f [Hanzi] gong1 功 4707.

功 gōng +4707 工力 |1° merit 2° achievement, exploit 3° skill 4° work 5° effect ◇ 1° mérite 2° exploit 3° habileté 4° oeuvre 5° effet [Etym] 力 1489 (rad: 019a 2-03), 功 812 [Graph] 431a 732f.

功夫 gōng fū。available time ◇ temps disponible * 1610.

功课 gōng kè。exercise, task, lesson ◇ devoir, leçon; cours, étude * 1829.

功劳 gōng láo。merit, achievement ◇ mérite, exploit; contribution * 3836.

贡 gòng (813) 工贝 |[Tra] taxe, to grant ◇ tribut, accorder [Etym] modern simplified form of (貢 814) ◇ forme simplifiée moderne de (貢 814) [Graph] 431a 854b [Ref] k470, ph226, w11f, wa102, wi518 [Hanzi] gong4 贡 4708, gong4 唝 8964.

贡 gòng -4708 工贝 |貢 *4710| 1° taxes, tribute 2° to grant 3° first choice 4° proper noun ◇ 1° taxes, tribut 2° offrir en tribut, accorder 3° de premier choix 4° nom propre [Etym] 贝 1796 (rad: 154s 4-03), 贡 813 [Graph] 431a 854b.

贡献 gòng xiàn。to offer, to contribute; sacrifice ◇ présenter, contribuer; sacrifice * 8358.

项 xiàng -4709 工页 |項 *4711| 1° nape, neck 2° measure word (item, kind, sort) 3° sum, revenue 4° term 5° surname ◇ 1° nuque, cou 2° spécificatif (article, espèce, sorte) 3° somme, revenu 4° terme 5° nom de famille [Etym] 工 808 (rad: 048a 3-06), 页 1802 [Graph] 431a 854d.

项链 xiàng liàn。necklace ◇ collier * 2005.

项目 xiàng mù。item, project ◇ article, numéro (programme), projet * 10016.

项象 xiàng xiàng。phenomenon ◇ phénomène * 10385.

貢 gòng (814) 工貝 |[Tra] taxe, to grant ◇ tribut, accorder [Etym] salaries (2= 貝 2246) for work (1= 工 808) ◇ un salaire (2= 貝 2246) pour le travail (1= 工 808) [Graph] 431a 023b [Ref] h37, k855, r43, w5a, wa195, wi91 [Hanzi] gan4 贛 675, gang4 槓 4202, gong4 貢 4710, gong4 嗊 8965.

貢 gòng *4710 工貝 |贡 -4708| 1° taxes, tribute 2° to grant 3° first choice 4° proper noun ◇ 1° taxes, tribut 2° offrir en tribut, accorder 3° de premier choix 4° nom propre [Etym] 貝 2246 (rad: 154a 7-03), 貢 814 [Graph] 431a 023b.

項 xiàng (815) 工頁 |[Tra] neck; sum ◇ cou; revenu [Etym] loads (1= 工 808) carried behind head (2= 首 2268) ◇ des fardeaux (1= 工808) portés derrière la tête (2= 首 2268) [Graph] 431a 023f [Ref] k907, ph393, w124b [Hanzi] hong4 澒 209, xiang4 項4711.

項 xiàng *4711 工頁 |项 -4709| 1° nape, neck 2° measure word (item, kind, sort) 3° sum, revenue 4° term 5° surname ◇ 1° nuque, cou 2° spécificatif (article, espèce, sorte) 3° somme, revenu 4° terme 5° nom de famille [Etym] 頁 2267 (rad: 181a 9-03), 項 815 [Graph] 431a 023f.

巧 qiǎo (816) 工丂 |[Tra] skilful; cunning ◇ adroit; ingénieux [Etym] carpenter square, work (1= 工 808); phon, toil (2= 丂 2475) ◇ équerre, travail (1= 工 808); phon, effort (2= 丂2475) [Graph] 431a Z21b [Ref] h1367, k908, w124b, wi547 [Hanzi] qiao3 巧 4712, qiao4 窍 7812.

巧 qiǎo +4712 工丂 |1° skillful, cunning, artful 2° coincidentally ◇ 1° adroit, ingénieux, malin 2° opportun, par coincidence [Etym] 工808 (rad: 048a 3-02), 丂 2475 [Graph] 431a Z21b.

巧合 qiǎo hé。coincidence ◇ coïncider * 1481.

巧妙 qiǎo miào。clever; ingenious ◇ de grande adresse, ingénieux, subtil, habile

✱ 5744.

巧克力 qiǎo kè lì ∘ chocolate ◇ chocolat ✱ 9816 7259.

巩 gǒng (817) 工凡 | [Tra] to clasp ◇ embrasser [Etym] hand grasping (2=prim); phon (1= 工 808) ◇ une main en train d'agripper (2=prim); phon (1= 工 808) [Graph] 431a Z33b [Ref] k349, r310 [Hanzi] zhu2 zhu4 筑 790, gong3 巩 4713, kong3 恐 4714, gong3 鞏 4715, qiong2 跫 4716, qiong2 蛩 4717.

巩 gǒng -4713 工凡 | 鞏 *4715 | 1° to clasp 2° to embrace 3° to beat 4° to consolidate 5° surname ◇ 1° agrafer 2° embrasser, étreindre, presser 3° consolider 4° nom propre [Etym] 工 808 (rad: 048a 3-03), 巩 817 [Graph] 431a Z33b.

巩固 gǒng gù ∘ consolidated, reinforced ◇ consolidé, renforcé; solide, ferme ✱ 10971.

恐 kǒng +4714 工凡心 | 1° to fear, to be afraid, to terrify 2° perhaps ◇ 1° craindre, effrayer 2° de peur que, peut-être que [Etym] 心 397 (rad: 061a 4-06), 巩 817 [Graph] 431a Z33b 321c.

恐怖 kǒng bù ∘ terror; to terrify ◇ épouvantable, effrayant, terrifié ✱ 3224.

恐慌 kǒng huāng ∘ afraid, scared ◇ effrayé, terrifié; panique ✱ 3243.

恐惧 kǒng jù ∘ to fear, to dread ◇ craindre, avoir peur de ✱ 3332.

恐怕 kǒng pà ∘ to be afraid, to fear, dread; perhaps ◇ craindre , avoir peur de; peut-être; de peur que ✱ 3363.

鞏 gǒng *4715 工凡廿申 | 巩 -4713 | 1° to clasp 2° to embrace 3° to beat 4° to consolidate 5° surname ◇ 1° agrafer 2° embrasser, étreindre, presser 3° consolider 4° nom propre [Etym] 革 992 (rad: 177a 9-06), 巩 817 [Graph] 431a Z33b 436a 031e.

跫 qióng +4716 工凡足 | tramp of men marching, sound of footsteps ◇ bruit de pas [Etym] 足 2117 (rad: 157a 7-06), 巩 817 [Graph] 431a Z33b 011f.

蛩 qióng +4717 工凡虫 | cricket, locust ◇ criquet, locuste [Etym] 虫 2282 (rad: 142a 6-06), 巩 817 [Graph] 431a Z33b 031d.

上 shàng (818) 上 | [Tra] up, over, on ◇ haut, sur [Etym] space above a line (prim) ◇ un espace au-dessus d'une ligne (prim) [Graph] 431b [Ref] h173, k1174, ph323, r434, w113a, wa28, wi55, wi131 [Hanzi] rang4 让 1737, shang3 shang4 上 4718, tan3 忐 4719, shu1 尗 4720.

上 shǎng +4718 上 | falling-rising tone, third tone in modern Chinese ◇ troisième ton dans la langue moderne [Etym] 一 3 (rad: 001a 1-02), 上 818 [Graph] 431b.

△ shàng | 1° up, upwards, to go up, over, above 2° superior, better 3° first, previous, preceding, before 4° emperor 5° to leave for, to go to (school, work) 6° to submit 7° to apply (ointment) ◇ 1° en haut, au-dessus, sur, haut, monter 2° supérieur 3° premier, précédent, antérieur 4° souverain 5° partir pour, aller à (classe, travail) 6° se soumettre 7° appliquer (remède).

上冻 shàng dòng ∘ to freeze ◇ geler ✱ 31.

上游 shàng yóu ∘ upper reaches of a river ◇ amont, cours supérieur ✱ 439.

上海 shàng hǎi ∘ Shanghai ◇ Shanghai ✱ 631.

上等 shàng děng ∘ first-rate, first-class, superior ◇ supérieur, meilleur, excellent, de première qualité ✱ 792.

上头 shàng tóu ∘ above ◇ dessus ✱ 1598.

上诉 shàng sù ∘ to appeal (to a higher court) ◇ faire appel (jurid.) ✱ 1774.

上课 shàng kè ∘ to take or to give a course; to attend lectures ◇ suivre un cours, donner un cours ✱ 1829.

上衣 shàng yī ∘ jacket ◇ veste, veston ✱ 2140.

上操 shàng cāo ∘ to go in for sports ◇ aller faire du sport ✱ 2670.

上任 shàng rèn ∘ to take up a post ◇ rejoindre son poste ✱ 2889.

上下 shàng xià ∘ about, approximately ◇ environ ✱ 3204.

上午 shàng wǔ ∘ morning ◇ matin, avant-midi, matinée ✱ 3417.

上千 shàng qiān ∘ one thousand ◇ un millier ✱ 3419.

上升 shàng shēng ∘ to rise, to go up ◇ s'élever, monter, s'accroître ✱ 4044.

上述 shàng shù ∘ aforesaid, above-mentioned ◇ susmentionné ✱ 4596.

上来 shàng lái ∘ to come up to ◇ monter en direction de ✱ 4672.

上去 shàng qù ∘ to go up towards ◇ monter vers (éloignement) ✱ 4870.

上班 shàng bān ∘ to go to work, to start work ◇ aller au travail; commencer le travail, la classe ✱ 5095.

上级 shàng jí ∘ superior, higher level ◇ supérieur ✱ 6015.

上司 shàng sī ∘ superior, boss ◇ supérieur (hiérarchique) ✱ 7236.

上边 shàng biān ∘ above ◇ dessus ✱ 7260.

上当 shàng dàng ∘ cheated, wronged, to be fooled ◇ dupé, trompé ✱ 7380.

上帝 shàng dì ∘ God ◇ Dieu ✱ 7850.

上学 shàng xué ∘ to go to school, to attend school ◇ aller à l'école, fréquenter l'école ✱ 7854.

上市 shàng shì ∘ to appear on the market ◇ apparaître au marché (produits saisonniers) ✱ 8470.

上映 shàng yìng ∘ to screen; to show a film ◇ passer à l'écran (film) ✱ 9941.

上面 shàng miàn ∘ above, top ◇ dessus ✱ 10929.

忐 tǎn +4719 上心 | [Etym] 心 397 (rad: 061a 4-03), 上 818 [Graph] 431b 321c.

忐忑 tǎn tè。perturbed, fidgety ◇ craintif, timide, effrayé, agité * 3205.

朩 shū (819) 上小 |[Tra] beans ◇ légumineuses, pois [Etym] the plant with husks pending (1,2=prim) ◇ la plante avec ses gousses pendantes (1, 2=prim) [Graph] 431b 331j [Ref] ph323, r450, w113a [Hanzi] shu1 朩 4720, shu1 叔 4721.

朩 shū *4720 上小 |菽 -3675| 1° beans 2° pulse, coarse food ◇ 1° fèves, pois, légumineuses, vesces 2° nourriture grossière [Etym] 小 424 (rad: 042a 3-03), 朩 819 [Graph] 431b 331j.

叔 shū (820) 上小又 |[Tra] uncle ◇ frère cadet du père [Etym] hand (3= 又 1271) collecting beans (1,2= 朩 819). {?}->uncle ◇ une main (3= 又 1271) ramassant des pois (1,2= 朩 819). {?}->oncle [Graph] 431b 331j 633a [Ref] k725, r41c, w113b, wi626 [Hanzi] shu1 淑 212, chu4 ti4 俶 2874, shu1 菽 3675, jiao1 椒 4203, shu1 叔 4721, du1 督 4722, ji4 寂 7728, cu4 踧 9326.

叔 shū +4721 上小又 |1° father's younger brother 2° uncle 3° form of address to husband's younger brother ◇ 1° frère cadet du père 2° oncle 3° appellation du frère cadet de son mari [Etym] 又 1271 (rad: 029a 2-06), 叔 820 [Graph] 431b 331j 633a.

叔父 shū fù。uncle (father's younger brother) ◇ oncle (frère cadet du père) * 1674.

叔叔 shū shū。uncle (father's younger brother) ◇ oncle (frère cadet du père) * 4721.

叔母 shū mǔ。aunt (father's younger brother's wife) ◇ tante (femme du frère cadet du père) * 11296.

督 dū +4722 上小又目 |1° to inspect, to watch over 2° to rule ◇ 1° inspecter, surveiller 2° gouverner [Etym] 目 2239 (rad: 109a 5-08), 叔 820 [Graph] 431b 331j 633a 023a.

督促 dū cù。to inspect, to watch for ◇ surveiller, contrôler; presser, pousser * 3038.

卡 qiǎ (821) 上卜 |[Tra] customs barrier ◇ poste de douane [Etym] symboling passage from bottom to top (prim> 上 818, 下 549) ◇ symbôle d'un passage de bas en haut (prim> 上 818, 下 549) [Graph] 431b 412c [Ref] w113b [Hanzi] ka3 佧 2875, ka3 qia3 卡 4723, ka3 胩 8127, ka3 咔 8966.

卡 kǎ +4723 上卜 |1° to block, to check, guard-house at a pass, customs' barrier 2° short for calorie ◇ 1° poste frontière, poste de douane 2° abréviation de calorie [Etym] 卜 548 (rad: 025a 2-03), 卡 821 [Graph] 431b 412c.

△ qiǎ |1° to wedge, to get stuck 2° fastener 3° checkpoint, customs' barrier, guard-house at a pass 4° passage ◇ 1° coincer, bloquer 2° fermoir 3° poste frontière 4° passage.

長 (822) 镸𠄌 |[Tra] long; to excel ◇ long; exceller en [Etym] long hairs tied with a brooch (1, 2=prim) (> 镸 823) ◇ de longs cheveux ramassés par une épingle (1,2=prim) (> 镸 823) [Graph] 431c 312d [Ref] k1129, ph32, r76, w81a, wa74, wi66 [Hanzi] chang1 倀 2876, chang4 悵 3255, chang2 萇 3676, cheng2 棖 4204, chang2 zhang3 長 4724, chang4 韔 7365, zhang4 脹 8128, zhang4 帳 8387, zhang4 賬 10118, zhang1 張 11253 [Rad] 168a.

長 cháng *4724 镸𠄌 |长 -2139| 1° to excel 2° long (of time or space) 3° steadily ◇ 1° exceller en 2° long, durable 3° constant [Etym] 長 822 (rad: 168a 8-00), [Graph] 431c 312d.

△ zhǎng |长 -2139| 1° older, senior, eldest 2° chief, head 3° to grow 4° to form 5° to acquire 6° to excel 7° surname ◇ 1° plus âgé 2° chef, tête 3° grandir 4° se former 5° acquérir 6° exceller en 7° nom de famille.

镸 cháng (823) 镸厶 |[Tra] long ◇ long [Etym] altenative primogramme for (長 822) ◇ autre graphie primitive pour (長 822) [Graph] 431c 612a [Hanzi] tao4 套 1551, si4 肆 4757 [Rad] 168b.

髟 bāo (824) 镸厶彡 |[Tra] long locks of hair ◇ boucles de cheveux [Etym] long (1,2= 長 822) hairs (3= 彡 76) {radical 190} ◇ de longs (1, 2= 長 822) cheveux (3= 彡 76) {radical 190} [Graph] 431c 612a 211c [Ref] k1064, ph755, w13c, wa81, wi455 [Rad] 190a.

鬚 xū *4725 镸厶彡彡頁 |See ◇ Voir 須 635 [Etym] 髟 824 (rad: 190a 10-12), 須 79 [Graph] 431c 612a 211c 211c 023f.

髽 zhuā +4726 镸厶彡人人土 |to dress the hair ◇ chignon de fille [Etym] 髟 824 (rad: 190a 10-07), 坐 172 [Graph] 431c 612a 211c 232a 232a 432a.

髮 fà *4727 镸厶彡犮 |发 -6813| hair of the human head ◇ cheveux [Etym] 髟 824 (rad: 190a 10-05), 犮 298 [Graph] 431c 612a 211c 242j.

鬈 quán +4728 镸厶彡龹㔾 |ringlets (hair), curly, wavy ◇ boucles, bouclé, frisé [Etym] 髟 824 (rad: 190a 10-08), 卷 312 [Graph] 431c 612a 211c 242p 733a.

鬒 zhěn *4729 镸厶彡匕目⺅ |鬒 +4749 、 黰 *10407| thick hair ◇ chevelure épaisse, chevelure noire [Etym] 髟 824 (rad: 190a 10-10), 眞 394 [Graph] 431c 612a 211c 321b 023a 711b.

髦 máo +4730 镸厶彡毛 |See ◇ Voir 时髦 shi2-mao2 9861-4730 [Etym] 髟 824 (rad: 190a 10-04), 毛 403 [Graph] 431c 612a 211c 321g.

髡 kūn +4731 镸厶彡兀 |髨 *4754| to shave the head (ancient punishment) ◇ tête tondue, nue (châtiment ancien) [Etym] 髟 824 (rad: 190a 10-03), 兀 407 [Graph] 431c 612a 211c 322c.

髹 xiū +4732 镸厶彡亻木 |髤 *4733| to paint with lacquer ◇ laquer [Etym] 髟 824 (rad: 190a 10-06), 休 492 [Graph] 431c 612a 211c 411e 422a.

髤 xiū *4733 镸厶彡木 |髹 +4732| to paint with lacquer ◇ laquer [Etym] 髟 824 (rad: 190a 10-04), 木 723 [Graph] 431c 612a 211c 422a.

鬆 sōng *4734 镸厶彡木公 |See ◇ Voir 松 4262 [Etym] 髟 824 (rad: 190a 10-08), 松 744

[Graph] 431c 612a 211c 422a 612h.

鬏 jiū +4735 镸厶彡禾火 | 1° bun, chignon 2° knot ◇ 1° chignon, couette 2° noeud [Etym] 髟 824 (rad: 190a 10-09), 秋 761 [Graph] 431c 612a 211c 422d 231b.

鬁 lì *4736 镸厶彡禾刂 | See ◇ Voir 瘌 8444 [Etym] 髟 824 (rad: 190a 10-07), 利 765 [Graph] 431c 612a 211c 422d 333b.

髻 jì +4737 镸厶彡士口 | chignon, bun (of hair) ◇ chignon de fille [Etym] 髟 824 (rad: 190a 10-06), 吉 876 [Graph] 431c 612a 211c 432b 011a.

鬐 qí +4738 镸厶彡耂匕日 | horse's mane ◇ crinière [Etym] 髟 824 (rad: 190a 10-10), 耆 890 [Graph] 431c 612a 211c 432c 321b 021a.

髭 zī +4739 镸厶彡止匕 | mustache ◇ moustache [Etym] 髟 824 (rad: 190a 10-06), 此 955 [Graph] 431c 612a 211c 434a 321b.

鬣 liè +4740 镸厶彡巛囟鼠 | 1° stiff hair 2° bristles 3° mane ◇ 1° cheveux raides 2° longue barbe 3° crinière [Etym] 髟 824 (rad: 190a 10-16), 巤 1120 [Graph] 431c 612a 211c 611c 061b 312k.

髫 tiáo +4741 镸厶彡刀口 | 1° tuft of hair on children's heads, quiff 2° children ◇ 1° toupet 2° enfants [Etym] 髟 824 (rad: 190a 10-05), 召 1479 [Graph] 431c 612a 211c 732a 011a.

髢 dí +4742 镸厶彡也 | false or unbound hair, wig ◇ cheveux faux ou défaits, perruque [Etym] 髟 824 (rad: 190a 10-03), 也 1502 [Graph] 431c 612a 211c 733c.

鬢 bìn *4743 镸厶彡宀少貝 | 鬓 -4745 | hair on the temples ◇ cheveux aux tempes [Etym] 髟 824 (rad: 190a 10-14), 賓 1674 [Graph] 431c 612a 211c 851c 331i 023b.

鬃 zōng -4744 镸厶彡宀示 | 騣、鬃 *11031、*11066 | 1° hair on the neck (pig, horse, etc.) 2° wig ◇ 1° crin (d'un cheval, porc, etc.), crinière 2° perruque, chignon [Etym] 髟 824 (rad: 190a 10-08), 宗 1675 [Graph] 431c 612a 211c 851c 331l.

鬓 bìn -4745 镸厶彡宀兵 | 鬢 *4743 | hair on the temples ◇ cheveux aux tempes [Etym] 髟 824 (rad: 190a 10-10), 宾 1703 [Graph] 431c 612a 211c 851c 722h.

髣 fǎng *4746 镸厶彡方 | See ◇ Voir 仿 2999 [Etym] 髟 824 (rad: 190a 10-04), 方 1784 [Graph] 431c 612a 211c 853b.

鬅 péng +4747 镸厶彡月月 | loose hanging hair ◇ cheveux épars [Etym] 髟 824 (rad: 190a 10-08), 朋 1836 [Graph] 431c 612a 211c 856e 856e.

髯 rán +4748 镸厶彡冉 | 1° whiskers 2° beard ◇ 1° favoris 2° barbe [Etym] 髟 824 (rad: 190a 10-05), 冉 1888 [Graph] 431c 612a 211c 858c.

鬒 zhěn +4749 镸厶彡真 | 鬒、顛 *4729、*10407 | thick hair ◇ chevelure épaisse, chevelure noire [Etym] 髟 824 (rad: 190a 10-10), 真 1936 [Graph] 431c 612a 211c 921f.

鬍 hú *4750 镸厶彡古月 | See ◇ Voir 弧 11248 [Etym] 髟 824 (rad: 190a 10-09), 胡 2158 [Graph] 431c 612a 211c 013f 856e.

鬘 mán +4751 镸厶彡曰罒又 | pretty hairdo ◇ belle coiffure [Etym] 髟 824 (rad: 190a 10-11), 曼 2211 [Graph] 431c 612a 211c 021a 051a 633a.

鬎 là *4752 镸厶彡束刂 | 瘌 +7132 | See ◇ Voir 瘌痢 la4-li4 7132-7049 [Etym] 髟 824 (rad: 190a 10-09), 剌 2299 [Graph] 431c 612a 211c 032g 333b.

鬟 huán +4753 镸厶彡罒口衣 | 1° slave girl's hair done up 2° bun (of hair) 3° servant ◇ 1° coiffure des servantes 2° chignon 3° fille de service [Etym] 髟 824 (rad: 190a 10-13), 睘 2394 [Graph] 431c 612a 211c 051a 012a 312h.

髡 kūn *4754 镸厶彡几 | 髠 +4731 | to shave the head (ancient punishment) ◇ tête tondue, nue (châtiment ancien) [Etym] 髟 824 (rad: 190a 10-02), 几 2516 [Graph] 431c 612a 211c Z33a.

鬀 tì *4755 镸厶彡弟 | 剃 薙 +11277、+3579 | to shave ◇ raser [Etym] 髟 824 (rad: 190a 10-07), 弟 2552 [Graph] 431c 612a 211c Z42f.

髴 fú *4756 镸厶彡弗 | 佛 彿 +3098、*3183 | See ◇ Voir 仿佛 fang3-fu2 2998-3098 [Etym] 髟 824 (rad: 190a 10-05), 弗 2553 [Graph] 431c 612a 211c Z42g.

肆 sì (825) 镸厶聿 | [Tra] wanton; then ◇ déchaîné; ensuite [Etym] to write (3= 聿 1569) a long (1,2= 長 822) speech ◇ écrire (3= 聿 1569) un long (1,2= 長 822) discours [Graph] 431c 612a 833e [Hanzi] si4 肆 4757.

肆 sì +4757 镸厶聿 | 1° wanton, unbridled 2° four (numeral on cheque etc.) 3° shop 4° then ◇ 1° déchaîné, se livrer à ses caprices 2° quatre (en grande écriture) 3° boutique 4° ensuite [Etym] 聿 1568 (rad: 129a 6-07), 肆 825 [Graph] 431c 612a 833e.

土 432

土 tǔ (826) 土 | [Tra] earth ◇ terre [Etym] two layers of earth producing all plants (prim) ◇ deux couches de terre d'où sortent les plantes (prim) [Graph] 432a [Ref] h133, k811, ph238, r32e, r38f, r301, w79b, wa19, wi125, wi994 [Hanzi] zao4 灶 971, tu3 釷 1184, tu3 钍 1967, chen2 尘 2242, she4 社 2258, mu3 牡 3455, du4 芏 3678, du4 杜 4205, tu3 土 4758, si4 寺 4781, zhi2 執 4798, yao2 垚 4824, yao2 堯 4825, xu4 壻 4859, jin3 堇 5403, lei3 垒 5897, she4 社 6575, zhuang1 庄 6910, sai1 sai4 se4 塞 7739, tang2 堂 7868, kun1 kun1 堃 7947, du3 du4 肚 8129, ken3 垦 8719, tu3 tu4 吐 8967 [Rad] 032a.

土 tǔ +4758 土 | 1° soil, earth 2° ground, land 3° local 4° indigenous, aborigines 5° unrefined, uncouth 6° dust 7° opium ◇ 1° sol, terre 2° terrain, lot, pays 3° local, propre au terroir 4° indigène, autochtone 5° vulgaire, non raffiné 6° poussière 7° opium [Etym] 土 826 (rad: 032a 3-00), [Graph] 432a.

土话 tǔ huà ◦ local dialect ◇ dialecte local, argot * 1821.

土壤 tǔ rǎng ◦ soil ◇ sol * 4776.

土地 tǔ dì ◦ ground, earth ◇ terre, terrain, sol, territoire * 4903.

土坝 tǔ bà ◦ earth-filled dam ◇ barrage en terre * 4918.

土产 tǔ chǎn。local products ◇ produits locaux ✱ 6991.

土豆 tǔ dòu。potato ◇ pomme de terre ✱ 9427.

垃 lā +4759 土立 | [Etym] 土 826 (rad: 032a 3-05), 立 80 [Graph] 432a 221a.

垃圾 lā jī。rubbish ◇ ordure, immondices ✱ 4886.

壠 lǒng *4760 土立月 | 垄 -2226、壟 *653 | 1° ridge (in a field), raised path 2° to monopolize ◇ 1° tertre, monticule, talus 2° monopoliser [Etym] 土 826 (rad: 032a 3-17), 龍 86 [Graph] 432a 221a 856e Z41b.

培 péi +4761 土立口 | 1° to bank up with earth 2° to strengthen 3° to cultivate, to cure 4° to train ◇ 1° contrebuter de terre 2° renforcer 3° cultiver, soigner, nourrir 4° former (personnel) [Etym] 土 826 (rad: 032a 3-08), 咅 87 [Graph] 432a 221a 011a.

培养 péi yǎng。to educate ◇ former, éduquer ✱ 1619.

培育 péi yù。to cultivate, to breed ◇ cultiver, élever ✱ 5925.

境 jìng +4762 土立見 | 1° border, frontier, boundary 2° area, region, district 3° condition, circumstances ◇ 1° frontière, limite 2° région, département, état 3° conditions, circonstances [Etym] 土 826 (rad: 032a 3-11), 竟 94 [Graph] 432a 221a 021c.

埒 liè +4763 土爫寸 | 埒 *4883 | 1° enclosure 2° embankment, dike ◇ 1° enclos 2° digue [Etym] 土 826 (rad: 032a 3-07), 寽 105 [Graph] 432a 221d 332b.

埰 cài *4764 土爫木 | 采 +689、寀 *7690 | 1° allotments to feudal nobles, fief 2° benefice ◇ 1° fief 2° bénéfice [Etym] 土 826 (rad: 032a 3-08), 采 106 [Graph] 432a 221d 422a.

> 丧 sāng (827) 土人人𠄌 | [Tra] funeral, to mourn ◇ deuil, funérailles [Etym] different writing for (喪 855) ◇ autre graphie pour (喪 855) [Graph] 432a 232a 232a 312d [Ref] h46, k1232, r293, w60n, wa120, wi542 [Hanzi] sang1 sang4 丧 4765.

丧 sāng *4765 土人人𠄌 | 丧 -5248、喪 *4947 | funeral, to mourn ◇ deuil, être en deuil, funérailles [Etym] 十 560 (rad: 024a 2-08), 丧 827 [Graph] 432a 232a 232a 312d.

△ sàng | 丧 -5248、喪 *4947 | 1° to lose 2° to ruin ◇ 1° perdre 2° ruiner, détruire.

> 嗇 sè (828) 土人人回口 | [Tra] stingy ◇ avare [Etym] grain (1,2,3< 麥 726); double-wall granary (4,5=prim) ◇ grains (1,2,3< 來 724); grenier à double mur (4,5=prim) [Graph] 432a 232a 232a 071a 011a [Ref] h1336, k866, wi542 [Hanzi] se4 濇 213, qiang2 薔 3679, qiang2 檣 4206, se4 穡 4528, se4 嗇 4766, qiang2 墻 4816, qiang2 嬙 5755, qiang2 艢 8303, qiang2 牆 10994.

嗇 sè *4766 土人人回口 | 啬 -5249 | stingy ◇ avare [Etym] 口 2063 (rad: 030a 3-10), 嗇 828 [Graph] 432a 232a 232a 071a 011a.

> 坎 kǎn (829) 土欠 | [Tra] bank; ridge; pit ◇ précipice; fosse [Etym] earth (1= 阝1316); phon, yawn (2= 欠 178) ◇ terre (1= 阝1316); phon, bailler (2= 欠 178) [Graph] 432a 232b [Ref] k76, w126b [Hanzi] kan3 莰 3680, kan3 坎 4767, kan4 炊 7526.

坎 kǎn +4767 土欠 | 1° bank, ridge 2° pit 3° snare ◇ 1° levée, terrasse 2° fosse, trou 3° piège [Etym] 土 826 (rad: 032a 3-04), 欠 178 [Graph] 432a 232b.

坎坷 kǎn kě。1° uneven, rough land; 2° unfortunate ◇ 1° accidenté; 2° malchanceux, infortuné ✱ 4779.

埝 niàn +4768 土𠆢㇇心 | low bank between fields ◇ levée de terre, digue [Etym] 土 826 (rad: 032a 3-08), 念 204 [Graph] 432a 233a 631a 321c.

埗 bù +4769 土𠂇巾 | place in Fujian ◇ lieu du Fujian [Etym] 土 826 (rad: 032a 3-05), 布 249 [Graph] 432a 241a 858a.

埼 qí +4770 土大可口 | 碕 *9653 | tortuous shore or bank ◇ côte tortueuse [Etym] 土 826 (rad: 032a 3-08), 奇 261 [Graph] 432a 242a 331c 011a.

垯 da -4771 土大辶 | 墶 *4823 | See ◇ Voir 圪垯 ge1-da5 4987-4771 [Etym] 土 826 (rad: 032a 3-06), 达 273 [Graph] 432a 242a 634o.

埯 ǎn +4772 土大电 | 1° to cover with earth 2° to dibble ◇ 1° enterrer, enfouir 2° semer [Etym] 土 826 (rad: 032a 3-08), 奄 276 [Graph] 432a 242a 043c.

垮 kuǎ +4773 土大亏 | to collapse, to fall, to break down ◇ s'effondrer, échouer, faire faillite, être battu [Etym] 土 826 (rad: 032a 3-06), 夸 277 [Graph] 432a 242a Z21c.

垮台 kuǎ tái。to collapse; to fall ◇ s'écrouler, s'effondrer, être renversé ✱ 5901.

坟 fén -4774 土文 | 墳 *4811 | grave, tomb ◇ tombe, cimetière [Etym] 土 826 (rad: 032a 3-04), 文 332 [Graph] 432a 243b.

坟墓 fén mù。tomb ◇ tombe; tombeau ✱ 3953.

坟地 fén dì。cemetery; burial ◇ cimetière, sépulture ✱ 4903.

堦 jiē *4775 土卜匕白 | 阶 -6714、階 *6728 | 1° stairs, flight of steps 2° degree, rank ◇ 1° escalier, degrés, marches 2° grade, rang, échelon [Etym] 土 826 (rad: 032a 3-09), 皆 365 [Graph] 432a 311d 321b 022c.

壤 rǎng +4776 土亠口口共 | 1° soil, humus 2° earth 3° region, area, place ◇ 1° terre meuble 2° terre 3° région, district [Etym] 土 826 (rad: 032a 3-17), 襄 376 [Graph] 432a 312j 011a 011a 436g.

壞 huài *4777 土亠四氺 | 坏 +4813 | 1° bad, awfully 2° to spoil, to ruin, to destroy 3° very 4° vicious, depraved, dirty trick ◇ 1° mauvais 2° gâter, corrompre, détruire, s'abîmer 3° complètement 4° méchant, vicieux [Etym] 土 826 (rad: 032a 3-16), 褱 381 [Graph] 432a 312j 051a 412h.

填 tián *4778 土匕目八 | 填 +4932 | to fill up, to stuff, to write in ◇ remplir, combler, compléter [Etym] 土 826 (rad: 032a 3-10),

土 | 土

嗔394 [Graph] 432a 321b 023a 711b.

坷 kē +4779 土可口 [Etym] 土 826 (rad: 032a 3-05), 可 421 [Graph] 432a 331c 011a.

坷拉 kē lā。clod of earth ◇ motte de terre * 2321.

△ kě See ◇ Voir 坎坷 kan3-ke3 4767-4779.

圩 wéi +4780 土于 dike, bund ◇ digue, levée [Etym] 土 826 (rad: 032a 3-03), 于 440 [Graph] 432a 332a.

圩垸 wéi yuàn。dike, embankment ◇ barrage * 4913.

△ xū 墟 +4895 country fair ◇ marché de campagne.

土

土

寺 sì (830) 土寸 [Tra] temple ◇ temple, monastère [Etym] to observe rules (2= 寸 441); phon, stop (1< 肸 1829) ◇ suivre la règle (2= 寸 441); phon, arrêt (1< 肸 1829) [Graph] 432a 332b [Ref] k433, w56e [Hanzi] deng3 等 792, shi1 诗 1738, chi2 持 2440, shi4 侍 2877, dai1 dai4 待 3137, shi4 恃 3256, te4 特 3456, si4 寺 4781, zhi4 痔 7052, shi4 zhi4 峙 7527, shi1 詩 9523, shi2 時 9872, zhi4 畤 10429.

寺 sì +4781 土寸 1° temple, monastery 2° court 3° official building, palace 4° eunuch ◇ 1° temple, bonzerie 2° tribunal, cour 3° bâtiment officiel, palais 4° eunuque [Etym] 寸 441 (rad: 041a 3-03), 寺 830 [Graph] 432a 332b.

寺庙 sì miào。temple ◇ temple * 6984.

赤 chì (831) 土小 [Tra] red, to blush ◇ rouge, rougir [Etym] big (1< 大 257) fire (2< 火 156) ◇ un grand (1< 大 257) feu (2< 火 156) [Graph] 432a 333c [Ref] k158, ph361, w102d [Hanzi] chi4 赤 4782, hao3 郝 4787, chi1 哧 8968 [Rad] 155a.

赤 chì +4782 土小 1° red 2° naked, bare, sincere, loyal 3° flesh color, carnation ◇ 1° incarnat 2° nu 3° incarnat, sincère, loyal [Etym] 赤831 (rad: 155a 7-00), [Graph] 432a 333c.

赤脚 chì jiǎo。barefoot ◇ pieds nus * 8131.

赤道 chì dào。equator ◇ équateur * 10176.

赦 shè (832) 土小攵 [Tra] to forgive ◇ pardonner [Etym] to blush (1,2= 赤 831) after beating (3= 攵 340) ◇ rougir (1,2= 赤 831) d'avoir battu (3= 攵 340) [Graph] 432a 333c 243c [Ref] k664, w102g, wa168, wi139, wi376 [Hanzi] she4 赦 4783, shi4 螫 4784.

赦 shè +4783 土小攵 to forgive, to pardon ◇ pardonner, amnistier [Etym] 赤 831 (rad: 155a 7-04), 赦 832 [Graph] 432a 333c 243c.

赦免 shè miǎn。to pardon ◇ gracier, amnistier * 10370.

螫 shì +4784 土小攵虫 1° to sting, sting 2° to poison ◇ 1° piquer, dard 2° empoisonner [Etym] 虫 2282 (rad: 142a 6-11), 赦 832 [Graph] 432a 333c 243c 031d.

赫 hè (833) 土小土小 [Tra] gleaming; frighten ◇ éclatant; crainte [Etym] double big fires (1,2;3,4= 赤 831) ◇ doubles grands feux (1,2;3,4= 赤 831) [Graph] 432a 333c 432a 333c [Ref] w102g [Hanzi] he4 赫 4785, he4 xia4 嚇 8969.

赫 hè +4785 土小土小 1° conspicuous, glorious, bright, gleaming 2° hertz 3° surname ◇ 1° resplendissant, éclatant, rouge vif 2° hertz 3° nom propre [Etym] 赤 831 (rad: 155a 7-07), 赫 833 [Graph] 432a 333c 432a 333c.

赭 zhě +4786 土小耂曰 1° ochre, reddish brown 2° bare ◇ 1° ocre rouge, rouge 2° dénudé [Etym] 赤 831 (rad: 155a 7-08), 者 893 [Graph] 432a 333c 432c 021a.

郝 hǎo +4787 土小阝 1° place in Shanxi 2° surname ◇ 1° lieu du Shanxi 2° nom propre [Etym] 阝1316 (rad: 163b 2-07), 赤 831 [Graph] 432a 333c 634j.

赯 táng +4788 土小广肀口 deep red (face) ◇ rouge foncé (visage) [Etym] 赤 831 (rad: 155a 7-10), 唐 1405 [Graph] 432a 333c 721b 833c 011a.

赧 nǎn +4789 土小𠬝又 to blush, to turn red, shame ◇ rougir de honte [Etym] 赤 831 (rad: 155a 7-04), 𠬝 1506 [Graph] 432a 333c 734b 633a.

赪 chēng -4790 土小贞 赬 *4791 purple ◇ pourpre [Etym] 赤831 (rad: 155a 7-06), 贞1803 [Graph] 432a 333c 854e.

赬 chēng *4791 土小貞 赪 -4790 purple ◇ pourpre [Etym] 赤831 (rad: 155a 7-09), 貞2271 [Graph] 432a 333c 023h.

堠 hòu +4792 土亻𠂉矢 mounds of fire-signals to observe the enemy ◇ phare, fanal, signal pour épier les ennemis [Etym] 土 826 (rad: 032a 3-09), 侯 482 [Graph] 432a 411e ac:e 242d.

坿 fù *4793 土亻寸 附 +6735 1° to get close to, to be near 2° appendix 3° to attach 4° to agree to ◇ 1° être près de 2° appendice 3° ajouter, adhérer, ci-joint 4° consentir à [Etym] 土 826 (rad: 032a 3-05), 付 489 [Graph] 432a 411e 332b.

盐 yán (834) 土卜皿 [Tra] salt ◇ sel [Etym] simplified form (> 鹽 2052); eart (1= 土 826), crack (2= 卜 548) ◇ forme simplifiée (> 鹽 2052); terre (1= 土 826), fissure (2= 卜 548) [Graph] 432a 412c 922a [Ref] k1222, ph601, w102g, wa169, wi139 [Hanzi] yan2 盐 4794.

盐 yán -4794 土卜皿 鹽 *8818 salt ◇ sel [Etym] 皿 1939 (rad: 108a 5-05), 盐 834 [Graph] 432a 412c 922a.

盐巴 yán bā。salt ◇ sel * 8730.

幸 xìng (835) 土羊 [Tra] lucky ◇ heureux, veinard [Etym] a man (1=prim,< 大 257) overcoming oppositions (2< 屰 1644) ◇ un homme (1=prim,< 大 257) vainqueur des oppositions (2< 屰 1644) [Graph] 432a 413c [Ref] k957, ph761, w60o [Hanzi] xing4 倖 2878, xing4 悻 3257, xing4 幸 4795, xing4 婞 5756, heng1 啈 8970, gao1 睾 10810.

幸 xìng (836) 土羊 [Tra] criminal ◇ criminel [Etym] {1} a man (1=prim,< 大 257) who committed a crime (2= 辛 567); {2} ancient handcuffs (prim) ◇ {1} un homme (1=prim,< 大 257) qui a commis un crime (2= 辛 567); {2} anciennes menottes (prim) [Graph] 432a 413c [Ref] k458, ph224, r242, w81b, wa195, wi161, wi194 [Hanzi] bao4 報 4797, zhi2 執 4798, yu3 yu3 圉 10949.

幸 xìng +4795 土羊 | 倖4° *2878 | 1° fortunate, opportune 2° to rejoice 3° hope 4° favor 5° visit (imperial) ◇ 1° heureusement, avantageux, opportun 2° se réjouir 3° espoir 4° faveur 5° visite (impériale) [Etym] 干 564 (rad: 051a 3-05), 幸 835 [Graph] 432a 413c.

幸好 xìng hǎo。luckily, fortunately ◇ par chance, heureusement ∗ 5792.

幸运 xìng yùn。fortunate, lucky; good luck ◇ chanceux, veinard; heureux ∗ 5919.

幸福 xìng fú。happy; happiness ◇ heureux; bonheur ∗ 6598.

幸而 xìng ér。fortunately, luckily ◇ heureusement, par chance ∗ 8342.

幸亏 xìng kuī。fortunately ◇ heureusement, par chance ∗ 11018.

盩 zhōu (837) 土羊攵皿 [Tra] to flog a criminal ◇ battre un criminel [Etym] to beat (3= 攵 340) a criminal (1,2= 幸 836) to blood (4< 血 1940) ◇ battre (3= 攵 340) un criminel (1,2= 幸 836) au sang (4< 血 1940) [Graph] 432a 413c 243c 922a [Ref] h1762, k33, ph440, r21e, w79e, wa76, wi194 [Hanzi] zhou1 盩 4796.

盩 zhōu +4796 土羊攵皿 | place in Shaanxi ◇ lieu du Shaanxi [Etym] 皿 1939 (rad: 108a 5-12), 盩 837 [Graph] 432a 413c 243c 922a.

報 bào *4797 土羊卩又 | 报 -2563 | 1° to report 2° to reply 3° to requite, to recompense 4° newspaper, journal, telegram ◇ 1° annoncer 2° rendre la pareille en bien ou en mal 3° rétribuer 4° journal, périodique, télégramme [Etym] 土 826 (rad: 032a 3-09), 幸 836 𠬝 1505 [Graph] 432a 413c 734b 633a.

執 zhí (838) 土羊丸 [Tra] to hold, to grasp ◇ saisir [Etym] to catch (3= 丸 2515) a criminal (1,2= 幸 836) ◇ saisir (3= 丸 2515) un criminel (1,2= 幸 836) [Graph] 432a 413c Z32c [Ref] k433, ph369, w56e, wi297 [Hanzi] zhi2 執 4798, zhi4 摯 4799, dian4 墊 4800, zhi2 縶 4801, zhi4 贄 4802, zhe2 蟄 4803, zhi4 鷙 4804.

執 zhí *4798 土羊丸 | 执 -2729 | 1° to hold, to grasp 2° to manage 3° to persist 4° to carry out 5° to capture 6° receipt 7° surname ◇ 1° prendre ou tenir en main 2° administrer, diriger 3° persister, s'obstiner, tenace 4° exécuter 5° retenir un prisonnier, capturer 7° reçu 8° nom de famille [Etym] 土 826 (rad: 032a 3-08), 執 838 [Graph] 432a 413c Z32c.

摯 zhì *4799 土羊丸手 | 挚 -2731 | 1° sincere, earnest 2° to grasp, to hold, to offer up 3° to insist ◇ 1° sincère, ardent 2° saisir, tenir, présenter 4° pousser [Etym] 手 465 (rad: 064a 4-11), 執 838 [Graph] 432a 413c Z32c 332g.

墊 diàn *4800 土羊丸土 | 垫 -2732 | 1° to fill up, to make good 2° to advance money 3° pad ◇ 1° combler, caler 2° payer, avancer de l'argent 3° coussinet [Etym] 土 826 (rad: 032a 3-11), 執 838 [Graph] 432a 413c Z32c 432a.

縶 zhí *4801 土羊丸糸 | 絷 -2733 | 1° to tie up 2° to arrest 3° to incarcerate ◇ 1° attacher 2° arrêter 3° emprisonner [Etym] 糸 1185 (rad: 120a 6-11), 執 838 [Graph] 432a 413c Z32c 613d.

贄 zhì *4802 土羊丸貝 | 贽 -2735 | present, offerings, gifts ◇ présent, cadeau [Etym] 貝 2246 (rad: 154a 7-11), 執 838 [Graph] 432a 413c Z32c 023b.

蟄 zhé *4803 土羊丸虫 | 蛰 -2736 | 1° to hibernate 2° to become torpid ◇ 1° hiberner 2° torpeur hivernale [Etym] 虫 2282 (rad: 142a 6-11), 執 838 [Graph] 432a 413c Z32c 031d.

鷙 zhì *4804 土羊丸鳥 | 鸷 -2737 | 1° birds of prey 2° ferocious ◇ 1° oiseaux rapaces 2° féroce [Etym] 鳥 2500 (rad: 196a 11-11), 執 838 [Graph] 432a 413c Z32c Z22h.

塅 duàn +4805 土𠂤几又 | 1° flat area (of land) 2° used in place names ◇ 1° plaine 2° utilisé souvent dans des noms de lieu [Etym] 土 826 (rad: 032a 3-09), 段 576 [Graph] 432a 413h Z33a 633a.

坪 píng +4806 土平 | level land (ground) ◇ plaine, terrain uni [Etym] 土 826 (rad: 032a 3-05), 平 577 [Graph] 432a 413j.

垟 yáng +4807 土羊 | 1° farmland 2° place name ◇ 1° terres cultivées 2° nom de lieu [Etym] 土 826 (rad: 032a 3-06), 羊 579 [Graph] 432a 414b.

達 dá (839) 土羊辶 [Tra] communicate, extend ◇ diffuser, étendre [Etym] man (1=prim,< 幸 836) conducting (3= 辶 1346) flocks (2= 羊 579) ◇ un homme (1=prim,< 幸 836) conduisant (3= 辶 1346) des troupeaux (2= 羊 579) [Graph] 432a 414b 634o [Ref] r21a, w81c [Hanzi] ta4 澾 214, ta4 撻 2441, ta4 𫍗 2879, da2 薘 3681, da2 達 4808, da5 墶 4823, da2 韃 5370, da5 繨 6146, ta4 闥 8762, da1 噠 8971.

達 dá *4808 土羊辶 | 达 +1558 | 1° to extend 2° to reach, to penetrate 3° to understand 4° to express, to communicate 5° to succeed, eminent, distinguished ◇ 1° étendre, disposer 2° atteindre, pénétrer 3° perspicacité, comprendre 4° exprimer, communiquer 5° réussir, éminent, distingué [Etym] 辶 1346 (rad: 162b 3-09), 達 839 [Graph] 432a 414b 634o.

塔 tǎ +4809 土艹人口 | 1° Buddhist pagoda, stupa 2° tower 3° column (chemistry) ◇ 1° stupa, tour de pagode 2° tour 3° column (chimie) [Etym] 土 826 (rad: 032a 3-09), 荅 620 [Graph] 432a 415c 233a 012a.

塃 huāng +4810 土艹亡儿 | ores ◇ minerai de fer [Etym] 土 826 (rad: 032a 3-09), 荒 653 [Graph] 432a 415c 811f 417b.

墳 fén *4811 土卉貝 | 坟 -4774 | grave, tomb ◇ tombe, cimetière [Etym] 土 826 (rad: 032a 3-12), 賁 704 [Graph] 432a 416f 023b.

圳 zhèn -4812 土川 | 甽 *10428 | 1° field-side ditches 2° place names in Guangdong ◇

1° rigole, canal 2° nom de plusieurs lieux du Guangdong [Etym] 土 826 (rad: 032a 3-03), 川 711 [Graph] 432a 417a.

坏 huài +4813 | 壞 *4777 | 土不 1° bad, awfully 2° to spoil, to ruin, to destroy 3° very 4° vicious, depraved, dirty trick ◇ 1° mauvais 2° gâter, corrompre, détruire, s'abîmer 3° complètement 4° méchant, vicieux [Etym] 土 826 (rad: 032a 3-04), 不 718 [Graph] 432a 421a.

坏人 huài rén。bad person, evildoer, scoundrel ◇ escroc, mauvaise personne, malfaiteur * 1070.

坏蛋 huài dàn。scoundrel, bad egg, bastard ◇ scélérat, salaud, canaille, gredin * 5326.

坏东西 huài dōng xī。scoundrel, bastard, rascal ◇ vaurien, canaille, gredin * 6325 10844.

坏处 huài chù。harm; detriment, prejudice ◇ mal, préjudice * 6526.

△ pī | 坯 +4814 | 1° base, semi-finished product 2° unburnt brick ◇ 1° base, produit semi-fini 2° brique crue, pisé.

坯 pī +4814 | 坏 +4813 | 土不一 1° base, semi-finished product 2° unburnt brick ◇ 1° base, produit semi-fini 2° brique crue, pisé [Etym] 土 826 (rad: 032a 3-05), 丕 719 [Graph] 432a 421a ac:z.

圭 guī (840) 土土 [Tra] jade, sceptre ◇ jade, sceptre [Etym] {1} fief, a double land (1,2= 土 826), hence the meaning of 'sceptre, insigne'; {2} subdivisions on a sun dial (prim) (> 甲 2329) ◇ {1} un fief, soit deux fois une terre (1,2= 土 826), d'où l'idée de 'sceptre, insigne'; {2} les subdivisions d'un cadran solaire (prim) (> 甲 2329) [Graph] 432a 432a [Ref] k222, ph719, r21a, w81c, wi77, wi482 [Hanzi] wa1 洼 215, kui2 奎 1552, gua4 诖 1739, gua4 挂 2442, jia1 佳 2880, jie1 街 3138, gui4 桂 4207, gui1 圭 4815, hui4 恚 4817, feng1 封 4818, kui1 刲 4821, gua4 卦 4822, gui1 邽 4829, gui1 珪 5112, xie2 鞋 5371, wa2 娃 5757, ya2 厓 6839, gui1 闺 8014, gui1 閨 8763, wa1 wa5 哇 8972, kui3 跬 9327, gua4 詿 9524, gui1 硅 9683, sui1 眭 10048, wa1 蛙 10243, qi2 畦 10430, gui1 鲑 10484, gui1 鮭 10577, gua4 罣 10779.

圭 guī -4815 | 珪 *5112 | 土土 1° jade scepter 2° sign of rank: insignia ◇ 1° tablette de jade, bijoux 2° insignes [Etym] 土 826 (rad: 032a 3-03), 圭 840 [Graph] 432a 432a.

墙 qiáng *4816 | 墻 -4832、牆 *10994 | 土土人人回口 wall ◇ mur [Etym] 土 826 (rad: 032a 3-13), 啬 828 [Graph] 432a 432a 232a 232a 071a 011a.

恚 huì +4817 土土心 anger, rage ◇ colère, rage [Etym] 心 397 (rad: 061a 4-06), 圭 840 [Graph] 432a 432a 321c.

封 fēng (841) 土土寸 [Tra] fief; to appoint ◇ fief; conférer [Etym] {1} hand (3= 寸 441) of authority, fief (1,2= 圭 840) or phon (< 丰 592); {2} hand (3= 蒯 670) resetting trees (1,2=prim) as a fence ◇ {1} la main (3= 寸 441) de l'autorité, un fief (1,2= 圭 840) ou phon (< 丰 592); {2} une main (3= 寸 441) plantant des arbres (1,2=prim) comme clôture [Graph] 432a 432a 332b [Ref] k1102, r13b, r26h, w112d, wa23, wi146, wi290 [Hanzi] feng1 feng4 葑 3682, feng1 封 4818, feng1 犎 4819, bang1 幫 4820.

封 fēng +4818 土土寸 1° fief 2° to appoint 3° to seal up 4° envelope ◇ 1° fief, territoire 2° conférer un fief ou un titre 3° sceller 4° enveloppe [Etym] 寸 441 (rad: 041a 3-06), 封 841 [Graph] 432a 432a 332b.

封锁 fēng suǒ。to block; blockade ◇ bloquer; blocus * 2058.

封建 fēng jiàn。feudal, feudalism ◇ féodal, féodalité * 7397.

封面 fēng miàn。front cover; title page ◇ couverture * 10929.

犎 fēng +4819 土土寸牛 wild ox with a hump, zebu ◇ boeuf zébu [Etym] 牛 585 (rad: 093a 4-09), 封 841 [Graph] 432a 432a 332b 414d.

幫 bāng *4820 | 帮 +3484 | 土土寸白巾 1° to help, to assist 2° side (of a boat, truck) 3° upper part (shoe), outer leaf (cabbage) 4° gang, band, clique ◇ 1° aider, assister 2° côté (d'un bateau, camion) 3° empeigne (chaussure), feuille externe (chou) 4° groupe, bande, clique [Etym] 巾 1886 (rad: 050a 3-14), 封 841 帛 2224 [Graph] 432a 432a 332b 022c 858a.

刲 kuī +4821 土土刂 1° to cut open and clean 2° to stab ◇ 1° ouvrir et nettoyer 2° poignarder [Etym] 刂 470 (rad: 018b 2-06), 圭 840 [Graph] 432a 432a 333b.

卦 guà (842) 土土卜 [Tra] to divine ◇ divination [Etym] to divine (3= 卜 548); phon (1,2= 圭 840) ◇ divination (3= 卜 548); phon (1,2= 圭 840) [Graph] 432a 432a 412c [Hanzi] gua4 掛 2443, gua4 卦 4822, gua4 褂 6635.

卦 guà +4822 土土卜 1° to divine 2° diagrams 3° sooth-saying symbols ◇ 1° divination 2° diagrammes 3° symboles divinatoires [Etym] 卜 548 (rad: 025a 2-06), 卦 842 [Graph] 432a 432a 412c.

墶 da *4823 | 垯 -4771 | 土土羊辶 See ◇ Voir 圪垯 ge1-da5 4987-4771 [Etym] 土 826 (rad: 032a 3-12), 達 839 [Graph] 432a 432a 414b 634o.

垚 yáo (843) 土土土 [Tra] high ◇ haut [Etym] earth (1,2,3= 土 826) piled up ◇ monticule de terre (1,2,3= 土 826) [Graph] 432a 432a 432a [Ref] r13c, w84a, wi282 [Hanzi] yao2 垚 4824, yao2 堯 4825.

垚 yáo +4824 土土土 1° high 2° personal name ◇ 1° haut 2° prénom [Etym] 土 826 (rad: 032a 3-06), 垚 843 [Graph] 432a 432a 432a.

堯 yáo (844) 土土土兀 [Tra] eminent ◇ grand, éminent [Etym] earth (1,2,3= 土 826) piled up on a base (4= 兀 407) ◇ terre (1,2,3= 土 826) amassée sur une fondation (4= 兀 407) [Graph] 432a 432a 432a 322c [Ref] h258, k491, ph119, r14e, w38f, wi67 [Hanzi] jiao1 澆 216, shao1 燒 972, nao2 鐃 1185, rao2 饒 1438, nao2 撓 2444, jiao3 yao2 僥 2881, rao2 蕘 3683, rao2 橈 4208, yao2 堯 4825, qiao4 翹 4826, rao4 遶 4827, qiao2 qiao4 翹 4828, rao2 rao3 嬈 5758, rao3 rao4 繞 6147, yao2 嶢 7528, yao3 饒 8524, xiao1 嘵 8973, qiao1 蹺 9328, qiao1 磽 9684, xiao3 曉 9873, nao2 蟯 10244, xiao1 驍 11045.

堯 yáo *4825 土土土兀 | 尧 -5524 | 1° legendary monarch in ancient China 2° eminent ◇ 1° monarque légendaire de la Chine ancienne 2° éminent [Etym] 土 826 (rad: 032a 3-09), 堯 844 [Graph] 432a 432a 432a 322c.

翹 qiào *4826 土土土兀土土土兀 | 翘 -5525 、 翹 *4828 | 1° to stick up, to bend upwards 2° to raise 3° high ◇ 1° rebiquer, se courber, se gondoler 2° dresser 3° haut [Etym] 土 826 (rad: 032a 3-21), 堯 844 堯 844 [Graph] 432a 432a 432a 322c 432a 432a 432a 322c.

遶 rào *4827 土土土兀辶 | See ◇ Voir 繞 6147 [Etym] 辶 1346 (rad: 162b 3-12), 堯 844 [Graph] 432a 432a 432a 322c 634o.

翹 qiáo *4828 土土土兀习习 | 翘 -5525 | 1° to raise (one's head) 2° to become warped 3° to long for 4° long tail feathers ◇ 1° dresser (tête), se relever 2° courbé 3° désirer 4° longue plume de la queue [Etym] 羽 1472 (rad: 124a 6-12), 堯 844 [Graph] 432a 432a 432a 322c 731c 731c.

△ qiào | 翘 -5525 、 翹 *4826 | 1° to stick up, to bend upwards 2° to raise 3° high ◇ 1° rebiquer, se courber, se gondoler 2° dresser 3° haut.

邽 guī +4829 土土阝 | place in Shanxi ◇ lieu du Shanxi [Etym] 阝 1316 (rad: 163b 2-06), 圭 840 [Graph] 432a 432a 634j.

堵 dǔ +4830 土耂日 | 1° to block up 2° to stop 3° suffocated 4° wall ◇ 1° boucher, obstruer 2° arrêter 3° étouffer, mur d'enceinte [Etym] 土 826 (rad: 032a 3-08), 者 893 [Graph] 432a 432c 021a.

堎 lèng +4831 土夫夂 | place in Jiangxi ◇ lieu du Jiangxi [Etym] 土 826 (rad: 032a 3-08), 夌 901 [Graph] 432a 432d 633e.

墻 qiáng -4832 土亠回口 | 墙 *4816 、 牆 *10994 | wall ◇ mur [Etym] 土 826 (rad: 032a 3-11), 嗇 940 [Graph] 432a 432p 071a 011a.

墙角 qiáng jiǎo ◦ corner (of two walls) ◇ coin de mur * 8359.

墙壁 qiáng bì ◦ wall ◇ mur * 8650.

墡 shàn +4833 土善口 | 1° fine plastic clay 2° white soil ◇ 1° argile plastique 2° terre glutineuse [Etym] 土 826 (rad: 032a 3-12), 善 952 [Graph] 432a 433c 011a.

埵 duǒ +4834 土垂 | hard soil ◇ terre ferme [Etym] 土 826 (rad: 032a 3-08), 垂 953 [Graph] 432a 433d.

址 zhǐ +4835 土止 | 阯 *6745 | 1° location, site 2° building, dwelling 3° address ◇ 1° emplacement, terrain à bâtir ou bâti, limite du terrain 2° bâtiment, demeure 3° adresse [Etym] 土 826 (rad: 032a 3-04), 止 954 [Graph] 432a 434a.

走 zǒu (845) 土⻌ | [Tra] to walk, to go ◇ marcher, aller [Etym] a man (1< 夭 289, 大 257) on foot (2= ⻌ 968) ◇ un homme (1< 夭 289, 大 257) à pied (2= ⻌ 968) [Graph] 432a 434e [Ref] w38f

[Hanzi] tu2 徒 3139, zou3 走 4836, dou3 陡 6741, dou1 唗 8974 [Rad] 156a.

走 zǒu +4836 土⻌ | 1° to walk, to go 2° to move 3° to leave 4° to visit 5° from, through 6° to escape, to leak 7° to be altered (shape, flavour) ◇ 1° aller, marcher 2° déplacer 3° partir 4° rendre visite, entretenir des relations 5° de, par 6° laisser échapper 7° être altéré, changé (forme, parfum) [Etym] 走 845 (rad: 156a 7-00), [Graph] 432a 434e.

走私 zǒu sī ◦ to smuggle ◇ faire de la contrebande * 4538.

走运 zǒu yùn ◦ to have good luck ◇ avoir de la chance * 5919.

走动 zǒu dòng ◦ to walk about; to visit each other ◇ bouger, remuer; se fréquenter, se voir souvent * 5920.

走廊 zǒu láng ◦ corridor ◇ couloir, galerie * 6977.

走后门 zǒu hòu mén ◦ to secure advantages through influence; back door ◇ par piston, y aller par en arrière * 7199 7996.

走路 zǒu lù ◦ to walk, to go on foot ◇ marcher, faire route, aller à pied * 9353.

趑 zī +4837 土⻌冫欠 | unable to advance ◇ marche gênée [Etym] 走 845 (rad: 156a 7-06), 次 8 [Graph] 432a 434e 121a 232b.

趑趄 zī jū ◦ 1° to slip; 2° to walk with difficulty ◇ 1° faux pas; 2° marcher avec difficulté * 4855.

趖 suō +4838 土⻌人人土 | to walk quickly ◇ marcher rapidement [Etym] 走 845 (rad: 156a 7-07), 坐 172 [Graph] 432a 434e 232a 232a 432a.

趁 chèn +4839 土⻌人彡 | 1° to go to, to follow, to meet 2° to avail of (as an opportunity) 3° while ◇ 1° aller, rencontrer 2° profiter de, tirer parti de 3° pendant que [Etym] 走 845 (rad: 156a 7-05), 㐱 182 [Graph] 432a 434e 233a 211c.

趁机 chèn jī ◦ to seize the opportunity ◇ profiter d'une occasion * 4478.

赵 zhào -4840 土⻌乂 | 趙 *4853 | 1° to run 2° surname ◇ 1° courir 2° nom propre [Etym] 走 845 (rad: 156a 7-02), 乂 321 [Graph] 432a 434e 243a.

赴 fù +4841 土⻌卜 | to go to, to reach ◇ aller à, se rendre à [Etym] 走 845 (rad: 156a 7-02), 卜 548 [Graph] 432a 434e 412c.

赴约 fù yuē ◦ to keep an appointment ◇ aller au rendez-vous * 6041.

赶 gǎn -4842 土⻌干 | 趕 *4856 | 1° to pursue 2° when 3° to catch up with 4° to rush for 5° just ◇ 1° poursuivre 2° quand 3° chercher à rejoindre 4° se presser 5° juste [Etym] 走 845 (rad: 156a 7-03), 干 564 [Graph] 432a 434e 413b.

赶忙 gǎn máng ◦ to hurry, to hasten ◇ se presser, se hâter * 3299.

赶快 gǎn kuài ◦ quick, rapidly ◇ vite, rapidement * 3301.

赶紧 gǎn jǐn ◦ to hasten; to hurry ◇ vite, rapidement, en hâte * 3502.

赶集 gǎn jí ◦ to go to a fair or to market ◇ aller à la foire, au marché * 5492.

趱 zǎn -4843 土⻍先先贝 | 趲 *4844 | to hasten, to urge, to hurry through ◇ hâter, urger [Etym] 走 845 (rad: 156a 7-16), 赞 936 [Graph] 432a 434e 432m 432m 854b.

趲 zǎn *4844 土⻍先先貝 | 趱 -4843 | to hasten, to urge, to hurry through ◇ hâter, urger [Etym] 走 845 (rad: 156a 7-19), 贊 937 [Graph] 432a 434e 432m 432m 023b.

趣 qù +4845 土⻍耳又 | 1° interesting, pleasant, pleasure, delight 2° bent, purport 3° to hasten to 4° goal ◇ 1° intéressant, intérêt, plaisant, plaisir 2° tendance, penchant 3° aller vers 4° but [Etym] 走 845 (rad: 156a 7-08), 取 1024 [Graph] 432a 434e 436k 633a.

趣味 qù wèi 。 interest; taste ◇ intérêt, goût ＊ 8962.

土

土

越 yuè (846) 土⻍戉	[Tra] to overstep; exceed ◇ dépasser; excéder [Etym] to walk, to go (1,2= 走 845); phon, battle-axe (3= 戉 1072) ◇ marcher, aller (1,2= 走 845); phon, hallebarde (3= 戉 1072) [Graph] 432a 434e 512n [Ref] h1145, w17h, wi135 [Hanzi] yue4 樾 4209, yue4 越 4846.

越 yuè +4846 土⻍戉 | 1° to jump over 2° to exceed, to overstep 3° high pitch (voice) 4° intense 5° more...more ◇ 1° sauter pardessus 2° excéder, dépasser 3° aiguë (voix) 4° intense 5° plus...plus [Etym] 走 845 (rad: 156a 7-05), 戉 1080 [Graph] 432a 434e 512n.

越过 yuè guò 。 to cross, to go through ◇ traverser, franchir ＊ 2310.

越来越 yuè lái yuè 。 more and more, increasingly ◇ de plus en plus ＊ 4672 4846.

越境 yuè jìng 。 to cross the boundary ◇ franchir la frontière ＊ 4762.

趔 liè +4847 土⻍歹刂 | to stumble, to stagger ◇ faire un faux pas, chanceler, tituber [Etym] 走845 (rad: 156a 7-06), 列 1236 [Graph] 432a 434e 631c 333b.

趯 tì +4848 土⻍习习隹 | 1° to jump 2° upper stroke in character writing ◇ 1° sauter 2° nom ancien d'un trait du caractère chinois [Etym] 走 845 (rad: 156a 7-14), 翟 1474 [Graph] 432a 434e 731c 731c 436m.

超 chāo +4849 土⻍刀口 | to step over, to surpass ◇ passer, dépasser, surpasser, franchir [Etym] 走 845 (rad: 156a 7-05), 召 1479 [Graph] 432a 434e 732a 011a.

超过 chāo guò 。 to exceed ◇ dépasser, excéder ＊ 2310.

超拔 chāo bá 。 outstanding; to promote; to free oneself from ◇ éminent; promouvoir; s'extraire de ＊ 2361.

超级 chāo jí 。 super- ◇ super- ＊ 6015.

超级大国 chāo jí dà guó 。 superpower ◇ superpuissance ＊ 6015 1537 10952.

超级市场 chāo jí shì chǎng 。 supermarket ◇ supermarché ＊ 6015 8470 4884.

超车 chāo chē 。 to overtake (other cars) ◇ dépasser, doubler (une voiture) ＊ 6327.

超出 chāo chū 。 to exceed; to go beyond; to overstep ◇ dépasser; outrepasser; sortir de ＊ 7657.

趋 qū -4850 土⻍刍 | 趨 *4852 | 1° to hasten, hurry 2° to tend towards, to run to 3° to follow ◇ 1° s'empresser 2° aller vers 3° suivre [Etym] 走 845 (rad: 156a 7-05), 刍 1559 [Graph] 432a 434e 832c.

赸 shàn *4851 土⻍山 | See ◇ Voir 讪 1791 [Etym] 走 845 (rad: 156a 7-03), 山 1611 [Graph] 432a 434e 841b.

趨 qū *4852 土⻍勹屮勹屮 | 趋 -4850 | 1° to hasten, hurry 2° to tend towards, to run to 3° to follow ◇ 1° s'empresser 2° aller vers 3° suivre [Etym] 走 845 (rad: 156a 7-10), 芻 1776 [Graph] 432a 434e 852h 842a 852h 842a.

趙 zhào *4853 土⻍肖 | 赵 -4840 | 1° to run 2° surname ◇ 1° courir 2° nom propre [Etym] 走845 (rad: 156a 7-07), 肖 1878 [Graph] 432a 434e 857i.

趟 tàng +4854 土⻍尚口 | to have been, to make a trip once, twice, three times etc. ◇ être allé, aller une, deux.... fois [Etym] 走 845 (rad: 156a 7-08), 尚 1879 [Graph] 432a 434e 857j 011a.

趄 jū +4855 土⻍且 | See ◇ Voir 趑趄 zi1-ju1 4837-4855 [Etym] 走 845 (rad: 156a 7-05), 且 1929 [Graph] 432a 434e 921a.

△ qiè | slanting ◇ incliné.

赶 gǎn *4856 土⻍曰干 | 赶 -4842 | 1° to pursue 2° when 3° to catch up with 4° to rush for 5° just ◇ 1° poursuivre 2° quand 3° chercher à rejoindre 4° se presser 5° juste [Etym] 走 845 (rad: 156a 7-07), 旱 2177 [Graph] 432a 434e 021a 413b.

赳 jiū +4857 土⻍丩 | valiant, martial gait, gallant ◇ bravoure, brave, valeur [Etym] 走 845 (rad: 156a 7-02), 丩 2464 [Graph] 432a 434e Z11a.

起 qǐ (847) 土⻍已	[Tra] to rise ◇ se lever [Etym] to put one's self (3= 己 2532) in motion (1,2= 走 845) ◇ se mettre soi-même (3= 己 2532) en mouvement (1,2= 走 845) [Graph] 432a 434e Z41a [Ref] k75, ph532, w38g, wi335 [Hanzi] qi3 起 4858.

起 qǐ +4858 土⻍已 | final particle showing the direction, tendency ◇ particule finale qui exprime la direction de l'action [Etym] 走 845 (rad: 156a 7-03), 起 847 [Graph] 432a 434e Z41a.

起立 qǐ lì 。 to stand up ◇ debout! se lever, se mettre debout ＊ 637.

起义 qǐ yì 。 to revolt; uprising, insurrection ◇ s'insurger, insurrection ＊ 1687.

起草 qǐ cǎo 。 to draft, to draw up ◇ rédiger un brouillon, esquisser ＊ 3967.

起程 qǐ chéng 。 to set out, to leave ◇ se mettre en route, partir ＊ 4569.

起来 qǐ lái 。 to stand up, to raise up, to begin ◇ se dresser, commencer à ＊ 4672.

起劲 qǐ jìn。vigorous, zealous ◇ énergique, fort ✱ 6496.

起初 qǐ chū。at the beginning, at first, originally ◇ au début, au départ ✱ 6663.

起床 qǐ chuáng。to get up, to get out of bed ◇ se lever, quitter le lit ✱ 6896.

起岸 qǐ àn。to disembark cargo from ship ◇ débarquer des marchandises ✱ 7557.

起航 qǐ háng。to set sail, to leave the harbor ◇ lever l'ancre, quitter le port ✱ 8334.

起霸 qǐ bà。helmet and armour (Chinese opera) ◇ casque et armure (dans l'opéra chinois) ✱ 8434.

起身 qǐ shēn。to stand up ◇ se lever ✱ 8830.

起码 qǐ mǎ。minimum, elementary ◇ au moins, fondamental, au minimum ✱ 9790.

起飞 qǐ fēi。to take off, to fly ◇ décoller, s'envoler ✱ 11164.

壻 xù *4859 土疋月 |婿 +5766| 1° son-in-law 2° husband ◇ 1° gendre 2° mari [Etym] 土 826 (rad: 033a 3-09), 土 826 胥 971 [Graph] 432a 434g 856e.

垭 yà -4860 土亚 |埡 *4992| strip of land between hills (used in place names) ◇ bande de terre entre les collines (utilisé dans des noms de lieu) [Etym] 土 826 (rad: 032a 3-06), 亚 983 [Graph] 432a 435b.

塨 gōng +4861 土共小 |personal name ◇ prénom [Etym] 土 826 (rad: 032a 3-10), 恭 1007 [Graph] 432a 436e 331n.

坩 gān +4862 土甘 |vessel which holds five pints ◇ vase tenant un demi bouisseau [Etym] 土 826 (rad: 032a 3-05), 甘 1009 [Graph] 432a 436f.

堪 kān +4863 土甚 |1° may, can, to be capable 2° to bear, to sustain 3° fit ◇ 1° pouvoir, capable de 2° supporter, digne de 3° convenable [Etym] 土 826 (rad: 032a 3-09), 甚 1015 [Graph] 432a 436j.

塪 kàn +4864 土甚力 |1° place in Jiangxi 2° high dike ◇ 1° lieu du Jiangxi 2° haute digue [Etym] 土 826 (rad: 032a 3-11), 勘 1016 [Graph] 432a 436j 732f.

堆 duī +4865 土隹 |heap, pile, to pile up, to stack ◇ entasser, tas, amas [Etym] 土 826 (rad: 032a 3-08), 隹 1030 [Graph] 432a 436m.

堆积 duī jī。heap, to pile up ◇ entasser, amas ✱ 4572.

堆石坝 duī shí bà。rock-fill dam ◇ barrage en enrochements ✱ 9642 4918.

△ zuī |heap, pile ◇ tas, amas, entasser.

坻 dǐ +4866 土氐 |1° dike, embankment 2° inlet 3° place in Tianjin ◇ 1° digue, levée 2° îlot, récif 3° lieu du Tianjin [Etym] 土 826 (rad: 032a 3-05), 氐 1055 [Graph] 432a 511d.

域 yù +4867 土戓口一 |1° limit 2° country, territory, region ◇ 1° limite, frontière, délimiter 2° district, région [Etym] 土 826 (rad: 032a 3-08), 或 1061 [Graph] 432a 512d 011a ac:z.

城 chéng +4868 土成 |1° wall of a city 2° city ◇ 1° rempart, cité murée 2° ville [Etym] 土 826 (rad: 032a 3-06), 成 1072 [Graph] 432a 512l.

城郊 chéng jiāo。suburb ◇ banlieue ✱ 1683.

城镇 chéng zhèn。cities and towns ◇ villes et bourgs ✱ 2076.

城堡 chéng bǎo。stronghold; castle ◇ forteresse; château ✱ 3034.

城楼 chéng lóu。tower over a wall gate ◇ tour d'une porte de muraille ✱ 4198.

城乡 chéng xiāng。city and countryside ◇ ville et campagne ✱ 6295.

城市 chéng shì。city ◇ ville ✱ 8470.

堿 jiǎn *4869 土咸 |碱 -9700、砼 +9648、礆 *9650、鹼 *10839、鹻 10842| alkali, soda ◇ alcali, soude [Etym] 土 826 (rad: 032a 3-09), 咸 1078 [Graph] 432a 512m 012a.

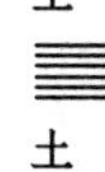

去 qù (848) 土厶 |[Tra] to go away, to go to ◇ partir, aller [Etym] container (2=prim); removable lid (1=prim) ->to go away ◇ un récipient (2=prim); couvercle (1=prim) amovible ->partir [Graph] 432a 612a [Ref] k442, w38c [Hanzi] fa3 法 217, qu1 祛 2259, qie4 怯 3258, qu4 去 4870, jie2 刦 4872, jie2 刧 4873, jie2 劫 4874, que4 却 4875, he2 盍 4876, qie4 朅 4877, fa4 珐 5113, qu1 袪 6576, qu1 祛 6636, qu1 胠 8130, fa3 砝 9685, ba4 ba5 罢 10780, du1 𠮷 11162.

去 qù +4870 土厶 |1° to go, to leave 2° to remove 3° to be apart from 4° of last year 5° very 6° to act (theatre) 7° towards ◇ 1° aller, partir, quitter 2° ôter, enlever 3° éloigné de 4° de l'an passé 6° jouer le rôle de 7° se rendre à, vers, dans la direction de [Etym] 厶 1131 (rad: 028a 2-03), 去 848 [Graph] 432a 612a.

去掉 qù diào。to remove, to get rid of ◇ enlever, faire disparaître ✱ 2692.

去年 qù nián。last year ◇ l'année dernière ✱ 3476.

去世 qù shì。to die, to pass away ◇ mourir, quitter le monde ✱ 6808.

埃 āi +4871 土厶矢 |1° dust 2° angstrom (A) ◇ 1° poussière 2° angstrom (A) [Etym] 土 826 (rad: 032a 3-07), 矣 1135 [Graph] 432a 612a 242d.

刦 jié *4872 土厶刂 |劫 +4874、刧 *4873| 1° to rob, to plunder 2° to compel 3° calamity ◇ 1° piller, ravir de force 2° contraindre 3° catastrophe, violence [Etym] 刂 470 (rad: 018b 2-05), 去 848 [Graph] 432a 612a 333b.

刧 jié *4873 土厶刃 |劫 +4874、刦 *4872| 1° to rob, to plunder 2° to compel 3° calamity ◇ 1° piller, ravir de force 2° contraindre 3° catastrophe, violence [Etym] 刀 1477 (rad: 018a 2-06), 去 848 刃 1483 [Graph] 432a 612a 732c.

劫 jié (849) 土厶力 |[Tra] to rob, violence ◇ piller, violence [Etym] to go away (1,2= 去 848) using strength (3= 力 1489) ◇ partir (1,2= 去 848) avec force (3= 力 1489) ou fracas [Graph] 432a 612a 732f [Hanzi] jie2 劫 4874.

劫 jié +4874 土厶力 |刦 刧 *4872、*4873| 1° to rob, to plunder 2° to compel 3° calamity ◇ 1° piller, ravir de force 2° contraindre 3° catastrophe, violence [Etym] 力 1489 (rad: 019a 2-05), 劫 849 [Graph] 432a 612a 732f.

却 què (850) 土厶卩 |[Tra] to reject; pr,cisely ◇ refuser; certes [Etym] to leave (1, 2= 去 848); bended (3< 卩 1499) person ->rejection ◇ quitter (1,2= 去 848); une personne courbée (3< 卩 1499) ->refus [Graph] 432a 612a 734a [Ref] k1345, ph587, w161, wi356, wi636 [Hanzi] que4 却 4875, jiao3 脚 8131.

却 què +4875 土厶卩 |卻 *1513| 1° to step back 2° to drive back 3° to refuse, to reject 4° precisely, sure 5° however, yet 6° while 7° again ◇ 1° reculer 2° quitter 3° refuser 4° certes 5° mais, or, voilà que 6° pendant que 7° de nouveau, encore [Etym] 卩 1504 (rad: 026a 2-05), 却 850 [Graph] 432a 612a 734a.

盍 hé (851) 土厶皿 |[Tra] to cover; why not ◇ couvrir; en effet [Etym] two containers (3= 皿 1939) (2< 去 848); un couvercle (1< 去 848) ◇ deux récipients (3= 皿 1939) (2< 去 848); un couvercle (1< 去 848) [Graph] 432a 612a 922a [Hanzi] ke4 溘 218, ke1 搕 2445, gai4 ge3 蓋 3684, ke1 榼 4210, he2 盍 4876, yan4 豔 7649, he2 闔 8015, he2 闔 8764, ke4 嗑 8975, ke1 磕 9686, ke1 瞌 10049.

盍 hé +4876 土厶皿 |盇 *1606| why not? ◇ pourquoi pas? [Etym] 皿 1939 (rad: 108a 5-05), 盍 851 [Graph] 432a 612a 922a.

朅 qiè +4877 土厶日勹人⺊ |1° to leave, to depart 2° valiant ◇ 1° quitter, s'en aller 2° courageux [Etym] 曰 2168 (rad: 073a 4-10), 去 848 曷 2194 [Graph] 432a 612a 021a 852h 232a 711a.

垤 dié +4878 土厶土 |mound ◇ colline, tertre [Etym] 土 826 (rad: 032a 3-06), 至 1148 [Graph] 432a 612c 432a.

坛 tán -4879 土云 |壇 1°2° *4983、壜 5° *4962、罈 5° *7643、罎 5° *7644|

坛子 tán zǐ ◦ earthen jar ◇ jarre * 6546.

坳 ào *4880 土幺冂 |坳 +4881| pass ◇ col de montagne [Etym] 土 826 (rad: 032a 3-04), 幻 1182 [Graph] 432a 613c 731a.

坳 ào +4881 土幺力 |坳 *4880| pass ◇ col de montagne [Etym] 土 826 (rad: 032a 3-05), 幼 1183 [Graph] 432a 613c 732f.

垓 gāi +4882 土亥 |1° bounds, limits 2° hundred million 3° place in Anhui ◇ 1° limites, frontières 2° cent millions 3° lieu du Anhui [Etym] 土 826 (rad: 032a 3-06), 亥 1210 [Graph] 432a 614a.

埒 liè *4883 土夕寸 |埒 +4763| 1° enclosure 2° embankment, dike ◇ 1° enclos 2° digue [Etym] 土 826 (rad: 032a 3-07), 寽 1243 [Graph] 432a 631e 332b.

场 cháng -4884 土𠃓 |場 塲 *4961、*4965| 1° threshing ground 2° time, turn 3° access 4° period ◇ 1° aire à battre 2° fois 3° accès 4° période [Etym] 土 826 (rad: 032a 3-03), 𠃓 1338 [Graph] 432a 634k.

△ chǎng |場 塲 *4961、*4965| 1° place where people gather 2° farm 3° stage ◇ 1° lieu de réunion 2° ferme 3° théâtre.

场地 chǎng dì ◦ place, site ◇ place, terrain, lieu * 4903.

场所 chǎng suǒ ◦ place, arena ◇ lieu, place, aire * 8705.

垛 duǒ *4885 土乃木 |垛 +4988| 1° battlement 2° buttress ◇ 1° créneaux 2° arc-boutant [Etym] 土 826 (rad: 032a 3-06), 朶 1341 [Graph] 432a 634l 422a.

△ duò |垛 稏 +4988、*4545| 1° to pile up 2° target 3° stack ◇ 1° entasser, amas 2° cible 3° tas.

圾 jī +4886 土及 |rubbish, garbage ◇ ordures, balayures [Etym] 土 826 (rad: 032a 3-03), 及 1344 [Graph] 432a 634m.

堞 dié +4887 土世木 |1° battlements, crenelated walls 2° heap, pile ◇ 1° créneaux 2° amas [Etym] 土 826 (rad: 032a 3-09), 枼 1349 [Graph] 432a 711d 422a.

壢 lì *4888 土厂禾禾止 |坜 -4889| pit, hole ◇ trou, fossé [Etym] 土 826 (rad: 032a 3-16), 歷 1362 [Graph] 432a 721a 422d 422d 434a.

坜 lì -4889 土厂力 |壢 *4888| pit, hole ◇ trou, fossé [Etym] 土 826 (rad: 032a 3-04), 历 1366 [Graph] 432a 721a 732f.

塬 yuán +4890 土厂白小 |high plateau in Northwestern China ◇ haut plateau dans le nord-ouest de la Chine [Etym] 土 826 (rad: 032a 3-10), 原 1373 [Graph] 432a 721a 022c 331j.

圹 kuàng -4891 土广 |壙 *4892| 1° vault 2° grave 3° desert, wilderness ◇ 1° caveau 2° tombe 3° lieux vagues, désert [Etym] 土 826 (rad: 032a 3-03), 广 1375 [Graph] 432a 721b.

圹埌 kuàng làng ◦ wild, waste land ◇ lieux vagues, désert, steppe * 4939.

壙 kuàng *4892 土广廿黄 |圹 -4891| 1° vault 2° grave 3° desert, wilderness ◇ 1° caveau 2° tombe 3° lieux vagues, désert [Etym] 土 826 (rad: 032a 3-15), 廣 1393 [Graph] 432a 721b 436a 042e.

塘 táng +4893 土广⺕口 |1° dike, embankment 2° pool, pond 3° hot-water bathing pool ◇ 1° digue 2° piscine, bain 3° sauna [Etym] 土 826 (rad: 032a 3-10), 唐 1405 [Graph] 432a 721b 833c 011a.

塘坝 táng bà ◦ small reservoir ◇ petit réservoir * 4918.

墉 yōng +4894 土广肀 |墉 *6763| fortified wall ◇ mur de la ville [Etym] 土 826 (rad: 032a 3-11), 庸 1409 [Graph] 432a 721b 834j.

墟 xū +4895 土虍七业 |圩 +4780| country fair ◇ marché de campagne [Etym] 土 826 (rad: 032a 3-11), 虚 1432 [Graph] 432a 721g 321e 435a.

△ xū |1° ruins 2° marketplace 3° waste, wild land 4° cemetery ◇ 1° ruines 2° marché, foire 3° lieux vagues, détruire 4° cimetière.

壚 lú *4896 土虍七田皿 |垆 -4936、鑪 2° *7640| 1° stiff black clods of earth, hard-black dirt or soil 2° ancient drink bar ◇ 1° motte de terre noire 2° ancien débit de boissons [Etym] 土 826 (rad: 032a 3-16), 盧 1448 [Graph] 432a 721g 321e 041a 922a.

坡 pō +4897 土广又 | 1° slope, hillside 2° slanting ◇ 1° pente, versant, côte 2° incliné [Etym] 土826 (rad: 032a 3-05), 皮1452 [Graph] 432a 721h 633a.

坂 bǎn +4898 土厂又 | 阪、岅 +6765、*7563 | hillside, slope ◇ pente, talus, versant [Etym] 土826 (rad: 032a 3-04), 反1454 [Graph] 432a 722a 633a.

垢 gòu +4899 土户口 | 1° dirt, sordid, filthy 2° vice 3° disgrace, shame ◇ 1° ordures, sale, poussière 2° vice 3° honte [Etym] 土826 (rad: 032a 3-06), 后1460 [Graph] 432a 722b 011a.

圻 qí +4900 土斤 | 1° border 2° imperial lands ◇ 1° limites 2° domaine impérial [Etym] 土826 (rad: 032a 3-04), 斤1461 [Graph] 432a 722c.

坼 chè +4901 土斥 | 1° crevice 2° to split open ◇ 1° fissure, déchirure 2° fendre, séparer [Etym] 土826 (rad: 032a 3-05), 斥1464 [Graph] 432a 722d.

坵 qiū *4902 土丘 | See ◇ Voir 琼5188 [Etym] 土826 (rad: 032a 3-05), 丘1465 [Graph] 432a 722e.

地 de +4903 土也 | particle ◇ particule [Etym] 土826 (rad: 032a 3-03), 也1502 [Graph] 432a 733c.

△ dì | earth, ground, place ◇ terre, sol, position.

地铁 dì tiě ∘ subway ◇ métro ∗ 1921.

地毯 dì tǎn ∘ mat, rug, carpet ◇ tapis ∗ 2183.

地位 dì wèi ∘ social situation ◇ position sociale, rang, condition ∗ 2775.

地下 dì xià ∘ underground, subterranean; secret (activity) ◇ sous-sol, souterrain; clandestinité; sol ou terre ∗ 3204.

地下铁道 dì xià tiě dào ∘ subway, underground (railway) ◇ métro ∗ 3204 1921 10176.

地下室 dì xià shì ∘ cellar, basement ◇cave, sous-sol ∗ 3204 7754.

地形 dì xíng ∘ topography, terrain ◇ topographie ∗ 4046.

地板 dì bǎn ∘ floor ◇ plancher ∗ 4301.

地址 dì zhǐ ∘ address ◇ adresse ∗ 4835.

地球 dì qiú ∘ earth ◇ terre, globe terrestre ∗ 5094.

地理 dì lǐ ∘ geography ◇ géographie ∗ 5204.

地主 dì zhǔ ∘ ground landlord ◇ propriétaire foncier ∗ 5212.

地狱 dì yù ∘ hell, inferno ◇ enfer ∗ 5604.

地名 dì míng ∘ place name ◇ nom de lieu ∗ 6408.

地区 dì qū ∘ region, area; district ◇ région; quartier ∗ 7305.

地窖 dì jiào ∘ cellar ◇ cave ∗ 7817.

地方 dì fāng ∘ place, spot ◇ lieu, endroit ∗ 7928.

地震 dì zhèn ∘ earthquake ◇ tremblement de terre ∗ 8442.

地雷 dì léi ∘ mine (war) ◇ mine (guerre) ∗ 8463.

地点 dì diǎn ∘ place ◇ lieu ∗ 9799.

地道 dì dào ∘ underground, tunnel ◇ souterrain, tunnel; pur, véritable ∗ 10176.

地图 dì tú ∘ map ◇ carte de géographie ∗ 10957.

堰 yàn +4904 土匚曰女 | barrage, dam, weir ◇ jetée, quai, digue [Etym] 土826 (rad: 032a 3-09), 匽1529 [Graph] 432a 811c 021a 611e.

块 kuài -4905 土夬 | 塊 *4975 | 1° piece, lump, chunk, clod 2° measure word 3° Chinese dollar ◇ 1° pièce, motte, morceau 2° spécificatif 3° monnaie chinoise [Etym] 土826 (rad: 032a 3-04), 夬1550 [Graph] 432a 822c.

埽 sào +4906 土彐冖巾 | dike or embankment built with branches and stalks, stalks and branches for the job ◇ chaumes, écorces et branches d'arbres pour la construction d'un barrage, barrage [Etym] 土826 (rad: 032a 3-08), 帚1557 [Graph] 432a 832a 851a 858a.

埭 dài +4907 土隶 | jetty, wharf ◇ jetée, quai [Etym] 土826 (rad: 032a 3-08), 隶1578 [Graph] 432a 834e.

塏 kǎi *4908 土山豆 | 垲 -4909 | 1° terrace 2° dwelling 3° high and dry land ◇ 1° terrasse 2° demeure 3° terre sèche et à haute altitude [Etym] 土826 (rad: 032a 3-10), 豈1625 [Graph] 432a 841b 012b.

垲 kǎi -4909 土山己 | 塏 *4908 | 1° terrace 2° dwelling 3° high and dry land ◇ 1° terrasse 2° demeure 3° terre sèche et à haute altitude [Etym] 土826 (rad: 032a 3-06), 岂1627 [Graph] 432a 841b Z41a.

凷 kuài (852) 土凵 | [Tra] clod of earth ◇ motte de terre [Etym] earth (1= 土826) dug out of a hole (2= 凵1630) (> 屆1965) ◇ terre (1= 土826) enlevée d'un trou (2= 凵1630) (> 屆1965) [Graph] 432a 841e [Ref] k877, r12d, r60, r140d, r334, w24c, wa6, wi220.

塚 zhǒng *4910 土冖豕 | 冢 +7674 | tomb, grave ◇ grand tertre, tombe, tombeau élevé, tumulus [Etym] 土826 (rad: 032a 3-10), 冢1651 [Graph] 432a 851a 522b.

坨 tuó +4911 土宀匕 | [Etym] 土826 (rad: 032a 3-05), 它1665 [Graph] 432a 851c 321b.

坨子 tuó zǐ ∘ lump, heap ◇ morceau, masse, tas ∗ 6546.

垞 chá +4912 土宀乇 | 1° hill 2° surname ◇ 1° colline 2° nom de famille [Etym] 土826 (rad: 032a 3-06), 宅1670 [Graph] 432a 851c 321f.

垸 yuàn +4913 土宀元 | See ◇ Voir 圩垸 wei2-yuan4 4780-4913 [Etym] 土826 (rad: 032a 3-07), 完1671 [Graph] 432a 851c 322d.

垵 ǎn +4914 土宀女 | eucalyptus ◇ eucalyptus [Etym] 土826 (rad: 032a 3-06), 安1697 [Graph] 432a 851c 611e.

均 jūn (853) 土匀 [Tra] equal; even; all ◇ égal; uni; tous [Etym] earth (1= 土 826); phon, equal (2= 匀 1764) ◇ terre (1= 土 826); phon, égal (2= 匀 1764) [Graph] 432a 852c [Ref] h692, k1216, ph260, r312, w79b [Hanzi] jun1 yun2 筠 793, jun1 均 4915, yun2 鋆 4916.

均 jūn +4915 土匀 1° equal, even 2° all 3° impartially ◇ 1° égal, uni 2° tous 3° impartialité [Etym] 土 826 (rad: 032a 3-04), 匀 1764 [Graph] 432a 852c.

均匀 jūn yǔn。even, at regular intervals ◇ égal, régulier, à intervalles réguliers ＊ 7893.

鋆 yún +4916 土匀亼丕 1° gold 2° personal name ◇ 1° or 2° prénom [Etym] 金 196 (rad: 167a 8-07), 均 853 [Graph] 432a 852c 233a 432q.

坊 fāng +4917 土方 1° lane 2° district, ward 3° village ◇ 1° rue 2° district, quartier 3° village [Etym] 土 826 (rad: 032a 3-04), 方 1784 [Graph] 432a 853b.

△ fáng 1° store 2° workshop 3° mill ◇ 1° établissement 2° atelier 3° manufacture.

坝 bà -4918 土贝 |壩 *4966、壩 *4928| 1° dyke, breakwater 2° flatland, plain ◇ 1° jetée, quai 2° plaine, pays plat [Etym] 土 826 (rad: 032a 3-04), 贝 1796 [Graph] 432a 854b.

坍 tān +4919 土丹 to fall in ruins, to collapse ◇ tomber en ruines, s'écrouler, s'effondrer [Etym] 土 826 (rad: 032a 3-04), 丹 1821 [Graph] 432a 856d.

堋 péng +4920 土月月 to cover with earth, ancient levee (water divider) ◇ enterrer, digue, levée [Etym] 土 826 (rad: 032a 3-08), 朋 1836 [Graph] 432a 856e 856e.

坰 jiōng +4921 土冂口 1° outermost suburbs 2° wasteland, wilds, desert ◇ 1° banlieues les plus éloignées 2° lieux vagues, désert, glacis [Etym] 土 826 (rad: 032a 3-05), 冋 1852 [Graph] 432a 856k 011a.

垌 dòng +4922 土冂㠯 1° field 2° place name used in Guangdong and Guangxi ◇ 1° champ 2° nom de lieu utilisé au Guangdong et au Guangxi [Etym] 土 826 (rad: 032a 3-06), 同 1853 [Graph] 432a 856k 012a.

△ tóng place in Hubei ◇ lieu du Hubei.

墺 ào +4923 土冂米大 |壿 *4924| dwelling place ◇ logement [Etym] 土 826 (rad: 032a 3-12), 奥 1866 [Graph] 432a 857e 422f 242a.

墺 ào *4924 土冂采大 |墺 +4923| dwelling place ◇ logement [Etym] 土 826 (rad: 032a 3-13), 奧 1868 [Graph] 432a 857e 422g 242a.

垧 shǎng +4925 土冂口 land measure in the Northeast of China = 15 mu ◇ unité de mesure agraire dans le Nord-est de la Chine = 15 mu [Etym] 土 826 (rad: 032a 3-06), 向 1870 [Graph] 432a 857e 011a.

墒 shāng -4926 土啇口 |暘 *10444| moisture in the soil ◇ humidité dans la terre [Etym] 土 826 (rad: 032a 3-11), 商 1877 [Graph] 432a 857h 011a.

埆 què +4927 土角 infertile land ◇ terre stérile [Etym] 土 826 (rad: 032a 3-07), 角 1883 [Graph] 432a 857l.

壩 bà *4928 土雨廿申月 |坝 -4918、垻 *4966| 1° dyke, breakwater 2° flatland, plain ◇ 1° jetée, quai 2° plaine, pays plat [Etym] 土 826 (rad: 032a 3-21), 霸 1892 [Graph] 432a 858e 436a 031e 856e.

埔 bù +4929 土甫 port in Guangzhou province ◇ port dans la province de Guangzhou [Etym] 土 826 (rad: 032a 3-07), 甫 1914 [Graph] 432a 858n.

△ pǔ 1° name of several places, Huangpu in Guangdong Province 2° port 3° plain ◇ 1° nom de plusieurs lieux, Huangpu, ville du Guangdong 2° port 3° plaine.

垴 nǎo +4930 土囟 place name ◇ nom de lieu [Etym] 土 826 (rad: 032a 3-06), 囟 1926 [Graph] 432a 911c.

埴 zhí +4931 土直 |埴 *4968| clay ◇ terre glaise, argile [Etym] 土 826 (rad: 032a 3-08), 直 1934 [Graph] 432a 921e.

填 tián +4932 土真 |塡 *4778| to fill up, to stuff, to write in ◇ remplir, combler, compléter [Etym] 土 826 (rad: 032a 3-10), 真 1936 [Graph] 432a 921f.

填表 tián biǎo。to fill in form ◇ remplir un formulaire ＊ 5250.

填写 tián xiě。to fill in, to write ◇ remplir, inscrire ＊ 7686.

填空 tián kòng。to fill a vacancy ◇ remplir des espaces vides (formulaires) ＊ 7811.

堝 guō *4933 土咼口 |埚 -4946| crucible ◇ creuset [Etym] 土 826 (rad: 032a 3-09), 咼 1948 [Graph] 432a 924d 011a.

坭 ní +4934 土尸匕 1° mud 2° to coat 3° cement 4° place name ◇ 1° boue 2° enduire 3° ciment 4° nom de lieu [Etym] 土 826 (rad: 032a 3-05), 尼 1952 [Graph] 432a 931a 321b.

墀 chí +4935 土尸米牛 court-yard ◇ cour d'honneur [Etym] 土 826 (rad: 032a 3-12), 犀 1961 [Graph] 432a 931a 412h 414d.

垆 lú -4936 土卢 |壚 *4896、鑪 2° *7640| 1° stiff black clods of earth, hard-black dirt or soil 2° ancient drink bar ◇ 1° motte de terre noire 2° ancien débit de boissons [Etym] 土 826 (rad: 032a 3-05), 卢 1992 [Graph] 432a 931f.

垠 yín +4937 土艮 limit, boundary ◇ limites, bord [Etym] 土 826 (rad: 032a 3-06), 艮 2003 [Graph] 432a 932c.

塱 lǎng -4938 土良月 |朗 *8724| place in Guangdong ◇ lieu du Guangdong [Etym] 土 826 (rad: 032a 3-10), 朗 2007 [Graph] 432a 932d 856e.

埌 làng +4939 土良 See ◇ Voir 圹埌 kuang4-lang4 4891-4939 [Etym] 土 826 (rad: 032a 3-07), 良 2008 [Graph] 432a 932e.

圯 yí +4940 土巳 1° bridge 2° bank (sea, river) ◇ 1° pont 2° digue [Etym] 土 826 (rad: 032a 3-03), 巳 2010 [Graph] 432a 933b.

埠 bù +4941 土阜 1° port 2° mart ◇ 1° port 2° centre commercial [Etym] 土 826 (rad: 032a 3-08), 阜 2024 [Graph] 432a 934d.

袁 yuán (854) 土口衣 | [Tra] length; hesitation ◇ longueur; hésitation [Etym] clothes (3< 衣 370) and harnest (1,2< 叀 2351) ->hesitate, long ◇ un vêtement (3< 衣 370) et des harnais (1,2< 叀 2351) ->hésiter, long [Graph] 432a 011a 312h [Hanzi] yuan2 袁 4942, yuan3 遠 4943, yuan2 猿 5621, yuan2 轅 6344, yuan2 轅 10684, yuan2 園 10950.

袁 yuán +4942 土口衣 | 1° long robe 2° surname ◇ 1° longue robe 2° nom de famille [Etym] 衣 370 (rad: 145c 4-06), 袁 854 [Graph] 432a 011a 312h.

遠 yuǎn *4943 土口衣辶 | 远 -2200 | 1° far off, distant 2° to remove, to thrust aside ◇ 1° loin, éloigné 2° enlever, repousser [Etym] 辶 1346 (rad: 162b 3-10), 袁 854 [Graph] 432a 011a 312h 634o.

埕 chéng +4944 土口王 | jar ◇ jarre, amphore [Etym] 土 826 (rad: 032a 3-07), 呈 2070 [Graph] 432a 011a 432e.

埙 xūn -4945 土口贝 | 塤 *4949 、壎 *4971 | ocarina ◇ ocarina [Etym] 土 826 (rad: 032a 3-07), 员 2077 [Graph] 432a 011a 854b.

埚 guō -4946 土口内 | 堝 *4933 | crucible ◇ creuset [Etym] 土 826 (rad: 032a 3-07), 呙 2081 [Graph] 432a 011a 859a.

喪 sāng (855) 土口口以 | [Tra] funeral, to mourn ◇ deuil, funérailles [Etym] {?} to cry (1,2,3< 哭 2086); died person (4< 亡 1533, 㒵 2194) ◇ {?} pleurer (1,2,3< 哭 2086); personne morte (4< 亡 1533, 㒵 2194) [Graph] 432a 011a 011a 312d [Ref] h1108, k450, w99d [Hanzi] sang1 sang4 喪 4947.

喪 sāng *4947 土口口以 | 丧 -5248 、喪 *4765 | funeral, to mourn ◇ deuil, être en deuil, funérailles [Etym] 口 2063 (rad: 030a 3-09), 喪 855 [Graph] 432a 011a 011a 312d.

△ sàng | 丧 -5248 、喪 *4765 | 1° to lose 2° to ruin ◇ 1° perdre 2° ruiner, détruire.

墠 shàn *4948 土口口甲 | 埠 -4972 | level ground for worship ◇ terrain pour offrande [Etym] 土 826 (rad: 032a 3-12), 單 2101 [Graph] 432a 011a 011a 041c.

塤 xūn *4949 土口貝 | 埙 -4945 、壎 *4971 | ocarina ◇ ocarina [Etym] 土 826 (rad: 032a 3-10), 員 2104 [Graph] 432a 011a 023b.

埻 zhǔn +4950 土亯子 | bull's eye (target) ◇ cible de flèche [Etym] 土 826 (rad: 032a 3-08), 享 2128 [Graph] 432a 012c 634d.

墩 dūn +4951 土亯子攵 | 1° mound 2° beacon 3° ton 4° block of stone or wood 5° cluster ◇ 1° tertre, bloc 2° fanal, flambeau 3° une tonne 4° siège bas 5° amas [Etym] 土 826 (rad: 032a 3-12), 敦 2129 [Graph] 432a 012c 634d 243c.

壕 háo +4952 土亯一豕 | 1° ditch, canal, moat 2° trench ◇ 1° fossé, canal 2° tranchée [Etym] 土 826 (rad: 032a 3-14), 豪 2136 [Graph] 432a 012c 851a 522a.

壕沟 háo gōu ∘ trench ◇ tranchée militaire ✱ 432.

塙 què *4953 土亯冂口 | 确 -9759 、確 *9747 、碻 *9768 | 1° true, reliable 2° firmly, really 3° indeed ◇ 1° vrai 2° ferme, sûr, solide 3° en effet [Etym] 土 826 (rad: 032a 3-10), 高 2138 [Graph] 432a 012c 856k 011a.

坫 diàn +4954 土占 | 1° earthen table 2° screen 3° obstacle ◇ 1° crédence, buffet 2° écran 3° obstacle [Etym] 土 826 (rad: 032a 3-05), 占 2154 [Graph] 432a 013e.

坦 tǎn +4955 土旦 | 1° level, smooth 2° plain 3° ease, composed, candid ◇ 1° plat, plan, étendu et uni 2° plaine 3° facilité, aise, paisible, contentement [Etym] 土 826 (rad: 032a 3-05), 旦 2170 [Graph] 432a 021a ac:z.

坦率 tǎn shuài ∘ frank, straightforward ◇ franc, sans détour, sans réserve ✱ 6311.

坦克 tǎn kè ∘ tank ◇ tank ✱ 9816.

坦白 tǎn bái ∘ to acknowledge, to admit; honest, frank, candid ◇ avouer, dire la vérité; franc, sincère, honnête ✱ 9973.

埘 shí -4956 土日寸 | 塒 *4957 | 1° hen roost 2° chicken coop in ancient times ◇ 1° juchoir 2° poulailler [Etym] 土 826 (rad: 032a 3-07), 时 2175 [Graph] 432a 021a 332b.

塒 shí *4957 土日土寸 | 埘 -4956 | 1° hen roost 2° chicken coop in ancient times ◇ 1° juchoir 2° poulailler [Etym] 土 826 (rad: 032a 3-10), 時 2180 [Graph] 432a 021a 432a 332b.

堤 dī +4958 土日疋 | 隄 *6785 | 1° dike, bank 2° to guard against ◇ 1° digue, jetée 2° se préserver, se prémunir [Etym] 土 826 (rad: 032a 3-09), 是 2182 [Graph] 432a 021a 434f.

堤坝 dī bà ∘ dikes and dams ◇ digue, barrage ✱ 4918.

堤岸 dī àn ∘ embankment ◇ digue, levée ✱ 7557.

塌 tā +4959 土日习习 | 1° to collapse, to fall down, to crumble, to sink 2° to settle down ◇ 1° s'effondrer, s'écrouler, détruire, gâter, pendre 2° se calmer [Etym] 土 826 (rad: 032a 3-10), 㬎 2190 [Graph] 432a 021a 731c 731c.

埸 yì +4960 土日勿 | 1° boundary, border of field 2° territorial border ◇ 1° limite (des champs) 2° frontière [Etym] 土 826 (rad: 032a 3-08), 易 2193 [Graph] 432a 021a 852e.

場 cháng *4961 土日昜 | 场 -4884 、塲 *4965 | 1° threshing ground 2° time, turn 3° access 4° period ◇ 1° aire à battre 2° fois 3° accès 4° période [Etym] 土 826 (rad: 032a 3-09), 昜 2197 [Graph] 432a 021a 852i.

△ chǎng | 场 -4884 、塲 *4965 | 1° place where people gather 2° farm 3° stage ◇ 1° lieu de réunion 2° ferme 3° théâtre.

壜 tán *4962 土日雨云 | See ◇ Voir 坛 4879 [Etym] 土 826 (rad: 032a 3-16), 曇 2200 [Graph] 432a 021a 858e 612d.

墁 màn +4963 土日罒又 | to plaster, to lay, to pave road with stones or bricks ◇ paver, daller une rue avec des pierres et des briques [Etym] 土 826 (rad: 032a 3-11), 曼 2211 [Graph] 432a 021a 051a 633a.

垣 yuán +4964 土亘亠 | wall of brick ◇ mur, rempart [Etym] 土 826 (rad: 032a 3-06), 亘 2213 [Graph] 432a 022a ac:z.

塲 cháng *4965 土昜 | 场 -4884 、場 *4961 | 1° threshing ground 2° time, turn 3° access 4° period ◇ 1° aire à battre 2° fois 3° accès 4° période [Etym] 土 826 (rad: 032a 3-11), 昜 2215 [Graph] 432a 022b 852i.

△ chǎng | 场 -4884 、場 *4961 | 1° place where people gather 2° farm 3° stage ◇ 1° lieu de réunion 2° ferme 3° théâtre.

垻 bà *4966 土貝 | 坝 -4918 、壩 *4928 | 1° dyke, breakwater 2° flatland, plain ◇ 1° jetée, quai 2° plaine, pays plat [Etym] 土 826 (rad: 032a 3-07), 貝 2246 [Graph] 432a 023b.

垍 jì +4967 土自 | hard soil ◇ terre dure [Etym] 土 826 (rad: 032a 3-06), 自 2256 [Graph] 432a 023d.

埴 zhí *4968 土直 | 埴 +4931 | clay ◇ terre glaise, argile [Etym] 土 826 (rad: 032a 3-08), 直 2273 [Graph] 432a 023j 711a.

堍 tù +4969 土兔 | ramp of a bridge ◇ passerelle [Etym] 土 826 (rad: 032a 3-08), 兔 2294 [Graph] 432a 032e.

增 zēng +4970 土曽日 | 1° to add to, to increase 2° supernumerary ◇ 1° ajouter, augmenter, croître 2° surnuméraire [Etym] 土 826 (rad: 032a 3-12), 曾 2308 [Graph] 432a 033c 021a.

增长 zēng zhǎng 。 to increase; to grow ◇ augmenter, accroître, élever * 2139.

增进 zēng jìn 。 to enhance, to promote ◇ renforcer, avancer, promouvoir * 4056.

增产 zēng chǎn 。 to increase production ◇ augmenter la production, accroître * 6991.

增召 zēng zhào 。 to increase ◇ augmenter, agrandir * 7240.

增加 zēng jiā 。 to increase ◇ augmenter, ajouter, accroître * 7263.

增强 zēng qiáng 。 to strengthen; to raise ◇ renforcer; améliorer * 11265.

壎 xūn *4971 土熏灬 | 埙 -4945 、塤 *4949 | ocarina ◇ ocarina [Etym] 土 826 (rad: 032a 3-14), 熏 2312 [Graph] 432a 033f 222d.

墠 shàn -4972 土单 | 墠 *4948 | level ground for worship ◇ terrain pour offrande [Etym] 土 826 (rad: 032a 3-08), 单 2334 [Graph] 432a 041g.

坤 kūn +4973 土申 | 笳 +7947 | bamboo basket for holding earth ◇ panier de bambou pour transporter la terre [Etym] 土 826 (rad: 032a 3-05), 申 2348 [Graph] 432a 042c.

埂 gěng +4974 土更 | 1° bank of earth 2° earth dike, channel, ditch ◇ 1° digue 2° fossé, rigole, canal [Etym] 土 826 (rad: 032a 3-07), 更 2359 [Graph] 432a 043a.

塊 kuài *4975 土鬼厶 | 块 -4905 | 1° piece, lump, chunk, clod 2° measure word 3° Chinese dollar ◇ 1° pièce, motte, morceau 2° spécificatif 3° monnaie chinoise [Etym] 土 826 (rad: 032a 3-08), 鬼 2363 [Graph] 432a 043e 612a.

埤 pí +4976 土卑 | to add, to increase ◇ augmenter, s'élever [Etym] 土 826 (rad: 032a 3-08), 卑 2366 [Graph] 432a 043h.

埋 mái +4977 土里 | 1° to bury, to cover up 2° to conceal 3° to hoard ◇ 1° ensevelir, enterrer 2° cacher, dissimuler 3° amasser [Etym] 土 826 (rad: 032a 3-07), 里 2368 [Graph] 432a 043j.

埋没 mái mò 。 to bury; to cover up; to neglect ◇ enterrer; cacher; tomber dans l'oubli * 617.

埋葬 mái zàng 。 to bury, to inter a coffin ◇ enterrer, ensevelir, inhumer * 3755.

埋怨 mái yuàn 。 to complain, to grumble ◇ se plaindre, grogner * 6402.

△ mán |

埋怨 mán yuàn 。 to complain, to blame ◇ se plaindre, faire grief * 6402.

堽 gāng +4978 土罒正 | place in Shandong ◇ lieu du Shandong [Etym] 土 826 (rad: 032a 3-10), 罒 2373 [Graph] 432a 051a 434b.

塄 léng +4979 土罒方 | sloping borders of farm fields ◇ digue qui entoure un champ [Etym] 土 826 (rad: 032a 3-09), 罗 2392 [Graph] 432a 051a 853b.

堙 yīn +4980 土西土 | 陻 *6796 | 1° to dam in 2° to bar 3° mound ◇ 1° endiguer 2° barrer 3° monticule [Etym] 土 826 (rad: 032a 3-09), 垔 2408 [Graph] 432a 051e 432a.

堌 gù +4981 土囗古 | 1° dike 2° used in place names ◇ 1° digue 2° utilisé dans les noms de lieu [Etym] 土 826 (rad: 032a 3-08), 固 2456 [Graph] 432a 071a 013f.

壈 lǎn +4982 土亩口示 | 1° not achieve one's ambition 2° exhausted 3° in financial straits 4° frustrated ◇ 1° ne pas pouvoir réaliser ses ambitions 2° épuisé 3° difficultés financières 4° frusté [Etym] 土 826 (rad: 032a 3-13), 稟 2458 [Graph] 432a 071b 011a 331l.

壇 tán *4983 土亩口旦一 | See ◇ Voir 坛 4879 [Etym] 土 826 (rad: 032a 3-13), 亶 2460 [Graph] 432a 071b 011a 021a ac:z.

圬 wū +4984 土亏 | 杇 *4477 | 1° to plaster 2° trowel ◇ 1° crépir 2° truelle [Etym] 土 826 (rad: 032a 3-03), 亏 2477 [Graph] 432a Z21c.

坞 wù -4985 土乌 | 塢 *4986 、隖 *6797 | 1° depressed place 2° entrenchment 3° dock 4° castle, fortified building ◇ 1° fosse 2° mur, enceinte 3° bassin, cale sèche 4° forteresse [Etym] 土 826 (rad: 032a 3-04), 乌 2490 [Graph] 432a Z22c.

塢 wù *4986 土烏 | 坞 -4985 、隖 *6797 | 1° depressed place 2° entrenchment 3° dock 4° castle, fortified building ◇ 1° fosse 2° mur, enceinte 3° bassin, cale sèche 4° forteresse [Etym] 土 826 (rad: 032a 3-10), 烏 2495 [Graph] 432a Z22f.

圪 gē +4987 土乞 | mound, knoll ◇ monticule, tertre [Etym] 土 826 (rad: 032a 3-03), 乞 2508 [Graph] 432a Z31e.

圪垯 gē da 。 mound, knoll ◇ monticule, tertre * 4771.

垛 duǒ +4988 土几木 | 垜 *4885 | 1° battlement 2° buttress ◇ 1° créneaux 2° arc-boutant [Etym] 土 826 (rad: 032a 3-06), 朵 2518 [Graph] 432a Z33a 422a.

△ duò |垛 稞 *4885 、*4545| 1° to pile up 2° target 3° stack ◇ 1° entasser, amas 2° cible 3° tas.

坑 kēng +4989 土亢 |阬 *6798| 1° hollow, pit 2° tunnel 3° pond, puddle 4° to bury alive 5° to entrap, to cheat ◇ 1° fosse 2° tunnel 3° mare, étang 4° enterrer vivant 5° tendre un piège, nuire, détruire [Etym] 土 826 (rad: 032a 3-04), 亢 2529 [Graph] 432a Z33d.

圮 pǐ +4990 土己 |to be ruined, to collapse ◇ renverser, abattre, détruire [Etym] 土 826 (rad: 032a 3-03), 己 2532 [Graph] 432a Z41a.

坳 ào +4991 土凹 |hole (ground) ◇ cavité, creux (de la terre) [Etym] 土 826 (rad: 032a 3-05), 凹 2556 [Graph] 432a Z51b.

埡 yà *4992 土亞 |垭 -4860| strip of land between hills (used in place names) ◇ bande de terre entre les collines (utilisé dans des noms de lieu) [Etym] 土 826 (rad: 032a 3-08), 亞 2559 [Graph] 432a Z51f.

士 shì (856) 士 |[Tra] officer, scholar ◇ fonctionnaire, lettré [Etym] man or something in upright and extended position (prim) ◇ une chose ou un être dressé et en extension (prim) [Graph] 432b [Ref] k899, ph788, w144b, wa29, wi452 [Hanzi] shi4 仕 2882, shi4 士 4993, zhi4 志 4994, hu2 kun3 壶 5001, yi1 壹 5005, ke2 qiao4 壳 5012, hu2 kun3 壺 5017, sheng1 声 5018, ji2 吉 5024, mai4 賣 5042, ai3 毐 5044, ren2 壬 5229 [Rad] 033a.

士 shì +4993 士 |1° bachelor (ancient China) 2° social middle stratum in ancient China 3° scholar, learned man 4° officer, warrior 5° person trained in a certain field 6° brave 7° husband ◇ 1° diplômé (Chine ancienne) 2° classe sociale intermédiaire (Chine ancienne) 3° lettré 4° officier, guerrier 5° personne formée dans un domaine 6° brave 7° mari [Etym] 士 856 (rad: 033a 3-00), [Graph] 432b.

士兵 shì bīng ∘ soldier, warrior ◇ soldat, guerrier ∗ 7215.

士气 shì qì ∘ morale ◇ moral des troupes, esprit combatif ∗ 11170.

志 zhì (857) 士心 |[Tra] resolution, will ◇ volonté, résolution [Etym] development (1= 士856) of the heart (2= 心 397) ◇ le développement (1= 士856) du coeur (2= 心 397) [Graph] 432b 321c [Ref] w34i, wi134 [Hanzi] zhi4 梽 4211, zhi4 志 4994, zhi4 痣 7053, zhi4 誌 9525.

志 zhì +4994 士心 |誌 2°3° *9525| 1° will, determination of purpose, resolution 2° to keep in mind 3° records, annals 4° choreography ◇ 1° volonté, propos, intention, but 2° garder à l'esprit 3° annales, histoire locale, document, monographie d'une région 4° chorégraphie [Etym] 心 397 (rad: 061a 4-03), 志 857 [Graph] 432b 321c.

志哀 zhì āi ∘ to express one's mourning for a deceased ◇ exprimer son deuil pour un mort ∗ 2150.

志愿 zhì yuàn ∘ aspiration, wish; ideal ◇ désir, volonté; idéal ∗ 6870.

志气 zhì qì ∘ ambition, aspiration ◇ ambition, détermination, bonne volonté ∗ 11170.

隶 kuǎn (858) 士示 |[Tra] sincere, entertain ◇ hospitalité, accueil [Etym] reduction of (款 859) ◇ réduction de (款 859) [Graph] 432b 3311 [Ref] k506, w34i, wi374, wi813 [Hanzi] li4 隸 4996.

款 kuǎn (859) 士示欠 |[Tra] sincere, entertain ◇ hospitalité, acceuil [Etym] sigh (3= 欠 178) after offering (2= 示 431) of plants (1< 出 1640) ◇ soupir (3= 欠 178) après une offrande (2= 示 431) de plantes (1< 出 1640) [Graph] 432b 3311 232b [Ref] k506, ph517, w34i [Hanzi] kuan3 款 4995, kuan3 窾 7814.

款 kuǎn +4995 士示欠 |欵 *2163| 1° sincere, true 2° to treat well, to entertain 3° paragraph, article 4° fund 5° leisurely, delay 6° kind, liberal ◇ 1° sincère 2° recevoir (hôte), hospitalité 3° article (loi) 4° somme d'argent 5° délai, lent 6° bienveillance, libéralité [Etym] 欠 178 (rad: 076a 4-08), 款 859 [Graph] 432b 3311 232b.

款待 kuǎn dài ∘ to entertain ◇ accueillir, recevoir avec bonne grâce ∗ 3137.

款子 kuǎn zǐ ∘ sum of money ◇ somme d'argent ∗ 6546.

隸 lì *4996 士示隶 |隶 隸 +7411 、*4147| 1° to be subordinate to, to be under 2° slave 3° to reach to 4° to leran 5° official script 6° surname ◇ 1° employé subalterne d'un service public, dépendre 2° esclave 3° atteindre, saisir 4° apprendre 5° écriture des scribes 6° nom propre [Etym] 隶 1578 (rad: 171a 8-08), 隶 858 [Graph] 432b 3311 834e.

壽 shòu (860) 士冖工曰寸 |[Tra] long life, birthday ◇ longévité [Etym] sinuous (2, 4=prim) speeches (3= 口 2063) of the aged (1< 老 889) ◇ paroles (3= 口 2063) sinueuses (2,4=prim) des vieux (1< 老889) [Graph] 432b acc:g 431a 012a 332b [Ref] wi813 [Hanzi] tao1 濤 219, chou2 籌 794, zhu4 鑄 1186, dao3 禱 2260, dao3 擣 2446, chou2 儔 2883, tao2 檮 4212, shou4 壽 4997, dao4 tao1 燾 4998, chou2 dao4 疇 8388, chou2 躊 9329, zhou1 譸 9526, chou2 疇 10431, chou2 醻 10867.

壽 shòu *4997 士冖工曰寸 |寿 -1535| 1° longevity 2° life, age 3° birthday 4° burial 5° surname ◇ 1° longévité, avancé en âge 2° vie, âge 3° anniversaire 4° funéraire 5° nom propre [Etym] 士 856 (rad: 033a 3-11), 壽 860 [Graph] 432b acc:g 431a 012a 332b.

燾 dào *4998 士冖工曰寸灬 |焘 -1536| to cover ◇ couvrir [Etym] 灬 130 (rad: 086b 4-14), 壽860 [Graph] 432b acc:g 431a 012a 332b 222d.

△ tāo |焘 -1536| 1° to nurse 2° personal name ◇ 1° allaiter, soigner 2° prénom.

声 qiāo (861) 士冖 [Tra] shells (fruit, egg) ◇ coquilles, coques [Etym] cover (2= ⺁ 1649) with linear drawings (2=prim) ◇ couvercle (2= ⺁ 1649) décoré de motifs linéaires (2=prim) [Graph] 432b 851a [Ref] k201, ph690, w38g [Hanzi] hu2 kun3 壶 5001, yi1 壹 5005, ke2 qiao4 壳 5012.

㱿 qiāo (862) 士冖⺀ [Tra] shells; to strike ◇ coquilles; frapper [Etym] reduction of (殸 863) ◇ réduction de (殸 863) [Graph] 432b 851a acc:a Z33a 633a [Hanzi] gu3 gu3 穀 5000, hu2 縠 5002, gu3 毂 5003, hu2 觳 5004, gu3 轂 5009, kou4 鷇 5010, kou4 鷇 5011, ke2 qiao4 殼 5014, gou4 彀 5016.

殸 qiāo (863) 士冖一儿又 [Tra] shells; {to strike} ◇ coquilles; {frapper} [Etym] to strike (3,4= 殳 2519); phon (1,2= 声 861) ◇ frapper (3,4= 殳 2519); phon (1,2= 声 861) [Graph] 432b 851a 111a Z33a 633a [Ref] w75a [Hanzi] que4 愨 4999.

愨 què *4999 士冖一儿又心 |悫 -5013、慤 *5015| 1° uprightness, honest 2° careful ◇ 1° droiture 2° prudent [Etym] 心 397 (rad: 061a 4-10), 殸 863 [Graph] 432b 851a 111a Z33a 633a 321c.

穀 gǔ +5000 士冖木儿又 See ◇ Voir 谷 1509 [Etym] 禾 760 (rad: 115a 5-09), 榖 864 [Graph] 432b 851a 422a Z33a 633a.

△ gǔ | paper mulberry ◇ mûrier à papier.

榖 gǔ (864) 士冖⺀木儿又 [Tra] valley, cereal ◇ vallée, céréale [Etym] tree (3= 木 723); phon (1,2,4,5= 殸 863) ◇ un arbre (3= 木 723); phon (1,2,4,5= 殸 863) [Graph] 432b 851a acc:a 422a Z33a 633a [Hanzi] gu3 瀔 220, gu3 gu3 穀 5000.

壶 hú -5001 士冖业 |壺 *5017| 1° jug, pot, kettle 2° bottle, flask ◇ 1° canette, pot, récipient 2° cruche, bouteille [Etym] 士 856 (rad: 033a 3-07), 声 861 业 974 [Graph] 432b 851a 435a.

△ kǔn |壸 *5017| corridor in a palace ◇ couloir à l'intérieur du palais impérial.

縠 hú +5002 士冖糸儿又 fine silk gauze ◇ gaze en soie fine [Etym] 糸 1185 (rad: 120a 6-10), 㱿 862 [Graph] 432b 851a 613d Z33a 633a.

毂 gǔ +5003 士冖车儿又 |轂 *5009| nave or hub of a wheel ◇ moyeu de roue [Etym] 车 1213 (rad: 159s 4-10), 㱿 862 [Graph] 432b 851a 614d Z33a 633a.

觳 hú +5004 士冖角儿又 [Etym] 角 1883 (rad: 148a 7-10), 㱿 862 [Graph] 432b 851a 857l Z33a 633a.

觳觫 hú sù 。1° to tremble; 2° to be frightened ◇ 1° trembler; 2° effrayé * 8374.

壹 yī (865) 士冖豆 [Tra] one (formal writing) ◇ un (grande écriture) [Etym] old complex ritual vase (3= 豆 2120) and covers (1,2= 声 861) ◇ un ancien vase rituel (3= 豆 2120) avec couvercles (1,2= 声 861) [Graph] 432b 851a 012b [Ref] k506, w34i [Hanzi] yi1 壹 5005, yi4 懿 5006, yi4 殪 6428, ye1 噎 8976.

壹 yī +5005 士冖豆 |弌 *5503| one (used on cheque, banknote etc.) ◇ un (en grande écriture) [Etym] 士 856 (rad: 033a 3-09), 壹 865 [Graph] 432b 851a 012b.

懿 yì +5006 士冖豆冫欠心 admirable, suitable, excellent ◇ beau, admirable [Etym] 心 397 (rad: 061a 4-18), 壹 865 恣 9 [Graph] 432b 851a 012b 121a 232b 321c.

橐 tuó (866) 士冖石 [Tra] sack, bag ◇ sac, sacoche [Etym] reduction of (橐 866) ◇ réduction de (橐 866) [Graph] 432b 851a 013b [Hanzi] du4 蠹 5008.

橐 tuó (867) 士冖石木 [Tra] sack, bag ◇ sac, sacoche [Etym] different writing for (橐 2288) ◇ autre graphie pour (橐 2288) [Graph] 432b 851a 013b 422a [Ref] w34i, wa176 [Hanzi] tuo2 橐 5007.

橐 tuó *5007 士冖石木 |橐 +10366| sack, bag ◇ sac, sacoche [Etym] 木 723 (rad: 075a 4-10), 橐 867 [Graph] 432b 851a 013b 422a.

蠹 dù *5008 士冖石虫虫 |蠧 +10367、蠹 *4450| grubs in wood, worm, moth ◇ teignes, mites, perce-bois [Etym] 虫 2282 (rad: 142a 6-16), 橐 866 蚰 2283 [Graph] 432b 851a 013b 031d 031d.

轂 gǔ (868) 士冖⺀車儿又 [Tra] hub of a wheel ◇ moyeu de roue [Etym] charriot (3= 車 2352); phon (1,2,4,5< 榖 864) ◇ voiture (3= 車 2352); phon (1,2,4,5< 榖 864) [Graph] 432b 851a acc:a 042g Z33a 633a [Ref] k92, k92, w38g, wi134 [Hanzi] gu3 轂 5009.

轂 gǔ *5009 士冖⺀車儿又 |毂 +5003| nave or hub of a wheel ◇ moyeu de roue [Etym] 車 2352 (rad: 159a 7-10), 轂 868 [Graph] 432b 851a acc:a 042g Z33a 633a.

鷇 kòu -5010 士冖鸟儿又 |鷇 *5011| new-born bird ◇ petit oiseau nouveau-né [Etym] 鸟 2494 (rad: 196s 5-10), 㱿 862 [Graph] 432b 851a Z22e Z33a 633a.

鷇 kòu *5011 士冖鳥儿又 |鷇 -5010| new-born bird ◇ petit oiseau nouveau-né [Etym] 鳥 2500 (rad: 196a 11-10), 㱿 862 [Graph] 432b 851a Z22h Z33a 633a.

壳 ké (869) 士冖儿 [Tra] shell, scale ◇ coquille, écaille [Etym] to wrap (3< 凡 2522); shell (1,2= 声 861) ◇ enveloppe (3< 凡 2522); coquille (1,2= 声 861) [Graph] 432b 851a Z33a [Ref] k92, w75a, wa124 [Hanzi] ke2 qiao4 壳 5012, que4 悫 5013.

壳 ké -5012 士冖儿 |殼 *5014| 1° scale, shell 2° casing ◇ 1° écaille, coquille 2° revêtement [Etym] 士 856 (rad: 033a 3-04), 声 861 儿 2516 [Graph] 432b 851a Z33a.

壳儿 ké ér 。shell ◇ coquille * 2194.

△ qiào |殼 *5014| 1° shell, scale 2° hard surface ◇ 1° écaille, coquille, carapace 2° enveloppe dure.

壳 què -5013 士冖儿心 |愨、慤 *5015、*4999| 1° uprightness, honest 2° careful ◇ 1° droiture 2° prudent [Etym] 心 397 (rad: 061a 4-07), 壳 869 [Graph] 432b 851a Z33a 321c.

殻 ké (870) 士冖儿几又 |[Tra] shell ◇ écaille [Etym] different writing for (殼 871) ◇ autre graphie pour (殼 871) [Graph] 432b 851a Z33a Z33a 633a [Ref] ph265, r334, w173a [Hanzi] que4 愨 5015.

殼 ké *5014 士冖儿几又 |壳 -5012| 1° scale, shell 2° casing ◇ 1° écaille, coquille 2° revêtement [Etym] 殳 2519 (rad: 079a 4-08), 殼 871 [Graph] 432b 851a Z33a Z33a 633a.

△ qiào |壳 -5012| 1° shell, scale 2° hard surface ◇ 1° écaille, coquille, carapace 2° enveloppe dure.

愨 què *5015 士冖儿几又心 |悫、慤 -5013、*4999| 1° uprightness, honest 2° careful ◇ 1° droiture 2° prudent [Etym] 心 397 (rad: 061a 4-11), 殻 870 [Graph] 432b 851a Z33a Z33a 633a 321c.

殼 ké (871) 士冖二几几又 |[Tra] scale, shell ◇ écaille, coquille [Etym] {1} to wrap (3< 几 2522), shell (1,2,4,5= 㱿 863); {2} to hit (3,4= 殳 2519) a percussion instrument (1,2=prim, > 南 1881) ◇ {1} enveloppe (3< 几 2522), coquille (1,2,4,5= 㱿 863); {2} frapper (3,4= 殳 2519) un instrument à percussion (1, 2=prim, > 南 1881) [Graph] 432b 851a acc:a Z33a Z33a 633a [Ref] k397, ph604, r335, r339, w173a, wa175, wi71 [Hanzi] ke2 qiao4 殼 5014.

彀 gòu +5016 士冖弓几又 |1° to draw a bow to its full stretch 2° full 3° enough ◇ 1° bander un arc au maximum 2° plein 3° suffire, assez [Etym] 弓 2534 (rad: 057a 3-10), 㱿 862 [Graph] 432b 851a Z42a Z33a 633a.

壼 kǔn (872) 士冖亚 |[Tra] corridor in palace ◇ couloir au palais [Etym] different writing for (壹 865) ◇ autre graphie pour (壹 865) [Graph] 432b 851a Z51e [Ref] h1142, k325, ph180, w24c, wa6, wi615.

壺 hú (873) 士冖亚 |[Tra] jug, kettle ◇ jarre, marmite [Etym] bulge of jug (3=prim); cover (1, 2=prim) (> 去 848, ⺊ 1649) ◇ jarre pansue (3=prim); couvercle (1,2=prim) (> 去 848, ⺊ 1649) [Graph] 432b 851a Z51e [Ref] h166, k964, ph790, w75b, wi174, wi580 [Hanzi] hu2 kun3 壶 5017.

壺 hú *5017 士冖亚 |壶 -5001| 1° jug, pot, kettle 2° bottle, flask ◇ 1° canette, pot, récipient 2° cruche, bouteille [Etym] 士 856 (rad: 033a 3-09), 壺 873 [Graph] 432b 851a Z51e.

△ kǔn |壶 -5001| corridor in a palace ◇ couloir à l'intérieur du palais impérial.

声 shēng (874) 士尸 |[Tra] sound, tone ◇ son, ton [Etym] modern simplified form of (殸 875) ◇ forme simplifiée moderne de (殸 875) [Graph] 432b 931j [Ref] w24c [Hanzi] sheng1 声 5018.

声 shēng +5018 士尸 |聲 *5020| 1° sound, voice, to make a sound 2° initial consonant (Chinese syllable) 3° verbal 4° tone, accent 5° measure word (sound) 6° fame, prestige ◇ 1° son, voix, bruit, dire 2° consonne initiale (syllabe chinoise) 3° ton, accent 4° oralement 5° spécificatif (son) 6° renommée [Etym] 士 856 (rad: 033a 3-04), 声 874 [Graph] 432b 931j.

声音 shēng yīn。 noise, sound ◇ bruit, son, voix * 665.

声誉 shēng yù。 fame, reputation ◇ réputation * 685.

声调 shēng diào。 tone; note; voice; tone (of Chinese character) ◇ ton de voix, intonation; ton (des mots chinois) * 1804.

声援 shēng yuán。 to support ◇ accorder son appui à, soutenir (discours publics) * 2327.

声势 shēng shì。 impetus; momentum ◇ élan; impulsion * 2734.

声望 shēng wàng。 prestige; popularity ◇ réputation, prestige, renommée * 7339.

声乐 shēng yuè。 vocal music ◇ musique vocale * 7358.

声明 shēng míng。 to declare, to proclaim ◇ déclarer, proclamer * 9933.

殸 qìng (875) 士尸几又 |[Tra] sound, tone ◇ son, ton [Etym] strike (3,4= 殳 2519) sonorous (1< 壴 880) hanging stone (2=prim) ◇ frapper (3, 4= 殳 2519) une pierre suspendue (2=prim) sonore (1< 壴 880) [Graph] 432b 931j Z33a 633a [Ref] ph797, w24c [Hanzi] xin1 馨 5019, sheng1 聲 5020, qing4 罄 5021, qing3 謦 5022, qing4 磬 5023.

馨 xīn +5019 士尸几又禾曰 |1° to smell sweetly 2° fragrance (incense) ◇ 1° exhaler une odeur suave 2° parfum de l'encens [Etym] 香 778 (rad: 186a 9-11), 殸 875 [Graph] 432b 931j Z33a 633a 422d 021a.

聲 shēng *5020 士尸几又耳 |声 +5018| 1° sound, voice, to make a sound 2° initial consonant (Chinese syllable) 3° verbal 4° tone, accent 5° measure word (sound) 6° fame, prestige ◇ 1° son, voix, bruit, dire 2° consonne initiale (syllabe chinoise) 3° ton, accent 4° oralement 5° spécificatif (son) 6° renommée [Etym] 耳 1017 (rad: 128a 6-11), 殸 875 [Graph] 432b 931j Z33a 633a 436k.

罄 qìng +5021 士尸几又缶 |1° to use up, to run out, exhausted 2° empty 3° entirely ◇ 1° épuiser 2° vide, vider 3° à fond, entièrement [Etym] 缶 1628 (rad: 121a 6-11), 殸 875 [Graph] 432b 931j Z33a 633a 841c.

謦 qǐng +5022 士尸几又言 |1° to cough 2° to chat ◇ 1° tousser 2° bavarder [Etym] 言 2139 (rad: 149a 7-11), 殸 875 [Graph] 432b 931j Z33a 633a 012d.

磬 qìng +5023 士尸几又石 |1° sonorous stones, chime stone 2° inverted bell (Buddhist percussion instrument) ◇ 1° silex sonores, pierres sonores 2° gong de bronze (instrument à percussion du bouddhisme) [Etym] 石 2149 (rad: 112a 5-11), 殸 875 [Graph] 432b 931j Z33a 633a 013b.

吉 jí (876) 士口 [Tra] lucky, fortunate ◇ faste, veinard [Etym] words (口 2063); sage (1= 士 856) or good affairs (1< 事 2305) ◇ des paroles (口 2063); un sage (1= 士 856) ou une bonne affaire (1< 事 2305) [Graph] 432b 011a [Ref] w165b, wa177, wi508 [Hanzi] jie2 洁 221, ji2 jie2 诘 1740, jie2 拮 2447, ji2 佶 2884, jie2 ju2 桔 4213, jie1 秸 4529, ji4 髻 4737, ji2 吉 5024, zhe2 喆 5025, tai2 臺 5026, jie2 劼 5027, jie2 xie2 颉 5028, jie2 xie2 頡 5029, jie1 jie2 结 5977, jie1 jie2 結 6148, jie2 袺 6637, ji2 jie2 詰 9527, xia2 黠 10399, jie2 鲒 10485, jie2 鮚 10578.

吉 jí +5024 士口 1° fortunate, lucky, auspicious 2° short for Jilin Province 3° surname ◇ 1° faste, bonne fortune 2° abréviation de Jilin 3° nom propre [Etym] 口 2063 (rad: 030a 3-03), 吉 876 [Graph] 432b 011a.

吉他 jí tā。guitar ◇ guitare * 2959.

吉利 jí lì。lucky, auspicious ◇ propice, favorable * 4516.

吉普车 jí pǔ chē。jeep ◇ jeep * 5347 6327.

吉祥 jí xiáng。auspicious ◇ propice * 6573.

喆 zhé +5025 士口士口 1° wise, sage 2° intelligent 3° personal name ◇ 1° sagesse 2° intelligence 3° prénom [Etym] 口 2063 (rad: 030a 3-09), 吉 876 吉 876 [Graph] 432b 011a 432b 011a.

臺 tái *5026 士口厶土 See ◇ Voir 胎 8151 [Etym] 至 1148 (rad: 133a 6-06), 臺 877 [Graph] 432b 011a 612c 432a.

劼 jié +5027 士口力 1° earnestly 2° steady, firm 3° careful, diligent ◇ 1° s'efforcer 2° solide 3° prudent [Etym] 力 1489 (rad: 019a 2-06), 吉 876 [Graph] 432b 011a 732f.

臺 tái (877) 士口冖厶土 [Tra] platform, stage ◇ estrade [Etym] a high place (1,2,3< 高 2138) to reach (4,5= 至 1148) ◇ un lieu élevé (1,2,3< 高 2138) à atteindre (4,5= 至 1148) [Graph] 432b 011a 851a 612c 432a [Ref] k712, ph699, w165b, wa178 [Hanzi] tai2 擡 2448, tai2 臺 3685, tai2 檯 4214, tai2 臺 5026.

颉 jié (878) 士口页 [Tra] to contest; to match ◇ résister; semblable [Etym] modern simplified form of (頡 879) ◇ forme simplifiée moderne de (頡 879) [Graph] 432b 011a 854d [Ref] k913, w165d, wi412 [Hanzi] xie2 撷 2449, jie2 xie2 颉 5028, xie2 缬 5978.

颉 jié -5028 士口页 頡 *5029 See ◇ Voir 仓颉 cang1-jie2 1400-5028 [Etym] 页 1802 (rad: 181s 6-06), 吉 876 [Graph] 432b 011a 854d.

△ xié 頡 *5029

颉颃 xié háng。1° to fly down; 2° to flutter up and down (birds) ◇ 1° s'abattre, se poser; 2° voleter * 11238.

頡 jié (879) 士口頁 [Tra] to contest; to match ◇ résister; semblable [Etym] to face, to go ahead (3= 頁 2267); phon (1,2= 吉 876) ◇ tenir tête (3= 頁 2267); phon (1,2= 吉 876) [Graph] 432b 011a 023f [Ref] k429, w165c [Hanzi] xie2 擷 2450, jie2 xie2 頡 5029, xie2 纈 6149.

頡 jié *5029 士口頁 颉 -5028 See ◇ Voir 仓颉 cang1-jie2 1400-5028 [Etym] 頁 2267 (rad: 181a 9-06), 頡 879 [Graph] 432b 011a 023f.

△ xié 颉 -5028 See ◇ Voir 颉颃 xie2-hang2 5028-11238.

壴 zhōu (880) 士豆 [Tra] feast, music ◇ fête, musique [Etym] {1} hand (1=prim) beating a drum (2=prim); {2} profile of a drum (2=prim) and tuft above (1=prim) ◇ {1} une main (1=prim) frappant un tambour (2=prim); {2} un tambour de profil avec son pied (2=prim) et un plumet (1=prim) [Graph] 432b 011b [Ref] h1234, k429, wa177, wi684 [Hanzi] peng2 彭 5030, gu3 鼓 5032, jia1 嘉 5037, xi3 喜 5038.

彭 péng (881) 士豆彡 [Tra] sound of drums; old ◇ son des tambours; âgé [Etym] sounds or sticks (3=prim) of drums (1,2= 壴 880) ◇ sons ou baguettes (3=prim) des tambours (1,2= 壴 880) [Graph] 432b 011b 211c [Ref] h450, k129, ph680, w165b, wa177, wi508 [Hanzi] peng1 peng2 澎 222, peng2 彭 5030, beng4 甏 5031, peng2 膨 8132, peng2 蟛 10245.

彭 péng +5030 士豆彡 1° sound of drums 2° old age 3° surname ◇ 1° âge avancé 2° onomatopée de tambours 3° nom propre [Etym] 彡 76 (rad: 059a 3-09), 彭 881 [Graph] 432b 011b 211c.

甏 bèng +5031 士豆彡瓦 kind of jar ◇ sorte de récipient [Etym] 瓦 2531 (rad: 098a 4-12), 彭 881 [Graph] 432b 011b 211c Z33f.

尌 zhū (882) 士豆寸 [Tra] drum ◇ tambour [Etym] hand (3= 寸 441) beating drum (1,2= 壴 880) ◇ une main (3= 寸 441) battant un tambour (1,2= 壴 880) [Graph] 432b 011b 332b [Ref] k1336a, ph817, r14e, r140d, w75j, w78e, wi220, wi485 [Hanzi] shu4 澍 223, shu4 樹 4215, chu2 廚 6840, chu2 廚 6911.

鼓 gǔ (883) 士豆攴 [Tra] drum; to beat ◇ tambour; battre [Etym] stick (3= 攴 1283) and drum (1,2= 壴 880) {radical 207} ◇ baguette (3= 攴 1283) et tambour (1,2= 壴 880) {radical 207} [Graph] 432b 011b 633c [Ref] w671.

鼓 gǔ (884) 士豆支 [Tra] drum ◇ tambour [Etym] different writing for (鼓 883); wrong part (3= 攴 1283, 支 1284) ◇ autre graphie pour (鼓 883); erreur (3= 攴 1283, 支 1284) [Graph] 432b 011b 633d [Ref] h609, k515, r19a, r433, w30e, wi209, wi406

[Hanzi] gu3 鼔 5032, gu3 瞽 5035, gu3 臌 8133 [Rad] 207a.

鼓 gǔ +5032 士豆支 | 1° drum, drum shaped 2° to beat, to blow 3° to excite, to rouse 4° to bulge ◇ 1° tambour, tambouriner 2° battre 3° agiter, exciter 4° bombé [Etym] 鼓 884 (rad: 207a 13-00), [Graph] 432b 011b 633d.

鼓舞 gǔ wǔ ◦ to encourage; to inspire; to enhance ◇ encourager, exhorter; animer, enflammer * 5501.

鼓动 gǔ dòng ◦ to bulge, to excite, to stir ◇ provoquer, stimuler, exciter * 5920.

鼓励 gǔ lì ◦ to encourage, to stimulate ◇ stimuler, encourager; exciter, inciter * 6855.

鼓掌 gǔ zhǎng ◦ to applaud ◇ applaudir, battre des mains * 7866.

鼟 tēng +5033 士豆支癶豆 | roll of drums ◇ roulement de tambour [Etym] 鼓 884 (rad: 207a 13-12), 登 1247 [Graph] 432b 011b 633d 631g 012b.

鼕 dōng *5034 士豆支夂⺀ | See ◇ Voir 東 10754 [Etym] 鼓 884 (rad: 207a 13-05), 冬 1287 [Graph] 432b 011b 633d 633e 211b.

瞽 gǔ +5035 士豆支目 | blind ◇ aveugle [Etym] 目 2239 (rad: 109a 5-13), 鼓 884 [Graph] 432b 011b 633d 023a.

鼙 pí +5036 士豆支卑 | war-drum in ancient China ◇ grand tambour militaire de la Chine antique [Etym] 鼓 884 (rad: 207a 13-08), 卑 2366 [Graph] 432b 011b 633d 043h.

嘉 jiā +5037 士豆力口 | 1° beautiful, good 2° to praise, to approve, to admire 3° happy ◇ 1° beau, bon 2° admirer, louable, encourager 3° heureux [Etym] 口 2063 (rad: 030a 3-11), 壴 880 加 1492 [Graph] 432b 011b 732f 011a.

嘉奖 jiā jiǎng ◦ to praise and award a prize; to commend ◇ louer et décerner un prix; donner qqn en exemple * 3197.

喜 xǐ (885) 士豆口 | [Tra] joy, happiness ◇ joie, bonheur [Etym] {1} eat (3= 口 2063) vegetables (1< 𡗗 861) cooked in pan (2< 豆 2120); {2} drum (1,2< 壴 880) on pedestal (3=prim) ◇ {1} manger (3= 口 2063) des légumes (1< 𡗗 861) cuits à la casserole (2< 豆 2120); {2} tambour (1,2< 壴 880) sur un socle (3=prim) [Graph] 432b 011b 011a [Ref] h609, k515, r433, w30e, wa28, wi209 [Hanzi] xi3 禧 2261, xi1 僖 2885, xi3 喜 5038, xi1 熹 5039, pi3 嚭 5040, pi3 嚭 5041, xi1 嬉 5759, xi3 禧 6577, xi1 嘻 8977, xi3 蟢 10246, xi3 鱚 10486, xi3 鱚 10579.

喜 xǐ +5038 士豆口 | 1° happy, pleased, joy, gladness 2° happy event 3° pregnancy 4° to delight in, to like, to be fond of ◇ 1° joie, bonheur 2° heureux événement 3° grossesse 4° se réjouir, aimer, avoir un penchant pour [Etym] 口 2063 (rad: 030a 3-09), 喜 885 [Graph] 432b 011b 011a.

喜爱 xǐ ài ◦ to love, to like, to be keen on ◇ aimer; être gentil pour, avoir un faible pour * 712.

喜鹊 xǐ què ◦ magpie ◇ pie * 5412.

喜好 xǐ hào ◦ to like, to love, to be keen on ◇ aimer, avoir un faible pour * 5792.

喜欢 xǐ huān ◦ to love, to like ◇ aimer, prendre plaisir à * 6501.

喜剧 xǐ jù ◦ comedy ◇ comédie * 8662.

喜事 xǐ shì ◦ happy event; wedding ◇ affaire joyeuse, événement heureux; mariage, noces * 10387.

熹 xī +5039 士豆口灬 | 1° dawn 2° brightness 3° prosperity 4° glory 5° to warm, heat ◇ 1° clarté du soleil à son lever 2° brillance 3° prospérité 4° gloire 5° chaleur, chauffer [Etym] 灬 130 (rad: 086b 4-12), 喜 885 [Graph] 432b 011b 011a 222d.

嚭 pǐ *5040 士豆口不亠 | 嚭 -5041 | huge, large ◇ grand, énorme [Etym] 口 2063 (rad: 030a 3-14), 喜 885 丕 719 [Graph] 432b 011b 011a 421a ac:z.

嚭 pǐ -5041 士豆口不口 | 嚭 *5040 | huge, large ◇ grand, énorme [Etym] 口 2063 (rad: 030a 3-16), 喜 885 否 721 [Graph] 432b 011b 011a 421a 011a.

賣 mài (886) 士四貝 | [Tra] to sell ◇ vendre [Etym] to bargain (2,3= 買 2397) goods going out (1< 出 1640) ◇ commercer (2,3= 買 2397); des articles qui partent (1< 出 1640) [Graph] 432b 051a 023b [Ref] k340, ph513, w30e [Hanzi] du2 瀆 23, du2 瀆 224, du2 犢 3457, du2 櫝 4216, mai4 賣 5042, di2 覿 5043, xu4 續 6150, dou4 竇 7815, dou4 du2 讀 9528, du2 讟 9529, shu2 贖 10119, du2 黷 10400, du2 牘 11009.

賣 mài *5042 士四貝 | 卖 -1600 | 1° to sell 2° to betray 3° to exert to the utmost 4° to show off ◇ 1° vendre 2° trahir 3° exaction 4° faire parade de [Etym] 貝 2246 (rad: 154a 7-08), 賣 886 [Graph] 432b 051a 023b.

覿 dí *5043 士四貝見 | 觌 -1601 | to visit, to see face to face ◇ visiter, envisager [Etym] 見 2255 (rad: 147a 7-15), 賣 886 [Graph] 432b 051a 023b 023c.

毐 ǎi (887) 士毋 | [Tra] dissolute ◇ débauché [Etym] an unworthy (2= 毋 2569) noble (1= 士 856) ◇ un noble (1= 士 856) indigne (2= 毋 2569) [Graph] 432b Z61c [Ref] h860, k143, ph276, r19a, w30e, wa29, wi400, wi406 [Hanzi] ai3 毐 5044.

毐 ǎi +5044 士毋 | surname ◇ nom de famille [Etym] 毋 2569 (rad: 080b 4-03), 毐 887 [Graph] 432b Z61c.

耂 lǎo (888) 耂 | [Tra] old ◇ vieux [Etym] reduction fo (老 889) ◇ réduction de (老 889) [Graph] 432c [Ref] wa196 [Hanzi] lao3 老 5045, qi2 耆 5048, zhe3 者 5051, kao3 考 5057 [Rad] 125b.

老 lǎo (889) 耂匕 | [Tra] old ◇ vieux [Etym] {2} load or earth (1< 土 826) over a bended person (2< 北 545); {2} from a primitive drawing of a man holding a walking stick (prim) ◇ {1} un fardeau ou de la terre (1< 土 826) sur une personne courbée (2< 北 545); {2} le dessin transformé d' un homme avec sa canne (prim) [Graph] 432c 321b [Ref] h298, k1187, ph422, r347, r404, r413, w159b, wa125, wi270 [Hanzi] lao3 銠 1187, lao3 铑 1968, lao3 佬 2886, lao3 荖 3686, lao3 栳 4217, lao3 老 5045, qi2 耆 5048, zhe3 者 5051, kao3 考 5057, lao3 mu3 姥 5760 [Rad] 125a.

老 lǎo +5045 耂匕 | 1° old, aged 2° old people, to become old 3° for a long time 4° outdated 5° tough 6° dark (colour) 7° always 8° very 9° unceasingly, usually 10° the youngest 11° surname ◇ 1° vieux 2° vieillir, vénérable 3° de longue date, ancien 4° démodé, dépassé 5° durci 6° sombre (couleur) 7° extrêmement 8° sans cesse, habituellement 9° le plus petit 11° nom propre [Etym] 老 889 (rad: 125a 6-00), [Graph] 432c 321b.

老婆 lǎo pó ∘ wife (colloquial between married people) ◇ ma moitié (familier. entre époux) ✱ 351.

老人 lǎo rén ∘ old person ◇ personne âgée; grands parents ✱ 1070.

老人家 lǎo rén jiā ∘ the old ◇ monsieur, madame (vieillards) ✱ 1070 7747.

老大爷 lǎo dà yé ∘ old uncle ◇ vieil oncle; monsieur (homme âgé) ✱ 1537 1679.

老大娘 lǎo dà niáng ∘ aunty; granny ◇ vieille tante; madame (femme âgée) ✱ 1537 5838.

老头儿 lǎo tóu ér ∘ old man ◇ vieillard, un vieux (familier.) ✱ 1598 2194.

老太太 lǎo tài tài ∘ old lady ◇ madame (vieille dame) ✱ 1604 1604.

老师 lǎo shī ∘ master ◇ maître, professeur, instituteur ✱ 2752.

老伴儿 lǎo bàn ér ∘ my old man or woman (of old married couple) ◇ mon vieux, ma vielle (entre époux) ✱ 2857 2194.

老年 lǎo nián ∘ old age ◇ âge avancé; vieillesse ✱ 3476.

老花眼 lǎo huā yǎn ∘ presbyopia ◇ presbytie ✱ 3621 10094.

老板 lǎo bǎn ∘ proprietor, boss, shopkeeper ◇ propriétaire, patron, chef de magasin ✱ 4301.

老板娘 lǎo bǎn niáng ∘ woman boss ◇ patronne ✱ 4301 5838.

老式 lǎo shì ∘ old style ◇ ancienne mode ✱ 5509.

老好人 lǎo hǎo rén ∘ good-natured man ◇ bonhomme ✱ 5792 1070.

老练 lǎo liàn ∘ experienced; competent ◇ expérimenté, expert, compétent ✱ 6004.

老乡 lǎo xiāng ∘ fellow townsman ◇ compatriote ✱ 6295.

老鹰 lǎo yīng ∘ eagle, falcon ◇ aigle, faucon ✱ 6893.

老虎 lǎo hǔ ∘ tiger ◇ tigre ✱ 7182.

老鼠 lǎo shǔ ∘ rat, mouse ◇ rat, souris ✱ 7424.

老实 lǎo shí ∘ honest, wise, true ◇ honnête, vrai, sage, franc, franchement ✱ 7696.

老前辈 lǎo qián bèi ∘ veteran; one's elder ◇ vétéran ✱ 8261 3511.

老鸹 lǎo guā ∘ crow ◇ corbeau ✱ 9831.

老百姓 lǎo bǎi xìng ∘ ordinary people, civilians ◇ peuple; civil ✱ 10000 5764.

耄 mào +5046 耂匕毛 | 1° septuagenarian, octogenarian, advanced in years 2° mixed up ◇ 1° septuagénaire, octogénaire, vieillard 2° confus [Etym] 老 889 (rad: 125a 6-04), 毛 403 [Graph] 432c 321b 321g.

耋 dié +5047 耂匕厶土 | 1° old 2° infirm 3° seventy, eighty odd years old ◇ 1° vieux 2° infirme 3° d'environ quatre-vingt ans [Etym] 老 889 (rad: 125a 6-06), 至 1148 [Graph] 432c 321b 612c 432a.

耆 qí (890) 耂匕日 | [Tra] man over sixty ◇ vieillard [Etym] old persons (1,2= 老 889) in need of better food (3< 旨 393, 甘 1009) ◇ des vieillards (1,2= 老 889); nourriture douce (3< 旨 393, 甘 1009) [Graph] 432c 321b 021a [Hanzi] shi1 蓍 3687, qi2 鬐 4738, qi2 耆 5048, shi4 嗜 8978, qi2 鳍 10487, qi2 鰭 10580.

耆 qí +5048 耂匕日 | 1° man of over sixty 2° very old ◇ 1° sexagénaire 2° vieillard [Etym] 老 889 (rad: 125a 6-04), 耆 890 [Graph] 432c 321b 021a.

孝 xiào (891) 耂子 | [Tra] filial piety ◇ piété filiale [Etym] son (2= 子 1303) supporting his grandfather (1< 老 889) ◇ un petit-fils (2= 子 1303) soutenant son grand-père (1< 老 889) [Graph] 432c 634d [Ref] k311, ph218, w30e, wa28 [Hanzi] xiao4 孝 5049, jiao1 jiao4 教 5050, xiao1 哮 8979, jiao4 酵 10868.

孝 xiào +5049 耂子 | 1° filial piety 2° mourning ◇ 1° piété filiale 2° deuil [Etym] 子 1303 (rad: 039a 3-04), 孝 891 [Graph] 432c 634d.

孝顺 xiào shùn ∘ to show filial obedience ◇ manifester sa piété filiale ✱ 4058.

教 jiào (892) 耂子攵 | [Tra] to teach, school ◇ enseigner, école [Etym] old (1< 老 889) master; ferule (3= 攵 340) and child (2= 子 1303) ◇ vieux (1< 老 889) maître; férule (3= 攵 340) et enfant (2= 子 1303) [Graph] 432c 634d 243c [Ref] w79i [Hanzi] jiao4 潋 225, jiao1 jiao4 教 5050.

教 jiāo +5050 耂子攵 | 1° to teach, to instruct 2° to order ◇ 1° enseigner 2° commander [Etym] 攵 340 (rad: 066b 4-07), 孝 891 [Graph] 432c 634d 243c.

教学 jiāo xué ∘ to teach, to instruct ◇ enseigner, donner des cours ✱ 7854.

△ jiào | 1° to teach, schools 2° religion, doctrines, sects 3° to cause, to make 4° to consult ◇ 1° enseigner, instruire, éduquer, écoles 2° religion, doctrine, secte 3° faire que 4° consulter.

教会 jiào huì ∘ community (religion), church ◇ société des fidèles d'une religion * 1382.

教训 jiào xùn ∘ teaching, lesson ◇ enseignement, leçon; sermonner; bilan * 1729.

教授 jiào shòu ∘ (university) professor ◇ professeur (d'université); enseigner, faire cours * 2335.

教师 jiào shī ∘ teacher; professor ◇ enseignant, professeur, instituteur, maître * 2752.

教材 jiào cái ∘ teaching materials ◇ matières d'enseignement; manuel * 4149.

教科书 jiào kē shū ∘ textbook ◇ manuel scolaire * 4523 7291.

教育 jiào yù ∘ teaching, education ◇ enseignement, éducation; éduquer, élever * 5925.

教给 jiào gěi ∘ to teach to ◇ enseigner à * 5944.

教练 jiào liàn ∘ to train; coach, instructor ◇ entraîneur, moniteur * 6004.

教条 jiào tiáo ∘ dogma ◇ dogme * 6531.

教案 jiào àn ∘ teaching plan ◇ plan d'enseignement * 7749.

教室 jiào shì ∘ classroom ◇ salle de classe, classe * 7754.

教学 jiào xué ∘ to teach; teaching ◇ enseigner; enseignement * 7854.

教堂 jiào táng ∘ church ◇ église chrétienne * 7868.

教导 jiào dǎo ∘ to instruct, to teach; guidance ◇ instruire, éduquer, enseigner * 8728.

教员 jiào yuán ∘ teacher, instructor ◇ professeur, enseignant, maître * 9127.

者 zhě (893) 龵日 | [Tra] particule; the latte ◇ particule; ce, celui [Etym] many objects or eatables (1=prim) in a box (2=prim) ◇ des objets ou des aliments multiples (1=prim) dans une boîte (2=prim) [Graph] 432c 021a [Ref] k573, ph379, w79k [Hanzi] zhu3 渚 226, zhu4 箸 795, zhe3 鍺 1188, she1 奢 1553, zhu1 诸 1741, zhe3 锗 1969, zhu4 zhuo2 著 3688, chu3 楮 4218, zhe3 赭 4786, du3 堵 4830, zhe3 者 5051, zhu3 煮 5052, zhu3 煑 5053, dou1 du1 都 5054, zhu4 翥 5055, du3 覩 5056, zhu1 猪 5622, zhu1 豬 5697, xu4 绪 5979, xu4 緒 6151, chu3 褚 6638, du3 赌 7963, du1 she2 阇 8016, tu2 屠 8628, du1 she2 闍 8765, zhu1 諸 9530, shu3 暑 9874, du3 睹 10050, du3 賭 10120, shu3 署 10782.

者 zhě -5051 龵日 | 1° final particle, suffix 2° the former, the latter 3° this 4° here 5° surname ◇ 1° particule finale, suffixe 2° ce dernier 3° ce, cette, ces 4° ici 5° nom de famille [Etym] 老 889 (rad: 125a 6-02), 者 893 [Graph] 432c 021a.

煮 zhǔ +5052 龵日灬 | 煑 *5053 | to boil, to decoct ◇ bouillir [Etym] 灬 130 (rad: 086b 4-08), 者 893 [Graph] 432c 021a 222d.

煑 zhǔ *5053 龵日火 | 煮 +5052 | to boil, to decoct ◇ bouillir [Etym] 火 156 (rad: 086a 4-08), 者 893 [Graph] 432c 021a 231b.

都 dōu (894) 龵日阝 | [Tra] all; full; even ◇ tous; chacun; entier [Etym] many objects (1,2= 者 893) in a city or country (3= 阝 1316) ◇ plusieurs objets (1,2= 者 893) dans un pays, une ville (3= 阝 1316) [Graph] 432c 021a 634j [Hanzi] du1 嘟 8980.

都 dōu +5054 龵日阝 | 1° all, full 2° even, already ◇ 1° tous, tout, chacun 2° entièrement, déjà [Etym] 阝 1316 (rad: 163b 2-08), 者 893 [Graph] 432c 021a 634j.

都是 dōu shì ∘ all, entirely ◇ tout, entièrement * 9880.

△ dū | 1° capital, big city 2° elegant, refined ◇ 1° ville capitale 2° beau, bon.

都市 dū shì ∘ city ◇ ville * 8470.

翥 zhù +5055 龵日习习 | to fly up, to soar ◇ s'élever en volant [Etym] 羽 1472 (rad: 124a 6-08), 者 893 [Graph] 432c 021a 731c 731c.

覩 dǔ *5056 龵日見 | 睹 -10050 | 1° to observe 2° to see ◇ 1° voir 2° regarder [Etym] 見 2255 (rad: 147a 7-08), 者 893 [Graph] 432c 021a 023c.

考 kǎo (895) 龵丂 | [Tra] dead father, examination ◇ père défunt, examen [Etym] {1} old (1< 老 889) master, phon or oppression (2= 丂 2475); {2} different writing for (< 老 889) ◇ {1} vieux (1< 老 889) maître, phon ou oppression (2= 丂 2475); {2} autre graphie pour (< 老 889) [Graph] 432c Z21b [Ref] k198, ph619, w79k [Hanzi] kao3 烤 973, kao4 銬 1189, kao4 铐 1970, kao3 拷 2451, kao3 栲 4219, kao3 考 5057.

考 kǎo +5057 龵丂 | 攷 1°2°3° *11016 | 1° to take an examination, to examine 2° to check, to test 3° to study 4° one's deceased father, ancestors 5° aged, longevity ◇ 1° subir un examen, examiner 2° vérifier, enquêter 3° étudier 4° père défunt, ancêtres 5° âgé, longévité [Etym] 老 889 (rad: 125a 6-00), 考 895 [Graph] 432c Z21b.

考试 kǎo shì ∘ to sit an examination ◇ passer un examen; épreuve * 1754.

考查 kǎo chá ∘ to examine; to check ◇ examiner, contrôler * 4429.

考虑 kǎo lǜ ∘ to think, to consider ◇ réfléchir; considérer; délibérer * 7153.

考察 kǎo chá ∘ to investigate; to examine ◇ inspecter, rechercher, examiner; recherche * 7759.

考究 kǎo jiū ∘ to study in depth; to investigate; fastidious ◇ recherches approfondies, examiner à fond; soigné * 7846.

夫 lù (896) 夫 | [Tra] mushroom ◇ champignon [Etym] plant (prim,> 土 826, 生 951, 艸 1637) standing like man (< 人 170, 儿 405) ◇ une plante

土 龵 夫

(prim,> 土 826, 生 951, 艸 1637) au port humain (< 人 170, 儿 405) [Graph] 432d [Ref] wa118.

坴 lù (897) 夫土 [Tra] earth mound, tumulus ◇ tas de terre, tumulus [Etym] earth (2= 土 826); phon (1= 夫 896) ◇ terre (2= 土 826); phon (1= 夫 896) [Graph] 432d 432a [Ref] k560, ph378, w79k [Hanzi] kui2 逵 5058, liu4 lu4 陸 6742, mu4 睦 10051.

坴炎 yì (898) 夫土火火 [Tra] to cultivate ground ◇ agriculture [Etym] earth (1,2= 坴 897) laboured with fire (3,4= 炎 157) (> 埶 899) ◇ terre (1,2= 坴 897) manipulée par le feu (3,4= 炎 157) (> 埶 899) [Graph] 432d 432a 231b 231b [Ref] k1107, w79i [Hanzi] qian2 蕁 3689.

逵 kuí +5058 夫土辶 1° cross-road 2° thoroughfare, street ◇ 1° passage, carrefour 2° route, rue [Etym] 辶 1346 (rad: 162b 3-08), 坴 897 [Graph] 432d 432a 634o.

埶 yì (899) 夫土丸 [Tra] to cultivate ground ◇ agriculture [Etym] handling (3= 丸 2515) of soil (1,2= 坴 897) ◇ manipulation (3= 丸 2515) de la terre (1,2= 坴 897) [Graph] 432d 432a Z32c [Ref] k1298, ph87, r12e, r14a, r71, r72, w79d, wa158, wi124, wi339, wi444, wi552 [Hanzi] xie4 褻 2145, yi4 藝 3690, re4 熱 5059, shi4 勢 5060.

熱 rè (900) 夫土丸灬 [Tra] heat; warm; fever ◇ chaleur; fièvre [Etym] {1} heat (4= 灬 130) and cultivation (1,2,3= 埶 899); {2} man (4=prim) holding (3> 丮 1564) torch (1,2=prim) ◇ {1} chaleur (4= 灬 130) et agriculture (1,2,3= 埶 899); {2} homme (4=prim) tenant (3> 丮 1564) torche (1,2=prim) [Graph] 432d 432a Z32c 222d [Hanzi] ruo4 爇 3691, re4 熱 5059.

熱 rè *5059 夫土丸灬 | 热 -2730 | 1° heat 2° hot, warm 3° to warm, to heat up 4° fever 5° ardent 6° craze 7° eager, envious 8° popular, in great demand 9° thermal ◇ 1° chaleur 2° chaud 3° chauffer 4° fièvre 5° ardent, chaleureux 6° emporté, excité, vif 7° envieux 8° en grande demande, populaire 9° thermal [Etym] 灬 130 (rad: 086b 4-11), 埶 899 [Graph] 432d 432a Z32c 222d.

勢 shì *5060 夫土丸力 | 势 -2734 | 1° power, influence, authority 2° momentum, tendency 3° outward appearances (scenery) 4° circumstances 5° sign, gesture 6° male genitals ◇ 1° force, pouvoir, influence 2° intensité, puissance, énergie, potentiel 3° aspects externes (paysage) 4° circonstances 5° geste, manière 6° organes génitaux mâles [Etym] 力 1489 (rad: 019a 2-11), 埶 899 [Graph] 432d 432a Z32c 732f.

夌 líng (901) 夫夂 [Tra] to strumble ◇ trébucher [Etym] to hit (2= 夂 1286) a heap of earth (1< 坴 897) ◇ heurter (2= 夂 1286) un tas de terre (1< 坴 897) [Graph] 432d 633e [Ref] h960, w83b [Hanzi] ling2 凌 24, ling2 淩 227, ling2 菱 3693, leng2 ling2 棱 4220, leng2 ling2 稜 4530, leng4 堎 4831, ling2 绫 5980, ling2 綾 6152, ling2 陵 6743, ling2 崚 7529, leng4 睖 10052, ling2 鲮 10488, ling2 鯪 10581.

鼀 qiù (902) 夫黽 [Tra] tadpole ◇ têtard [Etym] tadpoles (2= 黽 2562) swarm like mushrooms (1= 夫 896) ◇ des têtards (2= 黽 2562) se multipliant comme des champignons (1= 夫 896) [Graph] 432d Z51h [Ref] ph470, w83b.

王 wáng (903) 王 [Tra] king ◇ roi [Etym] {1} junction (vertic.) heaven, man, earth (horiz) (prim) (> 玉 938); {2} axe or weapon (prim) as symbol of authority ◇ {1} jonction (vertic.) netre le ciel, les hommes et la terre (horiz) (prim) (> 玉 938); {2} une arme de fer (prim) comme signe du pouvoir [Graph] 432e [Ref] h960, w83b [Hanzi] wang1 汪 228, quan2 全 1105, wang1 尩 2209, wang1 尪 2217, wang3 枉 4221, wang2 wang4 王 5061, ban1 班 5095, long4 nong4 弄 5103, pi2 琵 5115, se4 瑟 5116, pa2 pa5 琶 5117, xu1 顼 5173, xu1 頊 5198, kuang2 狂 5624, kuang1 匡 7313, run4 闰 8017, run4 閏 8766, cheng2 呈 8981, wang4 旺 9875, huang2 皇 9980, guo2 国 10951 [Rad] 095b.

王 yù (904) 王 [Tra] precious stones ◇ pierres précieuses [Etym] three stones tied up with a string (prim) (> 玉 938, 玨 909) ◇ trois pierres reliées par une corde (prim) (> 玉 938, 玨 909) [Graph] 432e [Ref] k655, ph290, w47f, wa133, wi467.

[illegible] bān (905) 王 [Tra] striped ◇ bariolé [Etym] reduction of ([illegible] 906) ◇ réduction de ([illegible] 906) [Graph] 432e [Ref] r340.

王 wáng +5061 王 1° king, monarch, prince 2° grand, great 3° to govern 4° surname ◇ 1° roi, prince 2° grand 3° régner, gouverner 4° nom de famille [Etym] 王 903 (rad: 095b 4-00), [Graph] 432e.

王八 wáng bā ∘ tortoise; cuckold ◇ tortue; cocu * 721.

王蔧 wáng huì ∘ 1° plant used to make brooms; 2° broom ◇ 1° plante dont on fait les balais; 2° balai * 3645.

王后 wáng hòu ∘ queen ◇ reine * 7199.

王朝 wáng cháo ∘ dynasty ◇ dynastie * 10014.

王国 wáng guó ∘ kingdom ◇ royaume * 10952.

△ wàng | to govern, to rule ◇ gouverner (avec fausse loyauté).

琺 fà *5062 王氵土厶 | 珐 -5113 | enameled ware of the Chinese ◇ émail [Etym] 王 903 (rad: 095b 4-08), 法 34 [Graph] 432e 121b 432a 612a.

瓏 lóng *5063 王立月𫜹 | 珑 -5090 | See ◇ Voir 玲珑 ling2-long2 5075-5090 [Etym] 王 903 (rad: 095b 4-17), 龍 86 [Graph] 432e 221a 856e Z41b.

璋 zhāng +5064 王立早 | 1° jade-tablet 2° scepter 3° cup ◇ 1° tablette de jade 2° sceptre 3° coupe [Etym] 王 903 (rad: 095b 4-11), 章 95 [Graph] 432e 221a 021d.

瑗 yuàn +5065 王爫二ナ又 | large ring of fine jade ◇ doigtier, bague de jade [Etym] 王 903 (rad: 095b 4-09), 爰 104 [Graph] 432e 221d ac:a 241a 633a.

琤 chēng *5066 王爫尹 | 琤 -5154 | sound ◇ onomatopée [Etym] 王 903 (rad: 095b 4-08), 爭 117 [Graph] 432e 221d 834c.

瑶 yáo +5067 王爫缶 | 1° precious jade, green jasper 2° name of an ethnic minority group ◇ 1° jade vert 2° nom d'une nationalité [Etym] 王 903 (rad: 095b 4-10), 䍃 119 [Graph] 432e 221d 841c.

瑷 ài -5068 王爫冖ナ又 | 璦 *5069 | county in Heilongjiang Province ◇ district dans la province de Heilongjiang [Etym] 王 903 (rad: 095b 4-10), 爱 121 [Graph] 432e 221d 851a 241a 633a.

瑷珲 ài huī 。 place in Heilongjiang ◇ lieu du Heilongjiang * 5158.

璦 ài *5069 王爫冖心夂 | 瑷 -5068 | county in Heilongjiang Province ◇ district dans la province de Heilongjiang [Etym] 王 903 (rad: 095b 4-13), 愛 122 [Graph] 432e 221d 851a 321c 633e.

琰 yǎn +5070 王火火 | 1° luster of gems 2° beautiful jade ◇ 1° scintiller 2° jade précieux [Etym] 王 903 (rad: 095b 4-08), 炎 157 [Graph] 432e 231b 231b.

瑩 yíng *5071 王火火冖玉 | 莹 -5100 | personal name ◇ prénom [Etym] 王 903 (rad: 095b 4-15), 瑩 162 [Graph] 432e 231b 231b 851a 432o.

珍 zhēn +5072 王人彡 | 珎 *5093 | 1° treasure 2° precious 3° rare 4° to value highly ◇ 1° trésor 2° précieux, délicat, exquis 3° rare 4° priser, recherché, apprécier [Etym] 王 903 (rad: 095b 4-05), 㐱 182 [Graph] 432e 233a 211c.

珍爱 zhēn ài 。 to treasure, to love dearly ◇ grand amour * 712.

珍惜 zhēn xī 。 to value, to cherish ◇ épargner, estimer, apprécier * 3264.

珍藏 zhēn cáng 。 to collect ◇ collectionner; faire collection de * 3721.

珍珠 zhēn zhū 。 pearl ◇ perle * 5111.

珍贵 zhēn guì 。 valuable, precious ◇ précieux * 10186.

珍重 zhēn zhòng 。 to treasure; to take good care of oneself ◇ ménager; aimer, apprécier * 10764.

玠 jiè +5073 王人儿 | 1° small jade tablet 2° sacrificial vessel ◇ 1° tablette de jade 2° récipient de sacrifice [Etym] 王 903 (rad: 095b 4-04), 介 191 [Graph] 432e 233a 416a.

琀 hán +5074 王人ㇷ口 | gems (jade piece) put into the mouth of a corpse ◇ pierre mise dans la bouche d'un mort (jade) [Etym] 王 903 (rad: 095b 4-07), 含 205 [Graph] 432e 233a 631a 011a.

玲 líng -5075 王人マ | See ◇ Voir 玲玲 ling2-ling2 5075-5075 [Etym] 王 903 (rad: 095b 4-05), 令 208 [Graph] 432e 233a 632b.

玲玲 líng líng 。 to tinkle, tinkling of pieces of jade ◇ tintement, onomatopée du cliquetis de jade * 5075.

玲珑 líng lóng 。 dainty; exquisite; clever ◇ fin, mignon; rusé, souple * 5090.

玱 qiāng -5076 王人巳 | 瑲 *5079 | tinkle of jade ◇ onomatopée: tintouin du jade [Etym] 王 903 (rad: 095b 4-04), 仓 210 [Graph] 432e 233a 733a.

玪 líng *5077 王人二卩 | 凌 +2 4 | 1° to insult 2° to rise high, haughty 3° ice 4° pure 5° proper noun ◇ 1° insulter 2° s'élever à, orgueilleux, outrager 3° glace 4° pur 5° nom propre [Etym] 王 903 (rad: 095b 4-05), 令 211 [Graph] 432e 233a ac:a 734a.

瑜 yú +5078 王人二月刂 | 1° fine jade, precious stone 2° luster of gems 3° virtues 4° glory ◇ 1° jade précieux 2° lustre (pierreries), éclat 3° vertu 4° gloire [Etym] 王 903 (rad: 095b 4-09), 俞 213 [Graph] 432e 233a ac:a 856e 333b.

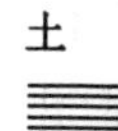

瑲 qiāng *5079 王人戶口 | 玱 -5076 | tinkle of jade ◇ onomatopée: tintouin du jade [Etym] 王 903 (rad: 095b 4-10), 倉 217 [Graph] 432e 233a 931h 011a.

琦 qí +5080 王大可口 | 1° fine jade, valuable stone 2° outstanding, rare, precious ◇ 1° jade précieux, bijoux 2° excellent, rare, précieux [Etym] 王 903 (rad: 095b 4-08), 奇 261 [Graph] 432e 242a 331c 011a.

琫 běng +5081 王𡗗丰 | sheath ornament ◇ ornement du fourreau [Etym] 王 903 (rad: 095b 4-08), 奉 317 [Graph] 432e 242r 414a.

斑 bān (906) 王文王 | [Tra] striped ◇ bariolé [Etym] veined (2=prim,< 文 332) precious stones (1,3< 玉 938) ◇ veinures (2=prim,< 文 332) sur des pierres précieuses (1,3< 玉 938) [Graph] 432e 243b 432e [Ref] r340, w14s, wa178 [Hanzi] ban1 斑 5082, ban1 瘢 7054.

斑 bān +5082 王文王 | 1° spot, speckle 2° striped, streaked, variegated ◇ 1° taché (d'huile) 2° bariolé [Etym] 文 332 (rad: 067a 4-08), 斑 906 [Graph] 432e 243b 432e.

斑斓 bān lán 。 multicolored ◇ bariolé, riche en couleurs * 1670.

斑竹 bān zhú 。 mottled bamboo ◇ bambou tacheté * 2770.

斑蝥 bān máo 。 Spanish fly, cantharides, Chinese blister beetle ◇ cantharide, cicindèle * 6472.

斑点 bān diǎn 。 spot, stain ◇ point, tache, grain * 9799.

斑白 bān bái 。 grizzled, graying ◇ gris, grisonnant * 9973.

斑马 bān mǎ 。 zebra ◇ zèbre * 11088.

玫 méi +5083 王攵 | [Etym] 王 903 (rad: 095b 4-04), 攵 340 [Graph] 432e 243c.

玫瑰 méi guī 。 rose ◇ rose * 5203.

玭 pín +5084 王匕匕 | pearl ◇ perle [Etym] 王 903 (rad: 095b 4-04), 比 362 [Graph] 432e 311d 321b.

瓖 xiāng +5085 | 1° to fill in (a tooth) 2° to set (jewelry), to inlay (furniture) ◇ 1° incruster 2° enchâsser [Etym] 王 903 (rad: 095b 4-17), 襄 376 [Graph] 432e 312j 011a 011a 436g.

瓌 guī +5086 | 1° jade-like gem 2° jasper 3° marvelous ◇ 1° pierre ressemblant au jade 2° jaspe 3° extraordinaire [Etym] 王 903 (rad: 095b 4-16), 褱 381 [Graph] 432e 312j 051a 412h.

瑱 zhèn *5087 | 瑱 +5179 | jade ear-pendants ◇ pendants en jade [Etym] 王 903 (rad: 095b 4-10), 眞 394 [Graph] 432e 321b 023a 711b.

玩 wán +5088 | 翫 4° *7233 | 1° to play, to have fun 2° to resort to 3° to trifle with (laws) 4° to enjoy 5° trinkets or gems ◇ 1° jouer 2° avoir recours à 3° se jouer de (lois) 4° prendre plaisir à, s'amuser 5° bibelot [Etym] 王 903 (rad: 095b 4-04), 元 408 [Graph] 432e 322d.

玩笑 wán xiào ∘ joke ◇ plaisanterie, blague * 749.

玩儿 wán ér ∘ to play, to entertain ◇ jouer, se distraire * 2194.

玩弄 wán nòng ∘ to dally with, to play with; to employ ◇ prendre des libertés; abuser, utiliser; ourdir * 5103.

玩耍 wán shuǎ ∘ to play ◇ jouer, s'amuser * 8345.

玩具 wán jù ∘ toy ◇ jouet * 8546.

珧 yáo +5089 | mother-of-the-pearl ◇ nacre [Etym] 王 903 (rad: 095b 4-06), 兆 411 [Graph] 432e 322g.

珑 lóng -5090 | 瓏 *5063 | See ◇ Voir 玲珑 ling2-long2 5075-5090 [Etym] 王 903 (rad: 095b 4-05), 龙 417 [Graph] 432e 323d.

玎 dīng +5091 | See ◇ Voir 丁 2232 [Etym] 王 903 (rad: 095b 4-02), 丁 420 [Graph] 432e 331b.

△ dīng | jingling noise ◇ tintouin.

珂 kē +5092 | 1° rock-crystal, jade-like stone 2° ornament on a bridle ◇ 1° cristal de roche, pierre ressemblant au jade 2° bride de cheval orné d'agate [Etym] 王 903 (rad: 095b 4-05), 可 421 [Graph] 432e 331c 011a.

珎 zhēn *5093 | 珍 +5072 | 1° treasure 2° precious 3° rare 4° to value highly ◇ 1° trésor 2° précieux, délicat, exquis 3° rare 4° priser, recherché, apprécier [Etym] 王 903 (rad: 095b 4-05), 尔 432 [Graph] 432e 331m.

球 qiú +5094 | 毬 4° *2185 | 1° sphere, globe 2° ball 3° earth 4° ball-shaped object ◇ 1° sphère, globe, boule 2° balle 3° terre 4° tout objet sphérique [Etym] 王 903 (rad: 095b 4-07), 求 445 [Graph] 432e 332e.

球拍 qiú pāi ∘ racket (tennis, etc) ◇ raquette (tennis, etc) * 2691.

球茎 qiú jīng ∘ corm ◇ corne d'abondance * 3763.

球场 qiú chǎng ∘ ball games ' court, field or playground ◇ terrain de jeux de balle ou ballon * 4884.

球蛋白 qiú dàn bái ∘ globulin ◇ globuline * 5326 9973.

球鞋 qiú xié ∘ smeakers, gym or tennis shoes ◇ souliers de sport, chaussures de tennis * 5371.

球赛 qiú sài ∘ match; ball game ◇ match (jeux de ballon) * 7740.

班 bān (907) 王刂王	[Tra] to confer, rank ◇ disposer, rang [Etym] knife (2< 刂 470) to classify jewels, charges (1,3< 王 938) ◇ couteau (2< 刂 470) pour classer des bijoux, des postes (1,3< 王 938) [Graph] 432e 333b 432e [Hanzi] ban1 班 5095.

班 bān +5095 | 1° class (in school), team 2° shift, duty 3° rank, order, grade 4° troop, squad 5° regular, scheduled 6° surname ◇ 1° classe (à l'école), équipe 2° équipe de travail, se relayer au travail 3° rang, ordre 4° escouade, troupe 5° régulier, à l'heure 6° nom de fam [Etym] 王 903 (rad: 095b 4-06), 班 907 [Graph] 432e 333b 432e.

班次 bān cì ∘ grade at school; flight, train number ◇ classe d'un élève; numéro (de vol, de train,...) * 6.

班长 bān zhǎng ∘ corporal ◇ caporal * 2139.

班机 bān jī ∘ regular air service ◇ avion de service régulier, de ligne * 4478.

班级 bān jí ∘ grades in school ◇ classes * 6015.

班车 bān chē ∘ regular bus service ◇ car ayant un service régulier * 6327.

班轮 bān lún ∘ regular steamship service ◇ bateau de service régulier * 6330.

玳 dài +5096 | 瑇 *5122 | shell ◇ écaille [Etym] 王 903 (rad: 095b 4-05), 代 499 [Graph] 432e 411e 511a.

玳瑁 dài mào ∘ tortoise shell, hawksbill turtle ◇ tortue à écaille * 5170.

珩 héng +5097 | girdle pendant, din ◇ breloque, tintouin [Etym] 王 903 (rad: 095b 4-06), 行 522 [Graph] 432e 411g 331d.

玕 gān +5098 | See ◇ Voir 琅玕 lang2-gan1 5183-5098 [Etym] 王 903 (rad: 095b 4-03), 干 564 [Graph] 432e 413b.

琲 bèi +5099 | string of pearls ◇ enfilade de 500 perles [Etym] 王 903 (rad: 095b 4-08), 非 611 [Graph] 432e 415b.

瑩 yíng -5100 | 瑩 *5071 | personal name ◇ prénom [Etym] 王 903 (rad: 095b 4-10), 莹 659 [Graph] 432e 415c 851a 432o.

瑛 yīng +5101 | 1° luster of gems 2° jade-like gem ◇ 1° brillant, éclat 2° pierre qui ressemble au jade [Etym] 王 903 (rad: 095b 4-08), 英 673 [Graph] 432e 415c 923b.

瓘 guàn +5102 | ancient jade instrument ◇ ancien instrument en jade [Etym] 王 903 (rad: 095b 4-17), 雚 676 [Graph] 432e 415c 011a 011a 436m.

弄 lòng (908) 王廾	[Tra] to handle, to make ◇ manier, faire [Etym] two hands

(2=prim,< 算 154) playing with jewel (1< 玉 938){nong4} ◇ deux mains (2=prim,< 算 154) jouant avec des bijoux (1< 玉 938){nong4} [Graph] 432e 416e [Ref] k680, w72m [Hanzi] suan4 筭 796, long4 nong4 弄 5103, long4 㢅 7530.

弄 lòng +5103 | 衖 *3146 | lane, alley ◇ ruelle [Etym] 廾 701 (rad: 055a 3-04), 弄 908 [Graph] 432e 416e.
王廾

△ nòng | 1° to play with, to fool with 2° to handle, to do 3° to fetch, to get 4° to deceive, to disturb 5° to simulate ◇ 1° jouer avec 2° faire, manier, manipuler, se servir de 3° obtenir, aller chercher 4° duper, tromper, troubler 5° simuler.

琎 jīn -5104 | 璡 *5129 | jade-like stone ◇ pierre qui ressemble au jade [Etym] 王 903 (rad: 095b 4-07), 进 710 [Graph] 432e 416j 634o.
王井辶

环 huán -5105 | 環 *5205 | 1° ring, hoop 2° link 3° to surround 4° earring ◇ 1° anneau, cercle, rond 2° lien 3° entourer 4° boucle d'oreille [Etym] 王 903 (rad: 095b 4-04), 不 718 [Graph] 432e 421a.
王不

环抱 huán bào ∘ to surround, to encircle; to embrace ◇ entourer, environner, embrasser * 2621.

环境 huán jìng ∘ environment; circumstances ◇ milieu, environnement; situation, circonstance * 4762.

环球 huán qiú ∘ the earth; the whole world ◇ le monde entier; la terre * 5094.

环靶 huán bǎ ∘ round target ◇ cible rond * 5391.

环绕 huán rǎo ∘ to surround to encircle; to revolve around ◇ entourer, environner; faire le tour de * 5991.

琳 lín +5106 | beautiful jade ◇ jade de qualité [Etym] 王 903 (rad: 095b 4-08), 林 734 [Graph] 432e 422a 422a.
王木木

琇 xiù +5107 | 1° jade-like stone 2° jasper ◇ 1° pierre ressemblant au jade 2° jaspe [Etym] 王 903 (rad: 095b 4-07), 秀 774 [Graph] 432e 422d 634l.
王禾乃

瓈 li *5108 | 璃 +5178 | See ◇ Voir 琉璃 liu2-li5 5133-5178 [Etym] 王 903 (rad: 095b 4-15), 黎 776 [Graph] 432e 422d 852d 233a 331o.
王禾勹人氺

璘 lín +5109 | 1° veined, as marble 2° brilliance of jade ◇ 1° veiné, marbré 2° éclat du jade [Etym] 王 903 (rad: 095b 4-12), 粦 789 [Graph] 432e 422f 631b 712b.
王米夕㐄

璠 fán +5110 | precious jade ◇ jade précieux [Etym] 王 903 (rad: 095b 4-12), 番 797 [Graph] 432e 422g 041a.
王采田

珠 zhū +5111 | 1° pearl 2° bead, drop ◇ 1° perle 2° chapelet, boule, goutte [Etym] 王 903 (rad: 095b 4-06), 朱 803 [Graph] 432e 422l.
王朱

珠宝 zhū bǎo ∘ jewelry; pearls and jewels ◇ perles et bijoux * 7732.

珪 guī *5112 | 圭 -4815 | 1° jade scepter 2° sign of rank: insignia ◇ 1° tablette de jade, bijoux 2° insignes [Etym] 王 903 (rad: 095b 4-06), 圭 840 [Graph] 432e 432a 432a.
王土土

珐 fà -5113 | 琺 *5062 | enameled ware of the Chinese ◇ émail [Etym] 王 903 (rad: 095b 4-05), 去 848 [Graph] 432e 432a 612a.
王土厶

珏 gǔ (909) | [Tra] precious stones; music ◇ belles pierres; musique [Etym] two series of precious or sonorous stones (> 王 904, 玉 938) ◇ deux séries de pierres précieuses, sonores (> 王 904, 玉 938) [Graph] 432e 432e [Hanzi] qin2 琴 5114, pi2 琵 5115, se4 瑟 5116, pa2 pa5 琶 5117.
王王

琴 qín (910) | [Tra] lute ◇ luth chinois [Etym] musical instrument (1,2= 珏 909); phon (3,4= 今 202) ◇ instrument de musique (1,2= 珏 909); phon (3,4= 今 202) [Graph] 432e 432e 233a 631a [Ref] h299, k1244, ph115, r40a, r346, w83c, wi210, wi336, wi350 [Hanzi] qin2 琴 5114.
王王人㇇

琴 qín +5114 | 1° general term for musical instruments 2° Chinese lute or qin 3° surname ◇ 1° nom pour désigner les instruments de musique à cordes ou à clavier 2° cithare chinoise ou qin 3° nom propre [Etym] 王 903 (rad: 095b 4-08), 琴 910 [Graph] 432e 432e 233a 631a.
王王人㇇

琵 pí +5115 | [Etym] 王 903 (rad: 095b 4-08), 珏 909 比 362 [Graph] 432e 432e 311d 321b.
王王匕匕

琵琶 pí pa ∘ Chinese guitar ◇ cithare, guitare chinoise à quatre cordes * 5117.

瑟 sè +5116 | zither (plucked instrument with 25 strings) ◇ cithare (instrument à 25 cordes de soie) [Etym] 王 903 (rad: 095b 4-09), 珏 909 必 399 [Graph] 432e 432e 321d.
王王必

琶 pá (911) | [Tra] Chinese guitar ◇ guitare chinoise [Etym] musical instrument (1, 2> 珏 909); phon (3= 巴 2013) ◇ instrument de musique (1,2> 珏 909); phon (3= 巴 2013) [Graph] 432e 432e 933c [Ref] h299, k1245, w83d [Hanzi] pa2 潖 229, pa2 pa5 琶 5117.
王王巴

琶 pá +5117 | (pi2 - 5) Chinese guitar ◇ (pi2 - 5) cithare, guitare chinoise en forme de bibasse, à 4 cordes [Etym] 王 903 (rad: 095b 4-08), 珏 909 巴 2013 [Graph] 432e 432e 933c.
王王巴

△ pa | in pipa (musical instrument) ◇ dans pipa (instrument de musique).

珽 tǐng +5118 | 1° scepter 2° jade tablet held by feudal princes during audience with the emperor ◇ 1° sceptre 2° tablette en jade que les ministres tenaient à la main pour voir l'empereur [Etym] 王 903 (rad: 095b 4-06), 廷 931 [Graph] 432e 432k 634n.
王壬廴

瓒 zàn -5119 | 瓚 *5120 | 1° scepter 2° jadeware for worship ◇ 1° sceptre 2° coupe en jade pour offrande [Etym] 王 903 (rad: 095b 4-16), 赞 936 [Graph] 432e 432m 432m 854b.
王先先贝

瓚 zàn *5120 | 瓒 -5119 | 1° scepter 2° jadeware for worship ◇ 1° sceptre 2° coupe en jade pour offrande [Etym] 王 903 (rad: 095b 4-19), 贊 937 [Graph] 432e 432m 432m 023b.
王先先貝

珏 jué +5121 | two assorted gems, two pieces of jade put together ◇ bijou: deux morceaux de jade mis ensemble [Etym] 王 903 (rad: 095b 4-05), 玉 938 [Graph] 432e 432o.
王玉

土 王

玳 dài *5122 |玳 +5096| shell ◇ écaille [Etym] 王 903 (rad: 095b 4-08), 毒 950 [Graph] 432e 433a Z61c.
王主毋

璞 pú +5123 |1° uncut jade, unpolished gem 2° simple, natural ◇ 1° jade non travaillé, pierre précieuse brute 2° simple, naturel [Etym] 王 903 (rad: 095b 4-12), 菐 975 [Graph] 432e 435a 242n.
王业美

瑾 jǐn +5124 |1° luster of gems 2° fine jade ◇ 1° brillant, luisant 2° jade précieux [Etym] 王 903 (rad: 095b 4-11), 堇 997 [Graph] 432e 436a 032h.
王廿里

璜 huáng +5125 |semi-annular jade pendant ◇ tablette de jade en forme de demi anneau [Etym] 王 903 (rad: 095b 4-11), 黄 1003 [Graph] 432e 436b 042b.
王廿由

珙 gǒng +5126 |1° stone scepter or official badge 2° kind of jade ◇ 1° sceptre 2° une sorte de jade [Etym] 王 903 (rad: 095b 4-06), 共 1006 [Graph] 432e 436e.
王共

琪 qí +5127 |gem, fine jade ◇ bijou, jade précieux, pierre précieuse de couleur blanche [Etym] 王 903 (rad: 095b 4-08), 其 1013 [Graph] 432e 436i.
王其

珥 ěr +5128 |ear-trinkets, jade or pearl earring ◇ boucle d'oreille en jade ou en perle [Etym] 王 903 (rad: 095b 4-06), 耳 1017 [Graph] 432e 436k.
王耳

璡 jīn *5129 |琎 -5104| jade-like stone ◇ pierre qui ressemble au jade [Etym] 王 903 (rad: 095b 4-11), 進 1039 [Graph] 432e 436m 634o.
王隹辶

瑊 jiān +5130 |jade-like gem ◇ pierre qui ressemble au jade [Etym] 王 903 (rad: 095b 4-09), 咸 1078 [Graph] 432e 512m 012a.
王戌口

琢 zhuó +5131 |to chisel, to carve, to polish stones ◇ tailler, cliver, engraver, polir du jade [Etym] 王 903 (rad: 095b 4-08), 豖 1103 [Graph] 432e 522b.
王豖

△ zuó |

琢磨 zuó mó。to ponder, to figure out a way ◇ réfléchir, chercher une idée * 6907.

瑙 nǎo +5132 |See ◇ Voir 玛瑙 ma3-nao3 5208-5132 [Etym] 王 903 (rad: 095b 4-09), 𡿺 1119 [Graph] 432e 611c 061b.
王巛囟

瑙玛 nǎo mǎ。agate, cornelian ◇ agate, cornaline * 5208.

琉 liú +5133 |[Etym] 王 903 (rad: 095b 4-07), 㐬 1155 [Graph] 432e 612e 417b.
王𠫓儿

琉璃 liú li。glass-like substance, colored glaze, enamel ◇ verre coloré, émail, lazurite * 5178.

璣 jī *5134 |玑 -5209| pearl ◇ perle [Etym] 王 903 (rad: 095b 4-12), 幾 1177 [Graph] 432e 613c 613c 512k.
王幺幺戍

琏 liǎn -5135 |璉 *5202| vessel holding grain at imperial sacrifice ◇ vase, coupe, vaisseau contenant du riz pour les sacrifices [Etym] 王 903 (rad: 095b 4-07), 连 1215 [Graph] 432e 614d 634o.
王车辶

璨 càn +5136 |luster of gems ◇ breloques [Etym] 王 903 (rad: 095b 4-13), 粲 1240 [Graph] 432e 631d 633a 422f.
王歺又米

玖 jiǔ +5137 |1° smoky quartz 2° nine (used on cheques, banknote) ◇ 1° quartz enfumé 2° neuf (utilisé dans la comptabilité) [Etym] 王 903 (rad: 095b 4-03), 久 1270 [Graph] 432e 632g.
王久

珞 luò +5138 |pearl or jade necklace ◇ collier de perles ou de jades [Etym] 王 903 (rad: 095b 4-06), 各 1295 [Graph] 432e 633e 011a.
王夂口

玚 yáng -5139 |瑒 *5192| jade receptacle used for sacrificial purposes ◇ récipient de jade pour offrande [Etym] 王 903 (rad: 095b 4-03), 𠃓 1338 [Graph] 432e 634k.
王𠃓

瑭 táng +5140 |kind of jade ◇ espèce de jade [Etym] 王 903 (rad: 095b 4-10), 唐 1405 [Graph] 432e 721b 833c 011a.
王广肀口

璩 qú +5141 |earrings ◇ pendants d'oreille [Etym] 王 903 (rad: 095b 4-13), 豦 1434 [Graph] 432e 721g 321e 522a.
王虍七豕

琥 hǔ +5142 |1° amber 2° jade tablet ◇ 1° ambre 2° tablette de jade [Etym] 王 903 (rad: 095b 4-08), 虎 1451 [Graph] 432e 721g 321e Z33a.
王虍七几

琥珀 hǔ pò。amber ◇ ambre jaune * 5194.

玻 bō +5143 |vitreous, glass ◇ verre [Etym] 王 903 (rad: 095b 4-05), 皮 1452 [Graph] 432e 721h 633a.
王𠂆又

玻璃 bō li。glass ◇ verre * 5178.

璆 qiú +5144 |jasper ◇ jaspe [Etym] 王 903 (rad: 095b 4-11), 翏 1473 [Graph] 432e 731c 731c 233a 211c.
王习习人彡

玢 bīn +5145 |1° vein in jade 2° kind of stone ◇ 1° veinure du jade 2° sorte de pierre [Etym] 王 903 (rad: 095b 4-04), 分 1480 [Graph] 432e 732b.
王分

△ fēn |1° lines or veins in jade 2° kind of rock ◇ 1° lignes ou veines du jade 2° espèce de rocher.

珈 jiā +5146 |1° ornaments attached to the hairpin 2° jewelry ◇ 1° ornements de tête 2° bijoux [Etym] 王 903 (rad: 095b 4-05), 加 1492 [Graph] 432e 732f 011a.
王力口

玮 wěi +5147 |瑋 *5150| 1° kind of jade or jasper 2° precious ◇ 1° bijou (jade, jaspe) 2° précieux [Etym] 王 903 (rad: 095b 4-04), 韦 1508 [Graph] 432e 734e.
王韦

玡 yá -5148 |琊 *5149| mountain in Shandong ◇ mont du Shandong [Etym] 王 903 (rad: 095b 4-04), 牙 1542 [Graph] 432e 812b.
王牙

琊 yá *5149 |玡 -5148| mountain in Shandong ◇ mont du Shandong [Etym] 王 903 (rad: 095b 4-06), 邪 1543 [Graph] 432e 812b 634j.
王牙阝

瑋 wěi *5150 |玮 +5147| 1° kind of jade or jasper 2° precious ◇ 1° bijou (jade, jaspe) 2° précieux [Etym] 王 903 (rad: 095b 4-09), 韋 1547 [Graph] 432e 822a 011a 712b.
王五口㐄

玦 jué +5151 |archer's ring, jade ring ◇ doigtier d'archer, bague en jade [Etym] 王 903 (rad: 095b 4-04), 夬 1550 [Graph] 432e 822c.
王夬

珰 dāng -5152 |璫 *5166| jingling, tinkling ◇ breloques [Etym] 王 903 (rad: 095b 4-06), 当 1558 [Graph] 432e 832b.
王当

珺 jùn +5153 |fine jade ◇ jade précieux [Etym] 王 903 (rad: 095b 4-07), 君 1576
王尹口

[Graph] 432e 834a 011a.

琤 chēng -5154 |琤 *5066| sound ◇ onomatopée [Etym] 王 903 (rad: 095b 4-06), 争 1577 [Graph] 432e 834d.
王争

璵 yú *5155 |玙 -5206| See ◇ Voir 玙璠 yu2-fan2 5206-5110 [Etym] 王 903 (rad: 095b 4-13), 與 1600 [Graph] 432e 835h Z21g.
王與亐

璀 cuǐ +5156 |1° luster of gems 2° brilliant ◇ éclat des pierres précieuses, brillant [Etym] 王 903 (rad: 095b 4-11), 崔 1618 [Graph] 432e 841b 436m.
王山隹

瑞 ruì +5157 |1° auspicious, lucky 2° precious ◇ 1° faste, propice, bon augure 2° précieux [Etym] 王 903 (rad: 095b 4-09), 耑 1623 [Graph] 432e 841b 857f.
王山而

瑞雪 ruì xuě。timely snow ◇ neige opportune ＊ 8446.

珲 huī -5158 |琿 *5159| See ◇ Voir 瑷珲 ai4-hui1 5068-5158 [Etym] 王 903 (rad: 095b 4-06), 军 1652 [Graph] 432e 851a 614d.
王冖车

△ hún |琿 *5159| 1° gem 2° kind of jade ◇ 1° pierre précieuse 2° sorte de jade précieux.

琿 huī *5159 |珲 -5158| See ◇ Voir 瑷珲 ai4-hui1 5068-5158 [Etym] 王 903 (rad: 095b 4-09), 軍 1655 [Graph] 432e 851a 042g.
王冖車

△ hún |珲 -5158| 1° gem 2° kind of jade ◇ 1° pierre précieuse 2° sorte de jade précieux.

琛 chēn +5160 |treasure ◇ trésor [Etym] 王 903 (rad: 095b 4-08), 罙 1660 [Graph] 432e 851b 422a.
王冖木

琮 cóng +5161 |badges of rank made of jade ◇ tablette de jade rectangulaire et percée d'un trou rond en son milieu [Etym] 王 903 (rad: 095b 4-08), 宗 1675 [Graph] 432e 851c 331l.
王宀示

琬 wǎn +5162 |See ◇ Voir [Etym] 王 903 (rad: 095b 4-08), 宛 1699 [Graph] 432e 851c 631b 733a.
王宀夕巳

琬圭 wǎn guī。1° scepter; 2° kind of jade tablet held by feudal princes during audience with the emperor ◇ 1° sceptre; 2° tablette en jade que les ministres tenaient à la main pour voir l'empereur ＊ 4815.

琯 guǎn +5163 |jade tube used as a musical instrument, jade flute ◇ flûte en jade [Etym] 王 903 (rad: 095b 4-08), 官 1707 [Graph] 432e 851c 934b.
王宀目

瑄 xuān +5164 |ornamental disk of jade used in sacrifice to Heaven ◇ disque en jade pour offrande au Ciel [Etym] 王 903 (rad: 095b 4-09), 宣 1711 [Graph] 432e 851c 022a ac:z.
王宀亘

璿 xuán *5165 |璇 +5169| beautiful jade ◇ jade précieux [Etym] 王 903 (rad: 095b 4-14), 睿 1738 [Graph] 432e 851g ac:a 233b 023a.
王冄二欠目

璫 dāng *5166 |See ◇ Voir 氮 11172 [Etym] 王 903 (rad: 095b 4-13), 當 1749 [Graph] 432e 851h 011a 041a.
王⺌口田

△ dāng |珰 -5152| jingling, tinkling ◇ breloques.

瓊 qióng *5167 |琼 -5188| 1° fine jade 2° precious, brilliant ◇ 1° jade précieux 2° précieux, brillant [Etym] 王 903 (rad: 095b 4-14), 夐 1759 [Graph] 432e 851j 023a 633e.
王𠂊目夂

珣 xún +5168 |1° brambing coral 2° kind of jade ◇ 1° branche de corail 2° sorte de jade [Etym] 王 903 (rad: 095b 4-06), 旬 1782 [Graph] 432e 852h 021a.
王勹日

璇 xuán +5169 |璿 *5165| beautiful jade ◇ jade précieux [Etym] 王 903 (rad: 095b 4-11), 旋 1790 [Graph] 432e 853b ac:f 434g.
王方𠂉疋

瑁 mào +5170 |See ◇ Voir 玳瑁 dai4-mao4 5096-5170 [Etym] 王 903 (rad: 095b 4-09), 冒 1795 [Graph] 432e 854a 023a.
王冃目

瓔 yīng -5171 |瓔 *5196| [Etym] 王 903 (rad: 095b 4-11), 婴 1800 [Graph] 432e 854b 854b 611e.
王贝贝女

璎珞 yīng luò。precious stones, pearl or jade necklace ◇ pierres fines, collier en perles ou en jade ＊ 5138.

现 xiàn -5172 |現 *5197| 1° present, current, now 2° on time, available 3° cash 4° to show, visible ◇ 1° actuel, présent 2° prêt, disponible 3° argent comptant 4° montrer, visible, paraître [Etym] 王 903 (rad: 095b 4-04), 见 1801 [Graph] 432e 854c.
王见

现在 xiàn zài。now, presently ◇ maintenant, présent, en ce moment ＊ 1690.

现代 xiàn dài。modern period, contemporary period, presently ◇ temps présent, période moderne, maintenant ＊ 2911.

现代化 xiàn dài huà。to modernize ◇ moderniser ＊ 2911 2834.

现代款 xiàn dài kuǎn。cash ◇ argent comptant ＊ 2911 4995.

现行 xiàn xíng。in force, in effect ◇ en vigueur, pris en flagrant délit ＊ 3128.

现场 xiàn chǎng。scene of an incident; site ◇ lieu d'un événement (accident, etc.); sur place ＊ 4884.

现成 xiàn chéng。ready-made ◇ tout fait, tout prêt ＊ 5550.

现实 xiàn shí。reality; real, actual ◇ réalité, fait; réel, réaliste ＊ 7696.

现象 xiàn xiàng。phenomenon ◇ phénomène, fait observable ＊ 10385.

顼 xū -5173 |頊 *5198| See ◇ Voir 颛顼 zhuan1-xu1 7583-5173 [Etym] 页 1802 (rad: 181s 6-04), 王 903 [Graph] 432e 854d.
王页

琐 suǒ -5174 |瑣 *5199| 1° trivial, small things 2° cowrie ◇ 1° bagatelle, fétu, atome, parcelle 2° cauri [Etym] 王 903 (rad: 095b 4-07), 贞 1804 [Graph] 432e 854f.
王贞

琐碎 suǒ suì。trivial ◇ menu et insignifiant ＊ 9646.

珊 shān +5175 |[Etym] 王 903 (rad: 095b 4-05), 册 1820 [Graph] 432e 856c.
王册

珊瑚 shān hú。1° red coral; 2° virtuous; 3° vessel ◇ 1° corail; 2° vertueux; 3° vase rituel ＊ 5190.

玥 yuè +5176 |magical pearl ◇ perle magique [Etym] 王 903 (rad: 095b 4-04), 月 1823 [Graph] 432e 856e.
王月

琱 diāo *5177 |See ◇ Voir 碉 9755 [Etym] 王 903 (rad: 095b 4-08), 周 1851 [Graph] 432e 856k 432a 011a.
王冂土口

土 王

璃 l i +5178 王卤内 | 瓈 *5108 | See ◇ Voir 琉璃 liu2-li5 5133-5178 [Etym] 王 903 (rad: 095b 4-10), 离 1927 [Graph] 432e 911c 859e.

瑱 z h è n +5179 王真 | 瑱 *5087 | jade ear-pendants ◇ pendants en jade [Etym] 王 903 (rad: 095b 4-10), 真 1936 [Graph] 432e 921f.

琚 j ū +5180 王尸古 | girdle jade ornaments ◇ breloques en jade [Etym] 王 903 (rad: 095b 4-08), 居1976 [Graph] 432e 931a 013f.

珉 m í n +5181 王民 | 1° alabaster 2° jade-like stone ◇ 1° albâtre 2° pierre qui ressemble à du jade [Etym] 王 903 (rad: 095b 4-05), 民 1997 [Graph] 432e 932a.

瑯 l á n g *5182 王良阝 | 琅 +5183 | 1° enamel 2° spotlessly white 3° various gems ◇ 1° émail 2° blanc immaculé 3° diverses pierres précieuses [Etym] 王 903 (rad: 095b 4-08), 郎 2005 [Graph] 432e 932d 634j.

琅 l á n g +5183 王良 | 瑯 *5182 | 1° enamel 2° spotlessly white 3° various gems ◇ 1° émail 2° blanc immaculé 3° diverses pierres précieuses [Etym] 王 903 (rad: 095b 4-07), 良 2008 [Graph] 432e 932e.

琅玕 l á n g g ā n ∘ non-precious stone beads ◇perles en pierre non précieuse * 5098.

瑕 x i á +5184 王𠂤ヨ又 | 1° flaw in a piece of jade 2° flaw, defect 3° to blame ◇ 1° défaut dans une pierre précieuse 2° imperfection, défaut, tache 3° blâmer [Etym] 王 903 (rad: 095b 4-09), 叚 2016 [Graph] 432e 934a 821a 633a.

璪 z ǎ o +5185 王口口口木 | pendants hung around a coronet ◇ pendants [Etym] 王 903 (rad: 095b 4-13), 喿 2094 [Graph] 432e 011a 011a 011a 422a.

噩 è (912) 王口口口口 | [Tra] shocking ◇ déconcerté [Etym] to attack (1< 屰 1644) while shouting loudly (2,3,4,5= 口 2063) ◇ attaquer (1< 屰 1644) à grands cris (2,3,4,5= 口 2063) [Graph] 432e 011a 011a 011a 011a [Ref] r17j, r40e, r170, w103a, wi345 [Hanzi] e4 噩 5186, e4 鳄 10582.

噩 è +5186 王口口口口 | 1° shocking 2° upsetting ◇ 1° déconcerté 2° funeste [Etym] 口 2063 (rad: 030a 3-13), 噩 912 [Graph] 432e 011a 011a 011a 011a.

璐 l ù +5187 王足夂口 | 1° girdle gems 2° jade ◇ 1° breloques 2° jade [Etym] 王 903 (rad: 095b 4-13), 路2116 [Graph] 432e 011e 633e 011a.

琼 q i ó n g -5188 王亠口小 | 瓊 *5167 | 1° fine jade 2° precious, brilliant ◇ 1° jade précieux 2° précieux, brillant [Etym] 王 903 (rad: 095b 4-08), 京 2122 [Graph] 432e 012c 331j.

玷 d i à n +5189 王占 | 1° stain in a gem 2° defect 3° to blemish ◇ 1° tache dans une pierre précieuse 2° défaut 3° souiller [Etym] 王 903 (rad: 095b 4-05), 占 2154 [Graph] 432e 013e.

瑚 h ú +5190 王古月 | See ◇ Voir 珊瑚 shan1-hu2 5175-5190 [Etym] 王 903 (rad: 095b 4-09), 胡 2158 [Graph] 432e 013f 856e.

琨 k ū n +5191 王日匕匕 | 1° mother of pearl 2° kind of jade ◇ 1° nacre 2° sorte de jade [Etym] 王 903 (rad: 095b 4-08), 昆 2173 [Graph] 432e 021a 311d 321b.

瑒 y á n g *5192 王日勿 | 玚 -5139 | jade receptacle used for sacrificial purposes ◇ récipient de jade pour offrande [Etym] 王 903 (rad: 095b 4-09), 昜 2197 [Graph] 432e 021a 852i.

璟 j ǐ n g +5193 王日亠口小 | luster of jade ◇ scintillement du jade [Etym] 王 903 (rad: 095b 4-12), 景 2204 [Graph] 432e 021a 012c 331j.

珀 p ò (913) 王白 | [Tra] amber ◇ ambre [Etym] precious stone (1= 王 903); phon, white (2= 白 2216) ◇ pierre précieuse (1= 王 903); phon, blanc (2= 白 2216) [Graph] 432e 022c [Ref] r40e [Hanzi] po4 珀 5194, bi4 碧 5195.

珀 p ò +5194 王白 | See ◇ Voir 琥珀 hu3-po4 5142-5194 [Etym] 王 903 (rad: 095b 4-05), 白 2216 [Graph] 432e 022c.

碧 b ì +5195 王白石 | 1° green jade stone 2° blue ◇ 1° jade vert 2° bleu [Etym] 石 2149 (rad: 112a 5-09), 珀 913 [Graph] 432e 022c 013b.

瓔 y ī n g *5196 王貝貝女 | 璎 -5171 | See ◇ Voir 瓔珞 ying1-luo4 5171-5138 [Etym] 王903 (rad: 095b 4-17), 嬰 2253 [Graph] 432e 023b 023b 611e.

現 x i à n *5197 王見 | 现 -5172 | 1° present, current, now 2° on time, available 3° cash 4° to show, visible ◇ 1° actuel, présent 2° prêt, disponible 3° argent comptant 4° montrer, visible, paraître [Etym] 王 903 (rad: 095b 4-07), 見 2255 [Graph] 432e 023c.

頊 x ū *5198 王頁 | 顼 -5173 | See ◇ Voir 颛顼 zhuan1-xu1 7583-5173 [Etym] 頁 2267 (rad: 181a 9-04), 王 903 [Graph] 432e 023f.

瑣 s u ǒ *5199 王貞 | 琐 -5174 | 1° trivial, small things 2° cowrie ◇ 1° bagatelle, fétu, atome, parcelle 2° cauri [Etym] 王 903 (rad: 095b 4-10), 貞 2272 [Graph] 432e 023i.

瑀 y ǔ +5200 王禹 | agate stone ◇ agate [Etym] 王 903 (rad: 095b 4-09), 禹 2304 [Graph] 432e 032j.

珅 s h ē n +5201 王申 | kind of jade ◇ espèce de jade [Etym] 王 903 (rad: 095b 4-05), 申2348 [Graph] 432e 042c.

璉 l i ǎ n *5202 王車辶 | 琏 -5135 | vessel holding grain at imperial sacrifice ◇ vase, coupe, vaisseau contenant du riz pour les sacrifices [Etym] 王 903 (rad: 095b 4-10), 連 2353 [Graph] 432e 042g 634o.

瑰 g u ī +5203 王鬼厶 | 1° jasper rose 2° rare 3° marvelous ◇ 1° jasper rose 2° extraordinaire 3° merveilleux [Etym] 王 903 (rad: 095b 4-08), 鬼 2363 [Graph] 432e 043e 612a.

理 l ǐ +5204 王里 | 1° texture, grain (in wood, skin, etc.), veins 2° reason, logic 3° natural science 4° to manage, to rule 5° abstract right, the first principle 6° to tidy up ◇ 1° texture, veines (de la pierre, du bois), vaisseaux 2° raison, logique, raisonner 3° science naturelle 4° diriger, régler 5° droit, normes, doctrine 6° arranger [Etym] 王 903 (rad: 095b 4-07), 里 2368 [Graph] 432e 043j.

理论 l ǐ l ù n ∘ theory ◇ théorie * 1701.

理想 lǐ xiǎng。ideal ◇ idéal * 4445.

理发 lǐ fà。to dress or to cut one's hair ◇ coiffer, couper les cheveux, aller chez le coiffeur * 6813.

理发馆 lǐ fà guǎn。hairdresser's ◇ salon de coiffure * 6813 1869.

理发员 lǐ fà yuán。hairdresser; barber ◇ coiffeur * 6813 9127.

理解 lǐ jiě。to understand ◇ comprendre * 8366.

理由 lǐ yóu。cause, motivation ◇ cause, motif, raison, fondement * 10657.

環 huán *5205 王四曰衣 | 环 -5105 | 1° ring, hoop 2° link 3° to surround 4° earring ◇ 1° anneau, cercle, rond 2° lien 3° entourer 4° boucle d'oreille [Etym] 王 903 (rad: 095b 4-13), 睘 2394 [Graph] 432e 051a 012a 312h.

玙 yú -5206 王与 | 璵 *5155 | [Etym] 王 903 (rad: 095b 4-03), 与 2481 [Graph] 432e Z21f.

玙璠 yú fán。beautiful jade ◇ jade précieux * 5110.

瑪 mǎ *5207 王馬 | 玛 -5208 | See ◇ Voir 玛瑙 ma3-nao3 5208-5132 [Etym] 王 903 (rad: 095b 4-10), 馬 2486 [Graph] 432e Z22a.

玛 mǎ -5208 王马 | 瑪 *5207 | [Etym] 王 903 (rad: 095b 4-03), 马 2489 [Graph] 432e Z22b.

玛瑙 mǎ nǎo。agate ◇ agate * 5132.

玑 jī -5209 王几 | 璣 *5134 | pearl ◇ perle [Etym] 王 903 (rad: 095b 4-02), 几 2516 [Graph] 432e Z33a.

珮 pèi *5210 王凡巾 | See ◇ Voir 佩 3095 [Etym] 王 903 (rad: 095b 4-06), 凧 2526 [Graph] 432e Z33c 858d.

玘 qǐ +5211 王己 | jade ornaments hung at the girdle ◇ breloques en jade [Etym] 王 903 (rad: 095b 4-03), 己 2532 [Graph] 432e Z41a.

主 zhǔ (914) 主 | [Tra] lord, to direct ◇ maître, dominer [Etym] lighted oil lamp (prim) -> lord as leader ◇ une lampe à huile allumée (prim) -> le seigneur comme guide [Graph] 432f [Ref] k309, w103a, wa120 [Hanzi] zhu4 注 230, zhu4 炷 974, zhu3 拄 2452, zhu4 住 2887, zhu4 柱 4222, zhu3 主 5212, zhu3 麈 6949, zhu4 疰 7055, zhu4 註 9531, zhu4 砫 9687, zhu4 蛀 10247, zhu4 駐 11046, zhu4 驻 11104.

主 wǎng (915) 主 | [Tra] wandering ◇ errer [Etym] dispersed plants on earth (prim,< 土 826) ->rambling ◇ des plantes dispersées sur le sol (prim,< 土 826) ->ça et là [Graph] 432f [Ref] k213, ph814, r17j, w103a, wi440 [Hanzi] wang3 wang4 往 3140.

主 zhǔ +5212 主 | 1° host 2° owner, master, lord, head 3° suffix: person concerned (buyer, seller, etc.) 4° God 6° main 7° to direct, ruler 8° to signify 9° to advocate, opinion ◇ 1° hôte 2° maître, seigneur, souverain, chef 3° suffixe: personne impliquée (acheteur, vendeur, etc.) 6° Dieu, principal 7° gouverner, administrer, dominer 8° influencer, signifier 9° opinion, intention [Etym] 丶1 (rad: 003a 1-04), 主 914 [Graph] 432f.

主意 zhǔ yì。idea, intention ◇ idée, intention; moyen, méthode * 667.

主人 zhǔ rén。master; host ◇ hôte, maître de maison; patron, propriétaire * 1070.

主人翁 zhǔ rén wēng。master ◇ maître * 1070 5929.

主食 zhǔ shí。staple food ◇ nourriture de base * 1480.

主义 zhǔ yì。principle ◇ principe, doctrine * 1687.

主持 zhǔ chí。to preside over; to take charge of ◇ présider, diriger; préconiser, soutenir, prétendre * 2440.

主任 zhǔ rèn。director ◇ directeur, chef de service, responsable de section * 2889.

主权 zhǔ quán。sovereignty ◇ souveraineté * 4277.

主动 zhǔ dòng。active, enterprising ◇ actif, entreprenant * 5920.

主编 zhǔ biān。editor in chief; to edit ◇ rédacteur en chef; diriger la rédaction * 6058.

主观 zhǔ guān。subjectivity ◇ subjectivité * 6517.

主席 zhǔ xí。president ◇ président * 6921.

主席团 zhǔ xí tuán。presidium ◇ présidium * 6921 10945.

主办 zhǔ bàn。to direct, to sponsor ◇ assumer la direction de, prendre en charge * 7271.

主角 zhǔ jué。leading role, protagonist ◇ rôle principal, premier rôle * 8359.

主要 zhǔ yào。essential, main ◇ essentiel, principal * 10824.

主张 zhǔ zhāng。opinion, advice ◇ opinion, préconisation, avis, décision, idée * 11247.

𦍌 yáng (916) 𦍌 | [Tra] sheep ◇ mouton [Etym] contraction of (羊 579) ◇ forme abrégée de (羊 579) [Graph] 432g [Ref] h376, k352, r359, w103a, wa180, wi345 [Hanzi] xian4 羡 5213, geng1 羹 5216, yang3 養 5217, yang4 恙 5219, xi1 羲 5222, jiang1 jiang1 姜 5223, gai4 ge3 盖 5225, qiang1 羌 5226 [Rad] 123c.

羡 xiàn (917) 𦍌冫欠 | [Tra] to covet, excess ◇ désirer, excès [Etym] probably plants (1=prim); to covet (2,3= 次 21) ◇ probablement des plantes (1=prim); convoiter (2,3= 次 21) [Graph] 432g 121a 232b [Ref] k212, ph659, w103a, wi283 [Hanzi] xian4 羡 5213.

羡 xiàn +5213 𦍌冫欠 | 羨 *5214 | 1° to like, to covet, to admire 2° to exceed 3° surplus, remaining ◇ 1° aimer, désirer, admirer 2° excéder 3° surplus, reste [Etym] 𦍌 916 (rad: 123c

6-06), 羨 917 [Graph] 432g 121a 232b.

羡慕 xiàn mù。to envy ◇ envier ✱ 3951.

羡 xiàn *5214 | 羨 +5213 | 1° to like, to covet, to admire 2° to exceed 3° surplus, remaining ◇ 1° aimer, désirer, admirer 2° excéder 3° surplus, reste [Etym] 羊 916 (rad: 123c 6-07), 次 21 [Graph] 432g 121b 232b.

羔 gāo (918) |[Tra] lamb ◇ agneau [Etym] a sheep (1= 羊 916) fit for roasting (2= 灬 130) ◇ un mouton (1= 羊 916) bon à rôtir (2= 灬 130) [Graph] 432g 222d [Ref] k204, ph737, r170, w71q, wa190, wi471 [Hanzi] gao1 餻 1439, zhuo2 禚 2262, gao1 糕 4608, gao1 羔 5215, geng1 羹 5216, zhuo2 糕 6578, yao2 窯 7816.

土 羊

羔 gāo +5215 |1° lamb 2° kid (of animal) 3° fawn ◇ 1° agneau 2° petit animal 3° chevreau [Etym] 羊 916 (rad: 123c 6-04), 羔 918 [Graph] 432g 222d.

羹 gēng +5216 |thick broth ◇ bouillon, soupe [Etym] 羊 916 (rad: 123c 6-13), 羔918 美920 [Graph] 432g 222d 432g 242a.

養 yǎng (919) |[Tra] to raise, to nourish ◇ nourrir, élever [Etym] food (2< 食221); phon (1= 羊 579) ◇ nourriture (2< 食 221); phon (1= 羊 579) [Graph] 432g 233a 932e [Ref] k132, ph830 [Hanzi] yang3 瀁 231, yang3 養 5217, yang3 癢 7056.

養 yǎng *5217 | 养 -1619 | 1° to support, to provide for 2° to raise (duck) 3° to give birth to (boy) 4° foster, adoptive 5° to cultivate (good habits) 6° to rest 7° to heal 8° to maintain 9° surname ◇ 1° pourvoir aux besoins de (nourriture, éducation) 2° élever (canards) 3° enfanter 4° adoptif 5° cultiver (bonnes habitudes) 6° se reposer 7° guérir 8° entretenir (en bon état) 9° nom de famille [Etym] 食 221 (rad: 184a 9-06), 養 919 [Graph] 432g 233a 932e.

美 měi (920) |[Tra] delicious, beautiful ◇ bon, beau [Etym] {1} a big (2= 大 257) sheep (1= 羊 916); {2} man (2= 大 257) with tribal head-dress (1=prim) ◇ {1} un gros (2= 大 257) mouton (1= 羊916); {2} un homme (2= 大 257) et sa coiffure tribale (1=prim) [Graph] 432g 242a [Ref] k352, w103a, wa70 [Hanzi] mei3 鎂 1190, mei3 镁 1971, geng1 羹 5216, mei3 美 5218.

美 měi +5218 |1° delicious, beautiful 2° well 3° to commend ◇ 1° bon, beau 2° trouver bon 3° louer [Etym] 羊 916 (rad: 123c 6-03), 美920 [Graph] 432g 242a.

美满 měi mǎn。satisfied, filled, perfect ◇ parfait, rempli ✱ 176.

美人 měi rén。beautiful woman; beauty ◇ belle femme ✱ 1070.

美元 měi yuán。U.S. dollar ◇ dollar américain ✱ 2199.

美术 měi shù。fine arts ◇ beaux-arts ✱ 4595.

美妙 měi miào。wonderful, splendid ◇ extraordinaire, excellent, exquis ✱ 5744.

美好 měi hǎo。fine; glorious ◇ beau, bien (choses abstraites) ✱ 5792.

美观 měi guān。pretty, beautiful ◇ beau, joli (objet) ✱ 6517.

美丽 měi lì。beautiful ◇ beau, joli ✱ 8285.

美味 měi wèi。fine food, delicious dishes ◇ bonne chère, mets exquis ✱ 8962.

恙 yàng +5219 |1° ailment, sickness 2° low-spirited ◇ 1° malaise, maladie 2° peine [Etym] 心 397 (rad: 061a 4-06), 羊 916 [Graph] 432g 321c.

羕 yàng (921) |[Tra] uniformit, ◇ uniformité [Etym] continuous stream (2= 永 439); phon (1= 羊 916) ◇ un courant perpétuel (2= 永 439); phon (1= 羊 916) [Graph] 432g 331r [Ref] w38g [Hanzi] yang4 漾 232, yang4 樣 4223, yang4 羕 5220.

羕 yàng +5220 |rising of water ◇ flux perpétuel [Etym] 羊 916 (rad: 123c 6-05), 羕921 [Graph] 432g 331r.

義 yì (922) |[Tra] duty, peace, idea ◇ équité, paix, idée [Etym] {1} me (2= 我 1067) as good as a sheep (1= 羊 916); {2} calf (1= 羊 916) sacrified with a complex weapon (2= 卦 842) ◇ {1} moi (2= 我 1067) rempli de bonté symbolisée par un mouton (1= 羊916); {2} un mouton (1= 羊 916) sacrifié avec une arme complexe (2= 我 1067) [Graph] 432g 512f [Ref] k354 [Hanzi] yi2 儀 2888, yi3 檥 4224, yi4 義 5221, yi3 艤 8304, yi4 議9532, yi3 蟻 10248.

義 yì *5221 | 义 -1687 | 1° justice, righteousness 2° equitable, just 3° relationship 4° meaning, significance 5° adopted, adoptive 6° artificial, false 7° common, conformity, public ◇ 1° justice, droiture 2° équité 3° liens humains, relations 4° sens, signification, notion 5° adopté, adoptif 6° artificiel, faux 7° convenance, public [Etym] 羊 916 (rad: 123c 6-07), 義 922 [Graph] 432g 512f.

羲 xī (923) |[Tra] victim ◇ victime [Etym] imprecation (3= 兮 2479); ->offerings after peace (1,2< 義 922) ◇ imprécation (3= 兮 2479); -> offrandes après entente (1,2< 義 922) [Graph] 432g 512g Z21b [Hanzi] xi1 爔 975, xi1 犧 3458, xi1 羲 5222, xi1 曦9876.

羲 xī +5222 |surname ◇ nom de famille [Etym] 羊 916 (rad: 123c 6-10), 羲 923 [Graph] 432g 512g Z21b.

姜 jiāng (924) |[Tra] ginger; gravel ◇ gingembre; gravier [Etym] clan (2< 姓 1123) of shephards (1< 羊 916) ◇ un clan (2< 姓 1123) de bergers (1< 羊 916) [Graph] 432g 611e [Ref] w38f, wi999 [Hanzi] jiang1 jiang1 姜 5223.

姜 jiāng +5223 | 薑 *3983 | 1° ginger 2° surname ◇ 1° gingembre 2° nom propre [Etym] 女 1122 (rad: 038a 3-06), 姜 924 [Graph] 432g 611e.

△ jiāng | 礓 +9777 | gravel, small stones ◇ gravier.

羑 yǒu +5224 | place in Henan ◇ lieu du Henan [Etym] 羊 916 (rad: 123c 6-03), 久 1270 [Graph] 432g 632g.

盖 gài (925) | [Tra] roof; since ◇ couvrir; car [Etym] {?} thatch roof (1=prim) on some building (2=prim) ◇ {?} toit de chaume (1=prim) sur un édifice (2=prim) [Graph] 432g 922a [Ref] k1002, w81d, wa2 [Hanzi] gai4 ge3 盖 5225.

盖 gài -5225 | 蓋 *3684 | 1° lid, covering, roof, canopy 2° shell (tortoise) 3° to affix (seal) 4° to surpass, to top 5° to build 6° around, approximately 7° since, for 8° surname ◇ 1° couvercle, toit, dais, couvrir 2° carapace (tortue) 3° appliquer (sceau) 4° dépasser 5° bâtir 6° environ 7° car, en effet 8° nom propre [Etym] 皿 1939 (rad: 108a 5-06), 盖 925 [Graph] 432g 922a.

盖儿 gài ér ∘ cover, lid ◇ couvercle * 2194.

盖子 gài zǐ ∘ lid, cover ◇ couvercle * 6546.

△ gě | 蓋 *3684 | surname ◇ nom de famille.

羌 qiāng (926) | [Tra] nomad shepherds ◇ pasteurs nomades [Etym] men (bottom< 儿 405) herding sheep (top< 羊 579) (< 羌 418) ◇ des hommes (bas< 儿 405) gardant des moutons (haut< 羊 579) (< 羌 418) [Graph] 432h [Ref] k934, r8g, w82c [Hanzi] qiang1 羌 5226, qiang1 蜣 10249.

羌 qiāng *5226 | 羌 +2231 | See ◇ Voir 羌族 qiang1-zu2 2231-7931 [Etym] 羊 916 (rad: 123c 6-02), 羌 926 [Graph] 432h.

尕 gǎ (927) | [Tra] naughty ◇ espiègle [Etym] {?} unknown explanation ◇ {?} explication inconnue [Graph] 432i [Ref] h1610, k1003, ph305, r8g, w81f [Hanzi] ga3 尕 5227.

尕 gǎ +5227 | 1° naughty 2° strange ◇ 1° espiègle 2° extravagant [Etym] 丿 74 (rad: 004a 1-04), 尕 927 [Graph] 432i.

丢 diū (928) | [Tra] to lose ◇ perdre [Etym] something that fell down (1=prim) and disappeared (2= 去 848) ◇ quelque chose qui tombe (1=prim) et qui disparaît (2= 去 848) [Graph] 432j 612a [Ref] h481, k307, ph282, r381, w132b, wi203 [Hanzi] diu1 銩 1191, diu1 铥 1972, diu1 丢 5228.

丢 diū +5228 | 1° to lose, to abandon 2° to throw ◇ 1° perdre, laisser 2° rejeter [Etym] 一 3 (rad: 001a 1-05), 丢 928 [Graph] 432j 612a.

丢人 diū rén ∘ ashamed ◇ honteux; perdre la face; subir un affront * 1070.

丢掉 diū diào ∘ to throw away; to loose ◇ abandonner, jeter; perdre * 2692.

丢丑 diū chǒu ∘ to lose face; to be disgraced ◇ se couvrir de ridicule, perdre la face * 7392.

丢脸 diū liǎn ∘ to lose face ◇ perdre la face * 8065.

丢面子 diū miàn zǐ ∘ to lose face ◇ perdre la face * 10929 6546.

壬 tíng (929) | [Tra] disciple ◇ disciple [Etym] a man standing on the ground (prim) (> 壬 930) ◇ un homme debout sur le sol (prim) (> 壬 930) [Graph] 432k [Ref] w170a, wi276 [Hanzi] ting2 廷 5230.

壬 rén (930) | [Tra] burden, to endure ◇ poids, souffrance [Etym] man (vertic stroke) with a shoulder-piece (horiz) (prim) ◇ un homme (trait vertic) portant une palanche (horiz) (prim) [Graph] 432k [Ref] k1039, w132b, wi203 [Hanzi] ren4 饪 1850, ren2 ren4 任 2889, ren2 壬 5229, ren4 妊 5761, ren4 纴 5981, ren4 衽 6639.

壬 rén +5229 | 1° cyclical character: the ninth of the ten Heavenly Stems 2° great 3° flatterer ◇ 1° caractère cyclique: le neuvième des dix Troncs Célestes 2° grand 3° flatteur [Etym] 士 856 (rad: 033a 3-01), 壬 930 [Graph] 432k.

廷 tíng (931) | [Tra] audience hall ◇ salle du trône [Etym] go (2= 廴 1345) to court; standing (1< 人 170, 土 826) before king ◇ aller (2= 廴 1345) à la cour; se tenir (1< 人 170, 土 826) devant le roi [Graph] 432k 634n [Ref] h49, k797, ph202, w79b, wa30, wi27 [Hanzi] ting3 鋌 1192, ting3 铤 1973, ting3 挺 2453, ting3 侹 2891, ting2 莛 3694, ting3 ting4 梃 4225, ting3 珽 5118, ting2 廷 5230, ting3 颋 5231, ting3 頲 5232, ting2 庭 6912, ting3 艇 8305, ting2 霆 8433, ting2 蜓 10250.

廷 tíng +5230 | 1° court 2° audience-hall ◇ 1° cour 2° salle du trône [Etym] 廴 1345 (rad: 054a 2-04), 廷 931 [Graph] 432k 634n.

颋 tǐng -5231 | 頲 *5232 | 1° straight 2° upright and honest ◇ 1° droit 2° sincère [Etym] 页 1802 (rad: 181s 6-06), 廷 931 [Graph] 432k 634n 854d.

頲 tǐng *5232 | 颋 -5231 | 1° straight 2° upright and honest ◇ 1° droit 2° sincère [Etym] 頁 2267 (rad: 181a 9-06), 廷 931 [Graph] 432k 634n 023f.

告 gào (932) | [Tra] to tell, announce ◇ avertir, diffuser [Etym] {?} mouth (2= 口 2063); ox or plants (1< 牛 585, 生 951) ->forth ◇ {?} une bouche (2= 口 2063); un boeuf ou une plante (1< 牛 585, 生 951) ->avant [Graph] 4321 011a [Hanzi] hao4 浩 233, gao4 鋯 1193, gao4 诰 1742, gao4 锆 1974, gu4 梏 4226, gao4 告 5233, kao4 靠 5234, gao4 郜 5235, zao4 造

5236, gu3 hu2 鹄 5237, gu3 hu2 鵠 5238, ku4 嚳 7456, jiao4 窖 7817, ku4 嚳 7852, gao4 誥 9533, hao4 皓 9983, ku4 酷 10869.

告 gào +5233 | 1° to tell, to announce 2° to indict 3° to request ◇ 1° avertir, faire savoir 2° accuser 3° demander [Etym] 口 2063 (rad: 030a 3-04), 告 932 [Graph] 4321 011a.
生口

告诉 gào sù。to tell, to announce ◇ avertir, faire savoir, dire, faire part de * 1774.

告示 gào shì。official notice; bulletin ◇ affiche, avis, avertissement * 2247.

告别 gào bié。to say good-bye ◇ dire au revoir, prendre congé, faire ses adieux * 9073.

告辞 gào cí。to bid good-bye; to take leave ◇ prendre congé de; dire au revoir; faire ses adieux * 9825.

告白 gào bái。a public notice ◇ annonce publique * 9973.

靠 kào (933) | [Tra] to lean on ◇ s'appuyer sur [Etym] {?} opposition (3= 非 611); phon (1,2= 告 932) ◇ {?} opposition (3= 非 611); phon (1,2= 告 932) [Graph] 4321 011a 415b [Ref] k1027, ph849, w79b, wi344 [Hanzi] kao4 靠 5234.
生口非

靠 kào +5234 | 1° to lean on 2° to get near, near, by 3° to depend on, to trust, reliable ◇ 1° appui, s'appuyer sur 2° s'approcher de, près de 3° compter sur, se fier à [Etym] 非 611 (rad: 175a 8-07), 靠 933 [Graph] 4321 011a 415b.
生口非

靠把 kào bǎ。armor (in Beijing opera) ◇ armure (dans l'opéra) * 2656.

靠近 kào jìn。to get near; close to , near ◇ s'approcher de, près de * 7205.

靠岸 kào àn。to draw alongside a shore ◇ s'approcher du bord * 7557.

郜 gào +5235 | 1° fief in Shandong 2° proper noun ◇ 1° lieu du Shandong 2° nom propre [Etym] 阝 1316 (rad: 163b 2-07), 告 932 [Graph] 4321 011a 634j.
生口阝

造 zào (934) | [Tra] to make, to build ◇ fabriquer [Etym] something going (3= 辶 1346) as told (1,2= 告 932) ◇ ce qui marche (3= 辶 1346) comme il fut dit (1,2= 告 932) [Graph] 4321 011a 634o [Ref] k1318, r63, w83a, wa132 [Hanzi] zao4 簉 797, zao4 慥 3259, cao1 糙 4609, zao4 造 5236.
生口辶

造 zào +5236 | 1° to make, to create, to build 2° to concoct 3° to educate, to train 4° to arrive at 5° parties in a suit 6° crop ◇ 1° faire, créer, fabriquer 2° concocter 3° éduquer, entrainer 4° arriver à (lieu) 5° parties d'un procès 6° récolte [Etym] 辶 1346 (rad: 162b 3-07), 造 934 [Graph] 4321 011a 634o.
生口辶

造谣 zào yáo。to start a rumor ◇ répandre de faux bruits; cancaner * 1694.

造就 zào jiù。to train; attainments ◇ former, inventer; connaissances * 9437.

鸪 gǔ -5237 | 鵠 *5238 | target (in archery) ◇ cible (pour le tir à l'arc) [Etym] 鸟 2494 (rad: 196s 5-07), 告 932 [Graph] 4321 011a Z22e.
生口鸟

△ hú | 鵠 *5238 | snow-goose, swan ◇ oie, cygne.

鵠 gǔ *5238 | 鹄 -5237 | target (in archery) ◇ cible (pour le tir à l'arc) [Etym] 鳥 2500 (rad: 196a 11-07), 告 932 [Graph] 4321 011a Z22h.
生口鳥

△ hú | 鹄 -5237 | snow-goose, swan ◇ oie, cygne.

先 xiān (935) | [Tra] before; ancestor ◇ avant; ancêtre [Etym] person (bottom< 儿 405); stop and die (top< 止 954) ->ancestor ◇ une personne (bas< 儿 405); arrêt et mort (haut< 止 954) ->ancêtre [Graph] 432m [Ref] k770, w10h [Hanzi] xian3 冼 25, xi3 xian3 洗 234, xian3 筅 798, xi3 xian3 銑 1194, xi3 xian3 铣 1975, xian1 先 5239, xuan3 选 5246, xian4 宪 7731, xian3 跣 9330, xian1 酰 10870.
先

先 xiān +5239 | 1° earlier, before, first 2° to go before 3° ancestor 4° deceased 5° master 6° surname ◇ 1° antérieur, avant 2° précéder 3° ancêtre 4° défunt 5° maître 6° nom de famille [Etym] 儿 405 (rad: 010a 2-04), 先 935 [Graph] 432m.
先

先进 xiān jìn。advanced ◇ avancé * 4056.

先生 xiān shēng。sir; professor ◇ monsieur; professeur, maître * 5286.

先前 xiān qián。formerly, in the past, earlier ◇ autrefois, jadis, auparavant * 8261.

赞 zàn (936) | [Tra] to assist; to praise ◇ aider; louer [Etym] modern simplified form of (贊 937) ◇ forme simplifiée moderne de (贊 937) [Graph] 432m 432m 854b [Hanzi] cuan2 zan3 攒 2454, zan3 趱 4843, zan4 瓒 5119, zan4 赞 5240, jian3 劗 5241, cuo2 酂 5242, zuan3 缵 5982, za1 za5 臜 8134, zuan1 躜 9331.
先先贝

赞 zàn -5240 | 贊 *5243、賛 *1613、讚 2° *9534 | 1° to assist, to second 2° to praise, eulogy 3° to counsel 4° to make known ◇ 1° assister, aider 2° louer, proclamer 3° conseiller 4° faire connaître [Etym] 贝 1796 (rad: 154s 4-12), 赞 936 [Graph] 432m 432m 854b.
先先贝

赞扬 zàn yáng。to praise, to pay tribute ◇ louer, exalter, glorifier * 2522.

赞美 zàn měi。to praise, eulogy ◇ louer, faire l'éloge, célébrer * 5218.

赞成 zàn chéng。to approve, to second ◇ approuver, être d'accord, être pour * 5550.

赞赏 zàn shǎng。to admire, to express appreciation ◇ louer, admirer, apprécier * 7869.

赞同 zàn tóng。to approve of, to endorse, to agree with ◇ approuver, être d'accord, endosser * 8279.

劗 jiǎn -5241 | 劗 *5244 | to cut, to sever ◇ couper, trancher [Etym] 刂 470
先先贝刂

(rad: 018b 2-16), 赞 936 [Graph] 432m 432m 854b 333b.

酂 cuó -5242 |鄼 *5245| place in Hubei ◇ lieu du Hubei [Etym] 阝 1316 (rad: 163b 2-16), 赞 936 [Graph] 432m 432m 854b 634j.

贊 zàn (937) |[Tra] to assist; to praise ◇ aides; louer [Etym] two persons (1,2= 先 935) coming with money (3= 貝 2246) ◇ deux personnes (1,2= 先 935) apportant de l'argent (3= 貝 2246) [Graph] 432m 432m 023b [Ref] h379, k724, ph389, r21j, w16k, wa129, wi182 [Hanzi] zuan1 zuan4 鑽 1195, zan3 儹 2895, cuan2 欑 4227, zan3 趲 4844, zan4 瓚 5120, zan4 贊 5243, jian3 劗 5244, cuo2 酇 5245, zuan3 纘 6153, za1 za5 臢 8135, zuan1 躦 9332, zan4 讚 9534.

贊 zàn *5243 |赞 -5240 、 賛 *1613 、 讚 *9534 2°| 1° to assist, to second 2° to praise, eulogy 3° to counsel 4° to make known ◇ 1° assister, aider 2° louer, proclamer 3° conseiller 4° faire connaître [Etym] 貝 2246 (rad: 154a 7-12), 贊 937 [Graph] 432m 432m 023b.

劗 jiǎn *5244 |𠝹 -5241| to cut, to sever ◇ couper, trancher [Etym] 刂 470 (rad: 018b 2-19), 贊 937 [Graph] 432m 432m 023b 333b.

酇 cuó *5245 |酂 -5242| place in Hubei ◇ lieu du Hubei [Etym] 阝 1316 (rad: 163b 2-19), 贊 937 [Graph] 432m 432m 023b 634j.

选 xuǎn -5246 |選 *7275| 1° to select 2° to elect 3° anthology ◇ 1° choisir 2° élire 3° anthologie [Etym] 辶 1346 (rad: 162b 3-06), 先 935 [Graph] 432m 634o.

选举 xuǎn jǔ ◦ to elect ◇ élire; élection, suffrage * 684.

选拔 xuǎn bá ◦ to select, to choose ◇ sélectionner, choisir * 2361.

选择 xuǎn zé ◦ to choose, to select ◇ choisir, sélectionner * 2512.

选手 xuǎn shǒu ◦ athlete, contestant ◇ joueur (sport), concurrent * 2748.

选集 xuǎn jí ◦ anthology, selected works ◇ recueil, oeuvres choisies * 5492.

选票 xuǎn piào ◦ ballot, vote ◇ bulletin de vote * 10812.

玉 yù (938) |[Tra] jade, jewels, precious ◇ jade, précieux [Etym] three pieces of jade and thread (1=prim); dot -> (# 王 903) ◇ trois pièces de jade et un fil (1=prim); point -> (# 王 903) [Graph] 432o [Ref] k820, ph568, w13h [Hanzi] yu4 鈺 1196, yu4 钰 1976, jue2 珏 5121, yu4 玉 5247, bao3 宝 7732, guo2 国 10952 [Rad] 095a.

玉 yù +5247 |1° jade 2° beautiful, fair, graceful (personne, femme) 3° your, venerable ◇ 1° jade 2° gracieux, beau, précieux (person, woman) 3° votre, respectable [Etym] 玉 938 (rad: 095a 5-00), [Graph] 432o.

玉米 yù mǐ ◦ corn ◇ maïs * 4597.

玉雕 yù diāo ◦ jade carving ◇ sculpture sur jade * 8275.

玉器 yù qì ◦ jade objects ◇ objets de jade * 9172.

玉蜀黍 yù shǔ shǔ ◦ corn, maize ◇ maïs * 10791 4500.

丧 sāng (939) |[Tra] funeral, to mourn ◇ deuil, funérailles [Etym] modern simplified form of (喪 855) ◇ forme simplifiée moderne de (喪 855) [Graph] 432p 312d [Hanzi] sang1 sang4 丧 5248.

丧 sāng -5248 |喪 *4947 、 䘮 *4765| funeral, to mourn ◇ deuil, être en deuil, funérailles [Etym] 十 560 (rad: 024a 2-06), 丧 939 [Graph] 432p 312d.

丧礼 sāng lǐ ◦ funeral ◇ obsèques, funérailles * 6568.

丧事 sāng shì ◦ funeral arrangements ◇ funérailles, obsèques * 10387.

△ sàng |喪 *4947 、 䘮 *4765| 1° to lose 2° to ruin ◇ 1° perdre 2° ruiner, détruire.

丧命 sàng mìng ◦ to meet one's death ◇ perdre la vie * 1494.

丧失 sàng shī ◦ to lose ◇ perdre * 1621.

啬 sè (940) |[Tra] stingy ◇ avare [Etym] modern simplified form of (嗇 828) ◇ forme simplifiée moderne de (嗇 828) [Graph] 432p 071a 011a [Ref] k6, ph638, w78e, wi940 [Hanzi] qiang2 蔷 3695, qiang2 樯 4228, se4 穑 4531, qiang2 墙 4832, se4 啬 5249, qiang2 嫱 5762.

啬 sè -5249 |嗇 *4766| stingy ◇ avare [Etym] 十 560 (rad: 024a 2-09), 啬 940 [Graph] 432p 071a 011a.

主 433

表 biǎo (941) |[Tra] outside, manifest ◇ externe, montrer [Etym] garment (2< 衣 371); show hairs of a fur (1< 毛 403) {list} ◇ un vêtement (2< 衣 371); montrer les poils d'une fourrure (1< 毛 403) [Graph] 433a 312h [Hanzi] biao3 錶 1197, biao4 俵 2896, biao3 表 5250, biao3 婊 5763, biao3 褾 6640.

表 biǎo +5250 |錶 *1197 6°| 1° surface 2° to show, to express 3° model, example 4° to administer (medicine) 5° list 6° watch ◇ 1° surface 2° montrer, exprimer 3° modèle, exemple 4° administrer (médicament) 5° liste 6° montre [Etym] 𧘇 370 (rad: 145c 4-04), 表 941 [Graph] 433a 312h.

表决 biǎo jué ◦ to vote, to approve ◇ voter, décider, statuer * 34.

表演 biǎo yǎn ◦ to play, to present, to perform ◇ jouer, représenter * 424.

表达 biǎo dá ◦ to voice, to express ◇ exprimer (une idée, un sentiment) * 1558.

表哥 biǎo gē ◦ elder cousin (maternal) ◇ cousin aîné (maternel) * 2236.

表示 biǎo shì ◦ to express, to show, to reveal ◇ montrer, exprimer, manifester * 2247.

表扬 biǎo yáng。to praise ◇ faire l'éloge de ⁎ 2522.

表情 biǎo qíng。manifestation (of feelings), emotion ◇ sentiments, expression ⁎ 3261.

表格 biǎo gé。board, list ◇ tableau, liste ⁎ 4282.

表项 biǎo xiàng。to prove, to bring proof ◇ faire la preuve ⁎ 4709.

表现 biǎo xiàn。to show, to manifest, to express ◇ se montrer, exprimer ⁎ 5172.

表妹 biǎo mèi。younger female cousin ◇ cousine cadette ⁎ 5752.

表嫂 biǎo sǎo。maternal cousin's wife ◇ femme du cousin (par la mère) ⁎ 5813.

表姐 biǎo jiě。elder female cousin ◇ cousine plus âgée que soi ⁎ 5831.

表兄 biǎo xiōng。elder male cousin; elder brother ◇ cousin aîné; frère aîné ⁎ 9280.

表明 biǎo míng。to declare, to state; to present ◇ déclarer; présenter; manifester ⁎ 9933.

表白 biǎo bái。to vindicate, to explain oneself ◇ défendre, s'expliquer ⁎ 9973.

表面 biǎo miàn。appearance, look ◇ apparence ⁎ 10929.

表弟 biǎo dì。younger cousin ◇ cousin moins âgé que soi ⁎ 11276.

素 sù (942) 主糸 | [Tra] white, plain ◇ blanc, ordinaire [Etym] plant (mulberry) (1< 青946) feeding silk cocoons (2= 糸 1185) ◇ une plante (mûrier) (1< 青 946) où vit le vers à soir (2= 糸 1185) [Graph] 433a 613d [Ref] h43, k1085, r40h, r286, w79f, wa197, wi63, wi159 [Hanzi] su4 愫 3260, su4 素 5251, su4 膆 8136, su4 嗉 8984.

素 sù +5251 主糸 | 1° white 2° plain, natural 3° vegetable 4° basic element 5° usually ◇ 1° blanc 2° nature 3° légumes 4° élément de base 5° ordinairement [Etym] 糸 1185 (rad: 120a 6-04), 素 942 [Graph] 433a 613d.

素菜 sù cài。vegetable dish ◇ plat sans viande ⁎ 3543.

麦 mài (943) 主夂 | [Tra] wheat ◇ blé [Etym] modern simplified form of (麥 726) ◇ forme simplifiée moderne de (麥 726) [Graph] 433a 633e [Ref] k1085, ph337, w79f [Hanzi] mai4 麦 5252, ma4 唛 8985 [Rad] 199s.

麦 mài +5252 主夂 | 麥 *4097 | 1° wheat, barley 2° surname ◇ 1° blé, orge 2° nom propre [Etym] 麦 943 (rad: 199s 7-00), [Graph] 433a 633e.

麦子 mài zǐ。wheat, barley ◇ blé, orge, grain de blé ⁎ 6546.

麸 fū -5253 主夂夫 | 麩 *4098 | wheat bran ◇ son [Etym] 麦 943 (rad: 199s 7-04), 夫 301 [Graph] 433a 633e 242m.

麴 qū +5254 主夂勹米 | See ◇ Voir 麯 7321 [Etym] 麦 943 (rad: 199s 7-08), 匊 1773 [Graph] 433a 633e 852h 422f.

△ qū | 1° leaven 2° surname ◇ 1° levain 2° nom de famille.

麯 qū -5255 主夂曲 | 麴 *4099 | leaven, yeast ◇ levain, levure [Etym] 麦 943 (rad: 199s 7-06), 曲2413 [Graph] 433a 633e 052a.

敖 áo (944) 主勹攵 | [Tra] tall, proud ◇ grand, fier [Etym] to go out (1< 出 1640); to set free (2,3< 放 1788) ◇ sortir (1< 出 1640); libérer (2, 3< 放 1788) [Graph] 433a 852a 243c [Ref] h728c, k1045, ph590, w120h, wi731 [Hanzi] ao4 傲 2897, ao2 敖 5256, ao1 ao2 熬 5257, ao4 鏊 5258, ao2 獒 5259, ao2 聱 5260, ao2 遨5261, ao2 嶅 5262, zhui4 赘 5263, ao2 謷 5264, zhui4 贅5265, ao2 螯 5266, ao2 鳌 5267, ao2 鰲 5268, ao4 驁 5269, ao4 骜 5270, ao2 鼇 5271, ao2 廒 6842, ao2 厫 6913, ao2 嗷 8986.

敖 áo +5256 主勹攵 | 1° surname 2° tall 3° proud ◇ 1° nom de famille 2° grand 3° fier [Etym] 攵 340 (rad: 066b 4-06), 敖 944 [Graph] 433a 852a 243c.

熬 āo +5257 主勹攵灬 | 爊、爊 *997 *998 | 1° to boil 2° to decoct ◇ 1° infuser 2° cuire [Etym] 灬 130 (rad: 086b 4-10), 敖 944 [Graph] 433a 852a 243c 222d.

△ áo | 1° to boil, to decoct 2° to endure, to suffer ◇ 1° bouillir, infuser, cuire 2° souffrir, endurer.

熬夜 áo yè。to stand up late, all night ◇ veiller tard ou toute la nuit ⁎ 3101.

熬煎 áo jiān。suffering, torture ◇ souffrances, torture ⁎ 8262.

鏊 ào +5258 主勹攵𠆢亚 | round iron cooking kettle ◇ petit poêle rond [Etym] 金 196 (rad: 167a 8-10), 敖 944 [Graph] 433a 852a 243c 233a 432q.

獒 áo +5259 主勹攵犬 | fierce dog, mastiff ◇ grand dogue [Etym] 犬 295 (rad: 094a 4-10), 敖 944 [Graph] 433a 852a 243c 242i.

聱 áo +5260 主勹攵耳 | 1° refusing to hear 2° bad character ◇ 1° refuser d'entendre 2° mauvais caractère [Etym] 耳 1017 (rad: 128a 6-10), 敖 944 [Graph] 433a 852a 243c 436k.

遨 áo +5261 主勹攵辶 | to ramble, to stroll ◇ flâner, se promener [Etym] 辶 1346 (rad: 162b 3-10), 敖 944 [Graph] 433a 852a 243c 634o.

遨游 áo yóu。to roam, to travel ◇ flâner; voyager ⁎ 439.

嶅 áo +5262 主勹攵山 | place in Shandong ◇ lieu du Shandong [Etym] 山 1611 (rad: 046a 3-10), 敖 944 [Graph] 433a 852a 243c 841b.

赘 zhuì -5263 主勹攵贝 | 贅 *5265 | 1° superfluous, appendix 2° to go to dwell in the household of one'e wife, adoption 3° to be cumbersome 4° pledge ◇ 1° surplus, superflu, appendice 2° aller vivre dans la famille de sa femme, adoption 3° encombrant 4° gage [Etym] 贝 1796 (rad: 154s 4-10), 敖944 [Graph] 433a 852a 243c 854b.

謷 áo +5264 主勹攵言 | 1° to slander 2° sound ◇ 1° calomnier 2° onomatopée [Etym] 言 2139 (rad: 149a 7-10), 敖 944 [Graph] 433a 852a 243c 012d.

謷謷 áo áo。to distrust, to lament ◇ se méfier ⁎ 5264.

贅 zhuì *5265 | 赘 -5263 | 1° superfluous, appendix 2° to go to dwell in the household of one'e wife, adoption 3° to be cumbersome 4° pledge ◇ 1° surplus, superflu, appendice 2° aller vivre dans la famille de sa femme, adoption 3° encombrant 4° gage [Etym] 貝 2246 (rad: 154a 7-10), 敖 944 [Graph] 433a 852a 243c 023b.
圭勹攵貝

螯 áo +5266 | 1° large shell 2° chela ◇ 1° grande huître 2° chela [Etym] 虫 2282 (rad: 142a 6-10), 敖 944 [Graph] 433a 852a 243c 031d.
圭勹攵虫

鳌 áo -5267 | 鰲 *5268 、鼇 *5271 | sea monster, legendary turtle ◇ monstre marin, tortue légendaire [Etym] 鱼 2335 (rad: 195s 8-10), 敖 944 [Graph] 433a 852a 243c 041i.
圭勹攵鱼

鰲 áo *5268 | 鳌 -5267 、鼇 *5271 | sea monster, legendary turtle ◇ monstre marin, tortue légendaire [Etym] 魚 2339 (rad: 195a 11-10), 敖 944 [Graph] 433a 852a 243c 041j.
圭勹攵魚

驁 ào *5269 | 骜 -5270 | 1° vicious horse 2° stubborn ◇ 1° cheval vicieux 2° emporté, rétif [Etym] 馬 2486 (rad: 187a 10-10), 敖 944 [Graph] 433a 852a 243c Z22a.
圭勹攵馬

骜 ào -5270 | 驁 *5269 | 1° vicious horse 2° stubborn ◇ 1° cheval vicieux 2° emporté, rétif [Etym] 马 2489 (rad: 187s 3-10), 敖 944 [Graph] 433a 852a 243c Z22b.
圭勹攵马

鼇 áo *5271 | 鳌 -5267 、鰲 *5268 | sea monster, legendary turtle ◇ monstre marin, tortue légendaire [Etym] 黽 2562 (rad: 205a 13-10), 敖 944 [Graph] 433a 852a 243c Z51h.
圭勹攵黽

责 zé (945) | [Tra] to punish; duty ◇ réprimander; devoir [Etym] modern simplified form of (責 948) ◇ forme simplifiée moderne de (責 948) [Graph] 433a 854b [Hanzi] zi4 渍 235, ze2 箦 799, zhai4 债 2898, ze2 责 5272, ji1 勣 5273, ji1 绩 5983, ze2 帻 8389, ze2 啧 8987, qi4 碛 9688, ze2 赜 9833.
圭贝

责 zé -5272 | 責 *5282 | 1° duty, responsibility 2° to require from 3° to question 4° to reprove 5° to punish ◇ 1° devoir, obligations, responsabilité, office 2° exiger de 3° remettre en question 4° réprimander 5° punir [Etym] 贝 1796 (rad: 154s 4-04), 责 945 [Graph] 433a 854b.
圭贝

责任 zé rèn。duty, responsibility, liability, obligation ◇ devoir, obligation; responsabilité * 2889.

责怪 zé guài。to blame ◇ réprimander, en vouloir à * 3282.

责备 zé bèi。to reproach, to blame ◇ réprimander, gronder, blâmer * 6537.

勣 jī -5273 | achievement, merit ◇ accomplissement [Etym] 力 1489 (rad: 019a 2-08), 责 945 [Graph] 433a 854b 732f.
圭贝力

青 qīng (946) | [Tra] young, green ◇ vert, jeune [Etym] a plant growing (1< 生 951) on a well (2< 井 709) or a crucible (2< 丹 1821) ◇ une plante poussant (1< 生 951) sur un puits (2< 井 709) ou un creuset (2< 丹 1821) [Graph] 433a 856e [Ref] h559, w67m [Hanzi] qing1 清 236, qing4 箐 800, qiang1 錆 1198, qing3 请 1743, qiang1 锖 1977, qian4 倩 2899, qing2 情 3261, jing1 菁 3696, jing1 精 4610, qing1 青 5274, jing1 鹊 5280, jing1 鶄 5281, cai1 猜 5628, jing1 鵛 7428, qing2 赗 7964, jing2 腈 8137, qing3 請 9535, qing2 晴 9877, jing1 睛 10053, qing2 晴 10121, qing1 蜻 10251, qing1 鲭 10489, qing1 鯖 10583, qing1 圊 10953, qing2 氰 11177 [Rad] 174a.
圭月

青 qīng +5274 | 1° blue, green 2° black 3° green grass, young crops 4° young (people) 5° short for Qinghai Province 6° bamboo tablet 7° white (egg) 8° surname ◇ 1° bleu vert, azur 2° glauque, noir 3° jeunes pousses, printanier 4° jeune (personne) 5° abréviation de la province de Qinghai 6° tablette de bambou 7° blanc (oeuf) 8° nom propre [Etym] 青 946 (rad: 174a 8-00), [Graph] 433a 856e.
圭月

青春 qīng chūn。youth; youthfulness ◇ jeunesse, printemps de la vie, fleur de l'âge * 1640.

青年 qīng nián。young ◇ jeune, jeunesse * 3476.

青菜 qīng cài。green vegetable ◇ légume vert * 3543.

青葙 qīng xiāng。celosia argentea, feather cockscomb ◇ célosie à crêtes * 3658.

静 jìng *5275 | 静 -5276 | 1° quiet, still 2° silence ◇ 1° repos, paisible, calme, tranquillité 2° silence [Etym] 青 946 (rad: 174a 8-08), 爭 117 [Graph] 433a 856e 221d 834c.
圭月爫尹

静 jìng -5276 | 靜 *5275 | 1° quiet, still 2° silence ◇ 1° repos, paisible, calme, tranquillité 2° silence [Etym] 青 946 (rad: 174a 8-06), 争 1577 [Graph] 433a 856e 834d.
圭月争

靛 diàn +5277 | indigo ◇ indigo [Etym] 青 946 (rad: 174a 8-08), 定 1690 [Graph] 433a 856e 851c 434f.
圭月宀疋

靓 jìng -5278 | 靚 *5279 | to ornament, to paint the face, to doll up ◇ couleur, peindre, farder [Etym] 青 946 (rad: 174a 8-04), 见 1801 [Graph] 433a 856e 854c.
圭月见

△ liàng | 靚 *5279 | pretty, handsome ◇ beau, joli.

靚 jìng *5279 | 靓 -5278 | to ornament, to paint the face, to doll up ◇ couleur, peindre, farder [Etym] 青 946 (rad: 174a 8-07), 見 2255 [Graph] 433a 856e 023c.
圭月見

△ liàng | 靓 -5278 | pretty, handsome ◇ beau, joli.

鹊 jīng -5280 | 鶄 *5281 | See ◇ Voir 鸡鹊 jiao1-jing1 1685-5280 [Etym] 鸟 2494 (rad: 196s 5-08), 青 946 [Graph] 433a 856e Z22e.
圭月鸟

鶄 jīng *5281 | 鹊 -5280 | See ◇ Voir 鸡鹊 jiao1-jing1 1685-5280 [Etym] 鳥 2500 (rad: 196a 11-08), 青 946 [Graph] 433a 856e Z22h.
圭月鳥

靑 qīng (947) | [Tra] green-blue ◇ bleu-vert [Etym] different writing of (青 946) ◇ autre graphie pour (青 946) [Graph] 433a 856g [Ref] k874, ph154, r218, w79f, wa40, wi15, wi206, wi644 [Rad] 174b.
圭円

圭 圭

責 zē (948) 主貝 |[Tra] to punish; duty ◇ réprimander, devoir [Etym] thorny rod (1< 朿 1909); money as a fine (2< 貝 2246) ◇ un fouet épineux (1< 朿 1909); la monnaie de l'amende (2= 貝 2246) [Graph] 433a 023b [Ref] k854, ph702, r362, w73d, wi537 [Hanzi] zi4 漬 237, ze2 簀 801, zhai4 債 2900, ji1 積 4532, ze2 責 5282, ji1 勣 5283, ji1 績 6154, ze2 幘 8390, ze2 嘖 8988, ji1 蹟 9333, qi4 磧 9689, ze2 賾 9834.

責 zé *5282 主貝 |责 -5272| 1° duty, responsibility 2° to require from 3° to question 4° to reprove 5° to punish ◇ 1° devoir, obligations, responsabilité, office 2° exiger de 3° remettre en question 4° réprimander 5° punir [Etym] 貝 2246 (rad: 154a 7-04), 責 948 [Graph] 433a 023b.

勣 jī *5283 主貝力 |See ◇ Voir 基 5432 [Etym] 力 1489 (rad: 019a 2-11), 責 948 [Graph] 433a 023b 732f.

毒 dú (949) 主毋 |[Tra] poison; prejudice ◇ poison; nuire à [Etym] different writing for (毒 950) ◇ autre graphie pour (毒 950) [Graph] 433a Z61a [Ref] h907, k1267, ph435, wl3e, wi352, wi387 [Hanzi] zhou2 zhou5 碡 9690.

毒 dú (950) 主毋 |[Tra] poison; prejudice ◇ poison; nuire à [Etym] {?} a plant (1< 生 951) to be avoided (2= 毋 2569) ◇ {?} une plante (1< 生 951) à éviter (2= 毋 2569) [Graph] 433a Z61c [Ref] h129, k1211, ph46, r114, w112a, wa22, wi197, wi491 [Hanzi] dai4 瑇 5122, du2 毒 5284, dao4 纛 5285.

毒 dú +5284 主毋 |1° poison, toxin, poisonous 2° fierce 3° to hate, to be injurious ◇ 1° poison, toxique 2° violent 3° haïr, nuire à [Etym] 毋 2564 (rad: 080a 5-03), 毒 950 [Graph] 433a Z61c.

毒辣 dú là ∘ sinister; scathing ◇ venimeux; virulent * 3416.

毒药 dú yào ∘ poison ◇ poison * 3740.

毒草 dú cǎo ∘ poisonous weeds ◇ herbe vénéneuse * 3967.

毒害 dú hài ∘ to poison; to secretly harm ◇ empoisonner; nuire en secret; assassiner * 7720.

毒品 dú pǐn ∘ drugs, narcotics ◇ drogue * 9179.

毒气 dú qì ∘ poisonous gas ◇ gaz toxique * 11170.

纛 dào +5285 主毋具系 |army banner ◇ étendard militaire [Etym] 系 1185 (rad: 120a 6-18), 毒 950 縣 1933 [Graph] 433a Z61c 921d 613j.

生 shēng (951) 生 |[Tra] to give birth ◇ engendre, naissance [Etym] une plante en croissance (prim) ->action ◇ une plante en croissance (prim) ->activité [Graph] 433b [Ref] k1096, ph242, r20h, w112a, wa7, wi20, wi491 [Hanzi] sheng1 笙 802, xing4 性 3262, sheng1 牲 3459, sheng1 生 5286, sheng3 眚 5287, xing4 姓 5764, jing1 旌 7939, sheng1 sheng4 胜 8138, xing1 星 9878 [Rad] 100a.

生 shēng +5286 生 |1° to give birth to, to bear 2° to grow, to produce 3° life, existence, living 4° livelihood 5° to get, to have 6° unripe, uncooked, unpolished 7° unknown, strange 8° very 9° pupil ◇ 1° engendrer, naître 2° produire 3° vie, vivre 4° moyens d'existence 5° obtenir, avoir 6° brut, cru, inachevé 7° inconnu, étrange 8° fortement 9° élève [Etym] 生 951 (rad: 100a 5-00), [Graph] 433b.

生活 shēng huó ∘ life, way of life, to live ◇ vie, existence, vivre, exister * 524.

生意 shēng yì ∘ trade, business ◇ commerce * 667.

生人 shēng rén ∘ stranger ◇ inconnu * 1070.

生命 shēng mìng ∘ life ◇ vie * 1494.

生效 shēng xiào ∘ to be in force; to become effective ◇ entrer en vigueur, prendre effet * 1682.

生存 shēng cún ∘ to exist, to live ◇ exister, vivre * 1691.

生词 shēng cí ∘ new word ◇ mot nouveau * 1777.

生锈 shēng xiù ∘ to get rusty ◇ se rouiller * 1961.

生长 shēng zhǎng ∘ to grow ◇ pousser, grandir, croître * 2139.

生疏 shēng shū ∘ unfamiliar; out of practice; distant ◇ inconnu, nouveau; manque d'expérience; distant * 5320.

生动 shēng dòng ∘ lively ◇ vivant * 5920.

生育 shēng yù ∘ to give birth ◇ procréer * 5925.

生殖 shēng zhí ∘ reproduction ◇ se reproduire * 6439.

生产 shēng chǎn ∘ production, to produce ◇ production, produire; enfanter, mettre au monde * 6991.

生产率 shēng chǎn lǜ ∘ productivity ◇ productivité * 6991 6311.

生产力 shēng chǎn lì ∘ productive force ◇ force productive * 6991 7259.

生病 shēng bìng ∘ to get sick ◇ tomber malade * 7105.

生字 shēng zì ∘ new character or word ◇ nouveau caractère chinois; nouveau mot * 7763.

生前 shēng qián ∘ during one's lifetime ◇ de son vivant * 8261.

生硬 shēng yìng ∘ stiff, inflexible ◇ peu naturel, manque d'adresse, maladroit; dur * 9782.

生日 shēng rì ∘ birth day ◇ anniversaire de naissance * 9838.

生气 shēng qì ∘ to become angry ◇ se fâcher, colère; vitalité, dynamisme * 11170.

眚 shěng +5287 生目 |error, mistake ◇ erreur, faute [Etym] 目 2239 (rad: 109a 5-05),

生951 [Graph] 433b 023a.

甥 shēng +5288 生田力 | male children of a sister or of a daughter, nephew, son-in-law ◇ enfants mâles d'une soeur ou d'une fille, neveu, gendre [Etym] 生951 (rad: 100a 5-07), 男2322 [Graph] 433b 041a 732f.

善 shàn (952) 羊口 | [Tra] good, to agree ◇ bon, harmonie [Etym] peace (1< 羊916) after altercation (1,2<mixture of two 言2139) ◇ une dispute (1,2<fusion de deux 言2139) apaisée (1< 羊916) [Graph] 433c 011a [Ref] k1110, w142b, wi326 [Hanzi] shan4 鐥1199, shan4 饍1440, shan4 墡4833, shan4 善5289, shan4 鄯5290, shan4 缮5984, shan4 繕6155, shan4 膳8139, shan5 蟮10252, shan4 鳝10490, shan4 鱔10584.

善 shàn +5289 羊口 | 1° good 2° satisfactory, to agree 3° perfect 4° friendly, kind 5° to be good at, to be apt to 6° properly 7° to improve 8° surname ◇ 1° bon 2° satisfaisant, accord, avantageux 3° parfait 4° bienveillant, lié d'amitié, vertueux 5° être bon dans 6° proprement 7° améliorer 8° nom de famille [Etym] 口2063 (rad: 030a 3-09), 善952 [Graph] 433c 011a.

善意 shàn yì ◦ good intention; goodwill ◇ bonne intention * 667.

善心 shàn xīn ◦ benevolence, kindness ◇ bonté, bienveillance * 2177.

善于 shàn yú ◦ to be good at ◇ exceller dans, être habile à * 2306.

善良 shàn liáng ◦ good and honest; kindhearted ◇ bon, bienveillant, bien intentionné, gentil * 8725.

鄯 shàn +5290 羊口阝 | ancient state, now county in Xinjiang ◇ ancienne principauté, présentement chef-lieu du Xinjiang [Etym] 阝1316 (rad: 163b 2-12), 善952 [Graph] 433c 011a 634j.

垂 chuí (953) 垂 | [Tra] hang down, let fall ◇ pendre, faire tomber [Etym] combination: earth (bottom< 土826), drooping plant (top=prim) ◇ combinaison: de la terre (bas< 土826), une plante retombante (haut=prim) [Graph] 433d [Ref] h202, k759, r13n, r26i, r43b, w112g, wa23, wi197, wi998 [Hanzi] chui2 箠803, chui2 錘1978, chui2 捶2455, chui2 棰4229, duo3 埵4834, chui2 垂5291, you2 郵5292, chui2 陲6744, tuo4 唾8989, shui4 睡10054.

垂 chuí +5291 垂 | 1° to hang down, to let fall 2° to condescend ◇ 1° pendre, laisser pendre, faire descendre 2° daigner, accorder [Etym] 土826 (rad: 032a 3-05), 垂953 [Graph] 433d.

垂直 chuí zhí ◦ to be perpendicular to; vertical ◇ être perpendiculaire à * 8548.

郵 yóu *5292 垂阝 | 邮 -10658 | post house, mail, post ◇ poste impériale, courrier [Etym] 阝1316 (rad: 163b 2-08), 垂953 [Graph] 433d 634j.

止 434

止 zhǐ (954) 止 | [Tra] to stop ◇ arrêter [Etym] standing foot (prim): heel (left), toes (right), ankle (top) ◇ un pied à l'arrêt (prim): talon (g), orteils (dr), cheville (h) [Graph] 434a [Hanzi] zhi3 沚238, qi3 企1381, zhi3 祉2263, che3 扯2456, zhi3 芷3697, wai1 歪4069, zhi3 址4835, zhi3 止5293, bu4 步5306, sui4 歲5311, ken3 肯5315, zheng1 zheng4 正5316, chi3 恥5454, wu3 武5513, zhi3 祉6579, zhi3 阯6745, gui1 歸8734, zhi3 趾9334 [Rad] 077a.

止 zhǐ +5293 止 | 1° to stop, to halt, to cease from 2° till, to 3° only ◇ 1° arrêter, cesser 2° jusqu'à 3° seulement [Etym] 止954 (rad: 077a 4-00), [Graph] 434a.

此 cǐ (955) 止匕 | [Tra] this; here ◇ ce; ici [Etym] a seated (2< 北545) and stopped (1= 止954) man ◇ un homme assis (2< 北545) et à l'arrêt (1= 止954) [Graph] 434a 321b [Ref] h1745, k737, ph825, w112g [Hanzi] ci3 泚239, ci2 zi3 茈3698, zi1 髭4739, ci3 此5294, xie1 些5295, chai2 柴5296, ci2 雌5297, zi3 紫5298, zi1 赀5299, zi1 zui3 觜5300, zi4 胔5301, zi1 zi3 訾5302, zhai4 zhai4 砦5303, zi4 眥5304, zi1 貲5305, ci1 疵7057, zi1 觜8508, zi1 齜8525, ci1 zi1 呲8990, ci1 ci3 跐9335, zi4 眦10055.

此 cǐ +5294 止匕 | 1° this 2° here ◇ 1° ce, ceci, celui-ci 2° ici [Etym] 止954 (rad: 077a 4-02), 此955 [Graph] 434a 321b.

此地 cǐ dì ◦ here ◇ ici * 4903.

此刻 cǐ kè ◦ this moment; at present; now ◇ en ce moment; à présent; maintenant * 6321.

此外 cǐ wài ◦ besides, in addition, moreover ◇ à part, en outre, de plus * 6395.

此岸 cǐ àn ◦ this shore (Buddhist term) ◇ cette berge (terme bouddhique) * 7557.

些 xiē +5295 止匕二 | a little, few, these ◇ un peu, quelques [Etym] 二4 (rad: 007a 2-06), 此955 [Graph] 434a 321b 111b.

柴 chái +5296 止匕木 | 1° to burn faggots to advertise heaven 2° fuel 3° surname ◇ 1° bûcher offert au ciel 2° combustible 3° nom de famille [Etym] 木723 (rad: 075a 4-06), 此955 [Graph] 434a 321b 422a.

柴油 chái yóu ◦ diesel oil ◇ huile diesel; gas-oil * 575.

柴油机 chái yóu jī ◦ diesel engine ◇ moteur diesel * 575 4478.

柴火 chái huǒ ◦ fire wood ◇ bois de chauffage * 924.

雌 cí +5297 止匕隹 | female of birds ◇ femelle des oiseaux [Etym] 隹1030 (rad: 172a 8-06), 此955 [Graph] 434a 321b 436m.

紫 zǐ +5298 止匕糸 | 1° purple, dark red brown, violet 2° imperial ◇ 1° pourpre, violet 2° impérial [Etym] 糸1185 (rad: 120a 6-06), 此955 [Graph] 434a 321b 613d.

紫红 zǐ hóng ◦ purplish red ◇ rouge pourpre * 5976.

赀 zī -5299 止匕贝 | 貲 *5305 | 1° to estimate 2° money, expenses 3° property, wealth ◇ 1° évaluer 2° argent, dépenses 3° biens, propriété, richesses [Etym] 贝 1796 (rad: 154s 4-06), 此 955 [Graph] 434a 321b 854b.

觜 zuǐ (956) 止匕角 | [Tra] mouth; spout ◇ bouche; bec [Etym] horn (3= 角 1883); phon (1,2= 此 955) ◇ corne (3= 角 1883); phon (1,2= 此 955) [Graph] 434a 321b 857l [Hanzi] zi1 zui3 觜 5300, zui3 嘴 8991.

觜 zī +5300 止匕角 | twentieth of the 28 constellations, Orion ◇ la vingtième des 28 constellations, Orion [Etym] 角 1883 (rad: 148a 7-06), 此 955 [Graph] 434a 321b 857l.

△ zuǐ | mouth, spout, nozzle ◇ bouche, bec.

胔 zì +5301 止匕肉 | putrid carcass ◇ chairs pourries, cadavre [Etym] 肉 1920 (rad: 130a 6-06), 此 955 [Graph] 434a 321b 859b.

訾 zī +5302 止匕言 | surname ◇ nom de famille [Etym] 言 2139 (rad: 149a 7-06), 此 955 [Graph] 434a 321b 012d.

△ zǐ | to slander ◇ médire.

訾謷 zǐ áo ∘ to slander ◇ dire du mal de * 5264.

砦 zhài +5303 止匕石 | abatis ◇ abatis [Etym] 石 2149 (rad: 112a 5-06), 此 955 [Graph] 434a 321b 013b.

△ zhài | 寨 +7738 | 1° stockade, encampment 2° mountain stronghold ◇ 1° palissade, campement 2° fortin (brigands, armée), retranchement.

眥 zì *5304 止匕目 | 眦 +10055 | canthus, corner of the eye ◇ bord de l'oeil, sclérotique [Etym] 目 2239 (rad: 109a 5-06), 此 955 [Graph] 434a 321b 023a.

貲 zī *5305 止匕貝 | 赀 -5299 | 1° to estimate 2° money, expenses 3° property, wealth ◇ 1° évaluer 2° argent, dépenses 3° biens, propriété, richesses [Etym] 貝 2246 (rad: 154a 7-06), 此 955 [Graph] 434a 321b 023b.

步 bù (957) 止少 | [Tra] to walk; planets ◇ marcher; planètes [Etym] right foot (1= 止 954) and its reflexion, left foot (2=prim) ◇ un pied droit (1= 止 954) et son reflet, pied gauche (2=prim) [Graph] 434a 331h [Ref] k831, ph760, w71p, w112g, wi197, wi869 [Hanzi] she4 涉 240, bu4 步 5306, pin2 频 5307, pin2 頻 5309, zhi4 陟 6746.

步 bù +5306 止少 | 1° step, to walk, pace, footmen 2° course 3° old unit of measurement ◇ 1° marcher, un pas, à pied, piétons 2° allure, état des choses 3° mesure agraire [Etym] 止 954 (rad: 077a 4-03), 步 957 [Graph] 434a 331h.

步行 bù xíng ∘ to go on foot; to walk ◇ aller à pied; marcher * 3128.

步枪 bù qiāng ∘ rifle, fire arm ◇ fusil * 4107.

步兵 bù bīng ∘ infantry ◇ infanterie * 7215.

步骤 bù zhòu ∘ method, proceeding ◇ méthode, procédé * 11106.

频 pín (958) 止少页 | [Tra] repetition, frequent ◇ incessant, fréquent [Etym] modern simplified form of (頻 959) ◇ forme simplifiée moderne de (頻 959) [Graph] 434a 331h 854d [Ref] h1250, k314, ph367, w65c, wi228 [Hanzi] bin1 濒 241, pin2 ping2 𬞟 3699, pin2 频 5307, pin2 颦 5308.

频 pín -5307 止少页 | 頻 *5309 | 1° frequently, incessant 2° urgent ◇ 1° fréquent, maintes fois, répétition, continuité 2° urgent, pressant [Etym] 页 1802 (rad: 181s 6-07), 步 957 [Graph] 434a 331h 854d.

频繁 pín fán ∘ often, frequently ◇ fréquent * 11300.

颦 pín -5308 止少页卑 | 顰 *5310 | to knit the brows ◇ froncer les sourcils [Etym] 页 1802 (rad: 181s 6-15), 频 958 卑 2366 [Graph] 434a 331h 854d 043h.

頻 pín (959) 止少頁 | [Tra] repetition, frequent ◇ incessant, fréquent [Etym] a man (3= 頁 2267) walking (1,2= 步 957) ◇ un homme (3= 頁 2267) en train de marcher (1,2= 步 957) [Graph] 434a 331h 023f [Ref] h41, k1198, ph107, r120, w112i, wa160, wi166, wi380 [Hanzi] bin1 瀕 242, pin2 ping2 蘋 3700, pin2 頻 5309, pin2 顰 5310.

頻 pín *5309 止少頁 | 频 -5307 | 1° frequently, incessant 2° urgent ◇ 1° fréquent, maintes fois, répétition, continuité 2° urgent, pressant [Etym] 頁 2267 (rad: 181a 9-07), 頻 959 [Graph] 434a 331h 023f.

顰 pín *5310 止少頁卑 | 颦 -5308 | to knit the brows ◇ froncer les sourcils [Etym] 頁 2267 (rad: 181a 9-15), 頻 959 卑 2366 [Graph] 434a 331h 023f 043h.

歮 ruǐ (960) 止止止 | [Tra] pistil; doubt ◇ pistil; doute [Etym] another form of (惢 398) (1,2,3= 止 954) ◇ autre forme pour (惢 398) (1,2,3= 止 954) [Graph] 434a 434a 434a [Ref] k243, ph660, w138c [Hanzi] rui3 蕊 3701.

歲 suì (961) 止戌少 | [Tra] planet Jupiter; year ◇ planète Jupiter; année [Etym] planet (1,3< 步 957) presiding over wars (2= 戌 1069) ◇ planète (1,3< 步 957) augurant les guerres (2= 戌 1069) [Graph] 434a 512m 331i [Ref] w112c [Hanzi] hui4 穢 4533, sui4 歲 5311, gui4 劌 5312, hui4 翽 5313, yue3 噦 8992.

歲 suì *5311 止戌少 | 岁 -7546、歳 *7537、嵗 *7538 | 1° year 2° year (age) 3° year (crops), harvest 4° planet of Jupiter ◇ 1° année, nouvel an 2° âge 3° récolte 4° planète Jupiter [Etym] 止 954 (rad: 077a 4-09), 歲 961 [Graph] 434a 512m 331i.

劌 guì *5312 刿 -7547 止戌歹刂 to stab, to cut ◇ poignarder, couper [Etym] 刂 470 (rad: 018b 2-13), 歲 961 [Graph] 434a 512m 331i 333b.

翽 huì *5313 翙 -7548 止戌歹习习 sound of birds flying ◇ onomatopée des oiseaux qui s'envolent [Etym] 羽 1472 (rad: 124a 6-13), 歲 961 [Graph] 434a 512m 331i 731c 731c.

岐 qí +5314 止支 1° fork, branch, bifurcation 2° divergent, different 3° to get lost 4° erroneous ◇ 1° embranchement, bifurcation, fourchu 2° divergent, différent 3° s'égarer 4° erroné [Etym] 止954 (rad: 077a 4-04), 支 1284 [Graph] 434a 633d.

岐视 qí shì 。 to discriminate against ◇ traiter de haut; ne pas voir d'un bon oeil ∗ 6592.

肯 kěn (962) 止月 [Tra] to assent; be willing ◇ consentir; disposé [Etym] {?} meat (2= 月 1823) (> 骨 1947); (1= 止 954) here unexplained ◇ {?} chair (2= 月 1823) (> 骨 1947); (1= 止 954) ici inexpliqué [Graph] 434a 856e [Ref] k905, w112c [Hanzi] ken4 掯2457, ken3 肯 5315, ken4 裉 6641, ken3 啃 8993.

肯 kěn +5315 止月 to agree, to be willing, to assent ◇ vouloir bien, consentir à, être enclin ou disposé à [Etym] 月 1823 (rad: 130b 4-04), 肯 962 [Graph] 434a 856e.

肯定 kěn dìng 。 to confirm, to approve; positive; definite ◇ affirmer, approuver; déterminer, fixer; certain ∗ 7734.

正 zhèng (963) 正 [Tra] correct, just ◇ droit, rectifier [Etym] the right place (upper stroke) to stop (< 止 954) (< 疋 970) ◇ le lieu exact (barre supérieure) de l'arrêt (< 止 954) (< 疋 970) [Graph] 434b [Ref] k792, w130b, wi963 [Hanzi] zheng1 zheng4 鉦 1200, zheng4 证 1744, zheng1 zheng4 钲 1979, zheng1 征 3142, zheng1 怔 3263, wai1 歪 4069, zheng1 zheng4 正 5316, zheng4 政 5317, yan2 延 5327, zheng1 zheng4 症 7058, zheng3 整 10377, gang1 罡 10783.

正 zhēng +5316 正 first month of lunar year, first moon ◇ premier mois du calendrier lunaire, première lune [Etym] 止 954 (rad: 077a 4-01), 正 963 [Graph] 434b.

正月 zhēng yuè 。 January ◇ janvier ∗ 8057.

△ zhèng 1° straight, upright 2° main, principal, chief, first 3° sharp (time), punctually 4° positive (side) 5° correct, to rectify 6° pure 7° regular (design) 8° just 9° honest 10° precisely 11° surname ◇ 1° droit, direct 2° principal, premier 3° précis (heure), ponctuel 4° endroit, positif (côté) 5° correct, rectifier 6° pur 7° régulier (design) 8° tout juste 10° précisément 11° nom de famille.

正派 zhèng pài 。 honest, upright ◇ honnête, probe, loyal ∗ 352.

正规 zhèng guī 。 regular ◇ régulier ∗ 1615.

正义 zhèng yì 。 justice; righteous ◇ juste, justice ∗ 1687.

正在 zhèng zài 。 in process of ◇ (être) en train de ∗ 1690.

正巧 zhèng qiǎo 。 just in time; to happen to ◇ à point, à propos ∗ 4712.

正式 zhèng shì 。 standard, regular, official ◇ officiel, normal, régulier; formel ∗ 5509.

正好 zhèng hǎo 。 just right; as it happens ◇ convenable; justement, précisément ∗ 5792.

正经 zhèng jīng 。 serious; respectable; standard ◇ honnête, sérieux, important; conforme ∗ 6007.

正轨 zhèng guǐ 。 the right or correct path; normalization ◇ normalisation; la bonne voie ∗ 6383.

正当 zhèng dāng 。 just when ◇ au moment où, alors que ∗ 7380.

正当 zhèng dàng 。 proper, legitimate ◇ juste, légal ∗ 7380.

正常 zhèng cháng 。 normal ◇ normal ∗ 7870.

正门 zhèng mén 。 front door; main entrance ◇ entrée principale ∗ 7996.

正直 zhèng zhí 。 honest, fair-minded ◇ droit, franc, honnête, loyal, probe ∗ 8548.

正确 zhèng què 。 correct, right, proper ◇ correct, exact, juste ∗ 9759.

正点 zhèng diǎn 。 on time, on schedule ◇ à temps, ponctuel ∗ 9799.

正要 zhèng yào 。 to be about to ◇ juste sur le point de ∗ 10824.

正面 zhèng miàn 。 front, fa‡ade; the right side; positive ◇ façade, face; recto, endroit; positif; aspect ∗ 10929.

政 zhèng +5317 正攵 1° politics 2° government service 3° family matters ◇ 1° politique 2° service gouvernemental 3° affaires de famille [Etym] 攵 340 (rad: 066b 4-05), 正 963 [Graph] 434b 243c.

政治 zhèng zhì 。 politics ◇ politique ∗ 283.

政策 zhèng cè 。 policy ◇ une politique, principes politiques ∗ 876.

政变 zhèng biàn 。 coup d',tat ◇ coup d'Etat ∗ 2762.

政权 zhèng quán 。 political power ◇ pouvoir ∗ 4277.

政委 zhèng wěi 。 political commissioner ◇ commissaire politique ∗ 4535.

政府 zhèng fǔ 。 government ◇ gouvernement ∗ 6888.

政党 zhèng dǎng 。 political party ◇ parti politique ∗ 7874.

政局 zhèng jú 。 political situation ◇ situation politique ∗ 8676.

焉 yān (964) 正与 [Tra] why, where ◇ comment, pourquoi [Etym] ph.b.: a pheasant (1, 2=prim) ◇ e.ph.: un faisan (1,2=prim) [Graph] 434b Z21h [Hanzi] nian1 蔫 3702, yan1 焉 5318, yan1 鄢 5319, yan1 嫣5765.

止 止 正

焉 yān +5318 正焉 | 1° herein, where? here 2° how, why ◇ 1° en ceci, en cela, où? ici 2° particule interrogative ou affirmative: comment, pourquoi [Etym] 灬 130 (rad: 086b 4-07), 焉 964 [Graph] 434b Z21h.

鄢 yān +5319 正焉阝 | 1° place in Henan 2° surname ◇ 1° lieu du Henan 2° nom de famille [Etym] 阝 1316 (rad: 163b 2-11), 焉 964 [Graph] 434b Z21h 634j.

疋 shū (965) 疋 | [Tra] foot on the move ◇ pied en mouvement [Etym] different writing for (𤴔 970) ◇ autre graphie pour (𤴔 970) [Graph] 434c [Hanzi] yi2 疑 2164, dan4 疍 5325, zhi4 疐 7883 [Rad] 103a.

疏 shū (966) 正𠫓儿 | [Tra] to separate ◇ distance [Etym] to move (1= 疋 965, 𤴔 970) away from one's birthplace (2,3= 㐬 1155) ◇ s'éloigner (1= 疋 965, 𤴔 970) de son lieu de naissance (2,3= 㐬 1155) [Graph] 434c 612e 417b [Ref] h1736, k904, w112c, wi876 [Hanzi] shu1 蔬 3703, shu1 疏 5320.

疏 shū -5320 正𠫓儿 | 疎 *5321 | 1° to dredge (river) 2° thin, sparse 3° distant 4° unfamiliar 5° to neglect, lax 6° to scatter, to separate 7° relationship 8° to penetrate ◇ 1° draguer (cours d'eau) 2° clairsemé, épars 3° distance, séparation 4° étrange, inconnu 5° négliger 6° éparpiller 7° rapport, relations, communiquer 8° pénétrer [Etym] 疋 965 (rad: 103a 5-07), 疏 966 [Graph] 434c 612e 417b.

疏远 shū yuǎn ∘ to become distant, estranged ◇ distant, froid, se tenir à distance ✱ 2200.

疏忽 shū hū ∘ negligence ◇ négligence ✱ 7895.

疎 shū *5321 正束 | 疏 -5320 | 1° to dredge (river) 2° thin, sparse 3° distant 4° unfamiliar 5° to neglect, lax 6° to scatter, to separate 7° relationship 8° to penetrate ◇ 1° draguer (cours d'eau) 2° clairsemé, épars 3° distance, séparation 4° étrange, inconnu 5° négliger 6° éparpiller 7° rapport, relations, communiquer 8° pénétrer [Etym] 疋 965 (rad: 103a 5-07), 束 2296 [Graph] 434c 032g.

卸 xiè (967) 缶卩 | [Tra] to unload ◇ décharger [Etym] to stop (1< 止 954) office (2= 刃 1483) ◇ arrêter (1< 止 954) ses fonctions (2= 刃 1483) [Graph] 434d 734a [Ref] k838, ph448, w112c [Hanzi] yu4 御 3144, xie4 卸 5322, xian2 啣 8994.

卸 xiè +5322 缶卩 | 1° to unload 2° to remove 3° to lay aside, to shirk ◇ 1° décharger 2° enlever 3° abandonner (responsabilité), déposer [Etym] 卩 1504 (rad: 026a 2-07), 卸 967 [Graph] 434d 734a.

𣥂 zhǐ (968) 𣥂 | [Tra] to stop ◇ arrêter [Etym] different writing for (止 954) ◇ autre graphie pour (止 954) [Graph] 434e [Ref] w112c.

𤴓 zhèng (969) 𤴓 | [Tra] correct, just ◇ droit, rectifier [Etym] different writing for (正 963) ◇ différente graphie pour (正 963) [Graph] 434f [Ref] h814, k235, ph417, w112a [Hanzi] ding4 定 7734, shi4 是 9880.

𤴔 shū (970) 𤴔 | [Tra] foot ◇ pied [Etym] foot (< 𣥂 968) in motion (upper stroke) ◇ un pied (< 𣥂 968) en mouvement (trait supérieur) [Graph] 434g [Ref] r33i [Hanzi] chu3 楚 4186, pi3 疋 5323, xu1 胥 5324, dan4 疍 5325, dan4 蛋 5326, xuan2 xuan4 旋 7940.

疋 pǐ *5323 𤴔 | 匹 +7292 | 1° to be equal to 2° mate 3° measure-word for mules, horses 4° bolt of cloth 5° vulgar ◇ 1° égaler 2° paire, couple 3° spécificatif des chevaux, ânes, mules, chameaux 4° pièce d'étoffe 5° vulgaire [Etym] 疋 965 (rad: 103a 5-00), 𤴔 970 [Graph] 434g.

胥 xū (971) 𤴔月 | [Tra] together ◇ mutuellement [Etym] meat (2= 月 1823) to share; phon (1= 𤴔 970) ◇ de la viande (2= 月 1823) à partager; phon (1= 𤴔 970) [Graph] 434g 856e [Ref] k760, ph700, w102i, wa133 [Hanzi] xu1 xu3 湑 243, xu1 谞 1745, xu3 糈 4611, xu4 壻 4859, xu1 胥 5324, xu4 婿 5766, xu1 諝 9536, xu3 醑 10871.

胥 xū +5324 𤴔月 | 1° petty official 2° all, together, mutually 3° to help 4° satellites 5° surname ◇ 1° officier 2° ensemble, mutuellement 3° aider 4° satellites 5° nom de famille [Etym] 月 1823 (rad: 130b 4-05), 胥 971 [Graph] 434g 856e.

疍 dàn +5325 𤴔日一 | people living along the river and the sea in Guangzhou, Guangxi and Fujian Provinces ◇ peuple qui vivait au bord de la mer ou des fleuves dans les provinces de Guangzhou, Guangxi et Fujian [Etym] 疋 965 (rad: 103a 5-05), 𤴔 970 旦 2170 [Graph] 434g 021a ac:z.

蛋 dàn (972) 𤴔虫 | [Tra] egg ◇ oeuf [Etym] ball rolled (1= 𤴔 970) by dung beetle (2= 虫 2282) -> egg ◇ boule roulée (1= 𤴔 970) par le bousier (2= 虫 2282) -> oeuf [Graph] 434g 031d [Ref] k927, w102i [Hanzi] dan4 蛋 5326.

蛋 dàn +5326 𤴔虫 | egg ◇ oeuf [Etym] 虫 2282 (rad: 142a 6-05), 蛋 972 [Graph] 434g 031d.

蛋儿 dàn ér ∘ egg ◇ oeuf ✱ 2194.

蛋糕 dàn gāo ∘ cake; meringue ◇ gâteau, tarte; meringue ✱ 4608.

蛋白 dàn bái ∘ egg white, albumen; protein ◇ blanc d'oeuf; albumine; protéine ✱ 9973.

延 yán (973) 正廴 | [Tra] postpone, extend ◇ délai, prolonger [Etym] a movement (2= 廴 1345) almost to a stop (1= 正 963) ◇ un mouvement (2= 廴 1345) presqu'à l'arrêt (1= 正 963) [Graph] 434h 634n [Ref] k1121, w102i [Hanzi] xian2 涎 244, yan2 筵 804,

chan2 鋋 1201, dan4 诞 1746, chan2 铤 1980, yan2 延 5327, dan4 誕 9537, yan2 蜒 10253.

延 yán +5327 正廴 | 1° to extend, to drag out, to protract 2° delay 3° to engage 4° to invite ◇ 1° prolonger 2° différer, délai, traîner en longueur 3° engager 4° inviter [Etym] 廴 1345 (rad: 054a 2-04), 延 973 [Graph] 434h 634n.

延长 yán cháng。to extend ◇ prolonger, allonger, étendre * 2139.

延期 yán qī。to defer, to postpone ◇ retarder, différer * 5437.

延缓 yán huǎn。to delay, to postpone ◇ ajourner, différer * 5936.

延续 yán xù。to continue, to last ◇ continuer, poursuivre * 5950.

业 435

业 yè (974) 业 | [Tra] profession, office ◇ faire, mérite [Etym] modern simplified form of (業 980) ◇ forme simplifiée moderne de (業 980) [Graph] 435a [Ref] k927, w102i [Hanzi] hu2 kun3 壶 5001, ye4 业 5328, zao2 zuo4 凿 5331, ye4 邺 5336, xu1 虚 7154, xian3 显 9887 [Rad] 204s.

业 yè -5328 业 | 業 *5332 | 1° field of business, trade, industry 2° occupation, profession, employment, job 3° course of study 4° enterprise, cause, work 5° estate, property 6° to engage in 7° already, past 8° merit ◇ 1° domaine de travail (métier, affaires, profession) 2° occupation, emploi 3° domaine d'étude 4° entreprise, cause, oeuvre 5° propriété 6° s'occuper de 7° déjà, passé 8° mérite [Etym] 业 974 (rad: 204s 5-00), [Graph] 435a.

业余 yè yú。after-hours; amateur ◇ hors du travail, amateur * 1095.

业务 yè wù。occupation, specialty ◇ profession, spécialité * 6533.

菐 bú (975) 业关 | [Tra] a thicket ◇ plante luxuriante [Etym] two hands (bottom< 廾 701) gathering twigs (1,2< 丵 976) or jade lumps (1,2=prim) ◇ deux mains (bas< 廾 701) ramassant des branches (1,2< 丵 976) ou des blocs de jade (1,2=prim) [Graph] 435a 242n [Hanzi] pu2 鏷 1202, pu2 镤 1981, pu1 撲 2458, pu2 僕 2901, pu3 樸 4230, pu2 璞 5123, fu2 fu2 濮 6642, fu2 fu2 幞 8391, pu1 噗 8995, pu3 蹼 9336, bu2 醭 10872.

丵 záo (976) 业半 | [Tra] faggots ◇ fagots; branches [Etym] branches extracted from (業 980) ◇ des branches, extraites de (業 980) [Graph] 435a 413c [Ref] k229, r33j, w102i, wa101 [Hanzi] cong2 叢 5329.

叢 cóng (977) 业半耳又 | [Tra] crowd; thicket ◇ rassembler; foule [Etym] to pick up (3,4= 取 1024) faggots (1,2= 丵 976) ◇ ramasser (3,4= 取 1024) des fagots (1,2= 丵 976) [Graph] 435a 413c 436k 633a [Ref] k1140, w102i, wa101, wi69 [Hanzi] cong2 叢 5329.

叢 cóng *5329 业半耳又 | 从 -1072 丶 菆 *4187 | 1° to crowd together, crowd 2° thicket 3° surname ◇ 1° se rassembler, foule 2° fourré 3° nom de famille [Etym] 又 1271 (rad: 029a 2-16), 叢 977 [Graph] 435a 413c 436k 633a.

鑿 záo (978) 业半臼儿又亼金 | [Tra] chisel, to cut into ◇ ciseau, entailler [Etym] metal (金 196)stick (殳 2519) mortar (臼 1587)to chisel twigs (丵 976) ◇ fer (金 196) à battre (殳 2519), broyer (3=臼1587) des plantes (1,2= 丵 976) [Graph] 435a 413c 835d Z33a 633a 233a 432q [Ref] k1221, w35g [Hanzi] zao2 zuo4 鑿 5330.

鑿 záo *5330 业半臼儿又亼金 | 凿 -5331 | 1° chisel 2° to cut into, to open out 3° to dig ◇ 1° ciseau 2° entailler, mortaise 3° creuser [Etym] 金 196 (rad: 167a 8-20), 鑿 978 [Graph] 435a 413c 835d Z33a 633a 233a 432q.

△ zuò | 凿 -5331 | 1° certain, authentic, irrefutable 2° mortise ◇ 1° sûr, certain, incontestable 2° mortaise.

凿 záo (979) 业半凵 | [Tra] chisel, to cut into ◇ entailler, ciseau [Etym] modern simplified form of (鑿 978) ◇ forme simplifiée moderne de (鑿 978) [Graph] 435a 413c 841e [Hanzi] zao2 zuo4 凿 5331.

凿 záo -5331 业半凵 | 鑿 *5330 | 1° chisel 2° to cut into, to open out 3° to dig ◇ 1° ciseau 2° entailler, mortaise 3° creuser [Etym] 业 974 (rad: 204s 5-07), 凿 979 [Graph] 435a 413c 841e.

凿子 záo zǐ。chisel ◇ ciseau, burin * 6546.

△ zuò | 鑿 *5330 | 1° certain, authentic, irrefutable 2° mortise ◇ 1° sûr, certain, incontestable 2° mortaise.

業 yè (980) 业耒 | [Tra] trade, patrimony ◇ métier, propriété [Etym] {1} a big flourishing tree (1,2=prim); {2} pillar of a chinese structure (3=prim, > 余 192) ◇ {1} un grand arbre florissant (1,2=prim); {2} pilier d'une construction (1,2=prim, > 余 192) [Graph] 435a 422k [Ref] k1079, w73a [Hanzi] ye4 業 5332, ye4 鄴 5333.

業 yè *5332 业耒 | 业 -5328 | 1° field of business, trade, industry 2° occupation, profession, employment, job 3° course of study 4° enterprise, cause, work 5° estate, property 6° to engage in 7° already, past 8° merit ◇ 1° domaine de travail (métier, affaires, profession) 2° occupation, emploi 3° domaine d'étude 4° entreprise, cause, oeuvre 5° propriété 6° s'occuper de 7° déjà, passé 8° mérite [Etym] 木 723 (rad: 075a 4-09), 業 980 [Graph] 435a 422k.

鄴 yè *5333 业耒阝 | 邺 -5336 | place in Hebei ◇ lieu du Hebei [Etym] 阝 1316 (rad: 163b 2-13), 業980 [Graph] 435a 422k 634j.

對 duì (981) 业羊寸 | [Tra] to compare, to suit ◇ exact, convenir [Etym] {1} to measure (3=

止 业 正 • 业

寸441) or control luxuriance (1,2= 業 980, 丵 976); {2} hand (3= 寸 441) setting a pillar (1,2< 業 980) ◇ {1} mesurer (3= 寸 441) ou contrôler la luxuriance (1,2=497, 首2268); {2} main (3= 寸 441) installant un pilier (1,2< 業980) [Graph] 435a 432g 332b [Ref] k742, wi461 [Hanzi] dui4 對 5334, dui4 懟 5335.

對 d u ì *5334 |对 +6502| 业羊寸 1° to answer, to reply 2° to cope with 3° to be trained on 4° mutual, to face 5° opposite 6° to correspond to, to suit ◇, être juste 1° répondre 2° faire face à 3° s'adapter 4° mutuel, vis-à-vis 5° contre 6° comparer, convenir, assortir [Etym] 寸 441 (rad: 041a 3-11), 對 981 [Graph] 435a 432g 332b.

懟 d u ì *5335 |怼 -6503| 业羊寸心 to abhor, to hate, resentment ◇ détester, haïr [Etym] 心 397 (rad: 061a 4-14), 對 981 [Graph] 435a 432g 332b 321c.

邺 y è -5336 |鄴 *5333| 业阝 place in Hebei ◇ lieu du Hebei [Etym] 阝 1316 (rad: 163b 2-05), 业974 [Graph] 435a 634j.

黹 z h ǐ (982) 业㡀 [Tra] embroidery ◇ broderie [Etym] variety of designs (1,2=prim) on a cloth (2< 巾 1886) (> 敝 1906) ◇ des dessins (1, 2=prim) sur un tissus (2< 巾 1886) (> 敝 1906) [Graph] 435a 858j [Ref] h1754, k765, ph754, w60l [Hanzi] zhi3 黹 5337 [Rad] 204a.

黹 z h ǐ +5337 业㡀 embroidery, needlework ◇ broderie, broder, couture, coudre [Etym] 黹 982 (rad: 204a 12-00), [Graph] 435a 858j.

黻 f ú -5338 |黻 *5339| 业㡀犮又 embroidered patterns on ceremonial robe ◇ broderies sur les costumes de cérémonie [Etym] 黹 982 (rad: 204a 12-05), 犮 251 [Graph] 435a 858j 241b 633a.

黻 f ú *5339 |黻 -5338| 业㡀犮 embroidered patterns on ceremonial robe ◇ broderies sur les costumes de cérémonie [Etym] 黹 982 (rad: 204a 12-05), 犮 298 [Graph] 435a 858j 242j.

黼 f ǔ +5340 业㡀甫 embroidered design on ancient formal robes ◇ broderies sur les costumes de cérémonie [Etym] 黹 982 (rad: 204a 12-07), 甫 1914 [Graph] 435a 858j 858n.

亚 y à (983) 亚 [Tra] secondary, inferior ◇ second, inférieur [Etym] modern simplified form of (亞 2559) ◇ forme simplifiée moderne de (亞 2559) [Graph] 435b [Ref] k405, w170b [Hanzi] ya4 挜 2459, ya1 ya1 桠 4231, ya4 垭 4860, ya4 亚 5341, e3 e4 wu1 wu4 恶5342, e4 垩 5343, jin4 晋 5344, ya4 娅 5767, ya3 痖 7059, ya1 ya3 哑 8996, ya4 氩 11178.

亚 y à -5341 |亞 *11288| 亚 1° inferior, second, secondary 2° short for Asia 3° similar ◇ 1° inférieur, second 2° nom de l'Asie 3° semblable [Etym] 二 4 (rad: 007a 2-04), 亚 983 [Graph] 435b.

亚洲 yà zhōu ∘ Asia ◇ Asie ✱ 186.

亚热带 yà rè dài ∘ subtropical zone ◇ zone subtropicale ✱ 2730 4039.

亚军 yà jūn ∘ runner-up in a contest ◇ deuxième à un concours ✱ 7675.

恶 ě -5342 |惡 *11289 、噁 *9275| 亚心 to feel sick, nauseating ◇ nausée, mal au coeur, écoeuré [Etym] 心 397 (rad: 061a 4-06), 亚 983 [Graph] 435b 321c.

恶心 ě xīn ∘ nauseating, to feel sick ◇ nauséeux; avoir mal au coeur; dégoûtant ✱ 2177.

恶报 ě bào ∘ punishment ◇ châtiment ✱ 2563.

△ è |惡 *11289| evil, wrong, fierce, wicked ◇ mal, mauvais, méchant, affreux.

恶意 è yì ∘ ill will, ill intentions, malice ◇ malice, mauvaises intentions ✱ 667.

恶劣 è liè ∘ wrong, vicious, evil ◇ méchant, vicieux, mauvais; déplorable, désastreux ✱ 2245.

恶作剧 è zuō jù ∘ mischief, prank ◇ sale tour, mauvaise plaisanterie; faire une niche ✱ 2850 8662.

恶毒 è dú ∘ vicious; treacherous to; sly ◇ méchant, perfide; sournois ✱ 5284.

恶霸 è bà ∘ local tyrant ◇ tyran local, despote local ✱ 8434.

△ wū |惡 *11289| 1° how 2° where 3° expression of surprise ◇ 1° comment 2° où 3° mot d'exclamation exprimant la surprise.

△ wù |惡 *11289| to dislike, to hate ◇ haïr, détester.

垩 è -5343 |堊 *11290| 亚土 chalk ◇ terre blanche, marne [Etym] 土 826 (rad: 032a 3-06), 亚983 [Graph] 435b 432a.

晋 j ì n (984) 亚日 [Tra] flourish, increase ◇ florissant, progrès [Etym] contracted form of (晉 1151) ◇ réduction de (晉 1151) [Graph] 435b 021a [Ref] w24h [Hanzi] jin4 搢 2460, jin4 晋5344, jian3 戬 5345, jin4 缙 5985.

晋 j ì n -5344 |晉 *5916| 亚日 1° to enter 2° to promote 3° to increase, to grow 4° Jin Dynasty 5° another name for Shanxi ◇ 1° entrer, avancement 2° promouvoir 3° progrès 4° dynastie Jin 5° nom du Shanxi [Etym] 日 2169 (rad: 072a 4-06), 晋984 [Graph] 435b 021a.

戬 j i ǎ n +5345 亚日戈 1° to exhaust, to finish 2° to destroy 3° to remove 4° happiness ◇ 1° finir, cesser, achever 2° détruire 3° enlever 4° bonheur [Etym] 戈 1057 (rad: 062a 4-10), 晋984 [Graph] 435b 021a 512b.

並 b ì n g (985) 並 [Tra] succession, together ◇ succession, ensemble [Etym] contracted form (prim) of two men standing (< 立 80) ◇ figure contractée (prim) de deux hommes debout (< 立 80) [Graph] 435c [Ref] k596, ph636, w35m, wi306 [Hanzi] peng4 掽2461, bing4 並 5346, pu3 普 5347, peng4 碰 9691.

並 b ì n g *5346 並 See ◇ Voir 并 4050 [Etym] 一 3 (rad: 001a 1-07), 並 985 [Graph] 435c.

普 p ǔ (986) 並日 [Tra] general, everywhere ◇ général, partout [Etym] succession (1= 並

985) of days (2= 日 2169) indefinitely ◇ succession (1= 並985) des jours (2= 日 2169) indéfiniment [Graph] 435c 021a [Ref] k245, r39f, w141a [Hanzi] pu3 鐠 1203, pu3 谱 1747, pu3 镨 1982, pu3 氆 2186, pu3 普 5347, pu3 譜 9538.

普 pǔ +5347 並日 | 1° universal, general 2° large as the sun rays 3° anywhere ◇ 1° universel, général 2° vaste, étendu comme l'action du soleil 3° partout [Etym] 日 2169 (rad: 072a 4-08), 普 986 [Graph] 435c 021a.

普通 pǔ tōng ∘ regular, general ◇ commun, ordinaire ✱ 6488.

普通话 pǔ tōng huà ∘ common speech (of the Chinese language) ◇ putonghua ou langue chinoise standardisée(Beijing) ✱ 6488 1821.

普及 pǔ jí ∘ to spread, to popularize; popular ◇ généraliser, vulgariser; répandu largement ✱ 6807.

普遍 pǔ biàn ∘ general, universal ◇ universel, général ✱ 8696.

韭 jiǔ (987) 韭 | [Tra] garlic, chives ◇ ail, ciboule [Etym] garlic (prim) ◇ de l'ail (prim) [Graph] 435d [Ref] k245, ph827, r39f, w141a, wa57 [Hanzi] ji1 齏 3187, jiu3 韮 3704, jiu3 韭 5348 [Rad] 179a.

韭 jiǔ +5348 韭 | 韮 *3704 | Chinese chives, fragrant-flowered garlic ◇ échalote, ciboule [Etym] 韭 987 (rad: 179a 9-00), [Graph] 435d.

韭菜 jiǔ cài ∘ spring onion ◇ ciboule ✱ 3543.

廿 436

廿 niàn (988) 廿 | [Tra] twenty, multitude ◇ vingt, multitude [Etym] ten (< 十560) twice (> 世 1348, 堇 1004) ◇ deux fois dix (< 十560) (> 世 1348, 堇 1004) [Graph] 436a [Ref] h821, k412, r35d, r342, w105a, wa88, wi163, wi710 [Hanzi] nian4 廿5349.

廿 niàn +5349 廿 | twenty ◇ vingt [Etym] 廾 701 (rad: 055a 3-01), 廿 988 [Graph] 436a.

㒼 mán (989) 廿㒳人人 | [Tra] equilibrium ◇ équilibre [Etym] objects (3,4=prim) in a scale (1,2=prim) ◇ des objets (3,4=prim) dans une balance (1,2=prim) [Graph] 436a 858b 232a 232a [Hanzi] man3 满 245, man1 顢 5350, pan2 蹣 9337, man2 瞞 10056, man3 蟎 10254.

顢 mān *5350 廿㒳人人頁 | 颟 -3899 | See ◇ Voir 颟顸 man1-han1 3899-3406 [Etym] 頁 2267 (rad: 181a 9-11), 㒼 989 [Graph] 436a 858b 232a 232a 023f.

燕 yān (990) 廿口爿匕 | [Tra] swallow; peace; black ◇ hirondelle; paix; noir [Etym] reduction of (燕 991) ◇ réduction de (燕 991) [Graph] 436a 011a 412b 321b [Hanzi] yan4 鷰 5352.

燕 yān (991) 廿口爿匕灬 | [Tra] swallow; peace; black ◇ hirondelle; paix; noir [Etym] swallow (prim): (1=head and sprig) (2=body) (3,4=wings) (5=tail) ◇ hirondelle (prim): (1=tête et brindille au bec) (2=corps) (3,4=ailes) (5=queue) [Graph] 436a 011a 412b 321b 222d [Ref] k389, ph609, r36e, r166, w171b, wi398 [Hanzi] yan1 yan4 燕 5351, yan1 臙 8140, yan4 嚥 8997, yan4 讌 9539, yan4 醼 10873.

燕 yān +5351 廿口爿匕灬 | 1° northern Hebei Province 2° surname ◇ 1° nom du Hebei du nord 2° nom de famille [Etym] 灬 130 (rad: 086b 4-12), 燕991 [Graph] 436a 011a 412b 321b 222d.

△ yàn | 鷰 *5352 | 1° swallow 2° black 3° peace ◇ 1° hirondelle 2° noir 3° paix.

燕子 yàn zǐ ∘ swallow ◇ hirondelle ✱ 6546.

鷰 yàn *5352 廿口爿匕鳥 | 燕 +5351 | 1° swallow 2° black 3° peace ◇ 1° hirondelle 2° noir 3° paix [Etym] 鳥 2500 (rad: 196a 11-12), 燕 990 [Graph] 436a 011a 412b 321b Z22h.

革 gé (992) 廿申 | [Tra] leather ◇ cuir [Etym] hide (prim): animal (1=horns) (2=body and legs) ◇ une peau (prim): un animal (1=cornes) (2=corps et pattes) [Graph] 436a 031e [Ref] k651, ph847, r36e, w171b, wi398 [Hanzi] ge2 ji2 革 5353, le4 lei1 勒 5382, ke4 缂 5986, ke4 緙 6156, ji1 ji1 羈 10823 [Rad] 177a.

革 gé +5353 廿申 | 1° leather 2° to change 3° to expel 4° surname ◇ 1° cuir 2° changer 3° éliminer 4° nom propre [Etym] 革 992 (rad: 177a 9-00), [Graph] 436a 031e.

革新 gé xīn ∘ to innovate, innovation ◇ innover, innovation ✱ 641.

革命 gé mìng ∘ revolution ◇ révolution, faire la révolution ✱ 1494.

革除 gé chú ∘ to get rid of, to abolish; to expel ◇ enlever, éliminer, rejeter; expulser, renvoyer ✱ 6715.

△ jí | urgent ◇ pressé, urgent.

鞵 xié *5354 廿申爫幺大 | 鞋 +5371 | shoes ◇ soulier, chaussures [Etym] 革 992 (rad: 177a 9-10), 奚 111 [Graph] 436a 031e 221d 613c 242a.

鞥 ēng +5355 廿申人日廾 | 1° bridle 2° reins ◇ 1° bride 2° rênes [Etym] 革 992 (rad: 177a 9-09), 弇 226 [Graph] 436a 031e 233a 012a 416e.

鞑 dá -5356 廿申大辶 | 韃 *5370 | Tartar ◇ Tartare [Etym] 革 992 (rad: 177a 9-06), 达 273 [Graph] 436a 031e 242a 634o.

鞒 qiáo -5357 廿申夭儿 | 鞽 *5358 | hunched portion of the saddle ◇ partie voûtée de la selle [Etym] 革 992 (rad: 177a 9-06), 乔 290 [Graph] 436a 031e 242e 416a.

鞽 qiáo *5358 廿申夭口冋口 | 鞒 -5357 | hunched portion of the saddle ◇ partie voûtée de la selle [Etym] 革 992 (rad: 177a 9-12), 喬 291 [Graph] 436a 031e 242e 011a 856k 011a.

靰 wù +5359 廿串兀 | [Etym] 革 992 (rad: 177a 9-03), 兀 407 [Graph] 436a 031e 322c.

靰鞡 wù la。boots with felt or reed lining (worn in the Northeast of China) ◇ bottes ouatées d'hiver * 5361.

靪 dīng +5360 廿串丁 | piece, to patch ◇ pièce, rapiécer [Etym] 革 992 (rad: 177a 9-02), 丁 420 [Graph] 436a 031e 331b.

鞡 la +5361 廿串扌立 | See ◇ Voir 靰鞡 wu4-la5 5359-5361 [Etym] 革 992 (rad: 177a 9-08), 拉 447 [Graph] 436a 031e 332f 221a.

靴 xuē -5362 廿串亻匕 | 鞾 *5366 | boots ◇ bottes [Etym] 革 992 (rad: 177a 9-04), 化 485 [Graph] 436a 031e 411e 321b.

靴子 xuē zǐ。boot ◇ botte, bottine * 6546.

鞭 biān +5363 廿串亻更 | whip ◇ fouet [Etym] 革 992 (rad: 177a 9-09), 便 509 [Graph] 436a 031e 411e 043a.

鞭炮 biān pào。fireworks cracker ◇ pétard * 1021.

鞭子 biān zǐ。whip ◇ fouet * 6546.

靽 bàn +5364 廿串半 | fetters ◇ entraves [Etym] 革 992 (rad: 177a 9-05), 半 591 [Graph] 436a 031e 414f.

鞯 jiān -5365 廿串艹存子 | 韉 *5367 | saddle cloth, cushion ◇ tissu en dessous de la selle [Etym] 革 992 (rad: 177a 9-09), 荐 624 [Graph] 436a 031e 415c 244b 634d.

鞾 xuē *5366 廿串艹華 | 靴 -5362 | boots ◇ bottes [Etym] 革 992 (rad: 177a 9-10), 華 627 [Graph] 436a 031e 415c 414k.

韉 jiān *5367 廿串艹广龷与 | 鞯 -5365 | saddle cloth, cushion ◇ tissu en dessous de la selle [Etym] 革 992 (rad: 177a 9-16), 薦 647 [Graph] 436a 031e 415c 721b 821b Z21h.

鞦 qiū *5368 廿串禾火 | See ◇ Voir 秋 4493 [Etym] 革 992 (rad: 177a 9-09), 秋 761 [Graph] 436a 031e 422d 231b.

△ qiū | 鞧 +5399 | leather belt from cart to rear of animal ◇ bande d'attelage derrière le cheval.

靺 mò +5369 廿串末 | [Etym] 革 992 (rad: 177a 9-05), 末 802 [Graph] 436a 031e 422j.

靺鞨 mò hé。ancient tribe in Northern China ◇ tribu ancien au nord de la Chine * 5395.

韃 dá *5370 廿串土羊辶 | 鞑 -5356 | Tartar ◇ Tartare [Etym] 革 992 (rad: 177a 9-12), 達 839 [Graph] 436a 031e 432a 414b 634o.

鞋 xié +5371 廿串土土 | 鞵 *5354 | shoes ◇ soulier, chaussures [Etym] 革 992 (rad: 177a 9-06), 圭 840 [Graph] 436a 031e 432a 432a.

鞋油 xié yóu。shoe polish ◇ cirage à chaussures * 575.

鞋带儿 xié dài ér。shoelace ◇ lacet de chaussure * 4039 2194.

鞴 bèi +5372 廿串共用 | See ◇ Voir 韝鞴 gou1-bei4 5373-5372 [Etym] 革 992 (rad: 177a 9-10), 𤰇 1005 [Graph] 436a 031e 436d 856i.

韝 gōu +5373 廿串井冉 | leather armband used by archers ◇ brassard en cuir [Etym] 革 992 (rad: 177a 9-10), 冓 1012 [Graph] 436a 031e 436g 858c.

韝鞴 gōu bèi。piston ◇ piston * 5372.

鞥 wēng +5374 廿串公习习 | [Etym] 革 992 (rad: 177a 9-10), 翁 1162 [Graph] 436a 031e 612h 731c 731c.

鞥靿 wēng yào。leg of a boot ◇ tige de botte * 5375.

靿 yào +5375 廿串幺力 | leg of boots, stockings ◇ jambe de botte, bas [Etym] 革 992 (rad: 177a 9-05), 幼 1183 [Graph] 436a 031e 613c 732f.

鞣 róu +5376 廿串マ丆木 | soft leather ◇ cuir souple [Etym] 革 992 (rad: 177a 9-09), 柔 1260 [Graph] 436a 031e 632a 331g 422a.

靸 sǎ +5377 廿串及 | 1° slippers 2° heavy-duty workers' shoes, to wear the slippers in a slipshod way ◇ 1° savates 2° souliers très résistants des ouvriers [Etym] 革 992 (rad: 177a 9-03), 及 1344 [Graph] 436a 031e 634m.

韂 chàn +5378 廿串产仌言 | saddle flap ◇ pan de selle [Etym] 革 992 (rad: 177a 9-13), 詹 1421 [Graph] 436a 031e 721e ac:h 012d.

鞁 bèi +5379 廿串广又 | to saddle ◇ seller (cheval) [Etym] 革 992 (rad: 177a 9-05), 皮 1452 [Graph] 436a 031e 721h 633a.

靳 jìn +5380 廿串斤 | 1° to be stingy 2° martingale 3° surname ◇ 1° avare 2° martingale 3° nom propre [Etym] 革 992 (rad: 177a 9-04), 斤 1461 [Graph] 436a 031e 722c.

靭 rèn *5381 廿串刃 | 韧 -7289、韌 *7369 | 1° pliant, soft 2° tenacious ◇ 1° souple, flexible 2° tenace [Etym] 革 992 (rad: 177a 9-03), 刃 1483 [Graph] 436a 031e 732c.

> 勒 lè (993) 廿串力 | [Tra] to bridle; to force ◇ bride; conduire [Etym] leather (1,2= 革 992); phon, strength (3= 力 1489) ◇ cuir (1,2= 革 992); phon, force (3= 力 1489) [Graph] 436a 031e 732f [Ref] k106, ph602, r164, w171a, wa167, wi750 [Hanzi] le4 簕 805, le4 lei1 勒 5382, lei5 嘞 8998, le4 鳓 10491, le4 鰳 10585.

勒 lè +5382 廿串力 | 1° to rein in, to bridle 2° to force 3° to engrave 4° surname ◇ 1° brider, bride 2° forcer, retenir, conduire, diriger 3° graver 4° nom propre [Etym] 力 1489 (rad: 019a 2-09), 革 992 [Graph] 436a 031e 732f.

△ lēi | to strap, to tighten ◇ serrer avec une corde, étrangler.

鞬 jiān +5383 廿串聿廴 | quiver for arrows on a horse ◇ étui de l'arc et des flèches sur un cheval [Etym] 革 992 (rad: 177a 9-08), 建 1570 [Graph] 436a 031e 833e 634n.

鞍 ān +5384 廿串宀女 | 鞌 *7750 | saddle ◇ selle [Etym] 革 992 (rad: 177a 9-06), 安 1697 [Graph] 436a 031e 851c 611e.

鞚 kòng +5385 廿串穴工 | bridle, reins ◇ rênes, retenir [Etym] 革 992 (rad: 177a 9-08), 空 1722 [Graph] 436a 031e 851d 431a.

鞠 jū +5386 廿串勹米 | 1° to rear, to bring up 2° to bow 3° leather ball 4° altogether 5° surname ◇ 1° élever, nourrir 2° s'incliner 3° ballon en cuir 4° entier, tout 5° nom propre [Etym] 革 992

(rad: 177a 9-08), 匑 1773 [Graph] 436a 031e 852h 422f.

鞠躬 jū gōng。to bow the body, to bend forward ◇ s'incliner, saluer ✱ 8841.

鞫 jū +5387 廿串勹言 | [Etym] 革 992 (rad: 177a 9-09), 訇 1781 [Graph] 436a 031e 852h 012d.

鞫讯 jū xùn。1° to investigate judicially; 2° to interrogate prisoners ◇ 1° examiner, juger; 2° interroger les prisonniers ✱ 1832.

朝 bà (994) 廿串月 | [Tra] growing, prosperity ◇ croissance, prospère [Etym] moon (3= 月 1822)growing as a stretched hide (1,2= 革 992) (> 霸 1892) ◇ la lune (3= 月 1822) qui croît comme une peau (1, 2= 革 992) étirée (> 霸 1892) [Graph] 436a 031e 856e [Hanzi] ba4 霸 8434, ba4 覇 10822.

鞘 qiào +5388 廿串肖 | ◇ [Etym] 革 992 (rad: 177a 9-07), 肖 1878 [Graph] 436a 031e 857i.

△ shāo | whiplash ◇ coup de fouet.

鞝 shàng *5389 廿串尚口 | 绱 -6050 | 1° to stitch the sole to the upper 2° sole, flap 3° horseshoe ◇ 1° coudre la semelle à l'empeigne 2° semelle 3° fer à cheval [Etym] 革 992 (rad: 177a 9-08), 尚 1879 [Graph] 436a 031e 857j 011a.

鞅 yāng +5390 廿串央 | harness, leather strap over horse's neck ◇ harnais, joug [Etym] 革 992 (rad: 177a 9-05), 央 1943 [Graph] 436a 031e 923b.

△ yàng | harness, yoke for pulling oxcart ◇ harnais, joug de la charrette de boeuf.

靶 bǎ +5391 廿串巴 | target ◇ cible [Etym] 革 992 (rad: 177a 9-04), 巴 2014 [Graph] 436a 031e 933c.

鞓 tīng +5392 廿串口王 | leather belt ◇ ceinture en cuir [Etym] 革 992 (rad: 177a 9-07), 呈2070 [Graph] 436a 031e 011a 432e.

靼 dá +5393 廿串日一 | soft leather ◇ cuir souple [Etym] 革 992 (rad: 177a 9-05), 旦 2170 [Graph] 436a 031e 021a ac:z.

鞮 dī +5394 廿串日疋 | leather shoes ◇ soulier, brodequin [Etym] 革 992 (rad: 177a 9-09), 是 2182 [Graph] 436a 031e 021a 434f.

鞨 hé +5395 廿串日勹人匕 | See ◇ Voir 靺鞨 mo4-he2 5369-5395 [Etym] 革 992 (rad: 177a 9-09), 曷 2194 [Graph] 436a 031e 021a 852h 232a 711a.

韁 jiāng *5396 廿串畕一 | 缰、繮 -6084、*6271 | tether, reins ◇ longe, bride [Etym] 革 992 (rad: 177a 9-13), 畺 2331 [Graph] 436a 031e 041d 041d ac:z.

鞞 bǐng +5397 廿串卑 | sheath ◇ fourreau [Etym] 革 992 (rad: 177a 9-08), 卑 2366 [Graph] 436a 031e 043h.

韆 qiān *5398 廿串西大巳辶 | See ◇ Voir 千 3419 [Etym] 革 992 (rad: 177a 9-14), 遷 2403 [Graph] 436a 031e 051e 242a 733a 634o.

鞧 qiū +5399 廿串酋 | 鞦 *5368 | leather belt from cart to rear of animal ◇ bande d'attelage derrière le cheval [Etym] 革 992 (rad: 177a 9-09), 酋2432 [Graph] 436a 031e 062d.

菓 hàn (995) 廿輿 | [Tra] clay; sunburnt ◇ glaise; bronzé [Etym] different writing for (堇 997) (> 日 2169) ◇ autre graphie pour (堇 997) (> 日 2169) [Graph] 436a 032a [Hanzi] han4 漢 247, tan4 歎5400, nan2 nan4 難 5401, jian1 艱 5402, tan4 嘆 8999.

歎 tàn *5400 廿輿欠 | 叹、嘆 -9040、*8999 | 1° to sigh, to moan 2° to acclaim ◇ 1° soupirer, gémir 2° admirer [Etym] 欠 178 (rad: 076a 4-11), 菓 995 [Graph] 436a 032a 232b.

難 nán (996) 廿輿隹 | [Tra] hard; difficult ◇ peine; difficile [Etym] birds (4= 隹 1030) on barren dried land (1,2,3= 菓 995, 堇 997) ◇ des oiseaux (4= 隹 1030) sur une terre sèche et désolée (1,2, 3= 菓 995, 堇 997) [Graph] 436a 032a 436m [Ref] h492, k767, ph701, w79h, wa80, wi638, wi962 [Hanzi] tan1 灘 248, tan1 攤 2462, nuo2 儺 2902, nan2 nan4 難 5401, tan1 癱 7060.

難 nán *5401 廿輿隹 | 难 -6505 | 1° difficult, hard, unpleasant, irksome 2° to put somebody in a difficult position, to distress, trouble 3° hardly possible ◇ 1° difficulté, peine, pénible, désagréable 2° peiner, affliger 3° peu probable [Etym] 隹 1030 (rad: 172a 8-11), 難 996 [Graph] 436a 032a 436m.

△ nàn | 难 -6505 | 1° disaster, calamity 2° to blame 3° objection ◇ 1° désastre, calamité 2° réprimander, blâmer 3° objection.

艱 jiān *5402 廿輿艮 | 艰 -6518 | 1° labor 2° difficult, hard 3° suffering ◇ 1° labeur 2° difficile, pénible 3° peine, souffrance [Etym] 艮 2003 (rad: 138a 6-11), 菓 995 [Graph] 436a 032a 932c.

堇 jǐn (997) 廿里 | [Tra] clay; violet ◇ glaise; violet [Etym] {2} yellow (bottom< 土 826) earth (1,2< 黄 1003); {2} prisoner, tied up and burnt as a sacrifice (1,2=prim) ◇ {1} terre (1,2< 黄 1003) jaune (bas< 土 826); {2} prisonnier lié et brûlé en sacrifice (1,2=prim) [Graph] 436a 032h [Ref] h1481, k777, ph358, r45j, w17j, wa194, wi222, wi248, wi520 [Hanzi] jin3 饉1441, jin3 謹 1748, jin3 僅 1851, jin3 jin4 僅 2903, jin3 槿 4232, jin3 瑾 5124, jin3 堇 5403, yin2 鄞 5404, qin2 勤 5405, jin4 覲 5407, jin4 覲 5408, jin4 殣 6429, qin2 殣 6478, jin3 qin2 廑 6923, jin3 謹 9540.

堇 jǐn +5403 廿里 | violet ◇ violette [Etym] 土 826 (rad: 032a 3-08), 堇 997 [Graph] 436a 032h.

鄞 yín +5404 廿里阝 | county in Zhejiang ◇ chef-lieu du Zhejiang [Etym] 阝 1316 (rad: 163b 2-11), 堇 997 [Graph] 436a 032h 634j.

勤 qín (998) 廿里力 | [Tra] diligence; toil ◇ zèle; ardeur [Etym] strength (3= 力 1489); phon, clay (1,2= 堇 997) ◇ force (3= 力 1489); phon, glaise (1,2= 堇 997) [Graph] 436a 032h 732f [Hanzi] qin2 勤5405, qin2 懃 5406.

勤 qín +5405 廿里力 | 廑1°、懃2° *6923、*5406 | 1° diligence, zeal, to toil, to work hard 2° attendance, attentive 3° frequently, regular ◇ 1° ardeur, zèle, diligence, se dépenser, travailler fort 2° présence, attentif 3° régulier, fréquemment [Etym] 力 1489 (rad: 019a 2-11), 堇 997 [Graph] 436a 032h 732f.

勤奋 qín fèn ∘ diligent, industrious ◇ laborieux, actif ✱ 1565.

勤俭 qín jiǎn ∘ hardworking and thrifty ◇ diligent, économe ✱ 2786.

勤快 qín kuài ∘ diligent, speedy, sharp, keen ◇ attentif, agile, aigu ✱ 3301.

勤劳 qín láo ∘ hardworking, industrious ◇ travailleur, laborieux ✱ 3836.

懃 qín *5406 廿里力心 | See ◇ Voir 勤 5405 [Etym] 心 397 (rad: 061a 4-13), 勤 998 [Graph] 436a 032h 732f 321c.

觐 jìn -5407 廿里见 | 覲 *5408 | 1° to have an audience with the emperor 2° to go on a pilgrimage ◇ 1° audience impériale 2° faire un pèlerinage [Etym] 见 1801 (rad: 147s 4-11), 堇 997 [Graph] 436a 032h 854c.

覲 jìn *5408 廿里見 | 觐 -5407 | 1° to have an audience with the emperor 2° to go on a pilgrimage ◇ 1° audience impériale 2° faire un pèlerinage [Etym] 見 2255 (rad: 147a 7-11), 堇 997 [Graph] 436a 032h 023c.

黃 huáng (999) 廿寅 | [Tra] yellow ◇ jaune [Etym] classical writing for (黄 1003) ◇ graphie classique de (黄 1003) [Graph] 436a 042e [Ref] h120, k106, ph688, r44m, r163, w171a, wa134, wi206, wi207 [Hanzi] huang2 黃 5409, guang3 廣 6925 [Rad] 201a.

黃 huáng *5409 廿寅 | 黄 +5414 | 1° yellow 2° short for Huanghe River 3° to fall through 4° surname ◇ 1° jaune 2° abréviation du Huanghe (Fleuve Jaune) 3° rater 4° nom propre [Etym] 黃 999 (rad: 201a 12-00), [Graph] 436a 042e.

散 sǎn (1000) 㐀月攵 | [Tra] to scatter ◇ disperser [Etym] to beat (3= 攵 340) and separate hemp (1< 𣏟 740) and meat (2= 月 1823) ◇ battre (3= 攵 340) et dépecer du chanvre (1< 𣏟 740) et de la viande (2= 月 1823) [Graph] 436b 856e 243c [Ref] h327 [Hanzi] sa3 潵 249, san3 鏾 1442, san3 糤 1852, sa1 sa3 撒 2463, san3 san4 散 5410, xian4 霰 8435.

散 sǎn +5410 㐀月攵 | 1° to fall apart 2° to scatter, to disperse 3° medicinal powder 4° idle ◇ 1° se désagréger 2° disperser 3° médicament en poudre 4° oisif [Etym] 攵 340 (rad: 066b 4-08), 散 1000 [Graph] 436b 856e 243c.

散漫 sǎn màn ∘ undisciplined ◇ indiscipliné ✱ 541.

散文 sǎn wén ∘ prose ◇ prose ✱ 1659.

散装 sǎn zhuāng ∘ bulk ◇ emballer en vrac ✱ 3192.

△ sàn | to break up, to disperse, to separate, to disseminate, to let out ◇ séparer, se disperser, éparpiller.

散会 sàn huì ∘ to be over or to end (meeting) ◇ lever la séance, clôture de réunion ✱ 1382.

散开 sàn kāi ∘ to spread out ◇ éparpiller, disperser ✱ 4045.

散场 sàn chǎng ∘ empty theater or cinema after the show ◇ fin du spectacle (cinéma, etc.) ✱ 4884.

散步 sàn bù ∘ to go for a walk, stroll ◇ se promener, faire un tour ✱ 5306.

散发 sàn fā ∘ to send out, to diffuse; to distribute; to give of ◇ distribuer, répandre; exhaler ✱ 6813.

昔 xī (1001) 㐀日 | [Tra] old, past ◇ vieux, jadis [Etym] {1} stacks of objects, meat (1=prim) in the sun (2= 日 2169); {2} lines (1=prim) as count of days (2= 日 2169) ◇ {1} un tas d'objets ou de viande (1=prim) au soleil (2= 日 2169); {2} des lignes (1=prim) pour compter les jours (2= 日 2169) [Graph] 436b 021a [Ref] w54g, wi695 [Hanzi] cuo4 錯 1204, cuo4 错 1983, zha4 褙 2264, cuo4 措 2464, jie4 借 2904, xi1 惜 3264, xi1 昔 5411, que4 鹊 5412, que4 鵲 5413, lie4 猎 5629, cuo4 厝 6843, la4 xi1 腊 8141, jie4 唶 9000, ji2 踖 9338, chai3 踖 9431, la4 zha4 蜡 10255, cu4 醋 10874.

昔 xī +5411 㐀日日 | 1° old, former times, the past 2° time of night ◇ 1° temps passé, anciennement, jadis 2° nuit [Etym] 日 2169 (rad: 072a 4-08), 昔 1001 [Graph] 436b 021a 021a.

鹊 què -5412 㐀日鸟 | 鵲 *5413 | magpie, jay ◇ pie [Etym] 鸟 2494 (rad: 196s 5-08), 昔 1001 [Graph] 436b 021a Z22e.

鵲 què *5413 㐀日鳥 | 鹊 -5412 | magpie, jay ◇ pie [Etym] 鳥 2500 (rad: 196a 11-08), 昔 1001 [Graph] 436b 021a Z22h.

散 sǎn (1002) 㐀目攵 | [Tra] to scatter ◇ disperser [Etym] different writing for (散 1000) ◇ autre graphie pour (散 1000) [Graph] 436b 023a 243c [Ref] h460, k474, ph225, r5b, r5b, r14n, r380, w24i, wa157, wi483 [Hanzi] san3 糤 6157.

黄 huáng (1003) 㐀由 | [Tra] yellow ◇ jaune [Etym] {1} fields (< 田 2313) or burning arrow (< 矢 283) (1,2=prim); {2} someone (bottom) wearing jade pendant (center) and shouting his joy (top) ◇ {1} champs (< 田 2313) ou une flèche (< 矢 283) enflammée (1,2=prim); {2} une personne (bas) avec pendentif de jade (centre) criant sa joie (haut) [Graph] 436b 042b [Hanzi] huang2 潢 250, huang2 簧 806, huang2 鐄 1205, huang2 鐄 1984, heng2 heng4 横 4233, huang2 璜 5125, huang2 黄 5414, huang2 癀 7061, huang2 磺 9692, huang2 蟥 10256 [Rad] 201s.

黄 huáng +5414 㐀由 | 黃 *5409 | 1° yellow 2° short for Huanghe River 3° to fall through 4° surname ◇ 1° jaune 2° abréviation du Huanghe (Fleuve Jaune) 3° rater 4° nom propre [Etym] 黄 1003 (rad: 201s 11-00), [Graph] 436b 042b.

黄油 huáng yóu ∘ to grease; butter ◇ lubrifiant, beurre ✱ 575.

黄金 huáng jīn ∘ gold ◇ or ✱ 1106.

黄瓜 huáng guā。cucumber ◇ concombre * 2159.
黄栌 huáng lú。sumac, smoke tree ◇ sumac * 4395.
黄土 huáng tǔ。loess ◇ loess * 4758.
黄埃 huáng āi。yellow earth or soil ◇ terre ou sol jaune * 4871.
黄昏 huáng hūn。dusk ◇ crépuscule, tombée de la nuit * 5519.
黄猄 huáng jīng。muntjac ◇ muntjac * 5664.
黄鹂 huáng lí。oriole ◇ loriot * 8288.
黄檗 huáng bò。bark of a cork tree ◇ arbre dont l'écorce donne une teinture jaune * 8649.
黄色 huáng sè。yellow; erotic ◇ jaune, de couleur jaune; érotique * 8731.
黄豆 huáng dòu。soya ◇ soja * 9427.

䵥 tūn +5415 龷由亠子 | yellow ◇ jaune [Etym] 黄 1003 (rad: 201s 11-08), 享 2128 [Graph] 436b 042b 012c 634d.

黇 tiān +5416 龷由占 | [Etym] 黄 1003 (rad: 201s 11-05), 占 2154 [Graph] 436b 042b 013e.
黇鹿 tiān lù。fallow dear ◇ daim * 6940.

卋 shì (1004) 卋 | [Tra] generation; period ◇ génération; vie [Etym] ten (> 世 1348, 廿 988) three times (prim) ◇ trois fois (prim) dix (> 世 1348, 廿 988) [Graph] 436c [Ref] k140, r18k, r18l, w74c [Hanzi] shi4 卋 5417.

卋 shì *5417 卋 | 世 +6808 | 1° lifetime, life 2° generation of thirty years 3° era 4° world 5° nowadays ◇ 1° vie, durée de trente ans 2° génération, héréditaire 3° époque 4° monde 5° de nos jours [Etym] 十 560 (rad: 024a 2-04), 卋 1004 [Graph] 436c.

葡 bì, bèi (1005) 共用 | [Tra] to prepare ◇ préparer [Etym] different writing for (葡 666) ◇ autre graphie pour (葡 666) [Graph] 436d 856i [Ref] h1093, k298, ph129, w73b, wa13, wi663 [Hanzi] bei4 備 2905, bei4 鞴 5372, bai4 𫄨 7286, bai4 鞴 7366.

共 gòng (1006) 共 | [Tra] common, together ◇ en commun; réunir [Etym] two hands offering an object (prim) (> 廾 701) ◇ deux mains offrant un objet (prim) (> 廾 701) [Graph] 436e [Ref] k64, w129h [Hanzi] hong2 洪 251, gong1 龔 654, hong1 烘 976, gong1 龚 2227, gong3 拱 2465, gong1 gong4 供 2907, long4 衖 3146, gong3 栱 4234, fen4 粪 4612, gong3 珙 5126, gong4 共 5418, gong1 恭 5419, hang4 xiang4 巷 5420, hong4 鬨 7470, hong1 hong3 hong4 哄 9001, yi4 異 10432.

共 gòng +5418 共 | 1° common, generally 2° to share 3° together, all 4° altogether 5° communist ◇ 1° en commun, en général 2° partager 3° tout ensemble, en somme, réunir 4° au total 5° communiste [Etym] 八 127 (rad: 012a 2-04), 共 1006 [Graph] 436e.
共计 gòng jì。to sum up ◇ synthétiser, faire le résumé * 1719.
共和国 gòng hé guó。republic ◇ république * 4568 10952.
共青团 gòng qīng tuán。League of communist Youth ◇ Ligue de la Jeunesse communiste * 5274 10945.
共产主义 gòng chǎn zhǔ yì。communism ◇ communisme * 6991 5212 1687.
共产党 gòng chǎn dǎng。the Communist Party ◇ parti communiste * 6991 7874.
共同 gòng tóng。common ◇ commun; universel * 8279.
共同体 gòng tóng tǐ。community ◇ communauté * 8279 2872.
共同市场 gòng tóng shì chǎng。

恭 gōng (1007) 共小 | [Tra] to respect; revere ◇ respect; révérer [Etym] heart (2= 小 433); phon, offering (1= 共 1006) ◇ coeur (2= 小 433); phon, offrande (1= 共 1006) [Graph] 436e 331n [Ref] h1811, k641, ph467, w73b, wa46 [Hanzi] gong1 𢡊 4861, gong1 恭 5419.

恭 gōng +5419 共小 | 1° to respect, to venerate, to revere 2° respectful ◇ 1° respect, vénération, révérer, vénérer 2° respectueux [Etym] 小 433 (rad: 061c 4-06), 共 1006 [Graph] 436e 331n.
恭敬 gōng jìng。respectful ◇ respectueux * 3870.
恭喜 gōng xǐ。congratulations ◇ félicitations (formule de politesse) * 5038.

巷 xiàng (1008) 共巳 | [Tra] lane, alley ◇ ruelle, passage [Etym] what is common (1= 共 1006) in cities (2< 邑 2082) ->streets ◇ ce qui est commun (1= 共 1006) dans les villes (2< 邑 2082) ->rues [Graph] 436e 933b [Ref] h676, k418, ph546, w104b, wa173, wi148 [Hanzi] gang3 港 252, hang4 xiang4 巷 5420.

巷 hàng +5420 共巳 | [Etym] 巳 2010 (rad: 049b 2-07), 巷 1008 [Graph] 436e 933b.
巷道 hàng dào。tunnel ◇ tunnel * 10176.
△ xiàng | lane, alley ◇ ruelle, passage, galerie.

甘 gān (1009) 甘 | [Tra] sweetness; sugar ◇ douceur; sucre [Etym] (prim) something (central stroke) in the mouth (< 口 2063) ◇ (prim)quelque chose (trait central)dans la bouche (< 口 2063) [Graph] 436f [Ref] k338, ph327, r451, w70c, wa136, wi539 [Hanzi] gan1 泔 253, qian2 鉗 1206, qian2 钳 1985, qian2 拑 2466, gan1 苷 3705, gan1 柑 4235, gan1 坩 4862, gan1 甘 5421, mou3 某 5422, han2 邯 5423, shen2 shen2 shen4 甚 5440, dai4 甙 5510, gan4 绀 5987, gan4 紺 6158,

gan1 疳7062, han1 蚶10257, han1 酣10875 [Rad] 099a.

甘 gān +5421 甘 | 1° sweet, pleasant 2° willingly 3° short for Gansu province 4° surname ◇ 1° doux, sucré 2° volontiers, spontanément, avec plaisir 3° abréviation de Gansu 4° nom propre [Etym] 甘1009 (rad: 099a 5-00), [Graph] 436f.

甘心 gān xīn。to resign oneself to; to be content with ◇ se résigner à, se contenter de; satisfait, content * 2177.

甘蔗 gān zhè。sugar cane ◇ canne à sucre * 3788.

甘薯 gān shǔ。sweet potato ◇ patate douce * 4003.

甘

甘 龷 其

欿 hán (1010) 甘欠 | [Tra] perhaps ◇ peut-être [Etym] faltering breath (2= 欠178); phon (1= 甘1009) ◇ souffle hésitant (2= 欠178); phon (1= 甘1009) [Graph] 436f 232b [Ref] k816, ph704, w128a [Hanzi] qian4 嵌7531.

某 mǒu (1011) 甘木 | [Tra] someone ◇ personne indéfinie [Etym] ph.b.: {plum} sweet fruit (1= 甘1009) (> 果2364) ◇ e.ph.: {prune} fruit sucré (1= 甘1009) (> 果2364) [Graph] 436f 422a [Ref] k871, ph475, w73b, wi23 [Hanzi] mei2 煤977, mou2 谋1749, mei2 楳4236, mou3 某5422, mei2 媒5768, mou2 謀9541.

某 mǒu +5422 甘木 | 1° certain, some 2° so-and-so, to some extent ◇ 1° un certain, un tel 2° comme ci, comme ça, jusqu'à un certain point [Etym] 木723 (rad: 075a 4-05), 某1011 [Graph] 436f 422a.

邯 hán +5423 甘阝 | [Etym] 阝1316 (rad: 163b 2-05), 甘1009 [Graph] 436f 634j.

邯郸 hán dān。city in Hebei ◇ ville du Hebei * 10458.

冓 gòu (1012) 龷冉 | [Tra] treillis; net-work ◇ treillis; tissé [Etym] {1} two inverted baskets (1,2=prim); {2} two fishes united by mouths (prim) ◇ {1} deux paniers de vannerie inversés (1, 2=prim); {2} deux poissons reliés par la bouche (prim) [Graph] 436g 858c [Ref] h1100, k303 [Hanzi] gou1 沟254, gou1 篝807, gou4 搆2467, gou4 構4237, jiang3 耩4683, gou1 韝5373, jiao4 斠5424, gou4 遘5425, gou4 覯5426, gou4 觏5427, gou4 媾5769, gou1 鞲7287, gou1 韝7367, jiang3 講9542, gou4 購10122.

斠 jiào +5424 龷冉斗 | 1° leveling stick (for measurement) 2° to proofread ◇ 1° instrument de mesure 2° rectifier, corriger [Etym] 斗575 (rad: 068a 4-10), 冓1012 [Graph] 436g 858c 413g.

遘 gòu +5425 龷冉辶 | 1° to meet 2° to happen ◇ 1° rencontrer 2° arriver [Etym] 辶1346 (rad: 162b 3-10), 冓1012 [Graph] 436g 858c 634o.

觏 gòu -5426 龷冉见 | 覯 *5427 | to see or meet someone suddenly, to occur, accidentally ◇ voir ou rencontrer par hasard [Etym] 见1801 (rad: 147s 4-10), 冓1012 [Graph] 436g 858c 854c.

覯 gòu *5427 龷冉見 | 觏 -5426 | to see or meet someone suddenly, to occur, accidentally ◇ voir ou rencontrer par hasard [Etym] 見2255 (rad: 147a 7-10), 冓1012 [Graph] 436g 858c 023c.

其 qí (1013) 其 | [Tra] he, she; it, its ◇ il, elle; cet, cela [Etym] phon: {winnow} basket on stool (prim) ◇ phon: tamis à vanner sur un tabouret (prim) [Graph] 436i [Ref] h27, k11, ph194, r31, w146a, wa15, wi71, wi202 [Hanzi] qi2 淇255, ji1 箕808, qi2 祺2265, qi2 萁3706, qi2 棋4238, qi2 琪5127, qi2 其5428, qi1 欺5429, ji4 惎5430, qi2 棊5431, ji1 基5432, qi2 綦5433, si1 斯5434, qi1 魌5435, ji1 朞5436, ji1 qi1 期5437, qi2 碁5438, qi1 頩5439, qi2 褀6580, qi2 麒6950, qi2 旗7941, qi2 蜞10258, qi2 錤10492, qi2 鯕10586, qi2 騏11047, qi2 骐11105.

其 qí +5428 其 | 1° his, her, its, their 2° he, she, it 3° that, such 4° just, on the point of ◇ 1° son, sa, ses, leur, leurs, lui 2° il, elle 3° ce, ceci, cela, ces, cet 4° probablement, sur le point de [Etym] 八127 (rad: 012a 2-06), 其1013 [Graph] 436i.

其次 qí cì。afterwards, then ◇ ensuite, en second lieu; le suivant, second * 6.

其余 qí yú。remaining ◇ restant, le reste, les autres * 1095.

其他 qí tā。other ◇ autre, les autres, d'autres * 2959.

其实 qí shí。in reality, fundamentally ◇ en réalité, au fond, en fait * 7696.

其它 qí tā。other; else ◇ autre (pour les choses) * 7698.

其中 qí zhōng。among; in ◇ parmi, entre autres * 10183.

其中 qí zhòng。therein ◇ ici dedans, ici même * 10183.

欺 qī +5429 其欠 | 1° to cheat, to deceive 2° to abuse, bully 3° to oppress 4° to vex ◇ 1° tromper, duper 2° abuser, profiteur 3° opprimer 4° vexer [Etym] 欠178 (rad: 076a 4-08), 其1013 [Graph] 436i 232b.

欺侮 qī wǔ。to bully, to humiliate ◇ humilier, offenser; brutaliser * 3099.

欺压 qī yā。to bully and oppress ◇ humilier et opprimer * 6841.

欺负 qī fù。to deceive, insult ◇ insulter, mépriser; malmener, maltraiter, opprimer * 7995.

欺骗 qī piàn。to cheat, to deceive, to fool ◇ tromper, abuser, duper * 11133.

惎 jì +5430 其心 | 1° to be hurtful 2° to poison 3° to fear 4° to hate ◇ 1° nuire 2° empoisonner 3° craindre 4° haïr [Etym] 心397 (rad: 061a 4-08), 其1013 [Graph] 436i 321c.

棊 qí *5431 其木 | 棋 +4238 、碁 *5438 | chess, board game ◇ jeu d'échecs, jeux analogues [Etym] 木723 (rad: 075a 4-08), 其1013 [Graph] 436i 422a.

基 jī +5432 其土 |1° base, foundation 2° basic, key, primary, radical 3° property 4° throne 5° according to ◇ 1° base, fondation 2° clef, primordial 3° propriété, terrain 4° trône 5° conformément à [Etym] 土 826 (rad: 032a 3-08), 其 1013 [Graph] 436i 432a.

基金 jī jīn。 fund ◇ fonds ⁎ 1106.

基本 jī běn。 essential, fundamental ◇ essentiel, fondamental ⁎ 4662.

基督 jī dū。 Christ ◇ Christ ⁎ 4722.

基督教 jī dū jiào。 Christian religion ◇ christianisme ⁎ 4722 5050.

基层 jī céng。 basic or elementary level ◇ niveau de base, niveau élémentaire ⁎ 8634.

基础 jī chǔ。 basis, foundation ◇ base, fondement ⁎ 9738.

綦 qí +5433 其糸 |1° black, dark gray color 2° very ◇ 1° noir, couleur gris foncé 2° très [Etym] 糸 1185 (rad: 120a 6-08), 其 1013 [Graph] 436i 613d.

斯 sī (1014) 其斤 |[Tra] this; then ◇ ce, ceci; alors [Etym] phon: splitted (2,3= 斤 1461) wood in basket (1= 其 1013) ◇ phon: bois fendu (2,3= 斤 1461) dans un panier (1= 其 1013) [Graph] 436i 722c [Ref] w146a [Hanzi] si1 澌 26, si1 澌 256, si1 撕 2468, si1 斯 5434, si1 厮 6844, si1 厮 6926, si1 嘶 9002.

斯 sī +5434 其斤 |1° this 2° then, thus 3° here 4° to tear 5° final particle 6° surname ◇ 1° ce, ceci, cet, ces 2° alors, aussitôt 3° ici 4° déchirer 5° particule finale 6° nom propre [Etym] 斤 1461 (rad: 069a 4-08), 斯 1014 [Graph] 436i 722c.

颀 qī -5435 其页 |頄 *5439| mask to chase the devils away ◇ masque pour chasser les mauvais esprits [Etym] 页 1802 (rad: 181s 6-08), 其 1013 [Graph] 436i 854d.

颀待 qī dài。 to wait for, to hope ◇ attendre, espérer ⁎ 3137.

颀刊 qī kān。 periodical ◇ périodique ⁎ 3404.

颀望 qī wàng。 to hope, to expect; deadline ◇ espérer, s'attendre à; délai, terme ⁎ 7339.

朞 jī *5436 其月 |期 +5437| 1° period of one year 2° (death etc.) anniversary ◇ 1° une année 2° anniversaire (de décès etc.) [Etym] 月 1822 (rad: 074a 4-08), 其 1013 [Graph] 436i 856e.

期 jī +5437 其月 |朞 *5436| 1° period of one year 2° (death etc.) anniversary ◇ 1° une année 2° anniversaire (de décès etc.) [Etym] 月 1822 (rad: 074a 4-08), 其 1013 [Graph] 436i 856e.

△ qī |1° period, phase, stage 2° deadline, limit of time 3° measure-word: issue (magazine) 4° to make an appointment 5° to expect, to hope ◇ 1° période, phase 2° échéance, terme, temps convenu 3° spécificatif: fascicule (périodiques) 4° prendre rendez-vous 5° espérer, désirer.

碁 qí *5438 其石 |棋 +4238、棊 *5431| chess, board game ◇ jeu d'échecs, jeux analogues [Etym] 石 2149 (rad: 112a 5-08), 其 1013 [Graph] 436i 013b.

頄 qī *5439 其頁 |颀 -5435| mask to chase the devils away ◇ masque pour chasser les mauvais esprits [Etym] 頁 2267 (rad: 181a 9-08), 其 1013 [Graph] 436i 023f.

甚 shén (1015) 甚 |[Tra] very; what ◇ très; quoi [Etym] a couple (bottom< 匹 1510)united in sweetness (top< 甘 1009)->very ◇ un couple (bas< 匹 1510) uni par la douceur (haut< 甘 1009) ->très [Graph] 436j [Ref] k1186, w146b [Hanzi] zhan4 湛 257, chen2 谌 1750, ren4 shen4 葚 3707, shen4 zhen1 椹 4239, kan1 堪 4863, shen2 shen2 shen4 甚 5440, xian3 尠 5441, zhen1 斟 5442, kan1 戡 5443, kan1 勘 5444, chen2 諶 9543, zhen1 碪 9693, tan3 黮 10401.

甚 shén +5440 甚 |什 +2851| what, anything ◇ quoi? qu'est ce que? quel? tout ce que [Etym] 甘 1009 (rad: 099a 5-04), 甚 1015 [Graph] 436j.

△ shén |1° very 2° more than ◇ 1° très 2° plus que.

△ shèn |1° very, extremely 2° more than ◇ 1° très, intensif, extrêmement 2° trop, plus que.

甚至 shèn zhì。 even; more than ◇ même; au plus, tellement... que, à tel point que ⁎ 5911.

尠 xiǎn *5441 甚少 |鲜 -10477、鮮 *10571、尟 *9882| 1° few, rare 2° exhausted, finished ◇ 1° peu 2° rare, épuisé, fini [Etym] 小 424 (rad: 042a 3-10), 甚 1015 少 427 [Graph] 436j 331k.

斟 zhēn +5442 甚斗 |1° to pour out 2° to deliberate ◇ 1° verser à boire 2° délibérer, discuter [Etym] 斗 575 (rad: 068a 4-09), 甚 1015 [Graph] 436j 413g.

斟酌 zhēn zhuó。 to consider, to deliberate ◇ délibérer, peser le pour et le contre, réfléchir ⁎ 10898.

戡 kān +5443 甚戈 |1° to suppress, to subdue 2° to kill ◇ 1° réprimer, soumettre, vaincre 2° tuer [Etym] 戈 1057 (rad: 062a 4-09), 甚 1015 [Graph] 436j 512b.

勘 kān (1016) 甚力 |[Tra] investigate, examine ◇ examiner, interroger [Etym] great (1= 甚 1015) effort (2= 力 1489) in thorough investigation ◇ un grand (1= 甚 1015) effort (2= 力 1489) dans une enquête approfondie [Graph] 436j 732f [Ref] w146a [Hanzi] kan4 墈 4864, kan1 勘 5444, kan4 磡 9694.

勘 kān +5444 甚力 |1° to revise, to collate 2° to investigate, to examine ◇ 1° réviser, colliger 2° examiner, interroger, comparer [Etym] 力 1489 (rad: 019a 2-09), 勘 1016 [Graph] 436j 732f.

耳 ér (1017) 耳 |[Tra] ear ◇ oreille [Etym] human ear (prim) ◇ une oreille (prim) [Graph] 436k [Ref] k1004, wi99 [Hanzi] er3 洱 258, er3 铒 1207, er3 餌 1443, da1 耷 1554, er3 饵 1853, er3 铒 1986, er4 nai4 佴 2908, rong2 茸 3708, er3 珥 5128, er3

耳5445, chi3 恥5451, nie4 聶5455, qu3 取5460, ju4 ju4 聚5461, wen2 聞8018, mi3 弭11254 [Rad] 128a.

耳 ě r +5445 耳 | 1° ear 2° handle 3° final particle 4° on both sides 5° only 6° just ◇ 1° oreille 2° anse 3° finale explétive 4° latéral 5° seulement 6° voilà tout [Etym] 耳 1017 (rad: 128a 6-00), [Graph] 436k.

耳光 ěr guāng ∘ slap; box (on the ear) ◇ soufflet, gifle ✱ 2205.

耳机 ěr jī ∘ earphones ◇ écouteurs ✱ 4478.

耳环 ěr huán ∘ earrings ◇ boucles d'oreille ✱ 5105.

耳朵 ěr duǒ ∘ ear ◇ oreille ✱ 11208.

廿

耳

耿 gěng (1018) 耳火 | [Tra] ardour, virtuous ◇ ardeur; générosité [Etym] burning (2= 火 156) words coming to one's ears (1= 耳 1017) ◇ paroles enflammées (2= 火 156) à l'oreille (1= 耳 1017) [Graph] 436k 231b [Ref] k667, ph842, r33b, w146g [Hanzi] geng3 耿5446, jiong3 褧5447.

耿 gěng +5446 耳火 | 1° bright 2° constant, dedicated 3° virtuous, honest 4° proper noun ◇ 1° éclat, lumière 2° constance 3° vertu, loyal, intègre 4° nom propre [Etym] 耳 1017 (rad: 128a 6-04), 耿 1018 [Graph] 436k 231b.

褧 jiǒng *5447 耳火衣 | 䌹 -6048 、絅 *6219 | 1° to take 2° light overcoat ◇ 1° tirer à soi un objet, prendre 2° vêtement non doublé [Etym] 衣 371 (rad: 145a 6-10), 耿 1018 [Graph] 436k 231b 312i.

聆 líng -5448 耳人今 | 聆 *5449 | 1° to hear, to listen 2° to obey ◇ 1° entendre, écouter 2° obéir [Etym] 耳 1017 (rad: 128a 6-05), 今208 [Graph] 436k 233a 632b.

聆 líng *5449 耳人一卩 | 聆 -5448 | 1° to hear, to listen 2° to obey ◇ 1° entendre, écouter 2° obéir [Etym] 耳 1017 (rad: 128a 6-05), 令211 [Graph] 436k 233a ac:a 734a.

联 lián -5450 耳关 | 聯 *5459 | 1° to combine with, to join, to assemble, united, connected 2° antithetical couplet ◇ 1° assortir, unir, allier, joindre, rabouter 2° vers parallèles et symétriques [Etym] 耳 1017 (rad: 128a 6-06), 关 280 [Graph] 436k 242c.

联合 lián hé ∘ to tie, united, to assemble ◇ unir, s'allier, associer ✱ 1481.

联合 lián gě ∘ to unite, to ally ◇ unir, s'unir ✱ 1481.

联合国 lián gě guó ∘ the United Nations (U.N.) ◇ Organisation des Nations Unies (O.N.U.) ✱ 1481 10952.

联乡 lián xiāng ∘ relation ◇ rapport, relation ✱ 6295.

联系 lián xì ∘ to contact, to link; relation, connection ◇ lier, établir un lien étroit avec; contact, lien ✱ 6318.

联欢 lián huān ∘ celebration; get-together, party ◇ festival; rencontre amicale ou joyeuse ✱ 6501.

联盟 lián méng ∘ alliance, coalition ◇ alliance, ligue, association ✱ 9935.

耴 zhē (1019) 耳乚 | [Tra] flapping ears ◇ oreilles décollées [Etym] hanging (2=prim) ears (1= 耳 1017) ◇ des oreilles (1= 耳 1017) pendantes (2=prim) [Graph] 436k 321a [Ref] w92g, wi917 [Hanzi] zhe2 辄6345, zhe2 輒10685.

恥 chǐ (1020) 耳心 | [Tra] shame; to disgrace ◇ honte; humilier [Etym] red ears (1= 耳 1017) for shame in the heart (2= 心 397) ◇ oreilles (1= 耳 1017) réflétant les sentiments (2= 心 397) -> honte [Graph] 436k 321c [Ref] h301, k1123, ph349, r9m, r22d, w146f, wa164, wi578 [Hanzi] chi3 恥5451.

恥 chǐ *5451 耳心 | 耻 -5454 | 1° shame, to be ashamed 2° to disgrace ◇ 1° honte, avoir honte 2° humilier [Etym] 心 397 (rad: 061a 4-06), 恥1020 [Graph] 436k 321c.

耵 dīng +5452 耳丁 | ear-wax ◇ cérumen [Etym] 耳 1017 (rad: 128a 6-02), 丁 420 [Graph] 436k 331b.

聽 tīng (1021) 耳王𢛳一心 | [Tra] hear, obey; a can ◇ entendre, obéir; boîte [Etym] character (3,4< 德 536)of a hearing (1= 耳 1017) disciple (2= 壬 929) ◇ caractère (3,4< 德 536) d'un disciple (2= 壬929) attentif (1= 耳 1017) [Graph] 436k 432e 051d acc:a 321c [Ref] k1122, ph775, w27k [Hanzi] ting1 聽5453, ting1 廳6927.

聽 tīng *5453 耳王𢛳一心 | 听 +9066 | 1° to listen to, to hear 2° to obey 3° to administer 4° to let 5° tin, can ◇ 1° écouter, entendre 2° obéir à 3° administrer 4° permettre 5° boîte, bidon [Etym] 耳1017 (rad: 128a 6-16), 聽 1021 [Graph] 436k 432e 051d ac:a 321c.

耻 chǐ -5454 耳止 | 恥 *5451 | 1° shame, to be ashamed 2° to disgrace ◇ 1° honte, avoir honte 2° humilier [Etym] 耳 1017 (rad: 128a 6-04), 止954 [Graph] 436k 434a.

耻笑 chǐ xiào ∘ to mock, to sneer at ◇ ridiculiser; se moquer de ✱ 749.

耻辱 chǐ rǔ ∘ shame, disgrace ◇ honte, humiliation ✱ 6824.

聶 niè (1022) 耳耳耳 | [Tra] to whisper; to plot ◇ chuchoter, conspirer [Etym] closer ears (1,2,3= 耳 1017) in whispering ◇ oreilles (1,2,3= 耳1017) rapprochées pour chuchoter [Graph] 436k 436k 436k [Ref] r33b, w43b, w146f [Hanzi] she4 灄259, nie4 鑷1208, she4 攝2469, she4 懾3265, nie4 聶5455, nie4 顳5456, zhe3 襵6643, nie4 囁9003, nie4 躡9339.

聶 niè *5455 耳耳耳 | 聂 -5464 | 1° to whisper 2° to plot 3° surname ◇ 1° chuchoter 2° conspirer 3° nom propre [Etym] 耳 1017 (rad: 128a 6-12), 聶 1022 [Graph] 436k 436k 436k.

顳 niè *5456 耳耳耳頁 | 颞 -5465 | See ◇ Voir 颞颥 nie4-ru2 5465-8452 [Etym] 頁 2267 (rad: 181a 9-18), 聶 1022 [Graph] 436k 436k 436k

023f.

馘 guó *5457 |聝 +10175| to cut off an enemy's left ear in combat ◇ oreilles coupées des prisonniers pour prouver la victoire [Etym] 耳 1017 (rad: 128a 6-08), 或 1061 [Graph] 436k 512d 011a ac:z.

職 zhí *5458 |职 -5475| 1° duties of office, job 2° post 3° tribute 4° principally ◇ 1° charge, office 2° poste 3° tribut 4° principalement [Etym] 耳 1017 (rad: 128a 6-12), 戠 1068 [Graph] 436k 512h 021a.

聯 lián (1023) |[Tra] connected, assemble ◇ assortir, joindre [Etym] ear (1= 耳 1017); threads (2,3= 絲 1191); weaving action (4=prim) ◇ oreille (1= 耳 1017); fils (2,3= 絲 1191); action de tisser (4=prim) [Graph] 436k 613c 613c Z11b [Ref] k226, ph414, w146e, wi555 [Hanzi] lian2 聯 5459.

聯 lián *5459 |联 -5450| 1° to combine with, to join, to assemble, united, connected 2° antithetical couplet ◇ 1° assortir, unir, allier, joindre, rabouter 2° vers parallèles et symétriques [Etym] 耳 1017 (rad: 128a 6-11), 聯 1023 [Graph] 436k 613c 613c Z11b.

取 qǔ (1024) |[Tra] to take, to receive ◇ prendre, recevoir [Etym] to hold with hand (2= 又 1271) a man's or animal's ear (1= 耳 1017) ◇ tenir en main (2= 又 1271) un homme ou un animal par l'oreille (1= 耳 1017) [Graph] 436k 633a [Ref] w81h, wi202 [Hanzi] zou1 诹 1751, cong2 菆 4187, qu4 趣 4845, cong2 叢 5329, qu3 取 5460, ju4 ju4 聚 5461, qu3 娶 5463, zou1 郰 5466, ju1 娵 5770, zou1 缬 5988, zou1 緅 6159, zou1 陬 6749, zou1 諏 9544, zui4 最 9889, zou1 鯫 10493, zou1 鲰 10587, zhe2 輒 10686.

取 qǔ +5460 |1° to take, to fetch 2° to seek 3° to adopt 4° to choose 5° to receive ◇ 1° prendre 2° rechercher 3° adopter 4° choisir 5° recevoir, accepter [Etym] 又 1271 (rad: 029a 2-06), 取 1024 [Graph] 436k 633a.

取消 qǔ xiāo ◦ to eliminate, to disappear ◇ supprimer, annuler, anéantir * 454.

取笑 qǔ xiào ◦ to make fun of; to ridicule ◇ se moquer de, rire, railler * 749.

取得 qǔ dé ◦ to receive, to obtain ◇ recevoir, obtenir, acquérir * 3173.

聚 jù (1025) |[Tra] meeting; get together ◇ réunir; assembler [Etym] to receive (1, 2= 取 1024) many people (3= 乑 559) ◇ rassembler (1,2= 取 1024) plusieurs personnes (3= 乑 559) [Graph] 436k 633a 412i [Ref] h1106, k300, ph622, r16n, w146h, wi545 [Hanzi] ju4 ju4 聚 5461, zou1 鄹 5462, zhou4 驟 11048, zhou4 骤 11106.

聚 jù -5461 |聚 *5461| to assemble, to gather, to get together ◇ réunir, assembler [Etym] 耳 1017 (rad: 128a 6-08), 取 1024 乑 559 [Graph] 436k 633a 412i.

聚集 jù jí ◦ to gather, to collect, to assemble ◇ rassembler, collectionner * 5492.

鄹 zōu +5462 |郰 *5466| old place in Shandong ◇ ancien lieu du Shandong [Etym] 阝 1316 (rad: 163b 2-14), 聚 1025 [Graph] 436k 633a 412i 634j.

娶 qǔ +5463 |to marry a wife ◇ prendre pour épouse, se marier (homme) [Etym] 女 1122 (rad: 038a 3-08), 取 1024 [Graph] 436k 633a 611e.

聂 niè (1026) |[Tra] to whisper ◇ chuchoter [Etym] modern simplified form of (聶 1022) (2,3= 双 1276) ◇ forme simpliée moderne de (聶 1022) (2,3= 双 1276) [Graph] 436k 633a 633a [Ref] k1265, ph344, r19, r78, w168a, wa56, wi21, wi154, wi627 [Hanzi] she4 滠 260, nie4 镊 1987, she4 摄 2470, she4 慑 3266, nie4 聂 5464, nie4 颞 5465, nie4 嗫 9005, nie4 蹑 9340.

聂 niè -5464 |聶 *5455| 1° to whisper 2° to plot 3° surname ◇ 1° chuchoter 2° conspirer 3° nom propre [Etym] 耳 1017 (rad: 128a 6-04), 聂 1026 [Graph] 436k 633a 633a.

颞 niè -5465 |顳 *5456| [Etym] 页 1802 (rad: 181s 6-10), 聂 1026 [Graph] 436k 633a 633a 854d.

颞颥 niè rú ◦ temple ◇ tempe * 8452.

颞骨 niè gǔ ◦ temporal bone ◇ os temporal * 8574.

郰 zōu *5466 |鄹 +5462| old place in Shandong ◇ ancien lieu du Shandong [Etym] 阝 1316 (rad: 163b 2-08), 取 1024 [Graph] 436k 633a 634j.

耶 yé (1027) |[Tra] final particle ◇ particule finale [Etym] ph.b.: corrupted form from (邪 1543) ◇ e.ph.: forme erronée pour (邪 1543) [Graph] 436k 634j [Ref] h1404, k1065, ph669, r16e, w669h, wa120 [Hanzi] ye2 爺 1676, ye2 揶 2471, ye1 倻 2909, ye1 椰 4240, ye1 ye2 耶 5467.

耶 yē +5467 |1° used in transcription of Jehovah 2° Jesus 3° Jerusalem ◇ 1° utilisé dans la traduction des noms étrangers tels que Jésus 2° Jéhovah 3° Jérusalem [Etym] 耳 1017 (rad: 128a 6-02), 耶 1027 [Graph] 436k 634j.

△ yé |final particle ◇ particule finale.

聹 níng *5468 |聍 -5469| earwax ◇ cire, cérumen [Etym] 耳 1017 (rad: 128a 6-14), 寧 1667 [Graph] 436k 851c 321c 922a 331b.

聍 níng -5469 |聹 *5468| earwax ◇ cire, cérumen [Etym] 耳 1017 (rad: 128a 6-05), 宁 1673 [Graph] 436k 851c 331b.

耽 dān +5470 |躭 2° *8835| 1° pleasure 2° to delay 3° to indulge in ◇ 1° plaisir, aise 2° retarder 3° s'adonner à [Etym] 耳 1017 (rad: 128a 6-04), 冘 1762 [Graph] 436k 851m.

耽误 dān wù ◦ to delay, to err ◇ négliger, retarder, manquer * 1814.

耽搁 dān gē ◦ to stay; to delay ◇ rester, séjourner; traîner, tarder, flâner * 2626.

聃 dān *5471 | 聃 -5472 | name of Lao Zi ◇ nom propre de Laozi [Etym] 耳 1017 (rad: 128a 6-04), 冄 1843 [Graph] 436k 856f.

聃 dān -5472 | 聃 *5471 | name of Lao Zi ◇ nom propre de Laozi [Etym] 耳 1017 (rad: 128a 6-05), 冉 1888 [Graph] 436k 858c.

聊 liáo +5473 | 1° merely 2° a little 3° to chat 4° to depend on, inclined to 5° to help 6° surname ◇ 1° seulement, simplement 2° un peu 3° bavarder 4° s'appuyer sur, goût, entrain 5° aider 6° nom propre [Etym] 耳 1017 (rad: 128a 6-05), 卯 2057 [Graph] 436k 941b 734a.

聊天 liáo tiān ◦ to chat ◇ bavarder, converser * 1573.

聖 shèng *5474 | 圣 -6504 | 1° sage, wise 2° saint, holy, sacred, to consecrate 3° perfect 4° emperor ◇ 1° sage, génie, maître 2° saint, sacré, divin, consacrer 3° éminent, parfait 4° souverain [Etym] 耳 1017 (rad: 128a 6-07), 聖 1028 [Graph] 436k 011a 432e.

聖 shèng (1028) | [Tra] wise, perfect ◇ sage, parfait [Etym] to listen (1= 耳 1017) to notices (2,3= 呈 2070) ◇ écouter (1= 耳 1017) les avis (2,3= 呈 2070) [Graph] 436k 011a 432k [Ref] w168i [Hanzi] cheng1 檉 4241, sheng4 聖 5474, cheng1 蟶 10259.

职 zhí -5475 | 職 *5458 | 1° duties of office, job 2° post 3° tribute 4° principally ◇ 1° charge, office 2° poste 3° tribut 4° principalement [Etym] 耳 1017 (rad: 128a 6-05), 只 2113 [Graph] 436k 011c.

职位 zhí wèi ◦ post, position ◇ poste, position * 2775.

职工 zhí gōng ◦ staff and workers; workers ◇ employé, ouvrier, salarié * 4698.

职业 zhí yè ◦ trade; profession ◇ métier; profession * 5328.

职务 zhí wù ◦ post, duties, job ◇ charge, fonction, emploi * 6533.

职员 zhí yuán ◦ employee ◇ employé * 9127.

聪 cōng -5476 | 聰 *5481 | 1° quick of apprehension 2° clever, intelligent ◇ 1° esprit, perspicacité 2° intelligent, comprendre 3° pénétrer [Etym] 耳 1017 (rad: 128a 6-09), 总 2152 [Graph] 436k 013c 321c.

聪明 cōng míng ◦ intelligent, bright ◇ intelligent, brillant * 9933.

聒 guō +5477 | 1° noise of talking, clamor, hubbub 2° noisy ◇ 1° clameurs, bavardage 2° bruyant [Etym] 耳 1017 (rad: 128a 6-06), 舌 2162 [Graph] 436k 013h.

聩 kuì -5478 | 聵 *5479 | 1° ashamed 2° repentant ◇ 1° honte 2° remords [Etym] 耳 1017 (rad: 128a 6-09), 贵 2278 [Graph] 436k 031c 854b.

聵 kuì *5479 | 聩 -5478 | 1° ashamed 2° repentant ◇ 1° honte 2° remords [Etym] 耳 1017 (rad: 128a 6-12), 貴 2281 [Graph] 436k 031c 023b.

聘 pìn +5480 | 1° to engage, to invite by presents 2° to betroth 3° to inquire about ◇ 1° engager quelqu'un, inviter, saluer 2° fiancer, épouser 3° s'enquérir [Etym] 耳 1017 (rad: 128a 6-07), 甹 2347 [Graph] 436k 042a Z21b.

聘请 pìn qǐng ◦ to engage; to give responsibility to ◇ engager, vouloir donner des responsabilités * 1743.

聰 cōng *5481 | 聪 -5476 | 1° quick of apprehension 2° clever, intelligent ◇ 1° esprit, perspicacité 2° intelligent, comprendre 3° pénétrer [Etym] 耳 1017 (rad: 128a 6-11), 悤 2462 [Graph] 436k 071c 633e 321c.

敢 gǎn (1029) | [Tra] daring, bold ◇ oser, audacieux [Etym] {?} to attack (2= 攵 340) a bear (1<contraction of 熊 1041) ◇ {?} s'attaquer (2= 攵 340) à un ours (1<contraction de 熊 1041) [Graph] 436l 243c [Ref] k832, w168b, wi516 [Hanzi] gan3 澉 261, han4 撼 2472, gan3 橄 4242, gan3 敢 5482, han1 憨 5483, han3 kan4 阚 8019, han3 kan4 闞 8768, dan4 啖 9006, kan4 瞰 10057.

敢 gǎn +5482 | 1° to dare, to venture, bold 2° to be certain ◇ 1° oser, risquer, se permettre de, audacieux 2° sans doute, certain [Etym] 攵 340 (rad: 066b 4-07), 敢 1029 [Graph] 436l 243c.

憨 hān +5483 | 1° foolish, silly 2° straightforward 3° naive ◇ 1° sottise, stupidité 2° franc, honnête 3° naïf [Etym] 心 397 (rad: 061a 4-11), 敢 1029 [Graph] 436l 243c 321c.

隹 zhuī (1030) | [Tra] short-tailed bird ◇ oiseau (queue courte) [Etym] short-tailed bird (prim) (> 鳥 2500);gathering (< 集 1034, 雧 1032) ◇ un oiseau à queue courte (prim) (> 鳥 2500); rassembler (< 集 1034, 雧 1032) [Graph] 436m [Ref] h309, k1053, r22c, w119g, wi743 [Hanzi] zhun3 准 27, huai2 淮 262, za2 雜 1080, zhui1 錐 1209, shei2 shui2 谁 1752, zhui1 锥 1988, tui1 推 2473, wei2 惟 3267, huan2 萑 3709, chui2 zhui1 椎 4243, zhi4 稚 4534, dui1 zui1 堆 4865, zhui1 隹 5484, jiao1 焦 5485, sun3 隼 5491, shuang1 雙 5493, jin4 進 5497, shou4 售 5498, jie2 截 5538, wei2 维 5989, wei2 維 6160, yan4 雁 6829, di2 zhai2 翟 7226, cui1 崔 7532, wei2 帷 8392, huo4 霍 8436, wei2 wei3 唯 9007, shei2 shui2 誰 9545, dui4 碓 9695, sui1 睢 10058, tui2 魋 10742, zhui1 騅 11049, zhui1 骓 11107 [Rad] 172a.

隹 zhuī +5484 | short-tailed birds ◇ oiseaux à courte queue [Etym] 隹 1030 (rad: 172a 8-00), [Graph] 436m.

焦 jiāo (1031) | [Tra] burnt, scorched ◇ roussir, carboniser [Etym] a bird (1= 隹 1030) roasted on a fire (2= 灬 130) ◇ un oiseau (1= 隹 1030) rôti sur le feu (2= 灬 130) [Graph] 436m 222d [Ref] h1513, k1243, r3e, w168g, wi162 [Hanzi] qiao2 谯 1753, jiao1 僬 2910, qiao2 憔 3268, jiao1 蕉 3710, qiao2 樵 4244, jiao1 焦 5485, qiao1 劁 5486, qiao2 顦 5487, jiao1 鹪 5488, jiao1 鷦 5489, jiao4 噍 9008, qiao2 譙 9546, jiao1 礁 9696, qiao2 瞧 10059, jiao4 醮 10876.

焦 jiāo +5485 隹灬 | 1° burnt, scorched, dried up 2° coke 3° worried 4° surname ◇ 1° brûler, carboniser, roussir 2° cocaïne 3° tourmenté, inquiet 4° nom propre [Etym] 灬 130 (rad: 086b 4-08), 焦1031 [Graph] 436m 222d.

焦急 jiāo jí。anxious; worried ◇ impatient, pressé, anxieux ＊ 7383.

劁 qiāo +5486 隹灬刂 | to castrate ◇ castrer [Etym] 刂 470 (rad: 018b 2-12), 焦 1031 [Graph] 436m 222d 333b.

顦 qiáo *5487 隹灬頁 | 憔 +3268 | 1° wan, thin 2° withered (of plants) ◇ 1° émacié, triste, abattu 2° flétrir [Etym] 頁 2267 (rad: 181a 9-12), 焦 1031 [Graph] 436m 222d 023f.

鹪 jiāo -5488 隹灬鸟 | 鷦 *5489 | wren ◇ fauvette, roitelet [Etym] 鸟 2494 (rad: 196s 5-12), 焦 1031 [Graph] 436m 222d Z22e.

鷦 jiāo *5489 隹灬鳥 | 鹪 -5488 | wren ◇ fauvette, roitelet [Etym] 鳥 2500 (rad: 196a 11-12), 焦 1031 [Graph] 436m 222d Z22h.

雠 chóu (1032) 隹讠隹 | [Tra] to hate, enmity ◇ altercation, haine [Etym] modern simplified form of (讎 1036) ◇ forme simplifiée moderne de (讎 1036) [Graph] 436m 311b 436m [Ref] w168i [Hanzi] chou2 chou2 雠 5490.

雠 chóu +5490 隹讠隹 | 仇 +3093 、讎 *5494 | 1° enemy, foe 2° hatred ◇ 1° ennemi 2° haïr, inimitié [Etym] 讠 354 (rad: 149s 2-16), 雠1032 [Graph] 436m 311b 436m.

△ chóu | 讎 *5494 | 1° to hate 2° enmity, enemy 3° to revise (text) ◇ 1° altercation 2° haine 3° retoucher, réviser (texte).

隼 sǔn (1033) 隹十 | [Tra] falcon ◇ faucon [Etym] bird (1< 隹 1030) on a roost (bottom=prim) ◇ un oiseau (1< 隹 1030) sur un perchoir (bas=prim) [Graph] 436m 413a [Ref] w168g, wa68, wi154 [Hanzi] zhun3 準 263, sun3 榫 4245, sun3 隼 5491.

隼 sǔn 5491 隹十 | falcon ◇ faucon captif [Etym] 隹 1030 (rad: 172a 8-02), 隼 1033 [Graph] 436m 413a.

集 jí (1034) 隹木 | [Tra] gather, collection ◇ assembler, collection [Etym] birds (1= 隹1030) gathered in a tree (2= 木 723) ◇ des oiseaux (1= 隹 1030) rassemblés dans un arbre (2= 木 723) [Graph] 436m 422a [Ref] w87c [Hanzi] ji2 集 5492, za2 襍 6644.

集 jí +5492 隹木 | 1° to gather together 2° market 3° anthology ◇ 1° réunir, rassembler 2° marché 3° collection, volume [Etym] 隹 1030 (rad: 172a 8-04), 集 1034 [Graph] 436m 422a.

集会 jí huì。meeting; assembly, gathering ◇ réunion, rassemblement, meeting ＊ 1382.

集合 jí hé。to gather together, to unite ◇ réunir, colliger, rassembler ＊ 1481.

集体 jí tǐ。collectivity; collective ◇ collectivité ＊ 2872.

集市 jí shì。market; country fair ◇ foire, marché ＊ 8470.

集中 jí zhōng。to gather together, to concentrate ◇ grouper, colliger, concentrer; condensé ＊ 10183.

集中营 jí zhōng yíng。concentration camp ◇ camp de concentration ＊ 10183 3837.

集邮 jí yóu。to collect stamps; philately ◇ collectionner des timbres, philatélie ＊ 10658.

集团 jí tuán。group, clique, circle ◇ groupe, clique, bande ＊ 10945.

雙 shuāng (1035) 隹隹又 | [Tra] double; mate ◇ paire, couple [Etym] one hand (3= 又 1271) holding two birds (1,2= 隹 1030) ◇ une main (3= 又 1271) tenant deux oiseaux (1,2= 隹 1030) [Graph] 436m 436m 633a [Hanzi] song3 㩳 2475, shuang1 雙 5493.

雙 shuāng *5493 隹隹又 | 双 +6507 、 *28 | 1° two, twin, both, dual 2° measure word (double, pair, mate) 3° even (numbers) 4° equal ◇ 1° deux 2° spécificatif (double, couple, paire) 3° pair (nombre) 4° égal [Etym] 隹 1030 (rad: 172a 8-10), 雙 1035 [Graph] 436m 436m 633a.

讎 chóu (1036) 隹隹言 | [Tra] to hate, enmity ◇ altercation, haine [Etym] verbal (3= 言 2139) altercation between groups (1,2< 集 1034) ◇ dispute verbale (3= 言 2139) entre groupes (1,2< 集 1034) [Graph] 436m 436m 012d [Ref] w168i [Hanzi] chou2 chou2 讎 5494.

讎 chóu *5494 隹隹言 | 仇 +3093 、雠 +5490 | 1° enemy, foe 2° hatred ◇ 1° ennemi 2° haïr, inimitié [Etym] 言 2139 (rad: 149a 7-16), 讎1036 [Graph] 436m 436m 012d.

△ chóu | 雠 +5490 | 1° to hate 2° enmity, enemy 3° to revise (text) ◇ 1° altercation 2° haine 3° retoucher, réviser (texte).

隻 zhī (1037) 隹又 | [Tra] one only ◇ un, seulement [Etym] to hold (2= 又 1271) only one bird (1= 隹 1030) (> 雙 1035) ◇ tenir (2= 又 1271) seulement un oiseau (1= 隹 1030) (> 雙 1035) [Graph] 436m 633a [Ref] ph714, w87c [Hanzi] zhi1 隻 5495.

隻 zhī *5495 隹又 | 只 +9278 | 1° single, one only 2° merely 3° final particle 4° measure-word (hand, chicken, suitcase, boat) ◇ 1° seul, un seul 2° seulement 3° explétif, particule finale 4° spécificatif (main, poussin, valise, bateau) [Etym] 隹 1030 (rad: 172a 8-02), 隻 1037 [Graph] 436m 633a.

雋 juàn (1038) 隹乃 | [Tra] tasty; meaningful ◇ savoureux; important [Etym] to shoot (2< 弓 2534) a bird (1= 隹 1030) {intelligent} (> 雋1041) ◇ chasse (2< 弓 2534) à l'oiseau (1= 隹 1030) {intelligent} (> 雋 1041) [Graph] 436m 6341 [Ref] k962, ph648, w24q, wa134, wi143 [Hanzi] juan1 镌 1989, xie2 携 2476, zui4 槜 4246, juan4 jun4 雋 5496.

雋 juàn +5496 | 雋 *5499 | 1° fatty meat 2° tasty ◇ 1° chair grasse 2° savoureux [Etym] 隹 1030 (rad: 172a 8-02), 隽 1038 [Graph] 436m 634l.

△ jùn | 雋 *5499 | talented, superior ◇ intelligent, brillant.

進 jìn (1039) 隹辶 [Tra] to advance, to enter ◇ avancer, entrer [Etym] to walk (2= 辶 1346); phon (1= 隹 1030) (> 进 710) ◇ marcher (2= 辶 1346); phon (1= 隹 1030) (> 进 710) [Graph] 436m 634o [Ref] k1289, w10i, wi430 [Hanzi] jin1 璡 5129, jin4 進 5497, xian1 暹 9890.

進 jìn *5497 隹辶 | 进 -4056 | 1° to advance, to make progress 2° to enter 3° to receive 4° to eat, to take 5° to submit 6° into, to bring in ◇ 1° avancer, progrès 2° entrer 3° manger, recevoir 5° soumettre 6° introduire, dans [Etym] 辶 1346 (rad: 162b 3-08), 隹 1030 [Graph] 436m 634o.

售 shòu (1040) 隹口 [Tra] to sell; to plot ◇ vendre; aboutir [Etym] words (2= 口 2063) exchanged in a crowded (1< 集 1034) market ◇ paroles (2= 口 2063) échangées dans la foule (1< 集 1034) au marché [Graph] 436m 011a [Ref] k1289, ph718, r208, w10i, wa179, wi430 [Hanzi] shou4 售 5498.

售 shòu +5498 隹口 | 1° to sell 2° to carry out (intrigues) ◇ 1° vendre 2° arriver à ses fins [Etym] 口 2063 (rad: 030a 3-08), 售 1040 [Graph] 436m 011a.

售货员 shòu huò yuán ∘ salesclerk ◇ vendeur * 2836 9127.

售票员 shòu piào yuán ∘ (bus) conductor, ticket seller ◇ receveur (bus), caissier (cinéma) * 10812 9127.

雋 juàn (1041) 隹冏 [Tra] tasty; meaningful ◇ savoureux; important [Etym] ◇ [Graph] 436m Z51a [Ref] h1761, w31e [Hanzi] juan1 鐫 1210, xie2 擕 2477, zui4 檇 4247, juan4 jun4 雋 5499, xi1 巂 7533.

雋 juàn *5499 隹冏 | 隽 +5496 | 1° fatty meat 2° tasty ◇ 1° chair grasse 2° savoureux [Etym] 隹 1030 (rad: 172a 8-04), 雋 1041 [Graph] 436m Z51a.

△ jùn | 隽 +5496 | talented, superior ◇ intelligent, brillant.

無 wú (1042) 無 [Tra] no, nothing ◇ non, rien [Etym] reduction of (無 1043) ◇ réduction de (無 1043) [Graph] 436n [Ref] k178, r3a, r32f, r423, w71a, wi576 [Hanzi] wu3 舞 5501.

無 wú (1043) 無灬 [Tra] not, nothing ◇ non, rien [Etym] {1} trees cut down (2=prim) by many persons (1< 舞 1044), hence nothing; {2} dancers with ornaments (prim) ◇ {1} des arbres abattus (2=prim) par un groupe (1< 舞 1044), d'où rien; {2} des danseurs avec des ornements (prim) [Graph] 436n 222d [Ref] r425, w71d [Hanzi] wu3 潕 264, fu3 撫 2478, wu3 憮 3269, wu2 蕪 3713, wu2 無 5500, wu3 嫵 5771, wu3 廡 6928, m2 嘸 9009.

無 wú *5500 無灬 | 无 +2221 | 1° nothing, nil 2° not have, without 3° not 4° regardless of 5° surname ◇ 1° rien 2° il n'y a pas, sans 3° ne, ne pas 4° sans tenir compte de 5° nom de famille [Etym] 灬 130 (rad: 086b 4-08), 無 1043 [Graph] 436n 222d.

舞 wǔ (1044) 無夕㐄 [Tra] to dance ◇ danser [Etym] persons (1< 表 941) linked, in motion (2,3=prim) (> 無 1043) ◇ personnes (1< 表 941) reliées en mouvement (2,3=prim) (> 無 1043) [Graph] 436n 631b 712b [Hanzi] wu3 潕 265, wu3 舞 5501.

舞 wǔ +5501 無夕㐄 | 1° to dance 2° to make postures 3° to brandish, to flourish ◇ 1° danser, danses et poses 2° se demener en tous sens, mimer, pantomimes 3° exciter, encourager [Etym] 舛 1229 (rad: 136a 6-08), 舞 1044 [Graph] 436n 631b 712b.

舞会 wǔ huì ∘ ball, dance ◇ bal, soirée de danse * 1382.

舞台 wǔ tái ∘ stage, arena ◇ scène, planches, arène * 5901.

舞厅 wǔ tīng ∘ ballroom, dance hall ◇ salle de danse, dancing * 6828.

舞剧 wǔ jù ∘ dance in a drama ◇ danse dans un drame * 8662.

舞蹈 wǔ dǎo ∘ dance ◇ danse, ballet, chorégraphie * 9284.

弋 511

弋 yì (1045) 弋 [Tra] shoot arrow; order ◇ flèche; succession [Etym] arrow, halberd, lance, stake, etc (prim) ◇ flèche, hallebarde, lance, pieu, poteau, etc (prim) [Graph] 511a [Ref] h295, k887, ph236, r32f, w71c, wi576 [Hanzi] shi4 弒 1655, dai4 代 2911, yi4 杙 4248, yi4 弋 5502, te4 tei1 tui1 忒 5508, yuan1 鳶 5511, yuan1 鳶 5512 [Rad] 056a.

弋 yì +5502 弋 | 1° dart, arrow with string attached to it 2° to capture, to take 3° black ◇ 1° tirer des flèches, flèche 2° prendre 3° noir [Etym] 弋 1045 (rad: 056a 3-00), [Graph] 511a.

弌 yī *5503 弋一 | 壹 +5005 | one (used on cheque, banknote etc.) ◇ un (en grande écriture) [Etym] 弋 1045 (rad: 056a 3-01), 一 3 [Graph] 511a 111a.

弍 èr (1046) 弋二 [Tra] two (in capitals) ◇ deux:grande écriture [Etym] two (2= 二 4) counting pins (1= 弋 1045) ◇ deux (2= 二 4) chevilles (1= 弋 1045) à compter [Graph] 511a 111b [Ref] ph674 [Hanzi] er4 弍 5504, er4 貳 5505, er4 貳 5506.

弍 èr +5504 弋二 | two (in capitals) ◇ deux (en grande écriture) [Etym] 弋 1045 (rad: 056a 3-02), 弍 1046 [Graph] 511a 111b.

贰 èr +5505 弋二贝 | 貳 *5506 | two, second, twice ◇ deux, second, double [Etym] 贝 1796 (rad: 154s 4-05), 貳 1049 [Graph] 511a 111b 854b.

貳 èr *5506 | 貮 +5505 | two, second, twice ◇ deux, second, double [Etym] 貝 2246 (rad: 154a 7-05), 貮 1050 [Graph] 511a 111b 023b.

弎 sān *5507 | 叁 +5887 | three (cheque, etc.) ◇ trois (en grande écriture) [Etym] 弋 1045 (rad: 056a 3-03), 三 5 [Graph] 511a 111c.

忒 tè (1047) | [Tra] too; error; mistake ◇ trop; excès; faute [Etym] heart (2= 心 397); arrow, measure (1= 弋 1045) ◇ coeur (2= 心 397); flèche, mesure (1= 弋 1045) [Graph] 511a 321c [Ref] k9, r426, w71d [Hanzi] te4 鋱 1211, te4 铽 1990, te4 tei1 tui1 忒 5508, de5 脦 8142.

忒 tè +5508 | 1° error, mistake 2° to alter 3° too, very ◇ 1° erreur, faute 2° modifier 3° excessivement, trop [Etym] 心 397 (rad: 061a 4-03), 弋 1045 [Graph] 511a 321c.

△ tēi |

忒儿 tēi ér。(sound) flap (of wings) ◇ onomatopée de battement (d'ailes), claquement * 2194.

△ tuī | too, very ◇ trop.

式 shì (1048) | [Tra] form; pattern; rule ◇ modèle; règle [Etym] measure tools: stake (1= 弋 1045), carpenter square (2= 工 808) ◇ des instruments de mesure: un pieu (1= 弋 1045), une équerre (2= 工 808) [Graph] 511a 431a [Ref] h781, k1283, ph410, r36g, r383, w71k, wa162, wi640 [Hanzi] shi4 鉽 1655, shi4 试 1754, shi4 拭 2479, shi4 式 5509, shi4 轼 6346, shi4 試 9547, shi4 軾 10687.

式 shì +5509 | 1° type 2° style, fashion 3° form, pattern 4° ceremony, ritual 5° formula, rule 6° mood, mode ◇ 1° type 2° style 3° forme, modèle 4° cérémonie, rituel 5° formule, norme, règle 6° goût, mode [Etym] 弋 1045 (rad: 056a 3-03), 式 1048 [Graph] 511a 431a.

式样 shì yàng。model; type; style ◇ mode, modèle * 4163.

甙 dài +5510 | glucoside ◇ glucose [Etym] 弋 1045 (rad: 056a 3-05), 甘 1009 [Graph] 511a 436f.

贰 èr (1049) | [Tra] profit, interest ◇ profit, intérêt [Etym] modern simplified form of (貳 1050) ◇ forme simplifiée moderne de (貳 1050) [Graph] 511a acc:b 854b [Ref] h495, k879, ph82, r26f, w114a, wa77, wi8 [Hanzi] er4 贰 5505, ni4 腻 8143.

貳 èr (1050) | [Tra] profit, interest ◇ profit, intérêt [Etym] earn a second (1= 弍 1046) amount from the capital (2= 貝 2246) ◇ de l'argent (2= 貝 2246) rapportant une seconde (1= 弍 1046) somme [Graph] 511a acc:b 023b [Ref] ph363, w114c [Hanzi] er4 貳 5506, ni4 膩 8144.

鸢 yuān +5511 | 鳶 *5512 | kite ◇ milan, cerf-volant [Etym] 鸟 2494 (rad: 196s 5-03), 弋 1045 [Graph] 511a Z22e.

鳶 yuān *5512 | 鸢 +5511 | kite ◇ milan, cerf-volant [Etym] 鳥 2500 (rad: 196a 11-03), 弋 1045 [Graph] 511a Z22h.

武 wǔ (1051) | [Tra] military; warrior ◇ militaire; guerrier [Etym] lances (1< 戈 1057) that stop (2= 止 954) enemy ◇ des lances (1< 戈 1057) pour arrêter (2= 止 954) l'ennemi [Graph] 511b 434a [Ref] k114, w114b [Hanzi] bin1 斌 1664, wu3 武 5513, wu3 鹉 5514, wu3 鵡 5515, wu3 娬 5772, fu4 赋 7965, fu4 賦 10123.

武 wǔ +5513 | 1° military, martial, warlike 2° connected with boxing skill, swordplay etc. 3° valiant, fierce 4° weapons 5° surname ◇ 1° militaire, guerrier 2° relié à la boxe, escrime, etc. 3° vaillant, féroce 4° armes 5° nom de famille [Etym] 止 954 (rad: 077a 4-04), 武 1051 [Graph] 511b 434a.

武装 wǔ zhuāng。arms, military equipment ◇ armement, armer, équiper * 3192.

武术 wǔ shù。martial arts ◇ boxe traditionnelle chinoise (wushu) * 4595.

武断 wǔ duàn。arbitrary ◇ arbitraire * 4628.

武力 wǔ lì。force, military force ◇ force, forces des armes * 7259.

武官 wǔ guān。military officer ◇ attaché militaire * 7771.

武器 wǔ qì。weapon ◇ arme * 9172.

鹉 wǔ -5514 | 鵡 *5515 | See ◇ Voir 鹦鹉 ying1-wu3 7981-5514 [Etym] 鸟 2494 (rad: 196s 5-08), 武 1051 [Graph] 511b 434a Z22e.

鵡 wǔ *5515 | 鹉 -5514 | See ◇ Voir 鹦鹉 ying1-wu3 7981-5514 [Etym] 鳥 2500 (rad: 196a 11-08), 武 1051 [Graph] 511b 434a Z22h.

氏 shì (1052) | [Tra] family, clan ◇ famille, clan [Etym] {1} ramification of aquatic plants (prim) -> offspring; {2} peasant at work (prim) ◇ {1} la ramification de plantes aquatiques (prim) -> descendance; {2} un paysan au travail (prim) [Graph] 511c [Ref] k984, ph163, w114b, wi257 [Hanzi] zhi3 祇 2266, zhi3 抵 2480, qi2 芪 3714, shi4 zhi1 氏 5516, zhi3 帋 5517, hun1 昏 5519, di1 di3 氐 5520, zhi3 纸 5990, zhi3 紙 6161, qi2 zhi3 祇 6581, zhi3 衹 6645, mang2 meng2 氓 7340, min2 民 8712, shi4 舐 9828 [Rad] 083a.

氏 shì +5516 | 1° family, clan 2° sect 3° n,e 4° master (term of address) ◇ 1° famille, clan 2° secte 3° née 4° titre honorifique: maître [Etym] 氏 1052 (rad: 083a 4-00), [Graph] 511c.

△ zhī | See ◇ Voir 阏氏 yan1-zhi1 8031-5516.

帋 zhǐ *5517 | 纸 -5990、紙 *6161 | 1° paper 2° measure-word (scrap, sheet) ◇ 1° papier 2° spécificatif (feuille de papier) [Etym] 巾 1886 (rad: 050a 3-04), 氏 1052 [Graph] 511c 858a.

弋

弋弌氏

昏 guó (1053) 氏口 [Tra] to shut the mouth ◇ se taire [Etym] to keep plants (1= 氏 1052) in the mouth (2= 口 2063) (> 舌 2161) ◇ garder des plantes (1= 氏 1052) dans la bouche (2= 口 2063) (> 舌 2161) [Graph] 511c 011a [Ref] r21a, w29k, w71f [Hanzi] kuo4 逽 5518.

逽 kuò +5518 氏口辶 | 适 +9829 | personal name ◇ prénom [Etym] 辶 1346 (rad: 162b 3-07), 昏 1053 [Graph] 511c 011a 634o.

昏 hūn (1054) 氏日 [Tra] dusk; dark; to faint ◇ crépuscule; obscur [Etym] sinking (1< 氏 1055) sun (2= 日 2169) in the evening ◇ le soleil (2= 日 2169) qui tombe (1< 氏 1055) le soir [Graph] 511c 021a [Ref] k410, r40, r84, w71f, wa146 [Hanzi] hun1 惛 3270, hun1 昏 5519, hun1 婚 5773, hun1 阍 8020, hun1 閽 8769.

昏 hūn +5519 氏日 1° dusk 2° dark 3° confused 4° to faint ◇ 1° crépuscule, obscurité 3° confusion, vue trouble 4° affaibli [Etym] 日 2169 (rad: 072a 4-04), 昏 1054 [Graph] 511c 021a.

昏迷 hūn mí ∘ to faint ◇ s'évanouir, perdre connaissance * 4627.

昏暗 hūn àn ∘ dim, dusky ◇ sombre, obscur, ténébreux * 9843.

氐 dī (1055) 氐 [Tra] bottom; to sink ◇ s'enfoncer; fond [Etym] bottom (dot) of the water where plants (< 氏 1052) are rooted ◇ le fond (point) de l'eau où les plantes (< 氏 1052) s'enracinent [Graph] 511d [Ref] h1060, k363, ph258, w47e, wa161, wi866 [Hanzi] di3 诋 1755, zhi1 祗 2267, di3 抵 2481, di1 低 2918, di1 羝 3430, di3 牴 3460, di3 柢 4249, di3 坻 4866, di1 di3 氐 5520, di3 邸 5521, chi1 鸱 5522, chi1 鴟 5523, zhi1 祗 6582, de5 di3 底 6929, zhi1 胝 8145, di3 觝 8364, di3 骶 8579, di3 詆 9548, di3 砥 9697.

氐 dī +5520 氐 1° foundation 2° to reach 3° till 4° ancient nationality in China ◇ 1° fond, base 2° arriver 3° jusqu'à 4° ancien groupe ethnique en Chine [Etym] 氏 1052 (rad: 083a 4-01), 氐 1055 [Graph] 511d.

△ dǐ 1° foundation 2° to reach 3° till ◇ 1° fond, base 2° arriver 3° jusqu'à.

邸 dǐ +5521 氐阝 1° hotel, lodging house 2° residence of a high official ◇ 1° hôtellerie 2° résidence d'un grand personnage [Etym] 阝 1316 (rad: 163b 2-05), 氐 1055 [Graph] 511d 634j.

鸱 chī -5522 氐鸟 | 鴟 *5523 | owl ◇ hibou [Etym] 鸟 2494 (rad: 196s 5-05), 氐 1055 [Graph] 511d Z22e.

鴟 chī *5523 氐鳥 | 鸱 -5522 | owl ◇ hibou [Etym] 鳥 2500 (rad: 196a 11-05), 氐 1055 [Graph] 511d Z22h.

戈 512

尧 yáo (1056) 戈兀 [Tra] eminent, grand ◇ éminent, grand [Etym] modern simplified form of (堯 844) (1# 戈 1057) ◇ forme simplifiée moderne de (堯 844) (1# 戈 1057) [Graph] 512a 322c [Ref] k1072, ph333, r15a, w71r, wa163, wi13 [Hanzi] jiao1 浇 266, shao1 烧 978, rao2 饶 1854, nao2 铙 1991, nao2 挠 2482, jiao3 yao2 侥 2919, rao2 荛 3715, rao2 桡 4250, yao2 尧 5524, qiao2 qiao4 翘 5525, rao2 rao3 娆 5774, rao3 rao4 绕 5991, yao2 峣 7534, xiao1 哓 9010, qiao1 跷 9341, qiao1 硗 9698, xiao3 晓 9891, nao2 蛲 10260, xiao1 骁 11108.

尧 yáo -5524 戈兀 | 堯 *4825 | 1° legendary monarch in ancient China 2° eminent ◇ 1° monarque légendaire de la Chine ancienne 2° éminent [Etym] 儿 405 (rad: 010a 2-04), 尧 1056 [Graph] 512a 322c.

翘 qiáo -5525 戈兀习习 | 翹 *4828 | 1° to raise (one's head) 2° to become warped 3° to long for 4° long tail feathers ◇ 1° dresser (tête), se relever 2° courbé 3° désirer 4° longue plume de la queue [Etym] 羽 1472 (rad: 124a 6-06), 尧 1056 [Graph] 512a 322c 731c 731c.

△ qiào | 翹 *4828 、 蹺 *4826 | 1° to stick up, to bend upwards 2° to raise 3° high ◇ 1° rebiquer, se courber, se gondoler 2° dresser 3° haut.

戈 gē (1057) 戈 [Tra] dagger-axe ◇ hallebarde [Etym] halberd (prim) ◇ une hallebarde (prim) [Graph] 512b [Ref] k949, ph217, w71o, wa161, wi34 [Hanzi] zhao3 找 2483, fa2 伐 2920, ge1 戈 5526, hua2 hua4 huai5 划 5527, rong2 戎 5532, huo4 或 5533, jie2 截 5538, dai4 戴 5542, wo3 我 5544, wu4 戊 5547, xu1 戌 5548, shu4 戍 5549, cheng2 成 5550, qi1 戚 5552, jian1 戋 5563, ji2 戢 9004 [Rad] 062a.

戈 gē +5526 戈 1° spear, dagger-ax 2° proper noun ◇ 1° lance, hallebarde 2° nom propre [Etym] 戈 1057 (rad: 062a 4-00), [Graph] 512b.

划 huá +5527 戈刂 | 劃 3° *7401 | 1° to paddle, to row 2° to pay 3° to scratch ◇ 1° manoeuvrer une barque, ramer 2° gagner, payer 3° égratignure, éraflure [Etym] 刂 470 (rad: 018b 2-04), 戈 1057 [Graph] 512b 333b.

划子 huá zǐ ∘ canoe, boat ◇ canot, barque * 6546.

划船 huá chuán ∘ to paddle, to row ◇ canoter, ramer * 8333.

△ huà | 劃 *7401 | 1° to delimit 2° to transfer 3° to plan 4° to mark 5° stroke (of a Chinese character) ◇ 1° délimiter 2° transférer 3° planifier 4° marquer 5° trait (d'un caractère chinois).

划清 huà qīng ∘ to draw a demarcation line ◇ tracer une démarcation entre * 236.

划分 huà fēn ∘ to divide; to differentiate ◇ délimiter, déterminer * 7245.

划时代 huà shí dài ∘ epoch-making; landmark ◇ qui fait époque * 9861 2911.

△ huai | 劃 *7401 | See ◇ Voir 刣划 bai1-huai5 10001-5527.

戒 jiè (1058) 戈廾 [Tra] to refrain, forbid ◇ éviter; interdire [Etym] two hands (2= 廾 701) holding a halberd (1= 戈 1057) ◇ deux mains (2= 廾 701) tenant une hallebarde (1= 戈 1057) [Graph] 512b 416e

[Ref] k118, ph364, r84, r85, w71j, wa159, wi70, wi659 [Hanzi] jie4 诫 1756, xie4 械 4251, jie4 戒 5528, jie4 誡 9549.

戒 jiè +5528 戈廾 | 1° to guard against 2° to exhort, to warn 3° to give up, to refrain from, abstinence 4° Buddhist monastic discipline 5° ring (finger) ◇ 1° mettre en garde 2° avertir 3° éviter, s'abstenir, limite 4° discipline bouddhiste 5° anneau, bague [Etym] 戈 1057 (rad: 062a 4-03), 戒 1058 [Graph] 512b 416e.

戒指 jiè zhī ∘ ring ◇ bague, anneau * 2394.

戒指 jiè zhí ∘ ring (finger) ◇ bague, anneau * 2394.

戔 jiān (1059) 戈戈 | [Tra] small; to destroy ◇ petit; détruire [Etym] many halberds (1,2= 戈 1057). What remains after: not much ◇ plusieurs hallebardes (1,2= 戈 1057) et ce qui reste après: peu [Graph] 512b 512b [Ref] k1021, ph241, w71h, wa160, wi311 [Hanzi] qian3 浅 267, jian1 笺 810, qian2 錢 1212, jian4 餞 1444, zhan4 棧 4252, jian1 戔 5529, chan4 刬 5530, zhan3 盏 5531, xian4 綫 6162, can2 殘 6430, jian4 踐 9342, jian4 賤 10124, jian1 牋 11010.

戔 jiān *5529 戈戈 | 戋 -5563 | 1° small 2° narrow ◇ 1° petit 2° étroit [Etym] 戈 1057 (rad: 062a 4-04), 戔 1059 [Graph] 512b 512b.

剗 chǎn *5530 戈戈刂 | 刬 -5564 | 1° all 2° whole ◇ 1° tout 2° entier [Etym] 刂 470 (rad: 018b 2-08), 戔 1059 [Graph] 512b 512b 333b.

盞 zhǎn *5531 戈戈皿 | 盏 -5565 | 1° small cup 2° measure-word (lamp, lamp-bowl, tea-cup) ◇ 1° coupe 2° spécificatif (lampe, bol) [Etym] 皿 1939 (rad: 108a 5-08), 戔 1059 [Graph] 512b 512b 922a.

戎 róng (1060) 戎 | [Tra] army; war ◇ armée; guerre [Etym] halberd (1< 戈 1057) and defensive armour (two left strokes) ◇ une hallebarde (1< 戈 1057) et une armure défensive (2 traits gauches) [Graph] 512c [Hanzi] rong2 毧 2187, rong2 羢 3431, rong2 戎 5532, rong2 绒 5992, rong2 絨 6163, zei2 贼 7966, zei2 賊 10125.

戎 róng +5532 戎 | 1° army, military 2° soldier 3° war 4° you, your 5° to assist 6° ancient name for the peoples in West China 7° surname ◇ 1° armée, militaire 2° soldat 3° guerre 4° votre, vous 5° secourir, aider 6° les populations non chinoises de l'Ouest 7° nom propre [Etym] 戈 1057 (rad: 062a 4-02), 戎 1060 [Graph] 512c.

或 huò (1061) 戓口一 | [Tra] or; if; perhaps ◇ ou; si; quelqu'un [Etym] phon:protected zone (2=prim):wall (1=prim),weapons (1= 戈 1057) ◇ phon: une zône (2=prim) gardée: un mur (3=prim) et des armes (1= 戈 1057) [Graph] 512d 011a acc:z [Ref] w18n [Hanzi] yu4 棫 4253, yu4 域 4867, guo2 聝 5457, huo4 或 5533, huo4 惑 5534, yu4 阈 8021, yu4 閾 8770, guo2 馘 10175, yu4 蜮 10261, yu4 魊 10743, guo2 國 10954.

或 huò +5533 戓口一 | 1° perhaps, doubtful 2° or, either 3° some one 4° if, supposing that 5° illusion ◇ 1° peut-être que 2° ou, ou bien 3° quelqu'un 4° si, supposé que, soit... 5° illusion [Etym] 戈 1057 (rad: 062a 4-04), 或 1061 [Graph] 512d 011a ac:z.

或许 huò xǔ ∘ perhaps, maybe; probably ◇ peut-être, probablement * 1721.

或者 huò zhě ∘ or, either; perhaps, supposing that ◇ ou, ou bien; peut-être que, supposé que * 5051.

惑 huò +5534 戓口一心 | 1° to be puzzled, doubt 2° to mislead, to seduce, to deceive 3° suspicion ◇ 1° incertitude, doute 2° leurrer, tromper, séduire 3° soupçon [Etym] 心 397 (rad: 061a 4-08), 或 1061 [Graph] 512d 011a ac:z 321c.

𢦏 cái (1062) 𢦏 | [Tra] to wound ◇ blesser [Etym] halberd (< 戈 1057); phon (two first strokes< 才 443) ◇ une hallebarde (< 戈 1057); phon (deux premiers traits< 才 443) [Graph] 512e [Ref] k991, w81h, wi308 [Hanzi] zai1 灾 5535, cai2 裁 5536, zai1 栽 5537, jie2 截 5538, zai3 zai4 载 5539, zi4 胾 5540, zai1 哉 5541, dai4 戴 5542, zai3 zai4 載 5543.

烖 zāi *5535 𢦏火 | 灾 +7691 、 災 *5711 | 1° disaster, calamity 2° misfortune, adversity 3° fire ◇ 1° désastre, calamité 2° malheur 3° incendie [Etym] 火 156 (rad: 086a 4-06), 𢦏 1062 [Graph] 512e 231b.

裁 cái +5536 𢦏衣 | 1° to cut out 2° to reduce, to dismiss 3° to decide, to judge 4° to sanction 5° to plan ◇ 1° tailler 2° rogner, restreindre 3° décider, juger 4° sanctionner 5° régler, planifier [Etym] 衣 371 (rad: 145a 6-06), 𢦏 1062 [Graph] 512e 312i.

裁判 cái pàn ∘ to referee; to give a judgment ◇ arbitrer; rendre un jugement * 3478.

裁缝 cái féng ∘ tailor, dressmaker ◇ tailleur, couturier * 6012.

裁军 cái jūn ∘ disarmament ◇ réduire les armes, désarmement * 7675.

栽 zāi +5537 𢦏木 | 1° to plant, to grow, to transplant 2° to insert 3° to impose 4° to tumble ◇ 1° planter, semer, transplanter 2° insérer 3° imposer 4° s'écrouler [Etym] 木 723 (rad: 075a 4-06), 𢦏 1062 [Graph] 512e 422a.

栽培 zāi péi ∘ to grow, to cultivate ◇ planter, cultiver * 4761.

韯 qiān (1063) 𢦏韭 | [Tra] wild garlic ◇ ail sauvage [Etym] different writing for (韱 174) ◇ autre graphie pour (韱 174) [Graph] 512e 435d [Hanzi] qian1 籤 811.

截 jié (1064) 𢦏隹 | [Tra] to cut, to sever ◇ couper, trancher [Etym] mixture of phon (< 雀 428) and idea of cutting (< 𢦏 1062) ◇ interférence entre phon (< 雀 428) et idée de couper (< 𢦏 1062) [Graph] 512e 436m [Ref] k679, ph297, r169, w71q, wa148, wi2 [Hanzi] jie2 截 5538.

戈

戈戎戓𢦏

截 jié +5538 戋隹 | 1° to cut, to sever 2° measure-word: section 3° to stop 4° by, up to ◇ 1° couper, trancher 2° spécificatif: morceau 3° empêcher, arrêter 4° par, jusqu'à [Etym] 戈 1057 (rad: 062a 4-10), 截 1064 [Graph] 512e 436m.

截止 jié zhǐ。to end, to close ◇ prendre fin; s'arrêter ＊ 5293.

截至 jié zhì。up to; by (a specified time) ◇ jusqu'à, à la date de ＊ 5911.

载 zǎi -5539 戋车 | 載 *5543 | 1° year 2° to record 3° to quote ◇ 1° année 2° consigner par écrit, noter 3° citer [Etym] 车 1213 (rad: 159s 4-06), 戋 1062 [Graph] 512e 614d.

△ zài | 載 *5543 | 1° to carry 2° to contain, to be loaded with 3° over the road, all along the way 4° as well as, and ◇ 1° transporter 2° charger, tout le long du chemin, chargement, contenir 4° aussi bien que, et.

胾 zì +5540 戋肉 | 1° to cut meat into pieces 2° cutlet ◇ 1° couper la viande en morceaux 2° côtelette [Etym] 肉 1920 (rad: 130a 6-06), 戋 1062 [Graph] 512e 859b.

哉 zāi +5541 戋口 | final particle expressing disappointment: alas! why, wherefore ◇ particule finale exprimant la déception: hélas! pourquoi [Etym] 口 2063 (rad: 030a 3-06), 戋 1062 [Graph] 512e 011a.

戜 dié (1065) 戋口王	[Tra] warning ◇ remontrance [Etym] notification (2,3= 呈 2070) with menaces (1= 戋 1062) ◇ avertir (2,3= 呈 2070) en menaçant (1= 戋 1062) [Graph] 512e 011a 432e [Ref] k1223, ph671, w71i, w73e, wi39 [Hanzi] tie3 鐵 1213.

戴 dài (1066) 戋田共	[Tra] to wear; to obey ◇ porter; obéir [Etym] disagree (2,3= 異 2318); phon, wound (1= 戋 1062) ◇ dispute (2,3= 異 2318); phon, blesser (1= 戋 1062) [Graph] 512e 041a 436e [Ref] k639, r5h, r5j, w71m, wa146 [Hanzi] dai4 戴 5542, dai4 襶 6646.

戴 dài +5542 戋田共 | 1° to wear on the head 2° to obey, honour, respect 3° to sustain, to uphold 4° surname ◇ 1° porter sur la tête 2° obéir, reconnaissance, respect 3° soutenir 4° nom de famille [Etym] 戈 1057 (rad: 062a 4-13), 戋 1062 異 2318 [Graph] 512e 041a 436e.

戴上 dài shàng。to wear (on head) ◇ porter (sur la tête) ＊ 4718.

載 zǎi *5543 戋車 | 载 -5539 | 1° year 2° to record 3° to quote ◇ 1° année 2° consigner par écrit, noter 3° citer [Etym] 車 2352 (rad: 159a 7-06), 戋 1062 [Graph] 512e 042g.

△ zài | 载 -5539 | 1° to carry 2° to contain, to be loaded with 3° over the road, all along the way 4° as well as, and ◇ 1° transporter 2° charger, tout le long du chemin, chargement, contenir 4° aussi bien que, et.

我 wǒ (1067) 我	[Tra] I, me, we ◇ je, moi; nous [Etym] ph.b.: two halberds in opposite directions (< 戈 1057) or a complex weapon (prim) ◇ e.ph.: deux hallebardes opposées (< 戈 1057) ou une arme complexe (prim) [Graph] 512f [Ref] k837, r5k, w71p, wa147 [Hanzi] e2 鋨 1214, e4 餓 1445, e4 饿 1855, e2 锇 1992, e2 俄 2922, e2 莪 3716, yi4 義 5221, wo3 我 5544, e2 鹅 5545, e2 鵞 5546, e2 娥 5775, e2 峩 7535, e2 峨 7536, e2 o2 o4 哦 9011, wo4 硪 9699, e2 蛾 10262.

我 wǒ +5544 我 | 1° I, me, my 2° we, our 3° self ◇ 1° je, moi, mon 2° nous, notre 3° moi-même [Etym] 戈 1057 (rad: 062a 4-03), 我 1067 [Graph] 512f.

我们 wǒ men。we ◇ nous ＊ 3002.

鹅 é -5545 我鸟 | 鵞 *5546 | domestic goose ◇ oie domestique [Etym] 鸟 2494 (rad: 196s 5-07), 我 1067 [Graph] 512f Z22e.

鵞 é *5546 我鳥 | 鹅 -5545 | domestic goose ◇ oie domestique [Etym] 鳥 2500 (rad: 196a 11-07), 我 1067 [Graph] 512f Z22h.

戠 jì (1068) 戠日	[Tra] officers; weapon ◇ officiers; armes [Etym] man with halberd (1< 戈 1057) and commands (1,2< 音 91) ◇ une arme (1< 戈 1057) et le pouvoir de commander (1,2< 音 91) [Graph] 512h 021a [Ref] k906, w25d, wa161 [Hanzi] chi4 熾 979, zhi2 職 5458, zhi1 織 6164, zhi4 幟 8393, shi2 zhi4 識 9550.

戊 wù (1069) 戊	[Tra] halberd, sickle ◇ hallebarde, faucille [Etym] halberd (< 戈 1057) with a crescent (prim) ◇ une hallebarde (< 戈 1057) à coutelas (prim) [Graph] 512i [Ref] h515, k1204, ph179, r51, w71m, wi193 [Hanzi] mao4 茂 3717, wu4 戊 5547.

戊 wù +5547 戊 | cyclical character: the fifth of the ten Heavenly Stems ◇ caractère cyclique, cinquième des dix Tronc Célestes [Etym] 戈 1057 (rad: 062a 4-01), 戊 1069 [Graph] 512i.

戌 xū (1070) 戌	[Tra] to trim; to destroy ◇ ajuster; détruire [Etym] halberd (< 戈 1057) and wound (lower horizontal stroke) ◇ une hallebarde (< 戈 1057) et une blessure (trait inférieur horiz) [Graph] 512j [Ref] k621, w71p, wi730 [Hanzi] xu1 戌 5548.

戌 xū +5548 戌 | 1° wound 2° cyclical character: the eleventh of the twelve Earthly Branches ◇ 1° blessure 2° caractère cyclique: le onzième des douze Rameaux Terrestres [Etym] 戈 1057 (rad: 062a 4-02), 戌 1070 [Graph] 512j.

戍 shù (1071) 戍	[Tra] guard; garrison ◇ garde; garnison [Etym] man (two lower left strokes< 人 170) and weapon (< 戈 1057) ◇ un homme (deux traits inférieurs gauche< 人 170), une arme (< 戈 1057) [Graph] 512k [Hanzi] shu4 戍 5549.

戍 shù +5549 戍 | to guard the frontiers, garrison ◇ être de garde à la frontière, garnison [Etym] 戈 1057 (rad: 062a 4-02), 戍 1071 [Graph] 512k.

成 chéng (1072) 成 [Tra] accomplish, succeed ◇ achever; réussir [Etym] to trim (< 戈 1057) and nail (inside stroke< 丁 420) ->to finish ◇ découper (< 戈 1057) et clouer (trait intérieur< 丁 420) ->achever [Graph] 512l [Hanzi] cheng2 鋮 1215, cheng2 诚 1757, cheng2 铖 1993, cheng2 城 4868, cheng2 成 5550, cheng2 sheng4 盛 5551, cheng2 宬 7746, cheng2 誠 9551, sheng4 晟 9892.

成 chéng +5550 成 1° to accomplish, to finish, to succeed 2° to become 3° result, achiement 4° fully grown 5° ready-made 6° in great amounts 7° al right, o.k. 8° ◇ 1° parfaire, finir, achever, réussir 2° devenir 3° résultat, accomplissement 4° mature 5° tout fait 6° en grand nombre 7° d'accord 8° capable [Etym] 戈 1057 (rad: 062a 4-02), 成 1072 [Graph] 512l.

成立 chéng lì ◦ to establish, to erect, foundation ◇ fonder, établir ✱ 637.

成人 chéng rén ◦ adult ◇ adulte ✱ 1070.

成天 chéng tiān ◦ all day ◇ toute la journée ✱ 1573.

成交 chéng jiāo ◦ to conclude a transaction ◇ conclure un marché ✱ 1681.

成语 chéng yǔ ◦ set phrase ◇ locution toute faite ✱ 1784.

成长 chéng zhǎng ◦ to grow; to grow up ◇ croître; pousser ✱ 2139.

成份 chéng fèn ◦ composition, component ◇ composant, élément ✱ 2952.

成千 chéng qiān ◦ around a thousand ◇ environ mille ✱ 3419.

成本 chéng běn ◦ cost; cost price ◇ prix de revient; coût ✱ 4662.

成功 chéng gōng ◦ success ◇ succès ✱ 4707.

成绩 chéng jī ◦ result, achievement, success ◇ résultat, succès ✱ 5983.

成了 chéng le ◦ that's good! ◇ c'est bien! ✱ 6540.

成为 chéng wéi ◦ to become ◇ devenir ✱ 7272.

成败 chéng bài ◦ success or failure ◇ réussite ou échec ✱ 7959.

成见 chéng jiàn ◦ prejudice; preconceived ideas ◇ idée préconçue; préjugé ✱ 7991.

成就 chéng jiù ◦ result, achievement ◇ résultat, exploit ✱ 9437.

成熟 chéng shú ◦ mature, ripe ◇ mûr, à point ✱ 9455.

盛 chéng +5551 成皿 1° to contain 2° to fill ◇ 1° contenir 2° remplir [Etym] 皿 1939 (rad: 108a 5-06), 成 1072 [Graph] 512l 922a.

△ shèng 1° to flourish, prosperous, plentiful 2° vigorous 3° magnificent, greatly 4° widespread 5° extremely, very 6° surname ◇ 1° florissant, prospère, copieux 2° vigoureux, vigoureux 4° abondant, répandu 5° extrêmement, très 6° nom propre.

盛况 shèng kuàng ◦ spectacular event ◇ spectacle magnifique ✱ 38.

盛会 shèng huì ◦ grand meeting or gathering ◇ rassemblement ou assemblée imposant(e) ✱ 1382.

盛大 shèng dà ◦ grand, magnificent ◇ grandiose, solennel ✱ 1537.

盛行 shèng xíng ◦ to be in vogue; rampant ◇ être en vogue, être très connu, très répandu ✱ 3128.

盛情 shèng qíng ◦ great kindness ◇ extrême bienveillance ✱ 3261.

盛开 shèng kāi ◦ to bloom, to be in full bloom ◇ être en pleine floraison, s'épanouir ✱ 4045.

盛名 shèng míng ◦ great reputation ◇ grand renom, grande réputation ✱ 6408.

烕 miè (1073) 戌二火 [Tra] to extinguish ◇ éteindre [Etym] to destroy (1= 戌 1070) fire (2= 火 156) ◇ détruire (1= 戌 1070) le feu (2= 火 156) [Graph] 512m acc:a 231b [Ref] k1059, ph597, w124c, wi926 [Hanzi] mie4 滅 268.

㳽 suì (1074) 戌歹 [Tra] year ◇ année [Etym] reduction of (歲 961) ◇ réduction de (歲 961) [Graph] 512m 331i [Ref] w71p, wa169 [Hanzi] sui4 歲 7537.

戚 suì (1075) 戌示 [Tra] year ◇ année [Etym] different writing for (㳽 1074) ◇ autre graphie pour (㳽 1074) [Graph] 512m 331l [Ref] h246, k148, ph446, w71p, wa163, wi305, wi502 [Hanzi] sui4 歳 7538.

戚 qī (1076) 戌上小 [Tra] axe; kin; sorrow ◇ arme; parents; triste [Etym] sickle (1= 戌 1069); ramification of beans (2,3= 尗 819): kin ◇ une faucille (1= 戌 1069); la ramification des pois (2,3= 尗 819): famille [Graph] 512m 431b 331j [Ref] h246, k301, ph740, r87, w71p, wi502 [Hanzi] qi1 槭 4254, qi1 戚 5552, qi1 慼 5553, cu4 蹙 5554, qi1 嘁 9012.

戚 qī +5552 慼 *5553 戌上小 1° relative, kin, related to 2° sorrow, to pity, to distress 3° battle-ax 4° surname ◇ 1° parents de nom différent, parenté 2° pitié, tristesse, affliger 3° hache de guerre 4° nom propre [Etym] 戈 1057 (rad: 062a 4-07), 戚 1076 [Graph] 512m 431b 331j.

慼 qī *5553 戚 +5552 戌上小心 1° relative, kin, related to 2° sorrow, to pity, to distress 3° battle-ax 4° surname ◇ 1° parents de nom différent, parenté 2° pitié, tristesse, affliger 3° hache de guerre 4° nom propre [Etym] 心 397 (rad: 061a 4-11), 戚 1076 [Graph] 512m 431b 331j 321c.

蹙 cù +5554 戌上小足 1° to press upon, to contract 2° careworn ◇ 1° comprimer, s'accroupir 2° misère [Etym] 足 2117 (rad: 157a 7-11), 戚 1076 [Graph] 512m 431b 331j 011f.

威 wēi (1077) 戌二女 [Tra] fear; majesty ◇ crainte; dignité [Etym] threatened (1= 戌

戈 成 戚

1070) woman (2= 女 1122) ◇ une femme (2= 女 1122) menacée (1= 戌 1070) [Graph] 512m acc:a 611e [Ref] k1348, ph175, r30j, w71l, wa146, wi329 [Hanzi] wei1 葳 3718, wei1 威 5555, wai3 wei1 崴 7539.

威 wēi +5555 戌一女 | 1° might, impressive strength 2° majesty 3° by force 4° to unsettle 5° surname ◇ 1° puissance qui impose, force, prestige 2° majesté, majestueux 3° user de la force 4° ébranler 5° nom de famille [Etym] 女 1122 (rad: 038a 3-06), 戚 1077 [Graph] 512m ac:a 611e.

威信 wēi xìn。prestige; popular trust ◇ prestige, haute réputation * 3042.

威严 wēi yán。dignified, stately; prestige ◇ auguste, imposant, majestueux, solennel * 6997.

威力 wēi lì。power ◇ puissance * 7259.

威望 wēi wàng。prestige ◇ prestige * 7339.

威胁 wēi xié。threaten ◇ menacer * 8174.

威风 wēi fēng。power and prestige; imposing ◇ prestige, dignité; majestueux, imposant * 11212.

威凤 wēi fèng。mighty, majestic ◇ imposant, majestueux * 11220.

咸 xián (1078) 戌口 | [Tra] all; unison ◇ tous; unisson [Etym] trimming tool (1= 戌 1070) and harmony of words (1= 口 2063) ◇ un outil pour tout ajuster (1= 戌 1070); une entente verbale (1= 口 2063) [Graph] 512m 012a [Ref] k1063, w71f, w82d, w127b [Hanzi] jian3 减 29, jian3 減 269, zhen1 箴 812, zhen1 鍼 1216, jian3 堿 4869, jian1 瑊 5130, xian2 咸 5556, gan3 感 5557, kan3 顑 5558, bi4 觱 5559, kan3 顑 5560, jian1 缄 5993, jian1 緘 6165, han3 喊 9013, jian3 碱 9700, xian2 鹹 10841.

咸 xián +5556 戌口 | 鹹 1° *10841 | 1° salted, salty 2° all, entirely ◇ 1° salé 2° tout, entièrement [Etym] 口 2063 (rad: 030a 3-06), 咸 1078 [Graph] 512m 012a.

咸菜 xián cài。salted vegetable ◇ légume salé * 3543.

感 gǎn (1079) 戌口心 | [Tra] to be affected, feel ◇ ému; affecté [Etym] unison (1,2= 咸 1078) of hearts (3= 心 397) ◇ coeurs (3= 心 397) à l'unisson (1,2= 咸 1078) [Graph] 512m 012a 321c [Ref] k1034, ph792, w82e, wa167, wi941 [Hanzi] han4 撼 2484, han4 憾 3271, gan3 感 5557.

感 gǎn +5557 戌口心 | 1° to feel 2° to be moved, to be affected by 3° to be grateful 4° to excite 5° to influence ◇ 1° sentir 2° être ému de, émouvoir, touché de, affecté de 3° éprouver de la reconnaissance 4° exciter 5° sous l'influence de [Etym] 心 397 (rad: 061a 4-09), 感 1079 [Graph] 512m 012a 321c.

感激 gǎn jī。to feel grateful; to be indebted ◇ être reconnaissant, savoir gré * 545.

感谢 gǎn xiè。to thank ◇ remercier, être reconnaissant * 1813.

感情 gǎn qíng。feeling, emotion ◇ sentiment, émotion * 3261.

感想 gǎn xiǎng。impression ◇ impression * 4445.

感到 gǎn dào。to feel ◇ réagir, sentir * 5914.

感动 gǎn dòng。emotion ◇ émotion, toucher, frapper * 5920.

感觉 gǎn jué。feeling; to feel ◇ sensation; sentir; trouver, estimer * 7857.

感冒 gǎn mào。cold (med.) ◇ rhume, grippe * 7951.

感叹 gǎn tàn。to exclaim, to sigh, to moan ◇ s'exclamer, soupirer d'émotion * 9040.

颇 kǎn -5558 戌口页 | 顑 *5560 | [Etym] 页 1802 (rad: 181s 6-09), 咸 1078 [Graph] 512m 012a 854d.

颇颔 kǎn hàn。yellow swollen face ◇ visage de couleur jaune: teinte d'un affamé * 1390.

觱 bì +5559 戌口角 | 篥 *813 | ancient musical horn ◇ trompe antique [Etym] 角 1883 (rad: 148a 7-09), 咸 1078 [Graph] 512m 012a 857l.

觱篥 bì lì。kind of bamboo pipe, ancient musical instrument ◇ espèce de pipeau en bambou, instrument de musique antique * 913.

顑 kǎn *5560 戌口頁 | 颇 -5558 | See ◇ Voir 颇颔 kan3-han4 5558-1390 [Etym] 頁 2267 (rad: 181a 9-09), 咸 1078 [Graph] 512m 012a 023f.

戉 yuè (1080) 戉 | [Tra] battle-axe ◇ hallebarde [Etym] halberd (< 戈 1057) with hook (< 亅 353) ◇ une hallebarde (< 戈 1057) avec crochet (< 亅 353) [Graph] 512n [Ref] r15a [Hanzi] yue4 鉞 1217, yue4 钺 1994, yue4 越 4846, yue4 戉 5561, xu1 魊 10744.

戉 yuè *5561 戉 | 钺 -1994、鉞 *1217 | battle-ax ◇ hallebarde [Etym] 戈 1057 (rad: 062a 4-01), 戉 1080 [Graph] 512n.

戕 zāng (1081) 戕 | [Tra] sick; wounded ◇ maladie; blessure [Etym] wound by halberd (< 戈 1057); sickness (< 疒 2470) ◇ une blessure par hallebarde (< 戈 1057); une maladie (< 疒 2470) [Graph] 512o [Hanzi] zang1 臧 5562.

臧 zāng (1082) 戕臣 | [Tra] good; right ◇ bon; complaisance [Etym] {1} virtue of a minister (2= 臣 2044), phon, wound (1= 戕 1081); {2} complex halberd (1< 戌 1069) piercing eye of enemy (2= 臣 2044) ◇ {1} vertu d'un ministre (2= 臣 2044), phon, blessure (1= 戕 1081); {2} hallebarde complexe (1< 戌 1069) crevant l'oeil (2= 臣 2044) de l'ennemi [Graph] 512o 935b [Ref] k1160, r317, w166a, wa50 [Hanzi] cang2 zang4 藏 3721, zang1 臧 5562, zang1 贓 10126.

戈 戚戉戕

臧 zāng +5562 戕臣 | 1° good, right 2° complacency 3° surname ◇ 1° bon, faste, prospère 2° complaisance 3° nom de famille [Etym] 臣 2044 (rad: 131a 6-08), 臧 1082 [Graph] 512o 935b.

戋 513

| 戋 jiān (1083) 戋 | [Tra] small; narrow ◇ petit; étroit [Etym] modern simplified form of (戔 1059) ◇ forme simplifiée moderne de (戔 1059) [Graph] 513a [Ref] w96a [Hanzi] jian1 qian3 浅 270, jian1 笺 814, jian4 饯 1856, qian2 钱 1995, zhan4 栈 4255, jian1 戋 5563, chan3 chan4 刬 5564, zhan3 盏 5565, xian4 线 5994, can2 残 6431, jian4 贱 7967, jian4 践 9343. |

戋 jiān -5563 戋 | 戔 *5529 | 1° small 2° narrow ◇ 1° petit 2° étroit [Etym] 戈 1057 (rad: 062a 4-01), 戋 1083 [Graph] 513a.

刬 chǎn -5564 戋刂 | 铲 -2022 、鏟 *1140 、剷 *6996 | spade, shovel, to dig ◇ pelle, racloir, racler, creuser [Etym] 刂 470 (rad: 018b 2-05), 戋 1083 [Graph] 513a 333b.

△ chàn | 剗 *5530 | 1° all 2° whole ◇ 1° tout 2° entier.

盏 zhǎn -5565 戋皿 | 盞 *5531 | 1° small cup 2° measure-word (lamp, lamp-bowl, tea-cup) ◇ 1° coupe 2° spécificatif (lampe, bol) [Etym] 皿 1939 (rad: 108a 5-05), 戋 1083 [Graph] 513a 922a.

| 彧 yù (1084) 彧口亠 | [Tra] elegant; accomplish ◇ élégant; accompli [Etym] {?} enlarged form of (或 1061) ◇ {?} forme agrandie de (或 1061) [Graph] 513b 011a acc:z [Ref] k313, ph741 [Hanzi] yu4 彧 5566. |

彧 yù +5566 彧口亠 | 1° elegant 2° accomplished ◇ 1° élégant 2° accompli [Etym] 口 2063 (rad: 030a 3-07), 彧 1084 [Graph] 513b 011a ac:z.

豸 521

| 豸 zhì (1085) 豸 | [Tra] feline beasts ◇ félins, fauves [Etym] feline beast (prim) ◇ un félin (prim) [Graph] 521a [Hanzi] zhi4 豸 5567 [Rad] 153a. |

豸 zhì +5567 豸 | 1° reptiles 2° insect without feet or legs ◇ 1° félins, fauves 2° insectes sans patte [Etym] 豸 1085 (rad: 153a 7-00), [Graph] 521a.

貐 yǔ +5568 豸人一月刂 | porcupine ◇ porc-épic [Etym] 豸 1085 (rad: 153a 7-09), 俞 213 [Graph] 521a 233a ac:a 856e 333b.

| 豺 chái (1086) 豸才 | [Tra] wolf ◇ loup [Etym] wolf: clever (2= 才 443) animal (1= 豸 1085) ◇ loup: animal (1= 豸 1085) astucieux (2= 才 443) [Graph] 521a 332c [Hanzi] chai2 豺 5569. |

豺 chái +5569 豸才 | wolf ◇ loup [Etym] 豸 1085 (rad: 153a 7-03), 豺 1086 [Graph] 521a 332c.

貅 xiū +5570 豸亻木 | leopard ◇ léopard [Etym] 豸 1085 (rad: 153a 7-06), 休 492 [Graph] 521a 411e 422a.

貏 yà *5571 豸丰刀大 | 猰 +5613 | See ◇ Voir 猰貐 ya4-yu3 5613-5568 [Etym] 豸 1085 (rad: 153a 7-09), 契 596 [Graph] 521a 414g 732a 242a.

貛 huān *5572 豸艹口口隹 | 獾 +5616 | badger ◇ blaireau [Etym] 豸 1085 (rad: 153a 7-17), 雚 676 [Graph] 521a 415c 011a 011a 436m.

貘 mò +5573 豸艹日大 | malacca tapir ◇ tapir [Etym] 豸 1085 (rad: 153a 7-10), 莫 679 [Graph] 521a 415c 021a 242a.

貓 māo *5574 豸艹田 | 猫 -5617 | cat ◇ chat [Etym] 豸 1085 (rad: 153a 7-08), 苗 687 [Graph] 521a 415c 041a.

△ máo | 猫 -5617 | See ◇ Voir 猫腰 mao2-yao1 5617-8244.

貉 háo +5575 豸夂口 | 1° badger 2° raccoon dog ◇ 1° blaireau, marmotte 2° raton [Etym] 豸 1085 (rad: 153a 7-06), 各 1295 [Graph] 521a 633e 011a.

△ hé | badger, raccoon dog ◇ blaireau, marmotte, raton, laveur.

貂 diāo +5576 豸刀口 | mustela zibelina, marten, Siberian sable ◇ martre zibeline [Etym] 豸 1085 (rad: 153a 7-05), 召 1479 [Graph] 521a 732a 011a.

豹 bào +5577 豸勺 | leopard, panther ◇ léopard, panthère [Etym] 豸 1085 (rad: 153a 7-03), 勺 1763 [Graph] 521a 852b.

豹子 bào zǐ 。 panther, leopard ◇ panthère, léopard * 6546.

| 貇 kèn (1087) 豸艮 | [Tra] to bite, eat ◇ mordre, manger [Etym] animal (1= 豸 1085); phon, tough (艮 2003) ◇ animal (1= 豸 1085); phon, résister (艮 2003) [Graph] 521a 932c [Ref] r318, w134a, wi295 [Hanzi] ken3 懇 5578, ken3 墾 5579. |

懇 kěn *5578 豸艮心 | 恳 -8718 | 1° sincerely 2° to beg, to ask earnestly, to entreat ◇ 1° sincère, cordial 2° prier, supplier, implorer [Etym] 心 397 (rad: 061a 4-13), 貇 1087 [Graph] 521a 932c 321c.

墾 kěn *5579 豸艮土 | 垦 -8719 | 1° to open new land 2° to plough ◇ 1° défricher 2° labourer [Etym] 土 826 (rad: 032a 3-13), 貇 1087 [Graph] 521a 932c 432a.

貆 huán +5580 豸亘 | badger ◇ blaireau [Etym] 豸 1085 (rad: 153a 7-06), 亘 2213 [Graph] 521a 022a ac:z.

| 貌 mào (1088) 豸皃 | [Tra] looks; appearance ◇ figure; aspect [Etym] feline beast (1= 豸 1085); phon, gait (2= 皃 2226) ◇ félin (1= 豸 1085); phon, apparance (2= 皃 2226) [Graph] 521a 022d [Ref] w134a [Hanzi] miao3 藐 3722, mao4 貌 5581, miao3 邈 5582. |

貌 mào +5581 豸皃 | 皃 *9998 | looks, appearance, outward mien, manner, aspect, gait, visage, like ◇ figure, mine, air, tournure, aspect, forme, extérieurement [Etym] 豸 1085 (rad: 153a 7-07), 皃 2226 [Graph] 521a 022d.

邈 m i ǎ o +5582 豸皃辶 | 1° small 2° hidden 3° far away 4° to despise ◇ 1° petit 2° caché 3° distant 4° dédaigner, mépriser [Etym] 辶 1346 (rad: 162b 3-14), 貌 1088 [Graph] 521a 022d 634o.

貊 m ò +5583 豸百 | wild tribes of the Northeast ◇ barbares du nord-est [Etym] 豸 1085 (rad: 153a 7-06), 百 2228 [Graph] 521a 022f.

貍 l í (1089) 豸里 | [Tra] fox, cat ◇ renard, chat [Etym] animal (1= 豸 1085); phon (2= 里 2368) ◇ animal (1= 豸 1085); phon (2= 里 2368) [Graph] 521a 043j [Hanzi] mai2 霾 8437.

貔 p í +5584 豸囟匕匕 | mythical bear-like animal ◇ animal légendaire ressemblant à un ours [Etym] 豸 1085 (rad: 153a 7-10), 毗 2419 [Graph] 521a 061b 311d 321b.

犭 q u ǎ n (1090) 犭 | [Tra] dog ◇ chien [Etym] dog (prim) (< 犬 295) ◇ un chien (prim) (< 犬 295) [Graph] 521b [Ref] h1274 [Hanzi] huo4 获 3724, yu4 狱 5604, yu4 獄 5666 [Rad] 094b.

獍 j ì n g +5585 犭立見 | panther, ungrateful tiger-like animal eating his mother ◇ panthère [Etym] 犭 1090 (rad: 094b 3-11), 竟 94 [Graph] 521b 221a 021c.

獐 z h ā n g -5586 犭立早 | 麞 *6941 | river deer ◇ chevrotain, daim, antilope [Etym] 犭 1090 (rad: 094b 3-11), 章 95 [Graph] 521b 221a 021d.

猨 y u á n *5587 犭爫二方又 | 猿 +5621 | ape, gibbon ◇ singe, orang-outang, gibbon [Etym] 犭 1090 (rad: 094b 3-09), 爰 104 [Graph] 521b 221d ac:a 241a 633a.

猙 z h ē n g *5588 犭爫尹 | 狰 -5644 | 1° fabulous griffin 2° ferocious ◇ 1° animal fabuleux 2° féroce [Etym] 犭 1090 (rad: 094b 3-08), 爭 117 [Graph] 521b 221d 834c.

狄 d í (1091) 犭火 | [Tra] ancient tribe ◇ barbares du nord [Etym] camp fire (2= 火 156) watched by dogs (1= 犭 1090) ◇ un feu de camp (2= 火 156) gardé par des chiens (1= 犭 1090) [Graph] 521b 231b [Ref] w134a, w134c [Hanzi] di2 荻 3723, di2 狄 5589, ti4 逖 5590, di2 啾 9014.

狄 d í +5589 犭火 | 1° ancient tribes of the North West 2° surname ◇ 1° tribus du Nord-Ouest 2° nom de famille [Etym] 犭 1090 (rad: 094b 3-04), 火 156 [Graph] 521b 231b.

逖 t ì +5590 犭火辶 | 逷 *9923 | far away, remote ◇ éloigné, lointain [Etym] 辶 1346 (rad: 162b 3-07), 狄 1091 [Graph] 521b 231b 634o.

猝 c ù +5591 犭亠人人十 | 1° to rush out, to precipitate 2° suddenly, abrupt ◇ 1° s'élancer 2° soudain, subitement [Etym] 犭 1090 (rad: 094b 3-08), 卒 176 [Graph] 521b ac:c 232a 232a 413a.

猃 x i ǎ n -5592 犭人二业 | 獫、玁 *5595、*5663 | [Etym] 犭 1090 (rad: 094b 3-07), 佥 183 [Graph] 521b 233a ac:a 221b.

猃狁 x i ǎ n y ǔ n 。 Barbarians, Northern tribes in ancient times ◇ barbares, tribus du nord dans l'antiquité * 5631.

狳 y ú +5593 犭人示 | See ◇ Voir 犰狳 qiu2-yu2 5689-5593 [Etym] 犭 1090 (rad: 094b 3-07), 余 192 [Graph] 521b 233a 422c.

狯 k u à i -5594 犭人云 | 獪 *5597 | crafty, mischievous ◇ fourbe, rusé [Etym] 犭 1090 (rad: 094b 3-06), 会 201 [Graph] 521b 233a 612d.

獫 x i ǎ n *5595 犭人吅人口人 | 猃、玁 -5592、*5663 | See ◇ Voir 獫狁 xian3-yun3 5592-5631 [Etym] 犭 1090 (rad: 094b 3-13), 僉 223 [Graph] 521b 233a 012a 232a 011a 232a.

猞 s h ē +5596 犭人舌 | [Etym] 犭 1090 (rad: 094b 3-08), 舍 231 [Graph] 521b 233a 013h.

猞猁 s h ē l ì 。 lynx ◇ lynx * 5620.

獪 k u à i *5597 犭人罒日 | 狯 -5594 | crafty, mischievous ◇ fourbe, rusé [Etym] 犭 1090 (rad: 094b 3-13), 會 233 [Graph] 521b 233a 033b 021a.

狹 x i á *5598 犭大人人 | 狭、陿 -5601、*6766 | narrow, mean ◇ étroit, étriqué, exigu [Etym] 犭 1090 (rad: 094b 3-07), 夾 258 [Graph] 521b 242a 232a 232a.

猗 y ī (1092) 犭大可口 | [Tra] interjection (praise) ◇ interjection:admirer [Etym] dog (1= 犭 1090)admiring master;phon,marvellous (2,3,4= 奇 261) ◇ chien (1= 犭 1090) admirant son maître; phon, remarquable (2,3,4= 奇 261) [Graph] 521b 242a 331c 011a [Hanzi] yi1 漪 271, yi1 猗 5599.

猗 y ī +5599 犭大可口 | interjection expressing praise: magnificent, superb! ◇ interjection exprimant l'admiration [Etym] 犭 1090 (rad: 094b 3-08), 奇 261 [Graph] 521b 242a 331c 011a.

獠 l i á o +5600 犭尞日小 | to hunt at night with torches ◇ chasse aux flambeaux [Etym] 犭 1090 (rad: 094b 3-12), 尞 300 [Graph] 521b 242l 021a 331j.

狭 x i á -5601 犭夹 | 狹、陿 *5598、*6766 | narrow, mean ◇ étroit, étriqué, exigu [Etym] 犭 1090 (rad: 094b 3-06), 夹 313 [Graph] 521b 242q.

狭小 x i á x i ǎ o 。 narrow ◇ étroit * 2239.

狭隘 x i á à i 。 narrow; narrow and limited ◇ étroit; limité * 6710.

狭窄 x i á z h ǎ i 。 narrow; narrow-minded ◇ étroit; étroit d'esprit, borné, mesquin * 7806.

獉 z h ē n +5602 犭秦禾 | overgrown with wild plants ◇ recouvert de, envahi par des mauvaises herbes [Etym] 犭 1090 (rad: 094b 3-10), 秦 318 [Graph] 521b 242r 422d.

狡 j i ǎ o +5603 犭交 | crafty, cunning ◇ rusé, pervers, perfide [Etym] 犭 1090 (rad: 094b 3-06), 交 344 [Graph] 521b 243e.

狡猾 j i ǎ o h u á 。 crafty, cunning ◇ rusé, astucieux, malin * 5657.

狱 y ù (1093) 犭讠犬 | [Tra] litigation; prison ◇ procès; prison [Etym] modern simplified form of (獄 1098) ◇ forme simplifiée moderne de (獄 1098) [Graph] 521b 311b 242i [Ref] k454, ph285, w79d, wi794 [Hanzi] yu4 狱 5604, yue4 鸑 5605.

狱 yù -5604 |獄 *5666| prison, jail, litigation ◇ 1° prison 2° procès, sentence [Etym] 犭 1090 (rad: 094b 3-06), 狱 1093 [Graph] 521b 311b 242i.
犭讠犬

鸑 yuè -5605 |鸑 *5667| [Etym] 鸟 2494 (rad: 196s 5-09), 狱 1093 [Graph] 521b 311b 242i Z22e.
犭讠犬鸟

鸑鷟 yuè zhuó。water fowl like a duck with red eyes ◇ canard sauvage * 7932.

狴 bì +5606 |fierce legendary animal ◇ bête féroce légendaire [Etym] 犭 1090 (rad: 094b 3-07), 坒 364 [Graph] 521b 311d 321b 432a.
犭匕匕土

狐 hú +5607 |fox ◇ renard [Etym] 犭 1090 (rad: 094b 3-05), 瓜 382 [Graph] 521b 313a.
犭瓜

狐狸 hú lí。fox ◇ renard * 5681.

犹 yóu (1094) |[Tra] as though, like ◇ comme si [Etym] two dogs (1= 犭 1090) (2=prim,< 犬 295), the second being a setter ◇ deux chiens (1= 犭 1090) (2=prim,< 犬 295), le second étant un setter [Graph] 521b 323c [Ref] h768, w55k, wi500 [Hanzi] you2 莸 3725, you2 犹 5608.
犭尤

犹 yóu +5608 |猶 *5686| 1° like, as though 2° still ◇ 1° comme, comme si 2° encore [Etym] 犭 1090 (rad: 094b 3-04), 尤 415 [Graph] 521b 323c.
犭尤

犹豫不决 yóu yù bù jué。to hesitate; undecided ◇ hésitation, indécision, irrésolution * 6465 4066 34.

狝 xiǎn -5609 |獮 *5655| hunting in autumn ◇ chasse en automne [Etym] 犭 1090 (rad: 094b 3-05), 尔 432 [Graph] 521b 331m.
犭尔

狮 shī -5610 |獅 *5661| lion ◇ lion [Etym] 犭 1090 (rad: 094b 3-06), 师 469 [Graph] 521b 333a 858d.
犭刂币

狮子 shī zǐ。lion ◇ lion * 6546.

猴 hóu +5611 |1° monkey 2° smart chap ◇ 1° singe, macaque 2° malin, confrère [Etym] 犭 1090 (rad: 094b 3-09), 侯 482 [Graph] 521b 411e ac:e 242d.
犭亻乛矢

猴子 hóu zǐ。monkey ◇ singe * 6546.

犴 àn +5612 |wild dog ◇ chien sauvage [Etym] 犭 1090 (rad: 094b 3-03), 干 564 [Graph] 521b 413b.
犭干

△ hān |1° wild dog 2° elk, moose ◇ 1° chien sauvage 2° élan, orignal.

猰 yà +5613 |猰 *5571| [Etym] 犭 1090 (rad: 094b 3-09), 契 596 [Graph] 521b 414g 732a 242a.
犭丰刀大

猰貐 yà yǔ。leopard ◇ léopard * 5568.

獲 huò *5614 |获 -3724、穫 *4525 3°| 1° to capture, to catch, to take in hunting 2° to obtain 3° to reap ◇ 1° capturer, acquérir 2° obtenir, atteindre, avoir la possibilité de 3° moissonner [Etym] 犭 1090 (rad: 094b 3-13), 蒦 636 [Graph] 521b 415c 436m 633a.
犭艹隹又

獴 méng +5615 |mongoose ◇ mangouste [Etym] 犭 1090 (rad: 094b 3-13), 蒙 660 [Graph] 521b 415c 851a 522c.
犭艹冖家

獾 huān +5616 |貛 *5572| badger ◇ blaireau [Etym] 犭 1090 (rad: 094b 3-17), 雚 676 [Graph] 521b 415c 011a 011a 436m.
犭艹口口隹

猫 māo -5617 |貓 *5574| cat ◇ chat [Etym] 犭 1090 (rad: 094b 3-08), 苗 687 [Graph] 521b 415c 041a.
犭艹田

△ máo |貓 *5574|

猫腰 máo yāo。to arch one's back ◇ cambrer le dos * 8244.

狉 pī +5618 |wriggling and squirming of animals ◇ ramper, se tortiller [Etym] 犭 1090 (rad: 094b 3-05), 丕 719 [Graph] 521b 421a ac:z.
犭不一

猹 zhā +5619 |badger-like wild animal ◇ animal sauvage ressemblant au blaireau [Etym] 犭 1090 (rad: 094b 3-09), 查 757 [Graph] 521b 422a 021a ac:z.
犭木日一

猁 lì +5620 |See ◇ Voir 猞猁 shel-li4 5596-5620 [Etym] 犭 1090 (rad: 094b 3-07), 利 765 [Graph] 521b 422d 333b.
犭禾刂

猿 yuán +5621 |猨 *5587| ape, gibbon ◇ singe, orang-outang, gibbon [Etym] 犭 1090 (rad: 094b 3-10), 袁 854 [Graph] 521b 432a 011a 312h.
犭土口𧘇

猪 zhū (1095) |[Tra] pig; swine ◇ porc; cochon [Etym] dog, animal (1= 犭 1090); phon (2,3= 者 893) ◇ chien, animal (1= 犭 1090); phon (2,3= 者 893) [Graph] 521b 432c 021a [Ref] h1274, k1336, w134b, wi882 [Hanzi] zhu1 潴 272, zhu1 橥 5623.
犭耂日

猪 zhū -5622 |豬 *5697| pig, swine ◇ porc, cochon [Etym] 犭 1090 (rad: 094b 3-08), 者 893 [Graph] 521b 432c 021a.
犭耂日

猪猡 zhū luó。pig ◇ cochon * 5683.

猪肉 zhū ròu。pork meat ◇ viande de porc, porc * 8501.

橥 zhū -5623 |櫫 *5698| small stake to tie up animals ◇ petit poteau pour attacher les animaux [Etym] 木 723 (rad: 075a 4-11), 猪 1095 [Graph] 521b 432c 021a 422a.
犭耂日木

狂 kuáng (1096) |[Tra] mad; violent, furious ◇ fou; enragé, furieux [Etym] wandering (2< 主 915) dog (1= 犭 1090) ◇ un chien (1= 犭 1090) errant (2< 主 915) [Graph] 521b 432e [Hanzi] kuang2 诳 1758, kuang2 狂 5624, guang4 逛 5625, kuang2 鸰 5626, kuang2 鵟 5627, kuang2 誑 9552.
犭王

狂 kuáng +5624 |1° mad 2° violent, wild 3° arrogant ◇ 1° fou, insensé 2° enragé, furieux 3° arrogant, orgueilleux, témérité [Etym] 犭 1090 (rad: 094b 3-04), 狂 1096 [Graph] 521b 432e.
犭王

狂欢 kuáng huān。to rejoice,; carnival ◇ s'abandonner à la fête, aux divertissements * 6501.

狂妄 kuáng wàng。arrogant; extravagant ◇ extravagant, arrogant, insensé * 7336.

狂风 kuáng fēng。fierce wind, gale ◇ vent impétueux * 11212.

逛 guàng +5625 | 1° to stroll, to ramble 2° to toss about ◇ 1° flâner, roder, se promener 2° secouer, ballotter [Etym] 辶 1346 (rad: 162b 3-07), 狂 1096 [Graph] 521b 432e 634o.

𫛭 kuáng -5626 | 鵟 *5627 | buzzard ◇ buse, busard [Etym] 鸟 2494 (rad: 196s 5-07), 狂 1096 [Graph] 521b 432e Z22e.

鵟 kuáng *5627 | 𫛭 -5626 | buzzard ◇ buse, busard [Etym] 鳥 2500 (rad: 196a 11-07), 狂 1096 [Graph] 521b 432e Z22h.

猜 cāi +5628 | to doubt, to suspect, to guess ◇ conjecturer, deviner, soupçonner [Etym] 犭 1090 (rad: 094b 3-08), 青 946 [Graph] 521b 433a 856e.

猜疑 cāi yí。to suspect; to be suspicious ◇ soupçonner, suspecter; se douter de * 2164.

猜想 cāi xiǎng。to guess, to suppose; to suspect ◇ deviner, supposer; soupçonner * 4445.

猎 liè -5629 | 獵 *5630 | to hunt, chase ◇ chasse, chasser [Etym] 犭 1090 (rad: 094b 3-08), 昔 1001 [Graph] 521b 436b 021a.

獵 liè *5630 | 猎 -5629 | to hunt, chase ◇ chasse, chasser [Etym] 犭 1090 (rad: 094b 3-15), 巤 1120 [Graph] 521b 611c 061b 312k.

狁 yǔn +5631 | See ◇ Voir 猃狁 xian3-yun3 5592-5631 [Etym] 犭 1090 (rad: 094b 3-04), 允 1146 [Graph] 521b 612b.

狻 suān +5632 | lion from Tibet ◇ lion du Tibet [Etym] 犭 1090 (rad: 094b 3-07), 夋 1147 [Graph] 521b 612b 633e.

猱 náo +5633 | legendary monkey ◇ singe légendaire [Etym] 犭 1090 (rad: 094b 3-09), 柔 1260 [Graph] 521b 632a 331g 422a.

狲 sūn -5634 | 猻 *5635 | monkey ◇ singe [Etym] 犭 1090 (rad: 094b 3-06), 孙 1306 [Graph] 521b 634d 331j.

猻 sūn *5635 | 狲 -5634 | monkey ◇ singe [Etym] 犭 1090 (rad: 094b 3-10), 孫 1307 [Graph] 521b 634d 613j.

猛 měng +5636 | 1° fierce, savage, biting 2° vigorous 3° suddenly ◇ 1° féroce, cruel, sévérité 2° vigoureux 3° subitement [Etym] 犭 1090 (rad: 094b 3-08), 孟 1308 [Graph] 521b 634d 922a.

猛犸 měng mǎ。mammoth ◇ mammouth * 5688.

猛烈 měng liè。fierce, violent; vigorous ◇ violent, furieux, brutal, impétueux * 6420.

獗 jué +5637 | See ◇ Voir 猖獗 chang1-jue2 5671-5637 [Etym] 犭 1090 (rad: 094b 3-12), 厥 1368 [Graph] 521b 721a 842d 232b.

犷 guǎng -5638 | 獷 *5639 | 1° fierce 2° rude, rustic 3° boorish ◇ 1° cruel, féroce 2° campagnard, rustre 3° grossier [Etym] 犭 1090 (rad: 094b 3-03), 广 1375 [Graph] 521b 721b.

獷 guǎng *5639 | 犷 -5638 | 1° fierce 2° rude, rustic 3° boorish ◇ 1° cruel, féroce 2° campagnard, rustre 3° grossier [Etym] 犭 1090 (rad: 094b 3-15), 廣 1393 [Graph] 521b 721b 436a 042e.

虓 xiāo +5640 | 1° to roar 2° to make noise before eating ◇ 1° rugir 2° hurler avant de manger [Etym] 犭 1090 (rad: 094b 3-08), 虎 1451 [Graph] 521b 721g 321e Z33a.

犯 fàn (1097) | [Tra] to invade, violate ◇ attaquer; offenser [Etym] curled body (2= 㔾 1499) injured by a dog (1= 犭 1090) ◇ le corps blessé par un chien (1= 犭 1090) et replié (2= 㔾 1499) [Graph] 521b 733a [Ref] k888, r245, w69a, wa53, wi221 [Hanzi] fan4 犯 5641.

犯 fàn +5641 | 1° to violate, to offend against 2° to rush against, to attack 3° to commit (a mistake, crime), crime 4° to revert to ◇ 1° violer, offenser 2° attaquer 3° commettre (une faute, un crime), crime 4° récidiver [Etym] 犭 1090 (rad: 094b 3-02), 犯 1097 [Graph] 521b 733a.

犯法 fàn fǎ。illegal; to break the law ◇ illégal; violer la loi * 217.

犯人 fàn rén。criminal; convict ◇ criminel; coupable * 1070.

犯规 fàn guī。to break the rules ◇ atteinte aux règlements * 1615.

犯愁 fàn chóu。to worry, to be anxious ◇ s'inquiéter, être préoccupé, soucieux * 4495.

犯病 fàn bìng。to fall ill; to have a relapse ◇ tomber malade; avoir une rechute * 7105.

犯案 fàn àn。discovering of a criminal ◇ être découvert coupable * 7749.

犯罪 fàn zuì。to commit a crime ◇ commettre un crime * 10777.

狃 niǔ +5642 | 1° to be constrained 2° inclined to evil, obduracy ◇ 1° être forcé de 2° mauvaise habitude invétérée [Etym] 犭 1090 (rad: 094b 3-04), 丑 1564 [Graph] 521b 832e.

峱 náo -5643 | 巎 *7622 | ancient mountain in Shandong ◇ mont ancien du Shandong [Etym] 犭 1090 (rad: 094b 3-07), 丑 1564 [Graph] 521b 832e 841b.

狰 zhēng -5644 | 猙 *5588 | 1° fabulous griffin 2° ferocious ◇ 1° animal fabuleux 2° féroce [Etym] 犭 1090 (rad: 094b 3-06), 争 1577 [Graph] 521b 834d.

猊 ní +5645 | mythological monster ◇ animal fabuleux [Etym] 犭 1090 (rad: 094b 3-08), 兒 1593 [Graph] 521b 835c.

獰 níng *5646 | 狞 -5647 | 1° brutal, fierce 2° hideous ◇ 1° brutal, féroce 2° hideux [Etym] 犭 1090 (rad: 094b 3-14), 寧 1667 [Graph] 521b 851c 321c 922a 331b.

狞 níng -5647 | 獰 *5646 | 1° brutal, fierce 2° hideous ◇ 1° brutal, féroce 2° hideux [Etym] 犭 1090 (rad: 094b 3-05), 宁 1673 [Graph] 521b 851c 331b.

狩 shòu +5648 | 1° hunting (winter) 2° imperial inspecting tour ◇ 1° tournée de chasse (hiver) 2° tournée d'inspection [Etym] 犭 1090 (rad: 094b 3-06), 守 1676 [Graph] 521b 851c 332b.

狖 yòu +5649 犭穴 | monkey ◇ singe [Etym] 犭 1090 (rad: 094b 3-05), 穴 1718 [Graph] 521b 851d.

狍 páo -5650 犭勹巳 | 麅 *6955 | fallow-deer, roe deer ◇ daim, chevreuil [Etym] 犭 1090 (rad: 094b 3-05), 包 1778 [Graph] 521b 852h 933b.

狗 gǒu +5651 犭勹口 | 1° dog 2° damned 3° to flatter ◇ 1° chien 2° injure 3° flatter [Etym] 犭 1090 (rad: 094b 3-05), 句 1779 [Graph] 521b 852h 011a.

狥 xùn *5652 犭勹曰 | 徇 +3164 | 1° to submit to 2° to follow 3° according to, pervading 4° to sacrifice one's life for ◇ 1° se soumettre à 2° suivre 3° selon, conformément à 4° se sacrifier [Etym] 犭 1090 (rad: 094b 3-06), 旬 1782 [Graph] 521b 852h 021a.

狈 bèi -5653 犭贝 | 狽 *5672 | 1° gerboa 2° hindrance ◇ 1° gerboise 2° embarras, difficulté [Etym] 犭 1090 (rad: 094b 3-04), 贝 1796 [Graph] 521b 854b.

獬 xiè +5654 犭角刀牛 | fabulous animal ◇ licorne [Etym] 犭 1090 (rad: 094b 3-13), 解 1885 [Graph] 521b 857l 732a 414d.

獮 xiǎn *5655 犭爾 | 狝 -5609 | hunting in autumn ◇ chasse en automne [Etym] 犭 1090 (rad: 094b 3-14), 爾 1907 [Graph] 521b 858k.

狙 jū +5656 犭且 | 1° monkey 2° to spy, to snipe ◇ 1° singe 2° épier, guetter, canarder [Etym] 犭 1090 (rad: 094b 3-05), 且 1929 [Graph] 521b 921a.

猾 huá +5657 犭冎月 | 1° treacherous, sly, cunning 2° to disturb ◇ 1° fourbe 2° traître 3° rusé 4° troubler [Etym] 犭 1090 (rad: 094b 3-09), 骨 1947 [Graph] 521b 924c 856e.

猸 méi +5658 犭尸目 | [Etym] 犭 1090 (rad: 094b 3-09), 眉 1996 [Graph] 521b 931j 023a.

猸子 méi zǐ ◦ crab-eating mongoose ◇ mangouste mangeuse de crabe ✱ 6546.

狠 hěn +5659 犭艮 | 1° resolute, ruthless 2° to suppress (one's feelings) ◇ 1° impitoyable, déterminé 2° réprimer [Etym] 犭 1090 (rad: 094b 3-06), 艮 2003 [Graph] 521b 932c.

狠心 hěn xīn ◦ ruthless, cruel ◇ cruel, dur ✱ 2177.

狠毒 hěn dú ◦ cruel, vicious, venomous ◇ atroce, cruel, venimeux ✱ 5284.

狠狠地 hěn hěn de ◦ strongly ◇ fortement ✱ 5659 4903.

狼 láng +5660 犭良 | 1° wolf 2° cruel ◇ 1° loup 2° féroce [Etym] 犭 1090 (rad: 094b 3-07), 良 2008 [Graph] 521b 932e.

狼藉 láng jí ◦ in disorder, scattered about in a mess ◇ en désordre, pêle-mêle, fouillis ✱ 3673.

狼狈 láng bèi ◦ in panic; to be in a difficult position ◇ confus, dans l'embarras ✱ 5653.

獅 shī *5661 犭自帀 | 狮 -5610 | lion ◇ lion [Etym] 犭 1090 (rad: 094b 3-10), 師 2023 [Graph] 521b 934c 858d.

狷 juàn +5662 犭口月 | 獧 *5685 | 1° rash 2° honest, straightforward ◇ 1° énervé 2° direct, droit [Etym] 犭 1090 (rad: 094b 3-07), 肙 2078 [Graph] 521b 011a 856e.

玁 xiǎn *5663 犭口口厂耳攵 | 猃、獫 -5592、*5595 | See ◇ Voir 猃狁 xian3-yun3 5592-5631 [Etym] 犭 1090 (rad: 094b 3-19), 嚴 2089 [Graph] 521b 011a 011a 721a 436l 243c.

猄 jīng +5664 犭京小 | See ◇ Voir 黄猄 huang2-jing1 5409-5664 [Etym] 犭 1090 (rad: 094b 3-08), 京 2122 [Graph] 521b 012c 331j.

狺 yín +5665 犭言 | See ◇ Voir 狺狺 yin2-yin2 5665-5665 [Etym] 犭 1090 (rad: 094b 3-07), 言 2139 [Graph] 521b 012d.

狺狺 yín yín ◦ to yap, to yelp, to bark ◇ bataille entre plusieurs chiens, japper ✱ 5665.

獄 yù (1098) 犭言犬 | [Tra] litigation; jail ◇ procès; prison [Etym] two dogs (1= 犭 1090) (3= 犬 295) on a verbal (2= 言 2139) fight ◇ deux chiens (1= 犭 1090) (3= 犬 295) qui s'injurient (2= 言 2139) [Graph] 521b 012d 242i [Hanzi] yu4 獄 5666, yue4 鸑 5667, yue4 嶽 7540.

獄 yù *5666 犭言犬 | 狱 -5604 | prison, jail, litigation ◇ 1° prison 2° procès, sentence [Etym] 犭 1090 (rad: 094b 3-11), 獄 1098 [Graph] 521b 012d 242i.

鸑 yuè *5667 犭言犬鳥 | 鸑 -5605 | See ◇ Voir 鸑鷟 yue4-zhuo2 5605-7932 [Etym] 鳥 2500 (rad: 196a 11-14), 獄 1098 [Graph] 521b 012d 242i Z22h.

猢 hú +5668 犭古月 | [Etym] 犭 1090 (rad: 094b 3-09), 胡 2158 [Graph] 521b 013f 856e.

猢狲 hú sūn ◦ macaque ◇ macaque ✱ 5634.

猂 hàn *5669 犭日干 | 悍 +3355 | 1° fierce, cruel, violent 2° brave, bold ◇ 1° audace, violence, brutalité 2° courageux, énergique [Etym] 犭 1090 (rad: 094b 3-07), 旱 2177 [Graph] 521b 021a 413b.

猩 xīng +5670 犭日生 | orangutan ◇ orang-outang [Etym] 犭 1090 (rad: 094b 3-09), 星 2181 [Graph] 521b 021a 433b.

猖 chāng +5671 犭日日 | 1° mad 2° wild ◇ 1° rage 2° féroce [Etym] 犭 1090 (rad: 094b 3-08), 昌 2207 [Graph] 521b 021a 021a.

猖狂 chāng kuáng ◦ furious, savage ◇ déchaîné, furieux ✱ 5624.

猖獗 chāng jué ◦ 1° insolent; 2° unruly, to run wild ◇ 1° brutal, insolent; 2° exercer des ravages ✱ 5637.

狽 bèi *5672 犭貝 | 狈 -5653 | 1° gerboa 2° hindrance ◇ 1° gerboise 2° embarras, difficulté [Etym] 犭 1090 (rad: 094b 3-07), 貝 2246 [Graph] 521b 023b.

独 dú -5673 犭虫 | 獨 *5684 | 1° solitary, single, only 2° childless ◇ 1° seul, solitaire, uniquement 2° vieillard sans enfant [Etym] 犭 1090 (rad: 094b 3-06), 虫 2282 [Graph] 521b 031d.

独立 dú lì ◦ independence, independent ◇ indépendance, indépendant ✱ 637.

独创 dú chuàng ◦ original creation ◇ création originale ✱ 1401.

独奏 dú zòu。(instrumental) solo ◇ solo (instrument); jouer en solo (musique) * 1635.

独特 dú tè。distinctive, special, unique ◇ particulier; spécial, pas ordinaire * 3456.

独生子 dú shēng zǐ。only son ◇ fils unique * 5286 6546.

独裁 dú cái。dictatorship ◇ dictature; exercer la dictature * 5536.

独霸 dú bà。to monopolize ◇ monopoliser; accaparer * 8434.

独唱 dú chàng。vocal solo ◇ solo (chant) * 9208.

独白 dú bái。monologue, soliloquy ◇ monologue, soliloque * 9973.

独自 dú zì。alone; by oneself ◇ seul, solitaire * 10153.

獭 tǎ -5674 | 獺 *5675 | 犭束负 otter ◇ loutre [Etym] 犭 1090 (rad: 094b 3-13), 赖 2301 [Graph] 521b 032g 854h.

獺 tǎ *5675 | 獭 -5674 | 犭束負 otter ◇ loutre [Etym] 犭 1090 (rad: 094b 3-16), 賴 2302 [Graph] 521b 032g 023k.

獯 xūn +5676 | 犭熏 [Etym] 犭 1090 (rad: 094b 3-14), 熏 2312 [Graph] 521b 033f 222d.

獯鬻 xūn yù。The Huns, tribes in the North ◇ Schythes, Huns, tribus au nord de la Chine * 11252.

猥 wěi +5677 | 犭田𧘇 1° numerous, miscellaneous, crowd 2° obscene, indecent 3° on the contrary 4° to bark ◇ 1° beaucoup, foule, abondant, mêlé 2° vulgaire, indécent 3° au contraire 4° aboyer [Etym] 犭 1090 (rad: 094b 3-09), 畏 2315 [Graph] 521b 041a 312e.

猬 wèi +5678 | 蝟 *10341 | 犭田月 hedgehog ◇ hérisson [Etym] 犭 1090 (rad: 094b 3-09), 胃 2324 [Graph] 521b 041a 856e.

狎 xiá +5679 | 犭甲 1° familiarity 2° irreverence 3° intimity ◇ 1° familiarité inconvenante 2° irrévérence 3° affection, intimité [Etym] 犭 1090 (rad: 094b 3-05), 甲 2329 [Graph] 521b 041b.

狏 yì +5680 | 犭曳 See ◇ Voir 林狏 lin2-yi4 4180-5680 [Etym] 犭 1090 (rad: 094b 3-06), 曳 2362 [Graph] 521b 043d.

狸 lí +5681 | 犭里 fox, raccoon dog ◇ chat sauvage, renard, raton, laveur [Etym] 犭 1090 (rad: 094b 3-07), 里 2368 [Graph] 521b 043j.

玀 luó *5682 | 猡 -5683 | 犭罒糸隹 See ◇ Voir 猪猡 zhu1-luo2 5622-5683 [Etym] 犭 1090 (rad: 094b 3-19), 羅 2388 [Graph] 521b 051a 613d 436m.

猡 luó -5683 | 玀 *5682 | 犭罒夕 See ◇ Voir 猪猡 zhu1-luo2 5622-5683 [Etym] 犭 1090 (rad: 094b 3-08), 罗 2389 [Graph] 521b 051a 631b.

獨 dú *5684 | 独 -5673 | 犭罒勹虫 1° solitary, single, only 2° childless ◇ 1° seul, solitaire, uniquement 2° vieillard sans enfant [Etym] 犭 1090 (rad: 094b 3-13), 蜀 2391 [Graph] 521b 051a 852h 031d.

獧 juàn *5685 | 狷 +5662 | 犭罒口𧘇 1° rash 2° honest, straightforward ◇ 1° énervé 2° direct, droit [Etym] 犭 1090 (rad: 094b 3-13), 睘 2394 [Graph] 521b 051a 012a 312h.

猶 yóu (1099) | 犭酋 [Tra] as though; hesitate ◇ comme si; indécis [Etym] flair of a dog (1= 犭 1090): pure alcool (2= 酋 2432) # water ◇ flair du chien (1= 犭 1090): alcool pur (2= 酋 2432) # eau [Graph] 521b 062d [Ref] w69j [Hanzi] you2 蕕 3726, you2 猶 5686.

猶 yóu *5686 | 犹 +5608 | 犭酋 1° like, as though 2° still ◇ 1° comme, comme si 2° encore [Etym] 犭 1090 (rad: 094b 3-09), 酋 2432 [Graph] 521b 062d.

獁 mǎ *5687 | 犸 -5688 | 犭馬 See ◇ Voir 猛犸 meng3-ma3 5636-5688 [Etym] 犭 1090 (rad: 094b 3-10), 馬 2486 [Graph] 521b Z22a.

犸 mǎ -5688 | 獁 *5687 | 犭马 See ◇ Voir 猛犸 meng3-ma3 5636-5688 [Etym] 犭 1090 (rad: 094b 3-03), 马 2489 [Graph] 521b Z22b.

犰 qiú +5689 | 犭九 [Etym] 犭 1090 (rad: 094b 3-02), 九 2513 [Graph] 521b Z32b.

犰狳 qiú yú。armadillo ◇ tatou * 5593.

猕 mí +5690 | 獼 *5691 | 犭弓尔 [Etym] 犭 1090 (rad: 094b 3-08), 弥 2537 [Graph] 521b Z42a 331m.

猕猴 mí hóu。macaque, rhesus monkey ◇ macaque, rhésus * 5611.

獼 mí *5691 | 猕 +5690 | 犭弓爾 See ◇ Voir 猕猴 mi2-hou2 5690-5611 [Etym] 犭 1090 (rad: 094b 3-17), 彌 2545 [Graph] 521b Z42a 858k.

狒 fèi +5692 | 犭弗 kind of ape four or five feet high, baboon ◇ grand singe [Etym] 犭 1090 (rad: 094b 3-05), 弗 2553 [Graph] 521b Z42g.

豕 522

豕 shǐ (1100) | 豕 [Tra] pig ◇ porc [Etym] pig or boar (prim) ◇ un cochon ou un sanglier (prim) [Graph] 522a [Ref] k1251, ph340, w69g [Hanzi] shi3 豕 5693, zhu2 逐 5700, tuan4 彖 5706, tuan4 彖 5709, yu4 豫 6465, bin1 豳 7652, jia1 jie5 家 7747, tun2 豚 8146, xiang4 象 10385, hun4 圂 10955 [Rad] 152a.

豕 shǐ +5693 | 豕 pig ◇ porc [Etym] 豕 1100 (rad: 152a 7-00), [Graph] 522a.

豨 xī +5694 | 豕乂𠂇巾 1° hog, swine 2° pigs grunting ◇ 1° troupeau de cochons 2° grogner [Etym] 豕 1100 (rad: 152a 7-07), 希 324 [Graph] 522a 243a 241a 858a.

豮 fén +5695 | 豶 *5696 | 豕卉贝 male cattle ◇ bétail mâle [Etym] 豕 1100 (rad: 152a 7-09), 贲 703 [Graph] 522a 416f 854b.

豶 fén *5696 | 豮 +5695 | 豕卉貝 male cattle ◇ bétail mâle [Etym] 豕 1100 (rad: 152a 7-12), 賁 704 [Graph] 522a 416f 023b.

豬 zhū (1101) | 豕尹日 [Tra] pig; swine ◇ porc; cochon [Etym] pig (1= 豕 1100); phon (2,3= 者 893) ◇ porc (1= 豕 1100); phon (2,3= 者 893) [Graph] 522a 432c 021a [Ref] h1458, k828, r26a, r258, w69f, wa86 [Hanzi] zhu1 豬 273, zhu1 豬 5698.

豬 zhū *5697 |猪 -5622| pig, swine ◇ porc, cochon [Etym] 豕 1100 (rad: 152a 7-08), 者 893 [Graph] 522a 432c 021a.
豖尹日

豬 zhū *5698 |豬 -5623| small stake to tie up animals ◇ petit poteau pour attacher les animaux [Etym] 木 723 (rad: 075a 4-15), 豬1101 [Graph] 522a 432c 021a 422a.
豖尹日木

燹 xiǎn (1102) |[Tra] to set fire ◇ incendier [Etym] a fire (3= 火 156) to drive out the boars (1,2= 豕 1100) ◇ un feu (3= 火 156) pour chasser les sangliers (1,2= 豕 1100) [Graph] 522a 522a 231b [Ref] h1458, k828, ph758, r26a, w69f, wa68 [Hanzi] xian3 燹 5699.
豕豕火

燹 xiǎn +5699 |to set fire to brushwood ◇ incendier [Etym] 火 156 (rad: 086a 4-14), 燹 1102 [Graph] 522a 522a 231b.
豕豕火

逐 zhú +5700 |1° to pursue, to chase 2° to drive or push out 3° successively, one by one 4° to exorcise 5° to press ◇ 1° poursuivre, chasser 2° expulser 3° un à un, peu à peu 4° exorciser 5° presser [Etym] 辶 1346 (rad: 162b 3-07), 豕1100 [Graph] 522a 634o.
豕辶

逐渐 zhú jiàn。gradually, by degrees ◇ graduellement, progressivement, petit à petit * 300.

逐步 zhú bù。progressively, step by step ◇ graduellement, petit à petit, pas à pas * 5306.

豵 zòng +5701 |male pig, boar, hog ◇ cochon, verrat [Etym] 豕 1100 (rad: 152a 7-08), 宗 1675 [Graph] 522a 851c 331l.
豕宀示

豭 jiā +5702 |boar ◇ verrat [Etym] 豕 1100 (rad: 152a 7-09), 叚 2016 [Graph] 522a 934a 821a 633a.
豕⺆コ又

豖 zhuó (1103) |[Tra] shackled pig ◇ porc entravé [Etym] pig with shackled feet (prim,< 豕 1100) ◇ un porc aux pattes entravées (prim,< 豕 1100) [Graph] 522b [Ref] k1136, w68i [Hanzi] zhuo1 涿 274, zhuo2 诼 1759, zhuo2 椓 4256, zhuo2 zuo2 琢5131, du1 豛 5703, zhu2 瘃 7063, zhong3 冢 7674, du1 豚8632, zhuo2 啄 9015, zhuo2 諑 9553.
豖

豛 dū *5703 |㕻 -11162| to tap lightly with a finger or a stick ◇ taper (frapper) légèrement avec un doigt ou bâton [Etym] 殳 2519 (rad: 079a 4-08), 豖 1103 [Graph] 522b Z33a 633a.
豖几又

㒸 suí (1104) |[Tra] to follow; accomplish ◇ suivre; achever [Etym] reduction of (遂 1105) ◇ réduction de (遂 1105) [Graph] 522d [Ref] k1136, ph577, w68h, wa69, wi831 [Hanzi] dui4 队 6750.
㒸

遂 suí (1105) |[Tra] to follow; accomplish ◇ suivre; achever [Etym] boar (1< 豕 1100) and a print of step (2= 辶 1346) ◇ sanglier (1< 豕1100) et une trace de pas (2= 辶 1346) [Graph] 522d 634o [Hanzi] sui4 燧 980, sui2 sui4 遂 5704, sui4 檖 6647, sui4 隧 6752, sui4 邃 7818.
㒸辶

遂 suí +5704 |1° to follow, to accord with 2° to accomplish 3° to progress ◇ 1° suivre, par suite, de suite 2° achever 3° avancer [Etym] 辶 1346 (rad: 162b 3-09), 遂 1105 [Graph] 522d 634o.
㒸辶

△ suì |1° to satisfy, to fulfill 2° to succeed 3° then, consequently 4° to accord with ◇ 1° satisfaire, remplir 2° réussir 3° alors, de suite, donc, par suite 4° suivre.

彖 tuǎn (1106) |[Tra] accessories ◇ commentaires [Etym] pig's bristles (prim,< 豕 1100) as accessories ◇ les moustaches d'un porc (prim,< 豕 1100) comme accessoires [Graph] 522e [Hanzi] yi4 毅 5705.
彖

毅 yì +5705 |1° firm, fortitude, intrepid 2° patient ◇ 1° ténacité, bravoure, valeur, force d'âme 2° patience [Etym] 殳 2519 (rad: 079a 4-11), 彖 1106 [Graph] 522e Z33a 633a.
彖几又

毅力 yì lì。willpower, stamina ◇ persévérance * 7259.

彖 tuàn (1107) |[Tra] explanation ◇ explication [Etym] {1} pig's snout (prim,< 遂 1105) digging everywhere; {2} dead boar (prim) ◇ {1} le grouin du porc (prim,< 豕 1100) fouinant partout; {2} un sanglier mort (prim) [Graph] 522f [Ref] w12a [Hanzi] zhuan4 篆 815, yuan4 掾 2485, chuan2 椽 4257, tuan4 彖 5706, li2 li3 蠡 5707, yuan2 缘 5995, yuan2 緣 6166, hui4 喙 9016.
彖

彖 tuàn +5706 |彖 *5709| explanation of meanings in the Book of Changes ◇ explication d'un trigramme du Livre des Mutations [Etym] 豕 1100 (rad: 152a 7-02), 彖 1107 [Graph] 522f.
彖

蠡 lí (1108) |[Tra] wood-borers; seashell ◇ vers (bois); coquille [Etym] insects (2,3= 䖵2283); pig's snout digging (1= 彖 1107) ◇ insecte (2, 3= 䖵 2283); groin du porc fouinant (1= 彖 1107) [Graph] 522f 031d 031d [Ref] w12d [Hanzi] li2 li3 蠡 5707, li2 劙 5708.
彖虫虫

蠡 lí +5707 |蠡 *5710| 1° wood-borers 2° dipper 3° seashell ◇ 1° vers du bois 2° louche 3° coquille [Etym] 虫 2282 (rad: 142a 6-15), 彖1107 䖵 2283 [Graph] 522f 031d 031d.
彖虫虫

△ lǐ |蠡 *5710| place in Hebei ◇ lieu du Hebei.

劙 lí +5708 |to cut, to sever ◇ couper, séparer [Etym] 刂 470 (rad: 018b 2-21), 蠡 1108 [Graph] 522f 031d 031d 333b.
彖虫虫刂

彔 tuàn (1109) |[Tra] explanation ◇ explication [Etym] different writing for (彖 1107) ◇ autre graphie pour (彖 1107) [Graph] 522g [Ref] k1261, r33d, w12e, wi598 [Hanzi] zhuan4 篆816, yuan4 掾 2486, chuan2 椽 4258, tuan4 彔 5709, li2 li3 蠡 5710, yuan2 緣 6167, hui4 喙 9017.
彔

豕 豖 㒸 彖 彖 彔

彖 tuàn *5709 | 彖 +5706 | explanation of meanings in the Book of Changes ◇ explication d'un trigramme du Livre des Mutations [Etym] 豕 1100 (rad: 152a 7-02), 彖 1109 [Graph] 522g.

蠡 lí *5710 | 蠡 +5707 | 1° wood-borers 2° dipper 3° seashell ◇ 1° vers du bois 2° louche 3° coquille [Etym] 虫 2282 (rad: 142a 6-15), 彖 1109 䖵 2283 [Graph] 522g 031d 031d.

△ lǐ | 蠡 +5707 | place in Hebei ◇ lieu du Hebei.

巛 611

巜 chuǎn (1110) | [Tra] rivulet ◇ ruisseau [Etym] little water course (pict) (> 巛 1112) ◇ un petit cours d'eau (prim) (> 巛 1112) [Graph] 611a [Ref] w12f.

巜 chuān (1111) | [Tra] river ◇ rivière [Etym] different writing for (巛 1112) ◇ autre graphie pour (巛 1112) [Graph] 611b [Ref] k266, w12g, wa96 [Rad] 047c.

巛 chuān (1112) | [Tra] river ◇ rivière [Etym] a big stream after junction of smaller ones (< 巜 1110) ◇ une grande rivière formée de plusieurs petites (< 巜 1110) [Graph] 611c [Ref] k267, ph769, w12g [Hanzi] zai1 災 5711, yong1 邕 5714, qiu2 巰 5722 [Rad] 047a.

災 zāi *5711 | 灾 +7691、栽 *5535 | 1° disaster, calamity 2° misfortune, adversity 3° fire ◇ 1° désastre, calamité 2° malheur 3° incendie [Etym] 火 156 (rad: 086a 4-03), 巛 1112 [Graph] 611c 231b.

列 liè (1113) | [Tra] bubbles ◇ bulles [Etym] {?} water (1= 巛 1112); carcass (2< 列 1236) ◇ {?} de l'eau (1= 巛 1112); une carcasse (2< 列 1236) [Graph] 611c 631b [Ref] k1092, ph406, w150a [Hanzi] za1 zan3 拶 2487.

巡 xún *5712 | 廵 +5713 | 1° to go on a circuit, to patrol 3° measure-word (round of drinks) ◇ 1° parcourir, patrouiller 2° spécificatif (tournée à boire) [Etym] 巛 1112 (rad: 047a 3-02), 廴 1345 [Graph] 611c 634n.

廵 xún +5713 | 巡 *5712 | 1° to go on a circuit, to patrol 3° measure-word (round of drinks) ◇ 1° parcourir, patrouiller 2° spécificatif (tournée à boire) [Etym] 巛 1112 (rad: 047a 3-03), 辶 1346 [Graph] 611c 634o.

巡按 xún àn ∘ government of a province ◇ gouvernement provincial * 2602.

巡逻 xún luó ∘ to go on patrol; patrol ◇ faire la ronde, patrouiller * 10790.

巡回 xún huí ∘ to tour ◇ faire une tournée * 10965.

邕 yōng (1114) | [Tra] moat ◇ fossé, douves [Etym] water (1= 巛 1112) along a city wall or an encampment (2,3= 邑 2082) ◇ de l'eau (1= 巛 1112) autour d'un mur de ville ou d'un campement (2, 3= 邑 2082) [Graph] 611c 011a 933c [Ref] h1521, k1184, ph594, r39j, w12o, wa59 [Hanzi] yong1 澭 275, yong1 邕 5714, yong1 雝 5715, weng4 齆 10164.

邕 yōng +5714 | 1° moat 2° another name for Nanning ◇ 1° fossé 2° autre nom de Nanning [Etym] 邑 2082 (rad: 163a 7-03), 邕 1114 [Graph] 611c 011a 933c.

雝 yōng (1115) | [Tra] wagtail; harmony ◇ bergeronnette; amical [Etym] bird (4= 隹 1030); phon (1,2,3= 邕 1114) ◇ oiseau (4= 隹 1030); phon (1,2,3= 邕 1114) [Graph] 611c 011a 933c 436m [Ref] w23f [Hanzi] yong1 雝 5715, yong1 癰 7064.

雝 yōng *5715 | 雍 +6303 | 1° harmony 2° surname ◇ 1° harmonie 2° nom de famille [Etym] 隹 1030 (rad: 172a 8-10), 雝 1115 [Graph] 611c 011a 933c 436m.

甾 zī (1116) | [Tra] pottery; incult ◇ vase; inculte [Etym] vessel (1,2=prim); or flooded (1= 巛 1112) fields (2= 田 2313) ◇ un récipient (1,2=prim); ou des champs (2= 田 2313) inondés (1= 巛 1112) [Graph] 611c 041a [Ref] k653, ph469, w40b [Hanzi] zi1 淄 276, zi1 錙 1218, zi1 锱 1996, zi1 菑 3728, zai1 甾 5716, zi1 缁 5996, zi1 辎 6347, zi1 鯔 10494, zi1 鲻 10588, zi1 輜 10688.

甾 zāi +5716 | steroid ◇ stéroïde [Etym] 巛 1112 (rad: 047a 3-05), 甾 1116 [Graph] 611c 041a.

巢 chǎo (1117) | [Tra] nest ◇ nid, repaire [Etym] bird: feathers (1< 彡 182); nest (center=prim) in tree (< 木 723) ◇ un oiseau: ses plumes (1< 彡 182); le nid (centre=prim) dans un arbre (< 木 723) [Graph] 611c 043f [Ref] k653, r45j, w40b, wi172 [Hanzi] chao2 巢 5717, chao1 jiao3 剿 5718, chao1 jiao3 勦 5719, sao1 缫 5997, sao1 繅 6168.

巢 cháo +5717 | nest ◇ nid, repaire [Etym] 巛 1112 (rad: 047a 3-08), 巢 1117 [Graph] 611c 043f.

剿 chāo +5718 | 勦 *5719 | to plagiarize ◇ plagier [Etym] 刂 470 (rad: 018b 2-11), 巢 1117 [Graph] 611c 043f 333b.

△ jiǎo | 勦 *5719 | 1° to put down 2° to attack 3° to destroy, to suppress 4° to ramble ◇ 1° réprimer 2° attaquer 3° détruire 4° divaguer.

勦 chāo *5719 | 剿 +5718 | to plagiarize ◇ plagier [Etym] 力 1489 (rad: 019a 2-11), 巢 1117 [Graph] 611c 043f 732f.

△ jiǎo | 剿 +5718 | 1° to put down 2° to attack 3° to destroy, to suppress 4° to ramble ◇ 1° réprimer 2° attaquer 3° détruire 4° divaguer.

萬 fèi (1118) 巛禺 [Tra] ape ◇ singe [Etym] ape (prim): many hands (top),tail (bottom) (> 萬 690) ◇ un singe (prim): nombreuses mains (haut),queue (bas) (> 萬 690) [Graph] 611c 0431 [Ref] k391, ph262, r467, w12h, wa92, wi136, wi362.

𡿺 nǎo (1119) 巛囟 [Tra] hairy head; brain ◇ tête chevelue; cerveau [Etym] hairy (1=prim) head (2= 囟 2417) (# 甾 1116) ◇ tête (2= 囟 2417) chevelue (1=prim) (# 甾 1116) [Graph] 611c 061b [Ref] h35, k675, r11, w67a, wa4, wi16, wi90 [Hanzi] nao3 惱3272, nao3 瑙 5132, nao3 腦 8148.

巤 liè (1120) 巛囟鼠 [Tra] hairy; disorderly ◇ échevelé; confus [Etym] combination of hairy head (1,2= 𡿺 1119) and rat (3< 鼠 1588) ◇ {?} tête chevelue (1,2= 𡿺 1119); rat (3< 鼠 1588) [Graph] 611c 061b 312k [Ref] h1471, r26e, w79f, wi206 [Hanzi] la4 鑞1219, la4 镴 1997, lie4 鬣 4740, lie4 獵 5630, la1 邋5720, la4 臘 8149, lie4 躐 9344, la4 蠟 10263.

邋 lā +5720 巛囟鼠辶 [Etym] 辶 1346 (rad: 162b 3-16), 巤 1120 [Graph] 611c 061b 312k 634o.

邋遢 lā ta ∘ 1° unhurried; 2° careless, sloppy; 3° dirty ◇ 1° traîner; 2° débraillé, sans soin; 3° sale ＊ 9907.

巠 jǐng (1121) 巛工 [Tra] straight, stretch ◇ droit, étiré [Etym] {1} underground (upper stroke) water (1= 巛 1112), phon (2< 廷 931); {2} cloth and loom (prim) ◇ {1} des eaux (1= 巛 1112) souterraines (trait supérieur), phon (2< 廷 931); {2} tissus et métier à tisser (prim) [Graph] 611d 431a [Ref] w67j [Hanzi] jing1 涇 277, ting1 烴 981, jing4 徑 3147, qiang3 羥 3432, jing1 莖 3729, jing3 剄 5721, qiu2 巰5722, jing4 逕 5723, jin4 jing4 勁 5724, geng3 jing3 頸5725, jing1 jing4 經 6169, xing2 陘 6753, jing4 痙 7065, jing4 脛 8150, jing4 脛 9345, keng1 硜 9701, qing1 輕10689, qing1 氫 11179.

剄 jǐng •5721 巛工刂 | 刭 -6494 | to cut the throat ◇ couper le cou [Etym] 刂 470 (rad: 018b 2-07), 巠 1121 [Graph] 611d 431a 333b.

巰 qiú •5722 巛工𠫓儿 | 巯 -6495 | organic compound ◇ composant organique [Etym] 巛 1112 (rad: 047a 3-11), 巠 1121 㐬 1155 [Graph] 611d 431a 612e 417b.

逕 jìng •5723 巛工辶 | See ◇ Voir 径 3151 [Etym] 辶 1346 (rad: 162b 3-07), 巠 1121 [Graph] 611d 431a 634o.

勁 jìn •5724 巛工力 | 劲 -6496 | 1° energy, strength 2° vigor, zeal 3° manner, taste 4° interest ◇ 1° énergie, force 2° vigueur, zèle 3° manière, goût 4° intérêt [Etym] 力 1489 (rad: 019a 2-07), 巠 1121 [Graph] 611d 431a 732f.

△ jìng | 劲 -6496 | strength, powerful ◇ force, vigueur, robuste.

頸 gěng •5725 巛工頁 | 颈 -6497 | neck, throat, nape ◇ nuque, cou [Etym] 頁 2267 (rad: 181a 9-07), 巠 1121 [Graph] 611d 431a 023f.

△ jǐng | 颈 -6497 | neck, throat ◇ cou, gorge, col (d'un vase).

女 nǚ (1122) 女 [Tra] woman ◇ femme [Etym] woman kneeling, crossing hands (prim) ◇ une femme à genoux, les mains croisées (prim) [Graph] 611e [Ref] h1638, k674, ph141, r79, r97, w67c, wa170 [Hanzi] ru3 汝278, nü3 釹 1220, nü3 钕 1998, ning4 佞 2772, wei1 威5555, nü3 女 5726, qi1 qi4 妻 7402, an1 安 7748, shua3 耍 8345, niao3 嬲 10439, yao1 yao4 要 10824, nan1 囡10956, lou2 婁 11308 [Rad] 038a.

女 nǚ +5726 女 | women, female, girl, daughter ◇ femme, féminin, jeune fille [Etym] 女 1122 (rad: 038a 3-00), [Graph] 611e.

女人 nǚ rén ∘ woman ◇ femme ＊ 1070.

女儿 nǚ ér ∘ daughter ◇ fille ＊ 2194.

女工 nǚ gōng ∘ worker (woman) ◇ ouvrière ＊ 4698.

女士 nǚ shì ∘ lady, madam ◇ madame ＊ 4993.

女青年 nǚ qīng nián ∘ young girl ◇ jeune fille ＊ 5274 3476.

女婿 nǚ xù ∘ son-in-law ◇ gendre ＊ 5766.

女红 nǚ gōng ∘ needlework ◇ travail à l'aiguille, ouvrage de femme ＊ 5976.

女子 nǚ zǐ ∘ woman, female ◇ fille, femme, féminin ＊ 6546.

嫜 zhāng +5727 女立早 | husband's father ◇ père du mari [Etym] 女 1122 (rad: 038a 3-11), 章95 [Graph] 611e 221a 021d.

媛 yuán +5728 女爫二ナ又 | 1° graceful, beautiful 2° to join together ◇ 1° gracieux, beau 2° lier [Etym] 女 1122 (rad: 038a 3-09), 爰 104 [Graph] 611e 221d ac:a 241a 633a.

△ yuàn | beautiful lady ◇ belle femme.

婬 yín •5729 女爫壬 | See ◇ Voir 淫 55 [Etym] 女 1122 (rad: 038a 3-08), 㸒 109 [Graph] 611e 221d 432k.

媯 guī •5730 女爫爲 | 妫 -5802 、 嬀 •5803 | river in the Beijing area ◇ rivière de la région de Beijing [Etym] 女 1122 (rad: 038a 3-12), 爲116 [Graph] 611e 221d 732i.

嫒 ài -5731 女爫冖ナ又 | 嬡 •5732 | your daughter ◇ votre fille [Etym] 女 1122 (rad: 038a 3-10), 爱 121 [Graph] 611e 221d 851a 241a 633a.

嬡 ài •5732 女爫冖心夊 | 嫒 -5731 | your daughter ◇ votre fille [Etym] 女 1122 (rad: 038a 3-13), 愛 122 [Graph] 611e 221d 851a 321c 633e.

妗 jìn +5733 女人ㇷ | wife of mother's brother, aunt ◇ femme d'un oncle maternel, tante [Etym] 女 1122 (rad: 038a 3-04), 今 202 [Graph] 611e 233a 631a.

媮 tōu •5734 女人一月刂 | See ◇ Voir 偷 2794 [Etym] 女 1122 (rad: 038a 3-09), 俞 213 [Graph] 611e 233a ac:a 856e 333b.

妖 yāo +5735 女夭 | 1° demons, phantoms 2° evil and fraudulent 3° magic, witchcraft 4° bewitching ◇ 1° démons, spectres 2° méchant et frauduleux 3° magie 4° ensorcelé, séducteur [Etym] 女1122 (rad: 038a 3-04), 夭289 [Graph] 611e 242e.

妖怪 yāo guài。monster, demon ◇ monstre, fantôme, diable ✱ 3282.

妖娆 yāo ráo。graceful, charming, fascinating ◇ gracieux, charmant ✱ 5774.

妖魔 yāo mó。demon, evil spirit ◇ démon, diable, spectre, fantôme ✱ 6908.

娇 jiāo -5736 | 嬌 *5737 | 女夭儿 | 1° lovely, charming 2° delicate 3° finicky, squeamish 4° to pet, to pamper ◇ 1° gracieux, mignon 2° délicat 3° nauséeux, vétilleux 4° gâter un enfant [Etym] 女1122 (rad: 038a 3-06), 乔290 [Graph] 611e 242e 416a.

娇气 jiāo qì。fragile, delicate ◇ douillet, fragile ✱ 11170.

嬌 jiāo *5737 | 娇 -5736 | 女夭口冂口 | 1° lovely, charming 2° delicate 3° finicky, squeamish 4° to pet, to pamper ◇ 1° gracieux, mignon 2° délicat 3° nauséeux, vétilleux 4° gâter un enfant [Etym] 女1122 (rad: 038a 3-12), 喬291 [Graph] 611e 242e 011a 856k 011a.

姣 jiāo +5738 | 女交 | handsome ◇ beau, joli, gracieux [Etym] 女1122 (rad: 038a 3-06), 交344 [Graph] 611e 243e.

妣 bǐ +5739 | 女匕匕 | deceased mother ◇ mère défunte [Etym] 女1122 (rad: 038a 3-04), 比362 [Graph] 611e 311d 321b.

孃 niáng *5740 | 娘 +5838 | 女亠口口𠀎 | 1° mum, ma, mother 2° aunt, lady 3° young woman ◇ 1° maman, mère 2° tante, dame 3° jeune femme [Etym] 女1122 (rad: 038a 3-17), 襄376 [Graph] 611e 312j 011a 011a 436g.

姒 sì +5741 | 女以 | elder brother's wife ◇ belle-soeur [Etym] 女1122 (rad: 038a 3-04), 以384 [Graph] 611e 313b.

姚 yáo +5742 | 女兆 | 1° elegance 2° surname ◇ 1° grâce 2° nom de famille [Etym] 女1122 (rad: 038a 3-06), 兆411 [Graph] 611e 322g.

妩 wǔ -5743 | 嫵、娬 *5771、*5772 | 女无 | 1° to flatter 2° to seduce ◇ 1° plaire, flatter 2° séduire [Etym] 女1122 (rad: 038a 3-04), 无414 [Graph] 611e 323b.

妙 miào +5744 | 玅 *6308 | 女少 | 1° wonderful, excellent 2° subtle, clever 3° skilful, efficacious 4° mysterious ◇ 1° merveilleux, excellent 2° subtil, ingénieux 3° adroit, efficace 4° mysterious [Etym] 女1122 (rad: 038a 3-04), 少427 [Graph] 611e 331k.

姙 rèn *5745 | 妊 +5761 | 女亻壬 | pregnancy, to be pregnant ◇ conception, être enceinte [Etym] 女1122 (rad: 038a 3-06), 任494 [Graph] 611e 411e 432k.

奸 jiān +5746 | 姦 3° *5776 | 女干 | 1° deceitful, villainous, wicked, corrupted 2° traitor 3° adultery ◇ 1° mauvais, fourbe, dépravé 2° traître 3° adultère [Etym] 女1122 (rad: 038a 3-03), 干564 [Graph] 611e 413b.

奸淫 jiān yín。to commit adultery; to rape ◇ commettre un adultère; violer ✱ 55.

奸笑 jiān xiào。wicked smile ◇ rire sournoisement ✱ 749.

奸诈 jiān zhà。crafty, deceitful, cunning ◇ fourbe, déloyal, perfide; astucieux, rusé ✱ 1718.

奸细 jiān xì。spy; informer ◇ espion; mouchard ✱ 6081.

姸 yán *5747 | 妍 -5750 | 女干干 | 1° beautiful 2° skilled ◇ 1° grâce, beauté 2° habile [Etym] 女1122 (rad: 038a 3-06), 幵565 [Graph] 611e 413b 413b.

婼 ruò +5748 | 女艹𠂇口 | 1° unsubdued 2° place in Xinjiang ◇ 1° insoumis 2° lieu du Xinjiang [Etym] 女1122 (rad: 038a 3-08), 若621 [Graph] 611e 415c 241a 011a.

嫫 mó +5749 | 女艹日大 | ugly lady ◇ femme laide [Etym] 女1122 (rad: 038a 3-10), 莫679 [Graph] 611e 415c 021a 242a.

妍 yán -5750 | 姸 *5747 | 女开 | 1° beautiful 2° skilled ◇ 1° grâce, beauté 2° habile [Etym] 女1122 (rad: 038a 3-04), 开706 [Graph] 611e 416h.

姘 pīn +5751 | 女并 | 1° to have illicit relations 2° bad behavior ◇ 1° relations sexuelles illicites 2° inconduite [Etym] 女1122 (rad: 038a 3-06), 并708 [Graph] 611e 416i.

妹 mèi +5752 | 女未 | younger sister ◇ soeur cadette [Etym] 女1122 (rad: 038a 3-05), 未800 [Graph] 611e 422i.

妹妹 mèi mèi。younger sister ◇ soeur cadette ✱ 5752.

妺 mò +5753 | 女末 | personal name ◇ prénom [Etym] 女1122 (rad: 038a 3-05), 末802 [Graph] 611e 422j.

姝 shū +5754 | 女朱 | beautiful, graceful, lovely ◇ beauté, aimable [Etym] 女1122 (rad: 038a 3-06), 朱803 [Graph] 611e 422l.

嬙 qiáng *5755 | 嫱 -5762 | 女土人人回口 | female court attendants ◇ dames du palais [Etym] 女1122 (rad: 038a 3-13), 嗇828 [Graph] 611e 432a 232a 232a 071a 011a.

婞 xìng +5756 | 女土羊 | 1° angry 2° stubborn, obstinate ◇ 1° colère 2° obstiné, têtu [Etym] 女1122 (rad: 038a 3-08), 幸835 [Graph] 611e 432a 413c.

娃 wá +5757 | 女土土 | 1° baby, child 2° newborn animal 3° beautiful woman ◇ 1° bébé, poupon 2° nouveau-né (animal) 3° belle femme [Etym] 女1122 (rad: 038a 3-06), 圭840 [Graph] 611e 432a 432a.

娃娃 wá wá。doll ◇ poupée, bébé, enfant ✱ 5757.

嬈 ráo *5758 | 娆 -5774 | 女土土土兀 | See ◇ Voir 妖娆 yao1-rao2 5735-5774 [Etym] 女1122 (rad: 038a 3-12), 堯844 [Graph] 611e 432a 432a 432a 322c.

△ rǎo | 娆 -5774 | 1° to go around, winding round and round 2° to disturb ◇ 1° contourner 2° trouble, déranger.

嬉 xī +5759 | 女士豆口 | 1° to play, to amuse oneself 2° sport ◇ 1° jouer, badiner, s'amuser, se divertir 2° sport [Etym] 女1122 (rad: 038a 3-12), 喜885 [Graph] 611e 432b 011b 011a.

姥 lǎo +5760 | 女耂匕 | elderly widow, maternal grandmother ◇ aïeule maternelle, grande mère maternelle [Etym] 女1122 (rad: 038a 3-06), 老889 [Graph] 611e 432c 321b.

△ mǔ | old lady ◇ vieille femme.

妊 rèn +5761 女壬 | 姙 *5745 | pregnancy, to be pregnant ◇ conception, être enceinte [Etym] 女 1122 (rad: 038a 3-04), 壬 930 [Graph] 611e 432k.

嫱 qiáng -5762 女丬回口 | 嬙 *5755 | female court attendants ◇ dames du palais [Etym] 女 1122 (rad: 038a 3-11), 嗇 940 [Graph] 611e 432p 071a 011a.

婊 biǎo +5763 女主𧘇 | prostitute ◇ courtisane, prostituée [Etym] 女 1122 (rad: 038a 3-08), 表 941 [Graph] 611e 433a 312h.

> 姓 xìng (1123) 女生 | [Tra] family name, clan ◇ nom de famille, clan [Etym] {?} (old) at birth (2= 生 951), name to women (1= 女 1122) only ◇ {?} (vx) nom de la mère (1= 女 1122) à la naissance (2= 生 951) [Graph] 611e 433b [Ref] h859, r74, w67b, wi90 [Hanzi] xing4 姓 5764.

姓 xìng +5764 女生 | surname ◇ nom de famille [Etym] 女 1122 (rad: 038a 3-05), 姓 1123 [Graph] 611e 433b.

姓名 xìng míng ∘ surname and name ◇ nom de famille et prénom * 6408.

嫣 yān +5765 女正㇉ | charming, beautiful ◇ charmant, séduisant, beau [Etym] 女 1122 (rad: 038a 3-11), 焉 964 [Graph] 611e 434b Z21h.

婿 xù +5766 女疋月 | 壻 *4859 | 1° son-in-law 2° husband ◇ 1° gendre 2° mari [Etym] 女 1122 (rad: 038a 3-09), 胥 971 [Graph] 611e 434g 856e.

娅 yà -5767 女亚 | 婭 *5884 | See ◇ Voir 姻娅 yin1-ya4 5873-5767 [Etym] 女 1122 (rad: 038a 3-06), 亚 983 [Graph] 611e 435b.

媒 méi +5768 女甘木 | go-between, matchmaker, intermediary ◇ entremetteuse (de mariage), intermédiaire [Etym] 女 1122 (rad: 038a 3-09), 某 1011 [Graph] 611e 436f 422a.

媒人 méi rén ∘ matchmaker ◇ entremetteur de mariage * 1070.

媾 gòu +5769 女井冉 | 1° relationship 2° fondness 3° sexual intercourse 4° to wed 5° to reach agreement ◇ 1° relations, alliance 2° affinité 3° coït 4° épouser 5° traiter la paix, s'entendre [Etym] 女 1122 (rad: 038a 3-10), 冓 1012 [Graph] 611e 436g 858c.

娵 jū +5770 女耳又 | name of fish as called by the Southern ethnic minority ◇ nom de poisson selon le peuple ethnique du Sud [Etym] 女 1122 (rad: 038a 3-08), 取 1024 [Graph] 611e 436k 633a.

嫵 wǔ *5771 女無灬 | 妩 -5743、娬 *5772 | 1° to flatter 2° to seduce ◇ 1° plaire, flatter 2° séduire [Etym] 女 1122 (rad: 038a 3-12), 無 1043 [Graph] 611e 436n 222d.

娬 wǔ *5772 女弋止 | 妩 -5743、嫵 *5771 | 1° to flatter 2° to seduce ◇ 1° plaire, flatter 2° séduire [Etym] 女 1122 (rad: 038a 3-08), 武 1051 [Graph] 611e 511b 434a.

婚 hūn +5773 女氏日 | to wed, to marry, marriage ◇ épouser, se marier, mariage [Etym] 女 1122 (rad: 038a 3-08), 昏 1054 [Graph] 611e 511c 021a.

婚姻 hūn yīn ∘ marriage ◇ mariage * 5873.

婚礼 hūn lǐ ∘ marriage, wedding ◇ mariage, noce * 6568.

娆 ráo -5774 女戈兀 | 嬈 *5758 | See ◇ Voir 妖娆 yao1-rao2 5735-5774 [Etym] 女 1122 (rad: 038a 3-06), 尧 1056 [Graph] 611e 512a 322c.

△ rǎo | 嬈 *5758 | 1° to go around, winding round and round 2° to disturb ◇ 1° contourner 2° trouble, déranger.

娥 é +5775 女我 | 1° good, pretty 2° delicate ◇ 1° beauté, bonté 2° délicat [Etym] 女 1122 (rad: 038a 3-07), 我 1067 [Graph] 611e 512f.

> 姦 jiān (1124) 女女女 | [Tra] villainous, corrupted ◇ mauvais, fourbe [Etym] quarrel between three women (1,2,3= 女 1122) ◇ dispute entre trois femmes (1,2,3= 女 1122) [Graph] 611e 611e 611e [Ref] r148, w44k, wi847 [Hanzi] jian1 姦 5776.

姦 jiān *5776 女女女 | See ◇ Voir 奸 5746 [Etym] 女 1122 (rad: 038a 3-06), 姦 1124 [Graph] 611e 611e 611e.

娭 āi +5777 女厶矢 | 1° grandmother (paternal) 2° married woman of a respectful age ◇ 1° grand-mère (paternelle) 2° femme mariée d'un âge respectable [Etym] 女 1122 (rad: 038a 3-07), 矣 1135 [Graph] 611e 612a 242d.

始 shǐ +5778 女厶口 | 1° beginning, start, to begin 2° only then, not... until ◇ 1° début, commencement, commencer 2° alors, non...jusqu'à ce que [Etym] 女 1122 (rad: 038a 3-05), 台 1143 [Graph] 611e 612a 011a.

始终 shǐ zhōng ∘ from beginning to end; entirely ◇ d'un bout à l'autre; entièrement, en tout cas * 6010.

姪 zhí *5779 女厶土 | 侄 +2926 | 1° brother's child, nephew, niece 2° I, me ◇ 1° enfant d'un frère, neveu, nièce 2° je, moi [Etym] 女 1122 (rad: 038a 3-06), 至 1148 [Graph] 611e 612c 432a.

妤 yú +5780 女マ丁 | 1° housekeeper 2° handsome, fair ◇ 1° majordomes 2° gracieux [Etym] 女 1122 (rad: 038a 3-04), 予 1252 [Graph] 611e 632a 331f.

> 奴 nú (1125) 女又 | [Tra] slave; servant ◇ esclave, serf [Etym] hand (2= 又 1271) submitting a woman (1= 女 1122) ◇ une main (2= 又 1271) qui soument la femme (1= 女 1122) [Graph] 611e 633a [Ref] h1383, k944, ph216, r150, w67d, wi325, wi521 [Hanzi] nu3 拟 2488, nu2 奴 5781, nu4 怒 5782, na2 拏 5783, nu2 孥 5784, nu3 努 5785, tang3 帑 5786, nu3 弩 5787, nu2 駑 5788, nu2 驽 5789, nu3 弩 5790, nao2 呶 9018.

奴 nú +5781 女又 | 1° slave, bondservant, to enslave 2° term of contempt ◇ 1° esclave, serf 2° notre humble servante [Etym] 女 1122 (rad: 038a 3-02), 奴 1125 [Graph] 611e 633a.

奴隶 nú lì ∘ slave ◇ esclave * 7411.

怒 nù +5782 女又心 | anger, fury ◇ colère, rage [Etym] 心 397 (rad: 061a 4-05), 奴 1125 [Graph] 611e 633a 321c.

〈 女

怒火 nù huǒ。to burn with anger; fury ◇ colère, fureur, emportement ✱ 924.

怒气 nù qì。anger, rage ◇ air fâché, colère ✱ 11170.

拏 ná *5783 女又手 | 拿 +1489 | 1° to hold, to take 2° to seize 3° to be sure of 4° to make difficulties 5° with, by ◇ 1° tenir, prendre 2° arrêter (un criminel), saisir 3° avoir le contrôle de 4° gêner, être gêné 5° au moyen de, avec [Etym] 手 465 (rad: 064a 4-05), 奴 1125 [Graph] 611e 633a 332g.

孥 nú +5784 女又子 | 1° sons and daughters, children 2° wife and children 3° to exterminate a family 4° slave ◇ 1° fils et filles, enfants 2° englober la femme et les enfants (dans le châtiment d'un coupable) 3° éteindre une famille 4° esclave [Etym] 子 1303 (rad: 039a 3-05), 奴 1125 [Graph] 611e 633a 634d.

努 nǔ +5785 女又力 | 掓 2° *2488 | 1° to exert the utmost strength, to strive 2° to bulge, to protrude 3° to strain oneself ◇ 1° faire effort, s'efforcer 2° faire saillir 3° s'estropier [Etym] 力 1489 (rad: 019a 2-05), 奴 1125 [Graph] 611e 633a 732f.

努力 nǔ lì。diligent, industrious, to strive ◇ soigneux, studieux, s'efforcer ✱ 7259.

帑 tǎng +5786 女又巾 | state treasure ◇ dépôt du trésor public [Etym] 巾 1886 (rad: 050a 3-05), 奴 1125 [Graph] 611e 633a 858a.

胬 nǔ +5787 女又肉 | granulation in a wound, mucus membrane ◇ granulations [Etym] 肉 1920 (rad: 130a 6-05), 奴 1125 [Graph] 611e 633a 859b.

駑 nú *5788 女又馬 | 驽 -5789 | 1° weak horse 2° jade 3° incompetent (person) ◇ 1° vieux cheval, rosse 2° de talent inférieur 3° incapable [Etym] 馬 2486 (rad: 187a 10-05), 奴 1125 [Graph] 611e 633a Z22a.

驽 nú -5789 女又马 | 駑 *5788 | 1° weak horse 2° jade 3° incompetent (person) ◇ 1° vieux cheval, rosse 2° de talent inférieur 3° incapable [Etym] 马 2489 (rad: 187s 3-05), 奴 1125 [Graph] 611e 633a Z22b.

弩 nǔ +5790 女又弓 | crossbow ◇ arbalète [Etym] 弓 2534 (rad: 057a 3-05), 奴 1125 [Graph] 611e 633a Z42a.

妓 jì +5791 女支 | prostitute ◇ courtisane, prostituée, femme publique [Etym] 女 1122 (rad: 038a 3-04), 支 1284 [Graph] 611e 633d.

> 好 hǎo (1126) 女子 | [Tra] good ◇ bon [Etym] as good as the liking of woman (1= 女 1122) for child (2= 子 1303) ◇ bon comme le lien de la femme (1= 女 1122) à l'enfant (2= 子 1303) [Graph] 611e 634d [Ref] k423, wi564 [Hanzi] nao1 孬 4070, hao3 hao4 好 5792.

好 hǎo +5792 女子 | 1° good, right 2° kind, friendly 3° finished 4° to be convenient ◇ 1° bon, bien 2° agréable à, amical 3° achevé 4° facile à, bien adapté [Etym] 女 1122 (rad: 038a 3-03), 好 1126 [Graph] 611e 634d.

好意 hǎo yì。good intention; kindness ◇ bonne intention, bonne volonté ✱ 667.

好笑 hǎo xiào。funny, laughable ◇ drôle, comique, rigolo ✱ 749.

好人 hǎo rén。healthy person; a good person ◇ personne en bonne forme; bon gars, bonhomme ✱ 1070.

好看 hǎo kàn。pretty, beautiful ◇ beau, joli ✱ 1534.

好大 hǎo dà。huge, vast, enormous, immense ◇ grand, vaste, immense ✱ 1537.

好在 hǎo zài。fortunately, luckily ◇ heureusement, par chance ✱ 1690.

好话 hǎo huà。compliments, words of praise ◇ louanges, compliments, belles paroles ✱ 1821.

好比 hǎo bǐ。to be like, to resemble ◇ être comme, ressembler à ✱ 1889.

好心 hǎo xīn。good intention; good will; kindness ◇ bonne volonté, bonne intention; amabilité, bonté ✱ 2177.

好像 hǎo xiàng。to seem; to be like ◇ sembler, avoir l'air ✱ 3063.

好玩 hǎo wán。amusing ◇ amusant ✱ 5088.

好玩儿 hǎo wán ér。interesting, amusing ◇ intéressant, amusant ✱ 5088 2194.

好些 hǎo xiē。numerous, a great deal of, many; better ◇ beaucoup de, un grand nombre de; mieux ✱ 5295.

好感 hǎo gǎn。good opinion, favorable impression ◇ bonne impression, bon sentiment ✱ 5557.

好好 hǎo hǎo。good ◇ bien ✱ 5792.

好多 hǎo duō。numerous; a good many; a great deal ◇ en grande quantité, beaucoup de, un grand nombre ✱ 6397.

好久 hǎo jiǔ。for a long time ◇ depuis longtemps, depuis un long moment ✱ 6498.

好处 hǎo chǔ。advantage, benefit ◇ avantage, intérêt, bénéfice ✱ 6526.

好闻 hǎo wén。good smelling ◇ de bonne senteur ✱ 8018.

好胜 hǎo shèng。ambitious; to seek to outdo others ◇ prétentieux, ambitieux, avide de vaincre ✱ 8138.

好听 hǎo tīng。melodious; pleasant to hear; fine words ◇ harmonieux, mélodieux; belles paroles ✱ 9066.

好吃 hǎo chī。delicious, tasty ◇ savoureux, délicieux, succulent ✱ 9268.

好的 hǎo de。fine, good, right ◇ bien, bon ✱ 9990.

好象 hǎo xiàng。to be like, such as; as if ◇ comme; comme si ✱ 10385.

好费 hǎo fèi。to spend, to waste; expenses ◇ dépenser, gaspiller; dépense, gaspillage ✱ 11282.

△ hào | 1° to love, to like 2° to be liable to ◇ 1° aimer à 2° porté à.

好奇 hào qí。to be curious ◇ curieux ✱ 1543.

好客 hào kè。hospitable, welcoming ◇ hospitalier, accueillant ✱ 7760.

5793 婀 ē +5793 女阝可口 |[Etym] 女 1122 (rad: 038a 3-07), 阿 1327 [Graph] 611e 634j 331c 011a.

婀娜 ē nuó。graceful ◇ gracieux ✱ 5801.

5794 奶 nǎi +5794 女乃 |嬭 *5830| 1° breasts 2° milk 3° to suckle 4° paternal grandmother ◇ 1° mamelle, sein 2° lait, allaiter 3° téter 4° grand-mère paternelle [Etym] 女 1122 (rad: 038a 3-02), 乃 1340 [Graph] 611e 634l.

奶油 nǎi yóu。cream ◇ crème ✱ 575.

奶头 nǎi tóu。breast ◇ sein, mamelle ✱ 1598.

奶牛 nǎi niú。milk cow ◇ vache laitière ✱ 3445.

奶粉 nǎi fěn。powdered milk ◇ lait en poudre ✱ 4634.

奶奶 nǎi nǎi。grandmother (paternal) ◇ grand-mère (paternelle) ✱ 5794.

奶酪 nǎi lào。cheese ◇ fromage ✱ 10885.

5795 娠 shēn +5795 女厂辰 |pregnancy, to be pregnant ◇ grossesse, être enceinte [Etym] 女 1122 (rad: 038a 3-07), 辰 1356 [Graph] 611e 721a 312f.

5796 嫄 yuán +5796 女厂白小 |mother of Hu Chi, her full name being Jiang Yuan ◇ nom de la mère de Hu Chi (Jiang Yuan) [Etym] 女 1122 (rad: 038a 3-10), 原 1373 [Graph] 611e 721a 022c 331j.

5797 嬷 mā +5797 女广木木么 |wet nurse ◇ nourrice [Etym] 女 1122 (rad: 038a 3-14), 麽 1383 [Graph] 611e 721b 422a 422a 612g.

5798 姽 guǐ +5798 女产㔾 |[Etym] 女 1122 (rad: 038a 3-06), 危 1419 [Graph] 611e 721e 733a.

姽婳 guǐ huà。pretty, graceful ◇ joli, gracieux ✱ 5863.

5799 嫉 jí +5799 女疒矢 |1° jealousy, envy 2° to dislike ◇ 1° envie, jalousie, jalouser 2° haïr [Etym] 女 1122 (rad: 038a 3-10), 疾 1424 [Graph] 611e 721f 242d.

5800 嫪 lào +5800 女习习人彡 |1° libertinism 2° surname ◇ 1° libertinage 2° nom de famille [Etym] 女 1122 (rad: 038a 3-11), 翏 1473 [Graph] 611e 731c 731c 233a 211c.

5801 娜 nà +5801 女刃阝 |female personal name ◇ prénom de femme [Etym] 女 1122 (rad: 038a 3-06), 那 1488 [Graph] 611e 732e 634j.

△ nuó |See ◇ Voir 婀娜 el-nuo2 5793-5801.

5802 媯 guī -5802 女为 |嬀 *5730、嬀 *5803| river in the Beijing area ◇ rivière de la région de Beijing [Etym] 女 1122 (rad: 038a 3-04), 为 1496 [Graph] 611e 732h.

5803 嬀 guī *5803 女為 |媯 -5802、嬀 *5730| river in the Beijing area ◇ rivière de la région de Beijing [Etym] 女 1122 (rad: 038a 3-09), 為 1497 [Graph] 611e 732j.

5804 她 tā +5804 女也 |she ◇ elle [Etym] 女 1122 (rad: 038a 3-03), 也 1502 [Graph] 611e 733c.

她们 tā men。they ◇ elles, les, leur (pluriel féminin) ✱ 3002.

5805 妪 yù -5805 女区乂 |嫗 *5806| matron, old woman ◇ matrone, vieille femme [Etym] 女 1122 (rad: 038a 3-04), 区 1519 [Graph] 611e 811c 243a.

5806 嫗 yù *5806 女匚口口口 |妪 -5805| matron, old woman ◇ matrone, vieille femme [Etym] 女 1122 (rad: 038a 3-11), 區 1528 [Graph] 611e 811c 011a 011a 011a.

5807 妇 fù -5807 女彐 |婦 *5809| married woman, woman, wife ◇ femme mariée, belle-fille, épouse [Etym] 女 1122 (rad: 038a 3-03), 彐 1565 [Graph] 611e 832a.

妇女 fù nǚ。woman ◇ femme ✱ 5726.

妇产科 fù chǎn kē。gynaecology and obstetrics ◇ gynécologie et obstétrique ✱ 6991 4523.

5808 妞 niū +5808 女丑 |lass, girl ◇ fillette [Etym] 女 1122 (rad: 038a 3-04), 丑 1564 [Graph] 611e 832e.

> 婦 fù (1127) 女彐冖巾 |[Tra] married woman; wife ◇ femme mariée, épouse [Etym] woman (1= 女 1122); duster: hand (4= 彐 1565) handle (5=prim) cloth (4= 巾 1886) ◇ une femme (1= 女 1122); une épousette: une main (4= 彐 1565) une poignée (5=prim) un tissus (4= 巾 1886) [Graph] 611e 833a 851a 858a [Ref] h1724, w84a [Hanzi] fu4 婦 5809.

5809 婦 fù *5809 女彐冖巾 |妇 -5807| married woman, woman, wife ◇ femme mariée, belle-fille, épouse [Etym] 女 1122 (rad: 038a 3-08), 婦 1127 [Graph] 611e 833a 851a 858a.

5810 婳 huà *5810 女聿田一 |婳 -5863| See ◇ Voir 姽婳 gui3-hua4 5798-5863 [Etym] 女 1122 (rad: 038a 3-12), 畫 1573 [Graph] 611e 833e 041a ac:z.

5811 嫌 xián +5811 女兼 |1° suspicion 2° resentment 3° to have an aversion to 4° to depreciate, to disdain ◇ 1° soupçon 2° ressentiment 3° détester, aversion 4° trouver mauvais, dédaigner [Etym] 女 1122 (rad: 038a 3-10), 兼 1582 [Graph] 611e 834h.

嫌疑 xián yí。suspicion; to be suspected of ◇ soupçon, suspicion, doute ✱ 2164.

5812 婕 jié +5812 女疌 |[Etym] 女 1122 (rad: 038a 3-08), 疌 1583 [Graph] 611e 834i.

婕妤 jié yú。1° handsome; 2° official title of an accomplished imperial concubine in the Han Dynasty ◇ 1° joli, charmant; 2° titre officiel d'une concubine impériale de la dynastie Han ✱ 5780.

5813 嫂 sǎo +5813 女申又 |elder brother's wife, matron, sister-in-law, form of address ◇ femmes des frères aînés, belle-soeur, appellation respectueuse [Etym] 女 1122 (rad: 038a 3-09), 叟 1596 [Graph] 611e 835g 633a.

嫂嫂 sǎo sǎo。elder brother's wife ◇ belle-soeur (femme du frère aîné) ✱ 5813.

嫂子 sǎo zǐ。elder brother's wife ◇ belle-soeur (femme du frère aîné) ✱ 6546.

5814 媸 chī +5814 女虫虫 |1° hideous 2° worthless woman ◇ 1° laideur, difformité 2° femme sans valeur [Etym] 女 1122 (rad: 038a 3-10), 蚩 1639

[Graph] 611e 842b 031d.

姹 chà +5815 女宀乇 | beautiful, handsome person ◇ belle personne [Etym] 女 1122 (rad: 038a 3-06), 宅 1670 [Graph] 611e 851c 321f.

嬪 pín *5816 女宀丆貝 | 嫔 -5820 | 1° imperial concubines 2° to wed 3° lady-in-waiting ◇ 1° concubines impériales 2° épouser 3° dame [Etym] 女 1122 (rad: 038a 3-14), 賓 1674 [Graph] 611e 851c 331i 023b.

嬸 shěn *5817 女宀釆田 | 婶 -5821 | 1° father's younger brother's wife, aunt 2° sisters-in-law (form of address) ◇ 1° femmes des oncles cadets, tante 2° belles-soeurs (formule de politesse) [Etym] 女 1122 (rad: 038a 3-15), 審 1685 [Graph] 611e 851c 422g 041a.

嫁 jià +5818 女宀豕 | 1° to marry a husband 2° to give one's daughter in marriage 3° to transfer ◇ 1° prendre pour époux 2° marier sa fille 3° s'impliquer dans, transférer [Etym] 女 1122 (rad: 038a 3-10), 家 1696 [Graph] 611e 851c 522a.

嫁妆 jià zhuāng ∘ dowry, trousseau (of the bride) ◇ dot, trousseau (de la mariée) ✱ 3193.

婉 wǎn +5819 女宀夕㔾 | 1° gentle, tactful, complaisant, obliging 2° beautiful ◇ 1° aimable, charmant 2° joli [Etym] 女 1122 (rad: 038a 3-08), 宛 1699 [Graph] 611e 851c 631b 733a.

嫔 pín -5820 女宀兵 | 嬪 *5816 | 1° imperial concubines 2° to wed 3° lady-in-waiting ◇ 1° concubines impériales 2° épouser 3° dame [Etym] 女 1122 (rad: 038a 3-10), 宾 1703 [Graph] 611e 851c 722h.

婶 shěn -5821 女宀申 | 嬸 *5817 | 1° father's younger brother's wife, aunt 2° sisters-in-law (form of address) ◇ 1° femmes des oncles cadets, tante 2° belles-soeurs (formule de politesse) [Etym] 女 1122 (rad: 038a 3-08), 审 1712 [Graph] 611e 851c 042c.

婶子 shěn zǐ ∘ father's younger brother's wife ◇ tante (femme du frère cadet du père) ✱ 6546.

婶母 shěn mǔ ∘ aunt (wife of father's younger brother) ◇ tante (femme du frère cadet du père) ✱ 11296.

嫦 cháng +5822 女⺌口巾 | goddess of the moon ◇ déesse de la lune [Etym] 女 1122 (rad: 038a 3-11), 常 1746 [Graph] 611e 851h 011a 858a.

妁 shuò +5823 女勺 | go-between, matchmaker ◇ entremetteuse [Etym] 女 1122 (rad: 038a 3-03), 勺 1763 [Graph] 611e 852b.

姁 xǔ +5824 女勹口 | 1° handsome, graceful 2° peace and happiness ◇ 1° gracieux 2° bonheur et paix [Etym] 女 1122 (rad: 038a 3-05), 句 1779 [Graph] 611e 852h 011a.

妨 fāng +5825 女方 | harm ◇ tort [Etym] 女 1122 (rad: 038a 3-04), 方 1784 [Graph] 611e 853b.

△ fáng | to hinder, to obstruct ◇ empêcher, obstacle.

妨害 fáng hài ∘ to do damage; to impair; to hurt ◇ nuire à, endommager, porter préjudice à ✱ 7720.

妨碍 fáng ài ∘ to hinder, to obstruct ◇ obstruer, empêcher, gêner ✱ 9771.

娴 xián -5826 女门木 | 嫺、嫻 *5839、*5840 | 1° refined, graceful 2° accomplished 3° skilled ◇ 1° raffiné 2° parfait 3° expérimenté, habile [Etym] 女 1122 (rad: 038a 3-07), 闲 1811 [Graph] 611e 855a 422a.

姗 shān +5827 女册 | to criticize, to mock ◇ railler [Etym] 女 1122 (rad: 038a 3-05), 册 1820 [Graph] 611e 856c.

嫡 dí +5828 女啇古 | legal wife ◇ femme en titre [Etym] 女 1122 (rad: 038a 3-11), 啇 1875 [Graph] 611e 857g 013f.

孀 shuāng +5829 女雨木目 | widow ◇ veuve [Etym] 女 1122 (rad: 038a 3-17), 霜 1891 [Graph] 611e 858e 422a 023a.

嬭 nǎi *5830 女爾 | 奶 +5794 | 1° breasts 2° milk 3° to suckle 4° paternal grandmother ◇ 1° mamelle, sein 2° lait, allaiter 3° téter 4° grand-mère paternelle [Etym] 女 1122 (rad: 038a 3-14), 爾 1907 [Graph] 611e 858k.

姐 jiě +5831 女且 | 1° elder sister 2° general term for young women ◇ 1° soeur aînée 2° mademoiselle, demoiselle, Madame, dame (appellation de respect) [Etym] 女 1122 (rad: 038a 3-05), 且 1929 [Graph] 611e 921a.

姐夫 jiě fū ∘ elder sister's husband; brother-in-law ◇ marie de la soeur aînée ✱ 1610.

姐妹 jiě mèi ∘ sisters ◇ soeurs ✱ 5752.

姐姐 jiě jiě ∘ elder sister ◇ soeur aînée ✱ 5831.

媧 wā *5832 女咼口 | 娲 -5846 | sister and successor of the legendary ruler Fuxi ◇ soeur et successeur du souverain Fuxi [Etym] 女 1122 (rad: 038a 3-09), 咼 1948 [Graph] 611e 924d 011a.

妮 nī +5833 女尸匕 | [Etym] 女 1122 (rad: 038a 3-05), 尼 1952 [Graph] 611e 931a 321b.

妮子 nī zǐ ∘ 1° slave girl; 2° lass, girl ◇ 1° fille esclave, servante; 2° fillette, ma petite ✱ 6546.

娓 wěi +5834 女尸毛 | gentle, obliging, complaisant ◇ doux, accommodant, beau, agréable [Etym] 女 1122 (rad: 038a 3-07), 尾 1953 [Graph] 611e 931a 321g.

妒 dù +5835 女户 | 妬 *5850 | jealous, envious ◇ jalousie, envie [Etym] 女 1122 (rad: 038a 3-04), 户 1981 [Graph] 611e 931e.

媚 mèi +5836 女尸目 | 1° to flatter 2° to coax 3° enchanting, charming 4° to love ◇ 1° flatter 2° caresser 3° attrayant, charmant, plaire 4° aimer [Etym] 女 1122 (rad: 038a 3-09), 眉 1996 [Graph] 611e 931j 023a.

嫏 láng +5837 女良阝 | [Etym] 女 1122 (rad: 038a 3-08), 郎 2005 [Graph] 611e 932d 634j.

嫏嬛 láng huán ∘ place where the God of Heaven stores his books ◇ lieu où le Dieu du Ciel cachait ses oeuvres ✱ 5870.

娘 niáng +5838 女良 | 孃 *5740 | 1° mum, ma, mother 2° aunt, lady 3° young woman ◇ 1° maman, mère 2° tante, dame 3° jeune femme [Etym] 女 1122 (rad: 038a 3-07), 良 2008 [Graph]

611e 932e.

娘家 niáng jiā ◦ married woman's parents' home ◇ famille d'origine d'une femme mariée ✱ 7747.

嫻 xián *5839 |娴 -5826 、嫺 *5840| 1° refined, graceful 2° accomplished 3° skilled ◇ 1° raffiné 2° parfait 3° expérimenté, habile [Etym] 女 1122 (rad: 038a 3-12), 閑 2031 [Graph] 611e 934e 422a.

嫺 xián *5840 |娴 -5826 、嫻 *5839| 1° refined, graceful 2° accomplished 3° skilled ◇ 1° raffiné 2° parfait 3° expérimenté, habile [Etym] 女 1122 (rad: 038a 3-12), 閒 2039 [Graph] 611e 934e 856e.

如 rú (1128) 女口 |[Tra] such as, similar ◇ comme, semblable [Etym] a woman (1= 女 1122) complying to demands (2= 口 2063) ->similar ◇ une femme (1= 女 1122) qui parle (2= 口 2063) avec complaisance ->comme [Graph] 611e 011a [Ref] h136, k807, r131, r460, w38e [Hanzi] ru4 洳 279, ru2 銣 1221, ru2 铷 1999, ru2 茹 3731, ru2 如 5841, shu4 恕 5843, xu4 絮 5844.

如 rú +5841 女口 |1° according to 2° like, as, also 3° to be as good as 4° such as 5° if 6° to go to 7° to desire ◇ 1° conforme à 2° comme, de même que 3° mieux vaut 4° semblable 5° si 6° aller à 7° désirer [Etym] 女 1122 (rad: 038a 3-03), 如 1128 [Graph] 611e 011a.

如今 rú jīn ◦ now, nowadays ◇ maintenant, à présent, aujourd'hui ✱ 1385.

如何 rú hé ◦ how; what ◇ comment ✱ 2843.

如下 rú xià ◦ as follows ◇ comme suit, ci-après, ci-dessous ✱ 3204.

如上 rú shàng ◦ as above, as mentioned above ◇ ci-dessus, susmentionné ✱ 4718.

如此 rú cǐ ◦ so, such, in this way ◇ tel, ainsi; si, tellement; soi-disant, prétendu ✱ 5294.

如期 rú qī ◦ as scheduled ◇ à terme, à la date prévue ✱ 5437.

如同 rú tóng ◦ like, as ◇ ressembler à; comme ✱ 8279.

如果 rú guǒ ◦ if ◇ si ✱ 10750.

娱 yú +5842 女口天 |1° give pleasure, amusement 2° rejoice ◇ 1° amuser, faire plaisir 2° se réjouir [Etym] 女 1122 (rad: 038a 3-07), 吳 2065 [Graph] 611e 011a 242b.

娱乐 yú lè ◦ entertainment ◇ divertissement, amusement, se divertir ✱ 7358.

恕 shù +5843 女口心 |1° to forgive, to pardon 2° excuse me 3° forbearance, benevolent ◇ 1° pardonner, excuser 2° pardon! 3° indulgence, humanité [Etym] 心 397 (rad: 061a 4-06), 如 1128 [Graph] 611e 011a 321c.

絮 xù +5844 女口系 |1° wadding (cotton) 2° down 3° to line with cotton 4° loquacity 5° to importune ◇ 1° ouate (coton) 2° duvet 3° doublé de coton 4° radoter, volubilité 5° ennuyer [Etym] 糸 1185 (rad: 120a 6-06), 如 1128 [Graph] 611e 011a 613d.

娟 juān +5845 女口月 |graceful, beautiful ◇ beau, gracieux, charmant [Etym] 女 1122 (rad: 038a 3-07), 肙 2078 [Graph] 611e 011a 856e.

娲 wā -5846 女口内 |媧 *5832| sister and successor of the legendary ruler Fuxi ◇ soeur et successeur du souverain Fuxi [Etym] 女 1122 (rad: 038a 3-07), 呙 2081 [Graph] 611e 011a 859a.

嬋 chán *5847 女口口単 |婵 -5864| graceful ◇ joli, gracieux [Etym] 女 1122 (rad: 038a 3-12), 單 2101 [Graph] 611e 011a 011a 041c.

娖 chuò +5848 女足 |careful ◇ prudent [Etym] 女 1122 (rad: 038a 3-07), 足 2117 [Graph] 611e 011f.

婷 tíng +5849 女亯冖丁 |ladylike, graceful ◇ joli, gracieux [Etym] 女 1122 (rad: 038a 3-09), 亭 2135 [Graph] 611e 012c 851a 331b.

妬 dù *5850 女石 |妒 +5835| jealous, envious ◇ jalousie, envie [Etym] 女 1122 (rad: 038a 3-05), 石 2149 [Graph] 611e 013b.

姑 gū (1129) 女古 |[Tra] paternal aunt ◇ tante paternelle [Etym] woman (1= 女 1122); phon, old (2= 古 2155) ◇ une femme (1= 女 1122); phon, vieux (2= 古 2155) [Graph] 611e 013f [Hanzi] gu1 菇 3732, gu1 姑 5851.

姑 gū +5851 女古 |1° paternal aunt 2° husband's sister 3° husband's mother 4° Buddhist nun 5° for the time being 6° to tolerate 7° young lady, polite term for females ◇ 1° tante paternelle 2° soeurs du mari 3° mère du mari 4° bonzesse 5° en attendant, cependant 6° condescendre, tolérer 7° demoiselle [Etym] 女 1122 (rad: 038a 3-05), 姑 1129 [Graph] 611e 013f.

姑娘 gū niáng ◦ girl, young woman ◇ jeune fille ✱ 5838.

姑姑 gū gū ◦ aunt (father's sister) ◇ tante (soeur du père) ✱ 5851.

姑母 gū mǔ ◦ aunt (father's sister) ◇ tante (soeur du père) ✱ 11296.

姬 jī +5852 女臣 |1° name of Huang di's family 2° concubine 3° female entertainer, singer 4° surname ◇ 1° clan de Huang di 2° courtisane, concubine 3° chanteuse, amuseuse 5° nom propre [Etym] 女 1122 (rad: 038a 3-07), 臣 2166 [Graph] 611e 013j.

妲 dá +5853 女旦 |concubine of the tyrant Zhouxin ◇ épouse du tyran Zhouxin [Etym] 女 1122 (rad: 038a 3-05), 旦 2170 [Graph] 611e 021a ac:z.

媪 ǎo +5854 女日皿 |old woman ◇ matrone [Etym] 女 1122 (rad: 038a 3-09), 昷 2201 [Graph] 611e 021a 922a.

娼 chāng +5855 女日日 |prostitute ◇ prostituée [Etym] 女 1122 (rad: 038a 3-08), 昌 2207 [Graph] 611e 021a 021a.

嫚 màn +5856 女日罒又 |to despise, to scorn ◇ mépriser, railler, outrager [Etym] 女 1122 (rad: 038a 3-11), 曼 2211 [Graph] 611e 021a 051a 633a.

姮 héng +5857 女亘 |name of a fairy maiden ◇ nom d'une femme légendaire [Etym] 女 1122 (rad: 038a 3-06), 亘 2213 [Graph] 611e 022a ac:z.

媳 xí +5858 女自心 | 1° daughter-in-law 2° wife ◇ 1° bru 2° femme, épouse [Etym] 女 1122 (rad: 038a 3-10), 息 2259 [Graph] 611e 023d 321c.

媳妇 xí fù。daughter-in-law ◇ belle-fille, bru ✱ 5807.

娩 miǎn +5859 女免 | childbirth, delivery ◇ accoucher, enfanter [Etym] 女 1122 (rad: 038a 3-07), 免 2292 [Graph] 611e 032d.

嫩 nèn +5860 女束攵 | 1° tender, delicate, soft 2° fresh, light 3° flexible 4° inexperienced ◇ 1° tendre, délicat 2° léger, clair 3° souple 4° inexpérimenté [Etym] 女 1122 (rad: 038a 3-11), 敕 2298 [Graph] 611e 032g 243c.

嬾 lǎn *5861 女束負 | 懒 +3373 | 1° lazy, indolent, remiss 2° languid, sleepy 3° aversion ◇ 1° paresse, nonchalant, mollesse 2° endormi 3° répugnance [Etym] 女 1122 (rad: 038a 3-16), 賴 2302 [Graph] 611e 032g 023k.

嫘 léi +5862 女田糸 | [Etym] 女 1122 (rad: 038a 3-11), 累 2319 [Graph] 611e 041a 613d.

嫘祖 léi zǔ。early empress reputed to have invented sericulture ◇ impératrice d'autrefois, censée d'avoir inventé la sériciculture ✱ 6594.

婳 huà -5863 女画 | 嫿 *5810 | See ◇ Voir 姽婳 gui3-hua4 5798-5863 [Etym] 女 1122 (rad: 038a 3-08), 画 2330 [Graph] 611e 041d 841e.

婵 chán -5864 女单 | 嬋 *5847 | graceful ◇ joli, gracieux [Etym] 女 1122 (rad: 038a 3-08), 单 2334 [Graph] 611e 041g.

妯 zhóu +5865 女由 | sisters-in-law, wives of brothers ◇ femmes de frères [Etym] 女 1122 (rad: 038a 3-05), 由 2345 [Graph] 611e 042a.

妯娌 zhóu lǐ。wives of brothers, sisters-in-law ◇ belles-soeurs, femmes de frères ✱ 5869.

娉 pīng +5866 女由丂 | [Etym] 女 1122 (rad: 038a 3-07), 甹 2347 [Graph] 611e 042a Z21b.

娉婷 pīng tíng。elegant, graceful ◇ joli, gracieux, belle (femme) ✱ 5849.

媿 kuì *5867 女鬼厶 | 愧 -3378 | to sigh ◇ soupirer, respirer profondément [Etym] 女 1122 (rad: 038a 3-08), 鬼 2363 [Graph] 611e 043e 612a.

婢 bì +5868 女卑 | slave-girl ◇ fille esclave [Etym] 女 1122 (rad: 038a 3-08), 卑 2366 [Graph] 611e 043h.

娌 lǐ +5869 女里 | See ◇ Voir 妯娌 zhou2-li3 5865-5869 [Etym] 女 1122 (rad: 038a 3-07), 里 2368 [Graph] 611e 043j.

嬛 huán +5870 女罒口衣 | See ◇ Voir 螂嬛 lang2-huan2 5837-5870 [Etym] 女 1122 (rad: 038a 3-13), 睘 2394 [Graph] 611e 051a 012a 312h.

嫖 piáo +5871 女覀示 | 闞 *8794 | lewdness, to visit prostitutes ◇ libertinage, inconduite, fréquenter les prostituées, courir les femmes [Etym] 女 1122 (rad: 038a 3-11), 票 2404 [Graph] 611e 051e 331l.

媲 pì +5872 女囟匕匕 | [Etym] 女 1122 (rad: 038a 3-10), 毘 2419 [Graph] 611e 061b 311d 321b.

媲美 pì měi。1° to rival; 2° companion, mate ◇ 1° rivaliser avec, égaler; 2° conjoint, compagnon ✱ 5218.

姻 yīn +5873 女囗大 | 婣 *5875 | 1° marriage 2° relation by marriage ◇ 1° mariage 2° alliance par mariage [Etym] 女 1122 (rad: 038a 3-06), 因 2444 [Graph] 611e 071a 242a.

姻娅 yīn yà。brother-in-law, relatives by marriage, the in-laws ◇ beaux-frères, parenté par alliance, la belle-famille ✱ 5767.

嬗 shàn +5874 女亩口旦 | beautiful, graceful ◇ joli, gracieux [Etym] 女 1122 (rad: 038a 3-13), 亶 2460 [Graph] 611e 071b 011a 021a ac:z.

婣 yīn *5875 女𣶒 | 姻 +5873 | 1° marriage 2° relation by marriage ◇ 1° mariage 2° alliance par mariage [Etym] 女 1122 (rad: 038a 3-09), 𣶒 2474 [Graph] 611e Z12d.

姊 zǐ +5876 女𠂔 | elder sister ◇ soeur aînée [Etym] 女 1122 (rad: 038a 3-04), 𠂔 2485 [Graph] 611e Z21k.

姊妹 zǐ mèi。sisters ◇ soeurs ✱ 5752.

媽 mā *5877 女馬 | 妈 -5878 | 1° ma, mum, mother 2° aunt 3° nurse 4° procuress ◇ 1° maman 2° tante 3° nourrice 4° gouvernante [Etym] 女 1122 (rad: 038a 3-10), 馬 2486 [Graph] 611e Z22a.

妈 mā -5878 女马 | 媽 *5877 | 1° ma, mum, mother 2° aunt 3° nurse 4° procuress ◇ 1° maman 2° tante 3° nourrice 4° gouvernante [Etym] 女 1122 (rad: 038a 3-03), 马 2489 [Graph] 611e Z22b.

妈妈 mā mā。mummy ◇ maman ✱ 5878.

嬝 niǎo *5879 女鳥衣 | 袅 -11147、嫋 *5881 | 1° slender and delicate 2° beautiful ◇ 1° gracieux, svelte, délicat 2° beau [Etym] 女 1122 (rad: 038a 3-13), 裊 2497 [Graph] 611e Z22g 312i.

> 妃 fai (1130) 女己 | [Tra] concubine, princess ◇ concubine, princesse [Etym] woman (1= 女 1122) related (2= 己 2532) to a prince ◇ femme (1= 女 1122) reliée (2= 己 2532) à un prince [Graph] 611e Z41a [Ref] w3a, w38e, w60a [Hanzi] fei1 妃 5880.

妃 fēi +5880 女己 | 1° imperial concubine 2° wife of a prince ◇ 1° concubine impériale 2° épouse d'un prince [Etym] 女 1122 (rad: 038a 3-03), 妃 1130 [Graph] 611e Z41a.

嫋 niǎo *5881 女弓弓 | 袅 -11147、嬝 *5879 | 1° slender and delicate 2° beautiful ◇ 1° gracieux, svelte, délicat 2° beau [Etym] 女 1122 (rad: 038a 3-10), 弱 2548 [Graph] 611e Z42b Z42b.

姨 yí +5882 女夷 | 1° wife's sister, maternal aunt 2° concubine ◇ 1° soeurs de la mère ou de l'épouse 2° concubine du père [Etym] 女 1122 (rad: 038a 3-06), 夷 2550 [Graph] 611e Z42d.

姨父 yí fù。uncle (mother's brother) ◇ oncle maternel ✱ 1674.

姨母 yí mǔ。maternal aunt ◇ tante maternelle ✱ 11296.

娣 dì +5883 女弟 | younger sister or sister-in-law, girl ◇ jeune soeur ou belle-soeur, fille [Etym] 女 1122 (rad: 038a 3-07), 弟 2552 [Graph] 611e Z42f.

婭 yà *5884 女亞 |婭 -5767| See ◇ Voir 姻婭 yin1-ya4 5873-5767 [Etym] 女 1122 (rad: 038a 3-08), 亞 2559 [Graph] 611e Z51f.

姆 mǔ +5885 女母 |See ◇ Voir 保姆 bao3-mu3 3032-5885 [Etym] 女 1122 (rad: 038a 3-05), 母 2564 [Graph] 611e Z61a.

厶 612

厶 sī (1131) 厶 |[Tra] private; selfish ◇ privé; égoïsme [Etym] {?}cocoon (prim); {?}nose (prim,< 自 2256) ->self, selfishness ◇ {?} un cocon (prim); {?} un nez (prim,< 自 2256) ->soi, égoïsme [Graph] 612a [Ref] w3a, w38e, w60a [Hanzi] cuan4 篡 893, si1 私 4538, qu4 去 4870, si1 厶 5886, san1 叁 5887, can1 cen1 shen1 参 5888, yi3 矣 5891, mou2 mu4 牟 5893, bian4 弁 5894, can1 cen1 shen1 叅 5895, tai1 tai2 台 5901, ma5 me5 yao1 么 5927, me5 mo2 麼 6904, gou1 gou4 勾 7904, hong2 弘 11255 [Rad] 028a.

厶 sī +5886 厶 |1° private, personal 2° selfish ◇ 1° privé 2° égoïste [Etym] 厶 1131 (rad: 028a 2-00), [Graph] 612a.

叁 sān (1132) 厶大三 |[Tra] three ◇ trois [Etym] modern character combining (参 1133, 三 5) ◇ forme moderne faite de (参 1133, 三 5) [Graph] 612a 242a 111c [Ref] k183, ph280, r136, w85e [Hanzi] san1 叁 5887.

叁 sān +5887 厶大三 |弎 *5507| three (cheque, etc.) ◇ trois (en grande écriture) [Etym] 厶 1131 (rad: 028a 2-06), 叁 1132 [Graph] 612a 242a 111c.

参 cān (1133) 厶大彡 |[Tra] to counsel; visit ◇ conseil; visiter [Etym] modern simplified form of (參 1138) ◇ forme simplifiée moderne de (參 1138) [Graph] 612a 242a 211c [Ref] k640, ph231, w85e [Hanzi] shen4 渗 280, can3 篸 817, chan1 掺 2489, can3 惨 3273, can3 0, san3 shen1 糁 4615, can1 cen1 shen1 参 5888, san1 毵 5889, shen4 瘆 7066, chen3 碜 9702, shen1 鲹 10495, can1 骖 11109.

参 cān -5888 厶大彡 |參 *5895| 1° to join, to take part in 2° to counsel, to consult 3° to visit ◇ 1° participer à, joindre 2° conseiller, conseil d'association 3° visiter [Etym] 厶 1131 (rad: 028a 2-06), 参 1133 [Graph] 612a 242a 211c.

参议院 cān yì yuàn ∘ senate ◇ sénat * 1709 6771.

参议员 cān yì yuán ∘ senator ◇ sénateur * 1709 9127.

参考 cān kǎo ∘ to consult ◇ consulter * 5057.

参观 cān guān ∘ to visit ◇ visiter * 6517.

参加 cān jiā ∘ to join, to share, to participate ◇ participer * 7263.

参与 cān yù ∘ to participate in; to intervene ◇ participer à; intervenir * 11020.

△ cēn |參 *5895|

参差 cēn cī ∘ irregular, uneven ◇ irrégulier, de longueur inégale * 1529.

△ shēn |參、葠、蓡 *5895、*3627、*3529| ginseng ◇ ginseng.

毵 sān -5889 厶大彡毛 |毿 *5896| long and thin hair ◇ cheveux ou poils longs et clairsemés [Etym] 毛 403 (rad: 082a 4-08), 参 1133 [Graph] 612a 242a 211c 321g.

畚 běn (1134) 厶大田 |[Tra] hod, scoop ◇ hotte, panier [Etym] {?} cap (1,2= 弁 1137); object (3< 畾 2325) ◇ {?} bonnet (1,2= 弁 1137); objet (3< 畾 2325) [Graph] 612a 242a 041a [Ref] h786, k730, w47h [Hanzi] ben3 畚 5890.

畚 běn +5890 厶大田 |hod, scoop ◇ hotte, panier [Etym] 田 2313 (rad: 102a 5-05), 畚 1134 [Graph] 612a 242a 041a.

矣 yǐ (1135) 厶矢 |[Tra] final particle ◇ particule finale [Etym] to cease (1< 巳 2009); to reach a target (2= 矢 283) ◇ finir (1< 巳 2009); atteindre (2= 矢 283) [Graph] 612a 242d [Ref] h490, k1032, ph652, w62c, w89b, wa131 [Hanzi] si4 涘 281, si4 竢 645, ai1 ai2 挨 2490, qi2 si4 俟 2923, ai1 埃 4871, ai1 娭 5777, yi3 矣 5891, ai3 e1 e2 e3 e4 ei2 ei3 ei4 欸 5892, ai1 ai4 唉 9019, e1 e2 e3 e4 ei2 ei3 ei4 誒 9554, ai2 騃 11050, ai2 骙 11110.

矣 yǐ +5891 厶矢 |final particle, interjection ◇ particule finale, interjection [Etym] 矢 283 (rad: 111a 5-02), 矣 1135 [Graph] 612a 242d.

欸 ǎi +5892 厶矢欠 |[Etym] 欠 178 (rad: 076a 4-07), 矣 1135 [Graph] 612a 242d 232b.

欸乃 ǎi nǎi ∘ creak of an oar ◇ crissement des rames * 6799.

△ ē |誒 *9554| hey! ◇ hé! holà!.

△ é |誒 *9554| why! ◇ eh bien! tiens.

△ ě |誒 *9554| now! ◇ bon! alors!.

△ è |誒 *9554| yes! ◇ oui!.

△ éi |誒 *9554| expression of surprise ◇ mot d'exclamation exprimant l'étonnement.

△ ěi |誒 *9554| expression of disbelief ◇ mot d'exclamation marquant l'incrédulité.

△ èi |誒 *9554| expression of consent or affirmation ◇ interjection marquant l'assertion, le consentement.

牟 móu (1136) 厶牛 |[Tra] to bellow: usurp ◇ beugler; s'emparer [Etym] outcry (1< 巳 2009) of the cow (2= 牛 585) ◇ le cri(1< 巳 2009) de la vache(2= 牛 585) [Graph] 612a 414d [Ref] w89b [Hanzi] mu2 毪 2188, mou2 侔 2924, mou2 mu4 牟 5893, mou1 哞 9020, mou2 眸 10060, mou2 蛑 10264.

牟 móu +5893 厶牛 |1° to seek, to usurp 2° to bellow 3° surname ◇ 1° s'emparer de, rechercher 2° beugler, mugir 3° nom propre [Etym] 牛 585 (rad: 093a 4-02), 牟 1136 [Graph] 612a 414d.

△ mù | place in Shandong ◇ lieu du Shandong.

弁 biàn (1137) 厶廾 | [Tra] military cap; soldier ◇ bonnet; soldat [Etym] hat (1=prim) held by two hands (2= 廾 701) ◇ un chapeau (1=prim) tenu par deux mains (2= 廾 701) [Graph] 612a 416e [Ref] k656, ph554, r133, w85e, wa50, wi357 [Hanzi] pan4 pin1 拚 2491, bian4 弁 5894, bian4 昪 9893.

弁 biàn +5894 厶廾 | 1° military cap 2° soldier ◇ 1° bonnet militaire 2° soldat [Etym] 廾 701 (rad: 055a 3-02), 弁 1137 [Graph] 612a 416e.

參 cān, shēn (1138) 厶厶厶人彡 | [Tra] to counsel; visit ◇ conseil; visiter [Etym] three ornaments (1,2,3=prim) to hold hairs (4,5< 彡 76, 参 182) ◇ trois ornements (1,2,3=prim) dans une chevelure (4,5< 彡 76, 参 182) [Graph] 612a 612a 612a 233a 211c [Ref] w27j [Hanzi] shen4 滲 282, can3 篸 818, chan1 摻 2492, can3 慘 3274, can3 穇 4540, san3 shen1 糝 4616, can1 cen1 shen1 參 5895, san1 毿 5896, shen4 瘮 7067, chen3 磣 9703, shen1 鯵 10589, can1 驂 11051.

參 cān *5895 厶厶厶人彡 | 参 -5888 | 1° to join, to take part in 2° to counsel, to consult 3° to visit ◇ 1° participer à, joindre 2° conseiller, conseil d'association 3° visiter [Etym] 厶 1131 (rad: 028a 2-09), 參 1138 [Graph] 612a 612a 612a 233a 211c.

△ cēn | 参 -5888 | See ◇ Voir 参差 cen1-ci1 5888-1529.

△ shēn | 参 -5888、葠 *3627、蓡 *3529 | ginseng ◇ ginseng.

毿 sān *5896 厶厶厶人彡毛 | 毵 -5889 | long and thin hair ◇ cheveux ou poils longs et clairsemés [Etym] 毛 403 (rad: 082a 4-11), 參 1138 [Graph] 612a 612a 612a 233a 211c 321g.

厽 lěi (1139) 厶厶厶土 | [Tra] to build; rampart ◇ amonceler; rempart [Etym] to stack up earth (4= 土 826) and things (1,2,3=prim) ◇ entasser de la terre (4= 土 826), des objets (1,2,3=prim) [Graph] 612a 612a 612a 432a [Ref] w27j [Hanzi] lei3 垒 5897.

垒 lěi +5897 厶厶厶土 | 壘 *10445 | 1° to build by piling up earth, bricks, stones etc. 2° rampart, base ◇ 1° amonceler, entasser 2° rempart, retranchement [Etym] 土 826 (rad: 032a 3-06), 厽 1139 [Graph] 612a 612a 612a 432a.

能 néng (1140) 厶月匕匕 | [Tra] able, can; skill ◇ capacité, pouvoir [Etym] a bear (prim):head (1=prim), body (2= 月 1823), legs (3,4=prim) ◇ un ours (prim): tête (1=prim), corps (2= 月 1823), pattes (3,4=prim) [Graph] 612a 856e 321b 321b [Ref] h166, k184, ph127, r45a, r131, r331, w85e, wa24, wi174, wi450 [Hanzi] neng2 能 5898, tai4 態 5900, nai4 褦 6648, ba4 ba5 罷 10785.

能 néng +5898 厶月匕匕 | 1° ability, capability, skill 2° energy, power 3° able 4° can ◇ 1° talent, capacité, homme de talent 2° force, énergie, puissance 3° être capable de 4° pouvoir [Etym] 月 1823 (rad: 130b 4-06), 能 1140 [Graph] 612a 856e 321b 321b.

能源 néng yuán。source of energy; energy resources ◇ sources d'énergie; ressources énergétiques, énergie * 336.

能干 néng gàn。able, competent ◇ capable, compétent * 3403.

能力 néng lì。capacity, ability ◇ capacité, aptitude * 7259.

能够 néng gòu。to can, to be able to ◇ pouvoir, être capable de * 7914.

熊 xióng (1141) 厶月匕匕灬 | [Tra] a bear; to rebuke ◇ ours; brillant [Etym] a bear (1,2,3,4= 能 1140), other legs or fire (5=prim, 灬 130) ◇ un ours (1,2,3,4= 能 1140), autres pattes ou feu (5=prim, 灬 130) [Graph] 612a 856e 321b 321b 222d [Ref] r358 [Hanzi] xiong2 熊 5899, pi2 羆 10786.

熊 xióng +5899 厶月匕匕灬 | 1° bear 2° to rebuke, to scold 3° surname ◇ 1° ours 2° gronder, réprimander 3° nom de famille [Etym] 灬 130 (rad: 086b 4-10), 熊 1141 [Graph] 612a 856e 321b 321b 222d.

熊猫 xióng māo。panda ◇ panda * 5617.

態 tài (1142) 厶月匕匕心 | [Tra] behaviour; bearing ◇ manière, attitude [Etym] capability (5= 心 397) of the heart (1,2,3,4= 能 1140) ◇ coeur (5= 心 397) valeureux (1,2,3,4= 能 1140) [Graph] 612a 856e 321b 321b 321c [Hanzi] tai4 態 5900.

態 tài *5900 厶月匕匕心 | 态 -1605 | 1° form, appearance 2° state 3° attitude, manner, bearing, behavior 4° voice (active, passive) ◇ 1° apparence, air, figure 2° état (chimie) 3° attitude, manière, tenue, tournure 4° voix (active, passive) [Etym] 心 397 (rad: 061a 4-10), 態 1142 [Graph] 612a 856e 321b 321b 321c.

台 yí, tái (1143) 厶口 | [Tra] myself; stage ◇ moi; tribune [Etym] phon: breath (1= 已 2009) from one's mouth (2= 口 2063) (< 頡 879) ◇ phon: le souffle (1= 已 2009) de sa bouche (2= 口 2063) (< 頡 879) [Graph] 612a 011a [Ref] k293, ph99, w29e [Hanzi] ye3 冶 30, zhi4 治 283, chi1 笞 819, yi2 飴 1446, yi2 诒 1760, yi2 饴 1857, tai2 抬 2493, yi2 怡 3275, tai1 tai2 苔 3733, shi3 始 5778, tai1 tai2 台 5901, tai2 炱 5902, dai4 怠 5903, xi3 枲 5904, tai2 邰 5905, dai4 迨 5906, dai4 绐 5998, dai4 紿 6170, dai4 殆 6432, yi2 贻 7968, tai1 胎 8151, yi2 詒 9555, yi2 眙 10061, yi2 貽 10127, tai2 鲐 10496, tai2 鮐 10590, tai2 駘 11052, tai2 骀 11111, tai2 颱 11225.

台 tāi +5901 厶口 | mountain in Zhejiang ◇ mont du Zhejiang [Etym] 口 2063 (rad: 030a 3-02), 台 1143 [Graph] 612a 011a.

△ tái | 臺1°2° *5026、檯3° *4214、颱8° *11225 | 1° platform, stage, terrace **2°** stand, support **3°** desk **4°** broadcasting station **5°** measure-word (performance, engines, vehicles, heavy things) **6°** Great Bear **7°** other name for Taiwan **8°** in typhoon ◇ **1°** terrasse, tribune, estrade **2°** support **3°** bureau, table **4°** scène d'un théâtre, station radio **5°** spécificatif (voitures, machines, objets pesants) **6°** Grande Ourse **7°** abréviation pour Taiwan **8°** dans typhon.

台灯 tái dēng。desk lamp ◇ lampe de table * 960.

台布 tái bù。tablecloth ◇ nappe * 1527.

台阶 tái jiē。flight of steps; means ◇ perron; occasion, moyen * 6714.

台风 tái fēng。typhoon ◇ typhon * 11212.

炱 tái +5902 厶口火 | smoky soot ◇ suie [Etym] 火 156 (rad: 086a 4-05), 台 1143 [Graph] 612a 011a 231b.

怠 dài +5903 厶口心 | **1°** idle, lazy **2°** slack ◇ **1°** paresse, indolence **2°** négligence, manque d'égards [Etym] 心 397 (rad: 061a 4-05), 台 1143 [Graph] 612a 011a 321c.

怠慢 dài màn。to slight; to give the cold shoulder ◇ accueillir froidement, traiter sans ardeur * 3360.

怠工 dài gōng。to slow down; to go slow (work) ◇ faire la grève perlée; travailler au ralenti * 4698.

枲 xǐ +5904 厶口木 | male of nettle-hemp ◇ mâle du chanvre [Etym] 木 723 (rad: 075a 4-05), 台 1143 [Graph] 612a 011a 422a.

邰 tái +5905 厶口阝 | surname ◇ nom propre [Etym] 阝 1316 (rad: 163b 2-05), 台 1143 [Graph] 612a 011a 634j.

迨 dài +5906 厶口辶 | **1°** to reach **2°** till, to ◇ **1°** arriver à **2°** jusqu'à ce que [Etym] 辶 1346 (rad: 162b 3-05), 台 1143 [Graph] 612a 011a 634o.

虽 suī (1144) 厶虫 | [Tra] although, even if ◇ quoique, même si [Etym] reduction of (雖 1145) ◇ réduction de (雖 1145) [Graph] 612a 031d [Hanzi] jiang4 qiang2 qiang3 強 11256.

雖 suī (1145) 厶虫隹 | [Tra] although, even if ◇ quoique, même si [Etym] different writing for (雖 2106) ◇ autre graphie pour (雖 2106) [Graph] 612a 031d 436m [Ref] h875, k1214, ph186, r35h, r228, w133b, wa153, wi88 [Hanzi] sui1 雖 5907.

雖 suī *5907 厶虫隹 | 虽 -9224、雖 *9225 | although, even if ◇ quoique, quand même, même si, néanmoins [Etym] 隹 1030 (rad: 172a 8-08), 雖1145 [Graph] 612a 031d 436m.

允 yǔn (1146) 允 | [Tra] to permit; just ◇ agréer, consentir [Etym] an exhausted (1< 巳2009) man (bottom< 儿405) ◇ un homme (bas< 儿405) à bout (1< 巳 2009) [Graph] 612b [Hanzi] yun3 狁 5631, yun3 允 5908, shun3 吮 9021.

允 yǔn +5908 允 | **1°** to permit, to agree **2°** fair, just ◇ **1°** permettre, consentir, agréer **2°** équitable, juste [Etym] 儿 405 (rad: 010a 2-02), 允 1146 [Graph] 612b.

允许 yǔn xǔ。to permit, to allow ◇ permettre, consentir, admettre * 1721.

夋 jūn (1147) 允夂 | [Tra] to walk solemnly ◇ marche solennelle [Etym] to walk slowly (2= 夂 1286); assent (1< 允 1146) ◇ marcher lentement (2= 夂 1286); consentir (1< 允 1146) [Graph] 612b 633e [Ref] h1641, k976, r229, w133b, wi88, wi501 [Hanzi] jun4 xun4 浚 284, jun4 竣 646, jun4 qu1 焌 982, jun4 餕 1447, jun4 馂 1858, jun4 俊 2925, quan1 悛 3276, suo1 捘 3433, suo1 梭 4259, suan1 狻 5632, qun1 逡 5909, cun1 皴 5910, suan1 痠 7068, jun4 峻 7541, juan1 脧 8152, suo1 唆 9022, suo1 睃 10062, qu1 黢 10402, jun4 畯 10433, suan1 酸 10877, jun4 駿 11053, jun4 骏 11112.

逡 qūn +5909 允夂辶 | to hang back, to retire, to shrink ◇ reculer, se retirer [Etym] 辶 1346 (rad: 162b 3-07), 夋 1147 [Graph] 612b 633e 634o.

皴 cūn +5910 允夂广又 | **1°** rough, cracked **2°** to rub **3°** to ridicule ◇ **1°** rugueux **2°** frotter **3°** ridiculiser [Etym] 皮 1452 (rad: 107a 5-07), 夋 1147 [Graph] 612b 633e 721h 633a.

至 zhì (1148) 云土 | [Tra] to reach ◇ atteindre [Etym] arrow or bird (1=prim) reaching ground (2= 土 826) ◇ une flèche ou un oiseau (1=prim) se posant au sol (2= 土 826) [Graph] 612c 432a [Ref] k1079, ph521, r231, w133c [Hanzi] zhi4 銍 1222, zhi4 铚 2000, zhi2 侄 2926, zhi4 桎 4260, die2 垤 4878, die2 耋 5047, zhi2 姪 5779, zhi4 至 5911, dao4 到 5914, zhi4 郅 5915, die2 绖 5999, die2 絰 6171, zhi4 轾 6348, zhi4 厔 6845, shi4 室 7754, zhi4 窒 7820, zhi4 膣 8189, wu1 屋 8633, die2 xi4 咥 9023, zhi4 蛭 10265, zhi4 輊 10690 [Rad] 133a.

至 zhì +5911 云土 | **1°** to go to, to reach **2°** till, to **3°** utmost **4°** as for **5°** solstice ◇ **1°** arriver à, atteindre **2°** jusqu'à **3°** le plus, au maximum, très **4°** quant à **5°** solstice [Etym] 至 1148 (rad: 133a 6-00), [Graph] 612c 432a.

至今 zhì jīn。so far, up to now ◇ jusqu'à présent, jusqu'à maintenant * 1385.

至少 zhì shǎo。at least ◇ au moins, au minimum * 2243.

至于 zhì yú。as for, as regards ◇ quant à, en ce qui concerne, à tel point que * 2306.

至多 zhì duō。at most ◇ au plus, au maximum * 6397.

臻 zhēn +5912 云土夫禾 | **1°** to reach to (high level) **2°** to spread **3°** abundance ◇ **1°** arriver à, atteindre (haut niveau) **2°** s'étendre **3°** abondance [Etym] 至 1148 (rad: 133a 6-10), 秦 318 [Graph] 612c 432a 242r 422d.

致 zhì (1149) 云土攵 | [Tra] to do; cause; goal ◇ agir; faire que; but [Etym] to command (3=

夂340); phon, to reach (1,2= 至 1148) ◇ commander (3= 夂340); phon, atteindre (1,2= 至 1148) [Graph] 612c 432a 243c [Ref] h78, k291, ph100, r400, w93a, wi447 [Hanzi] zhi4 致5913, zhi4 緻6172.

致 zhì +5913 緻7° *6172 云土夂 1° to send, to deliver 2° to devote 3° to cause, to do, to reach 4° in order to 5° aim, goal 6° style, manner 7° delicate ◇ 1° envoyer, livrer 2° se consacrer à 3° faire que, agir, arriver à, faire 4° afin que 5° but, fin 6° style, manière 7° délicat [Etym] 至 1148 (rad: 133a 6-04), 夂 340 [Graph] 612c 432a 243c.

致命的 zhì mìng de ∘ mortal ◇ mortel * 1494 9990.

致词 zhì cí ∘ to make a speech ◇ prendre la parole; prononcer une allocution * 1777.

致谢 zhì xiè ∘ to express thanks ◇ remercier, adresser ses remerciements * 1813.

致哀 zhì āi ∘ respects to a deceased ◇ hommage à un mort * 2150.

致敬 zhì jìng ∘ to salute, to pay one's respects to ◇ saluer, présenter ses respects * 3870.

致密 zhì mì ∘ compact, fine and close ◇ compact, minutieux * 7703.

到 dào (1150) 云土刂 [Tra] to reach ◇ atteindre [Etym] person (3< 人 170) who arrives (1, 2= 至 1148), but phon (3= 刂 470) ◇ une personne (3< 人170) qui arrive (1,2= 至 1148), mais phon (3= 刂 470) [Graph] 612c 432a 333b [Ref] w53a, w93a [Hanzi] dao2 捯 2494, dao3 dao4 倒2927, dao4 到5914.

到 dào +5914 云土刂 1° to arrive at, to attain, to go to 2° up to ◇ 1° atteindre, arriver à 2° jusqu'à [Etym] 刂 470 (rad: 018b 2-06), 到 1150 [Graph] 612c 432a 333b.

到达 dào dá ∘ to arrive ◇ arriver * 1558.

到来 dào lái ∘ arrival; advent ◇ arriver; arrivée, avènement * 4672.

到处 dào chù ∘ everywhere ◇ partout, en tout lieu * 6526.

到底 dào dǐ ∘ after all; fundamentally ◇ après tout; au fond; finalement, en fin de compte * 6929.

郅 zhì +5915 云土阝 1° most, extreme 2° prosperity 3° place in Gansu ◇ 1° très, beaucoup, le plus, extrême 2° prospérité 3° lieu du Gansu [Etym] 阝 1316 (rad: 163b 2-06), 至 1148 [Graph] 612c 432a 634j.

晉 jìn (1151) 云厶𠄌日 [Tra] increase; to florish ◇ progrès; florissant [Etym] arrival (1< 至 1148) (2< 至 1148) of the sun (3= 㬎 2165) ◇ l'arrivée (1< 至 1148) (2< 至 1148) du soleil (3= 㬎 2165) [Graph] 612c 612a acc:z 021a [Ref] k1130, r16h, w94e [Hanzi] jin4 搢2495, jin4 晉5916, jin4 縉6173.

晉 jìn *5916 晋 -5344 云厶𠄌日 1° to enter 2° to promote 3° to increase, to grow 4° Jin Dynasty 5° another name for Shanxi ◇ 1° entrer, avancement 2° promouvoir 3° progrès 4° dynastie Jin 5° nom du Shanxi [Etym] 日 2169 (rad: 072a 4-06), 晉1151 [Graph] 612c 612a ac:z 021a.

云 yún (1152) 云 [Tra] clouds ◇ nuages [Etym] vapours rising to form clouds (prim) ◇ des vapeurs s'élevant en nuages (prim) [Graph] 612d [Ref] k564, ph312, r16i, w94f, wi549, wi629 [Hanzi] hui4 kuai4 会1382, yun2 芸3734, yun2 耘4684, tan2 坛4879, yun2 云5917, ai4 叆5918, yun4 运5919, dong4 动5920, dai4 叇5921, hun2 魂5922, yun2 纭6000, yun2 紜6174, yun2 雲8438, ceng2 层8634, tan2 昙9894, yun4 酝 10878.

云 yún +5917 雲 *8438 云 1° to say, to speak 2° cloud 3° short for Yunnan Province 4° surname ◇ 1° dire 2° nuage 3° nom du Yunnan 4° nom de famille [Etym] 二 4 (rad: 007a 2-02), 云 1152 [Graph] 612d.

云彩 yún cǎi ∘ cloud ◇ nuage * 690.

叆 ài -5918 靉 *8439 云爫冖𠂇又 very thick clouds ◇ nuages volumineux [Etym] 二 4 (rad: 007a 2-12), 云 1152 爱 121 [Graph] 612d 221d 851a 241a 633a.

运 yùn -5919 運 *7683 云辶 1° motion 2° to transport, to carry 3° to use 4° luck 5° vicissitude, ups and downs (life) 6° to turn round, circuit, to revolve ◇ 1° mouvoir 2° transporter 3° utiliser 4° chance, fortune, destin 5° vicissitude 6° tour, tourner [Etym] 辶 1346 (rad: 162b 3-04), 云 1152 [Graph] 612d 634o.

运河 yùn hé ∘ canal ◇ canal * 136.

运机 yùn jī ∘ chance ◇ chance * 4478.

运动 yùn dòng ∘ sport; movement ◇ sport; mouvement; campagne politique * 5920.

运动会 yùn dòng huì ∘ athletic meeting, games ◇ compétition sportive * 5920 1382.

运动员 yùn dòng yuán ∘ athlete ◇ sportif * 5920 9127.

运输 yùn shū ∘ to carry, to convey, to move ◇ transporter, déplacer * 6332.

运用 yùn yòng ∘ to use, to employ ◇ utiliser, se servir de, employer * 8267.

运气 yùn qì ∘ chance ◇ chance, destin * 11170.

动 dòng (1153) 云力 [Tra] to move, to stir ◇ se mouvoir, émouvoir [Etym] modern simplified form of (動 2371); (1= 云 1152) (2= 力 1489) ◇ forme simplifiée moderne de (動 2371); (1= 云 1152) (2= 力 1489) [Graph] 612d 732f [Ref] w94g, wi842 [Hanzi] tong4 恸3277, dong4 动5920.

动 dòng -5920 動 *10765 云力 1° to move, to stir, to displace 2° to get moving 3° to change, to alter 4° to shake 5° ,mouvoir ◇ 1° mouvoir, se mouvoir 2° mettre en marche, commencer 3° changer, modifier 4° remuer 5° to touch (heart)

[Etym] 力 1489 (rad: 019a 2-04), 云 1152 [Graph] 612d 732f.

动火 dòng huǒ ◦ to get angry ◇ se mettre en colère * 924.

动人 dòng rén ◦ moving, touching ◇ émouvant, touchant * 1070.

动摇 dòng yáo ◦ to waver, to hesitate; to shake ◇ être instable, hésiter; ébranler * 2334.

动手 dòng shǒu ◦ to set oneself to work ◇ se mettre à l'oeuvre; toucher; en venir aux mains * 2748.

动作 dòng zuò ◦ action, movement ◇ action, mouvement, geste * 2850.

动物 dòng wù ◦ animal, beast ◇ animal, bête * 3468.

动物院 dòng wù yuàn ◦ zoological garden, zoo ◇ jardin zoologique, zoo * 3468 6771.

动机 dòng jī ◦ motive; power ◇ motif, intention * 4478.

动工 dòng gōng ◦ to start building ◇ commencer les travaux * 4698.

动身 dòng shēn ◦ to leave, to get moving ◇ partir, quitter, se mettre en route * 8830.

动听 dòng tīng ◦ pleasant to listen to ◇ agréable à l'oreille * 9066.

动员 dòng yuán ◦ to mobilize, to get moving, to stir ◇ mobiliser, obtenir réponse * 9127.

动画片 dòng huà piān ◦ comic strips; cartoon ◇ dessins animés * 10453 11006.

动气 dòng qì ◦ to get angry ◇ se fâcher * 11170.

动弹 dòng tán ◦ to move, to shift ◇ remuer, bouger * 11271.

䨺 dài -5921 | 靆 *8440 | 1° cloudy 2° dark ◇ 1° nuageux 2° obscur [Etym] 二 4 (rad: 007a 2-13), 云 1152 逮 1579 [Graph] 612d 834e 634o.
云隶辶

魂 hún +5922 | 1° vital principle, soul, spirit 2° national spirit ◇ 1° principe vital, âme spirituelle, esprit, pensée 2° âme nationale [Etym] 鬼 2363 (rad: 194a 8-04), 云 1152 [Graph] 612d 043e 612a.
云鬼厶

𠫓 dú (1154) | [Tra] birth ◇ naissance [Etym] child head below (pcit) (inverted 難 996) ◇ un enfant tête en bas (prim) (inversion de 難 996) [Graph] 612e [Ref] h227, r16h, w94e, wa25 [Hanzi] qi4 弃 5923, yo1 yu4 育 5925.
𠫓

弃 qì +5923 | 棄 *5924 | to throw away, to discard, to abandon ◇ rejeter, abandonner, quitter [Etym] 廾 701 (rad: 055a 3-04), 𠫓 1154 [Graph] 612e 416e.
𠫓廾

弃权 qì quán ◦ to abstain from voting ◇ s'abstenir de voter * 4277.

㐬 dú, liú (1155) | [Tra] tufts, fringe ◇ touffe, frange [Etym] new born child (1= 𠫓 1154) with long hairs (2=prim) ◇ un nouveau né (1= 𠫓 1154) à longs cheveux (2=prim) [Graph] 612e 417b [Ref] k1190, ph665, w94e [Hanzi] liu2 流 285, liu3 鋶 1223, liu3 锍 2001, shu1 梳 4261, liu2 琉 5133, shu1 疏 5320, qiu2 䟬 5722, qiu2 毬 6495, liu2 旒 7942, liu2 硫 9704, yu4 毓 11303.
𠫓儿

棄 qì (1156) | [Tra] throw away, discard ◇ rejeter, quitter [Etym] two hands (bottom< 廾 701), fork (2= 卅 603), baby (1= 𠫓 1154) ◇ deux mains (bas< 廾 701), une fourche (2= 卅 603), un bébé (1= 𠫓 1154) [Graph] 612e 422o [Ref] h1362, k1273, ph189, w29f [Hanzi] qi4 棄 5924.
𠫓枼

棄 qì *5924 | 弃 +5923 | to throw away, to discard, to abandon ◇ rejeter, abandonner, quitter [Etym] 木 723 (rad: 075a 4-08), 棄 1156 [Graph] 612e 422o.
𠫓枼

育 yù (1157) | [Tra] to bear and bring up ◇ engendrer; élever [Etym] baby (1= 𠫓 1154); {1} flesh (2= 月 1823), {2} amniotic liquid ◇ un bébé (1= 𠫓 1154); {1} bien en chair (2= 月 1823), {2} le liquide amniotique (2< 川 711) [Graph] 612e 856e [Ref] r462, w90a, wi24 [Hanzi] yu4 淯 287, yo1 yu4 育 5925, yo1 唷 9024.
𠫓月

育 yō +5925 | See ◇ Voir 杭育 hang2-yo1 4481-5925 [Etym] 月 1823 (rad: 130b 4-04), 育 1157 [Graph] 612e 856e.
𠫓月

△ yù | 1° to give birth to 2° to rear, to bring up 3° education ◇ 1° engendrer, donner naissance 2° élever (enfant) 3° éduquer.

𢿟 zhè (1158) | [Tra] education ◇ éducation [Etym] education both physical (1,2= 育 1157) and moral (3= 攵 340) ◇ éducation au physique (1,2= 育 1157) et au moral (3= 攵 340) [Graph] 612e 856e 243c [Ref] h277, k475, ph68, r7g, r14j, w18c, wa103, wi569 [Hanzi] che4 澈 288, che4 撤 2496, che4 徹 3148, zhe2 轍 6349, zhe2 辙 10691.
𠫓月攵

㐬 chōng (1159) | [Tra] full, to fill ◇ plein, remplir [Etym] a grown-up and walking (bottom< 儿 405) baby (top< 𠫓 1154) ◇ un bébé (haut< 𠫓 1154) qui grandit et qui marche (bas< 儿 405) [Graph] 612f [Ref] h1037, ph581, w18c [Hanzi] chong4 銃 1224, chong4 铳 2002, chong1 茺 3735, chong1 充 5926, tong3 统 6001, tong3 統 6175.
充

充 chōng +5926 | full, to fill ◇ plein, rempli, remplir [Etym] 儿 405 (rad: 010a 2-04), 充 1159 [Graph] 612f.
充

充满 chōng mǎn ◦ full of ◇ remplir, combler; être imbu de * 176.

充分 chōng fèn ◦ ample, full ◇ suffisant; plein * 7245.

充足 chōng zú ◦ sufficient; abundant ◇ suffisant; abondant * 9419.

么 me (1160) 么 [Tra] interrogative final ◇ finale interrogative [Etym] part of (麼 1383), same meaning ◇ partie de (麼 1383), même sens [Graph] 612g [Ref] w18c, w29e [Hanzi] mu4 仫 2928, ma5 me5 yao1 么 5927, me5 mo2 麼 6904, yao1 吆 9025.

么 ma +5927 么 | 吗 -9263 、嗎 *9262 | interrogative particle ◇ finale interrogative [Etym] 厶 1131 (rad: 028a 2-01), 么 1160 [Graph] 612g.

△ me | 麼 *6905 、麽 +6904 | interrogative particle ◇ finale interrogative.

△ yāo | 幺 +6098 | 1° one (used orally) 2° youngest ◇ 1° un (langage parlé) 2° le (la) plus jeune.

公 gōng (1161) 公 [Tra] common, public ◇ commun, public [Etym] {1} privacy (bottom= 厶 1131) that has been opened (top= 八 127); {2} earthenware (prim) ◇ {1} le privé (bas= 厶 1131) ouvert (haut= 八 127); {2} un vase en argile (prim) [Graph] 612h [Ref] wi8, wi89 [Hanzi] song4 讼 1761, gun3 衮 2146, song1 zhong1 忪 3278, song1 松 4262, gong1 公 5928, weng1 翁 5929, song4 颂 5932, song4 頌 5933, weng4 瓮 5934, chuan2 舩 8306, song4 訟 9556, gong1 蚣 10266.

公 gōng +5928 公 | 1° public, collective 2° common, usual 3° metric 4° to make public 5° just, equitable 6° official business 7° duke, sir 8° husband's father 9° male (animal) ◇ 1° public, collectif 2° usuel, commun 3° métrique 4° rendre publique 5° juste 6° affaires officielles 7° duc, monsieur 8° beau-père 9° mâle (animal) [Etym] 八 127 (rad: 012a 2-02), 公 1161 [Graph] 612h.

公海 gōng hǎi ∘ high seas ◇ haute mer, mer libre * 631.

公众 gōng zhòng ∘ the public, the masses ◇ public, peuple, masse * 1086.

公布 gōng bù ∘ to announce; to make public; to promulgate ◇ publier, annoncer; proclamer, promulguer * 1527.

公馆 gōng guǎn ∘ residence (of a rich person); mansion ◇ résidence d'une personne aisée (ancienne Chine) * 1869.

公顷 gōng qǐng ∘ hectare ◇ hectare * 2172.

公元 gōng yuán ∘ the Christian era ◇ ère chrétienne * 2199.

公报 gōng bào ∘ communiqu,; bulletin ◇ communiqué officiel, bulletin * 2563.

公平 gōng píng ∘ fair, just, equitable ◇ équitable, juste, impartial * 3426.

公墓 gōng mù ∘ cemetery ◇ cimetière * 3953.

公开 gōng kāi ∘ public, official, collective ◇ public, officiel; ouvert; publier * 4045.

公告 gōng gào ∘ announcement; notice ◇ avis, annonce, avertissement; affiche * 5233.

公正 gōng zhèng ∘ fair; impartial ◇ impartial et honnête * 5316.

公共 gōng gòng ∘ public; common ◇ public * 5418.

公共汽车 gōng gòng qì chē ∘ bus ◇ autobus * 5418 612 6327.

公公 gōng gōng ∘ father-in-law (of wife) ◇ beau-père (de la femme); père du mari * 5928.

公鸡 gōng jī ∘ cock, rooster ◇ coq * 6519.

公社 gōng shè ∘ commune ◇ commune populaire * 6575.

公斤 gōng jīn ∘ kilo ◇ kilogramme * 7203.

公司 gōng sī ∘ company ◇ société, compagnie * 7236.

公分 gōng fēn ∘ centimeter; gram ◇ centimètre; gramme * 7245.

公害 gōng hài ∘ pollution ◇ pollution * 7720.

公安 gōng ān ∘ public security, police ◇ sécurité publique, police * 7748.

公案 gōng àn ∘ office desk; complex legal case ◇ affaire; cas judiciaire complexe * 7749.

公寓 gōng yù ∘ lodging house; apartment ◇ hôtel, pension (vx); immeuble, appartement * 7786.

公用 gōng yòng ∘ public; for public use ◇ usage commun, employé en commun * 8267.

公制 gōng zhì ∘ metric system ◇ système métrique * 8497.

公尺 gōng chǐ ∘ meter ◇ mètre * 8671.

公民 gōng mín ∘ citizen ◇ citoyen * 8712.

公路 gōng lù ∘ road, route ◇ route * 9353.

公事 gōng shì ∘ public affairs ◇ affaires publiques * 10387.

公里 gōng lǐ ∘ kilometer ◇ kilomètre * 10761.

公园 gōng yuán ∘ public garden ◇ jardin public, parc * 10944.

翁 wēng (1162) 公习习 [Tra] old man; venerable ◇ vieillard; vénérable [Etym] possibly, bald (1< 八 127, 公 1161) and bearded (2,3= 羽 1472) head ◇ possiblement, une tête chauve (1< 八 127, 公 1161) et barbue (2,3= 羽 1472) [Graph] 612h 731c 731c [Ref] r31 [Hanzi] weng1 weng3 滃 289, weng3 蓊 3736, weng1 鞥 5374, weng1 翁 5929, weng1 鹟 5930, weng1 鶲 5931, weng1 嗡 9026.

翁 wēng +5929 公习习 | 1° old man, venerable sir 2° father 3° father-in-law 4° surname ◇ 1° vieillard, monsieur, vénérable 2° père 3° beau-père 4° nom de famille [Etym] 羽 1472 (rad: 124a 6-04), 翁 1162 [Graph] 612h 731c 731c.

鹟 wēng -5930 公习习鸟 | 鶲 *5931 | flycatcher ◇ globe-mouches [Etym] 鸟 2494 (rad: 196s 5-10), 翁 1162 [Graph] 612h 731c 731c Z22e.

鶲 wēng *5931 |鹟 -5930| flycatcher ◇ globe-mouches [Etym] 鳥 2500 (rad: 196a 11-10), 翁 1162 [Graph] 612h 731c 731c Z22h.

颂 sòng -5932 |頌 *5933| 1° to praise, to celebrate 2° eulogy, sacrificial ode 3° song 4° the 4th section of the Book of Songs ◇ 1° louer, célébrer 2° éloge, ode rituelle 3° chanter, chant 4° titre de la 4ème partie du Livre des Odes [Etym] 页 1802 (rad: 181s 6-04), 公 1161 [Graph] 612h 854d.

颂扬 sòng yáng ◦ to laud, to praise, to extol ◇ louer, faire l'éloge de, exalter ✱ 2522.

頌 sòng *5933 |颂 -5932| 1° to praise, to celebrate 2° eulogy, sacrificial ode 3° song 4° the 4th section of the Book of Songs ◇ 1° louer, célébrer 2° éloge, ode rituelle 3° chanter, chant 4° titre de la 4ème partie du Livre des Odes [Etym] 頁 2267 (rad: 181a 9-04), 公 1161 [Graph] 612h 023f.

瓮 wèng +5934 |甕 *6306| large jar, urn ◇ grande jarre, urne [Etym] 瓦 2531 (rad: 098a 4-04), 公 1161 [Graph] 612h Z33f.

兖 yǒu (1163) |[Tra] place name ◇ nom de lieu [Etym] {?} phon: (< 允 1146) ◇ {?} phon: (< 允 1146) [Graph] acc:c 612i [Hanzi] yan3 兖 5935.

兖 yǎn +5935 |place in Shandong ◇ lieu du Shandong [Etym] 儿 405 (rad: 010a 2-06), 兖 1163 [Graph] ac:c 612i.

纟 613

纟 mì (1164) |[Tra] strong thread ◇ gros fil [Etym] modern simplified form of (糸 1185) ◇ forme simplifée moderne de (糸 1185) [Graph] 613b [Hanzi] bian4 辫 3412 [Rad] 120s.

缓 huǎn -5936 |緩 *6105| 1° slow, unhurried 2° to delay, tardy 3° relaxed 4° to revive ◇ 1° lenteur, pas pressé 2° délai, retard, traînasser 3° détendre, détendu 4° ranimer [Etym] 纟 1164 (rad: 120s 3-09), 爰 104 [Graph] 613b 221d ac:a 241a 633a.

缓慢 huǎn màn ◦ slow ◇ lent ✱ 3360.

缓和 huǎn hé ◦ to relax; to alleviate; calm, relaxed ◇ détendre, décontracter; calme, détendu ✱ 4568.

缢 yǐn -5937 |繶 *6107| to sew several layers together (quilt materials) ◇ coudre [Etym] 纟 1164 (rad: 120s 3-14), 㥯 108 [Graph] 613b 221d 431a 833a 321c.

绥 suí -5938 |綏 *6108| 1° peaceful, to pacify 2° loop, strap ◇ 1° paix, bonheur, pacifier 2° corde [Etym] 纟 1164 (rad: 120s 3-07), 妥 110 [Graph] 613b 221d 611e.

绶 shòu -5939 |綬 *6110| [Etym] 纟 1164 (rad: 120s 3-08), 受 124 [Graph] 613b 221d 851a 633a.

绶带 shòu dài ◦ 1° ribbon, band; 2° seal ◇ 1° bande; 2° sceau, cordeau de sceau ✱ 4039.

缢 yì -5940 |縊 *6111| to hang, to strangle ◇ pendre, étrangler [Etym] 纟 1164 (rad: 120s 3-10), 益 129 [Graph] 613b 222c 922a.

纵 zòng -5941 |縱 *6137| 1° from north to south 2° vertical, lengthwise 3° to let go, to yield to, to be lax 4° to indulge 5° to jump up 6° even if, although 7° to rumple ◇ 1° du nord au sud 2° vertical, longitudinal 3° relâcher, licence 4° indulgence 5° s'élancer, sauter 6° même si, quoique 7° chiffonner [Etym] 纟 1164 (rad: 120s 3-04), 从 171 [Graph] 613b 232a 232a.

纵横 zòng héng ◦ the length and breadth; freely ◇ en longueur et en largeur; librement ✱ 4233.

纵然 zòng rán ◦ though, even though ◇ bien que, quoique ✱ 6452.

纶 guān -5942 |綸 *6113| [Etym] 纟 1164 (rad: 120s 3-04), 仑 186 [Graph] 613b 233a 321b.

纶巾 guān jīn ◦ turban with black ribbons ◇ turban avec du ruban en soie noire ✱ 8377.

△ lún |綸 *6113| 1° black silk ribbon 2° fishing line 3° synthetic fibber ◇ 1° cordon de soie de couleur foncée 2° ligne de pêche 3° fibre synthétique.

绘 huì -5943 |繪 *6115| 1° to paint, to draw, to sketch 2° to embroider 3° to adorn ◇ 1° dessiner, peindre 2° broder, broderie multicolore 3° enjoliver [Etym] 纟 1164 (rad: 120s 3-06), 会 201 [Graph] 613b 233a 612d.

绘画 huì huà ◦ picture, drawing, painting ◇ dessin, tableau, peinture ✱ 10453.

给 gěi -5944 |給 *6114| 1° to give, to grant 2° for, by 3° to let, to allow ◇ 1° donner, accorder 2° à, par, pour 3° laisser [Etym] 纟 1164 (rad: 120s 3-06), 合 222 [Graph] 613b 233a 012a.

给以 gěi yǐ ◦ to give; to grant ◇ donner, offrir; accorder ✱ 2161.

△ jǐ |給 *6114| 1° to supply, to provide 2° ample ◇ 1° fournir, approvisionner 2° suffisant.

给予 jǐ yǔ ◦ to give ◇ donner ✱ 6462.

绤 xì -5945 |綌 *6116| thin linen ◇ toile claire [Etym] 纟 1164 (rad: 120s 3-07), 谷 235 [Graph] 613b 233b 011a.

纮 hóng -5946 |紘 *6117| string, to fasten ◇ lien, bride [Etym] 纟 1164 (rad: 120s 3-04), 厷 244 [Graph] 613b 241a 612a.

绂 fú -5947 |紱 *6120| 1° sash 2° gentry ◇ 1° bande, ceinture 2° notables [Etym] 纟 1164 (rad: 120s 3-05), 犮 251 [Graph] 613b 241b 633a.

绮 qǐ -5948 |綺 *6118| 1° variegated silk, damask 2° beautiful ◇ 1° soie multicolore, tissu de soie damassé 2° élégant [Etym] 纟 1164 (rad: 120s 3-08), 奇 261 [Graph] 613b 242a 331c 011a.

绂 da -5949 |繨 *6146| knot ◇ nouer, noeud [Etym] 纟 1164 (rad: 120s 3-06), 达 273

[Graph] 613b 242a 634o.

续 xù -5950 | 續 *6150 | 1° continuous, to join on 2° to extend 3° to add 4° to succeed to ◇ 1° joindre, continuer 2° rabouter 3° ajouter 4° réussir à [Etym] 纟 1164 (rad: 120s 3-08), 卖 294 [Graph] 613b 242h.

缭 liáo -5951 | 繚 *6121 | 1° to bind, entangled, to wrap 2° to hem 3° turn ◇ 1° enrouler, entourer 2° border 3° tour, circuit [Etym] 纟 1164 (rad: 120s 3-12), 尞 300 [Graph] 613b 242l 021a 331j.

绻 quǎn -5952 | 綣 *6122 | See ◇ Voir 缱绻 qian3-quan3 6079-5952 [Etym] 纟 1164 (rad: 120s 3-08), 卷 312 [Graph] 613b 242p 733a.

絺 chī -5953 | 絺 *6123 | muslin ◇ toile claire, mousseline [Etym] 纟 1164 (rad: 120s 3-07), 希 324 [Graph] 613b 243a 241a 858a.

纹 wén -5954 | 紋 *6124 | lines, traces, veins, furrows ◇ fibres, lignes, veines, rides [Etym] 纟 1164 (rad: 120s 3-04), 文 332 [Graph] 613b 243b.

△ wèn | 紋 *6124 | 1° lines 2° fibres 3° traces 4° cracks (porcelain) ◇ 1° lignes 2° fibres 3° traces 4° fissures (porcelaine).

绦 tāo -5955 | 絛、縧、縚 *6136、*3110、*6109 | sash, silk ribbon, silk braid ◇ ganse, chardonneret, ruban ou cordon de soie [Etym] 纟 1164 (rad: 120s 3-08), 条 1292 [Graph] 613b 243c 422a.

绞 jiǎo -5956 | 絞 *6125 | 1° to twist 2° to strangle 3° wind, skein ◇ 1° tordre, serrer 2° étrangler 3° enrouler une corde, écheveau [Etym] 纟 1164 (rad: 120s 3-06), 交 344 [Graph] 613b 243e.

纰 pī -5957 | 紕 *6126 | 1° untwisted, unweaven (cloth, thread) 2° spoilt ◇ 1° démêlé, détordu, non entortillé (fil, tissus) 2° gâté [Etym] 纟 1164 (rad: 120s 3-04), 比 362 [Graph] 613b 311d 321b.

纰缪 pī miù。1° error, mistake; 2° to pretend ◇ 1° erreur, faute; 2° feindre, simuler * 6020.

缞 cuī -5958 | 縗 *6127 | mourning dress ◇ habits de deuil [Etym] 纟 1164 (rad: 120s 3-10), 衰 378 [Graph] 613b 312j 021b.

纱 shā -5959 | 紗 *6129 | 1° yarn 2° gauze, cr^pe 3° wire gauze ◇ 1° fil 2° gaze, étoffe claire, filet de coton, tissu de soie fin 3° toile métallique [Etym] 纟 1164 (rad: 120s 3-04), 少 427 [Graph] 613b 331k.

纱窗 shā chuāng。screen window ◇ fenêtre avec moustiquaire * 7841.

纡 yū -5960 | 紆 *6130 | 1° tie, to bind 2° to twist 3° to bend ◇ 1° lien, lier 2° tordre, tors 3° incliner [Etym] 纟 1164 (rad: 120s 3-03), 于 440 [Graph] 613b 332a.

> 纣 zhòu (1165) | [Tra] crupper (saddle) ◇ croupière (selle) [Etym] modern simplified form of (紂 1186) ◇ forme simplifiée moderne de (紂 1186) [Graph] 613b 332b [Hanzi] zhou4 葤 3737, zhou4 纣 5961.

纣 zhòu -5961 | 紂 *6131 | 1° crupper of harness 2° an infamous king, last ruler of the Shang Dynasty (c. 16th-11th cent. BC) 3° tyrannical, cruel ◇ 1° croupière 2° tyran célèbre, dernier souverain des Shang 3° tyrannique 4° cruel [Etym] 纟 1164 (rad: 120s 3-03), 纣 1165 [Graph] 613b 332b.

缑 gōu -5962 | 緱 *6132 | sword-knot ◇ dragonne [Etym] 纟 1164 (rad: 120s 3-09), 侯 482 [Graph] 613b 411e ac:e 242d.

缏 biàn -5963 | 緶 *6135 | to hem ◇ ourlet, ourler [Etym] 纟 1164 (rad: 120s 3-09), 便 509 [Graph] 613b 411e 043a.

绗 háng -5964 | 絎 *6138 | to sew with long stitches ◇ bordure, couture, raccommoder [Etym] 纟 1164 (rad: 120s 3-06), 行 522 [Graph] 613b 411g 331d.

纤 qiàn -5965 | 縴 *6180 | towrope, tow line ◇ câble, corde de halage [Etym] 纟 1164 (rad: 120s 3-03), 千 571 [Graph] 613b 413f.

△ xiān | 纖 *6112 | fine, delicate, small, minute ◇ fin, délicat, ténu, imperceptible.

缎 duàn -5966 | 緞 *6139 | satin ◇ satin [Etym] 纟 1164 (rad: 120s 3-09), 段 576 [Graph] 613b 413h Z33a 633a.

缎子 duàn zǐ。satin, brocade ◇ satin, brocart * 6546.

绊 bàn -5967 | 絆 *6140 | 1° to stumble over 2° to fetter, restraint ◇ 1° entraves, embarrasser 2° trébucher sur [Etym] 纟 1164 (rad: 120s 3-05), 半 591 [Graph] 613b 414f.

绑 bǎng -5968 | 綁 *6141 | 1° to tie, to bind 2° to truss up, to bind one's hands in one's back ◇ 1° lier, ficeler 2° attacher les mains de quelqu'un dans le dos [Etym] 纟 1164 (rad: 120s 3-06), 邦 594 [Graph] 613b 414g 634j.

绑架 bǎng jià。to kidnap; to ransom ◇ kidnapper; rançonner * 7265.

绑票 bǎng piào。to kidnap ◇ kidnapper; rançonner * 10812.

缆 lǎn -5969 | 纜 *6235 | mooring rope, hawser, cable ◇ amarre (de bateau), corde, câble, haussière [Etym] 纟 1164 (rad: 120s 3-09), 览 606 [Graph] 613b 415a 231a 854c.

绯 fēi -5970 | 緋 *6142 | 1° scarlet, red 2° red silk ◇ 1° rouge vif, écarlate 2° étoffe de soie rouge [Etym] 纟 1164 (rad: 120s 3-08), 非 611 [Graph] 613b 415b.

驯 xún -5971 | 紃 *6143 | 1° round lace 2° silk bands ◇ 1° dentelle ronde 2° ruban en soie [Etym] 纟 1164 (rad: 120s 3-03), 川 711 [Graph] 613b 417a.

缃 xiāng -5972 | 緗 *6144 | light yellow color ◇ jaune clair [Etym] 纟 1164 (rad: 120s 3-09), 相 758 [Graph] 613b 422a 023a.

绣 xiù -5973 | 繡 *6201 | to embroider ◇ broder [Etym] 纟 1164 (rad: 120s 3-07), 秀 774 [Graph] 613b 422d 634l.

绣花 xiù huā。to embroider ◇ broder * 3621.

缕 lǚ -5974 | 縷 *6294 | 1° thread 2° wisp, strand 3° to spin, to state in detail 4° measure- words: lock, thread ◇ 1° filament, fibre, brin, filer 2° étoupe 3° développer en détail 4° spécificatifs: fil [Etym] 纟 1164 (rad: 120s 3-09), 娄785 [Graph] 613b 422f 611e.

继 jì -5975 纟米⺃ |繼 *6176| 1° to continue, to succeed 2° then, afterwards 3° adoption ◇ 1° continuer, succéder 2° ensuite, succession 3° adoption [Etym] 纟 1164 (rad: 120s 3-07), 迷 792 [Graph] 613b 422f 711a.

继续 jì xù ∘ to continue ◇ continuer, poursuivre ✱ 5950.

继承 jì chéng ∘ to succeed, to inherit ◇ succéder à, hériter de ✱ 6562.

红 gōng (1166) 纟工 |[Tra] needlework ◇ travail à l'aiguille [Etym] thread (1= 纟 1164); phon, work (2= 工 808) ◇ fil (1= 纟 1164); phon, travail (2= 工 808) [Graph] 613b 431a [Hanzi] hong2 荭 3738, gong1 hong2 红 5976.

红 gōng -5976 纟工 |紅 *6145| See ◇ Voir 女红 nü3-gong1 5726-5976 [Etym] 纟 1164 (rad: 120s 3-03), 工 808 [Graph] 613b 431a.

△ hóng |紅 *6145| 1° red 2° revolutionary 3° red cloth 4° symbol of success 5° bonus ◇ 1° rouge 2° populaire, révolutionnaire 3° tissu rouge 4° réussir 5° boni.

红灯 hóng dēng ∘ red lantern; red light ◇ lanterne rouge, fanal rouge; feu rouge ✱ 960.

红人 hóng rén ∘ favorite ◇ favori ✱ 1070.

红茶 hóng chá ∘ black tea ◇ thé noir ✱ 3556.

红药水 hóng yào shuǐ ∘ mercurochrome ◇ mercurochrome (pharm.) ✱ 3740 2299.

红糖 hóng táng ∘ brown sugar ◇ cassonade, sucre brun ✱ 4632.

红绿灯 hóng lǜ dēng ∘ traffic light or signal ◇ signal lumineux ou feux de circulation ✱ 6027 960.

红旗 hóng qí ∘ red flag ◇ drapeau rouge ✱ 7941.

红色 hóng sè ∘ red; revolutionary ◇ rouge, de couleur rouge; révolutionnaire ✱ 8731.

红星 hóng xīng ∘ red star ◇ étoile rouge ✱ 9878.

结 jiē -5977 纟士口 |結 *6148| 1° to bear fruit 2° to stammer ◇ 1° porter des fruits 2° bégayer [Etym] 纟 1164 (rad: 120s 3-06), 吉876 [Graph] 613b 432b 011a.

结实 jiē shí ∘ strong ◇ solide, résistant, robuste ✱ 7696.

结巴 jiē bā ∘ stammer, stutter; stammerer ◇ bégayer, balbutier ✱ 8730.

△ jié |結 *6148| 1° to tie, to knot 2° to forge 3° to settle, to conclude 4° to contract, affidavit 5° fixed, firm, constant ◇ 1° attacher, nouer 2° forger 3° conclure, terminer 4° contrat, document 5° fixer, ferme, constant.

结冰 jié bīng ∘ to freeze ◇ geler ✱ 21.

结算 jié suàn ∘ to close an account; to settle accounts ◇ clore un compte, arrêter un compte ✱ 895.

结合 jié hé ∘ to tie, to join, to combine ◇ lier, combiner, joindre, unir ✱ 1481.

结义 jié yì ∘ to become sworn brothers or sisters ◇ jurer de rester lié ✱ 1687.

结拜 jié bài ∘ to become sworn brothers or sisters ◇ devenir des amis jurés ✱ 3442.

结构 jié gòu ∘ structure, composition ◇ structure, composition ✱ 4358.

结成 jié chéng ∘ to form, to constitute ◇ former, constituer ✱ 5550.

结婚 jié hūn ∘ to marry, to wed ◇ se marier, épouser ✱ 5773.

结疤 jié bā ∘ to become scarred; scab ◇ se cicatriser ✱ 7114.

结案 jié àn ∘ to settle a lawsuit ◇ régler une affaire judiciaire ✱ 7749.

结尾 jié wěi ∘ ending ◇ fin, terme, terminaison, achèvement ✱ 8608.

结束 jié shù ∘ to finish, to conclude ◇ terminer, conclure, finir, achever ✱ 10375.

结果 jié guǒ ∘ result, consequence ◇ conséquence, résultat; si bien que ✱ 10750.

缬 xié -5978 纟士口页 |纈 *6149| 1° to tie a knot 2° silk with patterns or designs woven into it ◇ 1° noeud, nouer 2° tissu de soie à motifs [Etym] 纟 1164 (rad: 120s 3-12), 颉 878 [Graph] 613b 432b 011a 854d.

绪 xù -5979 纟耂日 |緒 *6151| 1° thread, succession 2° mental or emotional state 3° undertaking, task ◇ 1° fil, continuation, suite 2° état mental ou émotionnel 3° tâche, entreprise, oeuvre [Etym] 纟 1164 (rad: 120s 3-08), 者 893 [Graph] 613b 432c 021a.

绫 líng -5980 纟夫夊 |綾 *6152| damask silk ◇ damas, soierie fine [Etym] 纟 1164 (rad: 120s 3-08), 夌 901 [Graph] 613b 432d 633e.

纴 rèn -5981 纟壬 |紝 *6133| 1° warp (for weaving) 2° to weave ◇ 1° fil de soie 2° tisser [Etym] 纟 1164 (rad: 120s 3-04), 壬 930 [Graph] 613b 432k.

缵 zuǎn -5982 纟先先贝 |纘 *6153| 1° to inherit 2° to connect, to tie together 3° to continue ◇ 1° hériter 2° relier, lier 3° continuer [Etym] 纟 1164 (rad: 120s 3-16), 赞 936 [Graph] 613b 432m 432m 854b.

绩 jī -5983 纟主贝 |績 *6154 、勣 3° *5283| 1° to spin 2° to twist 3° meritorious deeds, achievement, contributions ◇ 1° filer 2° agir 3° oeuvre, mérite [Etym] 纟 1164 (rad: 120s 3-08), 责 945 [Graph] 613b 433a 854b.

缮 shàn -5984 纟善口 |繕 *6155| 1° to mend, to repair 2° to write out 3° to copy ◇ 1° réparer 2° écrire 3° transcrire, copier [Etym] 纟 1164 (rad: 120s 3-12), 善 952 [Graph] 613b 433c 011a.

缙 jìn -5985 纟亚日 |縉 *6173| 1° red, carnation color silk 2° officials 3° red girdles ◇ 1° soie rouge 2° mandarins 3° ceintures rouges [Etym] 纟 1164 (rad: 120s 3-10), 晋 984 [Graph] 613b 435b

021a.

缂 kè -5986 纟廿申 |緙 *6156| type of weaving ◇ sorte de tissage [Etym] 纟 1164 (rad: 120s 3-09), 革 992 [Graph] 613b 436a 031e.

绀 gàn -5987 纟甘 |紺 *6158| dark purple ◇ pourpre [Etym] 纟 1164 (rad: 120s 3-05), 甘 1009 [Graph] 613b 436f.

緅 zōu -5988 纟耳又 |緅 *6159| pink ◇ couleur rose [Etym] 纟 1164 (rad: 120s 3-08), 取 1024 [Graph] 613b 436k 633a.

维 wéi (1167) 纟隹 |[Tra] to tie; rule ◇ joindre; règle; loi [Etym] thread (1= 纟 1164); phon (2= 隹 1030) ◇ fil (1= 纟 1164); phon (2= 隹1030) [Graph] 613b 436m [Hanzi] wei2 潍 290, wei2 维 5989.

维 wéi -5989 纟隹 |維 *6160| 1° to tie, to hold fast 2° to preserve, to safeguard 3° thinking 4° dimension 5° a rule 6° an initial particle ◇ 1° lier, joindre 2° préserver, protéger 3° pensée 4° dimension 5° règle, loi 6° conjonction [Etym] 纟 1164 (rad: 120s 3-08), 隹 1030 [Graph] 613b 436m.

维持 wéi chí。to maintain, to preserve ◇ maintenir, entretenir, assurer * 2440.

维护 wéi hù。to defend, to safeguard ◇ protéger, sauvegarder * 2651.

维修 wéi xiū。to maintain ◇ entretenir * 3105.

纸 zhǐ -5990 纟氏 |紙、帋 *6161、*5517| 1° paper 2° measure-word (scrap, sheet) ◇ 1° papier 2° spécificatif (feuille de papier) [Etym] 纟 1164 (rad: 120s 3-04), 氏 1052 [Graph] 613b 511c.

纸烟 zhǐ yān。cigarette ◇ cigarette * 1067.

纸张 zhǐ zhāng。paper ◇ papier * 11247.

绕 rǎo -5991 纟尧 |繞 *6147| See ◇ Voir 环绕 huan2-rao3 5105-5991 [Etym] 纟 1164 (rad: 120s 3-06), 尧 1056 [Graph] 613b 512a 322c.

△ rào |繞2°3° 遶2°3° *6147、*4827| 1° to wind round, to coil 2° to surround, to revolve 3° to go round, detour 4° to avoid 5° to confuse ◇ 1° enrouler 2° entourer, tourner 3° contourner, détour 4° éviter 5° confus.

绒 róng -5992 纟戎 |絨、羢、毧 *6163、*3431、*2187| 1° fine hair, down 2° flannel, velvet, corduroy 3° fine floss for embroidery ◇ 1° poil fin, duvet 2° flanelle, velours, lainage 3° fil de soie à broder [Etym] 纟 1164 (rad: 120s 3-06), 戎 1060 [Graph] 613b 512c.

缄 jiān -5993 纟咸 |緘 *6165| to bind up, to close, to seal ◇ lien, lier, clore, sceller, cacheter [Etym] 纟 1164 (rad: 120s 3-09), 咸1078 [Graph] 613b 512m 012a.

线 xiàn -5994 纟戋 |綫 *6162| 1° thread, string 2° cotton thread 3° line 4° route 5° boundary 6° brink, verge 7° measure-word (ray, gleam) ◇ 1° fil, corde 2° fil de coton, coton 3° ligne 4° route, piste 5° ligne frontière 6° bord 7° spécificatif (rayon) [Etym] 纟 1164 (rad: 120s 3-05), 戋1083 [Graph] 613b 513a.

线条 xiàn tiáo。line ◇ ligne * 6531.

线索 xiàn suǒ。clue; thread ◇ trace, piste * 7877.

缘 yuán (1168) 纟彖 |[Tra] to bind; cause ◇ attacher; cause [Etym] thread (1= 纟 1164); phon (2= 彖 1107) ◇ fil (1= 纟 1164); phon (2= 彖 1107) [Graph] 613b 522f [Hanzi] yuan2 橼 4263, yuan2 缘 5995.

缘 yuán -5995 纟彖 |緣、縁 *6166、*6167| 1° motive, reason, cause 2° brink, edge, fringe 3° along 4° predestined relationship, fortune 5° connexion, to bind 6° according to 7° to harmonize ◇ 1° cause, motif 2° bordure, frange 3° le long de 4° affinité prédestinée, fortune 5° connexion, unir, attacher, relation 6° selon 7° harmonie [Etym] 纟 1164 (rad: 120s 3-09), 彖 1107 [Graph] 613b 522f.

缘故 yuán gù。cause, reason ◇ cause, motif, raison * 9807.

缁 zī +5996 纟巛田 |1° black, dark 2° black silk ◇ 1° noir, couleur sombre 2° soie noire [Etym] 纟 1164 (rad: 120s 3-08), 甾 1116 [Graph] 613b 611c 041a.

缫 sāo -5997 纟巛果 |繅、繰 *6168、*6238| to reel silk from cocoons ◇ dévider des cocons [Etym] 纟 1164 (rad: 120s 3-11), 巢 1117 [Graph] 613b 611c 043f.

绐 dài -5998 纟厶口 |紿 *6170| 1° raveled, tangled thread 2° confusion 3° doubt 4° mistake ◇ 1° fil emmêlé 2° confusion 3° doute 4° erreur, tromper [Etym] 纟 1164 (rad: 120s 3-05), 台 1143 [Graph] 613b 612a 011a.

绖 dié -5999 纟𠫔土 |絰 *6171| hemp cloth worn as mourning ◇ habits de grand deuil [Etym] 纟1164 (rad: 120s 3-06), 至 1148 [Graph] 613b 612c 432a.

纭 yún -6000 纟云 |紜 *6174| 1° confused, mixed up 2° crowded ◇ embrouillé, foule [Etym] 纟 1164 (rad: 120s 3-04), 云 1152 [Graph] 613b 612d.

统 tǒng -6001 纟充 |統 侗8° *6175、+3006| 1° system 2° to unite 3° all, together, whole 4° tube-shaped part of clothing (boot, sleeve) 5° to rule, principle 6° end 7° succession 8° basket (in longtong) ◇ 1° dispositif, système, réseau 2° rassembler 3° total, ensemble 4° élément tubulaire de vêtement (botte, manche) 5° gouverner, principe, règle 6° bout 7° succession 8° panier (dans longtong) [Etym] 纟 1164 (rad: 120s 3-06), 充 1159 [Graph] 613b 612f.

统一 tǒng yī。unified, united ◇ uni, unifié, uniforme * 1.

统治 tǒng zhì。to dominate, to rule ◇ dominer, régner, gouverner * 283.

统计 tǒng jì。statistics; to count ◇ statistique, statisticien, établir une statistique * 1719.

统帅 tǒng shuài。commander in chief; to command ◇ commandant en chef; commander, diriger * 2751.

统统 tǒng tǒng。all together, in total ◇en tout, au total, entièrement * 6001.

统率 tǒng shuài。commander in chief ◇ commander en chef * 6311.

统制 tǒng zhì。to command ◇ commander * 8497.

丝 sī (1169) 纟纟 [Tra] silk ◇ soie [Etym] modern simplified form of (絲 1191) ◇ forme simplifiée moderne de (絲 1191) [Graph] 613b 613a [Ref] r7a, w54h, w92a, wi535 [Hanzi] si1 丝 6002, si1 鸶 6003, si1 幽 9027.

丝 sī -6002 纟纟 |絲 *6177| 1° silk 2° threadlike 3° a trace 4° unit of weight = 0.0005 gram ◇ 1° soie, fil de soie, soieries 2° filament 3° un rien 4° unité de poids = 0.0005 gramme [Etym] —3 (rad: 001a 1-04), 丝 1169 [Graph] 613b 613a.

丝儿 sī ér。thread; a tiny bit ◇ fil, fibre; filet; quantité infime * 2194.

丝绸 sī chóu。silk cloth ◇ tissu de soie * 6047.

丝绸之路 sī chóu zhī lù。the Silk Road ◇ Route de la Soie * 6047 6492 9353.

丝毫 sī háo。an iota, the slightest amount ◇très peu, la moindre quantité * 9458.

鸶 sī -6003 纟纟鸟 |鷥 *6178| (lu4 -5) white egret, heron ◇ (lu4 -5) grue blanche, aigrette garzette [Etym] 鸟 2494 (rad: 196s 5-05), 丝 1169 [Graph] 613b 613a Z22e.

练 liàn -6004 纟东 |練 *6267| 1° white silk, to boil raw silk to soften it 2° to practice, to drill in 3° skilled 4° to select ◇ 1° soie cuite 2° s'entraîner, pratiquer, exercer 3° expérimenté dans 4° choisir, trier [Etym] 纟 1164 (rad: 120s 3-05), 东 1212 [Graph] 613b 614c.

练习 liàn xí。to practice, exercises ◇ pratiquer, s'entraîner; exercice * 7217.

练习本 liàn xí běn。exercise book ◇cahier d'exercices * 7217 4662.

辔 pèi (1170) 纟车纟口 [Tra] reins of a bridle ◇ bride, rênes [Etym] modern simplified form of (轡 1198) ◇ forme simplifiée moderne de (轡 1198) [Graph] 613b 614d 613b 011a [Hanzi] pei4 辔 6005.

辔 pèi -6005 纟车纟口 |轡 *6275| reins of a bridle ◇ bride, rênes [Etym] 口 2063 (rad: 030a 3-10), 辔 1170 [Graph] 613b 614d 613b 011a.

纾 shū -6006 纟マ丁 |紓 *6182| 1° to relax, to pacify, relief 2° to expand ◇ 1° aplanir, aise, paix, santé 2° étendre, étaler [Etym] 纟 1164 (rad: 120s 3-04), 予 1252 [Graph] 613b 632a 331f.

经 jīng -6007 纟ス工 |經 *6169| 1° warp in a loom 2° veins or arteries 3° meridians of longitude 4° to manage 5° to endure 6° canonical 7° menstruation 8° to pass through 9° as a result of 10° already ◇ , loi, méridien, passer pour, règle, vaisseau, étrangler 1° chaîne d'un tissu 2° veines, artères 3° méridiens, longitude 4° gérer 5° durer 6° canonique 7° menstruation 8° passer à travers 9° [Etym] 纟 1164 (rad: 120s 3-05), 圣 1269 [Graph] 613b 632f 431a.

经济 jīng jì。economy ◇ économie, recettes et dépenses * 117.

经受 jīng shòu。to stand, to undergo ◇ supporter , subir * 715.

经过 jīng guò。to cross, to append ◇ traverser, avoir lieu; processus, déroulement * 2310.

经手 jīng shǒu。to deal with, to handle ◇ passer par les mains de quelqu'un; traiter * 2748.

经营 jīng yíng。to manage, to run ◇ entreprendre, gérer * 3837.

经理 jīng lǐ。director, manager ◇ directeur, administrateur, gérant * 5204.

经历 jīng lì。to undergo, to experience ◇connaître, expérimenter * 6847.

经常 jīng cháng。often; daily ◇ souvent * 7870.

经典 jīng diǎn。classics ◇ classiques * 8564.

经验 jīng yàn。test ◇ expérience * 11089.

经费 jīng fèi。fee; outlay ◇ frais * 11282.

△ jìng |經 *6169| 1° warping, warp in a loom 2° veins or arteries 3° meridians of longitude ◇ 1° chaîne d'un tissu, fibre 2° vaisseau sanguin 3° méridien terrestre.

绎 yì -6008 纟又丰 |繹 *6278| 1° to unravel, to unfold, to explain 2° to sort out 3° continuous, unceasing 4° to develop ◇ 1° révéler, dévider, expliquer 2° démêler 3° suite, continuité 4° développer [Etym] 纟 1164 (rad: 120s 3-05), 圣 1273 [Graph] 613b 633a 414a.

缀 zhuì -6009 纟又又又又 |綴 *6183| 1° to sew, to stitch, to baste 2° to compose, to connect 3° to adorn 4° to resume 5° succession ◇ 1° coudre, piquer, bâtir (couture) 2° relier, brocher 3° décorer 4° continuer 5° succession [Etym] 纟 1164 (rad: 120s 3-08), 叕 1278 [Graph] 613b 633a 633a 633a 633a.

终 zhōng -6010 纟夂丶 |終 *6184| 1° to end, to finish, termination 2° death 3° eventually, after all 4° entire, all 5° to the last, the utmost ◇ 1° fin, finir 2° mort 3° finalement, après tout 4° entier, tout 5° jusqu'à la fin de, extrême [Etym] 纟 1164 (rad: 120s 3-05), 冬 1287 [Graph] 613b 633e 211b.

终于 zhōng yú。lastly, finally ◇ enfin, finalement * 2306.

终生 zhōng shēng。all one's life ◇ toute la vie * 5286.

终结 zhōng jié。end ◇ finir, terminer, achever * 5977.

终身 zhōng shēn。lifelong; all one's life ◇ toute la vie, jusqu'à la fin de la vie * 8830.

终点 zhōng diǎn。destination ◇ terminus, fin * 9799.

终日 zhōng rì。all day; all day long ◇ toute la journée * 9838.

绺 liǔ -6011 纟夂卜口 | 綹 *6185 | 1° tuft, lock, wisp of hair 2° measure-words: skein of silk ◇ 1° fil de soie, écheveau 2° spécificatif des touffes (de poils) et mèches [Etym] 纟 1164 (rad: 120s 3-08), 咎 1288 [Graph] 613b 633e 412c 011a.

缝 féng -6012 纟夂丰辶 | 縫 *6186 | 1° to sew 2° to stitch ◇ 1° coudre, couture 2° raccommoder [Etym] 纟 1164 (rad: 120s 3-10), 逢 1291 [Graph] 613b 633e 414g 634o.

缝纫机 féng rèn jī。sewing machine ◇machine à coudre * 6023 4478.

缝补 féng bǔ。to sew and mend; to patch ◇coudre, raccommoder; rapiécer * 6626.

△ fèng | 縫 *6186 | 1° seam 2° crack ◇ 1° couture 2° fente.

绛 jiàng -6013 纟夂㐄 | 絳 *6187 | deep red, crimson ◇ écarlate, rouge foncé [Etym] 纟 1164 (rad: 120s 3-06), 夅 1293 [Graph] 613b 633e 712b.

络 lào -6014 纟夂口 | 絡 *6188 | 1° net-shaped things 2° string bag ◇ 1° objets en forme de filet 2° filet à provisions [Etym] 纟 1164 (rad: 120s 3-06), 各 1295 [Graph] 613b 633e 011a.

△ luò | 絡 *6188 | 1° fibber, thread 2° net 3° to twine ◇ 1° fibre, filaments 2° filet 3° envelopper, enlacer.

级 jí -6015 纟及 | 級 *6189 | 1° level, rank 2° class, degree, grade 3° step 4° stage ◇ 1° niveau, rang 2° classe, grade, degré 3° marche 4° étage [Etym] 纟 1164 (rad: 120s 3-03), 及 1344 [Graph] 613b 634m.

级别 jí bié。level, rank, grade; class ◇ catégorie, degré, grade * 9073.

绁 xiè -6016 纟世 | 絏 *6277 | 1° to tie, to fasten 2° rope, cable, chain ◇ 1° attacher, enchaîner 2° corde, chaîne [Etym] 纟 1164 (rad: 120s 3-05), 世 1348 [Graph] 613b 711d.

缛 rù -6017 纟厂𧘇寸 | 縟 *6190 | 1° elaborate 2° cumbersome 3° adorned, elegant 4° gay ◇ 1° compliqué 2° encombrant 3° orné, élégant 4° gai [Etym] 纟 1164 (rad: 120s 3-10), 辱 1357 [Graph] 613b 721a 312f 332b.

纩 kuàng -6018 纟广 | 纊 *6191 | fine floss-silk ◇ bourre de soie [Etym] 纟 1164 (rad: 120s 3-03), 广 1375 [Graph] 613b 721b.

缠 chán -6019 纟广里 | 纏 *6192 | 1° to twine 2° to tie up 3° labor, difficulty ◇ 1° enrouler 2° lier 3° labeur, difficulté, peine, souffrance [Etym] 纟 1164 (rad: 120s 3-10), 廛 1412 [Graph] 613b 721b 043j.

缪 miào -6020 纟习习人彡 | 繆 *6193 | surname ◇ nom propre [Etym] 纟 1164 (rad: 120s 3-11), 翏 1473 [Graph] 613b 731c 731c 233a 211c.

△ miù | 繆 *6193 | See ◇ Voir 纰缪 pi1-miu4 5957-6020.

△ móu | 繆 *6193 | See ◇ Voir 绸缪 chou2-mou2 6047-6020.

绍 shào -6021 纟刀口 | 紹 *6194 | 1° to carry on, to continue 2° to connect 3° to hand down ◇ 1° continuer 2° relier, transmettre 3° succéder [Etym] 纟 1164 (rad: 120s 3-05), 召 1479 [Graph] 613b 732a 011a.

纷 fēn -6022 纟分 | 紛 *6195 | 1° entangled, confusion 2° multitude, profuse ◇ 1° embrouillé, désordre, confusion 2° multitude, nombreux [Etym] 纟 1164 (rad: 120s 3-04), 分 1480 [Graph] 613b 732b.

纷纷 fēn fēn。one after the other, in succession ◇ l'une après l'autre, à la queue leu leu * 6022.

纫 rèn -6023 纟刃 | 紉 *6196 | 1° to thread a needle 2° to sew ◇ 1° enfiler une aiguille 2° coudre [Etym] 纟 1164 (rad: 120s 3-03), 刃 1483 [Graph] 613b 732c.

绝 shī -6024 纟㐌 | 絁 *6197 | coarse thread for weaving ◇ fil de soie épais [Etym] 纟 1164 (rad: 120s 3-05), 㐌 1503 [Graph] 613b 733d.

纬 wěi -6025 纟韦 | 緯 *6198 | 1° weft, woof of a web 2° latitude 3° fringe, tassels ◇ 1° trame d'un tissu 2° latitude 3° houppe, franges [Etym] 纟 1164 (rad: 120s 3-04), 韦 1508 [Graph] 613b 734e.

绉 zhòu -6026 纟刍 | 縐 *6215 | 1° crape 2° wrinkled ◇ 1° crêpe 2° plissé, ridé, chiffonné [Etym] 纟 1164 (rad: 120s 3-05), 刍 1559 [Graph] 613b 832c.

绿 lù -6027 纟彐氺 | 綠 *6181 | [Etym] 纟 1164 (rad: 120s 3-08), 录 1563 [Graph] 613b 832d 331o.

绿林好汉 lù lín hǎo hàn。forest outlaws, brigands ◇ brigands; héros des forêts * 4180 5792 317.

绿豆 lù dòu。green pea ◇ petit pois vert * 9427.

△ lǜ | 綠 *6181 | green ◇ vert.

绿灯 lǜ dēng。green light ◇ feu vert; voie libre * 960.

绿茶 lǜ chá。green tea ◇ thé vert * 3556.

绿色 lǜ sè。green ◇ de couleur verte, vert * 8731.

纽 niǔ -6028 纟丑 | 紐 *6199 | 1° handle, knob 2° button 3° knot, tie ◇ 1° poignée 2° bouton, fermoir 3° noeud, nouer [Etym] 纟 1164 (rad: 120s 3-04), 丑 1564 [Graph] 613b 832e.

纽扣 niǔ kòu。button ◇ bouton * 2663.

缣 jiān -6029 纟兼 | 縑 *6200 | taffeta, fine silk ◇ taffetas [Etym] 纟 1164 (rad: 120s 3-10), 兼 1582 [Graph] 613b 834h.

缒 suì -6030 纟山隹 | 繀 *6202 | spinning-wheel ◇ rouet à filet [Etym] 纟 1164 (rad: 120s 3-11), 崔 1618 [Graph] 613b 841b 436m.

绌 chù -6031 纟出 | 絀 *6204 | 1° to stitch 2° inadequate ◇ 1° coudre 2° manque [Etym] 纟 1164 (rad: 120s 3-05), 出 1640 [Graph] 613b 842c.

纯 chún (1171) 纟屯 | [Tra] pure; unmixed ◇ pur; simple [Etym] thread (1= 纟 1164); phon, village (2= 屯 1647) ◇ fil (1= 纟 1164); phon, village (2= 屯 1647) [Graph] 613b 842e [Ref] k614, w92a [Hanzi] chun2 莼 3739, chun2 纯 6032.

纯 chún -6032 |純 *6205| pure, unmixed, simple ◇ pur, simple, sans mélange [Etym] 纟 1164 (rad: 120s 3-04), 屯 1647 [Graph] 613b 842e.

纻 zhù -6033 |紵 *6206| 1° China-grass 2° hemp 3° hemp cloth ◇ 1° filasse grossière 2° chanvre 3° tissu de chanvre [Etym] 纟 1164 (rad: 120s 3-04), 宁 1662 [Graph] 613b 851c 111a.

综 zèng -6034 |綜 *6208| 1° heddle, threads of a texture 2° to arrange in order 3° to gather up ◇ 1° chaîne d'un tissu 2° disposer 3° réunir [Etym] 纟 1164 (rad: 120s 3-08), 宗1675 [Graph] 613b 851c 3311.

△ zōng |綜 *6208| 1° to gather up 2° to sum up, to arrange in order ◇ 1° réunir 2° résumer, disposer.

综合 zōng hé ∘ to synthesize; comprehensive ◇ synthétiser, grouper, réunir ✱ 1481.

缩 sù -6035 |縮 *6209| medicinal plant ◇ plante médicinale [Etym] 纟 1164 (rad: 120s 3-11), 宿 1677 [Graph] 613b 851c 411e 022f.

△ suō |縮 *6209| to draw back, to shorten, to contract, to shrink ◇ réduire, raccourcir, rétrécir, contracter.

缩减 suō jiǎn ∘ to reduce, to cut ◇ réduire, diminuer ✱ 29.

缩短 suō duǎn ∘ to shorten, to curtail, to cut down, to reduce ◇ raccourcir, écourter, abréger, réduire ✱ 1590.

缩小 suō xiǎo ∘ to reduce, to lessen; to narrow ◇ réduire, diminuer; atténuer ✱ 2239.

缩写 suō xiě ∘ abbreviation; to abridge ◇ abréviation; abréger ✱ 7686.

绽 zhàn -6036 |綻 *6210| to split, cracked, to rip ◇ disjoint, béant [Etym] 纟 1164 (rad: 120s 3-08), 定 1690 [Graph] 613b 851c 434f.

缤 bīn -6037 |繽 *6207| confused, blending ◇ embrouillement [Etym] 纟 1164 (rad: 120s 3-10), 宾 1703 [Graph] 613b 851c 722h.

绾 wǎn -6038 |綰 *6211| 1° to bind 2° to coil up ◇ 1° lien, lier 2° s'enrouler [Etym] 纟 1164 (rad: 120s 3-08), 官 1707 [Graph] 613b 851c 934b.

缜 yǎn -6039 |縯 *6212| 1° to sew, to stitch 2° to extend ◇ 1° coudre, brocher 2° prolonger [Etym] 纟 1164 (rad: 120s 3-11), 寅 1713 [Graph] 613b 851c 042e.

缔 dì -6040 |締 *6213| 1° knot 2° close connection 3° to form (a friendship) ◇ 1° noeud 2° agencement 3° contracter (une union) [Etym] 纟1164 (rad: 120s 3-09), 帝 1733 [Graph] 613b 851e 858a.

约 yāo (1172) [Tra] to weigh ◇ peser [Etym] modern simplified form of (約 1192) ◇ forme simplifiée moderne de (約 1192) [Graph] 613b 852b [Ref] h881, k256, r25j, w90d, wi34 [Hanzi] yao4 药3740, yao1 yue1 约6041, yo1 yo5 哟9028.

约 yāo -6041 |約 *6214| to weigh ◇ peser [Etym] 纟 1164 (rad: 120s 3-03), 约 1172 [Graph] 613b 852b.

约定 yāo dìng ∘ to agree, pact ◇ s'entendre, décider, convenir de ✱ 7734.

△ yuē |約 *6214| 1° to arrange, to make an appointment 2° pact, to agree about, treatise, convention 3° to restrain, to compel, to bind 4° simple, brief 5° about 6° reduction (fraction) 7° poverty 8° to weigh ◇ 1° arranger, rendez-vous 2° traité, convention, s'entendre pour 3° contraindre, lier, s'obliger à 4° simple, bref 5° en gros, environ 6° réduction (fraction) 7° pauvreté 8° peser.

约会 yuē huì ∘ appointment, date ◇ rendez-vous ✱ 1382.

约定 yuē dìng ∘ to agree, to arrange ◇ être d'accord avec, arranger, convenir de ✱ 7734.

绚 xuàn -6042 |絢 *6216| gorgeous, variegated ◇ splendide, orné, bariolé [Etym] 纟 1164 (rad: 120s 3-06), 旬 1782 [Graph] 613b 852h 021a.

纺 fǎng -6043 |紡 *6217| to spin, to reel ◇ filer du fil [Etym] 纟 1164 (rad: 120s 3-04), 方 1784 [Graph] 613b 853b.

纺织 fǎng zhī ∘ to weave, to knit ◇ filer et tisser; textile ✱ 6067.

纺织品 fǎng zhī pǐn ∘ fabric, textile ◇ textiles, tissu ✱ 6067 9179.

缨 yīng -6044 |纓 *6262| 1° tassel 2° ribbon ◇ 1° frange ornementale 2° cordon de bonnet [Etym] 纟 1164 (rad: 120s 3-11), 婴1800 [Graph] 613b 854b 854b 611e.

绷 bēng -6045 |繃 *6203| 1° to stretch or draw tight 2° to spring, to bounce 3° tack, pin ◇ 1° tendre, tirer 2° bondir, rebondir 3° petit clou, épingle [Etym] 纟 1164 (rad: 120s 3-08), 朋1836 [Graph] 613b 856e 856e.

△ běng |繃 *6203| 1° to look displeased 2° to pull a long face 3° to strain oneself ◇ 1° être mécontent 2° faire une grimace 3° se surmener.

△ bèng |繃 *6203| 1° to split open 2° very ◇ 1° fendre 2° extrêmement.

纲 gāng -6046 |綱 *6221| 1° rope of a net 2° key link, principle 3° outline, program 4° class (mammals) ◇ 1° corde de filet 2° principe, élément essentiel 3° sommaire, programme 4° classe (mammifères) [Etym] 纟 1164 (rad: 120s 3-04), 冈1849 [Graph] 613b 856k 243a.

纲领 gāng lǐng ∘ program; guiding principle ◇ programme; principe ✱ 1397.

纲要 gāng yāo ∘ program; sketch, summary ◇ programme; abrégé, sommaire, résumé ✱ 10824.

绸 chóu -6047 |綢 *6218| silk cloth ◇ tissu de soie [Etym] 纟 1164 (rad: 120s 3-08), 周 1851 [Graph] 613b 856k 432a 011a.

绸缎 chóu duàn ∘ silk; satin ◇ soierie; satin ✱ 5966.

绸缪 chōu móu。1° to bind; 2° sentimentally attached ◇ 1° union, liaison; 2° liés sentimentalement ✱ 6020.

绸子 chōu zǐ。silk fabrics ◇ étoffe de soie ✱ 6546.

纲 jiǒng -6048 |絅 褧 *6219、*5447| 纟冋口 1° to take 2° light overcoat ◇ 1° tirer à soi un objet, prendre 2° vêtement non doublé [Etym] 纟 1164 (rad: 120s 3-05), 冋 1852 [Graph] 613b 856k 011a.

绡 xiāo -6049 |綃 *6222| 纟肖 raw silk, raw silk products ◇ soie grège, produits fabriqués avec de la soie grège [Etym] 纟 1164 (rad: 120s 3-07), 肖 1878 [Graph] 613b 857i.

绱 shàng -6050 |鞝 *5389| 纟尚口 1° to stitch the sole to the upper 2° sole, flap 3° horseshoe ◇ 1° coudre la semelle à l'empeigne 2° semelle 3° fer à cheval [Etym] 纟 1164 (rad: 120s 3-08), 尚 1879 [Graph] 613b 857j 011a.

繻 xū -6051 |繻 *6223| 纟雨而 1° fringe 2° patterned silken fabrics 3° cotton-made certificate, diploma ◇ 1° frange 2° tissu de soie à motifs 3° certificat ou diplôme en tissu de coton [Etym] 纟 1164 (rad: 120s 3-14), 需 1896 [Graph] 613b 858e 857f.

缚 fù -6052 |縛 *6225| 纟甫寸 1° to bind 2° to tie up ◇ 1° lier 2° attacher [Etym] 纟 1164 (rad: 120s 3-10), 尃 1915 [Graph] 613b 858n 332b.

纳 nà -6053 |納 *6226| 纟内 1° to admit 2° to accept 3° to enjoy 4° to pay 5° to stitch ◇ 1° admettre 2° recevoir, accepter 3° jouir du 4° payer 5° piquer, coudre [Etym] 纟 1164 (rad: 120s 3-04), 内 1919 [Graph] 613b 859a.

缅 liǎng -6054 |緉 *6224| 纟两 1° to bind, string 2° one pair (shoes) ◇ 1° lier 2° une paire (souliers) [Etym] 纟 1164 (rad: 120s 3-07), 两 1922 [Graph] 613b 859d.

缡 lí -6055 |縭 褵 *6227、*6679| 纟离 1° sash, girdle 2° ancient shawl for ladies ◇ 1° belle ceinture 2° châle [Etym] 纟 1164 (rad: 120s 3-10), 离 1927 [Graph] 613b 911c 859e.

组 zǔ -6056 |組 *6228| 纟且 1° to organize 2° group 3° measure-word (set, series, band, tassel, office) ◇ 1° organiser 2° groupe, relier 3° spécificatif (section, série, bande, charge) [Etym] 纟 1164 (rad: 120s 3-05), 且 1929 [Graph] 613b 921a.

组长 zǔ zhǎng。band captain ◇ chef de groupe ✱ 2139.

组成 zǔ chéng。to form, to organize ◇ former, organiser, composer ✱ 5550.

组织 zǔ zhī。to organize, to set up ◇ organiser, constituer, former, composer ✱ 6067.

缜 zhěn -6057 |縝 縝 *6229、*6128| 纟真 careful, deliberate ◇ fin et serré, minutieux [Etym] 纟 1164 (rad: 120s 3-10), 真 1936 [Graph] 613b 921f.

编 biān -6058 |編 *6231| 纟户冊 1° to weave 2° to arrange in order 3° to edit 4° to write, to compose 5° to invent 6° volume ◇ 1° tresser, tisser 2° disposer 3° éditer 4° composer, écrire 5° inventer 6° tome [Etym] 纟 1164 (rad: 120s 3-09), 扁 1989 [Graph] 613b 931e 856j.

编者 biān zhě。editor ◇ rédacteur ✱ 5051.

编者按 biān zhě àn。editorial note ◇ note de la rédaction ✱ 5051 2602.

编造 biān zào。to work out; to compile; to invent ◇ arranger; classifier; inventer ✱ 5236.

编辑 biān jí。editor; to compose ◇ rédacteur; rédiger ✱ 6374.

编辑部 biān jí bù。editorial department ◇ rédaction ✱ 6374 660.

编写 biān xiě。to write, to compose ◇ rédiger; écrire, créer ✱ 7686.

编制 biān zhì。to weave, to braid; to draw up ◇ tisser, tresser, assembler; faire; établir ✱ 8497.

编剧 biān jù。to compose; to write a play ◇ composer, créer (une pièce de théâtre) ✱ 8662.

缗 mín -6059 |緡 *6232| 纟民曰 1° cord, string of cash 2° fishing line ◇ 1° cordon de soie 2° corde pour sapèques 3° ligne de pêche [Etym] 纟 1164 (rad: 120s 3-09), 昏 1999 [Graph] 613b 932a 021a.

绝 jué -6060 |絕 *6233| 纟色 1° to sever, to cut off 2° used up 3° hopeless 4° unique 5° very, absolutely, by any means 6° to destroy ◇ 1° cesser, rompre 2° épuisé 3° désespéré 4° unique, sans pareil 5° très, extrêmement, absolument 6° anéantir [Etym] 纟 1164 (rad: 120s 3-06), 色 2015 [Graph] 613b 933d.

绝交 jué jiāo。to break off relations ◇ rompre les relations, casser les relations ✱ 1681.

绝对 jué duì。absolute ◇ absolu, certainement, assurément ✱ 6502.

绝望 jué wàng。to despair, to give up all hope ◇ désespérer, se décourager, perdre confiance ✱ 7339.

缒 zhuì -6061 |縋 *6234| 纟自辶 1° to let down (with a rope) 2° to suspend ◇ 1° descendre au moyen d'une corde 2° suspendre [Etym] 纟 1164 (rad: 120s 3-09), 追 2021 [Graph] 613b 934c 634o.

缉 jī -6062 |緝 *6236| 纟口耳 to pursue, to catch, to seize, to arrest ◇ capturer, appréhender [Etym] 纟 1164 (rad: 120s 3-09), 咠 2071 [Graph] 613b 011a 436k.

△ qī |緝 *6236| to sew in close stitches ◇ coudre point par point.

绢 juàn -6063 |絹 *6237| 纟口月 thin and tough silk, gauze ◇ gaze de toile, étoffe de soie brute [Etym] 纟 1164 (rad: 120s 3-07), 肙 2078 [Graph] 613b 011a 856e.

埚 guā -6064 |緺 *6230| 纟口内 blue belt or ribbon ◇ ruban bleu ou violet [Etym] 纟 1164 (rad: 120s 3-07), 呙 2081 [Graph] 613b 011a 859a.

缲 qiāo -6065 |繰 帬 *6238、*4496| 纟口口口木 1° violet 2° to hem ◇ 1° rouge violacé 2° ourler [Etym] 纟 1164 (rad: 120s 3-13), 喿 2094 [Graph] 613b 011a 011a 011a 422a.

绳 shéng -6066 |繩 *6293| 纟口电 1° rope, string, cord 2° line, ruler 3° to tie, to restrain ◇ 1° corde, ficelle, cordeau 2° règle 3° lier, contenir [Etym] 纟 1164 (rad: 120s 3-08), 黾 2107 [Graph] 613b 011a 043c.

绳子 shéng zǐ ∘ string ◇ ficelle, corde ✱ 6546.

织 zhī -6067 |織 *6164| 1° to weave 2° to knit ◇ 1° tisser 2° tricoter [Etym] 纟 1164 (rad: 120s 3-05), 只 2113 [Graph] 613b 011c.
纟只

织补 zhī bǔ ∘ darning ◇ repriser ✱ 6626.

缟 gǎo -6068 |縞 *6239| 1° plain white 2° thin white silk ◇ 1° simple, uni 2° étoffe unie de soie blanche écrue [Etym] 纟 1164 (rad: 120s 3-10), 高 2138 [Graph] 613b 012c 856k 011a.
纟亠冂口

绲 gǔn -6069 |緄 *6254| 1° band, tape 2° string 3° to embroider, to decorate ◇ 1° bande, ruban 2° ficelle 3° broder, orner [Etym] 纟 1164 (rad: 120s 3-08), 昆 2173 [Graph] 613b 021a 311d 321b.
纟日匕匕

缇 tí -6070 |緹 *6255| orange red ◇ rouge orange [Etym] 纟 1164 (rad: 120s 3-09), 是 2182 [Graph] 613b 021a 434f.
纟日疋

缊 yùn (1173) 纟日皿 [Tra] blend silks (old, new) ◇ mélange de soies [Etym] thread (1= 纟 1164); phon {?} (2,3= 昷 2201) ◇ fil (1= 纟 1164); phon {?} (2,3= 昷 2201) [Graph] 613b 021a 922a [Ref] k328, w90d [Hanzi] yun4 蕴 3741, yun4 缊 6071.

缊 yùn -6071 |縕 *6282| blend of new and old silk ◇ mélange de la nouvelle et de la vieille soie [Etym] 纟 1164 (rad: 120s 3-09), 昷 2201 [Graph] 613b 021a 922a.
纟日皿

缦 màn -6072 |縵 *6256| plain, simple, unadorned silk fabric ◇ tissu de soie simple, unie [Etym] 纟 1164 (rad: 120s 3-11), 曼 2211 [Graph] 613b 021a 051a 633a.
纟日罒又

线 xiàn -6073 |線 *6257| thread ◇ corde, fil [Etym] 纟 1164 (rad: 120s 3-09), 泉 2219 [Graph] 613b 022c 331p.
纟白水

缴 jiǎo -6074 |繳 *6258| 1° to pay 2° to hand over, to surrender 3° to capture ◇ 1° verser de l'argent 2° donner, livrer 3° capturer [Etym] 纟 1164 (rad: 120s 3-13), 敫 2223 [Graph] 613b 022c 853b 243c.
纟白方攵

△ zhuó |繳 *6258| cord tied to an arrow ◇ fil attaché aux flèches.

绵 mián -6075 |綿 緜 *6259、*9994| 1° silk floss, downy 2° continuous 3° soft 4° delicate, thin ◇ 1° ouate de soie, cotonneux, laineux, moelleux 2° continu, ininterrompu 3° doux 4° délicat, mince [Etym] 纟 1164 (rad: 120s 3-08), 帛 2224 [Graph] 613b 022c 858a.
纟白巾

绵羊 mián yáng ∘ sheep ◇ mouton ✱ 3427.

绰 chāo -6076 |綽 *6260| to grab ◇ saisir [Etym] 纟 1164 (rad: 120s 3-08), 卓 2230 [Graph] 613b 022h.
纟卓

△ chuò |綽 *6260| 1° generous, liberal 2° ample, spacious ◇ 1° largeur, libéralité 2° à l'aise, au large.

缈 miǎo -6077 |緲 *6261| See ◇ Voir 缥缈 piao1-miao3 6089-6077 [Etym] 纟 1164 (rad: 120s 3-09), 眇 2241 [Graph] 613b 023a 331k.
纟目少

缋 huì -6078 |繢 *6265| 1° embroidery 2° to draw 3° to paint ◇ 1° broderie 2° dessiner 3° peindre [Etym] 纟 1164 (rad: 120s 3-09), 贵 2278 [Graph] 613b 031c 854b.
纟虫贝

缱 qiǎn -6079 |繾 *6264| closely joined, attached to ◇ liaison étroite, profondément attaché à [Etym] 纟 1164 (rad: 120s 3-13), 遣 2279 [Graph] 613b 031c 934b 634o.
纟虫目辶

缱绻 qiǎn quǎn ∘ bound together, confederate, deep attachment (man and woman) ◇ lier, joindre, intimement liés (homme et femme) ✱ 5952.

缯 zēng -6080 |繒 *6266| silk fabrics ◇ tissu de soie [Etym] 纟 1164 (rad: 120s 3-12), 曾 2308 [Graph] 613b 033c 021a.
纟曲日

△ zèng |繒 *6266| to tie, to bind ◇ attacher.

细 xì -6081 |細 *6268| 1° thin, slender 2° powdery 3° soft 4° fine, delicate 5° meticulous, careful 6° trifling, minute ◇ 1° menu, mince, ténu 2° poudreux 3° doux 4° fin, délicat, raffiné 5° minutieux, détaillé 6° vétille [Etym] 纟 1164 (rad: 120s 3-05), 田 2313 [Graph] 613b 041a.
纟田

细心 xì xīn ∘ careful, attentive ◇ soigneux, minutieux, attentif ✱ 2177.

细小 xì xiǎo ∘ very small, tiny ◇ petit, fin, insignifiant ✱ 2239.

细菌 xì jūn ∘ bacterium, germ ◇ bactérie, microbe ✱ 4018.

细致 xì zhì ∘ fine, slender ◇ raffiné, délicat, soigné ✱ 5913.

细腻 xì nì ∘ delicate, refined, careful ◇ raffiné, soigné ✱ 8143.

缌 sī -6082 |緦 *6269| coarse cloth for mourning ◇ vêtement de deuil [Etym] 纟 1164 (rad: 120s 3-09), 思 2316 [Graph] 613b 041a 321c.
纟田心

缧 léi -6083 |縲 *6270| 1° to bind with ropes 2° rope for tying criminals ◇ 1° lier 2° corde pour attacher les prisonniers [Etym] 纟 1164 (rad: 120s 3-11), 累 2319 [Graph] 613b 041a 613d.
纟田糸

缰 jiāng -6084 |繮 韁 *6271、*5396| tether, reins ◇ longe, bride [Etym] 纟 1164 (rad: 120s 3-13), 畺 2331 [Graph] 613b 041d 041d ac:z.
纟畐畐𠄠

䌷 chōu -6085 |紬 *6272| silk ◇ soie [Etym] 纟 1164 (rad: 120s 3-05), 由 2345 [Graph] 613b 042a.
纟由

△ chóu |紬 *6272| silk ◇ soie.

绅 shēn -6086 |紳 *6273| 1° the gentry 2° large girdle, those who wear it ◇ 1° notables 2° grande ceinture de cérémonie [Etym] 纟 1164 (rad: 120s 3-05), 申 2348 [Graph] 613b 042c.
纟申

绠 gěng -6087 |綆 *6276| well-rope ◇ corde d'un puits [Etym] 纟 1164 (rad: 120s 3-07), 更 2359 [Graph] 613b 043a.
纟更

缳 huán -6088 |繯 *6279| 1° silk-cord, noose 2° to hang ◇ 1° corde, lacet 2° se pendre [Etym] 纟 1164 (rad: 120s 3-13), 睘 2394 [Graph] 613b 051a 012a 312h.

缥 piāo -6089 |縹 *6280| sky blue, light blue or light green silk ◇ bleu azur, soierie bleu clair ou vert clair [Etym] 纟 1164 (rad: 120s 3-11), 票 2404 [Graph] 613b 051e 331l.

缥缈 piāo miǎo ∘ minute, subtle, indistinct, misty ◇ fin, délié, flou, estompé * 6077.

△ piǎo |縹 *6280| azure, light blue ◇ bleu azur.

缅 miǎn -6090 |緬 *6281| 1° remote 2° thoughtful 3° Burma ◇ 1° lointain, distant 2° pensif 3° Birmanie [Etym] 纟 1164 (rad: 120s 3-09), 面 2438 [Graph] 613b 063b.

纠 jiū -6091 |糾 *6285| 1° to entangle, to twist 2° to gather together, to involve 3° to correct ◇ 1° lier, mêler 2° réunir, impliquer 3° corriger, régler [Etym] 纟 1164 (rad: 120s 3-02), 丩 2464 [Graph] 613b Z11a.

纠正 jiū zhèng ∘ to correct, to put right ◇ corriger, rectifier, redresser * 5316.

纥 gē -6092 |紇 *6286| knots on thread, string, rope ◇ noeuds du fil à coudre, de la ficelle et corde [Etym] 纟 1164 (rad: 120s 3-03), 乞 2508 [Graph] 613b Z31e.

△ hé |紇 *6286| 1° (low quality) silk 2° the Uighurs ◇ 1° soie (de qualité inférieure) 2° les Ouïgour.

纨 wán -6093 |紈 *6287| white silk ◇ soie unie [Etym] 纟 1164 (rad: 120s 3-03), 丸 2515 [Graph] 613b Z32c.

纪 jǐ -6094 |紀 *6288| surname ◇ nom propre [Etym] 纟 1164 (rad: 120s 3-03), 己 2532 [Graph] 613b Z41a.

△ jì |紀 *6288| 1° discipline, law 2° to record 3° epoch, period 4° surname ◇ 1° loi, règle, démêler 2° inscrire 3° nombre d'années 4° nom propre.

纪念 jì niàn ∘ to commemorate ◇ célébrer, commémorer; cadeau, souvenir * 1387.

纪念堂 jì niàn táng ∘ memorial building ◇ mémorial, monument commémoratif * 1387 7868.

纪念品 jì niàn pǐn ∘ souvenir, gift, memento ◇ souvenir, cadeau * 1387 9179.

纪元 jì yuán ∘ era; beginning of an era ◇ ère; commencement d'une ère * 2199.

纪律 jì lǜ ∘ discipline ◇ discipline * 3157.

纼 zhèn -6095 |紖 *6289| leash, cord or rope for tying cattle or horses ◇ laisse, bride pour attacher le bétail ou les chevaux [Etym] 纟 1164 (rad: 120s 3-04), 引 2538 [Graph] 613b Z42a 411a.

绨 tí -6096 |綈 *6291| coarse silk ◇ tissu de soie épais [Etym] 纟 1164 (rad: 120s 3-07), 弟 2552 [Graph] 613b Z42f.

△ tì |綈 *6291| silk and cotton fabric, coarse pongee ◇ tissu de soie épais.

绋 fú -6097 |紼 *6292| cord, rope ◇ cordon, corde, câble [Etym] 纟 1164 (rad: 120s 3-05), 弗 2553 [Graph] 613b Z42g.

幺 yāo (1174) |[Tra] thread; slender, thin ◇ fil; petit, mince [Etym] cocoon (prim) for a thin, invisible thread (# 糸 1185) ◇ un cocon (prim) pour un fil mince, invisible (# 糸 1185) [Graph] 613c [Ref] k328, ph667, w90d, wa92, wi34 [Hanzi] yao1 幺 6098, huan4 幻 6102, xiang1 乡 6295, ci2 zi1 兹 6312, me5 麼 6905, you1 幽 7653, yao1 吆 9029 [Rad] 052a.

幺 yāo +6098 |么 +5927| 1° one (used orally) 2° youngest ◇ 1° un (langage parlé) 2° le (la) plus jeune [Etym] 幺 1174 (rad: 052a 3-00), [Graph] 613c.

幺麼 yāo mó ∘ petty, insignificant ◇ infime, insignifiant, délicat * 6904.

幺幺 yū (1175) |[Tra] very slender; obscure ◇ très mince; obscur [Etym] thin thread (1,2= 幺 1174) (# 糸 1185), twice ◇ un petit fil (1,2= 幺 1174) (# 糸 1185), deux fois [Graph] 613c 613c [Ref] k331, w90e [Hanzi] ci2 zi1 兹 3742.

𢆶 jī (1176) |[Tra] small; to examine ◇ petit; scruter [Etym] reduction of (幾 1177) ◇ réduction de (幾 1177) [Graph] 613c 613c 512d [Ref] k331, w90e [Hanzi] ji1 畿 6099.

畿 jī +6099 |imperial lands, the capital city and its environs ◇ territoire impérial (entourant la capitale) [Etym] 田 2313 (rad: 102a 5-10), 𢆶 1176 [Graph] 613c 613c 512d 041a.

幾 jī (1177) |[Tra] small; to examine ◇ petit; scruter [Etym] {1} frontier soldiers (3= 戍 1060) attentive to details (1,2= 𢆶 1175); threads (1,2= 𢆶 1175) and loom (3=prim) ◇ {1} des gardes de la frontière (3= 戍 1060) attentifs aux détails (1,2= 𢆶 1175); fils (1,2< 𢆶 1175) et métier à tisser (3=prim) [Graph] 613c 613c 512k [Ref] k444, w92g, wi917 [Hanzi] ji1 饑 1448, ji1 機 4264, ji1 璣 5134, ji1 ji3 幾 6100, ji1 嘰 9030, ji1 譏 9557, ji1 磯 9705, ji3 蟣 10267.

幾 jī *6100 |See ◇ Voir 蟣 10227 [Etym] 幺 1174 (rad: 052a 3-09), 幾 1177 [Graph] 613c 613c 512k.

△ jǐ |几 +11207| how many? a few, several, some ◇ combien? quelques-uns.

㡭 zhì (1178) |[Tra] to connect ◇ relier [Etym] four threads as in (斷 1179), but without the ax ◇ quatre fils comme dans (斷 1179), mais sans le tranchant de la hache [Graph] 613c 613c acc:z 613c 613c 711a [Ref] k1127, ph311, w29e, wi186 [Hanzi] ji4 繼 4265, duan4 斷 6101, ji4 繼 6176.

斷 duàn (1179) 幺幺亠幺幺㇗斤 [Tra] to stop; to judge ◇ arrêter; juger [Etym] four cut threads (1,2,3,4,5< 糸 1185); an ax (6,7= 斤 1461) ◇ quatre fils coupés (1,2,3,4,5< 糸 1185); hache (6,7= 斤 1461) [Graph] 613c 613c acc:z 613c 613c 711a 722c [Ref] h1226, k98, w95b [Hanzi] duan4 㫁 820, duan4 斷 6101.

斷 duàn *6101 幺幺亠幺幺㇗斤 | 断 +4628 | 1° to break, to cut asunder 2° to stop, to cease 3° to settle, to judge 4° certainly, decidedly ◇ 1° couper 2° interrompre, cesser 3° décider, juger 4° certain, absolument [Etym] 斤 1461 (rad: 069a 4-14), 斷 1179 [Graph] 613c 613c ac:z 613c 613c 711a 722c.

絴 guān (1180) 幺幺𠂹 [Tra] to weave ◇ tisser [Etym] threads (1,2< 絲 1191); action of the shuttle (3=prim) ◇ des fils (1,2< 絲 1191); le va et vient de la navette (3=prim) [Graph] 613c 613c Z11b [Ref] h985, k255, ph171, r41k, w90a [Hanzi] lian2 聯 5459, guan1 關 8771.

夋 cūn (1181) 幺夂 [Tra] to dawdle ◇ flâner [Etym] to walk slowly (2= 夂 1286); phon, to permit (1< 允 1146) ◇ marcher lentement (2= 夂 1286); phon, consentir (1< 允 1146) [Graph] 613c 633e [Ref] k568, ph815, r333, w88c, wa178, wi456 [Hanzi] hou4 後 3149.

幻 huàn (1182) 幺㇆ [Tra] imaginary, magic ◇ magie, illusion, faux [Etym] thin (1= 幺 1175), empty (2=prim); at first, inversion of (予 1252) ◇ mince (1= 幺 1175), vide (2=prim); autrefois, inversion de (予 1252) [Graph] 613c 731a [Ref] k215, r464, w90a, wa93, wi120 [Hanzi] ao3 ao4 niu4 拗 2497, ao4 㘭 4880, huan4 幻 6102.

幻 huàn +6102 幺㇆ 1° unreal, imaginary, dream 2° magical 3° changeable 4° false, illusion ◇ 1° irréel, imaginaire, rêve, illusion 2° magie 3° se transformer, changeant 4° faux, trompeur [Etym] 幺 1174 (rad: 052a 3-01), 幻 1182 [Graph] 613c 731a.

幻灯 huàn dēng ∘ projector ◇ projecteur diapositives * 960.

幻想 huàn xiǎng ∘ illusion ◇ illusion * 4445.

幼 yòu (1183) 幺力 [Tra] young, child ◇ jeune, enfant [Etym] little (1= 幺 1174) strength (2= 力 1489) ->child ◇ une faible (1= 幺 1174) force (2= 力 1489) ->enfant [Graph] 613c 732f [Ref] w45g [Hanzi] ao3 ao4 niu4 拗 2498, ao4 坳 4881, yao4 靿 5375, you4 幼 6103, yao3 窈 7821, you1 呦 9031, you4 蚴 10268, you3 黝 10403.

幼 yòu +6103 幺力 1° young, immature 2° growing 3° children ◇ 1° jeune 2° juvénile 3° enfant [Etym] 幺 1174 (rad: 052a 3-02), 幼 1183 [Graph] 613c 732f.

幼儿 yòu ér ∘ young child, baby ◇ petit enfant, bébé * 2194.

幼儿园 yòu ér yuán ∘ kindergarten ◇ jardin d'enfants * 2194 10944.

幼小 yòu xiǎo ∘ little, young ◇ petit, jeune * 2239.

幼年 yòu nián ∘ youth ◇ enfance * 3476.

幼稚 yòu zhì ∘ young, childish, naive ◇ enfantin; naïf * 4534.

樂 lè, yào (1184) 幺白幺木 [Tra] laugh, delight ◇ joie, plaisir [Etym] wooden (4= 木 723) stand for drum (2=prim), bells (1,3=prim) ◇ un support de bois (4= 木 723): tambour (2=prim), cloches (1,3=prim) [Graph] 613c 022c 613c 422a [Hanzi] luo4 濼 291, shuo4 爍 983, shuo4 鑠 1225, yao4 藥 3743, li4 yue4 櫟 4266, le4 yue4 樂 6104, li4 luo4 躒 9346, li4 礫 9706, li4 轢 10692.

樂 lè *6104 幺白幺木 | 乐 -7358 | 1° happiness, joy 2° to enjoy, exquisite delight 3° to laugh ◇ 1° joie, plaisir 2° se réjouir, volupté 3° rire [Etym] 木 723 (rad: 075a 4-11), 樂 1184 [Graph] 613c 022c 613c 422a.

△ yuè | 乐 -7358 | 1° music 2° surname ◇ 1° musique 2° nom de famille.

糸 mì (1185) 糸 [Tra] strong thread ◇ gros fil [Etym] three threads twisted into a big one, two cocoons (prim) ◇ trois fils enroulés pour en former un plus gros; ou deux cocons (prim) [Graph] 613d [Hanzi] yao2 you2 繇 706, hui1 徽 3160, bian4 辮 3413, jian3 繭 3889, dao4 纛 5285, ji4 xi4 系 6318, suo3 索 7877, xian4 縣 8547, xian4 縣 10069, fan2 po2 繁 11300 [Rad] 120a.

緩 huǎn *6105 糸爫一ナ又 | 缓 -5936 | 1° slow, unhurried 2° to delay, tardy 3° relaxed 4° to revive ◇ 1° lenteur, pas pressé 2° délai, retard, traînasser 3° détendre, détendu 4° ranimer [Etym] 糸 1185 (rad: 120a 6-09), 爰 104 [Graph] 613d 221d ac:a 241a 633a.

綵 cǎi *6106 糸爫木 See ◇ Voir 彩 690 [Etym] 糸 1185 (rad: 120a 6-08), 采 106 [Graph] 613d 221d 422a.

縕 yǐn *6107 糸爫工ヨ心 | 绬 -5937 | to sew several layers together (quilt materials) ◇ coudre [Etym] 糸 1185 (rad: 120a 6-14), 㥯 108 [Graph] 613d 221d 431a 833a 321c.

綏 suí *6108 糸爫女 | 绥 -5938 | 1° peaceful, to pacify 2° loop, strap ◇ 1° paix, bonheur, pacifier 2° corde [Etym] 糸 1185 (rad: 120a 6-07), 妥 110 [Graph] 613d 221d 611e.

縚 tāo *6109 糸爫臼 | 绦 -5955、縧 *6136、絛 *3110 | sash, silk ribbon, silk braid ◇ ganse, chardonneret, ruban ou cordon de soie [Etym] 糸 1185 (rad: 120a 6-10), 舀 118 [Graph] 613d 221d 835b.

綬 shòu *6110 糸爫冖又 | 绶 -5939 | See ◇ Voir 绶带 shou4-dai4 5939-4039 [Etym] 糸 1185 (rad: 120a 6-08), 受 124 [Graph] 613d 221d 851a 633a.

縊 yì *6111 糸光皿 | 缢 -5940 | to hang, to strangle ◇ pendre, étrangler [Etym] 糸 1185 (rad:

120a 6-10), 益 129 [Graph] 613d 222c 922a.

纖 xiān *6112 | 纤 -5965 | fine, delicate, small, minute ◇ fin, délicat, ténu, imperceptible [Etym] 糸 1185 (rad: 120a 6-17), 韱 174 [Graph] 613d 232a 232a 512d 435d.

綸 guān *6113 | 纶 -5942 | See ◇ Voir 纶巾 guan1-jin1 5942-8377 [Etym] 糸 1185 (rad: 120a 6-08), 侖 215 [Graph] 613d 233a ac:a 856j.

△ lún | 纶 -5942 | 1° black silk ribbon 2° fishing line 3° synthetic fibber ◇ 1° cordon de soie de couleur foncée 2° ligne de pêche 3° fibre synthétique.

給 gěi *6114 | 给 -5944 | 1° to give, to grant 2° for, by 3° to let, to allow ◇ 1° donner, accorder 2° à, par, pour 3° laisser [Etym] 糸 1185 (rad: 120a 6-06), 合 222 [Graph] 613d 233a 012a.

△ jǐ | 给 -5944 | 1° to supply, to provide 2° ample ◇ 1° fournir, approvisionner 2° suffisant.

繪 huì *6115 | 绘 -5943 | 1° to paint, to draw, to sketch 2° to embroider 3° to adorn ◇ 1° dessiner, peindre 2° broder, broderie multicolore 3° enjoliver [Etym] 糸 1185 (rad: 120a 6-13), 會 233 [Graph] 613d 233a 033b 021a.

綌 xì *6116 | 绤 -5945 | thin linen ◇ toile claire [Etym] 糸 1185 (rad: 120a 6-07), 谷 235 [Graph] 613d 233b 011a.

紘 hóng *6117 | 纮 -5946 | string, to fasten ◇ lien, bride [Etym] 糸 1185 (rad: 120a 6-04), 厷 244 [Graph] 613d 241a 612a.

綺 qǐ *6118 | 绮 -5948 | 1° variegated silk, damask 2° beautiful ◇ 1° soie multicolore, tissu de soie damassé 2° élégant [Etym] 糸 1185 (rad: 120a 6-08), 奇 261 [Graph] 613d 242a 331c 011a.

絝 kù *6119 | 裤、褲、袴 -6657、*6658、*6618 | trousers, pants ◇ pantalon, culotte [Etym] 糸 1185 (rad: 120a 6-06), 夸 277 [Graph] 613d 242a Z21c.

紱 fú *6120 | 绂 -5947 | 1° sash 2° gentry ◇ 1° bande, ceinture 2° notables [Etym] 糸 1185 (rad: 120a 6-05), 犮 298 [Graph] 613d 242j.

繚 liáo *6121 | 缭 -5951 | 1° to bind, entangled, to wrap 2° to hem 3° turn ◇ 1° enrouler, entourer 2° border 3° tour, circuit [Etym] 糸 1185 (rad: 120a 6-12), 尞 300 [Graph] 613d 242l 021a 331j.

綣 quǎn *6122 | 绻 -5952 | See ◇ Voir 缱绻 qian3-quan3 6079-5952 [Etym] 糸 1185 (rad: 120a 6-08), 卷 312 [Graph] 613d 242p 733a.

絺 chī *6123 | 絺 -5953 | muslin ◇ toile claire, mousseline [Etym] 糸 1185 (rad: 120a 6-07), 希 324 [Graph] 613d 243a 241a 858a.

紋 wén *6124 | 纹 -5954 | lines, traces, veins, furrows ◇ fibres, lignes, veines, rides [Etym] 糸 1185 (rad: 120a 6-04), 文 332 [Graph] 613d 243b.

△ wèn | 纹 -5954 | 1° lines 2° fibres 3° traces 4° cracks (porcelain) ◇ 1° lignes 2° fibres 3° traces 4° fissures (porcelaine).

絞 jiǎo *6125 | 绞 -5956 | 1° to twist 2° to strangle 3° wind, skein ◇ 1° tordre, serrer 2° étrangler 3° enrouler une corde, écheveau [Etym] 糸 1185 (rad: 120a 6-06), 交 344 [Graph] 613d 243e.

紕 pī *6126 | 纰 -5957 | 1° untwisted, unweaven (cloth, thread) 2° spoilt ◇ 1° démêlé, détordu, non entortillé (fil, tissus) 2° gâté [Etym] 糸 1185 (rad: 120a 6-04), 比 362 [Graph] 613d 311d 321b.

縗 cuī *6127 | 缞 -5958 | mourning dress ◇ habits de deuil [Etym] 糸 1185 (rad: 120a 6-10), 衰 378 [Graph] 613d 312j 021b.

縝 zhěn *6128 | 缜、縝 -6057、*6229 | careful, deliberate ◇ fin et serré, minutieux [Etym] 糸 1185 (rad: 120a 6-10), 眞 394 [Graph] 613d 321b 023a 711b.

紗 shā *6129 | 纱 -5959 | 1° yarn 2° gauze, cr^pe 3° wire gauze ◇ 1° fil 2° gaze, étoffe claire, filet de coton, tissu de soie fin 3° toile métallique [Etym] 糸 1185 (rad: 120a 6-04), 少 427 [Graph] 613d 331k.

紆 yū *6130 | 纡 -5960 | 1° tie, to bind 2° to twist 3° to bend ◇ 1° lien, lier 2° tordre, tors 3° incliner [Etym] 糸 1185 (rad: 120a 6-03), 于 440 [Graph] 613d 332a.

紂 zhòu (1186) | [Tra] crupper (saddle) ◇ croupière (selle) [Etym] thread (1= 糸 1185); phon (2< 肘 1828) here reduced ◇ un lien ou un fil (1= 糸 1185); phon (2< 肘 1828) ici réduit [Graph] 613d 332b [Hanzi] zhou4 紂 3744, zhou4 紂 6131.

紂 zhòu *6131 | 纣 -5961 | 1° crupper of harness 2° an infamous king, last ruler of the Shang Dynasty (c. 16th-11th cent. BC) 3° tyrannical, cruel ◇ 1° croupière 2° tyran célèbre, dernier souverain des Shang 3° tyrannique 4° cruel [Etym] 糸 1185 (rad: 120a 6-03), 紂 1186 [Graph] 613d 332b.

緱 gōu *6132 | 缑 -5962 | sword-knot ◇ dragonne [Etym] 糸 1185 (rad: 120a 6-09), 侯 482 [Graph] 613d 411e ac:e 242d.

紝 rèn *6133 | 纴 -5981 | 1° warp (for weaving) 2° to weave ◇ 1° fil de soie 2° tisser [Etym] 糸 1185 (rad: 120a 6-06), 任 494 [Graph] 613d 411e 432k.

緥 bǎo *6134 | 褓 +6624 | swaddling clothes ◇ langues d'eau [Etym] 糸 1185 (rad: 120a 6-09), 保 507 [Graph] 613d 411e 011a 422a.

緶 biàn *6135 | 缏 -5963 | to hem ◇ ourlet, ourler [Etym] 糸 1185 (rad: 120a 6-09), 便 509 [Graph] 613d 411e 043a.

縧 tāo *6136 | 绦、條、縚 -5955、*3110、*6109 | sash, silk ribbon, silk braid ◇ ganse, chardonneret, ruban ou cordon de soie [Etym] 糸 1185 (rad: 120a 6-11), 絛 515 [Graph] 613d 411f 243c 422a.

縱 zòng *6137 | 纵 -5941 | 1° from north to south 2° vertical, lengthwise 3° to let go, to yield to, to be lax 4° to indulge 5° to jump up 6° even if, although 7° to rumple ◇ 1° du nord au sud 2° vertical, longitudinal 3° relâcher, licence 4° indulgence 5° s'élancer, sauter 6° même si, quoique 7° chiffonner [Etym] 糸 1185 (rad: 120a 6-11), 從 520 [Graph] 613d 411g 232a 232a 434e.

絎 háng *6138 |绗 -5964| to sew with long stitches ◇ bordure, couture, raccommoder [Etym] 糸 1185 (rad: 120a 6-06), 行 522 [Graph] 613d 411g 331d.

緞 duàn *6139 |缎 -5966| satin ◇ satin [Etym] 糸 1185 (rad: 120a 6-09), 段 576 [Graph] 613d 413h Z33a 633a.

絆 bàn *6140 |绊 -5967| 1° to stumble over 2° to fetter, restraint ◇ 1° entraves, embarrasser 2° trébucher sur [Etym] 糸 1185 (rad: 120a 6-05), 半 591 [Graph] 613d 414f.

綁 bǎng *6141 |绑 -5968| 1° to tie, to bind 2° to truss up, to bind one's hands in one's back ◇ 1° lier, ficeler 2° attacher les mains de quelqu'un dans le dos [Etym] 糸 1185 (rad: 120a 6-06), 邦 594 [Graph] 613d 414g 634j.

緋 fēi *6142 |绯 -5970| 1° scarlet, red 2° red silk ◇ 1° rouge vif, écarlate 2° étoffe de soie rouge [Etym] 糸 1185 (rad: 120a 6-08), 非 611 [Graph] 613d 415b.

紃 xún *6143 |纠 -5971| 1° round lace 2° silk bands ◇ 1° dentelle ronde 2° ruban en soie [Etym] 糸 1185 (rad: 120a 6-03), 川 711 [Graph] 613d 417a.

緗 xiāng *6144 |缃 -5972| light yellow color ◇ jaune clair [Etym] 糸 1185 (rad: 120a 6-09), 相 758 [Graph] 613d 422a 023a.

紅 gōng (1187) 糸工	[Tra] needlework ◇ travail à l'aiguille [Etym] thread (1= 糸 1185); phon, work (2= 工 808) ◇ fil (1= 糸 1185); phon, travail (2= 工 808) [Graph] 613d 431a [Ref] w90e [Hanzi] hong2 葒 3745, gong1 hong2 紅 6145.

紅 gōng *6145 |红 -5976| See ◇ Voir 女红 nü3-gong1 5726-5976 [Etym] 糸 1185 (rad: 120a 6-03), 工 808 [Graph] 613d 431a.

△ hóng |红 -5976| 1° red 2° revolutionary 3° red cloth 4° symbol of success 5° bonus ◇ 1° rouge 2° populaire, révolutionnaire 3° tissu rouge 4° réussir 5° boni.

縺 da *6146 |纮 -5949| knot ◇ nouer, noeud [Etym] 糸 1185 (rad: 120a 6-12), 達 839 [Graph] 613d 432a 414b 634o.

繞 rǎo *6147 |绕 -5991| See ◇ Voir 环绕 huan2-rao3 5105-5991 [Etym] 糸 1185 (rad: 120a 6-12), 堯 844 [Graph] 613d 432a 432a 432a 322c.

△ rào |See ◇ Voir 绕 5991.

結 jiē *6148 |结 -5977| 1° to bear fruit 2° to stammer ◇ 1° porter des fruits 2° bégayer [Etym] 糸 1185 (rad: 120a 6-06), 吉 876 [Graph] 613d 432b 011a.

△ jié |结 -5977| 1° to tie, to knot 2° to forge 3° to settle, to conclude 4° to contract, affidavit 5° fixed, firm, constant ◇ 1° attacher, nouer 2° forger 3° conclure, terminer 4° contrat, document 5° fixer, ferme, constant.

纈 xié *6149 |缬 -5978| 1° to tie a knot 2° silk with patterns or designs woven into it ◇ 1° noeud, nouer 2° tissu de soie à motifs [Etym] 糸 1185 (rad: 120a 6-15), 頡 879 [Graph] 613d 432b 011a 023f.

續 xù *6150 |续 -5950| 1° continuous, to join on 2° to extend 3° to add 4° to succeed to ◇ 1° joindre, continuer 2° rabouter 3° ajouter 4° réussir à [Etym] 糸 1185 (rad: 120a 6-15), 賣 886 [Graph] 613d 432b 051a 023b.

緒 xù *6151 |绪 -5979| 1° thread, succession 2° mental or emotional state 3° undertaking, task ◇ 1° fil, continuation, suite 2° état mental ou émotionnel 3° tâche, entreprise, oeuvre [Etym] 糸 1185 (rad: 120a 6-08), 者 893 [Graph] 613d 432c 021a.

綾 líng *6152 |绫 -5980| damask silk ◇ damas, soierie fine [Etym] 糸 1185 (rad: 120a 6-08), 夌 901 [Graph] 613d 432d 633e.

纘 zuǎn *6153 |缵 -5982| 1° to inherit 2° to connect, to tie together 3° to continue ◇ 1° hériter 2° relier, lier 3° continuer [Etym] 糸 1185 (rad: 120a 6-19), 贊 937 [Graph] 613d 432m 432m 023b.

績 jī *6154 |绩 -5983、勣 *5283 3°| 1° to spin 2° to twist 3° meritorious deeds, achievement, contributions ◇ 1° filer 2° agir 3° oeuvre, mérite [Etym] 糸 1185 (rad: 120a 6-11), 責 948 [Graph] 613d 433a 023b.

繕 shàn *6155 |缮 -5984| 1° to mend, to repair 2° to write out 3° to copy ◇ 1° réparer 2° écrire 3° transcrire, copier [Etym] 糸 1185 (rad: 120a 6-12), 善 952 [Graph] 613d 433c 011a.

緙 kè *6156 |缂 -5986| type of weaving ◇ sorte de tissage [Etym] 糸 1185 (rad: 120a 6-09), 革 992 [Graph] 613d 436a 031e.

繖 sǎn *6157 |See ◇ Voir 伞 1093 [Etym] 糸 1185 (rad: 120a 6-13), 散 1002 [Graph] 613d 436b 023a 243c.

紺 gàn *6158 |绀 -5987| dark purple ◇ pourpre [Etym] 糸 1185 (rad: 120a 6-05), 甘 1009 [Graph] 613d 436f.

緅 zōu *6159 |缎 -5988| pink ◇ couleur rose [Etym] 糸 1185 (rad: 120a 6-08), 取 1024 [Graph] 613d 436k 633a.

維 wéi (1188) 糸隹	[Tra] to tie; rule ◇ joindre; règle; loi [Etym] thread (1= 糸 1185); phon (2= 隹 1030) ◇ fil (1= 糸 1185); phon (2= 隹 1030) [Graph] 613d 436m [Ref] k614, r465, w92d, wi956 [Hanzi] wei2 潍 292, wei2 維 6160, luo2 羅 10787.

維 wéi *6160 |维 -5989| 1° to tie, to hold fast 2° to preserve, to safeguard 3° thinking 4° dimension 5° a rule 6° an initial particle ◇ 1° lier, joindre 2° préserver, protéger 3° pensée 4° dimension 5° règle, loi 6° conjonction [Etym] 糸 1185 (rad: 120a 6-08), 隹 1030 [Graph] 613d 436m.

紙 zhǐ *6161 |纸 -5990、帋 *5517| 1° paper 2° measure-word (scrap, sheet) ◇ 1° papier 2° spécificatif (feuille de papier) [Etym] 糸 1185 (rad: 120a 6-04), 氏 1052

[Graph] 613d 511c.

綫 xiàn *6162 |线 -5994| 1° thread, string 2° cotton thread 3° line 4° route 5° boundary 6° brink, verge 7° measure-word (ray, gleam) ◇ 1° fil, corde 2° fil de coton, coton 3° ligne 4° route, piste 5° ligne frontière 6° bord 7° spécificatif (rayon) [Etym] 糸 1185 (rad: 120a 6-08), 戔1059 [Graph] 613d 512b 512b.

絨 róng *6163 |绒 -5992、羢 *3431、毧 *2187| 1° fine hair, down 2° flannel, velvet, corduroy 3° fine floss for embroidery ◇ 1° poil fin, duvet 2° flanelle, velours, lainage 3° fil de soie à broder [Etym] 糸 1185 (rad: 120a 6-06), 戎 1060 [Graph] 613d 512c.

織 zhī *6164 |织 -6067| 1° to weave 2° to knit ◇ 1° tisser 2° tricoter [Etym] 糸 1185 (rad: 120a 6-12), 戠 1068 [Graph] 613d 512h 021a.

緘 jiān *6165 |缄 -5993| to bind up, to close, to seal ◇ lien, lier, clore, sceller, cacheter [Etym] 糸 1185 (rad: 120a 6-09), 咸1078 [Graph] 613d 512m 012a.

緣 (1189) 糸彖 |[Tra] to bind; cause ◇ attacher; motif [Etym] thread (1= 糸 1185); phon, explanation (2= 彖 1107) ◇ fil (1= 糸 1185); phon, explication (2= 彖 1107) [Graph] 613d 522f [Ref] k1349 [Hanzi] yuan2 櫞 4267, yuan2 緣 6166.

緣 yuán *6166 |缘 -5995、緑 *6167| 1° motive, reason, cause 2° brink, edge, fringe 3° along 4° predestined relationship, fortune 5° connexion, to bind 6° according to 7° to harmonize ◇ 1° cause, motif 2° bordure, frange 3° le long de 4° affinité prédestinée, fortune 5° connexion, unir, attacher, relation 6° selon 7° harmonie [Etym] 糸1185 (rad: 120a 6-09), 彖 1107 [Graph] 613d 522f.

緑 yuán *6167 |缘 -5995、緣 *6166| 1° motive, reason, cause 2° brink, edge, fringe 3° along 4° predestined relationship, fortune 5° connexion, to bind 6° according to 7° to harmonize ◇ 1° cause, motif 2° bordure, frange 3° le long de 4° affinité prédestinée, fortune 5° connexion, unir, attacher, relation 6° selon 7° harmonie [Etym] 糸1185 (rad: 120a 6-09), 彔 1109 [Graph] 613d 522g.

繅 sāo *6168 |缫 -5997、繰 *6238| to reel silk from cocoons ◇ dévider des cocons [Etym] 糸 1185 (rad: 120a 6-11), 巢 1117 [Graph] 613d 611c 043f.

經 jīng *6169 |经 -6007| 1° warp in a loom 2° veins or arteries 3° meridians of longitude 4° to manage 5° to endure 6° canonical 7° menstruation 8° to pass through 9° as a result of 10° already ◇ , loi, méridien, passer pour, règle, vaisseau, étrangler 1° chaîne d'un tissu 2° veines, artères 3° méridiens, longitude 4° gérer 5° durer 6° canonique 7° menstruation 8° passer à travers 9° [Etym] 糸 1185 (rad: 120a 6-07), 巠 1121 [Graph] 613d 611d 431a.

△ jìng |经 -6007| 1° warping, warp in a loom 2° veins or arteries 3° meridians of longitude ◇ 1° chaîne d'un tissu, fibre 2° vaisseau sanguin 3° méridien terrestre.

紿 dài *6170 |绐 -5998| 1° raveled, tangled thread 2° confusion 3° doubt 4° mistake ◇ 1° fil emmêlé 2° confusion 3° doute 4° erreur, tromper [Etym] 糸 1185 (rad: 120a 6-05), 台 1143 [Graph] 613d 612a 011a.

絰 dié *6171 |绖 -5999| hemp cloth worn as mourning ◇ habits de grand deuil [Etym] 糸1185 (rad: 120a 6-06), 至 1148 [Graph] 613d 612c 432a.

緻 zhì *6172 |See ◇ Voir 致 5913 [Etym] 糸 1185 (rad: 120a 6-10), 致 1149 [Graph] 613d 612c 432a 243c.

縉 jìn *6173 |缙 -5985| 1° red, carnation color silk 2° officials 3° red girdles ◇ 1° soie rouge 2° mandarins 3° ceintures rouges [Etym] 糸 1185 (rad: 120a 6-10), 晉 1151 [Graph] 613d 612c 612a ac:z 021a.

紜 yún *6174 |纭 -6000| 1° confused, mixed up 2° crowded ◇ embrouillé, foule [Etym] 糸 1185 (rad: 120a 6-04), 云 1152 [Graph] 613d 612d.

統 tǒng *6175 |统 -6001、侗8° +3006| 1° system 2° to unite 3° all, together, whole 4° tube-shaped part of clothing (boot, sleeve) 5° to rule, principle 6° end 7° succession 8° basket (in longtong) ◇ 1° dispositif, système, réseau 2° rassembler 3° total, ensemble 4° élément tubulaire de vêtement (botte, manche) 5° gouverner, principe, règle 6° bout 7° succession 8° panier (dans longtong) [Etym] 糸 1185 (rad: 120a 6-06), 充 1159 [Graph] 613d 612f.

繼 zhì (1190) |[Tra] to connect ◇ relier [Etym] to bind (1= 糸 1185) what has been cut (2,3,4,5,6= 斷 1179) ◇ lier (1= 糸 1185) ce qui a été coupé (2,3,4,5,6= 斷 1179) [Graph] 613d 613c 613c acc:z 613c 613c 711a [Ref] k590, ph846, w92d, wi706 [Hanzi] ji4 繼 6176.

繼 jì *6176 |继 -5975| 1° to continue, to succeed 2° then, afterwards 3° adoption ◇ 1° continuer, succéder 2° ensuite, succession 3° adoption [Etym] 糸 1185 (rad: 120a 6-14), 繼 1190 [Graph] 613d 613c 613c ac:z 613c 613c 711a.

絲 sī (1191) 糸糸 |[Tra] silk ◇ soie [Etym] two threads (1,2;3,4= 糸 1185) ◇ deux fils (1,2;3,4= 糸 1185) [Graph] 613d 613d [Hanzi] si1 絲 6177, si1 鷥 6178, si1 噝 9032.

絲 sī *6177 |丝 -6002| 1° silk 2° threadlike 3° a trace 4° unit of weight = 0.0005 gram ◇ 1° soie, fil de soie, soieries 2° filament 3° un rien 4° unité de poids = 0.0005 gramme [Etym] 糸 1185 (rad: 120a 6-06), 絲 1191 [Graph] 613d 613d.

鷥 sī *6178 |鸶 -6003| (lu4 -5) white egret, heron ◇ (lu4 -5) grue blanche, aigrette garzette [Etym] 鳥 2500 (rad: 196a 11-12), 絲 1191 [Graph] 613d 613d Z22h.

絃 xián *6179 |弦 +11257| 1° string (bow), chord (arc) 2° crescent 3° guitar ◇ 1° corde (arc) 2° croissant 3° guitare

[Etym] 糸 1185 (rad: 120a 6-05), 玄 1204 [Graph] 613d 613g.

縴 qiàn *6180 |纤 -5965| towrope, tow line ◇ câble, corde de halage [Etym] 糸 1185 (rad: 120a 6-11), 牽 1205 [Graph] 613d 613g 851a 414d.

綠 lù *6181 |绿 -6027| See ◇ Voir 绿林好汉 lu4-lin2-hao3-han4 6027-4180-5792-317 [Etym] 糸 1185 (rad: 120a 6-08), 录 1220 [Graph] 613d 621a 331o.

△ lù |绿 +6027| green ◇ vert.

紓 shū *6182 |纾 -6006| 1° to relax, to pacify, relief 2° to expand ◇ 1° aplanir, aise, paix, santé 2° étendre, étaler [Etym] 糸 1185 (rad: 120a 6-04), 予 1252 [Graph] 613d 632a 331f.

綴 zhuì *6183 |缀 -6009| 1° to sew, to stitch, to baste 2° to compose, to connect 3° to adorn 4° to resume 5° succession ◇ 1° coudre, piquer, bâtir (couture) 2° relier, brocher 3° décorer 4° continuer 5° succession [Etym] 糸 1185 (rad: 120a 6-08), 叕 1278 [Graph] 613d 633a 633a 633a 633a.

終 zhōng *6184 |终 -6010| 1° to end, to finish, termination 2° death 3° eventually, after all 4° entire, all 5° to the last, the utmost ◇ 1° fin, finir 2° mort 3° finalement, après tout 4° entier, tout 5° jusqu'à la fin de, extrême [Etym] 糸 1185 (rad: 120a 6-05), 冬 1287 [Graph] 613d 633e 211b.

綹 liǔ *6185 |绺 -6011| 1° tuft, lock, wisp of hair 2° measure-words: skein of silk ◇ 1° fil de soie, écheveau 2° spécificatif des touffes (de poils) et mèches [Etym] 糸 1185 (rad: 120a 6-08), 咎 1288 [Graph] 613d 633e 412c 011a.

縫 féng *6186 |缝 -6012| 1° to sew 2° to stitch ◇ 1° coudre, couture 2° raccommoder [Etym] 糸 1185 (rad: 120a 6-10), 逢 1291 [Graph] 613d 633e 414g 634o.

△ fèng |缝 -6012| 1° seam 2° crack ◇ 1° couture 2° fente.

絳 jiàng *6187 |绛 -6013| deep red, crimson ◇ écarlate, rouge foncé [Etym] 糸 1185 (rad: 120a 6-06), 夅 1293 [Graph] 613d 633e 712b.

絡 lào *6188 |络 -6014| 1° net-shaped things 2° string bag ◇ 1° objets en forme de filet 2° filet à provisions [Etym] 糸 1185 (rad: 120a 6-06), 各 1295 [Graph] 613d 633e 011a.

△ luò |络 -6014| 1° fibber, thread 2° net 3° to twine ◇ 1° fibre, filaments 2° filet 3° envelopper, enlacer.

級 jí *6189 |级 -6015| 1° level, rank 2° class, degree, grade 3° step 4° stage ◇ 1° niveau, rang 2° classe, grade, degré 3° marche 4° étage [Etym] 糸 1185 (rad: 120a 6-03), 及 1344 [Graph] 613d 634m.

縟 rù *6190 |缛 -6017| 1° elaborate 2° cumbersome 3° adorned, elegant 4° gay ◇ 1° compliqué 2° encombrant 3° orné, élégant 4° gai [Etym] 糸 1185 (rad: 120a 6-10), 辱 1357 [Graph] 613d 721a 312f 332b.

纊 kuàng *6191 |纩 -6018| fine floss-silk ◇ bourre de soie [Etym] 糸 1185 (rad: 120a 6-15), 廣 1393 [Graph] 613d 721b 436a 042e.

纏 chán *6192 |缠 -6019| 1° to twine 2° to tie up 3° labor, difficulty ◇ 1° enrouler 2° lier 3° labeur, difficulté, peine, souffrance [Etym] 糸 1185 (rad: 120a 6-15), 廛 1413 [Graph] 613d 721b 043j ac:h 432a.

繆 miào *6193 |缪 -6020| surname ◇ nom propre [Etym] 糸 1185 (rad: 120a 6-11), 翏 1473 [Graph] 613d 731c 731c 233a 211c.

△ miù |缪 -6020| See ◇ Voir 纰缪 pi1-miu4 5957-6020.

△ móu |缪 -6020| See ◇ Voir 绸缪 chou2-mou2 6047-6020.

紹 shào *6194 |绍 -6021| 1° to carry on, to continue 2° to connect 3° to hand down ◇ 1° continuer 2° relier, transmettre 3° succéder [Etym] 糸 1185 (rad: 120a 6-05), 召 1479 [Graph] 613d 732a 011a.

紛 fēn *6195 |纷 -6022| 1° entangled, confusion 2° multitude, profuse ◇ 1° embrouillé, désordre, confusion 2° multitude, nombreux [Etym] 糸 1185 (rad: 120a 6-04), 分 1480 [Graph] 613d 732b.

紉 rèn *6196 |纫 -6023| 1° to thread a needle 2° to sew ◇ 1° enfiler une aiguille 2° coudre [Etym] 糸 1185 (rad: 120a 6-03), 刃 1483 [Graph] 613d 732c.

絁 shī *6197 |绝 -6024| coarse thread for weaving ◇ fil de soie épais [Etym] 糸 1185 (rad: 120a 6-05), 㐌 1503 [Graph] 613d 733d.

緯 wěi *6198 |纬 -6025| 1° weft, woof of a web 2° latitude 3° fringe, tassels ◇ 1° trame d'un tissu 2° latitude 3° houppe, franges [Etym] 糸 1185 (rad: 120a 6-09), 韋 1547 [Graph] 613d 822a 011a 712b.

紐 niǔ *6199 |纽 -6028| 1° handle, knob 2° button 3° knot, tie ◇ 1° poignée 2° bouton, fermoir 3° noeud, nouer [Etym] 糸 1185 (rad: 120a 6-04), 丑 1564 [Graph] 613d 832e.

縑 jiān *6200 |缣 -6029| taffeta, fine silk ◇ taffetas [Etym] 糸 1185 (rad: 120a 6-10), 兼 1582 [Graph] 613d 834h.

繡 xiù *6201 |绣 -5973| to embroider ◇ broder [Etym] 糸 1185 (rad: 120a 6-13), 肅 1584 [Graph] 613d 834k.

繀 suì *6202 |维 -6030| spinning-wheel ◇ rouet à filet [Etym] 糸 1185 (rad: 120a 6-11), 崔 1618 [Graph] 613d 841b 436m.

繃 bēng *6203 |绷 -6045| 1° to stretch or draw tight 2° to spring, to bounce 3° tack, pin ◇ 1° tendre, tirer 2° bondir, rebondir 3° petit clou, épingle [Etym] 糸 1185 (rad: 120a 6-11), 崩 1622 [Graph] 613d 841b 856e 856e.

△ běng |绷 -6045| 1° to look displeased 2° to pull a long face 3° to strain oneself ◇ 1° être mécontent 2° faire une grimace 3° se surmener.

△ bèng |绷 -6045| 1° to split open 2° very ◇ 1° fendre 2° extrêmement.

纟 糸

絀 chù *6204 |绌 -6031| 1° to stitch 2° inadequate ◇ 1° coudre 2° manque [Etym] 糸 1185 (rad: 120a 6-05), 出 1640 [Graph] 613d 842c.

純 chún *6205 |纯 -6032| pure, unmixed, simple ◇ pur, simple, sans mélange [Etym] 糸 1185 (rad: 120a 6-04), 屯 1647 [Graph] 613d 842e.

紵 zhù *6206 |纻 -6033| 1° China-grass 2° hemp 3° hemp cloth ◇ 1° filasse grossière 2° chanvre 3° tissu de chanvre [Etym] 糸 1185 (rad: 120a 6-05), 宁 1673 [Graph] 613d 851c 331b.

繽 bīn *6207 |缤 -6037| confused, blending ◇ embrouillement [Etym] 糸 1185 (rad: 120a 6-14), 賓 1674 [Graph] 613d 851c 331i 023b.

綜 zèng *6208 |综 -6034| 1° heddle, threads of a texture 2° to arrange in order 3° to gather up ◇ 1° chaîne d'un tissu 2° disposer 3° réunir [Etym] 糸 1185 (rad: 120a 6-08), 宗1675 [Graph] 613d 851c 331l.

△ zōng |综 -6034| 1° to gather up 2° to sum up, to arrange in order ◇ 1° réunir 2° résumer, disposer.

縮 sù *6209 |缩 -6035| medicinal plant ◇ plante médicinale [Etym] 糸 1185 (rad: 120a 6-11), 宿 1677 [Graph] 613d 851c 411e 022f.

△ suō |缩 -6035| to draw back, to shorten, to contract, to shrink ◇ réduire, raccourcir, rétrécir, contracter.

綻 zhàn *6210 |绽 -6036| to split, cracked, to rip ◇ disjoint, béant [Etym] 糸 1185 (rad: 120a 6-08), 定 1690 [Graph] 613d 851c 434f.

綰 wǎn *6211 |绾 -6038| 1° to bind 2° to coil up ◇ 1° lien, lier 2° s'enrouler [Etym] 糸 1185 (rad: 120a 6-08), 官 1707 [Graph] 613d 851c 934b.

縯 yǎn *6212 |缜 -6039| 1° to sew, to stitch 2° to extend ◇ 1° coudre, brocher 2° prolonger [Etym] 糸 1185 (rad: 120a 6-11), 寅 1713 [Graph] 613d 851c 042e.

締 dì *6213 |缔 -6040| 1° knot 2° close connection 3° to form (a friendship) ◇ 1° noeud 2° agencement 3° contracter (une union) [Etym] 糸1185 (rad: 120a 6-09), 帝 1733 [Graph] 613d 851e 858a.

約 yāo, yué (1192) |[Tra] weigh, bind, promise ◇ peser; contrainte [Etym] two measure tools: thread (1= 糸 1185), ladle (2= 勺1763) ◇ deux instruments de mesure: fil (1= 糸 1185), cuiller (2= 勺 1763) [Graph] 613d 852b [Ref] w94c [Hanzi] yao1 yue1 約6214, yo1 yo5 喲9033.

約 yāo *6214 |约 -6041| to weigh ◇ peser [Etym] 糸 1185 (rad: 120a 6-03), 約 1192 [Graph] 613d 852b.

△ yuē |约 -6041| 1° to arrange, to make an appointment 2° pact, to agree about, treatise, convention 3° to restrain, to compel, to bind 4° simple, brief 5° about 6° reduction (fraction) 7° poverty 8° to weigh ◇ 1° arranger, rendez-vous 2° traité, convention, s'entendre pour 3° contraindre, lier, s'obliger à 4° simple, bref 5° en gros, environ 6° réduction (fraction) 7° pauvreté 8° peser.

縐 zhòu *6215 |绉 -6026| 1° crape 2° wrinkled ◇ 1° crêpe 2° plissé, ridé, chiffonné [Etym] 糸 1185 (rad: 120a 6-10), 芻 1776 [Graph] 613d 852h 842a 852h 842a.

絢 xuàn *6216 |绚 -6042| gorgeous, variegated ◇ splendide, orné, bariolé [Etym] 糸 1185 (rad: 120a 6-06), 旬 1782 [Graph] 613d 852h 021a.

紡 fǎng *6217 |纺 -6043| to spin, to reel ◇ filer du fil [Etym] 糸 1185 (rad: 120a 6-04), 方 1784 [Graph] 613d 853b.

綢 chóu *6218 |绸 -6047| silk cloth ◇ tissu de soie [Etym] 糸 1185 (rad: 120a 6-08), 周 1851 [Graph] 613d 856k 432a 011a.

絅 jiǒng *6219 |䌹 -6048、褧 *5447| 1° to take 2° light overcoat ◇ 1° tirer à soi un objet, prendre 2° vêtement non doublé [Etym] 糸 1185 (rad: 120a 6-05), 冋 1852 [Graph] 613d 856k 011a.

網 wǎng *6220 |网 +8271| 1° net 2° network 3° to catch with a net ◇ 1° filet 2° réseau 3° piège, prendre [Etym] 糸 1185 (rad: 120a 6-08), 罔 1856 [Graph] 613d 856m 811f.

綱 gāng *6221 |纲 -6046| 1° rope of a net 2° key link, principle 3° outline, program 4° class (mammals) ◇ 1° corde de filet 2° principe, élément essentiel 3° sommaire, programme 4° classe (mammifères) [Etym] 糸 1185 (rad: 120a 6-08), 岡1857 [Graph] 613d 856m 841b.

綃 xiāo *6222 |绡 -6049| raw silk, raw silk products ◇ soie grège, produits fabriqués avec de la soie grège [Etym] 糸 1185 (rad: 120a 6-07), 肖 1878 [Graph] 613d 857i.

繻 xū *6223 |𦈡 -6051| 1° fringe 2° patterned silken fabrics 3° cotton-made certificate, diploma ◇ 1° frange 2° tissu de soie à motifs 3° certificat ou diplôme en tissu de coton [Etym] 糸 1185 (rad: 120a 6-14), 需 1896 [Graph] 613d 858e 857f.

緉 liǎng *6224 |𬘡 -6054| 1° to bind, string 2° one pair (shoes) ◇ 1° lier 2° une paire (souliers) [Etym] 糸 1185 (rad: 120a 6-08), 兩 1902 [Graph] 613d 858f 232a 232a.

縛 fù *6225 |缚 -6052| 1° to bind 2° to tie up ◇ 1° lier 2° attacher [Etym] 糸 1185 (rad: 120a 6-10), 尃 1915 [Graph] 613d 858n 332b.

納 nà *6226 |纳 -6053| 1° to admit 2° to accept 3° to enjoy 4° to pay 5° to stitch ◇ 1° admettre 2° recevoir, accepter 3° jouir du 4° payer 5° piquer, coudre [Etym] 糸 1185 (rad: 120a 6-04), 内 1919 [Graph] 613d 859a.

縭 lí *6227 |缡 -6055、褵 *6679| 1° sash, girdle 2° ancient shawl for ladies ◇ 1° belle ceinture 2° châle [Etym] 糸 1185 (rad: 120a 6-10), 离 1927 [Graph] 613d 911c 859e.

組 zǔ *6228 |组 -6056| 1° to organize 2° group 3° measure-word (set, series, band, tassel, office) ◇ 1° organiser 2° groupe, relier 3° spécificatif (section, série, bande, charge) [Etym] 糸1185 (rad: 120a 6-05), 且 1929 [Graph] 613d 921a.

縝 zhěn *6229 |缜、縝 |-6057、*6128| careful, deliberate ◇ fin et serré, minutieux [Etym] 糸 1185 (rad: 120a 6-10), 真1936 [Graph] 613d 921f.

緺 guā *6230 |呙 |-6064| blue belt or ribbon ◇ ruban bleu ou violet [Etym] 糸 1185 (rad: 120a 6-09), 咼 1948 [Graph] 613d 924d 011a.

編 biān *6231 |编 |-6058| 1° to weave 2° to arrange in order 3° to edit 4° to write, to compose 5° to invent 6° volume ◇ 1° tresser, tisser 2° disposer 3° éditer 4° composer, écrire 5° inventer 6° tome [Etym] 糸 1185 (rad: 120a 6-09), 扁 1989 [Graph] 613d 931e 856j.

緡 mín *6232 |缗 |-6059| 1° cord, string of cash 2° fishing line ◇ 1° cordon de soie 2° corde pour sapèques 3° ligne de pêche [Etym] 糸1185 (rad: 120a 6-09), 昏 1999 [Graph] 613d 932a 021a.

絕 jué *6233 |绝 |-6060| 1° to sever, to cut off 2° used up 3° hopeless 4° unique 5° very, absolutely, by any means 6° to destroy ◇ 1° cesser, rompre 2° épuisé 3° désespéré 4° unique, sans pareil 5° très, extrêmement, absolument 6° anéantir [Etym] 糸 1185 (rad: 120a 6-06), 色 2015 [Graph] 613d 933d.

縋 zhuì *6234 |缒 |-6061| 1° to let down (with a rope) 2° to suspend ◇ 1° descendre au moyen d'une corde 2° suspendre [Etym] 糸1185 (rad: 120a 6-09), 追 2021 [Graph] 613d 934c 634o.

纜 lǎn *6235 |缆 |-5969| mooring rope, hawser, cable ◇ amarre (de bateau), corde, câble, haussière [Etym] 糸 1185 (rad: 120a 6-21), 覽 2046 [Graph] 613d 935b ac:f 111a 051a 023c.

緝 jī *6236 |缉 |-6062| to pursue, to catch, to seize, to arrest ◇ capturer, appréhender [Etym] 糸 1185 (rad: 120a 6-09), 咠 2071 [Graph] 613d 011a 436k.

△ qī |缉 |-6062| to sew in close stitches ◇ coudre point par point.

絹 juàn *6237 |绢 |-6063| thin and tough silk, gauze ◇ gaze de toile, étoffe de soie brute [Etym] 糸 1185 (rad: 120a 6-07), 肙2078 [Graph] 613d 011a 856e.

繰 qiāo *6238 |缲、帬 |-6065、*4496| 1° violet 2° to hem ◇ 1° rouge violacé 2° ourler [Etym] 糸 1185 (rad: 120a 6-13), 喿2094 [Graph] 613d 011a 011a 011a 422a.

△ sāo |缫、繅 |-5997、*6168| to reel silk from cocoons ◇ dévider des cocons.

縞 gǎo *6239 |缟 |-6068| 1° plain white 2° thin white silk ◇ 1° simple, uni 2° étoffe unie de soie blanche écrue [Etym] 糸 1185 (rad: 120a 6-10), 高 2138 [Graph] 613d 012c 856k 011a.

> 䜌 luàn (1193) |[Tra] trouble and order ◇ trouble et ordre [Etym] intricacy of threads (1,3= 糸 1185), command (2= 言 2139) ◇ complexité des liens (1,3= 糸 1185), parole d'ordre (2= 言2139) [Graph] 613d 012d 613d [Ref] k1296, wi706 [Hanzi] luan2 鑾 6240, bian4 變 6241, lian4 戀 6242, luan2 攣 6243, luan2 欒 6244, luan2 孌 6245, luan2 孿 6246, luan2 巒 6247, luan2 臠 6248, man2 蠻 6249, luan2 鸞 6250, wan1 彎 6251.

鑾 luán *6240 |銮 |-2757| 1° tinkling little bells 2° imperial cars 3° term of respect ◇ 1° grelots, clochettes 2° char impérial 3° terme de respect [Etym] 金 196 (rad: 167a 8-19), 䜌 1193 [Graph] 613d 012d 613d 233a 432q.

變 biàn *6241 |变 |-2762| to change, to transform, to metamorphose ◇ changer, transformer, métamorphose [Etym] 言 2139 (rad: 149a 7-16), 䜌 1193 夂 340 [Graph] 613d 012d 613d 243c.

戀 liàn *6242 |恋 |+2758| ardent love, to long for, to dote on ◇ attachement, passion, aimer éperdument [Etym] 心 397 (rad: 061a 4-19), 䜌 1193 [Graph] 613d 012d 613d 321c.

攣 luán *6243 |挛 |-2759| 1° contraction 2° to bind, to tie ◇ 1° contraction 2° lier, connexion [Etym] 手 465 (rad: 064a 4-19), 䜌 1193 [Graph] 613d 012d 613d 332g.

> 欒 luán (1194) |[Tra] goldenrain tree ◇ espèce d'arbre [Etym] tree (4= 木 723); phon (1,2,3= 䜌 1193) ◇ arbre (4= 木 723); phon (1,2,3= 䜌1193) [Graph] 613d 012d 613d 422a [Ref] h284, w40a [Hanzi] luan2 滦 293, luan2 欒 6244.

欒 luán *6244 |栾 |+2760| 1° golden rain tree 2° surname ◇ 1° espèce d'arbre 2° nom propre [Etym] 木 723 (rad: 075a 4-19), 䜌1193 [Graph] 613d 012d 613d 422a.

孌 luán *6245 |娈 |-2761| nice, amiable, beautiful ◇ joli, aimable, beau [Etym] 女1122 (rad: 038a 3-19), 䜌 1193 [Graph] 613d 012d 613d 611e.

> 孿 luán (1195) |[Tra] twins ◇ jumeaux [Etym] twin children (4= 子 1303) ->complexity (1,2,3= 䜌 1193) ◇ enfants (4= 子 1303) jumeaux -> complexité (1,2,3= 䜌 1193) [Graph] 613d 012d 613d 634d [Ref] w92d [Hanzi] luan2 孿 6246.

孿 luán *6246 |孪 |-2763| twins ◇ jumeaux [Etym] 子 1303 (rad: 039a 3-19), 孿 1195 [Graph] 613d 012d 613d 634d.

巒 luán *6247 |峦 |-2764| low and pointed peaks of a hill, range of mountains ◇ chaîne de montagnes sinueuse, pic peu élevé [Etym] 山1611 (rad: 046a 3-19), 䜌 1193 [Graph] 613d 012d 613d 841b.

臠 luán *6248 |脔 |-2765| 1° sliced meat, minced meat 2° thin ◇ 1° viande découpée, hachis 2° mince [Etym] 肉 1920 (rad: 130a 6-19), 䜌 1193 [Graph] 613d 012d 613d 859b.

蠻 mán *6249 |蛮 |-2766| 1° fierce, rough, reckless 2° minorities of south China 3° quite ◇ 1° sauvage, barbare 2° ethnies du sud de la Chine 3° assez, tout à fait [Etym] 虫 2282 (rad: 142a 6-19), 䜌 1193 [Graph] 613d 012d 613d 031d.

鸞 luán *6250 |鸾 |-2767| male argus pheasant ◇ faisan argus mâle [Etym] 鳥2500 (rad: 196a 11-19), 䜌 1193 [Graph] 613d

012d 613d Z22h.

彎 wān (1196) 糸言糸弓 [Tra] to bend; crooked ◇ courber; arqué [Etym] threads (1,2,3= 䜌 1193) to bend a bow (4= 弓 2534) ◇ fils (1,2,3= 䜌 1193) pour bander l'arc (4= 弓 2534) [Graph] 613d 012d 613d Z42a [Hanzi] wan1 灣 294, wan1 彎 6251.

彎 wān *6251 糸言糸弓 |弯 -2768| 1° to bend, crooked, arched, to draw a bow 2° to turn ◇ 1° courber, arqué, bander 2° tourner [Etym] 弓 2534 (rad: 057a 3-19), 彎 1196 [Graph] 613d 012d 613d Z42a.

総 zǒng *6252 糸厶心 |总、總 -9796、*6284| 1° to unite, to sum up 2° general, overall 3° head, chief 4° always 5° anyway ◇ 1° lier ensemble, réunir, en somme 2° général, généralement, en tout cas 3° chef 4° toujours 5° absolument [Etym] 糸 1185 (rad: 120a 6-09), 总 2152 [Graph] 613d 013c 321c.

纔 cái *6253 糸⺈匕匕兔 See ◇ Voir 才 2311 [Etym] 糸 1185 (rad: 120a 6-17), 毚 2165 [Graph] 613d 013i 311d 321b 032e.

緄 gǔn *6254 糸日匕匕 |绲 -6069| 1° band, tape 2° string 3° to embroider, to decorate ◇ 1° bande, ruban 2° ficelle 3° broder, orner [Etym] 糸 1185 (rad: 120a 6-08), 昆 2173 [Graph] 613d 021a 311d 321b.

緹 tí *6255 糸日疋 |缇 -6070| orange red ◇ rouge orange [Etym] 糸 1185 (rad: 120a 6-09), 是 2182 [Graph] 613d 021a 434f.

縵 màn *6256 糸日罒又 |缦 -6072| plain, simple, unadorned silk fabric ◇ tissu de soie simple, unie [Etym] 糸 1185 (rad: 120a 6-11), 曼 2211 [Graph] 613d 021a 051a 633a.

線 xiàn *6257 糸白水 |线 -6073| thread ◇ corde, fil [Etym] 糸 1185 (rad: 120a 6-09), 泉 2219 [Graph] 613d 022c 331p.

繳 jiǎo *6258 糸白方攵 |缴 -6074| 1° to pay 2° to hand over, to surrender 3° to capture ◇ 1° verser de l'argent 2° donner, livrer 3° capturer [Etym] 糸 1185 (rad: 120a 6-13), 敫 2223 [Graph] 613d 022c 853b 243c.

△ zhuó |缴 -6074| cord tied to an arrow ◇ fil attaché aux flèches.

綿 mián *6259 糸白巾 |绵、緜 -6075、*9994| 1° silk floss, downy 2° continuous 3° soft 4° delicate, thin ◇ 1° ouate de soie, cotonneux, laineux, moelleux 2° continu, ininterrompu 3° doux 4° délicat, mince [Etym] 糸 1185 (rad: 120a 6-08), 帛 2224 [Graph] 613d 022c 858a.

綽 chāo *6260 糸卓 |绰 -6076| to grab ◇ saisir [Etym] 糸 1185 (rad: 120a 6-08), 卓 2230 [Graph] 613d 022h.

△ chuò |绰 -6076| 1° generous, liberal 2° ample, spacious ◇ 1° largeur, libéralité 2° à l'aise, au large.

緲 miǎo *6261 糸目少 |缈 -6077| See ◇ Voir 縹 緲 piao1-miao3 6089-6077 [Etym] 糸 1185 (rad: 120a 6-09), 眇 2241 [Graph] 613d 023a 331k.

纓 yīng *6262 糸貝貝女 |缨 -6044| 1° tassel 2° ribbon ◇ 1° frange ornementale 2° cordon de bonnet [Etym] 糸 1185 (rad: 120a 6-17), 嬰 2253 [Graph] 613d 023b 023b 611e.

絸 jiǎn *6263 糸見 See ◇ Voir 茧 3975 [Etym] 糸 1185 (rad: 120a 6-07), 見 2255 [Graph] 613d 023c.

繾 qiǎn *6264 糸虫𠂤辶 |缱 -6079| closely joined, attached to ◇ liaison étroite, profondément attaché à [Etym] 糸 1185 (rad: 120a 6-13), 遣 2279 [Graph] 613d 031c 934b 634o.

繢 huì *6265 糸虫貝 |缋 -6078| 1° embroidery 2° to draw 3° to paint ◇ 1° broderie 2° dessiner 3° peindre [Etym] 糸 1185 (rad: 120a 6-12), 貴 2281 [Graph] 613d 031c 023b.

繒 zēng *6266 糸㓁日 |缯 -6080| silk fabrics ◇ tissu de soie [Etym] 糸 1185 (rad: 120a 6-12), 曾 2308 [Graph] 613d 033c 021a.

△ zèng |缯 -6080| to tie, to bind ◇ attacher.

練 liàn *6267 糸柬 |练 -6004| 1° white silk, to boil raw silk to soften it 2° to practice, to drill in 3° skilled 4° to select ◇ 1° soie cuite 2° s'entraîner, pratiquer, exercer 3° expérimenté dans 4° choisir, trier [Etym] 糸 1185 (rad: 120a 6-09), 柬 2309 [Graph] 613d 033d.

細 xì (1197) 糸田 [Tra] delicate, thin ◇ fin, ténu, mince [Etym] brain (2=prim,< 囟 2417) to distinguish thin threads (1= 糸 1185) ◇ un cerveau (2=prim,< 囟 2417) pour distinguer des fils fins (1= 糸 1185) [Graph] 613d 041a [Ref] h449, w84a, wi213 [Hanzi] xi4 細 6268.

細 xì *6268 糸田 |细 -6081| 1° thin, slender 2° powdery 3° soft 4° fine, delicate 5° meticulous, careful 6° trifling, minute ◇ 1° menu, mince, ténu 2° poudreux 3° doux 4° fin, délicat, raffiné 5° minutieux, détaillé 6° vétille [Etym] 糸 1185 (rad: 120a 6-05), 細 1197 [Graph] 613d 041a.

緦 sī *6269 糸田心 |缌 -6082| coarse cloth for mourning ◇ vêtement de deuil [Etym] 糸 1185 (rad: 120a 6-09), 思 2316 [Graph] 613d 041a 321c.

縲 léi *6270 糸田糸 |缧 -6083| 1° to bind with ropes 2° rope for tying criminals ◇ 1° lier 2° corde pour attacher les prisonniers [Etym] 糸 1185 (rad: 120a 6-11), 累 2319 [Graph] 613d 041a 613d.

繮 jiāng *6271 糸畐畐亖 |缰、韁 -6084、*5396| tether, reins ◇ longe, bride [Etym] 糸 1185 (rad: 120a 6-13), 畺 2331 [Graph] 613d 041d 041d ac:z.

紬 chōu *6272 糸由 |䌷 -6085| silk ◇ soie [Etym] 糸 1185 (rad: 120a 6-05), 由 2345 [Graph] 613d 042a.

△ chóu |䌷 -6085| silk ◇ soie.

紳 shēn *6273 糸申 |绅 -6086| 1° the gentry 2° large girdle, those who wear it ◇ 1° notables 2° grande ceinture de cérémonie [Etym] 糸 1185 (rad: 120a 6-05), 申 2348 [Graph] 613d 042c.

繐 suì *6274 糸叀心 See ◇ Voir 穗 4583 [Etym] 糸 1185 (rad: 120a 6-12), 惠 2350 [Graph]

613d 042f 321c.

轡 pèi (1198) 糸車糸口 [Tra] reins of a bridle ◇ bride, rênes [Etym] reins (1,3= 糸 1185) fastened to mouth (4= 口 2063); car (2= 車 2352) ◇ rênes (1,3= 糸 1185) fixés à bouche (4= 口 2063); voiture (2= 車 2352) [Graph] 613d 042g 613d 011a [Hanzi] pei4 轡 6275.

轡 pèi *6275 糸車糸口 辔 -6005 reins of a bridle ◇ bride, rênes [Etym] 車 2352 (rad: 159a 7-15), 轡 1198 [Graph] 613d 042g 613d 011a.

綆 gěng *6276 糸更 绠 -6087 well-rope ◇ corde d'un puits [Etym] 糸 1185 (rad: 120a 6-07), 更 2359 [Graph] 613d 043a.

絏 xiè *6277 糸曳 绁 -6016 1° to tie, to fasten 2° rope, cable, chain ◇ 1° attacher, enchaîner 2° corde, chaîne [Etym] 糸 1185 (rad: 120a 6-06), 曳 2362 [Graph] 613d 043d.

繹 yì *6278 糸罒土羊 绎 -6008 1° to unravel, to unfold, to explain 2° to sort out 3° continuous, unceasing 4° to develop ◇ 1° révéler, dévider, expliquer 2° démêler 3° suite, continuité 4° développer [Etym] 糸 1185 (rad: 120a 6-13), 睪 2381 [Graph] 613d 051a 432a 413c.

繯 huán *6279 糸罒口衣 缳 -6088 1° silk-cord, noose 2° to hang ◇ 1° corde, lacet 2° se pendre [Etym] 糸 1185 (rad: 120a 6-13), 瞏 2394 [Graph] 613d 051a 012a 312h.

縹 piāo *6280 糸西示 缥 -6089 sky blue, light blue or light green silk ◇ bleu azur, soierie bleu clair ou vert clair [Etym] 糸 1185 (rad: 120a 6-11), 票 2404 [Graph] 613d 051e 331l.

△ piǎo 缥 -6089 azure, light blue ◇ bleu azur.

緬 miǎn *6281 糸面 缅 -6090 1° remote 2° thoughtful 3° Burma ◇ 1° lointain, distant 2° pensif 3° Birmanie [Etym] 糸 1185 (rad: 120a 6-09), 面 2438 [Graph] 613d 063b.

縕 yùn (1199) 糸囚人皿 [Tra] blend silks (old, new) ◇ mélange de soies [Etym] thread (1= 糸 1185); phon{?} (2,3,4= 昷 2442) ◇ fil (1= 糸 1185); phon {?} (2,3,4= 昷 2442) [Graph] 613d 071a 232a 922a [Ref] k139, ph682, r18m, w26m, wi466 [Hanzi] yun4 蘊 3746, yun4 縕 6282.

縕 yùn *6282 糸囚人皿 缊 -6071 blend of new and old silk ◇ mélange de la nouvelle et de la vieille soie [Etym] 糸 1185 (rad: 120a 6-10), 昷 2442 [Graph] 613d 071a 232a 922a.

綑 kǔn *6283 糸囗木 捆 +2721 1° to bind, to tie up, knot 2° bunch 3° measure-word: bundle ◇ 1° lier, ficeler, botteler, nouer, attacher, noeud 2° botte, gerbe, liasse 3° spécificatif [Etym] 糸 1185 (rad: 120a 6-07), 困 2446 [Graph] 613d 071a 422a.

總 zǒng *6284 糸囪夂心 总、総 -9796、*6252 1° to unite, to sum up 2° general, overall 3° head, chief 4° always 5° anyway ◇ 1° lier ensemble, réunir, en somme 2° général, généralement, en tout cas 3° chef 4° toujours 5° absolument [Etym] 糸 1185 (rad: 120a 6-11), 悤 2462 [Graph] 613d 071c 633e 321c.

糾 jiū *6285 糸丩 纠 -6091 1° to entangle, to twist 2° to gather together, to involve 3° to correct ◇ 1° lier, mêler 2° réunir, impliquer 3° corriger, régler [Etym] 糸 1185 (rad: 120a 6-02), 丩 2464 [Graph] 613d Z11a.

紇 gē *6286 糸乞 纥 -6092 knots on thread, string, rope ◇ noeuds du fil à coudre, de la ficelle et corde [Etym] 糸 1185 (rad: 120a 6-03), 乞 2508 [Graph] 613d Z31e.

△ hé 纥 -6092 1° (low quality) silk 2° the Uighurs ◇ 1° soie (de qualité inférieure) 2° les Ouïgour.

紈 wán *6287 糸丸 纨 -6093 white silk ◇ soie unie [Etym] 糸 1185 (rad: 120a 6-03), 丸 2515 [Graph] 613d Z32c.

紀 jì (1200) 糸己 [Tra] unravel; law; record ◇ démêler; règle; note [Etym] relation (1= 糸 1185) between oneself (2= 己 2532) and the world ◇ relation (1= 糸 1185) de soi (2= 己 2532) au monde [Graph] 613d Z41a [Ref] k268, ph769, w12g, wi788 [Hanzi] ji3 ji4 紀 6288.

紀 jǐ *6288 糸己 纪 -6094 surname ◇ nom propre [Etym] 糸 1185 (rad: 120a 6-03), 紀 1200 [Graph] 613d Z41a.

△ jì 纪 -6094 1° discipline, law 2° to record 3° epoch, period 4° surname ◇ 1° loi, règle, démêler 2° inscrire 3° nombre d'années 4° nom propre.

紖 zhèn *6289 糸弓丨 纼 -6095 leash, cord or rope for tying cattle or horses ◇ laisse, bride pour attacher le bétail ou les chevaux [Etym] 糸 1185 (rad: 120a 6-04), 引 2538 [Graph] 613d Z42a 411a.

繈 qiǎng *6290 糸弓口虫 襁、襁 -6704、*6703 See ◇ Voir 襁褓 qiang3-bao3 6704-6624 [Etym] 糸 1185 (rad: 120a 6-12), 强 2546 [Graph] 613d Z42a 011a 031d.

綈 tí *6291 糸弟 绨 -6096 coarse silk ◇ tissu de soie épais [Etym] 糸 1185 (rad: 120a 6-07), 弟 2552 [Graph] 613d Z42f.

△ tì 绨 -6096 silk and cotton fabric, coarse pongee ◇ tissu de soie épais.

紼 fú *6292 糸弗 绋 -6097 cord, rope ◇ cordon, corde, câble [Etym] 糸 1185 (rad: 120a 6-05), 弗 2553 [Graph] 613d Z42g.

繩 shéng *6293 糸黽 绳 -6066 1° rope, string, cord 2° line, ruler 3° to tie, to restrain ◇ 1° corde, ficelle, cordeau 2° règle 3° lier, contenir [Etym] 糸 1185 (rad: 120a 6-13), 黽 2562 [Graph] 613d Z51h.

縷 lǚ *6294 糸婁女 缕 -5974 1° thread 2° wisp, strand 3° to spin, to state in detail 4° measure- words: lock, thread ◇ 1° filament, fibre, brin, filer 2° étoupe 3° développer en détail 4° spécificatifs: fil [Etym] 糸 1185 (rad: 120a 6-10), 婁 2572 [Graph] 613d Z61f 611e.

乡 yì (1201) 乡 [Tra] city; country ◇ ville; pays [Etym] inverted form of (阝 1316)

for left side; see (鄉 1202) ◇ forme inversée de (阝 1316) pour côté gauche; voir (鄉 1202) [Graph] 613e [Ref] h1227, k169, ph124, r25e, r30c, w91a, wa65 [Hanzi] xiang1 芗3747, xiang1 乡6295, xiang3 飨6296, xiang3 蚃6302.

乡 xiāng -6295 乡 | 鄉 *6297 | 1° country, village 2° native place 3° suburban district ◇ 1° campagne, rural, village 2° lieu de naissance 3° district [Etym] 幺 1174 (rad: 052a 3-00), 乡 1201 [Graph] 613e.

乡亲 xiāng qīn。fellow villager o townsman; villagers ◇ compatriote; un pays (familier.) * 640.

乡下 xiāng xià。countryside ◇ campagne, région rurale * 3204.

乡村 xiāng cūn。village, countryside, rural area ◇ campagne, région rurale, village * 4148.

飨 xiǎng -6296 乡𠆢良 | 饗 *6299 | 1° provide meal for 2° to entertain 3° offerings 4° feast 5° relish ◇ 1° offrir un repas à 2° divertir 3° offrande 4° festin 5° goût, saveur [Etym] 食 221 (rad: 184a 9-03), 乡 1201 [Graph] 613e 233a 932e.

鄉 xiāng (1202) 乡良阝 | [Tra] village, country ◇ campagne, rural [Etym] where grains (2= 良 2008)grow between cities (1= 乡 1201) (3= 阝1316) ◇ là où pousse le blé (2= 良 2008), entre des villes (1= 乡 1201) (3= 阝1316) [Graph] 613e 932d 634j [Ref] k383, ph600, w91c [Hanzi] xiang1 薌3748, xiang1 鄉6297, xiang3 響6298, xiang3 饗6299, xiang4 嚮6300, xiang3 蠁6301, xiang4 曏9896.

鄉 xiāng *6297 乡良阝 | 乡 -6295 | 1° country, village 2° native place 3° suburban district ◇ 1° campagne, rural, village 2° lieu de naissance 3° district [Etym] 阝 1316 (rad: 163b 2-09), 鄉 1202 [Graph] 613e 932d 634j.

響 xiǎng *6298 乡良阝立曰 | 响 +9139 | 1° sound, noise 2° moisy 3° echo ◇ 1° son, bruit 2° résonner, bruyant 3° écho [Etym] 音 91 (rad: 180a 9-11), 鄉 1202 [Graph] 613e 932d 634j 221a 021a.

饗 xiǎng *6299 乡良阝𠆢良 | 飨 -6296 | 1° provide meal for 2° to entertain 3° offerings 4° feast 5° relish ◇ 1° offrir un repas à 2° divertir 3° offrande 4° festin 5° goût, saveur [Etym] 食 221 (rad: 184a 9-11), 鄉 1202 [Graph] 613e 932d 634j 233a 932e.

嚮 xiàng *6300 乡良阝向口 | 向 +8341、曏 *9896 | 1° direction 2° facing, opposite to 3° to favor, partial 4° among 5° always 6° window 7° surname ◇ 1° direction 2° en face de 3° favoriser, partialité 4° parmi 5° toujours 6° fenêtre, lucarne au nord 7° nom de famille [Etym] 口 2063 (rad: 030a 3-14), 鄉 1202 向 1870 [Graph] 613e 932d 634j 857e 011a.

蠁 xiǎng *6301 乡良阝虫 | 蚃 -6302 | 1° larvae of insects 2° worms ◇ 1° larves 2° vers [Etym] 虫 2282 (rad: 142a 6-11), 鄉 1202 [Graph] 613e 932d 634j 031d.

蚃 xiǎng -6302 乡虫 | 蠁 *6301 | 1° larvae of insects 2° worms ◇ 1° larves 2° vers [Etym] 虫 2282 (rad: 142a 6-03), 乡 1201 [Graph] 613e 031d.

雍 yōng (1203) 亠乡隹 | [Tra] harmony ◇ harmonie [Etym] different writing for (雝 1115) with moral meaning (> 乡 1201) ◇ autre graphie pour (雝 1115) au sens moral (> 乡 1201) [Graph] acc:c 613e 436m [Ref] h1577, k166, ph525, w91b, wa65 [Hanzi] yong1 擁2499, weng4 蕹3749, yong1 雍6303, yong1 饔6304, yong1 壅6305, weng4 甕6306, yong1 臃8153.

雍 yōng +6303 亠乡隹 | 雝 *5715 | 1° harmony 2° surname ◇ 1° harmonie 2° nom de famille [Etym] 隹 1030 (rad: 172a 8-05), 雍 1203 [Graph] acc:c 613e 436m.

饔 yōng +6304 亠乡隹𠆢良 | 1° breakfast 2° first meal, cooked food ◇ 1° petit déjeuner 2° aliments, mets [Etym] 食 221 (rad: 184a 9-13), 雍 1203 [Graph] acc:c 613e 436m 233a 932e.

壅 yōng +6305 亠乡隹土 | 1° to obstruct, to hinder, to dam 2° to heap soil (around tree-roots) ◇ 1° obstruer, bloquer, boucher, empêcher 2° enterrer (nouveau plant) [Etym] 土 826 (rad: 032a 3-13), 雍 1203 [Graph] acc:c 613e 436m 432a.

甕 wèng *6306 亠乡隹瓦 | 瓮 +5934 | large jar, urn ◇ grande jarre, urne [Etym] 瓦 2531 (rad: 098a 4-13), 雍 1203 [Graph] acc:c 613e 436m Z33f.

玄 xuán (1204) 玄 | [Tra] black; abstruse ◇ foncé; mystérieux [Etym] weapon having two stringed stones (prim) ◇ une arme faite de deux pierres ficelées (prim) [Graph] 613g [Ref] h803, k922, ph646, w91d, wa113 [Hanzi] xuan4 泫296, xuan4 炫984, xuan4 鉉1226, xuan4 铉2003, xuan4 衒3150, xian2 絃6179, xuan2 玄6307, miao4 玅6308, chu4 xu4 畜6310, lü4 shuai4 率6311, xuan2 痃7069, xian2 舷8307, xuan4 眩9897, xuan4 昡10063, gun3 鮌10591, xian2 弦11257 [Rad] 096a.

玄 xuán +6307 玄 | 1° black, dark 2° profound, abstruse 3° incredible ◇ 1° noir, foncé 2° profond, confus 3° pas crédible [Etym] 玄 1204 (rad: 096a 5-00), [Graph] 613g.

玄奘 xuán zàng。famous monk in Tang Dynasty ◇ moine célèbre de la dynastie Tang * 10996.

玅 miào *6308 玄少 | 妙 +5744 | 1° wonderful, excellent 2° subtle, clever 3° skilful, efficacious 4° mysterious ◇ 1° merveilleux, excellent 2° subtil, ingénieux 3° adroit, efficace 4° mysterious [Etym] 亠 2 (rad: 008a 2-07), 玄 1204 少 427 [Graph] 613g 331k.

牽 qiān (1205) 玄冖牛 | [Tra] to haul; lead; involve ◇ conduire; impliquer [Etym] ox (3= 牛585); yoke (2=prim); phon (1= 玄 1204) ◇ un boeuf (3= 牛 585); joug (2=prim); phon (1< 玄 1204) [Graph] 613g 851a 414d [Ref] h1328, k1094, ph579, w92f, wi585 [Hanzi] qian4 縴6180, qian1 牽6309.

牽 qiān *6309 牵 -1562 1° to lead along, to pull, to haul 2° to involve 3° connexion ◇ 1° mener en laisse, traîner 2° impliquer 3° relation, connexion [Etym] 牛 585 (rad: 093a 4-07), 牽 1205 [Graph] 613g 851a 414d.

畜 chù (1206) [Tra] to feed; animals ◇ nourrir; animaux [Etym] hunting (2> 番 797) weapon (1< 玄 1204) ◇ une arme (1< 玄 1204) de chasse (2> 番 797) [Graph] 613g 041a [Ref] h844, k125, r25a, w92b, wa190, wi390 [Hanzi] chu4 滀 297, chu4 搐 2500, xu4 蓄 3750, chu4 xu4 畜 6310.

畜 chù +6310 1° animals 2° to feed, to rear ◇ 1° animaux domestiques 2° nourrir, élever [Etym] 田 2313 (rad: 102a 5-05), 畜 1206 [Graph] 613g 041a.

畜牲 chù shēng ∘ domestic animal ◇ animal, bête domestique * 3459.

畜生 chù shēng ∘ domestic animal; beast (swear word) ◇ bête (injure) * 5286.

△ xù to rear (domestic animals), to feed ◇ élever (animaux domestiques), nourrir.

畜牧 xù mù ∘ to raise livestock ◇ élevage (bétail) * 3449.

畜产 xù chǎn ∘ animal products ◇ sous-produits des animaux * 6991.

率 shuài (1207) [Tra] to lead; usually ◇ commander; d'habitude [Etym] {1} net or trap: frame (top and bottom), threads (center); {2} purified lacquer in a twisted bag (prim) ◇ {1} un filet ou un piège: le cadre (haut et bas), les cordages (centre); {2} de la laque tamisée dans un sac qui est tordu (prim) [Graph] 613h [Ref] k432, ph133, r343, w162a, wa44 [Hanzi] shuai1 摔 2501, lü4 shuai4 率 6311, shuai1 蟀 9347, shuai4 蟀 10269.

率 lǜ +6311 ratio, rate, proportion ◇ taux, norme [Etym] 玄 1204 (rad: 096a 5-06), 率 1207 [Graph] 613h.

△ shuài 1° to lead 2° to command 3° hasty 4° frank 5° usually ◇ 1° suivre 2° mener 3° commander 4° précipitamment 5° généralement.

率领 shuài lǐng ∘ to lead, to command ◇ conduire, diriger * 1397.

兹 zī (1208) [Tra] this, thus, now ◇ ce; ainsi; maintenant [Etym] phon: many threads (1,2< 玄 1204) or blades of grass (top< 艹 612) ◇ phon: multiples fils (1,2< 玄 1204) ou brins d'herbe (ht< 艹 612) [Graph] 613i 613c [Hanzi] zi1 滋 298, zi1 鎡 1227, zi1 镃 2004, ci2 糍 4619, ci2 zi1 兹 6312, ci2 慈 6313, zi1 孳 6314, ci2 鹚 6315, ci2 鶿 6316, ci2 甆 6317, zi1 嵫 7542, zi1 嗞 9034, ci2 磁 9707.

兹 cí -6312 茲 *3742 ancient state in Xinjiang ◇ ancien état dans le Xinjiang [Etym] 幺 1174 (rad: 052a 3-09), 兹 1208 [Graph] 613i 613c.

△ zī 茲 *3742 1° this, this one 2° here 3° thus 4° now 5° year ◇ 1° ce, ceci 2° ici 3° ainsi 4° maintenant 5° année.

慈 cí +6313 1° maternal affection 2° mother 3° love 4° mercy ◇ 1° tendresse maternelle 2° mère 3° bonté 4° miséricorde [Etym] 心 397 (rad: 061a 4-12), 兹 1208 [Graph] 613i 613c 321c.

慈爱 cí ài ∘ love, affection, kindness ◇ amour, affection, gentillesse * 712.

慈祥 cí xiáng ∘ kind; kindly; calm, placid ◇ aimable, serein; posé, calme * 6573.

孳 zī +6314 1° to multiply, to propagate 2° zeal ◇ 1° se reproduire, se multiplier, se propager 2° zèle [Etym] 子 1303 (rad: 039a 3-12), 兹 1208 [Graph] 613i 613c 634d.

鹚 cí -6315 鶿 *6316 cormorant ◇ cormoran [Etym] 鸟 2494 (rad: 196s 5-12), 兹 1208 [Graph] 613i 613c Z22e.

鶿 cí *6316 鹚 -6315 cormorant ◇ cormoran [Etym] 鳥 2500 (rad: 196a 11-12), 兹 1208 [Graph] 613i 613c Z22h.

甆 cí +6317 chinaware ◇ porcelaine [Etym] 瓦 2531 (rad: 098a 4-12), 兹 1208 [Graph] 613i 613c Z33f.

系 xì (1209) [Tra] thread; lineage ◇ fil; descendance [Etym] {1} hand (upper line< 爫 102) holding a thread (< 糸 1185), hence causality; {2} knots in a string (> 糸 1185) as inventory or reminder (prim) ◇ {1} une main (ligne supérieure< 爫 102) tenant un fil (< 糸 1185), d'où idée de cause; {2} une cordelette (haut) avec des noeuds (> 糸 1185) servant d'inventaire [Graph] 613j [Ref] h419, k181, ph65, r130, w85b, wa77, wi121, wi338 [Hanzi] yao2 you2 繇 706, xi4 係 2929, ji4 xi4 系 6318, sun1 孫 6552, mian2 緜 9994, gun3 鯀 10497, gun3 鲧 10592, fan2 緐 11304.

系 jì +6318 繫 *10711 to tie, to fasten ◇ lier, attacher [Etym] 糸 1185 (rad: 120a 6-01), 系 1209 [Graph] 613j.

△ xì 係 3°5° *2929 繫 3°4° *10711 1° system 2° series, succession 3° department, party 4° to tie 5° related to, connection 6° to be concerned, to feel anxious 7° to be ◇ 1° système 2° série, succession 3° section (universitaire), département, parti 4° lier 5° relation, connexion 6° être concerné, être préoccupé 7° être.

亥 614

亥 hài (1210) [Tra] cyclic character ◇ caractère cyclique [Etym] hog (> 豕 1100); men women procreating under heaven (prim) ◇ un porc (> 豕 1100); procréation (des hommes des femmes sous le ciel) (prim) [Graph] 614a [Ref] k56, ph197, w69k, wa54, wi180, wi237 [Hanzi] gai1 该 1762, gai1 荄 3751, he2 hu2 核 4268, gai1 垓 4882, hai4 亥 6319, kai4 欬 6320, ke4 刻 6321, he2 劾 6322, ke1 颏 6323, ke1 頦 6324, hai2 孩 6554, gai1 陔 6754, jie1 痎 7070, gai1 赅 7969, he2 阂 8022, hai3 胲 8154, hai2 骸 8580, he2 閡 8772, hai1 ke2 咳 9035, gai1 該 9558, gai1 賅 10128, hai4 駭 11054, hai4 骇 11113, hai4 氦 11180.

亥 hài +6319 1° cyclic character: last of the 12 Earthly Branches 2° twelve o'clock

3° tenth month ◇ 1° caractère cyclique, le dernier des 12 Rameaux Terrestres 2° douzième heure 3° dixième mois [Etym] 亠 2 (rad: 008a 2-04), 亥 1210 [Graph] 614a.

欬 kài +6320 亥欠 | to cough ◇ tousser [Etym] 欠 178 (rad: 076a 4-06), 亥 1210 [Graph] 614a 232b.

刻 kè +6321 亥刂 | 1° to carve, to engrave, to chisel 2° quarter of an hour 3° moment 4° cutting, sarcastic, oppressive 5° penetrating, profound ◇ 1° sculpter, ciseler, graver 2° un quart d'heure 3° moment 4° tranchant, sarcastique, oppression 5° pénétrant, profond [Etym] 刂 470 (rad: 018b 2-06), 亥 1210 [Graph] 614a 333b.

刻苦 kè kǔ ∘ hardworking, industrious; frugal ◇ assidu, appliqué; austère, frugal ✱ 3946.

刻板 kè bǎn ∘ inflexible, mechanical; to cut blocks (printing) ◇ rigide, stéréotypé, routinier; graver une planche ✱ 4301.

劾 hé +6322 亥力 | 1° to examine, to scrutinize 2° to accuse, to expose somebody's crimes or misdeeds ◇ 1° examiner, scruter 2° accuser, enquêter sur les fautes de quelqu'un [Etym] 力 1489 (rad: 019a 2-06), 亥 1210 [Graph] 614a 732f.

颏 kē -6323 亥页 | 頦 *6324 | chin ◇ menton [Etym] 页 1802 (rad: 181s 6-06), 亥 1210 [Graph] 614a 854d.

頦 kē *6324 亥頁 | 颏 -6323 | chin ◇ menton [Etym] 頁 2267 (rad: 181a 9-06), 亥 1210 [Graph] 614a 023f.

东 dōng (1211) 东 | [Tra] east, orient ◇ est, orient [Etym] modern simplified form of (東 2365) ◇ forme simplifiée moderne de (東 2365) [Graph] 614b [Hanzi] dong4 冻 31, dong4 栋 4269, dong1 东 6325, dong1 鸫 6326, chen2 陈 6755, dong1 岽 7543, dong4 胨 8155.

东 dōng -6325 东 | 東 *10754 | 1° east 2° place of honor 3° master ◇ 1° est, orient 2° côté du supérieur 3° maître [Etym] 木 723 (rad: 075a 4-01), 东 1211 [Graph] 614b.

东部 dōng bù ∘ east ◇ est ✱ 660.

东奔西跑 dōng bēn xī pǎo ∘ to rush around ◇ courir de tous côtés ✱ 1548 10844 9383.

东拉西扯 dōng lā xī chě ∘ to talk at random; to ramble ◇ causer à bâtons rompus ✱ 2321 10844 2456.

东拼西凑 dōng pīn xī còu ∘ to scrape together ◇ faire qqch. de toutes pièces ✱ 2430 10844 19.

东倒西歪 dōng dǎo xī wāi ∘ to stagger ◇ chanceler ✱ 2927 10844 4069.

东北 dōng běi ∘ north-east ◇ nord-est ✱ 3199.

东边 dōng biān ∘ east, Orient ◇ est, orient ✱ 7260.

东欧 dōng ōu ∘ Eastern Europe ◇ Europe de l'Est ✱ 7306.

东家 dōng jiā ∘ landlord, master (form of address) ◇ patron; propriétaire ✱ 7747.

东方 dōng fāng ∘ Orient, east ◇ orient, est ✱ 7928.

东南 dōng nán ∘ south-east ◇ sud-est ✱ 8357.

东南亚 dōng nán yà ∘ Southeast Asia ◇ Asie du Sud-Est ✱ 8357 5341.

东道主 dōng dào zhǔ ∘ host ◇ hôte ✱ 10176 5212.

东道国 dōng dào guó ∘ host country ◇ pays hôte ✱ 10176 10952.

东西 dōng xī ∘ thing, object ◇ chose, objet ✱ 10844.

东张西望 dōng zhāng xī wàng ∘

鸫 dōng -6326 东鸟 | 鶇 *10755 | long beak, brown or black bird ◇ oiseau à long bec, ayant des plumes marron ou noires [Etym] 鸟 2494 (rad: 196s 5-05), 东 1211 [Graph] 614b Z22e.

东 jiǎn (1212) 东 | [Tra] to select, to summarize ◇ choisir, résumer [Etym] modern simplified form of (柬 2309) ◇ forme simplifiée moderne de (柬 2309) [Graph] 614c [Hanzi] lian4 炼 985, jian3 拣 2502, lian4 练 6004.

车 chē (1213) 车 | [Tra] vehicle ◇ voiture [Etym] modern simplified form of (車 2352) ◇ forme simplifiée moderne de (車 2352) [Graph] 614d [Hanzi] che1 ju1 车 6327, lian2 连 6356, zhan3 斩 6359, zhen4 阵 6756, she4 厍 6846, ku4 库 6930, yu2 舆 7448, jun1 军 7675, che1 砗 9708 [Rad] 159s.

车 chē -6327 车 | 車 *10667 | 1° vehicle, car, coach, cart, barrow 2° wheeled instrument (spinning-wheel) 3° revolving engine 4° lathe, turn 5° surname ◇ 1° voiture, véhicule, brouette 2° machine à roue (rouet, etc) 3° moteur 4° tour (de roue) 5° nom propre [Etym] 车 1213 (rad: 159s 4-00), [Graph] 614d.

车次 chē cì ∘ train number ◇ numéro de train ✱ 6.

车站 chē zhàn ∘ station ◇ gare, station ✱ 664.

车把 chē bǎ ∘ handlebar (bicycle), shaft (wheel-barrow) ◇ guidon; brancard ✱ 2656.

车辆 chē liàng ∘ vehicles, cars ◇ véhicules, voitures ✱ 6371.

车祸 chē huò ∘ traffic accident ◇ accident (voiture, train) ✱ 6596.

车厢 chē xiāng ∘ railway carriage ◇ wagon ✱ 6835.

车床 chē chuáng ∘ tool, machine ◇ machine-outil ✱ 6896.

车间 chē jiān ∘ workshop ◇ atelier ✱ 8039.

车票 chē piào ∘ train ticket ◇ billet de chemin de fer ✱ 10812.

△ jū | 車 *10667 | chariot, one of the pieces in Chinese chess ◇ char, une des pièces du jeu d'échecs chinois.

软 ruǎn -6328 車欠 | 軟 輭 | 1° soft, flexible, pliable 2° mild 3° feeble 4° poor-quality 5° muffled wheels ◇ 1° mou, flexible, souple 2° tendre 3° maniable, faible 4° de qualité inférieure 5° rous avec amortisseur [Etym] 车1213 (rad: 159s 4-04), 欠178 [Graph] 614d 232b.

软和 ruǎn huò ∘ soft; kind ◇ mou, doux, douillet ✱ 4568.

软席 ruǎn xí ∘ soft seat or berth ◇ siège rembourré (dans un wagon) ✱ 6921.

软弱 ruǎn ruò ∘ feeble ◇ faible, maladif, anémique; mou, prêt à céder ✱ 11272.

轸 zhěn -6329 车亼彡 | 軫 | 1° cross board (rear of carriage) 2° carriage 3° distressed 4° to revolve ◇ 1° planche transversale (arrière des chars) 2° char 3° angoisse 4° détour [Etym] 车 1213 (rad: 159s 4-05), 参 182 [Graph] 614d 233a 211c.

轮 lún -6330 车亼匕 | 輪 | 1° wheel 2° disc, ring 3° steamboat 4° to take turns, turn 5° round 6° measure-word for sun, moon ◇ 1° roue 2° disque, bague, rouage 3° bateau à vapeur 4° tour à tour, tourner 5° round 6° spécificatif: soleil, lune [Etym] 车 1213 (rad: 159s 4-04), 仑 186 [Graph] 614d 233a 321b.

轮流 lún liú ∘ to take turns ◇ alterner, se relayer, à tour de rôle ✱ 285.

轮换 lún huàn ∘ to take turns; to rotate ◇se relayer, agir par roulement ✱ 2642.

轮子 lún zǐ ∘ axle ◇ essieu, axe ✱ 6546.

轮子 lún zǐ ∘ wheel ◇ roue ✱ 6546.

轮船 lún chuán ∘ steamship, steamster ◇ bateau à vapeur ✱ 8333.

辁 quán -6331 车亼王 | 輇 | 1° spokeless cartwheel 2° charriot 3° shallow ◇ 1° roue sans rayons 2° carriole 3° superficiel, peu profond [Etym] 车 1213 (rad: 159s 4-06), 全 195 [Graph] 614d 233a 432e.

输 shū -6332 车亼一月刂 | 輸 | 1° to transport, to convey 2° to donate 3° to lose (game) 4° to overturn (carriage) ◇ 1° transporter 2° offrir 3° perdre (jeu) 4° renverser (char) [Etym] 车 1213 (rad: 159s 4-09), 俞 213 [Graph] 614d 233a ac:a 856e 333b.

输入 shū rù ∘ to import ◇ importer, être entré ✱ 1082.

输出 shū chū ∘ to export; output ◇ exporter; donner ou produire (rendement) ✱ 7657.

输血 shū xuè ∘ blood transfusion; to give support ◇ transfuser, transfusion de sang ✱ 8555.

轪 dài -6333 车大 | 軑 | iron or copper sheet covering the shaft ◇ ce qui tenait le joug fixé à l'extrémité recourbée du timon d'une voiture de voyage (de la Chine ancienne) [Etym] 车 1213 (rad: 159s 4-03), 大 257 [Graph] 614d 242a.

轿 jiào -6334 车夭儿 | 轎 | sedan, mule litter, cabin ◇ palanquin, cage de char, cabine de barque [Etym] 车 1213 (rad: 159s 4-06), 乔 290 [Graph] 614d 242e 416a.

轶 yì -6335 车失 | 軼 | 1° no longer available, extinct 2° to exceed 3° to excel 4° to rush by, to rush on ◇ 1° épuisé, non disponible 2° excéder, dépasser 3° exceller 4° usurper [Etym] 车 1213 (rad: 159s 4-05), 失 310 [Graph] 614d 242o.

辏 còu -6336 车夫天 | 輳 | hub of a wheel ◇ moyeu [Etym] 车1213 (rad: 159s 4-09), 奏 315 [Graph] 614d 242r 242b.

较 jiào -6337 车交 | 較 | 1° to compare, to examine 2° comparatively, rather 3° obvious 4° dispute, to confront ◇ 1° comparer, examiner 2° relativement 3° évidence 4° dispute, confronter [Etym] 车 1213 (rad: 159s 4-06), 交 344 [Graph] 614d 243e.

轱 gū -6338 车瓜 | 軱 | big bone ◇ grand os [Etym] 车 1213 (rad: 159s 4-05), 瓜 382 [Graph] 614d 313a.

轧 gá -6339 车乚 | 軋 | 1° to make friends 2° to check ◇ 1° se lier d'amitié 2° examiner [Etym] 车 1213 (rad: 159s 4-01), 乚 385 [Graph] 614d 321a.

△ yà | 軋 | 1° to roll, to run over 2° to crush, to grind 3° to push out 4° sound of clicking ◇ 1° rouler (gazon), écraser 2° broyer 3° expulser 4° onomatopée du bruit sec, cliquetis.

△ zhá | 軋 | 1° to grind 2° to roll (steel) ◇ 1° broyer 2° laminer (métal).

轲 kē -6340 车可口 | 軻 | 1° given name of Mencius 2° personal name ◇ 1° prénom de Mencius 2° prénom [Etym] 车 1213 (rad: 159s 4-05), 可421 [Graph] 614d 331c 011a.

轷 hū -6341 车乎 | 軤 | surname ◇ nom de famille [Etym] 车1213 (rad: 159s 4-05), 乎 444 [Graph] 614d 332d.

轩 xuān -6342 车干 | 軒 | 1° high, lofty 2° verandah with windows 3° curtained carriage 4° window, door 5° broken up road 6° surname ◇ 1° haut, s'élever 2° galerie couverte, kiosque, pavillon 3° char avec rideaux 4° fenêtre, porte 5° chemin défoncé 6° nom de famille [Etym] 车 1213 (rad: 159s 4-03), 干 564 [Graph] 614d 413b.

轩昂 xuān áng ∘ dignified, imposing, full of vigor ◇ digne, imposant, vigoureux ✱ 9911.

辚 lín -6343 车米夕ヰ | 轔 | See ◇ Voir 辚辚 lin2-lin2 6343-6343 [Etym] 车 1213 (rad: 159s 4-12), 粦 789 [Graph] 614d 422f 631b 712b.

辚辚 lín lín ∘ 1° (sound) rattle; 2° threshold ◇ 1° onomatopée du roulement d'un char; 2° seuil ✱ 6343.

辕 yuán -6344 车土口𧘇 | 轅 | 1° shafts of a cart 2° outer gate 3° government office (formerly) ◇ 1° limon, limonière 2° porte extérieure 3° bureau gouvernemental [Etym] 车 1213 (rad: 159s 4-10), 袁 854 [Graph] 614d 432a 011a 312h.

辄 zhé -6345 车耳乚 | 輒 、 輙 | 1° always 2° often 3° then 4° abruptly, suddenly 5° sides of a chariot ◇ 1° toujours 2° souvent 3° alors, aussitôt 4° soudain 5° côtés d'un char [Etym] 车 1213 (rad: 159s 4-07), 耴 1019 [Graph] 614d 436k 321a.

亥 车

轼 shì -6346 车弋工 |軾 *10687| 1° support to lean on in a sedan chair 2° horizontal front bar on a cart ◇ 1° appui dans un char 2° barre horizontale d'une charrette [Etym] 车 1213 (rad: 159s 4-06), 式 1048 [Graph] 614d 511a 431a.

辎 zī -6347 车巛田 |輜 *10688| baggage wagon ◇ fourgon, char couvert [Etym] 车 1213 (rad: 159s 4-08), 甾 1116 [Graph] 614d 611c 041a.

轾 zhì -6348 车𠫔土 |輊 *10690| chariot ◇ petite voiture [Etym] 车 1213 (rad: 159s 4-06), 至 1148 [Graph] 614d 612c 432a.

辙 zhé -6349 车𠫔月攵 |轍 *10691| 1° rut, track of a wheel 2° rhyme 3° way ◇ 1° ornière, trace de roue 2° rime 3° chemin [Etym] 车 1213 (rad: 159s 4-12), 敢 1158 [Graph] 614d 612e 856e 243c.

辋 róu -6350 车マ丆木 |輮 *10693| 1° rim, felly of a wheel 2° to bend ◇ 1° jante 2° incliner, courber [Etym] 车 1213 (rad: 159s 4-09), 柔 1260 [Graph] 614d 632a 331g 422a.

转 zhuǎn (1214) 车专 |[Tra] to turn ◇ tourner [Etym] modern simplified forms (1< 車 2352) (2< 专 1266) ◇ formes simplifiées modernes (1< 車 2352) (2< 专 1266) [Graph] 614d 632c [Hanzi] zhuan3 zhuan4 转 6351, zhuan4 啭 9036.

转 zhuǎn -6351 车专 |轉 *10726| 1° to turn, to shift, to change 2° to transfer ◇ 1° tourner, tour, changer, alterner 2° transmission, transférer [Etym] 车 1213 (rad: 159s 4-04), 转 1214 [Graph] 614d 632c.

转达 zhuǎn dá ∘ to pass on, to convey ◇ transmettre, communiquer à * 1558.

转交 zhuǎn jiāo ∘ to transmit, to pass on ◇ transmettre, faire passer * 1681.

转让 zhuǎn ràng ∘ to transfer the possession of ◇ transférer la possession de * 1737.

转折 zhuǎn zhé ∘ transition; turn in the course of history ◇ tournant, changement; changer la tournure de qqch. * 2546.

转变 zhuǎn biàn ∘ to change, to transform ◇ changer, transformer, changement * 2762.

转弯 zhuǎn wān ∘ to turn ◇ tourner, prendre un virage * 2768.

△ zhuàn |轉 *10726| 1° to turn round, to revolve 2° measure-word (revolution) ◇ 1° tourner, tour 2° spécificatif (révolution).

转动 zhuàn dòng ∘ to turn, to revolve, to rotate ◇ tourner, rouler * 5920.

轻 qīng -6352 车ス工 |輕 *10689| 1° light 2° small (number, degree, etc.) 3° not important, not serious 4° rashly, frivolous 5° easy, softly 6° to esteem lightly ◇ 1° léger, alléger 2° minime (nombre, degré,etc.) 3° sans valeur, pas sérieux 4° superficiel, frivole, bénin 5° facile, simple 6° faire peu de cas [Etym] 车 1213 (rad: 159s 4-05), 孒 1269 [Graph] 614d 632f 431a.

轻音乐 qīng yīn yuè ∘ light music ◇ musique légère * 665 7358.

轻信 qīng xìn ∘ to believe readily; to be credulous, gullible ◇ être crédule, croire aveuglément * 3042.

轻便 qīng biàn ∘ light, portable ◇ léger, portatif, commode * 3074.

轻松 qīng sōng ∘ relaxed ◇ détendu, dispos, soulagé * 4262.

轻视 qīng shì ∘ to underestimate; to despise ◇ sous-estimer, mépriser, dédaigner * 6592.

轻易 qīng yì ∘ easily; lightly ◇ facile; à la légère; souvent, fréquemment * 9921.

轰 hōng -6353 车又又 |轟、揈 3° *10727 、*2623| 1° bang, boom 2° rumbling of carriages, any stunning noise, to explode 3° to drive off ◇ 1° boum! 2° bruit d'un roulement de voitures, exploser, fracas 3° chasser quelqu'un [Etym] 车 1213 (rad: 159s 4-04), 双 1276 [Graph] 614d 633a 633a.

轰炸 hōng zhà ∘ to bomb ◇ bombarder * 964.

轰动 hōng dòng ∘ to cause a sensation; to stir ◇ remuer, faire grand bruit, faire sensation * 5920.

辍 chuò -6354 车又又又又 |輟 *10694| to cease, to stop ◇ cesser, s'arrêter [Etym] 车 1213 (rad: 159s 4-08), 叕 1278 [Graph] 614d 633a 633a 633a 633a.

辂 lù -6355 车夂口 |輅 *10695| 1° chariot 2° cross-bar in front of a cart, state carriage ◇ 1° carrosse 2° barre transversale d'un carrosse [Etym] 车 1213 (rad: 159s 4-06), 各 1295 [Graph] 614d 633e 011a.

连 lián (1215) 车辶 |[Tra] to connect; company ◇ unir; joindre [Etym] modern simplified form of (連 2353) ◇ forme simplifiée moderne de (連 2353) [Graph] 614d 634o [Ref] h607, wi499 [Hanzi] lian2 涟 299, lian4 链 2005, lian2 莲 3752, lian3 琏 5135, lian2 连 6356, lian2 lian5 裢 6649, lian2 鲢 10498.

连 lián -6356 车辶 |連 *10696| 1° to join, to link, to connect 2° repeatedly, in succession, to continue 3° including 4° company 5° even 6° surname ◇ 1° joindre, unir 2° à la suite, un à un, continuité, suivre 3° incluant 4° compagnie militaire 5° et, même 6° nom propre [Etym] 辶 1346 (rad: 162b 3-04), 车 1213 [Graph] 614d 634o.

连长 lián zhǎng ∘ captain (army) ◇ capitaine * 2139.

连接 lián jiē ∘ to link, to join ◇ lier, joindre * 2322.

连拱坝 lián gǒng bà ∘ multiple-arch dam, multiple arch ◇ barrage à voûtes multiples * 2465 4918.

连夜 lián yè ∘ the same night ◇ la mèche et la nuit * 3101.

连忙 lián máng ∘ hurriedly ◇ à la hâte; pressé, promptement * 3299.

连枷 lián jiā ∘ flail, to thresh grain ◇ fléau, battre * 4688.

连环画 lián huán huà ∘ comic strip, picture storybook ◇ bande dessinée * 5105 10453.

亥 车

连续 lián xù。continuous, in a row, successively ◇ continuité, successivement * 5950.

轭 è -6357 车厂巳 |軛 *10697| yoke, collar ◇ joug [Etym] 车 1213 (rad: 159s 4-04), 厄 1367 [Graph] 614d 721a 733a.

辘 lù -6358 车广艹匕匕 |轆 *10698| pulley, winch ◇ treuil, cylindre [Etym] 车 1213 (rad: 159s 4-11), 鹿 1398 [Graph] 614d 721b 821b 311d 321b.

辘辘 lù lù。pulley, winch ◇ poulie, treuil * 6358.

斩 zhǎn (1216) 车斤 |[Tra] to chop; decapitate ◇ couper; décapiter [Etym] modern simplified form of (斬 2354) ◇ forme simplifiée moderne de (斬 2354) [Graph] 614d 722c [Ref] w128a [Hanzi] jian1 jian4 渐 300, can2 惭 3279, zhan3 斩 6359, zan4 錾 6360, qian4 椠 6361, qian4 堑 6362, zan4 暂 6363, zhan3 崭 7544, zhan3 暂 10064.

斩 zhǎn -6359 车斤 |斬 *10700| 1° to chop, to cut 2° to decapitate, beheading 3° to sever ◇ 1° couper, trancher 2° décapiter 3° supprimer [Etym] 斤 1461 (rad: 069a 4-04), 斩 1216 [Graph] 614d 722c.

錾 zàn -6360 车斤亼亚 |鏨 *10701| chisel, to chisel, to cut out ◇ ciseau, ciseler [Etym] 金 196 (rad: 167a 8-08), 斩 1216 [Graph] 614d 722c 233a 432q.

椠 qiàn -6361 车斤木 |槧 *10703| 1° boards, tablets 2° edition or version of a book ◇ 1° tablettes 2° édition d'un livre [Etym] 木 723 (rad: 075a 4-08), 斩 1216 [Graph] 614d 722c 422a.

堑 qiàn -6362 车斤土 |塹 *10704| ditch, moat ◇ fossé d'une ville, douve [Etym] 土 826 (rad: 032a 3-08), 斩 1216 [Graph] 614d 722c 432a.

暂 zàn -6363 车斤日 |暫 *10706、蹔 *10705| 1° short time, briefly 2° temporarily, in the interim, meanwhile 3° suddenly ◇ 1° peu de temps, passager 2° temporaire, provisoirement, en attendant 3° soudainement [Etym] 日 2169 (rad: 072a 4-08), 斩 1216 [Graph] 614d 722c 021a.

暂且 zàn qiě。temporarily, in the interim, for the time being ◇ temporairement, pour le moment, en attendant * 8541.

暂时 zàn shí。temporarily ◇ provisoirement, momentané * 9861.

轺 yáo -6364 车刀口 |軺 *10707| light carriage ◇ voiture légère [Etym] 车 1213 (rad: 159s 4-05), 召 1479 [Graph] 614d 732a 011a.

轫 rèn -6365 车刃 |軔 *10708| 1° to jam (a wheel), block 2° curb, rein, wedge, bit ◇ 1° bloquer (une roue) 2° frein, cale [Etym] 车 1213 (rad: 159s 4-03), 刃 1483 [Graph] 614d 732c.

轹 lì -6366 车乐 |轢 *10692| 1° rut of a wheel 2° to crush ◇ 1° ornière 2° écraser [Etym] 车 1213 (rad: 159s 4-05), 乐 1544 [Graph] 614d 812c.

辖 xiá -6367 车宀丰口 |轄、鎋 *1268、舝 *7359 1°| 1° linchpin, bolt of a wheel 2° to have jurisdiction over 3° to govern, to regulate ◇ 1° esse, clavette 2° avoir juridiction sur 3° gouverner, administrer [Etym] 车 1213 (rad: 159s 4-10), 害 1681 [Graph] 614d 851c 414g 011a.

辋 wǎng -6368 车冂亡 |輞 *10713| felly of a wheel ◇ jante de roue [Etym] 车 1213 (rad: 159s 4-08), 罔 1856 [Graph] 614d 856m 811f.

辀 zhōu -6369 车舟 |輈 *10714| cart shafts ◇ limon, brancard de véhicule [Etym] 车 1213 (rad: 159s 4-06), 舟 1861 [Graph] 614d 857b.

辅 fǔ -6370 车甫 |輔 *10717| 1° to help, to assist, to complement 2° minister ◇ 1° aider, assister, seconder 2° ministre [Etym] 车 1213 (rad: 159s 4-07), 甫 1914 [Graph] 614d 858n.

辅导 fǔ dǎo。to coach; to supervise ◇ assister et diriger; aider et conseiller * 8728.

辆 liàng -6371 车两 |輛 *10716| measure-word for vehicles, carts, etc. ◇ spécificatif des chars, voitures etc. [Etym] 车 1213 (rad: 159s 4-07), 两 1922 [Graph] 614d 859d.

辗 zhǎn -6372 车尸廾㠯 |輾 *10718| [Etym] 车 1213 (rad: 159s 4-10), 展 1966 [Graph] 614d 931a 436b 312d.

辗转 zhǎn zhuǎn。1° to roll over, to revolve; 2° to pass through many hands or places; 3° indirect, underhand ◇ 1° tourner, se retourner, rouler; 2° passer de main en main; 3° indirectement, avec des détours * 6351.

轳 lú -6373 车卢 |轤 *10699| (lu4 - 5) pulley, winch ◇ (lu4 - 5) treuil (de puits) [Etym] 车 1213 (rad: 159s 4-05), 卢 1992 [Graph] 614d 931f.

△ lu |轤 *10699| pulley ◇ treuil.

辑 jí -6374 车口耳 |輯 *10719| 1° to compile, to edit, to arrange in order 2° collection, part, volume 3° agreeable ◇ 1° compiler, éditer, disposition, arrangement 2° collection, recueillir 3° accommodant [Etym] 车 1213 (rad: 159s 4-09), 咠 2071 [Graph] 614d 011a 436k.

轵 zhǐ -6375 车只 |軹 *10720| spokeless wheel ◇ roue sans rayons [Etym] 车 1213 (rad: 159s 4-05), 只 2113 [Graph] 614d 011c.

辐 fú -6376 车畐田 |輻 *10721| 1° spokes of a wheel 2° center, to converge ◇ 1° rayons d'une roue 2° converger, confluent [Etym] 车 1213 (rad: 159s 4-09), 畐 2119 [Graph] 614d 012a 041a.

轱 gū -6377 车古 |軲 *10722| 1° block 2° shaft (column) 3° wheel, to revolve ◇ 1° bloc 2° fût (colonne) 3° roue de voiture, trouner [Etym] 车 1213 (rad: 159s 4-05), 古 2155 [Graph] 614d 013f.

辊 gǔn -6378 车日匕匕 |輥 *10723| 1° to turn round, to revolve 2° roller ◇ 1° tourner, rouler 2° rouleau [Etym] 车 1213 (rad: 159s 4-08), 昆 2173 [Graph] 614d 021a 311d 321b.

挽 wǎn -6379 车免 |輓 *10724| 1° to pull, to draw 2° to lament somebody's death ◇ 1° tirer 2° lamenter [Etym] 车 1213 (rad: 159s 4-07), 免 2292 [Graph] 614d 032d.

轴 zhóu -6380 车由 |軸 *10725| 1° axle, shaft, pivot 2° axis 3° key position, control station 4° roller 5° measure-words (spool of thread, scroll of painting) ◇ 1° essieu, pivot 2° axe 3° position clé, poste de commande 4° cylindre 5° spécificatif (bobine de fil, rouleau de parchemin, etc.) [Etym] 车 1213 (rad: 159s 4-05), 由 2345

亥 车

[Graph] 614d 042a.

△ zhòu |軸 *10725| (yal - zi5) second to last item of a theatrical program ◇ (yal - zi5) morceau à succès réservé pour la fin d'une représentation.

轘 huàn -6381 车四㔾衣 |轘 *10728| to quarter ◇ écarteler [Etym] 车 1213 (rad: 159s 4-13), 瞏 2394 [Graph] 614d 051a 012a 312h.

輶 yóu -6382 车酋 |輶 *10729| 1° light carriage 2° light ◇ 1° petit véhicule antique 2° léger [Etym] 车 1213 (rad: 159s 4-09), 酋 2432 [Graph] 614d 062d.

轨 guǐ (1217) 车九 |[Tra] axle; track; rail ◇ essieu; ornière; règne [Etym] carriage (1= 车 1213); phon (2= 九 2513) ◇ voiture (1= 车 1213); phon (2= 九 2513) [Graph] 614d Z32b [Hanzi] gui3 轨 6383, gui3 匭 7315.

轨 guǐ -6383 车九 |軌 *10730| 1° rail, track 2° course, path, rut 3° axle of a wheel 4° rule ◇ 1° rail (de chemin de fer) 2° voie, ornière 3° essieu, orbite 4° règle [Etym] 车 1213 (rad: 159s 4-02), 九 2513 [Graph] 614d Z32b.

轨道 guǐ dào ∘ track; orbit; trajectory ◇ rail; orbite; trajectoire * 10176.

亥互 车・彑互

互 621

彑 jì (1218) 彑 |[Tra] boar's snout ◇ groin du sanglier [Etym] boar's snout (prim) ◇ groin du sanglier (prim) [Graph] 621a [Ref] w68a [Hanzi] zhi4 彘 6384, lu4 录 6385, yi2 彝 6389, hui4 彙 6391 [Rad] 058b.

彘 zhì (1219) 彑匕矢匕 |[Tra] pig, hog ◇ porc, cochon [Etym] boar: arrow (3= 矢 283)between head (1< 彖 1107) legs (2,4> 能 1140) ◇ sanglier: une flèche (3= 矢 283) entre la tête (1< 彖 1107) et les pattes (2,4> 能 1140) [Graph] 621a 311d 242d 321b [Ref] w68c, wa71 [Hanzi] zhi4 彘 6384.

彘 zhì +6384 彑匕矢匕 |hog, pig ◇ porc, cochon [Etym] 彑 1218 (rad: 058b 3-09), 彘 1219 [Graph] 621a 311d 242d 321b.

录 lù (1220) 彑氺 |[Tra] to record; chronicle ◇ noter; annales [Etym] {1} axe (top=prim), marks on wood (2=prim) to record; {2} filter bag (1=prim) for wine (2< 氺 434) ◇ {1} une hache (haut=prim), ses marques dans le bois (2=prim) pour notation; {2} un sac (1=prim) à filtrer le vin (2< 氺 434) [Graph] 621a 331o [Ref] k574, ph461, w68f [Hanzi] lu4 渌 301, lu4 箓 821, lu4 錄 1228, lu4 禄 2268, lu4 lü4 綠 6181, lu4 录 6385, bao1 bo1 剝 6386, lu4 逯 6387, lu4 盝 6388, lu4 嵾 7545, liu4 lu4 碌 9709, lu4 醁 10880, lü4 氯 11181.

录 lù *6385 彑氺 |录、錄 -7388、*1228| 1° to write down 2° to hire, to employ 3° to tape-record 4° collection, register 5° surname ◇ 1° noter, inscrire 2° emprunter, utiliser 3° copier (cassette) 4° registre, liste, annales 5° nom propre [Etym] 彑 1218 (rad: 058b 3-05), 录 1220 [Graph] 621a 331o.

剝 bāo *6386 彑氺刂 |剥 -7389| 1° to flay 2° to peel 3° to extort ◇ 1° écorcer 2° peler 3° extorquer [Etym] 刂 470 (rad: 018b 2-08), 录 1220 [Graph] 621a 331o 333b.

△ bō |剥 -7389| 1° to cut through 2° to strip 3° to extort 4° to harm ◇ 1° fendre, couper 2° dépouiller 3° extorquer 4° blesser, nuire.

逯 lù *6387 彑氺辶 |逯 +7390| 1° to advance with caution 2° surname ◇ 1° marcher avec circonspection 2° nom de famille [Etym] 辶 1346 (rad: 162b 3-08), 录 1220 [Graph] 621a 331o 634o.

盝 lù *6388 彑氺皿 |盝 +7391| 1° ancient box 2° to filter ◇ 1° boîte antique 2° filtrer [Etym] 皿 1939 (rad: 108a 5-08), 录 1220 [Graph] 621a 331o 922a.

彝 yí (1221) 彑米糸廾 |[Tra] offerings; vessel ◇ offrandes; vase [Etym] hands (4= 廾 701) offering: {1} pig head (1< 彖 1107), rice (2= 米 782), silk (2= 糸 1185); {2} a chicken (1=prim) tied up (2= 糸 1185) and bleeding (2< 氺 434) ◇ mains (4= 廾 701) offrant: {1} une tête de porc (1< 彖 1107), du riz (2= 米 782), de la soie (2= 糸 1185); {2} un poulet (1=prim) attaché (2= 糸 1185) et son sang (2< 氺 434) [Graph] 621a 422f 613d 416e [Ref] w68d, wa189 [Hanzi] yi2 彝 6389.

彝 yí +6389 彑米糸廾 |彞 *6390| 1° wine vessel 2° offerings to the manes 3° Yi nationality ◇ 1° vase à vin 2° offrandes aux manes 3° nom d'une minorité nationale [Etym] 彑 1218 (rad: 058b 3-15), 彝 1221 [Graph] 621a 422f 613d 416e.

彞 yí (1222) 彑米分廾 |[Tra] offerings; vessel ◇ offrandes; vase [Etym] different writing for (彝 1221): (3= 分 1480) ◇ autre graphie pour (彝 1221); (3= 分 1480) [Graph] 621a 422f 732b 416e [Ref] w68d [Hanzi] yi2 彞 6390.

彞 yí *6390 彑米分廾 |彝 +6389| 1° wine vessel 2° offerings to the manes 3° Yi nationality ◇ 1° vase à vin 2° offrandes aux manes 3° nom d'une minorité nationale [Etym] 彑 1218 (rad: 058b 3-13), 彞 1222 [Graph] 621a 422f 732b 416e.

彙 huì (1223) 彑冖果 |[Tra] to merge; to gather ◇ converger, réunir [Etym] {?} fruits (3= 果 2364),cover (2= 冖 1649); {?} (1< 彘 1219, 互 1224) ◇ {?} fruits (3= 果 2364), couvercle (2= 冖 1649); {?} (1< 彘 1219, 互 1224) [Graph] 621a 851a 043f [Hanzi] hui4 彙 6391.

彙 huì *6391 彑冖果 |汇、滙、匯 -371、*374、*7293| 1° to converge, confluent 2° to gather together 3° collection 4° to remit (money), bank draft ◇ 1° confluer 2° se réunir, rassembler 3° collection 4° transférer des capitaux, chèque [Etym] 彑 1218 (rad: 058b 3-10), 彙 1223 [Graph] 621a 851a 043f.

互 hù (1224) 互 |[Tra] mutual ◇ réciproque [Etym] thread spool (prim); or opposite hooks (prim) ◇ une bobine à fil (prim); ou des crochets opposés (prim) [Graph] 621b [Ref] h1236, k84, r30o, w68b [Hanzi] hu4 冱 32, hu4 沍 302, hu4 互 6392.

互 hù +6392 互 | mutual, each other ◇ réciproque, l'un l'autre [Etym] 二 4 (rad: 007a 2-02), 互 1224 [Graph] 621b.

互相 hù xiāng ∘ mutually, each other ◇ mutuellement, réciproquement, l'un l'autre * 4444.

互利 hù lì ∘ of mutual benefit ◇ intérêt mutuel, avantage réciproque * 4516.

互助 hù zhù ∘ to help one another ◇ s'entraider * 8545.

互惠 hù huì ∘ mutual advantage ◇ avantage réciproque * 10664.

フ 631

夕 xī (1225) 夕 | [Tra] evening, night ◇ soir, nuit [Etym] crescent: reduced primogramme of the moon (< 月 1822) ◇ un croissant: pictogramme primitif réduit de la lune (< 月 1822) [Graph] 631b [Ref] h44, k775, r28f, r216, w64a, wa33, wi14, wi184 [Hanzi] xi1 汐 303, ye4 夜 3101, xi1 夕 6393, sun1 飧 6394, ming2 名 6408, sui4 岁 7546, xi1 穸 7822, gou4 够 7914, xi1 矽 9710, huo3 huo3 夥 10751, luo1 luo2 luo5 罗 10789 [Rad] 036a.

夕 xī +6393 夕 | 1° sunset 2° evening, night 3° end 4° slanting, deviated ◇ 1° coucher du soleil 2° soir, nuit 3° fin 4° incliné, dévié [Etym] 夕 1225 (rad: 036a 3-00), [Graph] 631b.

飧 sūn (1226) 夕人良 | [Tra] evening meal ◇ repas du soir [Etym] evening (1= 夕 1225) food (2,3= 食 221) ◇ la nourriture (2,3= 食 221) du soir (1= 夕 1225) [Graph] 631b 233a 932e [Ref] w64c [Hanzi] sun1 飧 6394.

飧 sūn +6394 夕人良 | 飱 *6415 | evening meal ◇ repas du soir [Etym] 食 221 (rad: 184a 9-03), 飧 1226 [Graph] 631b 233a 932e.

外 wài (1227) 夕卜 | [Tra] outside; to exclude ◇ dehors; omettre [Etym] crescent or broken bone (1< 夕 1225, 歹 1233);cracks (2= 卜 548) ->open ◇ un croissant ou un os cassé (1< 夕 1225, 歹 1233);fêlure (2= 卜 548) ->ouvert [Graph] 631b 412c [Ref] h91, r239, w56f, wi14 [Hanzi] wai4 外 6395, tao2 逃 6396.

外 wài +6395 夕卜 | 1° outside 2° other 3° foreign 4° relatives (mother's side) 5° beyond 7° unofficial 8° to exclude 9° without ◇ 1° dehors 2° autre 3° étranger 4° parentés (maternelles) 5° au-delà 7° non officiel 8° exclure, omettre 9° sans [Etym] 夕 1225 (rad: 036a 3-02), 外 1227 [Graph] 631b 412c.

外婆 wài pó ∘ grandmother (maternal) ◇ grand-mère * 351.

外汇 wài huì ∘ foreign exchange ◇ devise étrangère * 371.

外部 wài bù ∘ external, outside ◇ extérieur, dehors; apparence, extérieur * 660.

外籍 wài jí ∘ foreign nationality ◇ nationalité étrangère * 787.

外人 wài rén ∘ stranger, outsider ◇ étranger, inconnu * 1070.

外套 wài tào ∘ overcoat; outer garment ◇ veste, pardessus * 1551.

外头 wài tóu ∘ exterior, out ◇ extérieur, dehors, hors * 1598.

外文 wài wén ∘ foreign language ◇ langue étrangère * 1659.

外交 wài jiāo ∘ foreign affairs, diplomacy ◇ diplomatie * 1681.

外语 wài yǔ ∘ foreign language ◇ langue étrangère * 1784.

外衣 wài yī ∘ coat, jacket; semblance ◇ manteau, veste; en cachette, sous le couvert de * 2140.

外侨 wài qiáo ∘ immigrant, foreign national ◇ immigré, immigrant, ressortissant étranger * 2812.

外行 wài háng ∘ sacrilegious ◇ profane, incompétent * 3128.

外科 wài kē ∘ surgery ◇ chirurgie * 4523.

外地 wài dì ∘ other regions, somewhere else ◇ autres régions, ailleurs, en province * 4903.

外表 wài biǎo ∘ exterior, outward appearance ◇ apparence, aspect, dehors * 5250.

外甥 wài shēng ∘ nephew (sister's son) ◇ neveu (fils de la soeur) * 5288.

外甥女 wài shēng nǚ ∘ niece (sister's daughter) ◇ nièce (fille de la soeur) * 5288 5726.

外貌 wài mào ∘ appearance, looks ◇ apparence, aspect, mine * 5581.

外公 wài gōng ∘ grandfather (maternal) ◇ grand-père (maternel) * 5928.

外孙 wài sūn ∘ grandson (son of one's daughter) ◇ petits-enfants (enfant de sa fille) * 6550.

外孙女 wài sūn nǚ ∘ granddaughter (daughter's daughter) ◇ petite-fille (fille de la fille) * 6550 5726.

外孙子 wài sūn zǐ ∘ grandson (daughter's son) ◇ petit-fils (fils de la fille) * 6550 6546.

外祖父 wài zǔ fù ∘ maternal grandfather ◇ grand-père maternel * 6594 1674.

外祖母 wài zǔ mǔ ∘ maternal grandmother ◇ grand-mère maternelle * 6594 11296.

外边 wài biān ∘ exterior, out ◇ extérieur, hors; surface * 7260.

外宾 wài bīn ∘ foreign guest ◇ hôte étranger * 7765.

外币 wài bì ∘ foreign currency ◇ devise étrangère * 8471.

外贸 wài mào。foreign trade ◇ commerce extérieur * 8820.

外号 wài hào。nickname ◇ surnom * 9257.

外事 wài shì。foreign or external affairs ◇ affaires étrangères * 10387.

外面 wài miàn。exterior, out ◇ extérieur, hors; surface * 10929.

外国 wài guó。foreign country ◇ pays étranger * 10952.

迯 táo *6396 | 逃 +2212 | 1° to flee, to escape 2° to dodge, to shirk ◇ 1° fuir, déserter 2° esquiver, se dérober à [Etym] 辶 1346 (rad: 162b 3-05), 外 1227 [Graph] 631b 412c 634o.

多 duō (1228) 夕夕 | [Tra] many ◇ beaucoup [Etym] {1} many crescents (1,2= 夕 1225) or objects; {2} many inventory strings (1,2< 系 1209) ◇ {1} plusieurs croissants (1,2= 夕 1225) ou objets; {2} plusieurs cordelettes d'un inventaire chinois (1,2< 系 1209) [Graph] 631b 631b [Ref] h163, k1006, ph239, r36j, w64e, wa191, wi184 [Hanzi] zha1 zha4 奓 1557, die1 爹 1677, chi3 侈 2930, yi2 yi2 移 4541, duo1 多 6397, yi2 迻 6398, gou4 夠 6399, duo3 痑 7071, gou4 够 7914, yi2 扅 8691, duo1 哆 9037, chi1 眵 10065, yi1 黟 10404, huo3 huo3 夥 10751.

多 duō +6397 夕夕 | 1° many, much 2° often 3° too much ◇ 1° beaucoup, plus, davantage 2° souvent 3° trop [Etym] 夕 1225 (rad: 036a 3-03), 多 1228 [Graph] 631b 631b.

多谢 duō xiè。thanks! many thanks! ◇ merci beaucoup! * 1813.

多心 duō xīn。suspicious ◇ soupçonneux * 2177.

多少 duō shǎo。how many? how much? ◇ combien? * 2243.

多才多艺 duō cái duō yì。versatile; gifted in many ways ◇ avoir plusieurs cordes à son arc * 2311 6397 4026.

多数 duō shù。majority ◇ majorité; la plupart * 4614.

多此一举 duō cǐ yī jǔ。to carry coals to Newcastle; wasted effort ◇ porter de l'eau à la rivière; travail superflu * 5294 1 684.

多么 duō me。how many? how much? ◇ combien? * 5927.

多刺 duō cì。prickly ◇ hérissé, piquant, épineux * 8489.

多嘴 duō zuǐ。gossipy ◇ bavard * 8991.

多亏 duō kuī。owing to, thanks to; luckily ◇ grâce à, heureusement, par bonheur * 11018.

迻 yí +6398 夕夕辶 | 1° to move 2° to remove ◇ 1° changer de place 2° enlever [Etym] 辶 1346 (rad: 162b 3-06), 多 1228 [Graph] 631b 631b 634o.

夠 gòu *6399 夕夕勹口 | 够 +7914 | 1° enough, to suffice 2° to be up to 3° quite, really, much ◇ 1° suffisant, assez, suffire 2° arriver (au niveau de), à satiété 3° tout à fait, beaucoup [Etym] 夕 1225 (rad: 036a 3-08), 多 1228 句 1779 [Graph] 631b 631b 852h 011a.

舛 chuǎn (1229) 夕㐄 | [Tra] error ◇ se tromper [Etym] two persons moving in opposite directions (< 舞 1044, 韋 97) ◇ deux personnes se dirigeant en sens opposés (< 舞 1044, 韋 97) [Graph] 631b 712b [Ref] k1262, r24f, w31e [Hanzi] shun4 舜 714, lin2 粦 4620, chuan3 舛 6400, jie2 桀 6401 [Rad] 136a.

舛 chuǎn +6400 夕㐄 | 1° error 2° to run counter ◇ 1° erreur, se tromper 2° s'opposer [Etym] 舛 1229 (rad: 136a 6-00), [Graph] 631b 712b.

桀 jié (1230) 夕㐄木 | [Tra] crual; to quarter ◇ cruel; écarteler [Etym] perch (3= 木 723) on which to hang criminals (1,2= 舛 1229) ◇ un pilori (3= 木 723) où suspendre les criminels (1,2= 舛 1229) [Graph] 631b 712b 422a [Ref] k365, ph518, r24i, w31e [Hanzi] huo4 謋 1763, jie2 傑 2931, jie2 桀 6401, huo4 謋 9559, zhe2 磔 9711.

桀 jié +6401 夕㐄木 | 1° name of the last ruler of the Xia dynasty, considered a tyrant 2° perch 3° cruel 4° to quarter ◇ 1° surnom du dernier empereur de la dynastie Xia à cause de sa cruauté 2° perchoir 3° cruel 4° écarteler [Etym] 木 723 (rad: 075a 4-06), 桀 1230 [Graph] 631b 712b 422a.

桀骜 jié ào。stubborn, obstinate ◇ têtu, obstiné * 5270.

夗 yuān (1231) 夕巳 | [Tra] good behaviour ◇ bonne conduite [Etym] at night (1= 夕 1225), sleep decently wrapped (2= 巳 1499) ◇ la nuit (1= 夕 1225), dormir décemment enveloppé (2= 巳 1499) [Graph] 631b 733a [Ref] k1338, ph174, w64d, wi932 [Hanzi] yuan4 苑 3753, yuan4 怨 6402, wan3 盌 6403, yuan1 眢 6404, yuan1 鸳 6405, yuan1 鴛 6406, wan3 宛 7755.

怨 yuàn +6402 夕巳心 | 1° resentment, grudge 2° ill treatment 3° to complain, to blame ◇ 1° ressentiment, rancune, amertume 2° mauvais traitement 3° plainte, récriminer [Etym] 心 397 (rad: 061a 4-05), 夗 1231 [Graph] 631b 733a 321c.

怨恨 yuàn hèn。to hate; resentment ◇ haïr, se plaindre, rancune * 3340.

怨艾 yuàn yì。resentment, grudge ◇ haine, hostilité * 3588.

怨言 yuàn yán。complaint ◇ plainte, grief * 9469.

盌 wǎn *6403 夕巳皿 | 碗 +9742 、椀 *4345 | bowl ◇ bol, tasse [Etym] 皿 1939 (rad: 108a 5-05), 夗 1231 [Graph] 631b 733a 922a.

眢 yuān +6404 夕巳目 | 1° dull eye 2° sunken and dried eyes 3° dried (well) 4° vacant ◇ 1° regard morne 2° yeux creux 3° sec (puits) 4° inoccupé [Etym] 目 2239 (rad: 109a 5-05), 夗 1231 [Graph] 631b 733a 023a.

鸳 yuān -6405 夕巳鸟 | 鴛 *6406 | drake of the mandarin duck ◇ canard mandarin [Etym] 鸟 2494 (rad: 196s 5-05), 夗 1231 [Graph] 631b 733a Z22e.

鴛 yuān *6406 夕巳鳥 | 鸳 -6405 | drake of the mandarin duck ◇ canard mandarin

[Etym] 鳥 2500 (rad: 196a 11-05), 夗 1231 [Graph] 631b 733a Z22h.

夤 yín +6407 夕宀亜 | 1° to respect 2° deep 3° to advance 4° distant places ◇ 1° respect 2° profond 3° progresser 4° régions lointaines [Etym] 夕 1225 (rad: 036a 3-11), 寅 1713 [Graph] 631b 851c 042e.

名 míng (1232) 夕口 | [Tra] name; fame ◇ nom; réputation [Etym] at night (1= 夕 1225), call (2= 口 2063) names for recognition ◇ la nuit (1= 夕 1225), dire (2= 口 2063) son nom pour se reconnaître [Graph] 631b 011a [Ref] h71, k633, ph230, r215, w64b, wa33, wi451 [Hanzi] ming2 洺 304, ming2 銘 1229, ming2 铭 2006, ming2 茗 3754, ming2 名 6408, ming3 酩 10881.

名 míng +6408 夕口 | 1° name 2° given name 3° fame, well-known 4° to express 5° measure-word for people in lists, census, etc. 6° surname ◇ 1° nom 2° prénom 3° réputation, honorable, distingué, connu 4° exprimer 5° spécificatif des personnes dans les listes, recensements, etc. 6° nom propre [Etym] 口 2063 (rad: 030a 3-03), 名 1232 [Graph] 631b 011a.

名誉 míng yù ◦ fame, glory ◇ réputation, gloire; honneur, prestige; honoraire * 685.

名人 míng rén ◦ famous person, celebrity ◇ homme célèbre, personne fameuse * 1070.

名义 míng yì ◦ name, brand, title ◇ nom, titre * 1687.

名著 míng zhù ◦ masterpiece, famous work ◇ chef-d'oeuvre, oeuvre remarquable * 3688.

名声 míng shēng ◦ reputation, renown ◇ réputation, renom * 5018.

名字 míng zì ◦ given name ◇ prénom, nom officiel * 7763.

名胜 míng shèng ◦ famous scenic spot ◇ beau site, lieu historique célèbre * 8138.

名贵 míng guì ◦ precious, rare ◇ précieux, rare * 10186.

名单 míng dān ◦ name list ◇ liste de noms * 10457.

名片 míng piàn ◦ business card; identity card ◇ carte de visite, carte d'identité * 11006.

名牌 míng pái ◦ famous brand (of goods) ◇ marque connue (marchandise) * 11013.

名气 míng qì ◦ reputation, fame ◇ célébrité, renommée * 11170.

歹 dǎi (1233) 歹 | [Tra] bad ◇ mauvais [Etym] upper part of (骨 1947): fleshless bones, here broken ◇ la partie haute de (骨 1947): des os sans chair, ici broyés [Graph] 631c [Ref] k959, r431, w118c, wa184, wi304 [Hanzi] bi4 毙 1892, hong1 薨 4008, dai3 歹 6409, sun1 飧 6415, lie4 列 6419 [Rad] 078a.

歹 dǎi +6409 歹 | bad, evil ◇ mauvais, le mal moral [Etym] 歹 1233 (rad: 078a 4-00), [Graph] 631c.

殍 piǎo +6410 歹爫子 | See ◇ Voir 饿殍 e4-piao3 1855-6410 [Etym] 歹 1233 (rad: 078a 4-07), 孚 114 [Graph] 631c 221d 634d.

殲 jiān *6411 歹人人戈韭 | 歼 -6424 | to destroy, to exterminate ◇ détruire, tuer, anéantir [Etym] 歹 1233 (rad: 078a 4-17), 韱 174 [Graph] 631c 232a 232a 512d 435d.

殄 tiǎn (1234) 歹人彡 | [Tra] to waste; exterminate ◇ ruîner; anéantir [Etym] bad (1= 歹 1233); phon, hair or feather (2,3= 㐱 182) ◇ mauvais (1= 歹 1233); phon, poil ou plume (2,3= 㐱 182) [Graph] 631c 233a 211c [Hanzi] tian3 殄 6412, tie4 餮 6413.

殄 tiǎn +6412 歹人彡 | to waste, to exterminate ◇ ruiner, détruire, anéantir [Etym] 歹 1233 (rad: 078a 4-05), 㐱 182 [Graph] 631c 233a 211c.

餮 tiè +6413 歹人彡人良 | gluttonous ◇ voracité, glouton [Etym] 食 221 (rad: 184a 9-09), 殄 1234 [Graph] 631c 233a 211c 233a 932e.

殓 liàn -6414 歹人二业 | 殮 *6416 | to shroud a corpse, to encoffin ◇ toilette du cadrage, mise en bière, ensevelir [Etym] 歹 1233 (rad: 078a 4-07), 佥 183 [Graph] 631c 233a ac:a 221b.

飧 sūn *6415 歹人良 | 飱 +6394 | evening meal ◇ repas du soir [Etym] 食 221 (rad: 184a 9-04), 歹 1233 [Graph] 631c 233a 932e.

殮 liàn *6416 歹人叩人口人 | 殓 -6414 | to shroud a corpse, to encoffin ◇ toilette du cadrage, mise en bière, ensevelir [Etym] 歹 1233 (rad: 078a 4-13), 僉 223 [Graph] 631c 233a 012a 232a 011a 232a.

殀 yāo *6417 歹夭 | 夭 +1593 | 1° to die young 2° delicate 3° misfortune ◇ 1° mourir jeune 2° beauté 3° malheur [Etym] 歹 1233 (rad: 078a 4-04), 夭 289 [Graph] 631c 242e.

死 sǐ (1235) 歹匕 | [Tra] death, to die ◇ mourir, mort [Etym] broken bones (1= 歹 1233); a fallen person (2< 北 545) ◇ des os décharnés et cassés (1= 歹 1233); une personne tombée (2< 北 545) [Graph] 631c 321b [Ref] h286, r432, w118c, wi304 [Hanzi] bi4 毙 1892, zang4 葬 3755, hong1 薨 4008, si3 死 6418, bi4 斃 8477, shi1 屍 8635.

死 sǐ +6418 歹匕 | 1° to die, death 2° extremely, deadly, obstinate 3° firm, fixed, rigid 4° closed ◇ 1° mourir, mort, périr 2° à en mourir, obstiné 3° rigide, immuable 4° fermé, sans issue [Etym] 歹 1233 (rad: 078a 4-02), 死 1235 [Graph] 631c 321b.

死刑 sǐ xíng ◦ death penalty, capital punishment ◇ peine de mort, peine capitale * 4047.

死板 sǐ bǎn ◦ dead, stiff; mechanical ◇ mort, figé, impassible, rigide; routinier * 4301.

死亡 sǐ wáng ◦ to die ◇ mourir * 7334.

フ 夕 歹

死尸 sǐ shī ∘ corpse ◇ cadavre ＊ 8605.

死胡同 sǐ hú tòng ∘ dead end ◇ impasse; cul-de-sac ＊ 9810 8279.

死敌 sǐ dí ∘ mortal enemy ◇ ennemi juré ＊ 9822.

列 lìe (1236) 歹刂 [Tra] classify; row ◇ ordonner; degrés [Etym] in butchery, cut (2= 刂 470) a carcass (1= 歹 1233) in sequence ◇ en boucherie, couper (2= 刂 470) une carcasse (1= 歹 1233) dans un certain ordre [Graph] 631c 333b [Ref] h414, k548, ph228, w52d, wi711 [Hanzi] lie4 冽 33, lie4 洌 305, li4 例2932, lie4 趔 4847, lie4 列 6419, lie4 烈 6420, lie3 lie4 裂 6421, lie4 鴷 6422, lie4 鴷 6423, lie1 lie3 lie5 咧9038.

列 lìe +6419 歹刂 1° to arrange 2° to list 3° row, file, rank, series 4° kind, sort 5° various 6° surname ◇ 1° disposer, mettre en ordre, exposer 2° liste 3° rangée, série, degrés 4° catégorie, sorte 5° plusieurs 6° nom propre [Etym] 刂 470 (rad: 018b 2-04), 列 1236 [Graph] 631c 333b.

列举 lìe jǔ ∘ to enumerate, list ◇ énumérer; liste ＊ 684.

列入 lìe rù ∘ to include ◇ inclure ＊ 1082.

列车 lìe chē ∘ train ◇ train ＊ 6327.

列车员 lìe chē yuán ∘ attendant on a train ◇ personnel du service de train ＊ 6327 9127.

列席 lìe xí ∘ to attend as a non-voting delegate ◇ assister à titre consultatif ＊ 6921.

烈 lìe +6420 歹刂灬 1° strong, intense, fiery, burning 2° staunch, virtuous 3° glorious 4° surname ◇ 1° ardent, brûlant, violent 2° vertueux, solide 3° gloire, majestueux, éclatant, mérite 4° nom propre [Etym] 灬 130 (rad: 086b 4-06), 列 1236 [Graph] 631c 333b 222d.

裂 lǐe +6421 歹刂衣 to rip open (towards sides) ◇ fendre en deux, scission [Etym] 衣 371 (rad: 145a 6-06), 列 1236 [Graph] 631c 333b 312i.

△ lìe 1° to crack, to split, to rip open 2° schism ◇ 1° fendre, déchirer, découdre 2° scission, schisme.

䴕 lìe -6422 歹刂鸟 | 鴷 *6423 | woodpecker ◇ pic, pivert [Etym] 鸟 2494 (rad: 196s 5-06), 列 1236 [Graph] 631c 333b Z22e.

鴷 lìe *6423 歹刂鳥 | 䴕 -6422 | woodpecker ◇ pic, pivert [Etym] 鳥 2500 (rad: 196a 11-06), 列 1236 [Graph] 631c 333b Z22h.

歼 jiān -6424 歹千 | 殲 *6411 | to destroy, to exterminate ◇ détruire, tuer, anéantir [Etym] 歹 1233 (rad: 078a 4-03), 千 564 [Graph] 631c 413b.

歼灭 jiān miè ∘ to destroy, to exterminate ◇ exterminer, anéantir ＊ 1069.

殢 tì -6425 歹卅冖巾 | 殢 *6426 | sleepy ◇ fatigué, avoir sommeil [Etym] 歹 1233 (rad: 078a 4-09), 带697 [Graph] 631c 415d 851a 858a.

殢 tì *6426 歹卌冖巾 | 殢 -6425 | sleepy ◇ fatigué, avoir sommeil [Etym] 歹 1233 (rad: 078a 4-11), 帶717 [Graph] 631c 417f 851a 858a.

殊 shū +6427 歹朱 1° different, to differ, distinct 2° remarkable 3° extremely, very 4° to kill ◇ 1° différer, différent, distinct 2° extraordinaire 3° absolument, très 4° mettre à mort [Etym] 歹 1233 (rad: 078a 4-06), 朱 803 [Graph] 631c 422l.

殪 yì +6428 歹士冖豆 1° to die 2° to kill ◇ 1° mourir 2° assassiner, tuer [Etym] 歹 1233 (rad: 078a 4-12), 壹 865 [Graph] 631c 432b 851a 012b.

薤 xìe (1237) 歹韭 [Tra] shallot ◇ échallote [Etym] reduction of (韰 1241) ◇ réduction de (韰 1241) [Graph] 631c 435d [Hanzi] xie4 薤 3756.

殣 jìn +6429 歹廿里 1° to die of starvation 2° to bury ◇ 1° mourir de faim 2° enterrer [Etym] 歹 1233 (rad: 078a 4-11), 堇 997 [Graph] 631c 436a 032h.

殘 cán *6430 歹戈戈 | 残 -6431 | 1° incomplete 2° remnants 3° to injure, spoiled, withered 4° to ruin, mischievous 5° savage ◇ 1° incomplet 2° reste, rebut 3° léser, flétri, gâté 4° détruire, ruiner 5° méchant, sauvage [Etym] 歹 1233 (rad: 078a 4-08), 戔 1059 [Graph] 631c 512b 512b.

残 cán -6431 歹戋 | 殘 *6430 | 1° incomplete 2° remnants 3° to injure, spoiled, withered 4° to ruin, mischievous 5° savage ◇ 1° incomplet 2° reste, rebut 3° léser, flétri, gâté 4° détruire, ruiner 5° méchant, sauvage [Etym] 歹 1233 (rad: 078a 4-05), 戋 1083 [Graph] 631c 513a.

残废 cán fèi ∘ crippled ◇ infirme, estropié ＊ 6937.

残忍 cán rěn ∘ ruthless ◇ impitoyable ＊ 7257.

残暴 cán bào ∘ tyrannical; cruel; ruthless ◇ tyrannique; atroce; cruel ＊ 9888.

残酷 cán kù ∘ atrocious, tyrannical ◇ atroce, cruel ＊ 10869.

殆 dài +6432 歹厶口 1° dangerous 2° nearly 3° soon ◇ 1° péril, danger 2° presque, à peu près 3° bientôt [Etym] 歹 1233 (rad: 078a 4-05), 台 1143 [Graph] 631c 612a 011a.

殛 jí +6433 歹了口又一 1° to kill 2° to imprison for life ◇ 1° tuer 2° peine sévère, mort ou exil [Etym] 歹 1233 (rad: 078a 4-08), 亟 1299 [Graph] 631c 634a 011a 633a ac:z.

殇 shāng -6434 歹𠂉𠃓 | 殤 *6444 | to die young (prematurely, before the age of 20) ◇ mourir jeune (avant l'âge de 20 ans), mort prématurée [Etym] 歹 1233 (rad: 078a 4-05), 𤣩 1339 [Graph] 631c ac:f 634k.

殯 bìn *6435 歹宀歹貝 | 殡 -6436 | funeral, to carry a coffin to the burial place ◇ funérailles, convoi funèbre, ensevelir [Etym] 歹 1233 (rad: 078a 4-14), 賓 1674 [Graph] 631c 851c 331i 023b.

殡 bìn -6436 歹宀兵 | 殯 *6435 | funeral, to carry a coffin to the burial place ◇ funérailles, convoi funèbre, ensevelir [Etym] 歹

1233 (rad: 078a 4-10), 宾 1703 [Graph] 631c 851c 722h.

殉 xùn +6437 歹勹日 | 1° to bury along with the dead 2° to sacrifice one's life for, suttee ◇ 1° accompagner quelqu'un dans la tombe 2° sacrifice de la vie, se dévouer [Etym] 歹 1233 (rad: 078a 4-06), 旬 1782 [Graph] 631c 852h 021a.

殂 cú +6438 歹且 | to die ◇ mourir [Etym] 歹 1233 (rad: 078a 4-05), 且 1929 [Graph] 631c 921a.

殖 shi +6439 歹直 | See ◇ Voir 骨殖 gu3-shi5 8574-6439 [Etym] 歹 1233 (rad: 078a 4-08), 直 1934 [Graph] 631c 921e.

△ zhí | 殖 *6445 | 1° to prosper, to multiply 2° to collect ◇ 1° prospérer, se multiplier 2° amasser.

殖民地 zhí mín dì。colony ◇ colonie ✱ 8712 4903.

殖民主义 zhí mín zhǔ yì。colonialism ◇ colonialisme ✱ 8712 5212 1687.

殃 yāng +6440 歹央 | misfortune, calamity, to bring disaster to ◇ malheur, fléau, calamité [Etym] 歹 1233 (rad: 078a 4-05), 央 1943 [Graph] 631c 923b.

殒 yǔn -6441 歹口贝 | 殞 *6443 | 1° to perish, to die 2° to cease 3° extinguished ◇ 1° périr, mourir 2° cesser 3° s'éteindre [Etym] 歹 1233 (rad: 078a 4-07), 员 2077 [Graph] 631c 011a 854b.

殫 dān *6442 歹口口單 | 殚 -6448 | 1° to exhaust 2° utterly ◇ 1° épuiser 2° à fond [Etym] 歹 1233 (rad: 078a 4-12), 單 2101 [Graph] 631c 011a 011a 041c.

殞 yǔn *6443 歹口貝 | 殒 -6441 | 1° to perish, to die 2° to cease 3° extinguished ◇ 1° périr, mourir 2° cesser 3° s'éteindre [Etym] 歹 1233 (rad: 078a 4-10), 員 2104 [Graph] 631c 011a 023b.

殤 shāng *6444 歹𠂉𠃓 | 殇 -6434 | to die young (prematurely, before the age of 20) ◇ mourir jeune (avant l'âge de 20 ans), mort prématurée [Etym] 歹 1233 (rad: 078a 4-11), 𥏫 2215 [Graph] 631c 022b 852i.

殖 zhí *6445 歹直匕 | 殖 +6439 | 1° to prosper, to multiply 2° to collect ◇ 1° prospérer, se multiplier 2° amasser [Etym] 歹 1233 (rad: 078a 4-08), 直 2273 [Graph] 631c 023j 711a.

殨 huì -6446 歹虫贝 | 溃 -561 、潰 *562 | festering ◇ suppurer [Etym] 歹 1233 (rad: 078a 4-09), 贵 2278 [Graph] 631c 031c 854b.

殭 jiāng *6447 歹畕畕 | See ◇ Voir 僵 3069 [Etym] 歹 1233 (rad: 078a 4-13), 畺 2331 [Graph] 631c 041d 041d ac:z.

殚 dān -6448 歹单 | 殫 *6442 | 1° to exhaust 2° utterly ◇ 1° épuiser 2° à fond [Etym] 歹 1233 (rad: 078a 4-08), 单 2334 [Graph] 631c 041g.

殁 mò +6449 歹几又 | to die to perish ◇ mourir périr disparaître cesser d'être [Etym] 歹 1233 (rad: 078a 4-04), 殳 2519 [Graph] 631c Z33a 633a.

歺 dǎi (1238) 歺 | [Tra] death; dust ◇ mort; poussière [Etym] a corpse (< 尸 1951) with cutting lines (< 卜 548) ->death,dust ◇ un cadavre (< 尸 1951) fissuré (< 卜 548) ->mort,poussière [Graph] 631d [Ref] k959, w118c [Rad] 078b.

歺又 cán (1239) 歺又 | [Tra] dust, powder ◇ fragments, poussière [Etym] to handle (2= 又 1271) something into dust (1< 死 1235) ◇ réduire en poussière (1< 死 1235) avec la main (2= 又 1271) [Graph] 631d 633a [Ref] k1030, ph308, w118c [Hanzi] can1 餐 6450, can4 粲 6451.

餐 cān +6450 歺又人良 | 飡 *18 、湌 *87 | 1° to eat 2° meal ◇ 1° manger 2° repas [Etym] 食 221 (rad: 184a 9-07), 歺又 1239 [Graph] 631d 633a 233a 932e.

餐车 cān chē。dining car ◇ wagon-restaurant ✱ 6327.

餐厅 cān tīng。restaurant; dining room ◇ restaurant; salle à manger ✱ 6828.

餐巾 cān jīn。table napkin ◇ serviette de table ✱ 8377.

餐具 cān jù。tableware; dinner service ◇ couvert; vaisselle ✱ 8546.

粲 càn (1240) 歺又米 | [Tra] rice, food; purity ◇ riz, aliments; pur [Etym] pounded (1,2= 歺又 1239) rice (3= 米 782) for the meal ◇ riz (3= 米 782) moulu (1,2= 歺又 1239) pour le repas [Graph] 631d 633a 422f [Ref] k1031, w118c [Hanzi] can4 燦 986, can4 璨 5136, can4 粲 6451.

粲 càn +6451 歺又米 | 1° white rice 2° food 3° pure, bright ◇ 1° riz blanc 2° aliments 3° pur, brillant [Etym] 米 782 (rad: 119a 6-07), 粲 1240 [Graph] 631d 633a 422f.

韰 xiè (1241) 歺又韭 | [Tra] shallot ◇ échalotte [Etym] small pieces or powder (1,2= 歺又 1239); garlic (3= 韭 987) ◇ petits morceaux ou poudre (1, 2= 歺又 1239); ail (3= 韭 987) [Graph] 631d 633a 435d [Ref] w170b [Hanzi] xie4 瀣 306.

然 rán (1242) 夕犬灬 | [Tra] thus; so; yes ◇ ainsi; oui [Etym] phon: to roast (3= 灬 130) dog (2= 犬 295) meat (1< 月 1823) ◇ phon: rotir (3= 灬 130) de la viande (1< 月 1823) de chien (2= 犬 295) [Graph] 631e 242i 222d [Ref] k929, ph691, r34k, w65g, wa120, wi506 [Hanzi] ran2 燃 987, nian3 撚 2503, ran2 然 6452.

然 rán +6452 夕犬灬 | 1° right, correct 2° to agree 3° so, like that, thus 4° but, however 5° suddenly 6° ending (adverb) 7° surname ◇ 1° juste, correct 2° acquiescer, approuver 3° ainsi, être ainsi, comme si, dans ce cas 4° cependant 5° soudainement 6° terminaison adverbiale 7° nom propre [Etym] 灬 130 (rad: 086b 4-08), 然 1242 [Graph] 631e 242i 222d.

然后 rán hòu。after, afterwards, then ◇ après, ensuite, puis ✱ 7199.

然则 rán zé。then ◇ alors ✱ 7962.

然而 rán ér。but, however ◇ mais, cependant, pourtant ✱ 8342.

歹 歺 夕

夅 lue (1243) 夕寸 [Tra] to stretch, to draw ◇ s'étirer [Etym] different writing for (寽 105) ◇ autre graphie pour (寽 105) [Graph] 631e 332b [Ref] k549, w49c [Hanzi] luo1 lü3 捋 2504, lie4 埒 4883, guo2 虢 6453, lei4 酹 10882.

虢 guó *6453 夕寸虍七儿 虢 +688 Zhou Dynasty state in Shanxi and Henan Provinces ◇ principauté de la dynastie Zhou dans les provinces de Shanxi et Henan [Etym] 虎 1451 (rad: 141b 8-07), 夅 1243 [Graph] 631e 332b 721g 321e Z33a.

亙 gèn (1244) 歹二 [Tra] limit; to reach far ◇ limite; s'étendre [Etym] a boat (centre< 舟 1861) connecting two shores (prim) ◇ un bâteau (centre< 舟 1861) reliant deux rives (prim) [Graph] 631f acc:z [Ref] k315, w2e [Hanzi] heng2 恆 3280, gen4 亙 6454.

亙 gèn *6454 歹二 亘 +9971 to extend, to stretch ◇ s'étendre, atteindre d'une extrémité à l'autre [Etym] 二 4 (rad: 007a 2-04), 亙 1244 [Graph] 631f ac:z.

癶 bō (1245) 癶 [Tra] to ascend ◇ monter [Etym] steps (< 止 954) in opposite directions ◇ traces de pas (< 止 954) en directions opposées [Graph] 631g [Ref] k459, w112h [Hanzi] deng1 登 6456, fa1 發 6459 [Rad] 105a.

癸 guǐ (1246) 癶天 [Tra] cyclic character ◇ caractère cyclique [Etym] two steps in opposite directions (1< 止 954); arrow (2< 矢 283) ◇ deux pas en directions opposées (1< 止 954); flècle (2< 矢 283) [Graph] 631g 242b [Ref] k459, ph458, w112h [Hanzi] kui2 揆 2505, kui2 葵 3757, gui3 癸 6455, que4 闋 8023, que4 闋 8773, kui2 暌 9898, kui2 kui2 睽 10066, kui2 騤 11055, kui2 骙 11114.

癸 guǐ +6455 癶天 cyclic character: the last of the ten Heavenly Stems ◇ caractère cyclique: le dernier des dix Troncs Célestes [Etym] 癶 1245 (rad: 105a 5-04), 癸 1246 [Graph] 631g 242b.

登 dēng (1247) 癶豆 [Tra] to ascend ◇ monter [Etym] {1} to go (1= 癸 1246), to climb on a pedestal (2=prim); {2} hands (1=prim) offering a vessel (2= 豆 2120) ◇ {1} se diriger (1= 癸 1246), monter sur un piédestal (2=prim); {2} des mains (1=prim) offrant un vase (2= 豆 2120) [Graph] 631g 012b [Ref] h360, k982, ph708, r33a, w112h, wa126, wi243 [Hanzi] cheng2 deng4 澄 307, deng1 簦 822, deng1 燈 988, deng4 鐙 1230, deng4 镫 2007, deng4 僜 2933, chen2 cheng2 橙 4270, teng1 驣 5033, deng1 登 6456, deng4 鄧 6457, deng4 凳 6458, deng4 嶝 7549, deng1 噔 9039, deng1 deng4 蹬 9348, zheng4 zheng4 證 9560, deng4 磴 9712, deng4 瞪 10067.

登 dēng +6456 癶豆 1° to ascend 2° to record 3° to complete ◇ 1° monter, promotion 2° inscrire 3° parfaire [Etym] 癶 1245 (rad: 105a 5-07), 登 1247 [Graph] 631g 012b.

登记 dēng jì ◦ to register, to record ◇ s'inscrire, enregistrer ✱ 1836.

登报 dēng bào ◦ to publish in the newspaper ◇ publier dans le journal ✱ 2563.

登载 dēng zǎi ◦ to publish (in newspapers or magazines) ◇ publier (dans journal ou magazine) ✱ 5539.

鄧 dèng *6457 癶豆阝 邓 -6515 1° place in Henan 2° surname ◇ 1° lieu du Henan 2° nom de famille [Etym] 阝 1316 (rad: 163b 2-12), 登 1247 [Graph] 631g 012b 634j.

凳 dèng (1248) 癶豆几 [Tra] stool; bench ◇ banc; escabeau [Etym] stool (3= 几 2517); phon, to climb (1,2= 登 1247) ◇ escabeau (3= 几 2517); phon, monter (1,2= 登 1247) [Graph] 631g 012b Z33a [Ref] wi240 [Hanzi] deng4 櫈 4271, deng4 凳 6458.

凳 dèng +6458 癶豆几 櫈 *4271 stool, bench ◇ banc, escabeau [Etym] 几 2516 (rad: 016a 2-12), 登 1247 [Graph] 631g 012b Z33a.

凳子 dèng zǐ ◦ bench ◇ banc, tabouret ✱ 6546.

發 fā (1249) 癶弓几又 [Tra] to send out; grow ◇ lancer; croître [Etym] bow (2= 弓 2534) and ax (3,4= 殳 2519) to open up steps (1= 癸 1246) ◇ un arc (2= 弓 2534) et une hache (3,4= 殳 2519) pour ouvrir des passages (1= 癸 1246) [Graph] 631g Z42a Z33a 633a [Ref] k17, ph675, r417, w112h, wi214 [Hanzi] po1 潑 308, po1 鏺 1231, bo1 撥 2506, fa1 發 6459, bo2 襏 6650, fei4 廢 6931, po1 醱 10883.

發 fā *6459 癶弓几又 发 -6813 1° to send out 2° to express 3° to shoot 4° to develop 5° to discover ◇ 1° lancer 2° émettre, exprimer 3° surgir 4° croître 5° envoyer, découvrir [Etym] 癶 1245 (rad: 105a 5-07), 發 1249 [Graph] 631g Z42a Z33a 633a.

癶 jì (1250) 癶 [Tra] sacrifice ◇ sacrifice [Etym] reduction of (祭 1251) ◇ réduction de (祭 1251) [Graph] 631h [Ref] h283, k1052, r406, w65h [Hanzi] cha2 詧 6461.

祭 jì (1251) 癶示 [Tra] sacrifice ◇ sacrifice [Etym] hand (top right=prim) offering (2= 示 431) meat (1< 然 1242) ◇ une main (haut droit=prim) offrant (2= 示 431) de la viande (1< 然 1242) [Graph] 631h 331l [Ref] h283, k1052, ph595, r406, w65h, wa188 [Hanzi] chi4 傺 2934, cai4 蔡 3758, ji4 穄 4542, ji4 祭 6460, ji4 際 6757, zhai4 瘵 7072, cha2 察 7759, ji4 鰶 10499, ji4 鮆 10593.

祭 jì +6460 癶示 to sacrifice, to hold a memorial ceremony for ◇ sacrifice [Etym] 示 431 (rad: 113a 5-06), 祭 1251 [Graph] 631h 331l.

詧 chá *6461 癶言 察 +7759 to examine, to find out, inquiries ◇ scruter, examiner, examen, enquête [Etym] 言 2139 (rad: 149a 7-06), 癶 1250 [Graph] 631h 012d.

ㄇ 632

予 yǔ (1252) ㄇㄒ [Tra] to pass, exchange ◇ communication [Etym] {1} intertwined palms of two hands (prim); {2} shuttle in action (prim) ◇ {1} les paumes reliées de deux mains (prim); {2} une navette à tisser en mouvement (prim) [Graph] 632a 331f [Ref] h403, k1319, ph96, r36a, w95a, wa92, wi697 [Hanzi] shu1 舒 1503, shu1 抒 2507, zhu4 杼 4272, yu2 妤 5780, shu1 纾 6006, shu1 紓 6182, yu2 yu3 予 6462, yu4 预 6463, yu4 預 6464, xu4 序 6932, ye3 野 10762.

予 yú +6462 ㄇㄒ I, me ◇ je. moi [Etym] 亅 419 (rad: 006a 1-03), 予 1252 [Graph] 632a 331f.

△ yǔ to give, to grant, to bestow ◇ donner, accorder, offrir.

予以 yǔ yǐ。 to give, to grant ◇ donner, accorder * 2161.

预 yù (1253) ㄇㄒ页 [Tra] prepare; beforehand ◇ se prémunir; avance [Etym] head, ahead (3= 页 1802); phon, exchange (1,2= 予 1252) (> 預 1254) ◇ tête, avancer (2= 页 1802); phon, communication (1,2= 予 1252) (> 預 1254) [Graph] 632a 331f 854d [Hanzi] yu4 滪 309, yu4 蓣 3759, yu4 预 6463.

预 yù -6463 ㄇㄒ页 | 預 *6464 | 1° in advance, beforehand 2° to pre-arrange ◇ 1° à l'avance, au préalable 2° se prémunir [Etym] 页 1802 (rad: 181s 6-04), 予 1252 [Graph] 632a 331f 854d.

预算 yù suàn。 budget ◇ budget * 895.

预订 yù dìng。 to subscribe; to book ahead of time ◇ s'abonner, réserver, louer d'avance * 1713.

预报 yù bào。 forecast, prediction ◇ prévisions * 2563.

预料 yù liào。 to predict, to anticipate ◇ prévoir, conjecturer, supposer; prédiction * 4607.

预先 yù xiān。 in advance; beforehand ◇ d'avance; préalablement * 5239.

预备 yù bèi。 to prepare ◇ préparer * 6537.

预防 yù fáng。 to take precaution against, to prevent ◇ prévenir, se prémunir * 6773.

预定 yù dìng。 to schedule, to fix in advance ◇ fixer d'avance, prédéterminer * 7734.

預 yù (1254) ㄇㄒ頁 [Tra] prepare; beforehand ◇ timidité; d'avance [Etym] head, ahead (3= 頁 2267); phon, exchange (1,2= 予 1252) ◇ tête, avancer (2= 頁 2267); phon, communication (1,2= 予 1252) [Graph] 632a 331f 023f [Hanzi] yu4 澦 310, yu4 蕷 3760, yu4 預 6464.

預 yù *6464 ㄇㄒ頁 | 预 -6463 | 1° in advance, beforehand 2° to pre-arrange ◇ 1° à l'avance, au préalable 2° se prémunir [Etym] 頁 2267 (rad: 181a 9-04), 予 1252 [Graph] 632a 331f 023f.

豫 yù (1255) ㄇㄒ象 [Tra] pleased; uncertain ◇ content; hésitant [Etym] an elephant (3= 象 2303) going backwards and forwards (1,2= 予 1252) ◇ va et vient (1,2= 予 1252) d'un éléphant (3= 象 2303) [Graph] 632a 331f 032i [Ref] w95a [Hanzi] yu4 豫 6465.

豫 yù 6465 ㄇㄒ象 1° pleased 2° comfort 3° another name for Henan Province 4° to hesitate 5° surname ◇ 1° content, joyeux 3° nom de la province de Henan 4° hésitant 5° nom de famille [Etym] 豕 1100 (rad: 152a 7-08), 豫 1255 [Graph] 632a 331f 032i.

矛 máo (1256) ㄇㄒ [Tra] halberd; spear ◇ hallebarde; lance [Etym] halberd (prim) or ornated spear (prim) ◇ une hallebarde (prim) ou une lance avec ornements (prim) [Graph] 632a 331g [Ref] h1843, k603, r5i, w95c, wa148 [Hanzi] mao4 袤 2147, mao2 茅 3761, mao2 矛 6466, rou2 柔 6477, mao2 蟊 6484 [Rad] 110a.

矛 máo +6466 ㄇㄒ halberd, spear, pike ◇ hallebarde, lance [Etym] 矛 1256 (rad: 110a 5-00), [Graph] 632a 331g.

矛盾 máo dùn。 contradiction ◇ contradiction, désaccord, discorde * 7195.

矜 jīn (1257) ㄇㄒ人ㄋ [Tra] to pity, spare ◇ pitié, épargner [Etym] surrender (2,3< 今 202) of a warrior (1= 矛 1256) ◇ reddition (2,3< 今 202) d'un guerrier (1= 矛 1256) [Graph] 632a 331g 233a 631a [Ref] w95c [Hanzi] guan1 jin1 qin2 矜 6467.

矜 guān +6467 ㄇㄒ人ㄋ 1° widower 2° illness 3° pain ◇ 1° veuf 2° maladie 3° douleur [Etym] 矛 1256 (rad: 110a 5-04), 矜 1257 [Graph] 632a 331g 233a 631a.

△ jīn 1° to pity, compassion 2° conceited 3° reserved 4° to venerate ◇ 1° avoir pitié, compassion 2° se glorifier, se vanter, veiller sur soi 3° réservé 4° vénérer.

△ qín | 矝 *6478 | handle of a spear ◇ manche de lance.

敄 wù (1258) ㄇㄒ攵 [Tra] effort; skill ◇ effort; habileté [Etym] to beat (2= 攵 340) a weapon (1= 矛 1256) iron ◇ battre (2= 攵 340) le fer d'une arme (1= 矛 1256) [Graph] 632a 331g 243c [Ref] k1286, ph491, w95c, wi897 [Hanzi] mou2 鍪 6468, wu4 婺 6469, wu4 務 6470, mao4 瞀 6471, mao2 蝥 6472, wu4 鶩 6473, wu4 騖 6474, wu4 鹜 6475, wu4 鶩 6476.

鍪 móu +6468 ㄇㄒ攵人亚 1° caldron 2° helmet ◇ 1° chaudron 2° casque [Etym] 金 196 (rad: 167a 8-09), 敄 1258 [Graph] 632a 331g 243c 233a 432q.

婺 wù +6469 ㄇㄒ攵女 1° name of a star 2° river in Jiangxi ◇ 1° constellation 2° rivière du Jiangxi [Etym] 女 1122 (rad: 038a 3-09), 敄 1258 [Graph] 632a 331g 243c 611e.

務 wù (1259) ㄇㄒ攵力 [Tra] task; must; skill ◇ tâche; il faut [Etym] strength (3= 力 1489) in weapon making (1,2= 敄 1258) ◇ énergie (3= 力 1489)

dans la fabrication des armes (1,2= 敄 1258) [Graph] 632a 331g 243c 732f [Ref] k1287, wi897 [Hanzi] wu4 務 6470, wu4 霧 8441.

務 wù *6470 マ才攵力 | 务 -6533 | 1° business 2° to attend to earnestly 3° must, be sure to 4° job, task 5° perception office 6° surname ◇ 1° affaires 2° s'appliquer à, être tout à 3° il faut 4° occupation, tâche 5° bureau de perception 6° nom de famille [Etym] 力 1489 (rad: 019a 2-09), 務 1259 [Graph] 632a 331g 243c 732f.

瞀 mào +6471 マ才攵目 | 1° dull 2° blind 3° muddled ◇ 1° obscur 2° aveugle 3° confus [Etym] 目 2239 (rad: 109a 5-09), 敄 1258 [Graph] 632a 331g 243c 023a.

蝥 máo +6472 マ才攵虫 | See ◇ Voir 斑蝥 ban1-mao2 5082-6472 [Etym] 虫 2282 (rad: 142a 6-09), 敄 1258 [Graph] 632a 331g 243c 031d.

騖 wù *6473 マ才攵馬 | 骛 -6474 | 1° to go after, to seek for 2° to become addicted to 3° to gallop ◇ 1° rechercher 2° s'abandonner à ses caprices 3° courir vite, galoper [Etym] 馬 2486 (rad: 187a 10-09), 敄 1258 [Graph] 632a 331g 243c Z22a.

骛 wù -6474 マ才攵马 | 騖 *6473 | 1° to go after, to seek for 2° to become addicted to 3° to gallop ◇ 1° rechercher 2° s'abandonner à ses caprices 3° courir vite, galoper [Etym] 马 2489 (rad: 187s 3-09), 敄 1258 [Graph] 632a 331g 243c Z22b.

鹜 wù -6475 マ才攵鸟 | 鶩 *6476 | duck ◇ canard [Etym] 鸟 2494 (rad: 196s 5-09), 敄 1258 [Graph] 632a 331g 243c Z22e.

鶩 wù *6476 マ才攵鳥 | 鹜 -6475 | duck ◇ canard [Etym] 鳥 2500 (rad: 196a 11-09), 敄 1258 [Graph] 632a 331g 243c Z22h.

柔 róu (1260) マ才木 | [Tra] weak; soft; pliant ◇ faible; souple [Etym] wooden (2= 木 723) lance (1= 矛 1256) or growths (< 矛 1256) of a tree ◇ une lance (1= 矛 1256) en bois (2= 木 723) ou les pousses (< 矛 1256) d'un arbre [Graph] 632a 331g 422a [Ref] h1363, k942, ph455, w95c [Hanzi] rou2 煣 989, rou2 揉 2508, rou2 糅 4624, rou2 鞣 5376, nao2 猱 5633, rou2 蝚 6350, rou2 柔 6477, rou2 蹂 9349, rou2 鰇 10693.

柔 róu +6477 マ才木 | 1° soft, pliant, to soften 2° young plants 3° yielding ◇ 1° souple, flexible, faible, assouplir 2° jeunes plantes 3° complaisant [Etym] 木 723 (rad: 075a 4-05), 柔 1260 [Graph] 632a 331g 422a.

柔情 róu qíng ∘ caressing ◇ tendresse, sentiment tendre, câlinerie * 3261.

柔和 róu hé ∘ soft, mild ◇ doux, modéré * 4568.

柔嫩 róu nèn ∘ tender, delicate ◇ souple et tendre, tendre et délicat * 5860.

柔软 róu ruǎn ∘ soft, flexible ◇ souple, mou * 6328.

矜 qín *6478 マ才廿里 | 矜 +6467 | handle of a spear ◇ manche de lance [Etym] 矛 1256 (rad: 110a 5-11), 堇 997 [Graph] 632a 331g 436a 032h.

矞 yù (1261) マ才冏口 | [Tra] bore through, cloud ◇ percer; nuage [Etym] {?} spear (1= 矛 1256) and feminine organs (2,3< 商 1877) (< 内 1919) ◇ {?} une lance (1= 矛 1256) et les organes féminins (2,3< 商 1877) (< 内 1919) [Graph] 632a 331g 856l 011a [Ref] k1335, ph720, w15c [Hanzi] yu4 潏 311, yu4 燏 990, jue2 鐍 1232, jue2 谲 1764, jue2 镢 2008, ju2 橘 4274, yu4 矞 6479, rong3 氄 6480, yu4 遹 6481, yu4 鹬 6482, yu4 鷸 6483, jue2 譎 9561.

矞 yù +6479 マ才冏口 | 1° to bore through 2° auspicious cloud ◇ 1° percer 2° nuage [Etym] 矛 1256 (rad: 110a 5-07), 矞 1261 [Graph] 632a 331g 856l 011a.

氄 rǒng *6480 マ才冏口毛 | 毧 -6487 | 1° down 2° animal fuzz in books or clothes ◇ 1° duvet 2° plume [Etym] 毛 403 (rad: 082a 4-12), 矞 1261 [Graph] 632a 331g 856l 011a 321g.

遹 yù +6481 マ才冏口辶 | 1° succession, to transmit 2° to obey, to follow 3° personal name ◇ 1° succession, transmettre 2° obéir, suivre 3° prénom [Etym] 辶 1346 (rad: 162b 3-12), 矞 1261 [Graph] 632a 331g 856l 011a 634o.

鹬 yù -6482 マ才冏口鸟 | 鷸 *6483 | lark ◇ alouette [Etym] 鸟 2494 (rad: 196s 5-12), 矞 1261 [Graph] 632a 331g 856l 011a Z22e.

鷸 yù *6483 マ才冏口鳥 | 鹬 -6482 | lark ◇ alouette [Etym] 鳥 2500 (rad: 196a 11-12), 矞 1261 [Graph] 632a 331g 856l 011a Z22h.

蟊 máo +6484 マ才虫虫 | grub which eats grain, insect eating seedlings' roots ◇ charançon, vers rongeurs des céréales [Etym] 虫 2282 (rad: 142a 6-11), 矛 1256 蚰 2283 [Graph] 632a 331g 031d 031d.

甬 yǒng (1262) マ用 | [Tra] to burst forth ◇ éclater [Etym] {1} opening of a flower (1< 㔾 1499), phon, useful (2= 用 1845); {2} bronze bell and its hook (prim) ◇ {1} éclatement d'une fleur (1< 㔾 1499), phon, utile (2= 用 1845); {2} une cloche de bronze et son anneau (prim) [Graph] 632a 856i [Ref] h592, k264, ph320, w55k, wa176, wi497 [Hanzi] yong3 涌 312, tong3 筩 823, song4 诵 1765, tong3 捅 2509, yong3 俑 2935, tong3 桶 4275, yong3 甬 6485, yong3 恿 6486, rong3 毧 6487, tong1 tong4 通 6488, yong3 勇 6489, tong4 痛 7073, yong3 踊 9350, song4 誦 9562, yong3 蛹 10270, yong3 鲬 10500, yong3 鯒 10594.

甬 yǒng +6485 マ用 | 1° to burst forth 2° another name for Ningbo ◇ 1° manifestation d'une force intense 2° autre nom de Ningbo [Etym] 用 1845 (rad: 101a 5-02), 甬 1262 [Graph] 632a 856i.

恿 yǒng +6486 マ用心 | 慂 *313 | to urge, to encourage, to incite ◇ urger, stimuler, encourager [Etym] 心 397 (rad: 061a 4-07), 甬 1262 [Graph] 632a 856i 321c.

毧 rǒng -6487 マ用毛 | 氄 *6480 | 1° down 2° animal fuzz in books or clothes ◇ 1° duvet 2° plume [Etym] 毛 403 (rad: 082a 4-07), 甬 1262 [Graph] 632a 856i 321g.

通 tōng (1263) マ用辶 | [Tra] communicate; through ◇ communiquer; toucher [Etym] to walk (3= 辶 1346); phon, to burst forth (1,2= 甬 1262)

◇ marcher (3= 辶 1346); phon, éclater (1,2= 甬 1262) [Graph] 632a 856i 634o [Hanzi] teng1 熥 991, tong3 捅 2510, tong1 樋 4276, tong1 tong4 通 6488.

通 tōng +6488 マ用辶 | 1° open, through 2° to permeate, to go through 3° to lead to 4° to communicate, to connect, contact 5° to notify 6° to understand, to apprehend 7° expert 8° coherent 9° general ◇ 1° ouvert, dégagé 2° déboucher, pénétrer 3° conduire à 4° communiquer, brancher, contact 5° informer 6° comprendre 7° expert 8° cohérent 9° général, universel [Etym] 辶 1346 (rad: 162b 3-07), 甬 1262 [Graph] 632a 856i 634o.

通知 tōng zhī ∘ to notify, to inform ◇ renseigner, avertir, faire savoir, prévenir * 1588.

通讯 tōng xùn ∘ notice, advice ◇ message, communication, reportage * 1832.

通讯社 tōng xùn shè ∘ news agency ◇ agence de nouvelles * 1832 6575.

通过 tōng guò ∘ to adopt, to vote ◇ adopter, voter, approuver; passer, franchir * 2310.

通俗 tōng sú ∘ popular, common ◇ populaire, vulgaire, à la portée de tous * 2799.

通信 tōng xìn ∘ to correspond ◇ échanger des lettres, correspondre * 3042.

通行 tōng xíng ∘ to pass or go through; current ◇ circuler, passer; être d'usage courant * 3128.

通行证 tōng xíng zhèng ∘ pass, permit ◇ laissez-passer, permis; sauf-conduit * 3128 1744.

通芯 tōng xìn ∘ to correspond ◇ correspondre (par lettres) * 3603.

通顺 tōng shùn ∘ clear and coherent (of writing style) ◇ limpide, clair et coulant (style) * 4058.

通称 tōng chēng ∘ generally known ◇ appeler, appellation courante, terme général * 4515.

通告 tōng gào ∘ to announce; public notice ◇ faire part à, annoncer; avis, affiche * 5233.

通车 tōng chē ∘ to be open to traffic ◇ ouvert à la circulation (route) * 6327.

通通 tōng tōng ∘ all, entirely, completely ◇ tout, totalement, complètement * 6488.

通宵 tōng xiāo ∘ all night ◇ toute la nuit * 7768.

通常 tōng cháng ∘ usual, general, normal ◇ ordinaire, de coutume, courant * 7870.

通用 tōng yòng ∘ general, in common use ◇ être d'usage courant * 8267.

通航 tōng háng ∘ to be open to navigation ◇ ouvrir une ligne maritime * 8334.

通商 tōng shāng ∘ trade relations ◇ commercer (entre pays) * 8350.

通融 tōng róng ∘ to accommodate somebody; to stretch rules ◇ accommoder, accorder une demande * 9423.

通畅 tōng chàng ∘ free circulation; clear, smooth ◇ circuler librement, sans entraves; coulant, facile * 10662.

△ tòng | measure-word (documents, complete works, rolls of the drums) ◇ spécificatifs (documents, ouvrages intégraux, roulements de tambour).

勇 yǒng (1264) マ用力 | [Tra] brave, courageous ◇ vaillance, hardi [Etym] bursting (1,2= 甬 1262) strength (3= 力 1489) ◇ une force (3= 力 1489) éclatante (1,2= 甬 1262) [Graph] 632a 856i 732f [Ref] h592, k265 [Hanzi] yong3 湧 314, yong3 勇 6489, yong3 踴 9351.

勇 yǒng +6489 マ用力 | 1° brave, courageous, valiant 2° irregular troops ◇ 1° brave, courageux, héroïque, vaillance, hardi, audacieux 2° troupes irrégulières [Etym] 力 1489 (rad: 019a 2-07), 勇 1264 [Graph] 632a 856i 732f.

勇敢 yǒng gǎn ∘ brave, courageous ◇ brave, courageux, vaillant * 5482.

勇气 yǒng qì ∘ courage, nerve ◇ courage * 11170.

函 hán (1265) マ⺇半 | [Tra] to endure in silence ◇ patience; endurer [Etym] {1} keep one's tongue in mouth (2,3> 舌 2162), curled (1< 㔾 1499); {2} a quiver full of arrows (1,2=prim) ◇ {1} garder sa langue dans sa bouche (2,3> 舌 2162), repliée (1< 㔾 1499); {2} un carquois rempli de flèches (1,2=prim) [Graph] 632a 071a 413c [Ref] ph356, w55k [Hanzi] han2 函 6490.

函 hán 6490 マ⺇半 | 函 +6542 | 1° to contain, to envelop 2° to endure 3° letter 4° armor 5° case ◇ 1° contenir, renfermer 2° endurer 3° lettre 4° armure 5° boîte, étui [Etym] ⺇ 2440 (rad: 031a 3-07), 函 1265 [Graph] 632a 071a 413c.

专 zhuān (1266) 专 | [Tra] special; peculiar ◇ spécial; particulier [Etym] modern simplified form of (專 2351) ◇ forme simplifiée moderne de (專 2351) [Graph] 632c [Hanzi] tuan2 抟 2511, chuan2 zhuan4 传 2936, zhuan3 zhuan4 转 6351, zhuan1 专 6491, zhuan1 膞 8156, zhuan1 砖 9713.

专 zhuān -6491 专 | 專 *10665 ╲ 耑 *7581 | 1° special, particular, single 2° expert 3° to monopolize, to specially care 4° to want one's own way, to decide alone 5° surname ◇ 1° spécial, particulier, singulier, uniquement 2° expert 3° monopoliser, s'appliquer exclusivement à 4° décider de sa propre autorité 5° nom de famille [Etym] 十 560 (rad: 024a 2-02), 专 1266 [Graph] 632c.

专长 zhuān cháng ∘ specialty; special skill or knowledge ◇ spécialité, qualification professionnelle * 2139.

专心 zhuān xīn ∘ to concentrate attention ◇ attentif, appliqué * 2177.

专机 zhuān jī ∘ special or private plane ◇ avion spécial * 4478.

专程 zhuān chéng。specially ◇ spécial ✱ 4569.

专业 zhuān yè。discipline; special field of study ◇ spécialité, profession ✱ 5328.

专车 zhuān chē。special train or car ◇ voiture spéciale, train spécial ✱ 6327.

专家 zhuān jiā。specialist ◇ spécialiste, expert ✱ 7747.

专案 zhuān àn。special case for investigation ◇ cas spécial ✱ 7749.

专门 zhuān mén。particularly, specially ◇ spécialement, uniquement, professionnel, technique ✱ 7996.

之 zhī (1267) 之 |[Tra] to go; one of; this ◇ aller; quant à; de [Etym] different writing for (止 954) ◇ autre graphie pour (止 954) [Graph] 632d [Ref] k1210, r122, w79b, wa23, wi614 [Hanzi] zhi1 芝 3762, zhi1 之 6492.

之 zhī +6492 之 |1° mark of the genitive 2° explicative 3° this 4° one of 5° to sum up 6° to proceed 7° to go ◇ 1° suffixe du génitif 2° explétif, finale 3° cela 4° un de, de, quant à 5° résumer 7° aller [Etym] 丿 74 (rad: 004a 1-02), 之 1267 [Graph] 632d.

之一 zhī yī。one of ◇ l'un(e) des ✱ 1.

之下 zhī xià。at the bottom of, under ◇ au-dessous de ✱ 3204.

之上 zhī shàng。on top of, above ◇ au-dessus de ✱ 4718.

之外 zhī wài。outside ◇ à l'extérieur de, en dehors de ✱ 6395.

之后 zhī hòu。later, afterwards ◇ après, dans, à la suite de ✱ 7199.

之间 zhī jiān。between ◇ entre ✱ 8039.

之前 zhī qián。before, prior to ◇ avant; devant ✱ 8261.

之中 zhī zhōng。in, among, at the center of ◇ dans, parmi, au milieu de, entre ✱ 10183.

乏 fá (1268) 乏 |[Tra] weary; lack ◇ épuisement; manque [Etym] {?} to stop (< 正 963), here inverted: ->before arrival ◇ {?} arrêt (< 正 963), ici renversé: ->avant arrivée [Graph] 632e [Ref] h1805, k15, ph54, r121, w112k, wa160, wi774 [Hanzi] fan4 泛 315, fa2 乏 6493, bian3 窆 7823, bian3 贬 7970, bian1 砭 9714, zha3 眨 10068, bian3 贬 10129.

乏 fá +6493 乏 |1° to lack 2° tired, weary 3° exhausted ◇ 1° déficit, manquer de 2° lassitude, fatigué 3° épuisement [Etym] 丿 74 (rad: 004a 1-03), 乏 1268 [Graph] 632e.

圣 jīng (1269) ス工 |[Tra] underground stream ◇ rivière souterraine [Etym] modern simplified form of (巠 1121) ◇ forme simplifiée moderne de (巠 1121) [Graph] 632f 431a [Ref] w82a [Hanzi] jing1 泾 316, ting1 烴 992, jing4 径 3151, qiang3 羟 3434, jing1 茎 3763, jing1 jing4 经 6007, qing1 轻 6352, jing3 刭 6494, qiu2 巯 6495, jin4 jing4 劲 6496, geng3 jing3 颈 6497, xing2 陉 6758, jing4 痉 7074, jing4 胫 8157, keng1 硁 9715, qing1 氢 11182.

刭 jǐng -6494 ス工刂 |剄 *5721| to cut the throat ◇ couper le cou [Etym] 刂 470 (rad: 018b 2-05), 圣 1269 [Graph] 632f 431a 333b.

巯 qiú -6495 ス工ㄊ儿 |巰 *5722| organic compound ◇ composant organique [Etym] 工 808 (rad: 048a 3-09), 圣 1269 㐬 1155 [Graph] 632f 431a 612e 417b.

劲 jìn -6496 ス工力 |勁 *5724| 1° energy, strength 2° vigor, zeal 3° manner, taste 4° interest ◇ 1° énergie, force 2° vigueur, zèle 3° manière, goût 4° intérêt [Etym] 力 1489 (rad: 019a 2-05), 圣 1269 [Graph] 632f 431a 732f.

劲头 jìn tóu。strength, energy; enthusiasm, zeal ◇ force, énergie; ardeur, enthousiasme ✱ 1598.

△ jìng |勁 *5724| strength, powerful ◇ force, vigueur, robuste.

颈 gěng -6497 ス工页 |頸 *5725| neck, throat, nape ◇ nuque, cou [Etym] 页 1802 (rad: 181s 6-05), 圣 1269 [Graph] 632f 431a 854d.

△ jǐng |頸 *5725| neck, throat ◇ cou, gorge, col (d'un vase).

久 jiǔ (1270) 久 |[Tra] long ago; ancient ◇ ancien; longtemps [Etym] {?} person (< 人 170) held in place (prim) ◇ {?} une personne (< 人 170) retenue en place (prim) [Graph] 632g [Ref] h647, k401, ph17, r30m, w31a, wi1000 [Hanzi] jiu3 玖 5137, you3 羑 5224, jiu3 久 6498, jiu3 灸 6499, jiu4 疚 7075, mu3 畝 10455.

久 jiǔ +6498 久 |1° for a long time, long since, ancient 2° long ◇ 1° depuis longtemps, longtemps, ancien 2° long (temps) [Etym] 丿 74 (rad: 004a 1-02), 久 1270 [Graph] 632g.

久仰 jiǔ yǎng。I am very pleased to meet you ◇ (formule de politesse) long désir de connaître ✱ 2965.

灸 jiǔ +6499 久火 |1° moxa, moxibustion 2° to cauterize ◇ 1° moxa 2° cautériser [Etym] 火 156 (rad: 086a 4-03), 久 1270 [Graph] 632g 231b.

氶 633

又 yòu (1271) 又 |[Tra] right hand; and, also ◇ main droite; et, aussi [Etym] right hand (prim) ◇ la main droite (prim) [Graph] 633a [Ref] h1835, k249, r68, r396, w43b, wa17, wi49 [Hanzi] han4 汉 317, shou4 受 715, bian4 变 2762, jin3 jin4 仅 2937, pan4 叛 3479, quan2 权 4277, cong2 叢 5329, zhi1 隻 5495, nu2 奴 5781, you4 又 6500, huan1 欢 6501, dui4 对 6502, sheng4 圣 6504, nan2 nan4 难 6505, hu1 hu1 xi4 戏 6506, die2 叠 6514, deng4 邓 6515, quan4 劝 6516, guan1 guan4 观 6517, jian1 艰 6518, ji1 鸡 6519, cha1 cha2 cha3 叉 6520, ji2 及 6807, fa1 fa4 发 6813, du4 duo2 度 6919, sou3 叟 7446, tan4 叹 9040, yu4 馭 11056, yu4 驭 11115 [Rad] 029a.

又 yòu +6500 又 | 1° also 2° still again, again and again 3° and 4° more ◇ 1° aussi 2° encore 3° et 4° en outre [Etym] 又 1271 (rad: 029a 2-00), [Graph] 633a.

欢 huān -6501 又欠 | 歡 *3928 、懽 *3244 、驩 *11041 、讙 *9512 | 1° to rejoice, merry, jubilant 2° vigorously ◇ 1° se réjouir, plaisir, joie 2° entrain, vigoureux [Etym] 欠 178 (rad: 076a 4-02), 又 1271 [Graph] 633a 232b.

欢笑 huān xiào。to laugh ◇ rire * 749.

欢送 huān sòng。to see off ; to send off ◇ saluer chaleureusement le départ de quelqu'un * 1578.

欢喜 huān xǐ。merry, jubilant ◇ joyeux, gai, content * 5038.

欢迎 huān yíng。welcome ◇ bienvenue * 7332.

欢乐 huān lè。happy, jubilant; to enjoy, to rejoice ◇ joyeux, gai; se réjouir, en liesse, allègre * 7358.

欢呼 huān hū。to acclaim; to rejoice ◇ acclamer, pousser des cris de joie * 8913.

欢畅 huān chàng。merry, elated ◇ gai, joyeux * 10662.

对 duì (1272) 又寸 | [Tra] to suit; be right ◇ correct; convenir [Etym] thumb, measure (2= 寸 441); modern simplified form for (對 981) ◇ pouce, mesure (2= 寸 441); forme simplifiée moderne de (對 981) [Graph] 633a 332b [Hanzi] shu4 树 4278, dui4 对 6502, dui4 怼 6503.

对 duì +6502 又寸 | 對 *5334 | 1° to answer, to reply 2° to cope with 3° to be trained on 4° mutual, to face 5° opposite 6° to correspond to, to suit ◇ , être juste 1° répondre 2° faire face à 3° s'adapter 4° mutuel, vis-à-vis 5° contre 6° comparer, convenir, assortir [Etym] 寸 441 (rad: 041a 3-02), 又 1271 [Graph] 633a 332b.

对话 duì huà。to interview; dialogue ◇ interviewer; dialogue, conversation * 1821.

对比 duì bǐ。comparison, contrast ◇ comparaison, contraste * 1889.

对于 duì yú。about, with respect to, as regards ◇ sur, en ce qui concerne, quant à * 2306.

对过 duì guò。opposite; across the way ◇ en face; de l'autre côté de * 2310.

对手 duì shǒu。adversary, opponent ◇ adversaire, concurrent * 2748.

对付 duì fù。to deal with; to cope with ◇ faire face; se débrouiller * 2846.

对待 duì dài。to treat, to handle ◇ traiter; à l'égard de * 3137.

对得起 duì de qǐ。to not let somebody. down; to be worthy of ◇ ne pas décevoir; être digne de * 3173 4858.

对不起 duì bù qǐ。sorry; excuse me; to let somebody. down ◇ excuser, pardonner; décevoir * 4066 4858.

对联 duì lián。antithetical couplet (on scrolls) ◇ sentences ou inscriptions symétriques * 5450.

对外贸易 duì wài mào yì。foreign trade ◇ commerce extérieur * 6395 8820 9921.

对了 duì le。that's right! ◇ oui, c'est exact! * 6540.

对岸 duì àn。opposite side of a river ◇ la rive opposée * 7557.

对案 duì àn。counterproposal ◇ contre-proposition * 7749.

对方 duì fāng。the other party; opponent ◇ partenaire; interlocuteur; adversaire * 7928.

对门 duì mén。opposite door; face each other ◇ porte d'en face * 7996.

对号 duì hào。to check the number; to tally ◇ correspondre à un numéro * 9257.

对白 duì bái。dialogue ◇ dialogue * 9973.

对虾 duì xiā。prawn ◇ crevette chinoise * 10221.

对象 duì xiàng。object; fianc,,e ◇ objet; fiancé(e), amoureux * 10385.

对面 duì miàn。in front of ◇ en face de, devant; face à face * 10929.

怼 duì -6503 又寸心 | 懟 *5335 | to abhor, to hate, resentment ◇ détester, haïr [Etym] 心 397 (rad: 061a 4-05), 对 1272 [Graph] 633a 332b 321c.

圣 yì (1273) 又丰 | [Tra] to investigate ◇ vigilance [Etym] modern simplified form of (睪 2381) ◇ forme simplifiée moderne de (睪 2381) [Graph] 633a 414a [Hanzi] ze2 泽 318, yi4 译 1766, duo2 铎 2009, ze2 zhai2 择 2512, yi4 怿 3281, shi4 释 4656, yi4 绎 6008, yi4 峄 7550, yi4 驿 11116.

圣 kuài (1274) 又土 | [Tra] new; strange ◇ nouveau; étrange [Etym] to work (1= 又 1271) on the ground (2= 土 826) ->new plants ◇ le travail (1= 又 1271) de la terre (2= 土 826) ->nouvelles plantes [Graph] 633a 432a [Ref] k430, w81a, wi548 [Hanzi] guai4 怪 3282, cheng1 柽 4279, sheng4 圣 6504, cheng1 蛏 10271.

圣 shèng -6504 又土 | 聖 *5474 | 1° sage, wise 2° saint, holy, sacred, to consecrate 3° perfect 4° emperor ◇ 1° sage, génie, maître 2° saint, sacré, divin, consacrer 3° éminent, parfait 4° souverain [Etym] 土 826 (rad: 032a 3-02), 圣 1274 [Graph] 633a 432a.

圣诞节 shèng dàn jié。Christmas ◇ Noël * 1746 3805.

圣诞树 shèng dàn shù。Christmas tree ◇ arbre de Noël * 1746 4278.

圣诞老人 shèng dàn lǎo rén。Santa Claus ◇ Père Noël * 1746 5045 1070.

难 nán (1275) 又隹 |[Tra] difficult ◇ difficulté [Etym] to hold a bird (2= 隹 1030) in the hand (1= 又 1271) ◇ tenir un oiseau (2= 隹 1030) à la main (1= 又 1271) [Graph] 633a 436m [Ref] r36e, w43b, w168a [Hanzi] tan1 滩 319, tan1 摊 2513, nuo2 傩 2938, nan2 nan4 难 6505, tan1 瘫 7076.

难 nán -6505 又隹 | 難 *5401 | 1° difficult, hard, unpleasant, irksome 2° to put somebody in a difficult position, to distress, trouble 3° hardly possible ◇ 1° difficulté, peine, pénible, désagréable 2° peiner, affliger 3° peu probable [Etym] 隹 1030 (rad: 172a 8-02), 又 1271 [Graph] 633a 436m.

难受 nán shòu ∘ hard, unpleasant, distressed ◇ pénible, désagréable * 715.

难看 nán kàn ∘ ugly, awful ◇ laid * 1534.

难看 nán kān ∘ ugly; embarrassing ◇ laid, hideux; honteux, déshonorant; mauvaise mine * 1534.

难过 nán guò ∘ hard, unhappy ◇ pénible, malheureux * 2310.

难得 nán dé ∘ hard to come by; rare; seldom ◇ difficile à obtenir; rarement, précieux * 3173.

难怪 nán guài ∘ no wonder ◇ difficile de reprocher; rien d'étonnant * 3282.

难处 nán chǔ ∘ to be hard to get along with; difficult ◇ difficulté, situation délicate; pas commode * 6526.

难产 nán chǎn ∘ difficult labor; difficult to achieve ◇ accouchement difficile; difficile à réaliser * 6991.

难为情 nán wéi qíng ∘ ashamed, embarrassed; disagreeable ◇ honteux; timide; désobligeant * 7272 3261.

难闻 nán wén ∘ not good (to smell) ◇ malodorant * 8018.

难听 nán tīng ∘ unpleasant to hear ◇ désagréable (à entendre) * 9066.

难吃 nán chī ∘ bad taste, not good (to eat) ◇ mauvais (au goût) * 9268.

难道 nán dào ∘ how come? how can ...? ◇ est-ce que par hasard? * 10176.

难免 nán miǎn ∘ unavoidable; hard to avoid ◇ inévitable * 10370.

△ nàn | 難 *5401 | 1° disaster, calamity 2° to blame 3° objection ◇ 1° désastre, calamité 2° réprimander, blâmer 3° objection.

难民 nàn mín ∘ refugee ◇ réfugié * 8712.

戏 hū -6506 又戈 |See ◇ Voir 㱿 8383 [Etym] 戈 1057 (rad: 062a 4-02), 又 1271 [Graph] 633a 512b.

△ hū | 戲 *7171 、戯 *7156 | See ◇ Voir 於戏 wu1-hu1 7929-6506.

△ xì | 戲 *7171 | 1° to play 2° sport 3° to make fun of, to joke 4° performance, show, drama, comedy ◇ 1° jouer 2° sport 3° se moquer de 4° pièce de théâtre, comédie, drame.

戏弄 xì nòng ∘ to tease, to make fun of ◇ se jouer de qqn, taquiner, se moquer de * 5103.

戏院 xì yuàn ∘ theater ◇ théâtre * 6771.

戏剧 xì jù ∘ play, drama, theater ◇ pièce de théâtre, représentation théâtrale * 8662.

戏曲 xì qǔ ∘ traditional opera ◇ opéra traditionnel chinois * 10829.

双 shuāng (1276) 又又 |[Tra] double; pair; two ◇ paire; couple; deux [Etym] two hands (1,2= 又 1271); formerly (雙 1035) ◇ deux mains (1,2= 又 1271); autrefois (雙 1035) [Graph] 633a 633a [Ref] h1513, r3e [Hanzi] song3 扨 2514, nie4 聂 5464, hong1 轰 6353, shuang1 双 6507.

双 shuāng +6507 又又 | 雙 *5493 、 雙 *28 | 1° two, twin, both, dual 2° measure word (double, pair, mate) 3° even (numbers) 4° equal ◇ 1° deux 2° spécificatif (double, couple, paire) 3° pair (nombre) 4° égal [Etym] 又 1271 (rad: 029a 2-02), 双 1276 [Graph] 633a 633a.

双亲 shuāng qīn ∘ parents, father and mother ◇ parents, père et mère * 640.

双数 shuāng shù ∘ even numbers ◇ nombre pair * 4614.

双边 shuāng biān ∘ bilateral ◇ bilatéral * 7260.

双方 shuāng fāng ∘ both sides, the two parties ◇ deux côtés, deux parties * 7928.

双胞胎 shuāng bāo tāi ∘ twins ◇ jumeaux * 8197 8151.

桑 sāng (1277) 又又又木 |[Tra] mulberry tree ◇ mûrier [Etym] tree (4= 木 723); pick (1,2,3= 又 1271) leaves for silkworms ◇ un arbre (4= 木 723); cueillir (1,2,3= 又 1271) des feuilles -> vers à soie [Graph] 633a 633a 633a 422a [Ref] h1518, k769, ph558, w43q, wa91 [Hanzi] sang3 搡 2515, sang1 桑 6508, sang3 颡 6509, sang3 顙 6510, sang3 嗓 9041, sang3 磉 9716.

桑 sāng +6508 又又又木 |1° mulberry 2° surname ◇ 1° mûrier 2° nom de famille [Etym] 木 723 (rad: 075a 4-06), 桑 1277 [Graph] 633a 633a 633a 422a.

桑树 sāng shù ∘ mulberry tree ◇ mûrier * 4278.

颡 sǎng -6509 又又又木页 | 顙 *6510 | forehead ◇ front [Etym] 页 1802 (rad: 181s 6-10), 桑 1277 [Graph] 633a 633a 633a 422a 854d.

顙 sǎng *6510 又又又木頁 | 颡 -6509 | forehead ◇ front [Etym] 頁 2267 (rad: 181a 9-10), 桑 1277 [Graph] 633a 633a 633a 422a 023f.

叕 zhuò (1278) 又又又又 |[Tra] to sew ◇ coudre [Etym] intertwined sewing stitches (1,2,3,4=prim) ◇ le croisement des points de couture (1,2,3,4=prim) [Graph] 633a 633a 633a 633a [Ref] k1235, ph341, w43r [Hanzi] duo1 掇 2516, chuo4 惙 3283, zhui4 缀 6009, zhui4 綴 6183, chuo4 辍 6354, duo1 剟 6511, duo1 敠 6512, duo1 裰 6651, chuai4 chuo4 啜 9042, chuo4 輟 10694, zhui4 醊 10884.

冰 又

剟 duō +6511 又又又又刂 | to cut, to engrave ◇ tailler, graver [Etym] 刂 470 (rad: 018b 2-08), 叕 1278 [Graph] 633a 633a 633a 633a 333b.

敪 duō +6512 又又又又攴 | See ◇ Voir [Etym] 攴 1283 (rad: 066a 4-08), 叕 1278 [Graph] 633a 633a 633a 633a 633c.

歠 chuò (1279) 又又又又酉欠 | [Tra] to suck up, to sip ◇ humer, boire [Etym] {?} breath (6= 欠 178), alcohol (5= 酉 2429); phon (叕 1278) ◇ {?} une aspiration (6= 欠 178), de l'alcool (5= 酉 2429); phon (叕 1278) [Graph] 633a 633a 633a 633a 062c 232b [Hanzi] chuo4 歠 6513.

歠 chuò +6513 又又又又酉欠 | to suck up, to sip ◇ humer, boire [Etym] 欠 178 (rad: 076a 4-15), 歠 1279 [Graph] 633a 633a 633a 633a 062c 232b.

叠 dié (1280) 又又又一且 | [Tra] to pile on; fold ◇ empiler; plier [Etym] many objects (1,2,3=prim) and offerings (4,5= 宜 1705) ◇ plusieurs objets (1,2,3=prim) et offrandes (4,5= 宜 1705) [Graph] 633a 633a 633a 851a 921a [Ref] w143g, w149f [Hanzi] die2 叠 6514.

叠 dié +6514 又又又一且 | 疊、疉 *9959、*10448 | to pile on, to fold over ◇ piler, plier [Etym] 又 1271 (rad: 029a 2-11), 叠 1280 [Graph] 633a 633a 633a 851a 921a.

邓 dèng -6515 又阝 | 鄧 *6457 | 1° place in Henan 2° surname ◇ 1° lieu du Henan 2° nom de famille [Etym] 阝 1316 (rad: 163b 2-02), 又 1271 [Graph] 633a 634j.

劝 quàn +6516 又力 | 勸 *3929 | 1° to advise, to admonish, to exhort 2° to encourage ◇ 1° exhorter, sermonner 2° encourager [Etym] 力 1489 (rad: 019a 2-02), 又 1271 [Graph] 633a 732f.

劝说 quàn shuō ∘ to persuade ◇ persuader ＊ 1819.

劝告 quàn gào ∘ to advise, to urge; advice ◇ conseiller, recommander, conseil ＊ 5233.

劝阻 quàn zǔ ∘ to dissuade somebody. from ◇ dissuader, déconseiller ＊ 6777.

劝解 quàn jiě ∘ to admonish, to call for peace ◇ exhorter à la paix, concorde ＊ 8366.

观 guān -6517 又见 | 觀 *3931 | 1° to look at, to watch, to examine 2° view, outlook 3° concept, aspect ◇ 1° regarder, considérer 2° contempler, point de vue 3° aspect, conception [Etym] 见 1801 (rad: 147s 4-02), 又 1271 [Graph] 633a 854c.

观众 guān zhòng ∘ spectator; audience ◇ spectateur, public, assistant ＊ 1086.

观看 guān kàn ∘ to watch; to view ◇ observer, regarder; assister à ＊ 1534.

观光 guān guāng ∘ to visit; sightseeing ◇ visiter, retourner visiter son pays ＊ 2205.

观感 guān gǎn ∘ impression ◇ impression ＊ 5557.

观察 guān chá ∘ to observe, to examine ◇ observer, examiner; envisager ＊ 7759.

观点 guān diǎn ∘ viewpoint; standpoint, opinion ◇ point de vue, opinion, avis ＊ 9799.

△ guàn | 觀 *3931 | 1° Taoist temple 2° watchtower ◇ 1° temple taoïste 2° belvédère, guette.

艰 jiān -6518 又艮 | 艱 *5402 | 1° labor 2° difficult, hard 3° suffering ◇ 1° labeur 2° difficile, pénible 3° peine, souffrance [Etym] 艮 2003 (rad: 138a 6-02), 又 1271 [Graph] 633a 932c.

艰辛 jiān xīn ∘ hard, difficult; hardship ◇ dur, pénible, difficile ＊ 3408.

艰苦 jiān kǔ ∘ hard, difficult ◇ dur, difficile, pénible, ardu ＊ 3946.

艰难 jiān nán ∘ difficult, hard, arduous ◇ difficile, pénible, dur, ardu ＊ 6505.

艰险 jiān xiǎn ∘ hard and dangerous ◇ difficile et dangereux ＊ 6713.

艰巨 jiān jù ∘ hard, arduous ◇ difficile, pénible ＊ 8803.

鸡 jī -6519 又鸟 | 雞、鷄 *695、*696 | gallinaceous birds, cock, hen, chicken, rooster ◇ gallinacés, coq, poule [Etym] 鸟 2494 (rad: 196s 5-02), 又 1271 [Graph] 633a Z22e.

鸡蛋 jī dàn ∘ egg ◇ oeuf de poule ＊ 5326.

叉 chā (1281) 叉 | [Tra] to cross, interlace ◇ entrecroiser [Etym] intertwined hands and fingers (prim), now reduced (< 又 1271) ◇ des mains et des doigts croisés (prim), ici dessin réduit (< 又 1271) [Graph] 633b [Ref] k1153, ph12, w45h, wa21 [Hanzi] cha4 汊 320, chai1 釵 1233, chai1 钗 2010, cha1 扠 2517, cha1 cha4 杈 4280, cha1 cha2 cha3 叉 6520, zao3 蚤 6521, cha3 cha4 衩 6652.

叉 chā +6520 叉 | 扠2° *2517 | 1° fork 2° to prick, to stick into ◇ 1° fourche 2° percer [Etym] 又 1271 (rad: 029a 2-01), 叉 1281 [Graph] 633b.

叉子 chā zǐ ∘ fork; pitch-fork ◇ fourchette; fourche ＊ 6546.

△ chá | 1° block up 2° jam 3° trafic jam ◇ 1° obstruer 2° entremêler 3° embouteillage.

△ chǎ | 1° fork 2° stand with one's legs apart ◇ 1° fourche 2° écarter les jambes.

蚤 zǎo (1282) 叉虫 | [Tra] flea ◇ puce [Etym] paws (1=prim, < 叉 1281); insect (2= 虫 2282) that irritates men ◇ griffes (1=prim, < 叉 1281); insecte (2= 虫 2282) qui gratte [Graph] 633b 031d [Ref] k1038, ph576 [Hanzi] sao1 搔 2518, zao3 蚤 6521, sao4 瘙 7077, sao1 騷 11057, sao1 骚 11117.

蚤 zǎo +6521 叉虫 | flea ◇ puce [Etym] 虫 2282 (rad: 142a 6-03), 叉 1281 [Graph] 633b 031d.

攴 pū (1283) 攴 | [Tra] to tap ◇ frapper légèrement [Etym] right hand (< 又 1271) holding a rod (top=prim) ◇ la main droite (< 又 1271) tenant un bâton (haut=prim) [Graph] 633c [Ref] k761, w43d [Rad] 066a.

支 zhī (1284) 支 [Tra] twig; to sustain ◇ branche; étayer [Etym] right hand (< 又 1271) holding a branch (prim) ->to lead ◇ la main droite (< 又 1271) tenant une branche (prim) ->conduire [Graph] 633d [Ref] h691, k1212, ph45, r27b, w43c, wi950 [Hanzi] ji4 技2519, ji4 伎2939, zhi4 忮3284, ji4 芰3764, zhi1 枝4281, gu3 鼓5032, qi2 歧5314, ji4 妓5791, zhi1 支6522, chi4 翅6523, gui3 庋6933, chi4 翨7228, qi2 岐7551, zhi1 肢8158, ji1 屐8617, zhi1 zi1 zi1 吱9043, qi2 qi4 跂9352, chi3 豉9432 [Rad] 065a.

支 zhī +6522 支 1° to prop up 2° to raise 3° to sustain 4° to send away 5° to pay, to receive (money) 6° branch, twig 7° offsprings (second wife) 8° measure-word (troops, song, pen, light bulb) 9° surname ◇ 1° étayer 2° élever 3° soutenir 4° éconduire 5° payer, débourser, toucher de l'argent 6° branche, rameau 7° descendants d'une épouse secondaire 8° spécificatif (contingent, chant, ampoule électrique) 9° nom de famille [Etym] 支 1284 (rad: 065a 4-00), [Graph] 633d.

支援 zhī yuán ◦ to support, to assist ◇ soutenir, aider; donner assistance à * 2327.

支持 zhī chí ◦ to support, to maintain ◇ supporter, appuyer, maintenir, soutenir, aider * 2440.

支墩坝 zhī dūn bà ◦ buttress dam ◇ barrage contrebutant * 4951 4918.

支出 zhī chū ◦ to pay, to expend; expenses ◇ payer, débourser; dépenses * 7657.

支票 zhī piào ◦ check ◇ chèque * 10812.

支配 zhī pèi ◦ to arrange, allocation, budget ◇ disposer, arranger; contrôler, dominer * 10919.

翅 chì +6523 支习习 翨 *7228 wing, fin ◇ aile, aileron [Etym] 羽 1472 (rad: 124a 6-04), 支 1284 [Graph] 633d 731c 731c.

翅膀 chì bǎng ◦ wing ◇ aile * 8190.

夂 zhōng (1285) 夂 [Tra] end; fixation ◇ fin; fixation [Etym] thread skein, with a tie in the center (prim) (# 夂 1286) ◇ un écheveau de fils attaché au centre (prim) (# 夂 1286) [Graph] 633e [Ref] w17f, wi170 [Hanzi] dong1 冬6524, chu3 chu4 处6526, ge3 ge4 各6534, bei4 备6537, bei4 惫6538, chu3 chu4 処6539.

夂 suī (1286) 夂 [Tra] to go on uneasyly ◇ avancer lentement [Etym] to go on despite of shackles (prim) ◇ avancer malgré les entraves (prim) [Graph] 633e [Ref] k1209, ph220, r3b, w31b, wi168 [Hanzi] chu3 chu4 处6526, bei4 备6537, fu4 复9972 [Rad] 034a.

冬 dōng (1287) 夂丶 [Tra] winter ◇ hiver [Etym] {1} fixation (1= 夂 1285) and piling up of ice (bottom< 夂 1285); {2} inventory string (1< 系 1209) and ice ◇ {1} de la glace (bas< 冫 7) qui se fixe et s'accumule (1= 夂 1285); {2} la cordelette d'un inventaire chinois (1< 系 1209) et de la glace [Graph] 633e 211b [Ref] h182, k1145, ph166, w17f, wa191, wi170 [Hanzi] tong2 佟2940, dong1 鼕5034, zhong1 终6010, zhong1 終6184, dong1 冬6524, zhong1 螽6525, teng2 疼7078, tong2 峂7552, dong1 咚9044, tu2 图10957, dong1 氡11183.

冬 dōng +6524 夂丶 鼕2° *5034 1° winter 2° sound (dong) ◇ 1° hiver 2° son (dong) [Etym] 冫 75 (rad: 015b 2-03), 冬 1287 [Graph] 633e 211b.

冬天 dōng tiān ◦ winter ◇ hiver * 1573.

冬瓜 dōng guā ◦ water melon, courge ◇ melon d'hiver * 2159.

冬装 dōng zhuāng ◦ winter clothes ◇ vêtement d'hiver * 3192.

冬季 dōng jì ◦ winter ◇ hiver * 4543.

冬至 dōng zhì ◦ winter solstice ◇ solstice d'hiver * 5911.

螽 zhōng +6525 夂冫虫虫 long headed green grasshopper ◇ sauterelle [Etym] 虫 2282 (rad: 142a 6-11), 冬 1287 蚰 2283 [Graph] 633e 211b 031d 031d.

处 chǔ -6526 夂卜 處 *7161 、 處 *7164 、 処 *6539 1° to get along 2° to be situated 3° to manage, to handle 4° to punish, to decide, to judge 5° to dwell, to rest ◇ 1° bien s'entendre avec 2° être situé dans 3° manipuler, administrer 4° punir, juger, décider 5° demeurer, demeure, repos [Etym] 夂 1286 (rad: 034a 3-02), 夂 1285 卜 548 [Graph] 633e 412c.

处境 chǔ jìng ◦ unfavorable situation, plight ◇ situation, circonstance; état * 4762.

处理 chǔ lǐ ◦ to regularize, to manage ◇ régulariser, régler; résoudre; vendre à rabais * 5204.

处女 chǔ nǚ ◦ virgin, maiden ◇ vierge; fille vierge * 5726.

处分 chǔ fèn ◦ sanction; to punish ◇ sanction; peine * 7245.

处罚 chǔ fá ◦ to punish, to penalize ◇ châtier; punir * 10773.

处置 chǔ zhì ◦ to handle, to manage; to dispose of ◇ manipuler, disposer de * 10793.

△ chù 處 *7161 、 處 *7164 、 処 *6539 1° place 2° point 3° department, office ◇ 1° lieu 2° local 3° département 4° bureau.

处处 chù chù ◦ everywhere; in all respects ◇ partout, dans tous les domaines * 6526.

咎 jiù (1288) 夂卜口 [Tra] fault; to punish ◇ faute; blâmer [Etym] a selfish (1,3= 各 1295) man (2< 人 170) ◇ un homme (2< 人 170) qui n'en fait qu'à sa tête (1,3= 各 1295) [Graph] 633e 412c 011a [Ref] k404, ph338, w28i [Hanzi] liu3 绺6011, liu3 綹6185, jiu4 咎6527, gui3 晷9899.

咎 jiù +6527 夂卜口 1° fault 2° blame, to punish 3° calamity ◇ 1° faute 2° blâmer, accuser, punir 3° malheur [Etym] 口 2063 (rad: 030a 3-05), 咎 1288 [Graph] 633e 412c 011a.

昝 zǎn (1289) 夂卜曰 [Tra] I, we; surname ◇ je, nous; nom propre [Etym] phon: different writing for (朁 1541) with other meaning ◇ phon: autre graphie pour (朁 1541) avec autre sens [Graph] 633e 412c 021a [Ref] k1029, w26d, wi185 [Hanzi] zan2 偺 2941, zan1 糌 4625, zan3 昝 6528, zan2 喒 9045.

昝 zǎn +6528 夂卜曰 surname ◇ nom de famille [Etym] 日 2169 (rad: 072a 4-05), 昝 1289 [Graph] 633e 412c 021a.

夆 féng (1290) 夂丰 [Tra] to meet; opposition ◇ opposition; rencontre [Etym] to walk slowly (1= 夂 1286) in bushes (2= 丰 592) ◇ marcher avec difficulté (1= 夂 1286) dans les buissons (2= 丰 592) [Graph] 633e 414g [Ref] k31, ph269, w97a [Hanzi] feng1 烽 993, feng1 鋒 1234, feng1 锋 2011, feng2 逢 6529, feng1 峯 7553, feng1 峰 7554, feng1 蜂 10272.

逢 féng (1291) 夂丰辶 [Tra] to meet; to happen ◇ aller; rencontrer [Etym] to go (3= 辶 1346); phon, to meet (1,2= 夆 1290) ◇ aller (3= 辶 1346); phon, rencontrer (1,2= 夆 1290) [Graph] 633e 414g 634o [Ref] k32, ph608, w97a, wi312 [Hanzi] peng2 篷 824, peng2 蓬 3765, feng2 feng4 縫 6012, feng2 feng4 缝 6186, feng2 逢 6529, feng1 蠭 6530.

逢 féng +6529 夂丰辶 1° to meet 2° to happen, accident ◇ 1° aller au devant de, rencontrer 2° hasard, accident, survenir [Etym] 辶 1346 (rad: 162b 3-07), 逢 1291 [Graph] 633e 414g 634o.

蠭 fēng *6530 夂丰辶虫虫 蜂 +10272 1° bee, wasp, hornet 2° in swarms ◇ 1° mouche à dard, abeille, guêpe 2° en foule [Etym] 虫 2282 (rad: 142a 6-16), 逢 1291 䖵 2283 [Graph] 633e 414g 634o 031d 031d.

条 tiáo (1292) 夂木 [Tra] twig; item ◇ baguette; article [Etym] modern simplified form of (條 515) ◇ forme simplifiée moderne de (條 515) [Graph] 633e 422a [Hanzi] di2 涤 118, diao4 莜 3590, tao1 绦 5955, tiao2 鲦 10469.

条 tiáo -6531 夂木 條 *3109 1° twig 2° strip, slip 3° item, article 4° order 5° measure-word (thin and long objects: fish, avenue, trousers, etc.) ◇ 1° branche, baguette, rameau 2° bamde. ceinture 3° article, clause 4° ordre 5° spécificatif (objets minces et allongés: corde, chemin, serpent, pantalons) [Etym] 木 723 (rad: 075a 4-03), 夂 340 [Graph] 633e 422a.

条件 tiáo jiàn 。 condition ◇ condition * 2856.

条款 tiáo kuǎn 。 article, provision, clause ◇ article, terme, clauses (contrat) * 4995.

条纹 tiáo wén 。 stripe, ribbon ◇ bande, bandeau, ruban * 5954.

条约 tiáo yuē 。 treaty, pact ◇ traité, convention * 6041.

条子 tiáo zǐ 。 strip ◇ bande, petit message écrit * 6546.

条案 tiáo àn 。 a long narrow table ◇ longue table étroite * 7749.

夅 zhiang (1293) 夂㐄 [Tra] to descend; degrade ◇ descendre; dégradé [Etym] two men (1,2< 舛 1229), here one submitted to the other ◇ deux hommes (1,2< 舛 1229), ici l'un soumis à l'autre [Graph] 633e 712b [Ref] k351, ph182, r43c, w31f, wi621 [Hanzi] jiang4 绛 6013, jiang4 絳 6187, pang2 逄 6532, jiang4 xiang2 降 6760, pang1 胮 8159, hang1 夯 9717.

逄 páng +6532 夂㐄辶 surname ◇ nom de famille [Etym] 辶 1346 (rad: 162b 3-06), 夅 1293 [Graph] 633e 712b 634o.

务 wù (1294) 夂力 [Tra] dedicated to; must ◇ s'appliquer; il faut [Etym] modern simplified form of (務 1259) ◇ forme simplifiée moderne de (務 1259) [Graph] 633e 732f [Ref] k1287, w95c, w491h [Hanzi] wu4 务 6533, wu4 雾 8425.

务 wù -6533 夂力 務 *6470 1° business 2° to attend to earnestly 3° must, be sure to 4° job, task 5° perception office 6° surname ◇ 1° affaires 2° s'appliquer à, être tout à 3° il faut 4° occupation, tâche 5° bureau de perception 6° nom de famille [Etym] 力 1489 (rad: 019a 2-03), 务 1294 [Graph] 633e 732f.

务必 wù bì 。 must, be sure to ◇ il faut, il est indispensable de * 2179.

各 gě (1295) 夂口 [Tra] each; oneself ◇ chacun; pour soi [Etym] to go and stop (1= 夂 1286) somewhere (2=prim,phon< ? 2440) ◇ aller ou s'arrêter (1= 夂 1286) quelque part (2=prim,phon< ? 2440) [Graph] 633e 011a [Ref] h438, k411, w31b, wa95, wi272, wi498 [Hanzi] luo4 洛 321, lao4 luo4 烙 994, ge4 鉻 1235, le5 餎 1449, le5 饹 1859, ge4 铬 2012, ge2 挌 2520, ke4 恪 3285, ge2 格 4282, luo4 珞 5138, hao2 he2 貉 5575, lao4 luo4 络 6014, lao4 luo4 絡 6188, lu4 辂 6355, ge3 ge4 各 6534, luo4 雒 6535, e2 額 6536, ge1 袼 6653, ke4 客 7760, lu4 赂 7971, ge2 阁 8024, ge1 ge2 胳 8160, ge1 ge2 骼 8581, ge2 閣 8774, ge1 ka3 lo5 luo4 咯 9046, lu4 路 9353, ge4 luo4 硌 9718, lu4 賂 10130, lüe4 略 10435, lüe4 畧 10436, lu4 輅 10695, lao4 酪 10885, luo4 駱 11058, luo4 骆 11118.

各 gě +6534 夂口 1° each, every 2° oneself 3° different ◇ 1° chaque, chacun 2° pour soi 3° à part, différent [Etym] 口 2063 (rad: 030a 3-03), 各 1295 [Graph] 633e 011a.

△ gè 1° each, every 2° individual 3° various, different, all ◇ 1° chaque, chacun 2° pour soi, à part, individuel 3° variés, tout.

各个 gè gè 。 each; every ◇ chaque * 1092.

各地 gè dì ∘ everywhere ◇ en tous lieux * 4903.

各自 gè zì ∘ self; each ◇ soi-même; chacun * 10153.

雒 luò +6535 夂口隹 | 1° kind of bird 2° fear 3° place in Shanxi ◇ 1° oiseau 2° crainte 3° lieu du Shanxi [Etym] 隹 1030 (rad: 172a 8-06), 各 1295 [Graph] 633e 011a 436m.

額 é *6536 夂口頁 | 额 -7761、額 *7762 | 1° forehead 2° horizontal tablet 3° specified number ◇ 1° front 2° inscription horizontale 3° nombre fixé [Etym] 頁 2267 (rad: 181a 9-06), 各 1295 [Graph] 633e 011a 023f.

备 bèi (1296) 夂田 | [Tra] to prepare; ready ◇ préparer; parfait [Etym] modern simplified form of (備 498) ◇ forme simplifiée moderne de (備 498) [Graph] 633e 041a [Hanzi] bei4 俻 2942, bei4 备 6537.

备 bèi -6537 夂田 | 備 *2905、俻 *2942 | 1° to have, to be equipped with 2° to prepare 3° to provide against 4° equipment 5° complete, perfect ◇ 1° avoir, disposer de 2° préparer 3° se prémunir contre 4° équipement 5° complet, parfait [Etym] 夂 1286 (rad: 034a 3-05), 夂 1285 田 2313 [Graph] 633e 041a.

备课 bèi kè ∘ to prepare (a lesson, class, course) ◇ préparer les cours * 1829.

备忘录 bèi wàng lù ∘ memorandum ◇ mémorandum, aide-mémoire * 7335 7388.

备案 bèi àn ∘ to put on record or file ◇ inscrire dans un registre * 7749.

备用 bèi yòng ∘ reserve; spare ◇ tenir en réserve; disponible * 8267.

惫 bèi -6538 夂田心 | 憊 *2906 | exhausted ◇ épuisé [Etym] 心 397 (rad: 061a 4-08), 夂 1285 思 2316 [Graph] 633e 041a 321c.

処 chǔ (1297) 夂几 | [Tra] stop; sejourn; place ◇ arrêt; séjour; lieu [Etym] to go (1< 夂 1286) to a stool (2< 几 2517) ◇ aller (1= 夂 1286) à un siège (2< 几 2517) [Graph] 633e Z33a [Ref] k1256, w20b, wi409 [Hanzi] chu3 chu4 処 6539, chu3 chu4 處 7161.

処 chǔ *6539 夂几 | 处 -6526、處 *7161、虜 *7164 | 1° to get along 2° to be situated 3° to manage, to handle 4° to punish, to decide, to judge 5° to dwell, to rest ◇ 1° bien s'entendre avec 2° être situé dans 3° manipuler, administrer 4° punir, juger, décider 5° demeurer, demeure, repos [Etym] 几 2516 (rad: 016a 2-03), 処 1297 [Graph] 633e Z33a.

△ chù | 处 -6526、處 *7161、虜 *7164 | 1° place 2° point 3° department, office ◇ 1° lieu 2° local 3° département 4° bureau.

了 634

了 le, liǎo (1298) 了 | [Tra] completed; can ◇ fin, complet; pouvoir [Etym] phon: armless, swaddled child (< 子 1303) ◇ phon: un enfant (< 子 1303) sans bras, emmailloté [Graph] 634a [Ref] h1905, k545, r16m, w94h, wi68 [Hanzi] liao3 liao4 釕 1236, liao3 liao4 钌 2013, le5 liao3 liao4 了 6540, liao2 辽 6541, liao2 疗 7079.

了 le +6540 了 | 1° concluded 2° ending particle indicating that an action is completed or fixed ◇ 1° finir, achever 2° auxiliaire marquant l'accomplissement de l'action soit dans le passé, soit dans le futur, particule finale signalant une évidence [Etym] 亅 419 (rad: 006a 1-01), 了 1298 [Graph] 634a.

△ liǎo | 瞭1° *10028 | 1° to understand 2° to end, to finish, to settle 3° can 4° entirely, fixed, concluded ◇ 1° comprendre 2° finir, achever, régler 3° pouvoir 4° complètement, marque du potentiel.

了不起 liǎo bù qǐ ∘ extraordinary; amazing ◇ formidable * 4066 4858.

了解 liǎo jiě ∘ to understand ◇ comprendre, être au courant de; se renseigner sur * 8366.

△ liào | 瞭 *10028 | to watch from a distance ◇ regarder de loin.

辽 liáo -6541 了辶 | 遼 *1607 | 1° distant, faraway 2° the Liao river, short for Liaoning Province 3° name of a dynasty ◇ 1° éloigné, lointain 2° le fleuve Liao, abréviation de la province de Liaoning 3° nom d'une dynastie [Etym] 辶 1346 (rad: 162b 3-02), 了 1298 [Graph] 634a 634o.

辽阔 liáo kuò ∘ vast, extensive ◇ immense, vaste, large * 7998.

亟 jí (1299) 了口又一 | [Tra] haste; crisis; often ◇ hâte; émoi; souvent [Etym] modern simplified form of (亟 2476) ◇ forme simplifiée moderne de (亟 2476) [Graph] 634a 011a 633a acc:z [Ref] w2d [Hanzi] ji2 殛 6433.

函 hán (1300) 丞凵 | [Tra] to endure in silence ◇ patience; endurer [Etym] modern simplified form of (函 1265) ◇ forme simplifiée moderne de (函 1265) [Graph] 634b 841e [Ref] k63, w55k, wa154 [Hanzi] han2 涵 322, han4 菡 3766, han2 函 6542.

函 hán +6542 丞凵 | 函 6490 | 1° to contain, to envelop 2° to endure 3° letter 4° armor 5° case ◇ 1° contenir, renfermer 2° endurer 3° lettre 4° armure 5° boîte, étui [Etym] 凵 1630 (rad: 017a 2-06), 函 1300 [Graph] 634b 841e.

函件 hán jiàn ∘ mail, letters ◇ courrier * 2856.

丞 chéng (1301) 丞一 | [Tra] to assist; minister ◇ aider; ministre [Etym] scepter (center=prim,< 卩 1504) held by three hands (around) ◇ un sceptre (centre=prim,< 卩 1504) tenu par trois mains (autour) [Graph] 634c acc:z [Ref] k1203, w47v [Hanzi] zheng3 拯 2521, cheng2 丞 6543, zheng1 烝 6544, jin3 卺 6545.

丞 chéng +6543 丞一 | 1° to assist 2° assistant officer ◇ 1° aider 2° assistant

[Etym] 一 3 (rad: 001a 1-05), 丞 1301 [Graph] 634c ac:z.

烝 zhēng (1302) 丞灬 |[Tra] to steam, boil ◇ vapeur; bouillir [Etym] fire (2= 灬 130); phon, to assist (1= 丞 1301) ◇ du feu (2= 灬 130); phon, aider (1= 丞 1301) [Graph] 634c acc:z 222d [Ref] k1202, ph510, w47v [Hanzi] zheng1 蒸 3767, zheng1 烝 6544.

烝 zhēng +6544 丞灬 |1° steam, to steam 2° numerous 3° beautiful ◇ 1° étuver 2° nombreux 3° beau [Etym] 灬 130 (rad: 086b 4-06), 烝 1302 [Graph] 634c ac:z 222d.

巹 jǐn +6545 丞巳 |nuptial wine cup ◇ coupe nuptiale (faite d'une moitié d'une calebasse) [Etym] 巳 1499 (rad: 026b 2-06), 丞 1301 [Graph] 634c ac:z 733a.

子 zǐ (1303) 子 |[Tra] child; son ◇ enfant; fils [Etym] child (prim): head, arms, curled body ◇ enfant (prim): tête, bras, corps recourbé [Graph] 634d [Ref] h25, k1089, ph33, r35, w94a, wa26, wi1 [Hanzi] zai3 zai3 zi1 zi3 仔 2943, nao1 孬 4070, li3 李 4283, zi3 籽 4626, zi3 耔 4685, xiao4 孝 5049, hao3 hao4 好 5792, zi3 子 6546, zi1 孜 6547, jie2 孑 6560, yan4 趼 7992, can4 chan2 孱 8636, fu1 孵 8829, shu2 孰 9454, yan4 赶 10152, jian3 nan1 囝 10958 [Rad] 039a.

子 zǐ +6546 子 |1° son, child 2° person 3° master, teacher 4° seed 5° egg 6° young, small 7° something small and hard (bead, chess piece) 8° copper coin 9° measure-word (bundle) 10° viscount 11° first of the 12 Earthly Branches ◇ 1° enfant, fils 2° personne 3° maître 4° graines 5° oeuf 6° jeune, petit 7° quelque chose de petit et dur (perle) 8° pièce de cuivre 9° spécificatif (écheveau) 10° vicomte 11° le premier des 12 Rameaux Terrestres [Etym] 子 1303 (rad: 039a 3-00), [Graph] 634d.

子女 zǐ nǚ 。 sons and daughters; children ◇ fils et fille, enfants ＊ 5726.

子孙 zǐ sūn 。 children and grandchildren; descendants ◇ fils et petits fils, descendants, postérité ＊ 6550.

子弹 zǐ dàn 。 bullet ◇ balle, cartouche, obus ＊ 11271.

孜 zī +6547 子攵 |zeal, care, diligent ◇ zèle, sollicitude, assidu [Etym] 子 1303 (rad: 039a 3-04), 攵 340 [Graph] 634d 243c.

孤 gū (1304) 子瓜 |[Tra] orphan; alone, lonely ◇ orphelin; seul [Etym] child (1= 子 1303);phon (2,3= 瓜 382)where there is but one melon ◇ enfant (1= 子 1303); phon (2,3= 瓜 382), où il n'y a qu'un melon [Graph] 634d 313a [Ref] h1241, r391, w94a, wa26 [Hanzi] gu1 gu1 菰 3768, gu1 孤 6548.

孤 gū +6548 子瓜 |1° fatherless, orphaned 2° solitary, alone 3° I (used by feudal princes) ◇ 1° orphelin de père 2° seul 3° moi, l'empereur [Etym] 子 1303 (rad: 039a 3-05), 孤 1304 [Graph] 634d 313a.

孤儿 gū ér 。 orphan ◇ orphelin ＊ 2194.

孤傲 gū ào 。 proud and aloof ◇ hautain et distant ＊ 2897.

孤独 gū dú 。 alone, solitary, single ◇ seul, solitaire ＊ 5673.

孤单 gū dān 。 alone ◇ solitaire ＊ 10457.

孔 kǒng (1305) 子乚 |[Tra] hole, opening ◇ trou, ouverture [Etym] cavity (2=prim) or vagina where child (1= 子 1303) is born ◇ cavité (2=prim) ou sein où l'enfant (1= 子 1303) est conçu [Graph] 634d 321a [Ref] r25c [Hanzi] kou1 扣 3769, kong3 孔 6549, hou3 吼 9047.

孔 kǒng +6549 子乚 |1° hole 2° opening 3° surname ◇ 1° trou 2° ouverture 3° nom propre [Etym] 子 1303 (rad: 039a 3-01), 孔 1305 [Graph] 634d 321a.

孔雀 kǒng què 。 peacock ◇ paon ＊ 2244.

孙 sūn (1306) 子小 |[Tra] grandson; new shoots ◇ petit-fils; rejeton [Etym] modern simplified form of (孫 1307) ◇ forme simplifiée moderne de (孫 1307) [Graph] 634d 331j [Ref] k833, ph569, r25c, w92b, wa190 [Hanzi] sun1 荪 3770, sun1 狲 5634, sun1 孙 6550, xun4 逊 6551.

孙 sūn +6550 子小 |孫 *6552| 1° grandson, grandchild 2° new shoots 3° surname ◇ 1° petits-fils, petits-enfants 2° rejet (d'une plante) 3° nom propre [Etym] 子 1303 (rad: 039a 3-03), 小 424 [Graph] 634d 331j.

孙女 sūn nǚ 。 granddaughter ◇ petite-fille (fille d'un fils) ＊ 5726.

孙子 sūn zǐ 。 grandson ◇ petit-fils (fils d'un fils) ＊ 6546.

逊 xùn -6551 子小辶 |遜 *6553| 1° to abdicate 2° modest, humble 3° inferior 4° docile ◇ 1° céder 2° humilité, condescendre 3° inférieur 4° docile [Etym] 辶 1346 (rad: 162b 3-06), 孙 1306 [Graph] 634d 331j 634o.

孫 sūn (1307) 子系 |[Tra] grandson; new shoots ◇ petit-fils; rejeton [Etym] connecting line (2= 系 1209) of offsprings (1= 子 1303) ◇ la ligne (2= 系 1209) de succession des enfants (1= 子 1303) [Graph] 634d 613j [Ref] h1229, k426 [Hanzi] sun1 蓀 3771, sun1 猻 5635, sun1 孫 6552, xun4 遜 6553.

孫 sūn *6552 子系 |孙 +6550| 1° grandson, grandchild 2° new shoots 3° surname ◇ 1° petits-fils, petits-enfants 2° rejet (d'une plante) 3° nom propre [Etym] 子 1303 (rad: 039a 3-07), 孫 1307 [Graph] 634d 613j.

遜 xùn *6553 子系辶 |逊 -6551| 1° to abdicate 2° modest, humble 3° inferior 4° docile ◇ 1° céder 2° humilité, condescendre 3° inférieur 4° docile [Etym] 辶 1346 (rad: 162b 3-10), 孫 1307 [Graph] 634d 613j 634o.

孩 hái +6554 子亥 |child ◇ enfant [Etym] 子 1303 (rad: 039a 3-06), 亥 1210 [Graph] 634d 614a.

孩子 hái zǐ。child ◇ enfant * 6546.

孖 mā +6555 子子 |to be joined, to be linked together ◇ joindre, unir, relier à [Etym] 子 1303 (rad: 039a 3-03), [Graph] 634d 634d.

△ zī |twins, two of a kind ◇ jumeaux.

孢 bāo +6556 子勹巳 |spore ◇ spore [Etym] 子 1303 (rad: 039a 3-05), 包 1778 [Graph] 634d 852h 933b.

孺 rú +6557 子雨而 |1° child, baby 2° wives of officials 3° suckling ◇ 1° jeune enfant, bébé 2° titre des grandes dames 3° téter [Etym] 子 1303 (rad: 039a 3-14), 需 1896 [Graph] 634d 858e 857f.

> 孟 mèng (1308) 子皿 |[Tra] eldest son; first ◇ aîné; premier; chef [Etym] {1} child (1= 子 1303), phon (2= 皿 1939); {2} son (1= 子 1303) sacrificed in a ritual vessel (2= 皿 1939) ◇ {1} un enfant (1= 子 1303), phon (2= 皿 1939); {2} un fils (1= 子1303) immolé dans un vase cultuel (2= 皿 1939) [Graph] 634d 922a [Ref] k610, ph382, r1e, r94, w157b, wa189 [Hanzi] meng3 錳 1237, meng3 锰 2014, meng3 猛 5636, meng4 孟 6558, meng3 勐 6559, meng3 艋 8308, meng3 蜢 10273.

孟 mèng +6558 子皿 |1° eldest (brother) 2° first, head, chief 3° the first month of a season 4° surname ◇ 1° aîné 2° premier, principal, chef 3° le premier mois de chacune des quatre saisons nom propre 4° nom propre [Etym] 子 1303 (rad: 039a 3-05), 孟 1308 [Graph] 634d 922a.

勐 měng +6559 子皿力 |1° brave 2° small level land 3° used in place names ◇ 1° courageux 2° petit plateau 3° utilisé dans les noms de lieu [Etym] 力 1489 (rad: 019a 2-08), 孟 1308 [Graph] 634d 922a 732f.

> 孑 jié (1309) 孑 |[Tra] alone, lonely ◇ seul, solitaire [Etym] child having only one arm (prim) (> 子 1303) ◇ un enfant ayant un seul bras (prim) (> 子 1303) [Graph] 634e [Ref] w94h [Hanzi] jie2 孑 6560.

孑 jié +6560 孑 |lonely, all alone ◇ solitaire, tout seul [Etym] 子 1303 (rad: 039a 3-00), 孑 1309 [Graph] 634e.

孑孓 jié jué。wriggler, mosquito larva ◇ larve de moustique * 6561.

> 孓 jué (1310) 孓 |[Tra] mosquito larva ◇ larve de moustique [Etym] idea of pregnancy and phon (< 子 1309) ◇ idée d'enfantement et phon (< 子 1309) [Graph] 634f [Ref] w94h [Hanzi] jue2 孓 6561.

孓 jué +6561 孓 |See ◇ Voir 孑孓 jie2-jue2 6560-6561 [Etym] 子 1303 (rad: 039a 3-00), 孓 1310 [Graph] 634f.

> 承 chéng (1311) 承 |[Tra] offer; receive; hold ◇ présenter; recevoir [Etym] scepter (top< 卩 1504); hand (bottom< 手 465), hands (sides< 丞 1301) ◇ un sceptre (haut< 卩 1504); main (bas< 手 465), mains (côtés< 丞 1301) [Graph] 634g [Ref] h713, w47w [Hanzi] cheng2 承 6562.

承 chéng +6562 承 |1° to bear, to carry 2° to undertake 3° to be indebted, to receive a favor 4° to flatter ◇ 1° assumer, porter 2° être chargé de 3° recevoir une faveur, être redevable de 4° flatter [Etym] 手 465 (rad: 064a 4-04), 承 1311 [Graph] 634g.

承认 chéng rèn。to recognize, to confess ◇ reconnaître, avouer, confesser * 1697.

承担 chéng dān。to undertake, to assume responsibility ◇ prendre la responsabilité de; se charger de * 2681.

> 礻 shì (1312) 礻 |[Tra] to show ◇ montrer [Etym] contracted form for (示 431) ◇ forme abrégée de (示 431) [Graph] 634h [Ref] r15j, r200, w3d, wi164, wi227 [Hanzi] qi2 祁 6583, shi4 视 6592, rang2 禳 6620, chan2 禅 6688 [Rad] 113b.

祐 yòu -6563 礻ナ口 |祐 •2248| divine care and protection ◇ secours, protection d'en haut [Etym] 礻 1312 (rad: 113b 4-05), 右 250 [Graph] 634h 241a 011a.

祓 fú -6564 礻友又 |祓 •2250| 1° to cleanse 2° to remove evil, to deprecate sickness ◇ 1° purifier 2° préserver, protéger [Etym] 礻 1312 (rad: 113b 4-05), 犮 251 [Graph] 634h 241b 633a.

祷 dǎo -6565 礻寿寸 |禱 •2260| to pray, to request, to beg ◇ prier, supplier [Etym] 礻 1312 (rad: 113b 4-07), 寿 256 [Graph] 634h 241e 332b.

祆 xiān -6566 礻天 |祆 •2249| Zoroastrianism, fire-worship ◇ mazdéisme (Zoroastre), religion qui fait le culte du feu [Etym] 礻 1312 (rad: 113b 4-04), 天 278 [Graph] 634h 242b.

禳 ráng -6567 礻亠口口<U+57F6> |禳 •2251| to avert (misfortune) ◇ conjurer (mal) [Etym] 礻 1312 (rad: 113b 4-17), 襄 376 [Graph] 634h 312j 011a 011a 436g.

礼 lǐ +6568 礻乚 |禮 •2293| 1° rite, ceremony, worship 2° etiquette, manners 3° presents 4° to revere 5° surname ◇ 1° rite, cérémonie 2° politesse, courtoisie 3° présent 4° honorer, révérer 5° nom propre [Etym] 礻 1312 (rad: 113b 4-01), 乚 385 [Graph] 634h 321a.

礼拜 lǐ bài。religious service; week; Sunday ◇ service religieux; semaine; employé; dimanche * 3442.

礼拜寺 lǐ bài sì。mosque ◇ mosquée * 3442 4781.

礼拜堂 lǐ bài táng。church ◇ église * 3442 7868.

礼物 lǐ wù。gift ◇ cadeau, présent * 3468.

礼节 lǐ jié。courtesy, etiquette; protocol, ceremony ◇ protocole; étiquette; cérémonies * 3805.

礼貌 lǐ mào。politeness, good manners ◇ politesse, courtoisie, bonnes manières * 5581.

礼堂 lǐ táng。hall, saloon, conference room ◇ salle des fêtes, salle de conférence * 7868.

礼服 lǐ fú。ceremonial robe ◇ habit de cérémonie * 8175.

礼帽 lǐ mào。ceremonial hat ◇ chapeau de cérémonie * 8398.

礼品 lǐ pǐn。gift, present ◇ cadeau, souvenir, présent * 9179.

祕 bì *6569 礻必 | 秘 +4510 | secret, mysterious, divine ◇ secret, mystère [Etym] 礻 1312 (rad: 113b 4-05), 必 399 [Graph] 634h 321d.

△ mì | 秘 +4510、祕 *2252 | 1° secret 2° to hold something back 3° secretary 4° mysterious, divine ◇ 1° secret 2° garder une chose secrète 3° secrétaire 4° mystère, occulte, divin.

祧 tiāo -6570 礻兆 | 祧 *2253 | 1° room where the oldest ancestral tablets were kept 2° to be heir to ◇ 1° remise des tablettes anciennes 2° être héritier de [Etym] 礻 1312 (rad: 113b 4-06), 兆 411 [Graph] 634h 322g.

祢 mí -6571 礻尔 | 禰 *2277 | 1° ancestral tablets 2° surname ◇ 1° tablettes des ancêtres 2° nom de famille [Etym] 礻 1312 (rad: 113b 4-05), 尔 432 [Graph] 634h 331m.

祚 zuò -6572 礻乍 | 祚 *2255 | 1° felicity, happiness 2° favor 3° blessing ◇ 1° bonheur 2° faveur 3° bénédiction [Etym] 礻 1312 (rad: 113b 4-05), 乍 551 [Graph] 634h 412f.

祥 xiáng -6573 礻羊 | 祥 *2256 | felicitous, of good omen, lucky ◇ faste, de bon augure, bonne fortune, bonheur [Etym] 礻 1312 (rad: 113b 4-06), 羊 579 [Graph] 634h 414b.

禊 xì -6574 礻丰刀大 | 禊 *2257 | sacrifice offered in spring and autumn to avert evils ◇ sacrifice déprécatoire au printemps et en automne [Etym] 礻 1312 (rad: 113b 4-09), 契 596 [Graph] 634h 414g 732a 242a.

社 shè -6575 礻土 | 社 *2258 | 1° society, company 2° people's commune, community 3° local Genius, its mound ◇ 1° société, groupement 2° groupe de 25 familles, hameau 3° tertre du Génie de la terre [Etym] 礻 1312 (rad: 113b 4-03), 土 826 [Graph] 634h 432a.

社会 shè huì。society ◇ société * 1382.

社会主义 shè huì zhǔ yì。socialism ◇ socialisme * 1382 5212 1687.

社交 shè jiāo。social intercourse ◇ relation sociale * 1681.

社论 shè lùn。editorial; leader ◇ éditorial * 1701.

社员 shè yuán。commune member ◇ membre d'une commune * 9127.

祛 qū -6576 礻土厶 | 祛 *2259 | to expel, to disperse, to drive away ◇ chasser, écarter, conjurer (mal) [Etym] 礻 1312 (rad: 113b 4-05), 去 848 [Graph] 634h 432a 612a.

禧 xǐ -6577 礻士豆口 | 禧 *2261 | blessings, good luck, happiness ◇ bénédiction, bonheur, faste [Etym] 礻 1312 (rad: 113b 4-12), 喜 885 [Graph] 634h 432b 011b 011a.

禚 zhuó -6578 礻羊灬 | 禚 *2262 | surname ◇ nom de famille [Etym] 礻 1312 (rad: 113b 4-10), 羔 918 [Graph] 634h 432g 222d.

祉 zhǐ -6579 礻止 | 祉 *2263 | happiness ◇ bonheur [Etym] 礻 1312 (rad: 113b 4-04), 止 954 [Graph] 634h 434a.

祺 qí -6580 礻其 | 祺 *2265 | 1° prosperity 2° happiness 3° auspiciousness ◇ 1° prospérité 2° bonheur 3° bon augure [Etym] 礻 1312 (rad: 113b 4-08), 其 1013 [Graph] 634h 436i.

祇 qí -6581 礻氏 | genii of earth ◇ esprits de la terre [Etym] 礻 1312 (rad: 113b 4-04), 氏 1052 [Graph] 634h 511c.

△ zhǐ | 只 +9278、祇 *2266、衹 *6645 | 1° only, merely 2° final particle ◇ 1° seulement 2° explétif.

祗 zhī -6582 礻氐 | 祗 *2267 | 1° to venerate 2° to cultivate 3° yet 4° only ◇ 1° vénérer 2° cultiver 3° mais 4° seulement [Etym] 礻 1312 (rad: 113b 4-05), 氐 1055 [Graph] 634h 511d.

祁 qí -6583 礻阝 | 祁 *2269 | surname ◇ nom propre [Etym] 阝 1316 (rad: 163b 2-04), 礻 1312 [Graph] 634h 634j.

礽 réng -6584 礻乃 | 礽 *2270 | happiness, bliss ◇ bonheur [Etym] 礻 1312 (rad: 113b 4-02), 乃 1340 [Graph] 634h 634l.

祈 qí -6585 礻斤 | 祈 *2271 | 1° to pray 2° to entreat ◇ 1° prier 2° solliciter [Etym] 礻 1312 (rad: 113b 4-04), 斤 1461 [Graph] 634h 722c.

祈求 qí qiú。to pray for; to entreat ◇ prier de, implorer, supplier * 2314.

祈祷 qí dǎo。to pray ◇ prier * 6565.

祠 cí -6586 礻⺆口 | 祠 *2272 | 1° ancestral hall of a family 2° offering ◇ 1° temple des ancêtres 2° offrandes [Etym] 礻 1312 (rad: 113b 4-05), 司 1476 [Graph] 634h 731d 012a.

祎 yī -6587 礻韦 | 禕 *2273 | 1° fine, glorious 2° personal name ◇ 1° beau, magnifique, splendide 2° prénom [Etym] 礻 1312 (rad: 113b 4-04), 韦 1508 [Graph] 634h 734e.

祲 jìn -6588 礻彐冖又 | 祲 *2274 | ill omen ◇ mauvais augure ou présage [Etym] 礻 1312 (rad: 113b 4-07), 㑴 1556 [Graph] 634h 832a 851a 633a.

禄 lù +6589 礻彐水 | 祿 *2268 | 1° happiness 2° official's salary, emolument ◇ 1° bonheur 2° honoraires, salaire, émoluments d'un fonctionnaire [Etym] 礻 1312 (rad: 113b 4-08), 录 1563 [Graph] 634h 832d 331o.

禘 dì -6590 礻亠巾 | 禘 *2275 | worship in ancient time ◇ cérémonie rituelle religieuse dans la Chine antique [Etym] 礻 1312 (rad: 113b 4-09), 帝 1733 [Graph] 634h 851e 858a.

祊 bēng -6591 礻方 | 祊 *2276、鬃 *9428 | 1° worship in temple 2° river in Shandong ◇ 1° présenter des offrandes 2° rivière du Shandong [Etym] 礻 1312 (rad: 113b 4-04), 方 1784 [Graph] 634h 853b.

视 shì -6592 礻见 | 視 *2286、眎 *10036 | 1° to look at 2° to consider 3° to inspect, to watch ◇ 1° regarder 2° considérer comme 3° examiner, surveiller [Etym] 见 1801 (rad: 147s 4-04), 礻 1312 [Graph] 634h 854c.

视力 shì lì。vision; sight ◇ acuité visuelle, vue * 7259.

视为 shì wéi。to regard as ◇ voir comme, prendre pour ＊ 7272.

视察 shì chá。to inspect ◇ inspecter ＊ 7759.

祯 zhēn -6593 礻贞 |禎 *2287| lucky, propitious ◇ faste, bonheur [Etym] 礻 1312 (rad: 113b 4-06), 贞 1803 [Graph] 634h 854e.

祖 zǔ -6594 礻且 |祖 *2278| 1° grandfather, grandmother 2° ancestors 3° founder 4° surname ◇ 1° grand-père, grand-mère 2° ancêtres 3° fondateur 4° nom de famille [Etym] 礻 1312 (rad: 113b 4-05), 且 1929 [Graph] 634h 921a.

祖父 zǔ fù。grandfather (paternal) ◇ grand-père (paternel) ＊ 1674.

祖先 zǔ xiān。ancestors, forbears; ancestry ◇ ancêtres, aïeux ＊ 5239.

祖宗 zǔ zōng。forefathers; ancestry ◇ ancêtres, aïeux ＊ 7711.

祖国 zǔ guó。motherland ◇ patrie ＊ 10952.

祖母 zǔ mǔ。grandmother (paternal) ◇ grand-mère (paternelle) ＊ 11296.

祀 sì -6595 礻巳 |祀、禩 *2280、*2288| 1° to offer sacrifices 2° (formerly) year ◇ 1° offrir un sacrifice 2° (anciennement) année [Etym] 礻 1312 (rad: 113b 4-03), 巳 2010 [Graph] 634h 933b.

祸 huò -6596 礻口内 |禍 *2279| 1° misfortune, calamity, adversity 2° accident 3° ruin ◇ 1° malheur, calamité 2° accident 3° ruine, anéantir [Etym] 礻 1312 (rad: 113b 4-07), 呙 2081 [Graph] 634h 011a 859a.

祸害 huò hài。disaster, catastrophe; to destroy ◇ fléau, catastrophe, malheur; porter malheur ＊ 7720.

祝 zhù -6597 礻兄 |祝 *2282| 1° to wish, to bless 2° to pray 3° surname ◇ 1° souhaiter, célébrer, bénir 2° prier 3° nom de famille [Etym] 礻 1312 (rad: 113b 4-05), 兄 2114 [Graph] 634h 011d.

祝酒 zhù jiǔ。to toast; to drink a toast ◇ porter un toast ＊ 595.

祝寿 zhù shòu。to congratulate an elderly person's birthday ◇ féliciter qqn. à son anniversaire ＊ 1535.

祝福 zhù fú。blessing ◇ bénir, souhaiter, bonheur ＊ 6598.

祝愿 zhù yuàn。wish ◇ souhaiter, voeu, souhait ＊ 6870.

祝贺 zhù hè。to congratulate, to wish ◇ féliciter, souhaiter ＊ 7267.

福 fú -6598 礻畐田 |福 *2283| 1° happiness 2° luck, blessings ◇ 1° bonheur 2° heureux destin, félicité [Etym] 礻 1312 (rad: 113b 4-09), 畐 2119 [Graph] 634h 012a 041a.

福利 fú lì。luck, happiness ◇ bien-être, bonheur ＊ 4516.

福气 fú qì。luck, good fortune ◇ chance, bonheur ＊ 11170.

祏 shí -6599 礻石 |祏 *2284| stone shrine to keep the ancestral tablet ◇ crédence [Etym] 礻 1312 (rad: 113b 4-05), 石 2149 [Graph] 634h 013b.

祜 hù -6600 礻古 |祜 *2285| protection of heaven, favor, blessing, bliss ◇ protection, faveur, bienfait [Etym] 礻 1312 (rad: 113b 4-05), 古 2155 [Graph] 634h 013f.

禅 chán -6601 礻单 |禪 *6688| contemplation ◇ contemplation [Etym] 礻 1312 (rad: 113b 4-08), 单 2334 [Graph] 634h 041g.

△ shàn |禪 *2281| 1° to conceed 2° to abdicate 3° to offer a sacrifice to the earth ◇ 1° céder 2° abdiquer 3° offrir un sacrifice à la terre.

神 shén -6602 礻申 |神 *2289| 1° god, deity, divinity 2° supernatural, animal spirits, natural powers 3° spirit, mind, spiritual 4° expression 5° smart, clever ◇ 1° Dieu, divinités 2° surnaturel, forces naturelles ou vitales, génies, prodigieux, miraculeux 3° esprit, âme, spirituel 4° expression 5° sage [Etym] 礻 1312 (rad: 113b 4-05), 申 2348 [Graph] 634h 042c.

神态 shén tài。manner, expression ◇ physionomie, attitude, apparence ＊ 1605.

神话 shén huà。mythology, myth, fairy tale ◇ mythologie, mythe ＊ 1821.

神仙 shén xiān。supernatural being, fairy ◇ génie, immortel, fée ＊ 2976.

神情 shén qíng。look ◇ air, physionomie ＊ 3261.

神秘 shén mì。mysterious ◇ mystérieux ＊ 4510.

神志 shén zhì。mind, consciousness ◇ conscience ＊ 4994.

神经 shén jīng。nerve, sinew ◇ nerf ＊ 6007.

神圣 shén shèng。holy, sacred ◇ saint, sacré ＊ 6504.

神明 shén míng。gods, deities, fetish ◇ dieux, divinités, fétiches ＊ 9933.

神气 shén qì。appearance, look ◇ air, mine, allure, contenance; entrain, arrogance ＊ 11170.

襬 bǎi -6603 礻罒厶月匕匕 |See ◇ Voir 擺 2714 [Etym] 礻 1312 (rad: 113b 4-15), 罷 2387 [Graph] 634h 051a 612a 856e 321b 321b.

禤 xuān -6604 礻罒习习 |禤 *2291| surname ◇ nom de famille [Etym] 礻 1312 (rad: 113b 4-11), 罒 2373 [Graph] 634h 051a 731c 731c.

禋 yīn -6605 礻西土 |禋 *2292| to offer a sacrifice to Heaven, to offer sacrifices ◇ offrande du Ciel, offrande [Etym] 礻 1312 (rad: 113b 4-09), 垔 2408 [Graph] 634h 051e 432a.

禡 mà *6606 礻馬 |禡、祃 *2294、-6607| sacrifice offered for the army ◇ sacrifice guerrier [Etym] 礻 1312 (rad: 113b 4-10), 馬 2486 [Graph] 634h Z22a.

祃 mà -6607 礻马 |禡、禡 *2294、*6606| sacrifice offered for the army ◇ sacrifice guerrier [Etym] 礻 1312 (rad: 113b 5-03), 马 2489 [Graph] 634h Z22b.

衤 yī (1313) 衤 |[Tra] clothes ◇ vêtements [Etym] contracted form for (衣 371) ◇ forme abrégée de (衣 371) [Graph] 634i [Ref] r206, w16a, wi115 [Hanzi] rang2 禳 6620, chu1 初 6663, chan2 禪 6688

了 礻 衤

[Rad] 145d.

衫 shān +6608 衤彡 | 1° shirt 2° unlined upper garment ◇ 1° chemise 2° vêtement sans doublure [Etym] 衤 1313 (rad: 145d 5-03), 彡 76 [Graph] 634i 211c.

衫儿 shān ér ◦ shirt, vest, dress ◇ chemise, robe non doublée ＊ 2194.

襯 chèn *6609 衤立木見 | 衬 -6621 | 1° inner garment 2° ornamental 3° lining ◇ 1° tunique de dessous, doublure 2° ornemental 3° alignement [Etym] 衤 1313 (rad: 145d 5-16), 親 84 [Graph] 634i 221a 422a 023c.

袗 zhěn +6610 衤人彡 | 1° plain garment 2° unlined garment ◇ 1° vêtement simple 2° habit sans doublure [Etym] 衤 1313 (rad: 145d 5-05), 㐱 182 [Graph] 634i 233a 211c.

裣 liǎn -6611 衤人一业 | 襝 *6614 | [Etym] 衤 1313 (rad: 145d 5-07), 佥 183 [Graph] 634i 233a ac:a 221b.

裣衽 liǎn rèn ◦ women's greetings ◇ salutation des femmes ＊ 6639.

衿 jīn +6612 衤人ㄱ | 1° flap of garment, opening of coat 2° belt ◇ 1° pan de robe 2° cordon des vêtements [Etym] 衤 1313 (rad: 145d 5-04), 今 202 [Graph] 634i 233a 631a.

袷 jiá +6613 衤人口 | 夹 +1631、夾 *1538、裌 *6616 | double-layered, lined ◇ doublé, doublure (vêtement) [Etym] 衤 1313 (rad: 145d 5-06), 合 222 [Graph] 634i 233a 012a.

夹袄 jiá ǎo ◦ lined vest ◇ veste doublée ＊ 6619.

△ qiā | lined garment ◇ habit doublé.

袷袢 qiā pàn ◦ 1° light clothes for summer; 2° Uighur robe ◇ 1° habits légers; 2° robe Ouighour avec boutonnage devant ＊ 6627.

襝 liǎn *6614 衤人口人口人 | 裣 -6611 | See ◇ Voir 裣衽 lian3-ren4 6611-6639 [Etym] 衤 1313 (rad: 145d 5-13), 僉 223 [Graph] 634i 233a 012a 232a 011a 232a.

裕 yù +6615 衤八口 | 1° abundant, plenty 2° to make rich 3° generous, affluent 4° indulgence ◇ 1° abondance, prospérité 2° rendre riche 3° libéralité 4° indulgence [Etym] 衤 1313 (rad: 145d 5-07), 谷 234 [Graph] 634i 233b 011a.

裌 jiá *6616 衤大人人 | 夹 +1631、夾 *1538、袷 +6613 | double-layered, lined ◇ doublé, doublure (vêtement) [Etym] 衤 1313 (rad: 145d 5-07), 夾 259 [Graph] 634i 242a 232a 232a.

襫 shì +6617 衤大百百 | See ◇ Voir 襏襫 bo2-shi4 6654-6617 [Etym] 衤 1313 (rad: 145d 5-15), 奭 275 [Graph] 634i 242a 022f 022f.

袴 kù *6618 衤大亏 | 裤 -6657、褲 *6658、絝 *6119 | trousers, pants ◇ pantalon, culotte [Etym] 衤 1313 (rad: 145d 5-06), 夸 277 [Graph] 634i 242a Z21c.

袄 ǎo -6619 衤夭 | 襖 *6675 | quilted or furred coat, outer garment ◇ robe ouatée ou fourrée [Etym] 衤 1313 (rad: 145d 5-04), 夭 289 [Graph] 634i 242e.

禳 ráng +6620 衤𠆢口口㠭 | dirty clothes ◇ vêtement sale ou malpropre [Etym] 衤 1312 (rad: 113b 4-18), 衤 1313 襄 376 [Graph] 634i 312j 011a 011a 436g.

衬 chèn -6621 衤寸 | 襯 *6609 | 1° inner garment 2° ornamental 3° lining ◇ 1° tunique de dessous, doublure 2° ornemental 3° alignement [Etym] 衤 1313 (rad: 145d 5-03), 寸 441 [Graph] 634i 332b.

衬衣 chèn yī ◦ shirt ◇ chemise, corsage ＊ 2140.

衬衫 chèn shān ◦ shirt ◇ chemise ＊ 6608.

袱 fú +6622 衤亻犬 | 幞 +8391、襆 *6642 | wrapper ◇ toile pour envelopper [Etym] 衤 1313 (rad: 145d 5-06), 伏 483 [Graph] 634i 411e 242i.

衽 rèn *6623 衤亻壬 | 衽 +6639 | 1° lapel, breast of coat 2° bed mat ◇ 1° pans d'une robe 2° natte du lit [Etym] 衤 1313 (rad: 145d 5-06), 任 494 [Graph] 634i 411e 432k.

褓 bǎo +6624 衤亻口木 | 緥 *6134 | swaddling clothes ◇ langues d'eau [Etym] 衤 1313 (rad: 145d 5-09), 保 507 [Graph] 634i 411e 011a 422a.

褙 bèi +6625 衤丬匕月 | to paste papers ◇ coller, tapisser [Etym] 衤 1313 (rad: 145d 5-09), 背 546 [Graph] 634i 412b 321b 856e.

补 bǔ -6626 衤卜 | 補 *6677 | 1° to patch, to mend 2° to add on 3° to make up ◇ 1° réparer 2° suppléer, ajouter 3° refaire [Etym] 衤 1313 (rad: 145d 5-02), 卜 548 [Graph] 634i 412c.

补课 bǔ kè ◦ to make up a missed lesson ◇ suivre ou donner un cours de rattrapage ＊ 1829.

补救 bǔ jiù ◦ remedy; to remedy, to repair ◇ remédier; réparer; redresser; remède ＊ 2315.

补偿 bǔ cháng ◦ to compensate ◇ compenser ＊ 2989.

补药 bǔ yào ◦ tonic ◇ tonique, fortifiant ＊ 3740.

补充 bǔ chōng ◦ to complete ◇ compléter ＊ 5926.

补习 bǔ xí ◦ to take extra lessons ◇ suivre un cours complémentaire ＊ 7217.

补助 bǔ zhù ◦ to subsidize; allowance ◇ subventionner; allocation ＊ 8545.

补白 bǔ bái ◦ filler (in newspaper, etc.) ◇ remplissage (dans journal, etc.) ＊ 9973.

袢 pàn +6627 衤半 | See ◇ Voir 袷袢 qia1-pan4 6613-6627 [Etym] 衤 1313 (rad: 145d 5-05), 半 591 [Graph] 634i 414f.

△ pàn | 襻 +6631 | 1° loop, to fasten with a rope, string, tie 2° button 3° belt 4° sash ◇ 1° boucle, lien, bride 2° bouton 3° ceinture 4° cadre.

褴 lán -6628 衤刂𠂉皿 | 襤 *6686 | [Etym] 衤 1313 (rad: 145d 5-10), 监 607 [Graph] 634i 415a 231a 922a.

褴褛 lán lǚ ◦ ragged garments, shabby ◇ haillons, déguenillé ＊ 6633.

褡 dā +6629 衤艹人口 | 1° wrapper 2° girdle ◇ 1° besace 2° ceinture, coutil [Etym] 衤 1313 (rad: 145d 5-09), 荅 620 [Graph] 634i 415c 233a 012a.

了

衤

褡裢 dā lián。pouch, pocket ◇ sacoche, coutil, besace, bourse * 6649.

襪 wà *6630 衤艹罒戍 |袜、韈 -6634、*7364| 1° socks, stockings 2° girdle ◇ 1° bas, chaussette 2° ceinture [Etym] 衤 1313 (rad: 145d 5-14), 蔑 691 [Graph] 634i 415c 051a 512k.

襻 pàn +6631 衤木乂乂木大手 |袢 +6627| 1° loop, to fasten with a rope, string, tie 2° button 3° belt 4° sash ◇ 1° boucle, lien, bride 2° bouton 3° ceinture 4° cadre [Etym] 衤 1313 (rad: 145d 5-19), 攀 729 [Graph] 634i 422a 243a 243a 422a 242a 332g.

襟 jīn +6632 衤木木示 |1° front of a garment, overlap of a robe 2° brother-in-law ◇ 1° pan de robe 2° beau-frère [Etym] 衤 1313 (rad: 145d 5-13), 禁 736 [Graph] 634i 422a 422a 331l.

褛 lǚ -6633 衤米女 |褸 *6705| See ◇ Voir 褴褛 kan3-lü3 4170-6633 [Etym] 衤 1313 (rad: 145d 5-09), 娄 785 [Graph] 634i 422f 611e.

袜 wà -6634 衤末 |襪、韈 *6630、*7364| 1° socks, stockings 2° girdle ◇ 1° bas, chaussette 2° ceinture [Etym] 衤 1313 (rad: 145d 5-05), 末 802 [Graph] 634i 422j.

袜子 wà zǐ。socks, slipper ◇ chaussette, socquette, bas * 6546.

褂 guà +6635 衤土土卜 |1° outer coat 2° gown ◇ 1° veste 2° robe simple [Etym] 衤 1313 (rad: 145d 5-08), 卦 842 [Graph] 634i 432a 432a 412c.

袪 qū +6636 衤土厶 |1° cuff of sleeves 2° to chase off, to eradicate ◇ 1° manchette 2° chasser, extirper [Etym] 衤 1313 (rad: 145d 5-06), 去 848 [Graph] 634i 432a 612a.

袺 jié +6637 衤士口 |to lift clothes ◇ relever ses habits [Etym] 衤 1313 (rad: 145d 5-06), 吉 876 [Graph] 634i 432b 011a.

褚 chǔ +6638 衤耂曰 |1° satchel 2° surname ◇ 1° étui, ouater 2° nom de famille [Etym] 衤 1313 (rad: 145d 5-08), 者 893 [Graph] 634i 432c 021a.

衽 rèn +6639 衤壬 |袵 *6623| 1° lapel, breast of coat 2° bed mat ◇ 1° pans d'une robe 2° natte du lit [Etym] 衤 1313 (rad: 145d 5-04), 壬 930 [Graph] 634i 432k.

裱 biǎo +6640 衤主𧘇 |to paste, to mount (picture) ◇ coller sur toile [Etym] 衤 1313 (rad: 145d 5-08), 表 941 [Graph] 634i 433a 312h.

褃 kèn *6641 衤止月 |裉 -6682| seams below the sleeves in a garment ◇ pli sous les manches d'un vêtement [Etym] 衤 1313 (rad: 145d 5-08), 肯 962 [Graph] 634i 434a 856e.

襆 fú *6642 衤业美 |袱、幞 +6622、+8391| wrapper ◇ toile pour envelopper [Etym] 衤 1313 (rad: 145d 5-12), 菐 975 [Graph] 634i 435a 242n.

△ fú |幞 +8391| turban ◇ bonnet, turban.

襵 zhě *6643 衤耳耳耳 |褶 +6662| 1° pleat, crease, to fold 2° lined garment ◇ 1° plier, plisser, plis 2° habits doublés [Etym] 衤 1313 (rad: 145d 5-18), 聶 1022 [Graph] 634i 436k 436k 436k.

襍 zá *6644 衤隹木 |杂、雜 -11198、*1080| miscellaneous, mixture, mixed, to mingle, variegated ◇ mélangé, pêle-mêle, varié [Etym] 衤 1313 (rad: 145d 5-12), 集 1034 [Graph] 634i 436m 422a.

衹 zhǐ *6645 衤氏 |只、祇、衹 +9278、*2266、-6581| 1° only, merely 2° final particle ◇ 1° seulement 2° explétif [Etym] 衤 1313 (rad: 145d 5-04), 氏 1052 [Graph] 634i 511c.

襶 dài +6646 衤戋田共 |duration of a reign, a dynasty ◇ durée d'un règne, d'une dynastie [Etym] 衤 1313 (rad: 145d 5-17), 戴 1066 [Graph] 634i 512e 041a 436e.

襚 suì +6647 衤豕辶 |clothes of the deceased ◇ habits d'un mort, habits d'un condamné à mort gracié [Etym] 衤 1313 (rad: 145d 5-12), 遂 1105 [Graph] 634i 522d 634o.

褦 nài +6648 衤厶月匕匕 |[Etym] 衤 1313 (rad: 145d 5-10), 能 1140 [Graph] 634i 612a 856e 321b 321b.

褦襶 nài dài。stupid, dull ◇ mal éduqué, stupide * 6646.

裢 lián -6649 衤车辶 |褳 *6698| See ◇ Voir 褡裢 dal-lian2 6629-6649 [Etym] 衤 1313 (rad: 145d 5-07), 连 1215 [Graph] 634i 614d 634o.

△ lian |褳 *6698| See ◇ Voir .

襏 bó *6650 衤癶弓几又 |袯 +6654| strong, raw raffia clothes ◇ vêtement pour la pluie (fait de jonc, de feuilles de bambou ou de palmier), vêtement non raffiné, mais solide [Etym] 衤 1313 (rad: 145d 5-12), 發 1249 [Graph] 634i 631g Z42a Z33a 633a.

裰 duō +6651 衤又又又又 |to mend clothes ◇ ravauder [Etym] 衤 1313 (rad: 145d 5-08), 叕 1278 [Graph] 634i 633a 633a 633a 633a.

衩 chǎ +6652 衤叉 |underpants, under-trousers ◇ longues jambières [Etym] 衤 1313 (rad: 145d 5-03), 叉 1281 [Graph] 634i 633b.

△ chà |vent or patch in the sides of a garment ◇ pièce ajoutée, rapiécée.

袼 gē +6653 衤夂口 |short sleeves ◇ manches courtes [Etym] 衤 1313 (rad: 145d 5-06), 各 1295 [Graph] 634i 633e 011a.

袯 bó +6654 衤犮又 |襏 *6650| strong, raw raffia clothes ◇ vêtement pour la pluie (fait de jonc, de feuilles de bambou ou de palmier), vêtement non raffiné, mais solide [Etym] 衤 1313 (rad: 145d 5-05), 发 1352 [Graph] 634i 712a 633a.

袯襫 bó shì。raincoat made out of rush, bamboo or palm leaves ◇ vêtement pour la pluie fait de jonc, de feuilles de bambou ou de palmier * 6617.

褥 rù +6655 衤厂辰寸 |stuffed mat, cotton-padded mattress ◇ matelas, tapis épais [Etym] 衤 1313 (rad: 145d 5-10), 辱 1357 [Graph] 634i 721a 312f 332b.

褥子 rù zǐ。mattress ◇ matelas * 6546.

褯 jiè +6656 衤广廿巾 |children's clothes, diapers ◇ lange, couches [Etym] 衤 1313 (rad: 145d 5-10), 席 1392 [Graph] 634i 721b 436a 858a.

裤 kù -6657 衤广车 |褲、袴、絝 *6658、*6618、*6119| trousers, pants ◇ pantalon, culotte [Etym] 衤 1313 (rad: 145d 5-07), 库 1395 [Graph] 634i 721b 614d.

裤子 kù zǐ ∘ pants, trousers ◇ pantalon ✱ 6546.

裤衩 kù chǎ ∘ briefs, underpants ◇ caleçon, slip, culotte ✱ 6652.

褲 kù *6658 衤广車 | 裤 -6657、袴 *6618、绔 *6119 | trousers, pants ◇ pantalon, culotte [Etym] 衤 1313 (rad: 145d 5-10), 庫 1411 [Graph] 634i 721b 042g.

襜 chān +6659 衤产仌言 | 1° skirt 2° flap (of garment) ◇ 1° jupe 2° pan d'habit [Etym] 衤 1313 (rad: 145d 5-13), 詹 1421 [Graph] 634i 721e ac:h 012d.

被 bèi +6660 衤广又 | 1° coverlet, quilt, to cover 2° to suffer 3° sign of the passive voice ◇ 1° couverture 2° souffrir 3° signe du passif [Etym] 衤 1313 (rad: 145d 5-05), 皮 1452 [Graph] 634i 721h 633a.

被告 bèi gào ∘ the accused ◇ accusé ✱ 5233.

被动 bèi dòng ∘ passive ◇ passif ✱ 5920.

被子 bèi zǐ ∘ blanket ◇ couverture ✱ 6546.

被褥 bèi rù ∘ bedding (mattress, blanket) ◇ literie (matelas, couverture) ✱ 6655.

被窝 bèi wō ∘ sleeping bag ◇ sac de couchage ✱ 7836.

被迫 bèi pò ∘ to be forced, compelled ◇ être obligé, contraint de ✱ 9985.

被单 bèi dān ∘ cloth ◇ drap ✱ 10457.

褫 chǐ +6661 衤厂广七儿 | 1° to undress, naked 2° to degrade 3° to deprive ◇ 1° dépouiller, nu 2° dégrader 3° priver de [Etym] 衤 1313 (rad: 145d 5-10), 虒 1455 [Graph] 634i 722a 721g 321e Z33a.

褶 zhě +6662 衤习习白 | 襵 *6643 | 1° pleat, crease, to fold 2° lined garment ◇ 1° plier, plisser, plis 2° habits doublés [Etym] 衤 1313 (rad: 145d 5-11), 習 1475 [Graph] 634i 731c 731c 022c.

> 初 chū (1314) 衤刀 | [Tra] beginning, first ◇ début, premier [Etym] {1} first cut (1= 刀 1477) fabrics, then make clothes (1= 衤 1313); {2} to cut (2= 刀 1477) umbilical cord (prim) ◇ {1} d'abord tailler (1= 刀 1477) un tissus, puis en faire un vêtement (1= 衤 1313); {2} couper (2= 刀 1477) le cordon ombilical (prim) [Graph] 634i 732a [Ref] h507, r41a, w16b, wa25, wi115 [Hanzi] chu1 初 6663.

初 chū +6663 衤刀 | 1° at the beginning of 2° first 3° elementary 4° surname ◇ 1° commencement 2° premier 3° élémentaire 4° nom de famille [Etym] 刀 1477 (rad: 018a 2-05), 初 1314 [Graph] 634i 732a.

初次 chū cì ∘ first time ◇ première fois ✱ 6.

初夜 chū yè ∘ wedding night ◇ nuit de noces ✱ 3101.

初步 chū bù ∘ preliminary; elementary ◇ premier; élémentaire ✱ 5306.

初中 chū zhōng ∘ beginning high school ◇ premier cycle du secondaire ✱ 10183.

祎 huī -6664 衤韦 | 禕 *6665 | queen's sacrificial robe ◇ costume de la reine pour offrande [Etym] 衤 1313 (rad: 145d 5-04), 韦 1508 [Graph] 634i 734e.

禕 huī *6665 衤五口㐄 | 祎 -6664 | queen's sacrificial robe ◇ costume de la reine pour offrande [Etym] 衤 1313 (rad: 145d 5-09), 韋 1547 [Graph] 634i 822a 011a 712b.

袂 mèi +6666 衤夬 | sleeve of a robe ◇ manche de vêtement [Etym] 衤 1313 (rad: 145d 5-04), 夬 1550 [Graph] 634i 822c.

裆 dāng -6667 衤当 | 襠 *6671 | crotch of trousers ◇ fond de pantalon [Etym] 衤 1313 (rad: 145d 5-06), 当 1558 [Graph] 634i 832b.

裙 qún +6668 衤尹口 | 帬 *7409 | 1° skirt 2° apron ◇ 1° jupe 2° tablier [Etym] 衤 1313 (rad: 145d 5-07), 君 1576 [Graph] 634i 834a 011a.

裙子 qún zǐ ∘ skirt ◇ jupe, jupon ✱ 6546.

裈 kūn -6669 衤冖车 | 褌 *6670 | loose trousers ◇ large pantalon [Etym] 衤 1313 (rad: 145d 5-06), 军 1652 [Graph] 634i 851a 614d.

褌 kūn *6670 衤冖車 | 裈 -6669 | loose trousers ◇ large pantalon [Etym] 衤 1313 (rad: 145d 5-09), 軍 1655 [Graph] 634i 851a 042g.

襠 dāng *6671 衤⺌口田 | 裆 -6667 | crotch of trousers ◇ fond de pantalon [Etym] 衤 1313 (rad: 145d 5-13), 當 1749 [Graph] 634i 851h 011a 041a.

袍 páo +6672 衤勹巳 | long robe, gown ◇ robe d'apparat, longue tunique [Etym] 衤 1313 (rad: 145d 5-05), 包 1778 [Graph] 634i 852h 933b.

裥 jiǎn -6673 衤门日 | 襇 *6684 | pleat (of clothes or a skirt) ◇ pli sur les vêtements [Etym] 衤 1313 (rad: 145d 5-07), 间 1817 [Graph] 634i 855a 021a.

襕 lán -6674 衤门柬 | 襴 *6685 | scholar's robe ◇ robe de lettré [Etym] 衤 1313 (rad: 145d 5-12), 阑 1818 [Graph] 634i 855a 033d.

襖 ǎo *6675 衤冂采大 | 袄 -6619 | quilted or furred coat, outer garment ◇ robe ouatée ou fourrée [Etym] 衤 1313 (rad: 145d 5-13), 奧 1868 [Graph] 634i 857e 422g 242a.

襦 rú +6676 衤雨而 | jacket, short coat ◇ gilet, veston [Etym] 衤 1313 (rad: 145d 5-14), 需 1896 [Graph] 634i 858e 857f.

補 bǔ *6677 衤甫 | 补 -6626 | 1° to patch, to mend 2° to add on 3° to make up ◇ 1° réparer 2° suppléer, ajouter 3° refaire [Etym] 衤 1313 (rad: 145d 5-07), 甫 1914 [Graph] 634i 858n.

衲 nà +6678 衤内 | 1° to patch up, to stitch, to line 2° patchwork 3° garments of a monk ◇ 1° recoudre, brocher, raccommoder 2° contre-pointe 3° robe de bonze [Etym] 衤 1313 (rad: 145d 5-04), 内 1919 [Graph] 634i 859a.

褵 lí *6679 衤离 | 缡 -6055、縭 *6227 | 1° sash, girdle 2° ancient shawl for ladies ◇ 1° belle ceinture 2° châle [Etym] 衤 1313 (rad: 145d 5-10), 离 1927 [Graph] 634i 911c 859e.

裾 jū +6680 衤尸古 | flap of coat, full front and back of a Chinese gown ◇ pan d'habit (le devant et le derrière) [Etym] 衤 1313 (rad: 145d 5-08), 居 1976 [Graph] 634i 931a 013f.

了 衤

褊 biǎn +6681 衤户冊 | narrow, mean, cramped ◇ étroit, serré [Etym] 衤 1313 (rad: 145d 5-09), 扁 1989 [Graph] 634i 931e 856j.

裉 kèn -6682 衤艮 | 褃 *6641 | seams below the sleeves in a garment ◇ pli sous les manches d'un vêtement [Etym] 衤 1313 (rad: 145d 5-06), 艮 2003 [Graph] 634i 932c.

褪 tuì +6683 衤艮辶 | 1° to take off (clothes) 2° to shed (feathers) 3° to fade (color) ◇ 1° se découvrir, ôter (vêtement) 2° tomber (poils, plumes) 3° passer (couleur) [Etym] 衤 1313 (rad: 145d 5-09), 退 2004 [Graph] 634i 932c 634o.

△ tùn | to pull the hands within the sleeves to slip out of something ◇ mains dans les manches se découvrir ôter (un vêtement).

裥 jiǎn *6684 衤門日 | 襇 -6673 | pleat (of clothes or a skirt) ◇ pli sur les vêtements [Etym] 衤 1313 (rad: 145d 5-12), 間 2041 [Graph] 634i 934e 021a.

襴 lán *6685 衤門柬 | 襕 -6674 | scholar's robe ◇ robe de lettré [Etym] 衤 1313 (rad: 145d 5-17), 闌 2042 [Graph] 634i 934e 033d.

襤 lán *6686 衤臣𠂉一皿 | 褴 -6628 | See ◇ Voir 襤褸 lan2-lü3 6628-6633 [Etym] 衤 1313 (rad: 145d 5-14), 監 2045 [Graph] 634i 935b ac:f 11la 922a.

裎 chéng +6687 衤口王 | to take off clothes, naked ◇ dépouiller, nu [Etym] 衤 1313 (rad: 145d 5-07), 呈 2070 [Graph] 634i 011a 432e.

襌 chán *6688 衤口口單 | 禅 -6601 | contemplation ◇ contemplation [Etym] 礻 1312 (rad: 113b 4-13), 衤 1313 單 2101 [Graph] 634i 011a 011a 041c.

裋 shù +6689 衤豆 | clothes worn by servants ◇ vêtement du servant [Etym] 衤 1313 (rad: 145d 5-07), 豆 2120 [Graph] 634i 012b.

袒 tǎn +6690 衤旦 | 1° to strip naked to the waist, d,collet, 2° to be partial to, to shield (unjustified) ◇ 1° se dénuder, nu, se dépouiller, décolleté 2° protéger indûment [Etym] 衤 1313 (rad: 145d 5-05), 旦 2170 [Graph] 634i 021a ac:z.

褟 tā +6691 衤日习习 | to sew lace or fancy borders to a garment ◇ coudre des bordures en dentelle [Etym] 衤 1313 (rad: 145d 5-10), 㒓 2190 [Graph] 634i 021a 731c 731c.

裼 tì +6692 衤日勿 | infant clothing ◇ layette de bébé [Etym] 衤 1313 (rad: 145d 5-08), 易 2193 [Graph] 634i 021a 852e.

△ xī | 1° to pull off one's coat, to unbutton upper garment 2° thin clothes ◇ 1° enlever ou déboutonner son vêtement du haut 2° vêtement léger.

褐 hè +6693 衤日勹人匕 | 1° coarse cloth or clothing 2° brown 3° poor, low ◇ 1° tissu ou vêtement grossier 2° brun 3° pauvre, plébéien [Etym] 衤 1313 (rad: 145d 5-09), 曷 2194 [Graph] 634i 021a 852h 232a 711a.

複 fù *6694 衤复夂 | See ◇ Voir 赴 4841 [Etym] 衤 1313 (rad: 145d 5-09), 复 2214 [Graph] 634i 022b 633e.

䙌 kuì -6695 衤虫贝 | 襀 *6696 | loop for fastening a coat, to tie, to knot ◇ bouton, nouer, boutonner, attacher [Etym] 衤 1313 (rad: 145d 5-09), 贵 2278 [Graph] 634i 031c 854b.

襀 kuì *6696 衤虫貝 | 䙌 -6695 | loop for fastening a coat, to tie, to knot ◇ bouton, nouer, boutonner, attacher [Etym] 衤 1313 (rad: 145d 5-12), 貴 2281 [Graph] 634i 031c 023b.

袖 xiù +6697 衤由 | 1° sleeve 2° to hide inside the sleeve ◇ 1° manche 2° mettre dans ses manches [Etym] 衤 1313 (rad: 145d 5-05), 由 2345 [Graph] 634i 042a.

袖珍 xiù zhēn。pocket-size, pocket ◇ de poche, de petit format * 5072.

袖子 xiù zǐ。sleeve ◇ manche * 6546.

褳 lián *6698 衤車辶 | 裢 -6649 | See ◇ Voir 褡褳 da1-lian2 6629-6649 [Etym] 衤 1313 (rad: 145d 5-10), 連 2353 [Graph] 634i 042g 634o.

△ lian | 裢 -6649 | See ◇ Voir .

裸 luǒ -6699 衤果 | 贏 *7346 | bare, naked, to strip ◇ dépouiller, nu, dénuder [Etym] 衤 1313 (rad: 145d 5-08), 果 2364 [Graph] 634i 043f.

裨 bì +6700 衤卑 | 1° benefit 2° to aid ◇ 1° avantage, profit 2° donner, aider [Etym] 衤 1313 (rad: 145d 5-08), 卑 2366 [Graph] 634i 043h.

△ pí | 1° secondary, minor 2° to aid 3° to benefit 4° proper noun ◇ 1° petit, mineur 2° aider, seconder, assister 3° bénéficier 4° nom propre.

裡 lǐ *6701 衤里 | 里 +10761、裏 *2158 1° | 1° inside, lining, inner 2° neighborhood 3° hometown 5° unit of length = 0.5 kilometer ◇ 1° intérieur, doublure (vêtement) 2° voisinage 3° ville natale 4° unité de mesure chinoise = 0.5 kilomètre [Etym] 衤 1313 (rad: 145d 5-07), 里 2368 [Graph] 634i 043j.

裀 yīn +6702 衤囗大 | 1° underclothes 2° lined or padded clothing 3° mats, pads ◇ 1° vêtement de corps 2° matelassé, rembourré, doublé 3° paillasse, natte [Etym] 衤 1313 (rad: 145d 5-06), 因 2444 [Graph] 634i 071a 242a.

襁 qiǎng *6703 衤弓厶虫 | 襁 -6704、繈 *6290 | See ◇ Voir 襁褓 qiang3-bao3 6704-6624 [Etym] 衤 1313 (rad: 145d 5-11), 強 2543 [Graph] 634i Z42a 612a 031d.

襁 qiǎng -6704 衤弓口虫 | 襁 *6703、繈 *6290 | [Etym] 衤 1313 (rad: 145d 5-12), 强 2546 [Graph] 634i Z42a 011a 031d.

襁褓 qiǎng bǎo。swaddling clothes ◇ langes, maillot, bande de toile servant à attacher l'enfant sur le dos * 6624.

褸 lǚ *6705 衤婁女 | 褛 -6633 | See ◇ Voir 襤褸 kan3-lü3 4170-6633 [Etym] 衤 1313 (rad: 145d 5-10), 婁 2572 [Graph] 634i Z61f 611e.

阝 fù (1315) 阝 | [Tra] mound; abundent ◇ tertre; abondant [Etym] contraction of (阜 2024) ◇ une forme abrégée de (阜 2024) [Graph] 634j [Ref] r259, w74c, w86a, wi443, wi493 [Hanzi] lin2 鄰 4622, hui1 隳 6720 [Rad] 170b.

阝 yì (1316) 阝 | [Tra] city; country ◇ ville; pays [Etym] contraction of (邑 2082) ◇

forme abrégée de (邑 2082) [Graph] 634j [Ref] wi11, wi270 [Hanzi] lin2 鄰 4622, ye1 ye2 耶 5467, xiang1 鄉 6297, na1 na4 ne4 nei4 那 7258, lang2 lang4 郎 8721 [Rad] 163b.

隴 lǒng *6706 | 陇 -6731 | 1° dike 2° another name for Gansu ◇ 1° digue, levée de terre 2° nom du Gansu [Etym] 阝 1315 (rad: 170b 2-17), 龍 86 [Graph] 634j 221a 856e Z41b.

陪 péi +6707 | 1° to accompany, to keep somebody company 2° to aid 3° to match ◇ 1° accompagner, tenir compagnie 2° assister 3° suppléer [Etym] 阝 1315 (rad: 170b 2-08), 音 87 [Graph] 634j 221a 011a.

陪伴 péi bàn。to accompany; to keep somebody. company ◇ tenir compagnie à, servir de compagnon à ＊ 2857.

陪同 péi tóng。to accompany ◇ accompagner ＊ 8279.

障 zhàng +6708 | 1° to hinder 2° block, embankment 3° to separate, to screen 4° to forbid ◇ 1° empêcher, obstacle 2° digue 3° intercepter, couvrir 4° défendre [Etym] 阝 1315 (rad: 170b 2-11), 章 95 [Graph] 634j 221a 021d.

障碍 zhàng ài。to obstruct, obstacle ◇ obstruer, empêcher; obstacle, entrave ＊ 9771.

隱 yǐn (1317) | [Tra] retired; concealed ◇ retiré; privé [Etym] mound (1= 阝 1315); phon, retired (2,3,4,5= 㥯 108) ◇ tertre (1= 阝 1315); phon, retraite (2,3,4,5= 㥯 108) [Graph] 634j 221d 431a 833a 321c [Hanzi] yin3 隱 6709, yin3 癮 6935.

隱 yǐn *6709 | 隐 -6767 | 1° concealed, hidden, screened 2° latent 3° retired 4° in private life 5° small ◇ 1° caché 2° latent, dormant 3° retiré 4° vie privée 5° petit [Etym] 阝 1315 (rad: 170b 2-14), 㥯 108 [Graph] 634j 221d 431a 833a 321c.

隘 ài +6710 | 1° narrow 2° pass 3° trouble, difficulty ◇ 1° étroit 2° défilé 3° gêne, difficulté [Etym] 阝 1315 (rad: 170b 2-10), 益 129 [Graph] 634j 222c 922a.

队 duì (1318) | [Tra] squad; team ◇ garnison; équipe [Etym] men (2= 人 170) on a high place (1= 阝 1315) ◇ des hommes (2= 人 170) sur une hauteur (1= 阝 1315) [Graph] 634j 232a [Hanzi] dui4 队 6711, zhui4 坠 6712.

队 duì -6711 | 隊 *6750 | 1° squad, company 2° team 3° line ◇ 1° cohorte, garnison 2° équipe 3° rangée [Etym] 阝 1315 (rad: 170b 2-02), 人 170 [Graph] 634j 232a.

队长 duì zhǎng。captain ◇ chef d'équipe ＊ 2139.

队伍 duì wǔ。troops; ranks ◇ troupes en rangs; armée ＊ 2969.

队员 duì yuán。pioneer; team member ◇ pionnier; membre d'une équipe ＊ 9127.

坠 zhuì -6712 | 墜 *6751 | 1° to fall, to sink 2° to weigh down, to settle down, to slide ◇ 1° tomber, chute 2° sombrer, glisser, s'affaisser [Etym] 土 826 (rad: 032a 3-04), 队 1318 [Graph] 634j 232a 432a.

坠落 zhuì luò。to fall, to drop ◇ tomber, faire une chute ＊ 3523.

坠毁 zhuì huǐ。to crash ◇ se briser en tombant ＊ 7438.

险 xiǎn -6713 | 險 *6718 | 1° narrow pass, difficult place 2° dangerous, hazardous 3° sinister, vicious 4° nearly 5° to be injured ◇ 1° passe difficile à franchir 2° danger, périlleux 3° sinistre, vicieux 4° presque, sur le point de 5° recevoir une blessure [Etym] 阝 1315 (rad: 170b 2-07), 佥 183 [Graph] 634j 233a ac:a 221b.

险些 xiǎn xiē。nearly or narrowly miss something. ◇ faillir ＊ 5295.

险些儿 xiǎn xiē ér。nearly or narrowly escape ◇ faillir ＊ 5295 2194.

险隘 xiǎn ài。strategic pass, defile ◇ col, défilé ＊ 6710.

险要 xiǎn yào。dangerous and inaccessible ◇ escarpé et défensif ＊ 10824.

阶 jiē -6714 | 階 *6728 、堦 *4775 | 1° stairs, flight of steps 2° degree, rank ◇ 1° escalier, degrés, marches 2° grade, rang, échelon [Etym] 阝 1315 (rad: 170b 2-04), 介 191 [Graph] 634j 233a 416a.

阶级 jiē jí。social class ◇ classe sociale ＊ 6015.

除 chú (1319) | [Tra] to deduct; except ◇ écarter; excepter [Etym] mound, plenty (1= 阝 1315); phon, surplus (2,3= 余 192) ◇ tertre, abondant (1= 阝 1315); phon, surplus (2,3= 余 192) [Graph] 634j 233a 422c [Hanzi] chu2 滁 323, chu2 chu2 除 6715.

除 chú +6715 | 除 6715 | 1° to get rid of 2° except 3° besides 4° to divide 5° doorsteps ◇ 1° se débarrasser de, retrancher, écarter 2° excepté 3° en plus, en outre 4° diviser 5° degrés [Etym] 阝 1315 (rad: 170b 2-07), 余 192 [Graph] 634j 233a 422c.

除法 chú fǎ。division ◇ division (math.) ＊ 217.

除掉 chú diào。save, except ◇ excepté, sauf ＊ 2692.

除非 chú fēi。unless; save ◇ à moins que; à l'exception de; sans quoi ＊ 3505.

除开 chú kāi。save, except ◇ excepté, sauf ＊ 4045.

除夕 chú xī。new year eve ◇ veille du jour de l'an ＊ 6393.

除了 chú le。save, but;, except ◇ excepté, sauf ＊ 6540.

陰 yīn (1320) | [Tra] north; feminine; dar ◇ nord; féminin; sombr [Etym] {?} long (2,3= 長 822), covered (人 180) hills (1= 阝 1315) (> 陰 1321) ◇ {?} collines (1= 阝 1315) longues (2,3= 長 822), couvertes (人 180) (> 陰 1321) [Graph] 634j 233a 431c 312d [Hanzi] yin1 陰 6716.

了 阝

隂 yīn *6716 阝亼巨㠯 | 阴 +6774、陰 *6717 | 1° feminine or negative principle in nature 2° moon 3° overcast (sky) 4° shady side of a hill 5° back 6° secret, hidden 7° inferior power 8° night 9° death 10° private parts (female) 11° surname ◇ 1° principe féminin dans la nature 2° lune 3° ciel couvert, nuageux 4° versant à l'ombre d'une colline 5° arrière 6° secret, caché 7° principe passif, pouvoir inférieur 8° obscurité, nuit 9° mort 10° parties secrètes [Etym] 阝 1315 (rad: 170b 2-10), 陰1320 [Graph] 634j 233a 431c 312d.

陰 yīn (1321) 阝亼⺀云 | [Tra] feminine; dark ◇ féminin; sombre [Etym] north of hill (1= 阝 1315), covered (2,3= 今 202), clouds (4= 云 1152) ◇ une colline (1= 阝 1315) au nord, couverte (2,3= 今 202) de nuages (4= 云 1152) [Graph] 634j 233a 631a 612d [Ref] k274, r29b, w86a, wi816 [Hanzi] yin1 yin4 蔭 3772, yin1 陰 6717, yin4 蔭 6936.

陰 yīn *6717 阝亼⺀云 | 阴 +6774、隂 *6716 | 1° feminine or negative principle in nature 2° moon 3° overcast (sky) 4° shady side of a hill 5° back 6° secret, hidden 7° inferior power 8° night 9° death 10° private parts (female) 11° surname ◇ 1° principe féminin dans la nature 2° lune 3° ciel couvert, nuageux 4° versant à l'ombre d'une colline 5° arrière 6° secret, caché 7° principe passif, pouvoir inférieur 8° obscurité, nuit 9° mort 10° parties secrètes [Etym] 阝 1315 (rad: 170b 2-08), 陰1321 [Graph] 634j 233a 631a 612d.

險 xiǎn *6718 阝亼口人口人 | 险 -6713 | 1° narrow pass, difficult place 2° dangerous, hazardous 3° sinister, vicious 4° nearly 5° to be injured ◇ 1° passe difficile à franchir 2° danger, périlleux 3° sinistre, vicieux 4° presque, sur le point de 5° recevoir une blessure [Etym] 阝 1315 (rad: 170b 2-13), 僉 223 [Graph] 634j 233a 012a 232a 011a 232a.

隓 duò (1322) 阝方工方工 | [Tra] to destroy ◇ détruire [Etym] build a mound (2,3,4,5= 左 241) to overtake a hill (1= 阝 1315) ◇ construire un tertre (2,3,4,5= 左 241); prendre une colline (1= 阝 1315) [Graph] 634j 241a 431a 241a 431a [Ref] k1008, w46d.

隋 suí, duò (1323) 阝方工月 | [Tra] cut meat; a dynasty ◇ viande; une dynastie [Etym] meat (4= 月 1823); phon, to destroy (1,2,3< 隓 1322) ◇ de la viande (4= 月 1823) découpée; phon, détruire (1,2,3< 隓 1322) [Graph] 634j 241a 431a 856e [Ref] k1009, w46d [Hanzi] tuo3 橢 4284, sui2 隋 6719, duo4 墮 6721.

隋 suí +6719 阝方工月 | 1° Chinese dynasty 2° surname ◇ 1° nom de dynastie 2° nom propre [Etym] 阝 1315 (rad: 170b 2-09), 隋 1323 [Graph] 634j 241a 431a 856e.

隳 huī (1324) 阝方工月亼小 | [Tra] to ruin ◇ détruire [Etym] {?} nothing (5,6< 無 1043); phon, to cut (1,2,3,4= 隋 1323) ◇ {?} rien (5,6< 無 1043); phon, couper (1,2,3,4= 隋 1323) [Graph] 634j 241a 431a 856e 233a 331n [Hanzi] hui1 隳 6720.

隳 huī +6720 阝方工月亼小 | to destroy, to ruin ◇ détruire, ruiner [Etym] 阝 1315 (rad: 170b 2-15), 隳 1324 [Graph] 634j 241a 431a 856e 233a 331n.

墮 duò *6721 阝方工月土 | 堕 -6723 | to fall, to sink ◇ tomber, chute, baisser, couler [Etym] 土 826 (rad: 032a 3-11), 隋 1323 [Graph] 634j 241a 431a 856e 432a.

隨 suí *6722 阝方工月辶 | 随 -6724 | 1° to follow 2° to comply with 3° to let 4° along with, presently 5° to resemble, to imitate 6° to obey ◇ 1° suivre 2° se conformer à 3° laisser (faire) 4° selon, de suite, au gré de 5° imiter 6° obéir [Etym] 阝 1315 (rad: 170b 2-12), 遀 243 [Graph] 634j 241a 431a 856e 634o.

陏 suí, duò (1325) 阝方月 | [Tra] cut meat; dynasty ◇ viande hachée; dynastie [Etym] modern simplified form of (隋 1323) ◇ forme simplifiée moderne de (隋 1323) [Graph] 634j 241a 856e [Hanzi] tuo3 椭 4285, duo4 堕 6723.

堕 duò -6723 阝方月土 | 墮 *6721 | to fall, to sink ◇ tomber, chute, baisser, couler [Etym] 土 826 (rad: 032a 3-08), 陏 1325 [Graph] 634j 241a 856e 432a.

堕落 duò luò ∘ to degenerate, to sink low; to become depraved ◇ dégénérer; tomber dans le vice, se pervertir * 3523.

随 suí -6724 阝方月辶 | 隨 *6722 | 1° to follow 2° to comply with 3° to let 4° along with, presently 5° to resemble, to imitate 6° to obey ◇ 1° suivre 2° se conformer à 3° laisser (faire) 4° selon, de suite, au gré de 5° imiter 6° obéir [Etym] 阝 1315 (rad: 170b 2-09), 迶 248 [Graph] 634j 241a 856e 634o.

随意 suí yì ∘ at will ◇ à son gré * 667.

随从 suí cóng ∘ to accompany; entourage, retinue ◇ suivre, personne de la suite, du cortège * 1071.

随便 suí biàn ∘ neglectful ◇ négligent, à la légère, irréfléchi; libre, à l'aise * 3074.

随和 suí hé ∘ obliging ◇ accommodant, aimable * 4568.

随地 suí dì ∘ anywhere, everywhere ◇ par terre, partout * 4903.

随后 suí hòu ∘ soon afterwards; right away ◇ ensuite, puis, par la suite, après * 7199.

随同 suí tóng ∘ to be accompanying ◇ suivre, accompagner * 8279.

随即 suí jí ∘ immediately ◇ immédiatement, aussitôt après, tout de suite * 8714.

随身 suí shēn ∘ on one's person, with one ◇ sur soi, avec soi * 8830.

随口 suí kǒu ∘ to speak without thinking; to blurt out ◇ dire sans réfléchir * 8842.

随时 suí shí ∘ from time to time, occasionally, any time ◇ occasionnellement, n'importe quand ✱ 9861.

陝 shǎn (1326) 阝大人人 |[Tra] gorge, canyon ◇ défilé, gorge [Etym] hill (1= 阝 1315); phon, thief (2,3,4= 夾 258) (# 夾 259) ◇ une hauteur (1= 阝 1315); phon, voleur (2,3,4= 夾 258) (# 夾 259) [Graph] 634j 242a 232a 232a [Ref] w13b [Hanzi] shan3 陝 6725.

陝 shǎn *6725 阝大人人 |陕 -6726| 1° file, gorge 2° short for Shaanxi Province ◇ 1° défilé, gorge 2° autre nom du Shaanxi [Etym] 阝 1315 (rad: 170b 2-07), 陝 1326 [Graph] 634j 242a 232a 232a.

陕 shǎn -6726 阝夹 |陝 *6725| 1° file, gorge 2° short for Shaanxi Province ◇ 1° défilé, gorge 2° autre nom du Shaanxi [Etym] 阝 1315 (rad: 170b 2-06), 夹 314 [Graph] 634j 242q.

陕西 shǎn xī ∘ Shaanxi ◇ Shanxi ✱ 10844.

陛 bì +6727 阝ヒ匕土 |steps of the throne ◇ degrés menant au trône [Etym] 阝 1315 (rad: 170b 2-07), 坒364 [Graph] 634j 311d 321b 432a.

階 jiē *6728 阝ヒ匕白 |阶 -6714、堦 *4775| 1° stairs, flight of steps 2° degree, rank ◇ 1° escalier, degrés, marches 2° grade, rang, échelon [Etym] 阝 1315 (rad: 170b 2-09), 皆 365 [Graph] 634j 311d 321b 022c.

阢 wù *6729 阝兀 |See ◇ Voir 杌 4139 [Etym] 阝 1315 (rad: 170b 2-03), 兀 407 [Graph] 634j 322c.

阮 ruǎn +6730 阝元 |1° name of a pass 2° surname ◇ 1° nom de lieu 2° nom de famille [Etym] 阝 1315 (rad: 170b 2-04), 元 408 [Graph] 634j 322d.

陇 lǒng -6731 阝龙 |隴 *6706| 1° dike 2° another name for Gansu ◇ 1° digue, levée de terre 2° nom du Gansu [Etym] 阝 1315 (rad: 170b 2-05), 龙 417 [Graph] 634j 323d.

阿 ē, ā (1327) 阝可口 |[Tra] hill; to play up to ◇ colline; flatter [Etym] phon: earthworks (1= 阝 1315); phon, to approve (2,3= 可 421) ◇ phon: terrassements (1= 阝 1315); phon, approuver (2, 3= 可 421) [Graph] 634j 331c 011a [Ref] k1, w58i [Hanzi] a1 錒 1238, a1 锕 2015, e1 婀 5793, a1 e1 阿 6732, e1 屙 8637, a1 a2 a3 a4 a5 啊 9048.

阿 ā +6732 阝可口 |used as sound before proper names ◇ caractère préfixé à des noms de personnes [Etym] 阝 1315 (rad: 170b 2-05), 可 421 [Graph] 634j 331c 011a.

阿米巴 ā mǐ bā ∘ amoebae ◇ amibe ✱ 4597 8730.

阿姨 ā yí ∘ maternal aunt ◇ tante maternelle ✱ 5882.

△ ē |1° hill 2° to play up to, to pander to ◇ 1° colline 2° flatter.

隙 xì +6733 阝小日小 |1° crack, crevice 2° gap 3° loop hole, leisure time, opportunity 4° discord, rift ◇ 1° fissure, crevace 2° interstice, fente 3° occasion, loisir 4° discorde [Etym] 阝 1315 (rad: 170b 2-10), 㡭 426 [Graph] 634j 331j 021a 331j.

际 jì -6734 阝示 |際 *6757| 1° border, limit 2° between 3° inside 4° on the occasion of, time, one's lot ◇ , époque 1° frontière 2° entre, fréquenter 3° intérieur 4° occasion, conjonction, terme [Etym] 阝 1315 (rad: 170b 2-05), 示 431 [Graph] 634j 331l.

附 fù +6735 阝亻寸 |坿 *4793| 1° to get close to, to be near 2° appendix 3° to attach 4° to agree to ◇ 1° être près de 2° appendice 3° ajouter, adhérer, ci-joint 4° consentir à [Etym] 阝 1315 (rad: 170b 2-05), 付 489 [Graph] 634j 411e 332b.

附近 fù jìn ∘ neighborhood, vicinities; near ◇ voisinage, aux alentours; près de ✱ 7205.

附录 fù lù ∘ appendix; annex ◇ annexe, appendice; addenda ✱ 7388.

阼 zuò +6736 阝乍 |mains steps leading to the hall ◇ marches d'escalier à l'est [Etym] 阝 1315 (rad: 170b 2-05), 乍 551 [Graph] 634j 412f.

阡 qiān +6737 阝千 |1° footpath between fields 2° road ◇ 1° chemin surélevé séparant les champs 2° route [Etym] 阝 1315 (rad: 170b 2-03), 千 571 [Graph] 634j 413f.

阧 dǒu *6738 阝斗 |陡 +6741| 1° slope of a hill 2° suddenly 3° steep ◇ 1° escarpé 2° soudain 3° abrupt [Etym] 阝 1315 (rad: 170b 2-04), 斗575 [Graph] 634j 413g.

陞 shēng (1328) 阝升土 |[Tra] unit of volume; to rise ◇ unité de volume; monter [Etym] two sign:earth (3= 表 941)mound (1= 阝 1315); measure (升 705) ◇ deux sign: monticule (1= 阝 1315), terre (3= 土 826); mesure (升 705) [Graph] 634j 416g 432a [Hanzi] sheng1 陞 6761.

阱 jǐng -6739 阝井 |穽 *7807| 1° hole, pit, pitfall 2° trap ◇ 1° puits, fosse 2° piège, trappe [Etym] 阝 1315 (rad: 170b 2-04), 井 709 [Graph] 634j 416j.

隣 lín *6740 阝米夕㐄 |邻 -1395、鄰 *4622| near, adjacent, neighbor ◇ voisinage, voisin, proche de [Etym] 阝 1315 (rad: 170b 2-12), 粦789 [Graph] 634j 422f 631b 712b.

陡 dǒu +6741 阝土止 |阧 *6738| 1° slope of a hill 2° suddenly 3° steep ◇ 1° escarpé 2° soudain 3° abrupt [Etym] 阝 1315 (rad: 170b 2-07), 走845 [Graph] 634j 432a 434e.

陸 liù *6742 阝夫土 |陆 -6769| six (as numeral on cheque etc.) ◇ six (en grande écriture) [Etym] 阝 1315 (rad: 170b 2-08), 坴 897 [Graph] 634j 432d 432a.

△ lù |陆 -6769| 1° land, on land 2° continent 3° surname ◇ 1° haute plaine, voie de terre 2° continent, terre ferme 3° nom propre.

陵 líng +6743 阝夫夊 |1° hill, high mound 2° tomb 3° surname ◇ 1° colline, tertre élevé 2° tombeau 3° nom propre [Etym] 阝 1315 (rad: 170b 2-08), 夌 901 [Graph] 634j 432d 633e.

陵墓 líng mù ∘ tomb, mausoleum ◇ sépulture, mausolée ✱ 3953.

陲 chuí +6744 阝垂 | frontier, boundary ◇ limite, frontière [Etym] 阝 1315 (rad: 170b 2-08), 垂 953 [Graph] 634j 433d.

阯 zhǐ *6745 | 址 +4835 | 阝止 | 1° location, site 2° building, dwelling 3° address ◇ 1° emplacement, terrain à bâtir ou bâti, limite du terrain 2° bâtiment, demeure 3° adresse [Etym] 阝 1315 (rad: 170b 2-04), 止 954 [Graph] 634j 434a.

陟 zhì (1329) 阝止少 | [Tra] to ascend; to mount ◇ monter; gravir [Etym] steps (2,3= 步 957) on a mound (1= 阝 1315) ◇ des pas (2,3= 步 957) sur un tertre (1= 阝 1315) [Graph] 634j 434a 331h [Ref] r43b, w112g [Hanzi] zhi4 陟 6746, zhi4 騭 6747, zhi4 骘 6748.

陟 zhì +6746 阝止少 | 1° to ascend, to mount 2° promoted 3° to proceed ◇ 1° monter, gravir, élever 2° promu 3° poursuivre [Etym] 阝 1315 (rad: 170b 2-07), 陟 1329 [Graph] 634j 434a 331h.

騭 zhì *6747 | 骘 -6748 | 阝止少馬 | 1° to promote 2° to fix, to rate, to adjudicate 3° stallion 4° merit ◇ 1° promouvoir, avancement 2° juger, estimer 3° étalon 4° mérite [Etym] 馬 2486 (rad: 187a 10-09), 陟 1329 [Graph] 634j 434a 331h Z22a.

骘 zhì -6748 | 騭 *6747 | 阝止少马 | 1° to promote 2° to fix, to rate, to adjudicate 3° stallion 4° merit ◇ 1° promouvoir, avancement 2° juger, estimer 3° étalon 4° mérite [Etym] 马 2489 (rad: 187s 3-09), 陟 1329 [Graph] 634j 434a 331h Z22b.

陬 zōu +6749 阝耳又 | 1° corner 2° foot of a hill ◇ 1° angle 2° coin, pied de la montagne [Etym] 阝 1315 (rad: 170b 2-08), 取 1024 [Graph] 634j 436k 633a.

隊 duì (1330) 阝㒸 | [Tra] troops; team ◇ garnison; équipe [Etym] high place or wall (1= 阝 1315); phon, to follow (2< 遂 1105) ◇ une hauteur ou une muraille (1= 阝 1315); phon, suivre (2< 遂 1105) [Graph] 634j 522d [Ref] k1139, r258, r259, w69f [Hanzi] dui4 隊 6750, zhui4 墜 6751.

隊 duì *6750 | 队 -6711 | 阝㒸 | 1° squad, company 2° team 3° line ◇ 1° cohorte, garnison 2° équipe 3° rangée [Etym] 阝 1315 (rad: 170b 2-09), 隊 1330 [Graph] 634j 522d.

墜 zhuì *6751 | 坠 -6712 | 阝㒸土 | 1° to fall, to sink 2° to weigh down, to settle down, to slide ◇ 1° tomber, chute 2° sombrer, glisser, s'affaisser [Etym] 土 826 (rad: 032a 3-11), 隊 1330 [Graph] 634j 522d 432a.

隧 suì +6752 阝㒸辶 | 1° way 2° path to a tomb ◇ 1° voie, chemin 2° avenue sépulcrale [Etym] 阝 1315 (rad: 170b 2-12), 遂 1105 [Graph] 634j 522d 634o.

陘 xíng *6753 | 陉 -6758 | 阝巛工 | 1° path 2° pass in mountain area ◇ 1° passage 2° sentier dans la montagne [Etym] 阝 1315 (rad: 170b 2-07), 巠 1121 [Graph] 634j 611d 431a.

陔 gāi +6754 阝亥 | step, ledge, terrace ◇ degré, gradin, étage [Etym] 阝 1315 (rad: 170b 2-06), 亥 1210 [Graph] 634j 614a.

陈 chén -6755 | 陳 *6793 | 阝东 | 1° to arrange 2° to state 3° long time, old 4° surname ◇ 1° disposer 2° déclarer, publier 3° longtemps, ancien 4° nom de famille [Etym] 阝 1315 (rad: 170b 2-05), 东 1211 [Graph] 634j 614b.

陈旧 chén jiù ∘ obsolete, old-fashioned ◇ vieux, démodé * 2769.

陈述 chén shù ∘ to state, to declare ◇ déclarer, exposer * 4596.

陈列 chén liè ∘ to exhibit, display, set out ◇ exposer, étaler * 6419.

阵 zhèn -6756 | 陣 *6791、陣 *6791 | 阝车 | 1° battle formation 2° position, to dispose 3° period of time 4° measure-word (spatter, gust) ◇ 1° formation de bataille 2° position, disposer, ranger 3° période de temps, moment 4° spécificatif (accès, rafale, coup) [Etym] 阝 1315 (rad: 170b 2-04), 车 1213 [Graph] 634j 614d.

阵地 zhèn dì ∘ battlefront, position ◇ front de bataille, position * 4903.

阵雨 zhèn yǔ ∘ shower ◇ ondée * 8415.

際 jì *6757 | 际 -6734 | 阝癶示 | 1° border, limit 2° between 3° inside 4° on the occasion of, time, one's lot ◇ , époque 1° frontière 2° entre, fréquenter 3° intérieur 4° occasion, conjonction, terme [Etym] 阝 1315 (rad: 170b 2-11), 祭 1251 [Graph] 634j 631h 331l.

陉 xíng -6758 | 陘 *6753 | 阝ス工 | 1° path 2° pass in mountain area ◇ 1° passage 2° sentier dans la montagne [Etym] 阝 1315 (rad: 170b 2-05), 圣 1269 [Graph] 634j 632f 431a.

隆 lóng (1331) 阝夂二生 | [Tra] prosperity, abundance ◇ prospérité, abondance [Etym] blessings from above (1,2< 降 1332), growth on earth (3= 生 951) ◇ bienfaits d'en haut (1,2< 降 1332), croissance au sol (3= 生 951) [Graph] 634j 633e acc:a 433b [Ref] k584, w79f [Hanzi] long1 long2 隆 6759, long2 癃 7080, long2 窿 7824.

隆 lōng +6759 阝夂二生 | (hei1gu5 - dong1) very dark, pitch-dark ◇ (hei1gu5 - dong1) nuit noire, noir comme dans un four [Etym] 阝 1315 (rad: 170b 2-09), 隆 1331 [Graph] 634j 633e acc:a 433b.

△ lóng | 1° abundant, prosperous, grand 2° deep 3° to swell ◇ 1° prospère, abondant, grandiose 2° profond 3° faire saillie.

隆重 lóng zhòng ∘ solemn ◇ solennel * 10764.

降 jiàng (1332) 阝夂夆 | [Tra] to descend, submit ◇ descendre; soumettre [Etym] high place or stairs (1= 阝 1315); two steps downwards or submission (2,3= 夅 1293) ◇ une hauteur ou un escalier (1= 阝 1315); deux pas vers le bas -> soumission (2,3= 夅 1293) [Graph] 634j 633e 712b [Ref] h863, r43c, w31f, wa30, wi621 [Hanzi] jiang4 xiang2 降 6760.

降 jiàng +6760 阝夂夆 | 1° to fall 2° to drop, to descend, to degrade 3° to submit, to yield ◇ 1° tomber 2° descendre, abaisser, faire descendre 3° soumettre, se soumettre, condescendre [Etym] 阝 1315 (rad: 170b 2-06), 夅 1332 [Graph] 634j 633e 712b.

降低 jiàng dī ∘ to reduce, to drop, to lower ◇ baisser, abaisser, réduire, diminuer ✱ 2918.

降临 jiàng lín ∘ to befall, to arrive ◇ tomber, arriver ✱ 3499.

降落 jiàng luò ∘ to land, to descend ◇ atterrir, descendre ✱ 3523.

降落伞 jiàng luò sǎn ∘ parachute ◇ parachute ✱ 3523 1093.

△ xiáng | 1° to surrender, to submit, to yield 2° vanquish 3° tame ◇ 1° se soumettre, capituler, céder 2° vaincu 3° apprivoisé.

陞 shēng *6761 阝阝升土 | See ◇ Voir 升 4044 [Etym] 阝 1315 (rad: 170b 2-09), 陞 1328 [Graph] 634j 634j 416g 432a.

阸 è *6762 阝厂巳 | See ◇ Voir 惡 11289 [Etym] 阝 1315 (rad: 170b 2-04), 厄 1367 [Graph] 634j 721a 733a.

隁 yōng *6763 阝广甫 | 墉 +4894 | fortified wall ◇ mur de la ville [Etym] 阝 1315 (rad: 170b 2-11), 庸 1409 [Graph] 634j 721b 834j.

陂 bēi +6764 阝广又 | 1° uneven 2° inclined, declivity ◇ 1° inégal 2° pente, versant, talus [Etym] 阝 1315 (rad: 170b 2-05), 皮 1452 [Graph] 634j 721h 633a.

△ pí | place in Hubei ◇ lieu du Hubei.

△ pō |

陂陀 pō tuó ∘ 1° craggy, uneven; 2° steep, inclined ◇ 1° irrégulier, inégalité (du terrain); 2° versant, à pic ✱ 6770.

阪 bǎn +6765 阝厂又 | slope ◇ pente, côte [Etym] 阝 1315 (rad: 170b 2-04), 反 1454 [Graph] 634j 722a 633a.

△ bǎn | 坂 +4898 、 岅 *7563 | hillside, slope ◇ pente, talus, versant.

阞 lè (1333) 阝力 | [Tra] cleave ◇ fente [Etym] high place (1= 阝 1315); phon, strength (2= 力 1489) ◇ hauteur (1= 阝 1315); phon, force (2= 力1489) [Graph] 634j 732f [Ref] k517 [Hanzi] le4 泐 324.

陜 xiá *6766 阝匸大人人 | 狭 -5601 、 狹 *5598 | narrow, mean ◇ étroit, étriqué, exigu [Etym] 阝 1315 (rad: 170b 2-09), 匧 1514 [Graph] 634j 811c 242a 232a 232a.

隐 yǐn (1334) 阝刍心 | [Tra] retired; concealed ◇ retiré; privé [Etym] mound (1= 阝 1315); ,motion (2,3= 急 1561) ◇ tertre (1= 阝 1315); émotion (2,3= 急 1561) [Graph] 634j 832c 321c [Hanzi] yin3 隐 6767, yin3 瘾 7081.

隐 yǐn -6767 阝刍心 | 隱 *6709 | 1° concealed, hidden, screened 2° latent 3° retired 4° in private life 5° small ◇ 1° caché 2° latent, dormant 3° retiré 4° vie privée 5° petit [Etym] 阝 1315 (rad: 170b 2-09), 急 1561 [Graph] 634j 832c 321c.

隐藏 yǐn cáng ∘ to hide, to conceal; to stay hidden ◇ cacher, dissimuler, camoufler ✱ 3721.

隐蔽 yǐn bì ∘ to conceal; to take cover ◇ abriter, cacher, dissimuler ✱ 3895.

隐瞒 yǐn mán ∘ to hide the truth, to conceal ◇ dissimuler, cacher ✱ 10039.

陷 xiàn +6768 阝臽 | 1° pitfall, trap 2° to get stuck 3° to sink, to cave in 4° to incriminate somebody 5° to be captured 6° defect ◇ 1° fosse, piège 2° être coincé 3° s'affaisser 4° incriminer, nuire à 5° être pris, capturé 6° défaut [Etym] 阝 1315 (rad: 170b 2-08), 臽 1594 [Graph] 634j 835e.

陷入 xiàn rù ∘ to fall into; to sink ◇ tomber dans, s'enfoncer; se plonger dans ✱ 1082.

陷害 xiàn hài ∘ to frame up a person ◇ nuire à, porter une fausse accusation contre ✱ 7720.

陆 liù -6769 阝击 | 陸 *6742 | six (as numeral on cheque etc.) ◇ six (en grande écriture) [Etym] 阝 1315 (rad: 170b 2-05), 击 1629 [Graph] 634j 841d.

陆军 liù jūn ∘ land forces ◇ armée de terre ✱ 7675.

△ lù | 陸 *6742 | 1° land, on land 2° continent 3° surname ◇ 1° haute plaine, voie de terre 2° continent, terre ferme 3° nom propre.

陆地 lù dì ∘ land ◇ terre, continent ✱ 4903.

陆续 lù xù ∘ one after another, in succession ◇ l'un après l'autre, successivement ✱ 5950.

陀 tuó +6770 阝宀匕 | steep and rugged path ◇ sentier escarpé [Etym] 阝 1315 (rad: 170b 2-05), 它 1665 [Graph] 634j 851c 321b.

院 yuàn +6771 阝宀元 | 1° courtyard, ground 2° hall, compound (courts and halls) 3° public institution (court, institute, etc.) ◇ 1° cour, terrain 2° grande salle, ensemble construit (cours et salles) 3° institution publique (cour, institut, etc.) [Etym] 阝 1315 (rad: 170b 2-07), 完 1671 [Graph] 634j 851c 322d.

院长 yuàn zhǎng ∘ dean, chair of an institute ◇ doyen, directeur d'un institut ✱ 2139.

院子 yuàn zǐ ∘ court ◇ cour ✱ 6546.

陶 táo +6772 阝勹缶 | 1° pottery, earthenware 2° to mold 3° kiln for making pottery 4° contented, happy 5° surname ◇ 1° poterie 2° modeler, façonner et cuire des poteries 3° four à poterie 4° joyeux 5° nom propre [Etym] 阝 1315 (rad: 170b 2-08), 匋1775 [Graph] 634j 852h 841c.

陶瓷 táo cí ∘ ceramics; pottery and porcelain ◇ poteries et porcelaines; céramique ✱ 15.

陶器 táo qì ∘ earthenware; pottery ◇ faïence; poterie, produits céramiques ✱ 9172.

陶醉 táo zuì ∘ to be intoxicated ◇ être enivré, tomber en extase ✱ 10850.

了 阝

△ yáo | ancient person's name ◇ nom d'un personnage légendaire.

防 fáng +6773 阝方 | 1° to protect from, to defend 2° embankment 3° to avoid ◇ 1° protéger, défendre, préserver 2° digue 3° éviter [Etym] 阝 1315 (rad: 170b 2-04), 方 1784 [Graph] 634j 853b.

防洪 fáng hóng ∘ to prevent or control flood ◇ précautions contre inondation, les crues ∗ 251.

防汛 fáng xùn ∘ flood prevention or control ◇ protection contre les crues ∗ 613.

防火 fáng huǒ ∘ fir prevention; fireproof ◇ protection contre incendie ∗ 924.

防毒 fáng dú ∘ to protect from toxic gas ◇ se protéger contre des toxiques ∗ 5284.

防止 fáng zhǐ ∘ to prevent, to avoid ◇ prévenir, éviter, empêcher, conjurer ∗ 5293.

防备 fáng bèi ∘ to forestall, to ward off ◇ précautions, prévenir, prendre garde ∗ 6537.

防守 fáng shǒu ∘ to protect from, to defend, to have in custody ◇ défendre, garder, surveiller ∗ 7715.

防空 fáng kōng ∘ air defense; anti-aircraft ◇ défense antiaérienne ∗ 7811.

了

阝

阴 yīn (1335) 阝月 | [Tra] feminine; dark ◇ féminin; sombre [Etym] modern simplified form of (陰 1321) ◇ forme simplifiée moderne de (陰 1321) [Graph] 634j 856e [Ref] r29b, w64g, w86a [Hanzi] yin1 yin4 荫3775, yin1 阴6774.

阴 yīn +6774 阝月 | 陰 *6717、隂 *6716 | 1° feminine or negative principle in nature 2° moon 3° overcast (sky) 4° shady side of a hill 5° back 6° secret, hidden 7° inferior power 8° night 9° death 10° private parts (female) 11° surname ◇ 1° principe féminin dans la nature 2° lune 3° ciel couvert, nuageux 4° versant à l'ombre d'une colline 5° arrière 6° secret, caché 7° principe passif, pouvoir inférieur 8° obscurité, nuit 9° mort 10° parties secrètes [Etym] 阝 1315 (rad: 170b 2-04), 阴1335 [Graph] 634j 856e.

阴天 yīn tiān ∘ covered sky ◇ temps couvert, mauvais temps ∗ 1573.

阴谋 yīn móu ∘ plot, conspiracy ◇ intrigue, complot, conspiration; intriguer ∗ 1749.

阴谋家 yīn móu jiā ∘ schemer, conspirator ◇ conspirateur, intrigant ∗ 1749 7747.

阴性 yīn xìng ∘ negative; feminine gender ◇ négatif; féminin (gramm.) ∗ 3262.

阴险 yīn xiǎn ∘ sinister, insidious ◇ sournois, perfide ∗ 6713.

阴历 yīn lì ∘ lunar calendar ◇ calendrier lunaire ∗ 6847.

阴暗 yīn àn ∘ dark, gloomy ◇ sombre, obscure, ténèbres ∗ 9843.

陗 qiào *6775 阝肖 | 峭 +7585 | 1° precipitous, high and steep cliffs 2° severe 3° vigorous ◇ 1° escarpé, à pic, raideur 2° sévérité 3° vigoureux [Etym] 阝 1315 (rad: 170b 2-07), 肖 1878 [Graph] 634j 857i.

陋 lòu +6776 阝丙匕 | 1° ugly 2° mean 3° vulgar, corrupt, undesirable, vile 4° shallow (knowledge) ◇ 1° laid 2° étroit, mesquin 3° vulgaire, vil, vilain 4° inexpérimenté, ignorant [Etym] 阝 1315 (rad: 170b 2-06), 丙 1921 [Graph] 634j 859c 711a.

阻 zǔ +6777 阝且 | obstacle, to impede ◇ empêchement, obstache, contrariété [Etym] 阝 1315 (rad: 170b 2-05), 且 1929 [Graph] 634j 921a.

阻挠 zǔ náo ∘ to obstruct, to thwart ◇ faire obstacle à, empêcher ∗ 2482.

阻止 zǔ zhǐ ∘ to prevent, to stop ◇ empêcher, arrêter ∗ 5293.

阻碍 zǔ ài ∘ to hinder, to block ◇ empêcher, bloquer, encombrer, gêner ∗ 9771.

限 xiàn +6778 阝艮 | 1° limit, boundary 2° restriction 3° hindrance ◇ 1° limite, frontière 2° restriction 3° obstacle [Etym] 阝 1315 (rad: 170b 2-06), 艮 2003 [Graph] 634j 932c.

限于 xiàn yú ∘ to be confined or limited to ◇ se limiter à, réduire à ∗ 2306.

限期 xiàn qī ∘ to set the time; deadline ◇ fixer un délai; terme, échéance, limite de temps ∗ 5437.

限定 xiàn dìng ∘ to set a limit, to restrict ◇ limiter, déterminer, fixer ∗ 7734.

限制 xiàn zhì ∘ to limit, to control ◇ restreindre, limiter ∗ 8497.

陨 yǔn -6779 阝口贝 | 隕 *6780 | 1° to fall (from the sky) 2° to let fall 3° to perish ◇ 1° tomber (du ciel), choir 2° laisser tomber 3° périr [Etym] 阝 1315 (rad: 170b 2-07), 员 2077 [Graph] 634j 011a 854b.

隕 yǔn *6780 阝口貝 | 陨 -6779 | 1° to fall (from the sky) 2° to let fall 3° to perish ◇ 1° tomber (du ciel), choir 2° laisser tomber 3° périr [Etym] 阝 1315 (rad: 170b 2-10), 員 2104 [Graph] 634j 011a 023b.

隔 gé +6781 阝口冂丫 | 1° partition, to separate 2° at a distance from 3° after or at an interval of ◇ 1° séparer, cloison 2° contigu, à faible distance de 3° intervalle [Etym] 阝 1315 (rad: 170b 2-10), 鬲 2118 [Graph] 634j 012a 856k 411c.

隔离 gé lí ∘ to isolate; to segregate ◇ isoler, séparer ∗ 8539.

隔壁 gé bì ∘ neighbor ◇ proche voisin; contigu ∗ 8650.

阽 diàn +6782 阝占 | 1° bent 2° to fall down 3° close to (danger) ◇ 1° incliné 2° choir 3° s'approcher (danger) [Etym] 阝 1315 (rad: 170b 2-05), 占 2154 [Graph] 634j 013e.

△ yán | 1° to come close to danger 2° bent 3° to fall down ◇ 1° risquer 2° incliné 3°

choir.

阳 yáng +6783 阝日 | 陽 *6787 | 1° masculine and positive principle in nature 2° sun 3° south of a hill 4° in relief 5° open, overt 6° positive (ion) 7° male genitals 8° superior power ◇ 1° opposant de Yin dans la nature 2° soleil 3° versant méridional 4° en relief 5° ouvert 6° positif (ion) 7° organes génitaux mâles 8° pouvoir supérieur [Etym] 阝 1315 (rad: 170b 2-04), 日 2169 [Graph] 634j 021a.

阳光 yáng guāng ◦ sun ray ◇ rayon de soleil * 2205.

阳性 yáng xìng ◦ positive; masculin gender ◇ positif, masculin (grammaire) * 3262.

阳台 yáng tái ◦ balcony ◇ balcon * 5901.

阳历 yáng lì ◦ solar calendar ◇ calendrier solaire * 6847.

陧 niè +6784 阝日土 | See ◇ Voir 杌陧 wu4-nie4 4139-6784 [Etym] 阝 1315 (rad: 170b 2-07), 㘿 2179 [Graph] 634j 021a 432a.

隄 dī *6785 阝日疋 | 堤 +4958 | 1° dike, bank 2° to guard against ◇ 1° digue, jetée 2° se préserver, se prémunir [Etym] 阝 1315 (rad: 170b 2-09), 是 2182 [Graph] 634j 021a 434f.

隰 xí +6786 阝日幺幺灬 | 1° bank 2° marshy land, low and wet places ◇ 1° berge 2° terres basses marécageuses [Etym] 阝 1315 (rad: 170b 2-14), 㬎 2188 [Graph] 634j 021a 613c 613c 222d.

> 陽 yáng (1336) 阝日昜 | [Tra] south; male; light ◇ sud; masculin; lumière [Etym] sunny (2, 3= 昜 2197) side of the hill (1= 阝 1315) ◇ le côté ensoleillé (2,3= 昜 2197) de la colline (1= 阝 1315) [Graph] 634j 021a 852i [Ref] w86a, wi577 [Hanzi] yang2 陽 6787.

陽 yáng *6787 阝日昜 | 阳 +6783 | 1° masculine and positive principle in nature 2° sun 3° south of a hill 4° in relief 5° open, overt 6° positive (ion) 7° male genitals 8° superior power ◇ 1° opposant de Yin dans la nature 2° soleil 3° versant méridional 4° en relief 5° ouvert 6° positif (ion) 7° organes génitaux mâles 8° pouvoir supérieur [Etym] 阝 1315 (rad: 170b 2-09), 陽 1336 [Graph] 634j 021a 852i.

隍 huáng +6788 阝白王 | 1° dry moat outside a city wall 2° tutelary deity of a city 3° city ◇ 1° fossé de rempart, sans eau 2° génie tutélaire d'une ville 3° cité [Etym] 阝 1315 (rad: 170b 2-09), 皇 2221 [Graph] 634j 022c 432e.

陌 mò +6789 阝百 | raised path street, road ◇ sentier surélevé passage allée rue chemin [Etym] 阝 1315 (rad: 170b 2-06), 百 2228 [Graph] 634j 022f.

陌生 mò shēng ◦ strange, unfamiliar ◇ inconnu, peu familier * 5286.

隈 wēi +6790 阝田𧘇 | bend in a coastline, mountain recess ◇ crique, baie anse [Etym] 阝 1315 (rad: 170b 2-09), 畏 2315 [Graph] 634j 041a 312e.

陣 zhèn *6791 阝車 | 阵 -6756 、陣 *6791 | 1° battle formation 2° position, to dispose 3° period of time 4° measure-word (spatter, gust) ◇ 1° formation de bataille 2° position, disposer, ranger 3° période de temps, moment 4° spécificatif (accès, rafale, coup) [Etym] 阝 1315 (rad: 170b 2-07), 車 2352 [Graph] 634j 042g.

隗 kuí +6792 阝鬼厶 | 1° lofty, eminent 2° surname ◇ 1° élevé, dominant 2° nom propre [Etym] 阝 1315 (rad: 170b 2-08), 鬼 2363 [Graph] 634j 043e 612a.

△ wěi | surname ◇ nom de famille.

> 陳 chén (1337) 阝東 | [Tra] place name ◇ nom de lieu [Etym] city with wood (2< 木 723), walls (1= 阝 1315), authority (2< 申 2348) ◇ une ville où on trouve du bois (2< 木 723), des murs (1= 阝 1315), l'autorité (2< 申 2348) [Graph] 634j 043g [Ref] w50h [Hanzi] chen2 陳 6793.

陳 chén *6793 阝東 | 陈 -6755 | 1° to arrange 2° to state 3° long time, old 4° surname ◇ 1° disposer 2° déclarer, publier 3° longtemps, ancien 4° nom de famille [Etym] 阝 1315 (rad: 170b 2-08), 東 2365 [Graph] 634j 043g.

陴 pí +6794 阝卑 | 1° parapet 2° battlements on city wall ◇ 1° parapet 2° créneaux d'une ville [Etym] 阝 1315 (rad: 170b 2-08), 卑 2366 [Graph] 634j 043h.

隅 yú +6795 阝禺 | 1° corner, angle 2° border 3° outlying place ◇ 1° angle, coin 2° frontière 3° lieu éloigné [Etym] 阝 1315 (rad: 170b 2-09), 禺 2372 [Graph] 634j 043l.

陻 yīn *6796 阝西土 | 堙 +4980 | 1° to dam in 2° to bar 3° mound ◇ 1° endiguer 2° barrer 3° monticule [Etym] 阝 1315 (rad: 170b 2-09), 垔 2408 [Graph] 634j 051e 432a.

隖 wù *6797 阝烏 | 坞 -4985 、塢 *4986 | 1° depressed place 2° entrenchment 3° dock 4° castle, fortified building ◇ 1° fosse 2° mur, enceinte 3° bassin, cale sèche 4° forteresse [Etym] 阝 1315 (rad: 170b 2-10), 烏 2495 [Graph] 634j Z22f.

阬 kēng *6798 阝亢 | 坑 +4989 | 1° hollow, pit 2° tunnel 3° pond, puddle 4° to bury alive 5° to entrap, to cheat ◇ 1° fosse 2° tunnel 3° mare, étang 4° enterrer vivant 5° tendre un piège, nuire, détruire [Etym] 阝 1315 (rad: 170b 2-04), 亢 2529 [Graph] 634j Z33d.

> 𠃓 yáng (1338) 𠃓 | [Tra] light; solar action ◇ lumière; solaire [Etym] modern simplified form of (昜 2197) ◇ forme simplifiée moderne de (昜 2197) [Graph] 634k [Ref] r29d [Hanzi] tang1 汤 325, yang2 炀 995, xing2 饧 1860, yang2 钖 2016, yang2 扬2522, yang2 杨 4286, chang2 chang3 场 4884, yang2 玚 5139, yang2 疡 7082, chang2 肠 8161, dang4 砀 9719, yang2 旸 9900, chang4 畅 10662.

> 殇 shāng (1339) 𠂉𠃓 | [Tra] to wound ◇ blesser [Etym] modern simplified form of (𥏻 2215) ◇ forme simplifiée moderne de (𥏻 2215)

了 阝 𠃓

[Graph] acc:f 634k [Hanzi] shang1 殇 6434, shang1 觞 8365.

乃 nǎi (1340) 乃 |[Tra] then; yet ◇ alors; cependant [Etym] {1} something bended, difficult (prim); {2} milky breast (prim) ◇ {1} une chose compliquée, repliée (prim); {2} un sein (prim) [Graph] 6341 [Ref] k648, ph7, r9b, r39h, w19a, wa27, wi581 [Hanzi] reng2 礽 2270, reng1 扔 2523, reng2 仍 2944, nai3 艿 3776, xiu4 秀 4544, juan4 jun4 隽 5496, nai3 奶 5794, reng2 礽 6584, nai3 乃 6799, ga3 尕 6800, duo3 朵 6801, yun4 孕 6805, nai4 鼐 6806, nai3 氖 11184.

乃 nǎi +6799 乃 | 迺、廼 +10846、*10845 | 1° to be 2° so, therefore 3° only then 4° you, your ◇ 1° être 2° ensuite, conséquemment 3° juste alors, mais, cependant 4° vous, votre [Etym] 丿 74 (rad: 004a 1-01), 乃 1340 [Graph] 6341.

尕 gǎ +6800 乃小 |young, little ◇ petit [Etym] 小 424 (rad: 042a 3-02), 乃 1340 [Graph] 6341 331j.

朵 duǒ (1341) 乃木 |[Tra] bud, flower; earlobe ◇ fleur; lobe oreille [Etym] drooping (1= 乃 1340) of a plant (2= 木 723) on top ◇ l'inclinaison (1= 乃 1340) d'une plante (2= 木 723) à son sommet [Graph] 6341 422a [Ref] k1007, w22c, wi581 [Hanzi] duo4 稑 4545, duo3 duo4 垛 4885, duo3 朵 6801, duo4 剁 6802, duo3 躲 8832, duo3 哚 9049, duo4 跺 9356.

朵 duǒ *6801 乃木 | 朶 +11208 | 1° bud, flower 2° earlobe 3° numerative of flowers 4° to move ◇ 1° bouton de fleur 2° lobe d'oreille 3° spécificatif des fleurs 4° mouvoir [Etym] 木 723 (rad: 075a 4-02), 朵 1341 [Graph] 6341 422a.

剁 duò *6802 乃木刂 | 剁 +11209 | to chop, to mince ◇ trancher, hacher [Etym] 刂 470 (rad: 018b 2-06), 朵 1341 [Graph] 6341 422a 333b.

盈 yíng (1342) 乃又皿 |[Tra] full; surplus ◇ plein; abondance [Etym] {1} hand (2= 又 1271) working (1= 乃 1340) to fill a vessel (3= 皿 1939); {2} man and water (1,2=prim) in a bath (3= 皿 1939) ◇ {1} une main (2= 又 1271) dans le geste (1= 乃 1340) de remplir un vase (3= 皿 1939); {2} un homme et de l'eau (1, 2=prim) dans une baignoire (3= 皿 1939) [Graph] 6341 633a 922a [Ref] k285, w19b, wa139 [Hanzi] ying2 楹 4287, ying2 盈 6803, gai4 戤 6804.

盈 yíng +6803 乃又皿 |1° full 2° excess, surplus ◇ 1° plein, abondance 2° surplus [Etym] 皿 1939 (rad: 108a 5-04), 盈 1342 [Graph] 6341 633a 922a.

戤 gài +6804 乃又皿戈 |to counterfeit a profitable commercial product ◇ contrefaire une marque de fabrique rentable [Etym] 戈 1057 (rad: 062a 4-09), 盈 1342 [Graph] 6341 633a 922a 512b.

孕 yùn (1343) 乃子 |[Tra] pregnant ◇ enceinte [Etym] child (2= 子 1303) in the womb (1=prim,< 包 1778) ◇ un enfant (2= 子 1303) dans le sein maternel (1=prim,< 包 1778) [Graph] 6341 634d [Ref] r39h, w19c [Hanzi] yun4 孕 6805.

孕 yùn +6805 乃子 |pregnant ◇ enceinte [Etym] 子 1303 (rad: 039a 3-02), 孕 1343 [Graph] 6341 634d.

孕妇 yùn fù。pregnant woman ◇ femme enceinte * 5807.

鼐 nài +6806 乃目鼎 |big tripod ◇ trépied, chaudron à trois pieds [Etym] 鼎 2245 (rad: 206a 13-02), 乃 1340 [Graph] 6341 023a Z12e.

及 jí (1344) 及 |[Tra] to reach; and ◇ parvenir à; et [Etym] hand (bottom r< 又 1271) reaching (< 廴 1345) a man (bottom l< 人 170) ◇ une main (bas dr< 又 1271) atteignant (< 廴 1345) un homme (bas g< 人 170) [Graph] 634m [Ref] h1148, k322, ph40, r20a, w19d, wa164, wi324 [Hanzi] ji2 汲 327, ji2 笈 825, ji2 伋 2945, ji1 芨 3777, ji2 极 4288, ji1 圾 4886, sa3 靸 5377, ji2 级 6015, ji2 級 6189, ji2 及 6807, ji2 岌 7555, xi1 吸 9050, ta1 趿 9357.

及 jí +6807 及 |1° to reach, to come up to 2° in time for, timely 3° and 4° to follow, to take advantage of ◇ 1° parvenir à, arriver à 2° à temps 3° et 4° suivre, profiter de [Etym] 又 1271 (rad: 029a 2-01), 及 1344 [Graph] 634m.

及格 jí gé。to pass (an exam) ◇ avoir la mention 'passable' (examen) * 4282.

及时 jí shí。in time for, timely ◇ à temps, opportun * 9861.

廴 yǐn (1345) 廴 |[Tra] to walk ◇ marcher [Etym] foot prints (prim) (< 彳 517) ◇ des traces de pas(prim) (< 彳 517) [Graph] 634n [Ref] k269, r8b, w63d [Hanzi] xun2 廵 5712, jian4 建 7397 [Rad] 054a.

辶 zhòu (1346) 辶 |[Tra] to walk ◇ marcher [Etym] contraction of (辵 77); radical 162 ◇ forme abrégée de (辵 77) [Graph] 634o [Ref] r16k, r33d, r227, w112e, wa141, wi10 [Hanzi] da2 達 4808, sui2 sui4 遂 5704, xun2 巡 5713, sui4 邃 7818, bian1 邊 10160, qian3 遣 10188 [Rad] 162b.

乚 711

乚 yǐn (1347) 乚 |[Tra] to conceal, cover ◇ cacher, couvrir [Etym] a corner (prim) where to hide ◇ un coin (pict) où se cacher [Graph] 711a [Ref] w10a.

世 shì (1348) 世 |[Tra] generation; world ◇ génération; vie; monde [Etym] {1} three times ten (< 十 560) years, hence the meaning of 'period'; {2} knotted strings for genealogical inventory (prim,> 系 1209) ◇ {1} trois fois dix (< 十 560) ans, d'où le sens de 'période, époque'; {2} cordelettes d'inventaires généalogiques (prim, > 系 1209) [Graph] 711d [Ref] h327, k886, ph157, r298, w24o, wa191, wi426 [Hanzi] xie4 泄 328, ye4 抴 2524, xie4 绁 6016, shi4 世 6808, shi4 贳 6809, shi4 貰 6811, ti4 屜 8618, ti4 屉 8638.

了 乚 乃 及 廴 辶 • 乚 世

世 s h ì +6808 | 丗 *5417 | 1° lifetime, life 2° generation of thirty years 3° era 4° world 5° nowadays ◇ 1° vie, durée de trente ans 2° génération, héréditaire 3° époque 4° monde 5° de nos jours [Etym] 一 3 (rad: 001a 1-04), 世 1348 [Graph] 711d.
世
世代 s h ì d à i ∘ for generations ◇ générations ✱ 2911.
世纪 s h ì j ì ∘ century ◇ siècle ✱ 6094.
世故 s h ì g ù ∘ wordly-wise ◇ avoir de l'entregent, être diplomate, habile ✱ 9807.
世界 s h ì j i è ∘ world ◇ monde, milieux, monde particulier ✱ 10415.

枼 y è (1349) 世木 | [Tra] leaves ◇ feuilles [Etym] cycles (1= 世 1348) of leaves in trees (2= 木 723) ◇ cycles (1= 世 1348) des feuilles dans les arbres (2= 木 723) [Graph] 711d 422a [Ref] k225, ph494, r44o, w24o, wa40 [Hanzi] xie4 渫 329, ye4 䈎 826, zha2 煠 996, die2 谍 1767, ye4 葉 3778, die2 堞 4887, die2 喋 9051, die2 蹀 9358, die2 諜 9564, die2 碟 9720, die2 蝶 10274, die2 鲽 10501, die2 鰈 10595, die2 牒 11011.

贳 s h ì (1350) 世贝 | [Tra] borrow; lend; forgive ◇ prêter; pardonner [Etym] money (2= 貝 2246); phon, world (1= 世 1348) ◇ argent (2= 贝 1796); phon, monde (1= 世 1348) [Graph] 711d 854b [Hanzi] shi4 贳 6809, yi4 勚 6810.

贳 s h ì -6809 | 貰 *6811 | 1° to buy or sell on credit, to borrow, to lend or loan out 2° to pardon, to forgive ◇ 1° prêter, emprunter 2° pardonner [Etym] 贝 1796 (rad: 154s 4-05), 世 1348 [Graph] 711d 854b.
世贝

勚 y ì -6810 | 勩 *6812 | 1° hard work 2° dull 3° blunt ◇ 1° travail dur 2° émoussé 3° épointé [Etym] 力 1489 (rad: 019a 2-09), 贳 1350 [Graph] 711d 854b 732f.
世贝力

貰 s h ì (1351) 世貝 | [Tra] borrow; lend; forgive ◇ prêter; pardonner [Etym] money (2= 貝 2246); phon, world (1= 世 1348) ◇ argent (2= 貝 2246); phon, monde (1= 世 1348) [Graph] 711d 023b [Hanzi] shi4 貰 6811, yi4 勩 6812.

貰 s h ì *6811 | 贳 -6809 | 1° to buy or sell on credit, to borrow, to lend or loan out 2° to pardon, to forgive ◇ 1° prêter, emprunter 2° pardonner [Etym] 貝 2246 (rad: 154a 7-05), 世 1348 [Graph] 711d 023b.
世貝

勩 y ì *6812 | 勚 -6810 | 1° hard work 2° dull 3° blunt ◇ 1° travail dur 2° émoussé 3° épointé [Etym] 力 1489 (rad: 019a 2-12), 貰 1351 [Graph] 711d 023b 732f.
世貝力

ナ 712

发 f ā (1352) 癶又 | [Tra] to send; discover ◇ lancer; croître [Etym] modern simplified form of (發 1249) (2= 又 1271) ◇ forme simplifiée moderne de (發 1249) (2= 又 1271) [Graph] 712a 633a [Ref] r41f [Hanzi] po1 泼 330, po1 钹 2017, bo1 拨 2525, bo2 袯 6654, fa1 fa4 发 6813, fei4 废 6937, po1 酦 10886.

发 f ā -6813 | 發 *6459 | 1° to send out 2° to express 3° to shoot 4° to develop 5° to discover ◇ 1° lancer 2° émettre, exprimer 3° surgir 4° croître 5° envoyer, découvrir [Etym] 又 1271 (rad: 029a 2-03), 发 1352 [Graph] 712a 633a.
癶又
发火 f ā h u ǒ ∘ to explode; to catch fire; to get angry ◇ s'enflammer; exploser, éclater; se fâcher, colère ✱ 924.
发烧 f ā s h ā o ∘ to have a temperature, a fever ◇ avoir de la fièvre ✱ 978.
发布 f ā b ù ∘ to proclaim; to issue; to publish; to declare ◇ proclamer, publier; annoncer solennellement ✱ 1527.
发达 f ā d á ∘ prosperous ◇ prospérer; développer ✱ 1558.
发抖 f ā d ǒ u ∘ to tremble, to shake ◇ trembler, frissonner, frémir ✱ 2418.
发扬 f ā y á n g ∘ to develop, to spread ◇ développer, étendre; faire rayonner, s'épanouir ✱ 2522.
发誓 f ā s h ì ∘ to swear, to vow ◇ jurer, prêter serment ✱ 2551.
发行 f ā x í n g ∘ to issue, to publish (currencies, books) ◇ émettre, éditer, publier ✱ 3128.
发下 f ā x i à ∘ to send out, to utter ◇ émettre ✱ 3204.
发愁 f ā c h ó u ∘ to worry; to be anxious; to grow sad ◇ s'attrister, être préoccupé, soucieux ✱ 4495.
发现 f ā x i à n ∘ to notice, to discover ◇ remarquer, découvrir, trouver; apercevoir ✱ 5172.
发表 f ā b i ǎ o ∘ to express, to send out, to publish ◇ exprimer, publier, émettre ✱ 5250.
发生 f ā s h ē n g ∘ to happen, to occur, to take place ◇ survenir, arriver, se passer, avoir lieu ✱ 5286.
发怒 f ā n ù ∘ to become angry; to be furious ◇ être en colère, se fâcher ✱ 5782.
发动 f ā d ò n g ∘ to launch, to start; to mobilize ◇ déclencher, lancer; mobiliser; démarrer ✱ 5920.
发动机 f ā d ò n g j ī ∘ engine, motor ◇ moteur ✱ 5920 4478.
发给 f ā g ě i ∘ to distribute; to grant ◇ distribuer; donner ✱ 5944.
发疯 f ā f ē n g ∘ to become insane; to go mad ◇ devenir fou ✱ 7146.
发出 f ā c h ū ∘ to dispatch, to send a letter ◇ expédier, envoyer; produire, émettre; annoncer ✱ 7657.
发觉 f ā j u é ∘ to discover; to detect ◇ découvrir; s'apercevoir ✱ 7857.
发财 f ā c á i ∘ to get rich; to make a fortune ◇ s'enrichir, faire fortune ✱ 7960.

发胖 fā pàng 。 to gain weight; to get fat ◇ engraisser, prendre de l'embonpoint ＊ 8112.

发脾气 fā pí qì 。 to get angry; to lose one's temper ◇ se mettre en colère; s'emporter ＊ 8241 11170.

发展 fā zhǎn 。 to grow, to increase ◇ développer, accroître, augmenter ＊ 8629.

发言 fā yán 。 to speak, to make a speech ◇ prendre la parole, faire un discours ＊ 9469.

发言人 fā yán rén 。 spokesperson ◇ porte-parole ＊ 9469 1070.

发明 fā míng 。 to invent, to discover ◇ inventer, découvrir ＊ 9933.

发票 fā piào 。 receipt, bill ◇ facture ＊ 10812.

△ fà | 髮 *4727 | hair of the human head ◇ cheveux.

厂 721

厂 hàn (1353) 厂 | [Tra] cliff, slope ◇ falaise, pente [Etym] cliff (prim); also, corner, cavern, hidden place ◇ une falaise (prim); aussi, un recoin, une caverne, une cachette [Graph] 721a [Ref] k59, r3c, r3d, r396, w59a, wa38 [Hanzi] an1 chang3 厂 6814, pang2 龐 6815, ze4 仄 6816, yan3 厣 6820, ye4 靥 6822, ya1 ya4 压 6841, chu2 厨 6859, hou4 厚 6860, yan4 厌 6861, yuan2 原 6869, fan3 反 7188, si1 厮 7190 [Rad] 027a.

厂 ān +6814 厂 | personal name ◇ prénom [Etym] 厂 1353 (rad: 027a 2-00), [Graph] 721a.

△ chǎng | 廠 *6857 丶 *6973 廠 | 1° shed, storehouse 2° factory, plant ◇ 1° hangar, entrepôt 2° usine, atelier.

厂长 chǎng zhǎng 。 factory director ◇ directeur d'usine ＊ 2139.

厂房 chǎng fáng 。 workshop; factory building ◇ atelier; bâtiment industriel ＊ 8693.

厂矿 chǎng kuàng 。 factories and mines ◇ usine et mine ＊ 9723.

龐 páng *6815 厂立月𠃊 | 庞 -6887 丶 *6877 龐 | 1° huge 2° disordered 3° face 4° proper noun ◇ 1° énorme, gigantesque 2° mélangé, confus 3° visage, face, figure 4° nom propre [Etym] 厂 1353 (rad: 027a 2-17), 龍 86 [Graph] 721a 221a 856e Z41b.

仄 zè (1354) 厂人 | [Tra] slanting; narrow ◇ oblique; étroit [Etym] a man (2= 人 170) climbing a slope (1= 厂 1353) ◇ un homme (2= 人 170) qui monte une pente (1= 厂 1353) [Graph] 721a 232a [Ref] w59e [Hanzi] ze4 仄 6816, ze4 昃 9901.

仄 zè +6816 厂人 | 1° oblique 2° narrow 3° falling-rising tones ◇ 1° oblique 2° étroit 3° tons obliques [Etym] 人 170 (rad: 009a 2-02), 仄 1354 [Graph] 721a 232a.

厌 yàn (1355) 厂犬 | [Tra] dirty; fed up; detest ◇ sale; dégoût; détester [Etym] modern simplified form of (厭 1372) ◇ forme simplifée moderne de (厭 1372) [Graph] 721a 242i [Hanzi] yan1 恹 3286, yan4 厌 6817, yan4 餍 6818, yan3 黡 6819, yan3 厣 6820, yan3 魇 6821, ye4 靥 6822.

厌 yàn -6817 厂犬 | 厭 *6861 | 1° to detest, to be disgusted with 2° to be bored with 3° satiated, filled 4° dirt ◇ 1° dégoût, détester 2° haïr 3° rassasié 4° saleté [Etym] 厂 1353 (rad: 027a 2-04), 犬 295 [Graph] 721a 242i.

厌烦 yàn fán 。 to be fed up with ◇ s'y ennuyer ennuyer, être las, en avoir assez ＊ 1022.

厌倦 yàn juàn 。 to be tired of ◇ se lasser de ＊ 2818.

餍 yàn -6818 厂犬亼良 | 饜 *6862 | filled, satiated, to satisfy ◇ satiété, rempli, rassasié, satisfait [Etym] 食 221 (rad: 184a 9-06), 厌 1355 [Graph] 721a 242i 233a 932e.

黡 yǎn -6819 厂犬里灬 | 黶 *6865 | black mole (on skin) ◇ grain de beauté [Etym] 黑 2310 (rad: 203a 12-06), 厌 1355 [Graph] 721a 242i 033e 222d.

厣 yǎn -6820 厂犬甲 | 厴 *6866 | spiral shell ◇ coquillage [Etym] 厂 1353 (rad: 027a 2-09), 厌 1355 甲 2329 [Graph] 721a 242i 041b.

魇 yǎn -6821 厂犬鬼厶 | 魘 *6867 | nightmare ◇ cauchemar, hallucination [Etym] 鬼 2363 (rad: 194a 8-06), 厌 1355 [Graph] 721a 242i 043e 612a.

靥 yè -6822 厂犬面 | 靨 *6868 | dimple, pock-mark ◇ tache, marque, variolé [Etym] 厂 1353 (rad: 027a 2-13), 厌 1355 面 2438 [Graph] 721a 242i 063b.

辰 chén (1356) 厂辰 | [Tra] time; cycle; stars ◇ temps; cycle; étoiles [Etym] {1} bent woman (1=prim) hiding menstruation (2< 丏 2484); {2} ancient sicle (prim) ◇ {1} une femme penchée (1=prim) cachant ses menstruations (2< 丏 2484); {2} ancienne faucille (prim) [Graph] 721a 312f [Ref] k1197, ph254, w30b, w1121, wa73, wi122, wi864 [Hanzi] zhen4 振 2526, shen1 娠 5795, chen2 辰 6823, ru3 辱 6824, chun2 唇 6825, chun2 脣 6826, shen4 蜃 6827, chen2 宸 7764, zhen4 赈 7972, zhen4 震 8442, chen2 晨 9902, zhen4 賑 10131, nong2 農 10830 [Rad] 161a.

辰 chén +6823 厂辰 | 1° heavenly bodies, stars 2° cyclical character 3° time, day ◇ 1° corps célestes, étoiles 2° caractère cyclique 3° temps, heure [Etym] 辰 1356 (rad: 161a 7-00), [Graph] 721a 312f.

辱 rǔ (1357) 厂辰寸 | [Tra] to insult, disgrace ◇ honte; outrager [Etym] hand (3= 寸 441) unveiling difficult situation (1,2= 辰 1356) ◇ une main (3= 寸 441) dévoilant une situation difficile (1,2= 辰 1356) [Graph] 721a 312f 332b [Ref] k945, ph541, w30b, wa75, wi758 [Hanzi] ru4 溽 331, nou4 鎒 1239, hao1 薅 3730, ru4 蓐 3779, nou4 耨 4686, ru4 缛 6017, ru4 縟 6190, ru4 褥 6655, ru3 辱 6824.

辱 rǔ +6824 厂衣寸 | 1° disgrace, to insult, to humiliate 2° to condescend ◇ 1° honte, infamie, outrager 2° daigner [Etym] 辰 1356 (rad: 161a 7-03), 辱1357 [Graph] 721a 312f 332b.

辱骂 rǔ mà。to swear, to insult ◇ injurier, insulter * 9196.

脣 chún *6825 | 唇 +6826 | lips ◇ lèvres [Etym] 月 1823 (rad: 130b 4-07), 辰 1356 [Graph] 721a 312f 856e.

唇 chún +6826 | 脣 *6825 | lips ◇ lèvres [Etym] 口 2063 (rad: 030a 3-07), 辰 1356 [Graph] 721a 312f 011a.

蜃 shèn +6827 厂衣虫 | 1° clam 2° marine monster 3° mirage ◇ 1° praire 2° monstre marin 3° mirage, féerie [Etym] 虫 2282 (rad: 142a 6-07), 辰 1356 [Graph] 721a 312f 031d.

厅 tīng -6828 厂丁 | 廳 *6927 | 1° hall 2° office 3° government department ◇ 1° grande salle, hall 2° bureau 3° section du gouvernement [Etym] 厂 1353 (rad: 027a 2-02), 丁 420 [Graph] 721a 331b.

雁 yàn (1358) 厂亻隹 | [Tra] wild goose ◇ oie sauvage [Etym] bird (3= 隹 1030) nesting on cliff (1= 厂 1353),flying in V (2= 人 170) ◇ un oiseau (3= 隹 1030) nichant sur une pente (1= 厂 1353), vol en V (2= 人 170) [Graph] 721a 411e 436m [Ref] k244, w168j [Hanzi] yan4 雁 6829, yan4 赝 6830.

雁 yàn +6829 厂亻隹 | 鴈 *6831 | wild goose ◇ oie sauvage [Etym] 隹 1030 (rad: 172a 8-04), 雁 1358 [Graph] 721a 411e 436m.

赝 yàn -6830 厂亻隹贝 | 贗 *6832 | false, counterfeit ◇ faux, contrefaçon [Etym] 贝 1796 (rad: 154s 4-12), 雁 1358 [Graph] 721a 411e 436m 854b.

鴈 yàn (1359) 厂亻鳥 | [Tra] wild goose ◇ oie sauvage [Etym] same as (雁 1358) except (3= 鳥 2500) ◇ comme (雁 1358) sauf (3= 鳥 2500) [Graph] 721a 411e Z22h [Ref] k244, w168j [Hanzi] yan4 鴈 6831, yan4 贗 6832.

鴈 yàn *6831 厂亻鳥 | 雁 +6829 | wild goose ◇ oie sauvage [Etym] 鳥 2500 (rad: 196a 11-04), 鴈 1359 [Graph] 721a 411e Z22h.

贗 yàn *6832 厂亻鳥貝 | 赝 -6830 | false, counterfeit ◇ faux, contrefaçon [Etym] 貝 2246 (rad: 154a 7-15), 鴈 1359 [Graph] 721a 411e Z22h 023b.

厲 lì (1360) 厂艹禺 | [Tra] pricking; severe ◇ sévère; austère; cruel [Etym] a scorpion (2,3, 4= 萬 690) hidden under a stone (1< 石 2149) ◇ un scorpion (2,3,4= 萬 690) blotti sous une pierre (1< 石 2149) [Graph] 721a 415c 043l [Ref] k539, ph804, w23h [Hanzi] li4 糲 4629, li4 厲 6833, li4 勵 6834, li4 礪 9721, li4 蠣 10275.

厲 lì *6833 厂艹禺 | 厉 -6854 | 1° strict, severe 2° surname ◇ 1° sévère, austère 2° nom propre [Etym] 厂 1353 (rad: 027a 2-12), 厲 1360 [Graph] 721a 415c 043l.

勵 lì *6834 厂艹禺力 | 励 -6855 | 1° to encourage, to stimulate 2° to exert oneself 3° proper noun ◇ 1° stimuler, pousser à, exciter à 2° s'efforcer 3° nom propre [Etym] 力 1489 (rad: 019a 2-14), 厲 1360 [Graph] 721a 415c 043l 732f.

厢 xiāng -6835 厂木目 | 廂 *6909 | 1° wing (house), side rooms 2° compartment, box (theatre) 4° side 5° suburb ◇ 1° aile (maison), bâtiments latéraux 2° compartiment, loge (théâtre) 4° côté 5° faubourgs [Etym] 厂 1353 (rad: 027a 2-09), 相758 [Graph] 721a 422a 023a.

厤 lì (1361) 厂禾禾 | [Tra] go through; calendar ◇ traverser; succéder [Etym] idea of cycle (1=prim); annual crops (2,3= 禾 760) ◇ idée de cycle (1=prim); récoltes annuelles (2,3= 禾 760) [Graph] 721a 422d 422d [Ref] k536, w121l [Hanzi] li4 厤 6836, li4 歴 6837, li4 曆 6838.

厤 lì *6836 厂禾禾 | 历 -6847、歷 *6837、曆 4° *6838 | 1° to go through, to experience 2° all previous, one by one 3° distinctly, clear 4° calendar ◇ 1° passer par, traverser, faire l'expérience de 2° tout le passé, entièrement, un par un, se succéder 3° clair, distinctement 4° calendrier [Etym] 厂 1353 (rad: 027a 2-10), 厤 1361 [Graph] 721a 422d 422d.

歷 lì (1362) 厂禾禾止 | [Tra] go through; calendar ◇ traverser; succéder [Etym] stages (4= 止 954) in time cycles (1,2,3= 厤 1361) ◇ étages (4= 止 954) dans les cycles (1,2,3= 厤 1361) [Graph] 721a 422d 422d 434a [Ref] k537, ph822, w121l [Hanzi] li4 瀝 332, li4 藶 3780, li4 櫪 4289, li4 壢 4888, li4 歷 6837, li4 癧 7083, li4 嶇 7558, li4 0, li4 嚦 9052.

歷 lì *6837 厂禾禾止 | 历 -6847、曆 4° *6838、厤 *6836 | 1° to go through, to experience 2° all previous, one by one 3° distinctly, clear 4° calendar ◇ 1° passer par, traverser, faire l'expérience de 2° tout le passé, entièrement, un par un, se succéder 3° clair, distinctement 4° calendrier [Etym] 止 954 (rad: 077a 4-12), 歷 1362 [Graph] 721a 422d 422d 434a.

曆 lì (1363) 厂禾禾日 | [Tra] go through; calendar ◇ traverser; succéder [Etym] cycles (1,2, 3= 厤 1361) of heavenly bodies (4= 日 2169) ◇ cycles (1, 2,3= 厤 1361) des corps célestes (4= 日 2169) [Graph] 721a 422d 422d 021a [Ref] w121l [Hanzi] li4 曆 6838.

曆 lì *6838 厂禾禾日 | See ◇ Voir 歷 6837 [Etym] 日 2169 (rad: 072a 4-12), 曆 1363 [Graph] 721a 422d 422d 021a.

厓 yá (1364) 厂土土 | [Tra] cliff; percipice ◇ falaise; berge; roc [Etym] mound of earth (2,3= 土 826); cliff (1= 厂 1353) ◇ un amoncellement de terre (2,3= 土 826); une falaise (1= 厂 1353) [Graph] 721a 432a 432a [Ref] k2, ph413, w59b [Hanzi] ya2 涯 333, ai2 捱 2527, ya2 厓 6839, ya2 崕 7559, ya2 崖 7560, ya2 睚 10071.

厓 yá *6839 |崖、崕 +7560、*7559| precipice, cliff, steep bank ◇ précipice, berge, falaise, roc [Etym] 厂 1353 (rad: 027a 2-06), 厓 1364 [Graph] 721a 432a 432a.

厨 chú *6840 厂土豆寸 |厨 廚 +6859、*6911| kitchen ◇ cuisine [Etym] 厂 1353 (rad: 027a 2-12), 尌 882 [Graph] 721a 432b 011b 332b.

压 yà (1365) 厂圡 |[Tra] control; absolutely ◇ contrôle; absolument [Etym] modern simplified form of (厭 1372) and (土 826) ◇ forme simplifiée moderne de (厭 1372) et (土 826) [Graph] 721a 432n [Hanzi] ya1 ya4 压 6841.

压 yā +6841 厂圡 |壓 *6864| 1° to press, to push down 2° to control, to quell 3° to suppress 4° to intimidate 5° to approach 6° to shelve (document) 7° pressure (blood) 8° to risk (money) ◇ 1° presser sur, appuyer sur 2° contrôler 3° réprimer, écraser 4° intimider 5° se rapprocher 6° laisser dormir (les documents) 7° pression (sang) 8° risquer (argent) [Etym] 厂 1353 (rad: 027a 2-04), 压 1365 [Graph] 721a 432n.

压倒 yā dǎo ∘ to overwhelm, to crush, to prevail over ◇ écraser, l'emporter sur * 2927.

压缩 yā suō ∘ to compress, to reduce ◇ comprimer, réduire * 6035.

压力 yā lì ∘ pressure ◇ pression * 7259.

压迫 yā pò ∘ to oppress, to repress ◇ presser, opprimer * 9985.

△ yà |absolutely ◇ absolument, radicalement.

廒 áo *6842 厂圭勹攵 |廒 +6913| granary ◇ grenier [Etym] 厂 1353 (rad: 027a 2-10), 敖 944 [Graph] 721a 433a 852a 243c.

厝 cuò +6843 厂艹日 |1° tomb 2° to lay ◇ 1° tombe 2° placer [Etym] 厂 1353 (rad: 027a 2-08), 昔 1001 [Graph] 721a 436b 021a.

厮 sī +6844 厂其斤 |廝 *6926| 1° male servant, page boy 2° fellow, guy 3° together ◇ 1° serviteur, valet 2° homme de rien, garçon 3° l'un l'autre, ensemble [Etym] 厂 1353 (rad: 027a 2-12), 斯 1014 [Graph] 721a 436i 722c.

厔 zhì +6845 厂厶土 |place in Shaanxi ◇ lieu du Shaanxi [Etym] 厂 1353 (rad: 027a 2-06), 至 1148 [Graph] 721a 612c 432a.

厍 shè -6846 厂车 |厙 *6874| 1° surname 2° used in village names ◇ 1° nom de famille 2° nom de village [Etym] 厂 1353 (rad: 027a 2-04), 车 1213 [Graph] 721a 614d.

历 lì (1366) 厂力 |[Tra] go through; calendar ◇ traverser; succéder [Etym] modern simplified form of (厤 1361); here, phon (2= 力 1489) ◇ forme simplifiée moderne de (厤 1361); ici, phon (2= 力 1489) [Graph] 721a 732f [Hanzi] li4 沥 334, li4 苈 3781, li4 枥 4290, li4 坜 4889, li4 历 6847, li4 疬 7084, li4 岍 7561, li4 雳 8444, li4 呖 9053.

历 lì -6847 厂力 |歷 、曆 4°、厤 *6837、*6838、*6836| 1° to go through, to experience 2° all previous, one by one 3° distinctly, clear 4° calendar ◇ 1° passer par, traverser, faire l'expérience de 2° tout le passé, entièrement, un par un, se succéder 3° clair, distinctement 4° calendrier [Etym] 厂 1353 (rad: 027a 2-02), 力 1489 [Graph] 721a 732f.

历代 lì dài ∘ through the ages, past dynasties ◇ à travers les âges, dans le passé * 2911.

历来 lì lái ∘ always; from time immemorial ◇ de tout temps, depuis toujours * 4672.

历害 lì hài ∘ severe; formidable ◇ sévère, féroce, terrible * 7720.

历史 lì shǐ ∘ history ◇ histoire * 10368.

厄 è (1367) 厂巳 |[Tra] difficulty, distress ◇ gêne, misère [Etym] {1} bent person (2=prim, > 㔾 1499) climbing a slope (1= 厂 1353); {2} pole of a vehicle (1,2=prim) ◇ {1} une personne courbée (2=prim, > 㔾 1499) dans une pente (1= 厂 1353); {2} le timon d'un char {1,2=prim) [Graph] 721a 733a [Ref] h1859, k678, ph75, w129a, wa143 [Hanzi] e4 扼 2528, e4 苊 3782, e4 轭 6357, e4 阨 6762, e4 厄 6848, gu4 顾 6849, gu4 顧 6850, e4 呃 9054, e4 軛 10697.

厄 è +6848 厂巳 |阨 2°3° *6762| 1° difficulty, distress 2° strategic point 3° adversity ◇ 1° gêne, misère, détresse 2° point stratégique 3° épreuve [Etym] 厂 1353 (rad: 027a 2-02), 厄 1367 [Graph] 721a 733a.

顾 gù -6849 厂巳页 |頋、顧 *6850、*8689| 1° to turn round and look at 2° to attend to 3° to call on 4° but 5° surname ◇ 1° tourner la tête pour regarder 2° examiner, considérer 3° avoir à coeur de 4° mais 5° nom propre [Etym] 页 1802 (rad: 181s 6-04), 厄 1367 [Graph] 721a 733a 854d.

顾虑 gù lǜ ∘ anxiety ◇ inquiétude, souci; scrupule; anxiété * 7153.

顾问 gù wèn ∘ advisor ◇ conseiller * 8035.

頋 gù *6850 厂巳頁 |顾、顧 -6849、*8689| 1° to turn round and look at 2° to attend to 3° to call on 4° but 5° surname ◇ 1° tourner la tête pour regarder 2° examiner, considérer 3° avoir à coeur de 4° mais 5° nom propre [Etym] 頁 2267 (rad: 181a 8-04), 厄 1367 [Graph] 721a 733a 023f.

厥 jué (1368) 厂丷欠 |[Tra] he; this; unconscious ◇ il; ce; inconscient [Etym] phon: suffocate (2,3= 欮 1645) while climbing slope (1= 厂 1353) ◇ phon: suffoquer (2,3= 欮 1645) en escaladant une pente (1= 厂 1353) [Graph] 721a 842d 232b [Ref] k504, ph673, w102d [Hanzi] jue2 瀓 335, jue2 鐝 1240, jue1 撅 2529, jue2 蕨 3783, jue2 橛 4291, jue2 獗 5637, jue2 厥 6851, jue2 劂 6852, jue2 蹷 6853, jue1 噘 9055, jue2 jue3 蹶 9359, gui4 鳜 10502, gui4 鱖 10596.

厥 jué +6851 厂丷欠 |1° to faint, to lose consciousness 2° he, him, this, his, her, its, their ◇ 1° inconscient, s'évanouir 2° il, lui, ce, son, cet [Etym] 厂 1353 (rad: 027a 2-10), 厥 1368 [Graph] 721a 842d 232b.

劂 jué +6852 厂䒑欠刂 | See ◇ Voir 剞劂 jil-jue2 1544-6852 [Etym] 刂 470 (rad: 018b 2-12), 厥 1368 [Graph] 721a 842d 232b 333b.

蹷 jué *6853 厂䒑欠足 | 蹶 +9359 | to fall, to stumble, to suffer a setback ◇ tomber, trébucher, faire un faux pas, clopiner [Etym] 足 2117 (rad: 157a 7-12), 厥 1368 [Graph] 721a 842d 232b 011f.

厉 lì (1369) 厂万 | [Tra] strict, severe ◇ sévère, austère [Etym] modern simplified form of (厲 1360) ◇ forme simplifiée moderne de (厲 1360) [Graph] 721a 853a [Hanzi] li4 疠 4630, li4 厉 6854, li4 励 6855, li4 砺 9722, li4 蛎 10276.

厉 lì -6854 厂万 | 厲 *6833 | 1° strict, severe 2° surname ◇ 1° sévère, austère 2° nom propre [Etym] 厂 1353 (rad: 027a 2-03), 万 1783 [Graph] 721a 853a.

厉害 lì hài ∘ evil, harmful ◇ méchant, rigide, sévère * 7720.

励 lì -6855 厂万力 | 勵 *6834 | 1° to encourage, to stimulate 2° to exert oneself 3° proper noun ◇ 1° stimuler, pousser à, exciter à 2° s'efforcer 3° nom propre [Etym] 力 1489 (rad: 019a 2-05), 厉 1369 [Graph] 721a 853a 732f.

厕 cè -6856 厂贝刂 | 廁 *6981 | toilet, lavatory ◇ latrines, toilette [Etym] 厂 1353 (rad: 027a 2-06), 则 1797 [Graph] 721a 854b 333b.

厕所 cè suǒ ∘ toilet; W.C. ◇ toilettes, w.c. * 8705.

△ si | 厠 *6872 | See ◇ Voir 茅厕 mao2-si5 3761-6856.

廠 chǎng *6857 厂尚口攵 | 厂 +6814、敞 *6973 | 1° shed, storehouse 2° factory, plant ◇ 1° hangar, entrepôt 2° usine, atelier [Etym] 厂 1353 (rad: 027a 2-12), 敞 1880 [Graph] 721a 857j 011a 243c.

厩 jiù +6858 厂皀旡 | 廄 *6976 | stable, pen ◇ écurie, haras [Etym] 厂 1353 (rad: 027a 2-09), 既 2001 [Graph] 721a 932b 812a.

厨 chú (1370) 厂豆寸 | [Tra] kitchen ◇ cuisine [Etym] modern simplified form of (廚 1388); (2= 豆 2120) (3= 寸 441) ◇ forme simplifiée moderne de (廚 1388); (2= 豆 2120) (3= 寸 441) [Graph] 721a 012b 332b [Hanzi] chu2 橱 4292, chu2 厨 6859, chu2 蹰 9360.

厨 chú +6859 厂豆寸 | 廚、㕑 *6911、*6840 | kitchen ◇ cuisine [Etym] 厂 1353 (rad: 027a 2-10), 厨 1370 [Graph] 721a 012b 332b.

厨师 chú shī ∘ cook ◇ cuisinier * 2752.

厨房 chú fáng ∘ kitchen ◇ cuisine * 8693.

厚 hòu (1371) 厂曰子 | [Tra] generous; thick ◇ libéralité; épais [Etym] gift (2=prim);coming down:cliff (1= 厂 1353),inverted (3> 亨 2124) ◇ un cadeau (2=prim); une descente: falaise (1= 厂 1353); une inversion (3> 亨 2124) [Graph] 721a 021a 634d [Ref] h672, k80, w75g, wi413 [Hanzi] hou4 厚 6860.

厚 hòu +6860 厂曰子 | 1° thick 2° deep 3° magnanimous, generous, large 4° rich (food, flavor) 5° to stress ◇ 1° épais 2° profond 3° généreux, traiter avec générosité, substantiel 4° riche (goût) 5° insister sur [Etym] 厂 1353 (rad: 027a 2-07), 厚 1371 [Graph] 721a 021a 634d.

厚今薄古 hòu jīn bó gǔ ∘ to value the present, not the past ◇ valoriser plus le présent que le passé * 1385 3531 9806.

厚薄 hòu báo ∘ thickness ◇ épaisseur * 3531.

厚度 hòu dù ∘ thickness ◇ épaisseur * 6919.

厚古薄今 hòu gǔ bó jīn ∘ to value the past, not the present ◇ valoriser plus le passé que le présent * 9806 3531 1385.

厚道 hòu dào ∘ magnanimous; honest ◇ généreux, honnête, magnanime * 10176.

厭 yàn (1372) 厂曰月犬 | [Tra] filty; satiated; hat ◇ saleté; dégoût; haïr [Etym] retreat (1= 厂 1353);flavour (2< 甘 1009), dog (4= 犬 295) meat (3= 月 1823) ◇ recoin (1= 厂 1353); saveur (2< 甘 1009), viande (3= 月 1823) de chien (4= 犬 295) [Graph] 721a 021a 856e 242i [Ref] k246, ph793, w65g, wi841 [Hanzi] yan1 懨 3287, yan4 厭 6861, yan4 饜 6862, yan1 懕 6863, ya1 壓 6864, yan3 黶 6865, yan3 厴 6866, yan3 魘 6867, ye4 靨 6868.

厭 yàn *6861 厂曰月犬 | 厌 -6817 | 1° to detest, to be disgusted with 2° to be bored with 3° satiated, filled 4° dirt ◇ 1° dégoût, détester 2° haïr 3° rassasié 4° saleté [Etym] 厂 1353 (rad: 027a 2-12), 厭 1372 [Graph] 721a 021a 856e 242i.

饜 yàn *6862 厂曰月犬人良 | 餍 -6818 | filled, satiated, to satisfy ◇ satiété, rempli, rassasié, satisfait [Etym] 食 221 (rad: 184a 9-14), 厭 1372 [Graph] 721a 021a 856e 242i 233a 932e.

懕 yān *6863 厂曰月犬心 | 恹、懨 -3286、*3287 | weak and weary (due to illness) ◇ maladif, faible [Etym] 心 397 (rad: 061a 4-14), 厭 1372 [Graph] 721a 021a 856e 242i 321c.

壓 yā *6864 厂曰月犬土 | 压 +6841 | 1° to press, to push down 2° to control, to quell 3° to suppress 4° to intimidate 5° to approach 6° to shelve (document) 7° pressure (blood) 8° to risk (money) ◇ 1° presser sur, appuyer sur 2° contrôler 3° réprimer, écraser 4° intimider 5° se rapprocher 6° laisser dormir (les documents) 7° pression (sang) 8° risquer (argent) [Etym] 土 826 (rad: 032a 3-14), 厭 1372 [Graph] 721a 021a 856e 242i 432a.

黶 yǎn *6865 厂曰月犬里灬 | 黡 -6819 | black mole (on skin) ◇ grain de beauté [Etym] 黑 2310 (rad: 203a 12-14), 厭 1372 [Graph] 721a 021a 856e 242i 033e 222d.

厴 yǎn *6866 厂曰月犬甲 | 厣 -6820 | spiral shell ◇ coquillage [Etym] 田 2313 (rad: 102a 5-14), 厭 1372 甲 2329 [Graph] 721a 021a 856e 242i 041b.

魘 yǎn *6867 厂曰月犬鬼厶 | 魇 -6821 | nightmare ◇ cauchemar, hallucination [Etym] 鬼

2363 (rad: 194a 8-14), 厭 1372 [Graph] 721a 021a 856e 242i 043e 612a.

靨 yè *6868 | 靥 -6822 | dimple, pock-mark ◇ tache, marque, variolé [Etym] 面 2438 (rad: 176a 9-14), 厭 1372 [Graph] 721a 021a 856e 242i 063b.
厂曰月犬面

原 yuán (1373) 厂白小 | [Tra] plain; origin ◇ plaine; origine [Etym] a spring (2,3= 泉 2219) gushing from a cliff (1= 厂 1353) ◇ une source (2, 3= 泉 2219) jaillissant d'une falaise (1= 厂 1353) [Graph] 721a 022c 331j [Ref] h107, k1344, ph588, r11b, w59c, wa37, wi653 [Hanzi] yuan2 源 336, yuan2 羱 3435, yuan2 塬 4890, yuan2 嫄 5796, yuan2 原 6869, yuan4 愿 6870, yuan4 願 6871, yuan2 螈 10277.

原 yuán +6869 厂白小 | 1° origin, principle, former 2° unprocessed, raw 3° to pardon 4° high level, plain 5° surname ◇ 1° commencement, origine, principe, remonter à l'origine 2° légumes en liberté 3° pardonner 4° haut niveau 5° nom de famille [Etym] 厂 1353 (rad: 027a 2-08), 原 1373 [Graph] 721a 022c 331j.

原意 yuán yì ◦ meaning; original intention ◇ sens originel; première intention * 667.

原籍 yuán jí ◦ ancestral home ◇ pays d'origine, lieu de naissance * 787.

原谅 yuán liàng ◦ to forgive, to excuse ◇ pardonner, excuser * 1817.

原著 yuán zhù ◦ original work ◇ texte original * 3688.

原稿 yuán gǎo ◦ manuscript ◇ manuscrit * 4573.

原稿 yuán gǎo ◦ original manuscript ◇ manuscrit original * 4573.

原料 yuán liào ◦ raw material ◇ matière première * 4607.

原来 yuán lái ◦ in reality; originally ◇ en réalité; primitivement, au début, à l'origine * 4672.

原理 yuán lǐ ◦ principle ◇ théorie, principe * 5204.

原告 yuán gào ◦ accuser; prosecutor ◇ accusateur * 5233.

原先 yuán xiān ◦ formerly, in the past; at the beginning ◇ autrefois, au commencement * 5239.

原始 yuán shǐ ◦ original; primitive ◇ primitif * 5778.

原子 yuán zǐ ◦ atom ◇ atome * 6546.

原子弹 yuán zǐ dàn ◦ atomic bomb ◇ bombe atomique * 6546 11271.

原则 yuán zé ◦ principle ◇ principe * 7962.

原因 yuán yīn ◦ cause, reason ◇ cause, raison, motif * 10941.

愿 yuàn +6870 厂白小心 | 願 1°2°3° *6871 | 1° to hope, to wish, to desire 2° to be willing, ready 3° to vow 4° honest ◇ 1° espérer, souhaiter, désirer, vouloir 2° être prêt à, volontiers 3° voeux religieux 4° honnête [Etym] 心 397 (rad: 061a 4-10), 原 1373 [Graph] 721a 022c 331j 321c.

愿意 yuàn yì ◦ to wish, to desire ◇ désirer, vouloir; espérer * 667.

愿望 yuàn wàng ◦ aspiration, desire ◇ désir, aspiration * 7339.

願 yuàn *6871 厂白小頁 | See ◇ Voir 愿 6870 [Etym] 頁 2267 (rad: 181a 9-10), 原 1373 [Graph] 721a 022c 331j 023f.

厠 sì *6872 厂貝刂 | 厕 -6856 | See ◇ Voir 茅厕 mao2-si5 3761-6856 [Etym] 厂 1353 (rad: 027a 2-09), 則 2249 [Graph] 721a 023b 333b.

厦 shà +6873 厂百夂 | 廈 *6982 | mansion, tall building ◇ édifice, grand bâtiment [Etym] 厂 1353 (rad: 027a 2-10), 夏 2266 [Graph] 721a 023e 633e.

△ xià | 廈 *6982 | 1° Xiamen (Amoy) 2° building ◇ 1° Xiamen (Amoy) 2° édifice.

厙 shè *6874 厂車 | 厍 -6846 | 1° surname 2° used in village names ◇ 1° nom de famille 2° nom de village [Etym] 厂 1353 (rad: 027a 2-07), 車 2352 [Graph] 721a 042g.

厘 lí (1374) 厂里 | [Tra] smallest unit; least ◇ millième d'once; peu [Etym] {1} hidden place -> small (1= 厂 1353), phon (2= 里 2368): {2} thresing of corn (1=prim), phon (2= 里 2368) ◇ {1} recoin -> petit (1= 厂 1353), phon (2= 里 2368); {2} battage du blé (1=prim), phon (2= 里 2368) [Graph] 721a 043j [Ref] wa78 [Hanzi] li2 厘 6875, li2 喱 9056.

厘 lí -6875 厂里 | 釐 *4668 | 1° thousandth part of a tael 2° unit of area = 0.666 square meters 3° fraction 4° the least ◇ 1° millième d'once 2° 0.001 pied chinois 3° fraction 4° le moindre [Etym] 厂 1353 (rad: 027a 2-07), 里 2368 [Graph] 721a 043j.

厘米 lí mǐ ◦ centimeter ◇ centimètre * 4597.

广 yǎn (1375) 广 | [Tra] shed; building ◇ abri; édifice [Etym] shed (prim) ◇ un appentis (prim) [Graph] 721b [Ref] k231, r23d, r44n, w59i, wa98, wi132, wi192, wi763 [Hanzi] kuo4 扩 2530, kuang4 圹 4891, guang3 犷 5638, kuang4 纩 6018, an1 guang3 广 6876, pang2 庞 6877, ying1 ying4 应 6878, shu4 庶 6914, du4 duo2 度 6919, tuo3 庹 6922, kuang4 邝 6934, geng1 庚 6961, yong1 庸 6968, chan2 廛 6987, kuang4 矿 9723, kuang4 旷 9903, guo1 彍 11258 [Rad] 053a.

广 ān +6876 广 | personal name ◇ prénom [Etym] 广 1375 (rad: 053a 3-00), [Graph] 721b.

△ guǎng | 廣 *6925 | 1° wide, vast, extensive 2° numerous 3° to spread 4° short for Guangzhou ◇ 1° large, vaste 2° nombreux 3° répandre 4° abréviation de Guangzhou.

广泛 guǎng fàn ◦ wide, numerous ◇ large, multiple * 315.

广大 guǎng dà ◦ large, spacious ◇ vaste, grand, large * 1537.

广袤 guǎng mào ◦ 1° vast expanse; 2° length and breadth of land ◇ 1° étendu; 2° superficie * 2147.

广播 guǎng bō。broadcasting ◇ radiodiffusion; émettre * 2437.

广播电台 guǎng bō diàn tái。broadcasting or radio station ◇ station de radiodiffusion; station émettrice * 2437 10734 5901.

广场 guǎng chǎng。place ◇ place * 4884.

广告 guǎng gào。advertising, poster ◇ réclame, affiche, publicité * 5233.

龎 páng *6877 广立月⾣ |庞 龐 -6887、*6815| 1° huge 2° disordered 3° face 4° proper noun ◇ 1° énorme, gigantesque 2° mélangé, confus 3° visage, face, figure 4° nom propre [Etym] 龍86 (rad: 212a 17-03), 广1375 [Graph] 721b 221a 856e Z41b.

> 应 yīng (1376) 广业 |[Tra] must; suitable ◇ if faut; accepter [Etym] modern simplified form of (應 1379) ◇ forme simplifiée moderne de (應 1379) [Graph] 721b 221b [Ref] w50i [Hanzi] ying1 ying4 应 6878.

应 yīng -6878 广业 |應 *6891| 1° to answer 2° to accept 3° should, ought to 4° suitable 5° surname ◇ 1° répondre 2° accepter 3° il faut 4° convenable 5° nom de famille [Etym] 广1375 (rad: 053a 3-04), 应1376 [Graph] 721b 221b.

应该 yīng gāi。must ◇ devoir, il faut * 1762.

应当 yīng dāng。must ◇ devoir, il faut * 7380.

应届 yīng jiè。current, this year ◇ cette année, l'année même * 8666.

△ yìng |應 *6891| 1° to answer, to respond, echo 2° to comply with 3° suitable 4° to deal with ◇ 1° répondre, écho 2° correspondre, s'adapter 3° convenir, selon 4° s'occuper de.

应付 yìng fù。to respond, to deal with ◇ répondre de, parer à * 2846.

应用 yìng yòng。to employ, to use ◇ employer, appliquer, utiliser, pratiquer * 8267.

应邀 yìng yāo。on invitation ◇ accepter une invitation * 9992.

应酬 yìng chóu。to socialize with ◇ entretenir des relations sociales * 10864.

座 zuò +6879 广人人土 | 1° seat, place 2° stand, base 3° constellation 4° measure-word (hills, buildings) ◇ 1° siège, place 2° piédestal 3° constellation 4° spécificatif (colline, bâtisse) [Etym] 广1375 (rad: 053a 3-07), 坐172 [Graph] 721b 232a 232a 432a.

座谈 zuò tán。to converse, to discuss informally ◇ causer, tenir une causerie * 1696.

座谈会 zuò tán huì。informal discussion; forum ◇ causerie; symposium * 1696 1382.

座位 zuò wèi。seat, place ◇ place, siège * 2775.

庆 qìng -6880 广大 |慶 *6958| 1° to celebrate, to congratulate 2° moment (celebration) 3° happiness 4° surname ◇ 1° célébrer, féliciter, complimenter, récompenser 2° moment (célébration) 3° bonheur 4° nom propre [Etym] 广1375 (rad: 053a 3-03), 大257 [Graph] 721b 242a.

庆幸 qìng xìng。to rejoice; happily ◇ réjouir; heureusement * 4795.

庆祝 qìng zhù。to congratulate, to celebrate, to wish ◇ féliciter, souhaiter, fêter, célébrer * 6597.

庆贺 qìng hè。to congratulate, to celebrate ◇ féliciter, célébrer * 7267.

庵 ān +6881 广大电 |菴 *3577| 1° hut, thatched cottage 2° Buddhist convent ◇ 1° chaumière, cabane 2° couvent de bonzesses [Etym] 广1375 (rad: 053a 3-08), 奄276 [Graph] 721b 242a 043c.

庇 bì +6882 广匕匕 |to cover, to protect, to shelter ◇ abriter, protéger [Etym] 广1375 (rad: 053a 3-04), 比362 [Graph] 721b 311d 321b.

庀 pǐ +6883 广匕 |1° to possess 2° to be provided with 3° to govern ◇ 1° posséder 2° procurer 3° gouverner [Etym] 广1375 (rad: 053a 3-02), 匕387 [Graph] 721b 321b.

庼 qǐng -6884 广匕页 |廎 高 *6885、*9461| 1° to wait upon 2° small hall ◇ 1° attendre 2° petit salon [Etym] 广1375 (rad: 053a 3-08), 顷392 [Graph] 721b 321b 854d.

廎 qǐng *6885 广匕頁 |庼 高 -6884、*9461| 1° to wait upon 2° small hall ◇ 1° attendre 2° petit salon [Etym] 广1375 (rad: 053a 3-11), 頃396 [Graph] 721b 321b 023f.

庑 wǔ -6886 广无 |廡 *6928| verandah, hallway ◇ véranda, corridor [Etym] 广1375 (rad: 053a 3-04), 无414 [Graph] 721b 323b.

庞 páng -6887 广龙 |龎 龐 *6877、*6815| 1° huge 2° disordered 3° face 4° proper noun ◇ 1° énorme, gigantesque 2° mélangé, confus 3° visage, face, figure 4° nom propre [Etym] 广1375 (rad: 053a 3-05), 龙417 [Graph] 721b 323d.

> 府 fǔ (1377) 广亻寸 |[Tra] office; palace ◇ bureau; demeure [Etym] structure (1= 广 1375); phon or place for donations (2,3= 付 489) ◇ un édifice (1= 广 1375); phon ou le dépôt des donations (2,3= 付 489) [Graph] 721b 411e 332b [Ref] h575, k44, ph355, r37h, w45c, wi388, wi790 [Hanzi] fu3 俯2946, fu3 府6888, fu3 腐6889, fu3 腑8162.

府 fǔ +6888 广亻寸 |1° government office, bureau 2° official residence, palace, honorable home 3° prefecture, department 4° storehouse 5° collection ◇ 1° bureau du gouvernement 2° résidence officielle, demeure honorable, palais 3° préfecture 4° magasin de l'état 5° recueil, collection [Etym] 广1375 (rad: 053a 3-05), 府1377 [Graph] 721b 411e 332b.

腐 fǔ +6889 广亻寸肉 |1° to ferment, to rot, rotten 2° bean curd ◇ 1° fermenter, pourrir, vieilli 2° fromage de soja [Etym] 肉1920 (rad: 130a 6-08), 府1377 [Graph] 721b 411e 332b 859b.

腐烂 fǔ làn。to become putrid; to rot; decomposed ◇ se putréfier, pourrir, se corrompre, se gâter * 925.

广

腐化 fǔ huà。rotten, corrupt ◇ vieilli, corrompu, vicié * 2834.

腐朽 fǔ xiǔ。rotten ◇ pourri * 4475.

腐败 fǔ bài。rotten, decayed, corrupt; decadent, degenerate ◇ pourri, corrompu * 7959.

庥 xiū +6890 广亻木 | 1° shelter, protection 2° shade ◇ 1° couvrir, protéger 2° ombre [Etym] 广1375 (rad: 053a 3-06), 休492 [Graph] 721b 411e 422a.

雁 yīng (1378) 广亻隹 | [Tra] falcon ◇ faucon [Etym] bird (3= 隹 1030) dwelling (1= 广1375) among men (2= 亻 478) (# 雁 1358) ◇ oiseau (3= 隹 1030) logeant (1= 广 1375) chez les hommes (2= 亻 478) (# 雁 1358) [Graph] 721b 411e 436m [Ref] k287, ph767, w168k, wi553 [Hanzi] ying1 ying4 應 6891, ying1 膺 6892, ying1 鹰 6893, ying1 鷹 6894.

應 yīng (1379) 广亻隹心 | [Tra] must; suitable ◇ il faut; accepter [Etym] feeling (4= 心 397); phon, falcon (1,2,3= 雁 1378) ◇ sentiment (4= 心 397); phon, faucon (1,2,3= 雁 1378) [Graph] 721b 411e 436m 321c [Ref] w168j, wi553 [Hanzi] ying1 ying4 應 6891.

應 yīng *6891 广亻隹心 | 应 -6878 | 1° to answer 2° to accept 3° should, ought to 4° suitable 5° surname ◇ 1° répondre 2° accepter 3° il faut 4° convenable 5° nom de famille [Etym] 心 397 (rad: 061a 4-13), 應 1379 [Graph] 721b 411e 436m 321c.

△ yìng | 应 -6878 | 1° to answer, to respond, echo 2° to comply with 3° suitable 4° to deal with ◇ 1° répondre, écho 2° correspondre, s'adapter 3° convenir, selon 4° s'occuper de.

膺 yīng +6892 广亻隹月 | 1° breast 2° to receive 3° office 4° self 5° to oppose ◇ 1° poitrine 2° recevoir 3° office, bureau 4° soi-même 5° s'opposer, repousser [Etym] 月 1823 (rad: 130b 4-13), 雁1378 [Graph] 721b 411e 436m 856e.

鹰 yīng -6893 广亻隹鸟 | 鷹 *6894 | eagle ◇ aigle [Etym] 鸟 2494 (rad: 196s 5-13), 雁 1378 [Graph] 721b 411e 436m Z22e.

鷹 yīng *6894 广亻隹鳥 | 鹰 -6893 | eagle ◇ aigle [Etym] 鳥 2500 (rad: 196a 11-13), 雁 1378 [Graph] 721b 411e 436m Z22h.

庠 xiáng +6895 广羊 | 1° school in ancient times 2° asylum for the old ◇ 1° école d'autrefois 2° hospice [Etym] 广 1375 (rad: 053a 3-06), 羊 579 [Graph] 721b 414b.

床 chuáng +6896 广木 | 牀 *10993 | bed, sofa ◇ lit [Etym] 广 1375 (rad: 053a 3-04), 木 723 [Graph] 721b 422a.

床铺 chuáng pù。bed; bedding ◇ lit; literie * 2071.

床单 chuáng dān。(bed-)sheet ◇ drap de lit * 10457.

麻 má (1380) 广木木 | [Tra] hemp ◇ chanvre [Etym] hemp (2, 3< 朩 759) kept in a shelter (1= 广 1375) ◇ du chanvre (2,3< 朩 759) gardé dans un hangar (1= 广 1375) [Graph] 721b 422a 422a [Ref] h1829, k593, ph634, w79h, wa43, wi24 [Hanzi] ma1 ma2 蔴 3784, ma1 ma2 麻 6897, ma1 mo2 摩 6899, mi2 mi3 靡 6900, mei2 麋 6902, mei2 mi2 糜 6903, me5 mo2 麼 6904, mi2 縻 6906, mo2 mo4 磨 6907, mo2 魔 6908, ma5 嘛 9057 [Rad] 200a.

麻 mā -6897 广木木 | 蔴 *3784 | just ◇ juste [Etym] 麻 1380 (rad: 200a 11-00), [Graph] 721b 422a 422a.

△ má | 蔴 *3784 1° | 1° hemp, flax 2° sesame 3° rough, coarse 4° spotty, pockmarked 5° tingle 6° surname ◇ 1° chanvre 2° sésame 3° rude, engourdi 4° taché, marque de la variole 5° avoir des fourmillements 6° nom propre.

麻烦 má fán。to bother; boring ◇ embarrasser, gêner, déranger; ennuyeux * 1022.

麻雀 má què。sparrow ◇ moineau * 2244.

麻袋 má dài。gunny bag ◇ sac de jute * 2912.

麻木 má mù。numb, insensitive ◇ engourdi, insensible * 4078.

麻绳 má shéng。hemp string ◇ corde de chanvre * 6066.

麻痹 má bì。careless ◇ négligent * 7135.

麾 huī +6898 广木木毛 | 1° signal flag 2° to command ◇ 1° bannière ou fanion 2° diriger [Etym] 麻1380 (rad: 200a 11-04), 毛 403 [Graph] 721b 422a 422a 321g.

摩 mā +6899 广木木手 | [Etym] 麻 1380 (rad: 200a 11-04), 手465 [Graph] 721b 422a 422a 332g.

摩挲 mā sa。to feel with the hand, to caress, to gently stroke ◇ palper, tâter, caresser, frotter * 139.

摩挲 mā sā。1° to examine; 2° to feel; 3° to gently stroke; 4° to plane, to smooth ◇ 1° examiner; 2° palper, tâter; 3° tripoter; 4° aplanir, lisser * 139.

△ mó | 1° to rub, to scrape 2° to mull over 3° to improve by mutual contacts ◇ 1° frotter, gratter 2° effleurer 3° se corriger mutuellement.

摩挲 mó suō。to examine, to feel, to stroke ◇ tâter, palper, tripoter, caresser * 139.

摩托车 mó tuō chē。motorcycle, motorbike ◇ motocyclette * 2396 6327.

摩擦 mó cā。to rub; to clash (between persons); friction ◇ frotter; s'accrocher avec qqn; friction * 2603.

靡 mǐ (1381) 广木木非 | [Tra] not; waste ◇ ne pas; gaspillage [Etym] negation (4= 非 611); phon (1,2,3= 麻 1380) ◇ négation (4= 非 611); phon (1,2,3= 麻 1380) [Graph] 721b 422a 422a 415b [Ref] w79h [Hanzi] mi2 蘼 3785, mi2 mi3 靡 6900, mo2 劘 6901.

靡 mí +6900 广木木非 | waste ◇ gaspillage [Etym] 非 611 (rad: 175a 8-11), 靡 1381 [Graph] 721b 422a 422a 415b.

△ mǐ | 1° no 2° to be blown away by the wind ◇ 1° ne pas 2° envolé avec le vent.

劘 mó +6901 广木木非刂 | to cut, to slice ◇ couper, débiter en tranches [Etym] 刂 470 (rad: 018b 2-19), 靡 1381 [Graph] 721b 422a 422a 415b 333b.

穈 méi *6902 广木木禾人木 | 糜 +6903 | See ◇ Voir 糜子 mei2-zi3 6903-6546 [Etym] 黍 762 (rad: 202a 12-11), 麻 1380 [Graph] 721b 422a 422a 422d 233a 331o.

糜 méi (1382) 广木木米 | [Tra] gruel; wasteful ◇ bouillie; dévaster [Etym] rice (4= 米 782); phon, hemp (1,2,3= 麻 1380) ◇ riz (4= 米 782); phon, chanvre (1,2,3= 麻 1380) [Graph] 721b 422a 422a 422f [Hanzi] mei2 mi2 糜 6903, mi2 醾 10887.

糜 méi +6903 广木木米 | 穈 *6902 | [Etym] 米 782 (rad: 119a 6-11), 麻 1380 [Graph] 721b 422a 422a 422f.

糜子 méi zǐ 。 broom corn millet ◇ sorte de millet * 6546.

△ mí | 1° gruel 2° rotten, wasteful 3° extravagant, proper noun ◇ 1° bouillie, purée, écraser 2° pourri, débauché, dévaster 3° extravagant 4° nom propre.

麽 me (1383) 广木木么 | [Tra] interrogative final ◇ finale interrogative [Etym] different writing for (麼 1384) ◇ autre graphie pour (麼 1384) [Graph] 721b 422a 422a 612g [Ref] w90a, wi24 [Hanzi] ma1 嬷 5797, me5 mo2 麽 6904.

麽 me +6904 广木木么 | 么、麼 +5927、*6905 | interrogative particle ◇ finale interrogative [Etym] 麻 1380 (rad: 200a 11-03), 麽 1383 [Graph] 721b 422a 422a 612g.

△ mó | See ◇ Voir 么麽 yao1-mo2 6098-6904.

麼 me (1384) 广木木幺 | [Tra] interrogative final ◇ finale interrogative [Etym] phon: hemp (1,2, 3= 麻 1380) fibre (4= 幺 1174) ◇ phon: fibre (4= 幺 1174) de chanvre (1,2,3= 麻 1380) [Graph] 721b 422a 422a 613c [Ref] w90a [Hanzi] me5 麼 6905.

麼 me *6905 广木木幺 | 么 麽 +5927、+6904 | interrogative particle ◇ finale interrogative [Etym] 麻 1380 (rad: 200a 11-03), 麼 1384 [Graph] 721b 422a 422a 613c.

縻 mí (1385) 广木木系 | [Tra] to bind; to tie ◇ lier; collier [Etym] thread (4= 系 1185); phon (1,2,3= 麻 1380) ◇ fil (4= 系 1185); phon (1,2,3= 麻1380) [Graph] 721b 422a 422a 613d [Hanzi] mi2 蘼 3786, mi2 縻 6906.

縻 mí +6906 广木木系 | 1° to bind, to tie 2° to control 3° halter (for an ox) ◇ 1° lier, attacher 2° restreindre 3° licou, collier [Etym] 系 1185 (rad: 120a 6-11), 麻 1380 [Graph] 721b 422a 422a 613d.

磨 mó (1386) 广木木石 | [Tra] to polish; mill ◇ frotter; moulin [Etym] stone (4= 石 2149); phon (1,2,3= 麻 1380) ◇ pierre (4= 石 2149); phon (1,2, 3= 麻 1380) [Graph] 721b 422a 422a 013b [Hanzi] qin1 衾 1386, mo2 饝 1450, mo2 蘑 3787, mo4 耱 4687, mo2 mo4 磨 6907, mo4 礳 9724.

磨 mó +6907 广木木石 | 1° to rub, to polish, to sharpen 2° to grind, mill 3° to wear down 4° to worry 5° to waste time ◇ 1° frotter, polir, aiguiser 2° moudre, moulin 3° user à la corde 4° tourmenter 5° se traîner [Etym] 石 2149 (rad: 112a 5-11), 麻 1380 [Graph] 721b 422a 422a 013b.

△ mò | 1° to grind, mill, millstones 2° to turn round ◇ 1° moudre, moulin, meules 2° tourner.

魔 mó +6908 广木木鬼厶 | 1° devil, demon 2° magic ◇ 1° démon 2° magique [Etym] 鬼 2363 (rad: 194a 8-11), 麻 1380 [Graph] 721b 422a 422a 043e 612a.

魔术 mó shù 。 magic; magician ◇ magie, prestidigitation * 4595.

魔鬼 mó guǐ 。 devil, demon ◇ démon, diable * 10736.

厢 xiāng *6909 广木目 | 厢 -6835 | 1° wing (house), side rooms 2° compartment, box (theatre) 4° side 5° suburb ◇ 1° aile (maison), bâtiments latéraux 2° compartiment, loge (théâtre) 4° côté 5° faubourgs [Etym] 广 1375 (rad: 053a 3-09), 相758 [Graph] 721b 422a 023a.

庄 zhuāng (1387) 广土 | [Tra] agriculture; village ◇ agriculture; village [Etym] shelter, house (1= 广 1375); earth, soil (2= 土 826) ◇ abri, maison (1= 广 1375); terre (2= 土 826) [Graph] 721b 432a [Ref] k1263 [Hanzi] zhuang1 桩 4293, zhuang1 粧 4631, zhuang1 庄 6910, zang1 赃 7973, zang1 zang4 脏 8163.

庄 zhuāng -6910 广土 | 莊 *4022 | 1° village 2° manor 3° farm, agriculture 4° place of business 5° banker (mahjong game) 6° grave, sedate 7° surname ◇ 1° village 2° manoir 3° ferme, agriculture 4° place d'affaire 5° banquier (jeu de mahjong) 6° sérieux, solennel, dignité 7° nom de famille [Etym] 广 1375 (rad: 053a 3-03), 庄 1387 [Graph] 721b 432a.

庄稼 zhuāng jià 。 cultivation, harvest ◇ cultures, récolte, céréales * 4551.

庄严 zhuāng yán 。 solemn, stately ◇ majestueux, solennel * 6997.

廚 chú (1388) 广士豆寸 | [Tra] kitchen ◇ cuisine [Etym] covered place (1= 广 1375); phon (2, 3,4= 尌 882) (> 厨 1370) ◇ lieu couvert (1= 广 1375); phon (2,3,4= 尌 882) (> 厨 1370) [Graph] 721b 432b 011b 332b [Ref] k1258, ph800, w165d [Hanzi] chu2 橱 4294, chu2 廚6911.

廚 chú *6911 广士豆寸 | 厨、厨 +6859、*6840 | kitchen ◇ cuisine [Etym] 广 1375 (rad: 053a 3-12), 廚 1388 [Graph] 721b 432b 011b 332b.

庭 tíng +6912 广壬廴 | 1° front courtyard 2° law court 3° room 4° house 5° audience-hall 6°

family ◇ 1° première cour 2° tribunal 3° chambre 4° maison 5° grande salle d'un palais 6° famille [Etym] 广1375 (rad: 053a 3-06), 廷931 [Graph] 721b 432k 634n.

庭院 tíng yuàn ∘ courtyard ◇ cour * 6771.

廒 áo +6913 | 厫 *6842 | granary ◇ grenier [Etym] 广 1375 (rad: 053a 3-10), 敖944 [Graph] 721b 433a 852a 243c.
广主勹攵

庶 shù (1389) 广廿 |[Tra] numerous; all; so that ◇ nombreux; tous; afin de [Etym] reduction of (庶 1390) ◇ réduction de (庶 1390) [Graph] 721b 436a [Ref] h1381, k911, r36b, w24m, wi762 [Hanzi] shu4 庶6914, du4 duo2 度6919, tuo3 庹6922.

庶 shù (1390) 广廿灬 |[Tra] numerous; all; so that ◇ nombreux; tous; afin [Etym] {1} crowd (2= 廿 988) in house (1= 广 1375) near fire (3= 灬 130); {2} to heat (3= 灬 130) something (1,2=prim) ◇ {1} une multitude (2= 廿 988) dans un édifice (1= 广 1375) près du feu (3= 灬 130); {2} réchauffer (3= 灬 130) un objet (1,2=prim) [Graph] 721b 436a 222d [Ref] h1381, k911, ph645, r36b, w24m, wa118, wi879 [Hanzi] zhi2 摭2531, zhe4 蔗3788, shu4 庶6914, zhe1 遮6915, zhe4 䗪6916, zhe4 鹧6917, zhe4 鷓6918, zhe4 嗻9058, zhi2 蹠9361.

庶 shù +6914 广廿灬 |1° numerous, multitude, in abundance, all 2° concubine 3° so that, about, nearly ◇ 1° nombreux, abondant, foule, plébéien 2° concubine 3° afin que, presque, à peu près [Etym] 广 1375 (rad: 053a 3-08), 庶 1390 [Graph] 721b 436a 222d.

遮 zhē +6915 广廿灬辶 |1° to hide, to cover, to screen 2° to intercept 3° to keep out ◇ 1° cacher, couvrir 2° intercepter 3° empêcher de passer [Etym] 辶 1346 (rad: 162b 3-11), 庶 1390 [Graph] 721b 436a 222d 634o.

遮盖 zhē gài ∘ to cover, to spread over; to cover up ◇ couvrir, recouvrir, voiler; cacher, dissimuler * 5225.

䗪 zhè +6916 广廿灬虫 |ground beetle ◇ trionyx [Etym] 虫 2282 (rad: 142a 6-11), 庶 1390 [Graph] 721b 436a 222d 031d.

鹧 zhè -6917 广廿灬鸟 | 鷓 *6918 | partridge ◇ perdrix [Etym] 鸟2494 (rad: 196s 5-11), 庶 1390 [Graph] 721b 436a 222d Z22e.

鷓 zhè *6918 广廿灬鳥 | 鹧 -6917 | partridge ◇ perdrix [Etym] 鳥2500 (rad: 196a 11-11), 庶1390 [Graph] 721b 436a 222d Z22h.

度 dù (1391) 广廿又 |[Tra] measure; degree ◇ mesurer; degré [Etym] hand (3= 又 1271) as measure (> 寸 441) of many things (1,2< 庶 1390) ◇ la main (3= 又 1271) comme mesure (> 寸 441) de toutes choses (1,2< 庶 1390) [Graph] 721b 436a 633a [Ref] h1128, k1128, w24m, wa19, wi818 [Hanzi] du4 渡337, du4 鍍1241, du4 镀2018, du4 duo2 度6919, du4 敷6920, duo2 踱9362.

度 dù +6919 广廿又 |1° measure, limit, degree 2° rule, to calculate 3° to spend ◇ 1° mesurer, estimer, mesure, degré 2° régler, règle, calculer 3° passer [Etym] 广 1375 (rad: 053a 3-06), 度 1391 [Graph] 721b 436a 633a.

度过 dù guò ∘ to pass (life, holidays) ◇ passer (vie, vacances) * 2310.

度假 dù jià ∘ to spend the holidays ◇ passer les vacances * 3027.

度量衡 dù liàng héng ∘ weights and measurements ◇ poids et mesures * 9964 3178.

△ duó |to estimate, to surmise ◇ estimer, supputer.

敷 dù *6920 广廿又攴 |See ◇ Voir 杜 4205 [Etym] 攴 1283 (rad: 066a 4-09), 度 1391 [Graph] 721b 436a 633a 633c.

席 xí (1392) 广廿巾 |[Tra] mat; banquet; seat ◇ natte; festin; siège [Etym] at great meals, many (1,2= 庶 1389) sitting on mats (3= 巾 1886) ◇ un grand repas: foule (1,2= 庶 1389) assise sur des nattes (3= 巾 1886) [Graph] 721b 436a 858a [Ref] k779, w24m, wi762 [Hanzi] xi2 蓆3789, jie4 褯6656, xi2 席6921.

席 xí +6921 广廿巾 | 蓆1° *3789 | 1° mat 2° seat, place 3° feast 4° measure-word (banquet, talk) 5° president 6° to rely on 7° surname ◇ 1° natte 2° siège, place d'honneur 3° festin 4° spécificatif (banquet, causerie) 5° président 6° s'appuyer sur 7° nom de famille [Etym] 巾 1886 (rad: 050a 3-07), 席 1392 [Graph] 721b 436a 858a.

席位 xí wèi ∘ seat ◇ place, siège * 2775.

席子 xí zǐ ∘ mat ◇ natte * 6546.

庹 tuǒ +6922 广廿尺 |measure-word (arm spread, span) ◇ spécificatif (brassée) [Etym] 广 1375 (rad: 053a 3-08), 庶 1389 尺 1978 [Graph] 721b 436a 931b.

廑 jǐn *6923 广廿里 | 仅 +2937、僅 *2903 | only, merely, barely ◇ à peine, tout juste, seulement, ne...que [Etym] 广 1375 (rad: 053a 3-11), 堇997 [Graph] 721b 436a 032h.

△ qín |See ◇ Voir 勤 5405.

廣 guǎng (1393) 广廿頁 |[Tra] wide, extensive ◇ large, vaste [Etym] structure or hall (1= 广 1375); phon, yellow (2,3= 黄 1003) ◇ construction ou salle (1= 广 1375); phon, jaune (2,3= 黄 1003) [Graph] 721b 436a 042e [Ref] k452, ph802, r44n, w171a, wi696, wi903 [Hanzi] kuang4 鑛1242, kuo4 擴2532, kuang4 壙4892, guang3 獷5639, kuang4 纊6191, kuang4 鄺6924, guang3 廣6925, kuang4 礦9725, kuang4 曠9904, guo1 彍 11259.

鄺 kuàng *6924 广廿頁阝 | 邝 -6934 | surname ◇ nom propre [Etym] 阝 1316 (rad: 163b 2-15), 廣 1393 [Graph] 721b 436a 042e 634j.

廣 guǎng *6925 广廿頁 | 广 +6876 | 1° wide, vast, extensive 2° numerous 3° to spread 4° short for Guangzhou ◇ 1° large, vaste 2° nombreux 3° répandre 4° abréviation de Guangzhou [Etym] 广 1375 (rad: 053a 3-12), 廣 1393 [Graph] 721b 436b

042e.

廝 s ī *6926 广其斤 | 斯 +6844 | 1° male servant, page boy 2° fellow, guy 3° together ◇ 1° serviteur, valet 2° homme de rien, garçon 3° l'un l'autre, ensemble [Etym] 广 1375 (rad: 053a 3-12), 斯1014 [Graph] 721b 436i 722c.

廳 t ī n g (1394) 广耳王⼀⼆心 | [Tra] great hall ◇ grande salle [Etym] hall (1= 广 1375) used for proclamations (2,3,4,5= 聽 1021) ◇ salle (1= 广 1375) utilisée pour des proclamations (2,3,4,5= 聽 1021) [Graph] 721b 436k 432e 051d acc:a 321c [Ref] w10o [Hanzi] ting1 廳 6927.

廳 t ī n g *6927 广耳王⼀⼆心 | 厅 -6828 | 1° hall 2° office 3° government department ◇ 1° grande salle, hall 2° bureau 3° section du gouvernement [Etym] 广 1375 (rad: 053a 3-22), 聽 1394 [Graph] 721b 436k 432e 051d ac:a 321c.

廡 w ǔ *6928 广無灬 | 庑 -6886 | verandah, hallway ◇ véranda, corridor [Etym] 广 1375 (rad: 053a 3-12), 無 1043 [Graph] 721b 436n 222d.

底 d e +6929 广氐 | 1° base, foundation 2° low 3° to settle 4° conjunction ◇ 1° base, fond 2° bas 3° établir 4° suffixe [Etym] 广 1375 (rad: 053a 3-05), 氐 1055 [Graph] 721b 511d.

△ d ǐ | 1° base, foundation 2° fundamental ◇ 1° base, fond 2° fondamental.

底儿 dǐ ér ∘ base, foundation ◇ base, fond * 2194.

底下 dǐ xià ∘ under, bottom ◇ dessous, au-dessous * 3204.

底片 dǐ piàn ∘ negative (photo) ◇ négatif (photo), cliché * 11006.

库 k ù (1395) 广车 | [Tra] warehouse; granary ◇ entrepôt; grenier [Etym] shelter (1= 广 1375); carriage (2= 车 1213) ◇ abri (1= 广 1375); voiture (2= 车1213) [Graph] 721b 614d [Hanzi] ku4 裤 6657, ku4 库 6930.

库 k ù -6930 广车 | 庫 *6985 | storehouse, warehouse, granary ◇ magasin, dépôt, entrepôt, grenier à blé [Etym] 广 1375 (rad: 053a 3-04), 车 1213 [Graph] 721b 614d.

廢 f è i *6931 广癶弓儿又 | 废 -6937 | 1° to give up, to abandon, to abolish 2° useless, waste, ruined, to destroy 3° disabled ◇ 1° abandonner, rejeter, abolir, annuler 2° inutile, ruiné, caduc, dégrader, détruire 3° invalide, infirme [Etym] 广 1375 (rad: 053a 3-12), 發 1249 [Graph] 721b 631g Z42a Z33a 633a.

序 x ù (1396) 广⺊丁 | [Tra] school; order; series ◇ école; ordre; série [Etym] place (1= 广 1375) for exchanges (2,3= 予 1252) ◇ un lieu (1= 广 1375) d'échange et de communication (2,3= 予 1252) [Graph] 721b 632a 331f [Ref] h710, w95a [Hanzi] xu4 序 6932.

序 x ù +6932 广⺊丁 | 1° order, sequence 2° to arrange in order 3° preface, introduction 4° school (old China) 5° east and west walls of a room ◇ 1° ordre, séquence 2° mettre en ordre 3° préface, introduction 4° école (ancienne Chine) 5° murs est et ouest d'une chambre [Etym] 广 1375 (rad: 053a 3-04), 序 1396 [Graph] 721b 632a 331f.

序幕 xù mù ∘ prologue, prelude ◇ prologue, prélude * 3956.

序跋 xù bá ∘ preface and postscript ◇ préface et postface * 9291.

序言 xù yán ∘ foreword, preface ◇ préface, avant-propos * 9469.

序曲 xù qǔ ∘ overture (in music) ◇ ouverture (mus.) * 10829.

庋 g u ǐ +6933 广支 | 1° shelf 2° to keep, to preserve 3° warehouse ◇ 1° buffet 2° serrer, conserver 3° magasin [Etym] 广 1375 (rad: 053a 3-04), 支1284 [Graph] 721b 633d.

邝 k u à n g -6934 广阝 | 鄺 *6924 | surname ◇ nom propre [Etym] 阝 1316 (rad: 163b 2-03), 广 1375 [Graph] 721b 634j.

癮 y ǐ n *6935 广阝⺤工⺕心 | 瘾 +7081 | addiction, vice, bound by an evil habit ◇ passion invétérée, vice [Etym] 广 1375 (rad: 053a 3-16), 隱 1317 [Graph] 721b 634j 221d 431a 833a 321c.

廕 y ì n *6936 广阝亼云 | See ◇ Voir 荫 3775 [Etym] 广 1375 (rad: 053a 3-10), 陰 1321 [Graph] 721b 634j 233a 631a 612d.

废 f è i -6937 广发又 | 廢 *6931 | 1° to give up, to abandon, to abolish 2° useless, waste, ruined, to destroy 3° disabled ◇ 1° abandonner, rejeter, abolir, annuler 2° inutile, ruiné, caduc, dégrader, détruire 3° invalide, infirme [Etym] 广 1375 (rad: 053a 3-05), 发 1352 [Graph] 721b 712a 633a.

废话 fèi huà ∘ stupidity, silliness ◇ sottise, parole inutile; balivernes * 1821.

废物 fèi wù ∘ trash, waste material ◇ déchets, rebuts, ordures * 3468.

废物利用 fèi wù lì yòng ∘ to make use of waste material ◇ utiliser des déchets * 3468 4516 8267.

废除 fèi chú ∘ to repeal, to abrogate, to annul, to abolish ◇ abroger, abolir, annuler * 6715.

废品 fèi pǐn ∘ waste product; scrap ◇ produits non en règle; rebuts, déchets * 9179.

廬 l ú *6938 广虍七田皿 | 庐 +6975 | thatched hovel, hut, cottage ◇ cabane, chaumière, maisonnette [Etym] 广 1375 (rad: 053a 3-16), 盧 1448 [Graph] 721b 721g 321e 041a 922a.

廖 l i à o +6939 广习习人彡 | surname ◇ nom propre [Etym] 广 1375 (rad: 053a 3-11), 翏 1473 [Graph] 721b 731c 731c 233a 211c.

严 l ù (1397) 广⺦ | [Tra] stag, deer ◇ cerf, antilope [Etym] reduction of (鹿 1398) ◇ réduction de (鹿 1398) [Graph] 721b 821b.

鹿 l ù (1398) 广⺦⺊匕 | [Tra] stag, deer ◇ cerf, antilope [Etym] deer (prim): horns (1=prim), eyes (2< 罒 2373), legs (3,4> 能 1140) ◇ un cerf (prim): ses bois (1=prim), ses yeux (2< 罒 2373), ses pattes (3,4> 能 1140) [Graph] 721b 821b 311d 321b [Ref] h1508, k576, r14h, w136a, wa51, wi844 [Hanzi] lu4 漉 338, lu4 簏 827, lu4 辘 6358, lu4 鹿 6940, ao2 鏖 6942, chen2 塵 6948, fu1 鄜 6951, li2 li4 麗 8289, lu4 轆 10698 [Rad] 198a.

鹿 lù +6940 广𡗗匕匕 | stag, deer ◇ cerf, antilope [Etym] 鹿 1398 (rad: 198a 11-00), [Graph] 721b 821b 311d 321b.

麞 zhāng *6941 广𡗗匕匕立早 | 獐 -5586 | river deer ◇ chevrotain, daim, antilope [Etym] 鹿 1398 (rad: 198a 11-11), 章 95 [Graph] 721b 821b 311d 321b 221a 021d.

麃 piāo (1399) 广𡗗匕匕灬 | [Tra] roe-deer ◇ chevreuil [Etym] deer (1,2,3= 鹿 1398); phon (4< 票 2404) ou (4= 灬 130) ◇ cerf (1,2,3= 鹿 1398); phon (4< 票 2404), de l'or (4= 灬 130) [Graph] 721b 821b 311d 321b 222d [Ref] k726, ph810, w136a [Hanzi] ao1 爊 997, biao1 镳 1243, biao1 鑣 2019, biao1 藨 3790, biao1 臕 8164.

鏖 áo +6942 广𡗗匕匕人金 | to fight hard ◇ combattre avec furie [Etym] 金 196 (rad: 167a 8-11), 鹿 1398 [Graph] 721b 821b 311d 321b 233a 432q.

鏖战 áo zhàn。 to fight hard ◇ combattre avec énergie * 9801.

麐 lín *6943 广𡗗匕匕文口 | 麟 +6947 | See ◇ Voir 麒麟 qi2-lin2 6950-6947 [Etym] 鹿 1398 (rad: 198a 11-07), 吝 339 [Graph] 721b 821b 311d 321b 243b 011a.

麀 yōu +6944 广𡗗匕匕匕 | 1° female of the stag, doe 2° licence ◇ 1° biche 2° inconduite [Etym] 鹿 1398 (rad: 198a 11-02), 匕 387 [Graph] 721b 821b 311d 321b 321b.

麀 yū (1400) 广𡗗匕匕七 | [Tra] a hind ◇ biche [Etym] female (4< 牝 587) of deer (1,2,3= 鹿 1398) ◇ femelle (4< 牝 587) du cerf (1,2,3= 鹿 1398) [Graph] 721b 821b 311d 321b 321e [Ref] w136a [Hanzi] ao1 爊 998.

麇 jūn +6945 广𡗗匕匕禾 | hornless river-deer ◇ daim [Etym] 鹿 1398 (rad: 198a 11-05), 禾 760 [Graph] 721b 821b 311d 321b 422d.

△ qún | 麕 *6957 | 1° to flock together 2° herd 3° deer ◇ 1° s'assembler 2° troupeau 3° daim.

麋 mí +6946 广𡗗匕匕米 | tailed deer, elk ◇ élan [Etym] 鹿 1398 (rad: 198a 11-06), 米 782 [Graph] 721b 821b 311d 321b 422f.

麟 lín +6947 广𡗗匕匕米夕㐄 | 麐 *6943 | See ◇ Voir 麒麟 qi2-lin2 6950-6947 [Etym] 鹿 1398 (rad: 198a 11-12), 粦 789 [Graph] 721b 821b 311d 321b 422f 631b 712b.

塵 chén (1401) 广𡗗匕匕土 | [Tra] dust; wordly ◇ poussière; vice [Etym] earth or dust (4= 土 826) raised by a deer herd (1,2,3= 鹿 1398) ◇ terre (4= 土 826) soulevée par un troupeau de cerfs (1,2,3= 鹿 1398) [Graph] 721b 821b 311d 321b 432a [Ref] r30e, w136a, wi844 [Hanzi] chen2 塵 6948.

塵 chén *6948 广𡗗匕匕土 | 尘 -2242 | 1° dust 2° wordly 3° carnal, dissipation, pleasure ◇ 1° poussière 2° mondain 3° charnel, dissipation, plaisirs, vice [Etym] 土 826 (rad: 032a 3-11), 塵 1401 [Graph] 721b 821b 311d 321b 432a.

麈 zhǔ +6949 广𡗗匕匕主 | 1° dust, to dust 3° kind of deer ◇ 1° poussière soulevée, épousseter 2° cerf [Etym] 鹿 1398 (rad: 198a 11-05), 主 914 [Graph] 721b 821b 311d 321b 432f.

麒 qí +6950 广𡗗匕匕其 | unicorn ◇ licorne [Etym] 鹿 1398 (rad: 198a 11-08), 其 1013 [Graph] 721b 821b 311d 321b 436i.

麒麟 qí lín。 female of the unicorn ◇ licorne femelle * 6947.

鄜 fū +6951 广𡗗匕匕阝 | place in Shanxi ◇ lieu du Shanxi [Etym] 阝 1316 (rad: 163b 2-11), 鹿 1398 [Graph] 721b 821b 311d 321b 634j.

麂 jǐ +6952 广𡗗匕匕广𡗗匕匕 | 1° large deer 2° muntjac ◇ 1° grand cerf 2° chevrotain porte-musc [Etym] 鹿 1398 (rad: 198a 11-11), [Graph] 721b 821b 311d 321b 721b 821b 311d 321b.

麤 cū (1402) 广𡗗匕匕广𡗗匕匕广𡗗匕匕 | [Tra] rough, vulgar ◇ épais, grossier [Etym] three deers (鹿 1398) ◇ trois cerfs (鹿 1398) [Graph] 721b 821b 311d 321b 721b 821b 311d 321b 721b 821b 311d 321b [Hanzi] cu1 麤 6953.

麤 cū *6953 广𡗗匕匕广𡗗匕匕广𡗗匕匕 | 粗 +4638、觕 *3469、麁 *7001 |

麑 ní +6954 广𡗗匕匕兒 | fawn ◇ chevreuil [Etym] 鹿 1398 (rad: 198a 11-08), 兒 1593 [Graph] 721b 821b 311d 321b 835c.

麅 páo *6955 广𡗗匕匕勹巳 | 狍 -5650 | fallow-deer, roe deer ◇ daim, chevreuil [Etym] 鹿 1398 (rad: 198a 11-05), 包 1778 [Graph] 721b 821b 311d 321b 852h 933b.

麝 shè +6956 广𡗗匕匕身寸 | 1° musk deer 2° musk ◇ 1° chevrotain porte-musc 2° musc [Etym] 鹿 1398 (rad: 198a 11-10), 射 2061 [Graph] 721b 821b 311d 321b 941d 332b.

麕 qún *6957 广𡗗匕匕囗禾 | 麇 +6945 | 1° to flock together 2° herd 3° deer ◇ 1° s'assembler 2° troupeau 3° daim [Etym] 鹿 1398 (rad: 198a 11-08), 囷 2447 [Graph] 721b 821b 311d 321b 071a 422d.

慶 ching (1403) 广𡗗二心夂 | [Tra] to congratulate ◇ féliciter [Etym] come (4= 夂 1286)to offer wishes (3= 心 397) and deer (1,2< 鹿 1398) ◇venir (4= 夂 1286) offrir ses voeux (3= 心 397) et un cerf (1,2< 鹿 1398) [Graph] 721b 821b acc:g 321c 633e [Ref] k576, ph633, w136a [Hanzi] qing4 慶 6958.

慶 qìng *6958 广𡗗二心夂 | 庆 -6880 | 1° to celebrate, to congratulate 2° moment (celebration) 3° happiness 4° surname ◇ 1° célébrer, féliciter, complimenter, récompenser 2° moment (célébration) 3° bonheur 4° nom propre [Etym] 心 397 (rad: 061a 4-11), 慶 1403 [Graph] 721b 821b ac:g 321c 633e.

麃 zhǎi (1404) 广龷㐭 [Tra] moose, elk; unicorn ◇ élan; licorne [Etym] deer (1,2< 鹿1398); horse (3< 馬 2486) ◇ cerf (1,2< 鹿 1398); cheval (3< 馬 2486) [Graph] 721b 821b Z21h [Ref] k1226, w136c [Hanzi] jian4 薦 3791.

唐 táng (1405) 广非口 [Tra] gossip ◇ bavardage [Etym] {?} to talk (3= 口 2063) while pounding rice (1,2< 康 1407) ◇ {?} parler (3= 口 2063) pendant qu'on moût le riz (1,2< 康 1407) [Graph] 721b 833c 011a [Ref] k973, ph572, w102b, wi965 [Hanzi] tang2 溏 339, tang2 搪 2533, tang2 糖 4632, tang2 糖 4788, tang2 塘 4893, tang2 瑭 5140, tang2 唐 6959, tang2 鄌 6960, tang2 螗 10278, tang2 醣 10888.

唐 táng +6959 广非口 1° Tang Dynasty (618-907) 2° another name for China 3° surname ◇ 1° dynastie Tang (618-907) 2° autre nom de la Chine 3° nom propre [Etym] 口 2063 (rad: 030a 3-07), 唐 1405 [Graph] 721b 833c 011a.

鄌 táng +6960 广非口阝 [Etym] 阝 1316 (rad: 163b 2-10), 唐 1405 [Graph] 721b 833c 011a 634j.

鄌郚 táng wú ∘ place in Shandong ◇ lieu du Shandong ⁎ 7374.

庚 gēng (1406) 广肀 [Tra] cyclic character ◇ caractère cyclique [Etym] perhaps: to cork rice with a pestle (< 康 1407) ◇ peut-être: écorcer le riz au mortier (< 康 1407) [Graph] 721b 834b [Ref] k317, w102b [Hanzi] geng1 庚 6961, geng1 赓 6962, geng1 賡 6963, geng1 鹒 6964, geng1 鶊 6965.

庚 gēng +6961 广肀 1° seventh Heavenly Stem: cyclical character 2° age ◇ 1° septième des dix Troncs Célestes: caractère cyclique 2° âge [Etym] 广 1375 (rad: 053a 3-05), 庚 1406 [Graph] 721b 834b.

赓 gēng +6962 广肀贝 | 賡 *6963 | [Etym] 贝 1796 (rad: 154s 4-08), 庚 1406 [Graph] 721b 834b 854b.

赓续 gēng xù ∘ to continue ◇ continuer ⁎ 5950.

賡 gēng *6963 广肀貝 | 赓 +6962 | See ◇ Voir 赓续 geng1-xu4 6962-5950 [Etym] 貝2246 (rad: 154a 7-08), 庚 1406 [Graph] 721b 834b 023b.

鹒 gēng -6964 广肀鸟 | 鶊 *6965 | See ◇ Voir 鸧鹒 cang1-geng1 1403-6964 [Etym] 鸟 2494 (rad: 196s 5-08), 庚 1406 [Graph] 721b 834b Z22e.

鶊 gēng *6965 广肀鳥 | 鹒 -6964 | See ◇ Voir 鸧鹒 cang1-geng1 1403-6964 [Etym] 鳥 2500 (rad: 196a 11-08), 庚 1406 [Graph] 721b 834b Z22h.

康 kāng (1407) 广隶 [Tra] good health; peace ◇ bonne santé; paix [Etym] ph.b.: hands and pestle (1,2=prim,< 彐 1565, 午 570), rice (2< 米782), hence winnowing ◇ e.ph.: des mains et un pilon (1,2=prim,< 彐 1565, 午 570), du riz (bas< 米 782), d'où le vannage [Graph] 721b 834e [Ref] h480, k306, ph623, w102b, wa80 [Hanzi] kang1 慷 3288, kang1 槺 4295, kang1 穅 4547, kang1 糠 4633, kang1 康 6966, kang1 鏮 10503, kang1 鱇 10597.

康 kāng +6966 广隶 1° good health 2° peace, repose 3° prosperity 4° happiness 5° surname ◇ 1° bonne santé, force 2° en paix 3° prospérité 4° joie 5° nom propre [Etym] 广 1375 (rad: 053a 3-08), 隶 1578 [Graph] 721b 834e.

廉 lián (1408) 广兼 [Tra] corner; honest ◇ angle, coin; honnête [Etym] junction (2= 兼 1582) of walls in a structure (1= 广 1375) ◇ jonction (2= 兼 1582) de parois dans une construction (1= 广1375) [Graph] 721b 834h [Ref] h1932, k552, ph745, w121k, wi668 [Hanzi] lian2 濂 340, lian2 簾 828, lian2 镰 1244, lian2 鐮 2020, lian2 廉 6967, lian2 臁 8165, lian2 蠊 10279.

廉 lián +6967 广兼 1° honest, upright 2° inexpensive 3° corner 4° to examine 5° proper noun ◇ 1° probe, honnête, droit 2° modéré, économique 3° coin, angle 4° inspecter 5° nom propre [Etym] 广 1375 (rad: 053a 3-10), 廉 1408 [Graph] 721b 834h.

廉价 lián jià ∘ cheap ◇ bon marché ⁎ 2788.

庸 yōng (1409) 广肀 [Tra] ordinary, commonplace ◇ ordinaire, banal [Etym] {1} pound rice (1,2< 康 1407) for current use (bottom< 用 1845); {2} town or palace, and towers all around (1,2,3=prim) ◇ {1} moudre du riz (1,2< 康 1407) pour un usage (bas< 用 1845) courrant; {2} une ville ou un village et ses tours (1, 2,3 =prim) [Graph] 721b 834j [Ref] k263, ph621, wa101 [Hanzi] yong1 镛 1245, yong1 鏞 2021, yong1 傭 2947, yong1 慵 3289, yong1 墉 4894, yong1 隴 6763, yong1 庸 6968, yong1 鄘 6969, yong1 鏞 10504, yong1 鳙 10598.

庸 yōng +6968 广肀 1° commonplace, ordinary 2° second-rate, inferior 3° need, how ◇ 1° commun, ordinaire, moyen 2° médiocre, banal, inférieur 3° faut-il, comment [Etym] 广 1375 (rad: 053a 3-08), 庸 1409 [Graph] 721b 834j.

庸肿 yōng zhǒng ∘ too fat to move ◇ obèse, pesante, lourde ⁎ 8235.

鄘 yōng +6969 广肀阝 small feudal state in Henan ◇ ancienne principauté du Henan [Etym] 阝 1316 (rad: 163b 2-11), 庸 1409 [Graph] 721b 834j 634j.

庾 yǔ +6970 广臾 1° granary 2° measure 3° stack (grain) ◇ 1° grenier 2° mesure 3° meule (blé) [Etym] 广 1375 (rad: 053a 3-08), 臾 1595 [Graph] 721b 835f.

廋 sōu +6971 广申又 1° to hide, to conceal 2° secret 3° to search for ◇ 1° cacher 2° secret 3° examiner, scruter [Etym] 广 1375 (rad: 053a 3-09), 叟1596 [Graph] 721b 835g 633a.

庖 páo +6972 广勹巳 1° kitchen, cook 2° butcher's shop ◇ 1° cuisine, cuisinier 2° boucherie [Etym] 广 1375 (rad: 053a 3-05), 包 1778 [Graph] 721b 852h 933b.

廠 chǎng *6973 广尚口攵 | 厂 +6814 丶 廠 *6857 | 1° shed, storehouse 2° factory, plant ◇ 1° hangar, entrepôt 2° usine, atelier [Etym] 广 1375 (rad: 053a 3-12), 敞 1880 [Graph] 721b 857j 011a 243c.

廨 xiè +6974 广角刀牛 | 1° palace 2° court 3° government office in ancient times ◇ 1° palais 2° cour de justice 3° bureau gouvernemental (autrefois) [Etym] 广 1375 (rad: 053a 3-13), 解 1885 [Graph] 721b 857l 732a 414d.

庐 lú +6975 广户 | 廬 *6938 | thatched hovel, hut, cottage ◇ cabane, chaumière, maisonnette [Etym] 广 1375 (rad: 053a 3-04), 户 1981 [Graph] 721b 931e.

廄 jiù *6976 广皀几又 | 厩 +6858 | stable, pen ◇ écurie, haras [Etym] 广 1375 (rad: 053a 3-09), 段 2002 [Graph] 721b 932b Z33a 633a.

廊 láng +6977 广良阝 | verandah, corridor, porch ◇ véranda, corridor, promenoir, galerie [Etym] 广 1375 (rad: 053a 3-08), 郎 2005 [Graph] 721b 932d 634j.

廓 kuò +6978 广亯子阝 | 1° wide, great, to enlarge 2° outline 3° to sweep away ◇ 1° grand, vaste, agrandir 2° profil 3° couper, éliminer [Etym] 广 1375 (rad: 053a 3-10), 郭 2130 [Graph] 721b 012c 634d 634j.

> 店 diàn (1410) 广占 | [Tra] inn; shop ◇ auberge; boutique [Etym] shelter (1= 广 1375); phon (占 2154) ◇ abri (1= 广 1375); phon (占 2154) [Graph] 721b 013e [Hanzi] dian1 掂 2534, dian4 惦 3290, dian4 店 6979, dian3 踮 9363.

店 diàn +6979 广占 | inn, shop ◇ auberge, boutique [Etym] 广 1375 (rad: 053a 3-05), 占 2154 [Graph] 721b 013e.

店员 diàn yuán。salesman ◇ vendeur * 9127.

廟 miào *6980 广卓月 | 庙 +6984 | 1° temple, shrine 2° temple fair ◇ 1° pagode, temple, temple des ancêtres 2° foire tenue dans une pagode [Etym] 广 1375 (rad: 053a 3-12), 朝 2237 [Graph] 721b 022i 856e.

廁 cè *6981 广貝刂 | 厕 -6856 | toilet, lavatory ◇ latrines, toilette [Etym] 广 1375 (rad: 053a 3-09), 則 2249 [Graph] 721b 023b 333b.

廈 shà *6982 广百夂 | 厦 +6873 | mansion, tall building ◇ édifice, grand bâtiment [Etym] 广 1375 (rad: 053a 3-10), 夏 2266 [Graph] 721b 023e 633e.

△ xià | 厦 +6873 | 1° Xiamen (Amoy) 2° building ◇ 1° Xiamen (Amoy) 2° édifice.

廙 yì +6983 广田共 | respect ◇ respect [Etym] 广 1375 (rad: 053a 3-11), 異 2318 [Graph] 721b 041a 436e.

庙 miào +6984 广由 | 廟 *6980 | 1° temple, shrine 2° temple fair ◇ 1° pagode, temple, temple des ancêtres 2° foire tenue dans une pagode [Etym] 广 1375 (rad: 053a 3-05), 由 2345 [Graph] 721b 042a.

庙宇 miào yǔ。temple ◇ temple * 7714.

> 庫 kù (1411) 广車 | [Tra] storehouse; granary ◇ entrepôt; dépôt [Etym] structure (1= 广 1375) where to store cart-loads (2= 車 2352) ◇ un édifice (1= 广 1375) où on range les chargements des voitures (2= 車 2352) [Graph] 721b 042g [Ref] h275, k431, w59i [Hanzi] ku4 褲 6658, ku4 庫 6985.

庫 kù *6985 广車 | 库 -6930 | storehouse, warehouse, granary ◇ magasin, dépôt, entrepôt, grenier à blé [Etym] 广 1375 (rad: 053a 3-07), 庫 1411 [Graph] 721b 042g.

庳 bēi +6986 广卑 | 1° low 2° vulgar ◇ 1° bas 2° médiocre, vulgaire [Etym] 广 1375 (rad: 053a 3-08), 卑 2366 [Graph] 721b 043h.

> 廛 chán (1412) 广里 | [Tra] shop, stall; estate ◇ échoppe; domaine [Etym] modern simplified form of (廛 1413) ◇ forme simplifiée moderne de (廛 1413) [Graph] 721b 043j [Ref] h275, k1169, w149d [Hanzi] chan2 缠 6019.

> 廛 chán (1413) 广里八土 | [Tra] shop, stall; estate ◇ échoppe; domaine [Etym] village share (2< 八 127, 里 2368): ground (3= 土 826), house (1= 广 1375) ◇ une section de village (2< 八 127, 里 2368): terrain (3= 土 826), maison (1= 广 1375) [Graph] 721b 043j acc:h 432a [Ref] h275, k1169, ph795, w149d [Hanzi] chan2 瀍 341, chan2 纏 6192, chan2 廛 6987, chan2 躔 9364.

廛 chán +6987 广里八土 | 1° fief 2° market-place ◇ 1° fief 2° marché, boutiques [Etym] 广 1375 (rad: 053a 3-12), 廛 1413 [Graph] 721b 043j ac:h 432a.

庽 yù *6988 广禺 | 寓 +7786 | 1° to reside, to dwell, to sojourn, abode 2° to contain 3° allegory ◇ 1° habiter, logis 2° contenir 3° allégorie [Etym] 广 1375 (rad: 053a 3-09), 禺 2372 [Graph] 721b 043l.

廩 lǐn -6989 广亩口示 | 廪 *6990 | (government) granary ◇ grenier (public) [Etym] 广 1375 (rad: 053a 3-13), 禀 2458 [Graph] 721b 071b 011a 331l.

廪 lǐn *6990 广亩口禾 | 廩 -6989 | (government) granary ◇ grenier (public) [Etym] 广 1375 (rad: 053a 3-13), 稟 2459 [Graph] 721b 071b 011a 422d.

> 产 chǎn (1414) 产 | [Tra] give birth; product ◇ enfanter; produire [Etym] modern simplified form of (產 1416) ◇ forme simplifiée moderne de (產 1416) [Graph] 721c [Hanzi] chan3 浐 342, chan3 铲 2022, sa4 萨 3774, chan3 产 6991, yan4 彦 6992.

产 chǎn -6991 产 | 產 *6995 | 1° to give birth to 2° to yield, product ◇ 1° enfanter 2° produire, produit de [Etym] 亠 2 (rad: 008a 2-04), 产 1414 [Graph] 721c.

产物 chǎn wù。product; outcome, result ◇ produit; résultat * 3468.

产地 chǎn dì。place of production; producing area ◇ lieu de production; pays de fabrication ＊ 4903.

产生 chǎn shēng ∘ to make, production, to cause ◇ produire, faire, causer ＊ 5286.

产业 chǎn yè ∘ estate, property; industrial ◇ biens fixes, immobiliers; industriel ＊ 5328.

产妇 chǎn fù ∘ lying-in woman; woman in childbirth ◇ femme en couche; accouchée ＊ 5807.

产品 chǎn pǐn ∘ produce; product ◇ produit ＊ 9179.

产量 chǎn liàng ∘ quantity of production ◇ volume de la production ＊ 9964.

彦 yàn (1415) 产彡 | [Tra] venerable; appearanc ◇ vénérable; apparance [Etym] different writing for (彥 337) ◇ autre graphie pour (彥 337) [Graph] 721c 211c [Ref] ph497, w61f [Hanzi] yan4 谚1768, yan4 彦6992, yan2 颜6993, yan2 顏6994.

彦 yàn +6992 产彡 | elegant, refined, accomplished ◇ charme, grâce, distinction [Etym] 彡76 (rad: 059a 3-06), 彦1415 [Graph] 721c 211c.

彦色 yàn sè ∘ color ◇ couleur ＊ 8731.

颜 yán -6993 产彡页 | 顏 *6994 | 1° face, countenance 2° prestige 3° color 4° surname ◇ 1° visage, air, allure 2° réputation 3° couleur 4° nom de famille [Etym] 页1802 (rad: 181s 6-09), 彦1415 [Graph] 721c 211c 854d.

颜色 yán sè ∘ color ◇ couleur; physionomie, teint, mine ＊ 8731.

顏 yán *6994 产彡頁 | 颜 -6993 | 1° face, countenance 2° prestige 3° color 4° surname ◇ 1° visage, air, allure 2° réputation 3° couleur 4° nom de famille [Etym] 頁2267 (rad: 181a 9-09), 彦1415 [Graph] 721c 211c 023f.

産 chǎn (1416) 产生 | [Tra] fecundity; product ◇ fécondité; produire [Etym] different writing for (產 338) ◇ autre graphie pour (產 338) [Graph] 721c 433b [Ref] k1167, ph592 [Hanzi] chan3 滻343, chan3 産6995, chan3 剷6996.

産 chǎn *6995 产生 | 产 -6991 | 1° to give birth to 2° to yield, product ◇ 1° enfanter 2° produire, produit de [Etym] 生951 (rad: 100a 5-06), 産1416 [Graph] 721c 433b.

剷 chǎn *6996 产生刂 | 铲 -2022 、鏟 *1140 、刬 -5564 | spade, shovel, to dig ◇ pelle, racloir, racler, creuser [Etym] 刂470 (rad: 018b 2-11), 産1416 [Graph] 721c 433b 333b.

严 yán (1417) 严 | [Tra] stern, severe; respect ◇ sévère; majestueux [Etym] modern simplified form of (嚴 2089) ◇ forme simplifiée moderne de (嚴 2089) [Graph] 721d [Hanzi] yan3 俨2948, yan2 严6997, yan4 酽10889.

严 yán -6997 严 | 嚴 *9174 | 1° tight 2° strict, severe 3° father 4° to respect 5° surname 6° dignified 7° alarm state ◇ 1° étanche, hermétique 2° rigide, sévère 3° père 4° respecter 5° nom de famille 6° digne, majestueux 7° état d'alerte [Etym] 一3 (rad: 001a 1-06), 严1417 [Graph] 721d.

严谨 yán jǐn ∘ rigorous, strict, compact ◇ rigoureux, strict, compact, dense ＊ 1748.

严惩 yán chéng ∘ to punish severely ◇ punir sévèrement ＊ 3143.

严禁 yán jìn ∘ to strictly forbid ◇ défendre absolument ＊ 4183.

严格 yán gé ∘ strict, rigid, rigorous ◇ strict, austère; appliquer strictement ＊ 4282.

严正 yán zhèng ∘ stern, solemn ◇ ferme, raide, rigoureux, sérieux, solennel ＊ 5316.

严厉 yán lì ∘ severe ◇ sévère ＊ 6854.

严肃 yán sù ∘ serious, severe ◇ sérieux, austère; consciencieux ＊ 7414.

严密 yán mì ∘ secrete, tight ◇ secret, strict, rigide ＊ 7703.

严重 yán zhòng ∘ severe, serious ◇ grave, sérieux, critique ＊ 10764.

产 wēi (1418) 产 | [Tra] danger; high ◇ danger; élevé [Etym] reduction of (危 1419) ◇ réduction de (危 1419) [Graph] 721e [Ref] h831, k1304, w59h [Hanzi] wei1 危6998.

危 wēi (1419) 产㔾 | [Tra] danger; high ◇ danger; élevé [Etym] man (1top< 人 170)on a cliff (1< 厂 1353)afraid and bent (2= 㔾 1499) ◇ un homme (1haut< 人 170) sur une falaise (1< 厂 1353) recroquevillé (2= 㔾 1499) de peur [Graph] 721e 733a [Ref] h831, k1304, ph247, w59h, wi634 [Hanzi] gui3 诡1769, wei2 桅4296, gui3 姽5798, wei1 危6998, wei3 颀6999, wei3 頠7000, cui4 脆8166, gui4 跪9365, gui3 詭9565, hui4 硊9726.

危 wēi +6998 产㔾 | 1° danger, perilous 2° to endanger 3° dying 4° high, precipitous 5° proper 6° surname ◇ 1° danger, dangereux, péril 2° nuire à 3° mourant 4° élevé, escarpé 5° convenable 6° nom de famille [Etym] 㔾1499 (rad: 026b 2-04), 危1419 [Graph] 721e 733a.

危机 wēi jī ∘ crisis ◇ crise ＊ 4478.

危险 wēi xiǎn ∘ dangerous, hazardous ◇ dangereux, périlleux ＊ 6713.

危害 wēi hài ∘ to harm, to endanger ◇ porter préjudice, causer un dommage, nuire à ＊ 7720.

颀 wěi -6999 产㔾页 | 頠 *7000 | quiet, calm, peaceful ◇ tranquille, calme, paisible [Etym] 页1802 (rad: 181s 6-06), 危1419 [Graph] 721e 733a 854d.

頠 wěi *7000 产㔾頁 | 颀 -6999 | quiet, calm, peaceful ◇ tranquille, calme, paisible [Etym] 頁2267 (rad: 181a 9-06), 危1419 [Graph] 721e 733a 023f.

麁 cū (1420) 产卌匕匕 [Tra] rough, thick ◇ rude, grossier [Etym] deer (鹿 1398); {?}knife, share (top< 刀 1477, 分 1480) ◇ cerf (鹿 1398); {?} couteau, partage (haut< 刀 1477, 分 1480) [Graph] 721e 821b 311d 321b [Hanzi] cu1 麁 7001.

麁 cū *7001 产卌匕匕 | 粗 +4638 、犓 *3469 、麤 *6953 | 1° rough, rude, vulgar 2° thick ◇ 1° grossier 2° épais [Etym] 鹿 1398 (rad: 198a 11-01), 麁 1420 [Graph] 721e 821b 311d 321b.

詹 zhān (1421) 产八言 [Tra] to tattle; verbose ◇ bararder; jaser [Etym] scattering (2top< 八 127) words (2= 言 2139) is dangerous (1< 危 1419) ◇ le danger (1< 危 1419) d'éparpiller (2haut< 八 127) ses paroles (2= 言 2139) [Graph] 721e acc:h 012d [Ref] k1166, ph722, w59h, wi797 [Hanzi] dan4 tan2 澹 344, yan2 簷 829, zhan1 譫 1770, dan1 dan4 擔 2535, dan1 儋 2949, yan2 檐 4297, chan4 韂 5378, chan1 襜 6659, zhan1 詹 7002, shan4 贍 7974, dan3 膽 8167, zhan1 譫 9566, zhan1 瞻 10072, shan4 贍 10132, chan2 蟾 10280, zhan3 黵 10405.

詹 zhān +7002 产八言 | 1° to chatter 2° surname ◇ 1° bavarder 2° nom de famille [Etym] 言 2139 (rad: 149a 7-06), 詹 1421 [Graph] 721e ac:h 012d.

疒 zhí (1422) 疒 [Tra] to lie; be sick ◇ coucher; malade [Etym] be lying (top horiz=prim) on a plank (vertical< 爿 2467) ◇ être couché (haut horiz=prim) sur une planche (vertical< 爿 2467) [Graph] 721f [Ref] k658, w127c, wa139, wi437 [Hanzi] yi4 瘗 7028, bie1 bie3 瘪 7130, bie1 bie3 癟 7131 [Rad] 104a.

痧 shā +7003 疒氵少 | acute diseases (cholera, etc.) ◇ maladie grave (choléra, malaria, etc.) [Etym] 疒 1422 (rad: 104a 5-07), 沙 25 [Graph] 721f 121b 331k.

瘖 yīn *7004 疒立日 | See ◇ Voir 瘂 6796 [Etym] 疒 1422 (rad: 104a 5-09), 音 91 [Graph] 721f 221a 021a.

癔 yì +7005 疒立日心 | [Etym] 疒 1422 (rad: 104a 5-13), 意 93 [Graph] 721f 221a 021a 321c.

癔病 yì bìng。hysteria ◇ hystérie * 7105.

瘴 zhàng +7006 疒立早 | malaria, miasma ◇ malaria, miasme [Etym] 疒 1422 (rad: 104a 5-11), 章 95 [Graph] 721f 221a 021d.

癤 jiē *7007 疒⺮⺮艮卩 | 疖 -7090 | 1° ulcer, boil 2° knot (in wood) ◇ 1° ulcère, gale, abcès 2° noeud (dans le bois) [Etym] 疒 1422 (rad: 104a 5-13), 節 149 [Graph] 721f 231a 231a 932b 734a.

疢 chèn *7008 疒火 | febrile feeling ◇ fébrile, fiévreux [Etym] 疒 1422 (rad: 104a 5-04), 火 156 [Graph] 721f 231b.

痰 tán +7009 疒火火 | phlegm, sputum ◇ mucus, flegme, glaires [Etym] 疒 1422 (rad: 104a 5-08), 炎 157 [Graph] 721f 231b 231b.

癆 láo *7010 疒火火冖力 | 痨 -7044 | phtisis, tuberculosis, consumption ◇ catarrhe, phtisie, tuberculose [Etym] 疒 1422 (rad: 104a 5-12), 勞 164 [Graph] 721f 231b 231b 851a 732f.

疭 zòng -7011 疒人人 | 瘲 *7036 | See ◇ Voir 瘛疭 chi4-zong4 7041-7011 [Etym] 疒 1422 (rad: 104a 5-04), 从 171 [Graph] 721f 232a 232a.

痤 cuó +7012 疒人人土 | boil, furuncle ◇ petite tumeur, furoncle [Etym] 疒 1422 (rad: 104a 5-07), 坐 172 [Graph] 721f 232a 232a 432a.

瘁 cuì +7013 疒亠人人十 | 1° overworked, worn-out 2° weaken ◇ 1° usé 2° affaibli [Etym] 疒 1422 (rad: 104a 5-08), 卒 176 [Graph] 721f ac:c 232a 232a 413a.

疹 zhěn +7014 疒人彡 | measles, scarlatina or typhus, rash ◇ scarlatine, typhus, éruption [Etym] 疒 1422 (rad: 104a 5-05), 㐱 182 [Graph] 721f 233a 211c.

疹子 zhěn zǐ。measles ◇ rougeole * 6546.

疥 jiè +7015 疒人川 | itch, itching ◇ gale, herpès, eczéma [Etym] 疒 1422 (rad: 104a 5-04), 介 191 [Graph] 721f 233a 416a.

痊 quán +7016 疒人王 | cured, convalescing, to recover (illness) ◇ guérison, convalescent [Etym] 疒 1422 (rad: 104a 5-06), 全 195 [Graph] 721f 233a 432e.

痊愈 quán yù。to fully recover from illness ◇ guérir, se rétablir * 1410.

疮 chuāng -7017 疒人巳 | 瘡 *7020 | ulcer, abscess ◇ ulcère, abcès [Etym] 疒 1422 (rad: 104a 5-04), 仓 210 [Graph] 721f 233a 733a.

疮疤 chuāng bā。scar; pain ◇ cicatrice; douleur * 7114.

瘉 yù *7018 疒人一月刂 | See ◇ Voir 愈 1410 [Etym] 疒 1422 (rad: 104a 5-09), 俞 213 [Graph] 721f 233a ac:a 856e 333b.

癒 yù *7019 疒人一月刂心 | 愈 +1410 、瘉 *7018 1° | 1° to heal, to recover 2° better 3° more, further ◇ 1° guérir, récupérer (santé) 2° mieux, davantage 3° plus, augmenter, surpasser [Etym] 疒 1422 (rad: 104a 5-13), 愈 214 [Graph] 721f 233a ac:a 856e 333b 321c.

瘡 chuāng *7020 疒人户口 | 疮 -7017 | ulcer, abscess ◇ ulcère, abcès [Etym] 疒 1422 (rad: 104a 5-10), 倉 217 [Graph] 721f 233a 931h 011a.

瘠 jí +7021 疒𠆢月 | 1° emaciated, lean 2° barren, poor ◇ 1° amaigri 2° stérile, pauvre [Etym] 疒 1422 (rad: 104a 5-10), 脊 238 [Graph] 721f 233c 856e.

痏 wěi +7022 疒𠂇月 | bruise ◇ contusion [Etym] 疒 1422 (rad: 104a 5-06), 有 247 [Graph] 721f 241a 856e.

瘥 chài +7023 疒⺷工 | to be recovered ◇ guérir, être en voie de guérison [Etym] 疒 1422 (rad: 104a 5-09), 差 253 [Graph] 721f 241c 431a.

瘗 yì (1423) 疒大人人土 [Tra] to bury ◇ ensevelir [Etym] two sign:earth (4= 土 826), lie down (1= 疒 1422); phon, tight (夾 259) ◇ deux sign: terre (4= 土 826), couché (1= 疒 1422); phon, serré (夾 259) [Graph] 721f 242a 232a 232a 432a [Hanzi] yi4 瘗 7024.

瘞 yì *7024 疒大人人土 | 瘗 -7028 | to bury ◇ ensevelir [Etym] 疒 1422 (rad: 104a 5-10), 夾259 [Graph] 721f 242a 232a 232a 432a.

疾 jí (1424) 疒矢 | [Tra] disease; swift ◇ maladie; rapide [Etym] sickness (1= 疒 1422); arrow (2= 矢 283) ->swift, wound ◇ maladie (1= 疒 1422); flèche (2= 矢 283) -> rapide, blessure [Graph] 721f 242d [Ref] h1331, k1049, w131b, wa154 [Hanzi] ji2 蒺 3792, ji2 嫉5799, ji2 疾 7025.

疾 jí +7025 疒矢 | 1° disease, sickness 2° urgent, hasty 3° suffering 4° to hate ◇ 1° maladie, souffrance 2° hâte, à la hâte, vite, alerte 3° souffrant 4° haïr [Etym] 疒 1422 (rad: 104a 5-05), 疾1424 [Graph] 721f 242d.

疾病 jí bìng。disease ◇ maladie * 7105.

痴 chī +7026 疒矢口 | 癡 *7030 | stupid, doting, mad ◇ stupidité, fou, idiot [Etym] 疒1422 (rad: 104a 5-08), 知 286 [Graph] 721f 242d 011a.

痴唉 chī āi。silly, idiotic ◇ stupide, idiot * 9019.

療 liáo *7027 疒𠆢日小 | 疗 -7079 | to cure, to heal, to treat ◇ guérison, soigner, traiter un malade [Etym] 疒 1422 (rad: 104a 5-12), 尞300 [Graph] 721f 242l 021a 331j.

瘗 yì (1425) 疒夹土 | [Tra] to bury ◇ ensevelir [Etym] modern simplified form of (瘞 1423) ◇forme simplifiée moderne de (瘞 1423) [Graph] 721f 242q 432a [Hanzi] yi4 瘗 7028.

瘗 yì -7028 疒夹土 | 瘞 *7024 | to bury ◇ ensevelir [Etym] 疒 1422 (rad: 104a 5-09), 瘗 1425 [Graph] 721f 242q 432a.

疒计 jì -7029 疒讠十 | 疒計 *7123 | darker spots or patches on the skin ◇ empreinte sur la peau [Etym] 疒 1422 (rad: 104a 5-04), 计 356 [Graph] 721f 311b 413a.

癡 chī *7030 疒匕矢マ疋 | 痴 +7026 | stupid, doting, mad ◇ stupidité, fou, idiot [Etym] 疒1422 (rad: 104a 5-14), 疑 390 [Graph] 721f 321b 242d 632a 434g.

癲 diān *7031 疒匕目𠂡頁 | 癫 -7107、癲 *7108 | insane, madness ◇ démence, folie [Etym] 疒 1422 (rad: 104a 5-19), 顛 395 [Graph] 721f 321b 023a 711b 023f.

疣 yóu +7032 疒尤 | 肬 *8101 | goiter, wart ◇ tumeur, goitre [Etym] 疒 1422 (rad: 104a 5-04), 尤 415 [Graph] 721f 323c.

疔 dīng +7033 疒丁 | pimple, furuncle, ulcer, anthrax ◇ clou, furoncle, ulcère [Etym] 疒 1422 (rad: 104a 5-02), 丁 420 [Graph] 721f 331b.

疴 kē +7034 疒可口 | illness, sickness ◇ maladie [Etym] 疒 1422 (rad: 104a 5-05), 可 421 [Graph] 721f 331c 011a.

瘊 hóu +7035 疒亻二矢 | wart, pimple ◇ verrue, bouton [Etym] 疒 1422 (rad: 104a 5-09), 侯482 [Graph] 721f 411e ac:e 242d.

瘲 zòng *7036 疒彳人人止 | 疭 -7011 | See ◇ Voir 瘛疭 chi4-zong4 7041-7011 [Etym] 疒1422 (rad: 104a 5-11), 從 520 [Graph] 721f 411g 232a 232a 434e.

癥 zhēng *7037 疒彳山一王攵 | 症 -7058 | See ◇ Voir 症结 zheng1-jie2 7058-5977 [Etym] 疒 1422 (rad: 104a 5-15), 徵 531 [Graph] 721f 411g 841b ac:a 432e 243c.

痄 zhà +7038 疒乍 | [Etym] 疒 1422 (rad: 104a 5-05), 乍551 [Graph] 721f 412f.

痄腮 zhà sāi。running sore, mumps ◇ ulcère * 8236.

痒 yǎng +7039 疒羊 | 癢 *7056 | itching, to tickle ◇ démanger, chatouillement, prurit [Etym] 疒 1422 (rad: 104a 5-06), 羊 579 [Graph] 721f 414b.

瘈 chì +7040 疒丰刀大 | 1° convulsions 2° spasm ◇ 1° convulsions 2° spasme [Etym] 疒 1422 (rad: 104a 5-09), 契 596 [Graph] 721f 414g 732a 242a.

△ zhì | madness, mad (of dogs) ◇ folie, fou (des chiens).

瘛 chì +7041 疒丰刀心 | 1° convulsions 2° spasm ◇ 1° convulsions 2° spasme [Etym] 疒 1422 (rad: 104a 5-10), 恝 597 [Graph] 721f 414g 732a 321c.

瘛疭 chì zòng。convulsions ◇ convulsions, spasme * 7011.

痱 fèi -7042 疒非 | 疿 *7149 | swelling of feet ◇ enflure, anasarque, boursoufle [Etym] 疒1422 (rad: 104a 5-08), 非 611 [Graph] 721f 415b.

瘩 dá +7043 疒艹人口 | sore, boil ◇ tumeur, clou [Etym] 疒 1422 (rad: 104a 5-09), 荅 620 [Graph] 721f 415c 233a 012a.

△ da | 1° sore, boil 2° knot ◇ 1° tumeur, clou 2° noeud.

痨 láo -7044 疒艹冖力 | 癆 *7010 | phtisis, tuberculosis, consumption ◇ catarrhe, phtisie, tuberculose [Etym] 疒 1422 (rad: 104a 5-07), 劳662 [Graph] 721f 415c 851a 732f.

瘼 mò +7045 疒艹日大 | 1° sickness 2° distress ◇ 1° maladie 2° misère [Etym] 疒 1422 (rad: 104a 5-10), 莫 679 [Graph] 721f 415c 021a 242a.

癘 lì *7046 疒艹禺 | 疠 -7098 | virulent disease, plague ◇ épidémie, peste, pustules, ulcère [Etym] 疒 1422 (rad: 104a 5-12), 萬 690 [Graph] 721f 415c 043l.

痞 pǐ +7047 疒不口 | 1° obstruction 2° lump in the abdomen 3° ruffian, rabble ◇ 1° obstruction 2° inflation de la rate, constipation 3° canaille, gredin [Etym] 疒 1422 (rad: 104a 5-07), 否 721 [Graph] 721f 421a 011a.

痳 má +7048 疒木木 | diseases of the bladder, gravel, dysuria, paralysis, to have pins and needles ◇ dysurie, paralysie, engourdissement [Etym] 疒1422 (rad: 104a 5-08), 林 734 [Graph] 721f 422a 422a.

痢 lì +7049 疒禾刂 | 鬎2° *4736 | 1° dysentery 2° (lali) poison ◇ 1° dysenterie 2° (lali) poison [Etym] 疒 1422 (rad: 104a 5-07), 利 765 [Graph] 721f 422d 333b.

痢疾 lì jí。diarrhea ◇ diarrhée * 7025.

痿 wěi +7050 疒禾女 | 1° paralysis 2° weakness ◇ 1° paralysie 2° infirme, faible, impotent [Etym] 疒 1422 (rad: 104a 5-08), 委 769 [Graph] 721f 422d 611e.

瘻 lòu -7051 疒米女 | 瘻 *7151 、瘺 *7111 | fistula ◇ fistule [Etym] 疒 1422 (rad: 104a 5-09), 娄 785 [Graph] 721f 422f 611e.

痔 zhì +7052 疒土寸 | piles ◇ hémorroïdes [Etym] 疒 1422 (rad: 104a 5-06), 寺 830 [Graph] 721f 432a 332b.

痣 zhì +7053 疒士心 | mark, mole ◇ marque, grain, naevus [Etym] 疒 1422 (rad: 104a 5-07), 志 857 [Graph] 721f 432b 321c.

瘢 bān +7054 疒王文王 | flecks ◇ taches étranges de la peau [Etym] 疒 1422 (rad: 104a 5-12), 斑 906 [Graph] 721f 432e 243b 432e.

疰 zhù +7055 疒主 | summer disease (fever, loss of appetite) ◇ maladie d'été (avoir la fièvre constante, perde du poids à cause de la grosse chaleur d'été) [Etym] 疒 1422 (rad: 104a 5-05), 主 914 [Graph] 721f 432f.

癢 yǎng *7056 疒羊亽良 | 痒 +7039 | itching, to tickle ◇ démanger, chatouillement, prurit [Etym] 疒 1422 (rad: 104a 5-15), 養 919 [Graph] 721f 432g 233a 932e.

疵 cī +7057 疒止匕 | 1° illness 2° bad habit ◇ 1° maladie 2° vice [Etym] 疒 1422 (rad: 104a 5-06), 此 955 [Graph] 721f 434a 321b.

症 zhēng -7058 疒正 | 癥 *7037 | [Etym] 疒 1422 (rad: 104a 5-05), 正 963 [Graph] 721f 434b.

症结 zhēng jié ◦ crucial reason ◇ raison primordiale * 5977.

△ zhèng | 證 *9560 | disease, illness ◇ maladie.

痖 yǎ -7059 疒亚 | 瘂 *7150 | 1° hoarse 2° mute, silent ◇ 1° enrouement 2° muet [Etym] 疒 1422 (rad: 104a 5-06), 亚 983 [Graph] 721f 435b.

癱 tān *7060 疒廿臾隹 | 瘫 -7076 | 1° paralysis 2° apoplexy ◇ 1° paralysie 2° apoplexie [Etym] 疒 1422 (rad: 104a 5-19), 難 996 [Graph] 721f 436a 032a 436m.

癀 huáng +7061 疒㞢由 | [Etym] 疒 1422 (rad: 104a 5-11), 黄 1003 [Graph] 721f 436b 042b.

癀病 huáng bìng ◦ jaundice (of cattle) ◇ jaunisse (du bétail), ictère * 7105.

疳 gān +7062 疒甘 | 1° scurvy, noma 2° infantile malnutrition ◇ 1° scorbut, noma 2° malnutrition infantile [Etym] 疒 1422 (rad: 104a 5-05), 甘 1009 [Graph] 721f 436f.

瘃 zhú +7063 疒豖 | chilblains ◇ engelures [Etym] 疒 1422 (rad: 104a 5-08), 豖 1103 [Graph] 721f 522b.

癰 yōng *7064 疒巛口巴隹 | 痈 -7102 | malignant ulcer, carbuncle ◇ ulcère maligne [Etym] 疒 1422 (rad: 104a 5-18), 雝 1115 [Graph] 721f 611c 011a 933c 436m.

痙 jìng *7065 疒巛工 | 痉 -7074 | 1° convulsion 2° spasm, cramp ◇ 1° convulsion 2° spasme, crampe [Etym] 疒 1422 (rad: 104a 5-07), 巠 1121 [Graph] 721f 611d 431a.

疹 shèn -7066 疒厶大彡 | 瘮 *7067 | to horrify ◇ horrifier [Etym] 疒 1422 (rad: 104a 5-08), 参 1133 [Graph] 721f 612a 242a 211c.

瘮 shèn *7067 疒厶厶厶亽彡 | 疹 -7066 | to horrify ◇ horrifier [Etym] 疒 1422 (rad: 104a 5-11), 參 1138 [Graph] 721f 612a 612a 612a 233a 211c.

痠 suān +7068 疒允夂 | aching of the limbs, muscular pains ◇ engourdissement, anesthésie, rhumatisme [Etym] 疒 1422 (rad: 104a 5-07), 夋 1147 [Graph] 721f 612b 633e.

痃 xuán +7069 疒玄 | indigestion, dyspepsia ◇ dyspepsie, embarras gastrique ou intestinal [Etym] 疒 1422 (rad: 104a 5-05), 玄 1204 [Graph] 721f 613g.

痎 jiē +7070 疒亥 | malaria ◇ malaria, paludisme [Etym] 疒 1422 (rad: 104a 5-06), 亥 1210 [Graph] 721f 614a.

痑 duǒ +7071 疒夕夕 | exhausted (horse) ◇ épuisement du cheval [Etym] 疒 1422 (rad: 104a 5-06), 多 1228 [Graph] 721f 631b 631b.

瘵 zhài +7072 疒癶示 | 1° consumption 2° sickness ◇ 1° tuberculose 2° maladie [Etym] 疒 1422 (rad: 104a 5-11), 祭 1251 [Graph] 721f 631h 331l.

痛 tòng +7073 疒マ用 | 1° ache, pain, sore 2° sadness 3° deeply, extremely 4° to love passionately ◇ 1° douleur, avoir mal 2° affliction 3° extrêmement 4° aimer passionnément [Etym] 疒 1422 (rad: 104a 5-07), 甬 1262 [Graph] 721f 632a 856i.

痛心 tòng xīn ◦ distressed, grieved ◇ avoir le coeur serré, chagriné, affligé * 2177.

痛快 tòng kuài ◦ cheerful, pleasant ◇ joyeux, agréable, allègre; franc, ouvert * 3301.

痛恨 tòng hèn ◦ to hate bitterly ◇ haïr vivement, vouer une haine implacable * 3340.

痛苦 tòng kǔ ◦ painful, suffering ◇ affligé, douloureux, souffrant * 3946.

痛哭 tòng kū ◦ to cry bitterly ◇ pleurer amèrement * 9171.

痉 jìng -7074 疒ス工 | 痙 *7065 | 1° convulsion 2° spasm, cramp ◇ 1° convulsion 2° spasme, crampe [Etym] 疒 1422 (rad: 104a 5-05), 圣 1269 [Graph] 721f 632f 431a.

疚 jiù +7075 疒久 | 1° remorse 2° chronic disease ◇ 1° remords 2° mal invétéré [Etym] 疒 1422 (rad: 104a 5-03), 久 1270 [Graph] 721f 632g.

瘫 tān -7076 疒又隹 | 癱 *7060 | 1° paralysis 2° apoplexy ◇ 1° paralysie 2° apoplexie [Etym] 疒 1422 (rad: 104a 5-10), 难 1275 [Graph] 721f 633a 436m.

瘫痪 tān huàn ◦ to be paralyzed; paralysis ◇ être paralysé * 7109.

瘙 sào +7077 疒叉虫 | skin ailment ◇ maladie de la peau [Etym] 疒 1422 (rad: 104a 5-09), 蚤 1282 [Graph] 721f 633b 031d.

疼 téng +7078 疒夂冫 | 1° pain, ache 2° to love dearly, to dote on ◇ 1° avoir mal, douleur 2° aimer, chérir [Etym] 疒 1422 (rad: 104a 5-05), 冬 1287 [Graph] 721f 633e 211b.

疼爱 téng ài。to love dearly ◇ aimer tendrement, chérir ✱ 712.

疼痛 téng tòng。painful ◇ douloureux, douleur, souffrance, mal ✱ 7073.

疗 liáo -7079 | 療 *7027 | 疒了 | to cure, to heal, to treat ◇ guérison, soigner, traiter un malade [Etym] 疒 1422 (rad: 104a 5-02), 了 1298 [Graph] 721f 634a.

疗养 liáo yǎng。to convalesce; to recuperate ◇ faire une cure ✱ 1619.

疗养院 liáo yǎng yuàn。sanitarium ◇ sanatorium ✱ 1619 6771.

癃 lóng +7080 | 疒阝夂二生 | 1° infirmity, hunchbacked 2° to have to strength left 3° senile old person ◇ 1° infirme, dos courbé, poitrine proéminente 2° à bout de force 3° vieillard décrépit [Etym] 疒 1422 (rad: 104a 5-11), 隆 1331 [Graph] 721f 634j 633e ac:a 433b.

瘾 yǐn +7081 | 癮 *6935 | 疒阝刍心 | addiction, vice, bound by an evil habit ◇ passion invétérée, vice [Etym] 疒 1422 (rad: 104a 5-11), 隐 1334 [Graph] 721f 634j 832c 321c.

疡 yáng -7082 | 瘍 *7126 | 疒𠃓 | 1° sore 2° ulcer ◇ 1° irritation, inflammation 2° ulcère [Etym] 疒 1422 (rad: 104a 5-03), 𠃓 1338 [Graph] 721f 634k.

癧 lì *7083 | 疬 -7084 | 疒厂禾禾止 | scrubby oak ◇ chêne, quercus serrata [Etym] 疒 1422 (rad: 104a 5-16), 歷 1362 [Graph] 721f 721a 422d 422d 434a.

疬 lì -7084 | 癧 *7083 | 疒厂力 | scrubby oak ◇ chêne, quercus serrata [Etym] 疒 1422 (rad: 104a 5-04), 历 1366 [Graph] 721f 721a 732f.

瘧 nüè *7085 | 疟 -7092 | 疒虍七𠂎 | fever, ague, malaria ◇ malaria, paludisme [Etym] 疒 1422 (rad: 104a 5-09), 虐 1438 [Graph] 721f 721g 321e 831b.

△ yào | 疟 -7092 | 1° malaria, ague 2° fever ◇ 1° malaria, paludisme 2° fièvre.

疲 pí +7086 | 疒皮又 | fatigue, tired, exhausted ◇ fatigue, épuisement, las [Etym] 疒 1422 (rad: 104a 5-05), 皮 1452 [Graph] 721f 721h 633a.

疲倦 pí juàn。tired, weary ◇ fatigué, las ✱ 2818.

疲劳 pí láo。tired, exhausted ◇ fatigué, las ✱ 3836.

疲乏 pí fá。tired, exhausted ◇ fatigué, épuisé, las ✱ 6493.

疲踏 pí tà。tired, listless ◇ nonchalant, épuisé ✱ 9311.

瘳 chōu +7087 | 疒习习人彡 | to cure ◇ guérison [Etym] 疒 1422 (rad: 104a 5-11), 翏 1473 [Graph] 721f 731c 731c 233a 211c.

痂 jiā +7088 | 疒力口 | scab formed over a wound, crust ◇ croûte sur blessure [Etym] 疒 1422 (rad: 104a 5-05), 加 1492 [Graph] 721f 732f 011a.

瘸 qué +7089 | 疒力口肉 | to be lame, limp ◇ boiter, boiteux, estropié [Etym] 疒 1422 (rad: 104a 5-11), 肳 1493 [Graph] 721f 732f 011a 859b.

疖 jiē -7090 | 癤 *7007 | 疒卩 | 1° ulcer, boil 2° knot (in wood) ◇ 1° ulcère, gale, abcès 2° noeud (dans le bois) [Etym] 疒 1422 (rad: 104a 5-02), 卩 1504 [Graph] 721f 734a.

痦 wù -7091 | 痴 *7096 | 疒五口 | [Etym] 疒 1422 (rad: 104a 5-07), 吾 1549 [Graph] 721f 822b 011a.

痦子 wù zǐ。mole ◇ grain de beauté ✱ 6546.

疟 nüè -7092 | 瘧 *7085 | 疒𠂎 | fever, ague, malaria ◇ malaria, paludisme [Etym] 疒 1422 (rad: 104a 5-03), 𠂎 1551 [Graph] 721f 831a.

△ yào | 瘧 *7085 | 1° malaria, ague 2° fever ◇ 1° malaria, paludisme 2° fièvre.

瘐 yǔ +7093 | 疒臾 | 1° sick 2° weak ◇ 1° malade 2° affaibli [Etym] 疒 1422 (rad: 104a 5-08), 臾 1595 [Graph] 721f 835f.

瘦 shòu +7094 | 疒申又 | 1° thin, emaciated 2° lean 3° tight 4° poor (soil), valueless ◇ 1° mince, émacié 2° maigre 3° serré, étroit 4° pauvre (sol), stérile [Etym] 疒 1422 (rad: 104a 5-09), 叟 1596 [Graph] 721f 835g 633a.

瘦小 shòu xiǎo。thin and small ◇ mince et petit, maigre et petit ✱ 2239.

瘦子 shòu zǐ。meager, lean, thin man ◇ homme maigre ✱ 6546.

瘦弱 shòu ruò。emaciated ◇ maigre et chétif ✱ 11272.

疝 shàn +7095 | 疒山 | hernia ◇ hernie [Etym] 疒 1422 (rad: 104a 5-03), 山 1611 [Graph] 721f 841b.

痴 wù *7096 | 痦 -7091 | 疒勿 | See ◇ Voir 痦子 wu4-zi3 7091-6546 [Etym] 疒 1422 (rad: 104a 5-04), 勿 1765 [Graph] 721f 852e.

疱 pào +7097 | 皰 *7185 | 疒勹巳 | blister ◇ ampoule [Etym] 疒 1422 (rad: 104a 5-05), 包 1778 [Graph] 721f 852h 933b.

疠 lì -7098 | 癘 *7046 | 疒万 | virulent disease, plague ◇ épidémie, peste, pustules, ulcère [Etym] 疒 1422 (rad: 104a 5-03), 万 1783 [Graph] 721f 853a.

瘀 yū +7099 | 疒方人⺀ | extravasated blood, stasis ◇ sang extravasé, ecchymose [Etym] 疒 1422 (rad: 104a 5-08), 於 1786 [Graph] 721f 853b 233a 211b.

瘿 yǐng -7100 | 癭 *7129 | 疒贝贝女 | 1° goiter 2° gall ◇ 1° goitre 2° tumeur [Etym] 疒 1422 (rad: 104a 5-11), 婴 1800 [Graph] 721f 854b 854b 611e.

痫 xián -7101 | 癇 *7117、癎 *7116 | 疒门木 | 1° convulsions, fits 2° epilepsy ◇ 1° convulsions 2° épilepsie [Etym] 疒 1422 (rad: 104a 5-07), 闲 1811 [Graph] 721f 855a 422a.

痈 yōng -7102 | 癰 *7064 | 疒用 | malignant ulcer, carbuncle ◇ ulcère maligne [Etym] 疒 1422 (rad: 104a 5-05), 用 1845 [Graph] 721f 856i.

痌 tōng +7103 | 疒冂一口 | 1° painful 2° constant concern for other people's suffering ◇ 1° mal, souffrant 2° se faire du souci des autres [Etym] 疒 1422 (rad: 104a 5-06), 同 1853 [Graph] 721f 856k 012a.

瘢 bān +7104 | 疒舟几又 | 1° marks on the skin, scar 2° moles ◇ 1° cicatrice 2° variole [Etym] 疒 1422 (rad: 104a 5-10), 般 1862 [Graph] 721f 857b Z33a 633a.

厂 疒

病 bìng +7105 疒丙 | sickness ◇ maladie [Etym] 疒 1422 (rad: 104a 5-05), 丙 1921 [Graph] 721f 859c.

病人 bìng rén。sick person, patient ◇ malade, patient ＊ 1070.

病假 bìng jià。sick leave ◇ congés de maladie ＊ 3027.

病床 bìng chuáng。hospital bed ◇ lit d'hôpital ＊ 6896.

病案 bìng àn。case history ◇ histoire médicale (d'une personne) ＊ 7749.

病房 bìng fáng。hospital ward ◇ chambre d'hôpital ＊ 8693.

疽 jū +7106 疒且 | deep-rooted ulcer ◇ ulcère ou abcès profond [Etym] 疒 1422 (rad: 104a 5-05), 且 1929 [Graph] 721f 921a.

癫 diān -7107 疒真页 | 癲 *7108 、 *7031 | insane, madness ◇ démence, folie [Etym] 疒 1422 (rad: 104a 5-16), 颠 1937 [Graph] 721f 921f 854d.

癲 diān *7108 疒真頁 | 癫 -7107 、 *7031 | insane, madness ◇ démence, folie [Etym] 疒 1422 (rad: 104a 5-19), 顛 1938 [Graph] 721f 921f 023f.

痪 huàn +7109 疒奂 | 1° sick, ill 2° paralyzed ◇ 1° souffrant, malade 2° paralysé [Etym] 疒 1422 (rad: 104a 5-07), 奂 1942 [Graph] 721f 923a.

癜 diàn +7110 疒尸共几又 | purplish or white patches on the skin ◇ taches blanches ou brunes sur la peau [Etym] 疒 1422 (rad: 104a 5-13), 殿 1967 [Graph] 721f 931a 436e Z33a 633a.

瘺 lòu *7111 疒尸雨 | 瘘 -7051 、 *7151 | fistula ◇ fistule [Etym] 疒 1422 (rad: 104a 5-11), 扇 1974 [Graph] 721f 931a 858e.

癖 pǐ +7112 疒尸口辛 | 1° dyspepsia 2° greediness, addiction, passion ◇ 1° dyspepsie, gastrite 2° vice invétéré [Etym] 疒 1422 (rad: 104a 5-13), 辟 1975 [Graph] 721f 931a 011a 413d.

痕 hén +7113 疒艮 | scar, mark, trace ◇ cicatrice, marques, traces [Etym] 疒 1422 (rad: 104a 5-06), 艮 2003 [Graph] 721f 932c.

痕迹 hén jī。mark, trace, vestige ◇ trace, marques, empreintes, vestige ＊ 2756.

疤 bā +7114 疒巴 | cicatrix, scar ◇ cicatrice, marque [Etym] 疒 1422 (rad: 104a 5-04), 巴 2014 [Graph] 721f 933c.

瘕 jiǎ +7115 疒卩ヨ又 | 1° constipation, lump in the abdomen 2° obstruction ◇ 1° constipation 2° obstruction [Etym] 疒 1422 (rad: 104a 5-09), 叚 2016 [Graph] 721f 934a 821a 633a.

癎 xián *7116 疒門月 | 痫 -7101 、 *7117 | 1° convulsions, fits 2° epilepsy ◇ 1° convulsions 2° épilepsie [Etym] 疒 1422 (rad: 104a 5-12), 閒 2039 [Graph] 721f 934e 856e.

癇 xián *7117 疒門日 | 痫 -7101 、 *7116 | 1° convulsions, fits 2° epilepsy ◇ 1° convulsions 2° épilepsie [Etym] 疒 1422 (rad: 104a 5-12), 間 2041 [Graph] 721f 934e 021a.

瘤 liú +7118 疒𠂎刀田 | goiter, tumor ◇ goitre, tumeur [Etym] 疒 1422 (rad: 104a 5-10), 留 2055 [Graph] 721f 941a 732a 041a.

癌 ái +7119 疒口口口山 | cancer ◇ cancer [Etym] 疒 1422 (rad: 104a 5-12), 嵒 2095 [Graph] 721f 011a 011a 011a 841b.

癌症 ái zhèng。cancer ◇ cancer ＊ 7058.

癉 dàn *7120 疒口口單 | 瘅 -7137 | blight ◇ nielle [Etym] 疒 1422 (rad: 104a 5-12), 單 2101 [Graph] 721f 011a 011a 041c.

疻 zhǐ +7121 疒只 | bruise, bump ◇ contusion, ecchymose [Etym] 疒 1422 (rad: 104a 5-05), 只 2113 [Graph] 721f 011c.

痘 dòu +7122 疒豆 | smallpox ◇ petite vérole, variole [Etym] 疒 1422 (rad: 104a 5-07), 豆 2120 [Graph] 721f 012b.

㾐 jì *7123 疒言十 | 疖 -7029 | darker spots or patches on the skin ◇ empreinte sur la peau [Etym] 疒 1422 (rad: 104a 5-09), 計 2143 [Graph] 721f 012d 413a.

痁 shān +7124 疒占 | malaria ◇ malaria [Etym] 疒 1422 (rad: 104a 5-05), 占 2154 [Graph] 721f 013e.

疸 dǎn +7125 疒日一 | jaundice ◇ jaunisse [Etym] 疒 1422 (rad: 104a 5-05), 旦 2170 [Graph] 721f 021a ac:z.

瘍 yáng *7126 疒日昜 | 疡 -7082 | 1° sore 2° ulcer ◇ 1° irritation, inflammation 2° ulcère [Etym] 疒 1422 (rad: 104a 5-09), 昜 2197 [Graph] 721f 021a 852i.

瘟 wēn +7127 疒日皿 | pestilence, epidemic ◇ maladie contagieuse, typhus [Etym] 疒 1422 (rad: 104a 5-09), 昷 2201 [Graph] 721f 021a 922a.

癯 qú +7128 疒目目隹 | emaciated, thin ◇ étique, émacié [Etym] 疒 1422 (rad: 104a 5-18), 瞿 2243 [Graph] 721f 023a 023a 436m.

癭 yǐng *7129 疒貝貝女 | 瘿 -7100 | 1° goiter 2° gall ◇ 1° goitre 2° tumeur [Etym] 疒 1422 (rad: 104a 5-17), 嬰 2253 [Graph] 721f 023b 023b 611e.

瘪 biē (1426) 疒自入匕 | [Tra] paralysis ◇ paralysie [Etym] modern simplified form of (癟 1427) ◇ forme simplifiée moderne de (癟 1427) [Graph] 721f 023d 233a 321b [Hanzi] bie1 bie3 瘪 7130.

瘪 biē -7130 疒自入匕 | 癟 *7131 | [Etym] 疒 1422 (rad: 104a 5-10), 瘪 1426 [Graph] 721f 023d 233a 321b.

瘪三 biē sān。loafer, bum ◇ flâneur, clochard, voleur ＊ 3.

△ biě | 癟 *7131 | deformation, atrophy, shriveled, shrunken ◇ contracté, atrophie, rétréci.

癟 biē (1427) 疒自入二冊 | [Tra] paralysis ◇ paralysie [Etym] {?} sickness (1= 疒 1422), self (2= 自 2256), gather (3,4= 侖 215) ◇ {?} maladie (1= 疒 1422), soi (2= 自 2256), ramasser (3,4= 侖 215) [Graph] 721f 023d 233a acc:a 856j [Hanzi] bie1 bie3 癟 7131.

癟 biē *7131 疒自入二冊 | 瘪 -7130 | See ◇ Voir 瘪三 bie1-san1 7130-3 [Etym] 疒 1422 (rad: 104a 5-14), 癟 1427 [Graph] 721f 023d 233a ac:a 856j.

△ biě |瘪 -7130| deformation, atrophy, shriveled, shrunken ◇ contracté, atrophie, rétréci.

瘌 là +7132 疒束刂 |鬎 *4752| [Etym] 疒 1422 (rad: 104a 5-09), 刺 2299 [Graph] 721f 032g 333b.

瘌痢 là lì ∘ 1° poisonous; 2° fatal; 3° favus of the scalp ◇ 1° empoisonné, mortel; 2° funeste; 3° teigne * 7049.

癞 lài -7133 疒束负 |癩 *7134| leprosy ◇ lèpre [Etym] 疒 1422 (rad: 104a 5-13), 赖 2301 [Graph] 721f 032g 854h.

癩 lài *7134 疒束負 |癞 -7133| leprosy ◇ lèpre [Etym] 疒 1422 (rad: 104a 5-16), 賴 2302 [Graph] 721f 032g 023k.

痹 bì +7135 疒田丌 |痺 *7140| rheumatism ◇ rhumatisme [Etym] 疒 1422 (rad: 104a 5-08), 畀 2317 [Graph] 721f 041a 416c.

瘰 luǒ +7136 疒田糸 [Etym] 疒 1422 (rad: 104a 5-11), 累 2319 [Graph] 721f 041a 613d.

瘰疬 luǒ lì ∘ scrofula ◇ scrofule, écrouelles * 7084.

瘅 dàn -7137 疒单 |癉 *7120| blight ◇ nielle [Etym] 疒 1422 (rad: 104a 5-08), 单 2334 [Graph] 721f 041g.

癣 xuǎn -7138 疒鱼羊 |癬 *7139| tinea, ringworm ◇ dartre, herpès, teigne, impétigo [Etym] 疒 1422 (rad: 104a 5-14), 鲜 2337 [Graph] 721f 041i 414b.

癬 xuǎn *7139 疒魚羊 |癣 -7138| tinea, ringworm ◇ dartre, herpès, teigne, impétigo [Etym] 疒 1422 (rad: 104a 5-17), 鮮 2341 [Graph] 721f 041j 414b.

痺 bì *7140 疒卑 |痹 +7135| rheumatism ◇ rhumatisme [Etym] 疒 1422 (rad: 104a 5-08), 卑 2366 [Graph] 721f 043h.

瘝 guān +7141 疒罒氺 1° illness 2° pain ◇ 1° malade 2° souffrant [Etym] 疒 1422 (rad: 104a 5-11), 眔 2379 [Graph] 721f 051a 412i.

瘭 biāo +7142 疒西示 [Etym] 疒 1422 (rad: 104a 5-11), 票 2404 [Graph] 721f 051e 331l.

瘭疽 biāo jū ∘ infection of the pad of the finger ◇ infection de la pulpe du doigt * 7106.

痼 gù +7143 疒囗古 1° chronic complaint 2° inveterate ◇ 1° maladie chronique 2° invétéré [Etym] 疒 1422 (rad: 104a 5-08), 固 2456 [Graph] 721f 071a 013f.

疙 gē +7144 疒乞 1° boil, lump, sore 3° knot ◇ 1° tumeur, enflure, boule 2° noeud [Etym] 疒 1422 (rad: 104a 5-03), 乞 2508 [Graph] 721f Z31e.

疙瘩 gē da ∘ swelling, lump, knot, hang-up ◇ enflure; noeud; embarras (moral) * 7043.

疫 yì +7145 疒几又 epidemic, pestilence ◇ épidémie, typhus [Etym] 疒 1422 (rad: 104a 5-04), 殳 2519 [Graph] 721f Z33a 633a.

疯 fēng -7146 疒风乂 |瘋 *7147| 1° nervous affections 2° paralysis 3° madness, insane ◇ 1° grandes névroses, apoplexie 2° paralysie 3° dément, folie [Etym] 疒 1422 (rad: 104a 5-04), 风 2523 [Graph] 721f Z33c 243a.

疯狂 fēng kuáng ∘ frenzied; insane ◇ frénétique; furieux * 5624.

疯子 fēng zǐ ∘ madman, lunatic ◇ fou, aliéné * 6546.

瘋 fēng *7147 疒凡二虫 |疯 -7146| 1° nervous affections 2° paralysis 3° madness, insane ◇ 1° grandes névroses, apoplexie 2° paralysie 3° dément, folie [Etym] 疒 1422 (rad: 104a 5-09), 風 2527 [Graph] 721f Z33c ac:a 031d.

痍 yí +7148 疒夷 1° wound, trauma 2° sore, ulcer ◇ 1° blessure, traumatisme 2° ulcère [Etym] 疒 1422 (rad: 104a 5-06), 夷 2550 [Graph] 721f Z42d.

痱 fèi *7149 疒弗 |痱 -7042| swelling of feet ◇ enflure, anasarque, boursoufle [Etym] 疒 1422 (rad: 104a 5-05), 弗 2553 [Graph] 721f Z42g.

瘂 yǎ *7150 疒亞 |痖 -7059| 1° hoarse 2° mute, silent ◇ 1° enrouement 2° muet [Etym] 疒 1422 (rad: 104a 5-08), 亞 2559 [Graph] 721f Z51f.

瘻 lòu *7151 疒婁女 |瘘 -7051、瘺 *7111| fistula ◇ fistule [Etym] 疒 1422 (rad: 104a 5-10), 婁 2572 [Graph] 721f Z61f 611e.

虍 hǔ (1428) 广七 [Tra] tiger; fierce; brave ◇ tigre; féroce; vigueur [Etym] contraction of (虎 1451) ◇ réduction de (虎 1451) [Graph] 721g 321e [Ref] k87, r142, w135a [Hanzi] lü4 虑 7153, kui1 虧 7158, lü4 慮 7174, lu2 盧 7177 [Rad] 141a.

虔 qián (1429) 广七文 [Tra] veneration; pious respect; pieux [Etym] face wrinkles (3= 文 332)while frightened by tiger (1,2< 虎 1451) ◇ les rides (3= 文 332) d'un visage effrayé par un tigre (1,2< 虎 1451) [Graph] 721g 321e 243b [Ref] w61f [Hanzi] qian2 虔 7152.

虔 qián +7152 广七文 pious, veneration, respect ◇ pieux, vénération, respect [Etym] 虍 1428 (rad: 141a 6-04), 虔 1429 [Graph] 721g 321e 243b.

虑 lǜ (1430) 广七心 [Tra] to meditate; anxious ◇ méditer; anxieux [Etym] heart (3= 心 397); phon, tiger, fierce (1,2= 虍 1428) ◇ coeur (3= 心 397); phon, tigre, féroce (1,2= 虍 1428) [Graph] 721g 321e 321c [Hanzi] lü4 滤 345, shu1 摅 2536, lü4 虑 7153.

虑 lǜ -7153 广七心 |慮 *7174| 1° to think over, to meditate 2° anxiety, worry ◇ 1° réfléchir, méditer 2° anxieux, soucis, incertitude [Etym] 心 397 (rad: 061a 4-06), 虍 1428 [Graph] 721g 321e 321c.

虖 hū (1431) 广七乎 [Tra] to cry, call for ◇ crier, appeler [Etym] roaring (3= 乎 444) of tiger (1,2< 虎 1451) ◇ le rugissement (3= 乎 444) du tigre (1,2< 虎 1451) [Graph] 721g 321e 332d [Ref] k86, ph615, w58d [Hanzi] hu1 滹 346, xia4 罅 7639, hu1 嘑 9059.

虚 xū (1432) 广七业 [Tra] empty, hollow; useless ◇ creux, vide; inutile [Etym] barren uplands (3< 丘 1465), big as a tiger (1,2< 虎 1451) (>

虚1450) ◇ plateaux dénudés (3< 丘 1465), vastes (1,2< 虎1451) (> 虚 1450) [Graph] 721g 321e 435a [Ref] h1156, ph685 [Hanzi] xu1 xu1 墟 4895, xu1 虚 7154, xu1 歔 7155, hu1 戱 7156, qu4 觑 7157, shi1 xu1 嘘 9060.

虚 xū +7154 广七业 | 1° void, emptiness 2° vacant 3° diffident, timid 4° in vain, useless 5° false 6° humble 7° weak (health) 8° principles 9° virtual ◇ 1° vide, vacuité, creux 2° inoccupé 3° craintif 4° inutile 5° faux 6° humble, modeste 7° faible (santé) 8° principes, théorie 9° virtuel [Etym] 虍 1428 (rad: 141a 6-05), 业 974 [Graph] 721g 321e 435a.

虚心 xū xīn ∘ modesty, unpretentiousness ◇ modestie, modeste * 2177.

虚伪 xū wěi ∘ hypocritical, false ◇ hypocrite, faux * 2957.

虚假 xū jiǎ ∘ false ◇ faux, falsifié * 3027.

虚荣 xū róng ∘ vanity ◇ vaniteux * 3830.

虚弱 xū ruò ∘ weak, debilitated ◇ faible, épuisé * 11272.

歔 xū +7155 广七业欠 | to snort ◇ renifler fortement, flairer [Etym] 欠 178 (rad: 076a 4-11), 虚 1432 [Graph] 721g 321e 435a 232b.

戱 hū *7156 广七业戈 | 戏 -6506、戲 *7171 | See ◇ Voir 於戏 wu1-hu1 7929-6506 [Etym] 戈1057 (rad: 062a 4-11), 虚 1432 [Graph] 721g 321e 435a 512b.

觑 qù -7157 广七业见 | 覷 *7181、覰 *7166、覻 *7173 | 1° to gaze, to look 2° to peep, to squint 3° to spy 4° narrow ◇ 1° observer, regarder 2° épier 3° jeter un coup d'oeil 4° étroit [Etym] 见 1801 (rad: 147s 4-11), 虚 1432 [Graph] 721g 321e 435a 854c.

虧 kuī (1433) 广七隹亏 | [Tra] lack; to lose ◇ manquer; déficit [Etym] {?} breath (4= 亏 2478); phon:bird (3= 隹 1030), phon (1,2< 虎 1451) ◇ souffle difficile (4= 亏 2478); phon: oiseau (3= 隹 1030), phon (1,2< 虎 1451) [Graph] 721g 321e 436m Z21d [Ref] w135f, wi929 [Hanzi] kui1 虧 7158.

虧 kuī *7158 广七隹亏 | 亏 +11018 | 1° to lose (money), to have a deficit 2° deficient, short 3° to treat unfairly 4° fortunately 5° to wane ◇ 1° en déficit 2° faire défaut, dommage 3° manquer de 4° heureusement que 5° s'affaiblir [Etym] 虍 1428 (rad: 141a 6-11), 虧 1433 [Graph] 721g 321e 436m Z21d.

豦 jù (1434) 广七豕 | [Tra] hard fight ◇ rude combat [Etym] the fight of a boar (3= 豕 1100) against a tiger (1,2< 虎 1451) ◇ le combat du sanglier (3= 豕 1100) contre un tigre (1,2< 虎 1451) [Graph] 721g 321e 522a [Ref] k489, ph731, w69d, wi754 [Hanzi] ju4 澽 347, ju3 簴 830, ju4 據 2537, qu2 璩 5141, ju4 劇 7159, ju4 遽 7160, jue2 xue2 噱 9061, ju4 醵10890.

劇 jù *7159 广七豕刂 | 剧 -8662 | 1° stage play, drama, tragedy, opera 2° severe, acute ◇ 1° pièce de théâtre, drame, comédie 2° intense [Etym] 刂 470 (rad: 018b 2-13), 豦 1434 [Graph] 721g 321e 522a 333b.

遽 jù (1435) 广七豕辶 | [Tra] to send; frightened ◇ envoyer; pressé [Etym] to walk (4= 辶 1346); phon, hard fight (1,2,3= 豦 1434) ◇ marcher (4= 辶 1346); phon, rude combat (1,2,3= 豦 1434) [Graph] 721g 321e 522a 634o [Hanzi] qu2 籧 831, qu2 蘧 3793, ju4 遽 7160.

遽 jù +7160 广七豕辶 | 1° hurried, hastily, suddenly 2° frightened, alarmed 3° messenger, to send ◇ 1° pressé, vite, soudain 2° terrifié, tremblant de peur 3° messager, courrier, envoyer [Etym] 辶 1346 (rad: 162b 3-13), 豦 1434 [Graph] 721g 321e 522a 634o.

處 chǔ (1436) 广七夂几 | [Tra] stop; stay; rest; place ◇ cesser; demeurer; lieu [Etym] go walk (3= 夂 1286) to a seat (4< 丌 407); phon (1,2< 虎 1451) ◇ aller (3= 夂 1286) à un siège (4< 丌 407); phon (1,2< 虎 1451) [Graph] 721g 321e 633e Z33a [Ref] w20b, wi409 [Hanzi] chu3 chu4 處 7161.

處 chǔ *7161 广七夂几 | 处 -6526、処 *7164、処 *6539 | 1° to get along 2° to be situated 3° to manage, to handle 4° to punish, to decide, to judge 5° to dwell, to rest ◇ 1° bien s'entendre avec 2° être situé dans 3° manipuler, administrer 4° punir, juger, décider 5° demeurer, demeure, repos [Etym] 虍 1428 (rad: 141a 6-05), 處 1436 [Graph] 721g 321e 633e Z33a.

△ chù | 处 -6526、処 *7164、処 *6539 | 1° place 2° point 3° department, office ◇ 1° lieu 2° local 3° département 4° bureau.

虜 lǔ (1437) 广七力 | [Tra] to seize; to capture ◇ saisir; capturer [Etym] strength (3= 力 1489); phon, tiger (1,2= 虍 1428) ◇ force (3= 力 1489); phon, tigre (1,2= 虍 1428) [Graph] 721g 321e 732f [Hanzi] lu3 擄2538, lu3 虏 7162.

虏 lǔ -7162 广七力 | 虜 *7175 | 1° to seize, to capture 2° prisoner of war ◇ 1° saisir, capturer 2° prisonnier de guerre [Etym] 虍 1428 (rad: 141a 6-02), 力 1489 [Graph] 721g 321e 732f.

虐 nüè +7163 广七ㄹ | brutish, tyrannical, fierce, cruel ◇ brutalité, féroce, cruel, tyrannie [Etym] 虍 1428 (rad: 141a 6-03), 虐 1438 [Graph] 721g 321e 831a.

虐待 nüè dài ∘ to maltreat, to tyrannize ◇ maltraiter, brutaliser * 3137.

虐 nüè (1438) 广七ㄹ | [Tra] brutish; fierce ◇ brutalité, cruauté [Etym] claws (3< 爪 714, ㄹ 1551) of a tiger (1,2< 虎 1451) ◇ les griffes (3< 爪714, ㄹ 1551) du tigre (1,2< 虎 1451) [Graph] 721g 321e 831b [Ref] h1147, k676, w135h, wa54 [Hanzi] xue4 谑 1771, nüe4 yao4 瘧 7085, nüe4 虐 7163, nüe4 nial 嘘 9062, xue4 謔 9567.

処 chǔ *7164 广七匆 | 处 -6526、處 *7161、処 *6539 | 1° to get along 2° to be situated 3° to manage, to handle 4° to punish, to decide, to judge 5° to dwell, to rest ◇ 1° bien s'entendre avec 2° être situé dans 3° manipuler, administrer 4° punir, juger, décider 5° demeurer, demeure, repos [Etym] 虍 1428 (rad: 141a 6-05), 夂 1768 [Graph] 721g 321e 852f.

△ chù |处 處 処 -6526 ↘ *7161 ↘ *6539| 1° place 2° point 3° department, office ◇ 1° lieu 2° local 3° département 4° bureau.

虘 chā (1439) 广七且 |[Tra] tigerish; surname ◇ tigré; nom propre [Etym] tiger (1,2< 虎 1451); phon (3= 且 1929) ◇ un tigre (1,2< 虎 1451); phon (3= 且 1929) [Graph] 721g 321e 921a [Ref] k1101, ph589, w20g [Hanzi] zha1 摣 2539, zha1 樝 4298, zha1 叡 7165, qu4 覷 7166.

叡 zhā *7165 广七且又 |揸 摣 +2433 ↘ *2539| 1° to pick up something with the fingers, to seize 2° handful 3° to spread (one's fingers) ◇ 1° saisir, empoigner 2° poignée 3° étendre (doigts) [Etym] 又 1271 (rad: 029a 2-11), 虘 1439 [Graph] 721g 321e 921a 633a.

覷 qù *7166 广七且見 |觑 覰 覻 -7157 ↘ *7181 ↘ *7173| 1° to gaze, to look 2° to peep, to squint 3° to spy 4° narrow ◇ 1° observer, regarder 2° épier 3° jeter un coup d'oeil 4° étroit [Etym] 見 2255 (rad: 147a 7-11), 虘 1439 [Graph] 721g 321e 921a 023c.

虞 yú +7167 广七口天 |虞 *7168| 1° supposition 2° to foresee, to provide 3° worry 4° to deceive, to fool 5° to avoid 6° surname ◇ 1° supposer, éventualité 2° prévoir, se prémunir 3° craindre, préoccupation, souci 4° duper, abuser 5° éviter 6° nom de famille [Etym] 虍 1428 (rad: 141a 6-07), 吴 2065 [Graph] 721g 321e 011a 242b.

虞 yú *7168 广七口乚大 |虞 +7167| 1° supposition 2° to foresee, to provide 3° worry 4° to deceive, to fool 5° to avoid 6° surname ◇ 1° supposer, éventualité 2° prévoir, se prémunir 3° craindre, préoccupation, souci 4° duper, abuser 5° éviter 6° nom de famille [Etym] 虍 1428 (rad: 141a 6-07), 吳 2110 [Graph] 721g 321e 011a Z21a 242a.

鬳 xiàn (1440) 广七戸冂丫 |[Tra] to present; offer ◇ présenter; offrir [Etym] reduction of (獻 1441) ◇ réduction de (獻 1441) [Graph] 721g 321e 012a 856k 411c [Ref] h1219, k153, w134a [Hanzi] yan3 甗 7170.

獻 xiàn (1441) 广七戸冂丫犬 |[Tra] to present; offer ◇ présenter; offrir [Etym] to ancestors,dog (6= 犬 295)meat cauldron (1,2,3,4,5= 鬳 1440) ◇ aux ancêtres, on offre un vase (1,2,3,4,5= 鬳 1440) de viande de chien (6= 犬 295) [Graph] 721g 321e 012a 856k 411c 242i [Ref] h1219, k153, w134a [Hanzi] xian4 獻7169, yan4 讞 9568.

獻 xiàn *7169 广七戸冂丫犬 |献 -8358| 1° to offer, to present, to donate 2° to display ◇ 1° offrir, présenter 2° manifester, exposer [Etym] 犬295 (rad: 094a 4-16), 獻 1441 [Graph] 721g 321e 012a 856k 411c 242i.

甗 yǎn +7170 广七戸冂丫瓦 |earthen vessel without a bottom, used in steaming ◇ cloche à vapeur [Etym] 瓦 2531 (rad: 098a 4-16), 鬳 1440 [Graph] 721g 321e 012a 856k 411c Z33f.

壴 xì (1442) 广七豆 |[Tra] vessel ◇ vase [Etym] ancient vase (3= 豆 2120) in form of a tiger (1,2< 虎 1451) ◇ vase antique (3= 豆 2120) en forme de tigre (1,2< 虎 1451) [Graph] 721g 321e 012b [Ref] k130, w135e [Hanzi] hu1 xi4 戲 7171, zha1 皻 7172, qu4 覻 7173.

戲 xì (1443) 广七豆戈 |[Tra] to play; drama ◇ comédie; jouer [Etym] halberd (4= 戈 1057); phon, vessel (1,2,3= 壴 1442) ◇ hallebarde (4= 戈 1057); phon, vase (1,2,3= 壴 1442) [Graph] 721g 321e 012b 512b [Hanzi] hu1 xi4 戲 7171, xi1 巇 7562.

戲 hū *7171 广七豆戈 |戏 戯 -6506 ↘ *7156| See ◇ Voir 於戏 wu1-hu1 7929-6506 [Etym] 戈1057 (rad: 062a 4-13), 壴 1442 [Graph] 721g 321e 012b 512b.

△ xì |戏 -6506| 1° to play 2° sport 3° to make fun of, to joke 4° performance, show, drama, comedy ◇ 1° jouer 2° sport 3° se moquer de 4° pièce de théâtre, comédie, drame.

皻 zhā *7172 广七豆广又 |齇 -10165| red pustules on the nose ◇ pustules rouges sur le nez [Etym] 皮 1452 (rad: 107a 5-13), 壴 1442 [Graph] 721g 321e 012b 721h 633a.

覻 qù *7173 广七豆見 |觑 覰 覷 -7157 ↘ *7181 ↘ *7166| 1° to gaze, to look 2° to peep, to squint 3° to spy 4° narrow ◇ 1° observer, regarder 2° épier 3° jeter un coup d'oeil 4° étroit [Etym] 見 2255 (rad: 147a 7-13), 壴 1442 [Graph] 721g 321e 012b 023c.

虛 chā (1444) 广七曰亖 |[Tra] tigerish; surname ◇ tigré; nom propre [Etym] different writing for (虘 1439) ◇ autre graphie pour (虘 1439) [Graph] 721g 321e 021a acc:z [Ref] k1101, w20g [Hanzi] zha1 齇 10165.

盧 lú (1445) 广七田 |[Tra] vessel; stove; black ◇ vase; poêle; noir [Etym] vessel (3=prim) in form of a tiger (1,2< 壴 1442) ◇ récipient (3=prim) en forme de tigre (1,2< 壴 1442) [Graph] 721g 321e 041a [Ref] w135d [Hanzi] fu1 膚 7176.

慮 lǜ (1446) 广七田心 |[Tra] anxiety; think over ◇ anxieux; réfléchir [Etym] to think (3,4= 思 2316) of the tiger (1,2< 虎 1451) ->fear ◇ penser (3,4= 思2316) à un tigre (1,2< 虎 1451) ->crainte [Graph] 721g 321e 041a 321c [Ref] k589, ph807, w40a, wi989 [Hanzi] lü4 濾348, shu1 攄 2540, lü4 慮 7174.

慮 lǜ *7174 广七田心 |虑 -7153| 1° to think over, to meditate 2° anxiety, worry ◇ 1° réfléchir, méditer 2° anxieux, soucis, incertitude [Etym] 心 397 (rad: 061a 4-11), 慮 1446 [Graph] 721g 321e 041a

广

广

321c.

虜 lǔ (1447) 广七田力 [Tra] to seize; prisoner ◇ saisir; prisonnier [Etym] force (4= 力 1489) to bind (3< 毌 2569); phon, fierce (1,2< 虎 1451) ◇ la force (4= 力 1489) de lier (3< 毌 2569); phon, féroce (1,2< 虎 1451) [Graph] 721g 321e 041a 732f [Ref] k578, w135c [Hanzi] lu3 擄 2541, lu3 樐 4299, lu3 虜 7175, lu3 艣 8309.

虜 lǔ *7175 | 虏 -7162 | 1° to seize, to capture 2° prisoner of war ◇ 1° saisir, capturer 2° prisonnier de guerre [Etym] 虍 1428 (rad: 141a 6-07), 虜 1447 [Graph] 721g 321e 041a 732f.

膚 fū *7176 | 肤 -8078 | 1° skin 2° surface ◇ 1° peau 2° surface, superficiel [Etym] 月 1823 (rad: 130b 4-11), 𣍘 1445 [Graph] 721g 321e 041a 856e.

盧 lú (1448) 广七田皿 [Tra] vessel; stove; black ◇ vase; poêle; noir [Etym] redundancy of vases (1,2,3= 𣍘 1445) (4= 皿 1939); phon (1,2= 虍 1428) ◇ redondance de vases (1,2,3= 𣍘 1445) (4= 皿 1939); phon (1,2= 虍 1428) [Graph] 721g 321e 041a 922a [Ref] k579, ph823, w135d, wa119, wi320 [Hanzi] lu2 瀘 349, lu2 爐 999, lu2 lu2 鑪 1246, lu2 lu3 蘆 3794, lu2 櫨 4300, lu2 壚 4896, lu2 廬 6938, lu2 盧 7177, lu2 顱 7178, lu2 鸕 7179, lu2 轤 7640, lu2 臚 8168, lu2 艫 8310, lu2 鱸 10599, lu2 lu5 轤 10699, lü2 驢 11059.

盧 lú *7177 | 卢 -8702 | 1° black 2° hunting dog 3° surname ◇ 1° noir 2° chien de chasse 3° nom propre [Etym] 虍 1428 (rad: 141a 6-10), 盧 1448 [Graph] 721g 321e 041a 922a.

顱 lú *7178 | 颅 -8703 | skull ◇ crâne [Etym] 頁 2267 (rad: 181a 9-16), 盧 1448 [Graph] 721g 321e 041a 922a 023f.

鸕 lú *7179 | 鸬 -8704 | See ◇ Voir 鸬鹚 lu2-ci2 8704-6315 [Etym] 鳥 2500 (rad: 196a 11-16), 盧 1448 [Graph] 721g 321e 041a 922a Z22h.

𢿱 yú (1449) 广七魚攵 [Tra] to fish; to usurp ◇ pêcher; s'approprier [Etym] {?}tiger (虍 1428); fish (魚 2339); to strike (攵 340) ◇ {?} tigre (虍 1428); poisson (魚 2339); frapper (攵 340) [Graph] 721g 321e 041j 243c [Hanzi] yu2 𢿱 7180.

𢿱 yú *7180 | 渔、漁 -573、*574 | 1° to fish, fishing 2° to usurp 3° to benefit 4° surname ◇ 1° pêcher, pêche 2° s'approprier indûment, usurper 3° tirer profit 4° nom de famille [Etym] 攵 340 (rad: 066b 4-17), 𢿱 1449 [Graph] 721g 321e 041j 243c.

虛 xū (1450) 广七业 [Tra] empty, hollow; useless ◇ creux, vide; inutile [Etym] different writing for (虚 1432) ◇ autre graphie pour (虚 1432) [Graph] 721g 321e Z11c [Ref] k168, ph685, w27h [Hanzi] qu4 覷 7181.

覷 qù *7181 广七业見 | 觑、覰、覻 -7157、*7166、*7173 | 1° to gaze, to look 2° to peep, to squint 3° to spy 4° narrow ◇ 1° observer, regarder 2° épier 3° jeter un coup d'oeil 4° étroit [Etym] 見 2255 (rad: 147a 7-12), 虛 1450 [Graph] 721g 321e Z11c 023c.

虎 hǔ (1451) 广七儿 [Tra] tiger; fierce; brave ◇ tigre; féroce; vigueur [Etym] tiger (prim): striped body (1,2=prim), legs or hunter (3< 儿 405) ◇ un tigre (prim): corps rayé (1,2=prim), pattes ou chasseur (3< 儿 405) [Graph] 721g 321e Z33a [Ref] k88, ph362, r143, w135b, wa51, wi258 [Hanzi] chi2 篪 832, hu3 琥 5142, xiao1 虓 5640, hu3 虎 7182, biao1 彪 7183, hu3 xia4 唬 9063 [Rad] 141b.

虎 hǔ +7182 广七儿 | 1° tiger 2° brave, vigorous ◇ 1° tigre 2° valeureux, férocité [Etym] 虍 1428 (rad: 141a 6-02), 虎 1451 [Graph] 721g 321e Z33a.

彪 biāo +7183 广七儿彡 | 1° tiger 2° striped like a tiger, streaks 3° ornate ◇ 1° tigre 2° tigré, rayé, zébré 3° joli [Etym] 彡 76 (rad: 059a 3-08), 虎 1451 [Graph] 721g 321e Z33a 211c.

皮 pí (1452) 广又 [Tra] skin; fur ◇ peau; fourrure [Etym] hand (2= 又 1271) pulling the hide off an animal (1=prim) ◇ une main (2= 又 1271) tirant sur la peau d'un animal (1=prim) [Graph] 721h 633a [Ref] h374, k721, ph149, r38a, w43h, wa88, wi224 [Hanzi] bo1 波 350, pi2 鈹 1247, bi4 诐 1772, pi2 铍 2023, pi1 披 2542, bi3 彼 3152, po1 坡 4897, bo1 玻 5143, bei4 鞁 5379, bei4 被 6660, bei1 pi2 po1 陂 6764, pi2 疲 7086, pi2 皮 7184, po1 颇 7186, po1 頗 7187, pei4 帔 8394, bo3 跛 9366, bi4 詖 9569, po4 破 9727, pi2 鲏 10505, pi2 鮍 10600 [Rad] 107a.

皮 pí +7184 广又 | 1° skin, bark 2° leather, hide, fur 3° cover 4° surface 5° sheet 6° to become soft and soggy 7° naughty 8° rubber 9° surname ◇ 1° peau, écorce 2° cuir, fourrure 3° couverture, enveloppe 4° surface, superficie 5° plaque mince 6° mou et détrempé 7° espiègle 8° caoutchouc 9° nom propre [Etym] 皮 1452 (rad: 107a 5-00), [Graph] 721h 633a.

皮带 pí dài 。leather belt ◇ ceinture de cuir * 4039.

皮球 pí qiú 。balloon ◇ ballon * 5094.

皮革 pí gé 。leather ◇ cuir * 5353.

皮鞋 pí xié 。leather shoes ◇ chaussure de cuir * 5371.

皮子 pí zǐ 。leather ◇ cuir * 6546.

皮袄 pí ǎo 。fur vest ◇ veste doublée de fourrures * 6619.

皮包 pí bāo 。leather handbag; briefcase ◇ sac en cuir; cartable * 7911.

皮肤 pí fū 。skin ◇ peau * 8078.

皰 pào *7185 广又勺巳 | 疱 +7097 | blister ◇ ampoule [Etym] 皮 1452 (rad: 107a 5-05), 包 1778 [Graph] 721h 633a 852h 933b.

颇 pō -7186 广又页 | 頗 *7187 | 1° oblique 2° quite, very, much 3° bias, prejudiced ◇ 1° incliné, oblique 2° assez, très, beaucoup 4° partial [Etym] 页 1802 (rad: 181s 6-05), 皮 1452 [Graph] 721h 633a 854d.

頗 pō *7187 广又頁 | 颇 -7186 | 1° oblique 2° quite, very, much 3° bias, prejudiced ◇ 1° incliné, oblique 2° assez, très, beaucoup 4° partial [Etym] 頁 2267 (rad: 181a 9-05), 皮 1452 [Graph] 721h 633a 023f.

厂 722

厎 pài (1453) 厂氏 | [Tra] duration; perpetuity ◇ durée; perpétuité [Etym] inverted form of (永 439), same meaning: water streams ◇ forme inversée de (永 439), même sens: courants aquatiques [Graph] 722a 312g [Ref] k688, ph234, w125e, wi991 [Hanzi] pai4 派 352, mai4 mo4 脈 8169, mai4 衇 8560, pai4 哌 9064, mo4 脈 10073.

反 fǎn (1454) 厂又 | [Tra] contrary; to oppose ◇ inversion; révolte [Etym] hand (2= 又 1271) hitting a cliff (1= 厂 1353) ->to turn over ◇ une main (2= 又 1271) buttant à une falaise (1= 厂 1353) ->se retourner [Graph] 722a 633a [Ref] h371, k19, ph55, r396, w43e, wa19, wi75 [Hanzi] ban3 鈑 1248, fan4 飯 1451, fan4 饭 1861, ban3 钣 2024, ban1 扳 2543, pan4 叛 3479, ban3 板 4301, ban3 坂 4898, ban3 ban3 阪 6765, fan3 反 7188, fan3 返 7189, ban3 岅 7563, fan4 贩 7975, ban3 舨 8311, gui1 皈 9986, fan4 販 10133, fan4 畈 10437, ban3 版 11012.

反 fǎn +7188 厂又 | 1° to turn over 2° opposite, contrary, inside out 3° to turn back, to return 4° to rebel, revolt 5° to oppose ◇ 1° tourner 2° envers, inversion, au contraire 3° retour, retourner, réaction 4° révolte 5° opposition [Etym] 又 1271 (rad: 029a 2-02), 反 1454 [Graph] 722a 633a.

反省 fǎn xǐng ∘ to examine one's conscience; self-questioning ◇ s'examiner, faire un retour sur soi-même ∗ 2246.

反抗 fǎn kàng ∘ to resist, to oppose ◇ s'opposer à, résister, lutter contre ∗ 2739.

反攻 fǎn gōng ∘ to counterattack ◇ contre-attaquer ∗ 4704.

反正 fǎn zhèng ∘ in any case ◇ en tout cas, malgré tout, de toute façon ∗ 5316.

反感 fǎn gǎn ∘ repugnant, loathsome; to dislike ◇ répugnant, détestable ∗ 5557.

反动 fǎn dòng ∘ reactionary ◇ réactionnaire ∗ 5920.

反对 fǎn duì ∘ to revolt, to oppose ◇ s'opposer, objecter, contrer ∗ 6502.

反应 fǎn yìng ∘ reaction; repercussion; to react ◇ réaction (chimie, biol.); réagir ∗ 6878.

反常 fǎn cháng ∘ abnormal; unusual, strange ◇ anormal, inhabituelle, inaccoutumé ∗ 7870.

反问 fǎn wèn ∘ to retort, to ask a question in reply ◇ rétorquer, renvoyer la question ∗ 8035.

反而 fǎn ér ∘ on the contrary ◇ au contraire ∗ 8342.

反映 fǎn yìng ∘ to react, to fight, feed back ◇ réagir, action en retour; réfléchir; compte-rendu ∗ 9941.

反复 fǎn fù ∘ to repeat; repeatedly, again and again; relapse ◇ répéter, à plusieurs reprises; versatile; péripéti ∗ 9972.

反面 fǎn miàn ∘ reverse side, back; opposite; negative ◇ envers, verso, dos, contraire; négatif ∗ 10929.

反驳 fǎn bó ∘ to refute ◇ réfuter ∗ 11093.

返 fǎn +7189 厂又辶 | 1° to regret, to repent 2° to return ◇ 1° regretter, se repentir 2° revenir sur ses pas [Etym] 辶 1346 (rad: 162b 3-04), 反 1454 [Graph] 722a 633a 634o.

返航 fǎn háng ∘ to return to base or port ◇ regagner le port (avion, bateau) ∗ 8334.

返回 fǎn huí ∘ to return; to go back; to come back ◇ revenir, retourner, rentrer ∗ 10965.

虒 sī (1455) 厂虍七儿 | [Tra] fabulous tiger ◇ tigre fabuleux [Etym] tiger (2,3,4= 虎 1451) hidden in a cliff (1= 厂 1353) ->fabulous ◇ un tigre (2,3,4= 虎 1451) caché dans une falaise (1= 厂 1353) ->fabuleux [Graph] 722a 721g 321e Z33a [Ref] k814, ph573, w135g, wi972 [Hanzi] chi2 篪 833, chuai1 搋 2545, chi3 褫 6661, si1 虒 7190, di4 遞 7191, ti1 鷉 7192, ti1 鷉 7193, ti2 嗁 9065, ti2 蹏 9367.

虒 sī +7190 厂虍七儿 | 1° fabulous tiger 2° place in Shanxi ◇ 1° tigre fabuleux 2° lieu du Shanxi [Etym] 虎 1451 (rad: 141b 8-02), 虒 1455 [Graph] 722a 721g 321e Z33a.

遞 dì *7191 厂虍七儿辶 | 递 +11278 | 1° to transmit, to hand over 2° to succeed ◇ 1° passer, donner en main, substituer 2° succéder [Etym] 辶 1346 (rad: 162b 3-10), 虒 1455 [Graph] 722a 721g 321e Z33a 634o.

䴘 tī -7192 厂虍七儿鸟 | 鷉 *7193 | to till the ground, farmers ◇ labourer, paysan [Etym] 鸟 2494 (rad: 196s 5-10), 虒 1455 [Graph] 722a 721g 321e Z33a Z22e.

鷉 tī *7193 厂虍七儿鳥 | 䴘 -7192 | to till the ground, farmers ◇ labourer, paysan [Etym] 鳥 2500 (rad: 196a 11-10), 虒 1455 [Graph] 722a 721g 321e Z33a Z22h.

质 zhì (1456) 厂贞 | [Tra] value; quality ◇ valeur; qualité [Etym] modern simplified form of (質 1463) ◇ forme simplifiée moderne de (質 1463) [Graph] 722a 854g [Hanzi] zhi4 锧 2025, zhi4 质 7194, zhi4 踬 9368.

质 zhì -7194 厂贞 | 質 *7206 | 1° character, nature 2° quality 3° substance, matter or grosser nature of 4° plain, simple 5° to

厂 厂 广 广

cross-examine 6° pledge, hostage 7° mortgage ◇ 1° état naturel, caractère 2° qualité 3° substance, matière première 4° simplicité 5° interroger, examiner 6° otages 7° hypothèque [Etym] 贝 1796 (rad: 154s 4-04), 质 1456 [Graph] 722a 854g.

质问 zhì wèn ∘ to question, to interrogate ◇ interroger, questionner ✱ 8035.

质量 zhì liàng ∘ quality ◇ qualité ✱ 9964.

盾 dùn (1457) 厂盾 | [Tra] shield ◇ bouclier [Etym] {1} a protection (1= 厂 1353), a penetrating (2< 十 560) eye (2top < 目 2239), {2} man (1=prim) with a shield (2=prim) ◇ {1} une protection (1= 厂 1353), un oeil (2< 目 2239) perçant (2haut < 十 560); {2} un homme (1=prim) avec un bouclier (2=prim) [Graph] 722a 023j [Ref] h1375, k1142, ph486, r27a, w158e, wa148 [Hanzi] xun2 循 3153, dun4 shun3 楯 4302, dun4 盾 7195, dun4 遁 7196, tu2 腯 8170.

盾 dùn +7195 厂盾 | shield ◇ bouclier [Etym] 目 2239 (rad: 109a 5-04), 盾 1457 [Graph] 722a 023j.

盾牌 dùn pái ∘ shield; pretext ◇ bouclier; prétexte ✱ 11013.

遁 dùn +7196 厂盾辶 | 遯 *8147 | 1° to flee 2° to hide away, to vanish ◇ 1° s'enfuir 2° cacher [Etym] 辶 1346 (rad: 162b 3-09), 盾 1457 [Graph] 722a 023j 634o.

卮 zhī (1458) 𠂆㔾 | [Tra] ancient wine vessel ◇ coupe ancienne [Etym] ancien wine vessel of complexe form (prim) (> 也 1502) ◇ une coupe à vin de forme complexe (prim) (> 也 1502) [Graph] 722b 733a [Ref] w55d [Hanzi] zhi1 栀 4303, zhi1 卮 7197.

卮 zhī +7197 𠂆㔾 | 巵 *7198 | rhyton, ancient wine vessel ◇ coupe ancienne [Etym] 㔾 1499 (rad: 026b 2-03), 卮 1458 [Graph] 722b 733a.

巵 zhī (1459) 𠂆巴 | [Tra] goblet ◇ gobelet [Etym] different writing for (卮 1458) ◇ autre graphie pour (卮 1458) [Graph] 722b 933c [Ref] k1217 [Hanzi] zhi1 梔 4304, zhi1 巵 7198.

巵 zhī *7198 𠂆巴 | 卮 +7197 | rhyton, ancient wine vessel ◇ coupe ancienne [Etym] 己 2532 (rad: 049a 3-04), 巵 1459 [Graph] 722b 933c.

后 hòu (1460) 𠂆口 | [Tra] prince, queen; after ◇ prince, reine ; après [Etym] {1} words (2= 口 2063) of a man at rest (1< 尸 1951); {2} to bring forth (> 毓 2568) ◇ {1} la parole (2= 口 2063) d'un homme au repos (1< 尸 1951); {2} engendrer (> 毓 2568) [Graph] 722b 011a [Ref] h858, k78, ph199, r26j, w30c, wa25 [Hanzi] gou4 诟 1773, hou4 茩 3795, gou4 垢 4899, hou4 后 7199, hou4 垕 7200, hou4 郈 7201, hou4 逅 7202, hou2 鲘 8582, gou4 詬 9570.

后 hòu +7199 𠂆口 | 後 1°2° *3149 | 1° behind, back 2° after 3° offspring 4° empress, sovereign ◇ 1° derrière 2° ensuite, après 3° progéniture 4° prince, souverain, impératrice [Etym] 口 2063 (rad: 030a 3-03), 后 1460 [Graph] 722b 011a.

后人 hòu rén ∘ future generation, descendant ◇ génération future, descendant ✱ 1070.

后天 hòu tiān ∘ the day after tomorrow ◇ après-demain ✱ 1573.

后头 hòu tóu ∘ backwards, back ◇ derrière, arrière ✱ 1598.

后代 hòu dài ∘ later generations; later period ◇ générations futures; époque postérieure ✱ 2911.

后悔 hòu huǐ ∘ to regret ◇ regretter, se repentir ✱ 3396.

后年 hòu nián ∘ in two years ◇ dans deux ans ✱ 3476.

后来 hòu lái ∘ after, then ◇ puis, ensuite, plus tard ✱ 4672.

后期 hòu qī ∘ later stage or period ◇ les dernières années (d'une période) ✱ 5437.

后台 hòu tái ∘ backstage; behind-the-scenes supporter ◇ coulisse; cliques au pouvoir caché ✱ 5901.

后列 hòu liè ∘ back rows ◇ rangées d'en arrière ✱ 6419.

后备 hòu bèi ∘ reserve ◇ réserve ✱ 6537.

后边 hòu biān ∘ backwards, back ◇ derrière, arrière ✱ 7260.

后方 hòu fāng ∘ rear ◇ arrière ✱ 7928.

后门 hòu mén ∘ back door; backdoor influence ◇ par la porte arrière; par piston (fig.) ✱ 7996.

后门儿 hòu mén ér ∘ back door; backdoor influence ◇ par la porte de derrière; par piston (fig.) ✱ 7996 2194.

后退 hòu tuì ∘ to retreat; to draw back ◇ reculer; se retirer ✱ 8720.

后跟 hòu gēn ∘ heel (of shoe or sock) ◇ talon (soulier, bas) ✱ 9393.

后事 hòu shì ∘ the continuation of a story; funeral ◇ la suite d'une histoire; funérailles ✱ 10387.

后果 hòu guǒ ∘ consequence, aftermath ◇ conséquence, résultat ✱ 10750.

后面 hòu miàn ∘ backwards, back ◇ derrière, arrière ✱ 10929.

垕 hòu +7200 𠂆口土 | place in Henan ◇ lieu du Henan [Etym] 土 826 (rad: 032a 3-06), 后 1460 [Graph] 722b 011a 432a.

郈 hòu +7201 𠂆口阝 | surname ◇ nom de famille [Etym] 阝 1316 (rad: 163b 2-06), 后 1460 [Graph] 722b 011a 634j.

逅 hòu +7202 𠂆口辶 | See ◇ Voir 邂逅 xie4-hou4 8367-7202 [Etym] 辶 1346 (rad: 162b 3-06), 后 1460 [Graph] 722b 011a 634o.

斤 jīn (1461) 斤 | [Tra] catty, axe; pound ◇ hache; poids, livre [Etym] axe (prim) ◇ une hache (prim) [Graph] 722c [Ref] h1176, k385, ph48, r381, w128a, wa108, wi358 [Hanzi] yi2 沂 353, qi2 祈 2271, she2 zhe1 zhe2 折 2546, xin1 忻 3291, qin2 芹 3796, xi1 析 4305, qi2 圻 4900, jin4 靳 5380, qi2 祈 6585, jin1 斤

7203, xin1 欣 7204, jin4 近 7205, qi2 颀 7207, qi2 頎 7208, chi4 斥 7209, jiang4 匠 7316, qi2 qi2 旂 7945, yin2 斦 8509, yin2 齗 8526, shu3 zhu3 斸 8664, suo3 所 8705, ting1 听 9066, xin1 訢 9571, xin1 昕 9905, zhuo2 斵 11292 [Rad] 069a.

斤 j ī n +7203 | 觔 1° *8369 | 1° hatchet, catty 2° pound (1/2 kilogram) ◇ 1° hache 2° poids, livre (1/2 kilogramme) [Etym] 斤 1461 (rad: 069a 4-00), [Graph] 722c.

欣 x ī n (1462) 斤欠 | [Tra] to rejoice, happiness ◇ joie, bonheur [Etym] jerky (1,2= 斤 1461) breath (3= 欠 178) of a laughter ◇ la respiration (3= 欠 178) hachée, saccadée (1,2= 斤 1461) du rire [Graph] 722c 232b [Ref] k155, w128a [Hanzi] xin1 焮 1000, xian1 鍁 1249, xian1 锨 2026, xian1 掀 2547, xian1 楸 4306, xin1 欣 7204.

欣 x ī n +7204 斤欠 | 訢 *9571 | glad, happy, to rejoice ◇ joie, se réjouir, bonheur [Etym] 欠 178 (rad: 076a 4-04), 欣 1462 [Graph] 722c 232b.

欣赏 x ī n s h ǎ n g ∘ to admire; to appreciate ◇ admirer, contempler * 7869.

近 j ì n +7205 斤辶 | 1° near in time or place, recent 2° approaching 3° intimate 4° easy to understand ◇ 1° près, proche, récent 2° approcher, approximativement 3° intime 4° facile à comprendre [Etym] 辶 1346 (rad: 162b 3-04), 斤 1461 [Graph] 722c 634o.

近郊 j ì n j i ā o ∘ suburbs, outskirts of a city ◇ proche banlieue, faubourgs * 1683.

近代 j ì n d à i ∘ modern times ◇ époque récente * 2911.

近来 j ì n l á i ∘ recently ◇ récemment, dernièrement, ces derniers temps * 4672.

近视 j ì n s h ì ∘ myopia, shortsightedness ◇ myopie, myope * 6592.

質 z h ì (1463) 斤斤貝 | [Tra] value, qualit, ◇ valeur, qualité [Etym] value of two pounds (1,2= 斤 1461) in money (3= 貝 2246) ◇ valeur de deux livres (1,2= 斤 1461) en argent (3= 貝 2246) [Graph] 722c 722c 023b [Ref] k1227, ph799, w128b [Hanzi] zhi4 鑕 1250, zhi4 質 7206, zhi4 躓 9369.

質 z h ì *7206 斤斤貝 | 质 -7194 | 1° character, nature 2° quality 3° substance, matter or grosser nature of 4° plain, simple 5° to cross-examine 6° pledge, hostage 7° mortgage ◇ 1° état naturel, caractère 2° qualité 3° substance, matière première 4° simplicité 5° interroger, examiner 6° otages 7° hypothèque [Etym] 貝 2246 (rad: 154a 7-08), 質 1463 [Graph] 722c 722c 023b.

颀 q í -7207 斤页 | 頎 *7208 | tall, erect ◇ 1° belle taille 2° haut 3° bien droit [Etym] 页 1802 (rad: 181s 6-04), 斤 1461 [Graph] 722c 854d.

頎 q í *7208 斤頁 | 颀 -7207 | tall, erect ◇ 1° belle taille 2° haut 3° bien droit [Etym] 頁 2267 (rad: 181a 9-04), 斤 1461 [Graph] 722c 023f.

斥 c h ì (1464) 斥 | [Tra] to blame, scold, repel ◇ blâmer; gronder [Etym] repeated attacks (2< 屰 1644) on a house (1< 广 1375) ◇ attaques répétées (2< 屰 1644) sur une maison (1< 广 1375) [Graph] 722d [Ref] h1480, k1231, ph112, w102d, wi288 [Hanzi] su4 泝 354, su4 诉 1774, ca1 chai1 拆 2553, tuo4 柝 4309, che4 坼 4901, chi4 斥 7209, tuo4 跅 9370, su4 訴 9572.

斥 c h ì +7209 斥 | 1° to blame, to scold 2° to repel ◇ 1° blâmer, gronder 2° chasser [Etym] 斤 1461 (rad: 069a 4-01), 斥 1464 [Graph] 722d.

斥责 c h ì z é ∘ to blame, to reprimand ◇ blâmer, réprimander * 5272.

丘 q i ū (1465) 丘 | [Tra] hill, mound ◇ colline, tertre [Etym] two men (< 人 170) watching from a high place (prim) ◇ deux hommes (< 人 170) montant la garde sur une hauteur (prim) [Graph] 722e [Ref] h1149, k406, ph113, r23g, w27h, wa37 [Hanzi] qiu1 坵 4902, qiu1 丘 7210, qiu1 qiu1 邱 7211, yue4 岳 7212, qiu1 蚯 10281.

丘 q i ū +7210 丘 | 坵 5° *4902 、邱 1° +7211 | 1° hillock, mound 2° grave 3° book name of Confucius 4° surname 5° numerative ◇ 1° tertre 2° tombe 3° petit nom de Confucius 4° nom propre 5° spécificatif [Etym] — 3 (rad: 001a 1-04), 丘 1465 [Graph] 722e.

丘八 q i ū b ā ∘ soldier ◇ soldat * 721.

邱 q i ū +7211 丘阝 | See ◇ Voir 丘 7210 [Etym] 阝 1316 (rad: 163b 2-05), 丘 1465 [Graph] 722e 634j.

△ q i ū | 1° high place, tumulus 2° surname ◇ 1° éminence 2° nom propre.

岳 y u è (1466) 丘山 | [Tra] sacred mountain; peak ◇ mont sacré; pic [Etym] superimposed mountain (2= 山 1611) and hill (1= 丘 1465) ◇ une montagne (2= 山 1611) et une colline (1= 丘 1465) superposés [Graph] 722e 841b [Ref] h1082, r23g, w80b [Hanzi] yue4 岳 7212.

岳 y u è +7212 丘山 | 嶽 1° *7540 | 1° sacred mountains 2° wife's parents 3° surname ◇ 1° mont sacré 2° parents de l'épouse 3° nom de famille [Etym] 山 1611 (rad: 046a 3-05), 岳 1466 [Graph] 722e 841b.

岳父 y u è f ù ∘ father-in-law (of husband) ◇ beau-père (du mari) * 1674.

岳母 y u è m ǔ ∘ mother-in-law (of husband) ◇ belle-mère (du mari) * 11296.

乒 p ī n g (1467) 乒 | [Tra] in ping-pong ◇ dans ping-pong [Etym] modern phonetic form from (兵 1469) (> 乓 1468) ◇ forme phonétique moderne à partir de (兵 1469) (> 乓 1468) [Graph] 722f [Ref] w47d [Hanzi] ping1 乒 7213.

乒 p ī n g +7213 乒 | sound: crack of a rifle or pistol, ping pong, table-tennis ◇ onomatopée d'un bruit sec, d'un éclatement, ping-pong [Etym] — 3 (rad: 001a 1-05), 乒 1467 [Graph] 722f.

广 斤 斥 丘 乒

乒乓 pīng pāng ◦ table tennis, ping pong ◇ ping-pong, tennis de table; bruits secs ✱ 7214.

乒乓球 pīng pāng qiú ◦ table tennis ball; ping pong ◇ ping-pong; tennis de table ✱ 7214 5094.

乓 pāng (1468) 乓 | [Tra] in ping-pong ◇ dans ping-pong [Etym] modern phonetic form from (兵 1469) (> 乒 1467) ◇ forme phonétique moderne à partir de (兵 1469) (> 乒 1467) [Graph] 722g [Ref] w47d [Hanzi] pang1 乓 7214.

乓 pāng +7214 乓 | sound: to bang, ping pong ◇ onomatopée: pan! pan! ping-pong [Etym] 丶 1 (rad: 003a 1-05), 乓 1468 [Graph] 722g.

兵 bīng (1469) 兵 | [Tra] soldier; weapons ◇ soldat, armes; attaque [Etym] two hands (bottom< 廾 701) holding an axe or weapon (< 斤 1461) ◇ deux mains (bas< 廾 701) tenant une hache ou une arme (< 斤 1461) [Graph] 722h [Ref] h578, ph5, r382, w47d, wa160, wi560 [Hanzi] bang1 浜 355, bin1 bing1 梹 4310, bing1 兵 7215, bin1 宾 7765.

兵 bīng +7215 兵 | 1° weapons, arms 2° soldier, military ◇ 1° armes 2° soldat [Etym] 八 127 (rad: 012a 2-05), 兵 1469 [Graph] 722h.

兵役 bīng yì ◦ to recruit; military service ◇ recrutement; service militaire ✱ 3182.

兵营 bīng yíng ◦ barracks ◇ caserne ✱ 3837.

㇆ 731

刁 diāo (1470) 刁 | [Tra] bad, wicked, sly ◇ méchant, fourbe [Etym] different writing for knife (刀 1477), different meaning ◇ autre graphie pour le couteau (刀 1477), sens différent [Graph] 731b [Ref] w52a [Hanzi] diao1 汈 356, diao1 刁 7216, diao1 叼 9067 [Rad] 018c.

刁 diāo +7216 刁 | 1° bad, wicked, sly 2° surname ◇ 1° méchant, fourbe, malin 2° nom de famille [Etym] 刁 1470 (rad: 018c 2-00), [Graph] 731b.

刁滑 diāo huá ◦ cunning, crafty ◇ rusé, malin ✱ 471.

习 xí (1471) 习 | [Tra] to flutter; practice ◇ voleter; s'exercer [Etym] bird wing (prim) ◇ aile d'un oiseau (prim) [Graph] 731c [Ref] h812 [Hanzi] xi2 习 7217 [Rad] 124s.

习 xí -7217 习 | 習 *7232 | 1° to practice 2° to be used to 3° usage, habit, custom 4° to flutter 5° to be too familiar 6° surname ◇ 1° pratiquer, exercer, répéter 2° habitué à 3° coutume, habitude 4° voleter 5° traiter avec familiarité 6° nom de famille [Etym] 习 1471 (rad: 124s 3-00), [Graph] 731c.

习惯 xí guàn ◦ habit, practice ◇ habitude, coutume; s'habituer, s'accoutumer ✱ 3397.

羽 yǔ (1472) 习习 | [Tra] wings, feathers, hairs ◇ ailes, plumes, poils [Etym] two bird wings (1,2= 习 1471) ◇ les deux ailes d'un oiseau (1,2= 习 1471) [Graph] 731c 731c [Ref] h812, k1320, ph251, r27, w62e, wa57, wi583 [Hanzi] xu3 诩 1775, yao4 耀 2206, xu3 栩 4311, yu3 羽 7218, shan1 shan4 扇 8692, xu3 詡 9573 [Rad] 124a.

羽 yǔ +7218 习习 | 1° wings, feathers 2° musical note ◇ 1° ailes, plumes 2° note de musique [Etym] 羽 1472 (rad: 124a 6-00), [Graph] 731c 731c.

羽毛 yǔ máo ◦ feather ◇ plume ✱ 2182.

羽毛球 yǔ máo qiú ◦ badminton; shuttlecock ◇ badminton; volant ✱ 2182 5094.

翌 yì +7219 习习立 | next (time), tomorrow ◇ aussitôt après (temps), lendemain, demain [Etym] 羽 1472 (rad: 124a 6-05), 立 80 [Graph] 731c 731c 221a.

翠 cuì +7220 习习亠人人十 | 1° blue kingfisher 2° emerald green ◇ 1° martin-pêcheur bleu 2° émeraude [Etym] 羽 1472 (rad: 124a 6-08), 卒 176 [Graph] 731c 731c ac:c 232a 232a 413a.

翏 liào (1473) 习习人彡 | [Tra] to flutter, rise ◇ voleter, s'élever [Etym] full fledged (3,4= 㐱 182) wings (1,2= 羽 1472) ◇ des ailes (1,2= 羽 1472) bien emplumées (3,4= 㐱 182) [Graph] 731c 731c 233a 211c [Ref] k546, ph629, w62f [Hanzi] liu2 镠 1251, miu4 谬 1776, liu2 镠 2027, lu4 僇 2950, liao3 蓼 3797, qiu2 璆 5144, lao4 嫪 5800, miao4 miu4 mou2 缪 6020, miao4 miu4 mou2 繆 6193, liao4 廖 6939, chou1 瘳 7087, lu4 戮 7221, lu4 勠 7222, liu4 鹨 7223, liu4 鷚 7224, liao2 寥 7766, jiao1 膠 8171, liao2 髎 8583, miu4 謬 9574, liu4 磟 9729, lao2 醪 10891, liao2 liu4 飂 11213, liao2 liu4 飉 11226.

戮 lù +7221 习习人彡戈 | 勠 *7222 | 1° to kill, to slay 2° to unite ◇ 1° mettre à mort, tuer 2° unir ses forces [Etym] 戈 1057 (rad: 062a 4-11), 翏 1473 [Graph] 731c 731c 233a 211c 512b.

勠 lù *7222 习习人彡力 | 戮 +7221 | 1° to kill, to slay 2° to unite ◇ 1° mettre à mort, tuer 2° unir ses forces [Etym] 力 1489 (rad: 019a 2-11), 翏 1473 [Graph] 731c 731c 233a 211c 732f.

鹨 liù -7223 习习人彡鸟 | 鷚 *7224 | pipit ◇ pipi(t) [Etym] 鸟 2494 (rad: 196s 5-11), 翏 1473 [Graph] 731c 731c 233a 211c Z22e.

鷚 liù *7224 习习人彡鳥 | 鹨 -7223 | pipit ◇ pipi(t) [Etym] 鳥 2500 (rad: 196a 11-11), 翏 1473 [Graph] 731c 731c 233a 211c Z22h.

羿 yì +7225 习习廾 | 1° prince of a Xia Dynasty state 2° surname ◇ 1° souverain d'une principauté de la dynastie Xia 2° nom de famille [Etym] 羽 1472 (rad: 124a 6-03), 廾 701 [Graph] 731c 731c 416e.

翟 dí, zhái (1474) 习习隹 | [Tra] pheasant; surname ◇ faisan; nom propre

[Etym] bird (3= 隹 1030); wings (12,= 羽 1472) ◇ oiseau (3= 隹 1030); ailes (1,2= 羽 1472) [Graph] 731c 731c 436m [Ref] k988, ph791, w62g [Hanzi] zhuo2 濯 357, yao4 燿 1001, di2 籊 1103, yao4 耀 2206, zhuo2 擢 2554, zhao4 櫂 4312, ti4 趯 4848, di2 zhai2 翟 7226, chuo1 戳 7227, tiao4 糶 7660, yue4 躍 9371, yao4 曜 9906.

翟 dí +7226 习习隹 | pheasant ◇ faisan [Etym] 羽 1472 (rad: 124a 6-08), 翟 1474 [Graph] 731c 731c 436m.

△ zhái | 1° pheasant 2° surname ◇ 1° faisan 2° nom de famille.

戳 chuō +7227 习习隹戈 | 1° long spear 2° to jab ◇ 1° longue lance 2° enfoncer [Etym] 戈 1057 (rad: 062a 4-14), 翟 1474 [Graph] 731c 731c 436m 512b.

翅 chì *7228 习习支 | 翅 +6523 | wing, fin ◇ aile, aileron [Etym] 羽 1472 (rad: 124a 6-04), 支 1284 [Graph] 731c 731c 633d.

翚 huī -7229 习习冖车 | 翬 *7230 | 1° pheasant 2° to fly ◇ 1° faisan 2° voler [Etym] 羽 1472 (rad: 124a 6-06), 军 1652 [Graph] 731c 731c 851a 614d.

翬 huī *7230 习习冖車 | 翚 -7229 | 1° pheasant 2° to fly ◇ 1° faisan 2° voler [Etym] 羽 1472 (rad: 124a 6-09), 軍 1655 [Graph] 731c 731c 851a 042g.

翯 hè +7231 习习亠冂口 | pure, soft and white feathers ◇ plumage blanc et doux [Etym] 羽 1472 (rad: 124a 6-10), 高 2138 [Graph] 731c 731c 012c 856k 011a.

習 xí (1475) 习习白 | [Tra] to fly, practice ◇ voleter, s'exercer [Etym] use one's own (3< 自 2256) wings (1,2= 羽 1472) ◇ voler de ses propres (3< 自 2256) ailes (1,2= 羽 1472) [Graph] 731c 731c 022c [Ref] k781, ph610, w159a [Hanzi] yi4 熠 1002, zhe2 摺 2555, she4 慴 3292, zhe3 褶 6662, xi2 習 7232, wan2 翫 7233, xi2 嶍 7564, la2 磖 9730, xi2 鰼 10506, xi2 鰼 10601.

習 xí *7232 习习白 | 习 -7217 | 1° to practice 2° to be used to 3° usage, habit, custom 4° to flutter 5° to be too familiar 6° surname ◇ 1° pratiquer, exercer, répéter 2° habitué à 3° coutume, habitude 4° voleter 5° traiter avec familiarité 6° nom de famille [Etym] 羽 1472 (rad: 124a 6-05), 習 1475 [Graph] 731c 731c 022c.

翫 wán *7233 习习白元 | See ◇ Voir 玩 5088 [Etym] 羽 1472 (rad: 124a 6-09), 習 1475 元 408 [Graph] 731c 731c 022c 322d.

翀 chōng +7234 习习中 | to fly up ◇ s'envoler [Etym] 羽 1472 (rad: 124a 6-04), 中 2276 [Graph] 731c 731c 031b.

翼 yì +7235 习习田共 | 1° wings (bird, plane) 2° shelter 3° to assist 4° to join, to cooperate ◇ 1° ailes (oiseau, avion) 2° couvrir, abriter 3° aider 4° jonction, coopération [Etym] 羽 1472 (rad: 124a 6-11), 異 2318 [Graph] 731c 731c 041a 436e.

司 sī (1476) 𠃌口 | [Tra] to control, officer ◇ gouverner, ministre [Etym] reflection or inverted image of the prince (1,2< 后 1460) ◇ {?} un miroir ou une image inversée du prince (1,2< 后 1460) [Graph] 731d 012a [Ref] h497, k810, ph159, r17h, r267, r268, w30c, wi717 [Hanzi] si4 笥 834, si4 飼 1452, ci2 词 1777, si4 饲 1862, ci2 祠 2272, ci4 si4 伺 2951, ci2 祠 6586, si1 司 7236, si4 覗 7237, si4 覗 7238, ci2 詞 9575.

司 sī +7236 𠃌口 | 1° to manage, to control, to attend to 2° department (under a ministry) 3° officer who presides 4° court 5° faculties of the soul 6° surname ◇ 1° diriger, gouverner 2° service (d'une administration), département 3° chef, fonctionnaire 4° tribunal 5° facultés de l'âme 6° nom propre [Etym] 口 2063 (rad: 030a 3-02), 司 1476 [Graph] 731d 012a.

司法 sī fǎ ∘ judiciary administration ◇ justice, judiciaire * 217.

司令 sī lìng ∘ commander ◇ commandant en chef * 1394.

司令部 sī lìng bù ∘ headquarters ◇ quartier général * 1394 660.

司令员 sī lìng yuán ∘ commanding officer ◇ commandant (corps d'armée) * 1394 9127.

司仪 sī yí ∘ master of ceremonies ◇ maître de cérémonie * 2825.

司机 sī jī ∘ driver ◇ chauffeur, conducteur * 4478.

觇 sì -7237 𠃌口见 | 覗 *7238 | to peep at ◇ épier, observer [Etym] 见 1801 (rad: 147s 4-05), 司 1476 [Graph] 731d 012a 854c.

覗 sì *7238 𠃌口見 | 觇 -7237 | to peep at ◇ épier, observer [Etym] 見 2255 (rad: 147a 7-05), 司 1476 [Graph] 731d 012a 023c.

刀 732

刀 dāo (1477) 刀 | [Tra] knife ◇ couteau [Etym] knife (prim) ◇ un couteau (prim) [Graph] 732a [Ref] h101, k975, ph72, r22, w52a, wa85, wi115 [Hanzi] dao1 忉 3293, fen2 棼 4193, dao1 刀 7239, shao4 zhao4 召 7240, fen1 fen4 fen4 分 7245, fen1 fen4 fen4 刃 7256, zheng1 争 7410, xiong4 夐 7886, fu4 负 7995, dao1 tao1 叨 9068, dao1 魛 10507, dao1 魛 10602 [Rad] 018a.

刀 dāo +7239 刀 | 1° knife 2° lot ◇ 1° couteau 2° lot [Etym] 刀 1477 (rad: 018a 2-00), [Graph] 732a.

刀把儿 dāo bà ér ∘ power (fig.) ◇ pouvoir; prise * 2656 2194.

刀子 dāo zǐ ∘ knife ◇ canif, couteau * 6546.

刀口 dāo kǒu ∘ cut, incision, wound ◇ ouverture, incision, plaie * 8842.

刀片 dāo piàn ∘ blade, razor blade ◇ lame d'un couteau, d'un rasoir * 11006.

叐 mú (1478) 刀又 | [Tra] to dive; disappear ◇ plonger; disparaître [Etym] whirl or diving (1=prim) of the hand (2= 又 1271) in water ◇ remou ou plongée (1=prim) de la main (2= 又 1271) dans l'eau [Graph] 732a 633a [Ref] k637, w22d.

召 zhào (1479) 刀口 |[Tra] to call, summon ◇ appeler; faire venir [Etym] {?} in court, to judge (2= 口 2063) and amputate (1= 刀 1477) ◇ {?} juger (2= 口 2063) et amputer (1= 刀 1477) [Graph] 732a 011a [Ref] h1387, k1180, ph105, w52c, wi722, wi899 [Hanzi] zhao3 沼 358, shao2 韶 668, tiao2 笤 835, zhao4 炤 1003, zhao4 诏 1778, zhao1 招 2556, chao1 怊 3294, shao2 tiao2 苕 3799, tiao2 髫 4741, chao1 超 4849, diao1 貂 5576, shao4 绍 6021, shao4 紹 6194, yao2 軺 6364, shao4 zhao4 召 7240, shao4 邵 7241, tiao2 迢 7242, shao4 劭 7243, shao4 卲 7244, tiao2 岧 7565, tiao2 齠 8510, tiao2 髫 8527, zhao4 詔 9576, zhao1 昭 9908, yao2 軺10707, chao1 弨 11260.

召 shào +7240 刀口 |surname ◇ nom de famille [Etym] 口 2063 (rad: 030a 3-02), 召 1479 [Graph] 732a 011a.

△ zhào |to call, to summon ◇ 1° appeler, faire venir 3° réunir.

召开 zhào kāi ∘ to convene ◇ convoquer (une réunion) ✱ 4045.

召集 zhào jí ∘ to convene ◇ convoquer, réunir, rassembler ✱ 5492.

召见 zhào jiàn ∘ to call in; to summon ◇ convoquer, recevoir en audience ✱ 7991.

邵 shào +7241 刀口阝 |1° city in Shanxi, names of various ancient places 2° surname ◇ 1° nom propre de plusieurs lieux anciens 2° nom de famille [Etym] 阝 1316 (rad: 163b 2-05), 召1479 [Graph] 732a 011a 634j.

迢 tiáo +7242 刀口辶 |far off, remote ◇ éloigné, lointain [Etym] 辶 1346 (rad: 162b 3-05), 召 1479 [Graph] 732a 011a 634o.

劭 shào +7243 刀口力 |卲3° *7244| 1° to encourage 2° endeavour, exertion 3° excellent ◇ 1° encourager, stimuler 2° effort 3° excellent [Etym] 力 1489 (rad: 019a 2-05), 召 1479 [Graph] 732a 011a 732f.

卲 shào *7244 刀口卩 |See ◇ Voir 劭 7243 [Etym] 卩 1504 (rad: 026a 2-05), 召 1479 [Graph] 732a 011a 734a.

分 fēn , fèn (1480) 分 |[Tra] to divide; part ◇ séparer; part, élément [Etym] to cut (1< 刀 1477) and split apart (top< 八 127) ◇ couper (1< 刀 1477) et séparer (haut< 八 127) [Graph] 732b [Ref] h199, k29, ph58, r279a, w18b, wa86, wi181 [Hanzi] fen2 汾 359, ban4 扮 2557, fen4 份 2952, fen1 芬3800, fen1 棻 3801, fen2 棼 4193, fen3 粉 4634, bin1 fen1 玢 5145, fen1 纷 6022, fen1 紛 6195, fen1 fen4 fen4 分7245, ban1 攽 7246, fen4 忿 7247, ben4 坌 7248, bin1 邠7249, cha4 岔 7250, pin2 贫 7251, ban1 颁 7252, pen2 盆7253, pin2 貧 7254, ban1 頒 7255, fen2 鼢 7429, fen1 fen1 雰 8445, fen1 吩 9069, pan4 盼 10074, fen2 蚡 10282, fen1 酚 10892, fen1 氛 11185.

分 fēn +7245 分 |1° to divide 2° to distribute 3° to distinguish, to discern 4° branch 5° tenth of a foot, of an acre 6° hundredth of a ounce 7° minute ◇ 1° diviser, séparer 2° partager 3° discerner, distinguer 4° branche, section 5° dixième du pied, de l'arpent 6° centième de l'once 7° minute [Etym] 刀 1477 (rad: 018a 2-02), 分 1480 [Graph] 732b.

分布 fēn bù ∘ to distribute; to apportion ◇ se répartir ✱ 1527.

分心 fēn xīn ∘ to divert attention ◇ être distrait; se distraire ✱ 2177.

分批 fēn pī ∘ in batches; in turn ◇ par groupes; à tour de rôle ✱ 2386.

分担 fēn dān ∘ to share liability for ◇ partager la responsabilité de ✱ 2681.

分手 fēn shǒu ∘ to depart ◇ quitter, s'en aller ✱ 2748.

分化 fēn huà ∘ to break up, to split up ◇ se séparer; se diviser ✱ 2834.

分辩 fēn biàn ∘ to plead; to offer an explanation; to justify ◇ justifier, plaider ✱ 3409.

分辨 fēn biàn ∘ to distinguish; to differentiate ◇ distinguer, discerner ✱ 3411.

分开 fēn kāi ∘ to divide, to part ◇ diviser, séparer; se séparer ✱ 4045.

分析 fēn xī ∘ to analyze ◇ analyser ✱ 4305.

分歧 fēn qí ∘ difference, divergence ◇ divergence, différence ✱ 5314.

分散 fēn sàn ∘ to disperse, to scatter; to decentralize ◇ disperser, éparpiller; décentraliser ✱ 5410.

分期 fēn qī ∘ by stages; by installments ◇ à tempérament, par étape; délimiter ✱ 5437.

分娩 fēn miǎn ∘ childbirth ◇ enfanter, accoucher ✱ 5859.

分列 fēn liè ∘ to set in rows ◇ placer en rangées ✱ 6419.

分子 fēn zǐ ∘ element ◇ élément ✱ 6546.

分发 fēn fā ∘ to distribute; to assign a task ◇ distribuer; attribuer un poste ✱ 6813.

分店 fēn diàn ∘ branch office ◇ succursale ✱ 6979.

分家 fēn jiā ∘ to divide up the inheritance ◇ partager l'héritage ✱ 7747.

分赃 fēn zāng ∘ to share the stolen goods ◇ partager le butin ✱ 7973.

分别 fēn bié ∘ to distinguish, separate ◇ distinguer, discerner; se séparer; respectivement ✱ 9073.

分配 fēn pèi ∘ to distribute, apportion; to send someone to a pos ◇ distribuer; envoyer qqn. à son poste; désigner ✱ 10919.

△ fèn |1° component 2° one's rights or duty 3° excessive ◇ 1° élément 2° droits et devoir 3° excès.

△ fèn |份 +2952| 1° share, part, lot 2° function, duty 3° measure word for gifts ◇ 1° part, lot 2° tâche, sort, devoir 3° spécificatif des cadeaux.

攽 bān +7246 分攵 |to divide, to share ◇ diviser, partager [Etym] 攵 340 (rad: 066b

4-04), 分 1480 [Graph] 732b 243c.

忿 fèn +7247 分心 | 1° anger 2° hatred ◇ 1° colère 2° dépit [Etym] 心 397 (rad: 061a 4-04), 分 1480 [Graph] 732b 321c.

坌 bèn +7248 分土 | 1° dust, dirt 2° to collect together ◇ 1° poussière, saleté 2° rassembler [Etym] 土 826 (rad: 032a 3-04), 分 1480 [Graph] 732b 432a.

邠 bīn +7249 分阝 | place in Shaanxi ◇ lieu du Shaanxi [Etym] 阝 1316 (rad: 163b 2-04), 分1480 [Graph] 732b 634j.

岔 chà +7250 分山 | 1° branching, to fork 2° cross-road ◇ 1° embranchement, bifurcation 2° carrefour [Etym] 山 1611 (rad: 046a 3-04), 分 1480 [Graph] 732b 841b.

贫 pín -7251 分贝 | 貧 *7254 | 1° poor, poverty 2° inadequate 3° garrulous 4° stingy ◇ 1° pauvre, pauvreté 2° déficient 3° fastidieux, assommant 4° chiche, avare [Etym] 贝 1796 (rad: 154s 4-04), 分 1480 [Graph] 732b 854b.

贫穷 pín qióng ∘ poor, needy ◇ pauvre, indigent * 7825.

贫民 pín mín ∘ poor people ◇ pauvre, indigent * 8712.

贫困 pín kùn ∘ poor, impoverish ◇ misérable, pauvre, dans la gêne * 10947.

颁 bān -7252 分页 | 頒 *7255 | 1° to promulgate, to issue 2° to extend, to bestow ◇ 1° promulguer 2° étendre, répandre [Etym] 页 1802 (rad: 181s 6-04), 分 1480 [Graph] 732b 854d.

颁布 bān bù ∘ to promulgate; to publish ◇ promulguer, proclamer, publier * 1527.

颁发 bān fā ∘ to issue; to promulgate; to grant ◇ conférer, remettre; publier, proclamer, décréter * 6813.

盆 pén (1481) 分皿 | [Tra] basin; tub; pot ◇ bassin; écuelle; pot [Etym] vessel (2= 皿 1939); phon (1= 分 1480) ◇ vase (2= 皿 1939); phon (1= 分1480) [Graph] 732b 922a [Hanzi] pen2 湓 360, pen2 盆 7253.

盆 pén +7253 分皿 | basin, tub, pot ◇ bassin, écuelle, cuve, pot [Etym] 皿 1939 (rad: 108a 5-04), 分 1480 [Graph] 732b 922a.

盆地 pén dì ∘ basin ◇ bassin (géol.) * 4903.

貧 pín (1482) 分貝 | [Tra] poor; inadequate ◇ pauvre; avare [Etym] wealth (2= 貝 2246) that has been divided (1= 分 1480) ◇ richesse (2= 貝 2246) déjà partagée (1= 分 1480) [Graph] 732b 023b [Ref] h777, w18b [Hanzi] pin2 貧 7254.

貧 pín *7254 分貝 | 贫 -7251 | 1° poor, poverty 2° inadequate 3° garrulous 4° stingy ◇ 1° pauvre, pauvreté 2° déficient 3° fastidieux, assommant 4° chiche, avare [Etym] 貝 2246 (rad: 154a 7-04), 分 1480 [Graph] 732b 023b.

頒 bān *7255 分頁 | 颁 -7252 | 1° to promulgate, to issue 2° to extend, to bestow ◇ 1° promulguer 2° étendre, répandre [Etym] 頁 2267 (rad: 181a 9-04), 分 1480 [Graph] 732b 023f.

刃 rèn (1483) 刃 | [Tra] sword; blade; edge ◇ épée; lame [Etym] dot showing sharp blade of knife (< 刀 1477) ◇ point désignant la lame, le tranchant du couteau (< 刀 1477) [Graph] 732c [Ref] h1446, k932, ph21, r64, r264, w52a, wa85 [Hanzi] ren4 仞 2953, ren4 ren4 牣 3461, chuang4 刱 4052, jie2 刼 4873, ren4 靭 5381, ren4 纫 6023, ren4 紉 6196, ren4 轫 6365, ren4 刃 7256, ren3 忍 7257, ren4 軔 7289, ren4 韌 7369, nü4 衄 8561, ren4 軔 10708.

刃 rèn +7256 刃 | 1° edge (knife), blade 2° sword, weapon 3° to kill (sword, knife) ◇ 1° tranchant (couteau), lame 2° épée, arme 3° tuer (arme tranchante) [Etym] 刀 1477 (rad: 018a 2-01), 刃1483 [Graph] 732c.

忍 rěn (1484) 刃心 | [Tra] to endure; patience ◇ endurer; se contenter [Etym] sharp (1= 刃 1483) feelings (2= 心 397) ◇ blessures (1= 刃 1483) du coeur (2= 心 397) [Graph] 732c 321c [Ref] h1677, k933, r264, w52b, wi37 [Hanzi] ren3 忍 7257, ren4 認 9577.

忍 rěn +7257 刃心 | 1° to bear patiently, to endure 2° fortitude, patience 3° ruthless ◇ 1° endurer, supporter 2° patienter, se contenir 3° cruel [Etym] 心 397 (rad: 061a 4-03), 忍 1484 [Graph] 732c 321c.

忍受 rěn shòu ∘ to allow tacitly, to tolerate ◇ accepter, endurer, tolérer * 715.

忍让 rěn ràng ∘ to forbear, to yield ◇ tolérer et céder * 1737.

忍心 rěn xīn ∘ relentless; to have the heart to ◇ impitoyable, coeur sec * 2177.

忍无可忍 rěn wú kě rěn ∘ to run out of patience ◇ être à bout de patience * 2221 2235 7257.

忍不住 rěn bù zhù ∘ unable to endure; cannot help (doing something.) ◇ ne pas pouvoir s'empêcher de * 4066 2887.

忍耐 rěn nài ∘ to be patient, to endure ◇ patienter, supporter, endurer, subir * 8344.

刃止 shì (1485) 刃止 | [Tra] rough, rugged ◇ rugueux, rude [Etym] reduction of (歰 1486) ◇ réduction de (歰 1486) [Graph] 732c 434a [Ref] w112a [Hanzi] se4 澀 361.

歰 shì (1486) 刃刃止止 | [Tra] rough, rugged ◇ rugeux, rude [Etym] irregular ground:twisted (1,2< 止 954), upright (3,4= 止 954) feet ◇ sol irrégulier: pieds à l'endroit (3,4= 止 954) et renversés (1,2< 止 954) [Graph] 732c 732c 434a 434a [Ref] w112a [Hanzi] se4 澁 362.

办 bàn (1487) 办 | [Tra] to do; handle ◇ faire; se débrouiller [Etym] with a knife (< 刀 1477), cut chips (prim) off ◇ enlever des copeaux (prim) avec un couteau (< 刀 1477) [Graph] 732d [Ref] w52b

刀 分 刃 办

[Hanzi] chuang4 刱 4053.

那 n ā ，n à (1488) 刅阝 [Tra] surname; this, that ◇ nom propre; ce, cela [Etym] phon: town (2= 阝 1316) where many wore furs (1=prim) ◇ phon: ville (2= 阝 1316) où on portait des fourrures (1=prim) [Graph] 732e 634j [Ref] k647, ph232, w116b, wi11, wi960 [Hanzi] nuo2 挪 2558, na4 nuo2 娜 5801, na1 na4 ne4 nei4 那 7258, na3 na5 ne2 nei3 哪 9070.

那 n ā +7258 刅阝 surname ◇ nom propre [Etym] 阝 1316 (rad: 163b 2-04), 那 1488 [Graph] 732e 634j.

△ n à 1° this, that 2° then, in that case 3° there ◇ 1° celui-là, cela, ce, cet, cette, ces 2° alors, ainsi 3° là.

那个 nà gè 。 that, this ◇ celui-là, cela * 1092.

那儿 nà ér 。 over there ◇ là-bas * 2194.

那样 nà yàng 。 then, so ◇ ainsi, alors; tellement, tel que; comme tel * 4163.

那些 nà xiē 。 these, those ◇ ceux-là, celles-là * 5295.

那么 nà me 。 thus, so, then, in that case ◇ ainsi, alors; devant nombre approximatif * 5927.

那边 nà biān 。 there ◇ là * 7260.

那里 nà lǐ 。 there, that place ◇ là-bas * 10761.

△ n è 1° this, that 2° there 3° who? what? where? ◇ 1° celui-là, cela 2° là 3° quel, lequel, où?.

△ n è i this, that ◇ celui-là, cela.

力 l ì (1489) 力 [Tra] strength, power ◇ force, énergie [Etym] {1} sinew and fibrous sheath (prim); {2} plough ◇ {1} un tendon et la gaine du muscle (prim); {2} une charrue [Graph] 732f [Ref] h74, k523, r153, w53a, wa20, wi179, wi212 [Hanzi] le4 艻 836, chi4 飭 1453, ben4 hang1 夯 1559, chi4 饬 1863, le4 仂 2954, ban4 辦 3414, lao2 劳 3836, you4 幼 6103, li4 历 6847, lu3 虏 7162, li4 力 7259, bian1 边 7260, xie2 勰 7262, ban4 办 7271, qiong2 穷 7825, le1 lei4 肋 8172, jin1 jin1 觔 8369, ling4 另 9071, le4 叻 9072, xu4 勖 9940, nan2 男 10438 [Rad] 019a.

力 l ì +7259 力 1° power, strength 2° physical strength 3° ability 4° to lay stress on 5° to do one's best ◇ 1° pouvoir, puissance, énergie, dynamique 2° force musculaire 3° habileté 4° insister sur 5° faire le maximum [Etym] 力 1489 (rad: 019a 2-00), [Graph] 732f.

力量 lì liàng 。 strength, energy ◇ force, vigueur, énergie, puissance * 9964.

力气 lì qì 。 strength, energy ◇ force, énergie, vigueur * 11170.

边 b i ā n (1490) 力辶 [Tra] side, bank, edge ◇ bord, côté, limite [Etym] modern simplified form of (邊 2262) (1= 力 1489) ◇ forme simplifiée moderne de (邊 2262) (1= 力 1489) [Graph] 732f 634o [Hanzi] bian1 笾 837, bian1 边 7260.

边 b i ā n -7260 力辶 邊 *10160 1° side 2° edge 3° border, frontier 4° close by ◇ 1° côté 2° bord 3° frontière, limite 4° proximité [Etym] 辶 1346 (rad: 162b 3-02), 力 1489 [Graph] 732f 634o.

边竟 biān jìng 。 border, frontier ◇ région frontière * 672.

边界 biān jiè 。 border, boundaries ◇ frontière, confins * 10415.

边疆 biān jiāng 。 frontier ; frontier region ◇ province frontière; frontière * 11273.

劦 x i é (1491) 力力力 [Tra] union, concord ◇ union, coopération [Etym] united strength (1,2,3= 力 1489) of three persons ◇ la force (1,2,3= 力 1489) réunie de trois personnes [Graph] 732f 732f 732f [Ref] k145, ph201, r30f, w53e [Hanzi] xie2 協 3400, li4 荔 3802, xie2 脅 7261, xie2 勰 7262, xie2 脇 8173.

脅 x i é *7261 力力力月 胁 -8174 、脇 *8173 1° flanks, sides, ribs 2° to coerce, to force ◇ 1° flanc, côté 2° forcer, obliger à [Etym] 月 1823 (rad: 130b 4-06), 劦 1491 [Graph] 732f 732f 732f 856e.

勰 x i é +7262 力力力田心 1° united in agreement, concord 2° regiment 3° to aid 4° personal name ◇ 1° accord, harmonie, concorder, unanimité, union 2° régiment 3° aider, coopérer 4° prénom [Etym] 力 1489 (rad: 019a 2-13), 劦 1491 思 2316 [Graph] 732f 732f 732f 041a 321c.

加 j i ā (1492) 力口 [Tra] to add, plus ◇ ajouter, addition [Etym] words (2= 口 2063) to add strength (1= 力 1489) to arguments ◇ des paroles (2= 口 2063) pour ajouter de la force (1= 力 1489) aux arguments [Graph] 732f 011a [Ref] h431, k342, ph108, r15c, r35j, w53d, wi318, wi494 [Hanzi] jia1 笳 838, ga1 jia1 qie2 伽 2955, jia1 qie2 茄 3803, jia1 枷 4313, jia1 耞 4688, jia1 嘉 5037, jia1 珈 5146, jia1 痂 7088, jia1 加 7263, jia1 袈 7264, jia4 架 7265, jia1 迦 7266, he4 贺 7267, he4 賀 7268, jia4 駕 7269, jia4 驾 7270, ga1 ka1 咖 9074, jia1 跏 9372.

加 j i ā +7263 力口 1° to add, plus 2° to increase 3° to append, to confer upon, to inflict ◇ 1° ajouter, additionner, plus 2° augmenter 3° appliquer à, conférer à, faire du bien ou du mal [Etym] 力 1489 (rad: 019a 2-03), 加 1492 [Graph] 732f 011a.

加法 jiā fǎ 。 addition (math.) ◇ addition (math.) * 217.

加深 jiā shēn 。 to deepen, to study thoroughly ◇ approfondir, faire une recherche à fond * 406.

加油 jiā yóu 。 courage; to strive to ◇ courage et effort; prendre de l'essence; lubrifier * 575.

加入 jiā rù 。 to enter ◇ entrer, adhérer, prendre part dans * 1082.

加倍 jiā bèi。to double, to redouble ◇ doubler, redoubler, doublement * 2777.

加紧 jiā jǐn。to accelerate, to intensify ◇ accélérer, s'intensifier * 3502.

加工 jiā gōng。to process ◇ façonner, traiter * 4698.

加上 jiā shàng。plus, to add, to increase ◇ plus, ajouter, additionner * 4718.

加班 jiā bān。to work overtime ◇ faire du travail supplémentaire (heures) * 5095.

加速 jiā sù。to speed up, to hurry, to accelerate ◇ accélérer, hâter * 10379.

加强 jiā qiáng。to reinforce, to strengthen, to consolidate ◇ renforcer, consolider, fortifier * 11265.

袈 jiā +7264 力口衣 | [Etym] 衣 371 (rad: 145a 6-05), 加1492 [Graph] 732f 011a 312i.

袈裟 jiā shā。dress worn by the bonzes ◇ tunique de bonze * 138.

架 jià +7265 力口木 | 1° frame, shelf, stand 2° to erect 3° to ward off 4° to support 5° to kidnap 6° quarrel, fight 7° machine 8° framework ◇ 1° cadre, étagère, dressoir 2° ériger 3° résister à 4° soutenir, support 5° kidnapper 6° dispute 7° machine 8° charpente [Etym] 木 723 (rad: 075a 4-05), 加1492 [Graph] 732f 011a 422a.

架子 jià zǐ。framework ◇ charpente, support; structure; grands airs * 6546.

迦 jiā +7266 力口辶 | Sanskrit sound ◇ son sanskrit [Etym] 辶 1346 (rad: 162b 3-05), 加1492 [Graph] 732f 011a 634o.

贺 hè -7267 力口贝 | 賀 *7268 | 1° to congratulate 2° to send presents 3° surname ◇ 1° féliciter 2° offrir des présents avec des félicitations 3° nom propre [Etym] 贝 1796 (rad: 154s 4-05), 加 1492 [Graph] 732f 011a 854b.

贺词 hè cí。congratulation speech; congratulations ◇ discours de félicitations; congratulations * 1777.

贺年 hè nián。New Year greetings ◇ souhaiter la bonne année; offrir ses voeux de l'an * 3476.

贺芯 hè xìn。letter or message of congratulation ◇ lettre ou message de félicitations * 3603.

贺喜 hè xǐ。to congratulate somebody. on a happy occasion ◇ féliciter; souhaiter (bonne chose) * 5038.

贺电 hè diàn。congratulatory telegram ◇ dépêche de félicitations * 10734.

> 胔 jiā (1493) 力口肉 | [Tra] scab on a wound ◇ croute d'une plaie [Etym] flesh (3= 巛 1111); phon (1,2= 加 1492), also what is added ◇ chair (3= 巛 1111); phon (1,2= 加 1492), aussi ce qui s'ajoute [Graph] 732f 011a 859b [Ref] k343, wi594 [Hanzi] que2 瘸 7089.

賀 hè *7268 力口貝 | 贺 -7267 | 1° to congratulate 2° to send presents 3° surname ◇ 1° féliciter 2° offrir des présents avec des félicitations 3° nom propre [Etym] 貝 2246 (rad: 154a 7-05), 加 1492 [Graph] 732f 011a 023b.

駕 jià *7269 力口馬 | 驾 -7270 | 1° carriage 2° term of address, you 3° to harness 4° to drive ◇ 1° voiture 2° vous de respect, monsieur 3° atteler, monter un cheval 4° conduire [Etym] 馬 2486 (rad: 187a 10-05), 加 1492 [Graph] 732f 011a Z22a.

驾 jià -7270 力口马 | 駕 *7269 | 1° carriage 2° term of address, you 3° to harness 4° to drive ◇ 1° voiture 2° vous de respect, monsieur 3° atteler, monter un cheval 4° conduire [Etym] 马 2489 (rad: 187s 3-05), 加 1492 [Graph] 732f 011a Z22b.

驾驶 jià shǐ。to drive, to sail ◇ conduire, piloter, gouverner * 11137.

驾驶员 jià shǐ yuán。pilot, driver ◇ pilote, chauffeur, conducteur * 11137 9127.

> 伤 shāng (1494) 𠂉力 | [Tra] to wound ◇ blesser [Etym] modern simplified form of (昜 2215) (> 昜 1339) ◇ forme simplifiée moderne de (昜 2215) (> 昜 1339) [Graph] acc:f 732f [Hanzi] shang1 伤2956.

> 办 bàn (1495) 办 | [Tra] to set up; to do ◇ faire; préparer [Etym] modern simplified form for (辛 567) and (力 1489) combined (> 辦 569) ◇ forme simplifiée moderne pour (辛 567) et (力 1489) combinés (> 辦 569) [Graph] 732g [Ref] r30f [Hanzi] xie2 协3401, su1 苏3804, ban4 办7271, xie2 胁8174.

办 bàn -7271 办 | 辦 *3414 | 1° to do, to handle 2° to set up, to run 3° to prepare 4° to punish (by law) ◇ 1° établir, faire marcher 2° faire, manipuler 3° préparer 4° punir (en loi) [Etym] 力 1489 (rad: 019a 2-02), 办 1495 [Graph] 732g.

办法 bàn fǎ。mean, method ◇ moyen, méthode * 217.

办理 bàn lǐ。to deal ; to handle ◇ traiter (affaires), arranger, régler * 5204.

办公 bàn gōng。work in an office ◇ travailler au bureau * 5928.

办公室 bàn gōng shì。office ◇ bureau * 5928 7754.

办案 bàn àn。to handle a case in justice ◇ s'occuper d'un procès judiciaire * 7749.

办事 bàn shì。to handle business ◇ traiter les affaires * 10387.

办事处 bàn shì chù。office ◇ office, bureau * 10387 6526.

> 为 wéi (1496) 为 | [Tra] to do; because ◇ agir; parce que [Etym] modern simplified form of (為 1497) ◇ forme simplifiée moderne de (為 1497) [Graph] 732h [Ref] h1003 [Hanzi] wei2 沩 365, hui1 㧑2559, wei3 伪 2957, gui1 妫 5802, wei2 wei4 为 7272.

为 wéi -7272 为 | 為 *7273、爲 *703 | 1° to do, to act 2° to serve as 3° to become 4° to be, to make 5° by 6° surname ◇ 1° faire, agir 2° comme, pour, feindre, simuler 3° devenir 4° être

刀 力办为

5° par 6° nom de famille [Etym] 丶 1 (rad: 003a 1-03), 为 1496 [Graph] 732h.

为难 wéi nán ∘ shy, embarrassed ◇ gêné, embarrassé; avoir des difficultés * 6505.

△ wèi |為、爲 *7273、*703| 1° on account of, because, for, in order to, for whom? about 2° to stand for 3° to be ◇ 1° pour, parce que, à cause de, afin que, pour qui? 2° soutenir 3° être.

为着 wèi zhe ∘ for, on account of ◇ pour * 1531.

为什么 wèi shén me ∘ why ◇ pourquoi * 2851 5927.

为了 wèi le ∘ for, in order to ◇ en faveur de, pour, dans le but de * 6540.

為 wéi (1497) 為 |[Tra] to make; become; cause ◇ agir; devenir; cause [Etym] hand (top< 爫 102) training an elephant (> 爲 116) ◇ une main (haut< 爫 102) domptant un éléphant (> 爲 116) [Graph] 732j [Ref] h1003, k1313, w49h, wi83 [Hanzi] wei2 溈 366, hui1 撝 2560, wei3 偽 2958, gui1 嬀 5803, wei2 wei4 為 7273.

為 wéi *7273 為 |为、爲 -7272、*703| 1° to do, to act 2° to serve as 3° to become 4° to be, to make 5° by 6° surname ◇ 1° faire, agir 2° comme, pour, feindre, simuler 3° devenir 4° être 5° par 6° nom de famille [Etym] 灬 130 (rad: 086b 4-05), 為 1497 [Graph] 732j.

△ wèi |为、爲 -7272、*703| 1° on account of, because, for, in order to, for whom? about 2° to stand for 3° to be ◇ 1° pour, parce que, à cause de, afin que, pour qui? 2° soutenir 3° être.

乜 733

巳 jié (1498) 巳 |[Tra] authority; rule, law ◇ autorité; règle [Etym] seal or scepter (prim) (< 卩 1504, 卯 2057) ◇ un sceau ou un sceptre (prim) (< 卩 1504, 卯 2057) [Graph] 733a [Ref] k1067, w55b, wi500 [Hanzi] fan4 犯 5641, e4 厄 6848, xun4 巽 7274 [Rad] 049c.

巳 hǎn (1499) 巳 |[Tra] to bloom; bud ◇ bourgeon; fleurir [Etym] curling and springing up of a bud (prim) ◇ l'enroulement et le déroulement d'un bourgeon (prim) [Graph] 733a [Ref] k60, ph6, w55k [Hanzi] fan4 氾 367, fan4 範 907, zhi1 卮 7197 [Rad] 026b.

巽 xuàn (1500) 巳巳共 |[Tra] to elect; choose ◇ élire; choisir [Etym] investiture: hands (3= 共 1006) confering seals (1,2= 巳 1498) ◇ une investiture: des mains (3= 共 1006) conférant les sceaux (1,2= 巳 1498) [Graph] 733a 733a 436e [Ref] k834, ph535, w55h [Hanzi] xun4 潠 368, zhuan4 饌 1454, zhuan4 僎 1864, zhuan4 撰 2561, xun4 巽 7274, xuan3 選 7275, xun4 噀 9075, zhuan4 譔 9578.

巽 xùn +7274 巳巳共 |1° to select, to chose out 2° quiet 3° to yield 4° symbol of the wind, one of the 8 Diagrams ◇ 1° trier, choisir 2° doux, paisible 3° céder 4° symbole du vent, un des 8 Diagrammes [Etym] 巳 1498 (rad: 049c 0-10), 巽 1500 [Graph] 733a 733a 436e.

選 xuǎn *7275 巳巳共辶 |选 -5246| 1° to select 2° to elect 3° anthology ◇ 1° choisir 2° élire 3° anthologie [Etym] 辶 1346 (rad: 162b 3-10), 巽 1500 [Graph] 733a 733a 436e 634o.

乜 miē (1501) 乜 |[Tra] to squint ◇ loucher [Etym] staring in crossed directions (prim) ◇ croisement des regards (prim) [Graph] 733b [Hanzi] mie1 nie4 乜 7276.

乜 miē +7276 乜 |[Etym] 乚 385 (rad: 005c 1-01), 乜 1501 [Graph] 733b.

乜斜 miē xié ∘ to squint, half-closed eyes ◇ yeux louches, cligner des yeux, regarder de côté * 1097.

△ niè |surname ◇ nom de famille.

也 yě (1502) 也 |[Tra] also, and ◇ aussi, et [Etym] ph. b.: {1} ancient vessel of a rhyton type (prim); {2} snake (< 它 1665) ◇ e.ph.: {1} ancienne coupe en forme de rhyton (prim); {2} un serpent (< 它 1665) [Graph] 733c [Ref] k223, ph126, r13, r80, w107b, wa48, wi4 [Hanzi] chi2 池 369, chi2 箎 839, xie4 灺 1004, ta1 他 2959, ta1 牠 3462, di2 髢 4742, de5 di4 地 4903, ta1 她 5804, ye3 也 7277, yi2 yi3 yi3 迆 7278, yi2 匜 7317, shi1 施 7946, she2 蛇 10283, yi3 酏 10893, chi2 馳 11060, chi2 驰 11119, chi2 弛 11261, jie3 毑 11297.

也 yě +7277 也 |1° also, too, as well, besides, either 2° still 3° final particle ◇ 1° aussi, de plus 2° encore 3° finale explétive [Etym] 乚 385 (rad: 005c 1-02), 也 1502 [Graph] 733c.

也许 yě xǔ ∘ perhaps ◇ peut-être, sans doute * 1721.

也罢 yě bà ∘ whether...or...; all right; let it be ◇ soit ...soit...; que ...que ...; soit, bon * 10780.

迆 yí *7278 也辶 |迤、移 +7279、+4541| to go towards, to advance ◇ aller à, avancer [Etym] 辶 1346 (rad: 162b 3-03), 也 1502 [Graph] 733c 634o.

△ yǐ |1° to go towards 2° to advance ◇ 1° aller à 2° avancer.

㐌 tā (1503) 㐌 |[Tra] snake ◇ serpent [Etym] cobra standing on its tail (prim) (> 它 1665, 巴 2013) ◇ un cobra dressé (prim) (> 它 1665, 巴 2013) [Graph] 733d [Hanzi] duo4 沲 370, xie4 炧 1005, tuo1 拖 2562, shi1 绝 6024, shi1 絁 6197, yi2 迤 7279.

迤 yí +7279 㐌辶 |迆、移 *7278、+4541| to go towards, to advance ◇ aller à, avancer [Etym] 辶 1346 (rad: 162b 3-05), 㐌 1503 [Graph] 733d 634o.

卩 734

卩 jié (1504) 卩 |[Tra] seal; authority ◇ sceau; pouvoir [Etym] {1} seal or sceptre (prim); {2} seated man (prim) ◇ {1} un sceau ou un sceptre (prim); {2} un homme assis (prim) [Graph] 734a [Ref] k1067, r18b, w55b, wa9, wi509 [Hanzi] ye2 爷 1679, jie1 jie2 节 3805, xie4 卸 5322, jie1 疖 7090, wei4 卫 7280, ji2 即 8714, mao3 卯 8826, qing1 卿 8827, luan3 卵 8828, kou4 叩 9076 [Rad] 026a.

𠬝 fú (1505) 𠬝 |[Tra] authority; to impose ◇ pouvoir; s'imposer [Etym] hand (2= 又 1271) holding a sceptre (1= 卩 1504) ◇ une main (2= 又 1271) tenant un sceptre (1= 卩 1504) [Graph] 734b 633a [Ref] k43, w55c, wi376, wi768 [Hanzi] bao4 报 2563, bao4 報 4797, fu2 fu4 服 8175.

𠬝 niǎn, nǎn (1506) 𠬝 |[Tra] soft, elastic ◇ doux, souple [Etym] hand (2= 又 1271) on soft skin or body (1< 虐 1444, 尸 1951) (# 𠬝 1505) ◇ main (2= 又 1271) sur une peau douce ou un corps (1< 虐 1444, 尸 1951) (# 𠬝 1505) [Graph] 734b 633a [Ref] k668, w43j [Hanzi] nan3 赧 4789.

卫 wèi (1507) 卫 |[Tra] to escort; defend ◇ escorter; protéger [Etym] modern simplified form of (行 522) and (韋 1547) combined ◇ forme simplifiée moderne de (行 522) et (韋 1547) combinés [Graph] 734c [Hanzi] wei4 卫 7280.

卫 wèi -7280 卫 | 衛 衞 *3154 、*3155 | 1° to defend, to guard, to escort 2° surname ◇ 1° escorter, convoyer, défendre 2° nom de famille [Etym] 卩 1504 (rad: 026a 2-01), 卫 1507 [Graph] 734c.

卫生 wèi shēng ∘ hygiene, public health service ◇ hygiène, santé publique; sain, salubre, hygiénique * 5286.

卫生院 wèi shēng yuàn ∘ commune hospital ◇ dispensaire, clinique * 5286 6771.

卫生所 wèi shēng suǒ ∘ infirmary, clinic ◇ infirmerie, dispensaire, clinique * 5286 8705.

卫兵 wèi bīng ∘ guard ◇ garde * 7215.

卫星 wèi xīng ∘ star ◇ étoile, satellite * 9878.

韦 wéi (1508) 韦 |[Tra] leather; pliant ◇ cuir; mou, flexible [Etym] modern simplified form of (韋 1547) ◇ forme simplifiée moderne de (韋 1547) [Graph] 734e [Hanzi] wei3 炜 1006, hui4 讳 1779, wei3 伟 2961, wei3 苇 3806, wei3 玮 5147, wei3 纬 6025, yi1 祎 6587, hui1 袆 6664, wei2 韦 7281, wei2 违 7288, wei2 闱 8025, wei2 帏 8395, wei2 围 10959 [Rad] 178s.

韦 wéi -7281 韦 | 韋 *7360 | 1° soft leather 2° pliant, flexible 3° surname ◇ 1° cuir souple 2° mou, flexible 3° nom de famille [Etym] 韦 1508 (rad: 178s 4-00), [Graph] 734e.

韬 tāo -7282 韦爫臼 | 韜 弢 *7361 、*11262 | 1° sheath or bow case, scabbard 2° to conceal 3° military tactics ◇ 1° étui, fourreau (d'épée ou d'arc) 2° dissimuler 3° stratégie, art militaire [Etym] 韦 1508 (rad: 178s 4-10), 舀 118 [Graph] 734e 221d 835b.

韨 fú -7283 韦犮 | 韍 *7362 | sacrificial robe ◇ vêtement pour offrande [Etym] 韦 1508 (rad: 178s 4-05), 犮 251 [Graph] 734e 241b 633a.

韔 chàng -7284 韦长 | 韔 *7365 | arch sheath ◇ fourreau de l'arc [Etym] 韦 1508 (rad: 178s 4-04), 长 369 [Graph] 734e 312c.

韡 wěi -7285 韦亻匕十 | 韡 *7363 | 1° grand 2° bright 3° light ◇ 1° grandiose 2° clarté 3° lumière [Etym] 韦 1508 (rad: 178s 4-06), 华 486 [Graph] 734e 411e 321b 413a.

韛 bài -7286 韦廾用 | 韛 *7366 | leather tube appended to bellows ◇ soufflet de forge [Etym] 韦 1508 (rad: 178s 4-10), 莆 1005 [Graph] 734e 436d 856i.

韝 gōu -7287 韦冓 | 韝 *7367 | archer's finger-stall ◇ doigtier d'archer [Etym] 韦 1508 (rad: 178s 4-10), 冓 1012 [Graph] 734e 436g 858c.

违 wéi -7288 韦辶 | 違 *7368 | 1° to disobey, to oppose, rebellion 2° to be separated 3° to decline ◇ 1° désobéir, s'opposer, rébellion 2° s'écarter, être séparé 3° décliner, s'abstenir [Etym] 辶 1346 (rad: 162b 3-04), 韦 1508 [Graph] 734e 634o.

违法 wéi fǎ ∘ to break the law ◇ transgresser la loi * 217.

违拗 wéi ào ∘ to disobey, to defy ◇ désobéir, défier * 2498.

违背 wéi bèi ∘ to go against, to violate ◇ aller à l'encontre de; désobéir * 3201.

违犯 wéi fàn ∘ to violate; to infringe ◇ violer, transgresser, enfreindre * 5641.

违反 wéi fǎn ∘ to violate; to transgress ◇ contrevenir, transgresser; agir contrairement à * 7188.

违碍 wéi ài ∘ taboo, prohibition ◇ prohibition; tabou * 9771.

韧 rèn -7289 韦刃 | 韌 軔 *7369 、*5381 | 1° pliant, soft 2° tenacious ◇ 1° souple, flexible 2° tenace [Etym] 韦 1508 (rad: 178s 4-03), 刃 1483 [Graph] 734e 732c.

韫 yùn -7290 韦曰皿 | 韞 *7370 | 1° to hide 2° to keep safe ◇ 1° enfermer, cacher 2° mettre en sûreté [Etym] 韦 1508 (rad: 178s 4-09), 昷 2201 [Graph] 734e 021a 922a.

书 shū (1509) 书 |[Tra] to write; book ◇ écrire; livre [Etym] modern simplified form of (書 1571) ◇ forme simplifiée moderne de (書 1571) [Graph] 734f [Ref] h142 [Hanzi] shu1 书 7291.

书 shū -7291 书 | 書 *7398 | 1° to write 2° script, style (calligraphy) 3° book 4° letter 5° document ◇ 1° écrire, écrit 2° style (calligraphie) 3° livre, ouvrage 4° lettre 5° document [Etym] 丨 476 (rad: 002a 1-03), 书 1509 [Graph] 734f.

书法 shū fǎ。calligraphy ◇ calligraphie ✱ 217.

书籍 shū jí。book, work ◇ livre, ouvrage ✱ 787.

书记 shū jì。secretary (political party, etc.) ◇ secrétaire (du parti, etc.) ✱ 1836.

书报 shū bào。books and newspapers ◇ livres et journaux, publications ✱ 2563.

书刊 shū kān。books and periodicals ◇ livres et revues; publications ✱ 3404.

书本 shū běn。book ◇ livre ✱ 4662.

书店 shū diàn。bookstore ◇ librairie ✱ 6979.

书架 shū jià。book shelve ◇ étagère à livres ✱ 7265.

书案 shū àn。writing table ◇ bureau ✱ 7749.

书包 shū bāo。briefcase ◇ serviette, cartable ✱ 7911.

书房 shū fáng。study ◇ cabinet de travail, salle d'étude ✱ 8693.

书呆子 shū dāi zǐ。bookworm ◇ rat de bibliothèque ✱ 8953 6546.

书桌 shū zhuō。desk ◇ pupitre, bureau ✱ 10003.

书画 shū huà。calligraphy and painting ◇ calligraphie et peinture ✱ 10453.

书面 shū miàn。in writing ◇ par écrit ✱ 10929.

匚 811

匹 pǐ (1510) 匹 [Tra] mate; pair ◇ paire; couple [Etym] four (< 四 2426) unfinished ◇ quatre (< 四 2426) incomplet [Graph] 811b [Ref] h1736, w42a [Hanzi] pi3 苉 3807, pi3 匹 7292.

匹 pǐ +7292 匹 | 疋 *5323 | 1° to be equal to 2° mate 3° measure-word for mules, horses 4° bolt of cloth 5° vulgar ◇ 1° égaler 2° paire, couple 3° spécificatif des chevaux, ânes, mules, chameaux 4° pièce d'étoffe 5° vulgaire [Etym] 匸 1511 (rad: 023a 2-02), 匹 1510 [Graph] 811b.

匸 xǐ (1511) 匸 [Tra] chest; trunk; box ◇ coffre; caisse; boîte [Etym] idea of a container (> 乚 1347), couvercle. Radical 22 ◇ un contenant, un coin-cachette (> 乚 1347); un couvercle (haut) [Graph] 811c [Ref] k122, w10b, wi419 [Hanzi] hui4 汇 371, pi3 匹 7292, po3 叵 7320 [Rad] 022a.

匚 fāng (1512) 匚 [Tra] chest, trunk, box ◇ coffre, caisse, boît [Etym] wooden vessel, hollowed out, written sideways (prim) ◇ un vase de bois creusé, présenté de côté (prim) [Graph] 811c [Ref] k24, w51a [Hanzi] hui4 匯 7293, lian2 奩 7295, lian2 匳 7297, fei3 匪 7310, kuang1 匡 7313, gui3 匭 7315, jiang4 匠 7316, yi2 匜 7317, za1 匝 7318, bian3 匾 7319, kui4 匱 7328, kui4 匱 7329, xia2 匣 7330, gui3 匭 7331.

匯 huì (1513) 匚氵隹 [Tra] converge; collection ◇ confluer; réunir [Etym] a container (1= 匚 1512) to gather things: phon (2,3= 淮 39) ◇ un contenant (1= 匚 1512) pour rassembler; phon (2,3= 淮 39) [Graph] 811c 121b 436m [Ref] k96, w168c, wi933 [Hanzi] kuai3 擓 2564, hui4 匯 7293.

匯 huì *7293 匚氵隹 | 汇 -371、滙 *374、彙 *6391 | 1° to converge, confluent 2° to gather together 3° collection 4° to remit (money), bank draft ◇ 1° confluer 2° se réunir, rassembler 3° collection 4° transférer des capitaux, chèque [Etym] 匚 1512 (rad: 022a 2-11), 匯 1513 [Graph] 811c 121b 436m.

匼 kē +7294 匚亼曰 | place in Shanxi ◇ lieu du Shanxi [Etym] 匚 1511 (rad: 023a 2-06), 合 222 [Graph] 811c 233a 012a.

匲 lián *7295 匚亼曰人口人 | 奁 -1560、奩 *1561、匳 *7297 | lady's dressing case, bridal trousseau, gear ◇ trousseau de noces, sac de toilette, nippes [Etym] 匚 1512 (rad: 022a 2-13), 僉 223 [Graph] 811c 233a 012a 232a 011a 232a.

匧 qì (1514) 匚大人人 [Tra] casket, box ◇ coffret, boîte [Etym] container (1= 匚 1512); phon (2,3,4= 夾 259) ◇ contenant (1= 匚 1512); phon (2,3,4= 夾 259) [Graph] 811c 242a 232a 232a [Ref] k367, w27f [Hanzi] qie4 篋 840, qie4 愜 3295, xia2 陿 6766, qie4 㥦 7296.

㥦 qiè *7296 匚大人人心 | 惬 -3296、愜 *3295 | pleased, satisfied ◇ joie, satisfaction [Etym] 心 397 (rad: 061a 4-09), 匧 1514 [Graph] 811c 242a 232a 232a 321c.

匳 lián *7297 匚大口口口 | 奁 -1560、奩 *1561、匲 *7295 | lady's dressing case, bridal trousseau, gear ◇ trousseau de noces, sac de toilette, nippes [Etym] 匚 1512 (rad: 022a 2-12), 品 2093 [Graph] 811c 242a 011a 011a 011a.

医 yì (1515) 匚矢 [Tra] quiver ◇ carquois [Etym] container (1= 匸 1511) or quiver for arrows (2= 矢 283) ◇ un contenant (1= 匸 1511) ou un carquois pour les flèches (2= 矢 283) [Graph] 811c 242d [Ref] h225, k192, w131c [Hanzi] yi1 医 7298.

医 yī +7298 匚矢 | 醫 *7302、毉 *7299 | 1° doctor (medicine) 2° medical (science, service) 3° to cure, to heal ◇ 1° médecin 2° médecine, médical 3° traiter, guérir, cure [Etym] 匸 1511 (rad: 023a 2-05), 医 1515 [Graph] 811c 242d.

医治 yī zhì。to treat, to heal, to cure ◇ traiter, soigner, guérir ✱ 283.

医师 yī shī。doctor ◇ docteur ✱ 2752.

医生 yī shēng。physician, doctor ◇ médecin, docteur ✱ 5286.

医务所 yī wù suǒ。clinic ◇ dispensaire ✱ 6533 8705.

医院 yī yuàn。hospital ◇ hôpital ✱ 6771.

医疗 yī liáo。medical treatment ◇ traiter, soigner, guérir ✱ 7079.

医学 yī xué ∘ medicine ◇ médecine ✱ 7854.

殹 yī (1516) 匚矢儿又 [Tra] echo; sound; attack ◇ écho; choc; attaquer [Etym] an arrow (1,2= 医 1515) hitting (2,3= 殳 2519) ->sound, noise ◇ une flèche (1,2= 医 1515) qui frappe (2,3= 殳 2519) -> bruit [Graph] 811c 242d Z33a 633a [Ref] k193, ph618, w131c, wi439 [Hanzi] yi1 毉 7299, yi1 繄 7300, yi4 翳 7301, yi1 醫 7302, yi1 鹥 7303, yi1 鷖 7304.

毉 yī *7299 匚矢儿又工人人 | 医 +7298 、醫 *7302 | 1° doctor (medicine) 2° medical (science, service) 3° to cure, to heal ◇ 1° médecin 2° médecine, médical 3° traiter, guérir, cure [Etym] 殳 2519 (rad: 079a 4-14), 殹 1516 巫 809 [Graph] 811c 242d Z33a 633a 431a 232a 232a.

繄 yī +7300 匚矢儿又糸 | 1° only, alone 2° to be tantamount to ◇ 1° seul 2° équivaloir à [Etym] 糸 1185 (rad: 120a 6-11), 殹 1516 [Graph] 811c 242d Z33a 633a 613d.

翳 yì +7301 匚矢儿又习习 | 1° nebula, corneal opacity 2° to screen 3° feather fan (dancers) ◇ 1° taie sur l'oeil 2° couvrir, voiler 3° éventail de plumes (danseurs) [Etym] 羽 1472 (rad: 124a 6-11), 殹 1516 [Graph] 811c 242d Z33a 633a 731c 731c.

醫 yī (1517) 匚矢儿又酉 [Tra] heal; cure; medecine ◇ médecine; guérir [Etym] drink (5= 酉 2429) as a medecine; phon (1,2,3= 殹 1516) ◇ potion (5= 酉 2429) comme médicament; phon (1,2,3= 殹 1516) [Graph] 811c 242d Z33a 633a 062c [Ref] h225, w131c, wi439 [Hanzi] yi1 醫 7302.

醫 yī *7302 匚矢儿又酉 | 医 +7298 、毉 *7299 | 1° doctor (medicine) 2° medical (science, service) 3° to cure, to heal ◇ 1° médecin 2° médecine, médical 3° traiter, guérir, cure [Etym] 酉 2429 (rad: 164a 7-11), 醫 1517 [Graph] 811c 242d Z33a 633a 062c.

鹥 yī -7303 匚矢儿又鸟 | 鷖 *7304 | seagull ◇ goéland cendré [Etym] 鸟 2494 (rad: 196s 5-11), 殹 1516 [Graph] 811c 242d Z33a 633a Z22e.

鷖 yī *7304 匚矢儿又鳥 | 鹥 -7303 | seagull ◇ goéland cendré [Etym] 鳥 2500 (rad: 196a 11-11), 殹 1516 [Graph] 811c 242d Z33a 633a Z22h.

匧 qì (1518) 匚夹 [Tra] casket, box ◇ coffret, boîte [Etym] modern simplified form of (匧 1514) ◇ forme simplifiée moderne de (匧 1514) [Graph] 811c 242q [Hanzi] qie4 箧 841, qie4 惬 3296.

区 qū (1519) 匚乂 [Tra] place; district ◇ lieu; quartier [Etym] modern simplified form of (區 1528) ◇ forme simplifiée moderne de (區 1528) [Graph] 811c 243a [Ref] h465, w10b, w39b [Hanzi] ou1 ou4 沤 372, lian2 奁 1560, ou1 讴 1780, kou1 抠 2565, yu3 伛 2962, ou4 怄 3297, shu1 枢 4314, yu4 妪 5805, ou1 qu1 区 7305, ou1 欧 7306, ou1 鸥 7307, ou1 殴 7308, ou1 瓯 7309, qu1 岖 7566, qu1 躯 8833, ou3 呕 9077, kou1 眍 10075, qu1 驱 11120.

区 ōu -7305 匚乂 | 區 *7321 | surname ◇ nom propre [Etym] 匚 1511 (rad: 023a 2-02), 区 1519 [Graph] 811c 243a.

△ qū | 區 *7321 | 1° district, area, region, place 2° administrative division 3° to distinguish, to classify 4° humble, small ◇ 1° quartier, zone, lieu, endroit 2° circonscription administrative 3° distinguer, classer 4° humble, petit.

区分 qū fēn ∘ to distinguish, to differentiate ◇ distinguer, différencier ✱ 7245.

区别 qū bié ∘ to distinguish; difference ◇ distinguer, discerner, différence ✱ 9073.

欧 ōu -7306 匚乂欠 | 歐 *7322 | 1° short for Europe 2° surname ◇ 1° abréviation de l'Europe 2° nom propre [Etym] 欠 178 (rad: 076a 4-04), 区 1519 [Graph] 811c 243a 232b.

欧洲 ōu zhōu ∘ Europe ◇ Europe ✱ 186.

鸥 ōu -7307 匚乂鸟 | 鷗 *7324 | seagull ◇ mouette, goéland centré [Etym] 鸟 2494 (rad: 196s 5-04), 区 1519 [Graph] 811c 243a Z22e.

殴 ōu -7308 匚乂几又 | 毆 *7325 | to beat up, to strike ◇ frapper, battre [Etym] 殳 2519 (rad: 079a 4-04), 区 1519 [Graph] 811c 243a Z33a 633a.

瓯 ōu -7309 匚乂瓦 | 甌 *7326 | bowl, cup ◇ tasse, bol [Etym] 瓦 2531 (rad: 098a 4-04), 区 1519 [Graph] 811c 243a Z33f.

匪 fěi (1520) 匚非 [Tra] not; without; bandit ◇ non, sans; mauvais [Etym] box, chest (1= 匚 1511); phon, not (2= 非 611) ◇ boîte (1= 匚 1511); phon, non, négation (2= 非 611) [Graph] 811c 415b [Hanzi] fei3 篚 842, fei3 榧 4315, fei3 匪 7310.

匪 fěi +7310 匚非 | 1° bandit, robber, rebel, vagabond 2° not, without ◇ 1° brigand, bandit, mauvais 2° non, ne pas, sans [Etym] 匚 1512 (rad: 022a 2-08), 非 611 [Graph] 811c 415b.

匪徒 fěi tú ∘ bandit, robber ◇ bandit, brigand ✱ 3139.

匿 nì (1521) 匚艹𠂇口 [Tra] to hide; abscond ◇ se cacher; dissimule [Etym] to gather or bend (2, 3,4= 若 621) into hiding-place (1= 匚 1511) ◇ ramasser ou se replier (2,3,4= 若 621) dans une cachette (1= 匚 1511) [Graph] 811c 415c 241a 011a [Ref] h1664, k661, ph639, w10d [Hanzi] ni4 匿 7311, te4 慝 7312, ni4 暱 9910.

匿 nì +7311 匚艹𠂇口 | to hide, to conceal, to abscond ◇ se cacher, dissimuler [Etym] 匚 1511 (rad: 023a 2-08), 匿 1521 [Graph] 811c 415c 241a 011a.

慝 tè +7312 匚艹𠂇口心 | 1° evil, wicked 2° vice ◇ 1° mal, mal agir 2° vice [Etym] 心 397 (rad: 061a 4-10), 匿 1521 [Graph] 811c 415c 241a 011a 321c.

匡 kuāng (1522) 匚王 [Tra] regular; to assist ◇ régulier; aider [Etym] container (1= 匚 1512);phon, arranged objects (2= 王 903,

琴910) ◇ un contenant (1= 匸 1512); phon, rangement (2= 王 903, 琴 910) [Graph] 811c 432e [Ref] k453, ph223, w79d [Hanzi] kuang1 洭 373, kuang1 筐 843, kuang1 诓 1781, kuang1 kuang4 框 4316, kuang1 匡 7313, kuang1 劻 7314, kuang1 哐 9078, kuang1 誆 9579, kuang4 眶 10076.

匡 kuāng +7313 匸王 | 1° to correct, regular 2° to assist 3° surname ◇ 1° corriger, régulier, régler 2° aider, secourir 3° nom propre [Etym] 匸 1512 (rad: 022a 2-04), 匡 1522 [Graph] 811c 432e.

劻 kuāng +7314 匡王力 | [Etym] 力 1489 (rad: 019a 2-06), 匡 1522 [Graph] 811c 432e 732f.

劻勷 kuāng ráng ∘ zealous, prompt, hurried ◇ zèle, promptitude, pressé * 2153.

匯 huì (1523) 匸隹 | [Tra] converge; collection ◇ confluer; réunir [Etym] reduction of (滙 1513) ◇ réduction de (滙 1513) [Graph] 811c 436m [Ref] k96, w168c [Hanzi] hui4 滙 374.

匭 guǐ -7315 匸车九 | 匭 *7331 | box ◇ boîte [Etym] 匸 1512 (rad: 022a 2-06), 轨 1217 [Graph] 811c 614d Z32b.

匛 qiú (1524) 匸久 | [Tra] coffin ◇ cercueil [Etym] container (1= 匸 1511); phon or old (2= 久 1270) ◇ contenant (1= 匸 1511); phon ou vieux (2= 久 1270) [Graph] 811c 632g [Ref] k402 [Hanzi] jiu4 柩 4317.

匠 jiàng (1525) 匸斤 | [Tra] artisan; skill ◇ artisan; habileté [Etym] tool (2,3= 斤 1461) box (1= 匸 1512) ◇ un coffre (1= 匸 1512) à outils (2,3= 斤 1461) [Graph] 811c 722c [Ref] h1388, w51a, wi419 [Hanzi] jiang4 匠 7316.

匠 jiàng +7316 匸斤 | 1° artisan 2° skill ◇ 1° artisan 2° habileté [Etym] 匸 1512 (rad: 022a 2-04), 匠 1525 [Graph] 811c 722c.

匜 yí +7317 匸也 | 1° washing-basin 2° vessel 3° gourd-shaped ladle ◇ 1° cuvette 2° vase 3° louche [Etym] 匸 1512 (rad: 022a 2-03), 也 1502 [Graph] 811c 733c.

匝 zā (1526) 匸巾 | [Tra] to go round; dense ◇ circuit; tour; épais [Etym] different writing for (帀 1889) ◇ autre graphie pour (帀 1889) [Graph] 811c 858a [Ref] k1020, w79c [Hanzi] za1 匝 7318, za1 咂 9079, za2 砸 9731.

匝 zā +7318 匸巾 | 帀 *8414 | 1° circle, to go round, circuit, circumference 2° dense ◇ 1° cercle, circuit, circonférence 2° épais, dense [Etym] 匸 1512 (rad: 022a 2-03), 匝 1526 [Graph] 811c 858a.

匾 biǎn +7319 匸户冊 | horizontal tablets ◇ tablettes horizontales [Etym] 匸 1512 (rad: 022a 2-09), 扁 1989 [Graph] 811c 931e 856j.

叵 pǒ (1527) 匸口 | [Tra] [?] basket ◇ [?] corbeille [Etym] {?}container (匸 1511); {?}object (prim) ◇ {?} contenant (匸 1511); {?} objet (prim) [Graph] 811c 011a [Hanzi] po3 笸 844, po3 鉕 1252, po3 钷 2028, po3 叵 7320.

叵 pǒ +7320 匸口 | 1° no, not 2° impossible 3° undeserving ◇ 1° ne pas 2° impossible 3° pas digne de [Etym] 口 2063 (rad: 030a 3-02), 匸 1511 [Graph] 811c 011a.

區 qū (1528) 匸口口口 | [Tra] place; district ◇ lieu; quartier [Etym] container, place (1= 匸 1511) for analogous things (2,3,4=prim) ◇ un contenant, un lieu (1= 匸 1511) pour des choses analogues (2,3, 4=prim) [Graph] 811c 011a 011a 011a [Ref] h465, k494, ph607, w721 [Hanzi] ou1 ou4 漚 375, lian2 奩 1561, kou1 摳 2566, yu3 傴 2963, ou4 慪 3298, shu1 樞 4318, yu4 嫗 5806, ou1 qu1 區 7321, ou1 歐 7322, qu1 敺 7323, ou1 鷗 7324, ou1 毆 7325, ou1 甌 7326, qu1 嶇 7567, qu1 軀 8834, ou3 嘔 9080, ou1 謳 9580, kou1 瞘 10077, qu1 驅 11061.

區 ōu *7321 匸口口口 | 区 -7305 | surname ◇ nom propre [Etym] 匸 1511 (rad: 023a 2-09), 區 1528 [Graph] 811c 011a 011a 011a.

△ qū | 区 -7305 | 1° district, area, region, place 2° administrative division 3° to distinguish, to classify 4° humble, small ◇ 1° quartier, zone, lieu, endroit 2° circonscription administrative 3° distinguer, classer 4° humble, petit.

歐 ōu *7322 匸口口口欠 | 欧 -7306 | 1° short for Europe 2° surname ◇ 1° abréviation de l'Europe 2° nom propre [Etym] 欠 178 (rad: 076a 4-11), 區 1528 [Graph] 811c 011a 011a 011a 232b.

敺 qū *7323 匸口口口攴 | 驱 -11120 、驅 *11061 | 1° to drive (horse, car) 2° to expel 3° to gallop, to run 4° forerunner ◇ 1° conduire (cheval, char) 2° expulser, chasser 3° galoper, coureur 4° marcher devant, précurseur [Etym] 攴 1283 (rad: 066a 4-11), 區 1528 [Graph] 811c 011a 011a 011a 633c.

鷗 ōu *7324 匸口口口鳥 | 鸥 -7307 | seagull ◇ mouette, goéland centré [Etym] 鳥 2500 (rad: 196a 11-11), 區 1528 [Graph] 811c 011a 011a 011a Z22h.

毆 ōu *7325 匸口口口几又 | 殴 -7308 | to beat up, to strike ◇ frapper, battre [Etym] 殳 2519 (rad: 079a 4-11), 區 1528 [Graph] 811c 011a 011a 011a Z33a 633a.

甌 ōu *7326 匸口口口瓦 | 瓯 -7309 | bowl, cup ◇ tasse, bol [Etym] 瓦 2531 (rad: 098a 4-11), 區 1528 [Graph] 811c 011a 011a 011a Z33f.

匽 yen (1529) 匸日女 | [Tra] to hide; shut up s.o ◇ cacher; enfermer [Etym] hiding-place (1= 匸 1511); phon, siesta (2,3= 晏 2187) ◇ cachette (1= 匸 1511); phon, sieste (2,3= 晏 2187) [Graph] 811c 021a 611e [Ref] k237, ph495 [Hanzi] ya4 揠 2567, yan3 偃 2964, yan4 堰 4904, yan3 郾 7327, yan3 鼴 7430, yan3 蝘 10284.

郾 yǎn +7327 匸日女阝 | place in Henan ◇ lieu du Henan [Etym] 阝 1316 (rad: 163b 2-09),

匱1529 [Graph] 811c 021a 611e 634j.

匮 kuì -7328 |匱 *7329| 1° deficient 2° lack ◇ 1° déficient 2° manque [Etym] 匚 1512 (rad: 022a 2-09), 贵 2278 [Graph] 811c 031c 854b.

匱 kuì (1530) |[Tra] shop-counter; box ◇ comptoir; armoire [Etym] container (1= 匚 1512); phon and precious (2,3= 貴 2281) ◇ contenant (1= 匚 1512); phon, précieux (2,3= 貴 2281) [Graph] 811c 031c 023b [Ref] k457, wi925 [Hanzi] gui4 櫃 4319, kui4 匱 7329.

匱 kuì *7329 |匮 -7328| 1° deficient 2° lack ◇ 1° déficient 2° manque [Etym] 匚 1512 (rad: 022a 2-12), 匱 1530 [Graph] 811c 031c 023b.

匣 xiá +7330 |casket, small box ◇ coffret, cassette, boîte [Etym] 匚 1512 (rad: 022a 2-05), 甲 2329 [Graph] 811c 041b.

匣子 xiá zǐ ∘ small box ◇ boîte, coffret * 6546.

匭 guǐ *7331 |匦 -7315| box ◇ boîte [Etym] 匚 1512 (rad: 022a 2-09), 軌 2358 [Graph] 811c 042g Z32b.

卬 yìn (1531) |[Tra] seal; to stamp, prince ◇ sceau, imprimer [Etym] contracted form of (印 1552) ◇ forme abrégée de (印 1552) [Graph] 811d 734a [Ref] k5, ph73, w26g, wi827 [Hanzi] yi4 抑2568, yang3 仰 2965, ying2 迎 7332, ang2 昂 9911.

迎 yíng +7332 |1° to go to meet, to welcome, to receive, to greet 2° to ward off ◇ 1° aller à la rencontre de, saluer 2° parer un coup [Etym] 辶 1346 (rad: 162b 3-04), 卬 1531 [Graph] 811d 734a 634o.

迎接 yíng jiē ∘ to greet, to receive ◇ accueillir, aller au devant, recevoir * 2322.

迎面 yíng miàn ∘ in one's face, to meet head on ◇ faire face, croiser * 10929.

兜 dōu (1532) |[Tra] helmet; bag; sack; wrap ◇ heaume; sac; enveloppe [Etym] man (< 皃2226); helmet around head (prim) ◇ un homme (< 皃 2226); heaume ou oeillères protectrices (prim) [Graph] 811e 022d [Ref] k1017, ph651, w106a [Hanzi] dou1 篼 845, dou1 蔸3808, dou1 兜 7333.

兜 dōu +7333 |1° cowl, sack 2° to wrap up on a piece of cloth ◇ 1° sac, porter dans une toile 2° envelopper d'une toile [Etym] 儿 405 (rad: 010a 2-09), 兜 1532 [Graph] 811e 022d.

亡 wáng, wú (1533) |[Tra] to die; cease; not ◇ mourir; cesser; non [Etym] man (two upper strokes< 人 170); corner, hide (bottom< 𠃊 2100) ◇ un homme (deux traits supér< 人 170); un coin, une cachette (bas< 𠃊 2100) [Graph] 811f [Ref] h973, k1299, ph35, r43f, r102, w10e, wi157 [Hanzi] mang2 忙 3299, mang1 杧 3463, mang2 wang2 芒 3809, mang2 杗4320, wang2 wu2 亡 7334, wang2 wang4 忘 7335, wang4 妄7336, mang2 邙 7337, huang1 肓 7338, mang2 meng2 氓 7340, mang2 盲 7348, meng2 虻 7349, wang3 罔 8281, meng2 蝱10285, meng2 虻 10440.

亡 wáng +7334 |1° to flee, to run away 2° to lose 3° to die 4° to cease 5° to conquer 6° not, without ◇ 1° s'enfuir 2° perdre 3° mourir 4° cesser 5° conquérir 6° ne pas, sans [Etym] 亠2 (rad: 008a 2-01), 亡 1533 [Graph] 811f.

亡国 wáng guó ∘ to subjugate a nation ◇ asservissement ou soumission d'un Etat * 10952.

△ wú |1° not 2° without ◇ 1° ne pas 2° sans.

忘 wáng +7335 |1° tortoise 2° cuckold 3° bastard ◇ 1° tortue 2° mari trompé 3° salaud [Etym] 心 397 (rad: 061a 4-03), 亡 1533 [Graph] 811f 321c.

忘八 wáng bā ∘ nothing ◇ rien * 721.

△ wàng |1° to forget 2° to neglect, to overlook ◇ 1° oublier 2° négliger.

忘记 wàng jì ∘ to forget ◇ oublier * 1836.

忘我 wàng wǒ ∘ selfless ◇ oubli de soi-même, abnégation * 5544.

妄 wàng +7336 |1° absurd 2° rash, presumptuous 3° falsely, wrongly, error 4° disorder ◇ 1° insensé 2° téméraire, présomptueux 3° faussement, à tort, erreur 4° désordre [Etym] 女 1122 (rad: 038a 3-03), 亡 1533 [Graph] 811f 611e.

妄想 wàng xiǎng ∘ wishful thinking; vain hope ◇ convoiter en vain, prétendre à; vain espoir * 4445.

妄图 wàng tú ∘ to try in vain ◇ essayer en vain, faire une vaine tentative * 10957.

邙 máng +7337 |See ◇ Voir 北邙 bei3-mang2 3199-7337 [Etym] 阝 1316 (rad: 163b 2-03), 亡 1533 [Graph] 811f 634j.

肓 huāng +7338 |1° cardiac region 2° diaphragm ◇ 1° région du coeur, centres vitaux 2° diaphragme [Etym] 月 1823 (rad: 130b 4-03), 亡 1533 [Graph] 811f 856e.

望 wàng (1534) |[Tra] to hope; look at ◇ espoir; regarder [Etym] man (3< 壬930) watching decreasing (1= 亡 1533) moon (2= 月 1822) ◇ un homme (3< 壬 930) regardant la lune (2= 月 1822) décroître (1= 亡 1533) [Graph] 811f 856e 432e [Ref] ph747, w81g, wi660 [Hanzi] wang4 望 7339.

望 wàng +7339 |1° to gaze far afield, to look over 2° to visit 3° to hope, to expect 4° reputation 5° towards 6° full moon ◇ 1° regarder au loin 2° rendre visite, aller voir 3° espérer 4° renom 5° tourné vers, en face de 6° pleine lune [Etym] 月 1822 (rad: 074a 4-07), 望 1534 [Graph] 811f 856e 432e.

望远镜 wàng yuǎn jìng ∘ telescope; binoculars ◇ télescope, jumelles * 2200 1899.

氓 máng +7340 亡民 | See ◇ Voir 流氓 liu2-mang2 285-7340 [Etym] 氏 1052 (rad: 083a 4-04), 亡 1533 民 1997 [Graph] 811f 932a.
△ méng | 甿 *10440 | the common people ◇ le peuple, plèbe.

嬴 léi, yíng (1535) 亡口月 | [Tra] [?] to hide; to catch ◇ [?] cacher; saisir [Etym] reduction of (羸 1536, 贏 1538) ◇ réduction de (羸 1536, 贏 1538) [Graph] 811f 011a 856e [Ref] k567, w74b [Hanzi] lei2 羸 7341, ying2 嬴 7342, ying2 赢 7343, ying2 贏 7344, luo3 蠃 7345, luo3 臝 7346, luo2 騾 7347.

羸 léi (1536) 亡口月羊凡 | [Tra] lean; exhauted; upset ◇ maigre; épuisé; envers [Etym] catch (丮 2512), hide (亡 1533); sheep (羊 579); meat (月 1823) ◇ saisir (丮 2512); cacher (亡 1533); mouton (羊 579); viande (月 1823) [Graph] 811f 011a 856e 414b Z33b [Ref] k567, w74b [Hanzi] lei2 羸 7341.

羸 léi +7341 亡口月羊凡 | 1° lean, thin, emaciated 2° to upset ◇ 1° maigre 2° mince, malade, émacié 4° renverser [Etym] 羊 579 (rad: 123a 6-13), 羸1536 [Graph] 811f 011a 856e 414b Z33b.

嬴 yíng (1537) 亡口月女凡 | [Tra] full; satisfied ◇ plein; comblé [Etym] woman (4= 女 1122); phon, to win (1,2,3,5= 嬴 1535) ◇ femme (4= 女 1122); phon, profit (1,2,3,5= 嬴 1535) [Graph] 811f 011a 856e 611e Z33b [Hanzi] ying2 瀛 376, ying2 籯 846, ying2 嬴 7342.

嬴 yíng +7342 亡口月女凡 | 1° full 2° surname ◇ 1° plein, comblé 2° nom de famille [Etym] 女1122 (rad: 038a 3-13), 嬴 1535 [Graph] 811f 011a 856e 611e Z33b.

赢 yíng -7343 亡口月贝凡 | 贏 *7344 | 1° to win, to beat (sport, justice) 2° profit, gain 3° surplus ◇ 1° avoir le dessus, gagner, gagner (sport, procès) 2° profit, gain 3° surplus [Etym] 贝 1796 (rad: 154s 4-13), 嬴 1535 [Graph] 811f 011a 856e 854b Z33b.

贏 yíng (1538) 亡口月貝凡 | [Tra] to win; profit ◇ gagner; surplus [Etym] to seize upon (1,2,3,5< 羸 1536) money (4= 貝 2246) ◇ accaparer (1,2,3,5< 羸1536) de l'argent (4= 貝 2246) [Graph] 811f 011a 856e 023b Z33b [Ref] k290, w74b [Hanzi] ying2 籯 847, ying2 贏 7344.

贏 yíng *7344 亡口月貝凡 | 赢 -7343 | 1° to win, to beat (sport, justice) 2° profit, gain 3° surplus ◇ 1° avoir le dessus, gagner, gagner (sport, procès) 2° profit, gain 3° surplus [Etym] 貝 2246 (rad: 154a 7-13), 贏 1538 [Graph] 811f 011a 856e 023b Z33b.

蠃 luǒ +7345 亡口月虫凡 | See ◇ Voir 蜾蠃 guo3-luo3 10346-7345 [Etym] 虫 2282 (rad: 142a 6-13), 嬴 1535 [Graph] 811f 011a 856e 031d Z33b.

臝 luǒ *7346 亡口月果凡 | 裸 -6699 | bare, naked, to strip ◇ dépouiller, nu, dénuder [Etym] 月 1823 (rad: 130b 4-17), 嬴 1535 果 2364 [Graph] 811f 011a 856e 043f Z33b.

騾 luó *7347 亡口月馬凡 | 骡 -11138、騾 *11079 | mule ◇ mulet, mule [Etym] 馬 2486 (rad: 187a 10-13), 嬴 1535 [Graph] 811f 011a 856e Z22a Z33b.

盲 máng +7348 亡目 | 1° blind 2° dark ◇ 1° aveugle, cécité 2° obscur [Etym] 目 2239 (rad: 109a 5-03), 亡 1533 [Graph] 811f 023a.

盲人 máng rén。 blind person ◇ aveugle * 1070.

盲肠炎 máng cháng yán。 appendicitis ◇ appendicite * 8161 929.

盲目 máng mù。 blindly ◇ à l'aveuglette, aveuglément * 10016.

蝱 méng *7349 亡虫虫 | 虻 +10285 | horsefly, gadfly ◇ taon [Etym] 虫 2282 (rad: 142a 6-09), 亡 1533 䖵 2283 [Graph] 811f 031d 031d.

旡 812

旡 zān (1539) 旡 | [Tra] hairpin ◇ épingle à cheveux [Etym] person (bottom< 儿 405) with a brooch (prim) ◇ une personne (bas< 儿 405) avec une épingle à cheveux (prim) [Graph] 812a [Ref] k1237, r37g, w26d, wi507.

旡 jì (1540) 旡 | [Tra] to belch ◇ vomir [Etym] an uneasy breath (prim,> 气 2509, 欠 178) (# 旡 1539) ◇ respiration agitée (prim,> 气 2509, 欠 178) (# 旡 1539) [Graph] 812a [Ref] k323, w26m [Hanzi] qi4 炁 7350.

炁 qì +7350 旡灬 | 1° influences 2° air, gas 3° fervor 4° angry ◇ 1° influence 2° air, atmosphère 3° ferveur 4° colère [Etym] 灬 130 (rad: 086b 4-04), 旡 1540 [Graph] 812a 222d.

朁 zān (1541) 旡旡曰 | [Tra] to murmur ◇ murmurer [Etym] words (3= 曰 2168); phon, hairpin (1,2= 旡 1539) ◇ parole (3= 曰 2168); phon, épingle à cheveux (1,2= 旡 1539) [Graph] 812a 812a 021a [Ref] k1028, ph709, w26d [Hanzi] qian2 潛 377, zan1 簪 848, zen4 譖 1782, jian4 僭 2966, can2 蠶 7351, zan3 噆 9081, zen4 譛9581.

蠶 cán *7351 旡旡曰虫虫 | 蚕 +1575 | silkworm ◇ ver à soie [Etym] 虫 2282 (rad: 142a 6-18), 朁1541 䖵 2283 [Graph] 812a 812a 021a 031d 031d.

牙 yá (1542) 牙 | [Tra] tooth, fang ◇ dent, croc [Etym] drawing of a molar (prim) ◇ le dessin d'une molaire (prim) [Graph] 812b [Ref] k208, r77, w147a, wa16, wi97 [Hanzi] ya2 釾 1253, ya4 讶 1783, ya2 钘2029, ya2 伢 2967, ya2 芽 3811, ya1 桠 4321, ya2 玡 5148, ya2 牙 7352, ya3 雅 7353, xie2 ye2 邪 7354, ya4 迓7355, ya1 鸦 7356, ya1 鴉 7357, ya2 岈 7568, chuan1 穿7826, ya1 ya5 呀 9082, ya4 訝 9582, ya4 砑 9732, ya2 蚜10286 [Rad] 092a.

牙 yá +7352 牙 | 1° tooth 2° ivory ◇ 1° dent 2° ivoire [Etym] 牙 1542 (rad: 092a 4-00), [Graph] 812b.

牙签儿 yá qiān ér ∘ toothpick ◇ cure-dent ✱ 737 2194.

牙粉 yá fěn ∘ tooth powder ◇ poudre dentifrice ✱ 4634.

牙齿 yá chǐ ∘ tooth ◇ dent ✱ 8505.

牙刷 yá shuā ∘ toothbrush ◇ brosse à dents ✱ 8642.

牙膏 yá gāo ∘ tooth paste ◇ pâte dentifrice ✱ 9468.

雅 yǎ +7353 牙隹 | 1° standard, proper, correct, good 2° elegant 3° esteemed (term of address) 4° friendship 5° surname ◇ 1° standard, correct, bon, convenable 2° beau, raffiné 3° distingué (formule de politesse) 4° amitié 5° nom de famille [Etym] 隹 1030 (rad: 172a 8-04), 牙 1542 [Graph] 812b 436m.

雅致 yǎ zhì ∘ refined, tasteful ◇ élégant, distingué ✱ 5913.

雅观 yǎ guān ∘ refined ◇ élégant, chic, raffiné ✱ 6517.

邪 xié (1543) 牙阝 | [Tra] bad, perverse ◇ mauvais, pervers [Etym] phon: place name: village (2= 阝 1316); tooth (1= 牙 1542) ◇ phon: nom de lieu: village (2= 阝 1316); dent (1= 牙 1542) [Graph] 812b 634j [Ref] k791, ph414, w147b, wi650 [Hanzi] ye2 鎁 1254, ya2 琊 5149, xie2 ye2 邪 7354.

邪 xié +7354 牙阝 | 1° evil, bad 2° heretical 3° perverse ◇ 1° mauvais 2° hétérodoxe 3° pervers [Etym] 阝 1316 (rad: 163b 2-04), 邪 1543 [Graph] 812b 634j.

△ yé | 鎁 *1254 | 1° | See ◇ Voir 莫邪 mo4-ye2 3950-7354.

迓 yà +7355 牙辶 | to meet, to greet ◇ rencontrer, accueillir [Etym] 辶 1346 (rad: 162b 3-04), 牙 1542 [Graph] 812b 634o.

鸦 yā -7356 牙鸟 | 鴉、鵶 *7357、*11291 | raven, crow ◇ corbeau [Etym] 鸟 2494 (rad: 196s 5-04), 牙 1542 [Graph] 812b Z22e.

鸦片 yā piàn ∘ opium ◇ opium ✱ 11006.

鴉 yā *7357 牙鳥 | 鸦、鵶 -7356、*11291 | raven, crow ◇ corbeau [Etym] 鳥 2500 (rad: 196a 11-04), 牙 1542 [Graph] 812b Z22h.

乐 yuè (1544) 乐 | [Tra] joy, happy; music ◇ joie, plaisir, musiq [Etym] modern simplified form of (樂 1184) ◇ forme simplifiée moderne de (樂 1184) [Graph] 812c [Hanzi] luo4 po1 泺 378, shuo4 烁 1007, shuo4 铄 2030, li4 yue4 栎 4322, li4 轹 6366, le4 yue4 乐 7358, li4 luo4 跞 9373, li4 砾 9733.

乐 lè -7358 乐 | 樂 *6104 | 1° happiness, joy 2° to enjoy, exquisite delight 3° to laugh ◇ 1° joie, plaisir 2° se réjouir, volupté 3° rire [Etym] 丿 74 (rad: 004a 1-04), 乐 1544 [Graph] 812c.

乐趣 lè qù ∘ joy, pleasure, delight ◇ plaisir, joie, amusement ✱ 4845.

乐观 lè guān ∘ optimist ◇ optimiste, voir tout en rose ✱ 6517.

乐器 lè qì ∘ musical instrument ◇ instrument musical ✱ 9172.

△ yuè | 樂 *6104 | 1° music 2° surname ◇ 1° musique 2° nom de famille.

乐队 yuè duì ∘ orchestra; band ◇ orchestre ✱ 6711.

乐器 yuè qì ∘ musical instrument ◇ instrument de musique ✱ 9172.

夂 822

舝 xiá (1545) 夂巛冖厶牛 | [Tra] bolt of wheel; govern ◇ clavette; gouverner [Etym] {?} opposite men pulling (1,4= 𠂔 1546); phon (< 巤 1118) ◇ {?} hommes opposés tirant (1,4= 𠂔 1546); phon (< 巤 1118) [Graph] 822a 611c 851a 612a 414d [Ref] w23f [Hanzi] xia2 舝 7359.

舝 xiá *7359 夂巛冖厶牛 | See ◇ Voir 辖 6367 [Etym] 舛 1229 (rad: 136a 6-08), 舝 1545 [Graph] 822a 611c 851a 612a 414d.

𠂔 zhiang (1546) 夂㐄 | [Tra] to descend, degrade ◇ descendre; dégradé [Etym] different writing for (夅 1293) (opposite forms) ◇ autre graphie pour (夅 1293) (formes opposées) [Graph] 822a 712b.

韋 wéi (1547) 夂口㐄 | [Tra] leather; pliant ◇ cuir; mou, flexible [Etym] two men (1,3= 夅 1293) around an object or a city (2=prim) (< 韦 1508) ◇ des hommes (1,3= 夅 1293) autour d'un objet ou d'une ville (2=prim) (< 韦 1508) [Graph] 822a 011a 712b [Ref] k1308, ph487, w31g, wa159, wi772 [Hanzi] wei3 煒 1008, yi1 禕 2273, wei3 偉 2968, wei4 衛 3154, wei3 葦 3812, wei3 瑋 5150, wei3 緯 6198, hui1 褘 6665, wei2 韋 7360, wei2 違 7368, wei2 幃 8396, wei2 闈 8775, hui4 諱 9583, wei2 圍 10960 [Rad] 178a.

韋 wéi *7360 夂口㐄 | 韦 -7281 | 1° soft leather 2° pliant, flexible 3° surname ◇ 1° cuir souple 2° mou, flexible 3° nom de famille [Etym] 韋 1547 (rad: 178a 9-00), [Graph] 822a 011a 712b.

韜 tāo *7361 夂口㐄爫臼 | 韬、弢 -7282、*11262 | 1° sheath or bow case, scabbard 2° to conceal 3° military tactics ◇ 1° étui, fourreau (d'épée ou d'arc) 2° dissimuler 3° stratégie, art militaire [Etym] 韋 1547 (rad: 178a 9-10), 舀 118 [Graph] 822a 011a 712b 221d 835b.

韍 fú *7362 夂口㐄犮 | 韨 -7283 | sacrificial robe ◇ vêtement pour offrande [Etym] 韋 1547 (rad: 178a 9-05), 犮 298 [Graph] 822a 011a 712b 242j.

韡 wěi *7363 夂口㐄艹華 | 韡 -7285 | 1° grand 2° bright 3° light ◇ 1° grandiose 2° clarté 3° lumière [Etym] 韋 1547 (rad: 178a 9-10), 華 627 [Graph] 822a 011a 712b 415c 414k.

韤 wà *7364 夂口㐄艹罒戌 | 袜、襪 -6634、*6630 | 1° socks, stockings 2° girdle ◇ 1° bas, chaussette 2° ceinture [Etym] 韋 1547 (rad: 178a 9-14), 蔑 691 [Graph] 822a 011a 712b 415c 051a 512k.

韔 chàng *7365 韔 -7284 | arch sheath ◇ fourreau de l'arc [Etym] 韋 1547 (rad: 178a 9-08), 長 822 [Graph] 822a 011a 712b 431c 312d.

韝 bài *7366 韝 -7286 | leather tube appended to bellows ◇ soufflet de forge [Etym] 韋 1547 (rad: 178a 9-10), 莆 1005 [Graph] 822a 011a 712b 436d 856i.

韝 gōu *7367 韝 -7287 | archer's finger-stall ◇ doigtier d'archer [Etym] 韋 1547 (rad: 178a 9-10), 冓 1012 [Graph] 822a 011a 712b 436g 858c.

違 wéi *7368 违 -7288 | 1° to disobey, to oppose, rebellion 2° to be separated 3° to decline ◇ 1° désobéir, s'opposer, rébellion 2° s'écarter, être séparé 3° décliner, s'abstenir [Etym] 辶 1346 (rad: 162b 3-09), 韋 1547 [Graph] 822a 011a 712b 634o.

韌 rèn *7369 韧 -7289 、*5381 | 1° pliant, soft 2° tenacious ◇ 1° souple, flexible 2° tenace [Etym] 韋 1547 (rad: 178a 9-03), 刃 1483 [Graph] 822a 011a 712b 732c.

韞 yùn *7370 韫 -7290 | 1° to hide 2° to keep safe ◇ 1° enfermer, cacher 2° mettre en sûreté [Etym] 韋 1547 (rad: 178a 9-10), 昷 2442 [Graph] 822a 011a 712b 071a 232a 922a.

五 wǔ (1548) 五 | [Tra] five; musical note ◇ cinq; note de musique [Etym] {1} fifth cardinal axis between heaven and earth (prim); {2} an 'X' meaning five (prim) (> 十 560) ◇ {1} cinquième axe cardinal entre ciel et terre (prim); {2} un 'X' symbolisant le nombre 5 (prim) (> 十 560) [Graph] 822b [Ref] k1280, r49, w39a, wa192, wi30 [Hanzi] wu3 伍 2969, wu3 五 7371, wu2 吾 7372, n3 ng3 呒 9083.

五 wǔ +7371 五 | 1° five 2° musical note 3° surname ◇ 1° cinq 2° note de musique 3° nom de famille [Etym] 二 4 (rad: 007a 2-02), 五 1548 [Graph] 822b.

五彩 wǔ cǎi 。 multicolored ◇ multicolore * 690.

五金 wǔ jīn 。 the five metals; hardware ◇ les cinq métaux; quincaillerie * 1106.

五线谱 wǔ xiàn pǔ 。 staff ◇ portée (musicale) * 5994 1747.

五官 wǔ guān 。 the five sense organs ◇ les cinq sens * 7771.

五月 wǔ yuè 。 May ◇ mai * 8057.

吾 wú (1549) 五口 | [Tra] I, me, we ◇ je, moi, nous [Etym] mouth (2= 口 2063); phon (1= 五 1548) ◇ une bouche (2= 口 2063); phon (1= 五 1548) [Graph] 822b 011a [Ref] k1281, ph316, r14b, w39a [Hanzi] wu2 浯 379, wu4 焐 1009, yu3 yu4 语 1784, wu3 捂 2569, ya2 衙 3156, wu4 悟 3300, wu3 梧 3464, wu2 梧 4323, wu4 痦 7091, wu2 吾 7372, yu3 敔 7373, wu2 郚 7374, wu2 鼯 7431, yu3 龉 8511, yu3 齬 8528, n2 唔 9084, ng2 0, yu3 yu4 語 9584, wu4 晤 9912, yu3 圄 10961.

吾 wú +7372 五口 | 1° I, my 2° me, we, our ◇ 1° je, moi 2° nous [Etym] 口 2063 (rad: 030a 3-04), 吾 1549 [Graph] 822b 011a.

敔 yǔ +7373 五口攵 | 1° to stop, to cease 2° ancient percussion instrument used to stop the music ◇ 1° arrêter 2° claquette annonçant la fin du morceau [Etym] 攵 340 (rad: 066b 4-07), 吾 1549 [Graph] 822b 011a 243c.

郚 wú +7374 五口阝 | See ◇ Voir 郦郚 tang2-wu2 6960-7374 [Etym] 阝 1316 (rad: 163b 2-07), 吾 1549 [Graph] 822b 011a 634j.

夬 kuài (1550) 夬 | [Tra] to divide ◇ partager [Etym] archer's hand hoding string of an arrow (prim) ◇ main de l'archer en train de décocher une flèche (prim) [Graph] 822c [Ref] k440, ph53, w43o, wa134, wi109 [Hanzi] jue2 决 34, jue2 泱 380, que1 炔 1010, jue2 诀 1785, jue2 抉 2570, kuai4 快 3301, kuai4 块 4905, jue2 玦 5151, mei4 袂 6666, que1 缺 7641, jue2 觖 8370, jue2 訣 9585, jue2 駃 11062, jue2 玦 11121, jue2 鴃 11152, jue2 鴃 11159.

⺕ 831

⺕ zhǎo (1551) ⺕ | [Tra] hand ◇ main [Etym] hand or claws (prim) ◇ main ou griffes (prim) [Graph] 831a [Ref] w135h, wi673 [Hanzi] nüe4 yao4 疟 7092, nüe4 虐 7163, yin4 印 7375.

印 yìn (1552) ⺕卩 | [Tra] seal; to stamp ◇ sceau; imprimer [Etym] {1} main (1= ⺕ 1551) tenant un sceau (2= 卩 1504); {2} hand (1> 彐 1565) holding a prisoner (2=prim) ◇ {1} une main (1= ⺕ 1551) tenant un sceau (2= 卩 1504); {2} une main (1> 彐 1565) tenant un prisonnier (2=prim) [Graph] 831a 734a [Ref] h425, k1067, w49i, wa164, wi673 [Hanzi] yin4 茚 3813, yin4 印 7375, yin4 鉚 10508, yin4 鉚 10603.

印 yìn +7375 ⺕卩 | 1° seal, stamp 2° print 3° to engrave 4° to tally, to conform 5° surname ◇ 1° sceau, empreinte 2° imprimer 3° graver 4° étiquetter, conformer 5° nom de famille [Etym] 卩 1504 (rad: 026a 2-03), 印 1552 [Graph] 831a 734a.

印刷 yìn shuā 。 to print ◇ imprimer * 8642.

印刷品 yìn shuā pǐn 。 printed matter ◇ imprimé * 8642 9179.

印象 yìn xiàng 。 impression ◇ impression * 10385.

保 bǎo (1553) ⺕口木 | [Tra] to hatch; protect ◇ protéger; couver [Etym] bird in nest: head, wings (2,3=prim); legs (1= ⺕ 1551) ◇ un oiseau au nid: tête, ailes (2,3=prim); pattes (1= ⺕ 1551) [Graph] 831a 011a 422a [Ref] w94b.

彐 832

灵 líng (1554) 彐火 | [Tra] marvellous; clever ◇ mystère; efficace [Etym] modern simplified form of (靈 1898) ◇ forme simplifiée moderne de (靈 1898) [Graph] 832a 231b [Hanzi] ling2 棂 4324,

ling2 灵 7376.

灵 líng +7376 |靈 *8458| 1° quick, clever 2° effective 3° intelligence, spirit 4° fairy 5° coffin, bier 6° surname ◇ 1° rapide, éveillé, souple, astucieux 2° efficace, bienfaisant 3° intelligence, esprit, âme 4° merveilleux 5° cercueil, défunt 6° nom propre [Etym] 火156 (rad: 086a 4-03), 彐 1565 [Graph] 832a 231b.

灵活 líng huó ∘ clever, lively ◇ vif, habile, débrouillard; souple, alerte * 524.

灵便 líng biàn ∘ skilled, clever ◇ habile, astucieux * 3074.

灵魂 líng hún ∘ spirit, innermost soul ◇ âme, ce qu'on a de plus profond; facteur décisif * 5922.

寻 xín ,xún (1555) |[Tra] to marry; look for ◇ épouser; rechercher [Etym] modern simplified form of (尋 1566) ◇ forme simplifiée moderne de (尋 1566) [Graph] 832a 332b [Hanzi] xun2 浔 381, xian2 挦 2571, qian2 荨 3814, xin2 xun2 寻 7377, yue1 䕮 7378, xun2 㖊 9086, xun2 鲟 10509.

寻 xín -7377 |尋 *7393| to marry ◇ épouser [Etym] 寸 441 (rad: 041a 3-03), 寻 1555 [Graph] 832a 332b.

△ xún |尋 *7393| 1° to look for, to search 2° ancient measure of length = about 8 chi (feet) 3° to continue 4° regular 5° suddenly 6° to use 7° to climb ◇ 1° chercher 2° ancienne unité de mesure = 8 pieds 3° continuer 4° ordinaire 5° soudain 6° employer 7° grimper.

寻求 xún qiú ∘ to seek, to explore ◇ aspirer à, chercher * 2314.

寻找 xún zhǎo ∘ to seek, to look for ◇ chercher, rechercher * 2483.

寻常 xún cháng ∘ ordinary, usual, common ◇ ordinaire, habituel, commun * 7870.

䕮 yuē +7378 |蘿 *7394| 1° to measure 2° to weigh ◇ 1° mesurer 2° peser [Etym] 彐1565 (rad: 058c 3-16), 寻 1555 蒦 636 [Graph] 832a 332b 415c 436m 633a.

𠬶 qìn (1556) |[Tra] to dust ◇ épousseter [Etym] two hands (1= 彐 1565) (3= 欲 236) holding a duster (2< 久 1270) ◇ deux mains (1= 彐 1565) (3= 欲 236) tenant une époussette (2< 久 1270) [Graph] 832a 851a 633a [Ref] k1081, ph261, w441 [Hanzi] jin4 浸 382, qin3 锓 1255, qin3 锓 2031, jin4 祲 2274, qin1 侵 2970, qin3 梫 4325, jin4 祲 6588, qin4 唚 9087, qin1 駸 11063, qin1 骎 11122.

帚 zhǒu (1557) |[Tra] duster ◇ époussette [Etym] duster: hand (1= 彐 1565), handle (2=prim), cloth (3= 巾 1886) ◇ une époussette: une main (1= 彐 1565), une poignée (2=prim), un tissus (3= 巾 1886) [Graph] 832a 851a 858a [Ref] k1241, ph343, r145, w35e, w44k, w44l, wa136, wi405, wi847 [Hanzi] zhou3 箒 849, sao3 sao4 掃 2572, sao4 埽 4906, fu4 婦 5809, zhou3 帚 7379.

帚 zhǒu +7379 |箒 *849| broom ◇ balai [Etym] 巾 1886 (rad: 050a 3-05), 帚 1557 [Graph] 832a 851a 858a.

当 dāng (1558) |[Tra] outht; suitable; equal ◇ il faut, il convient [Etym] modern simplifi,e form of (當 1749) ◇ forme simplifiée moderne de (當 1749) [Graph] 832b [Ref] h183, r32a [Hanzi] cheng1 dang1 铛 2032, dang3 dang4 挡 2573, dang4 档 4326, dang1 珰 5152, dang1 裆 6667, dang1 dang4 当 7380.

当 dāng +7380 |當 *7873 、噹 7° *9117 、璫 7° *5166| 1° equal 2° ought, should, must 3° in somebody's presence 4° suitable, just at 5° to act as 6° to bear, to accept, to meet 7° tolling of a bell ◇ 1° égal, équivaloir, tenir lieu de 2° il faut 3° en présence de quelqu'un 4° il convient, juste 5° se charger de 6° supporter, accepter 7° son d'une cloche [Etym] 彐 1565 (rad: 058c 3-03), 当 1558 [Graph] 832b.

当心 dāng xīn ∘ to be careful, to take care ◇ faire attention, prendre des précautions * 2177.

当儿 dāng ér ∘ at the moment, when ◇ au moment où * 2194.

当代 dāng dài ∘ the present age; contemporary era ◇ à l'époque actuelle, de nos jours * 2911.

当年 dāng nián ∘ in those years; the prime of life ◇ autrefois, à l'époque; dans la force de l'âge * 3476.

当场 dāng chǎng ∘ on the spot; then and there ◇ sur place; sur-le-champ, aussitôt * 4884.

当地 dāng dì ∘ local; in the locality ◇ de ce lieu, de ce pays * 4903.

当然 dāng rán ∘ of course, certainly ◇ bien sûr, naturellement, évidemment * 6452.

当初 dāng chū ∘ formerly; originally; at the outset, at first ◇ auparavant; autrefois; à l'époque, dans le temps * 6663.

当前 dāng qián ∘ present, current; to face ◇ à présent, à l'heure actuelle; avoir en face * 8261.

当真 dāng zhēn ∘ true, serious, genuine ◇ vrai, sérieux * 8551.

当局 dāng jú ∘ the authorities ◇ les autorités * 8676.

当时 dāng shí ∘ then; at that time ◇ alors, à ce moment-là, à cette époque-là * 9861.

当中 dāng zhōng ∘ middle ◇ milieu * 10183.

当面 dāng miàn ∘ in somebody's presence; openly ◇ en présence de, ouvertement * 10929.

△ dàng |當 *7873| 1° proper, right 2° to match 3° to treat as 4° to think 5° that very 6° to pawn ◇ 1° convenable, juste 2° équivaloir à 3° considérer comme 4° penser 5° ceci, présent 6° hypothéquer.

当天 dāng tiān。that very day, the same day ◇ le jour même, le même jour ✱ 1573.

当作 dāng zuò。to treat as, to consider as ◇ considérer comme, traiter qqn. comme ✱ 2850.

当年 dāng nián。that year; the same year ◇cette année-là; la même année ✱ 3476.

当真 dāng zhēn。true, really; to take seriously ◇ vrai, vraiment; prendre pour vrai ✱ 8551.

当时 dāng shí。at once, immediately ◇ tout de suite, immédiatement ✱ 9861.

刍 chú (1559) 刍 [Tra] grass, hay; worthless ◇ herbe, foin; vaurien [Etym] modern form of (芻 1776);here, hand (⺕ 1565),knife (haut< 刀 1477) ◇ forme moderne de (芻 1776); main (⺕ 1565), couteau (haut< 刀 1477) [Graph] 832c [Ref] r20b, w18d, wi661 [Hanzi] zhou1 诌 1786, zhou4 㑇 2971, zhou4 㤘 3302, qu1 趋 4850, zhou4 绉 6026, chu2 刍 7381, ji2 急 7383, chu2 雏 7384, zou1 邹 7385, zhou4 皱 7386, chu2 鸰7387, zou1 驺 11123.

刍 chú -7381 | 芻 *7905 | 1° grass, hay 2° vulgar, worthless ◇ 1° herbe, foin 2° vulgaire, sans valeur [Etym] ⺕ 1565 (rad: 058c 3-02), 刍 1559 [Graph] 832c.

煞 shā (1560) 刍攵灬 [Tra] to kill; to reduce ◇ tuer; finir [Etym] cut (1= 刀 1477); strike (2= 攵 340);burn (3= 灬 130) (> 殺 328) ◇ couper (1= 刀 1477); frapper (2= 攵 340); brûler (3= 灬 130) (> 殺 328) [Graph] 832c 243c 222d [Ref] k847, w126c [Hanzi] sha1 sha4 煞 7382.

煞 shā +7382 刍攵灬 | 1° to stop 2° to strike dead (sun) 3° to murder 4° to end 5° to tighten 6° to expel ◇ 1° cesser 2° coup (soleil) 3° tuer 4° mettre fin 5° lier, freiner 6° dissiper, chasser [Etym] 灬 130 (rad: 086b 4-09), 煞 1560 [Graph] 832c 243c 222d.

△ shà | 1° evil spirit 2° very 3° to end 4° what ◇ 1° influx malfaisant, funeste 2° excessivement 3° cesser, mettre fin 4° quoi.

煞白 shà bái。ghastly pale; deathly pale ◇livide, mortellement pâle ✱ 9973.

急 jí (1561) 刍心 [Tra] emotion; urgent ◇ émotion; hâte [Etym] feelings (2= 心 397) that seize (1< ⺕ 1565) a man (haut< 人 170) ◇ un homme (haut< 人 170) saisi (1< ⺕ 1565) par ses sentiments (2= 心397) [Graph] 832c 321c [Ref] h254, r20b, w19d, wi661 [Hanzi] wen3 稳 4548, yin3 隐 6767, ji2 急 7383.

急 jí +7383 刍心 | 1° impatience, haste, to be eager to help 2° to worry 3° irritated 4° fast 5° urgent, emergency 6° emotion, passion ◇ 1° impatience, en hâte 2° préoccupé 3° irrité, fâché 4° rapide 5° urgent, pressé 6° émotion, passion [Etym] 心397 (rad: 061a 4-05), 急 1561 [Graph] 832c 321c.

急诊 jí zhěn。emergency call or treatment ◇service d'urgence (hôpital) ✱ 1700.

急于 jí yú。to hurry; eager, impatient ◇ se dépêcher, se presser de, se hâter de ✱ 2306.

急救 jí jiù。emergency treatment; first aid ◇ apporter des secours d'urgence; premiers soins ✱ 2315.

急性 jí xìng。acute; nervous ◇ aigu; nerveux, impatient ✱ 3262.

急忙 jí máng。hastily; to hurry ◇ se hâter, se dépêcher; à la hâte ✱ 3299.

急巴巴 jí bā bā。impatient, anxious ◇impatient, inquiet ✱ 8730 8730.

急躁 jí zào。impatient, irritated ◇ pressé, irritable; impatient, fougueux ✱ 9397.

雏 chú -7384 刍隹 | 雛 *7906 | chicken ◇ poussin [Etym] 隹 1030 (rad: 172a 8-05), 刍 1559 [Graph] 832c 436m.

邹 zōu -7385 刍阝 | 鄒 *7907 | 1° place in Shandong 2° surname ◇ 1° lieu du Shandong 2° nom de famille [Etym] 阝 1316 (rad: 163b 2-05), 刍1559 [Graph] 832c 634j.

皱 zhòu -7386 刍广又 | 皺 *7908 | wrinkled, creased ◇ pli, ride, ridé, froissé [Etym] 皮1452 (rad: 107a 5-05), 刍 1559 [Graph] 832c 721h 633a.

皱纹 zhòu wén。wrinkle, line ◇ ride, pli ✱ 5954.

鸰 chú -7387 刍鸟 | 鶵 *7909 | young (bird) ◇ jeune (oiseau) [Etym] 鸟 2494 (rad: 196s 5-05), 刍 1559 [Graph] 832c Z22e.

⺕ zhì (1562) ⺕ [Tra] boar's snout ◇ groin du sanglier [Etym] boar's snout (prim) (> 象 1107, 彘 1219) ◇ le groin du sanglier (prim) (> 象1107, 彘 1219) [Graph] 832d [Ref] k321, w68a [Hanzi] lu4 录 7388 [Rad] 058a.

录 lù (1563) ⺕⺢ [Tra] to record; chronicle ◇ noter; annales [Etym] different writing for (录 1220) ◇ autre graphie pour (录 1220) [Graph] 832d 331o [Ref] wa116 [Hanzi] lu4 渌 383, lu4 箓 850, lu4 lü4 绿6027, lu4 禄 6589, lu4 录 7388, bao1 bo1 剥 7389, lu4 逯 7390, lu4 盝 7391, lu4 崇 7569, liu4 lu4 碌 9734, lu4 醁 10894, lü4 氯 11186.

录 lù -7388 ⺕⺢ | 彔 *6385、錄 *1228 | 1° to write down 2° to hire, to employ 3° to tape-record 4° collection, register 5° surname ◇ 1° noter, inscrire 2° emprunter, utiliser 3° copier (cassette) 4° registre, liste, annales 5° nom propre [Etym] ⺕ 1562 (rad: 058a 3-05), 录 1563 [Graph] 832d 331o.

录音 lù yīn。sound recording ◇ enregistrer des sons ✱ 665.

录音机 lù yīn jī。tape recorder ◇ magnétophone ✱ 665 4478.

录像机 lù xiàng jī。video recorder ◇magnétoscope ✱ 3063 4478.

录取 lù qǔ。to admit, to enroll, to recruit ◇admettre, recruter, enrôler ✱ 5460.

剥 bāo -7389 |剝 *6386| 1° to flay 2° to peel 3° to extort ◇ 1° écorcer 2° peler 3° extorquer [Etym] 刂 470 (rad: 018b 2-08), 录 1563 [Graph] 832d 331o 333b.

剥削 bāo xiāo。to exploit, to take advantage of ◇ exploiter, tirer le meilleur de * 8352.

△ bō |剝 *6386| 1° to cut through 2° to strip 3° to extort 4° to harm ◇ 1° fendre, couper 2° dépouiller 3° extorquer 4° blesser, nuire.

剥削 bō xuē。to exploit, exploitation ◇ exploiter, exploitation * 8352.

逯 lù +7390 |逯 *6387| 1° to advance with caution 2° surname ◇ 1° marcher avec circonspection 2° nom de famille [Etym] 辶 1346 (rad: 162b 3-08), 录 1563 [Graph] 832d 331o 634o.

盝 lù +7391 |盝 *6388| 1° ancient box 2° to filter ◇ 1° boîte antique 2° filtrer [Etym] 皿 1939 (rad: 108a 5-08), 录 1563 [Graph] 832d 331o 922a.

丑 chǒu (1564) [Tra] to tie; bound hand ◇ lier; main liée [Etym] one hand and its bound (prim) (> 彐 1565) ◇ une main et son attache (prim) (> 彐 1565) [Graph] 832e [Ref] k1242, ph50, w44b, wa22 [Hanzi] niu3 鈕 1256, xiu1 羞 1530, niu3 钮 2033, niu3 扭 2574, niu3 忸 3303, niu3 狃 5642, nao2 猱 5643, niu1 妞 5808, niu3 纽 6028, niu3 紐 6199, chou3 丑 7392, nü4 衄 8563, chou3 瞅 10078, nü4 衄 10166.

丑 chǒu +7392 |醜 2° *10916| 1° cyclical character, from 1 to 3 o'clock A.M. 2° ugly ◇ 1° caractère cyclique, 1 à 3 heures du matin 2° laid [Etym] 一 3 (rad: 001a 1-03), 丑 1564 [Graph] 832e.

丑恶 chǒu è。ugly, hideous ◇ vilain; hideux, très laid * 5342.

丑陋 chǒu lòu。ugly, awful ◇ laid, vilain * 6776.

彐 833

彐 shǒu (1565) [Tra] hand ◇ main [Etym] hand (prim) ◇ une main (prim) [Graph] 833a [Ref] w44a, wi438 [Hanzi] sao3 sao4 扫 2575, gui1 归 2750, hui4 彗 3481, fu4 妇 5807, ling2 灵 7376, xin2 xun2 寻 7377, yue1 彟 7378, dang1 dang4 当 7380, chu2 刍 7381, xue3 雪 8446 [Rad] 058c.

尋 xín, xún (1566) [Tra] to marry; look for ◇ épouser; rechercher [Etym] two hands (1= 彐 1565) (4= 寸 441) handling thread reel (2,3=prim) ◇ deux mains (1= 彐 1565) (4= 寸 441) maniant un dévidoir (2,3=prim) [Graph] 833a 431a 011a 332b [Ref] ph686, w45f [Hanzi] xun2 潯 384, xian2 撏 2576, qian2 蕁 3815, xin2 xun2 尋 7393, yue1 彠 7394, xun2 噚 9088, xun2 鱘 10604.

尋 xín *7393 |寻 -7377| to marry ◇ épouser [Etym] 寸 441 (rad: 041a 3-09), 尋 1566 [Graph] 833a 431a 011a 332b.

△ xún |寻 -7377| 1° to look for, to search 2° ancient measure of length = about 8 chi (feet) 3° to continue 4° regular 5° suddenly 6° to use 7° to climb ◇ 1° chercher 2° ancienne unité de mesure = 8 pieds 3° continuer 4° ordinaire 5° soudain 6° employer 7° grimper.

彠 yuē *7394 |彟 +7378| 1° to measure 2° to weigh ◇ 1° mesurer 2° peser [Etym] 彐 1565 (rad: 058c 3-22), 尋 1566 蒦 636 [Graph] 833a 431a 011a 332b 415c 436m 633a.

盡 jìn (1567) [Tra] exhausted; utmost; all ◇ épuisé; limite; tout [Etym] {1} ash (2= 灬 130) vessel (3= 皿 1939), hence idea of 'burnt out', phon (1= 聿 1568); {2} cleaning (1,2=prim) of a ritual vessel (3= 皿 1939) ◇ {1} vase (3= 皿 1939) de cendres (2= 灬 130), d'où le sens de 'consumé', phon (1= 聿 1568); {2} nettoyage (1,2=prim) d'un vase rituel (3= 皿 1939) [Graph] 833d 222d 922a [Ref] h1447, k1080, ph774, w169d, wa190, wi648 [Hanzi] jin4 濜 385, jin4 燼 1011, jin3 儘 2972, jin4 藎 3816, jin4 盡 7395, jin4 贐 10134.

盡 jìn *7395 |尽 -8675| 1° exhausted, finished 2° to the utmost, to try one's best 3° to use up 4° all ◇ 1° épuisé, finir 2° à l'extrême limite, faire tous ses efforts pour 3° employer ou dire entièrement 4° tout, tous [Etym] 皿 1939 (rad: 108a 5-09), 盡 1567 [Graph] 833d 222d 922a.

聿 jīn (1568) [Tra] writing-brush ◇ pinceau à écrire [Etym] orig. somewhat different from (聿 1569); now, identical ◇ origine, un peu différent de (聿 1569); maintenant, identique [Graph] 833e [Ref] k1321, r8a, r409, w169b, wi7 [Hanzi] bi3 筆 851, lü4 律 3157, yu4 聿 7396, su4 肃 7414, su4 肅 7420, zhao4 肇 8690 [Rad] 129a.

聿 yù (1569) [Tra] to write; suddenly ◇ écrire; soudain [Etym] hand (< 彐 1565), brush (vertical), writing sticks (horiz) ◇ une main (< 彐 1565), un pinceau (vert), des bâtons comme supports de l'écrit (horiz) [Graph] 833e [Ref] k1321, r34e, r34q, r408, w44d, wa198, wi9, wi678 [Hanzi] jin1 津 386, shu1 書 7398.

聿 yù +7396 1° prefix to a sentence 2° suddenly ◇ 1° mot indiquant le début d'une phrase 2° soudain [Etym] 聿 1568 (rad: 129a 6-00), [Graph] 833e.

建 jiàn (1570) [Tra] to build; to found ◇ ériger; construire [Etym] draw a plan (1= 聿 1568); to make it (2= 廴 1345) ◇ dessiner un projet (1= 聿 1568); l'exécuter (2= 廴 1345) [Graph] 833e 634n [Ref] h473, k373, ph430, r8b, w169b, wi764 [Hanzi] jian4 鍵 1257, jian4 键 2034, jian4 毽 2189, jian4 健 2973, jian1 qian2 犍 3465, jian4 楗 4327, jian1 鞬 5383, jian4 建 7397, jian4 腱 8176.

建 jiàn +7397 1° to build 2° to establish, to found 3° to propose 4° of Fujian Province ◇ 1° ériger 2° constituer, établir, fonder, poser 3° proposer 4° de la province de Fujian [Etym] 廴1345 (rad: 054a 2-06), 建1570 [Graph] 833e 634n.

建立 jiàn lì。to establish, to found ◇ établir, fonder, instituer, créer * 637.

建筑 jiàn zhù。to build, architecture ◇ construire, ériger, architecture, bâtir * 790.

建交 jiàn jiāo。to establish diplomatic relations ◇ établir des relations diplomatiques * 1681.

建议 jiàn yì。to propose, to advise ◇ proposer, conseiller; conseil, suggestion * 1709.

建设 jiàn shè。to build, to found ◇ édifier, construire, fonder, créer * 1834.

建造 jiàn zào。to build, to construct ◇ construire * 5236.

建白 jiàn bái。to put forward, to express ◇ proposer; exprimer * 9973.

建国 jiàn guó。to found a state ◇ fonder un Etat * 10952.

書 shū (1571) 聿日 | [Tra] writing; a book ◇ écriture; livre [Etym] hand holding brush (1= 聿1569) to write many things (2< 者893) ◇ un pinceau à la main (1= 聿1569) pour écrire des choses (2< 者893) [Graph] 833e 021a [Ref] h142, r408, w169c, wa198, wi9 [Hanzi] shu1 書7398.

書 shū *7398 | 书 -7291 | 1° to write 2° script, style (calligraphy) 3° book 4° letter 5° document ◇ 1° écrire, écrit 2° style (calligraphie) 3° livre, ouvrage 4° lettre 5° document [Etym] 日2169 (rad: 072a 4-06), 書1571 [Graph] 833e 021a.

晝 zhòu (1572) 聿日一 | [Tra] daytime ◇ clarté; jour (# nuit) [Etym] when it is clear enough (2= 旦2170) to write (1= 書1571) ◇ quand il fait assez jour (2= 旦2170) pour écrire (1= 書1571) [Graph] 833e 021a acc:z [Ref] w189c [Hanzi] zhou4 晝7399.

晝 zhòu *7399 | 昼 -8674 | daytime ◇ jour [Etym] 日2168 (rad: 073a 4-07), 晝1572 [Graph] 833e 021a acc:z.

畫 huà (1573) 聿田一 | [Tra] to draw; to paint ◇ dessiner; peindre [Etym] hand and brush (1= 聿1569); drawing being done (2=prim) ◇ main et pinceau (1= 聿1569); dessin en cours (2=prim) [Graph] 833e 041a acc:z [Ref] h85, k95, r34q, w169c, wi678 [Hanzi] hua4 嫿5810, hua4 畫7400, hua2 hua4 huai5 劃7401.

畫 huà *7400 | 画 +10453 | 1° to draw, to paint 2° drawing, painting, picture 3° decorated with paintings 4° stroke (Chinese character) 5° mark, to map ◇ 1° dessiner, peindre 2° dessin, peinture, tableau 3° décoré de peintures 4° trait (caractère chinois) 5° marquer [Etym] 田2313 (rad: 102a 5-07), 畫1573 [Graph] 833e 041a acc:z.

劃 huá *7401 聿田一刂 | See ◇ Voir 划5527 [Etym] 刂470 (rad: 018b 2-12), 畫1573 [Graph] 833e 041a acc:z 333b.

△ huà | 划 +5527 | 1° to delimit 2° to transfer 3° to plan 4° to mark 5° stroke (of a Chinese character) ◇ 1° délimiter 2° transférer 3° planifier 4° marquer 5° trait (d'un caractère chinois).

△ huai | 划 +5527 | See ◇ Voir 刣划 bai1-huai5 10001-5527.

妻 qī (1574) 聿女 | [Tra] wife ◇ épouse; femme [Etym] {1} woman (2= 女1122); broom made of plants (1< 彐1565, 支1284) (> 婦1127); {2} woman (2= 女1122) grasped by her hairs (1> 尹1575) ◇ {1} une femme (2= 女1122) tenant un balai végétal (1< 彐1565, 支1284) (> 婦1127); {2} une femme (2= 女1122) saisie par la chevelure (1> 尹1575) [Graph] 833f 611e [Ref] h681, k1056, ph326, r149, w44g, wa170, wi582 [Hanzi] qi1 淒35, qi1 凄387, qi1 悽3304, qi1 萋3817, qi1 棲4328, qi1 qi4 妻7402, qi1 郪7403.

妻 qī +7402 聿女 | wife ◇ épouse en titre, femme [Etym] 女1122 (rad: 038a 3-05), 妻1574 [Graph] 833f 611e.

妻子 qī zǐ。wife ◇ épouse, femme * 6546.

△ qì | to marry off a daughter ◇ marier sa fille.

郪 qī +7403 聿女阝 | place and river in Sichuan ◇ lieu et rivière du Sichuan [Etym] 阝1316 (rad: 163b 2-08), 妻1574 [Graph] 833f 611e 634j.

尹 834

尹 yǐn (1575) 尹 | [Tra] official; to govern ◇ gouverner; chef [Etym] hand (< 彐1565) holding stick or spear of authority (prim) ◇ une main (< 彐1565) tenant la baguette de l'autorité (prim) [Graph] 834a [Ref] k272, r281, w44c [Hanzi] sun3 笋852, yi1 伊2974, yin3 尹7404, jun1 君7405, yi1 咿9089.

尹 yǐn +7404 尹 | 1° ancient official title 2° to govern 3° surname ◇ 1° gouverneur (ancien titre de fonctionnaire) 2° gouverner, administrer 3° nom de famille [Etym] 尸1951 (rad: 044a 3-01), 尹1575 [Graph] 834a.

君 jūn (1576) 尹口 | [Tra] prince; ruler ◇ prince; sage [Etym] {1} legislative: decree (2= 口2063), executive: stick (1= 尹1575); {2} hand (1> 彐1565) holding a mace (2=prim) ◇ {1} législatif: édits (2= 口2063), exécutif: baguette (1= 尹1575); {2} une main (1> 彐1565) tenant une masse (2=prim) [Graph] 834a 011a [Ref] h266, k507, ph267, r18j, r32d, r282, w44c, wa158, wi830 [Hanzi] jun4 捃2577, jun1 莙3818, jun4 珺5153, qun2 裙6668, jun1 君7405, qun2 羣7406, qun2 群7407, jun4 郡7408, qun2 帬7409, jiong3 窘7827.

君 jūn +7405 尹口 | 1° monarch, sovereign, prince, ruler 2° gentleman, sir, Mr. ◇ 1° souverain, prince, chef d'Etat 2° sage, noble, Monsieur [Etym] 口2063 (rad: 030a 3-04), 君1576 [Graph] 834a 011a.

羣 qún *7406 尹口羊 | 群 +7407 | 1° crowd 2° herd 3° group 4° measure-word (group, flock) ◇

1° foule, spécificatif (foule, troupeau), multitude 2° troupe 3° groupe [Etym] 羊 579 (rad: 123a 6-07), 君1576 [Graph] 834a 011a 414b.

群 qún +7407 尹口羊 | 羣 *7406 | 1° crowd 2° herd 3° group 4° measure-word (group, flock) ◇ 1° foule, spécificatif (foule, troupeau), multitude 2° troupe 3° groupe [Etym] 羊 579 (rad: 123a 6-07), 君1576 [Graph] 834a 011a 414b.

群众 qún zhòng ∘ mass, people ◇ masses ＊ 1086.

郡 jùn +7408 尹口阝 | ◇ [Etym] 阝 1316 (rad: 163b 2-07), 君 1576 [Graph] 834a 011a 634j.

帬 qún *7409 尹口巾 | 裙 +6668 | 1° skirt 2° apron ◇ 1° jupe 2° tablier [Etym] 巾 1886 (rad: 050a 3-07), 君 1576 [Graph] 834a 011a 858a.

争 zhēng (1577) 争 | [Tra] to wrangle; how, why ◇ lutter; comment [Etym] different writing for (爭 117) ◇ variante de graphie pour (爭 117) [Graph] 834d [Ref] w49d, wa21 [Hanzi] jing4 净36, zheng1 筝 853, zheng4 诤 1787, zheng1 铮 2035, zheng1 zheng4 挣 2578, cheng1 琤 5154, jing4 静 5276, zheng1 狰 5644, zheng1 争 7410, zheng1 峥 7570, zheng4 阐8026, zheng1 睁 10079.

争 zhēng -7410 争 | 爭 *704 | 1° to contend, to strive, to wrangle, to contest 2° to argue 3° short of 4° how, why ◇ 1° contester, disputer, lutter 2° argumenter, dissiper 3° en manque de 4° comment, de quelle manière [Etym] 刀 1477 (rad: 018a 2-04), 争 1577 [Graph] 834d.

争夺 zhēng duó ∘ to fight for; to wrangle ◇ se battre pour, se disputer ＊ 1547.

争论 zhēng lùn ∘ to discuss ◇ discuter, débattre, controverser; dispute ＊ 1701.

争取 zhēng qǔ ∘ to wrangle, to contend ◇ s'efforcer, lutter ou se battre pour, tâcher de ＊ 5460.

争霸 zhēng bà ∘ to strive for supremacy ◇ se disputer l'hégémonie ＊ 8434.

争吵 zhēng chǎo ∘ to have an altercation, to quarrel ◇ se disputer, querelle ＊ 8909.

隶 lì (1578) 隶 | [Tra] reach; subordinate ◇ atteindre; subalterne [Etym] hand (< 彐1565) grasping animal by tail (prim,< 尾 1953) ◇ une main (< 彐 1565) saisissant un animal par la queue (prim,< 尾1953) [Graph] 834e [Ref] k961, w44e, w100c, wa69, wi763 [Hanzi] di4 棣 4329, dai4 埭 4907, kang1 康 6966, li4 隶7411, dai3 dai4 逮 7412 [Rad] 171a.

隶 lì +7411 隶 | 隸、隷 *4147、*4996 | 1° to be subordinate to, to be under 2° slave 3° to reach to 4° to leran 5° official script 6° surname ◇ 1° employé subalterne d'un service public, dépendre 2° esclave 3° atteindre, saisir 4° apprendre 5° écriture des scribes 6° nom propre [Etym] 隶 1578 (rad: 171a 8-00), [Graph] 834e.

逮 dǎi (1579) 隶辶 | [Tra] to capture; catch ◇ saisir; capturer [Etym] to grasp (1= 隶 1578); movement (2= 辶 1346) ◇ saisir (1= 隶 1578); mouvement (2= 辶 1346) [Graph] 834e 634o [Ref] w44e, w100c [Hanzi] dai4 靆5921, dai3 dai4 逮 7412, dai4 霴 8440.

逮 dǎi +7412 隶辶 | to capture, to catch ◇ saisir, capturer [Etym] 辶 1346 (rad: 162b 3-08), 隶 1578 [Graph] 834e 634o.

△ dài | 1° till, to 2° when 3° to reach ◇ 1° jusqu'à 2° quand 3° arriver à, atteindre.

逮捕 dài bǔ ∘ to seize, to catch ◇ appréhender, arrêter, capturer, saisir ＊ 2637.

秉 bǐng (1580) 秉 | [Tra] sheaf of grain ◇ poignée de céréales [Etym] hand (< 彐 1565) holding grain (< 禾 760) ◇ une main (< 彐 1565) empoignant des céréales (< 禾 760) [Graph] 834f [Ref] w44i, wa78 [Hanzi] bing3 秉 7413.

秉 bǐng +7413 秉 | 1° to seize 2° to maintain 3° handful of grain ◇ 1° saisir 2° tenir ferme 3° javelle [Etym] 禾 760 (rad: 115a 5-03), 秉 1580 [Graph] 834f.

肃 sù (1581) 肃 | [Tra] respect; solemn ◇ respect; grave [Etym] modern simplified form of (肅 1584) ◇ forme simplifiée moderne de (肅 1584) [Graph] 834g [Hanzi] xiao1 箫 854, xiao1 萧 3819, su4 肃 7414, su4 鹔 7415, xiao4 啸 9090, su4 骕 11124.

肃 sù -7414 肃 | 肅 *7420 | 1° respect 2° diligence 3° solemn ◇ 1° respect 2° diligence 3° grave, solennel [Etym] 聿 1568 (rad: 129a 6-02), 肃 1581 [Graph] 834g.

肃清 sù qīng ∘ to eliminate; to clean up ◇ liquider, éliminer ＊ 236.

肃立 sù lì ∘ to stand as a mark of respect ◇ se tenir debout respectueusement ＊ 637.

肃静 sù jìng ∘ solemn silence ◇ sérieux et silencieux ＊ 5276.

鹔 sù -7415 肃鸟 | 鷫 *7421 | turquoise kingfisher ◇ martin-pêcheur turquoise [Etym] 鸟2494 (rad: 196s 5-08), 肃 1581 [Graph] 834g Z22e.

鹔鹴 sù shuāng ∘ hawk ◇ faucon ＊ 8431.

兼 jiān (1582) 兼 | [Tra] double; simultaneous ◇ double; en même temps [Etym] hand (< 彐 1565) holding two plants (< 禾 760) (> 秉 1580) ◇ une main (< 彐 1565) tenant deux plantes (< 禾 760) (> 秉 1580) [Graph] 834h [Ref] k374, ph519, w44i, wa78, wi948 [Hanzi] lian2 鎌 1258, qian1 谦 1788, gan1 尴 2218, jian1 搛 2579, qian4 qie4 慊 3305, jian1 蒹 3820, xian2 嫌5811, jian1 缣 6029, jian1 縑 6200, lian2 廉 6967, jian1 兼 7416, qian4 歉 7417, jian1 鹣 7418, jian1 鶼 7419, zhuan4 zuan4 赚 7976, qian3 膁 8177, qian3 嗛 9091, qian1 謙 9586, zhuan4 zuan4 賺 10135, jian1 鳒 10510, jian1 鰜 10605, jian3 鹻 10842.

兼 jiān +7416 兼 | 1° double, twice 2° simultaneously 3° to hold concurrently 4° to annex ◇ 1° double 2° en même temps 3° cumuler 4°

尹 尹争隶秉肃兼

joindre, unir [Etym] 八 127 (rad: 012a 2-08), 兼 1582 [Graph] 834h.

兼职 jiān zhí ∘ to hold two posts concurrently ◇ fonction cumulée * 5475.

歉 qiàn +7417 | 1° apology 2° crop failure 3° shortage 4° discontented ◇ 1° présenter ses excuses 2° année de disette 3° déficit, pénurie 4° insatisfait, désolé [Etym] 欠 178 (rad: 076a 4-10), 兼 1582 [Graph] 834h 232b.

歉意 qiàn yì ∘ apology, regret ◇ excuse, pardon, regret * 667.

鹣 jiān -7418 | 鶼 *7419 | See ◇ Voir 鹣鹣 jian1-jian1 7418-7418 [Etym] 鸟 2494 (rad: 196s 5-10), 兼 1582 [Graph] 834h Z22e.

鹣鹣 jiān jiān ∘ fabulous bird having only one wing so that a pair must unite in order to fly ◇ oiseau légendaire * 7418.

鶼 jiān *7419 | 鹣 -7418 | See ◇ Voir 鹣鹣 jian1-jian1 7418-7418 [Etym] 鳥 2500 (rad: 196a 11-10), 兼 1582 [Graph] 834h Z22h.

疌 jié (1583) | [Tra] success, result ◇ succès, résultat [Etym] hand holding its object (< 彐 1565, 支 1284); stop (2= 止 968) ◇ une main qui tient son objet (< 彐 1565, 支 1284); arrêt (2= 止 968) [Graph] 834i [Ref] k1068, ph330, w44f [Hanzi] sha4 箑 855, jie2 捷 2580, jie2 婕 5812, jie2 睫 10080, die2 蜨 10287.

肅 sù (1584) | [Tra] respect; solemn ◇ respect; grave [Etym] hand with a stick (< 彐 1565) probing a whirlpool (< 㴻 2474) ◇ une main avec un bâton (< 彐 1565) sondant des remous (< 㴻 2474) [Graph] 834k [Ref] k822, ph757, w125c [Hanzi] xiao1 箫 856, xiu4 鏽 1259, xiao1 蕭 3821, xiu4 繡 6201, su4 肅 7420, su4 鷫 7421, xiao4 嘯 9092, su4 驌 11064.

肅 sù *7420 | 肃 -7414 | 1° respect 2° diligence 3° solemn ◇ 1° respect 2° diligence 3° grave, solennel [Etym] 聿 1568 (rad: 129a 6-07), 肅 1584 [Graph] 834k.

鷫 sù *7421 | 鹔 -7415 | turquoise kingfisher ◇ martin-pêcheur turquoise [Etym] 鳥 2500 (rad: 196a 11-13), 肅 1584 [Graph] 834k Z22h.

臼 835

𦥑 jú (1585) | [Tra] both hands lowered ◇ deux mains abaissées [Etym] two hands lowered, going downwards (> 彐 1565, 𠂤 1551, 門 1608) ◇ deux mains abaissées vers le bas (> 彐 1565, 𠂤 1551, 門 1608) [Graph] 835a [Ref] w50a.

盥 guàn (1586) | [Tra] to wash; bowl ◇ laver; bassine [Etym] water (2= 水 435) on hands (1,3< 彐 1565, 𠂤 1551) over vessel (4= 皿 1939) ◇ de l'eau (2= 水 435) sur les mains (1,3< 彐 1565, 𠂤 1551): vase (4= 皿 1939) [Graph] 835a 331p 922a [Ref] w50b [Hanzi] guan4 盥 7422.

盥 guàn +7422 | 1° to wash (the hands or face) 2° bowl ◇ 1° laver (les mains ou la figure) 2° bassin [Etym] 皿 1939 (rad: 108a 5-10), 盥 1586 [Graph] 835a 331p 922a.

盥洗 guàn xǐ ∘ to wash hands and face ◇ se laver; faire sa toilette * 234.

盥洗室 guàn xǐ shì ∘ washroom ◇ cabinet de toilette * 234 7754.

臼 jiù (1587) | [Tra] mortar; hollow ◇ mortier; creux [Etym] mortar (prim) to crush grains, spices (# 𦥑 1585) ◇ un mortier (prim) à écraser les épices (# 𦥑 1585) [Graph] 835b [Ref] k403, r9e, r45g, w50a, wa79, wi395 [Hanzi] chong1 舂 1639, pou2 裒 2149, cha1 臿 3422, jiu4 桕 4330, jiu4 臼 7423, xi4 舄 7439, yu2 臾 7445, xing1 xing4 興 7449, yu2 yu3 yu4 與 7451, ju3 舉 7454 [Rad] 134a.

臼 jiù +7423 | 1° mortar 2° any mortar-shaped thing 3° joint (of bones) ◇ 1° mortier 2° objet en forme de mortier 3° articulation [Etym] 臼 1587 (rad: 134a 6-00), [Graph] 835b.

鼠 shǔ (1588) | [Tra] rat; mouse; rodents ◇ rat; rongeurs [Etym] rat: head (1=prim,< 兒 1593) legs,tail (2=prim,> 能 1140, 鹿 1398) ◇ rat: tête (1=prim,< 兒 1593) pattes et queue (2=prim,> 能 1140, 鹿 1398) [Graph] 835b 312k [Ref] k915, r8x, w139b, wa50 [Hanzi] shu3 鼠 7424, cuan4 竄 7828 [Rad] 208a.

鼠 shǔ +7424 | rat, mouse ◇ rongeurs, rat, souris [Etym] 鼠 1588 (rad: 208a 13-00), [Graph] 835b 312k.

鼷 xī +7425 | mouse ◇ souris [Etym] 鼠 1588 (rad: 208a 13-10), 奚 111 [Graph] 835b 312k 221d 613c 242a.

鼥 bá -7426 | 鼣 *7427 | beaver ◇ castor [Etym] 鼠 1588 (rad: 208a 13-05), 犮 251 [Graph] 835b 312k 241b 633a.

鼣 bá *7427 | 鼥 -7426 | beaver ◇ castor [Etym] 鼠 1588 (rad: 208a 13-05), 犮 298 [Graph] 835b 312k 242j.

鼱 jīng +7428 | shrew ◇ musaraigne [Etym] 鼠 1588 (rad: 208a 13-08), 青 946 [Graph] 835b 312k 433a 856e.

鼢 fén +7429 | 蚡 *10282 | kind of mole ◇ taupe musquée, scaptochirus moschatus [Etym] 鼠 1588 (rad: 208a 13-04), 分 1480 [Graph] 835b 312k 732b.

鼴 yǎn *7430 | 鼹 +7435 | mole ◇ taupe [Etym] 鼠 1588 (rad: 208a 13-09), 匽 1529 [Graph] 835b 312k 811c 021a 611e.

鼯 wú +7431 | flying squirrel ◇ écureuil volant [Etym] 鼠 1588 (rad: 208a 13-07), 吾 1549 [Graph] 835b 312k 822b 011a.

鼧 tuó +7432 | 1° beaver 2° marmot ◇ 1° castor 2° marmotte [Etym] 鼠 1588 (rad: 208a 13-05), 它 1665 [Graph] 835b 312k 851c 321b.

鼧鼥 tuó bá ∘ marmot (old) ◇ marmotte (ancien) * 7426.

尹臼 兼疌肅 • 𦥑臼

鼩 qú +7433 白鼠句口 [Etym] 鼠 1588 (rad: 208a 13-05), 句 1779 [Graph] 835b 312k 852h 011a.

鼩鼱 qú jīng ∘ shrew ◇ musaraigne * 7428.

鼫 shí +7434 白鼠石 long-tailed marmot ◇ marmotte [Etym] 鼠 1588 (rad: 208a 13-05), 石 2149 [Graph] 835b 312k 013b.

鼹 yǎn +7435 白鼠日宀女 | 鼴 *7430 | mole ◇ taupe [Etym] 鼠 1588 (rad: 208a 13-10), 晏 2192 [Graph] 835b 312k 021a 851c 611e.

鼬 yòu +7436 白鼠由 polecat ◇ putois [Etym] 鼠 1588 (rad: 208a 13-05), 由 2345 [Graph] 835b 312k 042a.

舁 yú (1589) 白廾 [Tra] to raise; lift ◇ soulever ensemble [Etym] four hands (1< 𦥑 1585) (2= 廾 701) at the same time ◇ quatre mains (1< 𦥑 1585) (2= 廾 701) en action [Graph] 835b 416e [Ref] k1330, w50i, wa19 [Hanzi] yu2 舁 7437.

舁 yú +7437 白廾 1° to raise a thing, to lift it for presentation 2° to carry, to tote 3° to hold (more than one person) ◇ 1° soulever à plusieurs 2° transporter 3° contenir (plus qu'une personne) [Etym] 白 1587 (rad: 134a 6-03), 舁 1589 [Graph] 835b 416e.

臬 niē, huǐ (1590) 白工 [Tra] masonry; fill up ◇ maçonnerie; remplir [Etym] mortar,hollow brick (1= 白 1587); earth, dust (2< 土 826, 𡈼 2179) ◇ un mortier, une brique (1= 白 1587); de la terre, de la poussière (2< 土 826, 𡈼 2179) [Graph] 835b 431a [Ref] k663, r22f, w81a [Hanzi] nie1 揑 2581, hui3 毁 7438.

毀 huǐ (1591) 白工几又 [Tra] to destroy; ruin ◇ détruire; brûler [Etym] to break (3,4= 殳 2519) masonry into dust (1,2= 臬 1590) (< 塵 1401) ◇ frapper (3,4= 殳 2519); réduire en poudre (1,2= 臬 1590) (< 塵 1401) [Graph] 835b 431a Z33a 633a [Ref] k113, ph735, r22f, w81a [Hanzi] hui3 燬 1012, hui3 毁 7438, hui3 譭 9587.

毁 huǐ +7438 白工几又 | 燬 2° *1012 、譭 3° *9587 | 1° to destroy, to ruin 2° to burn up 3° to vilify, to slander 4° refashion ◇ 1° détruire 2° brûler 3° dénigrer 4° remodeler [Etym] 殳 2519 (rad: 079a 4-09), 毀 1591 [Graph] 835b 431a Z33a 633a.

毁灭 huǐ miè ∘ to destroy, to exterminate ◇ anéantir, ruines, exterminer * 1069.

毁谤 huǐ bàng ∘ to slander, to calumniate, ◇ dénigrer, calomnier * 1797.

毁坏 huǐ huài ∘ to destroy, damage ◇ détruire, endommager, briser, casser * 4813.

舄 xì (1592) 白㚔 [Tra] magpie; shoes ◇ pie; chaussures [Etym] magpie: head (1=prim, < 兒 1593); bird (2< 鳥 2500) ◇ une pie: tête (1=prim,< 兒 1593); oiseau (2< 鳥 2500) [Graph] 835b 852g [Ref] h297, k785, w138c, wi41 [Hanzi] xi4 潟 388, xi4 舄 7439, xie3 xie4 寫 7767.

舄 xì +7439 白㚔 shoes ◇ chaussures [Etym] 白 1587 (rad: 134a 6-06), 舄 1592 [Graph] 835b 852g.

舅 jiù +7440 白田力 1° mother's elder brother, uncle 2° wife's brother, brother-in-law 3° husband's father ◇ 1° frères de la mère ou de l'épouse, oncle maternel 2° beaux-frères de l'épouse 3° père du mari [Etym] 白 1587 (rad: 134a 6-07), 男 2322 [Graph] 835b 041a 732f.

舅父 jiù fù ∘ uncle (mother's elder brother) ◇ oncle (frère aîné de la mère) * 1674.

舅舅 jiù jiù ∘ mother's brother, uncle ◇ oncle (frère de la mère) * 7440.

舅母 jiù mǔ ∘ maternal uncle's wife; aunt ◇ tante (femme de l'oncle maternel) * 11296.

兒 ér (1593) 兒 [Tra] son; child ◇ fils; enfant [Etym] child: head with opened fontanel (top=prim); legs (< 儿 405) ◇ un enfant: tête avec fontanelle ouverte (haut=prim); jambes (< 儿 405) [Graph] 835c [Ref] k12, ph352, r113, w29b, wa26, wi76 [Hanzi] ni2 倪 2975, ni2 猊 5645, ni2 麑 6954, er2 兒 7441, xi4 鬩 7471, xi4 阋 8027, ni2 霓 8447, ni4 睨 10081, ni2 鲵 10511, ni2 鯢 10606.

兒 ér *7441 兒 | 儿 +2194 | 1° infant, son, youth 2° male 3° suffix ◇ 1° enfant, fils 2° mâle 3° suffixe [Etym] 儿 405 (rad: 010a 2-06), 兒 1593 [Graph] 835c.

臽 xiàn (1594) 臽 [Tra] snare, trap ◇ piège, trappe [Etym] man (top< 人 170) setting a hunting net (bottom<prim,> 畜 1206) ◇ un homme (haut< 人 170) posant un piège (bas<prim,> 畜 1206) [Graph] 835e [Ref] k147, ph360, w139a, wa69, wi770 [Hanzi] yan1 淊 389, yan4 焰 1013, xian4 餡 1455, chan3 谄 1789, xian4 馅 1865, qia1 掐 2582, dan4 萏 3822, xian4 陷 6768, yan4 燄 7442, qian1 鸽 7443, qian1 鵮 7444, yan2 阎 8028, dan4 啗 9093, chan3 諂 9588.

燄 yàn *7442 臽火火 | 焰 +1013 | 1° flame 2° blaze ◇ 1° flamme 2° feu [Etym] 火 156 (rad: 086a 4-12), 臽 1594 炎 157 [Graph] 835e 231b 231b.

鸽 qiān -7443 臽鸟 | 鵮 *7444 | to peck (bird) ◇ becqueter [Etym] 鸟 2494 (rad: 196s 5-08), 臽 1594 [Graph] 835e Z22e.

鵮 qiān *7444 臽鳥 | 鸽 -7443 | to peck (bird) ◇ becqueter [Etym] 鳥 2500 (rad: 196a 11-08), 臽 1594 [Graph] 835e Z22h.

臾 yú (1595) 臾 [Tra] to pull; instant ◇ tirer; instant [Etym] hands (< 𦥑 1585) pulling in two directions (bottom=prim) ◇ mains (< 𦥑 1585) tirant dans deux directions (bas=prim) [Graph] 835f [Ref] k1329, ph502, w50g [Hanzi] yu2 谀 1790, yu2 萸 3823, yu3 庾 6970, yu3 瘐 7093, yu2 臾 7445, yu2 腴 8178, yu2 諛 9589.

臾 y ú +7445 臾 | See ◇ Voir 须臾 xu1-yu2 633-7445 [Etym] 臼 1587 (rad: 134a 6-02), 臾 1595 [Graph] 835f.

叟 s ǒ u (1596) 申又 | [Tra] old man ◇ vieillard [Etym] {1} to warm hands (1< 臼 1585) (2= 又 1271) near fire (vertical< 火 156); {2} hand (2= 又 1271) holding a torch (1=prim) ◇ {1} des mains (1< 臼 1585) (2= 又 1271) restant auprès du feu (vertical< 火 156); {2} une main (2= 又 1271) s'éclairant d'une torche (1=prim) [Graph] 835g 633a [Ref] k819, ph567, w126b, wa118 [Hanzi] sou1 溲 390, sou1 鎪 1260, sou1 餿 1456, sou1 馊 1866, sou1 锼 2036, sou1 搜 2583, sao3 嫂 5813, sou1 廋 6971, shou4 瘦 7094, sou3 叜 7446, sou1 鄋 7447, sou1 艘 8312, sou1 嗖 9094, sou3 瞍 10082, sou1 螋 10288, sou1 飕 11214, sou1 颼 11227.

叜 s ǒ u +7446 申又 | old man, venerable man ◇ vieillard, vénérable vieillard [Etym] 又 1271 (rad: 029a 2-07), 叟 1596 [Graph] 835g 633a.

鄋 s ō u +7447 申又阝 | state during the Spring and Autumn Period, in Shandong ◇ principauté de l'époque du Printemps et de l'Automne au Shandong [Etym] 阝 1316 (rad: 163b 2-09), 叟 1596 [Graph] 835g 633a 634j.

舆 y ú (1597) 與车 | [Tra] sedan chair; chariot ◇ palanquin; voiture [Etym] modern simplified form of (輿 1599) ◇ forme simplifiée moderne de (輿 1599) [Graph] 835h 614d [Ref] w50i [Hanzi] yu2 舆 7448.

舆 y ú -7448 與车 | 輿 *7450 | 1° carriage, chariot, to get in (car) 2° sedan chair, to get in (palanquin) 3° to carry (shoulders) 4° territory 5° general, public ◇ 1° voiture, char, monter en voiture 2° palanquin, chaise à porteurs, monter en palanquin 3° charrier, porter sur les épaules 4° territoire 5° général, public [Etym] 车 1213 (rad: 159s 4-10), 舆 1597 [Graph] 835h 614d.

舆论 yú lùn 。 public opinion ◇ opinion publique * 1701.

興 x ī n g (1598) 與冂口 | [Tra] rise, prosper; allow ◇ monter; permettre [Etym] four hands (1< 與 1600) moving all together (2,3= 同 1853) ◇ quatre mains (1< 與 1600) agissant en accord (2,3= 同 1853) [Graph] 835h 856k 012a [Ref] r26g, w50k, wa107 [Hanzi] xing1 xing4 興 7449.

興 x ī n g *7449 與冂口 | 兴 -683 | 1° to prosper, to rise, to become popular 2° to start 3° to promote 4° to get up 5° to allow 6° perhaps ◇ 1° prospérer, monter, prévaloir 2° démarrer 3° encourager 4° se lever 5° permettre 6° peut-être [Etym] 臼 1587 (rad: 134a 6-10), 興 1598 [Graph] 835h 856k 012a.

△ x ì n g | 兴 -683 | 1° desire to do something 2° excitement ◇ 1° envie de faire quelque chose 2° excitation.

輿 y ú (1599) 與車 | [Tra] sedan chair; chariot ◇ palanquin; voiture [Etym] car (2= 車 2352) carried by four hands (1< 與 1600, 舁 1589) ◇ voiture (2= 車 2352) portée par quatre mains (1< 與 1600, 舁 1589) [Graph] 835h 042g [Ref] r11, w50i [Hanzi] yu2 輿 7450.

輿 y ú *7450 與車 | 舆 -7448 | 1° carriage, chariot, to get in (car) 2° sedan chair, to get in (palanquin) 3° to carry (shoulders) 4° territory 5° general, public ◇ 1° voiture, char, monter en voiture 2° palanquin, chaise à porteurs, monter en palanquin 3° charrier, porter sur les épaules 4° territoire 5° général, public [Etym] 車 2352 (rad: 159a 7-10), 輿 1599 [Graph] 835h 042g.

與 y ú (1600) 與㇉ | [Tra] and; with; to give ◇ et; avec; donner [Etym] object (2=prim< 勺 1763); exchange with four hands (1< 舁 1589) ◇ objet (2=prim< 勺 1763); échange à quatre mains (1< 舁 1589) [Graph] 835h Z21g [Ref] k1331, ph768, r1p, w50j, w54h, wi479, wi996 [Hanzi] yu2 璵 5155, yu2 yu3 yu4 與 7451, yu2 歟 7452, ju3 擧 7453, ju3 舉 7454, yu4 譽 7455, yu3 嶼 7571.

與 y ú *7451 與㇉ | 与 -11020 | interjection expressing doubt and surprise: how! ◇ interjection du doute ou de la surprise: comment! [Etym] 臼 1587 (rad: 134a 6-07), 與 1600 [Graph] 835h Z21g.

△ y ǔ | 与 -11020 | 1° to give, to offer, to grant 2° to get along with 3° to support 4° with, for, comparable to 5° and 6° surname ◇ 1° donner, offrir, accorder 2° associé, faire société avec, s'adjoindre à, suivre 3° approuver, aider 4° avec, pour, à, comparable à 5° et, nom de famille.

△ y ù | 与 -11020 | to take part in ◇ participer à.

歟 y ú *7452 與㇉欠 | 欤 +11021 | final particle of irony or surprise: how! ◇ finale du doute ou de la surprise [Etym] 欠 178 (rad: 076a 4-13), 與 1600 [Graph] 835h Z21g 232b.

擧 j ǔ *7453 與㇉手 | 举 -684 、舉 *7454 | 1° to raise, to lift up 2° to act 3° to begin 4° to elect 5° to enumerate 6° whole, all 7° to promote, promoted man 8° surname ◇ 1° lever, élever, soulever 2° actions 3° commencer 4° élire, choisir 5° citer 6° tous, entier 7° promouvoir, recommander 8° nom propre [Etym] 手 465 (rad: 064a 4-13), 與 1600 [Graph] 835h Z21g 332g.

舉 j ǔ (1601) 與㇉丰 | [Tra] to begin; to raise ◇ commencer; promotion [Etym] hand (3=prim,< 扌 446) starting an exchange (1,2= 與 1600) ◇ main (3=prim,< 扌 446) démarrant une action (1,2= 與 1600) [Graph] 835h Z21g 414a [Ref] h458, r1j, w50j, wi996 [Hanzi] ju3 櫸 4331, ju3 舉 7454.

舉 j ǔ *7454 與㇉丰 | 举 -684 、擧 *7453 | 1° to raise, to lift up 2° to act 3° to begin 4° to elect 5° to enumerate 6° whole, all 7° to promote, promoted man 8° surname ◇ 1° lever, élever, soulever 2° actions 3° commencer 4° élire, choisir 5° citer 6° tous, entier 7° promouvoir, recommander 8° nom propre [Etym] 臼 1587 (rad: 134a 6-10), 舉 1601 [Graph]

臼 臾 申 與

835h Z21g 414a.

譽 yù *7455 與𠂇言 | 誉 -685 | fame, to praise ◇ réputation, renommée, louer, faire l'éloge [Etym] 言 2139 (rad: 149a 7-13), 與 1600 [Graph] 835h Z21g 012d.

𦥯 xiáo (1602) 𦥑乂乂 | [Tra] to learn, to know ◇ apprendre, savoir [Etym] master's (2,3< 爻 341)hands (1< 𦥑 1585)taking cover (2= 冖 1649) away ◇ mains (1< 𦥑 1585) du maître (2,3< 爻 341); ôter un couvercle (2= 冖 1649) [Graph] 835i 243a 243a [Ref] ph733, w39i, wi435, wi462 [Hanzi] ku4 嚳 7456, hong2 黌 7457, xue2 學 7458, xue2 嶨 7460, jiao4 jue2 覺 7461, hou4 鱟 7462, xue2 鷽 7463.

嚳 kù *7456 𦥑乂乂⺧口 | 喾 -7852 | 1° to inform 2° given name of an ancient ruler ◇ 1° avertir 2° nom d'un empereur ancien [Etym] 口 2063 (rad: 030a 3-17), 𦥑 1602 告 932 [Graph] 835i 243a 243a 4321 011a.

黌 hóng *7457 𦥑乂乂廿由 | 黉 -7853 | school in ancient times ◇ école de jadis [Etym] 黄 1003 (rad: 201s 11-13), 𦥑 1602 [Graph] 835i 243a 243a 436b 042b.

學 xué (1603) 𦥑乂乂子 | [Tra] to learn; to know ◇ apprendre; savoir [Etym] {1} child (子 1303): hands (1= 𦥑 1601) taking away (2= 爻 325) cover (2< 冖 1649) of darkness; {2} counting exercices (1, 2,3=1346, > 算 154, 爻 325) of a child (4= 子 1303) ◇ {1} enfant (子 1303): des mains (1< 𦥑 1601) ôtent (2,3= 爻 325) le couvercle (2< 冖 1649) de l'ignorance; {2} exercices de calcul (1,2,3=1346, > 算 154, 爻 325) d'un enfant (4= 子 1303) [Graph] 835i 243a 243a 634d [Ref] k173, w39i, w501, wa197, wi462 [Hanzi] xue2 學 7458, xiao4 斅 7459.

學 xué *7458 𦥑乂乂子 | 学 -7854 丶 斈 *1668 | 1° to study, to learn 2° to imitate 3° learning, knowledge 4° subject of study 5° school, college ◇ 1° étudier, apprendre 2° imiter 3° savoir, science 4° sujet d'étude 5° école, collège [Etym] 子 1303 (rad: 039a 3-13), 學 1603 [Graph] 835i 243a 243a 634d.

斆 xiào *7459 𦥑乂乂子攴 | 斅 -7855 | 1° to teach 2° to raise (consciousness) ◇ 1° instruire 2° stimuler [Etym] 攴 1283 (rad: 066a 4-16), 學 1603 [Graph] 835i 243a 243a 634d 633c.

嶨 xué *7460 𦥑乂乂山 | 峃 -7856 | 1° rocks 2° place in Zhejiang ◇ 1° rochers 2° lieu du Zhejiang [Etym] 山 1611 (rad: 046a 3-13), 𦥑 1602 [Graph] 835i 243a 243a 841b.

覺 jué (1604) 𦥑乂乂見 | [Tra] to wake up; to feel ◇ s'éveiller; sentir [Etym] to learn (1,2= 學 1603) and look (3= 見 2255) ◇ apprendre (1,2< 學 1603) et observer (3= 見 2255) [Graph] 835i 243a 243a 023c [Ref] k505, w39i, wi435 [Hanzi] jiao3 攪 2584, jiao4 jue2 覺 7461.

覺 jiào *7461 𦥑乂乂見 | 觉 -7857 | sleep ◇ sommeil [Etym] 見 2255 (rad: 147a 7-13), 覺 1604 [Graph] 835i 243a 243a 023c.

△ jué | 觉 -7857 | 1° to feel 2° to wake up 3° to perceive, to become aware ◇ 1° sentir, éprouver 2° s'éveiller 3° percevoir, connaissance.

鱟 hòu *7462 𦥑乂乂魚 | 鲎 -7858 | king-crab ◇ crabe géant, limule [Etym] 魚 2339 (rad: 195a 11-13), 𦥑 1602 [Graph] 835i 243a 243a 041j.

鷽 xué *7463 𦥑乂乂鳥 | 鸴 -7859 | kind of bird ◇ moineau à la tête noire, au dos gris et au ventre rouge [Etym] 鳥 2500 (rad: 196a 11-13), 𦥑 1602 [Graph] 835i 243a 243a Z22h.

𦥸 cuàn (1605) 𦥑冂冖 | [Tra] furnace for cooking ◇ foyer pour cuisson [Etym] reduction of (爨 1606) ◇ réduction de (爨 1606) [Graph] 835i 856k 012a [Ref] w154b [Hanzi] wen4 璺 7465, men2 亹 7467.

爨 cuàn (1606) 𦥑冂冖木木大火 | [Tra] furnace for cooking ◇ foyer pour cuisson [Etym] fire (火 156);put (廾 701)wood (木 723);vase on stand (1,2, 3=prim) ◇ feu (火 156); mettre (廾 701) du bois (木 723); un vase sur pied (1,2,3=prim) [Graph] 835i 856k 012a 422a 422a 242a 231b [Ref] w154b [Hanzi] cuan4 爨 7464.

爨 cuàn +7464 𦥑冂冖木木大火 | furnace for cooking ◇ âtre, foyer [Etym] 火 156 (rad: 086a 4-26), 爨 1606 [Graph] 835i 856k 012a 422a 422a 242a 231b.

璺 wèn +7465 𦥑冂冖玉 | cracked porcelain, flaw ◇ défaut, fêlure [Etym] 玉 938 (rad: 095a 5-15), 𦥸 1605 [Graph] 835i 856k 012a 432o.

釁 xìn (1607) 𦥑冂冖酉分 | [Tra] to besmear; quarrel ◇ oindre; rixe [Etym] wine (4= 酉 2429) vessel (1,2,3< 爨 1606); phon (5= 分 1480) ◇ vase (1,2,3< 爨 1606) de vin (4= 酉 2429); phon (5= 分 1480) [Graph] 835i 856k 012a 062c 732b [Ref] w154b [Hanzi] xin4 釁 7466.

釁 xìn *7466 𦥑冂冖酉分 | 衅 +8557 | 1° quarrel 2° to besmear vessels with blood ◇ 1° rixe 2° oindre de sang [Etym] 酉 2429 (rad: 164a 7-19), 釁 1607 [Graph] 835i 856k 012a 062c 732b.

亹 mén +7467 亠𦥑冂冖且 | place in Qinghai ◇ lieu du Qinghai [Etym] 亠 2 (rad: 008a 2-20), 𦥸 1605 且 1929 [Graph] ac:c 835i 856k 012a 921a.

鬥 dòu (1608) 鬥 | [Tra] fight, against ◇ lutter contre [Etym] two hands catching something (prim) (> 丮 1565) ◇ deux mains saisissant quelque chose (prim) (> 丮 1565) [Graph] 835j [Ref] k1016, w11i, wa21, wi688 [Hanzi] dou4 鬥 7468 [Rad] 191a.

鬥 dòu *7468 鬥 | 斗 +3424 丶 鬭 *7473 丶 鬦 *7469 | 1° fight, to struggle against 2° to contest with ◇ 1° lutter contre 2° rivaliser avec [Etym] 鬥 1608 (rad: 191a 10-00), [Graph] 835j.

鬦 dòu *7469 鬥斗 | 斗 +3424 丶 鬥 *7468 丶 鬭 *7473 | 1° fight, to struggle against 2° to contest with ◇ 1° lutter contre 2° rivaliser avec [Etym] 鬥 1608 (rad: 191a 10-04), 斗 575

白

與

𦥑

鬥

[Graph] 835j 413g.

鬨 hòng *7470 |哄 +9001| 1° noise, uproar 2° horseplay ◇ 1° vacarme, tapage 2° jeux brutaux [Etym] 門 1608 (rad: 191a 10-06), 共 1006 [Graph] 835j 436e.

鬩 xì *7471 |阋 -8027| to quarrel ◇ se disputer, querelle [Etym] 門 1608 (rad: 191a 10-08), 兒 1593 [Graph] 835j 835c.

鬧 nào (1609) |[Tra] noisy, tumult ◇ bruyant, troubler [Etym] altercations (1= 門 1608) in a market (2= 市 1904) ◇ une dispute (1= 門 1608) dans un marché (2= 市 1904) [Graph] 835j 858h [Ref] w79b, wi688 [Hanzi] nao4 鬧 7472.

鬧 nào *7472 |闹 -8032| 1° noisy, great noise, bustle, tumult 2° to stir up trouble 3° to scold 4° to lose one's temper 5° to suffer from 6° to go in for ◇ 1° bruyant, tapage 2° troubler, ennuyer 3° ronchonner 4° perdre patience 5° souffrir de 6° se démener, avoir un accès à [Etym] 門 1608 (rad: 191a 10-05), 鬧 1609 [Graph] 835j 858h.

鬭 dòu *7473 |斗 +3424 、鬥 *7468 、鬦 *7469| 1° fight, to struggle against 2° to contest with ◇ 1° lutter contre 2° rivaliser avec [Etym] 門 1608 (rad: 191a 10-14), 斲 2561 [Graph] 835j Z51g 722c.

鬮 jiū (1610) |[Tra] to draw lots ◇ tirer au sort [Etym] ordeal with turtle (2= 龜 2563) in a conflict (1= 門 1608) ◇ ordalie avec tortue (2= 龜 2563) dans une dispute (1= 門 1608) [Graph] 835j Z51i [Ref] w108b [Hanzi] jiu1 鬮 7474.

鬮 jiū *7474 |阄 -8048| lot, to draw lots ◇ tirer au sort [Etym] 門 1608 (rad: 191a 10-16), 鬮 1610 [Graph] 835j Z51i.

山 841

山 shān (1611) |[Tra] mountain ◇ montagne [Etym] mountain with three peaks (prim) ◇ une montagne à trois pics (prim) [Graph] 841b [Ref] h24, k849, ph25, r285, w80a, wa37, wi544 [Hanzi] shan4 汕 391, can4 灿 1014, shan4 讪 1791, xian1 仙 2976, xian1 秈 4549, xian1 籼 4635, shan4 赸 4851, shan4 疝 7095, shan1 山 7475, tan4 炭 7495, she1 峚 7499, she1 輋 7500, an4 岸 7557, duan1 zhuan1 耑 7581, qi3 豈 7599, mi4 密 7703, gang1 岡 8282, shan1 舢 8313, shan4 訕 9590, xian1 氙 11187 [Rad] 046a.

山 shān +7475 |1° mountain, hill 2° heights 3° wall 4° surname ◇ 1° montagne, colline 2° toute espèce d'éminence 3° mur 4° nom de famille [Etym] 山 1611 (rad: 046a 3-00), [Graph] 841b.

山毛榉 shān máo jǔ ◦ beech ◇ hêtre * 2182 4087.

山羊 shān yáng ◦ goat ◇ chèvre, bouc * 3427.

山坳 shān ào ◦ mountain pass ◇ col de montagne * 4881.

山坡 shān pō ◦ slope (mountain) ◇ versant (montagne) * 4897.

山地 shān dì ◦ mountainous region; fields on a hill ◇ région montagneuse; terre arable en montagne * 4903.

山东 shān dōng ◦ Shandong ◇ Shandong * 6325.

山东省 shān dōng shěng ◦ province of Shandong ◇ province de Shandong * 6325 2246.

山区 shān qū ◦ mountain area ◇ région montagneuse * 7305.

山峰 shān fēng ◦ mountain peak ◇ cime, crête de montagne * 7554.

山脉 shān mài ◦ mountain range or chain ◇ chaîne de montagne * 8104.

山脚 shān jiǎo ◦ foot of a hill ◇ pied de montagne, piémont * 8131.

山魈 shān xiāo ◦ 1° mountain goblins; 2° mandrill ◇ 1° démons des montagnes; 2° mandrill * 10746.

嶂 zhàng +7476 |range of mountains ◇ montagne [Etym] 山 1611 (rad: 046a 3-11), 章 95 [Graph] 841b 221a 021d.

崢 zhēng *7477 |峥 -7570| high, excellent, outstanding ◇ haut, dominant, extraordinaire [Etym] 山 1611 (rad: 046a 3-08), 爭 117 [Graph] 841b 221d 834c.

嶸 róng *7478 |嵘 -7513| See ◇ Voir 峥嵘 zheng1-rong2 7570-7513 [Etym] 山 1611 (rad: 046a 3-14), 榮 161 [Graph] 841b 231b 231b 851a 422a.

嶗 láo *7479 |崂 -7514| mountain in Shandong ◇ montagne du Shandong [Etym] 山 1611 (rad: 046a 3-12), 勞 164 [Graph] 841b 231b 231b 851a 732f.

崪 zú *7480 |崒 +7481| 1° summit of a peak 2° precipitous, dangerously steep ◇ 1° cime 2° à pic, escarpé [Etym] 山 1611 (rad: 046a 3-08), 卒 176 [Graph] 841b ac:c 232a 232a 413a.

崒 zú +7481 |崪 *7480| 1° summit of a peak 2° precipitous, dangerously steep ◇ 1° cime 2° à pic, escarpé [Etym] 山 1611 (rad: 046a 3-08), 卒 176 [Graph] 841b ac:c 232a 232a 413a.

崙 lún *7482 |仑 -1088 、侖 *1415 、崘 *7491| 1° to meditate 2° coherence ◇ 1° méditer 2° cohérence [Etym] 山 1611 (rad: 046a 3-04), 仑 186 [Graph] 841b 233a 321b.

崟 yín *7483 |崟 +7484| See ◇ Voir 嵚崟 qin1-yin2 7507-7484 [Etym] 山 1611 (rad: 046a 3-08), 金 196 [Graph] 841b 233a 432q.

崟 yín +7484 |崯 *7483| See ◇ Voir 嵚崟 qin1-yin2 7507-7484 [Etym] 山 1611 (rad: 046a 3-08), 金 196 [Graph] 841b 233a 432q.

嶔 qīn *7485 |嵚 -7507| See ◇ Voir 嵚崟 qin1-yin2 7507-7484 [Etym] 山 1611 (rad: 046a 3-12), 欽 197 [Graph] 841b 233a 432q 232b.

岑 cén (1612) |[Tra] peak; lonely ◇ cime; solitaire [Etym] mountain (1= 山 1611); phon (2,3= 今 202) ◇ une montagne (1= 山 1611);

phon (2,3= 今 202) [Graph] 841b 233a 631a [Ref] ph253, w14q [Hanzi] cen2 涔 392, cen2 岑 7486, chen3 磣 9735.

岑 cén +7486 山亼㇇ | 1° lone peak, lofty 2° lone 3° surname ◇ 1° cime isolée 2° isolé, solitaire 3° nom de famille [Etym] 山 1611 (rad: 046a 3-04), 岑 1612 [Graph] 841b 233a 631a.

岭 lǐng -7487 山亼㇇ | 岺 嶺 *7488丶*7489 | mountain range, ridge, mountain, the Five Ridges ◇ chaîne de montagnes, montagne, les Cinq Chaînes [Etym] 山 1611 (rad: 046a 3-05), 令 208 [Graph] 841b 233a 632b.

岺 lǐng *7488 山亼𠃌卩 | 岭 嶺 -7487丶*7489 | mountain range, ridge, mountain, the Five Ridges ◇ chaîne de montagnes, montagne, les Cinq Chaînes [Etym] 山 1611 (rad: 046a 3-05), 令 211 [Graph] 841b 233a ac:a 734a.

嶺 lǐng *7489 山亼𠃌卩頁 | 岭 岺 -7487丶*7488 | mountain range, ridge, mountain, the Five Ridges ◇ chaîne de montagnes, montagne, les Cinq Chaînes [Etym] 山 1611 (rad: 046a 3-14), 領 212 [Graph] 841b 233a ac:a 734a 023f.

崳 yú +7490 山亼一月刂 | mountain in Shandong ◇ mont du Shandong [Etym] 山 1611 (rad: 046a 3-09), 俞 213 [Graph] 841b 233a ac:a 856e 333b.

崙 lún *7491 山亼一冊 | 仑 侖 仑 -1088丶*1415丶*7482 | 1° to meditate 2° coherence ◇ 1° méditer 2° cohérence [Etym] 山 1611 (rad: 046a 3-08), 侖 215 [Graph] 841b 233a ac:a 856j.

嶭 niè (1613) 山亼𠂤辛 | [Tra] offence; sin ◇ offense; péché [Etym] different writing for (辥 1624) ◇ autre graphie pour (辥 1624) [Graph] 841b 233a 012a 413d [Hanzi] nie4 nie4 櫱 7492.

櫱 niè *7492 山亼𠂤辛木 | 蘖 +3917 | tiller, shoot, offshoot ◇ souche sur laquelle poussent des rejetons, rejeton, rejet [Etym] 木 723 (rad: 075a 4-16), 嶭 1613 [Graph] 841b 233a 012a 413d 422a.

峪 yù +7493 山𠆢口 | valley, ravine, gully ◇ vallée, ravin, gouffre [Etym] 山 1611 (rad: 046a 3-07), 谷 234 [Graph] 841b 233b 011a.

嵴 jí +7494 山𠂉月 | mountain ridge ◇ pente de montagne [Etym] 山 1611 (rad: 046a 3-10), 脊 238 [Graph] 841b 233c 856e.

炭 tàn (1614) 山𠂇火 | [Tra] charcoal ◇ charbon de bois [Etym] mountain (1= 山 1611); ash, grey (2,3= 灰 240) ◇ montagne (1= 山 1611); cendre, gris (2,3= 灰 240) [Graph] 841b 241a 231b [Hanzi] tang1 羰 3437, tan4 炭 7495, tan4 碳 9736.

炭 tàn +7495 山𠂇火 | 炭 *7556 | charcoal ◇ charbon de bois [Etym] 火 156 (rad: 086a 4-05), 山 1611 灰 240 [Graph] 841b 241a 231b.

嵯 cuó +7496 山𦍌工 | hilly ◇ montueux [Etym] 山 1611 (rad: 046a 3-09), 差 253 [Graph] 841b 241c 431a.

峽 xiá *7497 山大人人 | 峡 -7504 | 1° gorge 2° mountain pass 3° strait ◇ 1° gorge 2° défilé 3° détroit [Etym] 山 1611 (rad: 046a 3-07), 夾 259 [Graph] 841b 242a 232a 232a.

崎 qí +7498 山大丁口 | [Etym] 山 1611 (rad: 046a 3-08), 奇 261 [Graph] 841b 242a 331c 011a.

崎嶇 qí qū ∘ rugged path; rough ◇ sentier difficile, raboteux; difficile ＊ 7566.

峯 shē (1615) 山大车 | [Tra] place names ◇ nom de lieu [Etym] {?}montain (1= 山 1611), large (2= 大 257); {?}phon (3= 车 1213) ◇ {?} montagne (1= 山 1611), grand (2= 大 257); {?} phon (3= 车 1213) [Graph] 841b 242a 614d [Hanzi] she1 峯 7499.

峯 shē -7499 山大车 | 崋 *7500 | used in place names ◇ nom de lieu [Etym] 山 1611 (rad: 046a 3-07), 峯 1615 [Graph] 841b 242a 614d.

崋 shē (1616) 山大車 | [Tra] used in place names ◇ nom de lieu [Etym] {?}mountain (1= 山 1611),large (2= 大 257); phon (3= 車 2352) ◇ {?} montange (1= 山 1611), grand (2= 大 257); phon (3= 車 2352) [Graph] 841b 242a 042g [Hanzi] she1 崋 7500.

崋 shē *7500 山大車 | 峯 -7499 | used in place names ◇ nom de lieu [Etym] 山 1611 (rad: 046a 3-10), 崋 1616 [Graph] 841b 242a 042g.

崦 yān +7501 山大电 | [Etym] 山 1611 (rad: 046a 3-08), 奄 276 [Graph] 841b 242a 043c.

崦嵫 yān zī ∘ mountain in Gansu ◇ mont du Gansu ＊ 7542.

峤 jiào -7502 山夭川 | 嶠 *7503 | mountain road or path ◇ sentier de montagne [Etym] 山 1611 (rad: 046a 3-06), 乔 290 [Graph] 841b 242e 416a.

△ qiáo | 嶠 *7503 | pointed and lofty (mountain peak) ◇ cime pointue et élevée.

嶠 jiào *7503 山夭口冂口 | 峤 -7502 | mountain road or path ◇ sentier de montagne [Etym] 山 1611 (rad: 046a 3-12), 喬 291 [Graph] 841b 242e 011a 856k 011a.

△ qiáo | 峤 -7502 | pointed and lofty (mountain peak) ◇ cime pointue et élevée.

峡 xiá -7504 山夹 | 峽 *7497 | 1° gorge 2° mountain pass 3° strait ◇ 1° gorge 2° défilé 3° détroit [Etym] 山 1611 (rad: 046a 3-06), 夹 313 [Graph] 841b 242q.

峡谷 xiá gǔ ∘ gorge; canyon ◇ vallée, ravin ＊ 1509.

崤 xiáo +7505 山乂𠂇月 | mountain in Henan ◇ mont du Henan [Etym] 山 1611 (rad: 046a 3-08), 肴 323 [Graph] 841b 243a 241a 856e.

峧 jiāo *7506 山交 | used for place name ◇ utilisé comme nom de lieu [Etym] 山 1611 (rad: 046a 3-06), 交 344 [Graph] 841b 243e.

嵚 qīn -7507 山钅欠 | 嶔 *7485 | [Etym] 山 1611 (rad: 046a 3-09), 钦 368 [Graph] 841b 311f 232b.

嵚崟 qīn yín ∘ lofty (mountain) ◇ haut, colossal, grand ＊ 7484.

嶷 yí +7508 山匕矢マ疋 | mountain in Shanxi: Jiuyi ◇ mont du Shanxi: Jiuyi [Etym] 山 1611 (rad: 046a 3-14), 疑 390 [Graph] 841b 321b 242d 632a 434g.

巔 diān *7509 山匕目𠃊貝 | 巅 巓 -7587丶*7588 | apex of a hill, summit ◇ pic, aiguille, cime [Etym] 山 1611 (rad: 046a 3-19),

口 山

顚395 [Graph] 841b 321b 023a 711b 023f.

岢 kě +7510 山可口 [Etym] 山 1611 (rad: 046a 3-05), 可 421 [Graph] 841b 331c 011a.

岢岚 kě lán。county in Shanxi ◇ chef-lieu du Shanxi * 7626.

岿 kuī -7511 巋 *7596 1° steadfast 2° towering ◇ 1° inébranlable, solide 2° imposant [Etym] 山 1611 (rad: 046a 3-05), 归 467 [Graph] 841b 333a 832a.

岞 zuò +7512 山乍 place in Shandong ◇ lieu du Shandong [Etym] 山 1611 (rad: 046a 3-05), 乍 551 [Graph] 841b 412f.

嵘 róng -7513 嶸 *7478 See ◇ Voir 峥嵘 zheng1-rong2 7570-7513 [Etym] 山 1611 (rad: 046a 3-09), 荣 658 [Graph] 841b 415c 851a 422a.

崂 láo -7514 嶗 *7479 mountain in Shandong ◇ montagne du Shandong [Etym] 山1611 (rad: 046a 3-07), 劳 662 [Graph] 841b 415c 851a 732f.

嵽 dié -7515 山卄冖巾 high, tall ◇ haut, élevé [Etym] 山 1611 (rad: 046a 3-09), 带 697 [Graph] 841b 415d 851a 858a.

嵽嵲 dié niè。high, lofty ◇ haut, colossal * 7611.

岍 qiān +7516 山开 mountain in Shaanxi ◇ mont du Shaanxi [Etym] 山 1611 (rad: 046a 3-04), 开 706 [Graph] 841b 416h.

崃 lái *7517 崍 -7525 See ◇ Voir 邛崃 qiong2-lai2 4706-7525 [Etym] 山 1611 (rad: 046a 3-08), 來 724 [Graph] 841b 422a 232a 232a.

崧 sōng *7518 嵩 +7605 1° sacred mountain in Henan 2° high, lofty ◇ 1° montagne sacrée du Henan 2° haut [Etym] 山 1611 (rad: 046a 3-08), 松 744 [Graph] 841b 422a 612h.

嵖 chá +7519 山木曰 mountain in Henan ◇ mont du Henan [Etym] 山 1611 (rad: 046a 3-09), 查757 [Graph] 841b 422a 021a ac:z.

嵊 shèng +7520 山禾丬匕 county in Zhejiang ◇ chef-lieu du Zhejiang [Etym] 山 1611 (rad: 046a 3-10), 乘 766 [Graph] 841b 422d 412b 321b.

巍 wēi +7521 山禾女鬼厶 lofty, towering ◇ haut, éminent [Etym] 山 1611 (rad: 046a 3-16), 魏770 [Graph] 841b 422d 611e 043e 612a.

巍峨 wēi é。majestic ◇ majestueux * 7536.

嵝 lǒu -7522 嶁 *7633 See ◇ Voir 岣嵝 gou1-lou3 2997-7522 [Etym] 山 1611 (rad: 046a 3-09), 娄 785 [Graph] 841b 422f 611e.

嶙 lín +7523 山米夕㐄 [Etym] 山 1611 (rad: 046a 3-12), 粦789 [Graph] 841b 422f 631b 712b.

嶙峋 lín gǒu。rugged; precipitous; bony, thin ◇ rocheux; accidenté; maigre, osseux * 7574.

嶙峋 lín xún。1° hilly, rugged, craggy; 2° bony (person) ◇ 1° accidenté, déchiqueté; 2° décharné, maigre (personne) * 7575.

嶓 bō +7524 山采田 mountain in Shaanxi ◇ mont du Shaanxi [Etym] 山 1611 (rad: 046a 3-12), 番 797 [Graph] 841b 422g 041a.

崃 lái -7525 崍 *7517 See ◇ Voir 邛崃 qiong2-lai2 4706-7525 [Etym] 山 1611 (rad: 046a 3-07), 来 804 [Graph] 841b 422m.

崁 kàn +7526 山土欠 place in Taiwan ◇ lieu du Taiwan [Etym] 山 1611 (rad: 046a 3-07), 坎829 [Graph] 841b 432a 232b.

峙 shì +7527 山土寸 place in Shanxi ◇ lieu du Shanxi [Etym] 山 1611 (rad: 046a 3-06), 寺830 [Graph] 841b 432a 332b.

△ zhì 1° to stand erect 2° to tower, to pile up 3° hill ◇ 1° rester ferme et indépendant 2° amasser, haut et escarpé 3° montagne.

嶢 yáo *7528 峣 -7534 1° lofty 2° high mountains ◇ 1° haut, éminent 2° montagnes élevées [Etym] 山 1611 (rad: 046a 3-12), 堯 844 [Graph] 841b 432a 432a 432a 322c.

崚 líng +7529 山夫夊 [Etym] 山 1611 (rad: 046a 3-08), 夌901 [Graph] 841b 432d 633e.

崚嶒 líng céng。1° hilly, uneven country; 2° lofty (mountain) ◇ 1° montagneux, accidenté; 2° haut, élevé * 7613.

㟖 lòng +7530 山王廾 level land in mountainous or rocky areas ◇ terrasse sur une montagne rocheuse [Etym] 山 1611 (rad: 046a 3-07), 弄 908 [Graph] 841b 432e 416e.

㠭 zhēng (1617) 山二王攵 [Tra] to testify ◇ témoigner [Etym] reduction of (徵 531) ◇ réduction de (徵 531) [Graph] 841b acc:a 432e 243c [Ref] k1201, w164c [Hanzi] cheng2 徵 393.

嵌 qiàn +7531 山甘欠 1° to insert, to inlay 2° to set 3° deep valley, ravine ◇ 1° incruster, enchâsser 2° fixer 3° ravin, faille [Etym] 山1611 (rad: 046a 3-09), 嵌 1010 [Graph] 841b 436f 232b.

崔 cuī (1618) 山隹 [Tra] lofty; rocky; steep ◇ cîme; très haut; à pic [Etym] mountain (1= 山1611) higher than birds (2= 隹 1030) (< 島 2499) ◇ une montagne (1= 山 1611) plus haute que les oiseaux (2= 隹1030) (< 島 2499) [Graph] 841b 436m [Ref] k1111, ph655, w168f, wi715 [Hanzi] cui1 摧 2585, cui1 催 2977, cui3 璀 5156, sui4 縗 6030, sui4 繀 6202, cui1 崔 7532, chuai2 膗8179.

崔 cuī +7532 山隹 1° rocky 2° precipitous 3° surname ◇ 1° rocheux 2° à pic 3° nom de famille [Etym] 山 1611 (rad: 046a 3-08), 崔 1618 [Graph] 841b 436m.

巂 xī (1619) 山隹冂口 [Tra] swallow ◇ hirondelle [Etym] bird (2= 隹 1030):head (1=prim);nest (4=prim) inside (3= 内 1919) ◇ oiseau (2= 隹 1030): tête (1=prim); nid (4=prim); intérieur (3= 内 1919) [Graph] 841b 436m 856l 011a [Ref] k133, ph840, w15c [Hanzi] xie2 攜 2586.

巂 xī +7533 山隹冂 place in Sichuan ◇ lieu du Sichuan [Etym] 山 1611 (rad: 046a 3-12), 巂 1041 [Graph] 841b 436m Z51a.

峣 yáo -7534 嶢 *7528 1° lofty 2° high mountains ◇ 1° haut, éminent 2° montagnes élevées [Etym] 山 1611 (rad: 046a 3-06), 尧 1056 [Graph] 841b 512a 322c.

峩 é *7535 | 峨 -7536 | 1° high, eminent 2° mountain in Sichuan (Emei) ◇ 1° haut, imposant, digne, grave 2° mont du Sichuan (Emei) [Etym] 山 1611 (rad: 046a 3-07), 我 1067 [Graph] 841b 512f.
山我

峨 é -7536 | 峩 *7535 | 1° high, eminent 2° mountain in Sichuan (Emei) ◇ 1° haut, imposant, digne, grave 2° mont du Sichuan (Emei) [Etym] 山 1611 (rad: 046a 3-07), 我 1067 [Graph] 841b 512f.
山我

峨嵋 é méi ∘ famous mountain in Sichuan ◇ mont célèbre du Sichuan * 7591.

嵗 suì *7537 | 岁、歳、嵗 -7546、*5311、*7538 | 1° year 2° year (age) 3° year (crops), harvest 4° planet of Jupiter ◇ 1° année, nouvel an 2° âge 3° récolte 4° planète Jupiter [Etym] 山1611 (rad: 046a 3-09), 威 1074 [Graph] 841b 512m 331i.
山戌歹

嵗 suì *7538 | 岁、歳、嵗 -7546、*5311、*7537 | 1° year 2° year (age) 3° year (crops), harvest 4° planet of Jupiter ◇ 1° année, nouvel an 2° âge 3° récolte 4° planète Jupiter [Etym] 山1611 (rad: 046a 3-10), 咸 1075 [Graph] 841b 512m 331l.
山戌示

崴 wǎi +7539 | 踒2° *9322 | 1° rugged 2° to sprain ◇ 1° escarpé 2° tordre [Etym] 山1611 (rad: 046a 3-09), 威 1077 [Graph] 841b 512m ac:a 611e.
山戌二女

△ wēi | lofty, high ◇ haut, grand.

嶽 yuè *7540 | See ◇ Voir 岳 7212 [Etym] 山 1611 (rad: 046a 3-14), 獄 1098 [Graph] 841b 521b 012d 242i.
山犭言犬

峻 jùn +7541 | 1° high, steep 2° obstinate, stiff, harsh, severe, hotheaded ◇ 1° élevé, escarpé 2° obstination, raideur, sévère, impétueux [Etym] 山 1611 (rad: 046a 3-07), 夋 1147 [Graph] 841b 612b 633e.
山允夊

嵫 zī +7542 | See ◇ Voir 崦嵫 yan1-zi1 7501-7542 [Etym] 山 1611 (rad: 046a 3-12), 兹 1208 [Graph] 841b 613i 613c.
山玄幺

崠 dōng -7543 | 崠 *7619 | place in Guangxi ◇ lieu du Guangxi [Etym] 山 1611 (rad: 046a 3-05), 东 1211 [Graph] 841b 614b.
山东

崭 zhǎn -7544 | 嶄 *7617 | 1° towering (over), high peak 2° fine 3° precipitous ◇ 1° élevé, pic, cime 2° excellent 3° abrupt [Etym] 山 1611 (rad: 046a 3-08), 斩 1216 [Graph] 841b 614d 722c.
山车斤

峚 lù *7545 | 嵚 -7569 | level ground on mountains ◇ terrain plat dans une montagne [Etym] 山 1611 (rad: 046a 3-08), 录 1220 [Graph] 841b 621a 331o.
山彑氺

岁 suì (1620) 山夕	[Tra] planet Jupiter; year ◇ planète Jupiter; année [Etym] modern simplified form of (歳 961); (1= 山 1611) (2= 夕 1225) ◇ forme simplifiée moderne de (歳 961); (1= 山 1611) (2= 夕 1225) [Graph] 841b 631b [Ref] w64a, w80a [Hanzi] hui4 秽 4550, sui4 岁 7546, gui4 刿 7547, hui4 翙 7548, yue3 哕 9095, gui4 鳜 10512, gui4 鳜 10607.

岁 suì -7546 | 歳、嵗、嵗 *5311、*7537、*7538 | 1° year 2° year (age) 3° year (crops), harvest 4° planet of Jupiter ◇ 1° année, nouvel an 2° âge 3° récolte 4° planète Jupiter [Etym] 山1611 (rad: 046a 3-03), 岁 1620 [Graph] 841b 631b.
山夕

岁数 suì shù ∘ age ◇ âge (oralement) * 4614.

岁月 suì yuè ∘ years ◇ temps, année * 8057.

刿 guì -7547 | 劌 *5312 | to stab, to cut ◇ poignarder, couper [Etym] 刂 470 (rad: 018b 2-06), 岁 1620 [Graph] 841b 631b 333b.
山夕刂

翙 huì -7548 | 翽 *5313 | sound of birds flying ◇ onomatopée des oiseaux qui s'envolent [Etym] 羽 1472 (rad: 124a 6-06), 岁 1620 [Graph] 841b 631b 731c 731c.
山夕习习

嶝 dèng +7549 | cliff ◇ pente, hauteur [Etym] 山 1611 (rad: 046a 3-12), 登 1247 [Graph] 841b 631g 012b.
山癶豆

峄 yì -7550 | 嶧 *7621 | ancient county in Shandong ◇ ancien chef-lieu du Shandong [Etym] 山 1611 (rad: 046a 3-05), 圣 1273 [Graph] 841b 633a 414a.
山又丰

岐 qí +7551 | 1° mountain in Shaanxi 2° doctors of Huangdi 3° different ◇ 1° mont du Shaanxi 2° médecin de Huangdi, médecins 3° différent [Etym] 山 1611 (rad: 046a 3-04), 支 1284 [Graph] 841b 633d.
山支

峂 tóng +7552 | place in the Beijing area ◇ lieu de la région de Beijing [Etym] 山 1611 (rad: 046a 3-05), 冬 1287 [Graph] 841b 633e 211b.
山夂⺀

峯 fēng *7553 | 峰 +7554 | 1° peak of a mountain 2° hump ◇ 1° haute cime, pic de montagne 2° bosse [Etym] 山 1611 (rad: 046a 3-07), 夆1290 [Graph] 841b 633e 414g.
山夂丰

峰 fēng +7554 | 峯 *7553 | 1° peak of a mountain 2° hump ◇ 1° haute cime, pic de montagne 2° bosse [Etym] 山 1611 (rad: 046a 3-07), 夆1290 [Graph] 841b 633e 414g.
山夂丰

岌 jí +7555 | 1° lofty peak 2° dangerous ◇ 1° haute cime 2° péril, danger [Etym] 山 1611 (rad: 046a 3-03), 及 1344 [Graph] 841b 634m.
山及

屵 nàn (1621) 山厂	[Tra] steep hill ◇ pente raide [Etym] mountain (1= 山 1611) cliff (2= 厂 1353) ◇ la falaise (2= 厂 1353) d'une montagne (1= 山 1611) [Graph] 841b 721a [Ref] w59g [Hanzi] tan4 炭 7556, an4 岸 7557.

炭 tàn *7556 | 炭 +7495 | charcoal ◇ charbon de bois [Etym] 火 156 (rad: 086a 4-05), 屵 1621 [Graph] 841b 721a 231b.
山厂火

岸 àn +7557 | 1° bank, shore, cliff 2° lofty ◇ 1° bord, berge, falaise 2° élevé [Etym] 山1611 (rad: 046a 3-05), 屵 1621 干 564 [Graph] 841b 721a 413b.
山厂干

嶾 lì *7558 | 岼 -7561 | See ◇ Voir 岼崌山 li4-ju1-shan1 7561-7590-7475 [Etym] 山 1611 (rad: 046a 3-16), 歷 1362 [Graph] 841b 721a 422d 422d 434a.
山厂禾禾止

崖 yá *7559 | 崖、厓 +7560、*6839 | precipice, cliff, steep bank ◇ précipice, berge,
山厂土土

falaise, roc [Etym] 山 1611 (rad: 046a 3-08), 厓 1364 [Graph] 841b 721a 432a 432a.

崖 yá +7560 | 崕 *7559、厓 *6839 | precipice, cliff, steep bank ◇ précipice, berge, falaise, roc [Etym] 山 1611 (rad: 046a 3-08), 厓 1364 [Graph] 841b 721a 432a 432a.

岎 lì -7561 | 嶡 *7558 | [Etym] 山 1611 (rad: 046a 3-04), 历 1366 [Graph] 841b 721a 732f.

岎嵋山 lì jū shān。mountain in Jiangxi ◇ montagne du Jiangxi * 7590 7475.

巇 xī +7562 | 1° crack, crevice 2° gorge ◇ 1° crevasse 2° gorge, ravin [Etym] 山 1611 (rad: 046a 3-17), 戲 1443 [Graph] 841b 721g 321e 012b 512b.

岅 bǎn *7563 | 坂 +4898、阪 +6765 | hillside, slope ◇ pente, talus, versant [Etym] 山 1611 (rad: 046a 3-04), 反 1454 [Graph] 841b 722a 633a.

嶍 xí +7564 | mountain in Yunnan ◇ mont du Yunnan [Etym] 山 1611 (rad: 046a 3-11), 習 1475 [Graph] 841b 731c 731c 022c.

岧 tiáo +7565 | [Etym] 山 1611 (rad: 046a 3-05), 召 1479 [Graph] 841b 732a 011a.

岧峣 tiáo yáo。lofty mountain ◇ mont élevé * 7534.

岖 qū -7566 | 嶇 *7567 | See ◇ Voir 崎岖 qi2-qu1 7498-7566 [Etym] 山 1611 (rad: 046a 3-04), 区 1519 [Graph] 841b 811c 243a.

岖崎 qū qí。rugged ◇ raboteux * 7498.

嶇 qū *7567 | 岖 -7566 | See ◇ Voir 崎岖 qi2-qu1 7498-7566 [Etym] 山 1611 (rad: 046a 3-11), 區 1528 [Graph] 841b 811c 011a 011a 011a.

岈 yá +7568 | mountain in Henan ◇ mont du Henan [Etym] 山 1611 (rad: 046a 3-04), 牙 1542 [Graph] 841b 812b.

崣 lù -7569 | 嶚 *7545 | level ground on mountains ◇ terrain plat dans une montagne [Etym] 山 1611 (rad: 046a 3-08), 录 1563 [Graph] 841b 832d 331o.

峥 zhēng -7570 | 崢 *7477 | high, excellent, outstanding ◇ haut, dominant, extraordinaire [Etym] 山 1611 (rad: 046a 3-06), 争 1577 [Graph] 841b 834d.

峥嵘 zhēng róng。1° high and steep; 2° outstanding, brilliant ◇ 1° haut et escarpé; 2° éminent, génial * 7513.

嶼 yǔ *7571 | 屿 -7624 | islet ◇ île [Etym] 山 1611 (rad: 046a 3-13), 與 1600 [Graph] 841b 835h Z21g.

崇 chóng +7572 | 1° lofty, eminent 2° to reverence, to adore 3° surname ◇ 1° haut, élevé 2° vénérer, rendre un culte, estimer 3° nom de famille [Etym] 山 1611 (rad: 046a 3-08), 宗 1675 [Graph] 841b 851c 331l.

崇拜 chóng bài。to worship; to adore ◇ prôner le culte; adorer * 3442.

崇敬 chóng jìng。to revere; to respect ◇ vénérer; respecter * 3870.

崇高 chóng gāo。lofty, sublime; high ◇ sublime; noble, grand * 9463.

崆 kōng +7573 | 1° mountain in Gansu 2° island in Shandong ◇ 1° mont du Gansu 2° île du Shandong [Etym] 山 1611 (rad: 046a 3-08), 空 1722 [Graph] 841b 851d 431a.

崆峒 kōng tōng。mountain in Gansu ◇ mont du Gansu * 7579.

岣 gǒu +7574 | mountain in Hunan ◇ montagne du Hunan [Etym] 山 1611 (rad: 046a 3-05), 句 1779 [Graph] 841b 852h 011a.

峋 xún +7575 | See ◇ Voir 嶙峋 lin2-xun2 7523-7575 [Etym] 山 1611 (rad: 046a 3-06), 旬 1782 [Graph] 841b 852h 021a.

岘 xiàn -7576 | 峴 *7610 | mountain in Hubei ◇ montagne du Hubei [Etym] 山 1611 (rad: 046a 3-04), 见 1801 [Graph] 841b 854c.

崩 bēng (1622) | [Tra] collapse; death ◇ s'écrouler; mort [Etym] mountain (1= 山 1611); phon (2,3= 朋 1836) ◇ montagne (1= 山 1611); phon (2,3= 朋 1836) [Graph] 841b 856e 856e [Ref] k710 [Hanzi] beng4 鏰 1261, beng4 镚 2037, beng1 beng3 beng4 綳 6203, beng1 崩 7577, beng1 嘣 9096, beng4 蹦 9374.

崩 bēng +7577 | 1° to collapse 2° to burst 3° to be hurt by an exploding device 4° to shoot, to execute by shooting 5° emperor's death ◇ 1° s'écrouler 2° éclater 3° être atteint par un éclat 4° fusiller quelqu'un 5° mourir (empereur) [Etym] 山 1611 (rad: 046a 3-08), 崩 1622 [Graph] 841b 856e 856e.

岗 gǎng -7578 | 崗 *7580 | 1° mound, ridge 2° sentry ◇ 1° crête 2° poste de garde [Etym] 山 1611 (rad: 046a 3-04), 冈 1849 [Graph] 841b 856k 243a.

岗位 gǎng wèi。post, station ◇ poste * 2775.

岗哨 gǎng shào。lookout post; sentry ◇ poste de garde; sentinelle, factionnaire * 9141.

峒 dòng +7579 | cave, cavern ◇ grotte, caverne [Etym] 山 1611 (rad: 046a 3-06), 同 1853 [Graph] 841b 856k 012a.

△ tóng | See ◇ Voir 崆峒 kong1-tong2 7573-7579.

崗 gǎng *7580 | 岗 -7578 | 1° mound, ridge 2° sentry ◇ 1° crête 2° poste de garde [Etym] 山 1611 (rad: 046a 3-08), 岡 1857 [Graph] 841b 856m 841b.

耑 zhuān (1623) | [Tra] plants; only ◇ plante; seulement [Etym] phon: stalks (1=prim) and roots (2=prim) of a plant ◇ phon: les branches (1=prim) et les racines (2=prim) d'une plante [Graph] 841b 857f [Ref] h1567, k1134, ph434, w164b, wa40 [Hanzi] tuan1 湍 394, duan1 端 648, chuan2 篅 857, chuai1 chuai3 chuai4 揣 2587, zhui4 惴 3306, rui4 瑞 5157, duan1 zhuan1 耑 7581, chuan2 遄 7582, zhuan1 颛 7583, zhuan1 顓 7584, chuan3 喘 9097, chuai4 踹 9375.

耑 duān *7581 山而 | 端 +648 | 1° end, extremity 2° beginning 3° point, item 4° reason 5° correct, regular 6° to serve a meal ◇ 1° bout, extrémité 2° commencement 3° article 4° cause 5° correct, modestie, régulier, principe 6° servir un repas [Etym] 而 1871 (rad: 126a 6-03), 耑 1623 [Graph] 841b 857f.

△ zhuān | 专 -6491、專 *10665 | 1° special, particular, single 2° expert 3° to monopolize, to specially care 4° to want one's own way, to decide alone 5° surname ◇ 1° spécial, particulier, singulier, uniquement 2° expert 3° monopoliser, s'appliquer exclusivement à 4° décider de sa propre autorité 5° nom de famille.

遄 chuán +7582 山而辶 | to hurry ◇ aller vite [Etym] 辶 1346 (rad: 162b 3-09), 耑 1623 [Graph] 841b 857f 634o.

颛 zhuān -7583 山而页 | 顓 *7584 | 1° respect, dignified 2° name of legendary emperor ◇ 1° respect 2° nom d'un empereur mythique [Etym] 页 1802 (rad: 181s 6-09), 耑 1623 [Graph] 841b 857f 854d.

颛顼 zhuān xū 。 1° confiding, careful; 2° name of ancient ruler ◇ 1° circonspect, attentif; 2° nom d'un empereur ＊ 5173.

顓 zhuān *7584 山而頁 | 颛 -7583 | 1° respect, dignified 2° name of legendary emperor ◇ 1° respect 2° nom d'un empereur mythique [Etym] 頁 2267 (rad: 181a 9-09), 耑 1623 [Graph] 841b 857f 023f.

峭 qiào +7585 山肖 | 陗 *6775 | 1° precipitous, high and steep cliffs 2° severe 3° vigorous ◇ 1° escarpé, à pic, raideur 2° sévérité 3° vigoureux [Etym] 山 1611 (rad: 046a 3-07), 肖 1878 [Graph] 841b 857i.

峭拔 qiào bá 。 high and steep, precipitous; vigorous ◇ haut et escarpé; vigoureux ＊ 2361.

岨 jū +7586 山且 | rocky ◇ rocailleux [Etym] 山 1611 (rad: 046a 3-05), 且 1929 [Graph] 841b 921a.

巅 diān -7587 山真页 | 巔 *7588、巓 *7509 | apex of a hill, summit ◇ pic, aiguille, cime [Etym] 山 1611 (rad: 046a 3-16), 颠 1937 [Graph] 841b 921f 854d.

巔 diān *7588 山真頁 | 巅 -7587、巓 *7509 | apex of a hill, summit ◇ pic, aiguille, cime [Etym] 山 1611 (rad: 046a 3-19), 顛 1938 [Graph] 841b 921f 023f.

崛 jué +7589 山尸出 | to rise abruptly, lofty peak, eminent ◇ s'élever brusquement, éminence, se distinguer [Etym] 山 1611 (rad: 046a 3-08), 屈 1970 [Graph] 841b 931a 842c.

岵 jū +7590 山尸古 | (li4 - shan1) peak in Jiangxi ◇ (li4 - shan1) mont du Jiangxi [Etym] 山 1611 (rad: 046a 3-08), 居 1976 [Graph] 841b 931a 013f.

嵋 méi +7591 山尸目 | See ◇ Voir 峨嵋 e2-mei2 7536-7591 [Etym] 山 1611 (rad: 046a 3-09), 眉 1996 [Graph] 841b 931j 023a.

岷 mín +7592 山民 | mountain in Sichuan ◇ mont du Sichuan [Etym] 山 1611 (rad: 046a 3-05), 民 1997 [Graph] 841b 932a.

崀 làng +7593 山良 | place in Hunan ◇ lieu du Hunan [Etym] 山 1611 (rad: 046a 3-07), 良 2008 [Graph] 841b 932e.

岜 bā +7594 山巴 | 1° stony mountain 2° place in Guangxi ◇ 1° montagne rocheuse 2° lieu du Guangxi [Etym] 山 1611 (rad: 046a 3-04), 巴 2014 [Graph] 841b 933c.

> 辥 niè (1624) 山自辛 | [Tra] offence; sin ◇ offense; péché [Etym] {?} public (1= 出 1640) crime (3= 辛 567) (2< 辟 2019) ◇ {?} faute (3= 辛 567) publique (1= 出 1640) (2< 辟 2019) [Graph] 841b 934c 413d [Ref] k665, w102h [Hanzi] nie4 孽 7595.

孽 niè *7595 山自辛子 | 孼 +3918 | 1° evil 2° sin 3° child of a concubine 4° monster ◇ 1° malheur, infortune 2° péché 3° enfant d'une concubine 4° monstre [Etym] 子 1303 (rad: 039a 3-16), 辥 1624 [Graph] 841b 934c 413d 634d.

巋 kuī *7596 山自止ヨ一巾 | 岿 -7511 | 1° steadfast 2° towering ◇ 1° inébranlable, solide 2° imposant [Etym] 山 1611 (rad: 046a 3-18), 歸 2020 [Graph] 841b 934c 434a 833a 851a 858a.

峁 mǎo +7597 山卯 | top of a hill ◇ sommet de colline [Etym] 山 1611 (rad: 046a 3-05), 卯 2057 [Graph] 841b 941b 734a.

巖 yán *7598 山口口厂耳攵 | 岩 +7606、嵒 1° *9180 | 1° rocky cliff, high bank, steep 2° dangerous ◇ 1° roc à pic ou surplombant 2° dangereux [Etym] 山 1611 (rad: 046a 3-19), 嚴 2089 [Graph] 841b 011a 011a 721a 436l 243c.

> 豈 qǐ (1625) 山豆 | [Tra] how; why ◇ comment; pourquoi [Etym] phon: hand (1< 𠂇 1551) beating drum (2< 壴 880) ◇ phon: une main (1< 𠂇 1551) battant un tambour (2< 壴 880) [Graph] 841b 012b [Ref] k339, ph514, w165e, wi544 [Hanzi] kai3 鎧 1262, kai3 愷 3307, qi1 榿 4332, kai3 塏 4908, qi3 豈 7599, dai1 獃 7600, kai3 剴 7601, ji4 覬 7602, kai3 凱 7603, kai3 闓 8776, wei4 磑 9737, ai2 皚 9987, yi3 螘 10289.

豈 qǐ *7599 山豆 | 岂 -7628 | how, why? isn't that...? wouldn't that...? ◇ comment, pourquoi, est-ce que? [Etym] 豆 2120 (rad: 151a 7-03), 豈 1625 [Graph] 841b 012b.

獃 dāi *7600 山豆犬 | 呆 +8953 | 1° silly, stupid, dull 2° to stay ◇ 1° sot, stupide, ahuri 2° rester, demeurer [Etym] 犬 295 (rad: 094a 4-10), 豈 1625 [Graph] 841b 012b 242i.

剴 kǎi *7601 山豆刂 | 剀 -7630 | See ◇ Voir 剀切 kai3-qie1 7630-1894 [Etym] 刂 470 (rad: 018b 2-10), 豈 1625 [Graph] 841b 012b 333b.

覬 jì *7602 山豆見 | 觊 -7631 | to aim at, to covet ◇ aspirer à, espérer, désirer [Etym] 見 2255 (rad: 147a 7-10), 豈 1625 [Graph] 841b 012b 023c.

凱 kǎi *7603 山豆几 | 凯 -7632 | 1° victory 2° triumphant return of an army ◇ 1° chant de victoire 2° triomphal [Etym] 几 2516 (rad: 016a 2-10), 豈 1625 [Graph] 841b 012b Z33a.

崞 guō +7604 山亯子 | place in Shanxi ◇ lieu du Shanxi [Etym] 山 1611 (rad: 046a 3-08), 享 2128 [Graph] 841b 012c 634d.

山 山

嵩 sōng +7605 山亩冂口 |崧 *7518| 1° sacred mountain in Henan 2° high, lofty ◇ 1° montagne sacrée du Henan 2° haut [Etym] 山 1611 (rad: 046a 3-10), 高 2138 [Graph] 841b 012c 856k 011a.

岩 yán +7606 山石 |巖、嵒 1° *7598、*9180| 1° rocky cliff, high bank, steep 2° dangerous ◇ 1° roc à pic ou surplombant 2° dangereux [Etym] 山 1611 (rad: 046a 3-05), 石 2149 [Graph] 841b 013b.

岩岸 yán àn。rocky shore ◇ berge rocheuse * 7557.

岵 hù +7607 山古 |hill with grass ◇ colline boisée [Etym] 山 1611 (rad: 046a 3-05), 古 2155 [Graph] 841b 013f.

巉 chán +7608 山𠂊上匕兔 |1° high peak 2° precipitous ◇ 1° cime 2° à pic [Etym] 山 1611 (rad: 046a 3-17), 毚 2165 [Graph] 841b 013i 311d 321b 032e.

崑 kūn *7609 山日上匕 |See ◇ Voir 堃 7947 [Etym] 山 1611 (rad: 046a 3-08), 昆 2173 [Graph] 841b 021a 311d 321b.

峴 xiàn *7610 山見 |岘 -7576| mountain in Hubei ◇ montagne du Hubei [Etym] 山1611 (rad: 046a 3-07), 見 2255 [Graph] 841b 023c.

嵲 niè +7611 山自木 |See ◇ Voir 嵽嵲 die2-nie4 7515-7611 [Etym] 山 1611 (rad: 046a 3-10), 臬 2261 [Graph] 841b 023d 422a.

巙 náo +7612 山首止巳夂夊 |1° ancient mountain in Shandong 2° personal name ◇ 1° mont ancien du Shandong 2° prénom [Etym] 山 1611 (rad: 046a 3-21), 夒 2269 [Graph] 841b 023g 434a 933b ac:h 633e.

嶒 céng +7613 山曾曰 |high ◇ haut [Etym] 山 1611 (rad: 046a 3-12), 曾 2308 [Graph] 841b 033c 021a.

崽 zǎi +7614 山田心 |仔 +2943| 1° son 2° young animal, to bring forth (animal), young (animal) ◇ 1° fils, garçon, rejeton, progéniture 2° mettre bas (animal), petit (animal) [Etym] 山 1611 (rad: 046a 3-09), 思 2316 [Graph] 841b 041a 321c.

岬 jiǎ +7615 山甲 |1° mountain pass 2° promontory ◇ 1° col 2° promontoire [Etym] 山 1611 (rad: 046a 3-05), 甲 2329 [Graph] 841b 041b.

岫 xiù +7616 山由 |1° cave 2° cavernous cliff ◇ 1° caverne 2° rocher à pic [Etym] 山 1611 (rad: 046a 3-05), 由 2345 [Graph] 841b 042a.

嶄 zhǎn *7617 山車斤 |崭 -7544| 1° towering (over), high peak 2° fine 3° precipitous ◇ 1° élevé, pic, cime 2° excellent 3° abrupt [Etym] 山 1611 (rad: 046a 3-11), 斬 2354 [Graph] 841b 042g 722c.

嵬 wéi +7618 山鬼厶 |lofty, eminent ◇ élevé, majestueux [Etym] 山 1611 (rad: 046a 3-08), 鬼2363 [Graph] 841b 043e 612a.

崬 dōng *7619 山東 |岽 -7543| place in Guangxi ◇ lieu du Guangxi [Etym] 山 1611 (rad: 046a 3-08), 東 2365 [Graph] 841b 043g.

嵎 yú +7620 山禺 |1° mountain in Shandong 2° tortuous part of a hill 3° corner ◇ 1° mont du Shandong 2° tournant de la montagne 3° coin [Etym] 山1611 (rad: 046a 3-09), 禺 2372 [Graph] 841b 043l.

嶧 yì *7621 山四土羊 |峄 -7550| ancient county in Shandong ◇ ancien chef-lieu du Shandong [Etym] 山 1611 (rad: 046a 3-13), 睪 2381 [Graph] 841b 051a 432a 413c.

嶩 náo *7622 山曲厂辰 |峱 -5643| ancient mountain in Shandong ◇ mont ancien du Shandong [Etym] 山 1611 (rad: 046a 3-13), 農 2414 [Graph] 841b 052a 721a 312f.

崮 gù +7623 山囗古 |1° high flat-top mountain 2° used in place names ◇ 1° sommet plat 2° utilisé dans des noms de lieu [Etym] 山 1611 (rad: 046a 3-08), 固 2456 [Graph] 841b 071a 013f.

屿 yǔ -7624 山与 |嶼 *7571| islet ◇ île [Etym] 山 1611 (rad: 046a 3-03), 与 2481 [Graph] 841b Z21f.

屹 yì +7625 山乞 |high peak, imposing, grand ◇ cime élevée, grand, imposant [Etym] 山 1611 (rad: 046a 3-03), 乞 2508 [Graph] 841b Z31e.

> 敳 wēi (1626) 山二几攵 |[Tra] minute, tiny ◇ petit, détails [Etym] man (2> 攸 514) striking (3= 攴 1283) plant (1> 耑 1623) {strip, fibres} ◇ un homme (2> 攸 514) frappant (3= 攴 1283) une plante (1> 耑 1623) {fibres} [Graph] 841b acc:a Z33a 243c [Ref] w164c [Hanzi] wei1 溦 395.

岚 lán -7626 山风乂 |嵐 *7627| mist, fog ◇ vapeur, brouillard, brume [Etym] 山 1611 (rad: 046a 3-04), 风 2523 [Graph] 841b Z33c 243a.

嵐 lán *7627 山风二虫 |岚 -7626| mist, fog ◇ vapeur, brouillard, brume [Etym] 山 1611 (rad: 046a 3-09), 風 2527 [Graph] 841b Z33c ac:a 031d.

> 岂 qǐ (1627) 山己 |[Tra] how; why ◇ comment; pourquoi [Etym] modern simplified form of (豈 1625) ◇ forme simplifiée moderne de (豈 1625) [Graph] 841b Z41a [Ref] w80a, w84165e [Hanzi] kai3 铠 2038, kai3 恺 3308, qi1 桤 4333, kai3 垲 4909, qi3 岂 7628, qi3 屺 7629, kai3 剀 7630, ji4 觊 7631, kai3 凯 7632, kai3 闿 8029, ai2 皑 9988.

岂 qǐ -7628 山己 |豈 *7599| how, why? isn't that...? wouldn't that...? ◇ comment, pourquoi, est-ce que? [Etym] 山 1611 (rad: 046a 3-03), 岂 1627 [Graph] 841b Z41a.

岂有此理 qǐ yǒu cǐ lǐ。outrageous! ◇ quelle absurdité, incroyable, injustifiable * 1525 5294 5204.

屺 qǐ +7629 山己 |barren mountain ◇ montagne nue [Etym] 山 1611 (rad: 046a 3-03), 己 2532 [Graph] 841b Z41a.

剀 kǎi -7630 山己刂 |剴 *7601| [Etym] 刂 470 (rad: 018b 2-06), 岂 1627 [Graph] 841b Z41a 333b.

剀切 kǎi qiē。1° true, pertinent; 2° earnest, sincere ◇ 1° juste, pertinent; 2° sincère * 1894.

觊 jì -7631 山己见 |覬 *7602| to aim at, to covet ◇ aspirer à, espérer, désirer [Etym] 见 1801 (rad: 147s 4-06), 岂 1627 [Graph] 841b Z41a 854c.

凯 kǎi -7632 山己几 | 凱 •7603 | 1° victory 2° triumphant return of an army ◇ 1° chant de victoire 2° triomphal [Etym] 几 2516 (rad: 016a 2-06), 岂 1627 [Graph] 841b Z41a Z33a.

凯旋 kǎi xuán ∘ to triumph; triumphant return ◇ triompher, retour triomphal ✱ 7940.

嵝 lǒu •7633 山娄女 | 嵝 -7522 | See ◇ Voir 岣嵝 gou1-lou3 2997-7522 [Etym] 山 1611 (rad: 046a 3-10), 婁 2572 [Graph] 841b Z61f 611e.

缶 fǒu (1628) 缶 | [Tra] clay vessel ◇ poterie, vase [Etym] a vessel with a cover (prim) ◇ un vase avec son couvercle (prim) [Graph] 841c [Ref] h1095, k39, r337, r338, w130c, wa103 [Hanzi] fou3 缶 7634, yao2 窑 7829 [Rad] 121a.

缶 fǒu +7634 缶 | 1° earthenware vessels, vases 2° clay musical instrument ◇ 1° poterie, vase 2° instrument de musique en terre [Etym] 缶 1628 (rad: 121a 6-00), [Graph] 841c.

罐 guàn +7635 缶艹口口隹 | 鑵 鑵 •7646丶•1171 | 1° jar, mug 2° pitcher ◇ 1° bocal, pot 2° cruche à eau [Etym] 缶 1628 (rad: 121a 6-17), 雚 676 [Graph] 841c 415c 011a 011a 436m.

罐头 guàn tóu ∘ tin, can ◇ boîte de conserve, conserve ✱ 1598.

缾 píng •7636 缶并 | 瓶 +4054 | 1° bottle, flask, vase, jar 2° measure-word for bottles ◇ 1° bouteille, flacon, vase, cruche 2° spécificatif des bouteilles [Etym] 缶 1628 (rad: 121a 6-06), 并 708 [Graph] 841c 416i.

鉢 bō •7637 缶本 | 钵 鉢 -1964丶•1181 | bowl ◇ écuelle [Etym] 缶 1628 (rad: 121a 6-05), 本 799 [Graph] 841c 422h.

缸 gāng +7638 缶工 | 瓨 •8284 | jar, vat ◇ jarre, cuve [Etym] 缶 1628 (rad: 121a 6-03), 工 808 [Graph] 841c 431a.

罅 xià +7639 缶虍七乎 | 1° crack, split 2° weakness ◇ 1° fente, fissure 2° faiblesse [Etym] 缶 1628 (rad: 121a 6-11), 虖 1431 [Graph] 841c 721g 321e 332d.

罏 lú •7640 缶虍七田皿 | See ◇ Voir 垆 4936 [Etym] 缶 1628 (rad: 121a 6-16), 盧 1448 [Graph] 841c 721g 321e 041a 922a.

缺 quē +7641 缶夬 | 1° to lack, want 2° imperfect, incomplete, deficiency 3° to be absent 4° vacancy ◇ 1° manquer de, déficit 2° défectueux, lacune, brèche 3° être absent 4° vacance [Etym] 缶 1628 (rad: 121a 6-04), 夬 1550 [Graph] 841c 822c.

缺少 quē shǎo ∘ to lack ◇ manquer, faire défaut ✱ 2243.

缺乏 quē fá ∘ to lack, to be short of ◇ manquer de, être à court de, faire défaut ✱ 6493.

缺席 quē xí ∘ to be absent (from a meeting) ◇ s'absenter ✱ 6921.

缺点 quē diǎn ∘ default, weakness ◇ défaut, faiblesse ✱ 9799.

缿 zhǎi +7642 缶只 | blemish, mark ◇ empreinte, tache, souillure [Etym] 缶 1628 (rad: 121a 6-05), 只 2113 [Graph] 841c 011c.

罎 tán •7643 缶曰雨云 | See ◇ Voir 坛 4879 [Etym] 缶 1628 (rad: 121a 6-16), 曇 2200 [Graph] 841c 021a 858e 612d.

罈 tán •7644 缶西早 | See ◇ Voir 坛 4879 [Etym] 缶 1628 (rad: 121a 6-12), 覃 2411 [Graph] 841c 051e 021d.

罇 zūn •7645 缶酋寸 | 樽 -4471 | cup, wine vessel ◇ coupe à libations [Etym] 缶 1628 (rad: 121a 6-12), 尊 2435 [Graph] 841c 062d 332b.

鑵 guàn •7646 缶毌貝 | 罐 鑵 +7635丶•1171 | 1° jar, mug 2° pitcher ◇ 1° bocal, pot 2° cruche à eau [Etym] 缶 1628 (rad: 121a 6-11), 貫 2571 [Graph] 841c Z61e 023b.

击 jī (1629) 击 | [Tra] to strike; to hit ◇ frapper; heurter [Etym] modern simplified form of (毄 2355) ◇ forme simplifiée moderne de (毄 2355) [Graph] 841d [Hanzi] liu4 lu4 陆 6769, ji1 击 7647.

击 jī -7647 击 | 擊 •10709 | 1° to strike, to hit against, to attack, to collide with 2° to defeat ◇ 1° frapper, heurter, attaquer 2° vaincre [Etym] 凵 1630 (rad: 017a 2-03), 击 1629 [Graph] 841d.

击伤 jī shāng ∘ to wound; to damage ◇ mettre hors de combat; blesser ✱ 2956.

击败 jī bài ∘ to defeat, to beat ◇ vaincre, défaire, mettre en déroute ✱ 7959.

击退 jī tuì ∘ to repel, to beat back ◇ refouler, repousser, faire reculer ✱ 8720.

凵 kǎn (1630) 凵 | [Tra] hole, pit ◇ trou [Etym] pit (prim) ◇ un trou (prim) [Graph] 841e [Ref] k302, w38b [Hanzi] han2 函 6542, ji1 击 7647, chu1 出 7657, ao1 凹 11285, tu1 凸 11287 [Rad] 017a.

豐 fēng (1631) 凶丰丰豆 | [Tra] abundant; full ◇ prospérité; plein [Etym] two vases (1=prim) (4= 豆 2120); many boughs or crops (2,3= 丰 592) ◇ deux vases (1=prim) (4= 豆 2120); plusieurs plantes (2,3= 丰 592) [Graph] 841g 414g 414g 012b [Ref] k35, ph839, w97b [Hanzi] feng1 灃 396, feng1 豐 7648, yan4 豔 7649, feng1 酆 7650, yan4 艷 7651.

豐 fēng •7648 凶丰丰豆 | See ◇ Voir 丰 3480 [Etym] 豆 2120 (rad: 151a 7-11), 豐 1631 [Graph] 841g 414g 414g 012b.

豔 yàn •7649 凶丰丰豆土厶皿 | 艳 艷 -3492丶•7651 | 1° gorgeous, beautiful 2° dissipated, amorous 3° to admire and desire, winsome, wanton ◇ 1° splendide, joli, coloré, élégant 2° licence 3° désirs, convoiter [Etym] 豆 2120 (rad: 151a 7-21), 豐 1631 盍 851 [Graph] 841g 414g 414g 012b 432a 612a 922a.

酆 fēng +7650 凶丰丰豆阝 | 1° district in Sichuan 2° hell 3° surname ◇ 1° district du Sichuan 2° enfers 3° nom propre [Etym] 阝 1316 (rad: 163b 2-18), 豐 1631 [Graph] 841g 414g 414g 012b 634j.

艷 yàn (1632) 凶丰丰豆色 | [Tra] beautiful; handsome ◇ coloré; joli [Etym] colour (5= 色

2015); prosperity (1,2,3,4= 豐 1631) ◇ couleur (5= 色 2015); prospérité (1,2,3,4= 豐 1631) [Graph] 841g 414g 414g 012b 933d [Ref] w97b [Hanzi] yan4 灧 397, yan4 艷 7651.

豔 yàn *7651 幽丰丰豆色 | 艳 -3492 、豔 *7649 | 1° gorgeous, beautiful 2° dissipated, amorous 3° to admire and desire, winsome, wanton ◇ 1° splendide, joli, coloré, élégant 2° licence 3° désirs, convoiter [Etym] 色 2015 (rad: 139a 6-18), 豐 1631 [Graph] 841g 414g 414g 012b 933d.

豳 bīn (1633) 幽豕豕 | [Tra] place in Shaanxi ◇ lieu du Shaanxi [Etym] mountain (1= 山 1611) with boars (2,3= 豕 1100) ◇ une montagne (1= 山 1611) avec des sangliers (2,3= 豕 1100) [Graph] 841g 522a 522a [Ref] w69j [Hanzi] bin1 豳 7652.

豳 bīn +7652 幽豕豕 | place in Shaanxi ◇ lieu du Shaanxi [Etym] 豕 1100 (rad: 152a 7-10), 豳 1633 [Graph] 841g 522a 522a.

幽 yōu (1634) 幽幺幺 | [Tra] dark; prison ◇ sombre; prison [Etym] dark (2,3= 丝 1175) mountain (1= 山 1611) ◇ une montagne (1= 山 1611) obscure (2,3= 丝 1175) [Graph] 841g 613c 613c [Ref] h1865, r25j, w90d [Hanzi] you1 幽 7653.

幽 yōu +7653 幽幺幺 | 1° deep and remote, secluded, dark 2° secret, hidden 3° quiet 4° to imprison, prison 5° du monde inf,rieur 6° surname ◇ 1° profond, retiré, solitaire, sombre 2° secret, caché 3° tranquille 4° emprisonner, prison 5° séjour des morts, monde inférieur 6° nom de famille [Etym] 幺 1174 (rad: 052a 3-06), 幽 1634 [Graph] 841g 613c 613c.

幽雅 yōu yǎ。quiet and charming place ◇ retiré, paisible; charmant, ravissant * 7353.

幽暗 yōu àn。dim, gloomy ◇ obscur, ténébreux * 9843.

屮 842

屮 cǎo (1635) 屮 | [Tra] grass; vegetables ◇ végétaux, herbe [Etym] not doubled form of (艸 1637) ◇ forme non dédoublée de (艸 1637) [Graph] 842a [Ref] k1188, w78a [Hanzi] tun2 zhun1 屯 7667 [Rad] 045a.

𠬞 tāo (1636) 屮又 | [Tra] to hold ◇ tenir [Etym] hand (2= 又 1271) holding a plant (1= 屮 1635) ◇ main (2= 又 1271) tenant une plante (1= 屮 1635) [Graph] 842a 633a [Ref] w78a [Hanzi] tao1 弢 11262.

艸 cǎo (1637) 屮屮 | [Tra] grass; vegetables ◇ végétaux; herbe [Etym] contraction of (疾 1424) (> 艹 612, 出 1640) ◇ deux plantes en croissance (prim) (> 艹 612, 出 1640) [Graph] 842a 842a [Ref] h162, k1041, r82, w78a [Hanzi] cao3 艸 7654, chu2 芻 7905 [Rad] 140a.

艸 cǎo *7654 屮屮 | 草 +3967 、騲 *11042 4° | 1° grass, straw, plants with herbaceous stems 2° careless, hasty 3° rough copy, draft, running hand 4° female (domestic animals) ◇ 1° foin, herbe, végétaux herbacés 2° négligent, sans soin 3° brouillon, écriture cursive 4° femelle (animaux domestiques) [Etym] 艸 1637 (rad: 140a 6-00), [Graph] 842a 842a.

旹 shí (1638) 㞢日 | [Tra] time; chance ◇ temps; occasion [Etym] sun (2= 日 2169); sprouting plants (1< 艸 1637) above soil (horiz) ◇ une plante (1< 艸 1637) sortant de terre (horiz) au soleil (2= 日 2169) [Graph] 842b 021a [Ref] h135, r302, w79b [Hanzi] shi2 旹 7655.

旹 shí +7655 㞢日 | 时 -9861 、時 *9872 | 1° time, days 2° hour 3° season, period 4° present 5° chance, opportunity 6° from time to time 7° surname ◇ 1° temps 2° heure 3° saison, époque 4° moment, présent 5° occasion, opportunité 6° maintes fois, de temps à autre 7° nom propre [Etym] 日 2169 (rad: 072a 4-04), 旹 1638 [Graph] 842b 021a.

蚩 chī (1639) 㞢虫 | [Tra] clumsy; stupid ◇ stupide; maladroit [Etym] phon: scarab:insect (2= 虫 2282) boring through soil (1< 出 1640) ◇ phon: un scarabée, soit un insecte (2= 虫 2282) sortant de terre (1< 出 1640) [Graph] 842b 031d [Ref] k1233, ph520, w79b [Hanzi] zhi4 滍 398, chi1 媸 5814, chi1 蚩 7656, chi1 嗤 9098.

蚩 chī +7656 㞢虫 | 1° insects 2° stupid 3° proper name ◇ 1° insectes 2° sot, ridiculiser 3° nom propre [Etym] 虫 2282 (rad: 142a 6-04), 蚩 1639 [Graph] 842b 031d.

出 chū (1640) 出 | [Tra] to go forth, out ◇ sortir [Etym] {1} plants growing to a second set of leaves (prim) (> 艸 1637); {2} foot or step (haut< 止 954) exiting a case dwelling (bottom< 凵 1630) ◇ {1} des plantes faisant une deuxième pousse de feuilles (prim) (> 艸 1637); {2} un pied ou un pas (haut< 止 954) hors d'une grotte (bas< 凵 1630) [Graph] 842c [Ref] h34, k1255, ph117, r14e, r36, w78e, wa96, wi46 [Hanzi] duo4 饳 1457, qu1 诎 1792, duo4 飿 1867, zhuo1 拙 2588, zhuo2 茁 3824, duo4 柮 4335, chu4 绌 6031, chu4 絀 6204, chu1 出 7657, sui4 祟 7658, tiao4 粜 7659, qu1 屈 8639, duo1 咄 9099, qu1 詘 9591, chu3 础 9738, chu4 黜 10406.

出 chū +7657 出 | 齣 *8530 7° | 1° to go or come out 2° to exceed 3° to issue, to eject 4° to product 5° to happen, to arise 6° to put forth 7° drama (theater) ◇ 1° sortir 2° surpasser 3° expulser 4° produire 5° arriver, se produire 6° faire paraître 7° drame (théâtre) [Etym] 凵 1630 (rad: 017a 2-03), 出 1640 [Graph] 842c.

出差 chū chā。to be commissioned to, to leave for a mission ◇ être dépêché pour, partir avec un mandat * 1529.

出卖 chū mài。to sell; to betray, to sell out ◇ vendre; trahir * 1600.

出诊 chū zhěn。(of a doctor) to make a house call ◇ soins à domicile; visiter un malade chez lui ∗ 1700.

出租 chū zū。to hire; to let ◇ louer; à louer ∗ 4561.

出租气车 chū zū qì chē。taxi ◇ taxi ∗ 4561 11170 6327.

出来 chū lái。to go out (to) ◇ sortir (rapprochement) ∗ 4672.

出境 chū jìng。to leave the country ◇ sortir des frontières ∗ 4762.

出去 chū qù。to go out (from) ◇ sortir (éloignement) ∗ 4870.

出现 chū xiàn。to appear ◇ apparaître ∗ 5172.

出生 chū shēng。to be born ◇ naître, venir au monde ∗ 5286.

出售 chū shòu。to sell ◇ vendre ∗ 5498.

出嫁 chū jià。(of a woman) to get married ◇se marier à (pour une fille) ∗ 5818.

出名 chū míng。famous, well-known ◇ connu, célèbre ∗ 6408.

出世 chū shì。to be born ◇ naître ∗ 6808.

出发 chū fā。to leave, to set off ◇ quitter, partir ∗ 6813.

出席 chū xí。to attend ◇ être présent; participer ∗ 6921.

出产 chū chǎn。to produce, to manufacture ◇produire, fabriquer ∗ 6991.

出力 chū lì。to exert oneself ◇ se donner du mal, déployer son énergie ∗ 7259.

出门 chū mén。to go out; to go on a journey ◇ partir de chez soi, en voyage ∗ 7996.

出色 chū sè。exceptional, remarkable ◇ exceptionnel, remarquable ∗ 8731.

出身 chū shēn。social origin ◇ origine sociale ∗ 8830.

出口 chū kǒu。to speak, to utter; to export; exit ◇ dire; exporter, exportation; sortie ∗ 8842.

出品 chū pǐn。product ◇ produit ∗ 9179.

出路 chū lù。exit ◇ sortie ∗ 9353.

出版 chū bǎn。publication, edition, to publish ◇ publication, édition, publier ∗ 11012.

出版社 chū bǎn shè。publishing house ◇maison d'édition ∗ 11012 6575.

出风头 chū fēng tóu。to seek the limelight ◇ se mettre en vedette; vouloir se faire remarquer ∗ 11212 1598.

崇 suì (1641) 出示 | [Tra] evil; haunted ◇ néfaste; mauvais [Etym] emanations (1= 出 1640) from heaven (2= 示 431) ->here, bad ones ◇ émanations (1= 出 1640) célestes (2= 示 431) -> ici, mauvais [Graph] 842c 331l [Ref] w78e [Hanzi] sui4 祟 7658.

祟 suì +7658 出示 | influence of the evil spirits, haunted, ghost ◇ influx néfaste, mauvais sort, mal causé par un esprit [Etym] 示 431 (rad: 113a 5-05), 祟 1641 [Graph] 842c 331l.

粜 tiào (1642) 出米 | [Tra] to sell (grain) ◇ vendre (céréales) [Etym] modern reduction of (糶 1643) ◇ réduction moderne de (糶 1643) [Graph] 842c 422f [Hanzi] tiao4 粜 7659, tiao4 糶 7660.

粜 tiào -7659 出米 | 糶 *7660 | to sell (grain) ◇ vendre (grains, céréales) [Etym] 米 782 (rad: 119a 6-05), 出 1640 [Graph] 842c 422f.

糶 tiào (1643) 出米习习隹 | [Tra] to sell (grain) ◇ vendre (céréales) [Etym] to let grain (2= 米 782) out (1= 出 1640); phon (3,4,5= 翟 1474) ◇ laisser aller (1= 出 1640) des grains (2= 米 782); phon (3,4,5= 翟 1474) [Graph] 842c 422f 731c 731c 436m [Ref] w122a [Hanzi] tiao4 糶 7660.

糶 tiào *7660 出米习习隹 | 粜 -7659 | to sell (grain) ◇ vendre (grains, céréales) [Etym] 米 782 (rad: 119a 6-19), 糶 1643 [Graph] 842c 422f 731c 731c 436m.

屰 yì (1644) 屰 | [Tra] opposition; hindrance ◇ obstacle; opposition [Etym] {1} double pestle (prim,< 干 564) for repeated attacks; {2} man upside down: head (projecting lower line), arms (center), legs (top) ◇ {1} un double pilon (prim,< 干 564) symbolisant des attaques répétées; {2} un homme renversé: tête (ligne du bas), bras (milieu), jambes (haut) [Graph] 842d [Ref] k660, w102d, wa163 [Hanzi] ni4 逆 7661, shuo4 朔 7662.

欮 quē (1645) 屰欠 | [Tra] biccup; to cough ◇ suffoquer; toux [Etym] hindrance (1= 屰 1644) and difficulty of breath (2= 欠 178) ◇ obstruction (1= 屰 1644) et difficulté de respirer (2= 欠 178) [Graph] 842d 232b [Ref] k503, w102d [Hanzi] jue2 厥 6851, que1 que4 阙 8030, que1 que4 闕 8777.

逆 nì +7661 屰辶 | 1° contrary, inverse 2° to oppose, to defy 3° rebellious, traitor 4° to conjecture 5° to reckon on ◇ 1° contrarier, inverse 2° opposition, à l'encontre de 3° rébellion, traître 4° conjecturer 5° présumer d'avance, aller au devant de [Etym] 辶 1346 (rad: 162b 3-06), 屰 1644 [Graph] 842d 634o.

朔 shuò (1646) 屰月 | [Tra] new moon; to begin ◇ nouvelle lune; début [Etym] when moon (2= 月 1822) is set against (1= 屰 1644) sun ◇ quand la lune (2= 月 1822) s'oppose (1= 屰 1644) au soleil [Graph] 842d 856e [Ref] k926, ph564, w102d [Hanzi] su4 溯 399, shuo4 搠 2589, shuo4 蒴 3825, shuo4 朔 7662, su4 愬 7663, shuo4 槊 7664, su4 塑 7665, su4 遡 7666, suo1 嗍 9100.

中 出 屰

朔 shuò +7662 屰月 | 1° new moon 2° first day of the lunar month 3° north 4° to begin ◇ 1° nouvelle lune 2° premier jour du mois du mois lunaire 3° nord 4° commencer [Etym] 月 1822 (rad: 074a 4-06), 朔 1646 [Graph] 842d 856e.

愬 sù *7663 屰月心 | 诉、訴 -1774、*9572 | 1° to tell, to make known 2° to complain, to accuse 3° to resort to ◇ 1° dire, raconter, faire savoir, avertir 2° se plaindre, accuser 3° recourir à [Etym] 心 397 (rad: 061a 4-10), 朔 1646 [Graph] 842d 856e 321c.

槊 shuò +7664 屰月木 | long spear ◇ longue lance [Etym] 木 723 (rad: 075a 4-10), 朔 1646 [Graph] 842d 856e 422a.

塑 sù +7665 屰月土 | to model in clay, to mold into shape ◇ modeler, façonner, figurine [Etym] 土 826 (rad: 032a 3-10), 朔 1646 [Graph] 842d 856e 432a.

塑料 sù liào。plastics ◇ matière plastique ＊ 4607.

塑象 sù xiàng。statue ◇ statue ＊ 10385.

遡 sù *7666 屰月辶 | 溯、泝 +399、*354 | 1° to go against the stream 2° to trace up to the source 3° to remember, to recall ◇ 1° remonter le cours de l'eau ou du temps 2° évoquer le passé 3° se rappeler [Etym] 辶 1346 (rad: 162b 3-10), 朔 1646 [Graph] 842d 856e 634o.

屯 tún (1647) 屯 | [Tra] camp; village ◇ campement; village [Etym] a curling up plant (pcit,> 艸 1637) having a bud (top) ◇ la poussée d'une plante (prim,> 艸 1637) qui bourgeonne (haut) [Graph] 842e [Ref] k1144, ph85, r294, w79a, wa42 [Hanzi] dun4 沌 400, dun4 炖 1015, dun4 鈍 1263, tun2 魨 1458, tun2 饨 1868, dun4 钝 2039, den4 扽 2590, chun2 纯 6032, chun2 純 6205, tun2 zhun1 屯 7667, cun1 邨 7668, zhun1 迍 7669, du2 dun4 顿 7670, du2 dun4 頓 7671, zhun1 窀 7830, zhun1 肫 8180, dun1 吨 9101, dun4 砘 9739, dun3 盹 10083, tun2 鲀 10513, tun2 飩 10608, dun4 tun2 囤 10962.

屯 tún +7667 屯 | 1° camp, village 2° to store up 3° to station (troops) ◇ 1° camp, village 2° accumuler 3° garnison [Etym] 屮 1635 (rad: 045a 3-01), 屯 1647 [Graph] 842e.

△ zhūn | difficult ◇ difficile.

邨 cūn *7668 屯阝 | 村 +4148 | village ◇ village [Etym] 阝 1316 (rad: 163b 2-04), 屯 1647 [Graph] 842e 634j.

迍 zhūn +7669 屯辶 | 1° difficulty, hampered by difficulty 2° faltering, hesitant ◇ 1° difficulté, entravé par des difficultés 2° hésitant [Etym] 辶 1346 (rad: 162b 3-04), 屯 1647 [Graph] 842e 634o.

顿 dú -7670 屯页 | 頓 *7671 | See ◇ Voir 冒顿 mo4-du2 7951-7670 [Etym] 页 1802 (rad: 181s 6-04), 屯 1647 [Graph] 842e 854d.

△ dùn | 頓 *7671 | 1° to pause 2° to arrange, to settle 3° to touch the ground with one's head 4° time, turn (measure word) 5° suddenly, tired ◇ 1° s'arrêter 2° arranger 3° se prosterner 4° fois, tour (spécificatif) 5° fatigué, sur-le-champ.

顿时 dùn shí。immediately, at once; suddenly ◇ immédiatement, tout de suite; tout à coup ＊ 9861.

頓 dùn (1648) 屯頁 | [Tra] prostrate; rest; time ◇ incliner; pause; fois [Etym] head (2= 頁 2267); phon (1= 屯 1647) ->to bow the head ◇ tête (2= 頁 2267); phon (1= 屯 1647) ->pencher la tête, soumission [Graph] 842e 023f [Ref] k1144 [Hanzi] du2 dun4 頓 7671, dun1 噸 9102.

頓 dú *7671 屯頁 | 顿 -7670 | See ◇ Voir 冒顿 mo4-du2 7951-7670 [Etym] 頁 2267 (rad: 181a 9-04), 頓 1648 [Graph] 842e 023f.

△ dùn | 顿 -7670 | 1° to pause 2° to arrange, to settle 3° to touch the ground with one's head 4° time, turn (measure word) 5° suddenly, tired ◇ 1° s'arrêter 2° arranger 3° se prosterner 4° fois, tour (spécificatif) 5° fatigué, sur-le-champ.

冖 851

冖 mí (1649) 冖 | [Tra] to cover ◇ couvrir [Etym] cover, lid or trapping device (prim) ◇ un couvercle ou une trappe pour la chasse (prim) [Graph] 851a [Ref] k613, w34h, wi41 [Hanzi] guan1 guan4 冠 7672, ming2 冥 7678, jun1 軍 7681, nong2 农 7889 [Rad] 014a.

冠 guān (1650) 冖元寸 | [Tra] hat; crown; crest ◇ chapeau; couronne [Etym] to put (3= 寸 441) head-dress (1= 冖 1649) on head (2= 元 408) ◇ mettre (3= 寸 441) une coiffure (1= 冖 1649) sur sa tête (2= 元 408) [Graph] 851a 322d 332b [Ref] h1097, w29h [Hanzi] guan1 guan4 冠 7672.

冠 guān +7672 冖元寸 | 1° hat 2° crown, crest 3° comb ◇ 1° chapeau 2° crête 3° huppe [Etym] 冖 1649 (rad: 014a 2-07), 冠 1650 [Graph] 851a 322d 332b.

△ guàn | 1° to put on a hat 2° to precede 3° the best ◇ 1° coiffer d'un bonnet 2° être le premier 3° le meilleur.

冠军 guàn jūn。the best, champion ◇ être le premier, champion ＊ 7675.

冪 mì *7673 冖艹日大巾 | 幂 -7679 | 1° veil, to cover 2° power ◇ 1° voile, couvrir 2° puissance [Etym] 冖 1649 (rad: 014a 2-13), 幕 680 [Graph] 851a 415c 021a 242a 858a.

冢 zhǒng (1651) 冖豕 | [Tra] tomb; grave ◇ tombeau; monticule [Etym] cover (1= 冖 1649), trammeled pig or phon (2= 豕 1103) (> 家 1696) ◇ un couvercle (1= 冖 1649), un porc entravé ou phon (2= 豕 1103) (> 家 1696) [Graph] 851a 522b [Ref] k1271, ph527, w69g [Hanzi] zhong3 塚 4910, zhong3 冢 7674.

冢 zhǒng +7674 冖豕 | 塚 *4910 | tomb, grave ◇ grand tertre, tombe, tombeau élevé, tumulus [Etym] 冖 1649 (rad: 014a 2-08), 冢 1651 [Graph] 851a 522b.

军 jūn (1652) 冖车 [Tra] army; soldier ◇ armée; soldat [Etym] modern simplified form of (軍 1655) ◇ forme simplifiée moderne de (軍 1655) [Graph] 851a 614d [Ref] h466 [Hanzi] hun2 浑 401, hun4 诨 1793, hui1 辉 2207, hui1 挥 2591, yun4 恽 3309, hun1 荤 3835, hui1 hun2 珲 5158, kun1 裈 6669, hui1 翚 7229, jun1 军 7675, yun4 郓 7676, jun1 皲 7677, hui1 hui1 晖 9913, yun1 yun4 晕 9914.

军 jūn -7675 冖车 | 軍 *7681 | army, legion of 12500 men, military, soldier ◇ armée, légion de 12500 soldats, militaire, soldat [Etym] 冖 1649 (rad: 014a 2-04), 军 1652 [Graph] 851a 614d.

军火 jūn huǒ。munitions, arms ◇ munitions, armes, armement * 924.

军人 jūn rén。soldier, army man ◇ soldat, militaire * 1070.

军长 jūn zhǎng。general (army) ◇ général d'armée * 2139.

军装 jūn zhuāng。military or army uniform ◇ uniforme militaire, tenue militaire * 3192.

军队 jūn duì。army, troops ◇ armée, troupe * 6711.

军官 jūn guān。officer ◇ officier * 7771.

军舰 jūn jiàn。war ship ◇ bateau de guerre * 8316.

军事 jūn shì。military affairs ◇ affaires militaires * 10387.

郓 yùn -7676 冖车阝 | 鄆 *7682 | 1° place in Shandong 2° surname ◇ 1° lieu du Shandong 2° nom de famille [Etym] 阝 1316 (rad: 163b 2-06), 军 1652 [Graph] 851a 614d 634j.

皲 jūn -7677 冖车广又 | 皸 *7684 | [Etym] 皮 1452 (rad: 107a 5-06), 军 1652 [Graph] 851a 614d 721h 633a.

皲裂 jūn liè。chap, crack ◇ gercé, crevassé * 6421.

冥 míng (1653) 冖日六 [Tra] dark; night; dull ◇ obscur; nuit; ennui [Etym] six (3= 六 128) hours with hidden (1= 冖 1649) sun (2= 日 2169)->night ◇ six (3= 六 128) heures, quand le soleil (2= 日 2169) est caché (1= 冖 1649) -> nuit [Graph] 851a 021a 222b [Ref] k635, ph553, w34g [Hanzi] ming2 溟 402, ming2 蓂 3838, ming2 冥 7678, mi4 幂 7679, ming2 暝 9915, ming2 瞑 10084, ming2 螟 10290.

冥 míng +7678 冖日六 | 1° dark, obscure 2° deep 3° dull, stupid 4° night, hell, underworld 5° surname ◇ 1° obscur, ténébreux 2° profond 3° borné, stupide 4° nuit, les Enfers, les hauteurs inaccessibles du ciel 5° nom propre [Etym] 冖 1649 (rad: 014a 2-08), 冥 1653 [Graph] 851a 021a 222b.

幂 mì -7679 冖日六巾 | 冪 *7673 | 1° veil, to cover 2° power ◇ 1° voile, couvrir 2° puissance [Etym] 巾 1886 (rad: 050a 3-10), 冥 1653 [Graph] 851a 021a 222b 858a.

冤 yuān (1654) 冖兔 [Tra] to fool; wrong ◇ injustice; tromper [Etym] harmless hare (2= 兔 2294) catched in a snare (1= 冖 1649) ◇ un lièvre (2= 兔 2294) innocent pris au piège (1= 冖 1649) [Graph] 851a 032e [Ref] w106b [Hanzi] yuan1 冤 7680.

冤 yuān +7680 冖兔 | 寃 *7782 | 1° wrong, injustice 2° hatred, bitterness 3° to fool 4° loss, disadvantage ◇ 1° tort, injustice 2° grief 3° tromper, être victime d'une supercherie 4° perte, désavantagé [Etym] 冖 1649 (rad: 014a 2-08), 冤 1654 [Graph] 851a 032e.

冤枉 yuān wǎng。to be wronged, injustice ◇ victime d'une supercherie, accuser faussement * 4221.

冤案 yuān àn。a wronged case ◇ verdict injuste * 7749.

軍 jūn (1655) 冖車 [Tra] army; legion; soldier ◇ armée; légion; soldat [Etym] many charriots (2= 車 2352) wrapping and protecting (1< 匀 1766) ◇ plusieurs chars (2= 車 2352) qui encerclent et protègent (1< 匀 1766) [Graph] 851a 042g [Ref] h466, k508, ph438, w167c [Hanzi] hun2 渾 403, hui1 煇 1016, hui1 輝 2208, hui1 揮 2592, yun4 惲 3310, hun1 葷 3840, hui1 hun2 琿 5159, kun1 褌 6670, hui1 翬 7230, jun1 軍 7681, yun4 鄆 7682, yun4 運 7683, jun1 皸 7684, kun1 鶤 7685, hun4 諢 9592, hui1 yun1 yun4 暈 9916, huan4 鯶 10609.

軍 jūn *7681 冖車 | 军 -7675 | army, legion of 12500 men, military, soldier ◇ armée, légion de 12500 soldats, militaire, soldat [Etym] 車 2352 (rad: 159a 7-02), 軍 1655 [Graph] 851a 042g.

鄆 yùn *7682 冖車阝 | 郓 -7676 | 1° place in Shandong 2° surname ◇ 1° lieu du Shandong 2° nom de famille [Etym] 阝 1316 (rad: 163b 2-09), 軍 1655 [Graph] 851a 042g 634j.

運 yùn *7683 冖車辶 | 运 -5919 | 1° motion 2° to transport, to carry 3° to use 4° luck 5° vicissitude, ups and downs (life) 6° to turn round, circuit, to revolve ◇ 1° mouvoir 2° transporter 3° utiliser 4° chance, fortune, destin 5° vicissitude 6° tour, tourner [Etym] 辶 1346 (rad: 162b 3-09), 軍 1655 [Graph] 851a 042g 634o.

皸 jūn *7684 冖車广又 | 皲 -7677 | See ◇ Voir 皲裂 jun1-lie4 7677-6421 [Etym] 皮 1452 (rad: 107a 5-09), 軍 1655 [Graph] 851a 042g 721h 633a.

鶤 kūn *7685 冖車鳥 | 鹍 -9856 | jungle-fowl ◇ oiseau de la jungle [Etym] 鳥 2500 (rad: 196a 11-09), 軍 1655 [Graph] 851a 042g Z22h.

写 xiě (1656) 冖与 [Tra] to write; compose ◇ écrire; composer [Etym] modern simplified form of (寫 1704); here, to give (2= 与 2481) ◇ forme simplifiée moderne de (寫 1704); ici, donner (2= 与 2481) [Graph] 851a Z21f [Ref] h297, w34h, wi41 [Hanzi] xie4 泻 404, xie3 xie4 写 7686.

写 xiě -7686 冖与 | 寫 *7767 | 1° to write 2° to compose 3° to describe 4° to draw ◇ 1° écrire 2° composer 3° décrire 4° peindre [Etym] 冖 1649 (rad: 014a 2-03), 写 1656 [Graph] 851a Z21f.

写作 xiě zuò。to write, to compose ◇ écrire, composer une oeuvre * 2850.

写字台 xiě zì tái。desk ◇ bureau ＊ 7763 5901.

△ xiè |寫 *7767| 1° to write 2° to compose 3° to describe 4° to draw ◇ 1° écrire 2° composer 3° décrire 4° peindre.

冗 rǒng (1657) 冖儿 |[Tra] redundant; busy ◇ superflu; occupé [Etym] different writing for (冗 1762) ◇ autre graphie pour (冗 1762) [Graph] 851a Z33a [Hanzi] chen2 沉 405, rong3 冗 7687.

冗 rǒng +7687 冖儿 |宂 *7792| 1° superfluous, redundant 2° trivial details 3° busyness 4° without fixed occupation ◇ 1° superflu, en surplus 2° affaires diverses 3° occupé, affairé 4° sans emploi déterminé [Etym] 冖 1649 (rad: 014a 2-02), 儿 2516 [Graph] 851a Z33a.

罒 wǎng, xué (1658) 罒 |[Tra] net; hole ◇ filet; trou [Etym] different writing for (网 1850) or (穴 1718) ◇ autre graphie pour (网 1850) ou (穴 1718) [Graph] 851b [Ref] w126b [Hanzi] jiao4 滘 407 [Rad] 122d.

罕 (1659) 罒干 |[Tra] rare; scarce ◇ rare; curieux [Etym] hole (1< 罙 1660, 穴 1718); phon (2= 干 564) ◇ trou (1< 罙 1660, 穴 1718); phon (2= 干 564) [Graph] 851b 413b [Hanzi] han3 銲 1264, han3 焊 2040, han3 罕 7688.

罕 hǎn +7688 罒干 |1° rare, scarce, seldom 3° hunting net ◇ 1° rare, curieux 2° filet de chasse [Etym] 罒 1658 (rad: 122d 4-03), 干 564 [Graph] 851b 413b.

罕见 hǎn jiàn。rare, seldom seen ◇ rare, peu fréquent ＊ 7991.

罙 shēn (1660) 罒木 |[Tra] hearth; deep ◇ cheminée; profond [Etym] {1} chimney hole (1< 穴 1718), hand and fire (2< 彐 1565, 火 156) (木 723); {2} hand (2=prim) in a cave (1< 穴 1718) ◇ {1} un trou (1< 穴 1718) de chiminée, la main et le feu (2< 彐 1565, 火 156) (木 723); {2} une main (2=prim) explorant une cavité (1< 穴 1718) [Graph] 851b 422a [Ref] k870, w126b, wa95, wi140 [Hanzi] shen1 深 406, tan4 探 2593, chen1 琛 5160.

宀 mián (1661) 宀 |[Tra] hut; dwelling ◇ tente; résidence [Etym] a hut or a roof (prim) ◇ une tente ou un toit (prim) [Graph] 851c [Ref] k623, r38, r246, w36a, wi1, wi41 [Hanzi] zai1 灾 7691, ning2 ning4 寧 7701, mi4 密 7703, kou4 寇 7707, su4 xiu3 xiu4 宿 7716, qin3 寢 7717, lao2 牢 7719, hai4 害 7720, kuan1 寬 7723, bao3 寶 7730, han2 寒 7735, zhai4 寨 7738, zi4 字 7763, gua3 寡 7770, yin2 寅 7785, mei4 寐 7788, wu4 寤 7789, qin3 寑 7790 [Rad] 040a.

宁 zhù (1662) 宀一 |[Tra] store house ◇ entrepôt; magasin [Etym] modern simplified form of (宁 1673) ◇ forme simplifiée moderne de (宁 1673) [Graph] 851c 111a [Hanzi] zhu4 伫 2978, zhu4 苎 3843, zhu4 纻 6033, zhu4 贮 7977.

寵 chǒng *7689 宀立月⺺ |宠 -7708| 1° kindness, grace, favors 2° to dote on ◇ 1° grâce, faveur 2° chérir [Etym] 宀 1661 (rad: 040a 3-17), 龍 86 [Graph] 851c 221a 856e Z41b.

寀 cài *7690 宀爫木 |采、埰 +689 、*4764| 1° allotments to feudal nobles, fief 2° benefice ◇ 1° fief 2° bénéfice [Etym] 宀 1661 (rad: 040a 3-08), 采 106 [Graph] 851c 221d 422a.

灾 zāi +7691 宀火 |災、栽 *5711 、*5535| 1° disaster, calamity 2° misfortune, adversity 3° fire ◇ 1° désastre, calamité 2° malheur 3° incendie [Etym] 火 156 (rad: 086a 4-03), 宀 1661 [Graph] 851c 231b.

灾荒 zāi huāng。misfortune, disaster ◇ calamité ＊ 3810.

灾难 zāi nàn。catastrophe, calamity, suffering ◇ fléau, malheur, catastrophe, sinistre ＊ 6505.

灾害 zāi hài。calamity, disaster ◇ calamité, fléau, désastre ＊ 7720.

容 róng (1663) 宀𠈌口 |[Tra] hold, endure; looks ◇ contenir; tolérer [Etym] cover (1= 宀 1661) the depths (2,3= 谷 235) of the heart ->looks ◇ recouvrir (1= 宀 1661) les profondeurs (2,3= 谷 235) du coeur -> apparances [Graph] 851c 233b 011a [Ref] h802, k950, ph542, w18e, wi579 [Hanzi] rong2 溶 408, rong2 熔 1017, rong2 鎔 1265, rong2 蓉 3844, rong2 榕 4336, rong2 容 7692.

容 róng +7692 宀𠈌口 |1° to hold, to contain 2° to tolerate 3° to permit 4° countenance, face, air 5° to endure, to bear with 6° to receive 7° surname ◇ 1° contenir 2° tolérer 3° permettre 4° manières, visage, air 5° endurer 6° recevoir 7° nom propre [Etym] 宀 1661 (rad: 040a 3-07), 容 1663 [Graph] 851c 233b 011a.

容许 róng xǔ。to allow, to permit; perhaps ◇ permettre, autoriser, consentir à; peut-être ＊ 1721.

容貌 róng mào。looks, appearance ◇ visage, figure, physionomie, mine ＊ 5581.

容纳 róng nà。to hold, to accommodate ◇ contenir, avoir une capacité de, renfermer ＊ 6053.

容忍 róng rěn。to tolerate, to endure ◇ tolérer, se résigner ＊ 7257.

容器 róng qì。container ◇ récipient ＊ 9172.

容易 róng yì。easy ◇ facile, aisé, possible, probable ＊ 9921.

宏 hóng +7693 宀𠂇厶 |1° great, grand, magnificent 2° vast, ample, spacious 3° resounding ◇ 1° grand, magnifique 2° ample, vaste 3° sonore [Etym] 宀 1661 (rad: 040a 3-04), 厷 244 [Graph] 851c 241a 612a.

宏大 hóng dà。grand; great, vast ◇ immense, grand, vaste ＊ 1537.

宏伟 hóng wěi。magnificent, grand ◇ grand, grandiose ＊ 2961.

宥 yòu +7694 宀方月 | to forgive, to be lenient ◇ pardonner, indulgence [Etym] 宀 1661 (rad: 040a 3-06), 有 247 [Graph] 851c 241a 856e.

寄 jì +7695 宀大可口 | 1° to send, to post, mail 2° to lodge at, deposit, to deliver 3° to depend on 4° adopted ◇ 1° expédier, envoyer, poste 2° livrer, séjourner 3° s'appuyer sur, confier à 4° adoptif [Etym] 宀 1661 (rad: 040a 3-08), 奇 261 [Graph] 851c 242a 331c 011a.

寄存 jì cún ∘ to deposit; to leave with ◇ mettre à la consigne, mettre en dépôt * 1691.

寄生 jì shēng ∘ parasitic life; parasitism ◇ vivre de l'aide, parasiter, vire aux dépens de * 5286.

寄生虫 jì shēng chóng ∘ parasite ◇ animal parasite, parasite * 5286 10191.

寄放 jì fàng ∘ to leave with ◇ mettre en dépôt * 7934.

实 shí (1664) 宀头 | [Tra] solid; honest; to fill ◇ massif; réel; remplir [Etym] modern simplified form of (實 1717) ◇ forme simplifiée moderne de (實 1717) [Graph] 851c 242f [Ref] w36a [Hanzi] shi2 实7696.

实 shí -7696 宀头 | 實 *7793 、寔 +7779 | 1° solid, compact, hard 2° real, true 3° reality, fact 4° fruit, seed 5° to fill 6° honest ◇ 1° solide, massif 2° réel, vrai 3° réalité, fait 4° fruit, graine 5° remplir 6° sincère, honnête [Etym] 宀1661 (rad: 040a 3-05), 实 1664 [Graph] 851c 242f.

实在 shí zài ∘ in reality, really, in fact ◇ vraiment, réellement * 1690.

实行 shí xíng ∘ to put into practice; to carry out; to implement ◇ mettre en oeuvre, exécuter; appliquer * 3128.

实现 shí xiàn ∘ to achieve; to realize ◇ réaliser * 5172.

实际 shí jì ∘ real, practical ◇ réel, pratique * 6734.

实习 shí xí ∘ fieldwork, practice; to go on a field trip ◇ faire un stage * 7217.

实施 shí shī ∘ to implement, to put into practice, to carry out ◇ exécuter, pratiquer * 7946.

实用 shí yòng ∘ functional, practical ◇ pratique * 8267.

实践 shí jiàn ∘ to put into practice; to practice ◇ pratique, mettre en pratique, appliquer * 9343.

实事求是 shí shì qiú shì ∘ to seek truth from facts ◇ rechercher la vérité des choses * 10387 2314 9880.

实验 shí yàn ∘ experiment, test ◇ expérimenter * 11089.

实验室 shí yàn shì ∘ laboratory ◇ laboratoire * 11089 7754.

寮 liáo +7697 宀夾日小 | 1° window 2° hut 3° monk's cell ◇ 1° fenêtre, lucarne 2° cabane 3° bonzerie [Etym] 宀 1661 (rad: 040a 3-12), 尞 300 [Graph] 851c 242l 021a 331j.

它 tā (1665) 宀匕 | [Tra] it, that ◇ il, elle; lui [Etym] phon: cobra standing on its tail (1,2=prim) (> 巴 2013, 㐌 1503) ◇ phon: un cobra dressé sur sa queue (1,2=prim) (> 巴 2013, 㐌 1503) [Graph] 851c 321b [Ref] k1011, ph165, w108a, wa48, wi702 [Hanzi] tuo2 沱 409, ta1 tuo2 鉈 1266, ta1 tuo2 铊 2041, tuo1 拕 2594, tuo2 佗 2979, duo4 tuo2 柁 4337, tuo2 坨4911, tuo2 陀 6770, tuo2 鴕 7432, ta1 它 7698, duo4 舵8314, tuo2 跎 9376, tuo2 砣 9740, she2 yi2 蛇 10291, tuo2 酡 10895, tuo2 駝 11065, tuo2 驼 11125, tuo2 鮀 11153, tuo2 鴕 11160.

它 tā +7698 宀匕 | 牠 *3462 | 1° it, that 2° another ◇ 1° il, elle, lui (animal ou de chose) 2° autre [Etym] 宀 1661 (rad: 040a 3-02), 它 1665 [Graph] 851c 321b.

它们 tā men ∘ they ◇ ils, elles, les, leur, eux (choses, animaux) * 3002.

寘 zhì *7699 宀匕目㇄ | 置 +10793 、置 *10805 | 1° to place, to put 2° to set up 3° to buy 4° to lay out, to arrange 5° to govern 6° to provide ◇ 1° mettre, placer 2° organiser, établir 3° acheter 4° arranger 5° gouverner 6° procurer [Etym] 宀 1661 (rad: 040a 3-10), 眞 394 [Graph] 851c 321b 023a 711b.

甯 níng (1666) 宀心用 | [Tra] peace; rest; better ◇ paix; repos; plutôt [Etym] needs (3= 用 1845) contented; rest (1,2< 寧 1667) ◇ besoins (3= 用 1845) satisfaits; repos (1,2< 寧 1667) [Graph] 851c 321c 856i [Ref] k672, w36c [Hanzi] ning2 ning4 甯 7700.

甯 níng *7700 宀心用 | 宁 +7709 、寧 *7701 | 1° peaceful, rest, repose 2° short for the Ningxia Hui Autonomous Region 3° another name for Nanjing ◇ 1° paix, repos, calme 2° autre nom de la province de Ningxia 3° autre nom de Nanjing [Etym] 用1845 (rad: 101a 5-07), 甯 1666 [Graph] 851c 321c 856i.

△ nìng | 宁 +7709 、寧 *7701 | 1° rather, would rather, better 2° why, how? could there be? 3° surname ◇ 1° plutôt...que, mieux vaut 2° pourquoi, comment, serait-ce que? 3° nom propre.

寧 níng (1667) 宀心皿丁 | [Tra] peace; still; better ◇ paix; calme; plutôt [Etym] {1} wish (4< 丂 2475) to relax (2= 心 397): roof (1= 宀 1661),food (3= 皿 1939); {2} heart (2= 心 397) offered in a vessel (3= 皿 1939) on altar (4> 示 431) in temple (1= 宀1661) ◇ {1} repos (2= 心 397) désiré (4< 丂 2475): toit (1= 宀 1661), repas (3= 皿 1939); {2} coeur (2= 心 397) offert dans un vase (3= 皿 1939) sur l'autel (4> 示 431) dans un temple (1= 宀 1661) [Graph] 851c 321c 922a 331b [Ref] k672, ph785, w36c, wa189 [Hanzi] ning4 濘 410, ning2 ning3 ning4 擰 2595, ning2 薴 3845, ning2 檸 4338, ning2 聹 5468, ning2 獰 5646, ning2 ning4 寧 7701, ning2 嚀9103.

寧 níng *7701 宀心皿丁 | 宁 +7709 、甯 *7700 | 1° peaceful, rest, repose 2° short for the Ningxia Hui Autonomous Region 3° another name for Nanjing ◇ 1° paix, repos, calme 2° autre nom de la province de Ningxia 3° autre nom de Nanjing [Etym]

宀1661 (rad: 040a 3-11), 寧 1667 [Graph] 851c 321c 922a 331b.

△ nìng | 宁 +7709 丶 甯 *7700 | 1° rather, would rather, better 2° why, how? could there be? 3° surname ◇ 1° plutôt...que, mieux vaut 2° pourquoi, comment, serait-ce que? 3° nom propre.

宓 mì (1668) 宀必 | [Tra] still; silent; to rest ◇ silence; paix; repos [Etym] a steady (2= 必 399) roof (1= 宀 1661) ◇ un toit (1= 宀 1661) assuré (2= 必 399) [Graph] 851c 321d [Ref] h978, k617, ph383, w18g, wi705 [Hanzi] mi4 宓 7702, mi4 密 7703, mi4 蜜 7704.

宓 mì +7702 宀必 | 1° still 2° silent 3° surname ◇ 1° paix, repos 2° silence 3° nom propre [Etym] 宀 1661 (rad: 040a 3-05), 宓 1668 [Graph] 851c 321d.

密 mì (1669) 宀必山 | [Tra] close, intimate; dense ◇ secret, intime; serré [Etym] structures (1,2= 宓 1668) forming a compact montain (3= 山 1611) ◇ des constructions (1,2= 宓 1668) serrées formant montagne (3= 山 1611) [Graph] 851c 321d 841b [Ref] h978, w18g [Hanzi] mi4 密 7703, mi4 嘧 9104.

密 mì +7703 宀必山 | 1° close, thick, density 2° intimate, secret 3° meticulous 4° surname ◇ 1° fermé, dru, serré, densité 2° intime, secret 3° méticuleux 4° nom propre [Etym] 宀 1661 (rad: 040a 3-08), 密 1669 [Graph] 851c 321d 841b.

密切 mì qiè ∘ narrow, intimate ◇ étroit, intime; de près; minutieux; resserrer * 1894.

密封 mì fēng ∘ to seal airtight; to seal ◇ fermer hermétiquement; sceller, cacheter * 4818.

密集 mì jí ∘ concentrated, crowded together ◇ concentré, agglutiné densément * 5492.

密度 mì dù ∘ density; thickness ◇ densité; épaisseur * 6919.

密码 mì mǎ ∘ secret code ◇ code secret * 9790.

蜜 mì +7704 宀必虫 | honey, sweet ◇ miel, doux, sucré [Etym] 虫 2282 (rad: 142a 6-08), 宓 1668 [Graph] 851c 321d 031d.

蜜饯 mì jiàn ∘ jam; candied fruit ◇ confiture; fruits confits * 1856.

蜜月 mì yuè ∘ honeymoon ◇ lune de miel * 8057.

蜜蜂 mì fēng ∘ bee ◇ abeille * 10272.

宅 zhái (1670) 宀乇 | [Tra] residence; dwelling ◇ demeure; habiter [Etym] house (1= 宀 1661) in which one takes root (2= 乇 402) ◇ la maison (1= 宀 1661) où on prend racine (2= 乇 402) [Graph] 851c 321f [Ref] h928, ph177, r43e, w33b [Hanzi] cha4 诧 1794, zha1 挓 2596, cha4 侘 2980, cha2 垞 4912, cha4 姹 5815, zhai2 宅 7705, zha4 咤 9105, cha4 詫 9593, zha4 蛇 10292.

宅 zhái +7705 宀乇 | residence, family dwelling, to inhabit ◇ demeure, propriété, habiter [Etym] 宀 1661 (rad: 040a 3-03), 宅 1670 [Graph] 851c 321f.

完 wán (1671) 宀元 | [Tra] to finish; complete ◇ achever; complet [Etym] roof (1= 宀 1661) to close; phon or round, origin (2= 元 408) ◇ un toit (1= 宀 1661) pour clore; phon ou rondeur, origine (2= 元 408) [Graph] 851c 322d [Ref] h440, k1294, ph314, w29h, wi93, wi443 [Hanzi] huan4 浣 411, guan3 筦 858, wan2 烷 1018, guan3 wan3 莞 3846, yuan4 垸 4913, yuan4 院 6771, wan2 完 7706, wan3 脘 8181, wan3 皖 9989, huan3 睆 10085, huan4 鯇 10514.

完 wán +7706 宀元 | 1° intact, whole 2° to run out 3° to finish, to complete, to settle 4° to pay ◇ 1° intact, entier, complet 2° user à la corde 3° finir, achever 4° payer [Etym] 宀 1661 (rad: 040a 3-04), 完 1671 [Graph] 851c 322d.

完满 wán mǎn ∘ successful ◇ parfait, avec succès * 176.

完全 wán quán ∘ full, complete ◇ complet, total; tout à fait * 1105.

完毕 wán bì ∘ to finish, to end ◇ finir, terminer, achever * 1891.

完工 wán gōng ∘ to finish doing something ◇ finir un travail * 4698.

完美 wán měi ∘ perfect ◇ parfait * 5218.

完善 wán shàn ∘ perfect, excellent ◇ parfait, excellent * 5289.

完成 wán chéng ∘ to achieve, to finish ◇ parfaire, achever, accomplir * 5550.

完好 wán hǎo ∘ intact, in good condition ◇ intact, en parfait état * 5792.

完结 wán jié ∘ to be over, to finish ◇ prendre fin, terminer * 5977.

完备 wán bèi ∘ complete, perfect ◇ complet, suffisant, parfait * 6537.

完了 wán le ∘ it's finished! ◇ c'est fini! * 6540.

完了 wán liǎo ∘ to come to an end ◇ arriver à la fin, être terminé * 6540.

完整 wán zhěng ∘ comprehensive, complete ◇ intégral, complet * 10377.

寇 kòu (1672) 宀元攴 | [Tra] to rob; loot ◇ bandit; piller [Etym] a blow (3= 攴 1283) on head (2= 料 784) in one's house (1= 宀 1661) ◇ frapper (3= 攴 1283) quelqu'un à la tête (2= 料 784) dans une maison [Graph] 851c 322d 633c [Ref] k420, w29h, wa165 [Hanzi] kou4 簆 859, kou4 蔻 3847, kou4 寇 7707.

寇 kòu +7707 宀元攴 | 1° to rob, robber, pirate 2° to invade 3° surname ◇ 1° bandit, brigand, piller 2° envahisseur 3° nom propre [Etym] 宀 1661 (rad: 040a 3-08), 寇 1672 [Graph] 851c 322d 633c.

宠 chǒng -7708 宀龙 | 寵 *7689 | 1° kindness, grace, favors 2° to dote on ◇ 1° grâce, faveur 2° chérir [Etym] 宀 1661 (rad: 040a 3-05), 龙 417 [Graph] 851c 323d.

宠爱 chǒng ài 。 make a pet of somebody; dote on ◇ amadouer; doter ＊ 712.

宁 zhù (1673) 宀丁 | [Tra] storehouse ◇ dépôt; magasin [Etym] a closed room (1,2=prim); modern simplified form of (寧 1667) ◇ un espace enclos (1,2=prim); forme simplifiée moderne (寧 1667) [Graph] 851c 331b [Ref] k1246, ph116, w57b [Hanzi] ning4 泞 412, zhu4 苎 649, ning2 ning3 ning4 拧 2597, zhu4 伫 2981, ning2 zhu4 苧 3848, ning2 柠 4339, ning2 聍 5469, ning2 狞 5647, zhu4 纻 6206, ning2 ning4 宁 7709, ning2 咛 9106, zhu4 贮 10136.

宁 níng +7709 宀丁 | 寧、甯 *7701、*7700 | 1° peaceful, rest, repose 2° short for the Ningxia Hui Autonomous Region 3° another name for Nanjing ◇ 1° paix, repos, calme 2° autre nom de la province de Ningxia 3° autre nom de Nanjing [Etym] 宀 1661 (rad: 040a 3-02), 宁 1673 [Graph] 851c 331b.

宁蒗 níng làng 。 autonomous county in Yunnan ◇ chef-lieu autonome du Yunnan ＊ 3533.

△ nìng | 寧、甯 *7701、*7700 | 1° rather, would rather, better 2° why, how? could there be? 3° surname ◇ 1° plutôt...que, mieux vaut 2° pourquoi, comment, serait-ce que? 3° nom propre.

宁可 nìng kě 。 to prefer ◇ préférer ＊ 2235.

宁肯 nìng kěn 。 would rather ◇ mieux vaut; il est préférable de ＊ 5315.

宁愿 nìng yuàn 。 would rather; better ◇ mieux vaut; il est préférable de ＊ 6870.

賓 bīn (1674) 宀丆貝 | [Tra] visitor, guest; submit ◇ hôte, invité; accept [Etym] gift (3=貝 2246) for a roof (1=宀 1661) where to hide (2< 丏 2484) ◇ cadeau (3=貝 2246), un abri (1=宀 1661) où se cacher (2< 丏 2484) [Graph] 851c 331i 023b [Ref] k736, ph787, w112l [Hanzi] bin1 濱 413, bin1 鑌 1267, bin4 擯 2598, bin1 儐 2982, bin1 bing1 檳 4340, bin4 鬢 4743, pin2 嬪 5816, bin1 繽 6207, bin4 殯 6435, bin1 賓 7710, bin4 臏 8182, bin4 髕 8584.

賓 bīn *7710 宀丆貝 | 宾 -7765 | 1° visitor, guest 2° to submit ◇ 1° hôte, invité 2° se soumettre, acquiescer [Etym] 貝 2246 (rad: 154a 7-07), 賓 1674 [Graph] 851c 331i 023b.

宗 zōng (1675) 宀示 | [Tra] ancestors; clan; kind ◇ ancêtres; clan; sorte [Etym] structure (1=宀 1661); ancestors altar (2=示 431) ◇ un édifice (1=宀 1661); autel des ancêtres (2=示 431) [Graph] 851c 331l [Ref] h889, k1114, ph404, r15j, w36b, wa188 [Hanzi] cong2 淙 414, cong2 悰 3311, zong1 棕 4341, zong4 粽 4636, zong1 鬃 4744, cong2 琮 5161, zong4 猔 5701, zeng4 zong1 综 6034, zeng4 zong1 綜 6208, chong2 崇 7572, zong1 宗 7711, cong2 賨 7712, cong2 賨 7713, zong1 腙 8183, zong1 踪 9377, zong1 騌 11066.

宗 zōng +7711 宀示 | 1° ancestors 2° clans, family 3° sect, faction 4° kind, class 5° purpose 6° model 7° to follow, to honor 8° surname ◇ 1° ancêtres 2° clan, famille 3° secte, faction 4° espèce, classe 5° but, objectif 6° modèle, s'attacher à 7° suivre, vénérer 8° nom de famille [Etym] 宀 1661 (rad: 040a 3-05), 宗 1675 [Graph] 851c 331l.

宗教 zōng jiào 。 religion ◇ religion ＊ 5050.

賨 cóng -7712 宀示贝 | 賨 *7713 | ethnic minority in China ◇ minorité ethnique en Chine [Etym] 贝 1796 (rad: 154s 4-08), 宗 1675 [Graph] 851c 331l 854b.

賨 cóng *7713 宀示貝 | 賨 -7712 | ethnic minority in China ◇ minorité ethnique en Chine [Etym] 貝 2246 (rad: 154a 7-08), 宗 1675 [Graph] 851c 331l 023b.

宇 yǔ +7714 宀于 | 1° eaves, roof 2° house 3° space, world 4° to cover, to protect 5° temple 6° heaven 7° empire ◇ 1° auvent, toit 2° maison 3° espace, univers 4° couvrir, protéger 5° temple 6° ciel 7° empire [Etym] 宀 1661 (rad: 040a 3-03), 于 440 [Graph] 851c 332a.

宇宙 yǔ zhòu 。 universe, cosmos ◇ univers, cosmos ＊ 7783.

宇航 yǔ háng 。 space navigation ◇ navigation spatiale, spatial ＊ 8334.

守 shǒu (1676) 宀寸 | [Tra] keep; watch; near ◇ garder; observer; près [Etym] structure (1=宀 1661) where to find hand of justice (2=寸 441) ◇ un édifice (1=宀 1661) où se tient la main de l'autorité (2=寸 441) [Graph] 851c 332b [Ref] k896, ph237, r33e, w45d, wi862 [Hanzi] shou4 狩 5648, shou3 守 7715, chou2 酧 10896.

守 shǒu +7715 宀寸 | 1° to guard, to defend 2° to keep watch, to have in custody, to supervise 3° to observe 4° close to, near ◇ 1° garder, défendre 2° surveiller, protéger 3° observer 4° près de, proche [Etym] 宀 1661 (rad: 040a 3-03), 守 1676 [Graph] 851c 332b.

守卫 shǒu wèi 。 to defend, to guard ◇ garder, défendre ＊ 7280.

宿 xiǔ (1677) 宀亻百 | [Tra] overnight; old ◇ passer la nuit; jadis [Etym] man (2=亻 478) under roof (1=宀 1661); {?} (3# 百 2228), {?} (3< 𡨄 1653) ◇ homme (2=亻 478) sous un toit (1=宀 1661); {?} (3# 百 2228), {?} (3< 𡨄 1653) [Graph] 851c 411e 022f [Ref] k821, ph613, wa138 [Hanzi] xu5 蓿 3849, su4 suo1 缩 6035, su4 suo1 縮 6209, su4 xiu3 xiu4 宿 7716.

宿 sù +7716 宀亻百 | 1° to lodge for the night 2° old 3° veteran 4° to keep in memory 5° surname ◇ 1° passer la nuit 2° vieux, ancien, jadis 3° vétéran 4° garder au coeur, conserver 5° nom propre [Etym] 宀 1661 (rad: 040a 3-08), 宿 1677 [Graph] 851c 411e 022f.

宿舍 sù shè 。 apartment, flat ◇ logement ＊ 1502.

△ xiǔ | night, to lodge for the night ◇ nuit, passer la nuit dans un endroit.

△ xiù | constellation ◇ constellations.

寑 qǐn (1678) 宀丬彐一又 [Tra] to sleep; bedroom ◇ dormir; chambre à coucher [Etym] two sign: roof (1= 宀 1661), bed (2< 爿 2467); phon (3,4,5= 𠬶 1556) ◇ deux sign: toit (1= 宀 1661), lit (2< 爿 2467); phon (3,4,5= 𠬶 1556) [Graph] 851c 412a 832a 851a 633a [Hanzi] qin3 寑 7717.

寑 qǐn -7717 宀丬彐一又 寢 *7790 1° to sleep, to rest 2° bedroom 3° coffin chamber (ancestors) 4° to stop ◇ 1° dormir, reposer 2° chambre à coucher 3° salle contenant les cercueils des ancêtres 4° cesser [Etym] 宀 1661 (rad: 040a 3-10), 寑 1678 [Graph] 851c 412a 832a 851a 633a.

宰 zǎi (1679) 宀辛 [Tra] govern; officer; kill ◇ juge; ministre; battre [Etym] structure (1= 宀 1661) where criminals (2= 辛 567) are judged ◇ édifice (1= 宀 1661) où on juge les criminels (2= 辛 567) [Graph] 851c 413d [Ref] h1288, k1023, ph574, w102h [Hanzi] zi3 滓 415, zai3 宰 7718.

宰 zǎi +7718 宀辛 1° to slaughter, to butcher 2° to govern, to rule 3° government official 4° surname ◇ 1° tuer et dépecer, abattre 2° gouverner, diriger 3° officier de l'Etat (ministre, opprimer, intendant, préfet) 4° nom de famille [Etym] 宀 1661 (rad: 040a 3-07), 宰 1679 [Graph] 851c 413d.

牢 láo (1680) 宀牛 [Tra] stable; prison; firm ◇ étable; prison; solide [Etym] shackles (1< 夂 1286) on cattle (1= 牛 585); here, (1= 宀 1661) ◇ un troupeau (2= 牛 585) entravé (1< 夂 1286); ici, (1= 宀 1661) [Graph] 851c 414d [Ref] w17f, wa83 [Hanzi] lao2 牢 7719.

牢 láo +7719 宀牛 1° prison 2° pen 3° firm 4° domestic or sacrificial cattle ◇ 1° prison 2° étable 3° solide 4° animal domestique ou de sacrifice [Etym] 牛 585 (rad: 093a 4-03), 牢 1680 [Graph] 851c 414d.

牢记 láo jì ∘ to remember well ◇ retenir par coeur, fixer en mémoire ∗ 1836.

牢骚 láo sāo ∘ complaint, grievance ◇ rancoeur, plainte ∗ 11117.

害 hài (1681) 宀丰口 [Tra] to hurt; harmful ◇ blesser; nuire [Etym] mouth or head (3= 口 2063) under a basket (1,2=prim) ◇ avoir la bouche ou la tête (3= 口 2063) sous un panier (1,2=prim) [Graph] 851c 414g 011a [Ref] h437, k57, ph529, w97e, wi436, wi490, wi949 [Hanzi] xia2 鎋 1268, hua2 搳 2599, jie4 犗 3466, xia2 轄 6367, hai4 害 7720, huo1 huo4 豁 7721, ge1 割 7722, hai4 嗐 9107, xia1 瞎 10086, xia2 辖 10712.

害 hài +7720 宀丰口 1° evil, calamity 2° harmful, to injure, damage 3° to hurt, to kill 4° to suffer from ◇ 1° malheur, calamité 2° tort, dommage, léser, nuire 3° blesser, tuer 4° souffrir de [Etym] 宀 1661 (rad: 040a 3-07), 害 1681 [Graph] 851c 414g 011a.

害羞 hài xiū ∘ to feel ashamed, confused, shy ◇ honteux, intimidé ∗ 1530.

害怕 hài pà ∘ to be afraid, to fear ◇ craindre, redouter, avoir peur, s'effrayer ∗ 3363.

害虫 hài chóng ∘ noxious insect ◇ insecte nuisible ∗ 10191.

豁 huō +7721 宀丰口八口 1° slit, breach, break, opening 2° to sacrifice ◇ 1° défilé, béant 2° sacrifier [Etym] 谷 234 (rad: 150a 7-10), 害 1681 [Graph] 851c 414g 011a 233b 011a.

△ huò 1° clear 2° open, open-minded, generous 3° to exempt, to remit 4° to penetrate, to understand ◇ 1° clair 2° ouvert, béant, généreux, spacieux 3° exonérer 4° pénétrer, comprendre.

割 gē +7722 宀丰口刂 1° to cut 2° to mow ◇ 1° couper 2° faucher [Etym] 刂 470 (rad: 018b 2-10), 害1681 [Graph] 851c 414g 011a 333b.

割爱 gē ài ∘ to give away or to part with what one loves ◇ donner ou quitter ce qu'on aime ∗ 712.

割除 gē chú ∘ to cut off; to deduct ◇ enlever, trancher, retrancher ∗ 6715.

宽 kuān (1682) 宀艹见 [Tra] broad, ample; generous ◇ vaste, large; libéral [Etym] modern simplified form of (寬 1683) ◇ forme simplifiée moderne de (寬 1683) [Graph] 851c 415c 854c [Ref] h1110 [Hanzi] kuan1 宽 7723, kuan1 髋 8585.

宽 kuān -7723 宀艹见 寬 *7725 1° wide, broad, ample, large 2° to relax 3° to extend 4° to forbear, indulgent, lenient, gentle 5° well-off ◇ 1° large, ample, vaste 2° à l'aise, détendu, aisé 3° élargir 4° pardonner, magnanime, libéral [Etym] 宀 1661 (rad: 040a 3-07), 宽 1682 [Graph] 851c 415c 854c.

宽裕 kuān yù ∘ well-to-do, rich, comfortable ◇ aisé, riche, plus que suffisant ∗ 6615.

宽广 kuān guǎng ∘ vast, broad ◇ immense, vaste ∗ 6876.

宽阔 kuān kuò ∘ wide, broad ◇ large, immense, vaste ∗ 7998.

宽敞 kuān chǎng ∘ large, spacious ◇ large, spacieux, vaste ∗ 8355.

寞 mò +7724 宀艹日大 silent solitary deserted ◇ silence solitude isolé [Etym] 宀 1661 (rad: 040a 3-10), 莫 679 [Graph] 851c 415c 021a 242a.

寬 kuān (1683) 宀艹見 [Tra] broad, ample; generous ◇ vaste, large; libéral [Etym] {?} big:crest (2= 萑 635), look (3= 見 2255); house (1= 宀 1661) ◇ {?} grand: crête (2> 萑 635), regard (3= 見 2255); maison (1= 宀 1661) [Graph] 851c 415c 023c [Ref] h1110, r42d, wi144 [Hanzi] kuan1 寬 7725, kuan1 髖 8586.

寬 kuān *7725 宀艹見 宽 -7723 1° wide, broad, ample, large 2° to relax 3° to extend 4° to forbear, indulgent, lenient, gentle 5° well-off ◇ 1° large, ample, vaste 2° à l'aise, détendu, aisé 3° élargir 4° pardonner, magnanime, libéral [Etym] 宀 1661 (rad: 040a 3-10), 寬 1683 [Graph] 851c 415c 023c.

宋 s ò n g (1684) 宀木 [Tra] name of a dynasty ◇ nom de dynastie [Etym] wooden (2= 木 723) structure (1= 宀 1661) ◇ un édifice (1= 宀 1661) de bois (2= 木 723) [Graph] 851c 422a [Ref] w36a [Hanzi] ce4 箂 860, song4 宋 7726.

宋 s ò n g +7726 宀木 1° Chinese dynasty (960-1279) 2° feudal state au Henan 3° to dwell 4° surname ◇ 1° nom de dynastie (960-1279) 2° habiter, principauté située dans le Henan 4° nom propre [Etym] 宀 1661 (rad: 040a 3-04), 木 723 [Graph] 851c 422a.

審 s h ě n (1685) 宀采田 [Tra] investigate; really ◇ scruter; vrai [Etym] signs to investigate (2,3= 番 797); {1} house or court, {2} man or hunter (1> 人 170) ◇ indices (2,3= 番 797); {1} maison ou cour de justice (1= 宀 1661), {2} homme ou chasseur (1> 人 170) [Graph] 851c 422g 041a [Ref] k2, k872, ph811, w123d, wa63 [Hanzi] shen3 shen3 瀋 416, shen3 嬸 5817, shen3 審 7727, shen3 讅 9594.

審 s h ě n *7727 宀采田 | 审 -7784 | 1° careful 2° to examine 3° to inquire, to investigate 4° to know 5° really, indeed ◇ 1° soin, attention 2° examiner en détail, scruter 3° enquêter, interroger 4° savoir clairement 5° vrai, en effet [Etym] 宀 1661 (rad: 040a 3-12), 審 1685 [Graph] 851c 422g 041a.

寂 j ì +7728 宀上小又 1° silent, quiet 2° lonely ◇ 1° silencieux, calme, tranquille 2° solitaire [Etym] 宀 1661 (rad: 040a 3-08), 叔 820 [Graph] 851c 431b 331j 633a.

寂寞 j ì m ò ∘ lonely, lonesome ◇ solitaire, isolé, esseulé ✱ 7724.

寳 b ǎ o (1686) 宀王尔貝 [Tra] treasure; precious ◇ trésor; précieux [Etym] contraction of (寶 1687); (3= 尔 432) here without meaning ◇ réduction de (寶 1687); (3= 尔 432) ici sans sens [Graph] 851c 432e 331m 023b [Ref] w130d [Hanzi] bao3 寳 7729.

寳 b ǎ o *7729 宀王尔貝 | 宝 +7732 、寶 *7730 | 1° treasure, precious, valuable 2° term of compliment as honorable 3° mode of gambling ◇ 1° trésor, objet précieux 2° votre (rituel), terme de compliment 3° roulette, jeu de hasard [Etym] 宀 1661 (rad: 040a 3-16), 寳 1686 [Graph] 851c 432e 331m 023b.

寶 b ǎ o (1687) 宀王缶貝 [Tra] treasure; precious ◇ trésor; précieux [Etym] roof (1= 宀 1661), vase (3= 缶 1628); jewels (2= 玉 938),money (4= 貝 2246) ◇ toit (1= 宀 1661), vase (3= 缶 1628); bijoux (2= 玉 938), argent (4= 貝 2246) [Graph] 851c 432e 841c 023b [Ref] h971, w130d, wi264 [Hanzi] bao3 寶 7730.

寶 b ǎ o *7730 宀王缶貝 | 宝 +7732 、寳 *7729 | 1° treasure, precious, valuable 2° term of compliment as honorable 3° mode of gambling ◇ 1° trésor, objet précieux 2° votre (rituel), terme de compliment 3° roulette, jeu de hasard [Etym] 宀 1661 (rad: 040a 3-17), 寶 1687 [Graph] 851c 432e 841c 023b.

宪 x i à n -7731 宀先 | 憲 *7733 | 1° statute, by-laws 2° constitution 3° official, mandarin 4° rule, law ◇ 1° statut, règlement 2° constitution 3° mandarin, officiel 4° règle, loi [Etym] 宀 1661 (rad: 040a 3-06), 先 935 [Graph] 851c 432m.

宪法 x i à n f ǎ ∘ constitution ◇ constitution ✱ 217.

宪章 x i à n z h ā n g ∘ charter ◇ charte ✱ 673.

宪兵 x i à n b ī n g ∘ military police ◇ gendarme, police militaire ✱ 7215.

宝 b ǎ o (1688) 宀玉 [Tra] treasure; precious ◇ trésor; précieux [Etym] simplified form of (寶 1687) ◇ forme simplifiée de (寶 1687) [Graph] 851c 432o [Ref] h971, w130d [Hanzi] bao3 宝 7732.

宝 b ǎ o +7732 宀玉 | 寶 *7730 、寳 *7729 | 1° treasure, precious, valuable 2° term of compliment as honorable 3° mode of gambling ◇ 1° trésor, objet précieux 2° votre (rituel), terme de compliment 3° roulette, jeu de hasard [Etym] 宀 1661 (rad: 040a 3-05), 宝 1688 [Graph] 851c 432o.

宝剑 b ǎ o j i à n ∘ sword ◇ épée ✱ 1085.

宝藏 b ǎ o z à n g ∘ resources; riches ◇ ressources; richesses ✱ 3721.

宝塔 b ǎ o t ǎ ∘ pagoda ◇ pagode ✱ 4809.

宝库 b ǎ o k ù ∘ treasure, richness ◇ trésor, richesse ✱ 6930.

宝宝 b ǎ o b ǎ o ∘ darling, baby ◇ mot tendre pour enfant (mon petit chéri) ✱ 7732.

宝贝 b ǎ o b è i ∘ treasure; darling baby ◇ trésor, objet précieux; mot d'affection pour enfant ✱ 7953.

宝贵 b ǎ o g u ì ∘ precious ◇ précieux ✱ 10186.

憲 x i à n (1689) 宀丰罒心 [Tra] law; constitution ◇ loi; constitution [Etym] court (1= 宀 1661);texts (2< 丯 595)to eyes (3< 目 2239),hearts (4= 心 397) ◇ cour (1= 宀 1661); textes (2< 丯 595) devant les yeux (3< 目 2239) et les coeurs (4= 心 397) [Graph] 851c 433a 051a 321c [Ref] k151, w97f [Hanzi] xian3 櫶 4342, xian4 憲 7733.

憲 x i à n *7733 宀丰罒心 | 宪 -7731 | 1° statute, by-laws 2° constitution 3° official, mandarin 4° rule, law ◇ 1° statut, règlement 2° constitution 3° mandarin, officiel 4° règle, loi [Etym] 心 397 (rad: 061a 4-12), 憲 1689 [Graph] 851c 433a 051a 321c.

定 d ì n g (1690) 宀疋 [Tra] settle; certainly ◇ décider, fixe; certain [Etym] order (2< 正 963) in the house (1= 宀 1661) ◇ une maison (1= 宀 1661) en ordre (2< 正 963) [Graph] 851c 434f [Ref] k1000, ph400, r35e, w112i, wi259 [Hanzi] dian4 淀 417, ding4 錠 1269, ding4 锭 2042, ding4 椗 4343,

dian4 靛 5277, zhan4 绽 6036, zhan4 綻 6210, ding4 定 7734, ding4 腚 8184, ding4 啶 9108, ding4 碇 9741.

定 d ì n g +7734 宀疋 | 1° calm, stable 2° to decide, to fix, to settle, a settled mind 3° to subscribe to (periodicals) 4° certainly ◇ 1° tranquille, stable 2° décider, déterminer, fixer, repos d'esprit 3° souscrire à (périodiques) 4° certain [Etym] 宀 1661 (rad: 040a 3-05), 疋 1690 [Graph] 851c 434f.

定价 dìng jià。to fix a price; list price ◇ prix fixe * 2788.

定货 dìng huò。to order goods ◇ commander des marchandises * 2836.

定律 dìng lǜ。law ◇ loi, règle * 3157.

定场白 dìng chǎng bái。soliloquy (first appearance in Chinese opera) ◇ soliloque; monologue intérieur * 4884 9973.

定理 dìng lǐ。theorem ◇ théorème * 5204.

定期 dìng qī。to set a date; regular ◇ fixer la date; régulier * 5437.

定案 dìng àn。final decision; verdict; reach a conclusion ◇ décision définitive; prononcer un verdict * 7749.

定购 dìng gòu。to place an order for something. ◇ passer une commande * 7978.

定居 dìng jū。to settle down; to reside ◇ s'établir, s'installer; résider * 8661.

定时 dìng shí。at a set time ◇ au moment fixé ou convenu * 9861.

⿱宀共 s ā i (1691) 宀共 | [Tra] to wall in, block up ◇ boucher; emmurer [Etym] hands (bottom< 廾 701) piling up bricks (2=prim);roof (1= 宀 1661) ◇ des mains (bas< 廾 701) empilant des briques (2=prim); un toit (1= 宀 1661) [Graph] 851c 436h [Ref] k773, ph530, w47t [Hanzi] han2 寒 7735, qian1 褰 7736, qian1 搴 7737, zhai4 寨 7738, sai4 赛 7740, jian3 蹇 7741, jian3 謇 7742, sai4 賽 7743, qian1 騫 7744, qian1 鶱 7745.

寒 h á n (1692) 宀共冫 | [Tra] cold, tremble; poor ◇ froid, transi; pauvre [Etym] roof (1= 宀 1661) and straw (2=prim,< 艸 1637) against cold (3< 冫 7) ◇ un toit (1= 宀 1661) et de la paille (2=prim,< 艸 1637) contre froid (3< 冫 7) [Graph] 851c 436h 211b [Ref] h245, ph530, w47u [Hanzi] han2 寒 7735.

寒 h á n +7735 宀共冫 | 1° cold, shivering 2° poor 3° depreciating term for 'my', humble 4° to tremble with fear 5° to be hurtful ◇ 1° froid, grelotter 2° pauvreté, délaissement 3° mon humble 4° transi (de frayeur) 5° nuire, léser [Etym] 宀 1661 (rad: 040a 3-09), 寒 1692 [Graph] 851c 436h 211b.

寒冷 hán lěng。cold, icy, frigid ◇ froid, glacial * 17.

寒毛 hán máo。hair ◇ poil * 2182.

寒假 hán jià。winter holidays ◇ vacances d'hiver * 3027.

褰 q i ā n +7736 宀共衣 | to raise one's garment ◇ relever ses habits [Etym] 衣 371 (rad: 145a 6-10), ⿱宀共 1691 [Graph] 851c 436h 312i.

搴 q i ā n +7737 宀共手 | to pluck up, to uproot, to pull out ◇ cueillir, déraciner [Etym] 手 465 (rad: 064a 4-10), ⿱宀共 1691 [Graph] 851c 436h 332g.

寨 z h à i (1693) 宀共木 | [Tra] stockade; encampment ◇ palissade; parc [Etym] wood (3= 木 723); phon, wall in, block up (1,2= ⿱宀共 1691) ◇ bois (3= 木 723); phon, murer, boucher (1,2= ⿱宀共 1691) [Graph] 851c 436h 422a [Hanzi] zhai4 ⿰扌寨 2600, zhai4 寨 7738.

寨 z h à i +7738 宀共木 | 砦 +5303 | 1° stockade, encampment 2° mountain stronghold ◇ 1° palissade, campement 2° fortin (brigands, armée), retranchement [Etym] 宀 1661 (rad: 040a 3-11), ⿱宀共 1691 木 723 [Graph] 851c 436h 422a.

塞 s è (1694) 宀共土 | [Tra] to obstruct; to fill ◇ obstruer; remplir [Etym] earth (3= 土 826); phon, to obstruct (1,2= ⿱宀共 1691) ◇ terre (3= 土 826); phon, boucher (1,2= ⿱宀共 1691) [Graph] 851c 436h 432a [Ref] h245, w47u [Hanzi] sai1 ⿰扌塞 2601, shi4 僿 2983, sai1 sai4 se4 塞 7739, sai1 噻 9109.

塞 s ā i +7739 宀共土 | 1° to fill in, to stuff 2° to obstruct, stopper ◇ 1° bourrer, fourrer, remplir 2° bouchon, obstruer [Etym] 土 826 (rad: 032a 3-10), 塞 1694 [Graph] 851c 436h 432a.

塞子 sāi zǐ。cork, stopper ◇ bouchon * 6546.

△ s à i | 1° place of strategic importance 2° border region ◇ 1° passe stratégique 2° région frontière, marches.

△ s è | 1° to fill in, to stuff 2° to obstruct, to stop 3° to compensate ◇ 1° remplir, combler, fourrer, plein 2° obstruer, bloquer 3° compenser, remédier à.

赛 s à i -7740 宀共贝 | 賽 *7743 | 1° match, game, competition 2° to contest 3° to surpass ◇ 1° match (sport), compétition, concourir 2° rivalité, lutter 3° surpasser [Etym] 贝 1796 (rad: 154s 4-10), ⿱宀共 1691 [Graph] 851c 436h 854b.

赛球 sài qiú。ball match ◇ match de ballon (football, volley-ball) * 5094.

赛跑 sài pǎo。to run, to race ◇ course à pied * 9383.

赛马 sài mǎ。horse race ◇ course de chevaux * 11088.

蹇 j i ǎ n (1695) 宀共足 | [Tra] crippled; lame ◇ estropié; boîter [Etym] foot (3= 足 2117); phon or misery (1,2= 寒 1692) ◇ pied (3= 足 2117); phon ou misère (1,2= 寒 1692) [Graph] 851c 436h 011f [Ref] w47u [Hanzi] jian3 瀽 418, jian3 蹇 7741.

蹇 j i ǎ n +7741 宀共足 | 1° crippled, lame 2° misfortune 3° not proceeding smoothly ◇ 1° estropié 2° infortune 3° malchance [Etym] 足 2117

(rad: 157a 7-10), 蹇 1695 [Graph] 851c 436h 011f.

謇 jiǎn +7742 宀共言 | 1° frank, open 2° to stutter ◇ 1° franchise 2° bégayer [Etym] 言 2139 (rad: 149a 7-10), 寒 1691 [Graph] 851c 436h 012d.

賽 sài *7743 宀共貝 | 赛 -7740 | 1° match, game, competition 2° to contest 3° to surpass ◇ 1° match (sport), compétition, concourir 2° rivalité, lutter 3° surpasser [Etym] 貝 2246 (rad: 154a 7-10), 寒 1691 [Graph] 851c 436h 023b.

騫 qiān *7744 宀共馬 | 骞 +7745 | 1° to lift high, to raise, lofty 2° personal name ◇ 1° élever, soulever 2° prénom [Etym] 馬 2486 (rad: 187a 10-10), 寒 1691 [Graph] 851c 436h Z22a.

骞 qiān +7745 宀共马 | 騫 *7744 | 1° to lift high, to raise, lofty 2° personal name ◇ 1° élever, soulever 2° prénom [Etym] 马 2489 (rad: 187s 3-10), 寒 1691 [Graph] 851c 436h Z22b.

宬 chéng +7746 宀成 | archives ◇ archives [Etym] 宀 1661 (rad: 040a 3-06), 成 1072 [Graph] 851c 5121.

家 jiā (1696) 宀豕 | [Tra] household; family ◇ famille; demeure [Etym] {1} house (1= 宀 1661) and pig (2= 豕 1100); {2} man (1=prim) seizing a boar (2= 豕 1100) ◇ {1} un édifice (1= 宀 1661) et un cochon (2= 豕 1100); {2} un homme (1=prim) saisissant un sanglier (2= 豕 1100) [Graph] 851c 522a [Ref] h83, k347, ph516, r246, w69c, wa82, wi221 [Hanzi] jia1 鎵 1270, jia1 镓 2043, jia1 傢 2984, jia4 稼 4551, jia4 嫁 5818, jia1 jie5 家 7747.

家 jiā +7747 宀豕 | 1° family, household 2° home 3° profession, trade, class 4° school of thought 5° my (polite term) 6° tame, domestic ◇ 1° famille 2° demeure 3° spécialiste en, profession, catégorie, classe 4° école (de philosophie) 5° mon (terme poli) 6° apprivoisé, domestique [Etym] 宀 1661 (rad: 040a 3-07), 家 1696 [Graph] 851c 522a.

家禽 jiā qín。farm-yard, poultry ◇ basse-cour, volaille * 1416.

家长 jiā zhǎng。head of the family; parents, guardians ◇ parents ou gardiens d'un enfant; chef de famille * 2139.

家伙 jiā huǒ。tool, utensil; weapon ◇ instrument ou arme quelconque; type, mec(familier) * 2785.

家信 jiā xìn。family's letter ◇ lettre de famille * 3042.

家乡 jiā xiāng。native country ◇ pays natal, pays d'origine * 6295.

家畜 jiā chù。domestic animal; livestock ◇ animaux domestiques, bestiaux, bétail * 6310.

家务 jiā wù。household, housekeeping ◇ ménage; travaux ménagers * 6533.

家庭 jiā tíng。family ◇ famille; foyer * 6912.

家常 jiā cháng。household chores ◇ train-train domestique; la vie quotidienne * 7870.

家具 jiā jù。furniture ◇ meuble, mobilier * 8546.

家屬 jiā shǔ。family members ◇ membres de la famille * 8664.

△ jie | 1° good 2° to serve ◇ 1° bon 2° servir.

安 ān (1697) 宀女 | [Tra] peace; rest ◇ paix; repos [Etym] house (1= 宀 1661); woman (2= 女 1122)at rest during menstruation ◇ une maison (1= 宀 1661); une femme (2= 女 1122) au repos pour menstruation [Graph] 851c 611e [Ref] h223, k4, ph176, r73, r323, r324, w67g, wa137 [Hanzi] an3 銨 1271, an3 铵 2044, an4 按 2602, an1 桉 4344, an3 垵 4914, an1 鞍 5384, an1 安 7748, an4 案 7749, an1 鞌 7750, e4 頞 7751, e4 頞 7752, yan4 鴳 7753, an4 胺 8185, yan4 晏 9917, an1 鮟 10515, an1 鮟 10610, an1 氨 11188.

安 ān +7748 宀女 | 1° peace 2° rest 3° satisfied 4° safe 5° to install 6° to bring (charge against somebody) 7° how, where ◇ 1° paix 2° repos 3° content 4° assurer 5° poser en lieu convenable, installer 6° fixer, imputer (crime à quelqu'un) 7° est-ce que? comment? [Etym] 宀 1661 (rad: 040a 3-03), 安 1697 [Graph] 851c 611e.

安全 ān quán。sure, safe ◇ sûr, en sécurité * 1105.

安谧 ān mì。tranquil, peaceful ◇ tranquille, paisible * 1712.

安心 ān xīn。to be quiet ◇ être paisible, tranquille * 2177.

安插 ān chā。to plant, to install; to assign to a job ◇ installer, placer; donner un travail à faire * 2417.

安排 ān pái。to arrange, plan, fix up ◇ planifier, organiser, arranger * 2423.

安装 ān zhuāng。to install, to erect; to fix ◇ installer, monter; fixer * 3192.

安稳 ān wěn。stable, safe, steady ◇ stable, sûr, bien équilibré * 4548.

安静 ān jìng。calm, quiet, still ◇ calme, silencieux * 5276.

安定 ān dìng。quiet, stable, to maintain; to reassure ◇ tranquille, paisible; calmer * 7734.

安家 ān jiā。to set up a home, a family ◇ installer sa famille; fonder une famille * 7747.

安放 ān fàng。to put to its place, to lay, to place ◇ mettre à sa place * 7934.

安慰 ān wèi。to comfort ◇ consoler, réconforter * 8611.

安置 ān zhì。to settle down, to arrange ◇ disposer, installer, arranger * 10793.

案 àn +7749 宀女木 | 1° table, desk 2° tribunal, criminal case 3° record, file 4° proposal ◇ 1° table, bureau 2° tribunal, procès, cause 3° dossier, fichier 4° proposition [Etym] 木 723 (rad: 075a 4-06), 安 1697 [Graph] 851c 611e 422a.

案件 àn jiàn。law case ◇ procès, cas judiciaire * 2856.

鞌 ān *7750 宀女廿申 | 鞍 +5384 | saddle ◇ selle [Etym] 革 992 (rad: 177a 9-06), 安 1697 [Graph] 851c 611e 436a 031e.

颏 è -7751 宀女页 | 頞 *7752 | nose bridge ◇ arête du nez [Etym] 页 1802 (rad: 181s 6-06), 安 1697 [Graph] 851c 611e 854d.

頞 è *7752 宀女頁 | 颏 -7751 | nose bridge ◇ arête du nez [Etym] 頁 2267 (rad: 181a 9-06), 安 1697 [Graph] 851c 611e 023f.

鹌 yàn -7753 宀女鸟 | 鵪 *9918 | quail ◇ caille [Etym] 鸟 2494 (rad: 196s 5-06), 安 1697 [Graph] 851c 611e Z22e.

室 shì (1698) 宀厶土 | [Tra] room; house ◇ chambre, salle; maison [Etym] house (1= 宀 1661) where to stop (2,3= 至 1148) ◇ maison (1= 宀 1661) où l'on s'arrête (2,3= 至 1148) [Graph] 851c 612c 432a [Ref] h136, r35h, w133b [Hanzi] shi4 室 7754.

室 shì +7754 宀厶土 | 1° room 2° house, home, household 3° wife ◇ 1° chambre, salle, pièce 2° maison 3° femme [Etym] 宀 1661 (rad: 040a 3-06), 室 1698 [Graph] 851c 612c 432a.

宛 wǎn (1699) 宀夕㔾 | [Tra] to yield; as if ◇ céder; courtois; comme [Etym] good behaviour (2,3= 夗 1231) in the house (1= 宀 1661) ◇ bonne conduite (2,3= 夗 1231) à la maison (1= 宀 1661) [Graph] 851c 631b 733a [Ref] k1339, ph407, w64d, wi42 [Hanzi] wo4 涴 419, wan3 惋 3312, wan3 菀 3850, wan3 椀 4345, wan3 琬 5162, wan3 婉 5819, wan3 宛 7755, wan1 剜 7756, yuan1 鸳 7757, yuan1 鴛 7758, wan4 腕 8186, wan1 帵 8397, wan1 豌 9434, wan3 碗 9742, wan1 蜿 10293, wan3 畹 10441.

宛 wǎn +7755 宀夕㔾 | 1° winding, tortuous 2° as if 3° to give way, to yield 4° courtesy 5° surname ◇ 1° sinueux, tortueux 2° comme si 3° céder 4° condescendre 5° nom de famille [Etym] 宀 1661 (rad: 040a 3-05), 宛 1699 [Graph] 851c 631b 733a.

剜 wān +7756 宀夕㔾刂 | to cut out, to pick out ◇ excaver, creuser [Etym] 刂 470 (rad: 018b 2-08), 宛 1699 [Graph] 851c 631b 733a 333b.

鹓 yuān -7757 宀夕㔾鸟 | 鵷 *7758 | argus pheasant ◇ faisan argus [Etym] 鸟 2494 (rad: 196s 5-08), 宛 1699 [Graph] 851c 631b 733a Z22e.

鵷 yuān *7758 宀夕㔾鳥 | 鹓 -7757 | argus pheasant ◇ faisan argus [Etym] 鳥 2500 (rad: 196a 11-08), 宛 1699 [Graph] 851c 631b 733a Z22h.

察 chá (1700) 宀癶示 | [Tra] examine; find out ◇ scruter, enquête [Etym] {?}good knowledge of domestic (1= 宀 1661) cult (2,3= 祭 1251) ◇ {?} bien connaître le rituel (2,3= 祭 1251) domestique (1= 宀 1661) [Graph] 851c 631h 3311 [Ref] h489, k1158, r407 [Hanzi] cha3 鑔 1272, cha3 镲 2045, ca1 擦 2603, cha2 檫 4346, cha2 察 7759, ca1 cha1 嚓 9110, ca1 礤 9743.

察 chá +7759 宀癶示 | 詧 *6461 | to examine, to find out, inquiries ◇ scruter, examiner, examen, enquête [Etym] 宀 1661 (rad: 040a 3-11), 察 1700 [Graph] 851c 631h 3311.

察看 chá kàn ∘ to examine, to observe, to watch ◇ examiner; observer * 1534.

察觉 chá jué ∘ to notice, to be aware of ◇ s'apercevoir, remarquer * 7857.

客 kè (1701) 宀夂口 | [Tra] guest; traveller ◇ hôte; voyageur [Etym] roof (1= 宀 1661); phon ou person coming to a stop (2,3= 各 1295) ◇ un toit (1= 宀 1661); phon ou une personne qui s'arrête (2,3= 各 1295) [Graph] 851c 633e 011a [Ref] h252, k416, w31b, wi364 [Hanzi] ke2 揢 2604, ke4 客 7760, e2 额 7761, e2 額 7762, qia4 髂 8587, ka1 喀 9111.

客 kè +7760 宀夂口 | 1° guest 2° traveller, passenger 3° dealer 4° customer 5° stranger 6° objective ◇ 1° hôte, invité 2° voyageur, étranger 3° marchand 4° client 5° étranger 6° objectif [Etym] 宀 1661 (rad: 040a 3-06), 客 1701 [Graph] 851c 633e 011a.

客满 kè mǎn ∘ sold out (of tickets); full house ◇ complet (billets tous vendus) * 176.

客人 kè rén ∘ guest, visitor; passenger, traveler ◇ hôte, invité; voyageur, client * 1070.

客机 kè jī ∘ airliner ◇ avion de voyageurs * 4478.

客车 kè chē ∘ bus; passenger train ◇ wagon de voyageurs, train de voyageurs * 6327.

客轮 kè lún ∘ liner ◇ paquebot, bateau de passagers * 6330.

客观 kè guān ∘ objectivity ◇ objectivité; objectif * 6517.

客厅 kè tīng ∘ drawing room, parlor, hall ◇ salon, salle de réception * 6828.

客气 kè qì ∘ polite, formal ◇ poli, cérémonieux, courtois * 11170.

额 é -7761 宀夂口页 | 額、頟 *7762、*6536 | 1° forehead 2° horizontal tablet 3° specified number ◇ 1° front 2° inscription horizontale 3° nombre fixé [Etym] 页 1802 (rad: 181s 6-09), 客 1701 [Graph] 851c 633e 011a 854d.

额外 é wài ∘ additional, extra ◇ supplémentaire * 6395.

額 é *7762 宀夂口頁 | 额、頟 -7761、*6536 | 1° forehead 2° horizontal tablet 3° specified number ◇ 1° front 2° inscription horizontale 3° nombre fixé [Etym] 頁 2267 (rad: 181a 9-09), 客 1701 [Graph] 851c 633e 011a 023f.

字 zì (1702) 宀子 | [Tra] to feed; writing ◇ nourrir; écriture [Etym] chinese characters as house (1= 宀 1661)children (2= 子 1303):many ◇ caractères chinois: enfants (2= 子 1303), maison (1= 宀 1661): nombre [Graph] 851c 634d [Ref] h28, ph301, r93, w94a, wi1 [Hanzi] zi4 牸 3467, zi4 字 7763.

字 zì +7763 宀子 | 1° Chinese character 2° style of writing 3° writings 4° receipt 5° to be betrothed (girl) 6° name ◇ 1° caractère chinois 2° style d'écriture 3° écrits 4° reçu 5° être fiancée (fille) 6° nom [Etym] 子 1303 (rad: 039a 3-03), 字 1702 [Graph] 851c 634d.

字典 zì diǎn ∘ character dictionary ◇ dictionnaire de caractères * 8564.

字母 zì mǔ ∘ letter (of alphabet) ◇ lettre de l'alphabet * 11296.

宸 chén +7764 宀厂辰 | 1° private apartments of the emperor 2° imperial 3° huge house ◇ 1° appartements privés de l'empereur 2° impérial 3° grande maison [Etym] 宀 1661 (rad: 040a 3-07), 辰 1356 [Graph] 851c 721a 312f.

宾 bīn (1703) 宀兵 | [Tra] visitor, guest; submit ◇ hôte; acquiescer [Etym] modern simplified form of (賓 1674); here, phon (2= 兵 1469) ◇ forme simplifiée moderne de (賓 1674); ici, phon (2= 兵 1469) [Graph] 851c 722h [Hanzi] bin1 滨 420, bin1 镔 2046, bin4 摈 2605, bin1 傧 2985, bin1 bing1 槟 4347, bin4 鬓 4745, pin2 嫔 5820, bin1 缤 6037, bin4 殡 6436, bin1 宾 7765, bin4 膑 8187, bin4 髌 8588.

宾 bīn -7765 宀兵 | 賓 *7710 | 1° visitor, guest 2° to submit ◇ 1° hôte, invité 2° se soumettre, acquiescer [Etym] 宀 1661 (rad: 040a 3-07), 宾 1703 [Graph] 851c 722h.

宾馆 bīn guǎn ◦ hotel, guest house ◇ hôtel, résidence * 1869.

宾主 bīn zhǔ ◦ guest and host ◇ invité et hôte * 5212.

宾白 bīn bái ◦ spoken parts (Chinese opera) ◇ paroles, texte de l'opéra chinois * 9973.

寥 liáo +7766 宀习习人彡 | 1° deserted 2° waste 3° vast 4° few 5° silent ◇ 1° désert 2° vide 3° vaste 4° solitaire 5° silencieux [Etym] 宀 1661 (rad: 040a 3-11), 翏 1473 [Graph] 851c 731c 731c 233a 211c.

寫 xiě (1704) 宀臼𠘧 | [Tra] to write; compose ◇ écrire; organiser [Etym] house (1= 宀 1661); phon, magpie as transmitting bird (2= 舄 1592) ◇ maison (1= 宀 1661); phon, une pie qui communique (2= 舄 1592) [Graph] 851c 835b 852g [Ref] h297, k794, w138c, wi41 [Hanzi] xie4 瀉 421, xie3 xie4 寫 7767.

寫 xiě *7767 宀臼𠘧 | 写 -7686 | 1° to write 2° to compose 3° to describe 4° to draw ◇ 1° écrire 2° composer 3° décrire 4° peindre [Etym] 宀 1661 (rad: 040a 3-12), 寫 1704 [Graph] 851c 835b 852g.

△ xiè | 写 -7686 | 1° to write 2° to compose 3° to describe 4° to draw ◇ 1° écrire 2° composer 3° décrire 4° peindre.

宵 xiāo +7768 宀肖 | night, darkness ◇ nuit, ténèbres [Etym] 宀 1661 (rad: 040a 3-07), 肖 1878 [Graph] 851c 857i.

宜 yí (1705) 宀且 | [Tra] should; suitable ◇ il convient; apte [Etym] house (1= 宀 1661); offerings of meat (1,2=prim) (< 俎 175) ◇ une maison (1= 宀 1661); des offrandes de viande (1,2=prim) (< 俎 175) [Graph] 851c 921a [Ref] h1134, k196, w64f [Hanzi] yi4 谊 1795, yi2 宜 7769, yi4 誼 9595.

宜 yí +7769 宀且 | 1° suitable, fitting 2° should, must 3° able, capable, apt 4° advantageous ◇ 1° convenable, il convient 2° il faut 3° capable, apte 4° avantageux [Etym] 宀 1661 (rad: 040a 3-05), 宜 1705 [Graph] 851c 921a.

寡 guǎ (1706) 宀頁刀 | [Tra] alone; widowed; few ◇ seul; veuf; peu [Etym] persons (2= 頁 2267) of the house (1= 宀 1661); parting (3= 分 1480) ◇ personnes (2= 頁 2267) dans une maison (1= 宀 1661); séparation (3= 分 1480) [Graph] 851c 921b 732a [Ref] h1053, k434, w160d [Hanzi] gua3 寡 7770.

寡 guǎ +7770 宀頁刀 | 1° alone 2° widowed 3° few, seldom 4° tasteless ◇ 1° seul 2° veuf 3° peu 4° insipide [Etym] 宀 1661 (rad: 040a 3-11), 寡 1706 [Graph] 851c 921b 732a.

寡妇 guǎ fù ◦ widow ◇ veuve * 5807.

官 guān (1707) 宀𠂤 | [Tra] mandarin; official ◇ mandarin, officier [Etym] house (1= 宀 1661) surrounded by walls (2< 阜 2024) ->mandarin ◇ une maison (1= 宀 1661) entourée de murs (2< 阜 2024) ->mandarin [Graph] 851c 934b [Ref] h441, k447, ph370, r34f, w86c, wa166, wi310, wi481 [Hanzi] guan3 管 861, guan3 館 1459, guan3 舘 1504, guan3 馆 1869, guan1 倌 2986, jian1 菅 3851, guan1 棺 4348, guan3 琯 5163, wan3 绾 6038, wan3 綰 6211, guan1 官 7771, huan4 逭 7772.

官 guān +7771 宀𠂤 | 1° government official, official, mandarin 2° public 3° sense organ 4° surname ◇ 1° fonctionnaire, mandarin, officiel 2° public 3° organe des sens 4° nom propre [Etym] 宀 1661 (rad: 040a 3-05), 官 1707 [Graph] 851c 934b.

官僚 guān liáo ◦ mandarin; bureaucrat ◇ mandarin, bureaucrate * 2815.

官司 guān sī ◦ lawsuit ◇ procès * 7236.

官员 guān yuán ◦ government official ◇ fonctionnaires * 9127.

官吏 guān lì ◦ official; mandarin ◇ fonctionnaire; mandarin * 10369.

逭 huàn +7772 宀𠂤辶 | to flee, to escape ◇ fuir, échapper [Etym] 辶 1346 (rad: 162b 3-08), 官 1707 [Graph] 851c 934b 634o.

宦 huàn +7773 宀臣 | 1° official 2° eunuch 3° surname ◇ 1° fonctionnaire 2° eunuque 3° nom propre [Etym] 宀 1661 (rad: 040a 3-06), 臣 2044 [Graph] 851c 935b.

宫 gōng (1708) 宀口口 | [Tra] palace; eunuch ◇ palais; eunuque [Etym] modern simplified form of (宮 1709) ◇ forme simplifiée moderne de (宮 1709) [Graph] 851c 011a 011a [Ref] h256 [Hanzi] gong1 宫 7774.

宫 gōng -7774 宀口口 | 宮 *7775 | 1° palace 2° castration, eunuch 3° constellations 4° womb 5° ancestors temple ◇ 1° palais 2° castration, eunuque 3° constellations 4° utérus 5° temple des ancêtres [Etym] 宀 1661 (rad: 040a 3-06), 宫 1708 [Graph] 851c 011a 011a.

宫殿 gōng diàn ◦ palace ◇ palais impérial; palais * 8630.

宮 gōng (1709) 宀口白 | [Tra] palace; eunuch ◇ palais; eunuque [Etym] many rooms (2, 3=prim) under a roof (1= 宀 1661) ◇ plusieurs pièces (2,

3=prim) sous un toit (1= 宀 1661) [Graph] 851c 011a 013a [Ref] h256, r7e, w90g [Hanzi] gong1 宮 7775.

宮 gōng *7775 | 宫 -7774 | 1° palace 2° castration, eunuch 3° constellations 4° womb 5° ancestors temple ◇ 1° palais 2° castration, eunuque 3° constellations 4° utérus 5° temple des ancêtres [Etym] 宀 1661 (rad: 040a 3-07), 宮 1709 [Graph] 851c 011a 013a.

富 fù +7776 | 1° wealth 2° surname ◇ 1° richesse 2° nom propre [Etym] 宀 1661 (rad: 040a 3-09), 畐 2119 [Graph] 851c 012a 041a.

富有 fù yǒu ∘ wealthy; rich in ◇ riche * 1525.

富饶 fù ráo ∘ fertile; abundant ◇ fertile, abondant, riche * 1854.

富于 fù yú ∘ to be full of, rich in ◇ être riche en, plein de * 2306.

富翁 fù wēng ∘ man rolling in money ◇ richard * 5929.

富裕 fù yù ∘ affluent, rich, prosperous ◇ riche, prospère * 6615.

富农 fù nóng ∘ rich peasant ◇ paysan riche * 7889.

富丽堂皇 fù lì táng huáng ∘ splendid, gorgeous ◇ splendide * 8285 7868 9980.

富强 fù qiáng ∘ rich and powerful ◇ riche et puissant * 11265.

宕 dàng (1710) | [Tra] grotto; to delay ◇ souterrain; retarder [Etym] a dwelling (1= 宀 1661) carved in the rock (2= 石 2149) ◇ une résidence (1= 宀 1661) creusée dans la pierre (2= 石 2149) [Graph] 851c 013b [Ref] w36a [Hanzi] dang4 砀 3852, dang4 宕 7777.

宕 dàng +7777 | 1° grotto 2° to delay ◇ 1° antre, souterrain 2° retarder [Etym] 宀 1661 (rad: 040a 3-05), 宕 1710 [Graph] 851c 013b.

宧 yí +7778 | 1° dining hall 2° to feed 3° northeast corner of a room ◇ 1° salle à manger 2° nourrir 3° coin nord-est d'une salle [Etym] 宀 1661 (rad: 040a 3-07), 匝 2166 [Graph] 851c 013j.

寔 shí +7779 | 实 -7696 、實 *7793 | 1° solid, compact, hard 2° real, true 3° reality, fact 4° fruit, seed 5° to fill 6° honest ◇ 1° solide, massif 2° réel, vrai 3° réalité, fait 4° fruit, graine 5° remplir 6° sincère, honnête [Etym] 宀 1661 (rad: 040a 3-09), 是 2182 [Graph] 851c 021a 434f.

△ shí | to arrange, to put in place ◇ déposer, installer.

宴 yàn +7780 | 讌 *9539 1°、醼 *10873 | 1° feast, banquet 2° rest, repose ◇ 1° fête, festin 2° repos, se reposer [Etym] 宀 1661 (rad: 040a 3-07), 晏 2187 [Graph] 851c 021a 611e.

宴会 yàn huì ∘ banquet, dinner party ◇ banquet, festin * 1382.

宴请 yàn qǐng ∘ to entertain to dinner ◇ inviter à dîner, convier à un banquet * 1743.

宣 xuān (1711) | [Tra] chancellery; declare ◇ chancellerie; publier [Etym] residence or power (1= 宀 1661); phon, important (2= 亘 2213) ◇ une résidence ou un pouvoir (1= 宀 1661); phon, important (2= 亘 2213) [Graph] 851c 022a acc:z [Ref] h913, k842, ph449, w76h [Hanzi] xuan4 渲 422, xuan1 煊 1019, xuan1 揎 2606, xuan1 萱 3853, xuan4 楦 4349, xuan1 瑄 5164, xuan1 宣 7781, xuan1 喧 9112, xuan1 諠 9596, xuan1 暄 9919.

宣 xuān +7781 | 1° to declare, to promulgate 2° to drain 3° chancellery 4° surname ◇ 1° déclarer, publier, propager, répandre 2° drainer, canaliser 3° chancellerie 4° nom de famille [Etym] 宀 1661 (rad: 040a 3-06), 亘 2213 [Graph] 851c 022a acc:z.

宣布 xuān bù ∘ to declare, to proclaim, to announce ◇ déclarer, proclamer, annoncer * 1527.

宣誓 xuān shì ∘ to swear an oath ◇ prêter serment, jurer * 2551.

宣传 xuān chuán ∘ to promulgate, to spread out ◇ propager, répandre, propagande * 2936.

宣判 xuān pàn ∘ to pronounce judgment ◇ prononcer le jugement * 3478.

宣告 xuān gào ∘ to proclaim, to declare ◇ proclamer, déclarer * 5233.

宣言 xuān yán ∘ manifesto, declaration ◇ manifeste, déclaration * 9469.

冤 yuān *7782 | 冤 +7680 | 1° wrong, injustice 2° hatred, bitterness 3° to fool 4° loss, disadvantage ◇ 1° tort, injustice 2° grief 3° tromper, être victime d'une supercherie 4° perte, désavantagé [Etym] 宀 1661 (rad: 040a 3-08), 兔 2294 [Graph] 851c 032e.

宙 zhòu +7783 | 1° time (past, present and futur) 2° always 3° earth, universe ◇ 1° temps (opposé à éternité) 2° toujours 3° terre, univers [Etym] 宀 1661 (rad: 040a 3-05), 由 2345 [Graph] 851c 042a.

审 shěn (1712) | [Tra] to investigate ◇ examiner [Etym] modern simplified form of (審 1685); here, phon (2= 申 2348) ◇ forme simplifiée moderne de (審 1685); ici, phon (2= 申 2348) [Graph] 851c 042c [Hanzi] shen3 渖 423, shen3 谉 1796, shen3 婶 5821, shen3 审 7784.

审 shěn -7784 | 審 *7727 | 1° careful 2° to examine 3° to inquire, to investigate 4° to know 5° really, indeed ◇ 1° soin, attention 2° examiner en détail, scruter 3° enquêter, interroger 4° savoir clairement 5° vrai, en effet [Etym] 宀 1661 (rad: 040a 3-05), 申 2348 [Graph] 851c 042c.

审讯 shěn xùn ∘ to interrogate; to try ◇ faire subir un interrogatoire * 1832.

审判 shěn pàn ∘ to try ◇ juger, instruire une cause et juger * 3478.

审查 shěn chá ∘ to investigate, to examine ◇ vérifier, examiner * 4429.

审案 shěn àn ∘ to try a case ◇ juger une cause * 7749.

审问 shěn wèn ∘ to interrogate ◇ faire subir un interrogatoire ✱ 8035.

寅 yín (1713) 宀寅 |[Tra] to revere; gait ◇ respecter; allure [Etym] {1} house (1= 宀 1661), person with hat, waving (2=prim,< 人 170, 异 1589); {2} embellished (square) arrows (1,2=prim) ◇ {1} une maison (1= 宀 1661), un homme coiffé saluant (2=prim,< 人 170, 异 1589); {2} des flèches (1,2=prim) ornées (carré=prim) [Graph] 851c 042e [Ref] k283, ph661, w172a, wa152 [Hanzi] yan3 演 424, yan3 缜 6039, yan3 縯 6212, yin2 夤 6407, yin2 寅 7785.

寅 yín +7785 宀寅 |1° cyclical character: third of the 12 Earthly Branches 2° to respect ◇ 1° caractère cyclique: troisième des 12 Rameaux Terrestres 2° révérer, respecter [Etym] 宀 1661 (rad: 040a 3-08), 寅 1713 [Graph] 851c 042e.

寓 yù +7786 宀禺 |庽 *6988| 1° to reside, to dwell, to sojourn, abode 2° to contain 3° allegory ◇ 1° habiter, logis 2° contenir 3° allégorie [Etym] 宀 1661 (rad: 040a 3-09), 禺 2372 [Graph] 851c 043l.

寓言 yù yán ∘ fable ◇ fable ✱ 9469.

寰 huán +7787 宀罒口𧘇 |1° extensive region 2° imperial domains 3° universe, the world 4° closure ◇ 1° région vaste 2° domaine impérial 3° univers, le monde 4° enceinte [Etym] 宀 1661 (rad: 040a 3-13), 瞏 2394 [Graph] 851c 051a 012a 312h.

寐 mèi (1714) 宀爿未 |[Tra] to sleep; rest ◇ dormir; se coucher [Etym] plank-bed (2= 爿 2467), house (1= 宀 1661); phon (3= 未 800) ◇ planche-lit (2= 爿 2467), maison (1= 宀 1661); phon (3= 未800) [Graph] 851c Z12a 422i [Ref] w127c [Hanzi] mei4 寐7788.

寐 mèi +7788 宀爿未 |1° to rest 2° to sleep ◇ 1° se reposer, se coucher 2° dormir [Etym] 宀1661 (rad: 040a 3-09), 寐 1714 [Graph] 851c Z12a 422i.

寤 wù (1715) 宀爿五口 |[Tra] to awake ◇ s'éveiller [Etym] plank-bed (2= 爿 2467), house (1= 宀 1661); phon (3= 吾 1549) ◇ planche-lit (2= 爿 2467), maison (1= 宀 1661); phon (3= 吾 1549) [Graph] 851c Z12a 822b 011a [Ref] w127c [Hanzi] wu4 寤 7789.

寤 wù +7789 宀爿五口 |to awake ◇ s'éveiller [Etym] 宀 1661 (rad: 040a 3-11), 寤 1715 [Graph] 851c Z12a 822b 011a.

寢 qǐn (1716) 宀爿彐冖又 |[Tra] to sleep; rest; stop ◇ dormir; cesser; arrêter [Etym] two sign:roof (宀 1661),bed (爿 2467); phon (3,4,5= 㑴 1556) ◇ deux sign: toit (宀 1661), lit (爿 2467); phon (3,4, 5= 㑴 1556) [Graph] 851c Z12a 833a 851a 633a [Hanzi] qin3 寢7790.

寢 qǐn *7790 宀爿彐冖又 |寝 -7717| 1° to sleep, to rest 2° bedroom 3° coffin chamber (ancestors) 4° to stop ◇ 1° dormir, reposer 2° chambre à coucher 3° salle contenant les cercueils des ancêtres 4° cesser [Etym] 宀 1661 (rad: 040a 3-09), 寢 1716 [Graph] 851c Z12a 833a 851a 633a.

宄 guǐ +7791 宀九 |traitors, villains, evildoers ◇ traître, perversité, malfaiteur [Etym] 宀 1661 (rad: 040a 3-02), 九 2513 [Graph] 851c Z32b.

宂 rǒng *7792 宀儿 |冗 +7687| 1° superfluous, redundant 2° trivial details 3° busyness 4° without fixed occupation ◇ 1° superflu, en surplus 2° affaires diverses 3° occupé, affairé 4° sans emploi déterminé [Etym] 宀 1661 (rad: 040a 3-02), 儿 2516 [Graph] 851c Z33a.

實 shí (1717) 宀毌貝 |[Tra] solid; honest; to fill ◇ massif; réel; remplir [Etym] house (1= 宀 1661); strings (2= 毌 2569) of coins (3= 貝 2246) ◇ maison (1= 宀 1661); pièces monnaie (3= 貝 2246) enfilées (2= 毌 2569) [Graph] 851c Z61e 023b [Ref] w153a, wi421 [Hanzi] shi2 實 7793.

實 shí *7793 宀毌貝 |实 -7696 、寔 +7779| 1° solid, compact, hard 2° real, true 3° reality, fact 4° fruit, seed 5° to fill 6° honest ◇ 1° solide, massif 2° réel, vrai 3° réalité, fait 4° fruit, graine 5° remplir 6° sincère, honnête [Etym] 宀1661 (rad: 040a 3-11), 實 1717 [Graph] 851c Z61e 023b.

穴 xué (1718) 穴 |[Tra] hole; cave; grave ◇ trou; caverne; tombe [Etym] open up (< 八 127) a pit and add a roof (< 宀 1661) ->hollow ◇ ouvrir (< 八 127) une fosse; ajouter un toit (< 宀 1661) ->trou [Graph] 851d [Ref] h849, k171, ph125, r44t, r58, w37a, wa95, wi97, wi778 [Hanzi] xue2 茓 3854, you4 狖 5649, xue2 穴 7794, qie4 竊 7810, sui4 邃 7818, lian2 帘 7831, zhao4 罩9934 [Rad] 116a.

穴 xué +7794 穴 |1° cave, hole, cavern 2° grave 3° acupuncture points (body) ◇ 1° caverne, trou 2° tombe 3° points vitaux du corps humain (en acupuncture) [Etym] 穴 1718 (rad: 116a 5-00), [Graph] 851d.

窪 wā *7795 穴氵土土 |洼 +215| low ground, puddle ◇ terres basses, marais [Etym] 穴 1718 (rad: 116a 5-09), 洼 33 [Graph] 851d 121b 432a 432a.

窨 xūn +7796 穴立日 |to perfume tea leaves with white jasmine ◇ parfumer le thé avec du jasmin [Etym] 穴 1718 (rad: 116a 5-09), 音 91 [Graph] 851d 221a 021a.

△ yìn |1° basement 2° cellar 3° weaver's workroom ◇ 1° sous-sol 2° cellier 3° atelier à tisser.

窰 yáo *7797 穴罒缶 |窑 +7829 、窯 *7816| 1° kiln 2° pit (coal) 3° cave dwelling ◇ 1° four, chauffer un four 2° mine ou trou (charbon) 3° habitat troglodyte [Etym] 穴 1718 (rad: 116a 5-10), 䍃119 [Graph] 851d 221d 841c.

窣 sū +7798 穴亠人人十 |to appear suddenly, to spring up ◇ surgir, sortir soudain [Etym] 穴 1718 (rad: 116a 5-08), 卒 176 [Graph] 851d ac:c 232a 232a 413a.

窬 yú +7799 穴入一月刂 | 踰 *9288 | 1° to climb over a wall 2° small window ◇ 1° franchir le mur 2° soupirail, ouverture [Etym] 穴 1718 (rad: 116a 5-09), 俞 213 [Graph] 851d 233a ac:a 856e 333b.

窦 dòu -7800 穴卖 | 竇 *7815 | 1° hole, drain 2° deep 3° sinus 4° surname ◇ 1° trou, caverne 2° profond 3° sinus 4° nom de famille [Etym] 穴 1718 (rad: 116a 5-08), 卖 294 [Graph] 851d 242h.

突 tū (1719) 穴犬 | [Tra] sudden; dash; charge ◇ soudain; s'élancer [Etym] dog (2= 犬 295) that from kennel (1= 穴 1718) attacks intruder ◇ un chien (2= 犬 295) qui du chenil (1= 穴 1718) fonce sur des intrus [Graph] 851d 242i [Ref] h1668, w37b [Hanzi] tu1 葖 3855, tu1 突 7801.

突 tū +7801 穴犬 | 1° to dash forward, to charge, impetuous 2° sudden 3° sticking out 4° chimney ◇ 1° se précipiter contre, s'élancer, impétueux 2° soudain 3° saillant 4° cheminée [Etym] 穴 1718 (rad: 116a 5-04), 突 1719 [Graph] 851d 242i.

突变 tū biàn ∘ sudden change ◇ changer subitement ∗ 2762.

突然 tū rán ∘ all of a sudden, suddenly ◇ tout à coup, soudain, brusquement ∗ 6452.

突击 tū jī ∘ to dash forward, to charge, to hit by surprise ◇ frapper à l'improviste, assaillir, faire l'assaut ∗ 7647.

突出 tū chū ∘ sticking out, protruding; outstanding ◇ ressortir, se faire remarquer; mettre l'accent sur ∗ 7657.

窥 kuī +7802 穴夫见 | 闚 *8751 | to spy, to peep, to watch ◇ épier, observer, guetter [Etym] 穴 1718 (rad: 116a 5-08), 规 306 [Graph] 851d 242m 854c.

窃 qiè -7803 穴七刀 | 竊 *7810 | 1° to steal 2° secretly, burglary 3° I presume ◇ 1° voler 2° furtivement, humblement 3° je me permets de [Etym] 穴 1718 (rad: 116a 5-04), 切 366 [Graph] 851d 311e 732a.

窃案 qiè àn ∘ larceny, burglary ◇ vol, larcin ∗ 7749.

窳 yǔ +7804 穴瓜瓜 | 1° corrupt, bad 2° defective or empty vase ◇ 1° défectueux, paresseux, faible 2° vase ayant un défaut, vase vide [Etym] 穴 1718 (rad: 116a 5-10), 㼌 383 [Graph] 851d 313a 313a.

窳败 yǔ bài ∘ corrupt ◇ corrompu ∗ 7959.

窕 tiǎo +7805 穴兆 | See ◇ Voir 窈窕 yao3-tiao3 7821-7805 [Etym] 穴 1718 (rad: 116a 5-06), 兆 411 [Graph] 851d 322g.

窄 cuàn (1720) 穴乍 | [Tra] narrow; contracted ◇ étroit; gêné; borné [Etym] person hidden (2= 乍 551) in his hole (1= 穴 1718) ◇ une personne cachée (2= 乍 551) dans son trou (1= 穴 1718) [Graph] 851d 412f [Ref] k1161, w37g, wi145 [Hanzi] zha4 搾 2607, zha4 榨 4350, zhai3 窄 7806.

窄 zhǎi +7806 穴乍 | 1° narrow, contracted, petty 2° hard up ◇ 1° étroit, gêné 2° borné [Etym] 穴 1718 (rad: 116a 5-05), 窄 1720 [Graph] 851d 412f.

穽 jǐng *7807 穴井 | 阱 -6739 | 1° hole, pit, pitfall 2° trap ◇ 1° puits, fosse 2° piège, trappe [Etym] 穴 1718 (rad: 116a 5-04), 井 709 [Graph] 851d 416j.

窭 jù -7808 穴米女 | 窶 *7848 | impoverished, destitute ◇ pauvre [Etym] 穴 1718 (rad: 116a 5-09), 娄 785 [Graph] 851d 422f 611e.

窸 xī +7809 穴釆心 | [Etym] 穴 1718 (rad: 116a 5-11), 悉 796 [Graph] 851d 422g 321c.

窸窣 xī sū ∘ sound of rustling ◇ onomatopée du bruissement, froissement, craquement ∗ 7798.

竊 qiè (1721) 穴釆卨禸 | [Tra] steal; secret; presume ◇ voler; furtif; humble [Etym] ants (3,4= 禼 2423) stealing rice (2< 米 782) from a cave (1= 穴 1718) ◇ fourmis (3,4= 禼 2423) dérobant du riz (2< 米 782) dans une cave (1= 穴 1718) [Graph] 851d 422g 061c 859e [Ref] h1488, w23g [Hanzi] qie4 竊 7810.

竊 qiè *7810 穴釆卨禸 | 窃 -7803 | 1° to steal 2° secretly, burglary 3° I presume ◇ 1° voler 2° furtivement, humblement 3° je me permets de [Etym] 穴 1718 (rad: 116a 5-18), 竊 1721 [Graph] 851d 422g 061c 859e.

空 kōng (1722) 穴工 | [Tra] empty; air; space ◇ vide; air; espace [Etym] a hole (1= 穴 1718); phon (2= 工 808) ◇ un trou vide (1= 穴 1718); phon (2= 工 808) [Graph] 851d 431a [Ref] h15, k476, r34j, w82a, wi302 [Hanzi] kong1 箜 862, kong4 控 2608, kong3 倥 2987, kong4 鞚 5385, kong1 崆 7573, kong1 kong4 空 7811, qiang1 腔 8188, zhao4 罡 9934.

空 kōng +7811 穴工 | 1° empty, hollow, void 2° sky, air 3° in vain ◇ 1° vide, creux, vider 2° ciel, air, espace 3° vain, inutilement [Etym] 穴 1718 (rad: 116a 5-03), 空 1722 [Graph] 851d 431a.

空谈 kōng tán ∘ idle talk, empty talk ◇ parler en l'air, paroles creuses, verbiage ∗ 1696.

空想 kōng xiǎng ∘ fantasy, idle dream ◇ se faire illusion; utopie, rêverie, chimère ∗ 4445.

空靶 kōng bǎ ∘ air target ◇ cible au ciel ∗ 5391.

空军 kōng jūn ∘ air force ◇ armée de l'air; forces aériennes ∗ 7675.

空前 kōng qián ∘ unprecedented, extraordinary ◇ sans précédent, inouï ∗ 8261.

空白 kōng bái ∘ blank space ◇ espace blanc, vide ∗ 9973.

空中 kōng zhōng ∘ in the sky, in the air ◇ dans l'air, en l'air ∗ 10183.

空气 kōng qì ∘ air, atmosphere ◇ atmosphère, air ∗ 11170.

△ kòng | 1° to leave empty or blank 2° vacant 3° empty space 4° spare time ◇ 1° laisser vide ou en blanc 2° loisir 3° inoccupé 4° temps libre.

空闲 kòng xián ∘ free; free time, leisure ◇ loisir, temps libre; être libre ∗

8012.

空白 kòng bái。blank space; gap ◇ marge, blanc, lacune ＊ 9973.

窍 qiào -7812 | 竅 *7837 | 1° aperture, orifice, hole 2° key to something, trick ◇ 1° ouverture, orifice, trou 2° clé (problème), point crucial [Etym] 穴 1718 (rad: 116a 5-05), 巧 816 [Graph] 851d 431a Z21b.

窍门 qiào mén。knack; key (to a problem) ◇ truc, secret ＊ 7996.

竈 zào (1723) 穴土黽 | [Tra] furnace; kitchen ◇ fourneau; cuisine [Etym] chimney hole (1= 穴 1718); phon (2,3= 黿 902) ◇ trou de cheminée (1= 穴 1718); phon (2,3= 黿 902) [Graph] 851d 432a acc:a Z51h [Ref] w79i [Hanzi] zao4 竈 7813.

竈 zào *7813 | 灶 +971 | 1° kitchenrange, furnace 2° kitchen, canteen ◇ 1° âtre, fourneau de cuisine, foyer 2° cuisine [Etym] 穴 1718 (rad: 116a 5-17), 竈 1723 [Graph] 851d 432a ac:a Z51h.

窾 kuǎn +7814 | 1° empty, hollow 2° joint ◇ 1° vide, creux 2° joindre [Etym] 穴 1718 (rad: 116a 5-12), 款 859 [Graph] 851d 432b 331l 232b.

竇 dòu *7815 | 窦 -7800 | 1° hole, drain 2° deep 3° sinus 4° surname ◇ 1° trou, caverne 2° profond 3° sinus 4° nom de famille [Etym] 穴 1718 (rad: 116a 5-15), 賣 886 [Graph] 851d 432b 051a 023b.

窯 yáo *7816 | 窑 +7829、窰 *7797 | 1° kiln 2° pit (coal) 3° cave dwelling ◇ 1° four, chauffer un four 2° mine ou trou (charbon) 3° habitat troglodyte [Etym] 穴 1718 (rad: 116a 5-10), 羔 918 [Graph] 851d 432g 222d.

窖 jiào +7817 | 1° cellar 2° to store in a pit ◇ 1° cave 2° mettre en cave [Etym] 穴 1718 (rad: 116a 5-07), 告 932 [Graph] 851d 432l 011a.

邃 suì +7818 | 1° remote (time, space) 2° deep 3° hidden, retired ◇ 1° lointain (temps, espace) 2° profond 3° caché, retiré [Etym] 辶 1346 (rad: 162b 3-14), 穴 1718 遂 1105 [Graph] 851d 522d 634o.

窗 chuāng (1724) 穴厶 | [Tra] window ◇ fenêtre [Etym] simplified form related to (窗 1730) ◇ forme simplifiée reliée à (窗 1730) [Graph] 851d 612a [Ref] w18e [Hanzi] chuang1 窗 7819.

窓 chuāng *7819 | 窗 +7841、窻 *7842、牕 *11014 | 1° inlaid metal-work 2° window ◇ 1° incruster, bijoux 2° fenêtre [Etym] 穴 1718 (rad: 116a 5-06), 厺 1724 心 397 [Graph] 851d 612a 321c.

窒 zhì +7820 | 1° to stop up 2° stupid ◇ 1° boucher 2° stupide [Etym] 穴 1718 (rad: 116a 5-06), 至 1148 [Graph] 851d 612c 432a.

窒碍 zhì ài。to have obstacles, to be obstructed ◇ avoir des bâtons dans les roues, être obstrué ＊ 9771.

窈 yǎo +7821 | 1° obscure, mysterious, deep, secluded 2° gentle and graceful (woman) ◇ 1° retiré, secret, mystérieux, profond 2° séduisante (femme) [Etym] 穴 1718 (rad: 116a 5-05), 幼 1183 [Graph] 851d 613c 732f.

窈窕 yǎo tiǎo。1° secret, hidden; 2° gentle and graceful (woman) ◇ 1° secret, caché; 2° douce et gracieuse (femme) ＊ 7805.

穸 xī +7822 | death, burial, tomb ◇ mort, sépulture [Etym] 穴 1718 (rad: 116a 5-03), 夕 1225 [Graph] 851d 631b.

窆 biǎn +7823 | to bury ◇ enterrer [Etym] 穴 1718 (rad: 116a 5-04), 乏 1268 [Graph] 851d 632e.

窿 lóng +7824 | See ◇ Voir 窟窿 ku1-long2 7833-7824 [Etym] 穴 1718 (rad: 116a 5-11), 隆 1331 [Graph] 851d 634j 633e ac:a 433b.

穷 qióng (1725) 穴力 | [Tra] exhausted; limit; poor ◇ épuisé; à bout; pauvre [Etym] strength (2= 力 1489); hollowed (1= 穴 1718) ◇ force (2= 力 1489) vide (1= 穴 1718) [Graph] 851d 732f [Hanzi] qiong2 藭 3856, qiong2 穷 7825.

穷 qióng -7825 | 窮 *7835 | 1° poor 2° limit, end 3° extremely, exhaustive 4° to scrutinize 5° exhausted ◇ 1° pauvreté 2° fin 3° à bout, dernière limite 4° examiner à fond, scruter 5° épuisé [Etym] 穴 1718 (rad: 116a 5-02), 力 1489 [Graph] 851d 732f.

穷人 qióng rén。poor people ◇ pauvre ＊ 1070.

穷苦 qióng kǔ。poor ◇ pauvre, indigent ＊ 3946.

穿 chuān (1726) 穴牙 | [Tra] penetrate; put on ◇ percer; se vêtir [Etym] piercing (1= 穴 1718) tooth (1= 穴 1718) as members in clothes ◇ une dent (2= 牙 1542) perçante (1= 穴 1718) comme les membres dans vêtement [Graph] 851d 812b [Ref] w37d, wi97 [Hanzi] chuan1 穿 7826.

穿 chuān +7826 | 1° to penetrate 2° to put on, to wear ◇ 1° percer 2° revêtir, mettre [Etym] 穴 1718 (rad: 116a 5-04), 穿 1726 [Graph] 851d 812b.

穿着 chuān zhuó。dress ◇ habillement; tenue ＊ 1531.

穿上 chuān shàng。to wear (clothes), to put on ◇ mettre ou enfiler, porter (un vêtement) ＊ 4718.

穿戴 chuān dài。dress; wearing apparel ◇ habillement et coiffure ＊ 5542.

窘 jiǒng +7827 | 1° hard up 2° ill at ease, afflicted, in distress 3° to embarrass ◇ 1° malheur, misère 2° détresse, embarras, pauvre 3° molester, tourmenter [Etym] 穴 1718 (rad: 116a 5-07), 君 1576 [Graph] 851d 834a 011a.

竄 cuàn (1727) 穴白鼠 | [Tra] to hide; exile ◇ se cacher; exil [Etym] a rat (2,3= 鼠 1588) running into its hole (1= 穴 1718) ◇ un rat (2, 3= 鼠 1588) qui se cache dans son trou (1= 穴 1718)

穴

[Graph] 851d 835b 312k [Ref] k1108, ph843, w37c [Hanzi] cuan1 鑹 1273, cuan1 攛 2609, cuan4 竄 7828, cuan1 躥 9378.

竄 cuàn *7828 | 窜 -7839 | 1° to hide, to skulk 2° exile ◇ 1° se cacher 2° exil [Etym] 穴 1718 (rad: 116a 5-13), 竄 1727 [Graph] 851d 835b 312k.
穴臼𦥑

窑 yáo +7829 | 窯 *7797、窰 *7816 | 1° kiln 2° pit (coal) 3° cave dwelling ◇ 1° four, chauffer un four 2° mine ou trou (charbon) 3° habitat troglodyte [Etym] 穴 1718 (rad: 116a 5-06), 缶 1628 [Graph] 851d 841c.
穴缶

窀 zhūn +7830 | 1° tomb, grave, to bury 2° cave ◇ 1° tombeau, ensevelir 2° caveau [Etym] 穴 1718 (rad: 116a 5-04), 屯 1647 [Graph] 851d 842e.
穴屯

帘 lián -7831 | 簾 *828 | 1° door-screen 2° shop-sign 3° curtain ◇ 1° portière, rideau de fenêtre 2° enseigne 3° écran [Etym] 巾 1886 (rad: 050a 3-05), 穴 1718 [Graph] 851d 858a.
穴巾

帘子 lián zǐ ◦ curtain ◇ rideau * 6546.

窩 wō *7832 | 窝 -7836 | 1° nest, roost 2° den, pit 3° hollow part of human body (armpit) 4° place 5° to shelter 6° to hold in 7° to bend 8° measure-word (litter, brood) ◇ 1° nid, nichée, couvée 2° creux, repaire 3° partie en creux du corps (aisselle) 4° lieu, endroit 5° abriter 6° redresser 7° plier, tordre 8° spécificatif (portée) [Etym] 穴 1718 (rad: 116a 5-09), 咼 1948 [Graph] 851d 924d 011a.
穴冎口

窟 kū +7833 | cave, hole, grotto, den ◇ trou, grotte, caverne, repaire [Etym] 穴 1718 (rad: 116a 5-08), 屈 1970 [Graph] 851d 931a 842c.
穴尸出

窟窿 kū lóng ◦ 1° vault of heaven; 2° hole; 3° deficit ◇ 1° voûte, ciel; 2° trou; 3° déficit * 7824.

窌 liáo +7834 | 1° cellar, pit 2° name of an acupuncture point ◇ 1° cave 2° nom d'un point sur le corps en acupuncture [Etym] 穴 1718 (rad: 116a 5-05), 卯 2057 [Graph] 851d 941b 734a.
穴丣卩

窮 qióng (1728) | [Tra] exhausted; limit; poor ◇ épuisé; à bout; pauvre [Etym] empty (1= 穴 1718); phon, to bow body (2,3= 躬 2062) ◇ vider (穴 1718); phon, s'incliner (2,3= 躬 2062) [Graph] 851d 941d Z42a [Hanzi] qiong2 藭 3857, qiong2 窮 7835.
穴身弓

窮 qióng *7835 | 穷 -7825 | 1° poor 2° limit, end 3° extremely, exhaustive 4° to scrutinize 5° exhausted ◇ 1° pauvreté 2° fin 3° à bout, dernière limite 4° examiner à fond, scruter 5° épuisé [Etym] 穴 1718 (rad: 116a 5-10), 躬 2062 [Graph] 851d 941d Z42a.
穴身弓

窝 wō -7836 | 窩 *7832 | 1° nest, roost 2° den, pit 3° hollow part of human body (armpit) 4° place 5° to shelter 6° to hold in 7° to bend 8° measure-word (litter, brood) ◇ 1° nid, nichée, couvée 2° creux, repaire 3° partie en creux du corps (aisselle) 4° lieu, endroit 5° abriter 6° redresser 7° plier, tordre 8° spécificatif (portée) [Etym] 穴 1718 (rad: 116a 5-07), 呙 2081 [Graph] 851d 011a 859a.
穴口内

窝头 wō tóu ◦ small steamed bread (corn or millet flour) ◇ petit pain cuit à la vapeur (farine de maïs ou millet) * 1598.

竅 qiào *7837 | 窍 -7812 | 1° aperture, orifice, hole 2° key to something, trick ◇ 1° ouverture, orifice, trou 2° clé (problème), point crucial [Etym] 穴 1718 (rad: 116a 5-13), 敫 2223 [Graph] 851d 022c 853b 243c.
穴白方攵

窅 yǎo +7838 | 1° hollow (eyes) 2° obscure 3° far-reaching ◇ 1° caves (yeux) 2° obscur 3° d'une grande portée [Etym] 穴 1718 (rad: 116a 5-05), 目 2239 [Graph] 851d 023a.
穴目

窜 cuàn (1729) | [Tra] to hide; exile ◇ se cacher; exil [Etym] modern simplified form of (竄 1727); here, phon (串 2306) ◇ forme simplifiée moderne de (竄 1727); ici, phon (串 2306) [Graph] 851d 032l [Hanzi] cuan1 镩 2047, cuan1 撺 2610, cuan4 窜 7839, cuan1 蹿 9379.
穴串

窜 cuàn -7839 | 竄 *7828 | 1° to hide, to skulk 2° exile ◇ 1° se cacher 2° exil [Etym] 穴 1718 (rad: 116a 5-07), 串 2306 [Graph] 851d 032l.
穴串

窠 kē +7840 | nest, den, burrow, dwelling, hole ◇ nid, repaire, terrier, logis, trou [Etym] 穴 1718 (rad: 116a 5-08), 果 2364 [Graph] 851d 043f.
穴果

窗 chuāng (1730) | [Tra] window ◇ fenêtre [Etym] hole (1= 穴 1718) for the window (2,3= 囪 2461) ◇ un trou (1= 穴 1718) de la fenêtre (2,3= 囪 2461) [Graph] 851d 071c 633e [Ref] w40d [Hanzi] chuang1 窗 7841.
穴囱夂

窗 chuāng +7841 | 窓 *7819、窻 *7842、牕 *11014 | 1° inlaid metal-work 2° window ◇ 1° incruster, bijoux 2° fenêtre [Etym] 穴 1718 (rad: 116a 5-07), 囪 2461 [Graph] 851d 071c 633e.
穴囱夂

窗子 chuāng zǐ ◦ window ◇ fenêtre * 6546.

窗帘 chuāng lián ◦ window curtain ◇ rideau de fenêtre * 7831.

窗户 chuāng hù ◦ window ◇ fenêtre * 8677.

窗口 chuāng kǒu ◦ window ◇ fenêtre * 8842.

窻 chuāng *7842 | 窗 +7841、窓 *7819、牕 *11014 | 1° inlaid metal-work 2° window ◇ 1° incruster, bijoux 2° fenêtre [Etym] 穴 1718 (rad: 116a 5-11), 悤 2462 [Graph] 851d 071c 633e 321c.
穴囱夂心

窎 diào -7843 | 窵 *7844 | deep ◇ profond [Etym] 穴 1718 (rad: 116a 5-05), 鸟 2494 [Graph] 851d Z22e.
穴鸟

窵 diào *7844 | 窎 -7843 | deep ◇ profond [Etym] 穴 1718 (rad: 116a 5-11), 鳥 2500 [Graph] 851d Z22h.
穴鳥

空 wā (1731) 穴乙 [Tra] dig out; criticize ◇ creuser; critiquer [Etym] empty (1= 穴 1718); phon or jerks of the swallow (2= 乙 2507) ◇ vide (1= 穴 1718); phon ou piqués de l'hirondelle (2= 乙 2507) [Graph] 851d Z31d [Ref] k1292, w37e [Hanzi] wa1 挖 2611, wa1 空 7845.

空 wā *7845 | 挖 +2611 | 1° to dig out, to scoop out 2° to clean 3° to criticize ◇ 1° creuser, excaver 2° curer 3° critiquer [Etym] 穴 1718 (rad: 116a 5-01), 空 1731 [Graph] 851d Z31d.

究 jiū +7846 穴九 | 1° to investigate, to examine into, to scrutinize 2° actually, after all ◇ 1° examiner à fond, scruter, approfondir, questionner 2° après tout, en fin de compte [Etym] 穴 1718 (rad: 116a 5-02), 九 2513 [Graph] 851d Z32b.

究竟 jiū jìng ∘ after all, finally ◇ après tout, en fin de compte, mais enfin * 672.

穹 qióng +7847 穴弓 | 1° vault, dome 2° lofty 3° sky ◇ 1° voûte 2° immense 3° ciel [Etym] 穴 1718 (rad: 116a 5-03), 弓 2534 [Graph] 851d Z42a.

窭 jù *7848 穴婁女 | 窭 -7808 | impoverished, destitute ◇ pauvre [Etym] 穴 1718 (rad: 116a 5-10), 婁 2572 [Graph] 851d Z61f 611e.

旁 páng (1732) 亠方 [Tra] side, lateral; near ◇ limite, côté; près de [Etym] limited space (1=prim); phon or square (2= 方 1784) ◇ un espace enclos (1=prim); phon ou carré (2= 方 1784) [Graph] 851e 853b [Ref] k694, ph556, w117a, wi503 [Hanzi] pang1 滂 425, bang4 鎊 1274, bang4 谤 1797, bang4 镑 2048, bang4 peng2 搒 2612, bang4 傍 2988, pang2 徬 3163, bang4 蒡 3858, bang3 榜 4351, pang3 耪 4689, pang2 旁 7849, bang3 pang1 pang2 膀 8190, pang3 髈 8589, pang3 嗙 9113, bang4 謗 9597, bang4 pang2 磅 9744, pang2 螃 10294, pang2 鳑 10516, pang2 鰟 10611.

旁 páng +7849 亠方 | 1° side, beside 2° other 3° near 4° lateral radical of a Chinese character ◇ 1° côté, latéral, à côté de 2° autre 3° près de, contigu 4° radical latéral d'un caractère chinois [Etym] 方 1784 (rad: 070a 4-06), 旁 1732 [Graph] 851e 853b.

旁人 páng rén ∘ other people ◇ autrui, gens d'à côté * 1070.

旁边 páng biān ∘ side ◇ côté, à côté de, près de * 7260.

旁门 páng mén ∘ side door ◇ porte latérale * 7996.

旁听 páng tīng ∘ visitor at meeting, school class; auditor ◇ assister sans droit de parole; auditeur d'un cours * 9066.

旁白 páng bái ∘ aside (in drama on the stage) ◇ à part * 9973.

帝 dì (1733) 亠巾 [Tra] emperor; sovereign ◇ empereur; souverain [Etym] {?}offerings on table (1,2=prim) (< 示 431) or robes (< 巾 1886) ◇ {?} des offrandes sur une table (1,2=prim) (< 示 431) ou des toges (< 巾 1886) [Graph] 851e 858a [Ref] h1616, k986, ph478, r12f, w120h, wi217 [Hanzi] di4 谛 1798, di4 締 2275, di4 蒂 3859, di4 缔 6040, di4 締 6213, di4 禘 6590, di4 帝 7850, chi4 啻 7851, chuai4 膪 8191, ti2 啼 9114, ti2 蹄 9380, di4 諦 9598, di4 碲 9745.

帝 dì +7850 亠巾 | sovereign, emperor ◇ souverain, empereur [Etym] 巾 1886 (rad: 050a 3-06), 帝 1733 [Graph] 851e 858a.

帝王 dì wáng ∘ emperor ◇ empereur * 5061.

帝国主义 dì guó zhǔ yì ∘ imperialism ◇ impérialisme * 10952 5212 1687.

啻 chì +7851 亠巾口 | 1° only, to be confined 2° otherwise ◇ 1° seulement, se borner à 2° autrement [Etym] 口 2063 (rad: 030a 3-09), 帝 1733 [Graph] 851e 858a 011a.

𭕄 xiáo (1734) 𭕄 [Tra] to learn, to know ◇ apprendre, savoir [Etym] modern simplified form of (𦥯 1602) ◇ forme simplifiée moderne de (𦥯 1602) [Graph] 851f [Hanzi] ku4 喾 7852, hong2 黉 7853, xue2 学 7854, xue2 峃 7856, jiao4 jue2 觉 7857, hou4 鲎 7858, xue2 鸴 7859.

喾 kù -7852 𭕄生口 | 嚳 *7456 | 1° to inform 2° given name of an ancient ruler ◇ 1° avertir 2° nom d'un empereur ancien [Etym] 口 2063 (rad: 030a 3-09), 𭕄 1734 告 932 [Graph] 851f 4321 011a.

黉 hóng -7853 𭕄𡗗由 | 黌 *7457 | school in ancient times ◇ école de jadis [Etym] 黄 1003 (rad: 201s 11-05), 𭕄 1734 [Graph] 851f 436b 042b.

学 xué (1735) 𭕄子 [Tra] to learn; know ◇ apprendre; savoir [Etym] modern simplified form of (學 1603) ◇ forme simplifiée moderne de (學 1603) [Graph] 851f 634d [Ref] r179 [Hanzi] xue2 学 7854, xiao4 斈 7855.

学 xué -7854 𭕄子 | 學 *7458、斈 *1668 | 1° to study, to learn 2° to imitate 3° learning, knowledge 4° subject of study 5° school, college ◇ 1° étudier, apprendre 2° imiter 3° savoir, science 4° sujet d'étude 5° école, collège [Etym] 子 1303 (rad: 039a 3-05), 学 1735 [Graph] 851f 634d.

学籍 xué jí ∘ school enrollment certificate ◇ certificat de scolarité ou d'inscription * 787.

学会 xué huì ∘ to know ◇ savoir * 1382.

学说 xué shuō ∘ theory, doctrine ◇ doctrine * 1819.

学位 xué wèi ∘ academic degree ◇ titre universitaire, diplôme, grade universitaire * 2775.

学徒 xué tú ∘ apprentice, trainee ◇ apprenti * 3139.

学年 xué nián ∘ school year ◇ année scolaire * 3476.

学校 xué xiào ∘ school; educational institution ◇ école, établissement scolaire * 4129.

学科 xué kē。subject, course, discipline ◇ matière d'enseignement, discipline; cours * 4523.

学术 xué shù。science; learning ◇ science * 4595.

学士 xué shì。scholar, man of learning ◇ érudit, lettré * 4993.

学者 xué zhě。scholar ◇ savant, érudit * 5051.

学生 xué shēng。pupil, student ◇ élève, étudiant, écolier * 5286.

学期 xué qī。school semester ◇ semestre scolaire * 5437.

学院 xué yuàn。institute ◇ institut * 6771.

学历 xué lì。record of schooling ◇ éducation reçue * 6847.

学习 xué xí。to learn, to study ◇ étudier, apprendre; études * 7217.

学问 xué wèn。knowledge ◇ savoir, connaissances * 8035.

学制 xué zhì。school system ◇ scolarité * 8497.

学龄 xué líng。school age ◇ âge scolaire * 8506.

学员 xué yuán。student (adult) ◇ adulte en stage de formation * 9127.

敩 xiào -7855 ⺍子攴 |斆 *7459| 1° to teach 2° to raise (consciousness) ◇ 1° instruire 2° stimuler [Etym] 攴 1283 (rad: 066a 4-08), 学 1735 [Graph] 851f 634d 633c.

峃 xué -7856 ⺍山 |嶨 *7460| 1° rocks 2° place in Zhejiang ◇ 1° rochers 2° lieu du Zhejiang [Etym] 山 1611 (rad: 046a 3-05), ⺍ 1734 [Graph] 851f 841b.

觉 jué (1736) ⺍见 |[Tra] to wake up; feel ◇ s'éveiller; sentir [Etym] modern simplified form of (覺 1604) ◇ forme simplifiée moderne de (覺 1604) [Graph] 851f 854c [Ref] h439, ph570 [Hanzi] jiao3 搅 2613, jiao4 jue2 觉 7857.

觉 jiào -7857 ⺍见 |覺 *7461| sleep ◇ sommeil [Etym] 见 1801 (rad: 147s 4-05), ⺍ 1734 [Graph] 851f 854c.

△ jué |覺 *7461| 1° to feel 2° to wake up 3° to perceive, to become aware ◇ 1° sentir, éprouver 2° s'éveiller 3° percevoir, connaissance.

觉得 jué de。to feel ◇ trouver que, sentir, penser, estimer * 3173.

觉悟 jué wù。to realize ◇ réaliser, prendre conscience * 3300.

鲎 hòu -7858 ⺍鱼 |鱟 *7462| king-crab ◇ crabe géant, limule [Etym] 鱼 2335 (rad: 195s 8-05), ⺍ 1734 [Graph] 851f 041i.

鸴 xué -7859 ⺍鸟 |鷽 *7463| kind of bird ◇ moineau à la tête noire, au dos gris et au ventre rouge [Etym] 鸟 2494 (rad: 196s 5-05), ⺍ 1734 [Graph] 851f Z22e.

叡 hè (1737) ⺌冖⺈口又 |[Tra] pit; canal ◇ trou; canal [Etym] a ravine (2,3= 谷 235) dug by hand (1,4< 叔 1239) ◇ un fossé (2,3= 谷 235) creusé à la main (1,4< 叔 1239) [Graph] 851g acc:a 233b 011a 633a [Ref] k77, w118d [Hanzi] he4 壑 7860.

壑 hè +7860 ⺌冖⺈口又土 |gully, valley, big pool ◇ ravine, vallée, caniveau [Etym] 土 826 (rad: 032a 3-14), 叡 1737 [Graph] 851g ac:a 233b 011a 633a 432a.

睿 ruì (1738) ⺌冖⺈目 |[Tra] shrewd; profound ◇ perspicace; profond [Etym] eye (3= 目 2239) penetrating in depth (1,2< 叡 1737) ◇ oeil (3= 目 2239) qui scrute les profondeurs (1,2< 叡 1737) [Graph] 851g acc:a 233b 023a [Ref] w118d [Hanzi] jun4 xun4 濬 426, xuan2 璿 5165, rui4 睿 7861, rui4 叡 7862.

睿 ruì +7861 ⺌冖⺈目 |叡 *7862| 1° farsighted, perspicacious 2° clever, shrewd ◇ 1° regard pénétrant, perspicacité 2° rusé, sage [Etym] 目 2239 (rad: 109a 5-09), 睿 1738 [Graph] 851g ac:a 233b 023a.

叡 ruì *7862 ⺌冖⺈目又 |睿 +7861| 1° farsighted, perspicacious 2° clever, shrewd ◇ 1° regard pénétrant, perspicacité 2° rusé, sage [Etym] 又 1271 (rad: 029a 2-14), 睿 1738 [Graph] 851g ac:a 233b 023a 633a.

尝 cháng (1739) ⺍云 |[Tra] to taste, to try; before ◇ goûter, essayer; jadis [Etym] modern simplified form of (嘗 1741) ◇ forme simplifiée moderne de (嘗 1741) [Graph] 851h 612d [Hanzi] chang2 偿 2989, chang2 尝 7863, chang2 鲿 10517.

尝 cháng -7863 ⺍云 |嘗 *7865 、噹 *9115| 1° to taste, to try 2° formerly 3° continually ◇ 1° goûter, essayer, tenter 2° jadis 3° continuellement, ordinairement [Etym] 小 424 (rad: 042a 3-06), 尝 1739 [Graph] 851h 612d.

尝试 cháng shì。to try, to attempt ◇ essayer, tenter * 1754.

尚 shàng (1740) ⺍口 |[Tra] roof; high; to extend ◇ toit; haut; prolonger [Etym] window (2=prim); roof ridge (1< 亠 1661), slopes apart (1< 八 127) ◇ une fenêtre (2=prim); le faîte d'un toit (1< 亠 1661), où se département (1< 八 127) la pente [Graph] 851h 011a [Ref] h1392, k856, ph391, r23c, r190, r262, w36e, wi52, wi408, wi596 [Hanzi] chang2 shang5 裳 7864, chang2 嘗 7865, tang2 棠 7867, shang3 赏 7869, chang2 常 7870, shang3 賞 7871, dang3 黨 7872, dang1 dang4 當 7873.

裳 cháng +7864 ⺍口衣 |shirt ◇ jupe [Etym] 衣 371 (rad: 145a 6-08), 尚 1740 [Graph] 851h 011a 312i.

△ shang |See ◇ Voir 衣裳 yi1-shang5 2140-7864.

嘗 cháng (1741) ⺍口匕日 |[Tra] to taste; try; before ◇ goûter; essayer; jadis [Etym] delicious (3,4= 旨 393); phon, roof (1,2= 尚 1740) ◇ délicieux (3,4= 旨 393); phon, un toit (1,2= 尚 1740) [Graph] 851h 011a 321b 021a [Ref] w36e, wi618 [Hanzi] chang2 嚐 7865, chang2 嚐 9115, chang2 鱨 10612.

嘗 cháng *7865 ⺌口匕日 | 尝 -7863 、嚐 *9115 | 1° to taste, to try 2° formerly 3° continually ◇ 1° goûter, essayer, tenter 2° jadis 3° continuellement, ordinairement [Etym] 口 2063 (rad: 030a 3-11), 嘗 1741 [Graph] 851h 011a 321b 021a.

掌 zhǎng (1742) ⺌口手 [Tra] hand; rule; govern ◇ main; gérer; gouvern [Etym] hand (3= 手 465); phon (1,2= 尚 1740) ◇ main (3= 手 465); phon (1,2= 尚 1740) [Graph] 851h 011a 332g [Ref] w36e, wi924 [Hanzi] cheng1 撑 2614, zhang3 掌 7866, zhang3 礃 9746.

掌 zhǎng +7866 ⺌口手 | 1° palm 2° to slap 3° to control, to rule 4° sole (animal), paw 5° heel, sole (shoe) 6° horseshoe ◇ 1° paume, main 2° claquer (mains) 3° gouverner, gérer, contrôler 4° plante (pied), griffe 5° talon, semelle 6° fer à cheval [Etym] 手 465 (rad: 064a 4-08), 掌 1742 [Graph] 851h 011a 332g.

掌管 zhǎng guǎn。to be in charge of ◇ s'occuper de, être responsable de, être en charge * 861.

掌握 zhǎng wò。to rule, to control ◇ gérer, contrôler; posséder, assimiler * 2647.

掌权 zhǎng quán。to exercise control; to be in power ◇ prendre le pouvoir en main; être au pouvoir * 4277.

掌声 zhǎng shēng。clapping, applause ◇ applaudissement * 5018.

棠 táng +7867 ⺌口木 | [Etym] 木 723 (rad: 075a 4-08), 尚 1740 [Graph] 851h 011a 422a.

棠梨 táng lí。birch leaf pear ◇ poirier sauvage, sorbier * 4518.

堂 táng (1743) ⺌口土 [Tra] hall; court; palace ◇ grande salle; palais [Etym] structure (1,2= 尚 1740) on raised ground (1= 土 826)->great hall ◇ une contruction (1,2= 尚 1740) sur une terrasse (1= 土 826)-> grande salle [Graph] 851h 011a 432a [Ref] h557, k972, ph649, r23c, w36e, wi408 [Hanzi] tang1 tang2 镗 1275, tang1 tang2 鐣 2049, tang2 樘 4352, tang2 堂 7868, tang2 膛 8192, tang1 嘡 9116, tang1 蹚 9381, cheng1 瞠 10087, tang2 螳 10295.

堂 táng +7868 ⺌口土 | 1° main room of a house 2° hall 3° court 4° same clan, cousins 5° measure-word (furniture: set, suite, classes) 6° church ◇ 1° pièce principale (maison) 2° grande salle, palais 3° tribunal 4° même clan, cousins germains 5° spécificatif (classe, service de vaisselle) 6° église [Etym] 土 826 (rad: 032a 3-08), 堂 1743 [Graph] 851h 011a 432a.

堂奥 táng ào。innermost recess of a hall ◇ profondeurs * 8337.

堂皇 táng huáng。grand, imposing, magnificent ◇ grandiose, solennel, imposant, majestueux * 9980.

牚 chēng (1744) ⺌口牙 [Tra] prop up; assist ◇ supporter; appuyer [Etym] a foot (2,3< 止 954) (牙 1542) as support to house (1,2= 尚 1740) ◇ un pied (2,3< 止 954) (牙 1542) comme appui à la maison (1,2= 尚 1740) [Graph] 851h 011a 812b [Ref] k1208, ph666, w36e [Hanzi] cheng1 撑 2615.

赏 shǎng (1745) ⺌口贝 [Tra] to reward; to praise ◇ récompenser; admirer [Etym] modern simplified form of (賞 1747) ◇ forme simplifiée moderne de (賞 1747) [Graph] 851h 011a 854b [Ref] w94h [Hanzi] shang3 赏 7869.

赏 shǎng -7869 ⺌口贝 | 賞 *7871 | 1° to bestow, to reward, award 2° to admire 3° to take pleasure in 4° surname ◇ 1° récompenser, gratifier de 2° admirer 3° prendre plaisir à 4° nom de famille [Etym] 贝 1796 (rad: 154s 4-08), 赏 1745 [Graph] 851h 011a 854b.

赏识 shǎng shí。to appreciate; to think highly of someone. ◇ apprécier, admirer * 1816.

常 cháng (1746) ⺌口巾 [Tra] regular; always ◇ ordinaire; toujours [Etym] fabrics,thread (3= 巾 1886) that extends (1,2= 尚 1740)->constant ◇ drap ou fil (3= 巾 1886) qui se prolonge (1,2= 尚 1740) -> constant [Graph] 851h 011a 858a [Ref] h718, r190, w36e, wi410 [Hanzi] chang2 嫦 5822, chang2 常 7870.

常 cháng +7870 ⺌口巾 | 1° regular, constant, frequent 2° rule, principle ◇ 1° ordinaire, constant 2° toujours 3° loi, règle, principe [Etym] 巾 1886 (rad: 050a 3-08), 常 1746 [Graph] 851h 011a 858a.

常识 cháng shí。basic knowledge ◇ connaissances de base * 1816.

常常 cháng cháng。often, frequently ◇ souvent, fréquemment * 7870.

常用 cháng yòng。in common use ◇ d'usage courant * 8267.

賞 shǎng (1747) ⺌口貝 [Tra] to reward; to praise ◇ recompenser; admirer [Etym] money (3= 貝 2246); phon or highness, esteem (1,2= 尚 1740) ◇ argent (3= 貝 2246); phon ou grandeur, estime (1, 2= 尚 1740) [Graph] 851h 011a 023b [Ref] h511, k857, w36e, wi596 [Hanzi] chang2 償 2990, shang3 賞 7871.

賞 shǎng *7871 ⺌口貝 | 赏 -7869 | 1° to bestow, to reward, award 2° to admire 3° to take pleasure in 4° surname ◇ 1° récompenser, gratifier de 2° admirer 3° prendre plaisir à 4° nom de famille [Etym] 貝 2246 (rad: 154a 7-08), 賞 1747 [Graph] 851h 011a 023b.

黨 dǎng (1748) ⺌口黑灬 [Tra] village; club; cabal ◇ village; bande; clique [Etym] blackened (3,4= 黑 2310) house (1,2= 尚 1740) ->poor, secret ◇ une maison (1,2= 尚 1740) noircie (3,4= 黑 2310) -> pauvre, secret [Graph] 851h 011a 033e 222d [Ref] h946, k971, ph857, r262, w36e, w40d, wi787 [Hanzi] tang3 钂1276, dang3 攩2616, tang3 tang3 儻2991, dang3 黨7872, dang3 讜9599.

黨 dǎng *7872 ⺌口里灬 | 党 +7874 | 1° political party 2° club, gang, clique 3° to be partial to, cabal 4° relatives, kinsfolk 5° society, village 6° surname ◇ 1° parti politique 2° bande, clique 3° avoir un parti pris pour 4° parenté, relation 5° société, village 6° nom de famille [Etym] 黑2310 (rad: 203a 12-08), 黨 1748 [Graph] 851h 011a 033e 222d.

當 dāng (1749) ⺌口田 | [Tra] ought; suitable; equal ◇ il faut, il convient [Etym] value of a house (1,2= 尚 1740) and a field (3= 田 2313) ◇ valeur d'une maison (1,2= 尚 1740) et d'un champ (3= 田 2313) [Graph] 851h 011a 041a [Ref] h183, k970, ph763, r32a, w36e, wi478 [Hanzi] cheng1 dang1 鐺1277, dang3 dang4 擋2617, dang4 檔4353, dang1 dang1 璫5166, dang1 襠6671, dang1 dang4 當7873, dang1 噹9117.

當 dāng *7873 ⺌口田 | 当 +7380 、 噹7° *9117 、 璫7° *5166 | 1° equal 2° ought, should, must 3° in somebody's presence 4° suitable, just at 5° to act as 6° to bear, to accept, to meet 7° tolling of a bell ◇ 1° égal, équivaloir, tenir lieu de 2° il faut 3° en présence de quelqu'un 4° il convient, juste 5° se charger de 6° supporter, accepter 7° son d'une cloche [Etym] 田 2313 (rad: 102a 5-08), 當 1749 [Graph] 851h 011a 041a.

△ dàng | 当 +7380 | 1° proper, right 2° to match 3° to treat as 4° to think 5° that very 6° to pawn ◇ 1° convenable, juste 2° équivaloir à 3° considérer comme 4° penser 5° ceci, présent 6° hypothéquer.

党 dǎng (1750) ⺌兄 | [Tra] village; club; cabal ◇ village; bande; clique [Etym] modern simplified form of (黨 1748); here, (2= 兄 2114) ◇ forme simplifiée moderne de (黨 1748); ici, (2= 兄 2114) [Graph] 851h 011d [Hanzi] dang3 谠1799, tang3 锐 2050, tang3 傥2992, dang3 党7874.

党 dǎng +7874 ⺌兄 | 黨 *7872 | 1° political party 2° club, gang, clique 3° to be partial to, cabal 4° relatives, kinsfolk 5° society, village 6° surname ◇ 1° parti politique 2° bande, clique 3° avoir un parti pris pour 4° parenté, relation 5° société, village 6° nom de famille [Etym] 儿405 (rad: 010a 2-08), 党 1750 [Graph] 851h 011d.

党派 dǎng pài ◦ party ◇ parti (politique); fraction * 352.

党章 dǎng zhāng ◦ party constitution ◇ statuts d'un parti politique * 673.

党员 dǎng yuán ◦ party member ◇ membre d'un parti politique; adhérent * 9127.

亝 qí (1751) 𠂉人人 | [Tra] harmony ◇ harmonie [Etym] different writing for (齊 539) ◇ autre graphie pour (齊 539) [Graph] 851i 232a 232a [Hanzi] ji1 赍7875, ji1 賫7876.

赍 jī -7875 𠂉人人贝 | 賫 *7876 、 齎 *3188 、 賷 *7882 | 1° bosom 2° to present 3° to offer, to harbor ◇ 1° sein 2° offrir 3° prendre dans ses bras [Etym] 贝 1796 (rad: 154s 4-08), 亝 1751 [Graph] 851i 232a 232a 854b.

賫 jī *7876 𠂉人人貝 | 赍 -7875 、 齎 *3188 、 賷 *7882 | 1° bosom 2° to present 3° to offer, to harbor ◇ 1° sein 2° offrir 3° prendre dans ses bras [Etym] 貝 2246 (rad: 154a 7-08), 亝 1751 [Graph] 851i 232a 232a 023b.

索 suǒ (1752) 𠂉糸 | [Tra] rope; string; search ◇ câble, lien; chercher [Etym] rope (2= 糸 1185) made of plants (1< 市 1908) ◇ des fibres (2= 糸 1185) végétales (1< 市 1908) [Graph] 851i 613d [Ref] h1299, k818, ph565, w79g, wa90 [Hanzi] suo3 索 7877, suo5 嗦 9118.

索 suǒ +7877 𠂉糸 | 1° large rope, string, cord, reins 2° to search into 3° to ask 4° all alone 5° dull 6° surname ◇ 1° câble, lien, lier 2° rechercher 3° réclamer, demander 4° solitaire 5° morne, épuiser 6° nom propre [Etym] 糸 1185 (rad: 120a 6-04), 索 1752 [Graph] 851i 613d.

索取 suǒ qǔ ◦ to demand, to ask for ◇ réclamer, demander * 5460.

孛 bèi (1753) 𠂉子 | [Tra] to beget, comet ◇ procréation, comète [Etym] proliferation (1< 丰 592) of children (2= 子 1303) ◇ la multiplication (1< 丰 592) des enfants (2= 子 1303) [Graph] 851i 634d [Ref] k748, w79g, wa28 [Hanzi] bo1 餑 1460, bo1 饽 1870, bei4 悖 3313, bi2 荸 3860, po5 桲 4354, bei4 孛 7878, bo2 勃 7879, bo2 鹁 7880, bo2 鵓 7881, bo2 脖 8193.

孛 bèi +7878 𠂉子 | to beget ◇ procréation [Etym] 子 1303 (rad: 039a 3-04), 孛 1753 [Graph] 851i 634d.

勃 bó (1754) 𠂉子力 | [Tra] suddenly ◇ soudain [Etym] strength (3= 力 1489); phon, to beget (1,2= 孛 1753) ◇ force (3= 力 1489); phon, procréation (1,2= 孛 1753) [Graph] 851i 634d 732f [Hanzi] bo2 渤 427, bo2 勃 7879.

勃 bó +7879 𠂉子力 | suddenly ◇ soudain [Etym] 力 1489 (rad: 019a 2-07), 孛 1753 [Graph] 851i 634d 732f.

鹁 bó -7880 𠂉子鸟 | 鵓 *7881 | wood pigeon ◇ ramier [Etym] 鸟 2494 (rad: 196s 5-07), 孛 1753 [Graph] 851i 634d Z22e.

鵓 bó *7881 𠂉子鳥 | 鹁 -7880 | wood pigeon ◇ ramier [Etym] 鳥 2500 (rad: 196a 11-07), 孛 1753 [Graph] 851i 634d Z22h.

亝 qí (1755) 𠂉口口 | [Tra] harmony ◇ harmonie [Etym] different writing for (齊 539) ◇ autre graphie pour (齊 539) [Graph] 851i 011a 011a [Hanzi] ji1 賷 7882.

賷 jī *7882 𠂉口口貝 | 赍 -7875 、 賫 *7876 、 齎 *3188 | 1° bosom 2° to present 3° to offer, to harbor ◇ 1° sein 2° offrir 3° prendre dans ses bras [Etym] 貝 2246 (rad: 154a 7-10), 叀 1755 [Graph] 851i 011a 011a 023b.

疐 zhì (1756) [Tra] to trammel; impede ◇ entraver; gêner [Etym] ox haulage impeded (1,2< 叀 2351) on its way (3= 疋 970) ◇ traction du boeuf entravée (1,2< 叀 2351) dans sa marche (3= 疋 970) [Graph] 851i 041a 434g [Ref] k1228, w91i [Hanzi] zhi4 疐 7883, ti4 嚏 9119.

疐 zhì -7883 | 疐 *7884 | to trammel, to impede ◇ entraver, gêner [Etym] 疋 965 (rad: 103a 5-09), 疐 1756 [Graph] 851i 041a 434g.

疐 zhì (1757) [Tra] to trammel; impede ◇ entraver; gêner [Etym] different writing for (疐 1756) ◇ autre graphie pour (疐 1756) [Graph] 851i 041a 612a 434e [Ref] k1228, ph813 [Hanzi] zhi4 疐 7884.

疐 zhì *7884 | 疐 -7883 | to trammel, to impede ◇ entraver, gêner [Etym] 疋 965 (rad: 103a 5-10), 疐 1757 [Graph] 851i 041a 612a 434e.

奐 huàn (1758) [Tra] lively; gay; many ◇ beau; vif; nombreux [Etym] examine (1< 夐 1759) things exchanged by hands (2< 廾 701) ◇ examiner (1< 夐 1759) ce qu'on se passe de main à main (2< 廾 701) [Graph] 851j 242a [Ref] k99, ph451, w37f [Hanzi] huan4 奐 7885.

奐 huàn *7885 | 奂 +8567 | 1° lively, gay 2° numerous, many ◇ 1° beau, gracieux, clair 2° nombreux, plusieurs [Etym] 大 257 (rad: 037a 3-06), 奐 1758 [Graph] 851j 242a.

夐 xiòng (1759) [Tra] to aim at; far ◇ rechercher; loin [Etym] man (top< 人 170) in hole (1< 穴 1718): watch (2= 目 2239), strike (3< 攵 340) ◇ un homme (haut< 人 170), un trou (1< 穴 1718): guet (2= 目 2239), coup (3< 攵 340) [Graph] 851j 023a 633e [Ref] k164, w37f [Hanzi] qiong2 瓊 5167, xiong4 夐 7886.

夐 xiòng +7886 | 1° far, remote 2° in ancient times 3° to aim at, to scheme ◇ 1° loin, lointain 2° autrefois 3° projeter [Etym] 刀 1477 (rad: 018a 2-12), 夐 1759 [Graph] 851j 023a 633e.

隺 hào (1760) [Tra] to rise up; high ◇ s'élever; haut [Etym] bird (< 隹 1030) that rises up in the space (top< 冂 1819) ◇ un oiseau (< 隹 1030) qui s'envole dans l'espace (haut< 冂 1819) [Graph] 851k [Ref] k74, ph531, w34f [Hanzi] que4 que4 搉 2618, jue2 傕 2993, que4 榷 4355, he4 鹤 7887, he4 鶴 7888, que4 確 9747.

鹤 hè -7887 | 鶴 *7888 | crane ◇ grue [Etym] 鸟 2494 (rad: 196s 5-10), 隺 1760 [Graph] 851k Z22e.

鶴 hè *7888 | 鹤 -7887 | crane ◇ grue [Etym] 鳥 2500 (rad: 196a 11-10), 隺 1760 [Graph] 851k Z22h.

农 nóng (1761) [Tra] agriculture; farmer ◇ agriculture; paysan [Etym] modern simplified form of (農 2414) ◇ forme simplifiée moderne de (農 2414) [Graph] 851l [Hanzi] nong2 浓 428, nong2 侬 2994, nao2 侬 3314, nong2 秾 4552, nong2 农 7889, nong2 脓 8194, nong2 哝 9120.

农 nóng -7889 | 農 *10830 、 辳 *4191 | 1° agriculture, farming 2° peasant, farmer ◇ 1° agriculture 2° cultivateur, paysan [Etym] 冖 1649 (rad: 014a 2-04), 农 1761 [Graph] 851l.

农活 nóng huó ∘ farm work ◇ travaux des champs * 524.

农作物 nóng zuō wù ∘ crops ◇ cultures agricoles * 2850 3468.

农忙 nóng máng ∘ busy season in farming ◇ pleine saison pour l'agriculture * 3299.

农村 nóng cūn ∘ countryside ◇ campagne * 4148.

农场 nóng chǎng ∘ farm ◇ ferme * 4884.

农业 nóng yè ∘ agriculture ◇ agriculture * 5328.

农奴 nóng nú ∘ slave ◇ serf * 5781.

农闲 nóng xián ∘ slack season in farming ◇ saison morte pour l'agriculture * 8012.

农具 nóng jù ∘ farm tool ◇ outil agricole * 8546.

农民 nóng mín ∘ peasant ◇ paysan * 8712.

农田 nóng tián ∘ farmland ◇ champs * 10412.

冘 yín (1762) [Tra] withdraw; go away ◇ se retirer; quitter [Etym] man (< 儿 405) going out of a space (冂 1819) (# 内 1919) ◇ un homme (< 儿 405) qui sort d'un espace (冂 1819) (# 内 1919) [Graph] 851m [Ref] k270, ph94, w34e, wi822 [Hanzi] chen2 shen3 沈 429, chen2 忱 3315, zhen3 枕 4356, dan1 耽 5470, zhen4 鸩 7890, zhen4 鴆 7891, dan1 躭 8835, dan1 眈 10088, dan1 zhen4 酖 10897.

鸩 zhèn -7890 | 鴆 *7891 、 酖 +10897 | 1° legendary bird 2° poisoned wine, to kill somebody with poisoned wine ◇ 1° oiseau légendaire 2° vin empoisonné, venin, empoisonner [Etym] 鸟 2494 (rad: 196s 5-04), 冘 1762 [Graph] 851m Z22e.

鴆 zhèn *7891 | 鸩 -7890 、 酖 +10897 | 1° legendary bird 2° poisoned wine, to kill somebody with poisoned wine ◇ 1° oiseau légendaire 2° vin empoisonné, venin, empoisonner [Etym] 鳥 2500 (rad: 196a 11-04), 冘 1762 [Graph] 851m Z22h.

勹 852

勺 s h á o (1763) 勺 | [Tra] spoon; ladle; unit ◇ cuiller; louche:unité [Etym] ladle or spoon and content (prim) ◇ une louche ou une cuiller et son contenu (prim) [Graph] 852b [Ref] h1342, k860, ph27, r7a, r9a, w54h, wa122, wi6 [Hanzi] zhuo2 灼 1020, diao4 釣 1278, diao4 钓 2051, liao4 尥 2219, shao2 芍 3861, shao2 杓 4357, bao4 豹 5577, shuo4 妁 5823, yao1 yue1 约 6041, yao1 yue1 約 6214, shao2 勺 7892, bao4 趵 9382, de5 di2 di4 的 9990, zhuo2 酌 10898.

勺 s h á o +7892 勺 | 1° spoon, ladle 2° unit of capacity = 1 centiliter ◇ 1° cuiller, louche 2° mesure de capacité = 1 centilitre [Etym] 勹 1770 (rad: 020a 2-01), 勺 1763 [Graph] 852b.

勺子 s h á o z ǐ 。 skimmer, ladle ◇ écumoire, louche * 6546.

匀 y ú n (1764) 匀 | [Tra] to divide; equal ◇ répartir; égal [Etym] to divide (strokes inside< 八 127) a whole (< 勹 1770) ◇ partager (traits intérieurs< 八 127) un ensemble (< 勹 1770) [Graph] 852c [Ref] k292, ph98, w54e [Hanzi] yun4 韵 669, jun1 鈞 1279, jun1 钧 2052, jun1 均 4915, yun2 匀 7893, yun2 昀 9920, yun2 畇 10442.

匀 y ú n +7893 匀 | 1° even, uniform, equal 2° to divide evenly 3° to spare ◇ 1° égal, uniforme 2° répartir également, égaliser 3° épargner [Etym] 勹 1770 (rad: 020a 2-02), 匀 1764 [Graph] 852c.

匀称 y ú n c h è n 。 well-balanced ◇ équilibré, symétrique, bien proportionné * 4515.

勿 w ù (1765) 勿 | [Tra] flag; decree; no ◇ drapeau; décret; non [Etym] three pennons in the wind (prim) ->shifts of mind, no ◇ trois pennons dans le vent (prim) ->revirements, non [Graph] 852e [Ref] k1278, ph90, r89, r472, w101a, wi669, wi964 [Hanzi] hu4 笏 863, wu4 物 3468, wu4 芴 3862, wu4 痖 7096, wu4 勿 7894, hu1 忽 7895, wen3 刎 7896, feng4 甮 7897, hu1 曶 7898, fen1 䊰 7899, wen3 吻 9121, hu1 yi4 昜 9921, hu2 囫 10963.

勿 w ù +7894 勿 | no, not ◇ non, ne pas [Etym] 勹 1770 (rad: 020a 2-02), 勿 1765 [Graph] 852e.

忽 h ū (1766) 勿心 | [Tra] disregard; sudden ◇ négliger; soudain [Etym] shifts (1= 勿 1765) in mind and feelings (2= 心 397) ->neglect ◇ des sautes (1= 勿 1765) d'humeurs (2= 心 397) ->soudain; dédaigner [Graph] 852e 321c [Ref] k90, w101a, wi669 [Hanzi] hu1 淴 430, hu1 惚 3316, hu1 忽 7895, hu1 唿 9122.

忽 h ū +7895 勿心 | 1° to disregard, to neglect 2° suddenly 3° trifle ◇ 1° négligence, manque d'égards, dédaigner 2° soudain 3° quantité infime [Etym] 心 397 (rad: 061a 4-04), 忽 1766 [Graph] 852e 321c.

忽然 h ū r á n 。 suddenly, unexpectedly ◇ soudain, subitement, tout à coup * 6452.

忽视 h ū s h ì 。 to neglect, to overlook, to ignore ◇ négliger, faire peu de cas de, ne pas tenir compte * 6592.

忽而 h ū é r 。 now..., now...; by turns ◇ tantôt ... tantôt; tour à tour * 8342.

忽略 h ū l u è 。 to neglect, to overlook ◇ négliger, ne pas faire attention à * 10436.

刎 w ě n (1767) 勿刂 | [Tra] to cut one's throat ◇ couper le cou [Etym] blood gushing(1=prim) from a cut throat (2= 刂 470) ◇ sang jaillissant (1=prim) d'une gorge coupée (2= 刂 470) [Graph] 852e 333b [Ref] w101a [Hanzi] wen3 刎 7896.

刎 w ě n +7896 勿刂 | to cut one's throat ◇ couper le cou [Etym] 刂 470 (rad: 018b 2-04), 刎 1767 [Graph] 852e 333b.

甮 f è n g +7897 勿用 | don't, no use to, no need to ◇ ne pas avoir la peine, n'être pas nécessaire [Etym] 勹 1770 (rad: 020a 2-07), 勿 1765 用 1845 [Graph] 852e 856i.

曶 h ū +7898 勿日 | 昒 *718 | personal name ◇ prénom [Etym] 日 2168 (rad: 073a 4-04), 勿 1765 [Graph] 852e 021a.

䊰 f ē n +7899 勿㓾日 | did not ◇ ne pas [Etym] 勹 1770 (rad: 020a 2-14), 勿 1765 曾 2308 [Graph] 852e 033c 021a.

匆 c ō n g (1768) 匆 | [Tra] in a hurry ◇ pressé; à la hâte [Etym] contraction of (怱 1769); different writing for (囱 2461) ◇ réduction de (怱 1769); autre graphie pour (囱 2461) [Graph] 852f [Ref] r44u [Hanzi] chu3 chu4 處 7164, cong1 匆 7900, cong1 怱 7901.

匆 c ō n g +7900 匆 | 怱 *7901 、悤 *10985 | in a hurry ◇ presser, à la hâte [Etym] 勹 1770 (rad: 020a 2-03), 匆 1768 [Graph] 852f.

匆促 c ō n g c ù 。 in a hurry, hastily ◇ pressé, avec précipitation * 3038.

匆忙 c ō n g m á n g 。 in a hurry, hasty ◇ précipité, à la hâte * 3299.

匆匆 c ō n g c ō n g 。 hurriedly, hastily ◇ pressé, à la hâte * 7900.

怱 c ō n g (1769) 匆心 | [Tra] in a hurry ◇ pressé; à la hâte [Etym] contraction of (悤 2462) (> 匆 1768) ◇ réduction de (悤 2462) (> 匆 1768) [Graph] 852f 321c [Ref] k1120, r44u, w40d [Hanzi] zong3 偬 2995, cong1 葱 3863, cong1 怱 7901.

怱 c ō n g *7901 匆心 | 匆 +7900 、悤 *10985 | in a hurry ◇ presser, à la hâte [Etym] 心 397 (rad: 061a 4-05), 匆 1768 [Graph] 852f 321c.

勹 b ā o (1770) 勹 | [Tra] wrap up; whole, set ◇ envelopper; entité [Etym] a bent man enfolding something (prim) ◇ un homme replié pour

勹

勺 匀 勿 匆 勹

envelopper quelque chose (prim) [Graph] 852h [Ref] k695, r41g, wi80 [Hanzi] pao2 匏 1572, shao2 勺 7892, yun2 匀 7893, wu4 勿 7894, feng4 匌 7897, fen1 匫 7899, cong1 匆 7900, gou1 ju4 句 7913, hong1 訇 7919, xun2 旬 7920, dian4 甸 7922 [Rad] 020a.

匈 **l ǔ** (1771) 勹乂𠃊 [Tra] salt ◇ sel [Etym] reduction of (卤 2422, 鹵 2424) ◇ réduction de (卤 2422, 鹵 2424) [Graph] 852h 243a 711a [Hanzi] nao2 硇 9748.

匈 **x i ō n g** (1772) 勹乂凵 [Tra] thorax; feelings ◇ poitrine; sentiments [Etym] what (2=prim)is concealed (3= 凵 1630) (> 凶 329)in a man (1= 勹 1770) ◇ ce qui (2=prim) se cache (3= 凵 1630) (> 凶329) dans un homme (1= 勹 1770) [Graph] 852h 243a 841e [Ref] k162, ph206, w38d [Hanzi] xiong1 汹 431, xiong1 匈 7902, xiong1 胷 7903, xiong1 胸 8196, xiong1 訩 9600.

匈 **x i ō n g** +7902 勹乂凵 1° breast, thorax 2° feelings 3° clamors ◇ 1° thorax, poitrine 2° coeur, sentiments 3° clameurs [Etym] 勹 1770 (rad: 020a 2-04), 凶 329 [Graph] 852h 243a 841e.

胷 **x i ō n g** *7903 勹乂凵月 胸 +8196 1° chest, thorax, breast 2° mind 3° feelings ◇ 1° poitrine, thorax 2° pensées 3° sentiments [Etym] 月 1823 (rad: 130b 4-06), 匈 1772 [Graph] 852h 243a 841e 856e.

匊 **g ú** (1773) 勹米 [Tra] handful; to grasp ◇ poignée; saisir [Etym] all (1= 勹 1770) the rice (2= 米 782) one can hold in one hand ◇ tout (1= 勹 1770) le riz (2= 米 782) qu'on peut prendre dans une main [Graph] 852h 422f [Ref] k487, ph346, w54d [Hanzi] ju1 掬 2619, ju2 菊 3864, qu1 qu1 麴 5254, ju1 鞠 5386.

勾 **g ō u** (1774) 勹厶 [Tra] to cancel; to point ◇ annuler; rayer; joint [Etym] hook (1=prim); phon (2< 口 2063); different writing for (句 1779) ◇ un crochet (1=prim); phon (2< 口 2063); autre graphie pour (句 1779) [Graph] 852h 612a [Ref] k484, w54f [Hanzi] gou1 沟 432, gou1 钩 2053, gou3 苟 3865, gou4 构4358, gou1 gou4 勾 7904, gou4 购 7978.

勾 **g ō u** +7904 勹厶 1° to cancel, to cross out 2° to delineate 3° to point 4° to thicken 5° to evoke 6° to gang up with ◇ 1° annuler, rayer 2° tracer 3° jointoyer 4° épaissir 5° évoquer 6° se mettre à plusieurs [Etym] 勹 1770 (rad: 020a 2-02), 勾1774 [Graph] 852h 612a.

勾结 **g ō u j i é** ∘ to collude with ◇ être de connivence avec ∗ 5977.

勾引 **g ō u y ǐ n** ∘ to seduce ◇ séduire ∗ 11250.

△ **g ò u**

勾当 **g ò u d à n g** ∘ business, deal ◇ besogne, affaire (louche) ∗ 7380.

匋 **t á o** (1775) 勹缶 [Tra] kiln; earthenware ◇ four; poterie [Etym] closed room (1=prim,< 勹1770) to burn earthenware (2= 缶 1628) ◇ un espace clos (1=prim,< 勹 1770) pour cuire la poterie (2= 缶 1628) [Graph] 852h 841c [Ref] k979, ph396, w540, wa103, wi889 [Hanzi] tao2 淘 433, tao1 掏 2620, tao2 萄 3866, tao2 yao2 陶 6772, tao2 啕 9123, tao2 醄 10899.

芻 **c h ú** (1776) 勹屮勹屮 [Tra] grass, hay; worthles ◇ herbe, foin; vaurien [Etym] {1} sheaves (1,3= 勹 1770) of hay or grass (2,4= 艸 1637); {2} main (1,3=prim) holding hay (2,4= 艸 1637) ◇ {1} des bottes (1,3= 勹 1770) de foin (2,4= 艸 1637); {2} une main (1,3=prim) empoignant du foin (2,4= 艸 1637) [Graph] 852h 842a 852h 842a [Ref] k1257, ph524, w78d, wa84 [Hanzi] zhou4 傷 2996, zhou4 㥮 3317, qu1 趨 4852, zhou4 縐 6215, chu2 芻 7905, chu2 雛 7906, zou1 鄒 7907, zhou4 皺7908, chu2 鶵 7909, zhou1 謅 9601, zou1 騶 11067.

芻 **c h ú** *7905 勹屮勹屮 刍 -7381 1° grass, hay 2° vulgar, worthless ◇ 1° herbe, foin 2° vulgaire, sans valeur [Etym] 艸 1637 (rad: 140a 6-04), 芻 1776 [Graph] 852h 842a 852h 842a.

雛 **c h ú** *7906 勹屮勹屮隹 雏 -7384 chicken ◇ poussin [Etym] 隹 1030 (rad: 172a 8-10), 芻 1776 [Graph] 852h 842a 852h 842a 436m.

鄒 **z ō u** *7907 勹屮勹屮阝 邹 -7385 1° place in Shandong 2° surname ◇ 1° lieu du Shandong 2° nom de famille [Etym] 阝 1316 (rad: 163b 2-10), 芻 1776 [Graph] 852h 842a 852h 842a 634j.

皺 **z h ò u** *7908 勹屮勹屮广又 皱 -7386 wrinkled, creased ◇ pli, ride, ridé, froissé [Etym] 皮1452 (rad: 107a 5-10), 芻 1776 [Graph] 852h 842a 852h 842a 721h 633a.

鶵 **c h ú** *7909 勹屮勹屮鳥 雏 -7387 young (bird) ◇ jeune (oiseau) [Etym] 鳥 2500 (rad: 196a 11-10), 芻 1776 [Graph] 852h 842a 852h 842a Z22h.

匍 **p ú** (1777) 勹甫 [Tra] prostrate; crawl ◇ ramper; se prosterner [Etym] to bow (1= 勹 1770); phon, power (甫 1914) ◇ se courber (1= 勹 1770); phon, pouvoir (甫 1914) [Graph] 852h 858n [Ref] k763, wi888 [Hanzi] pu2 葡 3867, pu2 匍 7910.

匍 **p ú** +7910 勹甫 [Etym] 勹 1770 (rad: 020a 2-07), 匍 1777 [Graph] 852h 858n.

匍匐 **p ú f ú** ∘ to lie prostrate, to crawl; to submit ◇ se prosterner, ramper; se soumettre ∗ 7918.

包 **b ā o** (1778) 勹巳 [Tra] to wrap up; warrant ◇ envelopper; garantir [Etym] embryo (2=prim,< 子 1303, 巳 1499) in the womb (1= 勹 1770) of mother ◇ un fétus (2=prim,< 子 1303, 巳 1499) dans le sein (1= 勹 1770) de sa mère [Graph] 852h 933b [Ref] h583, k695, ph145, r41h, w54b, wa24, wi327, wi495 [Hanzi] pao1 pao4 泡 434, bao1 pao2 pao4 炮 1021, bao4 鉋 1280, bao3 飽1461, pao2 匏 1572, bao3 饱 1871, bao4 抱 2621, bao1 苞3868, fu2 枹 4359, pao2 狍 5650, bao1 孢 6556, pao2 袍6672, pao2 麅 6955, pao2 庖 6972, pao4 疱 7097, pao4 皰7185, bao1 包 7911, bao4 pao2 刨 7912, bao1 胞 8197,

勹

勹

bao2 雹 8448, bao1 龅 8512, bao1 齙 8529, pao2 咆 9124, pao2 pao3 跑 9383, pao4 砲 9749, bao4 鲍 10518, bao4 鮑 10613.

包 bāo +7911 勹巳 | 1° to wrap up, to envelop 2° bundle, package, parcel 3° swelling, protuberance, lump 4° to surround, to contain 5° to warrant 6° surname ◇ 1° envelopper 2° paquet 3° gonflement, protubérance 4° entourer, contenir 5° garantir 6° nom de famille [Etym] 勹 1770 (rad: 020a 2-03), 包 1778 [Graph] 852h 933b.

包涵 bāo hán。to excuse, to forgive ◇ excuser, pardonner * 322.

包销 bāo xiāo。to have exclusive selling rights ◇ avoir des droits de vente exclusifs * 2067.

包裹 bāo guǒ。package, parcel ◇ paquet, colis * 2157.

包括 bāo kuò。to contain, to include ◇ inclure, contenir, comprendre * 2679.

包子 bāo zǐ。stuffed steamed bread ◇ petit pain farci cuit à la vapeur * 6546.

包袱 bāo fú。parcel, package ◇ paquet, baluchon * 6622.

包庇 bāo bì。to protect, to shield ◇ protéger, abriter * 6882.

包办 bāo bàn。to take care of everything; to monopolize ◇ s'occuper de tout, monopoliser tout * 7271.

包围 bāo wéi。to wrap up, to surround ◇ entourer, cerner, envelopper * 10959.

刨 bào +7912 勹巳刂 | 鉋 *1280、鑤 *1337 | 1° to plane 2° to dig 3° to extract ◇ 1° aplanir 2° creuser 3° déterrer, extraire [Etym] 刂 470 (rad: 018b 2-05), 包 1778 [Graph] 852h 933b 333b.

刨子 bào zǐ。plane ◇ rabot * 6546.

△ páo | 1° to dig 2° to extract 3° excluding 4° minus ◇ 1° creuser 2° déterrer, extraire 3° exclus 4° moins.

句 gōu (1779) 勹口 | [Tra] to cancel; to point ◇ annuler; rayer; joint [Etym] hook (1=prim); phon (2= 口 2063) (> 勾 1774) ◇ un crochet (1=prim); phon (2= 口 2063) (> 勾 1774) [Graph] 852h 011a [Ref] k484, ph131, w54f, wi80, wi861 [Hanzi] ju1 泃 435, gou3 笱 864, gou1 鉤 1281, ju1 拘 2622, gou1 佝 2997, ju3 蒟 3539, gou3 苟 3869, gou1 gou3 ju3 枸 4360, gou3 狗 5651, xu3 姁 5824, gou4 夠 6399, qu2 鴝 7433, gou3 岣 7574, gou1 ju4 句 7913, gou4 够 7914, qu2 劬 7915, qu2 鸲 7916, qu2 鴝 7917, qu2 朐 8198, chu1 齣 8530, xu4 昫 9929, hou1 齁 10167, ju1 駒 11068, ju1 驹 11126.

句 gōu +7913 勹口 | 1° to cancel 2° to trace 3° to induce 4° to stay 5° bad business ◇ 1° annuler 2° saisir par la main, retracer 3° induire 4° séjourner 5° affaire louche [Etym] 口 2063 (rad: 030a 3-02), 句 1779 [Graph] 852h 011a.

△ jù | 1° sentence, word 2° line in verse ◇ 1° phrase, mot 2° vers.

句子 jù zǐ。sentence ◇ phrase * 6546.

够 gòu +7914 勹口夕夕 | 夠 *6399 | 1° enough, to suffice 2° to be up to 3° quite, really, much ◇ 1° suffisant, assez, suffire 2° arriver (au niveau de), à satiété 3° tout à fait, beaucoup [Etym] 夕 1225 (rad: 036a 3-08), 句 1779 多 1228 [Graph] 852h 011a 631b 631b.

劬 qú +7915 勹口力 | 1° fatigued 2° labor, toil ◇ 1° épuisé 2° peine, labeur [Etym] 力 1489 (rad: 019a 2-05), 句 1779 [Graph] 852h 011a 732f.

鸲 qú -7916 勹口鸟 | 鴝 *7917 | thrush ◇ grive [Etym] 鸟 2494 (rad: 196s 5-05), 句 1779 [Graph] 852h 011a Z22e.

鴝 qú *7917 勹口鳥 | 鸲 -7916 | thrush ◇ grive [Etym] 鳥 2500 (rad: 196a 11-05), 句 1779 [Graph] 852h 011a Z22h.

匐 fú (1780) 勹亩田 | [Tra] to crawl; to creep ◇ ramper; grimper [Etym] bent man (1= 勹 1770); phon, wealth (2,3= 畐 2119) ◇ homme couché (1= 勹 1770); phon, richesse (2,3= 畐 2119) [Graph] 852h 012a 041a [Hanzi] bo5 蔔 3875, fu2 匐 7918.

匐 fú +7918 勹亩田 | to crawl, to creep ◇ ramper, grimper [Etym] 勹 1770 (rad: 020a 2-09), 畐 2119 [Graph] 852h 012a 041a.

訇 hōng (1781) 勹言 | [Tra] loud noise ◇ grand bruit [Etym] words and sounds (2= 言 2139); phon, to divide (1= 勺 1764) ◇ des paroles et des sons (2= 言 2139); phon, répartir (1= 勺 1764) [Graph] 852h 012d [Ref] ph453, w54e [Hanzi] hong1 揈 2623, ju1 鞫 5387, hong1 訇 7919.

訇 hōng +7919 勹言 | loud noise ◇ grand bruit [Etym] 言 2139 (rad: 149a 7-02), 訇 1781 [Graph] 852h 012d.

旬 xún (1782) 勹日 | [Tra] period of ten days ◇ période de dix jours [Etym] sun or day (2= 日 2169); phon, cycle (1= 勺 1764) ◇ le soleil ou le jour (2= 日 2169); phon, cycle (1= 勺 1764) [Graph] 852h 021a [Ref] h1373, k845, ph209, w54e [Hanzi] xun2 洵 436, sun3 筍 865, xun2 询 1800, xun4 徇 3164, xun2 恂 3318, qiong2 惸 3319, xun2 荀 3876, xun2 栒 4361, xun2 珣5168, xun4 狥 5652, xuan4 绚 6042, xuan4 絢 6216, xun4 殉 6437, xun2 峋 7575, xun2 旬 7920, huan2 xun2 郇 7921, xun2 詢 9602.

旬 xún +7920 勹日 | 1° period of ten days, of ten years 2° a set time, period 3° to spread ◇ 1° décade, dix jours, dix ans 2° période 3° s'étendre [Etym] 日 2169 (rad: 072a 4-02), 旬 1782 [Graph] 852h 021a.

郇 huán +7921 勹日阝 | surname ◇ nom de famille [Etym] 阝 1316 (rad: 163b 2-06), 旬 1782 [Graph] 852h 021a 634j.

△ xún | 1° old state in Shanxi 2° surname ◇ 1° ancienne principauté du Shanxi 2° nom de famille.

甸 diàn +7922 勹田 | 1° government lands 2° pasture ◇ 1° domaine impérial 2° pré [Etym] 田2313 (rad: 102a 5-02), 勹 1770 [Graph] 852h 041a.

勹 ≡ 句

万 853

万 mò (1783) 万 [Tra] ten thousands; many ◇ dix mille; nombreux [Etym] a great many in the four directions (< 方 1784); (> 萬 690) ◇ grand nombre dans les quatres directions (< 方 1784); (> 萬 690) [Graph] 853a [Ref] h392 [Hanzi] li4 厉 6854, li4 疠 7098, mo4 wan4 万 7923, mai4 迈 7924, mai4 劢 7925, dun3 趸 7926, chai4 虿 7927.

万 mò +7923 万 [Etym] 一 3 (rad: 001a 1-02), 万 1783 [Graph] 853a.

万俟 mò qí ∘ surname ◇ nom propre * 2923.

△ wàn 萬 +3998 1° ten thousand 2° indefinite number 3° absolutely, by all means 4° surname ◇ 1° dix mille 2° nombreux 3° absolument, de toutes manières 4° nom de famille.

万一 wàn yī ∘ if by any chance; eventuality ◇ hasard, imprévu; si par hasard * 1.

万能 wàn néng ∘ all-powerful; universal ◇ tout puissant, omnipotent; polyvalent, universel * 5898.

万分 wàn fēn ∘ very much, extremely ◇ très, extrêmement * 7245.

万万 wàn wàn ∘ hundred million; absolutely ◇ cent millions; absolument, ne jamais * 7923.

迈 mài -7924 万辶 邁 *3999 1° to stride, to step, to walk, to advance 2° senile, old ◇ 1° enjamber, marcher, franchir, avancer 2° âge avancé [Etym] 辶 1346 (rad: 162b 3-03), 万 1783 [Graph] 853a 634o.

劢 mài -7925 万力 勱 *4000 to exert one's strength, hard-working ◇ s'efforcer, se dépenser, diligent [Etym] 力 1489 (rad: 019a 2-03), 万 1783 [Graph] 853a 732f.

趸 dǔn -7926 万足 躉 *4001 1° wholesale 2° to store ◇ 1° entier, en bloc 2° magasin, dépôt, entreposer [Etym] 足 2117 (rad: 157a 7-03), 万 1783 [Graph] 853a 011f.

虿 chài -7927 万虫 蠆 *4002 scorpion ◇ scorpion [Etym] 虫 2282 (rad: 142a 6-03), 万 1783 [Graph] 853a 031d.

方 fāng (1784) 方 [Tra] place; square; region ◇ lieu; carré; direction [Etym] {?} two boats (< 舟 1861),plough or four directions (prim) ◇ {?} deux bâteaux (< 舟 1861), une charrue ou les quatre directions (prim) [Graph] 853b [Ref] h204, k25, r43h, w117a, wi147, wi341 [Hanzi] fang1 钫 1282, fang3 访 1801, fang1 钫 2054, beng1 祊 2276, fang3 仿 2998, fang3 pang2 彷 3165, fang1 芳 3877, fang1 枋 4362, fang3 髣 4746, fang1 fang2 坊 4917, fang1 fang2 妨 5825, fang3 纺 6043, fang3 紡 6217, beng1 祊 6591, fang2 防 6773, pang2 旁 7849, fang1 方 7928, yi3 旖 7930, zu2 族 7931, fang4 放 7934, lü3 旅 7935, mao2 旄 7937, jing1 旌 7939, xuan2 xuan4 旋 7940, qi2 旗 7941, liu2 旒 7942, fang1 邡 7944, qi2 qi2 旂 7945, shi1 施 7946, zhan1 旃 7948, pei4 旆 7949, ni3 旎 7950, fang2 肪 8199, fang3 舫 8315, pang1 雱 8449, fang2 房 8693, fang3 訪 9603, fang3 昉 9932, fang2 魴 10519, fang2 鲂 10614 [Rad] 070a.

方 fāng +7928 方 1° square 2° involution, power 3° square meter 4° upright 5° direction 6° side 7° place, region 8° method, way, means, rule 9° prescription 10° just in time 11° surname ◇ 1° carré 2° complication, pouvoir 3° mètre carré 4° debut, dressé 5° direction 6° côté 7° lieu, région, place 8° méthode, moyen, règle 9° prescription 10° tout juste 11° nom de famille [Etym] 方 1784 (rad: 070a 4-00), [Graph] 853b.

方法 fāng fǎ ∘ way, mean, method, proceeding ◇ moyen, méthode, procédé, façon * 217.

方针 fāng zhēn ∘ principle; policy ◇ principe; politique * 1941.

方才 fāng cái ∘ just now, earlier on ◇ tout à l'heure; seulement, ne ... que * 2311.

方便 fāng biàn ∘ practical, convenient, simple ◇ commode, pratique, simple; faciliter * 3074.

方式 fāng shì ∘ manner, method ◇ façon, manière, moyen, procédé * 5509.

方子 fāng zǐ ∘ prescription ◇ ordonnance * 6546.

方案 fāng àn ∘ scheme, plan; program ◇ projet, plan; programme * 7749.

方向 fāng xiàng ∘ direction ◇ direction, orientation; sens * 8341.

方向盘 fāng xiàng pán ∘ steering-wheel ◇ volant * 8341 8318.

方言 fāng yán ∘ dialect ◇ dialecte * 9469.

方面 fāng miàn ∘ part, side, aspect of a question; field, domain ◇ part, côté, aspect d'une question; domaine * 10929.

㫃? hán (1785) 方𠂉 [Tra] streamer; to revolve ◇ bannière; tourner [Etym] reduction de (旋 1790) (> 勿 1765) ◇ réduction de (旋 1790) (> 勿 1765) [Graph] 853b acc:f [Ref] wa155 [Hanzi] yi3 旖 7930, zu2 族 7931, mao2 旄 7937, fan1 旛 7938, jing1 旌 7939, xuan2 xuan4 旋 7940, qi2 旗 7941, liu2 旒 7942, qi2 qi2 旂 7945, shi1 施 7946, zhan1 旃 7948, pei4 旆 7949, ni3 旎 7950.

於 yú (1786) 方亼⺀ [Tra] in, at, among, about ◇ à, de, dans, quant à [Etym] relation (1= 旋 1790)between two (3= 二 4)distinct (2< 刀 1477) things ◇ rapport (1= 旋 1790) entre deux (3= 二 4) choses distinctes (2< 刀 1477) [Graph] 853b 233a 211b [Ref] k1323, ph419, r124, w117c [Hanzi] yu1 淤 437, yan1 菸 3878, yu1 瘀 7099, wu1 wu1 yu1 yu2 於 7929, yan1 阏 8031, yan1 閼 8778.

於 wū +7929 方亼⺀ See ◇ Voir 巫 4699 [Etym] 方 1784 (rad: 070a 4-04), 於 1786 [Graph] 853b 233a 211b.

△ wū exclamation ◇ exclamation.

於菟 wū tú ∘ tiger ◇ tigre * 3976.

万 方方

於戏 wū hū。alas! ◇ hélas! * 6506.

△ yū |1° in, at, on 2° among 3° for 4° through 5° than 6° surname ◇ 1° à, dans 3° quant à 4° par 5° que (comparatif) 6° nom de famille.

△ yú |See ◇ Voir 于 2306.

旖 yǐ +7930 方大可口 |1° waving movement 2° to flutter to the breeze ◇ onduler, flotter au vent [Etym] 方 1784 (rad: 070a 4-10), 㫃 1785 奇 261 [Graph] 853b 242a 331c 011a.

旖旎 yǐ nǐ。1° charming and gentle; 2° supple; 3° delicate ◇ 1° charmant, gracieux; 2° flexible, tendre; 3° délicat * 7950.

族 zú +7931 方矢 |1° clan, tribe, family, relatives 2° death penalty (entire family) 3° race, nationality 4° class 5° to collect together ◇ 1° clan, lignée, tribu, parenté 2° peine de mort (famille entière) 3° race, nationalité 4° classe, catégorie 5° réunir [Etym] 方 1784 (rad: 070a 4-07), 族1787 [Graph] 853b 242d.

族 zú (1787) 方𠂉矢 |[Tra] family, clan ◇ famille, clan [Etym] streamer (1,2< 㫃 1790), arrows (2= 矢 283): sign of a legion ◇ une bannière (1, 2< 㫃 1790) et des flèches (2= 矢 283): le signe d'une légion [Graph] 853b acc:f 242d [Ref] k1106, ph654, w117b, wa156 [Hanzi] cu4 簇 866, zu2 镞 1283, zu2 鏃 2055, cu4 蔟3879, zu2 族 7931, zhuo2 䎳 7932, zhuo2 鷟 7933, sou3 嗾 9125, zu2 礦 9750.

䎳 zhuó -7932 方𠂉矢鸟 |鷟 *7933| kind of duck with red eyes ◇ canard sauvage aux yeux rouges [Etym] 鸟 2494 (rad: 196s 5-11), 族 1787 [Graph] 853b ac:f 242d Z22e.

鷟 zhuó *7933 方𠂉矢鳥 |䎳 -7932| kind of duck with red eyes ◇ canard sauvage aux yeux rouges [Etym] 鳥 2500 (rad: 196a 11-11), 族 1787 [Graph] 853b ac:f 242d Z22h.

放 fàng (1788) 方攵 |[Tra] graze cattle; free ◇ paître; libérer [Etym] to lead (2< 攵 340, 攴 1283) into open space (1= 方 1784) ◇ conduire (2< 攵 340, 攴 1283) dans un lieu (1= 方 1784) ouvert [Graph] 853b 243c [Ref] h39, k26, w117a, wi147 [Hanzi] fang3 仿 2999, fang4 放 7934.

放 fàng +7934 方攵 |1° to let go, to release, to loosen 2° to let out, to expand 3° to graze cattle 4° to blossom 5° to put, to place ◇ 1° lâcher, laisser 2° émettre 3° paître 4° éclore 5° poser, mettre [Etym] 攵 340 (rad: 066b 4-04), 放 1788 [Graph] 853b 243c.

放大 fàng dà。to enlarge, to amplify ◇ agrandir, amplifier * 1537.

放大镜 fàng dà jìng。magnifier, magnifying glass ◇ loupe, verre grossissant * 1537 1899.

放心 fàng xīn。to calm down ◇ se calmer, s'apaiser, se rassurer, tranquille * 2177.

放手 fàng shǒu。to loosen, to let go ◇ lâcher, laisser tomber * 2748.

放假 fàng jià。to be on holiday ◇ être en vacances; avoir congé; donner congé * 3027.

放牧 fàng mù。to graze, to herd ◇ pâturer, paître * 3449.

放松 fàng sōng。to let go, to loosen ◇ lâcher, laisser aller * 4262.

放肆 fàng sì。wanton, unbridled ◇ impertinent, désinvolte * 4757.

放弃 fàng qì。to abandon; to give up; to discard ◇ abandonner, renoncer à; rejeter * 5923.

放出 fàng chū。to broadcast, to issue ◇ diffuser, émettre * 7657.

放学 fàng xué。to leave school ◇ sortir de l'école; mettre en vacances * 7854.

放屁 fàng pì。to fart; to talk nonsense ◇ péter; dire des bêtises, dire des âneries * 8606.

放哨 fàng shào。to patrol; to be on sentry ◇ faire la ronde, patrouiller * 9141.

放映 fàng yìng。to project or to show a film ◇ projeter (à l'écran); passer un film * 9941.

旅 lǚ (1789) 方𠂉𧘇 |[Tra] camp; exile; travel ◇ campement; voyage [Etym] two (many) men (2< 衣 855, 𠂤 559) under tent or banner (1,2< 㫃 1790) ◇ deux (plusieurs) hommes (2< 衣 855, 𠂤 559) sous une bannière (1,2< 㫃 1790) [Graph] 853b acc:f 312g [Ref] k587, w117b, wa156 [Hanzi] lü3 旅 7935, lü3 膂 7936.

旅 lǚ +7935 方𠂉𧘇 |1° body of 500 men, brigade, troops 2° to travel 3° exile 4° crowd 5° to put in order ◇ 1° bataillon, armée 2° voyager 3° exil 4° foule 5° arranger [Etym] 方 1784 (rad: 070a 4-06), 旅1789 [Graph] 853b ac:f 312g.

旅游 lǚ yóu。to tour; tourism ◇ tourisme; voyager * 439.

旅途 lǚ tú。trip, journey ◇ trajet du voyage * 1100.

旅馆 lǚ guǎn。hotel, inn ◇ hôtel, auberge * 1869.

旅长 lǚ zhǎng。brigadier ◇ général de brigade * 2139.

旅行 lǚ xíng。to travel, to tour ◇ voyager; voyage * 3128.

旅行社 lǚ xíng shè。travel service or agency ◇ agence de tourisme, agence de voyage * 3128 6575.

旅社 lǚ shè。hotel, inn ◇ hôtel, auberge * 6575.

旅店 lǚ diàn。inn, hostel ◇ hôtel, auberge * 6979.

旅客 lǚ kè。hotel guest; traveler, passenger ◇ voyageur, passager * 7760.

旅费 lǚ fèi。traveling expenses ◇ frais de voyage * 11282.

膂 lǚ +7936 方𠂉𧘇月 |1° backbone 2° strength 3° basis ◇ 1° colonne vertébrale 2° forces 3° appui [Etym] 月 1823 (rad: 130b 4-10), 旅 1789 [Graph] 853b ac:f 312g 856e.

旄 máo +7937 方毛 | tail of yak or grunting-ox used as a banner ◇ queue de yak ou de taureau servant de guidon [Etym] 方 1784 (rad: 070a 4-06), 㫃1785 毛 403 [Graph] 853b 321g.

旛 fān *7938 方采田 | 幡 +8386 | 1° banner carried in front of a corpse 2° streamer 3° long narrow flag ◇ 1° guidon avec lequel on montre à l'âme le chemin de la tombe 2° bannière 3° étendard [Etym] 方 1784 (rad: 070a 4-14), 㫃 1785 番 797 [Graph] 853b 422g 041a.

旌 jīng +7939 方生 | 1° banner, standard 2° to make signals, to make manifest 3° to honor ◇ 1° étendard, guidon 2° signal, annoncer, publier 3° honorer [Etym] 方 1784 (rad: 070a 4-07), 㫃1785 生 951 [Graph] 853b 433b.

旋 xuán +7940 方疋 | 1° to revolve, circle, spin 2° to return 3° soon ◇ 1° tourner, cercle, pivoter 2° revenir 3° bientôt [Etym] 方 1784 (rad: 070a 4-07), 旋 1790 [Graph] 853b 434g.

旋转 xuán zhuǎn 。 to revolve, to spin ◇ tourner, tourbillonner * 6351.

△ xuàn | 鏇 2° *1284 | 1° whirl 2° to turn something on a lathe 3° at the time, then 4° consequently ◇ 1° tourbillon 2° tourner au tour 3° à la va-vite 4° alors.

旋 xuán (1790) 方𠂉疋 | [Tra] revolve; orbit; move ◇ tourner; orbite [Etym] a moving (2= 正 965) banner or streamer (1,2haut=prim) ◇ une bannière ou une banderole (1,2haut=prim) en mouvement (2= 正 965) [Graph] 853b acc:f 434g [Ref] k843, ph614, w117b, wa156 [Hanzi] xuan2 漩 438, xuan4 鏇 1284, xuan2 璇 5169, xuan2 xuan4 旋 7940, xuan4 碹 9751.

旗 qí +7941 方其 | 旂 2° +7945 | 1° flag, banner, standard 2° of the "Eight Banners" (Qing period) ◇ 1° drapeau, bannière, étendard 2° "Huit Bannières" (période Qing) [Etym] 方 1784 (rad: 070a 4-10), 㫃 1785 其 1013 [Graph] 853b 436i.

旗子 qí zǐ 。 flag ◇ drapeau, étendard, bannière * 6546.

旒 liú +7942 方㐬儿 | fringes, streamer, pennant ◇ glands pendants, franges [Etym] 方 1784 (rad: 070a 4-09), 㫃 1785 㐬 1155 [Graph] 853b 612e 417b.

斿 yú (1791) 方𠂉子 | [Tra] swimmer ◇ nageur [Etym] {1} swimmer (2= 子 1303): legs flooded, unseen, moving (1,2< 旋 1790); {2} man (2=prim) holding a banner (1= 㫃 1785) ◇ {1} nageur (2= 子 1303): sans jambes, enfoncé, bougeant (1,2< 旋 1790); {2} un homme (2=prim) tenant un drapeau (1= 㫃 1785) [Graph] 853b acc:f 634d [Ref] k259, ph500, w117b, wa155, wi850 [Hanzi] you2 游439, you2 遊 7943, you2 蝣 10296.

遊 yóu *7943 方𠂉子辶 | See ◇ Voir 游 439 [Etym] 辶 1346 (rad: 162b 3-09), 斿 1791 [Graph] 853b ac:f 634d 634o.

邡 fāng +7944 方阝 | place in Sichuan ◇ lieu du Sichuan [Etym] 阝 1316 (rad: 163b 2-04), 方 1784 [Graph] 853b 634j.

旂 qí +7945 方斤 | See ◇ Voir 旗 7941 [Etym] 方 1784 (rad: 070a 4-06), 㫃 1785 斤 1461 [Graph] 853b 722c.

△ qí | pennant, flag, flag draped with bells ◇ bannière, étendard, drapeau.

施 shī +7946 方也 | 1° to execute, to carry out, action in general, to do, to set 2° to bestow, to grant, to give, to confer 3° to exert, to impose 4° to use 5° to exhibit, to expand 6° surname ◇ 1° exécuter, effectuer, faire, verbe d'action en général 2° accorder une faveur, donner 3° exiger, imposer 4° utiliser 5° exposer, déployer 6° nom propre [Etym] 方 1784 (rad: 070a 4-05), 施 1792 [Graph] 853b 733c.

施工 shī gōng 。 construction ◇ exécuter des travaux, ouvrir un chantier * 4698.

施加 shī jiā 。 to exert ◇ exercer * 7263.

施肥 shī féi 。 to fertilize ◇ fertiliser, épandre de l'engrais * 8218.

施 shī (1792) 方𠂉也 | [Tra] to bestow; generous ◇ accorder; généreux [Etym] to hand round (1,2< 旋 1790) the glasses (2= 也 1502) of wine ◇ passer les verres (2= 也 1502) de vin à la ronde (1,2< 旋 1790) [Graph] 853b acc:f 733c [Ref] w117b, wi698 [Hanzi] yi2 箷 867, yi2 椸 4363, shi1 施 7946.

堃 kūn (1793) 方方土 | [Tra] personal name; basket ◇ nom propre; panier [Etym] {?} basket (1, 2=prim); earth (土 826) ◇ {?} panier (1,2=prim); terre (土 826) [Graph] 853b 853b 432a [Hanzi] kun1 kun1 堃 7947.

堃 kūn +7947 方方土 | 坤 +4973 | bamboo basket for holding earth ◇ panier de bambou pour transporter la terre [Etym] 土 826 (rad: 032a 3-08), 堃 1793 [Graph] 853b 853b 432a.

△ kūn | personal name ◇ prénom.

旃 zhān +7948 方丹 | 1° this, that 2° suffix ◇ 1° ceci, cela 2° suffixe [Etym] 方 1784 (rad: 070a 4-06), 㫃 1785 丹 1821 [Graph] 853b 856d.

旆 pèi +7949 方市 | 1° flag, banner 2° to flap, to fly 3° to travel ◇ 1° bannière, drapeau 2° flotter au vent 3° voyager [Etym] 方 1784 (rad: 070a 4-07), 㫃 1785 市 1904 [Graph] 853b 858h.

旎 nǐ +7950 方尸匕 | See ◇ Voir 旖旎 yi3-ni3 7930-7950 [Etym] 方 1784 (rad: 070a 4-07), 㫃 1785 尼 1952 [Graph] 853b 931a 321b.

贝 854

冃 mǎo (1794) 冃 | [Tra] cover ◇ couvrir; couvercle [Etym] cover or something under a trapping device (prim) ◇ un couvercle ou quelque chose sous une trappe (prim) [Graph] 854a [Ref] k604, w34i [Hanzi] mian3 冕 9961.

冒 mào (1795) 冃目 | [Tra] to risk; brave out ◇ témérité; risque [Etym] to brave out with covered (1< 冃 1794) eyes (2= 目 2239) ◇ foncer les yeux (2= 目 2239) recouverts (1< 冃 1794) [Graph] 854a 023a [Ref] h1812, k604, ph462, w34j, wa130, wi244 [Hanzi] mao4 瑁 5170, mao4 mo4 冒 7951, xu4 勖 7952, feng4 赗 7979, mao4 帽 8398, feng4 賵 10137.

冒 mào +7951 冃目 | 1° to emit, to send out 2° to risk, to brave out 3° rash, brave 4° falsely, fraudulently 5° to presume 6° proper noun ◇ 1° émettre, exhaler 2° risquer, s'exposer à, affronter 3° témérité 4° se faire passer pour, abus, fraude, offenser 5° se permettre, s'arranger 6° nom propre [Etym] 冂 1819 (rad: 013a 2-07), 冒 1795 [Graph] 854a 023a.

冒失 mào shī。giddy, dizzy ◇ étourdi, irréfléchi ✱ 1621.

冒认 mào rèn。to claim falsely ◇ réclamer à tort ✱ 1697.

冒犯 mào fàn。to offend ◇ offenser ✱ 5641.

冒充 mào chōng。to pretend to be ◇ contrefaire, se faire passer pour ✱ 5926.

冒名 mào míng。to assume another person's name ◇ se substituer à un autre ✱ 6408.

冒险 mào xiǎn。to take a risk; to venture ◇ risquer, s'exposer aux dangers, s'aventurer dans ✱ 6713.

冒险家 mào xiǎn jiā。adventurer ◇ aventurier ✱ 6713 7747.

冒昧 mào mèi。to take the liberty ◇ prendre la liberté de ✱ 9871.

冒牌 mào pái。to fake; to counterfeit a trade mark ◇ contrefaire une marque de commerce ✱ 11013.

△ mò |

冒顿 mò dú。name of a Xiongnu chieftain ◇nom d'un chef du tribu Xiongnu ✱ 7670.

勖 xù +7952 冃目力 | 勗 •9940 | to encourage ◇ encourager, stimuler [Etym] 力 1489 (rad: 019a 2-09), 冒 1795 [Graph] 854a 023a 732f.

贝 bèi (1796) 贝 | [Tra] money; valuables ◇ monnaie; précieux [Etym] modern simplified form for (貝 2246) ◇ forme simplifiée moderne de (貝 2246) [Graph] 854b [Ref] h90 [Hanzi] gan4 赣 676, bei4 钡 2056, ba4 坝 4918, zan4 赞 5240, ze2 责 5272, bei4 狈 5653, zhi4 质 7194, bei4 贝 7953, bai4 败 7959, ze2 则 7962, zhen1 贞 7994, xi4 屃 8640, bei5 呗 9126, yuan2 yun2 yun4 员 9127, ze2 赜 9833, lai4 赖 10383, guan4 贯 11306 [Rad] 154s.

贝 bèi -7953 贝 | 貝 •10109 | 1° shellfish, cowry 2° money 3° surname ◇ 1° cauris 2° monnaie des anciens 3° nom de famille [Etym] 贝 1796 (rad: 154s 4-00), [Graph] 854b.

赔 péi -7954 贝立口 | 賠 •10110 | 1° to compensate 2° to make good 3° to lose ◇ 1° compenser 2° indemniser, réparer 3° perdre [Etym] 贝 1796 (rad: 154s 4-08), 咅 87 [Graph] 854b 221a 011a.

赔偿 péi cháng。to compensate, to pay back ◇ compenser, indemniser ✱ 2989.

赔礼 péi lǐ。to apologize ◇ faire des excuses, demander pardon, s'excuser ✱ 6568.

赔罪 péi zuì。to apologize ◇ s'excuser d'une offense ✱ 10777.

赕 dǎn -7955 贝火火 | 賧 •10111 | 1° to redeem oneself from punishment 2° to offer ◇ 1° se racheter d'une peine corporelle 2° offrir [Etym] 贝 1796 (rad: 154s 4-08), 炎 157 [Graph] 854b 231b 231b.

赊 shē -7956 贝人示 | 賒 •10112 | 1° to buy or sell on credit 2° to defer 3° to put off ◇ 1° acheter ou vendre à crédit 2° éloigner, différer 3° s'attarder [Etym] 贝 1796 (rad: 154s 4-07), 佘 188 [Graph] 854b 233a 331l.

贿 huì -7957 贝𠂇月 | 賄 •10113 | 1° goods 2° to bribe, hush-money, bribe ◇ 1° objets précieux, présents 2° corrompre par des présents, pot-de-vin [Etym] 贝 1796 (rad: 154s 4-06), 有 247 [Graph] 854b 241a 856e.

贿赂 huì lù。to bribe, to corrupt; bribery ◇ corrompre, acheter, graisser la patte, pot-de-vin ✱ 7971.

赎 shú -7958 贝卖 | 贖 •10119 | 1° to redeem, ransom, pledge, compensation, to atone for (crime) 2° to pay, to purchase ◇ 1° expier, rançon 2° racheter, payer [Etym] 贝 1796 (rad: 154s 4-08), 卖 294 [Graph] 854b 242h.

败 bài +7959 贝攵 | 敗 •10114 | 1° to lose, to be defeated 2° defeat 3° to fail 4° ruin, to spoil 5° to counteract (a toxin) 6° decay, wither ◇ 1° être défait, perdre 2° défaite 3° échouer 4° ruîner, gâcher 5° réagir (à une toxine) 6° pourriture, flétrissement [Etym] 攵 340 (rad: 066b 4-04), 贝 1796 [Graph] 854b 243c.

败兴 bài xìng。disappointed ◇ déçu ✱ 683.

败火 bài huǒ。to relieve inflammation ◇ soulager une inflammation ✱ 924.

败仗 bài zhàng。defeat ◇ défaite ✱ 2827.

败坏 bài huài。to ruin, to corrupt ◇ dépraver, gâter, corrompre ✱ 4813.

败坯 bài pī。to ruin, corrupt, undermine ◇ruiner, corrompre ✱ 4814.

财 cái -7960 贝才 | 財 •10115 | wealth, money, riches, property, valuables, goods ◇ richesses, argent, bien matériel, denrée [Etym] 贝 1796 (rad: 154s 4-03), 才 443 [Graph] 854b 332c.

财政 cái zhèng。(public) finance ◇ finances ✱ 5317.

财经 cái jīng。finance and economics ◇ finances et économie ✱ 6007.

财务 cái wù。financial affairs ◇ affaires financières; finances ✱ 6533.

财产 cái chǎn。property; wealth ◇ richesses, biens; propriété ✱ 6991.

财富 cái fù。riches, wealth; resources ◇ richesses; ressources ✱ 7776.

财贸 cái mào。finance and trade ◇ finances et commerce ✱ 8820.

赇 qiú -7961 贝求 | 賕 •10116 | to bribe ◇ acheter, corrompre [Etym] 贝 1796 (rad: 154s 4-07), 求 445 [Graph] 854b 332e.

则 zé (1797) 贝刂 [Tra] rule; follow; then ◇ norme; conforme; alors [Etym] modern simplified form for (則 2249) ◇ forme simplifiée moderne de (則 2249) [Graph] 854b 333b [Hanzi] ce4 测 440, zha2 铡 2057, ce4 ze4 zhai1 侧 3000, ce4 恻 3320, ce4 si5 厕 6856, ze2 则 7962, zei2 鲗 10520.

则 zé -7962 |則 *10117| 1° standard, norm, criterion 2° rule 3° to follow 4° measure-word (item) 5° then, and so ◇ 1° norme, critère 2° règle, mesure 3° se conformer à, suivre 4° spédificatif (article, classe) 5° dans ce cas, alors, aussitôt, donc, par suite [Etym] 刂 470 (rad: 018b 2-04), 则 1797 [Graph] 854b 333b.

赌 dǔ -7963 |賭 *10120| to gamble, to bet ◇ jouer, parier [Etym] 贝 1796 (rad: 154s 4-08), 者 893 [Graph] 854b 432c 021a.

赌钱 dǔ qián。to gamble ◇ jouer de l'argent * 1995.

赌博 dǔ bó。gambling ◇ jeu d'argent; jouer de l'argent * 3402.

赌气 dǔ qì。to sulk ◇ bouder * 11170.

赗 qíng -7964 |賗 *10121| to receive, to inherit, to come into possession of ◇ recevoir par héritage [Etym] 贝 1796 (rad: 154s 4-08), 青 946 [Graph] 854b 433a 856e.

赗假 qíng jià。to ask for a holiday ◇ demander un congé * 3027.

赋 fù -7965 |賦 *10123| 1° to bestow on, to give 2° tax, to levy 3° rhythmic prose 4° to compose (poem) 5° natural ◇ 1° donner 2° impôt, exiger, payer 3° prose rythmique 4° faire des vers, composer (poème) 5° naturel, inné [Etym] 贝 1796 (rad: 154s 4-08), 武 1051 [Graph] 854b 511b 434a.

贼 zéi -7966 |賊 *10125| 1° thief 2° traitor, enemy 3° wicked 4° sly 5° to ruin, to chastise, to murder 6° extremely ◇ 1° voleur 2° traître, rebelle 3° rusé 4° trompeur 5° ruiner, châtier 6° extrêmement [Etym] 贝 1796 (rad: 154s 4-06), 戎 1060 [Graph] 854b 512c.

贱 jiàn (1798) 贝戋 [Tra] cheap; look down on ◇ pas cher; vulgaire [Etym] to see (1= 贝 1796); phon, small, narrow (2= 戋 1083) ◇ voir (1= 贝 1796); phon, petit, étroit (2= 戋 1083) [Graph] 854b 513a [Hanzi] jian4 溅 441, jian4 贱 7967.

贱 jiàn -7967 |賤 *10124| 1° cheap, inexpensive 2° low, humble, mean 3° my (polite term) 4° to look down on ◇ 1° pas cher, à bas prix 2° vil, vulgaire, d'un rang peu élevé 3° mon humble (terme poli) 4° mépriser [Etym] 贝 1796 (rad: 154s 4-05), 戋 1083 [Graph] 854b 513a.

贻 yí -7968 |貽 *10127| 1° to hand down, to give 2° to leave 3° to neglect ◇ 1° léguer, donner 2° laisser 3° négliger [Etym] 贝 1796 (rad: 154s 4-05), 台 1143 [Graph] 854b 612a 011a.

赅 gāi -7969 |賅 *10128| 1° complete, full 2° to heap up 3° precious, rare 4° to give ◇ 1° complet, plein 2° amasser 3° précieux, rare 4° donner [Etym] 贝 1796 (rad: 154s 4-06), 亥 1210 [Graph] 854b 614a.

贬 biǎn -7970 |貶 *10129| 1° to demote 2° to belittle 3° to censure, to diminish ◇ 1° dégrader 2° diminuer, rapetisser, critiquer 3° censurer [Etym] 贝 1796 (rad: 154s 4-04), 乏 1268 [Graph] 854b 632e.

赂 lù -7971 |賂 *10130| See ◇ Voir 贿赂 hui4-lu4 7957-7971 [Etym] 贝 1796 (rad: 154s 4-06), 各 1295 [Graph] 854b 633e 011a.

赈 zhèn -7972 |賑 *10131| 1° to relieve, help 2° gift, alms ◇ 1° soulager, secours 2° don, aumône [Etym] 贝 1796 (rad: 154s 4-07), 辰 1356 [Graph] 854b 721a 312f.

赃 zāng -7973 |贓 *10126| 1° stolen goods 2° bribes ◇ 1° objets volés 2° pot-de-vin, gratification destinée à corrompre [Etym] 贝 1796 (rad: 154s 4-06), 庄 1387 [Graph] 854b 721b 432a.

赡 shàn -7974 |贍 *10132| 1° to supply, to give, to aid 2° abundant 3° sufficient ◇ 1° approvisionner, secourir 2° abondant 3° suffire [Etym] 贝 1796 (rad: 154s 4-13), 詹 1421 [Graph] 854b 721e ac:h 012d.

贩 fàn -7975 |販 *10133| to buy in order to sell, to trade, to deal in ◇ acheter pour revendre, trafiquer [Etym] 贝 1796 (rad: 154s 4-04), 反 1454 [Graph] 854b 722a 633a.

贩卖 fàn mài。to buy to resell; to peddle; to retail ◇ acheter pour la revente; colporter; propager * 1600.

贩子 fàn zǐ。dealer, hawker ◇ colporteur * 6546.

赚 zhuàn -7976 |賺 *10135| 1° to earn 2° to make a profit ◇ 1° gagner 2° faire des profits [Etym] 贝 1796 (rad: 154s 4-10), 兼 1582 [Graph] 854b 834h.

△ zuàn |賺 *10135| to deceive ◇ duper.

贮 zhù -7977 |貯 *10136| 1° to store up, to hoard, treasure 2° to grasp ◇ 1° amasser, magasin 2° accaparer [Etym] 贝 1796 (rad: 154s 4-04), 宁 1662 [Graph] 854b 851c 111a.

贮藏 zhù cáng。to store up ◇ emmagasiner, mettre en dépôt * 3721.

购 gòu -7978 |購 *10122| to buy ◇ acheter [Etym] 贝 1796 (rad: 154s 4-04), 勾 1774 [Graph] 854b 852h 612a.

购买 gòu mǎi。to buy; to purchase ◇ acheter, faire des emplettes * 1599.

赗 fèng -7979 |賵 *10137| to give aid in preparing for a funeral ◇ contribuer à des funérailles [Etym] 贝 1796 (rad: 154s 4-09), 冒 1795 [Graph] 854b 854a 023a.

赆 yīng (1799) 贝贝 [Tra] cowries string ◇ collier de cauris [Etym] modern simplified form for (賏 2252) ◇ forme simplifiée moderne de (賏 2252) [Graph] 854b 854b [Hanzi] ying1 婴 7980, ying1 罂 7982, bi4 赑 7983.

婴 yīng (1800) 贝贝女 [Tra] infant; baby ◇ petit enfant; bébé [Etym] modern simplified form for (嬰 2253) ◇ forme simplifiée

贝 ≡ 贝

moderne de (嬰 2253) [Graph] 854b 854b 611e [Hanzi] ying1 撄2624, ying1 樱 4364, ying1 璎 5171, ying1 缨 6044, ying3 瘿 7100, ying1 婴 7980, ying1 鹦 7981, ying1 嘤 9130.

婴 yīng -7980 | 嬰 *10144 | 1° baby 2° infant ◇ 1° bébé 2° petit enfant [Etym] 女1122 (rad: 038a 3-08), 婴 1800 [Graph] 854b 854b 611e.

婴儿 yīng ér ∘ baby, infant ◇ bébé, nourrisson * 2194.

鹦 yīng -7981 | 鸚 *10145 | parrot ◇ perroquet [Etym] 鸟2494 (rad: 196s 5-11), 婴1800 [Graph] 854b 854b 611e Z22e.

鹦鹉 yīng wǔ ∘ parrot ◇ perroquet * 5514.

罂 yīng -7982 | 罌、罃 *10146、*10149 | small-mouthed jar ◇ pot de terre, jarre à corps renflé [Etym] 缶 1628 (rad: 121a 6-08), 賏 1799 [Graph] 854b 854b 841c.

赑 bì -7983 | 贔 *10147 | 1° great strength 2° turtle 3° Chinese Neptune ◇ 1° force 2° tortue 3° Neptune chinois [Etym] 贝 1796 (rad: 154s 4-08), 賏 1799 [Graph] 854b 854b 854b.

赑屃 bì xì ∘ 1° Chinese Hercules; 2° mighty ◇ 1° Hercule chinois; 2° force colossale * 8640.

赒 zhōu -7984 | 賙 *10138 | to succor, to bestow in charity, to aid, relief ◇ secourir, faire la charité [Etym] 贝 1796 (rad: 154s 4-08), 周 1851 [Graph] 854b 856k 432a 011a.

赙 fù -7985 | 賻 *10139 | to give toward defraying funeral expenses ◇ contribuer à des funérailles [Etym] 贝 1796 (rad: 154s 4-10), 尃 1915 [Graph] 854b 858n 332b.

赆 jìn -7986 | 賮 *10134 | parting gifts ◇ cadeaux avant un départ [Etym] 贝 1796 (rad: 154s 4-06), 尽 1979 [Graph] 854b 931c 211b.

贶 kuàng -7987 | 貺 *10141 | 1° to give, to bestow, to confer on 2° to receive ◇ 1° donner, don, offrir 2° recevoir [Etym] 贝1796 (rad: 154s 4-05), 兄 2114 [Graph] 854b 011d.

贴 tiē -7988 | 貼 *10142 | 1° to stick, to paste up, glue 2° to keep close to 3° allowance, subsidies 4° well-settled 5° to add 6° measure-word (piece) ◇ 1° coller 2° adhérer, contigu 3° subventionner 4° bien arrangé 5° ajouter 6° spécificatif (morceau) [Etym] 贝 1796 (rad: 154s 4-05), 占 2154 [Graph] 854b 013e.

赐 cì -7989 | 賜 *10143 | 1° gift, to give 2° to condescend ◇ 1° don, donner, accorder 2° daigner [Etym] 贝 1796 (rad: 154s 4-08), 易2193 [Graph] 854b 021a 852e.

赠 zèng -7990 | 贈 *10150 | 1° to give as a present 2° to supply 3° to aid 4° to grant a posthumous title ◇ 1° offrir en présent 2° fournir 3° secourir 4° conférer un titre posthume [Etym] 贝 1796 (rad: 154s 4-12), 曾 2308 [Graph] 854b 033c 021a.

赠送 zèng sòng ∘ to present as a gift ◇ offrir en présent, faire un don à * 1578.

赠品 zèng pǐn ∘ gift ◇ cadeau, présent * 9179.

见 jiàn (1801) | [Tra] to look ◇ regarder [Etym] modern simplified form for (見 2255) ◇ forme simplifiée moderne de (見 2255) [Graph] 854c [Hanzi] jian3 笕 868, xian4 苋 3880, jian3 枧4365, xian4 现 5172, jing4 liang4 靓 5278, xian4 岘 7576, jian4 xian4 见 7991, jian4 舰 8316, yan4 砚 9752, xian3 蚬 10297, mian3 tian3 觍 10931 [Rad] 147s.

见 jiàn -7991 | 見 *10151 | 1° to see, to apprehend 2° to meet with 3° to appear to be 4° to refer to 5° opinion 6° experience ◇ 1° voir, percevoir 2° rencontrer 3° paraître 4° aller voir 5° avis 6° expérience [Etym] 见 1801 (rad: 147s 4-00), [Graph] 854c.

见证 jiàn zhèng ∘ witness ◇ témoin * 1744.

见识 jiàn shí ∘ experience, knowledge; to widen one's knowledge ◇ expérience, connaissance; élargir ses contacts * 1816.

见到 jiàn dào ∘ to have seen ◇ avoir vu * 5914.

见闻 jiàn wén ∘ hearsay ◇ ce qu'on a vu et entendu; connaissances * 8018.

见解 jiàn jiě ∘ opinion, idea ◇ opinion, idée * 8366.

见面 jiàn miàn ∘ to see so., to meet so. ◇ se voir, se rencontrer * 10929.

△ xiàn | 見 *10151 | 1° to appear, visible 2° to apprehend, to see 3° experience 4° notice ◇ 1° paraître, visible 2° voir, percevoir 3° expérience 4° avis.

觃 yàn -7992 | 覎 *10152 | place in Zhejiang ◇ lieu du Zhejiang [Etym] 见 1801 (rad: 147s 4-03), 子 1303 [Graph] 854c 634d.

页 yè (1802) | [Tra] head; beginning; page ◇ tête; début; page [Etym] modern simplified form for (頁 2267) ◇ forme simplifiée moderne de (頁 2267) [Graph] 854d [Ref] r4g, r42c [Hanzi] fan2 烦 1022, man1 颟 3899, lei4 颣 4617, xiang4 项 4709, pin2 颦 5308, ye4 页 7993, xiao1 嚣 9176, shuo4 硕 9753, hao4 颢9949 [Rad] 181s.

页 yè -7993 | 頁、叶、葉 *10172、+8927、*826 | 1° page, leaf 2° beginning 3° chapter 4° head ◇ 1° page 2° commencement 3° chapitre 4° tête [Etym] 页 1802 (rad: 181s 6-00), [Graph] 854d.

页子 yè zǐ ∘ leaf ◇ feuille * 6546.

贞 zhēn (1803) | [Tra] steady; pure; chaste ◇ persévérance; chaste [Etym] modern simplified form for (貞 2271) ◇ forme simplifiée moderne de (貞 2271) [Graph] 854e [Hanzi] zhen1 浈 442, zhen1 侦 3001, zhen1 桢 4366, cheng1 赪 4790, zhen1 祯 6593, zhen1 贞 7994, zheng4 帧 8399.

贞 zhēn -7994 | 貞 *10178 | 1° faithful, loyal 2° chaste, virgin (woman) 3° pure, virtuous 4° divination ◇ 1° fidèle, loyal 2° virginité (femme) 3° pur, vertueux 4° divination [Etym] 贝 1796 (rad: 154s 4-02), 贞 1803 [Graph]

854e.

贞 suǒ (1804) 贞	[Tra] small ◇ petit [Etym] modern simplified form for (貞 2272) ◇ forme simplifiée moderne de (貞 2272) [Graph] 854f [Ref] w18k [Hanzi] suo3 锁 2058, suo3 琐 5174, suo3 唢 9131.

负 fù (1805) 负	[Tra] to bear; rebellion ◇ supporter; aversion [Etym] modern simplified form for (負 2275) ◇ forme simplifiée moderne de (負 2275) [Graph] 854h [Ref] r22a [Hanzi] fu4 负 7995, lai4 赖 10383.

负 fù -7995 |負 *10182| 1° to carry on the back, to bear 2° to rely on 3° to suffer 4° to fail, rebellion, to turn the back on, ungrateful 5° to lose 6° minus 7° negative ◇ 1° porter sur le dos, supporter 2° compter sur 3° supporter 4° rébellion, tourner le dos, ne pas savoir gré de ce qu'on a reçu, ingratitude 5° perdre (bataille) 6° moins 7° négatif [Etym] 刀 1477 (rad: 018a 2-04), 负 1805 [Graph] 854h.

负担 fù dān ∘ to carry on ◇ se charger de; fardeau, charge * 2681.

负债 fù zhài ∘ to incur debts; to be in debt ◇ s'endetter, être endetté * 2898.

负责 fù zé ∘ to be in charge of ◇ être responsable de, assumer; sérieux * 5272.

门 855

门 mén (1806) 门	[Tra] door, gate ◇ porte, portail [Etym] modern simplified form for (門 2025) ◇ forme simplifiée moderne de (門 2025) [Graph] 855a [Ref] h211 [Hanzi] men2 钔 2059, men2 扪 2625, men5 们 3002, men2 门 7996 [Rad] 169s.

门 mén -7996 |門 *8739| 1° entrance, door, gate 2° switch, valve 3° knack, way to do 4° family 5° sect, school 6° category 7° measure word for subjects, cannons, courses 8° surname ◇ 1° porte, portail 2° commutateur, valve 3° moyen 4° famille 5° secte, doctrine 6° catégorie, classe 7° spécificatif: familles, canons, métiers, affaires 8° nom propre [Etym] 门 1806 (rad: 169s 3-00), [Graph] 855a.

门诊 mén zhěn ∘ consultation ◇ consultation (médicale) * 1700.

门把 mén bǎ ∘ door knob or handle ◇ poignée de porte * 2656.

门槛 mén kǎn ∘ threshold, mean (to reach a goal) ◇ seuil, moyen (d'atteindre un but), truc * 4170.

门帘 mén lián ∘ door curtain; blind ◇ rideau de porte, store * 7831.

门市部 mén shì bù ∘ retail sales department ◇ section de vente au détail * 8470 660.

门口 mén kǒu ∘ entrance gate ◇ porte d'entrée * 8842.

门路 mén lù ∘ way, means ◇ voie d'accès; procédé, moyen * 9353.

门票 mén piào ∘ entrance ticket ◇ billet d'entrée * 10812.

门面 mén miàn ∘ shop front; appearance ◇ devanture; façade, apparence * 10929.

门牌 mén pái ∘ house number ◇ numéro de maison * 11013.

闩 shuān -7997 门一 |櫦 *4394| 1° bolt used to bar doors, latch 2° to bolt a door ◇ 1° barre de porte 2° barrer, verrouiller [Etym] 门 1806 (rad: 169s 3-01), 一 3 [Graph] 855a 111a.

阔 kuò -7998 门氵舌 |闊 *8741 、濶 *494| 1° wide, large, liberal 2° wealthy 3° separation, far ◇ 1° large, libéral 2° riche, opulent 3° séparation, éloigné [Etym] 门 1806 (rad: 169s 3-09), 活 65 [Graph] 855a 121b 013h.

阔气 kuò qì ∘ luxurious, lavish ◇ luxueux, riche * 11170.

阌 wén -7999 门罒一又 |閿 *8744| place in Henan ◇ lieu du Henan [Etym] 门 1806 (rad: 169s 3-08), 受 124 [Graph] 855a 221d 851a 633a.

闪 shǎn -8000 门人 |閃 *8745| 1° to dodge, to slip aside, to shun 2° to sprain 3° lightning 4° flash, to shine 5° to leave behind 6° to cross a doorway ◇ 1° s'écarter, éviter, mouvement rapide 2° se fouler 3° éclair 4° scintiller, briller 5° laisser derrière 6° franchir (seuil) [Etym] 门 1806 (rad: 169s 3-02), 人 170 [Graph] 855a 232a.

闪光灯 shǎn guāng dēng ∘ flash lamp ◇ flash, lampe éclair * 2205 960.

闪耀 shǎn yào ∘ to shine, to glitter ◇ briller * 2206.

闪电 shǎn diàn ∘ lightning ◇ éclair * 10734.

闽 chuài -8001 门人人土 |闔 *8746| 1° struggle 2° to get a reward ◇ 1° lutter, se débattre 2° être récompensé [Etym] 门 1806 (rad: 169s 3-07), 坐 172 [Graph] 855a 232a 232a 432a.

阁 gé -8002 门亼吕 |阁 -8024 、閤 *8774| 1° council-chamber 2° cupboard 3° cabinet 4° two-storied pavilion ◇ 1° salle de conseil 2° armoire 3° cabinet 4° maison à étage [Etym] 门 1806 (rad: 169s 3-06), 合 222 [Graph] 855a 233a 012a.

△ gé |閤 *8747| small door, side door ◇ petite porte, porte latérale.

△ hé |閤 *8747| 1° all 2° whole 3° complete ◇ 1° tout 2° en entier 3° au complet.

闳 hóng -8003 门𠂇厶 |閎 *8748| 1° vast, wide 2° open 3° gate ◇ 1° vaste 2° ouvert 3° porte [Etym] 门 1806 (rad: 169s 3-04), 厷 244 [Graph] 855a 241a 612a.

闼 tà -8004 门大辶 |闥 *8762| 1° door, inner door 2° screen 3° palace 4° dwellings ◇ 1° porte 2° porte intérieure, écran 3° palais 4° habitation [Etym] 门 1806 (rad: 169s 3-06), 达 273 [Graph] 855a 242a 634o.

阉 yān -8005 门大电 |閹 *8749| 1° to castrate 2° eunuch of the palace ◇ 1° châtrer 2° eunuque [Etym] 门 1806 (rad: 169s 3-08), 奄 276 [Graph] 855a 242a 043c.

闵 m ǐ n (1807) 门文 [Tra] compassion ◇ compatir [Etym] open door (1= 门 1806); phon, literate (2= 文 332) ◇ porte (1= 门 1806) ouverte; phon, élégant, cutivé (2= 文 332) [Graph] 855a 243b [Hanzi] min3 悯 3321, min3 闵 8006.

闵 m ǐ n -8006 閔 *8752 门文 1° compassion 2° surname ◇ 1° compatir 2° nom propre [Etym] 门 1806 (rad: 169s 3-04), 文 332 [Graph] 855a 243b.

闷 m ē n (1808) 门心 [Tra] stuffy; close; indoor ◇ étouffant; confiner [Etym] heart (2= 心 397); phon, door (1= 门 1806) ◇ coeur (2= 心 397); phon, porte (1= 门 1806) [Graph] 855a 321c [Hanzi] men4 焖 1023, men1 men4 闷 8007.

闷 m ē n -8007 悶 *8754 门心 1° stuffy, close 2° to cover tightly 3° muffled 4° to shut indoors ◇ 1° mal aéré, étouffant 2° couvrir fermement 3° assourdi 4° renfermer, confiner [Etym] 门1806 (rad: 169s 3-04), 心 397 [Graph] 855a 321c.

△ m è n 悶 *8754 1° bored, depressed, melancholy 2° stupid 3° tightly closed 4° to stifle ◇ 1° s'ennuyer, déprimé, mélancolie 2° stupide 3° bien fermé 4° suffoquer.

闷闷不乐 mèn mèn bù lè。 depressed ◇ être plongé dans la tristesse, broyer du noir * 8007 4066 7358.

闭 b ì -8008 閟 *8755 门必 1° to close 2° to impede 3° secret, hidden ◇ 1° fermer 2° empêcher 3° secret, caché [Etym] 门 1806 (rad: 169s 3-05), 必 399 [Graph] 855a 321d.

闭 b ì (1809) 门才 [Tra] to close; to shut ◇ clore, fermer [Etym] modern simplified form for (閉 2029) ◇ forme simplifiée moderne de (閉 2029) [Graph] 855a 332c [Ref] h968 [Hanzi] bi4 闭 8009.

闭 b ì -8009 閉 *8756 门才 to close, to shut, to stop up ◇ clore, fermer, obstruer, empêcher [Etym] 门 1806 (rad: 169s 3-03), 闭 1809 [Graph] 855a 332c.

闭幕 bì mù。 to close, to stop up, to shut ◇ clôturer, clore, terminer * 3956.

阀 f á -8010 閥 *8757 门亻戈 1° powerful person or family 2° to command 3° valve 4° side-gate ◇ 1° famille ou clan puissant et influent 2° commandement 3° valve 4° porte de gauche [Etym] 门1806 (rad: 169s 3-06), 伐 500 [Graph] 855a 411e 512b.

闬 h à n -8011 閈 *8758 门干 1° village gate 2° wall ◇ 1° porte de village 2° mur [Etym] 门1806 (rad: 169s 3-03), 干 564 [Graph] 855a 413b.

闬 k ā i (1810) 门开 [Tra] to open ◇ ouvrir [Etym] modern simplified form of (開 2030) (> 开 706) ◇ forme simplifiée moderne de (開 2030) (> 开 706) [Graph] 855a 416h [Hanzi] kai1 锎 2060.

闲 x i á n (1811) 门木 [Tra] idle; leisure ◇ oisif; tranquille [Etym] door (1= 门 1806); wood (2= 木 723) ◇ porte (1= 门 1806); bois (2= 木 723) [Graph] 855a 422a [Hanzi] xian2 娴 5826, xian2 痫 7101, xian2 闲 8012, xian2 鹇 8013.

闲 x i á n -8012 閑 *8760 、閒 *8779 1° 2° 门木 1° not in use, idle, free, vacant 2° leisure 3° quiet 4° to loaf about ◇ 1° non occupé, libre 2° loisir 3° tranquille 4° flâner [Etym] 门 1806 (rad: 169s 3-04), 木 723 [Graph] 855a 422a.

闲聊 xián liáo。 to chat ◇ bavarder * 5473.

闲逛 xián guàng。 to stroll ◇ flâner, se promener * 5625.

鹇 x i á n -8013 鷴 *8761 、鷳 *8780 门木鸟 See ◇ Voir 白鹇 bai2-xian2 9973-8013 [Etym] 鸟 2494 (rad: 196s 5-07), 闲 1811 [Graph] 855a 422a Z22e.

闺 g u ī -8014 閨 *8763 门土土 1° boudoir 2° gynaeceum, inside apartments 3° unmarried girls ◇ 1° boudoir 2° gynécée, appartement intérieur, porte intérieure 3° demoiselles [Etym] 门 1806 (rad: 169s 3-06), 圭 840 [Graph] 855a 432a 432a.

闺女 guī nǚ。 unmarried girl ◇ fille * 5726.

阖 h é -8015 闔 *8764 门土厶皿 1° whole, entire 2° to close 3° flap of a double door ◇ 1° tout, en entier 2° fermer 3° battant de porte [Etym] 门 1806 (rad: 169s 3-10), 盍 851 [Graph] 855a 432a 612a 922a.

阇 d ū -8016 闍 *8765 门耂日 1° platform on the city gate 2° rostrum ◇ 1° estrade sur la porte de la cité 2° tribune [Etym] 门 1806 (rad: 169s 3-08), 者 893 [Graph] 855a 432c 021a.

△ s h é 闍 *8765 monk ◇ moine.

闰 r ù n (1812) 门王 [Tra] leap (year); usurper ◇ intercalaire; usurpe [Etym] royal (2= 王 903) door (1= 门 1806) ◇ porte (1= 门 1806) royale (2= 王 903) [Graph] 855a 432e [Hanzi] run4 润 443, run4 闰 8017, shun4 瞤 10089.

闰 r ù n -8017 閏 *8766 门王 1° intercalate, leap (year, month) 2° usurper ◇ 1° (année, mois) intercalaire 2° usurpateur [Etym] 门 1806 (rad: 169s 3-04), 王 903 [Graph] 855a 432e.

闻 w é n -8018 聞 *8767 门耳 1° to hear 2° news, story 3° famous 4° reputation 5° smell 6° knowledge, experience 7° surname ◇ 1° entendre, écouter 2° nouvelles, informer 3° renommé 4° réputation 5° percevoir par l'odorat, sentir 6° connaissances acquises, expérience 7° nom de famille [Etym] 门 1806 (rad: 169s 3-06), 耳 1017 [Graph] 855a 436k.

闻名 wén míng。 famous, well-known ◇ illustre, célèbre, connu, réputé * 6408.

阚 h ǎ n (1813) 门耳攵 [Tra] to spy; roar (tiger) ◇ épier; rugir (tigre) [Etym] door (1= 门 1806); bold (2,3= 敢 1029) ◇ porte (1= 门 1806); oser (2,3= 敢 1029) [Graph] 855a 436l 243c [Hanzi] han3 kan4 阚 8019, han3 噉 9132.

阚 hǎn -8019 | 闞 *8768 | 1° to spy, to watch 2° roaring of a tiger ◇ 1° épier 2° rugissement du tigre [Etym] 门 1806 (rad: 169s 3-11), 敢1029 [Graph] 855a 436l 243c.

△ kàn | 闞 *8768 | surname ◇ nom de famille.

阄 l (1814) 门隹 [Tra] kind of thrush ◇ sorte de grive [Etym] modern simplified form for (闠 2035) ◇ forme simplifiée moderne de (闠 2035) [Graph] 855a 436m [Hanzi] lin4 藺 3881.

阍 hūn -8020 门氏曰 | 閽 *8769 | 1° entrance, palace gate 2° to guard a gate ◇ 1° grande porte, porte de palais 2° portier, gardien [Etym] 门 1806 (rad: 169s 3-08), 昏 1054 [Graph] 855a 511c 021a.

阈 yù -8021 门戓口一 | 閾 *8770 | threshold (door, pain) ◇ seuil (porte, douleur) [Etym] 门 1806 (rad: 169s 3-08), 或 1061 [Graph] 855a 512d 011a ac:z.

阂 hé -8022 门亥 | 閡 *8772 | 1° to cut off from 2° hindrance, to hinder ◇ 1° obstacle 2° obstruer [Etym] 门 1806 (rad: 169s 3-06), 亥 1210 [Graph] 855a 614a.

阕 què -8023 门癶天 | 闋 *8773 | 1° to end 2° measure-word (poem) ◇ 1° finir 2° spécificatif (poème) [Etym] 门 1806 (rad: 169s 3-09), 癸1246 [Graph] 855a 631g 242b.

阁 gé (1815) 门夂口 [Tra] council chamber ◇ salle de conseil [Etym] door (1= 门 1806); phon, each (2,3= 各 1295) ◇ porte (1= 门 1806); phon, chacun (2,3= 各 1295) [Graph] 855a 633e 011a [Hanzi] ge1 ge2 搁 2626, ge2 阁 8024.

阁 gé -8024 门夂口 | 閣、閤 *8774、-8002 | 1° council-chamber 2° cupboard 3° cabinet 4° two-storied pavilion ◇ 1° salle de conseil 2° armoire 3° cabinet 4° maison à étage [Etym] 门 1806 (rad: 169s 3-06), 各 1295 [Graph] 855a 633e 011a.

阁下 gé xià 。Your Excellency ◇ Votre Excellence * 3204.

阁楼 gé lóu 。attic, garret ◇ grenier, mansarde * 4198.

闱 wéi -8025 门韦 | 闈 *8775 | 1° side gate (imperial palace) 2° imperial examination hall ◇ 1° portes latérales (palais) 2° salle des examens impériaux [Etym] 门 1806 (rad: 169s 3-04), 韦 1508 [Graph] 855a 734e.

阐 zhèng -8026 门争 | 閛 *8743 | 1° to struggle, to contend 2° to earn (money) ◇ 1° se débattre 2° gagner (argent) [Etym] 门1806 (rad: 169s 3-06), 争 1577 [Graph] 855a 834d.

阋 xì -8027 门兒 | 鬩 *7471 | to quarrel ◇ se disputer, querelle [Etym] 门 1806 (rad: 191s 3-08), 兒 1593 [Graph] 855a 835c.

阎 yán -8028 门臽 | 閆 *8740 | 1° gate to a village 2° the Chinese Pluto 3° surname ◇ 1° porte d'un village 2° Pluton 3° nom de famille [Etym] 门1806 (rad: 169s 3-08), 臽 1594 [Graph] 855a 835e.

闿 kǎi -8029 门山己 | 闓 *8776 | to open ◇ ouvrir [Etym] 门 1806 (rad: 169s 3-06), 岂 1627 [Graph] 855a 841b Z41a.

阙 quē -8030 门屰欠 | 闕 *8777 | 1° fault, error 2° wanting ◇ 1° faute, erreur 2° déficit, faire défaut [Etym] 门 1806 (rad: 169s 3-10), 欮 1645 [Graph] 855a 842d 232b.

△ què | 闕 *8777 | 1° watchtower 2° imperial palace ◇ 1° tour de guet 2° palais impérial.

阏 yān -8031 门方𠆢⺀ | 閼 *8778 | [Etym] 门 1806 (rad: 169s 3-08), 於 1786 [Graph] 855a 853b 233a 211b.

阏氏 yān zhī 。wife of Xiongnu chieftain in the Han Dynasty ◇ épouse d'un chef du clan Xiongnu de la dynastie Han * 5516.

闹 nào -8032 门市 | 鬧 *7472 | 1° noisy, great noise, bustle, tumult 2° to stir up trouble 3° to scold 4° to lose one's temper 5° to suffer from 6° to go in for ◇ 1° bruyant, tapage 2° troubler, ennuyer 3° ronchonner 4° perdre patience 5° souffrir de 6° se démener, avoir un accès à [Etym] 门 1806 (rad: 191s 3-05), 市 1904 [Graph] 855a 858h.

闹钟 nào zhōng 。alarm clock ◇ réveille-matin * 2115.

闹情绪 nào qíng xù 。to be in a bad mood, disgruntled ◇ manifester de la mauvaise humeur * 3261 5979.

闹灾 nào zāi 。to suffer from natural disasters ◇ produire des calamités naturelles * 7691.

闹市 nào shì 。busy street, downtown area ◇ quartier animé, rue animée * 8470.

闹事 nào shì 。to make trouble ◇ susciter des troubles, faire une émeute * 10387.

阗 tián -8033 门真 | 闐 闐 *8781、*8753 | 1° noise of a multitude 2° place in Xinjiang ◇ 1° bruit d'une foule 2° lieu du Xinjiang [Etym] 门 1806 (rad: 169s 3-10), 真 1936 [Graph] 855a 921f.

阆 làng -8034 门良 | 閬 *8783 | 1° high door 2° waste 3° place in Sichuan ◇ 1° portique 2° vaste, ouvert 3° lieu du Sichuan [Etym] 门1806 (rad: 169s 3-07), 良 2008 [Graph] 855a 932e.

问 wèn -8035 门口 | 問 *8784 | 1° to ask 2° to inquire, to interrogate 3° to hold responsible ◇ 1° demander, interroger 2° enquêter 3° tenir responsable [Etym] 门 1806 (rad: 169s 3-03), 口2063 [Graph] 855a 011a.

问候 wèn hòu 。to send greetings to ◇ présenter ses compliments, dire bonjour, saluer * 3103.

问好 wèn hǎo 。to send one's regards to; to say hello to ◇ présenter ses compliments, dire bonjour, saluer * 5792.

问安 wèn ān 。to pay one's respect; to wish somebody good health ◇ rendre hommage; souhaiter bonne santé * 7748.

问案 wèn àn 。to hold court, to try a case ◇ procéder à un interrogatoire * 7749.

问题 wèn tí 。question, problem ◇ question, problème; accident, panne * 9885.

门 门

闾 l ǘ (1816) [Tra] gate of a village ◇ porte de village [Etym] door (1= 门 1806); phon (2,3= 吕 2084) ◇ porte (1= 门 1806); phon (2,3= 吕2084) [Graph] 855a 011a 011a [Hanzi] lü2 榈 4367, lü2 闾8036.

闾 l ǘ -8036 閭 *8787 1° village 2° gate of a village or an alley 3° neighborhood ◇ 1° hameau 2° porte de village, de ruelle 3° quartier [Etym] 门 1806 (rad: 169s 3-06), 吕 2084 [Graph] 855a 011a 011a.

訚 y í n -8037 誾 *8788 1° nice words 2° to debate with a kind and pleasant countenance ◇ 1° paroles affables 2° débat harmonieux [Etym] 门 1806 (rad: 169s 3-07), 言 2139 [Graph] 855a 012d.

阅 y u è -8038 閱 *8789 1° to read, to peruse 2° to review, to look at 3° to pass through 4° experience, merit ◇ 1° lire, parcourir (texte) 2° examiner, inspecter 3° passer en revue, traverser, considérer 4° expérience, mérite [Etym] 门1806 (rad: 169s 3-07), 兑 2153 [Graph] 855a 013d.

阅读 y u è d ú ∘ to read ◇ lire, lecture * 1706.

间 j i ā n (1817) [Tra] between; space ◇ entre; intervalle [Etym] modern simplified form for (間 2041) ◇ forme simplifiée moderne de (間 2041) [Graph] 855a 021a [Hanzi] jian4 涧 444, jian3 简 869, jian3 jian4 锏 2061, jian3 裥 6673, jian1 jian4 间 8039.

间 j i ā n -8039 間、閒 *8790、*8779 1° between, among, in 2° measure word for room ◇ 1° intervalle (de lieu ou de temps), au milieu de, pendant 2° spécificatif de pièce [Etym] 门1806 (rad: 169s 3-04), 日 2169 [Graph] 855a 021a.

△ j i à n 間、閒 *8790、*8779 1° space in between 2° to separate 3° to sow discord 4° to thin out 5° to feel better (health wise) ◇ 1° interstice 2° séparer 3° mettre en désaccord 4° omission, obstruer 5° être en voie de guérison.

间谍 j i à n d i é ∘ spy; espionage ◇ espion, agent secret * 1767.

间接 j i à n j i ē ∘ indirect ◇ indirect * 2322.

间断 j i à n d u à n ∘ to interrupt ◇ interrompre * 4628.

阘 t à -8040 闒 *8791 1° window in a loft 2° incapable 3° lowly ◇ 1° belvédère 2° incompétent 3° humble [Etym] 门 1806 (rad: 169s 3-10), 㒓 2190 [Graph] 855a 021a 731c 731c.

阊 c h ā n g -8041 閶 *8792 1° gate of heaven 2° palace gates ◇ 1° porte du ciel 2° entrées du palais impérial [Etym] 门 1806 (rad: 169s 3-08), 昌 2207 [Graph] 855a 021a 021a.

阒 q ù -8042 闃 *8793 quiet, still ◇ solitaire, silencieux, tranquille [Etym] 门1806 (rad: 169s 3-09), 狊 2240 [Graph] 855a 023a 242i.

阓 h u ì -8043 闠 *8795 See ◇ Voir 阛阓 huan2-hui4 8049-8043 [Etym] 门 1806 (rad: 169s 3-09), 贵 2278 [Graph] 855a 031c 854b.

闽 m ǐ n -8044 閩 *8796 1° another name for Fujian 2° non-Han tribes ◇ 1° autre nom du Fujian 2° tribus non chinoises [Etym] 门 1806 (rad: 169s 3-06), 虫 2282 [Graph] 855a 031d.

阑 l á n (1818) [Tra] screen; late ◇ barrière; tard [Etym] modern simplified form for (闌 2042) ◇ forme simplifiée moderne de (闌 2042) [Graph] 855a 033d [Hanzi] lan2 澜 445, lan2 斓 1670, lan2 谰1802, lan2 镧 2062, lan2 襕 6674, lan2 阑 8045.

阑 l á n -8045 闌 *8797 1° screen, railing 2° to close 3° late ◇ 1° écran placé devant une porte, barrière 2° fermer 3° tard [Etym] 门1806 (rad: 169s 3-09), 柬 2309 [Graph] 855a 033d.

阑尾炎 l á n w ě i y á n ∘ appendicitis ◇ appendicite * 8608 929.

闸 z h á -8046 閘 *8798 1° floodgate, lock 2° to dam up water 3° brake 4° to switch on or off ◇ 1° écluse 2° barrage 3° frein 4° interrupteur [Etym] 门 1806 (rad: 169s 3-05), 甲 2329 [Graph] 855a 041b.

阐 c h ǎ n -8047 闡 *8786 1° to explain 2° to enlarge ◇ 1° expliquer 2° développer, étendre [Etym] 门 1806 (rad: 169s 3-08), 单2334 [Graph] 855a 041g.

阄 j i ū -8048 鬮 *7474 lot, to draw lots ◇ tirer au sort [Etym] 门 1806 (rad: 191s 3-07), 龟 2360 [Graph] 855a 043b.

阛 h u á n -8049 闤 *8799 1° wall around a city 2° downtown streets ◇ 1° ville murée, enceinte 2° rues de la ville [Etym] 门 1806 (rad: 169s 3-13), 睘 2394 [Graph] 855a 051a 012a 312h.

阛阓 h u á n h u ì ∘ gate ◇ porte, entrée * 8043.

闉 y ī n -8050 闉 *8800 wall which protects a city gate ◇ rempart couvrant la porte d'une ville [Etym] 门 1806 (rad: 169s 3-09), 垔2408 [Graph] 855a 051e 432a.

阃 k ǔ n -8051 閫 *8801 gynaeceum, women's apartment ◇ gynécée [Etym] 门1806 (rad: 169s 3-07), 困 2446 [Graph] 855a 071a 422a.

闯 c h u ǎ n g -8052 闖 *8802 1° to burst in, to rush violently 2° suddenly ◇ 1° s'élancer, se précipiter 2° soudain [Etym] 门 1806 (rad: 169s 3-03), 马 2489 [Graph] 855a Z22b.

闯祸 c h u ǎ n g h u ò ∘ to bring trouble or disaster ◇ grave faute et conséquences funestes * 6596.

△ c h u à n g 闖 *8802 1° to burst in, to rush violently 2° suddenly ◇ 1° s'élancer, heurter, se lancer hardiment 2° soudain.

冂 856

冂 q i ǒ n g (1819) [Tra] suburbs; space ◇ banlieue; place [Etym] limits of a space, a stand(prim) ◇ délimitation d'un espace; un tabouret (prim) [Graph] 856a [Ref] k408, w34a [Hanzi] mao4 mo4 冒 7951, ce4 册 8053, gang1 冈 8270, jiong3 囧 8280,

ran3 冉 8413, zai4 再 8469, mian3 冕 9961 [Rad] 013a.

册 cè (1820) 册 |[Tra] volume; book; copy ◇ registre; livre [Etym] bound bamboo tablets (prim) used as books (< 冊 1846) ◇ des tablettes de bambou reliées (prim) comme livre (< 冊 1846) [Graph] 856c [Ref] h874, k1046, r445, w156a, wa198 [Hanzi] shan1 zha4 栅 4368, shan1 珊 5175, shan1 姗 5827, ce4 册 8053, shan1 删 8054, shan1 跚 9384.

册 cè +8053 册 |冊 *8268| volume, book, copy ◇ volume, livre, registre [Etym] 冂 1819 (rad: 013a 2-03), 册 1820 [Graph] 856c.

册子 cè zǐ。book, volume; copybook ◇ volume; cahier * 6546.

删 shān +8054 册刂 |刪 *8269| 1° to delete, to erase 2° to revise, to amend ◇ 1° supprimer, effacer 2° réviser, expurger [Etym] 刂 470 (rad: 018b 2-05), 册 1820 [Graph] 856c 333b.

删除 shān chú。to delete, to cut out ◇ retrancher, supprimer * 6715.

删改 shān gǎi。to change, to correct, to revise ◇ remanier, corriger, réviser * 11244.

丹 dān (1821) 丹 |[Tra] red; pellet; pill ◇ rouge; pilule [Etym] crucible or stove of the alchemists (prim) ◇ le creuset des alchimistes (prim) [Graph] 856d [Ref] h1563, k965, ph83, r283, w115d, wa197 [Hanzi] tan1 坍 4919, zhan1 旃 7948, dan1 丹 8055, tong2 彤 8056.

丹 dān +8055 丹 |1° red 2° pellet ◇ 1° rouge 2° pilule [Etym] 丶 1 (rad: 003a 1-03), 丹 1821 [Graph] 856d.

彤 tóng +8056 丹彡 |red, scarlet ◇ rouge, écarlate [Etym] 彡 76 (rad: 059a 3-04), 丹 1821 [Graph] 856d 211c.

月 yuè (1822) 月 |[Tra] moon; month ◇ lune; mois [Etym] moon (prim) ◇ la lune (prim) [Graph] 856e [Ref] h16, k1347, r28, r28e, r144, w64g, wa32, wi43, wi127, wi133 [Hanzi] yin1 阴 6774, wang4 望 7339, yue4 月 8057, yue4 刖 8106, tun2 豚 8146, lang3 朗 8722, jian1 jian4 xian2 間 8779, yue4 玥 9385, ming2 明 9933 [Rad] 074a.

月 ròu (1823) 月 |[Tra] meat; flesh; body ◇ viande; chair; corps [Etym] contracted form of (肉 1920) ◇ forme contractée de (肉 1920) [Graph] 856e [Ref] w65a [Hanzi] yue4 钥 1285, yao2 肴 1645, yao4 yue4 钥 2063, yin4 胤 2195, shen4 肾 3504, yue4 玥 5176, neng2 能 5898, luo3 羸 7346, long2 朧 8058, yi4 臆 8059, pao1 脬 8060, cuo3 脞 8061, cui4 脺 8062, qian3 肷 8063, zhen1 胗 8064, lian3 脸 8065, kuai4 脍 8066, shu4 腧 8067, lian3 臉 8068, kuai4 膾 8069, gong1 肱 8071, ba2 胈 8072, kua4 胯 8074, ba2 肞 8076, tai4 肽 8077, fu1 肤 8078, cou4 腠 8091, sa4 脎 8092, qi2 脐 8093, zhang4 胀 8095, gua1 胍 8096, zhi1 脂 8097, guang1 胱 8099, tiao3 朓 8100, long2 胧 8102, shi4 胝 8103, mai4 mo4 脉 8104, zhou3 肘 8105, ye4 腋 8107, qi2 臍 8108, zuo4 胙 8109, xi1 肸 8110, gan1 肝 8111, pan2 pang4 胖 8112, cui4 膵 8115, meng2 朦 8117, mo2 膜 8118, pian2 胼 8119, jing3 肼 8120, pei1 胚 8121, xi1 膝 8122, mi3 脒 8123, lin4 膦 8124, fan2 膰 8125, gang1 肛 8126, ka3 胩 8127, zhang4 胀 8128, du3 du4 肚 8129, qu1 胠 8130, jiao3 脚 8131, peng2 膨 8132, gu3 臌 8133, za1 za5 臢 8134, za1 za5 臜 8135, jing2 腈 8137, sheng1 sheng4 胜 8138, shan4 膳 8139, la4 xi1 腊 8141, ni4 腻 8143, ni4 膩 8144, zhi1 胝 8145, tun2 豚 8146, la4 臘 8149, jing4 脛 8150, tai1 胎 8151, yong1 臃 8153, hai3 胲 8154, dong4 胨 8155, zhuan1 脔 8156, jing4 胫 8157, zhi1 肢 8158, ge1 ge2 胳 8160, chang2 肠 8161, fu3 腑 8162, zang1 zang4 脏 8163, lian2 臁 8165, cui4 脆 8166, dan3 膽 8167, lu2 臚 8168, mai4 mo4 脈 8169, tu2 腯 8170, jiao1 膠 8171, xie2 胁 8174, jian4 腱 8176, yu2 腴 8178, zhun1 肫 8180, wan3 脘 8181, bin4 臏 8182, zong1 腙 8183, ding4 腚 8184, an4 胺 8185, wan4 腕 8186, bin4 膑 8187, qiang1 腔 8188, bang3 pang1 pang2 膀 8190, tang2 膛 8192, bo2 脖 8193, nong2 脓 8194, xiong1 胸 8196, bao1 胞 8197, qu2 朐 8198, fang2 肪 8199, dong4 胴 8203, nan3 腩 8204, nao4 臑 8205, fei4 肺 8206, fu3 pu2 脯 8207, bo2 膊 8208, nao3 脑 8211, tian3 腆 8212, luo2 腡 8213, niao4 脲 8214, ju1 腒 8215, lu2 胪 8216, tui3 腿 8217, fei2 肥 8218, zhui4 膇 8220, luo2 脶 8221, sao1 sao4 臊 8222, e4 腭 8223, ge2 膈 8224, dou4 脰 8225, heng1 脝 8226, tuo1 脱 8227, dan3 胆 8228, xing1 腥 8229, chang2 腸 8230, fu4 腹 8232, xian4 腺 8233, qu2 臞 8234, sai1 腮 8236, shen4 胂 8238, pi2 脾 8241, zhong3 腫 8242, biao1 膘 8243, yao1 腰 8244, nong2 膿 8245, mian3 腼 8246, yan1 胭 8247, shan1 膻 8250, wo4 肟 8251, ji1 肌 8254, gu3 股 8255, ang1 肮 8256, yi2 胰 8258, ti1 睇 8259, mei2 脢 8260, xiao1 xiao4 肖 8351 [Rad] 130b.

月 yuè +8057 月 |1° moon 2° lunar month, monthly 3° round ◇ 1° lune 2° lunaison, mois, mensuel 3° rond [Etym] 月 1822 (rad: 074a 4-00), [Graph] 856e.

月饼 yuè bǐng。moon cake ◇ gâteau de lune * 1848.

月份 yuè fèn。month ◇ mois * 2952.

月刊 yuè kān。monthly magazine ◇ revue mensuelle * 3404.

月氏 yuè zhī。wife of Xiongnu chieftain in Han Dynasty ◇ épouse du chef du clan Xiongnu de la dynastie Han * 5516.

月经 yuè jīng。menstruation, period ◇ menstruations, règles * 6007.

月亮 yuè liàng。moon ◇ lune * 9462.

月白 yuè bái。bluish white; very pale blue ◇ blanc bleuâtre * 9973.

月票 yuè piào。monthly ticket ◇ carte mensuelle * 10812.

朧 lóng *8058 月立月㔾 |胧 -8102| See ◇ Voir 朦胧 meng2-long2 8117-8102 [Etym] 月 1823 (rad: 130b 4-17), 龍 86 [Graph] 856e 221a 856e Z41b.

臆 yì +8059 月立曰心 |肊 *8252| 1° chest, breast 2° subjectively 3° feelings, opinions ◇ 1° poitrine 2° subjectivité 3° sentiments, opinions [Etym] 月 1823 (rad: 130b 4-13), 意 93 [Graph] 856e 221a 021a 321c.

冂 册 丹 月

脬 pāo +8060 月⺫子 | See ◇ Voir 尿脬 suil-paol 8612-8060 [Etym] 月 1823 (rad: 130b 4-07), 孚 114 [Graph] 856e 221d 634d.

脞 cuǒ +8061 月人人土 | minced meat ◇ hachis [Etym] 月 1823 (rad: 130b 4-07), 坐 172 [Graph] 856e 232a 232a 432a.

脺 cuì *8062 月亠人人十 | 膵 -8115 | pancreas ◇ pancréas [Etym] 月 1823 (rad: 130b 4-08), 卒 176 [Graph] 856e ac:c 232a 232a 413a.

肷 qiǎn +8063 月欠 | 膁 *8177 | flank ◇ flanc [Etym] 月 1823 (rad: 130b 4-04), 欠 178 [Graph] 856e 232b.

胗 zhēn +8064 月人彡 | 1° gizzard 2° pustules, eruption ◇ 1° gésier 2° pustules [Etym] 月 1823 (rad: 130b 4-05), 㐱 182 [Graph] 856e 233a 211c.

脸 liǎn -8065 月人一业 | 臉 *8068 | 1° face, countenance, to face 2° front 3° honor ◇ 1° visage, face 2° le devant 3° honneur [Etym] 月 1823 (rad: 130b 4-07), 佥 183 [Graph] 856e 233a ac:a 221b.

脸盆 liǎn pén ◦ wash-basin ◇ cuvette, lavabo * 7253.

脸色 liǎn sè ◦ appearance, look, mien; color, dye ◇ mine, teint, traits du visage * 8731.

脍 kuài -8066 月人云 | 膾 *8069 | minced meat ◇ hachis, viande hachée [Etym] 月 1823 (rad: 130b 4-06), 会 201 [Graph] 856e 233a 612d.

腧 shù -8067 月人一月刂 | 俞 +1409 | channels in the human body ◇ point sur le corps pour l'acupuncture [Etym] 月 1823 (rad: 130b 4-09), 俞 213 [Graph] 856e 233a ac:a 856e 333b.

臉 liǎn *8068 月人口人口人 | 脸 -8065 | 1° face, countenance, to face 2° front 3° honor ◇ 1° visage, face 2° le devant 3° honneur [Etym] 月 1823 (rad: 130b 4-13), 僉 223 [Graph] 856e 233a 012a 232a 011a 232a.

膾 kuài *8069 月人罒日 | 脍 -8066 | minced meat ◇ hachis, viande hachée [Etym] 月 1823 (rad: 130b 4-13), 會 233 [Graph] 856e 233a 033b 021a.

腳 jiǎo *8070 月谷卩 | 脚 -8131 | 1° foot 2° base or foot of a hill 3° dregs ◇ 1° pied 2° base, pied de colline 3° résidu [Etym] 月 1823 (rad: 130b 4-09), 却 237 [Graph] 856e 233b 011a 734a.

肱 gōng +8071 月ナ厶 | 1° upper-arm 2° arm ◇ 1° avant-bras 2° bras [Etym] 月 1823 (rad: 130b 4-04), 厷 244 [Graph] 856e 241a 612a.

胈 bá -8072 月犮又 | 胈 *8076 | hairs of thigh ◇ poil de la cuisse [Etym] 月 1823 (rad: 130b 4-05), 犮 251 [Graph] 856e 241b 633a.

腌 ā +8073 月大电 | [Etym] 月 1823 (rad: 130b 4-08), 奄 276 [Graph] 856e 242a 043c.

腌臢 ā zā ◦ dirty, filthy ◇ sale, malpropre * 8134.

△ yān | 醃 *10853 | to preserve in salt, pickle, cure ◇ mariner (sel), saumure, viande marinée.

胯 kuà +8074 月大亏 | 1° hip, thighs 2° to bestride ◇ 1° hanche, cuisse 2° enfourcher [Etym] 月 1823 (rad: 130b 4-06), 夸 277 [Graph] 856e 242a Z21c.

门 月

朕 zhèn (1824) 月关 | [Tra] joint; I; emperor ◇ joint; moi; empereur [Etym] hands and tool (2< 廾 701); {1} to joint a boat (1< 舟 1861); {2} sooth-saying plate (1=prim) ◇ des mains et un outil (2< 廾 701); {1} assembler un navire (1< 舟 1861); {2} un plateau de divination (1=prim) [Graph] 856e 242c [Ref] h1603, k1193, ph511, r353, w47j, wa185 [Hanzi] zhen4 朕 8075.

朕 zhèn +8075 月关 | 1° I (emperor), we 2° sign, omen 3° joint ◇ 1° moi (empereur), nous 2° signe, présage 3° jointure [Etym] 月 1822 (rad: 074a 4-06), 朕 1824 [Graph] 856e 242c.

胈 bá *8076 月犮 | 胈 -8072 | hairs of thigh ◇ poil de la cuisse [Etym] 月 1823 (rad: 130b 4-05), 犮 298 [Graph] 856e 242j.

肽 tài +8077 月太 | peptide ◇ peptide [Etym] 月 1823 (rad: 130b 4-04), 太 299 [Graph] 856e 242k.

肤 fū -8078 月夫 | 膚 *7176 | 1° skin 2° surface ◇ 1° peau 2° surface, superficiel [Etym] 月 1823 (rad: 130b 4-04), 夫 301 [Graph] 856e 242m.

𦙶 zhèn (1825) 月关 | [Tra] joint; I; emperor ◇ joint; moi; empereur [Etym] different writing for (朕 1824) ◇ autre graphie pour (朕 1824) [Graph] 856e 242p [Ref] wi609 [Hanzi] teng2 滕 8079, cheng2 塍 8080, ying4 媵 8081, teng2 縢 8082, sheng4 勝 8083, teng2 謄 8084, sheng4 賸 8085, teng2 幐 8086, teng2 螣 8087, teng2 騰 8088, teng1 teng2 藤 8089, teng1 teng2 腾 8090.

滕 téng (1826) 月关氺 | [Tra] flood; surname ◇ inondation [Etym] water (3= 氺 434); phon, joint (1,2= 𦙶 1825, 朕 1824) ◇ eau (3= 氺 434); phon, joint (1,2= 𦙶 1825, 朕 1824); aussi,nom propre [Graph] 856e 242p 331o [Ref] k983 [Hanzi] teng2 籐 870, teng2 藤 3882, teng2 滕 8079.

滕 téng +8079 月关氺 | surname ◇ nom propre [Etym] 氺 434 (rad: 085c 5-10), 滕 1826 [Graph] 856e 242p 331o.

塍 chéng +8080 月关土 | 1° jetty 2° raised path ◇ 1° jetée 2° chemin [Etym] 土 826 (rad: 032a 3-10), 𦙶 1825 [Graph] 856e 242p 432a.

媵 yìng +8081 月关女 | 1° maidservants escorting a bride to her new home 2° concubines ◇ 1° suivantes de la mariée 2° concubines [Etym] 女 1122 (rad: 038a 3-10), 𦙶 1825 [Graph] 856e 242p 611e.

縢 téng +8082 月关糸 | 1° to bind, to tie 2° to restrict, to restrain ◇ 1° lier, lien, fixer 2° restreindre [Etym] 糸 1185 (rad: 120a 6-10), 𦙶 1825 [Graph] 856e 242p 613d.

勝 shèng *8083 月关力 | 胜 -8138 | 1° victory, success, to outdo, to conquer 2° wonderful 3° to be equal to ◇ 1° vaincre, surpasser, dominer, supérieur 2° merveilleux 3° être en mesure de [Etym] 力 1489 (rad: 019a 2-10), 𦙶 1825 [Graph] 856e 242p 732f.

謄 téng *8084 月关言 | 誊 -1628 | to copy out, to transcribe ◇ copier, transcrire [Etym] 言 2139 (rad: 149a 7-10), 滕 1825 [Graph] 856e 242p 012d.

賸 shèng *8085 |剩 +4520| surplus, leftovers, remnant ◇ de reste, surplus, excès [Etym] 貝 2246 (rad: 154a 7-10), 滕 1825 [Graph] 856e 242p 023b.

螣 téng +8086 月关虫 |1° flying snake 2° dragon ◇ 1° serpent volant 2° dragon [Etym] 虫 2282 (rad: 142a 6-10), 滕 1825 [Graph] 856e 242p 031d.

䲢 téng -8087 月关鱼 |鰧 *8088| stargazer ◇ astronome [Etym] 鱼 2335 (rad: 195s 8-10), 滕 1825 [Graph] 856e 242p 041i.

鰧 téng *8088 月关魚 |䲢 -8087| stargazer ◇ astronome [Etym] 魚 2339 (rad: 195a 11-10), 滕 1825 [Graph] 856e 242p 041j.

騰 tēng *8089 月关馬 |腾 -8090| (sound) to leap on ◇ (onomatopée) sauter, bondir [Etym] 馬 2486 (rad: 187a 10-10), 滕 1825 [Graph] 856e 242p Z22a.

△ téng |腾 -8090| 1° to gallop 2° to rise, to mount, to leap on 3° to clear out 4° to move 5° to postpone ◇ 1° galoper 2° s'élever, monter, bondir 3° évacuer 4° déplacer 5° différer.

腾 tēng -8090 月关马 |騰 *8089| (sound) to leap on ◇ (onomatopée) sauter, bondir [Etym] 马 2489 (rad: 187s 3-10), 滕 1825 [Graph] 856e 242p Z22b.

△ téng |騰 *8089| 1° to gallop 2° to rise, to mount, to leap on 3° to clear out 4° to move 5° to postpone ◇ 1° galoper 2° s'élever, monter, bondir 3° évacuer 4° déplacer 5° différer.

腠 còu +8091 月⺷天 |between the skin and the flesh, pores ◇ muscles, chair [Etym] 月 1823 (rad: 130b 4-09), 奏 315 [Graph] 856e 242r 242b.

脎 sà +8092 月乂木 |osazone ◇ osazone [Etym] 月 1823 (rad: 130b 4-06), 杀 326 [Graph] 856e 243a 422a.

脐 qí -8093 月文丿| |臍 *8108| 1° navel 2° abdomen of a crab ◇ 1° nombril 2° ventre du crabe [Etym] 月 1823 (rad: 130b 4-06), 齐 334 [Graph] 856e 243b 416a.

胶 jiāo +8094 月交 |膠 *8171| 1° glue, gum, sticky 2° rubber ◇ 1° coller, colle, gluant, gélatine 2° caoutchouc [Etym] 月 1822 (rad: 074a 4-06), 交 344 [Graph] 856e 243e.

胶布 jiāo bù。adhesive tape ◇ ruban adhésif, sparadrap * 1527.

胶卷 jiāo juǎn。roll film ◇ pellicule photo * 1627.

胶水 jiāo shuǐ。glue ◇ colle liquide, colle forte * 2299.

胶鞋 jiāo xié。rubber shoe ◇ chaussure de caoutchouc * 5371.

胀 zhàng -8095 月长 |脹 *8128| 1° to expand 2° swelling, bloated ◇ 1° dilater, détendre 2° gonflé, ballonant [Etym] 月 1823 (rad: 130b 4-04), 长 369 [Graph] 856e 312c.

胍 guā +8096 月瓜 |1° large bellied 2° guanidine ◇ 1° ventru, obèse 2° guanidine [Etym] 月 1823 (rad: 130b 4-05), 瓜 382 [Graph] 856e 313a.

脂 zhī +8097 月匕曰 |1° fat, grease 2° rouge, cosmetics 3° ointment ◇ 1° graisse 2° fard, cosmétique 3° pommade [Etym] 月 1823 (rad: 130b 4-06), 旨 393 [Graph] 856e 321b 021a.

脂肪 zhī fáng。fat, lard ◇ graisse, lard, corps gras * 8199.

朊 ruǎn +8098 月元 |1° dim moon light 2° protein ◇ 1° faible éclairage lunaire 2° protéine [Etym] 月 1822 (rad: 074a 4-04), 元 408 [Graph] 856e 322d.

胱 guāng +8099 月光 |bladder ◇ vessie [Etym] 月 1823 (rad: 130b 4-06), 光 409 [Graph] 856e 322e.

朓 tiǎo +8100 月兆 |1° darkness when the moon is setting 2° personal name ◇ 1° obscurité quand la lune disparaît 2° prénom [Etym] 月 1823 (rad: 130b 4-06), 兆 411 [Graph] 856e 322g.

肬 yóu *8101 月尤 |疣 +7032| goiter, wart ◇ tumeur, goitre [Etym] 月 1823 (rad: 130b 4-04), 尤 415 [Graph] 856e 323c.

胧 lóng -8102 月龙 |朧 *8058| See ◇ Voir 朦胧 meng2-long2 8117-8102 [Etym] 月 1823 (rad: 130b 4-05), 龙 417 [Graph] 856e 323d.

脎 shì +8103 月示 |organic compound ◇ composant organique [Etym] 月 1823 (rad: 130b 4-05), 示 431 [Graph] 856e 331l.

> 脉 mài (1827) 月永 |[Tra] pulse; arteries ◇ pouls; vaisseaux [Etym] veins (2= 永 439) in flesh (1= 月 1823) ◇ veines (2= 永 439) dans la chair (1= 月 1823) [Graph] 856e 331r [Hanzi] mai4 mo4 脉 8104, mai4 霢 8450.

脉 mài -8104 月永 |脈、衇 *8169、*8560| pulse, arteries and veins, vein (in a leaf) ◇ pouls, vaisseaux, veine ou artère, nervures (de feuilles) [Etym] 月 1823 (rad: 130b 4-05), 永 439 [Graph] 856e 331r.

脉搏 mài bó。pulse, beat of pulse ◇ pouls, battement du pouls, pulsation * 2638.

脉案 mài àn。diagnosis ◇ diagnostic * 7749.

△ mò |脈、眽 *8169、*10073| See ◇ Voir 脉脉 mo4-mo4 8104-8104.

脉脉 mò mò。affectionately; lovingly ◇ affectif; amoureux * 8104.

> 肘 zhǒu (1828) 月寸 |[Tra] elbow; fore-arm ◇ coude; avant-bras [Etym] flesh (1= 月 1823) section above hand (2= 寸 441) ◇ la partie en chair (1= 月 1823) au-dessus de la main (2= 寸 441) [Graph] 856e 332b [Ref] k1237, w45g [Hanzi] zhou3 肘 8105.

肘 zhǒu +8105 月寸 |elbow ◇ coude [Etym] 月 1823 (rad: 130b 4-03), 肘 1828 [Graph] 856e 332b.

刖 yuè +8106 月刂 |跀 *9385| to cut off the feet, to maim ◇ couper les pieds, mutiler [Etym] 刂 470 (rad: 018b 2-04), 月 1822 [Graph] 856e 333b.

腋 yè +8107 月亠亻夊 |armpit ◇ aisselle [Etym] 月 1823 (rad: 130b 4-08), 夜 511 [Graph] 856e ac:c 411e 633f.

门 月

臍 q í *8108 月冫刀氏丬二 | 脐 -8093 | 1° navel 2° abdomen of a crab ◇ 1° nombril 2° ventre du crabe [Etym] 月 1823 (rad: 130b 4-14), 齊 539 [Graph] 856e 411i 732a 312b 416b 111b.

胙 z u ò +8109 月乍 | 1° sacrificial flesh 2° to bless 3° to grant ◇ 1° sacrifice 2° bénir, grâce 3° accorder [Etym] 月 1823 (rad: 130b 4-05), 乍 551 [Graph] 856e 412f.

肸 x ī (1829) 月亼十	[Tra] music; proper name ◇ musique; nom propre [Etym] {?} unknown origin ◇ {?} origine inconnue [Graph] 856e acc:h 413a [Hanzi] xi1 肸 8110.

肸 x ī +8110 月亼十 | 1° music 2° grand 3° personal name ◇ 1° musique 2° grandeur 3° prénom [Etym] 月 1823 (rad: 130b 4-04), 肸 1829 [Graph] 856e ac:h 413a.

肝 g ā n +8111 月干 | liver ◇ foie [Etym] 月 1823 (rad: 130b 4-03), 干 564 [Graph] 856e 413b.

肝炎 gān yán ∘ hepatitis ◇ hépatite ✱ 929.

肝脏 gān zàng ∘ liver ◇ foie ✱ 8163.

胖 p á n +8112 月半 | easy and comfortable, carefree ◇ ample, confortable, à l'aise [Etym] 月 1823 (rad: 130b 4-05), 半 591 [Graph] 856e 414f.

△ p à n g | 肨 *8113 | 1° fat 2° corpulent, plump ◇ 1° gras, dodu 2° potelé, gros.

胖子 pàng zǐ ∘ fat, big man ◇ homme gras, gros, obèse, corpulent ✱ 6546.

肨 p à n g *8113 月丰 | 胖 +8112 | 1° fat 2° corpulent, plump ◇ 1° gras, dodu 2° potelé, gros [Etym] 月 1823 (rad: 130b 4-04), 丰 592 [Graph] 856e 414g.

腓 f é i +8114 月非 | calf of the leg ◇ mollet [Etym] 月 1823 (rad: 130b 4-08), 非 611 [Graph] 856e 415b.

膵 c u ì -8115 月艹亠人人十 | 脺 *8062 | pancreas ◇ pancréas [Etym] 月 1823 (rad: 130b 4-11), 萃 617 [Graph] 856e 415c ac:c 232a 232a 413a.

臟 z à n g *8116 月艹戕臣 | 脏 -8163 | internal organs of the body, parenchymatous viscera ◇ les cinq viscères parenchymateux [Etym] 月 1823 (rad: 130b 4-17), 藏 641 [Graph] 856e 415c 512o 935b.

朦 m é n g +8117 月艹冖豕 | [Etym] 月 1823 (rad: 130b 4-13), 蒙 660 [Graph] 856e 415c 851a 522c.

朦胧 méng lóng ∘ 1° rising moon, dim moonlight; 2° hazy ◇ 1° faible lumière; 2° clair-obscur, confus ✱ 8102.

膜 m ó +8118 月艹曰大 | 1° skin, membrane, thin coating 2° to prostrate oneself ◇ 1° peau, membrane 2° faire une prostration [Etym] 月 1823 (rad: 130b 4-10), 莫 679 [Graph] 856e 415c 021a 242a.

胼 p i á n +8119 月并 | [Etym] 月 1823 (rad: 130b 4-06), 并 708 [Graph] 856e 416i.

胼胝 pián zhī ∘ callous, rough, callosity ◇ calleux, cal, callosité ✱ 8145.

肼 j ǐ n g +8120 月井 | hydrazine ◇ hydrazine [Etym] 月 1823 (rad: 130b 4-04), 井 709 [Graph] 856e 416j.

胚 p ē i +8121 月不一 | 1° embryo 2° basic ◇ 1° embryon 2° rudimentaire [Etym] 月 1823 (rad: 130b 4-05), 丕 719 [Graph] 856e 421a ac:z.

膝 x ī +8122 月木人氺 | 1° knees 2° son 3° paternal ◇ 1° genoux 2° fils 3° paternel [Etym] 月 1823 (rad: 130b 4-11), 桼 727 [Graph] 856e 422a 233a 331o.

膝盖 xī gài ∘ knee ◇ genou ✱ 5225.

脒 m ǐ +8123 月米 | amidine ◇ amidine [Etym] 月 1823 (rad: 130b 4-06), 米 782 [Graph] 856e 422f.

膦 l ì n +8124 月米夕丰 | phosphine ◇ phosphine [Etym] 月 1823 (rad: 130b 4-12), 粦 789 [Graph] 856e 422f 631b 712b.

膰 f á n +8125 月采田 | cooked meat used in sacrifice ◇ offrande de viandes cuites [Etym] 月 1823 (rad: 130b 4-12), 番 797 [Graph] 856e 422g 041a.

肛 g ā n g +8126 月工 | rectum, anus ◇ rectum, anus [Etym] 月 1823 (rad: 130b 4-03), 工 808 [Graph] 856e 431a.

肛门 gāng mén ∘ anus ◇ anus ✱ 7996.

胩 k ǎ +8127 月上卜 | carbylamine, isocyanide ◇ carbylamine, isocyanide [Etym] 月 1823 (rad: 130b 4-05), 卡 821 [Graph] 856e 431b 412c.

脹 z h à n g *8128 月巨以 | 胀 -8095 | 1° to expand 2° swelling, bloated ◇ 1° dilater, détendre 2° gonflé, ballonant [Etym] 月 1823 (rad: 130b 4-08), 長 822 [Graph] 856e 431c 312d.

肚 d ǔ +8129 月土 | 1° entrails, tripe 2° inwards 3° memory ◇ 1° estomac, tripes, coeur 2° intérieur 3° mémoire [Etym] 月 1823 (rad: 130b 4-03), 土 826 [Graph] 856e 432a.

△ d ù | belly, abdomen ◇ ventre, abdomen.

肚子 dù zǐ ∘ belly, abdomen ◇ ventre; abdomen ✱ 6546.

胠 q ū +8130 月土厶 | 1° armpit 2° to open from the side 3° to steal ◇ 1° aisselle 2° ouvrir de côté 3° cambrioler [Etym] 月 1823 (rad: 130b 4-05), 去 848 [Graph] 856e 432a 612a.

脚 j i ǎ o -8131 月土厶卩 | 腳 *8070 | 1° foot 2° base or foot of a hill 3° dregs ◇ 1° pied 2° base, pied de colline 3° résidu [Etym] 月 1823 (rad: 130b 4-07), 却 850 [Graph] 856e 432a 612a 734a.

脚步 jiǎo bù ∘ step, pace ◇ pas (de la marche) ✱ 5306.

脚印 jiǎo yìn ∘ footprint ◇ trace de pas, empreinte des pieds ✱ 7375.

膨 p é n g +8132 月士豆彡 | [Etym] 月 1823 (rad: 130b 4-12), 彭 881 [Graph] 856e 432b 011b 211c.

膨大 péng dà ∘ distended, swollen, to inflate ◇ ballonnement, se gonfler, se dilater ✱ 1537.

膨脝 péng hēng ∘ fat, potbellied, bulky ◇ ventru, gros, gras, obèse ✱ 8226.

臌 g ǔ +8133 月士豆支 | to swell ◇ gonfler [Etym] 月 1823 (rad: 130b 4-13), 鼓 884 [Graph] 856e 432b 011b 633d.

臜 zā -8134 |臢 *8135| See ◇ Voir 腌臜 al-zal 8073-8134 [Etym] 月 1823 (rad: 130b 4-16), 赞 936 [Graph] 856e 432m 432m 854b.

△ za |臢 *8135| dirty ◇ sale.

臢 zā *8135 |臜 -8134| See ◇ Voir 腌臜 al-zal 8073-8134 [Etym] 月 1823 (rad: 130b 4-19), 贊 937 [Graph] 856e 432m 432m 023b.

△ za |臜 -8134| dirty ◇ sale.

膆 sù *8136 |嗉 +8984| gizzard of a bird ◇ jabot des oiseaux [Etym] 月 1823 (rad: 130b 4-10), 素 942 [Graph] 856e 433a 613d.

腈 jīng +8137 |nitrile ◇ nitrile [Etym] 月 1823 (rad: 130b 4-08), 青 946 [Graph] 856e 433a 856e.

胜 shēng -8138 |peptide ◇ peptide [Etym] 月 1823 (rad: 130b 4-05), 生 951 [Graph] 856e 433b.

△ shèng |勝 *8083| 1° victory, success, to outdo, to conquer 2° wonderful 3° to be equal to ◇ 1° vaincre, surpasser, dominer, supérieur 2° merveilleux 3° être en mesure de.

胜仗 shèng zhàng。victory ◇ victoire * 2827.

胜任 shèng rèn。competent ◇ être à la hauteur de sa fonction * 2889.

胜利 shèng lì。victory ◇ victoire, triompher * 4516.

膳 shàn +8139 |饍 *1440| delicacies, food, meals ◇ mets exquis, aliments, repas [Etym] 月 1823 (rad: 130b 4-12), 善 952 [Graph] 856e 433c 011a.

臙 yān *8140 |胭 +8247| 1° cosmetics 2° red (cheeks) ◇ 1° cosmétique 2° rouge (joues) [Etym] 月 1823 (rad: 130b 4-16), 燕 991 [Graph] 856e 436a 011a 412b 321b 222d.

腊 là +8141 |臘 *8149| 1° winter solstice sacrifice, the 12th moon 2° cured fish, meat etc. ◇ 1° sacrifice hivernal à la 12e lune 2° viande ou poisson séchés [Etym] 月 1823 (rad: 130b 4-08), 昔 1001 [Graph] 856e 436b 021a.

腊八 là bā。the eighth day of the twelfth lunar month ◇ huitième jour du douzième mois lunaire * 721.

腊月 là yuè。twelfth month of the lunar year ◇ douzième mois du calendrier lunaire * 8057.

△ xī |1° dried meat 2° intense 3° extremely ◇ 1° viande séchée 2° intense 3° extrêmement.

忒 de +8142 |1° lack of neatness 2° looseness (clothes) ◇ 1° mal habillé 2° ample (vêtement) [Etym] 月 1823 (rad: 130b 4-07), 忒 1047 [Graph] 856e 511a 321c.

腻 nì -8143 |膩 *8144| 1° greasy, fat 2° to be bored with 3° meticulous 4° dirt, grime ◇ 1° graisse, gras, onctueux 2° dégoûté de, saturé 3° méticuleux 4° crasse [Etym] 月 1823 (rad: 130b 4-09), 贰 1049 [Graph] 856e 511a ac:b 854b.

膩 nì *8144 |腻 -8143| 1° greasy, fat 2° to be bored with 3° meticulous 4° dirt, grime ◇ 1° graisse, gras, onctueux 2° dégoûté de, saturé 3° méticuleux 4° crasse [Etym] 月 1823 (rad: 130b 4-12), 貳 1050 [Graph] 856e 511a ac:b 023b.

胝 zhī +8145 |1° thick callous skin 2° double toe or finger ◇ 1° callosité 2° orteil ou doigt double [Etym] 月 1823 (rad: 130b 4-05), 氐 1055 [Graph] 856e 511d.

> 豚 tún (1830) |[Tra] suckling pig ◇ cochon de lait [Etym] young pork (2= 豕 1100), meat (1= 月 1823) of which was offered ◇ jeune porc (2= 豕 1100) dont on offrait la chair (1= 月 1823) [Graph] 856e 522a [Ref] h1670 [Hanzi] tun2 豚 8146, dun4 遯 8147.

豚 tún +8146 |hog, suckling pig ◇ porcelet, cochon de lait [Etym] 月 1823 (rad: 130b 4-07), 豚 1830 [Graph] 856e 522a.

遯 dùn *8147 |遁 +7196| 1° to flee 2° to hide away, to vanish ◇ 1° s'enfuir 2° cacher [Etym] 辶 1346 (rad: 162b 3-11), 豚 1830 [Graph] 856e 522a 634o.

腦 nǎo *8148 |脑 -8211| brain ◇ cerveau [Etym] 月 1823 (rad: 130b 4-09), 㐫 1119 [Graph] 856e 611c 061b.

臘 là *8149 |腊 +8141| 1° winter solstice sacrifice, the 12th moon 2° cured fish, meat etc. ◇ 1° sacrifice hivernal à la 12e lune 2° viande ou poisson séchés [Etym] 月 1823 (rad: 130b 4-16), 巤 1120 [Graph] 856e 611c 061b 312k.

脛 jìng *8150 |胫 -8157、踁 *9345| shin, shank ◇ jambe, tibia [Etym] 月 1823 (rad: 130b 4-07), 巠 1121 [Graph] 856e 611d 431a.

胎 tāi +8151 |1° foetus, embryo 2° birth 3° padding, wadding 4° roughcast 5° tire ◇ 1° foetus, embryon 2° accouchement 3° rembourrage 4° ébauche 5° pneu [Etym] 月 1823 (rad: 130b 4-05), 台 1143 [Graph] 856e 612a 011a.

朘 juān +8152 |1° new moon 2° feeble, small 3° to cut, to reduce ◇ 1° nouvelle lune 2° faible, petit 3° réduire [Etym] 月 1822 (rad: 074a 4-07), 夋 1147 [Graph] 856e 612b 633e.

臃 yōng +8153 |[Etym] 月 1823 (rad: 130b 4-13), 雍 1203 [Graph] 856e ac:c 613e 436m.

臃肿 yōng zhǒng。too fat to move ◇ enfler, enflure * 8235.

胲 hǎi +8154 |hydroxilamine ◇ hydroxilamine [Etym] 月 1823 (rad: 130b 4-06), 亥 1210 [Graph] 856e 614a.

胨 dòng -8155 |腖 *8240| peptone ◇ peptone [Etym] 月 1823 (rad: 130b 4-05), 东 1211 [Graph] 856e 614b.

䏝 zhuān -8156 |膞 *8239| gizzard ◇ gésier [Etym] 月 1823 (rad: 130b 4-04), 专 1266 [Graph] 856e 632c.

胫 jìng -8157 |脛 *8150、踁 *9345| shin, shank ◇ jambe, tibia [Etym] 月 1823 (rad: 130b 4-05), 圣 1269 [Graph] 856e 632f 431a.

肢 zhī +8158 |limbs ◇ membres [Etym] 月 1823 (rad: 130b 4-04), 支 1284 [Graph] 856e 633d.

胮 pāng *8159 |膀 +8190| to swell, bloated ◇ enflé, gonflé [Etym] 月 1823

(rad: 130b 4-06), 夅 1293 [Graph] 856e 633e 712b.

胳 gē +8160 月夂口 | 骼2°、肐 +8581 、*8253 | 1° armpit 2° arm ◇ 1° aisselle 2° bras [Etym] 月1823 (rad: 130b 4-06), 各 1295 [Graph] 856e 633e 011a.

胳膊 gē bō ∘ arm ◇ bras * 8208.

胳臂 gē bei ∘ arm ◇ bras * 8655.

△ gé |

胳肢 gé zhī ∘ to tickle ◇ chatouiller * 8158.

肠 cháng -8161 月𠃓 | 腸 *8230 | 1° intestines 2° feelings ◇ 1° intestins 2° compassion, sentiments [Etym] 月 1823 (rad: 130b 4-03), 𠃓 1338 [Graph] 856e 634k.

肠子 cháng zǐ ∘ intestines ◇ intestins * 6546.

腑 fǔ +8162 月广亻寸 | viscera, bowels, internal organs of the body ◇ les six viscères membraneux [Etym] 月 1823 (rad: 130b 4-08), 府 1377 [Graph] 856e 721b 411e 332b.

脏 zāng -8163 月广土 | 髒 *8577 | soiled, filthy, dirty ◇ sale, salir, souiller, malpropre [Etym] 月 1823 (rad: 130b 4-06), 庄 1387 [Graph] 856e 721b 432a.

△ zàng | 臟 *8116 | internal organs of the body, parenchymatous viscera ◇ les cinq viscères parenchymateux.

膔 biāo *8164 月广䒑匕匕灬 | 膘 -8243 | 1° flanks of an animal 2° fat ◇ 1° flancs d'un animal 2° gras [Etym] 月 1823 (rad: 130b 4-15), 麃 1399 [Graph] 856e 721b 821b 311d 321b 222d.

臁 lián +8165 月广兼 | leg, shank ◇ jambe [Etym] 月 1823 (rad: 130b 4-13), 廉 1408 [Graph] 856e 721b 834h.

脆 cuì +8166 月⺈㔾 | crisp, brittle, delicate ◇ délicat, croquant, friable [Etym] 月 1823 (rad: 130b 4-06), 危 1419 [Graph] 856e 721e 733a.

脆弱 cuì ruò ∘ fragile, weak, delicate ◇ fragile, faible; chétif; délicat * 11272.

膽 dǎn *8167 月⺈八言 | 胆 -8228 | 1° gallbladder 2° courage ◇ 1° fiel 2° audace [Etym] 月 1823 (rad: 130b 4-13), 詹 1421 [Graph] 856e 721e ac:h 012d.

臚 lú *8168 月⺈七田皿 | 胪 -8216 | 1° skin 2° to display 3° to make known ◇ 1° peau 2° étaler, exposer 3° informer [Etym] 月 1823 (rad: 130b 4-16), 盧 1448 [Graph] 856e 721g 321e 041a 922a.

脈 mài (1831) 月𠂆𠂢 | [Tra] pulse; veins ◇ pouls; veines [Etym] ramification (2,3= 𠂢 1453) of veins in the flesh (1= 月 1823) ◇ ramification (2,3= 𠂢 1453) des veines dans la chair (1= 月1823) [Graph] 856e 722a 312g [Ref] h589, k688, w125e, wi991 [Hanzi] mai4 mo4 脈 8169.

脈 mài *8169 月𠂆𠂢 | 脉、衇 -8104 、*8560 | pulse, arteries and veins, vein (in a leaf) ◇ pouls, vaisseaux, veine ou artère, nervures (de feuilles) [Etym] 月 1823 (rad: 130b 4-06), 脈 1831 [Graph] 856e 722a 312g.

△ mò | 脉、脈 -8104 、*10073 | See ◇ Voir 脉脉 mo4-mo4 8104-8104.

腯 tú +8170 月厂盾 | fat (pig) ◇ gros (cochon), gras [Etym] 月 1823 (rad: 130b 4-09), 盾 1457 [Graph] 856e 722a 023j.

膠 jiāo *8171 月习习人彡 | 胶 +8094 | 1° glue, gum, sticky 2° rubber ◇ 1° coller, colle, gluant, gélatine 2° caoutchouc [Etym] 月 1823 (rad: 130b 4-11), 翏 1473 [Graph] 856e 731c 731c 233a 211c.

肋 lèi (1832) 月力 | [Tra] ribs; side of body ◇ côtes; flanc [Etym] flesh (1= 月 1823); phon, strength (2= 力 1489) ◇ chair (1= 月 1823); phon, force (2= 力 1489) [Graph] 856e 732f [Ref] k518, r411 [Hanzi] jin1 筋 871, le1 lei4 肋 8172.

肋 lē +8172 月力 | [Etym] 月 1823 (rad: 130b 4-02), 肋 1832 [Graph] 856e 732f.

肋脦 lē de ∘ sloppy, loose clothing ◇ vêtement ample, mal habillé * 8142.

△ lèi | 1° ribs 2° side of the body ◇ 1° côtes 2° flanc.

脇 xié *8173 月力力力 | 胁、脅 -8174 、*7261 | 1° flanks, sides, ribs 2° to coerce, to force ◇ 1° flanc, côté 2° forcer, obliger à [Etym] 月1823 (rad: 130b 4-06), 劦 1491 [Graph] 856e 732f 732f 732f.

胁 xié -8174 月办 | 脇、脅 *8173 、*7261 | 1° flanks, sides, ribs 2° to coerce, to force ◇ 1° flanc, côté 2° forcer, obliger à [Etym] 月1823 (rad: 130b 4-04), 办 1495 [Graph] 856e 732g.

服 fú (1833) 月𠬝又 | [Tra] clothes; mourn; serve ◇ habits; deuil; servir [Etym] phon: hand:tool-action (2,3< 𠬝 2519); boat (1< 舟 1861) (> 朕 1824) ◇ phon: une main ou un outil en action (2,3< 𠬝 2519); un bâteau (1< 舟 1861) (> 朕 1824) [Graph] 856e 734b 633a [Ref] h385, w66c, wi768 [Hanzi] fu2 箙 872, fu2 菔 3883, fu2 fu4 服 8175.

服 fú +8175 月𠬝又 | 1° clothes, dress 2° to take (medicine) 3° to serve 5° accustomed to, to undergo, to subject, to think 6° office, affair 7° mourning ◇ 1° habits, porter, se vêtir de 2° prendre (médicaments), avaler 3° sollicitude, servir 5° habitude, acquiescer, penser à, se soumettre 6° office, affaires 7° deuil [Etym] 月 1822 (rad: 074a 4-04), 服 1833 [Graph] 856e 734b 633a.

服从 fú cóng ∘ to obey, to undergo ◇ se conformer à, accepter, obéir; se soumettre * 1071.

服侍 fú shì ∘ to serve, to attend (the sick) ◇ servir, soigner qqn * 2877.

服装 fú zhuāng ∘ clothes, costume ◇ habits, costume, vêtement * 3192.

服务 fú wù ∘ to serve, to undergo ◇ servir, être au service de, être tout à * 6533.

服务员 fú wù yuán ∘ employee, attendant ◇ employé, garçon de service * 6533 9127.

△ fù | dose (of medicine) ◇ dose (de remède).

腱 jiàn +8176 月聿廴 | tendon ◇ tendon, gros nerfs [Etym] 月 1823 (rad: 130b 4-08), 建 1570 [Graph] 856e 833e 634n.

膁 qiǎn *8177 月兼 | 肷 +8063 | flank ◇ flanc [Etym] 月 1823 (rad: 130b 4-10), 兼 1582 [Graph] 856e 834h.

腴 yú +8178 月臾 | 1° fat 2° fertile ◇ 1° gras 2° fertile [Etym] 月 1823 (rad: 130b 4-08), 臾 1595 [Graph] 856e 835f.

膗 chuái +8179 月山隹 | fat, corpulent ◇ obésité [Etym] 月 1823 (rad: 130b 4-11), 崔 1618 [Graph] 856e 841b 436m.

肫 zhūn +8180 月屯 | 1° dried meat 2° gizzard (fowl) 3° earnest ◇ 1° viande sèche 2° gésier 3° grand, intense [Etym] 月 1823 (rad: 130b 4-04), 屯 1647 [Graph] 856e 842e.

脘 wǎn +8181 月宀元 | esophagus, gastral cavity ◇ oesophage, estomac [Etym] 月 1823 (rad: 130b 4-07), 完 1671 [Graph] 856e 851c 322d.

髕 bìn *8182 月宀丆貝 | 髌 -8187 | patella ◇ rotule [Etym] 月 1823 (rad: 130b 4-14), 賓 1674 [Graph] 856e 851c 331i 023b.

腙 zōng +8183 月宀示 | organic component ◇ composant organique [Etym] 月 1823 (rad: 130b 4-08), 宗 1675 [Graph] 856e 851c 331l.

腚 dìng +8184 月宀疋 | buttocks ◇ fesses [Etym] 月 1823 (rad: 130b 4-08), 定 1690 [Graph] 856e 851c 434f.

胺 àn +8185 月宀女 | corrupted meat ◇ viande pourrie [Etym] 月 1823 (rad: 130b 4-06), 安 1697 [Graph] 856e 851c 611e.

腕 wàn +8186 月宀夕巳 | 1° wrist 2° ankle 3° flexible joint ◇ 1° poignet 2° cheville 3° articulation [Etym] 月 1823 (rad: 130b 4-08), 宛 1699 [Graph] 856e 851c 631b 733a.

髌 bìn -8187 月宀兵 | 髕 *8182 | patella ◇ rotule [Etym] 月 1823 (rad: 130b 4-10), 宾 1703 [Graph] 856e 851c 722h.

腔 qiāng +8188 月穴工 | 1° cavity 2° tone (voice) 3° accent 4° tune (music) 5° speech 6° throat ◇ 1° cavité 2° ton (voix) 3° accent 4° air (musique) 5° discours 6° cou, cage thoracique [Etym] 月 1823 (rad: 130b 4-08), 空 1722 [Graph] 856e 851d 431a.

膣 zhì (1834) 月穴厶土 | [Tra] vagina ◇ vagin [Etym] two sign:flesh (月 1823),hole (穴 1718);phon,to reach (至 1148) ◇ deux sign: chair (月 1823), trou (穴 1718); phon, atteindre (至 1148) [Graph] 856e 851d 612c 432a [Hanzi] zhi4 膣 8189.

膣 zhì +8189 月穴厶土 | vagina ◇ vagin [Etym] 月 1823 (rad: 130b 4-11), 膣 1834 [Graph] 856e 851d 612c 432a.

膀 bǎng +8190 月亠方 | 1° arm, shoulder 2° wing ◇ 1° bras, épaule 2° aile [Etym] 月 1823 (rad: 130b 4-10), 旁 1732 [Graph] 856e 851e 853b.

膀子 bǎng zǐ ◦ upper arm, shoulder; wing (bird) ◇ bras, épaule; aile (oiseau) ✱ 6546.

△ pāng | 膖 *8159 | to swell, bloated ◇ enflé, gonflé.

△ páng |

膀胱 páng guāng ◦ bladder ◇ vessie ✱ 8099.

膪 chuài +8191 月亠巾口 | soft and fatty (pork) ◇ poitrine de porc [Etym] 月 1823 (rad: 130b 4-12), 帝 1733 [Graph] 856e 851e 858a 011a.

膛 táng +8192 月⺌口土 | 1° thorax, chest 2° roof of the mouth 3° chamber ◇ 1° poitrine, thorax 2° palais (bouche) 3° cavité, chambre [Etym] 月 1823 (rad: 130b 4-11), 堂 1743 [Graph] 856e 851h 011a 432a.

脖 bó +8193 月𡗗子 | neck ◇ nuque, col, cou [Etym] 月 1823 (rad: 130b 4-07), 孛 1753 [Graph] 856e 851i 634d.

脖子 bó zǐ ◦ neck ◇ cou ✱ 6546.

脓 nóng -8194 月农 | 膿 *8245 | pus ◇ pus [Etym] 月 1823 (rad: 130b 4-06), 农 1761 [Graph] 856e 851l.

脗 wěn (1835) 月勿口 | [Tra] lips, to kiss ◇ lèvres, baiser [Etym] three sign: flesh (月 1823), mouth (口 2063), moving (勿 1765) ◇ trois sign: chair (月 1823), bouche (口 2063), mouvement (勿 1765) [Graph] 856e 852e 011a [Hanzi] wen3 脗 8195.

脗 wěn *8195 月勿口 | 吻 +9121 | 1° lips 2° to kiss 3° animal's mouth ◇ 1° lèvres, angles de la bouche 2° baiser 3° bouche (animal) [Etym] 月 1823 (rad: 130b 4-07), 脗 1835 [Graph] 856e 852e 011a.

胸 xiōng +8196 月勹乂凵 | 胷 *7903 | 1° chest, thorax, breast 2° mind 3° feelings ◇ 1° poitrine, thorax 2° pensées 3° sentiments [Etym] 月 1823 (rad: 130b 4-06), 匈 1772 [Graph] 856e 852h 243a 841e.

胸靶 xiōng bǎ ◦ chest target ◇ cible de la poitrine ✱ 5391.

胸膛 xiōng táng ◦ chest ◇ poitrine ✱ 8192.

胸脯 xiōng pú ◦ breast, thorax ◇ poitrine, torse ✱ 8207.

胸口 xiōng kǒu ◦ chest ◇ poitrine ✱ 8842.

胞 bāo +8197 月勹巳 | 1° amnion, afterbirth 2° born of the same parents ◇ 1° enveloppe du foetus, placenta 2° germains (frères) [Etym] 月 1823 (rad: 130b 4-05), 包 1778 [Graph] 856e 852h 933b.

朐 qú +8198 月勹口 | 1° dried meat 2° place in Shandong ◇ 1° viande sèche 2° lieu du Shandong [Etym] 月 1823 (rad: 130b 4-05), 句 1779 [Graph] 856e 852h 011a.

肪 fáng +8199 月方 | See ◇ Voir 脂肪 zhi1-fang2 8097-8199 [Etym] 月 1823 (rad: 130b 4-04), 方 1784 [Graph] 856e 853b.

朋 péng (1836) 月月 | [Tra] friend; to match ◇ ami; se lier [Etym] many jewels or stones tied together (prim,> 琴 910, 且 1929) ◇ plusieurs bijoux ou pierres attachés (prim,> 琴 910, 且 1929) [Graph] 856e 856e [Ref] k711, ph387, w64i, wa133,

冂 月

wi48 [Hanzi] peng2 棚 4369, peng2 鬅 4747, peng2 堋 4920, beng1 beng3 beng4 绷 6045, beng1 崩 7577, peng2 朋 8200, peng2 鹏 8201, peng2 鵬 8202, peng2 硼 9754.

朋 péng +8200 月月 | 1° friend 2° to associate 3° to match ◇ 1° ami 2° se lier, s'associer 3° pareil [Etym] 月 1822 (rad: 074a 4-04), 朋 1836 [Graph] 856e 856e.

朋友 péng yǒu。friend ◇ ami * 1523.

鹏 péng +8201 月月鸟 | 鵬 *8202 | roc, fabulous eagle ◇ le rock, aigle fabuleux [Etym] 鸟 2494 (rad: 196s 5-08), 朋 1836 [Graph] 856e 856e Z22e.

鵬 péng *8202 月月鳥 | 鹏 +8201 | roc, fabulous eagle ◇ le rock, aigle fabuleux [Etym] 鳥 2500 (rad: 196a 11-08), 朋 1836 [Graph] 856e 856e Z22h.

胴 dòng +8203 月冂口 | 1° trunk 2° body 3° large intestine ◇ 1° tronc 2° corps 3° gros intestin [Etym] 月 1823 (rad: 130b 4-06), 同 1853 [Graph] 856e 856k 012a.

腩 nǎn +8204 月冂羊 | See ◇ Voir 牛腩 niu2-nan3 3445-8204 [Etym] 月 1823 (rad: 130b 4-09), 南 1881 [Graph] 856e 857k 413c.

臑 nào +8205 月雨而 | bottom part of front limbs of animals ◇ bras, humérus, la partie supérieure des membres antérieurs d'un quadrupède [Etym] 月 1823 (rad: 130b 4-14), 需 1896 [Graph] 856e 858e 857f.

肺 fèi +8206 月市 | lungs ◇ poumon [Etym] 月 1823 (rad: 130b 4-04), 市 1908 [Graph] 856e 858l.

肺病 fèi bìng。tuberculosis ◇ tuberculose pulmonaire * 7105.

脯 fǔ +8207 月甫 | 1° dried meat 2° preserved fruit ◇ 1° viande boucanée 2° fruits confits [Etym] 月 1823 (rad: 130b 4-07), 甫 1914 [Graph] 856e 858n.

△ pú | chest, breast ◇ poitrine.

膊 bó +8208 月甫寸 | arm ◇ bras [Etym] 月 1823 (rad: 130b 4-10), 尃 1915 [Graph] 856e 858n 332b.

肭 nà +8209 月内 | new moon ◇ nouvelle lune [Etym] 月 1822 (rad: 074a 4-04), 内 1919 [Graph] 856e 859a.

朒 nǜ +8210 月肉 | insufficient, shortage, to lack ◇ insuffisant, manquer [Etym] 月 1822 (rad: 074a 4-06), 肉 1920 [Graph] 856e 859b.

脑 nǎo -8211 月囟 | 腦 *8148 | brain ◇ cerveau [Etym] 月 1823 (rad: 130b 4-06), 囟 1926 [Graph] 856e 911c.

脑筋 nǎo jīn。brain, mind; ideas; reflection ◇ cerveau; pensée, idéologie; réflexion * 871.

脑袋 nǎo dài。head ◇ tête * 2912.

脑子 nǎo zǐ。brains, head; mind ◇ cerveau, esprit, mémoire * 6546.

腆 tiǎn +8212 月典 | 靦 +8565 | 1° sumptuous, abundance, to prosper 2° to protrude ◇ 1° abondance, somptueux 2° proéminent [Etym] 月 1823 (rad: 130b 4-08), 典 1941 [Graph] 856e 922c.

腡 luó *8213 月咼口 | 脶 -8221 | fingerprint ◇ empreinte des doigts [Etym] 月 1823 (rad: 130b 4-09), 咼 1948 [Graph] 856e 924d 011a.

脲 niào +8214 月尸水 | 1° urea 2° carbamide ◇ 1° urée 2° carbamide [Etym] 月 1823 (rad: 130b 4-07), 尿 1955 [Graph] 856e 931a 331p.

腒 jū +8215 月尸古 | dried meat of fowls ◇ viande d'oiseaux séchée [Etym] 月 1823 (rad: 130b 4-08), 居 1976 [Graph] 856e 931a 013f.

胪 lú -8216 月卢 | 臚 *8168 | 1° skin 2° to display 3° to make known ◇ 1° peau 2° étaler, exposer 3° informer [Etym] 月 1823 (rad: 130b 4-05), 卢 1992 [Graph] 856e 931f.

腿 tuǐ +8217 月艮辶 | 1° leg, thigh 3° ham ◇ 1° jambe, cuisse 3° jambon [Etym] 月 1823 (rad: 130b 4-09), 退 2004 [Graph] 856e 932c 634o.

肥 féi (1837) 月巴 | [Tra] fleshy; fat; large ◇ charnu; gras; ample [Etym] flesh (1= 月 1823); to bend, have rounded forms (2< 巳 1499, 卮 1367) ◇ de la chair (1= 月 1823); être courbé, en rondeurs (2< 巳 1499, 卮 1367) [Graph] 856e 933c [Ref] h772, w55e [Hanzi] fei2 淝 446, fei2 肥 8218, fei2 蜰 8219.

肥 féi +8218 月巴 | 1° fat, fleshy 2° fertile, to fertilize 3° loose, large ◇ 1° gras, charnu 2° fertiliser, abondant 3° ample [Etym] 月 1823 (rad: 130b 4-04), 肥 1837 [Graph] 856e 933c.

肥沃 féi wò。fertile, ample ◇ fertile, riche * 102.

肥料 féi liào。manure ◇ engrais, fertilisant, fumier * 4607.

肥瘦 féi shòu。size (of garment) ◇ taille (vêtement) * 7094.

肥皂 féi zào。soap ◇ savon * 9976.

蜰 féi +8219 月巴虫 | bedbug ◇ punaise [Etym] 虫 2282 (rad: 142a 6-08), 肥 1837 [Graph] 856e 933c 031d.

膇 zhuì +8220 月自辶 | oedema, swelling of the feet ◇ gonflement des pieds, pieds enflés [Etym] 月 1823 (rad: 130b 4-09), 追 2021 [Graph] 856e 934c 634o.

脶 luó -8221 月口内 | 腡 *8213 | fingerprint ◇ empreinte des doigts [Etym] 月 1823 (rad: 130b 4-07), 呙 2081 [Graph] 856e 011a 859a.

臊 sāo +8222 月口口口木 | foul smell ◇ fétide, rance [Etym] 月 1823 (rad: 130b 4-13), 喿 2094 [Graph] 856e 011a 011a 011a 422a.

△ sào | ashamed, bashful ◇ honteux, confus.

腭 è +8223 月口口亏 | 齶 *8535 | roof of the mouth, palate ◇ palais de la bouche [Etym] 月 1823 (rad: 130b 4-09), 咢 2102 [Graph] 856e 011a 011a Z21c.

膈 gé +8224 月口冂丫 | diaphragm ◇ diaphragme [Etym] 月 1823 (rad: 130b 4-10), 鬲 2118 [Graph] 856e 012a 856k 411c.

脰 dòu +8225 月豆 | neck, throat ◇ cou, gorge [Etym] 月 1823 (rad: 130b 4-07), 豆 2120 [Graph] 856e 012b.

脝 hēng +8226 月亠了 | See ◇ Voir 膨脝 peng2-heng1 8132-8226 [Etym] 月 1823 (rad:

130b 4-07), 享 2124 [Graph] 856e 012c 634a.

脱 tuō +8227 月兑 | 侻4° *3044 | 1° to shed (hair, skin), to come off 2° to take off 3° to escape from 4° to miss out 5° to neglect 6° if, in case of ◇ 1° peler (peau, poil) 2° enlever 3° fuir, éviter 4° omettre, manquer 5° négliger 6° si, au cas où [Etym] 月 1823 (rad: 130b 4-07), 兑 2153 [Graph] 856e 013d.

脱掉 tuō diào。to take off ◇ enlever, défaire * 2692.

脱靶 tuō bǎ。to miss the target (in practice) ◇ manquer la cible * 5391.

脱险 tuō xiǎn。to escape danger ◇ échapper à un danger * 6713.

脱产 tuō chǎn。to be released from production ◇ être dégagé de la production * 6991.

脱离 tuō lí。to leave, to separate ◇ quitter, se séparer de, s'écarter de, se détacher * 8539.

胆 dǎn -8228 月旦一 | 膽 *8167 | 1° gallbladder 2° courage ◇ 1° fiel 2° audace [Etym] 月 1823 (rad: 130b 4-05), 旦 2170 [Graph] 856e 021a ac:z.

胆小 dǎn xiǎo。coward, timid ◇ lâche, craintif, peureux * 2239.

胆子 dǎn zǐ。courage, nerve ◇ audace * 6546.

胆量 dǎn liàng。courage, guts ◇ courage, audace, hardiesse * 9964.

腥 xīng +8229 月日生 | 1° raw meat or fish 2° strong smelling 3° impure 4° sapid food forbidden during Buddhist fast ◇ 1° viandes ou poissons crus 2° odeur forte 3° impur 4° mets sapides interdits pendant abstinence bouddhique [Etym] 月 1823 (rad: 130b 4-09), 星 2181 [Graph] 856e 021a 433b.

腸 cháng *8230 月日昜 | 肠 -8161 | 1° intestines 2° feelings ◇ 1° intestins 2° compassion, sentiments [Etym] 月 1823 (rad: 130b 4-09), 昜 2197 [Graph] 856e 021a 852i.

膃 wà +8231 月日皿 | [Etym] 月 1823 (rad: 130b 4-09), 昷 2201 [Graph] 856e 021a 922a.

膃肭兽 wà nà shòu。ursine seal, fur seal ◇ phoque ursin; phoque à fourrure * 8209 10456.

腹 fù +8232 月复夂 | 1° belly 2° inside, affection ◇ 1° ventre 2° intérieur, intimité, affection [Etym] 月 1823 (rad: 130b 4-09), 复 2214 [Graph] 856e 022b 633e.

腹泻 fù xiè。diarrhea ◇ diarrhée * 404.

腺 xiàn +8233 月白水 | secreting glands ◇ glandes [Etym] 月 1823 (rad: 130b 4-09), 泉 2219 [Graph] 856e 022c 331p.

臞 qú +8234 月目目隹 | emaciated, thin ◇ maigre, décharné [Etym] 月 1823 (rad: 130b 4-18), 瞿 2243 [Graph] 856e 023a 023a 436m.

肿 zhǒng -8235 月中 | 腫 *8242 | to swell ◇ enflure, enfler [Etym] 月 1823 (rad: 130b 4-04), 中 2276 [Graph] 856e 031b.

肿瘤 zhǒng liú。tumor ◇ tumeur * 7118.

腮 sāi +8236 月田心 | 顋 *10424 | cheek ◇ joue [Etym] 月 1823 (rad: 130b 4-09), 思 2316 [Graph] 856e 041a 321c.

胛 jiǎ +8237 月甲 | shoulder-blade ◇ omoplate, région scapulaire [Etym] 月 1823 (rad: 130b 4-05), 甲 2329 [Graph] 856e 041b.

胂 shèn +8238 月申 | arsine ◇ arsine [Etym] 月 1823 (rad: 130b 4-05), 申 2348 [Graph] 856e 042c.

膞 zhuān *8239 月叀寸 | 肫 -8156 | gizzard ◇ gésier [Etym] 月 1823 (rad: 130b 4-11), 專 2351 [Graph] 856e 042f 332b.

腖 dòng *8240 月東 | 胨 -8155 | peptone ◇ peptone [Etym] 月 1823 (rad: 130b 4-08), 東 2365 [Graph] 856e 043g.

脾 pí +8241 月卑 | spleen ◇ rate [Etym] 月 1823 (rad: 130b 4-08), 卑 2366 [Graph] 856e 043h.

脾气 pí qì。nature, mood ◇ humeur, caractère, tempérament; humeur irritable * 11170.

腫 zhǒng *8242 月重 | 肿 -8235 | to swell ◇ enflure, enfler [Etym] 月 1823 (rad: 130b 4-09), 重 2370 [Graph] 856e 043k.

膘 biāo -8243 月覀示 | 臕 *8164 | 1° flanks of an animal 2° fat ◇ 1° flancs d'un animal 2° gras [Etym] 月 1823 (rad: 130b 4-11), 票 2404 [Graph] 856e 051e 331l.

腰 yāo +8244 月覀女 | 1° waist (body, garment) 2° loins 3° pocket 4° middle ◇ 1° taille, ceinture 2° reins 3° poche 4° milieu [Etym] 月 1823 (rad: 130b 4-09), 要 2409 [Graph] 856e 051e 611e.

腰带 yāo dài。belt ◇ ceinture, ceinturon * 4039.

膿 nóng *8245 月曲厂辰 | 脓 -8194 | pus ◇ pus [Etym] 月 1823 (rad: 130b 4-13), 農 2414 [Graph] 856e 052a 721a 312f.

腼 miǎn -8246 月面 | 靦、靦 -10931、*10932 | [Etym] 月 1823 (rad: 130b 4-09), 面 2438 [Graph] 856e 063b.

腼腆 miǎn tiǎn。shy, modest ◇ timide, pudique * 8212.

胭 yān +8247 月囗大 | 臙 *8140 | 1° cosmetics 2° red (cheeks) ◇ 1° cosmétique 2° rouge (joues) [Etym] 月 1823 (rad: 130b 4-06), 因 2444 [Graph] 856e 071a 242a.

腘 guó -8248 月囗玉 | 膕 *8249 | 1° back of the knee 2° glue, gum, sticky ◇ 1° derrière du genou 2° coller, gluant, gélatine [Etym] 月 1823 (rad: 130b 4-08), 国 2449 [Graph] 856e 071a 432o.

膕 guó *8249 月囗戈口一 | 腘 -8248 | 1° back of the knee 2° glue, gum, sticky ◇ 1° derrière du genou 2° coller, gluant, gélatine [Etym] 月 1823 (rad: 130b 4-11), 國 2450 [Graph] 856e 071a 512b 011a ac:z.

膻 shān -8250 月亩口日一 | 羶 *3440 | smell of mutton ◇ odeur du mouton [Etym] 月 1823 (rad: 130b 4-13), 亶 2460 [Graph] 856e 071b 011a 021a ac:z.

肟 wò +8251 月亏 | oxime ◇ oxime [Etym] 月 1823 (rad: 130b 4-03), 亏 2477 [Graph] 856e Z21c.

肊 yì *8252 月乙 | 臆 +8059 | 1° chest, breast 2° subjectively 3° feelings, opinions ◇ 1° poitrine 2° subjectivité 3° sentiments, opinions

冂 月

[Etym] 月 1823 (rad: 130b 4-01), 乙 2506 [Graph] 856e Z31d.

肐 gē *8253 月乞 | 胳 +8160 、骼 +8581 2° | 1° armpit 2° arm ◇ 1° aisselle 2° bras [Etym] 月 1823 (rad: 130b 4-03), 乞 2508 [Graph] 856e Z31e.

肌 jī +8254 月几 | flesh, muscle ◇ chair, viande, muscle [Etym] 月 1823 (rad: 130b 4-02), 几 2516 [Graph] 856e Z33a.

肌肉 jī ròu ∘ muscle ◇ muscle * 8501.

股 gǔ (1838) 月几又 | [Tra] thigh; section ◇ cuisse; partie [Etym] flesh (1= 月 1823) where to strike blows (2,3= 殳 2519) ◇ chair (1= 月 1823) où frapper (2,3= 殳 2519) [Graph] 856e Z33a 633a [Ref] w22d, wi902 [Hanzi] gu3 股 8255.

股 gǔ +8255 月几又 | 1° upper part of the thigh 2° part, share, section 3° strand (rope, wool) ◇ 1° cuisse 2° pièce, partie, part, action 3° brin (corde, laine) [Etym] 月 1823 (rad: 130b 4-04), 股 1838 [Graph] 856e Z33a 633a.

股份 gǔ fèn ∘ share; stock ◇ action; part dans une société * 2952.

股东 gǔ dōng ∘ shareholder ◇ actionnaire * 6325.

股票 gǔ piào ∘ share certificate ◇ titre d'action * 10812.

肮 āng -8256 月亢 | 骯 *8600 | dirty ◇ sale [Etym] 月 1823 (rad: 130b 4-04), 亢 2529 [Graph] 856e Z33d.

肮脏 āng zāng ∘ dirty, filthy ◇ sale, malpropre * 8163.

膙 jiǎng +8257 月弓口虫 | callosity, callus ◇ callosité, durillon [Etym] 月 1823 (rad: 130b 4-12), 强 2546 [Graph] 856e Z42a 011a 031d.

胰 yí +8258 月夷 | 1° pancreas 2° fat in pork bowels ◇ 1° pancréas 2° graisse des entrailles du porc [Etym] 月 1823 (rad: 130b 4-06), 夷 2550 [Graph] 856e Z42d.

睇 tī +8259 月弟 | stibium (Sb) ◇ stibium (Sb) [Etym] 月 1823 (rad: 130b 4-07), 弟 2552 [Graph] 856e Z42f.

脢 méi +8260 月每 | back portion of pork or beef, tenderloin ◇ filet de porc ou de boeuf [Etym] 月 1823 (rad: 130b 4-07), 每 2565 [Graph] 856e Z61b.

前 qián (1839) 亠月刂 | [Tra] before (time, place) ◇ devant; auparavant [Etym] prow (haut) of a ship (1< 舟 1861) cleaving (2= 刂 470) the waters ◇ la proue (haut) d'un bâteau (1< 舟 1861) qui fent (2= 刂 470) l'eau [Graph] acc:d 856e 333b [Ref] k1077, ph431, w66d, wi108 [Hanzi] jian1 湔 447, jian4 箭 873, jian1 榆 4370, qian2 前 8261, jian1 煎 8262, jian3 翦 8263, jian3 剪 8264.

前 qián +8261 亠月刂 | 1° front 2° forward 3° before (time, place) 4° preceding 5° formerly 6° first 7° ex-... ◇ 1° devant, en présence de 2° vers l'avant 3° avant 4° antérieur, ancien 5° autrefois 6° premier 7° ex-... [Etym] 刂 470 (rad: 018b 2-07), 前 1839 [Graph] ac:d 856e 333b.

前人 qián rén ∘ forefathers, predecessors ◇ prédécesseurs, ancêtres * 1070.

前途 qián tú ∘ future ◇ avenir * 1100.

前天 qián tiān ∘ the day before yesterday ◇ avant-hier * 1573.

前头 qián tóu ∘ in front of ◇ devant; partie précédente * 1598.

前任 qián rèn ∘ predecessor (in a post) ◇ prédécesseur (dans une fonction) * 2889.

前往 qián wǎng ∘ to go to, to proceed to ◇ s'engager dans, procéder * 3140.

前年 qián nián ∘ two years before ◇ il y a deux ans * 3476.

前辈 qián bèi ∘ elder; older generation ◇ prédécesseur, générations précédentes * 3511.

前进 qián jìn ∘ to advance, to go forwards ◇ avancer, progresser, aller de l'avant * 4056.

前线 qián xiàn ∘ front; front-line ◇ front (guerre), ligne de feu * 5994.

前夕 qián xī ∘ eve ◇ veille * 6393.

前列 qián liè ∘ front rows ◇ rangées d'en avant * 6419.

前后 qián hòu ∘ around, about (of time); from beginning to end ◇ environ (temps), du début à la fin, devant derrière * 7199.

前边 qián biān ∘ in front of ◇ devant, précédemment, tout à l'heure, plus haut * 7260.

前面 qián miàn ∘ in front of ◇ devant * 10929.

煎 jiān +8262 亠月刂灬 | 1° to fry in shallow oil 2° to decoct ◇ 1° frire dans un peu d'huile 2° faire une décoction [Etym] 灬 130 (rad: 086b 4-09), 前 1839 [Graph] ac:d 856e 333b 222d.

煎熬 jiān áo ∘ torture; to be suffering ◇ être tourmenté, être torturé * 5257.

翦 jiǎn (1840) 亠月刂习习 | [Tra] proper name ◇ nom propre [Etym] wings (3,4= 羽 1472); phon, forwards (1,2= 前 1839) ◇ ailes (3,4= 羽 1472); phon, en avant (1,2= 前 1839) [Graph] acc:d 856e 333b 731c 731c [Hanzi] jian3 翦 8263, jian3 譾 9604.

翦 jiǎn +8263 亠月刂习习 | surname ◇ nom propre [Etym] 羽 1472 (rad: 124a 6-09), 前 1839 [Graph] ac:d 856e 333b 731c 731c.

剪 jiǎn (1841) 亠月刂刀 | [Tra] scissors; to cut ◇ ciseaux; couper [Etym] knife (3= 刀 1477); phon, forwards (1,2= 前 1839) ◇ couteau (3= 刀 1477); phon, en avant (1,2= 前 1839) [Graph] acc:d 856e 333b 732a [Hanzi] jian3 谫 1803, jian3 剪 8264, jian3 0.

剪 jiǎn +8264 亠月刂刀 | 1° scissors 2° to cut 3° to wipe out ◇ 1° ciseaux 2° couper 3° extirper [Etym] 刀 1477 (rad: 018a 2-09), 前 1839 [Graph] ac:d 856e 333b 732a.

剪彩 jiǎn cǎi ∘ to cut the ribbon; to inaugurate ◇ couper le ruban; inaugurer * 690.

剪裁 jiǎn cái ∘ to cut out, to tailor ◇ découper, tailler; choisir les sources (article) * 5536.

剪纸 jiǎn zhǐ ∘ paper-cut ◇ papiers découpés * 5990.

剪子 jiǎn zǐ ∘ scissors ◇ ciseaux * 6546.

剪刀 jiǎn dāo ∘ scissors ◇ ciseaux * 7239.

佾 yì (1842) 八月	[Tra] antique dance ◇ danse antique [Etym] bodies (1= 月 1823) that break up (top< 八 127), gather again ◇ des corps (1= 月 1823) qui se séparent (haut< 八 127), s'assemblent [Graph] acc:h 856e [Ref] k189, w65d [Hanzi] yi4 佾 3003.

冉 rǎn (1843) 冉	[Tra] slow; gradual ◇ lent; graduel [Etym] hairs (< 毛 403) on body (< 月 1823) shorter than on head ◇ poil (< 毛 403) sur le corps (< 月 1823) plus court que les cheveux [Graph] 856f [Ref] w116a [Hanzi] nan2 枏 4371, dan1 聃 5471, ran3 冉 8265.

冉 rǎn *8265 冉 +8413 1° slowly 2° gradually 3° surname ◇ 1° avancer peu à peu 2° graduellement 3° nom propre [Etym] 冂 1819 (rad: 013a 2-02), 冉 1843 [Graph] 856f.

甩 shuǎi (1844) 甩	[Tra] to throw; to toss ◇ rejeter; secouer [Etym] modern form (?): to throw away after use (> 用 1845) ◇ forme moderne (?): rejeter après usage (> 用 1845) [Graph] 856h [Hanzi] shuai3 甩 8266.

甩 shuǎi +8266 甩 1° to swing 2° to throw, to toss 3° to leave somebody behind ◇ 1° se balancer 2° rejeter, secouer 3° laisser tomber [Etym] 用 1845 (rad: 101a 5-00), 甩 1844 [Graph] 856h.

用 yòng (1845) 用	[Tra] to use; aptitude ◇ utiliser; efficace [Etym] {1} bronze vessel (prim) for ancestors hence blessings; {2} ancient bell (prim) ◇ {1} un vase de bronze (prim) offert aux ancêtres, d'où bienfaits; {2} ancienne cloche (prim) [Graph] 856i [Ref] k262, r390, w109b, wa176, wi225 [Hanzi] yong1 拥 2627, yong1 yong4 佣 3004, yong3 甬 6485, yong1 痈 7102, feng4 甮 7897, shuai3 甩 8266, yong4 用 8267, lu4 甪 8335, fu3 甫 8492 [Rad] 101a.

用 yòng +8267 用 1° to use, to employ, to apply 2° expenses, outlay 3° usefulness 4° need 5° to eat, to drink (polite terms) 6° so as to, therefore, thereby ◇ 1° utiliser, employer, se servir de 2° dépenser 3° utilité 4° besoin 5° manger et boire (termes polis), consommer 6° au moyen de, en conséquence, parce que [Etym] 用 1845 (rad: 101a 5-00), [Graph] 856i.

用意 yòng yì ∘ intention, purpose ◇ intention, dessein * 667.

用途 yòng tú ∘ use ◇ usage, emploi * 1100.

用心 yòng xīn ∘ to take care in ◇ s'appliquer à, se donner à, prêter attention à * 2177.

用得着 yòng de zháo ∘ need, to find something. useful ◇ avoir besoin de, utile * 3173 1531.

用不着 yòng bù zháo ∘ not need, to have no use for ◇ inutile de, pas nécessaire de * 4066 1531.

用功 yòng gōng ∘ to apply oneself to ◇ travailler avec soin, application, studieux * 4707.

用处 yòng chǔ ∘ utility ◇ utilité, emploi * 6526.

用品 yòng pǐn ∘ articles for daily use ◇ objets d'usage courant * 9179.

冊 cè (1846) 冊	[Tra] volume; book; copy ◇ registre; livres [Etym] bound bamboo sticks used for writing (prim) (> 册 1820) ◇ des tiges de bambou reliées pour former un livre (prim) (> 册 1820) [Graph] 856j [Ref] k1046, ph103, r448, w156a [Hanzi] zha4 栅 4372, ce4 冊 8268, shan1 删 8269, bian3 pian1 扁 8695.

冊 cè *8268 册 +8053 volume, book, copy ◇ volume, livre, registre [Etym] 冂 1819 (rad: 013a 2-03), 冊 1846 [Graph] 856j.

刪 shān *8269 删 +8054 1° to delete, to erase 2° to revise, to amend ◇ 1° supprimer, effacer 2° réviser, expurger [Etym] 刂 470 (rad: 018b 2-05), 冊 1846 [Graph] 856j 333b.

冂 jiōng (1847) 冂	[Tra] country, suburbs, space ◇ pays, banlieue, espace [Etym] delimitaion of a space (prim) ◇ délimitation d'un espace (prim) [Graph] 856k [Ref] w34a [Hanzi] gang1 冈 8270.

冖 mǎo (1848) 冂二	[Tra] to cover ◇ couvrir [Etym] cover (prim) on a object (horiz) ◇ un couvercle (prim) sur un objet (horiz) [Graph] 856k acc:a [Ref] w34i.

冈 gāng (1849) 冂乂	[Tra] ridge of a mountain ◇ crête de montagne [Etym] modern simplified form of (岡 1857) ◇ forme simplifiée moderne de (岡 1857) [Graph] 856k 243a [Ref] r6b [Hanzi] gang1 gang4 钢 2064, gang1 掆 2628, gang1 棡 4373, gang1 纲 6046, gang3 岗 7578, gang1 冈 8270, gang1 刚 8272.

冈 gāng +8270 岡 *8282 ridge (of a hill) ◇ crête (de montagne) [Etym] 冂 1819 (rad: 013a 2-02), 冈 1849 [Graph] 856k 243a.

网 wǎng (1850) 冂乂乂	[Tra] net; catch in a net ◇ filet; prendre [Etym] a net (prim); contraction (罒 1855, 罒 2374) ◇ un filet

(prim); réduction (冂 1855, 罒 2374) [Graph] 856k 243a 243a [Ref] k1300, w39c, wa64 [Hanzi] wang3 网 8271 [Rad] 122a.

网 wǎng +8271 冂乂乂 | 網 *6220 | 1° net 2° network 3° to catch with a net ◇ 1° filet 2° réseau 3° piège, prendre [Etym] 网 1850 (rad: 122a 6-00), [Graph] 856k 243a 243a.

网球 wǎng qiú ∘ tennis ◇ tennis ✱ 5094.

网兜 wǎng dōu ∘ string bag ◇ filet ✱ 7333.

刚 gāng -8272 冂乂刂 | 剛 *8283 | 1° firm, strong, hard 2° a very short time ago, barely, only just, just now 3° unyielding, stubborn ◇ 1° ferme, dur 2° tout juste, à peine, à l'instant 3° obstiné, rigide [Etym] 刂 470 (rad: 018b 2-04), 冈 1849 [Graph] 856k 243a 333b.

刚才 gāng cái ∘ just earlier on, just now ◇ à l'instant, tout à l'heure ✱ 2311.

刚巧 gāng qiǎo ∘ just, exactly; coincidentally ◇ juste à ce moment; heureusement ✱ 4712.

刚好 gāng hǎo ∘ adequate; just, exactly ◇ approprié, adéquat; justement, par coïncidence ✱ 5792.

刚刚 gāng gāng ∘ just now ◇ tout juste, à peine, à l'instant ✱ 8272.

周 zhōu (1851) 冂土口 | [Tra] circle; entire; around ◇ cercle; tour; partout [Etym] plenitude (3=prim):aptitudes (1,2< 用 1845), fields (1,2< 田 2313) ◇ plénitude (3=prim): des aptitudes (1,2< 用 1845), des champs (1,2< 田 2313) [Graph] 856k 432a 011a [Ref] h504, k1240, ph342, r405a, w109c, wi476, wi780 [Hanzi] diao1 凋 37, diao4 tiao2 调 1804, ti4 倜 3005, chou2 惆 3322, chou2 稠 4557, diao1 琱 5177, chou2 绸 6047, chou2 綢 6218, zhou1 赒 7984, zhou1 周 8273, diao1 彫 8274, diao1 雕 8275, zhou1 週 8276, diao1 鵰 8277, zhao1 zhou1 啁 9136, diao4 tiao2 調 9606, diao1 碉 9755, zhou1 賙 10138, tiao2 蜩 10298, diao1 鲷 10521, diao1 鯛 10615.

周 zhōu +8273 冂土口 | 週 1°2°3°4° *8276 | 1° circumference, circuit, to make a circuit 2° all around, to turn 3° everywhere, universal, complete 4° cycle 5° week, seven days cycle 6° attentive 7° to relieve 8° Zhou Dynasty (c. 11th cent.-256 BC) 9° surname ◇ 1° circonférence, circuit, faire le tour de, mouvement circulaire, orbe 2° autour de, tour 3° partout, universel, complet, révolu 4° cycle 5° semaine, cycle de sept jours 6° attentif 7° soulager 8° dynastie Zhou 9° no [Etym] 口 2063 (rad: 030a 3-05), 周 1851 [Graph] 856k 432a 011a.

周游 zhōu yóu ∘ to travel round ◇ voyager ici et là, faire le tour de ✱ 439.

周刊 zhōu kān ∘ weekly publication; weekly ◇ hebdomadaire, périodique hebdomadaire ✱ 3404.

周年 zhōu nián ∘ anniversary ◇ anniversaire ✱ 3476.

周到 zhōu dào ∘ attentive, perfect ◇ attentionné, parfait, prévoyant, minutieux ✱ 5914.

周围 zhōu wéi ∘ around, round; environment ◇ alentours, environs, entourage, voisinage ✱ 10959.

彫 diāo *8274 冂土口彡 | See ◇ Voir 碉 9755 [Etym] 彡 76 (rad: 059a 3-08), 周 1851 [Graph] 856k 432a 011a 211c.

雕 diāo +8275 冂土口隹 | 鵰 2° *8277 、彫 1° *8274 、琱 1° *5177 | 1° to carve, to engrave 2° vulture ◇ 1° graver, ciseler 2° aigle royal [Etym] 隹 1030 (rad: 172a 8-08), 周 1851 [Graph] 856k 432a 011a 436m.

雕刻 diāo kè ∘ sculpture ◇ sculpture ✱ 6321.

雕塑 diāo sù ∘ sculpture ◇ sculpter et modeler ✱ 7665.

週 zhōu *8276 冂土口辶 | See ◇ Voir 周 8273 [Etym] 辶 1346 (rad: 162b 3-08), 周 1851 [Graph] 856k 432a 011a 634o.

鵰 diāo *8277 冂土口鳥 | See ◇ Voir 雕 8275 [Etym] 鳥 2500 (rad: 196a 11-08), 周 1851 [Graph] 856k 432a 011a Z22h.

冋 jiǒng (1852) 冂口 | [Tra] country; space ◇ pays; espace [Etym] to choose a space (1=prim); to wall it (2=prim,< 冂 2440) ◇ choisir un espace (1=prim); l'enclore (2=prim,< 冂 2440) [Graph] 856k 011a [Ref] k408, ph114, w34k [Hanzi] jiong3 泂 448, jiong3 炯 1024, xiong4 诇 1805, qing3 苘 3885, jiong1 坰 4921, jiong3 絅 6048, jiong3 絅 6219, jiong3 迥 8278, jiong1 扃 8698, qing3 檾 9461, xiong4 詗 9607.

迥 jiǒng +8278 冂口辶 | 1° far away 2° unlike, very different ◇ 1° éloigné, lointain, distance 2° différent [Etym] 辶 1346 (rad: 162b 3-05), 冋 1852 [Graph] 856k 011a 634o.

同 tóng (1853) 冂𠮛 | [Tra] same; agree; together ◇ pareil; accord; avec [Etym] {1} cover (1=prim) well fit to an opening (2=prim); {2} an object (2=prim) in a mould (1< 凡 2522) ◇ {1} un couvercle (1=prim) adapté à une ouverture (2=prim); {2} un objet (2=prim) dans un moule (1< 凡 2522) [Graph] 856k 012a [Ref] h187, k1150, ph246, r12j, r26g, w34i, wa106, wi249 [Hanzi] dong4 洞 449, tong3 筒 874, tong2 烔 1025, tong2 銅 1286, tong2 铜 2065, dong4 tong2 tong3 侗 3006, tong4 衕 3166, dong4 恫 3323, tong2 茼 3886, tong2 桐 4374, dong4 tong2 垌 4922, tong1 痌 7103, dong4 tong2 峒 7579, dong4 胴 8203, tong2 tong4 同 8279, dong4 硐 9756, tong2 鲖 10522, tong2 鮦 10616, tong2 酮 10900.

同 tóng +8279 冂𠮛 | 1° same, alike, to be the same as 2° together 3° with ◇ 1° semblable, le même 2° se réunir, ensemble 3° avec [Etym] 口 2063 (rad: 030a 3-03), 同 1853 [Graph] 856k 012a.

同意 tóng yì ∘ to agree ◇ être d'accord, consentir ✱ 667.

同等 tóng děng ∘ to the same class, rank ◇ égal, équivalent ✱ 792.

冂 冂

同伙 tǒng huǒ 。 to work in partnership; partner ◇ associé, consort ＊ 2785.

同伴 tǒng bàn 。 companion ◇ compagnon, camarade, copain, collègue ＊ 2857.

同行 tǒng háng 。 of the same occupation or trade; colleague ◇ du même métier, homologue; collègue, confrère ＊ 3128.

同情 tǒng qíng 。 to sympathize with ◇ sympathiser avec; avoir pitié ＊ 3261.

同样 tǒng yàng 。 same, equal, similar ◇ semblable, égal, similaire, de même sorte ＊ 4163.

同志 tǒng zhì 。 comrade, fellow ◇ camarade ＊ 4994.

同感 tǒng gǎn 。 the same feeling ◇ du même sentiment, penser de même ＊ 5557.

同乡 tǒng xiāng 。 compatriot (from the same province, village) ◇ compatriote (même province, région) ＊ 6295.

同学 tǒng xué 。 school mate ◇ camarade de classe ＊ 7854.

同胞 tǒng bāo 。 compatriot ◇ compatriote ＊ 8197.

同居 tǒng jū 。 to live together; to cohabit ◇ vivre sous le même toit, cohabiter ＊ 8661.

同时 tǒng shí 。 at the same time, simultaneously ◇ en même temps, à la fois, simultanéité; de plus ＊ 9861.

同盟 tǒng méng 。 alliance, league ◇ alliance, coalition ＊ 9935.

同事 tǒng shì 。 colleague ◇ collègue, confrère ＊ 10387.

△ tòng | 衕 *3166 | (hu2 - r) lane, alley ◇ (hu2 - r) ruelle, chemin.

囧 jiǒng (1854) 冋口 | [Tra] light; bright ◇ lumière, clarté [Etym] {?} to open (< 八 127) the cover (> 同 1853) ◇ {?} ouvrir (< 八 127) un couvercle (> 同 1853) [Graph] 8561 011a [Ref] k409 [Hanzi] yi4 裔 2141, yu4 矞 6479, jiong3 囧 8280.

囧 jiǒng +8280 冋口 | light, bright ◇ lumière, clarté, clair, lumineux, éclairé [Etym] 冂 1819 (rad: 013a 2-05), 囧 1854 [Graph] 8561 011a.

罒 wǎng (1855) 罒 | [Tra] net ◇ filet [Etym] reduction of (网 1850) ◇ réduction de (网 1850) [Graph] 856m [Rad] 122c.

罔 wǎng (1856) 罒亡 | [Tra] disappearance; not ◇ disparaître; non [Etym] hidden (2< 亡 1533); covered with a net (1< 菜 649) ->absent ◇ être caché (2< 亡 1533); couvert d'un filet (1< 菜 649) ->absence [Graph] 856m 811f [Ref] k1301, ph408, w39c, wi719 [Hanzi] wang3 惘 3324, wang3 網 6220, wang3 辋 6368, wang3 罔 8281, wang3 輞 10713, wang3 魍 10745.

罔 wǎng +8281 罒亡 | 1° to deceive, to cheat 2° no, not, without 3° to overtake 4° misfortune ◇ 1° tromper, duper 2° non, ne pas 3° prendre 4° malheur [Etym] 罒 1855 (rad: 122c 5-03), 罔 1856 [Graph] 856m 811f.

岡 gāng (1857) 罒山 | [Tra] ridge of a hill ◇ crête de montagne [Etym] mountain (2< 山 1611) under a net (1,2top< 网 1850) of clouds ◇ une montagne (2< 山 1611) sous un filet (1,2haut< 网 1850) de nuages [Graph] 856m 841b [Ref] k304, ph366, r6b, w39c [Hanzi] gang1 gang4 鋼 1287, gang1 掆 2629, gang1 棡 4375, gang1 綱 6221, gang3 崗 7580, gang1 岡 8282, gang1 剛 8283, gang1 甌 8284.

岡 gāng *8282 | 冈 +8270 | ridge (of a hill) ◇ crête (de montagne) [Etym] 山 1611 (rad: 046a 3-05), 岡 1857 [Graph] 856m 841b.

剛 gāng *8283 罒山刂 | 刚 -8272 | 1° firm, strong, hard 2° a very short time ago, barely, only just, just now 3° unyielding, stubborn ◇ 1° ferme, dur 2° tout juste, à peine, à l'instant 3° obstiné, rigide [Etym] 刂 470 (rad: 018b 2-08), 岡 1857 [Graph] 856m 841b 333b.

甌 gāng *8284 罒山瓦 | 缸 +7638 | jar, vat ◇ jarre, cuve [Etym] 瓦 2531 (rad: 098a 4-08), 岡 1857 [Graph] 856m 841b Z33f.

丽 857

丽 lí (1858) 丽丹 | [Tra] beautiful; group, set ◇ beau, joli; groupe [Etym] modern simplified form of (丽 1859) ◇ forme simplifiée moderne de (丽 1859) [Graph] 857a 856b [Ref] h1926 [Hanzi] li4 俪 3007, li2 li4 丽 8285, li3 逦 8287, li2 鲡 10523, shai1 shi1 酾 10901, li2 骊 11127.

丽 lí +8285 丽丹 | 麗 *8289 | 1° Korea 2° place in Zhejiang ◇ 1° Corée 2° lieu du Zhejiang [Etym] 一 3 (rad: 001a 1-06), 丽 1858 [Graph] 857a 856b.

△ lì | 麗 *8289 | beautiful, radiant, glorious ◇ beauté, beau, joli.

郦 lì -8286 丽丹阝 | 酈 *8290 | 1° place in Shandong 2° surname ◇ 1° lieu du Shandong 2° nom propre [Etym] 阝 1316 (rad: 163b 2-08), 丽 1859 [Graph] 857a 856b 634j.

逦 lǐ -8287 丽丹辶 | 邐 *8291 | See ◇ Voir 迤逦 yi2-li3 7279-8287 [Etym] 辶 1346 (rad: 162b 3-07), 丽 1858 [Graph] 857a 856b 634o.

鹂 lí -8288 丽丹鸟 | 鸝 *8292 | See ◇ Voir 黄鹂 huang2-li2 5409-8288 [Etym] 鸟 2494 (rad: 196s 5-08), 丽 1859 [Graph] 857a 856b Z22e.

丽 lí (1859) 丽丽 | [Tra] beautiful; group, set ◇ beau; joli; groupe [Etym] two pendants or adzes (prim) ->group, set, beautiful ◇ deux pendentifs ou hachettes (prim) ->groupe, beau [Graph] 857a 857a [Ref] h187, w163a [Hanzi] li4 郦 8286, li2 鹂 8288.

麗 lí (1860) 丽丽广龷匕匕 | [Tra] beautiful, radiant ◇ beau, joli [Etym] group (1,2= 丽 1859) of deers (3,4,5= 鹿 1398) ->beautiful ◇ groupe (1, 2= 丽 1859) de cerfs (3,4,5= 鹿 1398) ->beau [Graph] 857a 857a 721b 821b 311d 321b [Ref] h1926, k540, ph844, w136a, w163b, wa55, wi799 [Hanzi] sa3 灑 450, li4 儷 3008, li2

li4 麗 8289, li4 酈 8290, li3 邐 8291, li2 鸝 8292, shai4 曬 9936, li2 鱺 10617, shai1 shi1 釃 10902, li2 驪 11069.

麗 l í *8289 | 丽 +8285 | 1° Korea 2° place in Zhejiang ◇ 1° Corée 2° lieu du Zhejiang [Etym] 鹿 1398 (rad: 198a 11-08), 麗 1860 [Graph] 857a 857a 721b 821b 311d 321b.
冂冂广龷匕匕

△ l ì | 丽 +8285 | beautiful, radiant, glorious ◇ beauté, beau, joli.

酈 l ì *8290 | 郦 -8286 | 1° place in Shandong 2° surname ◇ 1° lieu du Shandong 2° nom propre [Etym] 阝 1316 (rad: 163b 2-19), 麗 1860 [Graph] 857a 857a 721b 821b 311d 321b 634j.
冂冂广龷匕匕阝

邐 l ǐ *8291 | 逦 -8287 | See ◇ Voir 迤逦 yi2-li3 7279-8287 [Etym] 辶 1346 (rad: 162b 3-19), 麗 1860 [Graph] 857a 857a 721b 821b 311d 321b 634o.
冂冂广龷匕匕辶

鸝 l í *8292 | 鹂 -8288 | See ◇ Voir 黄鹂 huang2-li2 5409-8288 [Etym] 鳥 2500 (rad: 196a 11-19), 麗 1860 [Graph] 857a 857a 721b 821b 311d 321b Z22h.
冂冂广龷匕匕鳥

舟 z h ō u (1861) 舟 | [Tra] boat, ship ◇ bateau, barque [Etym] boat (prim) ◇ un bateau (prim) [Graph] 857b [Ref] h1354, k1239, r26, r35p, w66a, wa141, wi353 [Hanzi] zhou1 俯 3009, zhou1 辀 6369, zhou1 舟 8293, pan2 盘 8318, zhou1 鸼 8327, zhou1 鵃 8328, zhou1 輈 10714 [Rad] 137a.

舟 z h ō u +8293 | boat ◇ bateau, barque [Etym] 舟 1861 (rad: 137a 6-00), [Graph] 857b.
舟

艟 c h ō n g +8294 | 衝 *3179 | long canoe ◇ long canot [Etym] 舟 1861 (rad: 137a 6-12), 童 99 [Graph] 857b 221a 043j.
舟立里

艅 y ú +8295 | large boat in ancient times ◇ grand bateau antique [Etym] 舟 1861 (rad: 137a 6-07), 余 192 [Graph] 857b 233a 422c.
舟亼禾

舱 c ā n g -8296 | 艙 *8297 | hold of a ship, cabin ◇ cale de navire, cabine [Etym] 舟 1861 (rad: 137a 6-04), 仓 210 [Graph] 857b 233a 733a.
舟亼㔾

艙 c ā n g *8297 | 舱 -8296 | hold of a ship, cabin ◇ cale de navire, cabine [Etym] 舟 1861 (rad: 137a 6-10), 倉 217 [Graph] 857b 233a 931h 011a.
舟亼户口

舣 y ǐ -8298 | 艤、檥 *8304、*4224 | to moor (a boat) ◇ amarrer un bateau [Etym] 舟 1861 (rad: 137a 6-03), 义 346 [Graph] 857b 243f.
舟义

舸 g ě +8299 | barge ◇ chaland, péniche [Etym] 舟 1861 (rad: 137a 6-05), 可 421 [Graph] 857b 331c 011a.
舟丁口

舴 z é +8300 | small boat ◇ canot [Etym] 舟 1861 (rad: 137a 6-05), 乍 551 [Graph] 857b 412f.
舟乍

舴艋 z é m ě n g 。 small boat ◇ petite barque * 8308.

艨 m é n g +8301 | 蒙 +3833 | war-junk, cruiser, ancient warship ◇ croiseur, ancien vaisseau de guerre [Etym] 舟 1861 (rad: 137a 6-13), 蒙 660 [Graph] 857b 415c 851a 522c.
舟艹冖豕

舡 c h u á n *8302 | 船、舩 +8333、*8306 | boat ◇ bateau [Etym] 舟 1861 (rad: 137a 6-03), 工 808 [Graph] 857b 431a.
舟工

艢 q i á n g *8303 | 樯、檣 -4228、*4206 | mast ◇ mât [Etym] 舟 1861 (rad: 137a 6-13), 嗇 828 [Graph] 857b 432a 232a 232a 071a 011a.
舟土人人回口

艤 y ǐ *8304 | 舣、檥 -8298、*4224 | to moor (a boat) ◇ amarrer un bateau [Etym] 舟 1861 (rad: 137a 6-13), 義 922 [Graph] 857b 432g 512f.
舟羊我

艇 t ǐ n g +8305 | light boat, barge ◇ barque, canot [Etym] 舟 1861 (rad: 137a 6-06), 廷 931 [Graph] 857b 432k 634n.
舟壬廴

舩 c h u á n *8306 | 船、舡 +8333、*8302 | boat ◇ bateau [Etym] 舟 1861 (rad: 137a 6-04), 公 1161 [Graph] 857b 612h.
舟公

舷 x i á n +8307 | 1° hull (vessel) 2° board (boat) ◇ 1° flanc (navire) 2° pont (navire) [Etym] 舟 1861 (rad: 137a 6-05), 玄 1204 [Graph] 857b 613g.
舟玄

艋 m ě n g +8308 | See ◇ Voir 舴艋 ze2-meng3 8300-8308 [Etym] 舟 1861 (rad: 137a 6-08), 孟 1308 [Graph] 857b 634d 922a.
舟子皿

艣 l ǔ *8309 | 橹、櫓、樐、艪 -4455、*4456、*4299、*8323 | 1° tower 2° oar, scull, sweep ◇ 1° tour 2° rame, aviron, godille [Etym] 舟 1861 (rad: 137a 6-13), 虜 1447 [Graph] 857b 721g 321e 041a 732f.
舟虍七田力

艫 l ú *8310 | 舻 -8319 | See ◇ Voir 舳舻 zhu2-lu2 8324-8319 [Etym] 舟 1861 (rad: 137a 6-16), 盧 1448 [Graph] 857b 721g 321e 041a 922a.
舟虍七田皿

舨 b ǎ n +8311 | small Chinese boat, sampan ◇ canot, sampan [Etym] 舟 1861 (rad: 137a 6-04), 反 1454 [Graph] 857b 722a 633a.
舟厂又

艘 s ō u +8312 | measure-word (boat, junk, tanker) ◇ spécificatif (jonques, bateaux) [Etym] 舟 1861 (rad: 137a 6-09), 叟 1596 [Graph] 857b 835g 633a.
舟申又

舢 s h ā n +8313 | [Etym] 舟 1861 (rad: 137a 6-03), 山 1611 [Graph] 857b 841b.
舟山

舢板 s h ā n b ǎ n 。 1° sampan; 2° small boat ◇ 1° sampan; 2° petite barque * 4301.

舵 d u ò +8314 | rudder, helm ◇ gouvernail [Etym] 舟 1861 (rad: 137a 6-05), 它 1665 [Graph] 857b 851c 321b.
舟宀匕

舵手 d u ò s h ǒ u 。 helmsman ◇ timonier * 2748.

舫 f ǎ n g +8315 | boat ◇ bac, bateau, deux bateaux attachés à bord [Etym] 舟 1861 (rad: 137a 6-04), 方 1784 [Graph] 857b 853b.
舟方

舰 j i à n -8316 | 艦 *8320 | warship, naval vessel ◇ jonque de guerre, navire militaire [Etym] 舟 1861 (rad: 137a 6-04), 见 1801 [Graph] 857b 854c.
舟见

舰艇 j i à n t ǐ n g 。 warship ◇ navire de guerre * 8305.

艄 s h ā o +8317 | 1° stern (vessel) 2° rudder, helm ◇ 1° poupe d'un navire 2° gouvernail [Etym] 舟 1861 (rad: 137a 6-07), 肖 1878 [Graph] 857b 857i.
舟肖

盘 pán -8318 | 盤 *8331 | 1° tray, plate, dish 2° measure-word: coil of incense
舟皿
3° market price, expenses 4° to coil up, to twist 5° to examine 6° to transfer 7° game 8° surname ◇ 1° plateau, plat, assiette 2° spécificatif: serpentin, viatique 3° prix du marché 4° enrouler, replié sur soi 5° examiner à fond, scruter 6° transférer 7° jeu 8° nom propre [Etym] 皿 1939 (rad: 108a 5-06), 舟 1861 [Graph] 857b 922a.

盘子 pán zǐ。plate, dish ◇ assiette, plat, plateau ＊ 6546.

盘问 pán wèn。to interrogate, to cross-examine ◇ questionner, interroger à fond ＊ 8035.

舻 lú -8319 | 艫 *8310 | See ◇ Voir 舳舻 zhu2-lu2 8324-8319 [Etym] 舟 1861 (rad: 137a 6-05), 卢 1992 [Graph] 857b 931f.
舟卢

艦 jiàn *8320 | 舰 -8316 | warship, naval vessel ◇ jonque de guerre, navire militaire [Etym] 舟 1861 (rad: 137a 6-14), 監 2045 [Graph] 857b 935b ac:f 111a 922a.
舟臣⺮一皿

舶 bó +8321 | great junk ◇ jonque [Etym] 舟 1861 (rad: 137a 6-05), 白 2216 [Graph] 857b 022c.
舟白

艎 huáng +8322 | ferry-boat ◇ bac [Etym] 舟 1861 (rad: 137a 6-09), 皇 2221 [Graph] 857b 022c 432e.
舟白王

艪 lǔ *8323 | 橹 -4455、櫓 *4456、樐 *4299、艣 *8309 | 1° tower 2° oar, scull, sweep ◇ 1° tour 2° rame, aviron, godille [Etym] 舟 1861 (rad: 137a 6-15), 魯 2344 [Graph] 857b 041j 021a.
舟魚日

舳 zhú +8324 | stern of a vessel ◇ poupe [Etym] 舟 1861 (rad: 137a 6-05), 由 2345 [Graph] 857b 042a.
舟由

舳舻 zhú lú。1° square boat; 2° convoy of ships ◇ 1° banc, ponton; 2° convoi de navires ＊ 8319.

艚 cáo +8325 | sea-going junk ◇ jonque [Etym] 舟 1861 (rad: 137a 6-11), 曹 2416 [Graph] 857b 052b 021a.
舟曲日

舾 xī +8326 | equipment for boats and ships, to equip, to fit out ◇ équipements d'un bateau, équiper, installer [Etym] 舟 1861 (rad: 137a 6-06), 西 2427 [Graph] 857b 062b.
舟西

舟鸟 zhōu -8327 | 鵃 *8328 | See ◇ Voir 鹘鸼 gu3-zhou1 8597-8327 [Etym] 鸟 2494 (rad: 196s 5-06), 舟 1861 [Graph] 857b Z22e.
舟鸟

鵃 zhōu *8328 | 鸼 -8327 | See ◇ Voir 鹘鸼 gu3-zhou1 8597-8327 [Etym] 鳥 2500 (rad: 196a 11-06), 舟 1861 [Graph] 857b Z22h.
舟鳥

般 bān (1862) | [Tra] kind; manner; equal ◇ espèce; manière; égal [Etym] phon:hands moving (2,3= 殳 2519) oars of boat (1= 舟 1861) ◇ phon: des mains actionnant (2,3= 殳 2519) les rames d'un bateau (1= 舟 1861) [Graph] 857b Z33a 633a [Ref] h1714, k690, ph555, r30n, w66b, wi238 [Hanzi] ban1 搬 2630, ban1 瘢 7104, ban1 般 8329, pan2 槃 8330, pan2 盤 8331, pan2 磐 8332.
舟几又

般 bān +8329 | 1° sort, kind 2° manner 3° fashion ◇ 1° espèce, classement 2° manière 3° mode [Etym] 舟 1861 (rad: 137a 6-04), 般 1862 [Graph] 857b Z33a 633a.
舟几又

槃 pán +8330 | See ◇ Voir 涅槃 nie4-pan2 528-8330 [Etym] 木 723 (rad: 075a 4-10), 般 1862 [Graph] 857b Z33a 633a 422a.
舟几又木

盤 pán *8331 | 盘 -8318 | 1° tray, plate, dish 2° measure-word: coil of incense 3° market price, expenses 4° to coil up, to twist 5° to examine 6° to transfer 7° game 8° surname ◇ 1° plateau, plat, assiette 2° spécificatif: serpentin, viatique 3° prix du marché 4° enrouler, replié sur soi 5° examiner à fond, scruter 6° transférer 7° jeu 8° nom propre [Etym] 皿 1939 (rad: 108a 5-10), 般 1862 [Graph] 857b Z33a 633a 922a.
舟几又皿

磐 pán +8332 | [Etym] 石 2149 (rad: 112a 5-10), 般 1862 [Graph] 857b Z33a 633a 013b.
舟几又石

磐石 pán shí。1° huge stone; 2° base; 3° solid ◇ 1° rocher; 2° base; 3° ferme ＊ 9642.

船 chuán (1863) | [Tra] boat ◇ bateau [Etym] boat (1= 舟 1861) opening up throughways (2,3< 谷 235) ◇ un bateau (1= 舟 1861) qui s'ouvre des passages (2,3< 谷 235) [Graph] 857b Z33a 011a [Ref] r35p, w18e, wi353 [Hanzi] chuan2 船 8333.
舟几口

船 chuán +8333 | 舩 *8306、舡 *8302 | boat ◇ bateau [Etym] 舟 1861 (rad: 137a 6-05), 船 1863 [Graph] 857b Z33a 011a.
舟几口

船长 chuán zhǎng。captain; skipper ◇ capitaine (de navire) ＊ 2139.

船主 chuán zhǔ。ship-owner ◇ armateur ＊ 5212.

船员 chuán yuán。ship's crew ◇ équipage marin ＊ 9127.

船只 chuán zhī。vessels, shipping ◇ bateau, navire ＊ 9278.

航 háng +8334 | 1° to navigate, to cross 2° boat, ship ◇ 1° traverser, naviguer 2° bac, bateau [Etym] 舟 1861 (rad: 137a 6-04), 亢 2529 [Graph] 857b Z33d.
舟亢

航海 háng hǎi。navigation ◇ navigation ＊ 631.

航行 háng xíng。to sail, to navigate ◇ naviguer ＊ 3128.

航运 háng yùn。shipping ◇ transport maritime ou aérien ＊ 5919.

航线 háng xiàn。air or shipping line ◇ lignes aériennes ou maritimes ＊ 5994.

航空 háng kōng。aviation ◇ aviation, navigation aérienne ＊ 7811.

甪 lù (1864) | [Tra] place name ◇ nom de lieu [Etym] different writing for (角 1883) ◇ autre graphie pour (角 1883) [Graph] 857c [Hanzi] lu4 甪 8335.
甪

甪 lù 8335 | 角 *8336 | 1° place in Jiangsu 2° place in Zhejiang ◇ 1° lieu du Jiangsu 2° lieu du Zhejiang [Etym] 用 1845 (rad: 101a 5-01), 甪 1864 [Graph] 857c.
甪

冄 lù (1865) 冄 [Tra] place name ◇ nom de lieu [Etym] different writing for (角 1883) ◇ autre graphie pour (角 1883) [Graph] 857d [Hanzi] lu4 冄 8336.

冄 lù *8336 冄 | 用 8335 | 1° place in Jiangsu 2° place in Zhejiang ◇ 1° lieu du Jiangsu 2° lieu du Zhejiang [Etym] 用 1845 (rad: 101a 5-01), 冄 1865 [Graph] 857d.

奧 ào (1866) 冂米大 [Tra] lares; mysterious ◇ lares; secret [Etym] different writing for (奥 1868) ◇ autre graphie pour (奥 1868) [Graph] 857e 422f 242a [Ref] h1038, ph750, wi801 [Hanzi] ao4 澳 451, yu4 燠 1026, ao4 懊 3325, ao4 墺 4923, ao4 奥 8337, ao4 嶴 8338, o1 噢 9137.

奥 ào +8337 冂米大 | 奧 *8340 | 1° secret, mysterious 2° corner where the lares were placed 3° oersted ◇ 1° secret, mystérieux 2° niche des lares 3° oersted [Etym] 大 257 (rad: 037a 3-09), 奧 1866 [Graph] 857e 422f 242a.

奥林匹克 ào lín pǐ kè ◦ Olympic ◇ olympique ✱ 4180 7292 9816.

奥妙 ào miào ◦ profound; secret; subtle ◇ profond; secret; subtil ✱ 5744.

嶴 ào *8338 冂米大山 | 岙 -1596 | vest, short coat, quilted dressing-gown ◇ veste, vêtement doublé, robe ou veste ouatée [Etym] 山 1611 (rad: 046a 3-12), 奧 1866 [Graph] 857e 422f 242a 841b.

粤 yuè (1867) 冂米亏 [Tra] examine; exclamation ◇ scruter; exclamation [Etym] be astonished (3< 亏 2477) before inquiry (1,2< 審 1685) ◇ étonnement (3< 亏 2477) avant l'enquête (1,2< 審 1685) [Graph] 857e 422f Z21c [Hanzi] yue4 粵 8339.

粤 yuè +8339 冂米亏 | 1° to examine 2° initial particle 3° another name for Guangdong Province ◇ 1° scruter 2° particule initiale 3° autre nom de la province de Guangdong [Etym] 丿 74 (rad: 004a 1-11), 粵 1867 [Graph] 857e 422f Z21c.

奥 ào (1868) 冂采大 [Tra] lares; mysterious ◇ lares; secret [Etym] dark corner: discriminate (1,2< 馬 2486) gropingly (3< 廾 701) ◇ lieu sombre où on discerne (1,2< 審 1685) les choses à tâtons (3< 廾 701) [Graph] 857e 422g 242a [Ref] h1038, k7, w123f [Hanzi] ao4 澳 452, yu4 燠 1027, ao4 懊 3326, ao4 墺 4924, ao3 襖 6675, ao4 奥 8340, o1 噢 9138.

奧 ào *8340 冂采大 | 奥 +8337 | 1° secret, mysterious 2° corner where the lares were placed 3° oersted ◇ 1° secret, mystérieux 2° niche des lares 3° oersted [Etym] 大 257 (rad: 037a 3-10), 奥 1868 [Graph] 857e 422g 242a.

冈 lǔ (1869) 冂又 [Tra] salt ◇ sel [Etym] reduction of (鹵 2424, 卤 2422) ◇ réduction de (鹵 2424, 卤 2422) [Graph] 857e 633a [Hanzi] nao2 硇 9757.

向 xiàng (1870) 冂口 [Tra] towards; direction ◇ vers; direction [Etym] roof (1< 宀 1661); small window (2=prim) (# 囱 2461) in the north ◇ une petite fenêtre (2=prim) (# 囱 2461) sous un toit (1< 宀 1661) au nord [Graph] 857e 011a [Ref] h278, k137, ph200, r44r, w36e, wa98, wi189 [Hanzi] xiang3 饷 1872, shang3 垧 4925, xiang4 嚮 6300, xiang4 向 8341, xiang3 响 9139, shang3 晌 9937.

向 xiàng +8341 冂口 | 嚮 *6300 、 鄉 *9896 | 1° direction 2° facing, opposite to 3° to favor, partial 4° among 5° always 6° window 7° surname ◇ 1° direction 2° en face de 3° favoriser, partialité 4° parmi 5° toujours 6° fenêtre, lucarne au nord 7° nom de famille [Etym] 口 2063 (rad: 030a 3-03), 向 1870 [Graph] 857e 011a.

向往 xiàng wǎng ◦ to look forward to; to yearn for ◇ aspirer à, être attiré vers ✱ 3140.

向来 xiàng lái ◦ always, all along ◇ depuis toujours, jusqu'à présent ✱ 4672.

向上 xiàng shàng ◦ up, upward ◇ vers le haut, faire des progrès ✱ 4718.

向导 xiàng dǎo ◦ guide ◇ guide ✱ 8728.

向日葵 xiàng rì kuí ◦ sunflower ◇ tournesol ✱ 9838 3757.

而 ér (1871) 而 [Tra] and; then; but; you ◇ et; alors; mais; tu, toi [Etym] {ph.b.} beard hanging from chin (prim), hence to add, conjunction ◇ {e.ph.} barbe au menton (prim), d'où ajouter, conjonction [Graph] 857f [Ref] k10, ph193, r123, w164a, wa16, wi635 [Hanzi] zhai1 斋 1671, er2 而 8342, nü4 恧 8343, er2 鸸 8346, er2 鴯 8347, xu1 需 8451 [Rad] 126a.

而 ér +8342 而 | 1° and 2° but 3° you 4° then, in the meantime ◇ 1° et 2° mais, cependant 3° tu, toi, vous 4° alors, par suite [Etym] 而 1871 (rad: 126a 6-00), [Graph] 857f.

而且 ér qiě ◦ not only ... but also ◇ et, mais encore, également ✱ 8541.

而已 ér yǐ ◦ that is all; nothing more ◇ simplement, sans plus ✱ 8726.

耎 ruǎn (1872) 而大 [Tra] soft; weak ◇ mou; faible [Etym] flexible as a man's (2= 0) beard (1= 而 1871) ◇ souple comme la barbe (1= 而 1871) d'un homme (2= 0) [Graph] 857f 242a [Ref] k946, ph456, w164a [Hanzi] nuo4 稬 4558, ru2 蝡 10299, ruan3 輭 10715.

恧 nǜ +8343 而心 | to be ashamed ◇ avoir honte [Etym] 心 397 (rad: 061a 4-06), 而 1871 [Graph] 857f 321c.

耐 nài (1873) 而寸 [Tra] to endure; be able ◇ endurer; patienter [Etym] hand (2= 寸 441) playing with one's beard (1= 而 1871) ->patience ◇ se passer la main (2= 寸 441) dans la barbe (1= 而 1871) -> patienter [Graph] 857f 332b [Ref] h1542, w164a [Hanzi] nai4 耐 8344.

耐 nài +8344 而寸 | 1° to endure, patient, to suffer 2° stout ◇ 1° endurer, supporter, patienter 2° résistant [Etym] 而 1871 (rad: 126a 6-03), 耐 1873 [Graph] 857f 332b.

耐烦 nài fán。patient ◇ patient (employé dans négation) * 1022.

耐心 nài xīn。patient ◇ patient; patience * 2177.

耐性 nài xìng。patience ◇ patience * 3262.

耍 shuǎ (1874) 而女 | [Tra] to play; flourish ◇ jouer; s'amuser [Etym] actors disguised in women (2= 女 1122) or with beard (1= 而 1871) ◇ des acteurs déguisés en femmes (2= 女 1122) ou avec barbe (1= 而 1871) [Graph] 857f 611e [Ref] w164a, wi986 [Hanzi] shua3 耍 8345.

耍 shuǎ +8345 而女 | 1° to play with 2° to flourish 3° to play (tricks) ◇ 1° jouer, s'amuser 2° plaisanter, agiter 3° jouer un tour à quelqu'un [Etym] 而 1871 (rad: 126a 6-03), 耍 1874 [Graph] 857f 611e.

鸸 ér -8346 而鸟 | 鴯 *8347 | [Etym] 鸟 2494 (rad: 196s 5-06), 而 1871 [Graph] 857f Z22e.

鸸鹋 ér miáo。emu ◇ émeu * 3981.

鴯 ér *8347 而鳥 | 鸸 -8346 | See ◇ Voir 鸸鹋 er2-miao2 8346-3981 [Etym] 鳥 2500 (rad: 196a 11-06), 而 1871 [Graph] 857f Z22h.

啇 dì (1875) 啇古 | [Tra] base; stem; root ◇ origines; racine [Etym] center or mouth (2< 口 2063); phon or emperor (1< 帝 1733) ◇ un centre ou une bouche (2< 口 2063); phon ou empereur (1< 帝 1733) [Graph] 857g 013f [Ref] k987, ph650, w120h [Hanzi] di1 滴 453, di1 di2 鏑 1288, zhe2 谪 1806, di1 di2 镝 2066, zhai1 摘 2631, di2 嫡 5828, di2 敵 8348, shi4 適 8349, di1 di2 嘀 9140, di2 zhi2 蹢 9386.

敵 dí *8348 啇古攵 | 敌 -9822 | 1° enemy, competitor 2° to oppose 3° to match ◇ 1° ennemi, rival 2° combattre 3° contrebalancer [Etym] 攵 340 (rad: 066b 4-11), 啇 1875 [Graph] 857g 013f 243c.

適 shì (1876) 啇古辶 | [Tra] to go to, to reach ◇ aller, atteindre; obtenir [Etym] to go (3= 辶 1346); phon, origins (1,2= 啇 1875) ◇ aller (3= 辶 1346); phon, origines (1,2= 啇 1875) [Graph] 857g 013f 634o [Ref] k987, w120h [Hanzi] shi4 適 8349, zhe2 讁 9608.

適 shì *8349 啇古辶 | 适 +9829 | 1° to fit, proper, to suit 2° right, well 3° comfortable 4° to follow 5° to go to, to reach 6° to get 7° advantage 8° suddenly ◇ 1° approprié, apte à, convenir 2° tout juste 3° plaisir, comfortable 4° suivre 5° aller, arriver, atteindre 6° obtenir 7° avantage 8° alors [Etym] 辶 1346 (rad: 162b 3-11), 啇 1875 [Graph] 857g 013f 634o.

商 shāng (1877) 商口 | [Tra] discuss; trade ◇ délibérer; marchande [Etym] {?}thighs and vagina of woman (bottom=prim);speak (< 音 91) ◇ {?} cuisses et vagin d'une femme (bas=prim); parler (< 音 91) [Graph] 857h 011a [Ref] h317, k859, r3h, w15d, wi475 [Hanzi] shang1 熵 1028, shang1 墒 4926, shang1 商 8350.

商 shāng +8350 商口 | 1° to discuss, to consult 2° trade, commerce 3° merchant, businessman 4° quotient 5° musical notation 6° Shang Dynasty (c. 16th to 11th century BC) 7° surname ◇ 1° discuter, débattre, délibérer 2° commerce 3° marchand, commerçant 4° quotient 5° note musicale 6° dynastie Shang (1766-1122 A.C.) 7° nom de famille [Etym] 口 2063 (rad: 030a 3-08), 商 1877 [Graph] 857h 011a.

商人 shāng rén。merchant ◇ marchand * 1070.

商议 shāng yì。to discuss, to confer ◇ s'entretenir de, discuter de * 1709.

商标 shāng biāo。trade mark ◇ marque de commerce ou de fabrique * 4145.

商场 shāng chǎng。market center ◇ centre commercial, marché, bazar * 4884.

商业 shāng yè。commerce ◇ commerce * 5328.

商店 shāng diàn。store ◇ magasin, boutique * 6979.

商品 shāng pǐn。goods, merchandise ◇ marchandise * 9179.

商量 shāng liàng。to consult, to discuss ◇ consulter, échanger des opinions, délibérer * 9964.

肖 xiào (1878) 肖 | [Tra] to be like, resemble ◇ ressembler; imiter [Etym] small (top< 小 424) born from flesh (< 月 1823):children=parents ◇ un petit (haut< 小 424) rejeton issu de la chair (< 月 1823): enfants=parents [Graph] 857i [Ref] h1391, k790, ph277, w18j, wi720 [Hanzi] xiao1 消 454, shao1 筲 875, xiao1 銷 1289, qiao4 诮 1807, xiao1 销 2067, shao1 shao4 捎 2632, qiao4 俏 3010, qiao1 qiao3 悄 3327, shao1 梢 4376, shao1 shao4 稍 4559, zhao4 趙 4853, qiao4 shao1 鞘 5388, xiao1 绡 6049, xiao1 綃 6222, qiao4 陗 6775, qiao4 峭 7585, xiao1 宵 7768, shao1 艄 8317, xiao1 xiao4 肖 8351, xiao1 xue1 削 8352, xiao1 逍 8353, xiao1 霄 8454, xie4 屑 8641, shao4 哨 9141, qiao4 誚 9609, xiao1 硝 9758, shao1 xiao1 蛸 10300, xiao1 魈 10746.

肖 xiāo +8351 肖 | surname ◇ nom propre [Etym] 月 1823 (rad: 130b 4-03), 肖 1878 [Graph] 857i.

△ xiào | to be like, to resemble ◇ ressembler, imiter.

肖像 xiào xiàng。portrait ◇ portrait * 3063.

削 xiāo +8352 肖刂 | 1° to pare 2° to cut, to chop 3° to erase ◇ 1° éplucher, racler 2° couper, tailler 3° effacer [Etym] 刂 470 (rad: 018b 2-07), 肖 1878 [Graph] 857i 333b.

△ xuē | 1° to cut 2° to pare 3° to erase ◇ 1° tailler 2° racler 3° effacer.

削减 xuē jiǎn。to reduce, to cut down ◇ réduire, retrancher, rogner * 29.

削弱 xuē ruò。to weaken ◇ affaiblir ＊ 11272.

逍 xiāo +8353 肖辶 |[Etym] 辶 1346 (rad: 162b 3-07), 肖 1878 [Graph] 857i 634o.

逍遥 xiāo yáo。to roam, to saunter, to feel free ◇ 1° flâner, s'amuser; 2° à son aise ＊ 707.

尚 shàng (1879) 尙口 |[Tra] roof; high; to evaluate ◇ toit; haut; estimer [Etym] window (2=prim); roof ridge (1< 宀 1661), slopes apart (1< 八 127) ◇ fenêtre (2=prim); faîte toit (1< 宀 1661), partage (1< 八 127) pente [Graph] 857j 011a [Ref] h1392, k856, ph391, r189, w36e, wa98, wi738 [Hanzi] tang3 淌 455, chang2 tang3 倘 3011, chang2 徜 3167, chang3 tang3 惝 3328, tang3 耥 4690, tang4 趟 4854, shang4 鞝 5389, shang4 绱 6050, shang4 尚 8354, chang3 敞 8355, tang3 躺 8836, tang1 蹚 9387.

尚 shàng +8354 尙口 |1° still, yet 2° to esteem 3° to advocate 4° to wish 5° yes 6° surname ◇ 1° encore 2° estimer 3° recommander, faire cas de 4° souhaiter 5° si, oh si 6° nom de famille [Etym] 小 424 (rad: 042a 3-05), 尚 1879 [Graph] 857j 011a.

尚未 shàng wèi。not yet ◇ pas encore ＊ 4663.

尚且 shàng qiě。even ◇ si déjà (à plus forte raison), si... d'autant plus ＊ 8541.

敞 chǎng (1880) 尙口攵 |[Tra] open; plateau; high ◇ ouvert; haut plateau [Etym] to knock (3= 攵 340) at a house door (1,2= 尚 1879) ->to open ◇ frapper (3= 攵 340) à la porte de la maison (1,2= 尚 1879) -> ouvrir [Graph] 857j 011a 243c [Ref] k1177, ph663, w36f [Hanzi] chang3 廠 6857, chang3 敞 6973, chang3 敞 8355, chang3 氅 8356.

敞 chǎng +8355 尙口攵 |1° plateau 2° open 3° spacious, high ◇ 1° plateau, lieu ouvert 2° ouvrir, découvrir, découvert 3° spacieux, élevé [Etym] 攵 340 (rad: 066b 4-08), 敞 1880 [Graph] 857j 011a 243c.

敞开 chǎng kāi。to open wide; to say what's on one's mind ◇ ouvrir; livrer (ses pensées) ＊ 4045.

氅 chǎng +8356 尙口攵毛 |1° down (eider, swan) 2° cloak ◇ 1° duvet 2° pardessus [Etym] 毛 403 (rad: 082a 4-12), 敞 1880 [Graph] 857j 011a 243c 321g.

南 nán (1881) 冂羊 |[Tra] south ◇ sud [Etym] {1} repeated (2< 屰 1644) expansion (1< 𣎵 1908) of plants; {2} ancient hung up musical instrument (prim) ◇ {1} une expansion (1< 𣎵 1908) redoublée (2< 屰 1644) de plantes; {2} un ancien instrument de musique suspendu (prim) [Graph] 857k 413c [Ref] h190, k650, ph468, r292, w79g, wa176, wi347 [Hanzi] nan2 楠 4377, nan3 腩 8204, nan2 南 8357, xian4 献 8358, nan2 喃 9142, nan3 蝻 10301, lan3 罱 10792.

南 nán +8357 冂羊 |1° south 2° proper noun ◇ 1° sud 2° nom propre [Etym] 十 560 (rad: 024a 2-07), 南 1881 [Graph] 857k 413c.

南瓜 nán guā。pumpkin ◇ citrouille, courge ＊ 2159.

南边 nán biān。south ◇ sud ＊ 7260.

南方 nán fāng。south ◇ sud, midi ＊ 7928.

献 xiàn (1882) 冂羊犬 |[Tra] to offer; display ◇ présenter; manifester [Etym] reduction de (獻 1441) ◇ réduction de (獻 1441) [Graph] 857k 413c 242i [Hanzi] yan4 谳 1808, xian4 献 8358.

献 xiàn -8358 冂羊犬 |獻 *7169| 1° to offer, to present, to donate 2° to display ◇ 1° offrir, présenter 2° manifester, exposer [Etym] 犬 295 (rad: 094a 4-09), 南 1881 [Graph] 857k 413c 242i.

献花 xiàn huā。to offer flowers ◇ offrir des fleurs ＊ 3621.

献身 xiàn shēn。to devote oneself to; to give one's life for ◇ se dévouer, se donner à ＊ 8830.

角 jiǎo (1883) 角 |[Tra] horn; angle; direction ◇ corne; coin; direction [Etym] horn with streaks on it (prim) ◇ corne striée (prim) [Graph] 857l [Ref] h243, k500, r438, w171, wa55, wi250 [Hanzi] cu1 觕 3469, jue2 桷 4378, que4 埆 4927, jiao3 jue2 jue2 角 8359, hu2 斛 8362, jie3 jie4 xie4 解 8366, que4 确 9759 [Rad] 148a.

角 jiǎo +8359 角 |1° horn 2° bugle 3° horn-shaped 4° corner 5° angle 6° cape 7° 1/10 of a yuan 8° direction ◇ 1° corne 2° clairon 3° en forme de corne 4° coin 5° angle 6° cap 7° 1/10 du yuan 8° direction [Etym] 角 1883 (rad: 148a 7-00), [Graph] 857l.

角儿 jiǎo ér。corner ◇ coin ＊ 2194.

角落 jiǎo luò。corner; remote place ◇ coin, coin reculé ＊ 3523.

△ jué |角 *8359| 1° role, character 2° actor 3° to wrestle 4° three-legged wine cup 5° third note in the ancient Chinese 5-tone scale ◇ 1° rôle (de théâtre) 2° acteur 3° dispute, combat 4° coupe tripode 5° troisième note de l'ancien gamme pentatonique.

觚 gū +8360 角瓜 |1° wine-vase 2° angular 3° vicious 4° wooden writing tablet ◇ 1° gobelet à vin 2° anguleux 3° vicieux 4° tablette de bambou pour écrire [Etym] 角 1883 (rad: 148a 7-05), 瓜 382 [Graph] 857l 313a.

觥 gōng +8361 角光 |1° cup made of horn 2° plentiful (meal) ◇ 1° coupe en corne 2° abondant (repas) [Etym] 角 1883 (rad: 148a 7-06), 光 409 [Graph] 857l 322e.

斛 hú (1884) 角斗 |[Tra] unit: ten pecks ◇ mesure: dix boisseaux [Etym] measure (2= 斗 575); phon, measure (1= 角 1883) ◇ une mesure (2= 斗 575); phon, mesure (1= 角 1883) [Graph] 857l 413g [Ref] w142b [Hanzi] hu2 槲 4379, hu2 斛 8362.

斛 hú +8362 角斗 | 1° Chinese bushel holding ten pecks 2° ancient dry measure equal to 10 dou, later 5 dou ◇ 1° mesure de dix boisseaux 2° ancienne mesure sous les Han égal à 10 dou, postérieurement 5 dou [Etym] 斗 575 (rad: 068a 4-07), 斛 1884 [Graph] 8571 413g.

鲜 jiě *8363 角羊 | 解 +8366 | 1° to divide 2° to loosen, to undo 3° to dispel 4° to explain 5° to comprehend 6° to relieve oneself 7° solution 8° annotation ◇ 1° diviser 2° défaire, détacher 3° dissiper, dissoudre, se débarrasser de 4° expliquer 5° comprendre 6° besoins naturels 7° solution 8° annotation [Etym] 角 1883 (rad: 148a 7-06), 羊 579 [Graph] 8571 414b.

△ jiè | 解 +8366 | to send under guard ◇ envoyer à un tribunal, transférer un prisonnier.

觝 dǐ *8364 角氐 | 抵 +2481 、牴 *3460 2° | 1° to support, to sustain 2° to oppose, to resist 3° to compensate for 4° mortgage 5° to be equivalent 6° to reach ◇ 1° supporter 2° contrebalancer, résister 3° compenser 4° hypothèque 5° équivaloir, en somme 6° arriver à, atteindre [Etym] 角 1883 (rad: 148a 7-05), 氐 1055 [Graph] 8571 511d.

觞 shāng -8365 角𠂉昜 | 觴 *8372 | goblet, wine cup ◇ coupe, gobelet [Etym] 角 1883 (rad: 148a 7-05), 𰀁 1339 [Graph] 8571 ac:f 634k.

> 解 jiě (1885) 角刀牛 | [Tra] devide; undo; loosen ◇ séparer; oter; libérer [Etym] pull an ox (2= 牛 585) clear by cutting (2= 刀 1477)horns (1= 角 1883) ◇ couper (2= 刀 1477) les cornes (1= 角 1883) d'un boeuf (3= 牛 585): le dégager [Graph] 8571 732a 414d [Ref] h632, k366, ph725, r439, w142b, wa87, wi707 [Hanzi] xie4 澥 456, xie4 懈 3329, xie4 薢 3887, jie3 檞 4380, xie4 獬 5654, xie4 廨 6974, jie3 jie4 xie4 解 8366, xie4 邂 8367, xie4 蟹 8368, xie4 蠏 10302.

解 jiě +8366 角刀牛 | 鲜 *8363 | 1° to divide 2° to loosen, to undo 3° to dispel 4° to explain 5° to comprehend 6° to relieve oneself 7° solution 8° annotation ◇ 1° diviser 2° défaire, détacher 3° dissiper, dissoudre, se débarrasser de 4° expliquer 5° comprendre 6° besoins naturels 7° solution 8° annotation [Etym] 角 1883 (rad: 148a 7-06), 解 1885 [Graph] 8571 732a 414d.

解决 jiě jué。to resolve ◇ résoudre; régler * 34.

解答 jiě dá。to answer; to explain ◇ répondre; expliquer * 742.

解开 jiě kāi。to remove a knot, to untie; to remove ◇ dénouer, délier; enlever * 4045.

解释 jiě shì。to explain, to elucidate ◇ expliquer, résoudre, interpréter * 4656.

解散 jiě sàn。to disband; to dissolve; to dismiss ◇ disperser, supprimer, dissoudre * 5410.

解除 jiě chú。to remove, get rid of ◇ retirer, révoquer, enlever, annuler, se débarrasser * 6715.

解放 jiě fàng。liberation ◇ libération; émanciper, libérer * 7934.

△ jiè | 鲜 *8363 | to send under guard ◇ envoyer à un tribunal, transférer un prisonnier.

△ xiè | 1° to understand 2° to see 3° surname ◇ 1° comprendre 2° voir 3° nom de famille.

邂 xiè +8367 角刀牛辶 | 1° to meet unexpectedly 2° to run into something ◇ 1° rencontrer inopinément 2° tomber sur par chance [Etym] 辶 1346 (rad: 162b 3-13), 解 1885 [Graph] 8571 732a 414d 634o.

邂逅 xiè hòu。to meet by chance ◇ rencontrer par hasard * 7202.

蟹 xiè +8368 角刀牛虫 | 蠏 *10302 | crab ◇ crabe [Etym] 虫 2282 (rad: 142a 6-13), 解 1885 [Graph] 8571 732a 414d 031d.

觔 jīn *8369 角力 | See ◇ Voir 斤 7203 [Etym] 角 1883 (rad: 148a 7-02), 力 1489 [Graph] 8571 732f.

△ jīn | 筋 +871 | 1° muscle 2° tendon 3° vein-like, ribs, fibbers 4° strong ◇ 1° muscle 2° tendon 3° nerf 4° force musculaire.

觖 jué +8370 角夬 | 1° to be dissatisfied 2° to harbor a grudge ◇ 1° désappointement 2° garder rancune [Etym] 角 1883 (rad: 148a 7-04), 夬 1550 [Graph] 8571 822c.

觶 zhì *8371 角口口里 | 觯 -8375 | goblet made of horn ◇ corne à boire [Etym] 角 1883 (rad: 148a 7-12), 單 2101 [Graph] 8571 011a 011a 041c.

觴 shāng *8372 角𠂉昜 | 觞 -8365 | goblet, wine cup ◇ coupe, gobelet [Etym] 角 1883 (rad: 148a 7-11), 𥏻 2215 [Graph] 8571 022b 852i.

触 chù -8373 角虫 | 觸 *8376 | to butt, to strike against, to offend ◇ heurter, offenser, attaquer [Etym] 角 1883 (rad: 148a 7-06), 虫 2282 [Graph] 8571 031d.

触电 chù diàn。to electrocute; electrocuted ◇ électrocuter * 10734.

觫 sù +8374 角束 | See ◇ Voir 觳觫 hu2-su4 5004-8374 [Etym] 角 1883 (rad: 148a 7-07), 束 2296 [Graph] 8571 032g.

觯 zhì -8375 角单 | 觶 *8371 | goblet made of horn ◇ corne à boire [Etym] 角 1883 (rad: 148a 7-08), 单 2334 [Graph] 8571 041g.

觸 chù *8376 角罒勹虫 | 触 -8373 | to butt, to strike against, to offend ◇ heurter, offenser, attaquer [Etym] 角 1883 (rad: 148a 7-13), 蜀 2391 [Graph] 8571 051a 852h 031d.

巾 858

> 巾 jīn (1886) 巾 | [Tra] cloth ◇ tissus [Etym] small cloth (prim): hankerchief, girdle, bonnet, banner ◇ un petit tissus (prim): mouchoir, ceinture, bonnet, fanion [Graph] 858a [Ref] k384, r21, w35a, wa130, wi143, wi217, wi266 [Hanzi] shi4 飾 1462, xi1 希 1647, shi4 饰 1873, shuai4 帅 2751, shi1 师 2752, dai4 带 4039, dai4 帶 4065, bang1 幫 4820, xi2 席 6921, za1 匝 7318, zhou3 帚 7379, di4 帝 7850, jin1 巾 8377, shi4 市 8470, bi4 币 8471, shi1 師 8737, diao4 吊 9143 [Rad] 050a.

巾 jīn +8377 巾 | 1° piece of cloth: kerchief, towel 2° bonnet, turban, scarf 3° woman ◇ 1° linge, serviette, mouchoir 2° coiffure, turban, bonnet 3° femme [Etym] 巾 1886 (rad: 050a 3-00), [Graph] 858a.

幛 zhàng +8378 巾立早 | message on sheet of silk ◇ inscription sur étoffe (de toile ou de soie) [Etym] 巾 1886 (rad: 050a 3-11), 章 95 [Graph] 858a 221a 021d.

幢 chuáng +8379 巾立里 | 1° curtain for a carriage, pennant 2° Buddhist stele ◇ 1° bannière, rideau de voiture 2° stèle bouddhique [Etym] 巾 1886 (rad: 050a 3-12), 童 99 [Graph] 858a 221a 043j.

△ zhuàng | 1° curtain for a carriage 2° measure-word (building) ◇ 1° rideau de portière 2° spécificatif (immeuble).

帱 chóu -8380 巾寿寸 | 幬 *8388 | 1° canopy, curtain 2° to cover ◇ 1° dais 2° couvrir [Etym] 巾 1886 (rad: 050a 3-07), 寿 256 [Graph] 858a 241e 332b.

△ dào | 幬 *8388 | 1° canopy, curtain 2° to cover ◇ 1° dais 2° couvrir.

帙 zhì +8381 巾失 | 袠 *2142 | 1° cloth slipcase for a book 2° wrapper ◇ 1° portefeuille 2° enveloppe, étui [Etym] 巾 1886 (rad: 050a 3-05), 失 310 [Graph] 858a 242o.

帐 zhàng -8382 巾长 | 帳 *8387、賬 5°6° *10118 | 1° curtain 2° tent 3° account 4° account book 5° debt 6° credit ◇ 1° rideau 2° tente 3° compte, facture 4° livre de comptes 5° dette 6° credit [Etym] 巾 1886 (rad: 050a 3-04), 长 369 [Graph] 858a 312c.

帐篷 zhàng péng。tent ◇ tente * 824.

帐子 zhàng zǐ。mosquito net ◇ moustiquaire * 6546.

帐单 zhàng dān。bill ◇ facture * 10457.

怃 hū +8383 巾无 | to cover ◇ couvrir [Etym] 巾 1886 (rad: 050a 3-04), 无 414 [Graph] 858a 323b.

幪 méng +8384 巾艹冖豕 | See ◇ Voir 帡幪 ping2-meng2 8385-8384 [Etym] 巾 1886 (rad: 050a 3-13), 蒙 660 [Graph] 858a 415c 851a 522c.

帡 píng +8385 巾并 | [Etym] 巾 1886 (rad: 050a 3-06), 并 708 [Graph] 858a 416i.

帡幪 píng méng。1° screen; 2° to protect; 3° general term for houses, tents ◇ 1° voile, écran; 2° protéger; 3° terme général pur les maisons et les tentes * 8384.

幡 fān +8386 巾采田 | 旛 *7938 | 1° banner carried in front of a corpse 2° streamer 3° long narrow flag ◇ 1° guidon avec lequel on montre à l'âme le chemin de la tombe 2° bannière 3° étendard [Etym] 巾 1886 (rad: 050a 3-12), 番 797 [Graph] 858a 422g 041a.

帳 zhàng *8387 巾镸𠄌 | 帐 -8382、賬 5°6° *10118 | 1° curtain 2° tent 3° account 4° account book 5° debt 6° credit ◇ 1° rideau 2° tente 3° compte, facture 4° livre de comptes 5° dette 6° credit [Etym] 巾 1886 (rad: 050a 3-08), 長 822 [Graph] 858a 431c 312d.

幬 chóu *8388 巾士⺌工口寸 | 帱 -8380 | 1° canopy, curtain 2° to cover ◇ 1° dais 2° couvrir [Etym] 巾 1886 (rad: 050a 3-14), 壽 860 [Graph] 858a 432b ac:g 431a 012a 332b.

△ dào | 帱 -8380 | 1° canopy, curtain 2° to cover ◇ 1° dais 2° couvrir.

帻 zé -8389 巾圭贝 | 幘 *8390 | conical cap, turban, man's headdress ◇ bonnet, turban [Etym] 巾 1886 (rad: 050a 3-08), 责 945 [Graph] 858a 433a 854b.

幘 zé *8390 巾圭貝 | 帻 -8389 | conical cap, turban, man's headdress ◇ bonnet, turban [Etym] 巾 1886 (rad: 050a 3-11), 責 948 [Graph] 858a 433a 023b.

幞 fú +8391 巾业美 | 袱 +6622、襆 *6642 | wrapper ◇ toile pour envelopper [Etym] 巾 1886 (rad: 050a 3-12), 菐 975 [Graph] 858a 435a 242n.

△ fú | 襆 *6642 | turban ◇ bonnet, turban.

帷 wéi +8392 巾隹 | curtain ◇ rideau, toile [Etym] 巾 1886 (rad: 050a 3-08), 隹 1030 [Graph] 858a 436m.

幟 zhì *8393 巾戠曰 | 帜 -8402 | 1° flag, banner 2° curtain 3° tent 4° intimacy ◇ 1° étendard, drapeau 2° rideaux 3° tente 4° intimité [Etym] 巾 1886 (rad: 050a 3-12), 戠 1068 [Graph] 858a 512h 021a.

帔 pèi +8394 巾广又 | short cloak ◇ mantelet [Etym] 巾 1886 (rad: 050a 3-05), 皮 1452 [Graph] 858a 721h 633a.

帏 wéi -8395 巾韦 | 幃 *8396 | 1° curtain 2° women's apartments ◇ 1° rideau 2° gynécée [Etym] 巾 1886 (rad: 050a 3-04), 韦 1508 [Graph] 858a 734e.

幃 wéi *8396 巾五口𠂉 | 帏 -8395 | 1° curtain 2° women's apartments ◇ 1° rideau 2° gynécée [Etym] 巾 1886 (rad: 050a 3-09), 韋 1547 [Graph] 858a 822a 011a 712b.

帵 wān +8397 巾宀夕巳 | remnants, snips (of tailor) ◇ 1° coupons 2° rognures [Etym] 巾 1886 (rad: 050a 3-08), 宛 1699 [Graph] 858a 851c 631b 733a.

帽 mào +8398 巾冃目 | 1° cap or head covering of any kind, hat, helmet 2° cover ◇ 1° chapeau, bonnet, ce qui sert à couvrir un objet pour le protéger: capuchon 2° couvercle [Etym] 巾 1886 (rad: 050a 3-09), 冒 1795 [Graph] 858a 854a 023a.

帽子 mào zǐ。hat ◇ chapeau, coiffure, casquette * 6546.

帧 zhèng -8399 巾贞 | 幀 *8409 | 1° measure-word (oil painting) 2° flowered silken curtain ◇ 1° spécificatif (tableau à l'huile) 2° rideaux en soie à ramages [Etym] 巾 1886 (rad: 050a 3-06), 贞 1803 [Graph] 858a 854e.

幈 píng +8400 巾尸并 | 1° screen, barrier 2° picture ◇ 1° cacher par un écran, petit mur élevé devant ou derrière une porte, paravent 2° peinture ou calligraphie encadrée [Etym] 巾 1886 (rad: 050a 3-09), 屏 1963 [Graph] 858a 931a 416i.

幄 wò +8401 巾尸云土 | 1° tent 2° to cover 3° protection ◇ 1° tente 2° couvrir 3° protection [Etym] 巾 1886 (rad: 050a 3-09), 屋 1968 [Graph] 858a 931a 612c 432a.

帜 zhì -8402 巾只 |幟 *8393| 1° flag, banner 2° curtain 3° tent 4° intimacy ◇ 1° étendard, drapeau 2° rideaux 3° tente 4° intimité [Etym] 巾 1886 (rad: 050a 3-05), 只 2113 [Graph] 858a 011c.

幅 fú +8403 巾𠮛田 |1° strip of cloth, roll of paper 2° hem, rim 3° size ◇ 1° bande d'étoffe ou de papier 2° bord, extérieur 3° amplitude, dimension [Etym] 巾 1886 (rad: 050a 3-09), 畐 2119 [Graph] 858a 012a 041a.

帨 shuì +8404 巾兑 |handkerchief ◇ serviette, mouchoir [Etym] 巾 1886 (rad: 050a 3-07), 兑 2153 [Graph] 858a 013d.

帖 tiē (1887) 巾占 |[Tra] obedient; settled ◇ se soumettre; réglé [Etym] cloth (1= 巾 1886); phon, collar (2< 占 2154) ◇ tissus (1= 巾 1886); phon, collier (2< 占 2154) [Graph] 858a 013e [Hanzi] tie1 萜 3888, tie1 tie3 tie4 帖 8405.

帖 tiē +8405 巾占 |1° obedient 2° well-settled ◇ 1° se soumettre à 2° réglé [Etym] 巾 1886 (rad: 050a 3-05), 占 2154 [Graph] 858a 013e.

△ tiě |1° invitation 2° brief note, card 3° measure-word (dose of medicine) ◇ 1° invitation 2° billet, écrit 3° spécificatif (dose de remède).

△ tiè |book of stone rubbings, book of handwriting or painting models, calligraphy models ◇ reproduction par estampage, modèle d'écriture ou de peinture.

幌 huǎng +8406 巾日光 |1° curtain, shop sign, screen 2° pretence, mask ◇ 1° enseigne suspendue, rideau, tenture 2° faux-semblant, masque [Etym] 巾 1886 (rad: 050a 3-10), 晃 2174 [Graph] 858a 021a 322e.

幔 màn +8407 巾日罒又 |curtain, screen ◇ rideau, tenture [Etym] 巾 1886 (rad: 050a 3-11), 曼2211 [Graph] 858a 021a 051a 633a.

帕 pà +8408 巾白 |handkerchief, veil, headband ◇ voile, linge, mouchoir, bandeau [Etym] 巾 1886 (rad: 050a 3-05), 白 2216 [Graph] 858a 022c.

幀 zhèng *8409 巾貞 |帧 -8399| 1° measure-word (oil painting) 2° flowered silken curtain ◇ 1° spécificatif (tableau à l'huile) 2° rideaux en soie à ramages [Etym] 巾 1886 (rad: 050a 3-09), 貞 2271 [Graph] 858a 023h.

帼 guó -8410 巾囗玉 |幗 *8411| 1° turban 2° ancient woman's headdress 3° woman ◇ 1° turban 2° coiffure féminine 3° femme [Etym] 巾 1886 (rad: 050a 3-08), 国 2449 [Graph] 858a 071a 432o.

幗 guó *8411 巾囗戈口一 |帼 -8410| 1° turban 2° ancient woman's headdress 3° woman ◇ 1° turban 2° coiffure féminine 3° femme [Etym] 巾 1886 (rad: 050a 3-11), 國 2450 [Graph] 858a 071a 512b 011a ac:z.

帆 fān +8412 巾凡 |颿 *11087| sail ◇ voile de navire [Etym] 巾1886 (rad: 050a 3-03), 凡 2522 [Graph] 858a Z33b.

帆布 fān bù ∘ canvas ◇ toile, canevas * 1527.

帆船 fān chuán ∘ sail boat ◇ bateau à voile; navire à voile * 8333.

冉 rǎn (1888) 冉 |[Tra] slow; gradual ◇ lent; graduel [Etym] different writing for (冄 1843); wicker-basket (prim) ◇ autre graphie pour (冄 1843); un cageot en osier (prim) [Graph] 858c [Ref] k928, ph128, w116a, wa136 [Hanzi] ran3 苒 3890, nan2 枏 4381, ran2 髯 4748, dan1 聃 5472, ran3 冉 8413, ran2 蚺 10303.

冉 rǎn +8413 冉 |冄 *8265| 1° slowly 2° gradually 3° surname ◇ 1° avancer peu à peu 2° graduellement 3° nom propre [Etym] 冂 1819 (rad: 013a 2-03), 冉 1888 [Graph] 858c.

帀 zā (1889) 帀 |[Tra] to go round; dense ◇ circuit; tour; épais [Etym] plant turned over: inverted form of (top, 㞢 1638) ◇ plante retournée: forme inversée de (haut, 㞢 1638) [Graph] 858d [Ref] k1020, r256, w79c [Hanzi] wei4 衛 3155, za1 帀 8414, shi1 師8737.

帀 zā *8414 帀 |匝 +7318| 1° circle, to go round, circuit, circumference 2° dense ◇ 1° cercle, circuit, circonférence 2° épais, dense [Etym] 巾1886 (rad: 050a 3-01), 帀 1889 [Graph] 858d.

雨 yǔ (1890) 雨 |[Tra] rain ◇ pluie, pleuvoir [Etym] rain (prim): heaven (horiz), clouds, water drops ◇ la pluie (prim): le ciel (horiz), des nuages, des gouttes d'eau [Graph] 858e [Ref] h1529, k1324, r401, w125b, wa35, wi61 [Hanzi] yu3 yu4 雨 8415, ling2 靈 8458 [Rad] 173a.

雨 yǔ +8415 雨 |rain ◇ pluie, pleuvoir [Etym] 雨 1890 (rad: 173a 8-00), [Graph] 858e.

雨伞 yǔ sǎn ∘ umbrella ◇ parapluie * 1093.

雨衣 yǔ yī ∘ rain coat ◇ imperméable * 2140.

雨季 yǔ jì ∘ rain season ◇ saison des pluies * 4543.

△ yù |to fall (snow) ◇ tomber (neige).

霪 yín +8416 雨氵爫壬 |excessive rain ◇ pluie continue [Etym] 雨 1890 (rad: 173a 8-11), 淫19 [Graph] 858e 121b 221d 432k.

霂 mù +8417 雨氵木 |See ◇ Voir 霢霂 mai4-mu4 8450-8417 [Etym] 雨 1890 (rad: 173a 8-07), 沐 29 [Graph] 858e 121b 422a.

霈 pèi +8418 雨氵市 |heavy rain ◇ pluie abondante [Etym] 雨1890 (rad: 173a 8-07), 沛 56 [Graph] 858e 121b 858l.

霑 zhān *8419 雨氵占 |See ◇ Voir 沾 521 [Etym] 雨 1890 (rad: 173a 8-08), 沾 64 [Graph] 858e 121b 013e.

霎 shà +8420 雨立女 |1° moment, temporary 2° sudden 3° light ◇ 1° instantanément, passager 2° soudain, subit 3° léger [Etym] 雨 1890 (rad: 173a 8-08), 妾 85 [Graph] 858e 221a 611e.

零 líng -8421 雨亼⺀ |零 *8422| 1° zero, nil, nought 2° odd 3° fraction, residue, remainder 4° to wither and fall (of leaves) 5° small rain 6° varia ◇ 1° zéro 2° impair 3° fraction, fragmentaire 4° se faner et tomber (des feuilles) 5°

巾 巾冉帀雨

pluie fine 6° menus et divers, varia [Etym] 雨 1890 (rad: 173a 8-05), 令 208 [Graph] 858e 233a 632b.

零食 líng shí。snacks ◇ friandise, amuse-gueule ✱ 1480.

零钱 líng qián。small change ◇ petite monnaie, argent de poche ✱ 1995.

零售 líng shòu。retail sale ◇ vente au détail ✱ 5498.

零用 líng yòng。pocket money; small expenses ◇ argent de poche; menues dépenses ✱ 8267.

零 líng *8422 雨人一亠卩 | 零 -8421 | 1° zero, nil, nought 2° odd 3° fraction, residue, remainder 4° to wither and fall (of leaves) 5° small rain 6° varia ◇ 1° zéro 2° impair 3° fraction, fragmentaire 4° se faner et tomber (des feuilles) 5° pluie fine 6° menus et divers, varia [Etym] 雨 1890 (rad: 173a 8-05), 令 211 [Graph] 858e 233a ac:a 734a.

雯 wén +8423 雨文 | colored clouds ◇ nuages colorés [Etym] 雨 1890 (rad: 173a 8-04), 文 332 [Graph] 858e 243b.

霁 jì -8424 雨文川 | 霽 *8427 | 1° to stop raining or snowing, clouds clearing away 2° to calm down ◇ 1° fin de la pluie 2° colère apaisée, serein, clair [Etym] 雨 1890 (rad: 173a 8-06), 齐 334 [Graph] 858e 243b 416a.

雾 wù -8425 雨夂力 | 霧 *8441 | fog, mist ◇ brouillard, bruine [Etym] 雨 1890 (rad: 173a 8-06), 务 1294 [Graph] 858e 243c 732f.

雾气 wù qì。fog ◇ brouillard ✱ 11170.

霭 ǎi -8426 雨讠曰勹人匕 | 靄 *8462 | 1° haze 2° cloudy ◇ 1° brume de chaleur 2° ciel couvert [Etym] 雨 1890 (rad: 173a 8-11), 谒 359 [Graph] 858e 311b 021a 852h 232a 711a.

霽 jì *8427 雨亠刀氏刖二 | 霁 -8424 | 1° to stop raining or snowing, clouds clearing away 2° to calm down ◇ 1° fin de la pluie 2° colère apaisée, serein, clair [Etym] 雨 1890 (rad: 173a 8-14), 齊 539 [Graph] 858e 411i 732a 312b 416b 111b.

霏 fēi +8428 雨非 | 1° sleet 2° falling thick and fast ◇ 1° grésil 2° qui tombe dru (la pluie, la neige) [Etym] 雨 1890 (rad: 173a 8-08), 非 611 [Graph] 858e 415b.

霖 lín +8429 雨木木 | continuous heavy rain (lasting more than three days) ◇ pluie continue (durant plus de trois jours) [Etym] 雨 1890 (rad: 173a 8-08), 林 734 [Graph] 858e 422a 422a.

> 霜 shuāng (1891) 雨木目 | [Tra] hoar frost ◇ givre; gelée blanche [Etym] rain (1= 雨 1890); phon, appearance (2,3= 相 758) ◇ pluie (1= 雨 1890); phon, apparence (2,3= 相 758) [Graph] 858e 422a 023a [Ref] h1529, k923, ph834, w158b [Hanzi] shuang1 孀 5829, shuang1 霜 8430, shuang1 鹴 8431, shuang1 鷞 8432, shuang1 礵 9760, shuang1 驦 11070, shuang1 骦 11128.

霜 shuāng +8430 雨木目 | 1° frost, frozen dew 2° efflorescence, crystallized 3° white, hoary ◇ 1° givre, gelée blanche 2° efflorescence, cristallisé 3° blanchi, chenu [Etym] 雨 1890 (rad: 173a 8-09), 霜 1891 [Graph] 858e 422a 023a.

鹴 shuāng -8431 雨木目鸟 | 鷞 *8432 | See ◇ Voir 鹔鹴 su4-shuang1 7415-8431 [Etym] 鸟 2494 (rad: 196s 5-17), 霜 1891 [Graph] 858e 422a 023a Z22e.

鷞 shuāng *8432 雨木目鳥 | 鹴 -8431 | See ◇ Voir 鹔鹴 su4-shuang1 7415-8431 [Etym] 鳥 2500 (rad: 196a 11-17), 霜 1891 [Graph] 858e 422a 023a Z22h.

霆 tíng +8433 雨壬廴 | thunderbolt, lightning ◇ coup de tonnerre, foudre [Etym] 雨 1890 (rad: 173a 8-06), 廷 931 [Graph] 858e 432k 634n.

> 霸 bà (1892) 雨廿串月 | [Tra] to govern; tyrant ◇ gouverner; usurper [Etym] swelling: wet (1= 雨 1890) leather (2,3= 革 992) and moon (4= 月 1822) ◇ grandir: comme du cuir (2,3= 革 992) mouillé (1= 雨 1890), comme la lune (4= 月 1822) [Graph] 858e 436a 031e 856e [Ref] k755, ph855, w105b [Hanzi] ba4 灞 457, ba4 欛 4382, ba4 壩 4928, ba4 霸 8434.

霸 bà +8434 雨廿串月 | 覇 *10822 | 1° to govern 2° tyrant 3° sovereignty, hegemonism 4° to encroach on ◇ 1° gouverner 2° tyran, tyrannie 3° souverain 4° usurper [Etym] 雨 1890 (rad: 173a 8-13), 霸 1892 [Graph] 858e 436a 031e 856e.

霸权 bà quán。hegemony ◇ hégémonie ✱ 4277.

霸主 bà zhǔ。overlord, hegemony ◇ suzerain; grand seigneur ✱ 5212.

霸占 bà zhàn。to occupy by force, to seize ◇ occuper, capturer ✱ 9798.

霰 xiàn +8435 雨廾月攵 | sleet ◇ grésil, neige [Etym] 雨 1890 (rad: 173a 8-12), 散 1000 [Graph] 858e 436b 856e 243c.

> 霍 huò (1893) 雨隹 | [Tra] suddenly; quick ◇ subitement; rapide [Etym] rain (1= 雨 1890) surprising birds (2= 隹 1030) ◇ la pluie (1= 雨 1890) qui surprend les oiseaux (2= 隹 1030) [Graph] 858e 436m [Ref] k121, ph819, w168h, wa59 [Hanzi] huo1 攉 2633, huo4 藿 3891, huo4 霍 8436.

霍 huò +8436 雨隹 | 1° suddenly 2° quickly 3° surname ◇ 1° subitement 2° rapidement 3° nom propre [Etym] 雨 1890 (rad: 173a 8-08), 霍 1893 [Graph] 858e 436m.

霍乱 huò luàn。cholera ◇ choléra ✱ 9823.

霾 mái +8437 雨豸里 | haze ◇ brume [Etym] 雨 1890 (rad: 173a 8-14), 貍 1089 [Graph] 858e 521a 043j.

> 雲 yún (1894) 雨云 | [Tra] to say; cloud ◇ dire; nuage [Etym] clouds (2= 云 1152),rain (1= 雨 1890); to say:compare (云 1152, 言 2139) ◇ nuages (2= 云 1152) et pluie (1= 雨 1890); dire: comparer (云 1152, 言 2139) [Graph] 858e 612d [Ref] r402, w93b, wa34 [Hanzi] yun2 蕓 3892, yun2 雲 8438, ai4 靉 8439, dai4 靆 8440, tan2 曇 9938.

雲 yún *8438 雨云 | 云 +5917 | 1° to say, to speak 2° cloud 3° short for Yunnan Province 4° surname ◇ 1° dire 2° nuage 3° nom du Yunnan 4°

nom de famille [Etym] 雨 1890 (rad: 173a 8-04), 雲 1894 [Graph] 858e 612d.

靉 à i *8439 | 叆 -5918 | very thick clouds ◇ nuages volumineux [Etym] 雨 1890 (rad: 173a 8-17), 雲 1894 愛 122 [Graph] 858e 612d 221d 851a 321c 633e.
雨云⺳冖心夊

靆 dà i *8440 | 叇 -5921 | 1° cloudy 2° dark ◇ 1° nuageux 2° obscur [Etym] 雨 1890 (rad: 173a 8-15), 雲 1894 逮 1579 [Graph] 858e 612d 834e 634o.
雨云隶辶

霧 wù *8441 | 雾 -8425 | fog, mist ◇ brouillard, bruine [Etym] 雨 1890 (rad: 173a 8-10), 務 1259 [Graph] 858e 632a 331g 243c 732f.
雨マ矛夊力

震 zhèn +8442 | 1° to shake, to shock 2° astounded ◇ 1° ébranler, trembler 2° stupéfait [Etym] 雨 1890 (rad: 173a 8-07), 辰 1356 [Graph] 858e 721a 312f.
雨厂衣

震动 zhèn dòng ∘ to shake, to vibrate; quake ◇ vibrer, trembler; soulever l'émotion * 5920.

靂 lì *8443 | 雳 -8444 | See ◇ Voir 霹雳 pi1-li4 8455-8444 [Etym] 雨 1890 (rad: 173a 8-16), 歷 1362 [Graph] 858e 721a 422d 422d 434a.
雨厂禾禾止

雳 lì -8444 | • 0 | See ◇ Voir 霹雳 pi1-li4 8455-8444 [Etym] 雨 1890 (rad: 173a 8-04), 历 1366 [Graph] 858e 721a 732f.
雨厂力

雰 fēn +8445 | 氛 +11185 | 1° vapor, miasma, influx 2° atmosphere ◇ 1° vapeur, miasme, influx 2° air [Etym] 雨 1890 (rad: 173a 8-04), 分 1480 [Graph] 858e 732b.
雨分

△ fēn | 1° mist 2° fog ◇ 1° brume 2° brouillard.

雪 xuě (1895) | [Tra] snow; rehabilitate ◇ neige; purifier [Etym] rain (1= 雨 1890) one can take in the hand (2= ⺕ 1565) ◇ une pluie (1= 雨 1890) qu'on peut prendre dans la main (2= ⺕ 1565) [Graph] 858e 832a [Ref] h157, k844, w44j, wi438 [Hanzi] xue3 雪 8446, xue3 鳕 10524, xue3 鱈 10618.
雨⺕

雪 xuě +8446 | 1° snow 2° to avenge (a wrong), to rehabilitate ◇ 1° neige 2° réhabiliter, blanchir, purifier [Etym] 雨 1890 (rad: 173a 8-03), 雪 1895 [Graph] 858e 833a.
雨⺕

雪人 xuě rén ∘ snowman ◇ bonhomme de neige * 1070.

雪花 xuě huā ∘ snowflake ◇ flocons de neige * 3621.

雪花膏 xuě huā gāo ∘ beauty cream ◇ crème de beauté * 3621 9468.

雪茄 xuě jiā ∘ cigar ◇ cigare * 3803.

雪球 xuě qiú ∘ snowball ◇ boule de neige * 5094.

雪耻 xuě chǐ ∘ to avenge a wrong ◇ venger un affront, laver une injure * 5454.

雪山 xuě shān ∘ snowmountain ◇ montagne enneigée * 7475.

雪白 xuě bái ∘ snow white ◇ blanc comme neige * 9973.

霓 ní +8447 | rainbow ◇ arc-en-ciel [Etym] 雨 1890 (rad: 173a 8-08), 兒 1593 [Graph] 858e 835c.
雨兒

雹 báo +8448 | hail ◇ grêle [Etym] 雨 1890 (rad: 173a 8-05), 包 1778 [Graph] 858e 852h 933b.
雨勹巳

雱 pāng +8449 | snowstorm ◇ tempête de neige [Etym] 雨 1890 (rad: 173a 8-04), 方 1784 [Graph] 858e 853b.
雨方

霢 mài +8450 | [Etym] 雨 1890 (rad: 173a 8-09), 脈 1827 [Graph] 858e 856e 331r.
雨月永

霢霂 mài mù ∘ drizzling (of rain) ◇ pluie fine * 8417.

需 xū (1896) | [Tra] need; must; require ◇ il faut; nécessaire [Etym] {1} rain (1= 雨 1890) needed by plants to take root (2< 耑 1623); {2} priest (2=prim) and ablutions (1= 雨 1890) ◇ {1} pluie (1= 雨 1890) pour l'enracinement (2< 耑 1623) des plantes; {2} prêtre (2=prim) et ses ablutions (1= 雨 1890) [Graph] 858e 857f [Ref] h887, k840, ph779, w164e, wa184 [Hanzi] ru2 濡 458, ru3 擩 2634, ru2 儒 3012, nuo4 懦 3330, ru2 薷 3893, nuo4 糯 4560, nuo4 穤 4637, xu1 繻 6051, xu1 繻 6223, ru2 孺 6557, ru2 襦 6676, nao4 臑 8205, xu1 需 8451, ru2 颥 8452, ru2 顬 8453, ru2 嚅 9144, ru2 蠕 10304.
雨而

需 xū +8451 | 1° need, to require, necessity 2° to hesitate ◇ 1° besoin, il est nécessaire, il faut 2° hésiter [Etym] 雨 1890 (rad: 173a 8-06), 需 1896 [Graph] 858e 857f.
雨而

需要 xū yào ∘ to need ◇ avoir besoin de, il faut, il est nécessaire * 10824.

颥 rú -8452 | 顬 *8453 | See ◇ Voir 颞颥 nie4-ru2 5465-8452 [Etym] 页 1802 (rad: 181s 6-14), 需 1896 [Graph] 858e 857f 854d.
雨而页

顬 rú *8453 | 颥 -8452 | See ◇ Voir 颞颥 nie4-ru2 5465-8452 [Etym] 頁 2267 (rad: 181a 9-14), 需 1896 [Graph] 858e 857f 023f.
雨而頁

霄 xiāo +8454 | 1° clouds 2° sky, heaven ◇ 1° nuages 2° ciel, empyrée [Etym] 雨 1890 (rad: 173a 8-07), 肖 1878 [Graph] 858e 857i.
雨肖

霹 pī +8455 | thunder, to thunderbolt ◇ foudre, foudroyer, coup de tonnerre [Etym] 雨 1890 (rad: 173a 8-13), 辟 1975 [Graph] 858e 931a 011a 413d.
雨尸口辛

霹雳 pī lì ∘ bolt, clap of thunder ◇ tonnerre * 8444.

霞 xiá +8456 | 1° rosy clouds 2° glow of sunrise and sunset ◇ 1° nuages roses 2° nuages rouges du matin ou du soir [Etym] 雨 1890 (rad: 173a 8-09), 叚 2016 [Graph] 858e 934a 821a 633a.
雨𠂤⺕又

霤 liù *8457 | See ◇ Voir 溜 501 [Etym] 雨 1890 (rad: 173a 8-10), 留 2055 [Graph] 858e 941a 732a 041a.
雨⺁刀田

靈 líng (1897) | [Tra] heavy rain ◇ grosse pluie [Etym] big drops (2,3, 4=prim) of rain (1= 雨 1890) ◇ grosses gouttes (2,3, 4=prim) de pluie (1= 雨 1890) [Graph] 858e 011a 011a 011a [Ref] k561, w72k, wi446 [Hanzi] ling2 欞 4383, ling2 靈 8458, ling2 靐 8459, ling2 醽 10903.
雨口口口

靈 l í n g (1898) 雨口口口工人人 | [Tra] marvellous; clever ◇ mystère; efficace [Etym] dances (5,6,7=prim,< 人 170) pour la pluie (1,2,3,4= 霝 1897) ◇ danses (5,6,7=prim,< 人 170) pour la pluie (1,2,3,4= 霝 1897) [Graph] 858e 011a 011a 011a 431a 232a 232a [Ref] k562, ph853, w72k, wi446 [Hanzi] ling2 欞 4384, ling2 靈 8458.

靈 l í n g *8458 | 灵 +7376 | 1° quick, clever 2° effective 3° intelligence, spirit 4° fairy 5° coffin, bier 6° surname ◇ 1° rapide, éveillé, souple, astucieux 2° efficace, bienfaisant 3° intelligence, esprit, âme 4° merveilleux 5° cercueil, défunt 6° nom propre [Etym] 雨1890 (rad: 173a 8-16), 靈 1898 [Graph] 858e 011a 011a 011a 431a 232a 232a.

酃 l í n g +8459 雨口口口阝 | county in Hunan ◇ chef-lieu du Hunan [Etym] 阝 1316 (rad: 163b 2-17), 霝 1897 [Graph] 858e 011a 011a 011a 634j.

露 l ò u +8460 雨足夂口 | to reveal, to show ◇ révéler, dévoiler, laisser paraître [Etym] 雨1890 (rad: 173a 8-13), 路 2116 [Graph] 858e 011e 633e 011a.

露白 lòu bái ∘ to reveal all one's belongings (traveler) ◇ révéler son bagage (voyageur) * 9973.

△ l ù | 1° dew 2° nectar, syrup 3° to reveal, to show 4° in the open 5° surname ◇ 1° rosée 2° boisson aromatique 3° laisser paraître, montrer 4° en plein air 5° nom propre.

露天 lù tiān ∘ in the open air, outdoors ◇ en plein air, à ciel ouvert * 1573.

霅 z h à +8461 雨言 | river in Zhejiang ◇ rivière du Zhejiang [Etym] 雨 1890 (rad: 173a 8-07), 言 2139 [Graph] 858e 012d.

靄 ǎ i *8462 雨言曰勹人匕 | 霭 -8426 | 1° haze 2° cloudy ◇ 1° brume de chaleur 2° ciel couvert [Etym] 雨 1890 (rad: 173a 8-16), 謁 2146 [Graph] 858e 012d 021a 852h 232a 711a.

雷 l é i (1899) 雨田 | [Tra] thunder; mine ◇ tonnerre; mine [Etym] connection clouds (1= 雨1890) - fields (2= 田 2313) ->thunder ◇ lien entre nuages (1= 雨 1890) et champs (2= 田 2313) ->tonnerre [Graph] 858e 041a [Ref] h1888, ph743, w149f, wa35, wi448 [Hanzi] lei2 鐳 1290, lei2 镭 2068, lei1 lei2 lei4 擂 2635, lei3 蕾 3894, lei2 檑 4385, lei2 雷 8463, lei2 礌 9761.

雷 l é i +8463 雨田 | 1° thunder 2° mine 3° surname ◇ 1° tonnerre 2° mine 3° nom propre [Etym] 雨 1890 (rad: 173a 8-05), 雷 1899 [Graph] 858e 041a.

雷雨 léi yǔ ∘ rainstorm, thunder ◇ orage, tempête * 8415.

電 d i à n (1900) 雨电 | [Tra] lightning; electric ◇ éclair; électricité [Etym] strong emanation (2< 申 2348) from rainy clouds (2= 雨 1890) ◇ forte émanation (2< 申 2348) des nuages (2= 雨 1890) de pluie [Graph] 858e 043c [Ref] r19i, w50d, wi369 [Hanzi] dian4 電 8464.

電 d i à n *8464 雨电 | 电 -10734 | 1° lightning 2° electricity 3° to telegraph ◇ 1° éclair, foudre 2° électricité 3° télégraphier [Etym] 雨1890 (rad: 173a 8-05), 電 1900 [Graph] 858e 043c.

雩 y ú (1901) 雨亏 | [Tra] to pray for rain ◇ prier pour la pluie [Etym] invocations (1= 亏 2477) to get rain (1= 雨 1890) ◇ des invocations (1= 亏 2477) pour la pluie (1= 雨 1890) [Graph] 858e Z21c [Ref] ph662, w58h [Hanzi] chu1 樗 4386, yu2 雩 8465, hu4 鄠 8466.

雩 y ú +8465 雨亏 | to pray for rain, sacrifice for rain-god ◇ offrande pour faire venir la pluie, prier pour la pluie [Etym] 雨 1890 (rad: 173a 8-03), 雩 1901 [Graph] 858e Z21c.

鄠 h ù +8466 雨亏阝 | place in Shanxi ◇ lieu du Shanxi [Etym] 阝 1316 (rad: 163b 2-11), 雩 1901 [Graph] 858e Z21c 634j.

霉 m é i +8467 雨每 | 黴 *3161 | 1° damp, wet 2° mold, mildew ◇ 1° humidité, pluie 2° moisi, moisissure [Etym] 雨 1890 (rad: 173a 8-07), 每2565 [Graph] 858e Z61b.

兩 l i ǎ n g (1902) 雨人人 | [Tra] two; both; unit ◇ deux; double; mesure [Etym] {1} a balance (1=prim) with two weights (2,3=prim); {2} fore parts and pole of a vehicle (prim) ◇ {1} une balance (1=prim) avec deux poids (2,3=prim); {2} partie avant et timon d'un char (prim) [Graph] 858f 232a 232a [Ref] k542, ph376, w35i, wa144, wi35, wi319 [Hanzi] lia3 liang3 倆 3013, liang3 緉 6224, liang3 兩 8468, liang3 啢 9145, liang4 輛 10716, liang3 魎 10747.

兩 l i ǎ n g *8468 雨人人 | 两 +8504 | 1° two, both 2° ounce 3° tael 4° a few, some 5° unit of weight = 50 grams ◇ 1° deux, double 2° once 3° taël 4° quelques 5° mesure chinoise = 50 grammes [Etym] 入 179 (rad: 011a 2-06), 兩 1902 [Graph] 858f 232a 232a.

再 z à i (1903) 再 | [Tra] once more; again ◇ de nouveau; encore [Etym] the second basket of a set of two (< 冓 1012) ◇ le second panier d'un ensemble de deux (< 冓 1012) [Graph] 858g [Ref] h679, k1022, w35j, wi196 [Hanzi] zai4 再 8469.

再 z à i +8469 再 | 1° once more, again 2° moreover, besides 3° to return ◇ 1° de nouveau, une autre fois, encore 2° de plus, en outre 3° retourner [Etym] 冂 1819 (rad: 013a 2-04), 再 1903 [Graph] 858g.

再三 zài sān ∘ again and again, repeatedly ◇ à plusieurs reprises, coup sur coup * 3.

再会 zài huì ∘ good-bye ◇ au revoir * 1382.

再见 zài jiàn ∘ au revoir, bye bye ◇ au revoir * 7991.

市 s h ì (1904) 市 | [Tra] market; city ◇ marché; ville [Etym] a place (< 冂 1819) with plants (< 币 1889) ->market ◇ une place (< 冂

巾 雨 雨 再 市

1819) avec des plantes (< 帀 1889) ->marché [Graph] 858h [Ref] h130, k884, w34d, wi256 [Hanzi] shi4 鈰 1291, shi4 铈2069, shi4 柿 4387, nao4 鬧 7472, pei4 旆 7949, nao4 闹8032, shi4 市 8470.

市 shì +8470 市 | 1° market 2° city, municipality 3° to buy 4° unit of length = 1/3 meter ◇ 1° marché 2° ville, municipalité 3° acheter 4° unité de mesure: le pied = 0, 333 mètre [Etym] 巾 1886 (rad: 050a 3-02), 巿 1904 [Graph] 858h.

市郊 shì jiāo ◦ suburb ◇ banlieue, environs d'une ville * 1683.

市场 shì chǎng ◦ market ◇ marché, halle * 4884.

市区 shì qū ◦ urban district ◇ territoire d'une municipalité; régions urbaines * 7305.

市容 shì róng ◦ appearance of a city ◇ aspect d'une ville * 7692.

市民 shì mín ◦ residents of a city ◇ population d'une ville, citadin * 8712.

币 bì (1905) 币 | [Tra] silk; wealth ◇ soierie; richesse [Etym] modern simplified form of (敝 1906) and (巾 1886) ◇ forme simplifiée moderne de (敝 1906) et (巾 1886) [Graph] 858i [Ref] r44d [Hanzi] bi4 币 8471, shi1 鸸 8472, shi1 鳾 8473.

币 bì +8471 币 | 幣 *8478 | 1° currency 2° wealth 3° presents 4° silk ◇ 1° devise 2° richesse 3° présents 4° soierie [Etym] 巾 1886 (rad: 050a 3-01), 币 1905 [Graph] 858i.

鸸 shī -8472 币鸟 | 鳾 *8473 | nuthatch ◇ sittelle, grimpereau [Etym] 鸟 2494 (rad: 196s 5-04), 币 1905 [Graph] 858i Z22e.

鳾 shī *8473 币鳥 | 鸸 -8472 | nuthatch ◇ sittelle, grimpereau [Etym] 鳥 2500 (rad: 196a 11-04), 币 1905 [Graph] 858i Z22h.

敝 bì (1906) 㡀攵 | [Tra] worn-out; worthless ◇ usé; vil; sans valeur [Etym] a cloth (1< 巾1886) broken (2= 攵 340), tore (< 八 127) into shreds ◇un tissu (1< 巾 1886) battu (2= 攵 340), partagé (< 八127) en lambeaux [Graph] 858j 243c [Ref] k720, ph641, r44c, w35f, wa130, wi211 [Hanzi] pie3 鐅 1292, pie3 鐅 2070, pie1 pie3 撇 2636, bi4 蔽 3895, bi4 敝 8474, bie1 憋8475, bi4 弊 8476, bi4 斃 8477, bi4 幣 8478, bie2 蹩8479, pie1 瞥 8480, bie1 鳖 8481, bie4 彆 8482, bie1 鼈8483.

敝 bì +8474 㡀攵 | 1° worn-out, shabby 2° worthless 3° my ◇ 1° usé 2° vil, sans valeur 3° mon [Etym] 攵 340 (rad: 066b 4-07), 敝 1906 [Graph] 858j 243c.

憋 biē +8475 㡀攵心 | 1° to suppress, to hold back 2° to suffocate 3° envy ◇ 1° supprimer, se contenir 2° étouffer 3° envie [Etym] 心 397 (rad: 061a 4-11), 敝 1906 [Graph] 858j 243c 321c.

弊 bì +8476 㡀攵廾 | 1° abuses 2° corrupt practices 3° evil, harm ◇ 1° abus, fraude 2° vice, corruption 3° faute, tort [Etym] 廾 701 (rad: 055a 3-11), 敝 1906 [Graph] 858j 243c 416e.

斃 bì *8477 㡀攵歹匕 | 毙 -1892 | 1° to die 2° to kill ◇ 1° mourir 2° tuer [Etym] 攵 340 (rad: 066b 4-13), 敝 1906 死 1235 [Graph] 858j 243c 631c 321b.

幣 bì *8478 㡀攵巾 | 币 +8471 | 1° currency 2° wealth 3° presents 4° silk ◇ 1° devise 2° richesse 3° présents 4° soierie [Etym] 巾 1886 (rad: 050a 3-11), 敝 1906 [Graph] 858j 243c 858a.

蹩 bié +8479 㡀攵足 | 1° to limp 2° to tread upon, to sprain ◇ 1° boiter 2° fouler [Etym] 足2117 (rad: 157a 7-11), 敝 1906 [Graph] 858j 243c 011f.

瞥 piē +8480 㡀攵目 | to glance at, to dart a look at ◇ jeter un regard, en un clin d'oeil [Etym] 目 2239 (rad: 109a 5-11), 敝 1906 [Graph] 858j 243c 023a.

鳖 biē -8481 㡀攵鱼 | 鼈 *8483 | turtle ◇ tortue [Etym] 鱼 2335 (rad: 195s 8-11), 敝 1906 [Graph] 858j 243c 041i.

彆 biè *8482 㡀攵弓 | 別 +9073 | See ◇ Voir 别扭 bie4-niu3 9073-2574 [Etym] 弓 2534 (rad: 057a 3-11), 敝 1906 [Graph] 858j 243c Z42a.

鼈 biē *8483 㡀攵黽 | 鳖 -8481 | turtle ◇ tortue [Etym] 黽 2562 (rad: 205a 13-11), 敝 1906 [Graph] 858j 243c Z51h.

爾 ěr (1907) 爾 | [Tra] you; so; only ◇ tu; tel; seulement [Etym] ph.b.: {1} a balance (> 兩 1902) with equal number of weights (prim); {2} reeding machine for silk (prim) ◇ e.ph.: {1} une balance (> 兩 1902) avec des poids (prim) égaux; {2} dévidoir à soie (prim) [Graph] 858k [Ref] k13, ph776, w351, wa93 [Hanzi] mi2 禰 2277, xian3 獮 5655, nai3 嬭 5830, er3 爾8484, xi3 璽 8485, er3 邇 8486, luo2 覼 8487, mi2 彌11263.

爾 ěr *8484 爾 | 尔 +2295 | 1° you 2° like that 3° so 4° that ◇ 1° tu, toi, vous 2° tel 3° seulement, ainsi 4° ce, cet [Etym] 爻 325 (rad: 089a 4-10), 爾 1907 [Graph] 858k.

璽 xǐ *8485 爾玉 | 玺 +2296 | imperial seal ◇ sceau impérial [Etym] 玉 938 (rad: 095a 5-14), 爾1907 [Graph] 858k 432o.

邇 ěr *8486 爾辶 | 迩 -2297 | 1° near, close 2° to come close ◇ 1° proche, prochain, pas éloigné, allié 2° s'approcher de [Etym] 辶 1346 (rad: 162b 3-14), 爾 1907 [Graph] 858k 634o.

覼 luó *8487 爾見 | 觇 -2298 丶 覶 *699 | to state in detail item by item ◇ exposer, présenter en détail [Etym] 見 2255 (rad: 147a 7-14), 爾1907 [Graph] 858k 023c.

巿 fèi (1908) 巿 | [Tra] multiplication; fibre ◇ multiplication; fibre [Etym] plant creeping rapidly underground (prim) (> 乇 402, 耑 1623) ◇une plante proliférant par les racines (prim) (> 乇 402, 耑 1623) [Graph] 858l [Ref] k747, ph57, r289, w79g [Hanzi] pei4 沛 459, fei4 fu2 芾 3896, fei4 肺 8206.

朿 cì (1909) 朿 | [Tra] thorny bushes ◇ buissons épineux [Etym] a tree (< 木 723) and tapering object (prim) in its center ◇ un arbre (< 木

巾 市 币 㡀 爾 巿 朿

723) et un objet pointu (prim) au centre [Graph] 858m [Ref] h1314, k1097, ph243, r12h, w120h, wa45 [Hanzi] ce4 策 876, zao3 枣 8488, ci1 ci4 刺 8489, ji2 zao3 棗 8490.

枣 zǎo (1910) 朿㇏ [Tra] jujube tree ◇ jujubier [Etym] modern simplified form of (棗 1913) (2< 二 4) ◇ forme simplifiée moderne de (棗 1913) (2< 二 4) [Graph] 858m 211b [Hanzi] zao3 枣 8488.

枣 zǎo -8488 朿㇏ | 棗 +8490 | 1° jujube tree 2° Chinese date ◇ 1° jujubier, jujube 2° datte chinoise [Etym] 木 723 (rad: 075a 4-04), 枣 1910 [Graph] 858m 211b.

枣儿 zǎo ér。jujube ◇ jujube * 2194.

枣树 zǎo shù。jujube tree ◇ jujubier * 4278.

刺 cī (1911) 朿刂 [Tra] thorn; to criticize ◇ piquer; critiquer [Etym] torture: with thorns (1= 朿 1909) and knife (2= 刂 470) ◇ torture: avec des épines (1= 朿 1909) et un couteau (2= 刂 470) [Graph] 858m 333b [Ref] h1314, k1098, ph56, r12i, w120h [Hanzi] ci1 ci4 刺 8489.

刺 cī +8489 朿刂 | son ◇ son [Etym] 刂 470 (rad: 018b 2-06), 刺 1911 [Graph] 858m 333b.

△ cì | 1° thorn, to prick 2° to tattoo 3° to criticize ◇ 1° piquer 2° tatouer 3° critiquer.

刺激 cì jī。excitement, to stimulate ◇ exciter, stimuler; encourager; décourager, choc * 545.

刺杀 cì shā。to murder ◇ tuer * 1653.

刺柏 cì bǎi。Chinese juniper ◇ genévrier chinois * 4437.

刺耳 cì ěr。piercing, shrill; sarcastic ◇ criard, perçant, aigu; acerbe, acrimonieux * 5445.

刺绣 cì xiù。embroidery ◇ broderie * 5973.

刺刀 cì dāo。bayonet ◇ baïonnette * 7239.

刺客 cì kè。assassin, murderer ◇ assassin * 7760.

棘 jí (1912) 朿朿 [Tra] thorny brambles ◇ buissons épineux [Etym] many thorny plants (1, 2= 朿 1909) ◇ plusieurs plantes épineuses (1,2= 朿 1909) [Graph] 858m 858m [Ref] w120h [Hanzi] bo2 僰 8491.

棗 zǎo (1913) 朿朿 [Tra] jujube tree ◇ jujubier [Etym] a very thorny (1,2= 朿 1909) tree ◇ un arbre aux épines nombreuses (1,2= 朿 1909) [Graph] 858m 858m [Ref] w120h [Hanzi] ji2 zao3 棗 8490.

棗 jí +8490 朿朿 | 1° thorny brambles, palm, sour jujube 2° problems ◇ 1° buissons épineux, ronces, épines, jujube, palmes 2° ennuis, misères [Etym] 木 723 (rad: 075a 4-08), 棗 1913 [Graph] 858m 858m.

△ zǎo | 枣 -8488 | 1° jujube tree 2° Chinese date ◇ 1° jujubier, jujube 2° datte chinoise.

僰 bó +8491 朿朿人 | old Chinese minority ◇ ancienne minorité chinoise [Etym] 人 170 (rad: 009a 2-12), 棘 1912 [Graph] 858m 858m 232a.

甫 fǔ (1914) 甫 [Tra] to begin; large ◇ commencer; grand [Etym] {1} hand using (< 用 1845) stick (top=prim) of power; {2} new plant (top< 德 536) in a field (bottom< 田 2313) ◇ {1} une main utilisant (< 用 1845) le bâton (haut=prim) du pouvoir; {2} une jeune plante (haut< 德 536) dans un champ (bas< 田 2313) [Graph] 858n [Ref] k49, ph271, w109d, wa74, wi151, wi252 [Hanzi] pu3 浦 460, pu1 pu4 鋪 1293, pu4 舖 1505, pu1 pu4 铺 2071, bu3 捕 2637, pu2 莆 3897, bu4 pu3 埔 4929, fu3 黼 5340, fu3 辅 6370, bu3 補 6677, pu2 匍 7910, fu3 pu2 脯 8207, fu3 甫 8492, bu1 逋 8493, bu3 鵏 8495, bu3 鵏 8496, bu3 哺 9146, fu3 黼 9422, bu1 晡 9939, fu3 蜅 10305, fu3 輔 10717, pu2 酺 10904, pu3 圃 10964.

甫 fǔ +8492 甫 | 1° just, only 2° to begin 3° great, large 4° proper name ◇ 1° à peine, tout juste 2° commencer 3° grand, beaucoup 4° prénom noble [Etym] 用 1845 (rad: 101a 5-02), 甫 1914 [Graph] 858n.

尃 fū (1915) 甫寸 [Tra] action; ampleur ◇ action; amplitude [Etym] hand (2= 寸 441) of a man in power (1= 甫 1914) ◇ la main (2= 寸 441) d'un homme au pouvoir (1= 甫 1914) [Graph] 858n 332b [Ref] k50, ph528, w109d [Hanzi] pu3 溥 461, bo2 鎛 1294, bo2 艀 1463, bo2 傅 1874, bo2 镈 2072, bo2 搏 2638, chuan2 fu4 傳 3014, bo2 博 3402, fu4 缚 6052, fu4 縛 6225, fu4 赙 7985, bo2 膊 8208, fu4 賻 10139.

逋 bū +8493 甫辶 | 1° to flee 2° debt 3° to refuse payment ◇ 1° fuir 2° dette 3° refuser de payer [Etym] 辶 1346 (rad: 162b 3-07), 甫 1914 [Graph] 858n 634o.

旉 fū (1916) 甫方 [Tra] spread out ◇ propager [Etym] large (1= 甫 1914) space (2= 方 1784) ◇ grand (1= 甫 1914) espace (2= 方 1784) [Graph] 858n 853b [Ref] k51 [Hanzi] fu1 敷 8494.

敷 fū +8494 甫方攵 | 1° to apply 2° to spread out, to diffuse, to promulgate 3° to equal, to be sufficient for 4° extensively ◇ 1° enduire de, étendre 2° distribuer, propager, annoncer 3° suffire, assez 4° beaucoup, trop [Etym] 攵 340 (rad: 066b 4-11), 旉 1916 [Graph] 858n 853b 243c.

敷衍 fū yǎn。to expound ◇ exposer; développer * 3115.

鸠 bǔ -8495 甫鸟 | 鵏 *8496 | bustard ◇ outarde [Etym] 鸟 2494 (rad: 196s 5-07), 甫 1914 [Graph] 858n Z22e.

鵏 bǔ *8496 甫鳥 | 鸠 -8495 | bustard ◇ outarde [Etym] 鳥 2500 (rad: 196a 11-07), 甫 1914 [Graph] 858n Z22h.

巾 朿 甫

制 zhì (1917) 刂 [Tra] to make; control ◇ fabriquer; règle [Etym] to cut (2= 刂 470) a big tree (1=prim,< 木 723, 生 951) ->make, mourn ◇ couper (2= 刂 470) un grand arbre (1=prim,< 木 723, 生 951) -> deuil [Graph] 858o 333b [Ref] h722, k1219 [Hanzi] zhe4 淛 462, zhi4 制 8497, zhi4 製 8498, che4 掣 8499.

制 zhì +8497 刂 | 製 1° *8498 | 1° to make, to manufacture 2° to formulate 3° to control 4° system, institution 5° three-year mourning ◇ 1° fabriquer 2° formuler 3° règle, restreindre, gouverner 4° régime, système, institution 5° deuil de trois ans [Etym] 刂 470 (rad: 018b 2-06), 制 1917 [Graph] 858o 333b.

制造 zhì zào ∘ to make, to manufacture ◇ fabriquer, faire; provoquer, créer * 5236.

制度 zhì dù ∘ institution, system ◇ régime, système * 6919.

制定 zhì dìng ∘ to work out ◇ élaborer * 7734.

制服 zhì fú ∘ uniform ◇ uniforme * 8175.

製 zhì *8498 刂衣 | See ◇ Voir 制 8497 [Etym] 衣 371 (rad: 145a 6-08), 制 1917 [Graph] 858o 333b 312i.

掣 chè +8499 刂手 | 1° to draw, to pull 2° to provoke, to bother ◇ 1° tirer, choisir 2° serrer, gêner, vexer [Etym] 手 465 (rad: 064a 4-08), 制 1917 [Graph] 858o 333b 332g.

襾 xià, wǎng (1918) 襾 [Tra] stopper, cover; net ◇ bouchon, couvercle; filet [Etym] stopper, cover (prim); net (> 罒 2374, 冂 1855, 网 1850) ◇ un bouchon (prim); un filet (> 罒 2374, 冂 1855, 网 1850) [Graph] 858p [Ref] k135, w41c [Rad] 146c.

内 859

内 nèi (1919) 内 [Tra] in; interior ◇ dans; intérieur [Etym] to enter (< 入 179) into a close (prim,< 冂 1819) ◇ pénétrer (< 入 179) un espace (prim,< 冂 1819) [Graph] 859a [Ref] h364, k654, ph74, r3f, r3g, w15c, wi468 [Hanzi] rui4 汭 463, na4 鈉 1295, ne4 讷 1809, na4 钠 2073, rui4 芮 3898, rui4 枘 4388, na4 纳 6053, na4 納 6226, na4 衲 6678, na4 肭 8209, nei4 内 8500, na4 呐 9147, ne4 訥 9610, xie4 禼 9804, rui4 蚋 10306.

内 nèi +8500 内 | 1° inner, within, inside, interior, in, into 2° among 3° near to 4° one's wife or her relatives ◇ 1° dans, dedans, intérieur, à l'intérieur 2° parmi 3° près de 4° les membres de la famille de l'épouse [Etym] 入 179 (rad: 011a 2-02), 内 1919 [Graph] 859a.

内部 nèi bù ∘ inside, internal, interior ◇ intérieur, interne * 660.

内衣 nèi yī ∘ underwear ◇ sous-vêtement * 2140.

内行 nèi háng ∘ expert, adept ◇ expert, connaisseur; s'y connaître * 3128.

内幕 nèi mù ∘ inside story; behind the scene ◇ secret, dessous (d'une affaire) * 3956.

内科 nèi kē ∘ general medical care ◇ médecine générale * 4523.

内地 nèi dì ∘ inland, hinterland ◇ intérieur du pays * 4903.

内政 nèi zhèng ∘ domestic, home affairs ◇ politiques intérieures * 5317.

内容 nèi róng ∘ content ◇ contenu * 7692.

内战 nèi zhàn ∘ civil war ◇ guerre civile * 9801.

内白 nèi bái ∘ words spoken by an actor from offstage ◇ paroles * 9973.

肉 ròu (1920) 肉 [Tra] flesh; meat; pulp ◇ chair; viande; pulpe [Etym] {1} pieces of dry meat tied up (< 勹 1770) in bundles (prim); {2} mouth of a flesh-eating animal (prim) ◇ {1} des viandes séchées rassemblées (< 勹 1770) en feuilles (prim); {2} la gueule d'un animal carnivore (prim) [Graph] 859b [Ref] h365, k941, ph2, r134, w17g, w65a, wa128 [Hanzi] nü4 朒 8210, rou4 肉 8501 [Rad] 130a.

肉 ròu +8501 肉 | 1° meat, flesh 2° pulp 3° carnal 4° flask, not crispy 5° slow ◇ 1° chair, viande 2° pulpe 3° charnel 4° flasque, molasse, qui n'est pas croquant 5° lent [Etym] 肉 1920 (rad: 130a 6-00), [Graph] 859b.

肉体 ròu tǐ ∘ human body ◇ corps, chair (opposé à esprit) * 2872.

丙 bǐng (1921) 丙 [Tra] fire; calamity ◇ feu; calamité [Etym] {1} fire rising into the roof (prim) (> 火 156, 宀 1661); {2} fish tail (prim) ◇ {1} le feu brûlant le toit (prim) (> 火 156, 宀 1661); {2} la queue d'un poisson (prim) [Graph] 859c [Ref] h1773, k740, ph150, w41a, wa47, wi437, wi727 [Hanzi] bing3 炳 1029, bing3 bing4 柄 4389, lou4 陋 6776, bing4 病 7105, bing3 丙 8502, bing3 邴 8503.

丙 bǐng +8502 丙 | 1° third of the ten stems 2° third ◇ 1° caractère cyclique: le troisième des dix rameaux 2° troisième [Etym] 一 3 (rad: 001a 1-04), 丙 1921 [Graph] 859c.

邴 bǐng +8503 丙阝 | surname ◇ nom de famille [Etym] 阝 1316 (rad: 163b 2-05), 丙 1921 [Graph] 859c 634j.

两 liǎng (1922) 两 [Tra] two; both; unit ◇ deux; double; unité [Etym] modern simplified form of (兩 1902) ◇ forme simplifiée moderne de (兩 1902) [Graph] 859d [Ref] w35i [Hanzi] lia3 liang3 俩 3015, liang3 裲 6054, liang4 辆 6371, liang3 两 8504, liang3 唡 9149, liang3 魉 10748.

两 liǎng +8504 两 | 兩 *8468 | 1° two, both 2° ounce 3° tael 4° a few, some 5° unit of weight = 50 grams ◇ 1° deux, double 2° once 3° taël 4° quelques 5° mesure chinoise = 50 grammes [Etym] 一 3 (rad: 001a 1-06), 两 1922 [Graph] 859d.

两头 liǎng tóu ∘ both ends; either end ◇ les deux bouts ou extrémités; les deux parties ✱ 1598.

两头儿 liǎng tóu ér ∘ both ends; either end ◇ les deux bouts ou extrémités; les deux parties ✱ 1598 2194.

两旁 liǎng páng ∘ either side; both sides ◇ de part et d'autre, des deux côtés ✱ 7849.

禸 róu (1923) 禸 | [Tra] footprints ◇ traces de pas [Etym] feet, hindback of an animal (> 禽 2423, 萬 690, 禹 2304, 巢 1118, 离 1927) ◇ pieds, arrière-train d'un animal (> 禽 2423, 萬 690, 禹 2304, 巢 1118, 离 1927) [Graph] 859e [Hanzi] qin2 禽 1416, li2 离 8539, yu3 禹 10386, yu2 禺 10766 [Rad] 114a.

口 911

齿 chǐ (1924) 齿 | [Tra] teeth; age; record ◇ dents; âge; noter [Etym] modern simplified form of (齒 1925) ◇ forme simplifiée moderne de (齒 1925) [Graph] 911a [Ref] h290, r36h, r36h [Hanzi] chi3 齿 8505, nie4 啮 9150 [Rad] 211s.

齿 chǐ -8505 齿 | 齒 *8520 | 1° front teeth 2° mouth 3° age 4° to record ◇ 1° dents 2° bouche 3° âge 4° noter, citer [Etym] 齿 1924 (rad: 211s 8-00), [Graph] 911a.

龄 líng -8506 齿人令 | 齡 *8521 | 1° age, years 2° duration ◇ 1° âge 2° durée [Etym] 齿 1924 (rad: 211s 8-05), 令 208 [Graph] 911a 233a 632b.

龀 chèn -8507 齿七 | 齔 *8523 | to shed milk teeth, to grow permanent teeth ◇ seconde dentition [Etym] 齿 1924 (rad: 211s 8-02), 七 401 [Graph] 911a 321e.

龇 zī -8508 齿止匕 | 齜 、呲 *8525、+8990 | 1° to bare, to show 2° to gnash one's teeth ◇ 1° se découvrir, montrer (dents) 2° grincer des dents [Etym] 齿 1924 (rad: 211s 8-06), 此 955 [Graph] 911a 434a 321b.

龈 yín -8509 齿斤 | 齗 *8526 | 1° (dental) gums 2° to argue ◇ 1° gencives 2° discuter [Etym] 齿 1924 (rad: 211s 8-04), 斤 1461 [Graph] 911a 722c.

龆 tiáo -8510 齿刀口 | 齠 *8527 | to shed the teeth, change of teeth ◇ seconde dentition [Etym] 齿 1924 (rad: 211s 8-05), 召 1479 [Graph] 911a 732a 011a.

龉 yǔ -8511 齿五口 | 齬 *8528 | 1° irregular teeth 2° discord ◇ 1° dents irrégulières 2° désunion [Etym] 齿 1924 (rad: 211s 8-07), 吾 1549 [Graph] 911a 822b 011a.

龅 bāo -8512 齿勹巳 | 齙 *8529 | projecting teeth ◇ dents saillantes [Etym] 齿 1924 (rad: 211s 8-05), 包 1778 [Graph] 911a 852h 933b.

龃 jǔ -8513 齿且 | 齟 *8531 | 1° irregular teeth 2° to bite 3° discord ◇ 1° denture irrégulière 2° mâcher, mordre 3° désaccord [Etym] 齿 1924 (rad: 211s 8-05), 且 1929 [Graph] 911a 921a.

龌 wò -8514 齿尸厶土 | 齷 *8532 | [Etym] 齿 1924 (rad: 211s 8-09), 屋 1968 [Graph] 911a 931a 612c 432a.

龌龊 wò chuò ∘ crumpled, dirty, foul ◇ sot, étroit, mesquin ✱ 8517.

龈 kěn +8515 齿艮 | 啃 -8993 | to gnaw, to nibble, to bite ◇ mordiller, ronger [Etym] 齿 1924 (rad: 211s 8-06), 艮 2003 [Graph] 911a 932c.

△ yín | 齦 *8533 | 1° to gnaw 2° gum ◇ 1° ronger 2° gencive.

龅 bà -8516 齿巴 | 齙 *8534 | projecting tooth ◇ dent saillante [Etym] 齿 1924 (rad: 211s 8-04), 巴 2014 [Graph] 911a 933c.

龊 chuò -8517 齿足 | 齪 *8536 | narrow, shallow ◇ étroit, borné, mesquin [Etym] 齿 1924 (rad: 211s 8-07), 足 2117 [Graph] 911a 011f.

龋 qǔ -8518 齿禹 | 齲 *8537 | [Etym] 齿 1924 (rad: 211s 8-09), 禹 2304 [Graph] 911a 032j.

龋齿 qǔ chǐ ∘ decayed tooth, dental caries ◇ dent gâtée, carie des dents ✱ 8505.

龁 hé -8519 齿乞 | 齕 *8538 | 1° to bite 2° to gnaw, to cut off 3° to peculate ◇ 1° mordre 2° ronger, rogner 3° péculat [Etym] 齿 1924 (rad: 211s 8-03), 乞 2508 [Graph] 911a Z31e.

齒 chǐ (1925) 齒 | [Tra] teeth; age; record ◇ dents; âge; noter [Etym] mouth (< 口 2063), rows of teeth (prim); phon, clamp (< 止 954) ◇ bouche (< 口 2063), rangées de dents (prim); phon, serrer (< 止 954) [Graph] 911b [Ref] h290, k1233a, w175a, wa16 [Hanzi] nie4 齧 3491, chi3 齒 8520 [Rad] 211a.

齒 chǐ *8520 齒 | 齿 -8505 | 1° front teeth 2° mouth 3° age 4° to record ◇ 1° dents 2° bouche 3° âge 4° noter, citer [Etym] 齒 1925 (rad: 211a 15-00), [Graph] 911b.

齡 líng *8521 齒人二卩 | 龄 -8506 | 1° age, years 2° duration ◇ 1° âge 2° durée [Etym] 齒 1925 (rad: 211a 15-05), 令 211 [Graph] 911b 233a ac:a 734a.

齩 yǎo *8522 齒交 | 咬 、齩 +8892、*8524 | 1° to bite 2° to bark 3° to trump up a counter charge 4° to pronounce ◇ 1° mordre 2° aboyer 3° accuser de complicité dans un crime dont on est soi-même accusé 4° prononcer [Etym] 齒 1925 (rad: 211a 15-06), 交 344 [Graph] 911b 243e.

齔 chèn *8523 齒七 | 龀 -8507 | to shed milk teeth, to grow permanent teeth ◇ seconde dentition [Etym] 齒 1925 (rad: 211a 15-02), 七 401 [Graph] 911b 321e.

齩 yǎo *8524 齒土土土兀 | 咬 、齩 +8892、*8522 | 1° to bite 2° to bark 3° to trump up a counter charge 4° to pronounce ◇ 1° mordre 2° aboyer 3° accuser de complicité dans un crime dont on est soi-même accusé 4° prononcer [Etym] 齒 1925 (rad: 211a 15-12), 堯 844 [Graph] 911b 432a 432a 432a 322c.

齜 zī *8525 齒止匕 | 龇 、呲 -8508、+8990 | 1° to bare, to show 2° to gnash one's teeth ◇ 1° se découvrir, montrer (dents) 2° grincer des dents [Etym] 齒 1925 (rad: 211a 15-06), 此 955 [Graph] 911b 434a 321b.

齗 yín *8526 |斷 -8509| 1° (dental) gums 2° to argue ◇ 1° gencives 2° discuter [Etym] 齒 1925 (rad: 211a 15-04), 斤 1461 [Graph] 911b 722c.
齒斤

齠 tiáo *8527 |龆 -8510| to shed the teeth, change of teeth ◇ seconde dentition [Etym] 齒 1925 (rad: 211a 15-05), 召 1479 [Graph] 911b 732a 011a.
齒刀口

齬 yǔ *8528 |龉 -8511| 1° irregular teeth 2° discord ◇ 1° dents irrégulières 2° désunion [Etym] 齒 1925 (rad: 211a 15-07), 吾 1549 [Graph] 911b 822b 011a.
齒五口

齙 bāo *8529 |龅 -8512| projecting teeth ◇ dents saillantes [Etym] 齒 1925 (rad: 211a 15-05), 包 1778 [Graph] 911b 852h 933b.
齒勹巳

齣 chū *8530 |See ◇ Voir 出 7657 [Etym] 齒 1925 (rad: 211a 15-05), 句 1779 [Graph] 911b 852h 011a.
齒勹口

齟 jǔ *8531 |龃 -8513| 1° irregular teeth 2° to bite 3° discord ◇ 1° denture irrégulière 2° mâcher, mordre 3° désaccord [Etym] 齒 1925 (rad: 211a 15-05), 且 1929 [Graph] 911b 921a.
齒且

齷 wò *8532 |龌 -8514| See ◇ Voir 龌龊 wo4-chuo4 8514-8517 [Etym] 齒 1925 (rad: 211a 15-09), 屋 1968 [Graph] 911b 931a 612c 432a.
齒尸厶土

齦 yín *8533 |龈 +8515| 1° to gnaw 2° gum ◇ 1° ronger 2° gencive [Etym] 齒 1925 (rad: 211a 15-06), 艮 2003 [Graph] 911b 932c.
齒艮

齞 bà *8534 |𬺓 -8516| projecting tooth ◇ dent saillante [Etym] 齒 1925 (rad: 211a 15-04), 巴 2014 [Graph] 911b 933c.
齒巴

齶 è *8535 |腭 +8223| roof of the mouth, palate ◇ palais de la bouche [Etym] 齒 1925 (rad: 211a 15-09), 咢 2102 [Graph] 911b 011a 011a Z21c.
齒口口亏

齪 chuò *8536 |龊 -8517| narrow, shallow ◇ étroit, borné, mesquin [Etym] 齒 1925 (rad: 211a 15-07), 足 2117 [Graph] 911b 011f.
齒足

齲 qǔ *8537 |龋 -8518| See ◇ Voir 龋齿 qu3-chi3 8518-8505 [Etym] 齒 1925 (rad: 211a 15-09), 禹 2304 [Graph] 911b 032j.
齒禹

齕 hé *8538 |龁 -8519| 1° to bite 2° to gnaw, to cut off 3° to peculate ◇ 1° mordre 2° ronger, rogner 3° péculat [Etym] 齒 1925 (rad: 211a 15-03), 乞 2508 [Graph] 911b Z31e.
齒乞

> 囟 nǎo (1926) |[Tra] hairy head; brain ◇ tête chevelue; cerve [Etym] modern simplified form of (巛 1119) ◇ forme simplifiée moderne de (巛 1119) [Graph] 911c [Ref] k390, w23e [Hanzi] nao3 恼3331, nao3 垴 4930, nao3 脑 8211.
> 囟

> 离 lí (1927) |[Tra] to leave; off; from ◇ quitter; loin de [Etym] phon: yak (prim): head, horns (1=prim) body,tail (2=prim) ◇ phon: un yak (prim): tête, cornes (1=prim), corps, queue (2=prim) [Graph] 911c 859e [Ref] k533, ph628, r38c, r38d, w23e, wi351 [Hanzi] li2 漓464, li2 篱 878, qin2 禽 1416, li5 璃 5178, li2 缡 6055, li2 縭 6227, li2 褵 6679, li2 离 8539, li2 離 8540, chi1 螭 10307, chi1 魑 10749, li2 醨 10905.
> 囟禸

离 lí +8539 |離 *8540| 1° to leave, to be away from, to separate 2° off, away, from, distance 3° without 4° difference 5° surname ◇ 1° quitter, se séparer 2° loin de, distance 3° sans 4° différence 5° nom propre [Etym] 禸 1923 (rad: 114a 4-06), 离 1927 [Graph] 911c 859e.
囟禸

离开 lí kāi ◦ to leave ◇ quitter; se séparer de * 4045.

离婚 lí hūn ◦ to divorce, to separate ◇ divorcer, se séparer * 5773.

离别 lí bié ◦ to leave; to separate ◇ se séparer; quitter * 9073.

> 離 lí (1928) |[Tra] to leave; off; from ◇ quitter; loin de [Etym] net (1,2> 禽 216) and bird (3= 隹 1030) ◇ filet (1,2> 禽 216) et oiseau (3= 隹1030) [Graph] 911c 859e 436m [Ref] k534, w628h, wa68, wi886 [Hanzi] li2 灕 465, li2 籬 879, li2 離 8540.
> 囟禸隹

離 lí *8540 |离 +8539| 1° to leave, to be away from, to separate 2° off, away, from, distance 3° without 4° difference 5° surname ◇ 1° quitter, se séparer 2° loin de, distance 3° sans 4° différence 5° nom propre [Etym] 隹 1030 (rad: 172a 8-10), 离 1927 [Graph] 911c 859e 436m.
囟禸隹

且 921

> 且 qiě (1929) |[Tra] and; also; moreover ◇ et; de plus; also [Etym] {1} a stack of three stones (prim), hence meaning 'and, also'; {2} phallic altar (prim) ◇ {1} une pile de trois pierres (prim), d'où le sens 'et, aussi'; {2} un autel phallique (prim) [Graph] 921a [Ref] h1091, k1070, ph110, r25h, w20d, wa188, wi200, wi677, wi690, wi920 [Hanzi] ju3 ju4 沮 466, chu2 鉏 1296, zu3 诅 1810, chu2 锄 2074, zu3 祖 2278, cu2 徂 3168, ju1 苴 3900, zha1 查 4390, zu1 租 4561, cu1 粗 4638, ju1 qie4 趄 4855, ju1 狙 5656, jie3 姐 5831, zu3 组 6056, zu3 組 6228, cu2 殂 6438, zu3 祖 6594, zu3 阻 6777, ju1 疽 7106, men2 亹 7467, ju1 岨 7586, yi2 宜 7769, ju3 龃 8513, ju3 齟 8531, ju1 qie3 且 8541, ju1 雎8542, xian4 县 8543, zhu4 助 8545, ju3 zui3 咀 9151, zu3 詛 9611, qu1 蛆 10308, zang3 駔 11071, zang3 驵 11129.
> 且

且 jū +8541 |1° suffix in sentence 2° personal name ◇ 1° particule finale d'exclamation 2° prénom [Etym] 一 3 (rad: 001a 1-04), 且1929 [Graph] 921a.
且

△ qiě |1° just, for the time being 2° for a long time 3° even 4° both... and... 5° absolutely 6° also, moreover, further 7° however 8° if ◇ 1° pour le moment, être sur le point de 2° longtemps 3° même alors 4° et 5° absolument 6° aussi, bien plus, de plus, à fortiori 7° cependant 8° si.

雎 jū +8542 |sea-gull ◇ mouette [Etym] 隹 1030 (rad: 172a 8-05), 且 1929 [Graph] 921a 436m.
且隹

> 县 xiàn (1930) |[Tra] distric; to suspend ◇ prefecture; suspendre [Etym] modern simplified form of (縣 1933, 縣 2242) ◇ forme simplifiée moderne de (縣 1933, 縣 2242) [Graph] 921a
> 且厶

口 且 齒 囟 • 且

612a [Ref] r25h [Hanzi] xian4 县 8543, xuan2 悬 8544.

县 xiàn -8543 |縣 縣| county, prefecture, district ◇ sous-préfecture, district [Etym] 厶 1131 (rad: 028a 2-05), 且 1930 [Graph] 921a 612a.
且厶 *10069 、*8547

县长 xiàn zhǎng。sub-prefect ◇ sous-préfet ✱ 2139.

县城 xiàn chéng。county town; county seat ◇ siège du district, chef-lieu de district ✱ 4868.

悬 xuán -8544 |懸| 1° to hang, to suspend, in suspense 2° outstanding 3° anxious 4° to imagine 5° far apart, unlike 6° dangerous ◇ 1° être suspendu, en suspens, suspendre 2° exceptionnel 3° anxiété 4° imaginer 5° distant, différent 6° dangereux [Etym] 心 397 (rad: 061a 4-07), 且 1930 [Graph] 921a 612a 321c.
且厶心 *10070

悬挂 xuán guà。to hang ◇ suspendre ✱ 2442.

悬案 xuán àn。unsettled case or question ◇ question pendante, problème non résolu ✱ 7749.

助 zhù (1931) |[Tra] to help, assist ◇ aider [Etym] furthermore (1= 且 1929) strength (2= 力 1489) ->to help ◇ une force (2= 力 1489) en plus (1= 且 1929) ->aider [Graph] 921a 732f [Ref] h314, k1250, ph264, w20e, wi677 [Hanzi] zhu4 筯 880, chu2 鋤 1297, chu2 锄 2075, chu2 耡 4691, zhu4 助 8545, xu4 勗 9940.
且力

助 zhù +8545 |to help, to assist ◇ aider [Etym] 力 1489 (rad: 019a 2-05), 助 1931 [Graph] 921a 732f.
且力

助词 zhù cí。auxiliary word ◇ particule ✱ 1777.

助手 zhù shǒu。assistant, aide ◇ assistant, auxiliaire ✱ 2748.

助教 zhù jiào。assistant (of college faculty) ◇ assistant (université) ✱ 5050.

助理 zhù lǐ。assistant ◇ assistant ✱ 5204.

助学金 zhù xué jīn。grant ◇ bourse d'études ✱ 7854 1106.

具 jù (1932) |[Tra] tool; heap up; prepare ◇ ustensile; arranger [Etym] two hands (< 廾 701) offering or setting utensils (< 鼎 2245) ◇ deux mains (< 廾 701) offrant ou rangeant des ustensiles (< 鼎 2245) [Graph] 921c [Ref] h265, k488, ph347, r9n, w47g, wa126 [Hanzi] ju4 俱 3016, ju4 惧 3332, ju4 犋 3470, ju4 具 8546, ju4 颶 11215, ju4 飓 11228.
具

具 jù +8546 |1° utensil, tool, implement 2° to possess 3° to furnish, to prepare ◇ 1° instrument, ustensile 2° posséder 3° arranger, disposer, préparer [Etym] 八 127 (rad: 012a 2-06), 具 1932 [Graph] 921c.
具

具有 jù yǒu。to possess, to have ◇ posséder, avoir ✱ 1525.

具体 jù tǐ。concrete, particular ◇ concret, déterminé ✱ 2872.

具备 jù bèi。to possess, to have ◇ posséder, avoir, réunir ✱ 6537.

縣 xiàn (1933) |[Tra] district; to suspend ◇ préfecture; suspendre [Etym] different writing for (縣 2242) ◇ autre graphie pour (縣 2242) [Graph] 921d 613j [Ref] k152, w92b [Hanzi] dao4 纛 5285, xian4 縣 8547.
県系

縣 xiàn *8547 |县 縣| county, prefecture, district ◇ sous-préfecture, district [Etym] 系 1185 (rad: 120a 6-10), 縣 1933 [Graph] 921d 613j.
県系 -8543 、*10069

直 zhí (1934) |[Tra] upright; honest ◇ droit; correct [Etym] piercing eye (bottom< 目 2239) as a needle (top< 十 560) (< 直 2273) ◇ un oeil (bas< 目 2239) pénétrant comme une aiguille (< 十 560) (< 直 2273) [Graph] 921e [Ref] h349, k1220, ph335, r29g, r251, w10k, wa109 [Hanzi] zhi2 值 3017, zhi2 植 4391, zhi1 稙 4562, zhi2 埴 4931, shi5 zhi2 殖 6439, zhi2 直 8548, de2 悳 8549, zhi4 置 10793.
直

直 zhí +8548 |直| 1° straight 2° vertical, perpendicular 3° upright, just, honest 4° frank, straightforward 6° stiff 7° vertical stroke (Chinese writing) 8° continuously 9° simply 10° surname ◇ 1° droit, direct 2° vertical, perpendiculaire 3° juste, rectifier, sincère 4° franc, direct 6° raide 7° trait vertical (écriture chinoise) 8° continuellement 9° absolument 10° nom de famille [Etym] 十 560 (rad: 024a 2-06), 直 1934 [Graph] 921e.
直 *10179

直爽 zhí shuǎng。frank, forthright ◇ franc ✱ 1542.

直达 zhí dá。nonstop ◇ direct ✱ 1558.

直接 zhí jiē。direct, immediate ◇ direct, immédiat ✱ 2322.

直径 zhí jìng。diameter ◇ diamètre ✱ 3151.

直升飞机 zhí shēng fēi jī。helicopter ◇ hélicoptère ✱ 4044 11164 4478.

直到 zhí dào。until; up to ◇ jusqu'à ce que; indique le domaine ✱ 5914.

直辖市 zhí xiá shì。municipality directly under the government ◇ municipalité relevant du pouvoir central ✱ 6367 8470.

悳 dé *8549 |德 悳| 1° moral excellence, goodness, virtue, quality 2° heart, mind 3° kindness, favour ◇ 1° qualités naturelles et leurs manifestations, vertu 2° coeur, esprit 3° bonté, bienfait [Etym] 心 397 (rad: 061a 4-08), 直 1934 [Graph] 921e 321c.
直心 +3180 、*10180

矗 chù (1935) |[Tra] to stand upright; lush ◇ se tenir droit; luxuriant [Etym] three times, to be upright, correct (直 1934) ◇ trois fois, être droit, honnête (直 1934) [Graph] 921e 921e 921e
直直直

且 且具県直

[Hanzi] chu4 矗 8550.

矗 chù +8550 | 矗 *10181 | 1° to stand tall and upright 2° lush ◇ 1° se tenir droit 2° luxuriant [Etym] 十 560 (rad: 024a 2-22), 矗 1935 [Graph] 921e 921e 921e.

真 zhēn (1936) 真 |[Tra] true; genuine ◇ vrai; vraie nature [Etym] not so old writing for (眞 394) (< 顛 1938) ◇ graphie plus récente de (眞 394) (< 顛 1938) [Graph] 921f [Ref] h514, k1194, ph509, w101, wa185 [Hanzi] dian1 滇 467, zhen4 鎮 1298, zhen4 镇 2076, zhun1 衠 3169, shen4 慎 3333, zhen3 稹 4563, zhen3 鬒 4749, tian2 填 4932, zhen4 瑱 5179, zhen3 缜 6057, zhen3 縝 6229, tian2 阗 8033, zhen1 真 8551, dian1 颠 8552, dian1 顛 8553, tian2 闐 8781, chen1 嗔 9152, chen1 瞋 10090, zhen3 黰 10407.

真 zhēn +8551 | 眞 *2174 | 1° true, real, genuine 2° indeed, clearly 3° sincere 4° surname ◇ 1° vrai, réel, véritable 2° en effet 3° sincère, nature foncière des êtres 4° nom de famille [Etym] 十 560 (rad: 024a 2-08), 真 1936 [Graph] 921f.

真诚 zhēn chéng。sincere, genuine ◇ sincère, honnête * 1757.

真理 zhēn lǐ。truth ◇ vérité * 5204.

真正 zhēn zhèng。true, read, genuine ◇ vrai, véritable, authentique; certainement * 5316.

真实 zhēn shí。true, real, authentic ◇ vrai, réel, authentique * 7696.

颠 diān (1937) 真页 |[Tra] apex; to overthrow ◇ sommet; ruîner, renverser [Etym] modern simplified form of (顛 1938) ◇ forme simplifiée moderne de (顛 1938) [Graph] 921f 854d [Hanzi] dian1 攧 2639, dian1 癫 7107, dian1 巅 7587, dian1 颠 8552.

颠 diān -8552 | 顛 *8553 丶 巔 *2175 | 1° crown (of the head) 2° top, summit, apex 3° to jolt, bump 4° to upset, to overthrow, to fall, to be ruined 5° to run, to go away 6° to amble ◇ 1° vertex 2° sommet 3° secouer, cahot 4° tomber, ruine 5° courir, s'en aller 6° aller l'amble [Etym] 页 1802 (rad: 181s 6-10), 真 1936 [Graph] 921f 854d.

颠倒 diān dǎo。to reverse, to turn upside down; confused ◇ inverser, perturber, chambouler * 2927.

顛 diān (1938) 真頁 |[Tra] top; apex; overthrow ◇ vertex; sommet; ruîner [Etym] idea of truth,death,soul (1=1736,< 眞 394);head,top (2=頁2267) ◇ idée de vérité, mort, âme (1=1736,< 眞 394); tête, haut (2= 頁 2267) [Graph] 921f 023f [Ref] k995, ph848, w160c [Hanzi] dian1 攧 2640, dian1 癲 7108, dian1 巔 7588, dian1 顛 8553.

顛 diān *8553 | 颠 -8552 丶 巔 *2175 | 1° crown (of the head) 2° top, summit, apex 3° to jolt, bump 4° to upset, to overthrow, to fall, to be ruined 5° to run, to go away 6° to amble ◇ 1° vertex 2° sommet 3° secouer, cahot 4° tomber, ruine 5° courir, s'en aller 6° aller l'amble [Etym] 頁 2267 (rad: 181a 9-10), 顛 1938 [Graph] 921f 023f.

皿 922

皿 mǐn (1939) 皿 |[Tra] countainer ◇ récipient [Etym] ritual container (prim) ◇ un récipient pour un rituel (prim) [Graph] 922a [Ref] h1307, k628, r24, r94, w157a, wa188, wi233 [Hanzi] yi4 益 723, yan2 盐 4794, zhou1 盩 4796, meng4 孟 6558, ying2 盈 6803, guan4 盥 7422, min3 皿 8554, jian1 jian4 監 8805, gu3 蠱 9809, gu3 蛊 10309, gu3 蠱 10337 [Rad] 108a.

皿 mǐn +8554 | See ◇ Voir 器皿 qi4-min3 9172-8554 [Etym] 皿 1939 (rad: 108a 5-00), [Graph] 922a.

血 xiě，xuè (1940) 血 |[Tra] blood ◇ sang [Etym] blood (top) in a ritual container (< 皿 1939) ◇ du sang (haut) dans un récipient cultuel (< 皿 1939) [Graph] 922b [Ref] h270, k172, ph208, r5g, r8z, w157d, wa189 [Hanzi] xu4 洫 468, xu4 恤 3334, xie3 xue4 血 8555, xu4 衄 8562, xu4 䘏 10140 [Rad] 143a.

血 xiě +8555 |blood, bloody ◇ sang, sanglant [Etym] 血 1940 (rad: 143a 6-00), [Graph] 922b.

△ xuè |1° blood, bloody 2° related by blood ◇ 1° sang, sanglant 2° lien du sang.

血液 xuè yè。blood ◇ sang * 152.

血汗 xuè hàn。blood and sweat; sweat and toil ◇ sang et sueur, peines, efforts, labeur * 159.

血泪 xuè lèi。tears of blood ◇ larmes et sang, peines cruelles * 550.

血迹 xuè jī。bloodstain ◇ trace de sang * 2756.

血压 xuè yā。blood pressure ◇ tension artérielle * 6841.

血案 xuè àn。murder case ◇ affaire de meurtre, drame sanglant * 7749.

衆 zhòng *8556 | 众 -1086 丶 眾 *10776 | 1° many, numerous 2° crowd 3° multitude, the masses 4° common 5° group ◇ 1° plusieurs, nombreux 2° foule 3° peuple, masses 4° ordinaire, commun 5° groupe [Etym] 血 1940 (rad: 143a 6-06), 乑 559 [Graph] 922b 412i.

衅 xìn +8557 | 釁 *7466 | 1° quarrel 2° to besmear vessels with blood ◇ 1° rixe 2° oindre de sang [Etym] 血 1940 (rad: 143a 6-05), 半591 [Graph] 922b 414f.

衊 miè *8558 血艹罒戍 |See ◇ Voir 蔑 4004 [Etym] 血 1940 (rad: 143a 6-14), 蔑 691 [Graph] 922b 415c 051a 512k.

衃 pēi +8559 血不 |coagulated blood ◇ sang coagulé [Etym] 血 1940 (rad: 143a 6-04), 不718 [Graph] 922b 421a.

且 皿 直 真 · 皿 血

衇 mài *8560 |脉 -8104 、脈 *8169| pulse, arteries and veins, vein (in a leaf) ◇ pouls, vaisseaux, veine ou artère, nervures (de feuilles) [Etym] 血 1940 (rad: 143a 6-06), 𠂢 1453 [Graph] 922b 722a 312g.

衄 nǜ *8561 |衂 +8563 、鼽 *10166| 1° nosebleed 2° to be defeated in battle 3° to run away ◇ 1° saigner du nez 2° être battu, déroute 3° fuite [Etym] 血 1940 (rad: 143a 6-03), 刃 1483 [Graph] 922b 732c.

卹 xù *8562 |恤 +3334 、賉 *10140| 1° to pity, compassion 2° to give alms ◇ 1° avoir pitié, compassion 2° donner en aumône [Etym] 卩 1504 (rad: 026a 2-06), 血 1940 [Graph] 922b 734a.

衂 nǜ +8563 |衄 *8561 、鼽 *10166| 1° nosebleed 2° to be defeated in battle 3° to run away ◇ 1° saigner du nez 2° être battu, déroute 3° fuite [Etym] 血 1940 (rad: 143a 6-04), 丑 1564 [Graph] 922b 832e.

典 diǎn (1941) |[Tra] law; canon; govern ◇ code; norme; gouverner [Etym] important books (< 冊 1846), {1} kept on pedestal (< 兀 407), {2} held in hands (bottom, > 共 1006) ◇ des livres (< 冊 1846) importants, {1} gardés sur un piédestal (< 兀 407), {2} tenus dans les mains (bas,> 共 1006) [Graph] 922c [Ref] h552, k993, ph398, r446, w156c, wa198, wi386 [Hanzi] chen1 捵 2641, tian3 倎 3335, tian3 腆 8212, dian3 典 8564, tian3 tian3 覥 8565, tian3 覥 8566, dian3 碘 9762.

典 diǎn +8564 |1° law, standard, rule, canon 2° to govern ◇ 1° code, canon, norme, standard 2° gouverner [Etym] 八 127 (rad: 012a 2-06), 典 1941 [Graph] 922c.

典型 diǎn xíng。type ◇ type, modèle, type; typique * 4048.

典礼 diǎn lǐ。ceremony; celebration ◇ cérémonie * 6568.

觍 tiǎn +8565 |腆 +8212| 1° sumptuous, abundance, to prosper 2° to protrude ◇ 1° abondance, somptueux 2° proéminent [Etym] 见 1801 (rad: 147s 4-08), 典 1941 [Graph] 922c 854c.

△ tiǎn |覥 *8566| to be ashamed, timidity ◇ avoir honte, rougir.

覥 tiǎn *8566 |觍 +8565| to be ashamed, timidity ◇ avoir honte, rougir [Etym] 見 2255 (rad: 147a 7-08), 典 1941 [Graph] 922c 023c.

央 923

奂 huàn (1942) |[Tra] lively; gay; many ◇ beau; vif; nombreux [Etym] modern simplified form of (奐 1758) ◇ forme simplifiée moderne de (奐 1758) [Graph] 923a [Ref] w37f, wi251 [Hanzi] huan4 涣 469, huan4 焕 1030, huan4 换 2642, huan4 痪 7109, huan4 奂 8567, huan4 唤 9153.

奂 huàn +8567 |奐 *7885| 1° lively, gay 2° numerous, many ◇ 1° beau, gracieux, clair 2° nombreux, plusieurs [Etym] 大 257 (rad: 037a 3-04), 奂 1942 [Graph] 923a.

央 yāng (1943) |[Tra] centre; pray; to end ◇ centre; prier; finir [Etym] man (< 大 257) in space (> 冂 1819) or bearing a yoke (prim) ◇ un homme (< 大 257) dans un espace (> 冂 1819) ou entravé par un joug (prim) [Graph] 923b [Ref] h429, k210, ph168, w60k, wa165, wi441 [Hanzi] yang1 泱 470, yang4 怏 3336, ying1 英 3901, yang1 秧 4565, yang1 yang4 鞅 5390, yang1 殃 6440, yang1 央 8568, ang4 盎 8569, yang1 鸯 8570, yang1 鴦 8571, ying4 映 9941.

央 yāng +8568 |1° entreat 2° center, midst 3° to end 4° to pray ◇ 1° supplier 2° centre 3° finir 4° prier [Etym] 大 257 (rad: 037a 3-02), 央 1943 [Graph] 923b.

央求 yāng qiú。to beg, to implore ◇ prier instamment, supplier, implorer * 2314.

盎 àng +8569 |1° ancient vessel 2° center 3° to pray 4° abundance ◇ 1° ancien récipient 2° centre 3° prier, supplier 4° briller [Etym] 皿 1939 (rad: 108a 5-05), 央 1943 [Graph] 923b 922a.

鸯 yāng -8570 |鴦 *8571| 1° hen of the mandarin duck 2° affectionate couple ◇ 1° cane mandarine 2° couple amoureux [Etym] 鸟 2494 (rad: 196s 5-05), 央 1943 [Graph] 923b Z22e.

鴦 yāng *8571 |鸯 -8570| 1° hen of the mandarin duck 2° affectionate couple ◇ 1° cane mandarine 2° couple amoureux [Etym] 鳥 2500 (rad: 196a 11-05), 央 1943 [Graph] 923b Z22h.

𠙴 924

高 gāo (1944) |[Tra] high; tall; eminent ◇ haut; supérieur [Etym] different writing for (高 2138) ◇ autre graphie de (高 2138) [Graph] 924a 011a [Ref] w75b.

憂 yōu (1945) |[Tra] melancholy; mourn ◇ tristesse; deuil [Etym] go uneasily (3= 夊 1286);suffering head (1< 頁 2267),heart (2= 心 397) ◇ marche lente (3= 夊 1286); douleurs dans la tête (1< 頁 2267) et au coeur (2= 心 397) [Graph] 924b 321c 633e [Ref] k260, ph816, r32c, w160c [Hanzi] rao3 擾 2643, you1 優 3018, you1 耰 4692, you1 憂 8572.

憂 yōu *8572 |忧 -3234| 1° to worry, grieved 2° sorrow, melancholy 3° in mourning ◇ 1° être préoccupé 2° affliction, chagrin, tristesse 3° deuil [Etym] 心 397 (rad: 061a 4-11), 憂 1945 [Graph] 924b 321c 633e.

戛 jiá (1946) |[Tra] lance; to tap ◇ lance; frapper [Etym] weapon (2= 戈 1057); suffering head (1< 憂 1945, 頁 2267) ◇ arme (2= 戈 1057); tête endolorie (1< 憂 1945, 頁 2267) [Graph] 924b 512b [Ref] k260, r32c, w160c [Hanzi] jia2 戛 8573.

戛 jiá *8573 |戞 +10170| 1° lance 2° to tap, to knock gently ◇ 1° lance 2° frapper doucement [Etym] 戈 1057 (rad: 062a 4-08), 戛 1946 [Graph] 924b 512b.

骨 gú (1947) 冎月 |[Tra] bone ◇ os [Etym] bone (1=prim); flesh (2= 月 1823) ◇ un os (1=prim); la chair (2= 月 1823) [Graph] 924c 856e [Ref] h867, k427, ph547, r131, w118a, wa184, wi292 [Hanzi] hua2 滑471, gu3 餶1464, gu3 愲1875, gu1 蓇3902, gu3 榾4392, hua2 猾5657, gu1 gu2 gu3 骨8574, gu3 hu2 鹘8597, gu3 hu2 鶻8598 [Rad] 188a.

骨 gū +8574 冎月 |[Etym] 骨 1947 (rad: 188a 9-00), [Graph] 924c 856e.

骨朵儿 gū duǒ ér ◦ flower bud ◇ bouton de fleur * 11208 2194.

△ gú |bone ◇ os.

骨头 gú tóu ◦ bone ◇ os * 1598.

骨骼 gú gé ◦ bone, skeleton ◇ os, ossements, squelette * 8581.

△ gǔ |1° bone 2° skeleton 3° spirit ◇ 1° os 2° ossements, ossature, squelette 3° caractère.

骨灰 gǔ huī ◦ bone ash ◇ cendres d'os; poudre d'os * 1519.

骨殖 gǔ shi ◦ bones of the dead ◇ cadavre * 6439.

骨骼 gǔ gé ◦ skeleton ◇ os, ossements * 8581.

骨气 gǔ qì ◦ strength of character; backbone ◇ force de caractère * 11170.

髓 suǐ +8575 冎月方工月辶 |marrow, pith ◇ moelle, essence [Etym] 骨 1947 (rad: 188a 9-12), 遀243 [Graph] 924c 856e 241a 431a 856e 634o.

骭 gàn +8576 冎月干 |1° shin-bone 2° rib ◇ 1° tibia 2° côte [Etym] 骨 1947 (rad: 188a 9-03), 干 564 [Graph] 924c 856e 413b.

髒 zāng *8577 冎月艹歹匕廾 |脏 -8163| soiled, filthy, dirty ◇ sale, salir, souiller, malpropre [Etym] 骨 1947 (rad: 188a 9-12), 葬 645 [Graph] 924c 856e 415c 631c 321b 416e.

髅 lóu -8578 冎月米女 |髏 *8601| See ◇ Voir 髑髅 du2-lou2 8595-8578 [Etym] 骨 1947 (rad: 188a 9-09), 娄 785 [Graph] 924c 856e 422f 611e.

骶 dǐ +8579 冎月氐 |coccyges bone ◇ coccyx [Etym] 骨 1947 (rad: 188a 9-05), 氐 1055 [Graph] 924c 856e 511d.

骸 hái +8580 冎月亥 |1° bones, skeleton 2° corpse 3° remains ◇ 1° os, squelette 2° corps 3° segment, restes [Etym] 骨 1947 (rad: 188a 9-06), 亥1210 [Graph] 924c 856e 614a.

骼 gē +8581 冎月夂口 |See ◇ Voir 胳 8253 [Etym] 骨 1947 (rad: 188a 9-06), 各 1295 [Graph] 924c 856e 633e 011a.

△ gé |See ◇ Voir 骨骼 gu2-ge2 8574-8581.

骺 hóu +8582 冎月戶口 |epiphysis ◇ épiphyse [Etym] 骨 1947 (rad: 188a 9-06), 后 1460 [Graph] 924c 856e 722b 011a.

髎 liáo +8583 冎月习习人彡 |name of an acupuncture point on the body ◇ nom d'un point d'acupuncture sur le corps [Etym] 骨 1947 (rad: 188a 9-11), 翏 1473 [Graph] 924c 856e 731c 731c 233a 211c.

髕 bìn *8584 冎月宀丏貝 |髌 -8588| patella ◇ rotule [Etym] 骨 1947 (rad: 188a 9-14), 賓 1674 [Graph] 924c 856e 851c 331i 023b.

髋 kuān -8585 冎月宀艹见 |髖 *8586| hip, hipbone ◇ os du bassin, croupion, enfourchure des jambes [Etym] 骨 1947 (rad: 188a 9-10), 宽 1682 [Graph] 924c 856e 851c 415c 854c.

髖 kuān *8586 冎月宀艹見 |髋 -8585| hip, hipbone ◇ os du bassin, croupion, enfourchure des jambes [Etym] 骨 1947 (rad: 188a 9-13), 寬 1683 [Graph] 924c 856e 851c 415c 023c.

髂 qià +8587 冎月宀夂口 |[Etym] 骨 1947 (rad: 188a 9-09), 客1701 [Graph] 924c 856e 851c 633e 011a.

髂骨 qià gǔ ◦ ilium ◇ ilium * 8574.

髌 bìn -8588 冎月宀兵 |髕 *8584| patella ◇ rotule [Etym] 骨 1947 (rad: 188a 9-10), 宾 1703 [Graph] 924c 856e 851c 722h.

髈 pǎng +8589 冎月亠方 |thigh ◇ cuisse [Etym] 骨 1947 (rad: 188a 9-10), 旁 1732 [Graph] 924c 856e 851e 853b.

骷 kū +8590 冎月古 |1° bones, skeleton 2° skull ◇ 1° os décharnés, squelette 2° crâne [Etym] 骨1947 (rad: 188a 9-05), 古 2155 [Graph] 924c 856e 013f.

骾 gěng *8591 冎月更 |鲠 -10548、鯁 *10644| 1° fishbone, to get in one's throat (of a fish-bone) 2° obstacle ◇ 1° arête 2° obstacle [Etym] 骨 1947 (rad: 188a 9-07), 更 2359 [Graph] 924c 856e 043a.

髁 kē +8592 冎月果 |pelvic, hip bones ◇ pelvis, bassin, os de la hanche [Etym] 骨 1947 (rad: 188a 9-08), 果 2364 [Graph] 924c 856e 043f.

髀 bì +8593 冎月卑 |1° pelvis 2° thighbone ◇ 1° bassin 2° fémur [Etym] 骨 1947 (rad: 188a 9-08), 卑2366 [Graph] 924c 856e 043h.

髃 yú +8594 冎月禺 |acupuncture point on the body ◇ point d'acupuncture sur le corps [Etym] 骨 1947 (rad: 188a 9-09), 禺 2372 [Graph] 924c 856e 043l.

髑 dú +8595 冎月罒勹虫 |skull ◇ crâne [Etym] 骨 1947 (rad: 188a 9-13), 蜀 2391 [Graph] 924c 856e 051a 852h 031d.

髑髅 dú lóu ◦ 1° skull; 2° skeleton ◇ 1° crâne, tête de mort; 2° squelette * 8578.

體 tǐ *8596 冎月曲豆 |体 +2872| See ◇ Voir 体己 ti1-ji3 2872-11243 [Etym] 骨 1947 (rad: 188a 9-13), 豊 2415 [Graph] 924c 856e 052a 012b.

△ tǐ |体 +2872| 1° body, limbs, trunk 2° substance 3° style, form, manner, respectable 4° to put oneself in another one's position, to conform 5° system 6° aspect (verb) ◇ 1° corps, membres 2° substance, ensemble 3° style, forme, manière d'être, modèle, distingué 4° se mettre à la place des autres, se conformer 5° système 6° aspect (verbe).

鹘 gǔ -8597 冎月鸟 |鶻 *8598| buzzard ◇ buse [Etym] 鸟 2494 (rad: 196s 5-09), 骨 1947 [Graph] 924c 856e Z22e.

鹘鸼 gǔ zhōu ◦ kind of pigeon, thrush ◇ grive * 8327.

△ hú |鶻 *8598| falcon ◇ faucon.

鶻 gǔ *8598 冎月鳥 |鹘 -8597| buzzard ◇ buse [Etym] 鳥 2500 (rad: 196a 11-09), 骨 1947 [Graph] 924c 856e Z22h.

△ hú | 鶻 -8597 | falcon ◇ faucon.

骰 tóu +8599 ⾻月儿又 | dices ◇ dés à jouer [Etym] 骨 1947 (rad: 188a 9-04), 殳 2519 [Graph] 924c 856e Z33a 633a.

骯 āng *8600 ⾻月亢 | 肮 -8256 | dirty ◇ sale [Etym] 骨 1947 (rad: 188a 9-04), 亢 2529 [Graph] 924c 856e Z33d.

髏 lóu *8601 ⾻月婁 | 髅 -8578 | See ◇ Voir 髑髏 du2-lou2 8595-8578 [Etym] 骨 1947 (rad: 188a 9-10), 婁 2572 [Graph] 924c 856e Z61f 611e.

咼 guǎ (1948) 冎口 | [Tra] wry mouth ◇ bouche tordue [Etym] defect in bones (1< 骨 1947) of the mouth (2= 口 2063) ◇ des défauts dans les os (1< 骨 1947) de la bouche (2= 口 2063) [Graph] 924d 011a [Ref] k437, ph457, r13j, w118a, wi119 [Hanzi] guo1 wo1 渦 472, guo1 鍋 1299, huo4 禍 2279, wo1 萵 3903, guo1 堝 4933, wa1 媧 5832, gua1 緺 6230, wo1 窩 7832, luo2 腡 8213, gua3 剮 8602, guo1 guo4 過 8603, wai1 喎 9154, wo1 蝸 10310, gua1 騧 11072.

剮 guǎ *8602 冎口刂 | 剐 -9148 | to cut (a criminal) to pieces, to slit ◇ décharner, dépecer, érafler [Etym] 刂 470 (rad: 018b 2-09), 咼 1948 [Graph] 924d 011a 333b.

過 guò (1949) 冎口辶 | [Tra] to go through ◇ traverser [Etym] to go (3= 及 1344); phon, wry mouth (1,2= 咼 1948) ◇ aller (3= 及 1344); phon, bouche tordue (1,2= 咼 1948) [Graph] 924d 011a 634o [Ref] ph742, r16k, w118a, wi119 [Hanzi] wo1 zhua1 撾 2644, guo1 guo4 過 8603.

過 guō *8603 冎口辶 | 过 +2310 | 1° beyond the limit, excessive 2° undue 3° proper noun ◇ 1° excéder, trop, outre mesure 2° indu 3° nom propre [Etym] 辶 1346 (rad: 162b 3-09), 過 1949 [Graph] 924d 011a 634o.

△ guò | 过 +2310 | 1° to cross, to pass by 2° past, over 3° to spend (time) 4° after 5° to go through 6° to go beyond 7° transgression, fault ◇ 1° traverser, passer 2° passé 3° s'écouler (temps) 4° après 5° passer à travers 6° dépasser, excéder 7° faute.

咼 xiè (1950) 冎口 | [Tra] personal names ◇ prénom [Etym] different writing for (离 2423) ◇ autre graphie pour (离 2423) [Graph] 924e 011a [Hanzi] xie4 咼 8604.

咼 xiè *8604 冎口 | 禼、离 -9804、*10837 | personal name ◇ prénom [Etym] 卜 548 (rad: 025a 2-09), 咼 1950 [Graph] 924e 011a.

尸 931

尸 shī (1951) 尸 | [Tra] body; corpse ◇ corps; cadavre [Etym] sitted man (prim): foot-knee (vertic), coiled up body (box) ◇ un homme assis (prim): pied-genou (vertic); corps replié (boîte) [Graph] 931a [Ref] h236, k878, r13e, w32a, wa30, wi337, wi449 [Hanzi] yin3 尹 7404, shi1 尸 8605, jue1 屩 8613, ju4 屨 8615, ji1 屐 8617, ti4 屜 8618, lü3 履 8619, ju4 屨 8620, shu3 zhu3 屬 8623, zhan3 展 8629, shu3 zhu3 斸 8664, shi1 鳲 8667, shi1 鳲 8668, che3 chi3 尺 8671, zhou4 昼 8674, jin3 jin4 尽 8675, ju2 局 8676 [Rad] 044a.

尸 shī +8605 尸 | 屍 1° *8635 | 1° corpse 2° impersonator of an ancestor ◇ 1° corps, cadavre 2° représentant d'un défunt [Etym] 尸 1951 (rad: 044a 3-00), [Graph] 931a.

尸体 shī tǐ 。 corpse; dead body ◇ cadavre, dépouille mortelle * 2872.

屁 pì +8606 尸匕匕 | 1° buttocks, posteriors 2° to break wind ◇ 1° derrière, fesses 2° pet, péter [Etym] 尸 1951 (rad: 044a 3-04), 比 362 [Graph] 931a 311d 321b.

屁股 pì gǔ 。 buttocks, posteriors ◇ derrière, fesses * 8255.

尼 ní (1952) 尸匕 | [Tra] to stop; buddhist nun ◇ arrêtet; bonzesse [Etym] sitted persons (1= 尸 1951) (2< 北 545)->stop; phon->nun ◇ des personnes assises (1= 尸 1951) (2< 北 545)->arrêt; phon->bonzesse [Graph] 931a 321b [Ref] h1674, k659, ph140, w26f, wa9, wi278 [Hanzi] ni2 ni4 泥 473, ni2 鈮 1300, ni2 铌 2077, ni2 怩 3337, ni2 坭 4934, ni1 妮 5833, ni3 旎 7950, ni2 尼 8607, ne5 ni2 呢 9155, ni4 昵 9942.

尼 ní +8607 尸匕 | 1° to stop 2° Buddhist nun ◇ 1° arrêter 2° bonzesse [Etym] 尸 1951 (rad: 044a 3-02), 尼 1952 [Graph] 931a 321b.

尼龙 ní lóng 。 nylon ◇ nylon * 2223.

尼庵 ní ān 。 Buddhist nunnery ◇ monastère féminin bouddhiste * 6881.

尾 wěi (1953) 尸毛 | [Tra] tail; end; remnant ◇ queue; bout; reste [Etym] buttocks (1= 尸 1951), hairs (2= 毛 403) -> tail, genitals ◇ des fesses (1= 尸 1951), des poils (2= 毛 403) -> queue, parties sexuelles [Graph] 931a 321g [Ref] h1734, r13g, w100b, wi510 [Hanzi] wei3 娓 5834, wei3 yi3 尾 8608.

尾 wěi +8608 尸毛 | 1° tail 2° end 3° remnant 4° measure-word (fish) ◇ 1° queue 2° bout 3° restant 4° spécificatif (poisson) [Etym] 尸 1951 (rad: 044a 3-04), 尾 1953 [Graph] 931a 321g.

尾巴 wěi bā 。 tail ◇ queue * 8730.

△ yǐ | 1° hairs (horse's tail) 2° spikelet (cricket's tail) 3° tail 4° end ◇ 1° poils, crins (queue de chevel) 2° piquants (queue de criquet) 3° queue 4° bout, fin.

尉 wèi (1954) 尸示寸 | [Tra] soothe; flat-iron ◇ pacifier; aplanir [Etym] {1} warming (2bottom < 火 156) hand (3= 寸 441), two (2< 二 4) men (1= 尸 1951); {2} moxa: hand (3= 寸 441), body (1= 尸 1951), fire (2< 火 156) ◇ {1} une main (3= 寸 441), de la chaleur (2bas< 火 156), deux (2< 二 4) hommes (1= 尸 1951); {2} moxa: une main (3= 寸 441), corps (1= 尸 1951), feu (2< 火 156) [Graph] 931a 331l 332b [Ref] k1312, ph658, w32b, wa140 [Hanzi] wei4 yu4 蔚 3904, wei4 yu4 尉

8609, yu4 yun4 熨 8610, wei4 慰 8611, wei4 鳚 10525, wei4 ⿰魚尉 10619.

尉 wèi +8609 尸示寸 | 1° surname 2° junior officer ◇ 1° nom de famille 2° officier subalterne [Etym] 寸 441 (rad: 041a 3-08), 尉 1954 [Graph] 931a 331l 332b.

△ yù |

尉迟 yù chí。 surname ◇ nom de famille * 8672.

熨 yù +8610 尸示寸火 | [Etym] 火 156 (rad: 086a 4-11), 尉 1954 [Graph] 931a 331l 332b 231b.

熨帖 yù tiē。 1° settled; 2° taken care of ◇ 1° réglé, accompli, réussi; 2° confortable * 8405.

△ yùn | 1° to iron 2° to soothe ◇ 1° repasser avec un fer chaud 2° aplanir.

熨斗 yùn dǒu。 iron ◇ fer à repasser * 3424.

慰 wèi +8611 尸示寸心 | 1° to comfort, to pacify 2° kindness ◇ 1° consoler, compatir 2° bienveillance [Etym] 心 397 (rad: 061a 4-11), 尉 1954 [Graph] 931a 331l 332b 321c.

慰劳 wèi láo。 to cheer somebody up ◇ réconforter * 3836.

慰问 wèi wèn。 to express sympathy; to comfort ◇ consoler, réconforter * 8035.

尿 niào (1955) 尸水 | [Tra] urine; to pass water ◇ urine; uriner [Etym] water (2= 水 435); buttocks (1= 尸 1951) ◇ eau (2= 水 435); fesses (1= 尸 1951) [Graph] 931a 331p [Ref] h1675, w32e, wa139 [Hanzi] niao4 脲 8214, niao4 sui1 尿 8612.

尿 niào +8612 尸水 | urine, to pass water ◇ urine, uriner [Etym] 尸 1951 (rad: 044a 3-04), 尿 1955 [Graph] 931a 331p.

△ suī | urine ◇ urine.

尿脬 suī pāo。 bladder ◇ vessie * 8060.

⿸尸彳 xǐ (1956) 尸彳 | [Tra] shoes ◇ chaussures [Etym] reduction of (屣 1957) ◇ réduction de (屣 1957) [Graph] 931a 411g [Hanzi] jue1 ⿸尸⿰彳乔 8613, jue1 屩 8614, ju4 屦 8615, ji1 屐 8617, ti4 屜 8618, lü3 履 8619, ju4 屨 8620.

⿸尸⿰彳乔 juē -8613 尸彳夭儿 | 屩、蹻 *8614、*9300 | straw sandals, straw shoes ◇ sandales, souliers en paille [Etym] 尸 1951 (rad: 044a 3-09), ⿸尸彳 1956 乔 290 [Graph] 931a 411g 242e 416a.

屩 juē *8614 尸彳夭口冂口 | ⿸尸⿰彳乔、蹻 -8613、*9300 | straw sandals, straw shoes ◇ sandales, souliers en paille [Etym] 尸 1951 (rad: 044a 3-15), ⿸尸彳 1956 喬 291 [Graph] 931a 411g 242e 011a 856k 011a.

屦 jù -8615 尸彳米女 | 屨 *8620 | sandals, straw shoes ◇ sandales en paille [Etym] 尸 1951 (rad: 044a 3-12), ⿸尸彳 1956 娄 785 [Graph] 931a 411g 422f 611e.

屣 xǐ (1957) 尸彳止𠃊 | [Tra] shoes ◇ chaussures [Etym] movements (2,3,4= 徙 525) of the body (尸 1951) (> ⿸尸彳 1956) ◇ pour déplacer (2,3,4= 徙 525) le corps (尸 1951) (> ⿸尸彳 1956) [Graph] 931a 411g 434a 434e [Hanzi] xi3 屣 8616.

屣 xǐ +8616 尸彳止𠃊 | shoe, straw sandals ◇ 1° chaussure 2° chaussures de paille, espadrille [Etym] 尸 1951 (rad: 044a 3-11), 徙 525 [Graph] 931a 411g 434a 434e.

屐 jī (1958) 尸彳支 | [Tra] clogs; shoes ◇ sabot; soulier [Etym] shoes (1,2= ⿸尸彳 1956); phon (3= 支 1284) ◇ chaussures (1,2= ⿸尸彳 1956); phon (3= 支 1284) [Graph] 931a 411g 633d [Ref] w75j [Hanzi] ji1 屐 8617.

屐 jī +8617 尸彳支 | shoes, clogs ◇ sabot, soulier, chaussure [Etym] 尸 1951 (rad: 044a 3-07), 屐 1958 [Graph] 931a 411g 633d.

屜 tì *8618 尸彳世 | 屉 +8638 | 1° food steamer, steamer tray 2° drawer ◇ 1° étuve, étage de l'étuve 2° tiroir [Etym] 尸 1951 (rad: 044a 3-08), ⿸尸彳 1956 世 1348 [Graph] 931a 411g 711d.

履 lǚ (1959) 尸彳㠯夂 | [Tra] shoes; walk on; fulfil ◇ soulier; fouler; faire [Etym] to go back (3,4= 复 2214); shoes (1,2= ⿸尸彳 1956) ◇ retourner (3,4= 复 2214); souliers (1,2= ⿸尸彳 1956) [Graph] 931a 411g 022b 633e [Ref] h1896, w75j [Hanzi] lü3 履 8619.

履 lǚ +8619 尸彳㠯夂 | 1° shoes 2° to walk on 3° footstep 4° to fulfil ◇ 1° souliers 2° marcher sur 3° fouler aux pieds 4° accomplir [Etym] 尸 1951 (rad: 044a 3-12), 履 1959 [Graph] 931a 411g 022b 633e.

屨 jù *8620 尸彳婁女 | 屦 -8615 | sandals, straw shoes ◇ sandales en paille [Etym] 尸 1951 (rad: 044a 3-13), ⿸尸彳 1956 婁 2572 [Graph] 931a 411g Z61f 611e.

⿸尸米 wěi (1960) 尸米 | [Tra] animal tail ◇ queue des animaux [Etym] hindback (1= 尸 1951) and hairs (prim) (> 尾 1953) ◇ un arrière-train (1= 尸 1951) et ses poils (prim) (> 尾 1953) [Graph] 931a 412h [Hanzi] shu3 zhu3 屬 8623.

犀 xī (1961) 尸米牛 | [Tra] yak; rhinoceros ◇ yak; rhinocéros [Etym] long-haired or tailed (1,2< 尾 1953) ox (3= 牛 585) ◇ boeuf (3= 牛 585) à grands poils ou grande queue (1,2< 尾 1953) [Graph] 931a 412h 414d [Ref] k784, ph679, w100b, wi988 [Hanzi] xi1 樨 4393, zhi4 穉 4566, chi2 墀 4935, xi1 犀 8621, chi2 遲 8622.

犀 xī +8621 尸米牛 | rhinoceros ◇ rhinocéros [Etym] 牛 585 (rad: 093a 4-08), 犀 1961 [Graph] 931a 412h 414d.

遲 chí *8622 尸米牛辶 | 迟 -8672 | 1° slow, to defer, delay, late 2° surname ◇ 1° lenteur, délai, tard 2° nom de famille [Etym] 辶 1346 (rad: 162b 3-12), 犀 1961 [Graph] 931a 412h 414d 634o.

屬 shǔ (1962) 尸米罒勹虫 [Tra] belong to; category ◇ dépendre de; espèce [Etym] tail (1,2< 尾 1953)->connnection;phon, wrapped (3,4,5= 蜀 2391) ◇queue (1,2< 尾 1953) -> lien; phon, envelopper (3,4,5= 蜀2391) [Graph] 931a 412h 051a 852h 031d [Ref] h744, k917, ph856, w54i, wi749 [Hanzi] shu3 zhu3 屬 8623, zhu3 囑 9156, zhu3 矚 10091.

屬 shǔ *8623 尸米罒勹虫 | 斸 +8664 | 1° category, genus, sort, kind, class 2° under, inferior 3° to belong to, to depend on, dependents, connected with 4° kindred, family 5° to be 6° to be of (zodiac) 7° to gather 8° to hold ◇ 1° catégorie, espèce, sorte 2° sous, inférieur 3° ressortir de, dépendre de, en connexion avec, contiguïté, confiner 4° parenté 5° être 6° être du signe (zodiaque) 7° réunir 8° tenir [Etym] 尸 1951 (rad: 044a 3-18), 屬 1962 [Graph] 931a 412h 051a 852h 031d.

△ zhǔ | 斸 +8664 | 1° to join, to combine 2° to fix one's mind on ◇ 1° relier, unir 2° se faire une idée de, s'appliquer à, faire suite à.

羼 chàn +8624 尸羊羊羊 to mix together ◇ mêler [Etym] 尸1951 (rad: 044a 3-18), 羴 580 [Graph] 931a 414b 414b 414b.

屏 bǐng (1963) 尸并 [Tra] reject; hold breath ◇ rejeter; écarter [Etym] {?}sitted man (1= 尸 1951)->owner;phon,standing (2= 并 708)->wait ◇ {?} assis (1= 尸 1951) -> propriété; phon, debout (2= 并708) ->attente [Graph] 931a 416i [Hanzi] bing4 摒 2645, ping2 帡 8400, bing3 ping2 屏 8625.

屏 bǐng +8625 尸并 1° to hold (one's breath) 2° to reject, to abandon ◇ 1° retenir (son haleine) 2° écarter, rejeter [Etym] 尸 1951 (rad: 044a 3-06), 并 708 [Graph] 931a 416i.

△ píng 1° screen 2° set of scrolls 3° to screen, to shield ◇ 1° écran, paravent 2° peintures sur panneaux 3° cacher par un écran, couvrir, abriter.

屎 shǐ (1964) 尸米 [Tra] filth; excretions ◇ excréments [Etym] residue of grain (2= 米 782); buttocks (1= 尸 1951) ◇ résidu des grains (2= 米 782); fesses (1= 尸 1951) [Graph] 931a 422f [Ref] r13h, w32e [Hanzi] shi3 屎 8626.

屎 shǐ +8626 尸米 1° faeces, excrement, filth 2° secretion (eye, ear, etc.) ◇ 1° excréments 2° sécrétion (oeil, oreille, etc.) [Etym] 尸1951 (rad: 044a 3-06), 屎 1964 [Graph] 931a 422f.

屎壳郎 shǐ ké láng。 dung beetle ◇ bousier * 5012 8721.

屢 lǚ -8627 尸米女 | 屨 *8670 | many times, repeatedly ◇ à diverses reprises, fréquemment [Etym] 尸 1951 (rad: 044a 3-09), 娄 785 [Graph] 931a 422f 611e.

屆 jiè (1965) 尸土凵 [Tra] border; limit ◇ limite; frontière [Etym] sitted man (1= 尸 1951) on his ground (2,3= 凷 852) ◇ un homme assis (1= 尸1951) sur sa terre (2,3= 凷 852) [Graph] 931a 432a 841e [Ref] w38c [Hanzi] jie4 届 8643.

屠 tú +8628 尸耂日 1° to slaughter (animals for food), butcher 2° to kill, massacre 3° surname ◇ 1° abattre (des animaux), boucher 2° tuer, massacre 3° nom de famille [Etym] 尸 1951 (rad: 044a 3-08), 者 893 [Graph] 931a 432c 021a.

屠杀 tú shā。 to slaughter, massacre ◇ massacrer, assassiner * 1653.

屠宰 tú zǎi。 to slaughter (animals) ◇ abattre (animal de boucherie) * 7718.

展 zhǎn (1966) 尸㠭㐅 [Tra] to unroll; explain ◇ déployer; expliquer [Etym] to sit (1= 尸 1951),bricks (2=prim)on fabrics (3< 衣 371)->stretch ◇ être assis (1= 尸 1951), des briques (2=prim) sur un tissus (3< 衣 371) -> étirer [Graph] 931a 436b 312d [Ref] h1632, k1164, ph508, w82b [Hanzi] zhan3 搌 2646, zhan3 辗 6372, zhan3 展 8629, chan3 囅 9189, nian3 蹍9388, nian3 碾 9763, chan3 冁 10459, zhan3 輾 10718.

展 zhǎn +8629 尸㠭㐅 1° to open out, to unroll 2° to put to good use 3° to postpone, to prolong 4° exhibition 5° to explain 6° surname ◇ 1° ouvrir, dérouler, déployer, étendre 2° exploiter au mieux 3° retarder, prolonger 4° exposer, exposition 5° expliquer 6° nom de famille [Etym] 尸 1951 (rad: 044a 3-07), 展 1966 [Graph] 931a 436b 312d.

展览 zhǎn lǎn。 to show, to exhibit; exhibition ◇ exposer, exposition * 3497.

展览会 zhǎn lǎn huì。 exhibition ◇ exposition * 3497 1382.

展开 zhǎn kāi。 to spread out, to open up; to launch ◇ déployer, développer, étaler; se dérouler * 4045.

展出 zhǎn chū。 to be on show; to put on display ◇ exposer, mettre en exposition * 7657.

殿 diàn (1967) 尸共几又 [Tra] hall; palace; rear ◇ salle; palais; dernier [Etym] tribunal: tap (3,4= 殳 2519) on buttocks (1,2= 尸 1951) ◇ tribunal où on frappait (3,4= 殳 2519) sur les fesses (1,2< 尸 1951) [Graph] 931a 436e Z33a 633a [Ref] h1632, w22d, wi885 [Hanzi] dian4 澱 474, dian4 癜 7110, dian4 殿8630, tun2 臀 8631.

殿 diàn +8630 尸共几又 1° grand hall, palace 2° at the rear 3° to establish ◇ 1° salle, halle, palais 2° arrière-garde, dernier 3° établir [Etym] 殳 2519 (rad: 079a 4-09), 殿 1967 [Graph] 931a 436e Z33a 633a.

臀 tún +8631 尸共几又月 1° seat 2° buttocks 3° base ◇ 1° siège 2° fesses 3° base [Etym] 月 1823 (rad: 130b 4-13), 殿 1967 [Graph] 931a 436e Z33a 633a 856e.

㞘 dū +8632 尸豖 | 启 *8644 | 1° buttocks 2° stinger of wasp or scorpion ◇ 1° fesses 2° aiguillon des insectes à dard [Etym] 尸 1951 (rad: 044a 3-08), 豖 1103 [Graph] 931a 522b.

屋 wū (1968) 尸云土 [Tra] room; apartment; house ◇ chambre; appartement [Etym] to arrive (2,3= 至 1148); sit down (1= 尸 1951) ->settle down ◇ arriver (2,3= 至 1148); s'asseoir (1= 尸 1951)

->s'installer [Graph] 931a 612c 432a [Ref] h236, k1285, ph490, r35i, w133b, wi337 [Hanzi] wo4 渥475, wo4 握2647, wo4 偓3019, wo4 幄8401, wo4 龌8514, wo4 齷8532, wu1 屋8633, o1 wo1 喔9157.

屋 wū +8633 尸云土 | 1° room 2° apartment 3° house ◇ 1° chambre 2° appartement 3° maison [Etym] 尸 1951 (rad: 044a 3-06), 屋 1968 [Graph] 931a 612c 432a.

屋子 wū zǐ ∘ room ◇ pièce, chambre * 6546.

层 céng -8634 | 層 *8665 | 1° layer, stratum 2° storey, floor 3° section ◇ 1° couche, assise 2° étage 3° section [Etym] 尸 1951 (rad: 044a 3-04), 云 1152 [Graph] 931a 612d.

屍 shī *8635 尸歹匕 | See ◇ Voir 尸 8605 [Etym] 尸 1951 (rad: 044a 3-06), 死 1235 [Graph] 931a 631c 321b.

孱 càn (1969) 尸子子子 | [Tra] poor; unfit; frail ◇ inepte; faible; petit [Etym] many children (3,4,5= 子 1303) in the house (1< 屋 1968) ◇ plusieurs enfants (3,4,5= 子 1303) dans la maison (1< 屋 1968) [Graph] 931a 634d 634d 634d [Ref] k1168, w94d [Hanzi] chan2 潺476, can4 chan2 孱8636, chan3 驏11073, chan3 骣11130.

孱 càn +8636 尸子子子 | 1° poor 2° unfit for 3° frail ◇ 1° pauvre 2° inepte 3° petit, faible [Etym] 子 1303 (rad: 039a 3-09), 孱 1969 [Graph] 931a 634d 634d 634d.

△ chán | 1° poor 2° unfit for 3° frail ◇ 1° apuvre 2° inepte 3° faible, petit.

屙 ē +8637 尸阝可口 | to ease nature, to discharge ◇ faire ses besoins [Etym] 尸 1951 (rad: 044a 3-07), 阿 1327 [Graph] 931a 634j 331c 011a.

屉 tì +8638 尸世 | 屜 *8618 | 1° food steamer, steamer tray 2° drawer ◇ 1° étuve, étage de l'étuve 2° tiroir [Etym] 尸 1951 (rad: 044a 3-05), 世1348 [Graph] 931a 711d.

屈 qū (1970) 尸出 | [Tra] grief; to bend; submit ◇ tort; courber; céder [Etym] castration: remove (2= 出 1640) testicules (1< 尾 1953) -> punish ◇ castration: enlever (2= 出 1640) les testicules (1< 尾 1953) -> punir [Graph] 931a 842c [Ref] h1188, k493, ph348, r30b, w78e [Hanzi] jue2 掘2648, jue2 jue4 倔3020, qu1 蛐3905, jue2 崛7589, ku1 窟7833, qu1 屈8639.

屈 qū +8639 尸出 | 1° to bend, to crouch 2° to submit 3° wrong, injustice, grievance 4° surname ◇ 1° courber, contraindre 2° s'incliner, faire céder, se soumettre 3° tort, injustice 4° nom propre [Etym] 尸 1951 (rad: 044a 3-05), 屈 1970 [Graph] 931a 842c.

屈服 qū fú ∘ to submit, to surrender ◇ se soumettre * 8175.

屃 xì -8640 尸贝 | 屭 *8663 | See ◇ Voir 赑屃 bi4-xi4 7983-8640 [Etym] 尸 1951 (rad: 044a 3-04), 贝 1796 [Graph] 931a 854b.

屑 xiè (1971) 尸肖 | [Tra] condescend; lightly ◇ agréer; léger [Etym] rest (1= 尸 1951) of dancers (2< 卩 1531, 背 546) ->small gifts ◇ le repos (1= 尸 1951) des danseurs (2< 卩 1531, 背 546) -> petits cadeaux [Graph] 931a 857i [Ref] w65d [Hanzi] xie4 屑8641.

屑 xiè +8641 尸肖 | 1° bits, scraps, fragments 2° trifflingly, trivial, lightly 3° to be happy (with few) ◇ 1° miettes, débris, morceaux 2° bagatelle, fétu 3° se contenter de peu [Etym] 尸 1951 (rad: 044a 3-07), 屑 1971 [Graph] 931a 857i.

刷 shuā (1972) 尸巾刂 | [Tra] to brush; daub; remove ◇ frotter; nettoyer [Etym] carve (3= 刂 470) plate; phon, rub (1,2= 㕞 1973) ->print ◇ graver (3= 刂 470) une plaque; phon, frotter (1,2= 㕞 1973) ->imprimer [Graph] 931a 858a 333b [Ref] h487, k920, w35e [Hanzi] shuan4 涮477, shua1 shua4 刷8642, shua1 唰9158.

刷 shuā +8642 尸巾刂 | 1° brush, to brush, to scrub 2° to daub 3° to remove 4° rustle ◇ 1° brosse, brosser, frotter 2° appliquer 3° effacer, nettoyer 4° bruissement [Etym] 刂 470 (rad: 018b 2-06), 刷 1972 [Graph] 931a 858a 333b.

刷洗 shuā xǐ ∘ to brush, to scrub ◇ brosser, nettoyer * 234.

刷子 shuā zǐ ∘ brush ◇ brosse * 6546.

刷牙 shuā yá ∘ to brush teeth ◇ se laver les dents * 7352.

△ shuà |

刷白 shuà bái ∘ white, pale ◇ pâle, blême * 9973.

㕞 shuā (1973) 尸巾又 | [Tra] to wipe; rub ◇ s'essuyer; frotter [Etym] hand (3= 又 1271); cloth (2= 巾 1886) on body (1= 尸 1951) (< 屎 1964) ◇ une main (3= 又 1271); un tissus (2= 巾 1886) sur le corps (1= 尸 1951) (< 屎 1964) [Graph] 931a 858a 633a [Ref] w35e.

屚 lòu (1974) 尸雨 | [Tra] to leak ◇ couler [Etym] rain (2= 雨 1890) pouring through house (1< 屋 1968) roof ◇ la pluie (2= 雨 1890) traversant le toit de la maison (1< 屋 1968) [Graph] 931a 858e [Ref] k571, w32g [Hanzi] lou4 漏478, lou4 瘺7111.

屆 jiè *8643 尸尸土凵 | 届 -8666 | 1° to fall due, appointed date 2° (number of) times ◇ 1° arriver à, échéance 2° fois (spécificatif) [Etym] 尸 1951 (rad: 044a 3-08), 屆 1965 [Graph] 931a 931a 432a 841e.

屌 dū *8644 尸口 | 豚 +8632 | 1° buttocks 2° stinger of wasp or scorpion ◇ 1° fesses 2° aiguillon des insectes à dard [Etym] 尸 1951 (rad: 044a 3-03), 口 2063 [Graph] 931a 011a.

辟 bì (1975) 尸口辛 | [Tra] prince; law; to rule ◇ prince; loi; régir [Etym] sentence (2= 口 2063) magistrate (1< 卩 1504) on criminals (3= 辛 567) ◇sentence (2= 口 2063) d'un magistrat (1< 卩 1504) sur des criminels (3= 辛 567) [Graph] 931a 011a 413d [Ref] k723, ph752, w102h, wa169, wi856 [Hanzi] pi4 澼 479, pi3 擗 2649, pi4 僻 3021, bi4 薜 3906, pi3 癖 7112, pi1 霹 8455, bi4 pi4 辟 8645, bei4 鐾 8646, bi4 襞 8647, bai1 bo4 擘 8648, bo4 檗 8649, bi4 壁 8650, bi4 璧 8651, bi4 嬖 8652, bi4 避 8653, pi1 pi3 劈 8654, bei5 bi4 臂 8655, bi4 躄 8656, pi4 譬 8657, pi4 䴙 8658, pi4 鷿 8659, pi4 甓 8660, pi4 闢 8782, pi1 pi1 噼 9159, bi4 躃 9389.

辟 bì +8645 尸口辛 | 1° prince, soverign 2° law, to rule 3° ward off ◇ 1° prince, souverain 2° loi, régir 3° garder à distance [Etym] 辛 567 (rad: 160a 7-06), 辟 1975 [Graph] 931a 011a 413d.

△ pì | 闢 1°2° *8782 | 1° to open up (land) 2° penetrating 3° to refute ◇ 1° défricher, élargir, frayer 2° pénétrer 3° réfuter, se garder de.

鐾 bèi +8646 尸口辛亼亚 | to sharpen, edge ◇ aiguiser, tranchant [Etym] 金 196 (rad: 167a 8-13), 辟 1975 [Graph] 931a 011a 413d 233a 432q.

襞 bì +8647 尸口辛衣 | 1° folds in a garment 2° long robe 3° to fold ◇ 1° plis d'un drapé 2° robe (d'office, de cérémonie) 3° plier, border [Etym] 衣 371 (rad: 145a 6-13), 辟 1975 [Graph] 931a 011a 413d 312i.

擘 bāi +8648 尸口辛手 | 掰 -3444 | to break off with the fingers ◇ détacher avec les doigts [Etym] 手 465 (rad: 064a 4-13), 辟 1975 [Graph] 931a 011a 413d 332g.

△ bò | 1° to break apart with the hands 2° to destroy 3° thumb ◇ 1° fendre ou déchirer avec les doigts 2° détruire 3° pouce.

檗 bò +8649 尸口辛木 | 柏 +4437 | See ◇ Voir 黄檗 huang2-bo4 5409-8649 [Etym] 木 723 (rad: 075a 4-13), 辟 1975 [Graph] 931a 011a 413d 422a.

壁 bì +8650 尸口辛土 | wall ◇ mur [Etym] 土 826 (rad: 032a 3-13), 辟 1975 [Graph] 931a 011a 413d 432a.

壁毯 bì tǎn ∘ tapestry ◇ tapisserie ✱ 2183.

壁橱 bì chú ∘ closet ◇ placard ✱ 4292.

壁画 bì huà ∘ fresco, mural painting ◇ fresque, peinture murale ✱ 10453.

璧 bì +8651 尸口辛玉 | gem, cameo ◇ bijou, camée [Etym] 玉 938 (rad: 095a 5-13), 辟 1975 [Graph] 931a 011a 413d 432o.

嬖 bì +8652 尸口辛女 | 1° favorite 2° to flatter ◇ 1° favori 2° flatter [Etym] 女 1122 (rad: 038a 3-13), 辟 1975 [Graph] 931a 011a 413d 611e.

避 bì +8653 尸口辛辶 | 1° to flee from, to avoid 2° to keep away, to repel ◇ 1° éviter, fuir 2° se protéger de [Etym] 辶 1346 (rad: 162b 3-13), 辟 1975 [Graph] 931a 011a 413d 634o.

避开 bì kāi ∘ to keep away ◇ s'écarter, éviter ✱ 4045.

避难 bì nàn ∘ to take refuge ◇ se réfugier ✱ 6505.

避孕 bì yùn ∘ contraception ◇ contraception; contraceptif ✱ 6805.

避暑 bì shǔ ∘ to be away for the summer holidays ◇ fuir les grandes chaleurs ✱ 9874.

避免 bì miǎn ∘ to refrain from; to avoid ◇ tâcher d'éviter ✱ 10370.

劈 pī +8654 尸口辛刀 | 噼 5° +9159 | 1° to split, to chop, to cleave 2° right against one's face 3° to strike 4° wedge 5° sound (pi) ◇ 1° couper (du bois), fendre, séparer en coupant 2° en plein figure 3° frapper 4° coin à fendre 5° son (pi) [Etym] 刀 1477 (rad: 018a 2-13), 辟 1975 [Graph] 931a 011a 413d 732a.

△ pǐ | to divide, to split, to break off ◇ séparer, fendre, casser.

臂 bei +8655 尸口辛月 | arm ◇ bras [Etym] 月 1823 (rad: 130b 4-13), 辟 1975 [Graph] 931a 011a 413d 856e.

△ bì | arm ◇ bras.

躄 bì +8656 尸口辛足 | 躃 *9389 | 1° to limp 2° to fall down ◇ 1° boiter 2° tomber à terre [Etym] 足 2117 (rad: 157a 7-13), 辟 1975 [Graph] 931a 011a 413d 011f.

譬 pì +8657 尸口辛言 | 1° example, analogy 2° to compare 3° if 4° to understand ◇ 1° exemple, analogie 2° comparaison 3° si 4° comprendre [Etym] 言 2139 (rad: 149a 7-13), 辟 1975 [Graph] 931a 011a 413d 012d.

譬如 pì rú ∘ such as, for instance, for example ◇ par exemple, de même que; prendre comme exemple ✱ 5841.

譬喻 pì yù ∘ figure of speech, metaphor ◇ métaphore, allégorie ✱ 8869.

䴙 pì -8658 尸口辛鸟 | 鷿 *8659 | [Etym] 鸟 2494 (rad: 196s 5-13), 辟 1975 [Graph] 931a 011a 413d Z22e.

䴙䴘 pì tī ∘ grebe ◇ grèbe ✱ 7192.

鷿 pì *8659 尸口辛鳥 | 䴙 -8658 | See ◇ Voir 䴙䴘 pi4-ti1 8658-7192 [Etym] 鳥 2500 (rad: 196a 11-13), 辟 1975 [Graph] 931a 011a 413d Z22h.

甓 pì +8660 尸口辛瓦 | 1° glazed tiles 2° brick ◇ 1° tuiles vernies 2° brique [Etym] 瓦 2531 (rad: 098a 4-13), 辟 1975 [Graph] 931a 011a 413d Z33f.

居 jū (1976) 尸古 | [Tra] reside; stay; store up ◇ habiter; logis; assis [Etym] sitted person, house (1= 尸 1951, 屋 1968); phon, old (2= 古 2155) ◇ une personne assise, une maison (1= 尸 1951, 屋 1968); phon, vieux (2= 古 2155) [Graph] 931a 013f [Ref] h649, k486, ph345, r16g, w32c [Hanzi] ju1 ju4 锯 1301, ju4 鋸 2078, ju1 ju4 据 2650, ju4 倨 3022, ju1 琚 5180, ju1 裾 6680, ju1 崌 7590, ju1 腒 8215, ju1 居 8661, ju4 剧 8662, ju4 踞 9390.

居 jū +8661 尸古 | 1° to inhabit, to reside, to live 2° house 3° to occupy 4° to claim 5° to store up 6° to stay put 7° to rest 8° surname ◇ 1° demeurer, habiter 2° logis, résidence 3° occuper, faire fonction de 4° réclamer 5° accumuler 6° s'asseoir 7° se reposer 8° nom propre [Etym] 尸 1951 (rad: 044a 3-05), 居 1976 [Graph] 931a 013f.

居心 jū xīn ∘ evil intentions ◇ (péjor.) intention, dessein ✱ 2177.

居住 jū zhù ∘ to dwell, to reside, to live ◇ habiter, résider, loger ✱ 2887.

居然 jū rán。unexpectedly ◇ contrairement à ce que l'on attendait ✱ 6452.

居民 jū mín。resident, inhabitant ◇ habitant, population ✱ 8712.

剧 jù -8662 |劇 *7159| 尸古刂 1° stage play, drama, tragedy, opera 2° severe, acute ◇ 1° pièce de théâtre, drame, comédie 2° intense [Etym] 刂 470 (rad: 018b 2-08), 居 1976 [Graph] 931a 013f 333b.

剧本 jù běn。drama, play; script ◇ pièce de théâtre, livret d'une pièce (théâtre) ✱ 4662.

剧场 jù chǎng。theater ◇ théâtre (édifice) ✱ 4884.

剧烈 jù liè。violent, acute, fiery ◇ violent, intense, véhément ✱ 6420.

屭 xì *8663 |屃 -8640| 尸貝貝貝 See ◇ Voir 赑屃 bi4-xi4 7983-8640 [Etym] 尸 1951 (rad: 044a 3-21), 贔 2254 [Graph] 931a 023b 023b 023b.

属 shǔ (1977) 尸禹 |[Tra] to depend on; class ◇ ressortir de; espèce [Etym] tail (1= 尸 1951); phon, longtail reptile (2= 禹 2304) ◇ queue (1= 尸 1951); phon, reptile à grande queue (2= 禹 2304) [Graph] 931a 032j [Hanzi] shu3 zhu3 斸 8664, zhu3 嘱 9160, zhu3 瞩 10092.

斸 shǔ +8664 |屬 *8623| 尸禹 1° category, genus, sort, kind, class 2° under, inferior 3° to belong to, to depend on, dependents, connected with 4° kindred, family 5° to be 6° to be of (zodiac) 7° to gather 8° to hold ◇ 1° catégorie, espèce, sorte 2° sous, inférieur 3° ressortir de, dépendre de, en connexion avec, contiguïté, confiner 4° parenté 5° être 6° être du signe (zodiaque) 7° réunir 8° tenir [Etym] 斤 1461 (rad: 069a 4-17), 尸 1951 禹 2304 [Graph] 931a 032j.

斸于 shǔ yú。to belong to , to be part of ◇ appartenir à, faire partie de ✱ 2306.

△ zhǔ |屬 *8623| 1° to join, to combine 2° to fix one's mind on ◇ 1° relier, unir 2° se faire une idée de, s'appliquer à, faire suite à.

層 céng *8665 |层 -8634| 尸曾 1° layer, stratum 2° storey, floor 3° section ◇ 1° couche, assise 2° étage 3° section [Etym] 尸 1951 (rad: 044a 3-12), 曾 2308 [Graph] 931a 033c 021a.

届 jiè -8666 |屆 *8643| 尸由 1° to fall due, appointed date 2° (number of) times ◇ 1° arriver à, échéance 2° fois (spécificatif) [Etym] 尸 1951 (rad: 044a 3-05), 由 2345 [Graph] 931a 042a.

鸤 shī -8667 |鳲 *8668| 尸鸟 1° turtle dove 2° cuckoo ◇ 1° tourterelle 2° coucou [Etym] 鸟 2494 (rad: 196s 5-03), 尸 1951 [Graph] 931a Z22e.

鳲 shī *8668 |鸤 -8667| 尸鳥 1° turtle dove 2° cuckoo ◇ 1° tourterelle 2° coucou [Etym] 鳥 2500 (rad: 196a 11-03), 尸 1951 [Graph] 931a Z22h.

尻 kāo +8669 尸九 |1° buttocks, end bone of the spine 2° bottom, extremity ◇ 1° fesses, coccyx, croupe 2° bout, extrémité [Etym] 尸 1951 (rad: 044a 3-02), 九 2513 [Graph] 931a Z32b.

屢 lǚ *8670 |屡 -8627| 尸婁 many times, repeatedly ◇ à diverses reprises, fréquemment [Etym] 尸 1951 (rad: 044a 3-10), 婁 2572 [Graph] 931a Z61f 611e.

尺 chě (1978) 尺 |[Tra] foot(measure) ◇ pied(mesure) [Etym] elbow (prim): lower arm (top), extended fingers (bottom) ->unit ◇ le coude (prim): avant-bras (haut), doigts étendus (bas) ->unité [Graph] 931b [Ref] h884, k1230, w32f, wa18, wi375 [Hanzi] tuo3 庹 6922, che3 chi3 尺 8671, chi2 迟 8672, zhi3 咫 8673, zhou4 昼 8674, chi3 呎 9161.

尺 chě +8671 尺 |Chinese foot ◇ pied (mesure chinoise) [Etym] 尸 1951 (rad: 044a 3-01), 尺 1978 [Graph] 931b.

△ chǐ |Chinese foot ◇ pied (mesure chinoise).

尺寸 chǐ cùn。size, dimensions ◇ dimension, mesure; longueur ✱ 2309.

迟 chí -8672 |遲 *8622| 尺辶 1° slow, to defer, delay, late 2° surname ◇ 1° lenteur, délai, tard 2° nom de famille [Etym] 辶 1346 (rad: 162b 3-04), 尺 1978 [Graph] 931b 634o.

迟疑 chí yí。to hesitate ◇ hésiter ✱ 2164.

迟到 chí dào。to be late ◇ être en retard ✱ 5914.

咫 zhǐ +8673 尺只 |measure of length: foot consisting of eight inches ◇ unité de mesure: pied de huit pouces [Etym] 口 2063 (rad: 030a 3-06), 尺 1978 只 2113 [Graph] 931b 011c.

昼 zhòu -8674 |晝 *7399| 尺日一 daytime ◇ jour [Etym] 尸 1951 (rad: 044a 3-06), 尺 1978 旦 2170 [Graph] 931b 021a ac:z.

昼夜 zhòu yè。day and night ◇ jour et nuit ✱ 3101.

尽 jìn (1979) 尽⺀ |[Tra] exhausted; utmost; all ◇ épuisé; limite; tout [Etym] modern simplified form of (盡 1567) (> 尺 1978) ◇ forme simplifiée moderne de (盡 1567) (> 尺 1978) [Graph] 931c 211b [Ref] w17a, w32f [Hanzi] jin4 浕 480, jin4 烬 1031, jin3 侭 3023, jin4 荩 3907, jin4 赆 7986, jin3 jin4 尽 8675.

尽 jǐn -8675 |侭、儘 *3023 *2972| 尽⺀ 1° to the greatest extent 2° within the limits of 3° to give priority to, at the furthest end ◇ 1° le plus possible 2° a l'extrémité 3° donner la priorité à [Etym] 尸 1951 (rad: 044a 3-03), 尽 1979 [Graph] 931c 211b.

尽管 jǐn guǎn。not hesitate to; despite, even though ◇ sans hésiter, malgré, bien que, quelque soit ✱ 861.

尽快 jǐn kuài。as quickly (or soon) as possible ◇ le plus vite possible ✱ 3301.

尽量 jǐn liàng。to do one's best; as far as possible ◇ le mieux possible, le plus... possible ✱ 9964.

尽早 jǐn zǎo。as early (or quick, soon) as possible ◇ le plus tôt possible, le plus vite possible * 9970.

△ jìn 盡 *7395 1° exhausted, finished 2° to the utmost, to try one's best 3° to use up 4° all ◇ 1° épuisé, finir 2° à l'extrême limite, faire tous ses efforts pour 3° employer ou dire entièrement 4° tout, tous.

尽力 jìn lì 。to do one's best, to strive ◇ s'efforcer de, tâcher de * 7259.

局 jú (1980) 局口 [Tra] circumstances; office ◇ circonstance; magasin [Etym] where to have discussions (2= 口 2063), measurements (1< 尺 1978) ◇ là où on discute (2= 口 2063) et mesure (1< 尺 1978) [Graph] 931d 011a [Ref] h262, k485, ph266, w32f, wi377 [Hanzi] ju1 ju2 鋦 1302, ju1 ju2 锔 2079, ju2 侷 3024, ju2 局 8676, ju2 跼 9391.

局 jú +8676 跼8° *9391 、侷7° *3024 1° chessboard 2° game 3° situation, circumstances 4° moral value 5° gathering 6° trap, fraud 7° limit 8° part, portion 9° office, bureau 10° shop ◇ 1° échiquier 2° jeu 3° disposition, circonstances, état des choses 4° valeur morale 5° ensemble, réunion 6° duperie 7° limite 8° partie, section 9° bureau, office 10° magasin [Etym] 尸 1951 (rad: 044a 3-04), 局 1980 [Graph] 931d 011a.

局部 jú bù 。part ◇ partie * 660.

局长 jú zhǎng 。departmental manager ◇ chef de service * 2139.

局势 jú shì 。situation ◇ situation * 2734.

局限 jú xiàn 。to limit, to restrain ◇ restreindre, limiter, borner * 6778.

户 hù (1981) 户 [Tra] door; household ◇ porte; maison [Etym] different writing for (戶 1993) (> 門 2025) ◇ autre graphie pour (戶 1993) (> 門 2025) [Graph] 931e [Ref] k82, ph63, r321, w129a, wa135, wi652 [Hanzi] hu4 沪 481, lu2 炉 1032, hu4 护 2651, lu2 lu3 芦 3908, du4 妒 5835, lu2 庐 6975, hu4 户 8677, yi3 扆 8685, gu4 雇 8688, jian1 肩 8694, lü2 驴 11131 [Rad] 063b.

户 hù +8677 户 1° door 2° dwelling 3° family, household 4° (bank) account ◇ 1° porte 2° habitation 3° famille, foyer 4° fisc 5° préposé à [Etym] 户 1981 (rad: 063b 4-00), [Graph] 931e.

户籍 hù jí 。census; household registration ◇ recensement; nombre de résidents * 787.

户口 hù kǒu 。population ◇ population, dénombrement, registre d'habitation * 8842.

扊 yǎn +8678 户火火 [Etym] 户 1981 (rad: 063b 4-08), 炎157 [Graph] 931e 231b 231b.

扊扅 yǎn yí 。bar of a door ◇ barre de porte * 8691.

戾 lì (1982) 户犬 [Tra] crime; fault; sin ◇ offense; violent [Etym] dog (2= 犬 295) sneaking out through doors (1= 户 1981) ◇ un chien (2= 犬295) reniflant aux portes (1= 户 1981) [Graph] 931e 242i [Ref] k530, ph375, w129a [Hanzi] lei4 淚 482, lie4 捩2652, li4 戾 8679, li4 唳 9162.

戾 lì +8679 户犬 1° crime, sin, fault 2° perverse 3° tribulations ◇ 1° crime, offense, faute 2° méchant, violent 3° malheur [Etym] 户 1981 (rad: 063b 4-04), 戾 1982 [Graph] 931e 242i.

攴 qǐ (1983) 户攵 [Tra] to open; explain ◇ ouvrir; expliquer [Etym] reduction of (啓 1984) ◇ réduction de (啓 1984) [Graph] 931e 243c [Ref] w129a [Hanzi] qi3 棨 8680, qing4 綮 8681, zhao4 肇 8682, qi3 晵 8683, qi3 啓 8684, qi3 啟 8700.

棨 qǐ +8680 户攵木 1° wooden plaque used as a pass 2° spears with black cloth 3° signal, sign ◇ 1° plaque en bois 2° lances avec pennon noir 3° insigne, signal [Etym] 木 723 (rad: 075a 4-08), 攴1983 [Graph] 931e 243c 422a.

綮 qìng +8681 户攵糸 crucial, critical points ◇ point, moment critique, crucial, décisif [Etym] 糸 1185 (rad: 120a 6-08), 攴 1983 [Graph] 931e 243c 613d.

肇 zhào +8682 户攵聿 肈 *8690 1° to start 2° to cause (trouble) ◇ 1° commencer 2° provoquer, causer (des troubles) [Etym] 聿 1568 (rad: 129a 6-08), 攴 1983 [Graph] 931e 243c 833e.

晵 qǐ +8683 户攵月 calf muscle ◇ gras de la jambe, mollet [Etym] 月 1823 (rad: 130b 4-08), 攴 1983 [Graph] 931e 243c 856e.

啓 qǐ (1984) 户攵口 [Tra] to open; explain ◇ ouvrir; expliquer [Etym] {1} ferule (2= 攵 340) of the master to open (1,3= 启 1990) minds; {2} hand (2< 寸 441) opening (3=prim) door (1= 户 1981) ◇ {1} la baguette (2= 攵 340) du maître pour ouvrir (1,3= 启 1990) les esprits; {2} une main (2< 寸 441) ouvrant (3=prim) une porte (1= 户 1981) [Graph] 931e 243c 011a [Ref] ph329, w129a, wa135 [Hanzi] qi3 啓 8684.

啓 qǐ *8684 启 -8699 、啟 *8700 1° to open 2° to begin, to initiate 3° to awaken 4° to explain 5° letter, note ◇ 1° ouvrir 2° commencer 3° éclairer 4° expliquer, exposer, enseigner 5° lettre, note [Etym] 口 2063 (rad: 030a 3-08), 啓 1984 [Graph] 931e 243c 011a.

扆 yǐ +8685 户衣 ancient screen ◇ paravent antique [Etym] 戶 1993 (rad: 063a 4-06), 户 1981 衣 371 [Graph] 931e 312i.

戽 hù +8686 户斗 1° to bail out water 2° bailing bucket ◇ 1° puiser de l'eau 2° seille ou seau [Etym] 户 1981 (rad: 063b 4-04), 斗 575 [Graph] 931e 413g.

扉 fēi +8687 户非 1° coarse grass sandals 2° door leaf ◇ 1° sandales en paille 2° battant de porte [Etym] 户 1981 (rad: 063b 4-08), 非611 [Graph] 931e 415b.

雇 gù (1985) 户隹 [Tra] to hire; employ ◇ louer; embaucher [Etym] phon: quail: bird (2= 隹 1030); phon, clumsy (1= 户 1981) ◇ phon: caille: oiseau (2= 隹 1030); phon, malhabile (1= 户 1981) [Graph] 931e 436m [Ref] h1232, k428, ph692, w129a, wi361 [Hanzi] gu4 僱3025, gu4 雇8688, gu4 顧8689.

雇 gù +8688 户隹 | 僱 *3025 | to hire, to employ ◇ louer, embaucher [Etym] 隹 1030 (rad: 172a 8-04), 雇 1985 [Graph] 931e 436m.

雇佣 gù yōng ∘ to employ, to hire ◇ employer, engager * 3004.

雇员 gù yuán ∘ employee ◇ travailleur salarié; employé auxiliaire * 9127.

顧 gù *8689 户隹頁 | 顾 -6849 、頋 *6850 | 1° to turn round and look at 2° to attend to 3° to call on 4° but 5° surname ◇ 1° tourner la tête pour regarder 2° examiner, considérer 3° avoir à coeur de 4° mais 5° nom propre [Etym] 頁 2267 (rad: 181a 9-12), 雇 1985 [Graph] 931e 436m 023f.

肈 zhào (1986) 户戈聿 | [Tra] to begin; to cause ◇ commencer; provoquer [Etym] {?} hand (聿 1568), sword (戈 1057), door (户 1981) ◇ {?} main (聿 1568), épée (戈 1057), porte (户 1981) [Graph] 931e 512b 833e [Hanzi] zhao4 肈 8690.

肈 zhào *8690 户戈聿 | 肇 +8682 | 1° to start 2° to cause (trouble) ◇ 1° commencer 2° provoquer, causer (des troubles) [Etym] 聿 1568 (rad: 129a 6-08), 肈 1986 [Graph] 931e 512b 833e.

扅 yí +8691 户夕夕 | See ◇ Voir 扊扅 yan3-yi2 8678-8691 [Etym] 户 1981 (rad: 063b 4-06), 多 1228 [Graph] 931e 631b 631b.

扇 shān (1987) 户习习 | [Tra] fan; to incite ◇ éventail; inciter [Etym] wings (2,3= 羽 1472) of a door (1= 户 1981) ◇ les ailes ou les battants (2,3= 羽 1472) d'une porte (1= 户 1981) [Graph] 931e 731c 731c [Ref] k853, ph559, w62i, wi583 [Hanzi] shan1 煽1033, shan4 釤 1303, shan1 搧 2653, shan1 shan4 扇 8692, shan4 騸 11074, shan4 骟 11132.

扇 shān +8692 户习习 | 搧 1° *2653 | 1° fan, to fan 2° to incite, to fan up ◇ 1° agiter un éventail, éventer 2° inciter, exciter [Etym] 户 1981 (rad: 063b 4-06), 扇 1987 [Graph] 931e 731c 731c.

△ shàn | 1° fan 2° leaf (door) 3° measure-word (door) 4° windows ◇ 1° éventail, ventilateur 2° battant (porte) 3° spécificatif (porte) 4° fenêtres.

扇子 shàn zǐ ∘ fan ◇ éventail * 6546.

房 fáng +8693 户方 | 1° house 2° room 3° branch of a family 4° office 5° women 6° proper name ◇ 1° maison 2° pièce habitable 3° branche d'une famille 4° bureaux des prétoires 5° femmes 6° nom propre [Etym] 户 1981 (rad: 063b 4-04), 方1784 [Graph] 931e 853b.

房顶 fáng dǐng ∘ roof ◇ toit * 2233.

房租 fáng zū ∘ rent ◇ loyer * 4561.

房东 fáng dōng ∘ landlord; owner of the house ◇ propriétaire d'une maison * 6325.

房子 fáng zǐ ∘ house, home ◇ maison * 6546.

房客 fáng kè ∘ tenant; lodger ◇ locataire * 7760.

房间 fáng jiān ∘ room ◇ pièce, chambre * 8039.

房屋 fáng wū ∘ house, home ◇ maison; bâtiment * 8633.

肩 jiān (1988) 户月 | [Tra] shoulder; to bear ◇ épaule; porter [Etym] shoulder (1=prim) around thorax (2=prim) or flesh (2= 月 1823) ◇ l'épaule (1=prim) autour du thorax (2=prim) ou la chair (2= 月1823) [Graph] 931e 856e [Ref] h1212, k371, w129a, wi652 [Hanzi] qian2 掮 2654, jian1 肩 8694.

肩 jiān +8694 户月 | 1° shoulder 2° to shoulder, to bear ◇ 1° épaule 2° porter sur les épaules [Etym] 月 1823 (rad: 130b 4-04), 肩 1988 [Graph] 931e 856e.

肩膀 jiān bǎng ∘ shoulder ◇ épaule * 8190.

扁 biǎn (1989) 户冊 | [Tra] tablet; sign-board ◇ tablette; affiche [Etym] inscription (2= 冊 1846) hung around a door (2= 户 1981) ◇ une inscription (2= 冊 1846) placée à la porte (2= 户 1981) [Graph] 931e 856j [Ref] k733, ph473, w156d, wi513, wi737, wi973 [Hanzi] pian1 篇 881, bian1 煸 1034, pian3 谝1811, pian1 偏 3026, bian4 徧 3170, pian1 犏 3471, bian1 萹 3909, bian1 编 6058, bian1 編 6231, bian3 褊 6681, bian3 匾 7319, bian3 pian1 扁 8695, bian4 遍 8696, pian1 翩 8697, pian2 骗 9392, pian3 諞 9612, bian3 碥 9764, bian1 蝙 10311, bian1 鳊 10526, bian1 鯿 10620, pian4 騙 11075, pian4 骗 11133.

扁 biǎn +8695 户冊 | 1° flat 2° tablet, sign-board ◇ 1° plat, aplati 2° tablette horizontale [Etym] 户 1981 (rad: 063b 4-05), 扁 1989 [Graph] 931e 856j.

扁担 biǎn dàn ∘ yoke ◇ palanche * 2681.

扁豆 biǎn dòu ∘ green bean, French beans ◇ haricot vert * 9427.

△ piān |

扁舟 piān zhōu ∘ small boat ◇ petit bateau * 8293.

遍 biàn +8696 户冊辶 | 徧 *3170 | 1° everywhere 2° to make a round 3° whole 4° again ◇ 1° parcourir 2° tour, fois 3° entier 4° de nouveau [Etym] 辶 1346 (rad: 162b 3-09), 扁 1989 [Graph] 931e 856j 634o.

遍地 biàn dì ∘ everywhere ◇ partout * 4903.

翩 piān +8697 户冊习习 | See ◇ Voir 翩翩 pian1-pian1 8697-8697 [Etym] 羽 1472 (rad: 124a 6-09), 扁 1989 [Graph] 931e 856j 731c 731c.

翩翩 piān piān ∘ 1° to flutter; 2° elegant ◇ 1° voleter, voltiger; 2° élégant * 8697.

扃 jiōng +8698 户冋口 | 1° bolt or hook for fastening a door from outside 2° to shut a

户 户

door ◇ 1° barre de bois qui sert à fermer une porte de l'extérieur 2° fermer une porte [Etym] 户 1981 (rad: 063b 4-05), 冋 1852 [Graph] 931e 856k 011a.

启 qǐ (1990) 户口 [Tra] open; explain ◇ ouvrir; expliquer [Etym] to open (2= 口 2063) a door (1= 户 1981) (> 啓 1984) ◇ ouvrir (2= 口 2063) une porte (1= 户 1981) (> 啓 1984) [Graph] 931e 011a [Ref] k336, w129a [Hanzi] qi3 启 8699, qi3 敀 8700.

启 qǐ -8699 户口 | 敀、啓 *8700、*8684 | 1° to open 2° to begin, to initiate 3° to awaken 4° to explain 5° letter, note ◇ 1° ouvrir 2° commencer 3° éclairer 4° expliquer, exposer, enseigner 5° lettre, note [Etym] 户 1981 (rad: 063b 4-03), 口 2063 [Graph] 931e 011a.

启示 qǐ shì ∘ inspiration, revelation ◇ inspiration, révélation * 2247.

启发 qǐ fā ∘ to incite, to stimulate ◇ inciter, inspirer, stimuler, suggérer, éclairer * 6813.

启事 qǐ shì ∘ notice, announcement, warning ◇ annonce, avis, avertissement * 10387.

敀 qǐ *8700 户口攵 | 启、啓 -8699、*8684 | 1° to open 2° to begin, to initiate 3° to awaken 4° to explain 5° letter, note ◇ 1° ouvrir 2° commencer 3° éclairer 4° expliquer, exposer, enseigner 5° lettre, note [Etym] 口 2063 (rad: 030a 3-08), 启 1990 攵 340 [Graph] 931e 011a 243c.

扈 hù (1991) 户口巴 [Tra] retinue; servant ◇ excorter; serviteur [Etym] phon: name of a cit,: city (2,3= 邑 2082); phon (1= 户 1981) ◇ phon: nom de ville: cité (2,3= 邑 2082); phon (1= 户 1981) [Graph] 931e 011a 933c [Ref] k83, ph616, w129a [Hanzi] hu4 滬 483, hu4 扈 8701.

扈 hù +8701 户口巴 | 1° retinue, servant 2° rebellious 3° surname ◇ 1° escorter, serviteur 2° rebelle 3° nom propre [Etym] 户 1981 (rad: 063b 4-07), 扈 1991 [Graph] 931e 011a 933c.

卢 lú (1992) 卢 [Tra] vessel; stove; black ◇ vase; poêle; noir [Etym] modern simplified form of (盧 1448) ◇ forme simplifiée moderne de (盧 1448) [Graph] 931f [Hanzi] lu2 泸 484, lu2 钅卢 2080, lu2 栌 4395, lu2 垆 4936, lu2 lu5 轳 6373, lu2 胪 8216, lu2 舻 8319, lu2 卢 8702, lu2 颅 8703, lu2 鸬 8704, lu2 鲈 10527.

卢 lú -8702 卢 | 盧 *7177 | 1° black 2° hunting dog 3° surname ◇ 1° noir 2° chien de chasse 3° nom propre [Etym] 卜 548 (rad: 025a 2-03), 卢 1992 [Graph] 931f.

颅 lú -8703 卢页 | 顱 *7178 | skull ◇ crâne [Etym] 页 1802 (rad: 181s 6-05), 卢 1992 [Graph] 931f 854d.

鸬 lú -8704 卢鸟 | 鸕 *7179 | [Etym] 鸟 2494 (rad: 196s 5-05), 卢 1992 [Graph] 931f Z22e.

鸬鹚 lú cí ∘ fishing cormorant ◇ cormoran * 6315.

戶 hù (1993) 戶 [Tra] door leaf ◇ battant (porte) [Etym] door leaf (prim) (> 户 1981, 門 2025) ◇ un battant de porte (prim) (> 户 1981, 門 2025) [Graph] 931g [Ref] k82, w129a, wi480 [Hanzi] yi3 扆 8685 [Rad] 063a.

所 suǒ (1994) 戶斤 [Tra] place; building ◇ lieu; bâtiments [Etym] {?} to chop (2,3= 斤 1461) doors (1< 户 1981) ◇ {?} tailler (2,3= 斤 1461) des portes (1< 户 1981) [Graph] 931g 722c [Ref] h312, r414, w128a, wi480 [Hanzi] suo3 所 8705.

所 suǒ +8705 戶斤 | 所 *4060 | 1° place 2° measure-word (houses, buildings, places) 3° about 4° relative pronoun ◇ 1° place, lieu 2° spécificatif (lieux, bâtiments, salles, emplacements) 3° environ 4° pronom relatif, tout ce qui, ce que [Etym] 戶 1993 (rad: 063a 4-04), 所 1994 [Graph] 931g 722c.

所有 suǒ yǒu ∘ all, every ◇ tout, tous; posséder * 1525.

所有的 suǒ yǒu de ∘ all, numerous ◇ tout * 1525 9990.

所谓 suǒ wèi ∘ so-called, alleged ◇ soi-disant, prétendu * 1828.

所以 suǒ yǐ ∘ so, therefore ◇ c'est pourquoi, par conséquent * 2161.

殷 yān (1995) 㞋几又 [Tra] intense; very; zeal ◇ intense; très; zèle [Etym] {1} dancers: moving hands (2,3= 殳 2519), inverted body (1< 身 2060); {2} acupuncture: body (1> 身 2060), hand and needle (2,3> 殳 2519) ◇ {1} des danseurs: mains agités (2,3= 殳 2519), corps retournés (1< 身 2060); {2} l'acupuncture: un corps (1> 身 2060), une main et une aiguille (2,3= 殳 2519) [Graph] 931i Z33a 633a [Ref] k279, r3j, w148b, wa140 [Hanzi] yin1 溵 485, yan1 yin1 殷 8706, yin1 慇 8707.

殷 yān +8706 㞋几又 | blackish red ◇ rouge noirâtre [Etym] 殳 2519 (rad: 079a 4-06), 殷 1995 [Graph] 931i Z33a 633a.

△ yīn | 慇 2° *8707 | 1° abundant, rich, prosperity 2° ardor, intense, zeal 3° hospitality 4° Yin Dynasty 5° very, much 6° surname ◇ 1° abondant, riche, prospère 2° ardeur, intense, zèle, assidu, attentif 3° hospitalité 4° dynastie Yin 5° beaucoup, très 6° nom de famille.

殷勤 yīn qín ∘ solicitous, attentive ◇ complaisant, empressé * 5405.

慇 yīn *8707 㞋几又心 | See ◇ Voir 殷 8706 [Etym] 心 397 (rad: 061a 4-10), 殷 1995 [Graph] 931i Z33a 633a 321c.

眉 méi (1996) 尸目 [Tra] eyebrow; margin ◇ sourcil; bord; marge [Etym] eyebrow (1=prim) around eye (2= 目 2239) ◇ un sourcil (1=prim) entourant l'oeil (2= 目 2239) [Graph] 931j 023a [Ref] k608, ph463, w7a, wa16, wi979 [Hanzi] mei2 湄 486, mei2 鎇 1304, mei2 镅 2081, mei2 楣 4396, mei2 猸 5658, mei4 媚 5836, mei2 嵋 7591, mei2 眉 8708, mei2 郿 8709, mei2 鹛 8710, mei2 鶥 8711.

眉 méi +8708 尸目 1° eyebrow, brow 2° top margin of a page ◇ 1° sourcil 2° bord, marge supérieure d'une page [Etym] 目 2239 (rad: 109a 5-04), 眉 1996 [Graph] 931j 023a.

眉头 méi tóu ∘ eyebrow ◇ sourcil * 1598.

眉毛 méi máo ∘ eyebrow ◇ sourcil * 2182.

郿 méi +8709 尸目阝 county in Shaanxi ◇ chef-lieu du Shaanxi [Etym] 阝 1316 (rad: 163b 2-09), 眉 1996 [Graph] 931j 023a 634j.

鹛 méi -8710 尸目鸟 鶥 *8711 babble ◇ bavard [Etym] 鸟 2494 (rad: 196s 5-09), 眉 1996 [Graph] 931j 023a Z22e.

鶥 méi *8711 尸目鳥 鹛 -8710 babble ◇ bavard [Etym] 鳥 2500 (rad: 196a 11-09), 眉 1996 [Graph] 931j 023a Z22h.

尸 932

民 mín (1997) 民 [Tra] people; mass ◇ peuple; les gens [Etym] {1} multiplication (< 氏 1052) of people (< 尸 1951); {2} a needle (< 十 560) piercing an eye (top, prim) ◇ {1} multiplication (< 氏 1052) des gens (< 尸 1951); {2} enfoncer une aiguille dans l'oeil (prim, 爱 122) [Graph] 932a [Ref] h590, k629, ph137, r159, w114d, wa168 [Hanzi] min3 泯 487, min3 抿 2655, min2 苠 3910, min2 珉 5181, mang2 meng2 氓 7340, min2 岷 7592, min2 民 8712, mian2 眠 10093.

民 mín +8712 民 1° people, mass, folk 2° member of a nationality 3° member of an occupation 4° civilian ◇ 1° peuple, plèbe, les gens, les masses populaires 2° membre d'une ethnie 3° membre d'un métier, caste 4° civil [Etym] 氏 1052 (rad: 083a 4-01), 民 1997 [Graph] 932a.

民歌 mín gē ∘ folk song ◇ chanson folklorique, chanson populaire * 2237.

民警 mín jǐng ∘ people's police ◇ policier du peuple * 3873.

民主 mín zhǔ ∘ democracy ◇ démocratie, démocratique * 5212.

民兵 mín bīng ∘ militia ◇ milice * 7215.

民族 mín zú ∘ nation, nationality ◇ nation, nationalité * 7931.

民间 mín jiān ∘ popular ◇ populaire * 8039.

民航 mín háng ∘ civil aviation ◇ aviation civile * 8334.

忞 mǐn (1998) 民攵心 [Tra] to strive ◇ s'efforcer [Etym] to strike (2= 攵 340); phon, many people (1= 犹 1094) ◇ frapper (2= 攵 340); phon, plusieurs personnes (1= 民 1997) [Graph] 932a 243c 321c [Ref] k630 [Hanzi] min3 愍 8713.

愍 mǐn +8713 民攵心 愍 *3338 1° pity, compassion 2° to grieve ◇ 1° pitié, compassion 2° chagriner [Etym] 心 397 (rad: 061a 4-09), 愍 1998 [Graph] 932a 243c 321c.

昏 hūn (1999) 民日 [Tra] dusk, dark; confused ◇ crépuscule; confus [Etym] different writing for (昏 1054) (> 民 1997) ◇ autre graphie pour (昏 1054) (> 民 1997) [Graph] 932a 021a [Hanzi] min3 湣 488, min3 愍 3338, min2 缗 6059, min2 緡 6232.

即 jí (2000) 艮卩 [Tra] to reach; at once ◇ accès; à présent [Etym] bent person (2< 卩 1499), eating (1< 食 221) ->now ◇ personne penchée (2< 卩 1499) mangeant (1< 食 221) ->maintenant [Graph] 932b 734a [Ref] h1534, k1048, ph424, wa127, wi114 [Hanzi] jie1 jie2 節 882, ji2 即 8714, ji1 唧 9163, ji4 鲫 10528, ji4 鯽 10621.

即 jí +8714 艮卩 1° to approach, to reach, near 2° to assume, to undertake 3° at present, consequently 4° namely 5° at once, immediately 7° even if ◇ 1° aller vers, près de 2° entreprendre 3° à présent, ensuite, par suite 4° c'est-à-dire 5° au moment même, aussitôt 7° malgré, même si [Etym] 卩 1504 (rad: 026a 2-05), 即 2000 [Graph] 932b 734a.

即使 jí shǐ ∘ even if, even though ◇ même si, quand même, supposé que * 3061.

即便 jí biàn ∘ even, even though ◇ même si, même quand * 3074.

即将 jí jiāng ∘ to be about to (do something) ◇ être sur le point de; aller (+ infinitif) * 3196.

即日 jí rì ∘ this or that very day; the next few days ◇ le jour même, dès aujourd'hui; ces jours-ci * 9838.

既 jì (2001) 艮旡 [Tra] already; since; finish ◇ déjà; passé; puisque [Etym] different writing for (既 2006); man (2=prim) after a good meal (1< 食 221) ◇ autre graphie pour (既 2006); un homme (2=prim) ayant bien mangé (1< 食 221) [Graph] 932b 812a [Ref] h1126, k324, r37g, w26m, wa127, wi507, wi528 [Hanzi] gai4 溉 489, kai3 慨 3339, gai4 概 4397, jiu4 厩 6858, ji4 既 8715, ji4 暨 8716, kai3 嘅 9164.

既 jì +8715 艮旡 1° already 2° since, now that, when 3° as well as 4° to finish 5° all ◇ 1° déjà 2° puisque, parce que, du moment que 3° alors, ensuite 4° fin, finir 5° entier, tous [Etym] 无 414 (rad: 071a 4-05), 既 2001 [Graph] 932b 812a.

既然 jì rán ∘ thus, since ◇ puisque * 6452.

暨 jì +8716 艮旡日一 1° sun peeping out 2° and, with 3° up to, till ◇ 1° lever du soleil 2° et, aussi 3° jusqu'à [Etym] 日 2169 (rad: 072a 4-10), 既2001 旦 2170 [Graph] 932b 812a 021a ac:z.

段 jiù (2002) 艮几又 [Tra] rearing of cattle ◇ élevage d'animaux [Etym] shepherd's stick (2, 3= 殳 2519); food (1= 食 221) ◇ bâton (2,3= 殳 2519) du pasteur; nourriture (1= 食 221) [Graph] 932b Z33a 633a [Hanzi] jiu4 廄 6976.

艮 gěn (2003) 艮 [Tra] obstinate; tough ◇ résister; ferme [Etym] person (prim): legs

尸 尸 尸 · 民 艮 艮

turning round (bottom), stare (< 見 2255) ◇ une personne (prim): jambes en retour (bas), regard (< 見 2255) [Graph] 932c [Ref] h263, k312, ph219, w261, wa12, wi158, wi223, wi484, wi741 [Hanzi] yin2 銀 1305, yin2 银 2082, hen3 很 3171, hen4 恨 3340, gen4 茛 3911, gen1 根 4398, yin2 垠 4937, hen3 狠 5659, ken4 裉 6682, xian4 限 6778, hen2 痕 7113, ken3 yin2 齦 8515, yin2 齦 8533, gen3 gen4 艮 8717, ken3 恳 8718, tui4 退 8720, liang2 良 8725, gen2 哏 9165, gen1 跟 9393, yan3 眼 10094 [Rad] 138a.

艮 gěn +8717 艮 | 1° tough (food), leathery 2° forthright 3° obstinate, to resist ◇ 1° ferme (nourriture) 2° franc 3° regarder en face, résister [Etym] 艮 2003 (rad: 138a 6-00), [Graph] 932c.

△ gèn | one of the Eight Diagrams for divination, representing the mountain ◇ un des huit trigrammes du Livre des Mutations représentant la montagne.

恳 kěn -8718 艮心 | 懇 *5578 | 1° sincerely 2° to beg, to ask earnestly, to entreat ◇ 1° sincère, cordial 2° prier, supplier, implorer [Etym] 心 397 (rad: 061a 4-06), 艮 2003 [Graph] 932c 321c.

垦 kěn -8719 艮土 | 墾 *5579 | 1° to open new land 2° to plough ◇ 1° défricher 2° labourer [Etym] 艮 2003 (rad: 138a 6-03), 土 826 [Graph] 932c 432a.

退 tuì (2004) 艮辶 | [Tra] to retreat; draw back ◇ se retirer; reculer [Etym] to go (2= 辶 1346); to face (1= 艮 2003) or sun (1< 日 957) set (1< 日 2169) ◇ aller (2= 辶 1346); de face (1= 艮 2003) ou la fin (1< 日 2169) du jour (1< 步 957) [Graph] 932c 634o [Ref] h746, k1141, ph578, w31c, wi595, wi741 [Hanzi] tui4 煺 1035, tui4 tun4 褪 6683, tui3 腿 8217, tui4 退 8720.

退 tuì +8720 艮辶 | 1° to draw back, to retreat 2° to quit 3° to refuse, to recede 4° to give back, to refund 5° to cancel 6° weaken ◇ 1° reculer, se retirer 2° quitter, démissionner 3° récuser, repousser 4° rendre, rembourser 5° annuler 6° s'affaiblir [Etym] 辶 1346 (rad: 162b 3-06), 退 2004 [Graph] 932c 634o.

退让 tuì ràng ◦ to yield, to give in, to make a concession ◇ céder, faire des concessions, reculer * 1737.

退换 tuì huàn ◦ to exchange (a merchandise ◇ échanger pour une autre (marchandise) * 2642.

退休 tuì xiū ◦ to retire ◇ prendre sa retraite * 2866.

退还 tuì huán ◦ to return ◇ rendre, renvoyer, restituer * 4072.

退步 tuì bù ◦ to lag behind, retrogress ◇ rétrograder, reculer, régresser; recul, régression * 5306.

退职 tuì zhí ◦ to resign or to be discharged from office ◇ démissionner de son poste; prendre sa retraite * 5475.

退缩 tuì suō ◦ to shrink back ◇ reculer; se dérober * 6035.

退席 tuì xí ◦ to leave (a banquet or meeting) ◇ se retirer (d'un repas, d'une réunion) * 6921.

退出 tuì chū ◦ to withdraw, to quit ◇ se retirer, quitter, évacuer * 7657.

退学 tuì xué ◦ to leave school ◇ interrompre ses études * 7854.

退色 tuì sè ◦ to fade ◇ déteindre, se décolorer * 8731.

退回 tuì huí ◦ to return; to send back ◇ rendre, renvoyer; retourner * 10965.

郎 láng (2005) 良阝 | [Tra] term of respect; sir ◇ titre de respect [Etym] phon: name of a city: city (2= 阝 1316); phon (1< 良 2008) ◇ phon: le nom d'une ville: ville (2= 阝 1316); phon (1< 良 2008) [Graph] 932d 634j [Ref] h1936, k514, ph460, w75f, wi766 [Hanzi] lang2 鎯 1306, lang2 锒 2083, lang2 榔 4399, lang2 琅 5182, lang2 娘 5837, lang2 廊 6977, lang2 lang4 郎 8721, lang1 啷 9166, lang2 螂 10312.

郎 láng +8721 良阝 | 1° official title 2° your, term of respect, my darling, term used by the woman to call her husband, gentleman 3° surname ◇ 1° titre honorifique 2° mon mari, monsieur, mon patron 3° nom propre [Etym] 阝 1316 (rad: 163b 2-06), 郎 2005 [Graph] 932d 634j.

△ làng | See ◇ Voir .

既 jì (2006) 良旡 | [Tra] already; since; finish ◇ déjà; passé; puisque [Etym] to belch (2= 旡 1540) after meal (1< 食 221) ◇ vomir (2= 旡 1540) après un repas (< 食 221) [Graph] 932d 812a [Ref] h1126, k324, w26m.

朗 lǎng (2007) 良月 | [Tra] clear; fine; cheerful ◇ clair; beau; gai [Etym] moon (2= 月 1822); phon and good (1= 良 2008) ->good moon, clear ◇ lune (2= 月 1822); phon et bon (1= 良 2008) -> bonne lune, clair [Graph] 932d 856e [Ref] h995 [Hanzi] lang3 塱 4938, lang3 朗 8722, lang3 樃 8723, lang3 塱 8724.

朗 lǎng +8722 良月 | 1° light, bright 2° loud 3° clear 4° surname ◇ 1° lumineux, brillant, éclat 2° sonore 3° clair 4° nom propre [Etym] 月 1822 (rad: 074a 4-06), 朗 2007 [Graph] 932d 856e.

朗诵 lǎng sòng ◦ to recite ◇ réciter, lire à haute voix * 1765.

樃 lǎng *8723 良月木 | place in Hunan ◇ lieu du Hunan [Etym] 木 723 (rad: 075a 4-10), 朗 2007 [Graph] 932d 856e 422a.

塱 lǎng *8724 良月土 | 塱 -4938 | place in Guangdong ◇ lieu du Guangdong [Etym] 土 826 (rad: 032a 3-10), 朗 2007 [Graph] 932d 856e 432a.

良 liáng (2008) 良 | [Tra] good; freeborn; docile ◇ bon; vertueux; doux [Etym] {1} sieve (prim): box (top) through which good grains pass; {2} prehistoric dwelling and its porch (prim) ◇ {1} un tamis (prim): une boîte (haut) d'où sort le bon grain; {2} une maison préhistorique et son porche (prim) [Graph] 932e [Ref] h598, k541, ph289, w26m, wa97, wi445 [Hanzi] lang4

浪490, lang3 烺1036, lang2 銀1307, lang2 锒2084, lang4 liang2 莨3912, lang2 稂4567, liang2 粮4639, lang4 埌4939, lang2 琅5183, lang2 狼5660, niang2 娘5838, lang4 崀7593, lang4 阆8034, liang2 良8725, lang4 閬8783, liang2 liang4 踉9394, lang2 蜋10313, niang2 niang4 酿10906.

良 liáng +8725 良 | 1° good, virtuous 2° natural gifts, skilled 3° freeborn, docile 4° very, very much ◇ 1° bon, vertueux 2° dons naturels, habile, spontané 3° douceur, docile 4° très, beaucoup [Etym] 艮2003 (rad: 138a 6-01), 良2008 [Graph] 932e.

良心 liáng xīn。conscience ◇ conscience, sens moral * 2177.

良好 liáng hǎo。good, well, favorable ◇ bon, excellent, parfait * 5792.

巳 933

已 yǐ (2009) 巳 | [Tra] to finish; decline ◇ cesser; éviter [Etym] thread that wraps or difficult breath (prim) (< 己2532, 巳2010) ◇ un fil enveloppant ou un souffle difficile (prim) (< 己2532, 巳2010) [Graph] 933a [Ref] k179, r130, w85b, wi191 [Hanzi] yi3 已8726.

已 yǐ +8726 巳 | 1° to stop, to cease, to finish 2° already 3° afterwards 4° too 5° excess ◇ 1° arrêter, cesser, finir 2° déjà 3° dans la suite 4° aussi 5° excès [Etym] 己2532 (rad: 049a 2-01), 巳2009 [Graph] 933a.

已经 yǐ jīng。already ◇ déjà * 6007.

巳 sì (2010) 巳 | [Tra] cyclic character ◇ caractère cyclique [Etym] a foetus (prim) (< 己2532, 巳2009) ◇ un foetus (prim) (< 己2532, 巳2009) [Graph] 933b [Ref] k808, ph28, r41h, w85a, wa24 [Hanzi] si4 汜491, si4 祀2280, yi2 圯4940, si4 杞6595, bao1 包7911, si4 巳8727, dao3 导8728, yi4 异8729 [Rad] 049b.

巳 sì +8727 巳 | cyclical character: the sixth of the 12 Earthly Branches ◇ caractère cyclique: le sixième des 12 Rameaux Terrestres [Etym] 巳2010 (rad: 049b 0-03), [Graph] 933b.

导 dǎo -8728 巳寸 | 導 *10177 | 1° to lead, to conduct 2° to instruct ◇ 1° guider, conduire 2° enseigner [Etym] 寸441 (rad: 041a 3-03), 巳2010 [Graph] 933b 332b.

导演 dǎo yǎn。to direct a film; film director ◇ mettre en scène, metteur en scène * 424.

导游 dǎo yóu。guidebook; to guide (sightseeing tour) ◇ guide de voyage (personne, livre); guider (voyage) * 439.

导师 dǎo shī。teacher, tutor; guide ◇ maître, éducateur, guide * 2752.

导航 dǎo háng。to navigate (a boat, airplane) ◇ piloter, naviguer * 8334.

导弹 dǎo dàn。guided missile ◇ missile, fusée, engin téléguidé * 11271.

异 yì (2011) 巳廾 | [Tra] different; strange ◇ différent; étrange [Etym] {1} extract (譔355) from a wrapping device (1< 巳2009); {2} dancer (2< 無1043) wearing a mask (1=prim) ◇ {1} extraire (2= 廾701) d'une enveloppe ou de quelque chose (1< 巳2009); {2} un danseur (2< 無1043) masqué (1=prim) [Graph] 933b 416e [Ref] w85c, wa180 [Hanzi] yi4 异8729.

异 yì +8729 巳廾 | 異 *10432 | 1° different 2° strange, unusual 3° heterodox 4° surprise 5° another 6° separate ◇ 1° différent 2° étrange, extraordinaire, inhabituel 3° dissident, hétérodoxe 4° surprise 5° autre 6° séparé [Etym] 廾701 (rad: 055a 3-03), 异2011 [Graph] 933b 416e.

异常 yì cháng。unusual; extremely ◇ peu commun, étrange, anormal; très, extrêmement * 7870.

巽 xùn (2012) 巳巳共 | [Tra] choose; quiet; yield ◇ choisir; calme; doux [Etym] confere (2> 廾701, 共1006) authority: seals (1,2< 卩1504) ->select ◇ conférer (2> 廾701, 共1006) l'autorité: sceau (1,2< 卩1504) -> choisir [Graph] 933b 933b 436e [Ref] k834, w55h.

巴 bā (2013) 巴 | [Tra] to hope, near, surna ◇ espérer, proche, nom [Etym] {1} a big boa (prim) {2} palm of hand (prim) ◇ {1} un grand boa (prim) {2} la paume de la main (prim) [Graph] 933c [Ref] k683, ph76, r18b, w55b, wa18 [Hanzi] pa2 pa5 琶5117, ba1 巴8730.

巴 jié (2014) 巴 | [Tra] authority; measure ◇ autorité; mesure [Etym] different writing for (卩1498) ◇ autre graphie pour (卩1498) [Graph] 933c [Ref] wi53 [Hanzi] ba1 笆884, ba3 pa2 鈀1308, ba4 爸1680, ba3 pa2 钯2085, ba3 ba4 把2656, ba1 芭3913, pa2 爬4062, pa2 pa5 杷4400, ba1 粑4640, ba4 pa2 耙4693, ba3 靶5391, ba1 疤7114, ba1 岜7594, fei2 肥8218, ba4 鲃8516, ba4 鲅8534, ba1 ba5 吧9167, ba4 鮊10622.

巴 bā +8730 巴 | 1° to hope 2° to stick to 3° to be close to 4° (milli)bar, (micro)bar 5° proper name ◇ 1° espoir 2° tenir à, en rester à 3° être près de 4° (milli)bar, micro(bar) 5° nom propre [Etym] 己2532 (rad: 049a 3-01), 巴2013 [Graph] 933c.

巴答 bā dā。bang! boom! ◇ bruit de choc: boum! * 742.

巴结 bā jié。blandishment, flattery ◇ chercher l'appui des puissants, flatter * 5977.

巴掌 bā zhǎng。palm ◇ paume * 7866.

色 sè (2015) 色 | [Tra] colour; air; lewdnes ◇ couleur; beau; luxure [Etym] bending persons (top< 人170) (bottom< 卩1499, 尸1951) ->sexuality ◇ des personnes enlacées (haut< 人170) (bas< 卩1499, 尸1951) -> sexualité [Graph] 933d [Ref] h145, k772, r18h, w28d [Hanzi] se4 銫 1309, se4 铯 2086, jue2 绝 6060, jue2 絕 6233, se4 shai3 色 8731, fu2 艴 11283 [Rad] 139a.

色 sè +8731 色 | 1° color 2° expression, air, manner 3° kind, category 4° scenery 5° quality (metal) 6° woman's looks 7° Buddhist term for the material world and body ◇ 1° couleur 2° aspect, air 3° espèce, sorte 4° paysage 5° qualité (métal) 6° beauté féminine, teint 7° matière pour les Bouddhistes 8° luxure [Etym] 色 2015 (rad: 139a 6-00), [Graph] 933d.

色彩 sè cǎi。color, shade; flavor, coloring ◇ colorie, couleur; impression, expression, nuance * 690.

△ shǎi | color ◇ couleur.

尸 934

叚 jiǎ (2016) 尸コ又 | [Tra] false; fake; if ◇ faux; feindre; si [Etym] {1} double (< 二 4) skin (> 皮 1452) ->false; {2} two hands (2< 彐 1565) (3= 又 1271) and ore (1< 段 576) ◇ {1} double (< 二 4) peau (> 皮 1452) ->faux; {2} deux mains (2< 彐 1565) (3= 又 1271) et minerai (1< 段 576) [Graph] 934a 821a 633a [Ref] k346, ph427, w43i, wa105, wi229 [Hanzi] jia3 jia4 假 3027, jia1 葭 3914, xia2 瑕 5184, jia1 豭 5702, jia3 瘕 7115, xia2 霞 8456, jia3 叚 8732, xia2 遐 8733, ha1 蝦 8837, gu3 jia3 嘏 9813, xia2 暇 9943, ha2 xia1 蝦 10314.

叚 jiǎ *8732 尸コ又 | 假 +3027 | 1° false, fake, sham 2° to borrow 3° if ◇ 1° faux, feindre 2° emprunter 3° si, supposé que [Etym] 又 1271 (rad: 029a 2-07), 叚 2016 [Graph] 934a 821a 633a.

遐 xiá +8733 尸コ又辶 | 1° far, distant 2° long, lasting 3° old 4° to leave 5° interrogative particle: how, why, which? ◇ 1° loin, éloigné 2° long, durable 3° vieux 4° quitter 5° interrogatif: comment, pourquoi, quel? [Etym] 辶 1346 (rad: 162b 3-09), 叚 2016 [Graph] 934a 821a 633a 634o.

目 yǐ (2017) 目 | [Tra] finish; decline ◇ cesser; éviter [Etym] different writing for (已 2009) ◇ autre graphie pour (已 2009) [Graph] 934b [Ref] k180, r34f, w85b, wi310 [Hanzi] yi3 苜 3915, si4 相 4401, si4 耜 4694, guan1 官 7771.

自 duī (2018) 自 | [Tra] ramparts; troops ◇ muraille; troupe [Etym] {1} small cliff (< 厂 1353) having two steps (prim) ->walls,troops; {2} buttocks or testicles (prim, > 尸 1951) ◇ {1} une petite falaise (< 厂 1353) à deux gradins (prim) ->murs, armée; {2} les fesses ou les testicules (prim, > 尸 1951) [Graph] 934c [Ref] k1137, ph245, r254, w86b, wa166 [Hanzi] zhui1 追 8735, shuai4 帥 8736, shi1 師 8737.

辥 niè (2019) 自辛 | [Tra] sin; scandal ◇ faute; péché [Etym] {?} eye (< 目 2239) witnessing a crime (2= 辛 567) ◇ {?} oeil (< 目 2239) témoin d'un crime (2= 辛 567) [Graph] 934c 413d [Hanzi] xue1 薛 3916, nie4 nie4 櫱 3917.

歸 guī (2020) 自止彐冖巾 | [Tra] to return; restore ◇ retourner à; rendre [Etym] arrival (2= 止 954)of wife (3,4,5< 婦 1127) inside walls (1< 自 2018) ◇ arrivée (2= 止 954) de l'épouse (3,4,5< 婦 1127) dans les murs (1< 自 2018) [Graph] 934c 434a 833a 851a 858a [Ref] w86b [Hanzi] kui1 巋 7596, gui1 歸 8734.

歸 guī *8734 自止彐冖巾 | 归 +2750 | 1° to return, to go back 2° to give back to, to send back, to restore 3° to converge, to come together 4° to belong to 5° division on the abacus 6° surname ◇ 1° retourner à 2° rendre 3° se rassembler 4° appartenir à, ressortir de 5° division en se servant d'un boulier 6° nom propre [Etym] 止 954 (rad: 077a 4-14), 歸 2020 [Graph] 934c 434a 833a 851a 858a.

追 zhuī (2021) 自辶 | [Tra] to pursue; to seek ◇ poursuivre; récupére [Etym] go (2= 辶 1346); {1}phon (1= 自 2018); {2}buttocks (prim)->rear ◇ aller (2= 辶 1346); {1} phon (1= 自 2018); {2} fesses (prim) -> arrière [Graph] 934c 634o [Ref] h350, k1266, ph526, w86b, wi745 [Hanzi] tui4 煺 1037, chui2 鎚 1310, chui2 搥 2657, chui2 槌 4402, zhui4 縋 6061, zhui4 縋 6234, zhui4 膇 8220, zhui1 追 8735.

追 zhuī +8735 自辶 | 1° to pursue 2° to look into, retrospective 3° to seek 4° to recall, remembrance ◇ 1° poursuivre 2° introspection, rétrospective, idée de retour, de réaction 3° rechercher, récupérer 4° se souvenir de, rappeler [Etym] 辶 1346 (rad: 162b 3-06), 追 2021 [Graph] 934c 634o.

追求 zhuī qiú。to seek, to pursue; to run after ◇ rechercher, poursuivre; courir après (autre sexe) * 2314.

追悼 zhuī dào。to mourn over a person's death ◇ honorer la mémoire * 3365.

追赶 zhuī gǎn。to catch up, to pursue ◇ poursuivre, rattraper * 4842.

追究 zhuī jiū。to investigate, to look into ◇ rechercher (cause), investigation, approfondir * 7846.

追问 zhuī wèn。to question closely ◇ faire un interrogatoire serré, questionner à fond * 8035.

帥 shuài (2022) 自巾 | [Tra] leader; smart ◇ commander; séduisant [Etym] to bear banner (2= 巾 1886) in front of the troops (1= 自 2018) ◇ brandir un fanion (2= 巾 1886) en tête des troupes (1= 自 2018) [Graph] 934c 858a [Ref] r255, w86b [Hanzi] shuai4 帥 8736.

帥 shuài *8736 自巾 | 帅 -2751 | 1° commander-in-chief 2° leader, to give order 3° beautiful, smart 4° chief piece (Chinese chess) 5° surname ◇ 1° général en chef 2° commander, mener 3° beau, séduisant 4° pièce maîtresse (échec chinois) 5° nom propre [Etym] 巾 1886 (rad: 050a 3-06), 帥 2022

[Graph] 934c 858a.

師 s h ī (2023) 𠂤帀 [Tra] sage; master; troop ◇ sage; maître; légion [Etym] first (2top<—3) banner (2< 帥 2022, 巾 1886); troops (1= 𠂤 2018) ◇ la première (2haut< — 3) bannière (2< 帥 2022, 巾 1886); troupes (1= 𠂤 2018) [Graph] 934c 858d [Ref] h96, k893, ph561, r256, w86b, wi453 [Hanzi] shi1 溮 492, shai1 篩 885, shi1 獅 5661, shi1 師 8737, si1 螄 10315, shi1 鰤 10623.

師 s h ī *8737 师 -2752 1° teacher, master 2° model, example 3° skilled 4° sage 5° army, troops, division, legion 6° proper noun ◇ 1° maître, enseignant 2° modèle, exemple 3° artisan qualifié 4° sage 5° armée, troupe, division 6° nom propre [Etym] 巾 1886 (rad: 050a 3-07), 師 2023 [Graph] 934c 858d.

阜 f ù (2024) 阜 [Tra] mound; abundant ◇ tertre; abondant [Etym] {1} earth works and embankments (prim,< 𠂤 2018); {2} stairs (prim) ◇ {1} une accumulation de terre (prim,< 𠂤 2018); {2} un escalier (prim) [Graph] 934d [Ref] k40, r257, w86a, wa96 [Hanzi] bu4 埠 4941, fu4 阜 8738 [Rad] 170a.

阜 f ù +8738 阜 1° mound 2° abundant ◇ 1° tertre 2° abondant [Etym] 阜 2024 (rad: 170a 8-00), [Graph] 934d.

門 m é n (2025) 門 [Tra] door; gate ◇ porte; portail [Etym] double-doored gate (prim) ◇ une porte à deux vantaux (prim) [Graph] 934e [Ref] h311, k609, ph381, w129c, wa135, wi5 [Hanzi] men2 鍆 1311, men2 捫 2658, men5 們 3028, men2 門 8739, men1 men4 悶 8754, wen2 聞 8767, wen4 問 8784 [Rad] 169a.

門 m é n *8739 门 -7996 1° entrance, door, gate 2° switch, valve 3° knack, way to do 4° family 5° sect, school 6° category 7° measure word for subjects, cannons, courses 8° surname ◇ 1° porte, portail 2° commutateur, valve 3° moyen 4° famille 5° secte, doctrine 6° catégorie, classe 7° spécificatif: familles, canons, métiers, affaires 8° nom propre [Etym] 門 2025 (rad: 169a 8-00), [Graph] 934e.

閆 y á n *8740 門三 阎 -8028 1° gate to a village 2° the Chinese Pluto 3° surname ◇ 1° porte d'un village 2° Pluton 3° nom de famille [Etym] 門 2025 (rad: 169a 8-03), 三 5 [Graph] 934e 111c.

闊 k u ò *8741 門氵舌 阔 -7998 、濶 *494 1° wide, large, liberal 2° wealthy 3° separation, far ◇ 1° large, libéral 2° riche, opulent 3° séparation, éloigné [Etym] 門 2025 (rad: 169a 8-09), 活 65 [Graph] 934e 121b 013h.

闇 à n *8742 門立日 See ◇ Voir 胺 8185 [Etym] 門 2025 (rad: 169a 8-09), 音 91 [Graph] 934e 221a 021a.

闏 z h è n g *8743 門爫尹 𫔭 -8026 1° to struggle, to contend 2° to earn (money) ◇ 1° se débattre 2° gagner (argent) [Etym] 門 2025 (rad: 169a 8-08), 爭 117 [Graph] 934e 221d 834c.

閿 w é n *8744 門爫冖又 阌 -7999 place in Henan ◇ lieu du Henan [Etym] 門 2025 (rad: 169a 8-08), 受 124 [Graph] 934e 221d 851a 633a.

閃 s h ǎ n (2026) 門人 [Tra] to shun; slip aside ◇ éviter; s'écarter [Etym] man (2= 人 170) giving way (1= 門 2025) to others ◇ un homme (2= 人 170) laissant le passage (1= 門 2025) à d'autres [Graph] 934e 232a [Ref] r19k, w25c [Hanzi] shan3 閃 8745.

閃 s h ǎ n *8745 門人 闪 -8000 1° to dodge, to slip aside, to shun 2° to sprain 3° lightning 4° flash, to shine 5° to leave behind 6° to cross a doorway ◇ 1° s'écarter, éviter, mouvement rapide 2° se fouler 3° éclair 4° scintiller, briller 5° laisser derrière 6° franchir (seuil) [Etym] 門 2025 (rad: 169a 8-02), 閃 2026 [Graph] 934e 232a.

闖 c h u à i *8746 門人人土 闯 -8001 1° struggle 2° to get a reward ◇ 1° lutter, se débattre 2° être récompensé [Etym] 門 2025 (rad: 169a 8-07), 坐 172 [Graph] 934e 232a 232a 432a.

閤 g é *8747 門亼口 阁 -8002 small door, side door ◇ petite porte, porte latérale [Etym] 門 2025 (rad: 169a 8-06), 合 222 [Graph] 934e 233a 012a.

△ h é 阁 -8002 1° all 2° whole 3° complete ◇ 1° tout 2° en entier 3° au complet.

閎 h ó n g *8748 門𠂇厶 闳 -8003 1° vast, wide 2° open 3° gate ◇ 1° vaste 2° ouvert 3° porte [Etym] 門 2025 (rad: 169a 8-04), 厷 244 [Graph] 934e 241a 612a.

閹 y ā n *8749 門大电 阉 -8005 1° to castrate 2° eunuch of the palace ◇ 1° châtrer 2° eunuque [Etym] 門 2025 (rad: 169a 8-08), 奄 276 [Graph] 934e 242a 043c.

関 g u ā n *8750 門关 关 -1576 、關 *8771 1° to shut, to close 2° to turn off 3° to lock up, to bar the door 4° pass 5° custom-house 6° barrier 7° to bear upon, involving 8° Guandi, Chinese god of war ◇ 1° fermer 2° éteindre (courant) 3° barrière 4° passe 5° poste-frontière, douane 6° concerner, relations 7° Guandi, dieu de la guerre [Etym] 門 2025 (rad: 169a 8-06), 关 280 [Graph] 934e 242c.

闚 k u ī *8751 門夫見 窥 +7802 to spy, to peep, to watch ◇ épier, observer, guetter [Etym] 門 2025 (rad: 169a 8-11), 規 307 [Graph] 934e 242m 023c.

閔 m ǐ n (2027) 門文 [Tra] compassion ◇ compatir [Etym] wrinkles (2< 吝 339); phon (文 332) ->compassion at door (1= 門 2025) ◇ rides (2< 吝 339); phon (文 332) ->compassion à la porte (1= 門 2025) [Graph] 934e 243b [Ref] k631, w129c [Hanzi] min3 憫 3341, min3 閔 8752.

閔 m ǐ n *8752 門文 闵 -8006 1° compassion 2° surname ◇ 1° compatir 2° nom propre [Etym] 門 2025 (rad: 169a 8-04), 閔 2027 [Graph] 934e 243b.

闐 t i á n *8753 門匕目八 阗 -8033 、闐 *8781 1° noise of a multitude 2° place in Xinjiang ◇ 1° bruit d'une foule 2° lieu du Xinjiang [Etym] 門 2025 (rad: 169a 8-10), 眞 394

[Graph] 934e 321b 023a 711b.

悶 mēn (2028) 門心 [Tra] stuffy; close; indoor ◇ étouffant; confiner [Etym] heart (2= 心 397); phon, door (1= 門 2025) ◇ coeur (2= 心 397); phon, porte (1= 門 2025) [Graph] 934e 321c [Hanzi] men4 燜 1038, men1 men4 悶 8754.

悶 mēn *8754 門心 | 闷 -8007 | 1° stuffy, close 2° to cover tightly 3° muffled 4° to shut indoors ◇ 1° mal aéré, étouffant 2° couvrir fermement 3° assourdi 4° renfermer, confiner [Etym] 心 397 (rad: 061a 4-08), 門 2025 [Graph] 934e 321c.

△ mèn | 闷 -8007 | 1° bored, depressed, melancholy 2° stupid 3° tightly closed 4° to stifle ◇ 1° s'ennuyer, déprimé, mélancolie 2° stupide 3° bien fermé 4° suffoquer.

閟 bì *8755 門必 | 閟 -8008 | 1° to close 2° to impede 3° secret, hidden ◇ 1° fermer 2° empêcher 3° secret, caché [Etym] 門 2025 (rad: 169a 8-05), 必 399 [Graph] 934e 321d.

閉 bì (2029) 門才 [Tra] to close, shut ◇ clore, fermer [Etym] many bars (2=prim) on a door (1= 門 2025) ◇ plusieurs barres (2=prim) sur une porte (1= 門 2025) [Graph] 934e 332c [Ref] h968, w96c [Hanzi] bi4 閉 8756.

閉 bì *8756 門才 | 闭 -8009 | to close, to shut, to stop up ◇ clore, fermer, obstruer, empêcher [Etym] 門 2025 (rad: 169a 8-03), 閉 2029 [Graph] 934e 332c.

閥 fá *8757 門亻戈 | 阀 -8010 | 1° powerful person or family 2° to command 3° valve 4° side-gate ◇ 1° famille ou clan puissant et influent 2° commandement 3° valve 4° porte de gauche [Etym] 門 2025 (rad: 169a 8-06), 伐 500 [Graph] 934e 411e 512b.

閈 hàn *8758 門干 | 闬 -8011 | 1° village gate 2° wall ◇ 1° porte de village 2° mur [Etym] 門 2025 (rad: 169a 8-03), 干 564 [Graph] 934e 413b.

開 kāi (2030) 門开 [Tra] to open ◇ ouvrir [Etym] to open (2= 开 706) the door (1= 門 2025) ◇ ouvrir (2= 开 706) la porte (1= 門 2025) [Graph] 934e 416h [Ref] h241, r4d, w115c, wa135, wi175 [Hanzi] kai1 鐦 1312, kai1 開 8759.

開 kāi *8759 門开 | 开 -4045 | 1° to open 2° to open out 3° to come loose, to bloom 4° thaw 5° to begin 6° to set out 7° to hold (meeting) 8° to write out 9° boiling (water) ◇ 1° ouvrir 2° percer, frayer 3° s'épanouir 4° dégeler 5° commencer 6° mettre en marche 7° tenir (réunion) 8° prescrire 9° ébullition (eau) [Etym] 門 2025 (rad: 169a 8-04), 開 2030 [Graph] 934e 416h.

閑 xián (2031) 門木 [Tra] idle; leisure; quiet ◇ flâner; tranquille [Etym] wood (2= 木 723); door (1= 門 2025); {?} long (< 間 2041) rest (< 休 492) ◇ une porte (1= 門 2025); du bois (2= 木 723); {?} un repos (< 休 492) durable (< 間 2041) [Graph] 934e 422a [Ref] h1109, w119k [Hanzi] xian2 嫺 5839, xian2 閑 8760, xian2 鷴 8761.

閑 xián *8760 門木 | 闲 -8012 、閒 *8779 1°2° | 1° not in use, idle, free, vacant 2° leisure 3° quiet 4° to loaf about ◇ 1° non occupé, libre 2° loisir 3° tranquille 4° flâner [Etym] 門 2025 (rad: 169a 8-04), 閑 2031 [Graph] 934e 422a.

鷴 xián *8761 門木鳥 | 鹇 -8013 、鷳 *8780 | See ◇ Voir 白鷴 bai2-xian2 9973-8013 [Etym] 鳥 2500 (rad: 196a 11-12), 閑 2031 [Graph] 934e 422a Z22h.

闥 tà *8762 門土羊辶 | 闼 -8004 | 1° door, inner door 2° screen 3° palace 4° dwellings ◇ 1° porte 2° porte intérieure, écran 3° palais 4° habitation [Etym] 門 2025 (rad: 169a 8-12), 達 839 [Graph] 934e 432a 414b 634o.

閨 guī *8763 門土土 | 闺 -8014 | 1° boudoir 2° gynaeceum, inside apartments 3° unmarried girls ◇ 1° boudoir 2° gynécée, appartement intérieur, porte intérieure 3° demoiselles [Etym] 門 2025 (rad: 169a 8-06), 圭 840 [Graph] 934e 432a 432a.

闔 hé *8764 門土厶皿 | 阖 -8015 | 1° whole, entire 2° to close 3° flap of a double door ◇ 1° tout, en entier 2° fermer 3° battant de porte [Etym] 門 2025 (rad: 169a 8-10), 盍 851 [Graph] 934e 432a 612a 922a.

闍 dū *8765 門耂日 | 阇 -8016 | 1° platform on the city gate 2° rostrum ◇ 1° estrade sur la porte de la cité 2° tribune [Etym] 門 2025 (rad: 169a 8-08), 者 893 [Graph] 934e 432c 021a.

△ shé | 阇 -8016 | monk ◇ moine.

閏 rùn (2032) 門王 [Tra] leap month; usurper ◇ intercalaire; usurper [Etym] leap period, when king (2= 王 903) sat at door (1= 門 2025) ◇ période intercalaire: le roi (2= 王 903) était à la porte (1= 門 2025) [Graph] 934e 432e [Ref] k948, w83c [Hanzi] run4 潤 493, run4 閏 8766, shun4 瞤 10095.

閏 rùn *8766 門王 | 闰 -8017 | 1° intercalate, leap (year, month) 2° usurper ◇ 1° (année, mois) intercalaire 2° usurpateur [Etym] 門 2025 (rad: 169a 8-04), 閏 2032 [Graph] 934e 432e.

聞 wén (2033) 門耳 [Tra] to hear; news ◇ écouter; informer [Etym] to hear (2= 耳 1017) at doors or phon (1= 門 2025) ◇ écouter (2= 耳 1017) aux portes ou phon (1= 門 2025) [Graph] 934e 436k [Ref] h200, r34a, w146a [Hanzi] wen2 聞 8767.

聞 wén *8767 門耳 | 闻 -8018 | 1° to hear 2° news, story 3° famous 4° reputation 5° smell 6° knowledge, experience 7° surname ◇ 1° entendre, écouter 2° nouvelles, informer 3° renommé 4° réputation 5° percevoir par l'odorat, sentir 6° connaissances acquises, expérience 7° nom de famille [Etym] 耳 1017 (rad: 128a 6-08), 聞 2033 [Graph] 934e 436k.

闞 hǎn (2034) 門耳攵 [Tra] to spy; roar (tiger) ◇ épier; rugir(tigre) [Etym] door (1=

門2025); bold (2,3= 敢 1029) ◇ porte (1= 門 2025); oser (2,3= 敢 1029) [Graph] 934e 436l 243c [Hanzi] han3 kan4 闞 8768, han3 矙 9169, kan4 矙 10096.

闞 hǎn *8768 |阚 -8019| 1° to spy, to watch 2° roaring of a tiger ◇ 1° épier 2° rugissement du tigre [Etym] 門 2025 (rad: 169a 8-11), 敢 1029 [Graph] 934e 436l 243c.

△ kàn |阚 -8019| surname ◇ nom de famille.

闥 l (2035) [Tra] kind of thrush ◇ sorte de grive [Etym] bird (2= 隹 1030) nesting near doors (1= 門 2025) ◇ oiseau (2= 隹 1030) nichant près des portes (1= 門 2025) [Graph] 934e 436m [Ref] k557 [Hanzi] lin4 藺 3919.

閽 hūn *8769 |阍 -8020| 1° entrance, palace gate 2° to guard a gate ◇ 1° grande porte, porte de palais 2° portier, gardien [Etym] 門 2025 (rad: 169a 8-08), 昏 1054 [Graph] 934e 511c 021a.

閾 yù *8770 |阈 -8021| threshold (door, pain) ◇ seuil (porte, douleur) [Etym] 門 2025 (rad: 169a 8-08), 或 1061 [Graph] 934e 512d 011a ac:z.

關 guān (2036) [Tra] cross-bar; shut up ◇ barrière; fermer [Etym] door (1= 門2025); phon, to weave (2,3,4= 絲 1180) ◇ porte (1= 門2025); phon, tisser (2,3,4= 絲 1180) [Graph] 934e 613c 613c Z11b [Ref] w92g [Hanzi] guan1 關 8771.

關 guān *8771 |关 -1576、閞 *8750| 1° to shut, to close 2° to turn off 3° to lock up, to bar the door 4° pass 5° custom-house 6° barrier 7° to bear upon, involving 8° Guandi, Chinese god of war ◇ 1° fermer 2° éteindre (courant) 3° barrière 4° passe 5° poste-frontière, douane 6° concerner, relations 7° Guandi, dieu de la guerre [Etym] 門 2025 (rad: 169a 8-11), 絲 1180 [Graph] 934e 613c 613c Z11b.

閡 hé *8772 |阂 -8022| 1° to cut off from 2° hindrance, to hinder ◇ 1° obstacle 2° obstruer [Etym] 門 2025 (rad: 169a 8-06), 亥 1210 [Graph] 934e 614a.

闋 què *8773 |阕 -8023| 1° to end 2° measure-word (poem) ◇ 1° finir 2° spécificatif (poème) [Etym] 門 2025 (rad: 169a 8-09), 癸1246 [Graph] 934e 631g 242b.

閣 gé (2037) [Tra] council chamber ◇ chambre du conseil [Etym] door (門 2025); phon, each one (各 1295) ◇ porte (門 2025); phon, chacun (各 1295) [Graph] 934e 633e 011a [Hanzi] ge1 ge2 擱 2659, ge2 閣8774.

閣 gé *8774 |阁 -8024、閤 -8002| 1° council-chamber 2° cupboard 3° cabinet 4° two-storied pavilion ◇ 1° salle de conseil 2° armoire 3° cabinet 4° maison à étage [Etym] 門 2025 (rad: 169a 8-06), 各 1295 [Graph] 934e 633e 011a.

闈 wéi *8775 |闱 -8025| 1° side gate (imperial palace) 2° imperial examination hall ◇ 1° portes latérales (palais) 2° salle des examens impériaux [Etym] 門 2025 (rad: 169a 8-09), 韋 1547 [Graph] 934e 822a 011a 712b.

閻 y (2038) [Tra] hamlet ◇ village [Etym] village gate (1= 門 2025); phon (2,3= 臽1594) ◇ porte (1= 門 2025) de village; phon (2,3= 臽1594) [Graph] 934e 835e [Ref] k247.

闓 kǎi *8776 |闿 -8029| to open ◇ ouvrir [Etym] 門 2025 (rad: 169a 8-10), 豈 1625 [Graph] 934e 841b 012b.

闕 quē *8777 |阙 -8030| 1° fault, error 2° wanting ◇ 1° faute, erreur 2° déficit, faire défaut [Etym] 門 2025 (rad: 169a 8-10), 欮 1645 [Graph] 934e 842d 232b.

△ què |阙 -8030| 1° watchtower 2° imperial palace ◇ 1° tour de guet 2° palais impérial.

閼 yān *8778 |阏 -8031| See ◇ Voir 阏氏 yan1-zhi1 8031-5516 [Etym] 門 2025 (rad: 169a 8-08), 於 1786 [Graph] 934e 853b 233a 211b.

間 jiàn (2039) [Tra] space in between ◇ interstice; espace [Etym] moon (2= 月 1822) rays through door (1= 門 2025) interstice ◇ rayon de lune (2= 月 1822) par une fente de la porte (1= 門 2025) (間 2041) [Graph] 934e 856e [Hanzi] xian2 嫺5840, xian2 癇 7116, jian1 jian4 xian2 間 8779, xian2 鷳8780.

間 jiān *8779 |间 -8039、閒 *8790| 1° between, among, in 2° measure word for room ◇ 1° intervalle (de lieu ou de temps), au milieu de, pendant 2° spécificatif de pièce [Etym] 門2025 (rad: 169a 8-04), 月 1822 [Graph] 934e 856e.

△ jiàn |间 -8039、閒 *8790| 1° space in between 2° to separate 3° to sow discord 4° to thin out 5° to feel better (health wise) ◇ 1° interstice 2° séparer 3° mettre en désaccord 4° omission, obstruer 5° être en voie de guérison.

△ xián | See ◇ Voir 閑 8760.

鷳 xián *8780 |鹇 -8013、鷴 *8761| See ◇ Voir 白鹇 bai2-xian2 9973-8013 [Etym] 鳥 2500 (rad: 196a 11-12), 間 2039 [Graph] 934e 856e Z22h.

闐 tián *8781 |阗 -8033、闐 *8753| 1° noise of a multitude 2° place in Xinjiang ◇ 1° bruit d'une foule 2° lieu du Xinjiang [Etym] 門 2025 (rad: 169a 8-10), 真 1936 [Graph] 934e 921f.

闢 pì *8782 | See ◇ Voir 辟 8645 [Etym] 門 2025 (rad: 169a 8-13), 辟 1975 [Graph] 934e 931a 011a 413d.

閬 làng *8783 |阆 -8034| 1° high door 2° waste 3° place in Sichuan ◇ 1° portique 2° vaste, ouvert 3° lieu du Sichuan [Etym] 門2025 (rad: 169a 8-07), 良 2008 [Graph] 934e 932e.

問 wèn *8784 |问 -8035| 1° to ask 2° to inquire, to interrogate 3° to hold responsible◇ 1° demander, interroger 2° enquêter 3° tenir responsable [Etym] 口 2063 (rad: 030a 3-08), 門2025 [Graph] 934e 011a.

闆 bǎn *8785 門口口口 |板 +4301| 1° board of plank 2° flattened bamboo for beating 3° a beat in Chinese music 4° hard 5° stiff, unnatural ◇ 1° planche 2° férule 3° une mesure en musique chinoise 4° dur 5° raide, non naturel [Etym] 門 2025 (rad: 169a 8-09), 品 2093 [Graph] 934e 011a 011a 011a.

闡 chǎn *8786 門口口甲 |阐 -8047| 1° to explain 2° to enlarge ◇ 1° expliquer 2° développer, étendre [Etym] 門 2025 (rad: 169a 8-12), 單2101 [Graph] 934e 011a 011a 041c.

閭 lǘ (2040) 門口白 |[Tra] gate of a village ◇ porte de village [Etym] door (1= 門 2025); phon (2,3= 呂 2103) ◇ porte (1= 門 2025); phon (2,3= 呂2103) [Graph] 934e 011a 013a [Hanzi] lü2 櫚 4403, lü2 閭8787.

閭 lǘ *8787 門口白 |闾 -8036| 1° village 2° gate of a village or an alley 3° neighborhood ◇ 1° hameau 2° porte de village, de ruelle 3° quartier [Etym] 門 2025 (rad: 169a 8-07), 呂 2103 [Graph] 934e 011a 013a.

誾 yín *8788 門言 |訚 -8037| 1° nice words 2° to debate with a kind and pleasant countenance ◇ 1° paroles affables 2° débat harmonieux [Etym] 門 2025 (rad: 169a 8-07), 言 2139 [Graph] 934e 012d.

閱 yuè *8789 門兑 |阅 -8038| 1° to read, to peruse 2° to review, to look at 3° to pass through 4° experience, merit ◇ 1° lire, parcourir (texte) 2° examiner, inspecter 3° passer en revue, traverser, considérer 4° expérience, mérite [Etym] 門2025 (rad: 169a 8-07), 兑 2153 [Graph] 934e 013d.

間 jiān (2041) 門日 |[Tra] length or duration ◇ longueur ou durée [Etym] sun (2= 日 2169) in the gap of door (1= 門 2025) ◇ le soleil (2= 日 2169) dans les interstices de la porte (1= 門 2025) [Graph] 934e 021a [Ref] h92, k375, ph684, w64h, wi183, wi905 [Hanzi] jian4 澗 495, jian3 簡 886, jian3 jian4 鐧 1313, jian3 襇 6684, xian2 癇 7117, jian1 jian4 間 8790.

間 jiān *8790 門日 |间 -8039、閒 *8779| 1° between, among, in 2° measure word for room ◇ 1° intervalle (de lieu ou de temps), au milieu de, pendant 2° spécificatif de pièce [Etym] 門2025 (rad: 169a 8-04), 間 2041 [Graph] 934e 021a.

△ jiàn |间 -8039、閒 *8779| 1° space in between 2° to separate 3° to sow discord 4° to thin out 5° to feel better (health wise) ◇ 1° interstice 2° séparer 3° mettre en désaccord 4° omission, obstruer 5° être en voie de guérison.

闒 tà *8791 門日习习 |阘 -8040| 1° window in a loft 2° incapable 3° lowly ◇ 1° belvédère 2° incompétent 3° humble [Etym] 門 2025 (rad: 169a 8-10), 𦐇 2190 [Graph] 934e 021a 731c 731c.

閶 chāng *8792 門日日 |阊 -8041| 1° gate of heaven 2° palace gates ◇ 1° porte du ciel 2° entrées du palais impérial [Etym] 門 2025 (rad: 169a 8-08), 昌 2207 [Graph] 934e 021a 021a.

闃 qù *8793 門目犬 |阒 -8042| quiet, still ◇ solitaire, silencieux, tranquille [Etym] 門2025 (rad: 169a 8-09), 狊 2240 [Graph] 934e 023a 242i.

闝 piáo *8794 門貝攵 |嫖 +5871| lewdness, to visit prostitutes ◇ libertinage, inconduite, fréquenter les prostituées, courir les femmes [Etym] 門 2025 (rad: 169a 8-11), 敗 2247 [Graph] 934e 023b 243c.

闠 huì *8795 門虫貝 |阓 -8043| See ◇ Voir 闤闠 huan2-hui4 8049-8043 [Etym] 門 2025 (rad: 169a 8-12), 貴 2281 [Graph] 934e 031c 023b.

閩 mǐn *8796 門虫 |闽 -8044| 1° another name for Fujian 2° non-Han tribes ◇ 1° autre nom du Fujian 2° tribus non chinoises [Etym] 門 2025 (rad: 169a 8-06), 虫 2282 [Graph] 934e 031d.

闌 lán (2042) 門柬 |[Tra] screen; close; late ◇ écran; fermer; tard [Etym] door or screen (1= 門 2025); phon (2= 柬 2309) ◇ porte ou écran (1= 門2025); phon (2= 柬 2309) [Graph] 934e 033d [Ref] h236, k512, ph833 [Hanzi] lan2 瀾 496, lan4 爛 1039, lan2 鑭 1314, lan2 斕 1672, lan2 攔 2660, lan2 蘭 3920, lan2 欄 4404, lan2 襴 6685, lan2 闌 8797, lan2 讕 9613.

闌 lán *8797 門柬 |阑 -8045| 1° screen, railing 2° to close 3° late ◇ 1° écran placé devant une porte, barrière 2° fermer 3° tard [Etym] 門2025 (rad: 169a 8-09), 闌 2042 [Graph] 934e 033d.

閘 zhá *8798 門甲 |闸 -8046| 1° floodgate, lock 2° to dam up water 3° brake 4° to switch on or off ◇ 1° écluse 2° barrage 3° frein 4° interrupteur [Etym] 門 2025 (rad: 169a 8-05), 甲 2329 [Graph] 934e 041b.

闤 huán *8799 門罒口衣 |阛 -8049| 1° wall around a city 2° downtown streets ◇ 1° ville murée, enceinte 2° rues de la ville [Etym] 門 2025 (rad: 169a 8-13), 睘 2394 [Graph] 934e 051a 012a 312h.

闉 yīn *8800 門西土 |𬮱 -8050| wall which protects a city gate ◇ rempart couvrant la porte d'une ville [Etym] 門 2025 (rad: 169a 8-09), 垔2408 [Graph] 934e 051e 432a.

閫 kǔn *8801 門囗木 |阃 -8051| gynaeceum, women's apartment ◇ gynécée [Etym] 門2025 (rad: 169a 8-07), 困 2446 [Graph] 934e 071a 422a.

闖 chuǎng *8802 門馬 |闯 -8052| 1° to burst in, to rush violently 2° suddenly ◇ 1° s'élancer, se précipiter 2° soudain [Etym] 門 2025 (rad: 169a 8-10), 馬 2486 [Graph] 934e Z22a.

△ chuàng |闯 -8052| 1° to burst in, to rush violently 2° suddenly ◇ 1° s'élancer, heurter, se lancer hardiment 2° soudain.

巨 935

巨 jù (2043) 巨 |[Tra] huge; large ◇ énorme; grand [Etym] large carpenter square with handle (prim) (> 工 808) ◇ une grande équerre à poignée (prim) (> 工 808) [Graph] 935a [Ref] h1153, k482, ph118, w82d, wa110, wi625 [Hanzi] ju4 炬 1040, ju4 鉅 1315, ju3

尸 巨 門 •巨

矩1586, ju4 讵 1812, ju4 钜 2087, ju4 拒 2661, qu2 佢 3029, ju4 qu3 苣 3921, gui4 ju3 柜 4405, ju4 巨 8803, ju4 距 9395, ju4 詎 9614.

巨 jù +8803 巨 | 鉅 •1315 | 1° huge, tremendous, great, large 2° chief 3° very 4° surname ◇ 1° énorme, colossal, grand 2° principal 3° très 4° nom propre [Etym] 工 808 (rad: 048a 3-02), 巨2043 [Graph] 935a.

巨大 jù dà 。 huge, enormous, immense ◇ grand, gigantesque, énorme, colossal * 1537.

臣 chén (2044) 臣 | [Tra] vassal; minister ◇ vassal; ministre [Etym] {1} minister bent on everything (prim); {2} outline of an eye (prim) ◇ {1} un ministre penché sur tout (prim); {2} l'oeil de profil (prim) [Graph] 935b [Ref] h512, k1196, w82e, wa159 [Hanzi] huan4 宦 7773, chen2 臣 8804, yin2 嚚9178 [Rad] 131a.

臣 chén +8804 臣 | 1° vassal, minister, statesman 2° subject 3° I ◇ 1° ministre 2° sujet 3° moi [Etym] 臣 2044 (rad: 131a 6-00), [Graph] 935b.

監 jiān (2045) 臣𠂉一皿 | [Tra] to examine; jail ◇ inspecter; prison [Etym] man bent (1,2< 臥 2047) on a vase (3= 皿 1939) ->examine, check ◇homme penché (1,2< 臥 2047) sur un vase (3= 皿 1939) ->examiner [Graph] 935b acc:f 111a 922a [Ref] k376, ph772, w82f, wa139, wi433 [Hanzi] lan4 濫 498, lan2 籃 887, jian4 鑑 1316, gan1 尷 2220, la5 lan2 藍 3922, jian4 kan3 檻 4406, lan2 襤 6686, jian4 艦 8320, jian1 jian4 監8805, jian4 鑒 8806, lan3 擥 8807, lan3 覽 8808.

監 jiān •8805 臣𠂉一皿 | 监 -3498 | 1° to examine carefully, to oversee, to supervise 2° jail ◇ 1° inspecter, surveiller 2° prison [Etym] 皿 1939 (rad: 108a 5-09), 監 2045 [Graph] 935b ac:f 111a 922a.

△ jiàn | 监 -3498 | 1° college 2° imperial office 3° inspector 4° eunuch ◇ 1° collège 2° bureau officiel 3° inspecteur 4° eunuque du palais.

鑒 jiàn •8806 臣𠂉一皿𠆢亚 | 鉴、鑑 -3496、•1316 | 1° ancient bronze mirror 2° to reflect 3° warning 4° to scrutinize 5° example ◇ 1° miroir en métal 2° refléter 3° avertissement 4° examiner, considérer 5° exemple [Etym] 金 196 (rad: 167a 8-14), 監 2045 [Graph] 935b ac:f 111a 922a 233a 432q.

擥 lǎn •8807 臣𠂉一皿手 | 揽、攬 -2422、•2662 | 1° to take into one's arms 2° to take on, to grasp, to clutch 3° to monopolize 4° to tender for ◇ 1° prendre dans ses bras 2° accaparer, saisir, recueillir 3° monopoliser 4° soumissionner, attirer [Etym] 手 465 (rad: 064a 4-14), 監 2045 [Graph] 935b ac:f 111a 922a 332g.

覽 lǎn •8808 臣𠂉一皿見 | 览 -3497 | 1° to look at, to view 2° to read 3° to understand, to inspect, to behold ◇ 1° regarder, parcourir des yeux 2° lire 3° considérer, comprendre [Etym] 見 2255 (rad: 147a 7-14), 監 2045 [Graph] 935b ac:f 111a 922a 023c.

覽 lǎn (2046) 臣𠂉一罒見 | [Tra] to consider; inspect ◇ considérer; inspecter [Etym] to examine (1,2,3< 監 2045); to look (4= 見 2255) ◇ examiner (1,2,3< 監 2045); regarder (4= 見 2255) [Graph] 935b acc:f 111a 051a 023c [Ref] k513, ph852, w82f [Hanzi] lan3 灠 499, lan3 攬 2662, lan3 欖 4407, lan3 纜 6235, lan3 覽 8808.

臥 wò (2047) 臣人 | [Tra] to rest; lie down ◇ être couché [Etym] bent person (1= 臣 2044); man (2= 人 170) ◇ une personne penchée (1= 臣 2044); homme (2= 人 170) [Graph] 935b 232a [Ref] w82f [Hanzi] wo4 臥 8809.

臥 wò •8809 臣人 | 卧 +8810 | 1° to lie down 2° to crouch or sit (animals, birds) 3° bedroom, berth, sleep-car 4° to cease, to rest 5° indifference 6° poach (egg) ◇ 1° être couché 2° être accroupi (animaux, oiseaux) 3° chambre à coucher, wagon-lit 4° cesser, repos 5° indifférence 6° poché (oeuf) [Etym] 臣2044 (rad: 131a 6-02), 臥 2047 [Graph] 935b 232a.

卧 wò +8810 臣卜 | 臥 •8809 | 1° to lie down 2° to crouch or sit (animals, birds) 3° bedroom, berth, sleep-car 4° to cease, to rest 5° indifference 6° poach (egg) ◇ 1° être couché 2° être accroupi (animaux, oiseaux) 3° chambre à coucher, wagon-lit 4° cesser, repos 5° indifférence 6° poché (oeuf) [Etym] 臣2044 (rad: 131a 6-02), 卜 548 [Graph] 935b 412c.

卧铺 wò pù 。 sleeping berth ◇ couchette, wagon-lit * 2071.

卧车 wò chē 。 sleeping car; limousine ◇ wagon-lit; auto, voiture * 6327.

卧室 wò shì 。 bedroom ◇ chambre à coucher * 7754.

臤 jiān (2048) 臣又 | [Tra] solid, firm ◇ solide, ferme [Etym] have a good hold (2= 又 1271) on a bent man (1= 巴 2013) ◇ tenir en main (2= 又 1271) un homme courbé (1= 巴 2013) [Graph] 935b 633a [Ref] k369, ph332, w82e, wi120 [Hanzi] shu4 竪 8811, jian1 堅8812, jin3 緊 8813, shen4 腎 8814, shu4 豎 8815, xian2 賢 8816.

竪 shù •8811 臣又立 | 竖、豎 -3500、•8815 | 1° upright, vertical 2° perpendicular 3° to erect 4° vertical stroke (Chinese characters) 5° young male servant ◇ 1° droit, debout, vertical 2° perpendiculaire 3° dresser 4° trait vertical (écriture chinoise) 5° jeune serviteur [Etym] 立 80 (rad: 117a 5-08), 臤 2048 [Graph] 935b 633a 221a.

堅 jiān (2049) 臣又土 | [Tra] firm; resolute ◇ solide; obstiné [Etym] firm (1,2= 臤 2048) ground (3= 土 826) ->firm, solid ◇ sol (3= 土 826) ferme (1,2= 臤 2048) -> ferme, solide [Graph] 935b 633a 432a [Ref] h1217, k370, w332h [Hanzi] keng1 鏗 1317, qian1 慳 3342, jian1 堅 8812, keng1 硜 9765, jian1 鏗 10624.

巨 巨臣

堅 jiān *8812 臣又土 | 坚 -3501 | 1° firm, solid 2° stronghold 3° resolutely 4° to insist ◇ 1° ferme, solide 2° le point fort 3° obstinément 4° persévérer [Etym] 土 826 (rad: 032a 3-08), 臤 2049 [Graph] 935b 633a 432a.

緊 jǐn *8813 臣又糸 | 紧 -3502 | 1° tight, close, to tighten 2° urgent 3° strict 4° short of money ◇ 1° serré, tendu, bandé, étroitement uni 2° urgent, pressant 3° strict 4° gêne financière [Etym] 糸 1185 (rad: 120a 6-08), 臤 2048 [Graph] 935b 633a 613d.

腎 shèn *8814 臣又月 | 肾 -3504 | 1° kidneys 2° testicles ◇ 1° reins 2° testicules [Etym] 月 1823 (rad: 130b 4-08), 臤 2048 [Graph] 935b 633a 856e.

豎 shù (2050) 臣又豆 | [Tra] vertical; to erect ◇ vertical; dresser [Etym] vase (3= 豆 2120) standing firmly (1,2= 臤 2048) ->upright ◇ vase (3= 豆 2120) solide (1,2= 臤 2048) sur pied -> vertical [Graph] 935b 633a 012b [Ref] w165a [Hanzi] shu4 豎 8815.

豎 shù *8815 臣又豆 | 竖、竪 -3500、*8811 | 1° upright, vertical 2° perpendicular 3° to erect 4° vertical stroke (Chinese characters) 5° young male servant ◇ 1° droit, debout, vertical 2° perpendiculaire 3° dresser 4° trait vertical (écriture chinoise) 5° jeune serviteur [Etym] 豆 2120 (rad: 151a 7-08), 豎 2050 [Graph] 935b 633a 012b.

賢 xián *8816 臣又貝 | 贤 -3503 | 1° virtuous, worthy 2° sages 3° term of address 4° to show regard 5° to take pains 6° surname ◇ 1° éminent, vertueux, excellent 2° sages du second ordre 3° formule de politesse 4° estimer 5° se donner la peine 6° nom de famille [Etym] 貝 2246 (rad: 154a 7-08), 臤 2048 [Graph] 935b 633a 023b.

臨 lín (2051) 臣𠂉口口 | [Tra] to condescend ◇ condescendance [Etym] to bend over (1< 臥 2047) all classes (2,3,4=prim) ◇ se pencher (1< 臥 2047) sur toutes les classes (2,3,4=prim) [Graph] 935b 012e 011a 011a [Ref] w82f [Hanzi] lin2 臨 8817.

臨 lín *8817 臣𠂉口口 | 临 -3499 | 1° to face 2° to arrive, to be present 3° to be about to 4° copy 5° to condescend, to look down with sympathy ◇ 1° s'ouvrir sur 2° arriver, présent, s'approcher 3° au moment de, sur le point de, à la veille de 4° copie, reproduire 5° condescendance, s'incliner [Etym] 臣 2044 (rad: 131a 6-11), 臨 2051 [Graph] 935b 012e 011a 011a.

鹽 yán (2052) 臣𠂉鹵皿 | [Tra] salt ◇ sel [Etym] salt (2= 鹵 2424); watch (1,3< 監 2045) evaporation of sea water ◇ sel (2= 鹵 2424); surveiller (1,3< 監 2045) l'évaporation de l'eau de mer [Graph] 935b acc:f 061d 922a [Ref] w41d, wi294 [Hanzi] yan2 鹽 8818.

鹽 yán *8818 臣𠂉鹵皿 | 盐 -4794 | salt ◇ sel [Etym] 鹵 2424 (rad: 197a 11-13), 鹽 2052 [Graph] 935b ac:f 061d 922a.

⺋ 941

丣 yǔ (2053) ⺋刀 | [Tra] closed doors ◇ porte fermée [Etym] two joined leaves of a door (prim) (> 卯 2057) ◇ deux battants de porte refermés (prim) (> 卯 2057) [Graph] 941a 732a [Ref] k254, w129e [Hanzi] mao4 贸 8820, mao4 貿 8821, liu2 留 8822.

劉 liú (2054) ⺋刀𠆢丕刂 | [Tra] family name ◇ nom de famille [Etym] phon: metal (3,4= 金 196) knife (5= 刂 470); phon (1,2= 丣 2053) ◇ phon: couteau (5= 刂 470) de métal (3,4= 金 196); phon (1,2= 丣 2053) [Graph] 941a 732a 233a 432q 333b [Ref] k254, w129e [Hanzi] liu2 浏 500, liu2 劉 8819.

劉 liú *8819 ⺋刀𠆢丕刂 | 刘 -1660 | surname ◇ nom propre [Etym] 刂 470 (rad: 018b 2-13), 劉 2054 [Graph] 941a 732a 233a 432q 333b.

贸 mào -8820 ⺋刀贝 | 貿 *8821 | to barter, trade ◇ commerce, acheter, troquer [Etym] 贝 1796 (rad: 154s 4-05), 丣 2053 [Graph] 941a 732a 854b.

贸易 mào yì 。 trade ◇ commerce * 9921.

貿 mào *8821 ⺋刀貝 | 贸 -8820 | to barter, trade ◇ commerce, acheter, troquer [Etym] 貝 2246 (rad: 154a 7-05), 丣 2053 [Graph] 941a 732a 023b.

留 liú (2055) ⺋刀田 | [Tra] to stay; to leave ◇ rester; laisser [Etym] {1} a place (3= 田 2313), phon and idea of closed doors (1,2= 丣 2053); {2} hunting (3< 番 797) and slaughtering of animals (1,2< 卯 2057) ◇ {1} un lieu (3= 田 2313), phon, idée de portes fermées (1,2= 丣 2053); {2} chasse (3> 番 797) et abattage d'un animal (1,2< 卯 2057) [Graph] 941a 732a 041a [Ref] h805, k565, ph551, w129e, wa87 [Hanzi] liu1 liu4 溜 501, liu1 熘 1041, liu2 liu4 鎦 1318, liu2 liu4 餾 1465, liu2 liu4 馏 1876, liu2 liu4 镏 2088, liu2 榴 4408, liu2 瘤 7118, liu4 霤 8457, liu2 留 8822, liu4 遛 8823, liu2 鹠 8824, liu2 鶹 8825, liu4 蹓 9396, liu2 騮 11076, liu2 骝 11134, liu2 飗 11216, liu2 飀 11229.

留 liú +8822 ⺋刀田 | 1° to remain, to stay, to sojourn 2° hospitality 3° to keep, to save 4° to let grow 5° to accept 6° to leave, to cease ◇ 1° rester, séjourner, demeurer 2° hospitalité 3° garder, retenir 4° faire pousser 5° accepter 6° cesser, quitter [Etym] 田 2313 (rad: 102a 5-05), 留 2055 [Graph] 941a 732a 041a.

留念 liú niàn 。 to accept or keep as a souvenir ◇ accepter; garder en souvenir * 1387.

留心 liú xīn 。 to be careful ◇ faire attention à; être attentif * 2177.

留恋 liú liàn 。 to be reluctant to leave ◇ s'attacher à qqn, être attaché à * 2758.

留下 liú xià 。 to leave ◇ laisser * 3204.

留神 liú shén 。 to be careful; to take care ◇ faire attention; prendre garde *

巨 ⺋ 臣 • ⺋

6602.

留学 liú xué 。to study abroad ◇ étudier à l'étranger * 7854.

留学生 liú xué shēng 。foreign student ◇ étudiant venu de l'étranger * 7854 5286.

遛 liù +8823 | 蹓 *9396 | to linger, to saunter ◇ se promener, flâner [Etym] 辶 1346 (rad: 162b 3-10), 留 2055 [Graph] 941a 732a 041a 634o.

鹠 liú -8824 | 鶹 *8825 | See ◇ Voir 鸺鹠 xiu1-liu2 2867-8824 [Etym] 鸟 2494 (rad: 196s 5-10), 留 2055 [Graph] 941a 732a 041a Z22e.

鶹 liú *8825 | 鹠 -8824 | See ◇ Voir 鸺鹠 xiu1-liu2 2867-8824 [Etym] 鳥 2500 (rad: 196a 11-10), 留 2055 [Graph] 941a 732a 041a Z22h.

戼 máo (2056) | [Tra] open doors; insignia ◇ portes ouvertes; insignes [Etym] see (卯 2057) ◇ voir (卯 2057) [Graph] 941b [Ref] r17k, r18a, w26m.

卯 máo (2057) | [Tra] opened doors; insignia ◇ portes ouvertes; insignes [Etym] {1} two door leaves opened (prim) (< 夘 2053); {2} incision before slaughtering of an animal (1,2=prim) ◇ {1} deux battants de porte ouverts (prim) (< 夘 2053); {2} une incision pour abattre un animal (1,2=prim) [Graph] 941b 734a [Ref] ph136, w55a, wa87 [Hanzi] mao3 泖 502, mao3 鉚 1319, pao4 奅 1563, mao3 铆 2089, mao2 茆 3923, liu3 柳 4409, liao2 聊 5473, mao3 峁 7597, liao2 窌 7834, mao3 卯 8826, mao3 昴 9945.

卯 mǎo +8826 | 1° cyclical character: the fourth of the 12 Earthly Branches, period of 5 to 7 a.m. 2° term 3° mortise ◇ 1° caractère cyclique: 4ème des 12 Rameaux Terrestres, 5 à 7 heures du matin 2° appel, terme 3° mortaise [Etym] 卩 1504 (rad: 026a 2-03), 卯 2057 [Graph] 941b 734a.

卿 qīng (2058) | [Tra] minister ◇ ministre [Etym] {1} imperial meals (2< 食 221) and insignia (1,3< 卯 2057); {2} two people (1, 3=prim) eating (2< 既 2006) ◇ {1} repas (2< 食 221) impérial et insignes du pouvoir (1,3< 卯 2057); {2} deux personnes (1,3=prim) mangeant (2< 既 2006) [Graph] 941b 932b 734a [Ref] r17k, w26m, wa128 [Hanzi] qing1 卿 8827.

卿 qīng +8827 | 1° minister or high official (ancient times) 2° term of endearment (husband and wife, friends) 3° surname ◇ 1° ministre ou haut fonctionnaire (Chine ancienne) 2° terme d'affection (époux, amis) 3° nom propre [Etym] 卩 1504 (rad: 026a 2-08), 卿 2058 [Graph] 941b 932b 734a.

卵 luǎn (2059) | [Tra] eggs; ovum ◇ oeufs; ovules [Etym] {?} ovaries (prim) ◇ {?} des ovaires (prim) [Graph] 941c 734d [Ref] h990, k581, r39d, w108d [Hanzi] luan3 卵 8828, fu1 孵 8829.

卵 luǎn +8828 | eggs, testicles, ovum, spawn ◇ oeufs, testicules, ovule [Etym] 卩 1504 (rad: 026a 2-05), 卵 2059 [Graph] 941c 734d.

卵白 luǎn bái 。white of an egg; albumen ◇ blanc d'oeuf; albumine * 9973.

孵 fū +8829 | to hatch, to incubate ◇ couver, incubation [Etym] 子 1303 (rad: 039a 3-11), 卵 2059 孚 114 [Graph] 941c 734d 221d 634d.

身 shēn (2060) | [Tra] body ◇ corps [Etym] pregnant woman (prim): big belly and legs ◇ une femme enceinte (prim): gros ventre et jambes [Graph] 941d [Ref] h323, k869, r160, w28j, w149a, wa4, wi291 [Hanzi] shen1 身 8830, she4 射 8831 [Rad] 158a.

身 shēn +8830 | 1° body 2° life 3° oneself, personal 4° one's mind 5° trunk, main part 6° pregnancy 7° measure-word (suit) ◇ 1° corps 2° durée de la vie 3° soi-même, personne 4° caractère 5° tronc, partie structurante 6° grossesse 7° spécificatif (costume) [Etym] 身 2060 (rad: 158a 7-00), [Graph] 941d.

身长 shēn cháng 。height (of a person) ◇ taille (hauteur) * 2139.

身体 shēn tǐ 。body ◇ corps * 2872.

身材 shēn cái 。figure, stature ◇ taille, stature * 4149.

身上 shēn shàng 。one one's body ◇ sur soi, en soi; porter sur soi * 4718.

身子 shēn zǐ 。body ◇ corps * 6546.

身世 shēn shì 。one's lot (rather sad) ◇ vie; sort (plutôt malheureux) * 6808.

身分 shēn fēn 。status; identity; dignity ◇ position sociale, condition sociale * 7245.

身边 shēn biān 。by one's side; with one ◇ à côté de, près de soi; sous la main, sur soi * 7260.

射 shè (2061) | [Tra] shoot; send out ◇ tirer; émettre; viser [Etym] hand (2= 寸 441) releasing arrow {old} on body (1= 身 2060) ◇ une main (2= 寸 441) déclenchant flèche {vx} sur un corps (1= 身 2060) [Graph] 941d 332b [Ref] k865, ph560, w131d, wa153, wi342 [Hanzi] xie4 谢 1813, xie4 榭 4410, she4 麝 6956, she4 射 8831, xie4 謝 9615.

射 shè +8831 | 1° to shoot 2° to spurt, to spout 3° to send out (light, heat) 4° to insinuate ◇ 1° tirer 2° faire jaillir 3° émettre (lumière, chaleur), projeter 4° viser, insinuer [Etym] 寸 441 (rad: 041a 3-07), 射 2061 [Graph] 941d 332b.

射箭 shè jiàn 。to shoot an arrow ◇ décocher une flèche, tirer à l'arc * 873.

射击 shè jī 。to shoot, to fire ◇ tirer * 7647.

射门 shè mén 。to shoot at the goal ◇ coup au but, shooter dans le but * 7996.

躲 duǒ *8832 | 躱 +8840 | 1° to shun 2° to avoid ◇ 1° décliner 2° éviter [Etym] 身

卬 卯 卩 身

2060 (rad: 158a 7-06), 朶 1341 [Graph] 941d 6341 422a.

躯 qū -8833 身匸乂 | 軀 *8834 | 1° human body 2° oneself 3° one's life ◇ 1° corps humain 2° soi-même, personne 3° sa vie [Etym] 身 2060 (rad: 158a 7-04), 区 1519 [Graph] 941d 811c 243a.

軀 qū *8834 身匸口口口 | 躯 -8833 | 1° human body 2° oneself 3° one's life ◇ 1° corps humain 2° soi-même, personne 3° sa vie [Etym] 身 2060 (rad: 158a 7-11), 區 1528 [Graph] 941d 811c 011a 011a 011a.

躭 dān *8835 身冘 | See ◇ Voir 耽 5470 [Etym] 身 2060 (rad: 158a 7-04), 冘 1762 [Graph] 941d 851m.

躺 tǎng +8836 身尚口 | to lie down, to recline ◇ se coucher, étendu, gisant, s'étendre [Etym] 身 2060 (rad: 158a 7-08), 尚 1879 [Graph] 941d 857j 011a.

蝦 hā *8837 身𠂎コ又 | See ◇ Voir 過 8603 [Etym] 身 2060 (rad: 158a 7-09), 叚 2016 [Graph] 941d 934a 821a 633a.

軃 duǒ *8838 身口口單 | 嚲 -9451、嚲 *9450 | 1° to hang down 2° to droop ◇ 1° laisser pendre 2° pencher [Etym] 身 2060 (rad: 158a 7-12), 單 2101 [Graph] 941d 011a 011a 041c.

躳 gōng *8839 身口㠯 | 躬 -8841 | 1° to bow the body, to bend forward 2° personally ◇ 1° s'incliner 2° sa propre personne [Etym] 身 2060 (rad: 158a 7-07), 呂 2103 [Graph] 941d 011a 013a.

躲 duǒ +8840 身几木 | 躱 *8832 | 1° to shun 2° to avoid ◇ 1° décliner 2° éviter [Etym] 身 2060 (rad: 158a 7-06), 朵 2518 [Graph] 941d Z33a 422a.

躲藏 duǒ cáng ∘ to hide away, to store up ◇ cacher, se cacher; s'abriter, se réfugier * 3721.

躲避 duǒ bì ∘ to hide (oneself); to avoid, to shun ◇ se cacher, se dérober; fuir, éviter, échapper * 8653.

> **躬** gōng (2062) 身弓 | [Tra] bow body; personally ◇ s'incliner; personne [Etym] body (1= 身 2060); phon and bow (2= 弓 2534) ◇ un corps (1= 身 2060); phon, plier (2= 弓 2534) [Graph] 941d Z42a [Ref] k472, w90f, wi301 [Hanzi] qiong2 窮 7835, gong1 躬 8841.

躬 gōng -8841 身弓 | 躳 *8839 | 1° to bow the body, to bend forward 2° personally ◇ 1° s'incliner 2° sa propre personne [Etym] 身 2060 (rad: 158a 7-03), 躬 2062 [Graph] 941d Z42a.

口 011

> **口** kǒu (2063) 口 | [Tra] mouth; speech ◇ bouche; paroles [Etym] open mouth (prim) ->open, words ◇ une bouche ouverte (prim) ->ouvrir, paroles [Graph] 011a [Ref] h20, k419, ph23, r32, w72a, wa13 [Hanzi] ying2 謍 946, kou4 釦 1320, zhi1 zhi4 知 1588, qiao2 喬 1597, ke3 ke4 可 2235, ge1 哥 2236, kou4 扣 2663, ying2 營 3837, xing4 杏 4411, se4 嗇 4766, zhe2 喆 5025, jia1 嘉 5037, pi3 嚭 5041, e4 噩 5186, gao4 告 5233, shan4 善 5289, xian2 咸 5556, ru2 如 5841, pei4 轡 6005, jiu4 咎 6527, tang2 唐 6959, hou4 后 7199, si1 司 7236, jia1 加 7263, ku4 嚳 7456, ku4 嚳 7852, chang2 嘗 7865, wen4 問 8035, zhou1 周 8273, tong2 tong4 同 8279, xiang4 向 8341, shang1 商 8350, du1 启 8644, zhi3 咫 8673, qi3 启 8699, kou3 口 8842, za3 咂 8926, si4 嗣 9135, ku1 哭 9171, qi4 器 9172, jia3 斝 9175, xiao1 嚣 9176, yin2 嚚 9178, pin3 品 9179, xiao1 囂 9182, chan2 dan1 shan4 單 9186, chan3 囅 9189, ma4 罵 9196, zhou4 呪 9197, lü3 呂 9204, sui1 虽 9224, wu2 吳 9256, ming2 鳴 9265, ming2 鳴 9267, zhi1 zhi3 只 9278, jiao4 曼 9279, gu3 古 9806, gu3 jia3 嘏 9813, nang1 nang2 囊 10365, shi3 史 10368, li4 吏 10369, shou4 兽 10456, hui2 回 10965 [Rad] 030a.

口 kǒu +8842 口 | 1° mouth 2° opening, entrance 3° gateway 4° hole 5° edge of a knife 6° wound 7° measure word for persons 8° mountain pass ◇ 1° bouche, oralement 2° ouverture 3° portail 4° trou 5° tranchant (d'une lame) 6° plaie 7° spécificatif de personnes 8° passe de montagnes [Etym] 口 2063 (rad: 030a 3-00), [Graph] 011a.

口音 kǒu yīn ∘ accent ◇ accent (phonét.) * 665.

口头 kǒu tóu ∘ oral, in words ◇ oral, verbal, en paroles * 1598.

口试 kǒu shì ∘ oral examination ◇ épreuve orale, examen oral * 1754.

口译 kǒu yì ∘ oral interpretation ◇ traduction orale, traduire oralement * 1766.

口语 kǒu yǔ ∘ spoken language ◇ langue parlée * 1784.

口才 kǒu cái ∘ eloquence ◇ éloquence * 2311.

口袋 kǒu dài ∘ pocket ◇ poche; sac * 2912.

口琴 kǒu qín ∘ harmonica, mouth-organ ◇ harmonica * 5114.

口岸 kǒu àn ∘ port ◇ port * 7557.

口腔 kǒu qiāng ∘ oral cavity ◇ cavité buccale * 8188.

口味 kǒu wèi ∘ taste ◇ goût * 8962.

口号 kǒu hào ∘ slogan, catch-phrase ◇ mot d'ordre, slogan * 9257.

口白 kǒu bái ∘ uttered words; spoken parts in operas ◇ paroles d'un opéra * 9973.

口气 kǒu qì ∘ tone; implication, innuendo ◇ ton; sous-entendu * 11170.

啵 bo +8843 口氵广又 | final particle ◇ particule finale impérative [Etym] 口 2063 (rad: 030a 3-08), 波 46 [Graph] 011a 121b 721h 633a.

嗨 hāi +8844 口氵每 | heave-ho, yo- heave-ho, yo-ho ◇ oh hisse! oh hisse! [Etym] 口 2063 (rad: 030a 3-10), 海 73 [Graph] 011a 121b Z61b.

△ hēi | 嘿 +9230 | hey! ◇ hé! eh!.

唼 shà +8845 口立女 | 1° to jabber 2° noise of fish and bird eating ◇ 1° jacasser, médire 2° onomatopée [Etym] 口 2063 (rad: 030a 3-08), 妾 85 [Graph] 011a 221a 611e.

嚨 lóng *8846 口立月𧰼 | 咙 -8906 | See ◇ Voir 喉咙 hou2-long2 8918-8906 [Etym]

口2063 (rad: 030a 3-17), 龍86 [Graph] 011a 221a 856e Z41b.

喑 yīn +8847 | 瘖1° *7004 | 1° to dumb 2° silent ◇ 1° être muet, mutisme 2° silencieux [Etym] 口2063 (rad: 030a 3-09), 音91 [Graph] 011a 221a 021a.
口立日

噷 hm +8848 | expression of disagreement ◇ interjection marquant le désaccord [Etym] 口2063 (rad: 030a 3-13), 歆92 [Graph] 011a 221a 021a 232b.
口立日欠

噫 yī +8849 | 1° interjection 2° alas 3° to sigh ◇ 1° interjection 2° hélas 3° soupirer [Etym] 口2063 (rad: 030a 3-13), 意93 [Graph] 011a 221a 021a 321c.
口立日心

噇 chuáng +8850 | to eat and drink excessively ◇ manger et boire sans se contrôler [Etym] 口2063 (rad: 030a 3-12), 童99 [Graph] 011a 221a 043j.
口立里

嗳 āi +8851 | 哎 -8938 | aiya, alas! why! hey! damn! ◇ interjection d'étonnement: ah! eh! aie! [Etym] 口2063 (rad: 030a 3-10), 爱121 [Graph] 011a 221d 851a 241a 633a.
口爫冖𠂇又

△ ǎi | 噯 *8852 | exclamation expressing disagreement: come on! no! ◇ interjection marquant le désaccord: eh! non!.

△ ài | 噯 *8852 | exclamation expressing annoyance, frustration ◇ interjection marquant la contrariété, le dépit: ah! oh! hélas!.

噯 ǎi *8852 | 嗳 +8851 | exclamation expressing disagreement: come on! no! ◇ interjection marquant le désaccord: eh! non! [Etym] 口2063 (rad: 030a 3-13), 愛122 [Graph] 011a 221d 851a 321c 633e.
口爫冖心夂

△ ài | 嗳 +8851 | exclamation expressing annoyance, frustration ◇ interjection marquant la contrariété, le dépit: ah! oh! hélas!.

嚼 jiáo +8853 | 1° to chew, to ruminate 2° bridle-bit ◇ 1° mâcher, ronger, ruminer 2° mors [Etym] 口2063 (rad: 030a 3-17), 爵126 [Graph] 011a 221d 051a 932b 332b.
口爫罒艮寸

△ jiào | See ◇ Voir 倒嚼 dao4-jiao4 2927-8853.

△ jué | to chew, to masticate ◇ mâcher, mastiquer.

叭 bā +8854 | trumpet ◇ trompette [Etym] 口2063 (rad: 030a 3-02), 八127 [Graph] 011a 222a.
口八

嗌 ài +8855 | 1° throat, to swallow 2° to choke ◇ 1° gosier, avaler 2° être suffoqué [Etym] 口2063 (rad: 030a 3-10), 益129 [Graph] 011a 222c 922a.
口兴皿

△ yì | 1° throat 2° to swallow ◇ 1° gosier 2° avaler.

噬 shì +8856 | 1° to bite 2° to eat 3° initial particle ◇ 1° mordre 2° manger 3° particule initiale [Etym] 口2063 (rad: 030a 3-13), 筮140 [Graph] 011a 231a 231a 431a 232a 232a.
口𥫗工人人

啖 dàn +8857 | 啗 *9093 、噉 *9006 | to chew, to eat, to feed ◇ bouchée, manger, nourrir [Etym] 口2063 (rad: 030a 3-08), 炎157 [Graph] 011a 231b 231b.
口火火

嘮 láo *8858 | 唠 -8943 | to chatter ◇ bavarder [Etym] 口2063 (rad: 030a 3-12), 勞164 [Graph] 011a 231b 231b 851a 732f.
口火火冖力

△ lào | 唠 -8943 | to chatter ◇ bavarder.

唑 zuò +8859 | See ◇ Voir 咔唑 ka3-zuo4 8966-8859 [Etym] 口2063 (rad: 030a 3-07), 坐172 [Graph] 011a 232a 232a 432a.
口人人土

啐 cuì +8860 | 1° to spit 2° to despise ◇ 1° cracher 2° faire fi [Etym] 口2063 (rad: 030a 3-08), 卒176 [Graph] 011a ac:c 232a 232a 413a.
口亠人人十

吹 chuī (2064) | [Tra] to blow; brag; grumb ◇ souffler; se vanter [Etym] mouth (1= 口2063); difficult breath (2= 欠178) ◇ bouche (1= 口2063); souffle difficile (2= 欠178) [Graph] 011a 232b [Ref] h1452, r40g, w72a [Hanzi] chui1 吹8861.
口欠

吹 chuī +8861 | 1° to blow 2° to brag ◇ 1° souffler 2° se vanter [Etym] 口2063 (rad: 030a 3-04), 吹2064 [Graph] 011a 232b.
口欠

吹捧 chuī pěng。to flatter, to laud ◇ flatter; prôner * 2382.

吹牛 chuī niú。to boast, to talk big ◇ se vanter * 3445.

吹嘘 chuī xū。to lavish praise on oneself, to boast ◇ se vanter; faire parade de * 9060.

唫 yín *8862 | 吟 +8864 | 1° to chant, to recite 2° poetic song 3° cry of certain animals 4° to hum, to moan ◇ 1° réciter en chantant 2° chant poétique 3° cri d'animaux 4° fredonner, gémir [Etym] 口2063 (rad: 030a 3-08), 金196 [Graph] 011a 233a 432q.
口人丟

哙 kuài -8863 | 噲 *8875 | 1° greedy 2° cheerful 3° to swallow ◇ 1° avidité 2° agréable 3° avaler, dévorer [Etym] 口2063 (rad: 030a 3-06), 会201 [Graph] 011a 233a 612d.
口人云

吟 yín +8864 | 唫 *8862 | 1° to chant, to recite 2° poetic song 3° cry of certain animals 4° to hum, to moan ◇ 1° réciter en chantant 2° chant poétique 3° cri d'animaux 4° fredonner, gémir [Etym] 口2063 (rad: 030a 3-04), 今202 [Graph] 011a 233a 631a.
口人㇇

唸 niàn *8865 | See ◇ Voir 念1387 [Etym] 口2063 (rad: 030a 3-08), 念204 [Graph] 011a 233a 631a 321c.
口人㇇心

呤 líng -8866 | 呤 *8868 | See ◇ Voir 嘌呤 piao4-ling2 9246-8866 [Etym] 口2063 (rad: 030a 3-05), 令208 [Graph] 011a 233a 632b.
口人令

△ lìng | 呤 *8868 | See ◇ Voir 嘌呤 piao4-ling4 9246-8866.

呛 qiāng -8867 | 嗆 *8871 | to choke, to cough ◇ toux convulsive, étouffer [Etym] 口2063 (rad: 030a 3-04), 仓210 [Graph] 011a 233a 733a.
口人巳

△ qiàng | 嗆 *8871 | 1° to irritate (respiratory organ) 2° spasm of the glottis ◇ 1° irritation (gorge, nez) 2° spasme de la glotte.

呤 líng *8868 | 呤 -8866 | See ◇ Voir 嘌呤 piao4-ling2 9246-8866 [Etym] 口2063 (rad: 030a 3-05), 令211 [Graph]
口人一卩

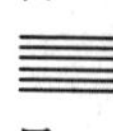

011a 233a ac:a 734a.

△ lìng |呤 -8866| See ◇ Voir 嘌呤 piao4-ling4 9246-8866.

喻 yù +8869 口亼⺬月刂 |1° to explain, to inform, to instruct 2° to understand 3° similitude, metaphor 4° surname ◇ 1° expliquer, avertir, enseigner 2° comprendre 3° semblable, symbole 4° nom de famille [Etym] 口 2063 (rad: 030a 3-09), 俞 213 [Graph] 011a 233a ac:a 856e 333b.

噙 qín +8870 口亼㓁禸 |1° to hold in the mouth 2° to restrain ◇ 1° tenir en bouche 2° retenir, renfermer [Etym] 口 2063 (rad: 030a 3-12), 禽 216 [Graph] 011a 233a 911c 859e.

嗆 qiāng *8871 口亼户口 |呛 -8867| to choke, to cough ◇ toux convulsive, étouffer [Etym] 口 2063 (rad: 030a 3-10), 倉 217 [Graph] 011a 233a 931h 011a.

△ qiàng |呛 -8867| 1° to irritate (respiratory organ) 2° spasm of the glottis ◇ 1° irritation (gorge, nez) 2° spasme de la glotte.

哈 hā +8872 口亼⼝ |蝦 3° *8837| 1° to breathe softly out 2° to laugh heartily ha! ha! 3° liturgical cloth or appearance ◇ 1° exhaler son haleine, aspirer avec des lèvres, souffler 2° rire aux éclats 3° apparence ou vêtement cérémoniel [Etym] 口 2063 (rad: 030a 3-06), 合 222 [Graph] 011a 233a 012a.

哈欠 hā qiàn。yawn ◇ bâillement * 1081.

哈哈 hā hā。ha! ha! laugh ◇ ha! ha! rire * 8872.

△ hǎ |

哈巴狗 hǎ bā gǒu。1° Pekinese dog; 2° toady, sycophant ◇ 1° chien pékinois; 2° bichon * 8730 5651.

△ hà |

哈什蚂 hà shí mǎ。Chinese forest frog ◇ grenouille de forêt chinoise * 2851 10359.

噏 xī +8873 口亼⼝习习 |to inhale, to suck up ◇ aspirer, humer [Etym] 口 2063 (rad: 030a 3-12), 翕 227 [Graph] 011a 233a 012a 731c 731c.

啥 shà +8874 口亼舌 |what, why ◇ quoi, que, ce que [Etym] 口 2063 (rad: 030a 3-08), 舍 231 [Graph] 011a 233a 013h.

噲 kuài *8875 口亼⼀日 |哙 -8863| 1° greedy 2° cheerful 3° to swallow ◇ 1° avidité 2° agréable 3° avaler, dévorer [Etym] 口 2063 (rad: 030a 3-13), 會 233 [Graph] 011a 233a 033b 021a.

咴 huī +8876 口𠂇火 |[Etym] 口 2063 (rad: 030a 3-06), 灰 240 [Graph] 011a 241a 231b.

咴儿咴儿 huī ér huī ér。1° to neigh; 2° whinny ◇ onomatopée : hennir, hennissement * 2194 8876 2194.

嗟 jiē +8877 口⺷工 |1° to sigh, to lament 2° alas ◇ 1° soupirer, gémir 2° hélas [Etym] 口 2063 (rad: 030a 3-09), 差 253 [Graph] 011a 241c 431a.

△ juē |1° to sigh 2° alas ◇ 1° soupirer, gémir 2° hélas.

喹 kuí +8878 口大土土 |[Etym] 口 2063 (rad: 030a 3-09), 奎 266 [Graph] 011a 242a 432a 432a.

喹啉 kuí lín。quinoline ◇ quinoline * 8955.

哒 dā -8879 口大辶 |噠 *8971| sound ◇ onomatopée [Etym] 口 2063 (rad: 030a 3-06), 达 273 [Graph] 011a 242a 634o.

唵 ǎn +8880 口大电 |to gobble up with the mouth, sound ◇ happer, manger avec les doigts, onomatopée [Etym] 口 2063 (rad: 030a 3-08), 奄 276 [Graph] 011a 242a 043c.

咵 kuǎ *8881 口大亏 |侉 +2810| 1° to speak with an accent 2° unwieldy ◇ 1° personne à l'accent campagnard 2° rustaud [Etym] 口 2063 (rad: 030a 3-06), 夸 277 [Graph] 011a 242a Z21c.

吴 wú (2065) 口天 |[Tra] vociferate; surname ◇ vociférer; nom propre [Etym] different writing for (吳 2110) ◇ autre graphie pour (吳 2110) [Graph] 011a 242b [Ref] r30h [Hanzi] wu4 误 1814, yu3 俣 3030, wu4 悮 3343, yu2 娱 5842, yu2 虞 7167, wu2 吴 8882, wu2 蜈 10316.

吴 wú +8882 口天 |吳 *9256| 1° Kingdom of Wu (222-280), one of the Three Kingdoms 2° surname ◇ 1° Royaume de Wu (222-280), un des Trois Royaumes 2° nom de famille [Etym] 口 2063 (rad: 030a 3-04), 吴 2065 [Graph] 011a 242b.

咲 xiào *8883 口关 |笑 +749| 1° to smile, to laugh 2° to ridicule ◇ 1° sourire, rire 2° se moquer de [Etym] 口 2063 (rad: 030a 3-06), 关 280 [Graph] 011a 242c.

吠 fèi (2066) 口犬 |[Tra] to bark ◇ aboyer [Etym] voice (1= 口 2063) of the dog (2= 犬 295) ◇ le cri (1= 口 2063) du chien (2= 犬 295) [Graph] 011a 242i [Ref] r24j, w72a [Hanzi] fei4 吠 8884.

吠 fèi +8884 口犬 |to bark ◇ aboyer [Etym] 口 2063 (rad: 030a 3-04), 吠 2066 [Graph] 011a 242i.

呔 dāi +8885 口太 |exclamation ◇ mot d'exclamation [Etym] 口 2063 (rad: 030a 3-04), 太 299 [Graph] 011a 242k.

嘹 liáo +8886 口𡗗日小 |resonant, loud and clear ◇ clair et sonore [Etym] 口 2063 (rad: 030a 3-12), 尞 300 [Graph] 011a 242l 021a 331j.

呋 fū +8887 口夫 |furan ◇ furan [Etym] 口 2063 (rad: 030a 3-04), 夫 301 [Graph] 011a 242m.

唪 fěng +8888 口𡗗丰 |1° to chant 2° to recite ◇ 1° chanter 2° psalmodier [Etym] 口 2063 (rad: 030a 3-08), 奉 317 [Graph] 011a 242r 414a.

嗪 qín +8889 口𡗗禾 |See ◇ Voir 哌嗪 pai4-qin2 9064-8889 [Etym] 口 2063 (rad: 030a 3-10), 秦 318 [Graph] 011a 242r 422d.

唏 xī +8890 口㐅𠂇巾 |to chuckle, to sob ◇ gémir, sangloter [Etym] 口 2063 (rad: 030a 3-07), 希 324 [Graph] 011a 243a 241a 858a.

嗲 dia +8891 口父夕夕 |coquettish ◇ coquet [Etym] 口 2063 (rad: 030a 3-10), 爹 343 [Graph] 011a 243d 631b 631b.

咬 yǎo +8892 口交 |齩、骹 *8524、*8522| 1° to bite 2° to bark 3° to trump up a counter charge 4° to pronounce ◇ 1° mordre 2° aboyer 3° accuser de complicité dans un crime dont on est soi-même accusé 4° prononcer [Etym] 口 2063 (rad: 030a 3-06), 交 344 [Graph] 011a 243e.

吡 bǐ +8893 口匕匕 | 1° to peep 2° to blame ◇ 1° piauler 2° blâmer [Etym] 口 2063 (rad: 030a 3-04), 比 362 [Graph] 011a 311d 321b.

吡咯 bǐ luò ◦ pyrrole ◇ pyrrole ⁎ 9046.

吡啶 bǐ dìng ◦ pyridine ◇ pyridine ⁎ 9108.

哔 bì -8894 | 嗶 *9242 | [Etym] 口 2063 (rad: 030a 3-06), 毕 363 [Graph] 011a 311d 321b 413a.

哔叽 bì jī ◦ serge (textile) ◇ serge (textile) ⁎ 9269.

喈 jiē +8895 口卜匕白 | 1° music, melody, harmonious sounds 2° singing of birds ◇ 1° son, harmonie 2° chant d'oiseau [Etym] 口 2063 (rad: 030a 3-09), 皆 365 [Graph] 011a 311d 321b 022c.

唉 éi +8896 口亥口 | expression of astonishment ◇ interjection marquant la surprise [Etym] 口 2063 (rad: 030a 3-06), 哀 375 [Graph] 011a 312j 011a.

嚷 rāng +8897 口亥口口𠀎 | See ◇ Voir 嚷嚷 rang1-rang1 8897-8897 [Etym] 口 2063 (rad: 030a 3-17), 襄 376 [Graph] 011a 312j 011a 011a 436g.

嚷嚷 rāng rāng ◦ to make an uproar; to yell ◇ faire du vacarme, chahuter; crier, ébruiter ⁎ 8897.

△ rǎng | to scream, to make an uproar ◇ vociférer, faire de tapage.

呱 gū +8898 口瓜 | wailing of a infant, cry of a baby ◇ vagir [Etym] 口 2063 (rad: 030a 3-05), 瓜 382 [Graph] 011a 313a.

△ guā | sounds: clack, clip-clop ◇ onomatopée: claquement.

△ guǎ | 1° wailing of an infant 2° to chat ◇ 1° vagir 2° bavarder.

嗔 chēn *8899 口匕目ㄟ | 嗔 +9152 | to be angry at, to rail at ◇ se fâcher, gronder [Etym] 口 2063 (rad: 030a 3-10), 眞 394 [Graph] 011a 321b 023a 711b.

吣 qìn +8900 口心 | 吢 *2178 、唚 *9087 | to vomit, to regurgitate (of dogs and cats) ◇ vomissement des chats et des chiens [Etym] 口 2063 (rad: 030a 3-04), 心 397 [Graph] 011a 321c.

叱 chì +8901 口七 | to scold ◇ gronder [Etym] 口 2063 (rad: 030a 3-02), 七 401 [Graph] 011a 321e.

吒 zhā +8902 口乇 | personal name (mythology) ◇ prénom (mythologie) [Etym] 口 2063 (rad: 030a 3-03), 乇 402 [Graph] 011a 321f.

△ zhà | 咤 +9105 | 1° to chide 2° to spit ◇ 1° gronder 2° cracher.

叽 ǹ -8903 口兀 | 嗯 -9251 | expression of assent ◇ mot d'exclamation marquant le consentement [Etym] 口 2063 (rad: 030a 3-03), 兀 407 [Graph] 011a 322c.

△ ng | 嗯 -9251 | Hm expressing agreement ◇ onomatopée exprimant le consentement.

咷 táo *8904 口兆 | 啕 +9123 | to chatter, to prattle ◇ bavarder, jacasser [Etym] 口 2063 (rad: 030a 3-06), 兆 411 [Graph] 011a 322g.

呒 m -8905 口无 | 嘸 *9009 | did not, do not have ◇ ne pas [Etym] 口 2063 (rad: 030a 3-04), 无 414 [Graph] 011a 323b.

咙 lóng -8906 口龙 | 嚨 *8846 | See ◇ Voir 喉咙 hou2-long2 8918-8906 [Etym] 口 2063 (rad: 030a 3-05), 龙 417 [Graph] 011a 323d.

叮 dīng +8907 口丁 | See ◇ Voir 丁 2232 [Etym] 口 2063 (rad: 030a 3-02), 丁 420 [Graph] 011a 331b.

△ dīng | 1° to enjoin 2° to sting, to bite ◇ 1° enjoindre, recommander 2° piquer, mordre.

叮咛 dīng níng ◦ to enjoin upon, to urge repeatedly ◇ enjoindre, instamment recommander ⁎ 9106.

叮嘱 dīng zhǔ ◦ to urge, to exhort ◇ recommander ⁎ 9160.

呵 a +8908 口丁口 | 啊 +9048 | exclamation ◇ interjection [Etym] 口 2063 (rad: 030a 3-05), 可 421 [Graph] 011a 331c 011a.

△ hē | 1° to yawn, to exhale 2° to scold ◇ 1° souffler, échauffer de son haleine 2° réprimander.

吵 chāo +8909 口少 | uproar ◇ clameur [Etym] 口 2063 (rad: 030a 3-04), 少 427 [Graph] 011a 331k.

△ chǎo | 1° uproar, to wrangle 2° to make a noise ◇ 1° clameurs, crier 2° faire du bruit.

吵架 chǎo jià ◦ to have an altercation, quarrel ◇ se disputer, se quereller ⁎ 7265.

吵闹 chǎo nào ◦ to wrangle; din ◇ faire du tapage ⁎ 8032.

咏 yǒng +8910 口永 | 詠 *9496 | 1° to sing, to chant 2° to narrate in poetic form ◇ 1° chanter 2° déclamer [Etym] 口 2063 (rad: 030a 3-05), 永 439 [Graph] 011a 331r.

吁 xū +8911 口于 | to sigh, alas ◇ soupirer, exclamation [Etym] 口 2063 (rad: 030a 3-03), 于 440 [Graph] 011a 332a.

△ yù | 籲 *746 | to plead ◇ supplier.

吋 cùn +8912 口寸 | English inch ◇ mesure anglaise: pouce [Etym] 口 2063 (rad: 030a 3-03), 寸 441 [Graph] 011a 332b.

呼 hū +8913 口乎 | 嘑 *9059 、戏 -6506 4° | 1° to breathe out, to cry out 2° to address, to invoke 3° to call 4° sound (in wu-hu) ◇ 1° crier, exhaler 2° invoquer 3° appeler 4° son (dans wu-hu) [Etym] 口 2063 (rad: 030a 3-05), 乎 444 [Graph] 011a 332d.

呼吁 hū yù ◦ to appeal; to call on ◇ faire appel à; appeler ⁎ 8911.

呼喊 hū hǎn ◦ to shout, to call ◇ crier, appeler ⁎ 9013.

呼吸 hū xī ◦ to breath ◇ respirer ⁎ 9050.

呼叫 hū jiào ◦ to shout, to call out; to call for help ◇ appeler à l'aide; donner

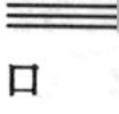

indicatif d' appel * 9255.

啦 l ā +8914 口扌立 |See ◇ Voir [Etym] 口 2063 (rad: 030a 3-08), 拉 447 [Graph] 011a 332f 221a.

△ l á |See ◇ Voir 拉 2321.

△ l a |final particle expressing a response or doubt ◇ particule finale d' interrogation et d' exclamation.

吖 d ā +8915 口扌丁 |sound: gee, gee-up! ◇ son: eh bien! hue! [Etym] 口 2063 (rad: 030a 3-05), 打 452 [Graph] 011a 332f 331b.

哳 zh ā +8916 口扌斤 |See ◇ Voir 啁哳 zhao1-zha1 9136-8916 [Etym] 口 2063 (rad: 030a 3-07), 折 457 [Graph] 011a 332f 722c.

啪 p ā +8917 口扌白 |sound: bang! bang! ◇ onomatopée: pan! boum! fracas [Etym] 口 2063 (rad: 030a 3-08), 拍 462 [Graph] 011a 332f 022c.

喉 h ó u +8918 口亻亠矢 |throat, larynx ◇ gosier, gorge, larynx [Etym] 口 2063 (rad: 030a 3-09), 侯 482 [Graph] 011a 411e ac:e 242d.

喉咙 hóu lóng ◦ throat ◇ gorge, gosier * 8906.

喉舌 hóu shé ◦ mouthpiece ◇ organe vocale; porte-parole * 9820.

哗 h u ā -8919 口亻匕十 |嘩 *8940 | cries, noises: bang! wham! thump! ◇ cris, onomatopée: crac! vlan! boum! [Etym] 口 2063 (rad: 030a 3-06), 华 486 [Graph] 011a 411e 321b 413a.

哗啦 huā la ◦ noises: crash! bang! wham! thum! ◇ bruits: patatras, crac! vlan! boum! * 8914.

△ h u á |嘩 *8940、譁 *9508 | noise, clamor ◇ faire du tapage, clameur.

咐 f u +8920 口亻寸 |to enjoin, to instruct ◇ enjoindre, recommander [Etym] 口 2063 (rad: 030a 3-05), 付 489 [Graph] 011a 411e 332b.

咻 x i ū +8921 口亻木 |to shriek ◇ crier, faire du tapage [Etym] 口 2063 (rad: 030a 3-06), 休 492 [Graph] 011a 411e 422a.

咿 y ī +8922 口亻尹 |吚 *9089 | [Etym] 口 2063 (rad: 030a 3-06), 伊 504 [Graph] 011a 411e 834a.

咿呀 yī yā ◦ sounds: squeak, creak, babble ◇ onomatopée * 9082.

卟 b ǔ +8923 口卜 |[Etym] 口 2063 (rad: 030a 3-02), 卜 548 [Graph] 011a 412c.

卟吩 bǔ fēn ◦ porphin ◇ porphine * 9069.

吓 h è -8924 口下 |嚇 *8969 | to frighten, to awe, to intimidate, afraid ◇ effrayer, intimider [Etym] 口 2063 (rad: 030a 3-03), 下 549 [Graph] 011a 412d.

△ x i à |嚇 *8969 | to frighten, to awe, afraid ◇ effrayer, intimider.

> 咋 z ǎ (2067) 口乍 |[Tra] how; why ◇ comment; pourquoi [Etym] to speak (1= 口 2063); phon, unexpectedly (2= 乍 551) ◇ parler (1= 口 2063); phon, soudain (2= 乍 551) [Graph] 011a 412f [Hanzi] za3 zha1 zha4 咋 8925.

咋 z ǎ +8925 口乍 |怎 *8926 | 1° how 2° why ◇ 1° comment 2° pourquoi [Etym] 口 2063 (rad: 030a 3-05), 乍 551 [Graph] 011a 412f.

△ zh ā |1° loud noise, to shout loudly 2° to show off ◇ 1° bruit, grands cris, son, clameurs 2° manifester.

△ zh à |to bite ◇ mordre.

怎 z ǎ *8926 口乍心 |咋 +8925 | 1° how 2° why ◇ 1° comment 2° pourquoi [Etym] 心 397 (rad: 061a 4-08), 口 2063 怎 552 [Graph] 011a 412f 321c.

叶 x i é +8927 口十 |1° to harmonize 2° to rhyme ◇ 1° harmoniser 2° rimer [Etym] 口 2063 (rad: 030a 3-02), 十 561 [Graph] 011a 413a.

△ y è |葉 *3778 | 1° leaf, foliage 2° page 3° part of an era 4° light weight 5° surname ◇ 1° feuille, feuillage 2° page 3° époque, ère 4° léger 5° nom de famille.

△ y è |页 -7993、頁 *10172、葉 *826 | 1° page, leaf 2° beginning 3° chapter 4° head ◇ 1° page 2° commencement 3° chapitre 4° tête.

叫 j i à o *8928 口斗 |叫 +9255 | 1° to shout, to cry 2° to call 3° to hire 4° to name 5° to order, to ask 6° male (animal) ◇ 1° crier, dire de 2° appeler 3° louer 4° s' appeler, se nommer 5° commander 6° mâle (animaux) 7° signe du passif [Etym] 口 2063 (rad: 030a 3-04), 斗 575 [Graph] 011a 413g.

咩 m i ē +8929 口羊 |哶 *8934 | bleating of sheep ◇ bêler [Etym] 口 2063 (rad: 030a 3-06), 羊 579 [Graph] 011a 414b.

𠰢 b a i +8930 口手手 |final particle ◇ particule finale [Etym] 口 2063 (rad: 030a 3-09), 拜 582 [Graph] 011a 414c 414h.

吽 h ō n g +8931 口牛 |last syllable of Buddhist monks' chant ◇ dernier syllabe des psaumes des moines bouddhiques [Etym] 口 2063 (rad: 030a 3-04), 牛 585 [Graph] 011a 414d.

喫 ch ī *8932 口丰刀大 |吃 +9268 | to eat ◇ manger [Etym] 口 2063 (rad: 030a 3-09), 契 596 [Graph] 011a 414g 732a 242a.

齧 n i è *8933 口丰刀齒 |啮 -9150、齧 *3491 | to gnaw ◇ mordre, ronger [Etym] 口 2063 (rad: 030a 3-21), 齧 600 [Graph] 011a 414g 732a 911b.

哶 m i ē *8934 口芈 |咩 +8929 | bleating of sheep ◇ bêler [Etym] 口 2063 (rad: 030a 3-07), 芈 604 [Graph] 011a 414j.

啡 f ē i +8935 口非 |See ◇ Voir 咖啡 ka1-fei1 9074-8935 [Etym] 口 2063 (rad: 030a 3-08), 非 611 [Graph] 011a 415b.

嗒 d ā +8936 口艹人亘 |1° clatter 2° rattle ◇ 1° cliquetis 2° bruit [Etym] 口 2063 (rad: 030a 3-09), 荅 620 [Graph] 011a 415c 233a 012a.

△ t à |

嗒然 tà rán ◦ 1° dejected, abstracted; 2° melancholy ◇ 1° distrait, absorbé; 2° mélancolique, déprimé * 6452.

喏 n u ò +8937 口艹方口 |(interjection) there! look! ◇ (interjection) voilà! par là! regarde! [Etym] 口 2063 (rad: 030a 3-08), 若 621 [Graph] 011a 415c 241a 011a.

△ rě | greeting of respect when meeting a superior ◇ oui, à vos ordres.

哎 āi -8938 口艹乂 | 嗳 +8851 | aiya, alas! why! hey! damn! ◇ interjection d'étonnement: ah! eh! aie! [Etym] 口 2063 (rad: 030a 3-05), 艾 623 [Graph] 011a 415c 243a.

哎哟 āi yō。oh! ◇ oh! haïe! ✱ 9028.

哎呀 āi yā。ah! ◇ ah! holà! ✱ 9082.

嗬 hē -8939 口艹亻可口 | 诃 -1714 | ah! oh! ◇ ah! oh! [Etym] 口 2063 (rad: 030a 3-10), 荷 626 [Graph] 011a 415c 411e 331c 011a.

嘩 huā *8940 口艹華 | 哗 -8919 | cries, noises: bang! wham! thump! ◇ cris, onomatopée: crac! vlan! boum! [Etym] 口 2063 (rad: 030a 3-10), 華627 [Graph] 011a 415c 414k.

△ huá | 哗 -8919、譁 *9508 | noise, clamor ◇ faire du tapage, clameur.

囈 yì *8941 口艹坴土丸云 | 呓 -8948、讛 *9509 | 1° to talk in one's sleep 2° to mutter ◇ 1° parler en rêve 2° murmurer [Etym] 口 2063 (rad: 030a 3-18), 藝 633 [Graph] 011a 415c 432d 432a Z32c 612d.

嚄 huō +8942 口艹隹又 | 1° to bawl after 2° oh! ◇ 1° bavarder 2° oh! [Etym] 口 2063 (rad: 030a 3-13), 蒦 636 [Graph] 011a 415c 436m 633a.

△ ǒ | what! (expressing surprise) ◇ quoi! (pour exprimer l'étonnement).

唠 láo -8943 口艹冖力 | 嘮 *8858 | to chatter ◇ bavarder [Etym] 口 2063 (rad: 030a 3-07), 劳 662 [Graph] 011a 415c 851a 732f.

△ lào | 嘮 *8858 | to chatter ◇ bavarder.

嚆 hāo +8944 口艹亠冋口 | [Etym] 口 2063 (rad: 030a 3-13), 蒿677 [Graph] 011a 415c 012c 856k 011a.

嚆矢 hāo shǐ。1° arrow; 2° forerunner; 3° harbinger ◇ 1° flèche; 2° avant-coureur; 3° présage ✱ 1579.

噶 gá +8945 口艹曰勹人匕 | word for transliteration ◇ mot servant à la traduction phonétique [Etym] 口 2063 (rad: 030a 3-12), 葛 681 [Graph] 011a 415c 021a 852h 232a 711a.

喵 miāo +8946 口艹田 | to mew, to meow ◇ miauler [Etym] 口 2063 (rad: 030a 3-08), 苗 687 [Graph] 011a 415c 041a.

囌 sū *8947 口艹魚禾 | See ◇ Voir 蘇 3989 [Etym] 口 2063 (rad: 030a 3-19), 蘇 688 [Graph] 011a 415c 041j 422d.

呓 yì -8948 口艹乙 | 囈 *8941、讛 *9509 | 1° to talk in one's sleep 2° to mutter ◇ 1° parler en rêve 2° murmurer [Etym] 口 2063 (rad: 030a 3-04), 艺695 [Graph] 011a 415c Z31d.

喷 pēn -8949 口卉贝 | 噴 *8950 | 1° to spurt, to gush 2° to sprinkle, to spray ◇ 1° jaillir 2° arroser [Etym] 口 2063 (rad: 030a 3-09), 贲703 [Graph] 011a 416f 854b.

喷水池 pēn shuǐ chí。fountain ◇ fontaine, jet d'eau ✱ 2299 369.

喷嚏 pēn tì。to sneeze ◇ éternuement ✱ 9119.

喷泉 pēn quán。fountain ◇ fontaine, jet d'eau ✱ 9977.

△ pèn | 噴 *8950 | 1° in season 2° measure-word: crop 3° fragrant ◇ 1° en saison 2° spécificatif 3° exhaler (un parfum).

噴 pēn *8950 口卉貝 | 喷 -8949 | 1° to spurt, to gush 2° to sprinkle, to spray ◇ 1° jaillir 2° arroser [Etym] 口 2063 (rad: 030a 3-12), 賁704 [Graph] 011a 416f 023b.

△ pèn | 喷 -8949 | 1° in season 2° measure-word: crop 3° fragrant ◇ 1° en saison 2° spécificatif 3° exhaler (un parfum).

吥 bù +8951 口不 | to suck ◇ sucer, humer [Etym] 口 2063 (rad: 030a 3-04), 不 718 [Graph] 011a 421a.

呸 pēi +8952 口不一 | 1° pah! bah! pooh! 2° to snort at ◇ 1° fi donc! pouah! peuh! 2° renifler de mépris [Etym] 口 2063 (rad: 030a 3-05), 丕 719 [Graph] 011a 421a ac:z.

呆 bǎo (2068) 口木 | [Tra] to hatch ◇ couver [Etym] bird's wings (2=prim) covering a nest (1=prim) ◇ les ailes d'un oiseau (2=prim) couvrant un nid (1=prim) [Graph] 011a 422a [Ref] h697, k697, w94b, wi938 [Hanzi] bao3 保 3032, ai2 dai1 呆 8953.

呆 dāi (2069) 口木 | [Tra] silly; stupid; dull ◇ sot; stupide; ahuri [Etym] recent character: inverted (杏 755), stupid writing ◇ caractère récent: inversion de (杏 755) ->écriture stupide [Graph] 011a 422a [Ref] w119e [Hanzi] mei2 槑 8957.

呆 ái +8953 口木 | [Etym] 口 2063 (rad: 030a 3-04), 呆 2068 [Graph] 011a 422a.

呆板 ái bǎn。stubborn, stiff minded ◇ maladroit, gauche ✱ 4301.

△ dāi | 獃 *7600 | 1° silly, stupid, dull 2° to stay ◇ 1° sot, stupide, ahuri 2° rester, demeurer.

嘜 mà *8954 口木人人夕 | 唛 -8985 | word of transliteration, sign or mark on import and export merchandise boxes ◇ marque sur les boîtes de marchandises pour l'importation et l'exportation [Etym] 口 2063 (rad: 030a 3-11), 麥 726 [Graph] 011a 422a 232a 232a 631b.

啉 lín +8955 口木木 | sound ◇ son, cri, chant [Etym] 口 2063 (rad: 030a 3-08), 林 734 [Graph] 011a 422a 422a.

噤 jìn +8956 口木木示 | 1° to keep silent, lockjaw 2° to shiver ◇ 1° se taire, silencieux, mâchoires serrées 2° grelotter [Etym] 口 2063 (rad: 030a 3-13), 禁 736 [Graph] 011a 422a 422a 331l.

槑 méi *8957 口木口木 | 梅 +4485、楳 *4236 | 1° plum, prune 2° surname ◇ 1° prunier, prune 2° nom propre [Etym] 木 723 (rad: 075a 4-10), 吅2083 林 734 [Graph] 011a 422a 011a 422a.

喳 chā +8958 口木曰一 | 1° to whisper 2° to twitter ◇ 1° chuchoter 2° babiller [Etym] 口 2063 (rad: 030a 3-09), 查 757 [Graph] 011a 422a 021a ac:z.

△ zhā | to twitter ◇ babiller, onomatopée.

啾 jiū +8959 口禾火 | onomatopoeia: chirps ◇ onomatopée: gazouillis [Etym] 口 2063 (rad: 030a 3-09), 秋 761 [Graph] 011a 422d 231b.

咪 mī +8960 口米 | See ◇ Voir 咪咪 mi1-mi1 8960-8960 [Etym] 口 2063 (rad: 030a 3-06), 米 782 [Graph] 011a 422f.

咪咪 mī mī。1° sound: mew, meow; 2° smilingly ◇ 1° onomatopée du miaulement du chat; 2° souriant ✱ 8960.

喽 lóu -8961 口米女 | 嘍 *9277、僂 *3100 | chattering, prattle ◇ bavarder, babiller [Etym] 口 2063 (rad: 030a 3-09), 娄 785 [Graph] 011a 422f 611e.

△ lou | 嘍 *9277 | final particle ◇ particule finale.

味 wèi +8962 口未 | 1° taste, flavor 2° smell 3° interest 4° to ponder 5° measure-word (ingredient of a Chinese medicine prescription) ◇ 1° goût, saveur 2° odeur 3° intérêt 4° considérer 5° spécificatif (ingrédient d'une ordonnance) [Etym] 口 2063 (rad: 030a 3-05), 未 800 [Graph] 011a 422i.

味儿 wèi ér。taste, flavor ◇ goût, saveur ✱ 2194.

味道 wèi dào。taste, flavor ◇ goût, sensation interne ✱ 10176.

咮 zhòu +8963 口朱 | to peck up, beak ◇ becqueter, bec d'oiseau [Etym] 口 2063 (rad: 030a 3-06), 朱 803 [Graph] 011a 422l.

唝 gòng -8964 口工贝 | 嗊 *8965 | 1° to sing 2° place in Cambodia ◇ 1° chanter 2° lieu du Cambodge [Etym] 口 2063 (rad: 030a 3-07), 贡 813 [Graph] 011a 431a 854b.

嗊 gòng *8965 口工貝 | 唝 -8964 | 1° to sing 2° place in Cambodia ◇ 1° chanter 2° lieu du Cambodge [Etym] 口 2063 (rad: 030a 3-10), 貢 814 [Graph] 011a 431a 023b.

咔 kǎ +8966 口上卜 | khaki ◇ khaki [Etym] 口 2063 (rad: 030a 3-05), 卡 821 [Graph] 011a 431b 412c.

咔唑 kǎ zuò。carbazole ◇ carbazole ✱ 8859.

咔吧 kǎ bā。snap, crack ◇ crac ✱ 9167.

吐 tǔ +8967 口土 | 1° to spit out 2° to pour out 3° to tell ◇ 1° cracher 2° émettre 3° révéler, dire, parole [Etym] 口 2063 (rad: 030a 3-03), 土 826 [Graph] 011a 432a.

△ tù | to throw up, to vomit, to reject, to disgorge ◇ vomir, rejeter par la bouche, dégorger.

吐沫 tù mò。saliva; spit ◇ salive ✱ 204.

哧 chī +8968 口土尒 | 1° to frighten 2° to rip off cloth ◇ 1° effrayer 2° déchirer du tissu [Etym] 口 2063 (rad: 030a 3-07), 赤 831 [Graph] 011a 432a 333c.

嚇 hè *8969 口土尒土尒 | 吓 -8924 | to frighten, to awe, to intimidate, afraid ◇ effrayer, intimider [Etym] 口 2063 (rad: 030a 3-14), 赫 833 [Graph] 011a 432a 333c 432a 333c.

△ xià | 吓 -8924 | to frighten, to awe, afraid ◇ effrayer, intimider.

啈 hēng +8970 口土羊 | expression of disagreement ◇ interjection marquant le désaccord [Etym] 口 2063 (rad: 030a 3-08), 幸 835 [Graph] 011a 432a 413c.

噠 dā *8971 口土羊辶 | 哒 -8879 | sound ◇ onomatopée [Etym] 口 2063 (rad: 030a 3-12), 達 839 [Graph] 011a 432a 414b 634o.

哇 wā +8972 口土土 | 1° sound of crying 2° to belch or vomit ◇ 1° onomatopée de vagissement d'enfant, de sanglots 2° vomissement [Etym] 口 2063 (rad: 030a 3-06), 圭 840 [Graph] 011a 432a 432a.

哇哇 wā wā。sound of crying ◇ onomatopée de pleurs, sanglots ✱ 8972.

△ wa | exclamation expressing surprise, admiration ◇ exclamation de surprise et d'admiration.

嘵 xiāo *8973 口土土土兀 | 哓 -9010 | 1° to cry 2° to quarrel ◇ 1° crier 2° disputer [Etym] 口 2063 (rad: 030a 3-12), 堯 844 [Graph] 011a 432a 432a 432a 322c.

哣 dōu +8974 口土疋 | expletive showing anger and disagreement (in novels, plays) ◇ interjection exprimant la colère et le désaccord (dans des romans, pièces de théâtre) [Etym] 口 2063 (rad: 030a 3-07), 走 845 [Graph] 011a 432a 434e.

嗑 kè +8975 口土厶皿 | 1° noise of voices 2° to sip 3° to crack melon seeds between the teeth ◇ 1° bruit de voix 2° boire 3° manger des graines de melon ou de tournesol [Etym] 口 2063 (rad: 030a 3-10), 盍 851 [Graph] 011a 432a 612a 922a.

噎 yē +8976 口士冖豆 | 1° to choke, throat obstructed 2° to render speechless ◇ 1° rétrécissement du gosier, obstruction de al gorge 2° museler, faire taire [Etym] 口 2063 (rad: 030a 3-12), 壹 865 [Graph] 011a 432b 851a 012b.

嘻 xī +8977 口士豆口 | interjection expressing pain, distress, surprise or admiration: ah! oh! sound of laughing and joking ◇ interjection de douleur, détresse, surprise, admiration: ah! oh! onomatopée des rires [Etym] 口 2063 (rad: 030a 3-12), 喜 885 [Graph] 011a 432b 011b 011a.

嗜 shì +8978 口耂匕日 | 1° to be addicted to 2° to love 3° to covet, to desire ◇ 1° raffoler de, s'adonner à 2° aimer 3° convoiter, désirer [Etym] 口 2063 (rad: 030a 3-10), 耆 890 [Graph] 011a 432c 321b 021a.

嗜好 shì hào。hobby; habit ◇ manie, goût, penchant, passion ✱ 5792.

哮 xiāo +8979 口耂子 | 1° to wheeze, to pant 2° to roar, to scream ◇ 1° haleter, asthme 2° crier, hurler [Etym] 口 2063 (rad: 030a 3-07), 孝 891 [Graph] 011a 432c 634d.

嘟 dū +8980 口耂日阝 | 1° to grumble 2° to honk 3° to pout ◇ 1° grommeler 2° son de la trompette 3° faire la moue [Etym] 口 2063 (rad: 030a 3-10), 都 894 [Graph] 011a 432c 021a 634j.

呈 chéng (2070) 口王 | [Tra] to notify; submit ◇ avertir; présenter [Etym] to speak (1= 口 2063) standing up on the ground (2=prim,> 立 80) ◇ parler (1= 口 2063) debout sur le sol (2=prim,> 立 80) [Graph] 011a 432e [Ref] k1205, ph255, w81h, wi202 [Hanzi] zeng4 鋥 1321, zeng4 锃 2090, ting1 桯 4412,

cheng2 程 4569, cheng2 埕 4944, ting1 鞓 5392, sheng4 聖 5474, cheng2 裎 6687, cheng2 呈 8981, ying3 郢 8982, cheng3 逞 8983, cheng2 酲 10907.

呈 chéng +8981 口王 | 1° to assume (form, color) 2° to submit 3° petition ◇ 1° se montrer (apparence) 2° présenter, soumettre 3° pétition [Etym] 口 2063 (rad: 030a 3-04), 呈 2070 [Graph] 011a 432e.

郢 yǐng +8982 口王阝 | 1° place in Hebei 2° capital of the State of Chu ◇ 1° lieu du Hebei 2° capitale de principauté Chu [Etym] 阝 1316 (rad: 163b 2-07), 呈 2070 [Graph] 011a 432e 634j.

逞 chěng +8983 口王辶 | 1° to take off clothes, naked 2° to show off ◇ 1° dépouiller, nu 2° se vanter [Etym] 辶 1346 (rad: 162b 3-07), 呈 2070 [Graph] 011a 432e 634o.

嗉 sù +8984 口主糸 | 膆 *8136 | gizzard of a bird ◇ jabot des oiseaux [Etym] 口 2063 (rad: 030a 3-10), 素 942 [Graph] 011a 433a 613d.

唛 mà -8985 口主夂 | 嘜 *8954 | word of transliteration, sign or mark on import and export merchandise boxes ◇ marque sur les boîtes de marchandises pour l'importation et l'exportation [Etym] 口 2063 (rad: 030a 3-07), 麦 943 [Graph] 011a 433a 633e.

嗷 áo +8986 口主勹攵 | clamors ◇ cris, clameurs [Etym] 口 2063 (rad: 030a 3-10), 敖 944 [Graph] 011a 433a 852a 243c.

嗷嗷 áo áo。sound of screaming ◇ son de cris perçants * 8986.

啧 zé -8987 口主贝 | 嘖 *8988 | 1° to dispute (for the right to speak) 2° to acclaim 3° click (tongue) ◇ 1° contester (pour droit de parler) 2° acclamer, discuter 3° clappement (langue) [Etym] 口 2063 (rad: 030a 3-08), 责 945 [Graph] 011a 433a 854b.

嘖 zé *8988 口主貝 | 啧 -8987 | 1° to dispute (for the right to speak) 2° to acclaim 3° click (tongue) ◇ 1° contester (pour droit de parler) 2° acclamer, discuter 3° clappement (langue) [Etym] 口 2063 (rad: 030a 3-11), 責 948 [Graph] 011a 433a 023b.

唾 tuò +8989 口垂 | 1° to spit 2° saliva ◇ 1° cracher 2° salive [Etym] 口 2063 (rad: 030a 3-08), 垂 953 [Graph] 011a 433d.

唾沫 tuò mò。saliva, spittle ◇ salive, crachat * 204.

唾骂 tuò mà。to spit on and curse ◇ cracher des injures, dire son mépris à qqn * 9196.

呲 cī +8990 口止匕 | 1° to give a talking to 2° disgusting ◇ 1° blâmer 2° dégoût pour la nourriture [Etym] 口 2063 (rad: 030a 3-06), 此 955 [Graph] 011a 434a 321b.

△ zī | 龇 -8508、齜 *8525 | 1° to bare, to show 2° to gnash one's teeth ◇ 1° se découvrir, montrer (dents) 2° grincer des dents.

嘴 zuǐ +8991 口止匕角 | 1° mouth 2° spout ◇ 1° bouche 2° bec [Etym] 口 2063 (rad: 030a 3-13), 觜 956 [Graph] 011a 434a 321b 857l.

嘴唇 zuǐ chún。lip ◇ lèvres * 6826.

嘴巴 zuǐ bā。mouth ◇ bouche * 8730.

噦 yuě *8992 口止戌歹 | 哕 -9095 | 1° rumbling 2° to vomit ◇ 1° tintouin, carillon 2° vomir [Etym] 口 2063 (rad: 030a 3-13), 歲 961 [Graph] 011a 434a 512m 331i.

啃 kěn -8993 口止月 | 齦 +8515 | to gnaw, to nibble, to bite ◇ mordiller, ronger [Etym] 口 2063 (rad: 030a 3-08), 肯 962 [Graph] 011a 434a 856e.

啣 xián *8994 口钅卩 | See ◇ Voir 銜 3126 [Etym] 口 2063 (rad: 030a 3-09), 卸 967 [Graph] 011a 434d 734a.

噗 pū +8995 口业美 | [Etym] 口 2063 (rad: 030a 3-12), 菐 975 [Graph] 011a 435a 242n.

噗嗤 pū chī。sound: puff, to snigger ◇ onomatopée: pouffer (de rire) * 9098.

哑 yā -8996 口亚 | 啞 *9274 | interjection: ah, oh! ◇ interjection: ah! oh! [Etym] 口 2063 (rad: 030a 3-06), 亚 983 [Graph] 011a 435b.

△ yǎ | 啞 *9274 | 1° mute, dumb 2° hoarse ◇ 1° muet, perdre la voix 2° enroué.

哑巴 yǎ bā。dumb, mute ◇ muet * 8730.

嚥 yàn *8997 口廿口丬匕灬 | 咽 +9250 | to swallow ◇ avaler, goûter [Etym] 口 2063 (rad: 030a 3-16), 燕 991 [Graph] 011a 436a 011a 412b 321b 222d.

嘞 lei +8998 口廿申力 | final particle ◇ particule finale [Etym] 口 2063 (rad: 030a 3-11), 勒 993 [Graph] 011a 436a 031e 732f.

嘆 tàn *8999 口廿奥 | 叹 -9040、歎 *5400 | 1° to sigh, to moan 2° to acclaim ◇ 1° soupirer, gémir 2° admirer [Etym] 口 2063 (rad: 030a 3-11), 莫 995 [Graph] 011a 436a 032a.

唶 jiè +9000 口丗日 | 1° to chirp 2° to highly praise ◇ 1° piailler 2° chanter les louanges de quelqu'un [Etym] 口 2063 (rad: 030a 3-08), 昔 1001 [Graph] 011a 436b 021a.

哄 hōng +9001 口共 | 1° roars of laughter 2° noise, hubbub ◇ 1° éclats de rire 2° brouhaha [Etym] 口 2063 (rad: 030a 3-06), 共 1006 [Graph] 011a 436e.

哄动 hōng dòng。to cause a sensation; resounding sound or noise ◇ faire sensation; avoir du retentissement * 5920.

哄堂大笑 hōng táng dà xiào。general mirth; roars of laughter in the whole room ◇ hilarité générale; éclat de rire général * 7868 1537 749.

△ hǒng | 1° to trick, to cheat, to fool 2° to coax ◇ 1° tromper, duper 2° cajoler (pour tromper).

哄骗 hǒng piàn。to cheat, to deceive; to swindle ◇ tromper, duper, escroquer * 11133.

△ hòng | 鬨 *7470 | 1° noise, uproar 2° horseplay ◇ 1° vacarme, tapage 2° jeux brutaux.

嘶 sī +9002 口其斤 | 1° to neigh 2° hoarse (voice) ◇ 1° hennir 2° enrouée, cassée (voix) [Etym] 口 2063 (rad: 030a 3-12), 斯 1014 [Graph] 011a 436i 722c.

咠 chī (2071) 口耳 | [Tra] to asperse; whisper ◇ calomnier; chuchoter [Etym] to speak

(1= 口 2063) in the ear (2= 耳 1017) ◇ parler (1= 口 2063) à l'oreille (2= 耳 1017) [Graph] 011a 436k [Ref] k1057, ph425, w146c [Hanzi] yi1 揖 2664, qi4 葺 3924, ji2 楫 4413, ji1 qi1 缉 6062, ji1 qi1 緝 6236, ji2 辑 6374, ji2 輯 10719.

囁 niè *9003 | 嗫 -9005 | to speak haltingly ◇ parler avec hésitation [Etym] 口 2063 (rad: 030a 3-18), 聶 1022 [Graph] 011a 436k 436k 436k.

戢 jí (2072) 口耳戈 | [Tra] to gather, to pile up ◇ recueillir, ramasser [Etym] dagger-axe (3= 戈 1057) for protection; phon, whisper (1,2= 咠 2071) ◇ hallebarde (3= 戈 1057) pour protéger; phon, murmurer (1,2= 咠 2071) [Graph] 011a 436k 512b [Hanzi] ji2 蕺 3925, ji2 檝 4414, ji2 戢 9004.

戢 jí +9004 口耳戈 | 1° to conceal, to hide, to abscond 2° to restrain, to cease to fight ◇ 1° cacher, mettre en lieu sûr 2° restreindre [Etym] 戈 1057 (rad: 062a 4-09), 戢 2072 [Graph] 011a 436k 512b.

嗫 niè -9005 口耳又又 | 囁 *9003 | to speak haltingly ◇ parler avec hésitation [Etym] 口 2063 (rad: 030a 3-10), 聂 1026 [Graph] 011a 436k 633a 633a.

嗫嚅 niè rú ∘ to speak haltingly ◇ parler avec hésitation * 9144.

噉 dàn *9006 口耳攵 | 啖 +8857 、 啗 *9093 | to chew, to eat, to feed ◇ bouchée, manger, nourrir [Etym] 口 2063 (rad: 030a 3-11), 敢 1029 [Graph] 011a 436l 243c.

唯 wěi (2073) 口隹 | [Tra] to consent; yes ◇ consentir; oui [Etym] words (1= 口 2063); phon, bird-quick answer (2= 隹 1030) ◇ paroles (1= 口 2063); phon, accord rapide comme un oiseau (2= 隹 1030) [Graph] 011a 436m [Ref] h1864, w168d [Hanzi] wei2 wei3 唯 9007.

唯 wéi +9007 口隹 | only, alone ◇ seulement, seul [Etym] 口 2063 (rad: 030a 3-08), 唯 2073 [Graph] 011a 436m.

△ wěi | 1° to consent 2° yea ◇ 1° consentir 2° oui.

噍 jiào +9008 口隹灬 | 1° to masticate, to chew 2° to eat ◇ 1° mâcher 2° manger [Etym] 口 2063 (rad: 030a 3-12), 焦 1031 [Graph] 011a 436m 222d.

嘸 m *9009 口無灬 | 呒 -8905 | did not, do not have ◇ ne pas [Etym] 口 2063 (rad: 030a 3-12), 無 1043 [Graph] 011a 436n 222d.

哓 xiāo -9010 口戈兀 | 嘵 *8973 | 1° to cry 2° to quarrel ◇ 1° crier 2° disputer [Etym] 口 2063 (rad: 030a 3-06), 尧 1056 [Graph] 011a 512a 322c.

哦 é +9011 口我 | to chant softly ◇ réciter, fredonner [Etym] 口 2063 (rad: 030a 3-07), 我 1067 [Graph] 011a 512f.

△ ó | what! how! half believing, half doubting ◇ quoi! (pour exprimer la surprise).

△ ò | oh! I see ◇ oui (pour montrer la prise de conscience d'une chose).

嘁 qī +9012 口戚上小 | 1° (qi1 - cha1 cha1) to whisper 2° to chatter away ◇ 1° (qi1 - cha1 cha1) chuchoter 2° bavardage [Etym] 口 2063 (rad: 030a 3-11), 戚 1076 [Graph] 011a 512m 431b 331j.

喊 hǎn +9013 口戚口 | 1° to cry out, to shout 2° to call ◇ 1° crier 2° appeler à haute voix [Etym] 口 2063 (rad: 030a 3-09), 咸 1078 [Graph] 011a 512m 012a.

喊叫 hǎn jiào ∘ to shout, to yell ◇ crier, hurler * 9255.

啾 dí *9014 口犭火 | 嘀 +9140 | 1° to whisper 2° to hesitate ◇ 1° chuchoter 2° hésiter [Etym] 口 2063 (rad: 030a 3-07), 狄 1091 [Graph] 011a 521b 231b.

啄 zhuó +9015 口豖 | to peck up food ◇ becqueter [Etym] 口 2063 (rad: 030a 3-08), 豖 1103 [Graph] 011a 522b.

喙 huì +9016 口象 | 喙 +9017 | 1° mouth, beak 2° to pant ◇ 1° bouche, bec 2° palpiter, haleter [Etym] 口 2063 (rad: 030a 3-09), 彖 1107 [Graph] 011a 522f.

喙 huì +9017 口彔 | 喙 +9016 | 1° mouth, beak 2° to pant ◇ 1° bouche, bec 2° palpiter, haleter [Etym] 口 2063 (rad: 030a 3-09), 彔 1109 [Graph] 011a 522g.

呶 náo +9018 口女又 | See ◇ Voir 呶呶 nao2-nao2 9018-9018 [Etym] 口 2063 (rad: 030a 3-05), 奴 1125 [Graph] 011a 611e 633a.

呶呶 náo náo ∘ to talk on and on foolishly ◇ bavard * 9018.

唉 āi +9019 口厶矢 | exclamation: right! yes! alas! ◇ interjection: hélas! ah! [Etym] 口 2063 (rad: 030a 3-07), 矣 1135 [Graph] 011a 612a 242d.

唉哈 āi hā ∘ right! alas! ◇ d'accord! enfin! * 8872.

△ ài | exclamation: oh! if only! what a pity! ◇ interjection de regret, de pitié, de douleur: hélas! ah! malheur!.

唉呀 ài ya ∘ ah! oh! if only! what a pity! ◇ oh! hélas! ah! malheur! * 9082.

哞 mōu +9020 口厶牛 | sounds: moo, low, bellow ◇ onomatopée: beuglement, mugissement [Etym] 口 2063 (rad: 030a 3-06), 牟 1136 [Graph] 011a 612a 414d.

吮 shǔn +9021 口允 | to suck, to lick ◇ sucer, lécher [Etym] 口 2063 (rad: 030a 3-04), 允 1146 [Graph] 011a 612b.

唆 suō +9022 口允夂 | to instigate, to incite, to make mischief ◇ exciter, pousser à, instigations [Etym] 口 2063 (rad: 030a 3-07), 夋 1147 [Graph] 011a 612b 633e.

咥 dié +9023 口云土 | to bite ◇ mordre [Etym] 口 2063 (rad: 030a 3-06), 至 1148 [Graph] 011a 612c 432a.

△ xì | 1° to laugh loudly 2° to make fun of ◇ 1° rire aux éclats 2° se moquer de.

唷 yō +9024 口云月 | See ◇ Voir 喔唷 o1-yo1 9157-9024 [Etym] 口 2063 (rad: 030a 3-08), 育 1157 [Graph] 011a 612e 856e.

吆 yāo *9025 |吆 +9029| 1° to cry out 2° bawling (peddlers) ◇ 1° cri 2° criée (vente) [Etym] 口 2063 (rad: 030a 3-03), 幺 1160 [Graph] 011a 612g.

嗡 wēng +9026 口公习习 |lowing of cattle, hum of insects, drone, buzz ◇ mugissement, bourdonnement, onomatopée [Etym] 口 2063 (rad: 030a 3-10), 翁 1162 [Graph] 011a 612h 731c 731c.

咝 sī -9027 口纟纟 |噝 *9032| whistle ◇ sifflement [Etym] 口 2063 (rad: 030a 3-05), 丝 1169 [Graph] 011a 613b 613a.

哟 yō -9028 口纟勺 |喲 *9033| interjection expressing surprise: oh! ◇ onomatopée, interjection exprimant l'étonnement: oh! [Etym] 口 2063 (rad: 030a 3-06), 约 1172 [Graph] 011a 613b 852b.

△ yo |喲 *9033| interjection, final particle, heave-ho! ◇ onomatopée, interjection, particule finale.

吆 yāo +9029 口幺 |吆 *9025| 1° to cry out 2° bawling (peddlers) ◇ 1° cri 2° criée (vente) [Etym] 口 2063 (rad: 030a 3-03), 幺 1174 [Graph] 011a 613c.

嘰 jī *9030 口幺幺戍 |叽 +9269| 1° to chirp, to whisper 2° to eat very little ◇ 1° pépier, murmurer 2° prendre un peu de nourriture [Etym] 口 2063 (rad: 030a 3-12), 幾 1177 [Graph] 011a 613c 613c 512k.

呦 yōu +9031 口幺力 |1° to bell 2° interjection hey! ◇ 1° bramer 2° interjection [Etym] 口 2063 (rad: 030a 3-05), 幼 1183 [Graph] 011a 613c 732f.

噝 sī *9032 口糸糸 |咝 -9027| whistle ◇ sifflement [Etym] 口 2063 (rad: 030a 3-12), 絲 1191 [Graph] 011a 613d 613d.

喲 yō *9033 口糸勺 |哟 -9028| interjection expressing surprise: oh! ◇ onomatopée, interjection exprimant l'étonnement: oh! [Etym] 口 2063 (rad: 030a 3-09), 約 1192 [Graph] 011a 613d 852b.

△ yo |哟 -9028| interjection, final particle, heave-ho! ◇ onomatopée, interjection, particule finale.

嗞 zī *9034 口玄幺 |吱 +9043| squeaking sounds made by rats, birds, etc. ◇ onomatopée des cris aigus poussés par des souris, oiseaux etc. [Etym] 口 2063 (rad: 030a 3-12), 兹 1208 [Graph] 011a 613i 613c.

咳 hāi +9035 口亥 |damnit! what! ◇ ah! aie! hélas! oh! [Etym] 口 2063 (rad: 030a 3-06), 亥 1210 [Graph] 011a 614a.

△ ké |to cough ◇ tousser.

咳嗽 ké sòu。 to cough ◇ tousser * 9227.

啭 zhuàn -9036 口车专 |囀 *9238| 1° sound of birds: to twitter 2° to sing ◇ 1° onomatopée: cri d'oiseaux 2° chanter [Etym] 口 2063 (rad: 030a 3-08), 转 1214 [Graph] 011a 614d 632c.

哆 duō +9037 口夕夕 |[Etym] 口 2063 (rad: 030a 3-06), 多 1228 [Graph] 011a 631b 631b.

哆嗦 duō suo。 to tremble, to shiver ◇ trembler, frissonner * 9118.

咧 liē +9038 口歹刂 |See ◇ Voir [Etym] 口 2063 (rad: 030a 3-06), 列 1236 [Graph] 011a 631c 333b.

△ liě |

咧嘴 liě zuǐ。 to grimace, to grin with pain ◇ grimacer, gémir * 8991.

△ lie |final particle ◇ particule finale.

噔 dēng +9039 口癶豆 |thump, thud ◇ bruit sourd [Etym] 口 2063 (rad: 030a 3-12), 登 1247 [Graph] 011a 631g 012b.

叹 tàn -9040 口又 |嘆 *8999、歎 *5400| 1° to sigh, to moan 2° to acclaim ◇ 1° soupirer, gémir 2° admirer [Etym] 口 2063 (rad: 030a 3-02), 又 1271 [Graph] 011a 633a.

叹气 tàn qì。 to sigh ◇ soupirer, gémir * 11170.

嗓 sǎng +9041 口又又又木 |1° throat 2° voice ◇ 1° gorge 2° voix [Etym] 口 2063 (rad: 030a 3-10), 桑 1277 [Graph] 011a 633a 633a 633a 422a.

嗓子 sǎng zǐ。 throat ◇ gorge; voix * 6546.

啜 chuài +9042 口又又又又 |1° to suck, to sip 2° to weep ◇ 1° boire à petites gorgées, sucer 2° pleurer [Etym] 口 2063 (rad: 030a 3-08), 叕 1278 [Graph] 011a 633a 633a 633a 633a.

△ chuò |1° to suck, to sip 2° to weep ◇ 1° sucer, boire 2° pleurer.

吱 zhī +9043 口支 |1° to growl 2° sound: creak ◇ 1° grogner 2° onomatopée: grincement [Etym] 口 2063 (rad: 030a 3-04), 支 1284 [Graph] 011a 633d.

△ zī |sounds: to growl, to squeak, to chirp ◇ onomatopée: grognement, cris aigus.

△ zī |嗞 *9034| squeaking sounds made by rats, birds, etc. ◇ onomatopée des cris aigus poussés par des souris, oiseaux etc..

咚 dōng +9044 口夂冫 |rat-tat ◇ pan! pan! [Etym] 口 2063 (rad: 030a 3-05), 冬 1287 [Graph] 011a 633e 211b.

咚咚 dōng dōng。 rat-tat, rub-a-dub (of a drum) ◇ pan! pan! rataplan! (tambour) * 9044.

喒 zán *9045 口夂卜日 |咱 +9219、偺 *2941| we, our ◇ nous, notre [Etym] 口 2063 (rad: 030a 3-09), 昝 1289 [Graph] 011a 633e 412c 021a.

咯 gē +9046 口夂口 |1° noises: click, cluck, titter 2° uneven 3° rough ◇ 1° onomatopée de bruit de pas 2° inégal 3° rugueux, raboteux [Etym] 口 2063 (rad: 030a 3-06), 各 1295 [Graph] 011a 633e 011a.

△ kǎ |1° to cough up 2° criminal accusation ◇ 1° tousser 2° accusé de criminel.

△ lo |final particle ◇ particule finale.

△ luò |See ◇ Voir 吡咯 bi3-luo4 8893-9046.

吼 hǒu +9047 口子乚 |roar, howl, to rumble ◇ hurlement, rugissement, mugir [Etym] 口 2063 (rad: 030a 3-04), 孔 1305 [Graph] 011a 634d 321a.

吼叫 hǒu jiào。 to roar, to howl ◇ rugir, mugir * 9255.

口 口

啊 ā +9048 口阝可口 | exclamation expressing surprise: oh! ah! ◇ interjection de surprise: ah! oh! [Etym] 口 2063 (rad: 030a 3-07), 阿 1327 [Graph] 011a 634j 331c 011a.

△ á | 嗄 +9222 | exclamation: eh? pardon? ◇ interjection: pardon? oui?.

△ ǎ | exclamation expressing surprise: what! ◇ interjection marquant l'étonnement: quoi!.

△ à | exclamation expressing consent: all right! ah! ◇ interjection marquant le consentement: d'accord!.

△ a | 呵 +8908 | exclamation ◇ interjection.

哚 duǒ *9049 口乃木 | 哚 -9270 | See ◇ Voir 吲哚 yin3-duo3 9272-9270 [Etym] 口 2063 (rad: 030a 3-06), 朵 1341 [Graph] 011a 634l 422a.

吸 xī +9050 口及 | 1° to breathe in, to inhale 2° to absorb 3° to attract ◇ 1° respirer, humer 2° absorber 3° attirer [Etym] 口 2063 (rad: 030a 3-03), 及 1344 [Graph] 011a 634m.

吸烟 xī yān。 to smoke ◇ fumer ✱ 1067.

吸尘器 xī chén qì。 vacuum cleaner ◇ aspirateur ✱ 2242 9172.

吸取 xī qǔ。 to assimilate, to draw, to absorb ◇ assimiler, recevoir, tirer ✱ 5460.

吸收 xī shōu。 to absorb, to integrate ◇ assimiler, intégrer, recruter, accepter, admettre ✱ 10987.

吸引 xī yǐn。 to attract, to draw ◇ attirer ✱ 11250.

喋 dié +9051 口世木 | to chatter ◇ babiller [Etym] 口 2063 (rad: 030a 3-09), 枼 1349 [Graph] 011a 711d 422a.

嚦 lì *9052 口厂禾禾止 | 呖 -9053 | See ◇ Voir 呖呖 li4-li4 9053-9053 [Etym] 口 2063 (rad: 030a 3-16), 歷 1362 [Graph] 011a 721a 422d 422d 434a.

呖 lì -9053 口厂力 | 嚦 *9052 | See ◇ Voir 呖呖 li4-li4 9053-9053 [Etym] 口 2063 (rad: 030a 3-04), 历 1366 [Graph] 011a 721a 732f.

呖呖 lì lì。 noise of splitting, warbling of the oriole ◇ onomatopée: gazouillis du loriot ✱ 9053.

呃 è +9054 口厂㔾 | 1° to belch 2° hiccup ◇ 1° roter 2° hoquet [Etym] 口 2063 (rad: 030a 3-04), 厄 1367 [Graph] 011a 721a 733a.

噘 juē *9055 口厂𫝀欠 | See ◇ Voir 撅 2529 [Etym] 口 2063 (rad: 030a 3-12), 厥 1368 [Graph] 011a 721a 842d 232b.

哩 lí +9056 口厂里 | See ◇ Voir 咖哩 ga1-li2 9074-9056 [Etym] 口 2063 (rad: 030a 3-09), 厘 1374 [Graph] 011a 721a 043j.

嘛 ma +9057 口广木木 | 1° lama, Tibetan bonze 2° particle expressing the obvious ◇ 1° bonze tibétain 2° finale d'exclamation [Etym] 口 2063 (rad: 030a 3-11), 麻 1380 [Graph] 011a 721b 422a 422a.

嗻 zhè +9058 口广廿灬 | 1° loquacity 2° yes, OK ◇ 1° bavardage 2° oui, d'accord [Etym] 口 2063 (rad: 030a 3-11), 庶 1390 [Graph] 011a 721b 436a 222d.

嘑 hū *9059 口虍七乎 | 呼 +8913 、戏 4° -6506 | 1° to breathe out, to cry out 2° to address, to invoke 3° to call 4° sound (in wu-hu) ◇ 1° crier, exhaler 2° invoquer 3° appeler 4° son (dans wu-hu) [Etym] 口 2063 (rad: 030a 3-11), 虖 1431 [Graph] 011a 721g 321e 332d.

嘘 shī +9060 口虍七业 | 1° to blow, to breathe, to suck up 2° hush! keep quiet! ◇ 1° souffler, respirer, aspirer 2° chut! silence! [Etym] 口 2063 (rad: 030a 3-11), 虚 1432 [Graph] 011a 721g 321e 435a.

△ xū | 1° to breathe out slowly 2° sigh 3° to scald, to burn 4° to hiss 5° to suck up ◇ 1° souffler doucement 2° soupirer 3° brûler 4° huer (acteur) 5° sucer.

噱 jué +9061 口虍七豕 | 1° to laugh loudly 2° to brag ◇ 1° rire aux éclats 2° hâbleur [Etym] 口 2063 (rad: 030a 3-13), 豦 1434 [Graph] 011a 721g 321e 522a.

△ xué | to laugh ◇ rire aux éclats, hâbleur.

嚯 nia +9062 口虍七壬 | final particle expressing hope ◇ particule finale marquant l'espoir, l'attente [Etym] 口 2063 (rad: 030a 3-09), 虐 1438 [Graph] 011a 721g 321e 831b.

唬 hǔ +9063 口虍七几 | 1° to frighten, to intimidate 2° to bluff 3° to roar ◇ 1° effrayer, menacer 2° bluffer 3° rugir [Etym] 口 2063 (rad: 030a 3-08), 虎 1451 [Graph] 011a 721g 321e Z33a.

△ xià | to frighten ◇ effrayer.

哌 pài +9064 口厂𠂢 | [Etym] 口 2063 (rad: 030a 3-06), 𠂢 1453 [Graph] 011a 722a 312g.

哌嗪 pài qín。 piperazine ◇ piperazine ✱ 8889.

嗁 tí *9065 口厂虍七几 | 啼 +9114 | 1° to wail, to cry 2° crow ◇ 1° pleurer, cris plaintifs 2° chant du coq [Etym] 口 2063 (rad: 030a 3-10), 虒 1455 [Graph] 011a 722a 721g 321e Z33a.

听 tīng +9066 口斤 | 聽 *5453 | 1° to listen to, to hear 2° to obey 3° to administer 4° to let 5° tin, can ◇ 1° écouter, entendre 2° obéir à 3° administrer 4° permettre 5° boîte, bidon [Etym] 口 2063 (rad: 030a 3-04), 斤 1461 [Graph] 011a 722c.

听从 tīng cóng。 to obey, to comply with ◇ obéir à, se soumettre à, suivre ✱ 1071.

听众 tīng zhòng。 listeners, audience ◇ auditeur, auditoire ✱ 1086.

听说 tīng shuō。 hear say ◇ entendre dire ✱ 1819.

听话 tīng huà。 obedient, docile ◇ obéissant, docile, sage ✱ 1821.

听任 tīng rèn。 to allow ◇ laisser faire; laisser le champ libre ✱ 2889.

听写 tīng xiě。 dictation ◇ faire une dictée ✱ 7686.

听见 tīng jiàn。 to hear ◇ entendre ✱ 7991.

叼 diāo +9067 口刁 | to hold in the mouth ◇ tenir dans la bouche [Etym] 口 2063 (rad: 030a 3-02), 刁 1470 [Graph] 011a 731b.

叨 dāo +9068 口刀 |to talk, to chat ◇ causer, bavarder [Etym] 口 2063 (rad: 030a 3-02), 刀1477 [Graph] 011a 732a.

△ tāo |1° to be favored with, to get the benefit of 2° to covet ◇ 1° formules de politesse: je ne mérite pas, je ne suis pas digne 2° convoiter.

吩 fēn +9069 口分 |1° to command, to give orders 2° to instruct ◇ 1° commander 2° enjoindre, instruire [Etym] 口 2063 (rad: 030a 3-04), 分1480 [Graph] 011a 732b.

吩咐 fēn fu。to instruct, to order ◇ commander, ordonner * 8920.

哪 nǎ +9070 口刅阝 |which, what, how, when ◇ quel? lequel? quand? comment? où? [Etym] 口 2063 (rad: 030a 3-06), 那 1488 [Graph] 011a 732e 634j.

哪个 nǎ gè。which, who ◇ lequel, quel, qui * 1092.

哪儿 nǎ ér。where ◇ où * 2194.

哪怕 nǎ pà。even, even if ◇ même, quand bien même * 3363.

哪样 nǎ yàng。what kind, sort ◇ quelle sorte? quelle espèce? * 4163.

哪些 nǎ xiē。which ones, what ◇ quels, lesquels * 5295.

哪里 nǎ lǐ。where; wherever ◇ où * 10761.

△ na |final particle ◇ particule finale.

△ né |

哪吒 né zhā。name of a ghost ◇ nom d'un personnage imaginaire * 8902.

△ něi |which, what ◇ lequel, laquelle.

另 lìng (2074) 口力 |[Tra] separate; other ◇ sectionner; autre [Etym] different writing: bone (1,2< 骨 1947), without flesh->section ◇ graphie différente: des os (1,2< 骨 1947), sans chair ->section [Graph] 011a 732f [Ref] h579, k436, r11m, w118b, wi474 [Hanzi] guai3 拐 2665, guai3 枴 4415, ling4 另 9071, le4 叻 9072, bie2 bie4 别 9073.

另 lìng +9071 口力 |令 *1404| 1° other, separate 2° to go one's way 3° moreover ◇ 1° autre, distinct 2° vivre à part 3° de plus [Etym] 口 2063 (rad: 030a 3-02), 另 2074 [Graph] 011a 732f.

另外 lìng wài。in addition, moreover ◇ en outre, de plus, à part; individuellement; autre * 6395.

叻 lè +9072 口力 |See ◇ Voir 石叻 shi2-le4 9642-9072 [Etym] 口 2063 (rad: 030a 3-02), 力 1489 [Graph] 011a 732f.

别 bié (2075) 口力刂 |[Tra] to part; another; not ◇ séparer; autre; ne pas [Etym] to separate (1,2= 另 2074); to cut (3= 刂 470) ◇ sectionner (1,2= 另 2074); couper (3= 刂 470) [Graph] 011a 732f 333b [Ref] h579, k728, r11m, w118b [Hanzi] ba1 捌2666, bie2 bie4 别 9073.

别 bié +9073 口力刂 |1° to leave, to part 2° another 3° difference 4° to separate, to recede from 5° to stick in 6° not, do not ◇ 1° quitter 2° autre 3° différence, discerner 4° séparer 5° coller à 6° ne pas [Etym] 刂 470 (rad: 018b 2-05), 别 2075 [Graph] 011a 732f 333b.

别人 bié rén。others, another, other people ◇ les autres, un autre, autrui * 1070.

别针 bié zhēn。safety pin; pin ◇ épingle; agrafe * 1941.

别致 bié zhì。original, unique, unusual ◇ original, unique, inhabituel * 5913.

别字 bié zì。wrong character ◇ caractère mal écrit * 7763.

别离 bié lí。to part; to leave ◇ se séparer, se quitter * 8539.

别的 bié de。other ◇ autre * 9990.

别墅 bié shù。villa, mansion ◇ villa, résidence * 10763.

△ biè |彆 *8482|

别扭 biè niǔ。awkward, difficult ◇ gauche, maladroit, fâcheux * 2574.

咖 gā +9074 口力口 |[Etym] 口 2063 (rad: 030a 3-05), 加 1492 [Graph] 011a 732f 011a.

咖喱 gā lí。curry ◇ cari * 9056.

△ kā |phonetic transcription of ca, ka: coffee ◇ transcription phonétique du son ca, ka : café.

咖啡 kā fēi。coffee ◇ café * 8935.

噀 xùn +9075 口巳巳共 |潠 *368| 1° to spurt water 2° to spit ◇ 1° jet d'eau 2° cracher [Etym] 口 2063 (rad: 030a 3-10), 巽 1500 [Graph] 011a 733a 733a 436e.

叩 kòu +9076 口卩 |1° to knock 2° to kowtow ◇ 1° frapper à petits coups 2° se prosterner, humblement [Etym] 口 2063 (rad: 030a 3-02), 卩 1504 [Graph] 011a 734a.

呕 ǒu -9077 口匚乂 |嘔 *9080| to vomit, to throw up ◇ vomir, dégorger [Etym] 口 2063 (rad: 030a 3-04), 区 1519 [Graph] 011a 811c 243a.

呕吐 ǒu tù。to throw up, to vomit, to disgorge ◇ vomir, dégorger, restituer * 8967.

哐 kuāng +9078 口匚王 |noises: crash, bang ◇ onomatopée: badaboum! patatras! fracas [Etym] 口 2063 (rad: 030a 3-06), 匡 1522 [Graph] 011a 811c 432e.

哐啷 kuāng lāng。sounds: crash, bang! ◇ onomatopée: fracas, bang! * 9166.

咂 zā +9079 口匚巾 |1° to suck in, to sip, to lick 2° clicks (tongue) 3° to taste ◇ 1° siroter, gorgée, sucer 2° clappement (langue) 3° goûter [Etym] 口 2063 (rad: 030a 3-05), 匝 1526 [Graph] 011a 811c 858a.

嘔 ǒu *9080 口匚口口口 |呕 -9077| to vomit, to throw up ◇ vomir, dégorger [Etym] 口 2063 (rad: 030a 3-11), 區 1528 [Graph] 011a 811c 011a 011a 011a.

噆 zǎn +9081 口旡旡曰 | 1° to hold in the mouth 2° to bite 3° to sting 4° to suck, to taste, to eat ◇ 1° tenir quelque chose dans la bouche 2° mordre 3° piquer 4° sucer, goûter, manger [Etym] 口 2063 (rad: 030a 3-12), 朁 1541 [Graph] 011a 812a 812a 021a.

呀 yā +9082 口牙 | interjection: ah, oh! sound: creak ◇ interjection: ah! oh! onomatopée du grincement [Etym] 口 2063 (rad: 030a 3-04), 牙 1542 [Graph] 011a 812b.

△ ya | interjection: ah, oh! ◇ interjection: ah! oh!.

㕶 ɣ *9083 口五 | 嗯 -9251 | expression of dissent or surprise ◇ mot d'exclamation marquant la surprise [Etym] 口 2063 (rad: 030a 3-04), 五 1548 [Graph] 011a 822b.

△ ng | 嗯 -9251 | hey! what! expressing surprise ◇ mot utilisé au début de la phrase pour exprimer l'étonnement.

唔 β *9084 口五口 | 嗯 -9251 | expression of suspicion ◇ mot d'exclamation marquant le soupçon [Etym] 口 2063 (rad: 030a 3-07), 吾 1549 [Graph] 011a 822b 011a.

ng *9085 口五口 | 嗯 -9251 | what, expressing doubt ◇ interjection finale quoi? exprimant surprise [Etym] 口 2063 (rad: 030a 3-07), 吾 1549 [Graph] 011a 822b 011a.

㖊 xún -9086 口彐寸 | 噚 *9088 | fathom, six feet = 1, 28 meters ◇ unité de mesure de profondeur d'eau = 1, 28 mètres [Etym] 口 2063 (rad: 030a 3-06), 寻 1555 [Graph] 011a 832a 332b.

唚 qìn *9087 口彐冖又 | 吣、㕵 +8900、*2178 | to vomit, to regurgitate (of dogs and cats) ◇ vomissement des chats et des chiens [Etym] 口 2063 (rad: 030a 3-07), 𠬶 1556 [Graph] 011a 832a 851a 633a.

噚 xún *9088 口彐工口寸 | 㖊 -9086 | fathom, six feet = 1, 28 meters ◇ unité de mesure de profondeur d'eau = 1, 28 mètres [Etym] 口 2063 (rad: 030a 3-12), 尋 1566 [Graph] 011a 833a 431a 011a 332b.

咿 yī *9089 口尹 | 咿 +8922 | See ◇ Voir 咿呀 yi1-ya1 8922-9082 [Etym] 口 2063 (rad: 030a 3-04), 尹 1575 [Graph] 011a 834a.

啸 xiào -9090 口肃 | 嘯 *9092 | 1° to whistle 2° to scream 3° to roar ◇ 1° siffler 2° crier 3° rugir [Etym] 口 2063 (rad: 030a 3-08), 肃 1581 [Graph] 011a 834g.

嗛 qiǎn +9091 口兼 | 1° to peck 2° jowls of monkey (where food is stored) ◇ 1° becqueter, frapper du bec 2° bajoues du singe (où la nourriture est gardée) [Etym] 口 2063 (rad: 030a 3-10), 兼 1582 [Graph] 011a 834h.

嘯 xiào *9092 口肅 | 啸 -9090 | 1° to whistle 2° to scream 3° to roar ◇ 1° siffler 2° crier 3° rugir [Etym] 口 2063 (rad: 030a 3-13), 肅 1584 [Graph] 011a 834k.

啗 dàn *9093 口臽 | 啖、噉 +8857、*9006 | to chew, to eat, to feed ◇ bouchée, manger, nourrir [Etym] 口 2063 (rad: 030a 3-08), 臽 1594 [Graph] 011a 835e.

嗖 sōu +9094 口申又 | 1° cry, (sound) to whiz by 2° to speed along ◇ 1° cri, onomatopée du sifflement 2° filer à toute allure [Etym] 口 2063 (rad: 030a 3-09), 叟 1596 [Graph] 011a 835g 633a.

哕 yuě -9095 口山夕 | 噦 *8992 | 1° rumbling 2° to vomit ◇ 1° tintouin, carillon 2° vomir [Etym] 口 2063 (rad: 030a 3-06), 岁 1620 [Graph] 011a 841b 631b.

嘣 bēng +9096 口山月月 | onomatopoeia of bouncing, cracking things ◇ onomatopée: rebond, éclatement [Etym] 口 2063 (rad: 030a 3-11), 崩 1622 [Graph] 011a 841b 856e 856e.

喘 chuǎn +9097 口山而 | 1° to gasp for breath 2° asthma ◇ 1° haleter 2° asthme [Etym] 口 2063 (rad: 030a 3-09), 耑 1623 [Graph] 011a 841b 857f.

喘气 chuǎn qì 。 to breathe deeply, to pant; to rest ◇ respirer, souffler; se reposer * 11170.

嗤 chī +9098 口虫虫 | to laugh at, to sneer ◇ rire, railler [Etym] 口 2063 (rad: 030a 3-10), 蚩 1639 [Graph] 011a 842b 031d.

咄 duō +9099 口出 | exclamation, tut-tut ◇ Oh! exclamation [Etym] 口 2063 (rad: 030a 3-05), 出 1640 [Graph] 011a 842c.

嗍 suō +9100 口屰月 | to suck and eat ◇ sucer, aspirer [Etym] 口 2063 (rad: 030a 3-10), 朔 1646 [Graph] 011a 842d 856e.

吨 dūn +9101 口屯 | 噸 *9102 | ton ◇ tonne [Etym] 口 2063 (rad: 030a 3-04), 屯 1647 [Graph] 011a 842e.

噸 dūn *9102 口屯頁 | 吨 +9101 | ton ◇ tonne [Etym] 口 2063 (rad: 030a 3-13), 頓 1648 [Graph] 011a 842e 023f.

嚀 níng *9103 口宀心皿丁 | 咛 -9106 | See ◇ Voir 叮咛 ding1-ning2 8907-9106 [Etym] 口 2063 (rad: 030a 3-14), 寧 1667 [Graph] 011a 851c 321c 922a 331b.

嘧 mì +9104 口宀必山 | [Etym] 口 2063 (rad: 030a 3-11), 密 1669 [Graph] 011a 851c 321d 841b.

嘧啶 mì dìng 。 pyrimidine ◇ pyrimidine * 9108.

咤 zhà +9105 口宀乇 | 吒 +8902 | 1° to chide 2° to spit ◇ 1° gronder 2° cracher [Etym] 口 2063 (rad: 030a 3-06), 宅 1670 [Graph] 011a 851c 321f.

咛 níng -9106 口宀丁 | 嚀 *9103 | See ◇ Voir 叮咛 ding1-ning2 8907-9106 [Etym] 口 2063 (rad: 030a 3-05), 宁 1673 [Graph] 011a 851c 331b.

嗐 hài +9107 口宀丰口 | oh! ◇ oh! ah! [Etym] 口 2063 (rad: 030a 3-10), 害 1681 [Graph] 011a 851c 414g 011a.

啶 dìng +9108 口宀疋 | See ◇ Voir 吡啶 bi3-ding4 8893-9108 [Etym] 口 2063 (rad: 030a 3-08), 定 1690 [Graph] 011a 851c 434f.

噻 sāi +9109 口宀井土 | [Etym] 口 2063 (rad: 030a 3-13), 塞 1694 [Graph] 011a 851c 436h 432a.

噻唑 sāi zuò 。 thiazole ◇ thiazole * 8859.

噻吩 sāi fēn 。 thiophene ◇ thiophène * 9069.

嚓 cā +9110 口宀癶示 | to screech ◇ grincer, crisser [Etym] 口 2063 (rad: 030a 3-14), 察 1700 [Graph] 011a 851c 631h 331l.

△ chā | 1° to crack 2° to snap ◇ 1° craquer 2° se casser.

喀 kā +9111 口宀夂口 | coughing or vomiting noises ◇ onomatopée de la toux ou du vomissement [Etym] 口 2063 (rad: 030a 3-09), 客 1701 [Graph] 011a 851c 633e 011a.

喀吧 kā bā ◦ snap, crack ◇ crac, claque * 9167.

喧 xuān +9112 口宀亘亖 | 諠 *9596 | noisy, clamor, hubbub ◇ bruyant, vociférer, clameurs [Etym] 口 2063 (rad: 030a 3-09), 宣 1711 [Graph] 011a 851c 022a ac:z.

喧闹 xuān nào ◦ noise, racket ◇ faire du tapage; tumulte * 8032.

嗙 pǎng +9113 口立方 | 1° to boast, to brag 2° to chat 3° to joke ◇ 1° se vanter, exagérer 2° bavarder 3° blaguer [Etym] 口 2063 (rad: 030a 3-10), 旁 1732 [Graph] 011a 851e 853b.

啼 tí +9114 口立巾 | 嗁 *9065 | 1° to wail, to cry 2° crow ◇ 1° pleurer, cris plaintifs 2° chant du coq [Etym] 口 2063 (rad: 030a 3-09), 帝 1733 [Graph] 011a 851e 858a.

嚐 cháng *9115 口丷口匕日 | See ◇ Voir 嘗 7865 [Etym] 口 2063 (rad: 030a 3-14), 嘗 1741 [Graph] 011a 851h 011a 321b 021a.

嘡 tāng +9116 口丷口土 | loud ringing sound, clang ◇ onomatopée: ding, vibrant [Etym] 口 2063 (rad: 030a 3-11), 堂 1743 [Graph] 011a 851h 011a 432a.

噹 dāng *9117 口丷口田 | See ◇ Voir 當 7873 [Etym] 口 2063 (rad: 030a 3-13), 當 1749 [Graph] 011a 851h 011a 041a.

嗦 suo +9118 口𡗗糸 | See ◇ Voir 哆嗦 duo1-suo5 9037-9118 [Etym] 口 2063 (rad: 030a 3-10), 索 1752 [Graph] 011a 851i 613d.

嚏 tì +9119 口𡗗田疋 | to sneeze ◇ éternuer [Etym] 口 2063 (rad: 030a 3-14), 疐 1756 [Graph] 011a 851i 041a 434g.

哝 nóng -9120 口农 | 噥 *9247 | See ◇ Voir 哝哝 nong2-nong2 9120-9120 [Etym] 口 2063 (rad: 030a 3-06), 农 1761 [Graph] 011a 851l.

哝哝 nóng nóng ◦ to mutter, to murmur ◇ grommeler, murmurer * 9120.

吻 wěn (2076) 口勿	[Tra] lips; to kiss ◇ lèvres; baiser [Etym] mouth (1= 口 2063); most moving (2= 勿 1765) part ->lips ◇ bouche (1= 口 2063); partie bougeant (2= 勿 1765) le plus ->lèvres [Graph] 011a 852e [Ref] w101a [Hanzi] wen3 吻 9121.

吻 wěn +9121 口勿 | 脗 *8195 | 1° lips 2° to kiss 3° animal's mouth ◇ 1° lèvres, angles de la bouche 2° baiser 3° bouche (animal) [Etym] 口 2063 (rad: 030a 3-04), 吻 2076 [Graph] 011a 852e.

唿 hū +9122 口勿心 | [Etym] 口 2063 (rad: 030a 3-08), 忽 1766 [Graph] 011a 852e 321c.

唿哨 hū shào ◦ to whistle (with fingers in one's mouth) ◇ siffler * 9141.

啕 táo +9123 口勹缶 | 咷 *8904 | to chatter, to prattle ◇ bavarder, jacasser [Etym] 口 2063 (rad: 030a 3-08), 匋 1775 [Graph] 011a 852h 841c.

咆 páo +9124 口勹巳 | to roar, to thunder ◇ cris, hurlement, rugir [Etym] 口 2063 (rad: 030a 3-05), 包 1778 [Graph] 011a 852h 933b.

嗾 sǒu +9125 口方𠂉矢 | to excite, to tease, to instigate ◇ exciter, agacer, pousser à [Etym] 口 2063 (rad: 030a 3-11), 族 1787 [Graph] 011a 853b ac:f 242d.

员 yuán (2077) 口贝	[Tra] round; officer ◇ cercle; officier [Etym] modern simplified form of (員 2104) ◇ forme simplifiée moderne de (員 2104) [Graph] 011a 854b [Hanzi] yun2 涢 503, sun3 损 2667, xun1 埙 4945, yun3 殒 6441, yun3 陨 6779, bei5 呗 9126, yuan2 yun2 yun4 员 9127, yun2 郧 9128, xun1 勋 9129, yuan2 圆 10968.

呗 bei -9126 口贝 | 唄 *9215 | to chant, as in Buddhist temples ◇ 1° son bouddhiste 2° chanter [Etym] 口 2063 (rad: 030a 3-04), 贝 1796 [Graph] 011a 854b.

员 yuán -9127 口贝 | 員 *9215 | 1° person engaged in some field of activity 2° member (groupe, parti, etc.) 3° to chant, as in Buddhist temples 4° measure-word for military officer ◇ 1° personne lié à un champ d'activité 2° membre (d'une association) 3° chanter (comme dans temples) 4° spécificatif d'un général [Etym] 口 2063 (rad: 030a 3-04), 员 2077 [Graph] 011a 854b.

员工 yuán gōng ◦ workers, staff, personnel ◇ employés, ouvriers; le personnel * 4698.

△ yún | 員 *9215 | personal name ◇ prénom.

△ yùn | 員 *9215 | surname ◇ nom de famille.

郧 yún -9128 口贝阝 | 鄖 *9216 | county in Hubei ◇ chef-lieu du Hubei [Etym] 阝 1316 (rad: 163b 2-07), 员 2077 [Graph] 011a 854b 634j.

勋 xūn -9129 口贝力 | 勛 *9217 、勳 *10411 | 1° loyal merit 2° achievement ◇ 1° mérite, services signalés 2° exploit [Etym] 力 1489 (rad: 019a 2-07), 员 2077 [Graph] 011a 854b 732f.

勋章 xūn zhāng ◦ decoration, medal ◇ décoration, médaille * 673.

嘤 yīng -9130 口贝贝女 | 嚶 *9218 | sound of birds calling: chirp ◇ onomatopée [Etym] 口 2063 (rad: 030a 3-11), 婴 1800 [Graph] 011a 854b 854b 611e.

唢 suǒ -9131 口贞 | 嗩 *9223 | [Etym] 口 2063 (rad: 030a 3-07), 贞 1804 [Graph] 011a 854f.

唢呐 suǒ nà ◦ horn, woodwind instrument ◇ souona (trans. phon.), instrument à vent * 9147.

阚 hǎn -9132 口门耳攵 | 嚪 *9169 | roaring of a tiger ◇ rugissement du tigre [Etym] 口 2063 (rad: 030a 3-14), 阚 1813 [Graph] 011a 855a 436l 243c.

肙 yuàn (2078) 口月	[Tra] larvae ◇ larves [Etym] larvae:small things, round (1=prim,> 員 2104), fleshy (2= 月 1823) ◇ des larves:

choses rondes (1=prim,> 員 2104) et charnues (2= 月 1823) [Graph] 011a 856e [Ref] k1340, ph321, w65e [Hanzi] juan1 涓 504, juan1 捐 2668, juan4 狷 5662, juan1 娟 5845, juan4 绢 6063, juan4 絹 6237, juan1 鹃 9133, juan1 鵑 9134, yuan1 蜎 10317, juan4 罥 10794.

鹃 juān -9133 | 鵑 *9134 | See ◇ Voir 杜鹃 du4-juan1 4205-9133 [Etym] 鸟 2494 (rad: 196s 5-07), 肙 2078 [Graph] 011a 856e Z22e.
口月鸟

鵑 juān *9134 | 鹃 -9133 | See ◇ Voir 杜鹃 du4-juan1 4205-9133 [Etym] 鳥 2500 (rad: 196a 11-07), 肙 2078 [Graph] 011a 856e Z22h.
口月鳥

嗣 sì (2079) [Tra] inherit; descendant ◇ succéder; descendant [Etym] to control (3,4= 司 1476), bind (1> 員 2104) documents (2= 冊 1846) ◇ contrôler (3,4= 司 1476), relier (1> 員 2104) des documents (2= 冊 1846) [Graph] 011a 856j 731d 012a [Ref] h1321, w156g [Hanzi] si4 嗣 9135.
口冊⺄口

嗣 sì +9135 | 1° to succeed 2° to inherit 3° descendant ◇ 1° succéder à 2° hériter de 3° descendant [Etym] 口 2063 (rad: 030a 3-10), 嗣 2079 [Graph] 011a 856j 731d 012a.
口冊⺄口

啁 zhāo +9136 | [Etym] 口 2063 (rad: 030a 3-08), 周 1851 [Graph] 011a 856k 432a 011a.
口⺆土口

啁哳 zhāo zhā ∘ to twitter ◇ cri d'un oiseau * 8916.

△ zhōu | sound of birds: chirp, twitter ◇ onomatopée: cri d'oiseaux.

噢 ō +9137 | 噢 *9138 | oh! ◇ oh! [Etym] 口 2063 (rad: 030a 3-12), 奥 1866 [Graph] 011a 857e 422f 242a.
口冂米大

噢 ō *9138 | 噢 +9137 | oh! ◇ oh! [Etym] 口 2063 (rad: 030a 3-13), 奧 1868 [Graph] 011a 857e 422g 242a.
口冂釆大

响 xiǎng +9139 | 響 *6298 | 1° sound, noise 2° moisy 3° echo ◇ 1° son, bruit 2° résonner, bruyant 3° écho [Etym] 口 2063 (rad: 030a 3-06), 向 1870 [Graph] 011a 857e 011a.
口冂口

响应 xiǎng yìng ∘ to respond, to deal with ◇ répondre à une demande, à un appel, faire écho * 6878.

响亮 xiǎng liàng ∘ sonorous, resonant ◇ sonore, retentissant, éclatant * 9462.

嘀 dī +9140 | tick ◇ tic-tac [Etym] 口 2063 (rad: 030a 3-11), 啇 1875 [Graph] 011a 857g 013f.
口啇古

△ dí | 啾 *9014 | 1° to whisper 2° to hesitate ◇ 1° chuchoter 2° hésiter.

哨 shào +9141 | 1° sentry post 2° patrol 3° to chirp (birds) 4° to whistle, signal 5° to spout ◇ 1° poste de garde 2° patrouille 3° gazouiller (oiseaux) 4° siffler, signal 5° pérorer [Etym] 口 2063 (rad: 030a 3-07), 肖 1878 [Graph] 011a 857i.
口肖

哨子 shào zǐ ∘ whistle ◇ sifflet * 6546.

哨兵 shào bīng ∘ sentry, guard ◇ sentinelle * 7215.

喃 nán +9142 | See ◇ Voir 喃喃 nan2-nan2 9142-9142 [Etym] 口 2063 (rad: 030a 3-09), 南 1881 [Graph] 011a 857k 413c.
口南羊

喃喃 nán nán ∘ to mutter, to murmur ◇ onomatopée: murmurer, marmotter * 9142.

吊 diào (2080) [Tra] to condole; hang ◇ condoléances; retenir [Etym] different writing for (弔 2551) ◇ autre graphie pour (弔 2551) [Graph] 011a 858a [Ref] k989, wi266 [Hanzi] diao4 銱 1322, diao4 钢 2091, diao4 吊 9143.
口巾

吊 diào +9143 | 弔 *11275 | 1° to condole 2° to suspend, to hang 3° a thousand cash ◇ 1° offrir des condoléances 2° suspendre, pendre 3° ligature de mille sapèques [Etym] 口 2063 (rad: 030a 3-03), 吊 2080 [Graph] 011a 858a.
口巾

吊车 diào chē ∘ crane, hoist ◇ grue, téléphérique, élévateur * 6327.

吊唁 diào yàn ∘ to condole; to offer one's condolences ◇ présenter ses condoléances * 9203.

嚅 rú +9144 | See ◇ Voir 嗫嚅 nie4-ru2 9005-9144 [Etym] 口 2063 (rad: 030a 3-14), 需 1896 [Graph] 011a 858e 857f.
口雨而

啢 liǎng *9145 | 唡 -9149 | See ◇ Voir 英啢 ying1-liang3 3901-9149 [Etym] 口 2063 (rad: 030a 3-08), 兩 1902 [Graph] 011a 858f 232a 232a.
口兩人人

哺 bǔ +9146 | 1° to feed (a baby) 2° to nurse ◇ 1° nourrir (un bébé) 2° allaiter [Etym] 口 2063 (rad: 030a 3-07), 甫 1914 [Graph] 011a 858n.
口甫

咼 guǎ (2081) [Tra] wry mouth; to stammer ◇ bredouiller [Etym] different writing for (咼 1948); here, bad uttering (2= 内 1919) ◇ autre graphie pour (咼 1948); ici, mal émettre (2= 内 1919) [Graph] 011a 859a [Ref] r13j, r16l, w15c, w72a [Hanzi] guo1 涡 505, guo1 锅 2092, wo1 莴 3926, guo1 埚 4946, wa1 娲 5846, gua1 娲 6064, huo4 祸 6596, wo1 窝 7836, luo2 脶 8221, na4 呐 9147, gua3 剐 9148, wai1 㖞 9177, wo1 蜗 10318, gua1 騧 11135.
口内

呐 nà +9147 | 1° to shout loudly 2° to stammer ◇ 1° crier 2° bredouiller [Etym] 口 2063 (rad: 030a 3-04), 内 1919 [Graph] 011a 859a.
口内

剐 guǎ -9148 | 剮 *8602 | to cut (a criminal) to pieces, to slit ◇ décharner, dépecer, érafler [Etym] 刂 470 (rad: 018b 2-07), 咼 2081 [Graph] 011a 859a 333b.
口内刂

唡 liǎng -9149 | 啢 *9145 | See ◇ Voir 英啢 ying1-liang3 3901-9149 [Etym] 口 2063 (rad: 030a 3-07), 两 1922 [Graph] 011a 859d.
口两

啮 niè -9150 | 齧 *3491、囓 *8933 | to gnaw ◇ mordre, ronger [Etym] 口 2063 (rad: 030a 3-08), 齿 1924 [Graph] 011a 911a.
口齿

咀 jǔ +9151 | 1° to chew, to suck 2° to ruminate 3° to taste ◇ 1° mâcher, sucer 2° ruminer 3° goûter [Etym] 口 2063 (rad: 030a 3-05), 且 1929 [Graph] 011a 921a.
口且

△ zuǐ | mouth ◇ bouche.

嗔 chēn +9152 口真 |嗔 *8899| to be angry at, to rail at ◇ se fâcher, gronder [Etym] 口 2063 (rad: 030a 3-10), 真 1936 [Graph] 011a 921f.

唤 huàn +9153 口奂 |1° to call out, to summon 2° to name ◇ 1° appeler, crier 2° nommer [Etym] 口 2063 (rad: 030a 3-07), 奂 1942 [Graph] 011a 923a.

喎 wāi *9154 口咼口 |呙 -9177| awry, distorted ◇ de travers, tordu [Etym] 口 2063 (rad: 030a 3-09), 咼 1948 [Graph] 011a 924d 011a.

呢 ne +9155 口尸匕 |final particle ◇ particule finale [Etym] 口 2063 (rad: 030a 3-05), 尼 1952 [Graph] 011a 931a 321b.

△ ní |woolen cloth ◇ drap, tissu de laine.

呢绒 ní róng ∘ wool fabric ◇ drap (de laine) * 5992.

呢子 ní zǐ ∘ cloth, wool cloth ◇ drap, tissu de laine * 6546.

囑 zhǔ *9156 口尸米四勺虫 |嘱 +9160| 1° to gaze, to look earnestly 2° to urge 3° to advise 4° will (death) ◇ 1° regard sévère 2° enjoindre de, charger de, confier 3° recommandation 4° testament [Etym] 口 2063 (rad: 030a 3-21), 屬 1962 [Graph] 011a 931a 412h 051a 852h 031d.

喔 ō +9157 口尸厶土 |oh! ◇ oh! [Etym] 口 2063 (rad: 030a 3-09), 屋 1968 [Graph] 011a 931a 612c 432a.

喔唷 ō yō ∘ oh! ouch! ◇ interjection, finale * 9024.

△ wō |cock's crow ◇ onomatopée du chant du coq, cocorico.

唰 shuā +9158 口尸巾刂 |sound of rain, something passing by quickly ◇ onomatopée de la pluie [Etym] 口 2063 (rad: 030a 3-08), 刷 1972 [Graph] 011a 931a 858a 333b.

噼 pī +9159 口尸口辛 |See ◇ Voir 劈 8654 [Etym] 口 2063 (rad: 030a 3-13), 辟 1975 [Graph] 011a 931a 011a 413d.

△ pī |

噼啪 pī pā ∘ sound: to crack a whip ◇ onomatopée: faire claquer * 8917.

嘱 zhǔ +9160 口尸禹 |囑 *9156| 1° to gaze, to look earnestly 2° to urge 3° to advise 4° will (death) ◇ 1° regard sévère 2° enjoindre de, charger de, confier 3° recommandation 4° testament [Etym] 口 2063 (rad: 030a 3-12), 属 1977 [Graph] 011a 931a 032j.

嘱咐 zhǔ fu ∘ to advise, to enjoin ◇ conseiller, enjoindre, recommander * 8920.

呎 chǐ +9161 口尺 |1° Chinese measure of one foot 2° ruler 3° measure, size ◇ 1° pied chinois (= 1/3 mètre) 2° règle 3° mesure, taille [Etym] 口 2063 (rad: 030a 3-04), 尺 1978 [Graph] 011a 931b.

唳 lì +9162 口户犬 |cry of a heron, wild goose, etc. ◇ cri des oies, grues [Etym] 口 2063 (rad: 030a 3-08), 戾 1982 [Graph] 011a 931e 242i.

唧 jī +9163 口艮卩 |to squirt, to spurt ◇ jaillir, gicler [Etym] 口 2063 (rad: 030a 3-07), 即 2000 [Graph] 011a 932b 734a.

嘅 kǎi *9164 口艮旡 |See ◇ Voir 慨 3339 [Etym] 口 2063 (rad: 030a 3-09), 既 2001 [Graph] 011a 932b 812a.

哏 gén +9165 口艮 |1° amusing, comical, funny 2° clowning 3° to scold, loud angry tones ◇ 1° amusant, comique 2° faire le clown 3° gronder à grands cris, clameurs [Etym] 口 2063 (rad: 030a 3-06), 艮 2003 [Graph] 011a 932c.

啷 lāng +9166 口良阝 |See ◇ Voir 哐啷 kuang1-lang1 9078-9166 [Etym] 口 2063 (rad: 030a 3-08), 郎 2005 [Graph] 011a 932d 634j.

邑 yì (2082) 口巴 |[Tra] city; country; sad ◇ ville; pays; triste [Etym] {1} siege (1=prim, > ⍰ 2440) of authority (2= 巴 2014) (> 卩 1504); {2} group of primitive dwellings (prim) ◇ {1} le siège (1=prim,> ⍰ 2440) de l'autorité (2= 巴 2014) (> 卩 1504); {2} des campements humains (prim) [Graph] 011a 933c [Ref] k194, ph281, r18i, w74c, wa96 [Hanzi] yi4 浥 506, yi4 挹 2669, yi4 悒 3344, hu4 扈 8701, ba1 ba5 吧 9167, yi4 邑 9168 [Rad] 163a.

吧 bā +9167 口巴 |1° exclamation 2° dumb man ◇ 1° interjection 2° muet [Etym] 口 2063 (rad: 030a 3-04), 巴 2014 [Graph] 011a 933c.

△ ba |1° exclamation 2° dumb man ◇ 1° interjection 2° muet.

邑 yì +9168 口巴 |1° city 2° county 3° country 4° anxious, sad ◇ 1° ville, chef-lieu 2° district 3° pays, état 4° inquiet, triste [Etym] 邑 2082 (rad: 163a 7-00), [Graph] 011a 933c.

闞 hǎn *9169 口門耳攵 |阚 -9132| roaring of a tiger ◇ rugissement du tigre [Etym] 口 2063 (rad: 030a 3-19), 闞 2034 [Graph] 011a 934e 436l 243c.

吅 xuān (2083) 口口 |[Tra] clamours; cries ◇ cris; clameurs [Etym] clamours as from many mouths (1,2= 口 2063) ◇ un cri comme s'il venait de plusieurs bouches (1,2= 口 2063) [Graph] 011a 011a [Ref] k170, w72b, wi424, wi937 [Hanzi] mei2 槑 8957, ku1 哭 9171, ma4 駡 9195, ma4 骂 9196, zhou4 咒 9197.

吕 lǚ (2084) 口口 |[Tra] musical tones ◇ tons musicaux [Etym] modern simplified form of (呂 2103) ◇ forme simplifiée moderne de (呂 2103) [Graph] 011a 011a [Hanzi] ju3 莒 888, lü3 铝 2093, lü3 侣 3035, ying2 营 3837, ju3 莒 3927, lü3 稆 4570, gong1 宫 7774, lü2 闾 8036, lü3 吕 9170.

㗊 qǐ, lēi (2085) 口口 |[Tra] many voices; thunder ◇ voix nombreuses; tonnerre [Etym] four mouths (口 2063) voicing (> 器 2087, 噐 2088, 嚣 2091, 嚚 2092, 嚻 2096) ◇ quatre bouches (口 2063) criant (> 器 2087, 噐 2088, 嚣 2091, 嚚 2092, 嚻 2096) [Graph] 011a 011a [Hanzi] qi4 器 9172, qi4 噐 9173, xiao1 嚣 9176, yin2 嚚 9178, xiao1 嚻 9182.

吕 lǚ +9170 口口 |呂 *9204| 1° musical tones 2° surname ◇ 1° tons musicaux 2° nom propre [Etym] 口 2063 (rad: 030a 3-03), 吕 2084 [Graph]

011a 011a.

哭 k ū (2086) 口口犬 [Tra] to cry, weep ◇ pleurer [Etym] to wail (1,2= 吅 2083) as a dog (3= 犬 295) ◇ brailler (1,2= 吅 2083) comme un chien (3= 犬 295) [Graph] 011a 011a 242i [Ref] w72c, wi424 [Hanzi] ku1 哭 9171.

哭 k ū +9171 口口犬 1° to cry 2° to weep ◇ 1° pleurer 2° sangloter [Etym] 口 2063 (rad: 030a 3-07), 哭 2086 [Graph] 011a 011a 242i.

器 q ì (2087) 口口犬口口 [Tra] vessels; skill; able ◇ ustensiles; capacité [Etym] dog (1= 犬 295) barking all over (吅 2083)->able;circles=vessels ◇ chien (3= 犬 295) jappant partout (吅 2083) ->capable; cercles=vases [Graph] 011a 011a 242i 011a 011a [Ref] h452, r344, r344, w72m, wi914 [Hanzi] qi4 器 9172.

器 q ì +9172 口口犬口口 | 噐 *9173 | 1° implement, utensil, tool 2° ware, vessel 3° organ 4° ability 5° useful 6° to estimate ◇ 1° appareil, instrument, outil 2° vase 3° organe 4° capacité, aptitude, talent 5° utile 6° apprécier, estimer [Etym] 口 2063 (rad: 030a 3-13), 器 2087 [Graph] 011a 011a 242i 011a 011a.

器物 q ì w ù 。 utensils, implements ◇ outils, ustensiles * 3468.

器材 q ì c á i 。 material, equipment ◇ matériel * 4149.

器官 q ì g u ā n 。 organ (biol.); apparatus ◇ organe (biol.); appareil * 7771.

器具 q ì j ù 。 implement, utensil ◇ outil, ustensile, instrument * 8546.

器皿 q ì m ǐ n 。 1° dish, food container; 2° container ◇ 1° poterie, récipient pour la nourriture; 2° contenant * 8554.

器重 q ì z h ò n g 。 to regard highly ◇ apprécier, estimer, faire grand cas de * 10764.

噐 q ì (2088) 口口工口口 [Tra] vessels; skill; able ◇ ustensiles; capacité [Etym] different writing for (器 2087); here, (2=joint,# 工 808) ◇ autre graphie pour (器 2087); ici, (2=joint,# 工 808) [Graph] 011a 011a 431a 011a 011a [Ref] h452, w72m [Hanzi] qi4 噐 9173.

噐 q ì *9173 口口工口口 | 器 +9172 | 1° implement, utensil, tool 2° ware, vessel 3° organ 4° ability 5° useful 6° to estimate ◇ 1° appareil, instrument, outil 2° vase 3° organe 4° capacité, aptitude, talent 5° utile 6° apprécier, estimer [Etym] 口 2063 (rad: 030a 3-12), 噐 2088 [Graph] 011a 011a 431a 011a 011a.

嚴 y á n (2089) 口口厂耳攵 [Tra] tight; strict; respe ◇ sévère; majestueux [Etym] cries (1,2= 吅 2083); awe (4,5= 敢 1029); lofty (3= 厂 1353) ◇ cris (1,2= 吅 2083); terreur (4,5= 敢 1029); hauteur (3= 厂 1353) [Graph] 011a 011a 721a 436l 243c [Ref] k248, ph858, w72g, w146h, wi748 [Hanzi] yan3 儼 3036, xian3 獫 5663, yan2 巖 7598, yan2 嚴 9174, yan4 釅 10908.

嚴 y á n *9174 口口厂耳攵 | 严 -6997 | 1° tight 2° strict, severe 3° father 4° to respect 5° surname 6° dignified 7° alarm state ◇ 1° étanche, hermétique 2° rigide, sévère 3° père 4° respecter 5° nom de famille 6° digne, majestueux 7° état d'alerte [Etym] 口 2063 (rad: 030a 3-16), 嚴 2089 [Graph] 011a 011a 721a 436l 243c.

斝 j i ǎ (2090) 口口冖斗 [Tra] wine vessel ◇ contenant de vin [Etym] covered (3= 冖 1649) peck (4= 斗 575); drinking mouths (1,2= 口 2063) ◇ un boisseau (4= 斗 575) à couvercle (3= 冖 1649); des bouches (1,2= 口 2063) [Graph] 011a 011a 851a 413g [Ref] w72d [Hanzi] jia3 斝 9175.

斝 j i ǎ +9175 口口冖斗 wine vessel ◇ contenant de vin [Etym] 口 2063 (rad: 030a 3-09), 斝 2090 [Graph] 011a 011a 851a 413g.

嚣 x i ā o (2091) 口口页口口 [Tra] clamour; to bark ◇ tumulte; vociférer [Etym] modern simplified form of (囂 2096) ◇ forme simplifiée moderne de (囂 2096) [Graph] 011a 011a 854d 011a 011a [Hanzi] xiao1 嚣 9176.

嚣 x i ā o -9176 口口页口口 | 囂 *9182 | to bark, to cry, clamor ◇ tumulte, bruyant, crier, vociférer [Etym] 口 2063 (rad: 030a 3-15), 嚣 2091 [Graph] 011a 011a 854d 011a 011a.

呙 w ā i -9177 口口内 | 喎 *9154 | awry, distorted ◇ de travers, tordu [Etym] 口 2063 (rad: 030a 3-07), 呙 2081 [Graph] 011a 011a 859a.

嚚 y í n (2092) 口口臣口口 [Tra] knavery; stupid ◇ fourberie; bête; tête [Etym] officer (3= 臣 2044) doing nothing but cry (1,2,4,5= 吅 2083) ◇ un officier (3= 臣 2044) qui ne fait que crier (1,2,4,5= 吅 2083) [Graph] 011a 011a 935b 011a 011a [Ref] w72m [Hanzi] yin2 嚚 9178.

嚚 y í n +9178 口口臣口口 1° knavery 2° stupid and stubborn ◇ 1° fourberie 2° bête et têtu [Etym] 口 2063 (rad: 030a 3-15), 嚚 2092 [Graph] 011a 011a 935b 011a 011a.

品 p ǐ n (2093) 口口口 [Tra] kind; products ◇ espèce; produits [Etym] a gathering of similar objects (prim) ◇ un rassemblement d'objects semblables (prim) [Graph] 011a 011a 011a [Ref] h382, k738, r36k, w72l [Hanzi] pin3 榀 4416, lian2 匳 7297, ou1 qu1 區 7321, ban3 闆 8785, pin3 品 9179, yan2 喦 9180.

品 p ǐ n +9179 口口口 1° article, product 2° grade, class, rank, kind, series 3° order, rule 4° character, quality, behaviour 5° to sample, to savor ◇ 1° objet, produit, marchandise, article 2° grade, espèce, degré, catégorie 3° ordre 4° conduite, agissements 5° classer, apprécier, déguster [Etym] 口 2063 (rad: 030a 3-06), 品 2093 [Graph] 011a 011a 011a.

品行 p ǐ n x í n g 。 behavior, conduct ◇ conduite, comportement * 3128.

品德 pǐn dé。goodness; moral character; quality ◇ moralité, conduite, qualité ✱ 3180.

品种 pǐn zhǒng。kind, variety ◇ sorte, espèce, variété ✱ 4580.

品质 pǐn zhì。quality ◇ qualité; moralité, vertu; qualité (objet) ✱ 7194.

品尝 pǐn cháng。to taste, to savor ◇ déguster, goûter ✱ 7863.

喿 zào (2094) 口口口木 |[Tra] bird song ◇ chant d'oiseau [Etym] bird singing (1,2,3= 口 2063) in a tree (4= 木 723) ◇ un oiseau chantant (1,2,3= 口 2063) dans un arbre (4= 木 723) [Graph] 011a 011a 011a 422a [Ref] k771, ph764, w72l, wa58 [Hanzi] zao3 澡 507, zao4 燥 1042, cao1 操 2670, zao3 璪 5185, qiao1 缲 6065, qiao1 sao1 繰 6238, sao1 sao4 臊 8222, zao4 噪 9181, zao4 躁 9397, zao4 譟 9616.

嵒 yán (2095) 口口口山 |[Tra] rocky cliff; danger ◇ roc à pic; dangereux [Etym] very rocky (1, 2,3=prim,> 石 2149) mountain (4= 山 1611) ◇ montagne (4= 山 1611) très rocheuse (1,2,3=prim,> 石 2149) [Graph] 011a 011a 011a 841b [Ref] h249, w72l [Hanzi] ai2 癌 7119, yan2 嵒 9180.

嵒 yán *9180 口口口山 |See ◇ Voir 岩 7606 [Etym] 山 1611 (rad: 046a 3-09), 嵒 2095 [Graph] 011a 011a 011a 841b.

噪 zào -9181 口口口口木 |譟 2° *9616| 1° to twitter (birds) 2° confusion of voices ◇ 1° gazouiller (oiseau), crier 2° paroles confuses [Etym] 口 2063 (rad: 030a 3-13), 喿 2094 [Graph] 011a 011a 011a 011a 422a.

嚣 xiāo (2096) 口口頁口口 |[Tra] clamour; to bark ◇ tumulte; vociférer [Etym] man (3= 頁 2267); four mouths (1,2,4,5= 吅 2083) ◇ un homme (3= 頁 2267); quatre bouches (1,2,4,5= 吅 2083) [Graph] 011a 011a 023f 011a 011a [Ref] w72m [Hanzi] xiao1 囂 9182.

囂 xiāo *9182 口口頁口口 |嚣 -9176| to bark, to cry, clamor ◇ tumulte, bruyant, crier, vociférer [Etym] 口 2063 (rad: 030a 3-18), 嚣 2096 [Graph] 011a 011a 023f 011a 011a.

鼍 tóu (2097) 口口田一口电 |[Tra] crocodile ◇ crocodile [Etym] modern simplified form of (鼉 2100) (> 嘼 2098, 黽 2107) ◇ forme simplifiée moderne de (鼉 2100) (> 嘼 2098, 黽 2107) [Graph] 011a 011a 041a acc:a 011a 043c [Hanzi] tuo2 鼍 9183, tuo2 鼉 9184.

鼍 tuó -9183 口口田一口电 |鼉 *9184| Chinese crocodile ◇ crocodile [Etym] 黽 2107 (rad: 205s 8-12), 鼍 2097 [Graph] 011a 011a 041a ac:a 011a 043c.

鼉 tuó *9184 口口田一口电黽 |鼍 -9183| Chinese crocodile ◇ crocodile [Etym] 黽 2562 (rad: 205a 13-20), 鼉 2100 [Graph] 011a 011a 041a ac:a 011a 043c Z51h.

嘼 shōu (2098) 口口田戸 |[Tra] domesticated animals ◇ animaux domestiques [Etym] animal:ears (top),head (> 思 2316),hindquarters. (> 禺 2372, 萬 690) ◇ animal: oreilles (haut), tête (> 思 2316), arrière-train. (> 禺 2372, 萬 690) [Graph] 011a 011a 041a 012a [Ref] r38b, w23h, wi716 [Hanzi] shou4 獸 9185.

獸 shòu (2099) 口口田戸犬 |[Tra] animal; beastly ◇ animal; bestial [Etym] animal (1,2,3,4= 嘼 2098); dog (5= 犬 295) ◇ animal (1,2,3,4= 嘼 2098); chien (5= 犬 295) [Graph] 011a 011a 041a 012a 242i [Ref] k900, r38b, wa66, wi716 [Hanzi] shou4 獸 9185.

獸 shòu *9185 口口田戸犬 |兽 -10456| 1° beast, animal 2° beastly ◇ 1° bête, animal, bête sauvage 2° bestial [Etym] 犬 295 (rad: 094a 4-15), 獸 2099 [Graph] 011a 011a 041a 012a 242i.

鼉 tóu (2100) 口口田一黽 |[Tra] crocodile ◇ crocodile [Etym] animal (1,2,3< 嘼 2098); aquatic turtle (4= 黽 2562) ◇ animal (1,2,3< 嘼 2098); tortue aquatique (4= 黽 2562) [Graph] 011a 011a 041a acc:a Z51h [Ref] w72e [Hanzi] tuo2 鼉 9184.

單 dān (2101) 口口單 |[Tra] one; single; list ◇ seul, simple; liste [Etym] phon: weapon:kind of fork (3< 丗 603) or pestle (1,2=prim) ◇ phon: une arme: une sorte de fourche (3< 丗 603) ou de pilon (1,2=prim) [Graph] 011a 011a 041c [Ref] h542, k968, ph705, r30d, r385, w72e, wa64, wi937 [Hanzi] dan1 簞 889, shan4 禪 2281, dan3 shan4 撣 2671, dan4 憚 3345, qi2 蘄 3935, shan4 墠 4948, chan2 嬋 5847, dan1 殫 6442, chan2 襌 6688, dan4 癉 7120, zhi4 觶 8371, chan3 闡 8786, duo3 鄲 8838, chan2 dan1 shan4 單 9186, zhan4 戰 9187, dan1 鄲 9188, chan3 囅 9189, duo3 嚲 9450, di1 磾 9766, chan2 蟬 10319, shan4 鱓 10625, dan4 tan2 彈 11264.

單 chán *9186 口口單 |单 +10457| proper name ◇ nom propre [Etym] 口 2063 (rad: 030a 3-09), 單 2101 [Graph] 011a 011a 041c.

△ dān |单 +10457| 1° one, single 2° simple 3° list ◇ 1° seul, unique 2° simple 3° liste.

△ shàn |单 +10457| surname ◇ nom de famille.

戰 zhàn *9187 口口單戈 |战 -9801| 1° war, battle, to fight 2° to fear 3° to tremble 4° surname ◇ 1° guerre, bataille, combattre, lutter 2° avoir peur, craindre 3° trembler 4° nom de famille [Etym] 戈 1057 (rad: 062a 4-12), 單 2101 [Graph] 011a 011a 041c 512b.

鄲 dān *9188 口口單阝 |郸 -10458| proper name ◇ nom propre [Etym] 阝 1316 (rad: 163b 2-12), 單 2101 [Graph] 011a 011a 041c 634j.

囅 chǎn *9189 口口單尸廾 |𠻞 -10459| horse-laugh ◇ gros rire bruyant [Etym] 口 2063 (rad: 030a 3-19), 單 2101 展 1966 [Graph] 011a 011a 041c 931a 436b 312d.

咢 òu (2102) 口口亏 |[Tra] to accuse ◇ accuser [Etym] great cries (1,2= 吅 2083); attack

口 口

(3< 亚 1644) ◇ de grands cris (1,2= 吅 2083); une attaque (3< 亚 1644) [Graph] 011a 011a Z21c [Ref] k680, w72f [Hanzi] e4 锷 1323, e4 谔 1815, e4 锷 2094, e4 愕 3346, e4 萼 3936, e4 腭 8223, e4 鳄 8535, e4 鄂 9190, e4 颚 9191, e4 顎 9192, e4 鹗 9193, e4 鶚 9194, e4 諤 9617, e4 鍔 10529.

鄂 è +9190 口口亏阝 | 1° name of Hubei province 2° surname 3° border ◇ 1° nom de la province de Hubei 2° nom de famille 3° bord [Etym] 阝 1316 (rad: 163b 2-09), 咢 2102 [Graph] 011a 011a Z21c 634j.

颚 è -9191 口口亏页 | 顎 *9192 | 1° jaw 2° palate 3° serious ◇ 1° mâchoire 2° palais 3° grave [Etym] 页 1802 (rad: 181s 6-09), 咢 2102 [Graph] 011a 011a Z21c 854d.

顎 è *9192 口口亏頁 | 颚 -9191 | 1° jaw 2° palate 3° serious ◇ 1° mâchoire 2° palais 3° grave [Etym] 頁 2267 (rad: 181a 9-09), 咢 2102 [Graph] 011a 011a Z21c 023f.

鹗 è -9193 口口亏鸟 | 鶚 *9194 | osprey, fish-eagle ◇ aigle pêcheur [Etym] 鸟 2494 (rad: 196s 5-09), 咢 2102 [Graph] 011a 011a Z21c Z22e.

鶚 è *9194 口口亏鳥 | 鹗 -9193 | osprey, fish-eagle ◇ aigle pêcheur [Etym] 鳥 2500 (rad: 196a 11-09), 咢 2102 [Graph] 011a 011a Z21c Z22h.

駡 mà *9195 口口馬 | 骂 -9196、罵 *10809 | 1° to swear, to curse, to revile 2° to condemn ◇ 1° injurier, maudire 2° condamner [Etym] 馬 2486 (rad: 187a 10-06), 吅 2083 [Graph] 011a 011a Z22a.

骂 mà -9196 口口马 | 駡 *9195、罵 *10809 | 1° to swear, to curse, to revile 2° to condemn ◇ 1° injurier, maudire 2° condamner [Etym] 口 2063 (rad: 030a 3-06), 吅 2083 马 2489 [Graph] 011a 011a Z22b.

咒 zhòu +9197 口口儿 | 呪 *9198 | 1° incantation 2° to curse, to imprecate ◇ 1° incantation 2° imprécation, malédiction, maudire [Etym] 口 2063 (rad: 030a 3-05), 吅 2083 儿 2516 [Graph] 011a 011a Z33a.

呪 zhòu *9198 口兄 | 咒 +9197 | 1° incantation 2° to curse, to imprecate ◇ 1° incantation 2° imprécation, malédiction, maudire [Etym] 口 2063 (rad: 030a 3-05), 兄 2114 [Graph] 011a 011d.

嗝 gé +9199 口鬲冂丫 | 1° to belch 2° hiccup ◇ 1° rot, roter 2° hoquet [Etym] 口 2063 (rad: 030a 3-10), 鬲 2118 [Graph] 011a 012a 856k 411c.

哼 hēng +9200 口亠了 | to moan, to hum, to groan, to snort ◇ gémir, grogner, hum! geindre [Etym] 口 2063 (rad: 030a 3-07), 亨 2124 [Graph] 011a 012c 634a.

△ hng | humph! ◇ hem!.

嚎 háo +9201 口亠冖豕 | to roar, to howl ◇ rugir, hurler, crier de douleur [Etym] 口 2063 (rad: 030a 3-14), 豪 2136 [Graph] 011a 012c 851a 522a.

喨 liàng +9202 口亠冖儿 | 1° children wailing 2° loud and clear, resonant ◇ 1° onomatopée de vagissement 2° voix bien timbrée [Etym] 口 2063 (rad: 030a 3-09), 亮 2137 [Graph] 011a 012c 851a Z33a.

唁 yàn +9203 口言 | to extend condolences ◇ présenter des condoléances [Etym] 口 2063 (rad: 030a 3-07), 言 2139 [Graph] 011a 012d.

呂 lǚ (2103) 口台 | [Tra] musical tones ◇ tons musicaux [Etym] vertebrae and joints (prim) ->succession of tones ◇ des vertèbres et des ligaments (prim) -> succession des tons [Graph] 011a 013a [Ref] k586, ph291, r7e, r8e, w90f [Hanzi] ying2 營 946, lü3 鋁 1324, lü3 侶 3037, lü3 稆 4571, gong1 宮 7775, lü2 閭 8787, gong1 躬 8839, lü3 呂 9204.

呂 lǚ *9204 口台 | 吕 +9170 | 1° musical tones 2° surname ◇ 1° tons musicaux 2° nom propre [Etym] 口 2063 (rad: 030a 3-04), 呂 2103 [Graph] 011a 013a.

咕 gū +9205 口古 | to mutter, to cluck, coo ◇ gargouiller, glousser, roucouler [Etym] 口 2063 (rad: 030a 3-05), 古 2155 [Graph] 011a 013f.

咕咚 gū dōng ∘ crash! ◇ patatras! * 9044.

咕噜 gū lū ∘ sound: rumble, roll ◇ onomatopée: grondement, roulement * 9235.

嘬 zuō +9206 口日耳又 | to suck, to lap up ◇ sucer, laper [Etym] 口 2063 (rad: 030a 3-12), 最 2186 [Graph] 011a 021a 436k 633a.

喝 hē +9207 口日勹人匕 | 飲 *1487 | to drink ◇ boire [Etym] 口 2063 (rad: 030a 3-09), 曷 2194 [Graph] 011a 021a 852h 232a 711a.

△ hè | to shout loudly ◇ crier d'une voix rude.

喝彩 hè cǎi ∘ to acclaim, to cheer ◇ acclamer, ovationner, applaudir * 690.

唱 chàng +9208 口日日 | to sing ◇ chanter [Etym] 口 2063 (rad: 030a 3-08), 昌 2207 [Graph] 011a 021a 021a.

唱歌 chàng gē ∘ to sing ◇ chanter * 2237.

唱机 chàng jī ∘ gramophone ◇ phonographe * 4478.

唱片 chàng piān ∘ record ◇ disque * 11006.

嗥 háo +9209 口白大十 | 嘷 *9211 | to howl (wolf or jackal) ◇ rugir, rugissement (des bêtes sauvages) [Etym] 口 2063 (rad: 030a 3-10), 皋 2217 [Graph] 011a 022c 242a 413a.

唣 zào -9210 口白七 | 啅 *9213 | 1° to play noisily 2° to quarrel noisily ◇ 1° faire du tapage 2° se disputer bruyamment [Etym] 口 2063 (rad: 030a 3-07), 皂 2218 [Graph] 011a 022c 321e.

嘷 háo *9211 口白半 | 嗥 +9209 | to howl (wolf or jackal) ◇ rugir, rugissement (des bêtes sauvages) [Etym] 口 2063 (rad: 030a 3-11), 皋 2220 [Graph] 011a 022c 413k.

喤 huáng +9212 口白王 | jingling of bells, sound of drums, sound of sobbing ◇ onomatopée du tintement de cloches, battement de tambour, des sanglots [Etym] 口 2063 (rad: 030a 3-09), 皇 2221 [Graph] 011a 022c 432e.

啅 zào *9213 口阜 | 唣 -9210 | 1° to play noisily 2° to quarrel noisily ◇ 1° faire du tapage 2° se disputer bruyamment [Etym] 口 2063 (rad: 030a 3-07), 阜 2227 [Graph] 011a 022e.

嘲 cháo +9214 | 謿 *9627 | to ridicule, to deride ◇ plaisanter, railler [Etym] 口2063 (rad: 030a 3-12), 朝2237 [Graph] 011a 022i 856e.

嘲笑 cháo xiào ∘ to laugh at, to jeer at; to ridicule ◇ se moquer de, ridiculiser, rire de * 749.

△ zhāo |

嘲哳 zhāo zhā ∘ cacophony ◇ bruit, cacophonie * 8916.

員 yuán (2104) 口貝 |[Tra] round; officer ◇ rond; fonctionnaire [Etym] circle or spout (1=prim) of a round kettle (2< 鼎 2245) ->surround a chief ◇ le cercle ou le bec (1=prim) d'une marmite ronde (2< 鼎 2245) -> entourer le chef [Graph] 011a 023b [Ref] h228, k1341, ph586, r34g, w161b, wa123, wi418 [Hanzi] yun2 溳508, yun4 韻671, sun3 損2672, xun1 塤4949, yun3 殞6443, yun3 隕6780, bei5 yuan2 yun2 yun4 員9215, yun2 鄖9216, xun1 勛9217, yuan2 圓10969.

員 bei *9215 口貝 | 呗 -9126 | to chant, as in Buddhist temples ◇ 1° son bouddhiste 2° chanter [Etym] 口2063 (rad: 030a 3-07), 貝2246 [Graph] 011a 023b.

△ yuán | 员 -9127 | 1° person engaged in some field of activity 2° member (groupe, parti, etc.) 3° to chant, as in Buddhist temples 4° measure-word for military officer ◇ 1° personne lié à un champ d'activité 2° membre (d'une association) 3° chanter (comme dans temples) 4° spécificatif d'un général.

△ yún | 员 -9127 | personal name ◇ prénom.

△ yùn | 员 -9127 | surname ◇ nom de famille.

鄖 yún *9216 口貝阝 | 郧 -9128 | county in Hubei ◇ chef-lieu du Hubei [Etym] 阝1316 (rad: 163b 2-10), 員2104 [Graph] 011a 023b 634j.

勛 xūn *9217 口貝力 | 勋 -9129 、勳 *10411 | 1° loyal merit 2° achievement ◇ 1° mérite, services signalés 2° exploit [Etym] 力1489 (rad: 019a 2-10), 員2104 [Graph] 011a 023b 732f.

嚶 yīng *9218 口貝貝女 | 嘤 -9130 | sound of birds calling: chirp ◇ onomatopée [Etym] 口2063 (rad: 030a 3-17), 嬰2253 [Graph] 011a 023b 023b 611e.

咱 zá +9219 口自 | 1° I, me (self-important tone) 2° we, our ◇ 1° je, moi (d'un ton arrogant) 2° nous, notre [Etym] 口2063 (rad: 030a 3-06), 自2256 [Graph] 011a 023d.

△ zán | 喒 *9045 、偺 *2941 | we, our ◇ nous, notre.

咱们 zán men ∘ we ◇ nous * 3002.

△ zan | when ◇ quand.

嗅 xiù +9220 口自犬 | to smell, to scent ◇ sentir, flairer [Etym] 口2063 (rad: 030a 3-10), 臭2258 [Graph] 011a 023d 242i.

嘎 gā +9221 口百戈 | loud laughing ◇ onomatopée du gros rire, éclat de rire [Etym] 口2063 (rad: 030a 3-11), 戛2265 [Graph] 011a 023e 512b.

嘎巴 gā bā ∘ crack, snap ◇ crac; coup sec * 8730.

△ gá | 尜 -2241 | olive-shaped toy ◇ sorte de jouet.

△ gǎ | 1° naughty 2° strange ◇ 1° espiègle 2° extravagant.

嗄 á +9222 口百夂 | 啊 +9048 | exclamation: eh? pardon? ◇ interjection: pardon? oui? [Etym] 口2063 (rad: 030a 3-10), 夏2266 [Graph] 011a 023e 633e.

△ shà | hoarse voice ◇ voix enrouée, rauque.

嗩 suǒ *9223 口貞 | 唢 -9131 | See ◇ Voir 唢呐 suo3-na4 9131-9147 [Etym] 口2063 (rad: 030a 3-10), 貞2272 [Graph] 011a 023i.

虽 suī (2105) 口虫 |[Tra] although, even if ◇ quoique, même si [Etym] reduction de (雖 2106) ◇ réduction de (雖 2106) [Graph] 011a 031d [Hanzi] sui1 虽9224, sui1 雖9225, jiang4 qiang2 qiang3 强11265.

虽 suī -9224 口虫 | 雖 *9225 、雖 *5907 | although, even if ◇ quoique, quand même, même si, néanmoins [Etym] 虫2282 (rad: 142a 6-03), 口2063 [Graph] 011a 031d.

虽然 suī rán ∘ though, although ◇ bien que, quoique * 6452.

雖 suī (2106) 口虫隹 |[Tra] although; even if ◇ quoique; même si [Etym] phon: insect (1= 虫 2282); phon, to consent (1,3= 唯 2073) ◇ phon: insecte (1= 虫 2282); phon, consentir (1,3= 唯 2073) [Graph] 011a 031d 436m [Ref] w168d, wi505 [Hanzi] sui1 雖9225.

雖 suī *9225 口虫隹 | 虽 -9224 、雖 *5907 | although, even if ◇ quoique, quand même, même si, néanmoins [Etym] 隹1030 (rad: 172a 8-09), 雖2106 [Graph] 011a 031d 436m.

囔 nāng +9226 口𠂉冖口口𠀎𧘇 | See ◇ Voir 囔囔 nang1-nang1 9226-9226 [Etym] 口2063 (rad: 030a 3-22), 囊2286 [Graph] 011a 031f 851a 011a 011a 436g 312h.

囔囔 nāng nāng ∘ to mutter, to murmur ◇ grommeler, marmonner * 9226.

嗽 sòu +9227 口束欠 | to cough ◇ tousser [Etym] 口2063 (rad: 030a 3-11), 欶2297 [Graph] 011a 032g 232b.

喇 lá +9228 口束刂 | (ha1 - zi5) to dribble, to drool ◇ (ha1 - zi5) salive, baver [Etym] 口2063 (rad: 030a 3-09), 剌2299 [Graph] 011a 032g 333b.

△ lǎ |

喇叭 lǎ bā ∘ trumpet; loudspeaker ◇ trompette, clairon; klaxon; haut-parleur * 8854.

噌 cēng +9229 口㓁日 | noise, sound ◇ clameurs, bruit, onomatopée [Etym] 口2063 (rad: 030a 3-12), 曾2308 [Graph] 011a 033c 021a.

嘿 hēi +9230 口里灬 | 嗨 +8844 | hey! ◇ hé! eh! [Etym] 口2063 (rad: 030a 3-12), 黑

2310 [Graph] 011a 033e 222d.

△ mò | 默 +10397 | dark retired secret silent to write from memory ◇ garder le silence calme silencieusement écrire de mémoire.

嚜 me +9231 口墨灬土 | final particle ◇ particule finale [Etym] 口 2063 (rad: 030a 3-15), 墨 2311 [Graph] 011a 033e 222d 432a.

喂 wèi +9232 口田卍 | 餵 *1475、餧 *1437 | 1° hello, hey 2° to feed animals ◇ 1° hé, allô! 2° nourrir un animal [Etym] 口 2063 (rad: 030a 3-09), 畏 2315 [Graph] 011a 041a 312e.

喂养 wèi yǎng ∘ to feed; to raise ◇ donner à manger, nourrir ✱ 1619.

喟 kuì +9233 口田月 | 1° muddleheaded 2° troubled, anxious ◇ 1° hébété 2° trouble, confus [Etym] 口 2063 (rad: 030a 3-09), 胃 2324 [Graph] 011a 041a 856e.

呷 xiā +9234 口甲 | 1° to sip 2° to taste ◇ 1° avaler 2° goûter [Etym] 口 2063 (rad: 030a 3-05), 甲 2329 [Graph] 011a 041b.

噜 lū -9235 口鱼曰 | 嚕 *9236 | See ◇ Voir 咕噜 gu1-lu1 9205-9235 [Etym] 口 2063 (rad: 030a 3-12), 鲁 2338 [Graph] 011a 041i 021a.

嚕 lū *9236 口魚曰 | 噜 -9235 | See ◇ Voir 咕噜 gu1-lu1 9205-9235 [Etym] 口 2063 (rad: 030a 3-15), 魯 2344 [Graph] 011a 041j 021a.

呻 shēn +9237 口申 | to groan, to mutter ◇ gémir, marmotter, fredonner, réciter [Etym] 口 2063 (rad: 030a 3-05), 申 2348 [Graph] 011a 042c.

呻吟 shēn yín ∘ to moan ◇ gémir ✱ 8864.

囀 zhuàn *9238 口車叀寸 | 啭 -9036 | 1° sound of birds: to twitter 2° to sing ◇ 1° onomatopée: cri d'oiseaux 2° chanter [Etym] 口 2063 (rad: 030a 3-18), 轉 2356 [Graph] 011a 042g 042f 332b.

哽 gěng +9239 口更 | choking, sobs ◇ suffoquer, sangloter [Etym] 口 2063 (rad: 030a 3-07), 更 2359 [Graph] 011a 043a.

哽咽 gěng yè ∘ to choke with sobs ◇ voix étouffée, gosier obstrué ✱ 9250.

> 黾 mǐn (2107) 口电 | [Tra] soft turtle; urge ◇ tortue molle; effort [Etym] modern simplified form of (黽 2562) ◇ forme simplifiée moderne de (黽 2562) [Graph] 011a 043c [Ref] w72a [Hanzi] mian3 sheng2 渑 509, sheng2 绳 6066, tuo2 鼍 9183, min3 黾 9240, ying2 蝇 10320 [Rad] 205s.

黾 mǐn -9240 口电 | 黽 *11293 | [Etym] 口 2063 (rad: 030a 3-05), 电 2361 [Graph] 011a 043c.

黾勉 mǐn miǎn ∘ to urge, to exert oneself ◇ s'efforcer, encourager ✱ 10371.

啤 pí +9241 口卑 | [Etym] 口 2063 (rad: 030a 3-08), 卑 2366 [Graph] 011a 043h.

啤酒 pí jiǔ ∘ beer ◇ bière ✱ 595.

嗶 bì *9242 口畢 | 哔 -8894 | See ◇ Voir 哔叽 bi4-ji1 8894-9269 [Etym] 口 2063 (rad: 030a 3-10), 畢 2367 [Graph] 011a 043i.

哩 lī +9243 口里 | [Etym] 口 2063 (rad: 030a 3-07), 里 2368 [Graph] 011a 043j.

哩哩啦啦 lī lī lā lā ∘ scattered, sporadic, off and on ◇ dispersé, par intermittence, sporadiquement ✱ 9243 8914 8914.

△ lǐ | See ◇ Voir 英哩 ying1-li3 3901-9243.

△ li | final particle ◇ particule finale.

喁 yóng +9244 口禺 | 1° to gape (of fish) 2° to stand open-mouthed ◇ 1° bouche bée 2° bailler aux corneilles [Etym] 口 2063 (rad: 030a 3-09), 禺 2372 [Graph] 011a 043l.

△ yú | See ◇ Voir 喁喁 yu2-yu2 9244-9244.

喁喁 yú yú ∘ to whisper ◇ murmurer ✱ 9244.

囉 luō *9245 口罒糸隹 | 罗 -10789 | See ◇ Voir 罗嗦 luo1-su4 10789-8984 [Etym] 口 2063 (rad: 030a 3-19), 羅 2388 [Graph] 011a 051a 613d 436m.

△ luó | See ◇ Voir 儸 3080.

△ luo | 罗 -10789、儸 2° *3080 | 1° final particle 2° equal, all the same ◇ 1° particule finale 2° égal, quand même.

嘌 piào +9246 口覀示 | 1° out of breath 2° purine ◇ 1° essoufflement 2° purine [Etym] 口 2063 (rad: 030a 3-11), 票 2404 [Graph] 011a 051e 331l.

嘌呤 piào lìng ∘ purine ◇ purine ✱ 8866.

嘌呤 piào líng ∘ chemical component ◇ purine ✱ 8866.

噥 nóng *9247 口曲厂辰 | 哝 -9120 | See ◇ Voir 哝哝 nong2-nong2 9120-9120 [Etym] 口 2063 (rad: 030a 3-13), 農 2414 [Graph] 011a 052a 721a 312f.

嘈 cáo +9248 口曲曰 | noise, hubbub ◇ bruit, cri, rixe [Etym] 口 2063 (rad: 030a 3-11), 曹 2416 [Graph] 011a 052b 021a.

哂 shěn +9249 口西 | to smile ◇ sourire [Etym] 口 2063 (rad: 030a 3-06), 西 2427 [Graph] 011a 062b.

咽 yān +9250 口囗大 | 1° pharynx 2° to swallow 3° to taste ◇ 1° pharynx 2° avaler 3° goûter [Etym] 口 2063 (rad: 030a 3-06), 因 2444 [Graph] 011a 071a 242a.

咽喉 yān hóu ∘ throat; pharynx and larynx; vital passage ◇ pharynx; passage vital ✱ 8918.

△ yàn | 嚥 *8997 | to swallow ◇ avaler, goûter.

△ yè | See ◇ Voir 哽咽 geng3-ye4 9239-9250.

嗯 ß -9251 口囗大心 | 唔 *9084 | expression of suspicion ◇ mot d'exclamation marquant le soupçon [Etym] 口 2063 (rad: 030a 3-10), 恩 2445 [Graph] 011a 071a 242a 321c.

△ ґ | 呃 *9083 | expression of dissent or surprise ◇ mot d'exclamation marquant la surprise.

△ ǹ | 叽 -8903 | expression of assent ◇ mot d'exclamation marquant le consentement.

△ n g | • 0 | what, expressing doubt ◇ interjection finale quoi? exprimant surprise.

△ n g | 呒 •9083 | hey! what! expressing surprise ◇ mot utilisé au début de la phrase pour exprimer l'étonnement.

△ n g | 呣 -8903 | Hm expressing agreement ◇ onomatopée exprimant le consentement.

啯 g u ō -9252 | 嘓 •9253 | to chatter ◇ jacasser [Etym] 口2063 (rad: 030a 3-08), 国2449 [Graph] 011a 071a 432o.
口囗玉

嘓 g u ō •9253 | 啯 -9252 | to chatter ◇ jacasser [Etym] 口2063 (rad: 030a 3-11), 國2450 [Graph] 011a 071a 512b 011a ac:z.
口囗戈口⺀

啚 b ǐ (2108) [Tra] very frequent; common ◇ surabondant; ordinaire [Etym] thing (1=prim)overflowing from granary (2,3=prim) (> 稟2459) ◇chose (1=prim) débordant du grenier (2,3=prim) (> 稟2459) [Graph] 011a 071e 011a [Hanzi] bi3 鄙9254, tu2 圖10970.
口啚口

鄙 b ǐ (2109) [Tra] vulgar, vile; scorn ◇ vulgaire, vil; dédain [Etym] town (4=阝1316);thing (1=prim)not inside (2,3> 稟2459) ->scorn ◇une ville (4= 阝1316); une chose (1=prim) hors abri (2,3> 稟2459) ->dédain [Graph] 011a 071e 011a 634j [Ref] w76f [Hanzi] bi3 鄙9254.
口啚口阝

鄙 b ǐ +9254 1° vulgar, vile 2° my humble (opinion) 3° to scorn 4° remote ◇ 1° vulgaire, vil 2° mon humble (avis) 3° dédaigner 4° lointain [Etym] 阝1316 (rad: 163b 2-11), 鄙2109 [Graph] 011a 071e 011a 634j.
口啚口阝

叫 j i à o +9255 | 呌 •8928 | 1° to shout, to cry 2° to call 3° to hire 4° to name 5° to order, to ask 6° male (animal) ◇ 1° crier, dire de 2° appeler 3° louer 4° s'appeler, se nommer 5° commander 6° mâle (animaux) 7° signe du passif [Etym] 口2063 (rad: 030a 3-02), 丩2464 [Graph] 011a Z11a.
口丩

叫做 j i à o z u ò 。 to be called; to be known as ◇ s'appeler, se nommer ✱ 3047.

叫苦 j i à o k ǔ 。 to moan, to complain ◇ se lamenter, se plaindre ✱ 3946.

叫喊 j i à o h ǎ n 。 to yell, to shout ◇ crier, s'écrier ✱ 9013.

吳 w ú (2110) [Tra] vociferate; surname ◇ vociférer; nom propre [Etym] man (1=大257) bending head (2=prim) to cry (1= 口2063) louder ◇un homme (1= 大257) penchant la tête (2=prim) pour crier (1= 口2063) [Graph] 011a Z21a 242a [Ref] k1284, ph315, r30h, w61a [Hanzi] yu2 虞7168, wu2 吳9256, wu4 誤9618.
口⺊大

吴 w ú •9256 | 吳 +8882 | 1° Kingdom of Wu (222-280), one of the Three Kingdoms 2° surname ◇ 1° Royaume de Wu (222-280), un des Trois Royaumes 2° nom de famille [Etym] 口2063 (rad: 030a 3-04), 吳2110 [Graph] 011a Z21a 242a.
口⺊大

号 h á o , h à o (2111) [Tra] lament; call; number ◇ plainte; cri; numéro [Etym] mouth (1= 口2063)uttering shrieks (2< 甹1638)->call,mark,number ◇ une bouche (1= 口2063) émettant des cris (2< 丂2475) ->appel,numéro [Graph] 011a Z21b [Ref] k66, ph122, r4f, w58b, wi258 [Hanzi] xiao1 枵4417, hao2 hao4 号9257, hao2 hao4 號9258, xiao1 鸮9260, xiao1 鴞9261.
口丂

号 h á o +9257 | 號 •9258 | to howl, to yell, to wail ◇ crier, pleurer, pousser des gémissements [Etym] 口2063 (rad: 030a 3-02), 号2111 [Graph] 011a Z21b.
口丂

号啕大哭 h á o t á o d à k ū 。 to burst into tears ◇ éclater en sanglots ✱ 9123 1537 9171.

△ h à o | 號 •9258 | 1° name 2° business house 3° mark, sign 4° number 5° size 6° date 7° order 8° horn 9° bugle-call ◇ 1° nom 2° firme, magasin 3° marque, signe 4° numéro 5° dimension 6° date 7° ordre 8° trompette 9° appeler.

号令 h à o l ì n g 。 order, verbal command ◇ ordre, commandement verbal ✱ 1394.

号召 h à o z h à o 。 to call, to ask for help ◇ appeler, faire appel, faire venir ✱ 7240.

号角 h à o j i ǎ o 。 horn, bugle ◇ cor, clairon, trompe ✱ 8359.

号码 h à o m ǎ 。 number ◇ nombre ✱ 9790.

號 h á o (2112) [Tra] to howl; yell; wail ◇ crier; pleurer; gémi [Etym] to howl (1,2=号2111) as loud as a tiger (3,4,5= 虎1451) ◇ crier (1,2= 号2111) aussi fort qu'un tigre (3,4,5= 虎1451) [Graph] 011a Z21b 721g 321e Z33a [Ref] w58b, wi258 [Hanzi] hao2 hao4 號9258, tao1 饕9259.
口丂虍七儿

號 h á o •9258 | 号 +9257 | to howl, to yell, to wail ◇ crier, pleurer, pousser des gémissements [Etym] 虎1451 (rad: 141b 8-05), 號2112 [Graph] 011a Z21b 721g 321e Z33a.
口丂虍七儿

△ h à o | 号 +9257 | 1° name 2° business house 3° mark, sign 4° number 5° size 6° date 7° order 8° horn 9° bugle-call ◇ 1° nom 2° firme, magasin 3° marque, signe 4° numéro 5° dimension 6° date 7° ordre 8° trompette 9° appeler.

饕 t ā o +9259 [Etym] 食221 (rad: 184a 9-13), 號2112 [Graph] 011a Z21b 721g 321e Z33a 233a 932e.
口丂虍七儿人良

饕餮 t ā o t i è 。 1° gluttonous, covetous; 2° mythical ferocious animal; 3° fierce and cruel person ◇ 1° convoitise; 2° animal mythique féroce; 3° homme d'une cupidité insatiable ✱ 6413.

鸮 x i ā o -9260 | 鴞 •9261 | 1° owl 2° filial impiety ◇ 1° hibou 2° impiété filial [Etym] 鸟2494 (rad: 196s 5-05), 号2111 [Graph] 011a Z21b Z22e.
口丂鸟

鴞 x i ā o •9261 | 鸮 -9260 | 1° owl 2° filial impiety ◇ 1° hibou 2° impiété filial [Etym] 鳥2500 (rad: 196a 11-05), 号2111 [Graph] 011a Z21b Z22h.
口丂鳥

嗎 m á *9262 口馬 | 吗 -9263 | interrogative particle: what ◇ finale interrogative: quoi [Etym] 口 2063 (rad: 030a 3-10), 馬 2486 [Graph] 011a Z22a.

△ m ǎ | 吗 -9263 | See ◇ Voir 吗啡 ma3-fei1 9263-8935.

△ m a | 吗 -9263、么 +5927 | interrogative particle ◇ finale interrogative.

吗 m á -9263 口马 | 嗎 *9262 | interrogative particle: what ◇ finale interrogative: quoi [Etym] 口 2063 (rad: 030a 3-03), 马 2489 [Graph] 011a Z22b.

△ m ǎ | 嗎 *9262 |

吗啡 m ǎ f ē i 。 morphine ◇ morphine ✱ 8935.

△ m a | 嗎 *9262、么 +5927 | interrogative particle ◇ finale interrogative.

呜 w ū -9264 口乌 | 乌2° *11145、嗚1° *9266、烏2° *11154、於2° +7929 | 1° exclamation, alas! sounds: toot, hoot, zoom 2° to whine, death (in wuhu) ◇ 1° hélas! interjection, onomatopée 2° gémissement, mort (dans wuhu) [Etym] 口2063 (rad: 030a 3-04), 乌 2490 [Graph] 011a Z22c.

鸣 m í n g -9265 口鸟 | 鳴 *9267 | 1° cry of birds, insects 2° to ring, sound 3° to express 4° alas, exclamation ◇ 1° chant (des oiseaux, insectes), cri 2° émettre un son, bruit 3° hélas, interjection [Etym] 鸟 2494 (rad: 196s 5-03), 口 2063 [Graph] 011a Z22e.

嗚 w ū *9266 口烏 | See ◇ Voir 呜 9264 [Etym] 口 2063 (rad: 030a 3-10), 烏 2495 [Graph] 011a Z22f.

鳴 m í n g *9267 口鳥 | 鸣 -9265 | 1° cry of birds, insects 2° to ring, sound 3° to express 4° alas, exclamation ◇ 1° chant (des oiseaux, insectes), cri 2° émettre un son, bruit 3° hélas, interjection [Etym] 鳥 2500 (rad: 196a 11-03), 口 2063 [Graph] 011a Z22h.

吃 c h ī +9268 口乞 | 喫 *8932 | to eat ◇ manger [Etym] 口 2063 (rad: 030a 3-03), 乞 2508 [Graph] 011a Z31e.

吃饭 c h ī f à n 。 to eat ◇ manger ✱ 1861.

吃惊 c h ī j ī n g 。 afraid, astonished ◇ être effrayé, étonné ✱ 3348.

吃亏 c h ī k u ī 。 to suffer losses; to suffer ◇ subir les inconvénients; souffrir ✱ 11018.

叽 j ī +9269 口几 | 嘰 *9030 | 1° to chirp, to whisper 2° to eat very little ◇ 1° pépier, murmurer 2° prendre un peu de nourriture [Etym] 口 2063 (rad: 030a 3-02), 几 2516 [Graph] 011a Z33a.

哚 d u ǒ -9270 口几木 | 哚 *9049 | See ◇ Voir 吲哚 yin3-duo3 9272-9270 [Etym] 口 2063 (rad: 030a 3-06), 朵 2518 [Graph] 011a Z33a 422a.

吭 h á n g +9271 口亢 | 1° throat 2° song ◇ 1° gorge 2° chant [Etym] 口 2063 (rad: 030a 3-04), 亢 2529 [Graph] 011a Z33d.

△ k ē n g | to utter a sound or a word ◇ produire un bruit, dire un mot.

吲 y ǐ n +9272 口弓丨 | [Etym] 口 2063 (rad: 030a 3-04), 引 2538 [Graph] 011a Z42a 411a.

吲哚 y ǐ n d u ǒ 。 chemical component ◇ composant chimique ✱ 9270.

咦 y í +9273 口夷 | interjection expressing surprise: well, why? ◇ interjection exprimant la surprise: pourquoi, comment? [Etym] 口 2063 (rad: 030a 3-06), 夷 2550 [Graph] 011a Z42d.

啞 y ā *9274 口亞 | 哑 -8996 | interjection: ah, oh! ◇ interjection: ah! oh! [Etym] 口 2063 (rad: 030a 3-08), 亞 2559 [Graph] 011a Z51f.

△ y ǎ | 哑 -8996 | 1° mute, dumb 2° hoarse ◇ 1° muet, perdre la voix 2° enroué.

噁 ě *9275 口亞心 | 恶 -5342、惡 *11289 | to feel sick, nauseating ◇ nausée, mal au coeur, écoeuré [Etym] 口 2063 (rad: 030a 3-12), 惡 2560 [Graph] 011a Z51f 321c.

呣 m +9276 口母 | particle indicating doubt ◇ particule finale interrogative [Etym] 口 2063 (rad: 030a 3-05), 母 2564 [Graph] 011a Z61a.

△ m | particle expressing agreement ◇ oui, je vois.

嘍 l ó u *9277 口婁女 | 喽 -8961、僂 *3100 | chattering, prattle ◇ bavarder, babiller [Etym] 口 2063 (rad: 030a 3-10), 婁 2572 [Graph] 011a Z61f 611e.

△ l o u | 喽 -8961 | final particle ◇ particule finale.

> **只** z h ī (2113) 只 | [Tra] only; merely; particle ◇ seulement; explétif [Etym] connection (bottom> 兑 2153) between parts of speech (1< 口 2063) ◇ un enchaînement (bas> 兑 2153) de la parole (1< 口 2063) [Graph] 011c [Ref] k1213, ph111, w72a [Hanzi] chi4 炽 1043, shi2 zhi4 识 1816, zhi3 枳 4418, ji1 积 4572, zhi2 职 5475, zhi1 织 6067, zhi3 轵 6375, zhi3 疻 7121, zhai3 钗 7642, zhi4 帜 8402, zhi3 咫 8673, zhi1 zhi3 只 9278, jiao4 蛩 9279, zhi3 軹 10720.

只 z h ī +9278 只 | 隻 *5495 | 1° single, one only 2° merely 3° final particle 4° measure-word (hand, chicken, suitcase, boat) ◇ 1° seul, un seul 2° seulement 3° explétif, particule finale 4° spécificatif (main, poussin, valise, bateau) [Etym] 口 2063 (rad: 030a 3-02), 只 2113 [Graph] 011c.

△ z h ǐ | 衹 *2266、祇 *6645、祗 -6581 | 1° only, merely 2° final particle ◇ 1° seulement 2° explétif.

只有 z h ǐ y ǒ u 。 only ◇ il n'y a qu'à ✱ 1525.

只得 z h ǐ d é 。 to have to, to be obliged to ◇ être tenu à, devoir, être obligé de ✱ 3173.

只好 z h ǐ h ǎ o 。 to have to, to be forced to ◇ être obligé de, devoir, il ne reste qu'à ✱ 5792.

只顾 z h ǐ g ù 。 to be absorbed in ◇ ne faire que, ne rien faire d'autre que ✱ 6849.

只是 z h ǐ s h ì 。 merely, only; however ◇ ce n'est que, seulement; toutefois ✱ 9880.

只要 z h ǐ y à o 。 to suffice, to be enough ◇ il suffit de, il suffit que, à condition que ✱ 10824.

嘦 jiào +9279 只覀女 | only if ◇ pourvu que [Etym] 口 2063 (rad: 030a 3-11), 只 2113 要 2409 [Graph] 011c 051e 611e.

兄 xiōng (2114) 兄 | [Tra] elder brother ◇ frère aîné [Etym] man (bottom< 人 170) having a big mouth (top< 口 2063) ◇ un homme (bas< 人 170) doté d'une grande bouche (haut< 口 2063) [Graph] 011d [Ref] h267, k163, ph123, r155, r263, w29d, wa188 [Hanzi] kuang4 况 38, kuang4 況 510, jing4 竟 662, zhu4 祝 2282, huang3 恍 3347, zhu4 祝 6597, kuang4 贶 7987, zhou4 咒 9198, xiong1 兄 9280, kuang4 貺 10141.

兄 xiōng +9280 兄 | 1° elder brother 2° courteous form of address ◇ 1° frère aîné 2° formule de politesse (aînés) [Etym] 儿 405 (rad: 010a 2-03), 兄 2114 [Graph] 011d.

兄弟 xiōng dì ∘ younger brother ◇ frère cadet; frères (aînés et cadets) * 11276.

足 zú (2115) 足 | [Tra] foot; enough ◇ pied; assez; suffire [Etym] foot (prim): knee cap (top), foot (< 止 954) ◇ pied (prim): rotule du genou (haut), pied (< 止 954) [Graph] 011e [Ref] k1104, w112b, wi279, wi484 [Rad] 157b.

踣 bó +9281 足立口 | to fall down ◇ tomber à terre [Etym] 足 2115 (rad: 157b 7-08), 咅 87 [Graph] 011e 221a 011a.

踩 cǎi -9282 足爫木 | 跴 *9413 | 1° to step on 2° to trample ◇ 1° marcher sur 2° piétiner [Etym] 足 2115 (rad: 157b 7-08), 采 106 [Graph] 011e 221d 422a.

蹊 qī +9283 足爫幺大 | [Etym] 足 2115 (rad: 157b 7-10), 奚 111 [Graph] 011e 221d 613c 242a.

蹊跷 qī qiāo ∘ 1° footpath; 2° fishy; 3° odd ◇ 1° passage, sentier; 2° intrigant; 3° étonnant * 9341.

△ xī | 1° footpath 2° to trample on ◇ 1° passage, sentier 2° fouler du pied.

蹈 dǎo +9284 足爫臼 | to tread on, to skip ◇ fouler aux pieds, marcher sur, frapper du pied [Etym] 足 2115 (rad: 157b 7-10), 舀 118 [Graph] 011e 221d 835b.

趴 pā +9285 足八 | 1° to lie on one's stomach 2° to bend over, to fall prostrate 3° to grovel ◇ 1° se coucher à plat ventre 2° se pencher, se prosterner 3° ramper [Etym] 足 2115 (rad: 157b 7-02), 八 127 [Graph] 011e 222a.

躞 xiè +9286 足火言火又 | See ◇ Voir 蹀躞 die2-xie4 9358-9286 [Etym] 足 2115 (rad: 157b 7-17), 燮 166 [Graph] 011e 231b 012d 231b 633a.

跄 qiàng -9287 足人巳 | 蹌 蹡 *9289、*9416 | [Etym] 足 2115 (rad: 157b 7-04), 仓 210 [Graph] 011e 233a 733a.

跄踉 qiàng liàng ∘ to stagger ◇ tituber, d'un pas mal assuré * 9394.

踰 yú *9288 足人一月刂 | See ◇ Voir 逾 1412 [Etym] 足 2115 (rad: 157b 7-09), 俞 213 [Graph] 011e 233a ac:a 856e 333b.

△ yú | 窬 +7799 | 1° to climb over a wall 2° small window ◇ 1° franchir le mur 2° soupirail, ouverture.

蹌 qiàng *9289 足人户口 | 跄 蹡 -9287、*9416 | See ◇ Voir 跄踉 qiang4-liang4 9287-9394 [Etym] 足 2115 (rad: 157b 7-10), 倉 217 [Graph] 011e 233a 931h 011a.

踖 jí +9290 足⺌月 | small step ◇ petit pas [Etym] 足 2115 (rad: 157b 7-10), 脊 238 [Graph] 011e 233c 856e.

跋 bá -9291 足犮又 | 䟦 *9301 | 1° to cross mountains, to trample 2° postscript ◇ 1° parcourir les montagnes, piétiner, fouler 2° épilogue [Etym] 足 2115 (rad: 157b 7-05), 犮 251 [Graph] 011e 241b 633a.

蹉 cuō +9292 足⺷工 | 1° to miss, to err 2° to stumble ◇ 1° faire fausse route 2° trébucher [Etym] 足 2115 (rad: 157b 7-09), 差 253 [Graph] 011e 241c 431a.

蹉跎 cuō tuó ∘ 1° to slip; 2° fault; 3° to waste time ◇ 1° faux pas; 2° faute; 3° manquer une occasion * 9376.

踌 chóu -9293 足寿寸 | 躊 *9329 | 1° irresolute, wavering 2° to hesitate ◇ 1° embarras, perplexité, timidité 2° hésiter [Etym] 足 2115 (rad: 157b 7-07), 寿 256 [Graph] 011e 241e 332b.

踦 yǐ +9294 足大可口 | to resist, to withstand ◇ résister à [Etym] 足 2115 (rad: 157b 7-08), 奇 261 [Graph] 011e 242a 331c 011a.

跨 kuà +9295 足大亏 | 1° to step across, to stride 2° to straddle 3° to cut across ◇ 1° enjamber, passer par-dessus 2° enfourcher 3° franchir [Etym] 足 2115 (rad: 157b 7-06), 夸 277 [Graph] 011e 242a Z21c.

踯 zhí -9296 足关阝 | 躑 蹢 *9414、+9386 | 1° to walk to and fro, to loaf about 2° irresolute ◇ 1° aller ici et là, flâner 2° irrésolution [Etym] 足 2115 (rad: 157b 7-08), 郑 281 [Graph] 011e 242c 634j.

踟 chí +9297 足矢口 | 1° belated 2° undecided 3° to hesitate, embarrassed ◇ 1° retard 2° indécision 3° hésiter [Etym] 足 2115 (rad: 157b 7-08), 知 286 [Graph] 011e 242d 011a.

跃 yuè -9298 足夭 | 躍 *9371 | 1° to jump 2° to dance 3° to rejoice ◇ 1° sauter 2° danser 3° jubiler [Etym] 足 2115 (rad: 157b 7-04), 夭 289 [Graph] 011e 242e.

跃进 yuè jìn ∘ to take a leap forward ◇ faire une bond en avant * 4056.

跻 qiāo -9299 足夭丿 | 1° on tiptoe 2° to lift up (leg) ◇ 1° se dresser pour mieux voir 2° lever (pieds) [Etym] 足 2115 (rad: 157b 7-06), 乔 290 [Graph] 011e 242e 416a.

蹻 juē *9300 足夭口冂口 | 屩 屫 -8613、*8614 | straw sandals, straw shoes ◇ sandales, souliers en paille [Etym] 足 2115 (rad: 157b 7-12), 喬 291 [Graph] 011e 242e 011a 856k 011a.

△ qiāo | 跷 蹺 -9341、*9328 | 1° to lift up, to raise 2° on tiptoe 3° stilts ◇ 1° se dresser 2° sur la pointe des pieds 3° échasses.

䟦 bá *9301 足犮 | 跋 -9291 | 1° to cross mountains, to trample 2° postscript ◇ 1° parcourir les montagnes, piétiner, fouler 2° épilogue [Etym] 足 2115 (rad: 157b 7-05), 犮 298 [Graph] 011e 242j.

口 只兄足

蹽 liāo +9302 足宀曰小 | 1° to run 2° to walk ◇ 1° courir, enjamber 2° marcher à pied [Etym] 足2115 (rad: 157b 7-12), 尞300 [Graph] 011e 2421 021a 331j.

趺 fū +9303 足夫 | 1° to sit cross-legged 2° back of the foot ◇ 1° s'asseoir en tailleur 2° dessous du pied [Etym] 足2115 (rad: 157b 7-04), 夫301 [Graph] 011e 242m.

跌 diē +9304 足失 | to slip and fall, to fall ◇ trébucher, tomber [Etym] 足2115 (rad: 157b 7-05), 失310 [Graph] 011e 242o.

跌价 diē jià。to reduce the price ◇ baisse des prix * 2788.

跌倒 diē dǎo。to fall, to tumble ◇ tomber, faire un faux pas * 2927.

踡 quán *9305 足关巳 | 蜷 -10205 | 1° wriggling (snake) 2° to curl up ◇ 1° mouvement vermiculaire 2° s'enrouler [Etym] 足2115 (rad: 157b 7-08), 卷312 [Graph] 011e 242p 733a.

踳 chuǎn +9306 足关曰 | 1° mistake 2° to violate 3° to oppose ◇ 1° erreur 2° violer, troubler 3° opposer [Etym] 足2115 (rad: 157b 7-09), 春320 [Graph] 011e 242r 021a.

跻 jī -9307 足文川 | 躋 *9315 | 1° to ascend, to mount 2° to reach ◇ 1° monter, gravir, s'élever 2° parvenir à [Etym] 足2115 (rad: 157b 7-06), 齐334 [Graph] 011e 243b 416a.

跤 jiāo +9308 足交 | slip, stumble ◇ faux pas [Etym] 足2115 (rad: 157b 7-06), 交344 [Graph] 011e 243e.

跸 bì -9309 足匕匕十 | 蹕 *9409 | imperial carts ◇ carrosses impériaux [Etym] 足2115 (rad: 157b 7-06), 毕363 [Graph] 011e 311d 321b 413a.

跳 tiào +9310 足兆 | 1° to jump, to leap, to bounce 2° to beat (heart) 3° to skip over, to omit ◇ 1° sauter, bondir, danser 2° palpiter, battre (coeur) 3° omettre [Etym] 足2115 (rad: 157b 7-06), 兆411 [Graph] 011e 322g.

跳远 tiào yuǎn。long jump ◇ saut en longueur * 2200.

跳舞 tiào wǔ。dance ◇ danse, danser * 5501.

跳蚤 tiào zǎo。flee ◇ puce * 6521.

跳高 tiào gāo。high jump ◇ saut en hauteur * 9463.

踏 tā +9311 足水曰 | [Etym] 足2115 (rad: 157b 7-08), 沓437 [Graph] 011e 331p 021a.

踏实 tā shí。dependable, serious ◇ solide, rassuré, tranquille; sérieux, consciencieux * 7696.

△ tà | 1° to step on, to trample on 2° to go to the spot (to survey) ◇ 1° marcher sur, piétiner, fouler aux pieds 2° se rendre sur les lieux.

跡 jī *9312 足亦 | 迹 +2756、蹟 *9333 | 1° chess 2° mark, trace 3° remains, vestige 4° indication, to follow a model ◇ 1° échecs 2° empreintes de pas 3° vestige 4° suivre l'exemple de [Etym] 足2115 (rad: 157b 7-06), 亦471 [Graph] 011e 333d.

跗 fū +9313 足亻寸 | top of the foot ◇ cou-de-pied, cheville [Etym] 足2115 (rad: 157b 7-05), 付489 [Graph] 011e 411e 332b.

蹤 zōng *9314 足彳人人止 | 踪 -9377 | 1° footprint 2° trace ◇ 1° trace 2° vestige [Etym] 足2115 (rad: 157b 7-11), 從520 [Graph] 011e 411g 232a 232a 434e.

躋 jī *9315 足亠刀氏丬二 | 跻 -9307 | 1° to ascend, to mount 2° to reach ◇ 1° monter, gravir, s'élever 2° parvenir à [Etym] 足2115 (rad: 157b 7-14), 齊539 [Graph] 011e 411i 732a 312b 416b 111b.

跹 xiān -9316 足千辶 | 躚 *9412 | to flutter ◇ voler à tire-d'aile [Etym] 足2115 (rad: 157b 7-06), 迁573 [Graph] 011e 413f 634o.

躇 chú +9317 足艹耂曰 | 1° to hesitate to move forward 2° indecisive ◇ 1° s'arrêter, avancer et reculer 2° indécis [Etym] 足2115 (rad: 157b 7-11), 著632 [Graph] 011e 415c 432c 021a.

蔺 lìn -9318 足艹门隹 | 躪 *9320 | See ◇ Voir 蹂躏 rou2-lin4 9349-9318 [Etym] 足2115 (rad: 157b 7-14), 蔺669 [Graph] 011e 415c 855a 436m.

蹒 pán -9319 足艹两 | 蹣 *9337 | [Etym] 足2115 (rad: 157b 7-10), 莴672 [Graph] 011e 415c 859d.

蹒跚 pán shān。to hobble, to limp ◇ clopiner, marcher en boitant * 9384.

躪 lìn *9320 足艹門隹 | 躏 -9318 | See ◇ Voir 蹂躏 rou2-lin4 9349-9318 [Etym] 足2115 (rad: 157b 7-19), 藺675 [Graph] 011e 415c 934e 436m.

趼 jiǎn +9321 足开 | callous skin or blisters on hands or feet ◇ peau calleuse ou ampoules sur les mains et les pieds [Etym] 足2115 (rad: 157b 7-04), 开706 [Graph] 011e 416h.

踒 wǎi *9322 足不正 | See ◇ Voir 崴7539 [Etym] 足2115 (rad: 157b 7-09), 歪720 [Graph] 011e 421a 434b.

蹅 chǎ +9323 足木曰 | to flounder about ◇ patauger [Etym] 足2115 (rad: 157b 7-09), 查757 [Graph] 011e 422a 021a ac:z.

踒 wō +9324 足禾女 | to sprain, to strain ◇ entorse, foulure [Etym] 足2115 (rad: 157b 7-08), 委769 [Graph] 011e 422d 611e.

蹯 fán +9325 足采田 | animal's paw ◇ patte, pied [Etym] 足2115 (rad: 157b 7-12), 番797 [Graph] 011e 422g 041a.

踧 cù +9326 足上小又 | to walk with respect ◇ démarche respectueuse [Etym] 足2115 (rad: 157b 7-08), 叔820 [Graph] 011e 431b 331j 633a.

踧踖 cù jí。reverent and nervous ◇ respectueux et tendu, intimidé, troublé * 9338.

跬 kuǐ +9327 足土土 | 1° half-step, stride 2° three cubits ◇ 1° demi pas 2° trois pieds [Etym] 足2115 (rad: 157b 7-06), 圭840 [Graph] 011e 432a 432a.

蹺 qiāo *9328 足土土土兀 | 跷 -9341、蹻 *9300 | 1° to lift up, to raise 2° on tiptoe 3° stilts ◇ 1° se dresser 2° sur la pointe des pieds 3° échasses [Etym] 足2115 (rad: 157b 7-12), 堯844 [Graph] 011e 432a 432a 432a 322c.

躊 chóu *9329 足士二工口寸 | 踌 -9293 | 1° irresolute, wavering 2° to hesitate ◇ 1° embarras, perplexité, timidité 2° hésiter [Etym] 足2115 (rad: 157b 7-14), 壽860 [Graph] 011e 432b ac:g 431a 012a 332b.

跣 xiǎn +9330 足先 | barefooted ◇ marcher nu-pieds [Etym] 足 2115 (rad: 157b 7-06), 先 935 [Graph] 011e 432m.

䟅 zuān -9331 足先先贝 | 躦 *9332 | 1° to jump up 2° to dash through (the air) ◇ 1° sauter 2° s'envoler [Etym] 足 2115 (rad: 157b 7-16), 赞 936 [Graph] 011e 432m 432m 854b.

躦 zuān *9332 足先先貝 | 䟅 -9331 | 1° to jump up 2° to dash through (the air) ◇ 1° sauter 2° s'envoler [Etym] 足 2115 (rad: 157b 7-19), 贊 937 [Graph] 011e 432m 432m 023b.

蹟 jī *9333 足主貝 | 迹 +2756、跡 *9312 | 1° chess 2° mark, trace 3° remains, vestige 4° indication, to follow a model ◇ 1° échecs 2° empreintes de pas 3° vestige 4° suivre l'exemple de [Etym] 足 2115 (rad: 157b 7-11), 責 948 [Graph] 011e 433a 023b.

趾 zhǐ +9334 足止 | 1° toe 2° foot 3° to stop 4° a little ◇ 1° orteil 2° pied 3° marcher 4° une petite quantité, un peu [Etym] 足 2115 (rad: 157b 7-04), 止 954 [Graph] 011e 434a.

跐 cī +9335 足止匕 | to slip while walking ◇ faire un faux pas [Etym] 足 2115 (rad: 157b 7-06), 此 955 [Graph] 011e 434a 321b.

△ cǐ | 1° tramp of men marching 2° to tread underfoot ◇ 1° bruit de pas 2° fouler du pied, marcher sur.

蹼 pǔ +9336 足业美 | fin-toed, webbed, web (of the feet of ducks) ◇ pied palmé, palmure [Etym] 足 2115 (rad: 157b 7-12), 菐 975 [Graph] 011e 435a 242n.

蹣 pán *9337 足廿㒳人人 | 蹒 -9319 | See ◇ Voir 蹣跚 pan2-shan1 9319-9384 [Etym] 足 2115 (rad: 157b 7-11), 㒼 989 [Graph] 011e 436a 858b 232a 232a.

踖 jí +9338 足𠀎日 | See ◇ Voir 踧踖 cu4-ji2 9326-9338 [Etym] 足 2115 (rad: 157b 7-08), 昔 1001 [Graph] 011e 436b 021a.

躡 niè *9339 足耳耳耳 | 蹑 -9340 | 1° to walk on tiptoe 2° to follow 3° to tread or step on ◇ 1° marcher sur la pointe des pieds 2° poursuivre, suivre 3° marcher sur, fouler aux pieds [Etym] 足 2115 (rad: 157b 7-18), 聶 1022 [Graph] 011e 436k 436k 436k.

蹑 niè -9340 足耳又又 | 躡 *9339 | 1° to walk on tiptoe 2° to follow 3° to tread or step on ◇ 1° marcher sur la pointe des pieds 2° poursuivre, suivre 3° marcher sur, fouler aux pieds [Etym] 足 2115 (rad: 157b 7-10), 聂 1026 [Graph] 011e 436k 633a 633a.

跷 qiāo -9341 足戈兀 | 蹺 *9328、蹻 *9300 | 1° to lift up, to raise 2° on tiptoe 3° stilts ◇ 1° se dresser 2° sur la pointe des pieds 3° échasses [Etym] 足 2115 (rad: 157b 7-06), 尧 1056 [Graph] 011e 512a 322c.

踐 jiàn *9342 足戈戈 | 践 -9343 | 1° to tread upon 2° to keep one's word 3° to carry out ◇ 1° piétiner, fouler 2° tenir sa parole 3° exécuter [Etym] 足 2115 (rad: 157b 7-08), 戔 1059 [Graph] 011e 512b 512b.

践 jiàn -9343 足戋 | 踐 *9342 | 1° to tread upon 2° to keep one's word 3° to carry out ◇ 1° piétiner, fouler 2° tenir sa parole 3° exécuter [Etym] 足 2115 (rad: 157b 7-05), 戋 1083 [Graph] 011e 513a.

躐 liè +9344 足巛囟巤 | to skip over, to overstep, to trample ◇ sauter, franchir, marcher sur [Etym] 足 2115 (rad: 157b 7-16), 巤 1120 [Graph] 011e 611c 061b 312k.

踁 jìng *9345 足巛工 | 胫 -8157、脛 *8150 | shin, shank ◇ jambe, tibia [Etym] 足 2115 (rad: 157b 7-07), 巠 1121 [Graph] 011e 611d 431a.

躒 lì *9346 足幺白幺木 | 跞 -9373 | 1° step, pace 2° to move ◇ 1° un pas 2° bouger [Etym] 足 2115 (rad: 157b 7-15), 樂 1184 [Graph] 011e 613c 022c 613c 422a.

△ luò | 跞 -9373 | excellent ◇ excellent.

蟀 shuāi *9347 足率 | 摔 +2501 | 1° to fall down, to tumble 2° to plunge 3° to break 4° to throw down ◇ 1° choir, tomber 2° plonger 3° casser 4° jeter à terre, lancer [Etym] 足 2115 (rad: 157b 7-11), 率 1207 [Graph] 011e 613h.

蹬 dēng +9348 足癶豆 | to bump ◇ secouer, cahoter [Etym] 足 2115 (rad: 157b 7-12), 登 1247 [Graph] 011e 631g 012b.

△ dèng | to meet with setbacks, to be down on one's luck ◇ s'égarer, être à bout de forces.

蹂 róu +9349 足マ才木 | 1° to trample on, to devastate 2° to tread out ◇ 1° piétiner, ravager 2° décortiquer (le grain) [Etym] 足 2115 (rad: 157b 7-09), 柔 1260 [Graph] 011e 632a 331g 422a.

蹂躪 róu lìn。1° trodden path; 2° to ramble on; 3° to devastate ◇ 1° renverser; 2° piétiner; 3° écraser * 9318.

踊 yǒng +9350 足マ用 | 踴 *9351 | to jump up ◇ bondir, s'élancer [Etym] 足 2115 (rad: 157b 7-07), 甬 1262 [Graph] 011e 632a 856i.

踊跃 yǒng yuè。passionate, enthusiastic ◇ enthousiaste, ardent, avec empressement * 9298.

踴 yǒng *9351 足マ用力 | 踊 +9350 | to jump up ◇ bondir, s'élancer [Etym] 足 2115 (rad: 157b 7-09), 勇 1264 [Graph] 011e 632a 856i 732f.

跂 qí +9352 足支 | extra toes ◇ orteil en plus [Etym] 足 2115 (rad: 157b 7-04), 支 1284 [Graph] 011e 633d.

△ qì | 1° to stand on tiptoe 2° toe 3° to stop ◇ 1° se tenir sur la pointe des pieds, se dresser 2° orteil 3° arrêter.

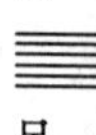

路 lù (2116) 足夂口 [Tra] road, way; means ◇ voie, chemin; moyen [Etym] foot (1= 足 2115); go and stop (2,3= 各 1295) ◇ pied (1= 足 2115); marche lente et arrêt (2,3= 各 1295) [Graph] 011e 633e 011a [Ref] h415, k577, ph748, w31b, wi279, wi793 [Hanzi] lu4 潞 511, lu4 蕗 3937, lu4 璐 5187, lou4 lu4 露 8460, lu4 路 9353, lu4 鹭 9354, lu4 鷺 9355.

路 lù +9353 足夂口 | 1° road, way, route 2° distance 3° means 4° line 5° region 6° grade, kind 7° taste, propensity 8° surname ◇ 1° chemin, direction, route, voie 2° distance 3° moyen, procédé

5° région 6° espèce, classe, sorte de 7° penchant, goût 8° nom propre [Etym] 足 2115 (rad: 157b 7-06), 路2116 [Graph] 011e 633e 011a.

路灯 lù dēng ◦ street lamp ◇ réverbère, éclairage des rues ✱ 960.

路途 lù tú ◦ road, path; journey, way ◇ chemin, trajet, route ✱ 1100.

路过 lù guò ◦ to pass by or through ◇ passer par ✱ 2310.

路程 lù chéng ◦ journey, distance traveled ◇ trajet, distance ✱ 4569.

路上 lù shǎng ◦ on the way; on the road ◇ en chemin, en cours de route, chemin faisant ✱ 4718.

路线 lù xiàn ◦ political line of conduct ◇ ligne politique ✱ 5994.

路南 lù nán ◦ on the south side of the road ◇ du côté sud de la route ✱ 8357.

路费 lù fèi ◦ travel fare ◇ frais de voyage ✱ 11282.

鹭 lù -9354 足夂口鸟 | 鷺 *9355 | heron ◇ héron [Etym] 鸟 2494 (rad: 196s 5-13), 路 2116 [Graph] 011e 633e 011a Z22e.

鷺 lù *9355 足夂口鳥 | 鹭 -9354 | heron ◇ héron [Etym] 鳥 2500 (rad: 196a 11-13), 路 2116 [Graph] 011e 633e 011a Z22h.

跺 duò *9356 足乃木 | 跥 +9417 | to stamp the foot ◇ frapper du pied [Etym] 足 2115 (rad: 157b 7-06), 朵 1341 [Graph] 011e 6341 422a.

趿 tā +9357 足及 | to drag along, to shuffle about ◇ traîner les pieds [Etym] 足 2115 (rad: 157b 7-03), 及 1344 [Graph] 011e 634m.

蹀 dié +9358 足世木 | to walk, ambling ◇ marcher d'un pas tranquille [Etym] 足 2115 (rad: 157b 7-09), 枼 1349 [Graph] 011e 711d 422a.

蹀躞 dié xiè ◦ ambling, to walk back and forth ◇ aller l'amble ✱ 9286.

蹶 jué +9359 足厂屰欠 | 蹷 *6853 | to fall, to stumble, to suffer a setback ◇ tomber, trébucher, faire un faux pas, clopiner [Etym] 足 2115 (rad: 157b 7-12), 厥 1368 [Graph] 011e 721a 842d 232b.

△ juě |

蹶子 juě zǐ ◦ kick (of a horse) ◇ ruade ✱ 6546.

蹰 chú +9360 足厂豆寸 | puzzled, uncertain what to do ◇ indécision [Etym] 足 2115 (rad: 157b 7-12), 厨 1370 [Graph] 011e 721a 012b 332b.

蹠 zhí +9361 足广廿灬 | 1° metatarsus 2° sole of the foot 3° to tread 4° surname ◇ 1° métatarse 2° plante du pied 3° marcher doucement 4° nom de famille [Etym] 足 2115 (rad: 157b 7-11), 庶 1390 [Graph] 011e 721b 436a 222d.

踱 duó +9362 足广廿又 | 1° to go to and fro 2° to stroll ◇ 1° aller et venir 2° marcher lentement [Etym] 足 2115 (rad: 157b 7-09), 度 1391 [Graph] 011e 721b 436a 633a.

踮 diǎn -9363 足广占 | 跕 *9401 | to stand on tiptoe ◇ se tenir sur la pointe des pieds [Etym] 足 2115 (rad: 157b 7-08), 店 1410 [Graph] 011e 721b 013e.

躔 chán +9364 足广里厶土 | to revolve, course ◇ tourner, tour, orbe, révolution [Etym] 足 2115 (rad: 157b 7-15), 廛 1413 [Graph] 011e 721b 043j ac:h 432a.

跪 guì +9365 足产巳 | to kneel ◇ s'agenouiller [Etym] 足 2115 (rad: 157b 7-06), 危 1419 [Graph] 011e 721e 733a.

跛 bǒ +9366 足广又 | cripple, lame ◇ estropié, boiteux [Etym] 足 2115 (rad: 157b 7-05), 皮 1452 [Graph] 011e 721h 633a.

蹏 tí *9367 足厂广七儿 | 蹄 +9380 | 1° hoof (horse), trotters (pig) 2° to kick ◇ 1° pied (quadrupèdes), sabot 2° ruer [Etym] 足 2115 (rad: 157b 7-10), 虒 1455 [Graph] 011e 722a 721g 321e Z33a.

踬 zhì -9368 足厂贞 | 躓 *9369 | 1° to stumble 2° to suffer a setback ◇ 1° trébucher 2° rencontrer des difficultés [Etym] 足 2115 (rad: 157b 7-08), 质 1456 [Graph] 011e 722a 854g.

躓 zhì *9369 足斤斤貝 | 踬 -9368 | 1° to stumble 2° to suffer a setback ◇ 1° trébucher 2° rencontrer des difficultés [Etym] 足 2115 (rad: 157b 7-15), 質 1463 [Graph] 011e 722c 722c 023b.

跅 tuò +9370 足斥 | [Etym] 足 2115 (rad: 157b 7-05), 斥 1464 [Graph] 011e 722d.

跅弛 tuò chí ◦ 1° to lose one's way; 2° dissolute, dissipated ◇ 1° faire fausse route; 2° débauché ✱ 11261.

躍 yuè *9371 足习习隹 | 跃 -9298 | 1° to jump 2° to dance 3° to rejoice ◇ 1° sauter 2° danser 3° jubiler [Etym] 足 2115 (rad: 157b 7-14), 翟 1474 [Graph] 011e 731c 731c 436m.

跏 jiā +9372 足力口 | [Etym] 足 2115 (rad: 157b 7-05), 加1492 [Graph] 011e 732f 011a.

跏趺 jiā fū ◦ to sit cross-legged (Buddhist monks in meditation) ◇ s'asseoir jambes croisées (position des moines en méditation) ✱ 9303.

跞 lì -9373 足乐 | 躒 *9346 | 1° step, pace 2° to move ◇ 1° un pas 2° bouger [Etym] 足 2115 (rad: 157b 7-05), 乐 1544 [Graph] 011e 812c.

△ luò | 躒 *9346 | excellent ◇ excellent.

蹦 bèng +9374 足山月月 | to skip, to jump, to leap ◇ sauter, traverser [Etym] 足 2115 (rad: 157b 7-11), 崩 1622 [Graph] 011e 841b 856e 856e.

踹 chuài +9375 足山而 | 1° to stamp on 2° to kick ◇ 1° piétiner 2° donner un coup de pied [Etym] 足 2115 (rad: 157b 7-09), 耑 1623 [Graph] 011e 841b 857f.

跎 tuó +9376 足宀匕 | See ◇ Voir 蹉跎 cuo1-tuo2 9292-9376 [Etym] 足 2115 (rad: 157b 7-05), 它 1665 [Graph] 011e 851c 321b.

踪 zōng -9377 足宀示 | 蹤 *9314 | 1° footprint 2° trace ◇ 1° trace 2° vestige [Etym] 足 2115 (rad: 157b 7-08), 宗 1675 [Graph] 011e 851c 331l.

躥 cuān *9378 足穴臼鼠 | 蹿 -9379 | to leap up ◇ sauter [Etym] 足 2115 (rad: 157b 7-18), 竄 1727 [Graph] 011e 851d 835b 312k.

蹿 cuān -9379 足穴串 | 躥 *9378 | to leap up ◇ sauter [Etym] 足 2115 (rad: 157b 7-12), 窜 1729 [Graph] 011e 851d 0321.

蹄 tí +9380 足产巾 | 蹏 *9367 | 1° hoof (horse), trotters (pig) 2° to kick ◇ 1° pied

口

足

(quadrupèdes), sabot 2° ruer [Etym] 足 2115 (rad: 157b 7-09), 帝 1733 [Graph] 011e 851e 858a.

蹄子 tí zǐ ∘ clog ◇ sabot ✱ 6546.

蹚 tāng +9381 足⺌口土 | 蹡 *9387 | 1° to wade, to ford 2° to turn the soil and dig up weeds ◇ 1° passer à gué, marcher dans l'eau 2° retourner la terre et sarcler [Etym] 足 2115 (rad: 157b 7-11), 堂 1743 [Graph] 011e 851h 011a 432a.

趵 bào +9382 足勺 | 1° to jump, to leap 2° place in Jinan ◇ 1° sauter, bondir 2° lieu du Jinan [Etym] 足 2115 (rad: 157b 7-03), 勺 1763 [Graph] 011e 852b.

跑 páo +9383 足勹巳 | to dig with paws ◇ creuser avec pattes ou sabots [Etym] 足 2115 (rad: 157b 7-05), 包 1778 [Graph] 011e 852h 933b.

△ pǎo | 1° to run 2° to flee 3° to walk 4° to run errands ◇ 1° courir 2° fuir 3° aller à pied 4° faire des courses.

跑道 pǎo dào ∘ track, runway ◇ piste de course ✱ 10176.

跚 shān +9384 足册 | See ◇ Voir 蹒跚 pan2-shan1 9319-9384 [Etym] 足 2115 (rad: 157b 7-05), 册 1820 [Graph] 011e 856c.

跀 yuè *9385 | 刖 +8106 | to cut off the feet, to maim ◇ couper les pieds, mutiler [Etym] 足 2115 (rad: 157b 7-04), 月 1822 [Graph] 011e 856e.

蹢 dí +9386 足啇古 | 1° to walk 2° hoofs ◇ 1° pied, marcher 2° sabot (d'animal) [Etym] 足 2115 (rad: 157b 7-11), 啇 1875 [Graph] 011e 857g 013f.

△ zhí | 踯 -9296 、躑 *9414 | 1° to walk to and fro, to loaf about 2° irresolute ◇ 1° aller ici et là, flâner 2° irrésolution.

蹡 tāng *9387 足尚口 | 蹚 +9381 | 1° to wade, to ford 2° to turn the soil and dig up weeds ◇ 1° passer à gué, marcher dans l'eau 2° retourner la terre et sarcler [Etym] 足 2115 (rad: 157b 7-08), 尚 1879 [Graph] 011e 857j 011a.

蹍 niǎn +9388 足尸廾 | to step on ◇ marcher sur [Etym] 足 2115 (rad: 157b 7-10), 展 1966 [Graph] 011e 931a 436b 312d.

躄 bì *9389 足尸口辛 | 躃 +8656 | 1° to limp 2° to fall down ◇ 1° boiter 2° tomber à terre [Etym] 足2115 (rad: 157b 7-13), 辟 1975 [Graph] 011e 931a 011a 413d.

踞 jù +9390 足尸古 | 1° to squat, to crouch 2° to sit ◇ 1° s'accroupir 2° être assis sur [Etym] 足2115 (rad: 157b 7-08), 居 1976 [Graph] 011e 931a 013f.

跼 jú *9391 足局口 | See ◇ Voir 局 8676 [Etym] 足 2115 (rad: 157b 7-07), 局 1980 [Graph] 011e 931d 011a.

蹁 pián +9392 足户冊 | [Etym] 足 2115 (rad: 157b 7-09), 扁1989 [Graph] 011e 931e 856j.

蹁跹 pián xiān ∘ to whirl about (in dancing) ◇ tourner (en dansant) ✱ 9316.

跟 gēn +9393 足艮 | 1° heel 2° to follow 3° presence 4° with ◇ 1° talon 2° suivre 3° présence 4° avec [Etym] 足 2115 (rad: 157b 7-06), 艮2003 [Graph] 011e 932c.

跟随 gēn suí ∘ to follow ◇ suivre; accompagner ✱ 6724.

跟前 gēn qián ∘ in front of, in presence of ◇ devant, en présence de ✱ 8261.

踉 liáng +9394 足良 | 1° to jump 2° to run ◇ 1° sauter 2° courir [Etym] 足 2115 (rad: 157b 7-07), 良 2008 [Graph] 011e 932e.

△ liàng |

踉跄 liàng qiàng ∘ to stagger along ◇ chanceler, tituber ✱ 9287.

距 jù +9395 足巨 | 1° distance 2° to be distant from, to be apart from 3° spur (of a cock) ◇ 1° distance, différence 2° distant de 3° ergot (du coq) [Etym] 足 2115 (rad: 157b 7-05), 巨 2043 [Graph] 011e 935a.

距离 jù lí ∘ distance; to be apart from ◇ distance, écart; entre ✱ 8539.

蹓 liù *9396 足⺁刀田 | 遛 +8823 | to linger, to saunter ◇ se promener, flâner [Etym] 足 2115 (rad: 157b 7-10), 留 2055 [Graph] 011e 941a 732a 041a.

躁 zào +9397 足口口口木 | 1° hasty 2° impetuous ◇ 1° vif 2° irascible [Etym] 足 2115 (rad: 157b 7-13), 喿 2094 [Graph] 011e 011a 011a 011a 422a.

蹴 cù +9398 足古小尤 | 蹵 *9438 | 1° to tread, to walk reverently 2° shyness ◇ 1° marcher à petits pas, piétiner 2° révérence, timidité [Etym] 足2115 (rad: 157b 7-12), 就 2123 [Graph] 011e 012c 331j 323c.

蹾 dūn -9399 足古子攵 | 撉 *9448 | to drop to the ground and land with force ◇ laisser tomber brusquement et fortement [Etym] 足 2115 (rad: 157b 7-12), 敦 2129 [Graph] 011e 012c 634d 243c.

跖 zhí +9400 足石 | surname ◇ nom de famille [Etym] 足 2115 (rad: 157b 7-05), 石 2149 [Graph] 011e 013b.

跕 diǎn *9401 足占 | 踮 -9363 | to stand on tiptoe ◇ se tenir sur la pointe des pieds [Etym] 足 2115 (rad: 157b 7-05), 占 2154 [Graph] 011e 013e.

蹋 tà +9402 足曰习习 | See ◇ Voir 糟蹋 zao1-ta4 4649-9402 [Etym] 足 2115 (rad: 157b 7-10), 𦐇 2190 [Graph] 011e 021a 731c 731c.

踢 tī +9403 足曰勿 | 1° to kick 2° to play (football) ◇ 1° frapper du pied, ruer 2° jouer au football [Etym] 足 2115 (rad: 157b 7-08), 易 2193 [Graph] 011e 021a 852e.

踔 chuō +9404 足卓 | 1° to get ahead 2° to excel 3° to jump ◇ 1° devancer 2° avoir l'avantage 3° s'élancer, sauter [Etym] 足 2115 (rad: 157b 7-08), 卓 2230 [Graph] 011e 022h.

踽 jǔ +9405 足禹 | See ◇ Voir 踽踽 ju3-ju3 9405-9405 [Etym] 足 2115 (rad: 157b 7-09), 禹 2304 [Graph] 011e 032j.

踽踽 jǔ jǔ ∘ independent, to walk alone ◇ marcher seul, solitaire ✱ 9405.

蹭 cèng +9406 足曾 | 1° to rub, to graze 2° to loiter ◇ 1° frôler, égratigner, frotter 2° traîner, lambiner [Etym] 足 2115 (rad: 157b 7-12), 曾 2308 [Graph] 011e 033c 021a.

跩 zhuǎi +9407 足曳 | to bobble, to swing about one's body ◇ clopiner, se dandiner [Etym] 足 2115 (rad: 157b 7-06), 曳 2362 [Graph] 011e 043d.

口 足

踝 huái +9408 足果 | ankle ◇ cheville du pied [Etym] 足 2115 (rad: 157b 7-08), 果 2364 [Graph] 011e 043f.

蹕 bì *9409 足畢 | 跸 -9309 | imperial carts ◇ carrosses impériaux [Etym] 足 2115 (rad: 157b 7-10), 畢 2367 [Graph] 011e 043i.

踵 zhǒng +9410 足重 | 1° heel 2° to follow ◇ 1° talon 2° suivre [Etym] 足 2115 (rad: 157b 7-09), 重 2370 [Graph] 011e 043k.

躅 zhú +9411 足罒勹虫 | 1° footprint 2° trace ◇ 1° empreinte de pas 2° vestige [Etym] 足 2115 (rad: 157b 7-13), 蜀 2391 [Graph] 011e 051a 852h 031d.

躚 xiān *9412 足覀大巳辶 | 跹 -9316 | to flutter ◇ voler à tire-d'aile [Etym] 足 2115 (rad: 157b 7-14), 遷 2403 [Graph] 011e 051e 242a 733a 634o.

跴 cǎi *9413 足西 | 踩 -9282 | 1° to step on 2° to trample ◇ 1° marcher sur 2° piétiner [Etym] 足 2115 (rad: 157b 7-06), 西 2427 [Graph] 011e 062b.

躑 zhí *9414 足酋大阝 | 踯 -9296、蹢 +9386 | 1° to walk to and fro, to loaf about 2° irresolute ◇ 1° aller ici et là, flâner 2° irrésolution [Etym] 足 2115 (rad: 157b 7-14), 鄭 2434 [Graph] 011e 062d 242a 634j.

蹲 cún +9415 足酋寸 | to jolt ◇ secouer, tressauter [Etym] 足 2115 (rad: 157b 7-12), 尊 2435 [Graph] 011e 062d 332b.

△ dūn | 1° to squat down 2° to rest, to stop ◇ 1° s'accroupir 2° se reposer, arrêter.

蹡 qiàng *9416 足爿夕寸 | 跄 -9287、蹌 *9289 | See ◇ Voir 跄踉 qiang4-liang4 9287-9394 [Etym] 足 2115 (rad: 157b 7-11), 將 2469 [Graph] 011e Z12a 631e 332b.

跺 duò +9417 足几木 | 躲 *9356 | to stamp the foot ◇ frapper du pied [Etym] 足 2115 (rad: 157b 7-06), 朵 2518 [Graph] 011e Z33a 422a.

跺脚 duò jiǎo。to stamp one's foot ◇ frapper du pied, trépigner * 8131.

跽 jì +9418 足己心 | to kneel ◇ se tenir à genoux [Etym] 足 2115 (rad: 157b 7-07), 忌 2533 [Graph] 011e Z41a 321c.

足 zú (2117) 足 | [Tra] foot; enough ◇ pied; assez; suffire [Etym] different writing for (足 2115) ◇ autre graphie pour (足 2115) [Graph] 011f [Ref] h51, k1104, ph310, r115, w112b, wa23 [Hanzi] zhuo2 浞 512, zhuo2 鋜 1325, zhuo1 捉 2673, cu4 促 3038, chuo2 娖 5848, chuo4 齪 8517, chuo4 齱 8536, zu2 足 9419 [Rad] 157a.

足 zú +9419 足 | 1° foot, leg 2° enough, to suffice 3° full, ample 4° to deserve 5° able ◇ 1° pied, jambe, patte 2° assez, suffire, se contenter de 3° complet, complètement 4° mériter 5° être capable de [Etym] 足 2117 (rad: 157a 7-00), [Graph] 011f.

足以 zú yǐ。enough, sufficient ◇ suffisamment * 2161.

足球 zú qiú。football ◇ ballon de football * 5094.

足够 zú gòu。enough, sufficient ◇ suffire * 7914.

𠮛 012

鬲 lì (2118) 𠮛冂丫 | [Tra] kind of tripod ◇ genre de tripode [Etym] antique tripod with hollowed legs (prim) ◇ un ancien tripode à pieds creux (prim) [Graph] 012a 856k 411c [Ref] k532, ph545, r1, w155a, wa174, wi536 [Hanzi] ge2 滆 513, ge2 鎘 1326, ge2 镉 2095, ge2 隔 6781, ge2 膈 8224, ge2 嗝 9199, ge2 li4 鬲 9420, he2 翮 9421, rong2 融 9423 [Rad] 193a.

鬲 gé +9420 𠮛冂丫 | river in Hebei ◇ fleuve du Hebei [Etym] 鬲 2118 (rad: 193a 10-00), [Graph] 012a 856k 411c.

△ lì | 鬲瓦 *9424 | ancient cooking tripod ◇ marmite à trois pieds.

翮 hé +9421 𠮛冂丫习习 | 1° quill 2° wing (of a bird) ◇ 1° grosse plume 2° aile [Etym] 羽 1472 (rad: 124a 6-10), 鬲 2118 [Graph] 012a 856k 411c 731c 731c.

鬴 fǔ *9422 𠮛冂丫甫 | 釜 +1675 | cauldron ◇ marmite [Etym] 鬲 2118 (rad: 193a 10-07), 甫 1914 [Graph] 012a 856k 411c 858n.

融 róng +9423 𠮛冂丫虫 | 1° to melt, to thaw 2° to blend, to combine 3° to be in harmony 4° vapor ◇ 1° fondre 2° mélanger 3° s'accorder, être en harmonie 4° vapeur [Etym] 虫 2282 (rad: 142a 6-10), 鬲 2118 [Graph] 012a 856k 411c 031d.

鬲瓦 lì *9424 𠮛冂丫瓦 | 鬲 +9420 | ancient cooking tripod ◇ marmite à trois pieds [Etym] 鬲 2118 (rad: 193a 10-04), 瓦 2531 [Graph] 012a 856k 411c Z33f.

畐 fú (2119) 𠮛田 | [Tra] abundent; wealth ◇ abondance; richesse [Etym] tall vessel:long neck (1=prim),main body, bulge (2=prim) ◇ un haut vase: le long col (1=prim), la panse (2=prim) [Graph] 012a 041a [Ref] h386, k52, ph441, w75d, wa116, wi267 [Hanzi] fu2 福 2283, bi1 偪 3039, fu2 辐 6376, fu2 福 6598, fu4 富 7776, fu2 匐 7918, fu2 幅 8403, fu4 副 9425, bi1 逼 9426, fu2 蝠 10321, fu2 輻 10721.

副 fù +9425 𠮛田刂 | 1° deputy, assistant 2° to aid, to assist 3° secondary 4° to correspond to, to assort ◇ 1° assistant, délégué 2° aider, assister 3° second 4° correspondre à, assortiment, paire [Etym] 刂 470 (rad: 018b 2-09), 畐 2119 [Graph] 012a 041a 333b.

副食 fù shí。non-staple foodstuffs ◇ aliments secondaires (plat) * 1480.

副作用 fù zuō yòng。side-effect ◇ effet nuisible * 2850 8267.

副刊 fù kān。supplement, additional ◇ supplément * 3404.

逼 bī +9426 𠮛田辶 | 偪 *3039 | 1° to compel, to force 2° to press 3° to extort ◇ 1° importuner, vexer 2° presser 3° contraindre [Etym] 辶 1346 (rad: 162b 3-09), 畐 2119 [Graph] 012a 041a 634o.

豆 dòu (2120) 豆 | [Tra] vessel; beans ◇ vase; légumineuses [Etym] cooking vessel with content (prim) ◇ un récipient à cuisson et son contenu (prim) [Graph] 012b [Ref] h1640, k1015, ph307, r4h, w98l, w165a, wa122, wi105, wi393, wi544 [Hanzi] dou4 餖 1466, duan3 短 1590, dou4 饾 1877, dou4 荳 3938, yi1 壹 5005, shu4 裋 6689, dou4 痘 7122, feng1 豐 7648, yan4 豔 7649, dou4 脰 8225, dou4 豆 9427, beng1 鬃 9428, lou2 剅 9429, dou4 逗 9433, tou2 頭 9435 [Rad] 151a.

豆 dòu +9427 | 荳2° *3938 | 1° vessel 2° beans, peas ◇ 1° vase 2° pois, fèves, vesces, légumineuses [Etym] 豆 2120 (rad: 151a 7-00), [Graph] 012b.

豆沙 dòu shā ∘ sweetened bean paste ◇ purée de haricot (pâtisserie) * 137.

豆油 dòu yóu ∘ soya oil ◇ huile de soja * 575.

豆浆 dòu jiāng ∘ soya sauce; soya-bean milk ◇ sauce de soja, lait de soja * 3195.

豆芽儿 dòu yá ér ∘ bean sprouts ◇ germes de soja * 3811 2194.

豆蔻 dòu kòu ∘ seeds of cardamom ◇ cardamome, muscade * 3847.

豆子 dòu zǐ ∘ leguminous plant: pea, beans , etc. ◇ légumineuse: pois, fève, etc. * 6546.

豆腐 dòu fǔ ∘ tofu, soya cheese ◇ tofu, fromage de soja * 6889.

豆角儿 dòu jiǎo ér ∘ fresh bean ◇ haricot vert * 8359 2194.

鬃 bēng *9428 | 祊 -6591 、祊 *2276 | 1° worship in temple 2° river in Shandong ◇ 1° présenter des offrandes 2° rivière du Shandong [Etym] 示 431 (rad: 113a 5-12), 豆 2120 [Graph] 012b 211c 331l.

剅 lóu +9429 | 劃 *11310 | waterway, watergate ◇ sortie d'eau, passage de l'eau [Etym] 刂 470 (rad: 018b 2-07), 豆 2120 [Graph] 012b 333b.

豇 jiāng +9430 | a kind of long bean, cow-pea ◇ espèce de haricot vert et long, dolic [Etym] 豆 2120 (rad: 151a 7-03), 工 808 [Graph] 012b 431a.

䜺 chǎi +9431 | ground beans or maize ◇ fèves ou maïs moulus [Etym] 豆 2120 (rad: 151a 7-08), 昔 1001 [Graph] 012b 436b 021a.

豉 chǐ +9432 | fermented or salted soya beans ◇ haricots salés [Etym] 豆 2120 (rad: 151a 7-04), 支 1284 [Graph] 012b 633d.

逗 dòu +9433 | 1° to delay, to loiter 2° to tease, to amuse ◇ 1° s'attarder, flâner 2° taquiner, provoquer [Etym] 辶 1346 (rad: 162b 3-07), 豆 2120 [Graph] 012b 634o.

逗留 dòu liú ∘ to stay, to stop over ◇ séjourner * 8822.

豌 wān +9434 | garden pea ◇ pois [Etym] 豆 2120 (rad: 151a 7-08), 宛 1699 [Graph] 012b 851c 631b 733a.

豌豆 wān dòu ∘ peas ◇ petit pois * 9427.

頭 tóu (2121) | [Tra] head; chief; before ◇ tête; chef; avant [Etym] head (2= 頁 2267); phon (1= 豆 2120) ◇ tête (2= 頁 2267); phon (1= 豆 2120) [Graph] 012b 023f [Ref] r4j, w165a, wi105 [Hanzi] tou2 頭 9435.

頭 tóu *9435 | 头 -1598 | 1° head 2° hair, hairstyle 3° top, end 4° beginning, first 5° chief, leading 6° side 7° before 8° summit 9° measure-word (cattle, garlic) ◇ 1° tête 2° cheveu, coiffure 3° bout, fin 4° commencement, premier 5° chef 6° côté 7° avant de 8° cime, sommet 9° spécificatif (bétail, ail) [Etym] 頁 2267 (rad: 181a 9-07), 頭 2121 [Graph] 012b 023f.

京 jīng (2122) | [Tra] capital ◇ ville capitale [Etym] {1} lantern (prim); {2} a tower in palace (prim) (< 高 2138) ◇ {1} une lanterne (prim); {2} une tour au palais (prim) (< 高 2138) [Graph] 012c 331j [Ref] h99, k392, ph336, r1888, w75c, wa99, wi98 [Hanzi] liang2 liang4 凉 39, liang2 liang4 涼 514, liang4 谅 1817, lüe4 掠 2674, jing1 惊 3348, liang2 椋 4419, qiong2 琼 5188, jing1 猄 5664, jing1 京 9436, jiu4 就 9437, qing2 剠 9441, qing2 勍 9442, liang4 諒 9619, jing3 景 9946, liang4 晾 9947, qing2 黥 10408, jing1 鲸 10530, jing1 鯨 10626, jiang4 弶 11268.

京 jīng +9436 | 1° capital 2° short for Beijing 3° ten million ◇ 1° ville capitale 2° abréviation de Beijing 3° dix millions [Etym] 亠 2 (rad: 008a 2-06), 京 2122 [Graph] 012c 331j.

京戏 jīng xì ∘ Peking opera ◇ opéra de Pékin * 6506.

京剧 jīng jù ∘ Peking opera ◇ opéra de Pékin * 8662.

京白 jīng bái ∘ Beijing dialect dialogues in Chinese operas ◇ dialogues en dialecte Beijing (opéra) * 9973.

就 jiù (2123) | [Tra] to come near; then ◇ s'approcher; alors [Etym] something exceptional (3= 尤 415), capital (1,2= 京 2122) ◇ une chose exceptionnelle (3= 尤 415), capitale (1,2= 京 2122) [Graph] 012c 331j 323c [Ref] h890, w75c, wi98 [Hanzi] jiu4 僦 3040, cu4 蹴 9398, jiu4 就 9437, cu4 蹵 9438, jiu4 鹫 9439, jiu4 鷲 9440.

就 jiù +9437 | 1° to come near 2° to undertake 3° to accomplish 4° to suit 5° to go with 6° concerning 7° at once 8° already, as soon as 9° as much as 10° only 11° exactly 12° even if ◇ 1° s'approcher de 2° entreprendre 3° achever 4° se conformer à 5° accompagner 6° en rapport à 7° à l'instant même 8° déjà, aussitôt que 9° autant que 10° ne ...que 11° exactement 12° même si [Etym] 尤 412 (rad: 043b 3-09), 就 2123 [Graph] 012c 331j 323c.

就是 jiù shì ∘ it is; right; precisely; even if ◇ c'est; bien, vrai, juste, exactement; même si * 9880.

就要 jiù yào ∘ to be about to ◇ sur le point de * 10824.

蹵 cù *9438 | 蹴 +9398 | 1° to tread, to walk reverently 2° shyness ◇ 1° marcher à petits pas, piétiner 2° révérence, timidité [Etym] 足 2117 (rad: 157a 7-12), 就 2123 [Graph] 012c 331j 323c 011f.

鹫 jiù -9439 | 鷲 *9440 | vulture ◇ vautour [Etym] 鸟 2494 (rad: 196s 5-12), 就 2123 [Graph] 012c 331j 323c Z22e.

鷲 jiù *9440 | 鹫 -9439 | vulture ◇ vautour [Etym] 鳥 2500 (rad: 196a 11-12), 就 2123 [Graph] 012c 331j 323c Z22h.

剠 qíng *9441 | 黥 +10408 | tattooing the face (ancient punishment) ◇ tatouer le visage (ancienne forme de châtiment) [Etym] 刂 470 (rad: 018b 2-08), 京 2122 [Graph] 012c 331j 333b.

勍 qíng +9442 | strong ◇ fort, puissant [Etym] 力 1489 (rad: 019a 2-08), 京 2122 [Graph] 012c 331j 732f.

亨 hēng (2124) | [Tra] to pervade; success ◇ pénétrer; succès [Etym] tower: upright (1,2< 高 2138), here inverted ->good link ◇ une tour ici inversée par rapport à (1,2< 高 2138) ->échanges [Graph] 012c 634a [Ref] k69, ph274, w75d [Hanzi] heng1 脝 8226, heng1 hng5 哼 9200, heng1 亨 9443, peng1 烹 9444.

亨 hēng +9443 | 1° to pervade 2° success, to go smoothly ◇ 1° pénétrer 2° succès, efficacité, prospérité [Etym] 亠 2 (rad: 008a 2-05), 亨 2124 [Graph] 012c 634a.

烹 pēng (2125) | [Tra] to bloil; to cook ◇ bouillir; cuire (eau) [Etym] cooking fire (3= 灬 130); phon, pervade (1,2= 亨 2124) ◇ un feu (3= 灬 130) pour la cuisson; phon, pénétrer (1, 2= 亨 2124) [Graph] 012c 634a 222d [Ref] w126a [Hanzi] peng1 烹 9444.

烹 pēng +9444 | 1° to boil, to cook 2° to quick-fry in sauce ◇ 1° cuire à l'eau, bouillir 2° sauter rapidement dans une sauce [Etym] 灬 130 (rad: 086b 4-07), 烹 2125 [Graph] 012c 634a 222d.

烹调 pēng tiáo。to cook ◇ cuisiner, faire la cuisine * 1804.

烹饪 pēng rèn。to cook; cooking ◇ cuisiner, faire la cuisine * 1850.

享 xiǎng (2126) | [Tra] to enjoy; offerings ◇ aimer à; offrandes [Etym] {1} different writing for (亨 2124) ->exchanges to enjoy; {2} tower above a gate (prim) ◇ {1} autre graphie pour (亨 2124) ->profiter des échanges; {2} une tour au-dessus d'une porte (prim) [Graph] 012c 634d [Ref] h1162, k141, ph359, w75d, wa100, wi379 [Hanzi] xiang3 享 9445, chun2 鹑 9452, chun2 鶉 9453.

享 guō (2127) | [Tra] walls and towers ◇ murs; fortifications [Etym] walls and towers (prim,< 高 2138, 亨 2124) ◇ murs et tours (prim, < 高 2138, 亨 2124) [Graph] 012c 634d [Ref] h1162, k477, w75h [Hanzi] dun1 惇 3349, duo3 亸 9450, duo3 嚲 9451.

享 chún (2128) | [Tra] cooked food ◇ nourriture cuite [Etym] offerings (1< 享 2126) of lamb (2< 羊 579) ◇ offrandes (1< 享 2126) de mouton (2< 羊 579) [Graph] 012c 634d [Ref] h1162, k141, w75e [Hanzi] chun2 淳 515, zhun1 谆 1818, guo3 椁 4420, zhun3 埻 4950, tun1 黗 5415, guo1 崞 7604, dui4 dun1 敦 9446, guo1 郭 9449, shu2 孰 9454, zhun1 諄 9620, chun2 醇 10909.

享 xiǎng +9445 | to enjoy ◇ profiter de, jouir de, aimer à [Etym] 亠 2 (rad: 008a 2-06), 享 2126 [Graph] 012c 634d.

享受 xiǎng shòu。to enjoy; treat ◇ jouir de; jouissance * 715.

享有 xiǎng yǒu。to enjoy (rights) ◇ jouir de; obtenir * 1525.

享福 xiǎng fú。to enjoy a happy life ◇ mener une vie heureuse, vivre dans le bonheur * 6598.

享乐 xiǎng lè。to lead a life of pleasure ◇ jouir des agréments; s'adonner aux plaisirs * 7358.

敦 dūn (2129) | [Tra] honest; sincere; true ◇ bon; sincère; vrai [Etym] peaceful as a beaten (3= 攵 340) and offered lamb (1,2< 享 2128) ◇ doux comme un mouton sacrifié (1,2< 享 2128), battu (3= 攵 340) [Graph] 012c 634d 243c [Ref] k1143, ph715, w75e [Hanzi] dun4 燉 1044, dui4 鐓 1327, dui4 镦 2096, dun1 撴 2675, dun1 墩 4951, dun1 蹾 9399, dui4 dun1 敦 9446, dui4 憝 9447, dun1 撉 9448, dun1 礅 9767, tun1 暾 9951.

敦 duì +9446 | grain receptacle ◇ vase de bois à couvercle [Etym] 攵 340 (rad: 066b 4-08), 敦 2129 [Graph] 012c 634d 243c.

△ dūn | 1° honest, sincere 2° true 3° to perform ◇ 1° bon, sincère 2° vrai 3° s'acquitter de.

敦促 dūn cù。to urge; to press ◇ pousser qqn à faire; presser * 3038.

憝 duì +9447 | 1° to hate, to detest 2° bad, evil ◇ 1° détester, haïr 2° mauvais, néfaste [Etym] 心 397 (rad: 061a 4-12), 敦 2129 [Graph] 012c 634d 243c 321c.

撉 dūn *9448 | 蹾 -9399 | to drop to the ground and land with force ◇ laisser tomber brusquement et fortement [Etym] 手 465 (rad: 064a 4-12), 敦 2129 [Graph] 012c 634d 243c 332g.

郭 guō (2130) | [Tra] outer wall; suburbs ◇ enceinte; faubourgs [Etym] city (3= 阝 1316); walls (1,2= 享 2127) ◇ ville (3= 阝 1316); murailles (1,2= 享 2127) [Graph] 012c 634d 634j [Ref] h1076, k478, ph549, w75h [Hanzi] huo3 漷 516, guo3 槨 4421, kuo4 廓 6978, guo1 郭 9449.

郭 guō +9449 | 1° outer wall of a city 2° (inner) suburbs 3° surname ◇ 1° enceinte extérieure, rempart extérieur 2° faubourgs 3° nom propre [Etym] 阝 1316 (rad: 163b 2-08), 郭 2130 [Graph] 012c 634d 634j.

嚲 duǒ *9450 | 亸 -9451、軃 *8838 | 1° to hang down 2° to droop ◇ 1° laisser pendre 2° pencher [Etym] 口 2063 (rad: 030a 3-17), 享 2127 單 2101 [Graph] 012c 634d 011a 011a 041c.

亸 duǒ -9451 | 嚲 *9450、軃 *8838 | 1° to hang down 2° to droop ◇ 1° laisser pendre 2° pencher [Etym] 亠 2 (rad: 008a 2-14), 享 2127 单 2334 [Graph] 012c 634d 041g.

鹑 chún -9452 | 鶉 *9453 | quail ◇ caille [Etym] 鸟 2494 (rad: 196s 5-08), 享 2126 [Graph] 012c 634d Z22e.

鶉 chún *9453 | 鹑 -9452 | quail ◇ caille [Etym] 鳥 2500 (rad: 196a 11-08), 享 2126 [Graph] 012c 634d Z22h.

孰 shú (2131) | [Tra] who, which, what ◇ qui, quoi, quel [Etym] phon: cooked,ripe: hand (3= 丸 2515) offering food (1,2= 享 2128) ◇ phon: cuit, mûr: main (3= 丸 2515) avec nourriture (1,2= 享 2128) [Graph] 012c 634d Z32c [Ref] k912, ph644, w75e, wi563 [Hanzi] shu2 孰 9454, shou2 shu2 熟 9455, shu2 塾 9456.

孰 shú +9454 亠口子丸 | who, which, what? ◇ qui? quoi? quel? [Etym] 子 1303 (rad: 039a 3-08), 孰 2131 [Graph] 012c 634d Z32c.

熟 shóu +9455 亠口子丸灬 | 1° ripe, mature 2° cooked 3° versed in 4° familiar, common ◇ 1° mûr, à point 2° cuit 3° connu 4° habituel, familier, commun [Etym] 灬 130 (rad: 086b 4-11), 孰 2131 [Graph] 012c 634d Z32c 222d.

△ shú | 1° ripe, mature 2° cooked 3° processed 4° familiar, common 5° skilled, versed in 6° deeply ◇ 1° mûr, à point 2° cuit 3° usiné, retravaillé 4° bien connu, habituel 5° expérimenté 6° profondément.

熟谙 shú ān ∘ to be familiar with; to be good at ◇ être habitué à; être habile dans * 1692.

熟悉 shú xī ∘ to be familiar with; to know very well ◇ se familiariser avec; bien connaître quelque chose * 4655.

熟练 shú liàn ∘ skilled, versed in ◇ adroit, expérimenté dans, habile, qualifié * 6004.

塾 shú +9456 亠口子丸土 | 1° school-room 2° private or family school ◇ 1° salle d'école 2° école privée ou de famille [Etym] 土 826 (rad: 032a 3-11), 孰 2131 [Graph] 012c 634d Z32c 432a.

亯 gāo (2132) 亠口 | [Tra] tall, high ◇ haut, éminent [Etym] reduction of (亭 2135) ◇ réduction de (亭 2135) [Graph] 012c 851a [Ref] k1005, w75b, wi559 [Hanzi] bo2 亳 9457, hao2 毫 9458, ting2 亭 9459, hao2 豪 9460, qing3 高 9461, liang4 亮 9462.

亳 bó (2133) 亠口冖乇 | [Tra] place in Anhui ◇ lieu du Anhui [Etym] high structures (1,2< 高 2138); to take root (3= 乇 402) ◇ hautes constructions (1,2< 高 2138); enracinement (3= 乇 402) [Graph] 012c 851a 321f [Ref] w75b [Hanzi] bo2 亳 9457.

亳 bó +9457 亠口冖乇 | place in Anhui ◇ lieu du Anhui [Etym] 亠 2 (rad: 008a 2-08), 亳 2133 [Graph] 012c 851a 321f.

毫 háo (2134) 亠口冖毛 | [Tra] hair; brush; at all ◇ poil; pinceau; du tout [Etym] porcupine and its quills (3= 毛 403);phon and high (1,2< 高 2138) ◇ un porcépic et ses poils (3= 毛 403); phon et haut (1, 2< 高 2138) [Graph] 012c 851a 321g [Ref] w75b [Hanzi] hao2 毫 9458.

毫 háo +9458 亠口冖毛 | 1° fine long hair 2° writing brush 3° at all, in the last 4° milli- 5° unit of weight, unit of length ◇ 1° poil long et fin 2° pinceau 3° absolument pas, quantité minime 4° milli- 5° unité de poids, de longueur [Etym] 毛 403 (rad: 082a 4-07), 毫 2134 [Graph] 012c 851a 321g.

毫无 háo wú ∘ without ◇ sans, ne ... aucun * 2221.

毫升 háo shēng ∘ milliliter ◇ millilitre * 4044.

毫不 háo bù ∘ not at all, in the least ◇ ne ... aucun, sans le moindre * 4066.

毫安 háo ān ∘ milli-ampere ◇ milliampère * 7748.

毫巴 háo bā ∘ millibar ◇ millibar * 8730.

亭 tíng (2135) 亠口冖丁 | [Tra] pavilion; kiosk ◇ pavillon, kiosque [Etym] tower (1, 2< 高 2138); phon (3= 丁 420) ◇ une tour (1,2< 高 2138); phon (3= 丁 420) [Graph] 012c 851a 331b [Ref] k1005, ph479, w75b, wi651 [Hanzi] ting2 渟 517, ting2 停 3041, ting2 葶 3939, ting2 婷 5849, ting2 亭 9459.

亭 tíng +9459 亠口冖丁 | 1° pavilion 2° kiosk 3° even, well-balanced ◇ 1° pavillon 2° kiosque 3° juste, tempéré [Etym] 亠 2 (rad: 008a 2-07), 亭 2135 [Graph] 012c 851a 331b.

亭子 tíng zǐ ∘ pavilion, kiosk ◇ pavillon, kiosque * 6546.

豪 háo (2136) 亠口冖豕 | [Tra] boar; forthright ◇ sanglier; brave, hardi [Etym] pig (3= 豕 1100); phon, high (1,2< 高 2138) ◇ cochon (3= 豕 1100); phon, élevé (1,2< 高 2138) [Graph] 012c 851a 522a [Ref] h1271, k67, ph777, w75b [Hanzi] hao2 濠 518, hao2 壕 4952, hao2 嚎 9201, hao2 豪 9460, hao2 蠔 10322.

豪 háo +9460 亠口冖豕 | 1° eminent person 2° brave, forthright, unrestrained 3° despotic, bullying 4° boar ◇ 1° homme éminent 2° brave, hardi 3° despotique, débridé, effréné 4° sanglier [Etym] 豕 1100 (rad: 152a 7-07), 豪 2136 [Graph] 012c 851a 522a.

豪华 háo huá ∘ luxurious, sumptuous ◇ luxueux, somptueux, fastueux * 2835.

豪情 háo qíng ∘ lofty sentiments; pride and determination ◇ fierté et détermination * 3261.

豪迈 háo mài ∘ heroic, generous ◇ héroïque, généreux, dégagé * 7924.

豪放 háo fàng ∘ bold, undaunted ◇ vaillant, intrépide * 7934.

高 qǐng *9461 亠口冖冋口 | 庼 -6884、廎 *6885 | 1° to wait upon 2° small hall ◇ 1° attendre 2° petit salon [Etym] 高 2138 (rad: 189a 10-02), 亯 2132 冋 1852 [Graph] 012c 851a 856k 011a.

亮 liàng (2137) 亠口冖儿 | [Tra] bright; light; sincere ◇ lumière; clair; franc [Etym] man (3< 儿 405); tall (1,2< 高 2138); from the capital I (1,2< 京 2122) ◇ un homme (3< 儿 405); grand (1,2< 高 2138); évocation de la capitale (1,2< 京 2122) [Graph] 012c 851a Z33a [Ref] w75c, wi559 [Hanzi] liang4 喨 9202, liang4 亮 9462.

亮 liàng +9462 亠一儿 | 1° bright, light, to shine, enlightening 2° resonant 3° to show 4° sincere, frank ◇ 1° lumineux, lumière, clair 2° sonore 3° transparent, montrer 4° sincère, franc [Etym] 亠 2 (rad: 008a 2-07), 亮 2137 [Graph] 012c 851a Z33a.

亮光 liàng guāng。light; brightness ◇ clarté, lumière, grand éclat ＊ 2205.

高 gāo (2138) 亠冋口 | [Tra] high; tall; eminent ◇ haut; supérieur [Etym] tall tower, many stories (prim) ◇ une haute tour à plusieurs étages (prim) [Graph] 012c 856k 011a [Ref] h119, k308, ph544, r187, w75b, wa99, wi142 [Hanzi] hao4 滈 519, gao1 篙 890, he4 熇 1045, gao3 hao4 鎬 1328, gao3 hao4 镐 2097, gao3 搞 2676, kao4 犒 3472, hao1 蒿 3940, gao3 槁 4422, gao3 稿 4573, que4 塙 4953, gao3 缟 6068, gao3 縞 6239, he4 翯 7231, song1 嵩 7605, gao1 高 9463, gao3 槀 9464, gao3 0, qiao1 敲 9466, hao4 鄗 9467, gao1 gao4 膏 9468, que4 碻 9768, hao4 翯 9952, hao4 皜 9995 [Rad] 189a.

高 gāo +9463 亠冋口 | 1° high, tall, lofty 2° of a high level 3° loud 4° high-priced, dear, expensive 5° your, eminent, noble 6° surname ◇ 1° haut, élevé 2° de haute gamme, supérieur 3° fort (son) 4° cher, coûteux 5° votre, noble, considérable 6° nom propre [Etym] 高 2138 (rad: 189a 10-00), [Graph] 012c 856k 011a.

高粱 gāo liáng。sorghum ◇ sorgho ＊ 364.

高兴 gāo xìng。happy, merry ◇ heureux, joyeux, content ＊ 683.

高等 gāo děng。higher, superior ◇ supérieur; haut ＊ 792.

高大 gāo dà。big, large ◇ grand, gigantesque ＊ 1537.

高矮 gāo ǎi。height ◇ hauteur ＊ 1584.

高傲 gāo ào。arrogant, haughty ◇ arrogant, hautain, fier ＊ 2897.

高蛋白 gāo dàn bái。high protein ◇ taux élevé de protéine ＊ 5326 9973.

高级 gāo jí。high quality; senior; high-level ◇ de haute qualité; supérieur ＊ 6015.

高原 gāo yuán。highland; plateau ◇ plateau ＊ 6869.

高见 gāo jiàn。your opinion ◇ votre avis éclairé (politesse) ＊ 7991.

高尚 gāo shàng。lofty; noble ◇ sublime; distingué; noble ＊ 8354.

高龄 gāo líng。advanced age ◇ âge (politesse pour personnes âgées) ＊ 8506.

高血压 gāo xuè yā。high blood pressure ◇ hypertension ＊ 8555 6841.

高喊 gāo hǎn。to shout ◇ crier ＊ 9013.

高跟鞋 gāo gēn xié。high-heeled shoes ◇ souliers à talon haut ＊ 9393 5371.

高昂 gāo áng。high (of voice or spirits); expensive (of goods) ◇ haute (pour la voix); cher (pour les produits) ＊ 9911.

高明 gāo míng。brilliant; wise; sharp ◇ remarquable; perspicace, clairvoyant; compétent ＊ 9933.

高中 gāo zhōng。upper high school ◇ deuxième cycle du secondaire ＊ 10183.

高贵 gāo guì。noble, high ◇ noble, aristocratique; sublime ＊ 10186.

槀 gǎo *9464 亠冋口木 | 槁 +4422 | decayed wood, withered ◇ bois mort, sec, desséché [Etym] 木 723 (rad: 075a 4-10), 高 2138 [Graph] 012c 856k 011a 422a.

稾 gǎo *9465 亠冋口禾 | 稿 +4573 | 1° straw 2° draft, sketch 3° manuscript ◇ 1° paille 2° brouillon, modèle (de dessin) 3° manuscrit [Etym] 禾 760 (rad: 115a 5-10), 高 2138 [Graph] 012c 856k 011a 422d.

敲 qiāo +9466 亠冋口攴 | 1° to knock, to beat, to tap 2° to overcharge ◇ 1° heurter, frapper, taper 2° extorquer [Etym] 攴 1283 (rad: 066a 4-10), 高 2138 [Graph] 012c 856k 011a 633c.

敲诈 qiāo zhà。to extort; to blackmail ◇ extorquer par chantage ＊ 1718.

敲打 qiāo dǎ。to tap, to beat; to speak to irritate somebody. ◇ frapper, heurter; parler pour heurter ＊ 2403.

鄗 hào +9467 亠冋口阝 | place in Hebei ◇ lieu du Hebei [Etym] 阝 1316 (rad: 163b 2-10), 高 2138 [Graph] 012c 856k 011a 634j.

膏 gāo +9468 亠冋口月 | 1° fat, grease 2° ointment 3° paste ◇ 1° graisse, graisser, gras (de la viande) 2° onguent 3° pâte [Etym] 月 1823 (rad: 130b 4-10), 高 2138 [Graph] 012c 856k 011a 856e.

膏药 gāo yào。plaster ◇ emplâtre ＊ 3740.

△ gào | 1° fertile 2° favor 3° to enrich 4° to lubricate 5° to dip ◇ 1° fertile 2° grâce, faveur 3° enrichir 4° lubrifier 5° humecter.

言 yán (2139) 言 | [Tra] words; to speak ◇ paroles; parler [Etym] words (prim): waves (top) issued from mouth (bottom< 口 2063) ◇ paroles (prim): des ondes (haut) sortant de la bouche (bas< 口 2063) [Graph] 012d [Ref] h271, k234, r223, w73c, wa14, wi10 [Hanzi] xin4 xin4 信 3042, bian4 辯 3415, yin2 狺 5665, bian4 變 6241, zhan1 詹 7002, yin2 訚 8037, zha4 霅 8461, yin2 誾 8788, yan4 唁 9203, yan2 言 9469, zhe4 zhei4 這 9563 [Rad] 149a.

誩 jìng (2140) 言 | [Tra] dispute, contest ◇ dispute, querelle [Etym] words (言 2139) against other words (言 2139) (> 競 90) ◇ paroles (言 2139) contre d'autres paroles (言 2139) (> 競 90) [Graph] 012d [Hanzi] du2 讟 9529.

言 yán +9469 言 | 1° speech, word 2° to say, to speak, to tell 3° character 4° surname ◇ 1° discours, parole 2° parler, dire 3° caractère 4° nom de famille [Etym] 言 2139 (rad: 149a 7-00), [Graph] 012d.

言论 yán lùn。 opinion, speech ◇ paroles, propos, opinion ＊ 1701.

言行 yán xíng。 words and deeds ◇ actes et paroles ＊ 3128.

諮 zī *9470 言冫欠口 | See ◇ Voir 咨 13 [Etym] 言 2139 (rad: 149a 7-09), 咨 11 [Graph] 012d 121a 232b 011a.

諳 ān *9471 言立曰 | 谙 -1692 | to be skilled in, to know well ◇ bien savoir, être expert [Etym] 言 2139 (rad: 149a 7-09), 音 91 [Graph] 012d 221a 021a.

諼 xuān (2141) 言爫二方又 | [Tra] warm; family talk ◇ chaleur; parler en famille [Etym] words (1= 言 2139); equal (2,3,4= 爰 104) ◇ parole (1= 言 2139); phon, égal (2,3,4= 爰 104) [Graph] 012d 221d acc:a 241a 633a [Hanzi] xuan1 蘐 3942, xuan1 諼 9472.

諼 xuān *9472 言爫二方又 | 谖 -1693 | 1° heat of the sun 2° warm 3° genial 4° loose ◇ 1° chaleur du soleil 2° chaud 3° génial 4° mou, souple [Etym] 言 2139 (rad: 149a 7-09), 爰 104 [Graph] 012d 221d ac:a 241a 633a.

譌 é *9473 言爫爲 | See ◇ Voir 讹 1716 [Etym] 言 2139 (rad: 149a 7-12), 爲 116 [Graph] 012d 221d 732i.

諍 zhèng *9474 言爫尹 | 诤 -1787 | to reprove, to remonstrate with ◇ réprimander [Etym] 言 2139 (rad: 149a 7-08), 爭 117 [Graph] 012d 221d 834c.

謠 yáo *9475 言爫缶 | 谣 -1694 | 1° ballad, rhyme 2° rumour, common gossip, to crimp ◇ 1° ballade, rime 2° rumeurs, bruits qui courent, racolages [Etym] 言 2139 (rad: 149a 7-10), 䍃 119 [Graph] 012d 221d 841c.

謚 shì *9476 言䒑皿 | 谥 諡 -1695、*9635 | posthumous title, epitaph name ◇ épitaphe, titre posthume [Etym] 言 2139 (rad: 149a 7-10), 益 129 [Graph] 012d 222c 922a.

談 tán *9477 言火火 | 谈 -1696 | 1° to talk, to chat, to discuss 2° discourses, tale 3° surname ◇ 1° causer, jaser, s'entretenir de 2° conversation, propos 3° nom propre [Etym] 言 2139 (rad: 149a 7-08), 炎 157 [Graph] 012d 231b 231b.

讖 chèn *9478 言人人戈韭 | 谶 -1698 | to divine, to augur ◇ divination, augurer [Etym] 言 2139 (rad: 149a 7-17), 韱 174 [Graph] 012d 232a 232a 512d 435d.

誶 suì *9479 言亠人人十 | 谇 -1699 | 1° to abuse 2° to rail at 3° to scold, to admonish 4° to ask 5° to advise ◇ 1° bafouer 2° ridiculiser 3° conseiller, reprocher, réprimander 4° demander 5° suggérer [Etym] 言 2139 (rad: 149a 7-08), 卒 176 [Graph] 012d ac:c 232a 232a 413a.

診 zhěn *9480 言人彡 | 诊 -1700 | 1° to examine (patient) 2° to verify 3° to interpret (dream) ◇ 1° examiner (patient), consulter, ausculter 2° vérifier 3° interpréter (rêve) [Etym] 言 2139 (rad: 149a 7-05), 㐱 182 [Graph] 012d 233a 211c.

詮 quán *9481 言人王 | 诠 -1702 | to explain, to discourse upon, annotation ◇ commenter, développer, exposer [Etym] 言 2139 (rad: 149a 7-06), 全 195 [Graph] 012d 233a 432e.

諗 shěn *9482 言人ㄋ心 | 谂 -1703 | 1° to know, to reflect on 2° to reprove ◇ 1° savoir, penser à 2° avertir, conseiller [Etym] 言 2139 (rad: 149a 7-08), 念 204 [Graph] 012d 233a 631a 321c.

諭 yù *9483 言人一月刂 | 谕 -1704 | to issue orders, edit, to notify ◇ avertir, instruire, décret, édit [Etym] 言 2139 (rad: 149a 7-09), 俞 213 [Graph] 012d 233a ac:a 856e 333b.

論 lún *9484 言人一冊 | 论 -1701 | Analects of Confucius ◇ Analectes de Confucius [Etym] 言 2139 (rad: 149a 7-08), 侖 215 [Graph] 012d 233a ac:a 856j.

△ lùn | 论 -1701 | 1° to discuss, to discourse, to compare 2° view, statement 3° essay, dissertation 4° theory 5° with reference to, in terms of 6° to determine ◇ 1° discuter, discourir, comparer 2° point de vue, opinion 3° thèse, essai, traiter 4° théorie 5° quant à, selon 6° porter un jugement, déterminer.

詼 huī *9485 言方火 | 诙 -1705 | See ◇ Voir 诙谐 hui1-xie2 1705-1710 [Etym] 言 2139 (rad: 149a 7-06), 灰 240 [Graph] 012d 241a 231b.

誇 kuā *9486 言大亏 | 夸 +1569 | 1° to exaggerate, to boast 2° to praise ◇ 1° exagérer, se vanter 2° louer, faire des compliments, flatter [Etym] 言 2139 (rad: 149a 7-06), 夸 277 [Graph] 012d 242a Z21c.

訩 xiōng *9487 言乂凵 | 讻 詾 -1708、*9600 | 1° to scold 2° to threaten 3° to litigate, to argue ◇ 1° gronder 2° menacer 3° disputer [Etym] 言 2139 (rad: 149a 7-04), 凶 329 [Graph] 012d 243a 841e.

諺 yàn *9488 言文厂彡 | 谚 -1768 | proverb, common saying ◇ proverbe, adage [Etym] 言 2139 (rad: 149a 7-09), 彥 337 [Graph] 012d 243b 721a 211c.

諧 xié *9489 言匕匕白 | 谐 -1710 | 1° in harmony, accord 2° humorous ◇ 1° harmonie, concorder 2° plaisanter, humour, enjoué [Etym] 言 2139 (rad: 149a 7-09), 皆 365 [Graph] 012d 311d 321b 022c.

讓 ràng *9490 言亠口口井 | 让 -1737 | 1° to give way to, to yield 2° to invite, to offer 3° to let, to allow 4° to forgive 5° to scold 6° to ask to do 7° to avoid 8° by (passive mode) ◇ 1° laisser passer, céder 2° inviter à, déférer 3° permettre de, laisser 4° pardonner 5° réprimander 6° demander de, dire de 7° éviter 8° par (voix passive) [Etym] 言 2139 (rad: 149a 7-17), 襄 376 [Graph] 012d 312j 011a 011a 436g.

詣 yì *9491 言匕曰 | 诣 -1711 | 1° to visit 2° achievements (academic) 3° to go to, to reach ◇ 1° visiter 2° degré atteint (universitaire) 3° aller à, arriver à [Etym] 言 2139 (rad: 149a 7-06), 旨 393 [Graph] 012d 321b 021a.

謐 mì *9492 言必皿 | 谧 -1712 | See ◇ Voir 安谧 an1-mi4 7748-1712 [Etym] 言 2139 (rad:

149a 7-10), 盜 400 [Graph] 012d 321d 922a.

託 tuō *9493 言乇 | See ◇ Voir 托 2396 [Etym] 言 2139 (rad: 149a 7-03), 乇 402 [Graph] 012d 321f.

訂 dìng *9494 言丁 | 订 -1713 | 1° to decide 2° to subscribe 3° to conclude 4° to revise, to criticize ◇ 1° décider 2° abonner 3° juger, conclure 4° réviser, critiquer [Etym] 言 2139 (rad: 149a 7-02), 丁 420 [Graph] 012d 331b.

訶 hē *9495 言可口 | 诃 -1714 | 1° to blame, to reprove 2° to scold ◇ 1° critiquer, dénigrer 2° gronder [Etym] 言 2139 (rad: 149a 7-05), 可 421 [Graph] 012d 331c 011a.

詠 yǒng *9496 言永 | 咏 +8910 | 1° to sing, to chant 2° to narrate in poetic form ◇ 1° chanter 2° déclamer [Etym] 言 2139 (rad: 149a 7-05), 永 439 [Graph] 012d 331r.

討 tǎo (2142) 言寸 | [Tra] to repress; punish ◇ réprimer; châtier [Etym] words (1= 言 2139); norm, measure (2= 寸 441) ◇ des paroles (1= 言 2139); norme, mesure (2= 寸 441) [Graph] 012d 332b [Ref] h945, w45g, w73c, wi657 [Hanzi] tao3 討 9497, fa2 罸 10800.

討 tǎo *9497 言寸 | 讨 -1715 | 1° to repress, to punish 2° to ask for 3° to get married 4° to incur, to provoke 5° to discuss 6° to chastise 7° to examine 8° to denounce ◇ 1° réprimer 2° réclamer 3° se marier 4° s'attirer, provoquer 5° débattre 6° châtier 7° scruter 8° dénoncer [Etym] 言 2139 (rad: 149a 7-03), 討 2142 [Graph] 012d 332b.

訛 é *9498 言亻匕 | 讹 -1716、譌 *9473 1° | 1° mistake, error 2° to harm 3° false, cheating 4° to extort, to excite ◇ 1° se tromper, erreur 2° faire tort 3° faux, fourbe 4° extorquer [Etym] 言 2139 (rad: 149a 7-04), 化 485 [Graph] 012d 411e 321b.

訃 fù *9499 言卜 | 讣 -1717 | to announce a death, obituary ◇ faire part d'un décès [Etym] 言 2139 (rad: 149a 7-02), 卜 548 [Graph] 012d 412c.

詐 zhà *9500 言乍 | 诈 -1718 | 1° to deceive, to cheat 2° fraudulent 3° to pretend ◇ 1° tromper, abuser, ruse 2° fourberie, faux, contrefait, fraude 3° feindre, prétendre [Etym] 言 2139 (rad: 149a 7-05), 乍 551 [Graph] 012d 412f.

計 jì (2143) 言十 | [Tra] to count; to plan ◇ compter; planifier [Etym] to count orally (1= 言 2139) by tens (1= 言 2139) ◇ compter verbalement (1= 言 2139) par dizaines (2= 十 560) [Graph] 012d 413a [Ref] h105, w24b, wi617 [Hanzi] ji4 痱 7123, ji4 計 9501.

計 jì *9501 言十 | 计 -1719 | 1° to count, to calculate 2° meter, number 3° plan 5° surname ◇ 1° compter, calcul 2° mètre, mesure, plan 3° nom propre [Etym] 言 2139 (rad: 149a 7-02), 計 2143 [Graph] 012d 413a.

訐 jié *9502 言干 | 讦 -1720 | to divulge, indiscretion ◇ divulguer, dénoncer [Etym] 言 2139 (rad: 149a 7-03), 干 564 [Graph] 012d 413b.

許 xǔ (2144) 言午 | [Tra] to grant; to allow ◇ consentir; permettre [Etym] words (1= 言 2139); phon, ram (2= 午 570) ◇ paroles (1= 言 2139); phon, pilon (2= 午 570) [Graph] 012d 413e [Ref] k167, w89h, wi527 [Hanzi] hu3 xu3 滸 520, xu3 許 9503.

許 xǔ *9503 言午 | 许 -1721 | 1° to praise 2° to promise 3° to allow, to permit 4° maybe 5° place 6° about (numbers) 7° more than, excess, very 8° surname ◇ 1° louanger, louer 2° promettre 3° permettre, consentir 4° peut-être 5° lieu 6° environ 7° beaucoup, très 8° nom de famille [Etym] 言 2139 (rad: 149a 7-04), 許 2144 [Graph] 012d 413e.

評 píng *9504 言平 | 评 -1722 | 1° to discuss, to criticize 2° to judge, to appraise ◇ 1° discuter, critiquer 2° juger, évaluer [Etym] 言 2139 (rad: 149a 7-05), 平 577 [Graph] 012d 413j.

詳 xiáng *9505 言羊 | 详 -1723 | 1° minute, detailed 2° to know clearly 3° to examine 4° to explain ◇ 1° minutieux, en détail 2° élucider 3° examiner 4° publier, expliquer [Etym] 言 2139 (rad: 149a 7-06), 羊 579 [Graph] 012d 414b.

誹 fěi *9506 言非 | 诽 -1724 | to slander ◇ critiquer, dénigrer [Etym] 言 2139 (rad: 149a 7-08), 非 611 [Graph] 012d 415b.

諾 nuò *9507 言艹𠂇口 | 诺 -1725 | 1° yes 2° to assent 3° to promise ◇ 1° dire oui 2° consentir, acquiescer 3° promettre [Etym] 言 2139 (rad: 149a 7-08), 若 621 [Graph] 012d 415c 241a 011a.

譁 huá *9508 言艹𠌶 | 哗 -8919、嘩 *8940 | noise, clamor ◇ faire du tapage, clameur [Etym] 言 2139 (rad: 149a 7-10), 華 627 [Graph] 012d 415c 414k.

囈 yì *9509 言艹𡗗土丸云 | 呓 -8948、囈 *8941 | 1° to talk in one's sleep 2° to mutter ◇ 1° parler en rêve 2° murmurer [Etym] 言 2139 (rad: 149a 7-18), 藝 633 [Graph] 012d 415c 432d 432a Z32c 612d.

護 hù *9510 言艹隹又 | 护 -2651 | 1° to protect, to guard 2° to be partial to ◇ 1° garder, protéger 2° être injuste, avoir un faible pour quelque chose [Etym] 言 2139 (rad: 149a 7-13), 蒦 636 [Graph] 012d 415c 436m 633a.

謊 huǎng *9511 言艹亡川 | 谎 -1726 | 1° to lie, to mislead 2° overstatement ◇ 1° mensonge, mentir 2° exagération [Etym] 言 2139 (rad: 149a 7-09), 荒 653 [Graph] 012d 415c 811f 417b.

讙 huān *9512 言艹口口隹 | 欢 -6501、歡 *3928、懽 *3244、驩 *11041 | 1° to rejoice, merry, jubilant 2° vigorously ◇ 1° se réjouir, plaisir, joie 2° entrain, vigoureux [Etym] 言 2139 (rad: 149a 7-17), 雚 676 [Graph] 012d 415c 011a 011a 436m.

謨 mó *9513 言艹日大 | 谟 -1727 | 1° scheme, plan 2° to meditate ◇ 1° plan, projet, combiner 2° méditer [Etym] 言 2139 (rad: 149a 7-10), 莫 679 [Graph] 012d 415c 021a 242a.

訓 xùn *9514 言川 | 训 -1729 | 1° to teach, to instruct 2° model, example 3° to exhort ◇ 1° instruire, enseigner, éduquer 2° modèle, exemple 3° exhorter [Etym] 言 2139 (rad: 149a 7-03), 川 711 [Graph] 012d 417a.

諉 wěi *9515 言禾女 | 诿 -1730 | to shirk, to evade ◇ s'excuser, se rétracter [Etym] 言 2139 (rad: 149a 7-08), 委 769 [Graph]

012d 422d 611e.

誘 yòu *9516 |诱 -1731| 1° to guide, to lead on 2° to lure, to entice, to seduce ◇ 1° guider, diriger 2° induire à, séduire, tentation [Etym] 言 2139 (rad: 149a 7-07), 秀 774 [Graph] 012d 422d 634l.

誺 mèi *9517 |谜 -1732| See ◇ Voir 谜儿 mei4-er2 1732-2194 [Etym] 言 2139 (rad: 149a 7-06), 米 782 [Graph] 012d 422f.

△ mí |谜 -1732、謎 *9518| 1° riddle, puzzle, enigma 2° mystery ◇ 1° énigme, devinette 2° mystère.

謎 mí *9518 |谜 -1732、誺 *9517| 1° riddle, puzzle, enigma 2° mystery ◇ 1° énigme, devinette 2° mystère [Etym] 言 2139 (rad: 149a 7-09), 迷791 [Graph] 012d 422f 634o.

誅 zhū *9519 |诛 -1733| 1° to put to death (criminal) 2° to punish 3° to blame ◇ 1° mettre à mort (criminel) 2° châtier, punir 3° blâmer [Etym] 言 2139 (rad: 149a 7-06), 朱 803 [Graph] 012d 422l.

誄 lěi *9520 |诔 -1734| to eulogize the dead, prayers ◇ oraison funèbre, invocation [Etym] 言 2139 (rad: 149a 7-06), 耒 805 [Graph] 012d 422n.

訌 hòng *9521 |讧 -1735| 1° words destructive of order and peace 2° internal conflict or strife 3° to ruin ◇ 1° paroles détruisant l'ordre et la paix 2° discorde, dissension 3° ruiner [Etym] 言 2139 (rad: 149a 7-03), 工 808 [Graph] 012d 431a.

誣 wū *9522 |诬 -1736| to calumniate, to accuse falsely ◇ calomnie, accuser faussement [Etym] 言 2139 (rad: 149a 7-07), 巫 809 [Graph] 012d 431a 232a 232a.

詩 shī *9523 |诗 -1738| poetry, verse, poem, poetic ◇ vers, poésie, poème, poétique [Etym] 言 2139 (rad: 149a 7-06), 寺 830 [Graph] 012d 432a 332b.

詿 guà *9524 |诖 -1739| 1° obstacle 2° to deceive 3° mistake ◇ 1° obstacle 2° tromper 3° erreur, faute [Etym] 言 2139 (rad: 149a 7-06), 圭 840 [Graph] 012d 432a 432a.

誌 zhì *9525 |See ◇ Voir 志 4994 [Etym] 言 2139 (rad: 149a 7-07), 志 857 [Graph] 012d 432b 321c.

譸 zhōu *9526 |侜 -3009| to deceive ◇ duper, tromper, leurrer [Etym] 言2139 (rad: 149a 7-14), 壽 860 [Graph] 012d 432b ac:g 431a 012a 332b.

詰 jí *9527 |诘 -1740| See ◇ Voir 诘屈 ji2-qu1 1740-8639 [Etym] 言 2139 (rad: 149a 7-06), 吉 876 [Graph] 012d 432b 011a.

△ jié |诘 -1740| inquiry, to interrogate, to examine ◇ enquête, interroger, examiner.

讀 dòu *9528 |读 -1706| slight pause in reading ◇ pauses et demi-pauses dans les phrases [Etym] 言 2139 (rad: 149a 7-15), 賣 886 [Graph] 012d 432b 051a 023b.

△ dú |读 -1706| 1° to read aloud 2° to study 3° to attend school ◇ 1° lire à haute voix 2° étudier 3° fréquenter l'école.

讟 dú *9529 |讟 -1707| to slander, to libel, seditious ◇ récriminer, calomnie [Etym] 言 2139 (rad: 149a 7-22), 誩 2140 賣 886 [Graph] 012d 432b 051a 023b 012d.

> **諸** zhū (2145) |[Tra] all, every; at, in ◇ tous, tout; de, dans [Etym] numerous (2,3= 者893) speeches (1= 言 2139) ◇ paroles (1= 言 2139) nombreuses (2,3= 者 893) [Graph] 012d 432c 021a [Ref] h898, k1254, r413, w159b [Hanzi] chu3 儲 3043, shu3 藷 3943, zhu1 櫧 4423, zhu1 諸 9530.

諸 zhū *9530 |诸 -1741| 1° all, every 2° final particle 3° at, in 4° surname ◇ 1° tous, tout 2° préposition 3° de, dans 4° nom de famille [Etym] 言 2139 (rad: 149a 7-08), 諸2145 [Graph] 012d 432c 021a.

註 zhù *9531 |See ◇ Voir 注 230 [Etym] 言 2139 (rad: 149a 7-05), 主 914 [Graph] 012d 432f.

議 yì *9532 |议 -1709| 1° opinion, view 2° to discuss, to deliberate upon 3° to consider ◇ 1° opinion, manière de voir 2° discuter, délibérer 3° considérer [Etym] 言 2139 (rad: 149a 7-13), 義 922 [Graph] 012d 432g 512f.

誥 gào *9533 |诰 -1742| 1° to announce to 2° to order, edict 3° to grant 4° imperial mandate ◇ 1° avertir, informer 2° édit 3° accorder 4° décret impérial [Etym] 言 2139 (rad: 149a 7-07), 告932 [Graph] 012d 432l 011a.

讚 zàn *9534 |See ◇ Voir 贊 5243 [Etym] 言 2139 (rad: 149a 7-19), 贊 937 [Graph] 012d 432m 432m 023b.

請 qǐng *9535 |请 -1743| 1° to beg, to request 2° to engage, to invite 3° please ◇ 1° prier de, souhaiter, se permettre de 2° inviter, engager 3° veuillez, s'il vous plaît [Etym] 言2139 (rad: 149a 7-08), 青 946 [Graph] 012d 433a 856e.

諝 xū *9536 |谞 -1745| 1° prudence 2° sly 3° knowledge 4° to plan ◇ 1° prudent 2° rusé 3° connaissance 4° projeter [Etym] 言 2139 (rad: 149a 7-09), 胥 971 [Graph] 012d 434g 856e.

誕 dàn *9537 |诞 -1746| 1° to boast 2° to bear children, birth 3° absurd ◇ 1° vanter, exagérer 2° enfanter, naissance 3° absurde, licence [Etym] 言 2139 (rad: 149a 7-06), 延 973 [Graph] 012d 434h 634n.

譜 pǔ *9538 |谱 -1747| 1° table, chart, register, catalogue, chronicle 2° guide, manual 3° music score 4° to compose (music) 5° something reliable 6° confidence ◇ 1° tableau, planche, registre, répertoire, chronique, catalogue, album 2° guide, manuel 3° notation musicale 4° composer (musique) 5° données dignes de confiance 6° confiance [Etym] 言 2139 (rad: 149a 7-12), 普 986 [Graph] 012d 435c 021a.

讌 yàn *9539 |See ◇ Voir 宴 7780 [Etym] 言 2139 (rad: 149a 7-16), 燕 991 [Graph] 012d 436a 011a 412b 321b 222d.

謹 jǐn *9540 |谨 -1748| 1° careful, cautious, vigilant 2° solemnly 3° respectful ◇ 1° attentif, soigneux 2° solennel 3° respectueux, vénérer [Etym] 言 2139 (rad: 149a 7-11), 堇 997 [Graph] 012d 436a 032h.

謀 móu *9541 |谋 -1749| 1° stratagem, plan, to scheme, to plot 2° to consult ◇ 1° plan, projeter, comploter 2° conseil [Etym] 言 2139 (rad: 149a 7-09), 某 1011 [Graph] 012d 436f 422a.
言甘木

講 jiǎng *9542 |讲 -1728| 1° to speak, to tell 2° to explain 3° to discuss 4° to stress 5° as regards ◇ 1° parler, dire 2° expliquer, développer 3° discuter de 4° insister sur 5° en ce qui concerne [Etym] 言 2139 (rad: 149a 7-10), 冓 1012 [Graph] 012d 436g 858c.
言井冉

諶 chén *9543 |谌 -1750| 1° sincere 2° commonly 3° to trust 4° surname ◇ 1° sincérité, droiture 2° habituellement 3° se fier à 4° nom de famille [Etym] 言 2139 (rad: 149a 7-09), 甚 1015 [Graph] 012d 436j.
言甚

諏 zōu *9544 |诹 -1751| 1° to confer 2° to consult ◇ 1° discuter 2° consulter [Etym] 言 2139 (rad: 149a 7-08), 取 1024 [Graph] 012d 436k 633a.
言耳又

誰 shéi *9545 |谁 -1752| who, anyone, someone ◇ qui? quiconque, celui qui [Etym] 言 2139 (rad: 149a 7-08), 隹 1030 [Graph] 012d 436m.
言隹

△ shuí |谁 -1752| 1° who 2° anyone, someone ◇ 1° qui, celui qui 2° quiconque.

譙 qiáo *9546 |谯 -1753| See ◇ Voir 谯楼 qiao2-lou2 1753-4198 [Etym] 言2139 (rad: 149a 7-12), 焦 1031 [Graph] 012d 436m 222d.
言隹灬

試 shì *9547 |试 -1754| 1° to try, to experiment 2° examination 3° essay ◇ 1° essayer, tenter, expérimenter, sonder 2° examen, épreuve 3° essai [Etym] 言 2139 (rad: 149a 7-06), 式1048 [Graph] 012d 511a 431a.
言弋工

詆 dǐ *9548 |诋 -1755| to vilify, to slander ◇ critiquer, blâmer [Etym] 言 2139 (rad: 149a 7-05), 氐 1055 [Graph] 012d 511d.
言氐

誡 jiè *9549 |诫 -1756| 1° to warn 2° order, precept 3° prohibition ◇ 1° avertir 2° ordre, précepte 3° interdire, prohibition [Etym] 言2139 (rad: 149a 7-07), 戒 1058 [Graph] 012d 512b 416e.
言戈廾

識 shí *9550 |识 -1816| 1° to know, knowledge 2° perception, experience ◇ 1° connaître, savoir 2° perception, conscience [Etym] 言2139 (rad: 149a 7-12), 戠 1068 [Graph] 012d 512h 021a.
言戠日

△ zhì |识 -1816| 1° to remember 2° mark, note 3° memorandum, document ◇ 1° se souvenir, mémoire, graver dans son mémoire 2° noter, inscription gravée 3° document.

誠 chéng *9551 |诚 -1757| 1° sincere, guileless 2° to rectify, perfection 3° really, indeed ◇ 1° sincère, vrai 2° rectifier, perfection 3° en effet, vraiment [Etym] 言 2139 (rad: 149a 7-06), 成 1072 [Graph] 012d 512l.
言成

誑 kuáng *9552 |诳 -1758| 1° lies 2° to deceive ◇ 1° mensonge, mentir 2° tromper [Etym] 言 2139 (rad: 149a 7-07), 狂 1096 [Graph] 012d 521b 432e.
言犭王

諑 zhuó *9553 |诼 -1759| to accuse, to vilify ◇ incriminer [Etym] 言 2139 (rad: 149a 7-08), 豖 1103 [Graph] 012d 522b.
言豖

誒 ē *9554 |欸 +5892| hey! ◇ hé! holà! [Etym] 言 2139 (rad: 149a 7-07), 矣 1135 [Graph] 012d 612a 242d.
言厶矢

△ é |欸 +5892| why! ◇ eh bien! tiens.

△ ě |欸 +5892| now! ◇ bon! alors!.

△ è |欸 +5892| yes! ◇ oui!.

△ éi |欸 +5892| expression of surprise ◇ mot d'exclamation exprimant l'étonnement.

△ ěi |欸 +5892| expression of disbelief ◇ mot d'exclamation marquant l'incrédulité.

△ èi |欸 +5892| expression of consent or affirmation ◇ interjection marquant l'assertion, le consentement.

詒 yí *9555 |诒 -1760| 1° to leave, to hand down, to give 2° to cause ◇ 1° léguer, transmettre, donner 2° causer [Etym] 言 2139 (rad: 149a 7-05), 台 1143 [Graph] 012d 612a 011a.
言厶口

訟 sòng *9556 |讼 -1761| 1° to bring a case to court, to accuse, litigation 2° to argue ◇ 1° intenter un procès, accuser, procès 2° disputer [Etym] 言 2139 (rad: 149a 7-04), 公 1161 [Graph] 012d 612h.
言公

譏 jī *9557 |讥 -1833| 1° scoff, to ridicule, to mock 2° to blame 3° to interrogate ◇ 1° railler, ridiculiser 2° blâmer 3° interroger [Etym] 言 2139 (rad: 149a 7-12), 幾 1177 [Graph] 012d 613c 613c 512k.
言幺幺戍

該 gāi *9558 |该 -1762| 1° ought to, must 2° to deserve 3° probably 4° this, that, the above-mentioned ◇ 1° devoir, falloir 2° mériter 3° probablement 4° ce, cet, la chose en question [Etym] 言 2139 (rad: 149a 7-06), 亥 1210 [Graph] 012d 614a.
言亥

諜 huò *9559 |谍 -1763| sound ◇ onomatopée [Etym] 言 2139 (rad: 149a 7-10), 桀 1230 [Graph] 012d 631b 712b 422a.
言夕㐄木

證 zhèng *9560 |证 -1744| 1° to prove, to demonstrate, to testify 2° evidence, legal testimony 3° certificate 4° disease, illness (sources of) ◇ 1° prouver, démontrer 2° preuve, attester témoignage 3° certificat, permis 4° maladie, causes de maladie [Etym] 言 2139 (rad: 149a 7-12), 登 1247 [Graph] 012d 631g 012b.
言癶豆

△ zhèng |症 -7058| disease, illness ◇ maladie.

譎 jué *9561 |谲 -1764| to cheat, to feign, to delude ◇ tromper, fourberie [Etym] 言 2139 (rad: 149a 7-12), 矞 1261 [Graph] 012d 632a 331g 856l 011a.
言マ才冂口

誦 sòng *9562 |诵 -1765| 1° to read aloud 2° to recite, to narrate 3° to hum over ◇ 1° lire à haute voix 2° réciter, raconter 3° déclamer [Etym] 言 2139 (rad: 149a 7-07), 甬 1262 [Graph] 012d 632a 856i.
言マ用

這 zhè *9563 |这 +1669| 1° this 2° here 3° now ◇ 1° ce, ceci 2° ici 3° maintenant
言辶

[Etym] 辶 1346 (rad: 162b 3-07), 言 2139 [Graph] 012d 634o.

△ zhèi | 这 +1669 | 1° this 2° here 3° now ◇ 1° ce, cet 2° ici 3° maintenant.

諜 dié *9564 言世木 | 谍 -1767 | to play the traitor, spy ◇ épier, espion [Etym] 言 2139 (rad: 149a 7-09), 枼 1349 [Graph] 012d 711d 422a.

詭 guǐ *9565 言⺈㔾 | 诡 -1769 | 1° to deceive, tricky, cunning 2° weird, eerie ◇ 1° tromper, rusé, fourberie 2° étrange, bizarre [Etym] 言 2139 (rad: 149a 7-06), 危 1419 [Graph] 012d 721e 733a.

譫 zhān *9566 言⺈八言 | 谵 -1770 | wild delirious talking, to rave ◇ divaguer, délire [Etym] 言 2139 (rad: 149a 7-13), 詹 1421 [Graph] 012d 721e ac:h 012d.

謔 xuè *9567 言虍七𠄎 | 谑 -1771 | 1° to ridicule 2° to tease ◇ 1° ridiculiser 2° taquiner [Etym] 言 2139 (rad: 149a 7-09), 虐 1438 [Graph] 012d 721g 321e 831b.

讞 yàn *9568 言虍七曰冂丫犬 | 谳 -1808 | to decide on judicial cases, to pronounce judgment ◇ juger, établir la culpabilité [Etym] 言 2139 (rad: 149a 7-20), 獻 1441 [Graph] 012d 721g 321e 012a 856k 411c 242i.

詖 bì *9569 言广又 | 诐 -1772 | 1° swindle 2° to slander ◇ 1° fourberie, perversité 2° calomnier [Etym] 言 2139 (rad: 149a 7-05), 皮 1452 [Graph] 012d 721h 633a.

詬 gòu *9570 言尸口 | 诟 -1773 | 1° to reproach 2° to revile 3° shame ◇ 1° blâmer 2° outrager, railler, insulter 3° honte [Etym] 言 2139 (rad: 149a 7-06), 后 1460 [Graph] 012d 722b 011a.

訢 xīn *9571 言斤 | 欣 +7204 | glad, happy, to rejoice ◇ joie, se réjouir, bonheur [Etym] 言 2139 (rad: 149a 7-04), 斤 1461 [Graph] 012d 722c.

訴 sù *9572 言斥 | 诉、愬 -1774、*7663 | 1° to tell, to make known 2° to complain, to accuse 3° to resort to ◇ 1° dire, raconter, faire savoir, avertir 2° se plaindre, accuser 3° recourir à [Etym] 言 2139 (rad: 149a 7-05), 斥 1464 [Graph] 012d 722d.

詡 xǔ *9573 言习习 | 诩 -1775 | 1° to brag, to boast 2° broad 3° acute ◇ 1° exagérer, amplifier, vantardise 2° vaste 3° perspicace [Etym] 言 2139 (rad: 149a 7-06), 羽 1472 [Graph] 012d 731c 731c.

謬 miù *9574 言习习人彡 | 谬 -1776 | falsehood, error, wrong ◇ erreur, mensonge, faux [Etym] 言 2139 (rad: 149a 7-11), 翏 1473 [Graph] 012d 731c 731c 233a 211c.

詞 cí *9575 言𠃌口 | 词 -1777 | 1° word, expression 2° composition 3° to accuse, to request ◇ 1° terme, locution 2° composition 3° accusation [Etym] 言 2139 (rad: 149a 7-05), 司 1476 [Graph] 012d 731d 012a.

詔 zhào *9576 言刀口 | 诏 -1778 | 1° to instruct, to proclaim 2° imperial mandate ◇ 1° avertir, faire savoir 2° édit, décret impérial [Etym] 言 2139 (rad: 149a 7-05), 召 1479 [Graph] 012d 732a 011a.

認 rèn *9577 言刃心 | 认 -1697 | 1° to recognize, to know 2° to adopt, to consider 3° to confess, to admit 4° to resign oneself to 5° mistake ◇ 1° reconnaître, connaître 2° accepter, considérer 3° avouer, confesser 4° se résigner 5° faute [Etym] 言 2139 (rad: 149a 7-07), 忍 1484 [Graph] 012d 732c 321c.

譔 zhuàn *9578 言巳巳共 | 撰 +2561 | 1° to write, composition 2° note 3° to collect ◇ 1° écrire, composer, composition 2° note 3° arranger, colliger [Etym] 言 2139 (rad: 149a 7-10), 巽 1500 [Graph] 012d 733a 733a 436e.

誆 kuāng *9579 言匚王 | 诓 -1781 | 1° to lie 2° to deceive, hoax ◇ 1° mentir 2° tromper, duper [Etym] 言 2139 (rad: 149a 7-06), 匡 1522 [Graph] 012d 811c 432e.

謳 ōu *9580 言匚口口口 | 讴 -1780 | ballads, folk songs, to sing ◇ réciter en chantant, chanter, romances, chants [Etym] 言 2139 (rad: 149a 7-11), 區 1528 [Graph] 012d 811c 011a 011a 011a.

譖 zèn *9581 言旡旡曰 | 谮 -1782 | to slander ◇ dénigrer, diffamer [Etym] 言 2139 (rad: 149a 7-12), 朁 1541 [Graph] 012d 812a 812a 021a.

訝 yà *9582 言牙 | 讶 -1783 | 1° to be surprised, to wonder at 2° to admire ◇ 1° être surpris, s'étonner 2° admirer, s'exclamer [Etym] 言 2139 (rad: 149a 7-04), 牙 1542 [Graph] 012d 812b.

諱 huì *9583 言五口㐄 | 讳 -1779 | 1° to avoid as taboo, taboo 2° to conceal 3° to shun ◇ 1° omettre par respect ou par crainte, tabou 2° taire, cacher 3° éviter de [Etym] 言 2139 (rad: 149a 7-09), 韋 1547 [Graph] 012d 822a 011a 712b.

語 yǔ *9584 言五口 | 语 -1784 | 1° language, words 2° to say, to talk, to discuss 3° proverb, saying 4° means of communication (animal, human) 5° signal, sign ◇ 1° langage, langue, paroles 2° dire, parler, discuter 3° proverbe, expression 4° signe, signal 5° langage des animaux [Etym] 言 2139 (rad: 149a 7-07), 吾 1549 [Graph] 012d 822b 011a.

△ yù | 语 -1784 | to tell, to inform, to talk ◇ dire, informer, parler, communiquer.

訣 jué *9585 言夬 | 诀 -1785 | 1° magic formula 2° knack 3° to bid farewell ◇ 1° formule magique 2° truc, recette, procédé 3° se séparer de quelqu'un, faire ses adieux [Etym] 言 2139 (rad: 149a 7-04), 夬 1550 [Graph] 012d 822c.

謙 qiān *9586 言兼 | 谦 -1788 | 1° modest 2° yielding 3° respectful, to revere ◇ 1° modestie, humilité 2° céder 3° révérer, déférer [Etym] 言 2139 (rad: 149a 7-10), 兼 1582 [Graph] 012d 834h.

譭 huǐ *9587 言臼工几又 | See ◇ Voir 毁 7438 [Etym] 言 2139 (rad: 149a 7-13), 毀 1591 [Graph] 012d 835b 431a Z33a 633a.

諂 chǎn *9588 言臽 | 谄 -1789 | to flatter ◇ flatter, flatterie, adulation [Etym] 言 2139 (rad: 149a 7-08), 臽 1594 [Graph] 012d 835e.

諛 yú *9589 言臾 | 谀 -1790 | to flatter ◇ flatter, cajoler [Etym] 言 2139 (rad: 149a 7-08), 臾 1595 [Graph] 012d 835f.

訕 shàn *9590 言山 | 讪、赸2° -1791、*4851 | 1° to mock, to vilify, to slander 2° embarrassed ◇ 1° dénigrer, censurer 2° gêné [Etym] 言 2139 (rad: 149a 7-03), 山 1611 [Graph] 012d 841b.

詘 qū *9591 言出 | 诎 -1792 | 1° to bend, to crouch 2° to yield ◇ 1° courber, incliner 2°

言

se soumettre, obéir [Etym] 言2139 (rad: 149a 7-05), 出1640 [Graph] 012d 842c.

諢 hùn *9592 | 诨 -1793 | joke, jest ◇ plaisanterie, farce, plaisanter [Etym] 言2139 (rad: 149a 7-09), 軍1655 [Graph] 012d 851a 042g.

詫 chà *9593 | 诧 -1794 | 1° to talk big, to brag, to boast 2° to be surprised ◇ 1° se vanter, exagérer 2° s'étonner de [Etym] 言2139 (rad: 149a 7-06), 宅1670 [Graph] 012d 851c 321f.

讅 shěn *9594 | 谉 -1796 | to understand, to know ◇ savoir, être au courant [Etym] 言2139 (rad: 149a 7-15), 審1685 [Graph] 012d 851c 422g 041a.

誼 yì *9595 | 谊 -1795 | 1° friendship 2° relations 3° suitable, right, proper ◇ 1° amitié 2° relations 3° convenances, correct [Etym] 言2139 (rad: 149a 7-08), 宜1705 [Graph] 012d 851c 921a.

諠 xuān *9596 | 喧 +9112 | noisy, clamor, hubbub ◇ bruyant, vociférer, clameurs [Etym] 言2139 (rad: 149a 7-09), 宣1711 [Graph] 012d 851c 022a ac:z.

謗 bàng *9597 | 谤 -1797 | to slander, to defame, to vilify ◇ médire, dénigrer [Etym] 言2139 (rad: 149a 7-10), 旁1732 [Graph] 012d 851e 853b.

諦 dì *9598 | 谛 -1798 | 1° to investigate, to make research 2° carefully ◇ 1° scruter, examiner attentivement 2° précaution, attention [Etym] 言2139 (rad: 149a 7-09), 帝1733 [Graph] 012d 851e 858a.

讜 dǎng *9599 | 谠 -1799 | 1° right words, persuasive speech 2° honest ◇ 1° avis sincères 2° honnête [Etym] 言2139 (rad: 149a 7-20), 黨1748 [Graph] 012d 851h 011a 033e 222d.

訩 xiōng *9600 | 讻 -1708 、詾 *9487 | 1° to scold 2° to threaten 3° to litigate, to argue ◇ 1° gronder 2° menacer 3° disputer [Etym] 言2139 (rad: 149a 7-06), 匈1772 [Graph] 012d 852h 243a 841e.

謅 zhōu *9601 | 诌 -1786 | 1° to recriminate 2° to make up (tales) ◇ 1° grommeler, récriminer 2° radoter [Etym] 言2139 (rad: 149a 7-10), 芻1776 [Graph] 012d 852h 842a 852h 842a.

詢 xún *9602 | 询 -1800 | to inquire about ◇ s'informer, enquête [Etym] 言2139 (rad: 149a 7-06), 旬1782 [Graph] 012d 852h 021a.

訪 fǎng *9603 | 访 -1801 | 1° to visit 2° to search out, to inquire about, to examine ◇ 1° visiter 2° chercher, interroger, enquête, examiner [Etym] 言2139 (rad: 149a 7-04), 方1784 [Graph] 012d 853b.

譾 jiǎn *9604 | 谫 -1803 、* 0 | 1° shallow in knowledge 2° superficial ◇ 1° peu profond 2° superficiel, banal [Etym] 言2139 (rad: 149a 7-15), 翦1840 [Graph] 012d ac:d 856e 333b 731c 731c.

謭 jiǎn *9605 | 谫 -1803 、譾 *9604 | 1° shallow in knowledge 2° superficial ◇ 1° peu profond 2° superficiel, banal [Etym] 言2139 (rad: 149a 7-11), 剪1841 [Graph] 012d ac:d 856e 333b 732a.

調 diào *9606 | 调 -1804 | 1° cadence 2° air 3° to transfer 4° accent ◇ 1° cadence 2° air 3° muter, déplacer 4° accent [Etym] 言2139 (rad: 149a 7-08), 周1851 [Graph] 012d 856k 432a 011a.

△ tiáo | 调 -1804 | 1° to mix 2° to suit well 3° to mediate 4° to tease, to provoke ◇ 1° combiner, mélanger 2° accorder 3° réconcilier 4° se rire de, provoquer.

詗 xiòng *9607 | 诇 -1805 | to spy ◇ espionner [Etym] 言2139 (rad: 149a 7-05), 冋1852 [Graph] 012d 856k 011a.

讁 zhé *9608 | 谪 -1806 | 1° to banish (to outlying district) 2° to reproach, to blame 3° to punish 4° crime ◇ 1° exiler à la frontière 2° blâmer, gronder 3° punir 4° faute, crime [Etym] 言2139 (rad: 149a 7-14), 適1876 [Graph] 012d 857g 013f 634o.

誚 qiào *9609 | 诮 -1807 | to blame ◇ gronder [Etym] 言2139 (rad: 149a 7-07), 肖1878 [Graph] 012d 857i.

訥 nè *9610 | 讷 -1809 | 1° cautious speech 2° slow (of speech) ◇ 1° parler avec réserve 2° parler lentement [Etym] 言2139 (rad: 149a 7-04), 內1919 [Graph] 012d 859a.

詛 zǔ *9611 | 诅 -1810 | to imprecate, to curse ◇ maudire [Etym] 言2139 (rad: 149a 7-05), 且1929 [Graph] 012d 921a.

諞 piǎn *9612 | 谝 -1811 | to show off ◇ parader, se pavaner [Etym] 言2139 (rad: 149a 7-09), 扁1989 [Graph] 012d 931e 856j.

讕 lán *9613 | 谰 -1802 | to defame, to slander ◇ diffamer, calomnie [Etym] 言2139 (rad: 149a 7-17), 闌2042 [Graph] 012d 934e 033d.

詎 jù *9614 | 讵 -1812 | how? how come? ◇ comment?, se peut-il que? [Etym] 言2139 (rad: 149a 7-05), 巨2043 [Graph] 012d 935a.

謝 xiè *9615 | 谢 -1813 | 1° to thank 2° to excuse oneself 3° to decline, to resign, to cease 4° to wither (leaves) 5° to confess 6° surname ◇ 1° remercier 2° s'excuser 3° se démettre, cesser 4° se faner (feuilles) 5° confesser 6° nom de famille [Etym] 言2139 (rad: 149a 7-10), 射2061 [Graph] 012d 941d 332b.

譟 zào *9616 | See ◇ Voir 噪9181 [Etym] 言2139 (rad: 149a 7-13), 喿2094 [Graph] 012d 011a 011a 011a 422a.

諤 è *9617 | 谔 -1815 | honest, sincere ◇ franchise [Etym] 言2139 (rad: 149a 7-09), 咢2102 [Graph] 012d 011a 011a Z21c.

誤 wù *9618 | 误 -1814 、悮 *3343 | 1° mistake, to err 2° to miss 3° to harm 4° neglect 5° by accident ◇ 1° errer, erreur, se tromper 2° manquer 3° nuire à 4° négligence 5° par hasard [Etym] 言2139 (rad: 149a 7-07), 吳2110 [Graph] 012d 011a Z21a 242a.

諒 liàng *9619 | 谅 -1817 | 1° to forgive, to excuse 2° to consider, to think 3° to trust, sincerity ◇ 1° pardonner, excuser 2° penser, examiner 3° croire à, ajouter foi, sincérité [Etym] 言2139 (rad: 149a 7-08), 京2122 [Graph]

012d 012c 331j.

諄 zhūn *9620 |谆 -1818| 1° earnestly, tirelessly 2° to impress upon 3° to teach ◇ 1° sollicitude, sans relâche 2° soin 3° enseigner [Etym] 言 2139 (rad: 149a 7-08), 享 2128 [Graph] 012d 012c 634d.

說 shuì *9621 |说 -1819| 1° to try to convince, to peddle an idea 2° to urge ◇ 1° exhorter, engager à 2° presser [Etym] 言 2139 (rad: 149a 7-07), 兑 2153 [Graph] 012d 013d.

△ shuō |说 -1819| 1° to say, to speak, to talk 2° to explain 3° teachings, theory, doctrine 4° to scold ◇ 1° dire, parler 2° expliquer, raconter 3° doctrine, enseignements, théorie 4° gronder, réprimander.

△ yuè |说 -1819| 1° to delight, to gratify 2° pleased 3° joy ◇ 1° enchanter, gratifier 2° content, bonheur 3° joie.

詁 gǔ *9622 |诂 -1820| 1° to explain, to comment 2° explain archaic words in current language ◇ 1° commenter, interpréter 2° expliquer des textes anciens en termes modernes [Etym] 言 2139 (rad: 149a 7-05), 古 2155 [Graph] 012d 013f.

話 huà *9623 |话 -1821| 1° word, sentence, language 2° to speak, to tell ◇ 1° parole, phrase, langage 2° parler, dire [Etym] 言 2139 (rad: 149a 7-06), 舌 2162 [Graph] 012d 013h.

讒 chán *9624 |谗 -1825| to detract, to slander ◇ dénigrer [Etym] 言 2139 (rad: 149a 7-17), 毚 2165 [Graph] 012d 013i 311d 321b 032e.

謁 yè (2146) |[Tra] to visit; to warn ◇ avertir; visiter [Etym] to express (1= 言 2139) a request (2,3,4,5= 曷 2194) ◇ exprimer (1= 言 2139) une demande (2,3,4,5= 曷 2194) [Graph] 012d 021a 852h 232a 711a [Ref] h1022, k230, w73a [Hanzi] ai3 藹 3944, ai3 靄 8462, ye4 謁 9625.

謁 yè *9625 |谒 -1822| to visit (a superior), to receive a visit ◇ faire ou recevoir visite [Etym] 言 2139 (rad: 149a 7-09), 謁 2146 [Graph] 012d 021a 852h 232a 711a.

謾 mán *9626 |谩 -1823| to deceive ◇ tromper, duper [Etym] 言 2139 (rad: 149a 7-11), 曼 2211 [Graph] 012d 021a 051a 633a.

△ màn |谩 -1823| 1° disrespectful 2° to recriminate ◇ 1° impoli 2° récriminer.

謿 cháo *9627 |嘲 +9214| to ridicule, to deride ◇ plaisanter, railler [Etym] 言 2139 (rad: 149a 7-12), 朝 2237 [Graph] 012d 022i 856e.

譴 qiǎn *9628 |谴 -1824| 1° to condemn, to denounce, to reprimand, to scold, to chastise 2° surname ◇ 1° réprimander, châtier, dénoncer 2° nom propre [Etym] 言 2139 (rad: 149a 7-13), 遣 2279 [Graph] 012d 031c 934b 634o.

諫 jiàn *9629 |谏 -1826| 1° to admonish, to warn, to reprove 2° to plead with ◇ 1° remontrer les fautes, avertir 2° exhortation [Etym] 言 2139 (rad: 149a 7-09), 柬 2309 [Graph] 012d 033d.

謖 sù *9630 |谡 -1827| 1° to rise 2° to get up ◇ 1° lever 2° se lever [Etym] 言 2139 (rad: 149a 7-10), 畟 2321 [Graph] 012d 041a ac:h 633e.

謂 wèi *9631 |谓 -1828| 1° to say, to speak 2° to call, to name 3° meaning, sense 4° to be ◇ 1° dire 2° nommer 3° penser, signification, sens 4° être [Etym] 言 2139 (rad: 149a 7-09), 胃 2324 [Graph] 012d 041a 856e.

課 kè *9632 |课 -1829| 1° course, subject 2° class 3° lesson 4° tax 5° to levy ◇ 1° cours, matière 2° classe 3° leçon, exercice 4° taxe, impôt 5° prélever [Etym] 言 2139 (rad: 149a 7-08), 果 2364 [Graph] 012d 043f.

譯 yì *9633 |译 -1766| 1° to translate, to interpret 2° to explain ◇ 1° traduire, interpréter 2° expliquer [Etym] 言 2139 (rad: 149a 7-13), 睪 2381 [Graph] 012d 051a 432a 413c.

譚 tán *9634 |谭 -1830| 1° to boast 2° surname ◇ 1° vanter 2° nom propre [Etym] 言 2139 (rad: 149a 7-12), 覃 2411 [Graph] 012d 051e 021d.

謚 shì *9635 |谥、謚 -1695、*9476| posthumous title, epitaph name ◇ épitaphe, titre posthume [Etym] 言 2139 (rad: 149a 7-09), 益 2480 [Graph] 012d Z21e 922a.

訖 qì *9636 |讫 -1831| 1° settled, completed, done, to finish 2° end 3° up to ◇ 1° régler, achever, finir 2° fin 3° enfin [Etym] 言 2139 (rad: 149a 7-03), 乞 2508 [Graph] 012d Z31e.

訊 xùn *9637 |讯 -1832| 1° to interrogate, to examine judicially 2° to dispatch 3° to chide 4° informations ◇ 1° interroger, examiner 2° dépêcher 3° réprimander 4° nouvelles, informations [Etym] 言 2139 (rad: 149a 7-03), 卂 2512 [Graph] 012d Z32a.

設 shè (2147) |[Tra] set up; found; if ◇ organiser; fonder; si [Etym] to speak (1= 言 2139); to order or strike (2,3= 殳 2519) ◇ parler (1= 言 2139); commander, frapper (2,3= 殳 2519) [Graph] 012d Z33a 633a [Ref] h731, w22d [Hanzi] she4 設 9638.

設 shè *9638 |设 -1834| 1° to set up, to found 2° to work out, to frame, to arrange 3° given, suppose 4° if ◇ 1° organiser, fonder 2° combiner (plan), disposer 3° supposer 4° si [Etym] 言 2139 (rad: 149a 7-04), 設 2147 [Graph] 012d Z33a 633a.

諷 fěng *9639 |讽 -1835| 1° to chant 2° to ridicule, to mock ◇ 1° chanter, psalmodier, réciter 2° ridiculiser, critiquer [Etym] 言 2139 (rad: 149a 7-09), 風 2527 [Graph] 012d Z33c ac:a 031d.

記 jì (2148) |[Tra] to note down; history ◇ noter; histoire [Etym] to tell (1= 言 2139) the sequence (2= 己 2532) of events ◇ raconter (1= 言 2139) la succession (2= 己 2532) des faits [Graph] 012d Z41a [Ref] h95, r235, w84a, wi129 [Hanzi] ji4 記 9640.

記 jì *9640 记 -1836 1° to note down 2° history 3° to remember 4° record 5° mark ◇ 1° noter 2° histoire 3° marque, se souvenir [Etym] 言 2139 (rad: 149a 7-03), 記 2148 [Graph] 012d Z41a.

誨 huì *9641 诲 -1837 1° to teach 2° advice ◇ 1° enseigner, leçon 2° conseil [Etym] 言 2139 (rad: 149a 7-07), 每 2565 [Graph] 012d Z61b.

石 013

石 shí (2149) [Tra] stone ◇ pierre [Etym] {1} a stone (bottom=prim) falling from a cliff (top< 厂 1353); {2} musical instrument with sonorous pendant stone (prim) ◇ {1} une pierre (bas=prim) tombant d'une falaise (haut< 厂 1353); {2} instrument de musique avec une pierre sonore suspendue (prim) [Graph] 013b [Ref] h45, k883, ph156, r240, w59d, wa175, wi42 [Hanzi] shi2 祏 2284, ta4 tuo4 拓 2677, zhe4 柘 4424, du4 妬 5850, shi2 袥 6599, shi2 鼫 7434, yan2 岩 7606, dang4 宕 7777, zhi2 跖 9400, dan4 shi2 石 9642, zhuo2 zhuo2 斫 9728, lei3 磊 9769 [Rad] 112a.

石 dàn +9642 unit of measure for grain, one hectoliter ◇ mesure de capacité, un hectolitre [Etym] 石 2149 (rad: 112a 5-00), [Graph] 013b.

△ shí 1° stone, rock 2° stone inscription 3° surname ◇ 1° pierre, roche, minéral 2° stèle 3° nom propre.

石油 shí yóu。petrol ◇ pétrole * 575.

石灰 shí huī。chalk ◇ chaux * 1519.

石头 shí tóu。stone ◇ pierre, caillou * 1598.

石板 shí bǎn。slate ◇ ardoise * 4301.

石榴 shí liú。pomegranate ◇ grenade * 4408.

石刻 shí kè。carved stone; stone inscription ◇ pierre sculptée, inscription sur une stèle * 6321.

石刁柏 shí diāo bǎi。asparagus ◇ asperge * 7216 4437.

石雕 shí diāo。stone carving ◇ sculpture sur pierre * 8275.

石叻 shí lè。another name for Singapore ◇ autre nom du Singapour * 9072.

磲 qú +9643 giant clam ◇ praire [Etym] 石 2149 (rad: 112a 5-12), 渠 62 [Graph] 013b 121b 935a 422a.

砬 lá -9644 磖 *9730 1° wide, to expand 2° outline, contour 3° empty, desert ◇ 1° grand, vaste, étendre 2° contour 3° désert [Etym] 石 2149 (rad: 112a 5-05), 立 80 [Graph] 013b 221a.

碚 bèi +9645 place in Chongqing ◇ lieu du Chongqing [Etym] 石 2149 (rad: 112a 5-08), 音 87 [Graph] 013b 221a 011a.

碎 suì +9646 1° to smash 2° fragments, small pieces, bits 3° garrulous ◇ 1° briser, broyer 2° fragments, en morceaux, varia 3° bavard [Etym] 石 2149 (rad: 112a 5-08), 卒 176 [Graph] 013b ac:c 232a 232a 413a.

砍 kǎn +9647 1° to cut, to chop 2° to throw something at somebody ◇ 1° tailler, trancher 2° jeter contre [Etym] 石 2149 (rad: 112a 5-04), 欠 178 [Graph] 013b 232b.

硷 jiǎn +9648 碱 -9700、堿 *4869、鹼 *9650、鹼 *10839、鹻 10842 alkali, soda ◇ alcali, soude [Etym] 石 2149 (rad: 112a 5-07), 佥 183 [Graph] 013b 233a ac:a 221b.

砼 tóng +9649 1° concrete 2° cement ◇ 1° béton 2° ciment [Etym] 石 2149 (rad: 112a 5-05), 仝 194 [Graph] 013b 233a 431a.

鹼 jiǎn *9650 碱 -9700、堿 *4869、硷 +9648、鹼 *10839、鹻 10842

磋 cuō +9651 1° to rub and polish 2° to consult ◇ 1° frotter et polir 2° discuter, consulter [Etym] 石 2149 (rad: 112a 5-09), 差 253 [Graph] 013b 241c 431a.

硖 xiá *9652 硖 -9657 place in Zhejiang ◇ lieu du Zhejiang [Etym] 石 2149 (rad: 112a 5-07), 夾 259 [Graph] 013b 242a 232a 232a.

碕 qí *9653 埼 +4770 tortuous shore or bank ◇ côte tortueuse [Etym] 石 2149 (rad: 112a 5-08), 奇 261 [Graph] 013b 242a 331c 011a.

碜 zhà +9654 place in Gansu ◇ lieu du Gansu [Etym] 石 2149 (rad: 112a 5-09), 奓 272 [Graph] 013b 242a 631b 631b.

硚 qiáo -9655 礄 *9656 1° stony soil 2° place in Sichuan ◇ 1° terrain pierreux 2° lieu du Sichuan [Etym] 石 2149 (rad: 112a 5-06), 乔 290 [Graph] 013b 242e 416a.

礄 qiáo *9656 硚 -9655 1° stony soil 2° place in Sichuan ◇ 1° terrain pierreux 2° lieu du Sichuan [Etym] 石 2149 (rad: 112a 5-12), 喬 291 [Graph] 013b 242e 011a 856k 011a.

硖 xiá -9657 硤 *9652 place in Zhejiang ◇ lieu du Zhejiang [Etym] 石 2149 (rad: 112a 5-06), 夹 313 [Graph] 013b 242q.

砒 pī +9658 arsenic ◇ arsenic [Etym] 石 2149 (rad: 112a 5-04), 比 362 [Graph] 013b 311d 321b.

砌 qì +9659 1° to lay bricks, to build 2° step (stairs) ◇ 1° maçonner, murer 2° marche (pierre, brique) [Etym] 石 2149 (rad: 112a 5-04), 切 366 [Graph] 013b 311e 732a.

磙 gǔn -9660 碾 *9661 1° roller 2° to level with a roller ◇ 1° rouleau 2° niveler, aplanir avec un rouleau [Etym] 石 2149 (rad: 112a 5-10), 衮 373 [Graph] 013b 312j 612h.

碾 gǔn *9661 磙 -9660 1° roller 2° to level with a roller ◇ 1° rouleau 2° niveler, aplanir avec un rouleau [Etym] 石 2149 (rad: 112a 5-11), 袞 377 [Graph] 013b 312j 013c.

礙 ài *9662 碍 +9771 1° obstacle, to hinder, to oppose 2° incompatibility ◇ 1° obstacle, empêcher, contrarier 2° incompatibilité [Etym] 石 2149 (rad: 112a 5-14), 疑 390 [Graph] 013b 321b 242d 632a 434g.

矴 dìng *9663 碇 -9741、椗 *4343 large stone used as an anchor ◇ pierre servant d'encre [Etym] 石 2149 (rad: 112a 5-02), 丁 420 [Graph] 013b 331b.

砢 kē +9664 heap of stones ◇ tas de pierres [Etym] 石 2149 (rad: 112a 5-05), 可 421 [Graph] 013b 331c 011a.
石可口

砂 shā +9665 1° sand, grit, cinnabar 2° different minerals ◇ 1° sable, gravier, grains 2° divers minéraux [Etym] 石 2149 (rad: 112a 5-04), 少 427 [Graph] 013b 331k.
石少

砂糖 shā táng。granulated sugar ◇ sucre semoule * 4632.

砂子 shā zǐ。sand ◇ gravier, sable * 6546.

泵 bèng +9666 pump ◇ pompe [Etym] 石 2149 (rad: 112a 5-04), 水 435 [Graph] 013b 331p.
石水

砟 zhǎ +9667 tiny fragments (stone, coal, etc.) ◇ petits morceaux (pierre, charbon, etc) [Etym] 石 2149 (rad: 112a 5-05), 乍 551 [Graph] 013b 412f.
石乍

矸 gān +9668 rock, mineral ◇ roche, minéral [Etym] 石 2149 (rad: 112a 5-03), 干 564 [Graph] 013b 413b.
石干

研 yán *9669 研 +9676 1° to grind 2° to study ◇ 1° broyer 2° étudier, faire des recherches [Etym] 石 2149 (rad: 112a 5-06), 幵 565 [Graph] 013b 413b 413b.
石干干

砰 pēng +9670 crashing noise, sound: thump, to bang shut ◇ écroulement, fracas, onomatopée: bruit sourd [Etym] 石 2149 (rad: 112a 5-05), 平 577 [Graph] 013b 413j.
石平

礴 bó +9671 See ◇ Voir 磅礴 pang2-bo2 9744-9671 [Etym] 石 2149 (rad: 112a 5-16), 薄 615 [Graph] 013b 415c 121b 858n 332b.
石艹氵甫寸

砹 ài +9672 astatine (At) ◇ astatine (At) [Etym] 石 2149 (rad: 112a 5-05), 艾 623 [Graph] 013b 415c 243a.
石艹乂

礤 cǎ +9673 crude stone ◇ pierre grossière [Etym] 石 2149 (rad: 112a 5-14), 蔡 646 [Graph] 013b 415c 631h 331l.
石艹癶示

硭 máng +9674 [Etym] 石 2149 (rad: 112a 5-06), 芒 652 [Graph] 013b 415c 811f.
石艹亡

硭硝 máng xiāo。crude soda, mirabilite, Glauber's salt ◇ soude, mirabilite * 9758.

礞 méng +9675 kind of minerals that can be used as medicine ◇ sorte de minéraux servant de médicaments [Etym] 石 2149 (rad: 112a 5-13), 蒙 660 [Graph] 013b 415c 851a 522c.
石艹冖豖

研 yán +9676 硏 *9669 1° to grind 2° to study ◇ 1° broyer 2° étudier, faire des recherches [Etym] 石 2149 (rad: 112a 5-04), 开 706 [Graph] 013b 416h.
石开

研究 yán jiū。to study, to do a research ◇ étudier, faire une recherche; délibérer, discuter * 7846.

研究生 yán jiū shēng。postgraduate student ◇ étudiant chercheur, étudiant au doctorat * 7846 5286.

硎 xíng +9677 whetstone ◇ pierre à aiguiser [Etym] 石 2149 (rad: 112a 5-06), 刑 707 [Graph] 013b 416h 333b.
石开刂

礎 chǔ *9678 础 -9738 pedestal ◇ socle, base [Etym] 石 2149 (rad: 112a 5-13), 楚 738 [Graph] 013b 422a 422a 434g.
石木木疋

碴 chá +9679 broken pieces, fragments ◇ fragment, tesson [Etym] 石 2149 (rad: 112a 5-09), 查 757 [Graph] 013b 422a 021a ac:z.
石木日一

磷 lín +9680 燐 *969、粦 *4620 1° ghost lights 2° phosphorus (P) ◇ 1° feu follet 2° phosphore (P) [Etym] 石 2149 (rad: 112a 5-12), 粦 789 [Graph] 013b 422f 631b 712b.
石米夕㐄

磻 pán +9681 old river name in Shanxi ◇ ancien nom de rivière du Shanxi [Etym] 石 2149 (rad: 112a 5-12), 番 797 [Graph] 013b 422g 041a.
石采田

硃 zhū *9682 See ◇ Voir 朱 4670 [Etym] 石 2149 (rad: 112a 5-06), 朱 803 [Graph] 013b 422l.
石朱

硅 guī +9683 silicon ◇ silicium [Etym] 石 2149 (rad: 112a 5-06), 圭 840 [Graph] 013b 432a 432a.
石土土

磽 qiāo *9684 硗 -9698 1° stony soil 2° barren ◇ 1° terrain pierreux 2° stérile [Etym] 石 2149 (rad: 112a 5-12), 堯 844 [Graph] 013b 432a 432a 432a 322c.
石土土土兀

砝 fǎ +9685 weight (used on a balance) ◇ poids de balance [Etym] 石 2149 (rad: 112a 5-05), 去 848 [Graph] 013b 432a 612a.
石土厶

磕 kē +9686 1° to tap, to knock 2° to chip ◇ 1° frapper à petits coups, cogner 2° ébrécher [Etym] 石 2149 (rad: 112a 5-10), 盍 851 [Graph] 013b 432a 612a 922a.
石土厶皿

磕头 kē tóu。to bow down, to prostrate oneself ◇ se prosterner * 1598.

砫 zhù +9687 place in Sichuan ◇ lieu du Sichuan [Etym] 石 2149 (rad: 112a 5-05), 主 914 [Graph] 013b 432f.
石主

碛 qì -9688 磧 *9689 1° moraine 2° rocky desert ◇ 1° moraine 2° désert pierreux [Etym] 石 2149 (rad: 112a 5-08), 责 945 [Graph] 013b 433a 854b.
石龶贝

磧 qì *9689 碛 -9688 1° moraine 2° rocky desert ◇ 1° moraine 2° désert pierreux [Etym] 石 2149 (rad: 112a 5-11), 責 948 [Graph] 013b 433a 023b.
石龶貝

碡 zhóu +9690 stone roller ◇ rouleau de pierre [Etym] 石 2149 (rad: 112a 5-09), 毒 949 [Graph] 013b 433a Z61a.
石龶毋

△ zhou See ◇ Voir 碌碡 liu4-zhou5 9734-9690.

碰 pèng +9691 掽 *2461 1° to bump, to collide with, to run into 2° to take a chance ◇ 1° heurter, cogner, rencontrer par hasard 2° risquer [Etym] 石 2149 (rad: 112a 5-08), 並 985 [Graph] 013b 435c.
石並

碰头 pèng tóu。to meet and discuss ◇ se rencontrer, se réunir * 1598.

碰杯 pèng bēi。to clink glasses; to propose a toast ◇ trinquer, porter un toast * 4179.

碰巧 pèng qiǎo。by coincidence, by chance ◇ par bonheur, par hasard * 4712.

碰见 pèng jiàn。to run into, to meet with ◇ rencontrer par hasard * 7991.

磺 huáng +9692 sulfur ◇ soufre [Etym] 石 2149 (rad: 112a 5-11), 黄 1003 [Graph] 013b 436b 042b.
石龷由

石

碪 zhēn *9693 | 砧 +9770 | hammering block, anvil ◇ bloc, billot, pierre sur laquelle la blanchisseuse bat son linge [Etym] 石 2149 (rad: 112a 5-09), 甚 1015 [Graph] 013b 436j.
石甚

磡 kàn +9694 | cliff ◇ rocher, précipice [Etym] 石 2149 (rad: 112a 5-11), 勘 1016 [Graph] 013b 436j 732f.
石甚力

碓 duì +9695 | pestle, tilt hammer ◇ pilon, piler [Etym] 石 2149 (rad: 112a 5-08), 隹 1030 [Graph] 013b 436m.
石隹

礁 jiāo +9696 | reef ◇ récif, écueil [Etym] 石 2149 (rad: 112a 5-12), 焦 1031 [Graph] 013b 436m 222d.
石隹灬

砥 dǐ +9697 | whetstone, to polish ◇ pierre à aiguiser, à polir [Etym] 石 2149 (rad: 112a 5-05), 氐 1055 [Graph] 013b 511d.
石氐

硗 qiāo -9698 | 磽 *9684 | 1° stony soil 2° barren ◇ 1° terrain pierreux 2° stérile [Etym] 石 2149 (rad: 112a 5-06), 尧 1056 [Graph] 013b 512a 322c.
石戈兀

硗薄 qiāo bó 。 hard and infertile; barren ◇ dur et stérile, non fertile * 3531.

硪 wò +9699 | stone ram ◇ hie [Etym] 石 2149 (rad: 112a 5-07), 我 1067 [Graph] 013b 512f.
石我

碱 jiǎn -9700 | 堿 *4869 、 硷 +9648 、 礆 *9650 、 鹼 *10839 、 鹻 10842 | alkali, soda ◇ alcali, soude [Etym] 石 2149 (rad: 112a 5-09), 咸 1078 [Graph] 013b 512m 012a.
石咸口

硜 kēng *9701 | 硁 -9715 、 磬 *9765 | 1° to butt 2° sound of stones knocking together ◇ 1° choc, dur 2° onomatopée des pierres cognées ensemble [Etym] 石 2149 (rad: 112a 5-07), 巠 1121 [Graph] 013b 611d 431a.
石巛工

碜 chěn -9702 | 磣 *9703 、 碴 *9735 | sand, grit ◇ graveleux, sableux [Etym] 石 2149 (rad: 112a 5-08), 参 1133 [Graph] 013b 612a 242a 211c.
石厶大彡

磣 chěn *9703 | 碜 -9702 、 碴 *9735 | sand, grit ◇ graveleux, sableux [Etym] 石 2149 (rad: 112a 5-11), 參 1138 [Graph] 013b 612a 612a 612a 233a 211c.
石厶厶厶人彡

硫 liú +9704 | sulfur ◇ soufre [Etym] 石 2149 (rad: 112a 5-07), 㐬 1155 [Graph] 013b 612e 417b.
石㐬儿

硫磺 liú huáng 。 sulfur ◇ soufre * 9692.

磯 jī *9705 | 矶 -9792 | jetty, eddy, rock projecting over the water ◇ écueil, obstacle, rocher qui cause un tourbillon [Etym] 石 2149 (rad: 112a 5-12), 幾 1177 [Graph] 013b 613c 613c 512k.
石幺幺戍

礫 lì *9706 | 砾 -9733 | gravel ◇ gravier [Etym] 石 2149 (rad: 112a 5-15), 樂 1184 [Graph] 013b 613c 022c 613c 422a.
石幺白幺木

磁 cí +9707 | 1° crockery, porcelain 2° magnet ◇ 1° porcelaine 2° aimant [Etym] 石 2149 (rad: 112a 5-12), 兹 1208 [Graph] 013b 613i 613c.
石玄幺

砗 chē -9708 | 硨 *9781 | beautiful stone from India ◇ belle pierre de l'Inde [Etym] 石 2149 (rad: 112a 5-04), 车 1213 [Graph] 013b 614d.
石车

碌 liù *9709 | 碌 +9734 、 磟 *9729 | See ◇ Voir 碌碡 liu4-zhou5 9734-9690 [Etym] 石 2149 (rad: 112a 5-08), 彔 1220 [Graph] 013b 621a 331o.
石彑氺

△ lù | 碌 +9734 | 1° mediocre, rough 2° busy, laborious 3° green jasper 4° gravel ◇ 1° grossier, inepte, sans initiative 2° occupé, pénible 3° jaspe vert 4° gravier.

矽 xī +9710 | silicon (Si) ◇ silicium [Etym] 石 2149 (rad: 112a 5-03), 夕 1225 [Graph] 013b 631b.
石夕

磔 zhé +9711 | 1° to dismember a body 2° right-falling stroke (Chinese character) 3° to cut open 4° to remove flesh from bones ◇ 1° écarteler 2° trait oblique vers la droite (écriture chinoise) 3° ouvrir, fendre 4° décharner les os [Etym] 石 2149 (rad: 112a 5-10), 桀 1230 [Graph] 013b 631b 712b 422a.
石夕㐄木

磴 dèng +9712 | stone steps ◇ degrés, marches en pierre [Etym] 石 2149 (rad: 112a 5-12), 登 1247 [Graph] 013b 631g 012b.
石癶豆

砖 zhuān -9713 | 磚 *9780 、 甎 *10666 | brick ◇ brique [Etym] 石 2149 (rad: 112a 5-04), 专 1266 [Graph] 013b 632c.
石专

砖头 zhuān tóu 。 fragment of a brick ◇ morceau de brique * 1598.

砭 biān +9714 | 1° acupuncture with a flint needle 2° to pierce ◇ 1° aiguille de pierre, acupuncture 2° percer, pénétrer [Etym] 石 2149 (rad: 112a 5-04), 乏 1268 [Graph] 013b 632e.
石乏

硁 kēng -9715 | 硜 *9701 、 磬 *9765 | 1° to butt 2° sound of stones knocking together ◇ 1° choc, dur 2° onomatopée des pierres cognées ensemble [Etym] 石 2149 (rad: 112a 5-05), 圣 1269 [Graph] 013b 632f 431a.
石又工

磉 sǎng +9716 | stone base of a pillar ◇ socle [Etym] 石 2149 (rad: 112a 5-10), 桑 1277 [Graph] 013b 633a 633a 633a 422a.
石又又又木

砝 hāng *9717 | 夯 +1559 | to ram, rammer, to pound ◇ pilonner, enfoncer, hie (pour tasser la terre) [Etym] 石 2149 (rad: 112a 5-06), 夅 1293 [Graph] 013b 633e 712b.
石夂㐄

硌 gè +9718 | 1° stones 2° to pile up 3° to press or rub against ◇ 1° pierres 2° empiler 3° frotter, frictionner [Etym] 石 2149 (rad: 112a 5-06), 各 1295 [Graph] 013b 633e 011a.
石夂口

△ luò | huge rocks in mountains ◇ rocher énormes dans les montagnes.

砀 dàng -9719 | 碭 *9773 | to exceed, to surpass ◇ surpasser, excès [Etym] 石 2149 (rad: 112a 5-03), 昜 1338 [Graph] 013b 634k.
石昜

碟 dié +9720 | plate, small dish ◇ assiette, petit plat [Etym] 石 2149 (rad: 112a 5-09), 枼 1349 [Graph] 013b 711d 422a.
石世木

碟子 dié zǐ 。 small plate ◇ soucoupe, petite assiette * 6546.

礪 lì *9721 | 砺 -9722 | whetstone, to sharpen ◇ pierre à aiguiser, aiguiser [Etym] 石 2149 (rad: 112a 5-14), 厲 1360 [Graph] 013b 721a 415c 043l.
石厂艹禺

砺 lì -9722 | 礪 *9721 | whetstone, to sharpen ◇ pierre à aiguiser, aiguiser [Etym] 石 2149 (rad: 112a 5-05), 厉 1369 [Graph] 013b 721a 853a.
石厂万

矿 kuàng -9723 | 礦 *9725 、 鑛 *1242 | mine, ore deposit ◇ mine,
石广

minéral [Etym] 石 2149 (rad: 112a 5-03), 广 1375 [Graph] 013b 721b.

矿物 kuàng wù。mineral, mine ◇ minerai, mine * 3468.

矿藏 kuàng cáng。mineral resources ◇ réserves minérales * 3721.

矿产 kuàng chǎn。mineral products ◇ minerais * 6991.

矿山 kuàng shān。mine ◇ mine * 7475.

矿泉水 kuàng quán shuǐ。mineral water ◇ eau minérale * 9977 2299.

礳 mò +9724 石广木木石 | place in Shanxi ◇ lieu du Shanxi [Etym] 石 2149 (rad: 112a 5-16), 磨 1386 [Graph] 013b 721b 422a 422a 013b.

礦 kuàng *9725 石广廿黄 | 矿 -9723 、鑛 *1242 | mine, ore deposit ◇ mine, minéral [Etym] 石 2149 (rad: 112a 5-15), 廣 1393 [Graph] 013b 721b 436a 042e.

硊 huì +9726 石产㔾 | place in Anhui ◇ lieu du Anhui [Etym] 石 2149 (rad: 112a 5-06), 危 1419 [Graph] 013b 721e 733a.

破 pò +9727 石广又 | 1° damaged, broken 2° to break, to destroy 3° to get rid of 4° to defeat 5° to lay bare 6° to come to an end 7° lousy ◇ 1° endommagé 2° détruire, briser, ruiner 3° se débarrasser de 4° défaire 5° percer à jour, élucider, éventer 6° prendre fin 7° pouilleux [Etym] 石 2149 (rad: 112a 5-05), 皮 1452 [Graph] 013b 721h 633a.

破坏 pò huài。to destroy, to sabotage ◇ briser, détruire, saboter, nuire à; transgresser * 4813.

破产 pò chǎn。to become bankrupt; to fail ◇ se ruiner; faire faillite, échouer * 6991.

破案 pò àn。to crack a criminal case ◇ élucider une affaire criminelle * 7749.

破败 pò bài。ruined, dilapidated ◇ ruiné, délabré * 7959.

斫 zhuó +9728 石斤 | 斲 *11292 | to chop, to hash ◇ tailler, doler, doloire [Etym] 斤 1461 (rad: 069a 4-05), 石 2149 [Graph] 013b 722c.

△ zhuó | to chop, to hack, to carve ◇ hacher, couper, tailler, polir, aplatir.

磟 liù *9729 石习习人彡 | 碌 +9734 、碌 *9709 | See ◇ Voir 碌碡 liu4-zhou5 9734-9690 [Etym] 石 2149 (rad: 112a 5-11), 翏 1473 [Graph] 013b 731c 731c 233a 211c.

磖 lá *9730 石习习白 | 砬 -9644 | 1° wide, to expand 2° outline, contour 3° empty, desert ◇ 1° grand, vaste, étendre 2° contour 3° désert [Etym] 石 2149 (rad: 112a 5-11), 習 1475 [Graph] 013b 731c 731c 022c.

砸 zá +9731 石匚巾 | 1° to pound, to tamp 2° to break 3° to fail ◇ 1° piler, broyer, briser 2° mettre en pièces, écraser 3° tomber en panne, faillir [Etym] 石 2149 (rad: 112a 5-05), 匝 1526 [Graph] 013b 811c 858a.

砑 yà +9732 石牙 | to press and smooth (leather, cloth, etc.), to grind, to polish ◇ repasser et lisser (cuir, vêtements), frotter, polir [Etym] 石 2149 (rad: 112a 5-04), 牙 1542 [Graph] 013b 812b.

砾 lì -9733 石乐 | 礫 *9706 | gravel ◇ gravier [Etym] 石 2149 (rad: 112a 5-05), 乐 1544 [Graph] 013b 812c.

碌 liù +9734 石彐氺 | 碌 *9709 、磟 *9729 | [Etym] 石 2149 (rad: 112a 5-08), 录 1563 [Graph] 013b 832d 331o.

碌碡 liù zhou。stone roller ◇ rouleau * 9690.

△ lù | 碌 *9709 | 1° mediocre, rough 2° busy, laborious 3° green jasper 4° gravel ◇ 1° grossier, inepte, sans initiative 2° occupé, pénible 3° jaspe vert 4° gravier.

砱 chěn *9735 石山人冫 | 碜 -9702 、磣 *9703 | sand, grit ◇ graveleux, sableux [Etym] 石 2149 (rad: 112a 5-07), 岑 1612 [Graph] 013b 841b 233a 631a.

碳 tàn +9736 石山厂火 | carbon ◇ carbone [Etym] 石 2149 (rad: 112a 5-09), 炭 1614 [Graph] 013b 841b 241a 231b.

磑 wèi *9737 石山豆 | 硙 +9776 | mill ◇ moulin [Etym] 石 2149 (rad: 112a 5-10), 豈 1625 [Graph] 013b 841b 012b.

础 chǔ -9738 石出 | 礎 *9678 | pedestal ◇ socle, base [Etym] 石 2149 (rad: 112a 5-05), 出 1640 [Graph] 013b 842c.

砘 dùn +9739 石屯 | field roller ◇ rouleau à tasser [Etym] 石 2149 (rad: 112a 5-04), 屯 1647 [Graph] 013b 842e.

砣 tuó +9740 石宀匕 | 鉈 1° *1266 、铊 1° -2041 | 1° counterpoise 2° stone roller ◇ 1° contrepoids, tare 2° pierre à polir [Etym] 石 2149 (rad: 112a 5-05), 它 1665 [Graph] 013b 851c 321b.

碇 dìng -9741 石宀疋 | 椗 *4343 、矴 *9663 | large stone used as an anchor ◇ pierre servant d'encre [Etym] 石 2149 (rad: 112a 5-08), 定 1690 [Graph] 013b 851c 434f.

碗 wǎn +9742 石宀夕㔾 | 盌 *6403 、椀 *4345 | bowl ◇ bol, tasse [Etym] 石 2149 (rad: 112a 5-08), 宛 1699 [Graph] 013b 851c 631b 733a.

礤 cā 9743 石宀夕示 | able, skill ◇ capable, compétent [Etym] 石 2149 (rad: 112a 5-14), 察 1700 [Graph] 013b 851c 631h 331l.

磅 bàng +9744 石亠方 | 1° pound (measure) 2° to weigh 3° scales 4° point (type) ◇ 1° livre (mesure de poids) 2° peser, piler 3° balance 4° point (mesure) [Etym] 石 2149 (rad: 112a 5-10), 旁 1732 [Graph] 013b 851e 853b.

磅秤 bàng chèng。platform scale ◇ bascule, balance ayant un seul plateau * 4524.

△ páng |

磅礴 páng bó。1° boundless; 2° to fill ◇ 1° pêle-mêle; 2° remplir * 9671.

磅蛀 páng wā。frog ◇ grenouille * 10243.

碲 dì +9745 石亠巾 | tellurium ◇ tellurium [Etym] 石 2149 (rad: 112a 5-09), 帝 1733 [Graph] 013b 851e 858a.

礃 zhǎng +9746 石龸口手 | [Etym] 石 2149 (rad: 112a 5-12), 掌 1742 [Graph] 013b 851h 011a 332g.

白 石

磢子 zhǎng zǐ。1° surface; 2° work area ◇1° surface; 2° zone de travail ✱ 6546.

碻 què *9747 | 确 -9759、墧 *4953、碻 *9768 | 1° true, reliable 2° firmly, really 3° indeed ◇ 1° vrai 2° ferme, sûr, solide 3° en effet [Etym] 石 2149 (rad: 112a 5-10), 隺 1760 [Graph] 013b 851k.
石隺

硇 náo *9748 | 硇、硇 +9784、*9757 | See ◇ Voir 硇砂 nao2-sha1 9784-9665 [Etym] 石 2149 (rad: 112a 5-05), 匃 1771 [Graph] 013b 852h 243a 711a.
石勹乂匕

砲 pào *9749 | 炮 +1021、礮 *9789 | cannon, big gun ◇ canon [Etym] 石 2149 (rad: 112a 5-05), 包 1778 [Graph] 013b 852h 933b.
石勹巳

碳 zú +9750 | stony arrowhead ◇ tête de flèche en pierre [Etym] 石 2149 (rad: 112a 5-11), 族 1787 [Graph] 013b 853b ac:f 242d.
石方𠂉矢

碹 xuàn +9751 | arch ◇ arche [Etym] 石 2149 (rad: 112a 5-11), 旋 1790 [Graph] 013b 853b ac:f 434g.
石方𠂉疋

砚 yàn -9752 | 硯 *9774 | inkstone ◇ pierre à encre [Etym] 石 2149 (rad: 112a 5-04), 见 1801 [Graph] 013b 854c.
石见

砚台 yàn tāi。Chinese inkstand, inkwell ◇encrier chinois ✱ 5901.

砚台 yàn tái。inkstand ◇ encrier chinois ✱ 5901.

硕 shuò -9753 | 碩 *9775 | 1° large 2° impressive ◇ 1° grand 2° imposant [Etym] 石 2149 (rad: 112a 5-06), 页 1802 [Graph] 013b 854d.
石页

硼 péng +9754 | boron (B) ◇ borax (B) [Etym] 石 2149 (rad: 112a 5-08), 朋 1836 [Graph] 013b 856e 856e.
石月月

碉 diāo +9755 | fort, stone house ◇ forteresse, maison de pierre [Etym] 石 2149 (rad: 112a 5-08), 周 1851 [Graph] 013b 856k 432a 011a.
石冂土口

碉堡 diāo bǎo。blockhouse; pillbox ◇ blockhaus, fortin ✱ 3034.

硐 dòng +9756 | 1° mountain cave 2° mine shaft ◇ 1° grotte 2° tunnel, puits (mine) [Etym] 石 2149 (rad: 112a 5-06), 同 1853 [Graph] 013b 856k 012a.
石冂𠮛

硇 náo *9757 | 硇、硇 +9784、*9748 | See ◇ Voir 硇砂 nao2-sha1 9784-9665 [Etym] 石 2149 (rad: 112a 5-05), 闵 1869 [Graph] 013b 857e 633a.
石门又

硝 xiāo +9758 | saltpeter ◇ salpêtre [Etym] 石 2149 (rad: 112a 5-07), 肖 1878 [Graph] 013b 857i.
石肖

确 què -9759 | 碻 *9747、墧 *4953、碻 *9768 | 1° true, reliable 2° firmly, really 3° indeed ◇ 1° vrai 2° ferme, sûr, solide 3° en effet [Etym] 石 2149 (rad: 112a 5-07), 角 1883 [Graph] 013b 857l.
石角

确立 què lì。to establish ◇ établir ✱ 637.

确认 què rèn。to confirm, to acknowledge ◇confirmer ✱ 1697.

确切 què qiè。precise, definite ◇ précis, exact, sûr, certain ✱ 1894.

确信 què xìn。to be convinced; to firmly believe ◇ être convaincu de, être persuadé ✱ 3042.

确实 què shí。real, true ◇ réel, vrai, certain, sûr ✱ 7696.

确定 què dìng。to settle, to define ◇ décider, fixer ✱ 7734.

礵 shuāng +9760 | 1° arsenic 2° island in Fujian ◇ 1° sulfure d'arsenic 2° île du Fujian [Etym] 石 2149 (rad: 112a 5-17), 霜 1891 [Graph] 013b 858e 422a 023a.
石雨木目

礌 léi +9761 | stones or rocks that are pushed off a city wall as weapons ◇ pierres que l'on lançait contre l'attaque de l'ennemi [Etym] 石 2149 (rad: 112a 5-13), 雷 1899 [Graph] 013b 858e 041a.
石雨田

碘 diǎn +9762 | iodine ◇ iode [Etym] 石 2149 (rad: 112a 5-08), 典 1941 [Graph] 013b 922c.
石典

碾 niǎn +9763 | 1° roller, to grind or husk with a roller 2° to crush 3° to flatten ◇ 1° rouleau à écorcer, décortiquer 2° écraser 3° aplatir [Etym] 石 2149 (rad: 112a 5-10), 展 1966 [Graph] 013b 931a 436b 312d.
石尸𠂇𧘇

碾子 niǎn zǐ。roller used to grind wheat ◇rouleau à décortiquer le grain ✱ 6546.

碥 biǎn +9764 | pebble ◇ pavé, caillou [Etym] 石 2149 (rad: 112a 5-09), 扁 1989 [Graph] 013b 931e 856j.
石户冊

硻 kēng *9765 | 硁 -9715、硜 *9701 | 1° to butt 2° sound of stones knocking together ◇ 1° choc, dur 2° onomatopée des pierres cognées ensemble [Etym] 石 2149 (rad: 112a 5-11), 臤 2049 [Graph] 013b 935b 633a 432a.
石臣又土

磾 dī *9766 | 䃅 -9778 | iron sulfate ◇ sulfate de fer [Etym] 石 2149 (rad: 112a 5-12), 單 2101 [Graph] 013b 011a 011a 041c.
石口口单

礅 dūn +9767 | coarse and thick rock or stone ◇ pierre grosse et épaisse [Etym] 石 2149 (rad: 112a 5-12), 敦 2129 [Graph] 013b 012c 634d 243c.
石亯子攵

碻 què *9768 | 确 -9759、碻 *9747、墧 *4953 | 1° true, reliable 2° firmly, really 3° indeed ◇ 1° vrai 2° ferme, sûr, solide 3° en effet [Etym] 石 2149 (rad: 112a 5-10), 高 2138 [Graph] 013b 012c 856k 011a.
石亠冂口

> **磊** lěi (2150) | [Tra] stony; great ◇ pierreux; grand [Etym] three times stones (石 2149) ◇ trois fois des pierres (石 2149) [Graph] 013b 013b 013b [Hanzi] lei3 磊 9769.
> 石石石

磊 lěi +9769 | 1° heap of stones, stony 2° towering, great ◇ 1° tas de pierres, pierreux 2° grand, imposant [Etym] 石 2149 (rad: 112a 5-10), 磊 2150 [Graph] 013b 013b 013b.
石石石

砧 zhēn +9770 | 碪 *9693 | hammering block, anvil ◇ bloc, billot, pierre sur laquelle la blanchisseuse bat son linge [Etym] 石 2149 (rad: 112a 5-05), 占 2154 [Graph] 013b 013e.
石占

碍 ài +9771 | 礙 *9662 | 1° obstacle, to hinder, to oppose 2° incompatibility ◇ 1° obstacle, empêcher, contrarier 2° incompatibilité [Etym] 石 2149 (rad: 112a 5-08), 㝵 2176 [Graph] 013b 021a ac:a 332b.
石日𠂉寸

碍事 ài shì ∘ to be a hindrance; important, serious ◇ gênant, encombrant; important ✱ 10387.

碣 jié +9772 石曰勹人匕 | stone tablet, pillar ◇ stèle, dalle [Etym] 石 2149 (rad: 112a 5-09), 曷2194 [Graph] 013b 021a 852h 232a 711a.

碭 dàng *9773 石曰昜 | 砀 -9719 | to exceed, to surpass ◇ surpasser, excès [Etym] 石 2149 (rad: 112a 5-09), 昜 2197 [Graph] 013b 021a 852i.

硯 yàn *9774 石見 | 砚 -9752 | inkstone ◇ pierre à encre [Etym] 石 2149 (rad: 112a 5-07), 見 2255 [Graph] 013b 023c.

碩 shuò *9775 石頁 | 硕 -9753 | 1° large 2° impressive ◇ 1° grand 2° imposant [Etym] 石2149 (rad: 112a 5-09), 頁 2267 [Graph] 013b 023f.

碨 wèi +9776 石田𧘇 | 磑 *9737 | mill ◇ moulin [Etym] 石 2149 (rad: 112a 5-09), 畏 2315 [Graph] 013b 041a 312e.

礓 jiāng +9777 石畐畐三 | 姜 +5223 | gravel, small stones ◇ gravier [Etym] 石 2149 (rad: 112a 5-13), 畺 2331 [Graph] 013b 041d 041d ac:z.

硨 dī -9778 石单 | 磾 *9766 | iron sulfate ◇ sulfate de fer [Etym] 石 2149 (rad: 112a 5-08), 单2334 [Graph] 013b 041g.

砷 shēn +9779 石申 | arsenic ◇ arsénique [Etym] 石 2149 (rad: 112a 5-05), 申 2348 [Graph] 013b 042c.

磚 zhuān *9780 石叀寸 | 砖 -9713 、甎 *10666 | brick ◇ brique [Etym] 石 2149 (rad: 112a 5-11), 專 2351 [Graph] 013b 042f 332b.

硨 chē *9781 石車 | 砗 -9708 | beautiful stone from India ◇ belle pierre de l'Inde [Etym] 石2149 (rad: 112a 5-07), 車 2352 [Graph] 013b 042g.

硬 yìng +9782 石更 | 1° hard, tough 2° strong, obstinate 3° to force oneself 4° good, able ◇ 1° dur, ferme, raide 2° fort, résolu 3° à toute force 4° bonne qualité, capable [Etym] 石 2149 (rad: 112a 5-07), 更 2359 [Graph] 013b 043a.

硬席 yìng xí ∘ hard seats on train ◇ banquettes dures de train ✱ 6921.

硬币 yìng bì ∘ coin ◇ monnaie métallique ✱ 8471.

碑 bēi +9783 石卑 | stone tablet, tombstone, stele ◇ dalle, stèle [Etym] 石 2149 (rad: 112a 5-08), 卑 2366 [Graph] 013b 043h.

碑文 bēi wén ∘ inscription on tombstone ◇ inscription stellaire ✱ 1659.

硇 náo +9784 石囟 | 硵 *9748 、碙 *9757 | [Etym] 石 2149 (rad: 112a 5-06), 囟 2417 [Graph] 013b 061b.

硇砂 náo shā ∘ salt ammoniac ◇ sel ammoniac ✱ 9665.

硵 lǔ -9785 石卤 | 磠 *9786 | chemical component ◇ composant chimique [Etym] 石 2149 (rad: 112a 5-07), 卤 2422 [Graph] 013b 061c.

磠 lǔ *9786 石鹵 | 硵 -9785 | chemical component ◇ composant chimique [Etym] 石 2149 (rad: 112a 5-11), 鹵 2424 [Graph] 013b 061d.

硒 xī +9787 石西 | selenium (Se) ◇ selenium (Se) [Etym] 石2149 (rad: 112a 5-06), 西 2427 [Graph] 013b 062b.

碼 mǎ *9788 石馬 | 码 -9790 | 1° numerals 2° weights, stone-anchor 3° to pile up 4° yard (yd.) ◇ 1° numéro 2° poids, port 3° empiler 4° yard, verge (mesure) [Etym] 石 2149 (rad: 112a 5-10), 馬2486 [Graph] 013b Z22a.

礮 pào *9789 石馬交 | 炮 +1021 、砲 *9749 | cannon, big gun ◇ canon [Etym] 石 2149 (rad: 112a 5-16), 駮 2488 [Graph] 013b Z22a 243e.

码 mǎ -9790 石马 | 碼 *9788 | 1° numerals 2° weights, stone-anchor 3° to pile up 4° yard (yd.) ◇ 1° numéro 2° poids, port 3° empiler 4° yard, verge (mesure) [Etym] 石 2149 (rad: 112a 5-03), 马2489 [Graph] 013b Z22b.

码头 mǎ tóu ∘ platform, pier ◇ quai, embarcadère, débarcadère ✱ 1598.

矻 kū +9791 石乞 | See ◇ Voir 矻矻 ku1-ku1 9791-9791 [Etym] 石 2149 (rad: 112a 5-03), 乞 2508 [Graph] 013b Z31e.

矻矻 kū kū ∘ diligent, hard-working ◇ laborieux, travailleur, studieux ✱ 9791.

矶 jī -9792 石几 | 磯 *9705 | jetty, eddy, rock projecting over the water ◇ écueil, obstacle, rocher qui cause un tourbillon [Etym] 石 2149 (rad: 112a 5-02), 几 2516 [Graph] 013b Z33a.

矾 fán -9793 石凡 | 礬 *4126 | 1° sulfates, alum 2° vitriol ◇ 1° nom générique des sulfates, aluns 2° vitriol [Etym] 石 2149 (rad: 112a 5-03), 凡 2522 [Graph] 013b Z33b.

砜 fēng -9794 石风乂 | 碸 *9795 | sulphone ◇ sulphone [Etym] 石2149 (rad: 112a 5-04), 风2523 [Graph] 013b Z33c 243a.

碸 fēng *9795 石风二虫 | 砜 -9794 | sulphone ◇ sulphone [Etym] 石2149 (rad: 112a 5-09), 風2527 [Graph] 013b Z33c ac:a 031d.

㕣 yen (2151) 㕣 | [Tra] ravines ◇ canaux [Etym] opening (bottom=prim); to divide (top< 八 127) (> 谷 235) ◇ ouverture (bas=prim); partage (haut< 八 127) (> 谷 235) [Graph] 013c [Ref] k232, ph169, w18e [Hanzi] gun3 衮 2154, zong3 总 9796.

总 cōng (2152) 㕣心 | [Tra] hurry ◇ presser [Etym] modern simplified form of (悤 2462) ◇ forme simplifiée moderne de (悤 2462) [Graph] 013c 321c [Hanzi] cong1 聪 5476, zong3 総 6252, zong3 总 9796.

总 zǒng -9796 㕣心 | 總 *6284 、総 *6252 | 1° to unite, to sum up 2° general, overall 3° head, chief 4° always 5° anyway ◇ 1° lier ensemble, réunir, en somme 2° général, généralement, en tout cas 3° chef 4° toujours 5° absolument [Etym] 心397 (rad: 061a 4-05), 总 2152 [Graph] 013c 321c.

总算 zǒng suàn ∘ finally; all things considered ◇ enfin, tout de même ✱ 895.

总揽 zǒng lǎn ∘ to assume all responsability ◇ prendre toute la responsabilité ✱ 2422.

总括 zǒng kuò ∘ to sum up ◇ résumer ✱ 2679.

总归 zǒng guī ∘ eventually, after all ◇ enfin, finalement, en effet ✱ 2750.

总数 zǒng shù ◦ total ◇ chiffre total, somme, total ✱ 4614.

总理 zǒng lǐ ◦ premier, prime minister ◇ premier ministre ✱ 5204.

总共 zǒng gòng ◦ altogether, overall, in total ◇ en tout, en somme, au total, tout compris ✱ 5418.

总结 zǒng jié ◦ to sum up ◇ faire un bilan, en somme ✱ 5977.

总统 zǒng tǒng ◦ president (of a republic) ◇ président (de la république) ✱ 6001.

总之 zǒng zhī ◦ in brief, in a word ◇ en un mot, bref, résumé, en somme ✱ 6492.

总是 zǒng shì ◦ always ◇ toujours ✱ 9880.

兑 duì (2153) 兑 | [Tra] exchange; to pay ◇ échanger; payer [Etym] {ph.b.} a man (bottom< 儿 405) spreading (top< 八 127) words (> 兄 2114) ◇ {e.ph.} un homme (< 儿 405) diffusant (haut< 八 127) ses paroles (> 兄 2114) [Graph] 013d [Ref] k1138, ph313, r435, w29d, wa15, wi72, wi534 [Hanzi] rui4 鋭 1329, shui4 shuo1 yue4 说 1819, rui4 锐 2098, tuo1 侻 3044, yue4 悦 3350, zhuo1 棁 4425, shui4 税 4574, yue4 阅 8038, tuo1 脱 8227, shui4 帨 8404, yue4 閲 8789, shui4 shuo1 yue4 說 9621, dui4 兑 9797, tui4 蜕 10323.

兑 duì +9797 兑 | 1° to exchange, to barter 2° to pay, to deliver 3° to add (water, etc.) ◇ 1° échanger, solder 2° payer, livrer 3° transvaser (un liquide) [Etym] 儿 405 (rad: 010a 2-05), 兑 2153 [Graph] 013d.

兑换 duì huàn ◦ to exchange; to convert ◇ changer; convertir ✱ 2642.

占 zhān (2154) 占 | [Tra] to divine; to seize ◇ divination; occuper [Etym] {1} to tell (bottom< 口 2063) the meaning of omens (top< 卜 548); {2} cracks (top < 卜 548) on a bone (bottom) (prim) ◇ {1} interpréter (bas< 口 2063) les signes célestes (haut< 卜 548); {2} craquelures (haut < 卜 548) sur un os (bar) (prim) [Graph] 013e [Ref] h1491, k1162, ph104, r387, w56b, wa186, wi132 [Hanzi] zhan1 沾 521, zhan4 站 664, zuan1 zuan4 钻 2099, zhan1 毡 2190, nian1 拈 2678, zhan4 佔 3045, tie1 怗 3351, shan1 shan4 苫 3945, nian2 nian2 黏 4502, nian2 zhan1 粘 4641, dian4 坫 4954, dian4 玷 5189, tian1 黇 5416, dian4 yan2 阽 6782, dian4 店 6979, shan1 痁 7124, tie1 贴 7988, tie1 tie3 tie4 帖 8405, dian3 跕 9401, zhen1 砧 9770, zhan1 zhan4 占 9798, dian3 点 9799, ji1 乩 9800, zhan4 战 9801, dian1 敁 9802, chan1 觇 9803, xie4 禼 9804, chan1 覘 9805, tie1 貼 10142, dian3 點 10409, nian2 鲇 10531, zhan3 飐 11217, zhan3 颭 11230.

占 zhān +9798 占 | to divine, to practice divination ◇ divination [Etym] 卜 548 (rad: 025a 2-03), 占 2154 [Graph] 013e.

△ zhàn | 佔 *3045 | 1° to occupy, to seize 2° to constitute 3° to account for ◇ 1° s'emparer de, capturer 2° constituer 3° rendre compte de, comptabiliser.

占领 zhàn lǐng ◦ to seize, to capture ◇ occuper (militairement) ✱ 1397.

占据 zhàn jù ◦ to occupy, to hold ◇ occuper de force, s'emparer de ✱ 2650.

点 diǎn +9799 占灬 | 點 *10409 | 1° drop 2° spot, speck 3° dot stroke (in Chinese writing) 4° point 5° decimal point 6° a little 7° aspect, feature 8° to nod, to point out, to ◇ 1° goutte 2° tache 3° point (trait de l'écriture chinoise) 4° point 5° virgule décimale 6° un peu 7° aspect, caractéristique 8° pointer, pointe [Etym] 灬 130 (rad: 086b 4-05), 占 2154 [Graph] 013e 222d.

点头 diǎn tóu ◦ to nod, to shake one's head ◇ hocher la tête, acquiescer d'un signe de tête ✱ 1598.

点钟 diǎn zhōng ◦ time (on the clock) ◇ heure ✱ 2115.

点心 diǎn xīn ◦ cake, pastry ◇ gâteau, pâtisserie ✱ 2177.

点儿 diǎn ér ◦ a little ◇ un peu ✱ 2194.

点名 diǎn míng ◦ roll call; mention somebody by name ◇ faire l'appel; désigner par son nom ✱ 6408.

点子 diǎn zǐ ◦ braille ◇ braille ✱ 6546.

乩 jī +9800 占乚 | to divine ◇ pratiquer la divination (par le plateau) [Etym] 乚 385 (rad: 005c 1-05), 占 2154 [Graph] 013e 321a.

战 zhàn -9801 占戈 | 戰 *9187 | 1° war, battle, to fight 2° to fear 3° to tremble 4° surname ◇ 1° guerre, bataille, combattre, lutter 2° avoir peur, craindre 3° trembler 4° nom de famille [Etym] 戈 1057 (rad: 062a 4-05), 占 2154 [Graph] 013e 512b.

战俘 zhàn fú ◦ prisoner of war ◇ prisonnier de guerre ✱ 2782.

战役 zhàn yì ◦ battle, campaign ◇ bataille, campagne ✱ 3182.

战斗 zhàn dòu ◦ fight, battle ◇ combattre, faire la guerre; guerre, bataille ✱ 3424.

战术 zhàn shù ◦ military tactics ◇ tactique (militaire) ✱ 4595.

战士 zhàn shì ◦ warrior, fighting man ◇ combattant, soldat, guerrier ✱ 4993.

战犯 zhàn fàn ◦ war criminal ◇ criminel de guerre ✱ 5641.

战争 zhàn zhēng ◦ war ◇ guerre ✱ 7410.

战败 zhàn bài ◦ to suffer a defeat, to lose; to vanquish, to beat ◇ perdre une bataille, subir un échec; vaincre ✱ 7959.

战胜 zhàn shèng ◦ to triumph over, to defeat ◇ triompher, vaincre, écraser; surmonter ✱ 8138.

战略 zhàn lüè ◦ strategy ◇ stratégie ✱ 10436.

敁 diān +9802 占攴 | to estimate the weight of something by weighing it with the hand ◇ estimer le poids avec la main [Etym] 攴 1283 (rad: 066a 4-05), 占 2154 [Graph] 013e 633c.

白 兑 占

觇 chān -9803 | 覘 *9805 | to spy, to glance at, to observe ◇ épier, observer [Etym] 见 1801 (rad: 147s 4-05), 占 2154 [Graph] 013e 854c.

卨 xiè -9804 | 咼 *8604 、禼 *10837 | personal name ◇ prénom [Etym] 卜 548 (rad: 025a 2-07), 占 2154 内 1919 [Graph] 013e 859a.

覘 chān *9805 | 觇 -9803 | to spy, to glance at, to observe ◇ épier, observer [Etym] 見 2255 (rad: 147a 7-05), 占 2154 [Graph] 013e 023c.

古 gǔ (2155) 古 | [Tra] old ◇ ancien; vieux [Etym] {?}skull (prim,> 思 2316); {?}tell (< 口 2063) ten times (< 十 560) ◇ {?}crâne (prim,> 思 2316); {?}raconter (< 口 2063)dix fois (< 十 560) [Graph] 013f [Ref] h109, k421, ph132, r16g, r59, r83, w24f [Hanzi] gu1 沽 522, gu3 鈷 1330, gu3 诂 1820, gu3 钴 2100, hu4 祜 2285, gu1 gu4 估 3046, hu4 怙 3352, gu3 羖 3438, gu3 牯 3473, ku3 苦 3946, ku1 枯 4426, gu1 姑 5851, gu1 轱 6377, hu4 祜 6600, hu4 岵 7607, ku1 骷 8590, ju1 居 8661, gu1 咕 9205, gu3 詁 9622, gu3 古 9806, gu4 故 9807, gu1 辜 9808, hu2 胡 9810, gu3 jia3 嘏 9813, gu1 鴣 9814, gu1 鸪 9815, gu1 gu3 蛄 10324, gu1 軲 10722, gu3 罟 10802, gu1 酤 10910, gu4 固 10971.

古 gǔ +9806 古 | 1° ancient, old 2° surname ◇ 1° ancien 2° nom propre [Etym] 口 2063 (rad: 030a 3-02), 古 2155 [Graph] 013f.

古文 gǔ wén ∘ classical prose ◇ langue classique ∗ 1659.

古迹 gǔ jī ∘ historic site ◇ site historique ∗ 2756.

古代 gǔ dài ∘ antique; old days ◇ antiquité; autrefois ∗ 2911.

古装 gǔ zhuāng ∘ ancient costume ◇ costume ancien ∗ 3192.

古董 gǔ dǒng ∘ antiques ◇ antiquités ∗ 3997.

古老 gǔ lǎo ∘ ancient, old ◇ ancien, vieux ∗ 5045.

古奥 gǔ ào ∘ archaic and abstruse ◇ archaïque et abscons ∗ 8337.

古典 gǔ diǎn ∘ classical ◇ classique ∗ 8564.

故 gù (2156) 古攵 | [Tra] cause; reason; old ◇ cause; raison; ancien [Etym] old (1= 古 2155) thing, still striking (2= 攵 340) ◇ une vieille (1= 古 2155) chose qui vous frappe (2= 攵 340) encore [Graph] 013f 243c [Ref] h668, k424, r10g, wi17 [Hanzi] zuo4 做 3047, gu4 故 9807.

故 gù +9807 古攵 | 1° incident, happening 2° cause, reason 3° on purpose 4° consequently, hence 5° old, former 6° acquaintance 7° to die ◇ 1° événement 2° cause, motif, raison 3° intentionnellement 4° par conséquent 5° ancien 6° connaissance 7° mourir [Etym] 攵 340 (rad: 066b 4-05), 古 2155 [Graph] 013f 243c.

故意 gù yì ∘ deliberate, intentionally ◇ intentionnellement, faire exprès de ∗ 667.

故乡 gù xiāng ∘ native place ◇ pays natal ∗ 6295.

故居 gù jū ∘ former residence ◇ ancienne résidence ∗ 8661.

故事 gù shì ∘ story ◇ histoire, récit, conte ∗ 10387.

辜 gū +9808 古辛 | 1° fault, guilt, crime 2° ingratitude ◇ 1° faute, frustrer, crime 2° ingratitude [Etym] 辛 567 (rad: 160a 7-05), 古 2155 [Graph] 013f 413d.

辜负 gū fù ∘ to disappoint ◇ décevoir ∗ 7995.

盬 gǔ (2157) 古缶皿 | [Tra] earthen or cooking pot ◇ pot, marmite [Etym] earthen (缶 1628)container (皿 1939);phon (古 2155) (> 簠 148, 簋 150) ◇ contenant (皿 1939) poterie (缶 1628); phon (古 2155) (> 簠 148, 簋 150) [Graph] 013f 841c 922a [Hanzi] gu3 盬 9809.

盬 gǔ +9809 古缶皿 | cooking-pot, earthen pot ◇ pot, marmite [Etym] 皿 1939 (rad: 108a 5-11), 盬 2157 [Graph] 013f 841c 922a.

胡 hú (2158) 古月 | [Tra] beard; wantonly; why ◇ barbe; arbitraire [Etym] phon: dewlap of an ox: flesh (2= 月 1823); phon (1= 古 2155) ◇ phon: le fanon d'un boeuf: chair (2= 月 1823); phon (1= 古 2155) [Graph] 013f 856e [Ref] k91, ph450, w24f, wi590 [Hanzi] hu2 湖 523, hu2 煳 1047, hu2 鶘 1467, hu2 猢 1878, hu2 衚 3172, hu2 葫 3947, hu1 hu2 hu4 糊 4642, hu2 鬍 4750, hu2 瑚 5190, hu2 猢 5668, hu2 胡 9810, hu2 鹕 9811, hu2 鶘 9812, hu2 蝴 10325, hu2 醐 10911.

胡 hú +9810 古月 | 鬍 1° *4750 、衚 5° *3172 | 1° beard 2° wantonly 3° why? 4° non-Han nationalities living in the North and West 5° narrow street 6° surname ◇ 1° barbe 2° vaille que vaille 3° pourquoi? 4° populations non chinoises du Nord et de l'Ouest 5° ruelle 6° nom propre [Etym] 月 1823 (rad: 130b 4-05), 胡 2158 [Graph] 013f 856e.

胡说 hú shuō ∘ to talk nonsense ◇ dire des sottises, des extravagances ∗ 1819.

胡萝卜 hú luó bo ∘ carrot ◇ carotte ∗ 4006 3203.

胡来 hú lái ∘ to mess things up; to make trouble ◇ agir hors des règlements, faire des bêtises ∗ 4672.

胡琴 hú qín ∘ Chinese violin ◇ violon chinois ∗ 5114.

胡子 hú zǐ ∘ beard ◇ barbe, moustache ∗ 6546.

胡闹 hú nào ∘ to be mischievous; to make a mess ◇ faire des sottises, agir en étourdi; tapage ∗ 8032.

胡同 hú tòng ∘ lane, alley ◇ ruelle, allée ∗ 8279.

鹕 hú -9811 古月鸟 | 鶘 *9812 | See ◇ Voir 鹈鹕 ti2-hu2 11279-9811 [Etym] 鸟 2494 (rad: 196s 5-09), 胡 2158 [Graph] 013f 856e Z22e.

鶘 hú *9812 古月鳥 | 鹕 -9811 | See ◇ Voir 鹈鹕 ti2-hu2 11279-9811 [Etym] 鳥 2500 (rad: 196a 11-09), 胡 2158 [Graph] 013f 856e Z22h.

嘏 gǔ +9813 古𠀆彐又 | 1° felicity 2° prosperity 3° strong ◇ 1° bonheur, félicité 2° prospérité 3°

占
古

solide, durable [Etym] 口 2063 (rad: 030a 3-11), 古 2155 昆 2016 [Graph] 013f 934a 821a 633a.

△ jiā | 1° happiness, felicity, blessing, prosperity 2° strong ◇ 1° bonheur, félicité 2° solide, durable.

鸪 gū -9814 古鸟 | 鴣 *9815 | partridge ◇ perdrix [Etym] 鸟 2494 (rad: 196s 5-05), 古 2155 [Graph] 013f Z22e.

鴣 gū *9815 古鳥 | 鸪 -9814 | partridge ◇ perdrix [Etym] 鳥 2500 (rad: 196a 11-05), 古 2155 [Graph] 013f Z22h.

克 kè (2159) 克 | [Tra] able to; overcome ◇ capable de; vaincre [Etym] {1} shaman (< 儿 405) wearing skull-mask (< 古 2155); {2} tool to flay animals (prim) ◇ {1} un chaman (< 儿 405) portant un crâne (< 古 2155); {2} un outil à écorcher les animaux (prim) [Graph] 013g [Ref] h1242, k415, r309, w75k, wa88 [Hanzi] ke4 克 9816, ke4 kei1 尅 9817, ke4 kei1 剋 9818, jing1 兢 9819, ke4 氪 11189.

克 kè +9816 克 | 剋 +9818 2°、 尅 *9817 | 1° can, to be able to 2° to restrain, to set a time limit 3° to overcome, to capture 4° gram (g.) ◇ 1° pouvoir, être capable de 2° dominer, maîtriser 3° vaincre 4° gramme [Etym] 儿 405 (rad: 010a 2-05), 克 2159 [Graph] 013g.

克服 kè fú ∘ to overcome, to capture ◇ maîtriser (situation), surmonter, vaincre * 8175.

克制 kè zhì ∘ to control, to restrain ◇ dominer, maîtriser, contenir (sentiments) * 8497.

尅 kè *9817 克寸 | 克 +9816 、 剋 +9818 2° | 1° can, to be able to 2° to restrain, to set a time limit 3° to overcome, to capture 4° gram (g.) ◇ 1° pouvoir, être capable de 2° dominer, maîtriser 3° vaincre 4° gramme [Etym] 寸 441 (rad: 041a 3-07), 克 2159 [Graph] 013g 332b.

△ kei | 剋 +9818 | 1° to scold, to beat 2° to subdue, to overcome ◇ 1° réprimander, frapper 2° vaincre, maîtriser.

剋 kè +9818 克刂 | See ◇ Voir 尅 9817 [Etym] 刂 470 (rad: 018b 2-07), 克 2159 [Graph] 013g 333b.

△ kei | 尅 *9817 | 1° to scold, to beat 2° to subdue, to overcome ◇ 1° réprimander, frapper 2° vaincre, maîtriser.

兢 jīng (2160) 克克 | [Tra] cautious; aware of ◇ circonspect; attenti [Etym] two brothers (< 兄 2114) holding sharing contracts (top< 㓞 595) ◇ deux frères (< 兄 2114) avec des contrats de partage (haut< 㓞 595) [Graph] 013g 013g [Ref] w97i [Hanzi] jing1 兢 9819.

兢 jīng +9819 克克 | 1° cautious and conscientious 2° diligent ◇ 1° circonspect, inquiet, attentif 2° diligent [Etym] 儿 405 (rad: 010a 2-12), 兢 2160 [Graph] 013g 013g.

舌 guó (2161) 舌 | [Tra] to shut the mouth ◇ se taire [Etym] contracted form of (昏 1053) ◇ forme contractée de (昏 1053) [Graph] 013h [Ref] w114c.

舌 shé (2162) 舌 | [Tra] tongue ◇ langue [Etym] tongue (top=prim) stretched out of the mouth (bottom< 口 2063) ◇ langue (haut=prim) sortant de la bouche (bas< 口 2063) [Graph] 013h [Ref] k862, ph227, r36i, w102c, wa14, wi73, wi530 [Hanzi] huo2 活 524, xian1 銛 1331, shu1 舒 1503, hua4 话 1821, xian1 铦 2101, gua1 kuo4 括 2679, tian2 恬 3353, gua1 苦 3948, gua1 栝 4427, guo1 聒 5477, hua4 話 9623, she2 舌 9820, di2 敌 9822, luan4 乱 9823, gua1 刮 9824, ci2 辞 9825, tian2 甜 9826, kuo4 shi4 适 9829, gua1 鸹 9831, gua1 鴰 9832, kuo4 蛞 10326, gua1 颳 11231 [Rad] 135a.

舌 shé +9820 舌 | 1° tongue 2° tongue-shaped objects ◇ 1° langue 2° languette, anche [Etym] 舌 2162 (rad: 135a 6-00), [Graph] 013h.

舌头 shé tóu ∘ tongue ◇ langue * 1598.

舌苔 shé tāi ∘ coating on tongue ◇ enduit recouvrant une langue chargée * 3733.

舔 tiǎn +9821 舌天小 | to lick ◇ lécher [Etym] 舌 2162 (rad: 135a 6-08), 忝 279 [Graph] 013h 242b 331n.

敌 dí -9822 舌攵 | 敵 *8348 | 1° enemy, competitor 2° to oppose 3° to match ◇ 1° ennemi, rival 2° combattre 3° contrebalancer [Etym] 攵 340 (rad: 066b 4-06), 舌 2162 [Graph] 013h 243c.

敌人 dí rén ∘ enemy ◇ ennemi; adversaire * 1070.

乱 luàn +9823 舌乚 | 亂 *697 | 1° in confusion, in a mess 2° disorder, chaos, unrest 3° trouble, discord 4° indiscriminate 5° promiscuity 6° r,volution ◇ 1° en désordre 2° désordre, anarchie 3° perturber, trouble 4° indistinct 5° licence sexuelle 6° révolution [Etym] 乚 385 (rad: 005c 1-06), 舌 2162 [Graph] 013h 321a.

乱七八糟 luàn qī bā zāo ∘ in a mess; chaotic; at sixes and sevens ◇ confusion complète, sens dessus dessous, pêle-mêle * 2181 721 4649.

刮 guā +9824 舌刂 | 颳 4° *11231 | 1° to scrape, to shave off 2° to smear with 3° to plunder 4° to blow ◇ 1° racler, raser 2° frotter 3° exploiter 4° souffler [Etym] 刂 470 (rad: 018b 2-06), 舌 2162 [Graph] 013h 333b.

刮脸刀 guā liǎn dāo ∘ razor ◇ rasoir * 8065 7239.

刮风 guā fēng ∘ to be windy ◇ venter, faire du vent * 11212.

辞 cí +9825 舌辛 | 辭 *698 、 辤 *716 | 1° expression, phraseology 2° apology, plea 3° to take leave 4° to decline, to refuse 5° to dismiss 6° to shirk ◇ 1° expression, raison, argument 2° apologie 3° quitter 4° refuser, s'excuser 5° démettre, congédier 6° esquiver [Etym] 辛 567 (rad: 160a 7-06), 舌 2162 [Graph] 013h 413d.

辞职 cí zhí ∘ to resign ◇ démissionner * 5475.

辞典 cí diǎn。dictionary ◇ dictionnaire ✱ 8564.

甜 tián +9826 舌甘 | 1° sweet to the taste 2° sound (sleep) ◇ 1° sucré 2° doux (sommeil) [Etym] 甘 1009 (rad: 099a 5-06), 舌 2162 [Graph] 013h 436f.

甜瓜 tián guā。melon ◇ melon ✱ 2159.

甜美 tián měi。sweet; pleasant ◇ savoureux; heureux, agréable ✱ 5218.

甜蜜 tián mì。sweet ◇ sucré, doux, mielleux, agréable ✱ 7704.

憩 qì (2163) 舌甘心 | [Tra] to rest ◇ se reposer [Etym] {?}tongue (1= 舌 2161), sugar (2= 甘 1009), heart (3= 心 397) ◇ {?} langue (1= 舌 2161), sucre (2= 甘 1009), coeur (3= 心 397) [Graph] 013h 436f 321c [Hanzi] qi4 憩 9827.

憩 qì *9827 舌甘心 | 憩 +9830 | to rest ◇ se reposer [Etym] 心 397 (rad: 061a 4-11), 憩 2163 [Graph] 013h 436f 321c.

舐 shì +9828 舌氏 | 1° to lick 2° to show affection, love ◇ 1° lécher, laper 2° affectueux, amour [Etym] 舌 2162 (rad: 135a 6-04), 氏 1052 [Graph] 013h 511c.

适 kuò +9829 舌辶 | 适 +5518 | personal name ◇ prénom [Etym] 辶 1346 (rad: 162b 3-06), 舌 2162 [Graph] 013h 634o.

△ shì | 適 *8349 | 1° to fit, proper, to suit 2° right, well 3° comfortable 4° to follow 5° to go to, to reach 6° to get 7° advantage 8° suddenly ◇ 1° approprié, apte à, convenir 2° tout juste 3° plaisir, comfortable 4° suivre 5° aller, arriver, atteindre 6° obtenir 7° avantage 8° alors.

适合 shì hé。to suit, to fit ◇ convenir à ✱ 1481.

适应 shì yìng。to adapt; to suit ◇ s'adapter à, répondre à ✱ 6878.

适当 shì dàng。suitable, comfortable ◇ convenable, approprié, adéquat ✱ 7380.

适宜 shì yí。suitable, appropriate ◇ convenable, approprié ✱ 7769.

适用 shì yòng。to be applicable, suitable ◇ applicable, praticable, utilisable ✱ 8267.

憩 qì (2164) 舌自心 | [Tra] to rest ◇ se reposer [Etym] {?}tongue (舌 2161), self (自 2256), heart (心 397) ◇ {?} langue (舌 2161), soi (自 2256), coeur (心 397) [Graph] 013h 023d 321c [Hanzi] qi4 憩 9830.

憩 qì +9830 舌自心 | 憩 *9827 | to rest ◇ se reposer [Etym] 心 397 (rad: 061a 4-12), 憩 2164 [Graph] 013h 023d 321c.

鸹 guā -9831 舌鸟 | 鴰 *9832 | See ◇ Voir 老鸹 lao3-gua1 5045-9831 [Etym] 鸟 2494 (rad: 196s 5-06), 舌 2162 [Graph] 013h Z22e.

鴰 guā *9832 舌鳥 | 鸹 -9831 | See ◇ Voir 老鸹 lao3-gua1 5045-9831 [Etym] 鳥 2500 (rad: 196a 11-06), 舌 2162 [Graph] 013h Z22h.

毚 chán (2165) 臼⺊⺃兔 | [Tra] rodents; crafty ◇ rongeurs; rusé [Etym] two hares (1=prim), a bit different ◇ deux lièvres (1,2=prim), un peu différents [Graph] 013i 311d 321b 032e [Ref] k1170, ph828, w106c, wi277 [Hanzi] chan2 鑱 1332, chan2 饞 1468, chan2 鑱 2102, chan1 攙 2680, cai2 纔 6253, chan2 巉 7608, chan2 讒 9624.

𦣝 yí (2166) 𦣝 | [Tra] chin ◇ menton [Etym] lateral view of a chin (prim) (> 臣 2044) ◇ un menton, vue latérale (prim) (> 臣 2044) [Graph] 013j [Ref] k190, ph279, w82g [Hanzi] chai3 茝 3949, ji1 姬 5852, yi2 宧 7778, ze2 赜 9833, ze2 賾 9834, yi2 颐 9835, yi2 頤 9837.

赜 zé +9833 𦣝主贝 | 賾 *9834 | 1° subtle 2° abstruse ◇ 1° subtil 2° abstrus [Etym] 贝 1796 (rad: 154s 4-11), 𦣝 2166 责 945 [Graph] 013j 433a 854b.

賾 zé *9834 𦣝主貝 | 赜 +9833 | 1° subtle 2° abstruse ◇ 1° subtil 2° abstrus [Etym] 貝 2246 (rad: 154a 7-11), 𦣝 2166 責 948 [Graph] 013j 433a 023b.

颐 yí -9835 𦣝页 | 頤 *9837 | 1° cheek 2° to keep fit 3° to eat, to feed ◇ 1° joue 2° s'entretenir (santé) 3° nourrir [Etym] 页 1802 (rad: 181s 6-07), 𦣝 2166 [Graph] 013j 854d.

熙 xī (2167) 𦣝巳灬 | [Tra] bright; merry; glory ◇ éclat; splendeur; joie [Etym] fire, light (3= 灬 130); phon:chin (1= 𦣝 2166); phon (2= 巳 2010) ◇ feu, lumière (3= 灬 130); phon: menton (1= 𦣝 2166); phon (2= 巳 2010) [Graph] 013j 933b 222d [Ref] w85a [Hanzi] xi1 熙 9836.

熙 xī +9836 𦣝巳灬 | 1° bright, sunny 2° prosperous 3° merry 4° splendor 5° to enjoy ◇ 1° éclat 2° prospère, vaste, large 3° joyeux, heureux 4° splendeur 5° s'amuser [Etym] 灬 130 (rad: 086b 4-10), 熙 2167 [Graph] 013j 933b 222d.

頤 yí *9837 𦣝頁 | 颐 -9835 | 1° cheek 2° to keep fit 3° to eat, to feed ◇ 1° joue 2° s'entretenir (santé) 3° nourrir [Etym] 頁 2267 (rad: 181a 9-07), 𦣝 2166 [Graph] 013j 023f.

曰 021

曰 yuē (2168) 曰 | [Tra] to say; to speak ◇ parler; dire [Etym] words (central stroke) coming out of mouth (> 口 2063, 言 2139) ◇ des paroles (trait central) sortant de la bouche (> 口 2063, 言 2139) [Graph] 021a [Ref] h62, k1346, r2i, r193, w73a [Hanzi] hui4 kuai4 會 1506, qie4 朅 4877, zhou4 晝 7399, hu1 曶 7898, yue1 曰 9839, he2 曷 9924, man4 曼 9966, ceng2 zeng1 曾 10390, geng1 geng4 更 10731, ye4 曳 10735, cao2 曹 10831, chao2 鼂 11294 [Rad] 073a.

日 rì (2169) 日 | [Tra] sun; day ◇ soleil; journée [Etym] sun (prim) ◇ le soleil (prim) [Graph] 021a [Ref] h62, k937, r29, r72, w143a, wa31, wi12 [Hanzi] gu3 mi4 汨 525, hu1 曶 718, chun1 春 1640, da2 ta4 沓 2302, jiu4 旧 2769, yao3 杳 4428, xiang1 香 4575, zhe3 者 5051, jin4 晋 5916, zan3 昝 6528, yang2 阳 6783, jian1 jian4 间 8039, ji4 暨 8716, jian1 jian4 間 8790, ri4 日 9838, dan4 旦 9840, gao3 杲 9869, bao4 pu4 暴 9888, xiao3 晓 9891, zhao4 曌 9934, xu4 勗 9940, jing1 晶 9958, mian3 冕 9961, zao3 早 9970, lu3 鲁 10532, lu3 魯 10627, chang4 暢 10663, dian4 电 10734 [Rad] 072a.

日 rì +9838 日 | 1° sun 2° daytime 3° day 4° daily 5° time 6° short for Riben, Japan ◇ 1° soleil 2° journée 3° jour 4° quotidien 5° autrefois, un autre jour 6° abréviation de Riben, Japon [Etym] 日 2169 (rad: 072a 4-00), [Graph] 021a.

日渐 rì jiàn。day by day, gradually ◇ de jour en jour, peu à peu, petit à petit * 300.

日益 rì yì。day by day, increasingly ◇ de jour en jour, peu à peu, de plus en plus * 723.

日记 rì jì。diary, memorandum-book ◇ agenda, journal personnel * 1836.

日蚀 rì shí。solar eclipse ◇ éclipse de soleil * 1883.

日报 rì bào。daily newspaper ◇ quotidien (journal) * 2563.

日夜 rì yè。day and night ◇ jour et nuit * 3101.

日程 rì chéng。schedule, program ◇ ordre du jour, programme, horaire * 4569.

日期 rì qī。date ◇ jour fixé, date * 5437.

日子 rì zǐ。day ◇ jour, journée, date, jour fixé, temps; vie * 6546.

日历 rì lì。calendar ◇ calendrier * 6847.

日常 rì cháng。daily, everyday, day to day, usual ◇ courant, habituel, quotidien, de tous les jours * 7870.

日用 rì yòng。of daily use; daily expenses ◇ d'usage courant; dépenses journalières * 8267.

日用品 rì yòng pǐn。article of everyday use ◇ objet d'usage courant * 8267 9179.

曰 yuē +9839 曰 | 1° to say, to speak 2° to call, to name 3° expletive particle ◇ 1° dire, parler 2° nommer 3° particule explétive [Etym] 曰 2168 (rad: 073a 4-00), [Graph] 021a.

旦 dàn (2170) 日一 | [Tra] dawn; daylight ◇ aurore; matin [Etym] sun (< 日 2169) above horizon line (prim) ◇ le soleil (< 日 2169) au-dessus de l'horizon (prim) [Graph] 021a acc:z [Ref] k966, ph162, r22i, w143b, wa32, wi241, wi397 [Hanzi] da2 笪 891, tan3 鉭 1333, tan3 钽 2103, dan1 dan3 dan4 担 2681, dan4 但 3048, da2 怛 3354, cha2 zha1 查 4429, tan3 坦 4955, dan4 疍 5325, da2 靼 5393, da2 妲 5853, tan3 袒 6690, dan3 疸 7125, dan3 胆 8228, zhou4 昼 8674, ji4 暨 8716, dan4 旦 9840.

旦 dàn +9840 日一 | 1° rising sun, dawn 2° day 3° actors who take the parts of females ◇ 1° soleil levant, aurore, matin 2° jour 3° acteurs tenant des rôles féminins [Etym] 日 2169 (rad: 072a 4-01), 旦 2170 [Graph] 021a ac:z.

昱 yù (2171) 日立 | [Tra] sunlight; day ◇ lumière; jour [Etym] sun (2= 立 80) rise (1= 日 2169) (> 昃 2172) ◇ le lever (2= 立 80) du soleil (1= 日 2169) (> 昃 2172) [Graph] 021a 221a [Ref] k1328, w60h [Hanzi] yu4 煜 1048, yu4 昱 9841.

昱 yù +9841 日立 | 1° sunlight 2° to illuminate ◇ 1° lumière du soleil 2° éclairer [Etym] 日 2169 (rad: 072a 4-05), 昱 2171 [Graph] 021a 221a.

曨 lóng *9842 日立月㲋 | 昽 -9860 | See ◇ Voir 曈昽 tong2-long2 9844-9860 [Etym] 日 2169 (rad: 072a 4-17), 龍 86 [Graph] 021a 221a 856e Z41b.

暗 àn +9843 日立日 | 闇 1°3° *8742 | 1° obscured, dark, gloomy 2° hidden, secret, invisible, vague 3° stupid ◇ 1° obscurité, tempéré, douce chaleur 2° caché, secret, vague 3° stupide [Etym] 日 2169 (rad: 072a 4-09), 音 91 [Graph] 021a 221a 021a.

暗淡 àn dàn。dim, dark, gloomy ◇ sombre, obscur * 66.

暗笑 àn xiào。to snigger, to snicker ◇ rire sous cape, en dessous * 749.

暗杀 àn shā。to assassinate ◇ assassiner * 1653.

暗坝 àn bà。underground dam ◇ barrage souterrain * 4918.

暗害 àn hài。to be hurtful secretly ◇ blesser; nuire secrètement * 7720.

暗暗 àn àn。secretly, inwardly ◇ secrètement, confidentiellement * 9843.

曈 tóng +9844 日立里 | [Etym] 日 2169 (rad: 072a 4-12), 童 99 [Graph] 021a 221a 043j.

曈昽 tóng lóng。sun just rising, dawn ◇ aurore, lever du jour * 9860.

暖 nuǎn +9845 日爫二ナ又 | 煖 *927 | 1° warm, mild, genial 2° to warm up ◇ 1° tiède, tempéré, doux 2° réchauffer [Etym] 日 2169 (rad: 072a 4-09), 爰 104 [Graph] 021a 221d ac:a 241a 633a.

暖瓶 nuǎn píng。thermos flask, bottle ◇ bouteille; thermos * 4054.

暖和 nuǎn huó。warm ◇ chaud, tiède * 4568.

暖壶 nuǎn hú。thermos flask ◇ thermos * 5001.

暖气 nuǎn qì。central heating, warm air ◇ chauffage central, air chaud * 11170.

叆 ài -9846 日爫一ナ又 | 曖 *9847 | 1° dim, obscure 2° dull ◇ 1° obscur 2° faible [Etym] 日 2169 (rad: 072a 4-10), 爱 121 [Graph] 021a 221d 851a 241a 633a.

曖 ài *9847 日爫一心夂 | 叆 -9846 | 1° dim, obscure 2° dull ◇ 1° obscur 2° faible [Etym] 日 2169 (rad: 072a 4-13), 愛 122 [Graph] 021a 221d 851a 321c 633e.

炅 guì +9848 日火 | surname ◇ nom de famille [Etym] 日 2169 (rad: 072a 4-04), 火 156 [Graph] 021a 231b.

△ jiǒng | light or glow of fire ◇ éclat du feu.

晬 zuì +9849 曰亠人人十 | 1° year elapsed 2° child's first birthday ◇ 1° une année révolue 2° anniversaire d'un an d'un bébé [Etym] 日 2169 (rad: 072a 4-08), 卒 176 [Graph] 021a ac:c 232a 232a 413a.

晗 hán +9850 曰亼㇇口 | dawn, daybreak ◇ aube [Etym] 日 2169 (rad: 072a 4-07), 含 205 [Graph] 021a 233a 631a 011a.

昊 hào (2172) 曰天 | [Tra] bright sky; august ◇ plein soleil; grand [Etym] sun (1= 日 2169) above men (2< 大 257) (> 杲 2178, 昱 2171) ◇ le soleil (1= 日 2169) sur les hommes (2< 大 257) (> 杲 2178, 昱 2171) [Graph] 021a 242b [Ref] w143d [Hanzi] hao4 昊 9851.

昊 hào +9851 曰天 | 1° bright sky 2° august 3° vast heaven ◇ 1° soleil dans son plein 2° splendide, auguste 3° ciel immense [Etym] 日 2169 (rad: 072a 4-04), 昊 2172 [Graph] 021a 242b.

昳 dié +9852 曰失 | sun beginning to decline ◇ soleil baissant [Etym] 日 2169 (rad: 072a 4-05), 失 310 [Graph] 021a 242o.

△ yì | beautiful, pretty ◇ beau, joli.

晞 xī +9853 曰乂𠂇巾 | 1° dawn, daybreak 2° to dry in the sun ◇ 1° aurore 2° sécher au soleil [Etym] 日 2169 (rad: 072a 4-07), 希 324 [Graph] 021a 243a 241a 858a.

旻 mín +9854 曰文 | 1° sky 2° autumn ◇ 1° ciel 2° automne [Etym] 日 2169 (rad: 072a 4-04), 文 332 [Graph] 021a 243b.

昆 kūn (2173) 曰匕匕 | [Tra] insect; multitude ◇ insecte; multitude [Etym] insects (prim):carapace (1=prim), legs (2,3=prim,> 鹿 1398) ◇ des insectes (prim): carapace (1=prim), pattes (2,3=prim,> 鹿 1398) [Graph] 021a 311d 321b [Ref] h1276, k466, ph371, w27i [Hanzi] hun2 hun4 混 526, kun1 焜 1049, kun1 錕 1334, hun2 餛 1469, hun2 馄 1879, kun1 锟 2104, gun4 棍 4430, kun1 琨 5191, gun3 绲 6069, gun3 緄 6254, gun3 辊 6378, kun1 崑 7609, kun1 昆 9855, kun1 鹍 9856, kun1 鯤 10533, kun1 鲲 10628, gun3 輥 10723, kun1 醌 10912.

昆 kūn +9855 曰匕匕 | 崑 5° *7609 | 1° female, feminine 2° inferior power 3° obedience 4° earth 5° Kun lun (mountain) ◇ 1° femme, féminin 2° principe inférieur 3° obéissance 4° terre 5° Kun lun (montagne) [Etym] 日 2169 (rad: 072a 4-04), 昆 2173 [Graph] 021a 311d 321b.

鹍 kūn -9856 曰匕匕鸟 | 鵾 *7685 | jungle-fowl ◇ oiseau de la jungle [Etym] 鸟 2494 (rad: 196s 5-08), 昆 2173 [Graph] 021a 311d 321b Z22e.

曩 nǎng +9857 曰亠口口𠀎 | in former times, previously, in the past ◇ autrefois, jadis, passé, anciennement [Etym] 日 2169 (rad: 072a 4-17), 襄 376 [Graph] 021a 312j 011a 011a 436g.

晃 huǎng (2174) 曰光 | [Tra] to dazzle; bright ◇ éblouier; briller [Etym] brightness (2= 光 409) of the sun (1= 日 2169) ◇ la brillance (2= 光 409) du soleil (1= 日 2169) [Graph] 021a 322e [Ref] k105, ph537, w24k [Hanzi] huang4 滉 527, huang4 搵 2682, huang3 幌 8406, huang3 huang4 晃 9858.

晃 huǎng +9858 曰光 | 1° to dazzle 2° to flash past ◇ 1° jet de lumière, éblouir, briller 2° passer comme l'éclair [Etym] 日 2169 (rad: 072a 4-06), 晃 2174 [Graph] 021a 322e.

△ huàng | 搵 *2682 | to shake, to sway ◇ se balancer, osciller.

晃荡 huàng dàng。to sway, to shake; to stroll ◇ se balancer, osciller; flâner * 3524.

晃动 huàng dòng。to shake, to move; to rock, to sway ◇ agiter, secouer, branler, remuer; balancer * 5920.

晁 cháo +9859 曰兆 | 鼂 *11294 | surname ◇ nom de famille [Etym] 日 2169 (rad: 072a 4-06), 兆 411 [Graph] 021a 322g.

昽 lóng -9860 曰龙 | 曨 *9842 | See ◇ Voir 曈昽 tong2-long2 9844-9860 [Etym] 日 2169 (rad: 072a 4-05), 龙 417 [Graph] 021a 323d.

时 shí (2175) 曰寸 | [Tra] time; period ◇ temps, époque [Etym] modern simplified form of (時 2180) ◇ forme simplifiée moderne de (時 2180) [Graph] 021a 332b [Ref] h135 [Hanzi] shi4 莳 3960, shi2 埘 4956, shi2 时 9861, shi2 鲥 10534.

时 shí -9861 曰寸 | 時 *9872、旹 +7655 | 1° time, days 2° hour 3° season, period 4° present 5° chance, opportunity 6° from time to time 7° surname ◇ 1° temps 2° heure 3° saison, époque 4° moment, présent 5° occasion, opportunité 6° maintes fois, de temps à autre 7° nom propre [Etym] 日 2169 (rad: 072a 4-03), 寸 441 [Graph] 021a 332b.

时差 shí chā。time difference ◇ écart de temps * 1529.

时代 shí dài。period ◇ époque * 2911.

时候 shí hòu。time, moment ◇ temps, moment précis * 3103.

时装 shí zhuāng。stylish dress; the latest fashion ◇ vêtement à la mode, costumes modernes * 3192.

时机 shí jī。opportunity; the right moment ◇ occasion, moment favorable * 4478.

时髦 shí máo。fashionable, in vogue ◇ à la mode * 4730.

时期 shí qī。period, time ◇ période, époque * 5437.

时刻 shí kè。time, moment, hour; always ◇ instant, moment, heure; à tout moment * 6321.

时常 shí cháng。often ◇ souvent, fréquemment * 7870.

时间 shí jiān。time, duration ◇ temps, durée * 8039.

时时 shí shí。often; all the time ◇ souvent, à tout moment * 9861.

时事 shí shì。current events ◇ actualités * 10387.

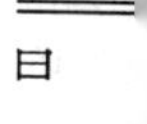

导 dé (2176) 曰二寸 | [Tra] to get; to obtain ◇ acquerir; obtenir [Etym] {1} to look (1< 見 2255) and grab (2= 寸 441); {2} hand (2= 凭 495) grasping money (1< 貝 2246) ◇ {1} regarder (1< 見 2255) et saisir (2= 凭 495); {2} une main (2= 凭 495) prenant une pièce de monnaie (1< 貝 2246) [Graph] 021a acc:a 332b [Ref] k980, ph397, r20k, w45e, wa140, wi78 [Hanzi] de2 鍀 1335, de2 锝 2105, de2 de5 dei3 得 3173, ai4 碍 9771.

晔 yè +9862 日亻匕十 | 烨 -963 、燁 *967 、爗 *1051 、曄 *9866 | 1° light (fire, sun) 2° bright 3° glory, prosperity ◇ 1° lumière (feu, soleil) 2° brillant 3° gloire, prospérité [Etym] 日 2169 (rad: 072a 4-06), 华 486 [Graph] 021a 411e 321b 413a.

△ yè | 1° bright (light) 2° darkness, black clouds ◇ 1° lumineux 2° obscurité, épais nuages.

昨 zuó +9863 日乍 | 1° yesterday 2° time gone ◇ 1° hier 2° jadis [Etym] 日 2169 (rad: 072a 4-05), 乍 551 [Graph] 021a 412f.

昨天 zuó tiān。yesterday ◇ hier * 1573.

旱 hàn (2177) 日干 | [Tra] drought, dryland ◇ sécheresse [Etym] sun (1= 日 2169); phon, attack (2= 干 564) ◇ le soleil (1= 日 2169); phon, attaque (2= 干 564) [Graph] 021a 413b [Ref] k61, ph273, r27d, r27f, w102a, wi343, wi957 [Hanzi] han4 焊 1050, han4 銲 1336, han4 捍 2683, han4 悍 3355, gan3 桿 4431, gan3 稈 4576, gan3 趕 4856, han4 猂 5669, han4 旱 9864, gan4 旰 9865.

旱 hàn +9864 日干 | 1° drought, dry land 2° on land ◇ 1° sécheresse, sec 2° voie de terre [Etym] 日 2169 (rad: 072a 4-03), 旱 2177 [Graph] 021a 413b.

旱灾 hàn zāi。drought ◇ sécheresse * 7691.

旱魃 hàn bá。drought ◇ sécheresse * 10738.

旰 gàn +9865 日干 | 1° evening 2° late ◇ 1° soir 2° tardif [Etym] 日 2169 (rad: 072a 4-03), 干 564 [Graph] 021a 413b.

曄 yè *9866 日艹華 | 烨 -963 、燁 *967 、爗 *1051 、晔 +9862 | 1° light (fire, sun) 2° bright 3° glory, prosperity ◇ 1° lumière (feu, soleil) 2° brillant 3° gloire, prospérité [Etym] 日 2169 (rad: 072a 4-10), 華 627 [Graph] 021a 415c 414k.

曚 méng +9867 日艹冖家 | [Etym] 日 2169 (rad: 072a 4-13), 蒙 660 [Graph] 021a 415c 851a 522c.

曚昽 méng lóng。rising sun, dim daylight ◇ demi-jour, aube, lever du jour * 9860.

昇 shēng *9868 日升 | See ◇ Voir 升 4044 [Etym] 日 2169 (rad: 072a 4-04), 升 705 [Graph] 021a 416g.

杲 gǎo (2178) 日木 | [Tra] bright ◇ brillant [Etym] sun (1= 日 2169) above trees (2= 木 723) (> 杳 756, 東 2365) ◇ le soleil (1= 日 2169) au-dessus des arbres (2= 木 723) (> 杳 756, 東 2365) [Graph] 021a 422a [Ref] w143c [Hanzi] gao3 杲 9869.

杲 gǎo +9869 日木 | bright ◇ brillant [Etym] 木 723 (rad: 075a 4-04), 杲 2178 [Graph] 021a 422a.

晰 xī +9870 日木斤 | 晳 *4307 | 1° clear, distinct 2° bright 3° white ◇ 1° clair, net 2° éclaircir 3° blanc [Etym] 日 2169 (rad: 072a 4-08), 析 748 [Graph] 021a 422a 722c.

昧 mèi +9871 日未 | 1° to be ignorant of 2° dark, obscure, no sun 3° hidden, to conceal, to feign 4° bewildered ◇ 1° ne pas connaître 2° obscurité 3° secret, cacher, dissimuler 4° désorienté [Etym] 日 2169 (rad: 072a 4-05), 未 800 [Graph] 021a 422i.

臬 niē, huǐ (2179) 日土 | [Tra] masonry; fill up ◇ maçonnerie; remplir [Etym] {?}mortar (1< 臼 1587){?}brick (1=prim); earth (2= 土 826) (> 皀 1590) ◇ {?} un mortier (1< 臼 1587) {?} une brique (1=prim); de la terre (2= 土 826) (> 皀 1590) [Graph] 021a 432a [Ref] k663, ph296, w81a [Hanzi] nie4 涅 528, nie1 捏 2684, nie4 陧 6784.

時 shí (2180) 日土寸 | [Tra] time; period ◇ temps; époque [Etym] regularity (2,3= 寺 830) in the sun movements (1= 日 2169) ◇ la régularité (2,3= 寺 830) de la marche du soleil (1= 日 2169) [Graph] 021a 432a 332b [Ref] h135, k811, ph562, r303, w79b, wa194, wi125 [Hanzi] shi4 蒔 3961, shi2 塒 4957, shi2 時 9872, shi2 鰣 10629.

時 shí *9872 日土寸 | 时 -9861 、旹 +7655 | 1° time, days 2° hour 3° season, period 4° present 5° chance, opportunity 6° from time to time 7° surname ◇ 1° temps 2° heure 3° saison, époque 4° moment, présent 5° occasion, opportunité 6° maintes fois, de temps à autre 7° nom propre [Etym] 日 2169 (rad: 072a 4-06), 時 2180 [Graph] 021a 432a 332b.

曉 xiǎo *9873 日土土土兀 | 晓 -9891 | 1° dawn, daybreak 2° to know 3° to tell 4° light 5° to understand ◇ 1° aurore, lever du jour 2° savoir 3° informer 4° lumière 5° comprendre [Etym] 日 2169 (rad: 072a 4-12), 堯 844 [Graph] 021a 432a 432a 432a 322c.

暑 shǔ +9874 日耂日 | summer's heat, hot weather ◇ chaleur de l'été, canicule [Etym] 日 2169 (rad: 072a 4-08), 者 893 [Graph] 021a 432c 021a.

暑假 shǔ jià。summer holidays ◇ vacances d'été * 3027.

暑期 shǔ qī。summer vacation ◇ vacances d'été * 5437.

旺 wàng +9875 日王 | 1° prosperous, glorious, abundant 2° bright 3° much ◇ 1° prospérité, abondance 2° éclat 3° beaucoup [Etym] 日 2169 (rad: 072a 4-04), 王 903 [Graph] 021a 432e.

旺季 wàng jì。busy season ◇ la pleine saison * 4543.

旺盛 wàng shèng。prosperous, plentiful ◇ florissant, vigoureux * 5551.

曦 xī +9876 日羊我丂 | light of day ◇ jour, lumière [Etym] 日 2169 (rad: 072a 4-16), 羲 923 [Graph] 021a 432g 512g Z21b.

晴 qíng +9877 日主月 | 1° fine 2° clear sky ◇ 1° beau 2° ciel serein, éclaircie [Etym] 日 2169 (rad: 072a 4-08), 青 946 [Graph] 021a 433a 856e.

晴天 qíng tiān ◦ fair weather ◇ beau temps, ciel serein ✱ 1573.

晴朗 qíng lǎng ◦ fine; sunny ◇ serein; beau; ensoleillé ✱ 8722.

星 xīng (2181) 日生 | [Tra] star; spark; spot ◇ étoile; étincelle [Etym] sun (1= 日 2169); phon, twinkling or growing (2= 生 951) ◇ le soleil (1= 日 2169); phon, scintiller ou pousser (2= 生 951) [Graph] 021a 433b [Ref] h154, k804, ph447, r31c, w79f, wa32, wi422 [Hanzi] xing1 惺 3356, xing1 猩 5670, xing1 腥 8229, xing1 星 9878, deng3 戥 9879, xing3 醒 10913.

星 xīng +9878 日生 | 1° star 2° heavy body (comet) 3° bit, particle 4° spot, marks 5° spark ◇ 1° étoile 2° corps lourd (comète) 3° particule, brin 4° tache 5° étincelle, marque [Etym] 日 2169 (rad: 072a 4-05), 星 2181 [Graph] 021a 433b.

星球 xīng qiú ◦ celestial body ◇ corps céleste ✱ 5094.

星期 xīng qī ◦ week ◇ semaine ✱ 5437.

星期一 xīng qī yī ◦ Monday ◇ lundi ✱ 5437 1.

星期二 xīng qī èr ◦ Tuesday ◇ mardi ✱ 5437 2.

星期三 xīng qī sān ◦ Wednesday ◇ mercredi ✱ 5437 3.

星期六 xīng qī liù ◦ Saturday ◇ samedi ✱ 5437 722.

星期天 xīng qī tiān ◦ sunday ◇ dimanche ✱ 5437 1573.

星期五 xīng qī wǔ ◦ Friday ◇ vendredi ✱ 5437 7371.

星期日 xīng qī rì ◦ Sunday ◇ dimanche ✱ 5437 9838.

星期四 xīng qī sì ◦ Thursday ◇ jeudi ✱ 5437 10843.

戥 děng +9879 日生戈 | small steelyard for weighing money ◇ balance de précision [Etym] 戈 1057 (rad: 062a 4-09), 星 2181 [Graph] 021a 433b 512b.

是 shì (2182) 日疋 | [Tra] to be; right; positive ◇ être; oui, approuver [Etym] {1} (< 匙 2183); {2} check rightness (2< 正 963) in day (1= 日 2169) light ◇ {1} (< 匙 2183); {2} contrôler la rectitude (2< 正 963) de la lumière du jour (1= 日 2169) [Graph] 021a 434f [Ref] h910, k890, ph476, r212, w112i, wa194, wi12 [Hanzi] shi2 湜 529, di1 ti2 提 2685, di1 堤 4958, di1 鞮 5394, ti2 缇 6070, ti2 緹 6255, di1 隄 6785, shi2 shi2 寔 7779, shi4 是 9880, chi2 shi5 匙 9881, xian3 尟 9882, wei3 韪 9883, wei3 韙 9884, ti2 题 9885, ti2 題 9886, ti2 鳀 10535, ti2 鯷 10630, ti2 醍 10914, ti2 騠 11077, ti2 骎 11136.

是 shì +9880 日疋 | 1° right, correct 2° yes 3° this, that 4° to be, is 5° positive, absolute 6° to praise ◇ 1° bien, vrai 2° oui 3° ce, ceci, tout ce qui 4° être 5° positif, absolu 6° approuver, louer [Etym] 日 2169 (rad: 072a 4-05), 是 2182 [Graph] 021a 434f.

是非 shì fēi ◦ right and wrong; quarrel ◇ le vrai et le faux, raison et tort; querelle ✱ 3505.

是否 shì fǒu ◦ whether or not; if ◇ oui ou non? n'est-ce pas? ✱ 4075.

是的 shì de ◦ that's right! ◇ oui, c'est cela! ✱ 9990.

匙 chí (2183) 日疋匕 | [Tra] spoon ◇ cuiller [Etym] {?}ladle (1=prim) in its place (2< 正 963); spoon (3= 匕 387) ◇ {?} louche (1=prim) à sa place (2< 正 963); cuiller (3= 匕 387) [Graph] 021a 434f 321b [Ref] h910, w26b [Hanzi] chi2 shi5 匙 9881.

匙 chí +9881 日疋匕 | spoon ◇ cuillère [Etym] 匕 387 (rad: 021a 2-09), 匙 2183 [Graph] 021a 434f 321b.

匙子 chí zǐ ◦ spoon ◇ cuiller ✱ 6546.

△ shi | See ◇ Voir 钥匙 yao4-shi5 2063-9881.

尟 xiǎn *9882 日疋少 | 鲜 -10477、鮮 *10571、尠 *5441 | 1° few, rare 2° exhausted, finished ◇ 1° peu 2° rare, épuisé, fini [Etym] 小 424 (rad: 042a 3-10), 是 2182 少 427 [Graph] 021a 434f 331k.

韪 wěi -9883 日疋韦 | 韙 *9884 | good, well, gifted ◇ bon, bien, doué [Etym] 韦 1508 (rad: 178s 4-09), 是 2182 [Graph] 021a 434f 734e.

韙 wěi *9884 日疋五口㐄 | 韪 -9883 | good, well, gifted ◇ bon, bien, doué [Etym] 韋 1547 (rad: 178a 9-09), 是 2182 [Graph] 021a 434f 822a 011a 712b.

题 tí -9885 日疋页 | 題 *9886 | 1° subject, topic, theme, heading, problem 2° to inscribe 3° to mention, to discuss ◇ 1° sujet, thème, titre 2° inscription, écrire 3° énoncer, faire allusion à [Etym] 页 1802 (rad: 181s 6-09), 是 2182 [Graph] 021a 434f 854d.

题词 tí cí ◦ to write an appreciation; dedication ◇ faire une inscription, dédicacer ✱ 1777.

题材 tí cái ◦ theme, subject matter ◇ thème (de composition), matière, sujet ✱ 4149.

题字 tí zì ◦ inscription ◇ inscription, faire un commentaire (livre d'or) ✱ 7763.

题跋 tí bá ◦ preface or postscript; short comments ◇ préface et postface; dédicace ✱ 9291.

题目 tí mù ◦ subject, title ◇ sujet, titre, thème ✱ 10016.

題 tí *9886 日疋頁 | 题 -9885 | 1° subject, topic, theme, heading, problem 2° to inscribe 3° to mention, to discuss ◇ 1° sujet, thème, titre 2° inscription, écrire 3° énoncer, faire allusion à [Etym] 頁 2267 (rad: 181a 9-09), 是 2182 [Graph] 021a 434f 023f.

显 xiǎn (2184) 日业 | [Tra] display; evident ◇ paraître; manifeste [Etym] modern

日 日

simplified form of (㬎 2188) ◇ forme simplifiée moderne de (㬎 2188) [Graph] 021a 435a [Hanzi] shi1 湿 530, xian3 显 9887.

显 xiǎn -9887 | 顯 *9895 | 1° apparent, obvious 2° to show 3° illustrious, glorious 4° light, clear ◇ 1° apparent, évident, manifeste 2° montrer, paraître 3° illustre, gloire 4° lumière, clair [Etym] 日 2169 (rad: 072a 4-05), 业 974 [Graph] 021a 435a.
曰业

显微镜 xiǎn wēi jìng ∘ microscope ◇ microscope ∗ 3162 1899.

显得 xiǎn de ∘ to look, to seem ◇ paraître, avoir l'air ∗ 3173.

显著 xiǎn zhù ∘ striking, outstanding ◇ évident, remarquable, notoire, extraordinaire ∗ 3688.

显然 xiǎn rán ∘ obvious ◇ évident ∗ 6452.

暴 bào ,pù (2185) [Tra] heat; violent; expos ◇ chaleur; violent [Etym] to expose (2= 共 1006) rice (3= 看 255) in the sun (1= 日 2169) ◇ exposer (2= 共 1006) du riz (3< 看 255) au soleil (1= 日 2169) [Graph] 021a 436e 331o [Ref] h793, k698, ph809, w47s, wi819 [Hanzi] bao4 pu4 瀑 531, bao4 爆 1052, bao4 鑤 1337, bao4 pu4 暴 9888, pu4 曝 9954.
曰共氺

暴 bào +9888 | 1° violent, sudden 2° stormy, fierce, cruel 3° to strike, to oppress, to waste ◇ 1° violent, aigu 2° brutal, redoutable 3° maltraiter, opprimer [Etym] 日 2169 (rad: 072a 4-11), 暴 2185 [Graph] 021a 436e 331o.
曰共氺

暴力 bào lì ∘ violence, force ◇ violence ∗ 7259.

暴雨 bào yǔ ∘ rainstorm ◇ averse, orage ∗ 8415.

暴露 bào lòu ∘ to unveil, to unmask ◇ dévoiler, démasquer ∗ 8460.

暴躁 bào zào ∘ irascible, irritable ◇ irascible, irritable ∗ 9397.

暴乱 bào luàn ∘ riot; revolt ◇ émeute; bagarre ∗ 9823.

暴风雨 bào fēng yǔ ∘ tempest, rainstorm ◇ tempête, orage ∗ 11212 8415.

△ pù | 曝 +9954 | 1° to expose to the sun 2° to heat 3° to sun-dry ◇ 1° exposer au soleil 2° chauffer 3° sécher.

最 zuì (2186) [Tra] very; to gather ◇ très; réunir [Etym] to brave out (1< 冒 1795); to take (2,3= 取 1024) ◇ braver (1< 冒 1795); saisir (2,3= 取 1024) [Graph] 021a 436k 633a [Ref] h484, k1109, ph711, w34j, w146f [Hanzi] cuo1 zuo3 撮 2686, zui4 蕞 3962, zuo1 嘬 9206, zui4 最 9889.
曰耳又

最 zuì +9889 | 1° very, most, extreme 2° to gather ◇ 1° très, le plus, extrêmement 2° réunir [Etym] 曰 2168 (rad: 073a 4-08), 最 2186 [Graph] 021a 436k 633a.
曰耳又

最少 zuì shǎo ∘ at least, minimum ◇ au moins, au minimum, du moins ∗ 2243.

最好 zuì hǎo ∘ best; it would be best ◇ le mieux, le meilleur ∗ 5792.

最多 zuì duō ∘ at most, maximum ◇ au plus, au maximum ∗ 6397.

最初 zuì chū ∘ at the beginning ◇ au début, début, commencement ∗ 6663.

最后 zuì hòu ∘ at last, in the end; latest ◇ enfin, à la fin; dernier, ultime, fin ∗ 7199.

最近 zuì jìn ∘ recently ◇ récemment, tout dernièrement ∗ 7205.

暹 xiān +9890 | Siam ◇ Siam [Etym] 日 2169 (rad: 072a 4-11), 進 1039 [Graph] 021a 436m 634o.
曰隹辶

晓 xiǎo -9891 | 曉 *9873 | 1° dawn, daybreak 2° to know 3° to tell 4° light 5° to understand ◇ 1° aurore, lever du jour 2° savoir 3° informer 4° lumière 5° comprendre [Etym] 日 2169 (rad: 072a 4-06), 尧 1056 [Graph] 021a 512a 322c.
曰戈兀

晓得 xiǎo de ∘ to know ◇ connu, savoir ∗ 3173.

晟 shèng +9892 | 1° daylight, sunlight 2° splendor ◇ 1° brillant, éclairage 2° splendeur [Etym] 日 2169 (rad: 072a 4-06), 成 1072 [Graph] 021a 512l.
曰成

晏 yàn (2187) [Tra] siesta; nap ◇ sieste, somme [Etym] siesta during day (1= 日 2169) at gyneceum (2= 女 1122) ◇ sieste dans le jour (1= 日 2169) au gynécée (2= 女 1122) [Graph] 021a 611e [Ref] k236, w67h [Hanzi] yan4 宴 7780.
曰女

昪 biàn +9893 | 1° clear, bright 2° happy, satisfied ◇ 1° clair, lumineux 2° joyeux, content [Etym] 日 2169 (rad: 072a 4-05), 弁 1137 [Graph] 021a 612a 416e.
曰厶廾

昙 tán -9894 | 曇 *9938 | 1° black clouds 2° darkness ◇ 1° épais nuages 2° obscurité [Etym] 日 2169 (rad: 072a 4-04), 云 1152 [Graph] 021a 612d.
曰云

㬎 xiǎn (2188) [Tra] bright ◇ évident [Etym] two silk threads (2,3,4= 絲 1191) visible in the sun (1= 日 2169) ◇ deux fils de soie (2,3,4= 絲 1191) visible au soleil (1= 日 2169) [Graph] 021a 613c 613c 222d [Ref] k150, ph778, w92e, wi141, wi792 [Hanzi] shi1 溼 532, xi2 隰 6786, xian3 顯 9895, qi1 㬎 9955.
曰幺幺灬

顯 xiǎn (2189) [Tra] display; evident ◇ paraître; manifeste [Etym] {1} clear (1,2,3,4= 㬎 2188), be heading (5= 頁 2267); {2} plaited hairs (1,2,3,4=prim) ◇ {1} évident (1,2,3,4= 㬎 2188), être en tête (5= 頁 2267); {2} cheveux tressés (1,2,3,4=prim) [Graph] 021a 613c 613c 222d 023f [Ref] k150, w92e, wa131, wi792 [Hanzi] xian3 顯 9895.
曰幺幺灬頁

顯 xiǎn *9895 | 显 -9887 | 1° apparent, obvious 2° to show 3° illustrious, glorious 4° light, clear ◇ 1° apparent, évident, manifeste 2° montrer, paraître 3° illustre, gloire 4° lumière, clair [Etym] 頁 2267 (rad: 181a 9-14), 顯
曰幺幺灬頁

2189 [Graph] 021a 613c 613c 222d 023f.

曏 xiàng *9896 | 向 +8341 丶 嚮 *6300 | 1° direction 2° facing, opposite to 3° to favor, partial 4° among 5° always 6° window 7° surname ◇ 1° direction 2° en face de 3° favoriser, partialité 4° parmi 5° toujours 6° fenêtre, lucarne au nord 7° nom de famille [Etym] 日 2169 (rad: 072a 4-11), 鄉 1202 [Graph] 021a 613e 932d 634j.

昡 xuàn +9897 | 1° sunshine 2° to brighten, to light up ◇ 1° lumière du soleil 2° éclairer [Etym] 日 2169 (rad: 072a 4-05), 玄 1204 [Graph] 021a 613g.

暌 kuí +9898 | 1° to separate 2° far ◇ 1° séparer 2° éloigné [Etym] 日 2169 (rad: 072a 4-09), 癸 1246 [Graph] 021a 631g 242b.

晷 guǐ +9899 | 1° shadow 2° sundial 3° time, day ◇ 1° ombre 2° cadran solaire 3° temps, jour [Etym] 日 2169 (rad: 072a 4-08), 咎 1288 [Graph] 021a 633e 412c 011a.

旸 yáng -9900 | 暘 *9957 | sunshine, fair weather ◇ ensoleillé, temps serein [Etym] 日 2169 (rad: 072a 4-03), 昜 1338 [Graph] 021a 634k.

昃 zè +9901 | 1° declining sun 2° afternoon ◇ 1° soleil descendant 2° après-midi [Etym] 日2169 (rad: 072a 4-04), 仄 1354 [Graph] 021a 721a 232a.

晨 chén +9902 | morning, dawn ◇ aurore, matin, jour [Etym] 日 2169 (rad: 072a 4-07), 辰 1356 [Graph] 021a 721a 312f.

旷 kuàng -9903 | 曠 *9904 | 1° vast, spacious, vacant waste, empty 2° carefree 3° to neglect 4° loosely ◇ 1° vaste, steppe aride, désert 2° sans souci 3° délaisser 4° oisif [Etym] 日 2169 (rad: 072a 4-03), 广 1375 [Graph] 021a 721b.

旷课 kuàng kè ◦ to cut school ◇ s'absenter de l'école sans raison ✱ 1829.

旷工 kuàng gōng ◦ to stay away from work with no good reason ◇ déserter son travail, s'absenter sans autorisation ✱ 4698.

曠 kuàng *9904 | 旷 -9903 | 1° vast, spacious, vacant waste, empty 2° carefree 3° to neglect 4° loosely ◇ 1° vaste, steppe aride, désert 2° sans souci 3° délaisser 4° oisif [Etym] 日 2169 (rad: 072a 4-15), 廣 1393 [Graph] 021a 721b 436a 042e.

昕 xīn +9905 | 1° gladly, with pleasure 2° to enjoy ◇ 1° joie, satisfaction 2° prendre plaisir à [Etym] 日 2169 (rad: 072a 4-04), 斤1461 [Graph] 021a 722c.

> 昜 tà (2190) | [Tra] to fly quickly ◇ vol rapide [Etym] many wings (2= 羽 1472) covering (1< 冃 1794) the sky ◇ les multiples ailes (2= 羽1472) couvrant (1< 冃 1794) le ciel [Graph] 021a 731c 731c [Ref] k958, ph571, w34j [Hanzi] ta1 溻 533, ta4 搨 2687, ta4 榻 4432, ta1 塌 4959, ta1 褟 6691, ta4 阘 8040, ta4 闒 8791, ta4 蹋 9402, ta1 ta5 遢 9907, ta3 鳎 10536, ta3 鰨 10631.

曜 yào +9906 | 1° sunlight 2° to shine, to dazzle 3° glory ◇ 1° lumière du soleil 2° éclat, éblouir 3° glorieux [Etym] 日 2169 (rad: 072a 4-14), 翟 1474 [Graph] 021a 731c 731c 436m.

遢 tā +9907 | See ◇ Voir [Etym] 辶 1346 (rad: 162b 3-10), 昜 2190 [Graph] 021a 731c 731c 634o.

△ ta | See ◇ Voir 邋遢 la1-ta5 5720-9907.

> 昭 zhāo (2191) | [Tra] brightness; clear ◇ lumière; clair [Etym] sun (1= 日 2169); phon (2,3= 召 1479) ◇ soleil (1= 日 2169); phon (2,3= 召 1479) [Graph] 021a 732a 011a [Ref] k1181, wi915 [Hanzi] zhao1 昭 9908, zhao4 照 9909.

昭 zhāo +9908 | 1° clear, obvious 2° brightness, luminous 3° to display ◇ 1° clair, évident 2° brillant, lumineux 3° exposer [Etym] 日 2169 (rad: 072a 4-05), 昭 2191 [Graph] 021a 732a 011a.

照 zhào +9909 | 炤 *1003 1° | 1° to shine 2° to reflect 3° to photograph, picture 4° permit 5° to look after 6° to inform 7° contrast 8° understanding 9° towards 10° according to 11° to take care of ◇ 1° briller, lumière du soleil 2° refléter 3° photographie 4° rechercher 6° faire savoir 7° confronter, contraste 8° comprendre 9° vers 10° conformément à, selon 11° prendre soin [Etym] 灬 130 (rad: 086b 4-09), 昭 2191 [Graph] 021a 732a 011a 222d.

照会 zhào huì ◦ to deliver a note (to a government) ◇ présenter une note; note (diplomatique) ✱ 1382.

照耀 zhào yào ◦ to shine ◇ éclairer, illuminer ✱ 2206.

照旧 zhào jiù ◦ as always, as usual ◇ comme toujours, comme d'habitude ✱ 2769.

照例 zhào lì ◦ as usual, as a rule ◇ comme d'habitude, selon l'usage ✱ 2932.

照样 zhào yàng ◦ like that ◇ de même, quand même, comme toujours ✱ 4163.

照相 zhào xiàng ◦ photography ◇ photographie; photographier, prendre une photo ✱ 4444.

照相馆 zhào xiàng guǎn ◦ photo studio ◇ studio de photographe ✱ 4444 1869.

照相机 zhào xiàng jī ◦ camera ◇ appareil photo ✱ 4444 4478.

照料 zhào liào ◦ to take care of ◇ s'occuper de, prendre soin de ✱ 4607.

照顾 zhào gù ◦ to take care of, to look after ◇ surveiller, avoir une chose à coeur, prendre soin ✱ 6849.

照办 zhào bàn ◦ to act accordingly; to comply with ◇ agir selon les instructions ✱ 7271.

照常 zhào cháng ◦ as usual ◇ comme d'habitude ✱ 7870.

照片 zhào piàn ◦ photograph, picture ◇ photo, photographie ✱ 11006.

暱 nì *9910 | 昵 +9942 | 1° intimate, familiar, to frequent 2° dawn 3° daily ◇ 1° familiarité, amitié, intime, relations, fréquenter 2° aube 3° tous les jours [Etym] 日 2169 (rad: 072a

4-10), 匿 1521 [Graph] 021a 811c 415c 241a 011a.

昂 áng +9911 日匚卩 1° to hold one's head high, to rise 2° lofty, imposing, high price 3° dear ◇ 1° garder la tête haute 2° monter, élevé, haut, imposant 3° précieux [Etym] 日 2169 (rad: 072a 4-04), 卬 1531 [Graph] 021a 811d 734a.

晤 wù +9912 日五口 1° to meet, to see, to visit 2° interview 3° in front of 4° agreement ◇ 1° rencontrer, visiter 2° entrevue 3° en face 4° entente [Etym] 日 2169 (rad: 072a 4-07), 吾 1549 [Graph] 021a 822b 011a.

晖 huī -9913 日冖车 暉 *9916 sunshine, sunlight ◇ rayon de soleil, éclat [Etym] 日 2169 (rad: 072a 4-06), 军 1652 [Graph] 021a 851a 614d.

△ huī 辉 -2207 、 輝 *2208 、 煇 *1016 1° brightness, splendor, to shine 2° glory ◇ 1° éclat, splendeur, briller 2° gloire.

晕 yūn -9914 日冖车 暈 *9916 1° to feel dizzy, to be giddy 2° to swoon, faint 3° halo ◇ 1° avoir le vertige, agir en étourdi, à la légère 2° s'évanouir 3° vapeur [Etym] 日 2169 (rad: 072a 4-06), 军 1652 [Graph] 021a 851a 614d.

△ yùn 暈 *9916 1° dizzy, faint 2° halo 3° bright ◇ 1° avoir le vertige, des étourdissements, le mal de mer, avoir des éblouissements 2° halo, vapeurs 3° lumineux, clair.

晕车 yùn chē ∘ car sickness ◇ nausée, mal des transports ✱ 6327.

晕船 yùn chuán ∘ sea-sickness ◇ avoir le mal de mer, mal de mer ✱ 8333.

暝 míng +9915 日冖日六 1° sunset 2° dusk, to grow dark ◇ 1° coucher du soleil, nuit 2° obscur, sombre [Etym] 日 2169 (rad: 072a 4-10), 冥 1653 [Graph] 021a 851a 021a 222b.

暉 huī *9916 日冖車 晖 -9913 sunshine, sunlight ◇ rayon de soleil, éclat [Etym] 日 2169 (rad: 072a 4-09), 軍 1655 [Graph] 021a 851a 042g.

△ yūn 晕 -9914 1° to feel dizzy, to be giddy 2° to swoon, faint 3° halo ◇ 1° avoir le vertige, agir en étourdi, à la légère 2° s'évanouir 3° vapeur.

△ yùn 晕 -9914 1° dizzy, faint 2° halo 3° bright ◇ 1° avoir le vertige, des étourdissements, le mal de mer, avoir des éblouissements 2° halo, vapeurs 3° lumineux, clair.

晏 yàn (2192) 日宀女 [Tra] evening, late; peace ◇ soir, tard; repos, paix [Etym] sun (1= 日 2169); phon, peace (2,3= 安 1697) ◇ soleil (1= 日 2169); phon, paix (2,3= 安 1697) [Graph] 021a 851c 611e [Hanzi] yan3 鼴 7435, yan4 晏 9917, yan4 鷃 9918.

晏 yàn +9917 日宀女 1° late 2° evening 3° peace, repose 4° surname ◇ 1° tard 2° soir 3° repos, paix 4° nom de famille [Etym] 日 2169 (rad: 072a 4-06), 安 1697 [Graph] 021a 851c 611e.

鷃 yàn *9918 日宀女鳥 鹌 -7753 quail ◇ caille [Etym] 鳥 2500 (rad: 196a 11-10), 晏 2192 [Graph] 021a 851c 611e Z22h.

暄 xuān +9919 日宀亘 1° warmth (sun) 2° fluffy 3° genial, pleasant ◇ 1° douce chaleur du soleil 2° duveteux 3° plaisant, agréable [Etym] 日 2169 (rad: 072a 4-09), 宣 1711 [Graph] 021a 851c 022a ac:z.

昀 yún +9920 日匀 sunshine ◇ lumière du soleil [Etym] 日 2169 (rad: 072a 4-04), 匀 1764 [Graph] 021a 852c.

易 yì (2193) 日勿 [Tra] to change; easy ◇ changer; aisé [Etym] phon:changing camaleon under sun light (prim,> 昆 2173, 易 2197) ◇ phon: un caméléon changeant à la lumière (prim,> 昆 2173, 易 2197) [Graph] 021a 852e [Ref] h618, k195, ph365, r29d, r37k, w101c, wi597 [Hanzi] xi1 錫 1338, xi1 锡 2106, ti4 惕 3357, yi4 埸 4960, ti4 xi1 裼 6692, ci4 赐 7989, ti1 踢 9403, hu1 yi4 易 9921, ti1 剔 9922, ti4 逷 9923, ci4 賜 10143, yi4 蜴 10327.

易 hū +9921 日勿 dawn ◇ aube [Etym] 日 2169 (rad: 072a 4-04), 勿 1765 [Graph] 021a 852e.

△ yì 1° easy 2° amiable 3° to change, to transform 4° to exchange 5° surname ◇ 1° aisé, facile, commode 2° aimable 3° changer, transformer 4° échanger 5° nom de famille.

易于 yì yú ∘ easy to ◇ facile à ✱ 2306.

剔 tī +9922 日勿刂 1° to scrape off 2° to pick 3° to reject ◇ 1° racler 2° décharner 3° retrancher [Etym] 刂 470 (rad: 018b 2-08), 易 2193 [Graph] 021a 852e 333b.

逷 tì *9923 日勿辶 逖 +5590 far away, remote ◇ éloigné, lointain [Etym] 辶 1346 (rad: 162b 3-08), 易 2193 [Graph] 021a 852e 634o.

曷 hé (2194) 日勹人匕 [Tra] how, what ◇ quoi, comment [Etym] man (3= 人 170), hidden (4= 匕 1347) (2= 勹 1770), asking (1= 曰 2168) ◇ un homme (3= 人 170), caché (4= 匕 1347) (2= 勹 1770), mendiant (1= 曰 2168) [Graph] 021a 852h 232a 711a [Ref] k73, ph443, w73a, wi271 [Hanzi] ke3 渴 534, jie2 竭 670, ai4 he2 餲 1470, ye4 谒 1822, ai4 he2 偈 1880, jie1 揭 2688, ji4 jie2 偈 3049, jie2 羯 3439, ge2 ge3 葛 3963, jie1 楬 4433, qie4 朅 4877, he2 鶡 5395, he4 褐 6693, he1 he4 喝 9207, ye4 謁 9625, jie2 碣 9772, he2 曷 9924, xie1 歇 9925, e4 遏 9926, he2 鹖 9927, he2 鶡 9928, ye1 暍 9956, xie1 蝎 10328.

曷 hé +9924 日勹人匕 how, why, where, what, where, when? ◇ quel, où, pourquoi, comment, quand? [Etym] 曰 2168 (rad: 073a 4-05), 曷 2194 [Graph] 021a 852h 232a 711a.

歇 xiē (2195) 日勹人匕欠 [Tra] rest; stop; go to be ◇ cesser; se coucher [Etym] difficult breath (5= 欠 178); phon (1,2,3,4= 曷 2194) ◇ souffle difficile (5= 欠 178); phon (1,2,3,4= 曷 2194) [Graph] 021a 852h 232a 711a 232b [Ref] k146, wi662 [Hanzi] xie1 歇 9925, xie1 蠍 10329.

歇 xiē +9925 日勹人匕欠 1° to rest 2° to stop (work), to leave off 3° to go to bed 4° quiet ◇ 1° se reposer 2° cesser (travail), s'arrêter 3° se mettre au lit 4° apaiser [Etym] 欠 178 (rad: 076a 4-09), 歇 2195 [Graph] 021a 852h 232a 711a 232b.

遏 è +9926 日勹人匕辶 to stop, to check ◇ arrêter, empêcher [Etym] 辶 1346 (rad: 162b

3-09), 曷 2194 [Graph] 021a 852h 232a 711a 634o.

鹖 hé -9927 | 鶡 *9928 | long-tailed pheasant, very fond of fighting ◇ faisan à longue queue, amateur de combat [Etym] 鸟 2494 (rad: 196s 5-09), 曷 2194 [Graph] 021a 852h 232a 711a Z22e.

鶡 hé *9928 | 鹖 -9927 | long-tailed pheasant, very fond of fighting ◇ faisan à longue queue, amateur de combat [Etym] 鳥 2500 (rad: 196a 11-09), 曷 2194 [Graph] 021a 852h 232a 711a Z22h.

昫 xù (2196) 日勹口 |[Tra] heat; warm; console ◇ chaud; doux; tendre [Etym] sun (1= 日 2169); phon (2,3= 句 1779) ◇ soleil (1= 日 2169); phon (2,3= 句 1779) [Graph] 021a 852h 011a [Ref] k165 [Hanzi] xu4 昫 9929, xu4 煦 9930.

昫 xù *9929 | 煦 +9930 | 1° warm, balmy, to heat 2° to mature 3° to console ◇ 1° doux, tiède, réchauffer 2° consoler 3° consoler [Etym] 日 2169 (rad: 072a 4-05), 句 1779 [Graph] 021a 852h 011a.

煦 xù +9930 | 昫 *9929 | 1° warm, balmy, to heat 2° to mature 3° to console ◇ 1° doux, tiède, réchauffer 2° consoler 3° consoler [Etym] 灬 130 (rad: 086b 4-09), 昫 2196 [Graph] 021a 852h 011a 222d.

昜 yáng (2197) 日勿 |[Tra] light; solar action ◇ lumière; soleil [Etym] under the horizon, rays (2=prim) of the sun (1= 日 2169) ◇ le soleil (1= 日 2169) envoyant ses rayons sous l'horizon (2=prim) [Graph] 021a 852i [Ref] k214, ph492, r3k, r29d, r475, w101b, wi577 [Hanzi] tang1 湯 535, yang2 煬 1053, yang2 錫 1339, xing2 餳 1471, yang2 揚 2689, yang2 楊 4434, chang2 chang3 場 4961, yang2 瑒 5192, yang2 陽 6787, yang2 瘍 7126, chang2 腸 8230, dang4 碭 9773, yang2 敭 9931, yang2 暘 9957, chang4 暢 10663, yang2 颺 11232.

敭 yáng *9931 | 扬 -2522 、揚 *2689 、颺 2° *11232 | 1° to raise 2° to winnow 3° to spread, to make known ◇ 1° élever, exalter 2° vanner 3° étendre, propager [Etym] 攵 340 (rad: 066b 4-09), 昜 2197 [Graph] 021a 852i 243c.

昉 fǎng +9932 | 1° daybreak 2° beginning 3° bright, clear ◇ 1° jour 2° commencement 3° lumière, visible, manifeste [Etym] 日 2169 (rad: 072a 4-04), 方 1784 [Graph] 021a 853b.

明 míng (2198) 日月 |[Tra] bright; clear ◇ briller; clair [Etym] sun (1= 日 2169); moon (2= 月 1822) ◇ le soleil (1= 日 2169); la lune (2= 月 1822) [Graph] 021a 856e [Ref] h208, k634, ph384, r320, w42c, wa33, wi127 [Hanzi] meng2 萌 3964, ming2 明 9933, zhao4 曌 9934, meng2 ming2 盟 9935.

明 míng +9933 | 1° bright, light 2° clear, sharp 3° open, overt 4° intelligent, to understand 5° honest 6° sight 7° to explain 8° daybreak 9° famous 10° Ming dynasty (1368-1644) 11° surname ◇ 1° briller, lumière 2° clair 3° ouvertement 4° perspicace, comprendre 5° honnête 6° vue 7° expliquer, éclairer 8° aube 9° célébrité 10° dynastie Ming (1368-1644) 11° nom propre [Etym] 日 2169 (rad: 072a 4-04), 明 2198 [Graph] 021a 856e.

明天 míng tiān ∘ to-morrow ◇ demain, avenir prochain * 1573.

明信片 míng xìn piàn ∘ postcard ◇ carte postale * 3042 11006.

明年 míng nián ∘ next year ◇ l'an prochain * 3476.

明了 míng liǎo ∘ to understand, to be clear about; clear ◇ comprendre, connaître; clair, net * 6540.

明后天 míng hòu tiān ∘ tomorrow or the day after tomorrow ◇ demain ou après-demain * 7199 1573.

明亮 míng liàng ∘ clear, bright ◇ clair, lumineux, brillant, éclairé; informé * 9462.

明确 míng què ∘ clear, precise ◇ précis, net, clair, explicite; préciser, réaliser * 9759.

明矾 míng fán ∘ alun ◇ alun * 9793.

明星 míng xīng ∘ film star ◇ vedette, étoile * 9878.

明显 míng xiǎn ∘ obvious, evident ◇ évident, manifeste, clair * 9887.

明明 míng míng ∘ obviously, plainly ◇ manifestement, il est évident que * 9933.

明白 míng bái ∘ to understand, clear, explicit, frank; reasonable ◇ comprendre, clair, évident; lucide, perspicace * 9973.

曌 zhào +9934 日月穴工 | coined by empress Wu Zetian and used a her name ◇ nom de l'impératrice Wu Zetian [Etym] 日 2169 (rad: 072a 4-12), 明 2198 空 1722 [Graph] 021a 856e 851d 431a.

盟 méng (2199) 日月皿 |[Tra] covenant; league; oak ◇ pacte; serment; ligue [Etym] clear up (1,2= 明 2198) an affair; pledge over blood (3< 血 1940) ◇ clarifier (1,2= 明 2198) une affaire; jurer sur le sang (3< 血 1940) [Graph] 021a 856e 922a [Ref] h979, w42c [Hanzi] meng2 ming2 盟 9935.

盟 méng +9935 日月皿 | 1° alliance, covenant 2° league 3° sworn ◇ 1° alliance, allié 2° ligue, pacte 3° serment [Etym] 皿 1939 (rad: 108a 5-08), 盟 2199 [Graph] 021a 856e 922a.

盟国 méng guó ∘ allied countries ◇ pays alliés * 10952.

△ míng |

盟誓 míng shì ∘ covenant, to take an oath, to make a pledge ◇ pacte solennel, faire un serment * 2551.

曬 shài *9936 日丽丽广艹上匕 | 晒 +9967 | 1° to shine upon (sun) 2° to dry in the sun 3° to cure in the sunshine ◇ 1° ensoleiller 2° sécher au soleil 3° guérir au soleil [Etym] 日 2169 (rad: 072a 4-19), 麗 1860 [Graph] 021a 857a 857a 721b 821b 311d 321b.

晌 shǎng +9937 日冂口 | 1° part of the day 2° noon, midday ◇ 1° moment de la journée 2° midi [Etym] 日 2169 (rad: 072a 4-06), 向 1870 [Graph] 021a 857e 01la.

晌午 shǎng wǔ 。 noon ◇ midi (oralement) ＊ 3417.

曇 tán (2200) 日雨云 | [Tra] blacks clouds; darkness ◇ nuages noirs; obscur [Etym] {?} sun (1= 日 2169) hidden by clouds (2,3= 雲 1894) ◇ {?} soleil (1= 日 2169) caché par nuages (2,3= 雲 1894) [Graph] 021a 858e 612d [Hanzi] tan2 壜 4962, tan2 罎 7643, tan2 曇 9938.

曇 tán *9938 | 昙 -9894 | 1° black clouds 2° darkness ◇ 1° épais nuages 2° obscurité [Etym] 日 2169 (rad: 072a 4-12), 雲 1894 [Graph] 021a 858e 612d.

晡 bū +9939 日甫 | time from 3 to 5 p.m. ◇ de 3 à 5 heures de l'après-midi [Etym] 日 2169 (rad: 072a 4-07), 甫 1914 [Graph] 021a 858n.

勗 xù *9940 日且力 | 勖 +7952 | to encourage ◇ encourager, stimuler [Etym] 日 2169 (rad: 072a 4-07), 助 1931 [Graph] 021a 921a 732f.

昷 wēn (2201) 日皿 | [Tra] kindness; charity ◇ bienveillance; pitié [Etym] to feed (2= 皿 1939) a prisonner (1< 囚 2441) (> 盈 2442) ◇ nourrir (2= 皿 1939) un prisonnier (1< 囚 2441) (> 盈 2442) [Graph] 021a 922a [Ref] k1316, ph580, w157c [Hanzi] wen1 温 538, wen4 揾 2690, yun4 愠 3358, wen1 榅 4435, ao3 媪 5854, yun4 缊 6071, wen1 瘟 7127, yun4 韫 7290, wa4 腽 8231, wen1 鳁 10537, yun1 氲 11190.

映 yìng +9941 日央 | 1° to reflect, to mirror 2° to shine on ◇ 1° refléter 2° lumière [Etym] 日 2169 (rad: 072a 4-05), 央 1943 [Graph] 021a 923b.

昵 nì +9942 日尸匕 | 暱 *9910 | 1° intimate, familiar, to frequent 2° dawn 3° daily ◇ 1° familiarité, amitié, intime, relations, fréquenter 2° aube 3° tous les jours [Etym] 日 2169 (rad: 072a 4-05), 尼 1952 [Graph] 021a 931a 321b.

暇 xiá +9943 日𠂆コ又 | leisure, free time ◇ congé, loisir, relâche [Etym] 日 2169 (rad: 072a 4-09), 叚 2016 [Graph] 021a 934a 821a 633a.

昛 jǐng (2202) 日巨火 | [Tra] sun light ◇ lumière du soleil [Etym] {?} sun (1= 日 2169), fire (3= 火 156), giant (2= 巨 2043) ◇ {?} soleil (1= 日 2169), feu (3= 火 156), énorme (2= 巨 2043) [Graph] 021a 935a 231b [Hanzi] jiong3 炅 9944.

炅 jiǒng +9944 日巨火 | 1° fire 2° sunlight ◇ 1° feu 2° lumière du soleil [Etym] 火 156 (rad: 086a 4-09), 昛 2202 [Graph] 021a 935a 231b.

昴 mǎo (2203) 日卯 | [Tra] constellation ◇ constellation [Etym] star (1< 星 2181); phon, doors (2,3= 卯 2057) ◇ une étoile (1< 星 2181); phon, des portes (2,3= 卯 2057) [Graph] 021a 941b 734a [Ref] w129d [Hanzi] mao3 昴 9945.

昴 mǎo +9945 日卯 | [Etym] 日 2169 (rad: 072a 4-05), 昴 2203 [Graph] 021a 941b 734a.

昴宿 mǎo sù 。 one of the 28 constellations ◇ une des 28 constellations ＊ 7716.

景 jǐng (2204) 日亠小 | [Tra] bright; view; scene ◇ brillant; vue; scène [Etym] sun (1= 日 2169); phon, high, capital (2,3= 京 2122) ◇ le soleil (1= 日 2169); phon, haut, capital (2,3= 京 2122) [Graph] 021a 012c 331j [Ref] h469, k393, ph672, w75c, wi896 [Hanzi] jing3 憬 3359, jing3 璟 5193, jing3 景 9946, liang4 晾 9947, ying3 影 9948.

景 jǐng +9946 日亠小 | 1° scenery, view 2° situation, circumstances, aspect 3° scene (play) 4° to admire 5° bright 6° surname ◇ 1° paysage, vue 2° perspective, circonstances, état des choses, aspect 3° scène (théâtre), spectacle 4° admirer 5° brillant 6° nom propre [Etym] 日 2169 (rad: 072a 4-08), 景 2204 [Graph] 021a 012c 331j.

景仰 jǐng yǎng 。 to respect; with deep admiration ◇ vénérer, tenir en haute estime ＊ 2965.

景物 jǐng wù 。 view, scenery ◇ vue, paysage ＊ 3468.

景色 jǐng sè 。 landscape, view, scenery ◇ paysage, spectacle ＊ 8731.

晾 liàng +9947 日亠小 | to dry in the air, to air ◇ exposer à l'air, au vent, au soleil pour sécher [Etym] 日 2169 (rad: 072a 4-08), 京 2122 [Graph] 021a 012c 331j.

影 yǐng +9948 日亠小彡 | 1° shadow, reflection, image 2° trace, vestige 3° picture, photograph 4° film, movie picture ◇ 1° ombre, reflet, image 2° trace, vestige 3° tableau, photographie 4° cinéma, film [Etym] 彡 76 (rad: 059a 3-12), 景 2204 [Graph] 021a 012c 331j 211c.

影子 yǐng zǐ 。 shadow ◇ ombre, reflet; impression ＊ 6546.

影院 yǐng yuàn 。 cinema; movie theater ◇ salle de cinéma ＊ 6771.

影响 yǐng xiǎng 。 to influence, to put pressure upon ◇ influencer, influence ＊ 9139.

影片 yǐng piàn 。 film, movie ◇ film pour cinéma ＊ 11006.

颢 hào (2205) 日亠小页 | [Tra] white-looking; bright ◇ blanchâtre; brillant [Etym] head (4= 页 1802); bright (1,2,3= 景 2204) ◇ tête (4= 页 1802); brillant (1,2,3= 景 2204) [Graph] 021a 012c 331j 854d [Hanzi] hao4 灏 539, hao4 颢 9949.

颢 hào -9949 日亠小页 | 顥 *9950 | 1° bright 2° white-looking ◇ 1° brillant 2° blanchâtre [Etym] 页 1802 (rad: 181s 6-12), 颢 2205 [Graph] 021a 012c 331j 854d.

顥 hào (2206) 日亠小頁 | [Tra] white-looking; bright ◇ blanchâtre; brillant [Etym] white head (4= 頁 2267); bright (1,2,3= 景 2204) ◇ tête (4= 頁 2267) blanche; brillant (1,2,3= 景 2204) [Graph] 021a 012c 331j 023f [Ref] k393 [Hanzi] hao4 灝 540, hao4 顥 9950.

顥 hào *9950 | 颢 -9949 | 1° bright 2° white-looking ◇ 1° brillant 2° blanchâtre [Etym] 頁 2267 (rad: 181a 9-12), 顥 2206 [Graph] 021a 012c 331j 023f.

暾 tūn +9951 | sun just above the horizon ◇ soleil rasant l'horizon [Etym] 日 2169 (rad: 072a 4-12), 敦 2129 [Graph] 021a 012c 634d 243c.

暠 hào *9952 | 皓 +9983、 皜 *9995 | 1° white, bright, luminous 2° splendor ◇ 1° blancheur, brillant, lumineux 2° splendeur [Etym] 日 2169 (rad: 072a 4-10), 高 2138 [Graph] 021a 012c 856k 011a.

昌 chāng (2207) | [Tra] light; good; prosper ◇ éclat; beau; gloire [Etym] sun (1= 日 2169); {?}to swarm (2=prim), {?}exclamation (2= 曰 2168) ◇ le soleil (日 2169); {?} remuer (2=prim), {?} s'exclamer (2= 曰 2168) [Graph] 021a 021a [Ref] k1175, ph322, r31a, w73a, wi298 [Hanzi] chang4 倡 3050, chang1 菖 3965, chang1 猖 5671, chang1 娼 5855, chang1 阊 8041, chang1 閶 8792, chang4 唱 9208, chang1 昌 9953, chang1 鲳 10538, chang1 鯧 10632.

昌 chāng +9953 | 1° light of the sun, shining 2° glorious 3° prosperous ◇ 1° éclatant, lumineux 2° gloire 3° prospérité [Etym] 日 2169 (rad: 072a 4-04), 昌 2207 [Graph] 021a 021a.

昌盛 chāng shèng ∘ prosperous ◇ prospère; florissant * 5551.

曝 pù +9954 | 暴 +9888 | 1° to expose to the sun 2° to heat 3° to sun-dry ◇ 1° exposer au soleil 2° chauffer 3° sécher [Etym] 日 2169 (rad: 072a 4-15), 暴 2185 [Graph] 021a 021a 436e 331o.

㬤 qī +9955 | to dry by sunlight, to absorb water on the road by spreading some sand ◇ sécher au soleil, absorber [Etym] 日 2169 (rad: 072a 4-14), 㬎 2188 [Graph] 021a 021a 613c 613c 222d.

暍 yē +9956 | 1° sunstroke 2° heat of summer ◇ 1° insolation 2° chaleur d'été [Etym] 日 2169 (rad: 072a 4-09), 曷 2194 [Graph] 021a 021a 852h 232a 711a.

暘 yáng *9957 | 旸 -9900 | sunshine, fair weather ◇ ensoleillé, temps serein [Etym] 日 2169 (rad: 072a 4-09), 昜 2197 [Graph] 021a 021a 852i.

晶 jīng (2208) | [Tra] crystal; glitter ◇ cristal; clair; éclat [Etym] many suns (< 日 2169) or stars (< 星 2181) ◇ plusieurs soleils (< 日 2169) ou étoiles (< 星 2181) [Graph] 021a 021a 021a [Ref] h1403, r31b, w143g [Hanzi] jing1 晶 9958.

晶 jīng +9958 | 1° brilliant, glittering 2° quartz 3° crystal 4° luster, clear ◇ 1° brillant, éclat 2° quartz 3° cristal 4° clair, limpide [Etym] 日 2169 (rad: 072a 4-08), 晶 2208 [Graph] 021a 021a 021a.

曡 dié (2209) | [Tra] to pile on ◇ empiler [Etym] to stack on (5= 且 1929), cover (4= ⟶ 1649) objects (1,2,3=prim) (> 曡 2327) ◇ pile (5= 且 1929) d'objets (1,2,3=prim); couvercle (4= ⟶ 1649) (> 曡 2327) [Graph] 021a 021a 021a 851a 921a [Ref] w149f [Hanzi] die2 曡 9959.

曡 dié *9959 | 叠 +6514、 疊 *10448 | to pile on, to fold over ◇ piler, plier [Etym] 日 2169 (rad: 072a 4-15), 曡 2209 [Graph] 021a 021a 021a 851a 921a.

晅 xuǎn +9960 | 1° light of the sun 2° bright 3° to dry in the sun ◇ 1° lumière 2° brillant 3° sécher au soleil, boucaner [Etym] 日 2169 (rad: 072a 4-06), 亘 2213 [Graph] 021a 022a ac:z.

冕 miǎn +9961 | cap of ceremony, crown ◇ bonnet de sacrifice, coiffure de cérémonie, couronne [Etym] 冂 1819 (rad: 013a 2-09), 日 2169 免 2292 [Graph] 021a 032d.

晚 wǎn +9962 | 1° evening, night 2° late 3° younger ◇ 1° soir 2° tardif, tard 3° plus jeune [Etym] 日 2169 (rad: 072a 4-07), 免 2292 [Graph] 021a 032d.

晚会 wǎn huì ∘ social evening ◇ soirée * 1382.

晚饭 wǎn fàn ∘ dinner ◇ dîner * 1861.

晚报 wǎn bào ∘ evening paper ◇ journal du soir * 2563.

晚上 wǎn shàng ∘ evening, night ◇ soir, soirée * 4718.

晚安 wǎn ān ∘ good night ◇ bonne nuit, bonsoir * 7748.

晚点 wǎn diǎn ∘ (train, ship) late, behind schedule ◇ retard d'un train ou d'un avion * 9799.

曛 xūn +9963 | 1° sunset, twilight, dusk 2° evening ◇ 1° coucher de soleil, crépuscule 2° soir [Etym] 日 2169 (rad: 072a 4-14), 熏 2312 [Graph] 021a 033f 222d.

量 liáng (2210) | [Tra] weight; measure; count ◇ poids; mesure; calcul [Etym] a heavy (2< 重 2370) object (1=prim) ◇ un objet (1=prim) lourd (2< 重 2370) [Graph] 021a acc:a 043j [Ref] k544, w75f, wi373 [Hanzi] liang2 糧 4643, liang2 liang4 量 9964.

量 liáng +9964 | to measure ◇ mesurer [Etym] 里 2368 (rad: 166a 7-05), 量 2210 [Graph] 021a ac:a 043j.

△ liàng | 1° capacity 2° quantity, amount 3° to estimate ◇ 1° mesure de capacité 2° quantité 3° juger, considérer, évaluer.

量词 liàng cí ∘ measure-word ◇ spécificatif (en chinois) * 1777.

曙 shǔ +9965 | dawn, daybreak ◇ aube, lever du jour [Etym] 日 2169 (rad: 072a 4-13), 署 2383 [Graph] 021a 051a 432c 021a.

曼 màn (2211) | [Tra] graceful; prolonged ◇ gracieux; prolongé [Etym] {1}done or taken (3= 又 1271) with closed eyes (1< 冒 1795); {2} two hands (1< ⺕ 1565) (3= 又 1271) to open one's eye (2= 冒 1795) ◇ {1} faire ou prendre (3= 又 1271) quelque

日

日

chose les yeux fermés (1< 冒 1795); {2} deux mains (1< 彐 1565) (3= 又 1271) pour ouvrir un oeil (2= 冒 1795) [Graph] 021a 051a 633a [Ref] k595, ph635, w34j, wa167, wi285 [Hanzi] man4 漫 541, man4 熳 1054, man4 鏝 1340, man2 鏝 1472, man2 man4 谩 1823, man2 馒 1881, man4 镘 2107, man4 慢 3360, man2 man4 wan4 蔓 3966, man2 鬘 4751, man4 墁 4963, man4 嫚 5856, man4 缦 6072, man4 縵 6256, man4 幔 8407, man2 man4 謾 9626, man4 曼 9966, man2 鳗 10539, man2 鰻 10633.

曼 màn +9966 日罒又 | 1° graceful 2° prolonged, long, wide ◇ 1° gracieux 2° grand, long, vaste [Etym] 日 2168 (rad: 073a 4-07), 曼 2211 [Graph] 021a 051a 633a.

晒 shài +9967 日西 | 曬 *9936 | 1° to shine upon (sun) 2° to dry in the sun 3° to cure in the sunshine ◇ 1° ensoleiller 2° sécher au soleil 3° guérir au soleil [Etym] 日 2169 (rad: 072a 4-06), 西 2427 [Graph] 021a 062b.

旯 lá +9968 日九 | (gal - r2) corner ◇ (gal - r2) coin [Etym] 日 2169 (rad: 072a 4-02), 九 2513 [Graph] 021a Z32b.

晦 huì +9969 日每 | 1° dark, obscure 2° unlucky 3° night 4° last day of the lunar month ◇ 1° obscurité 2° néfaste 3° nuit 4° dernier jour du mois lunaire [Etym] 日 2169 (rad: 072a 4-07), 每 2565 [Graph] 021a Z61b.

晦暗 huì àn ◦ dark and gloomy ◇ sombre, lugubre * 9843.

早 zǎo (2212) 早 | [Tra] morning; soon ◇ matin; tôt [Etym] {1} originally, same as (甲 2329), an elevated sun; {2} sun above an astronomical pole (> 甲 2329) ◇ {1} d'abord, identique à (甲 2329), le soleil élevé; {2} le soleil au-dessus d'une colonne astronomique (> 甲 2329) [Graph] 021d [Ref] h50, k1037, r351, w143e, wa193, wi87, wi111 [Hanzi] zhang1 章 673, cao3 草 3967, zao3 早 9970, qin2 tan2 覃 10826.

早 zǎo +9970 早 | 1° (early) morning 2° formerly 3° early 4° in advance, beforehand 5° soon, as early as ◇ 1° matin 2° auparavant 3° tôt 4° d'avance 5° aussitôt [Etym] 日 2169 (rad: 072a 4-02), 早 2212 [Graph] 021d.

早饭 zǎo fàn ◦ breakfast ◇ petit déjeuner * 1861.

早上 zǎo shàng ◦ morning ◇ matin, matinée * 4718.

早安 zǎo ān ◦ good morning ◇ bonjour * 7748.

早就 zǎo jiù ◦ a long time ago, long ago ◇ auparavant; il y a longtemps * 9437.

早点 zǎo diǎn ◦ breakfast ◇ petit déjeuner * 9799.

早晨 zǎo chén ◦ morning ◇ matin, matinée * 9902.

亘 022

亘 xuān (2213) 亘 | [Tra] to extend; important ◇ s'étendre; important [Etym] revolution of an object (center=prim) between extremes ◇ le mouvement d'un objet (centre=prim) entre des limites [Graph] 022a acc:z [Ref] k841, ph207, w2e, w76h, wa33 [Hanzi] huan2 洹 542, xuan3 烜 1055, heng2 恒 3361, huan2 桓 4436, yuan2 垣 4964, huan2 貆 5580, heng2 姮 5857, xuan1 宣 7781, xuan3 晅 9960, gen4 亘 9971.

亘 gèn +9971 亘 | 亙 *6454 | to extend, to stretch ◇ s'étendre, atteindre d'une extrémité à l'autre [Etym] 二 4 (rad: 007a 2-04), 亘 2213 [Graph] 022a ac:z.

复 fù (2214) 复 | [Tra] to go back; again ◇ revenir; de nouveau [Etym] {1} to go (2= 夂 1286), inverted container (1=prim); {2} to exit (2= 夂 1286) a dwelling (1=prim) ◇ {1} marcher (2= 夂 1286); un contenant renversé (1=prim); {2} sortir (2= 夂 1286) d'une habitation (1=prim) [Graph] 022b 633e [Ref] k53, ph442, w75i, wa97, wi522 [Hanzi] fu4 復 3174, bi4 愎 3362, fu4 馥 4577, fu4 複 6694, fu4 腹 8232, lü3 履 8619, fu4 复 9972, fu4 蝮 10330, fu4 鳆 10540, fu4 鰒 10634.

复 fù -9972 复 | 復 1°3°5°6° *3174、複 7° *6694 | 1° to duplicate 2° compound 3° to turn round, to come and go back 4° to reply, to answer 5° to restore, to resume 6° again 7° not alone ◇ 1° double 2° composé 3° retourner, revenir 4° répondre 5° rétablir, reprendre 6° de nouveau 7° pas seul [Etym] 夂 1286 (rad: 034a 3-06), 复 2214 [Graph] 022b 633e.

复摆 fù bǎi ◦ compound pendulum ◇ pendule * 2713.

复仇 fù chóu ◦ to avenge; to take revenge ◇ venger, exercer des représailles contre qqn * 3093.

复数 fù shù ◦ plural (number); complex number ◇ pluriel (gramm.), nombres complexes (math.) * 4614.

复习 fù xí ◦ to review; to revise ◇ repasser, réviser * 7217.

复写 fù xiě ◦ to photocopy, to reproduce, to duplicate ◇ photocopier, reproduire * 7686.

复员 fù yuán ◦ to demobilize (troops) ◇ démobiliser * 9127.

复杂 fù zá ◦ complex, complicated ◇ complexe, compliqué * 11198.

昜 shāng (2215) 亘勿 | [Tra] to wound ◇ blesser [Etym] arrow (top< 矢 283); phon (1,2= 昜 2197) ◇ flèche (haut< 矢 283); phon (1,2= 昜 2197) [Graph] 022b 852i [Ref] k858, ph643, r15d, w101b, wi541 [Hanzi] shang1 傷 3051, chang2 chang3 場 4965, shang1 殤 6444, shang1 觴 8372, shang1 瘍 10444.

白 bái (2216) 白 | [Tra] white; bright; pure ◇ blanc; brillant; pur [Etym] {1} sun pointing out (< 日 2169); {2} white part of thumb nail (prim) ◇ {1} le soleil pointant (< 日 2169); {2} le blanc de l'ongle du pouce (prim) [Graph] 022c [Ref] k685, ph143, r3, w88a, wa18, wi6, wi208 [Hanzi] bo2 po1 泊 543, bo2 鉑 1341, bo2 铂 2108, pai1 拍 2691, bai3 bo2 伯 3052, pa4 怕 3363, bai3 bo2 bo4 柏 4437, po4 粕 4644, po4 珀 5194, xi2 習 7232, bo2 舶 8321, pa4 帕 8408,

日 亘 日早・亘 复 白

bai2 白 9973, quan2 泉 9977, huang4 皝 9981, pai3 po4 廹9984, pai3 po4 迫 9985, bo2 帛 9993, bo2 bo2 po4 tuo4 tuo4 魄 9997, bai3 bo2 百 10000, bi4 皕 10002, ba4 bo2 鲌10541, bo2 鮊 10635 [Rad] 106a.

白 bái +9973 白 | 1° white 2° clear 3° pure 4° vain, in vain, for nothing 5° free, gratis 6° mispronounced Chinese character 7° spoken section of an opera 8° to ◇ 1° blanc 2° clair 3° pur 4° vain, en vain, pour rien 5° gratis 6° charactère chinois mal prononcé 7° section parlée d'un opéra 8° expliquer, af [Etym] 白 2216 (rad: 106a 5-00), [Graph] 022c.

白酒 bái jiǔ ◦ alcoholic drinks, white wine ◇ alcool, eau-de-vie * 595.

白天 bái tiān ◦ day, day time ◇ jour, journée * 1573.

白菜 bái cài ◦ Chinese cabbage ◇ chou chinois * 3543.

白薯 bái shǔ ◦ sweet potato ◇ patate douce * 4003.

白开 bái kāi ◦ boiling water ◇ eau bouillante * 4045.

白糖 bái táng ◦ while sugar ◇ sucre blanc * 4632.

白蛋白 bái dàn bái ◦ albumin ◇ albumen * 5326 9973.

白痴 bái chī ◦ idiot, idiocy ◇ idiot, idiotie * 7026.

白字 bái zì ◦ wrongly written or mispronounced character ◇ faute dans emploi ou prononciation d'un caractère * 7763.

白鹇 bái xián ◦ silver pheasant ◇ faisan argenté * 8013.

白色 bái sè ◦ white ◇ blanc * 8731.

白亮 bái liàng ◦ daytime ◇ journée * 9462.

白矾 bái fán ◦ alun ◇ alun * 9793.

白蛉 bái líng ◦ (poisonous) sand fly ◇ moucheron (venimeux), phlébotome * 10197.

白面 bái miàn ◦ wheat flour, flour ◇ farine de blé, farine * 10929.

白费 bái fèi ◦ to waste one's effort ◇ faire quelque chose en vain * 11282.

皋 gāo (2217) 白大十 | [Tra] fullday; high bank ◇ jour; haute berge [Etym] growing (2< 本 263) clearness (1= 白 2216) ◇ une clarté (1= 白 2216) grandissante (2< 本 263) [Graph] 022c 242a 413a [Ref] k310, w60f [Hanzi] gao1 槔 4438, hao2 嗥 9209, gao1 皋 9974, hao4 皞 9996.

皋 gāo +9974 白大十 | 皐 *9978 | high bank along a river ◇ haute berge longeant une rivière [Etym] 白 2216 (rad: 106a 5-05), 皋 2217 [Graph] 022c 242a 413a.

皎 jiǎo +9975 白交 | clear and bright, pure white ◇ brillant, blancheur éclatante, lumière, clair [Etym] 白 2216 (rad: 106a 5-06), 交 344 [Graph] 022c 243e.

皂 zào (2218) 白七 | [Tra] black; soap ◇ noir; savon [Etym] {1} other writing for (草 683), used for a black plant dye (< 阜 2227); {2} bowl and food (prim) ◇ {1} autre graphie pour (草 683), utilisée pour la teinture végétale noire (< 阜 2227); {2} bol et nourriture (prim) [Graph] 022c 321e [Ref] k138, w143e, wa126 [Hanzi] zao4 唣 9210, zao4 皂 9976.

皂 zào +9976 白七 | 阜 *9999 | 1° black 2° yamen runner 3° soap ◇ 1° noir 2° satellites de yamen 3° savon [Etym] 白 2216 (rad: 106a 5-02), 皂2218 [Graph] 022c 321e.

皂白 zào bái ◦ black and white; (fig) right and wrong ◇ noir et blanc; vrai ou faux * 9973.

泉 quán (2219) 白水 | [Tra] spring water; money ◇ source; monnaie [Etym] pure (1= 白2216) water (2= 水 435) ◇ de l'eau (2= 水 435) pure (1= 白 2216) [Graph] 022c 331p [Ref] h915, k1125, w125f, wa37 [Hanzi] xian4 錁 1342, xian4 锞 2109, xian4 缐 6073, xian4 線 6257, xian4 腺 8233, quan2 泉 9977, quan2 鳈 10542, quan2 鰁 10636.

泉 quán +9977 白水 | 1° spring (water) 2° ancient coin ◇ 1° source 2° sapèque, monnaie [Etym] 水 435 (rad: 085a 4-05), 泉 2219 [Graph] 022c 331p.

泉水 quán shuǐ ◦ spring ◇ source * 2299.

皐 gāo (2220) 白半 | [Tra] fullday; high bank ◇ jour; haute berge [Etym] different writing for (皋 2217) ◇ autre graphie pour (皋 2217) [Graph] 022c 413k [Hanzi] gao1 槹 4439, hao2 嘷 9211, gao1 皐 9978.

皐 gāo *9978 白半 | 皋 +9974 | high bank along a river ◇ haute berge longeant une rivière [Etym] 白 2216 (rad: 106a 5-06), 皐 2220 [Graph] 022c 413k.

皤 pó +9979 白采田 | 1° white 2° clear 3° big (abdomen) ◇ 1° blanc 2° clair 3° gros (ventre) [Etym] 白 2216 (rad: 106a 5-12), 番 797 [Graph] 022c 422g 041a.

皇 huáng (2221) 白王 | [Tra] emperor; sovereign ◇ empereur; souverain [Etym] king (2= 王 903); {?}crown (1=prim), {?}light (1= 白 2216) ◇ un roi (2= 王 903); {?}couronne (1=prim), {?}lumière (1= 白2216) [Graph] 022c 432e [Ref] h861, k104, ph452, r12e, w83c, wa159, wi444 [Hanzi] huang2 湟 544, huang2 篁 892, huang2 煌 1056, huang2 鍠 1343, huang2 锽 2110, huang2 徨3175, huang2 惶 3364, huang2 隍 6788, huang2 艎 8322, huang2 喤 9212, huang2 皇 9980, huang4 皝 9981, huang2 遑9982, huang2 蝗 10331, huang2 鳇 10543, huang2 鰉 10637, huang2 凰 11221.

皇 huáng +9980 白王 | emperor, sovereign ◇ empereur, impérial, souverain [Etym] 白 2216 (rad: 106a 5-04), 皇 2221 [Graph] 022c 432e.

皇后 huáng hòu ◦ empress ◇ impératrice, reine * 7199.

百 白

皇帝 huáng dì 。emperor ◇ empereur * 7850.

皝 huàng +9981 白王光 | personal name ◇ prénom [Etym] 白2216 (rad: 106a 5-10), 皇2221光409 [Graph] 022c 432e 322e.

遑 huáng +9982 白王辶 | 1° leisure 2° careless ◇ 1° loisir 2° relâche [Etym] 辶1346 (rad: 162b 3-09), 皇2221 [Graph] 022c 432e 634o.

皓 hào +9983 白生口 | 皜 *9995、翯 *9952 | 1° white, bright, luminous 2° splendor ◇ 1° blancheur, brillant, lumineux 2° splendeur [Etym] 白2216 (rad: 106a 5-07), 告932 [Graph] 022c 4321 011a.

廹 pǎi *9984 白廴 | 迫 +9985 | See ◇ Voir 迫击炮 pai3-ji1-pao4 9985-7647-1021 [Etym] 廴1345 (rad: 054a 2-05), 白2216 [Graph] 022c 634n.

△ pò | 迫 +9985 | 1° to compel, to force 2° to urge, pressing 3° to approach 4° boring, misery 5° to harass, to vex ◇ 1° forcer, obliger 2° presser, urger, soudain 3° approcher de 4° ennui, misère 5° vexer.

迫 pǎi +9985 白辶 | 廹 *9984 | [Etym] 辶1346 (rad: 162b 3-05), 白2216 [Graph] 022c 634o.

迫击炮 pǎi jī pào 。mortar ◇ mortier * 7647 1021.

△ pò | 廹 *9984 | 1° to compel, to force 2° to urge, pressing 3° to approach 4° boring, misery 5° to harass, to vex ◇ 1° forcer, obliger 2° presser, urger, soudain 3° approcher de 4° ennui, misère 5° vexer.

迫切 pò qiè 。urgent, pressing ◇ urgent, pressé, pressant * 1894.

迫害 pò hài 。to persecute ◇ persécuter * 7720.

皈 guī +9986 白厂又 | 1° to conform to law (Buddhist term) 2° to be converted to Buddhism or some other religion ◇ 1° respecter la loi (caractère bouddhiste) 2° se convertir à une religion [Etym] 白2216 (rad: 106a 5-04), 反1454 [Graph] 022c 722a 633a.

皚 ái *9987 白山豆 | 皑 -9988 | snow white ◇ blanc pur [Etym] 白2216 (rad: 106a 5-10), 豈1625 [Graph] 022c 841b 012b.

皑 ái -9988 白山己 | 皚 *9987 | snow white ◇ blanc pur [Etym] 白2216 (rad: 106a 5-06), 岂1627 [Graph] 022c 841b Z41a.

皑皑 ái ái 。pure white, snow white ◇ blanc pur * 9988.

皖 wǎn +9989 白宀元 | 1° luminous 2° morning star 3° another name for Anhui Province ◇ 1° luire 2° étoile du matin 3° autre nom de la province de Anhui [Etym] 白2216 (rad: 106a 5-07), 完1671 [Graph] 022c 851c 322d.

的 de, dí (2222) 白勺 | [Tra] of; suffix ◇ de; particule de liason [Etym] {?} spoon, measure (2= 勺1763); good light (1= 白2216) ◇ {?} cuiller, mesure (2= 勺1763); éclairage (1= 白2216) [Graph] 022c 852b [Hanzi] di4 菂3968, de5 di2 di4 的9990.

的 de +9990 白勺 | suffix ◇ suffixe [Etym] 白2216 (rad: 106a 5-03), 勺1763 [Graph] 022c 852b.

△ dí |

的确 dí què 。true; really; indeed ◇ vrai, certain; en effet * 9759.

△ dì | target, mark ◇ cible, but.

敫 jiǎo (2223) 白方攵 | [Tra] to shine; light ◇ luire; éclairer [Etym] to let out (2,3= 放1788) brightness (1= 白2216) ◇ libérer (2,3= 放1788) la clarté (1= 白2216) [Graph] 022c 853b 243c [Ref] k329, ph766, w117a, wi958 [Hanzi] ji1 激545, jiao3 儌3053, jiao3 jiao3 jiao4 徼3176, xi2 檄4440, jiao3 zhuo2 缴6074, jiao3 zhuo2 繳6258, qiao4 竅7837, jiao3 敫9991, yao1 邀9992, he2 覈10827.

敫 jiǎo +9991 白方攵 | 1° to shine, to light 2° surname ◇ 1° luire, éclairer 2° nom de famille [Etym] 攵340 (rad: 066b 4-09), 敫2223 [Graph] 022c 853b 243c.

邀 yāo +9992 白方攵辶 | 1° to invite, to request 2° to engage, to seek 3° to intercept (enemy) 4° to receive, to benefit ◇ 1° inviter 2° rechercher, inspecter 3° intercepter (ennemi) 4° recevoir, bénéficier de [Etym] 辶1346 (rad: 162b 3-13), 敫2223 [Graph] 022c 853b 243c 634o.

邀请 yāo qǐng 。to invite ◇ inviter; invitation * 1743.

帛 bó (2224) 白巾 | [Tra] silk; wealth ◇ soierie; richesses [Etym] white (1= 白2216) cloth (2= 巾1886) ◇ des tissus (2= 巾1886) blancs (1= 白2216) [Graph] 022c 858a [Ref] k752, ph386, r21h, w88a, wa130 [Hanzi] jin3 錦1344, jin3 锦2111, mian2 棉4441, bang1 幫4820, mian2 绵6075, mian2 綿6259, bo2 帛9993, mian2 緜9994.

帛 bó +9993 白巾 | 1° silk 2° wealth ◇ 1° soierie 2° richesses [Etym] 巾1886 (rad: 050a 3-05), 帛2224 [Graph] 022c 858a.

緜 mián *9994 白巾系 | 绵 -6075、綿 *6259 | 1° silk floss, downy 2° continuous 3° soft 4° delicate, thin ◇ 1° ouate de soie, cotonneux, laineux, moelleux 2° continu, ininterrompu 3° doux 4° délicat, mince [Etym] 系1185 (rad: 120a 6-09), 帛2224系1209 [Graph] 022c 858a 613j.

皜 hào *9995 白高冂口 | 皓 +9983、翯 *9952 | 1° white, bright, luminous 2° splendor ◇ 1° blancheur, brillant, lumineux 2° splendeur [Etym] 白2216 (rad: 106a 5-10), 高2138 [Graph] 022c 012c 856k 011a.

皞 hào +9996 白白大十 | bright and shining ◇ clair, lumineux, resplendissant [Etym] 白2216 (rad: 106a 5-10), 皋2217 [Graph] 022c 022c 242a 413a.

皛 jiào (2225) 白白白 | [Tra] white; clear, evident ◇ blanc; manifeste [Etym] three times white (白2216) ◇ trois fois blanc (白2216) [Graph] 022c 022c 022c [Hanzi] jiao4 蒚3970.

白

魄 b ó +9997 白鬼厶 | See ◇ Voir 泊 543 [Etym] 鬼 2363 (rad: 194a 8-05), 白 2216 [Graph] 022c 043e 612a.

△ b ó | See ◇ Voir 落魄 luo4-bo2 3523-9997.

△ p ò | 1° soul 2° vigor, spirit 3° body, form 4° matter ◇ 1° âmes sensitives 2° esprit, vigueur, âmes spirituelles 3° corps, forme 4° matière.

魄力 pò lì 。 boldness; energy ◇ énergie, fermeté ＊ 7259.

△ t u ò | See ◇ Voir 拓 2677.

△ t u ò | See ◇ Voir .

皃 m à o (2226) 皃 | [Tra] appear; manner; gait ◇ figure; mine; aspect [Etym] a man (prim): head (top=prim), legs (bottom< 儿 405) ◇ un homme (prim): tête (haut=prim), jambes (bas< 儿 405) [Graph] 022d [Ref] k605, w29c [Hanzi] mao4 貌 5581, mao4 皃 9998.

皃 m à o *9998 皃 | 貌 +5581 | looks, appearance, outward mien, manner, aspect, gait, visage, like ◇ figure, mine, air, tournure, aspect, forme, extérieurement [Etym] 白 2216 (rad: 106a 5-02), 皃 2226 [Graph] 022d.

皁 z à o (2227) 皁 | [Tra] black; soap ◇ noir; savon [Etym] different writing for (皂 2218) ◇ autre graphie pour (皂 2218) [Graph] 022e [Ref] w143e [Hanzi] zao4 唣 9213, zao4 皁 9999.

皁 z à o *9999 皁 | 皂 +9976 | 1° black 2° yamen runner 3° soap ◇ 1° noir 2° satellites de yamen 3° savon [Etym] 白 2216 (rad: 106a 5-02), 皁 2227 [Graph] 022e.

百 b ǎ i (2228) 百 | [Tra] hundred; many, all ◇ cent; beaucoup; tout [Etym] one (top=一 3);phon, thumb as a symbol for hundred (< 白 2216) ◇ un (haut= 一 3); phon, le pouce comme symbole de cent (< 白 2216) [Graph] 022f [Ref] h67, k686, ph233, r479, w88b, wa193, wi58 [Hanzi] bai3 佰 3054, bai3 栢 4442, mo4 貊 5583, mo4 陌 6789, bai3 bo2 百 10000, bai1 刯 10001, bi4 皕 10002, bi4 弼 11269.

百 b ǎ i +10000 百 | 1° hundred 2° many, all ◇ 1° cent 2° nombreux, tous [Etym] 白 2216 (rad: 106a 5-01), 百 2228 [Graph] 022f.

百货公司 bǎi huò gōng sī 。 department store, bazaar ◇ grand magasin, bazar ＊ 2836 5928 7236.

百花齐放 bǎi huā qí fàng 。 hundred flowers policy of Mao ◇ politique des cent fleurs de Mao ＊ 3621 1661 7934.

百姓 bǎi xìng 。 common people ◇ le peuple, les gens ＊ 5764.

百分 bǎi fēn 。 percentage ◇ pourcentage ＊ 7245.

百分率 bǎi fēn lǜ 。 percentage, per cent ◇ pourcentage, pour-cent ＊ 7245 6311.

百家争鸣 bǎi jiā zhēng míng 。

百战百胜 bǎi zhàn bǎi shèng 。

△ b ó | place in Guangxi ◇ lieu du Guangxi.

刯 b ā i +10001 百刂 | to fix, to repair, to arrange ◇ arranger, aménager [Etym] 刂 470 (rad: 018b 2-06), 百 2228 [Graph] 022f 333b.

刯划 bāi huá 。 to arrange, to repair ◇ arranger, réparer ＊ 5527.

刯划 bāi huai 。 1° to arrange, to repair; 2° to handle, to fix ◇ 1° arranger; 2° aménager ＊ 5527.

皕 b ì +10002 百百 | two hundred ◇ deux cents [Etym] 白 2216 (rad: 106a 5-07), 百 2228 百 2228 [Graph] 022f 022f.

桌 z h u ō (2229) 𠦝木 | [Tra] table; desk ◇ table; bureau [Etym] wood (2= 木 723); phon, high (1< 卓 2230) ◇ bois (2= 木 723); phon, haut (1< 卓 2230) [Graph] 022g 422a [Hanzi] zhuo1 桌 10003.

桌 z h u ō +10003 𠦝木 | 棹 +4443 | 1° table, desk 2° measure-word ◇ 1° table, bureau 2° spécificatif [Etym] 木 723 (rad: 075a 4-06), 桌 2229 [Graph] 022g 422a.

桌布 zhuō bù 。 tablecloth ◇ nappe ＊ 1527.

桌子 zhuō zǐ 。 table ◇ table ＊ 6546.

卓 z h u ō (2230) 卓 | [Tra] eminent; tall; erect ◇ élevé; sublime; dres [Etym] {1} high decorated mast (prim); {?} man and a net (prim) ◇ {1} un mat décoré (prim); {2} un homme avec un filet (prim) [Graph] 022h [Ref] h1553, k1234, w143f, wa67, wi56, wi631 [Hanzi] nao4 淖 546, chao1 zhuo1 焯 1057, diao4 掉 2692, zhuo1 倬 3055, dao4 悼 3365, zhao4 zhuo1 棹 4443, chao1 chuo4 绰 6076, chao1 chuo4 綽 6260, chuo1 踔 9404, zhuo1 卓 10004, ji3 戟 10005, chuo1 逴 10006, zhao4 罩 10803.

卓 z h u ō +10004 卓 | 1° tall and erect 2° eminent 3° surname ◇ 1° élevé, grand 2° sublime 3° nom de famille [Etym] 十 560 (rad: 024a 2-06), 卓 2230 [Graph] 022h.

卓越 zhuō yuè 。 brilliant, outstanding ◇ éminent, excellent, remarquable ＊ 4846.

戟 j ǐ *10005 卓戈 | 戟 +10011 | halberd ◇ hallebarde [Etym] 戈 1057 (rad: 062a 4-08), 卓 2230 [Graph] 022h 512b.

逴 c h u ō +10006 卓辶 | 1° high and remote 2° outstanding ◇ 1° loin 2° exceptionnel [Etym] 辶 1346 (rad: 162b 3-08), 卓 2230 [Graph] 022h 634o.

𠦝 g à n (2231) 𠦝 | [Tra] dawn; dry ◇ aube; sec [Etym] different writing for (倝 2232) ◇ autre graphie pour (倝 2232) [Graph] 022i [Ref] r28a, wi137 [Hanzi] ji3 戟 10011, han2 韩 10012, han2 韓 10013, chao2 zhao1 朝 10014, gan1 qian2 乾 10015.

百

白 皃 皁 百 𠦝 卓 𠦝

幹 g à n (2232) 卓人 [Tra] dawn; dry ◇ aube; sec [Etym] agitation (< 旋 1790) pacified by sun (< 日 2169) ->straight,long ◇ l'agitation (< 旋 1790) calmée par soleil (< 日 2169) -> droit, long [Graph] 022i 233a [Ref] k299, ph543, w117d, wi927 [Hanzi] gan4 幹 10007, wo4 斡 10008, gan4 榦 10009, han4 翰 10010.

幹 g à n (2233) 卓人干 [Tra] power; capacity ◇ pouvoir; capacité [Etym] different writing for (榦 2234); here, two phon (倝 2232, 干 564) ◇ autre graphie pour (榦 2234); ici, deux phon (倝 2232, 干564) [Graph] 022i 233a 413b [Ref] w117d, wi927 [Hanzi] huan4 澣 547, gan3 擀 2693, gan4 幹 10007.

幹 g à n *10007 干 +3403 、榦 2° *10009 1° trunk 2° main part 3° cadre 4° to do, to work 5° to fight 6° capable, able ◇ 1° tronc 2° partie principale 3° cadre (administratif) 4° faire, agir 5° combattre 6° talent, capable [Etym] 干 564 (rad: 051a 3-10), 幹 2233 [Graph] 022i 233a 413b.

斡 w ò +10008 卓人斗 1° to turn 2° handle (to turn a machine) ◇ 1° tourner, se mouvoir en rond 2° manivelle [Etym] 斗 575 (rad: 068a 4-10), 倝2232 [Graph] 022i 233a 413g.

榦 g à n (2234) 卓人木 [Tra] power; capacity ◇ pouvoir; capacité [Etym] tree or rod (2= 木 723); phon, straight (1= 倝 2232) ◇ arbre ou bâton (2= 木723); phon, droit (1= 倝 2232) [Graph] 022i 233a 422a [Ref] w117d [Hanzi] gan4 榦 10009.

榦 g à n *10009 卓人木 See ◇ Voir 幹 10007 [Etym] 木 723 (rad: 075a 4-10), 榦 2234 [Graph] 022i 233a 422a.

翰 h à n (2235) 卓人习习 [Tra] to soar; pen; write ◇ envol; pinceau; écrire [Etym] to fly (2= 羽1472); phon, high,straight (1= 倝 2232) ◇ voler (2= 羽1472); phon, haut, droit (1= 倝 2232) [Graph] 022i 233a 731c 731c [Ref] k65, w117d [Hanzi] han4 瀚 548, han4 翰10010.

翰 h à n +10010 卓人习习 1° writing brush, pencil 2° to write, writing 3° support 4° academy ◇ 1° plumes, pinceau 2° écrire, lettre 3° appui 4° académie [Etym] 羽 1472 (rad: 124a 6-10), 翰 2235 [Graph] 022i 233a 731c 731c.

戟 j ǐ (2236) 卓戈 [Tra] halberd ◇ hallebarde [Etym] a long (1= 倝 2232) spear (2= 戈 1057) ◇ une longue (1= 倝 2232) lance (2= 戈 1057) [Graph] 022i 512b [Ref] w117d [Hanzi] ji3 戟 10011.

戟 j ǐ +10011 卓戈 戟 *10005 halberd ◇ hallebarde [Etym] 戈 1057 (rad: 062a 4-08), 戟 2236 [Graph] 022i 512b.

韩 h á n -10012 卓韦 韓 *10013 1° fence or wall around a lot 2° surname ◇ 1° haie 2° nom propre [Etym] 韦 1508 (rad: 178s 4-08), 卓 2231 [Graph] 022i 734e.

韓 h á n *10013 卓五口韦 韩 -10012 1° fence or wall around a lot 2° surname ◇ 1° haie 2° nom propre [Etym] 韋 1547 (rad: 178a 9-08), 卓 2231 [Graph] 022i 822a 011a 712b.

朝 c h á o (2237) 卓月 [Tra] morning; court ◇ grand matin; cour [Etym] rising sun (1= 倝2232) on waters or ship (2< 川 711, 舟 1861) ◇ le soleil se dressant (1= 倝 2232) sur l'eau ou un bâteau (2< 川711, 舟 1861) [Graph] 022i 856e [Ref] k1183, ph664, r28e, r28g, w117d, wi464 [Hanzi] chao2 潮 549, miao4 廟 6980, chao2 zhao1 嘲 9214, chao2 謿 9627, chao2 zhao1 朝 10014.

朝 c h á o +10014 卓月 1° court, government 2° dynasty 3° reign (of an emperor) 4° audience given in the early morning 5° towards, facing ◇ 1° cour, gouvernement 2° dynastie 3° règne (d'un empereur) 4° audience impériale de grand matin 5° vers, se tourner, orientation [Etym] 月 1822 (rad: 074a 4-08), 朝 2237 [Graph] 022i 856e.

朝代 c h ā o d à i ∘ dynasty ◇ dynastie * 2911.

朝拜 c h ā o b à i ∘ to worship, to pay respects to ◇ rendre un culte à, faire hommage à * 3442.

△ z h ā o 1° early morning, morning 2° day 3° audience given early in the morning ◇ 1° matin 2° jour 3° audience impériale de grand matin.

乾 q i á n , g ā n (2238) 卓乞 [Tra] heaven; shield ◇ ciel; bouclier [Etym] raised (1= 倝 2232) vapors (2= 乞 2508) ->heaven ◇ vapeurs (2= 乞 2508) élevées (1= 倝 2232) -> ciel [Graph] 022i Z31e [Ref] r28a, r28b, w117d, wi137 [Hanzi] gan1 qian2 乾 10015.

乾 g ā n +10015 卓乞 See ◇ Voir 干 3403 [Etym] 乙 2506 (rad: 005a 1-10), 乾 2238 [Graph] 022i Z31e.

△ q i á n 1° male 2° heaven and earth 3° emperor 4° surname ◇ 1° mâle, homme 2° ciel, firmament 3° souverain, empereur 4° nom propre.

目 023

目 m ù (2239) 目 [Tra] eye ◇ oeil [Etym] eye seen vertically (prim) (< 罒 2373) ◇ l'oeil représenté verticalement (prim) (< 罒 2373) [Graph] 023a [Ref] h72, k644, r30, r75, w158a, wa11, wi102 [Hanzi] lei4 泪 550, mu4 鉬 1345, kan1 kan4 看 1534, mu4 钼2112, zhen1 眞 2174, mu4 苜 3971, meng3 瞢 4009, dun4 盾 7195, yao3 窅 7838, rui4 睿 7861, mu4 目 10016, qu2 瞿 10097, zhi2 直 10179, chu4 矗 10181 [Rad] 109a.

目 m ù +10016 目 1° eye 2° to look, to regard 3° item 4° catalogue, order 5° to designate 6° surname ◇ 1° oeil 2° regarder, considérer 3° article, section 4° disposer, catalogue, index 5° désigner 6° nom propre [Etym] 目 2239 (rad: 109a 5-00), [Graph] 023a.

目光 m ù g u ā n g ∘ sight, vision; look ◇ vue, vision, regard * 2205.

目标 mù biāo。objective, goal ◇ objectif, but, cible, objet ＊ 4145.

目录 mù lù。catalogue; table of contents ◇ catalogue, table des matières, sommaire ＊ 7388.

目前 mù qián。now, presently ◇ maintenant, présentement, à présent ＊ 8261.

目的 mù dì。goal, objective ◇ but, objectif, fin ＊ 9990.

曨 lóng *10017 | 昽 -10033 | See ◇ Voir 矇昽 meng2-long2 10038-10033 [Etym] 目 2239 (rad: 109a 5-17), 龍 86 [Graph] 023a 221a 856e Z41b.

瞳 tóng +10018 | pupil (eye) ◇ pupille [Etym] 目 2239 (rad: 109a 5-12), 童 99 [Graph] 023a 221a 043j.

睬 cǎi -10019 | 保 *2780 | to take notice ◇ observer, remarquer [Etym] 目 2239 (rad: 109a 5-08), 采 106 [Graph] 023a 221d 422a.

睜 zhēng *10020 | 睁 -10079 | to open the eyes wide ◇ écarquiller les yeux [Etym] 目 2239 (rad: 109a 5-08), 爭 117 [Graph] 023a 221d 834c.

瞬 shùn +10021 | 1° to blink, to glance, wink 2° moment ◇ 1° cligner les yeux, clin d'oeil 2° instant [Etym] 目 2239 (rad: 109a 5-12), 舜 123 [Graph] 023a 221d 851a 631b 712b.

睒 shǎn *10022 | 睞 10025 | 1° to blink, to twinkle 2° to shine 3° lightning ◇ 1° jeter un coup d'oeil rapide, cligner les yeux 2° briller 3° éclair [Etym] 目 2239 (rad: 109a 5-08), 炎 157 [Graph] 023a 231b 231b.

睑 jiǎn -10023 | 瞼 *10024 | eyelid ◇ paupière [Etym] 目 2239 (rad: 109a 5-07), 佥 183 [Graph] 023a 233a ac:a 221b.

瞼 jiǎn *10024 | 睑 -10023 | eyelid ◇ paupière [Etym] 目 2239 (rad: 109a 5-13), 僉 223 [Graph] 023a 233a 012a 232a 011a 232a.

睞 shǎn 10025 | 睒 *10022 | 1° to blink, to twinkle 2° to shine 3° lightning ◇ 1° jeter un coup d'oeil rapide, cligner les yeux 2° briller 3° éclair [Etym] 目 2239 (rad: 109a 5-07), 夾 258 [Graph] 023a 242a 232a 232a.

> 狊 juè (2240) [Tra] to look as a dog ◇ regard de chien [Etym] dog (2= 犬 295); to look (1= 目 2239) ◇ chien (2= 犬 295); regarder (1= 目 2239) [Graph] 023a 242i [Ref] w134a [Hanzi] ju2 湨 551, qu4 阒 8042, qu4 闃 8793, ju2 䴗 10026, ju2 鶪 10027.

䴗 jú -10026 | 鶪 *10027 | shrike, cuckoo ◇ pie-grièche, oiseau néfaste [Etym] 鸟 2494 (rad: 196s 5-09), 狊 2240 [Graph] 023a 242i Z22e.

鶪 jú *10027 | 䴗 -10026 | shrike, cuckoo ◇ pie-grièche, oiseau néfaste [Etym] 鳥 2500 (rad: 196a 11-09), 狊 2240 [Graph] 023a 242i Z22h.

瞭 liǎo *10028 | See ◇ Voir 了 6540 [Etym] 目 2239 (rad: 109a 5-12), 尞 300 [Graph] 023a 242l 021a 331j.

△ liào | 了 +6540 | to watch from a distance ◇ regarder de loin.

睠 juàn *10029 | See ◇ Voir 眷 1629 [Etym] 目 2239 (rad: 109a 5-08), 卷 312 [Graph] 023a 242p 733a.

瞋 chēn *10030 | 瞋 +10090 | angry look ◇ regard fâché [Etym] 目 2239 (rad: 109a 5-10), 真 394 [Graph] 023a 321b 023a 711b.

眊 mào +10031 | muddled, confused, dim-sighted ◇ trouble, confus, à la vue basse [Etym] 目 2239 (rad: 109a 5-04), 毛 403 [Graph] 023a 321g.

眺 tiào +10032 | 1° to gaze at 2° to look into the distance ◇ 1° épier 2° regarder au loin [Etym] 目 2239 (rad: 109a 5-06), 兆 411 [Graph] 023a 322g.

昽 lóng -10033 | 曨 *10017 | See ◇ Voir 矇昽 meng2-long2 10038-10033 [Etym] 目 2239 (rad: 109a 5-05), 龙 417 [Graph] 023a 323d.

盯 dīng +10034 | to fix one's eyes on, to stare at ◇ regarder en face, regarder fixement [Etym] 目 2239 (rad: 109a 5-02), 丁 420 [Graph] 023a 331b.

> 眇 miǎo (2241) [Tra] minute; one-eyed ◇ minuscule; borgne [Etym] to make the eye (1= 目 2239) small (1= 少 427) to see details ◇ contracter (2= 少 427) l'oeil (1= 目 2239) pour voir des détails [Graph] 023a 331k [Ref] k619, ph465, w18m [Hanzi] miao3 渺 552, miao3 缈 6077, miao3 緲 6261, miao3 眇 10035.

眇 miǎo +10035 | 1° blind in one eye 2° to glance at 3° to take aim 4° minute ◇ 1° borgne 2° jeter un coup d'oeil 3° se donner un objectif 4° faible, minuscule [Etym] 目 2239 (rad: 109a 5-04), 眇 2241 [Graph] 023a 331k.

眎 shì *10036 | 视 -6592 、視 *2286 | 1° to look at 2° to consider 3° to inspect, to watch ◇ 1° regarder 2° considérer comme 3° examiner, surveiller [Etym] 目 2239 (rad: 109a 5-05), 示 431 [Graph] 023a 331l.

盱 xū +10037 | 1° eyes wide open 2° to hope for 3° place in Jiangsu ◇ 1° regarder 2° espérer 3° lieu du Jiangsu [Etym] 目 2239 (rad: 109a 5-03), 于 440 [Graph] 023a 332a.

盱眙 xū yí。county in Jiangsu ◇ chef-lieu du Jiangsu ＊ 10061.

矇 mēng +10038 | 蒙 +3833 | 1° to cheat 2° to make a wild guess 3° unconscious ◇ 1° duper 2° deviner au hasard 3° évanoui, étourdi [Etym] 目 2239 (rad: 109a 5-13), 蒙 660 [Graph] 023a 415c 851a 522c.

△ méng | 1° dim sighted, blind 2° eyes heavy with sleep 3° ignorant ◇ 1° ne pas voir clair, aveugle 2° endormi 3° ignare, stupide.

矇昽 méng lóng。half-asleep, drowsy; dim-witted; ignorant ◇ vue trouble, endormie; peu intelligent; ignorant ＊ 10033.

瞒 mán -10039 | 瞞 *10056 | to deceive, to hide the truth ◇ cacher la vérité, dissimuler [Etym] 目 2239 (rad: 109a 5-10), 㒼 672 [Graph] 023a 415c 859d.

目 目

瞄 m i á o +10040 目艹田 to gaze at, to take aim ◇ fixer le regard sur, viser [Etym] 目 2239 (rad: 109a 5-08), 苗 687 [Graph] 023a 415c 041a.

瞄准 m i á o z h ǔ n ∘ to aim ◇ viser * 27.

睐 l à i *10041 |睞 -10047| to squint, to glance ◇ observer, épier, jeter un coup d'oeil [Etym] 目 2239 (rad: 109a 5-08), 來 724 [Graph] 023a 422a 232a 232a.

瞅 c h ǒ u -10042 |瞓 *10078| to look at ◇ regarder fixement [Etym] 目 2239 (rad: 109a 5-09), 秋 761 [Graph] 023a 422d 231b.

眯 m ī +10043 |瞇 *10046| 1° eyes blinded, to narrow (one's eyes) 2° to take a nap ◇ 1° spasme des paupières, éblouissement 2° se reposer [Etym] 目 2239 (rad: 109a 5-06), 米 782 [Graph] 023a 422f.

△ m ǐ |瞇 *10046| 1° eyes blinded by some foreign matter 2° dazzle ◇ 1° vue troublée par un corps étranger dans l'oeil, spasme des paupières 2° éblouissement.

瞜 l ō u -10044 |瞜 *10108| 1° to look at 2° to serve ◇ 1° regarder 2° servir [Etym] 目 2239 (rad: 109a 5-09), 娄 785 [Graph] 023a 422f 611e.

瞵 l í n +10045 to gaze at, to look fixedly at ◇ vue claire, regarder [Etym] 目 2239 (rad: 109a 5-12), 粦 789 [Graph] 023a 422f 631b 712b.

瞇 m ī *10046 |眯 +10043| 1° eyes blinded, to narrow (one's eyes) 2° to take a nap ◇ 1° spasme des paupières, éblouissement 2° se reposer [Etym] 目 2239 (rad: 109a 5-09), 迷 791 [Graph] 023a 422f 634o.

△ m ǐ |眯 +10043| 1° eyes blinded by some foreign matter 2° dazzle ◇ 1° vue troublée par un corps étranger dans l'oeil, spasme des paupières 2° éblouissement.

睞 l à i -10047 |睐 *10041| to squint, to glance ◇ observer, épier, jeter un coup d'oeil [Etym] 目 2239 (rad: 109a 5-07), 来 804 [Graph] 023a 422m.

眭 s u ī +10048 surname ◇ nom de famille [Etym] 目 2239 (rad: 109a 5-06), 圭 840 [Graph] 023a 432a 432a.

瞌 k ē +10049 [Etym] 目 2239 (rad: 109a 5-10), 盍 851 [Graph] 023a 432a 612a 922a.

瞌睡 k ē s h u ì ∘ drowsy, sleepy ◇ avoir sommeil, faire un somme * 10054.

睹 d ǔ -10050 |覩 *5056| 1° to observe 2° to see ◇ 1° voir 2° regarder [Etym] 目 2239 (rad: 109a 5-08), 者 893 [Graph] 023a 432c 021a.

睦 m ù +10051 1° peaceful, harmonious 2° to stare at ◇ 1° affable, aimable, harmonieux 2° regard fixe [Etym] 目 2239 (rad: 109a 5-08), 坴 897 [Graph] 023a 432d 432a.

睖 l è n g +10052 [Etym] 目 2239 (rad: 109a 5-08), 夌 901 [Graph] 023a 432d 633e.

睖睁 l è n g z h ē n g ∘ to stare blankly ◇ regarder avec des yeux vides * 10079.

睛 j ī n g +10053 eyeball ◇ prunelle (de l'oeil) [Etym] 目 2239 (rad: 109a 5-08), 青 946 [Graph] 023a 433a 856e.

睡 s h u ì +10054 to sleep ◇ dormir [Etym] 目 2239 (rad: 109a 5-08), 垂 953 [Graph] 023a 433d.

睡衣 s h u ì y ī ∘ pijama, night clothes ◇ pyjama, costume de nuit * 2140.

睡觉 s h u ì j i à o ∘ to sleep ◇ dormir * 7857.

睡眠 s h u ì m i á n ∘ sleep ◇ sommeil * 10093.

眦 z ì +10055 |眥 *5304| canthus, corner of the eye ◇ bord de l'oeil, sclérotique [Etym] 目 2239 (rad: 109a 5-06), 此 955 [Graph] 023a 434a 321b.

瞒 m á n *10056 |瞞 -10039| to deceive, to hide the truth ◇ cacher la vérité, dissimuler [Etym] 目 2239 (rad: 109a 5-11), 㒼 989 [Graph] 023a 436a 858b 232a 232a.

瞰 k à n +10057 |矙 *10096| to look down from high above, to spy, to watch ◇ regarder d'un lieu élevé, épier, observer [Etym] 目 2239 (rad: 109a 5-11), 敢 1029 [Graph] 023a 436l 243c.

睢 s u ī +10058 to stare at, to raise one's eyes ◇ regard hébété, lever les yeux [Etym] 目 2239 (rad: 109a 5-08), 隹 1030 [Graph] 023a 436m.

瞧 q i á o +10059 1° to look on, to see 2° to consider ◇ 1° regarder, voir 2° considérer [Etym] 目 2239 (rad: 109a 5-12), 焦 1031 [Graph] 023a 436m 222d.

瞧得起 q i á o d e q ǐ ∘ to think highly of somebody. ◇ avoir de l'estime, de la considération pour qqn * 3173 4858.

瞧不起 q i á o b ù q ǐ ∘ to look down upon; to despise ◇ dédaigner, mépriser * 4066 4858.

眸 m ó u +10060 pupil (of the eye) ◇ pupille (de l'oeil) [Etym] 目 2239 (rad: 109a 5-06), 牟 1136 [Graph] 023a 612a 414d.

眙 y í +10061 See ◇ Voir 盱眙 xu1-yi2 10037-10061 [Etym] 目 2239 (rad: 109a 5-05), 台 1143 [Graph] 023a 612a 011a.

睃 s u ō +10062 to look askance at ◇ regarder d'un oeil désapprobateur [Etym] 目 2239 (rad: 109a 5-07), 夋 1147 [Graph] 023a 612b 633e.

眩 x u à n +10063 1° dizzy 2° confused, bewildered ◇ 1° vue confuse 2° trouble, illusion [Etym] 目 2239 (rad: 109a 5-05), 玄 1204 [Graph] 023a 613g.

眨 z h ǎ n -10064 |瞓 *10100| to blink ◇ clignoter des yeux [Etym] 目 2239 (rad: 109a 5-08), 斩 1216 [Graph] 023a 614d 722c.

眵 c h ī +10065 eyes dim ◇ chassie (yeux) [Etym] 目 2239 (rad: 109a 5-06), 多 1228 [Graph] 023a 631b 631b.

睽 k u í *10066 to squint ◇ regard fixe [Etym] 目 2239 (rad: 109a 5-09), 癸 1246 [Graph] 023a 631g 242b.

△ k u ǐ |傀 +3075| 1° doll 2° puppet ◇ 1° poupée 2° marionnette, fantoche.

瞪 d è n g +10067 to stare at, to gaze ◇ écarquiller les yeux, fixer [Etym] 目 2239 (rad: 109a 5-12), 登 1247 [Graph] 023a 631g 012b.

眨 zhǎ +10068 目乏 | twinkling, to blink, to wink ◇ clin d'oeil [Etym] 目 2239 (rad: 109a 5-04), 乏 1268 [Graph] 023a 632e.

眨眼 zhǎ yǎn。wink, blink, twinkling ◇ cligner de l'oeil * 10094.

縣 xiàn (2242) 目⺒系 | [Tra] to bind; to hang ◇ lier; pendre [Etym] head hung upside down (1,2,3= 首 2268); just reason (4= 系 1209) ◇ pendu: tête inversée (1,2,3< 首 2268); raison valable (4= 系 1209) [Graph] 023a 711c 613j [Ref] k152, r25h, w92b, wa167, wi390 [Hanzi] xian4 縣 10069, xuan2 懸 10070.

縣 xiàn *10069 目⺒系 | 县 -8543、縣 *8547 | county, prefecture, district ◇ sous-préfecture, district [Etym] 系 1185 (rad: 120a 6-10), 縣 2242 [Graph] 023a 711c 613j.

懸 xuán *10070 目⺒系心 | 悬 -8544 | 1° to hang, to suspend, in suspense 2° outstanding 3° anxious 4° to imagine 5° far apart, unlike 6° dangerous ◇ 1° être suspendu, en suspens, suspendre 2° exceptionnel 3° anxiété 4° imaginer 5° distant, différent 6° dangereux [Etym] 心 397 (rad: 061a 4-16), 縣 2242 [Graph] 023a 711c 613j 321c.

睚 yá +10071 目厂土土 | 1° corner of the eye 2° to stare ◇ 1° coin de l'oeil 2° regard fixe [Etym] 目 2239 (rad: 109a 5-08), 厓 1364 [Graph] 023a 721a 432a 432a.

瞻 zhān +10072 目产仌言 | 1° to look up to 2° to venerate ◇ 1° regarder vers le haut 2° considérer, honorer, assister avec respect [Etym] 目 2239 (rad: 109a 5-13), 詹 1421 [Graph] 023a 721e ac:h 012d.

瞻仰 zhān yǎng。to bow in front of mortal remains ◇ s'incliner devant la dépouille de quelqu'un * 2965.

脈 mò *10073 目厂𠂢 | 脉 -8104、脈 *8169 | See ◇ Voir 脉 脉 mo4-mo4 8104-8104 [Etym] 目 2239 (rad: 109a 5-06), 𠂢 1453 [Graph] 023a 722a 312g.

盼 pàn +10074 目分 | 1° to hope for, to long for, to expect 2° to look, to gaze at ◇ 1° s'attendre à, espérer, regarder avec désir 2° fixer les yeux sur [Etym] 目 2239 (rad: 109a 5-04), 分 1480 [Graph] 023a 732b.

盼望 pàn wàng。to long for, to desire ◇ aspirer à, désirer fortement, espérer * 7339.

眍 kōu -10075 目区乂 | 瞘 *10077 | deep sunken eyes ◇ yeux caves [Etym] 目 2239 (rad: 109a 5-04), 区 1519 [Graph] 023a 811c 243a.

眶 kuàng +10076 目匚王 | eye-socket ◇ orbite [Etym] 目 2239 (rad: 109a 5-06), 匡 1522 [Graph] 023a 811c 432e.

瞘 kōu *10077 目匚口口口 | 眍 -10075 | deep sunken eyes ◇ yeux caves [Etym] 目 2239 (rad: 109a 5-11), 區 1528 [Graph] 023a 811c 011a 011a 011a.

丑 chǒu *10078 目丑 | 瞅 -10042 | to look at ◇ regarder fixement [Etym] 目 2239 (rad: 109a 5-04), 丑 1564 [Graph] 023a 832e.

睁 zhēng -10079 目争 | 睜 *10020 | to open the eyes wide ◇ écarquiller les yeux [Etym] 目 2239 (rad: 109a 5-06), 争 1577 [Graph] 023a 834d.

睫 jié +10080 目疌 | eyelashes ◇ cils [Etym] 目 2239 (rad: 109a 5-08), 疌 1583 [Graph] 023a 834i.

睨 nì +10081 目兒 | 1° to glance at 2° to look askance ◇ 1° épier, observer 2° regarder de travers [Etym] 目 2239 (rad: 109a 5-08), 兒 1593 [Graph] 023a 835c.

瞍 sǒu +10082 目申又 | nearly blind ◇ presque aveugle [Etym] 目 2239 (rad: 109a 5-09), 叟 1596 [Graph] 023a 835g 633a.

盹 dǔn +10083 目屯 | heavy eyes, sleepiness, to doze ◇ yeux appesantis, sommeiller, somnoler [Etym] 目 2239 (rad: 109a 5-04), 屯 1647 [Graph] 023a 842e.

瞑 míng +10084 目冖日六 | to close the eyes ◇ fermer les yeux [Etym] 目 2239 (rad: 109a 5-10), 冥 1653 [Graph] 023a 851a 021a 222b.

睆 huǎn +10085 目宀元 | bright, fine, glorious ◇ clair, lumineux, beau, bon [Etym] 目 2239 (rad: 109a 5-07), 完 1671 [Graph] 023a 851c 322d.

瞎 xiā +10086 目宀丰口 | 1° blind 2° groundlessly, foolishly ◇ 1° aveugle, cécité 2° sans fondement, étourdiment [Etym] 目 2239 (rad: 109a 5-10), 害 1681 [Graph] 023a 851c 414g 011a.

瞎话 xiā huà。lie ◇ mensonge * 1821.

瞎子 xiā zǐ。a blind person ◇ aveugle * 6546.

瞠 chēng *10087 目⺌口土 | to stare ◇ regarder en face, regarder fixement [Etym] 目 2239 (rad: 109a 5-11), 堂 1743 [Graph] 023a 851h 011a 432a.

眈 dān +10088 目冘 | to look at something while thinking of something else ◇ tenir les yeux baissés sur un objet, mais porter loin ses pensées [Etym] 目 2239 (rad: 109a 5-04), 冘 1762 [Graph] 023a 851m.

𥇍 shùn -10089 目门王 | 瞤 *10095 | twitching of the eyelid ◇ yeux qui clignotent (considéré comme présage de malheur) [Etym] 目 2239 (rad: 109a 5-07), 闰 1812 [Graph] 023a 855a 432e.

瞋 chēn +10090 目真 | 瞋 *10030 | angry look ◇ regard fâché [Etym] 目 2239 (rad: 109a 5-10), 真 1936 [Graph] 023a 921f.

矚 zhǔ *10091 目尸氺罒勹虫 | 瞩 -10092 | to gaze ◇ regarder [Etym] 目 2239 (rad: 109a 5-21), 屬 1962 [Graph] 023a 931a 412h 051a 852h 031d.

瞩 zhǔ -10092 目尸禹 | 矚 *10091 | to gaze ◇ regarder [Etym] 目 2239 (rad: 109a 5-12), 属 1977 [Graph] 023a 931a 032j.

眠 mián +10093 目民 | 1° to close the eyes 2° to sleep ◇ 1° fermer les yeux 2° dormir [Etym] 目 2239 (rad: 109a 5-05), 民 1997 [Graph] 023a 932a.

眼 yǎn +10094 目艮 | 1° eye 2° look, glance 3° hole 4° key point 5° trap 6° unaccented beat (music) 7° measure-word (wells) ◇ 1° oeil 2° regard 3° trou 4° point essentiel 5° piège 6° temps faible (musique) 7° spécificatif (puits) [Etym] 目 2239 (rad: 109a 5-06), 艮 2003 [Graph] 023a 932c.

目

目

眼泪 yǎn lèi。tears ◇ larmes * 550.

眼看 yǎn kàn。to watch helplessly; soon ◇ voir de ses propres yeux; très apparent; aussitôt * 1534.

眼镜 yǎn jìng。glasses ◇ lunettes * 1899.

眼光 yǎn guāng。judgment ◇ jugement, point de vue, perception; regard, vue * 2205.

眼红 yǎn hóng。jealous, envious; furious ◇ jaloux, envieux; furieux * 5976.

眼前 yǎn qián。before one's eyes; at the moment ◇ sous les yeux; pour le moment * 8261.

眼巴 yǎn bā。eagerly; helplessly ◇ avec impatience; passivement * 8730.

眼色 yǎn sè。meaningful glance ◇ regard * 8731.

眼睛 yǎn jīng。eye ◇ oeil * 10053.

眼界 yǎn jiè。outlook; field of vision ◇ sphère des connaissances; horizon * 10415.

瞤 shùn *10095 目門王 | ⿰目闰 -10089 | twitching of the eyelid ◇ yeux qui clignotent (considéré comme présage de malheur) [Etym] 目 2239 (rad: 109a 5-12), 閏 2032 [Graph] 023a 934e 432e.

矙 kàn *10096 目門耳攵 | 瞰 +10057 | to look down from high above, to spy, to watch ◇ regarder d'un lieu élevé, épier, observer [Etym] 目 2239 (rad: 109a 5-19), 闞 2034 [Graph] 023a 934e 436l 243c.

瞿 qú (2243) 目目隹 | [Tra] scared; fear; nervous ◇ effrayé; timide [Etym] bird (3= 隹 1030) watching (1,2= 目 2239) everything, everywhere ◇ un oiseau (3= 隹 1030) qui surveille (1,2= 目 2239) tout, partout [Graph] 023a 023a 436m [Ref] k490, ph838, w158g, wi826 [Hanzi] qu2 衢 3177, ju4 懼 3366, qu2 癯 7128, qu2 臞 8234, qu2 瞿 10097, qu2 氍 10098, jue2 矍 10099, qu2 蠷 10332.

瞿 qú +10097 目目隹 | surname ◇ nom propre [Etym] 目 2239 (rad: 109a 5-13), 瞿 2243 [Graph] 023a 023a 436m.

氍 qú +10098 目目隹毛 | [Etym] 毛 403 (rad: 082a 4-18), 瞿 2243 [Graph] 023a 023a 436m 321g.

氍毹 qú shū。1° square mat, carpet, woolen rug; 2° stage ◇ 1° tapis en laine; 2° estrade, scène * 1411.

矍 jué (2244) 目目隹又 | [Tra] haggard; to seize ◇ hagard; happer; saisir [Etym] to catch (4= 又 1271) a frightened bird (1,2,3= 瞿 2243) ◇ prendre (4= 又 1271) un oiseau effrayé (1,2,3= 瞿 2243) [Graph] 023a 023a 436m 633a [Ref] k481, ph851, w158g [Hanzi] yue4 籰 896, jue2 钁 2113, jue2 攫 2694, jue2 矍 10099, qu2 蠼 10333.

矍 jué +10099 目目隹又 | 1° to look here and there 2° to seize ◇ 1° happer 2° saisir [Etym] 又 1271 (rad: 029a 2-18), 矍 2244 [Graph] 023a 023a 436m 633a.

⿰目斬 zhǎn *10100 目車斤 | ⿰目斩 -10064 | to blink ◇ clignoter des yeux [Etym] 目 2239 (rad: 109a 5-11), 斬 2354 [Graph] 023a 042g 722c.

睥 bì +10101 目卑 | 1° to glance around 2° to spy ◇ 1° épier 2° observer [Etym] 目 2239 (rad: 109a 5-08), 卑 2366 [Graph] 023a 043h.

瞟 piǎo +10102 目覀示 | 1° to glance sideways 2° to spy 3° to squint ◇ 1° regarder du coin de l'oeil 2° épier, observer 3° loucher [Etym] 目 2239 (rad: 109a 5-11), 票 2404 [Graph] 023a 051e 331l.

睏 kùn *10103 目囗木 | See ◇ Voir 綑 6283 [Etym] 目 2239 (rad: 109a 5-07), 困 2446 [Graph] 023a 071a 422a.

鼎 dǐng (2245) 目鼎 | [Tra] ancient cooking vase ◇ marmite ancienne [Etym] tripod vessel (prim) ◇ un vase tripode (prim) [Graph] 023a Z12e [Ref] k1001, r38e, w127d, wa123 [Hanzi] ding3 鼎 10104 [Rad] 206a.

鼎 dǐng +10104 目鼎 | ancient cooking vessel, tripod ◇ marmite ancienne, vase tripode [Etym] 鼎 2245 (rad: 206a 13-00), [Graph] 023a Z12e.

盻 xì +10105 目兮 | to look at in anger ◇ regard courroucé, colère [Etym] 目 2239 (rad: 109a 5-04), 兮 2479 [Graph] 023a Z21e.

眄 miàn +10106 目丏 | to ogle ◇ loucher [Etym] 目 2239 (rad: 109a 5-04), 丏 2484 [Graph] 023a Z21j.

睇 dì +10107 目弟 | to look sideways ◇ regarder de côté, obliquement [Etym] 目 2239 (rad: 109a 5-07), 弟 2552 [Graph] 023a Z42f.

瞜 lōu *10108 目婁 | 䁖 -10044 | 1° to look at 2° to serve ◇ 1° regarder 2° servir [Etym] 目 2239 (rad: 109a 5-10), 婁 2572 [Graph] 023a Z61f 611e.

貝 bèi (2246) 貝 | [Tra] cawries; money ◇ cauris; argent [Etym] cawries (prim), used as money ◇ le coquillage du cauris (prim), utilisé comme monnaie [Graph] 023b [Ref] h90, k702, ph298, r140, w161a, wa47, wi38, wi205 [Hanzi] bei4 鋇 1346, ji1 齎 3188, ba4 垻 4966, mai4 賣 5042, zan4 贊 5243, ze2 責 5282, bei4 狽 5672, zhi4 質 7206, bin1 賓 7710, bei5 yuan2 yun2 yun4 員 9215, ze2 賾 9834, bei4 貝 10109, bai4 敗 10114, ze2 則 10117, zhen1 貞 10178, fu4 負 10182, lai4 賴 10384, guan4 貫 11307 [Rad] 154a.

貝 bèi *10109 貝 | 贝 -7953 | 1° shellfish, cowry 2° money 3° surname ◇ 1° cauris 2° monnaie des anciens 3° nom de famille [Etym] 貝 2246 (rad: 154a 7-00), [Graph] 023b.

賠 péi *10110 貝立口 | 赔 -7954 | 1° to compensate 2° to make good 3° to lose ◇ 1° compenser 2° indemniser, réparer 3° perdre [Etym] 貝 2246 (rad: 154a 7-08), 咅 87 [Graph] 023b 221a 011a.

賧 dǎn *10111 貝火火 | 赕 -7955 | 1° to redeem oneself from punishment 2° to offer ◇ 1° se racheter d'une peine corporelle 2° offrir [Etym] 貝 2246 (rad: 154a 7-08), 炎 157 [Graph] 023b 231b 231b.

目 目貝

賒 shē *10112 赊 -7956 1° to buy or sell on credit 2° to defer 3° to put off ◇ 1° acheter ou vendre à crédit 2° éloigner, différer 3° s'attarder [Etym] 貝 2246 (rad: 154a 7-07), 佘 188 [Graph] 023b 233a 3311.

賄 huì *10113 贿 -7957 1° goods 2° to bribe, hush-money, bribe ◇ 1° objets précieux, présents 2° corrompre par des présents, pot-de-vin [Etym] 貝 2246 (rad: 154a 7-06), 有 247 [Graph] 023b 241a 856e.

敗 bài (2247) [Tra] ruin; defeat; to fail ◇ ruîne; défaite; échec [Etym] to damage (2= 攵 340) someone's wealth (1= 貝 2246) ◇ s'attaquer (2= 攵 340) à la richesse (1= 貝 2246) de quelqu'un [Graph] 023b 243c [Ref] h562, r45b, w16102a, wi620 [Hanzi] piao2 闞 8794, bai4 敗 10114.

敗 bài *10114 败 +7959 1° to lose, to be defeated 2° defeat 3° to fail 4° ruin, to spoil 5° to counteract (a toxin) 6° decay, wither ◇ 1° être défait, perdre 2° défaite 3° échouer 4° ruîner, gâcher 5° réagir (à une toxine) 6° pourriture, flétrissement [Etym] 攵 340 (rad: 066b 4-07), 敗 2247 [Graph] 023b 243c.

財 cái (2248) [Tra] wealth; goods ◇ richesses; denrée [Etym] wealth (1= 貝 2246); phon, ability, acquire (2= 才 443) ◇ richesses (1= 貝 2246); phon, capacité, accumuler (2= 才 443) [Graph] 023b 332c [Ref] h685, r11j, w96a, wi573 [Hanzi] cai2 財 10115.

財 cái *10115 财 -7960 wealth, money, riches, property, valuables, goods ◇ richesses, argent, bien matériel, denrée [Etym] 貝 2246 (rad: 154a 7-03), 財 2248 [Graph] 023b 332c.

賕 qiú *10116 赇 -7961 to bribe ◇ acheter, corrompre [Etym] 貝 2246 (rad: 154a 7-07), 求 445 [Graph] 023b 332e.

則 zé (2249) [Tra] rule; standard; then ◇ règle; mesure; alors [Etym] {1} after judgment, fines (1= 貝 2246) or mutilation (2= 刂 470); {2} mould for casting bronze vessel (1,2=prim) ◇ {1} après un jugement, les amendes (1= 貝 2246) ou la mutilation (2= 刂 470); {2} le moule pour faire un vase de bronze (1,2=prim) [Graph] 023b 333b [Ref] h742, k1044, ph481, r141, w52e, wa107 [Hanzi] ce4 測 554, zha2 鍘 1347, ce4 ze4 zhai1 側 3056, ce4 惻 3367, si5 廁 6872, ce4 廁 6981, ze2 則 10117, zei2 鰂 10638.

則 zé *10117 则 -7962 1° standard, norm, criterion 2° rule 3° to follow 4° measure-word (item) 5° then, and so ◇ 1° norme, critère 2° règle, mesure 3° se conformer à, suivre 4° spédificatif (article, classe) 5° dans ce cas, alors, aussitôt, donc, par suite [Etym] 刂 470 (rad: 018b 2-07), 則 2249 [Graph] 023b 333b.

賬 zhàng *10118 See ◇ Voir 帳 8387 [Etym] 貝 2246 (rad: 154a 7-08), 長 822 [Graph] 023b 431c 312d.

贖 shú *10119 赎 -7958 1° to redeem, ransom, pledge, compensation, to atone for (crime) 2° to pay, to purchase ◇ 1° expier, rançon 2° racheter, payer [Etym] 貝 2246 (rad: 154a 7-15), 賣 886 [Graph] 023b 432b 051a 023b.

賭 dǔ *10120 赌 -7963 to gamble, to bet ◇ jouer, parier [Etym] 貝 2246 (rad: 154a 7-08), 者 893 [Graph] 023b 432c 021a.

賙 qíng *10121 赗 -7964 to receive, to inherit, to come into possession of ◇ recevoir par héritage [Etym] 貝 2246 (rad: 154a 7-08), 青 946 [Graph] 023b 433a 856e.

購 gòu *10122 购 -7978 to buy ◇ acheter [Etym] 貝 2246 (rad: 154a 7-10), 冓 1012 [Graph] 023b 436g 858c.

賦 fù *10123 赋 -7965 1° to bestow on, to give 2° tax, to levy 3° rhythmic prose 4° to compose (poem) 5° natural ◇ 1° donner 2° impôt, exiger, payer 3° prose rythmique 4° faire des vers, composer (poème) 5° naturel, inné [Etym] 貝 2246 (rad: 154a 7-08), 武 1051 [Graph] 023b 511b 434a.

賤 jiàn (2250) [Tra] cheap; humble ◇ pas cher; vil [Etym] wealth (1= 貝 2246); phon, small (2,3= 戔 1059) ◇ richesse (1= 貝 2246); phon, petit (2,3= 戔 1059) [Graph] 023b 512b 512b [Ref] k1073, r15f, wi679 [Hanzi] jian1 jian4 濺 555, jian4 賤 10124.

賤 jiàn *10124 贱 -7967 1° cheap, inexpensive 2° low, humble, mean 3° my (polite term) 4° to look down on ◇ 1° pas cher, à bas prix 2° vil, vulgaire, d'un rang peu élevé 3° mon humble (terme poli) 4° mépriser [Etym] 貝 2246 (rad: 154a 7-08), 賤 2250 [Graph] 023b 512b 512b.

賊 zéi (2251) [Tra] thief; wicked; sly ◇ voleur; ruîner; rusé [Etym] to break (2< 戈 1057) the rules (1,2< 則 2249) ◇ enfreindre (2< 戈 1057) les règles (1,2< 則 2249) [Graph] 023b 512c [Ref] h1537, w52e [Hanzi] zei2 賊 10125.

賊 zéi *10125 贼 -7966 1° thief 2° traitor, enemy 3° wicked 4° sly 5° to ruin, to chastise, to murder 6° extremely ◇ 1° voleur 2° traître, rebelle 3° rusé 4° trompeur 5° ruiner, châtier 6° extrêmement [Etym] 貝 2246 (rad: 154a 7-06), 賊 2251 [Graph] 023b 512c.

贓 zāng *10126 赃 -7973 1° stolen goods 2° bribes ◇ 1° objets volés 2° pot-de-vin, gratification destinée à corrompre [Etym] 貝 2246 (rad: 154a 7-14), 臧 1082 [Graph] 023b 512o 935b.

貽 yí *10127 贻 -7968 1° to hand down, to give 2° to leave 3° to neglect ◇ 1° léguer, donner 2° laisser 3° négliger [Etym] 貝 2246 (rad: 154a 7-05), 台 1143 [Graph] 023b 612a 011a.

賅 gāi *10128 赅 -7969 1° complete, full 2° to heap up 3° precious, rare 4° to give ◇ 1° complet, plein 2° amasser 3° précieux, rare 4° donner [Etym] 貝 2246 (rad: 154a 7-06), 亥 1210 [Graph] 023b 614a.

貶 biǎn *10129 贬 -7970 1° to demote 2° to belittle 3° to censure, to diminish ◇ 1° dégrader 2° diminuer, rapetisser,

目 貝

critiquer 3° censurer [Etym] 貝 2246 (rad: 154a 7-04), 乏 1268 [Graph] 023b 632e.

賂 lù *10130 | 赂 -7971 | See ◇ Voir 贿赂 hui4-lu4 7957-7971 [Etym] 貝 2246 (rad: 154a 7-06), 各 1295 [Graph] 023b 633e 011a.
貝夂口

賑 zhèn *10131 | 赈 -7972 | 1° to relieve, help 2° gift, alms ◇ 1° soulager, secours 2° don, aumône [Etym] 貝 2246 (rad: 154a 7-07), 辰 1356 [Graph] 023b 721a 312f.
貝厂辰

贍 shàn *10132 | 赡 -7974 | 1° to supply, to give, to aid 2° abundant 3° sufficient ◇ 1° approvisionner, secourir 2° abondant 3° suffire [Etym] 貝 2246 (rad: 154a 7-13), 詹 1421 [Graph] 023b 721e ac:h 012d.
貝产八言

販 fàn *10133 | 贩 -7975 | to buy in order to sell, to trade, to deal in ◇ acheter pour revendre, trafiquer [Etym] 貝 2246 (rad: 154a 7-04), 反 1454 [Graph] 023b 722a 633a.
貝厂又

贐 jìn *10134 | 赆 -7986 | parting gifts ◇ cadeaux avant un départ [Etym] 貝 2246 (rad: 154a 7-14), 盡 1567 [Graph] 023b 833d 222d 922a.
貝圭灬皿

賺 zhuàn *10135 | 赚 -7976 | 1° to earn 2° to make a profit ◇ 1° gagner 2° faire des profits [Etym] 貝 2246 (rad: 154a 7-10), 兼1582 [Graph] 023b 834h.
貝兼

△ zuàn | 赚 -7976 | to deceive ◇ duper.

貯 zhù *10136 | 贮 -7977 | 1° to store up, to hoard, treasure 2° to grasp ◇ 1° amasser, magasin 2° accaparer [Etym] 貝 2246 (rad: 154a 7-05), 宁 1673 [Graph] 023b 851c 331b.
貝宀丁

賵 fèng *10137 | 赗 -7979 | to give aid in preparing for a funeral ◇ contribuer à des funérailles [Etym] 貝 2246 (rad: 154a 7-09), 冒1795 [Graph] 023b 854a 023a.
貝冃目

賙 zhōu *10138 | 赒 -7984 | to succor, to bestow in charity, to aid, relief ◇ secourir, faire la charité [Etym] 貝 2246 (rad: 154a 7-08), 周 1851 [Graph] 023b 856k 432a 011a.
貝冂土口

賻 fù *10139 | 赙 -7985 | to give toward defraying funeral expenses ◇ contribuer à des funérailles [Etym] 貝 2246 (rad: 154a 7-10), 尃 1915 [Graph] 023b 858n 332b.
貝甫寸

賉 xù *10140 | 恤 +3334 、卹 *8562 | 1° to pity, compassion 2° to give alms ◇ 1° avoir pitié, compassion 2° donner en aumône [Etym] 貝 2246 (rad: 154a 7-06), 血 1940 [Graph] 023b 922b.
貝血

貺 kuàng *10141 | 贶 -7987 | 1° to give, to bestow, to confer on 2° to receive ◇ 1° donner, don, offrir 2° recevoir [Etym] 貝2246 (rad: 154a 7-05), 兄 2114 [Graph] 023b 011d.
貝兄

貼 tiē *10142 | 贴 -7988 | 1° to stick, to paste up, glue 2° to keep close to 3° allowance, subsidies 4° well-settled 5° to add 6° measure-word (piece) ◇ 1° coller 2° adhérer, contigu 3° subventionner 4° bien arrangé 5° ajouter 6° spécificatif (morceau) [Etym] 貝 2246 (rad: 154a 7-05), 占 2154 [Graph] 023b 013e.
貝占

賜 cì *10143 | 赐 -7989 | 1° gift, to give 2° to condescend ◇ 1° don, donner, accorder 2° daigner [Etym] 貝 2246 (rad: 154a 7-08), 易2193 [Graph] 023b 021a 852e.
貝日勿

賏 yīng (2252) 貝貝 | [Tra] cowries string ◇ collier de cauris [Etym] many cowries (1, 2= 貝 2246) ◇ plusieurs cauris (1,2= 貝 2246) [Graph] 023b 023b [Ref] k288, w161f [Hanzi] ying1 嬰 10144, ying1 罌 10146, bi4 贔 10147, ying1 鶯 10148, ying1 甖 10149.

嬰 yīng (2253) 貝貝女 | [Tra] infant; baby ◇ petit enfant; bébé [Etym] hanging to mother's neck (3= 女 1122) like a lace (1,2= 賏 2252) ◇ être pendu au cou de sa mère (3= 女 1122) comme un collier (1,2= 賏 2252) [Graph] 023b 023b 611e [Ref] k289, ph836, w161f [Hanzi] ying1 攖 2695, ying1 櫻 4446, ying1 瓔 5196, ying1 纓 6262, ying3 癭 7129, ying1 嚶 9218, ying1 嬰10144, ying1 鸚 10145.

嬰 yīng *10144 | 婴 -7980 | 1° baby 2° infant ◇ 1° bébé 2° petit enfant [Etym] 女1122 (rad: 038a 3-14), 嬰 2253 [Graph] 023b 023b 611e.
貝貝女

鸚 yīng *10145 | 鹦 -7981 | parrot ◇ perroquet [Etym] 鳥2500 (rad: 196a 11-17), 嬰2253 [Graph] 023b 023b 611e Z22h.
貝貝女鳥

罌 yīng *10146 | 罂 -7982 、甖 *10149 | small-mouthed jar ◇ pot de terre, jarre à corps renflé [Etym] 缶 1628 (rad: 121a 6-14), 賏 2252 [Graph] 023b 023b 841c.
貝貝缶

贔 bí (2254) 貝貝貝 | [Tra] strong, great strength ◇ robuste, grande force [Etym] three precious pieces, money (貝 2246) ◇ trois pièces précieuses, monnaie (貝 2246) [Graph] 023b 023b 023b [Hanzi] xi4 屭 8663, bi4 贔 10147.

贔 bì *10147 | 赑 -7983 | 1° great strength 2° turtle 3° Chinese Neptune ◇ 1° force 2° tortue 3° Neptune chinois [Etym] 貝 2246 (rad: 154a 7-14), 賏 2252 [Graph] 023b 023b 023b.
貝貝貝

鶯 yīng *10148 | 莺 -3841 、鸎 *948 | oriole ◇ loriot [Etym] 鳥 2500 (rad: 196a 11-14), 賏 2252 [Graph] 023b 023b Z22h.
貝貝鳥

甖 yīng *10149 | 罂 -7982 、罌 *10146 | small-mouthed jar ◇ pot de terre, jarre à corps renflé [Etym] 瓦 2531 (rad: 098a 4-14), 賏 2252 [Graph] 023b 023b Z33f.
貝貝瓦

贈 zèng *10150 | 赠 -7990 | 1° to give as a present 2° to supply 3° to aid 4° to grant a posthumous title ◇ 1° offrir en présent 2° fournir 3° secourir 4° conférer un titre posthume [Etym] 貝 2246 (rad: 154a 7-12), 曾 2308 [Graph] 023b 033c 021a.
貝曲日

見 jiàn (2255) 見 | [Tra] to look ◇ regarder [Etym] a man (bottom< 儿 405) having a big eye (< 目 2239) ◇ un homme (bas< 儿 405) avec un grand oeil (< 目 2239) [Graph] 023c [Ref] h18, k368, ph259, r14a, r277, w158c, wa12, wi85 [Hanzi] jian3 筧 897, xian4 莧 3972, jian3 梘 4447, xian4 現 5197, jing4 liang4 靚 5279, jian3 絸 6263, xian4 峴 7610, yan4 硯 9774, jian4 xian4 見 10151, xian3 蜆 10334, mian3 tian3 靦 10932 [Rad] 147a.

目 貝 見

見 jiàn *10151 |见 -7991| 1° to see, to apprehend 2° to meet with 3° to appear to be 4° to refer to 5° opinion 6° experience ◇ 1° voir, percevoir 2° rencontrer 3° paraître 4° aller voir 5° avis 6° expérience [Etym] 見 2255 (rad: 147a 7-00), [Graph] 023c.

△ xiàn |见 -7991| 1° to appear, visible 2° to apprehend, to see 3° experience 4° notice ◇ 1° paraître, visible 2° voir, percevoir 3° expérience 4° avis.

覎 yàn *10152 |觃 -7992| place in Zhejiang ◇ lieu du Zhejiang [Etym] 見 2255 (rad: 147a 7-03), 子 1303 [Graph] 023c 634d.

自 zì (2256) 自 [Tra] nose; oneself ◇ nez; soi-même [Etym] nose (< 鼻 2263); center of face ->oneself ◇ le nez (< 鼻 2263); centre de la figure ->soi-même [Graph] 023d [Ref] h134, k1091, r307, w159a, wa12 [Hanzi] ji4 洎 556, ji4 垍 4967, za2 zan2 zan5 咱 9219, zi4 自 10153, xi1 息 10156, zui4 辠 10157 [Rad] 132a.

自 zì +10153 自 1° self 2° I, my own 3° of course 4° from, since ◇ 1° soi-même 2° moi, je 3° naturellement, en effet 4° de, depuis [Etym] 自 2256 (rad: 132a 6-00), [Graph] 023d.

自满 zì mǎn ◦ conceited, satisfied ◇ suffisance, content de soi, vaniteux, prétentieux * 176.

自治 zì zhì ◦ autonomy, self-government ◇ s'administrer, être autonome * 283.

自爱 zì ài ◦ to take good care of one's health; to cherish one ◇ prendre soin de sa santé; soigner son nom ou sa réputation * 712.

自从 zì cóng ◦ from, as soon as ◇ à partir de, dès, depuis * 1071.

自个 zì gě ◦ oneself, by oneself ◇ un, individuel * 1092.

自大 zì dà ◦ pretentious, showy ◇ prétentieux, orgueilleux, présomptueux * 1537.

自杀 zì shā ◦ to commit suicide ◇ se suicider, se donner la mort * 1653.

自在 zì zài ◦ free, unrestrained ◇ libre; à l'aise * 1690.

自拔 zì bá ◦ to free oneself (from pain, evildoing) ◇ se dégager * 2361.

自傲 zì ào ◦ arrogant, self-conceited ◇ arrogant, imbu de soi * 2897.

自传 zì zhuàn ◦ autobiography ◇ autobiographie * 2936.

自信 zì xìn ◦ self-confident ◇ être sûr de soi, avoir confiance en soi * 3042.

自修 zì xiū ◦ to study by oneself ◇ étudier seul, s'instruire sans maître * 3105.

自行车 zì xíng chē ◦ bicycle; bike ◇ bicyclette, vélo * 3128 6327.

自称 zì chēng ◦ to call oneself; to claim to be ◇ se nommer soi-même; se vanter * 4515.

自私 zì sī ◦ selfish ◇ égoïste * 4538.

自来水 zì lái shuǐ ◦ running water ◇ eau courante * 4672 2299.

自主 zì zhǔ ◦ to act on one's own ◇ être autonome, être maître de soi * 5212.

自动 zì dòng ◦ automatic ◇ automatique, spontané * 5920.

自动化 zì dòng huà ◦ automation ◇ automatiser * 5920 2834.

自然 zì rán ◦ of course ◇ naturellement, normal; spontanément * 6452.

自愿 zì yuàn ◦ voluntary ◇ être volontaire * 6870.

自力更生 zì lì gēng shēng ◦ to rely upon one's own might ◇ compter sur ses propres forces * 7259 10731 5286.

自学 zì xué ◦ to teach oneself ◇ étudier seul * 7854.

自觉 zì jué ◦ aware, conscious ◇ conscient, volontaire * 7857.

自负 zì fù ◦ to be conceited ◇ outrecuidant, infatué de soi, suffisant * 7995.

自豪 zì háo ◦ proud ◇ fier * 9460.

自高自大 zì gāo zì dà ◦ conceited, arrogant, self-important ◇ prétentieux, arrogant * 9463 10153 1537.

自白 zì bái ◦ to explain and vindicate oneself ◇ se justifier * 9973.

自由 zì yóu ◦ liberty, freedom; free ◇ liberté; libre * 10657.

自尊心 zì zūn xīn ◦ self-esteem, pride ◇ amour-propre * 10925 2177.

自己 zì jǐ ◦ self, I, my own ◇ soi-même; avoir des relations amicales * 11243.

自费 zì fèi ◦ at one's own expenses ◇ à ses frais * 11282.

臯 gāo (2257) 自大十 [Tra] fullday; high bank ◇ jour; haute berge [Etym] different writing for (皋 2217) ◇ autre graphie pour (皋 2217) [Graph] 023d 242a 413a [Ref] k310, w60f [Hanzi] ao2 翱 10154.

翱 áo -10154 自大十习习 |翺 *10158| to take wing ◇ se donner des ailes [Etym] 羽 1472 (rad: 124a 6-11), 臯 2257 [Graph] 023d 242a 413a 731c 731c.

臭 chòu (2258) 自犬 [Tra] to smell; to stink ◇ sentir; puer [Etym] dog (2= 犬 295); its nose (1= 自 2256) ◇ un chien (2= 犬 295); son nez (1= 自 2256) [Graph] 023d 242i [Ref] h1356, k160, ph523, w134a, wa83 [Hanzi] xiu4 溴 557, qiu3 糗 4645, xiu4 嗅 9220, chou4 xiu4 臭 10155.

臭 chòu +10155 自犬 1° to smell 2° to stink ◇ 1° sentir, flairer 2° puer, mauvaise odeur [Etym] 自 2256 (rad: 132a 6-04), 臭 2258 [Graph] 023d 242i.

臭味 chòu wèi ◦ foul smell; to stink ◇ puanteur, mauvaise odeur * 8962.

臭虫 chòu chóng ◦ bug ◇ punaise * 10191.

△ xiù |1° to smell 2° to stink ◇ 1° sentir, flairer 2° puer.

息 xī (2259) 自心 |[Tra] child; breath; rest ◇ enfant; souffle; repos [Etym] breath (1= 自 2256);heart (2= 心 397), principles of life ->child ◇ souffle (1= 自 2256); coeur (2= 心 397), principes de vie -> enfant [Graph] 023d 321c [Ref] h332, k780, ph534, r32h, w159a, wi724 [Hanzi] xi1 熄 1058, xi2 媳 5858, xi1 息 10156, xi1 螅 10335.

息 xī +10156 自心 |1° breath, respiration 2° news 3° to stop 4° to rest 5° to multiply, to produce 6° interest 7° one's children ◇ 1° souffle, respiration, haleine 2° nouvelles 3° arrêter, cesser 4° repos 5° grandir, produire 6° intérêt, profit 7° son enfant [Etym] 心 397 (rad: 061a 4-06), 息 2259 [Graph] 023d 321c.

辠 zuì *10157 自辛 |罪 +10777| 1° crime 2° fault, sin, guilt 3° suffering 4° punishment ◇ 1° crime 2° faute, péché, coupable 3° souffrance 4° punition, peine [Etym] 辛 567 (rad: 160a 7-06), 自 2256 [Graph] 023d 413d.

皐 gāo (2260) 自夲 |[Tra] fullday; high bank ◇ jour; haute berge [Etym] different writing for (皋 2217) (> 皐 2220) ◇ autre graphie pour (皋 2217) (> 皐 2220) [Graph] 023d 413k [Ref] k310 [Hanzi] ao2 翺 10158.

翺 áo *10158 自夲习习 |翱 -10154| to take wing ◇ se donner des ailes [Etym] 羽 1472 (rad: 124a 6-12), 皐 2260 [Graph] 023d 413k 731c 731c.

臬 niè (2261) 自木 |[Tra] target; rule; judge ◇ cible; loi; juge [Etym] wooden (2= 木 723) target; nose as central (1= 自 2256) point ◇ une cible de bois (2= 木 723); le nez comme point central (1= 自 2256) [Graph] 023d 422a [Ref] k666, w119h [Hanzi] nie4 鎳 1348, nie4 镍 2114, nie4 嵲 7611, nie4 臬 10159.

臬 niè +10159 自木 |1° target, mark 2° standard, rule 3° judge ◇ 1° cible, marque 2° loi, norme 3° juge provincial suprême [Etym] 自 2256 (rad: 132a 6-04), 臬 2261 [Graph] 023d 422a.

邊 biān (2262) 自穴方辶 |[Tra] bank, side, edge ◇ bord, côté, limite [Etym] empty (2= 穴 1718)place (2= 方 1784)where one (1= 自 2256)can go (辶 1346) ◇ un lieu (3= 方 1784) vide (2= 穴 1718) où on (1= 自 2256) peut passer (辶 1346) [Graph] 023d 851d 853b 634o [Ref] w34k, wi104 [Hanzi] bian1 籩 898, bian1 邊 10160.

邊 biān *10160 自穴方辶 |边 -7260| 1° side 2° edge 3° border, frontier 4° close by ◇ 1° côté 2° bord 3° frontière, limite 4° proximité [Etym] 辶 1346 (rad: 162b 3-15), 邊 2262 [Graph] 023d 851d 853b 634o.

鼻 bí (2263) 自田丌 |[Tra] nose ◇ nez [Etym] nose (prim): upper part, nostrils, lips ◇ nez (prim): haut, narine, lèvre [Graph] 023d 041a 416c [Ref] h377, k716, w40c [Hanzi] bi4 濞 558, xing3 擤 2696, bi2 鼻 10161, yi4 劓 10162 [Rad] 209a.

鼻 bí +10161 自田丌 |1° nose 2° beginning ◇ 1° nez 2° commencement [Etym] 鼻 2263 (rad: 209a 14-00), [Graph] 023d 041a 416c.

鼻涕 bí tì。snivel ◇ morve * 628.

鼻子 bí zǐ。nose ◇ nez * 6546.

鼻孔 bí kǒng。nostril ◇ narine * 6549.

劓 yì +10162 自田丌刂 |to cut off the nose ◇ couper le nez, mutiler [Etym] 刂 470 (rad: 018b 2-14), 鼻 2263 [Graph] 023d 041a 416c 333b.

鼾 hān +10163 自田丌干 |to snore ◇ ronfler [Etym] 鼻 2263 (rad: 209a 14-03), 干 564 [Graph] 023d 041a 416c 413b.

齆 wèng +10164 自田丌巛口巴 |stuffy (nose), nasal twang ◇ enchifrènement [Etym] 鼻 2263 (rad: 209a 14-10), 邕 1114 [Graph] 023d 041a 416c 611c 011a 933c.

齇 zhā -10165 自田丌虍七目一 |皻 *7172| red pustules on the nose ◇ pustules rouges sur le nez [Etym] 鼻 2263 (rad: 209a 14-11), 虘 1444 [Graph] 023d 041a 416c 721g 321e 021a ac:z.

䶊 nǜ *10166 自田丌丑 |衄 +8563、衂 *8561| 1° nosebleed 2° to be defeated in battle 3° to run away ◇ 1° saigner du nez 2° être battu, déroute 3° fuite [Etym] 鼻 2263 (rad: 209a 14-04), 丑 1564 [Graph] 023d 041a 416c 832e.

齁 hōu +10167 自田丌勹口 |1° to snore 2° sickeningly sweet or salty 3° very ◇ 1° ronfler 2° écoeuré (aliment trop sucré, trop salé) 3° très [Etym] 鼻 2263 (rad: 209a 14-05), 句 1779 [Graph] 023d 041a 416c 852h 011a.

齉 nàng -10168 自田丌市冖口口韭𧘇 |儾 *3060| to snuffle ◇ nasiller [Etym] 鼻 2263 (rad: 209a 14-22), 囊 2286 [Graph] 023d 041a 416c 031f 851a 011a 011a 436g 312h.

百 shǒu (2264) 百 |[Tra] head ◇ tête [Etym] head (prim): suggesting eye (< 目 2239) or nose (< 自 2256) ◇ une tête (prim): suggérant un oeil (< 目 2239) ou un nez (< 自 2256) [Graph] 023e [Ref] r3b, w160a, wi168 [Hanzi] ao4 奡 10169, jia2 戛 10170, xia4 夏 10171.

奡 ào +10169 百大儿 |1° to be proud, strong 2° eloquent (text) 3° personal name ◇ 1° fierté, orgueilleux 2° éloquent (texte) 3° prénom [Etym] 大 257 (rad: 037a 3-14), 百 2264 [Graph] 023e 242a 416a.

戛 jiá (2265) 百戈 |[Tra] lance; to tap ◇ lance; taper [Etym] lance (2= 戈 1057) long enough to reach head (1= 百 2264) ◇ lance (2= 戈 1057) assez longue pour atteindre la tête (1= 百 2264) [Graph] 023e 512b [Ref] w160a [Hanzi] ga1 ga2 ga3 嘎 9221, jia2 戛 10170.

戛 jiá +10170 百戈 |戞 *8573| 1° lance 2° to tap, to knock gently ◇ 1° lance 2° frapper doucement [Etym] 戈 1057 (rad: 062a 4-07), 戛 2265

目 自 百

[Graph] 023e 512b.

夏 xià (2266) 百夂 |[Tra] summer ◇ été [Etym] {?} masked (1= 百 2264) summer dance (2= 夂 1286) (< 夔 2269) ◇ {?} danse (2= 夂 1286) masquée (1= 百 2264) de l'été (< 夔 2269) [Graph] 023e 633e [Ref] h82, k136, r3b, w160d, wi168 [Hanzi] sha4 xia4 厦 6873, sha4 xia4 廈 6982, a2 sha4 嗄 9222, xia4 夏 10171.

夏 xià +10171 百夂 |1° summer 2° first dynasty of China (c. 21st - c. 16th century BC) 3° ancient name for China 4° surname ◇ 1° été 2° première dynastie de Chine (du 21ème au 16ème siècles A.J.C) 3° ancien nom de la Chine 4° nom de famille [Etym] 夂 1286 (rad: 035a 3-07), 夏 2266 [Graph] 023e 633e.

夏天 xià tiān ∘ summer ◇ été * 1573.

夏季 xià jì ∘ summer ◇ été * 4543.

頁 yè (2267) 頁 |[Tra] head; beginning; page ◇ tête; début; page [Etym] head (< 百 2264) on legs (bottom=prim) ◇ une tête (< 百 2264) sur des jambes (bas=prim) [Graph] 023f [Ref] k227, r4g, w160c, wa10, wi105 [Hanzi] fan2 煩 1059, man1 顢 3899, lei4 類 4602, lei4 纇 4618, pin2 顰 5310, xiao1 囂 9182, shuo4 碩 9775, hao4 顥 9950, ye4 頁 10172 [Rad] 181a.

頁 yè *10172 頁 |页 -7993 、叶 +8927 、葉 *826 | 1° page, leaf 2° beginning 3° chapter 4° head ◇ 1° page 2° commencement 3° chapitre 4° tête [Etym] 頁 2267 (rad: 181a 9-00), [Graph] 023f.

首 shǒu (2268) 首 |[Tra] head; lead; contest ◇ tête; chef; procès [Etym] head (prim,< 百 2264): eye (< 目 2239) and hairs (top=prim) (> 縣 2242) ◇ la tête (prim,< 百 2264): un oeil (< 目 2239), des cheveux (haut=prim) (> 縣 2242) [Graph] 023g [Ref] h139, k898, r249, w160a, wa11, wi101 [Hanzi] shou3 首 10173, dao4 道 10176 [Rad] 185a.

首 shǒu +10173 首 |1° head 2° first 3° leader, chief 4° d,nonciation 5° to begin 6° measure-word (poem) ◇ 1° tête 2° principal, premier 3° chef, souverain 4° dénoncer 5° débuter 6° spécificatif (poème) [Etym] 首 2268 (rad: 185a 9-00), [Graph] 023g.

首领 shǒu lǐng ∘ chieftain, leader, head ◇ chef, leader * 1397.

首创 shǒu chuàng ∘ to initiate ◇ prendre l'initiative de * 1401.

首饰 shǒu shì ∘ jewelry, ornaments ◇ bijoux, parure * 1873.

首长 shǒu zhǎng ∘ leading cadre ◇ supérieur, chef, dirigeant * 2139.

首相 shǒu xiàng ∘ prime minister ◇ premier ministre * 4444.

首都 shǒu dū ∘ capital (of a country) ◇ capitale (d'un pays) * 5054.

首先 shǒu xiān ∘ first; above all ◇ en premier lieu, avant tout, d'abord * 5239.

首府 shǒu fǔ ∘ capital (autonomous region) ◇ chef-lieu (région autonome) * 6888.

首脑 shǒu nǎo ∘ head (of government) ◇ chef (d'Etat ou de gouvernement) * 8211.

首届 shǒu jiè ∘ first session; premiere ◇ première session; première promotion * 8666.

首要 shǒu yào ∘ of first importance; chief ◇ de première importance, principal * 10824.

夔 kuí (2269) 首止巳公夂 |[Tra] devil; monster ◇ démon; monstre [Etym] devil (prim): head (1= 首 2268), arms (2,3=prim), legs (4< 夏 2266) ◇ démon (prim): tête (1= 首 2268), bras (2,3=prim), jambes (4< 夏 2266) [Graph] 023g 434a 933b acc:h 633e [Ref] w103c [Hanzi] nao2 巙 7612, kui2 夔 10174.

夔 kuí +10174 首止巳公夂 |1° one-legged monster, mountain goblin 2° ancient place in Sichuan ◇ 1° monstre à un pied 2° lieu ancien du Sichuan [Etym] 夂 1286 (rad: 035a 3-18), 夔 2269 [Graph] 023g 434a 933b ac:h 633e.

馘 guó +10175 首戎口一 |聝 *5457 | to cut off an enemy's left ear in combat ◇ oreilles coupées des prisonniers pour prouver la victoire [Etym] 首 2268 (rad: 185a 9-08), 或 1061 [Graph] 023g 512d 011a ac:z.

道 dào (2270) 首辶 |[Tra] road; way; to talk ◇ chemin; doctrine; dire [Etym] to go (2= 辶 1346) ahead (1= 首 2268) ◇ aller (2= 辶 1346) de l'avant, en tête (1= 首 2268) [Graph] 023g 634o [Ref] h188, k978, r250, w160a, wi101 [Hanzi] dao4 道 10176, dao3 導 10177.

道 dào +10176 首辶 |1° road, path, way 2° doctrine 3° to lead, to talk ◇ 1° voie, chemin 2° doctrine 3° dire, parler [Etym] 辶 1346 (rad: 162b 3-09), 道 2270 [Graph] 023g 634o.

道谢 dào xiè ∘ to thank someone ◇ remercier qqn * 1813.

道德 dào dé ∘ morality, virtue ◇ moralité, vertu * 3180.

道教 dào jiào ∘ Daoism (Taoism) ◇ Daoisme (Taoisme) * 5050.

道理 dào lǐ ∘ reason ◇ raison * 5204.

道歉 dào qiàn ∘ to apologize ◇ s'excuser, demander pardon * 7417.

道路 dào lù ∘ road, way ◇ route, chemin * 9353.

道白 dào bái ∘ spoken parts in opera ◇ passages parlés dans un opéra * 9973.

導 dǎo *10177 首辶寸 |导 -8728 | 1° to lead, to conduct 2° to instruct ◇ 1° guider, conduire 2° enseigner [Etym] 寸 441 (rad: 041a 3-12), 道 2270 [Graph] 023g 634o 332b.

貞 zhēn (2271) 貞 |[Tra] chaste; virtuous ◇ persévérer; virginité [Etym] divination (top< 卜 548); phon, offerings (< 鼎 2245) ◇ divination (haut< 卜 548); phon, offrandes (< 鼎 2245) [Graph] 023h [Ref] h1615, k1192, ph423, w56c, wa184 [Hanzi] zhen1 湞 559, zhen1 禎 2287, zhen1 偵 3057, zhen1 楨 4448, cheng1 赬 4791, zheng4 幀 8409, zhen1 貞 10178.

貞 zhēn *10178 | 贞 -7994 | 1° faithful, loyal 2° chaste, virgin (woman) 3° pure, virtuous 4° divination ◇ 1° fidèle, loyal 2° virginité (femme) 3° pur, vertueux 4° divination [Etym] 貝 2246 (rad: 154a 7-02), 貞 2271 [Graph] 023h.

肖 suǒ (2272) [Tra] small ◇ petit [Etym] as small or smaller (top< 小 424) than a cowrie (< 貝 2246) ◇ aussi petit ou plus petit (haut< 小 424) qu'un cauris (< 貝 2246) [Graph] 023i [Ref] k817, ph566, w18k, wi680 [Hanzi] suo3 鎖 1349, suo3 瑣 5199, suo3 嗩 9223.

直 zhí (2273) [Tra] upright, honest ◇ droit, correct [Etym] piercing stare: eye (1< 目 2239) as a needle (top< 十 560) ◇ oeil (1< 目 2239) pénétrant comme une aiguille (haut< 十 560) [Graph] 023j 711a [Ref] h349, k1220, w10k, wi349 [Hanzi] zhi2 値 3058, zhi2 植 4449, zhi1 稙 4579, zhi2 埴 4968, zhi2 殖 6445, zhi2 直 10179, de2 悳 10180, zhi4 置 10805.

直 zhí *10179 | 直 +8548 | 1° straight 2° vertical, perpendicular 3° upright, just, honest 4° frank, straightforward 6° stiff 7° vertical stroke (Chinese writing) 8° continuously 9° simply 10° surname ◇ 1° droit, direct 2° vertical, perpendiculaire 3° juste, rectifier, sincère 4° franc, direct 6° raide 7° trait vertical (écriture chinoise) 8° continuellement 9° absolument 10° nom de famille [Etym] 目 2239 (rad: 109a 5-03), 直 2273 [Graph] 023j 711a.

悳 dé *10180 | 德、悳 +3180、*8549 | 1° moral excellence, goodness, virtue, quality 2° heart, mind 3° kindness, favour ◇ 1° qualités naturelles et leurs manifestations, vertu 2° coeur, esprit 3° bonté, bienfait [Etym] 心 397 (rad: 061a 4-08), 直 2273 [Graph] 023j 711a 321c.

矗 chù (2274) [Tra] to stand upright; lush ◇ se tenir droit; luxuriant [Etym] three times, to be upright, correct (直 2273) (> 矗 1935) ◇ trois fois, être droit, honnête (直 2273) (> 矗 1935) [Graph] 023j 711a 023j 711a 023j 711a [Hanzi] chu4 矗 10181.

矗 chù *10181 | 矗 +8550 | 1° to stand tall and upright 2° lush ◇ 1° se tenir droit 2° luxuriant [Etym] 目 2239 (rad: 109a 5-19), 矗 2274 [Graph] 023j 711a 023j 711a 023j 711a.

負 fù (2275) [Tra] to bear; fail; neglect ◇ supporter; aversion [Etym] man (top< 人 170) bearing cowries or money (< 貝 2246) ◇ un homme (haut< 人 170) portant des cauris ou de l'argent (< 貝 2246) [Graph] 023k [Ref] h383, k55, r22a, w28c, w161e [Hanzi] fu4 負 10182, lai4 賴 10384.

負 fù *10182 | 负 -7995 | 1° to carry on the back, to bear 2° to rely on 3° to suffer 4° to fail, rebellion, to turn the back on, ungrateful 5° to lose 6° minus 7° negative ◇ 1° porter sur le dos, supporter 2° compter sur 3° supporter 4° rébellion, tourner le dos, ne pas savoir gré de ce qu'on a reçu, ingratitude 5° perdre (bataille) 6° moins 7° négatif [Etym] 貝 2246 (rad: 154a 7-02), 負 2275 [Graph] 023k.

中 031

中 zhōng (2276) [Tra] center; inside ◇ centre; intérieur [Etym] an arrow in the center of the target (prim) ◇ une flèche au centre de la cible (prim) [Graph] 031b [Ref] h55, k1269, ph52, r168, w109a, wa194, wi57 [Hanzi] chong1 chong4 冲 40, chong1 沖 560, zhong1 钟 2115, zhong1 衷 2156, zhong4 仲 3059, chong1 忡 3368, chong2 zhong3 zhong4 种 4580, chong1 狆 7234, zhong3 肿 8235, zhong1 zhong4 中 10183, zhong1 忠 10184, zhong1 盅 10185.

中 zhōng +10183 | 1° center, middle 2° China 3° in, among, within 4° intermediary 5° halfway 6° in the process of 7° good for 8° all right, O.K. 9° while, in the time of 10° surname ◇ 1° centre, milieu, juste milieu 2° Chine 3° dedans, dans 4° intermédiaire 5° moitié 6° en train de 7° bon à, bon pour 8° d'accord, correct, orthodoxe 9° pendant, à l'époque de 10° nom de famille [Etym] 丨 476 (rad: 002a 1-03), 中 2276 [Graph] 031b.

中立 zhōng lì ∘ neutral; neutrality ◇ rester neutre; neutralité * 637.

中立国 zhōng lì guó ∘ neutral state ◇ pays neutre, pays non engagé * 637 10952.

中等 zhōng děng ∘ medium, moderate; medium-sized ◇ moyen; de taille moyenne * 792.

中途 zhōng tú ∘ halfway ◇ à mi-chemin, chemin faisant * 1100.

中文 zhōng wén ∘ the Chinese language ◇ langue chinoise * 1659.

中心 zhōng xīn ∘ center, heart ◇ centre, coeur; point essentiel; ville * 2177.

中华 zhōng huá ∘ China ◇ Chine * 2835.

中午 zhōng wǔ ∘ noon, by the end of the morning ◇ midi, en fin de matinée * 3417.

中年 zhōng nián ∘ middle age ◇ âge moyen * 3476.

中药 zhōng yào ∘ traditional Chinese medicine ◇ médicaments de tradition chinoise * 3740.

中草药 zhōng cǎo yào ∘ Chinese herbal medicine ◇ plantes médicinales chinoises * 3967 3740.

中秋节 zhōng qiū jié ∘ Mid-autumn festival ◇ fête de la lune * 4493 3805.

中断 zhōng duàn。to suspend, to discontinue, to break off ◇ interrompre, suspendre ＊ 4628.

中式 zhōng shì。Chinese style ◇ mode chinoise, style chinois; à la chinoise ＊ 5509.

中级 zhōng jí。intermediate ◇ moyen ＊ 6015.

中外 zhōng wài。China and foreign countries; Chinese and foreign ◇ la Chine et l'étranger; Chinois et étrangers ＊ 6395.

中餐 zhōng cān。Chinese food ◇ cuisine chinoise ＊ 6450.

中医 zhōng yī。traditional Chinese medical science ◇ médecine chinoise; docteur en médecine chinoise ＊ 7298.

中医科 zhōng yī kē。traditional Chinese medicine ◇ médecine traditionnelle chinoise ＊ 7298 4523.

中山装 zhōng shān zhuāng。Chinese tunic suit ◇ costume masculin à collet fermé et quatre poches ＊ 7475 3192.

中学 zhōng xué。secondary school ◇ école secondaire, lycée, collège ＊ 7854.

中学生 zhōng xué shēng。high school student ◇ élève du secondaire, lycéen ＊ 7854 5286.

中间 zhōng jiān。middle, center ◇ milieu, centre; parmi; entre-temps ＊ 8039.

中间 zhōng jiàn。among, between ◇ parmi, entre au sein de ＊ 8039.

中央 zhōng yāng。midst, center ◇ centre, milieu, central, national ＊ 8568.

中国 zhōng guó。China ◇ Chine ＊ 10952.

△ zhòng | 1° to hit 2° to be hit by, to be affected by ◇ 1° atteindre 2° être atteint par, être touché par.

中毒 zhòng dú。poisoning ◇ intoxication, empoisonnement ＊ 5284.

中暑 zhòng shǔ。to suffer heatstroke; sunstroke ◇ coup de soleil, insolation ＊ 9874.

忠 zhōng +10184 中心 | loyal, devoted ◇ loyauté, fidélité [Etym] 心 397 (rad: 061a 4-04), 中 2276 [Graph] 031b 321c.

忠诚 zhōng chéng。loyal, faithful ◇ fidèle, dévoué, loyal ＊ 1757.

忠于 zhōng yú。true to, loyal to ◇ être fidèle à ＊ 2306.

忠实 zhōng shí。faithful; true ◇ fidèle; véridique, exact ＊ 7696.

盅 zhōng +10185 中皿 | cup, goblet without handle ◇ coupe, tasse sans anse [Etym] 皿 1939 (rad: 108a 5-04), 中 2276 [Graph] 031b 922a.

> 虫 kuì (2277) 虫 | [Tra] basket; to gather ◇ panier; accumuler [Etym] {?} basket (prim); {?} hands (臼 1585) gathering (< 束 2296) ◇ {?} un panier (prim); {?} des mains (臼 1585) faisant le geste de ramasser (< 束 2296) [Graph] 031c [Ref] k455, w111a, wi205 [Hanzi] gui4 贵 10186, gui4 貴 10189.

> 贵 guì (2278) 虫贝 | [Tra] dear; expensive; noble ◇ cher; coûteux; noble [Etym] modern simplified form of (貴 2281) ◇ forme simplifiée moderne de (貴 2281) [Graph] 031c 854b [Hanzi] hui4 kui4 溃 561, kui4 篑 899, kui4 馈 1882, kui4 愦 3369, kui4 蒉 3973, kui4 聩 5478, hui4 缋 6078, hui4 殨 6446, kui4 襀 6695, kui4 匮 7328, hui4 阓 8043, gui4 贵 10186, wei4 yi2 遗 10187.

贵 guì -10186 | 貴 *10189 | 1° expensive, dear 2° valuable, prized 3° noble, esteemed 4° your 5° short for Guizhou Province ◇ 1° coûteux, cher 2° de bonne valeur, précieux 3° noble, estimer 4° votre 5° abréviation de Guizhou [Etym] 贝 1796 (rad: 154s 4-05), 贵 2278 [Graph] 031c 854b.

贵姓 guì xìng。your surname, family name? ◇ votre précieux nom, nom de famille? ＊ 5764.

贵客 guì kè。distinguished guest ◇ hôte distingué, hôte de marque ＊ 7760.

贵宾 guì bīn。distinguished or honored guest ◇ hôte distingué ＊ 7765.

贵族 guì zú。noble, aristocrat ◇ noblesse, aristocratique ＊ 7931.

贵重 guì zhòng。precious, rare ◇ précieux, rare ＊ 10764.

遗 wèi -10187 虫贝辶 | 遺 *10190 | to offer as a gift ◇ faire un cadeau [Etym] 辶 1346 (rad: 162b 3-09), 贵 2278 [Graph] 031c 854b 634o.

△ yí | 遺 *10190 | 1° to lose, lost thing 2° to omit, to forget 3° to leave behind (death), to bequeath, to transmit, to let 4° incontinence, wet dream ◇ 1° perdre, objet perdu 2° oublier, omettre 3° léguer, transmettre, laisser en héritage 4° incontinence d'urine, pertes séminales (rêve).

遗漏 yí lòu。to omit, to leave out ◇ omettre, oublier ＊ 478.

遗失 yí shī。to lose ◇ perdre ＊ 1621.

遗像 yí xiàng。portrait of the deceased ◇ portrait du défunt ＊ 3063.

遗憾 yí hàn。regret, pity ◇ regrettable, dommage ＊ 3271.

遗址 yí zhǐ。ruins, relics ◇ ruînes, restes ＊ 4835.

遗产 yí chǎn。legacy, heritage ◇ héritage, patrimoine ＊ 6991.

遗忘 yí wàng。to forget ◇ oublier ＊ 7335.

遗容 yí róng。mortal remains ◇ dépouille mortelle ＊ 7692.

遗嘱 yí zhǔ。will, testament ◇ testament ＊ 9160.

> 遣 qiǎn (2279) 虫目辶 | [Tra] to dipatch; send ◇ envoyer; chasser [Etym] {1} to walk, move (3= 辶 1346), phon and bring (1,2= 𠳋 2280); {2} hands (1=prim,< 舁 1589) offering (3= 辶 1346) testicles (2< 自 2018) ◇ {1} marcher, déplacer (3= 辶 1346), phon et apporter (1,2= 𠳋 2280); {2} mains (1=prim, > 舁 1589) offrant (2= 辶 1346) testicules (2< 自 2018) [Graph] 031c 934b 634o [Ref] h1220, k382, ph773, w111c, wa166, wi693 [Hanzi] qian3 谴 1824, qian3 缱 6079, qian3

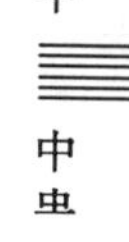

繾6264, qian3 譴9628, qian3 遣10188.

遣 qiǎn +10188 虫目辶 1° to send off, to dispatch, to commission 2° to expel ◇ 1° envoyer, députer 2° congédier, chasser [Etym] 辶 1346 (rad: 162b 3-10), 遣 2279 [Graph] 031c 934b 634o.

遣责 qiǎn zé ∘ to condemn ◇ condamner, stigmatiser ✱ 5272.

䏽 qiǎn (2280) 虫自 [Tra] small mound ◇ petit monticule [Etym] basketful (1= 虫2277) of earth to build a mound (2= 阜 2024) ◇ un panier (1= 虫 2277) de terre pour construire une terrasse (2= 阜 2024) [Graph] 031c 934c [Ref] w11c.

貴 guì (2281) 虫貝 [Tra] dear; expensive; noble ◇ cher; coûteux; noble [Etym] money (2= 貝 2246); phon and gathering (1= 虫 2277) ◇ argent (2= 貝 2246); phon et accumulation (1= 虫 2277) [Graph] 031c 023b [Ref] h834, k456, ph693, w111b, wi205 [Hanzi] hui4 kui4 潰 562, kui4 簣 900, kui4 饋 1473, kui4 憒 3370, kui4 蕢 3974, tui2 穨 4593, kui4 聵 5479, hui4 繢 6265, kui4 樻 6696, kui4 匱 7329, hui4 闠 8795, gui4 貴 10189, wei4 yi2 遺 10190.

貴 guì *10189 贵 -10186 虫貝 1° expensive, dear 2° valuable, prized 3° noble, esteemed 4° your 5° short for Guizhou Province ◇ 1° coûteux, cher 2° de bonne valeur, précieux 3° noble, estimer 4° votre 5° abréviation de Guizhou [Etym] 貝 2246 (rad: 154a 7-05), 貴 2281 [Graph] 031c 023b.

遺 wèi *10190 遗 -10187 虫貝辶 to offer as a gift ◇ faire un cadeau [Etym] 辶 1346 (rad: 162b 3-12), 貴 2281 [Graph] 031c 023b 634o.

△ yí 遗 -10187 1° to lose, lost thing 2° to omit, to forget 3° to leave behind (death), to bequeath, to transmit, to let 4° incontinence, wet dream ◇ 1° perdre, objet perdu 2° oublier, omettre 3° léguer, transmettre, laisser en héritage 4° incontinence d'urine, pertes séminales (rêve).

虫 chóng (2282) 虫 [Tra] insect; reptile ◇ insecte; reptile [Etym] crawling animal (prim): snake, worms, etc ◇ un animal rampant (prim): serpent, vers, etc [Graph] 031d [Ref] h56, k110, r1b, w110a, wa48 [Hanzi] zhuo2 浊 563, juan1 蠲 724, zhu2 烛 1060, chun3 蠢 1642, shi2 蚀 1883, he1 蠚 3571, jian3 茧 3975, du4 蠹 5008, du2 独 5673, li2 li3 蠡 5707, li2 li3 蠡 5710, mao2 蟊 6484, zhong1 螽 6525, can2 蠶 7351, chi1 蚩 7656, min3 闽 8044, chu4 触 8373, min3 閩 8796, chong2 虫 10191, chong2 蟲 10336, gu3 蠱 10337, du4 蠹 10367, shu3 蜀 10791 [Rad] 142a.

虫 chóng +10191 蟲 *10336 虫 1° insects 2° reptiles ◇ 1° insectes 2° reptiles [Etym] 虫 2282 (rad: 142a 6-00), [Graph] 031d.

虫子 chóng zǐ ∘ insect ◇ insecte ✱ 6546.

蟑 zhāng +10192 虫立早 [Etym] 虫 2282 (rad: 142a 6-11), 章 95 [Graph] 031d 221a 021d.

蟑螂 zhāng láng ∘ cockroach, roach ◇ blatte ✱ 10312.

蜉 fú +10193 虫爫子 ant ◇ fourmi [Etym] 虫 2282 (rad: 142a 6-07), 孚 114 [Graph] 031d 221d 634d.

蜉蝣 fú yóu ∘ mayfly ◇ éphémère ✱ 10296.

蠑 róng *10194 蝾 -10230 虫火火冖木 See ◇ Voir 蝾螈 rong2-yuan2 10230-10277 [Etym] 虫 2282 (rad: 142a 6-14), 榮 161 [Graph] 031d 231b 231b 851a 422a.

蚧 jiè +10195 虫人儿 name of a tree related to pine ◇ nom d'arbre apparenté au pin [Etym] 虫2282 (rad: 142a 6-04), 介 191 [Graph] 031d 233a 416a.

蜍 chú +10196 虫人禾 toad ◇ crapaud [Etym] 虫 2282 (rad: 142a 6-07), 余 192 [Graph] 031d 233a 422c.

蛉 líng -10197 蛉 *10198 虫人令 See ◇ Voir 白蛉 bai2-ling2 9973-10197 [Etym] 虫 2282 (rad: 142a 6-05), 令 208 [Graph] 031d 233a 632b.

蛉 líng *10198 蛉 -10197 虫人一卩 See ◇ Voir 白蛉 bai2-ling2 9973-10197 [Etym] 虫 2282 (rad: 142a 6-05), 令 211 [Graph] 031d 233a ac:a 734a.

蝓 yú +10199 虫人一月刂 snail ◇ escargot [Etym] 虫 2282 (rad: 142a 6-09), 俞 213 [Graph] 031d 233a ac:a 856e 333b.

蛤 gé +10200 虫人口 clam, oyster ◇ coquillages [Etym] 虫 2282 (rad: 142a 6-06), 合 222 [Graph] 031d 233a 012a.

蛤蜊 gé li ∘ clam ◇ palourde ✱ 10236.

△ há 蝦 *10314 batracia, frog, toad ◇ batraciens, grenouille, crapaud.

蛤蟆 há ma ∘ frog or toad ◇ grenouille ou crapaud ✱ 10233.

蛺 jiá *10201 蛱 -10206 虫大人人 butterfly ◇ papillon [Etym] 虫2282 (rad: 142a 6-07), 夾 259 [Graph] 031d 242a 232a 232a.

蝰 kuí +10202 虫大土土 viper ◇ vipère [Etym] 虫 2282 (rad: 142a 6-09), 奎 266 [Graph] 031d 242a 432a 432a.

蜘 zhī +10203 虫矢口 spider ◇ araignée [Etym] 虫 2282 (rad: 142a 6-08), 知 286 [Graph] 031d 242d 011a.

蜘蛛 zhī zhū ∘ spider ◇ araignée ✱ 10241.

蚨 fú +10204 虫夫 1° butterfly 2° copper cash, ancient money ◇ 1° papillon 2° sapèque, pièce de monnaie [Etym] 虫 2282 (rad: 142a 6-04), 夫 301 [Graph] 031d 242m.

蜷 quán -10205 踡 *9305 虫关巳 1° wriggling (snake) 2° to curl up ◇ 1° mouvement vermiculaire 2° s'enrouler [Etym] 虫 2282 (rad: 142a 6-08), 卷 312 [Graph] 031d 242p 733a.

蛱 jiá -10206 蛺 *10201 虫夹 butterfly ◇ papillon [Etym] 虫2282 (rad: 142a 6-06), 夹 313 [Graph] 031d 242q.

蜯 bàng *10207 蚌 +10225 虫夫丰 clam ◇ palourde [Etym] 虫 2282 (rad: 142a 6-08), 奉 317 [Graph] 031d 242r 414a.

蓁 qín +10208 虫夫禾 | small cicada ◇ petite cigale [Etym] 虫 2282 (rad: 142a 6-10), 秦 318 [Graph] 031d 242r 422d.

蝽 chūn +10209 虫夫日 | stink bug ◇ [Etym] 虫 2282 (rad: 142a 6-09), 春 320 [Graph] 031d 242r 021a.

蚊 wén +10210 虫文 | mosquitoes ◇ moustiques [Etym] 虫 2282 (rad: 142a 6-04), 文 332 [Graph] 031d 243b.

蚊子 wén zǐ。mosquito ◇ moustique * 6546.

蚊帐 wén zhàng。mosquito net ◇ moustiquaire * 8382.

蛴 qí -10211 | 蠐 *10220 | [Etym] 虫 2282 (rad: 142a 6-06), 齐 334 [Graph] 031d 243b 416a.

蛴螬 qí cáo。maggot, grub ◇ ver, asticot, larve * 10352.

蛟 jiāo +10212 虫交 | 1° crocodile 2° flood dragon ◇ 1° crocodile 2° dragon de l'eau (légendaire) [Etym] 虫 2282 (rad: 142a 6-06), 交 344 [Graph] 031d 243e.

蚁 yǐ -10213 虫义 | 蟻 *10248、螘 *10289 | ant ◇ fourmi [Etym] 虫 2282 (rad: 142a 6-03), 义 346 [Graph] 031d 243f.

蚍 pí +10214 虫匕匕 | [Etym] 虫 2282 (rad: 142a 6-04), 比 362 [Graph] 031d 311d 321b.

蚍蜉 pí fú。termite, ant ◇ fourmi blanche * 10193.

虬 qiú +10215 虫乚 | 虯 *10357 | dragon ◇ dragon [Etym] 虫 2282 (rad: 142a 6-01), 乚 385 [Graph] 031d 321a.

蚝 háo +10216 虫毛 | 蠔 *10322 | oyster ◇ huître [Etym] 虫 2282 (rad: 142a 6-04), 毛 403 [Graph] 031d 321g.

蚘 huí *10217 虫尤 | 蛔 +10356 | See ◇ Voir 蛔虫 hui2-chong2 10356-10191 [Etym] 虫 2282 (rad: 142a 6-04), 尤 415 [Graph] 031d 323c.

蜣 qiāng +10218 虫羌 | 蜣 *10249 | [Etym] 虫 2282 (rad: 142a 6-07), 羌 418 [Graph] 031d 323e.

蜣螂 qiāng láng。dung-beetle ◇ bousier * 10312.

蛳 sī -10219 虫刂币 | 螄 *10315 | 1° (luo2 -5) spiral shell, snail 2° screw ◇ 1° (luo2 -5) coquille, escargot 2° spirale, hélice [Etym] 虫 2282 (rad: 142a 6-06), 师 469 [Graph] 031d 333a 858d.

蠐 qí *10220 虫丫刀氏刀二 | 蛴 -10211 | See ◇ Voir 蛴螬 qi2-cao2 10211-10352 [Etym] 虫 2282 (rad: 142a 6-14), 齊 539 [Graph] 031d 411i 732a 312b 416b 111b.

虾 xiā -10221 虫下 | 蝦 *10314 | shrimp, prawn ◇ crevette, écrevisse [Etym] 虫 2282 (rad: 142a 6-03), 下 549 [Graph] 031d 412d.

虾仁儿 xiā rén ér。shelled fresh shrimp ◇ crevette épluchée * 2771 2194.

虾米 xiā mǐ。dried shrimp ◇ crevette séchée * 4597.

蚱 zhà +10222 虫乍 | [Etym] 虫 2282 (rad: 142a 6-05), 乍 551 [Graph] 031d 412f.

蚱蜢 zhà měng。grasshopper ◇ sauterelle, criquet * 10273.

蚪 dǒu +10223 虫斗 | tadpole ◇ têtard [Etym] 虫 2282 (rad: 142a 6-04), 斗 575 [Graph] 031d 413g.

蛘 yáng +10224 虫羊 | weevil, black scaly rice worm ◇ charançon, fourmi [Etym] 虫 2282 (rad: 142a 6-06), 羊 579 [Graph] 031d 414b.

蚌 bàng +10225 虫丰 | 蜯 *10207 | clam ◇ palourde [Etym] 虫 2282 (rad: 142a 6-04), 丰 592 [Graph] 031d 414g.

△ bèng | short for Bengbu ◇ abréviation de Bengbu.

蟒 mǎng +10226 虫艹犬廾 | boa constrictor ◇ boa constricteur [Etym] 虫 2282 (rad: 142a 6-10), 莽 622 [Graph] 031d 415c 242i 416e.

蠖 huò +10227 虫艹隹又 | 1° caterpillar, inchworm 2° to creep ◇ 1° chenille 2° ramper [Etym] 虫 2282 (rad: 142a 6-13), 蒦 636 [Graph] 031d 415c 436m 633a.

蟏 xiāo -10228 虫艹肃 | 蠨 *10229 | [Etym] 虫 2282 (rad: 142a 6-11), 萧 654 [Graph] 031d 415c 834g.

蟏蛸 xiāo shāo。long-legged spider ◇ araignée * 10300.

蠨 xiāo *10229 虫艹肅 | 蟏 -10228 | See ◇ Voir 蟏蛸 xiao1-shao1 10228-10300 [Etym] 虫 2282 (rad: 142a 6-16), 蕭 655 [Graph] 031d 415c 834k.

蝾 róng -10230 虫艹冖木 | 蠑 *10194 | [Etym] 虫 2282 (rad: 142a 6-09), 荣 658 [Graph] 031d 415c 851a 422a.

蝾螈 róng yuán。1° salamander; 2° newt ◇ 1° salamandre; 2° triton * 10277.

蠓 měng +10231 虫艹冖豕 | midge ◇ moucheron [Etym] 虫 2282 (rad: 142a 6-13), 蒙 660 [Graph] 031d 415c 851a 522c.

螨 mǎn -10232 虫艹两 | 蟎 *10254 | mite ◇ mite [Etym] 虫 2282 (rad: 142a 6-10), 满 672 [Graph] 031d 415c 859d.

蟆 má +10233 虫艹日大 | (ha2 -5) frog ◇ (ha2 -5) grenouille [Etym] 虫 2282 (rad: 142a 6-10), 莫 679 [Graph] 031d 415c 021a 242a.

△ ma | See ◇ Voir 蛤蟆 ha2-ma5 10200-10233.

蠛 miè +10234 虫艹罒戌 | sand flies ◇ moucheron [Etym] 虫 2282 (rad: 142a 6-14), 蔑 691 [Graph] 031d 415c 051a 512k.

蜥 xī +10235 虫木斤 | lizard ◇ lézard [Etym] 虫 2282 (rad: 142a 6-08), 析 748 [Graph] 031d 422a 722c.

蜊 li +10236 虫禾刂 | See ◇ Voir 蛤蜊 ge2-li5 10200-10236 [Etym] 虫 2282 (rad: 142a 6-07), 利 765 [Graph] 031d 422d 333b.

蝌 kē +10237 虫禾斗 | [Etym] 虫 2282 (rad: 142a 6-09), 科 767 [Graph] 031d 422d 413g.

蝌蚪 kē dǒu。tadpole ◇ têtard * 10223.

蝼 lóu -10238 虫米女 | 螻 *10364 | [Etym] 虫 2282 (rad: 142a 6-09), 娄 785 [Graph] 031d 422f 611e.

蝼蛄 lóu gū。mole cricket ◇ courtilière * 10324.

蟋 xī +10239 虫采心 | [Etym] 虫 2282 (rad: 142a 6-11), 悉 796 [Graph] 031d 422g 321c.

中 虫

蟋蟀 xī shuài ∘ cricket ◇ grillon * 10269.

蟠 pán +10240 虫采田 | to coil up, to curl round ◇ s'enrouler comme un serpent, se pelotonner, recourbé [Etym] 虫 2282 (rad: 142a 6-12), 番797 [Graph] 031d 422g 041a.

蛛 zhū +10241 虫朱 | spider ◇ araignée [Etym] 虫 2282 (rad: 142a 6-06), 朱 803 [Graph] 031d 422l.

虹 hóng +10242 虫工 | rainbow ◇ arc-en-ciel [Etym] 虫 2282 (rad: 142a 6-03), 工 808 [Graph] 031d 431a.

△ jiàng | rainbow ◇ arc-en-ciel.

蛙 wā +10243 虫土土 | 1° frog, wanton 2° obscene ◇ 1° grenouille, rainette 2° obscène [Etym] 虫2282 (rad: 142a 6-06), 圭 840 [Graph] 031d 432a 432a.

蟯 náo *10244 虫土土土兀 | 蛲 -10260 | See ◇ Voir 蛲虫 nao2-chong2 10260-10191 [Etym] 虫 2282 (rad: 142a 6-12), 堯 844 [Graph] 031d 432a 432a 432a 322c.

蟛 péng +10245 虫士豆彡 | [Etym] 虫 2282 (rad: 142a 6-12), 彭 881 [Graph] 031d 432b 011b 211c.

蟛蜞 péng qí ∘ amphibious crab ◇ crabe amphibie * 10258.

蟢 xǐ +10246 虫士豆口 | spider of good omen ◇ araignée de bon augure [Etym] 虫 2282 (rad: 142a 6-12), 喜885 [Graph] 031d 432b 011b 011a.

蛀 zhù +10247 虫主 | 1° moth 2° worm-eaten, to bore through ◇ 1° vers du bois 2° vermoulu [Etym] 虫 2282 (rad: 142a 6-05), 主 914 [Graph] 031d 432f.

蟻 yǐ *10248 虫𦍌我 | 蚁 -10213、螘 *10289 | ant ◇ fourmi [Etym] 虫 2282 (rad: 142a 6-13), 義922 [Graph] 031d 432g 512f.

蜣 qiāng *10249 虫羌 | 蜣 +10218 | See ◇ Voir 蜣螂 qiang1-lang2 10218-10312 [Etym] 虫 2282 (rad: 142a 6-08), 羌 926 [Graph] 031d 432h.

蜓 tíng +10250 虫壬廴 | See ◇ Voir 蜻蜓 qing1-ting2 10251-10250 [Etym] 虫 2282 (rad: 142a 6-06), 廷 931 [Graph] 031d 432k 634n.

蜻 qīng +10251 虫主月 | [Etym] 虫 2282 (rad: 142a 6-08), 青946 [Graph] 031d 433a 856e.

蜻蜓 qīng tíng ∘ dragonfly ◇ libellule * 10250.

蟮 shan +10252 虫𦍌口 | See ◇ Voir 曲蟮 qu1-shan5 10829-10252 [Etym] 虫 2282 (rad: 142a 6-12), 善 952 [Graph] 031d 433c 011a.

蜒 yán +10253 虫正廴 | scolopendra ◇ scolopendre [Etym] 虫2282 (rad: 142a 6-06), 延 973 [Graph] 031d 434h 634n.

蟎 mǎn *10254 虫廿㒳人人 | 螨 -10232 | mite ◇ mite [Etym] 虫 2282 (rad: 142a 6-11), 蔄 989 [Graph] 031d 436a 858b 232a 232a.

蜡 là -10255 虫龷日 | 蠟 *10263 | 1° wax, to polish 2° candle ◇ 1° cire, cirer 2° chandelle [Etym] 虫 2282 (rad: 142a 6-08), 昔 1001 [Graph] 031d 436b 021a.

蜡笔 là bǐ ∘ wax crayon ◇ crayon de cire, crayon gras * 754.

蜡烛 là zhú ∘ candle ◇ bougie, cierge * 1060.

△ zhà | 禇 *2264 | year-end sacrificial ritual ◇ offrande de fin d'année.

蟥 huáng +10256 虫龷由 | leech ◇ sangsue [Etym] 虫 2282 (rad: 142a 6-11), 黄 1003 [Graph] 031d 436b 042b.

蚶 hān +10257 虫甘 | bivalve shells, blood clam ◇ coquillage [Etym] 虫 2282 (rad: 142a 6-05), 甘 1009 [Graph] 031d 436f.

蜞 qí +10258 虫其 | See ◇ Voir 蟛蜞 peng2-qi2 10245-10258 [Etym] 虫 2282 (rad: 142a 6-08), 其 1013 [Graph] 031d 436i.

蟶 chēng *10259 虫耳口壬 | 蛏 -10271 | oyster ◇ huître [Etym] 虫2282 (rad: 142a 6-13), 聖1028 [Graph] 031d 436k 011a 432k.

蛲 náo -10260 虫戈兀 | 蟯 *10244 | [Etym] 虫 2282 (rad: 142a 6-06), 尧 1056 [Graph] 031d 512a 322c.

蛲虫 náo chóng ∘ worms in the bowels, pinworm ◇ lombric intestinal * 10191.

蜮 yù +10261 虫戈口一 | 魊 *10743 | malicious fabulous creature, demon ◇ animal fabuleux malfaisant, démon [Etym] 虫 2282 (rad: 142a 6-08), 或1061 [Graph] 031d 512d 011a ac:z.

蛾 é +10262 虫我 | moth ◇ phalène, papillon de nuit [Etym] 虫 2282 (rad: 142a 6-07), 我 1067 [Graph] 031d 512f.

蠟 là *10263 虫巛囟鼠 | 蜡 -10255 | 1° wax, to polish 2° candle ◇ 1° cire, cirer 2° chandelle [Etym] 虫 2282 (rad: 142a 6-16), 巤 1120 [Graph] 031d 611c 061b 312k.

蛑 móu +10264 虫厶牛 | See ◇ Voir 蝤蛑 you2-mou2 10353-10264 [Etym] 虫 2282 (rad: 142a 6-06), 牟 1136 [Graph] 031d 612a 414d.

蛭 zhì +10265 虫𠫔土 | leech ◇ sangsue [Etym] 虫 2282 (rad: 142a 6-06), 至 1148 [Graph] 031d 612c 432a.

蚣 gōng +10266 虫公 | centipede ◇ scolopendre [Etym] 虫2282 (rad: 142a 6-04), 公 1161 [Graph] 031d 612h.

蟣 jǐ *10267 虫幺幺戍 | 虮 -10361 | nit, egg of a louse ◇ lente, oeuf de pou [Etym] 虫 2282 (rad: 142a 6-12), 幾 1177 [Graph] 031d 613c 613c 512k.

蚴 yòu +10268 虫幺力 | larva of tapeworm ◇ ténia [Etym] 虫2282 (rad: 142a 6-05), 幼 1183 [Graph] 031d 613c 732f.

蟀 shuài +10269 虫率 | cricket ◇ grillon [Etym] 虫 2282 (rad: 142a 6-11), 率 1207 [Graph] 031d 613h.

蛹 yǒng +10270 虫マ用 | chrysalis ◇ chrysalide [Etym] 虫 2282 (rad: 142a 6-07), 甬 1262 [Graph] 031d 632a 856i.

蛏 chēng -10271 虫又土 | 蟶 *10259 | oyster ◇ huître [Etym] 虫2282 (rad: 142a 6-05), 圣1274 [Graph] 031d 633a 432a.

蜂 fēng +10272 虫夂丰 | 蠭 *6530 | 1° bee, wasp, hornet 2° in swarms ◇ 1° mouche à dard, abeille, guêpe 2° en foule [Etym] 虫 2282 (rad: 142a 6-07), 夆 1290 [Graph] 031d 633e 414g.

蜂蜜 fēng mì ∘ honey ◇ miel * 7704.

中 虫

蜢 měng +10273 | See ◇ Voir 蚱蜢 zha4-meng3 10222-10273 [Etym] 虫 2282 (rad: 142a 6-08), 孟 1308 [Graph] 031d 634d 922a.
虫子皿

蝶 dié +10274 | 蜨 *10287 | butterfly ◇ papillon [Etym] 虫 2282 (rad: 142a 6-09), 枼 1349 [Graph] 031d 711d 422a.
虫世木

蠣 lì *10275 | 蛎 -10276 | See ◇ Voir 牡蛎 mu3-li4 3455-10276 [Etym] 虫 2282 (rad: 142a 6-14), 厲 1360 [Graph] 031d 721a 415c 043l.
虫厂艹禺

蛎 lì -10276 | 蠣 *10275 | See ◇ Voir 牡蛎 mu3-li4 3455-10276 [Etym] 虫 2282 (rad: 142a 6-05), 厉 1369 [Graph] 031d 721a 853a.
虫厂万

螈 yuán +10277 | 1° silkworm 2° salamander ◇ 1° ver à soie 2° salamandre [Etym] 虫 2282 (rad: 142a 6-10), 原 1373 [Graph] 031d 721a 022c 331j.
虫厂白小

螗 táng +10278 | cicada ◇ cigale [Etym] 虫 2282 (rad: 142a 6-10), 唐 1405 [Graph] 031d 721b 833c 011a.
虫广肀口

蠊 lián +10279 | See ◇ Voir 蜚蠊 fei1-lian2 3513-10279 [Etym] 虫 2282 (rad: 142a 6-13), 廉 1408 [Graph] 031d 721b 834h.
虫广兼

蟾 chán +10280 | 1° toad 2° moon ◇ 1° crapaud 2° lune [Etym] 虫 2282 (rad: 142a 6-13), 詹 1421 [Graph] 031d 721e ac:h 012d.
虫产八言

蚯 qiū +10281 | [Etym] 虫 2282 (rad: 142a 6-05), 丘 1465 [Graph] 031d 722e.
虫丘

蚯蚓 qiū yǐn 。 earthworm ◇ lombric, ver de terre ∗ 10362.

蚡 fén *10282 | 鼢 +7429 | kind of mole ◇ taupe musquée, scaptochirus moschatus [Etym] 虫 2282 (rad: 142a 6-04), 分 1480 [Graph] 031d 732b.
虫分

虵 shé *10283 | 蛇 +10291 | snake ◇ serpent [Etym] 虫 2282 (rad: 142a 6-03), 也 1502 [Graph] 031d 733c.
虫也

蝘 yǎn +10284 | cicada-like insect ◇ insecte ressemblant à la cigale [Etym] 虫 2282 (rad: 142a 6-09), 匽 1529 [Graph] 031d 811c 021a 611e.
虫匚日女

虻 méng +10285 | 蝱 *7349 | horsefly, gadfly ◇ taon [Etym] 虫 2282 (rad: 142a 6-03), 亡 1533 [Graph] 031d 811f.
虫亡

蚜 yá +10286 | [Etym] 虫 2282 (rad: 142a 6-04), 牙 1542 [Graph] 031d 812b.
虫牙

蚜虫 yá chóng 。 aphis ◇ aphis ∗ 10191.

蜨 dié *10287 | 蝶 +10274 | butterfly ◇ papillon [Etym] 虫 2282 (rad: 142a 6-08), 疌 1583 [Graph] 031d 834i.
虫疌

螋 sōu +10288 | See ◇ Voir 蠼螋 qu2-sou1 10333-10288 [Etym] 虫 2282 (rad: 142a 6-09), 叟 1596 [Graph] 031d 835g 633a.
虫申又

螘 yǐ *10289 | 蚁 -10213、蟻 *10248 | ant ◇ fourmi [Etym] 虫 2282 (rad: 142a 6-10), 豈 1625 [Graph] 031d 841b 012b.
虫山豆

螟 míng +10290 | weevil, snout moth's larva ◇ charançon, chenille de larthesia [Etym] 虫 2282 (rad: 142a 6-10), 冥 1653 [Graph] 031d 851a 021a 222b.
虫冖日六

蛇 shé +10291 | 虵 *10283 | snake ◇ serpent [Etym] 虫 2282 (rad: 142a 6-05), 它 1665 [Graph] 031d 851c 321b.
虫宀匕

△ yí | See ◇ Voir 委蛇 wei1-yi2 4535-10291.

蛇 zhà +10292 | 1° sea-blubber, medusa 2° jellyfish ◇ méduse [Etym] 虫 2282 (rad: 142a 6-06), 宅 1670 [Graph] 031d 851c 321f.
虫宀乇

蜿 wān +10293 | 1° to wriggle (snake) 2° to wind, to zigzag, to meander 3° tortuous, stealthy ◇ 1° se tortiller (serpent) 2° faire une courbe 3° tortueux [Etym] 虫 2282 (rad: 142a 6-08), 宛 1699 [Graph] 031d 851c 631b 733a.
虫宀夕㔾

螃 páng +10294 | [Etym] 虫 2282 (rad: 142a 6-10), 旁 1732 [Graph] 031d 851e 853b.
虫产方

螃蟹 páng xiè 。 crab ◇ crabe ∗ 8368.

螳 táng +10295 | mantis ◇ mante religieuse [Etym] 虫 2282 (rad: 142a 6-11), 堂 1743 [Graph] 031d 851h 011a 432a.
虫⺌口土

蝣 yóu +10296 | [Etym] 虫 2282 (rad: 142a 6-09), 斿 1791 [Graph] 031d 853b ac:f 634d.
虫方𠂉子

蚬 xiǎn -10297 | 蜆 *10334 | mussels, clams ◇ huître, moule [Etym] 虫 2282 (rad: 142a 6-04), 见 1801 [Graph] 031d 854c.
虫见

蜩 tiáo +10298 | cicada ◇ cigale [Etym] 虫 2282 (rad: 142a 6-08), 周 1851 [Graph] 031d 856k 432a 011a.
虫冂土口

蝡 rú *10299 | 蠕 +10304 | squirming, wriggling ◇ ramper, mouvement vermiculaire [Etym] 虫 2282 (rad: 142a 6-09), 耎 1872 [Graph] 031d 857f 242a.
虫而大

蛸 shāo +10300 | egg cocoon of the mantis ◇ cocon de mante [Etym] 虫 2282 (rad: 142a 6-07), 肖 1878 [Graph] 031d 857i.
虫肖

△ xiāo | See ◇ Voir 螵蛸 piao1-xiao1 10349-10300.

蝻 nǎn +10301 | immature locust ◇ sauterelle [Etym] 虫 2282 (rad: 142a 6-09), 南 1881 [Graph] 031d 857k 413c.
虫南羊

蠏 xiè *10302 | 蟹 +8368 | crab ◇ crabe [Etym] 虫 2282 (rad: 142a 6-13), 解 1885 [Graph] 031d 857l 732a 414d.
虫角刀牛

蚺 rán +10303 | boa, large serpent ◇ boa, grand serpent [Etym] 虫 2282 (rad: 142a 6-05), 冉 1888 [Graph] 031d 858c.
虫冉

蠕 rú +10304 | 蝡 *10299 | squirming, wriggling ◇ ramper, mouvement vermiculaire [Etym] 虫 2282 (rad: 142a 6-14), 需 1896 [Graph] 031d 858e 857f.
虫雨而

蜅 fǔ +10305 | dried ink fish, cuttlefish ◇ seiche séchée [Etym] 虫 2282 (rad: 142a 6-07), 甫 1914 [Graph] 031d 858n.
虫甫

蚋 ruì +10306 | mosquito ◇ moucheron [Etym] 虫 2282 (rad: 142a 6-04), 内 1919 [Graph] 031d 859a.
虫内

螭 chī +10307 | hornless dragon ◇ dragon sans cornes [Etym] 虫 2282 (rad: 142a 6-10), 离 1927 [Graph] 031d 911c 859e.
虫㐫内

蛆 qū +10308 | maggot, worm ◇ asticot, vermine [Etym] 虫 2282 (rad: 142a 6-05), 且 1929 [Graph] 031d 921a.
虫且

蛊 gǔ +10309 | 蠱 *10337 | 1° worms in the belly 2° venomous insect 3° slow poison 4° corruption ◇ 1° vers intestinaux, vermine 2° insecte venimeux 3° poison 4° corruption, maléfice
虫皿

中 虫

[Etym] 虫 2282 (rad: 142a 6-05), 皿 1939 [Graph] 031d 922a.

蝸 wō *10310 虫咼口 | 蜗 -10318 | garden slug, snail ◇ limace, escargot [Etym] 虫 2282 (rad: 142a 6-09), 咼 1948 [Graph] 031d 924d 011a.

蝙 biān +10311 虫户冊 | bat ◇ chauve-souris [Etym] 虫 2282 (rad: 142a 6-09), 扁 1989 [Graph] 031d 931e 856j.

螂 láng +10312 虫良阝 | 蜋 *10313 | various insects ◇ divers insectes [Etym] 虫 2282 (rad: 142a 6-08), 郎 2005 [Graph] 031d 932d 634j.

蜋 láng *10313 虫良 | 螂 +10312 | various insects ◇ divers insectes [Etym] 虫 2282 (rad: 142a 6-07), 良 2008 [Graph] 031d 932e.

蝦 há *10314 虫𠂰コ又 | 蛤 +10200 | batracia, frog, toad ◇ batraciens, grenouille, crapaud [Etym] 虫 2282 (rad: 142a 6-09), 叚 2016 [Graph] 031d 934a 821a 633a.

△ xiā | 虾 -10221 | shrimp, prawn ◇ crevette, écrevisse.

螄 sī *10315 虫自帀 | 蛳 -10219 | 1° (luo2 -5) spiral shell, snail 2° screw ◇ 1° (luo2 -5) coquille, escargot 2° spirale, hélice [Etym] 虫 2282 (rad: 142a 6-10), 師 2023 [Graph] 031d 934c 858d.

蜈 wú +10316 虫口天 | centipede ◇ scolopendre [Etym] 虫 2282 (rad: 142a 6-07), 吳 2065 [Graph] 031d 011a 242b.

蜎 yuān +10317 虫口月 | small worm, larva ◇ larves [Etym] 虫 2282 (rad: 142a 6-07), 肙 2078 [Graph] 031d 011a 856e.

蜗 wō -10318 虫口内 | 蝸 *10310 | garden slug, snail ◇ limace, escargot [Etym] 虫 2282 (rad: 142a 6-07), 呙 2081 [Graph] 031d 011a 859a.

蜗牛 wō niú ∘ snail ◇ escargot ✱ 3445.

蟬 chán *10319 虫口口單 | 蝉 -10343 | cicada ◇ cigale [Etym] 虫 2282 (rad: 142a 6-12), 單 2101 [Graph] 031d 011a 011a 041c.

蝇 yíng -10320 虫口电 | 蠅 *10363 | house fly ◇ mouche [Etym] 虫 2282 (rad: 142a 6-08), 黾 2107 [Graph] 031d 011a 043c.

蝠 fú +10321 虫畐田 | bat ◇ chauve-souris [Etym] 虫 2282 (rad: 142a 6-09), 畐 2119 [Graph] 031d 012a 041a.

蠔 háo *10322 虫亠冖豕 | 蚝 +10216 | oyster ◇ huître [Etym] 虫 2282 (rad: 142a 6-14), 豪 2136 [Graph] 031d 012c 851a 522a.

蜕 tuì +10323 虫兑 | to slough or exuviae (insects, reptiles) ◇ muer, dépouille (insecte, serpent), peau [Etym] 虫 2282 (rad: 142a 6-07), 兑 2153 [Graph] 031d 013d.

蛄 gū +10324 虫古 | mole-cricket ◇ courtilière [Etym] 虫 2282 (rad: 142a 6-05), 古 2155 [Graph] 031d 013f.

△ gǔ | mole-cricket ◇ courtilière.

蝴 hú +10325 虫古月 | butterfly ◇ papillon [Etym] 虫 2282 (rad: 142a 6-09), 胡 2158 [Graph] 031d 013f 856e.

蝴涂 hú tú ∘ foolish; confused ◇ étourdi, confus, embrouillé ✱ 75.

蝴蝶 hú dié ∘ butterfly ◇ papillon ✱ 10274.

蛞 kuò +10326 虫舌 | [Etym] 虫 2282 (rad: 142a 6-06), 舌 2162 [Graph] 031d 013h.

蛞蝓 kuò yú ∘ slug ◇ limace ✱ 10199.

蜴 yì +10327 虫日勿 | chameleon ◇ caméléon [Etym] 虫 2282 (rad: 142a 6-08), 易 2193 [Graph] 031d 021a 852e.

蝎 xiē +10328 虫日勹人匕 | 蠍 *10329 | scorpion ◇ scorpion [Etym] 虫 2282 (rad: 142a 6-09), 曷 2194 [Graph] 031d 021a 852h 232a 711a.

蝎子 xiē zǐ ∘ scorpion ◇ scorpion ✱ 6546.

蠍 xiē *10329 虫日勹人匕欠 | 蝎 +10328 | scorpion ◇ scorpion [Etym] 虫 2282 (rad: 142a 6-13), 歇 2195 [Graph] 031d 021a 852h 232a 711a 232b.

蝮 fù +10330 虫复夊 | venomous snake, cobra ◇ vipère, cobra [Etym] 虫 2282 (rad: 142a 6-09), 复 2214 [Graph] 031d 022b 633e.

蝗 huáng +10331 虫白王 | locust ◇ sauterelle [Etym] 虫 2282 (rad: 142a 6-09), 皇 2221 [Graph] 031d 022c 432e.

蝗虫 huáng chóng ∘ grasshopper ◇ sauterelle ✱ 10191.

蠷 qú *10332 虫目目隹 | 蠼 -10333 | See ◇ Voir 蠼螋 qu2-sou1 10333-10288 [Etym] 虫 2282 (rad: 142a 6-18), 瞿 2243 [Graph] 031d 023a 023a 436m.

蠼 qú -10333 虫目目隹又 | 蠷 *10332 | [Etym] 虫 2282 (rad: 142a 6-20), 矍 2244 [Graph] 031d 023a 023a 436m 633a.

蠼螋 qú sōu ∘ earwig ◇ perce-oreille ✱ 10288.

蜆 xiǎn *10334 虫見 | 蚬 -10297 | mussels, clams ◇ huître, moule [Etym] 虫 2282 (rad: 142a 6-07), 見 2255 [Graph] 031d 023c.

螅 xī +10335 虫自心 | See ◇ Voir 水螅 shui3-xi1 2299-10335 [Etym] 虫 2282 (rad: 142a 6-10), 息 2259 [Graph] 031d 023d 321c.

蚰 gūn (2283) 虫虫 | [Tra] flies; lice ◇ mouches; poux [Etym] abundent insects (1,2= 虫 2282) ->flies, lice, etc ◇ insectes abondants (1,2= 虫 2282) ->mouches, poux, etc [Graph] 031d 031d [Ref] w110c, wi704 [Hanzi] chun3 蠢 1642, he1 蠚 3571, du4 蠹 4450, du4 蠧 5008, li2 li3 蠡 5707, li2 li3 蠡 5710, mao2 蟊 6484, zhong1 螽 6525, feng1 蠭 6530, meng2 蝱 7349, can2 蠶 7351, du4 蠹 10367, shi1 蝨 11196.

蟲 chǒng (2284) 虫虫虫 | [Tra] insectes; reptiles ◇ insectes; reptiles [Etym] crawling animals (1,2,3= 虫 2282) ◇ animaux rampants (1,2,3= 虫 2282) [Graph] 031d 031d 031d [Ref] h56, r1c, w110d, wi704 [Hanzi] chong1 爞 3371, chong2 蟲 10336, gu3 蠱 10337.

蟲 chóng *10336 虫虫虫 | 虫 +10191 | 1° insects 2° reptiles ◇ 1° insectes 2° reptiles [Etym] 虫 2282 (rad: 142a 6-12), 蟲 2284 [Graph] 031d 031d 031d.

蠱 gǔ (2285) 虫虫虫皿 | [Tra] worms; poison ◇ vermine; poison [Etym] food (4= 皿 1939)

中
虫

polluted by crawling animals (1,2,3= 蟲 2284) ◇ nourriture (4= 皿 1939) polluée par des animaux rampants (蟲 2284) [Graph] 031d 031d 031d 922a [Ref] w110d [Hanzi] gu3 蠱 10337.

蠱 gǔ *10337 | 蛊 +10309 | 虫虫虫皿 1° worms in the belly 2° venomous insect 3° slow poison 4° corruption ◇ 1° vers intestinaux, vermine 2° insecte venimeux 3° poison 4° corruption, maléfice [Etym] 虫 2282 (rad: 142a 6-17), 蠱 2285 [Graph] 031d 031d 031d 922a.

蝲 là +10338 | 虫朿刂 [Etym] 虫 2282 (rad: 142a 6-09), 剌 2299 [Graph] 031d 032g 333b.

蝲蛄 là gū ∘ crayfish ◇ écrevisse, langouste * 10324.

蟓 xiàng +10339 | 虫象 old name for silkworm ◇ ancien nom du ver à soie [Etym] 虫 2282 (rad: 142a 6-11), 象 2303 [Graph] 031d 032i.

螺 luó +10340 | 虫田糸 1° spiral univalve shell, conch, snail 2° whorl (in fingerprint), screw ◇ 1° coquillage, conque, escargot 2° spire (empreinte digitale), hélix, vis [Etym] 虫 2282 (rad: 142a 6-11), 累 2319 [Graph] 031d 041a 613d.

蝟 wèi *10341 | 猬 +5678 | 虫田月 hedgehog ◇ hérisson [Etym] 虫 2282 (rad: 142a 6-09), 胃 2324 [Graph] 031d 041a 856e.

蚦 jiǎ +10342 | 虫甲 kind of insect ◇ sorte d'insecte [Etym] 虫 2282 (rad: 142a 6-05), 甲 2329 [Graph] 031d 041b.

蝉 chán -10343 | 蟬 *10319 | 虫单 cicada ◇ cigale [Etym] 虫 2282 (rad: 142a 6-08), 单 2334 [Graph] 031d 041g.

蚰 yóu +10344 | 虫由 centipede ◇ scolopendre [Etym] 虫 2282 (rad: 142a 6-05), 由 2345 [Graph] 031d 042a.

蟪 huì +10345 | 虫叀心 cicada ◇ cigale [Etym] 虫 2282 (rad: 142a 6-12), 惠 2350 [Graph] 031d 042f 321c.

蜾 guǒ +10346 | 虫果 [Etym] 虫 2282 (rad: 142a 6-08), 果 2364 [Graph] 031d 043f.

蜾蠃 guǒ luǒ ∘ solitary wasp or sphex ◇ sphex * 7345.

蜱 pí +10347 | 虫卑 tick ◇ tique [Etym] 虫 2282 (rad: 142a 6-08), 卑 2366 [Graph] 031d 043h.

蠋 zhú +10348 | 虫罒勹虫 caterpillar ◇ chenille [Etym] 虫 2282 (rad: 142a 6-13), 蜀 2391 [Graph] 031d 051a 852h 031d.

螵 piāo +10349 | 虫覀示 [Etym] 虫 2282 (rad: 142a 6-11), 票 2404 [Graph] 031d 051e 331l.

螵蛸 piāo xiāo ∘ eggs of mantis ◇ oeufs du nid de mante * 10300.

蟫 yín +10350 | 虫覀早 lepsima, silvery worm that eats clothes, books, tec. ◇ lépisme, ver qui ronge des vêtements, des livres etc. [Etym] 虫 2282 (rad: 142a 6-12), 覃 2411 [Graph] 031d 051e 021d.

蛐 qū +10351 | 虫曲 (qu1 - r) cricket ◇ (qu1 - r) grillon des champs [Etym] 虫 2282 (rad: 142a 6-06), 曲 2413 [Graph] 031d 052a.

螬 cáo +10352 | 虫曲曰 maggots in fruit ◇ vers des fruits [Etym] 虫 2282 (rad: 142a 6-11), 曹 2416 [Graph] 031d 052b 021a.

蝤 qiú +10353 | 虫酋 [Etym] 虫 2282 (rad: 142a 6-09), 酋 2432 [Graph] 031d 062d.

蝤蛴 qiú qí ∘ mayfly ◇ éphémère * 10211.

△ yóu | crab ◇ crabe.

蝤蛑 yóu móu ∘ (swimming) crab ◇ crabe * 10264.

蝈 guō -10354 | 蟈 *10355 | 虫囗玉 long-horned grasshopper ◇ criquet vert [Etym] 虫 2282 (rad: 142a 6-08), 国 2449 [Graph] 031d 071a 432o.

蟈 guō *10355 | 蝈 -10354 | 虫囗戈口一 long-horned grasshopper ◇ criquet vert [Etym] 虫 2282 (rad: 142a 6-11), 國 2450 [Graph] 031d 071a 512b 011a ac:z.

蛔 huí +10356 | 蚘 *10217 | 虫囗口 [Etym] 虫 2282 (rad: 142a 6-06), 回 2454 [Graph] 031d 071a 011a.

蛔虫 huí chóng ∘ 1° roundworm; 2° ascarid ◇ ascaride lombricoide * 10191.

虬 qiú *10357 | 虯 +10215 | 虫丩 dragon ◇ dragon [Etym] 虫 2282 (rad: 142a 6-02), 丩 2464 [Graph] 031d Z11a.

螞 mā *10358 | 蚂 -10359 | 虫馬 See ◇ Voir 蚂螂 ma1-lang2 10359-10312 [Etym] 虫 2282 (rad: 142a 6-10), 馬 2486 [Graph] 031d Z22a.

△ mǎ | 蚂 -10359 | See ◇ Voir 蚂蚁 ma3-yi3 10359-10213.

△ mà | 蚂 -10359 | See ◇ Voir 蚂蚁 ma4-yi3 10359-10213.

蚂 mā -10359 | 螞 *10358 | 虫马 [Etym] 虫 2282 (rad: 142a 6-03), 马 2489 [Graph] 031d Z22b.

蚂螂 mā láng ∘ dragonfly ◇ libellule * 10312.

△ mǎ | 螞 *10358

蚂蚁 mǎ yǐ ∘ ant ◇ fourmi * 10213.

△ mà | 螞 *10358

蚂蚁 mà yǐ ∘ ant ◇ fourmi * 10213.

蚂蚱 mà zhà ∘ locust ◇ sauterelle * 10222.

虼 gè +10360 | 虫乞 flea ◇ puce [Etym] 虫 2282 (rad: 142a 6-03), 乞 2508 [Graph] 031d Z31e.

虮 jǐ -10361 | 蟣 *10267 | 虫几 nit, egg of a louse ◇ lente, oeuf de pou [Etym] 虫 2282 (rad: 142a 6-02), 几 2516 [Graph] 031d Z33a.

蚓 yǐn +10362 | 虫弓丨 earthworm, lumbricus ◇ ver lombric [Etym] 虫 2282 (rad: 142a 6-04), 引 2538 [Graph] 031d Z42a 411a.

蠅 yíng *10363 | 蝇 -10320 | 虫黽 house fly ◇ mouche [Etym] 虫 2282 (rad: 142a 6-13), 黽 2562 [Graph] 031d Z51h.

螻 lóu *10364 | 蝼 -10238 | 虫婁女 See ◇ Voir 蝼蛄 lou2-gu1 10238-10324 [Etym] 虫 2282 (rad: 142a 6-10), 婁 2572 [Graph] 031d Z61f 611e.

囊 nāng (2286) | 巿一口口丗𧘇 [Tra] bag; sack; purse ◇ sac; poche; bourse [Etym] sack or container (1,2=prim) (< 巿 2277, 冖 1649, 囗 2440);phon

中 虫 巿

(襄 376) ◇ sac ou contenant (1,2=prim) (< 虫 2277, 冖 1649, ? 2440); phon (襄 376) [Graph] 031f 851a 011a 011a 436g 312h [Ref] k652, ph854, w72h [Hanzi] nang2 nang3 馕 1884, nang3 攮 2697, nang4 儾 3060, nang1 囔 9226, nang4 齉 10168, nang1 nang2 囊 10365.

囊 nāng +10365 巿冖口口丗𧘇 [Etym] 口 2063 (rad: 030a 3-19), 囊 2286 [Graph] 031f 851a 011a 011a 436g 312h.

囊膪 nāng chuài ∘ pork belly and blubbery flesh ◇ poitrine de porc, viande pleine de graisse ∗ 8191.

△ náng | 1° bag, sack, purse, bag-shaped object 2° surname ◇ 1° sac, sacoche, poche, bourse, étui, mettre dans un sac 2° nom propre.

橐 tuó (2287) 巿冖石 [Tra] bag; sack ◇ sac; sacoche [Etym] reduction of (槖 2288) ◇ réduction de (槖 2288) [Graph] 031f 851a 013b [Ref] k1013, w75a [Hanzi] du4 蠹 10367.

槖 tuó (2288) 巿冖石木 [Tra] bag; sack ◇ sac; sacoche [Etym] container (2= 冖 1649), object-stone (3= 石 2149); tied (1,4< 束 2296) ◇ contenant (2= 冖 1649), objet de pierre (3= 石 2149); lier (1,4< 束 2296) [Graph] 031f 851a 013b 422a [Ref] k1013, w75a [Hanzi] tuo4 橐 4451, tuo2 槖 10366.

槖 tuó +10366 巿冖石木 | 槖 •5007 | sack, bag ◇ sac, sacoche [Etym] 木 723 (rad: 075a 4-12), 槖 2288 [Graph] 031f 851a 013b 422a.

蠹 dù (2289) 巿冖石虫虫 [Tra] worms in clothes ◇ mites [Etym] many insects (4,5= 虫 2282); phon and sack (1,2,3= 槖 2288) ◇ plusiers insectes (4,5= 虫 2282); phon et sac (1,2,3= 槖 2288) [Graph] 031f 851a 013b 031d 031d [Ref] w75a [Hanzi] du4 蠹 10367.

蠹 dù +10367 巿冖石虫虫 | 蝨、蠹 •4450、•5008 | grubs in wood, worm, moth ◇ teignes, mites, perce-bois [Etym] 虫 2282 (rad: 142a 6-18), 蠹 2289 [Graph] 031f 851a 013b 031d 031d.

史 032

史 shǐ (2290) 史 [Tra] annalist; history ◇ censeur; histoire [Etym] hand (bottom=prim,< 友 245) holding hunting weapon (top=prim) ◇ une main (bas=prim,< 友 245) tenant une arme de chasse (haut=prim) [Graph] 032b [Ref] h496, k885, r33f, r299, w43m, wa67 [Hanzi] shi3 史 10368, shi3 駛 11078, shi3 驶 11137.

史 shǐ +10368 史 | 1° history 2° register 3° analyst 4° surname ◇ 1° histoire 2° chronique, registre 3° historien, historiographe, censeur 4° nom propre [Etym] 口 2063 (rad: 030a 3-02), 史 2290 [Graph] 032b.

史诗 shǐ shī ∘ epic ◇ épopée ∗ 1738.

史无前例 shǐ wú qián lì ∘ without precedent in history ◇ sans précédent dans l'histoire ∗ 2221 8261 2932.

史书 shǐ shū ∘ history; historical records ◇ livres historiques ∗ 7291.

史实 shǐ shí ∘ historical facts ◇ faits historiques ∗ 7696.

吏 lì (2291) 吏 [Tra] official; mandarin ◇ fonctionnaire [Etym] hand (bottom< 友 245) holding banner (top=prim) (> 事 2305) ◇ une main (bas< 友 245) tenant un étendard (haut=prim) (> 事 2305) [Graph] 032c [Ref] h1894, k526, w43n, wi231, wi761 [Hanzi] shi3 使 3061, li4 吏 10369.

吏 lì +10369 吏 | official, mandarin ◇ fonctionnaire, employé du tribunal, mandarin [Etym] 口 2063 (rad: 030a 3-03), 吏 2291 [Graph] 032c.

免 miǎn (2292) 免 [Tra] to avoid; evade ◇ éviter; échapper à [Etym] {?}hidden (< 冐 1759)man (bottom< 儿 405); {?}stealthy hare (< 兔 2294) ◇ {?} homme (bas< 儿 405); caché (< 冐 1759); {?} lièvre furtif (< 兔 2294) [Graph] 032d [Ref] h1849, k625, ph295, r419, w106a, wi107, wi543 [Hanzi] mei3 浼 564, wan3 挽 2698, fu3 俛 3062, mian3 娩 5859, wan3 辁 6379, mian3 冕 9961, wan3 晚 9962, mian3 免 10370, mian3 勉 10371, mian3 鮸 10544, mian3 鮸 10639, wan3 wan3 輓 10724.

免 miǎn +10370 免 | 1° to exempt 2° to dismiss 3° to avoid, to evade 4° not allowed, not 5° to take off ◇ 1° exempter 2° destituer 3° éviter, échapper à 4° interdit, ne...pas 5° ôter (un habit) [Etym] 儿 405 (rad: 010a 2-05), 免 2292 [Graph] 032d.

免得 miǎn dé ∘ to avoid that ◇ éviter de ∗ 3173.

免得 miǎn de ∘ so as not to; in order to avoid ◇ afin de ne pas, pour éviter de ∗ 3173.

免不了 miǎn bù liǎo ∘ unavoidable, inevitable, without fail ◇ inévitablement, immanquablement, fatalement ∗ 4066 6540.

免税 miǎn shuì ∘ tax-free ◇ exempter de taxes, d'impôts ∗ 4574.

免除 miǎn chú ∘ to avoid; to exempt ◇ éviter, exempter ∗ 6715.

免费 miǎn fèi ∘ free; gratis ◇ gratuit, gratis, gratuitement ∗ 11282.

㲋 chán (2293) 免丶 [Tra] rodents; crafty ◇ rongeurs; rusé [Etym] modern simplified form of (毚 2165) ◇ forme simplifiée moderne de (毚 2165) [Graph] 032d 211b [Hanzi] chan2 谗 1825, chan2 馋 1885, chan1 搀 2699.

勉 miǎn +10371 免力 | 1° to make an effort, to strive 2° to urge, to encourage, to excite ◇ 1° faire effort 2° encourager, stimuler, exciter [Etym] 力 1489 (rad: 019a 2-07), 免 2292 [Graph] 032d 732f.

勉励 miǎn lì ∘ to encourage, to urge ◇ encourager, exhorter ∗ 6855.

勉强 miǎn qiǎng。under compulsion, unwillingly ◇ contraint, à contrecoeur; se forcer à; à peine ✱ 11265.

兔 tù (2294) 兔 [Tra] hare; rabbit ◇ lièvre; lapin [Etym] hare (prim) (# 龟 2292) ◇ un lièvre (prim) (# 龟 2292) [Graph] 032e [Ref] k1132, r27k, w106b, wa52 [Hanzi] tu2 tu4 菟 3976, tu4 堍 4969, yuan1 冤 7680, yuan1 寃 7782, tu4 兔 10372, yi4 逸 10373.

兔 tù +10372 兔 | 兎 *10374 | 1° hare 2° rabbit ◇ 1° lièvre 2° lapin [Etym] 儿 405 (rad: 010a 2-06), 兔 2294 [Graph] 032e.

兔子 tù zǐ。rabbit, hare ◇ lapin, lièvre ✱ 6546.

逸 yì +10373 兔辶 1° ease, leisure 2° to escape 3° not available 4° to excel 5° lust ◇ 1° aise, paix, plaisir 2° échapper 3° non disponible 4° surpasser 5° licence, vice, relâchement [Etym] 辶 1346 (rad: 162b 3-08), 兔 2294 [Graph] 032e 634o.

兎 tù (2295) 兎 [Tra] hare; rabbit ◇ lièvre; lapin [Etym] different writing for (兔 2294) ◇ autre graphie pour (兔 2294) [Graph] 032f [Ref] r7k [Hanzi] tu4 兎 10374.

兎 tù *10374 兎 | 兔 +10372 | 1° hare 2° rabbit ◇ 1° lièvre 2° lapin [Etym] 儿 405 (rad: 010a 2-05), 兎 2295 [Graph] 032f.

束 shù (2296) 束 [Tra] to bind, to tie ◇ lier [Etym] wooden (< 木 723) objects tied (central rectangle) together ◇ des objets de bois (< 木 723) attachés (rectangle central) [Graph] 032g [Ref] h1535, k909, ph303, r12g, w75a, wa121 [Hanzi] su4 涑 565, song3 竦 679, song3 悚 3372, la4 辣 3416, shu1 疎 5321, su4 觫 8374, shu4 束 10375, chi4 敕 10376, la2 la4 剌 10378, su4 速 10379, chi4 勅 10380, lai4 赖 10383, lai4 賴 10384.

束 shù +10375 束 1° to bind, to tie up 2° measure-word (bundle, bunch, sheaf) 3° to restrain, to keep in order 4° surname ◇ 1° attacher, lier 2° spécificatif (botte, gerbe, faisceau) 3° refréner, contrainte 4° nom propre [Etym] 木 723 (rad: 075a 4-03), 束 2296 [Graph] 032g.

束缚 shù fù。to tie, to fetter ◇ enchaîner ✱ 6052.

欶 sù, sòu (2297) 束欠 [Tra] cough, clear throat ◇ tousser; racler la gorge [Etym] hard breath (2= 欠 178); phon and ties (1= 束 2296) ◇ souffle rude (2= 欠 178); phon et attache (1= 束 2296) [Graph] 032g 232b [Ref] k910, ph647, w75a [Hanzi] shu4 漱 566, su4 鏉 901, su4 蔌 3977, sou4 嗽 9227.

敕 chì (2298) 束攵 [Tra] government; edict ◇ gouvernement; édit [Etym] laws to bind (1= 束 2296); justice to strike (2= 攵 340) (< 敕 2298) ◇ lois pour contraindre (1= 束 2296); justice qui frappe (2= 攵 340) [Graph] 032g 243c [Ref] w120i [Hanzi] nen4 嫩 5860, chi4 敕 10376, zheng3 整 10377.

敕 chì +10376 束攵 | 勅 *10380 、 勑 *1540 | imperial edict ◇ édit impérial [Etym] 攵 340 (rad: 066b 4-07), 束 2296 [Graph] 032g 243c.

整 zhěng +10377 束攵正 1° whole, entire 2° tidy 3° to put in order, to rectify 4° to mend, to repair, to adjust 5° to punish 6° to do, to work ◇ 1° entier, complet 2° propre, net 3° mettre en ordre, rectifier 4° réparer, ajuster 5° punir 6° faire, travailler [Etym] 攵 340 (rad: 066b 4-12), 敕 2298 正 963 [Graph] 032g 243c 434b.

整洁 zhěng jié。neat; clean and tidy ◇ propre et en ordre, en bon état ✱ 221.

整治 zhěng zhì。to renovate, to repair ◇ rénover, réparer ✱ 283.

整个 zhěng gè。whole, entire ◇ complet, tout entier ✱ 1092.

整个儿 zhěng gè ér。whole, entire ◇ complet, tout entier ✱ 1092 2194.

整天 zhěng tiān。all day ◇ toute la journée ✱ 1573.

整齐 zhěng qí。organized, in good order ◇ régulier, en ordre; aligné, de même taille ✱ 1661.

整理 zhěng lǐ。to put in order ◇ mettre en ordre, arranger; répertorier ✱ 5204.

整整 zhěng zhěng。whole; full ◇ tout entier, complet ✱ 10377.

剌 lá (2299) 束刂 [Tra] to cut; to chat ◇ couper; bavarder [Etym] to cut (2= 刂 470) binding ties (1= 束 2296) ◇ couper (2= 刂 470) un lien contraignant (1= 束 2296) [Graph] 032g 333b [Ref] k509, ph459, w120i [Hanzi] la4 鬎 4752, la4 瘌 7132, la2 la3 喇 9228, la4 蝲 10338, la2 la4 剌 10378, la4 鯻 10545, la4 鯻 10640.

剌 lá +10378 束刂 See ◇ Voir 拉 2321 [Etym] 刂 470 (rad: 018b 2-07), 剌 2299 [Graph] 032g 333b.

△ là 1° perverse 2° contradictory, disagreeable ◇ 1° pervers 2° qui a de l'esprit de contradiction.

速 sù +10379 束辶 1° speedily, quickly, velocity, to urge on 2° to invite ◇ 1° vite, rapide, soudain, prompt 2° inviter, attirer [Etym] 辶 1346 (rad: 162b 3-07), 束 2296 [Graph] 032g 634o.

速舍 sù shè。dormitory; hostel ◇ dortoir ✱ 1502.

速成 sù chéng。intensive or crash (course) ◇ aboutir rapidement, faire vite ✱ 5550.

速度 sù dù。speed ◇ vitesse ✱ 6919.

速写 sù xiě。sketch ◇ croquis ✱ 7686.

勅 chì (2300) 束力 [Tra] government; edict ◇ gouvernement; édit [Etym] laws to bind (1= 束 2296); their enforcement (2= 力 1489) (< 敕 2298) ◇ force (2= 力 1489) des lois contraignantes (1=

史 兔 兎 束

朿2296) (< 敕 2298) [Graph] 032g 732f [Ref] k909 [Hanzi] chi4 勅 10380, chi4 鶒 10381, chi4 鶒 10382.

勅 chì *10380 | 敕 +10376 、劶 *1540 | imperial edict ◇ édit impérial [Etym] 力 1489 (rad: 019a 2-07), 朿 2296 [Graph] 032g 732f.

鸫 chì -10381 | 鶒 *10382 | crane ◇ grue [Etym] 鸟 2494 (rad: 196s 5-09), 勅 2300 [Graph] 032g 732f Z22e.

鶒 chì *10382 | 鸫 -10381 | crane ◇ grue [Etym] 鳥 2500 (rad: 196a 11-09), 勅 2300 [Graph] 032g 732f Z22h.

赖 lài (2301) [Tra] to depend, to rely ◇ se fier à; dépendre [Etym] modern simplified form of (賴 2302) ◇ forme simplifiée moderne de (賴 2302) [Graph] 032g 854h [Hanzi] lai4 濑 567, lai4 籁 902, lan3 懒 3373, ta3 獭 5674, lai4 癞 7133, lai4 赖 10383.

赖 lài -10383 | 賴 *10384 | 1° to depend, to rely upon, to trust to 2° to hang on 3° to deny 4° to accuse wrongly, blame 5° to repudiate 6° poor ◇ 1° dépendre de 2° s'appuyer sur, se cramponner à 3° récuser, nier 4° faire tort ou violence, incriminer à 5° répudier 6° pauver [Etym] 贝 1796 (rad: 154s 4-09), 赖 2301 [Graph] 032g 854h.

賴 lài (2302) [Tra] to rely upon ◇ se fier à [Etym] give money (2< 貝 2246), cut (2,top< 刀 1477) knots (< 剌 2299) ◇ donner de l'argent (2< 貝 2246), couper (2,haut< 刀 1477) des liens (< 剌 2299) [Graph] 032g 023k [Ref] h1189, k510, w120i [Hanzi] lai4 瀨 568, lai4 籟 903, ta3 獺 5675, lan3 嬾 5861, lai4 癩 7134, lai4 賴 10384.

賴 lài *10384 | 赖 -10383 | 1° to depend, to rely upon, to trust to 2° to hang on 3° to deny 4° to accuse wrongly, blame 5° to repudiate 6° poor ◇ 1° dépendre de 2° s'appuyer sur, se cramponner à 3° récuser, nier 4° faire tort ou violence, incriminer à 5° répudier 6° pauver [Etym] 貝 2246 (rad: 154a 7-09), 朿 2296 負 2275 [Graph] 032g 023k.

象 xiàng (2303) [Tra] elephant; image ◇ éléphant; aspect [Etym] elephant (prim) (> 豕 1100); its special form ->image, aspect ◇ un éléphant (prim) (> 豕 1100); sa forme spéciale ->aspect, image [Graph] 032i [Ref] h533, k787, ph683, r483, w691, wa52, wi334 [Hanzi] xiang4 像 3063, xiang4 橡 4452, xiang4 蟓 10339, xiang4 象 10385.

象 xiàng +10385 | 1° elephant 2° appearance, shape, image 3° to imitate 4° to be like 5° such as 6° elephant piece (Chinese chess) 7° ivory ◇ 1° éléphant 2° aspect, forme, image 3° imiter 4° ressembler à 5° tel que 6° éléphant (échec chinois) 7° ivoire [Etym] 豕 1100 (rad: 152a 7-04), 象 2303 [Graph] 032i.

象征 xiàng zhēng。to symbolize; symbol, emblem ◇ symboliser, symbole * 3142.

象棋 xiàng qí。chess ◇ échecs * 4238.

象声词 xiàng shēng cí。onomatopoeia ◇ onomatopée * 5018 1777.

禹 yǔ (2304) [Tra] surname ◇ nom de famille [Etym] phon: scorpion, reptile with long tail (prim) (> 虫 2282, 萬 690) ◇ phon: un scorpion, reptile à grande queue (prim) (> 虫 2282, 萬 690) [Graph] 032j [Ref] k1326, ph504, r1a, w23d [Hanzi] yu3 瑀 5200, qu3 龋 8518, qu3 齲 8537, shu3 zhu3 斶 8664, ju3 踽 9405, yu3 禹 10386.

禹 yǔ +10386 | 1° surname 2° reputed founder of the Xia Dynasty ◇ 1° nom de famille 2° nom du fondateur de la dynastie des Xia [Etym] 内 1923 (rad: 114a 4-05), 禹 2304 [Graph] 032j.

事 shì (2305) [Tra] affair; business ◇ affaire [Etym] hand (< 彐 1565) holding banner or seizing an animal (top=prim) (> 吏 2291) ◇ une main (< 彐 1565) tenant un étendard ou captant un animal (haut=prim) (> 吏 2291) [Graph] 032k [Ref] h293, k889, r33g, r305, w44h, wa67, wi96 [Hanzi] shi4 事 10387.

事 shì +10387 | 1° matter, affair, thing, business 2° accident 3° work, job 4° involvement 5° to serve 6° to be engaged in ◇ 1° affaire, événement 2° incident 3° travail 4° exécuter 5° servir (supérieur) 6° occupation, être occupé à [Etym] 亅 419 (rad: 006a 1-07), 事 2305 [Graph] 032k.

事态 shì tài。situation, state of affairs ◇ état de chose, situation * 1605.

事儿 shì ér。affair, thing ◇ chose, affaire * 2194.

事迹 shì jī。achievement ◇ exploit * 2756.

事变 shì biàn。incident; emergency ◇ événement grave, incident imprévu * 2762.

事件 shì jiàn。event, incident ◇ événement, incident * 2856.

事例 shì lì。example ◇ exemple * 2932.

事情 shì qíng。affair, thing ◇ affaire, chose * 3261.

事情 shì qíng。matter, business ◇ affaire * 3261.

事物 shì wù。thing; object ◇ ensemble des affaires et des choses * 3468.

事业 shì yè。enterprise, cause ◇ entreprise, cause; oeuvre * 5328.

事务 shì wù。work; general affairs ◇ occupation, charge; affaires courantes * 6533.

事实 shì shí。fact ◇ fait * 7696.

事故 shì gù。accident ◇ accident, incident * 9807.

串 chuàn (2306) [Tra] to string; connect ◇ enfiler; relier [Etym] two objects (prim) strung on a thread or rod ◇ deux objets (prim) reliés par un fil ou une baguette [Graph] 0321 [Ref] k446, w153b, wa134 [Hanzi] cuan4 窜 7839, chuan4 串 10388, huan4 患 10389.

串 chuàn +10388 串 | 1° to string, to connect 2° to slip in ◇ 1° enfiler, enfilade 2° s'insinuer, se faufiler [Etym] 丨 476 (rad: 002a 1-06), 串 2306 [Graph] 0321.

串通 chuàn tōng ∘ to gang up, to collude ◇ être de mèche avec qqn * 6488.

患 huàn (2307) 串心 | [Tra] affliction; sorrow ◇ malheur; souffrance [Etym] heart (2= 心 397); phon, pierced (1= 串 2306) ◇ un coeur (2= 心 397); phon, transpercé (1= 串 2306) [Graph] 0321 321c [Ref] k100, w153b [Hanzi] huan4 漶 569, huan4 患 10389.

患 huàn +10389 串心 | 1° disaster, trouble 2° anxiety, affliction, sorrow 3° to suffer from 4° illness ◇ 1° trouble, désastre, malheur 2° soucieux, pénible, peiné 3° souffrance 4° maladie [Etym] 心 397 (rad: 061a 4-07), 患 2307 [Graph] 0321 321c.

患者 huàn zhě ∘ patient; a sick person ◇ malade, patient * 5051.

患难 huàn nàn ∘ ordeal, hardship, trouble, adversity ◇ épreuve, peine, adversité; choses pénibles * 6505.

㓁 033

曾 céng (2308) 㓁日 | [Tra] past; done; how ◇ déjà; passé; comment [Etym] {1} talk (1= 日 2168) at the door (1< 門 2025) before leaving (top< 八 127); {2} vessel for steam cooking (1,2=prim) ◇ {1} parler (1= 日 2168) à la porte (1< 門 2025) avant de s'en aller (haut< 八 127); {2} vase pour cuisson à la vapeur (1,2=prim) [Graph] 033c 021a [Ref] k1047, ph710, w40d, w73a, wa124, wi449 [Hanzi] zeng1 熷 1591, seng1 僧 3064, zeng1 憎 3374, zeng1 增 4970, zeng1 zeng4 缯 6080, zeng1 zeng4 繒 6266, ceng2 嶒 7613, fen1 橧 7899, zeng4 赠 7990, ceng2 層 8665, ceng1 噌 9229, ceng4 蹭 9406, zeng4 贈 10150, ceng2 zeng1 曾 10390, zeng4 甑 10391, zeng1 罾 10806.

曾 céng +10390 㓁日 | 1° past, done 2° how? ◇ 1° déjà, passé, fait 2° comment [Etym] 日 2168 (rad: 073a 4-08), 曾 2308 [Graph] 033c 021a.

曾经 céng jīng ∘ past; already ◇ passé; déjà * 6007.

△ zēng | 1° relationship between great-grandchildren and great-grandparents 2° surname ◇ 1° arrière (grand-parents) 2° nom de famille.

甑 zèng +10391 㓁日瓦 | boiler, cauldron, rice steamer ◇ cloche à vapeur, marmite en terre cuite [Etym] 瓦 2531 (rad: 098a 4-12), 曾 2308 [Graph] 033c 021a Z33f.

柬 jiǎn (2309) 柬 | [Tra] to select; summarize ◇ choisir; résumé [Etym] a bundle (< 束 2296) that has been opened, shared (< 八 127) ◇ un ensemble (< 束 2296) qu'on partage, qu'on ouvre (< 八 127) [Graph] 033d [Ref] k372, ph429, w75a, wi619 [Hanzi] lian4 炼 1061, lian4 lian4 鍊 1350, jian4 谏 1826, jian3 拣 2700, lian4 楝 4453, lian4 練 6267, lan2 阑 8045, lan2 闌 8797, jian4 諫 9629, jian3 柬 10392.

柬 jiǎn +10392 柬 | 1° bamboo slips 2° letter 3° note, written text 4° sheet of paper, card ◇ 1° tablettes de bambou 2° lettre 3° écrit 4° feuille de papier [Etym] 木 723 (rad: 075a 4-05), 柬 2309 [Graph] 033d.

黑 hēi (2310) 黑灬 | [Tra] black; dark; secret ◇ noir; obscur; secret [Etym] {1} fire (2= 灬 130) and smoke apertures (1=prim), hence soot, black; {2} masked (top) dancer (< 無 1043) ◇ {1} du feu (2= 灬 130) et des conduits de cheminée (1=prim), d'où suie, noir; {2} un danseur (< 無 1043) masqué (haut) [Graph] 033e 222d [Ref] h124, k68, ph678, r260, w40d, w126d, wa180, wi178, wi382, wi787 [Hanzi] shu1 儵 3113, hei1 mo4 嘿 9230, hei1 黑 10393, mo4 默 10397, mo4 墨 10398 [Rad] 203a.

黑 hēi +10393 黑灬 | 1° black 2° dark, shady 3° secret 4° sinister, evil 5° short for Heilongjiang Province ◇ 1° noir, noircir 2° obscur, sombre 3° clandestin 4° sinistre 5° abréviation de Heilongjiang [Etym] 黑 2310 (rad: 203a 12-00), [Graph] 033e 222d.

黑人 hēi rén ∘ Black, Black people ◇ Noir, homme de couleur noire * 1070.

黑夜 hēi yè ∘ night ◇ nuit * 3101.

黑蓝 hēi lán ∘ dark blue ◇ bleu marine * 3648.

黑板 hēi bǎn ∘ blackboard ◇ tableau noir * 4301.

黑市 hēi shì ∘ black market ◇ marché noir * 8470.

黑色 hēi sè ∘ black ◇ noir, de couleur noire * 8731.

黑暗 hēi àn ∘ dark, obscure; reactionary ◇ sombre, obscur * 9843.

黑白 hēi bái ∘ black and white; (fig) right and wrong ◇ noir et blanc; le bien et le mal (fig.) * 9973.

黯 àn +10394 黑灬立日 | dim, gloomy ◇ obscur, sombre [Etym] 黑 2310 (rad: 203a 12-09), 音 91 [Graph] 033e 222d 221a 021a.

黔 qián +10395 黑灬亼 | 1° black, brown 2° another name for Guizhou Province 3° surname ◇ 1° noir, brun 2° autre nom de la province de Guizhou 3° nom propre [Etym] 黑 2310 (rad: 203a 12-04), 今 202 [Graph] 033e 222d 233a 631a.

黩 dú -10396 黑灬卖 | 黷 *10400 | 1° to blacken 2° to spoil 3° vice ◇ 1° outrager 2° gâcher, taché, crasseux 3° vice [Etym] 黑 2310 (rad: 203a 12-08), 卖 294 [Graph] 033e 222d 242h.

默 mò +10397 黑灬犬 | 嘿 +9230 | dark retired secret silent to write from memory ◇ garder le silence calme silencieusement écrire de mémoire [Etym] 黑 2310 (rad: 203a 12-04), 犬 295 [Graph] 033e 222d 242i.

史㓁 串・㓁柬黑

默哀 mò āi。stand in silent tribute ◇ hommage silencieux ＊ 2150.

默写 mò xiě。to write a dictation; to write from memory ◇ faire une dictée; écrire de mémoire ＊ 7686.

墨 mò (2311) 黑灬土 |[Tra] Chinese ink ◇ encre de Chine [Etym] black (1,2= 黑 2310) earth (3= 土 826) ◇ terre (3= 土 826) noire (1,2= 黑 2310) [Graph] 033e 222d 432a [Ref] h946, k971, w36e, w40d [Hanzi] me5 嚜 9231, mo4 墨 10398.

墨 mò +10398 黑灬土 |Chinese ink ink ink stick handwriting learning Mohist School black corruption tatooing the face proper noun ◇ encre de Chine encre noir art d'écrire cupide corrompu philosophe Mozi tatouer sur le front nom propre [Etym] 土 826 (rad: 032a 3-12), 黑 2310 [Graph] 033e 222d 432a.

墨汁 mò zhī。prepared Chinese ink ◇ encre de Chine (liquide) ＊ 158.

墨镜 mò jìng。sunglasses ◇ lunettes noires, lunettes de soleil ＊ 1899.

墨水 mò shuǐ。Chinese ink; ink ◇ encre de Chine (liquide); encre ＊ 2299.

黠 xiá +10399 黑灬土口 |1° crafty 2° cunning, intelligent 3° sly, cheating 4° black ◇ 1° adresse (manuelle) 2° perspicace 3° rusé, malin, fourbe 4° noir [Etym] 黑 2310 (rad: 203a 12-06), 吉 876 [Graph] 033e 222d 432b 011a.

黷 dú *10400 黑灬士罒貝 |黩 -10396| 1° to blacken 2° to spoil 3° vice ◇ 1° outrager 2° gâcher, taché, crasseux 3° vice [Etym] 黑 2310 (rad: 203a 12-15), 賣 886 [Graph] 033e 222d 432b 051a 023b.

黮 tǎn +10401 黑灬甚 |1° black 2° to smut ◇ 1° noir foncé 2° tacher [Etym] 黑 2310 (rad: 203a 12-09), 甚 1015 [Graph] 033e 222d 436j.

黢 qū +10402 黑灬允夊 |black, dark ◇ noir, sombre [Etym] 黑 2310 (rad: 203a 12-07), 夋 1147 [Graph] 033e 222d 612b 633e.

黝 yǒu +10403 黑灬幺力 |1° black 2° ashy color 3° dark ◇ 1° noir 2° gris 3° sombre [Etym] 黑 2310 (rad: 203a 12-05), 幼 1183 [Graph] 033e 222d 613c 732f.

黟 yī +10404 黑灬夕夕 |1° black 2° ebony 3° used in place names ◇ 1° noir 2° ébène 3° nom de lieu [Etym] 黑 2310 (rad: 203a 12-06), 多 1228 [Graph] 033e 222d 631b 631b.

黵 zhǎn +10405 黑灬产亼言 |to make dirty, dirty ◇ salir, sale [Etym] 黑 2310 (rad: 203a 12-13), 詹 1421 [Graph] 033e 222d 721e ac:h 012d.

黜 chù +10406 黑灬出 |to degrade, to dismiss ◇ dégrader, destituer [Etym] 黑 2310 (rad: 203a 12-05), 出 1640 [Graph] 033e 222d 842c.

黰 zhěn *10407 黑灬真 |鬒 +4749 、鬒 *4729| thick hair ◇ chevelure épaisse, chevelure noire [Etym] 黑 2310 (rad: 203a 12-10), 真 1936 [Graph] 033e 222d 921f.

黥 qíng +10408 黑灬亩小 |剠 *9441| tattooing the face (ancient punishment) ◇ tatouer le visage (ancienne forme de châtiment) [Etym] 黑 2310 (rad: 203a 12-08), 京 2122 [Graph] 033e 222d 012c 331j.

點 diǎn *10409 黑灬占 |点 +9799| 1° drop 2° spot, speck 3° dot stroke (in Chinese writing) 4° point 5° decimal point 6° a little 7° aspect, feature 8° to nod, to point out, to ◇ 1° goutte 2° tache 3° point (trait de l'écriture chinoise) 4° point 5° virgule décimale 6° un peu 7° aspect, caractéristique 8° pointer, pointe [Etym] 黑 2310 (rad: 203a 12-05), 占 2154 [Graph] 033e 222d 013e.

熏 xūn (2312) 重灬 |[Tra] smoke; steam ◇ fumée; vapeur [Etym] smoke (top) escaping from a chimney (1,2< 黑 2310) ◇ la fumée (haut) qui s'échappe d'une cheminée (1,2< 黑 2310) [Graph] 033f 222d [Ref] k174, ph781, wa137 [Hanzi] xun1 燻 1062, xun1 xun1 薰3978, xun1 壎 4971, xun1 獯 5676, xun1 曛 9963, xun1 xun4 熏 10410, xun1 勳 10411, xun1 醺 10915.

熏 xūn +10410 重灬 |燻 *1062 1° 、薰 *3978| 1° smoke 2° to smoke, to fumigate 3° steam ◇ 1° fumée 2° fumer, fumiger 3° vapeur [Etym] 灬 130 (rad: 086b 4-10), 熏 2312 [Graph] 033f 222d.

△ xùn |to be suffocated by coal gas ◇ asphyxier.

勳 xūn *10411 重灬力 |勋 -9129 、勛 *9217| 1° loyal merit 2° achievement ◇ 1° mérite, services signalés 2° exploit [Etym] 力 1489 (rad: 019a 2-14), 熏 2312 [Graph] 033f 222d 732f.

田 041

田 tián (2313) 田 |[Tra] fields; cropland ◇ champs; cultures [Etym] fields with partitions (prim) ->place, etc ◇ des champs subdivisés (prim) ->lieu, etc [Graph] 041a [Ref] h59, k998, ph164, r5f, r37, r92, w149a, wa74, wi201, wi212 [Hanzi] tian2 畑 1063, dian4 tian2 鈿 1351, fen4 奮 1556, fen4 奋1565, dian4 tian2 钿 2116, dian4 tian2 佃 3065, miao2 苗3979, zai1 甾 5716, ben3 畚 5890, xi4 细 6081, xi4 細6268, bei4 备 6537, yan3 屌 6820, yan3 壓 6866, hua4 畫7400, lei2 雷 8463, tian2 田 10412, pi2 毘 10420, pi2 毗 10421, wei4 畏 10422, si1 思 10423, bi4 畀 10427, lei2 lei3 lei4 累 10434, wei4 胃 10443, die2 疊 10448, jia3 甲 10450, hua4 画 10453, mu3 畝 10455, you2 由 10657, shen1 申 10661, chang4 畅 10662, gui1 jun1 qiu1 龟10733, bi4 畢 10760 [Rad] 102a.

田 tián +10412 田 |1° field, cultivated fields, cropland 2° surname ◇ 1° champs, terre cultivée, rizière 2° nom de famille [Etym] 田 2313 (rad: 102a 5-00), [Graph] 041a.

田地 tián dì。cultivated land ◇ terres cultivées ＊ 4903.

田野 tián yě。field ◇ champ, champagne ＊ 10762.

田园 tián yuán。fields and gardens; countryside ◇ champs et jardins, campagne; rural; bucolique ＊ 10944.

疃 tuǎn +10413 田立里 |1° wild animal area, jungle 2° hamlet 3° land outside the city 4° used in place names ◇ 1° jungle 2° hameau 3° endroit hors de la ville 4° nom de lieu [Etym] 田 2313 (rad: 102a 5-12), 童 99 [Graph] 041a 221a 043j.

四田 黑重・田

畛 zhěn +10414 田八彡 | 1° raised paths 2° border ◇ 1° sentiers surélevés 2° limite [Etym] 田 2313 (rad: 102a 5-05), 㐱 182 [Graph] 041a 233a 211c.

界 jiè +10415 田八川 | 1° boundary, limits 2° scope 3° cercles 4° group, class 5° world ◇ 1° limites, frontière 2° perspective 3° cercles, associations 4° groupe, classe 5° monde [Etym] 田 2313 (rad: 102a 5-04), 介 191 [Graph] 041a 233a 416a.

界线 jiè xiàn。frontier, boundary line ◇ frontière, ligne de démarcation ∗ 5994.

界限 jiè xiàn。demarcation line; limits ◇ ligne de démarcation, limite, bornes ∗ 6778.

畴 chóu -10416 田寿寸 | 疇 *10431 | 1° cultivated field 2° species 3° who? ◇ 1° champs, culture 2° espèce, sorte 3° qui? [Etym] 田 2313 (rad: 102a 5-07), 寿 256 [Graph] 041a 241e 332b.

畸 jī +10417 田大丁口 | 1° surplus, leavings 2° lopsided 3° unbalanced ◇ 1° reste, en sus 2° de travers 3° mal équilibré [Etym] 田 2313 (rad: 102a 5-08), 奇 261 [Graph] 041a 242a 331c 011a.

畸形 jī xíng。malformation ◇ difformité ∗ 4046.

畎 quǎn +10418 田犬 | drains, watering, field ditches ◇ rigoles, canaux [Etym] 田 2313 (rad: 102a 5-04), 犬 295 [Graph] 041a 242i.

畋 tián +10419 田攵 | to hunt (for animals) ◇ chasser, aller à la chasse [Etym] 田 2313 (rad: 102a 5-04), 攵 340 [Graph] 041a 243c.

> 毘 pí (2314) 田匕匕 | [Tra] navel ◇ nombril [Etym] different writing for (毗 2419) ◇ autre graphie pour (毗 2419) [Graph] 041a 311d 321b [Ref] w27i [Hanzi] pi2 毘 10420, pi2 毗 10421.

毘 pí *10420 田匕匕 | 毗 +10421 | 1° adjoin, to be adjacent to 2° to help, to support ◇ 1° contigu, adjacent 2° aider, soutenir [Etym] 比 362 (rad: 081a 4-05), 毘 2314 [Graph] 041a 311d 321b.

毗 pí +10421 田匕匕 | 毘 *10420 | 1° adjoin, to be adjacent to 2° to help, to support ◇ 1° contigu, adjacent 2° aider, soutenir [Etym] 比 362 (rad: 081a 4-05), 田 2313 [Graph] 041a 311d 321b.

> 畏 wèi (2315) 田𧘇 | [Tra] to fear; respect ◇ crainte; respect [Etym] head of a ghost (1< 鬼 2363); claws upside down (2< 爪 714) ◇ la tête d'un démon (1< 鬼 2363); des griffes à l'envers (2< 爪 714) [Graph] 041a 312e [Ref] k1310, w40c, wa181, wi848 [Hanzi] wei1 煨 1064, wei4 餵 1475, wei1 偎 3066, wei3 猥 5677, wei1 隈 6790, wei4 喂 9232, wei4 碨 9776, wei4 畏 10422.

畏 wèi +10422 田𧘇 | 1° to fear 2° respect ◇ 1° crainte, craindre 2° respect [Etym] 田 2313 (rad: 102a 5-04), 畏 2315 [Graph] 041a 312e.

畏惧 wèi jù。to dread, to fear ◇ craindre, avoir peur ∗ 3016.

畏难 wèi nàn。to be afraid of difficulty ◇ craindre les difficultés ∗ 6505.

畏罪 wèi zuì。to dread punishment for one's crime ◇ craindre la punition pour le crime commis ∗ 10777.

> 思 sī (2316) 田心 | [Tra] to think; long for ◇ penser; désirer [Etym] head or brain (1< 囟 2417) and heart (2= 心 397) ->to think ◇ une tête ou un cerveau (1< 囟 2417) et un coeur (2= 心 397) ->penser [Graph] 041a 321c [Ref] h131, k813, ph477, r92, w40a [Hanzi] si1 鍶 1352, si1 锶 2117, sai1 揌 2701, cai1 si1 偲 3067, xi3 葸 3980, si1 緦 6082, si1 缌 6269, bei4 惫 6538, lü4 慮 7174, xie2 勰 7262, zai3 崽 7614, sai1 腮 8236, si1 思 10423, sai1 顋 10424, sai1 鰓 10546, sai1 鳃 10641, si1 罳 10807, si1 颸 11218, si1 飔 11233.

思 sī +10423 田心 | 1° to think, to consider, thinking, to reflect 2° to long for ◇ 1° penser, pensée, réfléchir, pensif 2° soupirer après [Etym] 心 397 (rad: 061a 4-05), 思 2316 [Graph] 041a 321c.

思念 sī niàn。to think of, to miss ◇ penser avec affection à, rappeler le souvenir de ∗ 1387.

思想 sī xiǎng。thought, ideology ◇ pensée, idéologie, idée ∗ 4445.

思想家 sī xiǎng jiā。thinker ◇ penseur ∗ 4445 7747.

思考 sī kǎo。to think deeply, to reflect on ◇ réfléchir, méditer ∗ 5057.

顋 sāi *10424 田心頁 | 腮 +8236 | cheek ◇ joue [Etym] 頁 2267 (rad: 181a 9-09), 思 2316 [Graph] 041a 321c 023f.

町 dīng +10425 田丁 | embankment, dike ◇ levée, digue [Etym] 田 2313 (rad: 102a 5-02), 丁 420 [Graph] 041a 331b.

△ tǐng | 1° boundaries of farmland 2° embankment ◇ 1° limite des champs 2° levée.

畔 pàn +10426 田半 | 1° side, bank 2° border of a field, landmark ◇ 1° rive, bord 2° limite d'un champ [Etym] 田 2313 (rad: 102a 5-05), 半 591 [Graph] 041a 414f.

> 畀 bì (2317) 田丌 | [Tra] to give; grant ◇ donner; accorder [Etym] {1} an object (1=prim) on a pedestal (2< 兀 407); {2} arrow: tail (2=prim), big head (1=prim) ◇ {1} un objet (1=prim) sur un piedestal (2< 兀 407); {2} une flèche: sa queue (2=prim) et sa grosse pointe (1=prim) [Graph] 041a 416c [Ref] k716, ph738, w40c, wa154 [Hanzi] pi4 淠 570, bi4 箅 904, bi4 痹 7135, bi4 畀 10427.

畀 bì +10427 田丌 | to give, to grant ◇ donner, accorder [Etym] 田 2313 (rad: 102a 5-03), 畀 2317 [Graph] 041a 416c.

甽 zhèn *10428 田川 | 圳 -4812 | 1° field-side ditches 2° place names in Guangdong ◇ 1° rigole, canal 2° nom de plusieurs lieux du Guangdong [Etym] 田 2313 (rad: 102a 5-03), 川 711 [Graph] 041a 417a.

畤 zhì +10429 田土寸 | sacrificial mound ◇ tertre à sacrifice [Etym] 田 2313 (rad: 102a 5-06), 寺 830 [Graph] 041a 432a 332b.

畦 qí +10430 田土土 | 1° rectangular plot of land 2° vegetable plot ◇ 1° terrain rectangulaire 2° jardin, plate-bande, carrés d'un potager [Etym] 田 2313 (rad: 102a 5-06), 圭 840 [Graph] 041a 432a 432a.

疇 chóu *10431 | 畴 -10416 | 1° cultivated field 2° species 3° who? ◇ 1° champs, culture 2° espèce, sorte 3° qui? [Etym] 田 2313 (rad: 102a 5-14), 壽 860 [Graph] 041a 432b ac:g 431a 012a 332b.

異 yì (2318) 田共 |[Tra] different; foreign ◇ différer; dissident [Etym] many hands (2= 共 1006) grasping the same object (1=prim) ◇ plusieurs mains (2= 共 1006) s'arrachant le même objet (1=prim) [Graph] 041a 436e [Ref] k199, ph620, w47r, wi311 [Hanzi] si4 禩 2288, ji4 冀 3202, fen4 糞 4646, dai4 戴 5542, yi4 廙 6983, yi4 翼 7235, yi4 異 10432.

異 yì *10432 | 异 +8729 | 1° different 2° strange, unusual 3° heterodox 4° surprise 5° another 6° separate ◇ 1° différent 2° étrange, extraordinaire, inhabituel 3° dissident, hétérodoxe 4° surprise 5° autre 6° séparé [Etym] 田 2313 (rad: 102a 5-06), 異 2318 [Graph] 041a 436e.

畯 jùn +10433 | supervisor who kept watch over the work of the slaves in the fields ◇ contremaître qui surveillait le travail des esclaves dans les champs [Etym] 田 2313 (rad: 102a 5-07), 夋 1147 [Graph] 041a 612b 633e.

累 léi (2319) 田糸 |[Tra] rope; to tie ◇ corde; attacher [Etym] different writing for (纍 2327) ◇ autre graphie pour (纍 2327) [Graph] 041a 613d [Ref] h1917, k522, w149f, wi939 [Hanzi] luo4 ta4 漯 571, luo4 摞 2702, lei2 嫘 5862, lei2 缧 6083, lei2 縲 6270, luo3 瘰 7136, luo2 螺 10340, lei2 lei3 lei4 累 10434, luo2 騾 11079, luo2 骡 11138.

累 léi +10434 | 纍 +10446 | See ◇ Voir 累累 lei2-lei2 10434-10434 [Etym] 糸 1185 (rad: 120a 6-05), 累 2319 [Graph] 041a 613d.

累赘 léi zhuì ◦ cumbersome, embarrassing ◇ encombrant, gênant * 5263.

累累 léi léi ◦ 1° clusters of, heaps of; 2° cumbersome; 3° haggard ◇ 1° accumulé; 2° nombreux, encombrant; 3° hagard * 10434.

△ lěi | 1° to pile up, to accumulate 2° to implicate 3° continuous ◇ 1° accumuler, entasser, augmenter 2° compromettre 3° à plusieurs reprises, continuel.

△ lèi | 纍 +10446 | 1° tired, weary 2° to strain, to toil ◇ 1° fatigue 2° s'efforcer de, travailler dur.

畧 lüè (2320) 田夂口 |[Tra] boundaries; mark out ◇ limites; définir [Etym] fields (1= 田 2313) for each one (2,3= 各 1295) ->boundaries ◇ des champs (1= 田 2313) pour chacun (2,3= 各 1295) -> limites [Graph] 041a 633e 011a [Ref] h804, k591, w31b [Hanzi] liao4 撂 2703, lüe4 略 10435, lüe4 略 10436.

略 lüè *10435 | 略 +10436 | 1° brief 2° a little, to make little account of, limits 3° summary, outline 4° to omit, to delete 5° plan, disposition 6° to capture, to seize ◇ 1° bref, précis 2° peu, un peu, négliger, faire peu de cas, limites 3° abrégé, résumé 4° omettre, effacer 5° plan, disposition, gouverner 6° s'emparer d'un territoire, enlever de force [Etym] 田 2313 (rad: 102a 5-06), 畧 2320 [Graph] 041a 633e 011a.

略 lüè +10436 | 略 *10435 | 1° brief 2° a little, to make little account of, limits 3° summary, outline 4° to omit, to delete 5° plan, disposition 6° to capture, to seize ◇ 1° bref, précis 2° peu, un peu, négliger, faire peu de cas, limites 3° abrégé, résumé 4° omettre, effacer 5° plan, disposition, gouverner 6° s'emparer d'un territoire, enlever de force [Etym] 田 2313 (rad: 102a 5-06), 各 1295 [Graph] 041a 633e 011a.

畟 zhí (2321) 田八夂 |[Tra] sharp ◇ pointu [Etym] to go (2= 夂 1286); open (center< 八 127), plow a field (1= 田 2313) ◇ aller (2= 夂 1286); ouvrir (centre< 八 127), labourer un champ (1= 田 2313) [Graph] 041a acc:h 633e [Ref] k1051, w149c, wa182 [Hanzi] su4 谡 1827, ji4 稷 4581, su4 謖 9630.

畈 fàn +10437 | 1° plain, field 2° big tract of land 3° extent, size ◇ 1° campagne, champs 2° domaine 3° étendue [Etym] 田 2313 (rad: 102a 5-04), 反 1454 [Graph] 041a 722a 633a.

男 nán (2322) 田力 |[Tra] man; male ◇ homme; mâle [Etym] strength (2= 力 1489) working in the fields (1= 田 2313) ->male ◇ une force (2= 力 1489) qui travaille dans les champs (1= 田 2313) ->mâle [Graph] 041a 732f [Ref] h54, r154, w53c, wi212 [Hanzi] sheng1 甥 5288, lu3 虜 7175, jiu4 舅 7440, nan2 男 10438.

男 nán +10438 | 1° man, male of the human species 2° son, boy 3° husband 4° baron 5° surname ◇ 1° homme, mâle, masculin 2° fils 3° mari 4° baron 5° nom propre [Etym] 田 2313 (rad: 102a 5-02), 男 2322 [Graph] 041a 732f.

男人 nán rén ◦ man, male ◇ homme, mâle * 1070.

男子 nán zǐ ◦ man, male ◇ homme, masculin * 6546.

男孩子 nán hái zǐ ◦ boy ◇ garçon * 6554 6546.

嬲 niǎo (2323) 田力女田力 |[Tra] to make fun of; to tease ◇ taquiner; jouer un tour [Etym] woman (3= 女 1122) between two men (男 2322) ◇ femme (3= 女 1122) entre deux hommes (男 2322) [Graph] 041a 732f 611e 041a 732f [Hanzi] niao3 嬲 10439.

嬲 niǎo +10439 | to make fun of, to play tricks on, to tease ◇ taquiner, jouer un tour, faire des blagues [Etym] 女 1122 (rad: 038a 3-14), 嬲 2323 [Graph] 041a 732f 611e 041a 732f.

甿 méng *10440 | 氓 +7340 | the common people ◇ le peuple, plèbe [Etym] 田 2313 (rad: 102a 5-03), 亡 1533 [Graph] 041a 811f.

畹 wǎn +10441 | 1° field 2° equal to 30 acres ◇ 1° parcelle terre 2° unité de mesure ancienne = 30 acres [Etym] 田 2313 (rad: 102a 5-08),

宛1699 [Graph] 041a 851c 631b 733a.

畇 yún +10442 田匀 |beautiful fields, smooth terrain, flower beds ◇ plates-bandes [Etym] 田2313 (rad: 102a 5-04), 匀 1764 [Graph] 041a 852c.

胃 wèi (2324) 田月 |[Tra] stomach ◇ estomac [Etym] flesh (2= 月 1823); stomach (1=prim): container, content, folds ◇ la chair (2= 月 1823); un estomac (1=prim): un contenant, son contenu, ses replis [Graph] 041a 856e [Ref] h424, k1309, ph489, r391, w122c, wa5 [Hanzi] wei4 渭 572, wei4 谓 1828, wei4 猬 5678, kui4 喟 9233, wei4 謂 9631, wei4 蝟 10341, wei4 胃 10443.

胃 wèi +10443 田月 |stomach ◇ estomac [Etym] 月 1823 (rad: 130b 4-05), 胃 2324 [Graph] 041a 856e.

胃炎 wèi yán。gastritis ◇ gastrite * 929.

胃病 wèi bìng。stomach trouble ◇ maladie d'estomac * 7105.

胃口 wèi kǒu。appetite; liking ◇ appétit; goût; gré * 8842.

暘 shāng *10444 |墒 -4926| moisture in the soil ◇ humidité dans la terre [Etym] 田 2313 (rad: 102a 5-11), 昜 2215 [Graph] 041a 022b 852i.

畾 léi (2325) 田田田 |[Tra] small embankment, path ◇ petite levée, sentier [Etym] fields (田 2313) and their limits (> 畺 2331) ◇ des champs (田 2313) et leurs confins (> 畺 2331) [Graph] 041a 041a 041a [Ref] w89b, wi939 [Hanzi] lei3 儡 3068, lei3 壘 10445, lei2 lei2 lei4 纍 10446, lei2 罍 10447.

壘 lěi (2326) 田田田土 |[Tra] to build; stones ◇ amonceler; rampart [Etym] to put objects or bricks (prim) on the ground (4= 土 826) ◇ mettre des objets ou des briques (1,2,3=prim) sur le sol (4= 土 826) [Graph] 041a 041a 041a 432a [Ref] w89b [Hanzi] lei3 壘 10445.

壘 lěi *10445 |垒 +5897| 1° to build by piling up earth, bricks, stones etc. 2° rampart, base ◇ 1° amonceler, entasser 2° rempart, retranchement [Etym] 土 826 (rad: 032a 3-15), 壘 2326 [Graph] 041a 041a 041a 432a.

纍 léi (2327) 田田田糸 |[Tra] rope; to tie ◇ corde; attacher [Etym] many objects (1,2,3=prim); attached (4= 糸 1185) ◇ plusieurs objets (1,2,3=prim) enfilés, attachés (4= 糸 1185) [Graph] 041a 041a 041a 613d [Ref] k521, ph626, w149f, wi939 [Hanzi] lei2 lei2 lei4 纍 10446.

纍 léi +10446 |累 +10434| See ◇ Voir 累累 lei2-lei2 10434-10434 [Etym] 糸 1185 (rad: 120a 6-15), 纍 2327 [Graph] 041a 041a 041a 613d.

△ léi |rope, to tie rope around something ◇ corde, attacher.

△ lèi |累 +10434| 1° tired, weary 2° to strain, to toil ◇ 1° fatigue 2° s'efforcer de, travailler dur.

罍 léi +10447 田田田缶 |ancient wine jar ◇ vase à vin, bassin pour ablutions [Etym] 缶 1628 (rad: 121a 6-15), 畾 2325 [Graph] 041a 041a 041a 841c.

疊 dié (2328) 田田田冖且 |[Tra] to fold up ◇ replier [Etym] stack (5= 且 1929); cover (4= 冖 1649); objects (> 纍 2327) (> 叠 2209) ◇ empilement (5= 且 1929); couvercle (4= 冖 1649); objets (> 纍 2327) (> 叠 2209) [Graph] 041a 041a 041a 851c 921a [Ref] k992 [Hanzi] die2 疊 10448, die2 氎 10449.

疊 dié *10448 田田田冖且 |叠、疉 +6514、*9959| to pile on, to fold over ◇ piler, plier [Etym] 田 2313 (rad: 102a 5-18), 疊 2328 [Graph] 041a 041a 041a 851c 921a.

氎 dié +10449 田田田冖且毛 |fine cotton cloth ◇ tissu fin de coton [Etym] 毛 403 (rad: 082a 4-23), 疊 2328 [Graph] 041a 041a 041a 851c 921a 321g.

甲 jiǎ (2329) 甲 |[Tra] first; shell; helmet ◇ premier; caarapace [Etym] {1} helmet ou shield; {2} germination on a seed (prim); {3} column as a sun dial (prim) ◇ {1} un heaume ou un bouclier; {2} le germe perforant la coque d'une graine (prim); {3} une colonne servant d'horloge solaire (prim) [Graph] 041b [Ref] h1243, k344, ph109, r27i, w152a, wa193 [Hanzi] jia3 鉀 1353, jia3 钾 2118, ya1 押 2704, xia2 柙 4454, xia2 狎 5679, yan3 厣 6820, yan3 厴 6866, xia2 匣 7330, jia3 岬 7615, zha2 闸 8046, jia3 胛 8237, zha2 閘 8798, xia1 呷 9234, jia3 蚾 10342, jia3 甲 10450, ya1 鸭 10451, ya1 鴨 10452.

甲 jiǎ +10450 甲 |1° first of the ten Heavenly Stems 2° first 3° and 4° shell, carapace, scale, scaly plates 5° cuirass, armour 6° nail (finger) ◇ 1° caractère cyclique: premier des dix Troncs Célestes, subdivision de quartier 2° premier, le meilleur 3° et 4° écaille, carapace 5° cuirasse, armure 6° ongle [Etym] 田 2313 (rad: 102a 5-00), 甲 2329 [Graph] 041b.

甲板 jiǎ bǎn。bridge ◇ pont d'un navire * 4301.

鸭 yā -10451 甲鸟 |鴨 *10452| duck ◇ canard [Etym] 鸟 2494 (rad: 196s 5-05), 甲 2329 [Graph] 041b Z22e.

鸭蛋 yā dàn。cane egg ◇ oeuf de cane * 5326.

鸭子 yā zǐ。duck ◇ canard * 6546.

鴨 yā *10452 甲鳥 |鸭 -10451| duck ◇ canard [Etym] 鳥 2500 (rad: 196a 11-05), 甲 2329 [Graph] 041b Z22h.

画 huà (2330) 画 |[Tra] drawing; painting ◇ dessiner; peindre [Etym] primure (prim) and its frame; modern form of (畫 1573) ◇ un tableau (prim) et son cadre; forme moderne de (畫 1573) [Graph] 041d 841e [Ref] h85, k95, r34q [Hanzi] hua4 婳 5863, hua4 画 10453.

画 huà +10453 | 畫 *7400 | 1° to draw, to paint 2° drawing, painting, picture 3° decorated with paintings 4° stroke (Chinese character) 5° mark, to map ◇ 1° dessiner, peindre 2° dessin, peinture, tableau 3° décoré de peintures 4° trait (caractère chinois) 5° marquer [Etym] 田 2313 (rad: 102a 5-03), 画 2330 [Graph] 041d 841e.

画儿 huà ér ∘ drawing, picture ◇ dessin, tableau ✱ 2194.

画报 huà bào ∘ magazine, illustrated journal ◇ magazine, journal illustré ✱ 2563.

画廊 huà láng ∘ picture gallery ◇ galerie d'art ✱ 6977.

画家 huà jiā ∘ painter ◇ peintre ✱ 7747.

画展 huà zhǎn ∘ painting exhibition ◇ exposition de peinture, galerie de tableaux ✱ 8629.

畺 jiāng (2331) | [Tra] boundary; frontier ◇ frontières; limites [Etym] fields (1,2= 田 2313) and their limits (prim) (> 畾 2325) ◇ des champs (1,2= 田 2313) et leurs séparations (prim) (> 畾 2325) [Graph] 041d 041d acc:z [Ref] k353, ph724, r357, w149e, wa74 [Hanzi] jiang1 僵 3069, jiang1 薑 3983, jiang1 韁 5396, jiang1 缰 6084, jiang1 繮 6271, jiang1 殭 6447, jiang1 礓 9777, jiang4 qiang2 qiang3 彊 11270, jiang1 疆 11273.

亩 mǔ (2332) | [Tra] agrarian unit ◇ mesure agraire [Etym] {?} fields (< 田 2313); merging of lines or boundaries (top) ◇ {?} champs (< 田 2313); rencontre de limites (haut) [Graph] 041e [Hanzi] mu3 亩 10454, mu3 畝 10455.

亩 mǔ -10454 | 畝 *10455 | Chinese acre, unit of area ◇ arpent de six ares, unité de mesure des superficies (15 mu = 1 hectare) [Etym] 亠 2 (rad: 008a 2-05), 亩 2332 [Graph] 041e.

畝 mǔ *10455 | 亩 -10454 | Chinese acre, unit of area ◇ arpent de six ares, unité de mesure des superficies (15 mu = 1 hectare) [Etym] 田 2313 (rad: 102a 5-05), 亩 2332 久 1270 [Graph] 041e 632g.

兽 shòu (2333) | [Tra] domesticated animals ◇ animaux domestiques [Etym] modern simplified form of (嘼 2098) ◇ forme simplifiée moderne de (嘼 2098) [Graph] 041f 012a [Ref] w23h [Hanzi] shou4 兽 10456.

兽 shòu -10456 | 獸 *9185 | 1° beast, animal 2° beastly ◇ 1° bête, animal, bête sauvage 2° bestial [Etym] 口 2063 (rad: 030a 3-08), 兽 2333 [Graph] 041f 012a.

兽医 shòu yī ∘ veterinarian ◇ vétérinaire ✱ 7298.

单 chán (2334) | [Tra] one; single; list ◇ seul; simple; liste [Etym] modern simplified form of (單 2101) ◇ forme simplifiée moderne de (單 2101) [Graph] 041g [Ref] h542, r30d [Hanzi] dan1 箪 905, dan3 shan4 掸 2705, dan4 惮 3375, qi2 蕲 3984, shan4 墠 4972, chan2 婵 5864, dan1 殚 6448, chan2 shan4 禅 6601, dan4 瘅 7137, chan3 阐 8047, zhi4 觯 8375, duo3 躲 9451, di1 磾 9778, chan2 蝉 10343, chan2 dan1 shan4 单 10457, dan1 郸 10458, chan3 冁 10459, dan4 tan2 弹 11271.

单 chán +10457 | 單 *9186 | proper name ◇ nom propre [Etym] 八 127 (rad: 012a 2-06), 单 2334 [Graph] 041g.

△ dān | 單 *9186 | 1° one, single 2° simple 3° list ◇ 1° seul, unique 2° simple 3° liste.

单调 dān diào ∘ monotonous, dull ◇ monotone ✱ 1804.

单衣 dān yī ∘ unlined garment; summer clothes ◇ vêtement non doublé, vêtement d'été ✱ 2140.

单据 dān jù ∘ receipt, voucher, bill ◇ facture, récépissé ✱ 2650.

单摆 dān bǎi ∘ simple pendulum ◇ pendule simple ✱ 2713.

单位 dān wèi ∘ unit of measurement; administrative unit ◇ unité de mesure: unité administrative ✱ 2775.

单价 dān jià ∘ unit price ◇ prix unitaire ✱ 2788.

单数 dān shù ∘ odd number; singular (grammar) ◇ nombre impair; singulier (gramm.) ✱ 4614.

单独 dān dú ∘ alone; single-handed ◇ seul, unique ✱ 5673.

单身 dān shēn ∘ single, unmarried ◇ célibataire ✱ 8830.

单身汉 dān shēn hàn ∘ bachelor ◇ homme célibataire ✱ 8830 317.

△ shàn | 單 *9186 | surname ◇ nom de famille.

郸 dān -10458 | 鄲 *9188 | proper name ◇ nom propre [Etym] 阝 1316 (rad: 163b 2-08), 单 2334 [Graph] 041g 634j.

冁 chǎn -10459 | 囅 *9189 | horse-laugh ◇ gros rire bruyant [Etym] 八 127 (rad: 012a 2-16), 单 2334 展 1966 [Graph] 041g 931a 436b 312d.

鱼 yú (2335) | [Tra] fish ◇ poisson [Etym] modern simplified form of (魚 2339) ◇ forme simplifiée moderne de (魚 2339) [Graph] 041i [Ref] h98, r16, w142a, wi284 [Hanzi] yu2 渔 573, yu2 鱼 10460 [Rad] 195s.

鱼 yú -10460 | 魚 *10557 | 1° fish 2° letter 3° surname ◇ 1° poisson 2° lettre 3° nom de famille [Etym] 鱼 2335 (rad: 195s 8-00), [Graph] 041i.

鱼肚白 yú dù bái ∘ gray dawn (like fish's belly) ◇ gris perle ✱ 8129 9973.

鱼网 yú wǎng ∘ fish net ◇ filet à poisson ✱ 8271.

鱼白 yú bái ∘ fish sperm, milt; gray dawn ◇ laitance ✱ 9973.

鳐 yáo -10461 |鰩 *10558| 1° ray, skate 2° flying-fish ◇ 1° raie 2° poisson volant [Etym] 鱼 2335 (rad: 195s 8-10), 䍃 119 [Graph] 041i 221d 841c.

鱵 zhēn -10462 |鱵 *10559| half-beak, a kind of fish ◇ un poisson du genre Hemiramphus à longue machoire inférieure [Etym] 鱼 2335 (rad: 195s 8-15), 箴 145 [Graph] 041i 231a 231a 512m 012a.

鲙 kuài -10463 |鱠 *10561| Chinese herring ◇ hareng chinois [Etym] 鱼 2335 (rad: 195s 8-06), 会 201 [Graph] 041i 233a 612d.

鲔 wěi -10464 |鮪 *10562| sturgeon ◇ esturgeon [Etym] 鱼 2335 (rad: 195s 8-06), 有 247 [Graph] 041i 241a 856e.

鲅 bà -10465 |鮁、鲃、鲌 *10466、*10622、+10541| mackerel ◇ maquereau [Etym] 鱼 2335 (rad: 195s 8-05), 犮 251 [Graph] 041i 241b 633a.

鲅鱼 bà yú ∘ mackerel ◇ maquereau * 10460.

鮁 bà *10466 |鲅、鲃、鲌 -10465、*10622、+10541| mackerel ◇ maquereau [Etym] 魚 2339 (rad: 195a 11-05), 鱼 2335 犮 298 [Graph] 041i 242j.

䲠 chūn -10467 |鰆 *10563| mullet ◇ mulet, muge [Etym] 鱼 2335 (rad: 195s 8-09), 春 320 [Graph] 041i 242r 021a.

鲚 jì -10468 |鱭 *10568| 1° mullet 2° anchovy ◇ 1° mulet, muge 2° anchois [Etym] 鱼 2335 (rad: 195s 8-06), 齐 334 [Graph] 041i 243b 416a.

鲦 tiáo -10469 |鰷 *10567| small fresh water fish, zucco platypus ◇ poisson d'eau douce [Etym] 鱼 2335 (rad: 195s 8-08), 条 1292 [Graph] 041i 243c 422a.

鲛 jiāo -10470 |鮫 *10564| shark ◇ requin [Etym] 鱼 2335 (rad: 195s 8-06), 交 344 [Graph] 041i 243e.

鱿 yóu -10471 |魷 *10565| cuttle-fish ◇ seiche [Etym] 鱼 2335 (rad: 195s 8-04), 尤 415 [Graph] 041i 323c.

鲺 shī -10472 |鰤 *10623| yellowtail ◇ queue jaune [Etym] 鱼 2335 (rad: 195s 8-06), 师 469 [Graph] 041i 333a 858d.

> 釗 zhì (2336) |[Tra] to cut open a fish ◇ ouvrir un poisson [Etym] modern simplified form of (劍 2340) ◇ forme simplifiée moderne de (劍 2340) [Graph] 041i 333b [Ref] w142a [Hanzi] ji4 蓟 3985.

鲋 fù -10473 |鮒 *10566| 1° fish like perch, that goes in shoals 2° union, mutual, affection ◇ 1° poisson vivant par troupes 2° affection mutuelle [Etym] 鱼 2335 (rad: 195s 8-05), 付 489 [Graph] 041i 411e 332b.

鳉 jiāng 10474 |鱂 *10654| killifish ◇ sorte de poisson [Etym] 鱼 2335 (rad: 195s 8-09), 将 544 [Graph] 041i 412a 631b 332b.

鲊 zhǎ -10475 |鮓 *10569| 1° condiment of fish 2° salted fish ◇ condiment, sauce de poisson pourri [Etym] 鱼 2335 (rad: 195s 8-05), 乍 551 [Graph] 041i 412f.

鲆 píng -10476 |鮃 *10570| left-eyed flounder ◇ sorte de flet [Etym] 鱼 2335 (rad: 195s 8-05), 平 577 [Graph] 041i 413j.

> 鲜 xiān (2337) |[Tra] fresh, new; delicious ◇ frais, récent; bon [Etym] fish (1= 鱼 2335), lamb (2= 羊 579), no good unless fresh ◇ poisson (1= 鱼 2335), mouton (2= 羊 579) à consommer frais [Graph] 041i 414b [Hanzi] xuan3 癣 7138, xian1 xian3 鲜 10477.

鲜 xiān -10477 |鮮 *10571| 1° fresh 2° bright 3° delicious 4° sea food 5° new ◇ 1° frais 2° birllant 3° délicieux 4° fuits de mer 5° récent [Etym] 鱼 2335 (rad: 195s 8-06), 羊 579 [Graph] 041i 414b.

鲜艳 xiān yàn ∘ bright-colored, resplendent ◇ joli, éclatant, vif * 3492.

鲜花 xiān huā ∘ fresh flowers ◇ fleur fraîche * 3621.

鲜美 xiān měi ∘ delicious, tasty ◇ délicieux, savoureux * 5218.

鲜血 xiān xuè ∘ blood ◇ sang frais * 8555.

鲜明 xiān míng ∘ bright (color); distinct ◇ vif (couleur); clair, net * 9933.

△ xiǎn |鮮、尟、尠 *10571、*5441、*9882| 1° few, rare 2° exhausted, finished ◇ 1° peu 2° rare, épuisé, fini.

鲣 jiān -10478 |鰹 *10624| 1° kind of mullet 2° skip jack tuna ◇ 1° muge, mulet 2° thon [Etym] 鱼 2335 (rad: 195s 8-07), 坚 610 [Graph] 041i 415a 633a 432a.

鲱 fēi -10479 |鯡 *10572| Pacific herring ◇ hareng du Pacifique [Etym] 鱼 2335 (rad: 195s 8-08), 非 611 [Graph] 041i 415b.

稣 sū -10480 |穌 *10573| to revive, to come to ◇ revivre, ranimer [Etym] 鱼 2335 (rad: 195s 8-05), 禾 760 [Graph] 041i 422d.

鳅 qiū -10481 |鰍、䲡 *10574、*10650| loach ◇ loche d'étang [Etym] 鱼 2335 (rad: 195s 8-09), 秋 761 [Graph] 041i 422d 231b.

鳞 lín -10482 |鱗 *10575| scale (of fish) ◇ écaille (de poisson, reptile, etc.) [Etym] 鱼 2335 (rad: 195s 8-12), 粦 789 [Graph] 041i 422f 631b 712b.

魟 hóng -10483 |魟 *10576| stingray ◇ pastenague [Etym] 鱼 2335 (rad: 195s 8-03), 工 808 [Graph] 041i 431a.

鲑 guī +10484 |鮭 *10577| 1° see-hog 2° salmon ◇ 1° marsouin 2° saumon [Etym] 鱼 2335 (rad: 195s 8-06), 圭 840 [Graph] 041i 432a 432a.

鲒 jié -10485 |鮚 *10578| 1° kind of clam 2° place in Zhejiang ◇ 1° espèce de praire 2° lieu du Zhejiang [Etym] 鱼 2335 (rad: 195s 8-06), 吉 876 [Graph] 041i 432b 011a.

鱚 xǐ -10486 |鱚 *10579| sand borer ◇ insecte térébrant [Etym] 鱼 2335 (rad: 195s 8-12), 喜 885 [Graph] 041i 432b 011b 011a.

鳍 qí -10487 |鰭 *10580| dorsal fin (fish) ◇ nageoire dorsale (poisson) [Etym] 鱼

田

鱼

2335 (rad: 195s 8-10), 耆 890 [Graph] 041i 432c 321b 021a.

鲮 líng -10488 鯪 *10581 [Etym] 鱼 2335 (rad: 195s 8-08), 夌 901 [Graph] 041i 432d 633e.

鲮鱼 líng yú。dace ◇ vandoise * 10460.

鲭 qīng -10489 鯖 *10583 mackerel ◇ maquereau [Etym] 鱼 2335 (rad: 195s 8-08), 青 946 [Graph] 041i 433a 856e.

鳝 shàn -10490 鱔、鱓 *10584、*10625 eel ◇ anguille [Etym] 鱼 2335 (rad: 195s 8-12), 善 952 [Graph] 041i 433c 011a.

鳓 lè -10491 鰳 *10585 Chinese herring ◇ hareng chinois [Etym] 鱼 2335 (rad: 195s 8-11), 勒 993 [Graph] 041i 436a 031e 732f.

鲯 qí -10492 鯕 *10586 [Etym] 鱼 2335 (rad: 195s 8-08), 其 1013 [Graph] 041i 436i.

鲯鳅 qí qiū。dorado, dolphin fish ◇ dorade * 10481.

鲰 zōu -10493 鯫 *10587 1° small fish 2° minnows 3° mean man ◇ 1° goujon 2° vairon 3° menu fretin [Etym] 鱼 2335 (rad: 195s 8-08), 取 1024 [Graph] 041i 436k 633a.

鲻 zī -10494 鯔 *10588 mullet ◇ muge [Etym] 鱼 2335 (rad: 195s 8-08), 甾 1116 [Graph] 041i 611c 041a.

鲹 shēn -10495 鰺 *10589 scad ◇ carangue, saurel [Etym] 鱼 2335 (rad: 195s 8-08), 参 1133 [Graph] 041i 612a 242a 211c.

鲐 tái -10496 鮐 *10590 globular fish, tetraodon, chub mackerel ◇ tetraodon, sorte de maquereau [Etym] 鱼 2335 (rad: 195s 8-05), 台 1143 [Graph] 041i 612a 011a.

鲧 gǔn -10497 鯀、鮌 *10592、*10591 1° giant fish 2° Emperor Yu's father ◇ 1° poisson géant 2° père de l'empereur Yu [Etym] 鱼 2335 (rad: 195s 8-07), 系 1209 [Graph] 041i 613j.

鲢 lián -10498 鰱 *10643 tench, silver carp ◇ tanche, carpe argentée [Etym] 鱼 2335 (rad: 195s 8-07), 连 1215 [Graph] 041i 614d 634o.

鲚 jì -10499 鱭 *10593 gizzard shad ◇ gésier [Etym] 鱼 2335 (rad: 195s 8-11), 祭 1251 [Graph] 041i 631h 331l.

鲬 yǒng -10500 鯒 *10594 flathead (fish) ◇ tête-plate (poisson) [Etym] 鱼 2335 (rad: 195s 8-07), 甬 1262 [Graph] 041i 632a 856i.

鲽 dié -10501 鰈 *10595 sole, flatfish ◇ sole, poisson plat [Etym] 鱼 2335 (rad: 195s 8-09), 枼 1349 [Graph] 041i 711d 422a.

鳜 guì -10502 鱖 *10596 perch, mandarin fish ◇ perche [Etym] 鱼 2335 (rad: 195s 8-12), 厥 1368 [Graph] 041i 721a 842d 232b.

鱇 kāng -10503 鱇 *10597 pike-like fish ◇ poisson qui ressemble au brochet, muge [Etym] 鱼 2335 (rad: 195s 8-11), 康 1407 [Graph] 041i 721b 834e.

鳙 yōng -10504 鱅 *10598 [Etym] 鱼 2335 (rad: 195s 8-11), 庸 1409 [Graph] 041i 721b 834j.

鳙鱼 yōng yú。tench ◇ tanche * 10460.

鲏 pí -10505 鮍 *10600 See ◇ Voir 鳑鲏 pang2-pi2 10516-10505 [Etym] 鱼 2335 (rad: 195s 8-05), 皮 1452 [Graph] 041i 721h 633a.

鳛 xí -10506 鰼 *10601 1° loach 2° place in Guizhou ◇ 1° loche 2° lieu du Guizhou [Etym] 鱼 2335 (rad: 195s 8-11), 習 1475 [Graph] 041i 731c 731c 022c.

鱽 dāo -10507 魛 *10602 kind of herring ◇ sorte de hareng [Etym] 鱼 2335 (rad: 195s 8-02), 刀 1477 [Graph] 041i 732a.

鮣 yìn -10508 鮣 *10603 remora, shark sucker ◇ rémora, requin suceur [Etym] 鱼 2335 (rad: 195s 8-05), 印 1552 [Graph] 041i 831a 734a.

鲟 xún -10509 鱘、鱏 *10604、*10648 sturgeon ◇ esturgeon [Etym] 鱼 2335 (rad: 195s 8-06), 寻 1555 [Graph] 041i 832a 332b.

鳒 jiān -10510 鰜 *10605 1° sole 2° flounder ◇ 1° sole 2° flet [Etym] 鱼 2335 (rad: 195s 8-10), 兼 1582 [Graph] 041i 834h.

鲵 ní -10511 鯢 *10606 salamander ◇ salamandre [Etym] 鱼 2335 (rad: 195s 8-08), 兒 1593 [Graph] 041i 835c.

鳑 guì -10512 鱥 *10607 minnow ◇ vairon [Etym] 鱼 2335 (rad: 195s 8-06), 岁 1620 [Graph] 041i 841b 631b.

鲀 tún -10513 魨 *10608 sea-hog, globefish ◇ marsouin, poisson-boule [Etym] 鱼 2335 (rad: 195s 8-04), 屯 1647 [Graph] 041i 842e.

鲩 huàn -10514 鯇 *10609 tench ◇ tanche [Etym] 鱼 2335 (rad: 195s 8-07), 完 1671 [Graph] 041i 851c 322d.

鮟 ān -10515 鮟 *10610 angler ◇ pêcher à la ligne [Etym] 鱼 2335 (rad: 195s 8-06), 安 1697 [Graph] 041i 851c 611e.

鳑 páng -10516 鰟 *10611 [Etym] 鱼 2335 (rad: 195s 8-10), 旁 1732 [Graph] 041i 851e 853b.

鳑鲏 páng pí。bitterling ◇ bouvière * 10505.

鲿 cháng -10517 鱨 *10612 big sea fish ◇ grand poisson de mer [Etym] 鱼 2335 (rad: 195s 8-09), 尝 1739 [Graph] 041i 851h 612d.

鲍 bào -10518 鮑 *10613 1° surname 2° pickled fish 3° bad companies ◇ 1° nom de famille 2° poisson mariné 3° mauvaises compagnies [Etym] 鱼 2335 (rad: 195s 8-05), 包 1778 [Graph] 041i 852h 933b.

鲂 fáng -10519 魴 *10614 bream ◇ brême [Etym] 鱼 2335 (rad: 195s 8-04), 方 1784 [Graph] 041i 853b.

鲂鮄 fáng fú。gurnard ◇ grondin * 10556.

鲗 zéi -10520 鰂 *10638 cuttlefish ◇ seiche [Etym] 鱼 2335 (rad: 195s 8-06), 则 1797 [Graph] 041i 854b 333b.

鲷 diāo -10521 鯛 *10615 perch, porgy ◇ perche [Etym] 鱼 2335 (rad: 195s 8-08), 周 1851 [Graph] 041i 856k 432a 011a.

鲖 tóng -10522 鮦 *10616 1° ophiocephalus 2° place in Anhui ◇ 1° ophiocéphale

2° lieu du Anhui [Etym] 鱼 2335 (rad: 195s 8-06), 同 1853 [Graph] 041i 856k 012a.

鲡 lí -10523 鱼丽丹 | 鱺 *10617 | See ◇ Voir 鳗鲡 man2-li2 10539-10523 [Etym] 鱼 2335 (rad: 195s 8-07), 丽 1858 [Graph] 041i 857a 856b.

鳕 xuě -10524 鱼雨彐 | 鱈 *10618 | cod ◇ morue [Etym] 鱼 2335 (rad: 195s 8-11), 雪 1895 [Graph] 041i 858e 832a.

鳚 wèi 10525 鱼尸示寸 | 鳚 *10619 | blenny ◇ poisson (blennéidé) [Etym] 鱼 2335 (rad: 195s 8-11), 尉 1954 [Graph] 041i 931a 331l 332b.

鳊 biān -10526 鱼户冊 | 鯿 *10620 | bream ◇ brême [Etym] 鱼 2335 (rad: 195s 8-09), 扁 1989 [Graph] 041i 931e 856j.

鲈 lú -10527 鱼卢 | 鱸 *10599 | perch ◇ perche [Etym] 鱼 2335 (rad: 195s 8-05), 卢 1992 [Graph] 041i 931f.

鲫 jì -10528 鱼皀卩 | 鯽 *10621 | crucian carp ◇ carpe bâtarde, cyprin, carassin doré [Etym] 鱼 2335 (rad: 195s 8-07), 即 2000 [Graph] 041i 932b 734a.

鲫鱼 jì yú。perch ◇ perche * 10460.

鳄 è -10529 鱼口口亏 | 鱷 *10582 | crocodile ◇ crocodile [Etym] 鱼 2335 (rad: 195s 8-09), 咢 2102 [Graph] 041i 011a 011a Z21c.

鲸 jīng -10530 鱼亠口小 | 鯨 *10626 | whale ◇ baleine [Etym] 鱼 2335 (rad: 195s 8-08), 京 2122 [Graph] 041i 012c 331j.

鲇 nián -10531 鱼占 | 鯰 *10560 | [Etym] 鱼 2335 (rad: 195s 8-05), 占 2154 [Graph] 041i 013e.

鲇鱼 nián yú。mud fish, catfish ◇ silure * 10460.

鲁 lǔ (2338) 鱼日 | [Tra] stupid; coarse ◇ obtus; stupide [Etym] modern simplified form of (魯 2344) ◇ forme simplifiée moderne de (魯 2344) [Graph] 041i 021a [Ref] r473, w142a [Hanzi] lu3 镥 2119, lu5 氇 2191, lu3 橹 4455, lu1 噜 9235, lu3 鲁 10532.

鲁 lǔ -10532 鱼日 | 魯 *10627 | 1° stupid 2° coarse 3° another name for Shandong 4° surname ◇ 1° obtus, stupide, borné 2° grossier 3° autre nom du Shandong 4° nom propre [Etym] 鱼 2335 (rad: 195s 8-04), 鲁 2338 [Graph] 041i 021a.

鲲 kūn -10533 鱼日七匕 | 鯤 *10628 | 1° marine monster 2° fish spawn ◇ 1° monstre marin 2° frai de poisson [Etym] 鱼 2335 (rad: 195s 8-08), 昆 2173 [Graph] 041i 021a 311d 321b.

鲥 shí -10534 鱼日寸 | 鰣 *10629 | reeves shad, alosa reevesi, hilsa herring ◇ alose, hareng [Etym] 鱼 2335 (rad: 195s 8-07), 时 2175 [Graph] 041i 021a 332b.

鳀 tí -10535 鱼日疋 | 鯷 *10630 | 1° pike fish 2° anchovy ◇ 1° brochet 2° anchois [Etym] 鱼 2335 (rad: 195s 8-09), 是 2182 [Graph] 041i 021a 434f.

鳎 tǎ -10536 鱼日习习 | 鰨 *10631 | 1° dugong 2° sole ◇ 1° sirène 2° sole [Etym] 鱼 2335 (rad: 195s 8-10), 㲋 2190 [Graph] 041i 021a 731c 731c.

鳁 wēn -10537 鱼日皿 | 鰛 *10652 | sardine ◇ sardine [Etym] 鱼 2335 (rad: 195s 8-09), 昷 2201 [Graph] 041i 021a 922a.

鲳 chāng -10538 鱼日日 | 鯧 *10632 | conger-eel ◇ congre [Etym] 鱼 2335 (rad: 195s 8-08), 昌 2207 [Graph] 041i 021a 021a.

鳗 mán -10539 鱼日罒又 | 鰻 *10633 | eel ◇ anguille [Etym] 鱼 2335 (rad: 195s 8-11), 曼 2211 [Graph] 041i 021a 051a 633a.

鳗鲡 mán lí。fresh water eel ◇ anguille * 10523.

鳆 fù -10540 鱼复夂 | 鰒 *10634 | abalone ◇ abalone [Etym] 鱼 2335 (rad: 195s 8-09), 复 2214 [Graph] 041i 022b 633e.

鲌 bà +10541 鱼白 | 鲅 -10465、鮁 *10466、鲃 *10622 | mackerel ◇ maquereau [Etym] 鱼 2335 (rad: 195s 8-05), 白 2216 [Graph] 041i 022c.

△ bó | 鮊 *10635 | bonito fish ◇ bonite ou maquereau.

鳈 quán -10542 鱼白水 | 鰁 *10636 | kind of fish, sacrocheilichthys variegatus ◇ sorte de poisson [Etym] 鱼 2335 (rad: 195s 8-09), 泉 2219 [Graph] 041i 022c 331p.

鳇 huáng -10543 鱼白王 | 鰉 *10637 | sturgeon ◇ esturgeon [Etym] 鱼 2335 (rad: 195s 8-09), 皇 2221 [Graph] 041i 022c 432e.

鮸 miǎn -10544 鱼免 | 鮸 *10639 | yellow fish ◇ sorte de poisson [Etym] 鱼 2335 (rad: 195s 8-07), 免 2292 [Graph] 041i 032d.

鯻 là -10545 鱼束刂 | 鯻 *10640 | grunt ◇ grognement [Etym] 鱼 2335 (rad: 195s 8-09), 剌 2299 [Graph] 041i 032g 333b.

鳃 sāi -10546 鱼田心 | 鰓 *10641 | gills of a fish, branchia ◇ ouïes de poisson, branchies [Etym] 鱼 2335 (rad: 195s 8-09), 思 2316 [Graph] 041i 041a 321c.

鲉 yóu 10547 鱼由 | 鮋 *10642 | scorpionfish ◇ rascasse [Etym] 鱼 2335 (rad: 195s 8-05), 由 2345 [Graph] 041i 042a.

鲠 gěng -10548 鱼更 | 鯁 *10644、骾 *8591 | 1° fishbone, to get in one's throat (of a fish-bone) 2° obstacle ◇ 1° arête 2° obstacle [Etym] 鱼 2335 (rad: 195s 8-07), 更 2359 [Graph] 041i 043a.

鲤 lǐ -10549 鱼里 | 鯉 *10645 | carp ◇ carpe [Etym] 鱼 2335 (rad: 195s 8-07), 里 2368 [Graph] 041i 043j.

鲤鱼 lǐ yú。carp ◇ carpe * 10460.

鳏 guān -10550 鱼罒氺 | 鰥 *10646 | 1° wifeless 2° widower 3° halibut ◇ 1° célibataire 2° veuf 3° flétan [Etym] 鱼 2335 (rad: 195s 8-10), 罘 2378 [Graph] 041i 051a 412h.

鳔 biào -10551 鱼覀示 | 鰾 *10647 | 1° bladder (fish) 2° fish-glue ◇ 1° vessie natatoire (poisson) 2° colle de poisson [Etym] 鱼 2335 (rad: 195s 8-11), 票 2404 [Graph] 041i 051e 331l.

鳢 lǐ -10552 鱼曲豆 | 鱧 *10649 | mullet ◇ mulet, muge [Etym] 鱼 2335 (rad: 195s 8-13), 豊 2415 [Graph] 041i 052a 012b.

鳟 zūn -10553 鱼酋寸 | 鱒 *10651 | trout ◇ truite [Etym] 鱼 2335 (rad: 195s 8-12), 尊 2435 [Graph] 041i 062d 332b.

田 鱼

鱣 zhān -10554 | 鱣 *10653 | sturgeon ◇ esturgeon [Etym] 鱼 2335 (rad: 195s 8-13), 亶 2460 [Graph] 041i 071b 011a 021a ac:z.

鳾 shī -10555 | 鳾 *10655 | carp louse, fish louse ◇ argule foliacé, pou des poissons [Etym] 鱼 2335 (rad: 195s 8-08), 虱 2503 [Graph] 041i Z31b ac:a 031d.

鲱 fú -10556 | 鲱 *10656 | See ◇ Voir 鲂鲱 fang2-fu2 10519-10556 [Etym] 鱼 2335 (rad: 195s 8-05), 弗 2553 [Graph] 041i Z42g.

魚 yú (2339) | [Tra] fish ◇ poisson [Etym] fish (prim): head (top), tail (bottom) ◇ poisson (prim): tête (haut), queue (bas) [Graph] 041j [Ref] h98, k1332, w142a, wa46 [Hanzi] yu2 漁 574, yu2 魚 10557, su1 穌 10573 [Rad] 195a.

魚 yú *10557 | 鱼 -10460 | 1° fish 2° letter 3° surname ◇ 1° poisson 2° lettre 3° nom de famille [Etym] 魚 2339 (rad: 195a 11-00), [Graph] 041j.

鰩 yáo *10558 | 鳐 -10461 | 1° ray, skate 2° flying-fish ◇ 1° raie 2° poisson volant [Etym] 魚 2339 (rad: 195a 11-10), 䍃 119 [Graph] 041j 221d 841c.

鱵 zhēn *10559 | 鱵 -10462 | half-beak, a kind of fish ◇ un poisson du genre Hemiramphus à longue machoire inférieure [Etym] 魚 2339 (rad: 195a 11-15), 箴 145 [Graph] 041j 231a 231a 512m 012a.

鯰 nián *10560 | 鲇 -10531 | See ◇ Voir 鲇鱼 nian2-yu2 10531-10460 [Etym] 魚 2339 (rad: 195a 11-08), 念 204 [Graph] 041j 233a 631a 321c.

鱠 kuài *10561 | 鲙 -10463 | Chinese herring ◇ hareng chinois [Etym] 魚 2339 (rad: 195a 11-13), 會 233 [Graph] 041j 233a 033b 021a.

鮪 wěi *10562 | 鲔 -10464 | sturgeon ◇ esturgeon [Etym] 魚 2339 (rad: 195a 11-06), 有 247 [Graph] 041j 241a 856e.

鰆 chūn *10563 | 䲠 -10467 | mullet ◇ mulet, muge [Etym] 魚 2339 (rad: 195a 11-09), 春 320 [Graph] 041j 242r 021a.

鮫 jiāo *10564 | 鲛 -10470 | shark ◇ requin [Etym] 魚 2339 (rad: 195a 11-06), 交 344 [Graph] 041j 243e.

魷 yóu *10565 | 鱿 -10471 | cuttle-fish ◇ seiche [Etym] 魚 2339 (rad: 195a 11-04), 尤 415 [Graph] 041j 323c.

魝 zhì (2340) | [Tra] cut open a fish ◇ ouvrir un poisson [Etym] to cut open (2= 刂 470) a fish (1= 魚 2339) ◇ découper (2= 刂 470) un poisson (1= 魚 2339) [Graph] 041j 333b [Hanzi] ji4 薊 3987.

鮒 fù *10566 | 鲋 -10473 | 1° fish like perch, that goes in shoals 2° union, mutual, affection ◇ 1° poisson vivant par troupes 2° affection mutuelle [Etym] 魚 2339 (rad: 195a 11-05), 付 489 [Graph] 041j 411e 332b.

鰷 tiáo *10567 | 鲦 -10469 | small fresh water fish, zucco platypus ◇ poisson d'eau douce [Etym] 魚 2339 (rad: 195a 11-11), 條 515 [Graph] 041j 411f 243c 422a.

鱭 jì *10568 | 鲚 -10468 | 1° mullet 2° anchovy ◇ 1° mulet, muge 2° anchois [Etym] 魚 2339 (rad: 195a 11-14), 齊 539 [Graph] 041j 411i 732a 312b 416b 111b.

鮓 zhǎ *10569 | 鲊 -10475 | 1° condiment of fish 2° salted fish ◇ condiment, sauce de poisson pourri [Etym] 魚 2339 (rad: 195a 11-05), 乍 551 [Graph] 041j 412f.

鮃 píng *10570 | 鲆 -10476 | left-eyed flounder ◇ sorte de flet [Etym] 魚 2339 (rad: 195a 11-05), 平 577 [Graph] 041j 413j.

鮮 xiān (2341) | [Tra] fresh; new; delicious ◇ frais; récent; bon [Etym] a fish (1= 魚 2339) that is good and fine (2= 羊 579) ->fresh ◇ un poisson (1= 魚 2339) qui est bon (2= 羊 579) ->frais [Graph] 041j 414b [Ref] h1501, k799, ph832, w103a, wa54 [Hanzi] xian3 蘚 3986, xian3 蘚 3988, xuan3 癬 7139, xian1 xian3 鮮 10571.

鮮 xiān *10571 | 鲜 -10477 | 1° fresh 2° bright 3° delicious 4° sea food 5° new ◇ 1° frais 2° birllant 3° délicieux 4° fuits de mer 5° récent [Etym] 魚 2339 (rad: 195a 11-06), 鮮 2341 [Graph] 041j 414b.

△ xiǎn | 鲜 -10477 、尟 *5441 、尠 *9882 | 1° few, rare 2° exhausted, finished ◇ 1° peu 2° rare, épuisé, fini.

鯡 fēi *10572 | 鲱 -10479 | Pacific herring ◇ hareng du Pacifique [Etym] 魚 2339 (rad: 195a 11-08), 非 611 [Graph] 041j 415b.

穌 sū (2342) | [Tra] harvest; to revive ◇ récoltes; revivre [Etym] harvest feast with grain (2= 禾 760) and fish (1= 魚 2339) ◇ fête des récoltes avec des céréales (2= 禾 760), du poisson (1= 魚 2339) [Graph] 041j 422d [Ref] k823, w121d [Hanzi] su1 蘇 3989, su1 穌 10573.

穌 sū *10573 | 稣 -10480 | to revive, to come to ◇ revivre, ranimer [Etym] 禾 760 (rad: 115a 5-11), 穌 2342 [Graph] 041j 422d.

鰍 qiū *10574 | 鳅 -10481 、鰌 *10650 | loach ◇ loche d'étang [Etym] 魚 2339 (rad: 195a 11-09), 秋 761 [Graph] 041j 422d 231b.

鱗 lín *10575 | 鳞 -10482 | scale (of fish) ◇ écaille (de poisson, reptile, etc.) [Etym] 魚 2339 (rad: 195a 11-12), 粦 789 [Graph] 041j 422f 631b 712b.

魟 hóng *10576 | 魟 -10483 | stingray ◇ pastenague [Etym] 魚 2339 (rad: 195a 11-03), 工 808 [Graph] 041j 431a.

鮭 guī *10577 | 鲑 +10484 | 1° see-hog 2° salmon ◇ 1° marsouin 2° saumon [Etym] 魚 2339 (rad: 195a 11-06), 圭 840 [Graph] 041j 432a 432a.

鮚 jié *10578 | 鲒 -10485 | 1° kind of clam 2° place in Zhejiang ◇ 1° espèce de praire 2° lieu du Zhejiang [Etym] 魚 2339 (rad: 195a

11-06), 吉 876 [Graph] 041j 432b 011a.

鱚 xǐ *10579 |鱚 -10486| sand borer ◇ insecte térébrant [Etym] 魚 2339 (rad: 195a 11-12), 喜 885 [Graph] 041j 432b 011b 011a.

鰭 qí *10580 |鳍 -10487| dorsal fin (fish) ◇ nageoire dorsale (poisson) [Etym] 魚 2339 (rad: 195a 11-10), 耆 890 [Graph] 041j 432c 321b 021a.

鯪 líng *10581 |鲮 -10488| See ◇ Voir 鲮鱼 ling2-yu2 10488-10460 [Etym] 魚 2339 (rad: 195a 11-08), 夌 901 [Graph] 041j 432d 633e.

鱷 è *10582 |鳄 -10529| crocodile ◇ crocodile [Etym] 魚 2339 (rad: 195a 11-16), 噩 912 [Graph] 041j 432e 011a 011a 011a 011a.

鯖 qīng *10583 |鲭 -10489| mackerel ◇ maquereau [Etym] 魚 2339 (rad: 195a 11-08), 青 946 [Graph] 041j 433a 856e.

鱔 shàn *10584 |鳝 -10490、鱓 *10625| eel ◇ anguille [Etym] 魚 2339 (rad: 195a 11-12), 善 952 [Graph] 041j 433c 011a.

鰳 lè *10585 |鳓 -10491| Chinese herring ◇ hareng chinois [Etym] 魚 2339 (rad: 195a 11-11), 勒 993 [Graph] 041j 436a 031e 732f.

鯕 qí *10586 |鲯 -10492| See ◇ Voir 鲯鳅 qi2-qiu1 10492-10481 [Etym] 魚 2339 (rad: 195a 11-08), 其 1013 [Graph] 041j 436i.

鯫 zōu *10587 |鲰 -10493| 1° small fish 2° minnows 3° mean man ◇ 1° goujon 2° vairon 3° menu fretin [Etym] 魚 2339 (rad: 195a 11-08), 取 1024 [Graph] 041j 436k 633a.

鯔 zī *10588 |鲻 -10494| mullet ◇ muge [Etym] 魚 2339 (rad: 195a 11-08), 甾 1116 [Graph] 041j 611c 041a.

鰺 shēn *10589 |鲹 -10495| scad ◇ carangue, saurel [Etym] 魚 2339 (rad: 195a 11-11), 參 1138 [Graph] 041j 612a 612a 612a 233a 211c.

鮐 tái *10590 |鲐 -10496| globular fish, tetraodon, chub mackerel ◇ tetraodon, sorte de maquereau [Etym] 魚 2339 (rad: 195a 11-05), 台 1143 [Graph] 041j 612a 011a.

鮌 gǔn *10591 |鲧 -10497、鯀 *10592| 1° giant fish 2° Emperor Yu's father ◇ 1° poisson géant 2° père de l'empereur Yu [Etym] 魚 2339 (rad: 195a 11-05), 玄 1204 [Graph] 041j 613g.

鯀 gǔn *10592 |鲧 -10497、鮌 *10591| 1° giant fish 2° Emperor Yu's father ◇ 1° poisson géant 2° père de l'empereur Yu [Etym] 魚 2339 (rad: 195a 11-07), 系 1209 [Graph] 041j 613j.

鰶 jì *10593 |鲚 -10499| gizzard shad ◇ gésier [Etym] 魚 2339 (rad: 195a 11-11), 祭 1251 [Graph] 041j 631h 331l.

鯒 yǒng *10594 |鲬 -10500| flathead (fish) ◇ tête-plate (poisson) [Etym] 魚 2339 (rad: 195a 11-07), 甬 1262 [Graph] 041j 632a 856i.

鰈 dié *10595 |鲽 -10501| sole, flatfish ◇ sole, poisson plat [Etym] 魚 2339 (rad: 195a 11-09), 枼 1349 [Graph] 041j 711d 422a.

鱖 guì *10596 |鳜 -10502| perch, mandarin fish ◇ perche [Etym] 魚 2339 (rad: 195a 11-12), 厥 1368 [Graph] 041j 721a 842d 232b.

鱇 kāng *10597 |鱇 -10503| pike-like fish ◇ poisson qui ressemble au brochet, muge [Etym] 魚 2339 (rad: 195a 11-11), 康 1407 [Graph] 041j 721b 834e.

鱅 yōng *10598 |鳙 -10504| See ◇ Voir 鳙鱼 yong1-yu2 10504-10460 [Etym] 魚 2339 (rad: 195a 11-11), 庸 1409 [Graph] 041j 721b 834j.

鱸 lú *10599 |鲈 -10527| perch ◇ perche [Etym] 魚 2339 (rad: 195a 11-16), 盧 1448 [Graph] 041j 721g 321e 041a 922a.

鮍 pí *10600 |鲏 -10505| See ◇ Voir 鳑鲏 pang2-pi2 10516-10505 [Etym] 魚 2339 (rad: 195a 11-05), 皮 1452 [Graph] 041j 721h 633a.

鰼 xí *10601 |鳛 -10506| 1° loach 2° place in Guizhou ◇ 1° loche 2° lieu du Guizhou [Etym] 魚 2339 (rad: 195a 11-11), 習 1475 [Graph] 041j 731c 731c 022c.

> 魛 dāo (2343) |[Tra] kind of herring ◇ sorte de hareng [Etym] fish (1= 魚 2339); phon, knife (2= 刀 1477) ◇ poisson (1= 魚 2339); phon, couteau (2= 刀 1477) [Graph] 041j 732a [Ref] w142a [Hanzi] dao1 魛 10602.

魛 dāo *10602 |魛 -10507| kind of herring ◇ sorte de hareng [Etym] 魚 2339 (rad: 195a 11-02), 魛 2343 [Graph] 041j 732a.

鮣 yìn *10603 |䲟 -10508| remora, shark sucker ◇ rémora, requin suceur [Etym] 魚 2339 (rad: 195a 11-05), 印 1552 [Graph] 041j 831a 734a.

鱘 xún *10604 |鲟 -10509、鱏 *10648| sturgeon ◇ esturgeon [Etym] 魚 2339 (rad: 195a 11-12), 尋 1566 [Graph] 041j 833a 431a 011a 332b.

鰜 jiān *10605 |鳒 -10510| 1° sole 2° flounder ◇ 1° sole 2° flet [Etym] 魚 2339 (rad: 195a 11-10), 兼 1582 [Graph] 041j 834h.

鯢 ní *10606 |鲵 -10511| salamander ◇ salamandre [Etym] 魚 2339 (rad: 195a 11-08), 兒 1593 [Graph] 041j 835c.

鱥 guì *10607 |鳜 -10512| minnow ◇ vairon [Etym] 魚 2339 (rad: 195a 11-06), 岁 1620 [Graph] 041j 841b 631b.

魨 tún *10608 |鲀 -10513| sea-hog, globefish ◇ marsouin, poisson-boule [Etym] 魚 2339 (rad: 195a 11-04), 屯 1647 [Graph] 041j 842e.

鯶 huàn *10609 |鲩 -10514| tench ◇ tanche [Etym] 魚 2339 (rad: 195a 11-09), 軍 1655 [Graph] 041j 851a 042g.

鮟 ān *10610 |鮟 -10515| angler ◇ pêcher à la ligne [Etym] 魚 2339 (rad: 195a 11-06), 安 1697 [Graph] 041j 851c 611e.

鰟 páng *10611 |鳑 -10516| See ◇ Voir 鳑鲏 pang2-pi2 10516-10505 [Etym] 魚 2339 (rad: 195a 11-10), 旁 1732 [Graph] 041j 851e 853b.

鱨 cháng *10612 |鲿 -10517| big sea fish ◇ grand poisson de mer [Etym] 魚 2339 (rad: 195a 11-14), 嘗 1741 [Graph] 041j 851h 011a 321b 021a.

鮑 bào *10613 |鲍 -10518| 1° surname 2° pickled fish 3° bad companies ◇ 1° nom de

田 魚

famille 2° poisson mariné 3° mauvaises compagnies [Etym] 魚 2339 (rad: 195a 11-05), 包 1778 [Graph] 041j 852h 933b.

魴 fáng *10614 魴 -10519 | bream ◇ brême [Etym] 魚 2339 (rad: 195a 11-04), 方 1784 [Graph] 041j 853b.
魚方

鯛 diāo *10615 鲷 -10521 | perch, porgy ◇ perche [Etym] 魚 2339 (rad: 195a 11-08), 周 1851 [Graph] 041j 856k 432a 011a.
魚冂土口

鮦 tóng *10616 鲖 -10522 | 1° ophiocephalus 2° place in Anhui ◇ 1° ophiocéphale 2° lieu du Anhui [Etym] 魚 2339 (rad: 195a 11-06), 同 1853 [Graph] 041j 856k 012a.
魚冂 口

鱺 lí *10617 鲡 -10523 | See ◇ Voir 鳗鲡 man2-li2 10539-10523 [Etym] 魚 2339 (rad: 195a 11-19), 麗 1860 [Graph] 041j 857a 857a 721b 821b 311d 321b.
魚丽丽广艹匕匕

鱈 xuě *10618 鳕 -10524 | cod ◇ morue [Etym] 魚 2339 (rad: 195a 11-11), 雪 1895 [Graph] 041j 858e 832a.
魚雨彐

鮍 wèi *10619 鳚 10525 | blenny ◇ poisson (blennéidé) [Etym] 魚 2339 (rad: 195a 11-11), 尉 1954 [Graph] 041j 931a 331l 332b.
魚尸示寸

鯿 biān *10620 鳊 -10526 | bream ◇ brême [Etym] 魚 2339 (rad: 195a 11-09), 扁 1989 [Graph] 041j 931e 856j.
魚户冊

鯽 jì *10621 鲫 -10528 | crucian carp ◇ carpe bâtarde, cyprin, carassin doré [Etym] 魚 2339 (rad: 195a 11-07), 即 2000 [Graph] 041j 932b 734a.
魚艮卩

鲃 bà *10622 鲅 -10465、鲅 *10466、鲌 +10541 | mackerel ◇ maquereau [Etym] 魚 2339 (rad: 195a 11-04), 巴 2014 [Graph] 041j 933c.
魚巴

鰤 shī *10623 鰤 -10472 | yellowtail ◇ queue jaune [Etym] 魚 2339 (rad: 195a 11-10), 師 2023 [Graph] 041j 934c 858d.
魚自帀

鰹 jiān *10624 鲣 -10478 | 1° kind of mullet 2° skip jack tuna ◇ 1° muge, mulet 2° thon [Etym] 魚 2339 (rad: 195a 11-11), 堅 2049 [Graph] 041j 935b 633a 432a.
魚臣又土

鱓 shàn *10625 鳝 -10490、鱔 *10584 | eel ◇ anguille [Etym] 魚 2339 (rad: 195a 11-12), 單 2101 [Graph] 041j 011a 011a 041c.
魚口口甲

鯨 jīng *10626 鲸 -10530 | whale ◇ baleine [Etym] 魚 2339 (rad: 195a 11-08), 京 2122 [Graph] 041j 012c 331j.
魚亠口小

> 魯 lǔ (2344) [Tra] stupid; coarse ◇ obtus; stupide [Etym] {?}dumb (2= 曰 2168), {?}oneself (2< 自 2256); like a fish (1= 魚 2339) ◇ {?} muet (2= 曰 2168), {?} soi-même (2< 自 2256); comme poisson (魚 2339) [Graph] 041j 021a [Ref] k580, ph806, w142a [Hanzi] lu3 鲁 1354, lu5 氇 2192, lu3 橹 4456, lü3 穞 4582, lu3 艪 8323, lu1 噜 9236, lu3 魯 10627.
> 魚曰

魯 lǔ *10627 鲁 -10532 | 1° stupid 2° coarse 3° another name for Shandong 4° surname ◇ 1° obtus, stupide, borné 2° grossier 3° autre nom du Shandong 4° nom propre [Etym] 魚 2339 (rad: 195a 11-04), 魯 2344 [Graph] 041j 021a.
魚曰

鯤 kūn *10628 鲲 -10533 | 1° marine monster 2° fish spawn ◇ 1° monstre marin 2° frai de poisson [Etym] 魚 2339 (rad: 195a 11-08), 昆 2173 [Graph] 041j 021a 311d 321b.
魚曰匕匕

鰣 shí *10629 鲥 -10534 | reeves shad, alosa reevesi, hilsa herring ◇ alose, hareng [Etym] 魚 2339 (rad: 195a 11-10), 時 2180 [Graph] 041j 021a 432a 332b.
魚曰土寸

鯷 tí *10630 鳀 -10535 | 1° pike fish 2° anchovy ◇ 1° brochet 2° anchois [Etym] 魚 2339 (rad: 195a 11-09), 是 2182 [Graph] 041j 021a 434f.
魚曰疋

鰨 tǎ *10631 鳎 -10536 | 1° dugong 2° sole ◇ 1° sirène 2° sole [Etym] 魚 2339 (rad: 195a 11-10), 搨 2190 [Graph] 041j 021a 731c 731c.
魚曰习习

鯧 chāng *10632 鲳 -10538 | conger-eel ◇ congre [Etym] 魚 2339 (rad: 195a 11-08), 昌 2207 [Graph] 041j 021a 021a.
魚曰曰

鰻 mán *10633 鳗 -10539 | eel ◇ anguille [Etym] 魚 2339 (rad: 195a 11-11), 曼 2211 [Graph] 041j 021a 051a 633a.
魚曰罒又

鰒 fù *10634 鳆 -10540 | abalone ◇ abalone [Etym] 魚 2339 (rad: 195a 11-09), 复 2214 [Graph] 041j 022b 633e.
魚𠂉夂

鮊 bó *10635 鲌 +10541 | bonito fish ◇ bonite ou maquereau [Etym] 魚 2339 (rad: 195a 11-05), 白 2216 [Graph] 041j 022c.
魚白

鰁 quán *10636 鳈 -10542 | kind of fish, sacrocheilichthys variegatus ◇ sorte de poisson [Etym] 魚 2339 (rad: 195a 11-09), 泉 2219 [Graph] 041j 022c 331p.
魚白水

鰉 huáng *10637 鳇 -10543 | sturgeon ◇ esturgeon [Etym] 魚 2339 (rad: 195a 11-09), 皇 2221 [Graph] 041j 022c 432e.
魚白王

鰂 zéi *10638 鲗 -10520 | cuttlefish ◇ seiche [Etym] 魚 2339 (rad: 195a 11-09), 則 2249 [Graph] 041j 023b 333b.
魚貝刂

鮸 miǎn *10639 鮸 -10544 | yellow fish ◇ sorte de poisson [Etym] 魚 2339 (rad: 195a 11-07), 免 2292 [Graph] 041j 032d.
魚免

鯻 là *10640 鯻 -10545 | grunt ◇ grognement [Etym] 魚 2339 (rad: 195a 11-09), 剌 2299 [Graph] 041j 032g 333b.
魚束刂

鰓 sāi *10641 鳃 -10546 | gills of a fish, branchia ◇ ouïes de poisson, branchies [Etym] 魚 2339 (rad: 195a 11-09), 思 2316 [Graph] 041j 041a 321c.
魚田心

鮋 yóu *10642 鲉 10547 | scorpionfish ◇ rascasse [Etym] 魚 2339 (rad: 195a 11-05), 由 2345 [Graph] 041j 042a.
魚由

鰱 lián *10643 鲢 -10498 | tench, silver carp ◇ tanche, carpe argentée [Etym] 魚 2339 (rad: 195a 11-10), 連 2353 [Graph] 041j 042g 634o.
魚車辶

鯁 gěng *10644 鲠 -10548、骾 *8591 | 1° fishbone, to get in one's throat (of a fish-bone) 2° obstacle ◇ 1° arête 2° obstacle [Etym] 魚 2339 (rad: 195a 11-07), 更 2359 [Graph] 041j 043a.
魚更

鯉 lǐ *10645 鲤 -10549 | carp ◇ carpe [Etym] 魚 2339 (rad: 195a 11-07), 里 2368 [Graph] 041j 043j.
魚里

鰥 guān *10646 | 鳏 -10550 | 1° wifeless 2° widower 3° halibut ◇ 1° célibataire 2° veuf 3° flétan [Etym] 魚 2339 (rad: 195a 11-10), 眔 2378 [Graph] 041j 051a 412h.

鰾 biào *10647 | 鳔 -10551 | 1° bladder (fish) 2° fish-glue ◇ 1° vessie natatoire (poisson) 2° colle de poisson [Etym] 魚 2339 (rad: 195a 11-11), 票 2404 [Graph] 041j 051e 331l.

鱘 xún *10648 | 鲟 -10509、鱏 *10604 | sturgeon ◇ esturgeon [Etym] 魚 2339 (rad: 195a 11-12), 覃 2411 [Graph] 041j 051e 021d.

鱧 lǐ *10649 | 鳢 -10552 | mullet ◇ mulet, muge [Etym] 魚 2339 (rad: 195a 11-13), 豊 2415 [Graph] 041j 052a 012b.

鰌 qiū *10650 | 鳅 -10481、鰍 *10574 | loach ◇ loche d'étang [Etym] 魚 2339 (rad: 195a 11-09), 酋 2432 [Graph] 041j 062d.

鱒 zūn *10651 | 鳟 -10553 | trout ◇ truite [Etym] 魚 2339 (rad: 195a 11-12), 尊 2435 [Graph] 041j 062d 332b.

鰮 wēn *10652 | 鳁 -10537 | sardine ◇ sardine [Etym] 魚 2339 (rad: 195a 11-10), 昷 2442 [Graph] 041j 071a 232a 922a.

鱣 zhān *10653 | 鳣 -10554 | sturgeon ◇ esturgeon [Etym] 魚 2339 (rad: 195a 11-13), 亶 2460 [Graph] 041j 071b 011a 021a ac:z.

鱂 jiāng *10654 | 鳉 10474 | killifish ◇ sorte de poisson [Etym] 魚 2339 (rad: 195a 11-11), 將 2469 [Graph] 041j Z12a 631e 332b.

鰤 shī *10655 | 鲺 -10555 | carp louse, fish louse ◇ argule foliacé, pou des poissons [Etym] 魚 2339 (rad: 195a 11-08), 虱 2503 [Graph] 041j Z31b ac:a 031d.

鮄 fú *10656 | 鲱 -10556 | See ◇ Voir 鲂鲱 fang2-fu2 10519-10556 [Etym] 魚 2339 (rad: 195a 11-05), 弗 2553 [Graph] 041j Z42g.

由 042

由 yóu (2345) | [Tra] origin; due to; follow ◇ cause; origine; selon [Etym] {1} what is coming out from a basket or container (prim) (# 甲 2329); {2} filter bag for wine (prim) ◇ {1} ce qui sort d'un panier ou d'un contenant (prim) (# 甲 2329); {2} un sac à filtrer le vin (prim) [Graph] 042a [Ref] h399, k253, ph170, r28g, r306, w151a, wa114, wi732 [Hanzi] you2 油 575, you4 釉 691, di2 笛 906, you2 鈾 1355, you2 铀 2120, chou1 抽 2706, you2 you4 柚 4457, zhou2 妯 5865, chou1 chou2 绌 6085, chou1 chou2 紬 6272, zhou2 zhou4 轴 6380, xiu4 袖 6697, miao4 庙 6984, you4 鼬 7436, xiu4 岫 7616, zhou4 宙 7783, zhu2 舳 8324, jie4 届 8666, you2 蚰 10344, you2 鲉 10547, you2 鮋 10642, you2 由 10657, you2 邮 10658, di2 迪 10659, zhou4 胄 10660, zhou2 zhou4 軸 10725.

由 yóu +10657 | 1° cause, origin 2° due to, because of 3° by 4° from, to follow 5° since ◇ 1° cause, origine 2° au moyen de, parce que 3° de, par 4° selon, suivre 5° depuis [Etym] 田 2313 (rad: 102a 5-00), 由 2345 [Graph] 042a.

由衷 yóu zhōng ∘ from the bottom of one's heart, sincere ◇ du fond du coeur, sincère, de tout coeur * 2156.

由于 yóu yú ∘ because, by reason of ◇ à cause de, en raison de, par suite de, parce que * 2306.

邮 yóu -10658 | 郵 *5292 | post house, mail, post ◇ poste impériale, courrier [Etym] 阝 1316 (rad: 163b 2-05), 由 2345 [Graph] 042a 634j.

邮资 yóu zī ∘ postage ◇ affranchissement, frais de port * 11.

邮筒 yóu tǒng ∘ mailbox ◇ boîte aux lettres * 874.

邮件 yóu jiàn ∘ mail ◇ courrier * 2856.

邮政 yóu zhèng ∘ postal service ◇ service postal * 5317.

邮寄 yóu jì ∘ to send by post, to post ◇ envoyer par la poste, poster * 7695.

邮包 yóu bāo ∘ parcel ◇ colis postal * 7911.

邮局 yóu jú ∘ post office ◇ bureau de poste * 8676.

邮电局 yóu diàn jú ∘ post office ◇ bureau de poste * 10734 8676.

邮票 yóu piào ∘ stamps ◇ timbre-poste * 10812.

邮递 yóu dì ∘ to send by mail ◇ envoyer, expédier par la poste, poster * 11278.

邮递员 yóu dì yuán ∘ mailman ◇ facteur * 11278 9127.

邮费 yóu fèi ∘ postage ◇ affranchissement, frais de port * 11282.

迪 dí +10659 | 1° to follow, docility 2° to direct 3° to teach ◇ 1° suivre, docilité 2° diriger, induire à, faire que 3° enseigner [Etym] 辶 1346 (rad: 162b 3-05), 由 2345 [Graph] 042a 634o.

胄 zhòu (2346) | [Tra] offspring ◇ progéniture [Etym] {1} origin (1= 由 2345) of flesh (2= 月 1823); {2} helmet (2=prim) and tuft (1=prim) ◇ {1} l'origine (1= 由 2345) de la chair (2= 月 1823); {2} un casque (2=prim) et son panache (1=prim) [Graph] 042a 856e [Ref] w34j, w65b, wa149 [Hanzi] zhou4 胄 10660.

胄 zhòu +10660 | 1° helmet 2° progeny, offspring ◇ 1° casque, heaume 2° progéniture, descendants [Etym] 月 1823 (rad: 130b 4-05), 胄 2346 [Graph] 042a 856e.

甹 bíng (2347) | [Tra] speak brusquely ◇ parler franc; sincère [Etym] to have motives (1= 由 2345); cries or wishes (2= 丂 2475) ◇ avoir ses raisons (1= 由 2345); cris ou aspirations (2= 丂 2475) [Graph] 042a Z21b [Ref] k745, ph300, w58c [Hanzi] ping1 俜 3070, pin4 聘 5480, ping1 娉 5866, cheng3 騁 11080, cheng3 骋 11139.

申 shēn (2348) | [Tra] to explain; ghosts ◇ expliquer; esprits [Etym] two hands (< 𦥑 1585) and a power line (> 电 2361) ->extend, say ◇ deux mains (< 𦥑 1585) et une force (> 电 2361) ->diffuser,parler [Graph] 042c [Ref] h322, k868, ph153, r19i, w50c, wa35, wi227, wi784 [Hanzi] shen2 鉮 1356, shen2 钟 2121, shen2 神 2289, chen1 抻 2707, shen1 伸 3071, kun1 坤 4973, shen1 珅 5201, shen1 绅 6086, shen1 紳 6273, shen2 神 6602, shen3 审 7784, shen4 胂 8238, shen1 呻 9237, shen1 砷 9779, shen1 申 10661, chang4 畅 10662, chang4 暢 10663.

申 shēn 申 +10661 | 1° to state, to express, to explain 2° to report, to extend 3° cyclic character: the ninth of the twelve Earthly Branches 4° another name for Shanghai 5° surname ◇ 1° exprimer, informer, faire savoir 2° propagation, extension 3° caractère cyclique: le 9è des 12 Rameaux Terrestres 4° nom monosyllabique de Shanghai 5° nom propre [Etym] 田 2313 (rad: 102a 5-00), 申 2348 [Graph] 042c.

申请 shēn qǐng。to request ◇ prier de, requérir, présenter une demande * 1743.

申辩 shēn biàn。to explain oneself, to defend oneself ◇ se justifier, se défendre (en justice) * 3409.

申冤 shēn yuān。to right a wrong ◇ se disculper, faire redresser un tort * 7680.

申明 shēn míng。to declare, to state ◇ affirmer, exposer solennellement * 9933.

畅 chàng 申汤 -10662 | 暢 *10663 | 1° sunshine, fair weather 2° sunburn, insolation 3° smooth, free ◇ 1° temps serein 2° insolation, coup de soleil 3° épanoui, bien-être [Etym] 田 2313 (rad: 102a 5-03), 申 2348 汤 1338 [Graph] 042c 634k.

畅谈 chàng tán。to talk freely ◇ parler à coeur ouvert; parler franchement * 1696.

畅快 chàng kuài。pleasant, comfortable ◇ agréable, à l'aise * 3301.

畅通 chàng tōng。unblocked ◇ passer sans peine; sans obstacle * 6488.

暢 chàng 申日昜 *10663 | 畅 -10662 | 1° sunshine, fair weather 2° sunburn, insolation 3° smooth, free ◇ 1° temps serein 2° insolation, coup de soleil 3° épanoui, bien-être [Etym] 日 2169 (rad: 072a 4-10), 申 2348 昜 2197 [Graph] 042c 021a 852i.

叀 zhuān 叀 (2349) | [Tra] special; particular ◇ spécial; particulier [Etym] reduction of (專 2351) ◇ réduction de (專 2351) [Graph] 042f [Ref] h914, k1260, w91f, wi385 [Hanzi] hui4 惠 10664, zhuan1 專 10665.

惠 huì 叀心 (2350) | [Tra] favour; kindness ◇ bonté; bienveillance [Etym] attached or attractive (1< 專 2351) heart (2= 心 397) ◇ un coeur (2= 心 397) attaché ou attachant (1< 專 2351) [Graph] 042f 321c [Ref] h1196, k111, ph689, w91g, wi385, wi771 [Hanzi] hui4 僡 3072, hui4 憓 3376, hui4 蕙 3990, sui4 穗 4583, sui4 繐 6274, hui4 蟪 10345, hui4 惠 10664.

惠 huì 叀心 +10664 | 1° favor, kindness, gracious 2° to be kind enough to, to be docile, to obey 3° to grant, to succour 4° surname ◇ 1° bonté, bienveillance, faveur, gratifier de 2° obéir, docilité 3° accorder, secourir 4° nom de famille [Etym] 心 397 (rad: 061a 4-08), 惠 2350 [Graph] 042f 321c.

專 zhuān 叀寸 (2351) | [Tra] special; particular ◇ spécial; particulier [Etym] {1} ox, yoke, harness (1=prim), hand (2= 寸 441); {2} spindle (1=prim) and hand (2= 寸 441) ◇ {1} un boeuf, son joug, son harnais (1=prim), une main (2= 寸 441); {2} un fuseau (1=prim) et une main (2= 寸 441) [Graph] 042f 332b [Ref] h914, k1260, ph605, w91f, wa91, wi414, wi987 [Hanzi] tuan2 摶 2708, zhuan4 傳 3073, chun2 蓴 3991, zhuan1 膞 8239, zhuan1 磚 9780, zhuan1 專 10665, zhuan1 甎 10666, zhuan3 zhuan4 轉 10726, tuan2 團 10972.

專 zhuān 叀寸 *10665 | 专 -6491、耑 *7581 | 1° special, particular, single 2° expert 3° to monopolize, to specially care 4° to want one's own way, to decide alone 5° surname ◇ 1° spécial, particulier, singulier, uniquement 2° expert 3° monopoliser, s'appliquer exclusivement à 4° décider de sa propre autorité 5° nom de famille [Etym] 寸 441 (rad: 041a 3-08), 專 2351 [Graph] 042f 332b.

甎 zhuān 叀寸瓦 *10666 | 砖 -9713、磚 *9780 | brick ◇ brique [Etym] 瓦 2531 (rad: 098a 4-11), 專 2351 [Graph] 042f 332b Z33f.

車 chē 車 (2352) | [Tra] car, vehicle ◇ voiture; véhicule [Etym] a charriot seen from above (prim): box, shaft, wheels ◇ un char vu d'en haut (prim): caisse, essieu, roues [Graph] 042g [Ref] h31, k1189, r42, w167a, wa142, wi136 [Hanzi] pei4 轡 6275, zhen4 zhen4 陣 6791, she4 厙 6874, ku4 庫 6985, yu2 輿 7450, che1 硨 9781, che1 ju1 車 10667, lian2 連 10696, zhan3 斬 10700 [Rad] 159a.

車 chē 車 *10667 | 车 -6327 | 1° vehicle, car, coach, cart, barrow 2° wheeled instrument (spinning-wheel) 3° revolving engine 4° lathe, turn 5° surname ◇ 1° voiture, véhicule, brouette 2° machine à roue (rouet, etc) 3° moteur 4° tour (de roue) 5° nom propre [Etym] 車 2352 (rad: 159a 7-00), [Graph] 042g.

△ jū | 车 -6327 | chariot, one of the pieces in Chinese chess ◇ char, une des pièces du jeu d'échecs chinois.

軟 ruǎn 車欠 *10668 | 软 -6328、輭 *10715 | 1° soft, flexible, pliable 2° mild 3° feeble 4° poor-quality 5° muffled wheels ◇ 1° mou, flexible, souple 2° tendre 3° maniable, faible 4° de qualité inférieure 5° rous avec amortisseur [Etym] 車 2352 (rad: 159a 7-04), 欠 178 [Graph] 042g 232b.

軫 zhěn 車人彡 *10669 | 轸 -6329 | 1° cross board (rear of carriage) 2° carriage 3° distressed 4° to revolve ◇ 1° planche transversale (arrière des chars) 2° char 3° angoisse 4° détour [Etym] 車 2352 (rad: 159a 7-05), 㐱 182 [Graph] 042g 233a 211c.

輇 quán *10670 |辁 -6331| 1° spokeless cartwheel 2° charriot 3° shallow ◇ 1° roue sans rayons 2° carriole 3° superficiel, peu profond [Etym] 車 2352 (rad: 159a 7-06), 全 195 [Graph] 042g 233a 432e.

輸 shū *10671 |输 -6332| 1° to transport, to convey 2° to donate 3° to lose (game) 4° to overturn (carriage) ◇ 1° transporter 2° offrir 3° perdre (jeu) 4° renverser (char) [Etym] 車 2352 (rad: 159a 7-09), 俞 213 [Graph] 042g 233a ac:a 856e 333b.

輪 lún *10672 |轮 -6330| 1° wheel 2° disc, ring 3° steamboat 4° to take turns, turn 5° round 6° measure-word for sun, moon ◇ 1° roue 2° disque, bague, rouage 3° bateau à vapeur 4° tour à tour, tourner 5° round 6° spécificatif: soleil, lune [Etym] 車 2352 (rad: 159a 7-08), 侖 215 [Graph] 042g 233a ac:a 856j.

軑 dài *10673 |轪 -6333| iron or copper sheet covering the shaft ◇ ce qui tenait le joug fixé à l'extrémité recourbée du timon d'une voiture de voyage (de la Chine ancienne) [Etym] 車 2352 (rad: 159a 7-03), 大 257 [Graph] 042g 242a.

轎 jiào *10674 |轿 -6334| sedan, mule litter, cabin ◇ palanquin, cage de char, cabine de barque [Etym] 車 2352 (rad: 159a 7-12), 喬 291 [Graph] 042g 242e 011a 856k 011a.

軼 yì *10675 |轶 -6335| 1° no longer available, extinct 2° to exceed 3° to excel 4° to rush by, to rush on ◇ 1° épuisé, non disponible 2° excéder, dépasser 3° exceller 4° usurper [Etym] 車 2352 (rad: 159a 7-05), 失 310 [Graph] 042g 242o.

輳 còu *10676 |辏 -6336| hub of a wheel ◇ moyeu [Etym] 車 2352 (rad: 159a 7-09), 奏 315 [Graph] 042g 242r 242b.

較 jiào *10677 |较 -6337| 1° to compare, to examine 2° comparatively, rather 3° obvious 4° dispute, to confront ◇ 1° comparer, examiner 2° relativement 3° évidence 4° dispute, confronter [Etym] 車 2352 (rad: 159a 7-06), 交 344 [Graph] 042g 243e.

軱 gū *10678 |轱 -6338| big bone ◇ grand os [Etym] 車 2352 (rad: 159a 7-05), 瓜 382 [Graph] 042g 313a.

軋 gá *10679 |轧 -6339| 1° to make friends 2° to check ◇ 1° se lier d'amitié 2° examiner [Etym] 車 2352 (rad: 159a 7-01), 乚 385 [Graph] 042g 321a.

△ yà |轧 -6339| 1° to roll, to run over 2° to crush, to grind 3° to push out 4° sound of clicking ◇ 1° rouler (gazon), écraser 2° broyer 3° expulser 4° onomatopée du bruit sec, cliquetis.

△ zhá |轧 -6339| 1° to grind 2° to roll (steel) ◇ 1° broyer 2° laminer (métal).

軻 kē *10680 |轲 -6340| 1° given name of Mencius 2° personal name ◇ 1° prénom de Mencius 2° prénom [Etym] 車 2352 (rad: 159a 7-05), 可 421 [Graph] 042g 331c 011a.

軤 hū *10681 |轷 -6341| surname ◇ nom de famille [Etym] 車 2352 (rad: 159a 7-05), 乎 444 [Graph] 042g 332d.

軒 xuān *10682 |轩 -6342| 1° high, lofty 2° verandah with windows 3° curtained carriage 4° window, door 5° broken up road 6° surname ◇ 1° haut, s'élever 2° galerie couverte, kiosque, pavillon 3° char avec rideaux 4° fenêtre, porte 5° chemin défoncé 6° nom de famille [Etym] 車 2352 (rad: 159a 7-03), 干 564 [Graph] 042g 413b.

轔 lín *10683 |辚 -6343| See ◇ Voir 辚辚 lin2-lin2 6343-6343 [Etym] 車 2352 (rad: 159a 7-12), 粦 789 [Graph] 042g 422f 631b 712b.

轅 yuán *10684 |辕 -6344| 1° shafts of a cart 2° outer gate 3° government office (formerly) ◇ 1° limon, limonière 2° porte extérieure 3° bureau gouvernemental [Etym] 車 2352 (rad: 159a 7-10), 袁 854 [Graph] 042g 432a 011a 312h.

輒 zhé *10685 |辄 -6345 、輙 *10686| 1° always 2° often 3° then 4° abruptly, suddenly 5° sides of a chariot ◇ 1° toujours 2° souvent 3° alors, aussitôt 4° soudain 5° côtés d'un char [Etym] 車 2352 (rad: 159a 7-07), 耴 1019 [Graph] 042g 436k 321a.

輙 zhé *10686 |辄 -6345 、輒 *10685| 1° always 2° often 3° then 4° abruptly, suddenly 5° sides of a chariot ◇ 1° toujours 2° souvent 3° alors, aussitôt 4° soudain 5° côtés d'un char [Etym] 車 2352 (rad: 159a 7-08), 取 1024 [Graph] 042g 436k 633a.

軾 shì *10687 |轼 -6346| 1° support to lean on in a sedan chair 2° horizontal front bar on a cart ◇ 1° appui dans un char 2° barre horizontale d'une charrette [Etym] 車 2352 (rad: 159a 7-06), 式 1048 [Graph] 042g 511a 431a.

輜 zī *10688 |辎 -6347| baggage wagon ◇ fourgon, char couvert [Etym] 車 2352 (rad: 159a 7-08), 甾 1116 [Graph] 042g 611c 041a.

輕 qīng *10689 |轻 -6352| 1° light 2° small (number, degree, etc.) 3° not important, not serious 4° rashly, frivolous 5° easy, softly 6° to esteem lightly ◇ 1° léger, alléger 2° minime (nombre, degré,etc.) 3° sans valeur, pas sérieux 4° superficiel, frivole, bénin 5° facile, simple 6° faire peu de cas [Etym] 車 2352 (rad: 159a 7-07), 巠 1121 [Graph] 042g 611d 431a.

輊 zhì *10690 |轾 -6348| chariot ◇ petite voiture [Etym] 車 2352 (rad: 159a 7-06), 至 1148 [Graph] 042g 612c 432a.

轍 zhé *10691 |辙 -6349| 1° rut, track of a wheel 2° rhyme 3° way ◇ 1° ornière, trace de roue 2° rime 3° chemin [Etym] 車 2352 (rad: 159a 7-12), 敵 1158 [Graph] 042g 612e 856e 243c.

轢 lì *10692 |轹 -6366| 1° rut of a wheel 2° to crush ◇ 1° ornière 2° écraser [Etym] 車 2352 (rad: 159a 7-15), 樂 1184 [Graph] 042g 613c 022c 613c 422a.

輮 róu *10693 |辋 -6350| 1° rim, felly of a wheel 2° to bend ◇ 1° jante 2° incliner, courber [Etym] 車 2352 (rad: 159a 7-09), 柔 1260 [Graph] 042g 632a 331g 422a.

輟 chuò *10694 |辍 -6354| to cease, to stop ◇ cesser, s'arrêter [Etym] 車 2352 (rad: 159a 7-08), 叕 1278 [Graph] 042g 633a 633a 633a 633a.

輅 lù *10695 |辂 -6355| 1° chariot 2° cross-bar in front of a cart, state carriage ◇ 1° carrosse 2° barre transversale d'un carrosse [Etym]

由 車

車2352 (rad: 159a 7-06), 各1295 [Graph] 042g 633e 011a.

連 lián (2353) 車辶 [Tra] connect; company; and ◇ unir; joindre; et [Etym] be part of an action: vehicle (1= 車 2352), walk (2= 辶 1346) ◇ être dans l'action: voiture (1= 車 2352), marche (2= 辶 1346) [Graph] 042g 634o [Ref] h607, k551, ph630, w167b [Hanzi] lian2 漣 576, lian4 鏈 1357, lian2 蓮 3992, lian3 璉 5202, lian2 lian5 褳 6698, lian2 鰱 10643, lian2 連 10696.

連 lián *10696 車辶 | 连 -6356 | 1° to join, to link, to connect 2° repeatedly, in succession, to continue 3° including 4° company 5° even 6° surname ◇ 1° joindre, unir 2° à la suite, un à un, continuité, suivre 3° incluant 4° compagnie militaire 5° et, même 6° nom propre [Etym] 辶 1346 (rad: 162b 3-07), 車 2352 [Graph] 042g 634o.

軛 è *10697 車厂㔾 | 轭 -6357 | yoke, collar ◇ joug [Etym] 車 2352 (rad: 159a 7-04), 厄 1367 [Graph] 042g 721a 733a.

轆 lù *10698 車广丗匕匕 | 辘 -6358 | pulley, winch ◇ treuil, cylindre [Etym] 車 2352 (rad: 159a 7-11), 鹿 1398 [Graph] 042g 721b 821b 311d 321b.

轤 lú *10699 車虍七田皿 | 轳 -6373 | (lu4 - 5) pulley, winch ◇ (lu4 - 5) treuil (de puits) [Etym] 車 2352 (rad: 159a 7-16), 盧 1448 [Graph] 042g 721g 321e 041a 922a.

△ lu | 轳 -6373 | pulley ◇ treuil.

斬 zhǎn (2354) 車斤 [Tra] to sever; chop ◇ couper; trancher [Etym] charriot (1= 車 2352) with axes or scythes (2,3= 斤 1461) ◇ un ancien char (1= 車 2352) muni de haches ou de faux (2,3= 斤 1461) [Graph] 042g 722c [Ref] k1165, ph591, w128a, wi803 [Hanzi] jian1 jian4 漸 577, can2 慚 3377, zhan3 嶄 7617, zhan3 暫 10100, zhan3 斬 10700, zan4 鏨 10701, can2 慙 10702, qian4 槧 10703, qian4 塹 10704, zan4 蹔 10705, zan4 暫 10706.

斬 zhǎn *10700 車斤 | 斩 -6359 | 1° to chop, to cut 2° to decapitate, beheading 3° to sever ◇ 1° couper, trancher 2° décapiter 3° supprimer [Etym] 斤 1461 (rad: 069a 4-07), 車 2352 [Graph] 042g 722c.

鏨 zàn *10701 車斤亼亚 | 錾 -6360 | chisel, to chisel, to cut out ◇ ciseau, ciseler [Etym] 金 196 (rad: 167a 8-11), 斬 2354 [Graph] 042g 722c 233a 432q.

慙 cán *10702 車斤心 | 惭 -3279 、慚 *3377 | 1° ashamed 2° mortified ◇ 1° honte 2° confusion [Etym] 心 397 (rad: 061a 4-11), 斬 2354 [Graph] 042g 722c 321c.

槧 qiàn *10703 車斤木 | 椠 -6361 | 1° boards, tablets 2° edition or version of a book ◇ 1° tablettes 2° édition d'un livre [Etym] 木 723 (rad: 075a 4-11), 斬 2354 [Graph] 042g 722c 422a.

塹 qiàn *10704 車斤土 | 堑 -6362 | ditch, moat ◇ fossé d'une ville, douve [Etym] 土 826 (rad: 032a 3-11), 斬 2354 [Graph] 042g 722c 432a.

蹔 zàn *10705 車斤足 | 暂 -6363 、暫 *10706 | 1° short time, briefly 2° temporarily, in the interim, meanwhile 3° suddenly ◇ 1° peu de temps, passager 2° temporaire, provisoirement, en attendant 3° soudainement [Etym] 足 2117 (rad: 157a 7-11), 斬 2354 [Graph] 042g 722c 011f.

暫 zàn *10706 車斤日 | 暂 -6363 、蹔 *10705 | 1° short time, briefly 2° temporarily, in the interim, meanwhile 3° suddenly ◇ 1° peu de temps, passager 2° temporaire, provisoirement, en attendant 3° soudainement [Etym] 日 2169 (rad: 072a 4-11), 斬 2354 [Graph] 042g 722c 021a.

軺 yáo *10707 車刀口 | 轺 -6364 | light carriage ◇ voiture légère [Etym] 車 2352 (rad: 159a 7-05), 召 1479 [Graph] 042g 732a 011a.

軔 rèn *10708 車刃 | 轫 -6365 | 1° to jam (a wheel), block 2° curb, rein, wedge, bit ◇ 1° bloquer (une roue) 2° frein, cale [Etym] 車 2352 (rad: 159a 7-03), 刃 1483 [Graph] 042g 732c.

毄 jī (2355) 車凵几又 [Tra] jostle; strike ◇ heurter, frapper [Etym] wheel (1= 車 2352) stopper (2=prim) hurting (3,4= 殳 2519) ◇ un chapeau (2=prim) de roue (1= 車 2352) qui cogne (3,4= 殳 2519) [Graph] 042g 841e Z33a 633a [Ref] k330, ph723, w167d [Hanzi] ji1 擊 10709, ji1 墼 10710, ji4 xi4 繫 10711.

擊 jī *10709 車凵几又手 | 击 -7647 | 1° to strike, to hit against, to attack, to collide with 2° to defeat ◇ 1° frapper, heurter, attaquer 2° vaincre [Etym] 手 465 (rad: 064a 4-13), 毄 2355 [Graph] 042g 841e Z33a 633a 332g.

墼 jī +10710 車凵几又土 | unburnt bricks ◇ briques crues [Etym] 土 826 (rad: 032a 3-13), 毄 2355 [Graph] 042g 841e Z33a 633a 432a.

繫 jì *10711 車凵几又糸 | 系 +6318 | to tie, to fasten ◇ lier, attacher [Etym] 糸 1185 (rad: 120a 6-13), 毄 2355 [Graph] 042g 841e Z33a 633a 613d.

△ xì | See ◇ Voir 系 6318.

轄 xiá *10712 車宀丰口 | 辖 -6367 、鎋 *1268 、舝 *7359 1° | 1° linchpin, bolt of a wheel 2° to have jurisdiction over 3° to govern, to regulate ◇ 1° esse, clavette 2° avoir juridiction sur 3° gouverner, administrer [Etym] 車 2352 (rad: 159a 7-10), 害 1681 [Graph] 042g 851c 414g 011a.

輞 wǎng *10713 車罒亡 | 辋 -6368 | felly of a wheel ◇ jante de roue [Etym] 車 2352 (rad: 159a 7-08), 罔 1856 [Graph] 042g 856m 811f.

輈 zhōu *10714 車舟 | 辀 -6369 | cart shafts ◇ limon, brancard de véhicule [Etym] 車 2352 (rad: 159a 7-06), 舟 1861 [Graph] 042g 857b.

輭 ruǎn *10715 車而大 | 软 -6328 、軟 *10668 | 1° soft, flexible, pliable 2° mild 3° feeble 4° poor-quality 5° muffled wheels ◇ 1° mou, flexible, souple 2° tendre 3° maniable, faible 4° de qualité inférieure 5° rous avec amortisseur [Etym] 車 2352 (rad: 159a 7-09), 耎 1872 [Graph] 042g 857f 242a.

輛 liàng *10716 車雨人人 | 辆 -6371 | measure-word for vehicles, carts, etc. ◇ spécificatif des chars, voitures etc. [Etym] 車 2352

由 車

(rad: 159a 7-08), 甬 1902 [Graph] 042g 858f 232a 232a.

輔 fǔ *10717 |辅 -6370| 1° to help, to assist, to complement 2° minister ◇ 1° aider, assister, seconder 2° ministre [Etym] 車 2352 (rad: 159a 7-07), 甫 1914 [Graph] 042g 858n.

輾 zhǎn *10718 |辗 -6372| See ◇ Voir 辗转 zhan3-zhuan3 6372-6351 [Etym] 車 2352 (rad: 159a 7-10), 展 1966 [Graph] 042g 931a 436b 312d.

輯 jí *10719 |辑 -6374| 1° to compile, to edit, to arrange in order 2° collection, part, volume 3° agreeable ◇ 1° compiler, éditer, disposition, arrangement 2° collection, recueillir 3° accommodant [Etym] 車 2352 (rad: 159a 7-09), 咠 2071 [Graph] 042g 011a 436k.

軹 zhǐ *10720 |轵 -6375| spokeless wheel ◇ roue sans rayons [Etym] 車 2352 (rad: 159a 7-05), 只 2113 [Graph] 042g 011c.

輻 fú *10721 |辐 -6376| 1° spokes of a wheel 2° center, to converge ◇ 1° rayons d'une roue 2° converger, confluent [Etym] 車 2352 (rad: 159a 7-09), 畐 2119 [Graph] 042g 012a 041a.

軲 gū *10722 |轱 -6377| 1° block 2° shaft (column) 3° wheel, to revolve ◇ 1° bloc 2° fût (colonne) 3° roue de voiture, trouner [Etym] 車 2352 (rad: 159a 7-05), 古 2155 [Graph] 042g 013f.

輥 gǔn *10723 |辊 -6378| 1° to turn round, to revolve 2° roller ◇ 1° tourner, rouler 2° rouleau [Etym] 車 2352 (rad: 159a 7-08), 昆 2173 [Graph] 042g 021a 311d 321b.

輓 wǎn *10724 |挽 +2698| 1° to draw, to pull 2° to roll up 3° to lament 4° hearse ◇ 1° tirer, traîner 2° retrousser 3° offrir des condoléances 4° corbillard [Etym] 車 2352 (rad: 159a 7-07), 免 2292 [Graph] 042g 032d.

△ wǎn |輓 -6379| 1° to pull, to draw 2° to lament somebody's death ◇ 1° tirer 2° lamenter.

軸 zhóu *10725 |轴 -6380| 1° axle, shaft, pivot 2° axis 3° key position, control station 4° roller 5° measure-words (spool of thread, scroll of painting) ◇ 1° essieu, pivot 2° axe 3° position clé, poste de commande 4° cylindre 5° spécificatif (bobine de fil, rouleau de parchemin, etc.) [Etym] 車 2352 (rad: 159a 7-05), 由 2345 [Graph] 042g 042a.

△ zhòu |轴 -6380| (yal - zi5) second to last item of a theatrical program ◇ (yal - zi5) morceau à succès réservé pour la fin d'une représentation.

> 轉 zhuǎn (2356) 車叀寸 |[Tra] to turn around ◇ tourner en rond [Etym] carriage, moving (1= 車 2352); phon, tied (2,3= 專 2351) ◇ voiture, déplacement (1= 車 2352); phon, lié (2,3= 專 2351) [Graph] 042g 042f 332b [Hanzi] zhuan4 囀 9238, zhuan3 zhuan4 轉 10726.

轉 zhuǎn *10726 |转 -6351| 1° to turn, to shift, to change 2° to transfer ◇ 1° tourner, tour, changer, alterner 2° transmission, transférer [Etym] 車 2352 (rad: 159a 7-11), 專 2351 [Graph] 042g 042f 332b.

△ zhuàn |转 -6351| 1° to turn round, to revolve 2° measure-word (revolution) ◇ 1° tourner, tour 2° spécificatif (révolution).

> 車 hōng (2357) 車車車 |[Tra] rumble; bang; explode ◇ fracas; boum; exploser [Etym] noise similar to the rumbling of charriots (車 2352) ◇ bruit analogue au roulement des chars (車 2352) [Graph] 042g 042g 042g [Ref] w167d [Hanzi] hong1 轟 10727.

轟 hōng *10727 |轰 -6353 、揈 *2623 3°| 1° bang, boom 2° rumbling of carriages, any stunning noise, to explode 3° to drive off ◇ 1° boum! 2° bruit d'un roulement de voitures, exploser, fracas 3° chasser quelqu'un [Etym] 車 2352 (rad: 159a 7-05), 轟 2357 [Graph] 042g 051a.

轘 huàn *10728 |轘 -6381| to quarter ◇ écarteler [Etym] 車 2352 (rad: 159a 7-13), 瞏 2394 [Graph] 042g 051a 012a 312h.

輶 yóu *10729 |𬨎 -6382| 1° light carriage 2° light ◇ 1° petit véhicule antique 2° léger [Etym] 車 2352 (rad: 159a 7-09), 酋 2432 [Graph] 042g 062d.

> 軌 guǐ (2358) 車九 |[Tra] wheel shaft ◇ essieu [Etym] carriage (1= 車 2352); phon, nine (2= 九 2513) ◇ voiture (1= 車 2352); phon, neuf (2= 九 2513) [Graph] 042g Z32b [Hanzi] gui3 匭 7331, gui3 軌 10730.

軌 guǐ *10730 |轨 -6383| 1° rail, track 2° course, path, rut 3° axle of a wheel 4° rule ◇ 1° rail (de chemin de fer) 2° voie, ornière 3° essieu, orbite 4° règle [Etym] 車 2352 (rad: 159a 7-02), 九 2513 [Graph] 042g Z32b.

电 043

> 更 gēng (2359) 更 |[Tra] change; improve; very ◇ changer; plus; très [Etym] hand (bottom< 攴 1283) fighting a fire (< 丙 1921) ->better ◇ une main (bas< 攴 1283) combattant un incendie (< 丙 1921) ->meilleur [Graph] 043a [Ref] k316, ph283, w41a, wi226, wi492 [Hanzi] gang4 筻 908, bian4 pian2 便 3074, geng3 梗 4458, jing1 粳 4584, jing1 稉 4647, geng3 埂 4974, geng3 绠 6087, geng3 綆 6276, geng3 骾 8591, geng3 哽 9239, ying4 硬 9782, geng3 鲠 10548, geng3 鯁 10644, geng1 geng4 更 10731, su1 甦 10732.

更 gēng +10731 |1° to change, to replace 2° experience 3° two-hour periods ◇ 1° changer, modifier 2° faire l'expérience de 3° veille [Etym] 日 2168 (rad: 073a 4-03), 更 2359 [Graph] 043a.

更新 gēng xīn 。to renew; to replace ◇ renouveler, rénover * 641.

更衣室 gēng yī shì 。locker room ◇ vestiaire * 2140 7754.

更换 gēng huàn 。to change, to replace ◇ changer, remplacer, substituer * 2642.

由电 車・更

更正 gēng zhèng ∘ to rectify; to make corrections ◇ rectifier, corriger ✱ 5316.

更改 gēng gǎi ∘ to alter, to change ◇ modifier, changer ✱ 11244.

△ gèng | more, further, still more ◇ 1° plus, davantage 2° de nouveau.

更加 gèng jiā ∘ more, further; still more ◇ plus, davantage; encore plus ✱ 7263.

甦 sū *10732 更生 | See ◇ Voir 蘇 3989 [Etym] 生 951 (rad: 100a 5-07), 更 2359 [Graph] 043a 433b.

龟 guī (2360) 龟 [Tra] tortoise ◇ tortue [Etym] modern simplified form of (龜 2563) ◇ forme simplifiée moderne de (龜 2563) [Graph] 043b [Ref] w109b [Hanzi] jiu1 阄 8048, gui1 jun1 qiu1 龟 10733 [Rad] 213s.

龟 guī -10733 龟 | 龜 *11295 | tortoise ◇ tortue [Etym] 田 2313 (rad: 102a 5-02), 龟 2360 [Graph] 043b.

△ jūn | 龜 *11295 |

龟裂 jūn liè ∘ cracks, (of skin) chap ◇ se crevasser, se gercer ✱ 6421.

△ qiū | 龜 *11295 |

龟兹 qiū cí ∘ state in Han Dynasty, in present Xinjiang ◇ principauté de la dynastie Han au Xinjiang ✱ 6312.

电 diàn (2361) 电 [Tra] electric; lightning ◇ électricité; éclair [Etym] line of forces in extension (prim) (> 申 2348) ◇ ligne de force en extension (prim) (> 申 2348) [Graph] 043c [Ref] r19i, wi369 [Hanzi] yan3 奄 1566, dian4 電 8464, min3 黾 9240, dian4 电 10734.

电 diàn -10734 电 | 電 *8464 | 1° lightning 2° electricity 3° to telegraph ◇ 1° éclair, foudre 2° électricité 3° télégraphier [Etym] 日 2169 (rad: 072a 4-01), 电 2361 [Graph] 043c.

电冰箱 diàn bīng xiāng ∘ electric refrigerator; fridge; freezer ◇ réfrigérateur électrique; congélateur ✱ 21 782.

电流 diàn liú ∘ electric current ◇ courant électrique ✱ 285.

电池 diàn chí ∘ battery, cell ◇ pile, accumulateur, batterie ✱ 369.

电灯 diàn dēng ∘ electric lamp ◇ lampe électrique ✱ 960.

电灯泡 diàn dēng pào ∘ electric light bulb ◇ ampoule électrique ✱ 960 434.

电炉 diàn lú ∘ hot plate; electric stove ◇ réchaud électrique, four électrique ✱ 1032.

电话 diàn huà ∘ telephone ◇ téléphone ✱ 1821.

电铃 diàn líng ∘ electric bell ◇ sonnerie électrique ✱ 1909.

电报 diàn bào ∘ telegram ◇ télégramme ✱ 2563.

电梯 diàn tī ∘ elevator ◇ ascenseur ✱ 4483.

电台 diàn tái ∘ broadcasting station, radio ◇ station de radiodiffusion, radio ✱ 5901.

电线 diàn xiàn ∘ electric wire ◇ fil électrique ✱ 5994.

电车 diàn chē ∘ tram, streetcar ◇ tramway; trolleybus ✱ 6327.

电子计算 diàn zǐ jì suàn ∘ electronic calculator ◇ ordinateur; calculateur électronique ✱ 6546 1719 895.

电视 diàn shì ∘ television ◇ télévision ✱ 6592.

电视机 diàn shì jī ∘ television receiver ◇ poste récepteur de télévision ✱ 6592 4478.

电压 diàn yā ∘ voltage ◇ tension électrique, voltage ✱ 6841.

电门 diàn mén ∘ electric button ◇ bouton électrique ✱ 7996.

电脑 diàn nǎo ∘ computer ◇ ordinateur ✱ 8211.

电扇 diàn shàn ∘ electric fan ◇ ventilateur électrique ✱ 8692.

电唱机 diàn chàng jī ∘ gramophone; record player ◇ électrophone ✱ 9208 4478.

电影 diàn yǐng ∘ film, movie, cinema ◇ film, cinéma ✱ 9948.

电影院 diàn yǐng yuàn ∘ cinema; movie house ◇ salle de cinéma ✱ 9948 6771.

电气 diàn qì ∘ electricity ◇ électricité ✱ 11170.

电气化 diàn qì huà ∘ electrification ◇ électrifier ✱ 11170 2834.

曳 yè (2362) 曳 [Tra] to trail; haul; drag ◇ tirer; traîner [Etym] hands (> 申 2348, 臼 1585) pulling in one direction ◇ mains (> 申 2348, 臼 1585) tirant dans une direction [Graph] 043d [Ref] k188, ph213 [Hanzi] xie4 洩 578, ye4 zhuai1 zhuai4 拽 2709, yi4 跩 5680, xie4 絏 6277, zhuai3 跩 9407, ye4 曳 10735.

曳 yè +10735 曳 | 抴 *2524、拽 +2709 | to drag after one, to haul, to trail ◇ tirer, traîner [Etym] 日 2168 (rad: 073a 4-02), 曳 2362 [Graph] 043d.

鬼 guǐ (2363) 鬼厶 [Tra] ghosts; devils ◇ fantôme; démon [Etym] ghost (prim): head, legs (> 思 2316, 儿 405), whirling (2> 厶 1131) ◇ un fantôme (prim): sa tête, ses jambes (> 思 2316, 儿 405), des remous (2> 厶 1131) [Graph] 043e 612a [Ref] h1128, k460, ph548, r19c, w40c, wa181, wi215, wi447 [Hanzi] kui4 餽 1476, kui3 傀 3075, kui4 愧 3378, sou1 蒐 3993, huai2 槐 4459, kuai4 塊 4975, gui1 瑰 5203, kui4 媿 5867, kui2 wei3 隗 6792, wei2 嵬 7618, gui3 鬼 10736, chou3 醜 10916 [Rad] 194a.

电 更龟电曳鬼

鬼 guǐ +10736 兂厶 | 1° ghosts, devils 2° stealthy 3° sinister plot 4° terrible 5° clever 6° quick ◇ 1° fantôme, démon, revenant 2° furtif 3° pernicieux 4° terrible 5° malin 6° rapide [Etym] 鬼 2363 (rad: 194a 8-00), [Graph] 043e 612a.

鬼话 guǐ huà ∘ lie; piece of deceit ◇ mensonge, tromperie ✱ 1821.

鬼魂 guǐ hún ∘ spirit of the dead ◇ âme d'un mort ✱ 5922.

鬼脸 guǐ liǎn ∘ grimace; funny face ◇ grimace ✱ 8065.

彪 mèi *10737 兂厶彡 | 魅 +10741 | demon of the woods ◇ démons des forêts et des monts [Etym] 鬼 2363 (rad: 194a 8-03), 彡 76 [Graph] 043e 612a 211c.

魃 bá -10738 兂厶犮又 | 魃 *10739 | demon of drought ◇ démon de la sécheresse [Etym] 鬼 2363 (rad: 194a 8-05), 犮 251 [Graph] 043e 612a 241b 633a.

魃 bá *10739 兂厶犮 | 魃 -10738 | demon of drought ◇ démon de la sécheresse [Etym] 鬼 2363 (rad: 194a 8-05), 犮 298 [Graph] 043e 612a 242j.

魁 kuí +10740 兂厶斗 | 1° chief, head 2° giant, eminent, monstrous 3° excellent ◇ 1° chef, le premier, principal 2° géant 3° excellent, le meilleur [Etym] 鬼 2363 (rad: 194a 8-04), 斗 575 [Graph] 043e 612a 413g.

魁梧 kuí wú ∘ big and tall, stalwart ◇ de taille imposante, robuste ✱ 4323.

魁岸 kuí àn ∘ tall and muscular; stalwart ◇ robuste, vigoureux ✱ 7557.

魅 mèi +10741 兂厶未 | 彪 *10737 | demon of the woods ◇ démons des forêts et des monts [Etym] 鬼 2363 (rad: 194a 8-05), 未 800 [Graph] 043e 612a 422i.

魋 tuí +10742 兂厶隹 | werewolf ◇ démon loup [Etym] 鬼 2363 (rad: 194a 8-08), 隹 1030 [Graph] 043e 612a 436m.

魊 yù *10743 兂厶戓口一 | 蜮 +10261 | malicious fabulous creature, demon ◇ animal fabuleux malfaisant, démon [Etym] 鬼 2363 (rad: 194a 8-08), 或 1061 [Graph] 043e 612a 512d 011a ac:z.

魆 xū +10744 兂厶戌 | dark, somber ◇ obscur, noir [Etym] 鬼 2363 (rad: 194a 8-05), 戌 1080 [Graph] 043e 612a 512n.

魍 wǎng +10745 兂厶罔亡 | sprite ◇ ondin [Etym] 鬼 2363 (rad: 194a 8-08), 罔 1856 [Graph] 043e 612a 856m 811f.

魍魉 wǎng liǎng ∘ demons and monsters ◇ génie des eaux et des montagnes ✱ 10748.

魈 xiāo +10746 兂厶肖 | See ◇ Voir 山魈 shan1-xiao1 7475-10746 [Etym] 鬼 2363 (rad: 194a 8-07), 肖 1878 [Graph] 043e 612a 857i.

魎 liǎng *10747 兂厶雨人人 | 魉 -10748 | See ◇ Voir 魍魉 wang3-liang3 10745-10748 [Etym] 鬼 2363 (rad: 194a 8-08), 兩 1902 [Graph] 043e 612a 858f 232a 232a.

魉 liǎng -10748 兂厶两 | 魎 *10747 | See ◇ Voir 魍魉 wang3-liang3 10745-10748 [Etym] 鬼 2363 (rad: 194a 8-07), 两 1922 [Graph] 043e 612a 859d.

魑 chī +10749 兂厶离 | mountain elf ◇ dryades [Etym] 鬼 2363 (rad: 194a 8-10), 离 1927 [Graph] 043e 612a 911c 859e.

果 guǒ (2364) 果 | [Tra] fruit; really; true ◇ fruit; effet; vrai [Etym] fruit in tree or plant (> 木 723, 栗 2406) ◇ le fruit dans l'arbre ou la plante (> 木 723, 栗 2406) [Graph] 043f [Ref] h627, k479, ph373, r2f, w120f, wa45, wi411 [Hanzi] ke4 錁 1358, guo3 餜 1477, ke4 课 1829, guo3 馃 1886, ke4 锞 2122, guo3 裹 2157, luo3 倮 3076, guo3 菓 3994, ke1 棵 4460, ke1 稞 4585, chao2 巢 5717, luo3 裸 6699, luo3 蠃 7346, ke1 窠 7840, ke1 髁 8592, huai2 踝 9408, ke4 課 9632, guo3 蜾 10346, guo3 果 10750, huo3 huo3 夥 10751, ke1 颗 10752, ke1 顆 10753, ke4 騍 11081, ke4 骒 11140.

果 guǒ +10750 果 | 菓 *3994 1° | 1° fruit 2° consequences, result, effects 3° resolute 4° really 5° if indeed ◇ 1° fruit 2° résultat, conséquence, effet 3° décidé 4° en réalité, de fait 5° si vraiment [Etym] 木 723 (rad: 075a 4-04), 果 2364 [Graph] 043f.

果汁 guǒ zhī ∘ fruit juice ◇ jus de fruit ✱ 158.

果酱 guǒ jiàng ∘ marmalade, jam ◇ marmelade, confiture ✱ 3198.

果树 guǒ shù ∘ fruit tree ◇ arbre fruitier ✱ 4278.

果断 guǒ duàn ∘ resolute; decisive ◇ résolu, décidé, ferme ✱ 4628.

果然 guǒ rán ∘ indeed, actually ◇ en effet, effectivement, vraiment ✱ 6452.

果子 guǒ zǐ ∘ fruit ◇ fruit ✱ 6546.

果实 guǒ shí ∘ fruit; result ◇ fruit; résultat ✱ 7696.

果真 guǒ zhēn ∘ if indeed, really ◇ en effet, vraiment ✱ 8551.

果园 guǒ yuán ∘ orchard ◇ verger ✱ 10944.

夥 huǒ +10751 果夕夕 | 伙 +2785 | 1° board, utensils, meals 2° partnership, company 3° group, band, crowd 4° to join ◇ 1° couvert, ustensiles, repas 2° compagnon, compagnie 3° groupe, foule 4° joindre [Etym] 夕 1225 (rad: 036a 3-11), 果 2364 多 1228 [Graph] 043f 631b 631b.

△ huǒ | 1° much, numerous 2° company, colleagues ◇ 1° nombreux 2° bande, groupe, association, associé.

颗 kē -10752 果页 | 顆 *10753 | 1° measure-word for small round things, such as pearl, bean, etc. 2° pellet, grain ◇ 1° spécificatif des objets ronds comme perle, grain, etc. 2° granule, grain [Etym] 页 1802 (rad: 181s 6-08), 果 2364 [Graph] 043f 854d.

顆 kē *10753 果頁 | 颗 -10752 | 1° measure-word for small round things, such as pearl, bean, etc. 2° pellet, grain ◇ 1° spécificatif des objets ronds comme perle, grain, etc. 2° granule, grain [Etym] 頁 2267 (rad: 181a 9-08), 果 2364 [Graph] 043f 023f.

東 dōng (2365) 東 | [Tra] east; superior ◇ est; supérieur [Etym] where sun (< 日 2169) rises behind trees (< 木 723) (> 杳 756, 杲 2178)

◇ où le soleil (< 日 2169) monte derrière les arbres (< 木 723) (> 杳 756, 杲 2178) [Graph] 043g [Ref] k1146, ph405, r207, w120k, wi25, wi733 [Hanzi] dong4 涷 41, dong4 棟 4461, chen2 陳 6793, dong1 崠 7619, dong4 腖 8240, dong1 東 10754, dong1 鶇 10755.

東 dōng *10754 | 东 -6325 | 1° east 2° place of honor 3° master ◇ 1° est, orient 2° côté du supérieur 3° maître [Etym] 木 723 (rad: 075a 4-04), 東 2365 [Graph] 043g.

鶇 dōng *10755 | 鸫 -6326 | long beak, brown or black bird ◇ oiseau à long bec, ayant des plumes marron ou noires [Etym] 鳥 2500 (rad: 196a 11-08), 東 2365 [Graph] 043g Z22h.

卑 bēi, bì (2366) | [Tra] vulgar; low base ◇ vil; vulgaire [Etym] regular vessel (prim); hand (bottom< 𠂇 239); noble vase (< 尊 2435) ◇ un vase (prim) ordinaire; une main (bas< 𠂇 239); un vase noble (< 尊 2435) [Graph] 043h [Ref] h1727, k703, ph388, w46e, wi526 [Hanzi] pai2 箄 731, bai3 捭 2710, bi3 俾 3077, bi4 萆 3995, bei1 椑 4462, bai4 稗 4586, pi2 埤 4976, pi2 鼙 5036, pin2 蘋 5308, pin2 顰 5310, bing3 鞞 5397, bi4 婢 5868, bi4 pi2 裨 6700, pi2 陴 6794, bei1 庳 6986, bi4 痺 7140, pi2 脾 8241, bi4 髀 8593, pi2 啤 9241, bei1 碑 9783, bi4 睥 10101, pi2 蜱 10347, bei1 卑 10756, pi2 郫 10757, bei1 鹎 10758, bei1 鵯 10759, pai2 牌 11013.

卑 bēi +10756 | 1° low base 2° inferior 3° modest, humble ◇ 1° bas, vil, lâche, vulgaire 2° inférieur 3° modeste, humble [Etym] 十 560 (rad: 024a 2-06), 卑 2366 [Graph] 043h.

卑鄙 bēi bǐ。low, base ◇ vil, vulgaire * 9254.

郫 pí +10757 | county in Sichuan ◇ chef-lieu du Sichuan [Etym] 阝 1316 (rad: 163b 2-08), 卑 2366 [Graph] 043h 634j.

鹎 bēi -10758 | 鵯 *10759 | bulbul ◇ bulbul [Etym] 鸟 2494 (rad: 196s 5-08), 卑 2366 [Graph] 043h Z22e.

鵯 bēi *10759 | 鹎 -10758 | bulbul ◇ bulbul [Etym] 鳥 2500 (rad: 196a 11-08), 卑 2366 [Graph] 043h Z22h.

畢 bì (2367) | [Tra] end; finish; all; whole ◇ fin; tout; entier [Etym] branches (bottom,> 華 627) and net (top,> 番 797) for hunting ◇ un filet de chasse (haut,> 番 797) fait de branches (bas,> 華 627) [Graph] 043i [Ref] k718, ph640, w104a, wa65 [Hanzi] bi4 篳 909, bi4 蓽 3996, bi4 嗶 9242, bi4 蹕 9409, bi4 畢 10760.

畢 bì *10760 | 毕 -1891 | 1° to finish, ended 2° all, together 3° surname ◇ 1° fin, finir 2° tout, entier 3° nom de famille [Etym] 田 2313 (rad: 102a 5-05), 畢 2367 [Graph] 043i.

里 lǐ (2368) | [Tra] hometown; inner ◇ village; intérieur [Etym] combination of fields (< 田 2313) and earth (< 土 826) ◇ une combinaison de champs (< 田 2313) et de terre (< 土 826) [Graph] 043j [Ref] k529, ph287, r203, r206, w149d, wi339, wi515 [Hanzi] li3 浬 579, tong2 童 680, li3 鋰 1359, li3 锂 2123, li3 裏 2158, li3 俚 3078, kui1 悝 3379, mai2 man2 埋 4977, li3 理 5204, li2 狸 5681, li3 娌 5869, li3 裡 6701, li2 厘 6875, li1 li3 li5 哩 9243, liang2 liang4 量 9964, li3 鯉 10549, li3 鲤 10645, li3 里 10761, chong2 zhong4 重 10764 [Rad] 166a.

里 lǐ +10761 | 裏 1° *2158, 裡 *6701 | 1° inside, lining, inner 2° neighborhood 3° hometown 5° unit of length = 0.5 kilometer ◇ 1° intérieur, doublure (vêtement) 2° voisinage 3° ville natale 4° unité de mesure chinoise = 0.5 kilomètre [Etym] 里 2368 (rad: 166a 7-00), [Graph] 043j.

里头 lǐ tóu。interior, in ◇ intérieur, dans * 1598.

里儿 lǐ ér。reverse side ◇ envers, doublure * 2194.

里边 lǐ biān。interior, in ◇ intérieur, dans * 7260.

里面 lǐ miàn。interior, in ◇ intérieur, dans * 10929.

野 yě (2369) | [Tra] waste land; wild ◇ inculte; sauvage [Etym] to pass (2,3= 予 1252) from hometown (1= 里 2368) to outer world ◇ le passage (2,3= 予 1252) de la culture (1= 里 2368) vers extérieur [Graph] 043j 632a 331f [Ref] h213, k228, r44a, w95a [Hanzi] ye3 野 10762, shu4 墅 10763.

野 yě +10762 | 埜 *4185 | 1° open country 2° limit, boundary 3° out of office 4° waste land, wilderness 5° rustic, rough 6° unruly, abandoned 7° exclusively ◇ 1° campagne ouverte, inoccupée 2° limite, frontière 3° qui n'est pas au pouvoir 4° terre inculte, friche, sauvage 5° campagnard, rude 6° désert, abandonné 7° exclusivement [Etym] 里 2368 (rad: 166a 7-04), 予 1252 [Graph] 043j 632a 331f.

野心 yě xīn。wild ambition ◇ ambition sournoise * 2177.

野心家 yě xīn jiā。careerist ◇ arriviste * 2177 7747.

野蛮 yě mán。savage, uncivilized; brutal ◇ primitif, barbare, sauvage, non civilisé * 2766.

野生 yě shēng。wild, uncultivated ◇ sauvage * 5286.

野外 yě wài。countryside ◇ campagne, à la campagne * 6395.

野味 yě wèi。game ◇ gibier * 8962.

野兽 yě shòu。wild animal ◇ bête sauvage * 10456.

墅 shù +10763 | 1° villa, cottage 2° farm 3° barn ◇ 1° villa, cottage 2° ferme 3° grange [Etym] 土 826 (rad: 032a 3-11), 野 2369 [Graph] 043j 632a 331f 432a.

重 zhòng (2370) | [Tra] heavy; important; very ◇ lourd; poids; très [Etym] man (top< 亻 478); ground (bottom> 土 826); sack (> 東 2365) ◇ un homme (haut< 亻 478); le sol (bas> 土 826); un sac lourd (> 東 2365) [Graph] 043k [Ref] h311, k1270, ph437, r36d, r398, w120k [Hanzi] zhong1 鍾 1360, chong1 chong1 chong4 衝 3179, dong3 董 3997, zhong3 zhong4 種 4587, zhong3 腫 8242, zhong3 踵 9410, chong2 zhong4 重 10764, dong4 動 10765.

重 chóng +10764 重 | 1° to repeat 2° again, once more ◇ 1° répéter, doubler 2° de nouveau [Etym] 里 2368 (rad: 166a 7-02), 重 2370 [Graph] 043k.

重新 chóng xīn ◦ again, anew ◇ à nouveau, de nouveau; une fois de plus ✱ 641.

重建 chóng jiàn ◦ to rebuild; to re-establish ◇ reconstruire; rétablir ✱ 7397.

重复 chóng fù ◦ to repeat; repetition ◇ réitérer, répéter ✱ 9972.

重申 chóng shēn ◦ to restate ◇ réaffirmer ✱ 10661.

△ zhòng | 1° weight 2° heavy 3° important, considerable 4° deep, dark 5° to lay stress on 6° discreet, respect 7° severe, difficult ◇ 1° poids 2° lourd 3° important, considérable 4° grave, profond, foncé 5° prendre au sérieux, attacher de l'importance à 6° estimer, respecter 7° sévère, difficile, ardu.

重大 zhòng dà ◦ great, major, weighty ◇ important, grand, considérable ✱ 1537.

重心 zhòng xīn ◦ center of gravity; heart, core, focus ◇ centre de gravité; point essentiel ou principal ✱ 2177.

重工业 zhòng gōng yè ◦ heavy industry ◇ industrie lourde ✱ 4698 5328.

重视 zhòng shì ◦ to attach importance to, to value ◇ faire grand cas de, considérer important ✱ 6592.

重力坝 zhòng lì bà ◦ gravity dam ◇ barrage à gravité ✱ 7259 4918.

重点 zhòng diǎn ◦ focal point; stress ◇ point important, partie capitale ✱ 9799.

重量 zhòng liàng ◦ weight ◇ poids ✱ 9964.

重要 zhòng yào ◦ important, essential ◇ important, essentiel ✱ 10824.

動 dòng (2371) 重力 | [Tra] to move; stir ◇ se mouvoir; émouvoir [Etym] strength (2= 力 1489); phon, heavy (1= 重 2370) ◇ force (2= 力 1489); phon, lourd (1= 重 2370) [Graph] 043k 732f [Ref] k1147, r399, wi179 [Hanzi] tong4 慟 3380, dong4 動 10765.

動 dòng *10765 重力 | 动 -5920 | 1° to move, to stir, to displace 2° to get moving 3° to change, to alter 4° to shake 5° ,mouvoir ◇ 1° mouvoir, se mouvoir 2° mettre en marche, commencer 3° changer, modifier 4° remuer 5° to touch (heart) [Etym] 力 1489 (rad: 019a 2-09), 動 2371 [Graph] 043k 732f.

禺 yú (2372) 禺 | [Tra] monkey ◇ singe [Etym] monkey (prim); head, hind legs and tail ◇ un singe (prim): tête, jambes arrière et queue [Graph] 043l [Ref] k1325, ph503, r1d, r217, r377, w40c, wi60, wi860, wi968 [Hanzi] ou3 偶 3079, wan4 萬 3998, ou3 耦 4695, yu2 隅 6795, yu4 庽 6988, yu2 嵎 7620, yu4 寓 7786, yu2 髃 8594, yong2 yu2 喁 9244, yu2 禺 10766, yu2 愚 10767, yu4 遇 10768, yong2 颙 10769, yong2 顒 10770.

禺 yú +10766 禺 | 1° spider-monkey 2° place in Guangdong ◇ 1° singe 2° lieu du Guangdong [Etym] 禸 1923 (rad: 114a 4-05), 禺 2372 [Graph] 043l.

愚 yú +10767 禺心 | 1° stupid 2° to be fooled 3° simple, rude 4° I, me ◇ 1° stupide, idiot 2° tromper, duper, leurrer 3° simple, ignare, niais 4° je, moi [Etym] 心 397 (rad: 061a 4-09), 禺 2372 [Graph] 043l 321c.

愚笨 yú bèn ◦ stupid, dull ◇ stupide, idiot ✱ 786.

愚蠢 yú chǔn ◦ stupid, fool ◇ stupide, sot, bête ✱ 1642.

愚昧 yú mèi ◦ ignorant ◇ ignorant, niais, inepte ✱ 9871.

遇 yù +10768 禺辶 | 1° to meet 2° to treat 3° opportunity, chance, to fall in with, to occur ◇ 1° rencontrer, rencontre 2° recevoir, traiter avec considération 3° accident, hasard, occasion [Etym] 辶 1346 (rad: 162b 3-09), 禺 2372 [Graph] 043l 634o.

遇到 yù dào ◦ to meet with ◇ rencontrer ✱ 5914.

遇难 yù nàn ◦ to die in an accident ◇ mourir des suites d'un accident ✱ 6505.

遇见 yù jiàn ◦ to meet with ◇ rencontrer ✱ 7991.

颙 yóng -10769 禺页 | 顒 *10770 | 1° bearing 2° dignity 3° big head 4° big ◇ 1° tenue 2° dignité 3° grande tête 4° grand [Etym] 页 1802 (rad: 181s 6-09), 禺 2372 [Graph] 043l 854d.

顒 yóng *10770 禺頁 | 颙 -10769 | 1° bearing 2° dignity 3° big head 4° big ◇ 1° tenue 2° dignité 3° grande tête 4° grand [Etym] 頁 2267 (rad: 181a 9-09), 禺 2372 [Graph] 043l 023f.

罒 051

罒 mù (2373) 罒 | [Tra] eye ◇ oeil [Etym] human eye (prim) (> 目 2239) ◇ un oeil humain (prim) (> 目 2239) [Graph] 051a [Ref] r140, w158a, wi38, wi429, wi657 [Hanzi] xuan1 禤 2291, gang1 堽 4978, xuan1 禤 6604, fu2 罘 10771, yan3 罨 10772, li2 罹 10774, zui4 罪 10777, fu2 罘 10778, gua4 罣 10779, ba4 ba5 罢 10780, shu3 署 10782, gang1 罡 10783, ba4 ba5 罷 10785, pi2 羆 10786, luo2 羅 10787, luo1 luo2 luo5 罗 10789, lan3 罱 10792, zhi4 置 10793, juan4 罥 10794, li4 詈 10799, fa2 罰 10800, gu3 罟 10802, zhao4 罩 10803, mai3 買 10804, zhi4 置 10805, zeng1 罾 10806, si1 罳 10807, ji4 罽 10808, ma4 罵 10809, gao1 睪 10810 [Rad] 109b.

罒 wǎng (2374) 罒 | [Tra] net ◇ filet [Etym] contraction of (冂 1855, 网 1850) ◇ réduction de (冂 1855, 网 1850) [Graph] 051a [Hanzi] fu2 罘 10771, yan3 罨 10772, fa2 罚 10773, zui4

罪10777, fu2 罘10778, ba4 ba5 罢10780, shu3 署10782, gang1 罡10783, ji1 羁10784, ba4 ba5 罷10785, pi2 羆10786, luo1 luo2 luo5 罗10789, lan3 罱10792, zhi4 置10793, juan4 罥10794, fa2 罰10801, gu3 罟10802, zhao4 罩10803, zhi4 置10805, zeng1 罾10806, si1 罳10807, ji4 罽10808, ma4 罵10809 [Rad] 122b.

罒 sì (2375) 罒 [Tra] four ◇ quatre [Etym] contraction of (四 2426) (> 罗 2392) ◇ réduction de (四 2426) (> 罗 2392) [Graph] 051a [Ref] h1196, k111, w91g [Hanzi] hong1 轟 10727.

罦 fú +10771 罒爫子 bird-net, snare ◇ piège, trappe (d'oiseaux) [Etym] 罒 2374 (rad: 122b 5-07), 罒 2373 孚 114 [Graph] 051a 221d 634d.

罨 yǎn +10772 罒大电 1° to cover 2° fishing-net ◇ 1° couvrir 2° filet de poisson [Etym] 罒 2374 (rad: 122b 5-08), 罒 2373 奄 276 [Graph] 051a 242a 043c.

罚 fá (2376) 罒讠刂 [Tra] to punish, fine ◇ punir, châtiment [Etym] modern simplified form of (罰 2396) ◇ forme simplifiée moderne de (罰 2396) [Graph] 051a 311b 333b [Hanzi] fa2 罚 10773.

罚 fá -10773 罒讠刂 | 罰 *10801、罸 *10800 | 1° to punish, fine 2° fault, crime ◇ 1° punir, châtiment, mettre à l'amende, condamner 2° faute, crime [Etym] 罒 2374 (rad: 122b 5-04), 罚 2376 [Graph] 051a 311b 333b.

罚款 fá kuǎn。fine ◇ amende * 4995.

罚球 fá qiú。penalty shot or kick ◇ penalty (sport); coup franc * 5094.

罹 lí (2377) 罒忄隹 [Tra] sorrow, grief; suffer ◇ affliction; souci [Etym] consider (2, 3= 惟 555) oneself caught in net (1< 网 1850) (> 買 2397) ◇ se considérer (2,3= 惟 555) pris au filet (1< 网 1850) (> 買 2397) [Graph] 051a 412g 436m [Ref] w168e [Hanzi] li2 罹 10774.

罹 lí +10774 罒忄隹 1° sorrow, grief, to suffer 2° to meet with, to incur ◇ 1° affliction, chagrin, souci, peine 2° souffrir, encourir [Etym] 罒 2374 (rad: 122b 5-11), 罹 2377 [Graph] 051a 412g 436m.

罖 dài (2378) 罒氺 [Tra] to wink ◇ clin d'oeil [Etym] eye (1= 罒 2373); {1} closing up of eyelashes (2=prim), {2} tears (< 氺 434) ◇ un oeil (1= 罒 2373); {1} les cils qui se referment (2=prim), {2} les larmes (< 氺 434) [Graph] 051a 412h [Ref] w100c, wa12 [Hanzi] guan1 鰥 10550, guan1 鳏 10646, ta4 遝 10775.

遝 tà +10775 罒氺辶 1° confusion, mixed, disorderly 2° crowded ◇ 1° confusion, pêle-mêle, désordonné 2° entassé [Etym] 辶 1346 (rad: 162b 3-10), 罖 2378 [Graph] 051a 412h 634o.

眾 zhòng (2379) 罒乑 [Tra] crowd; all; masses ◇ foule; tous; groupe [Etym] to see (1= 罒 2373) many poeple (2= 乑 559) ◇ voir (1= 罒 2373) plusieurs personnes (2= 乑 559) [Graph] 051a 412i [Ref] k1272, w27k [Hanzi] cong2 潀 580, guan1 瘝 7141, zhong4 眾 10776.

眾 zhòng *10776 罒乑 | 众 -1086、衆 *8556 | 1° many, numerous 2° crowd 3° multitude, the masses 4° common 5° group ◇ 1° plusieurs, nombreux 2° foule 3° peuple, masses 4° ordinaire, commun 5° groupe [Etym] 罒 2373 (rad: 109b 5-06), 眾 2379 [Graph] 051a 412i.

罪 zuì (2380) 罒非 [Tra] crime, sin; suffering ◇ crime, faute; souffrir [Etym] {?} not (2= 非 611), to see (罒 2373) or net (罒 2374) ◇ {?} ne pas (2= 非 611), voir (罒 2373) ou filet (罒 2374) [Graph] 051a 415b [Hanzi] zhuai4 拽 2711, zui4 罪 10777.

罪 zuì +10777 罒非 | 辠 *10157 | 1° crime 2° fault, sin, guilt 3° suffering 4° punishment ◇ 1° crime 2° faute, péché, coupable 3° souffrance 4° punition, peine [Etym] 罒 2374 (rad: 122b 5-08), 罒 2373 非 611 [Graph] 051a 415b.

罪过 zuì guò。fault, offense ◇ faute, erreur * 2310.

罪行 zuì xíng。crime, offense ◇ crime * 3128.

罪恶 zuì è。crime, evil ◇ crime, péché * 5342.

罪犯 zuì fàn。criminal, offender ◇ criminel, coupable * 5641.

罪名 zuì míng。charge, accusation ◇ crime, chef d'accusation * 6408.

罪案 zuì àn。details of a criminal case ◇ affaire criminelle * 7749.

罘 fú +10778 罒不 net ◇ filet [Etym] 罒 2374 (rad: 122b 5-04), 罒 2373 不 718 [Graph] 051a 421a.

罘罳 fú sī。1° screen partition; 2° net to catch birds ◇ 1° écran, paravent; 2° piège pour attraper des oiseaux * 10807.

睪 yì (2381) 罒土羊 [Tra] to investigate ◇ vigilance, épier [Etym] to examine (1= 罒 2373) a criminal (2,3= 幸 836) behaviour ◇ examiner (1= 罒 2373) les actes d'un criminel (2,3= 幸 836) [Graph] 051a 432a 413c [Ref] k202, w102g [Hanzi] ze2 澤 581, duo2 鐸 1361, ze2 zhai2 擇 2712, yi4 懌 3381, shi4 釋 4661, yi4 繹 6278, yi4 嶧 7621, yi4 譯 9633, yi4 驛 11082.

罣 guà *10779 罒土土 | 挂 +2442、掛 *2443 | 1° to hang 2° to hitch 3° to ring off 4° to call up 5° to be concerned about 6° to register 7° numerative ◇ 1° suspendre 2° accrocher 3° raccrocher 4° appeler 5° se préoccuper 6° enregistrer 7° spécificatif [Etym] 罒 2374 (rad: 122b 5-06), 罒 2373 圭 840 [Graph] 051a 432a 432a.

罢 bà (2382) 罒土厶 [Tra] to stop, to dismis ◇ cesser, destituer [Etym] modern simplified form of (罷 2387); go (去 848),net (罒 2374) ◇ forme simplifiée moderne (罷 2387); aller (去 848), filet (罒 2374) [Graph] 051a 432a 612a [Hanzi] bai3 摆 2713, ba4 ba5 罢 10780, pi2 罴 10781.

罢 bà -10780 |罷 *10785| 1° to stop, to finish 2° to resign, to dismiss 3° to be off 4° final or imperative article ◇ 1° cesser, finir 2° destituer 3° suffir 4° finale impérative [Etym] 罒 2374 (rad: 122b 5-05), 罒 2373 去 848 [Graph] 051a 432a 612a.
罒土厶

罢课 bà kè ∘ courses strike (in college) ◇ grève des cours (dans écoles) ✱ 1829.

罢手 bà shǒu ∘ to give up ◇ abandonner ✱ 2748.

罢工 bà gōng ∘ strike ◇ grève ✱ 4698.

罢了 bà le ∘ that's all! it's finished! ◇ c'est tout! c'est fini! ✱ 6540.

罢免 bà miǎn ∘ to dismiss ◇ destituer, révoquer ✱ 10370.

△ ba |罷 *10785| final or imperative particle ◇ particule finale impérative.

罴 pí -10781 |羆 *10786| brown bear ◇ ours brun [Etym] 灬 130 (rad: 086b 4-10), 罢 2382 [Graph] 051a 432a 612a 222d.
罒土厶灬

署 shǔ (2383) |[Tra] government office ◇ office; bureau [Etym] to gather (1< 网 1850, 買 2397) objects, documents (2,3= 者 893) ◇ rassembler (1< 网 1850, 買 2397) des objets, documents (2,3= 者 893) [Graph] 051a 432c 021a [Ref] h897, k918, ph789, w159b [Hanzi] shu3 薯 4003, shu3 曙 9965, shu3 署 10782.
罒耂日

署 shǔ +10782 |1° government office, public court 2° to arrange 3° to act as deputy, acting 4° to sign 5° to draw up 6° temporary ◇ 1° bureau d'une administration, prétoire, office 2° arranger 3° suppléer (un fonctionnaire) 4° signer 5° rédiger 6° provisoire, intérim [Etym] 罒 2374 (rad: 122b 5-08), 署 2383 [Graph] 051a 432c 021a.
罒耂日

罡 gāng +10783 |(tian1 - xing1) the Great Dipper ◇ (tian1 - xing1) la Grande Ourse [Etym] 罒 2374 (rad: 122b 5-05), 罒 2373 正 963 [Graph] 051a 434b.
罒正

羈 jī (2384) |[Tra] briddle; control ◇ bride; contrôle [Etym] horse (3= 馬 2486)under control:leather (2,3= 革 992)net (1= 罒 2374) ◇ cheval (3= 馬 2486) contrôlé: filet (1= 罒 2374) de cuir (2,3= 革 992) [Graph] 051a 436a 031e Z22a [Hanzi] ji1 ji1 羈 10823.
罒廿串馬

羁 jī (2385) |[Tra] briddle; control ◇ bride; contrôle [Etym] modern simplified form of (羈 2384) (> 羅 2388) ◇ forme simplifiée moderne de (羈 2384) (> 羅 2388) [Graph] 051a 436a 031e Z22b [Hanzi] ji1 羁 10784.
罒廿串马

羁 jī -10784 |羈 *10823 、羇 *10823| 1° bridle, trammels 2° to restrain, to trammel, to detain, to stay ◇ 1° bride 2° entraver, retenir, réprimer [Etym] 罒 2374 (rad: 122b 5-12), 羁 2385 [Graph] 051a 436a 031e Z22b.
罒廿串马

羁绊 jī bàn ∘ trammels, fetters, yoke ◇ entraves, joug ✱ 5967.

罭 miè (2386) |[Tra] not; to disdain ◇ non; dédaigner [Etym] reduction of (蔑 691) ◇ réduction de (蔑 691) [Graph] 051a 512k [Hanzi] mie4 篾 910.
罒戍

罷 bà (2387) |[Tra] stop; dismiss; resig ◇ cesser; destituer [Etym] bear (2,3,4, 5= 能 1140) caught in a net (1< 网 1850) ->to dismiss ◇ un ours (2,3,4,5= 能 1140) pris au piège (1< 网 1850) ->démission [Graph] 051a 612a 856e 321b 321b [Ref] k684, w27j, wi328, wi459 [Hanzi] bai3 穲 2290, bai3 擺 2714, ba4 耙 4696, bai3 襬 6603, ba4 ba5 罷 10785.
罒厶月匕匕

罷 bà *10785 |罢 -10780| 1° to stop, to finish 2° to resign, to dismiss 3° to be off 4° final or imperative article ◇ 1° cesser, finir 2° destituer 3° suffir 4° finale impérative [Etym] 罒 2374 (rad: 122b 5-10), 罷 2387 [Graph] 051a 612a 856e 321b 321b.
罒厶月匕匕

△ ba |罢 -10780| final or imperative particle ◇ particule finale impérative.

羆 pí *10786 |罴 -10781| brown bear ◇ ours brun [Etym] 罒 2374 (rad: 122b 5-14), 罒 2373 熊 1141 [Graph] 051a 612a 856e 321b 321b 222d.
罒厶月匕匕灬

羅 luó (2388) |[Tra] net; trap; to catch ◇ filet; tamis; prendre [Etym] net (1< 网 1850), threads (2= 糸 1185);catch birds (3= 隹 1033) (> 羈 2384) ◇ filet (1< 网 1850), fil (2= 糸 1185); oiseaux (3= 隹 1033) (> 羈 2384) [Graph] 051a 613d 436m [Ref] k569, ph845, w39d, wi632 [Hanzi] luo2 籮 911, luo2 鑼 1362, luo2 luo2 luo5 儸 3080, luo2 蘿 4005, luo2 欏 4463, luo2 玀 5682, luo1 luo2 luo5 囉 9245, luo2 羅 10787, luo2 邏 10788.
罒糸隹

羅 luó *10787 |罗 -10789 、囉8° *9245 、儸 *3080| 1° net, trap 2° to collect 3° to spread out, to display 4° to sieve 5° gauze 6° twelve dozen 7° surname 8° to make noise ◇ 1° filet, piège 2° ramasser, prendre 3° disposer 4° tamiser, crible 5° gaze (de soie) 6° douze douzaines 7° nom propre 8° faire du bruit [Etym] 罒 2374 (rad: 122b 5-14), 羅 2388 [Graph] 051a 613d 436m.
罒糸隹

邏 luó *10788 |逻 -10790| to patrol, to spy ◇ patrouiller, inspecter [Etym] 辶 1346 (rad: 162b 3-19), 羅 2388 [Graph] 051a 613d 436m 634o.
罒糸隹辶

罗 luō (2389) |[Tra] net; trap; to catch ◇ filet; tamis; prendre [Etym] modern simplified form of (羅 2388) ◇ forme simplifiée moderne de (羅 2388) [Graph] 051a 631b [Ref] w64a, w158a [Hanzi] luo2 箩 912, luo2 锣 2124, luo2 㑩 3081, luo2 萝 4006, luo2 椤 4464, luo2 猡 5683, luo1 luo2 luo5 啰 10789, luo2 逻 10790.
罒夕

罗 luō -10789 |囉 *9245| [Etym] 罒 2374 (rad: 122b 5-03), 罗 2389 [Graph] 051a 631b.

罗嗦 luō sū。1° wordy; 2° troublesome ◇ 1° bavard, verbeux; 2° embarrassant ＊ 8984.

罗嗦 luō suo。wordy, troublesome ◇ bavard, importun; compliqué; radoter, rabâcher ＊ 9118.

△ luó |羅 *10787、囉8° *9245、儸 *3080| 1° net, trap 2° to collect 3° to spread out, to display 4° to sieve 5° gauze 6° twelve dozen 7° surname 8° to make noise ◇ 1° filet, piège 2° ramasser, prendre 3° disposer 4° tamiser, crible 5° gaze (de soie) 6° douze douzaines 7° nom propre 8° faire du bruit.

罗汉 luó hàn。arhat, Buddhist patriarchs ◇ arhat ＊ 317.

△ luo |囉 *9245、儸2° *3080| 1° final particle 2° equal, all the same ◇ 1° particule finale 2° égal, quand même.

逻 luó -10790 |邏 *10788| to patrol, to spy ◇ patrouiller, inspecter [Etym] 辶 1346 (rad: 162b 3-08), 罗 2389 [Graph] 051a 631b 634o.

逻辑 luó jí。logic ◇ logique ＊ 6374.

罽 jì (2390) 罒厂火火刂 [Tra] bird-net; felt ◇ filet d'oiseleur; feutre [Etym] {?}net (1, 2= 罒 2374, 厂 1353); to scrape (3,4,5= 炎 157, 将 544) ◇ {?} filet (1,2= 罒 2374, 厂 1353); gratter (3,4,5= 炎 157, 将 544) [Graph] 051a 721a 231b 231b 333b [Hanzi] ji4 罽 10808.

蜀 shǔ (2391) 罒勹虫 [Tra] caterpillar ◇ chenille verte [Etym] insect (3= 虫 2282); cocoon (1=prim) to wrap (2= 勹 1770) ◇ insecte (3= 虫 2282); cocon (1=prim) enveloppant (2= 勹 1770) [Graph] 051a 852h 031d [Ref] k916, ph756, w54i, wa91 [Hanzi] zhuo2 濁 582, juan1 蠲 724, zhu2 燭 1065, zhuo2 鐲 1363, zhuo2 镯 2125, du2 獨 5684, chu4 觸 8376, du2 髑 8595, shu3 zhu3 屬 8623, zhu2 躅 9411, zhu2 蠋 10348, shu3 蜀 10791.

蜀 shǔ +10791 1° caterpillar 2° another name for Sichuan Province ◇ 1° chenille verte 2° autre nom du Sichuan [Etym] 虫 2282 (rad: 142a 6-07), 蜀 2391 [Graph] 051a 852h 031d.

罗 lèng (2392) 罒方 [Tra] [?] four spaces ◇ [?] quatre coins [Etym] four (1< 四 2426) squares, spaces (2= 方 1784) ◇ quatre (1< 四 2426) carrés, espaces (2= 方 1784) [Graph] 051a 853b [Hanzi] leng4 愣 3382, leng2 楞 4465, leng2 塄 4979, ku1 罗 10973.

罱 lǎn +10792 1° fishing net 2° to dredge up ◇ 1° filet de pêche 2° draguer [Etym] 罒 2374 (rad: 122b 5-09), 罒 2373 南 1881 [Graph] 051a 857k 413c.

置 zhì (2393) 罒直 [Tra] to arrange; lay out ◇ procurer; gouverner [Etym] deliver honest (2= 直 1934) man from a net (1= 网 1850) ◇ délivrer un homme honnête (2= 直 1934) d'un guet-apens (1= 网 1850) [Graph] 051a 921e [Ref] w39f [Hanzi] zhi4 置 10793.

置 zhì +10793 |置 *10805、寘 *7699| 1° to place, to put 2° to set up 3° to buy 4° to lay out, to arrange 5° to govern 6° to provide ◇ 1° mettre, placer 2° organiser, établir 3° acheter 4° arranger 5° gouverner 6° procurer [Etym] 罒 2374 (rad: 122b 5-08), 置 2393 [Graph] 051a 921e.

置于 zhì yú。to place, to put ◇ mettre, placer ＊ 2306.

置备 zhì bèi。purchase (furniture, equipment) ◇ achat (meuble, équipement) ＊ 6537.

置办 zhì bàn。to buy, to purchase ◇ acheter, se procurer ＊ 7271.

罥 juàn +10794 罒口月 1° net 2° to entangle, to hang up ◇ 1° filet de chasse 2° suspendre, accrocher [Etym] 罒 2374 (rad: 122b 5-07), 罒 2373 肙 2078 [Graph] 051a 011a 856e.

睘 huán (2394) 罒口𧘇 [Tra] timid looks ◇ regards effrayés [Etym] to look (1= 罒 2373); phon, hesitation (2,3< 袁 854) ◇ regarder (1= 罒 2373); phon, hésitation (2,3< 袁 854) [Graph] 051a 012a 312h [Ref] k102, ph734, w161, wi204 [Hanzi] huan2 澴 583, huan2 鐶 1364, huan2 镮 2126, huan4 擐 2715, xuan1 儇 3082, shuan1 檈 4394, huan2 鬟 4753, huan2 環 5205, juan4 獧 5685, huan2 嬛 5870, huan2 缳 6088, huan2 繯 6279, huan4 轘 6381, huan2 寰 7787, huan2 闤 8049, huan2 闤 8799, huan4 轘 10728, hai2 huan2 還 10795, xuan1 翾 10796, huan2 鹮 10797, huan2 䴉 10798, huan2 yuan2 圜 10974.

還 hái *10795 |还 -4072| 1° still, yet 2° even more, in addition 3° also, as well 4° fairly 5° even ◇ 1° encore, de nouveau 2° en outre, ou bien 3° aussi 4° passablement 5° même [Etym] 辶 1346 (rad: 162b 3-13), 睘 2394 [Graph] 051a 012a 312h 634o.

△ huán |还 -4072| 1° to go back, to return 2° to repay, to compensate ◇ 1° retourner, revenir 2° rendre, restituer, compenser.

翾 xuān +10796 罒口𧘇习习 to fly ◇ s'envoler, voler [Etym] 羽 1472 (rad: 124a 6-13), 睘 2394 [Graph] 051a 012a 312h 731c 731c.

鹮 huán -10797 |䴉 *10798| ibis ◇ ibis [Etym] 鸟 2494 (rad: 196s 5-13), 睘 2394 [Graph] 051a 012a 312h Z22e.

䴉 huán *10798 |鹮 -10797| ibis ◇ ibis [Etym] 鳥 2500 (rad: 196a 11-13), 睘 2394 [Graph] 051a 012a 312h Z22h.

詈 lì (2395) 罒言 [Tra] to rail at; insult ◇ injurier; blâmer [Etym] words (2= 言 2139) that box up in a net (1= 网 1850) ->dishonour ◇ paroles (2= 言 2139) qui prennent au filet (1= 网 1850) -> infamie [Graph] 051a 012d [Ref] w39e [Hanzi] li4 詈 10799.

詈 lì +10799 罒言 | to rail at, to insult, to abuse ◇ injurier [Etym] 言 2139 (rad: 149a 7-05), 罒 2395 [Graph] 051a 012d.

詈 fá *10800 罒言寸 | 罚 -10773 、罰 *10801 | 1° to punish, fine 2° fault, crime ◇ 1° punir, châtiment, mettre à l'amende, condamner 2° faute, crime [Etym] 罒 2374 (rad: 122b 5-10), 罒 2373 討 2142 [Graph] 051a 012d 332b.

罰 fá (2396) 罒言刂 | [Tra] fault; fine; punish ◇ punir; châtiment [Etym] dishonour (1,2= 詈 2395); mutilation (3= 刂 470) ◇ infamie (1,2= 詈 2395); mutilation (3= 刂 470) [Graph] 051a 012d 333b [Ref] h1709, w39e [Hanzi] fa2 罰 10801.

罰 fá *10801 罒言刂 | 罚 -10773 、詈 *10800 | 1° to punish, fine 2° fault, crime ◇ 1° punir, châtiment, mettre à l'amende, condamner 2° faute, crime [Etym] 罒 2374 (rad: 122b 5-09), 罰 2396 [Graph] 051a 012d 333b.

罟 gǔ +10802 罒古 | 1° net 2° punishment ◇ 1° filet 2° châtiment [Etym] 罒 2374 (rad: 122b 5-05), 罒 2373 古 2155 [Graph] 051a 013f.

罩 zhào +10803 罒卓 | 1° to cover, to wrap 2° cover, shade, screen 3° bamboo fish trap 4° overall ◇ 1° couvrir, envelopper 2° couvercle, ombre, écran 3° nasse en bambou (poisson) 4° blouse [Etym] 罒 2374 (rad: 122b 5-08), 罒 2373 卓 2230 [Graph] 051a 022h.

買 mǎi (2397) 罒貝 | [Tra] to buy ◇ acheter [Etym] to catch (1= 网 1850) money (2= 貝 2246) ->to sell ◇ accaparer (1= 网 1850) de l'argent (2= 貝 2246) ->vendre [Graph] 051a 023b [Ref] ph697, r14e, r140, r140d, w161d, wa141, wi38, wi220 [Hanzi] mai5 賣 4011, mai4 賣 5042, mai3 買 10804.

買 mǎi *10804 罒貝 | 买 -1599 | to buy, to purchase ◇ acheter [Etym] 貝 2246 (rad: 154a 7-05), 買 2397 [Graph] 051a 023b.

置 zhì *10805 罒直 | 置 +10793 、寘 *7699 | 1° to place, to put 2° to set up 3° to buy 4° to lay out, to arrange 5° to govern 6° to provide ◇ 1° mettre, placer 2° organiser, établir 3° acheter 4° arranger 5° gouverner 6° procurer [Etym] 罒 2374 (rad: 122b 5-08), 罒 2373 直 2273 [Graph] 051a 023j 711a.

罾 zēng +10806 罒曾 | drag-net, square-shaped fishing net ◇ carrelet (poisson), filet [Etym] 罒 2374 (rad: 122b 5-12), 罒 2373 曾 2308 [Graph] 051a 033c 021a.

罳 sī +10807 罒田心 | See ◇ Voir 罘罳 fu2-si1 10778-10807 [Etym] 罒 2374 (rad: 122b 5-09), 罒 2373 思 2316 [Graph] 051a 041a 321c.

罽 jì +10808 罒罒厂火火刂 | 1° fishing-net 2° felt made of hair ◇ 1° filet d'oiseleur 2° feutre fabriqué avec des cheveux [Etym] 罒 2374 (rad: 122b 5-17), 罒 2373 罽 2390 [Graph] 051a 051a 721a 231b 231b 333b.

罵 mà *10809 罒馬 | 骂 -9196 、駡 *9195 | 1° to swear, to curse, to revile 2° to condemn ◇ 1° injurier, maudire 2° condamner [Etym] 罒 2374 (rad: 122b 5-10), 罒 2373 馬 2486 [Graph] 051a Z22a.

皿 zì (2398) 皿 | [Tra] nose; oneself ◇ nez; soi-même [Etym] horizontal positioning of (自 2256) ◇ présentation horizontale de (自 2256) [Graph] 051c [Ref] w159a [Hanzi] gao1 睪 10810.

眾 zhòng (2399) 皿乑 | [Tra] crowd; all; masses ◇ foule, tous; groupe [Etym] different writing for (眾 2379) (> 皿 2398) ◇ autre graphie pour (眾 2379) (> 皿 2398) [Graph] 051c 412i [Ref] k1272.

睪 gāo +10810 皿土羊 | 1° to watch over 2° marsh, swamp ◇ 1° vigilance 2° marécage [Etym] 罒 2373 (rad: 109b 5-09), 皿 2398 幸 835 [Graph] 051c 432a 413c.

悳 dé (2400) 皿一心 | [Tra] virtue ◇ force morale [Etym] right (1< 直 1934) heart (2= 心 397) ◇ coeur (2= 心 397) droit (1< 直 1934) [Graph] 051d acc:a 321c [Ref] r253, w10o, wi99, wi442 [Hanzi] de2 德 3180.

覀 xī (2401) 覀 | [Tra] west ◇ ouest [Etym] different writing for (西 2427) ◇ autre graphie pour (西 2427) [Graph] 051e [Ref] w41d, wi16, wi255 [Hanzi] jiao4 覈 9279, piao4 票 10812, li4 栗 10818, su4 粟 10819, gu3 jia3 贾 10825, gu3 jia3 賈 10828 [Rad] 146b.

䙴 qiān (2402) 覀大巳 | [Tra] be promoted ◇ promotion [Etym] bring hands to the head (1< 票 2404) (2< 廾 701); sceptre (3= 巳 1498) ◇ porter ses mains à la tête (1< 票 2404) (2< 廾 701); un sceptre (3= 巳 1498) [Graph] 051e 242a 733a [Ref] k798, ph612, r42g, w50p [Hanzi] xian1 僊 3083, qian1 遷 10811.

遷 qiān (2403) 覀大巳辶 | [Tra] advance; be promoted ◇ avancer; promotion [Etym] to go (4= 辶 1346); phon, promotion (1,2,3= 䙴 2402) ◇ aller (4= 辶 1346); phon, promotion (1,2,3= 䙴 2402) [Graph] 051e 242a 733a 634o [Ref] k798, w50p [Hanzi] qian1 韆 5398, xian1 躚 9412, qian1 遷 10811.

遷 qiān *10811 覀大巳辶 | 迁 +3421 | 1° to move 2° to change 3° to advance, to be promoted ◇ 1° se déplacer, transférer 2° changer 3° avancer, être promu [Etym] 辶 1346 (rad: 162b 3-11), 䙴 2402 [Graph] 051e 242a 733a 634o.

票 piào (2404) 覀示 | [Tra] ticket; slip of paper ◇ billet; mandat [Etym] to mark:with hands (> 臼 1585);with fire (1> 灬 130, 火 156) ◇ faire des marques: avec la main (> 臼 1585); avec le feu (1> 灬 130, 火 156) [Graph] 051e 331l [Ref] h570, k727, ph642, w50o, wi255, wi878 [Hanzi] piao1 piao3 piao4 漂 584, biao1 鏢 1365, biao1 镖 2127, biao4 摽 2716, piao1 慓 3383, biao1 標 4466, piao2 嫖 5871, piao1 piao3 縹 6089, piao1 piao3 缥 6280, biao1 瘭 7142, biao1 膘 8243, piao4 嘌 9246, piao3 瞟 10102, piao1 螵 10349,

biao4 鏢 10551, biao4 鑣 10647, piao4 票 10812, piao2 瓢 10813, piao1 剽 10814, piao1 飘 10815, piao1 飄 10816, biao1 piao4 膘 11083, biao1 piao4 骠 11141, piao1 飃 11234.

票 p i à o +10812 覀示 | 1° ticket, slip of paper 2° ballot 3° bank note 4° hostage, warrant 5° amateur performer ◇ 1° billet, coupon, certificat 2° bulletin de vote 3° billet de banque, otage, mandat 5° artiste amateur [Etym] 示 431 (rad: 113a 5-06), 票 2404 [Graph] 051e 331l.

瓢 p i á o +10813 覀示瓜 | gourd, calabash, wooden dipper ◇ calebasse, gourde, louche [Etym] 瓜 382 (rad: 097a 5-11), 票 2404 [Graph] 051e 331l 313a.

剽 p i ā o +10814 覀示刂 | 慓 3° *3383 | 1° to rob 2° to pierce 3° nimble, swift ◇ 1° voler 2° percer 3° agile, preste [Etym] 刂 470 (rad: 018b 2-11), 票 2404 [Graph] 051e 331l 333b.

飘 p i ā o -10815 覀示风乂 | 飄 *10816 、飃 *11234 | to be blown about, to flutter ◇ souffler, venter, voler au vent [Etym] 风 2523 (rad: 182s 4-11), 票 2404 [Graph] 051e 331l Z33c 243a.

飘飖 p i ā o y á o 。 fluttering ◇ voler au vent * 710.

飘扬 p i ā o y á n g 。 to flutter ◇ flotter au vent * 2522.

飄 p i ā o *10816 覀示几一虫 | 飘 -10815 、飃 *11234 | to be blown about, to flutter ◇ souffler, venter, voler au vent [Etym] 風 2527 (rad: 182a 9-11), 票 2404 [Graph] 051e 331l Z33c ac:a 031d.

覆 f ù (2405) 覀彳复 | [Tra] overturn; overthrow ◇ renverser; retourner [Etym] cover (1< 襾 1918); to go (2= 彳 517); phon, return (3,4= 复 2214) ◇ couvercle (1< 襾 1918); aller (2= 彳 517); phon, retour (3,4= 复 2214) [Graph] 051e 411g 022b 633e [Ref] h1765, w41c [Hanzi] fu4 覆 10817.

覆 f ù +10817 覀彳复 | 1° to overturn, to overthrow, to ruin 2° to cover 3° contrary, to return ◇ 1° renverser, ruiner 2° couvrir, protéger 3° en retour, au contraire, retourner [Etym] 覀 2401 (rad: 146b 6-12), 覆 2405 [Graph] 051e 411g 022b 633e.

覆灭 f ù m i è 。 destruction; to annihilate ◇ être exterminé, anéantir * 1069.

栗 l ì (2406) 覀木 | [Tra] chesnut-tree ◇ châtaignier [Etym] tree (2= 木 723) and its fruits (> 粟 2407, 果 2364) ◇ un arbre (2= 木 723) et ses fruits (1=prim) (> 粟 2407, 果 2364) [Graph] 051e 422a [Ref] k531, ph550, w41e, wa45 [Hanzi] li4 溧 585, li4 篥 913, li4 傈 3084, li4 慄 3384, li4 栗 10818.

栗 l ì +10818 覀木 | 慄 2° *3384 | 1° chestnut-tree 2° to tremble 3° care 4° reverence 5° surname ◇ 1° châtaignier 2° trembler 3° sollicitude 4° révérence 5° nom propre [Etym] 木 723 (rad: 075a 4-06), 栗 2406 [Graph] 051e 422a.

栗子 l ì z ǐ 。 chestnut ◇ châtaigne, marron * 6546.

粟 s ù (2407) 覀米 | [Tra] grain; food; millet ◇ grain; aliment; millet [Etym] corn ou cereals (2= 米 782); its fruits (1=prim) (> 果 2364) ◇ des céréales (2= 米 782); leurs fruits (1=prim) (> 果 2364) [Graph] 051e 422f [Ref] w41e [Hanzi] su4 傈 3085, su4 粟 10819.

粟 s ù +10819 覀米 | 1° grain, millet 2° food 3° surname ◇ 1° grain, céréale, millet 2° aliments 3° nom propre [Etym] 米 782 (rad: 119a 6-06), 粟 2407 [Graph] 051e 422f.

垔 y ī n (2408) 覀土 | [Tra] to destroy; dam in ◇ détruire; murer [Etym] {?} to press or ram (1< 西 2427); eath (2= 土 826) ◇ {?} presser (1< 西 2427); terre (2= 土 826) [Graph] 051e 432a [Ref] k278, ph499, w41d [Hanzi] yan1 湮 586, yan1 煙 1066, yin1 禋 2292, yin1 堙 4980, yin1 棰 6605, yin1 陻 6796, yin1 闉 8050, yin1 闉 8800, juan4 鄄 10820, zhen1 甄 10821.

鄄 j u à n +10820 覀土阝 | place in Shandong ◇ lieu du Shandong [Etym] 阝 1316 (rad: 163b 2-09), 垔 2408 [Graph] 051e 432a 634j.

甄 z h ē n +10821 覀土瓦 | 1° to distinguish 2° to mold, to fashion 3° surname ◇ 1° distinguer 2° mouler, former 3° nom de famille [Etym] 瓦 2531 (rad: 098a 4-09), 垔 2408 [Graph] 051e 432a Z33f.

甄拔 z h ē n b á 。 to select ◇ sélectionner * 2361.

覇 b à *10822 覀廿申月 | 霸 +8434 | 1° to govern 2° tyrant 3° sovereignty, hegemonism 4° to encroach on ◇ 1° gouverner 2° tyran, tyrannie 3° souverain 4° usurper [Etym] 覀 2401 (rad: 146b 6-13), 覇 994 [Graph] 051e 436a 031e 856e.

羈 j ī *10823 覀廿申馬 | 羁 -10784 、羇 *10823 | 1° bridle, trammels 2° to restrain, to trammel, to detain, to stay ◇ 1° bride 2° entraver, retenir, réprimer [Etym] 覀 2401 (rad: 146b 6-18), 羈 2384 [Graph] 051e 436a 031e Z22a.

要 y à o (2409) 覀女 | [Tra] to want; to wish ◇ désirer; vouloir [Etym] hands on waist (1=prim,> 臼 1585)of a woman (2= 女 1122) ->wish ◇ les mains sur la taille (1=prim,> 臼 1585); une femme (2= 女 1122) -> désir [Graph] 051e 611e [Ref] h593, k219, ph493, w50n, wa6, wi16, wi705 [Hanzi] yao1 腰 8244, jiao4 覅 9279, yao1 yao4 要 10824.

要 y ā o +10824 覀女 | 1° to demand, to ask 2° to force, to coerce ◇ 1° demander, rechercher 2° forcer, obliger à [Etym] 覀 2401 (rad: 146b 6-03), 要 2409 [Graph] 051e 611e.

要求 y ā o q i ú 。 to seek, to beg ◇ demander, prier, exiger; demande, exigence * 2314.

△ y à o | 1° important, essential 2° to want, to desire, to wish, to ask 3° to need, to take 4° must, necessary 5° to be about to, will, shall 6° if, in case ◇ 1° important, essentiel 2° vouloir, désirer, demander 3° avoir besoin de, prendre 4° falloir, devoir, nécessaire 5° signe du futur, être sur le point de 6° si, au cas où.

要人 yào rén。very important person (V.I.P.) ◇ personnage important ＊ 1070.

要紧 yào jǐn。important, urgent ◇ important, urgent ＊ 3502.

要不 yào bù。otherwise, or else ◇ sinon, si... ne...pas ＊ 4066.

要地 yào dì。strategic point ◇ lieu important, position stratégique ＊ 4903.

要好 yào hǎo。to be on good terms ◇ bien s'entendre ＊ 5792.

要隘 yào ài。strategic pass ◇ défilé stratégique ＊ 6710.

要害 yào hài。crucial point, vital part ◇ point sensible, partie vitale ＊ 7720.

要点 yào diǎn。main point, gist ◇ essentiel, point fondamental ＊ 9799.

要是 yào shì。if, in case ◇ si ＊ 9880.

要道 yào dào。thoroughfare ◇ voie principale, artère ＊ 10176.

贾 gǔ (2410) 西贝 | [Tra] to trade; merchant ◇ négoce; marchand [Etym] modern simplified form of (賈 2412) ◇ forme simplifiée moderne de (賈 2412) [Graph] 051e 854b [Hanzi] jia3 檟 4467, gu3 jia3 贾 10825.

贾 gǔ -10825 西贝 | 賈 *10828 | 1° merchant 2° to sell, to traffic 3° to incur ◇ 1° marchand, négoce 2° acheter et vendre 3° s'attirer [Etym] 贝 1796 (rad: 154s 4-06), 贾 2410 [Graph] 051e 854b.

△ jiǎ | 賈 *10828 | surname ◇ nom propre.

覃 qín, tán (2411) 西早 | [Tra] pickles; deep; stretch ◇ marinades; profond [Etym] {1} abundance (2=prim,< 享 2126) of salt (1< 鹵 2424); {2} wine jar (2=prim) and lid (1=prim) ◇ {1} abondance (2=prim,< 享 2126) de sel (1< 鹵 2424); {2} un vase à vin (2=prim) et son couvercle (1=prim) [Graph] 051e 021d [Ref] k969, ph706, w75g, wa115 [Hanzi] tan2 潭 587, dian4 簟 914, tan2 譚 1830, dan3 撢 2717, xun4 蕈 4012, tan2 鐔 7644, tan2 譚 9634, yin2 蟫 10350, xun2 鱏 10648, qin2 tan2 覃 10826.

覃 qín +10826 西早 | 1° coarse taste 2° surname ◇ 1° goût corsé 2° nom propre [Etym] 西 2401 (rad: 146b 6-06), 覃 2411 [Graph] 051e 021d.

△ tán | 1° deep 2° to stretch out 3° surname ◇ 1° profond 2° s'étendre jusqu'à 3° nom propre.

覈 hé *10827 西白方攵 | See ◇ Voir 核 4268 [Etym] 西 2401 (rad: 146b 6-13), 敫 2223 [Graph] 051e 022c 853b 243c.

賈 gǔ, jiǎ (2412) 西貝 | [Tra] trading; merchant ◇ négoce; marchand [Etym] cover (1< 襾 1918) an object with its value in money (2= 貝 2246) ◇ couvrir (1< 襾 1918) un objet de sa valeur en argent (2= 貝 2246) [Graph] 051e 023b [Ref] k348, w41c, w161c, wi262 [Hanzi] jia4 jie5 價 3086, jia3 檟 4468, gu3 jia3 賈 10828.

賈 gǔ *10828 西貝 | 贾 -10825 | 1° merchant 2° to sell, to traffic 3° to incur ◇ 1° marchand, négoce 2° acheter et vendre 3° s'attirer [Etym] 貝 2246 (rad: 154a 7-06), 賈 2412 [Graph] 051e 023b.

△ jiǎ | 贾 -10825 | surname ◇ nom propre.

曲 052

曲 qū, (2413) 曲 | [Tra] winding; wrong; song ◇ courbe; faux; chant [Etym] {1} wooden basket and its curves (prim), hence the meaning of 'melody, not straight'; {2} hollowed out object (prim) ◇ {1} un panier de bois et ses courbes (prim), d'où le sens de 'mélodie, pas droit'; {2} un objet en creux (prim) [Graph] 052a [Ref] h261, k492, ph190, r30b, w51b, wa195 [Hanzi] qu1 qu1 麯 4099, qu1 粬 4648, qu1 麴 5255, qu1 蛐 10351, qu1 qu3 曲 10829.

曲 qū +10829 曲 | 麯5° *4099 、粬5° *4648 、麴5° +5254 | 1° crooked, bent 2° winding 3° wrong, perverse 4° surname 5° rice alcool ◇ 1° courbe, pas droit 2° méandre 3° faux, injuste 4° nom propre 5° alcool de riz [Etym] 曰 2168 (rad: 073a 4-02), 曲 2413 [Graph] 052a.

曲别针 qū bié zhēn。paper clip ◇ trombone-attache (papeterie) ＊ 9073 1941.

曲蟮 qū shan。earthworm ◇ ver de terre ＊ 10252.

△ qǔ | 1° verse for singing 2° song, tune 3° melody ◇ 1° poème chanté 2° chant, chanson 3° air de chant.

曲艺 qǔ yì。Chinese variety show ◇ variétés chinoises ＊ 4026.

曲式 qǔ shì。musical form ◇ forme musicale ＊ 5509.

農 nóng (2414) 曲厂𧘇 | [Tra] agriculture; farmer ◇ agriculture; paysan [Etym] {1} seasons,cycles (2,3= 辰 1356), both hands (1< 臼 1585); {2} two hands (1< 臼 1585) holding sickle (2,3= 辰 1356) ◇ {1} saisons, cycles (2,3= 辰 1356), deux mains (1< 臼 1585); {2} deux mains (1< 臼 1585) tenant une faucille (2, 3= 辰 1356) [Graph] 052a 721a 312f [Ref] k657, ph751, w50q, wa75 [Hanzi] nong2 濃 588, nong2 儂 3087, nao2 憹 3385, nong2 穠 4588, nao2 蟯 7622, nong2 膿 8245, nong2 噥 9247, nong2 農 10830.

農 nóng *10830 曲厂𧘇 | 农 -7889 、䢉 *4191 | 1° agriculture, farming 2° peasant, farmer ◇ 1° agriculture 2° cultivateur, paysan [Etym] 辰 1356 (rad: 161a 7-06), 農 2414 [Graph] 052a 721a 312f.

豊 lǐ (2415) 曲豆 | [Tra] sacrificial vessel ◇ vase cérémoniel [Etym] vase with flowers (1=prim); vessel (2= 豆 2120) ◇ un vase rempli de fleurs (1=prim); vase (2= 豆 2120) [Graph] 052a 012b [Ref] k538, ph744, r13m, r200, w97b, wi164, wi292 [Hanzi] li3 澧 589, yan4 灩 590, li3 禮 2293, ti1 ti3 體 8596, li3 鱧 10552, li3 鱧 10649, li3 醴 10917.

曹 cáo (2416) 曲曰 [Tra] judge; official; class ◇ juge; mandarin; classe [Etym] judgment (2= 曰 2168) from east,noble end (1<double 显 2184) ◇ une sentence (2= 曰 2168); des juges du côté noble,à l'est (1<double 显 2184) [Graph] 052b 021a [Ref] h1520, k1043, ph653, w120k, wi470 [Hanzi] cao2 漕 591, cao2 槽 4469, zao1 糟 4649, cao2 艚 8325, cao2 嘈 9248, cao2 螬 10352, cao2 曹 10831, zao1 遭 10832.

曹 cáo +10831 曲曰 1° company, class 2° official 3° plural 4° surname ◇ 1° classe, catégorie 2° mandarin, officiel 3° pluriel 4° nom de famille [Etym] 曰 2168 (rad: 073a 4-07), 曹 2416 [Graph] 052b 021a.

遭 zāo +10832 曲曰辶 1° to meet with (disaster), to suffer, to experience 2° measure-word (round, turn, time) ◇ 1° faire l'expérience de, éprouver, souffrir de, arriver que 2° spécificatif (tour, fois) [Etym] 辶 1346 (rad: 162b 3-11), 曹 2416 [Graph] 052b 021a 634o.

遭受 zāo shòu ◦ to suffer, to be subjected to ◇ subir, souffrir, être victime de * 715.

遭到 zāo dào ◦ to suffer ◇ subir, être victime de * 5914.

囟 061

囟 xìn (2417) 囟 [Tra] fontanel; skull ◇ fontanelles; crâne [Etym] baby skull from above with fontanel (prim) ◇ le crâne d'enfant vu d'en haut avec sa fontanelle (prim) [Graph] 061b [Ref] r91, w40a, wa10 [Hanzi] nao2 硇 9784, xin4 囟 10833.

囟 lǔ (2418) 囟 [Tra] salt ◇ sel [Etym] reduction of (鹵 2424, 卤 2422) ◇ réduction de (鹵 2424, 卤 2422) [Graph] 061b.

囟 xìn +10833 囟 顖 *10834 fontanel ◇ fontanelle [Etym] 冂 2440 (rad: 031a 3-03), 囟 2417 [Graph] 061b.

毘 pí (2419) 囟匕匕 [Tra] navel; contiguous ◇ nombril; contigu [Etym] network (2=prim) of energy channels: head (1= 囟 2417)-navel ◇ réseaux (2=prim) des canaux d'énergie: tête (= 囟 2417) - nombril [Graph] 061b 311d 321b [Ref] k722, w40a [Hanzi] bi4 篦 915, bi4 蓖 4013, pi2 貔 5584, pi4 媲 5872.

恖 sī (2420) 囟心 [Tra] to think; long for ◇ penser; désirer [Etym] old writing for (思 2316); brain (囟 2417),heart (心 397) ◇ graphie ancienne pour (思 2316); cerveau (囟 2417), coeur (心 397) [Graph] 061b 321c [Ref] ph557 [Hanzi] xin4 顖 10834.

顖 xìn *10834 囟心頁 囟 +10833 fontanel ◇ fontanelle [Etym] 頁 2267 (rad: 181a 9-10), 恖 2420 [Graph] 061b 321c 023f.

傻 shǎ (2421) 囟亾夂 [Tra] silly, foolish ◇ sot, imbécile [Etym] modern simplified form of (㚇 348) ◇ forme simplifiée moderne de (㚇 348) [Graph] 061b acc:h 633e [Hanzi] sha3 傻 3088.

卤 lǔ (2422) 卤 [Tra] salt ◇ sel [Etym] modern simplified form of (鹵 2424) (> 囟 2418, 匈 1771) ◇ forme simplifiée moderne de (鹵 2424) (> 囟 2418, 匈 1771) [Graph] 061c [Ref] r370 [Hanzi] lu3 硵 9785, lu3 卤 10835 [Rad] 197s.

卤 lǔ +10835 卤 鹵 *10838 、滷 *592 1° bittern 2° halogen 3° to stew in soy sauce 4° thick gravy ◇ 1° butor 2° halogène 3° cuire en ragoût dans la sauce de soja 4° sauce veloutée [Etym] 卜 548 (rad: 025a 2-05), 卤 2422 [Graph] 061c.

鹾 cuó -10836 卤差工 鹺 *10840 briny, salt ◇ salé, sel [Etym] 卤 2422 (rad: 197s 7-09), 差 253 [Graph] 061c 241c 431a.

卨 xiè (2423) 卤禸 [Tra] surname ◇ nom de personne [Etym] phon: ant, termite or scorpion (prim) (> 萬 690) ◇ phon: une fourmi, une terminte ou un scorpion (prim) (> 萬 690) [Graph] 061c 859e [Ref] k793, w23g [Hanzi] xie4 卨 10837.

卨 xiè *10837 卤禸 离 -9804 、卨 *8604 personal name ◇ prénom [Etym] 禸 1923 (rad: 114a 4-07), 卨 2423 [Graph] 061c 859e.

鹵 lǔ (2424) 鹵 [Tra] salt ◇ sel [Etym] bottle or basket with salt crystals (prim) (> 卤 2422, 㔾 347) ◇ une bouteille ou un panier, des cristaux de sel (prim) (> 卤 2422, 㔾 347) [Graph] 061d [Ref] k575, w41d, wa128 [Hanzi] lu3 滷 592, lu3 磠 9786, lu3 鹵 10838, jian3 鹼 10839 [Rad] 197a.

鹵 lǔ *10838 鹵 卤 +10835 、滷 *592 1° bittern 2° halogen 3° to stew in soy sauce 4° thick gravy ◇ 1° butor 2° halogène 3° cuire en ragoût dans la sauce de soja 4° sauce veloutée [Etym] 鹵 2424 (rad: 197a 11-00), [Graph] 061d.

鹼 jiǎn *10839 鹵亼亘人口人 碱 -9700 、*城 *4869 、+硷 +9648 、*礆 *9650 、鹻 10842

鹺 cuó *10840 鹵差工 鹾 -10836 briny, salt ◇ salé, sel [Etym] 鹵 2424 (rad: 197a 11-09), 差 253 [Graph] 061d 241c 431a.

鹹 xián (2425) 鹵咸曰 [Tra] salted ◇ salé [Etym] salt (1= 鹵 2424); phon (2,3= 咸 1078) ◇ sel (1= 鹵 2424); phon (2,3= 咸 1078) [Graph] 061d 512m 012a [Ref] w41d [Hanzi] xian2 鹹 10841.

鹹 xián *10841 鹵咸曰 See ◇ Voir 咸 5556 [Etym] 鹵 2424 (rad: 197a 11-09), 鹹 2425 [Graph] 061d 512m 012a.

鹻 jiǎn 10842 鹵兼 碱 -9700 、*城 *4869 、+硷 +9648 、*礆 *9650 、鹼 *10839 alkali, soda ◇ alcali, soude [Etym] 鹵 2424 (rad: 197a 11-10), 兼 1582 [Graph] 061d 834h.

四 062

曲 囟 四 曲 • 囟 卤 鹵 • 四

四 sì (2426) 四 |[Tra] four; musical note ◇ quatre; note musicale [Etym] {?} phon:breath: breath issued (< 八 127) by mouth (< 口 2063) ◇ {?} phon: souffle: souffle sortant (< 八 127) d'une bouche (< 口 2063) [Graph] 062a [Ref] h26, k809, ph160, r48, w42a, wa13, wi29 [Hanzi] si4 泗 593, si4 四 10843, si4 駟 11084, si4 驷 11142.

四 sì +10843 四 |1° four 2° note of the scale 3° all around ◇ 1° quatre 2° notation musicale 3° tout autour [Etym] 囗 2440 (rad: 031a 3-02), 四 2426 [Graph] 062a.

四舍五入 sì shě wǔ rù ∘ rounding off ◇ arrondir le dernier chiffre * 1502 7371 1082.

四季 sì jì ∘ the four seasons ◇ les quatre saisons * 4543.

四月 sì yuè ∘ April ◇ avril * 8057.

四肢 sì zhī ∘ the four limbs, arms and legs ◇ les quatre membres * 8158.

四周 sì zhōu ∘ on all four sides, around ◇ des quatre côtés, autour de * 8273.

四面 sì miàn ∘ on all sides, all directions ◇ de tous côtés, tout autour * 10929.

西 xī (2427) 西 |[Tra] west ◇ ouest [Etym] {?}phon:basket or wine press (prim,> 酉 2429); {?}nest (prim) ◇ {?} phon: panier ou pressoir (prim,> 酉 2429); {?} nid (prim) [Graph] 062b [Ref] h152, k776, r269, wa59, wi26 [Hanzi] sa3 洒 594, xi1 恓 3386, xi1 牺 3474, qian4 xi1 茜 4014, qi1 xi1 栖 4470, xi1 粞 4650, xi1 舾 8326, shen3 哂 9249, cai3 跴 9413, xi1 硒 9787, shai4 晒 9967, xi1 西 10844, nai3 廼 10845, nai3 迺 10846, xi1 氥 11191 [Rad] 146a.

西 xī +10844 西 |1° west 2° Occidental, Western ◇ 1° ouest 2° l'Occident [Etym] 西 2427 (rad: 146a 6-00), [Graph] 062b.

西瓜 xī guā ∘ water melon ◇ pastèque, melon d'eau * 2159.

西装 xī zhuāng ∘ Western-style clothes ◇ complet, costume européen * 3192.

西北 xī běi ∘ north-west ◇ nord-ouest * 3199.

西药 xī yào ∘ Western medicine ◇ médicaments occidentaux * 3740.

西式 xī shì ∘ Western style ◇ style occidental, à l'occidental * 5509.

西红柿 xī hóng shì ∘ tomato ◇ tomate * 5976 4387.

西餐 xī cān ∘ Western food ◇ cuisine européenne * 6450.

西边 xī biān ∘ west, western ◇ ouest, occident * 7260.

西医 xī yī ∘ Western medicine ◇ médecine occidentale, médecin d'école occidentale * 7298.

西方 xī fāng ∘ west, western ◇ ouest, occident * 7928.

西服 xī fú ∘ western clothing ◇ costume occidental, complet * 8175.

西南 xī nán ∘ south-west ◇ sud-ouest * 8357.

醢 hǎi (2428) 西𠂇口皿 |[Tra] ancient meat sauce ◇ ancienne sauce à viande [Etym] {?}two containers (1= 酉 2427) (4= 爪 714); to eat (2,3= 右 250) ◇ {?} deux récipients (1= 酉 2427) (4= 爪 714); manger (2,3= 右 250) [Graph] 062b 241a 011a 922a [Hanzi] hai3 醢 10852.

廼 nǎi *10845 西廴 |乃 +6799 、迺 +10846 |1° to be 2° so, therefore 3° only then 4° you, your ◇ 1° être 2° ensuite, conséquemment 3° juste alors, mais, cependant 4° vous, votre [Etym] 廴 1345 (rad: 054a 2-06), 西 2427 [Graph] 062b 634n.

迺 nǎi +10846 西辶 |乃 +6799 、廼 *10845 |1° to be 2° so, therefore 3° only then 4° you, your ◇ 1° être 2° ensuite, conséquemment 3° juste alors, mais, cependant 4° vous, votre [Etym] 辶 1346 (rad: 162b 3-06), 西 2427 [Graph] 062b 634o.

△ nǎi |1° to be 2° so 3° therefore, only then 4° you, your ◇ 1° être 2° ensuite, conséquemment 3° juste alors, mais, cependant 4° vous, votre.

酉 yǒu (2429) 酉 |[Tra] amphora; alcohol; wine ◇ amphore; alcool; vin [Etym] wine-jar or amphora (prim) ◇ une amphore ou un vase à vin (prim) [Graph] 062c [Ref] k258, ph318, r98, r372b, w41g, wa114, wi422, wi589 [Hanzi] xin4 釁 7466, you3 酉 10847, xi1 醯 10879, qiu2 酋 10921 [Rad] 164a.

酉 yǒu +10847 酉 |1° cyclical character, tenth of the 12 Earthly Branches 2° amphora 3° liquor ◇ 1° caractère cyclique, le 10è des 12 Rameaux Terrestres 2° amphore 3° vin [Etym] 酉 2429 (rad: 164a 7-00), [Graph] 062c.

醅 pēi +10848 酉立口 |unstrained, unfiltered wine ◇ vin non filtré [Etym] 酉 2429 (rad: 164a 7-08), 音 87 [Graph] 062c 221a 011a.

酹 lèi +10849 酉爫寸 |酻 *10882 |libation ◇ libation [Etym] 酉 2429 (rad: 164a 7-07), 寽 105 [Graph] 062c 221d 332b.

醉 zuì +10850 酉亠人人十 |1° drunk 2° unconscious 3° steeped in liquor 4° to be infatuated with ◇ 1° ivre, ivresse, soûl 2° inconscient 3° macérer dans l'eau-de-vie, s'enivrer 4° être fou de, se passionner pour [Etym] 酉 2429 (rad: 164a 7-08), 卒 176 [Graph] 062c ac:c 232a 232a 413a.

酴 tú +10851 酉人禾 |[Etym] 酉 2429 (rad: 164a 7-07), 余 192 [Graph] 062c 233a 422c.

酴醾 tú mí ∘ 1° arrack; 2° double-fermented wine ◇ eau-de-vie * 10887.

醢 hǎi +10852 酉𠂇口皿 |1° ancient meat sauce 2° to cut up the enemy into mince meat ◇ 1° pâte de viande 2° hacher les prisonniers [Etym] 酉 2429 (rad: 164a 7-10), 右 250 [Graph] 062c 241a 011a 922a.

醃 yān *10853 酉大电 |腌 +8073 |to preserve in salt, pickle, cure ◇ mariner (sel), saumure, viande marinée [Etym] 酉 2429 (rad: 164a 7-08), 奄 276 [Graph] 062c 242a 043c.

酞 tài +10854 酉太 |phthalein ◇ phthalein [Etym] 酉 2429 (rad: 164a 7-04), 太 299

四 四 西 酉

[Graph] 062c 242k.

酗 xù +10855 酉乂凶 | [Etym] 酉 2429 (rad: 164a 7-04), 凶 329 [Graph] 062c 243a 841e.

酗酒 xù jiǔ。drunkenness ◇ ivresse ＊ 595.

釀 niáng *10856 酉亥口口丰 | 酿 -10906 | 1° fermented glutinous rice 2° alcohol (from cereals) ◇ 1° riz fermenté 2° vin de céréales, boisson fermentée [Etym] 酉 2429 (rad: 164a 7-17), 襄 376 [Graph] 062c 312j 011a 011a 436g.

△ niàng | 酿 -10906 | 1° to make (wine), to brew (beer), to ferment 2° to make (honey) 3° to result in, to cause confusion or woes 4° fight, to seal with blood ◇ 1° faire (vin, bière) 2° faire (miel) 3° fomenter, envenimer, provoquer des troubles 4° oindre avec du sang, rixe.

酯 zhǐ +10857 酉匕曰 | ester ◇ ester [Etym] 酉 2429 (rad: 164a 7-06), 旨 393 [Graph] 062c 321b 021a.

酕 máo +10858 酉毛 | drunk ◇ ivresse [Etym] 酉 2429 (rad: 164a 7-04), 毛 403 [Graph] 062c 321g.

酕醄 máo táo。drunk ◇ ivresse ＊ 10899.

酊 dīng +10859 酉丁 | tincture ◇ teinture [Etym] 酉 2429 (rad: 164a 7-02), 丁 420 [Graph] 062c 331b.

△ dǐng | drunk, dead drunk ◇ ivresse, soûl, ivre mort.

酎 zhòu +10860 酉寸 | 1° vintage wine 2° spirits used for sacrifices ◇ 1° vin de grand cru 2° alcool des offrandes [Etym] 酉 2429 (rad: 164a 7-03), 寸 441 [Graph] 062c 332b.

酢 cù +10861 酉乍 | 1° to return a health 2° vinegar ◇ 1° rendre une santé 2° vinaigre, saumure [Etym] 酉 2429 (rad: 164a 7-05), 乍 551 [Graph] 062c 412f.

△ zuò | See ◇ Voir 酬酢 chou2-zuo4 10864-10861.

酐 gān +10862 酉干 | anhydride ◇ anhydride [Etym] 酉 2429 (rad: 164a 7-03), 干 564 [Graph] 062c 413b.

醛 quán +10863 酉艹人王 | aldehyde ◇ aldéhyde [Etym] 酉 2429 (rad: 164a 7-09), 荃 619 [Graph] 062c 415c 233a 432e.

酬 chóu +10864 酉州 | 酧 *10896 、醻 *10867 | 1° to pledge with wine 2° to repay 3° to entertain ◇ 1° porter une santé, toast 2° rendre la pareille, remercier 3° divertir [Etym] 酉 2429 (rad: 164a 7-06), 州 715 [Graph] 062c 417d.

酬谢 chóu xiè。to thank somebody with a gift ◇ remercier; rémunérer ＊ 1813.

酬劳 chóu láo。to reward ◇ rémunérer ＊ 3836.

酬酢 chóu zuò。1° exchange of toasts; 2° sour, pickle ◇ 1° rendre une santé; 2° aigre, saumure ＊ 10861.

酥 sū +10865 酉禾 | 1° crisp 2° shortbread 3° limp, weak 4° soft, short 5° koumiss ◇ 1° croustillant 2° gaufre 3° carié, effrité 4° mou, tendre 5° lait fermenté, fromage cuit, koumys [Etym] 酉 2429 (rad: 164a 7-05), 禾 760 [Graph] 062c 422d.

醚 mí +10866 酉米辶 | ether ◇ éther [Etym] 酉 2429 (rad: 164a 7-09), 迷 791 [Graph] 062c 422f 634o.

醻 chóu *10867 酉士二工口寸 | 酬 +10864 、酧 *10896 | 1° to pledge with wine 2° to repay 3° to entertain ◇ 1° porter une santé, toast 2° rendre la pareille, remercier 3° divertir [Etym] 酉 2429 (rad: 164a 7-14), 壽 860 [Graph] 062c 432b ac:g 431a 012a 332b.

酵 jiào +10868 酉耂子 | leaven, to ferment ◇ ferment, fermenter, levure [Etym] 酉 2429 (rad: 164a 7-07), 孝 891 [Graph] 062c 432c 634d.

酷 kù +10869 酉生口 | 1° cruel, tyrannical 2° very, extremely ◇ 1° cruauté, cruel 2° très, extrême, excessivement [Etym] 酉 2429 (rad: 164a 7-07), 告 932 [Graph] 062c 432l 011a.

酷爱 kù ài。love ardently ◇ amour ardent ＊ 712.

酰 xiān +10870 酉先 | acyl ◇ acydile [Etym] 酉 2429 (rad: 164a 7-06), 先 935 [Graph] 062c 432m.

醑 xǔ +10871 酉疋月 | 1° to strain spirits 2° spirit ◇ 1° décanter, clarifier 2° alcool [Etym] 酉 2429 (rad: 164a 7-09), 胥 971 [Graph] 062c 434g 856e.

醭 bú +10872 酉业美 | mold, mother of vinegar ◇ ferment, mère de vinaigre [Etym] 酉 2429 (rad: 164a 7-12), 菐 975 [Graph] 062c 435a 242n.

醼 yàn *10873 酉廿口丬匕灬 | 宴 +7780 、讌 *9539 1° | 1° feast, banquet 2° rest, repose ◇ 1° fête, festin 2° repos, se reposer [Etym] 酉 2429 (rad: 164a 7-16), 燕 991 [Graph] 062c 436a 011a 412b 321b 222d.

醋 cù +10874 酉廾日 | 1° vinegar 2° jealous ◇ 1° vinaigre 2° jaloux [Etym] 酉 2429 (rad: 164a 7-08), 昔 1001 [Graph] 062c 436b 021a.

酣 hān +10875 酉甘 | 1° intoxicated, drunken 2° comatose 3° to one's heart's content ◇ 1° ivresse, émoustillé 2° coma 3° à coeur joie [Etym] 酉 2429 (rad: 164a 7-05), 甘 1009 [Graph] 062c 436f.

> 醮 jiào (2430) 酉隹灬 | [Tra] festiva; wedding ◇ festival; noce [Etym] tao‹st feast: alcohol (1= 酉 2429); phon, burn (3= 焦 1031) ◇ fête taoïste: alcool (1= 酉 2429); phon, brûler (3= 焦 1031) [Graph] 062c 436m 222d [Ref] k1066 [Hanzi] zhan4 蘸 4015, jiao4 醮 10876.

醮 jiào +10876 酉隹灬 | 1° Taoist sacrificial ceremony 2° festival 3° wedding-feast ◇ 1° cérémonie solennelle taoïste 2° festival 3° noce [Etym] 酉 2429 (rad: 164a 7-12), 醮 2430 [Graph] 062c 436m 222d.

酸 suān +10877 酉允夂 | 1° acid 2° sour, tart 3° grieved, afflicted 4° impractical, pedantic 5° ache ◇ 1° acide 2° aigre 3° affligé, endolori, peiné, tristesse, lassitude 4° arrogant, pédant 5° avoir mal [Etym] 酉 2429 (rad: 164a 7-07), 夋 1147 [Graph] 062c 612b 633e.

酸牛奶 suān niú nǎi。sour milk; yoghurt ◇ yaourt, yogourt ＊ 3445 5794.

酝 yùn -10878 |醞 *10918| [Etym] 酉 2429 (rad: 164a 7-04), 云 1152 [Graph] 062c 612d.
酉云

酝酿 yùn niàng。to ferment, to take form, to mature ◇ fermenter, mûrir, se former * 10906.

醯 xī (2431) |[Tra] vinegar; sour ◇ vinaigre; sur [Etym] wine (1= 酉 2429)vessel (4= 皿1939)with musty fringes (2,3= 㐬 1155) ◇ vase (4= 皿1939) à vin (1= 酉 2429) avec franges (2,3= 㐬 1155) moisies [Graph] 062c 612e 417b 922a [Ref] k131, w94f [Hanzi] xi1 醯 10879.
酉厶儿皿

醯 xī +10879 |vinegar ◇ vinaigre [Etym] 酉 2429 (rad: 164a 7-12), 醯 2431 [Graph] 062c 612e 417b 922a.
酉厶儿皿

醁 lù *10880 |渌 +10894| See ◇ Voir 醽醁 ling2-lu4 10903-10894 [Etym] 酉 2429 (rad: 164a 7-08), 录 1220 [Graph] 062c 621a 331o.
酉彑水

酩 mǐng +10881 |[Etym] 酉 2429 (rad: 164a 7-06), 名1232 [Graph] 062c 631b 011a.
酉夕口

酩酊大醉 mǐng dǐng dà zuì。1° strong spirit; 2° drunk, to be dead drunk ◇ 1° liqueur enivrante; 2° ivresse, ivre mort * 10859 1537 10850.

酹 lèi *10882 |酹 +10849| libation ◇ libation [Etym] 酉2429 (rad: 164a 7-07), 寽 1243 [Graph] 062c 631e 332b.
酉夕寸

醱 pō *10883 |酦 -10886| to ferment wine ◇ fermenter du vin [Etym] 酉 2429 (rad: 164a 7-12), 發 1249 [Graph] 062c 631g Z42a Z33a 633a.
酉癶弓几又

醊 zhuì +10884 |libation, to offer sacrifices to the spirit of a deceased person ◇ libation, offrande à l'âme d'un mort [Etym] 酉 2429 (rad: 164a 7-08), 叕 1278 [Graph] 062c 633a 633a 633a 633a.
酉又又又又

酪 lào +10885 |1° junket, koumiss 2° thick fruit juice, sweet nut paste ◇ 1° koumis, boisson fermentée 2° jus épais, lait caillé [Etym] 酉2429 (rad: 164a 7-06), 各 1295 [Graph] 062c 633c 011a.
酉夂口

酦 pō -10886 |醱 *10883| to ferment wine ◇ fermenter du vin [Etym] 酉 2429 (rad: 164a 7-05), 发 1352 [Graph] 062c 712a 633a.
酉发又

醾 mí +10887 |See ◇ Voir 酴醾 tu2-mi2 10851-10887 [Etym] 酉 2429 (rad: 164a 7-17), 靡 1382 [Graph] 062c 721b 422a 422a 422f.
酉广木木米

醣 táng *10888 |See ◇ Voir 糖 4632 [Etym] 酉 2429 (rad: 164a 7-10), 唐 1405 [Graph] 062c 721b 833c 011a.
酉广肀口

酽 yàn -10889 |釅 *10908| concentrated liquors, strong (tea) ◇ liqueur forte, concentrée [Etym] 酉 2429 (rad: 164a 7-07), 严 1417 [Graph] 062c 721d.
酉严

醵 jù +10890 |1° to pool money for feast, drink 2° to collect (money for drink) ◇ 1° réunion où l'on boit en payant son écot 2° recueillir des cotisations [Etym] 酉 2429 (rad: 164a 7-13), 豦 1434 [Graph] 062c 721g 321e 522a.
酉卢七豕

醪 láo +10891 |lees of spirits, undecanted wine ◇ vin trouble, lie [Etym] 酉 2429 (rad: 164a 7-11), 翏 1473 [Graph] 062c 731c 731c 233a 211c.
酉习习人彡

酚 fēn +10892 |phenol ◇ phénol [Etym] 酉 2429 (rad: 164a 7-04), 分 1480 [Graph] 062c 732b.
酉分

酏 yǐ +10893 |liquor, sweet wine, elixir ◇ liqueur, élixir [Etym] 酉 2429 (rad: 164a 7-03), 也1502 [Graph] 062c 733c.
酉也

渌 lù +10894 |醁 *10880| See ◇ Voir 醽醁 ling2-lu4 10903-10894 [Etym] 酉 2429 (rad: 164a 7-08), 录 1563 [Graph] 062c 832d 331o.
酉彐水

酡 tuó +10895 |face flushed with drink, drunk ◇ ivresse, rougeur [Etym] 酉 2429 (rad: 164a 7-05), 它 1665 [Graph] 062c 851c 321b.
酉宀匕

酧 chóu *10896 |酬 +10864 、醻 *10867| 1° to pledge with wine 2° to repay 3° to entertain ◇ 1° porter une santé, toast 2° rendre la pareille, remercier 3° divertir [Etym] 酉 2429 (rad: 164a 7-06), 守 1676 [Graph] 062c 851c 332b.
酉宀寸

酖 dān +10897 |virulent poison ◇ poison mortel [Etym] 酉 2429 (rad: 164a 7-04), 冘1762 [Graph] 062c 851m.
酉冘

△ zhèn |鸩 -7890 、鴆 *7891| 1° legendary bird 2° poisoned wine, to kill somebody with poisoned wine ◇ 1° oiseau légendaire 2° vin empoisonné, venin, empoisonner.

酌 zhuó +10898 |1° to pour out, to drink 2° meal with wine 3° to consider, to deliberate ◇ 1° verser, boire (du vin) 2° banquet, festin 3° considérer, réfléchir [Etym] 酉 2429 (rad: 164a 7-03), 勺 1763 [Graph] 062c 852b.
酉勺

醄 táo +10899 |See ◇ Voir 酕醄 mao2-tao2 10858-10899 [Etym] 酉 2429 (rad: 164a 7-08), 匋 1775 [Graph] 062c 852h 841c.
酉勹缶

酮 tóng +10900 |ketone ◇ ketone [Etym] 酉 2429 (rad: 164a 7-06), 同 1853 [Graph] 062c 856k 012a.
酉冂口

酾 shāi -10901 |釃 *10902| 1° to warm wine 2° to filter or pour wine ◇ 1° chauffer 2° verser du vin [Etym] 酉 2429 (rad: 164a 7-07), 丽 1858 [Graph] 062c 857a 856b.
酉丽

△ shī |釃 *10902| to warm wine, to filter or pour wine ◇ chauffer, verser ou filtrer du vin.

釃 shāi *10902 |酾 -10901| 1° to warm wine 2° to filter or pour wine ◇ 1° chauffer 2° verser du vin [Etym] 酉 2429 (rad: 164a 7-19), 麗 1860 [Graph] 062c 857a 857a 721b 821b 311d 321b.
酉丽丽广卄匕匕

△ shī |酾 -10901| to warm wine, to filter or pour wine ◇ chauffer, verser ou filtrer du vin.

醽 líng +10903 |[Etym] 酉 2429 (rad: 164a 7-17), 霝1897 [Graph] 062c 858e 011a 011a 011a.
酉雨口口口

醽醁 líng lù。good wine ◇ bon vin * 10894.

酺 pú +10904 |1° feast 2° to drink wine at a gathering ◇ 1° festoyer, fêter 2° boire [Etym] 酉 2429 (rad: 164a 7-07), 甫 1914 [Graph] 062c 858n.
酉甫

醨 lí -10905 |tasteless wine ◇ vin gâté [Etym] 酉 2429 (rad: 164a 7-10), 离 1927 [Graph] 062c 911c 859e.
酉卤内

四 酉

釀 niáng -10906 |釀 *10856| 酉良 1° fermented glutinous rice 2° alcohol (from cereals) ◇ 1° riz fermenté 2° vin de céréales, boisson fermentée [Etym] 酉 2429 (rad: 164a 7-07), 良 2008 [Graph] 062c 932e.

△ niàng |釀 *10856| 1° to make (wine), to brew (beer), to ferment 2° to make (honey) 3° to result in, to cause confusion or woes 4° fight, to seal with blood ◇ 1° faire (vin, bière) 2° faire (miel) 3° fomenter, envenimer, provoquer des troubles 4° oindre avec du sang, rixe.

酲 chéng +10907 酉口王 |drunk ◇ ivresse [Etym] 酉 2429 (rad: 164a 7-07), 呈 2070 [Graph] 062c 011a 432e.

釅 yàn *10908 酉口口厂耳攵 |酽 -10889| concentrated liquors, strong (tea) ◇ liqueur forte, concentrée [Etym] 酉 2429 (rad: 164a 7-19), 嚴 2089 [Graph] 062c 011a 011a 721a 436l 243c.

醇 chún +10909 酉亯子 |1° pure, unmixed 2° generous 3° rich ◇ 1° pur, exquis, quintessence 2° généreux 3° riche [Etym] 酉 2429 (rad: 164a 7-08), 享 2128 [Graph] 062c 012c 634d.

酤 gū +10910 酉古 |to buy or sell wine ◇ acheter ou vendre du vin [Etym] 酉 2429 (rad: 164a 7-05), 古 2155 [Graph] 062c 013f.

醐 hú +10911 酉古月 |See ◇ Voir 醍醐 ti2-hu2 10914-10911 [Etym] 酉 2429 (rad: 164a 7-09), 胡 2158 [Graph] 062c 013f 856e.

醌 kūn +10912 酉曰匕匕 |quinine ◇ quinone [Etym] 酉 2429 (rad: 164a 7-08), 昆 2173 [Graph] 062c 021a 311d 321b.

醒 xǐng +10913 酉曰生 |1° to regain consciousness 2° to wake up 3° to become sober 4° to startle ◇ 1° revenir à soi 2° se réveiller (sommeil) 3° sortir de l'ivresse 4° sauter aux yeux [Etym] 酉 2429 (rad: 164a 7-09), 星 2181 [Graph] 062c 021a 433b.

醒悟 xǐng wù。to come to realize ◇ se détromper, sortir de l'erreur * 3300.

醒目 xǐng mù。to attract attention; eye-catching ◇ mis en évidence, frappant * 10016.

醍 tí +10914 酉曰疋 |[Etym] 酉 2429 (rad: 164a 7-09), 是 2182 [Graph] 062c 021a 434f.

醍醐 tí hú。1° oil of butter; 2° finest cream ◇ 1° liqueur, huile; 2° crème * 10911.

醺 xūn +10915 酉熏灬 |drunk ◇ ivre [Etym] 酉 2429 (rad: 164a 7-14), 熏 2312 [Graph] 062c 033f 222d.

醜 chǒu *10916 酉鬼厶 |See ◇ Voir 丑 7392 [Etym] 酉 2429 (rad: 164a 7-08), 鬼 2363 [Graph] 062c 043e 612a.

醴 lǐ +10917 酉曲豆 |newly-distilled spirits, sweet wine ◇ moût, vin sucré [Etym] 酉 2429 (rad: 164a 7-13), 豊 2415 [Graph] 062c 052a 012b.

醞 yùn *10918 酉囗人皿 |酝 -10878| See ◇ Voir 酝酿 yun4-niang4 10878-10906 [Etym] 酉 2429 (rad: 164a 7-10), 昷 2442 [Graph] 062c 071a 232a 922a.

配 pèi +10919 酉己 |1° to join in marriage 2° mate, to pair 3° to mix, compound 4° to apportion 5° to match 6° to deserve, to be qualified ◇ 1° se marier, mariage, conjoint 2° apparier, assortir, associer 3° mêler, composé 4° répartir 5° égaler, égal 6° mériter, apte à, être à la hauteur de [Etym] 酉 2429 (rad: 164a 7-03), 己 2532 [Graph] 062c Z41a.

配合 pèi hé。to coordinate, to cooperate ◇ agir en coordination avec, agir de concert avec * 1481.

酶 méi +10920 酉每 |1° leaven used in fermenting 2° enzyme ◇ 1° ferment, levain 2° enzyme [Etym] 酉 2429 (rad: 164a 7-07), 每 2565 [Graph] 062c Z61b.

酋 qiú (2432) 酋 |[Tra] liquor; past; perfect ◇ liqueur; passé [Etym] alcohol (< 酉 2429) without (top< 八 127) dregs ->perfect ◇ de l'alcool (< 酉 2429)dont on a enlevé (haut< 八 127) la lie -> parfait [Graph] 062d [Ref] k1087, ph432, r100, w41g, wa114, wi477, wi623 [Hanzi] qiu1 鞧 5399, you2 猶 5686, you2 猶 6382, qiu2 you2 蝤 10353, qiu1 鰌 10650, you2 輶 10729, qiu2 酋 10921, dian4 奠 10922, you2 猷 10924, zun1 尊 10925, qiu2 遒 10927.

酋 qiú +10921 酋 |1° chief (tribe), chieftain 2° liquor after fermentation 3° perfect 4° past ◇ 1° chef (clan, tribu) 2° boisson fermentée 3° parfait 4° passé, achevé [Etym] 酉 2429 (rad: 164a 7-02), 酋 2432 [Graph] 062d.

奠 diàn (2433) 酋大 |[Tra] to fix; settle; offer ◇ fixer; poser; offrir [Etym] wine jar (1= 酋 2432) on a pedestal or altar (2< 丌 407) ◇ un vase à vin (1= 酋 2432) sur un piédestal ou un autel (2< 丌 407) [Graph] 062d 242a [Ref] k994, w41g, wa115 [Hanzi] dian4 奠 10922, zheng4 鄭 10923.

奠 diàn +10922 酋大 |1° to settle, to fix 2° to make offerings, to pour a libation ◇ 1° déterminer, fixer, poser 2° faire des libations, offrir, présenter [Etym] 大 257 (rad: 037a 3-09), 奠 2433 [Graph] 062d 242a.

鄭 zhèng (2434) 酋大阝 |[Tra] name of a city ◇ nom d'une ville [Etym] city (3= 阝 1316); phon (1,2= 奠 2433) ◇ ville (3= 阝 1316); phon (1,2= 奠 2433) [Graph] 062d 242a 634j [Ref] k1200, w41g [Hanzi] zhi1 zhi4 擲 2718, zhi2 躑 9414, zheng4 鄭 10923.

鄭 zhèng *10923 酋大阝 |郑 -1577| 1° serious 2° feudal state in Henan 3° surname ◇ 1° grave, sérieux 2° principauté au Shanxi et Henan 3° nom de famille [Etym] 阝 1316 (rad: 163b 2-12), 鄭 2434 [Graph] 062d 242a 634j.

猷 yóu +10924 酋犬 |1° to plan 2° to deliberate ◇ 1° projet, plan 2° discuter [Etym] 犬 295 (rad: 094a 4-09), 酋 2432 [Graph] 062d 242i.

尊 zūn (2435) 酋寸 |[Tra] noble; to honour ◇ vénérable; respecter [Etym] handsome vase (1= 酋 2432) to offer (2= 寸 441) ->noble (# 卑 2366) ◇ un beau vase (1= 酋 2432) à présenter (2= 寸 441) ->noble (# 卑 2366) [Graph] 062d 332b [Ref] h927, k1112, ph713, w41g, w47c, wa115, wi477 [Hanzi] zun3 撙

四 酉 酋

2719, zun1 樽 4471, zun1 鐏 7645, cun2 dun1 蹲 9415, zun1 鱒 10553, zun1 鳟 10651, zun1 尊 10925, zun1 遵 10926.

尊 zūn +10925 酋寸 | 1° senior 2° venerable, to venerate, to honor, noble 3° your (polite term) 4° measure-word (cannons, statue of Buddha) 5° wine vessel ◇ 1° aîné (d'une génération) 2° vénérable, honorer, noble, respecter 3° votre (politesse) 4° spécificatif (canons, statue de Bouddha) 5° vase à vin [Etym] 寸 441 (rad: 041a 3-09), 尊 2435 [Graph] 062d 332b.

尊敬 zūn jìng ∘ to revere, to show respect to ◇ respecter, honorer, estimer * 3870.

尊严 zūn yán ∘ dignity, honor ◇ dignité * 6997.

尊贵 zūn guì ∘ honorable, respected ◇ honorable, noble et digne de respect * 10186.

尊重 zūn zhòng ∘ to show consideration ◇ respecter, bien considérer, estimer * 10764.

遵 zūn +10926 酋寸辶 | 1° to follow, to conform to, to obey 2° according to ◇ 1° suivre, obéir, se conformer 2° selon [Etym] 辶 1346 (rad: 162b 3-12), 尊 2435 [Graph] 062d 332b 634o.

遵守 zūn shǒu ∘ to observe, to comply with ◇ observer, respecter * 7715.

遵照 zūn zhào ∘ to obey, to conform to ◇ suivre, se conformer à * 9909.

遒 qiú +10927 酋辶 | 1° powerful 2° to urge on ◇ 1° puissant 2° presser, urger [Etym] 辶 1346 (rad: 162b 3-09), 酋 2432 [Graph] 062d 634o.

丙 tiàn (2436) 丙 | [Tra] chin ◇ menton [Etym] chin (prim): mouth (top horiz), lines in chin (bottom) ◇ le menton (prim): bouche (horiz haut), plis du menton (bas) [Graph] 062e [Ref] w41b.

囬 063

囬 huí (2437) 囬 | [Tra] to go back; return ◇ retourner; tour [Etym] different writing for (回 2454) ◇ autre graphie pour (回 2454) [Graph] 063a [Ref] h86 [Hanzi] hui2 囬 10928.

囬 huí *10928 囬 | 回 +10965 ∖ 迴 *10967 ∖ 廻 *10966 | 1° circle, wind 2° to go back, to revert to 3° turn round 4° to reply 5° chapter 6° the Hui nationality 7° Moslems 8° time ◇ 1° tour, cercle 2° revenir, retourner, concept de retour 3° tourner en rond 4° répondre 5° chapitre 6° le groupe ethnique Hui 7° Musulmans 8° fois [Etym] 冂 2440 (rad: 031a 3-04), 囬 2437 [Graph] 063a.

面 miàn (2438) 面 | [Tra] face; aspect; outside ◇ face; visage; surface [Etym] a mask (prim) hiding the head (> 首 2264) ◇ un masque (prim) cachant la tête (> 首 2264) [Graph] 063b [Ref] h395, k626, ph466, r319, w160b, wa10, wi486 [Hanzi] mian3 湎 596, mian4 麵 4100, mian3 缅 6090, mian3 緬 6281, ye4 靥 6822, mian3 腼 8246, mian4 面 10929, mian3 勔 10930, mian3 tian3 靦 10931 [Rad] 176a.

面 miàn +10929 面 | 靣 *10986 ∖ 麵 8°9° *4100 ∖ 麪 *4101 | 1° face 2° to face 3° surface, top 4° directly, personally 5° cover, outside 6° side, aspect 7° extent, scope 8° powder, flour 9° noodles 10° measure-word ◇ 1° face, visage 2° faire face à 3° surface, dessus, plan 4° en face, en personne 5° couvercle, extérieur 6° côté, façade 7° étendue, portée 8° poudre, farine 9° nouilles 10° spécificatif [Etym] 面 2438 (rad: 176a 9-00), [Graph] 063b.

面儿 miàn ér ∘ right side ◇ endroit * 2194.

面临 miàn lín ∘ to be faced with; to be up against ◇ être confronté à, être aux prises avec * 3499.

面积 miàn jī ∘ surface, area ◇ superficie, surface * 4572.

面粉 miàn fěn ∘ wheat flour ◇ farine de blé * 4634.

面貌 miàn mào ∘ face, features; appearance ◇ physionomie; figure, visage; aspect * 5581.

面条 miàn tiáo ∘ noodles ◇ nouille * 6531.

面子 miàn zǐ ∘ face; outside; prestige ◇ surface; face, côté; apparence * 6546.

面包 miàn bāo ∘ bread ◇ pain * 7911.

面前 miàn qián ∘ before; in front of ◇ devant, en face; en présence * 8261.

面色 miàn sè ∘ look; complexion ◇ mine, air * 8731.

勔 miǎn +10930 面力 | 1° to urge 2° to constrain ◇ 1° encourager 2° forcer [Etym] 力 1489 (rad: 019a 2-09), 面 2438 [Graph] 063b 732f.

靦 miǎn -10931 面见 | 腼 -8246 ∖ 靦 *10932 | [Etym] 面 2438 (rad: 176a 9-04), 见 1801 [Graph] 063b 854c.

△ tiǎn | 靦 *10932 | 1° to be ashamed 2° face 3° to face, to front, to have the audacity to 4° interview ◇ 1° rougir de gêne 2° figure 3° regarder en face, avoir du toupet 4° entrevue.

靦 miǎn *10932 面見 | 腼 -8246 ∖ 靦 -10931 | See ◇ Voir 腼腆 mian3-tian3 8246-8212 [Etym] 面 2438 (rad: 176a 9-07), 見 2255 [Graph] 063b 023c.

△ tiǎn | 靦 -10931 | 1° to be ashamed 2° face 3° to face, to front, to have the audacity to 4° interview ◇ 1° rougir de gêne 2° figure 3° regarder en face, avoir du toupet 4° entrevue.

卣 yǒu (2439) 卣 | [Tra] sacrificial vase ◇ vase à sacrifice [Etym] vessel (prim) (> 鹵 2424) ◇ vase (prim) (> 鹵 2424) [Graph] 063c [Hanzi] you3 卣 10933.

卣 yǒu +10933 卣 | sacrificial vase ◇ vase à sacrifice [Etym] 卜 548 (rad: 025a 2-05), 卣 2439 [Graph] 063c.

囗 071

囗 wéi (2440) 囗 [Tra] enclosure; round ◇ enclos; cercle [Etym] an enclosure, city or country wall (prim) ◇ une enceinte (prim) [Graph] 071a [Ref] k1302, r9, r85, w74a, wi70 [Hanzi] xin4 囟 10833, si4 四 10843, cong1 囱 10984 [Rad] 031a.

繇 yóu +10934 囗爫缶系 [Etym] 囗 2440 (rad: 031a 3-17), 繇120 [Graph] 071a 221d 841c 613j.

繇子 yóu zǐ ∘ 1° decoy; 2° to change ◇ 1° appât; 2° transformer * 6546.

囚 qiú (2441) 囗人 [Tra] prisoner; to convict ◇ prisonnier; détenu [Etym] man (2= 人 170); confined (1= 囗 2440) ◇ un homme (2= 人 170) emmuré (1= 囗 2440) [Graph] 071a 232a [Ref] h1353, k1086, r35k, w25b, wa165 [Hanzi] qiu2 泅 597, qiu2 囚 10935.

囚 qiú +10935 囗人 1° to imprison, to confine 2° convict ◇ 1° prisonnier, emprisonner 2° détenu [Etym] 囗 2440 (rad: 031a 3-02), 囚 2441 [Graph] 071a 232a.

昷 wēn (2442) 囗人皿 [Tra] kindness; charity ◇ bienveillance [Etym] to feed (3= 皿 1939) a prisoner (1,2= 囚 2441) (> 昷 2201) ◇ nourrir (3= 皿 1939) un prisonnier (1,2= 囚 2441) (> 昷 2201) [Graph] 071a 232a 922a [Ref] k1316, w157c [Hanzi] yun4 縕 6282, yun4 韞 7370, wen1 鰛 10652, yun4 醞 10918.

囵 lún -10936 囗亼匕 | 圇 *10939 | See ◇ Voir 囫囵 hu2-lun2 10963-10936 [Etym] 囗 2440 (rad: 031a 3-04), 仑 186 [Graph] 071a 233a 321b.

囹 líng -10937 囗亼 | 囹 *10938 | prison ◇ prison [Etym] 囗 2440 (rad: 031a 3-05), 令 208 [Graph] 071a 233a 632b.

囹圄 líng yǔ ∘ prison, to imprison ◇ prison, emprisonner * 10961.

囹 líng *10938 囗亼一卩 | 囹 -10937 | prison ◇ prison [Etym] 囗 2440 (rad: 031a 3-05), 令 211 [Graph] 071a 233a ac:a 734a.

圇 lún *10939 囗亼一冊 | 囵 -10936 | See ◇ Voir 囫囵 hu2-lun2 10963-10936 [Etym] 囗 2440 (rad: 031a 3-08), 侖 215 [Graph] 071a 233a ac:a 856j.

囿 yòu (2443) 囗𠂇月 [Tra] close; park; garden ◇ enclos; parc; jardin [Etym] close (1= 囗 2440); phon, moon phases (2,3= 有 247) ◇ enclos (1= 囗 2440); phon, lunaisons (2,3= 有 247) [Graph] 071a 241a 856e [Ref] r10, r217, w119o [Hanzi] you4 囿 10940.

囿 yòu +10940 囗𠂇月 1° animal farm, enclosure, park, garden 2° limited ◇ 1° ferme avec animaux, enclos, parc, jardin 2° limiter, borne [Etym] 囗 2440 (rad: 031a 3-06), 囿 2443 [Graph] 071a 241a 856e.

因 yīn (2444) 囗大 [Tra] cause; because ◇ cause; parce que [Etym] {1} man (2= 大 257) confined (1= 囗 2440) ->guilt, reason; {2} sleepin mat (prim) ◇ {1} un homme (2= 大 257) enfermé (1= 囗 2440) ->faute, raison; {2} un tapis ou une natte tressée (prim) [Graph] 071a 242a [Ref] h614, k273, ph249, r39g, w60b, wa138, wi384 [Hanzi] yin1 洇 598, yan1 烟 1067, yin1 铟 1366, yin1 銦 2128, yin1 茵 4016, yin1 姻 5873, yin1 裀 6702, yan1 胭 8247, yan1 yan4 ye4 咽 9250, yin1 因 10941, en1 恩 10942, yin1 駰 11085, yin1 骃 11143, yin1 氤 11192.

因 yīn +10941 囗大 1° to follow, to carry on 2° in the light of 3° cause 4° because of ◇ 1° suivre, continuer 2° en conséquence de 3° cause 4° à cause de, parce que [Etym] 囗 2440 (rad: 031a 3-03), 因 2444 [Graph] 071a 242a.

因素 yīn sù ∘ factor; element ◇ facteur, raison, élément * 5251.

因此 yīn cǐ ∘ therefore, consequently ◇ donc, c'est pourquoi * 5294.

因为 yīn wèi ∘ because, on account of ◇ parce que, à cause de * 7272.

因而 yīn ér ∘ thus ◇ puisqu'il en est ainsi * 8342.

恩 ēn (2445) 囗大心 [Tra] favor; affection ◇ bienfait; affection [Etym] heart (3= 心 397); phon, cause (1,2= 因 2444) ◇ coeur (3= 心 397); phon, cause (1,2= 因 2444) [Graph] 071a 242a 321c [Hanzi] en4 摁 2720, en1 蒽 4017, n2 n3 n4 ng2 ng3 ng4 嗯 9251, en1 恩 10942.

恩 ēn +10942 囗大心 1° favor, grace, mercy 2° affection 3° kindness ◇ 1° bienfait, grâce, faveur 2° affectueux 3° bonté, bienveillance [Etym] 心 397 (rad: 061a 4-06), 因 2444 [Graph] 071a 242a 321c.

恩爱 ēn ài ∘ affectionate (couple), conjugal love ◇ tendre (couple), amour conjugal; aimer * 712.

恩人 ēn rén ∘ benefactor ◇ bienfaiteur * 1070.

恩情 ēn qíng ∘ kindness, benevolence; loving ◇ bienveillance, bonnes grâces; affection profonde * 3261.

恩典 ēn diǎn ∘ kindness ◇ gentillesse * 8564.

恩惠 ēn huì ∘ favor, kindness ◇ grâce, faveur, bienfait * 10664.

圈 juān +10943 囗关㔾 to shut in a pen, to put in jail ◇ enfermer dans un enclos, mettre en prison [Etym] 囗 2440 (rad: 031a 3-08), 卷312 [Graph] 071a 242p 733a.

△ juàn pen, sty, stable ◇ enclos, parcs à bestiaux, étable.

△ quān 1° circle, ring 2° group 3° to encircle, to enclose 4° to mark with a circle 5° dot ◇ 1° cercle, rond 2° groupe 3° cercler, encercler, inclure 4° marquer d'un cercle 5° point.

圈套 quān tào ∘ trap, snare ◇ piège, guet-apens * 1551.

圈子 quān zǐ ∘ circle, ring ◇ cercle * 6546.

园 yuán +10944 囗元 | 園 *10950 | 1° garden 2° enclosure (recreation) 3° orchard 4° zoo ◇ 1° jardin 2° enclos (récréation) 3° verger 4° zoo [Etym] 囗 2440 (rad: 031a 3-04), 元 408 [Graph]

071a 322d.

团 tuán -10945 囗才 | 團 糰 2° *10972 ↘ *4651 | 1° round, circle, ring 2° ball-shaped object 3° to roll 4° to unite 5° group, society 6° regiment 7° measure-word (ball, lump) ◇ 1° rond, cercle, cercler 2° object sphérique 3° rouler 4° s'unir 5° groupe, société 6° régiment 7° spécificatif (boule, balle) [Etym] 囗 2440 (rad: 031a 3-03), 才 443 [Graph] 071a 332c.

团长 tuán zhǎng ∘ colonel ◇ colonel, chef de délégation ✱ 2139.

团体 tuán tǐ ∘ association ◇ groupement, association, corps, corporation ✱ 2872.

团结 tuán jié ∘ to unite, to form a group, to tie ◇ s'unir, s'associer, unir ✱ 5977.

团员 tuán yuán ∘ member of the communist youth league ◇ membre de la ligue jeunesse communiste ✱ 9127.

团圆 tuán yuán ∘ reunion ◇ se réunir; se retrouver ✱ 10968.

囮 é +10946 囗亻匕 | decoy, bait to catch birds ◇ appât pour attraper des oiseaux [Etym] 囗 2440 (rad: 031a 3-04), 化 485 [Graph] 071a 411e 321b.

困 kùn (2446) 囗木 | [Tra] stranded; distress ◇ lassitude; peine [Etym] {1} tree (2= 木 723) in a box (1= 囗 2440); {2} wood closing entrance (1,2=prim) ◇ {1} un arbre (2= 木 723) en boîte (1= 囗 2440); {2} du bois fermant une entrée (1,2=prim) [Graph] 071a 422a [Ref] h868, k465, ph286, w119b, wa121, wi796 [Hanzi] kun3 捆 2721, kun3 悃 3387, kun3 綑 6283, kun3 阃 8051, kun3 閫 8801, kun4 睏 10103, kun4 困 10947.

困 kùn +10947 囗木 | 睏 3° *10103 | 1° to be stranded, distress 2° to surround, to wrap 3° tired 4° sleepy 5° poverty ◇ 1° accablé, détresse, peine, réduire ou être réduit à l'extrémité 2° entourer 3° lassitude, épuisé 4° avoir sommeil 5° misère, pauvre [Etym] 囗 2440 (rad: 031a 3-04), 困 2446 [Graph] 071a 422a.

困倦 kùn juàn ∘ sleepy, tired ◇ fatigué et assoupi ✱ 2818.

困苦 kùn kǔ ∘ to live in poverty; poverty-stricken ◇ misérable, pauvre, indigent ✱ 3946.

困难 kùn nán ∘ difficult ◇ difficile ✱ 6505.

囷 qūn (2447) 囗禾 | [Tra] round granary ◇ grenier à blé [Etym] grain (2= 禾 760) in a granary (1= 囗 2440) ◇ des céréales (2= 禾 760) dans un enclos ou un grenier (1= 囗 2440) [Graph] 071a 422d [Ref] ph351, w121b, wa114 [Hanzi] jun1 jun4 菌 4018, qun2 麕 6957, qun1 囷 10948.

囷 qūn +10948 囗禾 | round granary ◇ grenier à blé rond [Etym] 囗 2440 (rad: 031a 3-05), 囷 2447 [Graph] 071a 422d.

圉 yǔ (2448) 囗土羊 | [Tra] prison; guard; stable ◇ prison; confins [Etym] criminal (2,3= 幸 836); confined (1= 囗 2440) ◇ criminel (2,3= 幸 836) emmuré (1= 囗 2440) [Graph] 071a 432a 413c [Ref] w102g [Hanzi] yu3 yu3 圉 10949.

圉 yǔ +10949 囗土羊 | 圄 +10961 | See ◇ Voir 囹圄 ling2-yu3 10937-10961 [Etym] 囗 2440 (rad: 031a 3-08), 圉 2448 [Graph] 071a 432a 413c.

△ yǔ | 1° horse stable 2° to guard 3° prison 4° pasture lands 5° confines of empire ◇ 1° étable 2° empêcher, entraver, garder 3° prison 4° pâturages 5° confins de l'empire.

園 yuán *10950 囗土口𧘇 | 园 +10944 | 1° garden 2° enclosure (recreation) 3° orchard 4° zoo ◇ 1° jardin 2° enclos (récréation) 3° verger 4° zoo [Etym] 囗 2440 (rad: 031a 3-10), 袁 854 [Graph] 071a 432a 011a 312h.

国 guó *10951 囗王 | 国 -10952 ↘ 國 *10954 | 1° country, nation, state 2° of our country, Chinese 3° surname ◇ 1° pays, nation, état 2° d'état, chinois 3° nom propre [Etym] 囗 2440 (rad: 031a 3-04), 王 903 [Graph] 071a 432e.

国 guó (2449) 囗玉 | [Tra] country; state; nation ◇ pays; état; nation [Etym] boundaries (1= 囗 2440); jade, precious (2= 玉 938) ◇ frontières (1= 囗 2440); jade, précieux (2= 玉 938) [Graph] 071a 432o [Ref] h123, w74a, w83a [Hanzi] guo2 涸 599, guai1 guo2 掴 2722, guo2 腘 8248, guo2 帼 8410, guo1 啯 9252, guo1 蝈 10354, guo2 国 10952.

国 guó -10952 囗玉 | 國 *10954 ↘ 国 *10951 | 1° country, nation, state 2° of our country, Chinese 3° surname ◇ 1° pays, nation, état 2° d'état, chinois 3° nom propre [Etym] 囗 2440 (rad: 031a 3-05), 国 2449 [Graph] 071a 432o.

国籍 guó jí ∘ nationality ◇ nationalité ✱ 787.

国会 guó huì ∘ National Assembly; parliament ◇ assemblée nationale, parlement ✱ 1382.

国有化 guó yǒu huā ∘ to nationalize; nationalization ◇ nationaliser; nationalisation ✱ 1525 2834.

国歌 guó gē ∘ national anthem ◇ hymne national ✱ 2237.

国货 guó huò ∘ national goods ◇ produits du pays ✱ 2836.

国徽 guó huī ∘ national emblem ◇ emblème national ✱ 3160.

国营 guó yíng ∘ state-run; state-owned (corporation) ◇ d'Etat (entreprise, etc.) ✱ 3837.

国境 guó jìng ∘ territory ◇ frontières nationales; territoire ✱ 4762.

国都 guó dū ∘ national capital ◇ capitale du pays ✱ 5054.

国王 guó wáng ∘ king ◇ roi ✱ 5061.

国务院 guó wù yuàn ∘ State Council ◇ Conseil des Affaires d'Etat ✱ 6533 6771.

国际 guó jì ∘ international ◇ international ✱ 6734.

国际法 guó jì fǎ。international law ◇droit international ＊ 6734 217.

国防 guó fáng。national defense ◇ défense nationale ＊ 6773.

国庆节 guó qìng jié。National Day ◇fête nationale ＊ 6880 3805.

国库 guó kù。state treasury ◇ trésor public, trésor de l'Etat ＊ 6930.

国家 guó jiā。motherland, country ◇ pays, Etat ＊ 7747.

国宾 guó bīn。state guest ◇ hôte d'Etat ＊ 7765.

国旗 guó qí。national flag ◇ drapeau national ＊ 7941.

国民 guó mín。national, citizen ◇ citoyen, national ＊ 8712.

国界 guó jiè。national boundaries ◇ frontières d'un pays ＊ 10415.

国画 guó huà。traditional Chinese painting ◇ peinture traditionnelle chinoise ＊ 10453.

圊 qīng +10953 ⍰主月 | privy, toilet, lavatory ◇ latrines, ordures, cabinet de toilette [Etym] ⍰ 2440 (rad: 031a 3-08), 青 946 [Graph] 071a 433a 856e.

國 guó (2450) ⍰戈口一 | [Tra] country; state; nation ◇ pays; état; nation [Etym] borders (1= ⍰ 2440); phon, protected zone (2,3,4= 或 1061) ◇ frontières (1= ⍰ 2440); phon, zône gardée (2,3,4= 或 1061) [Graph] 071a 512b 011a acc:z [Ref] h123, k480, ph625, r85, w71j, wi70 [Hanzi] guo2 漍 600, guai1 guo2 摑 2723, guo2 膕 8249, guo2 幗 8411, guo1 嘓 9253, guo1 蟈 10355, guo2 國 10954.

國 guó *10954 ⍰戈口一 | 国 -10952、囯 *10951 | 1° country, nation, state 2° of our country, Chinese 3° surname ◇ 1° pays, nation, état 2° d'état, chinois 3° nom propre [Etym] ⍰ 2440 (rad: 031a 3-08), 國 2450 [Graph] 071a 512d 011a ac:z.

圂 hùn (2451) ⍰豕 | [Tra] dirty; filthy; mess ◇ impur; sale; fouillis [Etym] sty (1= ⍰ 2440) for pigs (2= 豕 1100) ◇ une soue (1= ⍰ 2440) à cochons (2= 豕 1100) ou porcherie [Graph] 071a 522a [Ref] k115, ph538, w74a [Hanzi] hun4 溷 601, hun4 圂 10955.

圂 hùn *10955 ⍰豕 | 溷 +601 | 1° dirty, unclean, privy 2° pigsty ◇ 1° impur, sale, confus, latrines 2° porcherie [Etym] ⍰ 2440 (rad: 031a 3-07), 圂 2451 [Graph] 071a 522a.

囡 nān +10956 ⍰女 | 囝 +10958 | 1° child 2° slave-girl ◇ 1° enfant, jeune enfant 2° fille, petit domestique [Etym] ⍰ 2440 (rad: 031a 3-03), 女 1122 [Graph] 071a 611e.

图 tú -10957 ⍰夂丶 | 圖 *10970 | 1° picture, drawing, to sketch 2° plan, to scheme, to estimate, to calculate 3° to seek, to try for 4° intention ◇ 1° dessin, tableau 2° plan, projeter, calculer, méditer 3° convoiter 4° intention [Etym] ⍰ 2440 (rad: 031a 3-05), 冬 1287 [Graph] 071a 633e 211b.

图章 tú zhāng。seal ◇ cachet, sceau ＊ 673.

图钉 tú dìng。bug, nail ◇ punaise ＊ 1934.

图钉 tú dīng。drawing pin ◇ punaise, clou ＊ 1934.

图形 tú xíng。figure, graph ◇ figure, graphique ＊ 4046.

图表 tú biǎo。chart, graph, diagram ◇ tableau, graphique, schéma ＊ 5250.

图纸 tú zhǐ。plane ◇ plan ＊ 5990.

图书 tú shū。maps and books ◇ cartes et livres ＊ 7291.

图书馆 tú shū guǎn。library ◇ bibliothèque ＊ 7291 1869.

图案 tú àn。pattern, design ◇ dessin, peinture décorative, pattern, motif ＊ 7749.

图画 tú huà。drawing, picture ◇ dessin, tableau, peinture ＊ 10453.

图片 tú piàn。picture ◇ image, tableau ＊ 11006.

囝 jiǎn +10958 ⍰子 | 1° sons 2° slave-boy, male servant ◇ 1° fils 2° petit domestique [Etym] ⍰ 2440 (rad: 031a 3-03), 子 1303 [Graph] 071a 634d.

△ nān | 囡 +10956 | 1° child 2° slave-girl ◇ 1° enfant, jeune enfant 2° fille, petit domestique.

围 wéi (2452) ⍰韦 | [Tra] to surround; around ◇ encercler, circonférence [Etym] enclosure (1= ⍰ 2440); phon, flexible, leather (2= 韦 1508) ◇ enceinte (1= ⍰ 2440); phon, flexible, cuir (2= 韦 1508) [Graph] 071a 734e [Hanzi] wei2 涠 602, wei2 围 10959.

围 wéi -10959 ⍰韦 | 圍 *10960 | 1° to surround 2° all around 3° circumference 4° surrounding wall 5° to besiege, to enclose ◇ 1° entourer 2° tout autour 3° circonférence 4° enceinte, clôture 5° enfermer, assiéger [Etym] ⍰ 2440 (rad: 031a 3-04), 韦 1508 [Graph] 071a 734e.

围棋 wéi qí。go game ◇ jeu de go ＊ 4238.

围绕 wéi rǎo。round, around; to center on ◇entourer, tourner autour de; à propos de, sur ＊ 5991.

围巾 wéi jīn。scarf, sash ◇ écharpe, cache-nez, foulard ＊ 8377.

圍 wéi (2453) ⍰五口㐄 | [Tra] to surround, around ◇ encercler, circonférence [Etym] enclosure (1= ⍰ 2440); phon, flexible, leather (2,3,4= 韋 1547) ◇ enceinte (1= ⍰ 2440); phon, flexible, cuir (2,3,4= 韋 1547) [Graph] 071a 822a 011a 712b [Hanzi] wei2 潿 603, wei2 圍 10960.

圍 wéi *10960 ⍰五口㐄 | 围 -10959 | 1° to surround 2° all around 3° circumference 4° surrounding wall 5° to besiege, to enclose ◇ 1° entourer 2° tout autour 3° circonférence 4° enceinte, clôture 5° enfermer, assiéger [Etym] ⍰ 2440 (rad: 031a 3-09), 韋 1547 [Graph] 071a 822a 011a 712b.

圄 yǔ +10961 | 圉 +10949 | See ◇ Voir 囹圄 ling2-yu3 10937-10961 [Etym] 囗 2440 (rad: 031a 3-07), 吾 1549 [Graph] 071a 822b 011a.

囤 dùn +10962 | round grain bin ◇ grande corbeille pour le grain [Etym] 囗 2440 (rad: 031a 3-04), 屯 1647 [Graph] 071a 842e.

△ tún | to store up, to hoard ◇ accumuler, stocker.

囫 hú +10963 | [Etym] 囗 2440 (rad: 031a 3-04), 勿 1765 [Graph] 071a 852e.

囫囵 hú lún ∘ 1° whole; 2° rough ◇ 1° tout entier, intact, tout à la fois; 2° rude ✱ 10936.

圃 pǔ +10964 | 1° garden, orchard, plot of land 2° gardener 3° to cultivate ◇ 1° jardin, potager, verger, terrain 2° jardinier 3° cultiver [Etym] 囗 2440 (rad: 031a 3-07), 甫 1914 [Graph] 071a 858n.

回 huí (2454) | [Tra] to go back; reply ◇ retour; répondre [Etym] simplification of a symbolic helicoidal line (prim) ◇ simplification d'une ligne hélicoïdale symbolique (prim) [Graph] 071a 011a [Ref] h86, k108, ph211, w76a, wa36, wi62 [Hanzi] hui2 洄 604, huai2 徊 3181, hui2 茴 4019, hui2 蛔 10356, hui2 回 10965, hui2 廻 10966, hui2 迴 10967.

回 huí +10965 | 囬 *10928 、迴 *10967 、廻 *10966 | 1° circle, wind 2° to go back, to revert to 3° turn round 4° to reply 5° chapter 6° the Hui nationality 7° Moslems 8° time ◇ 1° tour, cercle 2° revenir, retourner, concept de retour 3° tourner en rond 4° répondre 5° chapitre 6° le groupe ethnique Hui 7° Musulmans 8° fois [Etym] 囗 2440 (rad: 031a 3-03), 回 2454 [Graph] 071a 011a.

回音 huí yīn ∘ echo; reply ◇ écho, réponse ✱ 665.

回答 huí dá ∘ to answer, to reply ◇ répondre, réponse ✱ 742.

回头 huí tóu ∘ to turn one's head ◇ tourner la tête ✱ 1598.

回访 huí fǎng ∘ to pay a return visit ◇ visite en retour ✱ 1801.

回忆 huí yì ∘ memory, to remember ◇ souvenir, mémoire ✱ 3390.

回忆录 huí yì lù ∘ memoirs, recollections ◇ mémoires ✱ 3390 7388.

回芯 huí xìn ∘ to write back; reply ◇ réponse; lettre de réponse ✱ 3603.

回升 huí shēng ∘ to pick up; to rise again ◇ remonter ✱ 4044.

回来 huí lái ∘ to come back ◇ revenir ✱ 4672.

回去 huí qù ∘ to go back ◇ retourner ✱ 4870.

回声 huí shēng ∘ echo ◇ écho ✱ 5018.

回顾 huí gù ∘ to look back, to review ◇ regarder en arrière, passer en revue ✱ 6849.

回家 huí jiā ∘ to go back home ◇ rentrer chez soi, retourner à la maison ✱ 7747.

回避 huí bì ∘ to avoid, to dodge, to evade ◇ éviter, se retirer, s'esquiver, se dérober ✱ 8653.

廻 huí *10966 | 回 +10965 、囬 *10928 、迴 *10967 | 1° circle, wind 2° to go back, to revert to 3° turn round 4° to reply 5° chapter 6° the Hui nationality 7° Moslems 8° time ◇ 1° tour, cercle 2° revenir, retourner, concept de retour 3° tourner en rond 4° répondre 5° chapitre 6° le groupe ethnique Hui 7° Musulmans 8° fois [Etym] 廴 1345 (rad: 054a 2-06), 回 2454 [Graph] 071a 011a 634n.

迴 huí *10967 | 回 +10965 、囬 *10928 、廻 *10966 | 1° circle, wind 2° to go back, to revert to 3° turn round 4° to reply 5° chapter 6° the Hui nationality 7° Moslems 8° time ◇ 1° tour, cercle 2° revenir, retourner, concept de retour 3° tourner en rond 4° répondre 5° chapitre 6° le groupe ethnique Hui 7° Musulmans 8° fois [Etym] 辶 1346 (rad: 162b 3-06), 回 2454 [Graph] 071a 011a 634o.

圆 yuán -10968 | 圓 *10969 | 1° round, circular, spherical, circle 2° satisfactory, tactful, complete, to fill out, full (voice, etc.) 3° to justify, to make credible 4° Chinese yuan, dollar 5° vault of heaven ◇ 1° rond, circulaire, cercle, sphérique 2° satisfaisant, parfait, complet, étoffé, pleine (voix) 3° justifier, rendre crédible 4° yuan chinois, dollar 5° voûte céleste [Etym] 囗 2440 (rad: 031a 3-07), 员 2077 [Graph] 071a 011a 854b.

圆满 yuán mǎn ∘ complete, satisfactory ◇ parfait, complet, satisfaisant, avec succès ✱ 176.

圆形 yuán xíng ∘ circular, round ◇ circulaire, rond ✱ 4046.

圆珠笔 yuán zhū bǐ ∘ ball-point pen ◇ stylo à bille ✱ 5111 754.

圆盘耙 yuán pán bà ∘ disc harrow ◇ herse à disques ✱ 8318 4693.

圆桌 yuán zhuō ∘ round table ◇ table ronde ✱ 10003.

圆圈 yuán quān ∘ circle, ring ◇ cercle, rond ✱ 10943.

圓 yuán *10969 | 圆 -10968 | 1° round, circular, spherical, circle 2° satisfactory, tactful, complete, to fill out, full (voice, etc.) 3° to justify, to make credible 4° Chinese yuan, dollar 5° vault of heaven ◇ 1° rond, circulaire, cercle, sphérique 2° satisfaisant, parfait, complet, étoffé, pleine (voix) 3° justifier, rendre crédible 4° yuan chinois, dollar 5° voûte céleste [Etym] 囗 2440 (rad: 031a 3-10), 員 2104 [Graph] 071a 011a 023b.

圖 tú (2455) | [Tra] plan; draw ; count ◇ plan; dessin; calcul [Etym] a large close (1= 囗 2440) to replace one too small (< 鄙 2109) ◇ un grand espace (1= 囗 2440) à la place du trop petit (< 鄙 2109) [Graph] 071a 011a 071b 011a [Ref] k719, w76f, wa81 [Hanzi] tu2 圖 10970.

圖 tú *10970 | 图 -10957 | 1° picture, drawing, to sketch 2° plan, to scheme, to estimate, to calculate 3° to seek, to try for 4° intention ◇

1° dessin, tableau 2° plan, projeter, calculer, méditer 3° convoiter 4° intention [Etym] 囗 2440 (rad: 031a 3-11), 圖 2455 [Graph] 071a 011a 071e 011a.

固 gù (2456) 囗古 |[Tra] strong; firm; resolute ◇ ferme; solide; obstiné [Etym] close (1= 囯 2449); phon, long in place (2= 古 2155) ◇ un enclos (1= 囯 2449); phon, longtemps en place (2= 古 2155) [Graph] 071a 013f [Ref] h476, k422, ph368, w24f, wi28 [Hanzi] he2 涸 605, ge4 箇 916, gu4 錮 1367, gu4 锢 2129, ge3 ge4 個 3089, gu4 堌 4981, gu4 痼 7143, gu4 崮 7623, gu4 固 10971.

固 gù +10971 囗古 |1° firm, strong 2° resolutely, assuredly 3° to consolidate 4° originally 5° admittedly ◇ 1° ferme, solide 2° avec certitude, résolument, opiniâtre 3° fortifier 4° initialement 5° naturellement, de tous temps [Etym] 囗2440 (rad: 031a 3-05), 固 2456 [Graph] 071a 013f.

固有 gù yǒu。intrinsic; inherent ◇ inné, inhérent * 1525.

固执 gù zhí。stubborn, resolute ◇ ferme, obstiné; têtu, buté * 2729.

固体 gù tǐ。solid body ◇ solide (phys.) * 2872.

固然 gù rán。assuredly, certainly ◇ assurément, certainement; sans doute ... mais * 6452.

固定 gù dìng。to fix, to regularize; fixed ◇ fixer; régulariser; immobiliser; invariable * 7734.

專 tuán (2457) 囗叀寸 |[Tra] round, circle ◇ rond, cercle [Etym] enclosure (1= 囗 2440); phon, to tie (21,3= 專 2351) ◇ enceinte (1= 囗 2440); phon, relier (2,3= 專 2351) [Graph] 071a 042f 332b [Hanzi] tuan2 糰 4651, tuan2 團 10972.

團 tuán *10972 囗叀寸 | 团 -10945、糰 *4651 2° | 1° round, circle, ring 2° ball-shaped object 3° to roll 4° to unite 5° group, society 6° regiment 7° measure-word (ball, lump) ◇ 1° rond, cercle, cercler 2° object sphérique 3° rouler 4° s'unir 5° groupe, société 6° régiment 7° spécificatif (boule, balle) [Etym] 囗 2440 (rad: 031a 3-11), 專 2351 [Graph] 071a 042f 332b.

罛 kū +10973 囗四方 |place in Shanxi ◇ lieu du Shanxi [Etym] 囗 2440 (rad: 031a 3-09), 男 2392 [Graph] 071a 051a 853b.

圜 huán +10974 囗四曰𧘇 |1° to surround, circle 2° alarmed ◇ 1° entourer, rond 2° alarmé [Etym] 囗 2440 (rad: 031a 3-13), 睘 2394 [Graph] 071a 051a 012a 312h.

△ yuán |◇.

稟 lǐn (2458) 亩口示 |[Tra] to report; receive ◇ informer; recevoir [Etym] different writing for (稟 2459) ◇ autre graphie pour (稟 2459) [Graph] 071b 011a 3311 [Ref] wa81 [Hanzi] lin3 凜 42, lin3 懔 3388, lin3 檁 4472, lan3 壈 4982, lin3 廩 6989, bing3 稟 10975.

稟 bǐng +10975 亩口示 | 稟 10976 | 1° to report (to one's superior) 2° to receive ◇ 1° informer un supérieur 2° recevoir [Etym] 示 431 (rad: 113a 5-08), 稟 2458 [Graph] 071b 011a 3311.

稟 lǐn (2459) 亩口禾 |[Tra] to report; receive ◇ informer; recevoir [Etym] double walled close and roof (1,2=prim); grain (3= 禾 760) ◇ entrepôt à doubles enceintes et toit (1,2=prim); blé (3= 禾 760) [Graph] 071b 011a 422d [Ref] ph746, w76c [Hanzi] lin3 凛 43, lin3 懔 3389, lin3 檩 4473, lin3 廪 6990, bing3 稟 10976.

稟 bǐng 10976 亩口禾 | 稟 +10975 | 1° to report (to one's superior) 2° to receive ◇ 1° informer un supérieur 2° recevoir [Etym] 禾 760 (rad: 115a 5-08), 稟 2459 [Graph] 071b 011a 422d.

亶 dǎn (2460) 亩口日⺀ |[Tra] to trust; truth ◇ vérité; sincérité [Etym] granary (1,2= 稟 2459) ->plenty; phon, clear (3= 旦 2170) ◇ un grenier (1, 2< 稟 2459) ->plénitude; phon, clarté (3= 旦 2170) [Graph] 071b 011a 021a acc:z [Ref] k967, ph762, w76d [Hanzi] chan2 澶 606, zhan1 氈 2193, shan4 擅 2724, shan1 羶 3440, tan2 檀 4474, tan2 壇 4983, shan4 嬗 5874, shan1 膻 8250, zhan1 鳣 10554, zhan1 鱣 10653, dan3 亶 10977, zhan1 氈 10978, zhan1 邅 10979, chan4 zhan4 颤 10980, chan4 zhan4 顫 10981, zhan1 鹯 10982, zhan1 鸇 10983.

亶 dǎn +10977 亩口日⺀ |1° granary filled with grain 2° to trust, sincerely 3° true, accuracy ◇ 1° grenier plein 2° confiance, sincérité 3° exactitude, vérité [Etym] 亠 2 (rad: 008a 2-11), 亶 2460 [Graph] 071b 011a 021a ac:z.

氈 zhān *10978 亩口日⺀毛 | 毡 +2190、氊 *2193 | rough felt ◇ feutre [Etym] 毛 403 (rad: 082a 4-13), 亶 2460 [Graph] 071b 011a 021a ac:z 321g.

邅 zhān +10979 亩口日⺀辶 |1° to turn around, to remove 2° faltering 3° hesitant ◇ 1° tourner, louvoyer 2° chancelant 3° hésitant [Etym] 辶 1346 (rad: 162b 3-13), 亶 2460 [Graph] 071b 011a 021a ac:z 634o.

颤 chàn -10980 亩口日⺀页 | 顫 *10981 | to shake, to tremble ◇ secouer, trembler [Etym] 页 1802 (rad: 181s 6-13), 亶 2460 [Graph] 071b 011a 021a ac:z 854d.

△ zhàn | 顫 *10981 | 1° to shake 2° to tremble 3° to shudder ◇ 1° trembler, secouer 3° frissonner.

顫 chàn *10981 亩口日⺀頁 | 颤 -10980 | to shake, to tremble ◇ secouer, trembler [Etym] 頁 2267 (rad: 181a 9-13), 亶 2460 [Graph] 071b 011a 021a ac:z 023f.

△ zhàn | 颤 -10980 | 1° to shake 2° to tremble 3° to shudder ◇ 1° trembler, secouer 3° frissonner.

鹯 zhān -10982 亩口日⺀鸟 | 鸇 *10983 | sparrow-hawk ◇ crécerelle [Etym] 鸟 2494 (rad: 196s 5-13), 亶 2460 [Graph] 071b 011a 021a ac:z Z22e.

鸇 zhān *10983 亩口日⺀鳥 | 鹯 -10982 | sparrow-hawk ◇ crécerelle [Etym] 鳥 2500 (rad: 196a 11-13), 亶 2460 [Graph] 071b 011a 021a ac:z Z22h.

囱 chuāng (2461) 囱夂 [Tra] window; chimney ◇ fenêtre; cheminée [Etym] window closed with lattices (prim) ◇ une fenêtre fermée par des lattes (prim) [Graph] 071c 633e [Ref] r44s, w40d [Hanzi] chuang1 窗 7841, cong1 囱 10984, cong1 悤 10985.

囱 cōng +10984 囱夂 chimney ◇ cheminée [Etym] ⍰ 2440 (rad: 031a 3-04), 囱 2461 [Graph] 071c 633e.

悤 cōng (2462) 囱夂心 [Tra] in a hurry ◇ presser; hâte [Etym] feeling (3= 心 397) while looking through window (1,2= 囱 2461) ◇ sentiments (3= 心 397) d'une attente à la fenêtre (1,2= 囱 2461) [Graph] 071c 633e 321c [Ref] k1118, ph656, w40d, wi287, wi586 [Hanzi] zong3 傯 3090, cong1 蔥 4020, cong1 聰 5481, zong3 總 6284, chuang1 窻 7842, cong1 悤 10985, chuang1 牕 11014, cong1 驄 11086, cong1 驄 11144.

悤 cōng *10985 囱夂心 | 匆 +7900 、 忽 *7901 | in a hurry ◇ presser, à la hâte [Etym] 心 397 (rad: 061a 4-07), 悤 2462 [Graph] 071c 633e 321c.

靣 miàn (2463) 靣口 [Tra] face; aspect; outside ◇ face; visage; surface [Etym] different writing for (面 2438) ◇ autre graphie pour (面 2438) [Graph] 071d 011a [Ref] h395 [Hanzi] mian4 靣 10986 [Rad] 176b.

靣 miàn *10986 靣口 | 面 +10929 、 麵 8°9° *4100 、 麪 *4101 | 1° face 2° to face 3° surface, top 4° directly, personally 5° cover, outside 6° side, aspect 7° extent, scope 8° powder, flour 9° noodles 10° measure-word ◇ 1° face, visage 2° faire face à 3° surface, dessus, plan 4° en face, en personne 5° couvercle, extérieur 6° côté, façade 7° étendue, portée 8° poudre, farine 9° nouilles 10° spécificatif [Etym] 靣 2463 (rad: 176b 8-00), [Graph] 071d 011a.

丩 Z11

丩 jiū (2464) 丩 [Tra] curved; entangled ◇ courbé; emmêlé [Etym] {1} entangled creeping plants (prim); {2} entangled silk (prim) ◇ {1} des plantes rampantes entremêlées (prim); {2} de la soie emmêlée (prim) [Graph] Z11a [Ref] k400, ph4, w54f, wa93, wi366 [Hanzi] jiu1 赳 4857, jiu1 纠 6091, jiu1 糾 6285, jiao4 叫 9255, qiu2 虬 10357, shou1 収 10988.

收 shōu (2465) 丩攵 [Tra] to receive; gather ◇ recueillir; recevoir [Etym] hand holding rod (2= 攵 340); phon, grasping plants (1= 丩 2464) ◇ main tenant bâton (2= 攵 340); phon, plante agripante (1= 丩 2464) [Graph] Z11a 243c [Hanzi] qiao2 荍 4021, shou1 收 10987.

收 shōu +10987 丩攵 | 収 *10988 | 1° to receive, to accept, to contain 2° to put away 3° to gather in, to harvest 4° income 5° to restrain, to control 6° to close ◇ 1° recevoir, recueillir 2° remettre à sa place, récupérer 3° ramasser, récolter 4° revenu 5° contrôler 6° conclure, fermer [Etym] 攵 340 (rad: 066b 4-02), 收 2465 [Graph] Z11a 243c.

收音机 shōu yīn jī ◦ radio ◇ poste de radio ✱ 665 4478.

收入 shōu rù ◦ to take in; income, revenue, earnings ◇ recevoir, recueillir; recettes, revenu ✱ 1082.

收买 shōu mǎi ◦ to purchase ◇ acheter ✱ 1599.

收拾 shōu shí ◦ to put, set in order; to repair ◇ ranger, ordonner; réparer; en finir avec ✱ 2357.

收据 shōu jù ◦ receipt ◇ récépissé, reçu, quittance ✱ 2650.

收藏 shōu cáng ◦ to collect, to store up ◇ collectionner, recueillir et conserver ✱ 3721.

收获 shōu huò ◦ harvest ◇ récolter, moissonner; résultat, acquis; succès ✱ 3724.

收工 shōu gōng ◦ to stop work for the day ◇ finir la journée de travail ✱ 4698.

收集 shōu jí ◦ to collect, to gather ◇ collectionner, recueillir ✱ 5492.

收成 shōu chéng ◦ harvest, crop ◇ récolte, moisson ✱ 5550.

收到 shōu dào ◦ to have received, to have got ◇ avoir reçu ✱ 5914.

收支 shōu zhī ◦ income and expenses ◇ recettes et dépenses ✱ 6522.

收条 shōu tiáo ◦ receipt ◇ récépissé, reçu ✱ 6531.

收割 shōu gē ◦ to harvest ◇ moissonner, récolter ✱ 7722.

收购 shōu gòu ◦ to buy ◇ acheter ✱ 7978.

收留 shōu liú ◦ to take somebody. in ◇ recevoir, héberger, retenir chez soi ✱ 8822.

收听 shōu tīng ◦ to listen in ◇ prendre l'écoute (radio) ✱ 9066.

收回 shōu huí ◦ to take back; to withdraw ◇ reprendre, récupérer; annuler, retirer ✱ 10965.

収 shōu *10988 丩又 | 收 +10987 | 1° to receive, to accept, to contain 2° to put away 3° to gather in, to harvest 4° income 5° to restrain, to control 6° to close ◇ 1° recevoir, recueillir 2° remettre à sa place, récupérer 3° ramasser, récolter 4° revenu 5° contrôler 6° conclure, fermer [Etym] 又 1271 (rad: 029a 2-02), 丩 2464 [Graph] Z11a 633a.

丱 guān (2466) 丱 [Tra] tufts of hair ◇ touffes de poil [Etym] {?}tufts of hair (prim); {?}motions (prim,> 䜌 1180) ◇ {?} touffes de poil (prim); {?} mouvement (prim,> 䜌 1180) [Graph] Z11b [Ref] k443, w92g.

爿 Z12

爿 pán (2467) 爿 [Tra] wooden plank, bed; thick ◇ planche, lit; épais [Etym] left half of a tree (prim) (< 木 723, 兵 1469) ->strong (# 片 2471) ◇ la moitié gauche d'un arbre (prim) (< 木 723, 兵 1469) ->fort (# 片 2471) [Graph] Z12a [Ref] k1062, ph41, r20f, r366, w127b, wa137, wi84 [Hanzi] pan2 爿 10989, zhuang4 狀 10990, zhuang4 壯 10995, qiang1 戕 10998, zhuang1 妝 10999, qiang1 斨 11005, zha2 牐 11008 [Rad] 090a.

爿 pán +10989 爿 1° chopped wood, slit bamboo 2° measure-word ◇ 1° bois coupé 2° spécificatif [Etym] 爿 2467 (rad: 090a 4-00), [Graph] Z12a.

狀 zhuàng *10990 爿犬 状 +3190 1° form, shape, appearance 2° state, condition 3° to describe 4° report, account, to declare 5° accusation 6° certificate ◇ 1° forme, apparence, air 2° état, situation 3° décrire, dépeindre 4° rapport officiel, liste, raconter, avouer 5° accusation 6° certificat [Etym] 犬 295 (rad: 094a 4-04), 爿 2467 [Graph] Z12a 242i.

牁 kē +10991 爿可口 See ◇ Voir 牂牁 zang1-ke1 10992-10991 [Etym] 爿 2467 (rad: 090a 4-05), 可 421 [Graph] Z12a 331c 011a.

牂 zāng +10992 爿羊 ewe ◇ brebis [Etym] 爿 2467 (rad: 090a 4-06), 羊 579 [Graph] Z12a 414b.

牂牁 zāng kē 。 ancient river and place ◇ nom d'une rivière et d'un lieu de jadis * 10991.

牀 chuáng *10993 爿木 床 +6896 bed, sofa ◇ lit [Etym] 爿 2467 (rad: 090a 4-04), 木 723 [Graph] Z12a 422a.

牆 qiáng *10994 爿土人人回口 墙、墻 -4832、*4816 wall ◇ mur [Etym] 爿 2467 (rad: 090a 4-13), 嗇 828 [Graph] Z12a 432a 232a 232a 071a 011a.

壯 zhuàng (2468) 爿士 [Tra] strong; grand ◇ robuste; fanfaron [Etym] {1} a strong (1= 爿 2467) officer (2= 士 856); {2} wooden wall (1= 爿 2467) filled with earth (2< 土 826) ◇ {1} un fonctionnaire (2= 士 856) puissant (1= 爿 2467); {2} un mur de bois (1= 爿 2467) rempli de terre (2< 土 826) [Graph] Z12a 432b [Ref] k1264, ph265, w127b, wa102, wi355 [Hanzi] zhuang1 莊 4022, zhuang4 壯 10995, zang4 zhuang3 奘 10996, zhuang1 裝 10997.

壯 zhuàng *10995 爿士 壮 +3191 1° strong, robust 2° grand, magnificent 3° to strengthen ◇ 1° robuste, solide 2° magnifique, éclatant 3° donner courage, encourager [Etym] 士 856 (rad: 033a 3-04), 壯 2468 [Graph] Z12a 432b.

奘 zàng +10996 爿士大 See ◇ Voir 玄奘 xuan2-zang4 6307-10996 [Etym] 大 257 (rad: 037a 3-07), 壯 2468 [Graph] Z12a 432b 242a.

△ zhuǎng big and thick, robust ◇ gros et épais, solide.

裝 zhuāng *10997 爿士衣 装 -3192 1° to dress up, to act as, to deck 2° clothing, outfit 3° stage makeup and costume 4° to pretend, to feign 5° to pack, to load, to contain 6° to assemble, to install ◇ 1° s'habiller, se déguiser en, jouer le rôle de 2° vêtement, accoutrement 3° costumes et maquillage de théâtre 4° prétendre, contrefaire, feindre 5° empaqueter, emballer, contenir, renfermer 6° installer [Etym] 衣 371 (rad: 145a 6-07), 壯 2468 [Graph] Z12a 432b 312i.

戕 qiāng +10998 爿戈 1° to kill 2° to wound ◇ 1° tuer 2° blesser [Etym] 戈 1057 (rad: 062a 4-04), 爿 2467 [Graph] Z12a 512b.

妝 zhuāng *10999 爿女 妆、粧 -3193、*4631 1° to adorn oneself, make up, rouge, trousseau 2° to feign ◇ 1° se maquiller, se farder, attifer, parure féminine 2° se déguiser, feindre [Etym] 女 1122 (rad: 038a 3-04), 爿 2467 [Graph] Z12a 611e.

將 jiāng (2469) 爿夕寸 [Tra] to handle; command ◇ manipuler; ordonner [Etym] to place (3= 寸 441) meat (2< 月 1823) on a wooden altar (1= 爿 2467) ◇ déposer (3= 寸 441) de la viande (2< 月 1823) sur un autel de bois (1= 爿 2467) [Graph] Z12a 631e 332b [Ref] h899, k1061, ph599, r371, w127b, wa125 [Hanzi] qiang1 鏘 1368, jiang3 蔣 4023, qiang4 蹡 9416, jiang1 螿 10654, jiang1 jiang4 將 11000, jiang3 獎 11001, jiang1 漿 11002, jiang3 槳 11003, jiang4 醬 11004.

將 jiāng *11000 爿夕寸 将 -3196 1° to support, to take 2° to take care of 3° to check 4° to challenge 5° with, by 6° to be about to, will, shall 7° to act, to handle, to take in the hand ◇ 1° soutenir, tenir 2° prendre soin de 3° vérifier 4° provoquer 5° avec, par 6° être sur le point de, imminence, particule du futur 7° faire, prendre en main [Etym] 寸 441 (rad: 041a 3-08), 將 2469 [Graph] Z12a 631e 332b.

△ jiàng 将 -3196 1° general 2° to lead, to command ◇ 1° général 2° commander, ordonner.

獎 jiǎng *11001 爿夕寸大 奖 -3197 1° to praise 2° to encourage 3° award, prize ◇ 1° louer 2° encourager 3° récompenser [Etym] 大 257 (rad: 037a 3-11), 將 2469 [Graph] Z12a 631e 332b 242a.

漿 jiāng *11002 爿夕寸水 浆 -3195 1° broth, congee, thick liquid 2° starch ◇ 1° bouillie gluante, liquide épais 2° lait (de soja) [Etym] 水 435 (rad: 085a 4-11), 將 2469 [Graph] Z12a 631e 332b 331p.

槳 jiǎng *11003 爿夕寸木 桨 -3194 oar ◇ rame [Etym] 木 723 (rad: 075a 4-11), 將 2469 [Graph] Z12a 631e 332b 422a.

醬 jiàng *11004 爿夕寸酉 酱 -3198 1° soya sauce, cooked or pickled in soy sauce 2° sauce, paste, jam ◇ 1° condiment de soja fermenté, cuit dans sauce de soja 2° bouillie, purée, pâte, confiture [Etym] 酉 2429 (rad: 164a 7-11), 將 2469 [Graph] Z12a 631e 332b 062c.

斨 qiāng +11005 爿斤 1° ancient ax 2° to hack, to chop ◇ 1° hache ancienne 2° frapper [Etym] 斤 1461 (rad: 069a 4-04), 爿 2467 [Graph] Z12a 722c.

爿 zhí (2470) 疒 [Tra] to lie in bed; sick ◇ être au lit; malade [Etym] a planck or bed (< 爿 2467); to lie (top horiz) ◇ une planche ou un lit (< 爿 2467); être allongé (horiz) [Graph] Z12b [Ref] w127c.

片 piān (2471) 片 [Tra] thin piece; leaf; bit ◇ morceau; plaque; mince [Etym] right half of a tree (prim) (< 木 723) ->thin (# 爿 2467) ◇la moitié droite d'un arbre (prim) (< 木 723) ->mince (# 爿 2467) [Graph] Z12c [Ref] h969, k735, r367, w127a, wa110 [Hanzi] pian1 pian4 片 11006, zha2 牐 11008, jian1 牋 11010, chuang1 牕 11014 [Rad] 091a.

片 piān +11006 片 [Etym] 片 2471 (rad: 091a 4-00), [Graph] Z12c.

片子 piān zǐ。1° roll of film, movie, film; 2° gramophone record, disc ◇ 1° rouleau de film, cinema; 2° disque ✱ 6546.

△ piàn 1° flat, thin piece 2° part of a place 3° to cut into slices 4° incomplete 5° measure-word for leaf, strip, bit, section 6° moment ◇ 1° pièce mince, tranche 2° secteur, quartier 3° trancher 4° incomplet 5° spécificatif pour feuille, morceau 6° un instant.

片儿 piàn ér。(measure word) slice, strip, bit ◇ tranche, quartier; couper en tranches fines ✱ 2194.

片刻 piàn kè。a moment; an instant ◇ un moment, un instant ✱ 6321.

片面 piàn miàn。unilateral; one-sided ◇ unilatéral, partial; incomplet ✱ 10929.

牍 dú -11007 片卖 | 牘 *11009 | 1° tablets, documents, archives 2° note, letter ◇ 1° tablette, écrit 2° missive, lettre [Etym] 片 2471 (rad: 091a 4-08), 卖 294 [Graph] Z12c 242h.

牐 zhá +11008 片千臼 1° shop front 2° wooden barrier blocking an ancient city gate 3° switch ◇ 1° devanture 2° barrière obstruant la porte de la cité 3° frein, bouton, interrupteur [Etym] 爿 2467 (rad: 090a 4-09), 片 2471 臿 574 [Graph] Z12c 413f 835d.

牘 dú *11009 片士罒貝 | 牍 -11007 | 1° tablets, documents, archives 2° note, letter ◇ 1° tablette, écrit 2° missive, lettre [Etym] 片 2471 (rad: 091a 4-15), 賣 886 [Graph] Z12c 432b 051a 023b.

牋 jiān *11010 片戈戈 See ◇ Voir 椾 4370 [Etym] 爿 2467 (rad: 090a 4-08), 片 2471 戔 1059 [Graph] Z12c 512b 512b.

牒 dié +11011 片世木 1° tablets 2° documents, records ◇ 1° pièce 2° document officiel [Etym] 片 2471 (rad: 091a 4-09), 枼 1349 [Graph] Z12c 711d 422a.

版 bǎn +11012 片厂又 1° board, printing plate 2° edition 3° page (of a newspaper) 4° diploma ◇ 1° tableau, plaque d'impression 2° édition 3° page (d'un journal) 4° diplôme [Etym] 片 2471 (rad: 091a 4-04), 反 1454 [Graph] Z12c 722a 633a.

版权 bǎn quán。copyright ◇ droit d'auteur, copyright ✱ 4277.

版图 bǎn tú。territory ◇ territoire ✱ 10957.

牖 yǒu (2472) 片户甫 [Tra] window; to teach ◇ fenêtre; enseigner [Etym] {?} leaf (片 2471), door (户 1981), action (尃 1915) ◇ {?} plaque (片 2471), porte (户 1981), action (尃 1915) [Graph] Z12c 931e 858n [Hanzi] you3 牖 11015.

牌 pái (2473) 片卑 [Tra] plate; board; brand ◇ plaque; enseigne [Etym] thin board (1= 片 2471); phon, regular (2= 卑 2366) ◇ plaque mince (1= 片 2471); phon, ordinaire (2= 卑 2366) [Graph] Z12c 043h [Hanzi] pai2 簰 917, pai2 牌 11013.

牌 pái +11013 片卑 1° plate, tablet, board 2° brand 3° cards, token 4° notice, warrant ◇ 1° plaque, tablette 2° marque (de fabrique), enseigne 3° cartes à jouer, médaille, jeton 4° patente, avis [Etym] 片 2471 (rad: 091a 4-08), 卑 2366 [Graph] Z12c 043h.

牌儿 pái ér。board ◇ enseigne ✱ 2194.

牌子 pái zǐ。sign; trademark ◇ panneau, marque ✱ 6546.

牕 chuāng *11014 片囱夂心 | 窗 +7841、窓 *7819、窻 *7842 | 1° inlaid metal-work 2° window ◇ 1° incruster, bijoux 2° fenêtre [Etym] 爿 2467 (rad: 090a 4-11), 片 2471 悤 2462 [Graph] Z12c 071c 633e 321c.

牖 yǒu +11015 片片户甫 1° window 2° to teach ◇ 1° fenêtre 2° enseigner [Etym] 片 2471 (rad: 091a 4-15), 牖 2472 [Graph] Z12c Z12c 931e 858n.

淵 yuān (2474) 淵 [Tra] whirlpool ◇ remous [Etym] water movements between two banks (prim) (> 水 435) ◇ l'agitation de l'eau entre deux rives (prim) (> 水 435) [Graph] Z12d [Ref] k1342, w125c [Hanzi] yuan1 渊 607, yin1 婣 5875.

丂 Z21

丂 qiǎo , kǎo (2475) 丂 [Tra] oppression ◇ oppression [Etym] difficult breathing (prim) ->to wish ◇ respiration difficile (prim) ->aspirer à [Graph] Z21b [Ref] k358, ph3, r4f, r65, r271, w58a [Hanzi] xiu3 朽 4475, qiao3 巧 4712, kao3 考 5057, hao2 hao4 号 9257, kao3 攷 11016.

攷 kǎo *11016 丂攵 See ◇ Voir 考 5057 [Etym] 攵 340 (rad: 066b 4-02), 丂 2475 [Graph] Z21b 243c.

亟 jí (2476) 丂口又二 [Tra] haste, urgent; often ◇ hâte, pressé; souvent [Etym] man (1> 人 170); work by words (2= 口 2063) and hands (3= 又 1271) ◇un homme (1> 人 170); le travail par la parole (2= 口 2063) et la main (3= 又 1271) [Graph] Z21b 011a 633a acc:z [Ref] k327, ph325, r20c, w2d, wi900 [Hanzi] ji2 極 4476, ji2 qi4 亟 11017.

亟 jí +11017 丂口又⺀ | 1° haste, speed 2° urgently 3° crisis ◇ 1° hâte, pressé 2° urgent 3° émoi [Etym] 二 4 (rad: 007a 2-06), 亟 2476 [Graph] Z21b 011a 633a ac:z.

△ qì | again and again, repeatedly ◇ souvent, sans arrêt.

亏 yú (2477) 亏 | [Tra] exclamation; to show ◇ exclamation; montrer [Etym] expansion (upper stroke) after difficult breath (< 丂 2475) ◇ une expansion (trait supér) après une respiration pénible (< 丂 2475) [Graph] Z21c [Ref] k1317, ph38, r24b, w58e, wi728 [Hanzi] wu1 污 608, kua1 夸 1569, wu1 杇 4477, wu1 圬 4984, wo4 肟 8251, yu2 雩 8465, kui1 亏 11018.

亏 kuī +11018 亏 | 虧 *7158 | 1° to lose (money), to have a deficit 2° deficient, short 3° to treat unfairly 4° fortunately 5° to wane ◇ 1° en déficit 2° faire défaut, dommage 3° manquer de 4° heureusement que 5° s'affaiblir [Etym] 二 4 (rad: 007a 2-01), 亏 2477 [Graph] Z21c.

亏本 kuī běn ∘ to lose one's capital ◇ perdre sur son capital * 4662.

亐 yú (2478) 亐 | [Tra] exclamation; to show ◇ exclamation; montrer [Etym] different writing for (亏 2477) ◇ autre graphie pour (亏 2477) [Graph] Z21d [Ref] w58e, wi728, wi929 [Hanzi] wu1 汚 609.

兮 xī (2479) 兮 | [Tra] exclamative final ◇ exclamation [Etym] to release (top< 八 127) oppression (< 丂 2475) ◇ relâcher (haut< 八 127) l'oppression (< 丂 2475) [Graph] Z21e [Ref] k123, w58d [Hanzi] xi4 盻 10105, xi1 兮 11019.

兮 xī +11019 兮 | exclamative final particle ◇ finale d'exclamation [Etym] 八 127 (rad: 012a 2-02), 兮 2479 [Graph] Z21e.

盆 xī (2480) 兮皿 | [Tra] small vase ◇ petit vase [Etym] container (2= 央 1943); phon (1= 兮 2479) ◇ récipient (2= 央 1943); phon (1= 兮 2479) [Graph] Z21e 922a [Ref] k124 [Hanzi] shi4 諡 9635.

与 yú (2481) 与 | [Tra] and; with; to give ◇ et; avec; donner [Etym] modern simplified form of (與 1600); spoonful (< 勺 1763, 与 2482) ◇ forme simplifiée moderne de (與 1600); cuillerée (< 勺 1763, 与 2482) [Graph] Z21f [Ref] w50j, w54h, wi41 [Hanzi] yu2 玙 5206, yu3 屿 7624, xie3 xie4 写 7686, yu2 yu3 yu4 与 11020, yu2 欤 11021.

与 yú -11020 与 | 與 *7451 | interjection expressing doubt and surprise: how! ◇ interjection du doute ou de la surprise: comment! [Etym] 一 3 (rad: 001a 1-02), 与 2481 [Graph] Z21f.

△ yǔ | 與 *7451 | 1° to give, to offer, to grant 2° to get along with 3° to support 4° with, for, comparable to 5° and 6° surname ◇ 1° donner, offrir, accorder 2° associé, faire société avec, s'adjoindre à, suivre 3° approuver, aider 4° avec, pour, à, comparable à 5° et, nom de famille.

与其 yǔ qí ∘ rather than ◇ plutôt que * 5428.

△ yù | 與 *7451 | to take part in ◇ participer à.

欤 yú +11021 与欠 | 歟 *7452 | final particle of irony or surprise: how! ◇ finale du doute ou de la surprise [Etym] 欠 178 (rad: 076a 4-03), 与 2481 [Graph] Z21f 232b.

与 yǔ (2482) 与 | [Tra] spoonful ◇ cuillerée [Etym] different writing for (勺 1763) (< 與 1600) ◇ autre graphie pour (勺 1763)(< 與 1600) [Graph] Z21g [Ref] w50j, w54h, wi479.

丐 gài (2483) 丐 | [Tra] to beg, beggar ◇ mendier, mendiant [Etym] different writing for elements 2,3,4 of (曷 2194) ◇ autre graphie pour éléments 2,3,4 de (曷 2194) [Graph] Z21i [Ref] k295, w10g [Hanzi] gai4 鈣 1369, gai4 钙 2130, gai4 丐 11022.

丐 gài +11022 丐 | to beg, beggar ◇ mendier, mendiant [Etym] 一 3 (rad: 001a 1-03), 丐 2483 [Graph] Z21i.

丏 miǎn (2484) 丏 | [Tra] to cover; to hide ◇ couvrir; cacher [Etym] {?} sitted woman, hiding legs under apron (prim) ◇ {?} une femme assise, jambes cachées sous le tablier (prim) [Graph] Z21j [Ref] k624, ph71, w112l, wi122 [Hanzi] mian3 沔 610, mian4 麪 4101, mian4 眄 10106, mian3 丏 11023.

丏 miǎn +11023 丏 | to cover, to hide ◇ couvrir, cacher [Etym] 一 3 (rad: 001a 1-03), 丏 2484 [Graph] Z21j.

𠂔 zǐ (2485) 𠂔 | [Tra] to stop ◇ arrêter [Etym] plant stopped in growth (prim) (< 市 1908, 丂 2475) (# 南 1881) ◇ une plante arrêtée dans sa croissance (prim) (< 市 1908, 丂 2475) (# 南 1881) [Graph] Z21k [Ref] k1090, ph86, w79g [Hanzi] zi3 第 918, zi3 秭 4589, zi3 姊 5876.

马 Z22

馬 mǎ (2486) 馬 | [Tra] horse; surname ◇ cheval; nom propre [Etym] horse (prim):mane and legs ->idea: to move ◇ un cheval (prim): sa crinière et ses pattes -> idée de mouvement [Graph] Z22a [Ref] h191, k592, ph552, r12, w137a, wa51, wi261 [Hanzi] du3 篤 919, ma4 禡 2294, ma3 瑪 5207, ma3 獁 5687, ma1 媽 5877, ma4 榪 6606, chuang3 chuang4 闖 8802, ma2 ma3 ma5 嗎 9262, ma3 碼 9788, ma1 ma3 ma4 螞 10358, ma4 罵 10809, ma3 馬 11024, fan1 颿 11087 [Rad] 187a.

馬 mǎ *11024 馬 | 马 -11088 | 1° horse 2° surname ◇ 1° cheval 2° nom propre [Etym] 馬 2486 (rad: 187a 10-00), [Graph] Z22a.

驗 yàn *11025 馬𠆢⺀心 | 验 -11089 、驗 *11026 | 1° to check, to test 2° to prove effective ◇ 1° examiner, tester 2° se réaliser, effet [Etym] 馬

2486 (rad: 187a 10-08), 念 204 [Graph] Z22a 233a 631a 321c.

驗 yàn *11026 馬入亘人口人 | 验 -11089、 騐 *11025 | 1° to check, to test 2° to prove effective ◇ 1° examiner, tester 2° se réaliser, effet [Etym] 馬 2486 (rad: 187a 10-13), 僉 223 [Graph] Z22a 233a 012a 232a 011a 232a.

馱 duò *11027 馬大 | 驮 -11090 | load carried by a pack-animal ◇ charge d'une bête de somme [Etym] 馬 2486 (rad: 187a 10-03), 大 257 [Graph] Z22a 242a.

△ tuó | 驮 -11090 | to carry on the back ◇ porter sur le dos.

騎 qí *11028 馬大可口 | 骑 -11091 | 1° to ride (animal, bicycle), to sit astride 2° cavalryman ◇ 1° monter (cheval, bicyclette), à califourchon sur 2° cavalier [Etym] 馬 2486 (rad: 187a 10-08), 奇 261 [Graph] Z22a 242a 331c 011a.

驕 jiāo *11029 馬夭口冂口 | 骄 -11092 | proud, haughty ◇ orgueil, arrogance [Etym] 馬 2486 (rad: 187a 10-12), 喬 291 [Graph] Z22a 242e 011a 856k 011a.

駁 bó (2487) 馬乂乂 | [Tra] mixed; to criticize ◇ confus; reprocher [Etym] badly spotted (2,3= 爻 325) horse (1= 馬 2486) (> 駮 2488) ◇ cheval (1= 馬 2486) tout bariolé (2,3= 爻 325) (> 駮 2488) [Graph] Z22a 243a 243a [Ref] k754, w39m.

駁 bó *11030 馬乂乂 | 驳 -11093、 駮 *11032 1°3° | 1° to refute, to contradict 2° barge 3° of different colors ◇ 1° réfuter, contredire 2° péniche 3° différent, pêle-mêle [Etym] 馬 2486 (rad: 187a 10-04), 爻 325 [Graph] Z22a 243a 243a.

騣 zōng *11031 馬乂兇夊 | 鬃 -4744、 騌 *11066 | 1° hair on the neck (pig, horse, etc.) 2° wig ◇ 1° crin (d'un cheval, porc, etc.), crinière 2° perruque, chignon [Etym] 馬 2486 (rad: 187a 10-09), 㚇 331 [Graph] Z22a 243a 841f 633e.

駮 bó (2488) 馬交 | [Tra] to contradict; varied ◇ réfuter; pêle-mêle [Etym] horse (1= 馬 2486) with coloured stripes (2< 交 344, 文 332)->critics ◇ un cheval (1= 馬 2486) bariolé (2< 交 344, 文 332) -> critiquable [Graph] Z22a 243e [Ref] k754, w39m [Hanzi] pao4 礮 9789, bo2 駮 11032.

駮 bó *11032 馬交 | See ◇ Voir 駁 11030 [Etym] 馬 2486 (rad: 187a 10-06), 交 344 [Graph] Z22a 243e.

驤 xiāng *11033 馬亠口口井 | 骧 -11094 | 1° galloping with a raised head 2° to uplift, caracoling and cantering 3° to prance ◇ 1° galoper à tête haute 2° folâtrer 3° bondir [Etym] 馬 2486 (rad: 187a 10-17), 襄 376 [Graph] Z22a 312j 011a 011a 436g.

駹 máng *11034 馬尤彡 | 駹 -11095 | black and white horse ◇ cheval en noir et blanc [Etym] 馬 2486 (rad: 187a 10-07), 尨 416 [Graph] Z22a 323c 211c.

駙 fù *11035 馬亻寸 | 驸 -11097 | 1° subsidiary horse 2° son-in-law of the emperor ◇ 1° cheval de renfort 2° gendre de l'empereur [Etym] 馬 2486 (rad: 187a 10-05), 付 489 [Graph] Z22a 411e 332b.

驥 jì *11036 馬丬匕田共 | 骥 -11098、 驥 -11098、 驥 *11036 | 1° thoroughbred horse 2° great man ◇ 1° beau cheval, cheval coursier 2° homme éminent [Etym] 馬 2486 (rad: 187a 10-16), 冀 547 [Graph] Z22a 412b 321b 041a 436e.

騂 xīng *11037 馬辛 | 骍 -11099 | 1° red horse 2° red ox ◇ 1° cheval rouge 2° boeuf rouge [Etym] 馬 2486 (rad: 187a 10-07), 辛 567 [Graph] Z22a 413d.

騞 huō *11038 馬丰石 | 骞 -11100、 剨 *3494 | sound of cutting with a knife ◇ onomatopée: couper avec un couteau [Etym] 馬 2486 (rad: 187a 10-09), 砉 602 [Graph] Z22a 414g 013b.

騑 fēi *11039 馬非 | 骓 -11101 | extra horse fastened to the axle with long traces ◇ cheval de renfort [Etym] 馬 2486 (rad: 187a 10-08), 非 611 [Graph] Z22a 415b.

驊 huá *11040 馬艹華 | 骅 -11096 | See ◇ Voir 骅骝 hua2-liu2 11096-11134 [Etym] 馬 2486 (rad: 187a 10-10), 華 627 [Graph] Z22a 415c 414k.

驩 huān *11041 馬艹口口隹 | 欢 -6501、 歡 *3928、 懽 *3244、 讙 *9512 | 1° to rejoice, merry, jubilant 2° vigorously ◇ 1° se réjouir, plaisir, joie 2° entrain, vigoureux [Etym] 馬 2486 (rad: 187a 10-17), 雚 676 [Graph] Z22a 415c 011a 011a 436m.

騲 cǎo *11042 馬艹早 | See ◇ Voir 艸 7654 [Etym] 馬 2486 (rad: 187a 10-09), 草 683 [Graph] Z22a 415c 021d.

駢 pián *11043 馬并 | 骈 -11102 | 1° parallel, team, double 2° two-horses harness ◇ 1° parallèle, équipe, double 2° attelage de deux chevaux [Etym] 馬 2486 (rad: 187a 10-06), 并 708 [Graph] Z22a 416i.

馴 xún *11044 馬川 | 驯 -11103 | 1° tame, docile 2° to domesticate ◇ 1° doux, docile 2° dompter [Etym] 馬 2486 (rad: 187a 10-03), 川 711 [Graph] Z22a 417a.

驍 xiāo *11045 馬土土土兀 | 骁 -11108 | 1° brave, valiant 2° fine horse ◇ 1° valeur, bravoure, intrépide 2° cheval excellent [Etym] 馬 2486 (rad: 187a 10-12), 堯 844 [Graph] Z22a 432a 432a 432a 322c.

駐 zhù *11046 馬主 | 驻 -11104 | 1° to rest one's horse 2° to stop, to be stationed 3° to sojourn ◇ 1° reposer son cheval 2° arrêter, rester 3° séjourner, demeurer [Etym] 馬 2486 (rad: 187a 10-05), 主 914 [Graph] Z22a 432f.

騏 qí *11047 馬其 | 骐 -11105 | piebald horse, spotted, black horse ◇ gris pommelé, cheval noir [Etym] 馬 2486 (rad: 187a 10-08), 其 1013 [Graph] Z22a 436i.

驟 zhòu *11048 馬耳又豕 | 骤 -11106 | 1° trot (horse) 2° sudden 3° swift 4° intense ◇ 1° trot (cheval) 2° soudainement, brusquement 3° rapide 4° intense [Etym] 馬 2486 (rad: 187a 10-14), 聚 1025 [Graph] Z22a 436k 633a 412i.

騅 zhuī *11049 馬隹 | 骓 -11107 | piebald horse ◇ cheval pie [Etym] 馬 2486 (rad: 187a 10-08), 隹 1030 [Graph] Z22a 436m.

马 馬

騃 ái *11050 |骙 -11110| stupid ◇ idiot [Etym] 馬 2486 (rad: 187a 10-07), 矣 1135 [Graph] Z22a 612a 242d.

驂 cān *11051 |骖 -11109| two outside horses of a team of four ◇ chevaux de trait latéraux d'une attelage [Etym] 馬 2486 (rad: 187a 10-11), 參 1138 [Graph] Z22a 612a 612a 612a 233a 211c.

駘 tái *11052 |骀 -11111| 1° inferior horse, wearied or worn-out hack 2° mediocre person ◇ 1° rosse, cheval inférieur 2° médiocre [Etym] 馬 2486 (rad: 187a 10-05), 台 1143 [Graph] Z22a 612a 011a.

駿 jùn *11053 |骏 -11112| 1° fine horse 2° noble, eminent 3° prompt ◇ 1° excellent cheval 2° noble, éminent 3° fringant, prompt, rapide [Etym] 馬 2486 (rad: 187a 10-07), 夋 1147 [Graph] Z22a 612b 633e.

駭 hài *11054 |骇 -11113| 1° to frighten, fear 2° to be shocked, to be astonished ◇ 1° crainte, effort 2° s'effrayer, s'étonner [Etym] 馬 2486 (rad: 187a 10-06), 亥 1210 [Graph] Z22a 614a.

騤 kuí *11055 |骙 -11114| See ◇ Voir 骙骙 kui2-kui2 11114-11114 [Etym] 馬 2486 (rad: 187a 10-09), 癸 1246 [Graph] Z22a 631g 242b.

馭 yù *11056 |驭 -11115| 1° to drive (carriage) 2° to oversee, to govern ◇ 1° conduire (char) 2° diriger, gouverner [Etym] 馬 2486 (rad: 187a 10-02), 又 1271 [Graph] Z22a 633a.

騷 sāo *11057 |骚 -11117| 1° to disturb, disquiet, grief 2° literary writing 3° to rub down a horse ◇ 1° importuner, ennuyer, trouble, chagrin 2° poésie 3° bouchonner (cheval), frictionner [Etym] 馬 2486 (rad: 187a 10-09), 蚤 1282 [Graph] Z22a 633b 031d.

駱 luò *11058 |骆 -11118| 1° camel 2° white horse with black mane 3° surname ◇ 1° chameau 2° cheval blanc à crinière noire 3° nom propre [Etym] 馬 2486 (rad: 187a 10-06), 各 1295 [Graph] Z22a 633e 011a.

驢 lú *11059 |驴 -11131| donkey ◇ âne [Etym] 馬 2486 (rad: 187a 10-16), 盧 1448 [Graph] Z22a 721g 321e 041a 922a.

馳 chí *11060 |驰 -11119| 1° to past quickly 2° fast 3° to speed ◇ 1° courir 2° rapide 3° aller vite, galoper [Etym] 馬 2486 (rad: 187a 10-03), 也 1502 [Graph] Z22a 733c.

驅 qū *11061 |驱、敺 -11120、*7323| 1° to drive (horse, car) 2° to expel 3° to gallop, to run 4° forerunner ◇ 1° conduire (cheval, char) 2° expulser, chasser 3° galoper, coureur 4° marcher devant, précurseur [Etym] 馬 2486 (rad: 187a 10-11), 區 1528 [Graph] Z22a 811c 011a 011a 011a.

駃 jué *11062 |驶 -11121| race-horse ◇ cheval de course [Etym] 馬 2486 (rad: 187a 10-04), 夬 1550 [Graph] Z22a 822c.

駸 qīn *11063 |骎 -11122| 1° fleet horse 2° galloping 3° speeding ◇ 1° cheval rapide 2° gallop 3° rapide, vite [Etym] 馬 2486 (rad: 187a 10-07), 㑴 1556 [Graph] Z22a 832a 851a 633a.

驌 sù *11064 |骕 -11124| thoroughbred horse ◇ cheval pur sang [Etym] 馬 2486 (rad: 187a 10-13), 肅 1584 [Graph] Z22a 834k.

駝 tuó *11065 |驼 -11125| 1° camel 2° to bear on the back 3° hunchbacked ◇ 1° porter sur le dos 2° chameau 3° bossu [Etym] 馬 2486 (rad: 187a 10-05), 它 1665 [Graph] Z22a 851c 321b.

騌 zōng *11066 |鬃、騣 -4744、*11031| 1° hair on the neck (pig, horse, etc.) 2° wig ◇ 1° crin (d'un cheval, porc, etc.), crinière 2° perruque, chignon [Etym] 馬 2486 (rad: 187a 10-08), 宗 1675 [Graph] Z22a 851c 331l.

騶 zōu *11067 |驺 -11123| 1° swift 2° mounted escort for a nobleman ◇ 1° rapide 2° cavalier qui accompagne un noble [Etym] 馬 2486 (rad: 187a 10-10), 芻 1776 [Graph] Z22a 852h 842a 852h 842a.

駒 jū *11068 |驹 -11126| 1° colt 2° foal ◇ 1° poulain 2° ânon [Etym] 馬 2486 (rad: 187a 10-05), 句 1779 [Graph] Z22a 852h 011a.

驪 lí *11069 |骊 -11127| black horse ◇ cheval noir [Etym] 馬 2486 (rad: 187a 10-19), 麗 1860 [Graph] Z22a 857a 857a 721b 821b 311d 321b.

驦 shuāng *11070 |骦 -11128| See ◇ Voir 骕骦 su4-shuang1 11124-11128 [Etym] 馬 2486 (rad: 187a 10-17), 霜 1891 [Graph] Z22a 858e 422a 023a.

駔 zǎng *11071 |驵 -11129| fine horse, steed ◇ bon cheval [Etym] 馬 2486 (rad: 187a 10-05), 且 1929 [Graph] Z22a 921a.

騧 guā *11072 |䯄 -11135| yellow horse with a black mouth ◇ cheval jaune à bouche noire [Etym] 馬 2486 (rad: 187a 10-09), 咼 1948 [Graph] Z22a 924d 011a.

驏 chǎn *11073 |骣 -11130| to ride on a bareback horse ◇ monter à cheval sans selle [Etym] 馬 2486 (rad: 187a 10-12), 孱 1969 [Graph] Z22a 931a 634d 634d 634d.

騸 shàn *11074 |骟 -11132| 1° to castrate 2° to graft, to geld ◇ 1° châtrer 2° greffer [Etym] 馬 2486 (rad: 187a 10-10), 扇 1987 [Graph] Z22a 931e 731c 731c.

騙 piàn *11075 |骗 -11133| 1° to deceive, to fool 2° to swindle 3° to mount a horse ◇ 1° tromper, duper 2° escroquer, faire tort 3° enfourcher, monter (cheval) [Etym] 馬 2486 (rad: 187a 10-09), 扁 1989 [Graph] Z22a 931e 856j.

騮 liú *11076 |骝 -11134| bay horse, red horse with a black mane ◇ cheval bai, cheval rouge à crinière noire [Etym] 馬 2486 (rad: 187a 10-10), 留 2055 [Graph] Z22a 941a 732a 041a.

騠 tí *11077 |骒 -11136| See ◇ Voir 驶骒 jue2-ti2 11121-11136 [Etym] 馬 2486 (rad: 187a 10-09), 是 2182 [Graph] Z22a 021a 434f.

駛 shǐ *11078 |驶 -11137| 1° to sail, to drive 2° to hasten, speed 3° horse running swiftly ◇ 1° voguer, conduire (bateau, véhicule) 2° courir vite, vitesse 3° galoper [Etym] 馬 2486 (rad: 187a 10-05), 史 2290 [Graph] Z22a 032b.

騾 luó *11079 |骡、蠃 -11138、*7347| mule ◇ mulet, mule [Etym] 馬 2486 (rad: 187a 10-11), 累 2319 [Graph] Z22a 041a 613d.

騁 chěng *11080 |骋 -11139| to run, to gallop ◇ courir vite [Etym] 馬

马 馬

2486 (rad: 187a 10-07), 㝵 2347 [Graph] Z22a 042a Z21b.

騍 kè *11081 | 骒 -11140 | mare, female of horses, mules, etc. ◇ jument, cavale [Etym] 馬 2486 (rad: 187a 10-08), 果 2364 [Graph] Z22a 043f.
馬果

驛 yì *11082 | 驿 -11116 | 1° courier, government postal service 2° post ◇ poste, courrier, relais de poste [Etym] 馬 2486 (rad: 187a 10-13), 睪 2381 [Graph] Z22a 051a 432a 413c.
馬罒土羊

驃 biāo *11083 | 骠 -11141 | nimble, brisk ◇ agile, leste [Etym] 馬 2486 (rad: 187a 10-11), 票 2404 [Graph] Z22a 051e 331l.
馬覀示

△ piào | 骠 -11141 | 1° fast (horse) 2° brave, brisk, nimble ◇ 1° rapide (cheval) 2° agile, leste, courageux.

駟 sì *11084 | 驷 -11142 | team of four horses ◇ quadrige [Etym] 馬 2486 (rad: 187a 10-05), 四 2426 [Graph] Z22a 062a.
馬四

駰 yīn *11085 | 骃 -11143 | dapple-gray horse ◇ cheval gris pommelé [Etym] 馬 2486 (rad: 187a 10-06), 因 2444 [Graph] Z22a 071a 242a.
馬囗大

驄 cōng *11086 | 骢 -11144 | piebald ◇ cheval pie [Etym] 馬 2486 (rad: 187a 10-11), 悤 2462 [Graph] Z22a 071c 633e 321c.
馬囱夊心

颿 fān *11087 | 帆 +8412 | sail ◇ voile de navire [Etym] 風 2527 (rad: 182a 9-10), 馬 2486 [Graph] Z22a Z33c ac:a 031d.
馬凡二虫

马 mǎ (2489) 马	[Tra] horse; surname ◇ cheval; nom propre [Etym] modern simplified form of (馬 2486) ◇ forme simplifiée moderne de (馬 2486) [Graph] Z22b [Hanzi] du3 笃 920, ma3 玛 5208, ma3 犸 5688, ma1 妈 5878, ma4 祃 6607, chuang3 chuang4 闯 8052, ma4 骂 9196, ma2 ma3 ma5 吗 9263, ma3 码 9790, ma1 ma3 ma4 蚂 10359, ma3 马 11088 [Rad] 187s.

马 mǎ -11088 | 馬 *11024 | 1° horse 2° surname ◇ 1° cheval 2° nom propre [Etym] 马 2489 (rad: 187s 3-00), [Graph] Z22b.
马

马达 mǎ dá ∘ motor ◇ moteur * 1558.

马上 mǎ shàng ∘ at once, immediately ◇ sur-le-champ, immédiatement, tout de suite * 4718.

马鞍 mǎ ān ∘ saddle ◇ selle * 5384.

马车 mǎ chē ∘ horse carriage ◇ voiture à cheval * 6327.

马戏 mǎ xì ∘ circus ◇ cirque * 6506.

马虎 mǎ hǔ ∘ neglectful ◇ négligent, nonchalant, imprudent * 7182.

马路 mǎ lù ∘ road, route ◇ route, rue, avenue * 9353.

验 yàn -11089 | 驗 *11026 、驗 *11025 | 1° to check, to test 2° to prove effective ◇ 1° examiner, tester 2° se réaliser, effet [Etym] 马 2489 (rad: 187s 3-07), 佥 183 [Graph] Z22b 233a ac:a 221b.
马亼二业

驮 duò -11090 | 馱 *11027 | load carried by a pack-animal ◇ charge d'une bête de somme [Etym] 马 2489 (rad: 187s 3-03), 大 257 [Graph] Z22b 242a.
马大

△ tuó | 馱 *11027 | to carry on the back ◇ porter sur le dos.

骑 qí -11091 | 騎 *11028 | 1° to ride (animal, bicycle), to sit astride 2° cavalryman ◇ 1° monter (cheval, bicyclette), à califourchon sur 2° cavalier [Etym] 马 2489 (rad: 187s 3-08), 奇 261 [Graph] Z22b 242a 331c 011a.
马大可口

骄 jiāo -11092 | 驕 *11029 | proud, haughty ◇ orgueil, arrogance [Etym] 马 2489 (rad: 187s 3-06), 乔 290 [Graph] Z22b 242e 416a.
马夭川

骄傲 jiāo ào ∘ haughty, proud, arrogant ◇ orgueilleux, fier * 2897.

骄气 jiāo qì ∘ arrogance; pride ◇ arrogance, présomption; vanité, vaniteux * 11170.

驳 bó -11093 | 駁 *11030 、駮 1°3° *11032 | 1° to refute, to contradict 2° barge 3° of different colors ◇ 1° réfuter, contredire 2° péniche 3° différent, pêle-mêle [Etym] 马 2489 (rad: 187s 3-04), 爻 325 [Graph] Z22b 243a 243a.
马乂乂

驳岸 bó àn ∘ a low stone bank along a shore ◇ revêtement * 7557.

骧 xiāng -11094 | 驤 *11033 | 1° galloping with a raised head 2° to uplift, caracoling and cantering 3° to prance ◇ 1° galoper à tête haute 2° folâtrer 3° bondir [Etym] 马 2489 (rad: 187s 3-17), 襄 376 [Graph] Z22b 312j 011a 011a 436g.
马亠口口井

駹 máng -11095 | 駹 *11034 | black and white horse ◇ cheval en noir et blanc [Etym] 马 2489 (rad: 187s 3-07), 尨 416 [Graph] Z22b 323c 211c.
马尤彡

骅 huá -11096 | 驊 *11040 | [Etym] 马 2489 (rad: 187s 3-06), 华 486 [Graph] Z22b 411e 321b 413a.
马亻匕十

骅骝 huá liú ∘ spotted horse, excellent horse ◇ cheval bai, cheval rouge * 11134.

驸 fù -11097 | 駙 *11035 | 1° subsidiary horse 2° son-in-law of the emperor ◇ 1° cheval de renfort 2° gendre de l'empereur [Etym] 马 2489 (rad: 187s 3-05), 付 489 [Graph] Z22b 411e 332b.
马亻寸

骥 jì -11098 | 骥 -11098 、驥 *11036 、驥 *11036 | 1° thoroughbred horse 2° great man ◇ 1° beau cheval, cheval coursier 2° homme éminent [Etym] 马 2489 (rad: 187s 3-16), 冀 547 [Graph] Z22b 412b 321b 041a 436e.
马丬匕田共

骍 xīng -11099 | 騂 *11037 | 1° red horse 2° red ox ◇ 1° cheval rouge 2° boeuf rouge [Etym] 马 2489 (rad: 187s 3-07), 辛 567 [Graph] Z22b 413d.
马辛

騞 huō -11100 | 騞 *11038 、剨 *3494 | sound of cutting with a knife ◇ onomatopée: couper avec un couteau [Etym] 马 2489 (rad: 187s 3-09), 砉 602 [Graph] Z22b 414g 013b.
马丰石

騑 fēi -11101 | 騑 *11039 | extra horse fastened to the axle with long traces ◇ cheval de renfort [Etym] 马 2489 (rad: 187s 3-08), 非 611 [Graph] Z22b 415b.
马非

骈 pián -11102 | 駢 *11043 | 1° parallel, team, double 2° two-horses harness ◇ 1° parallèle, équipe, double 2° attelage de deux chevaux
马并

马 馬 马

[Etym] 马 2489 (rad: 187s 3-06), 并 708 [Graph] Z22b 416i.

驯 xún -11103 马川 |馴 *11044| 1° tame, docile 2° to domesticate ◇ 1° doux, docile 2° dompter [Etym] 马 2489 (rad: 187s 3-03), 川 711 [Graph] Z22b 417a.

驯养 xùn yǎng。to domesticate, to raise (animals) ◇ domestiquer, élever, apprivoiser ∗ 1619.

驯顺 xún shùn。tame and docile ◇ apprivoisé ∗ 4058.

驯服 xún fú。docile, tame; to domesticate ◇ dompter, subjuguer; docile, soumis, apprivoisé ∗ 8175.

驯良 xún liáng。tame and gentle, docile ◇ docile, obéissant ∗ 8725.

驻 zhù -11104 马主 |駐 *11046| 1° to rest one's horse 2° to stop, to be stationed 3° to sojourn ◇ 1° reposer son cheval 2° arrêter, rester 3° séjourner, demeurer [Etym] 马 2489 (rad: 187s 3-05), 主 914 [Graph] Z22b 432f.

驻扎 zhù zhā。(troops) to be stationed or quartered ◇ cantonner, tenir garnison, prendre ses quartiers ∗ 2391.

驻军 zhù jūn。garrison troops ◇ troupes en garnison, troupes stationnées ∗ 7675.

骐 qí -11105 马其 |騏 *11047| piebald horse, spotted, black horse ◇ gris pommelé, cheval noir [Etym] 马 2489 (rad: 187s 3-08), 其 1013 [Graph] Z22b 436i.

骤 zhòu -11106 马耳又豕 |驟 *11048| 1° trot (horse) 2° sudden 3° swift 4° intense ◇ 1° trot (cheval) 2° soudainement, brusquement 3° rapide 4° intense [Etym] 马 2489 (rad: 187s 3-14), 聚 1025 [Graph] Z22b 436k 633a 412i.

骓 zhuī -11107 马隹 |騅 *11049| piebald horse ◇ cheval pie [Etym] 马 2489 (rad: 187s 3-08), 隹 1030 [Graph] Z22b 436m.

骁 xiāo -11108 马戈兀 |驍 *11045| 1° brave, valiant 2° fine horse ◇ 1° valeur, bravoure, intrépide 2° cheval excellent [Etym] 马 2489 (rad: 187s 3-06), 尧 1056 [Graph] Z22b 512a 322c.

骖 cān -11109 马厶大彡 |驂 *11051| two outside horses of a team of four ◇ chevaux de trait latéraux d'une attelage [Etym] 马 2489 (rad: 187s 3-08), 参 1133 [Graph] Z22b 612a 242a 211c.

骙 ái -11110 马厶矢 |騃 *11050| stupid ◇ idiot [Etym] 马 2489 (rad: 187s 3-07), 矣 1135 [Graph] Z22b 612a 242d.

骀 tái -11111 马厶口 |駘 *11052| 1° inferior horse, wearied or worn-out hack 2° mediocre person ◇ 1° rosse, cheval inférieur 2° médiocre [Etym] 马 2489 (rad: 187s 3-05), 台 1143 [Graph] Z22b 612a 011a.

骏 jùn -11112 马允夂 |駿 *11053| 1° fine horse 2° noble, eminent 3° prompt ◇ 1° excellent cheval 2° noble, éminent 3° fringant, prompt, rapide [Etym] 马 2489 (rad: 187s 3-07), 夋 1147 [Graph] Z22b 612b 633e.

骇 hài -11113 马亥 |駭 *11054| 1° to frighten, fear 2° to be shocked, to be astonished ◇ 1° crainte, effort 2° s'effrayer, s'étonner [Etym] 马2489 (rad: 187s 3-06), 亥 1210 [Graph] Z22b 614a.

骙 kuí -11114 马癶天 |騤 *11055| See ◇ Voir 骙骙 kui2-kui2 11114-11114 [Etym] 马 2489 (rad: 187s 3-09), 癸 1246 [Graph] Z22b 631g 242b.

骙骙 kuí kuí。strong, powerful, robust (as a horse) ◇ fort, robuste, puissant (comme un cheval) ∗ 11114.

驭 yù -11115 马又 |馭 *11056| 1° to drive (carriage) 2° to oversee, to govern ◇ 1° conduire (char) 2° diriger, gouverner [Etym] 马 2489 (rad: 187s 3-02), 又 1271 [Graph] Z22b 633a.

驿 yì -11116 马又丰 |驛 *11082| 1° courier, government postal service 2° post ◇ poste, courrier, relais de poste [Etym] 马 2489 (rad: 187s 3-05), 圣 1273 [Graph] Z22b 633a 414a.

骚 sāo -11117 马叉虫 |騷 *11057| 1° to disturb, disquiet, grief 2° literary writing 3° to rub down a horse ◇ 1° importuner, ennuyer, trouble, chagrin 2° poésie 3° bouchonner (cheval), frictionner [Etym] 马 2489 (rad: 187s 3-09), 蚤 1282 [Graph] Z22b 633b 031d.

骚动 sāo dòng。disturbance, commotion; to become restless ◇ causer du trouble, s'agiter ∗ 5920.

骚乱 sāo luàn。disturbance, riot ◇ s'agiter; émeute ∗ 9823.

骆 luò -11118 马夂口 |駱 *11058| 1° camel 2° white horse with black mane 3° surname ◇ 1° chameau 2° cheval blanc à crinière noire 3° nom propre [Etym] 马 2489 (rad: 187s 3-06), 各 1295 [Graph] Z22b 633e 011a.

骆驼 luò tuó。camel ◇ chameau, dromadaire ∗ 11125.

驰 chí -11119 马也 |馳 *11060| 1° to past quickly 2° fast 3° to speed ◇ 1° courir 2° rapide 3° aller vite, galoper [Etym] 马 2489 (rad: 187s 3-03), 也 1502 [Graph] Z22b 733c.

驰名 chí míng。famous, renowned ◇ jouir d'une renommée ∗ 6408.

驱 qū -11120 马区乂 |驅、敺 *11061、*7323| 1° to drive (horse, car) 2° to expel 3° to gallop, to run 4° forerunner ◇ 1° conduire (cheval, char) 2° expulser, chasser 3° galoper, coureur 4° marcher devant, précurseur [Etym] 马 2489 (rad: 187s 3-04), 区 1519 [Graph] Z22b 811c 243a.

驱逐 qū zhú。to expel, to drive out ◇ chasser, expulser ∗ 5700.

驱逐出境 qū zhú chū jìng。to expel from a country ◇ expulser d'un pays ∗ 5700 7657 4762.

驮 jué -11121 马夬 |駃 *11062| race-horse ◇ cheval de course [Etym] 马 2489 (rad: 187s 3-04), 夬 1550 [Graph] Z22b 822c.

驮騠 jué tí。hinny, jenny (product of donkey and stallion) ◇ cheval de course ∗ 11136.

骎 qīn -11122 马彐冖又 |駸 *11063| 1° fleet horse 2° galloping 3° speeding ◇ 1° cheval rapide 2° gallop 3° rapide, vite [Etym] 马 2489 (rad: 187s 3-07), 㑴 1556 [Graph] Z22b 832a 851a 633a.

驺 zōu -11123 马刍 |騶 *11067| 1° swift 2° mounted escort for a nobleman ◇ 1° rapide 2° cavalier qui accompagne un noble [Etym] 马 2489

(rad: 187s 3-05), 刍 1559 [Graph] Z22b 832c.

骕 sù -11124 | 驌 *11064 | thoroughbred horse ◇ cheval pur sang [Etym] 马 2489 (rad: 187s 3-08), 肃 1581 [Graph] Z22b 834g.

骕骦 sù shuāng ∘ fine horse ◇ cheval de race pure * 11128.

驼 tuó -11125 马宀匕 | 駝 *11065 | 1° camel 2° to bear on the back 3° hunchbacked ◇ 1° porter sur le dos 2° chameau 3° bossu [Etym] 马 2489 (rad: 187s 3-05), 它 1665 [Graph] Z22b 851c 321b.

驼背 tuó bèi ∘ hunchback ◇ dos voûté, bossu * 3201.

驹 jū -11126 马勹口 | 駒 *11068 | 1° colt 2° foal ◇ 1° poulain 2° ânon [Etym] 马 2489 (rad: 187s 3-05), 句 1779 [Graph] Z22b 852h 011a.

骊 lí -11127 马丽冂 | 驪 *11069 | black horse ◇ cheval noir [Etym] 马 2489 (rad: 187s 3-07), 丽 1858 [Graph] Z22b 857a 856b.

骦 shuāng -11128 马雨木目 | 驦 *11070 | See ◇ Voir 骕骦 su4-shuang1 11124-11128 [Etym] 马 2489 (rad: 187s 3-17), 霜 1891 [Graph] Z22b 858e 422a 023a.

驵 zǎng -11129 马且 | 駔 *11071 | fine horse, steed ◇ bon cheval [Etym] 马 2489 (rad: 187s 3-05), 且 1929 [Graph] Z22b 921a.

骣 chǎn -11130 马尸孑孑孑 | 驏 *11073 | to ride on a bareback horse ◇ monter à cheval sans selle [Etym] 马 2489 (rad: 187s 3-12), 孱 1969 [Graph] Z22b 931a 634d 634d 634d.

驴 lǘ -11131 马户 | 驢 *11059 | donkey ◇ âne [Etym] 马 2489 (rad: 187s 3-04), 户 1981 [Graph] Z22b 931e.

骟 shàn -11132 马户习习 | 騸 *11074 | 1° to castrate 2° to graft, to geld ◇ 1° châtrer 2° greffer [Etym] 马 2489 (rad: 187s 3-10), 扇 1987 [Graph] Z22b 931e 731c 731c.

骗 piàn -11133 马户冊 | 騙 *11075 | 1° to deceive, to fool 2° to swindle 3° to mount a horse ◇ 1° tromper, duper 2° escroquer, faire tort 3° enfourcher, monter (cheval) [Etym] 马 2489 (rad: 187s 3-09), 扁 1989 [Graph] Z22b 931e 856j.

骗子 piàn zǐ ∘ swindler, cheat ◇ escroc, filou, fourbe * 6546.

骝 liú -11134 马𠂎刀田 | 騮 *11076 | bay horse, red horse with a black mane ◇ cheval bai, cheval rouge à crinière noire [Etym] 马 2489 (rad: 187s 3-10), 留 2055 [Graph] Z22b 941a 732a 041a.

䯄 guā -11135 马口内 | 騧 *11072 | yellow horse with a black mouth ◇ cheval jaune à bouche noire [Etym] 马 2489 (rad: 187s 3-07), 呙 2081 [Graph] Z22b 011a 859a.

騠 tí -11136 马曰疋 | 騠 *11077 | See ◇ Voir 𫘝騠 jue2-ti2 11121-11136 [Etym] 马 2489 (rad: 187s 3-09), 是 2182 [Graph] Z22b 021a 434f.

驶 shǐ -11137 马史 | 駛 *11078 | 1° to sail, to drive 2° to hasten, speed 3° horse running swiftly ◇ 1° voguer, conduire (bateau, véhicule) 2° courir vite, vitesse 3° galoper [Etym] 马 2489 (rad: 187s 3-05), 史 2290 [Graph] Z22b 032b.

骡 luó -11138 马田糸 | 騾、蠃 *11079、*7347 | mule ◇ mulet, mule [Etym] 马 2489 (rad: 187s 3-11), 累 2319 [Graph] Z22b 041a 613d.

骡子 luó zǐ ∘ mule ◇ mulet * 6546.

骋 chěng -11139 马由丂 | 騁 *11080 | to run, to gallop ◇ courir vite [Etym] 马 2489 (rad: 187s 3-07), 甹 2347 [Graph] Z22b 042a Z21b.

骒 kè -11140 马果 | 騍 *11081 | mare, female of horses, mules, etc. ◇ jument, cavale [Etym] 马 2489 (rad: 187s 3-08), 果 2364 [Graph] Z22b 043f.

骠 biāo -11141 马西示 | 驃 *11083 | nimble, brisk ◇ agile, leste [Etym] 马 2489 (rad: 187s 3-11), 票 2404 [Graph] Z22b 051e 331l.

△ piào | 驃 *11083 | 1° fast (horse) 2° brave, brisk, nimble ◇ 1° rapide (cheval) 2° agile, leste, courageux.

驷 sì -11142 马四 | 駟 *11084 | team of four horses ◇ quadrige [Etym] 马 2489 (rad: 187s 3-05), 四 2426 [Graph] Z22b 062a.

骃 yīn -11143 马囗大 | 駰 *11085 | dapple-gray horse ◇ cheval gris pommelé [Etym] 马 2489 (rad: 187s 3-06), 因 2444 [Graph] Z22b 071a 242a.

骢 cōng -11144 马囱夂心 | 驄 *11086 | piebald ◇ cheval pie [Etym] 马 2489 (rad: 187s 3-11), 悤 2462 [Graph] Z22b 071c 633e 321c.

乌 wū (2490) 乌 | [Tra] crow; black ◇ corneille; noir [Etym] modern simplified form of (烏 2495) (# 鸟 2494) ◇ forme simplifiée moderne de (烏 2495) (# 鸟 2494) [Graph] Z22c [Ref] r125 [Hanzi] wu1 钨 2131, wu4 坞 4985, wu1 呜 9264, wu1 wu1 wu4 乌 11145, wu1 邬 11146.

乌 wū *11145 乌 | 烏 *11154 | 1° crow 2° black, dark 3° interrogative particle 4° surname ◇ 1° corneille 2° noir 3° particule interrogative 4° nom de famille [Etym] 丿 74 (rad: 004a 1-03), 乌 2490 [Graph] Z22c.

△ wū | See ◇ Voir 呜 9264.

△ wù | 烏 *11154 | See ◇ Voir 乌拉 wu4-la1 11145-2321.

邬 wū -11146 乌阝 | 鄔 *11155 | 1° district in Zhejiang 2° surname ◇ 1° lieu du Zhejiang 2° nom de famille [Etym] 阝 1316 (rad: 163b 2-04), 乌 2490 [Graph] Z22c 634j.

鸟 niǎo (2491) 鸟 | [Tra] bird ◇ oiseau [Etym] reduction of (鸟 2494) ◇ réduction de (鸟 2494) [Graph] Z22d [Hanzi] niao3 袅 11147, xiao1 枭 11148, dao3 岛 11149, fu2 凫 11150.

袅 niǎo -11147 鸟衣 | 嫋、嬝 *5881、*5879 | 1° slender and delicate 2° beautiful ◇ 1° gracieux, svelte, délicat 2° beau [Etym] 衣 371 (rad: 145a 6-04), 鸟 2491 [Graph] Z22d 312i.

袅娜 niǎo nuó ∘ graceful air ◇ air gracieux * 5801.

枭 xiāo (2492) 鸟木 | [Tra] owl; wicked, fierce ◇ hibou; méchant [Etym] modern simplified form of (梟 2498) ◇ forme simplifiée moderne de (梟 2498) [Graph] Z22d 422a [Hanzi] xiao1 枭 11148.

马 乌 鸟

枭 x i ā o -11148 |梟 *11156| 1° species of owl 2° fierce ambitions 3° wicked 4° to expose the head of a criminal ◇ 1° hibou 2° ambitieux, féroce 3° méchant 4° suspendre une tête coupée d'un criminel [Etym] 木 723 (rad: 075a 4-04), 枭2492 [Graph] Z22d 422a.

岛 d ǎ o (2493) 鸟山 |[Tra] island ◇ île [Etym] modern simplified form of (島 2499) ◇ forme simplifiée moderne de (島 2499) [Graph] Z22d 841b [Ref] k131, w94f [Hanzi] dao3 捣 2725, dao3 岛 11149.

岛 d ǎ o -11149 |島 *11157| island ◇ île [Etym] 山 1611 (rad: 046a 3-04), 岛 2493 [Graph] Z22d 841b.

岛屿 dǎo yǔ 。 islands ◇ îles * 7624.

岛国 dǎo guó 。 island country ◇ pays insulaire * 10952.

凫 f ú -11150 |鳧 *11161| 1° wild duck 2° to swim ◇ 1° canard sauvage 2° nager [Etym] 儿2516 (rad: 016a 2-04), 鸟 2491 [Graph] Z22d Z33a.

鸟 n i ǎ o (2494) 鸟 |[Tra] bird ◇ oiseau [Etym] modern simplified form of (鳥 2500) ◇ forme simplifiée moderne de (鳥 2500) [Graph] Z22e [Ref] r20, wi628 [Hanzi] niao3 茑 4024, diao4 窎 7843, niao3 鸟 11151 [Rad] 196s.

鸟 n i ǎ o -11151 |鳥 *11158| bird ◇ oiseau [Etym] 鸟 2494 (rad: 196s 5-00), [Graph] Z22e.

鸟儿 niǎo ér 。 bird ◇ oiseau * 2194.

䴗 j u é -11152 |鴂 *11159| shrike ◇ pie-grièche [Etym] 鸟2494 (rad: 196s 5-04), 夬 1550 [Graph] Z22e 822c.

鸵 t u ó -11153 |鴕 *11160| ostrich ◇ autruche [Etym] 鸟 2494 (rad: 196s 5-05), 它 1665 [Graph] Z22e 851c 321b.

烏 w ū (2495) 烏 |[Tra] crow; black ◇ corneille; noir [Etym] crow (prim); bird with invisible black eye (< 鳥 2500) ◇ une corneille (prim): un oiseau dont l'oeil noir est invisible (< 鳥 2500) [Graph] Z22f [Ref] k1288, ph582, w138d, wa56 [Hanzi] wu1 鎢1370, wu3 摀 2726, wu4 塢 4986, wu4 隖 6797, wu1 嗚 9266, wu1 wu1 wu4 烏 11154, wu1 鄔 11155.

烏 w ū *11154 |乌 -11145| 1° crow 2° black, dark 3° interrogative particle 4° surname ◇ 1° corneille 2° noir 3° particule interrogative 4° nom de famille [Etym] 灬 130 (rad: 086b 4-06), 烏 2495 [Graph] Z22f.

△ w ū | See ◇ Voir 呜 9264.

△ w ù |乌 *11145| See ◇ Voir 乌拉 wu4-la1 11145-2321.

鄔 w ū *11155 |邬 -11146| 1° district in Zhejiang 2° surname ◇ 1° lieu du Zhejiang 2° nom de famille [Etym] 阝 1316 (rad: 163b 2-10), 烏2495 [Graph] Z22f 634j.

鳥 n i ǎ o (2496) 鳥 |[Tra] bird ◇ oiseau [Etym] reduction of (鳥 2500) ◇ réduction de (鳥 2500) [Graph] Z22g [Ref] w138b [Hanzi] xiao1 梟 11156, dao3 島 11157.

裊 n i ǎ o (2497) 鳥衣 |[Tra] silks strings on harness ◇ cordons de soie (harnais) [Etym] clothes (2= 衣 371); phon, bird (2= 鳥 2500) ◇ vêtement (2= 衣 371); phon, oiseau (2= 鳥 2500) [Graph] Z22g 312i [Hanzi] niao3 嬝 5879.

梟 x i ā o (2498) 鳥木 |[Tra] owl; wicked; fierce ◇ hibou; ambition [Etym] bird (1= 鳥2500) watching prey on top of a tree (2= 木 723) ◇ un oiseau (1= 鳥 2500) guettant une proie au faîte d'un arbre (2= 木 723) [Graph] Z22g 422a [Ref] w138b [Hanzi] xiao1 梟 11156.

梟 x i ā o *11156 |枭 -11148| 1° species of owl 2° fierce ambitions 3° wicked 4° to expose the head of a criminal ◇ 1° hibou 2° ambitieux, féroce 3° méchant 4° suspendre une tête coupée d'un criminel [Etym] 木 723 (rad: 075a 4-07), 梟2498 [Graph] Z22g 422a.

島 d ǎ o (2499) 鳥山 |[Tra] island ◇ île [Etym] mountain (2= 山 1611) as sanctuary for birds (1< 鳥 2500) ◇ une montagne (2= 山 1611) comme refuge d'oiseaux (1< 鳥 2500) [Graph] Z22g 841b [Ref] h358, k977, w138b [Hanzi] dao3 搗 2727, dao3 島 11157.

島 d ǎ o *11157 |岛 -11149| island ◇ île [Etym] 山 1611 (rad: 046a 3-07), 島 2499 [Graph] Z22g 841b.

鳥 n i ǎ o (2500) 鳥 |[Tra] bird ◇ oiseau [Etym] bird (prim) ◇ un oiseau (prim) [Graph] Z22h [Ref] h174, k662, w138a, wa56, wi307 [Hanzi] niao3 蔦 4025, diao4 窵 7844, niao3 鳥 11158, fu2 鳧 11161, feng4 鳳 11235 [Rad] 196a.

鳥 n i ǎ o *11158 |鸟 -11151| bird ◇ oiseau [Etym] 鳥 2500 (rad: 196a 11-00), [Graph] Z22h.

鴂 j u é *11159 |䴗 -11152| shrike ◇ pie-grièche [Etym] 鳥2500 (rad: 196a 11-04), 夬1550 [Graph] Z22h 822c.

鴕 t u ó *11160 |鸵 -11153| ostrich ◇ autruche [Etym] 鳥 2500 (rad: 196a 11-05), 它 1665 [Graph] Z22h 851c 321b.

鳧 f ú (2501) 鳥儿 |[Tra] wild duck; to swim ◇ canard sauvage; nager [Etym] bird (1= 鳥 2500) with heavy, jerky flight (2= 儿 2516) ◇ un oiseau (1= 鳥 2500) au vol lourd, saccadé (2= 儿 2516) [Graph] Z22h Z33a [Ref] w22b [Hanzi] fu2 鳧 11161.

鳧 f ú *11161 |凫 -11150| 1° wild duck 2° to swim ◇ 1° canard sauvage 2° nager [Etym] 儿2516 (rad: 016a 2-11), 鳧 2501 [Graph] Z22h Z33a.

乁 Z31

乁 zhì (2502) 乁 [Tra] to catch ◇ saisir [Etym] object or kind of hook (prim) (< 卂 2512) ◇ un objet ou une sorte de crochet (prim) (< 卂 2512) [Graph] Z31a [Ref] w11d [Hanzi] jiu3 九 11197 [Rad] 005b.

乧 dū -11162 乁土厶 | 豛 *5703 | to tap lightly with a finger or a stick ◇ taper (frapper) légèrement avec un doigt ou bâton [Etym] 乁 2502 (rad: 005b 1-05), 去 848 [Graph] Z31a 432a 612a.

虱 shī (2503) ?乁二虫 [Tra] louse ◇ pou [Etym] insect (2= 虫 2282) hovering in flight (1< 卂 2511) (?) ◇ un insecte (2= 虫 2282) planant en vol (1< 卂 2511) (?) [Graph] Z31b acc:a 031d [Ref] w11c [Hanzi] shi1 鲺 10555, shi1 鯴 10655, shi1 虱 11163.

虱 shī +11163 ?乁二虫 | 蝨 *11196 | louse ◇ pou [Etym] 虫 2282 (rad: 142a 6-02), 虱 2503 [Graph] Z31b ac:a 031d.

虱子 shī zǐ ∘ louse ◇ pou * 6546.

飞 fēi (2504) 飞 [Tra] to fly; swift ◇ voler; rapide [Etym] modern simplified form of (飛 2505) ◇ forme simplifiée moderne de (飛 2505) [Graph] Z31c [Ref] w11a [Hanzi] fei1 飞 11164 [Rad] 183s.

飞 fēi -11164 飞 | 飛 *11165 | 1° to fly, to hover 2° swift 3° unexpected 4° goundless 5° to disappear ◇ 1° voler, voltiger 2° rapide 3° survenir à l'improviste 4° sans fondement 5° disparaître [Etym] 飞 2504 (rad: 183s 3-00), [Graph] Z31c.

飞行 fēi xíng ∘ to fly; flight ◇ voler dans les airs * 3128.

飞行员 fēi xíng yuán ∘ pilot ◇ aviateur, pilote d'avion * 3128 9127.

飞快 fēi kuài ∘ razor-sharp; at lightening speed ◇ tranchant; rapide comme l'éclair * 3301.

飞翔 fēi xiáng ∘ to hover; to circle in the air ◇ planer; voler; voltige * 3436.

飞机 fēi jī ∘ aircraft ◇ avion * 4478.

飞机场 fēi jī chǎng ∘ airport ◇ aéroport * 4478 4884.

飞白 fēi bái ∘ a style of calligraphy (with hollow strokes) ◇ style de calligraphie (avec des traits creux) * 9973.

飛 fēi (2505) 飞升 [Tra] to fly; swift ◇ voler; rapide [Etym] bird flight and swift movements of wings (prim) ◇ l'agitation des ailes d'un oiseau en vol (prim) [Graph] Z31c Z32d [Ref] h566, k28, w11a, wa57, wi612 [Hanzi] fei1 飛 11165 [Rad] 183a.

飛 fēi *11165 飞升 | 飞 -11164 | 1° to fly, to hover 2° swift 3° unexpected 4° goundless 5° to disappear ◇ 1° voler, voltiger 2° rapide 3° survenir à l'improviste 4° sans fondement 5° disparaître [Etym] 飛 2505 (rad: 183a 9-00), [Graph] Z31c Z32d.

乙 yǐ (2506) 乙 [Tra] germination ◇ germination [Etym] {1} the striving of a new germ (prim,> 乚 385); {2} a spade (prim) ◇ {1} la poussée d'un germe (prim,> 乚 385); {2} une bêche (prim) [Graph] Z31d [Ref] h1041, k176, r27j, w9a, wa95 [Hanzi] yi3 釔 1371, yi3 钇 2132, yi4 亿 3091, yi4 忆 3390, yi4 艺 4026, wa1 空 7845, yi4 肊 8252, gan1 qian2 乾 10015, yi3 乙 11166, dang4 氹 11167 [Rad] 005a.

乙 yá (2507) 乙 [Tra] swallow ◇ hirondelle [Etym] jerking flight of s swallow (prim) ◇ le vol agile de l'hirondelle (prim) [Graph] Z31d [Ref] k176, w9a.

乙 yǐ +11166 乙 | 1° second of the 10 Heavenly Stems 2° second 3° musical note 4° surname ◇ 1° 2è des 10 Troncs Célestes 2° second 3° note musicale 4° nom de famille [Etym] 乙 2506 (rad: 005a 1-00), [Graph] Z31d.

氹 dàng *11167 乙水 | 凼 -2301 | 1° pond, pool 2° dike ◇ 1° étang 2° digue [Etym] 水 435 (rad: 085a 4-01), 乙 2506 [Graph] Z31d 331p.

乞 qǐ (2508) 乞 [Tra] to beg ◇ mendier [Etym] different writing for (气 2509)for the outcry of the beggar ◇ graphie différente de (气 2509) pour le cri du mendiant [Graph] Z31e [Ref] k332, ph15, r28b, r108, w98a, wi74, wi137 [Hanzi] qi4 汔 611, qi4 讫 1831, ge1 仡 3092, ge1 圪 4987, ge1 he2 纥 6092, ge1 he2 紇 6286, ge1 疙 7144, yi4 屹 7625, ge1 肐 8253, he2 齕 8519, he2 龁 8538, chi1 吃 9268, qi4 訖 9636, ku1 矻 9791, gan1 qian2 乾 10015, ge4 虼 10360, qi3 乞 11168, qi4 迄 11169.

乞 qǐ +11168 乞 | 1° to beg (alms) 2° to supplicate ◇ 1° mendier 2° supplier [Etym] 乙 2506 (rad: 005a 1-02), 乞 2508 [Graph] Z31e.

乞丐 qǐ gài ∘ beggar ◇ mendiant * 11022.

迄 qì +11169 乞辶 | 1° to reach up to, till, so far 2° finally, at last ◇ 1° atteindre, jusqu'à, jusqu'ici 2° enfin [Etym] 辶 1346 (rad: 162b 3-03), 乞 2508 [Graph] Z31e 634o.

气 qì (2509) 气 [Tra] air; breath; temper ◇ air; souffle; colère [Etym] rising air and vapour streams (prim) (< 欠 178, 云 1152) (< 气 2509) ◇ un courant d'air et de vapeurs (prim) (< 欠 178, 云 1152) (< 气 2509) [Graph] Z31f [Ref] k333, r110, w98a, wa36, wi47 [Hanzi] qi4 汽 612, xi4 饩 1887, kai4 忾 3391, qi4 气 11170 [Rad] 084a.

气 qì +11170 气 | 氣 *11176 | 1° gas, ether, vapor 2° air 3° breath 4° smell 5° weather 6° manner, airs 7° spirit, temper, feelings 8° to get angry 9° to insult 10° energy of life 11° fate ◇ 1° gaz, vapeur 2° air 3° respiration, souffle 4° sentir, flairer, odeur 5° temps (météorologie) 6° attitude 7° humeur, passions, esprits animaux 8° colère, exciter

乁 卂 飞 乙 乞 气

la colère 10° vigueur, énergi [Etym] 气 2509 (rad: 084a 4-00), [Graph] Z31f.

气温 qì wēn ∘ air or atmospheric temperature ◇ température atmosphérique * 538.

气愤 qì fèn ∘ furious; to be indignant ◇ se fâcher, s'indigner * 2862.

气体 qì tǐ ∘ gas ◇ gaz * 2872.

气候 qì hòu ∘ climate; situation ◇ climat; situation * 3103.

气球 qì qiú ∘ balloon ◇ ballon (gonflé au gaz), aérostat * 5094.

气力 qì lì ∘ strength, energy ◇ force, vigueur, énergie * 7259.

气味 qì wèi ∘ smell ◇ odeur; goût; caractère * 8962.

气昂昂 qì áng áng ∘ full of courage ◇plein de courage * 9911 9911.

气象 qì xiàng ∘ weather system ◇ phénomène météorologique; météo * 10385.

气氛 qì fēn ∘ atmosphere ◇ atmosphère * 11185.

氕 piē +11171 气丿 | protium ◇ protium [Etym] 气 2509 (rad: 084a 4-01), 丿 74 [Graph] Z31f 211a.

氮 dàn +11172 气火火 | nitrogen ◇ nitrogène [Etym] 气 2509 (rad: 084a 4-08), 炎 157 [Graph] Z31f 231b 231b.

氧 yǎng +11173 气羊 | oxygen (O) ◇ oxygène (O) [Etym] 气 2509 (rad: 084a 4-06), 羊 579 [Graph] Z31f 414b.

氧气 yǎng qì ∘ oxygen ◇ oxygène * 11170.

氘 dāo +11174 气川 | deuterium ◇ deutérium [Etym] 气 2509 (rad: 084a 4-02), 刂 698 [Graph] Z31f 416a.

氚 chuān +11175 气川 | tritium ◇ tritium [Etym] 气 2509 (rad: 084a 4-03), 川 711 [Graph] Z31f 417a.

氣 qì (2510) 气米 | [Tra] air; breath; temper ◇ air; souffle; colère [Etym] vapour (1= 气 2509) from boiling rice (2= 米 782) ◇ la vapeur (1= 气 2509) au-dessus du riz (2= 米 782) qui bout [Graph] Z31f 422f [Ref] k333a, ph515, w98a, wi47 [Hanzi] xi4 餼 1478, kai4 愾 3392, qi4 氣 11176.

氣 qì *11176 气米 | 气 +11170 | 1° gas, ether, vapor 2° air 3° breath 4° smell 5° weather 6° manner, airs 7° spirit, temper, feelings 8° to get angry 9° to insult 10° energy of life 11° fate ◇ 1° gaz, vapeur 2° air 3° respiration, souffle 4° sentir, flairer, odeur 5° temps (météorologie) 6° attitude 7° humeur, passions, esprits animaux 8° colère, exciter la colère 10° vigueur, énergi [Etym] 气 2509 (rad: 084a 4-06), 氣 2510 [Graph] Z31f 422f.

氰 qíng +11177 气主月 | cyanogen, dicyanogen ◇ cyanogène, dicyanogène [Etym] 气 2509 (rad: 084a 4-08), 青 946 [Graph] Z31f 433a 856e.

氩 yà -11178 气亚 | 氬 *11194 | argon (Ar) ◇ argon (Ar) [Etym] 气 2509 (rad: 084a 4-06), 亚 983 [Graph] Z31f 435b.

氫 qīng *11179 气巛工 | 氢 -11182 | hydrogen (H) ◇ hydrogène (H) [Etym] 气 2509 (rad: 084a 4-07), 巠 1121 [Graph] Z31f 611d 431a.

氦 hài +11180 气亥 | helium ◇ helium [Etym] 气 2509 (rad: 084a 4-06), 亥 1210 [Graph] Z31f 614a.

氯 lǜ *11181 气彑氺 | 氯 -11186 | chlorine (Cl) ◇ chlorine (Cl) [Etym] 气 2509 (rad: 084a 4-08), 彔 1220 [Graph] Z31f 621a 331o.

氢 qīng -11182 气ス工 | 氫 *11179 | hydrogen (H) ◇ hydrogène (H) [Etym] 气 2509 (rad: 084a 4-05), 𢀖 1269 [Graph] Z31f 632f 431a.

氢气 qīng qì ∘ hydrogen ◇ hydrogène * 11170.

氢弹 qīng dàn ∘ hydrogen bomb ◇ bombe à hydrogène * 11271.

氡 dōng +11183 气夂冫 | radon ◇ radon [Etym] 气 2509 (rad: 084a 4-05), 冬 1287 [Graph] Z31f 633e 211b.

氖 nǎi +11184 气乃 | neon (Ne) ◇ néon (Ne) [Etym] 气 2509 (rad: 084a 4-02), 乃 1340 [Graph] Z31f 634l.

氛 fēn +11185 气分 | 雰 +8445 | 1° vapor, miasma, influx 2° atmosphere ◇ 1° vapeur, miasme, influx 2° air [Etym] 气 2509 (rad: 084a 4-04), 分 1480 [Graph] Z31f 732b.

氯 lǜ -11186 气彐氺 | 氯 *11181 | chlorine (Cl) ◇ chlorine (Cl) [Etym] 气 2509 (rad: 084a 4-08), 录 1563 [Graph] Z31f 832d 331o.

氙 xiān +11187 气山 | xenon (Xe) ◇ xénon (Xe) [Etym] 气 2509 (rad: 084a 4-03), 山 1611 [Graph] Z31f 841b.

氨 ān +11188 气宀女 | ammonia ◇ ammoniaque [Etym] 气 2509 (rad: 084a 4-06), 安 1697 [Graph] Z31f 851c 611e.

氪 kè +11189 气克 | krypton ◇ krypton [Etym] 气 2509 (rad: 084a 4-07), 克 2159 [Graph] Z31f 013g.

氳 yūn +11190 气日皿 | See ◇ Voir 氤氳 yin1-yun1 11192-11190 [Etym] 气 2509 (rad: 084a 4-09), 昷 2201 [Graph] Z31f 021a 922a.

氥 xī +11191 气西 | xenon ◇ xénon [Etym] 气 2509 (rad: 084a 4-06), 西 2427 [Graph] Z31f 062b.

氤 yīn +11192 气囗大 | 1° warm genial aura 2° procreation ◇ 1° influx céleste fécondant 2° procréation [Etym] 气 2509 (rad: 084a 4-06), 因 2444 [Graph] Z31f 071a 242a.

氤氳 yīn yūn ∘ 1° aura, generative influences of heaven and earth, procreation; 2° dense, enshrouding ◇ 1° influx terrestre fécond, aura, procréation; 2° épais, embrouillé * 11190.

氟 fú +11193 气弗 | fluorine ◇ fluorine [Etym] 气 2509 (rad: 084a 4-05), 弗 2553 [Graph] Z31f Z42g.

氟利昂 fú lì áng ∘ freon ◇ fréon * 4516 9911.

氬 yà *11194 气亞 | 氩 -11178 | argon (Ar) ◇ argon (Ar) [Etym] 气 2509 (rad: 084a 4-08), 亞 2559 [Graph] Z31f Z51f.

九 Z32

卂 x n (2511) 卂 [Tra] to hover ◇ planer [Etym] bird wings not fluttering during flight (prim) (# 飛 2505) ◇ les ailes d'oiseau moins agitées dans le vol (prim) (# 飛 2505) [Graph] Z32a [Ref] k800, ph20, w11b [Hanzi] qiong2 煢 949, shen1 籸 4652, xun4 迅 11195, shi1 蝨 11196.

卂 zhì (2512) 卂 [Tra] to do; to hold ◇ faire; tenir [Etym] hand (1< 左 241) holding something (< 乁 2502) ◇ une main (g< 左 241) tenant quelque chose (< 乁 2502) [Graph] Z32a [Ref] w11e [Hanzi] xun4 汛 613, xun4 讯 1832, qiong2 茕 3842, xun4 訊 9637.

迅 xùn +11195 卂辶 1° speedy, quick 2° sudden ◇ 1° rapide 2° soudain [Etym] 辶 1346 (rad: 162b 3-03), 卂 2511 [Graph] Z32a 634o.

迅速 xùn sù 。 rapid, speedy ◇ rapide, prompt ＊ 10379.

蝨 shī *11196 卂虫虫 | 虱 +11163 | louse ◇ pou [Etym] 虫 2282 (rad: 142a 6-09), 卂 2511 蚰 2283 [Graph] Z32a 031d 031d.

九 jiǔ (2513) 九 [Tra] nine ◇ neuf [Etym] nine, once indicated by a bent elbow (prim) ◇ neuf, autrefois signifié par un coude replié (prim) [Graph] Z32b [Ref] h12, k399, r53, w23a, wi33 [Hanzi] gui3 氿 614, chou2 qiu2 仇 3093, jiao1 艽 4027, qiu2 犰 5689, gui3 轨 6383, gui3 宄 7791, jiu1 究 7846, kao1 尻 8669, la2 旯 9968, gui3 軌 10730, jiu3 九 11197, za2 杂 11198, xiao1 虓 11199, qiu2 訄 11200, ga1 旮 11201, xu4 旭 11202, kui2 馗 11203, jiu1 鸠 11204, jiu1 鳩 11205.

九 jiǔ +11197 九 1° nine 2° many ◇ 1° neuf (nombre) 2° beaucoup de [Etym] 乁 2502 (rad: 005b 1-01), 九 2513 [Graph] Z32b.

九月 jiǔ yuè 。 September; the ninth moon ◇ septembre ＊ 8057.

杂 zá (2514) 九木 [Tra] variegated; mixed ◇ multicolore; varié [Etym] modern simplified form of (雜 177); (1= 九 2513) (2= 木 723) ◇ forme simplifiée moderne de (雜 177); (1= 九 2513) (2= 木 723) [Graph] Z32b 422a [Ref] w23a, w119a [Hanzi] za2 杂 11198.

杂 zá -11198 九木 | 雜 *1080 、 襍 *6644 | miscellaneous, mixture, mixed, to mingle, variegated ◇ mélangé, pêle-mêle, varié [Etym] 木 723 (rad: 075a 4-02), 杂 2514 [Graph] Z32b 422a.

杂交 zá jiāo 。 to hybridize, to cross; hybrid ◇ hybrider, hybridation ＊ 1681.

杂技 zá jì 。 acrobatics ◇ acrobatie ＊ 2519.

杂志 zá zhì 。 journal ◇ revue, magazine ＊ 4994.

虓 xiāo +11199 九虍七儿 to roar (tiger) ◇ hurlement du tigre [Etym] 虎 1451 (rad: 141b 8-02), 九 2513 [Graph] Z32b 721g 321e Z33a.

訄 qiú +11200 九言 to compel, to force ◇ obliger, forcer [Etym] 言 2139 (rad: 149a 7-02), 九 2513 [Graph] Z32b 012d.

旮 gā +11201 九日 [Etym] 日 2169 (rad: 072a 4-02), 九 2513 [Graph] Z32b 021a.

旮旯儿 gā lá ér 。 1° nook, corner; 2° out-of-the-way place ◇ 1° coin, recoin; 2° déplacé ＊ 9968 2194.

旭 xù +11202 九日 rising sun ◇ soleil levant, matin [Etym] 日 2169 (rad: 072a 4-02), 九 2513 [Graph] Z32b 021a.

馗 kuí +11203 九首 1° visage 2° thoroughfare ◇ 1° visage 2° rue [Etym] 首 2268 (rad: 185a 9-02), 九 2513 [Graph] Z32b 023g.

鸠 jiū -11204 九鸟 | 鳩 *11205 | turtledove ◇ pigeon ramier, tourterelle d'Orient [Etym] 鸟 2494 (rad: 196s 5-02), 九 2513 [Graph] Z32b Z22e.

鳩 jiū *11205 九鳥 | 鸠 -11204 | turtledove ◇ pigeon ramier, tourterelle d'Orient [Etym] 鳥 2500 (rad: 196a 11-02), 九 2513 [Graph] Z32b Z22h.

丸 wán, zhì (2515) 丸 [Tra] round; to grasp ◇ rond; saisir [Etym] man rolling down a cliff; hand holding something (> 卂 2512) ◇ un homme roulant sur une pente, la main tenant quelque chose (> 卂 2512) [Graph] Z32c [Ref] h830, k1293, ph34, w59e, wi139 [Hanzi] wan2 汍 616, zhi2 执 2729, wan2 芄 4028, zhi2 執 4798, wan2 纨 6093, wan2 紈 6287, shu2 孰 9454, wan2 丸 11206.

丸 wán +11206 丸 1° ball, pellet 2° pill ◇ 1° boulette 2° pilule [Etym] 丶 1 (rad: 003a 1-02), 丸 2515 [Graph] Z32c.

丸药 wán yào 。 pill (Chinese medicine) ◇ pilule (méd. chinoise) ＊ 3740.

儿 Z33

几 shū, chū (2516) 几 [Tra] jerks ◇ mouvements [Etym] jerky flapping of a short wing (prim) ◇ le mouvement saccadé d'une aile courte (prim) [Graph] Z33a [Ref] k9, k318, r452, w22a [Hanzi] ji1 飢 1479, ji1 讥 1833, ji1 饥 1888, zhang3 仉 3094, ji1 机 4478, tu1 秃 4590, kun1 髡 4754, ke2 qiao4 壳 5012, ke2 qiao4 殼 5014, ji1 玑 5209, rong3 冗 7687, rong3 宂 7792, ji1 肌 8254, zhou4 咒 9197, ji1 叽 9269, liang4 亮 9462, ji1 矶 9792, ji3 虮 10361, ji1 ji3 几 11207, duo3 朵 11208, fan2 凡 11211, feng4 凤 11220, fan2 九 11240 [Rad] 016a.

几 jī (2517) 几 [Tra] seat; stool ◇ siège; tabouret [Etym] a stool (prim) ◇ un tabouret (prim) [Graph] Z33a [Ref] k318, ph2, w20a, wa137 [Hanzi] wei1 微 3162, chu3 chu4 処 6539, hu3 虎 7182, liang4 亮 9462.

几 jī +11207 几 | 幾 1° *6100 | 1° nearly, almost 2° to begin 3° small table ◇ 1° presque, à peu près 2° commencer 3° table à thé [Etym] 几 2516 (rad: 016a 2-00), [Graph] Z33a.

几乎 jī hū 。 nearly, almost ◇ environ, à peu près; presque ＊ 2313.

几案 jī àn 。office desk; small table ◇ bureau; petite table ＊ 7749.

△ jǐ |幾 *6100| how many? a few, several, some ◇ combien? quelques-uns.

几何 jǐ hé 。geometry; how much, how many? ◇ géométrie (math.); combien? ＊ 2843.

几时 jǐ shí 。when, what time? ◇ quand, à quel moment, à quelle date? ＊ 9861.

朵 duǒ 几木 (2518) |[Tra] bud; flower; lobe ◇ bouton; fleur; lobe [Etym] balancing (1= 几 2516) of flowers on a plant (2= 木 723) ◇ une plante (2= 木 723) chargée de fleurs qui se balance (1= 几 2516) [Graph] Z33a 422a [Ref] k1007, ph240, w22c [Hanzi] duo3 duo4 垛 4988, duo3 躲 8840, duo3 哚 9270, duo4 跺 9417, duo3 朵 11208, duo4 剁 11209.

朵 duǒ 几木 +11208 |朵 *6801| 1° bud, flower 2° earlobe 3° numerative of flowers 4° to move ◇ 1° bouton de fleur 2° lobe d'oreille 3° spécificatif des fleurs 4° mouvoir [Etym] 木 723 (rad: 075a 4-02), 朵 2518 [Graph] Z33a 422a.

剁 duò 几木刂 +11209 |剁 *6802| to chop, to mince ◇ trancher, hacher [Etym] 刂 470 (rad: 018b 2-06), 朵 2518 [Graph] Z33a 422a 333b.

殳 shū 几又 (2519) |[Tra] stick; arm ◇ bâton; arme [Etym] right hand (2= 又 1271) {1} in jerky motion (1= 几 2516), {2} holding a mace (1=prim) ◇ la main droite (2= 又 1271) {1} en mouvement saccadé (1= 几 2516), {2} tenant une masse (1=prim) [Graph] Z33a 633a [Ref] k902, ph51, r67, r69, w22d, wa148, wi79 [Hanzi] mei2 mo4 没 617, she4 设 1834, tou2 投 2738, yi4 役 3182, duan4 段 3425, shan1 芟 4029, ke2 qiao4 殼 5014, mo4 殁 6449, yi4 疫 7145, gu3 股 8255, ban1 般 8329, tou2 骰 8599, dian4 殿 8630, yan1 yin1 殷 8706, she4 設 9638, shu1 殳 11210 [Rad] 079a.

殳 mú 几又 (2520) |[Tra] to dive; disappear ◇ plonger; disparaître [Etym] different writing for (㲋 1478) (# 殳 2519) ◇ autre graphie pour (㲋 1478) (# 殳 2519) [Graph] Z33a 633a [Ref] k637, w22d.

殳 shū 几又 +11210 |spear made of bamboo, stick, arm ◇ lance en bambou, bâton, arme [Etym] 殳 2519 (rad: 079a 4-00), [Graph] Z33a 633a.

㕣 yǎn 几口 (2521) |[Tra] marsh at hill foot ◇ marais au piémont [Etym] open (2=prim) space and parting of waters (1< 八 127) (< 欲 236) ◇ lieu ouvert (2=prim) et partage des eaux (1< 八 127) (< 欲 236) [Graph] Z33a 011a [Ref] k232, r35n, r35p, w18e, wi353 [Hanzi] yan2 yan4 沿 618, qian1 yan2 鉛 1372, qian1 yan2 铅 2133, chuan2 船 8333.

凡 fán 凡 (2522) |[Tra] anything; common ◇ quelconque; n'importe [Etym] {1} unit (center=prim) contained in a globality (prim) (> 巩 817); {2} mould (prim) ◇ {1} une unité (centre=prim) dans un contenant global (prim) (> 巩 817); {2} un moule (prim) [Graph] Z33b [Ref] h1827, k18, ph19, w21a, wa106 [Hanzi] fan4 汎 619, fan2 釩 1373, fan2 钒 2134, peng2 芃 4030, fan4 梵 4196, gong3 巩 4713, fan1 帆 8412, fan2 矾 9793, fan2 凡 11211.

凡 fán 凡 +11211 |凡 *11240| 1° ordinary, common, commonly, vulgar 2° this mortal world, the earth 3° every, any, all, whoever, whatever 4° altogether 5° outline ◇ 1° ordinaire, commun, vulgaire 2° le monde, ce bas monde 3° tout, tous, n'importe qui, le premier venu, quelconque 4° en somme, en général 5° cont [Etym] 几 2516 (rad: 016a 2-01), 凡 2522 [Graph] Z33b.

凡人 fán rén 。mankind ◇ humanité ＊ 1070.

凡例 fán lì 。general rules ◇ règles générales ＊ 2932.

风 fēng 凡乂 (2523) |[Tra] wind; mode ◇ vent; mode [Etym] modern simplified form of (風 2527) ◇ forme simplifiée moderne de (風 2527) [Graph] Z33c 243a [Ref] w21b [Hanzi] feng1 沨 620, feng3 讽 1835, feng1 枫 4479, feng1 疯 7146, lan2 岚 7626, feng1 砜 9794, feng1 风 11212 [Rad] 182s.

风 fēng 凡乂 -11212 |風 *11222| 1° wind 2° to air, to put out to dry 3° to winnow 4° style, custom 5° scene, view 6° information, news ◇ 1° vent 2° aérer, faire sécher 3° vanner 4° coutumes, usages, mode 5° paysage 6° nouvelles, information [Etym] 风 2523 (rad: 182s 4-00), [Graph] Z33c 243a.

风流 fēng liú 。distinguished and admirable; dissolute ◇ remarquable et élégant; leste, léger; licencieux ＊ 285.

风浪 fēng làng 。stormy waves; storm ◇ vent et vagues; rudes épreuves ＊ 490.

风箱 fēng xiāng 。bellows ◇ soufflet ＊ 782.

风筝 fēng zhēng 。kite ◇ cerf-volant ＊ 853.

风光 fēng guāng 。scene; view; sight ◇ paysage; site; spectacle ＊ 2205.

风俗 fēng sú 。custom, habit ◇ coutume, moeurs, usages ＊ 2799.

风行 fēng xíng 。to be popular; to be in fashion ◇ être à la mode, faire fureur ＊ 3128.

风格 fēng gé 。style, fashion ◇ style, mode; moralité, conduite ＊ 4282.

风趣 fēng qù 。humor,humorist mood; interest ◇ humeur; humoristique; goût ＊ 4845.

风琴 fēng qín 。harmonium ◇ harmonium ＊ 5114.

风车 fēng chē 。wind noria ◇ noria à vent ＊ 6327.

风度 fēng dù 。demeanor, bearing ◇ allure, tenue ＊ 6919.

风向 fēng xiàng 。wind direction ◇ direction du vent ＊ 8341.

风味 fēng wèi 。special flavor; local color ◇ goût particulier; aspect caractéristique ＊ 8962.

风暴 fēng bào。storm, thunderstorm ◇ tempête, orage ＊ 9888.

风景 fēng jǐng。landscape ◇ paysage; vue; site ＊ 9946.

风气 fēng qì。trend; general mood ◇ tendance, inclinaison ＊ 11170.

飂 liáo -11213 飂 *11226 swift, quick ◇ rapide 风乂习习人彡 [Etym] 风 2523 (rad: 182s 4-11), 翏 1473 [Graph] Z33c 243a 731c 731c 233a 211c.

△ liù 飂 *11226 western wind ◇ vent de l'ouest.

飕 sōu -11214 颼 *11227 1° cold blast 2° to blow (wind) ◇ 1° vent froid 2° souffler (vent) 风乂申又 [Etym] 风 2523 (rad: 182s 4-09), 叟 1596 [Graph] Z33c 243a 835g 633a.

飓 jù -11215 颶 *11228 [Etym] 风 2523 (rad: 182s 4-08), 具 1932 [Graph] Z33c 风乂具 243a 921c.

飓风 jù fēng。typhoon, hurricane ◇ cyclone, typhon, ouragan ＊ 11212.

飗 liú -11216 飀 *11229 sighing of the breeze ◇ souffle de vent [Etym] 风 风乂卬刀田 2523 (rad: 182s 4-10), 留 2055 [Graph] Z33c 243a 941a 732a 041a.

飐 zhǎn -11217 颭 *11230 shaken by the wind ◇ secoué par le vent [Etym] 风乂占 风 2523 (rad: 182s 4-05), 占 2154 [Graph] Z33c 243a 013e.

飔 sī -11218 颸 *11233 cool breeze ◇ brise fraîche [Etym] 风 2523 (rad: 182s 4-09), 思 2316 [Graph] Z33c 243a 041a 321c. 风乂田心

> 夙 sù (2524) 风歹 [Tra] dawn; formerly ◇ matin, aube; avant [Etym] bring (1< 丮 2512) an offering before end of the night (2= 夕 1225) ◇ apporter (1< 丮 2512) une offrande à la fin de la nuit (2= 夕 1225) [Graph] Z33c 631c [Ref] w11g [Hanzi] su4 夙 11219.

夙 sù +11219 1° early, dawn 2° formerly, long-standing ◇ 1° matin tôt, de bonne heure, d'avance 2° antérieurement, ancien, vieux 风歹 [Etym] 夕 1225 (rad: 036a 3-03), 夙 2524 [Graph] Z33c 631c.

> 凤 fèng (2525) 风又 [Tra] male phoenix ◇ phénix mâle [Etym] modern simplified form of (鳳 2528) ◇ forme simplifiée moderne de (鳳 2528) [Graph] Z33c 633a [Hanzi] feng4 凤 11220.

凤 fèng -11220 鳳 *11235 1° phoenix 2° imperial ◇ 1° phénix mâle 2° impérial 风又 [Etym] 几 2516 (rad: 016a 2-02), 凤 2525 [Graph] Z33c 633a.

凤凰 fèng huáng。phoenix ◇ phénix ＊ 11221.

> 凧 bèi (2526) 风巿 [Tra] ornements ◇ breloques [Etym] something (1< 凡 2522) worn on one's clothes (2= 巾 1886) ◇ quelque chose (1< 凡 2522) de pendu au vêtement (2= 巾 1886) [Graph] Z33c 858d [Ref] w21d, wi947 [Hanzi] pei4 佩 3095, pei4 珮 5210.

凰 huáng +11221 风白王 female phoenix ◇ phénix femelle [Etym] 几 2516 (rad: 016a 2-09), 皇 2221 [Graph] Z33c 022c 432e.

> 風 fēng (2527) 风二虫 [Tra] wind; mode ◇ vent; mode [Etym] insects (2= 虫 2282) in the wind; phon, sail (1< 凡 2522) ◇ des insectes (2= 虫 2282) dans le vent; phon, voile (1< 凡 2522) [Graph] Z33c acc:a 031d [Ref] h198, k36, ph439, w21b, wa58, wi365, wi734 [Hanzi] feng1 渢 621, feng1 楓 4480, feng1 瘋 7147, lan2 嵐 7627, feng3 諷 9639, feng1 碸 9795, feng1 風 11222 [Rad] 182a.

風 fēng *11222 风 -11212 1° wind 2° to air, to put out to dry 3° to winnow 4° style, custom 5° scene, view 6° information, news ◇ 1° vent 2° aérer, faire sécher 3° vanner 4° coutumes, usages, mode 5° paysage 6° nouvelles, information 风二虫 [Etym] 風 2527 (rad: 182a 9-00), [Graph] Z33c ac:a 031d.

飆 biāo *11223 飙 -1603、飇 *11224 1° violent wind 2° whirlwind ◇ 1° vent fort 2° tourbillon de vent 风二虫火火火 [Etym] 風 2527 (rad: 182a 9-12), 焱 158 [Graph] Z33c ac:a 031d 231b 231b 231b.

飇 biāo *11224 飙 -1603、飆 *11223 1° violent wind 2° whirlwind ◇ 1° vent fort 2° tourbillon de vent 风二虫犬犬犬 [Etym] 風 2527 (rad: 182a 9-12), 猋 297 [Graph] Z33c ac:a 031d 242i 242i 242i.

颱 tái *11225 See ◇ Voir 台 5901 [Etym] 風 2527 风二虫厶口 (rad: 182a 9-05), 台 1143 [Graph] Z33c ac:a 031d 612a 011a.

飂 liáo *11226 飂 -11213 swift, quick ◇ rapide [Etym] 風 2527 (rad: 风二虫习习人彡 182a 9-11), 翏 1473 [Graph] Z33c ac:a 031d 731c 731c 233a 211c.

△ liù 飂 -11213 western wind ◇ vent de l'ouest.

颼 sōu *11227 飕 -11214 1° cold blast 2° to blow (wind) ◇ 1° vent froid 2° souffler (vent) 风二虫申又 [Etym] 風 2527 (rad: 182a 9-09), 叟 1596 [Graph] Z33c ac:a 031d 835g 633a.

颶 jù *11228 飓 -11215 See ◇ Voir 飓风 ju4-feng1 11215-11212 [Etym] 風 2527 风二虫具 (rad: 182a 9-08), 具 1932 [Graph] Z33c ac:a 031d 921c.

飀 liú *11229 飗 -11216 sighing of the breeze ◇ souffle de vent [Etym] 風 风二虫卬刀田 2527 (rad: 182a 9-10), 留 2055 [Graph] Z33c ac:a 031d 941a 732a 041a.

颭 zhǎn *11230 飐 -11217 shaken by the wind ◇ secoué par le vent [Etym] 风二虫占 風 2527 (rad: 182a 9-05), 占 2154 [Graph] Z33c ac:a 031d 013e.

颳 guā *11231 See ◇ Voir 刮 9824 [Etym] 風 2527 风二虫舌 (rad: 182a 9-06), 舌 2162 [Graph] Z33c ac:a 031d 013h.

颺 yáng *11232 See ◇ Voir 扬 9931 [Etym] 風 风二虫曰昜 2527 (rad: 182a 9-09), 昜 2197 [Graph] Z33c ac:a 031d 021a 852i.

颸 sī *11233 飔 -11218 cool breeze ◇ brise fraîche [Etym] 風 2527 (rad: 182a 风二虫田心

几 风

9-09), 思 2316 [Graph] Z33c ac:a 031d 041a 321c.

颮 piāo *11234 风⺀虫西示 | 飘 -10815 、飄 *10816 | to be blown about, to flutter ◇ souffler, venter, voler au vent [Etym] 風 2527 (rad: 182a 9-11), 票 2404 [Graph] Z33c ac:a 031d 051e 331l.

鳳 fèng (2528) 风⺀鳥 | [Tra] male phoenix ◇ phénix mâle [Etym] bird (2= 鳥 2500); phon or wind (1< 凡 2522) ◇ oiseau (2= 鳥 2500); phon ou vent (1< 凡 2522) [Graph] Z33c acc:a Z22h [Ref] w21c, wa58 [Hanzi] feng4 鳳 11235.

鳳 fèng *11235 风⺀鳥 | 凤 -11220 | 1° phoenix 2° imperial ◇ 1° phénix mâle 2° impérial [Etym] 鳥 2500 (rad: 196a 11-03), 鳳 2528 [Graph] Z33c ac:a Z22h.

亢 kàng (2529) 亢 | [Tra] violent; haughty ◇ violent; excessif [Etym] a load (top=prim) raised by a man (< 儿 405) ◇ un poids (haut=prim) soulevé par un homme (< 儿 405) [Graph] Z33d [Ref] k305, ph67, w61e, wa4 [Hanzi] hang4 沆 622, kang4 炕 1068, kang4 鈧 1374, kang4 钪 2135, kang4 抗 2739, kang4 伉 3096, kang1 忼 3393, hang2 杭 4481, jing1 秔 4594, keng1 坑 4989, keng1 阬 6798, ang1 肮 8256, hang2 航 8334, ang1 骯 8600, hang2 keng1 吭 9271, kang4 亢 11236, hang2 迒 11237, hang2 颃 11238, hang2 頏 11239.

亢 kàng +11236 亢 | 1° high, haughty 2° excessive 3° violent ◇ 1° hautain 2° excessivement 3° violent [Etym] 亠 2 (rad: 008a 2-02), 亢 2529 [Graph] Z33d.

迒 háng +11237 亢⻌ | 1° tracks, ruts 2° road ◇ 1° piste, trace 2° rue [Etym] ⻌ 1346 (rad: 162b 3-04), 亢 2529 [Graph] Z33d 634o.

颃 háng -11238 亢页 | 頏 *11239 | See ◇ Voir 颉颃 xie2-hang2 5028-11238 [Etym] 页 1802 (rad: 181s 6-04), 亢 2529 [Graph] Z33d 854d.

頏 háng *11239 亢頁 | 颃 -11238 | See ◇ Voir 颉颃 xie2-hang2 5028-11238 [Etym] 頁 2267 (rad: 181a 9-04), 亢 2529 [Graph] Z33d 023f.

凣 fán (2530) 凣 | [Tra] anything; common ◇ quelconque; n'importe [Etym] different writing for (凡 2522) ◇ autre graphie pour (凡 2522) [Graph] Z33e [Ref] h1827, w20a [Hanzi] fan2 凣 11240.

凣 fán *11240 凣 | 凡 +11211 | 1° ordinary, common, commonly, vulgar 2° this mortal world, the earth 3° every, any, all, whoever, whatever 4° altogether 5° outline ◇ 1° ordinaire, commun, vulgaire 2° le monde, ce bas monde 3° tout, tous, n'importe qui, le premier venu, quelconque 4° en somme, en général 5° cont [Etym] 几 2516 (rad: 016a 2-01), 凣 2530 [Graph] Z33e.

瓦 wǎ (2531) 瓦 | [Tra] tile; pottery ◇ tuile; poterie [Etym] roof tiles hooked together; lime in between (prim) ◇ les tuiles emboîtées d'un toit; de la chaux comme joint (prim) [Graph] Z33f [Ref] k1290, r30p, w145a, wa100, wi558 [Hanzi] wa3 佤 3097, li4 瓻 9424, wa3 wa4 瓦 11241 [Rad] 098a.

瓦 wǎ +11241 瓦 | 1° tile, glazed brick 2° pottery 3° watt ◇ 1° tuile 2° poterie 3° watt [Etym] 瓦 2531 (rad: 098a 4-00), [Graph] Z33f.

瓦匠 wǎ jiàng。mason ◇ maçon * 7316.

△ wà | 1° tile 2° to cover a roof with tiles ◇ 1° tuile 2° couvrir un toit de tuiles.

瓦解 wǎ jiě。to collapse, to disintegrate ◇ se désagréger, s'effondrer; se démoraliser * 8366.

瓦房 wǎ fáng。tile-roofed house ◇ maison au toit de tuiles * 8693.

瓩 qiān +11242 瓦千 | [Etym] 瓦 2531 (rad: 098a 4-03), 千 571 [Graph] Z33f 413f.

己 Z41

己 jǐ (2532) 己 | [Tra] oneself ◇ soi-même [Etym] a wrapping thread (prim) (> 厶 1131) ◇ un fil enveloppant (prim) (> 厶 1131) [Graph] Z41a [Ref] h855, k319, ph14, r6a, r13c, r234, w84a, wi129, wi213, wi700, wi708 [Hanzi] ji4 记 1836, qi3 芑 4031, qi3 杞 4482, qi3 起 4858, pi3 圮 4990, qi3 玘 5211, fei1 妃 5880, ji3 ji4 纪 6094, ji3 ji4 紀 6288, zhi1 卮 7198, qi3 岂 7628, qi3 屺 7629, yi3 已 8726, ba1 巴 8730, ji4 記 9640, pei4 配 10919, ji3 己 11243, gai3 改 11244, ji4 忌 11245 [Rad] 049a.

己 jǐ +11243 己 | 1° oneself, one's own, personal 2° cyclical character: the sixth of the ten Heavenly Stems ◇ 1° se, soi-même, propre 2° caractère cyclique: le sixième des dix Troncs Célestes [Etym] 己 2532 (rad: 049a 3-00), [Graph] Z41a.

改 gǎi +11244 己攵 | 1° to change, to alter, to correct 2° another ◇ 1° changer, corriger 2° un autre [Etym] 攵 340 (rad: 066b 4-03), 己 2532 [Graph] Z41a 243c.

改过 gǎi guò。to correct one's mistakes; to mend one's ways ◇ se corriger, s'amender * 2310.

改变 gǎi biàn。to modify, to change ◇ changer, modifier * 2762.

改行 gǎi háng。to change occupation ◇ changer de métier * 3128.

改进 gǎi jìn。to improve ◇ améliorer, perfectionner * 4056.

改造 gǎi zào。to rebuild, to reorganize ◇ refaire, réorganiser, reconstruire * 5236.

改善 gǎi shàn。to improve ◇ améliorer, perfectionner * 5289.

改正 gǎi zhèng。to correct ◇ corriger * 5316.

改革 gǎi gé。to amend ◇ réformer; innover * 5353.

改期 gǎi qī。to change the date ◇ changer la date * 5437.

改动 gǎi dòng。to alter, to change ◇ modifier, changer * 5920.

改组 gǎi zǔ。to re-organize ◇ réorganiser ∗ 6056.

改编 gǎi biān。to change ; to adapt (a play ...) ◇ changer; adapter (roman pour théâtre) ∗ 6058.

改良 gǎi liáng。to improve, to amend ◇ améliorer, amender, réformer ∗ 8725.

改口 gǎi kǒu。to change the way of saying something ◇ changer sa manière de dire ∗ 8842.

忌 jì (2533) 己心 [Tra] to fear; avoid ◇ craindre; s'abstenir [Etym] what is kept in oneself (1= 己 2532), in one's heart (2= 心 397) ◇ ce qui est contenu en soi (1= 己 2532) dans son coeur (2= 心 397) [Graph] Z41a 321c [Ref] h1122, k320, ph256, w84a [Hanzi] ji4 跽 9418, ji4 忌 11245.

忌 jì +11245 己心 1° to envy, to be jealous of 2° to fear 3° to avoid 4° to give up ◇ 1° jalouser 2° craindre 3° défendre 4° s'abstenir de, éviter un tabou [Etym] 心 397 (rad: 061a 4-03), 忌 2533 [Graph] Z41a 321c.

忌妒 jì dù。to envy, to be jealous ◇ jalouser ∗ 5835.

弓 Z42

弓 gōng (2534) 弓 [Tra] bow; to bend; measure ◇ arc; se plier; mesure [Etym] a bow (prim) ->extension ◇ un arc (prim) ->extension [Graph] Z42a [Ref] h836, k471, r355, w87a, wa150, wi55 [Hanzi] xiong1 芎 4032, qiong2 穹 7847, gong1 躬 8841, gong1 弓 11246, bi4 弼 11269, ruo4 弱 11272, jiang1 疆 11273, di4 弟 11276, fu2 弗 11281, fu2 艴 11283 [Rad] 057a.

弜 qiǎng (2535) 弓 [Tra] strong bow; strength ◇ arc puissant; force [Etym] two bows (弓 2534) ◇ deux arcs (弓 2534) [Graph] Z42a [Ref] k1252, wa151 [Hanzi] zhou1 粥 11251, bi4 弼 11269.

弓 gōng +11246 弓 1° bow 2° measure of five or six feet 3° to bend, bow-shaped ◇ 1° arc 2° mesure de cinq pieds 3° arqué, se courber [Etym] 弓 2534 (rad: 057a 3-00), [Graph] Z42a.

张 zhāng (2536) 弓长 [Tra] to stretch; open ◇ étirer; ouvrir [Etym] modern simplified form of (張 2541) ◇ forme simplifiée moderne de (張 2541) [Graph] Z42a 312c [Ref] r44p [Hanzi] zhang3 zhang4 涨 623, zhang1 张 11247.

张 zhāng -11247 弓长 張 •11253 1° to open, to stretch, to draw (bow) 2° to display 3° to exaggerate 4° to look 5° measure-word (table, bed, sheet, surface) 6° surname ◇ 1° ouvrir, étendre, bander (arc) 2° déployer, exposer 3° exagérer 4° regarder 5° spécificatif (table, lit, feuille, surface) 6° nom de famille [Etym] 弓 2534 (rad: 057a 3-04), 张 2536 [Graph] Z42a 312c.

张开 zhāng kāi。to hatch out, to open ◇ éclore, ouvrir ∗ 4045.

张贴 zhāng tiē。to put up, to post (bill, poster, notice...) ◇ afficher, accrocher, déployer ∗ 7988.

弧 hú +11248 弓瓜 1° bow, arc 2° curved ◇ 1° arc 2° courbe [Etym] 弓 2534 (rad: 057a 3-05), 瓜 382 [Graph] Z42a 313a.

弥 mí (2537) 弓尔 [Tra] to complete; much ◇ remplir; beaucoup [Etym] bow (1= 弓 2534); final stop (2= 尔 432) ◇ arc (1= 弓 2534); point final (2= 尔 432) [Graph] Z42a 331m [Hanzi] mi2 猕 5690, mi2 弥 11249.

弥 mí +11249 弓尔 彌 •11263 、瀰 3° •626 1° full, to complete 2° to cover 3° more, very, much 4° proper noun ◇ 1° remplir, compléter 2° fermer 3° encore plus, très, beaucoup, partout 4° nom propre [Etym] 弓 2534 (rad: 057a 3-05), 尔 432 [Graph] Z42a 331m.

弥补 mí bǔ。to remedy, to make up for ◇ remédier à, réparer ∗ 6626.

引 yǐn (2538) 弓丨 [Tra] draw a bow; induce ◇ bander arc; attirer [Etym] bow (1= 弓 2534) and the string (2=prim) to pull it ◇ un arc (1= 弓 2534) et la corde (2=prim) pour le bander [Graph] Z42a 411a [Ref] h77, k271, ph93, r8d, w87a [Hanzi] shen3 矧 1592, zhen4 纼 6095, zhen4 紖 6289, yin3 吲 9272, yin3 蚓 10362, yin3 引 11250.

引 yǐn +11250 弓丨 1° to draw, to stretch 2° to lead 3° to leave 4° to lure, to attract 5° to cause, to induce, to make 6° to quote 7° unit of length (= 33.5 meters) 8° preface, introduction ◇ 1° étirer, bander (arc), allonger 2° conduire 3° laisser, garder (libre) 4° attirer, séduire 5° induire à, faire que 6° citer 7° unité de mesure (= 100 pieds ou 33.5 m) 8° introduction, avant-propos [Etym] 弓 2534 (rad: 057a 3-01), 引 2538 [Graph] Z42a 411a.

引进 yǐn jìn。to recommend; to introduce ◇ introduire; recommander ∗ 4056.

引起 yǐn qǐ。to touch off, to cause, to lead to ◇ provoquer, inciter, susciter ∗ 4858.

引用 yǐn yòng。to cite, to quote ◇ citer, emprunter ∗ 8267.

引导 yǐn dǎo。to guide, to lead ◇ introduire; guider, diriger ∗ 8728.

引言 yǐn yán。foreword, introduction ◇ introduction ∗ 9469.

引申 yǐn shēn。to extend the meaning of ◇ élargir le sens, par extension ∗ 10661.

粥 zhōu (2539) 弓米弓 [Tra] gruel; porridge ◇ bouillie; gruau [Etym] rice (2= 米 782) and steam (1,3=prim) to cook it (> 鬻 2540) ◇ riz (2= 米 782) et vapeurs (1,3=prim) pour la cuisson (> 鬻 2540) [Graph] Z42a 422f Z42a [Ref] k1252 [Hanzi] zhou1 粥 11251, yu4 鬻 11252.

粥 zhōu +11251 弓米弓 | gruel, congee, porridge ◇ bouillie, gruau [Etym] 米 782 (rad: 119a 6-06), 弜 2535 [Graph] Z42a 422f Z42a.

鬻 yù (2540) 弓米弓𠔿冂丫 | [Tra] feed; sell; quarrel ◇ nourrir; vendre; lutte [Etym] caldron (4,5,6= 鬲 2118); steamed rice (1,2,3= 粥 2539)->sell rice ◇ marmite (4,5,6= 鬲 2118); riz vapeur (1,2,3= 粥 2539) -> vendre du riz [Graph] Z42a 422f Z42a 012a 856k 411c [Ref] k1252, w87b [Hanzi] yu4 鬻 11252.

鬻 yù +11252 弓米弓𠔿冂丫 | 1° to sell 2° to quarrel ◇ 1° vendre 2° lutter, disputer [Etym] 鬲 2118 (rad: 193a 10-12), 鬻 2540 [Graph] Z42a 422f Z42a 012a 856k 411c.

張 zhāng (2541) 弓镸 | [Tra] to stretch; open ◇ étirer; ouvrir [Etym] to pul a bow; phon and large (2= 長 822) ->stretch ◇ tendre un arc (1= 弓 2534) au plus grand; phon (2= 長 822) -> étirer [Graph] Z42a 431c 312d [Ref] h752, k1173, wi55 [Hanzi] zhang3 zhang4 漲 624, zhang1 張 11253.

張 zhāng *11253 弓镸 | 张 -11247 | 1° to open, to stretch, to draw (bow) 2° to display 3° to exaggerate 4° to look 5° measure-word (table, bed, sheet, surface) 6° surname ◇ 1° ouvrir, étendre, bander (arc) 2° déployer, exposer 3° exagérer 4° regarder 5° spécificatif (table, lit, feuille, surface) 6° nom de famille [Etym] 弓 2534 (rad: 057a 3-08), 張 2541 [Graph] Z42a 431c 312d.

弭 mǐ +11254 弓耳 | 1° ends of a bow 2° to stop 3° to put down 4° to get rid of ◇ 1° bouts d'arc 2° arrêter 3° réprimer 4° se débarrasser de [Etym] 弓 2534 (rad: 057a 3-06), 耳 1017 [Graph] Z42a 436k.

弘 hóng (2542) 弓厶 | [Tra] large; vast; magnify ◇ grand; vaste; libéral [Etym] bow (1= 弓 2534); phon, oneself (2= 厶 1131) ◇ un arc (1= 弓 2534); phon, soi-même (2= 厶 1131) [Graph] Z42a 612a [Ref] k116 [Hanzi] hong2 泓 625, hong2 弘 11255.

弘 hóng +11255 弓厶 | 1° great, magnificent 2° to magnify, to expand, vast, large ◇ 1° grand, magnifique 2° large, vaste, étendre, agrandir [Etym] 弓 2534 (rad: 057a 3-02), 厶 1131 [Graph] Z42a 612a.

強 jiàng (2543) 弓厶虫 | [Tra] stubborn; unyielding ◇ raide; obstiné [Etym] bow (1= 弓 2534); rare phon: insect (3= 虫 2282), its head (2=prim) ◇ un arc (1= 弓 2534); phon rare: un insecte (3= 虫 2282), sa tête (2=prim) [Graph] Z42a 612a 031d [Ref] ph668, r358, w110b [Hanzi] qiang1 qiang3 鏹 1375, jiang4 糨 4653, qiang3 襁 6703, jiang4 qiang2 qiang3 強 11256.

強 jiàng *11256 弓厶虫 | 强 -11265 、 彊 *11270 | 1° stubborn, unyielding 2° steadfast ◇ 1° obstiné, raide 2° persévérant [Etym] 弓 2534 (rad: 057a 3-08), 強 2543 [Graph] Z42a 612a 031d.

△ qiáng | 强 -11265 、 彊 *11270 | 1° strong, powerful 2° by force, violent 3° better 4° surname ◇ 1° fort, robuste, puissant 2° violent, user de la force 3° meilleur que 4° nom propre.

△ qiǎng | 强 -11265 、 彊 *11270 | 1° to strive, to try hard 2° to compel ◇ 1° s'efforcer, faire effort 2° forcer, contraindre.

弦 xián (2544) 弓玄 | [Tra] string; guitar ◇ cordes; guitare [Etym] bow (1= 弓 2534), ->strings; phon and strings (2= 玄 1204) ◇ arc (1= 弓 2534), ->cordes; phon et cordes (2= 玄 1204) [Graph] Z42a 613g [Ref] h1228, r25f, w91a [Hanzi] xian2 弦 11257.

弦 xián +11257 弓玄 | 絃 *6179 | 1° string (bow), chord (arc) 2° crescent 3° guitar ◇ 1° corde (arc) 2° croissant 3° guitare [Etym] 弓 2534 (rad: 057a 3-05), 弦 2544 [Graph] Z42a 613g.

弪 guō -11258 弓广 | 彍 *11259 | to draw a bow to the full ◇ tirer à soi le plus possible la corde d'un arc pour lancer une flèche [Etym] 弓 2534 (rad: 057a 3-03), 广 1375 [Graph] Z42a 721b.

彍 guō *11259 弓广廿黄 | 弪 -11258 | to draw a bow to the full ◇ tirer à soi le plus possible la corde d'un arc pour lancer une flèche [Etym] 弓 2534 (rad: 057a 3-15), 廣 1393 [Graph] Z42a 721b 436a 042e.

弨 chāo +11260 弓刀口 | bow unbent ◇ arc détendu [Etym] 弓 2534 (rad: 057a 3-05), 召 1479 [Graph] Z42a 732a 011a.

弛 chí +11261 弓也 | to unstring, to relax ◇ détendre, relâcher [Etym] 弓 2534 (rad: 057a 3-03), 也 1502 [Graph] Z42a 733c.

弢 tāo *11262 弓中又 | 韬 -7282 、 韜 *7361 | 1° sheath or bow case, scabbard 2° to conceal 3° military tactics ◇ 1° étui, fourreau (d'épée ou d'arc) 2° dissimuler 3° stratégie, art militaire [Etym] 弓 2534 (rad: 057a 3-05), 㕛 1636 [Graph] Z42a 842a 633a.

彌 mí (2545) 弓爾 | [Tra] complete; full; more ◇ remplir; plein; arrêt [Etym] bow (1= 弓 2534)->stretch; phon, full balance (2= 爾 1907) ◇ arc (1= 弓 2534) -> étendre; phon, balance pleine (2= 爾 1907) [Graph] Z42a 858k [Ref] k618 [Hanzi] mi2 瀰 626, mi2 獼 5691, mi2 彌 11263.

彌 mí *11263 弓爾 | 弥 +11249 、 瀰 3° *626 | 1° full, to complete 2° to cover 3° more, very, much 4° proper noun ◇ 1° remplir, compléter 2° fermer 3° encore plus, très, beaucoup, partout 4° nom propre [Etym] 弓 2534 (rad: 057a 3-14), 爾 1907 [Graph] Z42a 858k.

彈 dàn *11264 弓口口單 | 弹 -11271 | bullet, pellet, ball ◇ balle, boulette [Etym] 弓 2534 (rad: 057a 3-12), 單 2101 [Graph] Z42a 011a 011a 041c.

△ tán | 弹 -11271 | 1° to shoot 2° to spring, to leap 3° to flick 4° to play a stringed musical instrument 5° to tease 6° elastic 7° to accuse ◇ 1° lancer une balle 2° rebondir, sauter 3° tapoter 4° jouer un instrument à cordes 5° effiler,

弓

弓

taquiner **6°** élastique **7°** mettre en accusation.

强 jiàng (2546) 弓口虫 [Tra] stubborn; unyielding ◇ raide; obstiné [Etym] different writing for (強 2543) ◇ autre graphie pour (強 2543) [Graph] Z42a 011a 031d [Ref] k355, ph668, w110b, wi232 [Hanzi] qiang3 鏹 1376, qiang1 qiang3 镪 2136, jiang4 糨 4654, qiang3 繈 6290, qiang3 襁 6704, jiang3 膙 8257, jiang4 qiang2 qiang3 强 11265, jiang4 犟 11266, jiang4 勥 11267.

强 jiàng -11265 弓口虫 | 強 *11256 、彊 *11270 | **1°** stubborn, unyielding **2°** steadfast ◇ **1°** obstiné, raide **2°** persévérant [Etym] 弓 2534 (rad: 057a 3-09), 强 2546 [Graph] Z42a 011a 031d.

△ qiáng | 強 *11256 、彊 *11270 | **1°** strong, powerful **2°** by force, violent **3°** better **4°** surname ◇ **1°** fort, robuste, puissant **2°** violent, user de la force **3°** meilleur que **4°** nom propre.

强盗 qiáng dào。robber, bandit ◇ brigand, bandit * 12.

强大 qiáng dà。powerful, strong, big ◇ fort, robuste, grand, puissant * 1537.

强调 qiáng diào。to emphasize, to stress, to underline ◇ insister sur, mettre l'accent sur, souligner * 1804.

强行 qiáng xíng。to force ◇ forcer à, par la contrainte * 3128.

强壮 qiáng zhuàng。strong, powerful ◇ robuste, solide, vigoureux * 3191.

强盛 qiáng shèng。powerful and prosperous; thriving ◇ puissant et prospère, en pleine prospérité * 5551.

强奸 qiáng jiān。to rape; to violate ◇ violer (une femme) * 5746.

强烈 qiáng liè。strong ,intense ◇ vif, fort * 6420.

强硬 qiáng yìng。tough, unyielding, strong ◇ énergique, ferme * 9782.

△ qiǎng | 強 *11256 、彊 *11270 | **1°** to strive, to try hard **2°** to compel ◇ **1°** s'efforcer, faire effort **2°** forcer, contraindre.

强迫 qiǎng pò。to force, to compel, to coerce ◇ obliger, forcer, contraindre * 9985.

犟 jiàng -11266 弓口虫牛 | 勥 *11267 | obstinate, stubborn ◇ opiniâtre, têtu [Etym] 牛 585 (rad: 093a 4-12), 强 2546 [Graph] Z42a 011a 031d 414d.

勥 jiàng *11267 弓口虫力 | 犟 -11266 | obstinate, stubborn ◇ opiniâtre, têtu [Etym] 力 1489 (rad: 019a 2-12), 强 2546 [Graph] Z42a 011a 031d 732f.

弶 jiàng +11268 弓亠小 | to snare, to trap, to catch in a trap ◇ piège composé d'un filet et d'un arc, attraper par un piège [Etym] 弓 2534 (rad: 057a 3-08), 京 2122 [Graph] Z42a 012c 331j.

弼 bì (2547) 弓百弓 [Tra] help; minister; double ◇ aide; ministre; double [Etym] second bow (1, 3= 弓 2534); leather strongs (2< 西 2436)-> help ◇ un deuxième arc (1,3= 弓 2534); des renforts de cuir (2< 西 2436) -> aider [Graph] Z42a 022f Z42a [Ref] w87b [Hanzi] bi4 弼 11269.

弼 bì +11269 弓百弓 | **1°** to help, to assist **2°** minister **3°** double ◇ **1°** aider, assister **2°** ministre **3°** double [Etym] 弓 2534 (rad: 057a 3-09), 弼 2547 [Graph] Z42a 022f Z42a.

彊 jiàng *11270 弓畐畐亖 | 强 -11265 、強 *11256 | **1°** stubborn, unyielding **2°** steadfast ◇ **1°** obstiné, raide **2°** persévérant [Etym] 弓 2534 (rad: 057a 3-13), 畺 2331 [Graph] Z42a 041d 041d ac:z.

△ qiáng | 强 -11265 、強 *11256 | **1°** strong, powerful **2°** by force, violent **3°** better **4°** surname ◇ **1°** fort, robuste, puissant **2°** violent, user de la force **3°** meilleur que **4°** nom propre.

△ qiǎng | 强 -11265 、強 *11256 | **1°** to strive, to try hard **2°** to compel ◇ **1°** s'efforcer, faire effort **2°** forcer, contraindre.

弹 dàn -11271 弓单 | 彈 *11264 | bullet, pellet, ball ◇ balle, boulette [Etym] 弓 2534 (rad: 057a 3-08), 单 2334 [Graph] Z42a 041g.

弹药 dàn yào。ammunition ◇ munitions * 3740.

△ tán | 彈 *11264 | **1°** to shoot **2°** to spring, to leap **3°** to flick **4°** to play a stringed musical instrument **5°** to tease **6°** elastic **7°** to accuse ◇ **1°** lancer une balle **2°** rebondir, sauter **3°** tapoter **4°** jouer un instrument à cordes **5°** effiler, taquiner **6°** élastique **7°** mettre en accusation.

弹簧 tán huáng。spring ◇ ressort * 806.

弹性 tán xìng。elasticity, spring ◇ élasticité, propriété élastique * 3262.

弱 ruò (2548) 弓弓 [Tra] weak; young; inferior ◇ faible; jeune; débile [Etym] what can be bent (1,2< 弓 2534) as thin thread (dots< 彡 76) ◇ ce qui se plie (1,2< 弓 2534) comme du fil mince (points< 彡 76) [Graph] Z42b Z42b [Ref] h138, k939, ph540, r403, w62d, wa151 [Hanzi] ni4 niao4 溺 627, ruo4 篛 921, nuo4 搦 2740, ruo4 蒻 4033, niao3 嫋 5881, ruo4 弱 11272.

弱 ruò +11272 弓弓 | **1°** weak, feeble **2°** young **3°** inferior **4°** to lose (through death) **5°** to grow weak ◇ **1°** faible, faiblir, débile **2°** jeune **3°** inférieur **4°** perdre (quelqu'un emporté par la mort) **5°** affaiblir [Etym] 弓 2534 (rad: 057a 3-07), 弱 2548 [Graph] Z42b Z42b.

弱小 ruò xiǎo。small and weak ◇ petit et faible * 2239.

弱者 ruò zhě。the weak ◇ faible, pas fort, pas puissant; les faibles * 5051.

弱点 ruò diǎn。weak point, failing, fault ◇ point faible, défaut, lacune * 9799.

弱国 ruò guó。weak country ◇ pays faible * 10952.

彊 jiāng (2549) 彊土 [Tra] boundary ◇ limite [Etym] to measure (1= 弓 2534)

land (2= 土 826) ◇ mesure (1= 弓 2534) de la terre (2= 土826) [Graph] Z42c 432a [Ref] w87a, wa74 [Hanzi] jiang1 疆11273.

疆 jiāng +11273 弓土畐畐 boundary, frontier ◇ frontière, limite [Etym] 弓 2534 (rad: 057a 3-16), 彊 2549 畺 2331 [Graph] Z42c 432a 041d 041d ac:z.

夷 yí (2550) 夷 [Tra] barbarian; to kill ◇ barbares; tuer [Etym] men (< 大 257) armed with bows (1= 弓 2534) ◇ des hommes (< 大 257) armés d'arcs (= 弓 2534) [Graph] Z42d [Ref] k186, ph212, w60d, wa152 [Hanzi] tie3 銕 1377, ti2 yi2 荑 4034, yi2 姨 5882, yi2 痍 7148, yi2 胰 8258, yi2 咦 9273, yi2 夷 11274.

夷 yí +11274 夷 1° smooth, safe 2° to raze 3° to exterminate, to wipe out 4° ancient tribes in the east, barbarian 5° foreigner ◇ 1° à l'aise, en sécurité 2° raser 3° exterminer 4° anciennes tribus à l'est, barbares 5° étranger [Etym] 大 257 (rad: 037a 3-03), 夷 2550 [Graph] Z42d.

弔 diào (2551) 弔 [Tra] to condole; hang ◇ condoléances; retenir [Etym] bow, not bent or drawn (< 引 2538), but hanging down (prim) ◇ un arc non sous tension (< 引 2538), mais suspendu sur soi (prim) [Graph] Z42e [Ref] k989, w28h, wi266 [Hanzi] diao4 弔 11275.

弔 diào *11275 吊 +9143 弔 1° to condole 2° to suspend, to hang 3° a thousand cash ◇ 1° offrir des condoléances 2° suspendre, pendre 3° ligature de mille sapèques [Etym] 弓 2534 (rad: 057a 3-01), 弔 2551 [Graph] Z42e.

弟 dì (2552) 弟 [Tra] younger brother ◇ frère cadet [Etym] a rope (prim) winding around stake or spear (> 弋 1045)->order ◇ une corde enroulée (prim) autour d'un pieu ou d'une lance (> 弋 1045) ->ordre [Graph] Z42f [Ref] h177, k985, ph304, r2a, w87e, wi86, wi153 [Hanzi] ti4 涕 628, di4 第 922, ti1 銻 1378, ti1 锑 2137, ti4 悌 3394, ti1 梯 4483, ti4 鬀 4755, di4 娣 5883, ti2 ti4 绨 6096, ti2 ti4 綈 6291, ti1 睇 8259, di4 睇 10107, di4 弟 11276, ti4 剃 11277, di4 递 11278, ti2 鹈 11279, ti2 鵜 11280.

弟 dì +11276 弟 younger brother, disciple ◇ frère cadet, disciple [Etym] 弓 2534 (rad: 057a 3-04), 弟 2552 [Graph] Z42f.

弟妹 dì mèi ◦ younger brother and sister; younger brother's wife ◇ frère et soeur cadets; femme du frère cadet * 5752.

弟媳 dì xí ◦ younger brother's wife ◇ femme du frère cadet * 5858.

弟兄 dì xiōng ◦ brothers ◇ frères * 9280.

弟弟 dì dì ◦ younger brother ◇ frère cadet * 11276.

剃 tì +11277 弟刂 鬀 *4755 、薙 +3579 to shave ◇ raser [Etym] 刂 470 (rad: 018b 2-07), 弟 2552 [Graph] Z42f 333b.

剃刀 tì dāo ◦ razor ◇ rasoir * 7239.

递 dì +11278 弟辶 遞 *7191 1° to transmit, to hand over 2° to succeed ◇ 1° passer, donner en main, substituer 2° succéder [Etym] 辶 1346 (rad: 162b 3-07), 弟 2552 [Graph] Z42f 634o.

递交 dì jiāo ◦ to deliver, to present; to submit ◇ remettre, présenter; livrer * 1681.

鹈 tí -11279 弟鸟 鵜 *11280 [Etym] 鸟 2494 (rad: 196s 5-07), 弟 2552 [Graph] Z42f Z22e.

鹈鹕 tí hú ◦ pelican ◇ pélican blanc * 9811.

鵜 tí *11280 弟鳥 鹈 -11279 See ◇ Voir 鹈鹕 ti2-hu2 11279-9811 [Etym] 鳥 2500 (rad: 196a 11-07), 弟 2552 [Graph] Z42f Z22h.

弗 fú (2553) 弗 [Tra] negation; no, not ◇ négation; non [Etym] two sticks (prim) still apart despite a tie (prim) (> 弟 2552) ◇ deux tiges (prim) séparées malgré un lien (prim) (> 弟 2552) [Graph] Z42g [Ref] k47, ph121, w87d, wa154, wi496, wi554 [Hanzi] fei4 沸 629, fu2 拂 2741, fo2 fu2 佛 3098, fu2 彿 3183, fei4 fu2 怫 3395, fu2 茀 4035, fu2 髴 4756, fei4 狒 5692, fu2 绋 6097, fu2 紼 6292, fei4 痱 7149, fu2 鲱 10556, fu2 鯡 10656, fu2 氟 11193, fu2 弗 11281, fei4 费 11282, fu2 艴 11283, fei4 費 11284.

弗 fú +11281 弗 not, not so, do not ◇ négation, non, ne pas [Etym] 弓 2534 (rad: 057a 3-02), 弗 2553 [Graph] Z42g.

费 fèi (2554) 弗贝 [Tra] to use; expenses ◇ user; dépenser [Etym] money (2= 贝 1796); negation (1= 弗 2553) ◇ argent (2= 贝 1796); phon, négation (1= 弗 2553) [Graph] Z42g 854b [Hanzi] fei4 镄 2138, fei4 费 11282.

费 fèi -11282 弗贝 費 *11284 1° fee, expenses 2° cost, to use 3° to spend, to lavish 4° surname ◇ 1° frais 2° coûter, user, consumer 3° dépenser, gaspiller 4° nom de famille [Etym] 贝 1796 (rad: 154s 4-05), 弗 2553 [Graph] Z42g 854b.

费心 fèi xīn ◦ excuse my disturbing you ◇ je vous ai dérangé; se donner la peine * 2177.

费力 fèi lì ◦ to spend or use great effort ◇ avec peine, difficilement * 7259.

费用 fèi yòng ◦ cost, expenses ◇ frais, dépenses * 8267.

艴 fú +11283 弗色 1° to flush 2° anger ◇ 1° rougir 2° colère [Etym] 弓 2534 (rad: 057a 3-08), 弗 2553 色 2015 [Graph] Z42g 933d.

費 fèi (2555) 弗貝 [Tra] to use; expenses ◇ user; dépenser [Etym] money (2= 贝 1796); negation (1= 弗 2553) ◇ argent (2= 貝 2246); phon, négation (1= 弗 2553) [Graph] Z42g 023b [Hanzi] fei4 鐨 1379, fei4 費 11284.

費 fèi *11284 弗貝 费 -11282 1° fee, expenses 2° cost, to use 3° to spend, to lavish 4°

surname ◇ 1° frais 2° coûter, user, consumer 3° dépenser, gaspiller 4° nom de famille [Etym] 貝 2246 (rad: 154a 7-05), 弗 2553 [Graph] Z42g 023b.

凹 Z51

凹 ā o (2556) 凹 | [Tra] hollow; concave ◇ rentrant; concave [Etym] concavity (prim) ◇ concavité (prim) [Graph] Z51b [Ref] h1032, k1291, r9g, w177a [Hanzi] ao4 坳 4991, ao1 凹 11285.

凹 ā o +11285 凹 | hollow, concave ◇ rentrant, creux [Etym] 凵 1630 (rad: 017a 2-03), 凹 2556 [Graph] Z51b.

兕 s ì (2557) 兕 | [Tra] rhinoceros ◇ rhinocéros [Etym] rhinoceros (prim) (< 凹 2556) ◇ rhinocéros (prim) (< 凹 2556) [Graph] Z51c [Ref] k812, wa55 [Hanzi] si4 兕 11286.

兕 s ì +11286 兕 | rhinoceros, yak ◇ rhinocéros [Etym] 儿 405 (rad: 010a 2-05), 兕 2557 [Graph] Z51c.

凸 t ū (2558) 凸 | [Tra] protruding; convex ◇ saillant; convexe [Etym] convexity (prim) ◇ convexité (prim) [Graph] Z51d [Ref] h1667, k990, r9g, w177a [Hanzi] tu1 凸 11287.

凸 t ū +11287 凸 | protruding, raised, convex ◇ saillant, bombé, convexe [Etym] 凵 1630 (rad: 017a 2-03), 凸 2558 [Graph] Z51d.

凸岸 t ū à n ∘ convex bank ◇ bord convexe * 7557.

亞 y à (2559) 亞 | [Tra] secondary; inferior ◇ second; inférieur [Etym] {?} earth as a square with pillars (prim) ◇ {?} terre carrée et ses piliers (prim) [Graph] Z51f [Ref] h997, k209, ph411, r454, w82h, wa31, wi538 [Hanzi] ya4 掗 2742, ya1 ya1 椏 4484, ya4 埡 4992, ya4 婭 5884, ya3 瘂 7150, ya1 ya3 啞 9274, ya4 氬 11194, ya4 亞 11288, e3 e4 wu1 wu4 惡 11289, e4 堊 11290, ya1 鴉 11291.

亞 y à *11288 亞 | 亚 -5341 | 1° inferior, second, secondary 2° short for Asia 3° similar ◇ 1° inférieur, second 2° nom de l'Asie 3° semblable [Etym] 二 4 (rad: 007a 2-06), 亞 2559 [Graph] Z51f.

惡 ě , w ù (2560) 亞心 | [Tra] sick; evil; hate ◇ nausée; mal; haïr [Etym] deformation (1= 亞 2559) of the heart (2= 心 397) ◇ un coeur (2= 心 397) déformé (1= 亞 2559) [Graph] Z51f 321c [Ref] r456, w82h, wi538 [Hanzi] e3 噁 9275, e3 e4 wu1 wu4 惡 11289.

惡 ě *11289 亞心 | 恶 -5342 、噁 *9275 | to feel sick, nauseating ◇ nausée, mal au coeur, écoeuré [Etym] 心 397 (rad: 061a 4-08), 惡 2560 [Graph] Z51f 321c.

△ è | 恶 -5342 | evil, wrong, fierce, wicked ◇ mal, mauvais, méchant, affreux.

△ w ū | 恶 -5342 | 1° how 2° where 3° expression of surprise ◇ 1° comment 2° où 3° mot d'exclamation exprimant la surprise.

△ w ù | 恶 -5342 | to dislike, to hate ◇ haïr, détester.

堊 è *11290 亞土 | 垩 -5343 | chalk ◇ terre blanche, marne [Etym] 土 826 (rad: 032a 3-08), 亞 2559 [Graph] Z51f 432a.

鴉 y ā *11291 亞鳥 | 鸦 -7356 、鵶 *7357 | raven, crow ◇ corbeau [Etym] 鳥 2500 (rad: 196a 11-08), 亞 2559 [Graph] Z51f Z22h.

斲 z h u ó (2561) 𠁁斤 | [Tra] to chop; hash ◇ doloire; tailler [Etym] to carve (2,3= 斤 1461) a complex vessel (1=prim) ◇ tailler (2,3= 斤 1461) un vase complexe (1=prim) [Graph] Z51g 722c [Ref] k1018, w82i [Hanzi] dou4 鬭 7473, zhuo2 斲 11292.

斲 z h u ó *11292 𠁁斤 | 斫 +9728 | to chop, to hash ◇ tailler, doler, doloire [Etym] 斤 1461 (rad: 069a 4-10), 斲 2561 [Graph] Z51g 722c.

黽 m ǐ n (2562) 黽 | [Tra] soft turtle; urge ◇ tortue molle; effort [Etym] soft turtle, tadpole (prim) ◇ une tortue molle, un têtard (prim) [Graph] Z51h [Ref] k632, ph749, w108c, wa48 [Hanzi] mian3 sheng2 澠 630, sheng2 繩 6293, ying2 蠅 10363, min3 黽 11293 [Rad] 205a.

黽 m ǐ n *11293 黽 | 黾 -9240 | See ◇ Voir 黾勉 min3-mian3 9240-10371 [Etym] 黽 2562 (rad: 205a 13-00), [Graph] Z51h.

鼂 c h á o *11294 黽日 | 晁 +9859 | surname ◇ nom de famille [Etym] 黽 2562 (rad: 205a 13-04), 日 2168 [Graph] Z51h 021a.

龜 g u ī (2563) 龜 | [Tra] tortoise ◇ tortue [Etym] tortoise (prim) (< 龟 2360) ◇ tortue (prim) (< 龟 2360) [Graph] Z51i [Ref] k462, r138, w108b, wa47 [Hanzi] jiu1 鬮 7474, gui1 jun1 qiu1 龜 11295 [Rad] 213a.

龜 g u ī *11295 龜 | 龟 -10733 | tortoise ◇ tortue [Etym] 龜 2563 (rad: 213a 16-00), [Graph] Z51i.

△ j ū n | 龟 -10733 | See ◇ Voir 龟裂 jun1-lie4 10733-6421.

△ q i ū | 龟 -10733 | See ◇ Voir 龟兹 qiu1-ci2 10733-6312.

毋 Z61

母 m ǔ (2564) 母 | [Tra] mother; prolific ◇ mère; prolifique [Etym] mother's breasts in a vertical presentation (prim) ◇ les seins de la mère, vus verticalement (prim) [Graph] Z61a [Ref] h203, k645, ph139, r156, w67o, wa27 [Hanzi] mu3 拇 2743, mu3 栂 3475, du2 毒 5284, mu3 姆 5885, m2 m4 呣 9276, mu3 母 11296, mei3 每 11298, yu4 毓 11303 [Rad] 080a.

母 m ǔ +11296 母 | 1° mother 2° female elders, aunt 3° female (animal), source of, root, key ◇ 1° mère 2° dame, tante 3° femelle (animaux),

凹 毋 凹 兕 凸 亞 𠁁 黽 龜 • 毋

principe, racine, source [Etym] 毋 2564 (rad: 080a 5-00), [Graph] Z61a.

母亲 mǔ qīn ∘ mother ◇ mère ✱ 640.

母校 mǔ xiào ∘ one's old school (Alma Mater) ◇ école de ses études (alma mater) ✱ 4129.

母鸡 mǔ jī ∘ hen ◇ poule ✱ 6519.

毑 jiě +11297 母也 | See ◇ Voir [Etym] 毋 2564 (rad: 080a 5-03), 也 1502 [Graph] Z61a 733c.

毑娭 jiě āi ∘ 1° mother, female; 2° term of address to a grandma or an old lady ◇ 1° mère, femelle; 2° appellation d'une grand-mère ou vieille dame ✱ 5777.

每 měi (2565) 每 | [Tra] each; every ◇ chaque; chacun [Etym] {1} prolific (< 毋 2564) plants (top< 艸 1637); {2} woman (< 毋 2564) with head-dress (top, prim) ◇ {1} des plantes (haut< 艸 1637) prolifiques (< 毋 2564); {2} une femme (< 毋 2564) et sa coiffe (haut=prim) [Graph] Z61b [Ref] h206, k607, ph294, r35a, r157, w67p, wa180, wi269 [Hanzi] hai3 海 631, hui4 诲 1837, wu3 侮 3099, hui3 悔 3396, mei2 莓 4036, mei2 梅 4485, mei2 脢 8260, mei2 霉 8467, hui4 誨 9641, hui4 晦 9969, mei2 酶 10920, mei3 每 11298, min3 敏 11299, yu4 毓 11303, fan2 緐 11304.

每 měi +11298 每 | 1° each, every 2° often 3° although ◇ 1° chaque, chacun 2° souvent, toujours 3° quoique [Etym] 毋 2564 (rad: 080a 5-02), 每 2565 [Graph] Z61b.

敏 fán (2566) 每攵 | [Tra] numerous; cumbrous ◇ nombreux; encombré [Etym] reduction of (繁 2567) ◇ réduction de (繁 2567) [Graph] Z61b 243c [Ref] h1720, k23, w67p, wa170 [Hanzi] min3 敏 11299, min3 鳘 11301, min3 鰵 11302.

敏 mǐn +11299 每攵 | 1° quick 2° clever, witty 3° agile 4° to work hard at ◇ 1° rapide, prompt 2° perspicacité, pénétration 3° agile 4° application, zèle, s'efforcer de [Etym] 攵 340 (rad: 066b 4-07), 每 2565 [Graph] Z61b 243c.

敏捷 mǐn jié ∘ quick, agile, witty ◇ rapide, agile, vif, prompt ✱ 2580.

敏感 mǐn gǎn ∘ sensitive ◇ sensible ✱ 5557.

繁 fán (2567) 每攵系 | [Tra] numerous; cumbrous ◇ nombreux; encombré [Etym] {?} to strike (2= 攵 340) in profuse (1= 每 2565), intertwined (3= 系 1185) plants ◇ {?} frapper (2= 攵 340) dans une profusion (1= 每 2565) de plantes entortilliées (3= 系 1185) [Graph] Z61b 243c 613d [Ref] h1720, k23, w67p [Hanzi] fan2 po2 繁 11300.

繁 fán +11300 每攵系 | 緐 *11304 | 1° abundant, numerous 2° to propagate ◇ 1° grand nombre, foule 2° se propager [Etym] 糸 1185 (rad: 120a 6-11), 繁 2567 [Graph] Z61b 243c 613d.

繁华 fán huá ∘ busy, bustling; thriving, flourishing ◇ fréquenté, animé; prospère, riche, luxueux ✱ 2835.

繁体字 fán tǐ zì ∘ original complex form of a simplified character ◇ forme ancienne d'un caractère chinois simplifié ✱ 2872 7763.

繁忙 fán máng ∘ busy ◇ occupé, affairé ✱ 3299.

繁荣 fán róng ∘ thriving, prosperous; to make something. prosper ◇ prospère, florissant; faire prospérer ✱ 3830.

繁多 fán duō ∘ numerous, various, multiple ◇ nombreux, abondant, multiple ✱ 6397.

繁殖 fán zhí ∘ to reproduce, to multiply; to breed ◇ se reproduire; se multiplier ✱ 6439.

繁重 fán zhòng ∘ overwhelming; heavy, strenuous ◇ accablant, lourd (travail) ✱ 10764.

△ pó | surname ◇ nom de famille.

鳘 mǐn -11301 每攵鱼 | 鰵 *11302 | perch-like fish ◇ perche de Macao [Etym] 鱼 2335 (rad: 195s 8-11), 敏 2566 [Graph] Z61b 243c 041i.

鰵 mǐn *11302 每攵魚 | 鳘 -11301 | perch-like fish ◇ perche de Macao [Etym] 魚 2339 (rad: 195a 11-11), 敏 2566 [Graph] Z61b 243c 041j.

毓 yù (2568) 每𠫓儿 | [Tra] give birth; raise ◇ donner vie; élever [Etym] mother (1= 每 2565, 毋 2564); infant, bringing forth (2,3= 㐬 1155) ◇ mère (1= 每 2565, 毋 2564); enfant, accouchement (2,3= 㐬 1155) [Graph] Z61b 612e 417b [Ref] w67p, w94f [Hanzi] yu4 毓 11303.

毓 yù +11303 每𠫓儿 | 1° to give birth 2° to raise 3° personal name ◇ 1° donner naissance 2° élever 3° prénom [Etym] 毋 2564 (rad: 080a 5-09), 毓 2568 [Graph] Z61b 612e 417b.

緐 fán *11304 每系 | 繁 +11300 | 1° abundant, numerous 2° to propagate ◇ 1° grand nombre, foule 2° se propager [Etym] 糸 1185 (rad: 120a 6-08), 每 2565 系 1209 [Graph] Z61b 613j.

毋 wú (2569) 毋 | [Tra] no, not ◇ non, ne pas [Etym] phon: woman (> 女 1122, 毋 2564)behind vertical bar (prim) ->bind ◇ phon: une femme (> 女 1122, 毋 2564) derrière des barreaux (prim) ->attacher [Graph] Z61c [Ref] k1277, w67k [Hanzi] yu4 毓 11303, wu2 毋 11305 [Rad] 080b.

毋 wú +11305 毋 | 1° no, not 2° surname ◇ 1° ne... pas, il n'y a pas, sans 2° nom de famille [Etym] 毋 2569 (rad: 080b 4-00), [Graph] Z61c.

贯 guàn (2570) 毌贝 | [Tra] pierce; link; series ◇ enfiler; série; suite [Etym] modern simplified form of (貫 2571) ◇ forme simplifiée moderne de (貫 2571) [Graph] Z61e 854b [Hanzi] guan4 掼 2744, guan4 惯 3397, guan4 贯 11306.

贯 guàn -11306 | 貫 *11307 | 1° to go through, to pierce 2° to be linked together 3° native place 4° string of one thousand cash 5° series 6° surname ◇ 1° traverser, pénétrer, enfiler, enfilade 2° être lié ensemble, connexion 3° lieu de naissance 4° ligature de mille sapèques 5° à la file, série, suite 6° nom propre [Etym] 贝 1796 (rad: 154s 4-04), 貫 2570 [Graph] Z61e 854b.
毌贝

贯彻 guàn chè ∘ to implement ; to put into practice ◇ appliquer, mettre en pratique ＊ 3125.

贯通 guàn tōng ∘ to be well versed in; to link up ◇ connaître à fond; relier, établir le contact ＊ 6488.

贯穿 guàn chuān ∘ to run through; to penetrate ◇ traverser; exister depuis toujours ＊ 7826.

貫 guàn (2571) |[Tra] pierce; link; series ◇ enfiler; série; suite [Etym] to bind (1= 毌 2569) cowries or coins (3= 貝 2246) ◇ relier ou enfiler (1= 毌 2569) des cauris ou pièces de monnaie (3= 貝 2246) [Graph] Z61e 023b [Ref] h1102, k445, w153a, wa141, wi421, wi630 [Hanzi] guan4 摜 2745, guan4 慣 3398, guan4 鏆 7646, shi2 實 7793, guan4 貫 11307.
毌貝

貫 guàn *11307 | 贯 -11306 | 1° to go through, to pierce 2° to be linked together 3° native place 4° string of one thousand cash 5° series 6° surname ◇ 1° traverser, pénétrer, enfiler, enfilade 2° être lié ensemble, connexion 3° lieu de naissance 4° ligature de mille sapèques 5° à la file, série, suite 6° nom propre [Etym] 貝 2246 (rad: 154a 7-04), 貫 2571 [Graph] Z61e 023b.
毌貝

婁 lóu (2572) |[Tra] idle; to wear ◇ oisif; porter [Etym] {1} shamaness: woman (2= 女 1122) related (1=prim,> 串 2306)to ghosts; {2} hands (1=prim, > 舁 1589) grasping a woman (2= 女 1122) ◇ {1} un chamane: une femme (2= 女 1122) liée (1=prim,> 串 2306) aux esprits; {2} des mains (1=prim, > 舁 1589) s'emparant d'une femme (2= 女 1122) [Graph] Z61f 611e [Ref] h151, k572, ph631, w67n, wa170, wi198, wi829 [Hanzi] lou2 漊 632, lou3 簍 923, lou4 鏤 1380, lou1 lou3 摟 2746, lou2 lou2 lü3 僂 3100, lou2 lou2 蔞 4037, lou2 樓 4486, lou2 耬 4697, lü3 縷 6294, lü3 褸 6705, lou4 瘻 7151, lou3 嶁 7633, ju4 窶 7848, lou2 髏 8601, ju4 屨 8620, lü3 屢 8670, lou2 lou5 嘍 9277, lou1 瞜 10108, lou2 螻 10364, lou2 婁 11308, shu3 shu4 shuo4 數 11309, lou2 剅 11310.
𡋾女

婁 lóu *11308 | 娄 +4613 | 1° to wear 2° to trail along 3° surname ◇ 1° porter 2° traîner 3° nom propre [Etym] 女 1122 (rad: 038a 3-07), 婁 2572 [Graph] Z61f 611e.
𡋾女

數 shǔ (2573) |[Tra] to count ◇ compter [Etym] magical count (3= 攵 340) of a shamaness (1,2= 婁 2572) ◇ les comptes (3= 攵 340) magiques d'une chamane (1,2= 婁 2572) [Graph] Z61f 611e 243c [Ref] h151, k919, ph812, w67n, wi198 [Hanzi] sou3 sou4 擻 2747, sou3 藪 4038, shu3 shu4 shuo4 數 11309.
𡋾女攵

數 shǔ *11309 | 数 -4614 | 1° to count, to enumerate 2° to be reckoned as ◇ 1° compter 2° être compté parmi [Etym] 攵 340 (rad: 066b 4-10), 婁 2572 [Graph] Z61f 611e 243c.
𡋾女攵

△ shù | 数 -4614 | 1° number, figure 2° arithmetic 3° several 4° fate ◇ 1° nombre, chiffre 2° calcul arithmétique 3° plusieurs 4° destinée.

△ shuò | 数 -4614 | frequently, repeatedly ◇ souvent, plusieurs fois.

剅 lóu *11310 | 刞 +9429 | waterway, watergate ◇ sortie d'eau, passage de l'eau [Etym] 刂 470 (rad: 018b 2-10), 婁 2572 [Graph] Z61f 611e 333b.
𡋾女刂

○ Z71

○ líng (2574) |[Tra] zero ◇ zéro [Etym] western form of zero ◇ forme occidentale du zéro [Graph] Z71a [Hanzi] ling2 ○ 11311 [Rad] m001.
○

Introduction

General rules for the order of strokes in Chinese writing are few and simple. Strokes must be in the following order.

(1a) first horizontal, (1b) then vertical;

十 一 十

(2a) first left-falling, (2b) then right-falling;

人 丿 人

(3a) from top (3b) to bottom;

三 一 二 三

(4a) from left (4b) to right;

州 丶 丿 少 州 州 州

(5a) first outside upper frame, (5b) then inside;

月 丿 冂 月 月

(6a) first finish inside, (6b) then the bottom closing;

四 丨 冂 门 四 四

(7a) middle, (7b) then the two sides;

小 亅 小 小

(8a) usually top center and top left dots first, (8b) other dots at the end.

义 丶 丿 义　　生 丿 𠂉 𠂉 牛 生

戈 一 戈 戈　　母 乚 口 母 母 母

Nevertheless, difficulties may arise rather often when some rules may appear conflicting. In the following examples, the numbers under each step indicate rules being applied.

丰	一	二	三	丰		主	一	二	丰	主	
	1a	3b	3b	1b			1a	3b	1b	6b	
申	丨	冂	曰	曰	申	田	丨	冂	冃	用	田
	5a	5a	6a	3b	1b		5a	5a	6a	6a	6b
幽	丨	幺	丝	幽	幽						
	7a	7b	7b	6b	6b						

In the last example mostly, authors may diverge on the stroke order to be followed.

Moreover, according to various countries or periods, rules have changed and the number of strokes for one character or element in a character may vary.

We have tried to follow present day rules in continental China.

Abbreviations

In the following pages is to be found the step by step way to write each basic elements used to write all Chinese characters.

In our convention, '?' is taking the place of a element to be fully written inside an encompassing element.

The etymological component 421, page 168 is written 331c ?丁 011a 口.

Page 765, graphie element 331c is written ?丁 一 ? ?丁.
Page 772, graphic element 011a is written 口 丨 冂 口

Usual group 421 must then be written as follows:

可 一 丁 冂丁 口丁 可.

Thanks to this simple '?' symbol, it has been possible to concentrate in a few pages the precise way, stroke by stroke, to write all Chinese characters.

Short Bibliography

Bjӧrkstén Johan. *Learn to Write Chinese Characters*. New Haven, Yale Univ. Press, 1994.

Choy Rita Mei-Wah. *Read and Write Chinese: a Simplified Guide to the Chinese Characters*. San Francisco, China West Books, 1981.

Hanzi zhengzi shouce, Hong Kong, Joint Publishing, 1988 (1986).

Hadamitzhy Wolfgang et Durmous Pierre. *Kanji et Kana: Manuel de l'écriture japonaise*. Paris, Maisonneuve, 1981 (1979).

Kantor Philippe. *L'écriture chinoise*. Paris, Assimil, 1984.

McNaughton William. *Reading and Writing Chinese: a Guide to the Chinese Writing System*. Rutland, Vt, Tuttle, 1985 (1979).

Wang Huiyue. *Zenyang xie hao zi*. Hong Kong, s.d.

Xue wenhua duwu: changyong hanzi de bihua bishun. Shanghai, Jiaoyu chubanshi, 1972.

Introduction

Les règles officielles de l'écriture chinoise sont peu nombreuses et simples. Il faut dans l'ordre tracer:

(1a) d'abord les traits horizontaux, (1b) ensuite le trait vertical;

十 一 十

(2a) d'abord l'oblique à gauche, (2b) ensuite l'oblique à droite;

人 丿 人

(3a) d'abord les traits du haut, (3b) ensuite les traits plus bas;

三 一 二 三

(4a) d'abord le trait à gauche, (4b) ensuite les traits vers la droite;

州 丶 丿 ⺌ 州 州 州

(5a) d'abord le cadre externe supérieur, (5b) ensuite les traits internes;

月 丿 冂 月 月

(6a) d'abord les traits internes, (6b) ensuite les traits de fermeture inférieure;

四 丨 冂 四 四 四

(7a) d'abord le trait central, (7b) ensuite les traits latéraux;

小 亅 小 小

(8a) en général, les points centre haut ou gauche haut d'abord, (8b) les autres à la fin.

义 丶 义 义　　生 丿 生 生 牛 生

戈 一 戈 戈　　母 乚 母 母 母 母

En pratique, cependant, les choses se compliquent souvent lorsque dans certains cas l'on pourrait appliquer l'une ou l'autre des règles et obtenir des séquences de traits différents. Dans les exemples suivants, nous appliquons dans l'ordre les règles indiquées par le numéro en dessous:

丰　一 二 三 丰
　　1a 3b 3b 1b

主　一 二 丰 主
　　1a 3b 1b 6b

申　丨 冂 日 曰 申
　　5a 5a 6a 3b 1b

田　丨 冂 日 用 田
　　5a 5a 6a 6a 6b

幽　丨 幽 幽 幽 幽
　　7a 7b 7b 6b 6b

Dans le dernier exemple surtout, des auteurs peuvent proposer d'autres façons de faire.

Par ailleurs, la façon d'enchaîner ou de séparer certains traits peut, selon les règles de certains pays ou régions à une période ou à l'autre, entraîner un compte un peu variable du nombre de traits dans un caractère ou une partie de caractère.

D'une façon générale, nous avons suivi les règles officielles de la Chine continentale contemporaine.

Abréviations et sigles

Dans les pages suivantes, on trouvera dans l'ordre de leur code l'ordre des traits de chacun des éléments graphiques qui servent à écrire tous les caractères.

'?' remplace un élément que l'on doit écrire en entier à l'endroit où il apparaît dans un élément englobant.

La composante étymologique 421 page 168 s'écrit 331c ?丁 011a 口.

Page 765, l'élément graphique 331c s'écrit ?丁 一 ?丅 ?丁.
Page 772, l'élément graphique 011a s'écrit 口 丨 冂 口

Le groupe usuel 421 s'écrira donc ainsi:

可 一 丅 冂 口 可.

Grâce à ce système simple, on a pu donner en peu de pages la façon exacte d'écrire tous les caractères chinois du dictionnaire.

Brève bibliographie

Björkstén Johan. *Learn to Write Chinese Characters*. New Haven, Yale Univ. Press, 1994.

Choy Rita Mei-Wah. *Read and Write Chinese: a Simplified Guide to the Chinese Characters*. San Francisco, China West Books, 1981.

Hanzi zhengzi shouce, Hong Kong, Joint Publishing, 1988 (1986).

Hadamitzhy Wolfgang et Durmous Pierre. *Kanji et Kana: Manuel de l'écriture japonaise*. Paris, Maisonneuve, 1981 (1979).

Kantor Philippe. *L'écriture chinoise*. Paris, Assimil, 1984.

McNaughton William. *Reading and Writing Chinese: a Guide to the Chinese Writing System*. Rutland, Vt, Tuttle, 1985 (1979).

Wang Huiyue. *Zenyang xie hao zi*. Hong Kong, s.d.

Xue wenhua duwu: changyong hanzi de bihua bishun. Shanghai, Jiaoyu chubanshi, 1972.

引言

书写汉字的基本规则

(1a)　先横　（1b）後竖。

十　一　十

(2a)　先撇（2b）後捺。

人　丿　人

(3a)　先上（3b）後下。

三　一　二　三

(4a)　先左（4b）後右。

州　丶　丿　少　川　州　州

(5a)　向下开口时，先外（5b）後内。

月　丿　冂　月　月

(6a)　四周封口时，先填内，（6b）後封底。

四　丨　冂　四　四　四

(7a)　先中间，（7b）後两边。

小　亅　小　小

8a　左边的点或中间的点先写，（8b）其它位置的点後写。

义　丶　丿　义　　生　丿　𠂉　生　牛　生

戈　一　戈　戈　　母　𠃊　母　母　母　母

当然，在实践中，正确判断应使用哪一个规则不一定一帆风顺。下面，我们顺序在每个字下面标出适用的规则。

丰　一　二　三　丰
1a　3b　3b　1b

主　一　二　丰　主
1a　3b　1b　6b

申　丨　冂　日　日　申
5a　5a　6a　3b　1b

田　丨　冂　日　田　田
5a　5a　6a　6a　6b

幽　丨　幺　㓜　幽　幽
7a　7b　7b　6b　6b

对最後一例，不同的作者会有不同的见解。

同时，笔画的连接和分断会因国家和地区及时间的不同而有所不同，并造成在笔画数量计算上的不统一。

本字典使用的是中国大陆颁布的规则。

“ ? “ 表示一个被另一笔型所包容的笔型。

421页中，字源元素421写做331C 可011a口

765，331c笔型写为 可 一 ㄱ 可.

772，011a笔型写为口 丨 ㄇ 口

421常用字源元素《可》写作:

可 一 丁 𠃍 𠮛 可.

以上是我们根据快速检字法对汉字写法所做的简单介绍。

书目：

Björkstén Johan. *Learn to Write Chinese Characters*. New Haven, Yale Univ. Press, 1994.

Choy Rita Mei-Wah. *Read and Write Chinese: a Simplified Guide to the Chinese Characters*. San Francisco, China West Books, 1981.

Hanzi zhengzi shouce, Hong Kong, Joint Publishing, 1988 (1986).

Hadamitzhy Wolfgang et Durmous Pierre. *Kanji et Kana: Manuel de l'écriture japonaise*. Paris, Maisonneuve, 1981 (1979).

Kantor Philippe. *L'écriture chinoise*. Paris, Assimil, 1984.

McNaughton William. *Reading and Writing Chinese: a Guide to the Chinese Writing System*. Rutland, Vt, Tuttle, 1985 (1979).

Wang Huiyue. *Zenyang xie hao zi*. Hong Kong, s.d.

Xue wenhua duwu: changyong hanzi de bihua bishun. Shanghai, Jiaoyu chubanshi, 1972.

111a 一 一

111b 二 一 二

111c 三 一 二 三

111d 兰 丶 丷 䒑 兰 兰

121a 讠 丶 讠

121b 讠 丶 丶 讠

211a 丿 丿

211b [illegible] 丶 [illegible]

211c 彡 丿 彡 彡

221a 立 丶 亠 亡 立 立

221b 业 丨 丨丨 业 业

221c 兴 丶 丷 兴 兴 兴 兴

221d 罒 一 冂 罒 罒

222a 八 丿 八

222b 六 丶 亠 六 六

222c 兴 丶 丷 兴 兴 兴

222d 灬 丶 八 灬 灬

231a ⺮ 丿 ⺈ ⺮

231b 火 丶 丷 少 火

232a 人 丿 人

232b 欠 丿 𠂊 欠 欠

232c 入 丿 入

233a 入 丿 入

233b 父 丿 八 父 父

233c 兴 丶 丷 兴 兴 兴 兴

241a 左 一 ナ 左

241b 左 一 ナ 左 左

241c 券 丶 丷 䒑 兰 兰 [illegible] 券

241d 寿 一 二 三 [illegible] 寿

241e 寿 一 二 三 [illegible] 寿

242a 大 一 ナ 大

242b 天 一 二 于 天

242c 关 丶 丷 䒑 兰 并 关

242d 矢 丿 𠂉 二 午 矢

242e 夭 一 二 于 夭

242f 头 丶 丶 头 头 头

242g 买 乛 乛 乛 买 买 买

242h 卖 一 十 [illegible] [illegible] [illegible] [illegible] [illegible] 卖

242i 犬 一 ナ 大 犬

242j 发 一 ナ 大 发 发

242k 太 一 ナ 大 太

242l 夬 一 ナ 大 夬 夬

242m 夫 一 二 夫 夫

242n 美 丶 丷 䒑 兰 兰 羊 美

242o 失 丿 𠂉 二 失 失

242p 关 丶 丷 䒑 兰 关 关

242q 夹 一 二 丌 夹 夹 夹

242r 夫 一 二 三 夫 夫

243a 乂 丿 乂

243b 文 丶 亠 ナ 文

243c 父 丿 𠂉 父 父

243d 父 丿 八 父 父

243e 交 丶 亠 六 六 交 交

243f 叉 丿 又 叉

243g 叉 丿 又 叉 叉 叉 叉

244a 丈 一 ナ 丈

244b 丈 一 ナ 丈

311a 丨 丨

311b 讠 丶 讠

311c 饣 丿 𠂊 饣

311d ㇗ 一 ㇗

311e 七 一 七

311f 钅 丿 𠂉 钅 钅 钅

312a 长 一 七 长

312b 长 丿 长 长

312c 长 丿 二 长 长

312d 卬 [illegible] [illegible] 卬

312e [illegible] 一 [illegible] [illegible] [illegible]

312f [illegible] 一 二 [illegible] [illegible] [illegible]

312g 氐 一 [illegible] [illegible] 氐

312h [illegible] 丿 [illegible] [illegible] [illegible]

312i 衣 丶 亠 ナ [illegible] [illegible] 衣

312j 衣 丶 亠 [illegible] [illegible] [illegible] [illegible] [illegible]

312k [illegible] [illegible] [illegible] [illegible] [illegible] [illegible] [illegible] [illegible]

313a 瓜 一 厂 [illegible] [illegible] 瓜

313b 以 ㇄ [illegible] [illegible] [illegible] 以

321a 乚 乚

321b 匕 丿 匕

321c 心 丶 乚 心 心

321d 必 丶 乚 心 必 必

321e 七 一 七

321f 乇 丿 二 乇

321g 毛 丿 二 三 毛

322a 儿 丿 儿

322b 凧 丿 [illegible] 凧

322c 兀 一 丌 兀

322d 元 一 二 亓 元

322e 光 丨 [illegible] [illegible] [illegible] 业 光

322f 充 丿 八 介 充

322g 兆 丿 [illegible] [illegible] [illegible] 兆 兆

323a 尢 一 ナ 尢

323b 无 一 二 于 无

323c 尤 一 ナ 尢 尤

323d 龙 一 ナ 九 尤 龙

323e 羌 丶 丷 䒑 兰 兰 [illegible] 羌

331a 亅 亅

331b 丁 一 丁

331c 可 一 [illegible] 可

331d 亍 一 二 亍

331e 亇 丿 𠂉 亇

331f 了 乛 了

331g 歹 一 了 歹

331h 少 丨 小 少

331i 歩 一 丅 丌 歩

331j 小 亅 小 小

331k 少 亅 小 小 少

331l 示 一 二 亍 亓 示

331m 尔 丿 [illegible] 尔 尔 尔

331n 小 亅 [illegible] 小 小

331o 冰 亅 冫 冫 冰 冰

331p 水 亅 [illegible] 水 水

331q 氷 亅 [illegible] [illegible] 水 氷

331r 永 丶 [illegible] [illegible] [illegible] 永

332a 于 一 二 于

332b 寸 一 十 寸

332c 才 一 十 才

332d 乎 一 [illegible] [illegible] [illegible] 乎

332e 求 一 十 寸 才 [illegible] 求 求

332f 扌 一 十 扌

332g 手 一 二 三 手

333a 刂 丨 刂

333b 刂 丨 刂

333c 办 丿 亅 办 办

333d 亦 丶 亠 ナ [illegible] 亦 亦

333e 亦 丶 亠 十 [illegible] [illegible] 亦

411a 丨 丨

411b 丅 一 丅

411c 丫 丶 丷 䒑 丫

411d 亇 丿 𠂉 亇

411e 亻 丿 亻

411f 亻 丿 亻 亻

411g 彳 丿 [illegible] 彳

411h 丫 丶 丷 丫
411i 丫 · 亠 亠 亠 丫
412a 丬 丶 冫 丬
412b 丬 丨 丬 丬
412c 卜 丨 卜
412d 下 一 丅 下
412e 卞 丶 亠 亣 卞
412f 乍 丿 𠂉 𠂊 乍 乍
412g 忄 丶 丷 忄
412h 氺 亅 亅 丬 氺 氺
412i 氺 丿 亻 亻 亻 氺 氺
413a 十 一 十
413b 干 一 二 干
413c 羊 丶 丷 䒑 兰 羊
413d 辛 丶 亠 亠 立 立 辛 辛
413e 午 丿 𠂉 午 午
413f 千 丿 二 千
413g 斗 丶 冫 ⺀ 斗
413h 乒 丿 𠂆 斤 斤 乒
413i 半 丶 丷 丷 半
413j 平 一 丆 ㄒ 丅 平
413k 米 丶 丶 丷 丷 丷 米
414a 丰 一 二 丰
414b 羊 丶 丷 䒑 兰 兰 羊
414c 手 一 二 三 手
414d 牛 丿 𠂉 午 牛
414e 年 丿 𠂉 𠂉 𠂉 𠂉 年
414f 半 丶 丷 丷 兰 半
414g 丰 一 二 三 丰
414h 手 一 二 三 三 手
414i 卌 一 十 廿 廿 甘 卌
414j 丵 丨 丨 丨 丨 丨 丵 丵
414k 垂 一 二 千 千 千 垂 垂
415a 刂 丨 刂
415b 非 丨 丨 丬 丬 非 非 非 非
415c 卄 一 十 卄
415d 卅 一 十 卄 卅
416a 丿 丿 丿
416b 川 丿 川 川
416c 开 一 丆 开
416d 亓 一 二 亍 亓
416e 廾 一 十 廾
416f 卉 一 十 土 卉 卉
416g 升 丿 二 壬 升
416h 开 一 二 于 开
416i 并 丶 丷 䒑 兰 并 并
416j 井 一 二 井 井
417a 川 丿 川 川
417b 川 丿 川 川
417c 爪 丿 厂 爪 爪
417d 州 丶 丿 丿 州 州 州
417e 冊 一 十 卄 冊
417f 卌 一 十 卄 卅 卌 卌
421a 不 一 丆 不 不
421b 不 一 丅 不 不
422a 木 一 十 才 木
422b 朩 一 十 才 朩
422c 禾 一 二 于 禾 禾
422d 禾 一 二 千 禾 禾
422e 术 一 十 才 木 术
422f 米 丶 丷 丷 半 米 米
422g 采 一 丆 丆 丆 平 采 采
422h 本 一 十 才 木 本
422i 未 一 二 十 未 未
422j 末 一 二 十 末 末
422k 养 丶 丷 䒑 兰 兰 羊 养 养

422l 朱 丿 𠂉 𠂉 牛 牛 朱

422m 来 一 丷 丷 平 来 来

422n 未 一 二 三 丰 未 未

422o 耒 一 十 卄 廿 丗 丗 耒 耒

431a 工 一 丅 工

431b 上 丨 卜 上

431c 巨 一 𠃍 巨 巨 巨

432a 土 一 十 土

432b 士 一 十 士

432c 耂 一 十 土 耂

432d 夫 一 十 土 夫 夫

432e 王 一 二 干 王

432f 主 丶 亠 亠 丰 主

432g 𦍌 丶 丷 丷 兰 𦍌 𦍌

432h 美 丶 丷 丷 兰 兰 美 美 美

432i 生 丿 𠂉 𠂉 午 生

432j 壬 一 二 千 壬

432k 壬 一 二 千 壬

432l 𠂉 丿 𠂉 牛 牛

432m 先 丿 𠂉 牛 生 先 先

432n 去 一 十 土 去

432o 玉 一 二 干 王 玉

432p 业 一 十 十 业 业

432q 至 一 二 干 干 至 至

433a 主 一 二 丰 主

433b 生 丿 𠂉 𠂉 牛 生

433c 差 丶 丷 丷 兰 兰 羊 羊 差 差

433d 垂 一 二 三 垂 垂 垂 垂 垂

434a 止 丨 卜 止 止

434b 正 一 丅 下 正 正

434c 正 一 丅 下 正 正

434d 乍 丿 𠂉 𠂉 午 乍 乍 乍

434e 𧾷 丨 卜 𧾷 𧾷

434f 疋 一 丅 下 疋 疋

434g 疋 一 丅 下 疋 疋

434h 正 一 丅 下 正

435a 业 丨 丨丨 业 业 业

435b 亚 一 丅 亚 亚 亚 亚

435c 並 丶 丷 丷 並 並 並 並 並

435d 韭 丨 丨 丬 丬 韭 韭 韭 韭 韭

436a 廿 一 十 廿 廿

436b 廿 一 十 廿 廿

436c 㞢 一 十 土 土 㞢 㞢

436d 卄 一 十 卄 卄 卄

436e 共 一 十 卄 卄 共 共

436f 甘 一 十 廿 甘 甘

436g 卌 一 二 卄 卌 卌

436h 共 一 二 卄 卄 卄 共 共

436i 其 一 十 卄 卄 甘 其 其 其

436j 甚 一 十 卄 卄 甘 其 其 其 甚

436k 耳 一 丅 丌 耳 耳 耳

436l 直 丶 亠 亠 亣 育 育 直

436m 隹 丿 亻 亻 亻 亻 隹 隹 隹

436n 無 丿 𠂉 𠂉 𠂉 無 無 無 無

511a 弋 一 七 弋

511b 弋 一 一 弋 弋

511c 氏 一 𠂇 𠂇 氏

511d 氐 一 𠂇 𠂇 氏 氐

512a 戈 一 七 戈

512b 戈 一 七 戈 戈

512c 戎 一 二 丆 戎 戎 戎

512d 戎 一 丆 戎 戎 戎

512e 我 一 十 扌 扌 我 我 我

512f 我 丿 二 于 手 我 我 我

512g 我 丿 二 千 禾 禾 我 我 我 我

512h 戕 丶 亠 亠 立 立 戕 戕 戕 戕

512i 戊 一 厂 戊 戊 戊

512j 戊 一 厂 𠂆 戊 戊 戊

512k 戊 一 厂 𠂆 戊 戊 戊

512l 成 一 厂 万 成 成 成

512m 成 一 厂 斤 成 成 成

512n 戉 一 匚 戉 戉 戉

512o 臧 一 厂 厂 厂 厂 臧 臧 臧 臧

513a 戋 一 二 弋 戋 戋

513b 戋 一 七 弋 戋 戋 戋

521a 豸 一 乛 乛 豸 豸 豸 豸

521b 犭 丿 犭 犭

522a 豕 一 丆 丂 豕 豕 豕 豕

522b 豕 一 丆 丂 豕 豕 豕 豕 豕

522c 豖 一 二 亍 豖 豖 豖 豖

522d 豢 丶 丷 䒑 龹 豢 豢 豢 豢

522e 豙 丶 亠 亠 亠 亠 亠 豙 豙 豙 豙 豙

522f 象 ⺈ 𠂊 ⺈ 象 象 象 象 象 象

522g 彖 彐 彐 彐 彖 彖 彖 彖 彖

611a 𡿨 𡿨

611b 巛 𡿨 巛

611c 巛 𡿨 巛 巛

611d 罒 一 罒 罒 罒

611e 女 𡿨 女 女

612a 厶 𠃋 厶

612b 允 厶 厶 允 允 允

612c 云 一 云 云

612d 云 一 二 云 云

612e 去 丶 亠 去 去

612f 充 丶 亠 亠 亠 充 充

612g 么 丿 么 么

612h 公 丿 八 公 公

612i 瓮 丿 八 公 公 瓮 瓮

613a 幺 𠃋 幺

613b 幺 𠃋 幺 幺

613c 幺 𠃋 幺 幺

613d 糸 𠃋 幺 幺 糸 糸 糸

613e 乡 𠃋 乡 乡

613f 玄 一 玄 玄 玄

613g 玄 丶 亠 玄 玄 玄

613h 率 丶 亠 亠 玄 玄 玄 玄 玄 玄 率 率

613i 兹 丶 丷 䒑 兹 兹 兹

613j 系 一 系 系 系 系 系 系

614a 亥 丶 亠 亠 亥 亥 亥

614b 东 一 𠂇 东 东 东

614c 东 一 𠂇 东 东 东

614d 车 一 车 车 车

621a 彑 𠃋 彑 彑

621b 互 一 互 互 互

631a 亠 丶 亠

631b 夕 丿 夕 夕

631c 歹 一 歹 歹 歹

631d 歺 丨 卜 歺 歺 歺

631e 夕 丿 夕 夕 夕

631f 歹 一 歹 歹 歹 歹

631g 癶 フ 癶 癶 癶 癶

631h 外 丿 夕 夕 夕 外 外

632a 龴 乛 龴

632b 龴 丶 龴 龴

632c 专 一 二 专 专

632d 之 丶 之 之

632e 乏 一 乏 乏 乏

632f ス フ ス

632g 久 丿 久 久

633a 叉 フ 叉

633b 叉 フ 叉 叉

633c 支 丨 卜 支 支

633d 支 一 十 支 支
633e 夂 丿 ク 夂
633f 夊 丿 ク 夕 夊
634a 了 乛 了
634b 豖 乛 了 孑 孓 豕 豖
634c 氶 乛 了 孑 矛 氶
634d 子 乛 了 子
634e 孑 乛 了 孑
634f 孓 乛 了 孓
634g 承 乛 了 孑 孑 手 承 承 承
634h 礻 丶 ㇇ 礻 礻
634i 衤 丶 ㇇ 礻 衤 衤
634j 阝 ㇋ 阝
634k 乃 ㇋ 乃 乃
634l 乃 ㇌ 乃
634m 及 丿 乃 及
634n 廴 ㇋ 廴 廴
634o 辶 ? 丶? 辶? 辶
711a 匸 ? 匸
711b 乒 ? 匸 乒 乒
711c 乐 ? 匸 乐 乐 乐
711d 世 一 十 廿 廿 世
712a 尢 一 ナ 尢 尢
712b 卡 一 匸 卡
721a 厂 一 厂
721b 广 丶 亠 广
721c 产 丶 亠 亠 立 产 产
721d 一 丅 丌 丌 罒 罒
721e 户 丿 ⺈ 户 户
721f 疒 丶 亠 广 疒 疒
721g 广 丶 ⺊ 亠 广
721h 虍 丨 ⺊ 广 虍 虍
722a 厂 一 厂

722b 戶 一 厂 戶
722c 斤 一 厂 斤 斤
722d 斥 一 厂 斤 斤 斥
722e 丘 一 厂 斤 斤 丘
722f 乒 一 厂 斤 斤 丘 乒
722g 乓 一 厂 斤 斤 丘 乓
722h 兵 一 厂 斤 斤 丘 乒 兵
731a ㇆ ㇆
731b ⺕ ㇆ ⺕
731c 习 ㇆ 习 习
731d ⺕ ㇆ ⺕
732a 刀 ㇆ 刀
732b 分 丿 八 分 分
732c 刃 ㇆ 刀 刃
732d 刅 ㇆ 刀 刃 刅
732e 肀 ㇆ 彐 彐 肀
732f 力 ㇆ 力
732g 办 ㇆ 力 力 办
732h 为 丶 丿 力 为
732i 爲 丿 ⺈ 爫 爲 爲 爲 爲 爲
732j 為 丶 丷 丷 丷 為 為 為 為 為
733a 㔾 ㇆ 㔾
733b 乜 ㇆ 乜
733c 也 ㇆ 乜 也
733d 龟 丿 ⺈ 龟 龟 龟
734a 卩 ㇆ 卩
734b 阝 ㇆ 卩 阝
734c 卫 ㇆ 卩 卫
734d 卩 ㇆ 卩 卩
734e 韦 一 二 亖 韦
734f 书 ㇇ 乛 书 书
811a 匚 一 匚
811b 匹 一 匚 匹 匹

811c 匚 一 匚 匚

811d 𠃊 丿 𠃊

811e 𠂆 丿 𠂆 𠂆 𠂆 𠂆

811f 亡 丶 亠 亡

812a 旡 一 𠂉 二 旡 旡

812b 牙 一 𠃋 于 牙

812c 乐 一 𠃋 乐 乐 乐

821a 彐 ㇕ 彐

821b 丗 ㇕ 彐 丗 丗

822a 五 丨 五 五

822b 五 一 丆 五 五

822c 夬 ㇕ 彐 夬 夬

831a 𠂤 丿 𠂤 𠂤

831b 𠂤 丿 匚 𠂤

832a 彐 ㇕ 彐 彐

832b 当 丨 丷 ⺌ 当 当 当

832c 刍 丿 𠂊 刍 刍 刍

832d 彐 ㇕ 彐 彐

832e 丑 𠃌 刀 丑 丑

833a 彐 ㇕ 彐 彐

833b 当 丨 ⺊ 当 当 当

833c 肀 ㇕ 彐 彐 肀

833d 聿 ㇕ 彐 彐 聿 聿

833e 聿 ㇕ 彐 彐 彐 聿 聿

833f 聿 一 彐 彐 彐 聿

834a 尹 ㇕ 彐 彐 尹

834b 夬 ㇕ 彐 彐 尹 夬

834c 尹 ㇕ 彐 彐 尹

834d 争 丿 𠂊 刍 刍 刍 争

834e 隶 ㇕ 彐 彐 肀 肀 隶 隶 隶

834f 秉 一 二 彐 彐 彐 秉 秉 秉

834g 肃 ㇕ 彐 彐 肀 肃 肃 肃 肃

834h 兼 丶 丷 丷 兰 兰 当 兼 兼 兼 兼

834i 聿 一 彐 彐 彐 聿 聿 聿 聿

834j 書 ㇕ 彐 彐 聿 聿 聿 書 書

834k 肅 ㇕ 彐 彐 肀 肀 肃 肃 肃 肅 肅 肅 肅 肅

835a 臼 丿 𠂆 𠂤 臼 臼 臼 臼

835b 臼 丿 𠂆 𠂤 臼 臼 臼

835c 兒 丿 𠂆 𠂤 臼 臼 臼 兒 兒

835d 臼 丿 𠂆 𠂤 臼 臼 臼 臼

835e 臼 丿 𠂊 𠂊 臼 臼 臼 臼 臼

835f 臾 丿 𠂆 𠂤 臼 臼 臼 臾 臾

835g 臼 丿 𠂆 𠂤 臼 臼 臼

835h 與 丿 𠂆 𠂤 𠂤 臼 臼 臼 臼 臼 與 與

835i 與 丿 𠂆 𠂤 𠂤 臼 臼 臼 臼 臼 與

835j 鬥 丨 𠂆 𠂤 𠂤 𠂤 𠂤 𠂤 鬥 鬥 鬥

841a 凵 𠃊 凵

841b 山 丨 山 山

841c 缶 丿 𠂉 𠂉 午 缶 缶

841d 击 一 二 丰 击 击

841e 凶 ? 凶 凶

841f 兇 ? 凶 凶 兇 兇

841g 幽 丨 幽 幽 幽 幽

842a 中 𠃊 中 中

842b 虫 𠃊 中 中 虫

842c 出 𠃊 中 中 出 出

842d 单 丶 丷 丷 单 单 单

842e 屯 一 屯 屯 屯

851a 冖 丶 冖

851b 穴 丶 冖 穴 穴

851c 宀 丶 丶 宀

851d 穴 丶 丶 宀 穴 穴

851e 产 丶 亠 亠 产 产 产

851f 巛 丶 丷 巛 巛 巛

851g 卢 丨 ⺊ 卢 卢

851h 𭕄 丨 丨丨 丨丨丨 𭕄 𭕄
851i 𡗗 一 十 𠂇 𡗗
851j 𡿪 丿 𠂆 𡿪 𡿪 𡿪
851k 隺 丶 冖 𠂊 宀 宀 宀 宀 宀 隺 隺
851l 农 丶 冖 𠂊 𠂊 农 农
851m 冘 丶 冖 𠂊 冘
852a 勹 丿 勹
852b 勺 丿 勹 勺
852c 匀 丿 勹 勺 匀
852d 勿 丿 勹 勿
852e 匆 丿 勹 勿 匆
852f 匊 丿 勹 勹 匊 匊
852g 匋 丿 勹 勹 勹 匋 匋
852h 句 丿 勹 句
852i 匃 一 丆 丐 丐 匃
853a 万 一 丆 万
853b 方 丶 亠 亠 方
854a 冃 丨 冂 冃 冃
854b 贝 丨 冂 贝 贝
854c 见 丨 冂 贝 见
854d 页 一 丆 丆 丆 页 页
854e 贞 丨 ⺊ 𠂢 𠂢 贞 贞
854f 赀 丨 丨 丨 丨 肖 赀 赀
854g 责 一 十 丰 丰 责 责
854h 负 丿 𠂊 𠂊 𠂊 负 负
855a 门 丶 亻 门
856a 冂 丨 冂
856b 冃 丨 冂 冃
856c 册 丨 冂 冂 冂 册
856d 丹 丿 几 丹 丹
856e 月 丿 几 月 月
856f 舟 丿 几 舟 舟
856g 円 丨 冂 円 円

856h 甩 丿 冂 月 月 甩
856i 用 丿 冂 月 月 用
856j 冊 丨 冂 冂 冂 冊
856k 冋 丨 冂 冋
856l 冏 丨 冂 冂 冏
856m 罔 丨 冂 冂 冂 冂 罔
857a 丙 一 丆 丙 丙
857b 舟 丶 丿 力 丹 舟 舟
857c 角 丿 𠂊 角 角 角 角
857d 角 丿 𠂊 角 角 角 角
857e 向 丿 丨 门 向
857f 而 一 丆 丆 丙 而 而
857g 商 丶 亠 亠 亠 产 产 商
857h 商 丶 亠 亠 亠 产 产 产 产 商
857i 肖 丨 丨 丨 丨 肖 肖 肖
857j 尚 丨 丨 丨 丨 尚 尚
857k 南 一 十 广 冂 南
857l 角 丿 𠂊 𠂊 角 角 角 角
858a 巾 丨 冂 巾
858b 㡀 丨 冂 巾 㡀 㡀
858c 冉 丨 冂 冂 冉 冉
858d 币 一 丆 丆 币
858e 雨 一 丆 丆 币 币 雨 雨 雨
858f 雨 一 丆 丆 币 币 雨
858g 再 一 丆 丆 丙 再 再
858h 市 丶 亠 广 市 市
858i 币 一 丆 丆 币
858j 㡀 丶 丶 丶 丶 㡀 㡀 㡀
858k 雨 一 一 一 丆 丙 币 币 币 币 币 币
雨 雨 雨
858l 市 一 丆 丆 市
858m 朿 一 丆 丆 巿 朿 朿
858n 甫 一 丆 丆 丙 丙 甫 甫

858o 韦 ノ 𠂉 乍 乍 乍 韦
858p 両 一 丆 冂 丙 両 両
859a 内 丨 冂 内 内
859b 肉 丨 冂 内 内 肉 肉
859c 丙 一 丆 冂 丙 丙
859d 两 一 丆 冂 丙 丙 两 两
859e 内 丨 冂 内 内
911a 齿 丨 ⺊ 止 止 𣥂 𣥂 齿 齿
911b 齒 丨 ⺊ 止 止 齿 齿 齿 齿 齿 齿 齿
齿 齿 齒 齒
911c 齒 丶 亠 亠 文 区 齒
921a 且 丨 冂 月 月 且
921b 具 一 一 丆 冂 冃 目 直 具 具
921c 具 丨 冂 月 月 目 且 具 具
921d 具 丨 冂 月 月 目 且 具 具
921e 直 一 十 亠 古 古 古 直 直
921f 真 一 十 亠 古 古 古 直 直 直 真
922a 皿 丨 冂 冂 皿 皿
922b 血 ノ 亻 冂 冂 皿 血
922c 典 丨 冂 冂 由 曲 曲 典 典
923a 奂 ノ 𠂊 𠂊 色 色 奂 奂
923b 央 丨 冂 𠂭 央 央
924a 高 丶 亠 亠 亩 亩 亩 高 高
924b 畐 一 一 丆 丙 畐 畐 畐 畐
924c 畄 丨 冂 冂 冂 畄
924d 畄 丨 冂 冂 冂 冂 畄
924e 禼 丨 ⺊ 卜 卢 卢 卢 卢 禼 禼
931a 户 ㄱ コ 户
931b 尺 ㄱ コ 尸 尺
931c 尽 ㄱ コ 尸 尺 尽
931d 局 ㄱ コ 尸 月 局
931e 户 丶 ㄱ ヨ 户
931f 卢 丨 ⺊ 𠂒 卢 卢
931g 戸 一 厂 戸 戸
931h 户 丶 ㄱ ヨ ヨ 户
931i 扇 丶 ㄱ ヨ ヨ 户 月 扇
931j 尸 ㄱ ㄱ ㄱ 尸
932a 民 ㄱ コ 尸 巳 民
932b 艮 ㄱ ヨ ヨ 艮 艮
932c 艮 ㄱ ヨ ヨ 艮 艮 艮
932d 良 丶 ㄱ ヨ ヨ 良 良
932e 良 丶 ㄱ ヨ ヨ 良 良 良
933a 已 ㄱ コ 已
933b 巳 ㄱ コ 巳
933c 巴 ㄱ ㄱ コ 巴
933d 色 ノ 𠂊 𠂊 缶 缶 色
934a 巨 ㄱ コ 戸 戸 巨
934b 目 丨 冂 冂 月 目
934c 自 ノ 亻 亻 白 自 自
934d 阜 ノ 亻 亻 户 白 自 自 阜
934e 門 丨 冂 冂 冂 冂 門 門 門
935a 巨 一 厂 巨 巨 巨
935b 臣 一 厂 厂 匚 臣 臣 臣
941a 丘 一 丘 丘
941b 身 一 身 身
941c 身 一 身 身 身 身
941d 身 ノ 亻 冂 冂 月 身 身
011a 口 丨 冂 口
011b 豆 丨 冂 口 口 豆 豆
011c 只 丨 冂 口 只 只
011d 兄 丨 冂 口 兄 兄
011e 足 丨 冂 口 口 口 足 足
011f 足 丨 冂 口 口 口 足 足
012a 百 一 丆 百 百
012b 豆 一 丆 百 百 百 豆 豆
012c 吉 丶 亠 亠 吉 吉

012d 言
012e 㕣
013a 白
013b 石
013c 㕣
013d 兑
013e 占
013f 古
013g 克
013h 舌
013i 台
013j 臣
021a 日
021b 毌
021c 見
021d 早
022a 百
022b 百
022c 白
022d 皃
022e 皁
022f 百
022g 占
022h 卓
022i 卓
023a 目
023b 貝
023c 見
023d 自
023e 百
023f 頁
023g 首
023h 貞
023i 䝿
023j 直
023k 負
031a 罒
031b 中
031c 虫
031d 虫
031e 申
031f 亩
032a 臾
032b 史
032c 吏
032d 免
032e 兔
032f 兎
032g 東
032h 虫
032i 象
032j 禹
032k 事
032l 串
033a 㒳
033b 丽
033c 甾
033d 柬
033e 里
033f 重
041a 田
041b 甲
041c 甲
041d 画
041e 亩
041f 甾

041g 单

041h [glyph]

041i 鱼

041j 魚

042a 由

042b [glyph]

042c 申

042d [glyph]

042e [glyph]

042f [glyph]

042g 車

043a 更

043b 龟

043c 电

043d 曳

043e [glyph]

043f 果

043g 東

043h 卑

043i 畢

043j 里

043k 重

043l 禹

051a 皿

051b ⿱亠皿

051c 血

051d ⿱十皿

051e ⿱一皿

052a 曲

052b ⿱一曲

061a 図

061b 囟

061c 卤

061d 鹵

062a 四

062b 西

062c 酉

062d 酋

062e ⿱一囚

063a 囬

063b 面

063c 卣

071a ⿴冂?

071b ⿱亠⿴冂?

071c ⿱丿⿴冂?

071d ⿱一⿴冂?

071e ⿱十⿴冂?

Z11a 丩

Z11b 丱

Z11c [glyph]

Z12a 爿

Z12b ⿰爿一

Z12c 片

Z12d ⿰爿片

Z12e [glyph]

Z21a ⿱丶丂

Z21b 丂

Z21c ⿱一丂

Z21d ⿱二丂

Z21e 兮

Z21f 与

Z21g ⿱一与

Z21h ⿰与与

Z21i 丏

Z21j 丏

Z21k ⿰丂丂

Z22a 馬 ㇐ ㄏ 𠂆 ⺪ 㐆 馬 馬 馬 馬 馬

Z22b 马 ㇆ 马 马

Z22c 鸟 ㇔ ㇉ 鸟 鸟

Z22d 鸟 ㇔ ㇉ ㇉ 鸟

Z22e 鸟 ㇔ ㇉ ㇉ 鸟 鸟

Z22f 鳥 ㇒ ㇒ 户 户 户 鳥 鳥 鳥 鳥 鳥

Z22g 鳥 ㇒ ㇒ 户 户 户 户 鳥 鳥

Z22h 鳥 ㇒ ㇒ 户 户 户 户 鳥 鳥 鳥 鳥 鳥

Z31a ㇈ ㇈

Z31b 孔 ㇈ 孔

Z31c 飞 ㇈ 飞 飞

Z31d 乙 乙

Z31e 乞 ㇒ 𠂉 乞

Z31f 气 ㇒ 𠂉 𠂉 气

Z32a 凡 ㇈ 几 凡

Z32b 九 丿 九

Z32c 丸 丿 九 丸

Z32d 飛 ㇐ ㇆ 飞 飛 飛 飛

Z33a 几 丿 几

Z33b 凡 丿 几 凡

Z33c 凤 丿 几 凤

Z33d 亢 ㇔ 亠 亣 亢

Z33e 九 ㇒ 丿 九

Z33f 瓦 一 ㇗ 瓦 瓦

Z41a 己 ㇕ コ 己

Z41b 㠯 ㇑ ㇐ ㇐ ㇐ 㠯 㠯 㠯 㠯

Z42a 弓 ㇕ コ 弓

Z42b 弓 ㇕ コ 弓 弓 弓

Z42c 弓 ㇕ コ 弓 弓

Z42d 夷 一 ㇕ ㇕ 弓 夷 夷

Z42e 弔 ㇕ コ 弓 弔

Z42f 弟 ㇔ ㇔ 丷 当 弟 弟 弟

Z42g 弗 ㇕ コ 弓 弗 弗

Z51a 𠁣 丨 ㇑ ㇑ 皿 𠁣

Z51b 凹 丨 ㇑ ㇑ 凹 凹 凹

Z51c 兕 丨 ㇑ ㇑ ㇑ 凹 凹 兕 兕

Z51d 凸 丨 ㇐ ㇑ ㇑ 凸 凸

Z51e 亞 丨 ㇐ ㇑ ㇑ ㇑ ㇑ 亞 亞 亞

Z51f 亞 一 ㇐ ㇐ ㇐ ㇐ ㇐ 亞 亞 亞 亞

Z51g 亞 ㇕ ㇕ ㇕ ㇕ ㇕ ㇕ 亞 亞 亞 亞

Z51h 黽 丨 冖 冖 冖 黽 黽 黽 黽 黽 黽 黽 黽 黽

Z51i 龜 ㇒ ㇒ ㇒ ㇒ ㇒ ㇒ 龜 龜 龜 龜 龜 龜 龜 龜 龜 龜 龜 龜

Z61a 母 ㇗ 𠃋 母 母 母

Z61b 毎 ㇒ 𠂉 𠂉 毎 毎 毎 毎

Z61c 毋 ㇗ 𠃋 毋 毋

Z61d 毎 ㇒ 𠂉 𠂉 毎 毎 毎

Z61e 毌 ㇗ 口 毌 毌

Z61f 串 ㇗ 口 串 串 串 串 串

Z71a 〇 〇

ac:a 一 一

ac:b 二 一 二

ac:c 亠 ㇔ 亠

ac:d 丷 ㇔ 丷 丷

ac:e 亠 ㇔ 亠

ac:f 𠂉 ㇒ 𠂉

ac:g ㇖ ㇖

ac:h 八 ㇒ 八

ac:z 一 一

Graphic Elements / Éléments graphiques / 笔型
Stroke Count / nombre de traits / 笔画数目

[1]
一 ac:a
一 ac:z
一 ac:g
一 111a
丿 211a
丨 311a
乚 321a
亅 331a
丨 411a
〈 611a
[?] 711a
𠃌 731a
[?] 731d
[?] Z21a
乁 Z31a
[?] Z31b
乙 Z31d
〇 Z71a

[2]
二 ac:b
亠 ac:c
亠 ac:e
𠂉 ac:f
八 ac:h
二 111b
冫 121a
丷 211b
八 222a
人 232a
入 232c
𠆢 233a
[?] 241a
乂 243a
讠 311b
⺊ 311d
⺊ 311e
匕 321b
七 321e
儿 322a
[?] 322b
丁 331b
[?] 331c
丁 331f
刂 333a
刂 333b
丅 411b
亻 411e
卜 412c
十 413a
刂 415a
川 416a
[?] 416b
巛 611b
厶 612a
纟 613a
亠 631a
龴 632a
ス 632f
又 633a
了 634a
阝 634j
乃 634l
[?] 634n
厂 721a
厂 722a
刁 731b
刀 732a
力 732f
巳 733a
乜 733b
卩 734a
[?] 734b
匚 811a
匚 811c
[?] 811d
コ 821a
凵 841a
[?] 841e
冖 851a
勹 852a
[?] 852h
冂 856a
[?] 856k
丩 Z11a
丂 Z21b
九 Z32b
几 Z33a
[?] Z33c

[3]
丷 ac:d
三 111c
氵 121b
彡 211c
𠂉 231a
[?] 241b
大 242a
义 243f
丈 244a
[?] 244b
[?] 311c
[?] 312a
[?] 312b
[?] 312d
乇 321f
兀 322c
尢 323a
亍 331d
亇 331e
丆 331g
少 331h
小 331j
于 332a
寸 332b
才 332c
扌 332f
个 411d
亻 411f
彳 411g
丫 411h
丬 412a
丬 412b
下 412d
忄 412g
干 413b
千 413f
丰 414a
艹 415c
开 416c
廾 416e
川 417a
儿 417b
工 431a
上 431b
土 432a
士 432b
弋 511a
戈 512a
犭 521b
巛 611c
女 611e
云 612c
么 612g
纟 613b
幺 613c
乡 613e
[?] 621a
夕 631b
[?] 632b
之 632d
久 632g
叉 633b
夂 633e
子 634d
孑 634e
孓 634f
[?] 634k
及 634m
[?] 634o
[?] 711b
[?] 712a
[?] 712b
广 721b
广 721h
尸 722b
刁 731c
刃 732c
也 733c
卫 734c
[?] 734d
亡 811f
[?] 822a
[?] 831a
[?] 831b
彐 832a
彐 832d
彐 833a
山 841b
[?] 841g
中 842a
宀 851c
勺 852b
勿 852d
万 853a
门 855a
月 856b
[?] 857e
巾 858a
[?] 858b
尸 931a
已 933a
巳 933b
[?] 941a
[?] 941b
口 011a
[?] 071a
亏 Z21c
亐 Z21d
与 Z21f
[?] Z21g
马 Z22b
飞 Z31c
乞 Z31e
[?] Z32a
丸 Z32c
凡 Z33b
几 Z33e
己 Z41a
弓 Z42a
[?] Z42c

[4]
业 221b
[?] 221d
六 222b
灬 222d
火 231b
欠 232b
[?] 233b
[?] 241d
[?] 241e
天 242b
夭 242e
犬 242i
太 242k
夫 242m
文 243b
[?] 243c
父 243d
长 312c
[?] 312e
[?] 312g
[?] 312h
以 313b
心 321c
毛 321g
元 322d
[?] 322f
无 323b
尤 323c
[?] 331i
少 331k
小 331n
水 331p
手 332g
小 333c
丫 411c
卞 412e
午 413e
斗 413g
[?] 413i
手 414c
牛 414d
丰 414g
[?] 415d
亓 416d
升 416g
开 416h
井 416j
爪 417c
卅 417e
不 421a
不 421b
木 422a
朩 422b
耂 432c
王 432e
壬 432j
壬 432k
[?] 432l
[?] 432n
主 433a
止 434a
[?] 434e
[?] 434h
廿 436a
[?] 436b
弋 511b
氏 511c
戈 512b
[?] 512d
[?] 611d
允 612b
云 612d
[?] 612e
公 612h
[?] 613f
车 614d
互 621b
歹 631c
[?] 631e
专 632c
乏 632e
[?] 633c
支 633d
[?] 633f
礻 634h
[?] 711c
[?] 721e
[?] 721g
斤 722c
分 732b
办 732d
[?] 732e
办 732g
为 732h
韦 734e
书 734f
匹 811b
[?] 811e
[?] 812a
牙 812b
[?] 821b
五 822b
央 822c
丑 832e
[?] 833c
尹 834a
[?] 834c
[?] 841f
[?] 842b
屯 842e
[?] 851b
[?] 851g
[?] 851i
[?] 851m
匀 852c
勿 852e
方 853b
[?] 854a
贝 854b
见 854c
丹 856d
月 856e
[?] 856f
[?] 856g
[?] 856l
[?] 857a
[?] 857k
币 858d
[?] 858f
币 858i
市 858l
内 859a
[?] 859e
尺 931b
[?] 931c
[?] 931d
户 931e
[?] 931g
[?] 931j
巴 933c
[?] 941c
[?] 012a
[?] 013a
曰 021a
[?] 021b
[?] 031a
中 031b
[?] 071c
[?] Z12a
片 Z12c
[?] Z21e
丐 Z21i
丏 Z21j
[?] Z21k
乌 Z22c
[?] Z22d
气 Z31f
亢 Z33d
瓦 Z33f
甩 Z42e
[?] Z51a
毋 Z61c
[?] Z61e

[5]
兰 111d
立 221a
[?] 222c
矢 242d
头 242f
[?] 242j
[?] 242l
失 242o
[?] 242r
钅 311f
[?] 312f
瓜 313a
必 321d
龙 323d
示 331l
尔 331m
[?] 331o
[?] 331q
永 331r
乎 332d
[?] 411i
[?] 412f
[?] 412h
[?] 413c
[?] 413h
平 413j
半 414f
[?] 414h
卉 416f
[?] 422c
禾 422d
术 422e
本 422h
未 422i
末 422j
巨 431c
[?] 432d
主 432f
[?] 432i
玉 432o
[?] 432p
生 433b
正 434b
[?] 434c
[?] 434f

疋 434g
业 435a
井 436d
甘 436f
丗 436g
氏 511d
戊 512i
戌 512m
戉 512n
戋 513a
玄 613g
东 614b
东 614c
步 631d
歹 631f
癶 631g
氶 634c
衤 634i
世 711d
疒 721f
斥 722d
丘 722e
乍 733d
乐 812c
刍 832c
与 833b
圭 833d
聿 833f
夬 834b
击 841d
出 842c
穴 851d
龸 851f
龸 851h
匆 852f

刅 852i
册 856c
甩 856h
用 856i
冊 856j
冎 856m
尚 857j
冉 858c
市 858h
丙 859c
且 921a
皿 922a
央 923b
凷 924c
卢 931f
户 931h
民 932a
艮 932b
卩 934a
吕 934b
巨 935a
只 011c
兄 011d
亩 012c
台 012e
石 013b
㕣 013c
占 013e
古 013f
白 013i
亘 022a
白 022c
目 023a
虫 031c
申 031e

甶 031f
史 032b
田 041a
甲 041b
由 042a
申 042c
电 043c
罒 051a
冈 061a
四 062a
亩 071b
百 071d
亩 071e
丱 Z11b
扩 Z12b
鸟 Z22e
弓 Z42b
弗 Z42g
凹 Z51b
凸 Z51d
母 Z61a

6

兴 221c
兴 233c
𢆉 241c
关 242c
买 242g
关 242p
夹 242q
交 243e
※ 243g
衣 312i
亥 312j
光 322e
兆 322g
亦 333d
亦 333e
永 412i
半 413k
羊 414b
年 414e
丗 414i
并 416i
州 417d
卌 417f
米 422f
朱 422l
耒 422n
𦍌 432g
先 432m
亚 432q
亚 435b
共 436c
共 436e
耳 436k
戎 512c
戈 512e
戍 512j
戌 512k
成 512l
戈 513b
充 612f
癶 612i
系 613d
亥 614a
夗 631h
豕 634b
产 721c
乒 722f
乓 722g

当 832b
聿 833e
争 834d
臼 835a
臼 835b
臼 835d
缶 841c
单 842d
产 851e
夂 851j
农 851l
句 852g
页 854d
贞 854e
贞 854g
负 854h
舟 857b
用 857c
舟 857d
而 857f
商 857g
再 858g
束 858m
韦 858o
丙 858p
肉 859b
卤 911c
血 922b
呙 924d
扁 931i
艮 932c
良 932d
色 933d
自 934c
臣 935b

豆 011b
舌 013h
兑 021c
早 021d
自 022b
百 022f
卣 022g
自 023d
虫 031d
吏 032c
罒 033a
里 041c
亩 041d
面 042d
曳 043d
兜 043e
皿 051c
覀 051e
曲 052a
囟 061b
西 062b
酉 062e
业 Z11c
与 Z21h
飛 Z32d
夷 Z42d
每 Z61d

7

关 242n
丣 312k
羌 323e
求 332e
辛 413d
韭 414j
垂 414k
采 422g
来 422m
乍 434d
共 436h
耳 436l
我 512f
豸 521a
豕 522a
系 613j
严 721d
兵 722h
由 835g
贞 854f
肖 857i
角 857l
尚 858j
甫 858n
两 859d
奂 923a
良 932e
身 941d
足 011e
足 011f
豆 012b
言 012d
兑 013d
克 013g
臣 013j
皃 022d
皁 022e
貝 023b
見 023c
百 023e
直 023j
臾 032a

免 032d
兎 032f
東 032g
里 032h
串 032l
皿 033b
亩 041e
甾 041f
甶 041h
由 042b
車 042g
更 043a
龟 043b
里 043j
亩 051b
亩 051d
曲 052b
卤 061c
西 062c
田 063a
卣 063c
鸟 Z22g
弟 Z42f
兜 Z51c
出 Z51e
每 Z61b
聿 Z61f

8

卖 242h
非 415b
美 422k
来 422o
关 432h
垂 433d
並 435c
其 436i
隹 436m
無 436n
戕 512g
戕 512h
戕 512o
豕 522b
豕 522c
承 634g
局 732i
隶 834e
秉 834f
肃 834g
聿 834i
書 834j
兒 835c
臾 835f
商 857h
雨 858e
齿 911a
具 921c
直 921e
典 922c
禸 924a
亘 924b
禹 924e
阜 934d
門 934e
卓 022h
卓 022i
免 032e
事 032k
卤 033c
里 033e
单 041g

鱼 041i
面 042e
車 042f
果 043f
東 043g
卑 043h
爿 Z12e
巳 Z41b
亞 Z51f

9

盖 433c
非 435d
甚 436j
豕 522d
象 522f
彖 522g
玄 613i
為 732j
臼 835i
亮 921b
具 921d
頁 023f
首 023g
貞 023h
負 023k
禹 032j
東 033d
重 043k
禺 043l
酋 062d
面 063b
鼎 Z12d

10

兼 834h
與 835h
鬥 835j
雀 851k
真 921f
貞 023i
垂 033f
畢 043i
馬 Z22a
烏 Z22f
罒 Z51g

11

豕 522e
率 613h
象 032i
魚 041j
鹵 061d
鳥 Z22h

13

肅 834k
黽 Z51h

14

爾 858k

15

齒 911b

16

龜 Z51i

一 111a
一殸宀監覽
3 859 1662 2045 2046

二 111b
二竺仁齊弍
4 132 476 536 1043

三 111c
三叄
5 1129

兰 111d
兰
6

冫 121a
冫次恣盜咨冰准冶凋馮憑羡
7 8 9 10 11 12 13 14 15 16 17 913

氵 121b
氵淫溪次涂沃河沙泣泙满沐
18 19 20 21 22 23 24 25 26 27 28 29
潲潘江洼法洗涉滿洪淮準流
30 31 32 33 34 35 36 37 38 39 40 41
滏涌洛汤波派沵梁粱氾汇汒
42 43 44 45 46 47 48 49 50 51 52 53
浸津沛浦溥沮浪澗渠澡沾活
54 55 56 57 58 59 60 61 62 63 64 65
涅湯泊灘漁漂染海簿衍薄匯
66 67 68 69 70 71 72 73 133 516 615 1513

丿 211a
丿
74

⺀ 211b
⺀冬寒於枣尽龟
75 1287 1692 1786 1910 1979 2293

彡 211c
彡辵须須参彦尨鬱穆髟彭参
76 77 78 79 182 337 413 745 775 820 877 1130
參殄彦翏
1135 1234 1415 1473

立 221a
泣立竝亲新親妾龍音部竞競
26 80 81 82 83 84 85 86 87 88 89 90
音歆意竟章贛贑竦童拉位倍
91 92 93 94 95 96 97 98 99 444 477 478
蒟昱
616 2171

业 221b
佥斂应
183 184 1376

兴 221c
兴举
100 101

爫 221d
淫溪爫采爰孚采釆悉至妥奚
19 20 102 103 104 105 106 107 108 109 110 111
爵辭孚乳爲爭舀䍃繇爰愛舜
112 113 114 115 116 117 118 119 120 121 122 123
受再爵隱諼
124 125 126 1317 2141

八 222a
八
127

六 222b
六冥
128 1653

兴 222c
益
129

灬 222d
灬熱羔燕焦無能然烝庶鹿煞
130 896 914 987 1027 1040 1138 1242 1302 1390 1399 1560
盡黨烹熙㬎顯黑墨熏醮
1567 1748 2125 2167 2188 2189 2310 2311 2312 2430

⺮ 231a
⺮竺簿答笔箍筢籀竿筮筑等
131 132 133 134 135 136 137 138 139 140 141 142
筭簸箴簷筆簠節簋篡篹纂算
143 144 145 146 147 148 149 150 151 152 153 154
篤收览监临
155 605 606 607 608

火 231b
灾火炎焱学荧栄瑩縈労營燮
103 156 157 158 159 160 161 162 163 164 165 166
爗煩灭灰荧焚秋燅耿威狄燹
167 168 169 240 657 731 757 894 1014 1070 1088 1099
灵爨炭䁖阛
1554 1606 1614 2202 2390

人 232a
滿筮人从坐𢦏鐵俎卒雜傘僉
37 140 170 171 172 173 174 175 176 177 185 223
斂夾夾谒從萃葛來林麥巫喪
224 258 259 359 517 617 681 720 721 722 805 823
嗇兩縕队陜仄瘞医巫靈兩閃
824 985 1196 1318 1326 1354 1423 1514 1751 1898 1902 2026
臥謁曷歇囚盈
2047 2146 2194 2195 2441 2442

欠 232b
次恣盜咨次歆欠欽欲钦欵坎
8 9 10 11 21 92 178 197 236 368 386 825
款羡歆歔厥欣歕吹歇敕
855 913 1006 1279 1368 1462 1645 2064 2195 2297

入 232c
入
179

𠆢 233a
涂答𠆢亼参佥敛傘仑尒佘个
22 134 180 181 182 183 184 185 186 187 188 189
伞介余糴仝全金欽鑫錄企会
190 191 192 193 194 195 196 197 198 199 200 201
今衾念含貪畲令领仓令領俞
202 203 204 205 206 207 208 209 210 211 212 213
愈侖禽倉皀飠飾食合僉斂拿
214 215 216 217 218 219 220 221 222 223 224 225
弇翕命侖龥舍舒會銜茶荃荅
226 227 228 229 230 231 232 233 518 618 619 620
黍黍黎琴養鑿參飧殄矜除隂
723 758 772 906 915 974 1135 1226 1234 1257 1319 1320
陰隳瘪瘺翏岑辥於劉乾?幹榦
1321 1324 1426 1427 1473 1612 1613 1786 2054 2232 2233 2234
翰
2235

𠔿 233b
谷谷欲卻容睿睿
234 235 236 237 1663 1737 1738

䒑 233c
脊
238

𠂇? 241a
爰愛𠂇?灰左育遺厷友冇有迶
104 121 239 240 241 242 243 244 245 246 247 248
布右炱肴希若隓隋隳隋匿炭
249 250 322 323 324 621 1322 1323 1324 1325 1521 1614

犮 241b: 犮 251, 拔 445

𦍌 241c: 𦍌 252, 差 253, 羞 254

龵 241d: 看 255

寿 241e: 寿 256

大 242a: 溪 20, 奚 111, 算 151, 篡 152, 纂 153, 大 257, 夾 258, 夾 259, 爽 260, 奇 261, 奈 262, 夲 263, 奔 264, 套 265, 奎 266, 奢 267, 耷 268, 奞 269, 奪 270, 奮 271, 奓 272, 达 273, 牵 274, 奭 275, 奄 276, 夸 277, 尖 422, 衡 532, 契 593, 莫 679, 幕 680, 樊 724, 攀 725, 美 916, 猗 1089, 叁 1129, 参 1130, 畚 1131, 陜 1326, 瘞 1423, 匧 1514, 爨 1606, 峚 1615, 崟 1616, 奂 1758, 奥 1866, 奧 1868, 耎 1872, 吳 2110, 皋 2217, 皋 2257, 䙴 2402, 遷 2403, 奠 2433, 鄭 2434, 因 2444, 恩 2445

天 242b: 天 278, 忝 279, 奏 315, 癸 1246, 吴 2065, 昊 2172

关 242c: 关 280, 郑 281, 送 282, 朕 1824

矢 242d: 矢 283, 雉 284, 榘 285, 知 286, 短 287, 規 288, 𥎦 385, 欵 386, 疑 387, 侯 479, 候 510, 矣 1132, 彘 1219, 疾 1424, 医 1515, 殹 1516, 醫 1517, 族 1787

夭 242e: 沃 23, 夭 289, 乔 290, 喬 291

头 242f: 头 292, 实 1664

买 242g: 买 293

卖 242h: 卖 294

犬 242i: 犬 295, 犾 296, 猋 297, 伏 480, 莽 622, 获 642, 㹜 721, 類 779, 狱 1090, 獄 1095, 然 1242, 厌 1355, 厭 1372, 獻 1441, 突 1719, 献 1882, 戾 1982, 吠 2066, 哭 2086, 器 2087, 獸 2099, 臰 2240, 臭 2258

犮 242j: 犮 298, 拔 446

太 242k: 太 299

大 242l: 尞 300

夫 242m: 夫 301, 扶 302, 輦 303, 替 304, 輦 305, 规 306, 規 307

关 242n: 关 308, 养 309, 僕 493, 業 971

失 242o: 失 310

龹 242p: 龹 311, 卷 312, 勝 1825, 滕 1826

夹 242q: 夹 313, 夹 314, 瘗 1425, 匧 1518

𡗗 242r: 奏 315, 泰 316, 奉 317, 秦 318, 舂 319, 春 320

乂 243a: 爽 260, 乂 321, 㕕 322, 肴 323, 希 324, 爻 325, 杀 326, 刹 327, 殺 328, 凶 329, 兇 330, 叜 331, 艾 623, 樊 724, 攀 725, 区 1519, 𦥑 1602, 學 1603, 覺 1604, 匈 1771, 匈 1772, 冈 1849, 网 1850, 駁 2487, 风 2523

文 243b: 文 332, 刘 333, 齐 334, 齐 335, 斌 336, 彦 337, 産 338, 吝 339, 斑 902, 虔 1429, 闵 1807, 閔 2027

攵 243c: 敛 184, 斂 224, 攵 340, 效 345, 攸 511, 條 512, 脩 513, 微 527, 徵 528, 徽 529, 微 530, 牧 583, 敬 668, 枚 726, 数 782, 孷 797, 赦 828, 盩 833, 教 888, 敖 940, 散 996, 散 998, 敢 1025, 致 1146, 敝 1155, 敉 1258, 務 1259, 黻 1449, 煞 1560, 敳 1617, 㪇 1626, 放 1788, 闞 1813, 敞 1880, 敝 1906, 𢼄 1983, 啓 1984, 憝 1998, 闞 2034, 嚴 2089, 敦 2129, 故 2156, 敫 2223, 敗 2247, 敕 2298, 收 2465, 敏 2566, 繁 2567, 數 2573

父 243d: 父 341, 釜 342, 爹 343

交 243e: 交 344, 效 345, 駮 2488

义 243f: 义 346

※ 243g: 鬯 347, 𩰪 348, 鬱 745

丈 244a: 丈 349

𡗕 244b: 𡗕 350, 在 351, 存 352, 荐 624

𠄌 311a: 𠄌 353

讠 311b: 讠 354, 䛐 355, 计 356, 许 357, 诸 358, 谒 359, 雠 1028, 狱 1090, 罚 2376

饣 311c: 饣 360, 饩 361

𠤎 311d: 比 362, 毕 363, 毕 364, 皆 365, 彘 1219, 鹿 1398, 麃 1399, 麀 1400, 麈 1401, 麤 1402, 麀 1420, 麗 1860, 毚 2165, 昆 2173, 毘 2314, 毘 2419

⺈ 311e: 切 366

钅 311f: 钅 367, 钦 368

𠂆 312b: 齊 536, 齋 537

长 312c: 长 369, 张 2536

𧘇 312d 長䘮喪丧隂展張 818 823 851 935 1320 1966 2541

𧘇 312e 畏 2315

𧘇 312f 辰辱農 1356 1357 2414

𠂢 312g 派底旅脈 47 1453 1789 1831

𧘇 312h 𧘇檂袁表囊睘 370 748 850 937 2286 2394

衣 312i 衾衣裊 203 371 2497

亠𧘇 312j 亠𧘇衮褭哀襄衰衰衷裹褱 372 373 374 375 376 377 378 379 380 381

𠁣 312k 鼢鼠竄 1117 1588 1727

乚 321a 乳乚乚扎札耴孔 115 382 383 447 727 1015 1304

匕 321b 仑𢀿比毕坒皆匕疑欸疑𠂉顷 186 347 362 363 364 365 384 385 386 387 388 389

旨眞顚頃化华北背冀乖牝葬 390 391 392 393 481 482 542 543 544 569 584 645

鬱稽乘老耆此觜燕燕能熊態 745 760 762 885 886 951 952 986 987 1137 1138 1139

虒死鹿麃麀塵麤麂寢它嘗麗 1219 1235 1398 1399 1400 1401 1402 1420 1426 1665 1741 1860

尼毚昆匙毘罷毘 1952 2165 2173 2183 2314 2387 2419

心 321c 恣憑意憲愛念愈心惢德怎恝 9 17 93 108 122 204 214 394 395 533 549 594

葱悉志恥聽忒感態隱隐應廳 665 792 853 1016 1017 1044 1076 1139 1317 1334 1379 1394

慶慮慮忍急甯寧憲忽忽闷憂 1403 1430 1446 1484 1561 1666 1667 1689 1766 1769 1808 1945

慇悶总甜憩息患思惠悳恩恩 1998 2028 2152 2163 2164 2259 2307 2316 2350 2400 2420 2445

恖忌惡 2462 2533 2560

必 321d 必盜宓密 396 397 1668 1669

七 321e 七麀虍虔虑虖虚虧豦遽處虏 398 1400 1428 1429 1430 1431 1432 1433 1434 1435 1436 1437

虐虘虜獻虘戲虘膚慮虜盧獻 1438 1439 1440 1441 1442 1443 1444 1445 1446 1447 1448 1449

虛虎虒號皂 1450 1451 1455 2112 2218

乇 321f 乇宅亳 399 1670 2133

毛 321g 笔毛毳尾毫 135 400 401 1953 2134

儿 322a 儿 402

乱 322b 亂 403

兀 322c 兀堯尧 404 840 1053

元 322d 元冠完寇 405 1650 1671 1672

光 322e 光晃 406 2174

宂 322f 宂 407

兆 322g 兆 408

尢 323a 尢尪抛 409 410 448

无 323b 无 411

尤 323c 尤尨稌稽犹就 412 413 759 760 1091 2123

龙 323d 龙 414

羌 323e 羌 415

亅 331a 亅 416

丁 331b 丁打寧宁亭 417 449 1667 1673 2135

可 331c 河奇可哥何荷猗阿 24 261 418 419 483 626 1089 1327

亍 331d 亍行衍銜行衡 420 515 516 518 519 532

个 331e 竹所 474 709

予 331f 舒杼予预預豫序野 232 741 1252 1253 1254 1255 1396 2369

矛 331g 楙矛矜敄務柔矞 742 1256 1257 1258 1259 1260 1261

少 331h 涉步频頻陟 36 953 954 955 1329

歹 331i 歲威賓 957 1071 1674

小 331j 尒尞小尖杲齋穆尗叔戚孙原 187 300 421 422 423 537 775 815 816 1073 1305 1373

京就景颢顥 2122 2123 2204 2205 2206

少 331k 沙少雀劣省眇 25 424 425 426 427 2241

示 331l 漂佘奈示蒜蔡柰禁祟款咸祭 7 188 262 428 625 646 728 732 854 855 1072 1251

祟宗察尉票禀 1641 1675 1700 1954 2404 2458

尔 331m 尔你寳弥 429 484 1686 2537

小 331n: 忝 279, 小 430, 恭 1003, 隮 1324

氺 331o: 錄 199, 泰 316, 氺 431, 桼 723, 黍 758, 黎 772, 彔 1220, 录 1563, 滕 1826, 暴 2185

水 331p: 冰 12, 水 432, 淼 433, 沓 434, 汞 806, 盥 1586, 尿 1955, 泉 2219

氺 331q: 氺 435

永 331r: 永 436, 羕 917, 脉 1827

于 332a: 于 437

寸 332b: 溥 58, 孚 105, 爵 126, 等 142, 寿 256, 奪 270, 寸 438, 过 439, 付 485, 将 541, 薄 615, 樹 739, 寺 826, 封 837, 壽 856, 尌 878, 對 977, 纣 1162, 紂 1183, 夅 1243, 对 1272, 辱 1357, 厨 1370, 府 1377, 廚 1388, 寻 1555, 尋 1566, 冠 1650, 守 1676, 肘 1828, 耐 1873, 専 1915, 尉 1954, 射 2061, 討 2142, 时 2175, 导 2176, 時 2180, 専 2351, 轉 2356, 尊 2435, 團 2457, 將 2469

才 332c: 才 440, 材 729, 豺 1083, 闭 1809, 閉 2029, 財 2248

乎 332d: 乎 441, 虖 1431

求 332e: 求 442

扌 332f: 箍 136, 筢 137, 籀 138, 扌 443, 拉 444, 拨 445, 拔 446, 扎 447, 抛 448, 打 449, 拑 450, 推 451, 择 452, 扳 453, 折 454, 抑 455, 揣 456, 拖 457, 扣 458, 拍 459, 擇 460, 执 461

手 332g: 拿 225, 手 462, 掱 463, 挈 595, 攀 725, 掌 1742

刂 333a: 归 464, 帅 465, 师 466

刂 333b: 俞 213, 愈 214, 刹 327, 刘 333, 刂 467, 辨 566, 荆 628, 蒯 670, 刑 703, 利 761, 班 903, 到 1147, 列 1236, 刎 1767, 则 1797, 前 1839, 翦 1840, 剪 1841, 刺 1911, 制 1917, 刷 1972, 劉 2054, 别 2075, 則 2249, 剌 2299, 剅 2336, 剆 2340, 罚 2376, 罽 2390, 罰 2396

小 333c: 赤 827, 赦 828, 赫 829

亦 333d: 亦 468

亦 333e: 亦 469, 栾 470, 孪 471, 弯 472

丨 411a: 个 189, 丨 473, 引 2538

丫 411c: 鬳 1440, 獻 1441, 鬲 2118, 鬻 2540

竹 411d: 竹 474

亻 411e: 涖 26, 亻 475, 仁 476, 位 477, 倍 478, 侯 479, 伏 480, 化 481, 华 482, 何 483, 你 484, 付 485, 作 486, 件 487, 休 488, 仕 489, 任 490, 凭 491, 倩 492, 僕 493, 備 494, 代 495, 伐 496, 佞 497, 似 498, 他 499, 侵 500, 伊 501, 仙 502, 侃 503, 保 504, 信 505, 便 506, 佩 507, 夜 508, 佰 509, 荷 626, 雁 1358, 鴈 1359, 府 1377, 雁 1378, 應 1379, 宿 1677

亻 411f: 候 510, 攸 511, 條 512, 脩 513

彳 411g: 彳 514, 行 515, 衍 516, 從 517, 衙 518, 行 519, 徒 520, 往 521, 徙 522, 征 523, 御 524, 後 525, 律 526, 微 527, 徵 528, 徽 529, 微 530, 復 531, 衡 532, 德 533, 役 534, 彳 1956, 屣 1957, 屐 1958, 履 1959, 覆 2405

丫 411h: 丫 535

丫 411i: 齊 536, 齋 537

丬 412a: 丬 538, 壮 539, 妆 540, 将 541, 寢 1678

丬 412b: 北 542, 背 543, 冀 544, 乖 569, 乘 762, 燕 986, 燕 987

卜 412c: 卜 545, 卡 817, 盐 830, 卦 838, 外 1227, 咎 1288, 昝 1289

下 412d: 下 546

卞 412e: 卞 547

乍 412f: 作 486, 乍 548, 怎 549, 窄 1720, 咋 2067

忄 412g: 忄 550, 性 551, 惟 552, 恆 553, 快 554, 恬 555, 懼 2377

氺 412h: 褭 381, 尸 1960, 犀 1961, 屬 1962, 眔 2378

乑 412i: 乑 556, 聚 1021, 眾 2379, 衆 2399

十 413a: 準 40, 卒 176, 傘 185, 本 263, 计 356, 毕 363, 乍 388, 华 482, 十 557, 十 558, 卄 559, 協 560, 萃 617, 隼 1029, 肸 1829, 計 2143, 皋 2217, 臯 2257

干 413b: 竿 139, 干 561, 玕 562, 罕 1659, 旱 2177, 幹 2233

羊 413c: 擇 460, 羊 563, 釋 794, 幸 831, 幸 832, 盩 833, 執 834, 丵 972, 叢 973, 鑿 974, 凿 975, 函 1265, 南 1881, 献 1882, 睪 2381, 圉 2448

辛 413d: 辭 113, 辛 564, 辡 565, 辨 566, 薛 674, 辪 1613, 辥 1624, 宰 1679, 辟 1975, 辟 2019

午 413e: 许 357, 午 567, 許 2144

千 413f: 千 568, 乖 569, 迁 570, 舌 571

斗 413g: 斗 572, 科 763, 料 780, 斛 1884, 斝 2090

𠂤 413h: 段 573

𢆉 413i: 伞 190

平 413j: 泙 27, 平 574

𠦑 413k: 皐 2220, 皋 2260

扌 414a: 举 101, 奉 317, 择 452, 扌 575, 圣 1273, 學 1601

羊 414b: 羊 576, 羴 577, 達 835, 羸 1536, 鲜 2337, 鮮 2341

手 414c: 手 578, 拜 579, 邦 580, 拼 581

牛 414d: 牵 274, 件 487, 牛 582, 牧 583, 牝 584, 犇 585, 物 586, 牟 1133, 牽 1202, 犛 1545, 牢 1680, 解 1885, 犀 1961

年 414e: 年 587

半 414f: 半 588

丰 414g: 丰 589, 彗 590, 邦 591, 㓞 592, 契 593, 恝 594, 挈 595, 絜 596, 齧 597, 艳 598, 丯口 599, 夆 1290, 逢 1291, 豐 1631, 艷 1632, 害 1681

龵 414h: 拜 579

毌 414i: 毌 600

𠂭 414j: 𠂭 601

𠦒 414k: 爗 167, 華 627

丿丨 416a: 介 191, 乔 290, 养 309, 齐 334, 丿丨 602

丿?丨 416b: 齐 335, 齊 536, 齋 537, 丿米丨 603

丌 416c: 鼻 2263, 畀 2317

亓 416d: 亓 604

丨丨 415a: 丨丨𠂉 605, 览 606, 监 607, 临 608, 𠬤 609, 坚 610

非 415b: 非 611, 靠 929, 靡 1381, 匪 1520, 罪 2380

艹 415c: 满 28, 爗 167, 艹 612, 茾 613, 艹?木 614, 薄 615, 菂 616, 萃 617, 茶 618, 荃 619, 荅 620, 若 621, 莽 622, 艾 623, 荐 624, 蒜 625, 荷 626, 華 627, 荆 628, 藕 629, 蕻 630, 蓋 631, 著 632, 藝 633, 茸 634, 萑 635, 蒦 636, 舊 637, 茂 638, 葴 639, 蔵 640, 藏 641, 获 642, 蘧 643, 兹 644, 葬 645, 蔡 646, 薦 647, 茘 648, 葵 649, 荔 650, 节 651, 芒 652, 荒 653, 萧 654, 蕭 655, 卄 656, 荧 657, 荣 658, 莹 659, 蒙 660, 萦 661, 劳 662, 营 663, 卄 664, 葱 665, 葡 666, 苟 667, 敬 668, 藺 669, 蒯 670, 繭 671, 𦱤 672, 英 673, 薛 674, 蘭 675, 藿 676, 蒿 677, 藁 678, 莫 679, 幕 680, 葛 681, 萌 682, 草 683, 葩 684, 苜 685, 莧 686, 苗 687, 蘇 688, 董 689, 萬 690, 蔑 691, 芇 692, 夢 693, 瞢 694, 艺 695, 芟 696, 厲 1360, 匿 1521, 宽 1682, 寬 1683

廾 416e: 筭 143, 算 154, 弇 226, 茾 613, 莽 622, 葬 645, 廾 697, 弄 904, 戒 1055, 弁 1134, 彝 1221, 彞 1222, 昇 1589, 异 2011

卉 416f: 奔 264, 卉 698, 贲 699, 賁 700

升 416g: 升 701, 陞 1328

开 416h: 荆 628, 开 702, 刑 703, 闬 1810, 開 2030

并 416i: 并 704, 屏 1963

井 416j: 井 705, 进 706

川 417a: 川 707, 順 708, 𠩄 709

儿 417b: 流 41, 侃 503, 荒 653, 疏 962, 㐬 1152, 醯 2431, 毓 2568

爪 417c: 爪 710

州 417d: 州 711

卌 415d: 带 712

卌 417e: 卌 713

不 421a: 不 714, 丕 715, 歪 716, 否 717

不 421b: 不 718

木 422a: 沐 29, 梁 49, 渠 62, 澡 63, 染 72, 亲 82, 新 83, 親 84, 采 106, 采 107, 榮 161, 雜 177, 榘 285, 杀 326, 剎 327, 殺 328, 褒 374, 栾 470, 休 488, 保 504, 條 512, 艹?木 614, 茶 618, 葵 649, 荣 658, 藁 678, 木 719, 來 720, 㭁 721, 麥 722, 桼 723, 樊 724, 攀 725, 枚 726, 札 727, 柰 728, 材 729, 林 730, 焚 731, 禁 732, 森 733, 楚 734, 婪 735, 𣎆 736, 𣈆 737, 梵 738, 樹 739, 松 740

朩 422b: 朩 755

朩 422c: 涂 22, 余 192, 除 1319

禾 422d: 潲 30, 秦 318, 穮 629, 蘇 688, 禾 756, 秋 757, 黍 758, 秺 759, 稽 760, 利 761, 乘 762, 科 763, 稚 764, 委 765, 魏 766, 私 767, 移 768, 季 769, 秀 770, 秎 771, 黎 772, 棃 773, 香 774, 穆 775, 秃 776, 厤 1361, 歷 1362, 曆 1363, 穌 2342, 困 2447, 稟 2459

术 422e: 术 777

米 422f: 粱 50, 糴 193, 粥 603, 米 778, 類 779, 料 780, 娄 781, 数 782, 籁 783, 類 784, 粦 785, 粼 786, 迷 787, 眯 788, 断 789, 糞 790, 彝 1221, 彞 1222, 粲 1240, 糜 1382, 粜 1642, 糶 1643, 匊 1773, 奥 1866, 粵 1867, 屎 1964, 粟 2407, 氣 2510, 粥 2539, 鬻 2540

釆 422g: 潘 31, 釆 791, 悉 792, 番 793, 釋 794, 審 1685, 竊 1721, 奧 1868

本 422h: 本 795

未 422i: 未 796, 漦 797, 寐 1714

末 422j: 末 798

丵 422k: 業 976

朱 422l: 朱 799

来 422m: 来 800

耒 422n: 耒 801, 耤 802, 耦 803

枽 422o: 棄 1153

工 431a: 江 32, 贛 96, 贑 97, 恙 108, 筮 140, 筑 141, 仝 194, 左 241, 肎 242, 遀 243, 差 253, 工 804, 巫 805, 汞 806, 邛 807, 功 808, 贡 809, 貢 810, 項 811, 巧 812, 巩 813, 壽 856, 式 1045, 巠 1118, 红 1163, 紅 1184, 圣 1269, 隱 1317, 隓 1322, 隋 1323, 隳 1324, 尋 1566, 皇 1590, 毁 1591, 空 1722, 靈 1898, 噐 2088

上 431b: 上 814, 尗 815, 叔 816, 卡 817, 戚 1073

𠂹 431c: 套 265, 蒴 630, 長 818, 镸 819, 髟 820, 肆 821, 隂 1320, 張 2541

土 432a: 凋 15, 洼 33, 法 34, 溼 42, 涅 66, 等 142, 坐 172, 奎 266, 在 351, 坒 364, 擇 460, 徒 520, 坚 610, 蓋 631, 藝 633, 釋 794, 土 822, 喪 823, 嗇 824, 坎 825, 寺 826, 赤 827, 赦 828, 赫 829, 盐 830, 幸 831, 㚔 832, 盩 833, 執 834, 達 835, 圭 836, 封 837, 卦 838, 垚 839, 堯 840, 走 841, 越 842, 起 843, 去 844, 劫 845, 却 846, 盍 847, 凷 848, 均 849, 袁 850, 喪 851, 臺 873, 坴 893, 埶 894, 埶 895, 熱 896, 坙 1136, 至 1145, 致 1146, 到 1147, 圣 1274, 陞 1328, 厓 1364, 庄 1387, 塵 1401, 塵 1413, 瘞 1423, 瘗 1425, 塞 1694, 室 1698, 竈 1723, 堂 1743, 堃 1793, 膣 1834, 周 1851, 屆 1965, 屋 1968, 堅 2049, 星 2179, 時 2180, 墨 2311, 壘 2326, 睪 2381, 罣 2382, 垔 2408, 圉 2448, 㝵 2549

士 432b: 仕 489, 壮 539, 樹 739, 士 852, 志 853, 壽 854, 款 855, 壽 856, 壴 857, 㱿 858, 殸 859, 毂 860, 壹 861, 壺 862, 橐 863, 觳 864, 壳 865, 殼 866, 殸 867, 壺 868, 壼 869, 声 870, 殸 871, 吉 872, 臺 873, 颉 874, 頡 875, 壴 876, 彭 877, 尌 878, 鼓 879, 鼔 880, 喜 881, 賣 882, 毒 883, 廚 1388, 壯 2468

耂 432c: 奢 267, 诸 358, 著 632, 耂 884, 老 885, 耆 886, 孝 887, 教 888, 者 889, 都 890, 考 891, 猪 1092, 豬 1098, 諸 2145, 署 2383

圥 432d: 藝 633, 圥 892, 坴 893, 埶 894, 埶 895, 熱 896, 夌 897, 竜 898

王 432e: 筭 143, 全 195, 尪 410, 徵 528, 荃 619, 王 899, 王 900, 玨 901, 斑 902, 班 903, 弄 904, 珏 905, 琴 906, 琶 907, 噩 908, 珀 909, 聽 1017, 戴 1062, 狂 1093, 廳 1394, 匡 1522, 望 1534, 數 1617, 寶 1686, 寶 1687, 闰 1812, 閏 2032, 呈 2070, 皇 2221

主 432f: 往 521, 主 910, 主 911

𦍌 432g: 羊 912, 羡 913, 羔 914, 養 915, 美 916, 羕 917, 義 918, 羲 919, 姜 920, 盖 921, 對 977

关 432h: 关 922

午 432i: 午 923

壬 432j: 丢 924

壬 432k: 淫 19, 㸒 109, 任 490, 凭 491, 壬 925, 壬 926, 廷 927, 聖 1024

生 432l: 告 928, 靠 929, 造 930

先 432m: 洗 35, 先 931, 赞 932, 贊 933

圡 432n: 压 1365

玉 432o: 瑩 162, 莹 659, 玉 934, 宝 1688, 国 2449

亚 432p: 丧 935, 啬 936

亞 432q 金欽鑫錄釜銜鑿劉
196 197 198 199 342 518 974 2054

龶 433a 倩表素麦敖责青靑責毒毐憲
492 937 938 939 940 941 942 943 944 945 946 1689

生 433b 產性甤生姓隆産星
338 551 643 947 1120 1331 1416 2181

𦍌 433c 善
948

垂 433d 垂
949

止 434a 涉企𣦼徙止此歬步频頻歨歲
36 200 336 522 950 951 952 953 954 955 956 957
肯武陟歷𣥂𨁐屣歸㱎
958 1048 1329 1362 1485 1486 1957 2020 2269

正 434b 征歪正焉
523 716 959 960

𤴓 434c 𤴓疏
961 962

缶 434d 御卸
524 963

㞢 434e 辵從徒徙走越起㞢蹇屣
77 517 520 522 841 842 843 964 1757 1957

疋 434f 疋定是匙
965 1690 2182 2183

疋 434g 疑楚疋胥蛋蹇旋
387 734 966 967 968 1756 1790

𤴔 434h 延
969

业 435a 僕业業丵叢鑿凿業對黹虛显
493 970 971 972 973 974 975 976 977 978 1432 2184

亚 435b 亚晋
979 980

並 435c 並普
981 982

非 435d 韱非𢦏殲甃
174 983 1060 1237 1241

廿 436a 滿廿㒼𦾔燕革勒朝𦰩難堇勤
37 984 985 986 987 988 989 990 991 992 993 994
黃庶庶度席廣霸羈羈
995 1389 1390 1391 1392 1393 1892 2384 2385

龷 436b 耤散昔散黃展
802 996 997 998 999 1966

𡿺 436c 𡿺
1000

𠦃 436d 備葡
494 1001

共 436e 洪冀𦾔糞共恭巷戴巽殿巽暴
38 544 630 790 1002 1003 1004 1063 1500 1967 2012 2185
異
2318

甘 436f 拑甘㪜某甛
450 1005 1006 1007 2163

龷 436g 襄冓囊
376 1008 2286

共 436h 寒寒寨塞蹇
? 1691 1692 1693 1694 1695

其 436i 簸其斯
144 1009 1010

甚 436j 甚勘
1011 1012

耳 436k 耷茸叢耳耿𦔮恥聽聶聯取聚
268 634 973 1013 1014 1015 1016 1017 1018 1019 1020 1021
聂耶聖廳聞咠戢最
1022 1023 1024 1394 2033 2071 2072 2186

耳 436l 敢闞闞嚴
1025 1813 2034 2089

隹 436m 准淮準灘雜羅奞奪奮雉雀推
13 39 40 69 177 193 269 270 271 284 425 451
惟雈蒦舊藺藺藋稚難隹焦雠
552 635 636 637 669 675 676 764 992 1026 1027 1028
隼集雙讐隻雋進售雋截雖錐
1029 1030 1031 1032 1033 1034 1035 1036 1037 1061 1112 1142
维維雍难雁雁應虧翟匯匯崔
1164 1185 1200 1275 1358 1378 1379 1433 1474 1513 1523 1618
巂耀闽霍離雇闔唯雖瞿矍罹
1619 1643 1814 1893 1928 1985 2035 2073 2106 2243 2244 2377
羅醮
2388 2430

𠕁 417f 帶
1038

無 436n 無無舞
1039 1040 1041

弋 511a 代弋弎忒式貳貳
495 1042 1043 1044 1045 1046 1047

弌 511b 斌武
336 1048

氏 511c 氏昏昏
1049 1050 1051

氐 511d 氐
1052

戈 512a 尧
1053

戈 512b 㦮伐戈戒戔戲戛肇戢戟賤戛
173 496 1054 1055 1056 1443 1946 1986 2072 2236 2250 2265
國
2450

戎 512c 戎賊
1057 2251

或 512d 韱或幾
174 1058 1173

𢦏 512e 𢦏栽截載戴
1059 1060 1061 1062 1063

我 512f 義我
918 1064

?戈 512g 羲 919

?𢦏 512h 哉 1065

戊 512i 茂 638 戊 1066

戌 512j 戌 1067

戍 512k 蔑 691 戍 1068 幾 1174 罭 2386

成 512l 成 1069

?戌 512m 箴 145 篾 146 蒧 639 葴 640 歲 957 戚 1070 戚 1071 咸 1072 戚 1073 威 1074 咸 1075 感 1076 鹹 2425

戉 512n 越 842 戉 1077

戕 512o 藏 641 戕 1078 臧 1079

戋 513a 戋 1080 贱 1798

?戔 513b 戔 1081

豸 521a 豸 1082 豺 1083 貇 1084 貌 1085 貍 1086

犭 521b 获 642 犭 1087 狄 1088 猗 1089 狱 1090 犹 1091 猪 1092 狂 1093 犯 1094 獄 1095 猶 1096

豕 522a 蕤 643 豕 1097 豬 1098 豩 1099 豦 1434 遽 1435 豳 1633 家 1696 豚 1830 豪 2136 圂 2451

豖 522b 豖 1100 冢 1651

豕 522c 蒙 660

㒸 522d 㒸 1101 遂 1102 隊 1330

豙 522e 豙 1103

彖 522f 彖 1104 蠡 1105 缘 1165 緣 1186

彔 522g 彔 1106

𡿨 611a 𡿨 1107

巜 611b 粼 786 巜 1108

巛 611c 巛 1109 𡿧 1110 邕 1111 雝 1112 甾 1113 巢 1114 萬 1115 𡿺 1116 鼠 1117 羣 1545

≺≺≺ 611d 巠 1118

女 611e 妾 85 妥 110 佞 497 婪 735 委 765 魏 766 娄 781 数 782 姜 920 威 1074 女 1119 姓 1120 姦 1121 奴 1122 好 1123 婦 1124 如 1125 姑 1126 妃 1127 匽 1529 嬴 1537 妻 1574 安 1697 嬰 1800 耍 1874 妟 2187 晏 2192 嬰 2253 嬲 2323 要 2409 婁 2572 數 2573

厶 612a 冶 14 法 34 𤔔 112 辭 113 篡 152 厷 244 套 265 厽 322 蕻 630 蓋 631 魏 766 私 767 镸 819 髟 820 肆 821 去 844 劫 845 却 846 盍 847 丢 924 厶 1128 叁 1129 参 1130 畚 1131 矣 1132 牟 1133 弁 1134 參 1135 垒 1136 能 1137 熊 1138 態 1139 台 1140 虽 1141 雖 1142 晉 1148 羣 1545 宏 1724 疐 1757 勾 1774 县 1930 鬼 2363 罢 2382 罷 2387 弘 2542 強 2543

允 612b 允 1143 夋 1144

𠫔 612c 臺 873 至 1145 致 1146 到 1147 晉 1148 室 1698 膣 1834 屋 1968

云 612d 会 201 藝 633 云 1149 动 1150 陰 1321 尝 1739 雲 1894 曇 2200

𠫓 612e 流 41 疏 962 𠫓 1151 㐬 1152 棄 1153 育 1154 𢼸 1155 醯 2431 毓 2568

充 612f 充 1156

么 612g 么 1157 麽 1383

公 612h 衮 373 松 740 公 1158 翁 1159

兖 612i 兖 1160

纟 613a 丝 1166

纟 613b 纟 1161 纣 1162 红 1163 维 1164 缘 1165 丝 1166 辔 1167 纯 1168 约 1169 缊 1170

幺 613c 溪 20 涇 42 奚 111 胤 403 後 525 兹 644 聯 1019 幺 1171 𢆶 1172 㡬 1173 幾 1174 𢇍 1175 斷 1176 辮 1177 𢆰 1178 幻 1179 幼 1180 樂 1181 繼 1187 兹 1205 麼 1384 幽 1634 關 2036 㬎 2188 顯 2189

糸 613d 纂 153 縈 163 徽 529 絜 596 萦 661 繭 671 颣 783 類 784 素 938 糸 1182 紂 1183 紅 1184 維 1185 緣 1186 繼 1187 絲 1188 約 1189 䜌 1190 欒 1191 孿 1192 彎 1193 細 1194 轡 1195 縕 1196 紀 1197 彝 1221 縻 1385 索 1752 累 2319 纍 2327 羅 2388 繁 2567

乡 613e 乡 1198 鄉 1199 雍 1200

𢀖 613f 涇 42

玄 613g 玄 1201 牽 1202 畜 1203 弦 2544

率 613h 率 1204

玄 613i: 兹 1205

系 613j: 繇 120, 系 1206, 孫 1306, 縣 1933, 縣 2242

瓜 313a: 瓜 1207, 呱 1208, 孤 1307

以 313b: 似 498, 以 1209

亥 614a: 亥 1210

东 614b: 东 1211

东 614c: 东 1212

车 614d: 辇 303, 辔 1167, 车 1213, 转 1214, 连 1215, 斩 1216, 轨 1217, 库 1395, 舆 1597, 峯 1615, 军 1652

彑 621a: 錄 199, 彑 1218, 彘 1219, 彔 1220, 彝 1221, 彝 1222, 彙 1223

互 621b: 互 1224

亽 631a: 今 202, 衾 203, 念 204, 含 205, 貪 206, 禽 207, 琴 906, 矜 1257, 陰 1321, 岑 1612

夕 631b: 舜 123, 参 272, 爹 343, 妆 540, 将 541, 夢 693, 麥 722, 移 768, 粦 785, 粼 786, 舞 1041, 夃 1110, 夕 1225, 飧 1226, 外 1227, 多 1228, 舛 1229, 桀 1230, 夗 1231, 名 1232, 岁 1620, 宛 1699, 罗 2389

歹 631c: 葬 645, 歹 1233, 殄 1234, 死 1235, 列 1236, 殖 1237, 夙 2524

歺 631d: 歺 1238, 奴 1239, 粲 1240, 餐 1241

夕 631e: 然 1242, 奚 1243, 將 2469

歹 631f: 恆 553, 亙 1244

癶 631g: 癶 1245, 癸 1246, 登 1247, 凳 1248, 發 1249

奴 631h: 蔡 646, 奴 1250, 祭 1251, 察 1700

マ 632a: 涌 43, 矞 112, 辭 113, 舒 232, 疑 387, 杼 741, 楙 742, 予 1252, 预 1253, 預 1254, 豫 1255, 矛 1256, 矜 1257, 敄 1258, 務 1259, 柔 1260, 矞 1261, 甬 1262, 通 1263, 勇 1264, 函 1265, 序 1396, 野 2369

令 632b: 令 208, 领 209

专 632c: 转 1214, 专 1266

之 632d: 之 1267

乏 632e: 乏 1268

ス 632f: 圣 1269

久 632g: 久 1270, 医 1524

又 633a: 波 46, 浸 54, 爰 104, 矞 112, 辭 113, 爱 121, 受 124, 簸 144, 燮 166, 友 245, 犮 251, 殺 328, 拔 445, 择 452, 扳 453, 侵 500, 役 534, 段 573, 収 609, 坚 610, 蒦 636, 芨 696, 叔 816, 彀 858, 㱿 859, 穀 860, 轂 864, 㲉 866, 殼 867, 㱿 871, 叢 973, 鑿 974, 取 1020, 聚 1021, 聂 1022, 雙 1031, 隻 1033, 奴 1122, 奴 1239, 粲 1240, 餐 1241, 發 1249, 又 1271, 对 1272, 圣 1273, 圣 1274, 难 1275, 双 1276, 桑 1277, 叕 1278, 歡 1279, 叠 1280, 亟 1299, 盈 1342, 发 1352, 度 1391, 皮 1452, 反 1454, 叉 1478, 艮 1505, 艮 1506, 殴 1516, 醫 1517, 㝵 1556, 毁 1591, 叟 1596, 㞢 1636, 寑 1678, 寢 1716, 容 1737, 服 1833, 股 1838, 般 1862, 肉 1869, 殿 1967, 㕞 1973, 殷 1995, 毆 2002, 叚 2016, 臤 2048, 堅 2049, 豎 2050, 謖 2141, 設 2147, 最 2186, 曼 2211, 矍 2244, 㲄 2355, 亟 2476, 殳 2519, 殳 2520, 凤 2525

叉 633b: 叉 1281, 蚤 1282

攴 633c: 鼓 879, 攴 1283, 寇 1672

支 633d: 鼓 880, 支 1284, 屐 1958

夂 633e: 洛 44, 赣 96, 贛 97, 愛 122, 㚇 331, 䙴 348, 後 525, 復 531, 麦 897, 麦 939, 夋 1144, 夌 1178, 夂 1285, 夂 1286, 冬 1287, 咎 1288, 昝 1289, 夆 1290, 逢 1291, 条 1292, 夅 1293, 务 1294, 各 1295, 备 1296, 処 1297, 隆 1331, 降 1332, 慶 1403, 處 1436, 客 1701, 窗 1730, 复 1759, 阁 1815, 憂 1945, 履 1959, 閣 2037, 路 2116, 复 2214, 夏 2266, 夒 2269, 署 2320, 㬊 2321, 覆 2405, 㚇 2421, 囱 2461, 恖 2462

夂 633f: 夜 508

了 634a: 了 1298, 亟 1299, 亨 2124, 烹 2125

丞 634b: 函 1300

丞 634c: 丞 1301, 烝 1302

子 634d: 孚 114, 乳 115, 存 352, 孛 471, 荐 624, 李 743, 季 769, 孝 887, 教 888, 好 1123, 孿 1192, 子 1303, 孔 1304, 孙 1305, 孫 1306, 孤 1307, 孟 1308, 孕 1343, 厚 1371, 學 1603, 字 1702, 学 1735, 孛 1753, 勃 1754, 斿 1791, 孱 1969, 享 2126, 享 2127, 享 2128, 敦 2129, 郭 2130, 孰 2131

孑 634e: 孑 1309

孓 634f: 孓 1310

承 634g: 承 1311

礻 634h: 礻 1312

衤 634i: 衤 1313, 初 1314

阝 634j: 部 88, 郑 281, 邦 580, 邦 591, 邛 807, 都 890, 耶 1023, 鄉 1199, 阝 1315, 阝 1316, 隱 1317, 队 1318, 除 1319, 隂 1320, 陰 1321, 陸 1322, 隋 1323, 隳 1324, 陏 1325, 陝 1326, 阿 1327, 陞 1328, 陟 1329, 隊 1330, 隆 1331, 降 1332, 防 1333, 隐 1334, 阴 1335, 陽 1336, 陳 1337, 那 1488, 邪 1543, 郎 2005, 鄙 2109, 郭 2130, 鄭 2434

𠃓 634k: 汤 45, 𠃓 1338, 𠃓 1339

乃 634l: 秀 770, 隽 1034, 乃 1340, 朶 1341, 盈 1342, 孕 1343

及 634m: 及 1344

廴? 634n: 廷 927, 延 969, 廴 1345, 建 1570

辶? 634o: 遒 243, 逌 248, 达 273, 送 282, 过 439, 迁 570, 进 706, 迷 787, 達 835, 造 930, 進 1035, 遂 1102, 连 1215, 通 1263, 逢 1291, 辶 1346, 遽 1435, 边 1490, 逮 1579, 適 1876, 過 1949, 退 2004, 追 2021, 邊 2262, 道 2270, 遣 2279, 連 2353, 遷 2403

匕? 711a: 谒 359, 葛 681, 㡭 788, 断 789, 𢇍 1175, 斷 1176, 繼 1187, 匕? 1347, 匃 1771, 謁 2146, 曷 2194, 歇 2195, 直 2273, 矗 2274

𠀆? 711b: 眞 391, 顛 392

県? 711c: 縣 2242

世 711d: 世 1348, 枼 1349, 贳 1350, 貰 1351

癶? 712a: 发 1352

㐄 712b: 舜 123, 粦 785, 粼 786, 舞 1041, 舛 1229, 桀 1230, 夅 1293, 降 1332, 韋 1546, 韋 1547, 圍 2453

厂 721a: 彥 337, 產 338, 㢧? 797, 厂 1353, 仄 1354, 厌 1355, 辰 1356, 辱 1357, 雁 1358, 鴈 1359, 厲 1360, 厤 1361, 歷 1362, 曆 1363, 厓 1364, 压 1365, 历 1366, 厄 1367, 厥 1368, 厉 1369, 厨 1370, 厚 1371, 厭 1372, 原 1373, 厘 1374, 岸? 1621, 嚴 2089, 罽 2390, 農 2414

广 721b: 薦 647, 广 1375, 应 1376, 府 1377, 雁 1378, 應 1379, 麻 1380, 靡 1381, 糜 1382, 麽 1383, 麼 1384, 縻 1385, 磨 1386, 庄 1387, 廚 1388, 庰 1389, 庶 1390, 度 1391, 席 1392, 廣 1393, 廳 1394, 库 1395, 序 1396, 声 1397, 鹿 1398, 麃 1399, 麀 1400, 塵 1401, 麤 1402, 慶 1403, 鷹 1404, 唐 1405, 庚 1406, 康 1407, 廉 1408, 庸 1409, 店 1410, 庫 1411, 廛 1412, 麈 1413, 麗 1860

产 721c: 产 1414, 彦 1415, 産 1416

严 721d: 严 1417

厃 721e: 厃 1418, 危 1419, [illegible] 1420, 詹 1421

疒 721f: 疒 1422, 瘞 1423, 疾 1424, 瘥 1425, 瘣 1426, 癘 1427

虍 721g: 虍 1428, 虔 1429, 虑 1430, 虖 1431, 虚 1432, 虧 1433, 豦 1434, 遽 1435, 處 1436, 虏 1437, 虐 1438, 虘 1439, [illegible] 1440, 獻 1441, 䖒 1442, 戲 1443, 虘 1444, 䖇 1445, 慮 1446, 虜 1447, 盧 1448, 𢿋 1449, 虛 1450, 虎 1451, 虒 1455, 號 2112

𠂆 721h: 波 46, 簸 144, 皮 1452

厂 722a: 派 47, 扳 453, 𠂢 1453, 反 1454, 虒 1455, 质 1456, 盾 1457, 脈 1831

厂 722b: 卮 1458, 巵 1459, 后 1460

斤 722c: 新 83, 折 454, 析 744, 断 789, 斯 1010, 斷 1176, 斩 1216, 斤 1461, 欣 1462, 質 1463, 匠 1525, 所 1994, 斬 2354, 斲 2561

斥 722d: 斥 1464

丘 722e: 丘 1465, 岳 1466

乒 722f: 乒 1467

乓 722g: 乓 1468

兵 722h: 兵 1469, 宾 1703

𠃌 731a: 幻 1179

刁 731b: 刁 1470

习 731c: 擢 193, 翕 227, 翁 1159, 习 1471, 羽 1472, 翏 1473, 翟 1474, 習 1475, 耀 1643, 翦 1840, 扇 1987, [illegible] 2190, 翰 2235

司? 731d: 司 1476, 嗣 2079

刀 732a: 籀 138, 切 366, 齊 536, 齋 537, 㓞 592, 契 593, 恝 594, 挈 595, 絜 596, 齧 597, 劦 648, 初 1314, 刀 1477, 刄 1478, 召 1479, 寡 1706, 剪 1841, 解 1885, 卯 2053, 劉 2054, 留 2055, 昭 2191, 魛 2343

分 732b: 掰 581, 棻 649, 彝 1222, 分 1480, 盆 1481, 貧 1482, 釁 1607

刃 732c — 刃 1483 忍 1484 ⿱刃止 1485 ⿱刃⿰止止 1486

刅 732d — ⿰氵刅 48 梁 49 粱 50 刅 1487

冄 732e — 那 1488

力 732f — 勞 164 劣 426 抛 448 協 560 荔 650 劳 662 功 808 劫 845 勒 989 勤 994 勘 1012 动 1150 幼 1180 務 1259 勇 1264 务 1294 防 1333 历 1366 虏 1437 虜 1447 力 1489 边 1490 劦 1491 加 1492 ⿵門劦 1493 ⿸𠂉力 1494 穷 1725 勃 1754 肋 1832 助 1931 另 2074 別 2075 勑 2300 男 2322 ⿰男男 2323 動 2371

办 732g — 办 1495

为 732h — 为 1496

爲 732i — 爲 116

為 732j — 為 1497

㔾 733a — 氾 51 仓 210 卷 312 犯 1094 夗 1231 厄 1367 危 1419 卮 1458 㔾 1498 㔾 1499 巽 1500 宛 1699 䙴 2402 遷 2403

乜 733b — 乜 1501

也 733c — 他 499 也 1502 施 1792

㐌 733d — 㐌 1503

卩 734a — 節 149 令 211 領 212 命 228 卻 237 抑 455 御 524 节 651 柳 750 却 846 卸 963 卩 1504 卬 1531 印 1552 即 2000 ⿰丿?卩 2056 卯 2057 卿 2058 昴 2203

⿰?卩 734b — 𠬝 1505 𠬝 1506 服 1833

卫 734c — 卫 1507

卩 734d — 卵 2059

韦 734e — 韦 1508 围 2452

书 734f — 书 1509

匹 811b — 匹 1510

⿷匚? 811c — 汇 52 籏 136 ⿷匚? 1511 ⿷匚? 1512 滙 1513 ⿷匚丙 1514 医 1515 殹 1516 醫 1517 匧 1518 区 1519 匪 1520 ⿷匚者 1521 匡 1522 ⿷匚隹 1523 匛 1524 匠 1525 ⿷匚巾 1526 叵 1527 區 1528 匽 1529 匱 1530

𠂎 811d — 抑 455 卬 1531

[?] 811e — 兜 1532

亡 811f — 汒 53 芒 652 荒 653 亡 1533 望 1534 ⿱亡⿲月?凡 1535 羸 1536 嬴 1537 贏 1538 罔 1856

旡 812a — 旡 1539 旡 1540 朁 1541 既 2001 既 2006

牙 812b — 牙 1542 邪 1543 穿 1726 掌 1744

乐 812c — 乐 1544

コ 821a — 叚 2016

廿 821b — 薦 647 产 1397 鹿 1398 麃 1399 麀 1400 塵 1401 麤 1402 慶 1403 廌 1404 ⿸鹿比 1420 麗 1860

⿱𠂊韋 822a — ⿱𠂊韋 1545 韋 1546 韋 1547 圍 2453

五 822b — 五 1548 吾 1549 寤 1715

夬 822c — 快 554 夬 1550

⺊ 831a — 褱 374 ⺊ 1551 印 1552 ⿰E呆 1553

乇 831b — 虐 1438

彐 832a — 浸 54 归 464 侵 500 彗 590

⺕ 833a — 婦 1124

彐 832a — 灵 1554 寻 1555 ⿱彐又 1556 帚 1557 寝 1678 雪 1895

当 832b — 当 1558

刍 832c — 隐 1334 刍 1559 煞 1560 急 1561

彐 832d — 彐 1562 录 1563

丑 832e — 羞 254 丑 1564

⺕ 833a — 㥯 108 隱 1317 ⺕ 1565 尋 1566 寢 1716 歸 2020

肀 833c — 唐 1405

⿱肀一 833d — 盡 1567

聿 833e — 津 55 筆 147 律 526 肆 821 聿 1568 聿 1569 建 1570 書 1571 晝 1572 畫 1573 肇 1986

⿻肀一 833f — 妻 1574

尹 834a — 伊 501 尹 1575 君 1576

⿻尹人 834b — 庚 1406

尹 834c 爭 117
争 834d 争 1577
隶 834e 康 1407 隶 1578 逮 1579
秉 834f 秉 1580
肃 834g 萧 654 肃 1581
兼 834h 廉 1408 兼 1582
疌 834i 疌 1583
肀 834j 庸 1409
肅 834k 蕭 655 肅 1584
[?] 835a [?] 1585 盥 1586
臼 835b 舀 118 舂 319 舊 637 臼 1587 鼠 1588 舁 1589 皇 1590 毀 1591 舄 1592 寫 1704 竄 1727
兒 835c 兒 1593
臿 835d 臿 571 鑿 974
臽 835e 臽 1594 閻 2038
臾 835f 臾 1595
申 835g 叟 1596
舁 835h 與 1597 興 1598 輿 1599 與 1600 舉 1601
𦥯 835i 𦥯 1602 學 1603 覺 1604 [?] 1605 爨 1606 釁 1607
鬥 835j 鬥 1608 鬧 1609 鬮 1610
山 841b 揣 456 仙 502 微 527 徵 528 徽 529 微 530 岳 1466 山 1611 岑 1612 嶭 1613 炭 1614 峯 1615
崔 1616 數 1617 崔 1618 嶲 1619 岁 1620 岸 1621 崩 1622 耑 1623 嶭 1624 豈 1625 敳 1626 豈 1627
密 1669 罔 1857 嵒 2095 岛 2493 島 2499
缶 841c 䍃 119 繇 120 鬱 745 缶 1628 寶 1687 匋 1775 盬 2157
击 841d 击 1629
[?] 841e 凶 329 匘 347 鬱 745 凷 848 凿 975 函 1300 [?] 1630 匈 1772 屆 1965 画 2330 嗀 2355
兇 841f 兇 330 [?] 331 [?] 348

[?] 841g 豐 1631 艷 1632 豳 1633 幽 1634
中 842a 中 1635 屮 1636 艸 1637 芻 1776
㞢 842b 旹 1638 蚩 1639
出 842c 出 1640 祟 1641 粜 1642 糶 1643 屈 1970
屰 842d 厥 1368 屰 1644 欮 1645 朔 1646
屯 842e 纯 1168 屯 1647 頓 1648
冖 851a 浸 54 爱 121 愛 122 舜 123 受 124 [?] 159 荧 160 榮 161 瑩 162 縈 163 勞 164 營 165
牵 274 侵 500 芇 656 荧 657 荣 658 莹 659 蒙 660 萦 661 劳 662 营 663 芇 692 夢 693
瞢 694 带 712 鬱 745 声 857 殸 858 殸 859 殼 860 壹 861 壴 862 橐 863 縠 864 壳 865
殻 866 殼 867 壺 868 壸 869 臺 873 帶 1038 婦 1124 牽 1202 彙 1223 疊 1280 犖 1545 㝐 1556
帚 1557 冖 1649 冠 1650 冢 1651 军 1652 冥 1653 冤 1654 軍 1655 写 1656 冗 1657 寝 1678 寢 1716
歸 2020 罕 2090 亭 2132 亳 2133 毫 2134 亭 2135 豪 2136 亮 2137 疊 2209 囊 2286 [?] 2287 橐 2288
蠹 2289
冘 851b 冘 1658 罕 1659 罙 1660
宀 851c 芇 664 宀 1661 宀 1662 容 1663 实 1664 它 1665 甯 1666 寧 1667 宓 1668 密 1669 宅 1670 完 1671
寇 1672 宁 1673 賓 1674 宗 1675 守 1676 宿 1677 寝 1678 宰 1679 牢 1680 害 1681 宽 1682 寬 1683
宋 1684 審 1685 寳 1686 寶 1687 宝 1688 憲 1689 定 1690 [?] 1691 寒 1692 寨 1693 塞 1694 蹇 1695
家 1696 安 1697 室 1698 宛 1699 察 1700 客 1701 字 1702 宾 1703 寫 1704 宜 1705 寡 1706 官 1707
宫 1708 宮 1709 宕 1710 宣 1711 审 1712 寅 1713 寐 1714 寤 1715 寢 1716 實 1717 晏 2192 疊 2328
穴 851d 穴 1718 突 1719 窄 1720 竊 1721 空 1722 竈 1723 窑 1724 穷 1725 穿 1726 竄 1727 窮 1728 窜 1729
窗 1730 窆 1731 膣 1834 邊 2262
亠 851e 旁 1732 帝 1733
⺍ 851f ⺍ 1734 学 1735 觉 1736
卢 851g 睿 1737 叡 1738
⺌ 851h 尝 1739 峃 1740 嘗 1741 掌 1742 堂 1743 牚 1744 赏 1745 常 1746 賞 1747 黨 1748 當 1749 党 1750
𠂉 851i 麻 1751 索 1752 孛 1753 勃 1754 [?] 1755 惠 1756 叀 1757

⿱⺈⿵冂儿 851j — 奐 1758 夐 1759

雈 851k — 雈 1760

农 851l — 农 1761

冘 851m — 冘 1762

勹 852a — 敖 940

勺 852b — 约 1169 約 1189 勺 1763 的 2222

匀 852c — 均 849 匀 1764

勿 852d — 秎 771 黎 772 棃 773

勿 852e — 物 586 勿 1765 忽 1766 刎 1767 脗 1835 吻 2076 易 2193

匆 852f — 葱 665 匆 1768 怱 1769

舄 852g — 舄 1592 寫 1704

勹? 852h — 谒 359 抱 457 蒟 616 葡 666 苟 667 敬 668 葛 681 勹? 1770 匈 1771 匈 1772 匊 1773 勾 1774 匋 1775 匓 1776 匍 1777 包 1778 句 1779 匐 1780 訇 1781 旬 1782 屬 1962 謁 2146 曷 2194 歇 2195 昫 2196 蜀 2391

昜 852i — 湯 67 陽 1336 昜 2197 昜 2215

万 853a — 厉 1369 万 1783

方 853b — 旁 1732 方 1784 扵? 1785 於 1786 族 1787 放 1788 旅 1789 旋 1790 斿 1791 施 1792 堃 1793 男 1916 敫 2223 邊 2262 男 2392

冃 854a — 冃 1794 冒 1795

贝 854b — 赣 96 领 209 葳 639 赍 699 贡 809 赞 932 责 941 贰 1046 贯 1350 赏 1745 贝 1796 则 1797 贱 1798 贶 1799 婴 1800 员 2077 贵 2278 贾 2410 费 2554 贯 2570

见 854c — 规 306 览 606 宽 1682 觉 1736 见 1801

页 854d — 须 78 顷 389 颣 783 颉 874 频 954 预 1253 页 1802 颠 1937 嚣 2091 颢 2205

贞 854e — 贞 1803

贠 854f — 贠 1804

贞 854g — 质 1456

负 854h — 负 1805 赖 2301

门 855a — 蔺 669 门 1806 闵 1807 闷 1808 闭 1809 闬 1810 闲 1811 闰 1812 阚 1813 闺 1814 阁 1815 闾 1816 间 1817 阑 1818

冂 856a — 冇 246 冂 1819

冂 856b — 丽 1858

册 856c — 册 1820

丹 856d — 丹 1821

月 856e — 龍 86 俞 213 愈 214 脊 238 育 242 遺 243 有 247 逍 248 肴 323 胤 403 倩 492 脩 513 背 543 蒯 670 萌 682 朁 736 青 942 肯 958 胥 967 朝 990 散 996 能 1137 熊 1138 態 1139 育 1154 散 1155 隋 1323 隳 1324 堕 1325 阴 1335 猒 1372 望 1534 嬴? 1535 羸 1536 嬴 1537 赢 1538 崩 1622 朔 1646 月 1822 月 1823 朕 1824 胯? 1825 縢 1826 脉 1827 肘 1828 肸 1829 豚 1830 脈 1831 肋 1832 服 1833 膣 1834 脗 1835 朋 1836 肥 1837 股 1838 前 1839 翦 1840 剪 1841 肎 1842 霸 1892 骨 1947 肩 1988 朗 2007 閒 2039 肙 2078 胡 2158 明 2198 盟 2199 朝 2237 胃 2324 胄 2346 罷 2387 囿 2443

冉 856f — 冉 1843

円 856g — 青 943

甩 856h — 甩 1844

用 856i — 涌 43 備 494 葡 666 莆 1001 甬 1262 通 1263 勇 1264 甯 1666 用 1845

冊 856j — 侖 215 龠 229 龥 230 䅃 629 瘺 1427 冊 1846 扁 1989 嗣 2079

冋? 856k — 凋 15 禽 112 辭 113 喬 291 蒿 677 藁 678 䖀 1440 獻 1441 興 1598 興 1605 爨 1606 釁 1607 冋? 1847 冖 1848 冈 1849 网 1850 周 1851 冋 1852 同 1853 鬲 2118 高 2138 鬻 2540

冏? 856l — 矞 1261 巂 1619 冏 1854

冎 856m — 冎 1855 咼 1856 冏 1857

丽 857a — 丽 1858 丽 1859 麗 1860

舟 857b — 舟 1861 般 1862 船 1863

用 857c — 用 1864

冉 857d — 冉 1865

向 857e — 奥 1866, 粤 1867, 奧 1868, 闵 1869, 向 1870

而 857f — 揣 456, 耑 1623, 而 1871, 耎 1872, 耐 1873, 要 1874, 需 1896

商 857g — 商 1875, 適 1876

商 857h — 商 1877

肖 857i — 湖 30, 肖 1878, 屑 1971

尚 857j — 尚 1879, 敞 1880

南 857k — 南 1881, 獻 1882

角 857l — 觿 146, 觜 952, 角 1883, 斛 1884, 解 1885

巾 858a — 簁 136, 飾 220, 布 249, 希 324, 帅 465, 幕 680, 带 712, 帶 1038, 婦 1124, 席 1392, 匝 1526, 帚 1557, 帝 1733, 常 1746, 巾 1886, 帖 1887, 刷 1972, 馭 1973, 歸 2020, 帥 2022, 吊 2080, 帛 2224

㒳 858b — 滿 37, 黼 671, 㒼 985

冉 858c — 爯 125, 菁 1008, 冉 1888

市 858d — 师 466, 佩 507, 市 1889, 師 2023, 凧 2526

雨 858e — 雨 1890, 霜 1891, 霸 1892, 霍 1893, 雲 1894, 雪 1895, 需 1896, 需 1897, 靈 1898, 雷 1899, 電 1900, 雩 1901, 屚 1974, 曇 2200

兩 858f — 兩 1902

再 858g — 再 1903

市 858h — 柿 746, 鬧 1609, 市 1904

帀 858i — 帀 1905

㡀 858j — 黹 978, 敝 1906

爾 858k — 爾 1907, 彌 2545

巿 858l — 沛 56, 巿 1908

朿 858m — 朿 1909, 枣 1910, 刺 1911, 棘 1912, 棗 1913

甫 858n — 浦 57, 溥 58, 簠 148, 薄 615, 匍 1777, 甫 1914, 専 1915, 男 1916, 牖 2472

𠚤 858o — 制 1917

丙 858p — 丙 1918

内 859a — 内 1919, 呙 2081

肉 859b — 胬 1493, 肉 1920

丙 859c — 丙 1921

两 859d — 满 28, 两 672, 两 1922

禸 859e — 禽 216, 竊 1721, 禸 1923, 离 1927, 離 1928, 禼 2423

㐫 911a — 㐫 1924

鹵 911b — 鬛 597, 鹵 1925

凶 911c — 禽 216, 凶 1926, 离 1927, 離 1928

且 921a — 沮 59, 俎 175, 查 747, 叠 1280, 虘 1439, 宜 1705, 且 1929, 县 1930, 助 1931, 疊 2209, 疊 2328

㝡 921b — 寡 1706

具 921c — 具 1932

県 921d — 縣 1933

直 921e — 直 1934, 矗 1935, 置 2393

真 921f — 真 1936, 颠 1937, 顛 1938

皿 922a — 盗 10, 益 129, 簋 148, 簋 150, 盗 397, 监 607, 蓋 631, 盐 830, 盭 833, 盍 847, 盖 921, 缊 1170, 縕 1196, 盂 1308, 盈 1342, 盧 1448, 盆 1481, 盡 1567, 盥 1586, 寧 1667, 皿 1939, 監 2045, 鹽 2052, 盬 2157, 盟 2199, 昷 2201, 蠱 2285, 醢 2428, 醯 2431, 盈 2442, 盆 2480

血 922b — 血 1940

典 922c — 典 1941

奂 923a — 奂 1942

央 923b — 英 673, 央 1943

冋 924a — 高 1944

𦣻 924b — 憂 1945, 戞 1946

𠕁 924c — 骨 1947

咼 924d — 咼 1948, 過 1949

尚 924e: 尚 1950

尸 931a: 尸 1951 尼 1952 尾 1953 尉 1954 尿 1955 𡰪 1956 屣 1957 屐 1958 履 1959 𡱂 1960 犀 1961 屬 1962 屏 1963 屎 1964 屆 1965 展 1966 殿 1967 屋 1968 孱 1969 屈 1970 屑 1971 刷 1972 㕞 1973 屚 1974 辟 1975 居 1976 属 1977

尺 931b: 尺 1978

尽 931c: 尽 1979

局 931d: 局 1980

户 931e: 藊 629 櫎 748 户 1981 戾 1982 𢼂 1983 啓 1984 雇 1985 肇 1986 扇 1987 肩 1988 扁 1989 启 1990 扈 1991 牖 2472

卢 931f: 卢 1992

戶 931g: 戶 1993 所 1994

户 931h: 倉 217

㞋 931i: 殷 1995

尸 931j: 声 870 殸 871 眉 1996

民 932a: 民 1997 愍 1998 昏 1999

皀 932b: 爵 126 節 149 即 2000 既 2001 𣪏 2002 卿 2058

艮 932c: 貇 1084 艮 2003 退 2004

皀 932d: 飠 218 𩙿 219 飾 220 鄉 1199 郎 2005 既 2006 朗 2007

良 932e: 浪 60 簋 150 食 221 養 915 飧 1226 良 2008

已 933a: 已 2009

巳 933b: 抱 457 巷 1004 包 1778 巳 2010 异 2011 巽 2012 熙 2167 夔 2269

巴 933c: 筢 137 葩 684 琶 907 邕 1111 雝 1112 卮 1459 肥 1837 扈 1991 巴 2013 巴 2014 邑 2082

色 933d: 艳 598 艷 1632 色 2015

𠂤 934a: 叚 2016

𠂤 934b: 官 1707 𠂤 2017 遣 2279

𠂤 934c: 薛 674 辥 1624 𠂤 2018 辥 2019 歸 2020 追 2021 帥 2022 師 2023 書 2280

阜 934d: 阜 2024

門 934e: 澗 61 藺 675 門 2025 閃 2026 閔 2027 悶 2028 閉 2029 開 2030 閑 2031 閏 2032 聞 2033 闕 2034 闠 2035 關 2036 閣 2037 閤 2038 閒 2039 閭 2040 間 2041 闌 2042

巨 935a: 渠 62 榘 285 柜 749 巨 2043 𥃲 2202

臣 935b: 藏 641 臧 1079 臣 2044 監 2045 覽 2046 臥 2047 臤 2048 堅 2049 豎 2050 臨 2051 鹽 2052 嚚 2092

卯 941a: 籀 138 丣 2053 劉 2054 留 2055

卯 941b: 柳 750 卯 2056 卯 2057 卿 2058 昴 2203

卵 941c: 卵 2059

身 941d: 窮 1728 身 2060 射 2061 躬 2062

口 011a: 咨 11 冶 14 凋 15 河 24 洛 44 澡 63 音 87 部 88 營 165 含 205 倉 217 僉 223 斂 224 侖 229 龥 230 谷 234 谷 235 欲 236 卻 237 右 250 奇 261 知 286 喬 291 吝 339 褒 374 哀 375 襄 376 可 418 哥 419 扣 458 倍 478 何 483 侃 503 保 504 葯 616 若 621 荷 626 營 663 苟 667 敬 668 藋 676 蒿 677 藁 678 否 717 杏 751 嗇 824 袁 850 喪 851 吉 872 臺 873 頡 874 頡 875 喜 881 噩 908 告 928 靠 929 造 930 啚 936 善 948 燕 986 燕 987 聖 1024 售 1036 昏 1050 或 1058 戴 1062 彧 1081 猗 1089 邕 1111 雝 1112 如 1125 台 1140 辔 1167 轡 1195 名 1232 喬 1261 咎 1288 各 1295 亟 1299 阿 1327 唐 1405 后 1460 召 1479 加 1492 閤 1493 匿 1521 叵 1527 區 1528 嬴 1535 羸 1536 臝 1537 贏 1538 韋 1547 吾 1549 呆 1553 尋 1566 君 1576 巂 1619 容 1663 害 1681 客 1701 宮 1708 宮 1709 寤 1715 睿 1737 尙 1740 嘗 1741 掌 1742 堂 1743 掌 1744 赏 1745 常 1746 賞 1747 黨 1748 當 1749 冉 1755 句 1779 阁 1815 间 1816 胳 1835 周 1851 回 1852 冏 1854 船 1863 向 1870 商 1877 尚 1879 敞 1880 霝 1897 靈 1898 高 1944 咼 1948 過 1949 尚 1950 辟 1975 局 1980 啓 1984 启 1990 扈 1991 閣 2037 閭 2040 臨 2051 口 2063 吹 2064 吳 2065 吠 2066 咋 2067 呆 2068 呆 2069 呈 2070 咠 2071 戢 2072 唯 2073 另 2074 別 2075 吻 2076 员 2077 肙 2078 嗣 2079 吊 2080 呙 2081 邑 2082 吅 2083 吕 2084 喦 2085 哭 2086 器 2087 㗊 2088 嚴 2089 咢 2090 器 2091 嚚 2092 品 2093 喿 2094 咢 2095 囂 2096 鼍 2097 噩 2098 獸 2099 鼉 2100 單 2101 咢 2102 呂 2103 員 2104 虽 2105 雖 2106 黽 2107 啚 2108 鄙 2109 吳 2110 号 2111 號 2112 路 2116 高 2138 昭 2191 昫 2196 囊 2286 罯 2320 醢 2428 國 2450 圍 2453 回 2454 圖 2455 稟 2458

豆 011b 樹壴彭尌鼓鼔喜廚
739 876 877 878 879 880 881 1388

只 011c 只
2113

兄 011d 竞競党兄
89 90 1750 2114

𧾷 011e 足路
2115 2116

足 011f 蹇足
1695 2117

𠮛 012a 答箴籥合僉斂拿弇翕命侖龠
134 145 146 222 223 224 225 226 227 228 229 230
苔櫝壽咸感慮獻司興舉爨釁
620 748 856 1075 1076 1440 1441 1476 1598 1605 1606 1607
辪匐同嗣嘼獸鬲畐兽睘鹹嚳
1613 1780 1853 2079 2098 2099 2118 2119 2333 2394 2425 2540

豆 012b 短壴登發廚虘戲豈豐豔豎豆
287 861 1247 1248 1370 1442 1443 1625 1631 1632 2050 2120
頭豊
2121 2415

亯 012c 蒿藁京就亨烹享享享敦郭孰
677 678 2122 2123 2124 2125 2126 2127 2128 2129 2130 2131
亯亳毫亭豪亮高景顥顥
2132 2133 2134 2135 2136 2137 2138 2204 2205 2206

言 012d 燮誩信讐獄䜌欒孿彎詹訇言
166 355 505 1032 1095 1190 1191 1192 1193 1421 1781 2139
誩諼討計許諸謁設記詈罰
2140 2141 2142 2143 2144 2145 2146 2147 2148 2395 2396

𠂤 012e 臨
2051

吕 013a 營宮閭呂
165 1709 2040 2103

石 013b 砉砉槖磨宕石磊𡐦橐蠹
599 862 863 1386 1710 2149 2150 2287 2288 2289

㕣 013c 袞㕣总
377 2151 2152

兑 013d 兑
2153

占 013e 沾店帖占
64 1410 1887 2154

古 013f 姑商適居古故盬胡固
1126 1875 1876 1976 2155 2156 2157 2158 2456

克 013g 克兢
2159 2160

舌 013h 濶活舍舒恬舌舌甜憩
61 65 231 232 555 2161 2162 2163 2164

白 013i 龜
2165

𦣞 013j 𦣞熙
2166 2167

曰 021a 涅湯音歆意爗會奢尞替春诸
66 67 91 92 93 167 233 267 300 304 320 358
谒旨㫗沓亱著莫幕葛萌朁沓
359 390 423 434 509 632 679 680 681 682 737 752
查稽香糟耆者都晋普昔昏戠
753 760 774 802 886 889 890 980 982 997 1051 1065
猪豬晉组沓陽曆厚厭虐匽晢
1092 1098 1148 1170 1289 1336 1363 1371 1372 1444 1529 1541
書畫旹冥嘗旬间昏間諸謁曰
1571 1572 1638 1653 1741 1782 1817 1999 2041 2145 2146 2168
日旦昱昊昆晃时㝵早杲星時
2169 2170 2171 2172 2173 2174 2175 2176 2177 2178 2179 2180
星是匙显暴最旻㬎顯昜昭晏
2181 2182 2183 2184 2185 2186 2187 2188 2189 2190 2191 2192
易曷歇昫昜明盟曇昷暝昂景
2193 2194 2195 2196 2197 2198 2199 2200 2201 2202 2203 2204
顥顥昌晶疊量曼曾鲁魯署曹
2205 2206 2207 2208 2209 2210 2211 2308 2338 2344 2383 2416
亶
2460

冃 021b 袞
378

兄 021c 竟
94

早 021d 章贛贑草早覃
95 96 97 683 2212 2411

亘 022a 宣亘
1711 2213

复 022b 復履复㚑覆
531 1959 2214 2215 2405

白 022c 泊皆拍葩穆珀樂原習白皋皂
68 365 459 684 775 909 1181 1373 1475 2216 2217 2218
泉皁皇的敫帛皛
2219 2220 2221 2222 2223 2224 2225

皃 022d 貌兜皃
1085 1532 2226

皁 022e 皁
2227

百 022f 奭宿百弼
275 1677 2228 2547

卓 022g 桌
2229

卓 022h 卓
2230

𠦝 022i 𠦝斡幹榦翰戟朝乾
2231 2232 2233 2234 2235 2236 2237 2238

目 023a 濉簒篹纂算看眞顛省苜瞢相
69 151 152 153 154 255 391 392 427 685 694 754
散睿夐冒霜眉目臭眇縣瞿矍
998 1738 1759 1795 1891 1996 2239 2240 2241 2242 2243 2244
鼎
2245

貝 023b 贛貪藏賁貢賣贊責貳貰質貧
97 206 640 700 810 882 933 944 1047 1351 1463 1482

見 023c: 親 84, 覘 288, 規 307, 莧 686, 覺 1604, 寬 1683, 覽 2046, 見 2255

自 023d: 瘪 1426, 癟 1427, 憩 2164, 自 2256, 皋 2257, 臭 2258, 息 2259, 皐 2260, 臬 2261, 邊 2262, 鼻 2263

百 023e: 百 2264, 戛 2265, 夏 2266

頁 023f: 須 79, 煩 168, 領 212, 顫 230, 顛 392, 頃 393, 順 708, 類 779, 纇 784, 項 811, 頡 875, 頻 955, 預 1254, 頓 1648, 顛 1938, 囂 2096, 頭 2121, 顯 2189, 顥 2206, 頁 2267

首 023g: 首 2268, 夒 2269, 道 2270

貞 023h: 貞 2271

貟 023i: 貟 2272

直 023j: 盾 1457, 直 2273, 矗 2274

負 023k: 負 2275, 賴 2302

吅 031a: 临 608

中 031b: 衷 379, 中 2276

虫 031c: 匱 1530, 虫 2277, 贵 2278, 遣 2279, 書 2280, 貴 2281

虫 031d: 繭 671, 蛋 968, 蠢 1105, 蚉 1141, 雖 1142, 蚤 1282, 蚩 1639, 屬 1962, 虽 2105, 雖 2106, 虫 2282, 蚰 2283, 蟲 2284, 蠱 2285, 蠹 2289, 蜀 2391, 虱 2503, 風 2527, 強 2543, 强 2546

串 031e: 革 988, 勒 989, 靮 990, 霸 1892, 羈 2384, 羇 2385

屮 031f: 囊 2286, 書 2287, 橐 2288, 蠹 2289

臾 032a: 萸 991, 難 992

史 032b: 史 2290

吏 032c: 吏 2291

免 032d: 免 2292, 兔 2293

兔 032e: 冤 1654, 毚 2165, 兔 2294

兎 032f: 兎 2295

束 032g: 竦 98, 束 2296, 敕 2297, 敇 2298, 刺 2299, 勅 2300, 赖 2301, 賴 2302

堇 032h: 菫 993, 勤 994

象 032i: 豫 1255, 象 2303

禹 032j: 属 1977, 禹 2304

事 032k: 事 2305

串 032l: 窜 1729, 串 2306, 患 2307

田 033b: 會 233

曾 033c: 曾 2308

柬 033d: 阑 1818, 闌 2042, 柬 2309

里 033e: 黨 1748, 黑 2310, 墨 2311

熏 033f: 熏 2312

田 041a: 潘 31, 籀 138, 奮 271, 冀 544, 苗 687, 糞 790, 番 793, 戴 1063, 甾 1113, 畚 1131, 細 1194, 畜 1203, 备 1296, 慮 1445, 慮 1446, 虜 1447, 盧 1448, 畫 1573, 審 1685, 當 1749, 惠 1756, 疐 1757, 匐 1780, 雷 1899, 留 2055, 鼍 2097, 蕢 2098, 獸 2099, 黽 2100, 畐 2119, 鼻 2263, 田 2313, 毘 2314, 畏 2315, 思 2316, 畀 2317, 異 2318, 累 2319, 畧 2320, 畟 2321, 男 2322, 嬲 2323, 胃 2324, 畾 2325, 壘 2326, 纍 2327, 疊 2328

甲 041b: 甲 2329

里 041c: 單 2101

画 041d: 画 2330, 畺 2331

亩 041e: 亩 2332

畄 041f: 兽 2333

单 041g: 单 2334

角 041h: 衡 532

鱼 041i: 鱼 2335, 剑 2336, 鲜 2337, 鲁 2338

魚 041j: 漁 70, 蘇 688, 獻 1449, 魚 2339, 劍 2340, 鮮 2341, 穌 2342, 魛 2343, 魯 2344

由 042a: 由 2345, 胄 2346, 粤 2347

典 042b: 黄 999

申 042c: 审 1712, 申 2348

寅 042e: 黄 995, 廣 1393, 寅 1713

叀 042f: 叀 2349, 惠 2350, 專 2351, 轉 2356, 團 2457

車 042g: 輂 305, 轂 864, 轡 1195, 庫 1411, 輿 1599, 輋 1616, 軍 1655, 車 2352, 連 2353, 斬 2354, 毄 2355, 轉 2356, 轟 2357, 軌 2358

更 043a: 便 506, 更 2359

龟 043b: 龟 2360

电 043c: 奄 276, 電 1900, 鼉 2097, 黽 2107, 电 2361

曳 043d: 曳 2362

鬼 043e: 魏 766, 鬼 2363

果 043f: 裹 380, 巢 1114, 彙 1223, 果 2364

東 043g: 陳 1337, 東 2365

卑 043h: 箄 133, 卑 2366, 牌 2473

畢 043i: 畢 2367

里 043j: 童 99, 貍 1086, 厘 1374, 廛 1412, 廛 1413, 量 2210, 里 2368, 野 2369

重 043k: 董 689, 重 2370, 動 2371

禺 043l: 萬 690, 耦 803, 巤 1115, 厲 1360, 禺 2372

罒 051a: 爵 126, 褱 381, 擇 460, 蔑 691, 芇 692, 夢 693, 瞢 694, 櫝 748, 釋 794, 賣 882, 憲 1689, 屬 1962, 覽 2046, 曼 2211, 罒 2373, 罒 2374, 罒 2375, 罚 2376, 罹 2377, 罘 2378, 罛 2379, 罪 2380, 睪 2381, 罢 2382, 署 2383, 羈 2384, 羇 2385, 罭 2386, 罷 2387, 羅 2388, 罗 2389, 罽 2390, 蜀 2391, 罖 2392, 置 2393, 睘 2394, 詈 2395, 罰 2396, 買 2397

罒 051c: 罒 2398, 眔 2399

𢛳 051d: 德 533, 聽 1017, 廳 1394, 悳 2400

襾 051e: 漂 71, 襾 2401, 覂 2402, 遷 2403, 票 2404, 覆 2405, 栗 2406, 粟 2407, 垔 2408, 要 2409, 贾 2410, 覃 2411, 賈 2412

曲 052a: 曲 2413, 農 2414, 豊 2415

曲 052b: 曹 2416

囟 061b: 巛囟 1116, 鼠囟 1117, 囟 2417, 囟 2418, 囟比 2419, 恖 2420, 囟叉 2421

囟 061c: 竊 1721, 囟 2422, 禼 2423

鹵 061d: 鹽 2052, 鹵 2424, 鹹 2425

四 062a: 四 2426

西 062b: 西 2427, 醢 2428

酉 062c: 畬 207, 歠 1279, 醫 1517, 釁 1607, 酉 2429, 醮 2430, 醯 2431

酋 062d: 猶 1096, 酋 2432, 奠 2433, 鄭 2434, 尊 2435

丙 062e: 丙 2436

囬 063a: 囬 2437

面 063b: 面 2438

亩 063c: 亩 2439

[?] 071a: 嗇 824, 啚 936, 縕 1196, 函 1265, [?] 2440, 囚 2441, 昷 2442, 囿 2443, 因 2444, 恩 2445, 困 2446, 囷 2447, 圉 2448, 国 2449, 國 2450, 圂 2451, 甬 2452, 皐 2453, 回 2454, 圖 2455, 固 2456, 團 2457

[?] 071b: 圖 2455, 稟 2458, 稾 2459, 亶 2460

[?] 071c: 囱 1730, 囪 2461, 悤 2462

[?] 071d: 面 2463

[?] 071e: 啚 2108, 鄙 2109

丩 Z11a: 丩 2464, 收 2465

丱 Z11b: 聯 1019, 絲 1177, 關 2036, 丱 2466

业 Z11c: 虛 1450

爿 Z12a: 寐 1714, 寤 1715, 寢 1716, 爿 2467, 壯 2468, 將 2469

𠂆 Z12b: 𠂆 2470

片 Z12c: 片 2471, 牖 2472, 牌 2473

鼎 Z12d: 鼎 2474

[?] Z12e: 鼎 2245

[?] Z21a: 吳 2110

丂 Z21b: 巧 812, 考 891, 羲 919, 号 2111, 號 2112, 粤 2347, 丂 2475, 亟 2476

亏 Z21c: 夸 277, 粵 1867, 雩 1901, 咢 2102, 亏 2477

亐 Z21d — 虧 1433 亐 2478

兮 Z21e — 兮 2479 盆 2480

与 Z21f — 写 1656 与 2481

与 Z21g — 與 1600 舉 1601 与 2482

与 Z21h — 薦 647 焉 960 鳫 1404

丏 Z21i — 丏 2483

丏 Z21j — 丏 2484

朩 Z21k — 朩 2485

馬 Z22a — 馮 16 憑 17 篤 155 羈 2384 馬 2486 駁 2487 駮 2488

马 Z22b — 羁 2385 马 2489

乌 Z22c — 乌 2490

鸟 Z22d — 鸟 2491 枭 2492 岛 2493

鸟 Z22e — 鸟 2494

烏 Z22f — 烏 2495

鳥 Z22g — 鳥 2496 裊 2497 梟 2498 島 2499

鳥 Z22h — 鴈 1359 烏 2500 鳧 2501 鳳 2528

乁 Z31a — 乁 2502

?乁 Z31b — 虱 2503

飞 Z31c — 飞 2504 飛 2505

乙 Z31d — 艺 695 空 1731 乙 2506 乙 2507

乞 Z31e — 乾 2238 乞 2508

气 Z31f — 气 2509 氣 2510

卂 Z32a — 卂 2511 卂 2512

九 Z32b — 染 72 轨 1217 軌 2358 九 2513 杂 2514

丸 Z32c — 执 461 藝 633 執 834 埶 895 熱 896 孰 2131 丸 2515

飛 Z32d — 飛 2505

几 Z33a — 殺 328 凭 491 微 530 役 534 段 573 芟 696 秃 776 ?殳 858 㱿 859 穀 860 轂 864 壳 865 殼 866 殼 867 敲 871 鑿 974 凳 1248 發 1249 処 1297 處 1436 虎 1451 虒 1455 殹 1516 醫 1517 毀 1591 㪔 1626 冗 1657 股 1838 般 1862 船 1863 殿 1967 殷 1995 毁 2002 號 2112 亮 2137 設 2147 轂 2355 鳧 2501 几 2516 几 2517 朵 2518 殳 2519 殳 2520 㕣 2521

凡 Z33b — 筑 141 梵 738 巩 813 嬴 1535 羸 1536 臝 1537 贏 1538 凡 2522

?凡 Z33c — 佩 507 风 2523 夙 2524 凤 2525 凧 2526 風 2527 鳳 2528

亢 Z33d — 亢 2529

几 Z33e — 几 2530

瓦 Z33f — 瓦 2531

己 Z41a — 起 843 妃 1127 紀 1197 岂 1627 記 2148 己 2532 忌 2533

己 Z41b — 龍 86

弓 Z42a — 弯 472 彎 1193 發 1249 窮 1728 躬 2062 弓 2534 弜 2535 张 2536 弥 2537 引 2538 粥 2539 鬻 2540 張 2541 弘 2542 強 2543 弦 2544 彌 2545 强 2546 弼 2547

弓 Z42b — 弱 2548

弓 Z42c — 弓 2549

夷 Z42d — 夷 2550

弔 Z42e — 弔 2551

弟 Z42f — 弟 2552

弗 Z42g — 弗 2553 费 2554 費 2555

冂 Z51a — 雋 1037

凹 Z51b — 凹 2556

兕 Z51c — 兕 2557

凸 Z51d — 凸 2558

亞 Z51e — 壺 868 壼 869

亞 Z51f — 亞 2559 惡 2560

亞 Z51g — 斲 2561

黽 鼀竈鼉黽
Z51h 898 1723 2100 2562

龜 鬮龜
Z51i 1610 2563

母 毒母
Z61a 945 2564

每 海每敏繁毓
Z61b 73 2565 2566 2567 2568

毋 毒毒毋
Z61c 883 946 2569

毌 實贯貫
Z61e 1717 2570 2571

[illegible] 婁數
Z61f 2572 2573

○ ○
Z71a 2574

Radicals Kangxi Radicaux　　康熙字典部首表

1

001 一 a
002 丨 a
003 丶 a
004 丿 a
005 乙 a
⺄ b
乚 c
006 亅 a

2

007 二 a
008 亠 a
009 人 a
亻 b
𠆢 c
010 儿 a
011 入 a
𠆢 b
012 八 a
013 冂 a
014 冖 a
015 冫 a
⺀ b
016 几 a
017 凵 a
018 刀 a
刂 b
刁 c
019 力 a
020 勹 a
021 匕 a
022 匚 a
023 匸 a
024 十 a
025 卜 a
026 卩 a
㔾 b
027 厂 a
028 厶 a
029 又 a

3

030 口 a
031 囗 a
032 土 a
033 士 a
034 夂 a
035 夊 a
036 夕 a
037 大 a
038 女 a
039 子 a
040 宀 a
041 寸 a
042 小 a
043 兀 a
尢 b
尣 c
044 尸 a
045 屮 a
046 山 a
047 巛 a
川 b
巜 c
048 工 a
049 己 a
已 b
巳 c
050 巾 a
051 干 a
052 幺 a
053 广 a
054 廴 a
055 廾 a
056 弋 a
057 弓 a
058 彐 a
彑 b
⺕ c
059 彡 a
060 彳 a

4

061 心 a
忄 b
⺗ c
062 戈 a
063 戶 a
户 b
064 手 a
扌 b
065 支 a
066 攴 a
攵 b
067 文 a
068 斗 a
069 斤 a
070 方 a
071 无 a
072 日 a
073 曰 a
074 月 a
075 木 a
076 欠 a
077 止 a
078 歹 a
歺 b
079 殳 a
080 母 a
毋 b
081 比 a
082 毛 a
083 氏 a
084 气 a
085 水 a
氵 b
氺 c
086 火 a
灬 b
087 爪 a
爫 b
088 父 a
089 爻 a
090 爿 a
丬 s
091 片 a
092 牙 a
093 牛 a
094 犬 a
犭 b

5

095 玉 a
王 b
096 玄 a
097 瓜 a
098 瓦 a
099 甘 a
100 生 a
101 用 a
102 田 a
103 疋 a
104 疒 a
105 癶 a
106 白 a
107 皮 a
108 皿 a
109 目 a
罒 b
110 矛 a
111 矢 a
112 石 a
113 示 a
礻 b
114 禸 a
115 禾 a
116 穴 a
117 立 a

6

118 竹 a
⺮ b
119 米 a
120 糸 a
纟 s
121 缶 a
122 网 a
罒 b
罓 c
⺳ d
123 羊 a
⺶ b
⺷ c
124 羽 a
习 s
125 老 a
耂 b
126 而 a
127 耒 a
128 耳 a
129 聿 a
130 肉 a
月 b
131 臣 a
丨丨 s
132 自 a
133 至 a
134 臼 a
135 舌 a
136 舛 a
137 舟 a
138 艮 a
139 色 a
140 艸 a
艹 b
⺿ c
141 虍 a
虎 b
142 虫 a
143 血 a
144 行 a
145 衣 a
衣 b
𧘇 c
衤 d
146 西 a
覀 b
襾 c

7

147 見 a
见 s
148 角 a
149 言 a
讠 s
150 谷 a
151 豆 a
152 豕 a
153 豸 a
154 貝 a
贝 s
155 赤 a
156 走 a
157 足 a
⻊ b
158 身 a
159 車 a
车 s
160 辛 a
161 辰 a
162 辵 a
辶 b
163 邑 a
阝 b
164 酉 a
165 釆 a
采 b
166 里 a

8

167 金 a
钅 s
168 長 a
镸 b
长 s
169 門 a
门 s
170 阜 a
阝 b
171 隶 a
172 隹 a
173 雨 a
174 靑 a
青 b
175 非 a

9

176 面 a
靣 b
177 革 a
178 韋 a
韦 s
179 韭 a
180 音 a
181 頁 a
页 s
182 風 a
风 s
183 飛 a
飞 s
184 食 a
飠 b
饣 s
185 首 a
186 香 a

10

187 馬 a
马 s
188 骨 a
189 高 a
190 髟 a
191 鬥 a
门 s
192 鬯 a
193 鬲 a
194 鬼 a

11

195 魚 a
鱼 s
196 鳥 a
鸟 s
197 鹵 a
卤 s
198 鹿 a
199 麥 a
麦 s
200 麻 a

12

201 黃 a
黄 s
202 黍 a
203 黑 a
204 黹 a
业 s

13

205 黽 a
黾 s
206 鼎 a
207 鼓 a
208 鼠 a

14

209 鼻 a
210 齊 a
齐 s

15

211 齒 a
齿 s

16

212 龍 a
龙 s
213 龜 a
龟 s

17

214 龠 a

1

m00 ○ 1

Radicals Stroke Count / Nombre de traits Radicaux / 部首笔画表

1

- 、 003a
- 一 001a
- 丿 004a
- 乚 005c
- 亅 006a
- 丨 002a
- 乛 005b
- 乙 005a
- ○ m001

2

- 亠 008a
- 二 007a
- 冫 015a
- 冫 015b
- 八 012a
- 人 009a
- 入 011a
- 𠆢 011b
- 𠆢 009c
- 讠 149s
- 匕 021a
- 儿 010a
- 刂 018b
- 亻 009b
- 卜 025a
- 十 024a
- 〢 131s
- 巜 047c
- 厶 028a
- 又 029a
- 阝 170b
- 阝 163b
- 廴 054a
- 刁 018c
- 刀 018a
- 力 019a
- 㔾 049c
- 㔾 026b
- 卩 026a
- [?] 023a
- [?] 022a
- [?] 017a
- 冖 014a
- 勹[?] 020a
- 冂 013a
- 几 016a

3

- 氵 085b
- 彡 059a
- 大 037a
- 饣 184s
- 尣 043c
- 尢 043b
- 小 042a
- 寸 041a
- 扌 064b
- 彳 060a
- 丬 090s
- 忄 061b
- 干 051a
- 艹 140c
- 廾 055a
- 川 047b
- 工 048a
- 土 032a
- 士 033a
- 弋 056a
- 犭 094b
- 巛 047a
- 女 038a
- 纟 120s
- 幺 052a
- 彑 058b
- 夕 036a
- 夂 034a
- 夊 035a
- 子 039a
- 辶 162b
- 广 053a
- 习 124s
- 彐 058a
- ⺕ 058c
- 山 046a
- 屮 045a
- 宀 040a
- 门 169s
- 门 191s
- 巾 050a
- 尸 044a
- 巳 049b
- 口 030a
- 囗[?] 031a
- 马 187s
- 飞 183s
- 己 049a
- 弓 057a

4

- 爫 087b
- 灬 086b
- 火 086a
- 欠 076a
- 犬 094a
- 爻 089a
- 文 067a
- 攵 066b
- 父 088a
- 比 081a
- 长 168s
- 𧘇 145c
- 心 061a
- 毛 082a
- 兀 043a
- 无 071a
- ⺌ 061c
- 水 085a
- 手 064a
- ⺿ 140b
- 斗 068a
- 牛 093a
- 爪 087a
- 木 075a
- 耂 125b
- 王 095b
- 止 077a
- 氏 083a
- 戈 062a
- 车 159s
- 歹 078a
- ⺊ 066a
- 支 065a
- 礻 113b
- 斤 069a
- 韦 178s
- 牙 092a
- ⺳ 122d
- 方 070a
- 贝 154s
- 见 147s
- 月 074a
- 月 130b
- 禸 114a
- 户 063b
- 戶 063a
- 曰 073a
- 日 072a
- 爿 090a
- 片 091a
- 气 084a
- 殳 079a
- 风 182s
- 瓦 098a
- 毋 080b

5

- 立 117a
- 矢 111a
- 钅 167s
- 龙 212s
- 示 113a
- 氺 085c
- 禾 115a
- 玉 095a
- 生 100a
- 正 103a
- 业 204s
- 甘 099a
- 玄 096a
- 瓜 097a
- 歺 078b
- 癶 105a
- 矛 110a
- 衤 145d
- 疒 104a
- 皮 107a
- 穴 116a
- 用 101a
- 罓 122c
- 皿 108a
- 石 112a
- 白 106a
- 目 109a
- 田 102a
- 罒 109b
- 罒 122b
- 鸟 196s
- 母 080a

6

- ⺮ 118b
- ⺶ 123b
- 齐 210s
- 衣 145a
- 衣 145b
- 竹 118a
- 行 144a
- 羊 123a
- 米 119a
- 耒 127a
- 老 125a
- ⺷ 123c
- 耳 128a
- 至 133a
- 糸 120a
- 舛 136a
- 虍 141a
- 羽 124a
- 聿 129a
- 臼 134a
- 缶 121a
- 艸 140a
- 页 181s
- 网 122a
- 舟 137a
- 而 126a
- 襾 146c
- 肉 130a
- 血 143a
- 艮 138a
- 色 139a
- 臣 131a
- 舌 135a
- 自 132a
- 虫 142a
- 覀 146b
- 西 146a

7

- 辵 162a
- 谷 150a
- 辛 160a
- 采 165b
- 镸 168b
- 赤 155a
- 走 156a
- 麦 199s
- 豸 153a
- 豕 152a
- 辰 161a
- 角 148a
- 身 158a
- 邑 163a
- 𧾷 157b
- 足 157a
- 豆 151a
- 言 149a
- 貝 154a
- 見 147a
- 車 159a
- 龟 213s
- 里 166a
- 卤 197s
- 酉 164a

8

- 釆 165a
- 金 167a
- 飠 184b
- 非 175a
- 長 168a
- 青 174a
- 靑 174b
- 隹 172a
- 虎 141b
- 隶 171a
- 雨 173a
- 齿 211s
- 阜 170a
- 門 169a
- 黾 205s
- 鱼 195s
- 鬼 194a
- 靣 176b

9

- 音 180a
- 食 184a
- 香 186a
- 韭 179a
- 革 177a
- 韋 178a
- 骨 188a
- 頁 181a
- 首 185a
- 面 176a
- 飛 183a
- 風 182a

10

- 鬯 192a
- 髟 190a
- 鬥 191a
- 鬲 193a
- 高 189a
- 馬 187a

11

- 麥 199a
- 黄 201s
- 麻 200a
- 鹿 198a
- 魚 195a
- 鹵 197a
- 鳥 196a

12

- 黍 202a
- 黹 204a
- 黃 201a
- 黑 203a

13

- 鼓 207a
- 鼠 208a
- 鼎 206a
- 黽 205a

14

- 齊 210a
- 鼻 209a

15

- 齒 211a

16

- 龜 213a

17

- 龍 212a
- 龠 214a

Radical	Code	No.
、		
、	003a	1
亠	008a	2
1 一		
一	001a	3
二	007a	4
冫	015a	7
氵	085b	18
2 彡		
丿	004a	74
冫	015b	75
彡	059a	76
辵	162a	77
立	117a	80
龍	212a	86
音	180a	91
爫	087b	102
采	165a	107
八	012a	127
灬	086b	130
⺮	118b	131
火	086a	156
人	009a	170
欠	076a	178
入	011a	179
𠆢	011b	180
𠆢	009c	180
金	167a	196
飠	184b	218
食	184a	221
龠	214a	229
谷	150a	234
𦍌	123b	252
大	037a	257
矢	111a	283
犬	094a	295
爻	089a	325
文	067a	332
齐	210s	334
攵	066b	340
父	088a	341
鬯	192a	347
3 ↓		
讠	149s	354
饣	184s	360
比	081a	362
钅	167s	367
长	168s	369
衣	145c	370
衣	145a	371
衣	145b	372
乚	005c	382
匕	021a	384
心	061a	394
毛	082a	400
儿	010a	402
兀	043a	404
尣	043c	407
尢	043b	409
无	071a	411
龙	212s	414
亅	006a	416
小	042a	421
示	113a	428
⺗	061c	430
氺	085c	431
水	085a	432
寸	041a	438
扌	064b	443
手	064a	462
刂	018b	467
4 丨		
丨	002a	473
竹	118a	474
亻	009b	475
彳	060a	514
行	144a	519
齊	210a	536
丬	090s	538
卜	025a	545
忄	061b	550
十	024a	557
艹	140b	559
干	051a	561
辛	160a	564
斗	068a	572
羊	123a	576
牛	093a	582
〢	131s	605
非	175a	611
艹	140c	612
廾	055a	697
川	047b	707
爪	087a	710
木	075a	719
麥	199a	722
禾	115a	756
黍	202a	758
香	186a	774
米	119a	778
釆	165b	791
耒	127a	801
工	048a	804
長	168a	818
镸	168b	819
髟	190a	820
土	032a	822
赤	155a	827
走	156a	841
士	033a	852
鼓	207a	880
耂	125b	884
老	125a	885
王	095b	899
⺶	123c	912
玉	095a	934
麦	199s	939
青	174a	942
靑	174b	943
生	100a	947
止	077a	950
正	103a	961
业	204s	970
黹	204a	978
韭	179a	983
革	177a	988
黃	201a	995
黄	201s	999
甘	099a	1005
耳	128a	1013
隹	172a	1026
5 ㇂		
弋	056a	1042
氏	083a	1049
戈	062a	1054
豸	153a	1082
犭	094b	1087
豕	152a	1097
6 ㄥ		
巛	047c	1108
巛	047a	1109
女	038a	1119
厶	028a	1128
至	133a	1145
纟	120s	1161
幺	052a	1171
糸	120a	1182
玄	096a	1201
3 ↓		
瓜	097a	1207
6 ㄥ		
车	159s	1213
彑	058b	1218
夕	036a	1225
舛	136a	1229
歹	078a	1233
歺	078b	1238
癶	105a	1245
矛	110a	1256
又	029a	1271
攴	066a	1283
支	065a	1284
夂	034a	1286
夊	035a	1286
子	039a	1303
礻	113b	1312
衤	145d	1313
阝	170b	1315
阝	163b	1316
廴	054a	1345
辶	162b	1346
7 ?		
厂	027a	1353
辰	161a	1356
广	053a	1375
麻	200a	1380
鹿	198a	1398
疒	104a	1422
虍	141a	1428
虎	141b	1451
皮	107a	1452
斤	069a	1461
⺈	018c	1470
习	124s	1471
羽	124a	1472
刀	018a	1477
力	019a	1489
㔾	049c	1498
㔾	026b	1499
卩	026a	1504
韦	178s	1508
8 匚		
匚?	022a	1512
匸?	023a	1511
牙	092a	1542
韋	178a	1547
彐	058a	1562
⺕	058c	1565
聿	129a	1568
隶	171a	1578
臼	134a	1587
鼠	208a	1588
鬥	191a	1608
山	046a	1611
缶	121a	1628
凵?	017a	1630
屮	045a	1635
艸	140a	1637
冖	014a	1649
⺳	122d	1658
宀	040a	1661
穴	116a	1718
勹?	020a	1770
方	070a	1784
贝	154s	1796
见	147s	1801
页	181s	1802
门	169s	1806
门	191s	1806
冂	013a	1819
月	074a	1822
月	130b	1823
用	101a	1845
网	122a	1850
罓	122c	1855
舟	137a	1861
而	126a	1871
角	148a	1883
巾	050a	1886
雨	173a	1890
襾	146c	1918
肉	130a	1920
禸	114a	1923
9 口		
齿	211s	1924
齒	211a	1925
皿	108a	1939
血	143a	1940
骨	188a	1947
尸	044a	1951
户	063b	1981
戶	063a	1993
艮	138a	2003
巳	049b	2010
色	139a	2015
阜	170a	2024
門	169a	2025
臣	131a	2044
身	158a	2060
0 口		
口	030a	2063
邑	163a	2082
黾	205s	2107
𧾷	157b	2115
足	157a	2117
鬲	193a	2118
豆	151a	2120
高	189a	2138
言	149a	2139
石	112a	2149
舌	135a	2162
曰	073a	2168
日	072a	2169
白	106a	2216
目	109a	2239
鼎	206a	2245
貝	154a	2246
見	147a	2255
自	132a	2256
鼻	209a	2263
頁	181a	2267
首	185a	2268
虫	142a	2282
黑	203a	2310
田	102a	2313
鱼	195s	2335
魚	195a	2339
車	159a	2352
龟	213s	2360
鬼	194a	2363
里	166a	2368
罒	109b	2373
罒	122b	2374
覀	146b	2401
卤	197s	2422
鹵	197a	2424
西	146a	2427
酉	164a	2429
面	176a	2438
囗?	031a	2440
靣	176b	2463
Z 丩		
爿	090a	2467
片	091a	2471
馬	187a	2486
马	187s	2489
鸟	196s	2494
鳥	196a	2500
⺄	005b	2502
飞	183s	2504
飛	183a	2505
乙	005a	2506
气	084a	2509
几	016a	2516
殳	079a	2519
风	182s	2523
風	182a	2527
瓦	098a	2531
己	049a	2532
弓	057a	2534
黽	205a	2562
龜	213a	2563
母	080a	2564
毋	080b	2569
○	m001	2574

勳 0
001a 一
00
一 1
01
七 2181
丁 2232
02
三 3
丈 1689
下 3204
上 4718
万 7923
与 11020
03
不 4066
丑 7392
丐 11022
丏 11023
04
从 1072
丕 4067
丝 6002
世 6808
丘 7210
丙 8502
且 8541
05
丢 5228
丞 6543
乒 7213
06
所 4060
严 6997
丽 8285
两 8504
07
並 5346
002a 丨
02
个 1092
丫 3184
03
丰 3480
书 7291
中 10183
06
丠 3495
串 10388
08
临 3499
003a 丶
02
义 1687
丸 11206
03
为 7272
丹 8055
04
主 5212
05
乓 7214
08
举 684
004a 丿
01
乂 1643
乃 6799
02
之 6492
久 6498
03
乏 6493
乌 11145
04
乎 2313
乍 3207
生 5227
乐 7358
05
乔 1595
07
乖 3420
09
乘 4519
11
粤 8339
005a 乙
00
乙 11166
02
乞 11168
10
乾 10015
005b 乁
01
九 11197
05
乬 11162
005c 乚
01
乜 7276
02
也 7277
05
乩 9800
06
乱 9823
07
乳 701
12
亂 697
006a 亅
01
了 6540
03
予 6462
07
事 10387
007a 二
00
二 2
01
亍 2238
于 2306
亏 11018
02
亓 4040
井 4055
云 5917
互 6392
五 7371
04
亚 5341
亙 6454
亘 9971
05
况 38
06
些 5295
亟 11017
亞 11288
12
叆 5918
13
叇 5921
008a 亠
01
亡 7334
02
亢 11236
04
交 1681
亦 2753
亥 6319
产 6991
05
亨 9443
亩 10454
06
变 2762
京 9436
享 9445
07
妙 6308
亭 9459
亮 9462
08
亳 9457
09
亱 3102
11
亶 10977
14
亸 9451
20
亹 7467
009a 人
00
人 1070
02
从 1071
以 2161
仄 6816
07
俎 1077
10
傘 1087
12
樊 8491
009b 亻
01
亿 3091
02
仁 2771
仃 2842
仆 2849
什 2851
仅 2937
仍 2944
仂 2954
仇 3093
仉 3094
03
仨 2773
仪 2825
仗 2827
付 2846
仟 2853
仕 2882
代 2911
么 2928
仔 2943
仮 2945
仞 2953
他 2959
仙 2976
们 3002
仡 3092
04
伙 2785
伦 2787
价 2788
伧 2792
伏 2814
伕 2816
仳 2829
伥 2831
优 2841
仵 2852
件 2856
休 2866
任 2889
伐 2920
似 2833
传 2936
伎 2939
份 2952
伤 2956
伪 2957
伟 2961
伛 2962
仰 2965
伢 2967
伍 2969
伊 2974
伫 2978
仿 2998
仲 3059
伉 3096
佤 3097
05
佞 2772
位 2775
伶 2791
伶 2793
佐 2800
佈 2802
佑 2803
佚 2817
何 2843
你 2844
作 2850
伻 2854
伴 2857
伾 2865
体 2872
佧 2875
住 2887
低 2918
佟 2940
伺 2951
伽 2955
佁 2971
佗 2979
佇 2981
佝 2997
佣 3004
佢 3029
佔 3045
估 3046
但 3048
伯 3052
佃 3065
伸 3071
佛 3098
06
佽 2774
佺 2789
侩 2790
侑 2801
侻 2808
侉 2810
侨 2812
侠 2819
侪 2822
佼 2823
依 2832
佻 2840
佯 2855
併 2864
侏 2873
侍 2877
佳 2880
佶 2884
佬 2886
侹 2891
供 2907
佴 2908
侥 2919
侔 2924
侄 2926
侈 2930
例 2932
侘 2980
侬 2994
侧 3000
侦 3001
佾 3003
侗 3006
侜 3009
侭 3023
侃 3031
侣 3035
佰 3054
使 3061
佩 3095
07
俘 2782
俭 2786
俗 2799
俦 2804
俠 2805
侯 2811
俅 2847
俐 2869
俄 2922
俟 2923
俊 2925
係 2929
俑 2935
俨 2948
侵 2970
俪 3007
俏 3010
俩 3015
侷 3024
俣 3030
保 3032
侶 3037
促 3038
信 3042
俔 3044
俛 3062
俜 3070
便 3074
俚 3078
侮 3099
08
倍 2777
倸 2780
倫 2795
倚 2806
倴 2807
俺 2809
倦 2818
俸 2821
倾 2837
俳 2859
偌 2860
倭 2870
俶 2874
倀 2876
倖 2878
俵 2896
债 2898
倩 2899
借 2904
倻 2909
倒 2927
偹 2942
俯 2946
健 2973
倪 2975
倌 2986
倥 2987
倣 2999
倜 3005
倘 3011
倆 3013
俱 3016
值 3017
倔 3020
倨 3022
們 3028
倡 3050
倬 3055
値 3058
傀 3075
倮 3076
俾 3077
倗 3081
個 3089
候 3103
修 3105
09
偷 2794
偕 2830
偰 2858
偾 2862
偻 2871
偺 2941
偽 2958
偃 2964
偉 2968
偿 2989
偬 2995
偓 3019
偏 3026
假 3027
偪 3039
停 3041
做 3047
偈 3049
側 3056
偵 3057
偎 3066
偲 3067
偶 3079
倐 3106
倏 3107
10
傒 2781
傜 2784
傖 2796
傣 2820
傚 2824
储 2828
傲 2897
備 2905
傑 2931
傕 2938
傢 2984
傧 2985

傍 2988
傥 2992
傕 2993
傷 2996
傅 3014
傈 3084
僂 3100
[11]
傾 2839
債 2900
僅 2903
傺 2934
傭 2947
僇 2950
傴 2963
催 2977
傷 3051
像 3063
傳 3073
僊 3083
傻 3088
傯 3090
[12]
僮 2779
僞 2783
僑 2813
僚 2815
儆 2861
僨 2863
僆 2879
僥 2881
僖 2885
僕 2901
僬 2910
僜 2933
僭 2966
僱 3025

僦 3040
僧 3064
僡 3072
僳 3085
[13]
億 2778
儉 2797
儈 2798
儍 2826
儀 2888
儋 2949
儙 2983
僻 3021
儌 3053
僵 3069
儇 3082
價 3086
儂 3087
[14]
儕 2848
儔 2883
儘 2972
儐 2982
儒 3012
[15]
償 2990
優 3018
儲 3043
儡 3068
[17]
儱 2776
儵 3113
[19]
儹 2895
儺 2902
儷 3008
儼 3036

儸 3080
[20]
儻 2991
[22]
儾 3060
009c 亼
[02]
仑 1088
介 1094
今 1385
仓 1400
[03]
仝 1104
令 1394
令 1404
[04]
众 1086
佘 1091
伞 1093
企 1381
会 1382
[05]
佥 1083
佘 1089
余 1095
[06]
侖 1415
[08]
倉 1417
[11]
僉 1483
010a 儿
[00]
儿 2194
[01]
兀 2196
[02]

元 2199
允 5908
[03]
兄 9280
[04]
兇 1658
光 2205
兆 2210
先 5239
尧 5524
充 5926
[05]
兑 9797
克 9816
免 10370
兎 10374
兕 11286
[06]
兖 5935
兒 7441
兔 10372
[08]
党 7874
[09]
兜 7333
[12]
兢 9819
011a 入
[00]
入 1082
[02]
内 8500
[06]
兩 8468
011b 𠆢
[04]
全 1105

[07]
俞 1409
012a 八
[00]
八 721
[02]
六 722
公 5928
兮 11019
[03]
兰 4
[04]
兴 683
关 1576
并 4050
共 5418
[05]
兵 7215
[06]
其 5428
具 8546
典 8564
单 10457
[08]
兼 7416
[14]
冀 3202
[16]
𩇕 10459
013a 冂
[02]
冇 1524
[03]
冄 8265
冈 8270
册 8053
冊 8268

冉 8413
[04]
再 8469
[05]
冏 8280
[07]
冒 7951
[09]
冕 9961
014a 冖
[02]
冗 7687
[03]
写 7686
[04]
军 7675
农 7889
[07]
冠 7672
[08]
冢 7674
冥 7678
冤 7680
[13]
冪 7673
015a 冫
[04]
冰 21
冱 32
决 34
冲 40
[05]
冷 16
冷 17
冶 30
冻 31
[06]

洗 25
冽 33
净 36
[08]
凈 5
凇 22
凌 24
准 27
凄 35
凋 37
凉 39
凍 41
[09]
凔 18
凑 19
减 29
[12]
凘 26
[13]
凜 42
凛 43
[14]
凝 20
[15]
凟 23
015b 丶
[03]
冬 6524
016a 几
[00]
几 11207
[01]
凡 11211
凢 11240
[02]
凤 11220
[03]

処 6539
[04]
凫 11150
[06]
凭 2894
凯 7632
[09]
凰 11221
[10]
凱 7603
[11]
凴 11161
[12]
凴 46
凳 6458
017a 凵 ?
[02]
凶 1657
[03]
击 7647
出 7657
凹 11285
凸 11287
[04]
凼 2301
[06]
函 6542
018a 刀
[00]
刀 7239
[01]
刃 7256
[02]
切 1894
分 7245
[04]
争 7410

负 7995
[05]
初 6663
[06]
券 1626
刼 4873
[07]
刱 4052
[08]
剏 4053
[09]
剪 8264
[12]
夐 7886
[13]
劎 1486
劈 8654
018b 刂
[02]
刈 1652
[03]
刊 3404
[04]
创 1401
刘 1660
刑 4047
划 5527
列 6419
刎 7896
则 7962
刖 8106
刚 8272
[05]
判 3478
利 4516
刦 4872
刬 5564

到 6494
刨 7912
删 8054
刪 8269
别 9073
[06]
刽 1383
刳 1571
刹 1654
剂 1662
刲 4821
到 5914
刻 6321
刴 6802
刿 7547
剀 7630
刺 8489
制 8497
刷 8642
刮 9824
刵 10001
剁 11209
[07]
剉 1075
剑 1085
剄 5721
前 8261
削 8352
剐 9148
剅 9429
剋 9818
則 10117
剌 10378
剃 11277
[08]
剖 658
剡 934

剞 1544
剕 3509
剗 5530
剢 6386
剟 6511
剥 7389
剜 7756
剛 8283
剧 8662
剠 9441
剔 9922
[09]
剨 3494
剮 8602
副 9425
[10]
創 1418
剩 4520
剴 7601
割 7722
剳 11310
[11]
剷 3884
剿 5718
剶 6996
剽 10814
[12]
劄 744
劁 5486
劂 6852
劃 7401
[13]
劍 1485
劊 1507
劐 3711
劌 5312
劇 7159

劉 8819
[14]
劑 3186
劓 10162
[16]
劗 5241
[19]
劖 5244
劘 6901
[21]
劙 5708
018c 刁
[00]
刁 7216
019a 力
[00]
力 7259
[02]
劝 6516
办 7271
[03]
功 4707
务 6533
加 7263
劢 7925
[04]
劣 2245
动 5920
[05]
劳 3836
劫 4874
努 5785
劲 6496
励 6855
劭 7243
劬 7915
助 8545

06
効 1684
势 2734
劼 5027
劾 6322
劻 7314
07
劮 1540
劲 5724
勇 6489
勃 7879
勋 9129
勉 10371
勅 10380
08
勐 5273
勍 6559
勊 9442
09
勒 5382
勘 5444
務 6470
勚 6810
勖 7952
動 10765
勔 10930
10
勞 945
募 3955
勝 8083
勛 9217
11
勢 5060
勣 5283
勤 5405
勦 5719
勠 7222
12
勱 4000
勩 6812
甥 11267
13
勰 7262
14
勵 6834
勳 10411
17
勷 2153
勸 3929
020a 勹
01
勺 7892
02
匀 7893
勿 7894
勾 7904
03
匆 7900
包 7911
04
匈 7902
07
匊 7897
匍 7910
09
匏 1572
匐 7918
14
匔 7899
021a 匕
00
匕 2162
02
化 2834
03
北 3199
09
匙 9881
022a ?
03
匜 7317
匝 7318
04
匡 7313
匠 7316
05
匣 7330
06
匦 7315
08
匪 7310
09
匾 7319
匮 7328
匭 7331
11
匯 7293
12
匲 7297
匱 7329
13
匳 7295
023a ?
02
匹 7292
区 7305
05
医 7298
06
匼 7294
08
匿 7311
09
區 7321
024a 十
00
十 3399
01
千 3419
02
午 3417
升 4044
卅 4064
专 6491
03
半 3477
卉 4041
04
华 2835
协 3401
卋 5417
06
卒 1078
卖 1600
協 3400
丧 5248
直 8548
卓 10004
卑 10756
07
南 8357
08
喪 4765
真 8551
09
啬 5249
10
博 3402
22
矗 8550
025a 卜
00
卜 3203
02
卞 3206
03
卡 4723
卢 8702
占 9798
05
卤 10835
卣 10933
06
卦 4822
07
卨 9804
09
卨 8604
026a 卩
01
卫 7280
03
印 7375
卯 8826
05
却 4875
卲 7244
即 8714
卵 8828
06
卹 8562
07
卻 1513
卸 5322
08
卿 8827
026b 㔾
03
卮 7197
04
危 6998
06
卷 1627
巹 6545
027a 厂
00
厂 6814
02
厅 6828
历 6847
厄 6848
03
厉 6854
04
厌 6817
压 6841
厍 6846
06
厓 6839
厔 6845
厕 6856
07
厚 6860
厙 6874
厘 6875
08
厝 6843
原 6869
09
厣 6820
厢 6835
厩 6858
厠 6872
10
厤 6836
厫 6842
厥 6851
厨 6859
厦 6873
12
厲 6833
厨 6840
厮 6844
厰 6857
厭 6861
13
厴 6822
17
龐 6815
028a 厶
00
厶 5886
01
么 5927
03
去 4870
05
县 8543
06
叁 5887
参 5888
09
參 5895
029a 又
00
又 6500
01
叉 6520
及 6807
02
友 1523
双 6507
反 7188
収 10988
03
发 6813
06
受 715
叔 4721
取 5460
07
叙 1098
叛 3479
叟 7446
叚 8732
10
叜 28
11
叠 6514
叡 7165
14
叡 7862
16
叢 5329
18
矍 10099
030a 口
00
口 8842
02
合 1481
右 1528
可 2235
台 5901
司 7236
召 7240
叵 7320
句 7913
叭 8854
叱 8901
叮 8907
叶 8923
叶 8927
叹 9040
叼 9067
叨 9068
另 9071
叻 9072
叩 9076
叫 9255
号 9257
叽 9269
只 9278
古 9806
史 10368
03
吉 5024
名 6408
各 6534
后 7199
同 8279
向 8341
吒 8902
叽 8903
吁 8911
吋 8912
吓 8924
吐 8967
吆 9025
吆 9029
吸 9050
吊 9143
吕 9170
吗 9263
吃 9268
吏 10369
04
含 1389
吞 1574
吝 1673
㕯 2178
否 4075
告 5233
吾 7372
君 7405
吹 8861
吟 8864
呛 8867
吴 8882
吠 8884
呔 8885
呋 8887
吡 8893
吣 8900
呒 8905
吵 8909
吽 8928
吽 8931
呓 8948
吥 8951
呆 8953
呈 8981
吮 9021
吱 9043
吼 9047
呖 9053
呃 9054
听 9066
吩 9069
呕 9077
呀 9082
呃 9083
咿 9089
吨 9101
吻 9121
呗 9126
员 9127
呐 9147
呎 9161
吧 9167
呂 9204
吳 9256
呜 9264
吭 9271
吲 9272
05
命 1494
和 4568
咎 6527
周 8273
呤 8866
呤 8868
咙 8906
呵 8908
咏 8910
呼 8913
叮 8915
咐 8920
咋 8925
哎 8938
呸 8952
味 8962
咔 8966
呶 9018
咝 9027
呦 9031
呱 8898
咚 9044
咖 9074
咂 9079
咄 9099
咛 9106
咆 9124
咀 9151
呢 9155
咒 9197
呪 9198
咕 9205
呷 9234
呻 9237
黾 9240
呣 9276
06
咨 13
哀 2150
哉 5541
咸 5556
咫 8673
哙 8863
哈 8872
咳 8876
哒 8879
咵 8881
咲 8883
咬 8892
哔 8894
哴 8896
咷 8904
哗 8919
咻 8921
咿 8922
咩 8929
咪 8960
咮 8963

哇 8972
呲 8990
哑 8996
哄 9001
哓 9010
哞 9020
咥 9023
哟 9028
咳 9035
哆 9037
咧 9038
咯 9046
哚 9049
哌 9064
哪 9070
哐 9078
㖊 9086
哕 9095
咤 9105
哝 9120
响 9139
哏 9165
品 9179
骂 9196
咱 9219
哂 9249
咽 9250
哚 9270
咦 9273
07
哥 2236
哲 2549
彧 5566
唇 6826
唐 6959
唑 8859
唏 8890
哳 8916
哔 8934
唠 8943
唝 8964
哧 8968
唗 8974
哮 8979
唛 8985
哦 9011
啾 9014
唉 9019
唆 9022
啊 9048
唔 9084
9085
唚 9087
唢 9131
哨 9141
哺 9146
唡 9149
唤 9153
唧 9163
哭 9171
㖞 9177
哼 9200
唁 9203
唣 9210
唕 9213
員 9215
哽 9239
哩 9243
08
售 5498
商 8350
啓 8684
啟 8700
問 8784
啵 8843
唼 8845
啖 8857
啐 8860
唫 8862
唸 8865
啥 8874
唵 8880
唪 8888
啦 8914
啪 8917
啡 8935
喏 8937
喵 8946
啉 8955
啈 8970
啧 8987
唾 8989
啃 8993
唶 9000
唯 9007
啄 9015
唷 9024
啭 9036
啜 9042
唬 9063
啸 9090
啗 9093
啶 9108
唿 9122
啕 9123
啁 9136
啢 9145
啮 9150
唰 9158
唳 9162
啷 9166
唱 9208
啤 9241
啯 9252
啞 9274
兽 10456
09
喬 1597
喪 4947
喆 5025
喜 5038
善 5289
啻 7851
喾 7852
喑 8847
喻 8869
嗟 8877
喹 8878
喈 8895
喉 8918
㖳 8930
喫 8932
嗒 8936
喷 8949
喳 8958
啾 8959
喽 8961
喞 8994
喊 9013
喙 9016
喙 9017
喲 9033
喒 9045
喋 9051
喱 9056
嗟 9062
嗖 9094
喘 9097
喀 9111
喧 9112
啼 9114
喃 9142
喎 9154
喔 9157
嘅 9164
咢 9175
單 9186
喨 9202
喝 9207
喤 9212
喇 9228
喂 9232
喟 9233
喁 9244
10
嗇 4766
辔 6005
嗨 8844
嗳 8851
嗌 8855
嗆 8871
嗪 8889
嗲 8891
嗔 8899
嗬 8939
嘩 8940
嗊 8965
嗑 8975
嗜 8978
嘟 8980
嗦 8984
嗷 8986
嗫 9005
嗡 9026
嗓 9041
嗁 9065
噀 9075
嗛 9091
嗤 9098
嗍 9100
嗐 9107
嗙 9113
嗦 9118
嗣 9135
嗔 9152
嗝 9199
嗥 9209
嗅 9220
嗄 9222
嗩 9223
嗶 9242
嗯 9251
嗎 9262
嗚 9266
嘍 9277
11
嘉 5037
嘗 7865
嘜 8954
嘖 8988
嘞 8998
嘆 8999
噉 9006
嘁 9012
嘛 9057
嗻 9058
嘑 9059
嘘 9060
嘔 9080
嘣 9096
嘧 9104
嘡 9116
嗾 9125
嘤 9130
嘀 9140
嘷 9211
嘎 9221
嗽 9227
嘌 9246
嘈 9248
嘓 9253
曼 9279
嘏 9813
12
噇 8850
嘮 8858
噙 8870
噏 8873
嘹 8886
噶 8945
噴 8950
噠 8971
嘵 8973
噎 8976
嘻 8977
噗 8995
嘶 9002
噍 9008
嘸 9009
嘰 9030
噝 9032
嗞 9034
噔 9039
噘 9055
噆 9081
噚 9088
噢 9137
嘱 9160
噐 9173
嘬 9206
嘲 9214
噌 9229
嘿 9230
噜 9235
噁 9275
13
噩 5186
噷 8848
噫 8849
噯 8852
噬 8856
噲 8875
嚄 8942
嚆 8944
噤 8956
嘴 8991
噦 8992
噱 9061
嘯 9092
噸 9102
噻 9109
噹 9117
噢 9138
噼 9159
器 9172
噪 9181
噥 9247
14
嚭 5040
嚮 6300
嚇 8969
嚀 9103
嚓 9110
嚐 9115
嚏 9119
㘓 9132
嚅 9144
嚎 9201
15
嚣 9176
嚚 9178
嚜 9231
嚕 9236
16
嚭 5041
嚥 8997
嚦 9052
嚴 9174
17
嚳 7456
嚨 8846
嚼 8853
嚷 8897
嚶 9218
嚲 9450
18
囈 8941
囁 9003
囂 9182
囀 9238
19
囌 8947
囐 9169
囅 9189
囉 9245
囊 10365
21
囓 8933
囑 9156
22
囔 9226

031a 囗
02
四 10843
囚 10935
03
囟 10833
因 10941
团 10945
囡 10956
囝 10958
回 10965
04
囲 10928
囧 10936
园 10944
囮 10946
困 10947
囯 10951
围 10959
囤 10962
囫 10963
囱 10984
05
囹 10937
囹 10938
囷 10948
国 10952
图 10957
固 10971
06
囿 10940
07
圅 6490
圂 10955
圄 10961
圃 10964
圆 10968
08
圇 10939
圈 10943
圉 10949
圊 10953
國 10954
09
圍 10960
圐 10973
10
園 10950
圓 10969
11
圖 10970
團 10972
13
圜 10974
17
圞 10934

032a 土
00
土 4758
02
圣 6504
03
在 1690
圩 4780
圳 4812
圭 4815
场 4884
圾 4886
圹 4891
地 4903
圯 4940
圬 4984
圪 4987
圮 4990
04
坐 1074
坚 3501
坎 4767
坟 4774
坏 4813
址 4835
坛 4879
坳 4880
坜 4889
坂 4898
圻 4900
块 4905
均 4915
坊 4917
坝 4918
坍 4919
坞 4985
坑 4989
坠 6712
坌 7248
05
垄 2226
茔 3831
垃 4759
㘵 4769
坷 4779
坿 4793
坪 4806
坯 4814
坩 4862
坻 4866
坳 4881
坡 4897
坼 4901
坵 4902
坨 4911
坰 4921
坭 4934

坾 4936
坫 4954
坥 4955
坤 4973
坰 4991
垂 5291
06
垫 2732
垈 2921
型 4048
垯 4771
垮 4773
垟 4807
垚 4824
垭 4860
城 4868
垤 4878
垓 4882
垜 4885
垢 4899
垲 4909
垞 4912
垵 4914
垌 4922
垧 4925
垴 4930
垠 4937
垣 4964
垍 4967
垛 4988
垩 5343
垒 5897
垕 7200
07
埒 4763
埃 4871
埓 4883
垸 4913
埆 4927
埔 4929
埌 4939
埕 4944
埙 4945
埚 4946
埘 4956
垻 4966
埂 4974
埋 4977
08
埜 4185
培 4761
埰 4764
埝 4768
埼 4770
埯 4772
執 4798
堵 4830
堎 4831
埵 4834
堆 4865
域 4867
埽 4906
埭 4907
堋 4920
埴 4931
埠 4941
埻 4950
埸 4960
埴 4968
堍 4969
墠 4972
塊 4975
埤 4976
堌 4981
埡 4992
堇 5403
基 5432
堑 6362
堕 6723
堂 7868
堃 7947
堅 8812
堊 11290
09
堡 3034
堦 4775
堠 4792
報 4797
塅 4805
塔 4809
塃 4810
堯 4825
堪 4863
堿 4869
堞 4887
堰 4904
堝 4933
堤 4958
場 4961
塄 4979
堙 4980
10
塗 76
塋 942
墓 3953
塡 4778
塨 4861
塬 4890
塘 4893
塏 4908
塚 4910
填 4932
塴 4938
塤 4949
塙 4953
塒 4957
塌 4959
堽 4978
塢 4986
塑 7665
塞 7739
塍 8080
塱 8724
11
境 4762
墊 4800
墙 4832
墈 4864
墉 4894
墟 4895
墒 4926
墁 4963
塲 4965
墮 6721
墜 6751
塵 6948
塾 9456
塹 10704
墅 10763
12
墳 4811
墶 4823
墡 4833
墺 4923
墀 4935
墠 4948
墩 4951
增 4970
墨 10398
13
墻 4816
墺 4924
壈 4982
壇 4983
墾 5579
壅 6305
壁 8650
墼 10710
14
壕 4952
壎 4971
壓 6864
壑 7860
15
壙 4892
壘 10445
16
壞 4777
壢 4888
壚 4896
壜 4962
17
壟 653
壠 4760
壤 4776
21
壪 4826
壩 4928
033a 士
00
士 4993
01
壬 5229
03
壮 3191
04
壳 5012
声 5018
壯 10995
07
壶 5001
09
壻 4859
壹 5005
壺 5017
11
壽 4997
034a 夂
02
处 6526
05
备 6537
06
复 9972
035a 夊
07
夏 10171
18
夔 10174
036a 夕
00
夕 6393
02
外 6395
03
多 6397
夙 11219
05
夜 3101
08
梦 4189
夠 6399
够 7914
10
夢 4007
11
夤 6407
夥 10751
037a 大
00
大 1537
01
天 1573
夭 1593
太 1604
夫 1610
02
夯 1559
头 1598
失 1621
央 8568
03
夺 1547
夼 1550
夸 1569
买 1599
夹 1631
夷 11274
04
夾 1538
奁 1560
奀 4068
奂 8567
05
奇 1543
奈 1546
奔 1548
奅 1563
奋 1565
奄 1566
奉 1637
06
奎 1552
耷 1554
奓 1557
奏 1635
奕 2754
奖 3197
契 3485
奐 7885
07
奚 693
套 1551
奘 10996
08
奢 1553
09
奧 8337
奠 10922
10
奥 8340
11
奪 1555
奩 1561
奬 11001
12
奭 1564
13
奮 1556
14
奡 10169
038a 女
00
女 5726
02
奴 5781
奶 5794
03
妆 3193
奸 5746
好 5792
她 5804
妇 5807
妁 5823
如 5841
妈 5878
妃 5880
妄 7336
04
妥 692
妗 5733
妖 5735
妣 5739
妩 5743
妙 5744
妍 5750
妊 5761
姒 5741
妤 5780
妓 5791
妫 5802
妪 5805
妞 5808
妨 5825
妒 5835
姊 5876
妝 10999
05
妾 644
委 4535
妹 5752
妺 5753
姓 5764
始 5778
姁 5824
姗 5827
姐 5831
妮 5833
妬 5850
姑 5851
妲 5853
妯 5865
姆 5885
妻 7402
06
姿 10
娈 2761
㛃 3489
娄 4613
姜 5223
威 5555
娇 5736
姣 5738
姚 5742
姙 5745
姸 5747
姘 5751
姝 5754
娃 5757
姥 5760
娅 5767
娆 5774
姦 5776
姪 5779
姽 5798
娜 5801
姹 5815
姮 5857
姻 5873
姨 5882
07
娑 140
娥 5775
娭 5777
婀 5793
娠 5795
娴 5826
娓 5834
娘 5838
娱 5842
娟 5845
娲 5846
娖 5848
姬 5852
娩 5859
娉 5866
娌 5869
娣 5883
婁 11308
08
婆 351
婪 4188
娶 5463
娙 5729
婼 5748
婞 5756
婊 5763
婌 5770
娬 5772
婚 5773
婦 5809
婕 5812
婉 5819
婶 5821
嫏 5837
娼 5855
婳 5863
婵 5864
媿 5867
婢 5868
婭 5884
婴 7980
09
媭 634
媛 5728
媮 5734
婿 5766
媒 5768
媯 5803
嫂 5813
媧 5832
媚 5836
婷 5849
媪 5854
媏 5875
婺 6469
10
嫒 5731
嫫 5749
媾 5769
嫄 5796
嫉 5799
嫌 5811
嫱 5814
嫁 5818
嫔 5820
媳 5858
媲 5872
媽 5877
嫋 5881
媵 8081
11
嫠 4667
嫜 5727

嫱 5762
嫣 5765
嫪 5800
嫗 5806
嫦 5822
嫡 5828
嫚 5856
嫩 5860
嫘 5862
嫖 5871
[12]
嬃 636
嬀 5730
嬌 5737
嬈 5758
嬉 5759
嫵 5771
嫿 5810
嫻 5839
嫺 5840
嬋 5847
[13]
嬡 5732
嬙 5755
嬛 5870
嬗 5874
嬝 5879
嬴 7342
嬖 8652
[14]
嬷 5797
嬪 5816
嬭 5830
嬰 10144
嬲 10439
[15]
嬸 5817
[16]
嬾 5861
[17]
孃 5740
孀 5829
[19]
孌 6245

039a 子

[00]
子 6546
孑 6560
孓 6561
[01]
孔 6549
[02]
孕 6805
[03]
存 1691
孙 6550
孖 6555
字 7763
[04]
孚 700
孛 1668
孝 5049
孜 6547
孛 7878
[05]
季 4543
孥 5784
孤 6548
孢 6556
孟 6558
学 7854
[06]
孪 2763
孩 6554
[07]
孬 4070
孫 6552
[08]
孰 9454
[09]
孱 8636
[11]
孵 8829
[12]
孳 6314
[13]
學 7458
[14]
孺 6557
[16]
孽 3918
孼 7595
[19]
孿 6246

040a 宀

[02]
它 7698
宁 7709
宄 7791
宂 7792
[03]
宅 7705
宇 7714
守 7715
安 7748
[04]
宏 7693
完 7706
宋 7726
[05]
实 7696
宓 7702
宠 7708
宗 7711
宝 7732
定 7734
宛 7755
宜 7769
官 7771
宕 7777
宙 7783
审 7784
[06]
宥 7694
宪 7731
宬 7746
室 7754
客 7760
宦 7773
宫 7774
宣 7781
[07]
容 7692
宰 7718
害 7720
宽 7723
家 7747
宸 7764
宾 7765
宵 7768
宮 7775
宧 7778
宴 7780
[08]
宷 7690
寄 7695
密 7703
寇 7707
宿 7716
寂 7728
寃 7782
寅 7785
[09]
寒 7735
富 7776
寔 7779
寓 7786
寐 7788
寝 7790
[10]
寘 7699
寖 7717
寞 7724
寛 7725
[11]
寧 7701
寨 7738
察 7759
寥 7766
寡 7770
寤 7789
實 7793
[12]
寮 7697
審 7727
寫 7767
[13]
寰 7787
[16]
寳 7729
[17]
寵 7689
寶 7730

041a 寸

[00]
寸 2309
[02]
对 6502
[03]
寺 4781
寻 7377
导 8728
[04]
寿 1535
[06]
将 3196
封 4818
[07]
射 8831
尅 9817
[08]
尉 8609
專 10665
將 11000
[09]
尋 7393
尊 10925
[11]
對 5334
[12]
導 10177

042a 小

[00]
小 2239
[01]
少 2243
[02]
尔 2295
尕 6800
[03]
尖 2240
尘 2242
尗 4720
[05]
尚 8354
[06]
尜 2241
尝 7863
[09]
辉 2207
[10]
尟 5441
尠 9882
[12]
輝 2208

043a 兀

[-1]
尢 2214
[04]
尪 2209
[09]
尲 2218
[13]
尷 2220

043b 尢

[01]
尤 2222
[03]
尥 2219
[04]
尬 2215
尫 2217
[09]
就 9437
[10]
尴 2216

044a 尸

[00]
尸 8605
[01]
尹 7404
尺 8671
[02]
尼 8607
尻 8669
[03]
启 8644
尽 8675
[04]
屁 8606
尾 8608
尿 8612
层 8634
屃 8640
局 8676
[05]
屉 8638
屈 8639
居 8661
届 8666
[06]
屏 8625
屎 8626
屋 8633
屍 8635
昼 8674
[07]
屐 8617
展 8629
屙 8637
屑 8641
[08]
屜 8618
屠 8628
屡 8632
屆 8643
[09]
屟 8613
屢 8627
斸 8664
[10]
屦 8670
[11]
屣 8616
[12]
屧 8615
履 8619
層 8665
[13]
屨 8620
[15]
屩 8614
[18]
屬 8623
屫 8624
[21]
屭 8663

045a 屮

[01]
屯 7667

046a 山

[00]
山 7475
[03]
岁 7546
岌 7555
屿 7624
屹 7625
岂 7628
屺 7629
[04]
岙 1596
岔 7250
𡵂 7482
岑 7486
岍 7516
岐 7551
岆 7561
岅 7563
岖 7566
岈 7568
岘 7576
岗 7578
岜 7594
岚 7626
岛 11149
[05]
岱 2914
岳 7212
岭 7487
岒 7488
岢 7510
岧 7511
岞 7512
岽 7543
峄 7550
峂 7552
岸 7557
岹 7565
岣 7574
岨 7586
岷 7592
峁 7597
岩 7606
岵 7607
岬 7615
岫 7616
峃 7856
岡 8282
[06]
峦 2764
峤 7502
峡 7504
峧 7506
峙 7527
峣 7534
峥 7570
峋 7575
峒 7579
[07]
峪 7493
峽 7497
峚 7499
崂 7514
崃 7525
炭 7526
峷 7530
峩 7535
峨 7536
峻 7541
峯 7553
峰 7554
峭 7585
峎 7593
峴 7610
島 11157
[08]
崢 7477
崪 7480
崒 7481
崯 7483
崟 7484
崙 7491
崎 7498
崦 7501
崤 7505
崍 7517
崧 7518
崚 7529
崔 7532
崭 7544
崀 7545
崕 7559
崖 7560
崈 7569
崇 7572
崆 7573
崩 7577
崗 7580
崛 7589
崌 7590
崞 7604
崑 7609
嵬 7618
崬 7619
崮 7623
[09]
嵇 4513
嵛 7490
嵯 7496
嵚 7507
嵘 7513
嵽 7515
嵖 7519
嵝 7522
嵌 7531
嵗 7537
崴 7539
嵋 7591
崽 7614
嵎 7620
嵐 7627
嵒 9180
[10]

嶅 5262
嵴 7494
嵳 7500
嵊 7520
嵗 7538
嵩 7605
嵲 7611
嵝 7633
[11]
嶂 7476
嶍 7564
嶇 7567
嶄 7617
[12]
嶗 7479
嶔 7485
嶠 7503
嶙 7523
嶓 7524
嶢 7528
嶲 7533
嵫 7542
嶝 7549
嶒 7613
嶴 8338
[13]
嶨 7460
嶼 7571
嶧 7621
嶩 7622
[14]
嶸 7478
嶺 7489
嶷 7508
嶽 7540
[16]
巍 7521
巁 7558
巅 7587
[17]
巇 7562
巉 7608
[18]
巋 7596
[19]
巒 6247
巓 7509
巔 7588
巖 7598
[21]
巙 7612

047a 巛
[02]
廵 5712
[03]
巡 5713
[05]
甾 5716
[08]
巢 5717
[11]
巰 5722

047b 川
[00]
川 4057
[03]
州 4063

048a 工
[00]
工 4698
[02]
左 1521
巧 4712
巨 8803
[03]
巩 4713
[04]
巫 4699
[06]
差 1529
项 4709
[09]
巯 6495

049a 己
[01]
已 8726
[00]
己 11243
[01]
巴 8730
[04]
巵 7198

049b 巳
[03]
巳 8727
[07]
巷 5420

049c 㔾
[10]
巽 7274

050a 巾
[00]
巾 8377
[01]
帀 8414
币 8471
[02]
布 1527
帅 2751
市 8470
[03]
师 2752
帆 8412
[04]
希 1647
帋 5517
帐 8382
幠 8383
帏 8395
[05]
帑 5786
帚 7379
帘 7831
帙 8381
帔 8394
帜 8402
帖 8405
帕 8408
帛 9993
[06]
帮 3484
带 4039
帝 7850
帡 8385
帧 8399
帥 8736
[07]
席 6921
帬 7409
帱 8380
帨 8404
師 8737
[08]
帶 4065
常 7870
帳 8387
帻 8389
帷 8392
帵 8397
帼 8410
[09]
幤 4496
幃 8396
帽 8398
幈 8400
幄 8401
幅 8403
幀 8409
[10]
幕 3956
幂 7679
幌 8406
[11]
幛 8378
幘 8390
幔 8407
幗 8411
幣 8478
[12]
幢 8379
幡 8386
幞 8391
幟 8393
[13]
幪 8384
[14]
幫 4820
幬 8388

051a 干
[00]
干 3403
[02]
平 3426
[03]
年 3476
[05]
幸 4795
[10]
幹 10007

052a 幺
[00]
幺 6098
乡 6295
[01]
幻 6102
[02]
幼 6103
[06]
幽 7653
[09]
幾 6100
兹 6312

053a 广
[00]
广 6876
[02]
庀 6883
[03]
庆 6880
庄 6910
[04]
应 6878
庇 6882
庑 6886
床 6896
库 6930
序 6932
庋 6933
庐 6975
[05]
庞 6887
府 6888
底 6929
废 6937
庚 6961
庖 6972
店 6979
庙 6984
[06]
庥 6890
庠 6895
庭 6912
度 6919
[07]
座 6879
庫 6985
[08]
庵 6881
庼 6884
庶 6914
庹 6922
康 6966
庸 6968
庾 6970
廊 6977
庳 6986
[09]
廂 6909
廋 6971
廄 6976
廁 6981
庽 6988
[10]
廒 6913
廕 6936
廉 6967
廓 6978
廈 6982
[11]
廎 6885
廑 6923
廖 6939
廙 6983
[12]
廚 6911
廣 6925
廝 6926
廡 6928
廢 6931
廠 6973
廟 6980
廛 6987
[13]
廨 6974
廩 6989
廪 6990
[16]
癮 6935
廬 6938
[22]
廳 6927

054a 廴
[04]
廷 5230
延 5327
[05]
廹 9984
[06]
建 7397
廼 10845
廻 10966

055a 廾
[01]
开 4045
廿 5349
[02]
弁 5894
[03]
异 8729
[04]
弄 5103
弃 5923
[06]
弇 1490
弈 2755
[11]
弊 8476

056a 弋
[00]
弋 5502
[01]
弌 5503
[02]
弍 5504
[03]
弎 5507
式 5509
[05]
甙 5510
[09]
弑 1655

057a 弓
[00]
弓 11246
[01]
引 11250
弔 11275
[02]
弘 11255
弗 11281
[03]
弪 11258
弛 11261
[04]
张 11247
弟 11276
[05]
弩 5790
弥 11249
弦 11257
弧 11248
弨 11260
弢 11262
[06]
弯 2768
弭 11254
[07]
弱 11272
[08]
張 11253
強 11256
弶 11268
弹 11271
艴 11283
[09]
强 11265
弼 11269
[10]
彀 5016
[11]
彆 8482
[12]
彈 11264
[13]
彊 11270
[14]
彌 11263
[15]
彍 11259
[16]
彊 11273
[19]
彎 6251

058a 彐
[05]
录 7388

058b 彑
[05]
彖 6385
[09]
彘 6384
[10]
彙 6391
[13]
彝 6390
[15]
彝 6389

058c ⺕
[02]
归 2750
刍 7381
[03]
当 7380
[08]
彗 3481
[16]
彟 7378
[22]
彠 7394

059a 彡
[04]
形 4046
彤 8056
[06]
彦 6992
[08]
彩 690
彬 4181
彪 7183
彫 8274
[09]
彭 5030
[11]
彰 674
[12]
影 9948

060a 彳
[00]
彳 3114
[04]
彻 3125
彷 3165
役 3182
[05]
往 3140
征 3142
径 3151
彼 3152
徂 3168
彿 3183
[06]
徉 3132
待 3137
後 3149
律 3157
徇 3164
很 3171
徊 3181
[07]
徐 3122
徕 3136
徒 3139
徑 3147
[08]

從 3119
徛 3124
徘 3133
徠 3134
徙 3141
徜 3167
得 3173
09
御 3144
循 3153
徧 3170
復 3174
徨 3175
10
徯 3117
徭 3118
微 3162
徬 3163
12
徹 3148
德 3180
13
徼 3176
061a 心
00
心 2177
01
必 2179
03
忑 3205
忐 4719
志 4994
忒 5508
忍 7257
忘 7335
忌 11245
04
怂 1073
念 1387
态 1605
忿 7247
忽 7895
忠 10184
05
怹 2960
怎 3208
怒 5782
怠 5903
怨 6402
怼 6503
急 7383
怱 7901
总 9796
思 10423
06
恣 8
恋 2758
恁 2890
恝 3486
恐 4714
恚 4817
恙 5219
恶 5342
耻 5451
恕 5843
虑 7153
恧 8343
恳 8718
息 10156
恩 10942
07
您 2845
悠 3108
悉 4655
壼 5013
恿 6486
悬 8544
患 10389
悤 10985
08
惩 3143
悲 3508
惹 3570
惎 5430
惑 5534
惫 6538
悳 8549
闷 8754
[illegible] 8926
悳 10180
惠 10664
惡 11289
09
意 667
愛 713
愈 1410
惷 1641
愆 3116
想 4445
愁 4495
感 5557
愿 7296
愍 8713
愚 10767
10
慂 313
愨 4999
態 5900
愿 6870
慝 7312
愬 7663
慇 8707
11
慾 1511
慫 3120
慧 3482
慤 5015
憨 5483
慼 5553
慶 6958
慮 7174
憋 8475
憂 8572
慰 8611
憇 9827
慙 10702
12
憑 45
憖 1632
憊 2906
憝 4095
慈 6313
憲 7733
憨 9447
憩 9830
13
懑 177
懋 4273
懃 5406
懇 5578
應 6891
14
懣 246
懟 5335
懕 6863
15
徵 3159
16
懸 10070
18
懿 5006
19
戀 6242
21
戇 677
24
戇 678
061b 忄
01
忆 3390
02
忉 3293
03
忖 3235
忏 3239
忙 3299
04
忺 3215
怆 3217
怅 3228
怃 3233
忧 3234
忭 3236
忤 3238
怀 3249
忪 3278
忮 3284
忻 3291
怄 3297
快 3301
忸 3303
忱 3315
忡 3368
忾 3391
忼 3393
05
怜 3216
3218
怖 3224
怍 3237
怦 3240
怵 3253
怯 3258
性 3262
怔 3263
怡 3275
怿 3281
怪 3282
怊 3294
㤘 3302
怏 3336
怩 3337
怳 3347
怗 3351
怙 3352
怛 3354
怕 3363
怫 3395
06
恰 3221
恢 3222
恡 3226
恠 3227
恉 3230
恍 3232
恃 3256
恸 3277
恒 3280
恪 3285
恹 3286
恺 3308
恽 3309
㤖 3314
恂 3318
恻 3320
恫 3323
恼 3331
恤 3334
恨 3340
恬 3353
恒 3361
恓 3386
07
悭 3241
悛 3276
悟 3300
悖 3313
悯 3321
悄 3327
悞 3343
悒 3344
悦 3350
悍 3355
悚 3372
悝 3379
悃 3387
悌 3394
悔 3396
08
悴 3214
惓 3225
悱 3242
悸 3252
悵 3255
悻 3257
情 3261
惜 3264
惟 3267
惛 3270
惨 3273
惭 3279
惙 3283
惦 3290
惬 3296
悽 3304
悰 3311
惋 3312
惚 3316
惆 3322
惘 3324
惝 3328
惧 3332
㥆 3335
惊 3348
惇 3349
惕 3357
悼 3365
惮 3375
愧 3378
惯 3397
09
愔 3210
愉 3219
愭 3223
慌 3243
愤 3247
愀 3251
惱 3272
愜 3295
惴 3306
惲 3310
惸 3319
惽 3338
慨 3339
愕 3346
惺 3356
愠 3358
愎 3362
惶 3364
惻 3367
愦 3369
愕 3382
10
愴 3220
慎 3231
慥 3259
愫 3260
慑 3266
慊 3305
愷 3307
慆 3317
慎 3333
慄 3384
愾 3392
11
慘 3274
慷 3288
慵 3289
慴 3292
慪 3298
慳 3342
慢 3360
慚 3377
慟 3380
慓 3383
慣 3398
12
憧 3212
懂 3245
憤 3248
憐 3254
憔 3268
憮 3269
懊 3325
憫 3341
憚 3345
憬 3359
憒 3370
憎 3374
憓 3376
13
憶 3211
憷 3250
憾 3271
懊 3326
懈 3329
懒 3373
懌 3381
憹 3385
懔 3388
懍 3389
14
懨 3287
懦 3330
15
懵 3246
16
懷 3229
17
懺 3213
懽 3244
18
懾 3265
懼 3366
懰 3371
061c 小
04
忝 1594
06
恭 5419
10
慕 3951
062a 戈
00
戈 5526
01
戊 5547
戉 5561
戋 5563
02
戎 5532
戍 5548
戌 5549
成 5550
戏 6506
03
戒 5528
我 5544
04
戗 1402
戔 5529
或 5533
戕 10998
05
战 9801
07
戚 5552
戛 10170
08
戞 8573
戟 10005
戟 10011
09
戡 5443
戣 6804
戢 9004
戥 9879
10
戧 1419
戬 5345
截 5538
11
戯 7156
戮 7221
12
戰 9187
13
戴 5542
戲 7171
14
戳 7227
063a 戶
04
所 8705
06
扆 8685
063b 户
00
户 8677
03
启 8699
04
戾 8679
戽 8686
房 8693
05
扁 8695
扃 8698
06
扅 8691
扇 8692
07
扈 8701
08

戾 8678
扉 8687

064a 手

00

手 2748

04

承 6562

05

拜 3442
拏 5783

06

拿 1489
拳 1623
挚 2731
挛 2759
挈 3487

07

挲 139

08

掱 2749
掰 3444
掌 7866
掣 8499

10

摹 3952
搴 7737

11

摯 4799

12

擎 3871
擊 9448

13

擧 7453
擘 8648
擊 10709

14

擥 8807

15

攀 4125

19

攣 6243

064b 扌

00

才 2311

01

扎 2391

02

扒 2336
打 2403
扑 2412
扔 2523

03

托 2396
扞 2415
扦 2416
扛 2439
扠 2517
扬 2522
扩 2530
扫 2575
扪 2625
扣 2663
执 2729

04

抡 2345
抢 2351
扶 2376
抆 2384
批 2386
抚 2400
扰 2401
抄 2404
抃 2413
抖 2418
抓 2431
抔 2432
扯 2456
抵 2480
找 2483
抝 2497
拟 2390
抒 2507
抟 2511
㧐 2514
技 2519
扼 2528
扳 2543
折 2546
扮 2557
抛 2559
报 2563
抠 2565
抑 2568
抉 2570
扭 2574
扽 2590
㧏 2628
护 2651
把 2656
投 2738
抗 2739

05

拦 2318
抳 2320
拉 2321
拎 2350
扲 2352
拔 2361
拔 2374
拋 2399
拢 2402
拊 2408
拃 2414
抨 2419
拌 2420
抹 2438
拄 2452
拑 2466
抵 2481
扱 2488
拚 2491
抬 2493
拗 2498
拣 2502
择 2512
抴 2524
拨 2525
披 2542
拆 2553
招 2556
拖 2562
拙 2588
拕 2594
拧 2597
抱 2621
拘 2622
拥 2627
抿 2655
拒 2661
拐 2665
拓 2677
拈 2678
担 2681
拍 2691
押 2704
抽 2706
抻 2707
抛 2728
拂 2741
拇 2743

06

拴 2346
拾 2357
挞 2367
挎 2369
挢 2372
挟 2380
挤 2385
指 2394
挑 2398
挝 2406
拼 2430
持 2440
挂 2442
拮 2447
拷 2451
挺 2453
挜 2459
拱 2465
拭 2479
挠 2482
挘 2487
挌 2520
拯 2521
挪 2558
挦 2571
挡 2573
挣 2578
挥 2591
挓 2596
按 2602
挖 2611
括 2679
拽 2709

07

挱 2319
捋 2328
挼 2330
挫 2342
捡 2344
挾 2363
捄 2407
捞 2426
挨 2490
捋 2504
捅 2509
振 2526
捂 2569
捃 2577
捎 2632
捕 2637
换 2642
捌 2666
损 2667
捐 2668
挹 2669
捉 2673
捍 2683
捏 2684
挽 2698
捆 2721
捣 2725

08

接 2322
掊 2324
採 2329
掙 2332
授 2335
掞 2340
捽 2343
捻 2349
掄 2354
捨 2360
掎 2364
捺 2365
掩 2368
掭 2370
掷 2371
捲 2379
捧 2382
掖 2409
排 2423
描 2429
掛 2443
捶 2455
掯 2457
掽 2461
措 2464
掷 2471
推 2473
掺 2489
掉 2494
掇 2516
捱 2527
掂 2534
掳 2538
掀 2547
掃 2572
捷 2580
掐 2582
探 2593
控 2608
掬 2619
掏 2620
掴 2629
掉 2641
掘 2648
据 2650
掠 2652
捐 2654
捫 2658
掠 2674
掉 2692
掸 2705
捭 2710
掴 2722
掗 2742
掼 2744

09

揞 2325
援 2327
揄 2353
揜 2359
搓 2362
揍 2381
揩 2387
揿 2388
揝 2405
揹 2411
插 2417
揳 2421
揽 2422
搽 2424
搭 2425
揸 2433
揪 2434
搂 2435
掾 2485
揼 2486
揆 2505
揉 2508
搔 2518
捣 2560
揠 2567
揘 2581
搜 2583
揣 2587
揮 2592
揢 2604
揎 2606
搅 2613
掮 2623
搁 2626
摒 2645
握 2647
搥 2657
揖 2664
提 2685
揭 2688
揚 2689
揾 2690
搀 2699
揀 2700
揌 2701

10

搯 2333
搖 2334
搤 2337
搇 2348
搶 2356
搬 2383
摸 2427
搕 2445
搢 2460
搆 2467
摄 2470
携 2476
搰 2495
搐 2500
搄 2510
摊 2513
搡 2515
搪 2533
摅 2536
搋 2545
撰 2561
搛 2579
搠 2589
搳 2599
摈 2605
搾 2607
搒 2612
搉 2618
搬 2630
搌 2646
搧 2653
損 2672
搞 2676
搌 2682
搨 2687
摆 2713
摁 2720
摀 2726
搗 2727
搦 2740
摟 2746

11

撦 2366
撖 2472
摻 2492
摔 2501
摭 2531
摣 2539
摺 2555
摳 2566
摧 2585
攖 2624
摘 2631
撇 2636
搏 2638
摞 2702
摺 2703
摶 2708
摽 2716
摑 2723
摜 2745

12

撞 2326
撋 2331
撐 2338
撈 2341
撳 2347
擒 2355
撟 2373
撩 2375
撵 2377
撬 2397
撝 2428
播 2437
撻 2441
撓 2444
擷 2449
撲 2458
撤 2463
撕 2468
攜 2477
撫 2478
撤 2496
撚 2503
撥 2506
撅 2529
撏 2576
撺 2610
撑 2614
撐 2615
撾 2644
撣 2671
撴 2675
撮 2686
撢 2717
撙 2719

13

撿 2358
撽 2436
撼 2484
擁 2499
擔 2535
據 2537
擄 2541
擓 2564
撻 2601
擋 2617
擂 2635
擗 2649
操 2670
擀 2693
擺 2711
擇 2712
擐 2715
擅 2724

14

擬 2393
擠 2410
擣 2446
擡 2448
擢 2554
擰 2595
擯 2598
擦 2600
擦 2603
擩 2634
擱 2659
擤 2696
擲 2718

擻 2747
15
攆 2378
擷 2450
擴 2532
攄 2540
擾 2643
擺 2714
16
攢 2454
擢 2633
攋 2639
17
攏 2323
攘 2389
攔 2660
攙 2680
攖 2695
18
攝 2469
㩳 2475
攜 2586
攛 2609
19
攧 2395
攤 2462
攧 2640
20
攥 2339
攪 2584
攩 2616
攫 2694
21
攬 2662
22
攮 2697
065a 支
00
支 6522
08
攲 1545
066a 攴
05
战 9802
07
敍 1099
08
敁 659
敠 6512
敩 7855
09
敳 6920
10
敲 9466
11
敺 7323
16
斅 7459
066b 攵
02
收 10987
攷 11016
03
攸 3104
攻 4704
改 11244
04
攽 7246
放 7934
败 7959
05
政 5317
故 9807
06
效 1682
敉 4604
敖 5256
敌 9822
07
敛 1084
敘 1096
救 2315
教 5050
敢 5482
敔 7373
敝 8474
敗 10114
敕 10376
敏 11299
08
敬 3870
散 5410
敞 8355
敦 9446
09
数 4614
敭 9931
敫 9991
10
數 11309
11
敵 8348
敷 8494
12
整 10377
13
斂 1484
斃 8477
17
斆 7180
067a 文
00
文 1659
06
斋 1671
08
斌 1664
斐 3506
斑 5082
12
斓 1670
17
斕 1672
068a 斗
00
斗 3424
06
料 4607
07
斜 1097
斛 8362
09
斟 5442
10
斠 5424
斡 10008
069a 斤
00
斤 7203
01
斥 7209
04
斧 1678
斩 6359
斨 11005
05
斫 9728
07
断 4628
斬 10700
08
斯 5434
09
新 641
10
斲 11292
14
斷 6101
17
斸 8664
070a 方
00
方 7928
04
於 7929
05
施 7946
06
旁 7849
旅 7935
旄 7937
旂 7945
旃 7948
07
族 7931
旌 7939
旋 7940
旆 7949
旎 7950
09
旒 7942
10
旖 7930
旗 7941
14
旛 7938
071a 无
00
无 2221
05
既 8715
072a 日
00
日 9838
01
旧 2769
旦 9840
电 10734
02
旨 2173
旬 7920
旯 9968
早 9970
旮 11201
旭 11202
03
时 9861
旱 9864
旰 9865
旸 9900
旷 9903
04
昏 5519
旹 7655
炅 9848
昊 9851
旻 9854
昆 9855
昇 9868
旺 9875
昙 9894
昃 9901
昕 9905
昂 9911
昀 9920
易 9921
昉 9932
明 9933
昌 9953
05
春 1640
昶 2305
昝 6528
昱 9841
昳 9852
昽 9860
昨 9863
昧 9871
星 9878
是 9880
显 9887
昪 9893
昡 9897
昭 9908
昫 9929
映 9941
昵 9942
昴 9945
06
晋 5344
晉 5916
書 7398
晃 9858
晁 9859
晔 9862
時 9872
晓 9891
晟 9892
晖 9913
晕 9914
晏 9917
晌 9937
晅 9960
晒 9967
07
晗 9850
晞 9853
晨 9902
晤 9912
晡 9939
勗 9940
晚 9962
晦 9969
08
智 1589
晳 4307
普 5347
昔 5411
暂 6363
晬 9849
晰 9870
暑 9874
晴 9877
晷 9899
景 9946
晾 9947
晶 9958
09
暗 9843
暖 9845
暌 9898
暈 9916
暄 9919
暇 9943
暍 9956
暘 9957
10
暮 3957
暨 8716
暧 9846
曄 9866
暱 9910
暝 9915
暠 9952
暢 10663
11
暴 9888
暹 9890
曏 9896
暫 10706
12
曆 6838
曈 9844
曉 9873
曌 9934
曇 9938
暾 9951
13
曖 9847
曚 9867
曙 9965
14
曜 9906
㬎 9955
曛 9963
15
曠 9904
曝 9954
曡 9959
16
曦 9876
17
曨 9842
曩 9857
19
曬 9936
073a 曰
00
曰 9839
02
曳 10735
曲 10829
03
更 10731
04
曶 7898
05
曷 9924
07
書 7399
曼 9966
曹 10831
08
替 1612
最 9889
曾 10390
09
會 1506
10
朅 4877
074a 月
00
月 8057
02
有 1525
04
朊 8098
服 8175
朋 8200
肭 8209
06
朔 7662
朕 8075
胶 8094
朒 8210
朗 8722
07
望 7339
朘 8152
08
朞 5436
期 5437
朝 10014
075a 木
00
朩 4077
木 4078
01
札 4136
术 4595
本 4662
未 4663
末 4669
东 6325
02
杀 1653
朳 4090
朴 4155
权 4277
朽 4475
机 4478
朱 4670
朶 6801
杂 11198
朵 11208
03
杉 4082
杖 4130
杌 4139
村 4148
材 4149
杆 4157
杠 4201
杜 4205
杙 4248
杈 4280
李 4283
杨 4286
极 4288
杧 4320
杓 4357
杏 4411
杇 4477
杞 4482
来 4672
条 6531
束 10375
04
杰 4091
來 4093
枞 4094
杴 4103
枪 4107
枚 4128
枇 4132
枨 4134
杪 4144
杵 4159
枓 4160
杯 4179
林 4180
枉 4221
松 4262
杼 4272

枝 4281
枥 4290
板 4301
析 4305
枢 4314
枒 4321
枕 4356
杓 4358
枋 4362
枧 4365
枏 4371
㭎 4373
枘 4388
杷 4400
杳 4428
枫 4479
杭 4481
枣 8488
杲 9869
果 10750
東 10754
枭 11148

05

柒 129
染 615
亲 640
荣 3830
栏 4079
栊 4142
柯 4143
标 4145
柰 4146
柞 4156
枰 4162
柈 4164
栉 4173
柱 4222
柑 4235
柢 4249
栈 4255
栋 4269
树 4278
柽 4279
栀 4303
柝 4309
枷 4313
柩 4317
栎 4322
柮 4335
柁 4337
柠 4339
枹 4359
枸 4360
栅 4368
柵 4372
柟 4381
柿 4387
柄 4389
查 4390
栌 4395
相 4401
柜 4405
柳 4409
枴 4415
枵 4417
枳 4418
柘 4424
枯 4426
査 4429
柏 4437
柙 4454
柚 4457
某 5422
枲 5904
柔 6477
架 7265
柬 10392

06

桊 1624
栾 2760
桨 3194
栔 3488
栓 4105
桧 4106
桥 4117
校 4129
桄 4140
桃 4141
栿 4150
桦 4151
栻 4152
桁 4154
样 4163
栭 4166
栟 4178
株 4199
桂 4207
桔 4213
栳 4217
栲 4219
梃 4225
桠 4231
栱 4234
桡 4250
桎 4260
核 4268
格 4282
桩 4293
桅 4296
栩 4311
框 4316
档 4326
桕 4330
桤 4333
桉 4344
栒 4361
桢 4366
桐 4374
根 4398
栝 4427
桓 4436
栢 4442
栖 4470
柴 5296
栽 5537
桀 6401
桑 6508
案 7749
桌 10003
栗 10818

07

梁 363
條 3109
桫 4080
桴 4089
检 4104
梼 4114
梓 4158
梵 4196
梾 4200
梽 4211
梏 4226
械 4251
梭 4259
梳 4261
桶 4275
梔 4304
梹 4310
梧 4323
棂 4324
梫 4325
桲 4354
梢 4376
桷 4378
梩 4412
棁 4425
桿 4431
梘 4447
梗 4458
梯 4483
梅 4485
梨 4518
梟 11156

08

棐 3510
椅 4115
椥 4116
椟 4119
棒 4120
棑 4171
森 4184
棼 4193
椒 4203
棖 4204
楮 4218
棱 4220
棰 4229
棋 4238
椰 4240
椎 4243
棧 4252
棫 4253
椓 4256
椭 4285
椒 4306
楗 4327
棲 4328
棣 4329
棕 4341
椗 4343
椀 4345
棺 4348
棚 4369
椈 4375
植 4391
棷 4399
椋 4419
椁 4420
棍 4430
棉 4441
棹 4443
植 4449
槐 4459
棵 4460
棟 4461
椑 4462
椤 4464
極 4476
椏 4484
棃 4555
棊 5431
棄 5924
椠 6361
棠 7867
棗 8490
棨 8680

09

楱 4083
榉 4087
楥 4088
榆 4108
槎 4113
椿 4123
椶 4127
楷 4133
椴 4161
楔 4167
榄 4169
楚 4186
楂 4194
楸 4197
楼 4198
楳 4236
椹 4239
椽 4257
椽 4258
楹 4287
楯 4302
楦 4349
椸 4363
椆 4367
楡 4370
楠 4377
楈 4392
楣 4396
概 4397
槌 4402
楫 4413
榀 4416
楬 4433
楊 4434
榅 4435
楨 4448
楝 4453
楞 4465
楓 4480
業 5332

10

榮 940
榘 1587
槍 4110
榛 4121
槠 4131
榱 4135
榉 4168
槛 4170
樺 4172
模 4177
槓 4202
榼 4210
構 4237
榫 4245
槜 4246
樋 4276
榧 4315
榿 4332
榕 4336
槟 4347
榨 4350
榜 4351
榷 4355
榴 4408
榭 4410
榔 4421
槁 4422
榻 4432
槔 4438
槚 4467
樓 4486
槖 5007
槊 7664
槃 8330
槩 8723
槑 8957
槀 9464
榦 10009

11

樑 4081
樟 4086
樁 4122
樊 4124
樅 4153
槥 4165
樣 4223
樯 4228
槿 4232
横 4233
橄 4242
槭 4254
樀 4284
槺 4295
樝 4298
樞 4318
樘 4352
樱 4364
槲 4379
樗 4386
槹 4439
橡 4452
標 4466
槽 4469
獎 5623
樂 6104
槧 10703
槳 11003

12

燊 932
檠 3872
檎 4109
橋 4118
橇 4138
橄 4175
檖 4187
橈 4208
樾 4209
樹 4215
樸 4230
樵 4244
檇 4247
橼 4263
機 4264
橙 4270
橘 4274
橛 4291
橱 4292
樨 4393
橹 4455
樽 4471
橐 10366

13

櫛 4092
檢 4111
檜 4112
檬 4174
檣 4206
檥 4224
檉 4241
檐 4297
檮 4299
檔 4353
檞 4380
檑 4385
樴 4414
檄 4440
檟 4468
檩 4472
檁 4473
檀 4474
檗 8649

14

檾 941
檮 4212
檯 4214
檵 4265
檰 4271
櫂 4312
櫃 4319
檸 4338
檳 4340
檫 4346
檻 4406

15

櫝 4216
櫟 4266
櫞 4267
櫥 4294
櫚 4403
櫧 4423
櫓 4456
櫱 5698

16

櫬 4084
櫪 4289
櫨 4300
櫸 4331
櫶 4342
櫫 4451
蘗 7492

17

櫳 4085
櫼 4096
權 4176
櫺 4383
櫰 4394
欄 4404
櫻 4446

19

欑 4227
欏 4463
欒 6244

21

欐 4382
欖 4407

24

欞 4384

076a 欠

00

欠 1081

02

次 6
欢 6501

03

欤 11021

04

欣 7204
欧 7306

06

欱 1487
欬 6320

07

欲 1510
欷 1648
欸 2163
欵 5892

08

欻 933
欽 1120
款 4995
欺 5429

09

歆 666
歃 3423
歇 9925

10

歌 2237
歉 7417
11
歎 5400
歔 7155
歐 7322
12
歙 1493
13
歟 7452
15
歠 6513
17
歡 3928
077a 止
00
止 5293
01
正 5316
02
此 5294
03
步 5306
04
歧 5314
武 5513
05
歪 4069
09
歲 5311
12
歷 6837
14
歸 8734
078a 歹
00
歹 6409
02
死 6418
03
歼 6424
04
殀 6417
殁 6449
05
殄 6412
残 6431
殆 6432
殇 6434
殂 6438
殃 6440
06
殊 6427
殉 6437
07
殍 6410
殓 6414
殒 6441
08
殘 6430
殛 6433
殖 6439
殖 6445
殚 6448
09
殢 6425
殨 6446
10
殡 6436
殞 6443
11
殣 6429
殢 6426
殤 6444
12
殪 6428
殫 6442
13
殮 6416
殭 6447
14
殯 6435
17
殲 6411
079a 殳
00
殳 11210
04
殴 7308
05
段 3425
06
殺 1656
羖 3441
殷 8706
08
殽 1646
殼 5014
豛 5703
09
毀 7438
殿 8630
11
毅 5705
毆 7325
14
毉 7299
080a 毋
00
毋 11296
02
每 11298
03
毒 5284
毑 11297
09
毓 11303
080b 毌
00
毌 11305
03
毐 5044
081a 比
00
比 1889
02
毕 1891
05
毖 1890
毘 10420
毗 10421
06
毙 1892
082a 毛
00
毛 2182
05
毡 2190
06
毧 2187
毪 2188
07
毬 2185
酕 6487
毫 9458
08
毯 2183
毳 2184
毽 2189
毵 5889
09
毹 1411
11
氂 4664
毿 5896
12
氆 2186
氇 2191
氄 6480
氅 8356
13
氊 2193
氈 10978
15
氌 2192
18
氍 10098
23
氎 10449
083a 氏
00
氏 5516
01
氐 5520
民 8712
04
氓 7340
084a 气
00
气 11170
01
氕 11171
02
氘 11174
氖 11184
03
氙 11175
氚 11187
04
氛 11185
05
氢 11182
氡 11183
氟 11193
06
氧 11173
氣 11176
氤 11178
氦 11180
氨 11188
氩 11191
氪 11192
07
氫 11179
氬 11189
08
氮 11172
氰 11177
氯 11181
氯 11186
氲 11194
09
氳 11190
085a 水
00
水 2299
01
氷 2303
永 2304
氹 11167
02
氽 1091
03
求 2314
汞 4705
04
沓 2302
05
荥 3828
泉 9977
06
浆 3195
08
颍 2166
淼 2300
10
滎 938
11
潁 2167
漦 4665
漿 11002
085b 氵
02
汀 135
汁 158
汉 317
汈 356
氾 367
汇 371
氿 614
03
汙 144
汗 159
江 207
汝 278
汐 303
汊 320
汤 325
汲 327
池 369
汕 391
汜 491
污 608
汚 609
汔 611
汛 613
汍 616
汎 619
04
沦 74
沧 82
沃 102
汰 105
汹 114
汶 115
沘 122
沏 123
沁 127
沅 130
沄 133
沙 137
汴 156
沣 163
汧 184
沐 188
汪 228
沚 238
沍 302
泛 315
沕 324
沥 334
沂 353
汾 359
沩 365
沤 372
決 380
沌 400
沉 405
沈 429
沟 432
沛 459
汭 463
沪 481
汨 525
沖 560
沔 610
汽 612
没 617
沨 620
沆 622
05
泣 48
泠 81
泠 83
泆 108
泌 128
泷 134
河 136
泳 143
泮 162
沭 201
沫 204
法 217
注 230
泔 253
浅 270
治 283
泫 296
泾 316
泽 318
泄 328
泼 330
波 350
泝 354
沼 358
淹 370
泺 378
泻 404
沱 409
泞 412
泡 434
泃 435
泂 448
沮 466
泱 470
泥 473
泸 484
泯 487
泖 502
況 510
沾 521
沽 522
泊 543
泪 550
油 575
泗 593
泅 597
沿 618
泓 625
沸 629
06
浍 79
洽 88
洧 95
㳒 99
浃 109
浏 116
济 117
洨 120
浒 121
洸 131
洮 132
浉 146
洑 150
洋 160
洴 185
洲 186
洙 205
洼 215
洁 221
洗 234
泚 239
涎 244
洪 251
洱 258
浇 266
洳 279
洺 304
洌 305
洛 321
浐 342
派 352
洭 373
浔 381
津 386
浑 401
浓 428
洶 431
洵 436
测 440
浈 442
洞 449
洫 468
浕 480
活 524
洹 542
洎 556
浊 563
洩 578
洒 594
洇 598
洄 604
07
浮 59
涂 75
浛 80
浴 94
涛 97
浹 98
浠 113
浙 145
涖 149
涝 175
涞 206
浩 233
涉 240
涇 277
涘 281
浚 284
流 285
涟 299
涌 312
浜 355
涩 361
浯 379
浸 382
涔 392
浣 411
润 443
涧 444
消 454
浦 460
涣 469
浪 490

涢 503
涓 504
涡 505
浥 506
浞 512
涅 528
浼 564
涑 565
浬 579
涠 602
涨 623
涕 628
海 631
[08]
涪 50
淫 55
淨 61
淡 66
淬 71
淦 78
淪 85
淹 100
添 101
渎 104
淆 112
涤 118
液 152
渊 181
淶 189
淋 191
淞 195
淅 196
淑 212
渚 226
淩 227
渍 235
清 236
港 252
淇 255
淮 262
淺 267
涿 274
淄 276
渗 280
淯 287
渐 300
淥 301
涵 322
涯 333
渌 383
淒 387
淊 389
深 406
淙 414
淀 417
涴 419
渖 423
涊 430
淘 433
淤 437
淝 446
淌 455
淛 462
涮 477
淚 482
渑 509
涼 514
淳 515
混 526
淖 546
淠 570
渔 573
𬇹 599
涸 605
[09]
湲 54
溆 77
渝 84
湌 87
渰 90
溠 96
湊 110
湾 148
湉 157
湃 161
落 167
溁 171
𬇙 182
滞 180
渣 197
湘 198
湫 199
溇 202
湑 243
湛 257
減 269
湧 314
滁 323
渫 329
渡 337
湓 360
溈 366
溲 390
湍 394
渾 403
渲 422
渤 427
游 439
溅 441
湔 447
滑 471
渦 472
渥 475
湄 486
湣 488
溉 489
渠 497
渟 517
湖 523
湜 529
湿 530
渴 534
湯 535
温 538
湟 544
湨 551
渺 552
測 554
湞 559
溃 561
渭 572
湮 586
湎 596
湍 607
渢 621
[10]
溪 56
滔 62
溢 63
滝 64
滄 86
溱 111
滚 124
滇 126
滦 147
滟 165
滥 166
漭 168
滢 172
满 176
漠 179
溘 218
溝 254
滠 260
準 263
滅 268
滽 275
滃 289
溼 295
滀 297
滪 309
滩 319
溽 331
源 336
溏 339
滤 345
潠 368
滙 374
溦 395
滍 398
溯 399
溟 402
漝 407
溶 408
滓 415
滨 420
滂 425
溥 461
漓 464
滇 467
溵 485
溮 492
溜 501
溳 508
滆 513
漷 516
滈 519
滉 527
溻 533
溴 557
漣 576
溧 585
溷 601
溺 627
漊 632
[11]
漳 51
滶 73
滾 125
滌 153
滫 154
潇 169
潆 174
漆 190
漤 192
漖 225
漾 232
漬 237
滿 245
漢 247
潢 250
潎 261
滯 187
漪 271
潴 272
滲 282
潍 290
漉 338
漼 343
滹 346
漚 375
演 424
漩 438
滴 453
漏 478
滬 483
滸 520
漫 541
漱 566
淲 569
漯 571
漁 574
漸 577
潨 580
漂 584
漕 591
滷 592
漲 624
[12]
潼 53
潙 60
潷 65
澇 70
潝 91
潦 106
潜 107
潔 164
濆 183
潸 193
潛 194
潲 200
潘 203
澒 209
澾 214
澆 216
澎 222
澍 223
潅 229
澈 249
澌 256
潕 264
澈 288
滋 298
澄 307
潑 308
潏 311
㵐 335
潛 377
潯 384
潟 388
澂 393
澜 445
澳 451
潺 476
潤 493
澗 495
潮 549
潰 562
潭 587
漍 600
潳 603
[13]
濴 69
澮 93
濛 173
濇 213
濒 241
澦 310
濂 340
澹 344
澽 347
澳 452
澥 456
澱 474
澼 479
澡 507
潞 511
激 545
澣 547
濉 553
濑 567
澤 581
濁 582
澴 583
濃 588
澧 589
澶 606
澠 630
[14]
濚 67
濸 119
濮 151
濟 155
濤 219
濲 220
㵲 265
濰 292
濯 357
澀 362
濜 385
濘 410
濱 413
濬 426
濡 458
濶 494
濫 498
濠 518
濕 532
濞 558
[15]
瀅 68
瀆 224
瀁 231
瀦 273
濼 291
瀍 341
濾 348
瀋 416
瀉 421
瀏 500
瀑 531
濺 555
[16]
瀟 170
瀕 242
瀣 306
瀝 332
瀘 349
瀛 376
瀚 548
瀨 568
[17]
瀧 49
瀲 89
瀹 92
灌 178
瀸 418
瀾 496
瀰 626
[18]
灄 259
灃 396
灕 465
灝 539
[19]
灘 248
灑 450
[21]
灞 457
灠 499
灏 540
[22]
灣 294
[23]
灤 293
[24]
灨 52
灩 397
灧 590
085c 氺
[05]
泰 1636
[10]
滕 8079
086a 火
[00]
火 924
[01]
灭 1069
[02]
灯 960
灰 1519
[03]
灶 971
炀 995
灺 1004
灿 1014
灼 1020
災 5711
灸 6499
灵 7376
灾 7691
[04]
灭 686
炎 929
炊 951
炝 954
炆 959
炒 961
炜 1006
炔 1010
炖 1015
炉 1032
炕 1068
[05]
烂 925
烀 962
炸 964
炷 974
炫 984
炼 985
烃 992
炤 1003
炧 1005
烁 1007
炮 1021
烔 1024
炳 1029
炬 1040
炽 1043
畑 1063
荧 3826
炱 5902
炭 7495
炭 7556
[06]
烫 326
烩 952
烨 963
烊 966
烤 973
烘 976
烧 978
烙 994

烦 1022
烔 1025
烬 1031
烜 1055
烛 1060
烟 1067
烖 5535
07
焓 953
烯 958
烴 981
焌 982
烽 993
焐 1009
烷 1018
焖 1023
焕 1030
烺 1036
焊 1050
08
焙 926
焱 930
焠 950
焮 1000
焰 1013
焜 1049
焯 1057
焚 4182
煑 5053
09
煖 927
煢 949
煆 965
煤 977
煣 989
煠 996
煒 1008
煇 1016
煊 1019
煸 1034
煺 1035
㷟 1037
煳 1047
煶 1048
煬 1053
煌 1056
煩 1059
煉 1061
煨 1064
煙 1066
煲 3033
煛 9944
10
荧 936
熗 955
燁 967
熥 991
熔 1017
煽 1033
熘 1041
熇 1045
熄 1058
11
熠 1002
熵 1028
熳 1054
㸂 2474
熨 8610
12
燙 536
燚 931
燎 957
燐 969
燔 970
燒 972
熾 979
燧 980
燃 987
燈 988
燏 990
燠 1026
燜 1038
燉 1044
燄 7442
13
營 946
燴 956
燦 986
燫 998
燬 1012
燠 1027
燥 1042
燮 1046
燭 1065
14
燿 1001
燼 1011
熚 1051
燻 1062
燹 5699
15
爍 983
爊 997
爆 1052
16
爔 975
爐 999
17
爝 928
爛 1039
26
爨 7464
086b 灬
04
炁 7350
05
為 7273
点 9799
06
热 2730
烈 6420
烝 6544
烏 11154
07
焘 1536
焉 5318
烹 9444
08
煮 5052
焦 5485
無 5500
然 6452
09
煞 7382
煎 8262
照 9909
煦 9930
10
熬 5257
熊 5899
熙 9836
熏 10410
罴 10781
11
熱 5059
熟 9455
12
熹 5039
燕 5351
14
燾 4998
087a 爪
00
爪 4061
04
爬 4062
087b 爫
04
争 704
舀 718
05
爰 687
06
爱 712
08
爲 703
13
爵 720
088a 父
00
父 1674
02
爷 1679
04
爸 1680
06
爹 1677
08
爺 1676
089a 爻
00
爻 1651
07
爽 1542
10
爾 8484
090a 丬
00
丬 10989
04
牀 10993
05
牁 10991
06
牂 10992
08
牋 11010
09
牐 11008
11
牕 11014
13
牆 10994
091a 片
00
片 11006
04
版 11012
08
牍 11007
牌 11013
09
牒 11011
15
牘 11009
牖 11015
092a 牙
00
牙 7352
093a 牛
00
牛 3445
01
牵 1562
02
牝 3450
牟 5893
03
牡 3455
牣 3461
牠 3462
牤 3463
牢 7719
04
牧 3449
牦 3451
物 3468
05
牮 2913
牲 3459
牴 3460
牯 3473
牳 3475
荦 3829
06
牷 3446
特 3456
牸 3467
牺 3474
07
牻 3452
牾 3464
觕 3469
犁 4517
牽 6309
08
犄 3447
犊 3448
犇 3453
犍 3465
犋 3470
犂 4554
犀 8621
09
犏 3471
犎 4819
10
犖 939
犕 3454
犗 3466
犒 3472
11
犛 4666
12
犟 11266
15
犢 3457
16
犧 3458
094a 犬
00
犬 1602
03
状 3190
04
狀 10990
09
献 8358
猷 10924
10
獒 5259
獃 7600
15
獸 9185
16
獻 7169
094b 犭
02
犯 5641
犰 5689
03
犴 5612
犷 5638
犸 5688
04
狄 5589
犹 5608
狂 5624
狁 5631
狃 5642
狈 5653
05
狝 5609
狉 5618
狐 5607
狞 5647
狖 5649
狍 5650
狗 5651
狙 5656
狎 5679
狒 5692
06
狯 5594
狭 5601
狡 5603
狱 5604
狮 5610
狲 5634
狰 5644
狩 5648
狥 5652
狠 5659
独 5673
㹮 5680
07
猃 5592
狳 5593
狹 5598
狴 5606
猁 5620
狻 5632
狧 5643
狼 5660
狷 5662
狺 5665
猂 5669
狽 5672
狸 5681
08
猙 5588
猝 5591
猞 5596
猗 5599
猫 5617
猪 5622
猜 5628
猎 5629
猛 5636
猇 5640
猊 5645
猄 5664
猖 5671
猡 5683
猕 5690
09
猨 5587
猴 5611
猰 5613
猹 5619
猱 5633
猾 5657
猸 5658
猢 5668
猩 5670
猥 5677
猬 5678
猶 5686
10
獉 5602
猿 5621
猻 5635
獅 5661
獁 5687
11
獍 5585
獐 5586
獄 5666
12
獠 5600
獗 5637
13
獫 5595
獪 5597
獲 5614
獴 5615
獬 5654
獭 5674
獨 5684
獧 5685
14
獰 5646
獮 5655
獯 5676
15
獵 5630
獷 5639
16
獺 5675
17
獾 5616
獼 5691
19
玁 5663
玀 5682
095a 玉
00
玉 5247
05
玺 2296
莹 3832
10
瑩 943
13
璧 8651
14
璽 8485
15
璺 7465
095b 王
00
王 5061
02
玎 5091
玑 5209
03
玕 5098
玖 5137
玚 5139
玙 5206
玛 5208
玘 5211
04
玠 5073

玱 5076
玫 5083
玭 5084
玩 5088
环 5105
玢 5145
玮 5147
玡 5148
玦 5151
现 5172
玥 5176
[05]
珍 5072
玲 5075
玪 5077
珑 5090
珂 5092
珎 5093
玳 5096
珐 5113
珏 5121
玻 5143
珈 5146
珊 5175
珉 5181
玷 5189
珀 5194
珅 5201
[06]
珧 5089
班 5095
珩 5097
珠 5111
珪 5112
珽 5118
珙 5126
珥 5128
珞 5138
琊 5149
珰 5152
琤 5154
珲 5158
珣 5168
珮 5210
[07]
琀 5074
球 5094
琎 5104
琇 5107
琉 5133
琏 5135
珺 5153
琐 5174
琅 5183
現 5197
理 5204
[08]
琺 5062
琤 5066
琰 5070
琦 5080
琫 5081
琲 5099
瑛 5101
琳 5106
琴 5114
琵 5115
琶 5117
璹 5122
琪 5127
琢 5131
琥 5142
琛 5160
琮 5161
琬 5162
琯 5163
琱 5177
琚 5180
瑯 5182
琼 5188
琨 5191
瑰 5203
[09]
瑗 5065
瑜 5078
瑟 5116
瑊 5130
瑙 5132
瑋 5150
瑞 5157
琿 5159
瑄 5164
瑁 5170
瑕 5184
瑚 5190
瑒 5192
瑀 5200
[10]
瑶 5067
瑷 5068
瑲 5079
瑱 5087
瑩 5100
瑭 5140
璃 5178
瑱 5179
瑣 5199
璉 5202
瑪 5207
[11]
徵 3158
璋 5064
瑾 5124
璜 5125
璡 5129
璆 5144
璀 5156
璇 5169
璎 5171
[12]
璘 5109
璠 5110
璞 5123
璣 5134
璟 5193
[13]
璦 5069
璨 5136
璩 5141
璵 5155
璫 5166
璪 5185
璐 5187
環 5205
[14]
璿 5165
瓊 5167
[15]
瑩 5071
瓅 5108
[16]
瓌 5086
瓒 5119
[17]
瓏 5063
瓖 5085
瓘 5102
瓔 5196
[19]
瓚 5120
096a 玄
[00]
玄 6307
[06]
率 6311
097a 瓜
[00]
瓜 2159
[05]
瓞 2160
[06]
瓠 1570
[11]
瓢 10813
[14]
瓣 3410
[17]
瓤 2152
098a 瓦
[00]
瓦 11241
[03]
瓩 11242
[04]
瓮 5934
瓯 7309
[05]
瓴 1399
瓴 1408
[06]
瓷 15
瓶 4054
[07]
甁 1650
[08]
瓿 661
甌 8284
[09]
甃 4499
甄 10821
[10]
甍 4010
[11]
甌 7326
甎 10666
[12]
甏 5031
甆 6317
甑 10391
[13]
甕 6306
甓 8660
[14]
甖 10149
[16]
甗 7170
099a 甘
[00]
甘 5421
[04]
甚 5440
[06]
甜 9826
100a 生
[00]
生 5286
[06]
產 6995
[07]
甥 5288
甦 10732
101a 用
[00]
甩 8266
用 8267
[01]
甪 8335
冄 8336
[02]
甬 6485
甫 8492
[04]
甭 4073
[07]
甯 7700
102a 田
[00]
田 10412
甲 10450
由 10657
申 10661
[02]
甸 7922
町 10425
男 10438
龟 10733
[03]
畀 10427
甽 10428
甿 10440
画 10453
畅 10662
[04]
界 10415
畎 10418
畋 10419
畏 10422
畈 10437
畇 10442
[05]
畚 5890
畜 6310
留 8822
畛 10414
畔 10426
畝 10455
畢 10760
[06]
畤 10429
畦 10430
異 10432
略 10435
略 10436
[07]
畬 1090
畲 1101
番 4657
畫 7400
畴 10416
畯 10433
[08]
畣 4195
當 7873
畸 10417
畹 10441
[10]
畿 6099
[11]
疁 10444
[12]
疃 10413
[14]
疆 6866
疇 10431
[18]
疊 10448
103a 疋
[00]
疋 5323
[05]
疍 5325
[07]
疏 5320
疎 5321
[09]
疑 2164
疐 7883
[10]
疐 7884
104a 疒
[02]
疔 7033
疗 7079
疖 7090
[03]
疚 7075
疡 7082
疟 7092
疝 7095
疠 7098
疙 7144
[04]
疢 7008
疭 7011
疥 7015
疮 7017
𬏞 7029
疣 7032
疬 7084
疠 7096
疤 7114
疫 7145
疯 7146
[05]
疹 7014
疾 7025
疴 7034
痄 7038
疰 7055
症 7058
疳 7062
痃 7069
痉 7074
疼 7078
疲 7086
痂 7088
疱 7097
痈 7102
病 7105
疽 7106
疻 7121
痁 7124
疸 7125
疿 7149
[06]
痊 7016
痏 7022
痒 7039
痔 7052
疵 7057
痖 7059
痎 7070
痑 7071
痌 7103
痕 7113
痍 7148
[07]
痧 7003
痤 7012
痨 7044
痞 7047
痢 7049
痣 7053
痙 7065
痠 7068
痛 7073
痦 7091
痫 7101
痪 7109
痘 7122
[08]
痰 7009
瘁 7013
痴 7026
痱 7042
痳 7048
痿 7050
瘃 7063
瘆 7066
瘐 7093
瘀 7099
痹 7135
瘅 7137
痺 7140
痼 7143
瘂 7150
[09]
瘖 7004
瘉 7018
瘥 7023
瘗 7028
瘊 7035
瘓 7040
瘩 7043
瘘 7051
瘙 7077
瘧 7085
瘦 7094
瘕 7115
瘄 7123
瘍 7126
瘟 7127
瘌 7132
瘋 7147
[10]
瘡 7020
瘠 7021
瘞 7024
瘛 7041
瘼 7045
瘫 7076
瘢 7104
瘤 7118
瘪 7130
瘻 7151
[11]
瘴 7006
瘲 7036
癀 7061
瘮 7067
瘵 7072
癃 7080
瘾 7081
瘳 7087
瘸 7089
瘿 7100
瘺 7111
瘰 7136
癛 7141
瘭 7142
[12]
癆 7010
療 7027
癘 7046

癍 7054
癇 7116
癎 7117
癌 7119
癉 7120
[13]
癔 7005
癤 7007
癒 7019
癜 7110
癖 7112
癞 7133
[14]
癡 7030
癟 7131
癣 7138
[15]
癥 7037
癢 7056
[16]
癧 7083
癫 7107
癩 7134
[17]
癭 7129
癬 7139
[18]
癰 7064
癯 7128
[19]
癲 7031
癱 7060
癲 7108

105a 癶

[04]
癸 6455
[07]
登 6456
發 6459

106a 白

[00]
白 9973
[01]
百 10000
[02]
皂 9976
皃 9998
皁 9999
[03]
的 9990
[04]
皆 1893
皇 9980
皈 9986
[05]
皋 9974
[06]
皎 9975
皐 9978
皑 9988
[07]
皓 9983
皖 9989
皕 10002
[08]
皙 4308
[10]
皝 9981
皚 9987
皜 9995
皞 9996
[12]
皤 9979

107a 皮

[00]
皮 7184
[05]
皰 7185
皱 7386
[06]
皲 7677
[07]
皴 5910
[09]
皸 7684
[10]
皺 7908
[13]
皻 7172

108a 皿

[00]
皿 8554
[03]
盂 2308
[04]
盃 1606
盇 4074
盈 6803
盆 7253
盅 10185
[05]
益 723
监 3498
盍 4564
盐 4794
盉 4876
盏 5565
盌 6403
盎 8569
[06]
盗 12
盒 1496
盔 1520
盖 5225
盛 5551
盘 8318
[07]
盜 72
[08]
盞 5531
盝 6388
盠 7391
盟 9935
[09]
盡 7395
監 8805
[10]
盥 7422
盤 8331
[11]
盦 1393
盧 9809
[12]
盪 537
盩 4796

109a 目

[00]
目 10016
[02]
盯 10034
[03]
盲 7348
盱 10037
直 10179
[04]
看 1534
省 2246
相 4444
盾 7195
眉 8708
眊 10031
眇 10035
眨 10068
盼 10074
眍 10075
䀝 10078
盹 10083
眈 10088
盻 10105
眄 10106
[05]
眞 2174
眚 5287
眢 6404
眬 10033
眎 10036
眙 10061
眩 10063
眠 10093
[06]
着 1531
眷 1629
眥 5304
眺 10032
眯 10043
眭 10048
眦 10055
眸 10060
眵 10065
眽 10073
眶 10076
睁 10079
眼 10094
[07]
睑 10023
䀹 10025
睐 10047
睃 10062
睆 10085
睊 10089
睏 10103
睇 10107
[08]
督 4722
睬 10019
睜 10020
睒 10022
睠 10029
瞄 10040
睞 10041
睹 10050
睦 10051
睖 10052
睛 10053
睡 10054
睢 10058
[illegible] 10064
睚 10071
睫 10080
睨 10081
睥 10101
[09]
瞀 6471
睿 7861
瞅 10042
䁖 10044
瞇 10046
睽 10066
瞍 10082
[10]
瞋 10030
瞒 10039
瞌 10049
瞑 10084
瞎 10086
瞔 10090
瞜 10108
[11]
瞥 8480
瞞 10056
瞰 10057
瞘 10077
瞠 10087
[illegible] 10100
瞟 10102
[12]
瞳 10018
瞬 10021
瞭 10028
瞵 10045
瞧 10059
瞪 10067
瞩 10092
瞯 10095
[13]
瞽 5035
瞼 10024
矇 10038
瞻 10072
瞿 10097
[17]
矓 10017
[19]
矙 10096
矗 10181
[21]
矚 10091

109b 罒

[06]
罘 10776
[09]
睪 10810

110a 矛

[00]
矛 6466
[04]
矜 6467
[07]
矞 6479
[11]
矡 6478

111a 矢

[00]
矢 1579
[02]
矣 5891
[03]
知 1588
[04]
矧 1592
[05]
矩 1586
[06]
矫 1581
[07]
矬 1580
短 1590
[08]
矮 1584
[12]
矯 1582
矰 1591
[13]
矱 1583

112a 石

[00]
石 9642
[02]
矴 9663
矶 9792
[03]
矸 9668
矽 9710
砀 9719
矿 9723
码 9790
矻 9791
矾 9793
[04]
砉 3493
砍 9647
砒 9658
砌 9659
砂 9665
泵 9666
研 9676
砕 9708
砖 9713
砭 9714
砑 9732
砘 9739
砚 9752
砜 9794
[05]
砻 2230
砬 9644
砼 9649
砢 9664
砟 9667
砰 9670
砹 9672
砝 9685
砫 9687
砥 9697
砼 9715
砺 9722
破 9727
砸 9731
砾 9733
础 9738
砣 9740
砽 9748
砲 9749
砨 9757
砧 9770
砷 9779
[06]
砦 5303
硚 9655
硖 9657
研 9669
硭 9674
硎 9677
硃 9682
硅 9683
硗 9698
硂 9717
硌 9718
硊 9726
硕 9753
硐 9756
硇 9784
硒 9787
[07]
硷 9648
硤 9652
硪 9699
硜 9701
硫 9704
硶 9735
硝 9758
确 9759
硯 9774
硨 9781
硬 9782
硇 9785
[08]
碁 5438
碚 9645
碎 9646
碕 9653
碛 9688
碰 9691
碓 9695
碜 9702
碌 9709
碌 9734
碇 9741
碗 9742
硼 9754
碉 9755
碘 9762
碍 9771
碑 9778
碑 9783
[09]
碧 5195
磋 9651
碜 9654
碴 9679
碡 9690
碪 9693
碱 9700
碟 9720
碳 9736
碲 9745
碥 9764
碣 9772
碭 9773
碩 9775
碨 9776
碸 9795
[10]
磐 8332
磙 9660
磕 9686
磔 9711
磉 9716
磑 9737
磅 9744
確 9747
碾 9763
碻 9768
磊 9769
碼 9788
[11]
磬 5023
磨 6907
磙 9661
磧 9689
磺 9692
磡 9694
磣 9703
磟 9729
磂 9730
䃚 9750
[illegible] 9751
[illegible] 9765
磚 9780
磠 9786
[12]
磲 9643
礄 9656
磷 9680

磻 9681
磽 9684
礁 9696
磯 9705
磁 9707
磴 9712
礏 9746
磾 9766
礅 9767
[13]
礆 9650
礞 9675
礎 9678
礌 9761
礓 9777
[14]
礙 9662
⿰石蔡 9673
礪 9721
礤 9743
[15]
礬 4126
礫 9706
礦 9725
[16]
礴 9671
礳 9724
礉 9789
[17]
礱 657
礵 9760
113a 示
[00]
示 2247
[02]
礽 2270
[03]
社 2258
祀 2280
[04]
祆 2249
祉 2263
祇 2266
祈 2271
祊 2276
[05]
祐 2248
祓 2250
祕 2252
祢 2254
祚 2255
祛 2259
祗 2267
祠 2272
祖 2278
祝 2282
祏 2284
祜 2285
神 2289
祟 7658
[06]
祧 2253
祥 2256
祭 6460
票 10812
[07]
祲 2274
[08]
⿰礻昔 2264
祺 2265
祿 2268
禁 4183
禀 10975
[09]
禊 2257
禕 2273
禘 2275
禍 2279
福 2283
禎 2287
禋 2292
[10]
禚 2262
禡 2294
[11]
禩 2288
⿰礻習 2291
[12]
禧 2261
禪 2281
禦 3145
髹 9428
[13]
禱 2260
禮 2293
[14]
禰 2277
[15]
⿰礻罷 2290
[17]
禳 2251
113b 礻
[01]
礼 6568
[02]
礽 6584
[03]
社 6575
祀 6595
[04]
祆 6566
祉 6579
祇 6581
祈 6585
祎 6587
祊 6591
[05]
祐 6563
祓 6564
祕 6569
祢 6571
祚 6572
祛 6576
祗 6582
祠 6586
祖 6594
祝 6597
祏 6599
祜 6600
神 6602
[06]
祧 6570
祥 6573
祯 6593
[07]
祷 6565
祲 6588
祸 6596
[08]
祺 6580
禄 6589
禅 6601
[09]
禊 6574
禘 6590
福 6598
禋 6605
[10]
禚 6578
禡 6606
[11]
⿰礻習 6604
[12]
禧 6577
[13]
禪 6688
[15]
⿰礻罷 6603
[17]
禳 6567
[18]
⿰礻囊 6620
[03]
祃 6607
114a 禸
[05]
禹 10386
禺 10766
[06]
离 8539
[07]
禼 10837
[08]
禽 1416
115a 禾
[00]
禾 4487
[02]
私 4538
秀 4544
秃 4590
[03]
季 4521
秆 4522
和 4549
秉 7413
[04]
⿰火禾 968
秋 4493
秕 4506
秒 4514
科 4523
种 4580
秭 4589
秔 4594
[05]
秦 1638
秩 4504
秘 4510
称 4515
秤 4524
秫 4526
秼 4527
租 4561
秧 4565
积 4572
[06]
⿰禾兆 4511
秸 4529
移 4541
⿰禾呆 4545
秽 4550
秾 4552
稆 4570
[07]
稃 4490
稀 4505
稍 4559
稂 4567
程 4569
稆 4571
税 4574
稈 4576
稉 4584
[08]
颖 2170
稖 4488
稔 4503
稜 4530
稚 4534
4539
稠 4557
稙 4562
稙 4579
稞 4585
稗 4586
稟 10976
[09]
稱 4492
稭 4507
稳 4548
稬 4558
種 4587
穀 5000
[10]
稻 4491
稹 4509
稽 4512
稼 4551
稹 4563
稿 4573
稷 4581
稾 9465
[11]
穎 2171
穑 4531
積 4532
穇 4540
穄 4542
穅 4547
穆 4578
穌 10573
[12]
穉 4566
穗 4583
[13]
穫 4525
穡 4528
穢 4533
穠 4588
[14]
穩 4489
穤 4560
穦 4593
[15]
穭 4582
[17]
穰 4508
116a 穴
[00]
穴 7794
[01]
穵 7845
[02]
穷 7825
究 7846
[03]
空 7811
穸 7822
穹 7847
[04]
突 7801
窃 7803
穽 7807
窆 7823
穿 7826
窀 7830
[05]
窄 7806
窍 7812
窈 7821
窌 7834
窅 7838
窎 7843
[06]
窕 7805
窓 7819
窒 7820
窑 7829
[07]
窖 7817
窘 7827
窝 7836
窜 7839
窗 7841
[08]
窣 7798
窦 7800
窥 7802
窟 7833
窠 7840
[09]
窪 7795
窨 7796
窬 7799
窭 7808
窩 7832
[10]
窰 7797
窯 7816
窳 7804
窮 7835
窶 7848
[11]
窸 7809
窿 7824
窻 7842
窵 7844
[12]
竅 7814
[13]
竄 7828
竁 7837
[15]
竇 7815
[17]
竈 7813
[18]
竊 7810
117a 立
[00]
立 637
[04]
竑 639
竖 3500
[05]
竝 638
竚 649
竞 662
站 664
[06]
竟 672
章 673
[07]
竢 645
竣 646
竦 679
童 680
[08]
竪 8811
[09]
端 648
竭 670
[15]
競 663
118a 竹
[00]
竹 2770
118b ⺮
[02]
竺 727
竻 836
[03]
竽 757
竿 775
笈 825
⿱⺮乇 839
笃 920
[04]
笑 749
笔 754
笄 780
笊 781
笋 852
笏 863
笕 868
笆 884
第 918
[05]
笠 732
笭 740
笒 741
笼 755
符 768
笮 773
笨 786
筇 789
笙 802
笺 814
笞 819
笥 834
笤 835
笾 837
笳 838
笸 844
笱 864
笪 891
笛 906
[06]
筌 738
答 742
⿱⺮夹 750
筊 751
⿱⺮早 752
筘 764
筛 766
筏 770
筑 790
等 792
筅 798
筵 804
筐 843
筆 851
筝 853
筍 865
筋 871
筒 874
策 876
筥 888
[07]
签 737
筹 747
筴 748
⿱⺮斩 760

箷 762
筰 769
筱 771
筷 774
筮 788
筠 793
筭 796
筩 823
筦 858
筞 860
简 869
筲 875
筋 880
節 882
筧 897
筻 908
第 922
[08]
箔 730
箏 735
箝 758
箨 759
箍 761
箬 778
箸 795
箦 799
箐 800
箠 803
箕 808
箋 810
篸 817
箓 821
箎 832
箧 841
箒 849
箓 850
箫 854
箻 855
管 861
箜 862
箙 872
算 895
箅 904
箪 905
箩 912
箇 916
[09]
箲 728
箸 756
篌 767
箱 782
篓 784
箴 812
篆 815
篆 816
篥 826
篋 840
篇 857
篪 867
箭 873
篇 881
篁 892
篑 899
範 907
[10]
篰 734
簑 753
篮 777
築 791
簉 797
篝 807
篷 824
篪 833
篚 842
篱 878
篩 885
篙 890
篡 893
篳 909
篥 913
篦 915
篤 919
篛 921
簍 923
[11]
簞 731
篠 772
篲 776
簃 783
簖 785
簀 801
簕 805
簧 806
篸 818
簏 827
篼 845
簆 859
簇 866
簌 901
篾 910
[12]
簦 822
簪 848
簠 877
簋 883
簡 886
簞 889
簣 900
簟 914
簰 917
[13]
簿 729
簽 743
籀 763
籆 779
簸 809
簾 828
簷 829
籇 830
簫 856
籁 902
[14]
籍 787
籌 794
籃 887
[15]
籖 811
籐 870
[16]
籙 739
籜 765
籗 813
籧 831
籝 846
籟 903
[17]
籠 733
籤 736
籥 745
[18]
籪 820
籬 879
籩 898
[19]
籮 911
[20]
籯 847
籰 896
[26]
籲 746

119a 米
[00]
米 4597
[02]
籴 1102
[03]
类 4601
籽 4626
籼 4635
籸 4652
[04]
粃 4605
粉 4634
粑 4640
[05]
粒 4598
粝 4630
粗 4638
粘 4641
粕 4644
粜 7659
[06]
粢 9
粪 4612
粦 4620
粧 4631
粬 4648
粞 4650
粟 10819
粥 11251
[07]
粱 364
粮 4639
粳 4647
粲 6451
[08]
粹 4600
精 4610
糁 4615
粼 4621
粽 4636
[09]
糉 4603
糇 4606
糈 4611
糅 4624
糌 4625
糊 4642
[10]
糕 4608
糙 4609
糖 4632
糗 4645
[11]
糡 4599
糝 4616
糠 4633
糞 4646
糟 4649
[illegible] 4653
糜 6903
[12]
糍 4619
糧 4643
糨 4654
[14]
糲 4629
糯 4637
糰 4651
[16]
糴 1103
[19]
糶 7660

120a 糸
[14]
徽 3160
[01]
系 6318
[02]
糾 6285
[03]
紆 6130
紂 6131
紃 6143
紅 6145
級 6189
紉 6196
約 6214
紇 6286
紈 6287
紀 6288
[04]
紊 1667
紥 2392
紧 3502
素 5251
紘 6117
紋 6124
紕 6126
紗 6129
紙 6161
紜 6174
紓 6182
紛 6195
紐 6199
純 6205
紡 6217
納 6226
紖 6289
索 7877
[05]
萦 3834
紮 4137
紱 6120
絆 6140
紺 6158
紿 6170
絃 6179
終 6184
紹 6194
絁 6197
絀 6204
紵 6206
絅 6219
組 6228
細 6268
紬 6272
紳 6273
紼 6292
累 10434
[06]
絷 2733
絜 3490
紫 5298
絮 5844
給 6114
絝 6119
絞 6125
絍 6133
絎 6138
綁 6141
結 6148
絨 6163
絰 6171
統 6175
絲 6177
絳 6187
絡 6188
絢 6216
絕 6233
絏 6277
[07]
絛 3110
綏 6108
綌 6116
絺 6123
經 6169
綃 6222
絹 6237
絸 6263
綆 6276
綑 6283
綈 6291
[08]
綦 5433
綵 6106
綬 6110
綸 6113
綺 6118
綣 6122
緋 6142
緒 6151
綾 6152
緪 6159
維 6160
綫 6162
綠 6181
綴 6183
綹 6185
綜 6208
綻 6210
綰 6211
綢 6218
網 6220
綱 6221
緉 6224
緄 6254
綿 6259
綽 6260
綮 8681
緊 8813
緐 11304
[09]
緩 6105
緱 6132
緥 6134
緶 6135
緞 6139
緗 6144
緙 6156
緘 6165
緣 6166
縁 6167
緯 6198
締 6213
緺 6230
編 6231
緡 6232
縋 6234
緝 6236
総 6252
緹 6255
線 6257
緲 6261
練 6267
緦 6269
緬 6281
緜 9994
[10]
縈 944
縠 5002
縚 6109
縊 6111
縗 6127
縝 6128
緻 6172
縉 6173
縫 6186
縟 6190
縑 6200
縐 6215
縛 6225
縭 6227
縝 6229
縞 6239
縕 6282
縷 6294
縢 8082
縣 8547
縣 10069
[11]
繇 706
縶 4801
縧 6136
縱 6137
績 6154
繅 6168
縴 6180
繆 6193
繀 6202
繃 6203
縮 6209
縯 6212
縵 6256
縲 6270
縹 6280
總 6284
縻 6906
繄 7300
繁 11300
[12]
繭 3889
繚 6121
繨 6146
繞 6147
繕 6155
織 6164
繢 6265
繒 6266
繐 6274
繙 6290
[13]
繪 6115
繖 6157
繡 6201
繰 6238
繳 6258
繾 6264
繮 6271
繹 6278
繯 6279
繩 6293
繫 10711
[14]
纂 894
繶 6107
繼 6176
繽 6207
繻 6223
[15]
纈 6149
續 6150
纊 6191
纏 6192

纍 10446
17
纖 6112
纔 6253
纓 6262
18
纛 5285
19
纘 6153
21
纜 6235

120s 纟

02
纠 6091
03
纡 5960
纣 5961
纤 5965
𬘓 5971
红 5976
级 6015
纩 6018
纫 6023
约 6041
纥 6092
纨 6093
纪 6094
04
纵 5941
纶 5942
纮 5946
纹 5954
纰 5957
纱 5959
纴 5981
纸 5990
纭 6000
纾 6006
纷 6022
纬 6025
纽 6028
纯 6032
纻 6033
纺 6043
纲 6046
纳 6053
纼 6095
05
绂 5947
绊 5967
绀 5987
线 5994
绐 5998
练 6004
经 6007
绎 6008
终 6010
绁 6016
绍 6021
绝 6024
绉 6026
绌 6031
䌹 6048
组 6056
织 6067
细 6081
䌷 6085
绅 6086
绋 6097
06
绘 5943
给 5944
绔 5949
绞 5956
绗 5964
绑 5968
结 5977
绕 5991
绒 5992
绖 5999
统 6001
绛 6013
络 6014
绚 6042
绝 6060
07
绥 5938
绤 5945
𫄨 5953
绣 5973
继 5975
绡 6049
𬘬 6054
绢 6063
𬘭 6064
绠 6087
绨 6096
08
绶 5939
绮 5948
续 5950
绻 5952
绦 5955
绯 5970
绪 5979
绫 5980
绩 5983
𬘯 5988
维 5989
缁 5996
缀 6009
绺 6011
绿 6027
综 6034
绽 6036
绾 6038
绷 6045
绸 6047
绱 6050
绳 6066
绲 6069
绵 6075
绰 6076
09
缓 5936
缑 5962
缏 5963
缎 5966
缆 5969
缃 5972
缕 5974
缂 5986
缄 5993
缘 5995
缔 6040
编 6058
缗 6059
缒 6061
缉 6062
缇 6070
缊 6071
缐 6073
缈 6077
缋 6078
缌 6082
缅 6090
10
缢 5940
缞 5958
缙 5985
缝 6012
缛 6017
缠 6019
缣 6029
缤 6037
缚 6052
缡 6055
缜 6057
缟 6068
11
缫 5997
缪 6020
𬙋 6030
缩 6035
缜 6039
缨 6044
缦 6072
缧 6083
缥 6089
12
缭 5951
缬 5978
缮 5984
缯 6080
13
缲 6065
缴 6074
缱 6079
缰 6084
缳 6088
14
𬙇 5937
𫄷 6051
16
缵 5982

121a 缶

00
缶 7634
03
缸 7638
04
缺 7641
05
缽 7637
䍇 7642
06
缾 7636
08
罂 7982
11
罄 5021
罅 7639
䍦 7646
12
罈 7644
罇 7645
14
罌 10146
15
罍 10447
16
罏 7640
17
罐 7635
罎 7643

122a 网

00
网 8271

122b 罒

03
罗 10789
04
罚 10773
罘 10778
05
罢 10780
罡 10783
罟 10802
06
罣 10779
07
罦 10771
罥 10794
08
罨 10772
罪 10777
署 10782
置 10793
罩 10803
罯 10805
09
罱 10792
罰 10801
罳 10807
10
罷 10785
罸 10800
罵 10809
11
罹 10774
12
羁 10784
罾 10806
14
羆 10786
羅 10787
17
羈 10808

122c 罓

03
罔 8281

122d ⺳

03
罕 7688

123a 羊

00
羊 3427
05
羚 3428
羚 3429
羝 3430
羟 3434
羖 3438
06
羢 3431
07
羥 3432
羧 3433
羣 7406
群 7407
09
羰 3437
羯 3439
10
羱 3435
13
羶 3440
羸 7341

123b ⺶

01
羌 2231
03
养 1619
04
羞 1530

123c ⺷

02
羌 5226
03
美 5218
羑 5224
04
羔 5215
05
羕 5220
06
羨 5213
07
羡 5214
義 5221
10
羲 5222
13
羹 5216

124a 羽

00
羽 7218
03
羿 7225
04
翁 5929
翅 6523
翍 7228
翀 7234
05
翊 647
翎 1396
翋 1405
翌 7219
習 7232
06
翕 1492
翔 3436
翘 5525
翚 7229
翙 7548
07
翛 3111
08
翡 3512
翥 5055
翠 7220
翟 7226
09
翬 7230
翫 7233
翦 8263
翩 8697
10
翯 7231
翮 9421
翰 10010
11
翼 7235
翳 7301
翱 10154
12
翻 4659
翹 4828
翺 10158
13
翽 5313
翾 10796
14
耀 2206

124s 习

00
习 7217

125a 老

00
老 5045
考 5057
02
者 5051
04
耄 5046
耆 5048
06
耋 5047

126a 而

00
而 8342
03
耑 7581
耐 8344
耍 8345

127a 耒

00
耒 4674
03
耔 4685
04
耗 4678
耖 4679
耕 4681
耘 4684
耙 4693
05
耞 4688
耜 4694
06
耠 4676
07
耢 4680
耡 4691
08
耥 4690
09
耧 4682
耦 4695
10
耩 4683
耨 4686
耪 4689
耬 4697
12
耮 4675
15
耰 4692
䎱 4696
16
耲 4677
耱 4687

128a 耳

00
耳 5445
02
耵 5452
耶 5467
04
耸 1076
耿 5446
耻 5454
聂 5464
耽 5470
聃 5471
05
聋 2228
聆 5448
聆 5449
聍 5469
聃 5472
聊 5473
职 5475

06
联 5450
聒 5477
07
聖 5474
聘 5480
08
聝 5457
聚 5461
聞 8767
09
聪 5476
聩 5478
10
聱 5260
11
聳 3121
聲 5020
聯 5459
聰 5481
12
聶 5455
職 5458
聵 5479
14
聹 5468
16
聽 5453
17
聾 655
129a 聿
00
聿 7396
02
肃 7414
07
肄 2165
肆 4757
肅 7420
08
肇 8682
肈 8690
130a 肉
00
肉 8501
05
胬 5787
06
脔 2765
胔 5301
胾 5540
08
腐 6889
19
臠 6248
130b 月
01
肊 8252
02
肋 8172
肌 8254
03
肓 7338
肘 8105
肝 8111
肛 8126
肚 8129
肠 8161
肟 8251
肐 8253
肖 8351
04
肴 1645
肾 3504
肯 5315
育 5925
肷 8063
肱 8071
肽 8077
肤 8078
胀 8095
肬 8101
肣 8110
肨 8113
肼 8120
䏝 8156
肢 8158
胁 8174
肫 8180
肪 8199
肺 8206
肥 8218
肿 8235
股 8255
肮 8256
肩 8694
05
胤 2195
背 3201
胥 5324
胗 8064
䏺 8072
胈 8076
胧 8102
胨 8103
脉 8104
胙 8109
胖 8112
胚 8121
胩 8127
胠 8130
胜 8138
胝 8145
胎 8151
胍 8096
胨 8155
胫 8157
胞 8197
朐 8198
胪 8216
胆 8228
胛 8237
胂 8238
胡 9810
胃 10443
胄 10660
06
脊 1516
能 5898
脅 7261
胷 7903
脍 8066
胯 8074
脎 8092
脐 8093
脂 8097
胱 8099
脁 8100
胼 8119
脒 8123
胲 8154
胮 8159
胳 8160
脏 8163
脆 8166
脈 8169
脇 8173
胺 8185
脓 8194
胸 8196
胴 8203
脑 8211
胭 8247
胰 8258
07
脩 3112
脣 6825
脬 8060
脞 8061
脸 8065
脚 8131
脦 8142
豚 8146
脛 8150
脘 8181
脖 8193
脳 8195
脯 8207
脤 8214
脶 8221
脰 8225
脝 8226
脱 8227
䏲 8259
脢 8260
08
脺 8062
腌 8073
腋 8107
腓 8114
脹 8128
腈 8137
腊 8141
腑 8162
腱 8176
腴 8178
腙 8183
腚 8184
腕 8186
腔 8188
腆 8212
腒 8215
腖 8240
脾 8241
腘 8248
胥 8683
腎 8814
09
腧 8067
腳 8070
腠 8091
腻 8143
腦 8148
腯 8170
腩 8204
腡 8213
腿 8217
膇 8220
腭 8223
腥 8229
腸 8230
腽 8231
腹 8232
腺 8233
腮 8236
腫 8242
腰 8244
腼 8246
10
膂 7936
膜 8118
膆 8136
膁 8177
膑 8187
膀 8190
膊 8208
膈 8224
膏 9468
11
膚 7176
膵 8115
膝 8122
膠 8171
膗 8179
膣 8189
膛 8192
膞 8239
膘 8243
膕 8249
12
膦 8124
膰 8125
膨 8132
膳 8139
膩 8144
膪 8191
膙 8257
13
膺 6892
臆 8059
臉 8068
膾 8069
朦 8117
臌 8133
臃 8153
臁 8165
膽 8167
臊 8222
膿 8245
膻 8250
臀 8631
臂 8655
14
臍 8108
臏 8182
臑 8205
15
臕 8164
16
臜 8134
臙 8140
臘 8149
臚 8168
17
臝 7346
朧 8058
臟 8116
18
臞 8234
19
臢 8135
131a 臣
00
臣 8804
02
臥 8809
卧 8810
08
臧 5562
11
臨 8817
132a 自
00
自 10153
04
臭 10155
臬 10159
133a 至
00
至 5911
04
致 5913
06
臺 5026
10
臻 5912
134a 臼
00
臼 7423
02
臾 7445
03
臿 3422
舁 7437
04
舀 705
05
舂 1639
06
舄 7439
07
舅 7440
與 7451
10
興 7449
舉 7454
11
舊 3712
135a 舌
00
舌 9820
02
舍 1502
04
舐 9828
06
舒 1503
08
舔 9821
09
舖 1505
10
舘 1504
136a 舛
00
舛 6400
06
舜 714
08
舞 5501
舝 7359
137a 舟
00
舟 8293
03
舣 8298
舡 8302
舢 8313
04
舱 8296
舩 8306
舨 8311
舫 8315
舰 8316
般 8329
航 8334
05
舸 8299
舴 8300
舷 8307
舵 8314
舻 8319
舶 8321
舳 8324
船 8333
06
艇 8305
舾 8326
07
艅 8295
艄 8317
08
艋 8308
09
艘 8312
艎 8322
10
艙 8297
11
艚 8325
12
艟 8294
13
艨 8301
艢 8303
艤 8304
艕 8309
14
艦 8320
15
艪 8323
16
艫 8310
138a 艮
00
艮 8717
01
良 8725
02
艰 6518
03
垦 8719
11
艱 5402
139a 色
00
色 8731
04
艳 3492
18
艷 7651
140a 艸
00
艸 7654
04
芻 7905
140c 艹
01
艺 4026
02
艾 3588
艿 3776
节 3805
艽 4027
03
芋 3612
芊 3643
芏 3678
芗 3747
芝 3762
芨 3777
芒 3809
芍 3861
芄 4028

芃 4030
芑 4031
芎 4032
[04]
苁 3547
芡 3551
芥 3555
芩 3560
苍 3562
芙 3585
苌 3596
芯 3603
芫 3607
芜 3608
花 3621
芐 3640
芣 3652
芷 3697
芪 3714
芸 3734
苡 3601
芰 3764
芤 3769
苈 3781
苊 3782
芹 3796
芬 3800
苏 3804
苇 3806
苉 3807
芽 3811
苎 3843
芴 3862
芶 3865
芳 3877
苋 3880
芾 3896
芮 3898
芦 3908
芭 3913
芟 4029
[05]
范 3527
苶 3554
苓 3561
苓 3563
若 3569
苃 3572
茇 3584
苾 3606
茏 3609
苛 3610
菝 3614
苻 3623
茌 3624
苲 3641
苹 3644
苤 3653
苯 3669
茉 3670
苷 3705
茂 3717
苔 3733
苽 3599
苑 3753
茅 3761
茎 3763
苕 3799
茄 3803
茚 3813
茁 3824
茕 3842
苧 3848
茓 3854
苞 3868
苟 3869
苘 3885
苒 3890
苴 3900
英 3901
苠 3910
苜 3915
苣 3921
茆 3923
苫 3945
苦 3946
苜 3971
苗 3979
茑 4024
茀 4035
[06]
茨 3515
茳 3521
荡 3524
茫 3528
茶 3556
荃 3558
荟 3559
荅 3565
茋 3576
荞 3580
荚 3582
荬 3586
荠 3589
茭 3591
茬 3592
荐 3593
茯 3620
茬 3625
荇 3633
荆 3650
茱 3671
荖 3686
茞 3694
茈 3698
茸 3708
荛 3715
茹 3731
荒 3735
荮 3737
荭 3738
药 3740
兹 3742
荄 3751
茗 3754
荪 3770
荫 3775
茛 3795
荔 3798
荔 3802
荒 3810
荨 3814
荤 3835
荀 3876
茼 3886
荩 3907
茛 3911
莒 3927
苦 3948
草 3967
茧 3975
茜 4014
茵 4016
茴 4019
荍 4021
荑 4034
[07]
莎 3517
荽 3544
莩 3545
莝 3548
莶 3552
荼 3557
荚 3573
莽 3583
莅 3618
荷 3622
莜 3629
莘 3642
華 3647
莕 3657
莉 3660
莠 3662
莱 3672
莰 3680
莪 3716
荻 3723
获 3724
莸 3725
莖 3729
莼 3739
莲 3752
莙 3818
莞 3846
莠 3856
莩 3860
莆 3897
莨 3912
莴 3926
荳 3938
莛 3949
莫 3950
莳 3960
莧 3972
莊 4022
莓 4036
[08]
菏 3516
萍 3519
菠 3525
菹 3532
菩 3541
菜 3543
菼 3546
萃 3550
萕 3574
萘 3575
菴 3577
菾 3578
菉 3590
菝 3613
菶 3615
菢 3616
菲 3649
萊 3654
菘 3655
菥 3656
萎 3661
菽 3675
萇 3676
著 3688
菱 3693
菁 3696
萁 3706
萑 3709
菑 3728
菇 3732
菡 3766
菰 3768
萨 3774
菜 3801
萋 3817
萧 3819
萏 3822
萸 3823
营 3837
菀 3850
菅 3851
菪 3852
菊 3864
萄 3866
菸 3878
菔 3883
萜 3888
菮 3905
萌 3964
菖 3965
菂 3968
菟 3976
菎 3993
菓 3994
萆 3995
萝 4006
菌 4018
[09]
洪 3522
落 3523
蒎 3526
葅 3549
葘 3595
葠 3627
葆 3628
葎 3635
蒋 3639
葜 3646
葙 3658
萩 3659
葽 3666
葑 3682
韭 3704
葚 3707
葳 3718
葴 3719
葤 3744
葒 3745
葬 3755
葵 3757
葉 3778
葦 3812
葷 3840
萱 3853
葖 3855
蒂 3859
葱 3863
葡 3867
葧 3902
萵 3903
萹 3909
葭 3914
葺 3924
葶 3936
葶 3939
葫 3947
葛 3963
葩 3969
葓 3973
葸 3980
董 3997
萬 3998
[10]
蒞 3518
蓡 3529
蒲 3530
蒗 3533
蒟 3539
蒼 3564
蓁 3587
蓑 3598
蒜 3611
蓓 3619
蒨 3626
蓝 3648
盖 3684
蓍 3687
蓊 3736
蓄 3750
蓏 3600
蓛 3759
蓬 3765
蒸 3767
蓀 3771
蔭 3772
蓐 3779
蓆 3789
蒺 3792
蒹 3820
蒴 3825
蒙 3833
蓂 3838
蓉 3844
蒡 3858
蒿 3940
蒔 3961
蓟 3985
蓮 3992
蓽 3996
蓖 4013
蒽 4017
蒻 4033
蔞 4037
[11]
蔹 3553
蔼 3594
蒉 3602
蓧 3630
蓨 3631
蓯 3632
蓰 3634
蓴 3645
蓺 3690
蔷 3695
蔫 3702
蔕 3651
蔀 3748
蔡 3758
蔴 3784
蔗 3788
蓼 3797
蔸 3808
蔻 3847
蓿 3849
蔔 3875
蔟 3879
蔺 3881
蔽 3895
蔚 3904
蔓 3966
蔌 3977
蔪 3991
蔑 4004
蔥 4020
蔣 4023
蔦 4025
[12]
蕖 3534
蕩 3536
蕎 3581
蕊 3604
蕠 3664
蕃 3668
蓬 3681
蕘 3683
蕌 3701
蔬 3703
蕉 3710
蕪 3713
蕆 3720
蕕 3726
蕤 3727
蕴 3741
蕨 3783
蕁 3815
蕓 3892
蕞 3962
蕢 3974
蕲 3984
蕙 3990
蓸 4009
蕡 4011
蕈 4012
[13]
薄 3531
薪 3538
薏 3542
薟 3566
薈 3568
薙 3579
薇 3636
薮 3667
蕻 3677
薔 3679
薠 3699
薅 3730
蕹 3749
薤 3756
蘋 3760
薩 3773
薦 3791
蕭 3821
薢 3887
蕾 3894
薛 3906
薜 3916
蕺 3925
蕗 3937
薑 3983
薊 3987
薯 4003
薨 4008
[14]
薸 3537
薺 3638
藊 3665
藉 3673
薹 3685
藏 3721
藐 3722
藎 3816
薴 3845
薷 3893
藍 3922
藁 3941
薰 3978
藪 4038
[15]
藩 3520
藜 3663
藕 3674
爇 3691
藝 3692
藥 3743
藨 3790
藭 3857
藤 3882

藷 3943
藟 3970
[16]
藻 3535
蘂 3605
蘀 3617
蘅 3637
蘈 3689
蘋 3700
蘊 3746
藶 3780
蘑 3787
蘧 3793
蘆 3794
藿 3891
藺 3919
蘄 3935
蘐 3942
藹 3944
蘇 3989
[17]
蘢 3540
蘞 3567
蘘 3597
蘪 3786
蘖 3917
蘭 3920
蘚 3986
蘚 3988
[19]
蘼 3785
蘿 4005
蘸 4015
141a 虍
[02]
虏 7162
虎 7182
[03]
虐 7163
[04]
虔 7152
[05]
虛 7154
處 7161
虖 7164
[07]
虞 7167
虞 7168
虜 7175
[10]
盧 7177
[11]
虧 7158
141b 虎
[02]
虒 7190
虓 11199
[05]
號 9258
[07]
虢 688
虢 6453
142a 虫
[00]
虫 10191
[01]
虬 10215
[02]
虯 10357
虮 10361
虱 11163
[03]
虺 2198
虿 6302
蚤 6521
蚉 7927
虽 9224
蚁 10213
虾 10221
虹 10242
虵 10283
虻 10285
蚂 10359
虼 10360
[04]
蚕 1575
蚩 7656
蚧 10195
蚨 10204
蚊 10210
蚍 10214
蚝 10216
蚘 10217
蚪 10223
蚌 10225
蚣 10266
蚡 10282
蚜 10286
蚬 10297
蚋 10306
蚓 10362
[05]
萤 3839
蛋 5326
蛉 10197
蚙 10198
蚱 10222
蛀 10247
蚶 10257
蚴 10268
蛏 10271
蛎 10276
蚯 10281
蛇 10291
蚺 10303
蛆 10308
蛊 10309
蛄 10324
蚻 10342
蚰 10344
[06]
蛰 2736
蛮 2766
蛩 4717
蛤 10200
蛱 10206
蛴 10211
蛟 10212
蛳 10219
蛘 10224
蛛 10241
蛙 10243
蜓 10250
蜒 10253
蛲 10260
蛑 10264
蛭 10265
蛇 10292
蛞 10326
蛐 10351
蛔 10356
[07]
蜇 2552
蜃 6827
蜉 10193
蜍 10196
蛺 10201
蜣 10218
蜊 10236
蛾 10262
蛹 10270
蜂 10272
蛸 10300
蜅 10305
蜋 10313
蜈 10316
蜎 10317
蜗 10318
蜕 10323
蜆 10334
蜀 10791
[08]
蚀 1474
蜚 3513
蜜 7704
蜸 8219
蜘 10203
蜷 10205
蜯 10207
蜥 10235
蜣 10249
蜻 10251
蜡 10255
蜞 10258
蜮 10261
蜢 10273
蜨 10287
蜿 10293
蜩 10298
螂 10312
蝇 10320
蜴 10327
蝉 10343
蜾 10346
蜱 10347
蝈 10354
[09]
蝥 6472
蝱 7349
蝓 10199
蝰 10202
蝽 10209
蝾 10230
蝌 10237
蝼 10238
蝶 10274
蝘 10284
螋 10288
蝣 10296
蝡 10299
蝻 10301
蝸 10310
蝙 10311
蝦 10314
蝠 10321
蝴 10325
蝎 10328
蝮 10330
蝗 10331
蝲 10338
蝟 10341
蝤 10353
蝨 11196
[10]
螢 947
螽 4450
螯 5266
螣 8086
融 9423
螓 10208
蟒 10226
螨 10232
蟆 10233
螈 10277
螗 10278
螘 10289
螟 10290
螃 10294
螭 10307
螄 10315
螅 10335
螞 10358
螻 10364
[11]
螌 4784
蟄 4803
蠁 6301
蟊 6484
螽 6525
䗪 6916
蟑 10192
蟏 10228
蟋 10239
蟎 10254
蟥 10256
蟀 10269
螳 10295
蟓 10339
螺 10340
螵 10349
螬 10352
蟈 10355
[12]
蠆 4002
蟠 10240
蟯 10244
蟛 10245
蟢 10246
蟮 10252
蟣 10267
蟬 10319
蟲 10336
蟪 10345
蟫 10350
[13]
蠃 7345
蟹 8368
蠖 10227
蠓 10231
蟻 10248
蟶 10259
蠊 10279
蟾 10280
蠏 10302
蠍 10329
蠋 10348
蠅 10363
[14]
蠚 3571
蠑 10194
蠐 10220
蠛 10234
蠣 10275
蠕 10304
蠔 10322
[15]
蠢 1642
蠡 5707
蠡 5710
[16]
蠹 5008
蠭 6530
蠨 10229
蠟 10263
[17]
蠲 724
蠱 10337
[18]
蠶 7351
蠷 10332
蠹 10367
[19]
蠻 6249
[20]
蠼 10333
143a 血
[00]
血 8555
[03]
衂 8561
[04]
衃 8559
衄 8563
[05]
衅 8557
[06]
衆 8556
衇 8560
[14]
衊 8558
144a 行
[00]
行 3128
[03]
衍 3115
衎 3131
[05]
術 3135
衒 3150
[06]
街 3138
衖 3146
衕 3166
[07]
衙 3156
[09]
衛 3154
衚 3172
衝 3179
[10]
3127
衞 3155
衠 3169
衡 3178
[18]
衢 3177
145a 衣
[00]
衣 2140
[04]
衾 1386
袅 11147
[05]
袭 2225
袋 2912
袈 7264
[06]
装 3192
裁 5536
裂 6421
[07]
裟 138
裔 2141
裘 2316
裝 10997
[08]
裴 3507
裳 7864
製 8498
[10]
褧 5447
褰 7736
[13]
襞 8647
[17]
襲 652
145b 衣
[04]
衮 2146
衰 2155
衷 2156
[05]
袞 2142
衺 2147
袠 2154
[06]
亵 2143
裒 2149
[07]
裏 2158
[08]
裹 2157
[09]
褒 2144
[11]
褻 2145
襄 2151
[16]
褱 2148
145c 𧘇
[04]
表 5250
[06]
袁 4942
145d 衤
[02]
补 6626
[03]
衫 6608
衬 6621
衩 6652
[04]
衿 6612
袄 6619
衽 6639
袛 6645
袆 6664
袂 6666
衲 6678
[05]
袗 6610
袢 6627
袜 6634
袯 6654
被 6660
袍 6672
袓 6690
袖 6697
[06]
袷 6613
袴 6618
袱 6622
袵 6623
袪 6636
袺 6637
袼 6653
裆 6667
裈 6669
裉 6682
裀 6702
[07]
裣 6611
裕 6615
裌 6616

裢 6649
裤 6657
裙 6668
裥 6673
補 6677
裎 6687
裋 6689
裡 6701
08
褂 6635
褚 6638
裱 6640
褙 6641
裰 6651
裾 6680
裼 6692
裸 6699
裨 6700
09
褓 6624
褙 6625
褡 6629
褛 6633
褘 6665
褌 6670
褊 6681
褪 6683
褐 6693
複 6694
䙌 6695
10
褴 6628
褷 6648
褥 6655
褅 6656
褲 6658
褫 6661
褵 6679
褟 6691
褳 6698
褸 6705
11
褶 6662
襁 6703
12
襆 6642
襍 6644
襚 6647
襏 6650
襕 6674
襇 6684
襀 6696
襁 6704
13
襝 6614
襟 6632
襜 6659
襠 6671
襖 6675
14
襪 6630
襦 6676
襤 6686
15
襫 6617
16
襯 6609
17
襳 6646
襴 6685
18
襵 6643
19
襻 6631

146a 西
00
西 10844

146b 覀
03
要 10824
06
覃 10826
12
覆 10817
13
覇 10822
覈 10827
18
覊 10823

147a 見
00
見 10151
03
覎 10152
04
覓 719
規 1617
視 2286
覔 4076
05
覗 7238
覘 9805
07
覡 4701
08
覩 5056
䑰 8566
09
親 642
覦 1414
10
覯 5427
覬 7602
11
覲 5408
覷 7166
12
覶 699
覰 7181
13
覻 7173
覺 7461
14
覼 8487
覽 8808
15
覿 5043
17
觀 3931

147s 见
00
见 7991
02
观 6517
03
觃 7992
04
觅 717
规 1615
视 6592
05
觇 2298
览 3497
覗 7237
觉 7857
觇 9803
06
觊 7631
07
觋 4700
08
觌 1601
舰 8565
09
觎 1413
10
觏 5426
11
觐 5407
觑 7157

148a 角
00
角 8359
02
觔 8369
04
觖 8370
05
觝 8364
觚 8360
觞 8365
06
觜 5300
觥 8361
觧 8363
解 8366
触 8373
07
觫 8374
08
觯 8375
09
觱 5559
10
觳 5004
11
觴 8372
12
觶 8371
13
觸 8376

149a 言
00
言 9469
02
訇 7919
訂 9494
訃 9499
計 9501
訄 11200
03
託 9493
討 9497
訐 9502
訓 9514
訌 9521
訕 9590
訖 9636
訊 9637
記 9640
04
訩 9487
訛 9498
許 9503
訟 9556
訢 9571
訝 9582
訣 9585
訪 9603
訥 9610
設 9638
05
詟 2229
診 9480
訶 9495
詠 9496
詐 9500
評 9504
註 9531
詆 9548
詒 9555
詖 9569
訴 9572
詞 9575
詔 9576
詘 9591
詷 9607
詛 9611
詎 9614
詁 9622
詈 10799
06
誉 685
誊 1628
訾 5302
詧 6461
詹 7002
詮 9481
詠 9485
誇 9486
詣 9491
詳 9505
詸 9517
誅 9519
誄 9520
詩 9523
詿 9524
詰 9527
誕 9537
試 9547
誠 9551
該 9558
詭 9565
詬 9570
詡 9573
誆 9579
詫 9593
詾 9600
詢 9602
話 9623
07
誓 2551
誘 9516
誣 9522
誌 9525
誥 9533
誡 9549
誑 9552
誒 9554
誦 9562
認 9577
語 9584
誚 9609
誤 9618
說 9621
誨 9641
08
諍 9474
談 9477
誶 9479
諗 9482
論 9484
誹 9506
諾 9507
諉 9515
諸 9530
請 9535
諏 9544
誰 9545
諑 9553
諂 9588
諛 9589
誼 9595
調 9606
諒 9619
諄 9620
課 9632
09
諮 9470
諳 9471
諼 9472
諭 9483
諺 9488
諧 9489
謊 9511
謎 9518
諝 9536
謀 9541
諶 9543
諜 9564
諠 9567
諱 9583
諢 9592
諠 9596
諦 9598
諞 9612
諤 9617
謁 9625
諫 9629
謂 9631
諡 9635
諷 9639
10
謷 5264
謇 7742
謄 8084
謠 9475
謚 9476
謐 9492
譁 9508
謨 9513
講 9542
謋 9559
譔 9578
謙 9586
謗 9597
謅 9601
謝 9615
謖 9630
11
謦 5022
謹 9540
謬 9574
謳 9580
9605
謾 9626
12
警 3873
譌 9473
譜 9538
譙 9546
識 9550
譏 9557
證 9560
譎 9561
譖 9581
謿 9627
譚 9634
13
譽 7455
譬 8657
護 9510
議 9532
譫 9566
譭 9587
譟 9616
譴 9628
譯 9633
14
譸 9526
讁 9608
15
讀 9528
譾 9594
讂 9604
16
讐 5494
變 6241
讌 9539
17
讋 656
讖 9478
讓 9490
讙 9512
讕 9613
讒 9624
18
讛 9509
19
讚 9534
20
讞 9568
讜 9599
22
讟 9529

149s 讠
02
认 1697
订 1713
讣 1717
计 1719
讥 1833
03
议 1709
讨 1715
讦 1720
训 1729
讧 1735
让 1737
讪 1791
讫 1831
讯 1832
记 1836
04
论 1701
讻 1708
讹 1716
许 1721
讲 1728
讼 1761
讳 1779
讴 1780
讶 1783
诀 1785
访 1801
讷 1809
设 1834
讽 1835
05
诊 1700
诃 1714
诈 1718
评 1722
证 1744

诋 1755
诒 1760
译 1766
诐 1772
诉 1774
词 1777
诏 1778
诌 1786
诎 1792
诇 1805
诅 1810
讵 1812
识 1816
诂 1820
[06]
诠 1702
诙 1705
诣 1711
详 1723
诛 1733
诔 1734
诗 1738
诖 1739
诘 1740
诞 1746
试 1754
诚 1757
该 1762
诡 1769
诟 1773
诩 1775
诓 1781
诤 1787
诨 1793
诧 1794
询 1800
话 1821
[07]
诱 1731
诬 1736
诰 1742
诫 1756
诳 1758
诵 1765
语 1784
诮 1807
误 1814
说 1819
诲 1837
[08]
谈 1696
谇 1699
谂 1703
读 1706
诽 1724
诺 1725
诿 1730
诸 1741
请 1743
诹 1751
谁 1752
诼 1759
谄 1789
谀 1790
谊 1795
谉 1796
调 1804
谅 1817
谆 1818
课 1829
[09]
谙 1692
谖 1693
谕 1704
谐 1710
谎 1726
谜 1732
谞 1745
谋 1749
谌 1750
谍 1767
谚 1768
谑 1771
谛 1798
谝 1811
谔 1815
谒 1822
谗 1825
谏 1826
谓 1828
[10]
谣 1694
谥 1695
谧 1712
谟 1727
𫍲 1763
谦 1788
谤 1797
谠 1799
谢 1813
谡 1827
[11]
谨 1748
谬 1776
谫 1803
谪 1806
谩 1823
[12]
谱 1747
谯 1753
谲 1764
谮 1782
谰 1802
谭 1830
[13]
谵 1770
谳 1808
谴 1824
[15]
𬤮 1707
[16]
雠 5490
[17]
谶 1698
150a 谷
[00]
谷 1509
[10]
谿 694
豁 7721
151a 豆
[00]
豆 9427
[03]
豈 7599
豇 9430
[04]
豉 9432
[08]
竪 8815
䜺 9431
豌 9434
[11]
豐 7648
[21]
豔 7649
152a 豕
[00]
豕 5693
[02]
象 5706
豙 5709
[03]
豗 2197
[04]
象 10385
[06]
豢 1625
[07]
豨 5694
豪 9460
[08]
豬 5697
豵 5701
豫 6465
[09]
豮 5695
豭 5702
[10]
豳 7652
[12]
豶 5696
153a 豸
[00]
豸 5567
[03]
豺 5569
豹 5577
[05]
貂 5576
[06]
貅 5570
貉 5575
貆 5580
貊 5583
[07]
貌 5581
[08]
貓 5574
[09]
貐 5568
貏 5571
[10]
貘 5573
貔 5584
[17]
貜 5572
154a 貝
[00]
貝 10109
[02]
貞 10178
負 10182
[03]
貢 4710
財 10115
[04]
貪 1392
貨 2838
責 5282
貧 7254
貶 10129
販 10133
貫 11307
[05]
貸 2916
費 4043
貳 5506
貰 6811
賀 7268
貿 8821
貽 10127
貯 10136
貺 10141
貼 10142
貴 10189
買 10804
費 11284
[06]
資 14
賃 2893
貲 5305
賄 10113
賊 10125
賅 10128
賂 10130
賉 10140
賈 10828
[07]
賓 7710
賒 10112
賕 10116
賑 10131
[08]
賛 1613
賚 4102
賣 5042
賡 6963
質 7206
賨 7713
賞 7871
賫 7876
賢 8816
賠 10110
賧 10111
賬 10118
賭 10120
䝼 10121
賦 10123
賤 10124
賙 10138
賜 10143
[09]
賵 10137
賴 10384
[10]
贅 5265
賽 7743
賷 7882
賸 8085
購 10122
賺 10135
賻 10139
[11]
贄 4802
賾 9834
[12]
贇 1666
贊 5243
贈 10150
[13]
贏 7344
贍 10132
[14]
贑 675
贓 10126
贐 10134
贔 10147
[15]
贗 6832
贖 10119
154s 贝
[00]
贝 7953
[02]
贞 7994
[03]
贡 4708
财 7960
[04]
贪 1388
货 2836
贤 3503
责 5272
质 7194
贫 7251
贬 7970
贩 7975
贮 7977
购 7978
贯 11306
[05]
贷 2915
费 4042
贰 5505
贳 6809
贺 7267
贱 7967
贻 7968
贶 7987
贴 7988
贸 8820
贵 10186
费 11282
[06]
资 11
贽 2735
赁 2892
赀 5299
贿 7957
贼 7966
赅 7969
赂 7971
赃 7973
赆 7986
贾 10825
[07]
赉 4673
赊 7956
赇 7961
赈 7972
[08]
赓 6962
𧹖 7712
赏 7869
赍 7875
赔 7954
赕 7955
赎 7958
赌 7963
𫎩 7964
赋 7965
赑 7983
赒 7984
赐 7989
[09]
赗 7979
赖 10383
[10]
赘 5263
赛 7740
赚 7976
赙 7985
[11]
赜 9833
[12]
赟 1665
赞 5240
赝 6830
赠 7990
[13]
赢 7343
赡 7974
[17]
赣 676
155a 赤
[00]
赤 4782
[04]
赦 4783
赧 4789
[06]
赪 4790
[07]
赫 4785
[08]
赭 4786
[09]
赬 4791
[10]
赯 4788
156a 走
[00]
走 4836
[02]
赵 4840
赴 4841
赳 4857
[03]
赶 4842
赸 4851
起 4858
[05]
趁 4839
越 4846
超 4849
趋 4850
趄 4855
[06]
趑 4837
趔 4847
[07]
趖 4838
趙 4853
趕 4856
[08]
趣 4845
趟 4854
[10]
趨 4852
[14]
趯 4848
[16]
趱 4843
[19]
趲 4844
157a 足
[00]
足 9419
[03]
趸 7926
[05]
跞 9373
[06]
跫 4716
[07]
踅 2550
[10]
蹇 7741
[11]
躄 5554
蹩 8479
蹔 10705
[12]

躉 4001
蹷 6853
躛 9438
[13]
躄 8656
157b 足
[02]
趴 9285
[03]
趿 9357
趵 9382
[04]
跄 9287
跃 9298
趺 9303
趼 9321
趾 9334
跂 9352
跀 9385
[05]
跋 9291
跋 9301
跌 9304
跗 9313
践 9343
跛 9366
跅 9370
跏 9372
跞 9373
跎 9376
跑 9383
跚 9384
距 9395
跖 9400
跕 9401
[06]
跨 9295
𫏋 9299
跻 9307
跤 9308
跸 9309
跳 9310
跡 9312
跹 9316
跬 9327
跣 9330
跐 9335
跷 9341
路 9353
跺 9356
跪 9365
跟 9393
跩 9407
跴 9413
跥 9417
[07]
踌 9293
踁 9345
踊 9350
跼 9391
踉 9394
跽 9418
[08]
踣 9281
踩 9282
踦 9294
踯 9296
踟 9297
踡 9305
踏 9311
踒 9324
踧 9326
踖 9338
踐 9342
踮 9363
踬 9368
踪 9377
𨁏 9387
踞 9390
踼 9403
踔 9404
踝 9408
[09]
踰 9288
蹉 9292
踳 9306
踶 9322
蹅 9323
蹂 9349
踴 9351
蹀 9358
踱 9362
踹 9375
蹄 9380
蹁 9392
踽 9405
踵 9410
[10]
蹊 9283
蹈 9284
蹌 9289
蹐 9290
蹒 9319
蹑 9340
蹏 9367
蹍 9388
蹓 9396
蹋 9402
蹕 9409
[11]
蹤 9314
躇 9317
蹟 9333
蹣 9337
踤 9347
蹠 9361
蹦 9374
蹚 9381
蹢 9386
蹡 9416
[12]
蹻 9300
蹽 9302
蹯 9325
蹺 9328
蹼 9336
蹬 9348
蹶 9359
蹰 9360
蹸 9379
蹴 9398
蹾 9399
蹭 9406
蹲 9415
[13]
躃 9389
躁 9397
躅 9411
[14]
躋 9315
躏 9318
躊 9329
躍 9371
躚 9412
躑 9414
[15]
躒 9346
躔 9364
躓 9369
[16]
躜 9331
躐 9344
[17]
躞 9286
[18]
躡 9339
躥 9378
[19]
躪 9320
躦 9332
158a 身
[00]
身 8830
[03]
躬 8841
[04]
躯 8833
躭 8835
[06]
躲 8832
躱 8840
[07]
躳 8839
[08]
躺 8836
[09]
𨉖 8837
[11]
軀 8834
[12]
軃 8838
159a 車
[00]
車 10667
[01]
軋 10679
[02]
軍 7681
軌 10730
[03]
軑 10673
軒 10682
軔 10708
[04]
軟 10668
軛 10697
[05]
軫 10669
軼 10675
軻 10680
軤 10681
軱 10678
軺 10707
軹 10720
軲 10722
軸 10725
轟 10727
[06]
載 5543
輇 10670
較 10677
軾 10687
輊 10690
輅 10695
輈 10714
[07]
輒 10685
輕 10689
輔 10717
輓 10724
[08]
輩 1614
輩 3514
輪 10672
輙 10686
輜 10688
輟 10694
輞 10713
輛 10716
輥 10723
[09]
輸 10671
輳 10676
輮 10693
輭 10715
輯 10719
輻 10721
輶 10729
[10]
轂 5009
輿 7450
轅 10684
轄 10712
輾 10718
[11]
轆 10698
轉 10726
[12]
轎 10674
轔 10683
轍 10691
[13]
轘 10728
[15]
轡 6275
轢 10692
[16]
轤 10699
159s 车
[00]
车 6327
[01]
轧 6339
[02]
轨 6383
[03]
轪 6333
轩 6342
轫 6365
[04]
软 6328
轮 6330
转 6351
轰 6353
轭 6357
[05]
轸 6329
轶 6335
轲 6340
轷 6341
𫐄 6338
轻 6352
轺 6364
轹 6366
轳 6373
轵 6375
轱 6377
轴 6380
[06]
载 5539
辁 6331
轿 6334
较 6337
轼 6346
轾 6348
辂 6355
辀 6369
[07]
辄 6345
辅 6370
辆 6371
𫐐 6379
[08]
辇 1611
辈 3511
辎 6347
辍 6354
辋 6368
辊 6378
[09]
输 6332
辏 6336
𫐓 6350
辑 6374
辐 6376
𬨂 6382
[10]
毂 5003
辕 6344
辖 6367
辗 6372
舆 7448
[11]
辘 6358
[12]
辚 6343
辙 6349
[13]
𫐷 6381
160a 辛
[00]
辛 3408
[05]
辜 9808
[06]
辟 8645
辞 9825
辠 10157
[07]
辣 3416
[08]
辡 716
[09]
辩 3409
辨 3411
辦 3414
[10]
辧 3412
[12]
辭 698
[13]
辮 3413
[14]
辯 3415
161a 辰
[00]
辰 6823
[03]
辱 6824
[06]
農 10830
[08]
蓐 4191
162b 辶
[02]
辽 6541
边 7260
[03]
达 1558
迂 2307
过 2310
迁 3421
迆 7278
迈 7924
迄 11169
迅 11195
[04]
这 1669
远 2200
迕 3418
进 4056
还 4072
运 5919
连 6356
返 7189
近 7205
违 7288
迎 7332
迓 7355
迍 7669
迟 8672
迒 11237
[05]
迭 1622
迩 2297
迮 3209
述 4596
迨 5906
迯 6396
迢 7242
迦 7266
迤 7279
迥 8278
迫 9985
迪 10659
[06]
送 1578
逃 2212
迹 2756
迸 4051
迷 4627
选 5246
迻 6398
逄 6532
逊 6551
逅 7202
逆 7661
退 8720
追 8735
适 9829
迺 10846
迴 10967
[07]
途 1100
逑 2317
逝 2548
透 4546
造 5236
逜 5518
逖 5590
逛 5625
逐 5700
逕 5723
逡 5909
通 6488
逢 6529
逦 8287
逍 8353
逋 8493
逞 8983
逗 9433
這 9563
速 10379
連 10696

递 11278
[08]
迹 1549
逶 4536
逵 5058
進 5497
逸 6387
逯 7390
逮 7412
逭 7772
週 8276
逿 9923
逴 10006
逸 10373
逻 10790
[09]
逾 1412
達 4808
遂 5704
遁 7196
違 7368
遄 7582
運 7683
遊 7943
過 8603
遍 8696
遐 8733
逼 9426
遏 9926
遑 9982
道 10176
遗 10187
遇 10768
遒 10927
[10]
遥 707
遠 4943
遨 5261
遘 5425
遜 6553
遞 7191
選 7275
遡 7666
遛 8823
遢 9907
遣 10188
遝 10775
[11]
遮 6915
遯 8147
適 8349
遷 10811
遭 10832
[12]
遼 1607
邁 3999
遴 4623
遶 4827
遹 6481
遲 8622
遺 10190
遵 10926
[13]
遽 7160
邂 8367
避 8653
邀 9992
還 10795
邅 10979
[14]
邈 5582
邃 7818
邇 8486
[15]
邊 10160
[16]
邋 5720
[19]
邐 8291
邏 10788
163a 邑
[00]
邑 9168
[03]
邕 5714
163b 阝
[02]
邓 6515
[03]
邗 3405
邛 4706
邝 6934
邙 7337
[04]
邦 3443
邦 3483
邢 4049
祁 6583
邠 7249
那 7258
邪 7354
邨 7668
邡 7944
邬 11146
[05]
邻 1395
邲 2180
祁 2269
邶 3200
邳 4071
邺 5336
邯 5423
邸 5521
邰 5905
邱 7211
邵 7241
邹 7385
邴 8503
邮 10658
[06]
郃 1384
郘 1491
郁 1526
郑 1577
郏 1633
郄 1644
郊 1683
邾 4671
邽 4829
郅 5915
郈 7201
郓 7676
郇 7921
郎 8721
[07]
郛 702
郤 1512
郟 1539
郗 1649
郝 4787
郜 5235
郚 7374
郡 7408
郢 8982
郧 9128
[08]
部 660
郯 935
郴 4190
都 5054
郵 5292
郰 5466
郪 7403
郦 8286
郭 9449
郸 10458
郫 10757
[09]
鄉 6297
郾 7327
鄋 7447
鄆 7682
郿 8709
鄂 9190
鄄 10820
[10]
鄚 3954
鄌 6960
鄒 7907
鄖 9216
鄗 9467
鄔 11155
[11]
鄢 5319
鄞 5404
鄜 6951
鄘 6969
鄠 8466
鄙 9254
[12]
鄰 4622
鄱 4658
鄯 5290
鄧 6457
鄲 9188
鄭 10923
[13]
鄶 1508
鄴 5333
[14]
鄹 5462
[15]
鄺 6924
[16]
鄼 5242
[17]
酃 8459
[18]
酆 7650
[19]
酇 5245
酈 8290
164a 酉
[00]
酉 10847
[02]
酊 10859
酋 10921
[03]
酒 595
酎 10860
酐 10862
酏 10893
酌 10898
配 10919
[04]
酞 10854
酗 10855
酕 10858
酝 10878
酚 10892
酖 10897
[05]
酢 10861
酥 10865
酣 10875
酦 10886
酡 10895
酤 10910
[06]
酱 3198
酯 10857
酬 10864
酰 10870
酪 10881
酪 10885
酧 10896
酮 10900
[07]
酹 10849
酴 10851
酵 10868
酷 10869
酸 10877
䣐 10882
酽 10889
酾 10901
酺 10904
酿 10906
酲 10907
酶 10920
[08]
醅 10848
醉 10850
醃 10853
醋 10874
醁 10880
醊 10884
醁 10894
醄 10899
醇 10909
醌 10912
醜 10916
[09]
醛 10863
醚 10866
醑 10871
醐 10911
醒 10913
醍 10914
[10]
醢 10852
醣 10888
醨 10905
醞 10918
[11]
醫 7302
醪 10891
醬 11004
[12]
醭 10872
醮 10876
醯 10879
醱 10883
[13]
醵 10890
醴 10917
[14]
醻 10867
醺 10915
[16]
醼 10873
[17]
釀 10856
醾 10887
醹 10903
[19]
釁 7466
釃 10902
釅 10908
165a 釆
[00]
釆 689
[05]
釉 691
165b 采
[05]
释 4656
[13]
釋 4661
166a 里
[00]
里 10761
[02]
重 10764
[04]
野 10762
[05]
量 9964
[11]
釐 4668
167a 金
[00]
金 1106
[01]
釓 1147
釔 1371
[02]
釘 1151
釗 1154
釙 1156
針 1157
釕 1236
[03]
釤 1108
釬 1158
釺 1160
釧 1176
釷 1184
釹 1220
釵 1233
釣 1278
釦 1320
釩 1373
[04]
鈥 1116
鈐 1123
鈦 1135
鈇 1137
鈚 1142
鈔 1153
鈄 1162
鈃 1174
鈈 1177
鈑 1248
釾 1253
鈕 1256
鈍 1263
鈞 1279
鈁 1282
鈅 1285
鈉 1295
鈀 1308
鈣 1369
鈧 1374
[05]
鈴 1124
鈸 1134
鉍 1149
鈳 1152
鉥 1180
鉢 1181
鈺 1196
鉦 1200
鉗 1206
鉞 1217
鉉 1226
鈹 1247
鉕 1252
鉈 1266
鉋 1280
鉤 1281
鈰 1291
鉏 1296
鈮 1300
鉅 1315
鉚 1319
鈷 1330
鉭 1333
鉑 1341
鉬 1345
鈿 1351
鉀 1353
鈾 1355
鉮 1356
鉛 1372
鉴 3496
蓥 3827
[06]
銓 1121
鉿 1127
銪 1130
鉸 1141
銥 1144
鍄 1145
銚 1150
鋩 1170
鉶 1175
銖 1182
銠 1187
銬 1189
銩 1191
鋌 1192
銑 1194
鋋 1201
鉺 1207
鋮 1215
銣 1221
銍 1222
銃 1224
銘 1229
鉻 1235
鋣 1254
銨 1271
銅 1286
銀 1305
銫 1309
鋁 1322
銛 1331
銦 1366
銕 1377
釜 1675
銮 2757
銜 3123
[07]
鋈 103
銼 1119
鋏 1131
鋅 1159
録 1183
鋯 1193
鉽 1211
鋨 1214
鋶 1223

鋒 1234
錒 1238
鋟 1255
錊 1264
銷 1289
鋪 1293
鋤 1297
鋦 1302
鋃 1307
鋥 1321
鋁 1324
鋜 1325
銳 1329
銲 1336
鋇 1346
鋰 1359
銻 1378
鋬 2544
鋈 4916
08
錇 1109
錚 1114
錟 1117
錡 1132
錛 1133
錈 1138
鍩 1166
錨 1173
錸 1178
鍺 1188
錶 1197
錆 1198
錯 1204
錐 1209
錢 1212
錙 1218
錄 1228
錳 1237
鍁 1249
鍵 1257
錠 1269
鋼 1287
鋸 1301
鋣 1306
鍆 1311
錕 1334
鍀 1335
錫 1338
錦 1344
錁 1358
錮 1367
鏨 6360
09
鍰 1113
鍮 1125
鍇 1143
鍤 1161
鍛 1163
鍥 1164
鎝 1165
鍬 1179
鎂 1190
鍼 1216
鍍 1241
鎪 1260
鍋 1299
鎇 1304
鎚 1310
鍔 1323
鍚 1339
⿰金泉 1342
鍠 1343
鍘 1347
鍊 1350
鍶 1352
鍾 1360
鍫 4494
鍪 6468
10
鎏 286
鎣 937
鎰 1115
鎗 1126
鍏 1128
鎩 1139
鎭 1148
鏵 1167
鏌 1172
鎒 1239
鎌 1258
鎧 1262
鎔 1265
鎋 1268
鎵 1270
鎊 1274
鎛 1294
鎮 1298
鍽 1303
鎦 1318
鎘 1326
鎬 1328
鎳 1348
鎖 1349
鏈 1357
鎢 1370
鏤 1380
鏊 5258
11
鏡 1111
鏠 1140
鏦 1155
鐯 1168
鐀 1205
鏞 1245
鏐 1251
鏰 1261
鏜 1275
鏃 1283
鏇 1284
鏑 1288
⿰金敫 1292
鏗 1317
鏝 1340
鏢 1365
鏘 1368
鏹 1375
鏖 6942
鏨 10701
12
鐋 1107
鐘 1112
鐒 1118
鐐 1136
鐃 1185
鐥 1199
鏷 1202
鐠 1203
鐫 1210
鎡 1227
鐙 1230
鏺 1231
鐍 1232
鐝 1240
鐦 1312
鐧 1313
鐓 1327
鐩 1376
鐨 1379
13
鐿 1110
鑊 1169
鐵 1213
鐮 1244
鏽 1259
鐺 1277
鐳 1290
鐸 1361
鐲 1363
鐶 1364
鐾 8646
14
鑄 1186
鑌 1267
鑔 1272
鑑 1316
鑒 8806
15
鑠 1225
鑛 1242
鑣 1243
鑕 1250
鑤 1337
鑥 1354
16
鑫 1122
鑞 1219
鑪 1246
17
鑰 1129
鑲 1146
鑵 1171
鑭 1314
鑱 1332
18
鑷 1208
鑹 1273
19
鑽 1195
鑼 1362
鑾 6240
20
钂 1276
鑿 5330
167s 钅
01
钆 1931
钇 2132
02
钉 1934
钊 1937
钋 1940
针 1941
钌 2013
03
钐 1896
钎 1943
钏 1958
钍 1967
钕 1998
钗 2010
钖 2016
钓 2051
钔 2059
钒 2134
04
钬 1902
⿰钅从 1904
钦 1906
钤 1908
钛 1918
𫓧 1920
⿰钅比 1926
钞 1936
钭 1945
钘 1956
钚 1959
钣 2024
⿰钅牙 2029
钮 2033
钝 2039
钧 2052
钩 2053
钫 2054
钡 2056
钥 2063
钢 2064
钠 2073
钯 2085
钟 2115
钙 2130
钨 2131
钪 2135
05
铃 1909
⿰钅犮 1914
铁 1921
铋 1932
钶 1935
⿰钅术 1962
钵 1964
钰 1976
钲 1979
钳 1985
钺 1994
钱 1995
铉 2003
铎 2009
钹 2017
铍 2023
钷 2028
铄 2030
铊 2041
铈 2069
⿰钅且 2074
铌 2077
⿰钅卢 2080
钜 2087
铆 2089
钻 2099
钴 2100
钽 2103
铂 2108
钼 2112
钿 2116
钾 2118
铀 2120
⿰钅申 2121
铅 2133
06
铴 1895
铨 1907
铪 1911
铕 1913
铗 1923
铩 1924
铰 1925
铱 1928
⿰钅京 1929
铫 1933
铧 1938
铓 1953
铏 1957
铢 1965
铑 1968
铐 1970
铥 1972
铤 1973
铣 1975
⿰钅延 1980
铒 1986
铙 1991
铖 1993
⿰钅加 1999
铚 2000
铳 2002
铭 2006
铬 2012
铲 2022
铛 2032
铮 2035
铠 2038
铵 2044
铡 2057
铜 2065
银 2082
铯 2086
铞 2091
铝 2093
铦 2101
铟 2128
衔 3126
07
锉 1905
铸 1915
锌 1942
铿 1948
铹 1954
锈 1961
铼 1966
锆 1974
铽 1990
锇 1992
锍 2001
链 2005
锋 2011
锕 2015
锓 2031
⿰钅卒 2040
锁 2058
锎 2060
锏 2061
销 2067
铺 2071
锄 2075
锔 2079
锒 2084
锃 2090
锅 2092
锐 2098
锂 2123
锑 2137
08
锫 1897
锬 1903
锜 1916
锛 1917
锩 1922
锘 1950
锚 1955
锗 1969
锖 1977
锤 1978
错 1983
锥 1988
锱 1996
锰 2014
锧 2025
锨 2026
键 2034
锭 2042
锯 2078
铘 2083
锟 2104
锝 2105
锡 2106
锦 2111
锞 2122
锣 2124
锢 2129
09
锾 1900
⿰钅俞 1910
锴 1927
锵 1939
锸 1944
锻 1946
锲 1947
𨱅 1949
锹 1960
镂 1963
镁 1971
镀 2018
锼 2036
镅 2081
锷 2094
⿰钅泉 2109
锽 2110
锶 2117
镄 2138
10
镒 1901
⿰钅韦 1912
镊 1987
镌 1989
镓 2043
镔 2046
镑 2048
镋 2050
镈 2072
镇 2076
镏 2088
镉 2095
镐 2097
镍 2114
11
镜 1899
⿰钅著 1951
⿰钅贵 1984
镛 2021
镠 2027
镚 2037
镗 2049
镞 2055
镝 2066
⿰钅敫 2070
镘 2107
镖 2127
12
镣 1919
镤 1981
镨 1982
镃 2004
镫 2007
⿰钅矞 2008
镩 2047
镧 2062
镦 2096
镥 2119
镪 2136
13
镱 1898
镬 1952
镰 2020
镭 2068

鐲 2125
鐶 2126
14
鑔 2045
15
鑣 2019
16
鑞 1997
17
鑲 1930
鑱 2102
20
钁 2113
168a 長
00
長 4724
168s 长
00
长 2139
169a 門
00
門 8739
02
閃 8745
03
閆 8740
閉 8756
閈 8758
04
閎 8748
閔 8752
開 8759
閑 8760
閏 8766
閒 8779
間 8790
05
閟 8755
閘 8798
06
閣 8747
関 8750
閥 8757
閨 8763
閡 8772
閤 8774
閩 8796
07
閸 8746
閬 8783
閭 8787
誾 8788
閱 8789
閫 8801
08
閛 8743
閿 8744
閹 8749
闍 8765
閽 8769
閾 8770
閼 8778
閶 8792
09
闊 8741
闇 8742
闋 8773
闈 8775
闆 8785
闃 8793
闌 8797
闉 8800
10
闐 8753
闔 8764
闓 8776
闕 8777
闑 8781
闒 8791
闖 8802
11
闚 8751
闞 8768
關 8771
闝 8794
12
闥 8762
闡 8786
闠 8795
13
闢 8782
闤 8799
169s 门
00
门 7996
01
闩 7997
02
闪 8000
03
闭 8009
闬 8011
问 8035
闯 8052
04
闳 8003
闵 8006
闷 8007
闲 8012
闰 8017
闹 8025
间 8039
05
𬮤 8008
闸 8046
06
𬮱 8002
𬮷 8004
阀 8010
闺 8014
闻 8018
阂 8022
阁 8024
𬮴 8026
訚 8029
闾 8036
闽 8044
07
阃 8001
阆 8034
阄 8037
阅 8038
阃 8051
08
阌 7999
阉 8005
阇 8016
阍 8020
阈 8021
阎 8028
阏 8031
阊 8041
阐 8047
09
阔 7998
阕 8023
阒 8042
阓 8043
阑 8045
𬮹 8050
10
阖 8015
阙 8030
阗 8033
阘 8040
11
阚 8019
13
阛 8049
170a 阜
00
阜 8738
170b 阝
02
队 6711
03
阢 6729
阡 6737
04
阶 6714
阮 6730
阧 6738
阱 6739
阯 6745
阵 6756
阨 6762
阪 6765
防 6773
阴 6774
阳 6783
阬 6798
05
陇 6731
阿 6732
际 6734
附 6735
阼 6736
陈 6755
陉 6758
陂 6764
陆 6769
陀 6770
阻 6777
阽 6782
06
陕 6726
陔 6754
降 6760
陋 6776
限 6778
陌 6789
07
险 6713
除 6715
陜 6725
陛 6727
陡 6741
陟 6746
陘 6753
院 6771
陨 6779
陧 6784
陣 6791
08
陪 6707
陰 6717
陸 6742
陵 6743
陲 6744
陬 6749
陷 6768
陶 6772
隗 6792
陳 6793
陴 6794
09
隋 6719
随 6724
階 6728
隊 6750
隆 6759
陞 6761
陿 6766
隐 6767
隄 6785
陽 6787
隍 6788
隈 6790
隅 6795
陻 6796
10
隘 6710
隃 6716
隙 6733
隕 6780
隔 6781
隖 6797
11
障 6708
際 6757
隵 6763
12
隨 6722
隣 6740
隧 6752
13
險 6718
14
隱 6709
隰 6786
15
隮 6720
17
隴 6706
171a 隶
00
隶 7411
08
隷 4996
09
隸 4147
172a 隹
00
隹 5484
02
隼 5491
隻 5495
隽 5496
难 6505
04
雄 1522
雀 2244
集 5492
雋 5499
雁 6829
雅 7353
雇 8688
05
雉 1585
雍 6303
雏 7384
雎 8542
06
雌 5297
雒 6535
08
錐 5907
雕 8275
09
雖 9225
10
雞 695
雜 1080
雙 5493
雝 5715
雛 7906
離 8540
11
難 5401
173a 雨
00
雨 8415
03
雪 8446
雩 8465
04
雯 8423
雲 8438
雳 8444
雰 8445
雱 8449
05
零 8421
雺 8422
雹 8448
雷 8463
電 8464
06
霁 8424
雾 8425
霆 8433
需 8451
07
霂 8417
霈 8418
震 8442
霄 8454
霅 8461
霉 8467
08
霑 8419
霎 8420
霏 8428
霖 8429
霍 8436
霓 8447
09
霜 8430
霡 8450
霞 8456
10
霧 8441
霤 8457
11
霪 8416
霭 8426
12
霰 8435
13
霸 8434
霹 8455
露 8460
14
霽 8427
霾 8437
15
靆 8440
16
靂 8443
靈 8458
靄 8462
17
靉 8439
174a 青
00
青 5274
04
靓 5278
05
靖 643
06
静 5276
07
靚 5279
08
靜 5275
靛 5277
175a 非
00
非 3505
07
靠 5234
11
靡 6900
176a 面
00
面 10929
04
𩈚 10931
07
靦 10932
14
靨 6868
176b 靣
00
靣 10986
177a 革
00
革 5353
02
靪 5360
03
靰 5359
靸 5377
靭 5381
04
靴 5362
靳 5380
靶 5391
05
靽 5364
靺 5369
靿 5375
鞁 5379
鞅 5390
靻 5393
06
鞏 4715
鞑 5356
鞒 5357
鞋 5371
鞍 5384
鞌 7750
07
鞘 5388
鞓 5392
08
鞡 5361
鞬 5383
鞚 5385
鞠 5386
鞫 5389
鞞 5397

09
鞥 5355
鞭 5363
鞯 5365
鞦 5368
鞣 5376
鞫 5387
鞮 5394
鞨 5395
鞧 5399
10
鞵 5354
鞾 5366
鞴 5372
鞲 5373
鞥 5374
12
鞽 5358
韃 5370
13
韂 5378
韁 5396
14
韆 5398
16
韉 5367
178a 韋
00
韋 7360
03
韌 7369
05
韍 7362
08
韔 7365
韓 10013
09
韙 9884
10
韜 7361
韡 7363
韛 7366
韝 7367
韞 7370
14
韤 7364
178s 韦
00
韦 7281
03
韧 7289
04
韔 7284
05
韨 7283
06
韡 7285
08
韩 10012
09
韫 7290
韪 9883
10
韬 7282
韛 7286
韝 7287
179a 韭
00
韭 5348
06
韲 1663
180a 音
00
音 665
04
韵 669
05
韶 668
10
韻 671
11
響 6298
181a 頁
04
頋 6850
00
頁 10172
02
頃 2176
頂 2234
03
須 635
頇 3407
順 4059
項 4711
04
頑 2203
頊 5198
頌 5933
預 6464
頎 7208
頒 7255
頓 7671
頏 11239
05
領 1406
頗 7187
06
頜 1499
頪 2213
頡 5029
頲 5232
頦 6324
頟 6536
頠 7000
頞 7752
07
頷 1391
頰 1541
頳 3899
頹 4592
頻 5309
頸 5725
頭 9435
頤 9837
08
頫 1079
䫏 5439
顆 10753
09
顑 5560
顏 6994
顓 7584
額 7762
顎 9192
題 9886
顒 10424
顋 10770
10
顛 2175
類 4602
顙 6510
願 6871
顛 8553
顖 10834
11
顢 5350
12
纇 4618
顦 5487
顧 8689
顥 9950
13
顫 10981
14
顬 8453
顯 9895
15
顰 5310
16
顱 7178
17
顴 3932
18
顳 5456
181s 页
00
页 7993
02
顷 2172
顶 2233
03
须 633
顸 3406
顺 4058
04
顽 2201
顼 5173
颂 5932
预 6463
顾 6849
颀 7207
颁 7252
顿 7670
颃 11238
05
领 1397
颈 6497
颇 7186
颅 8703
06
𬱖 208
颌 1495
颊 1634
颉 5028
颋 5231
颏 6323
𬱟 6999
𬱚 7751
07
颔 1390
颓 4591
频 5307
颐 9835
08
䫏 5435
颗 10752
09
𬱿 5558
颜 6993
颛 7583
额 7761
颚 9191
题 9885
颙 10769
10
颞 5465
颡 6509
颠 8552
12
颣 4617
颢 9949
13
颤 10980
14
颥 8452
15
颦 5308
17
颧 3930
182a 風
00
風 11222
05
颯 682
颱 11225
颭 11230
06
颳 11231
08
颶 11228
09
颼 11227
颺 11232
颸 11233
10
颻 711
颿 11087
飀 11229
11
飄 10816
飂 11226
飃 11234
12
飈 11223
飉 11224
182s 风
00
风 11212
05
飒 681
飐 11217
08
飓 11215
09
飕 11214
飔 11218
10
飖 710
飗 11216
11
飘 10815
飂 11213
12
飙 1603
183a 飛
00
飛 11165
12
飜 4660
183s 飞
00
飞 11164
184a 食
00
食 1480
03
飧 6296
飱 6394
04
飡 6415
06
餈 7
養 5217
餍 6818
07
餐 6450
09
餮 6413
11
饗 6299
13
饔 6304
饕 9259
14
饜 6862
184b 飠
02
飣 1432
飢 1479
03
飥 1431
04
飲 1422
飫 1426
飯 1451
飭 1453
飩 1458
05
飴 1446
飼 1452
飿 1457
飽 1461
飾 1462
06
餄 1424
餃 1428
餏 1429
餁 1434
餅 1435
餌 1443
餎 1449
07
餒 1421
餘 1423
餓 1445
餕 1447
餑 1460
餖 1466
08
餔 1427
餧 1437
餞 1444
餡 1455
館 1459
餛 1469
餽 1476
餜 1477
09
餱 1433
餷 1436
餿 1456
餶 1464
餬 1467
餲 1470
餳 1471
餵 1475
10
饈 1425
餻 1439
饌 1454
餺 1463
餾 1465
餼 1478
11
饉 1441
饅 1472
12
饒 1438
饍 1440
饊 1442
饑 1448
饋 1473
16
饝 1450
17
饟 1430
饞 1468
184s 饣
02
饤 1846
饥 1888
03
饦 1845
饧 1860
04
饮 1839
饫 1842
饪 1850
饭 1861
饬 1863
饨 1868
饩 1887
05
饯 1856
饴 1857
饲 1862
饳 1867
饱 1871
饰 1873
06
饸 1840
饺 1843
饻 1844
饼 1848
饵 1853
饶 1854
饹 1859
饷 1872
蚀 1883
07
馁 1838
饿 1855
馂 1858
饽 1870
饾 1877
08
馅 1865
馆 1869
馄 1879
馃 1886
09
馇 1849
馊 1866
馉 1875
𫗮 1878
𫗫 1880
馈 1882
馋 1885
10
馐 1841
馍 1847
馔 1864
馎 1874
馏 1876
11
馑 1851
馒 1881
12
馓 1852
22
馕 1884
185a 首
00

首 10173
02
馗 11203
08
馘 10175
186a 香
00
香 4575
09
馥 4577
11
馨 5019
187a 馬
00
馬 11024
02
馮 44
馭 11056
03
馱 11027
馴 11044
馳 11060
04
駁 11030
駃 11062
05
駑 5788
駕 7269
駙 11035
駐 11046
駘 11052
駝 11065
駒 11068
駔 11071
駛 11078
駟 11084
06
駡 9195
駮 11032
駢 11043
駭 11054
駱 11058
駰 11085
07
駹 11034
騂 11037
騃 11050
駿 11053
駸 11063
騁 11080
08
騐 11025
騎 11028
騑 11039
騏 11047
騅 11049
騌 11066
騍 11081
09
騖 6473
騭 6747
騣 11031
䮒 11038
騲 11042
騤 11055
騷 11057
騧 11072
騙 11075
騠 11077
10
驀 3958
驁 5269
騫 7744
騰 8089
驊 11040
騶 11067
騸 11074
騮 11076
11
驂 11051
驅 11061
騾 11079
驃 11083
驄 11086
12
驚 3874
驕 11029
驍 11045
驏 11073
13
驘 7347
驗 11026
驌 11064
驛 11082
14
驟 11048
16
驥 11036
驢 11059
17
驤 11033
驩 11041
驦 11070
19
驪 11069
187s 马
00
马 11088
02
冯 47
驭 11115
03
驮 11090
驯 11103
驰 11119
04
驳 11093
驱 11120
𫘝 11121
驴 11131
05
驽 5789
驾 7270
驸 11097
驻 11104
骀 11111
驿 11116
驺 11123
驼 11125
驹 11126
驵 11129
驶 11137
驷 11142
06
骄 11092
骅 11096
骈 11102
骁 11108
骇 11113
骆 11118
骃 11143
07
验 11089
骓 11095
骍 11099
𫘤 11110
骏 11112
骎 11122
骊 11127
𫘨 11135
骋 11139
08
骑 11091
𬳾 11101
骐 11105
骓 11107
骖 11109
骕 11124
骒 11140
09
骛 6474
骘 6748
𬴂 11100
骙 11114
骚 11117
骗 11133
骎 11136
10
蓦 3959
骜 5270
骞 7745
腾 8090
䯄 11132
骝 11134
11
骡 11138
骠 11141
骢 11144
12
骣 11130
14
骤 11106
16
骥 11098
17
骧 11094
骦 11128
188a 骨
00
骨 8574
03
骭 8576
04
骰 8599
骯 8600
05
骶 8579
骷 8590
06
骸 8580
骼 8581
骺 8582
07
骾 8591
08
髁 8592
髀 8593
09
髅 8578
髂 8587
髃 8594
10
髋 8585
髌 8588
髈 8589
髏 8601
11
髎 8583
12
髓 8575
髒 8577
13
髖 8586
髑 8595
體 8596
14
髕 8584
189a 高
00
高 9463
02
髙 9461
190a 髟
02
髡 4754
03
髠 4731
髢 4742
04
髦 4730
髤 4733
髣 4746
05
髮 4727
髫 4741
髯 4748
髴 4756
06
髹 4732
髻 4737
髭 4739
07
鬀 4726
08
鬅 4736
鬈 4755
鬇 4728
鬆 4734
鬃 4744
鬍 4747
09
鬏 4735
鬐 4750
鬑 4752
10
鬓 4729
鬘 4738
鬒 4745
鬖 4749
11
鬗 4751
12
鬚 4725
13
鬟 4753
14
鬢 4743
16
鬣 4740
191a 鬥
00
鬥 7468
04
鬦 7469
05
鬧 7472
06
鬨 7470
08
鬩 7471
14
鬪 7473
16
鬮 7474
191s 门
05
闹 8032
07
阄 8048
08
阋 8027
192a 鬯
00
鬯 1688
19
鬱 4334
193a 鬲
00
鬲 9420
04
甗 9424
07
鬴 9422
08
鬵 1616
11
鬹 1618
12
鬻 11252
194a 鬼
00
鬼 10736
03
鬽 10737
04
魂 5922
魁 10740
05
魄 9997
魃 10738
魆 10739
魅 10741
魀 10744
06
魇 6821
07
魈 10746
魉 10748
08
魏 4537
魋 10742
魊 10743
魍 10745
魎 10747
10
魑 10749
11
魔 6908
14
魘 6867
195a 魚
00
魚 10557
02
魛 10602
03
魟 10576
04
魷 10565
魨 10608
魴 10614
䰾 10622
魯 10627
05
鮁 10466
鮒 10566
鮓 10569
鮃 10570
鮐 10590
鮌 10591
鮍 10600
鮣 10603
鮑 10613
鮊 10635
鮋 10642
鮄 10656
06
鮝 1533
鮪 10562
鮫 10564
鮮 10571
鮭 10577
鮚 10578
鮬 10607
鮟 10610
鮦 10616
07
鯊 142
鯗 1620
鯀 10592
鯒 10594
鯽 10621
鮸 10639
鯁 10644
鯉 10645
08
鯰 10560
鯡 10572
鯪 10581
鯖 10583
鯕 10586
鯫 10587
鯔 10588
鯢 10606
鯛 10615
鯨 10626
鯤 10628
鯧 10632
鯴 10655
09
鰆 10563
鰍 10574
鰈 10595
鯶 10609
鯿 10620
鯷 10630
鰒 10634
鰁 10636
鰉 10637
鰂 10638
鯻 10640
鰓 10641
鰌 10650
10
鰲 5268
䲢 8088
鰩 10558
鰭 10580
鰜 10605
鰟 10611
鰤 10623
鰣 10629
鰨 10631
鰱 10643
鰥 10646
鰛 10652
11
鰷 10567
鰳 10585
鰺 10589
鰶 10593
鱇 10597
鱅 10598
鰼 10601

鱩 10618
䲖 10619
鰹 10624
鰻 10633
鰾 10647
鱂 10654
鱉 11302
12
鱗 10575
鱚 10579
鱔 10584
鱖 10596
鱘 10604
鱓 10625
鱏 10648
鱒 10651
13
鱟 7462
鱠 10561
鱧 10649
鱣 10653
14
鱭 10568
鱨 10612
15
鱵 10559
16
鱷 10582
鱸 10599
19
鱺 10617
195s 鱼
00
鱼 10460
02
魛 10507
03
魟 10483
04
鱿 10471
鲀 10513
鲂 10519
鲁 10532
05
鲎 7858
鲅 10465
鲋 10473
鲊 10475
鲆 10476
稣 10480
鲐 10496
鲏 10505
鮣 10508
鲍 10518
鲈 10527
鲇 10531
鲌 10541
鲉 10547
鮄 10556
06
鲝 1532
鲞 1630
鲙 10463
鲔 10464
鲚 10468
鲛 10470
鰤 10472
鲜 10477
鲑 10484
鲒 10485
鲟 10509
鳑 10512
鮟 10515
鲗 10520
鲖 10522
07
鲨 141
鲣 10478
鲧 10497
鲢 10498
鲬 10500
鲩 10514
鲡 10523
鲫 10528
鲥 10534
鮸 10544
鲠 10548
鲤 10549
08
鲦 10469
鲱 10479
鲮 10488
鲭 10489
鲯 10492
鲰 10493
鲻 10494
鲹 10495
鲵 10511
鲷 10521
鲸 10530
鲲 10533
鲳 10538
鲺 10555
09
䲠 10467
鲶 10474
鳅 10481
鲽 10501
鲾 10517
鳊 10526
鳄 10529
鳀 10535
鳁 10537
鳆 10540
鳈 10542
鳇 10543
鯻 10545
鳃 10546
10
鳌 5267
䲢 8087
鳐 10461
鳍 10487
鳒 10510
鳑 10516
鳎 10536
鳏 10550
11
鳖 8481
鳓 10491
鰶 10499
鱇 10503
鳙 10504
鳛 10506
鳕 10524
鳚 10525
鳗 10539
鳔 10551
鳘 11301
12
鳞 10482
鱚 10486
鳝 10490
鳜 10502
鳟 10553
13
鳢 10552
鳣 10554
15
鱵 10462
196a 鳥
00
鳥 11158
02
鳩 11205
03
鳶 5512
鳲 8668
鳴 9267
鳳 11235
04
鴇 2169
鴈 6831
鴉 7357
鴆 7891
鳾 8473
鴃 11159
05
鴒 1407
鴟 5523
鴛 6406
鴝 7917
鴦 8571
鴞 9261
鴣 9815
鴨 10452
鴕 11160
06
鴻 211
鴿 1501
鵁 1686
鵂 2868
鵆 3130
鴷 6423
鵃 8328
鴯 8347
鴰 9832
07
鵒 1515
鵐 4703
鵠 5238
鵞 5546
鵟 5627
鵜 7881
鵏 8496
鵑 9134
鵓 11280
08
鵪 1568
鶘 3982
鶄 5281
鵲 5413
鵡 5515
鶊 6965
鵮 7444
鵷 7758
鵬 8202
鵰 8277
鶉 9453
鶇 10755
鵯 10759
鶂 11291
09
鶩 4498
鶖 6476
鶤 7685
鶻 8598
鶡 8711
鶚 9194
鶒 9812
鶠 9928
鶪 10027
鶺 10382
10
鷄 696
鷀 709
鶲 726
鶯 948
鶬 1420
鶮 1518
鷇 5011
鶵 5931
鷉 7193
鶼 7419
鶴 7888
鷂 7909
鶹 8825
鶸 9918
11
鷙 4804
鷓 6918
鷚 7224
鷖 7304
鷗 7324
鷟 7933
12
鷯 1609
鷰 5352
鷦 5489
鷥 6178
鷸 6316
鷭 6483
鷳 8761
鷴 8780
鷲 9440
13
鸂 58
鷹 6894
鸏 7421
鷽 7463
鷿 8659
鷺 9355
鸌 10798
鸇 10983
14
鸑 5667
鸒 10148
16
鸕 7179
17
鸛 3934
鸘 8432
鸚 10145
19
鸞 6250
鸝 8292
196s 鸟
00
鸟 11151
02
鸡 6519
鸠 11204
03
鸢 5511
鸤 8667
鸣 9265
04
鸧 1403
鸨 2168
鸥 7307
鸦 7356
鸩 7890
䴓 8472
鴃 11152
05
鸰 1398
莺 3841
鸱 5522
鸶 6003
鸫 6326
鸳 6405
鸰 7387
鸴 7859
鸲 7916
鸯 8570
鸬 8704
鸮 9260
鸪 9814
鸭 10451
鸵 11153
06
鸿 210
鸽 1500
䴔 1685
鸷 2737
鸾 2767
鸺 2867
鸻 3129
䴕 6422
鴽 7753
鸼 8327
鸸 8346
鸹 9831
07
鹆 1514
鹀 4702
鹄 5237
鹅 5545
鵟 5626
鹈 7880
鹇 8013
鵏 8495
鹃 9133
鹁 11279
08
鹌 1567
鹕 3981
䴖 5280
鹊 5412
鹉 5514
鹒 6964
鹔 7415
鹐 7443
鹓 7757
鹏 8201
鹂 8288
鹑 9452
鹍 9856
鹎 10758
09
鹜 4497
鹙 5605
鹜 6475
鹘 8597
鹖 8710
鹗 9193
鹕 9811
鶠 9927
鶪 10026
鹡 10381
10
鹚 708
鹟 725
鹝 1517
鷇 5010
鶵 5930
䴘 7192
鹣 7418
鹤 7887
鹠 8824
11
鹧 6917
鹨 7223
鹥 7303
鷟 7932
鹦 7981
12
鹪 1608
鹩 5488
鹬 6315
鷭 6482
鹫 9439
13
㶉 57
鹰 6893
䴙 8658
鹭 9354
鹱 10797
鹯 10982
17
鹳 3933
鹴 8431
197a 鹵
00
鹵 10838
09
鹺 10840
鹹 10841
10
鹻 10842
13
鹽 8818
197s 卤
09
鹾 10836
17
鹼 10839
198a 鹿
00
鹿 6940
01
麀 7001
02
麂 6944
05
麇 6945
麈 6949
麅 6955
06
麋 6946
07
麐 6943
08
麓 4192
麒 6950
麑 6954
麕 6957
麗 8289
10
麝 6956
11
麞 6941
麃 6952
12
麟 6947
22
麤 6953
199a 麥
00
麥 4097
04
麩 4101
06
麯 4099

07
麬 4098
09
麺 4100
199s 麦
00
麦 5252
04
麸 5253
06
麯 5255
08
麹 5254
200a 麻
00
麻 6897
03
麼 6904
麽 6905
04
麾 6898
摩 6899
201a 黃
00
黃 5409
201s 黄
00
黄 5414
05
黈 5416
黉 7853
08
黇 5415
13
黌 7457
202a 黍
00
黍 4500
03
黎 4553
05
黏 4502
10
黐 4501
11
黁 6902
203a 黑
00
黑 10393
04
黔 10395
默 10397
05
黛 2917
黝 10403
黜 10406
點 10409
06
黡 6819
黠 10399
黟 10404
07
黢 10402
08
黧 4556
黨 7872
黩 10396
黥 10408
09
黯 10394
黮 10401
10
黰 10407
11
黴 3161
13
黵 10405
14
黶 6865
15
黷 10400
204a 黹
00
黹 5337
05
黺 5338
黻 5339
07
黼 5340
204s 业
00
业 5328
05
壶 5001
07
凿 5331
205a 黽
00
黽 11293
04
黿 2204
鼀 11294
10
鼇 5271
11
鼈 8483
20
鼉 9184
205s 黾
04
鼋 2202
12
鼉 9183
206a 鼎
00
鼎 10104
02
鼐 6806
03
鼒 2312
207a 鼓
00
鼓 5032
05
鼕 5034
06
鼗 2211
08
鼙 5036
12
鼟 5033
208a 鼠
00
鼠 7424
04
鼢 7429
05
鼥 7426
鼣 7427
鼧 7432
鼩 7433
鼫 7434
鼬 7436
07
鼯 7431
08
鼱 7428
09
鼴 7430
10
鼷 7425
鼸 7435
209a 鼻
00
鼻 10161
03
鼾 10163
04
齀 10166
05
齁 10167
10
齆 10164
11
齇 10165
22
齉 10168
210a 齊
00
齊 3185
03
齋 3189
07
齎 3188
09
齏 3187
210s 齐
00
齐 1661
211a 齒
00
齒 8520
02
齔 8523
03
齕 8538
04
齗 8526
䶕 8534
05
齡 8521
齠 8527
齙 8529
齣 8530
齟 8531
06
齧 3491
齩 8522
齜 8525
齦 8533
07
齬 8528
齪 8536
09
齷 8532
齶 8535
齲 8537
12
齹 8524
211s 齿
00
齿 8505
02
龀 8507
03
龁 8519
04
龂 8509
𬺈 8516
05
龄 8506
龆 8510
龅 8512
龃 8513
06
龇 8508
龈 8515
07
龉 8511
龊 8517
09
龌 8514
龋 8518
212a 龍
00
龍 650
03
龐 6877
04
龑 651
06
龔 654
龕 1482
212s 龙
00
龙 2223
04
䶮 2224
06
龛 1488
龚 2227
213a 龜
00
龜 11295
214a 龠
00
龠 1497
05
龢 1498
m001 ○
00
○ 11311

Difficult Hanzi difficiles / 难检字索引

Stroke Count - nombre de traits

1

乙 11166
〇 11311

2

人 1070
入 1082
乂 1643
匕 2162
七 2181
丁 2232
卜 3203
厶 5886
了 6540
乃 6799
刁 7216
乜 7276
九 11197

3

三 3
个 1092
义 1687
丈 1689
兀 2196
尢 2214
亍 2238
于 2306
才 2311
丫 3184
下 3204
干 3403
千 3419
川 4057
工 4698
上 4718
弋 5502
么 5927
幺 6098
乡 6295
之 6492
久 6498
叉 6520
孓 6561
及 6807
习 7217
刃 7256
刄 7256
也 7277
卫 7280
亡 7334
勺 7892
万 7923
已 8726
巳 8727
亏 11018
与 11020
飞 11164
乞 11168
丸 11206
凡 11211
凢 11240
己 11243

4

六 722
从 1071
今 1385
仓 1400
冇 1524
天 1573
夭 1593
犬 1602
太 1604
夫 1610
爻 1651
凶 1657
文 1659
父 1674
比 1889
长 2139
以 2161
元 2199
无 2221
尤 2222
少 2243
化 2834
卞 3206
午 3417
斗 3424
丰 3480
亓 4040
升 4044
开 4045
井 4055
爪 4061
卅 4064
不 4066
不 4077
壬 5229
止 5293
廿 5349
弌 5503
氏 5516
允 5908
云 5917
公 5928
幻 6102
互 6392
予 6462
专 6491
乏 6493
支 6522
仄 6816
分 7245
办 7271
为 7272
书 7291
匹 7292
区 7305
牙 7352
五 7371
丑 7392
尹 7404
屯 7667
冗 7687
匀 7893
勿 7894
丹 8055
冄 8265
冈 8270
币 8414
帀 8471
内 8500
尺 8671
巴 8730
日 9838
曰 9839
中 10183
爿 10989
片 11006
兮 11019
丐 11022
丏 11023
乌 11145
凤 11220
亢 11236
弔 11275
毋 11305

5

兰 4
灭 1069
令 1394
左 1521
头 1598
失 1621
瓜 2159
必 2179
龙 2223
可 2235
示 2247
尔 2295
氷 2303
永 2304
乎 2313
归 2750
帅 2751
旧 2769
北 3199
乍 3207
平 3426
半 3477
卉 4041
丕 4067
术 4595
本 4662
未 4663
末 4669
巧 4712
卡 4723
去 4870
主 5212
生 5227
玉 5247
生 5286
正 5316
疋 5323
业 5328
甘 5421
弍 5504
氐 5520
戊 5547
戉 5561
戋 5563
廵 5712
弁 5894
丝 6002
幼 6103
玄 6307
东 6325
矛 6466
冬 6524
处 6526
処 6539
処 6539
世 6808
发 6813
皮 7184
卮 7197
斥 7209
丘 7210
司 7236
乐 7358
刍 7381
击 7647
出 7657
写 7686
匆 7900
册 8053
甩 8266
用 8267
冊 8268
冉 8413
市 8470
丙 8502
且 8541
央 8568
卢 8702
民 8712
巨 8803
卯 8826
只 9278
兄 9280
占 9798
古 9806
旦 9840
史 10368
甲 10450
由 10657
申 10661
电 10734
四 10843
弗 11281
凹 11285
凸 11287
母 11296

6

兴 683
伞 1093
全 1105
关 1576
乔 1595
买 1599
夹 1631
兇 1658
齐 1661
爷 1679
交 1681
毕 1891
旨 2173
光 2205
兆 2210
尥 2219
尖 2240
囟 2301
师 2752
亦 2753
竹 2770
仵 2852
年 3476
并 4050
州 4063
朱 4670
巩 4713
老 5045
考 5057
丢 5228
廷 5230
先 5239
此 5294
亚 5341
在 5417
共 5418
弎 5507
式 5509
尧 5524
戎 5532
戌 5548
戍 5549
成 5550
巡 5713
至 5911
充 5926
亥 6319
舛 6400
亙 6454
丞 6543
阳 6783
压 6841
产 6991
危 6998
后 7199
乒 7213
乓 7214
那 7258
当 7380
聿 7396
争 7410
艸 7654
军 7675
农 7889
旬 7920
贞 7994
负 7995
肋 8172
肌 8254
网 8271
同 8279
甪 8335
冉 8336
向 8341
而 8342
再 8469
肉 8501
血 8555
尽 8675
艮 8717
异 8729
色 8731
臣 8804
乩 9800
舌 9820
旯 9968
早 9970
亘 9971
百 10000
自 10153
吏 10369
曳 10735
曲 10829
囟 10833
西 10844
收 10987
凫 11150
乱 11162
旮 11201
旭 11202
夙 11219
夷 11274

7

况 38
汩 525
佥 1083
余 1095
谷 1509
寿 1535
夾 1538
希 1647
饬 1863
尬 2215
尪 2217
羌 2231
求 2314
佞 2772
攸 3104
状 3190
坐 3495
劳 3836
形 4046
所 4060
来 4672
巫 4699
赤 4782
壳 5012
声 5018
毒 5044
孝 5049
弄 5103
告 5233
麦 5252
步 5306
延 5327
我 5544
弃 5923
系 6318
甬 6485
辰 6823
应 6878
严 6997
巵 7198
兵 7215
医 7298
罕 7688
孛 7878
间 8039
彤 8056
肘 8105
肝 8111
肛 8126
肚 8129
肟 8251
囧 8280
丽 8285
肖 8351
甫 8492
两 8504
县 8543
奂 8567
局 8676
即 8714
良 8725
卵 8828
邑 9168
吕 9204
吴 9256
豆 9427
亨 9443
兑 9797
克 9816
乱 9823
时 9861
旱 9864
旰 9865

Difficult Hanzi difficiles / 难检字索引

Stroke Count - nombre de traits

旸 9900
旷 9903
廹 9984
廹 9984
皃 9998
阜 9999
免 10370
兎 10374
東 10375
串 10388
亩 10454
更 10731
龟 10733
里 10761
卤 10835
囬 10928
卣 10933
囱 10984
岛 11149
弟 11276
兕 11286
每 11298

8

采 689
乳 701
争 704
受 715
舀 718
卒 1078
卒 1078
侖 1415
命 1494
舍 1502
忝 1594
卖 1600
卷 1627
奉 1637
肴 1645
爸 1680
饰 1873
侹 2209
沓 2302
抛 2399
抛 2399
变 2762
侃 3031
夜 3101
乖 3420
非 3505
茔 3831
茕 3842
爬 4062
來 4093
杳 4428
長 4724
幸 4795
卦 4822
刼 4873
者 5051
羌 5226
丧 5248
表 5250
责 5272
青 5274
毒 5284
垂 5291
歧 5314
並 5346
其 5428
武 5510
武 5513
昏 5519
或 5533
甾 5716
叁 5887
参 5888
兖 5935
彔 6385
艰 6518
咎 6527
备 6537
函 6542
晋 6545
承 6562
庚 6961
质 7194
匼 7294
氓 7340
帚 7379
录 7388
建 7397
妻 7402
隶 7411
秉 7413
肃 7414
兒 7441
臾 7445
岸 7557
峕 7655
学 7854
峃 7856
畄 7898
於 7929
肷 8063
肱 8071
肽 8077
肣 8110
肼 8120
肢 8158
肫 8180
肪 8199
肺 8206
肭 8209
肥 8218
股 8255
周 8273
罔 8281
岡 8282
尚 8354
兩 8468
枣 8488
制 8497
具 8546
直 8548
典 8564
刷 8642
所 8705
郎 8721
阜 8738
臥 8809
卧 8810
咒 9197
京 9436
享 9445
炅 9848
昊 9851
旻 9854
昆 9855
昇 9868
杲 9869
旺 9875
昙 9894
昃 9901
昕 9905
昂 9911
昀 9920
易 9921
昉 9932
明 9933
昌 9953
卓 10004
直 10179
免 10372
事 10387
畀 10427
画 10453
单 10457
畅 10662
果 10750
東 10754
卑 10756
罗 10789
廼 10845
廻 10966
面 10986
狀 10990
牀 10993
版 11012
亟 11017
臬 11148
虱 11163
亞 11288
毑 11297
贯 11306

9

染 615
音 665
举 684
爰 687
俎 1077
俞 1409
弇 1490
郤 1512
差 1529
看 1534
养 1619
奏 1635
春 1640
毖 1890
哀 2150
胤 2195
粪 2224
袓 2305
弈 2755
侯 2811
衍 3115
衎 3131
将 3196
舌 3422
段 3425
拜 3442
叛 3479
临 3499
茶 3556
荆 3650
荔 3798
荒 3810
荧 3826
荥 3828
荦 3829
荣 3830
带 4039
枂 4052
歪 4069
甭 4073
香 4575
项 4709
垚 4824
美 5218
姜 5223
羙 5224
卸 5322
韭 5348
巷 5420
甚 5440
哉 5541
威 5555
咸 5556
狱 5604
象 5706
彖 5709
姦 5776
垒 5897
妙 6308
癸 6455
矜 6467
昝 6528
盈 6803
厚 6860
度 6919
彦 6992
盾 7195
為 7273
為 7273
叟 7446
炭 7495
炭 7556
耑 7581
耑 7581
幽 7653
冠 7672
帝 7850
觉 7857
尝 7863
奂 7885
畱 7897
施 7946
冒 7951
胗 8064
胈 8072
胍 8096
䏡 8103
脉 8104
胙 8109
胖 8112
胚 8121
胩 8127
胠 8130
胝 8145
胎 8151
胞 8197
朐 8198
胆 8228
胛 8237
胂 8238
前 8261
耐 8344
要 8345
南 8357
屻 8561
咫 8673
昼 8674
眉 8708
既 8715
垦 8719
叚 8732
品 9179
骂 9196
亭 9459
亮 9462
战 9802
禼 9804
昱 9841
昳 9852
昽 9860
昨 9863
昧 9871
星 9878
是 9880
显 9887
昪 9893
昡 9897
昭 9908
曷 9924
昫 9929
映 9941
昵 9942
昴 9945
复 9972
首 10173
貞 10178
負 10182
禹 10386
柬 10392
毘 10420
毗 10421
畏 10422
重 10764
禺 10766
罚 10773
罘 10778
要 10824
酋 10921
面 10929
牁 10991
飛 11165

10

浦 460
奚 693
爱 712
益 723
倉 1417
脊 1516
羞 1530
泰 1636
秦 1638
斋 1671
爹 1677
鬯 1688
毙 1892
衮 2146
衰 2155
衷 2156
殷 2160
眞 2174
哥 2236
祘 2254
玺 2296
候 3103
修 3105
艳 3492
莽 3583
莜 3629
華 3647
莹 3832
莺 3841
莫 3950
栁 4053
孬 4070
乘 4519
乘 4519
料 4607
丧 4765
丧 4765
盐 4794
袁 4942
壶 5001
壶 5001
耄 5046
耆 5048
班 5095
珹 5130
羔 5215
恙 5219
素 5251
敖 5256
胥 5325
晋 5344
恭 5419
隼 5491
栽 5535
栽 5537
载 5539
彧 5566
邕 5714
畚 5890
能 5898
致 5913
晉 5916
圅 6490
桑 6508
辱 6824
原 6869
席 6921
唐 6959
匏 7185
虒 7190
巽 7274
匿 7311
皱 7386
書 7398
兼 7416
鬥 7468
峯 7499
豈 7599
崇 7658
冢 7674
冥 7678
冤 7680
害 7720
宽 7723
旁 7849
鸴 7859
党 7874
索 7877
芻 7905
旅 7935
旄 7937
旂 7945
旃 7948

Difficult Hanzi difficiles / 难检字索引

Stroke Count - nombre de traits

胯 8074
脎 8092
脂 8097
胱 8099
脁 8100
胼 8119
脒 8123
胲 8154
胳 8160
脏 8163
脆 8166
脈 8169
胺 8185
胸 8196
胴 8203
胭 8247
胰 8258
离 8539
真 8551
虾 8559
衄 8563
屐 8617
展 8629
屒 8685
殷 8706
朗 8722
師 8737
卿 8827
哭 9171
鬲 9420
豇 9430
毫 9457
高 9463
舐 9828
晃 9858
晁 9859
晔 9862
時 9872
晓 9891
晟 9892
晖 9913
晕 9914
晏 9917
晌 9937
晅 9960
晒 9967
桌 10003
臭 10155
臬 10159
夏 10171
畝 10455
畢 10760
罢 10780
罡 10783
罟 10802
牂 10992
袅 11147
烏 11154
島 11157
虒 11199
弱 11272
婁 11308

[11]

竟 672
彩 690
笾 837
斜 1097
敘 1099
龛 1488
着 1531
爽 1542
瓠 1570
匏 1572
舂 1639
袭 2142
衮 2147
衺 2154
龚 2227
亱 3102
倏 3106
倐 3107
悠 3108
條 3109
脩 3112
衔 3126
術 3135
徙 3141
衒 3150
彗 3481
萦 3834
营 3837
萤 3839
帶 4065
麥 4097
彬 4181
梵 4196
赦 4783
赧 4789
執 4798
羕 5220
盖 5225
啬 5249
麸 5253
責 5282
焉 5318
堇 5403
黄 5414
敢 5482
戚 5552
巢 5717
豙 5787
參 5895
鄉 6297
牽 6309
率 6311
夠 6399
祭 6460
祛 6636
隆 6759
厣 6820
脣 6825
麻 6897
庶 6914
庹 6922
庸 6968
產 6995
彪 7183
區 7321
兜 7333
望 7339
晝 7399
皲 7677
密 7703
寇 7707
宿 7716
寅 7785
窓 7819
堂 7868
够 7914
族 7931
旌 7939
旋 7940
堃 7947
旆 7949
旎 7950
脬 8060
脞 8061
脚 8131
豚 8146
脛 8150
脘 8181
脖 8193
䐄 8195
脯 8207
脲 8214
脰 8225
脝 8226
脱 8227
胇 8259
脢 8260
彫 8274
商 8350
斛 8362
敝 8474
衅 8557
尙 8604
尉 8609
屜 8618
啟 8700
豉 9432
孰 9454
甜 9826
晗 9850
晞 9853
匙 9881
晨 9902
晤 9912
晡 9939
勗 9940
冕 9961
晚 9962
曼 9966
晦 9969
阜 9978
乾 10015
象 10385
兽 10456
野 10762
罛 10776
罣 10779
票 10812
曹 10831
离 10837
鹵 10838
將 11000
梟 11156
馗 11203
艴 11283
貫 11307

[12]

渠 497
敱 659
爲 703
舜 714
策 876
勞 945
傘 1087
禽 1416
飭 1453
舒 1503
敧 1545
智 1589
喬 1597
替 1612
弒 1655
娬 1664
爺 1676
亵 2143
裒 2149
颎 2166
毳 2184
辉 2207
淼 2300
彘 2749
窗 2765
街 3138
衖 3146
衕 3166
掰 3444
犂 3453
斐 3506
蒋 3639
葳 3719
葬 3755
葩 3969
森 4184
棼 4193
晳 4307
黍 4500
稽 4513
释 4656
報 4797
達 4808
堯 4825
堦 4859
喪 4947
款 4995
壹 5005
殼 5014
壺 5017
喆 5025
臺 5026
彭 5030
壷 5047
斑 5082
琴 5114
琵 5115
琶 5117
羡 5213
靓 5278
甥 5288
善 5289
歯 5301
疏 5320
疎 5321
凿 5331
凿 5331
黹 5337
普 5347
散 5410
昔 5411
雋 5499
雋 5499
無 5500
裁 5536
截 5540
遂 5704
皴 5910
棄 5924
幾 6100
幾 6100
飨 6296
兹 6312
暂 6363
凫 6384
然 6452
登 6456
發 6459
矞 6479
巯 6495
殽 6512
惫 6538
隂 6716
雁 6829
厤 6836
厨 6859
鹿 7001
尋 7393
畫 7400
舄 7439
甯 7700
寒 7735
寐 7788
寑 7790
喾 7852
敩 7855
掌 7866
脺 8062
腌 8073
勝 8083
腋 8107
腓 8114
脹 8128
腈 8137
腊 8141
腑 8162
腱 8176
腴 8178
腙 8183
腚 8184
腕 8186
腔 8188
腆 8212
腒 8215
腖 8240
脾 8241
奥 8337
粤 8339
棗 8490
衆 8556
蛌 8560
戛 8573
屟 8613
犀 8621
孱 8636
間 8790
悲 8926
斝 9175
單 9186
跞 9373
就 9437
亭 9461
晬 9849
晰 9870
暑 9874
晴 9877
最 9889
晷 9899
景 9946
晾 9947
晶 9958
量 9964
皕 10002
曾 10390
鲁 10532
甦 10732
罦 10771
買 10794
覃 10826
牍 11007
牋 11010
牌 11013
粥 11269

[13]

溼 295
靖 643
韵 669
釉 691
亂 697
愛 713
笵 762
筱 771
塋 942
煢 949
飾 1462
僉 1483
會 1506
裏 2158
肄 2165
鼋 2202
尴 2216
尲 2218
摆 2713
絛 3110
翛 3111
衙 3156
微 3162
蒲 3530
蒜 3611
蓥 3827
蒙 3833
蒯 3884
禁 4183
楚 4186
肆 4757
嗇 4766
赪 4790
彀 5016
鼓 5032
瑟 5116
羨 5214
義 5221
麯 5255
歲 5311
業 5332
尠 5441
斟 5442
載 5543
詧 6005
雍 6303
彙 6391
叠 6514
戡 6920
詹 7002
煞 7382
肅 7420
與 7451
嵳 7500
寝 7717
塞 7739

Difficult Hanzi difficiles / 难检字索引

Stroke Count - nombre de traits

鲎 7858
旒 7942
塍 8080
膢 8081
腾 8090
腠 8091
腯 8170
腩 8204
腡 8213
腿 8217
膇 8220
腥 8229
腸 8230
腽 8231
腹 8232
腺 8233
腮 8236
腫 8242
腰 8244
腼 8246
奥 8340
献 8358
解 8366
殿 8630
辟 8645
愍 8713
戢 9004
嗣 9135
號 9258
跸 9309
暗 9843
暖 9845
尟 9882
暌 9898
暉 9916
暉 9916
暄 9919
暇 9943
睍 9944
暍 9956
暘 9957
敫 9991
榦 10007
鼎 10104
遣 10188
赖 10383
罨 10772
罪 10777
署 10782
蜀 10791
置 10793
罩 10803
罯 10805
農 10830
猷 10924
靦 10931
禀 10975
稟 10976
亶 10977
牐 11008
牒 11011
黽 11293

14

韶 668
彰 674
箍 761
算 895
熒 936
榮 938
犖 939
榮 940
羞 1532
奪 1555
榘 1587
釜 1675
锵 1939
裹 2157
疑 2164
銜 3123
齊 3185
慕 3951
暮 3957
蔑 4004
粼 4621
鄰 4622
嫠 4667
赫 4785
堨 4877
壽 4997
穀 5000
轂 5003
槀 5007
嘉 5037
槩 5259
静 5276
對 5334
斠 5424
聚 5461
聚 5461
舞 5501
截 5538
臧 5562
獄 5666
䟽 5722
熊 5899
璦 5918
厭 6861
腐 6889
麽 6904
麼 6905
瘥 7028
犛 7359
盡 7395
與 7448
鬧 7469
獃 7600
鞁 7684
寧 7701
賓 7710
寨 7738
寡 7770
寤 7789
睿 7861
嘗 7865
寋 7883
寋 7884
夐 7886
旖 7930
旗 7941
膜 8118
膀 8190
膊 8208
膈 8224
弊 8476
爾 8484
樊 8491
肇 8682
肈 8690
暨 8716
監 8805
孵 8829
槑 8957
曼 9279
甌 9424
敲 9466
瑕 9813
兢 9819
舔 9821
熙 9836
暧 9846
曄 9866
暱 9910
暝 9915
暠 9952
斡 10008
榦 10009
鼻 10161
熏 10410
暢 10663
夥 10751
罱 10792
罰 10801
罳 10807
睪 10810
鳳 11235
斲 11292
毓 11303
鯀 11304

15

潲 200
號 688
瑩 943
鋪 1505
奭 1564
畜 1663
褒 2144
輝 2208
衛 3154
徵 3158
衚 3172
衝 3179
衝 3179
衝 3179
蔵 3720
蕤 3727
曹 4009
麫 4101
樊 4124
蕤 4191
稽 4512
黎 4553
氂 4664
斄 4665
斄 4665
犛 4666
赭 4786
穀 5010
賣 5042
養 5217
靠 5234
麴 5254
靚 5279
逮 5921
樂 6104
虢 6453
豫 6465
鼐 6806
厪 6822
鴈 6831
麾 6898
摩 6899
慶 6958
塵 6987
瘪 7130
慮 7174
膚 7176
質 7206
[illegible] 7233
魍 7262
歐 7323
瘟 7349
盥 7422
鬧 7472
冪 7673
皺 7908
滕 8079
膝 8122
膠 8171
膗 8179
膛 8192
膘 8243
憂 8572
屨 8615
履 8619
豎 8815
劉 8819
嘯 9090
嚚 9173
踩 9282
踖 9431
豌 9434
磊 9769
憇 9827
賾 9833
暴 9888
暹 9890
鄉 9896
影 9948
跳 9981
縣 9994
魯 10627
暫 10706
罷 10785
罸 10800
罵 10809
牕 11014
鼌 11196

16

潍 553
築 791
篡 893
燚 931
縈 944
螢 947
館 1504
奮 1556
瀾 1670
潁 2167
鼒 2312
3127
衛 3155
衡 3169
衡 3178
冀 3202
辯 3409
辨 3411
辦 3414
蕻 3677
蕲 3899
甍 4008
蕟 4187
螽 4450
穆 4578
頳 4791
隸 4996
縠 5002
噩 5186
羲 5222
赞 5240
靜 5275
靛 5277
燕 5351
黏 5416
雔 5907
臻 5912
彝 6390
穫 6478
歷 6837
曆 6838
盧 7177
羸 7342
餤 7442
興 7449
舉 7454
闀 7470
憲 7733
黉 7853
艙 7899
縢 8082
螣 8086
膦 8124
膰 8125
膨 8132
膳 8139
膩 8144
縣 8547
屨 8620
器 9172
彈 9451
盬 9809
憩 9830
曈 9844
曉 9873
曌 9934
曇 9938
噉 9951
翰 10010
縣 10069
橐 10366
整 10377
賴 10384
罹 10774
瓢 10813
鹺 10836
靦 10932
龜 11295

17

濶 494
龍 650
谿 694
谿 706
爵 720
營 946
燮 1046
龠 1497
羲 1533
謠 1707
褻 2145
襄 2151
竈 2204
檻 2220
禦 3145
徽 3160
齋 3189
辮 3412
藳 3665
藁 3941
麯 4099
隸 4147
黏 4502
糖 4788
螯 4796
幫 4820
縠 5004
轂 5009
甄 5040
黻 5338
艱 5402
戴 5542
嚮 6300
蟊 6484
螽 6525
禪 6688
隳 6720
虧 7158
贏 7343
輿 7450
豳 7652
豁 7721
邃 7818
臆 8059
臉 8068
膾 8069
膽 8084
臏 8085
朦 8117
臌 8133
臃 8153
臁 8165
膽 8167
臊 8222
膿 8245
斃 8477
臨 8817
融 9422
鬃 9428
曖 9847
曚 9867
曙 9965
斛 10163
鼏 10169
鼫 10175
鵬 10439
鲋 10474
羈 10784
罾 10806
牆 10994
鼂 11294
繁 11300

18

簠 877
簋 883
鎣 937
燊 941
爗 1051
雜 1080
鶩 1616
藝 3692
藺 3889
麰 4098

馥 4577
颣 4617
鼈 4668
鞶 5034
叢 5329
聶 5455
雛 5490
雙 5493
燹 5699
彝 6389
皻 7172
毉 7299
闐 7471
豐 7648
旛 7938
膰 8087
臍 8108
臏 8182
臑 8205
屩 8614
璧 8651
歸 8734
器 9176
嚚 9178
賾 9834
曜 9906
颢 9949
㬎 9955
瞟 9963
瞿 10097
邊 10160
䶊 10166
蟲 10336
輾 10459
覆 10817

19

韻 671
籀 763
簸 809
髮 2211
儵 3113
瓣 3410
攀 4125
積 4593
類 4602
⿰舌舌 5041
羹 5216
贊 5243
黼 5340
䪙 5415
歠 6513
曆 6866
靡 6900
⿸疒需 7131
羸 7341
蠃 7345
護 7378
寶 7729
臕 8164
麗 8289
璽 8485
嚴 9174
獸 9185
蹴 9398
曠 9904
曝 9954
疊 9959
鼩 10167
羆 10786
羅 10787
覇 10822
覈 10827
醯 10879
牘 11009
牗 11015
疆 11273

20

競 663
耀 2206
辮 3413
蘊 3571
蘖 3917
麵 4100
釋 4661
馨 5019
響 6298
龐 6877
獻 7169
嬴 7344
嚳 7456
斅 7459
學 7465
寶 7730
騰 8089
臘 8149
臚 8168
巇 8558
鼉 9183
彈 9450
曦 9876
鹺 10840
鹹 10841

21

龔 651
顛 675
贛 676
鶯 948
驁 1618
蠢 1642
孄 1672
齎 3188
辯 3415
類 4618
飆 4660
觳 5011
聾 5036
聻 5308
蠡 5707
蠡 5710
⿰鬳攵 7180
臝 7346
朧 8058
賸 8088
屬 8623
囂 9182
曨 9842
曩 9857
顯 9950
夔 10174
鹻 10842

22

籌 813
龢 1498
褻 2148
瓤 2152
貛 4501
懿 5006
蠹 5008
聽 5453
彎 6275
蘧 6530
禳 6620
亹 7467
竈 7813
臞 8234
躔 9189
囊 10365
厲 10808
鬻 11252

23

龏 654
蠲 724
龕 1482
黴 3161
齏 3187
讋 5271
讐 5494
讐 5494
變 6241
醫 6868
⿸麻黍 6902
贏 7347
竊 7810
臢 8135
隸 8440
曬 9936
蠱 10337
疊 10448

24

鑫 1122
衢 3177
贑 4826
蘸 5285
韉 5310
蠶 7351
鷽 7457
鬭 7473
艷 7651
靈 8458
鼇 8483
矗 8550
鹽 8818
齶 10164
⿱齒貝 10181
囊 10367
覊 10823
鹼 10839

25

鼟 5033
欖 6248
護 7394
糶 7660
靉 8439
齇 10165

26

釁 7466
鬮 7474

28

鑿 5330
鑿 5330
豔 7649

29

鬱 4334
讟 9529

30

爨 7464

33

麤 6953
龘 9184

36

齉 10168

a1
錒 1238
锕 2015
阿 6732
腌 8073
啊 9048
a2
啊 9048
嗄 9222
a3
啊 9048
a4
啊 9048
a5
呵 8908
啊 9048
ai1
鎄 1145
锿 1929
哀 2150
挨 2490
埃 4871
娭 5777
噯 8851
哎 8938
唉 9019
ai2
挨 2490
捱 2527
癌 7119
呆 8953
皚 9987
皑 9988
騃 11050
𫘤 11110
ai3
矮 1584
藹 3594
譪 3944
毐 5044
欸 5892
霭 8426
靄 8462
噯 8851
嗳 8852
ai4
爱 712
愛 713
餲 1470
𫗧 1880
艾 3588
璦 5068
瑷 5069
嬡 5731
嫒 5732
叆 5918
隘 6710
靉 8439
噯 8851
嗳 8852
嗌 8855
唉 9019
礙 9662
砹 9672
碍 9771
曖 9846
暧 9847
an1
盦 1393
鵪 1567
鹌 1568
谙 1692
菴 3577
桉 4344
鞍 5384
厂 6814
广 6876
庵 6881
安 7748
鞌 7750
諳 9471
鮟 10515
𩽾 10610
氨 11188
an3
銨 1271
铵 2044
揞 2325
俺 2809
埯 4772
垵 4914
唵 8880
an4
按 2602
犴 5612
岸 7557
案 7749
胺 8185
闇 8742
暗 9843
黯 10394
ang1
肮 8256
骯 8600
ang2
昂 9911
ang4
盎 8569
ao1
爊 997
熝 998
熬 5257
凹 11285
ao2
敖 5256
熬 5257
獒 5259
聱 5260
遨 5261
嶅 5262
謷 5264
螯 5266
鳌 5267
鰲 5268
鼇 5271
厫 6842
廒 6913
鏖 6942
嗷 8986
翱 10154
翺 10158
ao3
抝 2497
拗 2498
媪 5854
袄 6619
襖 6675
ao4
澳 451
澳 452
岙 1596
抝 2497
拗 2498
傲 2897
懊 3325
懊 3326
坳 4880
坳 4881
墺 4923
墺 4924
垇 4991
鏊 5258
驁 5269
骜 5270
奥 8337
嶴 8338
奧 8340
奡 10169
ba1
八 721
笆 884
扒 2336
捌 2666
芭 3913
朳 4090
粑 4640
疤 7114
岜 7594
巴 8730
叭 8854
吧 9167
ba2
拔 2361
抜 2374
茇 3572
茇 3584
菝 3613
菝 3614
鼥 7426
鼥 7427
胈 8072
胈 8076
跋 9291
跋 9301
魃 10738
魃 10739
ba3
鈀 1308
钯 2085
把 2656
靶 5391
ba4
灞 457
爸 1680
把 2656
欛 4382
耙 4693
䎱 4696
坝 4918
壩 4928
垻 4966
霸 8434
䶕 8516
䶕 8534
鲅 10465
鮁 10466
鲌 10541
鲃 10622
罢 10780
罷 10785
覇 10822
ba5
吧 9167
罢 10780
罷 10785
bai1
掰 3444
擘 8648
⿰百刂 10001
bai2
白 9973
bai3
襬 2290
捭 2710
摆 2713
擺 2714
伯 3052
佰 3054
柏 4437
栢 4442
襬 6603
百 10000
bai4
拜 3442
稗 4586
𫖯 7286
韛 7366
败 7959
敗 10114
bai5
⿰口拜 8930
ban1
扳 2543
搬 2630
斑 5082
班 5095
癍 7054
瘢 7104
攽 7246
颁 7252
頒 7255
般 8329
ban3
鈑 1248
钣 2024
板 4301
坂 4898
阪 6765
阪 6765
岅 7563
舨 8311
闆 8785
版 11012
ban4
拌 2420
扮 2557
伴 2857
瓣 3410
辦 3414
半 3477
柈 4164
靽 5364
绊 5967
絆 6140
办 7271
bang1
浜 355
邦 3443
邦 3483
帮 3484
梆 4166
幫 4820
bang3
榜 4351
绑 5968
綁 6141
膀 8190
bang4
鎊 1274
谤 1797
镑 2048
搒 2612
傍 2988
蒡 3858
棒 4120
稖 4488
謗 9597
磅 9744
蜯 10207
蚌 10225
bao1
炮 1021
褒 2144
襃 2148
煲 3033
苞 3868
剝 6386
孢 6556
剥 7389
包 7911
胞 8197
龅 8512
齙 8529
bao2
薄 3531
雹 8448
bao3
飽 1461
饱 1871
鸨 2168
鸨 2169
保 3032
堡 3034
葆 3628
緥 6134
褓 6624
寳 7729
寶 7730
宝 7732
bao4
瀑 531
爆 1052
鉋 1280
鑤 1337
报 2563
抱 2621
菢 3616
報 4797
豹 5577
刨 7912
趵 9382
暴 9888
鲍 10518
鮑 10613
bei1
揹 2411
背 3201
悲 3508
盃 4074
杯 4179
椑 4462
陂 6764
庳 6986
碑 9783
卑 10756
鹎 10758
鵯 10759
bei3
北 3199
bei4
焙 926
鋇 1346
钡 2056
倍 2777
備 2905
憊 2906
俻 2942
邶 3200
背 3201
悖 3313
辈 3511
輩 3514
蓓 3619
琲 5099
鞴 5372
鞁 5379
狈 5653
狽 5672
备 6537
惫 6538
褙 6625
被 6660
孛 7878
贝 7953
鐾 8646
碚 9645
貝 10109
bei5
臂 8655
呗 9126
唄 9215
ben1
錛 1133
锛 1917
犇 3453
贲 4042
賁 4043
栟 4178
ben3
苯 3669
本 4662
畚 5890
ben4
笨 786
奔 1548
奔 1548
逩 1549
夯 1559
倴 2807
坌 7248
beng1
祊 2276
伻 2854
绷 6045
繃 6203
祊 6591
崩 7577
嘣 9096
鬅 9428
beng2
甭 4073
beng3
琫 5081
绷 6045
繃 6203
beng4
鏰 1261
镚 2037
迸 4051
甏 5031
绷 6045
繃 6203
蹦 9374
泵 9666
蚌 10225
bi1
偪 3039
逼 9426
bi2
荸 3860
鼻 10161
bi3
沘 122
笔 754

筆 851
比 1889
匕 2162
俾 3077
彼 3152
秕 4506
粃 4605
妣 5739
吡 8893
鄙 9254
bi4
滗 64
潷 65
泌 128
濞 558
荜 752
篳 813
箅 904
篳 909
篦 915
鉍 1149
诐 1772
毖 1890
毕 1891
毙 1892
铋 1932
必 2179
邲 2180
愎 3362
苾 3606
蔽 3895
薜 3906
萆 3995
蓽 3996
蓖 4013
贲 4042
賁 4043
秘 4510
碧 5195
觱 5559
狴 5606
婢 5868
祕 6569
裨 6700
陛 6727
庇 6882
痹 7135
痺 7140
赑 7983
闷 8008
闭 8009
币 8471
敝 8474
弊 8476
斃 8477
幣 8478
髀 8593
辟 8645
躄 8647
壁 8650
璧 8651
嬖 8652
避 8653
臂 8655
甓 8656
閟 8755
閉 8756
哔 8894
嗶 9242
跸 9309
蹕 9389
躃 9409
詖 9569
皕 10002
睥 10101
贔 10147
畀 10427
畢 10760
弼 11269
bian1
笾 837
籩 898
煸 1034
萹 3909
鞭 5363
编 6058
編 6231
边 7260
砭 9714
邊 10160
蝙 10311
鳊 10526
鯿 10620
bian3
藊 3665
褊 6681
匾 7319
窆 7823
贬 7970
扁 8695
碥 9764
貶 10129
bian4
汴 156
抃 2413
变 2762
便 3074
徧 3170
卞 3206
忭 3236
辩 3409
辨 3411
辮 3412
辦 3413
辯 3415
苄 3640
弁 5894
缏 5963
緶 6135
變 6241
遍 8696
昪 9893
biao1
镳 1243
鏢 1365
飙 1603
鑣 2019
镖 2127
藨 3790
标 4145
標 4466
瘭 7142
彪 7183
臕 8164
膘 8243
驃 11083
骠 11141
飚 11223
飈 11224
biao3
錶 1197
表 5250
婊 5763
裱 6640
biao4
摽 2716
俵 2896
鳔 10551
鰾 10647
bie1
瘪 7130
癟 7131
憋 8475
鳖 8481
鼈 8483
bie2
蹩 8479
别 9073
bie3
瘪 7130
癟 7131
bie4
彆 8482
别 9073
bin1
濒 241
瀕 242
濱 413
滨 420
鑌 1267
斌 1664
镔 2046
儐 2982
傧 2985
彬 4181
梹 4310
檳 4340
槟 4347
玢 5145
缤 6037
繽 6207
邠 7249
豳 7652
賓 7710
宾 7765
bin4
擯 2598
摈 2605
鬓 4743
鬢 4745
殯 6435
殡 6436
臏 8182
膑 8187
髕 8584
髌 8588
bing1
冰 21
氷 2303
并 4050
栟 4178
梹 4310
檳 4340
槟 4347
兵 7215
bing3
炳 1029
餅 1435
饼 1848
柄 4389
鞞 5397
秉 7413
丙 8502
邴 8503
屏 8625
禀 10975
稟 10976
bing4
竝 638
摒 2645
併 2864
并 4050
柄 4389
並 5346
病 7105
bo1
波 350
鉢 1181
餑 1460
饽 1870
钵 1964
播 2437
撥 2506
拨 2525
菠 3525
玻 5143
剝 6386
剥 7389
嶓 7524
缽 7637
bo2
渤 427
泊 543
鈸 1134
鎛 1294
鉑 1341
餺 1463
馎 1874
钹 1914
镈 2072
铂 2108
搏 2638
伯 3052
博 3402
薄 3531
柏 4437
襏 6650
袯 6654
勃 7879
鹁 7880
鵓 7881
脖 8193
膊 8208
舶 8321
僰 8491
踣 9281
亳 9457
礴 9671
帛 9993
魄 9997
魄 9997
百 10000
鲌 10541
鮊 10635
駁 11030
駮 11032
驳 11093
bo3
簸 809
bo4
簸 809
薄 3531
柏 4437
擘 8648
檗 8649
bo5
卜 3203
蔔 3875
啵 8843
bu1
逋 8493
晡 9939
bu2
醭 10872
bu3
捕 2637
堡 3034
卜 3203
补 6626
補 6677
𬷕 8495
鵏 8496
卟 8923
哺 9146
bu4
部 660
瓿 661
簿 729
篰 734
鈈 1177
布 1527
钚 1959
佈 2802
怖 3224
不 4066
埗 4769
埔 4929
埠 4941
步 5306
吥 8951
ca1
拆 2553
擦 2603
嚓 9110
礤 9743
ca3
礤 9673
cai1
偲 3067
猜 5628
cai2
才 2311
材 4149
裁 5536
纔 6253
财 7960
財 10115
4539
cai3
采 689
彩 690
採 2329
倸 2780
綵 6106
踩 9282
跴 9413
睬 10019
cai4
采 689
菜 3543
蔡 3758
埰 4764
寀 7690
can1
飡 18
湌 87
参 5888
參 5895
餐 6450
骖 11051
驂 11109
can2
蚕 1575
惭 3279
慚 3377
残 6430
殘 6431
蠶 7351
慙 10702
can3
篸 817
篸 818
惨 3273
慘 3274
穇 4540
can4
燦 986
灿 1014
璨 5136
粲 6451
孱 8636
cang1
沧 82
滄 86
仓 1400
鸧 1403
倉 1417
鶬 1420
伧 2792
傖 2796
苍 3562
蒼 3564
舱 8296
艙 8297
cang2
藏 3721
cao1
操 2670
糙 4609
cao2
漕 591
槽 4469
艚 8325
嘈 9248
螬 10352
曹 10831
cao3
草 3967
艸 7654
騲 11042
ce4
测 440
測 554
筴 748
筞 750
笧 860
策 876
侧 3000
側 3056
恻 3320
惻 3367
厕 6856
廁 6981
册 8053
冊 8268
cen1
参 5888
參 5895
cen2
涔 392
岑 7486
ceng1
噌 9229
ceng2
嶒 7613
层 8634
層 8665
曾 10390
ceng4
蹭 9406
cha1
锸 1161

餷 1436
差 1529
馇 1849
锸 1944
插 2417
扠 2517
臿 3422
杈 4280
叉 6520
喳 8958
嚓 9110

cha2

搽 2424
茶 3556
茬 3592
槎 4113
楂 4194
楂 4194
檫 4346
查 4429
垞 4912
詧 6461
叉 6520
嵖 7519
察 7759
碴 9679

cha3

鑔 1272
镲 2045
叉 6520
衩 6652
蹅 9323

cha4

汊 320
差 1529
刹 1654
诧 1794
侘 2980
杈 4280
姹 5815
衩 6652
岔 7250
詫 9593

chai1

釵 1233
差 1529
钗 2010
拆 2553

chai2

侪 2822
儕 2848
柴 5296
豺 5569

chai3

茝 3949
踖 9431

chai4

蠆 4002
瘥 7023
虿 7927

chan1

掺 2489
摻 2492
攙 2680
搀 2699
襜 6659
觇 9803
覘 9805

chan2

瀍 341
潺 476
澶 606
鋋 1201
鑱 1332
饞 1468
谗 1825
馋 1885
𬬮 1980
镵 2102
嬋 5847
婵 5864
缠 6019
纏 6192
禅 6601
禪 6688
廛 6987
巉 7608
孱 8636
單 9186
躔 9364
讒 9624
蟾 10280
蟬 10319
蝉 10343
单 10457

chan3

浐 342
滻 343
鏟 1140
谄 1789
铲 2022
蒇 3719
蕆 3720
刬 5564
产 6991
產 6995
剷 6996
阐 8047
闡 8786
囅 9189
諂 9588
輾 10459
驏 11073
骣 11130

chan4

懺 3213
忏 3239
韂 5378
剗 5530
刬 5564
羼 8624
顫 10980
颤 10981

chang1

伥 2831
倀 2876
菖 3965
猖 5671
娼 5855
阊 8041
閶 8792
昌 9953
鲳 10538
鯧 10632

chang2

长 2139
偿 2989
償 2990
倘 3011
徜 3167
苌 3596
萇 3676
長 4724
场 4884
場 4961
塲 4965
嫦 5822
尝 7863
裳 7864
嘗 7865
常 7870
肠 8161
腸 8230
嚐 9115
鲿 10517
鱨 10612

chang3

昶 2305
惝 3328
场 4884
場 4961
塲 4965
厂 6814
廠 6857
厰 6973
敞 8355
氅 8356

chang4

鬯 1688
倡 3050
怅 3228
悵 3255
𫖯 7284
韔 7365
唱 9208
畅 10662
暢 10663

chao1

焯 1057
鈔 1153
钞 1936
抄 2404
怊 3294
超 4849
剿 5718
勦 5719
绰 6076
綽 6260
吵 8909
弨 11260

chao2

潮 549
巢 5717
嘲 9214
謿 9627
晁 9859
朝 10014
鼂 11294

chao3

炒 961
吵 8909

chao4

耖 4679

che1

车 6327
砗 9708
硨 9781
車 10667

che3

撦 2366
扯 2456
尺 8671

che4

澈 288
撤 2496
彻 3125
徹 3148
坼 4901
掣 8499

chen1

捵 2641
抻 2707
郴 4190
琛 5160
嗔 8899
嗔 9152
瞋 10030
瞋 10090

chen2

沉 405
沈 429
谌 1750
尘 2242
忱 3315
橙 4270
陈 6755
陳 6793
辰 6823
塵 6948
宸 7764
臣 8804
諶 9543
晨 9902

chen3

碜 9702
磣 9703
硶 9735

chen4

谶 1698
榇 4083
櫬 4084
稱 4492
称 4515
趁 4839
襯 6609
衬 6621
疢 7008
龀 8507
齔 8523
讖 9478

chen5

伧 2792
傖 2796

cheng1

鐺 1277
铛 2032
撑 2614
撐 2615
樘 4241
柽 4279
稱 4492
称 4515
赪 4790
赬 4791
琤 5066
琤 5154
瞠 10087
蟶 10259
蛏 10271

cheng2

澄 307
澂 393
鋮 1215
诚 1757
铖 1993
惩 3143
懲 3159
枨 4134
棖 4204
橙 4270
乘 4519
程 4569
城 4868
埕 4944
成 5550
盛 5551
丞 6543
承 6562
裎 6687
宬 7746
塍 8080
呈 8981
誠 9551
酲 10907

cheng3

逞 8983
騁 11080
骋 11139

cheng4

称 4515
秤 4524

chi1

笞 819
瓻 1650
鸱 5522
鴟 5523
媸 5814
𫄨 5953
絺 6123
痴 7026
癡 7030
蚩 7656
喫 8932
哧 8968
嗤 9098
吃 9268
眵 10065
螭 10307
魑 10749

chi2

池 369
篪 832
箎 833
竾 839
持 2440
茌 3624
漦 4665
墀 4935
遲 8622
迟 8672
踟 9297
匙 9881
馳 11060
驰 11119
弛 11261

chi3

侈 2930
恥 5451
耻 5454
褫 6661
齿 8505
齒 8520
尺 8671
呎 9161
豉 9432

chi4

熾 979
炽 1043
飭 1453
勅 1540
饬 1863
傺 2934
彳 3114
赤 4782
翅 6523
瘈 7040
瘛 7041
斥 7209
𢘅 7228
啻 7851
叱 8901
敕 10376
勅 10380
𫛶 10381
鶒 10382

chong1

冲 40
沖 560
舂 1639
衝 3179
衝 3179
憧 3212
忡 3368
𢥞 3371
茺 3735
充 5926
狆 7234
艟 8294

chong2

种 4580
崇 7572
虫 10191
蟲 10336
重 10764

chong3

寵 7689
宠 7708

chong4

冲 40
銃 1224
铳 2002
衝 3179

chou1

抽 2706
䌷 6085
紬 6272
瘳 7087

chou2

筹 747
籌 794
俦 2804
儔 2883
仇 3093
惆 3322
愁 4495
稠 4557
雠 5490
雠 5490
讐 5494
讐 5494
绸 6047
䌷 6085
綢 6218
紬 6272
帱 8380
幬 8388
踌 9293
躊 9329
畴 10416
疇 10431
酬 10864
醻 10867
酧 10896

chou3

丑 7392
瞅 10042
杻 10078
醜 10916

chou4

臭 10155

chu1

樗 4386
初 6663
出 7657

齣 8530
chu2
滁 323
鉏 1296
鋤 1297
钼 2074
锄 2075
櫥 4292
櫉 4294
耡 4691
除 6715
除 6715
㕑 6840
厨 6859
廚 6911
刍 7381
雏 7384
𫛚 7387
芻 7905
雛 7906
鶵 7909
躇 9317
蹰 9360
蜍 10196
chu3
储 2828
儲 3043
杵 4159
楚 4186
楮 4218
处 6526
処 6539
褚 6638
處 7161
䖏 7164
礎 9678
础 9738
chu4
滀 297
亍 2238
搐 2500
俶 2874
憷 3250
怵 3253
怵 3253
绌 6031
絀 6204
畜 6310
处 6526
処 6539
處 7161
䖏 7164
触 8373
觸 8376
矗 8550
矗 10181
黜 10406
chua1
欻 933
chuai1
搋 2545
揣 2587
chuai2
膗 8179
chuai3
揣 2587
chuai4
揣 2587
阓 8001
膪 8191
闠 8746
啜 9042
踹 9375
chuan1
川 4057
穿 7826
氚 11175
chuan2
篅 857
传 2936
傳 3014
椽 4257
椽 4258
遄 7582
舡 8302
舩 8306
船 8333
chuan3
舛 6400
喘 9097
踳 9306
chuan4
釧 1176
钏 1958
串 10388
chuang1
创 1401
創 1418
疮 7017
瘡 7020
窓 7819
窗 7841
窻 7842
牕 11014
chuang2
床 6896
幢 8379
噇 8850
牀 10993
chuang3
闯 8052
闖 8802
chuang4
创 1401
創 1418
怆 3217
愴 3220
刱 4052
剏 4053
闯 8052
闖 8802
chui1
炊 951
吹 8861
chui2
箠 803
箠 803
鎚 1310
锤 1978
捶 2455
搥 2657
棰 4229
椎 4243
槌 4402
垂 5291
陲 6744
chun1
春 1640
椿 4123
蝽 10209
䲠 10467
鰆 10563
chun2
淳 515
莼 3739
蓴 3991
纯 6032
純 6205
脣 6825
唇 6826
鹑 9452
鶉 9453
醇 10909
chun3
惷 1641
蠢 1642
chuo1
戳 7227
踔 9404
逴 10006
chuo2
娖 5848
chuo4
惙 3283
绰 6076
綽 6260
辍 6354
歠 6513
龊 8517
齪 8536
啜 9042
輟 10694
ci1
差 1529
疵 7057
刺 8489
呲 8990
跐 9335
ci2
餈 7
瓷 15
辭 698
辤 716
词 1777
祠 2272
茨 3515
茈 3698
茲 3742
糍 4619
雌 5297
兹 6312
慈 6313
鹚 6315
鶿 6316
甆 6317
祠 6586
詞 9575
磁 9707
辞 9825
ci3
泚 239
此 5294
跐 9335
ci4
次 6
佽 2774
伺 2951
赐 7989
刺 8489
賜 10143
cong1
从 1071
鏦 1155
𫓩 1904
從 3119
苁 3547
蓯 3632
葱 3863
蔥 4020
枞 4094
樅 4153
聪 5476
聰 5481
匆 7900
怱 7901
囱 10984
悤 10985
驄 11086
骢 11144
cong2
淙 414
潨 580
从 1071
丛 1072
從 3119
悰 3311
藂 4187
琮 5161
叢 5329
𧹗 7712
賨 7713
cou4
凑 19
湊 110
辏 6336
腠 8091
輳 10676
cu1
觕 3469
粗 4638
麤 6953
麁 7001
cu2
徂 3168
殂 6438
cu4
簇 866
卒 1078
促 3038
蔟 3879
蹙 5554
猝 5591
踧 9326
蹴 9398
蹵 9438
酢 10861
醋 10874
cuan1
汆 1091
鑹 1273
镩 2047
攛 2609
撺 2610
躥 9378
蹿 9379
cuan2
攒 2454
欑 4227
cuan4
篡 893
爨 7464
竄 7828
窜 7839
cui1
衰 2155
摧 2585
催 2977
榱 4135
缞 5958
縗 6127
崔 7532
cui3
璀 5156
cui4
淬 71
焠 950
顇 1079
毳 2184
悴 3214
萃 3550
粹 4600
瘁 7013
翠 7220
脺 8062
膵 8115
脆 8166
啐 8860
cun1
村 4148
皴 5910
邨 7668
cun2
存 1691
蹲 9415
cun3
忖 3235
cun4
寸 2309
吋 8912
cuo1
搓 2362
撮 2686
蹉 9292
磋 9651
cuo2
矬 1580
酂 5242
酇 5245
痤 7012
嵯 7496
鹾 10836
鹺 10840
cuo3
脞 8061
cuo4
剉 1075
銼 1119
錯 1204
锉 1905
错 1983
挫 2342
措 2464
莝 3548
厝 6843
da1
答 742
鎝 1165
耷 1554
𨱏 1949
搭 2425
荅 3565
褡 6629
哒 8879
叮 8915
嗒 8936
噠 8971
da2
答 742
笪 891
达 1558
沓 2302
打 2403
怛 3354
荅 3565
荙 3576
薘 3681
達 4808
鞑 5356
韃 5370
靼 5393
妲 5853
瘩 7043
da3
打 2403
da4
大 1537
da5
垯 4771
墶 4823
𫄙 5949
繨 6146
瘩 7043
dai1
待 3137
獃 7600
呔 8885
呆 8953
dai3
傣 2820
歹 6409
逮 7412
dai4
大 1537
代 2911
袋 2912
岱 2914
贷 2915
貸 2916
黛 2917
待 3137
带 4039
埭 4907
玳 5096
瑇 5122
帶 4065
甙 5510
戴 5542
怠 5903
迨 5906
逮 5921
绐 5998
紿 6170
轪 6333
殆 6432
襶 6646
逮 7412
靆 8440
軑 10673
dan1
簞 889
箪 905
擔 2535
担 2681
儋 2949
耽 5470
耼 5471
聃 5472
殫 6442
殚 6448
丹 8055
躭 8835
單 9186
鄲 9188
眈 10088
单 10457
郸 10458
酖 10897
dan3
撣 2671
担 2681
掸 2705
撢 2717
疸 7125
赕 7955

膽 8167
胆 8228
賧 10111
亶 10977

dan4
淡 66
澹 344
诞 1746
擔 2535
担 2681
但 3048
憚 3345
惮 3375
萏 3822
疍 5325
蛋 5326
癉 7120
瘅 7137
啖 8857
噉 9006
啗 9093
誕 9537
石 9642
旦 9840
氮 11172
彈 11264
弹 11271

dang1
鐺 1277
铛 2032
珰 5152
璫 5166
璫 5166
裆 6667
襠 6671
当 7380
當 7873
噹 9117

dang3
谠 1799
挡 2573
攩 2616
擋 2617
黨 7872
党 7874
讜 9599

dang4
盪 537
凼 2301
挡 2573
擋 2617
荡 3524
蕩 3536
菪 3852
档 4326
檔 4353
当 7380
宕 7777
當 7873
砀 9719
碭 9773
氹 11167

dao1
忉 3293
刀 7239
叨 9068
魛 10507
鱽 10602
氘 11174

dao2
捯 2494

dao3
禱 2260
擣 2446
捣 2725
搗 2727
倒 2927
祷 6565
导 8728
蹈 9284
導 10177
岛 11149
島 11157

dao4
盗 12
盜 72
焘 1536
倒 2927
悼 3365
稻 4491
燾 4998
纛 5285
到 5914
帱 8380
幬 8388
道 10176

de2
鍀 1335
锝 2105
得 3173
德 3180
悳 8549
惪 10180

de5
得 3173
地 4903
底 6929
脦 8142
的 9990

dei3
得 3173

den4
[illegible] 2338
扽 2590

deng1
簦 822
灯 960
燈 988
登 6456
噔 9039
蹬 9348

deng3
等 792
戥 9879

deng4
澄 307
鐙 1230
镫 2007
僜 2933
櫈 4271
鄧 6457
凳 6458
邓 6515
嶝 7549
蹬 9348
磴 9712
瞪 10067

di1
滴 453
鏑 1288
镝 2066
提 2685
低 2918
羝 3430
堤 4958
鞮 5394
氐 5520
隄 6785
嘀 9140
磾 9766
䃅 9778

di2
涤 118
滌 153
籴 1102
糴 1103
鏑 1288
觌 1601
镝 2066
荻 3723
髢 4742
覿 5043
狄 5589
嫡 5828
翟 7226
敵 8348
[illegible] 9014
嘀 9140
蹢 9386
敌 9822
的 9990
迪 10659

di3
诋 1755
抵 2481
牴 3460
柢 4249
坻 4866
氐 5520
邸 5521
底 6929
觝 8364
骶 8579
詆 9548
砥 9697

di4
第 922
谛 1798
禘 2275
蔕 3651
蒂 3859
菂 3968
棣 4329
地 4903
娣 5883
缔 6040
締 6213
禘 6590
遞 7191
帝 7850
諦 9598
碲 9745
的 9990
睇 10107
弟 11276
递 11278

dia3
嗲 8891

dian1
滇 126
滇 467
巔 2175
攧 2395
攧 2639
攧 2640
癫 7031
癲 7107
癫 7108
巔 7509
巅 7587
巔 7588
颠 8552
顛 8553
敁 9802

dian3
典 8564
踮 9363
跕 9401
碘 9762
点 9799
點 10409

dian4
淀 417
澱 474
簟 914
鈿 1351
钿 2116
垫 2732
佃 3065
惦 3290
墊 4800
坫 4954
玷 5189
靛 5277
阽 6782
店 6979
癜 7110
甸 7922
電 8464
殿 8630
电 10734
奠 10922

diao1
凋 37
汈 356
琱 5177
貂 5576
刁 7216
彫 8274
雕 8275
鵰 8277
叼 9067
碉 9755
鲷 10521
鯛 10615

diao4
銚 1150
釣 1278
鋽 1322
调 1804
铫 1933
钓 2051
铞 2091
掉 2692
蓧 3590
藋 3630
窎 7843
窵 7844
吊 9143
調 9606
弔 11275

die1
爹 1677
跌 9304

die2
迭 1622
谍 1767
垤 4878
堞 4887
耋 5047
绖 5999
絰 6171
瓞 2160
叠 6514
嵽 7515
咥 9023
喋 9051
蹀 9358
諜 9564
碟 9720
眣 9852
疊 9959
蝶 10274
蜨 10287
疊 10448
氎 10449
鰈 10501
鲽 10595
牒 11011

ding1
釘 1151
钉 1934
丁 2232
仃 2842
玎 5091
玎 5091
靪 5360
耵 5452
疔 7033
叮 8907
叮 8907
盯 10034
町 10425
酊 10859

ding3
顶 2233
頂 2234
鼎 10104
酊 10859

ding4
釘 1151
錠 1269
飣 1432
订 1713
钉 1846
钉 1934
锭 2042
椗 4343
定 7734
腚 8184
啶 9108
訂 9494
矴 9663
碇 9741

diu1
銩 1191
铥 1972
丢 5228

dong1
鼕 5034
东 6325
鸫 6326
冬 6524
崠 7543
崬 7619
咚 9044
東 10754
鶇 10755
氡 11183

dong3
懂 3245
董 3997

dong4
冻 31
凍 41
洞 449
侗 3006
恫 3323
栋 4269
棟 4461
垌 4922
动 5920
峒 7579
胨 8155
胴 8203
腖 8240
硐 9756
動 10765

dou1
篼 845
蔸 3808
都 5054
兜 7333
唗 8974

dou3
鈄 1162
钭 1945
抖 2418
斗 3424
枓 4160
阧 6738
陡 6741
蚪 10223

dou4
餖 1466
读 1706
饾 1877
斗 3424
荳 3938
痘 7122
鬥 7468
鬦 7469
鬭 7473
窦 7800
竇 7815
脰 8225
豆 9427
逗 9433
讀 9528

du1
督 4722
都 5054
豛 5703
阇 8016
[illegible] 8632
启 8644
闍 8765
嘟 8980
[illegible] 11162

du2
瀆 23
渎 104
瀆 224
读 1706
讟 1707
犊 3448
犢 3457
椟 4119
櫝 4216
毒 5284
独 5673
獨 5684
顿 7670
頓 7671
髑 8595
讀 9528
讟 9529
黩 10396
黷 10400
牍 11007
牘 11009

du3

篤 919
笃 920
堵 4830
覩 5056
賭 7963
肚 8129
睹 10050
賭 10120

du4

渡 337
鍍 1241
镀 2018
芏 3678
杜 4205
螙 4450
蠧 5008
妒 5835
妬 5850
度 6919
敱 6920
肚 8129
蠹 10367

duan1

端 648
耑 7581

duan3

短 1590

duan4

簖 785
籪 820
煅 965
鍛 1163
锻 1946
段 3425
椴 4161
断 4628
塅 4805
缎 5966
斷 6101
緞 6139

dui1

堆 4865

dui4

鐓 1327
镦 2096
對 5334
懟 5335
对 6502
怼 6503
队 6711
隊 6750
敦 9446
憝 9447
碓 9695
兑 9797

dun1

撴 2675
惇 3349
墩 4951
吨 9101
噸 9102
蹾 9399
蹲 9415
敦 9446
撉 9448
礅 9767

dun3

躉 4001
不 4077
趸 7926
盹 10083

dun4

沌 400
炖 1015
燉 1044
鈍 1263
钝 2039
楯 4302
盾 7195
遁 7196
顿 7670
頓 7671
遯 8147
砘 9739
囤 10962

duo1

掇 2516
多 6397
剟 6511
敠 6512
裰 6651
哆 9037
咄 9099

duo2

鐸 1361
夺 1547
奪 1555
铎 2009
度 6919
踱 9362

duo3

埵 4834
垜 4885
垛 4988
朶 6801
痑 7071
躲 8832
軃 8838
躱 8840
哚 9049
哚 9270
嚲 9450
嚲 9451
朵 11208

duo4

沲 370
飿 1457
饳 1867
惰 3223
柮 4335
柁 4337
稑 4545
垜 4885
垛 4988
墮 6721
堕 6723
刴 6802
舵 8314
跺 9356
跥 9417
馱 11027
驮 11090
剁 11209

e1

婀 5793
欸 5892
阿 6732
屙 8637
誒 9554

e2

鋨 1214
讹 1716
锇 1992
俄 2922
莪 3716
鹅 5545
鵞 5546
娥 5775
欸 5892
額 6536
峩 7535
峨 7536
额 7761
額 7762
哦 9011
譌 9473
訛 9498
誒 9554
蛾 10262
囮 10946

e3

恶 5342
欸 5892
噁 9275
誒 9554
惡 11289

e4

鍔 1323
餓 1445
谔 1815
饿 1855
锷 2094
搤 2337
扼 2528
愕 3346
苊 3782
萼 3936
噩 5186
恶 5342
垩 5343
欸 5892
轭 6357
阨 6762
厄 6848
頞 7751
頞 7752
腭 8223
齶 8535
呃 9054
鄂 9190
颚 9191
顎 9192
鹗 9193
鶚 9194
誒 9554
諤 9617
遏 9926
鳄 10529
鱷 10582
軛 10697
惡 11289
堊 11290

ei2

欸 5892
唉 8896
誒 9554

ei3

欸 5892
誒 9554

ei4

欸 5892
誒 9554

en1

蒽 4017
奀 4068
恩 10942

en4

摁 2720

eng1

鞥 5355

er2

儿 2194
兒 7441
而 8342
鸸 8346
鴯 8347

er3

洱 258
鉺 1207
餌 1443
饵 1853
铒 1986
尔 2295
迩 2297
珥 5128
耳 5445
爾 8484
邇 8486

er4

二 2
佴 2908
弍 5504
贰 5505
貳 5506

fa1

發 6459
发 6813

fa2

筏 770
伐 2920
垡 2921
栰 4152
乏 6493
阀 8010
閥 8757
罚 10773
罸 10800
罰 10801

fa3

法 217
砝 9685

fa4

髮 4727
珐 5062
琺 5113
发 6813

fan1

藩 3520
蕃 3668
番 4657
翻 4659
飜 4660
旛 7938
幡 8386
帆 8412
颿 11087

fan2

燔 970
烦 1022
煩 1059
釩 1373
钒 2134
蕃 3668
樊 4124
礬 4126
璠 5110
膰 8125
蹯 9325
矾 9793
凡 11211
凢 11240
繁 11300
緐 11304

fan3

反 7188
返 7189

fan4

泛 315
氾 367
汎 619
範 907
飯 1451
饭 1861
范 3527
梵 4196
犯 5641
贩 7975
販 10133
畈 10437

fang1

鈁 1282
钫 2054
芳 3877
枋 4362
坊 4917
妨 5825
方 7928
邡 7944

fang2

坊 4917
妨 5825
防 6773
肪 8199
房 8693
魴 10519
鲂 10614

fang3

访 1801
仿 2998
倣 2999
彷 3165
髣 4746
纺 6043
紡 6217
舫 8315
訪 9603
昉 9932

fang4

放 7934

fei1

非 3505
蜚 3513
菲 3649
妃 5880
绯 5970
緋 6142
霏 8428
扉 8687
啡 8935
鲱 10479
鯡 10572
騑 11039
骓 11101
飞 11164
飛 11165

fei2

淝 446
腓 8114
肥 8218
蜰 8219

fei3

篚 842
诽 1724
悱 3242
斐 3506
棐 3510
翡 3512
蜚 3513
菲 3649
榧 4315
匪 7310
誹 9506

fei4

沸 629
鐨 1379
镄 2138
佛 3395
剕 3509
芾 3896
狒 5692
廢 6931
废 6937
痱 7042
疿 7149
肺 8206
吠 8884
费 11282
費 11284

fen1

芬 3800
棻 3801
玢 5145
纷 6022
紛 6195
分 7245
衯 7899
雰 8445
雰 8445
吩 9069
酚 10892
氛 11185

fen2

濆 182
濆 183
汾 359
焚 4182
棼 4193
坟 4774
墳 4811
豮 5695
豶 5696
鼢 7429
蚡 10282

fen3

粉 4634

fen4

奮 1556
奋 1565
偾 2862
僨 2863
份 2952
愤 3247
憤 3248
粪 4612
糞 4646
分 7245
分 7245
忿 7247

feng1

沣 163
灃 396
沨 620
渢 621
烽 993
鋒 1234
锋 2011
丰 3480
葑 3682
枫 4479
楓 4480
封 4818
犎 4819
蠭 6530
疯 7146

瘋 7147
峯 7553
峰 7554
豐 7648
酆 7650
砜 9794
碸 9795
蜂 10272
风 11212
風 11222

feng2
馮 44
冯 47
缝 6012
縫 6186
逢 6529

feng3
讽 1835
唪 8888
諷 9639

feng4
奉 1637
俸 2821
葑 3682
缝 6012
縫 6186
甮 7897
赗 7979
賵 10137
凤 11220
鳳 11235

fo2
佛 3098

fou3
否 4075
缶 7634

fu1
鈇 1137
夫 1610
𫓧 1920
伕 2816
孵 4098
稃 4490
麸 5253
鄜 6951
膚 7176
肤 8078
敷 8494
孵 8829
呋 8887
趺 9303
跗 9313

fu2
涪 50
浮 59
洑 150
孚 700
郛 702
符 768
箙 872
夫 1610
祓 2250
福 2283
扶 2376
拂 2741
俘 2782
伏 2814
佛 3098
彿 3183
怫 3395
莩 3545
芙 3585
茯 3620
苻 3623
芣 3652
菔 3883
芾 3896
茀 4035
桴 4089
栿 4150
枹 4359
髴 4756
黻 5338
黻 5339
绂 5947
绋 6097
紱 6120
紼 6292
辐 6376
祓 6564
福 6598
袱 6622
襆 6642
襆 6642
韨 7283
韍 7362
匐 7918
服 8175
幞 8391
幞 8391
幅 8403
蜉 10193
蚨 10204
蝠 10321
𫚒 10556
鮄 10656
輻 10721
罦 10771
罘 10778
凫 11150
鳧 11161
氟 11193
弗 11281
艴 11283

fu3
滏 119
簠 877
父 1674
釜 1675
斧 1678
頫 2213
抚 2400
拊 2408
撫 2478
俯 2946
俛 3062
黼 5340
辅 6370
府 6888
腐 6889
腑 8162
脯 8207
甫 8492
鬴 9422
蜅 10305
輔 10717

fu4
洑 150
父 1674
讣 1717
付 2846
傅 3014
復 3174
馥 4577
坿 4793
赴 4841
婦 5809
妇 5807
缚 6052
縛 6225
複 6694
附 6735
富 7776
赋 7965
赙 7985
负 7995
服 8175
腹 8232
阜 8738
副 9425
訃 9499
复 9972
賦 10123
賻 10139
負 10182
蝮 10330
鲋 10473
鳆 10540
鮒 10566
鰒 10634
覆 10817
駙 11035
驸 11097

fu5
咐 8920

ga1
夾 1538
夹 1631
伽 2955
咖 9074
嘎 9221
旮 11201

ga2
釓 1147
钆 1931
尜 2241
轧 6339
噶 8945
嘎 9221
軋 10679

ga3
生 5227
尕 6800
嘎 9221

ga4
尬 2215

gai1
该 1762
荄 3751
垓 4882
陔 6754
赅 7969
該 9558
賅 10128

gai3
改 11244

gai4
溉 489
鈣 1369
钙 2130
芥 3555
蓋 3684
概 4397
盖 5225
戤 6804
丐 11022

gan1
泔 253
竿 775
尴 2216
尲 2218
尷 2220
干 3403
苷 3705
杆 4157
柑 4235
坩 4862
玕 5098
甘 5421
疳 7062
肝 8111
矸 9668
乾 10015
酐 10862

gan3
澉 261
擀 2693
杆 4157
橄 4242
桿 4431
秆 4522
稈 4576
赶 4842
趕 4856
敢 5482
感 5557

gan4
灨 52
淦 78
贑 675
贛 676
干 3403
绀 5987
紺 6158
骭 8576
旰 9865
幹 10007
榦 10009

gang1
鋼 1287
钢 2064
扛 2439
㧏 2628
掆 2629
㭎 4373
棡 4375
堽 4978
纲 6046
綱 6221
缸 7638
肛 8126
冈 8270
刚 8272
岡 8282
剛 8283
㼚 8284
罡 10783

gang3
港 252
岗 7578
崗 7580

gang4
戆 677
戇 678
筻 908
鋼 1287
钢 2064
杠 4201
槓 4202

gao1
篙 890
餻 1439
槔 4438
槹 4439
糕 4608
羔 5215
高 9463
膏 9468
皋 9974
皐 9978
睾 10810

gao3
鎬 1328
镐 2097
搞 2676
藁 3941
槁 4422
稿 4573
缟 6068
縞 6239
稾 9464
槀 9465
杲 9869

gao4
鋯 1193
诰 1742
锆 1974
告 5233
郜 5235
膏 9468
誥 9533

ge1
鸽 1500
鴿 1501
哥 2236
歌 2237
搁 2626
擱 2659
仡 3092
圪 4987
戈 5526
纥 6092
紇 6286
袼 6653
疙 7144
割 7722
胳 8160
肐 8253
骼 8581
咯 9046

ge2
滆 513
鎘 1326
颌 1495
頜 1499
镉 2095
挌 2520
搁 2626
擱 2659
葛 3963
格 4282
革 5353
隔 6781
阁 8002
阁 8002
阁 8024
胳 8160
膈 8224
骼 8581
閣 8747
閤 8774
嗝 9199
鬲 9420
蛤 10200

ge3
个 1092
合 1481
個 3089
蓋 3684
葛 3963
盖 5225
各 6534
舸 8299

ge4
箇 916
个 1092
鉻 1235
铬 2012
個 3089
各 6534
硌 9718
虼 10360

gei3
给 5944
給 6114

gen1
根 4398
跟 9393

gen2
哏 9165

gen3
艮 8717

gen4
茛 3911
亙 6454
艮 8717
亘 9971

geng1
耕 4681
羹 5216
庚 6961
赓 6962
賡 6963
鹒 6964
鶊 6965
更 10731

geng3
梗 4458
埂 4974
耿 5446
頸 5725
绠 6087
綆 6276
颈 6497
骾 8591
哽 9239
鲠 10548
鯁 10644

geng4
更 10731

gong1
龔 654
龚 2227
供 2907
工 4698
攻 4704
功 4707
塨 4861
恭 5419
公 5928
红 5976
紅 6145
宫 7774
宮 7775
肱 8071
觥 8361
躳 8839
躬 8841
蚣 10266
弓 11246

gong3
銾 1183
拱 2465
栱 4234

汞 4705
巩 4713
鞏 4715
珙 5126
gong4
供 2907
贡 4708
貢 4710
共 5418
唝 8964
嗊 8965
gou1
溝 254
沟 432
篝 807
鉤 1281
钩 2053
佝 2997
枸 4360
鞲 5373
缑 5962
緱 6132
搆 7287
韝 7367
勾 7904
句 7913
gou3
笱 864
芶 3865
苟 3869
枸 4360
狗 5651
岣 7574
gou4
诟 1773
搆 2467
構 4237
构 4358
垢 4899
彀 5016
遘 5425
觏 5426
覯 5427
媾 5769
夠 6399
勾 7904
够 7914
购 7978
詬 9570
購 10122
gu1
沽 522
箍 761
估 3046
菇 3732
苽 3599
菰 3768
菰 3768
蓇 3902
姑 5851
轱 6338
轱 6377
孤 6548
觚 8360
骨 8574
呱 8898
咕 9205
辜 9808
鸪 9814
鴣 9815
蛄 10324
軱 10678
軲 10722
酤 10910
gu2
骨 8574
gu3
滑 220
汩 525
鈷 1330
鲴 1464
谷 1509
诂 1820
馉 1875
钴 2100
牯 3438
羖 3441
牯 3473
榾 4392
毂 5000
穀 5000
轂 5003
瞉 5009
鼓 5032
瞽 5035
鹄 5237
鵠 5238
臌 8133
股 8255
骨 8574
鹘 8597
鶻 8598
詁 9622
古 9806
盬 9809
嘏 9813
蛊 10309
蠱 10337
罟 10802
贾 10825
賈 10828
gu4
錮 1367
锢 2129
僱 3025
估 3046
梏 4226
堌 4981
顾 6849
顧 6850
痼 7143
崮 7623
雇 8688
顧 8689
故 9807
固 10971
gua1
括 2679
苦 3948
栝 4427
緺 6064
緺 6230
瓜 2159
胍 8096
呱 8898
刮 9824
鸹 9831
鴰 9832
騧 11072
䯄 11135
颳 11231
gua3
寡 7770
剮 8602
呱 8898
剐 9148
gua4
诖 1739
挂 2442
掛 2443
卦 4822
褂 6635
詿 9524
罣 10779
guai1
掴 2722
摑 2723
乖 3420
guai3
拐 2665
枴 4415
guai4
怪 3227
怪 3282
guan1
关 1576
倌 2986
觀 3931
棺 4348
纶 5942
綸 6113
矜 6467
观 6517
瘝 7141
冠 7672
官 7771
関 8750
關 8771
鳏 10550
鰥 10646
guan3
莞 858
管 861
館 1459
館 1504
馆 1869
莞 3846
琯 5163
guan4
灌 178
鑵 1171
掼 2744
摜 2745
惯 3397
慣 3398
觀 3931
鹳 3933
鸛 3934
瓘 5102
观 6517
盥 7422
罐 7635
鑵 7646
冠 7672
贯 11306
貫 11307
guang1
洸 131
光 2205
桄 4140
胱 8099
guang3
犷 5638
獷 5639
广 6876
廣 6925
guang4
桄 4140
逛 5625
gui1
规 1615
鬶 1616
規 1617
鬹 1618
归 2750
圭 4815
邽 4829
瓌 5086
珪 5112
瑰 5203
媯 5730
妫 5802
嬀 5803
闺 8014
歸 8734
閨 8763
硅 9683
皈 9986
鲑 10484
鮭 10577
龟 10733
龜 11295
gui3
氿 614
簋 883
诡 1769
轨 6383
癸 6455
庋 6933
匦 7315
匭 7331
宄 7791
詭 9565
晷 9899
軌 10730
鬼 10736
gui4
刽 1383
劊 1507
桧 4106
檜 4112
桂 4207
樻 4319
柜 4405
劌 5312
刿 7547
跪 9365
炅 9848
贵 10186
貴 10189
鳜 10502
[illegible] 10512
鱖 10596
[illegible] 10607
gun3
滚 124
滾 125
衮 2146
袞 2154
绲 6069
緄 6254
辊 6378
磙 9660
磙 9661
鲧 10497
鮌 10591
鯀 10592
輥 10723
gun4
棍 4430
guo1
涡 472
渦 505
鍋 1299
锅 2092
过 2310
埚 4933
堝 4946
聒 5477
崞 7604
過 8603
啯 9252
嘓 9253
郭 9449
蝈 10354
蟈 10355
𫸩 11258
彍 11259
guo2
漍 599
漍 600
虢 688
掴 2722
摑 2723
聝 5457
虢 6453
腘 8248
膕 8249
帼 8410
幗 8411
馘 10175
国 10951
国 10952
國 10954
guo3
餜 1477
馃 1886
裹 2157
菓 3994
椁 4420
槨 4421
蜾 10346
果 10750
guo4
过 2310
過 8603
ha1
鉿 1127
铪 1911
[illegible] 8837
哈 8872
ha2
蛤 10200
蝦 10314
ha3
哈 8872
ha4
哈 8872
hai1
嗨 8844
咳 9035
hai2
还 4072
孩 6554
骸 8580
還 10795
hai3
海 631
胲 8154
醢 10852
hai4
亥 6319
害 7720
嗐 9107
駭 11054
骇 11113
氦 11180
han1
顸 3406
頇 3407
憨 5483
犴 5612
鼾 10163
蚶 10257
酣 10875
han2
浛 80
汗 159
涵 322
焓 953
含 1389
邗 3405
琀 5074
邯 5423
函 6490
函 6542
寒 7735
晗 9850
韩 10012
韓 10013
han3
銲 1264
[illegible] 2040
罕 7688
阚 8019
闞 8768
喊 9013
㘎 9132
[illegible] 9169
han4
汗 159
漢 247
汉 317
瀚 548
焊 1050
釬 1158
銲 1336
颔 1390
頷 1391
扞 2415
撖 2472
撼 2484
捍 2683
憾 3271
悍 3355
菡 3766
猂 5669
闬 8011
閈 8758
旱 9864
翰 10010
hang1
夯 1559
[illegible] 9717
hang2
行 3128
杭 4481
绗 5964
絎 6138
航 8334
吭 9271
迒 11237
颃 11238
頏 11239
hang4
沆 622
巷 5420
hao1
薅 3730
蒿 3940
嚆 8944
hao2

濠 518
壕 4952
貉 5575
嚎 9201
嗥 9209
嘷 9211
号 9257
號 9258
毫 9458
豪 9460
蚝 10216
蠔 10322
hao3
郝 4787
好 5792
hao4
浩 233
滈 519
灝 539
灝 540
鎬 1328
镐 2097
耗 4678
好 5792
号 9257
號 9258
鄗 9467
昊 9851
颢 9949
顥 9950
暠 9952
皓 9983
皜 9995
皞 9996
he1
欱 1487
诃 1714
诃 1714
蠚 3571
呵 8908
嗬 8939
喝 9207
訶 9495
he2
河 136
涸 605
餄 1424
餲 1470
合 1481
郃 1491
颌 1495
盒 1496
龢 1498
頜 1499
盇 1606
饸 1840
餲 1880
何 2843
菏 3516
荷 3622
核 4268
禾 4487
盉 4564
和 4568
盍 4876
鞨 5395
貉 5575
纥 6092
紇 6286
劾 6322
阖 8002
闔 8015
阂 8022
龁 8519
齕 8538
閤 8747
闔 8764
閡 8772
翮 9421
曷 9924
鹖 9927
鶡 9928
覈 10827
he4
熇 1045
荷 3622
和 4568
赫 4785
褐 6693
翯 7231
贺 7267
賀 7268
壑 7860
鹤 7887
鶴 7888
吓 8924
嚇 8969
喝 9207
hei1
嗨 8844
嘿 9230
黑 10393
hen2
痕 7113
hen3
很 3171
狠 5659
hen4
恨 3340
heng1
脝 8226
啈 8970
哼 9200
亨 9443
heng2
鸻 3129
鴴 3130
衡 3178
恆 3280
恒 3361
蘅 3637
桁 4154
横 4233
珩 5097
姮 5857
heng4
横 4233
hm5
噷 8848
hng5
哼 9200
hong1
烘 976
揈 2623
薨 4008
轰 6353
訇 7919
吽 8931
哄 9001
轟 10727
hong2
鸿 210
鴻 211
洪 251
泓 625
竑 639
荭 3522
葒 3677
荭 3738
葒 3745
纮 5946
红 5976
紘 6117
紅 6145
黉 7457
宏 7693
黌 7853
闳 8003
閎 8748
虹 10242
𫚉 10483
魟 10576
弘 11255
hong3
哄 9001
hong4
澒 208
澒 209
讧 1735
蕻 3677
闀 7470
哄 9001
訌 9521
hou1
齁 10167
hou2
篌 767
餱 1433
侯 2811
糇 4606
猴 5611
瘊 7035
骺 8582
喉 8918
hou3
吼 9047
hou4
侯 2811
候 3103
後 3149
茩 3795
堠 4792
厚 6860
后 7199
垕 7200
郈 7201
逅 7202
鱟 7462
鲎 7858
hu1
滹 346
淴 430
曶 718
烀 962
乎 2313
惚 3316
糊 4642
轷 6341
戏 6506
戏 6506
戯 7156
戲 7171
忽 7895
曶 7898
[illegible] 8383
呼 8913
嘑 9059
唿 9122
易 9921
軤 10681
hu2
湖 523
煳 1047
餬 1467
𫗦 1878
衚 3172
葫 3947
核 4268
槲 4379
和 4568
糊 4642
鬍 4750
壶 5001
縠 5002
觳 5004
壺 5017
瑚 5190
鹄 5237
鵠 5238
狐 5607
猢 5668
斛 8362
鹘 8597
鶻 8598
胡 9810
鹕 9811
鶘 9812
蝴 10325
醐 10911
囫 10963
弧 11248
hu3
浒 121
滸 520
琥 5142
虎 7182
唬 9063
hu4
沍 32
冱 302
沪 481
滬 483
笏 863
瓠 1570
祜 2285
护 2651
怙 3352
糊 4642
互 6392
祜 6600
岵 7607
鄠 8466
户 8677
戽 8686
扈 8701
護 9510
hua1
化 2834
化 2834
华 2835
砉 3493
花 3621
華 3647
哗 8919
嘩 8940
hua2
滑 471
鏵 1167
铧 1938
搳 2599
华 2835
華 3647
划 5527
猾 5657
劃 7401
哗 8919
嘩 8940
譁 9508
驊 11040
骅 11096
hua4
话 1821
化 2834
华 2835
華 3647
桦 4151
樺 4172
划 5527
婳 5810
嫿 5863
畫 7400
劃 7401
話 9623
画 10453
huai2
淮 262
徊 3181
懷 3229
怀 3249
槐 4459
耲 4677
踝 9408
huai4
壞 4777
坏 4813
huai5
划 5527
劃 7401
huan1
懽 3244
歡 3928
貛 5572
獾 5616
欢 6501
讙 9512
驩 11041
huan2
洹 542
澴 583
鍰 1113
鐶 1364
锾 1900
镮 2126
萑 3709
还 4072
桓 4436
鬟 4753
环 5105
環 5205
狟 5580
嬛 5870
缳 6088
繯 6279
寰 7787
郇 7921
阛 8049
闤 8799
還 10795
鹮 10797
䴉 10798
圜 10974
huan3
缓 5936
緩 6105
huan4
浣 411
涣 469
澣 547
漶 569
焕 1030
豢 1625
换 2642
擐 2715
幻 6102
轘 6381
瘓 7109
逭 7772
宦 7773
奂 7885
奐 8567
唤 9153
患 10389
鲩 10514
鯶 10609
轘 10728
huang1
慌 3243
荒 3810
塃 4810
肓 7338
huang2
潢 250
湟 544
簧 806
篁 892
煌 1056
鐄 1205
鍠 1343
鐄 1984
锽 2110
徨 3175
惶 3364
璜 5125
黄 5409
黃 5414
隍 6788
癀 7061
艎 8322
喤 9212
磺 9692
皇 9980
遑 9982
蟥 10256
蝗 10331
鳇 10543
鰉 10637
凰 11221
huang3
谎 1726
恍 3232
怳 3347
幌 8406
謊 9511
晃 9858
huang4
滉 527
揘 2682
晃 9858
皝 9981
hui1
煇 1016
灰 1519
诙 1705
豗 2197
辉 2207
輝 2208
撝 2331
㧑 2559
撝 2560
挥 2591
揮 2592
徽 3160
恢 3222

珲 5158
琿 5159
袆 6664
褘 6665
隳 6720
麾 6898
翚 7229
翬 7230
咴 8876
詼 9485
晖 9913
晖 9913
暉 9916
hui2
洄 604
茴 4019
蛕 10217
蛔 10356
囬 10928
回 10965
廻 10966
迴 10967
hui3
燬 1012
虺 2198
悔 3396
毁 7438
譭 9587
hui4
汇 371
滙 374
溃 561
潰 562
篲 776
烩 952
燴 956
会 1382
會 1506
讳 1779
诲 1837
僡 3072
憓 3376
彗 3481
慧 3482
荟 3559
薈 3568
蔧 3645
蕙 3990
卉 4041
桧 4106
檜 4112
槥 4165
穢 4533
秽 4550
恚 4817
翽 5313
绘 5943
缋 6078
繪 6115
繢 6265
彙 6391
殨 6446
匯 7293
翙 7548
贿 7957
阓 8043
闠 8795
喙 9016
喙 9017
諱 9583
誨 9641
硊 9726
晦 9969
賄 10113
蟪 10345
惠 10664
hun1
惛 3270
荤 3835
葷 3840
昏 5519
婚 5773
阍 8020
閽 8769
hun2
浑 401
渾 403
混 526
餛 1469
馄 1879
珲 5158
琿 5159
魂 5922
hun4
混 526
溷 601
诨 1793
諢 9592
圂 10955
huo1
攉 2633
劐 3494
劐 3711
耠 4676
豁 7721
嚄 8942
騞 11038
騞 11100
huo2
活 524
和 4568
huo3
漷 516
火 924
鈥 1116
钬 1902
伙 2785
夥 10751
夥 10751
huo4
镬 1169
謋 1763
鑊 1952
祸 2279
货 2836
貨 2838
获 3724
藿 3891
穫 4525
和 4568
或 5533
惑 5534
獲 5614
禍 6596
豁 7721
霍 8436
謋 9559
蠖 10227
ji1
激 545
雞 695
鷄 696
笄 780
箕 808
饑 1448
飢 1479
奇 1543
剞 1544
齑 1663
讥 1833
饥 1888
迹 2756
齏 3187
齎 3188
犄 3447
芨 3777
機 4264
机 4478
稽 4512
嵇 4513
積 4532
积 4572
圾 4886
璣 5134
玑 5209
勣 5273
勣 5283
基 5432
朞 5436
期 5437
姬 5852
绩 5983
缉 6062
畿 6099
幾 6100
績 6154
緝 6236
鸡 6519
击 7647
赍 7875
賫 7876
賷 7882
肌 8254
屐 8617
嘰 9030
唧 9163
叽 9269
跻 9307
跡 9312
躋 9315
蹟 9333
譏 9557
磯 9705
矶 9792
乩 9800
畸 10417
擊 10709
墼 10710
羁 10784
羈 10823
羈 10823
几 11207
ji2
汲 327
籍 787
笈 825
脊 1516
鹡 1517
鶺 1518
诘 1740
佶 2884
伋 2945
藉 3673
蒺 3792
蕺 3925
极 4288
楫 4413
檝 4414
極 4476
吉 5024
革 5353
集 5492
嫉 5799
级 6015
級 6189
辑 6374
殛 6433
及 6807
瘠 7021
疾 7025
急 7383
嵴 7494
岌 7555
棘 8490
即 8714
戢 9004
蹐 9290
踖 9338
詰 9527
輯 10719
亟 11017
ji3
济 117
濟 155
脊 1516
掎 2364
挤 2385
擠 2410
给 5944
纪 6094
幾 6100
給 6114
紀 6288
麂 6952
戟 10005
戟 10011
蟣 10267
虮 10361
几 11207
己 11243
ji4
济 117
濟 155
洎 556
剂 1662
计 1719
记 1836
技 2519
伎 2939
偈 3049
徛 3124
劑 3186
冀 3202
悸 3252
荠 3589
薺 3638
芰 3764
薊 3985
蓟 3987
檵 4265
穄 4542
季 4543
稷 4581
髻 4737
垍 4967
惎 5430
妓 5791
继 5975
纪 6094
繼 6176
紀 6288
系 6318
祭 6460
际 6734
際 6757
痵 7029
瘠 7123
覬 7602
觊 7631
寄 7695
寂 7728
霁 8424
霽 8427
既 8715
暨 8716
跽 9418
計 9501
記 9640
鲚 10468
鯚 10499
鲫 10528
鱭 10568
鰶 10593
鯽 10621
繫 10711
罽 10808
驥 11036
驥 11036
骥 11098
骥 11098
忌 11245
jia1
浃 98
浹 109
笳 838
鎵 1270
夾 1538
夹 1631
镓 2043
挟 2363
挾 2380
佳 2880
伽 2955
傢 2984
茄 3803
葭 3914
枷 4313
耞 4688
嘉 5037
珈 5146
豭 5702
痂 7088
加 7263
袈 7264
迦 7266
家 7747
跏 9372
jia2
鋏 1131
夾 1538
郟 1539
頰 1541
夹 1631
郏 1633
颊 1634
铗 1923
恝 3486
荚 3573
莢 3586
袷 6613
裌 6616
戛 8573
戞 10170
蛺 10201
蛱 10206
jia3
鉀 1353
钾 2118
假 3027
檟 4467
檟 4468
瘕 7115
岬 7615
胛 8237
叚 8732
斝 9175
嘏 9813
蝍 10342
甲 10450
贾 10825
賈 10828
jia4
价 2788
假 3027
價 3086
稼 4551
嫁 5818
架 7265
駕 7269
驾 7270
jian1
浅 270
渐 300
湔 447
瀸 555
漸 577
箋 810
笺 814
尖 2240
搛 2579
揵 3465
监 3498
坚 3501
蒹 3820
菅 3851
櫼 4096
椾 4370
瑊 5130
鞯 5365
韉 5367
鞬 5383
艱 5402
戋 5529
戔 5563
奸 5746
姦 5776
缄 5993
缣 6029
緘 6165
縑 6200
殲 6411
歼 6424
艰 6518
兼 7416
鹣 7418
鶼 7419
间 8039
煎 8262
肩 8694
閒 8779
間 8790
監 8805
堅 8812
鲣 10478
鳒 10510
鰜 10605
鰹 10624
瀸 11010
jian3
减 29
減 269
瀽 418
笕 868
简 869

簡 886
筧 897
鐧 1313
谫 1803
锏 2061
捡 2344
撿 2358
拣 2502
揀 2700
俭 2786
儉 2797
繭 3889
茧 3975
检 4104
檢 4111
枧 4365
梘 4447
堿 4869
劗 5241
劗 5244
戬 5345
絸 6263
裥 6673
襇 6684
蹇 7741
謇 7742
翦 8263
剪 8264
趼 9321
譾 9604
9605
硷 9648
礆 9650
碱 9700
睑 10023
瞼 10024
柬 10392
鹼 10839
鹻 10842
囝 10958

jian4

渐 300
溅 441
涧 444
澗 495
濺 555
漸 577
箭 873
剑 1085
鍵 1257
鐧 1313
鑑 1316
餞 1444
劍 1485
劎 1486
谏 1826
饯 1856
键 2034
锏 2061
毽 2189
件 2856
牮 2913
僭 2966
健 2973
鉴 3496
监 3498
荐 3593
薦 3791
槛 4170
楗 4327
檻 4406
建 7397
贱 7967
见 7991
间 8039
腱 8176
舰 8316
艦 8320
閒 8779
間 8790
監 8805
鑒 8806
踐 9342
践 9343
諫 9629
賤 10124
見 10151

jiang1

江 207
僵 3069
浆 3195
将 3196
茳 3521
薑 3983
姜 5223
姜 5223
韁 5396
缰 6084
繮 6271
殭 6447
豇 9430
礓 9777
鳉 10474
鱂 10654
將 11000
漿 11002
疆 11273

jiang3

讲 1728
桨 3197
奖 3194
蒋 3639
蔣 4023
耩 4683
膙 8257
講 9542
獎 11001
槳 11003

jiang4

浆 3195
将 3196
酱 3198
糡 4599
糨 4653
糨 4654
绛 6013
絳 6187
降 6760
匠 7316
虹 10242
將 11000
醬 11004
強 11256
强 11265
犟 11266
勥 11267
弶 11268
彊 11270

jiao1

澆 216
浇 266
交 1681
郊 1683
䴔 1685
鹪 1686
僬 2910
茭 3591
蕉 3710
艽 4027
椒 4203
教 5050
焦 5485
鵁 5488
鷦 5489
娇 5736
嬌 5737
姣 5738
峧 7506
胶 8094
膠 8171
跤 9308
礁 9696
蛟 10212
鲛 10470
鮫 10564
驕 11029
骄 11092

jiao2

矫 1581
矯 1582
嚼 8853

jiao3

湫 199
笅 751
鉸 1141
餃 1428
矫 1581
矯 1582
饺 1843
铰 1925
挢 2372
撟 2373
攪 2584
搅 2613
佼 2823
僥 2881
侥 2919
儌 3053
徼 3176
徼 3176
狡 5603
剿 5718
勦 5719
绞 5956
缴 6074
絞 6125
繳 6258
腳 8070
脚 8131
角 8359
皎 9975
敫 9991

jiao4

漖 225
滘 407
爝 928
徼 3176
藠 3970
校 4129
教 5050
斠 5424
轿 6334
较 6337
覺 7461
峤 7502
嶠 7503
窖 7817
觉 7857
嚼 8853
呌 8928
噍 9008
叫 9255
[illegible] 9279
轎 10674
較 10677
酵 10868
醮 10876

jie1

節 882
皆 1893
接 2322
揭 2688
街 3138
节 3805
楷 4133
楬 4433
稭 4507
秸 4529
堦 4775
结 5977
結 6148
阶 6714
階 6728
癤 7007
痎 7070
疖 7090
嗟 8877
喈 8895

jie2

潔 164
洁 221
竭 670
節 882
讦 1720
诘 1740
拮 2447
捷 2580
傑 2931
偈 3049
羯 3439
㛃 3489
节 3805
杰 4091
榤 4168
桔 4213
刦 4872
刧 4873
劫 4874
劼 5027
颉 5028
頡 5029
截 5538
婕 5812
结 5977
結 6148
桀 6401
孑 6560
袺 6637
訐 9502
詰 9527
碣 9772
睫 10080
鲒 10485
鮚 10578

jie3

檞 4380
姐 5831
觧 8363
解 8366
毑 11297

jie4

介 1094
诫 1756
价 2788
借 2904
犗 3466
芥 3555
藉 3673
玠 5073
戒 5528
褯 6656
疥 7015
觧 8363
解 8366
屆 8643
届 8666
唶 9000
誡 9549
蚧 10195
界 10415

jie5

价 2788
價 3086
家 7747

jin1

津 386
筋 871
金 1106
今 1385
禁 4183
琎 5104
璡 5129
矜 6467
衿 6612
襟 6632
斤 7203
觔 8369
觔 8369
巾 8377

jin3

錦 1344
饉 1441
谨 1748
僅 1851
锦 2111
僅 2903
仅 2937
儘 2972
侭 3023
紧 3502
槿 4232
瑾 5124
堇 5403
卺 6545
廑 6923
尽 8675
緊 8813
謹 9540

jin4

浸 382
濜 385
浕 480
燼 1011
烬 1031
祲 2274
搢 2460
搢 2495
僅 2903
仅 2937
藎 3816
荩 3907
进 4056
禁 4183
晋 5344
靳 5380
觐 5407
覲 5408
進 5497
劲 5724
妗 5733
晉 5916
缙 5985
縉 6173
殣 6429
劲 6496
祲 6588
近 7205
盡 7395
赆 7986
尽 8675
噤 8956
贐 10134

jing1

涇 277
泾 316
惊 3348
荆 3650
菁 3696
莖 3729
茎 3763
驚 3874
稉 4584
秔 4594
精 4610
粳 4647
鶄 5280
鶁 5281
猄 5664
经 6007
經 6169
鼱 7428
旌 7939
京 9436
兢 9819
晶 9958
睛 10053
鲸 10530
鯨 10626

jing2

腈 8137

jing3

儆 2861
憬 3359
警 3873
井 4055
璟 5193
剄 5721
頸 5725
刭 6494
颈 6497
阱 6739
穽 7807
肼 8120
景 9946

jing4

凈 5
净 36
淨 61
靖 643
竞 662
競 663
竟 672
鏡 1111
镜 1899
徑 3147
径 3151
敬 3870
境 4762
靜 5275
静 5276
靓 5278
靚 5279
獍 5585
逕 5723

勁 5724
经 6007
經 6169
劲 6496
痙 7065
痉 7074
脛 8150
胫 8157
踁 9345
jiong1
坰 4921
扃 8698
jiong3
泂 448
炯 1024
褧 5447
䌹 6048
絅 6219
窘 7827
迥 8278
囧 8280
炅 9848
煚 9944
jiu1
揪 2434
鬏 4735
赳 4857
纠 6091
糾 6285
鬮 7474
究 7846
阄 8048
啾 8959
鸠 11204
鳩 11205
jiu3
酒 595
韮 3704
玖 5137
韭 5348
久 6498
灸 6499
九 11197
jiu4
救 2315
捄 2407
旧 2769
僦 3040
舊 3712
柩 4317
桕 4330
咎 6527
厩 6858
廄 6976
疚 7075
臼 7423
舅 7440
就 9437
鹫 9439
鷲 9440
ju1
泃 435
鋸 1301
鋦 1302
锔 2079
掬 2619
拘 2622
据 2650
苴 3900
趄 4855
琚 5180
鞠 5386
鞫 5387
狙 5656
娵 5770
车 6327
裾 6680
疽 7106
岨 7586
崌 7590
腒 8215
且 8541
雎 8542
居 8661
車 10667
駒 11068
驹 11126
ju2
湨 551
鋦 1302
锔 2079
侷 3024
菊 3864
桔 4213
橘 4274
局 8676
跼 9391
鶪 10026
鵙 10027
ju3
沮 466
举 684
簴 830
筥 888
矩 1586
榘 1587
蒟 3539
莒 3927
榉 4087
櫸 4331
枸 4360
柜 4405
擧 7453
舉 7454
齟 8513
龃 8531
咀 9151
踽 9405
ju4
澽 347
沮 466
炬 1040
鋸 1301
鉅 1315
讵 1812
锯 2078
钜 2087
據 2537
据 2650
拒 2661
俱 3016
倨 3022
惧 3332
懼 3366
犋 3470
苣 3921
聚 5461
聚 5461
劇 7159
遽 7160
窭 7808
窶 7848
句 7913
具 8546
屦 8615
屨 8620
剧 8662
巨 8803
踞 9390
距 9395
詎 9614
醵 10890
飓 11215
颶 11228
juan1
涓 504
蠲 724
鐫 1210
镌 1989
捐 2668
娟 5845
朘 8152
鹃 9133
鵑 9134
圈 10943
juan3
錈 1138
卷 1627
锩 1922
捲 2379
juan4
桊 1624
卷 1627
眷 1629
倦 2818
隽 5496
雋 5499
狷 5662
獧 5685
绢 6063
絹 6237
睠 10029
罥 10794
鄄 10820
圈 10943
jue1
撅 2529
屩 8613
屫 8614
嗟 8877
噘 9055
蹻 9300
jue2
决 34
[illegible] 335
決 380
爵 720
爝 928
鐍 1232
鐝 1240
谲 1764
诀 1785
𫔎 2008
钁 2113
抉 2570
掘 2648
攫 2694
傕 2993
倔 3020
蕨 3783
橛 4291
桷 4378
珏 5121
玦 5151
獗 5637
绝 6060
絕 6233
孓 6561
厥 6851
劂 6852
蹷 6853
覺 7461
崛 7589
觉 7857
角 8359
角 8359
觖 8370
嚼 8853
噱 9061
蹶 9359
譎 9561
訣 9585
矍 10099
駃 11062
𫘝 11121
鴃 11152
鴂 11159
jue3
蹶 9359
jue4
倔 3020
jun1
筠 793
鈞 1279
钧 2052
莙 3818
菌 4018
均 4915
麇 6945
君 7405
军 7675
皲 7677
軍 7681
皸 7684
龟 10733
龜 11295
jun4
浚 284
濬 426
竣 646
焌 982
餕 1447
馂 1858
捃 2577
俊 2925
菌 4018
珺 5153
隽 5496
雋 5499
郡 7408
峻 7541
晙 10433
駿 11053
骏 11112
ka1
擖 2428
咖 9074
喀 9111
ka3
佧 2875
卡 4723
胩 8127
咔 8966
咯 9046
kai1
鐦 1312
锎 2060
揩 2387
开 4045
開 8759
kai3
鍇 1143
鎧 1262
锴 1927
铠 2038
愷 3307
恺 3308
慨 3339
蒈 3595
楷 4133
塏 4908
垲 4909
剴 7601
凱 7603
剀 7630
凯 7632
闿 8029
闓 8776
嘅 9164
kai4
忾 3391
愾 3392
欬 6320
kan1
龕 1482
龛 1488
看 1534
刊 3404
堪 4863
戡 5443
勘 5444
kan3
侃 3031
莰 3680
槛 4170
檻 4406
坎 4767
𫖹 5558
顑 5560
砍 9647
kan4
看 1534
衎 3131
墈 4864
崁 7526
阚 8019
闞 8768
磡 9694
瞰 10057
矙 10096
kang1
慷 3288
忼 3393
槺 4295
穅 4547
糠 4633
康 6966
鱇 10503
鱇 10597
kang2
扛 2439
kang4
炕 1068
鈧 1374
钪 2135
抗 2739
伉 3096
亢 11236
kao1
尻 8669
kao3
烤 973
拷 2451
栲 4219
考 5057
攷 11016
kao4
銬 1189
铐 1970
犒 3472
靠 5234
ke1
鈳 1152
钶 1935
搕 2445
苛 3610
柯 4143
榼 4210
棵 4460
科 4523
稞 4585
坷 4779
珂 5092
颏 6323
頦 6324
轲 6340
疴 7034
匼 7294
窠 7840
髁 8592
砢 9664
磕 9686
瞌 10049
蝌 10237
軻 10680
颗 10752
顆 10753
牁 10991
ke2
揢 2604
壳 5012
殼 5014
咳 9035
ke3
渴 534
可 2235
坷 4779
岢 7510
ke4
溘 218
錁 1358
课 1829
锞 2122
可 2235
恪 3285
缂 5986
緙 6156
刻 6321
客 7760
嗑 8975
課 9632
克 9816
尅 9817
剋 9818
騍 11081
骒 11140
氪 11189
kei1
尅 9817
剋 9818
ken3
肯 5315
懇 5578
墾 5579
齦 8515
恳 8718
垦 8719
啃 8993
ken4
掯 2457
褃 6641
裉 6682
keng1
鏗 1317

铿 1948
坑 4989
阬 6798
吭 9271
硜 9701
硁 9715
硻 9765
kong1
箜 862
崆 7573
空 7811
kong3
倥 2987
恐 4714
孔 6549
kong4
控 2608
鞚 5385
空 7811
kou1
抠 2565
摳 2566
芤 3769
眍 10075
瞘 10077
kou3
口 8842
kou4
筘 764
簆 859
釦 1320
扣 2663
蔻 3847
彀 5010
鷇 5011
寇 7707
叩 9076
ku1
刳 1571
枯 4426
窟 7833
骷 8590
哭 9171
矻 9791
圐 10973
ku3
苦 3946
ku4
绔 6119
袴 6618
裤 6657
褲 6658
库 6930
庫 6985
嚳 7456
喾 7852
酷 10869
kua1
夸 1569
誇 9486
kua3
侉 2810
垮 4773
咵 8881
kua4
挎 2369
胯 8074
跨 9295
kuai3
㧟 2320
擓 2564
蒯 3884
kuai4
浍 79
澮 93
筷 774
会 1382
郐 1384
會 1506
鄶 1508
侩 2790
儈 2798
快 3301
块 4905
塊 4975
狯 5594
獪 5597
脍 8066
膾 8069
哙 8863
噲 8875
鲙 10463
鱠 10561
kuan1
宽 7723
寬 7725
髋 8585
髖 8586
kuan3
欵 2163
款 4995
窾 7814
kuang1
洭 373
筐 843
诓 1781
框 4316
匡 7313
劻 7314
哐 9078
誆 9579
kuang2
诳 1758
狂 5624
𫛭 5626
鵟 5627
誑 9552
kuang3
夼 1550
kuang4
况 38
況 510
鑛 1242
框 4316
圹 4891
壙 4892
纩 6018
纊 6191
鄺 6924
邝 6934
贶 7987
矿 9723
礦 9725
旷 9903
曠 9904
眶 10076
貺 10141
kui1
盔 1520
悝 3379
刲 4821
虧 7158
岿 7511
巋 7596
窥 7802
闚 8751
亏 11018
kui2
奎 1552
揆 2505
葵 3757
逵 5058
隗 6792
喹 8878
睽 9898
暌 10066
夔 10174
蝰 10202
魁 10740
騤 11055
骙 11114
馗 11203
kui3
傀 3075
跬 9327
暌 10066
kui4
溃 561
潰 562
篑 899
簣 900
饋 1473
餽 1476
馈 1882
愦 3369
憒 3370
愧 3378
蒉 3973
蕢 3974
聩 5478
聵 5479
媿 5867
𫌀 6695
䙡 6696
匮 7328
匱 7329
喟 9233
kun1
焜 1049
錕 1334
锟 2104
髡 4731
髨 4754
坤 4973
琨 5191
裈 6669
褌 6670
崑 7609
鶤 7685
堃 7947
堃 7947
昆 9855
鹍 9856
鲲 10533
鯤 10628
醌 10912
kun3
捆 2721
悃 3387
壸 5001
壼 5017
綑 6283
阃 8051
閫 8801
kun4
睏 10103
困 10947
kuo4
濶 494
扩 2530
擴 2532
括 2679
𨓈 5518
廓 6978
阔 7998
闊 8741
适 9829
蛞 10326
la1
拉 2321
垃 4759
邋 5720
啦 8914
la2
拉 2321
啦 8914
喇 9228
砬 9644
磖 9730
旯 9968
剌 10378
la3
拉 2321
喇 9228
la4
鑞 1219
镴 1997
辣 3416
落 3523
鬎 4752
瘌 7132
腊 8141
臘 8149
蜡 10255
蠟 10263
蝲 10338
剌 10378
𬶟 10545
鯻 10640
la5
蓝 3648
藍 3922
鞡 5361
啦 8914
lai2
涞 189
淶 206
錸 1178
铼 1966
徕 3134
徠 3136
莱 3654
萊 3672
來 4093
梾 4200
来 4672
崃 7517
崍 7525
lai4
濑 567
瀨 568
籁 902
籟 903
賚 4102
赉 4673
癞 7133
癩 7134
睐 10041
睞 10047
赖 10383
賴 10384
lan2
兰 4
澜 445
瀾 496
篮 777
籃 887
鑭 1314
斓 1670
斕 1672
谰 1802
镧 2062
拦 2318
攔 2660
蓝 3648
蘭 3920
藍 3922
栏 4079
婪 4188
欄 4404
褴 6628
襕 6674
襴 6685
襤 6686
岚 7626
嵐 7627
阑 8045
闌 8797
讕 9613
lan3
漤 192
灠 499
揽 2422
攬 2662
懒 3373
览 3497
榄 4169
欖 4407
壈 4982
嬾 5861
缆 5969
纜 6235
擥 8807
覽 8808
罱 10792
lan4
滥 166
濫 498
烂 925
爛 1039
lang1
啷 9166
lang2
鎯 1306
鋃 1307
鎯 2083
锒 2084
榔 4399
稂 4567
瑯 5182
琅 5183
狼 5660
嫏 5837
廊 6977
郎 8721
螂 10312
蜋 10313
lang3
烺 1036
㙟 4938
朗 8722
㮾 8723
塱 8724
lang4
浪 490
蒗 3533
莨 3912
埌 4939
崀 7593
阆 8034
郎 8721
閬 8783
lao1
撈 2341
捞 2426
lao2
勞 945
鐒 1118
铹 1954
劳 3836
癆 7010
痨 7044
嶗 7479
崂 7514
牢 7719
嘮 8858
唠 8943
醪 10891
lao3
潦 106
銠 1187
铑 1968
佬 2886
荖 3686
栳 4217
老 5045
姥 5760
lao4
澇 70
涝 175
烙 994
落 3523
耮 4675
耢 4680
嫪 5800
络 6014
絡 6188
嘮 8858
唠 8943
酪 10885
le1
肋 8172
le4
泐 324
簕 805
竻 836
仂 2954
勒 5382
樂 6104
乐 7358
叻 9072
鳓 10491
鰳 10585
le5
餎 1449
饹 1859
了 6540
lei1
擂 2635
勒 5382
lei2
鐳 1290
镭 2068
擂 2635
檑 4385
嫘 5862
缧 6083
縲 6270
羸 7341
雷 8463
礌 9761
累 10434
纍 10446
纍 10446

罍 10447

lei3

诔 1734
儡 3068
蕾 3894
耒 4674
垒 5897
誄 9520
磊 9769
累 10434
壘 10445

lei4

淚 482
泪 550
擂 2635
类 4601
類 4602
颣 4617
纇 4618
肋 8172
累 10434
纍 10446
酹 10849
酹 10882

lei5

嘞 8998

leng2

棱 4220
楞 4465
稜 4530
塄 4979

leng3

冷 16
冷 17

leng4

愣 3382
堎 4831
睖 10052

li1

哩 9243

li2

漓 464
灕 465
篱 878
籬 879
藜 3663
蔾 3664
犁 4517
梨 4518
黎 4553
犂 4554
棃 4555
黧 4556
漦 4665
犛 4666
嫠 4667
氂 4668
狸 5681
蠡 5707
劙 5708
蠡 5710
缡 6055
縭 6227
褵 6679
厘 6875
丽 8285
鹂 8288
麗 8289
鸝 8292
离 8539
離 8540
喱 9056
鲡 10523
鱺 10617
罹 10774
醨 10905
驪 11069
骊 11127

li3

浬 579
澧 589
鋰 1359
锂 2123
裏 2158
禮 2293
俚 3078
李 4283
理 5204
蠡 5707
蠡 5710
娌 5869
礼 6568
裡 6701
逦 8287
邐 8291
哩 9243
鲤 10549
鳢 10552
鯉 10645
鱧 10649
里 10761
醴 10917

li4

涖 149
瀝 332
沥 334
溧 585
立 637
笠 732
篥 913
俐 2869
例 2932
俪 3007
儷 3008
傈 3084
慄 3384
蒞 3518
莅 3618
莉 3660
藶 3780
苈 3781
荔 3798
茘 3802
隸 4147
櫟 4266
櫪 4289
枥 4290
栎 4322
利 4516
粒 4598
糲 4629
粝 4630
鬁 4736
壢 4888
坜 4889
隷 4996
猁 5620
轹 6366
厲 6833
勵 6834
厤 6836
歷 6837
曆 6838
历 6847
厉 6854
励 6855
癘 7046
痢 7049
癧 7083
疠 7084
疬 7098
力 7259
隶 7411
[illegible] 7558
[illegible] 7561
丽 8285
郦 8286
麗 8289
酈 8290
靂 8443
雳 8444
戾 8679
嚦 9052
呖 9053
唳 9162
躒 9346
跞 9373
鬲 9420
[illegible] 9424
礫 9706
礪 9721
砺 9722
砾 9733
蠣 10275
蛎 10276
吏 10369
轢 10692
詈 10799
栗 10818

li5

瓈 5108
璃 5178
哩 9243
蜊 10236

lia3

倆 3013
俩 3015

lian2

涟 299
濂 340
漣 576
簾 828
鐮 1244
鎌 1258
奁 1560
奩 1561
镰 2020
怜 3216
3218
憐 3254
莲 3752
蓮 3992
联 5450
聯 5459
连 6356
裢 6649
褳 6698
廉 6967
匳 7295
匲 7297
帘 7831
臁 8165
蠊 10279
鲢 10498
鰱 10643
連 10696

lian3

敛 1084
斂 1484
蔹 3553
蘞 3567
琏 5135
璉 5202
裣 6611
襝 6614
脸 8065
臉 8068

lian4

潋 73
瀲 89
炼 985
煉 1061
鍊 1350
鍊 1350
鏈 1357
链 2005
恋 2758
楝 4453
练 6004
戀 6242
練 6267
殓 6414
殮 6416

lian5

裢 6649
褳 6698

liang2

凉 39
梁 363
粱 364
涼 514
莨 3912
樑 4081
椋 4419
粮 4639
糧 4643
良 8725
踉 9394
量 9964

liang3

倆 3013
俩 3015
𬙊 6054
緉 6224
兩 8468
两 8504
啢 9145
唡 9149
魎 10747
魉 10748

liang4

凉 39
涼 514
谅 1817
靓 5278
靚 5279
辆 6371
喨 9202
踉 9394
亮 9462
諒 9619
晾 9947
量 9964
輛 10716

liao1

撩 2375
蹽 9302

liao2

燎 957
遼 1607
鹩 1608
鷯 1609
撩 2375
僚 2815
聊 5473
獠 5600
缭 5951
繚 6121
辽 6541
療 7027
疗 7079
寮 7697
寥 7766
窌 7834
髎 8583
嘹 8886
飗 11213
飂 11226

liao3

潦 106
燎 957
釕 1236
钌 2013
蓼 3797
了 6540
瞭 10028

liao4

鐐 1136
釕 1236
镣 1919
钌 2013
尥 2219
撂 2703
料 4607
了 6540
廖 6939
瞭 10028

lie1

咧 9038

lie3

裂 6421
咧 9038

lie4

冽 33
洌 305
劣 2245
捩 2652
鬣 4740
埒 4763
趔 4847
埓 4883
猎 5629
獵 5630
列 6419
烈 6420
裂 6421
䴕 6422
鴷 6423
躐 9344

lie5

咧 9038

lin2

淋 191
燐 969
邻 1395
临 3499
林 4180
粦 4620
粼 4621
鄰 4622
遴 4623
琳 5106
璘 5109
辚 6343
隣 6740
麐 6943
麟 6947
嶙 7523
霖 8429
臨 8817
啉 8955
磷 9680
瞵 10045
鳞 10482
鱗 10575
轔 10683

lin3

凛 42
凜 43
懔 3388
懍 3389
檩 4472
檁 4473
廪 6989
廩 6990

lin4

淋 191
吝 1673
赁 2892
賃 2893
悋 3226
蔺 3881
藺 3919
膦 8124
躏 9318
躪 9320

ling1

拎 2350
拎 2352

ling2

凌 24
泠 81
泠 83
淩 227
笭 740
笭 741
鈴 1124
翎 1396
鸰 1398
瓴 1399
翎 1405
鴒 1407
瓴 1408
铃 1909
伶 2791
伶 2793
羚 3428
羚 3429
苓 3561
苓 3563
菱 3693
棱 4220
棂 4324
櫺 4383
櫺 4384
稜 4530
玲 5075
玲 5077
聆 5448
聆 5449
绫 5980
綾 6152
陵 6743
灵 7376
崚 7529
零 8421
零 8422
靈 8458
酃 8459
龄 8506
齡 8521
呤 8866
呤 8868
蛉 10197

蛉 10198
鲮 10488
鯪 10581
醽 10903
囹 10937
圙 10938
〇 11311
ling3
令 1394
领 1397
令 1404
領 1406
岭 7487
岭 7488
嶺 7489
ling4
令 1394
令 1404
呤 8866
呤 8868
另 9071
liu1
溜 501
熘 1041
liu2
浏 116
流 285
鎏 286
瀏 500
鏐 1251
鎦 1318
餾 1465
刘 1660
馏 1876
镠 2027
镏 2088
榴 4408
琉 5133
瘤 7118
旒 7942
劉 8819
留 8822
鹠 8824
鶹 8825
硫 9704
騮 11076
骝 11134
飗 11216
飀 11229
liu3
鋶 1223
锍 2001
柳 4409
绺 6011
綹 6185
liu4
溜 501
六 722
鎦 1318
餾 1465
馏 1876
镏 2088
陸 6742
陆 6769
鹨 7223
鷚 7224
霤 8457
遛 8823
蹓 9396
碌 9709
磟 9729
碌 9734
飂 11213
飂 11226
lo5
咯 9046
long1
隆 6759
long2
瀧 49
泷 134
龍 650
聾 655
礱 657
籠 733
笼 755
龙 2223
聋 2228
砻 2230
蘢 3540
茏 3609
櫳 4085
栊 4142
瓏 5063
珑 5090
隆 6759
癃 7080
窿 7824
朧 8058
胧 8102
嚨 8846
咙 8906
曨 9842
昽 9860
矓 10017
眬 10033
long3
壟 653
籠 733
笼 755
垄 2226
攏 2323
拢 2402
儱 2776
壠 4760
隴 6706
陇 6731
long4
衖 3146
弄 5103
㟖 7530
lou1
搂 2435
摟 2746
䁖 10044
瞜 10108
lou2
溇 202
漊 632
偻 2871
僂 3100
僂 3100
蒌 3666
蔞 4037
蔞 4037
楼 4198
樓 4486
娄 4613
耧 4682
耬 4697
髅 8578
髏 8601
喽 8961
嘍 9277
剅 9429
蝼 10238
螻 10364
婁 11308
𠞭 11310
lou3
篓 784
簍 923
搂 2435
摟 2746
嵝 7522
嶁 7633
lou4
漏 478
鏤 1380
镂 1963
陋 6776
瘘 7051
瘺 7111
瘻 7151
露 8460
lou5
喽 8961
嘍 9277
lu1
噜 9235
嚕 9236
lu2
瀘 349
泸 484
爐 999
炉 1032
鑪 1246
鑪 1246
𬬻 2080
蘆 3794
芦 3908
櫨 4300
栌 4395
壚 4896
垆 4936
轳 6373
廬 6938
庐 6975
盧 7177
顱 7178
鸕 7179
罏 7640
臚 8168
胪 8216
艫 8310
舻 8319
卢 8702
颅 8703
鸬 8704
鲈 10527
鱸 10599
轤 10699
lu3
滷 592
鐪 1354
镥 2119
掳 2538
擄 2541
蘆 3794
樐 4299
橹 4455
櫓 4456
虏 7162
虜 7175
艣 8309
艪 8323
硇 9785
磠 9786
鲁 10532
魯 10627
卤 10835
鹵 10838
lu4
渌 301
漉 338
淥 383
潞 511
六 722
簶 739
箓 821
簏 827
籙 850
錄 1228
禄 2268
僇 2950
蕗 3937
麓 4192
璐 5187
绿 6027
綠 6181
辂 6355
辘 6358
彔 6385
逯 6387
盝 6388
祿 6589
陸 6742
陆 6769
鹿 6940
戮 7221
勠 7222
录 7388
逯 7390
盝 7391
[illegible] 7545
[illegible] 7569
赂 7971
用 8335
冉 8336
露 8460
路 9353
鹭 9354
鷺 9355
碌 9709
碌 9734
賂 10130
輅 10695
轆 10698
醁 10880
醁 10894
lu5
氇 2191
氌 2192
轳 6373
轤 10699
luan2
滦 147
灤 293
銮 2757
孪 2759
栾 2760
娈 2761
孪 2763
峦 2764
脔 2765
鸾 2767
鑾 6240
攣 6243
欒 6244
孌 6245
孿 6246
巒 6247
臠 6248
鸞 6250
luan3
卵 8828
luan4
亂 697
乱 9823
lun1
抡 2345
掄 2354
lun2
沦 74
淪 85
仑 1088
侖 1415
论 1701
抡 2345
掄 2354
伦 2787
倫 2795
纶 5942
綸 6113
轮 6330
𫶇 7482
崙 7491
論 9484
輪 10672
囵 10936
圇 10939
lun4
论 1701
論 9484
luo1
捋 2328
捋 2504
囉 9245
罗 10789
luo2
覶 699
籮 911
箩 912
鑼 1362
锣 2124
𬢀 2298
儸 3080
儸 3080
㑩 3081
蘿 4005
萝 4006
欏 4463
椤 4464
玀 5682
猡 5683
蠃 7347
脶 8213
腡 8221
覼 8487
囉 9245
螺 10340
羅 10787
邏 10788
罗 10789
逻 10790
騾 11079
骡 11138
luo3
倮 3076
蓏 3600
裸 6699
瘰 7136
蠃 7345
蠃 7346
luo4
泺 291
洛 321
泺 378
漯 571
犖 939
烙 994
摞 2702
落 3523
荦 3829
珞 5138
络 6014
絡 6188
雒 6535
咯 9046
躒 9346
跞 9373
硌 9718
駱 11058
骆 11118
luo5
儸 3080
囉 9245
罗 10789
lü2
榈 4367
櫚 4403
闾 8036
閭 8787
驢 11059
驴 11131
lü3
鋁 1324
铝 2093
捋 2328
捋 2504
偻 2871
侣 3035
侶 3037
僂 3100
稆 4570
穭 4571
穞 4582
缕 5974
縷 6294
褛 6633
褸 6705
旅 7935
膂 7936
履 8619
屡 8627
屢 8670
吕 9170
呂 9204
lü4
滤 345
濾 348
律 3157
葎 3635
绿 6027
綠 6181
率 6311
虑 7153
慮 7174
氯 11181
氯 11186
lüe4
掠 2674
略 10435
畧 10436
m2
呒 8905
嘸 9009
呣 9276
m4
呣 9276
ma1
抹 2438
蔴 3784

嬤 5797
媽 5877
妈 5878
孖 6555
麻 6897
摩 6899
螞 10358
蚂 10359
ma2
蔴 3784
麻 6897
痲 7048
嗎 9262
吗 9263
蟆 10233
ma3
瑪 5207
玛 5208
獁 5687
犸 5688
嗎 9262
吗 9263
碼 9788
码 9790
螞 10358
蚂 10359
馬 11024
马 11088
ma4
禡 2294
禡 6606
祃 6607
嘜 8954
唛 8985
駡 9195
骂 9196
螞 10358
蚂 10359
罵 10809
ma5
么 5927
嘛 9057
嗎 9262
吗 9263
蟆 10233
mai2
埋 4977
霾 8437
mai3
买 1599
買 10804
mai4
卖 1600
邁 3999
勱 4000
麥 4097
賣 5042
麦 5252
迈 7924
劢 7925
脉 8104
脈 8169
霢 8450
衇 8560
mai5
荬 3582
蕒 4011
man1
颟 3899
顢 5350
man2
饅 1472
謾 1823
馒 1881
蛮 2766
蔓 3966
鬘 4751
埋 4977
蠻 6249
謾 9626
瞞 10039
瞒 10056
鳗 10539
鰻 10633
man3
满 176
滿 245
螨 10232
蟎 10254
man4
漫 541
熳 1054
鏝 1340
谩 1823
镘 2107
慢 3360
蔓 3966
墁 4963
嫚 5856
缦 6072
縵 6256
幔 8407
謾 9626
曼 9966
mang1
牻 3454
牤 3463
mang2
鋩 1170
铓 1953
忙 3299
牻 3452
茫 3528
芒 3809
杧 4320
邙 7337
氓 7340
盲 7348
硭 9674
駹 11034
𬳵 11095
mang3
漭 168
莽 3583
蟒 10226
mao1
貓 5574
猫 5617
mao2
錨 1173
锚 1955
毛 2182
牦 3451
茅 3761
茆 3923
氂 4664
髦 4730
貓 5574
猫 5617
矛 6466
蝥 6472
蟊 6484
旄 7937
酕 10858
mao3
泖 502
鉚 1319
冇 1524
铆 2089
峁 7597
卯 8826
昴 9945
mao4
袤 2147
茂 3717
鄚 3954
懋 4273
耄 5046
瑁 5170
貌 5581
瞀 6471
冒 7951
帽 8398
貿 8820
贸 8821
皃 9998
眊 10031
me5
么 5927
麼 6904
麽 6905
嚜 9231
mei2
湄 486
没 617
煤 977
鎇 1304
镅 2081
黴 3161
莓 4036
枚 4128
楳 4236
楣 4396
梅 4485
玫 5083
猸 5658
媒 5768
糜 6902
縻 6903
嵋 7591
脢 8260
霉 8467
眉 8708
郿 8709
鹛 8710
鶥 8711
槑 8957
酶 10920
mei3
浼 564
鎂 1190
镁 1971
美 5218
每 11298
mei4
谜 1732
妹 5752
媚 5836
袂 6666
寐 7788
詸 9517
昧 9871
鬽 10737
魅 10741
men1
闷 8007
悶 8754
men2
鍆 1311
钔 2059
扪 2625
捫 2658
亹 7467
门 7996
門 8739
men4
懑 177
懣 246
焖 1023
燜 1038
闷 8007
悶 8754
men5
们 3002
們 3028
meng1
蒙 3833
矇 10038
meng2
濛 173
濛 173
蒙 3833
蒙 3833
萌 3964
甍 4010
檬 4174
獴 5615
氓 7340
甿 7349
朦 8117
艨 8301
幪 8384
礞 9675
曚 9867
盟 9935
矇 10038
虻 10285
甿 10440
meng3
錳 1237
锰 2014
懵 3246
蒙 3833
瞢 4009
猛 5636
勐 6559
艋 8308
蠓 10231
蜢 10273
meng4
夢 4007
梦 4189
孟 6558
mi1
咪 8960
眯 10043
瞇 10046
mi2
瀰 626
谜 1732
禰 2277
蘼 3785
蘪 3786
迷 4627
猕 5690
獼 5691
祢 6571
靡 6900
縻 6903
縻 6906
麋 6946
詸 9517
謎 9518
醚 10866
醾 10887
弥 11249
彌 11263
mi3
芈 3495
米 4597
敉 4604
靡 6900
脒 8123
眯 10043
瞇 10046
弭 11254
mi4
泌 128
汨 525
觅 717
覓 719
谧 1712
祕 2252
冪 4076
秘 4510
祕 6569
幂 7673
冪 7679
宓 7702
密 7703
蜜 7704
嘧 9104
謐 9492
mian2
棉 4441
绵 6075
綿 6259
緜 9994
眠 10093
mian3
渑 509
湎 596
沔 610
澠 630
娩 5859
缅 6090
緬 6281
腼 8246
冕 9961
免 10370
勉 10371
鮸 10544
鮸 10639
勔 10930
腼 10931
靦 10932
丏 11023
mian4
麪 4100
麫 4101
眄 10106
面 10929
靣 10986
miao1
喵 8946
miao2
描 2429
苗 3979
鹋 3981
鶓 3982
瞄 10040
miao3
渺 552
淼 2300
淼 2300
藐 3722
杪 4144
秒 4514
邈 5582
缈 6077
緲 6261
眇 10035
miao4
妙 5744
缪 6020
繆 6193
玅 6308
廟 6980
庙 6984
mie1
乜 7276
咩 8929
哶 8934
mie4
滅 268
篾 910
灭 1069
蔑 4004
蠛 8558
蠛 10234
min2
苠 3910
珉 5181
缗 6059
緡 6232
岷 7592
民 8712
旻 9854
min3
泯 487
湣 488
抿 2655
悯 3321
惽 3338
憫 3341
闵 8006
闽 8044
皿 8554
愍 8713
閔 8752
閩 8796
黾 9240
黽 11293
敏 11299
鳘 11301
鰵 11302
ming2
洺 304
溟 402
銘 1229
铭 2006
茗 3754
蓂 3838
名 6408
冥 7678
鸣 9265
鳴 9267
暝 9915
明 9933
盟 9935
瞑 10084
螟 10290
ming3
酩 10881
ming4
命 1494
miu4
谬 1776
缪 6020
繆 6193
謬 9574
mo1
摸 2427
mo2

饝 1450
谟 1727
馍 1847
摸 2427
蘑 3787
摹 3952
模 4177
嫫 5749
摩 6899
劘 6901
麼 6904
磨 6907
魔 6908
膜 8118
謨 9513

mo3
抹 2438

mo4
漠 179
沫 204
没 617
鏌 1172
抹 2438
茉 3670
莫 3950
驀 3958
蓦 3959
秣 4527
末 4669
䊳 4687
靺 5369
貘 5573
貊 5583
妺 5753
殁 6449
陌 6789
磨 6907
瘼 7045
寞 7724
万 7923
冒 7951
脉 8104
脈 8169
嘿 9230
礳 9724
眽 10073
默 10397
墨 10398

mou1
哞 9020

mou2
谋 1749
侔 2924
牟 5893
缪 6020
繆 6193
鍪 6468
謀 9541
眸 10060
蛑 10264

mou3
某 5422

mu2
毪 2188
模 4177

mu3
拇 2743
牡 3455
牳 3475
姥 5760
姆 5885
亩 10454
畝 10455
母 11296

mu4
沐 188
鉬 1345
钼 2112
仫 2928
牧 3449
慕 3951
墓 3953
募 3955
幕 3956
暮 3957
苜 3971
木 4078
穆 4578
牟 5893
霂 8417
目 10016
睦 10051

n2
唔 9084
嗯 9251

n3
呒 9083
嗯 9251

n4
呒 8903
嗯 9251

na1
那 7258

na2
鎿 1128
拿 1489
镎 1912
拏 5783

na3
哪 9070

na4
鈉 1295
钠 2073
捺 2365
娜 5801
纳 6053
納 6226
衲 6678
那 7258
肭 8209
吶 9147

na5
哪 9070

nai3
艿 3776
奶 5794
嬭 5830
乃 6799
迺 10845
廼 10846
迺 10846
氖 11184

nai4
奈 1546
佴 2908
萘 3575
柰 4146
褦 6648
鼐 6806
耐 8344

nan1
囡 10956
囝 10958

nan2
枏 4371
楠 4377
柟 4381
難 5401
难 6505
南 8357
喃 9142
男 10438

nan3
赧 4789
腩 8204
蝻 10301

nan4
難 5401
难 6505

nang1
囔 9226
囊 10365

nang2
饢 1430
馕 1884
囊 10365

nang3
饢 1430
馕 1884
攮 2697
曩 9857

nang4
儾 3060
齉 10168

nao1
孬 4070

nao2
鐃 1185
铙 1991
撓 2444
挠 2482
𢙐 3314
憹 3385
猱 5633
猫 5643
巎 7612
嶩 7622
呶 9018
硇 9748
硇 9757
碙 9784
蟯 10244
蛲 10260

nao3
惱 3272
恼 3331
堖 4930
瑙 5132
腦 8148
脑 8211

nao4
淖 546
鬧 7472
闹 8032
臑 8205

ne2
哪 9070

ne4
讷 1809
那 7258
訥 9610

ne5
呢 9155

nei3
餒 1421
馁 1838
哪 9070

nei4
那 7258
内 8500

nen4
恁 2890
嫩 5860

neng2
能 5898

ng2
9085
嗯 9251

ng3
呒 9083
嗯 9251

ng4
呒 8903
嗯 9251

ni1
妮 5833

ni2
泥 473
鈮 1300
铌 2077
倪 2975
怩 3337
坭 4934
猊 5645
麑 6954
霓 8447
尼 8607
呢 9155
鯢 10511
鲵 10606

ni3
擬 2393
拟 2390
你 2844
旎 7950

ni4
泥 473
溺 627
匿 7311
逆 7661
膩 8143
腻 8144
暱 9910
昵 9942
睨 10081

nia1
嗻 9062

nian1
拈 2678
蔫 3702

nian2
年 3476
黏 4502
黏 4502
秊 4521
粘 4641
鮎 10531
鯰 10560

nian3
辇 1611
輦 1614
捻 2349
撵 2377
攆 2378
撚 2503
蹍 9388
碾 9763

nian4
念 1387
埝 4768
廿 5349
唸 8865

niang2
孃 5740
娘 5838
釀 10856
酿 10906

niang4
釀 10856
酿 10906

niao3
茑 4024
蔦 4025
嬝 5879
嫋 5881
嬲 10439
袅 11147
鸟 11151
鳥 11158

niao4
溺 627
脲 8214
尿 8612

nie1
捏 2581
揑 2684

nie2
苶 3554

nie4
涅 528
鑷 1208
鎳 1348
镊 1987
镍 2114
齧 3491
蘖 3917
孽 3918
聶 5455
顳 5456
聂 5464
颞 5465
陧 6784
乜 7276
糵 7492
孼 7595
嵲 7611
囓 8933
囁 9003
嗫 9005
啮 9150
躡 9339
蹑 9340
臬 10159

nin2
您 2845

ning2
凝 20
擰 2595
拧 2597
薴 3845
苧 3848
檸 4338
柠 4339
聹 5468
聍 5469
獰 5646
狞 5647
甯 7700
寧 7701
宁 7709
嚀 9103
咛 9106

ning3
擰 2595
拧 2597

ning4
濘 410
泞 412
擰 2595
拧 2597
佞 2772
甯 7700
寧 7701
宁 7709

niu1
妞 5808

niu2
牛 3445

niu3
鈕 1256
钮 2033
扭 2574
忸 3303
狃 5642
纽 6028
紐 6199

niu4
抝 2497
拗 2498

nong2
浓 428
濃 588
侬 2994
儂 3087
蕽 4191
秾 4552
穠 4588
农 7889
脓 8194
膿 8245
哝 9120
噥 9247
農 10830

nong4
弄 5103

nou4
鎒 1239
耨 4686

nu2
奴 5781
孥 5784
駑 5788
驽 5789

nu3
㧓 2488
努 5785
弩 5787
砮 5790

nu4
怒 5782

nuan3
煖 927
暖 9845

nuo2
挪 2558
儺 2902
傩 2938
娜 5801

nuo4
鍩 1166
诺 1725
锘 1950
搦 2740
懦 3330
稬 4558
穤 4560
糯 4637
喏 8937
諾 9507

nü3
釹 1220
钕 1998
女 5726

nü4

肭 8210
恧 8343
衄 8561
衂 8563
䶊 10166
nüe4
瘧 7085
疟 7092
虐 7163
o1
噢 9137
噢 9138
喔 9157
o2
哦 9011
o3
嚄 8942
o4
哦 9011
ou1
沤 372
漚 375
讴 1780
区 7305
欧 7306
鸥 7307
殴 7308
瓯 7309
區 7321
歐 7322
鷗 7324
毆 7325
甌 7326
謳 9580
ou3
偶 3079
藕 3674
耦 4695
呕 9077
嘔 9080
ou4
沤 372
漚 375
怄 3297
慪 3298
pa1
葩 3969
啪 8917
趴 9285
pa2
潖 229
筢 762
钯 1308
鈀 2085
扒 2336
掱 2749
爬 4062
杷 4400
耙 4693
琶 5117
pa4
怕 3363
帕 8408
丬 10989
pa5
杷 4400
琶 5117
pai1
拍 2691
pai2
簰 731
簲 917
排 2423
俳 2859
徘 3133
棑 4171
牌 11013
pai3
排 2423
廹 9984
迫 9985
pai4
湃 161
派 352
蒎 3526
哌 9064
pan1
潘 203
攀 4125
番 4657
pan2
胖 8112
盘 8318
槃 8330
盤 8331
磐 8332
蹒 9319
蹣 9337
磻 9681
蟠 10240
爿 10989
pan4
泮 162
拚 2491
鋬 2544
判 3478
叛 3479
袢 6627
袢 6627
襻 6631
盼 10074
畔 10426
pang1
滂 425
乓 7214
胮 8159
膀 8190
雱 8449
pang2
徬 3163
彷 3165
逄 6532
龐 6815
龎 6877
庞 6887
旁 7849
膀 8190
磅 9744
螃 10294
鳑 10516
鰟 10611
pang3
耪 4689
髈 8589
嗙 9113
pang4
胖 8112
肨 8113
pao1
泡 434
抛 2399
拋 2728
脬 8060
pao2
炮 1021
匏 1572
狍 5650
袍 6672
麅 6955
庖 6972
刨 7912
咆 9124
跑 9383
pao3
跑 9383
pao4
泡 434
炮 1021
奅 1563
疱 7097
皰 7185
砲 9749
礮 9789
pei1
胚 8121
衃 8559
呸 8952
醅 10848
pei2
锫 1109
錇 1897
裴 3507
培 4761
陪 6707
赔 7954
賠 10110
pei4
沛 459
佩 3095
珮 5210
辔 6005
轡 6275
旆 7949
帔 8394
霈 8418
配 10919
pen1
喷 8949
噴 8950
pen2
湓 360
盆 7253
pen4
喷 8949
噴 8950
peng1
澎 222
抨 2419
怦 3240
烹 9444
砰 9670
peng2
澎 222
篷 824
搒 2612
蓬 3765
芃 4030
棚 4369
髼 4747
堋 4920
彭 5030
膨 8132
朋 8200
鹏 8201
鵬 8202
硼 9754
蟛 10245
peng3
捧 2382
peng4
掽 2461
碰 9691
pi1
鈚 1142
钚 1926
批 2386
披 2542
伾 2865
丕 4067
邳 4071
坏 4813
坯 4814
狉 5618
纰 5957
紕 6126
霹 8455
劈 8654
噼 9159
噼 9159
砒 9658
pi2
鈹 1247
铍 2023
枇 4132
埤 4976
鼙 5036
琵 5115
貔 5584
裨 6700
陂 6764
陴 6794
疲 7086
皮 7184
脾 8241
啤 9241
蚍 10214
蜱 10347
毘 10420
毗 10421
鲏 10505
鮍 10600
郫 10757
罴 10781
羆 10786
pi3
擗 2649
仳 2829
苉 3807
否 4075
圮 4990
痞 5040
嚭 5041
疋 5323
庀 6883
痦 7047
癖 7112
匹 7292
劈 8654
pi4
澼 479
渒 570
僻 3021
媲 5872
屁 8606
辟 8645
譬 8657
䴙 8658
鷿 8659
甓 8660
闢 8782
pian1
篇 881
偏 3026
犏 3471
扁 8695
翩 8697
片 11006
pian2
便 3074
胼 8119
蹁 9392
駢 11043
骈 11102
pian3
谝 1811
諞 9612
pian4
片 11006
騙 11075
骗 11133
piao1
漂 584
慓 3383
薸 3537
缥 6089
縹 6280
螵 10349
剽 10814
飘 10815
飄 10816
飃 11234
piao2
朴 4155
嫖 5871
闞 8794
瓢 10813
piao3
漂 584
莩 3545
缥 6089
縹 6280
殍 6410
瞟 10102
piao4
漂 584
嘌 9246
票 10812
驃 11083
骠 11141
pie1
撇 2636
瞥 8480
氕 11171
pie3
鐅 1292
锹 2070
撇 2636
苤 3653
pin1
拼 2430
拚 2491
姘 5751
pin2
蘋 3699
蘋 3700
玭 5084
频 5307
颦 5308
頻 5309
顰 5310
嫔 5816
嬪 5820
贫 7251
貧 7254
pin3
榀 4416
品 9179
pin4
牝 3450
聘 5480
ping1
俜 3070
娉 5866
乒 7213
ping2
凴 45
凭 46
泙 185
评 1722
凭 2894
平 3426
萍 3519
苹 3644
蘋 3699
蘋 3700
瓶 4054
枰 4162
坪 4806
缾 7636
帡 8385
屏 8400
屏 8625
評 9504
鲆 10476
鮃 10570
po1
潑 308
泼 330
泺 378
泊 543
釙 1156
鏺 1231
钋 1940
钹 2017
朴 4155
坡 4897
陂 6764
颇 7186
頗 7187
醱 10883
酦 10886
po2
婆 351
鄱 4658
皤 9979
繁 11300
po3
笸 844
鉕 1252
钷 2028
叵 7320
po4
朴 4155
粕 4644
珀 5194
破 9727
廹 9984
迫 9985
魄 9997
po5
桲 4354
pou1
剖 658
pou2
裒 2149
抔 2432
pou3
掊 2324
pu1
鋪 1293
铺 2071
扑 2412
撲 2458
仆 2849
噗 8995

pu2
濮 151
鏷 1202
镤 1981
仆 2849
僕 2901
蒲 3530
菩 3541
葡 3867
莆 3897
璞 5123
匍 7910
脯 8207
酺 10904
pu3
浦 460
溥 461
鐠 1203
谱 1747
镨 1982
氆 2186
朴 4155
樸 4230
埔 4929
普 5347
蹼 9336
譜 9538
圃 10964
pu4
瀑 531
鋪 1293
舖 1505
铺 2071
堡 3034
暴 9888
曝 9954
qi1
凄 35
溪 56
沏 123
柒 129
漆 190
淒 387
攲 1545
七 2181
倛 3304
萋 3817
槭 4254
棲 4328
榿 4332
桤 4333
栖 4470
欺 5429
䫏 5435
期 5437
䫏 5439
戚 5552
慼 5553
缉 6062
緝 6236
妻 7402
郪 7403
嘁 9012
蹊 9283
[illegible] 9955
qi2
淇 255
錡 1132
奇 1543
齐 1661
锜 1916
祺 2265
祁 2269
祈 2271
俟 2923
齊 3185
亓 4040
䓫 3574
荠 3589
薺 3638
萁 3706
芪 3714
蕲 3935
蘄 3984
棋 4238
鬐 4738
埼 4770
圻 4900
耆 5048
琦 5080
琪 5127
歧 5314
其 5428
棊 5431
綦 5433
碁 5438
祺 6580
祇 6581
祁 6583
祈 6585
麒 6950
颀 7207
頎 7208
崎 7498
岐 7551
旗 7941
旂 7945
旂 7945
脐 8093
臍 8108
跂 9352
碕 9653
蛴 10211
蠐 10220
蜞 10258
畦 10430
鳍 10487
鲯 10492
鰭 10580
鯕 10586
騎 11028
騏 11047
骑 11091
骐 11105
qi3
企 1381
芑 4031
杞 4482
稽 4512
起 4858
玘 5211
绮 5948
綺 6118
豈 7599
岂 7628
屺 7629
綮 8680
肻 8683
啓 8684
启 8699
啟 8700
乞 11168
qi4
泣 48
汔 611
汽 612
讫 1831
契 3485
挈 3488
葺 3924
弃 5923
棄 5924
炁 7350
妻 7402
器 9172
噐 9173
跂 9352
訖 9636
砌 9659
碛 9688
磧 9689
憇 9827
憩 9830
亟 11017
迄 11169
气 11170
氣 11176
qi5
荠 3589
薺 3638
qia1
掐 2582
葜 3646
袷 6613
qia3
卡 4723
qia4
洽 88
恰 3221
髂 8587
qian1
汧 184
籖 736
签 737
簽 743
籤 811
佥 1083
釺 1160
鉛 1372
僉 1483
牵 1562
谦 1788
钎 1943
铅 2133
扦 2416
仟 2853
愆 3116
慳 3241
悭 3342
千 3419
迁 3421
芊 3643
韆 5398
牽 6309
阡 6737
鹐 7443
鵮 7444
岍 7516
褰 7736
搴 7737
鶱 7744
骞 7745
謙 9586
遷 10811
瓩 11242
qian2
潜 107
潛 377
箝 758
鈐 1123
鉗 1206
錢 1212
钤 1908
钳 1985
钱 1995
拑 2466
掮 2654
犍 3465
[illegible] 3689
荨 3814
蕁 3815
虔 7152
前 8261
乾 10015
黔 10395
qian3
淺 267
浅 270
遣 1824
缱 6079
繾 6264
肷 8063
膁 8177
嗛 9091
譴 9628
遣 10188
qian4
欠 1081
倩 2899
慊 3305
芡 3551
蒨 3626
茜 4014
纤 5965
縴 6180
槧 6361
堑 6362
歉 7417
嵌 7531
塹 10703
塹 10704
qiang1
鎗 1126
錆 1198
鏘 1368
鏹 1375
戗 1402
戧 1419
锵 1939
锖 1977
镪 2136
羌 2231
抢 2351
搶 2356
枪 4107
槍 4110
玱 5076
瑲 5079
羌 5226
腔 8188
呛 8867
嗆 8871
蜣 10218
蜣 10249
戕 10998
斨 11005
qiang2
蔷 3679
薔 3695
樯 4206
檣 4228
墙 4816
墻 4832
嫱 5755
嬙 5762
艢 8303
牆 10994
強 11256
强 11265
彊 11270
qiang3
鏹 1375
鏹 1376
镪 2136
抢 2351
搶 2356
羟 3432
羥 3434
繈 6290
襁 6703
襁 6704
強 11256
强 11265
彊 11270
qiang4
炝 954
熗 955
戗 1402
戧 1419
呛 8867
嗆 8871
跄 9287
蹌 9289
蹡 9416
qiao1
鍬 1179
锹 1960
雀 2244
悄 3327
橇 4138
鍫 4494
帩 4496
劁 5486
缲 6065
繰 6238
跷 9299
蹺 9300
蹻 9328
跷 9341
敲 9466
磽 9684
硗 9698
qiao2
乔 1595
喬 1597
谯 1753
侨 2812
僑 2813
憔 3268
荞 3580
蕎 3581
荍 4021
桥 4117
橋 4118
樵 4244
翘 4828
鞒 5357
鞽 5358
顦 5487
翹 5525
峤 7502
嶠 7503
譙 9546
硚 9655
礄 9656
瞧 10059
qiao3
雀 2244
愀 3251
悄 3327
巧 4712
qiao4
诮 1807
撬 2397
俏 3010
翹 4826
翘 4828
壳 5012
殼 5014
鞘 5388
翹 5525
陗 6775
峭 7585
窍 7812
竅 7837
誚 9609
qie1
切 1894
qie2
伽 2955
茄 3803
qie3
且 8541
qie4
妾 644
箧 840
篋 841
锲 1164
郄 1644
鍥 1947
切 1894
怯 3258
惬 3295
愜 3296
慊 3305
挈 3487
趄 4855
朅 4877
㥦 7296
窃 7803
竊 7810
qin1
亲 640
親 642
欽 1120
衾 1386
钦 1906
侵 2970
嶔 7485
嵚 7507
骎 11063
駸 11122
qin2
溱 111
禽 1416
秦 1638
擒 2355
芩 3560
芹 3796
檎 4109
琴 5114
勤 5405
懃 5406
矜 6467
[illegible] 6478
廑 6923
噙 8870
嗪 8889
螓 10208
覃 10826
qin3
鋟 1255
锓 2031
梫 4325

寑 7717
寝 7790
qin4
沁 127
吢 2178
揿 2347
搇 2348
撳 2388
吣 8900
唚 9087
qing1
清 236
倾 2837
傾 2839
青 5274
轻 6352
卿 8827
蜻 10251
鲭 10489
鯖 10583
輕 10689
圊 10953
氫 11179
氢 11182
qing2
情 3261
擎 3871
檠 3872
檠 4175
䞍 7964
剠 9441
勍 9442
晴 9877
䝼 10121
黥 10408
氰 11177
qing3
檾 941
请 1743
顷 2172
頃 2176
蘔 3602
苘 3885
謦 5022
庼 6884
廎 6885
高 9461
請 9535
qing4
亲 640
親 642
箐 800
罄 5021
磬 5023
庆 6880
慶 6958
綮 8681
qiong2
筇 789
煢 949
惸 3319
茕 3842
䓖 3856
藭 3857
邛 4706
跫 4716
蛩 4717
瓊 5167
琼 5188
穷 7825
窮 7835
穹 7847
qiu1
湫 199
烌 968
萩 3659
楸 4197
秋 4493
鹙 4497
鶖 4498
坵 4902
鞦 5368
鞦 5368
鞧 5399
丘 7210
邱 7211
邱 7211
蚯 10281
鳅 10481
鰍 10574
鰌 10650
龟 10733
龜 11295
qiu2
泅 597
毬 2185
求 2314
裘 2316
逑 2317
俅 2847
仇 3093
球 5094
璆 5144
犰 5689
巯 5722
巰 6495
赇 7961
賕 10116
虬 10215
蝤 10353
虯 10357
酋 10921
遒 10927
囚 10935
訄 11200
qiu3
糗 4645
qu1
焌 982
诎 1792
祛 2259
蓲 3905
麯 4099
麯 4099
粬 4648
趋 4850
趨 4852
麴 5254
麴 5254
麯 5255
祛 6576
袪 6636
区 7305
區 7321
敺 7323
岖 7566
嶇 7567
胠 8130
屈 8639
躯 8833
軀 8834
詘 9591
蛆 10308
蛐 10351
黢 10402
曲 10829
驅 11061
驱 11120
qu2
渠 497
籧 831
佢 3029
衢 3177
蕖 3534
蘧 3793
璩 5141
癯 7128
鼩 7433
劬 7915
鸲 7916
鴝 7917
朐 8198
臞 8234
磲 9643
瞿 10097
氍 10098
蠷 10332
蠼 10333
qu3
苣 3921
取 5460
娶 5463
龋 8518
齲 8537
曲 10829
qu4
趣 4845
去 4870
觑 7157
覷 7166
覻 7173
覰 7181
阒 8042
闃 8793
quan1
悛 3276
圈 10943
quan2
筌 738
全 1105
銓 1121
拳 1623
诠 1702
铨 1907
佺 2789
惓 3225
牷 3446
荃 3558
颧 3930
顴 3932
權 4176
权 4277
鬈 4728
辁 6331
痊 7016
踡 9305
詮 9481
蜷 10205
鳈 10542
鰁 10636
輇 10670
醛 10863
quan3
犬 1602
绻 5952
綣 6122
畎 10418
quan4
券 1626
勸 3929
劝 6516
que1
炔 1010
缺 7641
阙 8030
闕 8777
que2
瘸 7089
que4
卻 1513
雀 2244
搉 2618
搉 2618
榷 4355
却 4875
埆 4927
塙 4953
慤 4999
悫 5013
愨 5015
鹊 5412
鵲 5413
阕 8023
阙 8030
闋 8773
闕 8777
確 9747
确 9759
碻 9768
qun1
逡 5909
囷 10948
qun2
裙 6668
麇 6945
麕 6957
羣 7406
群 7407
帬 7409
ran2
燃 987
髯 4748
然 6452
蚺 10303
ran3
染 615
苒 3890
冄 8265
冉 8413
rang1
嚷 8897
rang2
瓤 2152
勷 2153
禳 2251
蘘 3597
穰 4508
禳 6567
𧟟 6620
rang3
攘 2389
壤 4776
嚷 8897
rang4
让 1737
讓 9490
rao2
饒 1438
饶 1854
蕘 3683
荛 3715
橈 4208
桡 4250
嬈 5758
娆 5774
rao3
扰 2401
擾 2643
嬈 5758
娆 5774
绕 5991
繞 6147
rao4
遶 4827
绕 5991
繞 6147
re3
惹 3570
喏 8937
re4
热 2730
熱 5059
ren2
人 1070
仁 2771
任 2889
壬 5229
ren3
荏 3625
稔 4503
忍 7257
ren4
餁 1434
认 1697
饪 1850
任 2889
仞 2953
牣 3461
牣 3461
葚 3707
靭 5381
姙 5745
妊 5761
纴 5981
纫 6023
紝 6133
紉 6196
轫 6365
祍 6623
衽 6639
刃 7256
刄 7289
韧 7369
認 9577
軔 10708
reng1
扔 2523
reng2
礽 2270
仍 2944
礽 6584
ri4
日 9838
rong2
溶 408
榮 940
熔 1017
鎔 1265
毧 2187
狨 3431
茸 3708
荣 3830
蓉 3844
榕 4336
戎 5532
绒 5992
絨 6163
嵘 7478
嶸 7513
容 7692
融 9423
蝾 10194
蠑 10230
rong3
氄 6480
氄 6487
冗 7687
宂 7792
rou2
煣 989
揉 2508
糅 4624
鞣 5376
鍒 6350
柔 6477
蹂 9349
輮 10693
rou4
肉 8501
ru2
濡 458
銣 1221
铷 1999
儒 3012
茹 3731
薷 3893
如 5841
孺 6557
襦 6676
颥 8452
顬 8453
嚅 9144
蝡 10299
蠕 10304
ru3
汝 278
乳 701
擩 2634
辱 6824
ru4
洳 279
溽 331
入 1082
蓐 3779
缛 6017
縟 6190
褥 6655
rua2
挼 2330
ruan3
软 6328
阮 6730
朊 8098
軟 10668
輭 10715
rui2
蕤 3727
rui3
蕊 3604
蘂 3605
蕋 3701
rui4
汭 463
銳 1329
锐 2098
芮 3898
枘 4388
瑞 5157
睿 7861
叡 7862
蚋 10306
run4
润 443

潤 493
闰 8017
閏 8766
ruo2
挼 2330
ruo4
箬 778
篛 921
偌 2860
若 3569
爇 3691
蒻 4033
婼 5748
弱 11272
sa1
挲 139
挱 2319
撒 2463
仨 2773
sa3
潵 249
灑 450
洒 594
撒 2463
靸 5377
sa4
飒 681
颯 682
摋 2383
薩 3773
萨 3774
卅 4064
脎 8092
sa5
挲 139
挱 2319
sai1
攓 2601
揌 2701
塞 7739
腮 8236
噻 9109
顋 10424
鰓 10546
鳃 10641
sai4
塞 7739
赛 7740
賽 7743
san1
三 3
弎 5507
叁 5887
毵 5889
毿 5896
san3
傘 1087
伞 1093
饊 1442
馓 1852
糁 4615
糝 4616
散 5410
繖 6157
san4
散 5410
sang1
丧 4765
喪 4947
丧 5248
桑 6508
sang3
搡 2515
颡 6509
顙 6510
嗓 9041
磉 9716
sang4
丧 4765
喪 4947
丧 5248
sao1
搔 2518
缫 5997
繅 6168
繰 6238
臊 8222
騷 11057
骚 11117
sao3
掃 2572
扫 2575
嫂 5813
sao4
掃 2572
扫 2575
埽 4906
瘙 7077
臊 8222
se4
濇 213
涩 361
澀 362
銫 1309
铯 2086
穡 4528
穑 4531
啬 4766
瑟 5116
嗇 5249
塞 7739
色 8731
sen1
森 4184
seng1
僧 3064
sha1
沙 137
裟 138
鲨 141
鯊 142
鎩 1139
杀 1653
刹 1654
殺 1656
铩 1924
莎 3517
杉 4082
纱 5959
紗 6129
痧 7003
煞 7382
砂 9665
sha3
傻 2826
儍 3088
sha4
沙 137
箑 855
歃 3423
厦 6873
廈 6982
煞 7382
霎 8420
唼 8845
啥 8874
嗄 9222
sha5
挲 139
挱 2319
shai1
筛 766
篩 885
酾 10901
釃 10902
shai3
色 8731
shai4
曬 9936
晒 9967
shan1
潸 193
澘 194
煽 1033
釤 1108
钐 1896
搧 2653
羶 3440
苫 3945
芟 4029
杉 4082
栅 4368
珊 5175
姗 5827
衫 6608
痁 7124
山 7475
删 8054
膻 8250
刪 8269
舢 8313
扇 8692
跚 9384
shan3
陝 6725
陕 6726
闪 8000
閃 8745
睒 10022
䀹 10025
shan4
汕 391
剡 934
釤 1108
鐥 1199
[illegible] 1303
饍 1440
讪 1791
钐 1896
禪 2281
掞 2340
撣 2671
掸 2705
擅 2724
苫 3945
墡 4833
赸 4851
墠 4948
𫮃 4972
善 5289
鄯 5290
嬗 5874
缮 5984
繕 6155
禅 6601
疝 7095
赡 7974
膳 8139
扇 8692
單 9186
訕 9590
贍 10132
单 10457
鳝 10490
鱔 10584
鱓 10625
騸 11074
骟 11132
shan5
蟮 10252
shang1
熵 1028
伤 2956
傷 3051
墒 4926
殇 6434
殤 6444
商 8350
觞 8365
觴 8372
鬺 10444
shang3
上 4718
垧 4925
赏 7869
賞 7871
晌 9937
shang4
上 4718
鞝 5389
绱 6050
尚 8354
shang5
裳 7864
shao1
筲 875
燒 972
烧 978
捎 2632
梢 4376
稍 4559
鞘 5388
艄 8317
蛸 10300
shao2
韶 668
苕 3799
芍 3861
杓 4357
勺 7892
shao3
少 2243
shao4
潲 200
少 2243
捎 2632
稍 4559
绍 6021
紹 6194
召 7240
邵 7241
劭 7243
卲 7244
哨 9141
she1
畲 1090
畬 1101
奢 1553
猞 5596
𪨶 7499
輋 7500
赊 7956
賒 10112
she2
佘 1089
折 2546
阇 8016
闍 8765
舌 9820
虵 10283
蛇 10291
she3
舍 1502
捨 2360
she4
涉 240
灄 259
滠 260
歙 1493
舍 1502
设 1834
社 2258
攝 2469
摄 2470
懾 3265
慑 3266
慴 3292
赦 4783
社 6575
厍 6846
厙 6874
麝 6956
射 8831
設 9638
shei2
谁 1752
誰 9545
shen1
深 406
燊 932
伸 3071
蓡 3529
葠 3627
莘 3642
糁 4615
糝 4616
籸 4652
珅 5201
娠 5795
参 5888
參 5895
绅 6086
紳 6273
身 8830
呻 9237
砷 9779
鲹 10495
鰺 10589
申 10661
shen2
鉮 1356
𬬹 2121
神 2289
什 2851
甚 5440
甚 5440
神 6602
shen3
瀋 416
瀋 416
渖 423
沈 429
矧 1592
谂 1703
谉 1796
嬸 5817
婶 5821
審 7727
审 7784
哂 9249
諗 9482
讅 9594
shen4
渗 280
滲 282
愼 3231
慎 3333
肾 3504
葚 3707
椹 4239
甚 5440
蜃 6827
瘆 7066
瘮 7067
胂 8238
腎 8814
sheng1
笙 802
牲 3459
升 4044
声 5018
聲 5020
生 5286
甥 5288
陞 6761
胜 8138
昇 9868
sheng2
渑 509
澠 630
绳 6066
繩 6293
sheng3
省 2246
眚 5287
sheng4
乘 4519
剩 4520
聖 5474
盛 5551
圣 6504
嵊 7520
勝 8083
賸 8085
胜 8138
晟 9892
shi1
浉 146
溼 295
溮 492
湿 530
濕 532
失 1621
诗 1738
师 2752
蓍 3687
狮 5610
獅 5661
𫄨 6024
絁 6197
施 7946
䴓 8472
鳾 8473
尸 8605
屍 8635
鸤 8667
鳲 8668
師 8737
嘘 9060
詩 9523
𫚕 10472
鲺 10555
鰤 10623
[illegible] 10655

酾 10901	驶 11137	贳 6809	绶 5939	熟 9455	束 10375	鸘 8432	数 4614	死 6418	松 4262	sou3	鹔 7415
釃 10902	shi4	貰 6811	綬 6110	塾 9456	墅 10763	礵 9760	妁 5823	si4	鬆 4734	擞 2436	肅 7420
虱 11163	筮 788	峙 7527	瘦 7094	贖 10119	數 11309	驦 11070	朔 7662	涘 281	崧 7518	擻 2747	鷫 7421
蝨 11196	鈰 1291	室 7754	獸 9185	shu3	shua1	骦 11128	槊 7664	汜 491	嵩 7605	薮 3667	愬 7663
shi2	飾 1462	舐 8103	兽 10456	藷 3943	刷 8642	shuang3	硕 9753	泗 593	song3	藪 4038	塑 7665
湜 529	奭 1564	適 8349	shu1	薯 4003	唰 9158	爽 1542	碩 9775	竢 645	竦 679	叟 7446	遡 7666
蚀 1474	弑 1655	市 8470	淑 212	黍 4500	shua3	shui2	數 11309	笥 834	怂 1073	嗾 9125	宿 7716
食 1480	谥 1695	噬 8856	毹 1411	数 4614	耍 8345	谁 1752	si1	飼 1452	耸 1076	瞍 10082	膆 8136
识 1816	试 1754	嗜 8978	舒 1503	鼠 7424	shua4	誰 9545	澌 26	食 1480	摗 2475	sou4	餗 8374
蚀 1883	饰 1873	謚 9476	抒 2507	屬 8623	刷 8642	shui3	凘 256	饲 1862	㧐 2514	擞 2436	嗉 8984
祏 2284	铈 2069	試 9547	摅 2536	斸 8664	shuai1	水 2299	鍶 1352	祀 2280	慫 3120	擻 2747	訴 9572
拾 2357	示 2247	諡 9635	攄 2540	暑 9874	衰 2155	shui4	锶 2117	禩 2288	聳 3121	嗽 9227	謖 9630
什 2851	視 2286	舐 9828	倏 3106	曙 9965	摔 2501	说 1819	撕 2468	俟 2923	悚 3372	su1	速 10379
十 3399	拭 2479	适 9829	倐 3107	署 10782	踤 9347	税 4574	偲 3067	似 2833	song4	苏 3804	粟 10819
埘 4956	逝 2548	是 9880	儵 3113	蜀 10791	shuai3	帨 8404	私 4538	伺 2951	送 1578	蘇 3989	驌 11064
塒 4957	誓 2551	眂 10036	菽 3675	數 11309	甩 8266	說 9621	斯 5434	相 4401	讼 1761	窣 7798	骕 11124
祏 6599	势 2734	事 10387	蔬 3703	shu4	shuai4	睡 10054	厶 5886	耜 4694	诵 1765	嗦 8947	夙 11219
鼫 7434	侍 2877	軾 10687	梳 4261	沭 201	帅 2751	shun3	丝 6002	肆 4757	颂 5932	稣 10480	suan1
旹 7655	仕 2882	shi5	枢 4314	澍 223	率 6311	楯 4302	鸶 6003	寺 4781	頌 5933	穌 10573	狻 5632
实 7696	似 2833	殖 6439	樞 4318	漱 566	帥 8736	吮 9021	缌 6082	姒 5741	宋 7726	甦 10732	痠 7068
寔 7779	僿 2983	匙 9881	尗 4720	鉥 1180	蟀 10269	shun4	絲 6177	祀 6595	訟 9556	酥 10865	酸 10877
寔 7779	恃 3256	shou1	叔 4721	俞 1409	shuan1	舜 714	鷥 6178	覗 7237	誦 9562	su2	suan4
實 7793	莳 3960	收 10987	疏 5320	𫓹 1962	拴 2346	顺 4058	緦 6269	覗 7238	sou1	俗 2799	筭 796
識 9550	蒔 3961	収 10988	疎 5321	術 3135	栓 4105	順 4059	斯 6844	巳 8727	溲 390	su4	算 895
石 9642	柿 4387	shou2	姝 5754	竖 3500	櫄 4394	瞬 10021	廝 6926	嗣 9135	鎪 1260	泝 354	祘 2254
时 9861	释 4656	熟 9455	纾 6006	樹 4215	闩 7997	眴 10089	虒 7190	四 10843	餿 1456	溯 399	蒜 3611
時 9872	釋 4661	shou3	紓 6182	树 4278	shuan4	瞤 10095	司 7236	駟 11084	馊 1866	涑 565	sui1
鲥 10534	螫 4784	手 2748	输 6332	术 4595	涮 477	shuo1	嘶 9002	驷 11142	锼 2036	簌 901	濉 553
鰣 10629	士 4993	守 7715	殊 6427	述 4596	shuang1	说 1819	咝 9027	兕 11286	搜 2583	诉 1774	荽 3544
shi3	勢 5060	首 10173	书 7291	数 4614	漴 28	說 9621	噝 9032	si5	蒐 3993	谡 1827	雖 5907
矢 1579	𦬁 5417	shou4	書 7398	戍 5549	瀧 49	shuo4	螄 10219	厕 6856	廋 6971	僳 3085	尿 8612
使 3061	式 5509	受 715	輸 10671	恕 5843	泷 134	爍 983	蛳 10315	厠 6872	鄋 7447	愫 3260	虽 9224
豕 5693	氏 5516	寿 1535	殳 11210	裋 6689	雙 5493	烁 1007	思 10423	song1	艘 8312	蔌 3977	雖 9225
始 5778	轼 6346	授 2335	shu2	庶 6914	孀 5829	鑠 1225	罳 10807	凇 22	嗖 9094	素 5251	眭 10048
屎 8626	视 6592	壽 4997	秫 4526	腧 8067	双 6507	铄 2030	飔 11218	淞 195	螋 10288	缩 6035	睢 10058
史 10368	襫 6617	售 5498	赎 7958	竪 8811	霜 8430	搠 2589	颸 11233	忪 3278	颼 11214	縮 6209	sui2
駛 11078	世 6808	狩 5648	孰 9454	豎 8815	鹴 8431	蒴 3825	si3	菘 3655	飕 11227	肃 7414	遂 5704

绥 5938
綏 6108
隋 6719
隨 6722
随 6724

sui3

髓 8575

sui4

燧 980
谇 1699
穗 4583
歲 5311
遂 5704
维 6030
繀 6202
繐 6274
繸 6647
隧 6752
嵗 7537
歳 7538
岁 7546
祟 7658
邃 7818
誶 9479
碎 9646

sun1

荪 3770
蓀 3771
狲 5634
猻 5635
飧 6394
飱 6415
孙 6550
孫 6552

sun3

笋 852
筍 865
损 2667
損 2672
榫 4245
隼 5491

suo1

挲 139
娑 140
簑 753
挱 2319
羧 3433
莎 3517
蓑 3598
桫 4080
梭 4259
趖 4838
缩 6035
縮 6209
唆 9022
嗍 9100
睃 10062

suo3

鎖 1349
锁 2058
所 4060
琐 5174
瑣 5199
索 7877
所 8705
唢 9131
嗩 9223

suo5

嗦 9118

ta1

溻 533
鉈 1266
铊 2041
他 2959
牠 3462
塌 4959
她 5804
禢 6691
它 7698
踏 9311
趿 9357
遢 9907

ta3

溚 167
塔 4809
獭 5674
獺 5675
鳎 10536
鰨 10631

ta4

汏 99
澾 214
漯 571
沓 2302
挞 2367
撻 2441
拓 2677
搨 2687
𫢸 2808
㒓 2879
榻 4432
闼 8004
阘 8040
闥 8762
闒 8791
嗒 8936
踏 9311
蹋 9402
遝 10775

ta5

遢 9907

tai1

苔 3733
台 5901
胎 8151

tai2

擡 2448
抬 2493
薹 3685
苔 3733
檯 4214
臺 5026
台 5901
炱 5902
邰 5905
鲐 10496
鮐 10590
駘 11052
骀 11111
颱 11225

tai4

汰 105
鈦 1135
太 1604
态 1605
泰 1636
钛 1918
態 5900
肽 8077
酞 10854

tan1

灘 248
滩 319
贪 1388
貪 1392
攤 2462
摊 2513
怹 2960
坍 4919
癱 7060
瘫 7076

tan2

澹 344
潭 587
郯 935
錟 1117
谈 1696
谭 1830
锬 1903
橝 4195
檀 4474
坛 4879
壜 4962
壇 4983
痰 7009
罎 7643
罈 7644
談 9477
譚 9634
昙 9894
曇 9938
覃 10826
彈 11264
弹 11271

tan3

鉭 1333
钽 2103
毯 2183
菼 3546
忐 4719
坦 4955
袒 6690
黮 10401

tan4

探 2593
歎 5400
炭 7495
炭 7556
嘆 8999
叹 9040
碳 9736

tang1

汤 325
湯 535
鐋 1107
鏜 1275
铴 1895
镗 2049
羰 3437
嘡 9116
蹚 9381
趟 9387

tang2

溏 339
鏜 1275
镗 2049
搪 2533
樘 4352
糖 4632
糖 4788
塘 4893
瑭 5140
唐 6959
鄌 6960
棠 7867
堂 7868
膛 8192
螗 10278
螳 10295
醣 10888

tang3

淌 455
鑜 1276
钂 2050
儻 2991
儻 2991
傥 2992
倘 3011
惝 3328
耥 4690
帑 5786
躺 8836

tang4

烫 326
燙 536
趟 4854

tao1

滔 62
涛 97
濤 219
焘 1536
搯 2333
掏 2620
絛 3110
燾 4998
绦 5955
縚 6109
縧 6136
韬 7282
韜 7361
叨 9068
饕 9259
弢 11262

tao2

洮 132
淘 433
𫗧 2211
逃 2212
萄 3866
梼 4114
桃 4141
檮 4212
[illegible] 4511
迯 6396
陶 6772
咷 8904
啕 9123
醄 10899

tao3

讨 1715
[illegible] 4501
討 9497

tao4

套 1551

te4

鋱 1211
铽 1990
忑 3205
特 3456
忒 5508
慝 7312

tei1

忒 5508

teng1

熥 991
鼟 5033
䲢 8089
腾 8090

teng2

籐 870
誊 1628
藤 3882
疼 7078
滕 8079
縢 8082
謄 8084
螣 8086
縢 8087
騰 8088
䲢 8089
腾 8090

ti1

銻 1378
锑 2137
体 2872
梯 4483
鷉 7192
鷈 7193
䏲 8259
體 8596
踢 9403
剔 9922

ti2

提 2685
荑 4034
缇 6070
绨 6096
緹 6255
綈 6291
嗁 9065
啼 9114
蹏 9367
蹄 9380
题 9885
題 9886
鳀 10535
鯷 10630
醍 10914
騠 11077
騠 11136
鹈 11279
鵜 11280

ti3

体 2872
體 8596

ti4

涕 628
替 1612
俶 2874
倜 3005
惕 3357
悌 3394
薙 3579
薙 3579
鬀 4755
趯 4848
逖 5590
绨 6096
綈 6291
殢 6425
殢 6426
裼 6692
屜 8618
屉 8638
嚏 9119
逷 9923
剃 11277

tian1

添 101
天 1573
黇 5416

tian2

湉 157
畑 1063
鈿 1351
钿 2116
佃 3065
恬 3353
菾 3578
塡 4778
填 4932
阗 8033
闐 8753
闐 8781
甜 9826
田 10412
畋 10419

tian3

忝 1594
倎 3335
殄 6412
腆 8212
覥 8565
覥 8565
靦 8566
舔 9821
靦 10931
靦 10932

tian4

掭 2370

tiao1

祧 2253
挑 2398
佻 2840
祧 6570

tiao2

笤 835
调 1804
條 3109
蓨 3631
苕 3799
髫 4741
条 6531
迢 7242
岧 7565
齠 8510
龆 8527
調 9606
蜩 10298
鲦 10469
鰷 10567

tiao3

挑 2398
窕 7805
朓 8100

tiao4

粜 7659
糶 7660
跳 9310
眺 10032

tie1

怗 3351
萜 3888
贴 7988
帖 8405
貼 10142

tie3

鐵 1213
銕 1377
铁 1921
帖 8405

tie4

餮 6413
帖 8405

ting1

汀 135
烃 981
烴 992
桯 4412
鞓 5392
聽 5453
厅 6828
廳 6927
听 9066

ting2
渟 517
停 3041
莛 3694
葶 3939
廷 5230
婷 5849
庭 6912
霆 8433
亭 9459
蜓 10250
ting3
鋌 1192
铤 1973
挺 2453
侹 2891
梃 4225
珽 5118
颋 5231
頲 5232
艇 8305
町 10425
ting4
梃 4225
tong1
樋 4276
通 6488
痌 7103
tong2
潼 53
童 680
烔 1025
仝 1104
銅 1286
铜 2065
僮 2779
佟 2940
侗 3006
茼 3886
桐 4374
垌 4922
峂 7552
峒 7579
彤 8056
同 8279
砼 9649
曈 9844
朣 10018
鮦 10522
鲖 10616
酮 10900
tong3
筩 823
筒 874
捅 2509
搥 2510
侗 3006
桶 4275
统 6001
統 6175
tong4
衕 3166
恸 3277
慟 3380
通 6488
痛 7073
同 8279
tou1
鍮 1125
鍮 1910
偷 2794
媮 5734
tou2
头 1598
投 2738
骰 8599
頭 9435
tou3
敨 659
tou4
透 4546
tu1
葖 3855
秃 4590
突 7801
凸 11287
tu2
涂 75
塗 76
途 1100
徒 3139
荼 3557
莵 3976
腯 8170
屠 8628
酴 10851
图 10957
圖 10970
tu3
釷 1184
钍 1967
土 4758
吐 8967
tu4
莵 3976
堍 4969
吐 8967
兔 10372
兎 10374
tuan1
湍 394
tuan2
抟 2511
摶 2708
糰 4651
团 10945
團 10972
tuan3
疃 10413
tuan4
彖 5706
彖 5709
tui1
推 2473
忒 5508
tui2
颓 4591
頹 4592
穨 4593
魋 10742
tui3
腿 8217
tui4
煺 1035
[illegible] 1037
挩 2474
褪 6683
退 8720
蜕 10323
tun1
吞 1574
蘋 5415
暾 9951
tun2
飩 1458
饨 1868
屯 7667
豚 8146
臀 8631
魨 10513
鲀 10608
囤 10962
tun3
氽 1091
tun4
褪 6683
tuo1
飥 1431
饦 1845
托 2396
侻 3044
脱 8227
託 9493
tuo2
沱 409
鉈 1266
铊 2041
佗 2979
柁 4337
坨 4911
橐 5007
陀 6770
鼧 7432
鼍 9183
鼉 9184
跎 9376
砣 9740
橐 10366
酡 10895
馱 11027
駝 11065
驮 11090
驼 11125
鸵 11153
鴕 11160
tuo3
妥 692
椭 4284
橢 4285
庹 6922
tuo4
箨 759
籜 765
拓 2677
蘀 3615
萚 3617
柝 4309
檡 4451
唾 8989
跅 9370
魄 9997
魄 9997
wa1
洼 215
挖 2611
娲 5832
媧 5846
窪 7795
穵 7845
哇 8972
蛙 10243
wa2
娃 5757
wa3
佤 3097
瓦 11241
wa4
襪 6630
袜 6634
韤 7364
膃 8231
瓦 11241
wa5
哇 8972
wai1
歪 4069
喎 9154
㖞 9177
wai3
崴 7539
踒 9322
wai4
外 6395
wan1
湾 148
灣 294
弯 2768
彎 6251
剜 7756
帵 8397
豌 9434
蜿 10293
wan2
汍 616
烷 1018
顽 2201
頑 2203
芄 4028
玩 5088
纨 6093
紈 6287
翫 7233
完 7706
丸 11206
wan3
挽 2698
惋 3312
莞 3846
菀 3850
椀 4345
琬 5162
婉 5819
绾 6038
綰 6211
𬨎 6379
盌 6403
宛 7755
脘 8181
碗 9742
晚 9962
晥 9989
畹 10441
輓 10724
輓 10724
wan4
蔓 3966
萬 3998
万 7923
腕 8186
wang1
汪 228
尪 2209
尫 2217
wang2
芒 3809
王 5061
亡 7334
忘 7335
wang3
往 3140
惘 3324
枉 4221
網 6220
辋 6368
网 8271
罔 8281
輞 10713
魍 10745
wang4
往 3140
王 5061
忘 7335
妄 7336
望 7339
旺 9875
wei1
溦 395
煨 1064
偎 3066
微 3162
薇 3636
萎 3661
葳 3718
委 4535
逶 4536
威 5555
隈 6790
危 6998
巍 7521
崴 7539
wei2
潙 60
潍 290
濰 292
沩 365
溈 366
涠 602
潿 603
爲 703
惟 3267
桅 4296
圩 4780
维 5989
維 6160
为 7272
為 7273
韦 7281
违 7288
韋 7360
違 7368
嵬 7618
闱 8025
帷 8392
帏 8395
幃 8396
闈 8775
唯 9007
围 10959
圍 10960
wei3
洧 95
炜 1006
煒 1008
诿 1730
僞 2783
伪 2957
偽 2958
伟 2961
偉 2968
萎 3661
苇 3806
葦 3812
委 4535
玮 5147
瑋 5150
猥 5677
娓 5834
纬 6025
緯 6198
隗 6792
𬱟 6999
頠 7000
痏 7022
痿 7050
韡 7285
韡 7363
尾 8608
唯 9007
諉 9515
韪 9883
韙 9884
鲔 10464
鮪 10562
wei4
渭 572
爲 703
餧 1437
餵 1475
谓 1828
位 2775
衛 3154
衞 3155
蔚 3904
魏 4537
未 4663
猬 5678
为 7272
為 7273
卫 7280
尉 8609
慰 8611
味 8962
喂 9232
謂 9631
磑 9737
碨 9776
遗 10187
遺 10190
蝟 10341
畏 10422
胃 10443
鳚 10525
鳚 10619
wen1
温 538
榅 4435
瘟 7127
鳁 10537
鰮 10652
wen2
炆 959
文 1659
纹 5954
紋 6124
阌 7999
闻 8018
雯 8423
閿 8744
聞 8767
蚊 10210
wen3
紊 1667
抆 2384
穩 4489
稳 4548
刎 7896
脗 8195
吻 9121
wen4
汶 115
揾 2690
纹 5954

紋 6124
璺 7465
问 8035
問 8784

weng1

滃 289
鞥 5374
翁 5929
鹟 5930
鶲 5931
嗡 9026

weng3

滃 289
蓊 3736

weng4

蕹 3749
瓮 5934
甕 6306
齆 10164

wo1

渦 472
涡 505
挝 2406
撾 2644
倭 2870
莴 3903
萵 3926
窝 7832
窩 7836
喔 9157
踒 9324
蜗 10310
蝸 10318

wo3

我 5544

wo4

沃 102
涴 419
渥 475
握 2647
偓 3019
肟 8251
幄 8401
龌 8514
齷 8532
卧 8809
臥 8810
硪 9699
斡 10008

wu1

汙 144
污 608
汚 609
鎢 1370
诬 1736
钨 2131
杇 4477
巫 4699
圬 4984
恶 5342
於 7929
於 7929
屋 8633
呜 9264
嗚 9266
誣 9522
乌 11145
乌 11145
邬 11146
烏 11154
烏 11154
鄔 11155
惡 11289

wu2

浯 379
无 2221
芜 3608
蕪 3713
梧 4323
鹀 4702
鵐 4703
無 5500
亡 7334
吾 7372
郚 7374
鼯 7431
吴 8882
吳 9256
蜈 10316
毋 11305

wu3

沅 133
潕 264
瀩 265
捂 2569
摀 2726
仵 2852
伍 2969
侮 3099
怃 3233
忤 3238
憮 3269
午 3417
迕 3418
牾 3464
舞 5501
武 5513
鹉 5514
鵡 5515
妩 5743
嫵 5771
娬 5772
庑 6886
廡 6928
五 7371

wu4

鋈 103
焐 1009
误 1814
兀 2196
悟 3300
悮 3343
物 3468
芴 3862
杌 4139
坞 4985
塢 4986
恶 5342
靰 5359
戊 5547
婺 6469
務 6470
騖 6473
骛 6474
鹜 6475
鶩 6476
务 6533
阢 6729
隖 6797
痦 7091
疬 7096
寤 7789
勿 7894
雾 8425
霧 8441
誤 9618
晤 9912
乌 11145
烏 11154
惡 11289

xi1

溪 56
鸂 57
鸂 58
浠 113
淅 196
汐 303
奚 693
谿 694
谿 694
烯 958
爔 975
熄 1058
錫 1338
餏 1429
翕 1492
歙 1493
希 1647
欷 1648
郗 1649
饻 1844
锡 2106
傒 2781
僖 2885
徯 3117
惜 3264
恓 3386
犧 3458
牺 3474
菥 3656
茜 4014
析 4305
皙 4307
晳 4308
樨 4393
栖 4470
稀 4505
粞 4650
悉 4655
熹 5039
羲 5222
昔 5411
豨 5694
嬉 5759
夕 6393
裼 6692
鼷 7425
嶲 7533
巇 7562
窸 7809
穸 7822
肸 8110
膝 8122
腊 8141
舾 8326
犀 8621
噏 8873
唏 8890
嘻 8977
吸 9050
蹊 9283
矽 9710
硒 9787
熙 9836
睎 9853
晰 9870
曦 9876
息 10156
蜥 10235
蟋 10239
螅 10335
西 10844
醯 10879
兮 11019
氥 11191

xi2

襲 652
袭 2225
蓆 3789
檄 4440
觋 4700
覡 4701
媳 5858
隰 6786
席 6921
习 7217
習 7232
嶍 7564
鳛 10506
鰼 10601

xi3

洗 234
銑 1194
铣 1975
禧 2261
玺 2296
徙 3141
蓰 3634
葸 3980
喜 5038
枲 5904
禧 6577
璽 8485
屣 8616
蟢 10246
鳍 10486
鱚 10579

xi4

潝 91
潟 388
餼 1478
郤 1512
饩 1887
禊 2257
係 2929
绤 5945
细 6081
綌 6116
細 6268
系 6318
戏 6506
禊 6574
隙 6733
戲 7171
舄 7439
闟 7471
阋 8027
屃 8640
屭 8663
咥 9023
盻 10105
繫 10711

xia1

呷 9234
瞎 10086
虾 10221
蝦 10314

xia2

鎋 1268
俠 2805
侠 2819
柙 4454
瑕 5184
狭 5598
狹 5601
狎 5679
辖 6367
陿 6766
匣 7330
硤 7359
峡 7497
峽 7504
霞 8456
遐 8733
硖 9652
硤 9657
暇 9943
黠 10399
轄 10712

xia4

下 3204
厦 6873
廈 6982
罅 7639
吓 8924
嚇 8969
唬 9063
夏 10171

xian1

鍁 1249
銛 1331
锨 2026
铦 2101
祆 2249
掀 2547
仙 2976
僊 3083
忺 3215
莶 3552
薟 3566
杴 4103
𣟱 4306
秈 4549
籼 4635
先 5239
纤 5965
纖 6112
祆 6566
跹 9316
躚 9412
暹 9890
鲜 10477
鮮 10571
酰 10870
氙 11187

xian2

涎 244
挦 2571
撏 2576
衔 3123
銜 3126
贤 3503
咸 5556
嫌 5811
娴 5826
嫺 5839
嫻 5840
絃 6179
痫 7101
癇 7116
癎 7117
闲 8012
鹇 8013
舷 8307
閑 8760
鷳 8761
閒 8779
鷴 8780
賢 8816
啣 8994
鹹 10841
弦 11257

xian3

冼 25
洗 234
筅 728
笺 798
銑 1194
铣 1975
藓 3986
蘚 3988
櫶 4342
尠 5441
猃 5592
獫 5595
狝 5609
獮 5655
玁 5663
燹 5699
险 6713
險 6718
跣 9330
尟 9882
显 9887
顯 9895
蚬 10297
蜆 10334
鲜 10477
鮮 10571

xian4

錎 1342
餡 1455
馅 1865
锿 2109
苋 3880
莧 3972
现 5172
現 5197
羡 5213
羨 5214
线 5994
缐 6073
綫 6162
線 6257
陷 6768
限 6778
獻 7169
岘 7576
峴 7610
宪 7731
憲 7733
见 7991
腺 8233
献 8358
霰 8435
县 8543
縣 8547
縣 10069
見 10151

xiang1

湘 198
箱 782
镶 1146
鑲 1930
襄 2151
葙 3658
芗 3747
薌 3748
相 4444
香 4575
瓖 5085
缃 5972
緗 6144
乡 6295

鄉 6297
厢 6835
廂 6909
驤 11033
骧 11094
[xiang2]
详 1723
祥 2256
翔 3436
祥 6573
降 6760
庠 6895
詳 9505
[xiang3]
饟 1430
鯗 1620
鲞 1630
饷 1872
想 4445
飨 6296
響 6298
饗 6299
蠁 6301
蚃 6302
响 9139
享 9445
[xiang4]
像 3063
相 4444
橡 4452
项 4709
項 4711
巷 5420
嚮 6300
向 8341
曏 9896
蟓 10339
象 10385
[xiao1]
潇 169
瀟 170
消 454
箫 854
簫 856
銷 1289
销 2067
翛 3111
萧 3819
蕭 3821
枵 4417
猇 5640
绡 6049
綃 6222
宵 7768
肖 8351
削 8352
逍 8353
霄 8454
嘵 8973
哮 8979
哓 9010
嚣 9176
囂 9182
鸮 9260
鴞 9261
硝 9758
蟏 10228
蠨 10229
蛸 10300
魈 10746
驍 11045
骁 11108
枭 11148
梟 11156
虓 11199
[xiao2]
淆 112
洨 120
殽 1646
崤 7505
[xiao3]
筱 771
篠 772
小 2239
曉 9873
晓 9891
[xiao4]
笑 749
效 1682
効 1684
傚 2824
校 4129
孝 5049
斆 7459
敩 7855
肖 8351
咲 8883
啸 9090
嘯 9092
[xie1]
揳 2421
楔 4167
些 5295
歇 9925
蝎 10328
蠍 10329
[xie2]
斜 1097
谐 1710
挾 2363
挟 2380
撷 2449
擷 2450
携 2476
擕 2477
攜 2586
偕 2830
協 3400
协 3401
挈 3490
颉 5028
頡 5029
鞵 5354
鞋 5371
缬 5978
纈 6149
脅 7261
勰 7262
邪 7354
脇 8173
胁 8174
叶 8927
諧 9489
[xie3]
写 7686
寫 7767
血 8555
[xie4]
瀣 306
泄 328
渫 329
泻 404
瀉 421
澥 456
洩 578
灺 1004
炧 1005
燮 1046
谢 1813
亵 2143
褻 2145
偰 2858
懈 3329
契 3485
薤 3756
薢 3887
械 4251
榭 4410
卸 5322
獬 5654
绁 6016
紲 6277
廨 6974
写 7686
寫 7767
解 8366
邂 8367
蟹 8368
卨 8604
屑 8641
躞 9286
謝 9615
禼 9804
蠏 10302
禼 10837
[xin1]
新 641
歆 666
炘 1000
鑫 1122
鋅 1159
锌 1942
心 2177
忻 3291
辛 3408
薪 3538
芯 3603
莘 3642
馨 5019
欣 7204
訢 9571
昕 9905
[xin2]
寻 7377
尋 7393
[xin4]
信 3042
信 3042
芯 3603
釁 7466
衅 8557
囟 10833
顖 10834
[xing1]
兴 683
箵 756
惺 3356
猩 5670
興 7449
腥 8229
星 9878
騂 11037
骍 11099
[xing2]
滎 938
鈃 1174
鉶 1175
餳 1471
饧 1860
钘 1956
铏 1957
行 3128
荥 3828
形 4046
刑 4047
型 4048
邢 4049
陘 6753
陉 6758
硎 9677
[xing3]
省 2246
㨘 2405
擤 2696
醒 10913
[xing4]
兴 683
倖 2878
悻 3257
性 3262
荇 3633
莕 3657
杏 4411
幸 4795
婞 5756
姓 5764
興 7449
[xiong1]
汹 114
洶 431
凶 1657
兇 1658
讻 1708
芎 4032
匈 7902
胷 7903
胸 8196
兄 9280
訩 9487
詾 9600
[xiong2]
雄 1522
熊 5899
[xiong4]
诇 1805
詗 9607
敻 7886
[xiu1]
饈 1425
羞 1530
馐 1841
休 2866
鸺 2867
鵂 2868
修 3105
脩 3112
脩 3112
髹 4732
髤 4733
貅 5570
庥 6890
咻 8921
[xiu3]
滫 154
朽 4475
宿 7716
[xiu4]
溴 557
鏽 1259
锈 1961
秀 4544
琇 5107
绣 5973
繡 6201
袖 6697
岫 7616
宿 7716
嗅 9220
臭 10155
[xu1]
湑 243
须 633
媭 634
須 635
嬃 636
欻 933
谞 1745
砉 3493
鬚 4725
圩 4780
墟 4895
墟 4895
顼 5173
頊 5198
胥 5324
戌 5548
𦈡 6051
繻 6223
虚 7154
歔 7155
需 8451
吁 8911
嘘 9060
諝 9536
盱 10037
魆 10744
[xu2]
徐 3122
[xu3]
浒 121
湑 243
滸 520
许 1721
诩 1775
栩 4311
糈 4611
姁 5824
許 9503
詡 9573
醑 10871
[xu4]
溆 77
洫 468
敘 1096
叙 1098
敍 1099
恤 3334
蓄 3750
壻 4859
婿 5766
絮 5844
续 5950
绪 5979
續 6150
緒 6151
畜 6310
序 6932
勖 7952
卹 8562
昫 9929
煦 9930
勗 9940
賉 10140
酗 10855
旭 11202
[xu5]
蓿 3849
[xuan1]
煊 1019
谖 1693
禤 2291
揎 2606
儇 3082
萱 3853
蘐 3942
瑄 5164
轩 6342
禤 6604
宣 7781
喧 9112
諼 9472
諠 9596
暄 9919
軒 10682
翾 10796
[xuan2]
漩 438
璿 5165
璇 5169
玄 6307
痃 7069
旋 7940
悬 8544
懸 10070
[xuan3]
烜 1055
选 5246
癣 7138
癬 7139
選 7275
晅 9960
[xuan4]
泫 296
渲 422
炫 984
铉 1226
鏇 1284
券 1626
铉 2003
衒 3150
楥 4088
楦 4349
绚 6042
絢 6216
旋 7940
碹 9751
眩 9897
昡 10063
[xue1]
薛 3916
靴 5362
鞾 5366
削 8352
[xue2]
斈 1668
踅 2550
茓 3854
學 7458
嶨 7460
鷽 7463
穴 7794
学 7854
峃 7856
鸴 7859
噱 9061
[xue3]
雪 8446
鳕 10524
鱈 10618
[xue4]
谑 1771
血 8555
謔 9567
[xun1]

燻 1062
薰 3978
薰 3978
塤 4945
塤 4949
壎 4971
獯 5676
窨 7796
勛 9129
勳 9217
曛 9963
熏 10410
勳 10411
醺 10915

xun2

浔 381
潯 384
洵 436
询 1800
循 3153
恂 3318
荀 3876
栒 4361
珣 5168
廵 5712
巡 5713
𬘓 5971
紃 6143
寻 7377
尋 7393
峋 7575
旬 7920
郇 7921
㖊 9086
噚 9088
詢 9602
鲟 10509
鱘 10604
鱏 10648
馴 11044
驯 11103

xun4

浚 284
潠 368
濬 426
汛 613
训 1729
讯 1832
徇 3164
蕈 4012
狥 5652
殉 6437
逊 6551
遜 6553
巽 7274
噀 9075
訓 9514
訊 9637
熏 10410
迅 11195

ya1

押 2704
丫 3184
桠 4231
椏 4231
枒 4321
椏 4484
椏 4484
压 6841
壓 6864
鸦 7356
鴉 7357
哑 8996
呀 9082
啞 9274
鸭 10451
鴨 10452
鵶 11291

ya2

涯 333
釾 1253
犽 2029
伢 2967
衙 3156
芽 3811
玡 5148
琊 5149
厓 6839
牙 7352
崕 7559
崖 7560
岈 7568
睚 10071
蚜 10286

ya3

痖 7059
瘂 7150
雅 7353
哑 8996
啞 9274

ya4

讶 1783
挜 2459
揠 2567
掗 2742
垭 4860
埡 4992
亚 5341
猰 5571
猰 5613
娅 5767
婭 5884
轧 6339
压 6841
迓 7355
訝 9582
砑 9732
軋 10679
氩 11178
氬 11194
亞 11288

ya5

呀 9082

yan1

渰 90
淹 100
淊 389
湮 586
煙 1066
烟 1067
恹 3286
懨 3287
菸 3878
焉 5318
鄢 5319
燕 5351
嫣 5765
懕 6863
崦 7501
阉 8005
阏 8031
腌 8073
臙 8140
胭 8247
殷 8706
閹 8749
閼 8778
咽 9250
醃 10853

yan2

沿 618
筵 804
簷 829
炎 929
鉛 1372
铅 2133
芫 3607
檐 4297
盐 4794
延 5327
妍 5747
妍 5750
阽 6782
颜 6993
顏 6994
严 6997
巖 7598
岩 7606
阎 8028
閆 8740
鹽 8818
嚴 9174
喦 9180
言 9469
研 9669
研 9676
蜒 10253

yan3

渰 90
演 424
龑 651
剡 934
弇 1490
奄 1566
兖 2224
揜 2359
掩 2368
俨 2948
偃 2964
儼 3036
衍 3115
琰 5070
兖 5935
𬙂 6039
縯 6212
黡 6819
厣 6820
魇 6821
黶 6865
厴 6866
魘 6867
甗 7170
郾 7327
鼹 7430
鼴 7435
眼 10094
蝘 10284
罨 10772

yan4

滟 165
灩 397
灎 590
沿 618
焱 930
焰 1013
谚 1768
讌 1808
艳 3492
堰 4904
燕 5351
鷰 5352
厌 6817
餍 6818
雁 6829
赝 6830
鴈 6831
贗 6832
厭 6861
饜 6862
彦 6992
燄 7442
豔 7649
艷 7651
鴳 7753
宴 7780
觃 7992
嚥 8997
唁 9203
咽 9250
諺 9488
讌 9539
讞 9568
覎 10152
醼 10873
酽 10889
釅 10908
騐 11025
驗 11026
验 11089

yang1

泱 470
秧 4565
鞅 5390
殃 6440
央 8568
鸯 8570
鴦 8571

yang2

洋 160
烊 966
烊 966
炀 995
煬 1053
鍚 1339
钖 2016
扬 2522
揚 2689
佯 2855
佯 2855
徉 3132
羊 3427
杨 4286
楊 4434
垟 4807
玚 5139
瑒 5192
阳 6783
陽 6787
疡 7082
瘍 7126
旸 9900
敭 9931
暘 9957
蛘 10224
颺 11232

yang3

瀁 231
养 1619
仰 2965
養 5217
痒 7039
癢 7056
氧 11173

yang4

漾 232
怏 3336
样 4163
樣 4223
恙 5219
羕 5220
鞅 5390

yao1

夭 1593
妖 5735
么 5927
约 6041
幺 6098
約 6214
殀 6417
腰 8244
吆 9025
吆 9029
邀 9992
要 10824

yao2

䍃 706
遥 707
飖 710
颻 711
銚 1150
餚 1427
肴 1645
爻 1651
谣 1694
铫 1933
摇 2334
傜 2784
僥 2881
侥 2919
徭 3118
垚 4824
堯 4825
瑶 5067
珧 5089
尧 5524
姚 5742
轺 6364
陶 6772
嶢 7528
峣 7534
窑 7797
窯 7816
窰 7829
謠 9475
鳐 10461
鰩 10558
軺 10707

yao3

舀 705
杳 4428
窈 7821
窅 7838
齩 8522
𪘏 8524
咬 8892

yao4

鹞 708
鷂 709
燿 1001
鑰 1129
钥 2063
耀 2206
药 3740
藥 3743
靿 5375
瘧 7085
疟 7092
曜 9906
要 10824

ye1

掖 2409
倻 2909
椰 4240
耶 5467
噎 8976
暍 9956

ye2

铘 1254
爺 1676
爷 1679
揶 2471
耶 5467
邪 7354

ye3

冶 30
埜 4185
也 7277
野 10762

ye4

液 152
䈎 826
烨 963
燁 967
爗 1051
谒 1822
掖 2409
抴 2524
拽 2709
夜 3101
亱 3102
葉 3778
业 5328
業 5332
鄴 5333
邺 5336
靥 6822
靨 6868
页 7993
腋 8107
叶 8927
叶 8927
咽 9250
謁 9625
晔 9862
晔 9862
曄 9866
頁 10172
曳 10735

yi1

一 1
漪 271
銥 1144
铱 1928
衣 2140
禕 2273
揖 2664
依 2832
伊 2974
椅 4115
壹 5005
弌 5503
猗 5599
祎 6587
医 7298
毉 7299
繄 7300
醫 7302
鷖 7303
鹥 7304

噫 8849
咿 8922
吚 9089
黟 10404

yi2

沂 353
簃 783
箷 867
飴 1446
诒 1760
饴 1857
疑 2164
仪 2825
儀 2888
怡 3275
荑 4034
椸 4363
移 4541
移 4541
圯 4940
姨 5882
彝 6389
彞 6390
迻 6398
痍 7148
迤 7278
迆 7279
匜 7317
嶷 7508
宜 7769
宧 7778
贻 7968
胰 8258
㢣 8691
咦 9273
詒 9555
颐 9835
頤 9837
眙 10061
貽 10127
遗 10187
遺 10190
蛇 10291
夷 11274

yi3

釔 1371
钇 2132
倚 2806
苡 3601
苢 3915
椅 4115
檥 4224
矣 5891
以 2161
迤 7278
旖 7930
舣 8298
艤 8304
尾 8608
扆 8685
已 8726
踦 9294
蚁 10213
蟻 10248
螘 10289
酏 10893
乙 11166

yi4

溢 63
泆 108
浥 506
翊 647
意 667
益 723
鹢 725
鷁 726
燚 931
熠 1002
鐿 1110
鎰 1115
乂 1643
刈 1652
义 1687
议 1709
诣 1711
译 1766
谊 1795
镱 1898
镒 1901
衣 2140
裔 2141
肄 2165
抑 2568
挹 2669
亦 2753
奕 2754
弈 2755
億 2778
佚 2817
佾 3003
亿 3091
役 3182
憶 3211
怿 3281
悒 3344
懌 3381
忆 3390
薏 3542
艾 3588
蓺 3690
藝 3692
艺 4026
杙 4248
埸 4960
懿 5006
義 5221
弋 5502
独 5680
毅 5705
缢 5940
绎 6008
縊 6111
繹 6278
轶 6335
殪 6428
勚 6810
勩 6812
廙 6983
瘗 7005
瘞 7024
瘱 7028
疫 7145
翌 7219
羿 7225
翼 7235
翳 7301
峄 7550
嶧 7621
屹 7625
臆 8059
肊 8252
异 8729
嗌 8855
囈 8941
呓 8948
邑 9168
詣 9491
讛 9509
議 9532
誼 9595
譯 9633
昳 9852
易 9921
劓 10162
蜴 10327
逸 10373
異 10432
軼 10675
驛 11082
驿 11116

yin1

溵 485
湮 586
洇 598
音 665
銦 1366
铟 2128
禋 2292
愔 3210
蔭 3772
荫 3775
茵 4016
堙 4980
姻 5873
婣 5875
禋 6605
裀 6702
隂 6716
陰 6717
阴 6774
陻 6796
瘖 7004
闉 8050
殷 8706
慇 8707
闉 8800
喑 8847
因 10941
駰 11085
骃 11143
氤 11192

yin2

淫 55
銀 1305
银 2082
垠 4937
鄞 5404
狺 5665
婬 5729
夤 6407
崯 7483
崟 7484
寅 7785
訚 8037
霪 8416
龂 8509
齦 8515
齗 8526
龈 8533
誾 8788
唫 8862
吟 8864
嚚 9178
蟫 10350

yin3

飮 1422
饮 1839
𫄷 5937
䌥 6107
隱 6709
隐 6767
瘾 6935
癮 7081
尹 7404
吲 9272
蚓 10362
引 11250

yin4

飲 1422
憖 1632
饮 1839
胤 2195
蔭 3772
荫 3775
茚 3813
憗 4095
癊 6936
印 7375
窨 7796
鮣 10508
䲟 10603

ying1

鶯 948
攖 2624
撄 2695
莺 3841
英 3901
櫻 4364
樱 4446
瑛 5101
瓔 5171
璎 5196
纓 6044
缨 6262
应 6878
應 6891
膺 6892
鹰 6893
鷹 6894
罂 7980
鹦 7981
罌 7982
嘤 9130
嚶 9218
罌 10144
鸚 10145
罌 10146
鸎 10148
甖 10149

ying2

濴 67
瀅 68
瀠 69
潆 171
滢 172
潆 174
瀛 376
籝 846
籯 847
熒 936
鎣 937
滎 938
塋 942
瑩 943
縈 944
營 946
螢 947
荧 3826
蓥 3827
荥 3828
茔 3831
莹 3832
萦 3834
营 3837
萤 3839
楹 4287
瑩 5071
莹 5100
盈 6803
迎 7332
嬴 7342
赢 7343
贏 7344
蝇 10320
蠅 10363

ying3

颍 2166
潁 2167
颖 2170
穎 2171
瘿 7100
癭 7129
郢 8982
影 9948

ying4

应 6878
應 6891
媵 8081
硬 9782
映 9941

yo1

育 5925
唷 9024
哟 9028
喲 9033

yo5

哟 9028
喲 9033

yong1

澭 275
鏞 1245
镛 2021
擁 2499
拥 2627
傭 2947
佣 3004
慵 3289
墉 4894
邕 5714
雝 5715
雍 6303
饔 6304
壅 6305
𨻼 6763
庸 6968
鄘 6969
癰 7064
痈 7102
臃 8153
鳙 10504
鱅 10598

yong2

喁 9244
颙 10769
顒 10770

yong3

泳 143
涌 312
慂 313
湧 314
永 2304
俑 2935
甬 6485
恿 6486
勇 6489
咏 8910
踊 9350
踴 9351
詠 9496
蛹 10270
鲬 10500
鯒 10594

yong4

佣 3004
用 8267

you1

优 2841
優 3018
攸 3104
悠 3108
忧 3234
耰 4692
麀 6944
幽 7653
憂 8572
呦 9031

you2

游 439
油 575
繇 706
鈾 1355
铀 2120
尢 2214
尤 2222
莜 3629
莸 3725
蕕 3726
柚 4457
郵 5292
犹 5608
猶 5686
𬨎 6382
疣 7032
遊 7943
肬 8101
蝣 10296
蚰 10344
蝤 10353
鱿 10471
鲉 10547
魷 10565
鮋 10642
由 10657
邮 10658
輶 10729
猷 10924
圝 10934

you3

銪 1130
友 1523
有 1525
铕 1913
莠 3662
羑 5224
黝 10403
酉 10847
卣 10933
牖 11015

you4

釉 691
有 1525
右 1528
诱 1731
祐 2248
侑 2801
佑 2803
柚 4457
狖 5649
幼 6103
又 6500
祐 6563
鼬 7436
宥 7694
誘 9516

蚴 10268
囿 10940

yu1

淤 437
迂 2307
纡 5960
紆 6130
瘀 7099
於 7929

yu2

渝 84
渔 573
漁 574
竽 757
余 1095
畬 1101
俞 1409
逾 1412
觎 1413
覦 1414
餘 1423
谀 1790
于 2306
盂 2308
揄 2353
愉 3219
萸 3823
榆 4108
瑜 5078
璵 5155
玙 5206
狳 5593
妤 5780
娱 5842
予 6462
隅 6795
虞 7167
虞 7168
歔 7180
舁 7437
臾 7445
與 7448
輿 7450
與 7451
歟 7452
崳 7490
嵎 7620
窬 7799
於 7929
腴 8178
艅 8295
雩 8465
髃 8594
喁 9244
踰 9288
踰 9288
諛 9589
蝓 10199
鱼 10460
魚 10557
禺 10766
愚 10767
与 11020
欤 11021

yu3

语 1784
伛 2962
傴 2963
俣 3030
瑀 5200
貐 5568
予 6462
庾 6970
瘐 7093
羽 7218
敔 7373
與 7451
嶼 7571
屿 7624
宇 7714
窳 7804
雨 8415
龉 8511
齬 8528
語 9584
禹 10386
圉 10949
圄 10949
圄 10961
与 11020

yu4

浴 94
淯 287
滪 309
澦 310
潏 311
誉 685
籲 746
燏 990
燠 1026
燠 1027
煜 1048
鈺 1196
愈 1410
飫 1426
谷 1509
欲 1510
慾 1511
鹆 1514
鵒 1515
郁 1526
谕 1704
语 1784
饫 1842
钰 1976
御 3144
禦 3145
芋 3612
蓣 3759
蕷 3760
蔚 3904
棫 4253
鬱 4334
域 4867
玉 5247
或 5566
狱 5604
獄 5666
妪 5805
嫗 5806
育 5925
预 6463
預 6464
豫 6465
矞 6479
遹 6481
鹬 6482
鷸 6483
裕 6615
庽 6988
瘉 7018
癒 7019
聿 7396
與 7451
譽 7455
峪 7493
寓 7786
閾 8021
雨 8415
尉 8609
熨 8610
閾 8770
喻 8869
吁 8911
諭 9483
語 9584
昱 9841
蜮 10261
魊 10743
遇 10768
与 11020
馭 11056
驭 11115
鬻 11252
毓 11303

yuan1

渊 181
淵 607
鸢 5511
鳶 5512
眢 6404
鸳 6405
鴛 6406
冤 7680
鹓 7757
鵷 7758
寃 7782
蜎 10317

yuan2

湲 54
沅 130
源 336
爰 687
元 2199
鼋 2202
黿 2204
援 2327
羱 3435
芫 3607
橼 4263
櫞 4267
塬 4890
袁 4942
垣 4964
猨 5587
猿 5621
媛 5728
嫄 5796
缘 5995
緣 6166
縁 6167
辕 6344
原 6869
员 9127
員 9215
螈 10277
轅 10684
园 10944
園 10950
圆 10968
圓 10969
圜 10974

yuan3

远 2200
遠 4943

yuan4

掾 2485
掾 2486
苑 3753
垸 4913
瑗 5065
媛 5728
怨 6402
院 6771
愿 6870
願 6871

yue1

彟 1583
约 6041
約 6214
擭 7378
彠 7394
曰 9839

yue3

噦 8992
哕 9095

yue4

瀹 92
籥 745
篗 779
籰 896
鑰 1129
鉞 1217
鈅 1285
龠 1497
说 1819
钺 1994
钥 2063
悦 3350
樾 4209
櫟 4266
栎 4322
越 4846
玥 5176
戉 5561
鸑 5605
鷟 5667
樂 6104
岳 7212
乐 7358
嶽 7540
阅 8038
月 8057
刖 8106
粤 8339
閱 8789
跃 9298
躍 9371
跀 9385
說 9621

yun1

赟 1665
贇 1666
晕 9914
暈 9916
氲 11190

yun2

涢 503
溳 508
筠 793
芸 3734
蕓 3892
耘 4684
鋆 4916
云 5917
纭 6000
紜 6174
匀 7893
雲 8438
员 9127
郧 9128
員 9215
鄖 9216
昀 9920
眗 10442

yun3

狁 5631
允 5908
殒 6441
殞 6443
陨 6779
隕 6780

yun4

韵 669
韻 671
恽 3309
惲 3310
愠 3358
蕴 3741
蘊 3746
运 5919
缊 6071
縕 6282
孕 6805
韫 7290
韞 7370
郓 7676
鄆 7682
運 7683
熨 8610
员 9127
員 9215
晕 9914
暈 9916
酝 10878
醞 10918

za1

扎 2391
紮 2392
拶 2487
紮 4137
匝 7318
臢 8134
臢 8135
帀 8414
咂 9079

za2

雜 1080
襍 6644
咱 9219
砸 9731
杂 11198

za3

咋 8925
咗 8926

za5

臢 8134
臢 8135

zai1

𢦏 5535
栽 5537
哉 5541
災 5711
甾 5716
灾 7691

zai3

仔 2943
仔 2943
载 5539
載 5543
崽 7614
宰 7718

zai4

在 1690
载 5539
載 5543
再 8469
簪 848
糌 4625

zan2

偺 2941
喒 9045
咱 9219

zan3

攒 2454
拶 2487
儹 2895
趱 4843
趲 4844
昝 6528
噆 9081

zan4

賛 1613
瓒 5119
瓚 5120
赞 5240
贊 5243
錾 6360
暂 6363
讚 9534
鏨 10701
暫 10705
暫 10706

zan5

咱 9219

zang1

臧 5562
赃 7973
脏 8163
髒 8577
贓 10126
牂 10992

zang3

駔 11071
驵 11129

zang4

藏 3721
葬 3755
臟 8116
脏 8163
奘 10996

zao1

糟 4649
遭 10832

zao2

鑿 5330
凿 5331

zao3

澡 507
藻 3535
璪 5185
蚤 6521
枣 8488
棗 8490
早 9970

zao4

簉 797
灶 971
燥 1042
慥 3259
造 5236
竈 7813
噪 9181
唣 9210
唕 9213
躁 9397
譟 9616
皂 9976
皁 9999

ze2

泽 318
澤 581
笮 773

箦 799
簀 801
择 2512
擇 2712
迮 3209
责 5272
責 5282
则 7962
舴 8300
帻 8389
幘 8390
啧 8987
嘖 8988
赜 9833
賾 9834
則 10117

ze4
侧 3000
側 3056
仄 6816
昃 9901

zei2
贼 7966
賊 10125
鲗 10520
鰂 10638

zen3
怎 3208

zen4
谮 1782
譖 9581

zeng1
熷 1591
憎 3374
增 4970
缯 6080
繒 6266
曾 10390
罾 10806

zeng4
鋥 1321
锃 2090
综 6034
缯 6080
綜 6208
繒 6266
赠 7990
贈 10150
甑 10391

zha1
渣 197
劄 744
奓 1557
扎 2391
紮 2392
揸 2433
摣 2539
挓 2596
紥 4137
楂 4194
樝 4298
查 4390
査 4429
猹 5619
齄 7165
皻 7172
吒 8902
哳 8916
咋 8925
喳 8958
齇 10165

zha2
劄 744
炸 964
煠 996
鍘 1347
铡 2057
扎 2391
札 4136
轧 6339
闸 8046
閘 8798
軋 10679
牐 11008

zha3
鲝 1532
鮺 1533
拃 2414
苲 3641
砟 9667
眨 10068
鲊 10475
鮓 10569

zha4
溠 96
炸 964
奓 1557
诈 1718
䄍 2264
搾 2607
乍 3207
柞 4156
榨 4350
栅 4368
柵 4372
痄 7038
霅 8461
吒 8902
咋 8925
咤 9105
詐 9500
䃎 9654
蚱 10222
蜡 10255
蛇 10292

zhai1
斋 1671
摘 2631
侧 3000
側 3056
齋 3189

zhai2
择 2512
擇 2712
翟 7226
宅 7705

zhai3
鉙 7642
窄 7806

zhai4
攃 2600
债 2898
債 2900
砦 5303
砦 5303
瘵 7072
寨 7738

zhan1
沾 521
谵 1770
毡 2190
氊 2193
粘 4641
詹 7002
旃 7948
霑 8419
譫 9566
占 9798
瞻 10072
鳣 10554
鱣 10653
氈 10978
邅 10979
鹯 10982
鸇 10983

zhan3
搌 2646
盏 5531
盞 5565
斩 6359
辗 6372
崭 7544
嶄 7617
展 8629
𬑕 10064
䁪 10100
黵 10405
斬 10700
輾 10718
飐 11217
颭 11230

zhan4
湛 257
站 664
佔 3045
蘸 4015
栈 4252
棧 4255
绽 6036
綻 6210
戰 9187
占 9798
战 9801
颤 10980
顫 10981

zhang1
漳 51
章 673
彰 674
樟 4086
璋 5064
獐 5586
嫜 5727
麞 6941
蟑 10192
张 11247
張 11253

zhang3
涨 623
漲 624
长 2139
仉 3094
長 4724
掌 7866
礃 9746

zhang4
涨 623
漲 624
丈 1689
仗 2827
杖 4130
障 6708
瘴 7006
嶂 7476
胀 8095
脹 8128
幛 8378
帐 8382
帳 8387
賬 10118

zhao1
釗 1154
着 1531
钊 1937
招 2556
啁 9136
嘲 9214
昭 9908
朝 10014

zhao2
着 1531

zhao3
沼 358
找 2483
爪 4061

zhao4
笊 781
炤 1003
诏 1778
兆 2210
櫂 4312
棹 4443
赵 4840
趙 4853
召 7240
肇 8682
肈 8690
詔 9576
照 9909
曌 9934
罩 10803

zhe1
折 2546
蜇 2552
遮 6915

zhe2
讋 656
[illegible] 760
谪 1806
詟 2229
折 2546
哲 2549
蜇 2552
摺 2555
蛰 2736
蟄 4803
喆 5025
辄 6345
辙 6349
謫 9608
磔 9711
輒 10685
輙 10686
轍 10691

zhe3
鍺 1188
锗 1969
赭 4786
者 5051
襵 6643
褶 6662

zhe4
浙 145
淛 462
这 1669
蔗 3788
柘 4424
䗪 6916
鹧 6917
鷓 6918
嗻 9058
這 9563

zhe5
着 1531

zhei4
这 1669
這 9563

zhen1
溱 111
浈 442
湞 559
箴 812
針 1157
鍼 1216
针 1941
眞 2174
禎 2287
侦 3001
偵 3057
蓁 3587
榛 4121
椹 4239
桢 4366
楨 4448
珍 5072
珎 5093
斟 5442
獉 5602
臻 5912
祯 6593
贞 7994
胗 8064
真 8551
碪 9693
砧 9770
貞 10178
鱵 10462
鱵 10559
甄 10821

zhen3
诊 1700
枕 4356
稹 4509
稹 4563
鬒 4729
鬒 4749
缜 6057
縝 6128
縝 6229
轸 6329
袗 6610
疹 7014
診 9480
黰 10407
畛 10414
軫 10669

zhen4
鎭 1148
鎮 1298
镇 2076
振 2526
圳 4812
瑱 5087
瑱 5179
纼 6095
紖 6289
阵 6756
陣 6791
陣 6791
鸩 7890
鴆 7891
赈 7972
朕 8075
震 8442
賑 10131
甽 10428
酖 10897

zheng1
爭 704
箏 735
筝 853
錚 1114
鉦 1200
钲 1979
铮 2035
丁 2232
挣 2332
掙 2578
征 3142
徵 3158
怔 3263
蒸 3767
正 5316
狰 5588
猙 5644
烝 6544
癥 7037
症 7058
争 7410
峥 7477
崢 7570
睁 10020
睜 10079

zheng3
拯 2521
整 10377

zheng4
鉦 1200
郑 1577
证 1744
诤 1787
钲 1979
挣 2332
掙 2578
正 5316
政 5317
症 7058
𬮱 8026
帧 8399
幀 8409
𨶒 8743
諍 9474
證 9560
證 9560
鄭 10923

zhi1
汁 158
知 1588
祇 2267
掷 2371
指 2394
擲 2718
芝 3762
椥 4116
枝 4281
栀 4303
梔 4304
稙 4562
稙 4579
隻 5495
氏 5516
织 6067
織 6164
之 6492
支 6522
祗 6582
卮 7197
巵 7198
脂 8097
胝 8145
肢 8158
吱 9043
只 9278
蜘 10203

zhi2
指 2394
摭 2531
执 2729
絷 2733
侄 2926
值 3017
値 3058
植 4391
植 4449
執 4798
縶 4801
埴 4931
埴 4968
職 5458
职 5475
姪 5779
殖 6439
殖 6445
直 8548
踯 9296
蹠 9361
蹢 9386
跖 9400
躑 9414
直 10179
zhi3
沚 238
旨 2173
祉 2263
祇 2266
指 2394
抵 2480
徵 3158
恉 3230
芷 3697
枳 4418
址 4835
止 5293
黹 5337
帋 5517
纸 5990
紙 6161
轵 6375
祉 6579
衹 6581
祇 6645
阯 6745
疻 7121
咫 8673
只 9278
趾 9334
軹 10720
酯 10857
zhi4
滞 180
滯 187
治 283
滍 398
炙 686
銍 1222
鑕 1250
雉 1585
知 1588
智 1589
识 1816
铚 2000
锧 2025
袠 2142
掷 2371
擲 2718
挚 2731
贽 2735
鸷 2737
忮 3284
櫛 4092
栉 4173
梽 4211
桎 4260
秩 4504
稚 4534
穉 4566
摯 4799
贄 4802
鷙 4804
志 4994
豸 5567
至 5911
致 5913
郅 5915
緻 6172
轾 6348
彘 6384
陟 6746
騭 6747
骘 6748
庢 6845
瘈 7040
痔 7052
痣 7053
质 7194
質 7206
峙 7527
寘 7699
窒 7820
疐 7883
疐 7884
膣 8189
觶 8371
觯 8375
帙 8381
幟 8393
帜 8402
制 8497
製 8498
踬 9368
躓 9369
誌 9525
識 9550
蛭 10265
畤 10429
輊 10690
置 10793
置 10805
zhong1
鐘 1112
鍾 1360
钟 2115
衷 2156
忪 3278
终 6010
終 6184
螽 6525
中 10183
忠 10184
盅 10185
zhong3
种 4580
種 4587
塚 4910
冢 7674
肿 8235
腫 8242
踵 9410
zhong4
众 1086
仲 3059
种 4580
種 4587
衆 8556
中 10183
重 10764
眾 10776
zhou1
洲 186
诌 1786
侜 3009
州 4063
盩 4796
辀 6369
赒 7984
周 8273
週 8276
舟 8293
鸼 8327
鵃 8328
啁 9136
譸 9526
謅 9601
賙 10138
輈 10714
粥 11251
zhou2
妯 5865
轴 6380
碡 9690
軸 10725
zhou3
箒 849
帚 7379
肘 8105
zhou4
籀 763
伷 2971
僽 2996
㤘 3302
㥮 3317
荮 3737
葤 3744
甃 4499
纣 5961
绉 6026
紂 6131
縐 6215
轴 6380
皱 7386
晝 7399
宙 7783
皺 7908
昼 8674
咮 8963
咒 9197
呪 9198
胄 10660
軸 10725
酎 10860
驟 11048
骤 11106
zhou5
碡 9690
zhu1
洙 205
潴 272
瀦 273
銖 1182
诛 1733
诸 1741
铢 1965
侏 2873
茱 3671
槠 4131
株 4199
櫧 4423
朱 4670
邾 4671
珠 5111
猪 5622
豬 5623
豬 5697
豬 5698
誅 9519
諸 9530
硃 9682
蛛 10241
zhu2
竺 727
筑 790
烛 1060
燭 1065
竹 2770
术 4595
逐 5700
瘃 7063
舳 8324
躅 9411
蠋 10348
zhu3
渚 226
拄 2452
煮 5052
煑 5053
主 5212
麈 6949
屬 8623
斸 8664
囑 9156
嘱 9160
矚 10091
瞩 10092
zhu4
注 230
竚 649
筑 790
築 791
箸 795
筯 880
炷 974
鑄 1186
铸 1915
祝 2282
住 2887
伫 2978
佇 2981
著 3688
苎 3843
苧 3848
柱 4222
杼 4272
翥 5055
纻 6033
紵 6206
祝 6597
疰 7055
贮 7977
助 8545
註 9531
砫 9687
貯 10136
蛀 10247
駐 11046
驻 11104
zhua1
挝 2406
抓 2431
撾 2644
髽 4726
zhua3
爪 4061
zhuai1
拽 2709
zhuai3
跩 9407
zhuai4
拽 2709
排 2711
zhuan1
专 6491
耑 7581
颛 7583
顓 7584
䏝 8156
膞 8239
砖 9713
磚 9780
專 10665
甎 10666
zhuan3
转 6351
轉 10726
zhuan4
篆 815
篆 816
饌 1454
馔 1864
撰 2561
传 2936
傳 3073
转 6351
赚 7976
啭 9036
囀 9238
譔 9578
賺 10135
轉 10726
zhuang1
浆 3192
妆 3193
莊 4022
椿 4122
桩 4293
粧 4631
庄 6910
裝 10997
妝 10999
zhuang3
奘 10996
zhuang4
戇 677
戆 678
撞 2326
僮 2779
状 3190
壮 3191
幢 8379
狀 10990
壯 10995
zhui1
錐 1209
锥 1988
椎 4243
隹 5484
追 8735
騅 11049
骓 11107
zhui4
惴 3306
赘 5263
贅 5265
缀 6009
缒 6061
綴 6183
縋 6234
坠 6712
墜 6751
膇 8220
醊 10884
zhun1
谆 1818
3127
衠 3169
屯 7667
迍 7669
窀 7830
肫 8180
諄 9620
zhun3
准 27
準 263
埻 4950
zhuo1
涿 274
焯 1057
鐯 1168
锗 1951
拙 2588
捉 2673
倬 3055
棁 4425
棹 4443
桌 10003
卓 10004
zhuo2
濯 357
浞 512
浊 563
濁 582
灼 1020
鋜 1325
鐲 1363
着 1531
诼 1759
镯 2125
禚 2262
擢 2554
著 3688
茁 3824
椓 4256
琢 5131
缴 6074
繳 6258
禚 6578
鷟 7932
鷟 7933
啄 9015
諑 9553
斫 9728
斫 9728
酌 10898
斲 11292
zi1
粢 9
姿 10
资 11
咨 13
資 14
淄 276
滋 298
錙 1218
鎡 1227
锱 1996
镃 2004
鼒 2312
仔 2943
菑 3728

茲 3742
髭 4739
趑 4837
眥 5299
觜 5300
訾 5302
貲 5305
缁 5996
兹 6312
孳 6314
辎 6347
孜 6547
孖 6555
嵫 7542
龇 8508
齜 8525
吡 8990
嗞 9034
吱 9043
吱 9043
諮 9470
錙 10494
鯔 10588
輜 10688

zi3
滓 415
笫 918
仔 2943
茈 3698
梓 4158
秭 4589
籽 4626
耔 4685
紫 5298
訾 5302
姊 5876
子 6546

zi4
恣 8
渍 235
漬 237
牸 3467
胔 5301
胾 5540
字 7763
眦 10055
自 10153

zong1
枞 4094
椶 4127
樅 4153
棕 4341
鬃 4744
综 6034
綜 6208
宗 7711
腙 8183
踨 9314
踪 9377
鬉 11031
騌 11066

zong3
偬 2995
傯 3090
総 6252
總 6284
总 9796

zong4
糉 4603
粽 4636
猔 5701
纵 5941
縱 6137

疭 7011
瘲 7036

zou1
诹 1751
鄹 5462
郰 5466
緅 5988
緅 6159
陬 6749
邹 7385
鄒 7907
諏 9544
鲰 10493
鯫 10587
騶 11067
驺 11123

zou3
走 4836

zou4
奏 1635
揍 2381

zu1
菹 3532
葅 3549
租 4561

zu2
卒 1078
鏃 1283
镞 2055
崒 7480
崪 7481
族 7931
足 9419
磁 9750

zu3
俎 1077
诅 1810
祖 2278
组 6056
組 6228
祖 6594
阻 6777
詛 9611

zuan1
鑽 1195
钻 2099
躜 9331
躦 9332

zuan3
纂 894
缵 5982
纘 6153

zuan4
鑽 1195
钻 2099
攥 2339
赚 7976
賺 10135

zui1
堆 4865

zui3
觜 5300
嘴 8991
咀 9151

zui4
蕞 3962
槜 4246
檇 4247
晬 9849
最 9889
辠 10157
罪 10777
醉 10850

zun1
樽 4471
罇 7645
鳟 10553
鱒 10651
尊 10925
遵 10926

zun3
撙 2719

zuo1
作 2850
嘬 9206

zuo2
笮 769
筰 773
捽 2343
作 2850
琢 5131
昨 9863

zuo3
左 1521
撮 2686
佐 2800

zuo4
坐 1074
祚 2255
作 2850
作 2850
做 3047
怍 3237
柞 4156
鑿 5330
凿 5331
祚 6572
阼 6736
座 6879
岞 7512
胙 8109
唑 8859
酢 10861

Exercises / Exercices / 练习

Exercise 1 / Exercice 1/ 练习一

Exercise 1. **Objectives.** *To become familiar with the overall organization of the dictionary.*

a) The main sections of the dictionary

The **main text** of this dictionary contains the bulk of information on characters [Hanzi] and on etymological components (radical, phonetic part) [Etym] of characters. The way to write each graphic element of a character, and consequently the way to write any Chinese character, can be found in the section **Writing-Ecriture.** In the section **Graph in Etym**, each graphic element is located into all its contexts (etymological components). Traditional **radical** and **pinyin** indexes are also found there.

The **Tables of the 11 Classes of Elements** are at the back of the dictionary. These Tables are preceded by a set of **General Principles of Subclassification** to help with memorization. A summary of all previous *Tables* called **Table of Series** is on the last page of the dictionary. This is a valuable guide to finding the right section in the dictionary quickly thanks to the cross-hatched bands that are lined up with each class of graphic elements.
The table of contents should be used as needed to locate the sections.

b) The *kuaisu* classification and the prominent position given to radicals and phonetic parts

If you open the dictionary to page 34, where etymological component [Etym] 80 立 is listed, you will see that all characters with graphic element *221a* as the first element are grouped together on pages 34 to 39. However, this graphic element is also radical 117a. Therefore, all characters with this radical in first position, which is generally the case, are found on these pages. Moreover, this graphic element, when associated with other graphic elements, forms some of the Chinese etymological components often used in characters. Most common among them are components 82 亲 page 35, 86 龍 page 36, 87 音 page 36, 91 音 page 37 and 95 章 page 38. Characters whose writing begins with a component are found immediately after the [Etym] box. The component may be a phonetic part or a more complex radical such as in components 86 and 91. This simple way of classifying by graphic element always highlights the meaningful aspect of a character, either the radical or the phonetic part.
In addition to rapid consultation, users can learn a lot by using this classification based on the graphic structure of characters. Users should therefore keep this in mind and use it to their advantage in order to better understand and memorize characters.

* * *

Exercice 1. **Objectifs.** *Prendre connaissance de l'organisation du dictionnaire.*

a) Les grandes sections du dictionnaire
Le **corps** de ce dictionnaire contient l'ensemble de l'information sur les caractères [Hanzi] et sur les composantes étymologiques (radical, partie phonétique) [Etym] des caractères. On trouve dans la section **Writing-Écriture** la façon d'écrire chaque élément graphique d'un caractère et, par conséquent, la façon d'écrire tous les caractères. Dans la section **Graph dans Etym**, chaque élément graphique est replacé dans tous les contextes (composantes étymologiques) où il peut être utilisé. On trouve aussi les index traditionnels des caractères: **radicaux**, prononciation **pinyin**.
À la fin du dictionnaire se trouvent les **Tableaux des 11 classes d'éléments.** On remarquera qu'ils sont précédés des **Principes généraux de sous-classement** qui faciliteront la mémorisation. Un résumé des Tableaux se trouvent à la toute dernière page du dictionnaire, le **Tableau des séries**, qui est aussi un guide pour se positionner dans le dictionnaire à l'aide des liserés, décalés à l'aplomb de chaque classe d'éléments graphiques.
On voudra bien repérer chacune de ces sections dans la table des matières.

b) Le classement *kuaisu* et la mise en évidence du radical ou de la partie phonétique
On voudra bien ouvrir le dictionnaire à la page 34 à la composante étymologique [Etym] 80 立. On peut constater que tous les caractères qui ont l'élément graphique *221a* comme premier élément sont rassemblés aux pages 34 à 39. Or, il se trouve que ce même élément graphique est le radical 117a. Tous les caractères qui ont ce radical en première position, ce qui est généralement le cas, se trouvent dans ces pages. Par ailleurs, cet élément graphique peut former avec d'autres éléments graphiques quelques-unes des composantes étymologiques bien utilisées dans la formation des caractères. C'est le cas des composantes 82 亲 page 35, 86 龍 page 36, 87 音 page 36, 91 音 page 37, 95 章 page 38, pour ne nommer que les plus importantes. Chaque fois, après l'encadré étymologique, suivent les caractères dont l'écriture commence par cette composante qui peut être la partie phonétique ou un radical plus complexe (composante 86 et 91). On le voit, le simple classement par élément graphique met toujours en évidence quelque chose de significatif dans les caractères, soit le radical, soit la partie phonétique.
En plus d'offrir une consultation rapide, ce classement, basé sur la structure graphique, est plein d'enseignements. On devrait en consultant le dictionnaire en tirer profit pour mieux comprendre et assimiler les caractères.

练习一

目的：对字典的编排有一个总体的认识。

a） 字典的正文

本字典正文提供了对汉字(Hanzi)和汉字的字源部件（部首或语音部分）(Etym)的注解。在笔顺部分，大家可以找到组成所有汉字的每个笔型的正确书写方法。在笔型与字源部件部分，我们对每个笔型都列出了所有使用这个笔型的字源部件和汉字。同时，本字典也提供了传统的汉字部首索引和拼音索引。

字典的最後部分是十一类笔型分类表。在这些表格之前还附有帮助记忆的再分类基本原则。字典的最後一页是系列表，列出每一系列笔型，并在字典正文中标出影线，指出每一系列笔型所属类在正文中的位置。

在这里出现的字典每个部分的名称与前面目录里的名称是相同的，以便于大家在需要的时候到目录里查对。

b）“快速“排列系统及其对部首和语音部分的强调

翻开字典34页看字源部件(Etym)80 立。我们可以发现所有以笔型221a作为第一书写部件的汉字都收集在34到39页之间。这个笔型同时也就是部首117a。因而以这个部首作为第一书写部件的汉字一般来说也可以在这几页里找到。另外，这个笔型还可以和其它笔型一起构成一些汉字常用的字源部件，如35页的82亲，36页的86龍，36页的87音，37页的91音及38页的95章等。每次，在(Etym)的後面，我们都列出所有那些以这种字源部

Exercises / Exercices / 练习

Exercice 1 / Exercice 1 / 练习二

		氵	艹	口	扌	人	木	亻	钅	土	月	⺈	糸	忄	虫	言	
dots- points点	ˊ ˋ	*												*		*	
horiz. 横	一 ㇀	*	*	*	*		*		*	*	*	*			*	*	1. Horizont. 横
obliques 撇	㇒ 丿 ㇏					*	*	*	*		*	*	*		*		2. Obliques 撇
hooks-crochets 钩	㇓ ㇀ ㇄ 亅				*				*								3. Hooks-Crochets 钩
vertic. 竖	丨		*	*			*	*		*			*	*	*	*	4. Vertical. 竖
curves-courbes 弯	㇂ ㇁																5. Curves-Courbes 弯
points-pointes 折	㇛ ㇜ ㇇												*				6. Points-Pointes 折
angles直角折	㇗ ㇕ ㇆			*							*				*	*	
figures 型	㇗ ㇅ ㇆																7. Corners-Coins 直角折
(with angles - avec angles) 折	ㄈ ㇠ ヨ 凵 冖 勹 万 贝 门 冂										*						8. Boxes-Boîtes 盒子
	口 凸 尸 ㄋ																9. Poles-Perches 撑杆
	口 [?]			*											*	*	0. Mouths-Bouches 口
other-autres 其它的	丩 爿 ㄣ ㇈ 己 弓 凹 母 ○																Z. Other-Autres

Exercise 2. **Objectives**. *To find the class of a graphic element and the page in the dictionary where this element appears in first position. To figure out the number of pages taken up by elements that appear frequently in first position.*

The figure above lists some of the graphic elements that are most frequently found in first position in Chinese characters. To find out immediately to which class each of these elements belongs, mark with a star all the strokes (and forms) present in each of the listed elements. According to Rule 2a (page 11), the relevant class for the element is found in the column on the far right of the figure, at the level of the lowest star. This way of finding an element will soon become instinctive, as the element is always classified according to the stroke (or form) that has the strongest visual impact.

Choose any element in this figure and refer to the relevant **Table of the 11 Classes** (at end of dictionary). If you take for example, the first graphic element, the water element, and refer to Table of Class 1, this graphic element is located on line b in series (column) 121. This is element 121b. In the **main text** of the dictionary, the characters are classified graphic element by graphic element following their order of writing. The figures of the first three graphic elements and their codes appear on the page headings. Soon, you can find an element just by looking at the figures, but you can also use codes, especially at the beginning. Graphic element 121b, the water element, appears on page 38. All characters beginning with this graphic element immediately follow. Count the number of pages where this graphic element is in first position. On the external margin of the page, the figures of graphic elements that are in first position appear under the cross-hatched band displaying the classes of elements. In this case, it is also very useful to find the second graphic element in order to locate a character, as shall be seen in Exercise 5.

Repeat the exercise again for each of the graphic elements in the figure. These are some of the most frequently used graphic elements in Chinese. An excellent way for users to become completely familiar with the dictionary is to learn to find the graphic elements in the **Table of the Eleven Classes**, to locate them in the dictionary and to figure out the number of pages they fill.

Exercice 2. **Objectifs.** *Comment trouver la classe d'un élément graphique et trouver la page du dictionnaire où il se trouve en début de caractère. Constater le nombre de pages du dictionnaire occupées par certains éléments fréquents en début de caractère.*

La figure ci-contre donne quelques-uns des éléments graphiques qui sont les plus fréquents en première position des caractères chinois. En pointant par une étoile les traits (et les figures) que chacun de ces éléments contient, il est possible de trouver immédiatement à quelle classe ils appartiennent. En effet, conformément à la règle 2a de l'Intorduction (page 19), l'étoile la plus basse d'un élément indique la forme structurante qui sert au classement de cet élément. Au même niveau, à droite du tableau, on trouve la classe où il est placé. Après peu de pratique, cette démarche se fera instinctivement, car l'élément est toujours classé par son trait (ou sa figure) le plus fort visuellement.

Veuillez vous reporter aux tableaux appropriés de la classe d'un élément de votre choix à la fin du dictionnaire. Si on prend le premier élément graphique, celui de l'eau, on se rapportera au tableau de la classe 1 où on trouve cet élément graphique à la ligne b de la série (colonne) 121. Il s'agit donc de l'élément 121b. Dans le corps du dictionnaire, les caractères sont classés par éléments graphiques, dans l'ordre de leur écriture. Dans les en-têtes des pages, apparaissent les figures des trois premiers éléments graphiques et leurs numéros. On aura vite fait de s'y repérer uniquement à l'aide des figures, mais on peut aussi utiliser les numéros, surtout au début. À la page 38 apparaît l'élément graphique de l'eau, le 121b. Tous les caractères qui commence par cet élément s'y trouvent. Comptez le nombre de pages où il est en tête. Dans la marge externe de la page, la figure des éléments graphiques qui sont en tête des caractères apparaît sous le liséré indicateur des classes d'éléments. Dans ce cas, pour trouver un caractère donné, il est fort utile de situer aussi son deuxième élément graphique, comme nous le verrons à l'Exercice 4.

Vous pouvez recommencer l'exercice pour chacun des éléments graphiques du tableau. Ce sont les plus fréquents du chinois. Savoir comment les trouver dans les tableaux des 11 classes d'éléments, repérer où ils se trouvent dans le dictionnaire, constater le nombre de pages qu'ils occupent sont une excellente façon de comprendre le dictionnaire.

练习二

目的：学会怎样确定一个笔型的类别，验证以某些常用笔型为第一书写部件的汉字占字典多少页。

上面的图表为大家列出了几个最常见的汉字第一书写笔形。用*来标出每个笔型所拥有的各个笔画（或者说形），我们可以马上确定出这些笔型所属的类。事实上，根据前言部分的规则2a (27页），每个笔型所拥有的最下面的一个*标出了决定这个笔型类的核心结构，而同一行内图表的最右边一栏指出了它们所在的类别。很快地，这个过程会变得自然而明确，因为所有的笔型总是以它的视觉效果最强烈的笔画（或者说形）来归类的。

现在，请大家在字典的最後选择一个笔型并将它从合适的类的图表中找出来。如果选择第一个笔型，也就是水的笔型，再看第一类的图表，我们可以看到它位于121栏的b行。这个笔型就称为121b。在字典的正文里，所有的汉字都是以其笔型并按它们的书写顺序来排列的。字典中每一页的上方都列有本页上第一个汉字和最後一个汉字的前三个笔型及它们的号码。大家很快就能只看其形象就查到这些笔型及由它们组成的汉字，当然也可以使用其号码来查，尤其是在初用字典的时候。水的笔型121b排在第38页上，所有以这个笔型开始的汉字都可以在附近找到。请计算一下以这个笔型开始的汉字占多少页。在字典每一页的外沿，所有作为本页汉字第一书写部件的笔型都会在指示笔型类的影线下出现。在这种情况下，要找到一个指定的字，确定它的第二书写部件的笔型是非常有用的，我们将在练习4中讨论这个问题。

大家可以对表中的每个笔型以此法反复练习。这些是汉字中最常用的笔型了，懂得怎样在笔型分类表中最终在字典中找到它们并验证它们在字典中占有的页数是掌握使用本字典的最好方法。

Exercise 3 / Exercice 3 / 练习三

		尢	九	而	并	亥	戈	且	开	尸	甘	韦	交	尹	束	毛	
dots- points 点	' 丶				*	*	*						*				
horiz. 横	一 ㇀	*		*	*	*	*	*	*	*	*	*	*	*	*	*	1. Horizont. 横
obliques 撇	㇒ 丿 ㇏	*	*	*		*	*		*	*			*	*	*	*	2. Obliques 撇
hooks-crochets 钩	㇚ ㇙ 乚 亅	*														*	3. Hooks-Crochets 钩
vertic. 竖	丨			*	*			*	*	*	*	*			*		4. Vertical. 竖
curves-courbes 弯	㇂ ㇁						*										5. Curves-Courbes 弯
points-pointes 折	㇛ ㇜ ㇇					*											6. Points-Pointes 折
angles 直角折	㇗ ㇕ ㇆			*	*			*		*		*		*	*		
figures 型	㇗ 厂 ㇆											*					7. Corners-Coins 直角折
(with angles - avec angles) 折	匚 コ ヨ 凵 冖 勹 万 贝 门 冂			*	*									*			8. Boxes-Boîtes 盒子
	口 凸 尸 孓							*		*							9. Poles-Perches 撑杆
	口 ?														*		0. Mouths-Bouches 口
mixed-divers 其它的	丩 爿 ㇉ 乁 己 弓 凹 母 ○		*														Z. Other-Autres 其它的
		323a	Z32b	857f	842d	614a	512b	921a	415k	931j	436f	734e	243e	834a	032g	321g	

Exercise 3. **Objectives.** *To discover how efficient this method of looking up characters is, and how a character can often be located with only one graphic element.*

Unlike the figure in *Exercise 2*, the above figure contains elements that are rarely found in first position in characters.

As for each graphic element, refer to the appropriate **Table of the 11 Classes of Elements** (see column on the right at the level of the lowest star). The following graphic elements can be classified according to their form and, if necessary, given a code (in parentheses):

交 (243e) 毛 (321g) 尢(323a) 开(415k) 甘 (436f) 戈 (512b) 亥 (614a) 韦 (734e) 尹(834a) 并(842d) 而 (857f) 且 (921a) 尸 (931j) 束(032g) 九(Z32b)

Find in the **main text** of the dictionary the page where one of these graphic elements is in first position (i.e. first element). There are two ways of doing this: either through the **Table of Series** (on last page) that points you to the cross-hatched band listing the first elements in characters, or through the page headings which also give the elements and their codes. Note that very few characters have these graphic elements in first position. Indeed, as there are many more graphic elements in Chinese writing than letters in the Roman alphabet, a character can be located with only the first element, often with the second element, and almost always with the third element. As soon as you have thoroughly grasped the principles of classification of graphic elements into classes and series, the search for characters will be as accurate and quick as the search for a word in Roman alphabet. Examine the relevant pages of all the above graphic elements and you will see that there are very few of these elements in first position – they barely make up one column of characters.

Exercice 3. **Objectifs**. *Constater l'efficacité de la recherche d'un caractère et comment on peut souvent le trouver dès le premier élément graphique.*

Le tableau suivant, au contraire du tableau de l'*Exercice 2*, comporte des éléments peu fréquents au début d'un caractère.

Si on se reporte pour chaque élément graphique au tableau de la classe appropriée (voir colonne de droite à la ligne de la plus basse étoile), on peut le classer comme ci-dessous en fonction de sa forme et lui attribuer, au besoin, un code (indiqué entre parenthèses).

交 (243e) 毛 (321g) 尢 (323a) 开 (415k) 甘 (436f) 戈 (512b) 亥 (614a) 韦 (734e) 尹 (834a) 䒑 (842d)
而 (857f) 且 (921a) 尸 (931j) 束 (032g) 九 (Z32b)

En se reportant à la page de l'un ou de l'autre de ces éléments graphiques dans le **corps** du dictionnaire (on peut pour cela aller directement au liséré de la classe de l'élément recherché en se guidant au moyen du **tableau des séries** à la dernière page du dictionnaire et suivre le déroulement des éléments graphiques dans la marge externe sous le liseré; on peut aussi, au début, se reporter au numéro des éléments graphiques dans les en-têtes des pages), on constatera qu'il y a fort peu de caractères qui les ont comme premier élément. Très souvent, en effet, comme il y a beaucoup plus d'éléments graphiques en chinois que de lettres dans l'alphabet latin, on trouve parfois un caractère dès le premier élément recherché, assez souvent si on considère le deuxième, presque toujours le troisième. Lorsqu'on aura assimiler les principes de classement des éléments graphiques dans les classes et les séries, la recherche d'un caractère sera aussi précise et plus rapide que pour les mots dans l'alphabet latin. Il est fortement conseillé de bien se repérer à quelle page se trouve les éléments graphiques ci -dessus et comment, en tête de caractère, ils ne font guère plus d'une colonne.

练习三

目的：验证查字的效率，懂得为什麼我们经常可以从第一书写笔型就查到所要的汉字。

下面这张图表与练习二的图表正相反，它列出了那些在汉字中很少作为第一书写部件的笔型。如果到合适的类的图表中去看这些笔型（每个笔型最低的*右面指示了它们所属的类），我们可以象下面一样把这些笔型以它们的型状来分类并按需要给它们编上号码（标于括号内）。

交 (243e) 毛 (321g) 尢 (323a) 开 (415k) 甘 (436f) 戈 (512b) 亥 (614a) 韦 (734e) 尹 (834a) 䒑 (842d)
而 (857f) 且 (921a) 尸 (931j) 束 (032g) 九 (Z32b)

在字典的正文参阅这些笔型的时候（大家可以在字典最後一页上的系列表的指导下随著笔型在字典每一页外沿的影线的展开直接在所要查找的笔型所属类的影线下找到它们，也可以在字典每页的上方按它们的号码来查找），我们可以验证只有很少的汉字以这些笔型作为第一书写笔型。事实上，由于中文的笔型比拉丁字母要多得多，人们有时可以从第一个书写笔型就查到所要的字，通常是在考虑到第二个书写笔型时，几乎总是可以在考虑到第三个书写部笔型时查到确定的字。当大家掌握了笔型的类和系列的分类原则时，在本字典中查找汉字将和用拉丁字母来查西方拼音文字一样精确甚至可以更迅速。我们郑重建议大家很好地验证以上这些笔型在字典中的页数并认清以这些笔型作为第一书写笔型的汉字不会超出一栏。

Exercise 4 / Exercice 4 / 练习四

			麻	庘	鹿	唐		予	矛	甬		燕	革	萛	
		广	木	廿	龷	肀	マ	丁	丆	用	廿	口	中	臾	
dots- points 点	ˊ ˋ	*					*								
horiz. 横	一 ㇀	*	*	*	*	*		*	*	*	*	*	*	*	1. Horizont. 横
obliques 撇	㇒ 丿 ㇏	*	*						*	*					2. Obliques 撇
hooks-crochets 钩	㇀ ㇂ ㇄ 亅							*	*					*	3. Hooks-Crochets 钩
vertic. 竖	丨		*	*	*	*				*	*	*	*		4. Vertical. 竖
curves-courbes 弯	㇂ ㇁														5. Curves-Courbes 弯
points-pointes 折	𡿨 ㇜ ㇇						*								6. Points-Pointes 折
angles 直角折	㇗ ㇕ ㇆				*	*				*		*	*	*	
figures 型	㇗ ㇆ ㇆	*													7. Corners-Coins 直角折
(with angles - avec angles) 折	匚 コ ヨ 凵 冖 勹 万 贝 门 冂				*	*				*					8. Boxes-Boîtes 盒子
	口 ㄩ 尸 ㄢ														9. Poles-Perches 撑杆
	口 [?]											*	*	*	0. Mouths-Bouches 口
other-autres 其它的	ㄐ 爿 ㄅ ㇈ 己 弓 凹 毋 ○														Z. Other-Autres 其它的
		721b	422a	436a	821b	833c	632a	331f	331g	856i	436a	011a	031e	032a	

Exercise 4. **Objectives.** *How to take into account, when necessary, graphic elements that come after the first element of a character or an etymological component.*

The way to find the first and second elements is given in this figure.

The first element appears in the first column of each of the three sections. The second element is treated immediately after, in etymological component or character column. Searching will quickly become automatic and instantaneous eliminating the need to use codes or even consult the **Tables of the 11 Classes of Elements**, which can be memorized in a short space of time. In the first section, for example, after having located the first element on pages 468 to 476, you will note that elements 821b (p. 473) and 833c (p. 475) with 'boxes' come after the 'verticals' 422a (p. 470) and 436a (p. 472). Repeat the exercise for the other sections in the figure.

Exercice 4. **Objectif.** *Comment tenir compte, au besoin, des éléments graphiques qui suivent le premier élément d'un caractère ou d'une composante étymologique.*

Dans cette figure, on donne la façon de trouver le premier et le deuxième élément.

Le premier élément apparaît à la première colonne de chacune des trois sections. Le second élément est traité immédiatement après, dans la colonne de la composante étymologique ou du caractère. La recherche deviendra vite automatique et instantanée, sans l'utilisation des codes ni même des tableaux qui seront mémorisés pour l'essentiel en peu de temps. Dans la première section, par exemple, après avoir trouvé le premier élément pages 468 à 476 (voir *exercice* 1), on aura vite fait d'observer qu'ensuite les éléments 821b (page 473) et 833c (page 475), qui ont des « boîtes », viennent après les « verticales » 422a (page 470) et 436a (page 472). On voudra bien faire l'exercice analogue pour les autres sections du tableau.

练习四

目的：学会怎样在需要的时候考虑一个汉字或一个字源部件按书写顺序排列的笔型序列。

这张图表为大家提供了怎样寻找第一和第二书写笔型的方法。

这里有三组汉字或字源部件，其第一笔型排在每组的第一栏，其第二笔型则直接排在每个汉字或字源部件的下面。整个查找过程可在瞬间完成，无需号码甚至无需字典最後的图表的帮助。以第一组为例，当在468页到476页之间找到其第一笔型後（参见练习一），我们很快就发现盒子类的笔型821b（473页）及833c（475页）排在竖类笔型422a（470页）及436a（472页）的後面。大家可以对图表中另两组汉字或字源部件做同样的练习。

Exercise 5

	0 crossing		1 crossing		2 croissings		3 cross.	peculiar
	no lateral stroke	lateral strokes	no lateral stroke	lateral strokes	no lateral stroke	lateral strokes	no lateral stroke	
no prop at base								
1 vertical	(411) 丨丅 亻彳 丫午 丫丫	(412) 丬⺕ 卜下 卞乍 忄氶	(413) 十干 羊辛 午千	(413) 斗𠂢 半平 半	(414) 丰羊 手	(414) 牛年 半	(414) 丰	
2 ou 3 verticals	(415) 刂	(415) 非	(415) 卄 卌					
2 verticals, including oblique	(416) 川丌 亓		(416) 廾卉 升开 并		(416) 井			
3 ou 4 verticals, including obliques	(417) 川爪	(417) 州	(417) 卅卌					
obliques at base								
1 vertical	(421) 不 不		(422) 木禾 朩 汞	(422) 术	(422) 本 末 耒	(422) 朱来	(422) 耒	
horizont. at base								
1 vertical	(431) 工	(431) 巨上	(432) 土王 士羊 耂壬 夫主 壬	(432) 生业 玉亚 圡	(433) 主	(434) 生 羞		
2 verticals		(434) 止正 正 (435) 业亚 並 韭	(436) 廿丗 甘共 壵		(436) 丗			(436) 其甚 耳 耳 隹
3 ou 4 verticals			(436) 無					

Numbers in parentheses indicate series of graphic elements (see Table of class 4 at end of dictionary).

Exercise 5. **Objective.** *To memorize the main points of subclassification in classes 4 (verticals), 2 (obliques) and 3 (hooks).*

When a vertical stroke has the same number of crossing lines and the same lateral strokes, the user must consider the strokes above the vertical last, following the order given in Fig. 22 of **Table of the 11 Classes of Elements** and the first section, **General Principles of Subclassification.**

This exercise consists in choosing one graphic element from the figure above and locating it in the external margins of the main text of the dictionary, just by considering the props (or the absence thereof) at the base of the vertical or verticals, the number of crossing lines, the lateral strokes, and finally the strokes above the vertical or verticals.
Repeat the exercise for series 242, 311, 321, 323, 331 and 332 (**Table** of classes 2 and 3 at end of dictionary), which are subclassified according to the same principles. Exercise 5 shows how the same principles have been applied as often as possible in the subclassification system.

Exercice 5

	0 croisement		1 croisement		2 croisements		3 crois.	particulier
	aucun trait latéral	traits latéraux	aucun trait latéral	traits latéraux	aucun trait latéral	traits latéraux	aucun trait latéral	
aucun appui à la base								
1 verticale	(411) 丨丅 亻彳 丫𠂉 丫丫	(412) 丬彐 卜下 卞乍 ⺖豖	(413) 十干 𢆉辛 午千	(413) 斗𠂤 半平 米	(414) 丰羊 手	(414) 牛年 半	(414) 丰	
2 ou 3 verticales	(415) 刂	(415) 非	(415) 卄卌					
2 verticales, dont oblique	(416) 丿丨丌 亓		(416) 廾卉 升开 并		(416) 井			
3 ou 4 verticales, dont obliques	(417) 川爪	(417) 州	(417) 卅卌					
obliques à la base								
1 verticale	(421) 不不		(422) 木禾 朩禾	(422) 术	(422) 本末 美	(422) 朱来	(422) 耒	
horizont. à la base								
1 verticale	(431) 工	(431) 巨上	(432) 土王 士𦍌 耂壬 夫主 壬	(432) 生亚 玉亚 玉	(433) 主	(434) 生差		
2 verticales		(434) 止正 正 (435) 业亚 並非	(436) 廿龷 甘共 丗		(436) 龷			(436) 其甚 耳耳 隹
3 ou 4 verticales			(436) 無					

Exercice 5. **Objectif.** *Comment retenir l'essentiel du sous-classement de la classe 4 (verticales), mais aussi des classes 2 (obliques) et 3 (crochets) dont le sous-classement est très semblable.*

.Les chiffres entre parenthèses dans les cases indiquent les séries d'éléments graphiques (voir le tableau à la fin du dictionnaire). Lorsque la verticale a le même nombre de croisements et les mêmes traits latéraux, on tient compte en dernier lieu des traits au-dessus de la verticale, selon la fig. 22, **tableaux des 11 classes d'éléments**, première section , **Principes généraux de sous-classement.**.

L'exercice consiste à sélectionner un élément graphique dans le tableau ci-dessus et à le repérer dans les marges externes du dictionnaire uniquement en observant l'appui à la base de la ou des verticales, le nombre de croisements, les traits latéraux puis, finalement, les traits au-dessus de la ou des verticales.
On peut faire le même exercice pour les séries 242, 311, 321, 323, 331 et 332 (tableau des classes 2 et 3 à la fin du dictionnaire), où le sous-classement se fait selon les mêmes principes. Avec l'*exercice 5*, on constatera comment les mêmes principes ont été utilisés le plus souvent possible dans le sous-classement.

练习五

	0笔画与竖交叉		1笔画与竖交叉		2笔画与竖交叉		3笔画与竖交叉	特有的
	0侧向笔画	侧向笔画	0侧向笔画	侧向笔画	0侧向笔画	侧向笔画	0侧向笔画	
最下端什么都没有								
1 竖	(411) 丨丅 亻彳 丫个 丫丫	(412) 丬彐 卜下 卞乍 忄氶	(413) 十干 羊辛 午千	(413) 斗阝 半平 半	(414) 丰羊 手	(414) 牛年 半	(414) 丰	
2-3 竖	(415) 刂	(415) 非	(415) 艹 卌					
2 v竖, 1 撇	(416) 丿丌 亓		(416) 廾卉 升开 并		(416) 井			
3-4 竖, 1-2 撇	(417) 川爪	(417) 州	(417) 卅卌					
由两撇支撑着								
1 竖	(421) 不 不		(422) 木禾 朩 禾	(422) 术	(422) 本 末 耒	(422) 朱来	(422) 耒	
最下端有横顶住								
1 竖	(431) 工	(431) 巨 上	(432) 土王 士羊 耂壬 夫主 王	(432) 生业 玉 亚 玉	(433) 主	(434) 生 差		
2 竖		(434) 止正 正 (435) 业亚 並 韭	(436) 廿丗 甘 共 垚		(436) 丗			(436) 其甚 耳 耳 隹
3-4 竖			(436) 無					

目的：掌握第四大类（竖），第二大类（撇）和第三大类（钩）的再分类要点

方格中括号内的数字指示了笔型的系列（参见字典最後的图表）。根据图表22十一类笔型分类表的第一部分再分类基本原则，当几个笔型中的竖拥有同样数目的交点并且其侧向笔画相同的时候，我们从竖的最下部的笔画来考虑它们的再分类。

本练习包括从上面的图表中选择一个笔型，仅通过观察它在竖的最下部有无支撑，竖上的交叉点数目，竖的侧向笔画及竖上最下部笔画的形状将它从字典的外沿查找出来。大家可以用同样的原则对242，311，321，323，331和332系列（参见字典最後关于第二大类和第三类的图表）作同样的练习。通过练习五，大家可以看到在笔型的再分类中，我们总是尽可能地使用相同的原则。

Exercise 6 / Exercice 6 / 练习六

Exercise 6. **Objective.** *To find an element from any series or class without consulting the Tables or using codes.*

The general idea here is to repeat *Exercise 5.* Choose any graphic element from any series or class (**Tables of the Eleven Classes of Elements** at end of dictionary) and try to locate it quickly in the external margins of the dictionary without using codes. You will soon be able to locate them without even looking at the **Tables** of graphic elements, once you have understood the subclassification rules given in the tables for each class.

These rules will be that much easier to memorize. As stated at the beginning of the **Tables of the Eleven Classes of Elements,** the same rules apply everywhere, except when other rules better describe the particularities of writing in some series of graphic elements. The **General Principles of Subclassification** should be read. When examples of applications are given, you should immediately try to locate them in the **Tables** and also in the external margins of the dictionary.

Exercice 6. **Objectif.** *Comment trouver un élément dans n'importe quelle série ou classe sans avoir à consulter les tableau, ni à utiliser les codes.*

Il suffit en gros de répéter l'*exercice 5*, c'est-à-dire de prendre un élément graphique dans n'importe quelle série ou classe (tableaux à la fin du dictionnaire) et d'essayer de le trouver très rapidement dans les marges externes du dictionnaire sans utilier les codes, bientôt sans avoir recours aux tableaux des éléments graphiques, tout simplement après avoir compris les règles de sous-classement qui accompagnent les tableaux de chaque classe.

Ces règles seront d'autant plus faciles à mémoriser si on constate, comme il est dit au début des **tableaux des 11 classes d'éléments,** qu'elles sont partout les mêmes, sauf lorsque d'autres règles rendent mieux compte des particularités de l'écriture dans certaines séries d'éléments graphiques. Les **principes généraux de sous-classement** devraient être lus très attentivement. Quand des exemples d'application sont donnés, on devrait essayer aussitôt de les repérer dans les **tableaux** et aussi dans les marges externes du dictionnaire.

练习六

目的：学会在不使用图表和号码的情况下查到处于任何一个类，任何一个系列中的任何一个笔型。

道理非常简单，只要反复多做练习五，也就是说，从字典最後的图表中挑选处于任何一个类，任何一个系列中的任何一个笔型，试著不用号码迅速地在字典的外沿找到它的位置。很快地，在弄懂了笔型的再分类规则後，大家就可以不看笔型分类表就查到确定的笔型。这些笔型再分类的规则在每个大类的笔型表下面都有提供。

就象十一类笔型分类表开始所说的那样，除了处于某些系列的笔型考虑到它们的书写特点而有一些特殊的规则外，我们对再分类基本上总是采用同样的原则，因此，这些规则是非常方便记忆的。再分类基本原则一定要仔细阅读，对于我们为大家提供的实例，大家应该试著把所要查的笔型很快地在图表中和字典的外沿寻找出来。

General subclassification principles
Principes généraux de sous-classement
再分类基本原则

(1). **To the greatest extent possible, the principles of subclassification follow the principles of classification of the classes of elements. Thus, verticals follow horizontals (Fig. 24).**

(1). **Les principes de sous-classement sont autant que possible une reprise du classement donné par les grandes classes d'éléments. Ainsi, les verticales suivent les horizontales (fig. 24).**

（1）笔型再分类的基本原则与其类分类的原则是尽可能一致的，因此，竖排在横的後面（见表24）。

Fig. 24	月	冊	且	皿	曰	中
	1	2	3	4	5	6

(2). **In general, Chinese characters are written from left to right. In a graphic element with central vertical strokes, supplementary strokes that are added to the basic form are considered in the following order: first, those which are on the left, then those which are on the right, those which are on both sides, and lastly those which cross the central vertical structure (Fig. 25).**

(2). **Comme en écriture chinoise en général, on commence un caractère à gauche et on continue à droite, dans les éléments graphiques qui ont des traits verticaux au centre, les traits supplémentaires ajoutés sont considérés dans l'ordre suivant: d'abord, les traits à gauche, ensuite ceux de droite, puis ceux des deux côtés, finalement ceux qui croisent la structure verticale centrale (fig. 25)**

（2）按照中文一般书写规则，字是从左写到右的。因此，在以竖为核心的笔型中，其它补充笔画的排列顺序如下：先左边笔画，後右边笔画，再两边笔画，最後是与竖交叉的笔画（见表25）。

Fig. 25	丨	丬	卜	忄	十	斗	扌	半
	1	2	3	4	5	6	7	8

(3). **In graphic elements with lateral structures, the main vertical strokes on the left side come before those on the right side (Fig. 26).**

(3). **Dans les éléments graphiques qui possèdent une structure latérale, les traits verticaux principaux à gauche viennent avant ceux qui sont à droite (fig. 26).**

（3）在有侧面结构的笔型中，其主要竖在左边的笔型排在那些主要竖在右边的笔型之前(见表26)。

fig. 26	丨 亅 乚	㇂ ㇁	ㄥ ㇇	𠃊 ㇆ 厂	匚 コ	凵 冂	尸 弓	㇉ 几
	311-333	511-522	611-634	711-734	811-821	841-859	931-941	Z21-Z33

(4). **As in Chinese writing, we begin at the top and continue to the bottom, the classification is often made according to what is found on the upper part of the element. The subclassification is then carried out according to Fig. 27. Examples of applications are shown in Figs. 28 and 29.**

(4). **Comme en écriture chinoise, on procède de haut en bas, le classement se fait souvent en considérant ce qui se trouve su sommet de l'élément. Le sous-classement se fait alors selon la figure 27. Exemples d'applications aux figures 28 et 29.**

（4）中文的书写顺序又是从上到下的，我们对笔型的分类也经常要考虑其上部的笔画（或者说形）。如此，再分类次序便如图表27，28，29所示。

Fig. 27	一	二	亖	亠	䒑	𠂉	乛	㇀	八		
	1	2	3	4	5	6	7	8	9		
	丶	㇀	丅	丷	立	⺍	⺊	⺌	十	亚	𠂊
	1	2	3	4	5	6	7	8	9	10	11

Fig. 28																									
		大	天	关	矢	夭		乂	文	攵	父	交		丨	丁	丫	亇	亻	彳	丫			
	242	a	b	c	d	e	243	a	b	c	d	e	411	a	b	c	d	e	g	h			
		厂	广	产	严	产		冖	宀	产	业	占	业	声	多								
	721	a	b	c	d	e	851	a	c	e	f	g	h	i	j								
		口	曰	百	言	否		白	石	凸	占	古	舌	白		目	自	百	首				
	011	a	012a	c	d	e	013	a	b	c	e	f	h	i	023	a	d	e	g				

Fig. 29		门	月	册		丙	舟	用		币	雨	再
	856	a	e	j	857	a	b	c	858	d	e	g

(5) **However, in many cases and mostly in complex graphic elements, the dominant structure is located in the centre or at the bottom of the element. The subclassification is then adapted to the visually most striking part.** In verticals, a subclassification beginning at the top of the elements would bring together ill-assorted elements (Fig. 30), whereas a sub-classification beginning at the bottom, considering the lower props to the vertical (Fig. 31), brings out the main structures of the drawing. See also series 614, 631-634; 033, 043.

(5) **Cependant, dans bien des cas et surtout dans le cas les éléments graphiques complexes, la structure prédominante se trouve au centre ou même en bas de l'élément.. Le sous-classement s'adapte à la partie la plus forte visuellement.** Dans les verticales, un sous-classement commençant par le haut aurait mis ensemble des éléments sans parenté structurale (fig. 30), contrairement à un sous-classement commençant par le bas, par les appuis à la verticale (fig. 31). Voir aussi les séries 614, 631-634; 033, 043.

（5）然而，在很多情况下，尤其是在一些复杂的笔型中，其核心结构位于笔型的中心甚至处于笔型的最下部。这时，再分类便要考虑此核心结构上视觉效果最强烈的部分。在竖这一类中，与从竖下部支撑考虑的分类法（见图表30）相比，从上部笔画考虑的再分类（见图表31）会将一些结构完全不同的笔型归到一起。大家还可以验看614，631,634，033，043系列。

Fig. 30	丫	半	丵	羊	兼	并
	1	2	3	4	5	6

Fig. 31		木	禾	术	米	采	未	朱
	422	a	d	e	f	g	i	l

(6). **Elements whose form and meaning are very similar, have sometimes been grouped together.** See series 434 (feet, Fig. 32), 832-835 (hands), 511-512 (weapons), 522 (pigs). Rather than using a 'cut-and-dried'approach, these groupings are meant to assist the user's memory.

(6). **Des éléments graphiques aux grandes affinités de forme et de sens ont parfois été regroupés.** Voir les séries 434 (pieds, fig. 32, 832-835 (mains), 511-512 (armes), 522 (cochons). Ces regroupements peuvent être, mieux qu'un classement froidement logique, des points d'ancrage de la mémoire.

（6）一些型状及含义相近的笔型有时也被集中到一起。请看434系列（脚，见图表32），832-835系列（手），511-512系列（兵器）和522系列（猪）。这样的组合比按生硬逻辑规定的分类排列更方便于大家的记忆。

Fig. 32	434 𤴓 𤴔 ⻊ 龰 疋 疋 𤴓

(7). **A graphic element that has another one inside it is classified after a similar element that only has a few horizontal, oblique or vertical strokes (Fig. 33).**

(7). **Un élément graphique qui peut en inclure un autre est situé dans le classement après un élément analoque qui n'a que quelques traits horizontaux, obliques ou verticaux (fig. 33).**

（7）一个包容其它笔型的笔型被排在一个近似的但里面只有简单的横，撇或竖的笔型之後（见图表33）。

Fig. 33	勹	勿	匀	包	句
852	1	2	3	4	5

(8). **The following are etymological components that may present some difficulties in this system. Refer to their numbers in the main text of the dictionary to see how they are broken down into graphic elements and how these elements are classified.** Once you have learnt these, you should have no problem finding any Chinese character in this dictionary.

(8). **Voici quelques composantes étymologiques qui peuvent présenter quelques difficultés dans le présent système. En vous reportant à leur numéro dans le corps principal du dictionnaire, vous verrez comment elles sont séparées en éléments graphiques et où ces éléments graphiques sont classés.** La connaissance de ces quelques cas ambigus devrait vous permettre de trouver sans difficulté dans ce dictionnaire toute chose écrite en chinois.

（8）图表32列出的是几个在本系统中较难确定的字源部件。按照它们的号码在字典的正文里找到它们，大家可以清楚地看到它们是怎样被分成几个笔形，这些笔型又被分在哪一类里。对这些较为含糊的情况加以认识能彻底消除大家在本字典中查找任何中文部件或汉字的困难。

Fig. 34	留	卒	衮	齊	革	辨	卉
	2065	176	373	539	992	569	702

Class 1. Horizontals
Classe 1. Horizontales
第一类 · 横

	1	2	
	一 111	㇀ 121	
a	一	㇀	a
b	二	冫	b
c	三		c
d	兰		d

Pure horizontals (col 1); strokes rising from left to right (col 2).
Horizontales pures (col. 1); horizontales montantes vers la droite (col. 2).
直的横（栏1）；斜横即由左下方起笔到右上方止笔（栏2）。

Distinguishing features. Apart from the small top strokes (dots) which can never be taken into account in determining the structure of a graphic element (Rule 1a, p. 8), *Class 1* contains all graphic elements that only have horizontal lines or strokes. There are two types of horizontal strokes: the first is a pure horizontal stroke (series 111), the second is a stroke rising from left to right (series 121). Instead of calling these horizontal strokes, it would be more appropriate to call them strokes drawn from left to right.
The World of Water. The second type of strokes drawn from left to right is only structuring in the graphic elements of ice and water in their condensed form.

Traits distinctifs. La *classe 1* comprend tous les éléments graphiques qui, hormis les points qui ne peuvent jamais être considérés en soi comme des éléments graphiques (règle 1a, page 16), n'ont que des lignes ou traits horizontaux. Les traits horizontaux comprennent deux types: le premier est un trait vraiment horizontal (série 111), le second est un trait montant tracé de la gauche vers la droite (série 121). Plutôt que de traits horizontaux, il serait plus juste de parler de traits tracés de la gauche vers la droite.
Le monde de l'eau. Le deuxième type de ces traits de gauche à droite n'est structurant que dans l'élément graphique de la glace et dans celui de l'eau dans leur forme condensée.

辨别特征：第一类包括全部只有横的部件，不包括点，因为可以忽略其对部件结构的影响（参见第5页规则1,24页）。横类有以下两种：一种为笔直的横（111系列），另一种为斜横即由左下方起笔到右上方止笔（121系列）。与其称之为横，不如说是从左起笔向右拉去的笔画。
水的世界：这第二种从左向右写的笔画只有在两点水或三点水这些表示水或冰的笔型中才能成为主要结构。

Tables of the 11 Classes of Graphic Elements
Tableaux des 11 classes d'éléments graphiques / 十一类笔型分类表

Class 2. Obliques
Classe 2. Obliques
第二类：撇

	1	2		3			4				
	彡 211	丷 221	八 222	火 231	人 232	𠆢 233	方 241	大 242	乂 243	丈 244	
a	丿	立	八	𠂉	人	𠆢	方	大	乂	丈	a
b	丶	业	六	火	欠	公	方	天	文	存	b
c	彡	兴	兴		入	火	并	关	攵		c
d		⺍	灬				秀	矢	父		d
e							寿	夭	交		e
f								头	义		f
g								买	※		g
h								卖			h
i								犬			i
j								龙			j
k								太			k
l								六			l
m								夫			m
n								关			n
o								失			o
p								关			p
q								夹			q
r								奏			r

Obliques interactions: parallel (col. 1), converging (col. 2), touching (col. 3), crossing (col. 4)
Strokes on top of obliques are classified according to Figure 25 above.

Parallélisme des obliques (col. 1), convergence (col. 2), contact (col. 3), croisement (col. 4)
Les traits au-dessus des obliques se classent comme dans la figure 25 ci-dessus.

平行的撇（栏1）；会聚的撇（栏2）；相接触的撇（栏3）；交叉的撇（栏4）。
撇上的笔画按前言中的图表25所示来分类（参见图表25）。

Class 2. Obliques
Classe 2. Obliques
第二类：撇

Dinstinguishing Features. Left or right-slanting obliques, drawn from top to bottom. Oblique lines are on the move and tend to meet, to hit or to cross other lines, hence the above divisions.
The World of Human Action. Visually, obliques suggest complex movements that are both vertical and lateral. They represent the position of a man standing up straight (221a), but as opposed to plants (class 4 mainly), which only grow upwards, they also represent the position of a man moving laterally (232a, 242a). This group also contains the hand movement (221d, 241a), the action of wind on bamboo (231a) and on fire (231b) and other interactions (series 243, ascending, rising graphs 221c, 233a).

Traits distinctifs. Les traits obliques vers la gauche ou vers la droite sont tracés de haut en bas. Les lignes obliques suggèrent le mouvement. Elles tendent à se rencontrer et à se croiser, d'où les subdivisions ci-dessus.
Le monde de l'action humaine. En perception visuelle, les obliques indiquent des mouvements complexes à la fois verticaux et latéraux. C'est la position de l'homme dressé (221a), mais contrairement aux plantes (classe 4 surtout) qui ne font que monter, c'est aussi la position de l'homme qui se déplace latéralement (232a, 242a). On a aussi dans cette classe le mouvement de la main (221d, 241a) au-dessus des objets. C'est également le mouvement du vent dans les bambous (231a) et dans le feu (231b) et la suggestion de diverses autres interactions (série 243, éléments graphiques ascendants 221c, 233a).

辨别特征：向左或向右的撇都是从上往下写的。斜线表示运动。它们趋向于相遇或相交，由此而产生了以上的再分类。

人类活动的世界：撇给人的感觉是一种既垂直又向两边撇的复杂运动。里面有站立的人（221a），但与植物相反（尤其是第四类）後者只往上长，而前者却向两边行走（232a，242a）；也有表示手在物品上摇动的（221d，241a）；表示风吹动竹子（231a）或是表示火的动态（231b）及表示其他互动状态的（243系列，上升的笔型：221c，233a）。

Class 3. Hooks
Classe 3. Crochets
第三类:钩

	1			2			3			
	㇙ 311	𠄎 312	瓜 313	乚 321	儿 322	尢 323	亅 331	于 332	刂 333	
a	㇙	𧘇	瓜	乚	儿	尢	亅	于	刂	a
b	讠	𠂎	以	匕	凡	无	丁	寸	刂	b
c	饣	长		心	兀	尤	可	才	小	c
d	上	以		必	元	龙	亍	乎	亦	d
e	七	𧘇		七	光	羌	亇	求	亦	e
f	钅	衣		乇	仉		丁	扌		f
g		氏		毛	兆		丆	手		g
h		𧘇					少			h
i		衣					少			i
j		亥					小			j
k		瓜					少			k
l							示			l
m							尔			m
n							小			n
o							氺			o
p							水			p
q							氷			q
r							永			r

Three kinds of hooks: small to the right (col 1), big to the right (col 2), small to the left (col 3)
Simple (311; 321; 331 and 332), without or with line crossing, without or with lateral strokes.
Double (312; 322 and 323; 333), without or with line crossing (323), without or with lateral strokes.
Strokes on top of hooks are classified according to fig. 27, 28.

Trois formes de crochets: petit à droite (col. 1), grand à droite (col. 2), petit à gauche (col. 3).
Simple (311; 321; 331 et 332), sans ou puis avec croisement de lignes, sans ou avec traits latéraux.
Double (312; 322 et 323; 333), sans ou avec croisement de lignes(323), sans ou avec traits latéraux.
Les traits au-dessus des crochets se classent comme dans les figures 27 et 28.

Class 3. Hooks
Classe 3. Crochets
第三类：钩

钩有三种形式：向右的小钩（栏1）；向右的大钩（栏2）；向左的小钩（栏3）。
单钩（311；321；331和332），没有或带有相交的线，没有或带有侧向笔画。
双钩（312；322；323和333），没有或带有相交的线（323），没有或带有侧向笔画。
钩上的笔画按前言中的图表8所示来分类（参见图表27，28）。

Distinguishing features. Hooks are really found between obliques and verticals. Hooks turning to the left are sometimes the result of the scribes' brush movement, and they are somewhat close to *verticals*. But hooks turning to the right are completely intentional. Their suggestion of movement is so great that they are coupled with *oblique* lines. There are similarities between series 322 and 232, series 323 and 242, and also series 312 and 232. Hence, this entire class has been placed between obliques (class 2) and verticals (class 4). According to the principle mentioned in *Exercise 5,* strokes with main lines on the left and hooks turning to the right come first, then the reverse.
A convergence of forms and meanings. Hooks allow us to include anything. In this class, different graphic elements can be found: man (322, 333d) and his clothes (312g,h,i), heart (321c, 331n) and hands (332b,f,g), animal legs (312j, 323c,d) and hair (321g), water (331o,p,q,r) and metal objects (311f, 321b, 333b), speech (311b) and food (311c).

Traits distinctifs. Les crochets se situent vraiment entre les obliques et les verticales. Ceux qui vont de droite à gauche sont souvent issus du mouvement spontané du pinceau à la fin du tracé d'une *verticale.* Mais ceux qui vont de gauche à droite sont tout à fait intentionels. Ils suggèrent à ce point le mouvement qu'on les associent à des lignes *obliques.* Il y a des similitudes entre les séries 322 et 232, entre les séries 323 et 242 et entre les séries 312 et 232. C'est pourquoi cette classe entière a été placée entre les obliques (classe 2) et les verticales (classe 4). Les traits ayant la ligne principale à gauche et le crochet à droite viennent d'abord, puis l'inverse, en vertu du principe mentionné dans l'*exercice 5.*
Une convergence de formes et de sens. Avec des crochets, on peut tout attraper. On trouve de tout dans cette classe, l'homme (322, 333d) et ses vêtements (312g,h,i), le coeur (321d, 331n) et les mains (332b,f,g), les pattes d'un animal (312j 323c,d) et le poil (311g), l'eau (331o,p,q,r) et des objets de métal (311f, 321b, 333b), la parole (311b) et la nourriture (311c).

辨别特征：钩被排在撇和竖之间。从右向左的钩往往是写字人在用毛笔写竖结束时的本能动作造成的。而从左向右的钩则完全是故意的。它们与撇一样表示运动。322和232系列之间，323和243系列之间以及312和232系列之间都有许多类似的地方。因而钩这一类会被排在撇（第二类）和竖（第四大类）之间。遵照练习五中提到的原则，主要竖线在左而钩子在右的笔画排在主要竖线在右而钩子在左的笔画之前。

形式与含义的汇合：用钩子 我们可以抓住任何东西。这一类可说是包罗万象，有人（322a，d；333d）和衣服（312j，h，i），心（321d，331n）和手（332b，f，g），动物的爪子（312j，323c，d）和毛（311g），还有水（331o，p，q，r）和一些金属的东西（311f，321b，333b），言语（311b）和食物（311c）。

Tables of the 11 Classes of Graphic Elements
Tableaux des 11 classes d'éléments graphiques / 十一类笔型分类表

Class 4. Verticals / Classe 4. Verticales / 第四类：竖

	1							2		3						
	丨 411	卜 412	十 413	丰 414	刂 415	丿丨 416	川 417	不 421	木 422	丄 431	土 432	主 433	止 434	业 435	廿 436	
a	丨	丬	十	丰	刂	丿丨	川	不	木	工	土	主	止	业	廿	a
b	丅	彐	干	羊	非	刂	儿	不	朩	上	士	生	正	亚	卄	b
c	丫	卜	羊	手	卄	丌	爪		朩	巨	耂	𦍌	正	並	丗	c
d	个	下	辛	牛	卌	亓	州		禾		夫	垂	乍	韭	井	d
e	亻	卞	午	年		廾	卌		术		王		止		共	e
f	亻	乍	千	半		卉	卌		米		主		疋		甘	f
g	彳	忄	斗	丰		升			采		羊		疋		卌	g
h	丫	氺	阜	手		开			本		关		正		共	h
i	丫	尕	半	甘		并			未		生				其	i
j			平	丵		井			末		壬				甚	j
k			半	垂					美		壬				耳	k
l									朱		生				耳	l
m									来		先				佳	m
n									耒		去				無	n
o									東		玉					o
p											亚					p
q											亚					q
r																r

Verticals without prop at base (col. 1), with oblique props (col. 2), with horizontal base (col. 3)
Single (411-414; 431-433) or multiple verticals (415-417; 434-436)
Without or with crossing lines, without or with lateral strokes; Top strokes (Fig. 27, 28)

Verticales sans soutien à la base (col. 1), avec obliques (col. 2), sur horizontale (col. 3).
Verticales simple (411-414; 431-433) ou multiples (415-417; 434-436).
Sans ou avec croisement de lignes, sans ou avec traits latéraux; traits supérieurs (fig. 27,28).

竖最下端什么都没有（栏1）；竖由两撇支撑著（栏2）；竖最下端有横顶住（栏3）
单竖（411-414，431-433）或两个以上的竖（415-417，434-436）。
有或没有笔画与竖交叉，有或没有侧向笔画。竖上的笔画（参见图表27，28）

Tables of the 11 Classes of Graphic Elements
Tableaux des 11 classes d'éléments graphiques / 十一类笔型分类表

Class 4. Verticals / Classe 4. Verticales / 第四类 : 竖

Distinguishing features. The structuring stroke, as in classes 2 and 3, is drawn from top to bottom. Three points should be stressed here to distinguish class 4 from classes 2 and 3. **(1)** Graphic elements that share a tree structure (series 422) are mostly written without a hook. They are all found in class 4, although in some instances the hook is kept. **(2)** At the beginning of a character, any graphic element with a central vertical line (v.g. 414d 羊) may curve to the left to make room for the other part of the character (Fig. 35.2). Such a graphic element is still considered a vertical unless the other part of the character is clearly under it (241c, Figs. 35.4 and 35.5). **(3)** Many graphic elements have two or more strokes drawn from top to bottom. As long as such a graphic element has one vertical stroke in the strong central (series 417) or right (series 416) position, it is classified with the verticals. Vertical lines manifest a rising energy and they are at the base in a particular balance, which was first considered in the subclassification.

The World of Plants. In such a large class, graphic elements have various meanings,. However, many of them relate to plants (series 422, graphic elements 414c,f,h,k; 432a, 433a,b,d; 435d). Others are wood weapons 413b,c,d,e) and living creatures capable of getting up but not moving. However, several other graphic elements are reduced verticalized forms of elements that are complex and more spread out laterally (411e, 412g and so on).

Traits distinctifs. Comme dans les classes 2 et 3, le trait structurant est un trait tracé de haut en bas. Il faut insister sur trois points qui permettent de distinguer sans hésitation cette classe des classes 2 et 3. **(1)** Les éléments qraphiques qui ont en commun la structure de l'arbre (série 422) sont pour la plupart écrits sans le crochet. Ils se trouvent tous dans cette série de la classe 4 même si dans certains cas, le crochet est maintenu. **(2)** Au début d'un caractère, un graphe structuré par une ligne verticale centrale (exemple 414d 羊) peut se courber vers la gauche pour faire place à l'autre partie du caractère (fig. 35.2). Un tel élément est encore considéré dans les verticales à moins que l'autre partie du caractère ne s'inscrive franchement en dessous (241c, fig. 35.4 et 35.5). **(3)** Plusieurs éléments graphiques ont deux traits, ou plus, tracés de haut en bas. Dès qu'un de ces traits est vertical en position forte, soit au centre (série 417), soit à droite (série 416), l'élément graphique est classé avec les verticales. Les lignes verticales manifestent une énergie montante et elles sont à la base dans un équilibre particulier, qui a d'abord été considéré dans le sous-classement.

Le monde des plantes. Dans un classe aussi vaste, les éléments graphiques ont des sens variés, mais un grand nombre d'entre eux se rapportent aux plantes (série 422, éléments 414c,f,h,k; 432a, 433a,b,d; 435d); autres éléments quit sont des armes de bois (413b,c,d,e), des êtres vivants capables de s'élever mais non de se déplacer. Cependant, plusieurs autres éléments graphiques sont des formes réduites et verticalisées d'éléments plus complexes et plus étalés latéralement (411e, 412g, etc.).

辨别特征：和第二类及第三类一样，第四类笔形的核心结构为从上至下的垂直线。为了明确地区别它们，必须注意以下三点。（1）那些有著树木结构的笔型（422系列）一般是不带钩的，即使是某些带有钩子的同类笔型也被归入第四类的这一系列中。（2）作为汉字的第一书写笔形，其中心竖线作为核心结构（例如414d羊）经常为了给字的另一部分腾出地方而向左弯曲（见字35-2）。我们把这个笔型也同样收到竖这一类里，除非字的另一部分明显地处于这个笔型以下（241c，字35-4和35-5）。（3）许多笔型有两个或两个以上的从上至下的笔画。只要其中有一个这样的笔画是明显的竖，无论它位于笔型的中央还是在右边，这个笔型就被分在竖类。竖向的线表示一种上升的能量，它们在底部的平衡是微妙而重要的，这也是该类笔型再分类中首先考虑的因素。

植物世界：在这样一个笔型众多的类里，笔型的含义多种多样。但其中相当大一部分的笔型与植物有关（422系列及笔型414c，f，h，k；432a；433a，b，d；435d），另一些笔型代表兵器和木材（413b，c，d，e）或一些只能往上长而不能移动的有生命的东西。然而，也有一些笔型是打了折扣的形式或是一些较为复杂的及有侧向展开的笔型的垂直化（411e，412g等）。

fig. 35	羊 羚 恙 羞 差 1 2 3 4 5

Class 5. Curves / Classe 5. Courbes / 第五类：弯

	1			2		
	弋 511	戈 512	戋 513	犭 521	豕 522	
a	弋	戈	戋	豸	豕	a
b	弍	戈	戋	犭	豕	b
c	氏	戎			豖	c
d	氏	戎			豢	d
e		𢦏			豪	e
f		我			象	f
g		我			彖	g
h		戟				h
i		戊				i
j		戌				j
k		戍				k
l		成				l
m		咸				m
n		戉				n
o		戒				o

Curve to the left (col 1), curve to the right (col 2).
One line crossing on curve (511), two (512), three (513).

Courbe à gauche (col. 1), courbe à droite (col. 2).
Un croisement sur la courbe (511), deux (512), trois (513).

弯的曲线凸出部分在左边（栏1）；弯的曲线凸出部分在右边（栏2）
弯被一画穿过（511），被两画穿过（512），被三画穿过（513）。

Class 5. Curves / Classe 5. Courbes / 第五类：弯

Distinguishing features. Strokes that are curved along their entire length are quite rare in Chinese writing, which has always favoured straight strokes. This is probably because it is difficult to draw beautiful curves.

The World of Animals and Weapons. Curves going from right to left (col 2) mostly represent wildcats, pigs and the bodies of some other animals. Curves going from left to right (col 1) mainly represent weapons, swords, spears and halberds, but also possibly aquatic plants (511c,d).

Traits distinctifs. Les courbes qui sont de tracé arrondi sur tout leur parcous sont rares dans l'écriture chinoise qui a toujours favorisé les lignes droites, peut-être à cause de la difficulté de dessiner de belles courbes.

Le monde des animaux et des armes. Les courbes qui vont de droite à gauche (col. 2) représentent surtout des félins, des porcins et le corps des certains autres animaux. Les courbes qui vont de gauche à droite (col. 1) représentent surtout des armes, épées, lances et hallebardes, mais aussi probablement des plantes aquatiques (511c,d).

辨别特征：汉字里很少见一个字从上到下由一条弯曲的笔型连接，中文很重视竖大概是因为很难画出又长又美丽的曲线吧。

动物与兵器的世界：笔型向右突出（栏2）更多地代表猛兽和猪，另外还代表其他的动物身体。笔型向左突出（栏1）通常代表剑，矛，戟，也可能代表水生植物（511c，d）。

Tables of the 11 Classes of Graphic Elements
Tableaux des 11 classes d'éléments graphiques / 十一类笔型分类表

Class 6. Points / Classe 6. Pointes / 第六类:折

	1				2	3				
	〈 611	ㄥ 612	纟 613	亥 614	互 621	フ 631	マ 632	又 633	了 634	
a	〈	厶	纟	亥	彑	ラ	マ	又	了	a
b	巜	允	纟	东	互	夕	⺈	叉	豖	b
c	巛	云	幺	东		歹	专	攴	𠂢	c
d	⺴	云	糸	车		歺	之	支	子	d
e	女	𠫓	乡			夕	乏	夂	孑	e
f		充	玄			歹	ス	夂	孓	f
g		么	率			癶	久		承	g
h		公	玄			癶			礻	h
i		充	系						衤	i
j									阝	j
k									刕	k
l									乃	l
m									及	m
n									廴	n
o									辶	o

Point on left (col. 1), on right (col. 3), on both sides (col. 2): see Fig. 26.
Subclassification from top of the pointed stroke (col. 1) according to Fig. 27.
Subclassification from bottom of the pointed stroke (col. 3):
nothing (series 631), dots, horizontals, obliques (series 632, 633).

Pointe à gauche (col. 1), à droite (col. 3), les deux (col. 2): voir fig. 26.
Sous-classement par le haut du trait en pointe (col 1) selon la fig. 27.
Sous-classement par le bas du trait en pointe (col 3):
rien (série 631), points, horizontales, obliques (séries 632, 633)

折的角在左边（栏1）；折的角在右边（栏3）；双折互扣（栏2）
栏1的再分类按照前言中的图表26 所示考虑折以上的笔画来进行（参见图表25，26）。
栏3的再分类则考虑折以上的笔画：无笔画，有点，有横，有撇（632，633系列）。

Tables of the 11 Classes of Graphic Elements
Tableaux des 11 classes d'éléments graphiques / 十一类笔型分类表

Class 6. Pointes / Classe 6. Points / 第六类:折

Distinguishing features. Most graphic elements in this class include a stroke that forms a sharp angle. It should also be noted that most of them have some additional strokes at the top or bottom which are important for the subclassification (series 612, 613 and 632). Many of them do not take up the entire height of the character (series 614, 635) and are joined to other forms used in the subclassification.
The World of Circles and Rounds. In most cases, the form suggested by this pointed stroke replaces a circle or a round form: swirls of water (611a,b,c) or clouds (612d), a woman's curves (611d); a cocoon (612a, series 613), a melon (614a), a fist (633a,b,c,d), a child's head (612e, 635d); a boar's snout (621a). In some cases, it may be a link in cursive writing between a horizontal and a vertical stroke (635h,i).

Traits distinctifs. La plupart des éléments graphiques de cette classe comprennent un trait à angle aigu. On remarquera que la plupart des éléments ont au haut (612, 613) ou à la base (632) des traits supplémentaires importants dans le sous-classement. Plusieurs n'occupent pas toute la hauteur d'un caractère (série 614, 635) et ils se lient à d'autres formes qui servent au sous-classement.
Le monde des cercles et des rondeurs. Le trait en forme de pointe remplace généralement un cercle ou une rondeur: les tourbillons de l'eau (611a,b,c) ou des nuages (612d), les courbes d'une femme (611d); un cocon (612a, série 613), un melon (614a), un poing (632a,b,c,d), la tête d'un enfant (612e, 635d); le groin d'un sanglier (621a). Dans quelques cas, il peut résulter de la jonction fréquent en écriture cursive d'un trait horizontal et d'un trait oblique ou vertical (635h,i).

辨别特征：大部分这一类的笔型包括角度比较小的折。大家可以注意到许多笔型在它们的上部 (612, 613) 或下部（632）带有在再分类中占有重要地位的补充笔画。一些折并不占有字的整个高度（614，634系列），它们通常与另外一些决定其再分类的部件相结合。

圆的世界：这一类折大多数都代替园圈或圆球：旋涡（611a，b，c），云团（612d），女性体态圆（611d），蚕茧（612a，613系列），瓜（614a），拳头（632a，b，c，d），孩子的头（612e，634d），野猪嘴筒（612a）等。少数这类折是书写时横与竖连笔造成的，变成一撇一横相连，之间型成一个小角（634h，i）。

Class 7. Corners / Classe 7. Coins / 第七类：直角折

	1		2		3				
	𠃊? 711	[illegible] 712	厂 721	厂 722	亅 731	刀 732	乜 733	卩 734	
a	𠃊?	[illegible]	厂	厂	亅	刀	巳	卩	a
b	[illegible]	[illegible]	广	[illegible]	刁	分	乜	[illegible]	b
c	[illegible]		产	斤	习	刃	也	卫	c
d	世		严	斥	[illegible]	[illegible]	[illegible]	[illegible]	d
e			[illegible]	丘		[illegible]		韦	e
f			[illegible]	乒		力		书	f
g			[illegible]	乓		办			g
h			[illegible]	兵		为			h
i						爲			i
j						為			j

Corner on left, opening upwards (col.1), then downwards (col. 2); corner on right (col. 3).
Crossing of angular stroke by obliques (series 732), hooks (733), verticals (734)

Coin à gauche ouvrant en haut (col. 1), puis en bas (col. 2); angle à droite (col. 3).
Croisement du trait angulaire par des obliques (série 732), crochets (733), verticales (734).

折角在左下方（栏1）；折角在左上方（栏2）；折角在右上方（栏3）。
折与撇交叉（732系列），折与钩交叉（733），折与竖交叉（734）

Tables of the 11 Classes of Graphic Elements
Tableaux des 11 classes d'éléments graphiques / 十一类笔型分类表

Class 7. Corners / Classe 7. Coins / 第七类：直角折

Distinguishing features. The corner is drawn with two strokes in col. 2, and with one single stroke elsewhere. To distinguish between this class and class 8, see the *Distinguishing features* of class 8.
The World of Refuge and Retreat. Corners (or angular strokes) open the door to a different world, a world that creates a place of refuge. This refuge may contain two sides (class 6), three sides (class 7) or four sides (classes 8 and 9). Graphic elements that are not places of refuge are also found in this class, including the knife (732a), seals (734a,b), snakes (733d), etc.

Traits distinctifs. Le coin est dessiné avec deux traits dans la col. 2 et un seul trait ailleurs. Pour distinguer cette classe de la classe 8, voir les *traits distinctifs* de la classe 8.
Le monde des refuges et des retraites. Les coins (ou les angles) sont à l'entrée d'un monde différent, un monde qui propose des lieux de stockage ou de refuge. Ces lieux peuvent être délimités sur deux côtés (classe 6), sur trois côtés (classe 7) ou sur quatre côtés (classes 8 et 9). Tous les éléments graphiques de la classe 7 ne sont pas des refuges ou des contenants. On trouve aussi le couteau (732a), les sceaux (734a,b), un serpent (733d), etc.

辨别特征：栏2的直角折是分两笔写成的，其它都是一笔写成的。为了很好地与第八类区分，请注意阅读第八类的辨别特征。

保护所与躲藏处的世界：角和折使人进入另一个世界，一个保护所的世界。保护所有两面墙（第七类），三面墙（第八类）或四面墙（第九类和第十类）。然而，第七类的笔型并不都是保护所或容器。大家还可以从中找到刀（732a），印章（734a，b）蛇（733d）等。

Tables of the 11 Classes of Graphic Elements
Tableaux des 11 classes d'éléments graphiques / 十一类笔型分类表

Class 8. Boxes / Classe 8. Boîtes / 第八类:盒子

	1		2		3					4		5									
	匚	牙	コ	五	ᄐ	彐	⺕	尹	臼	凵	屮	冖	勹	万	贝	门	冂	冂	巾	内	
	811	812	821	822	831	831	832	833	834	841	842	851	852	853	854	855	856	857	858	859	
a	匚	牙	コ	五	ᄐ	彐	⺕	尹	臼	凵	屮	冖	勹	万	冃	门	冂	冂	巾	内	a
b	匹	牙	卌	五	ᄐ	当	彐	聿	臼	山	屮	罒	勺	方	贝		冃	舟	雨	肉	b
c	匚	乐		央		刍	彐	尹	兒	缶	出	宀	匀		见		册	用	冉	丙	c
d	匚					彐	圭	争	臼	击	屰	穴	勺		页		丹	冉	市	两	d
e	匚					丑	聿	隶	臽	凵	屯	产	勿		贞		月	向	雨	内	e
f	亡						聿	秉	臾	兕		尚	匆		贞		丹	而	雨		f
g								肃	臼	凶		卢	句		贞		冂	商	再		g
h								兼	舆			尚	句		负		甩	商	市		h
i								建	臼			声	匆				用	肖	币		i
j								聿	門			佾					冊	尚	尚		j
k								肅				隹					冂	冂	爾		k
l												农					冂	角	市		l
m												尤					冂		朿		m
n																			甫		n
o																			缶		o
p																			丙		p
q																					q
r																					r

Bottom of box on left (col. 1), on right (col. 2), at bottom (col. 4), on top (col.5); hands (col. 3).
Subclassification (1) kinds of boxes, (2) what is affecting the bottom of the box, below (col. 4), above (col. 5).
Fond de la boîte à gauche (col. 1), à droite (col. 2), en bas (col. 4), en haut (col. 5), mains (col. 3).
Sous-classement (1) types de boîtes, (2) ce qui affecte le fond de la boîte, en bas (col. 4), en haut (col. 5).

Class 8. Boxes / Classe 8. Boîtes / 第八类：盒子

盒子右边开口（栏1）；盒子左边开口（栏2）；盒子上面开口（栏4）；盒子下面开口（栏5）；中间有一横的盒子向左或向右开口（栏3）

再分类考虑：（1）盒子的类型。（2）在下部（栏4）和上方（栏5）影响盒子封口处的笔画。

Distinguishing features. Some of the graphic elements here may resemble those in class 7, for instance series 852 勹 or 855 冂 and series 732 刀. Those who know the rules of Chinese writing well will be able to distinguish easily between classes 8 and 7. In class 8, the simple oblique or vertical stroke is drawn first with the intent of joining it to the angular stroke at the upper corner, whereas in class 7, the angular stroke is drawn first and this corner is often half-filled by the simpler stroke.

Boxes. The graphic elements of this series represent many different things, but the ideas of box, hat or lid, net or roofing are common.

Traits distinctifs. Quelques-uns des éléments graphiques de cette classe peuvent ressembler à certains de la classe 7, comme les séries 852 勹 ou 855 冂 et la série 732 刀. Ceux qui connaissent les règles de l'écriture chinoise distingueront facilement les deux classes. Dans la classe 8, le trait simple oblique ou vertical est toujours tracé d'abord avec l'intention d'y adjoindre après le trait d'angle de la boîte, tandis que dans la classe 7, le trait d'angle est toujours tracé d'abord et souvent aussitôt à moitié rempli par l'autre trait plus simple.

Boîtes. Les éléments graphiques dans cette classe représentent plusieurs choses différentes, mais les idées de boîte, de couvercle ou de chapeau, de filet ou de toit sont fréquentes.

辨别特征：第八类里的一些笔型与第七类的某些笔型相似，象852？系列，855？系列和732刀系列。只要懂得中文的书写规则便很容易将这两类笔型区分开了。拿第八类的笔型来说，人们总是先写简单的撇或竖，後写折，最後型成盒子。而第七类的笔型却总是先写折後写其它简单的笔画。

盒子：这一类笔型代表各种各样的东西，常见的有盒子，盖子，帽子，网子或者房顶。

Class 9. Poles / Classe 9. Perches / 第九类:撑杆

	1	2				3					4	
	口 911	且 921	皿 922	央 923	凸 924	尸 931	𠃜 932	巳 933	尸 934	巨 935	阝 941	
a	齿	且	皿	奂	高	尸	民	已	𠃑	巨	阝	a
b	齒	亮	血	央	冝	尺	艮	巳	阜	臣	阝	b
c	卤	具	典		凸	尿	艮	巴	㠯		阝	c
d		具			咼	局	皀	色	自		身	d
e		直			禸	户	良		門			e
f		真				卢						f
g						戶						g
h						户						h
i						扃						i
j						尸						j

Poles on top (col 1), at bottom (col 2), to the left (col 3), to the right (col 4).

Perches en haut (col. 1), en bas (col. 2), à gauche (col. 3), à droite (col. 4).

上面一横向外延伸（栏1）；下面一横向外延伸（栏2）；
左面一边向外延伸，右面凸起（栏3）；右面一边向外延伸，左面凸起（栏4）

Class 9. Poles / Classe 9. Perches / 第九类:撑杆

Distinguishing features. Graphic elements in class 9 are characterized by an area enclosed by strokes on all sides, but one of those strokes is longer than the enclosed area. This longer stroke is called the pole. In fact, this class of graphic elements differs from class 8 (open boxes) in that the pole is a closing stroke. It is also different from class 0 (mouths and enclosures) in that the framed area is most often smaller than in class 0 where the whole area of the character may be enclosed. Because of its lesser capacity to frame, class 9 comes before class 0.

Poles. The graphic elements in this class represent a great variety of objects: containers (912a,b), leaves of doors (934e, 941a,b), animals (933c,931k,l), body parts (911e,f; 914c,d; 921a,b; 935b; 941c,d), etc.

Traits distinctifs. Les éléments graphiques de la classe 9 sont caractérisés par un espace enclos de tous côtés, mais un des traits de l'enclos est plus long que l'espace enclos. Ce trait plus long est ici appelé perche. En fait, cette classe diffère de la classe 8 en ce que la perche sert à fermer une boîte encore ouverte dans la classe 8. Mais elle diffère aussi de la classe 0 où les enclos aux côtés égaux ont la possibilité souvent réelle d'englober tout l'espace d'un caractère. Par leur capacité englobante moindre, les éléments graphiques de la classe 9 devaient se placer avant la classe 0.

Perches. Les éléments graphiques de cette classe représentent des objets très variés: contenants (912a,b), battants de portes (934e, 941a,b), animaux (933c,931k,l), parties du corps (911e,f; 914c,d; 921a,b; 935b; 941c,d), etc.

辨别特征：第九类部件的特征是一个框子有一边向外延伸，从而比其他三条边长。我们把该边称为“撑杆“。事实上，这类部件与第八类开口的盒子的区别就在於有一个撑杆封住了盒子的开口。它们与第十类口中笔型的也不一样，口类的笔型在封口处均无延伸且经常较大而包容整个字。也正是由于第九类笔型的包容力较小而排在第十类口的前面。

撑杆：这一类的笔型代表的东西不一：有器皿（912a，b），门扇（934e；941a，b），动物（933c；931k，l），身体各部分（911e，f；914c，d；921a，b；935b；941cd），等等。

Tables of the 11 Classes of Graphic Elements
Tableaux des 11 classes d'éléments graphiques / 十一类笔型分类表

Class 0. Mouths / Classe 0. Bouches / 第十类: 口

	1			2			3			4			5		6			7
	口 011	𠮛 012	白 013	曰 021	亘 022	目 023	中 031	史 032	罒 033	田 041	由 042	电 043	罒 051	曲 052	区 061	四 062	囬 063	[?] 071
a	口	𠮛	白	曰	亘	目	中	臾	罒	田	由	更	罒	曲	区	四	囬	[?]
b	豆	豆	石	冃	旨	貝	中	史	罒	甲	由	龟	亩	曲	区	西	面	[?]
c	只	𠮛	凸	見	白	見	虫	吏	凿	甲	申	电	由		卤	西	卣	[?]
d	兄	言	兑	早	皃	自	虫	免	柬	亩	亩	曳	亩		鹵	酋		[?]
e	足	𠮛	占		阜	百	串	兔	𫝀	亩	页	兜	西			丙		[?]
f	足		古		百	頁	冉	兎	垂	亩	亩	果						
g			克		卣	首		束		单	車	東						
h			舌		卓	貞		虫		鱼		卑						
i			白		卓	貟		象		鱼		畢						
j			叵			直		禹		魚		里						
k						負		事				重						
l								串				禺						

Empty mouth (col. 1), horizontals (col. 2), verticals (col. 3), lines crossing (col. 4), two verticals (col. 5), various forms (col. 6), containing enclosures (col. 7). Subclassification from the top, except in complex series (032, 043) from bottom.

Rien dans la bouche (col. 1), horizontales (col. 2), verticales (col. 3), croisements (col. 4), deux verticales (col. 5), diverses formes (col. 6), inclusion dans enceinte (col. 7). Sous-classement par le dessus de la bouche, sauf dans les séries complexes (032, 043) par le dessous.

口内什么都没有（栏1）；口内有一横（栏2）；口内有一竖（栏3）；口内有十字交叉（栏4）；口内有两竖（栏5）；口内有其他形式的笔画（栏6）；口内可以加入任何东西（栏7）。口类的再分类除了几个较为复杂的系列（032，043）是考虑口下面的笔型之外，一般都按口上面的笔型来考虑。

Tables of the 11 Classes of Graphic Elements
Tableaux des 11 classes d'éléments graphiques / 十一类笔型分类表

Class 0. Mouths / Classe 0. Bouches / 第十类: 口

Distinguishing features. *Class 0 (Mouths)*, which is almost as large as *class 4 (Verticals)*, is one of the large classes of graphic elements. The drawing is easy and always the same. The subclassification is organized as follows: [1] inside the mouth [2] above the mouth [3] under the mouth. However, the following two remarks should be noted. Inside the mouth [1], horizontals and verticals form part of the borders of the mouth, whereas obliques are independent graphic elements inside the mouth. They come at the end (06, 07). When mouths are mixed with other graphic elements (032,3; 043), the lower part of the graphic element becomes visually important and is given precedence over what is above.
Mouths and Enclosures. These graphic elements represent a great variety of objects such as a mouth (011a, 012d, 013h) or an enclosure (061a); round objects such as the sun (021a), fruits (043f), oval objects such as an eye (023a), cowrie money (023b), fish (041h,i,j), the human face (063b), and square or angular objects such as fields (041a) or stones (013b).

Traits distinctifs. Avec la ***classe 4. les verticales***, la ***classe 0. les bouches*** est une des plus importantes. Le dessin du contour est ici simple et toujours le même. Le sous-classement s'organise en général ainsi: [1] intérieur de la bouche [2] au-dessus de la bouche [3] sous la bouche. Mais il faut cependant ajouter deux remarques. À l'intérieur de la bouche [1], les horizontales et les verticales font corps avec l'encadré de la bouche, tandis que les obliques sont comme des éléments indépendants dans la bouche. Les obliques viennent donc à la fin (06, 07). Quant les bouches sont traversées par d'autres éléments (032,3; 043), la partie inférieure de l'élément intrus devient importante et on lui accorde une préséance sur ce qui se trouve au-dessus de la bouche [2].
Bouches et enceintes. Ces éléments graphiques représentent des choses fort variées: une bouche (011a, 012d, 013h) ou un enclos (071a) d'abord; des objets ronds comme le soleil (021a), des fruits (043f), des contenants (011b, 012b); ovales comme l'oeil (023a), l'argent cauris (023b), le poisson (041h,i,j), la figure humaine (063b); anguleux comme les champs (041a) ou les pierres (013b).

辨别特征：该类的笔型纷繁众多，几乎能与第四类竖媲美。一般来说，口的型状简单而同一。其再分类按以下原则进行：（1）看口内部的笔画（2）看口上部的笔画（3）看口下部的笔画。这里，我们还需加上两点：（1）在口的内部，横与竖可与口看成一体，而撇却应看成是口内独立的笔画。这样，撇就被排在了最後（06，07）。（2）当口被其它笔画穿过的时候（032，3；043），这个穿入笔画下部的重要性就会超过那些处于口上部的笔画。

嘴与围墙；这一类笔型表示的物件非常多样化：首先是嘴（011a，012d，013h）和围墙（071a），还有代表圆型物如太阳（021a），水果（043f），容器（011b，012b）的，甚至一些椭圆形物如眼睛（023a）的，还有贝壳制的钱币（023b），鱼（041h，i，j），人面（063b），多角形物如田（041a）和石头（013b）。

Class Z. Other / Classe Z. Autres / 第Z类:其它

	1		2		3			4		5	6	7	
	丩 Z11	爿 Z12	㇉ Z21	马 Z22	乁 Z31	九 Z32	几 Z33	己 Z41	弓 Z42	凹 Z51	母 Z61	〇 Z71	
a	丩	爿	[illegible]	馬	乁	卂	几	己	弓	[illegible]	母	〇	a
b	丱	[illegible]	丂	马	[illegible]	九	凡	𠂤	[illegible]	凹	毌		b
c	业	片	亏	乌	飞	丸	[illegible]		[illegible]	兕	每		c
d		[illegible]	亐	鸟	乙	飛	亢		夷	凸	[illegible]		d
e		[illegible]	兮	鸟	乞		[illegible]		弔	[illegible]	[illegible]		e
f			与	烏	气		瓦		弟	亞			f
g			[illegible]	鳥					弗	[illegible]			g
h			[illegible]	鳥						黽			h
i			丐							龜			i
j			丏										j
k			[illegible]										k

Refer first to basic forms (col. 1 to col. 7),
then to vertical stroke to the left (col. 2), and after to the right (col. 3).

Voir d'abord les formes fondamentales (col. 1 à col. 7).
Voir ensuite: trait vertical à gauche (col. 2), puis à droite (col. 3).

先看其核心结构（栏1-栏7），
再看其左面的竖向笔画（栏2），最後看其右面的竖向笔画（栏3）

Class Z. Other / Classe Z. Autres / 第Z类:其它

Distinguishing features. Although there are many subdivisions, this class contains only a few graphic elements which were not included in the previous classes. Most of these graphic elements have multiple-angular forms, hence the proposed code 'Z'. The zero, rarely used in Chinese writing, is borrowed from the West.
Various objects. In this class, various objects are depicted, for example, rather abstract and winding movements (series Z21, Z31), mother's breasts (series Z61), square boards (Z12), roof tiles (Z33f), potbellied vases (Z51e,f), bows (series Z42) or various animals (series Z22, graphic elements Z41b, Z51e,h,i).

Traits distinctifs. Bien que les subdivisions soient relativement nombreuses, cette classe ne contient que peu d'éléments qui ont été exclus des classes antérieures. La plupart des ces éléments graphiques ont des formes à angles multiples d'où découle l'idée de leur donner le code 'Z'. Le zéro est un emprunt occidental rarement utilisé dans l'écriture chinoise.
Objets variés. Dans cette classe, des objets très variés sont évoqués, comme des mouvements sinueux et plutôt abstraits (séries Z11, Z31), les seins d'une mère (série Z61), des planches (Z12), les tuiles de toiture (Z33f), des vases aux panses gonflées (Z51e,f) ou divers animaux (série Z22, éléments Z41b, Z51e,h,i).

辨别特征：这一类汇集了所有不属于前几类的笔型，这些笔形虽然被分成相对较多的小类但为数并不多。它们大都是多角形的，因此我们想到把它们称为Z类。0（零），是从西文中借用过来的，在中文里不常用。

多种物品：这一类的笔型令人想到多种多样的物品，还有蜿蜒曲折甚至是抽象的运动（Z11，Z31系列），母亲的乳房（Z61系列），木板（Z12），屋顶上的瓦片（Z33f），大肚瓶（Z51e，f）和各种动物（Z22系列；Z41b；Z51e，h，i）等。

Table of the Series of Graphic Elements

Tableau des séries d'éléments graphiques / 系列表

一	冫
111	121

彡	丷	八	火	人	𠆢	方?	大	乂	丈
211	221	222	231	232	233	241	242	243	244

⺊	𠃊	瓜	乚	儿	尢	亅	才	刂
311	312	313	321	322	323	331	332	333

丨	卜	十	扌	〢	丿丨	川	不	木	丄	土	圭	止	业	廿
411	412	413	414	415	416	417	421	422	431	432	433	434	435	436

弋	戈	戋	犭	豕
511	512	513	521	522

𡿨	厶	幺	亥	互	㇇	龴	又	了
611	612	613	614	621	631	632	633	634

匕?	屮	厂	⺁	𠃌	刀	乜	卩
711	712	721	722	731	732	733	734

匚	丏	コ	五	⺕	彐	⺕	尹	臼	凵	屮	冖	勹	万	贝	门	冂	冂	巾	内
811	812	821	822	831	831	832	833	834	841	842	851	852	853	854	855	856	857	858	859

口	且	皿	央	凸	尸	尸	巳	尸	巨	㔾
911	921	922	923	924	931	932	933	934	935	941

口	日	白	日	目	目	中	史	罒	田	由	电	罒	曲	図	四	囬	?
011	012	013	021	022	023	031	032	033	041	042	043	051	052	061	062	063	071

丩	丬	㇉	马	乁	九	儿	己	弓	凹	母	〇
Z11	Z12	Z21	Z22	Z31	Z32	Z33	Z41	Z42	Z51	Z61	Z71